THE MERIDIAN HEBREW/ENGLISH ENGLISH/HEBREW DICTIONARY

EDITED BY

Dov Ben-Abba

A MERIDIAN BOOK

MERIDIAN
Published by the Penguin Group
Penguin Books USA Inc., 375 Hudson Street, New York, New York 10014, U.S.A.
Penguin Books Ltd, 27 Wrights Lane, London W8 5TZ, England
Penguin Books Australia Ltd, Ringwood, Victoria, Australia
Penguin Books Canada Ltd, 10 Alcorn Avenue, Toronto, Ontario, Canada M4V 3B2
Penguin Books (N.Z.) Ltd, 182–190 Wairau Road, Auckland 10, New Zealand

Penguin Books Ltd, Registered Offices: Harmondsworth, Middlesex, England

Published by Meridian, an imprint of Dutton Signet,
a division of Penguin Books USA Inc.
Previously published as *The Signet Hebrew/English, English/Hebrew Dictionary.*

First Meridian Printing, January, 1994
10 9 8 7 6 5 4 3 2

REGISTERED TRADEMARK—MARCA REGISTRADA

LIBRARY OF CONGRESS CATALOGING-IN-PUBLICATION DATA
Ben-Abba, Dov.
[Signet Hebrew/English, English/Hebrew dictionary]
The Meridian Hebrew/English, English/Hebrew dictionary / edited by Dov Ben-Abba. — 1st Meridian print.
p. cm.
Originally published: The Signet Hebrew/English, English/Hebrew dictionary. New York : New American Library, 1978.
ISBN 0-452-01121-3
1. Hebrew language—Dictionaries—English. 2. English language—Dictionaries—Hebrew. I. Title.
PJ4833.B34 1994
492.4'321—dc20 93-35941
CIP

Printed in the United States of America

English/Hebrew Dictionary

Key to Pronunciation

Vowels and diphthongs תְּנוּעוֹת וְדוּ־תְּנוּעוֹת

This dictionary is designed mainly for persons requiring English and Hebrew for everyday usage. It also contains specialized vocabularies in the exact sciences, the arts, and various sports as well as words on a literary level. The purpose has been whenever possible to translate words into equivalent terms; however, where no equivalents exist, a short definition is given. The Hebrew verbs are given in the third person masculine singular of the past tense.

אַ = a במלה but (בַּט)
אָ = a במלה father (פָּדְ'ר)
אֶ = a במלה man (מֶן)
אֶ = e במלה men (מֶן); התנועה במלה dirt (דֶרְט)
אְ = e חטופה כהגית התנועה הסופית במלה lesson (לֶסְן)
אֲ = a חטופה במלה attention (אֲטֶנְשֶׁן)
אִ = i במלה sit (סִט)
אִי = ea במלה seat (סִיט)
אֻ = u במלה put (פֻּט)
וּ = oo במלה soon (סוּן)
אֵ = ai במלה hair (הֵר)
אֵי = ey במלה they (דֵ'י)
וֹ = o במלה hope (הוֹפּ)
אַי = y במלה my (מַי)
אַאוּ = ow במלה cow (קַאוּ)
וֹי = oi במלה join (ג'וֹין)

Consonants עִצּוּרִים

ב = b	ז' = zh	פּ = p
ג = g	(כהגית s במלה pleasure)	פ = f
ג' = j	ט = t	צ = ts
ד = d	י = y	צ' = ch
ד' = th במלה this	ל = l	ק = k
ה = h	מ = m	ר = r
ו = v או w לפי המלה	נ = n	ש = sh
ז = z	ס = s	ת' = th במלה thin

indicates primary accent X′ מְסַמֵּן אֶת הַטַּעַם הָעִקָּרִי

indicates secondary accent X″ מְסַמֵּן אֶת הַטַּעַם הַמִּשְׁנִי

Abbreviations — רָאשֵׁי תֵּבוֹת

adj. — adjective
adv. — adverb
Arab. — Arabic
Aram. — Aramaic
conj. — conjunction
f. — feminine
geom. — geometry
gram. — grammar
imp. — imperative
interj. — interjection
m. — masculine
math. — mathematics
n. — noun
pl. — plural
prep. — preposition
sing. — singular
trig. — trigonometry
v. — verb
v.i. — intransitive verb
v.t. — transitive verb

A

A, a *n.* (אֵי) אֵי, הָאוֹת הָרִאשׁוֹנָה בָּאָלֶפְבֵּית הָאַנְגְּלִי, א׳

a [כשההכרה מוטעמת] (אֶ, אֵי) הֲבָרָה הַמּוֹרָה עַל חֹסֶר יִדּוּעַ (man - סתם איש, בניגוד ל the man – האיש)

— *adj.* אֶחָד, אַחַת

aback', *adv.* (אֲבֶּק) אֲחוֹרַנִּית; לְאָחוֹר; כְּלַפֵּי הַתֹּרֶן

taken — מֻפְתָּע וְנָבוֹךְ

abaft' *prep. & adv.* (אֲבֶּפְט) מֵאֲחוֹרֵי; מֵאָחוֹר

aban'don *v.t.* (אֲבֶּנְדֶן) נָטַשׁ; וִתֵּר עַל; הִתְמַכֵּר ל-

aban'donment *n.* (אֲבֶּנְדֶנְמֶנְט) נְטִישָׁה; הִתְמַסְּרוּת; פְּרִיקַת עֹל

abase' *v.t.* (אֲבֵּיס) הִשְׁפִּיל; הוֹרִיד; בִּזָּה

abase'ment *n.* (אֲבֵּיסְמֶנְט) הַשְׁפָּלָה; הוֹרָדָה

abash' *v.t.* (אֲבֶּשׁ) בִּיֵּשׁ, הֵבִיךְ

abash'ment *n.* (אֲבֶּשְׁמֶנְט) הַכְלָמָה, מְבוּכָה

abate' *v.t.* (אֲבֵּיט) הִפְחִית, הִקְטִין

v.i. פָּחַת, שָׁכַךְ

abate'ment *n.* (אֲבֵּיטְמֶנְט) הַפְחָתָה, בִּטּוּל; נִכּוּי

ab'attoir" *n.* (אֶבַּטְוָר) בֵּית מִטְבָּחַיִם

ab'bacy *n.* (אֶבַּסִי) דַּרְגָּה, זְכֻיּוֹת אוֹ אֵזוֹר שִׁפּוּט שֶׁל רֹאשׁ מִנְזָר; כְּהֻנַּת רֹאשׁ מִנְזָר

Ab'basid *n. & adj.* (אֶבַּסִד) עַבַּאסִי

abbé' *n.* (אֶבֵּי) רֹאשׁ מִנְזָר; "אַבָּא" (כינוי כבוד לכומר)

ab'bess *n.* (אֶבֶּס) נְזִירָה רָאשִׁית; אֵם מִנְזָר

ab'bey *n.* (אֶבִּי) מִנְזָר; כְּנֵסִיָּה בְּמִנְזָר

ab'bot *n.* (אֶבַּט) רֹאשׁ מִנְזָר; נָזִיר רָאשִׁי

abbre'viate" *v.t.* (אֲבְּרִיבִיאֵיט) קִצֵּר, הִפְחִית, כָּתַב בְּרָאשֵׁי תֵּבוֹת

abbre"via'tion (אֲבְּרִיבִיאֵישְׁן) קִצּוּר, רָאשֵׁי תֵּבוֹת

ABC's *pl.* (אֵיבִּיסִיז) יְסוֹדוֹת; אָלֶפְבֵּית

ab'dicate" *v.i. & t.* (אֶבְּדִקֵיט) וִתֵּר עַל; הִתְפַּטֵּר

ab"dica'tion *n.* (אֶבְּדִקֵישְׁן) הִתְפַּטְּרוּת, וִתּוּר עַל

ab'domen *n.* (אֶבְּדֶמֶן) בֶּטֶן; חֲלַל הַבֶּטֶן

abdom'inal *adj.* (אֶבְּדוֹמִנְל) בִּטְנִי

abduct' *v.t.* (אֶבְּדַקְט) חָטַף

abduc'tion *n.* (אֶבְּדַקְשְׁן) חֲטִיפָה

abduc'tor *n.* (אֶבְּדַקְטְר) חוֹטֵף

aberration *n.* (אֶבֶּרֵישְׁן) סְטִיָּה; אַבֶּרַצְיָה; עִוּוּת

abet' *v.t.* (אֲבֶּט) סִיֵּעַ, עוֹדֵד

abey'ance *n.* (אֲבֵּיאֶנְס) אֶפֶס מַעֲשֶׂה; חֹסֶר-פְּעִילוּת זְמַנִּי

abhor' *v.t.* (אֶבְּהוֹר) תִּעֵב

abhor'rence *n.* (אֶבְּהוֹרֶנְס) תִּעוּב, תּוֹעֵבָה

abhor'rent *adj.* (אֶבְּהוֹרֶנְט) מְתַעֵב; מְתֹעָב.

abide' *v.i.* (אֲבַּיד) נִשְׁאַר; שָׁכַן; הִתְמִיד

v.t. חִכָּה; סָבַל; רָצָה (עוון)

— by קִיֵּם

abi'ding *adj.* (אֲבַּידִנְג) מַתְמִיד; קָבוּעַ

abil'ity *n.* (אֲבִּלִטִי) יְכֹלֶת, כִּשָּׁרוֹן

ab'ject *adj.* (אֶבְּגֶ'קְט) בָּזוּי, שָׁפָל

ab"jura'tion *n.* (אֶבְּג'וּרֵישְׁן) הִתְכַּחֲשׁוּת

abjure' *v.t.* (אֶבְּג'וּר) הִתְכַּחֵשׁ ל-, חָזַר בּוֹ מִשְּׁבוּעָה

ablaze' *adj.* (אֲבְּלֵיז) בּוֹעֵר; לָהוּט

a'ble [be] *v.i.* (בִּי אֵיבְּל) יָכֹל

— *adj.* מֻכְשָׁר; מְסֻגָּל

a'ble-bod'ied *adj.* (אֵיבְּל-בּוֹדִיד) כָּשִׁיר, בַּעַל כֹּשֶׁר

ablu'tion *n.* (אֲבְּלוּשְׁן) טְבִילָה; מֵי טְבִילָה

a'bly *adv.* (אֵיבְּלִי) כָּרָאוּי; בְּכִשָּׁרוֹן

ab'negate" *v.t.* (אֶבְּנְגֵיט) וִתֵּר עַל; דָּחָה

ab"nega'tion *n.* (אֶבְּנְגֵישְׁן) וִתּוּר

abnor'mal *adj.* (אֶבְּנוֹרְמְל) לֹא-נוֹרְמָלִי; לֹא-רָגִיל

ab"norma'lity *n.* (אֶבְּנוֹרְמֶלִטִי) מַצָּב לֹא-נוֹרְמָלִי, סְטִיָּה

abnor′mity *n.* (אֶבְנוֹרְמִטִי) מַצָּב לֹא־נוֹרְמָלִי; מִפְלֶצֶת

aboard′ *adv. & prep.* (אֲבּוֹרְד) עַל, בְּ, בְּתוֹךְ, עַל יַד

abode′ *n.* (אֲבוֹד) מָעוֹן, מְקוֹם מְגוּרִים; שְׁהִיָּה מְמֻשֶּׁכֶת

abode′ *v.i. & t.* (אֲבוֹד) (זמן עבר של abide)

abo′lish *v.t.* (אֲבּוֹלִשׁ) בִּטֵּל; הִכְחִיד

ab″olit′ion *n.* (אֶבֲּלִשְׁן) בִּטּוּל; בִּטּוּל הָעַבְדוּת

ab″olit′ionism″ *n.* (אֶבֲּלִשֲׁנִזְם) בִּטּוּל הָעַבְדוּת (כעקרון)

abom′inable *adj.* (אֲבּוֹמִנֲבְּל) מְתֹעָב, מָאוּס, מְשֻׁקָּץ

abom′inate *v.t.* (אֲבּוֹמִנֵיט) תֵּעֵב, סָלַד מִפְּנֵי

abom″ina′tion *n.* (אֲבּוֹמִנֵישְׁן) תּוֹעֵבָה; סְלִידָה

ab″orig′inal *adj.* (אֶבֲּרִגִ׳נְל) פְּרִימִיטִיבִי, קָדוּם, מְקוֹרִי; קַמָּאִי

— *n.* תּוֹשָׁב מִתְּקוּפָה קְדוּמָה

ab″orig′ine *n.* (אֶבֲּרִגִ׳נִי) תּוֹשָׁב מִתְּקוּפָה קְדוּמָה, תּוֹשָׁב מְקוֹרִי (במיוחד באוסטרליה)

abort′ *v.i.* (אֲבּוֹרְט) הִפִּיל (בשעת לידה); הִתְפַּתֵּחַ חֶלְקִית; נִכְשַׁל

— *v.t.* גָּרַם לְהַפָּלָה; גָּרַם לְכִשָּׁלוֹן

abor″tifa′cient *adj.* (אֲבּוֹרְטִפֵישֶׁנְט) מֵבִיא לִידֵי הַפָּלָה

— *n.* סַם הַפָּלָה

abor′tion *n.* (אֲבּוֹרְשְׁן) הַפָּלָה; מִפְלֶצֶת; כִּשָּׁלוֹן

abor′tive *adj.* (אֲבּוֹרְטִב) כּוֹשֵׁל; נוֹלָד לִפְנֵי זְמַנּוֹ; לֹא־מֻשְׁלָם

abound′ *v.i.* (אֲבַּאוּנְד) שָׁפַע; שָׁרַץ

about′ *prep.* (אֲבַּאוּט) עַל, עַל אוֹדוֹת; בְּיַחַס אֶל־; בְּ־; בְּקִרְבַת־; בְּעֵרֶךְ, בְּקֵרוּב; מִסָּבִיב ל־; עוֹמֵד ל (לפני פועל); עוֹסֵק בְּ־;

— *adv.* בְּעֵרֶךְ; כִּמְעַט; בְּקִרְבַת מָקוֹם; לַכִּוּוּן הֶהָפוּךְ; מִמָּקוֹם לְמָקוֹם

— *adj.* עֵר, נָע; נָפוֹץ

— to עָמַד ל־

about′face′ (אֲבַּאוּט־פֵּיס) אֲחוֹרָה פְּנֵה

about′-face″ *n.* (אֲבַּאוּט־פֵּיס) שִׁנּוּי קִיצוֹנִי

about″-face′ *v.i.* פָּנָה אֲחוֹרָה, שִׁנָּה עֶמְדָּה בְּצוּרָה קִיצוֹנִית

above′ *adv. & prep. & adj.* (אֲבַּב) מֵעַל ל־, לְמַעְלָה; גָּבֹהַּ יוֹתֵר; מַעְלָה; לְעֵיל; בַּשָּׁמַיִם; עַל; מִצָּפוֹן ל־

— *n.* הַנִּזְכָּר לְעֵיל; שֶׁנִּזְכַּר קֹדֶם; הַשָּׁמַיִם (אלהים)

above′board″ *adv. & adj.* (אֲבַּבְּבּוֹרְד) לְלֹא רַמָּאוּת, בְּגָלוּי; יָשָׁר

ab″racadab′ra *n.* (אֶבְּרֲקֲדֶבְּרַה) לַחַשׁ־נַחַשׁ; פִּטְפּוּט, דִּבְרֵי הֶבֶל

abrade′ *v.t. & i.* (אֲבְּרֵיד) שִׁפְשֵׁף, גֵּרֵד; נִשְׁחַק

abra′sion *n.* (אֲבְּרֵיזְ׳ן) שִׁפְשׁוּף, גֵּרוּד

abra′sive *n. & adj.* (אֲבְּרֵיסִב) מְלַטֵּשׁ; מְשַׁפְשֵׁף

ab″reac′tion *n.* (אֶבְּרִיאֶקְשֲׁן) פִּרְקוּן

abreast′ *adv. & adj.* (אֲבְּרֶסְט) זֶה עַל יַד זֶה; מִתְקַדֵּם יַחַד עִם; חֲזִיתִי (שורה)

abridge′ *v.t.* (אֲבְּרִג׳) קִצֵּר; הִפְחִית

abridg′ment *n.* (אֲבְּרִג׳מֶנְט) קִצּוּר

abroad′ *adv.* (אֲבְּרוֹד) בְּחוּץ לָאָרֶץ; בַּחוּץ; נָפוֹץ

ab′rogate *v.t.* (אֶבְּרֲגֵיט) בִּטֵּל; שָׂם קֵץ ל־

ab″roga′tion *n.* (אֶבְּרֲגֵישְׁן) בִּטּוּל

abrupt′ *adj.* (אֲבְּרַפְּט) פִּתְאֹמִי; פָּזִיז, קָצָר וּמְקֻטָּע; תָּלוּל

abrupt′ly *adv.* (אֲבְּרַפְּטְלִי) פִּתְאֹם

ab′scess *n.* (אֶבְּסֶס) מֻרְסָה

— *v.i.* הִתְמַגֵּל

abscis′sa *n.* (אֶבְּסִסַה) אַבְּסְצִיסָה, פָּסוּק (בגאומטריה אנליטית); שִׁעוּר ה־x

abscond′ *v.i.* (אֶבְּסְקוֹנְד) הִסְתַּלֵּק בַּחֲשַׁאי

ab′sence *n.* (אֶבְּסֲנְס) הֶעְדֵּר, הֵעָדְרוּת, חֹסֶר

absence without official leave נִפְקָדוּת

ab′sent *adj.* (אֶבְּסֲנְט) נֶעְדָּר, חָסֵר; מְפֻזָּר; נִפְקָד

— minded מְפֻזַּר (־נֶפֶשׁ)

absent′ *v.t.* (אֶבְּסֶנְט) הִרְחִיק (עַצְמוֹ)

ab″sentee′ *n.* (אֶבְּסֲנְטִי) נִפְקָד, נֶעְדָּר

ab′sentee bal′lot (אֶבְּסֲנְטִי בֶּלֲט) פֶּתֶק הַצְבָּעָה לְמִשְׁלוֹחַ בַּדֹּאַר

ab′sentee land′lord (אֶבְּסֲנְטִי לֶנְדְלוֹרְד) בַּעַל־נְכָסִים נִפְקָד

ab′sentee vote′ (אֶבְּסֶנְטִי ווֹט) הַצְבָּעָה בְּאֶמְצָעוּת הַדֹּאַר

ab′sent-min″ded *adj.* (אֶבְּסֶנְט מַיְנְדִד) מְפֻזָּר

ab′sent-mind″edness *n.* (אֶבְּסֶנְט־מַיְנְדִדְנֶס) פִּזּוּר־נֶפֶשׁ

ab′sinthe *n.* (אֶבְּסִינְתּ׳) אַבְּסִינְת; לַעֲנָה

ab′solute″ *adj.* (אֶבְּסֲלוּט) מֻחְלָט; גָּמוּר; אַבְּסוֹלוּטִי; בָּטוּחַ; טָהוֹר

ab′solute al′cohol (אֶבְּסֲלוּט אֶלְקֲהוֹל) כֹּהַל אַבְּסוֹלוּטִי

ab′solute humi′dity (אֶבְּסֲלוּט הְיוּמִדִטִי) לַחוּת מֻחְלֶטֶת

ab′solute″ly *adv.* (אֶבְּסֲלוּטְלִי) לַחֲלוּטִין, בְּהֶחְלֵט, לְגַמְרֵי

לַחַץ מֻחְלָט

ab′solute″ ze′ro (אֶבְּסֲלוּט זִירוֹ) אֶפֶס מֻחְלָט

ab′solute″ pres′sure (אֶבְּסֲלוּט פְּרֶשֶׁר)

ab″solu′tion *n.* (אֶבְּסֲלוּשְׁן) כַּפָּרָה

ab′solutism *n.* (אֶבְּסֲלוּטִזְם) אַבְּסוֹלוּטִיזְם

absolve′ *v.t.* (אֶבְּזוֹלְב) כִּפֵּר, מָחַל; חָנַן, טִהֵר

absorb′ *v.t.* (אֶבְּזוֹרְבּ) קָלַט, סָפַג; הֶעֱסִיק כָּלִיל

— ed in שָׁקוּעַ בּ־

absor′bent *adj.* (אֶבְּזוֹרְבֲּנְט) סוֹפֵג; בּוֹלֵעַ

absorp′tion *n.* (אֶבְּזוֹרְפְּשֲׁן) קְלִיטָה, שְׁקִיעָה; טְמִיעָה; בְּלִיעָה

absorp′tion coeffic″ient (אֶבְּזוֹרְפְּשֲׁן קוֹאֶפִישֲׁנְט) גּוֹרֵם הַבְּלִיעָה

abstain′ *v.i.* (אֶבְּסְטֵין) נִמְנַע

abste′mious *adj.* (אֶבְּסְטִימִיאַס) מִסְתַּפֵּק בְּמוּעָט

abste′miousness *n.* (אֶבְּסְטִימִיאַסְנֶס) הִסְתַּפְּקוּת בְּמוּעָט

absten′tion *n.* (אֶבְּסְטֶנְשַׁן) הִמָּנְעוּת

ab′stinence *n.* (אֶבְּסְטִנֶנְס) הִנָּזְרוּת

ab′stinent *adj.* (אֶבְּסְטִנֶנְט) מִתְנַזֵּר

abstract′ *adj.* (אֶבְּסְטְרֶקְט) מֻפְשָׁט; עִיּוּנִי

ab′stract *n.* תַּמְצִית, קִצּוּר, רָאשֵׁי פְּרָקִים; יְצִירָה מֻפְשֶׁטֶת

abstract′ *v. t.* הֵסִיר; הִסִּיחַ דַּעַת; גָּנַב; הִפְשִׁיט, סִכֵּם

abstract′ed *adj.* (אֶבְּסְטְרֶקְטִד) שָׁקוּעַ בְּמַחֲשָׁבוֹת

abstrac′tion *n.* (אֶבְּסְטְרֶקְשֲׁן) הַפְשָׁטָה; הֲזָיָה; הֲסָרָה; שְׁקִיעָה בְּמַחֲשָׁבוֹת

abstrac′tionism″ *n.* (אֶבְּסְטְרֶקְשֲׁנִזְם) אָמָּנוּת מֻפְשֶׁטֶת

abstruse′ *adj.* (אֶבְּסְטְרוּס) סָתוּם

absurd′ *adj.* (אֶבְּסֶרְד) אַבְּסוּרְדִי; מְגֻחָךְ

absur′dity *n.* (אֶבְּסֶרְדִטִי) אַבְּסוּרְדִיּוּת; חֹסֶר הִגָּיוֹן

abun′dance *n.* (אֲבַּנְדֶנְס) שֶׁפַע; עֹשֶׁר

abun′dant *adj.* (אֲבַּנְדֶנְט) מָצוּי בְּשֶׁפַע, שׁוֹפֵעַ, עָשִׁיר

abuse′ *n.* (אֲבְּיוּס) שִׁמּוּשׁ לְרָעָה; סִלּוּף; גִּדּוּפִים; הִתְעַלְּלוּת; נֹהַג נִפְסָד

— *v.t.* (אֲבְּיוּז) הִשְׁתַּמֵּשׁ שֶׁלֹּא כַּדִּין; הִתְעַלֵּל; גִּדֵּף, הִשְׁמִיץ

abus′ive *adj.* (אֲבְּיוּסִב) פּוֹגֵעַ, מַעֲלִיב; מִתְעַלֵּל; מַשְׁחָת

abut′ *v.i. & t.* (אֲבַּט) גָּבַל, נָגַע; תָּמַךְ

abut′ment *n.* (אֲבַּטְמֶנְט) יַרְכָה; מִחְבָּר; אוֹמְנָה, מַשְׁעֵן

abys′mal *adj.* (אֲבִּזְמַל) תְּהוֹמִי

abyss′ *n.* (אֲבִּס) תְּהוֹם; תֹּהוּ וָבֹהוּ; שְׁאוֹל; מַעֲמַקִּים

aca′cia *n.* (אֲקֵישַׁה) שִׁטָּה, אֲקַצְיָה

ac′ademe″ *n.* (אֶקֲדִים) בֵּית סֵפֶר; הֲוַי אוּנִיבֶרְסִיטָאִי

Academe הַחֻרְשָׁה הַצִּבּוּרִית בְּאַתּוּנָה שֶׁבָּהּ לִמֵּד אַפְּלָטוֹן

ac′adem″ic *adj.* (אֶקֲדֶמִק) אֲקַדֶמָאִי

acad″emi′cian *n.* (אֲקֶדַמִשְׁן) חָבֵר אֲגֻדָּה לְטִפּוּחַ אָמָּנוּת וּמַדָּע; דָּבֵק בַּמָּסָרְתִּי (באמ־נות, מדע וכו׳)

aca′demy *n.* (אֲקֶדֶמִי) אֲקַדֶמְיָה; בֵּית סֵפֶר תִּיכוֹן פְּרָטִי; בֵּית סֵפֶר לְלִמּוּדִים מְיֻחָדִים

Aca′demy הָאַסְכּוֹלָה שֶׁל אַפְּלַטוֹן

acan′thus *n.* (אֲקֶנְתַּ׳ס) קוֹצִיץ

acau′dal *adj.* (אֵיקוֹדְל) חֲסַר־זָנָב

accede′ *v.i.* (אֶקְסִיד) הִסְכִּים; נִכְנַס לְמִשְׂרָה

accel′erate *v.t. & i.* (אֶקְסֶלֲרֵיט) הֵאִיץ, הֵחִישׁ; הִגְבִּיר מְהִירוּת

accel″era′tion *n.* (אֶקְסֶלֲרֵישְׁן) תְּאוּצָה; הֶאָצָה

accel'era"tor *n.* (אֶקְסֶלֶרֵיטְר) דַּוְשַׁת הַדֶּלֶק; מֵאִיץ

accel"erom'eter *n.* (אֶקְסֶלֶרוֹמִטְר) מַד תְּאוּצָה

ac'cent *n.* (אֶקְסֶנְט) טַעַם (בהברה), הַדְגָּשָׁה, נְגִינָה; מִבְטָא; מִבְטָא זָר

accent' *v.t.* הִטְעִים

accen'tuate" *v.t.* (אֶקְסֶנְצ׳וּאֵיט) הִטְעִים, הִדְגִּישׁ

accen"tua'tion *n.* (אֶקְסֶנְצ׳וּאֵישְׁן) הַטְעָמָה, הַדְגָּשָׁה

accept' *v.t. & i.* (אֶקְסֶפְּט) קִבֵּל, הִסְכִּים לְקַבֵּל; הִשְׁלִים עִם־; הֶאֱמִין; נַעֲנָה ל־

accep'table *adj.* (אֶקְסֶפְּטַבְּל) רָאוּי לְהִתְקַבֵּל, מַשְׂבִּיעַ רָצוֹן; מַתְאִים, קָבִיל

accep'tance *n.* (אֶקְסֶפְּטַנְס) קַבָּלָה, הַסְכָּמָה; קְבִילוּת

accept'ed *adj.* (אֶקְסֶפְּטִד) מְקֻבָּל, רָגִיל

accept'er *n.* (אֶקְסֶפְּטְר) מְקַבֵּל

ac'cess *n.* (אֶקְסֶס) גִּישָׁה; הֶתְקֵף, הִתְפָּרְצוּת

acces'sible *adj.* (אֶקְסֶסִבְּל) נוֹחַ לְגִישָׁה; נוֹחַ לְשִׂיחָה; נוֹחַ לְשִׁמּוּשׁ, נִתָּן לְגִישָׁה, נִתָּן לְשִׂיחָה; נִתָּן לְשִׁמּוּשׁ; נִתָּן לְהַשִּׂיג; נִתָּן לְהַשְׁפָּעָה

acces'sibility" *n.* (אֶקְסֶסַבִּלִטִי) אֶפְשָׁרוּת הַגִּישָׁה; אֶפְשָׁרוּת הַהַשָּׂגָה

acces'sion *n. & v.t.* (אֶקְסֶשְׁן) רְכִישָׁה; תּוֹסֶפֶת; הַסְכָּמָה; רָשַׁם לְפִי; סֵדֶר הָרְכִישָׁה; רָכַשׁ

acces'sory *n.* (אֶקְסֶסַרִי) אַבְזָר; תּוֹסֶפֶת; מְסַיֵּעַ; שֻׁתָּף לְפֶשַׁע

acciac"catu'ra *n.* (אַצַ׳קַטֻרַה) סְמִיךְ, קָצָר

ac'cident *n.* (אֶקְסִדֶנְט) תְּאוּנָה; מִקְרֶה; אָסוֹן

ac"ciden'tal *adj.* (אֶקְסִדֶנְטְל) מִקְרִי; דֶּרֶךְ אַגַּב

acclaim' *v.t.* (אַקְלֵים) הֵרִיעַ, מָחָא כַּף; אִשֵּׁר בְּקוֹל

ac"clama'tion *n.* (אֶקְלַמֵישְׁן) תְּרוּעַת רָצוֹן

accli'mate *v.t. & i.* (אַקְלַיְמִט) אִקְלֵם; הִרְגִּיל, סִגֵּל

accli'matize" *v.t. & i.* (אַקְלַימַטַיז) אִקְלֵם, הִרְגִּיל, סִגֵּל

accliv'ity *n.* (אַקְלִוִטִי) עֲלִיָּה

ac"colade' *n.* (אֶקַלֵיד) כָּבוֹד, כִּבּוּד; הַעֲנָקַת אַבִּירוּת (ע״י טפיחה בצד החרב); צוֹמֵד

accom'modate" *v.t. & i.* (אַקוֹמַדֵיט) עָזַר, עָשָׂה חֶסֶד; סִפֵּק; הִלְוָה; סִפֵּק אֶשֶׁ״ל; אִכְסֵן

accom'modat"ing *adj.* (אַקוֹמַדֵיטִנְג) נוֹחַ

accom"moda'tion *n.* (אַקוֹמַדֵישְׁן) עֲשִׂיַּת חֶסֶד; הַשְׁלָמָה; סִפּוּק רָצוֹן

— s *n.* מְקוֹם לִינָה, אֶשֶׁ״ל, מָקוֹם

accom'paniment *n.* (אַקַמְפַּנִימֶנְט) לְוַאי; לִוּוּי

accom'panist *n.* (אַקַמְפַּנִסְט) מְלַוֶּה

accom'pany *v.t.* (אַקַמְפַּנִי) לִוָּה; נִלְוָה אֶל־, הִצְטָרֵף אֶל־; צֵרֵף

accom'plice *n.* (אַקוֹמְפְּלִס) שֻׁתָּף לִדְבַר עֲבֵרָה

accom'plish *v.t.* (אַקוֹמְפְּלִשׁ) בִּצַּע, הִשִּׂיג, הִשְׁלִים

accom'plished *adj.* (אַקוֹמְפְּלִשְׁט) מֻשְׁלָם, מֻמְחֶה; בַּעַל דֶּרֶךְ אֶרֶץ

accom'plishment *n.* (אַקוֹמְפְּלִשְׁמֶנְט) בִּצּוּעַ; הֶשֵּׂג

— s גִּנּוּנֵי חֶבְרָה, דֶּרֶךְ אֶרֶץ

accord' *n.* (אַקוֹרְד) הַרְמוֹנְיָה; הַסְכָּמָה, הֶסְכֵּם

— *v.t. & i.* סִגֵּל; הֶעֱנִיק; הִסְכִּים

accord'ance *n.* (אַקוֹרְדַנְס) הַסְכָּמָה, הַתְאָמָה; הַעֲנָקָה

accord'ing *adv.* (אַקוֹרְדִנְג) בְּהַתְאָמָה; תָּלוּי בּ־

accord'ingly *adv.* (אַקוֹרְדִנְגְלִי) לָכֵן, לְפִיכָךְ, בְּהֶתְאֵם ל־

accord'ing to" (אַקוֹרְדִנְג טוּ) לְפִי; בְּהֶתְאֵם ל־

accor'dion *n.* (אַקוֹרְדִיאַן) אֲקוֹרְדְיוֹן, מַפּוּחִית־יָד

— *adj.* בַּעַל קִפּוּלִים צָרִים

accost' *v.t.* (אַקוֹסְט) פָּנָה אֶל־ (בעזות); שִׁדֵּל (לדבר עבירה)

acoucheme'nt *n.* (אַקוּשְׁמַנ|ט|) לֵדָה

accoucheur' *n.* (אַקוּשֶׁר) מְיַלֵּד

accoucheuse' *n.* (אַקוּשֶׁז) מְיַלֶּדֶת

account' *n.* (אַקָאוּנְט) תֵּאוּר, דִּין וְחֶשְׁבּוֹן;

accu'sative *adj.* (אֲקיוּזֶטִב) אֲקוּסַטִיבִי; מַאֲשִׁים
— *n. & adj.* יַחֲסַת־אֵת; מִלָּה בְּיַחֲסַת־אֵת
accuse' *v.t. & i* (אֲקְיוּז) הֶאֱשִׁים
— ed *adj. & n.* (אֲקְיוּזְד) נֶאֱשָׁם
accus'tom *v.t.* (אֲקַסְטַם) הִרְגִּיל
accus'tomed *adj.* (אֲקַסְטַמְד) רָגִיל, מֻרְגָּל
ace *n.* (אֵיס) אַס, אַלּוּף; מִשְׂחָק; מֻמְחֶה, טַיָּס מִצְטַיֵּן
— in the hole עֲתוּדָה לְעֵת צָרָה
have an — up one's sleeve שָׁמַר לְעַצְמוֹ יִתְרוֹן
— *adj.* מִצְטַיֵּן
ace'phalous *adj.* (אֵיסֶפֲלֶס) חֲסַר ראש; לְלֹא מַנְהִיג
acerb'ity *n.* (אֲסֶרְבִּטִי) חֲמִיצוּת; חֲרִיפוּת
ac'etic ac'id (אֲסִיטִק אֶסִד) חֻמְצַת חֹמֶץ; חֻמְצָה אַצֶטִית
ache *n.* (אֵיק) כְּאֵב, מֵחוּשׁ; מַכְאוֹב אָטוּם וּמְמֻשָּׁךְ
— *v.i.* כָּאַב; סָבַל; הִשְׁתּוֹקֵק
achieve' *v.t. & i* (אֲצִ׳יב) הִשִּׂיג; בִּצֵּעַ
achieve'ment *n.* (אֲצִ׳יבְמֶנְט) הֶשֵּׂג
ach"romat'ic *adj.* (אֶקְרֶמֶטִק) אַכְרוֹמָטִי
ac'id *n.* (אֶסִד) חֻמְצָה; ל.ס.ד.
— *adj.* חָמוּץ; חֻמְצִי; חָרִיף
acid'ify *v.t. & i.* (אֲסִדִפַי) הָפַךְ לְחֻמְצָה; נֶהְפַּךְ לְחֻמְצָה
aci'dity *n.* (אֲסִדִטִי) חֻמְצִיּוּת; חֲמִיצוּת
acknowl'edge *v.t.* (אֶקְנוֹלִג׳) הוֹדָה; אִשֵּׁר, הִכִּיר; הִכִּיר טוֹבָה
acknowl'edgment *n.* (אֶקְנוֹלִג׳מֶנְט) הוֹדָאָה; אִשּׁוּר; הַכָּרַת טוֹבָה
ac'me *n.* (אֶקְמִי) פִּסְגָּה, שִׂיא
ac'ne *n.* (אֶקְנִי) חֲזָזִית; פְּרִיחָה חֲטָטִית (פצעי בגרות בפנים)
ac'olyte *n.* (אֶקַלַיט) נַעַר מִזְבֵּחַ; עוֹזֵר לַכֹּמֶר
a'corn *n.* (אֵיקוֹרְן) בַּלּוּט
acous'tic *adj.* (אֲקוּסְטִק) שִׁמְעִי, שְׁמִיעָתִי, אֲקוּסְטִי; קוֹלִי
— s *n.* אֲקוּסְטִיקָה
חֶשְׁבּוֹן; הֶסְבֵּר; סִבָּה; עֵרֶךְ, חֲשִׁיבוּת; הַעֲרָכָה; הוֹדָעָה (על עסקות כספיות); לָקוֹחַ
give — of הִתְנַהֵג בְּצוּרָה מְסֻיֶּמֶת
on — of בִּגְלַל; לְמַעַן
on (someone's) — בִּגְלַל פְּלוֹנִי
take — of הֵבִיא בְּחֶשְׁבּוֹן
take into — הֵבִיא בְּחֶשְׁבּוֹן
— *v.i.* דִּוַּח, נָתַן הֶסְבֵּר; גָּרַם
— *v.t.* חָשַׁב; יִחֵס
accountabi'lity *n.* (אֲקַאוּנְטֲבִּלִטִי) אַחֲרָיוּת
account'able *adj.* (אֲקַאוּנְטֲבְּל) אַחֲרָאִי
account'ancy *n.* (אֲקַאוּנְטֲנְסִי) הַנְהָלַת חֶשְׁבּוֹנוֹת, חֶשְׁבּוֹנָאוּת
account'ant *n.* (אֲקַאוּנְטֲנְט) רוֹאֵה חֶשְׁבּוֹן, חֶשְׁבּוֹנַאי
account' exe'cutive (אֲקַאוּנְט אֶקְזֶקְיֻטִב) מְנַהֵל עִסְקוֹת פִּרְסֹמֶת
account'ing *n.* (אֲקַאוּנְטִנְג) חֶשְׁבּוֹנָאוּת
accou'ter *v.t.* (אֲקוּטְר) צִיֵּד
accou'terment *n.* (אֲקוּטֲרְמֶנְט) צִיּוּד
accred'it *v.i. & t* (אֲקְרֶדִט) יִחֵס ל־; יִפָּה כֹּחַ, הֶאֱמִין עַל־; אִשֵּׁר; הֶאֱמִין ל־
accrete' *v.i. & t.* (אֲקְרִיט) נִדְבַּק; נִתּוֹסֵף
accre'tion *n.* (אֲקְרִישְׁן) תּוֹסֶפֶת, סֶפַח; הִתְלַכְּדוּת
accrue' *v.i.* (אֲקְרוּ) קָרָה (בעקבות צמיחה); נִתּוֹסֵף
accul"tura'tion *n.* (אֲקַלְצֲ׳רֵישְׁן) תִּרְבּוּת
accul'turize *v.t.* (אֲקַלְצ׳וּרַיְז) הִקְנָה תַּרְבּוּת (על קבוצה אחרת)
accu'mulate" *v.t. & i.* (אֲקְיוּמְיַלֵיט) צָבַר; הִצְטַבֵּר
accu"mula'tion *n.* (אֲקְיוּמְיַלֵישְׁן) צְבִירָה; הִצְטַבְּרוּת; צְמִיחָה
accu'mula"tive *adj.* (אֲקְיוּמְיַלֵיטִב) מִצְטַבֵּר
accum'ulat"or *n.* (אֲקְיוּמְיַלֵיטְר) צוֹבֵר; מַצְבֵּר
ac'curacy *n.* (אֶקְיַרַסִי) דַּיְקָנוּת, דִּיּוּק
ac'curate *adj.* (אֶקְיַרִט) נָכוֹן, מְדֻיָּק; שָׁלֵם
accurs'ed *adj.* (אֲקֶרְסְט; אֲקֶרְסֲד) מְקֻלָּל, אָרוּר; מְעֹרְעָר
ac"cusa'tion *n.* (אֶקְיוּזֵישְׁן) הַאֲשָׁמָה; אִשּׁוּם

acquaint' *v.t.* (אֲקְוֵינְט) הִקְנָה יֶדַע; הוֹדִיעַ; הִצִּיג לִפְנֵי

acquaint'ance *n.* (אֲקְוֵינְטַנְס) יֶדַע, יְדִיעָה; מַכָּר; הֶכֵּרוּת

ac"quiesce' *v.i.* (אֲקְוִיאֶס) הִסְכִּים, הוֹדָה

acquies'cence *n.* (אֲקְוִיאֶסֶנְס) הַסְכָּמָה; הוֹדָאָה

acquies'cent *adj.* (אֲקְוִיאֶסֶנְט) מַסְכִּים, צַיְּתָן

acquire' *v.t.* (אֲקְוַיר) רָכַשׁ, הִשִּׂיג

ac"quisi'tion *n.* (אֲקְוִזִשְׁן) רְכִישָׁה

acquis'itive *adj.* (אֲקְוִזִטִב) חַמְדָנִי

acquit' *v.t.* (אֲקְוִט) זִכָּה, שִׁחְרֵר; סִלֵּק (חוב)

— oneself הִתְנַהֵג

acquit'tal *n.* (אֲקְוִטְל) זִכּוּי, שִׁחְרוּר; סִלּוּק (חוב)

a'cre *n.* (אֵיקְר) אַקֶר (= 4.047 מ״ר),

— s אֲדָמוֹת; ״הָמוֹן״

ac'rid *adj.* (אֶקְרִד) חָרִיף

ac"rimo'nious *adj.* (אֶקְרְמוֹנִיאַס) חָרִיף, עוֹקְצָנִי

ac'rimo"ny *n.* (אֶקְרְמוֹנִי) חֲרִיפוּת, מְרִירוּת

ac'robat *n.* (אֶקְרַבֶּט) אַקְרוֹבָּט, לוּלְיָן; הַסְכְּסְפָךְ

ac"robat'ic *adj.* (אֶקְרַבֶּטִק) אַקְרוֹבָּטִי, לוּלְיָנִי

— s *n.* אַקְרוֹבָּטִיקָה; מַעֲשֵׂה זְרִיזוּת

ac'ronym" *n.* (אֶקְרַנִם) רָאשֵׁי תֵּבוֹת

across' (אֲקְרוֹס) מֵעֵבֶר; בְּמַגָּע עִם־; לָרֹחַב, מִצַּד אֶחָד לַשֵּׁנִי; בַּצַּד הַשֵּׁנִי; כְּדֵי שֶׁיּוּבַן

across-the-board (אֲקְרוֹס־דֶ׳־בּוֹרְד) לְכֻלָּם; הַמִּתְיַחֵס לְכָל הָאֶפְשָׁרֻיּוֹת

acros'tic *n.* (אֲקְרוֹסְטִק) אַקְרוֹסְטִיכוֹן

— *adj.* אַקְרוֹסְטִיכוֹנִי

act *n.* (אֶקְט) מַעֲשֶׂה, פְּעֻלָּה; עֲשִׂיָּה; חֹק, צַו, מִסְמָךְ; מַעֲרָכָה, הַצָּגָה; אֲחִיזַת עֵינַיִם

— *v.i.* הִתְנַהֵג; פָּעַל, עָשָׂה; הִשְׁפִּיעַ; הֶעֱמִיד פָּנִים; שִׂחֵק

— *v.t.* שִׂחֵק תַּפְקִיד

— on פָּעַל בְּהֶתְאֵם ל־; הִשְׁפִּיעַ

— out הֶרְאָה ע״י תְּנוּעוֹת

— up הִשְׁתּוֹלֵל; פָּעַל שֶׁלֹּא כַּשּׁוּרָה

act'ing *adj.* (אֶקְטִנְג) זְמַנִּי, בְּפֹעַל; פּוֹעֵל, מִתְפַּקֵּד; מַתְאִים לְהַצָּגָה

— *n.* מִשְׂחָק (על בימה), הַתֵּאַטְרוֹן; הַעֲמָדַת פָּנִים

ac'tion *n.* (אֶקְשְׁן) פְּעִילוּת, פְּעֻלָּה; מַעֲשֶׂה; הַשְׁפָּעָה; עֲלִילָה; מַנְגָּנוֹן; הִתְנַגְּשׁוּת; קְרָב; תְּבִיעָה מִשְׁפָּטִית, תְּבִעָנָה

— s הִתְנַהֲגוּת

ac'tionable *adj.* (אֶקְשְׁנַבְּל) בַּר־תְּבִיעָה

ac'tivate" *v.t.* (אֶקְטִוֵיט) הִפְעִיל; שִׁפְעֵל; הִכְנִיס רַדְיוֹאַקְטִיבִיּוּת; אִוְרֵר (כדי להחיש הירקבות); הֵחִישׁ רֵאַקְצִיּוֹת; הֶעֱבִיר לְשֵׁרוּת פָּעִיל (יחידה צבאית)

ac'tive *adj.* (אֶקְטִב) מָמָא מֶרֶץ; פָּעִיל, עֵר, עֵרָנִי; זָרִיז

activ'ity *n.* (אֶקְטִוִטִי) פְּעִילוּת, פְּעֻלָּה; עֵרָנוּת

ac'tor *n.* (אֶקְטְר) שַׂחְקָן; עוֹשֶׂה, מִשְׁתַּתֵּף; מַעֲמִיד פָּנִים

ac'tress *n.* (אֶקְטְרֶס) שַׂחְקָנִית; מַעֲמִידָה פָּנִים

ac'tual *adj.* (אֶקְצ׳וּאַל) מַמָּשִׁי, אֲמִתִּי, מְצִיאוּתִי; כָּרֶגַע, אַקְטוּאָלִי; בְּפֹעַל

ac"tual'ity *n.* (אֶקְצ׳וּאֶלְטִי) מְצִיאוּת; מַמָּשׁוּת

ies תְּנָאִים מַמָּשִׁיִּים

ac'tually" *adv.* (אֶקְצוּאָלִי) בְּעֶצֶם, לְמַעֲשֶׂה

ac'tuary *n.* (אֶקְצ׳וּאֶרִי) חַשָּׁב סִכּוּנֵי בִּטּוּחַ

ac'tuate" *v.t.* (אֶקְצ׳וּאֵיט) הִפְעִיל, עוֹרֵר לִפְעֻלָּה

acu'ity *n.* (אֲקְיוּאִטִי) חַדּוּת

acu'men *n.* (אֲקְיוּמֶן) חַדּוּת, חֲרִיפוּת שֵׂכֶל, הֲבָנָה חוֹדֶרֶת

ac'upunc"ture *n.* (אֶקְיוּפַּנְקְצֶ׳ר) רִפּוּי בְּמַחְטִים

acute' *adj.* (אֲקְיוּט) חַד, מְחֻדָּד, חָזָק; חוֹדֵר, רָגִישׁ

— angle זָוִית חַדָּה

acute'ness *n.* (אֲקְיוּטְנֶס) חֲרִיפוּת, חַדּוּת

ad'age *n.* (אֶדִג׳) מֵימְרָה, פִּתְגָּם

ad'amant" *adj.* (אֶדְמֶנְט) נֻקְשֶׁה, עַקְשָׁן

adapt' *v.t.* (אֲדֶפְּט) הִתְאִים, סִגֵּל

— *v.i.* הִסְתַּגֵּל

adap"tabil'ity *n.* (אדפטבלטי) סגילות

adapt'able *adj.* (אדפטבל) סגיל; מסתגל בקלות

ad"apta'tion *n.* (אדפטישן) סגול, הסתגלות; עבוד

add *v.t. & i.* (אד) חבר; הוסיף; עשה פעלת חבור;

— up סכם; התקבל על הדעת

adden'dum *n.* [*pl.* -da] (אדנדם) נספח, תוספת

ad'der *n.* (אדר) צפע אירופי

ad'dict *n.* (אדקט) מתמכר; נרקומן

— ed *adj.* מכור, להוט אחרי

addic'tion *n.* (אדקשן) התמכרות

addi'tion *n.* (אדשן) תוספת; חבור

in — to מלבד

addi'tional *adj.* (אדשנל) נוסף, משלים

ad'dle *v.t.* (אדל) בלבל

address' *v.t.* (אדרס) פנה אל; הפנה; מען

— *n.* נאום; כתבת, מען, גנוני שיחה

ad"ressee' *n.* (אדרסי) נמען

adduce' *v.t.* (אדוס; אדיוס) הביא ראיות

ad'enoids" *n. pl.* (אדנוידז) פוליפים (באף)

adept' *adj. & n.* (אדפט) מימן, ממחה, בקי

ad'equate *adj.* (אדקוט) מספיק, מתאים; נאות; מניח את הדעת

adhere' *v.i.* (אדהיר) דבק, נצמד; היה מסור

adher'ence *n.* (אדהירנס) מסירות, דבקות; הצמדות

adhe'sive *adj.* (אדהיסב) דביק, מדבק; נצמד, דבק

— *n.* חמר מדבק; דבק; בול להדבקה

adieu' *inter. & n.* (אדו; אדיו) להתראות; פרדה

ad'ipose *adj.* (אדפוס) שמני, שמן

adja'cency *n.* (אג׳יסנסי) קרבה, שכנות

adja'cent *adj.* (אג׳יסנט) סמוך, קרוב

— angles זויות צמודות

ad'jective *n.* (אג׳קטב) תאר, שם תאר

— *adj.* תארי; תלוי

adjoin' *v.t.* (אג׳וין) נגע ב־; גבל ב־

— ing *adj.* גובל; סמוך

adjourn' *v.t.* (אג׳רן) נעל (אסיפה), דחה

adjourn'ment *n.* (אג׳רנמנט) נעילה, דחיה

adjudge' *v.t.* (אג׳ג׳) פסק, חרץ משפט; העניק; ראה לנכון

adju'dicate *v.t. & i.* (אג׳ודקיט) חרץ משפט, פסק

adju"dica'tion *n.* (אג׳ודקישן) חריצת משפט, פסק־דין

adj'unct *n.* (אג׳נקט) נספח, תוספת; עוזר

adj"ura'tion *n.* (אג׳ורישן) השבעה; הפצרה

adjure' *v.t.* (אג׳ור) השביע; הפציר

adjust' *v.t. & i.* (אג׳סט) סגל, התאים; כונן, וסת; ישב; הסתגל

adjust'ment *n.* (אג׳סטמנט) סגול, התאמה; כונון; ישוב (חילוקי דעות); פצוי

ad'jutant *n.* (אג׳טנט) שליש; עוזר

ad-lib' *v.t. & i.* (אדלב) אלתר (בנאום, הצגה)

admin'ister *v.t. & i.* (אדמנסטר) נהל; היה אחראי ל־; פקח; בצע; השביע; הגיש סיוע; שמש אמרכל

admin"istra'tion *n.* (אדמנסטרישן) נהול, מנהל; מנהלה, הנהלה; תקופת מנהל; אמרכלות

admin'istra"tive *adj.* (אדמנסטריטב) מנהלי, אדמיניסטרטיבי

admin"istra'tor *n.* (אדמנסטריטר) מנהל; אדמיניסטרטור; אמרכל; מבצע צוואה

ad'mirable *adj.* (אדמרבל) ראוי להערכה, ראוי להערצה; מצין

ad'miral *n.* (אדמרל) אדמירל; קצין בכיר (בחיל הים); מפקד צי

ad'miralty *n.* (אדמרלטי) אדמירליות; משרד חיל הים הבריטי; בית משפט לשפוט ימי

ad"mira'tion *n.* (אדמרישן) הערכה; הוקרה, הערצה; מעורר הערכה

admire' *v.t.* (אדמיר) העריץ, הוקיר; התפעל מן־ [illegible]

admir'er *n.* (אדמירר) מוקיר, מעריץ, מחבב; מחזר

admis'sible *adj.* (אדמסבל) מתר; ראוי להתקבל

admis′sion *n.* (אֶדְמִשְׁן) הוֹדָאָה; אִשּׁוּר; כְּנִיסָה; דְּמֵי כְּנִיסָה

admit′ *v.t. & i* (אֶדְמִט) הוֹדָה; הִכְנִיס; הִרְשָׁה; הִתִּיר (לשמש בתפקיד); אִשֵּׁר

admit′tance *n.* (אֶדְמִטֶנְס) רְשׁוּת כְּנִיסָה; כְּנִיסָה; הוֹדָאָה

admix′ture *n.* (אֶדְמִקְסְצֶ׳ר) עִרְבּוּב

admon′ish *v.t.* (אֶדְמוֹנִשׁ) הִזְהִיר; עוֹדֵד

ado′ *n.* (אֶדוּ) הִתְעַסְּקוּת; פְּעִילוּת; מְהוּמָה

ado′be *n.* (אֲדוֹבִּי) לְבֵנִים (שיובשו בשמש); לִבְנֵי טִיט; טִיט

ad″oles′cence *n.* (אֶדֲלֶסֶנְס) תְּקוּפַת הַהִתְבַּגְּרוּת; הִתְבַּגְּרוּת

ad″oles′cent *n. & adj.* (אֶדֲלֶסֶנְט) מִתְבַּגֵּר; צָעִיר, נַעַר בּוֹגֵר

adopt′ *v.t.* (אֲדוֹפְּט) סִגֵּל; אִמֵּץ; קִבֵּל

adop′tion *n.* (אֲדוֹפְּשֶׁן) אִמּוּץ, סִגּוּל, בְּחִירָה

ador′able *adj.* (אֲדוֹרֲבְּל) רָאוּי לְהַעֲרָצָה; חָבִיב; מַקְסִים

ad″ora′tion *n.* (אֶדוֹרֵישְׁן) הַעֲרָצָה; יִרְאַת כָּבוֹד; אַהֲבָה עַזָּה, פֻּלְחָן

adore′ *v.t. & i.* (אֲדוֹר) הֶעֱרִיץ, עָבַד (אֵל), סָגַד; אָהַב; הִתְפַּלֵּל

adorn′ *v.t.* (אֲדוֹרְן) עִטֵּר, קִשֵּׁט, יִפָּה

adorn′ment *n.* (אֲדוֹרְנְמֶנְט) קִשּׁוּט

adrift′ *adv. & adj.* (אֲדְרִפְט) צָף; תָּלוּשׁ; פּוֹסֵחַ עַל שְׁתֵּי סְעִפִּים

adroit′ *adj.* (אֲדְרוֹיט) מְיֻמָּן, מָהִיר

adroit′ness *n.* (אֲדְרוֹיטְנֶס) מְיֻמָּנוּת; זְרִיזוּת

ad″ula′tion *n.* (אֶג׳ֲלֵישְׁן) הִתְרַפְּסוּת, מְסִירוּת־יֶתֶר

ad′ult (adult′) *adj. & n.* (אֲדַלְט; אֶדַלְט) מְבֻגָּר; בּוֹגֵר

adul′terate″ *v.t.* (אֲדַלְטֲרֵיט) פִּגֵּל

adul″tera′tion *n.* (אֲדַלְטֲרֵישְׁן) פִּגּוּל

adul′terer *n.* (אֲדַלְטֲרֶר) נוֹאֵף

adul′tery *n.* (אֲדַלְטֲרִי) נִאוּף

adum′brate *v.t.* (אֲדַמְבְּרֵיט) רָשַׁם, שִׂרְטֵט; הֶעִיב קְצָת; הֵטִיל צֵל עַל

advance′ *v.t. & i.* (אֲדְוֶנְס) קִדֵּם; הִצִּיג; טִפֵּחַ; הֶעֱלָה, הִגְדִּיל; הֵאִיץ; נָתַן בְּהַקָּפָה; הִתְקַדֵּם; עָלָה
הִתְקַדְּמוּת; הַעֲלָאָה בְּדַרְגָּה; מִקְדָּמָה; קִדּוּם

— s נִסָּיוֹן לִיצוֹר יְחָסִים

in — מֵרֹאשׁ

— *adj.* מֻקְדָּם

advance′ment *n.* (אֲדְוֶנְסְמֶנְט) הִתְקַדְּמוּת; הַעֲלָאָה בְּדַרְגָּה; קִדּוּם

advan′tage *n.* (אֲדְוֶנְטִג׳) יִתְרוֹן

take — of נִצֵּל

advanta′geous *adj.* (אֲדְוֶנְטֵיגְ׳ס) מוֹעִיל, מֵבִיא יִתְרוֹן

ad′vent *n.* (אֶדְוֶנְט) בּוֹא; הִתְגַּלּוּת יֵשׁוּ הַשְּׁנִיָּה

adventi′tious *adj.* (אֶדְוֶנְטִשֲׁס) מִקְרִי; טָפֵל

adven′ture *n.* (אֲדְוֶנְצֶ׳ר) הַרְפַּתְקָה; סִכּוּן, הָעֳזָה; סְפֶּקוּלַצְיָה

adven′turer *n.* (אֲדְוֶנְצֶ׳רֶר) הַרְפַּתְקָן, מִסְתַּכֵּן; סַפְסָר, נוֹכֵל

adven′turess *n.* (אֲדְוֶנְצֶ׳רֶס) הַרְפַּתְקָנִית (במובן חברתי); נוֹכֶלֶת

adven′turous *adj.* (אֲדְוֶנְצֶ׳רֶס) הַרְפַּתְקָנִי; נוֹעָז; כָּרוּךְ בְּסִכּוּן, מְסֻכָּן

ad′verb *n.* (אֶדְוֶרְבּ) תֹּאַר הַפֹּעַל

adver′bial *adj.* (אֲדְוֶרְבִּיאֲל) שֶׁל תֹּאַר הַפֹּעַל, אַדְוֶרְבִּיאָלִי

ad′versar″y *n.* (אֶדְוֶרְסֶרִי) יָרִיב; בַּעַל דְּבָב; מִתְחָרֶה

adverse′ *adj.* (אֶדְוֶרְס) נוֹגֵד, פּוֹגֵעַ; נֶגְדִּי, מְנֻגָּד

adver′sity *n.* (אֲדְוֶרְסִטִי) מְצוּקָה; אָסוֹן

ad′vertise″ *v.t. & i.* (אֶדְוֶרְטַיז) פִּרְסֵם, הוֹדִיעַ עַל־; מָשַׁךְ תְּשׂוּמֶת לֵב, הִשְׁתַּמֵּשׁ בְּפִרְסֹמֶת

ad′vertise″ment; adver′tisement *n.* (אֶדְוֶרְטַיזְמֶנְט; אֲדְוֶרְטִסְמֶנְט) מוֹדָעָה; הוֹדָעָה; פִּרְסוּם

ad″vertis′er *n.* (אֶדְוֶרְטַיזֶר) מְפַרְסֵם

advice′ *n.* (אֲדְוַיס) עֵצָה; יְדִיעָה, דִּין וְחֶשְׁבּוֹן

advis′able *adj.* (אֲדְוַיזֲבְּל) מֻמְלָץ; יָאֶה, רָצוּי

advise′ *v.t. & i.* (אֲדְוַיז) יָעַץ, הִמְלִיץ עַל־; הֶעֱמִיד עַל; הִתְיָעֵץ

advised′ *adj.* (אֲדְוַיזְד) מוּדָע ל־; נָתוּן לְשִׁקּוּל

advis′edly *adv.* (אֶדְוַיזְדְלִי) בְּשִׁקּוּל דַּעַת
advis′er *n.* (אֶדְוַיזְר) יוֹעֵץ; מְיָעֵץ; מוֹרֶה מְיָעֵץ
advi′sory *adj.* (אֶדְוַיזֶרִי) מְיָעֵץ
ad′vocacy *n.* (אֶדְוֶקֶסִי) סַנֵּגוֹרְיָה; תְּמִיכָה
ad′vocate″ *v.t. & i & n.* (אֶדְוֶקֵיט) סִנֵּגֵר, הֵמְלִיץ עַל־; סַנֵּגוֹר, מֵלִיץ יֹשֶׁר; שְׁתַדְּלָן; עוֹרֵךְ דִּין, פְּרַקְלִיט
adz *n.* (אֶדְז) קַרְדֹּם
ae′gis *n.* (אִיגִ׳ס) מָגֵן; חָסוּת
a′erate″ *v.t.* (אֶרֵיט) אִוְרֵר; סִפֵּק אֲוִיר; סִפֵּק גַּז
aer′ator *n.* (אֶרֵיטֶר) מַכְנִיס־אֲוִיר
aer′ial *adj.* (אֶרִיאֶל) אַוְרִירִי; חַי בָּאֲוִיר; מְגֻבָּהּ; גָּבֹהַּ; דִּמְיוֹנִי; אַוְרִירִי; שֶׁל כְּלִי טַיִס
— *n.* אַנְטֶנָּה
aer″oba′tics *n.* (אֶרֶבֶּטִקְס) אֲוִירוֹבָּטִיקָה
aer′onaut″ *n.* (אֶרֶנוֹט) טַיָּס, נַוָּט (בכדור פורח); נוֹסֵעַ (בדרך האוויר); מְעוֹפֵף
aer″onau′tics *n.* (אֶרֶנוֹטִקְס) אֲוִירוֹנָאוּטִיקָה
aesthet′ic *adj.* (אֶסְתֶּטִק) אֶסְתֶּטִי
afar′ *adv.* (אֶפָר) בְּמֶרְחָק רַב
from — *n.* מִמֶּרְחַקִּים
af′fable *adj.* (אֶפֶבְּל) חָבִיב, נָעִים
affabil′ity *n.* (אֶפֶבִּלְטִי) חֲבִיבוּת, נֹעַם
affair′ *n.* (אֶפֶר) עִנְיָן, מַעֲשֶׂה; מְאֹרָע; עֵסֶק; דָּבָר; פָּרָשַׁת אֲהָבִים; פָּרָשָׁה לְשִׁמְצָה; מְסִבָּה
affect′ *v.t.* (אֶפֶקְט) הִשְׁפִּיעַ; פָּעַל עַל; הֶעֱמִיד פָּנִים; נָטַל בְּיָמְרָנוּת; הֶעֱדִיף לְהִשְׁתַּמֵּשׁ בּ־
af′fect *n.* הִפָּעֲלוּת, רֶגֶשׁ
af″fecta′tion *n.* (אֶפֶקְטֵישְׁן) הַעֲמָדַת פָּנִים
affect′ed *adj.* (אֶפֶקְטֶד) מֻשְׁפָּע, מִתְרַשֵּׁם; מְעֻשֶּׂה, לֹא־טִבְעִי; נוֹטֶה לְ־
affec′tion *n.* (אֶפֶקְשֶׁן) חִבָּה
— s רֶגֶשׁ הָרְגָשָׁה; וַחֲבָה
affecti′onate *adj.* (אֶפֶקְשֶׁנֵיט) מְגַלֶּה חִבָּה
affi′ance *v.t.* (אֶפַיאֶנְס) אֵרַשׂ, הֶאֱרִיס
af″fida′vit *n.* (אֶפִידֵיוִט) הוֹדָעָה בִּשְׁבוּעָה
affil′iate *v.t. & i.* (אֶפִילִיאֵיט) חִבֵּר; הִתְחַבֵּר עִם; עָמַד עַל יוּחָסִין; אִמֵּץ
— *n.* חֶבְרַת־בַּת; חָבֵר
affil″ia′tion *n.* (אֶפִלִיאֵישְׁן) הִתְחַבְּרוּת, קֶשֶׁר
affin′ity *n.* (אֶפִנְטִי) מְשִׁיכָה טִבְעִית; קִרְבָה (בעקבות נישואים); דִּמְיוֹן; הַסְכָּמָה; אֲפִינִיּוּת
affirm′ *v.t.* (אֶפֶרְם) קָבַע, אִשֵּׁר
af″firma′tion *n.* (אֶפֶרְמֵישְׁן) קְבִיעָה, אִשּׁוּר; הַצְהָרָה
affirm′ative *adj. & n.* (אֶפֶרְמֶטִב) מְאַשֵּׁר; חִיּוּבִי; קְבִיעָה; הַסְכָּמָה; הַמְחַיְּבִים (בוויכוח פומבי); מְאַשֵּׁשׁ
affix′ *v.t.* (אֶפִקְס) חִבֵּר, הוֹסִיף, קָבַע
afflict′ *v.t.* (אֶפְלִקְט) הֵבִיא עַל, יִסֵּר
afflic′tion *n.* (אֶפְלִקְשֶׁן) אָסוֹן, אֵיד, מְצוּקָה
af′fluence *n.* (אֶפְלוּאֶנְס) שֶׁפַע, עֹשֶׁר; נְהִירָה; שִׂגְשׂוּג, רְוָחָה
af′fluent *adj.* (אֶפְלוּאֶנְט) עָשִׁיר, שׁוֹפֵעַ; נוֹהֵר
afford′ *v.t.* (אֶפוֹרְד) הִרְשָׁה לְעַצְמוֹ; יָדוֹ מַשֶּׂגֶת; יְהֵא בְּאֶפְשָׁרוּת לְשַׁלֵּם; סִפֵּק; הֶעֱנִיק
af″foresta′tion *n.* (אֶפוֹרֶסְטֵישְׁן) יִעוּר
affran′chise *v.t.* (אֶפְרֶנְצַ׳יז) שִׁחְרֵר
affray′ *n.* (אֶפְרֵי) תִּגְרָה
affright′ *v.t.* (אֶפְרַיט) הִפְחִיד
affront′ *v.t. & n.* (אֶפְרֶנְט) הֶעֱלִיב, פָּגַע בְּכָבוֹד; הֵבִיךְ; עָמַד פָּנִים אֶל פָּנִים; עֶלְבּוֹן, פְּגִיעָה בְּכָבוֹד
afield′ *adv.* (אֶפִילְד) רָחוֹק מֵהַבַּיִת, בַּחוּץ לָאָרֶץ; מִתְרַחֵק מִגּוּף הָעִנְיָן; בַּשָּׂדֶה
afire′ *adv.* (אֶפַיר) בּוֹעֵר
afloat′ *adv. & adj.* (אֶפְלוֹט) צָף; נִשָּׂא עַל פְּנֵי הַמַּיִם; עַל כְּלִי שַׁיִט; מוּצָף; תּוֹעֶה; מִתְהַלֵּךְ; מְסֻגָּל לְשַׁלֵּם כָּל חוֹבוֹתָיו
afoot′ *adv. & adj.* (אֶפֻט) רַגְלִי; בַּהֲכָנָה
afore′said *adj.* (אֶפוֹרְסֶד) שֶׁנֶּאֱמַר לְעֵיל
afoul′ *adv. & adj.* (אֶפָאוּל) מִסְתַּבֵּךְ
afraid′ *adj.* (אֶפְרֵיד) חוֹשֵׁשׁ, פּוֹחֵד, יָרֵא; מִצְטָעֵר; חֲסַר־רָצוֹן
be — *v.i.* פָּחַד
afresh′ *adv.* (אֶפְרֶשׁ) מֵחָדָשׁ, שׁוּב, עוֹד פַּעַם
Af′rican *n. & adj.* (אֶפְרִקֶן) אַפְרִיקָנִי, כּוּשִׁי

aft *adv. & adj.* (אֶפְט) בְּאַחוֹרֵי אֳנִיָּה; כְּלַפֵּי אֲחוֹרֵי הָאֳנִיָּה

af'ter *prep.* (אֶפְטְר) אַחֲרֵי, אַחַר; בְּעִקְּבוֹת; עַל אוֹדוֹת; בְּהֶתְאֵם ל־

— *adv.* מֵאָחוֹרֵי; מְאֻחָר יוֹתֵר

af'terlife" *n.* (אֶפְטֶרְלַיף) הָעוֹלָם הַבָּא; אַחֲרִית הַחַיִּים

af'termath" *n.* (אֶפְטֶרְמֶת׳) תּוֹצָאָה; דֶּשֶׁא מְחֻדָּשׁ (לאחר כיסוח)

af"ternoon' *n.* (אֶפְטֶרְנוּן) אַחֲרֵי הַצָּהֳרַיִם; תְּקוּפָה מְאֻחֶרֶת

af'ternoon' *adj.* שֶׁל אַחֲרֵי הַצָּהֳרַיִם

— s *adv.* אַחֲרֵי הַצָּהֳרַיִם; בִּשְׁעוֹת אַחֲרֵי הַצָּהֳרַיִם

af'terthought" *n.* (אֶפְטֶרְת׳וֹט) הִרְהוּר שֵׁנִי; רַעְיוֹן שֶׁהִתְאַחֵר; תּוֹסֶפֶת לֹא־צְפוּיָה

af'terward(s) *adv.* (אֶפְטֶרְוֶרְד[ז]) לְאַחַר מִכֵּן

again' *adv.* (אֶגֶן) עוֹד פַּעַם, שׁוּב; כְּתוֹסֶפֶת; כָּפוּל; יָתֵר עַל כֵּן; כְּתוֹר בְּרֵירָה

time and — פְּעָמִים מִסְפָּר

against' *prep.* (אֶגֶנְסְט) נֶגֶד; נֹכַח, מוּל; בְּנִגּוּד; כַּהֲכָנָה ל־; כְּתַשְׁלוּם בְּעַד; מְנֻגָּד ל־

agape' *adv.* (אֶגֵיפּ) בְּפֶה פָּעוּר; תּוֹהֶה; פָּעוּר לִרְוָחָה

age *n.* (אֵיג׳) עִדָּן; דּוֹר; גִּיל; זִקְנָה; הַתְּקוּפָה הַנּוֹכְחִית; תְּקוּפָה אֲרֻכָּה

— *v. i. & t.* הִזְקִין, הִזְדַּקֵּן; הִבְשִׁיל; גָּרַם לְהִזְדַּקְּנוּת; הֵבִיא לִידֵי הַבְשָׁלָה

Middle Ages יְמֵי הַבֵּינַיִם

a'ged *adj.* (אֵי׳גִד, אֵיג׳ד) זָקֵן, בָּא בַּיָּמִים; בֶּן...שָׁנִים; מֻבְחָל, מְשֻׁפָּר ע״י הַבְשָׁלָה

— *n.* זְקֵנִים

a'gency *n.* (אֵיגֶ׳נְסִי) סוֹכְנוּת; מִשְׂרַד סוֹכֵן; פְּקִידֵי סוֹכֵן; אֶמְצָעוּת

agen'da (אֶג׳נְדָה) סֵדֶר הַיּוֹם

a'gent *n.* (אֵיגֶ׳נְט) סוֹכֵן; נָצִיג; גּוֹרֵם; מְרַגֵּל; סוֹכֵן נוֹסֵעַ; אֶמְצָעִי

agglom"era'tion *n.* (אֶגְלוֹמֶרֵישְׁן) גִּבּוּב

aggran'dizement *n.* (אֶגְרֶנְדִיזְמֶנְט) הַרְחָבָה, הַגְדָּלָה, הַעֲצָמָה

ag'gravate" *v.t.* (אֶגְרֶוֵיט) הֶחֱרִיף; הִרְגִּיז, הִקְנִיט

ag"grava'tion *n.* (אֶגְרֶוֵישְׁן) הַחְמָרָה; רֹגֶז, עָגְמַת נֶפֶשׁ

ag'gregate" *adj. & n.* (אֶגְרֶגִיט) כּוֹלֵל; סַךְ הַכֹּל, סִכּוּם; צוֹבֵר

— *v.t.* צָבַר, קִבֵּץ

ag"grega'tion *n.* (אֶגְרֶגֵישְׁן) קִבּוּץ, מִצְבָּר

aggres'sion *n.* (אֶגְרֶשְׁן) תּוֹקְפָנוּת; הַתְקָפָה; אַגְרֶסְיָה

aggres'sive *adj.* (אֶגְרֶסִב) תּוֹקְפָנִי; אַגְרֶסִיבִי; תַּקִּיף, נִמְרָץ

aggres'sor *n.* (אֶגְרֶסְר) תּוֹקְפָן; תּוֹקֵף; פּוֹלֵשׁ

aggrieve' *v.t.* (אֶגְרִיב) לָחַץ; הֵרַע ל־, עָשַׁק; עָשָׂה עָוֶל

aggrieved' *adj.* (אֶגְרִיבְד) נִפְגָּע

aghast' *adj.* (אֶגֶסְט) נִדְהָם; הָמוּם, נִבְעָת

ag'ile *adj.* (אֶג׳ל) קַל־תְּנוּעָה, זָרִיז; פָּעִיל; מְמֻלָּח, עֵר

agil'ity *n.* (אֶג׳לְטִי) קַלּוּת תְּנוּעָה, זְרִיזוּת; חֲרִיפוּת

ag'itate *v. t. & i.* (אֶג׳טֵיט) הֵנִיעַ בְּמֶרֶץ; נִעֲנַע; עוֹרֵר; נִעֵר; הִסְעִיר; הֵסִית; דָּן, עוֹרֵר הִתְעַנְיְנוּת

ag"ita'tion *n.* (אֶג׳טֵישְׁן) נִעֲנוּעַ; תְּסִיסָה, תַּעֲמוּלָה, הֲסָתָה

agnos'tic *n. & adj.* (אֶגְנוֹסְטִק) כּוֹפֵר (באפשרות לעכוד על סוד הבריאה); אַגְנוֹסְטִיקָן

ago' *adj.* (אֶגוֹ) שֶׁעָבַר; לִפְנֵי (מספר, תקופה); בִּזְמַן עָבָר

long — לִפְנֵי זְמַן רַב

agog' *adj. & adv.* (אֶגוֹג) נִרְגָּשׁ מְאֹד; בְּהִתְרַגְּשׁוּת

ag'onize" *v.i. & t.* (אֶגְנַיז) סָבַל; הִתְאַמֵּץ הַרְבֵּה; עִנָּה

ag'ony *n.* (אֶגְנִי) יִסּוּרִים; הִתְרַגְּשׁוּת רַבָּה; גְּסִיסָה

ag'ony col'umn (אֶגְנִי קוֹלֶם) מוֹדָעוֹת אֵבֶל (טור בעיתון)

agrar'ian *adj. & n.* (אֶגְרֶרִיאֶן) קַרְקָעִי; חַקְלָאִי; אַגְרָרִי

agree' *v.i.* (אֶגְרִי) הִסְכִּים; הִתְאִים; הִגִּיעַ לִידֵי הֶסְכֵּם; הִתְעַכֵּל לְלֹא קְשָׁיִים; לֹא הִסְרִיעַ

agree'able *adj.* (אֲגְרִיאֲבְּל) נָעִים; מַסְכִּים, תְּמִים דֵעִים; הוֹלֵם

agree'ableness *n.* (אֲגְרִיאֲבְּלְנֶס) נְעִימוּת, נוֹחוּת; הַתְאָמָה, הַסְכָּמָה

agreed' *adj.* (אֲגְרִיד) קָבוּעַ, מֻסְכָּם; שֶׁנִּקְבַּע

agree'ment *n.* (אֲגְרִימֶנְט) הֶסְכֵּם, יִשּׁוּב; הַסְכָּמָה; הַתְאָמָה

ag"ricul'tural *adj.* (אֶגְרִקַלְצֶ'רְל) חַקְלָאִי

ag'ricul"ture *n.* (אֶגְרִקַלְצְ'ר) חַקְלָאוּת

agron'omy *n.* (אֲגְרוֹנֲמִי) אַגְרוֹנוֹמְיָה; תּוֹרַת הַחַקְלָאוּת

aground' *adv. & adj.* (אֲגְרַאוּנְד) עַל שִׂרְטוֹן; עַל הַיַּבָּשָׁה

a'gue *n.* (אֵיגְיוּ) צְמַרְמֹרֶת קַדַּחְתִּית מְלֻוָּה כְּאֵבִים; קְדִיחָה (בחינת חילופי חום וקור של קדחת)

ah *interj.* (אָ) הָה; אָהָה, אוֹי (להבעת תגובה רגשית)

ahead' *adv.* (אֲהֶד) לְפָנִים; קֹדֶם ל־; קָדִימָה; לִפְנֵי; לְפָנֵינוּ; לֶעָתִיד

get — הִתְקַדֵּם

ahoy' *interj.* (אֲהוֹי) הוֹי, שִׂימוּ לֵב!

aid *n. & v.t.* (אֵיד) סִיּוּעַ, עֶזְרָה; עוֹזֵר; סִיֵּעַ, עָזַר, תָּמַךְ

aide *n.* (אֵיד) שָׁלִישׁ, עוֹזֵר רִשְׁמִי

aide'-de-camp' (אֵיד־דֶ־קֶמְפּ) שָׁלִישׁ

aid' sta"tion (אֵיד סְטֵישְׁן) תַּחֲנַת עֶזְרָה רִאשׁוֹנָה

ail *v.t. & i.* (אֵיל) הֵצִיק; הִכְאִיב; חָלָה; חָשׁ בּ־

ai'leron *n.* (אֵילֲרוֹן) מַאֲזֶנֶת

ai'ling *adj.* (אֵילִנְג) חוֹלֶה

ail'ment *n.* (אֵילְמֶנְט) מַחֲלָה

aim *n.* (אֵים) מַטָּרָה, תַּכְלִית; הַכְוָנָה, מִכְוָן, כִּוּוּן

— *v.t. & i.* כִּוֵּן, שָׁאַף

aim'less *adj.* (אֵימְלֶס) לְלֹא מַטָּרָה, לְלֹא תַּכְלִית

ain't (אֵינְט) (צורה המוניה של (am, is, are . . . not

air *n.* (אֵר) אֲוִיר; לַחַן, נְעִימָה; מַרְאֶה

— s יָמְרָה

give the — דָּחָה; פִּטֵּר

on the — מְשֻׁדָּרִים

take the — יָצָא לְטַיֵּל

tread (walk) on — עָלַז

up in the — לְלֹא הַכְרָעָה

— *v.t. & i.* אִוְרֵר; גִּלָּה בָּרַבִּים; נֶחְשַׂף לָאֲוִיר

— *adj.* פּוֹעֵל בְּאֶמְצָעוּת אֲוִיר; שֶׁל מָטוֹס; קוֹרֶה בָּאֲוִיר

air'condi"tioner (אֵר קַנְדִשֲׁנֶר) מַזְגָן

air' condi"tioning (אֵר קַנְדִשֲׁנִנְג) מִזּוּג אֲוִיר

air'craft" *n.* (אֵרְקְרֶפְט) כְּלִי טַיִס, מָטוֹס

air'craft car'rier (אֵרְקְרֶפְט קֶרִיאֲר) נוֹשֵׂאת מְטוֹסִים

air'field" *n.* (אֵרְפִילְד) שְׂדֵה נְחִיתָה; שְׂדֵה תְּעוּפָה

air' force" (אֵר פוֹרְס) חֵיל אֲוִיר

ai'rily *adv.* (אֵרִלִי) בְּעַלִּיזוּת; בְּקַלִּילוּת, בְּרַכּוּת

air'iness *n.* (אֵרְנֶס) עַלִּיזוּת, שִׂמְחָה, קַלּוּת

air'ing *n.* (אֵרִנְג) אִוְרוּר; יִבּוּשׁ; טִיּוּל

air'less *adj.* (אֵרְלֶס) חֲסַר־אֲוִיר

air' let"ter (אֵר לֶטְר) אִגֶּרֶת אֲוִיר; נְיָר דַּק

air'lift *n.* (אֵרְלִפְט) רַכֶּבֶת אֲוִירִית; תַּעֲבוּרָה אֲוִירִית

— *v.t.* הֶעֱבִיר בְּרַכֶּבֶת אֲוִירִית

air' mail" *n. & v.t.* (אֵר מֵיל) דֹּאַר אֲוִיר; שָׁלַח בְּדֹאַר אֲוִיר

air'-mail" *adj.* (אֵר־מֵיל) שֶׁל דֹּאַר אֲוִיר

— *n.* מִכְתָּב בְּדֹאַר אֲוִיר; בּוּל דֹּאַר אֲוִיר

— *adv.* בְּדֹאַר אֲוִיר

air'man *n.* (אֵרְמֲן) טַיָּס, אֲוִירָאִי

air'min"ded *adj.* (אֵרְמַיְנְדִד) מִתְעַנְיֵן בְּטַיִס; מְחַיֵּב כְּלֵי טַיִס

air'plane" *n.* (אֵרְפְּלֵין) מָטוֹס, אֲוִירוֹן

air'port" *n.* (אֵרְפּוֹרְט) נְמַל אֲוִיר; שְׂדֵה תְּעוּפָה

air'-raid" *n.* (אֵר רֵיד) הַפְצָצַת אֲוִיר

air'-raid ward"en (אֵר־רֵיד ווֹרְדְן) פַּקָּח (הג"א)

air'ship *n.* (אֵרְשִׁפּ) סְפִינַת אֲוִיר

air'strip *n.* (אֵרְסְטְרִפּ) מַסְלוּל הַמְרָאָה

air'tight *adj.* (אֵרְטַיְט) בִּלְתִּי חָדִיר לַאֲוִיר, אָטוּם; לְלֹא נְקֻדּוֹת תֻּרְפָּה; הֶרְמֵטִי

air'-to-air' *adj.* (אֶר־טוּ־אֶר) אֲוִיר־אֲוִיר

air'-to-sur'face *adj.* (אֶר־טֻ־סֶרְפִס) אֲוִיר־קַרְקַע

air'y *adj.* (אֵרִי) אֲוִירִי, מְרֻוָּח; קַלִּיל, דַּק; עַלִּיז; דִּמְיוֹנִי; גָּבֹהַּ

aisle *n.* (אַיְל) מַעֲבָר

ajar' *adj. & adv.* (אֲגָ'ר) פָּתוּחַ בְּמִקְצָת; מְנֻגָּד לְ־

akim'bo *adj. & adv.* (אֲקִמְבּוֹ) כְּשֶׁהַיָּד עַל הַמֹּתֶן וְהַמַּרְפֵּק מֻטֶּה קָדִימָה

akin' *adj.* (אֲקִן) קָרוֹב; דּוֹמֶה

à la — (אַ לָא) כְּדֶרֶךְ; לְפִי; כְּנֹסַח

al'abas"ter *n.* (אֶלֲבֶּסְטֶר) בַּהַט

alac'rity *n.* (אֲלֶקְרִטִי) רָצוֹן; עֵרָנוּת, זְרִיזוּת

alarm' *v.t. & n.* (אֲלַרְם) הִפְחִיד; הִזְעִיק; חֲשָׁשׁ; אַזְעָקָה

alarm' clock" (אֲלַרְם קְלוֹק) שְׁעוֹן מְעוֹרֵר

alas' *interj.* (אֲלֶס) אוֹי, אֲבוֹי, אֲהָהּ

albe'it *conj.* (אוֹלְבִּיאִט) אִם גַּם; גַּם אִם

al'bum *n.* (אֶלְבֶּם) אַלְבּוֹם

albi'no *n.* (אֶלְבַּינוֹ) לַבְקָן

albu'men *n.* (אֶלְבְּיוּמֶן) אַלְבּוּמֶן (סוּג חֶלְבּוֹן)

al'chemist *n.* (אֶלְקֶמִסְט) אַלְכִּימַאי

al'chemy *n.* (אֶלְקֶמִי) אַלְכִּימְיָה; כִּשּׁוּף

al'cohol" *n.* (אֶלְקֲהוֹל) כֹּהַל, אַלְכּוֹהוֹל

al'cohol"ic *adj. & n.* (אֶלְקֲהוֹלִק) כֹּהֳלִי, אַלְכּוֹהוֹלִי; אַלְכּוֹהוֹלִיסְט

al'cove *n.* (אֶלְקוֹב) חֲדַרְוֹן; גֻּמְחָה, נִישָׁה

al'derman *n.* (אוֹלְדֶרְמֶן) חֲבֵר עִירִיָּה

ale *n.* (אֵיל) בִּירָה כֵּהָה

alert' *adj.* (אֲלֶרְט) עֵר; זָרִיז

— *n.* כּוֹנְנוּת; אַזְעָקָה

— *v.t.* הִזְהִיר; הֶעֱמִיד בְּמַצַּב הָכֵן

alert'ness *n.* (אֲלֶרְטְנֶס) עֵרָנוּת

alfal'fa *n.* (אֶלְפֶלְפַה) אַסְפֶּסֶת

al'ga *n.* [pl. -gae] (אֶלְגַה, אֶלְגִ'י) אַצָּה

al'gebra *n.* (אֶלְגֶ'בְּרַה) אַלְגֶּבְּרָה

a'lias *n.* (אֵילִיאֶס) שֵׁם בָּדוּי

al'ibi" *n. & v.i. & t.* (אֶלִבַּי) אַלִּיבִּי; הִתְנַצְּלוּת; הִתְנַצֵּל; נָתַן אַלִּיבִּי

al'ien *n. & adj.* (אֵילְיֶן) זָר, נָכְרִי; מוּצָא מֵהַצִּבּוּר; שֶׁל נָכְרִי; מוּזָר; מְנֻתָּק, תָּלוּשׁ

al'ienate *v.t.* (אֵילְיֶנֵיט) הִרְחִיק, הִטָּה מִן; נִכֵּר, נִתֵּק

al"iena'tion *n.* (אֵילְיֶנֵישְׁן) הַרְחָקָה; הַטָּיָה; הַעֲבָרָה; הִתְנַכְּרוּת; נִכּוּר

al'ienist *n.* (אֵילְיֶנִסְט) פְּסִיכִיאָטֶר

alight' *v.i.* (אֲלַיט) יָרַד; הִתְיַשֵּׁב; פָּגַשׁ בְּאַקְרַאי

align' *v.t.* (אֲלַין) עָרַךְ בְּשׁוּרָה, יִשֵּׁר; צֵרֵף; הִסְתַּדֵּר בְּשׁוּרָה; הִצְטָרֵף

alike' *adv. & adj.* (אֲלַיק) בְּצוּרָה דּוֹמָה, בְּאֹפֶן שָׁוֶה; דּוֹמֶה

al"imen'tary *adj.* (אֶלְמֶנְטֶרִי) תְּזוּנָתִי, מְזוֹנִי

al'imony *n.* (אֶלְמוֹנִי) מְזוֹנוֹת; מִחְיָה

alive' *adj.* (אֲלַיב) חַי, בְּחַיִּים; פָּעִיל; מָלֵא חַיִּים

al'kali" *n.* (אֶלְקַלַי) בָּסִיס; אַלְקָלִי

all *adj., n., pron. & conj.* (אוֹל) כָּל־; הַכֹּל; כָּל מְאוֹד

above — מֵעַל לַכֹּל

not at — לְגַמְרֵי לֹא

— right בְּסֵדֶר

— the more לֹא כָּל שֶׁכֵּן

allay' *v.t.* (אֲלֵי) הִשְׁקִיט, שִׁכֵּךְ; הִפְחִית

all' clear' (אוֹל קְלִיר) אוֹת אַרְגָּעָה

al"lega'tion *n.* (אֶלֲגֵישְׁן) קְבִיעָה, טַעֲנָה, הוֹדָעָה

allege' *v.t.* (אֲלֶג') קָבַע, טָעַן; הִצְהִיר; גָּרַס

— ed *adj.* נִטְעָן; נֶאֱשָׁם כְּ־; מְפֻקְפָּק

alle'giance *n.* (אֲלִיגֶ'נְס) נֶאֱמָנוּת

al"legor'ical *adj.* (אֶלֲגוֹרִקְל) אֲלֶגוֹרִי; בְּדֶרֶךְ מָשָׁל

al'lego"ry *n.* (אֶלֲגוֹרִי) אֲלֶגוֹרְיָה; מָשָׁל

al'lergy *n.* (אֶלֶרְגִ'י) אַלֶּרְגִּיָּה

alle'viate" *v.t.* (אֲלִיוִיאֵיט) הֵקֵל; הִפְחִית

al'ley *n.* (אֶלִי) סִמְטָה, מִשְׁעוֹל; מָבוֹי

blind — מָבוֹי סָתוּם

up one's — בְּהֶתְאֵם לִנְטִיּוֹתָיו וּתְחוּם הִתְעַנְיְנוּתוֹ

alli'ance *n.* (אֲלַיאֲנְס) בְּרִית; הִתְקַשְּׁרוּת; נִשּׂוּאִים; קִרְבָה

allied' *adj.* (אֲלַיד) קָשׁוּר בִּבְרִית; מְקֹרָב

allit"era'tion *n.* (אֲלִטֶרֵישְׁן) אֲלִיטֶרַצְיָה

al'locate" *v.t.* (אֶלֱקֵיט) הִקְצָה, הִקְצִיב

al"loca'tion *n.* (אֶלֱקֵישְׁן) הַקְצָאָה, הַקְצָבָה

allot' *v.t.* (אֲלוֹט) חִלֵּק; הִקְצִיב, יָעַד

allot'ment *n.* (אֲלוֹטְמֶנְט) הַקְצָבָה, קִצְבָּה

allow' *v.t.* (אֲלַאוּ) הִרְשָׁה; הֶעֱנִיק, נָתַן; הִשְׁאִיר; הֵבִיא בְּחֶשְׁבּוֹן, אִשֵּׁר

allow'ance *n.* (אֲלַאוּאֲנְס) הַקְצָאָה, קִצְבָּה; הוֹדָאָה, אִשּׁוּר

make — s for הִתְחַשֵּׁב בְּנִסִּבּוֹת מְקִלּוֹת; מָחַל

al'loy *n.* & *v.t.* (אֶלוֹי) מֶסֶג, נֶתֶךְ, סַגְסֹגֶת; תַּעֲרֹבֶת; עִרְבֵּב; פִּגֵּל

All' Saints'' Day" (אוֹל סֵינְטְס דֵי) חַג כָּל הַקְּדוֹשִׁים (חל באחד בנובמבר)

All' Souls'' Day" (אוֹל סוֹלְז דֵי) יוֹם הַזְכָּרַת הַנְּשָׁמוֹת (חל בשנים בנובמבר)

allude' *v.i.* (אֲלוּד) הִזְכִּיר; רָמַז

allure' *v.t.* (אֲלוּר) מָשַׁךְ, הִקְסִים

allure'ment *n.* (אֲלוּרְמֶנְט) קֶסֶם

allur'ing *adj.* (אֲלוּרִינְג) מְפַתֶּה, מְצוֹדֵד לֵב; מַקְסִים

allu'sion *n.* (אֲלוּזְ'ן) רֶמֶז קַל; הַזְכָּרָה (דרך אגב)

ally' *n.* & *v.t.* & *i.* (אֲלַי) בַּעַל בְּרִית; שֻׁתָּף; קֶשֶׁר; בָּא בִּבְרִית עִם; הִתְקַשֵּׁר עִם

al'manac" *n.* (אֶלְמֶנֶק) אַלְמָנָךְ

almight'y *adj.* (אוֹלְמַיטִי) כָּל־יָכֹל; עָצוּם

Almighty אֵל שַׁדַּי

al'mond *n.* & *adj.* (אֲמַנְד) שָׁקֵד; שֶׁל שְׁקֵדִים

al'most *adj.* (אוֹלְמוֹסְט) כִּמְעַט

alms *n.* (אָמְז) צְדָקָה

aloft' *adv.* (אֲלוֹפְט) לְמַעְלָה, לַמָּרוֹם

alone' *adj.* & *adv.* (אֲלוֹן) לְבַד; בִּלְבַד; בּוֹדֵד

leave — עָזַב לְנַפְשׁוֹ

let — נִמְנַע מִלְּהַפְרִיעַ

along' *prep.* & *adv.* (אֲלוֹנְג) לְאֹרֶךְ; בְּמֶשֶׁךְ; בְּהֶתְאֵם לְ־; עַל יָד; יַחַד עִם; קָדִימָה; מֵאֶחָד לַשֵּׁנִי

all — כָּל הַזְּמַן

be — הִגִּיעַ

aloof' *adv.* & *adj.* (אֲלוּף) מֵרָחוֹק; אָדִישׁ; בְּמֶרְחָק

aloud' *adv.* (אֲלַאוּד) בְּקוֹל; בְּקוֹל רָם

al'phabet *n.* (אֶלְפַבֶּט) אָלֶפְבֵּית; יְסוֹדוֹת

al'phabetize" *v.t.* (אֶלְפַבֶּטַיז) עָרַךְ לְפִי סֵדֶר הָאָלֶפְבֵּית; הִבִּיעַ בְּאֶמְצָעוּת אָלֶפְבֵּית

al'pine *adj.* (אֶלְפַּין) גָּבֹהַּ מְאֹד; הֲרָרִי מְאֹד; שֶׁל הָאַלְפִּים

al'pini"sm *n.* (אֶלְפִּנִזְם) טִפּוּס עַל הָרִים (במיוחד באלפים)

alread'y *adv.* (אוֹלְרֶדִי) כְּבָר

al'so *adv.* (אוֹלְסוֹ) גַּם, גַּם כֵּן

— *conj.* וְ, וּ

al'so-ran" *n.* (אוֹלְסוֹ־רֶן) נִכְשָׁל; לֹא־יֻצְלָח

al'ter *v.t.* & *i.* (אוֹלְטֶר) שִׁנָּה; סֵרֵס; הִשְׁתַּנָּה

al'terable" *adj.* (אוֹלְטֶרַבְּל) נָתוּן לְשִׁנּוּי

al"tera'tion *n.* (אוֹלְטֶרֵישְׁן) שִׁנּוּי, תִּקּוּן

al'ternate" *v.i.* & *t.* (אוֹלְטֶרְנֵיט) הֶחֱלִיף, עָשָׂה לְסֵרוּגִין, פָּעַל חֲלִיפוֹת; הִתְחַלֵּף

al'ternate *n.* & *adj.* (אוֹלְטֶרְנְט) מַחֲלִיף; מְמַלֵּא מָקוֹם; בָּא חֲלִיפוֹת; הֲדָדִי; כָּל פְּרָט שֵׁנִי; אֶפְשָׁרוּת (בת־ברירה)

al"terna'tely *adv.* (אוֹלְטֶרְנְטְלִי) חֲלִיפוֹת, לְסֵרוּגִין

al'ternating cur'rent (אוֹלְטֶרְנֵיטִנְג קַרֶנְט) זֶרֶם חִלּוּפִים

al"terna'tion *n.* (אוֹלְטֶרְנֵישְׁן) הַחְלָפָה; סִדּוּר לְסֵרוּגִין; חִלּוּפִין

alter'native *n.* & *adj.* (אוֹלְטֶרְנַטִב) אֶפְשָׁרוּת (בת־ברירה); הַמְאַפְשֵׁר בְּרֵרָה; אַלְטֶרְנָטִיבָה

although' *conj.* (אוֹלְדְ'וֹ) אַף עַל פִּי

altim'eter *n.* (אֶלְטִמִיטֶר) מַד־גֹּבַהּ

al'titude" *n.* (אֶלְטִטוּד) גֹּבַהּ

al'to *n.* (אֶלְטוֹ) אַלְט

al"togeth'er *adv.* (אוֹלְטֻגֶדְ'ר) לְגַמְרֵי; כֻּלּוֹ; כְּשֶׁהַכֹּל כָּלוּל; אַחֲרֵי כְּכְלוֹת הַכֹּל

in the — עָרֹם

al'truism *n.* (אֶלְטְרוּאִזְם) דְּאָגָה לַזּוּלַת; אַלְטְרוּאִיזְם

al'truist *n.* (אֶלְטְרוּאִסְט) דוֹאֵג לַזּוּלַת; אַלְטְרוּאִיסְט
alu'minum *n.* (אֲלוּמִנַם) אֲלוּמִינְיוּם, חַמְרָן
alum'na *n.* [pl. - nae] (אֲלַמְנֵה, אֲלַמְנִי) בּוֹגֶרֶת (אוניברסיטה)
al'umnus *n.* [pl. - ni] (אֲלַמְנַס, אֲלַמְנַי) בּוֹגֵר (אוניברסיטה)
al'ways *adv.* (אוֹלְוֵיז) תָּמִיד
am *v.* (אֶם) הִנְנִי, אֲנִי (הווה)
amal'gam *n.* (אֲמֶלְגַם) אֲמַלְגָּמָה; מֶסֶג כַּסְפִּית; מֶסֶג כַּסְפִּית וָכֶסֶף
amal'gamate" *v. t. & i.* (אֲמֶלְגֵמֵיט) מִזֵּג; צֵרֵף לְכַסְפִּית; הִתְמַזֵּג
amal"gama'tion *n.* (אֲמֶלְגֵמֵישְׁן) מִזּוּג
amass' *v. t. & i.* (אֲמֶס) צָבַר; הִתְלַכֵּד
am'ateur" *n.* (אֶמֲצֶ'ר) חוֹבֵב, חוֹבְבָן
am"ateur'ish *adj.* (אֶמֲצֶ'רִשׁ) חוֹבְבָנִי
amaze' *v. t.* (אֲמֵיז) הִפְלִיא; הִתְמִיהַּ
amaze'ment *n.* (אֲמֵיזְמֶנְט) הַפְתָּעָה; תִּמָּהוֹן
Am'azon" *n.* (אֶמֲזוֹן) אֲמַזּוֹנָה; אִשָּׁה חֲזָקָה וְתוֹקְפָנִית
ambas'sador *n.* (אֶמְבֶּסֲדֹר) שַׁגְרִיר; שָׁלִיחַ
ambas'sadress *n.* (אֶמְבֶּסֲדְרֶס) שַׁגְרִירָה; אֵשֶׁת שַׁגְרִיר
am'ber *n.* (אֶמְבֶּר) עִנְבָּר
am"bidex'trous *adj.* (אֶמְבִּידֶקְסְטְרַס) שׁוֹלֵט בִּשְׁתֵּי יָדָיו; זָרִיז; מְיֻמָּן; דּוּ־פַּרְצוּפִי
am'bient *adj.* (אֶמְבִּיאֶנְט) סוֹבֵב, מַקִּיף
am"bigu'ity *n.* (אֶמְבִּגְיוּאִטִי) מַשְׁמָעוּת מְעֻרְפֶּלֶת; מַשְׁמָעוּת כְּפוּלָה; בִּטּוּי דּוּ־מַשְׁמָעִי; בִּטּוּי מְעֻרְפָּל
ambig'uous *adj.* (אֶמְבִּגְיוּאַס) מְעֻרְפָּל; סָתוּם; דּוּ־מַשְׁמָעִי
ambi'tion *n.* (אֶמְבִּשְׁן) אַמְבִּיצְיָה, שְׁאִיפָה עַקֶּשֶׁת; מַטְּרַת שְׁאִיפָה עַקֶּשֶׁת
ambi'tious *adj.* (אֶמְבִּשַׁס) אַמְבִּיצְיוֹזִי, שְׁאַפְתָּנִי; דּוֹרֵשׁ מַאֲמָץ רַב
am'ble *v. i.* (אֶמְבְּל) הָלַךְ בְּנַחַת
ambro'sia *n.* (אֶמְבְּרוֹזְ'ה) אַמְבְּרוֹסְיָה, מְזוֹן הָאֵלִים; מַעֲדַן מְלָכִים
am'bulance *n.* (אֶמְבְּיֻלֶנְס) אַמְבּוּלַנְס
am'bulato"ry *adj.* (אֶמְבְּיֻלֵטוֹרִי) מִתְהַלֵּךְ; מַתְאִים לַהֲלִיכָה; נַיָּד

am"buscade' *n.* (אֶמְבַּסְקֵיד) מַאֲרָב
am'bush *n. & v. t. & i.* (אֶמְבֻּשׁ) מַאֲרָב; הִתְקִיף מִמַּאֲרָב, אָרַב
ame'ba (amoeba) *n.* (אֲמִיבָּה) אֲמֵבָה, חִלּוּפִית
amel'iorate" *v. t. & i.* (אֲמִילְיֲרֵיט) שִׁפֵּר, הֵיטִיב; הִשְׁתַּפֵּר
amel"iora'tion *n.* (אֲמִילְיֲרֵישְׁן) שִׁפּוּר; הִשְׁתַּפְּרוּת
a'men' *interj.* (אֵימֶן) אָמֵן
amen'able *adj.* (אֲמִינַבְּל) נוֹחַ, צַיְּתָן; אַחֲרָאִי
amend' *v. t.* (אֲמֶנְד) תִּקֵּן; שִׁפֵּר
make – – s for הִתְנַצֵּל; כִּפֵּר עַל־
amend'ment *n.* (אֲמֶנְדְמֶנְט) תִּקּוּן; תּוֹסֶפֶת; שִׁנּוּי
amen'ity *n.* (אֲמֶנְטִי) נֹעַם, נְעִימוּת
— ies נוֹחִיּוּת, נְעִימִיּוֹת
Amer'ican *n. & adj.* (אֲמֶרִקֶן) אֲמֵרִיקָנִי
am'ethyst *n.* (אֶמְתִ'סְט) אַחְלָמָה
a"miabil'ity *n.* (אֵימִיאֲבִּלִטִי) חֲבִיבוּת, נְעִימוּת
a'miable *adj.* (אֵימִיאֲבְּל) נָעִים, חָבִיב, מַסְבִּיר פָּנִים
am'icable *adj.* (אֶמְקֲבְּל) יְדִידוּתִי
amid'(st) *prep.* (אֲמִדְ|סְט|) בֵּין, בְּתוֹךְ, בְּקֶרֶב; בְּמֶשֶׁךְ
amiss' *adv. & adj.* (אֲמִס) לֹא כַּשּׁוּרָה, לֹא כָּרָאוּי; חָרִיג
take — נִפְגַּע (בעקבות אי־הבנה)
am'ity *n.* (אֶמְטִי) יְדִידוּת; הַרְמוֹנְיָה
am"muni'tion *n.* (אֶמְיֻנִשְׁן) תַּחְמֹשֶׁת
amne'sia *n.* (אֶמְנִיזְ'ה) אַמְנֶסְיָה, שִׁכְחַת
am'nesty *n. & v. t.* (אֶמְנֶסְטִי) חֲנִינָה; חָנַן
among'(st) *prep.* (אֲמַנְג|סט|) בֵּין, בְּתוֹךְ, בְּקֶרֶב; בּ־
am'orous *adj.* (אֶמֲרַס) עוֹגֵב; מְאַהֵב
amor'phous *adj.* (אֲמוֹרְפַס) אֲמוֹרְפִי, חֲסַר־צוּרָה; לֹא מְגֻבָּשׁ
amor"tiza'tion *n.* (אֲמוֹרְטִזֵישְׁן) אֲמוֹרְטִיזַצְיָה, בְּלַאי
am'ortize *v. t.* (אֶמֲרְטַיז) פָּרַע, סִלֵּק (חוב)

amount′ *n. & v. i.* (אֲמַאוּנְט) סַךְ הַכֹּל; סִכּוּם; כַּמּוּת; מַשְׁמָעוּת מְלֵאָה; הִסְתַּכֵּם

amphib′ian *n.* (אֶמְפִבִּיאֲן) דּוּחַי

amphib′ious *adj.* (אֶמְפִ׳בִּיאֲס) אַמְפִיבִּי; חַי גַּם בַּמַּיִם וְגַם בַּיַּבָּשָׁה; מֻתְאָם גַּם לַיָּם וְגַם לַיַּבָּשָׁה

am′phithe″ater *n.* (אֶמְפִּתִ׳יאֲטְר) אַמְפִיתֵאַטְרוֹן

am′ple *adj.* (אֶמְפְּל) דֵּי־; מְסַפֵּק, מָלֵא

am″plifica′tion *n.* (אֶמְפְּלִפִקֵישְׁן) הַגְבָּרָה, הַגְדָּלָה, הַרְחָבָה

am′plify *v. t.* (אֶמְפְּלִפַי) הִגְבִּיר, הִגְדִּיל, הִרְחִיב

am′plitude″ *n.* (אֶמְפְּלִטוּד) גֹּדֶל; שֶׁפַע; אַמְפְּלִיטוּדָה, עָצְמָה, מִשְׂרַעַת

am′putate″ *v. t.* (אֶמְפְּיוּטֵיט) קָטַע

am″puta′tion *n.* (אֶמְפְּיוּטֵישְׁן) קִטּוּעַ

am″putee′ *n.* (אֶמְפְּיוּטִי) קִטֵּעַ

amuck′ *adv.* (אֲמַק) בְּשִׁגָּעוֹן רַצְחָנִי; לְלֹא שְׁלִיטָה עַצְמִית

am′ulet *n.* (אֶמְיֻלֶט) קָמֵעַ

amuse′ *v. t.* (אֲמְיוּז) שִׁעֲשַׁע, בִּדֵּר

amuse′ment *n.* (אֲמְיוּזְמֶנְט) בִּדּוּר, שַׁעֲשׁוּעִים, תַּעֲנוּג, בִּלּוּי

amu′sing *adj.* (אֲמְיוּזִנְג) מְבַדֵּר; מְשַׁעֲשֵׁעַ, מְבַדֵּחַ

an (אַן; אֶן (כשההברה מוטעמת)) תָּוִית סְתָמִית – צורת **a** לפני תנועה

anach′ronism *n.* (אֲנֶקְרֲנִזְם) אֲנַכְרוֹנִיזְם; קְבִיעַת זְמַן מֻטְעֶה

a′nal *adj.* (אֵינְל) אֲנָלִי

anal′ogous *adj.* (אֲנֶלֲגֲס) דּוֹמֶה, מַקְבִּיל; אֲנָלוֹגִי

anal′ogy *n.* (אֲנֶלֲגִ׳י) אֲנָלוֹגְיָה, הַקְבָּלָה, דִּמְיוֹן

anal′ysis *n.* (אֲנֶלִסִס) אֲנָלִיזָה; נִתּוּחַ; פֵּרוּק

analyt′ic *adj.* (אֶנֲלִטִק) אֲנָלִיטִי; נִתּוּחִי

an′alyze″ *v. t.* (אֶנֲלַיְז) נִתַּח, הִפְרִיד לְמַרְכִּיבִים; קָבַע יְסוֹדוֹת, פֵּרֵק

an′archist *n.* (אֶנֲרְקִסְט) אֲנַרְכִיסְט; מֵסִית לְאִי־סֵדֶר

an′archy *n.* (אֶנֲרְקִי) אֲנַרְכְיָה; תֹּהוּ וָבֹהוּ; הֶפְקֵרוּת

anath′ema *n.* (אֲנֶתְ׳מַה) שִׁקּוּץ, מָאוּס; אָרוּר; מְאֵרַת נִדּוּי, חֵרֶם

an″atom′ical *adj.* (אֶנֲטוֹמִקְל) אֲנָטוֹמִי

anat′omy *n.* (אֲנֶטֲמִי) אֲנָטוֹמְיָה; נְתִיחָה; דֶּגֶם אֲנָטוֹמִי; שֶׁלֶד; נִתּוּחַ מְדֻקְדָּק

an′cestor *n.* (אֶנְסֶסְטְר) אָב קַדְמוֹן, אֲבִי־; מָקוֹר

ances′tral *adj.* (אֶנְסֶסְטְרֲל) שֶׁל הָאָבוֹת; שֶׁל הָרִאשׁוֹנִים

an′cestry *n.* (אֶנְסֶסְטְרִי) מוֹצָא; יִחוּס, יִחוּס אָבוֹת; אָבוֹת, מָקוֹר; תּוֹלָדוֹת

an′chor *n.* (אֶנְקְר) עֹגֶן

drop — עָגַן

weigh — הֵרִים עֹגֶן

— *v. t. & i.* עָגַן; קָבַע; נֶעֱגַן, נֶאֱחַז

an′chorage *n.* (אֶנְקֲרִג׳) מַעֲגָן; דְּמֵי עֲגִינָה; עֲגִינָה

an′chorite *n.* (אֶנְקֲרַיט) מִתְבּוֹדֵד

an′chovy *n.* (אֶנְצ׳וֹבִי) אַנְשׁוֹבִי; עַפְיָן

an′cient *adj.* (אֵינְשֲנְט) קָדוּם, עַתִּיק

an′cillar″y *adj.* (אֶנְסֲלֶרִי) מְשָׁרֵת; מְסַיֵּעַ

and *conj.* (אֶנְד; ללא הטעמה: אֲנְד, אֲן) וְ, וּ; גַּם; אַחַר כָּךְ

now — then מִפְּקִידָה לִפְקִידָה

and′i″ron *n.* (אֶנְדַאיאֶרְן) תּוֹמֵךְ (בולי עץ באח)

an′ecdote″ *n.* (אֶנֲקְדוֹט) אַנֶקְדוֹטָה; מַעֲשִׂיָּה

ane′mia *n.* (אֲנִימִיַה) אֲנֶמְיָה; רִפְיוֹן

an″esthe′tic *n. & adj.* (אֶנֲסְתֶ׳טִק) סַם הַרְדָּמָה; מַרְדִּים

anew′ *adv.* (אֲנְיוּ) שׁוּב, מֵחָדָשׁ; בְּצוּרָה חֲדָשָׁה

an′gel *n.* (אֵינְגֶ׳ל) מַלְאָךְ; מֵיטִיב; צַדִּיק

angel′ic *adj.* (אֶנְגֶ׳לִק) מַלְאָכִי; צַדִּיק, צִדְקָן

an′ger *n. & v. t. & i.* (אֶנְגְר) כַּעַס, רֹגֶז; הִכְעִיס; כָּעַס

an′gle *n. & v. t.* (אֶנְגְל) זָוִית; נְקֻדַּת מַבָּט, צַד; יִתְרוֹן; אַסְפֶּקְט; פִּנָּה; כִּוֵּן, פָּנָה בְּחַדּוּת; הִשְׁלִיךְ חַכָּה; חִפֵּשׂ

an′gler *n.* (אֶנְגְלֶר) דַּיָּג (בחכה)

An′glican *adj. & n.* (אֶנְגְלִקֲן) אַנְגְלִיקָנִי

an'gling *n.* (אֶנְגְלִנְג) דַיִג (בחכה)
An'glo-Sax'on *adj.* (אֶנְגְלוֹ־סֶקְסְן) אַנְגְלוֹ־סַקְסִי
an'gry *adj.* (אֶנְגְרִי) כּוֹעֵס, זוֹעֵף
get — כָּעַס
make — הִכְעִיס
an'guish *n.* (אֶנְגְוִשׁ) כְּאֵב
an'gular *adj.* (אֶנְגְיֻלֶר) זָוִיתִי; קָפֵחַ, בַּעַל עֲצָמוֹת בּוֹלְטוֹת
an"imadver'sion *n.* (אֶנֶמֶדְוֶרְז'ן) בִּקֹּרֶת; מְתִיחַת בִּקֹּרֶת
ani'madvert *v. i.* (אֶנֶמֶדְוֶרְט) בִּקֵּר, מָתַח בִּקֹּרֶת
an'imal *n. & adj.* (אֶנִמְל) חַיָּה; בַּעַל חַיִּים; יוֹנֵק; שֶׁל בַּעֲלֵי חַיִּים; חַיָּתִי, בְּשָׂרִי
an'imate" *v. t. & adj.* (אֶנֶמֵיט) חִיָּה; הִפִּיחַ רוּחַ חַיִּים; עוֹדֵד; הִפְעִיל; חַי, תּוֹסֵס
an"ima'tion *n.* (אֶנֶמֵישְׁן) עֵרָנוּת; הַפָּחַת רוּחַ חַיִּים; חַי; הֲכָנַת סֶרֶט מְצֻיָּר, אֲנִימַצְיָה
ani"mos'ity *n.* (אֶנְמוֹסִטִי) עוֹיְנוּת; טִינָה
an'kle *n.* (אֶנְקְל) קַרְסֹל
an'klet *n.* (אֶנְקְלֶט) אֶצְעָדָה
an'nals *n.* (אֶנֶלְז) קוֹרוֹת, דִּבְרֵי יָמִים, הִיסְטוֹרְיָה; דִּין וְחֶשְׁבּוֹן שְׁנָתִי; פִּרְסוּם
an'nex *n.* (אֶנֶקְס) תּוֹסֶפֶת, מִסְפָּח; אֲגַף, מִבְנֶה מִשְׁנִי; סֶפַח
annex' *v. t.* (אֲנֶקְס) סִפֵּחַ; צֵרֵף
an"nexa'tion *n.* (אֶנֶקְסֵישְׁן) סִפּוּחַ
anni'hilate" (אֲנַיְאֲלֵיט) הִכְחִיד, הִשְׁמִיד; בִּטֵּל
anni"hila'tion *n.* (אֲנַיְאֲלֵישְׁן) הַכְחָדָה, הַשְׁמָדָה
an"niver'sary *n.* (אֶנֶוֶרְסְרִי) יוֹם־שָׁנָה; יוֹם זִכָּרוֹן שְׁנָתִי; תַּאֲרִיךְ נִשּׂוּאִים; אַחַת לְשָׁנָה, שְׁנָתִי
an'notate" *v. t. & i.* (אֶנוֹטֵיט) כָּתַב הֶעָרוֹת; הֵעִיר (בכתב)
announce' *v. t. & i.* (אֲנָאוּנְס) הוֹדִיעַ, הִכְרִיז; שִׁמֵּשׁ קַרְיָן; הוֹדִיעַ עַל מֻעֲמָדוּת
announce'ment *n.* (אֲנָאוּנְסְמֶנְט) הוֹדָעָה, הַכְרָזָה; הוֹדָעָה פוֹרְמָלִית
announ'cer *n.* (אֲנָאוּנְסֶר) קַרְיָן
annoy' *v. t. & i.* (אֲנוֹי) הִקְנִיט, הִרְגִּיז; הֵצִיק ל־; הִטְרִיד
annoy'ance *n.* (אֲנוֹיאֲנְס) מִטְרָד; הַטְרָדָה; רֹגֶז
an'nual *adj. & n.* (אֶנְיוּאֲל) שְׁנָתִי; חַד־שְׁנָתִי; שְׁנָתוֹן
annu'ity *n.* (אֲנְיוּאִטִי) קִצְבָּה שְׁנָתִית
annul' *v. t.* (אֲנַל) בִּטֵּל; כִּלָּה
annul'ment *n.* (אֲנַלְמֶנְט) בִּטּוּל
annun"cia'tion *n.* (אֲנַנְסִיאֵישְׁן) בְּשׂוֹרָה; הוֹדָעָה
Annunciation חַג הַבְּשׂוֹרָה (לפי אמונת נוצרים: הודעת המלאך גבריאל למרים על הולדת ישו)
an'odyne" *n. & adj.* (אֶנוֹדַיְן) מְשַׁכֵּךְ כְּאֵב; מַרְגִּיעַ
anoint' *v. t.* (אֲנוֹינְט) סָךְ, מָשַׁח
anom'alous *adj.* (אֲנוֹמֲלַס) יוֹצֵא דֹּפֶן
anom'aly *n.* (אֲנוֹמֲלִי) אֲנוֹמַלְיָה, סְטִיָּה, זָרוּת
anon *adv.* (אֲנוֹן) בְּקָרוֹב; מִיָּד
anon'ymous *adj.* (אֲנוֹנִמַס) אֲנוֹנִימִי; בְּעִלּוּם שֵׁם
anoth'er *adj. & pron.* (אֲנַדֶ'ר) עוֹד, נוֹסָף; אַחֵר; עוֹד אֶחָד
one — אִישׁ אֶת רֵעֵהוּ
an'swer *v. t. & i.* (אֶנְסֶר) עָנָה, הֵשִׁיב, הָיָה אַחֲרַאי; הִתְאִים, שִׁמֵּשׁ; פָּתַר; כִּפֵּר
— *n.* תְּשׁוּבָה, מַעֲנֶה; פִּתְרוֹן
an'swerable *adj.* (אֶנְסְרֶבְּל) אַחֲרַאי; שֶׁיֵּשׁ עָלָיו תְּשׁוּבָה
ant *n.* (אֶנְט) נְמָלָה
have — s in one's pants הָיָה חֲסַר־סַבְלָנוּת
antag'onism *n.* (אֶנְטֶגֶנִזְם) הִתְנַגְּדוּת; עוֹיְנוּת
antag'onist *n.* (אֶנְטֶגֶנִסְט) מִתְנַגֵּד, יָרִיב
antarc'tic *adj.* (אֶנְטַארְקְטִק) אַנְטַארְקְטִי; שֶׁל הַקֹּטֶב הַדְּרוֹמִי
an"tece'dent *adj. & n.* (אֶנְטְסִידֶנְט) קוֹדֵם; מִלָּה נִרְמֶזֶת (שבמקומה בא כינוי)
— s אָבוֹת
an'techam"ber *n.* (אֶנְטְצֵ'ימְבֶּר) פְּרוֹזְדוֹר

an'tedate" *v. t.* (אֶנְטְדֵיט) קָדַם ל־; יִחֵס לְתַאֲרִיךְ מֻקְדָּם יוֹתֵר; הֵאִיץ, הִקְדִּים

ante"diluv'ian *adj.* (אֶנְטִידִלוּבִיאֲן) מִלִּפְנֵי הַמַּבּוּל; מְיֻשָּׁן

an'telope *n.* (אֶנְטְלוֹפּ) אַנְטִילוֹפָּה

an"temerid'ian *adj.* (אֶנְטִימֶרִדִיאֲן) לִפְנֵי הַצָּהֳרַיִם

an"tepe'nult *n.* (אֶנְטִיפִּינַלְט) הַהֲבָרָה הַשְּׁלִישִׁית מֵהַסּוֹף

ante'rior *adj.* (אֶנְטִירִיאֶר) קִדְמִי; קוֹדֵם

an'teroom *n.* (אֶנְטִירוּם) חֲדַר כְּנִיסָה; חֲדַר הַמְתָּנָה

anten'na *n.* (אֶנְטֶנַה) מְשׁוֹשָׁה, אַנְטֶנָּה; מָחוֹשׁ (של חרק)

an'them *n.* (אֶנְתֶ'ם) הִמְנוֹן; מִזְמוֹר תְּהִלָּה

anthol'ogy *n.* (אֶנְת'וֹלֶגִ'י) אַנְתּוֹלוֹגְיָה

an'thracite *n.* (אֶנְת'רַסִיט) פֶּחָם קָשֶׁה

anthropol'ogy *n.* (אֶנְת'רַפּוֹלֶגִ'י) אַנְתְּרוֹפּוֹלוֹגְיָה

an"tiair'craft *adj.* (אֶנְטִיאֵרְקְרֶפְט) אַנְטִי־אֲוִירִי; נֶגֶד־מְטוֹסִי

anti'cipate *v. t.* (אֶנְטִסֶפֵּיט) חָזָה (מראש); צִפָּה ל־; הִקְדִּים (לפעול)

antic"ipa'tion *n.* (אֶנְטִסֶפֵּישֶן) צִפִּיָּה; תִּקְוָה

an"ticli'max *n.* (אֶנְטִקְלַיְמֶקְס) צִפִּיַּת־סִיּוּם נִכְזֶבֶת; סִיּוּם נָדוֹשׁ

an'tidote" *n.* (אֶנְטִדוֹט) סַם שֶׁכְּנֶגֶד

an'tifreeze *n.* (אֶנְטִיפְרִיז) מוֹנֵעַ הַקְפָּאָה

an"timacas'sar *n.* (אֶנְטִמַקֶסֶר) צִפִּית רִפּוּד

antip'athy *n.* (אֶנְטִפַּתִ'י) סְלִידָה; אַנְטִיפַּתְיָה

antip'odes *n. pl.* (אֶנְטִפֶּדִיז) אַנְטִיפּוֹדִים; מְקוֹמוֹת מְנֻגָּדִים עַל כַּדּוּר הָאָרֶץ

an'tipope" *n.* (אֶנְטִפּוֹפּ) טוֹעֵן לָאַפִּיפְיוֹרוּת

an"tiquar'ian *adj. & n.* (אֶנְטִקְוֶרִיאֲן) שֶׁל עַתִּיקוֹת; סוֹחֵר סְפָרִים נְדִירִים; מֻמְחֶה לְעַתִּיקוֹת; אוֹסֵף עַתִּיקוֹת

an'tiquated *adj.* (אֶנְטִקְוֵיטֶד) מְיֻשָּׁן; יָשָׁן, זָקֵן, קַדְמוֹן, שֶׁאָבַד עָלָיו כֶּלַח

antique' *adj.* (אֶנְטִיק) עַתִּיק, שַׁיָּךְ לֶעָבָר; לֹא מוֹדֶרְנִי; מִזְּמַן קָדוּם

— *n.* יְצִירַת תְּקוּפָה קוֹדֶמֶת

antiq'uity *n.* (אֶנְטִקְוִטִי) עַתִּיקוּת; תְּקוּפָה עַתִּיקָה; הַתְּקוּפָה שֶׁקָּדְמָה לִימֵי הַבֵּינַיִם, הַזְּמַן הָעַתִּיק; הַקַּדְמוֹנִים

— **ies** עַתִּיקוֹת

an"ti-Sem'ite *n.* (אֶנְטִסֶמַיט) אַנְטִישֵׁמִי; צוֹרֵר יְהוּדִים

an"tisep'tic *adj.* (אֶנְטִסֶפְּטִק) אַנְטִיסֶפְּטִי

antith'esis *n.* (אֶנְטִתֶ'סִס) הִפּוּךְ, נִגּוּד; אַנְטִיתֶזָה

ant'ler *n.* (אֶנְטְלֶר) קֶרֶן נְשִׁירָה (מתפצלת; של אייל וכו')

a'nus *n.* (אֵינַס) פִּי־הַטַּבַּעַת

an'vil *n.* (אֶנְוִל) סַדָּן

anxi'ety *n.* (אֶנְזַיאִטִי) דְּאָגָה, חֲשָׁשׁ; הִשְׁתּוֹקְקוּת; חֲרָדָה, אֵימִים

anx'ious *adj.* (אֶנְקְשֶס) דּוֹאֵג, חָרֵד; מִשְׁתּוֹקֵק

an'y *adj. & pron.* (אֶנִי) אֵיזֶה, אֵיזֶשֶׁהוּ; כָּל, כָּלְשֶׁהוּ

— *adv.* בְּמִדַּת־מָה, קְצָת

in — case מִכָּל מָקוֹם

an'ybody" *pron.* (אֶנִיבַּדִי) כָּל מִי, כָּל אֶחָד

— *n.* אָדָם חָשׁוּב

an'yhow" *adv.* (אֶנִיהָאוּ) אֵיכְשֶׁהוּ; מִכָּל מָקוֹם, בְּכָל מִקְרֶה; בְּחֹסֶר זְהִירוּת

an'yone" *pron.* (אֶנִיוַון) מִישֶׁהוּ

an'ything" *pron.* (אֶנִית'ינְג) מַשֶּׁהוּ, כָּל דָּבָר שֶׁהוּא

— *n.* דָּבָר

— *adv.* בְּאֵיזוֹ מִדָּה שֶׁהִיא

an'yway" *adv.* (אֶנִיוֵי) בְּכָל מִקְרֶה, בְּכָל אֹפֶן; אֵיכְשֶׁהוּ

an'ywhere" *adv.* (אֶנִיהְוֶר) בְּכָל מָקוֹם שֶׁהוּא; בְּאֵיזוֹ מִדָּה שֶׁהִיא; לְכָל מָקוֹם שֶׁהוּא

get — הִצְלִיחַ

aor'ta *n.* (אֵיאוֹרְטַה) אָאוֹרְטָה, אַב־עוֹרְקִים

apart' *adj.* (אֲפַּרְט) לַחֲלָקִים; נִפְרָד, בְּנִפְרָד; בְּמֶרְחָק שֶׁל; בְּצַד

— *adj.* בַּעַל תְּכוּנוֹת מְיֻחָדוֹת

— from מִלְּבַד

take — פֵּרֵק; בִּקֵּר קָשׁוֹת; הִכָּה

apart'heid *n.* (אֲפַּרְטְהַיט) הַפְרָדָה גִּזְעִית; אַפְלָיָה (נגד אפריקנים), אַפַּרְטְהַיד

apart'ment *n.* (אֲפַּרְטְמֶנְט) דִּירָה; בֵּית דִּירוֹת; חֶדֶר

ap'athy *n.* (אֶפֶּתִ'י) אַפַּתְיָה, אֲדִישׁוּת

ap"athet'ic *adj.* (אֶפֶּתֶ'טִק) אָדִישׁ, אַפָּתִי

ape *v. t. & n.* (אֵיפּ) חִקָּה; קוֹף

ap'erture *n.* (אֶפֶּרְצֶ'ר) פֶּתַח, מִפְתָּח

a'pex *n.* (אֵיפֶּקְס) קָדְקֹד; שִׂיא

apho'rism *n.* (אֶפֶרִזְם) פִּתְגָם, אֲפוֹרִיזְם

aph"rodi'siac *n.* (אֶפְרֶדִיזִיאֶק) מְעוֹרֵר תַּאֲוָה מִינִית

a'piar"y *n.* (אֵיפִּיאֶרִי) מִכְוֶרֶת

apiece' *adv.* (אֲפִּיס) כָּל אֶחָד

a'pish *adj.* (אֵיפִּשׁ) קוֹפִי, חַקְיָנִי

apoc'alypse *n.* (אֲפּוֹקֲלִפְּס) אַפּוֹקָלִיפְּסָה; הִתְגַּלּוּת, גִּלּוּי

Apoc'rypha *n.* (אֲפּוֹקְרֶפָה) סְפָרוּת חִיצוֹנִית

apocrypha כְּתָבִים שֶׁמְּחַבְּרָם אוֹ אֲמִתּוּתָם מְפֻקְפָּק

apoc'ryphal *adj.* (אֲפּוֹקְרֶפֶל) מְפֻקְפָּק; חִיצוֹנִי; מְזֻיָּף

ap'ogee *n.* (אֶפֶּגִ'י) שִׂיא; שִׂיא הַמֶּרְחָק מִכַּדּוּר הָאָרֶץ

apol"oget'ic *adj.* (אֲפּוֹלֶגֶ'טִק) מִתְנַצֵּל, מִצְטַדֵּק; אַפּוֹלוֹגֶטִי

apol'ogize *v. i.* (אֲפּוֹלֶגַ'יז) הִתְנַצֵּל; סָנֵגֵר

apol'ogy *n.* (אֲפּוֹלֶגִ'י) הִתְנַצְּלוּת; הַצְדָּקָה, סַנֵּגוֹרְיָה; אַפּוֹלוֹגְיָה

ap"oplec'tic *adj. & n.* (אֶפֶּפְּלֶקְטִק) שְׁבָצִי; חוֹלֵה שָׁבָץ

ap'oplex"y *n.* (אֶפֶּפְּלֶקְסִי) שָׁבָץ; דִּמּוּם פְּנִימִי (במוח)

Apos'tle *n.* (אֲפּוֹסֶל) שָׁלִיחַ; (בנצרות:) אֶחָד מ־12 הַשְּׁלִיחִים, אַפּוֹסְטוֹל

apostle *n.* שָׁלִיחַ, תַּעַמְלָן

ap"ostol'ic *adj.* (אֶפֶּסְטוֹלִק) אַפּוֹסְטוֹלִי; שְׁלִיחִי; מִמּוֹצָא הַשְּׁלִיחִים (בנצרות); אַפִּיפְיוֹרִי

apos'trophe *n.* (אֲפּוֹסְטְרֶפִי) גֶּרֶשׁ; פְּנִיָּה צְדָדִית (בנאום)

apos'trophize" *v. t. & i.* (אֲפּוֹסְטְרֶפַיז) פָּנָה בְּאֶמְצַע נְאוּם

apoth'ecar"y *n.* (אֲפּוֹתֶקֶרִי) רוֹקֵחַ; בֵּית מִרְקַחַת

apall' *v. t.* (אֲפּוֹל) הֶחֱרִיד, הִבְהִיל

appal'ling *adj.* (אֲפּוֹלִנְג) מַחֲרִיד, מַבְהִיל

ap"para'tus *n.* (אֶפֶּרֶטֶס) מַנְגָּנוֹן, מַכְשִׁיר, מִתְקָן; מַעֲרֶכֶת

appar'el *n.* (אֲפֶּרֶל) בְּגָדִים, מַלְבּוּשִׁים

— *v. t.* הִלְבִּישׁ; קִשֵּׁט

appar'ent *adj.* (אֲפֶּרֶנְט) נִרְאֶה, נִגְלֶה; בָּהִיר; רַשַּׁאי לָרֶשֶׁת (למעלה מכל ספק)

ap"pari'tion *n.* (אֶפֶּרִשֶׁן) רוּחַ רְפָאִים; הוֹפָעָה, גִּלּוּי, הִתְגַּלּוּת

appeal' *v. i. & t.* (אֲפִּיל) עִרְעֵר; הִתְחַנֵּן; מָשַׁךְ; בִּקֵּשׁ חַוַּת דַּעַת

— *n.* בַּקָּשָׁה, תְּחִנָּה; פְּנִיָּה, בַּקָּשַׁת חַוַּת דַּעַת; עִרְעוּר

appeal'ing *adj.* (אֲפִּילִנְג) מְלַבֵּב, מוֹשֵׁךְ

appear' *v. i.* (אֲפִּיר) הִתְגַּלָּה, הוֹפִיעַ; נִרְאָה; הָיָה בָּרוּר

appear'ance *n.* (אֲפִּירֶנְס) מַרְאֶה; הוֹפָעָה; עֲשִׂיַּת רֹשֶׁם כְּאִלּוּ־; רֹשֶׁם

— s רֹשֶׁם חִיצוֹנִי

appease' *v. t.* (אֲפִּיז) הִשְׁקִיט; פִּיֵּס; שִׁכֵּךְ, הֵפִיג

ap"pella'tion *n.* (אֶפֶּלֵישֶׁן) שֵׁם, כִּנּוּי; מַתַּן שֵׁם

append' *v. t.* (אֲפֶּנְד) הוֹסִיף; תָּלָה

append"ici'tis *n.* (אֲפֶּנְדֶּסַיטֶס) דַּלֶּקֶת הַתּוֹסֶפְתָּן

appen'dix *n.* (אֲפֶּנְדִּקְס) נִסְפָּח, תּוֹסֶפֶת; תּוֹסֶפְתָּן

ap"pertain' *v. i.* (אֶפֶּרְטֵין) שַׁיָּךְ ל־; הִתְיַחֵס

ap'petite" *n.* (אֶפֶּטַיט) תֵּאָבוֹן; תַּאֲוָה, חֵשֶׁק

ap'petiz"er *n.* (אֶפֶּטַיזֶר) מְתַאֲבֵן

ap'petiz"ing *adj.* (אֶפֶּטַיזִנְג) מְעוֹרֵר תֵּאָבוֹן

applaud *v. i. & t.* (אֲפְּלוֹד) מָחָא כַּף; שִׁבֵּחַ

applause' *n.* (אֲפְּלוֹז) מְחִיאַת כַּפַּיִם, תְּשׁוּאוֹת; הַסְכָּמָה

ap'ple *n.* (אֶפֶּל) תַּפּוּחַ

ap'ple-pol"isher *n.* (אֶפֶּל פּוֹלִשֶׁר) חַנְפָן

ap'plesauce" *n.* (אֶפֶּלְסוֹס) רֶסֶק תַּפּוּחִים; שְׁטֻיּוֹת

appli´ance *n.* (אַפְּלַיאֲנְס) מִתְקָן, מַכְשִׁיר חַשְׁמַלִּי; יִשּׂוּם, שִׁמּוּשׁ

ap´plicable *adj.* (אֶפְּלִקַבְּל) יָשִׂים; מַתְאִים

ap´plicant *n.* (אֶפְּלִקַנְט) מַגִּישׁ בַּקָּשָׁה; מֻעֲמָד

ap"lica´tion *n.* (אֶפְּלִקֵישְׁן) שְׁקִידָה; יִשּׂוּם, שִׁמּוּשׁ; שָׁמִישׁ; מִשְׁחָה; בַּקָּשָׁה; תְּשׂוּמֶת־לֵב רַבָּה

apply´ *v. t. & i.* (אַפְּלַי) יִשֵּׂם, הִשְׁתַּמֵּשׁ בּ־; הִפְעִיל; פָּנָה; הִקְצִיב; שָׂם עַל; הִקְדִּישׁ בִּשְׁקִידָה; זָקַף ל־; הִתְאִים; הִגִּישׁ בַּקָּשָׁה

appoint´ *v. t.* (אַפּוֹינְט) מִנָּה, קָבַע

appoint´ment *n.* (אַפּוֹינְטְמֶנְט) מִנּוּי, מִשְׂרָה; פְּגִישָׁה

appor´tion *v. t.* (אַפּוֹרְשְׁן) חִלֵּק, הִקְצִיב

appor´tionment *n.* (אַפּוֹרְשַׁנְמֶנְט) חֲלֻקָּה; הַקְצָבָה; קְבִיעַת מִסְפַּר חַבְרֵי בֵּית נִבְחָרִים

ap´posite *adj.* (אֶפֶּזֶט) מַתְאִים

ap"posi´tion *n.* (אֶפֶּזִישְׁן) קֵרוּב; מַצָּב קִרְבָה (זה ע״י זה); הַקְבָּלָה; תְּמוּרָה (בדקדוק)

apprais´al *n.* (אַפְּרֵיזְל) הַעֲרָכָה

appraise´ *v. t.* (אַפְּרֵיז) הֶעֱרִיךְ

appre´ciable *adj.* (אַפְּרִישִׁיאַבְל) נִתָּן לִתְפִיסָה; נִכָּר

appre´ciate" *v. t.* (אַפְּרִישִׁיאֵיט) הֶעֱרִיךְ, הֶחֱשִׁיב; הָיָה מוּדָע ל־, עָמַד עַל; הֶעֱלָה (ערך)

— *v. i.* עָלָה בְּעֶרְכּוֹ

appre"cia´tion *n.*(אַפְּרִיסִיאֵישְׁן) אֲסִירוּת טוֹבָה; הַעֲרָכָה; תְּפִיסָה; עֲלִיַּת עֶרֶךְ

ap"prehend´ *v. i. & t.* (אֶפְּרְהֶנְד) הֵבִין; חָשַׁשׁ; עָצַר; תָּפַס

ap"prehen´sion *n.* (אֶפְּרְהֶנְשְׁן) חֲשָׁשׁ; הֲבָנָה, תְּפִיסָה; הֶעָרָה; מַעֲצָר

ap"prehen´sive *adj.* (אֶפְּרְהֶנְסִב) חוֹשֵׁשׁ; מְהִיר־תְּפִיסָה

appren´tice *n. & v. t.* (אַפְּרֶנְטִס) שׁוּלְיָה, חָנִיךְ; הֶעֱבִיד כְּשׁוּלְיָה

appren´ticeship *n.* (אַפְּרֶנְטֶסְשִׁפּ) תְּקוּפַת לִמּוּד כְּשׁוּלְיָה; חֲנִיכוּת

apprise´ *v. t.* (אַפְּרַיז) הוֹדִיעַ; הֶעֱמִיד עַל־

approach´ *v. t. & i.* (אַפְּרוֹץ׳) קָרַב, הִתְקָרֵב; פָּנָה אֶל; נִגַּשׁ

— *n.* הִתְקָרְבוּת; קִרְבָה; גִּישָׁה

approa´chable *adj.* (אַפְּרוֹצֶ׳בְּל) נוֹחַ לְגִישָׁה; קַל לְהַכִּיר

ap"proba´tion *n.* (אֶפְּרְבֵּישְׁן) חִיּוּב; עַיִן יָפָה

appro´priate" *adj.* (אַפְּרוֹפְּרִיאֵיט) מַתְאִים, כָּשֵׁר

— *v. t.* הִקְצִיב, הִקְצָה; רָכַשׁ, לָקַח לְעַצְמוֹ

appro"pria´tion *n.* (אַפְּרוֹפְּרִיאֵישְׁן) הַקְצָבָה

approv´al *n.* (אַפְּרוּבְל) עַיִן טוֹבָה; חִיּוּב; אִשּׁוּר

on — לִבְדִיקָה

approve´ *v. t. & i.* (אַפְּרוּב) הִבִּיט בְּעַיִן יָפָה עַל; חָשַׁב בְּחִיּוּב עַל; חִיֵּב; אִשֵּׁר; אִשְׁרֵר

approx´imate *adj.* (אַפְּרוֹקְסַמִט) דּוֹמֶה מְאֹד; סָמוּךְ ל־

— *v. t. & i.* (אַפְּרוֹקְסִמֵיט) הִתְקָרֵב; הֶעֱרִיךְ; חִקָּה, קֵרֵב; אָמַד

— ly *adv.* בְּקֵרוּב, בְּסָמוּךְ ל־; בְּעֶרֶךְ

approx"ima´tion *n.* (אַפְּרוֹקְסֲמֵישְׁן) הַעֲרָכָה; אֻמְדָּן; קִרְבָה

appur´tenance *n.* (אַפֶּרְטֶנֲנְס) אֲבִיזָר; זְכוּת

— s מַנְגְּנוֹן, מַכְשִׁירִים

a´pricot" *n.* (אֶפְּרִקוֹט) מִשְׁמֵשׁ

A´pril *n.* (אֵיפְּרִל) אַפְּרִיל

a´pron *n.* (אֵיפְּרַן) סִנּוֹר; לוּחַ מָגֵן; שֶׁטַח חֲנָיָה

tied to one's — strings נָתוּן לִשְׁלִיטַת־

ap"ropos´ *adv.* (אֶפְּרַפּוֹ) בְּיַחַס ל־; אֲשֶׁר ל־; כַּנִּדְרָשׁ; אַ־פְּרוֹפּוֹ

— *adj. w. t.* מַתְאִים

apt *adj.* (אֶפְּט) מֻכְשָׁר; נוֹטֶה; קָרוֹב לְוַדַּאי; מַתְאִים

ap´titude *n.* (אֶפְּטִטְיוּד) כִּשְׁרוֹן; תְּבוּנָה; הַתְאָמָה

aq´ualung *n.* (אֶקְוַלַנְג) מְכַל אֲוִיר

aq"uamarine´ (*n.* אֶקְוַמְרִין) יָרֹק־כְּחַלְחַל; אַקְוָמָרִין

aquar´ium *n.* (אֲקְוֵרִיֶם) אַקְוַרְיוּם, מוּסֵיאוֹן

Aquar´ius *n.* (אֲקְוֵרִיַס) דְּלִי (מזל)

aquat´ic *adj.* (אֶקְוֶטִק) יַמִּי; מְבֻצָּע בַּיָּם
aq´ueduct" *n.* (אֶקְוִדַקְט) אַמַּת מַיִם; אַקְוֶדוּקְט
a´queous *adj.* (אֶקְוִיֶס) מֵימִי
aq´uiline *adj.* (אֶקְוְלִין) נִשְׁרִי; כְּמַקּוֹר נֶשֶׁר
ar"abesque´ *n. & adj.* (אֶרְבֶּסְק) עֲרַבֶסְקָה; עִטּוּר־עֲרַבֶסְקוֹת
A´rab *n. & adj.* (אֶרֶבּ) עֲרָבִי
Ar´abic *adj.* (אֶרַבִּק) עַרְבִי
— n. עֲרָבִית
ar´able *adj.* (אֶרַבְּל) רָאוּי לְעִבּוּד
ar´biter *n.* (אַרְבִּטְר) שׁוֹפֵט, חוֹרֵץ מִשְׁפָּט, פּוֹסֵק; בּוֹרֵר
ar´bitrar"iness *n.* (אַרְבִּטְרֶרִנֶס) שְׁרִירוּת לֵב
ar´bitrary" *adj.* (אַרְבִּטְרֶרִי) שְׁרִירוּתִי; נִקְבָּע ע״י שׁוֹפֵט (ולא ע״י חוק)
ar´bitrate" *v. t. & i.* (אַרְבִּטְרֵיט) הִכְרִיעַ (כבורר), שִׁמֵּשׁ כְּבוֹרֵר; מָסַר לְבוֹרְרוּת; חָרַץ
ar"bitra´tion *n.* (אַרְבִּטְרֵישְׁן) בּוֹרְרוּת; מִשְׁפַּט בּוֹרְרוּת
ar´bor *n.* (אַרְבְּר) סֻכַּת מְטַפְּסִים; אֹהֶל עֲנָפִים; גַּל אוֹ מוֹט בִּמְכוֹנָה
arbu´tus *n.* (אַרְבְּיוּטֶס) קְטָלָב
arc *n.* (אַרְק) קֶשֶׁת
— *v. i.* יָצַר קֶשֶׁת חַשְׁמַלִּית; נָע בְּצוּרַת קֶשֶׁת
arcade´ *n.* (אַרְקֵיד) סְטָו, פּוֹרְטִיקוֹ, קוֹלוֹנָדָה; פַּסָּז׳
arch *n.* (אַרְץ׳) קֶשֶׁת; פֶּתַח מְקֻשָּׁת; כֶּפֶף; מִדְרָס
— *v. t. & i.* קִשֵּׁת, כָּפַף; שִׁוָּה צוּרַת קֶשֶׁת; הִתְקַשֵּׁת, הִתְכּוֹפֵף
— *adj.* רָאשִׁי, עִקָּרִי; עַרְמוּמִי; שׁוֹבָבִי
— *pref.* אַרְכִי־, רַב־
archa´ic *adj.* (אַרְקֵיאִק) אַרְכָאִי, מְיֻשָּׁן, קַדְמוֹן
arch´an"gel *n.* (אַרְקֵאֵינְגְ׳ל) רַב־מַלְאָכִים
arch´bish"op *n.* (אַרְצ׳בִּשֶׁפּ) אַרְכִיבִּישׁוֹף
arch´duke" *n.* (אַרְצ׳דְיוּק) אַרְכִידֻכָּס
arched *adj.* (אַרְצ׳ט) מְקֻשָּׁת
ar"cheol´ogist *n.* (אַרְקִיאוֹלֶגִ׳סְט) אַרְכֵאוֹלוֹג
ar"cheol´ogy *n.* (אַרְקִיאוֹלֶג׳י) אַרְכֵאוֹלוֹגְיָה
arch´er *n.* (אַרְצ׳ר) קַשָּׁת
arch´ery *n.* (אַרְצ׳רִי) קַשָּׁתוּת; קַשָּׁתִים; קְשָׁתוֹת וְחִצִּים
ar´chetype" *n.* (אַרְקִיטַיפּ) אַבְטִיפּוּס; אַרְכִיטִיפּוּס; בִּנְיַן־אָב
ar"chipel´ago" *n.* (אַרְקַפֶּלֶגוֹ) אַרְכִיפֶּלָג
ar´chitect" *n.* (אַרְקִטֶקְט) אַרְדִּיכָל, אַרְכִיטֶקְט; יוֹצֵר
ar"chitec´ture *n.* (אַרְקִטֶקְצְ׳ר) אַרְדִּיכָלוּת, אַרְכִיטֶקְטוּרָה; מִבְנֶה; בִּנְיָנִים
ar´chives *n.* (אַרְקַיבְז) אַרְכִיוֹן; גִּנְזָךְ, בֵּית גְּנָזִים; מִסְמָכִים
arch´priest *n.* (אַרְצ׳פְּרִיסְט) כֹּמֶר רָאשִׁי
arc´tic *adj.* (אַרְקְטִק) אַרְקְטִי, צְפוֹנִי; קַר
Arctic *n.* אַרְקְטִיקָה
— s עַרְדָּלַיִם
ar´dent *adj.* (אַרְדֶנְט) נִלְהָב, קַנָּאִי, מָסוּר; לוֹהֵט
ar´dor *n.* (אַרְדְר) לַהַט, קַנָּאוּת, הִתְלַהֲבוּת
ar´duous *adj.* (אַרְג׳וּאֶס) קָשֶׁה, מְפָרֵךְ, מְיַגֵּעַ; נִמְרָץ
are *v.* (be הוה, רבים וגוף שני, יחיד של הפועל)
there — יֵשׁ
ar´ea *n.* (אֵרִיאַה) שֶׁטַח, אֵזוֹר, מֶרְחָב; הֶקֵּף; חָצֵר, מִגְרָשׁ, קַרְקַע
are´na *n.* (אֲרִינַה) זִירָה; אִצְטַדְיוֹן
Argenti´na (אַרְגֶ׳נְטִינַה) אַרְגֶּנְטִינָה
ar´gue *v. i. & t.* (אַרְגְיוּ) הִתְוַכֵּחַ; טָעַן; עָמַד עַל שֶׁלּוֹ; שִׁכְנֵעַ, הוֹכִיחַ; נִמֵּק
ar´gument *n.* (אַרְגְיֻמֶנְט) וִכּוּחַ; רִיב; טַעֲנָה, נִמּוּק; נוֹשֵׂא; סִכּוּם
argumen´tative *adj.* (אַרְגְיֻמֶנְטֶטִב) וַכְּחָנִי; שָׁנוּי בְּמַחֲלֹקֶת
ar´id *adj.* (אֶרְד) צְחִיחַ, שָׁחוּן; שׁוֹמֵם; מְשַׁעֲמֵם
arid´ity *n.* (אֶרִדַּטִי) צְחִיחוּת; שִׁמָּמוֹן
Ar´ies *n.* (אֵרִיז) טָלֶה (מזל)
aright´ *adv.* (אֲרַיט) כָּרָאוּי; בְּצוּרָה נְכוֹנָה
arise´ *v. i.* (אֲרַיז) יָצָא, נָבַע; הוֹפִיעַ, הִתְהַוָּה, הִתְעוֹרֵר; עָלָה; קָם; הִתְקוֹמֵם
ar"istoc´racy *n.* (אֶרִסְטוֹקְרֶסִי) אֲרִיסְטוֹקְרַטְיָה; שִׁלְטוֹן מֻבְחָרִים

aris′tocrat *n.* (אֲרִסְטֶקְרֶט) אֲרִיסְטוֹקְרָט; דוֹגֵל בְּשִׁלְטוֹן הָאֲרִיסְטוֹקְרָטִים

aris″tocrat′ic *adj.* (אֲרִסְטֶקְרֶטִק) אֲרִיסְטוֹקְרָטִי

arith′metic *n.* (אֲרִתְ׳מֶטִק) אֲרִיתְמֶטִיקָה, חֶשְׁבּוֹן

ar″ithmet′ical *adj.* (אֲרִתְ׳מֶטִקְל) אֲרִיתְמֶטִי, חֶשְׁבּוֹנִי

ark *n.* (אַרְק) תֵּבָה (של נח); אָרוֹן; מְקוֹם מִקְלָט

arm *n.* (אַרְם) זְרוֹעַ; כְּלִי נֶשֶׁק; מָנוֹף; שַׁרְווּל; שֶׁלֶט, סֵמֶל; עָצְמָה

up in — s מוּכָן לְהִלָּחֵם

— *v. t.* זִיֵּן, חִמֵּשׁ; צִיֵּד; בִּצֵּר; הֵכִין

ar′mament *n.* (אַרְמֶמֶנְט) חִמּוּשׁ; צִיּוּד צְבָאִי; כֹּחַ צְבָאִי

arm′chair″ *n.* (אַרְמְצֶ׳ר) כֻּרְסָה

— *adj.* חֲסַר־נִסָּיוֹן מַמָּשִׁי

arm′ful″ *n.* (אַרְמְפֻל) מְלוֹא הַזְּרוֹעוֹת; כַּמּוּת גְּדוֹלָה

ar′mistice *n.* (אַרְמִסְטִס) שְׁבִיתַת נֶשֶׁק

ar′mor *n.* & *v. t.* (אַרְמֶר) שִׁרְיוֹן; יְחִידַת שִׁרְיוֹן; שִׁרְיֵן

ar′mored car′ *n.* (אַרְמֶרְד קָר) שִׁרְיוֹנִית

ar′mory *n.* (אַרְמְרִי) בֵּית נֶשֶׁק; נַשָּׁקִיָּה; מֶרְכַּז אִמּוּנִים

arm′pit″ *n.* (אַרְמְפִּט) בֵּית הַשֶּׁחִי

ar′my *n.* (אַרְמִי) צָבָא; מַחֲנֶה, אַרְמִיָּה; הָמוֹן

aro′ma *n.* (אֲרוֹמָה) אֲרוֹמָה, רֵיחַ נִיחוֹחַ

arose′ (אֲרוֹז) (זמן עבר של arise)

around′ *prep.* (אֲרָאוּנְד) מִסָּבִיב, סָבִיב; בְּקִצָּה; מִמָּקוֹם לְמָקוֹם; לְכָל עֵבֶר; בִּסְבִיבוֹת; בְּקֵרוּב; בִּמְקוֹמוֹת שׁוֹנִים; בְּקִרְבַת

— *adv.* בְּכָל צַד; בְּקִרְבַת מָקוֹם; בְּהֶקֵּף; בַּחֲזָרָה; בְּמַעְגָּל; לְכִוּוּן אַחֵר; חֲזָרָה לְהַכָּרָה; לְמָקוֹם מְסֻיָּם

to have been — בַּעַל נִסְיוֹנוֹת רַבִּים

arouse′ *v. t.* (אֲרָאוּז) עוֹרֵר; הֵעִיר

arraign′ *v. t.* (אֲרֵין) הִזְמִין לְדִין; תָּבַע לְמִשְׁפָּט; הֶאֱשִׁים, נָזַף

arrange′ *v. t.* & *i.* (אֲרֵינְג׳) סִדֵּר, עָרַךְ; קָבַע; עָשָׂה הֲכָנוֹת; הִגִּיעַ לִידֵי הֶסְכֵּם

arrange′ment *n.* (אֲרֵינְג׳מֶנְט) סִדּוּר; יִשּׁוּב, הֶסְכֵּם; הֶסְדֵּר

— s הֲכָנוֹת

ar′rant *adj.* (אֶרֶנְט) מֻבְהָק

array′ *v. t.* (אֲרֵי) עָרַךְ; הִלְבִּישׁ

— *n.* מַעֲרָךְ; מַעֲרֶכֶת לְבוּשׁ; תַּבְנִית (מתמטיקה)

arrears′ *n.* (אֲרִירְז) מְפַגֵּר, מְפַגֵּר בְּפֵרָעוֹן

arrest′ *n.* (אֲרֶסְט) מַאֲסָר, מַעֲצָר, עֲצִירָה, הָאָטָה

— *v. t.* אָסַר; מָשַׁךְ (תשומת לב); עָצַר; הֵאֵט

arriv′al *n.* (אֲרִיבְל) בּוֹא; הַגָּעָה; בָּא

arrive′ *v. i.* (אֲרִיב) הִגִּיעַ, בָּא; הִצְלִיחַ

ar′rogance *n.* (אֶרֶגֶנְס) שַׁחֲצָנוּת, יְהִירוּת

ar′rogant *adj.* (אֶרֶגֶנְט) שַׁחֲצָן, יָהִיר, אָרוֹגַנְטִי

ar′rogate″ *v. t.* (אֶרֶגֵיט) תָּבַע (שלא כדין); לָקַח (שלא כדין); יִחֵס ל־ (ללא הצדקה)

ar′row *n.* (אֶרוֹ) חֵץ

ar′senal *n.* (אַרְסֶנְל) מַחְסַן נֶשֶׁק, נַשָּׁקִיָּה; בֵּית חֲרֹשֶׁת לְנֶשֶׁק

ar′senic *n.* (אַרְסֶנִק) אַרְסָן, זַרְנִיךְ

ar′son *n.* (אַרְסֶן) הַצָּתָה

art *n.* (אַרְט) אָמָּנוּת; אוּמָּנוּת, מְלָאכָה, מְלֶאכֶת מַחֲשֶׁבֶת; מִקְצוֹעַ (לימוד); פְּעֻלָּה מְעֻשָּׂה, תַּחְבּוּלָה

work of — מְלֶאכֶת מַחֲשֶׁבֶת

ar′tery *n.* (אַרְטֶרִי) עוֹרֵק

art′ful *adj.* (אַרְטְפֻל) עַרְמוּמִי, פְּתַלְתֹּל; מְחֻכָּם

arthri′tis *n.* (אַרְתְ׳רַיטִס) דַּלֶּקֶת מִפְרָקִים

ar′tichoke″ *n.* (אַרְטִצ׳וֹק) קִנְרַס, אַרְטִישׁוֹק

ar′ticle *n.* (אַרְטִקְל) מַאֲמָר; פְּרָט, עֶצֶם (דבר); תָּוִית (דקדוק); סָעִיף, תְּנַאי

— *v. t.* הֶאֱשִׁים; קָשַׁר ע״פ הֶסְכֵּם

artic′ulate″ *v. t.* & *i.* (אַרְטִקְיֻלֵיט) חִתֵּךְ, בִּטֵּא בְּקַפְּדָנוּת, הָגָה; הִבִּיעַ; חִבֵּר; גִּבֵּשׁ

artic′ulate *adj.* (אַרְטִקְיֻלִט) בָּהִיר, מֻבָּע בִּבְהִירוּת; מִתְבַּטֵּא בִּבְהִירוּת; מְסֻגָּל לְדַבֵּר; רָהוּט בְּדִבּוּרוֹ; מְדֻיָּק; מְגֻבָּשׁ

artic″ula′tion *n.* (אַרְטִקְיֻלֵישְׁן) חִתּוּךְ דִּבּוּר; בִּטּוּי; חִבּוּר, מִחְבָּר

ar′tifact *n.* (אַרְטִפֶקְט) כְּלִי

ar′tifice *n.* (אַרְטִפִס) תַּחְבּוּלָה; עָרְמָה

ar″tifi′cial *adj.* (אַרְטִפִשְל) מְלָאכוּתִי; מְעֻשֶּׂה

artil′lery *n.* (אַרְטִלֶרִי) אַרְטִילֶרְיָה; חֵיל תּוֹתְחָנִים; תּוֹתְחָנוּת

artil′leryman″ *n.* (אַרְטִלֶרִימֶן) תּוֹתְחָן

ar′tisan *n.* (אַרְטִזְן) אוּמָן, בַּעַל מְלָאכָה

ar′tist *n.* (אַרְטִסְט) אָמָּן; צַיָּר

artis′tic *adj.* (אַרְטִסְטִק) אָמָּנוּתִי; מִצְטַיֵּן בְּבִצּוּעַ; אֲנִין הַטַּעַם

art′less *adj.* (אַרְטְלִס) כֵּן, יָשָׁר; טִבְעִי; מְסֻרְבָּל

art′lessness *n.* (אַרְטְלִסְנֶס) כֵּנוּת, יֹשֶׁר; טִבְעִיּוּת

Ar′yan *n.* & *adj.* (אֵרְיַן) אָרִי; דוֹבְרֵי שָׂפָה הֹדּוּ־אֵירוֹפִּית

as *adv.* & *conj.* (אֶז; בלי הטעמה: אֲז) כְּ, כְּמוֹ; בְּשָׁעָה שֶׁ־; אֲשֶׁר לְ־; עַל יְדֵי; כְּגוֹן; בִּבְחִינַת; בְּצוּרָה שֶׁ־; בְּמִדָּה שֶׁ־; הוֹאִיל וְ־; אַף עַל פִּי; אֲשֶׁר, שֶׁ

— for אֲשֶׁר לְ־

— good שָׁוֶה לְ־; נֶאֱמָן לְ־

— if כְּאִלּוּ

— is בְּמַצָּבוֹ הַקַּיָּם

— it were בְּמִדָּה מְסֻיֶּמֶת

— long — בִּתְנַאי שֶׁ־; הוֹאִיל וְ־

— much בְּדוֹמֶה לְכָךְ

— per עַל יְדֵי

— regards אֲשֶׁר לְ־

— soon — מִיָּד כַּאֲשֶׁר

— such כְּשֶׁלְּעַצְמוֹ

— to אֲשֶׁר לְ־

— well גַּם כֵּן

— well — וְגַם; וְכֵן

— yet עַד עַתָּה

so — כְּדֵי שֶׁ־

— *pron.* אֲשֶׁר; עֻבְדָּה

— *prep.* בְּתַפְקִיד־; בְּמַעֲמַד־

asbes′tos *n.* (אֶזְבֶּסְטֶס) אַזְבֶּסְט

ascend′ *v. i.* & *t.* (אֲסֶנְד) עָלָה; נָטָה כְּלַפֵּי מַעְלָה; הִתְקַדֵּם לִנְקֻדַּת הַמּוֹצָא; חָזַר

ascend′ant *n.* & *adj.* (אֲסֶנְדַנְט) שְׁלִיטָה; אָב קַדְמוֹן; עוֹלֶה; שַׁלִּיט

ascen′sion *n.* (אֲסֶנְשַׁן) עֲלִיָּה

ascent′ *n.* (אֲסֶנְט) עֲלִיָּה; הִתְקַדְּמוּת; הִתְקָרְבוּת לַמָּקוֹר

as″certain′ *v. t.* (אֶסֶרְטֵין) וִדֵּא, בֵּרֵר, קָבַע

ascet′ic *n.* & *adj.* (אֲסֶטִק) סַגְּפָן; מִתְבּוֹדֵד, פָּרוּשׁ; מִסְתַּגֵּף

as′cot *n.* (אֶסְקַט) עֲנִיבָה רְחָבָה

ascribe′ *v. t.* (אֶסְקְרַיבּ) יִחֵס, תָּלָה בְּ־

asex′ual *adj.* (אֵיסֶקְשוּאַל) לֹא־מִינִי; חֲסַר אֵבְרֵי מִין

ash *n.* (אֶשׁ) אֵפֶר; מֵילָה

— s גּוּפָה; שְׁאֵרִית

ash′en *adj.* (אֶשְׁן) אָפֹר; שֶׁל הַמֵּילָה

ashamed′ *adj.* (אֲשֵׁימְד) מִתְבַּיֵּשׁ, בּוֹשׁ, נִכְלָם; מְהַסֵּס, נִרְתָּע

ashore′ *adv.* (אֲשׁוֹר) אֶל הַחוֹף; בַּיַּבָּשָׁה

aside′ *adv.* (אֲסַיד) הַצִּדָּה; בְּמָקוֹם מְיֻחָד; עַל אַף; מִלְּבַד

— n. הֶעָרָה מֻסְגֶּרֶת; סְטִיָּה

as′inine *adj.* (אֶסְנַין) טִפְּשִׁי; כְּדֶרֶךְ חֲמוֹר

ask *v. t.* & *i.* (אֶסְק) שָׁאַל; בִּקֵּשׁ (מידע); חִיֵּב; הִזְמִין

— for it בִּקֵּשׁ לְהִסְתַּבֵּךְ בְּצָרָה

askance′ *adv.* (אֲסְקֶנְס) בַּחֲשָׁד; בְּמַבָּט מֵהַצַּד

asleep′ *adv.* & *adj.* (אֲסְלִיפּ) יָשֵׁן, בְּמַצַּב תְּנוּמָה; מֵת; דוֹמֵם

aspar′agus *n.* (אֲסְפֶּרַגַס) אַסְפָּרָגוֹס

as′pect *n.* (אֶסְפֶּקְט) מַרְאֶה; נְקֻדַּת רְאוּת, בְּחִינָה, אַסְפֶּקְט; עֶמְדָּה; מַבָּט; הֶבֵּט

asper′ity *n.* (אֲסְפֶּרִטִי) חֻמְרָה; קֹשִׁי

asper′sion *n.* (אֲסְפֶּרְזַ׳ן) הַשְׁמָצָה, דֹּפִי; הַזָּאָה

as′phalt *n.* (אֶסְפּוֹלְט) חֵמָר, אַסְפַלְט

as′pirant *n.* & *adj.* (אֶסְפִּירַנְט) שְׁאַפְתָּן; שׁוֹאֵף

as′pirate *v. t.* (אֶסְפִּרֵיט) הָגָה בְּחִכּוּךְ; הָגָה הֶגֶה חוֹכֵךְ; יָנַק

— *n.* הֶגֶה חוֹכֵךְ

— *adj.* חוֹכֵךְ (הגה)

as″pira′tion *n.* (אֶסְפֵּרֵישְׁן) שְׁאִיפָה; נְשִׁימָה

aspire′ *v. i.* (אֲסְפַּיר) שָׁאַף

as'pirin *n.* (אֶסְפְּרִן) אַסְפִּירִין

aspi'ring *adj.* (אַסְפַּירִנְג) שׁוֹאֵף

ass *n.* (אֶס) חֲמוֹר; פֶּרֶא; „תַּחַת"

assail' *v. t.* (אֲסֵיל) תָּקַף

assail'ant *n.* (אֲסֵילֶנְט) תּוֹקֵף

assas'sin *n.* (אֲסֶסִן) מִתְנַקֵּשׁ; רוֹצֵחַ

assas'sinate" *v. t.* (אֲסֶסִנֵיט) הִתְנַקֵּשׁ, רָצַח, הָרַג בְּצוּרָה בּוֹגְדָנִית

assas"sina'tion *n.* (אֲסֶסִנֵישְׁן) הִתְנַקְּשׁוּת; רֶצַח

assault' *n.* (אֲסוֹלְט) הַתְקָפָה; הִסְתָּעֲרוּת; תְּקִיפָה; הִתְנַקְּשׁוּת; אֹנֶס

— *v. t.* הִתְקִיף, תָּקַף; הִסְתָּעֵר עַל

assay' *v. t. & i.* (אֲסֵי) בָּחַן; בָּדַק; הֶעֱרִיךְ, נִתַּח; נִסָּה; הֵכִיל מַתֶּכֶת יְקָרָה

as'say *n.* קְבִיעַת אֲחוּז הַמַּתֶּכֶת; חֹמֶר לִבְדִיקָה; דִּין וְחֶשְׁבּוֹן

assem'blage *n.* (אֲסֶמְבְּלִג') אֲסֵיפָה, כִּנּוּס, עֵדָה

assem'ble *v. t. & i.* (אֲסֶמְבְּל) אָסַף, כִּנֵּס, קִבֵּץ; הִרְכִּיב; הִתְאַסֵּף, נִפְגַּשׁ

assem'bly *n.* (אֲסֶמְבְּלִי) כִּנּוּס; בֵּית נִבְחָרִים; הִתְכַּנְּסוּת; הַרְכָּבָה, קְבוּצַת חֲלָקִים לְהַרְכָּבָה

assent' *v. i.& n.* (אֲסֶנְט) הִסְכִּים; וִתֵּר; הַסְכָּמָה

assert' *v. t.* (אֲסֶרְט) קָבַע בְּבִטְחָה, עָמַד עַל שֶׁלּוֹ; הִבְלִיט עַצְמוֹ, הִתְבַּלֵּט

asser'tion *n.* (אֲסֶרְשְׁן) קְבִיעָה בְּבִטְחָה

asser'tive *adj.* (אֲסֶרְטִב) קוֹבֵעַ בְּבִטְחָה; תּוֹקְפָנִי

assess' *v. t.* (אֲסֶס) שָׂם, הֶעֱרִיךְ; הִטִּיל מַס

assess'ment *n.* (אֲסֶסְמֶנְט) שׁוּמָה, הַעֲרָכָה

asses'sor *n.* (אֲסֶסֶר) פְּקִיד שׁוּמָה; שַׁמַּאי; יוֹעֵץ לְשׁוֹפֵט

as'set *n.* (אֶסֶט) נֶכֶס

— s נְכָסִים; מַשְׁאַבִּים

as"sidu'ity *n.* (אֶסִדְיוּאִטִי) שְׁקִידָה, חֲרִיצוּת

assid'uous *adj.* (אֲסִג'וּאֶס) מַתְמִיד; שַׁקְדָן, חָרוּץ

assign' *v. t.* (אֲסַין) יָעַד; מִנָּה; קָבַע; יִחֵס; הֶעֱבִיר; הִצִּיב

as"signa'tion *n.* (אֶסִגְנֵישְׁן) פְּגִישָׁה (של מאהבים)

assign'ment *n.* (אֲסַינְמֶנְט) תַּפְקִיד; מִנּוּי; הַעֲבָרָה; הַצָּבָה

assim'ilate" *v. t.* (אֲסִמְלֵיט) סָפַג, קָלַט; הִטְמִיעַ; סִגֵּל, הִתְאִים; הִדְמָה; הִשְׁוָה לְ־

— *v. i.* נִסְפַּג, נִקְלַט; נִטְמַע; דָּמָה לְ־; הִסְתַּגֵּל; הִתְבּוֹלֵל

assim"ila'tion *n.* (אֲסִמֲלֵישְׁן) הִתְבּוֹלְלוּת, טְמִיעָה; הִדַּמּוּת

assist' *v. t. & i.* (אֲסִסְט) עָזַר, סִיֵּעַ; הָיָה נוֹכֵחַ

assist'ance *n.* (אֲסִסְטֶנְס) עֶזְרָה, סִיּוּעַ; תְּמִיכָה

assist'ant *n.* (אֲסִסְטֶנְט) עוֹזֵר; סְגָן; אַסִיסְטֶנְט

asso'ciate" *n. & adj.* (אֲסוֹשִׁיאֵיט) חָבֵר; שֻׁתָּף; חָבֵר לִפְעֻלָּה; בֶּן־לְוָיָה; בַּעַל בְּרִית; ־מִשְׁנֶה

— *v. t. & i.* (אֲסוֹסִיאֵיט) קָשַׁר; חִבֵּר, צֵרֵף; אִחֵד; הִתְאַחֵד; הִתְרוֹעֵעַ עִם

asso"cia'tion *n.* (אֲסוֹסִיאֵישְׁן) חֶבְרָה; קֶשֶׁר; אֲגֻדָּה, אִגּוּד; הִתְחַבְּרוּת; יְדִידוּת; סְמִיכוּת־רַעֲיוֹנוֹת, אַסוֹצִיאַצְיָה

as'sonance *n.* (אֶסוֹנֶנְס) דִּמְיוֹן צְלִילִים

assort' *v. t. & i.* (אֲסוֹרְט) מִיֵּן; גִּוֵּן; הִתְאִים

assort'ment *n.* (אֲסוֹרְטְמֶנְט) מִבְחָר; מִגְוָן; מִיּוּן, חֲלֻקָּה

assuage' *v. t.* (אֲסְוֵיג') הֵקֵל; שִׁכֵּךְ, רִכֵּךְ; הִשְׁקִיט

assume' *v. t.* (אֲסוּם) הִנִּיחַ; לָקַח עַל עַצְמוֹ; סִגֵּל; הֶעֱמִיד פָּנִים, נָטַל זְכוּת שֶׁלֹּא כַּדִּין

assumed' *adj.* (אֲסוּמְד) בָּדוּי; מְמֻצָּא (לשם רמאות); מוּבָן מֵאֵלָיו, פְּרִי הַנָּחָה

assump'tion *n.* (אֲסַמְפְּשֶׁן) הַנָּחָה; לְקִיחָה עַל עַצְמוֹ; נְטִילָה (שלא כדין); יְהִירוּת

assur'ance *n.* (אֲשׁוּרֶנְס) הַבְטָחָה, הִתְחַיְּבוּת; בִּטְחָה גְּמוּרָה, אֹמֶץ

assure' *v. t.* (אֲשׁוּר) הִצְהִיר, הִבְטִיחַ; הוֹדִיעַ בְּבִטְחָה; בִּטֵּחַ; עוֹדֵד

as'terisk *n. & v. t.* (אֶסְטֶרִסְק) כּוֹכָב (•); סִמֵּן כּוֹכָב

astern' *adv.* (אֲסְטֶרְן) לְאָחוֹר; לְיַד הַיַּרְכָתַיִם; מֵאֲחוֹרֵי

as'teroid" *n.* (אֶסְטֶרוֹיד) אַסְטֶרוֹאִיד

asth'ma *n.* (אֶזְמָה) קָצֶרֶת, אַסְתְּמָה

astig'matism *n.* (אֲסְטִגְמֶטִזְם) אַסְטִיגְמָטִיּוּת

astir' *adj.* (אֲסְטֶר) בִּתְנוּעָה; מִסְתּוֹבֵב, פָּעִיל

aston'ish *v. t.* (אֲסְטוֹנִשׁ) הִפְלִיא

aston'ishing *adj.* (אֲסְטוֹנִשִׁנְג) מַפְלִיא

aston'ishment *n.* (אֲסְטוֹנִשְׁמֶנְט) הִשְׁתּוֹמְמוּת, תִּמָּהוֹן, פְּלִיאָה

astound' *v. t.* (אֲסְטַאוּנְד) הִדְהִים, הִכָּה בְּתִמָּהוֹן

astray' *adv. & adj.* (אֲסְטְרֵי) בְּדֶרֶךְ נְלוֹזָה

astride' *prep. & adv. & adj.* (אֲסְטְרַיד) כְּדֶרֶךְ יְשִׁיבָה עַל סוּס; מִשְּׁנֵי צִדֵּי־; בְּפִשּׂוּק רַגְלַיִם

astrin'gent *n.* (אֲסְטְרִנְג'נְט) מְכַוֵּץ; חָמוּר; מְכַוֵּץ רְקָמוֹת

astrol'oger *n.* (אֲסְטְרוֹלֲג'ר) אִצְטַגְנִין, אַסְטְרוֹלוֹג

astrol'ogy *n.* (אֲסְטְרוֹלֲגִ'י) אִצְטַגְנִינוּת, אַסְטְרוֹלוֹגְיָה

astron'omer *n.* (אֲסְטְרוֹנֲמֶר) אַסְטְרוֹנוֹם, תּוֹכֵן

astron'omy *n.* (אֲסְטְרוֹנֲמִי) אַסְטְרוֹנוֹמְיָה, תְּכוּנָה

astute' *adj.* (אֲסְטְיוּט) חָרִיף, מְמֻלָּח, חָכָם

asun'der *adv. & adj.* (אֲסַנְדֶר) לַחֲלָקִים, לִקְרָעִים; נִפְרָד

asy'lum *n.* (אֲסַילֲם) בֵּית מַחֲסֶה; בֵּית חוֹלִים לְחוֹלֵי רוּחַ; מִקְלָט

at *prep.* (אֶט; בלי הטעמה: אֲט, אִט) בְּ, עַל־יַד; עַל; לְעֵבֶר; בְּמַצָּב שֶׁל; בִּגְלַל

ate (אֵיט) (זְמַן עָבָר שֶׁל eat)

a'theism *n.* (אֵיתִ'יאִזְם) אַתֵּאִיזְם; כְּפִירָה בָּאֱלֹהוּת, אֶפִּיקוֹרְסוּת

a'theist *n.* (אֵיתִ'יאִסְט) אַתֵּאִיסְט; כּוֹפֵר, אֶפִּיקוֹרוֹס

ath'lete *n.* (אֶתְ'לִיט) אַתְלֵט; סְפּוֹרְטַאי; גִּבּוֹר

ath'lete's foot' (אֶתְ'לִיטְס פוּט) פִּטְרִיַּת הָרַגְלַיִם

athlet'ic *adj.* (אֶתְ'לֶטִק) חָסֹן, חָזָק; אַתְלֵטִי; מֻצָּק (מִבְנֵה־גוּף)

— **s** סְפּוֹרְט; אַתְלֵטִיקָה; אַתְלֵטִיקָה קַלָּה

Atlan'tic *adj. & n.* (אֲטְלֶנְטִק) אַטְלַנְטִי

at'las *n.* (אֶטְלֲס) אַטְלַס

Atlas נוֹשֵׂא מַעֲמָסָה כְּבֵדָה; עַמּוּד תָּוֶךְ

at'mosphere" *n.* (אֶטְמֲסְפִיר) אַטְמוֹסְפֵרָה; אֲוִירָה

at"mospher'ic *adj.* (אֶטְמֲסְפֶרִק) אַטְמוֹסְפֵרִי; שֶׁל אֲוִירָה

at'om *n.* (אֶטֲם) אָטוֹם; קֹרֶט, שֶׁמֶץ

atom'ic *adj.* (אֲטוֹמִק) אָטוֹמִי; זָעִיר; בִּלְתִּי מִתְחַלֵּק

at'omize" *v. t.* (אֶטֲמַיז) פֵּרֵק לָאֲטוֹמִים; הָפַךְ לַחֲלַקִּיקִים דַּקִּים; רִסֵּס; הִשְׁמִיד (בפצצה אטומית)

atone' *v. t. & i.* (אֲטוֹן) כִּפֵּר, רִצָּה

atone'ment *n.* (אֲטוֹנְמֶנְט) כִּפּוּר, כַּפָּרָה, רִצּוּי

atro'cious *adj.* (אֲטְרוֹשֲס) מַחֲרִיד; זְוָעָתִי

atroc'ity *n.* (אֲטְרוֹסִטִי) זְוָעָה

at'rophy *n.* (אֶטְרֲפִי) אַטְרוֹפְיָה; הִתְנַוְּנוּת

— *v. i. & t.* הִתְנַוֵּן; נִוֵּן

attach *v. t. & i.* (אֲטֶץ') חִבֵּר; צֵרֵף; יִחֵס; קָשַׁר; עִקֵּל; דָּבַק בְּ־, הִדְבִּיק; הָיָה שַׁיָּךְ לְ־

at"taché' *n.* (אֶטֲשֵׁי) נִסְפָּח

attached' *adj.* (אֲטֶצְ'ט) מְחֻבָּר, קָשׁוּר; שֻׁתָּף לְקִיר אֶחָד

attach'ment *n.* (אֲטֶצְ'מֶנְט) חִבּוּר; קֶשֶׁר; חִבָּה; הֶתְקֵן נוֹסָף; עִקּוּל

attack' *v. t. & i.* (אֲטֶק) תָּקַף, הִתְקִיף; הִתְנַפֵּל עַל; הִתְחִיל בְּמֶרֶץ; אָנַס, נִסָּה לֶאֱנֹס

— *n.* הַתְקָפָה, תְּקִיפָה, הִסְתָּעֲרוּת; הֶתְקֵף; אֹנֶס, נִסָּיוֹן לְאֹנֶס

attain' *v. t. & i.* (אֲטֵין) הִגִּיעַ, הִשִּׂיג

attain'ment *n.* (אֲטֵינְמֶנְט) הֶשֵּׂג; בּוֹא

attempt' *v. t.* (אֲטֶמְפְּט) הִשְׁתַּדֵּל, נִסָּה; תָּקַף

— *n.* נִסָּיוֹן, מַאֲמָץ; הִתְנַקְּשׁוּת

attend' *v. t. & i.* (אֲטֶנְד) טִפֵּל בְּ־, שִׁמֵּשׁ, הִשְׁגִּיחַ עַל; בִּקֵּר, הָיָה נוֹכֵחַ; לִוָּה; שָׂם לֵב לְ־; בָּא אַחֲרֵי

attend'ance *n.* (אֲטֶנְדֲנְס) נוֹכְחוּת; מִסְפַּר הַנּוֹכְחִים

attend'ant *n. & adj.* (אֲטֶנְדֲנְט) שַׁמָּשׁ; מְלַוֶּה; קָשׁוּר בְּ־

atten'tion *n.* (אֲטֶנְשֶׁן) תְּשׂוּמֶת־לֵב; קֶשֶׁב; טִפּוּל; נִמּוּס
— s חִזּוּר
— *interj.* עֲמוֹד דֹּם!
atten'tive *adj.* (אֲטֶנְטִב) קָשׁוּב, מַקְשִׁיב, מַשְׁגִּיחַ; אָדִיב, מִתְחַשֵּׁב בַּזּוּלַת
atten'uate" *v. t. & i.* (אֲטֶנְיוּאֵיט) הֵקֵל; הֵדֵק, הִקְלִישׁ, הִפְחִית
attest' *v. t & i.* (אֲטֶסְט) הֵעִיד; אִשֵּׁר
at'tic *n.* (אֶטִק) עֲלִיַּת גַּג
attire' *n.* (אֲטַיר) לְבוּשׁ; בִּגְדֵי חֵן
— *v. t.* הִלְבִּישׁ; קִשֵּׁט
at'titude" *n.* (אֶטִטוּד) יַחַס, עֶמְדָּה; מַצָּב (של הגוף); יְצִיבָה
attor'ney *n.* (אֲטֶרְנִי) עוֹרֵךְ דִּין, פְּרַקְלִיט סָנֵגוֹר,
attor'ney gen'eral (אֲטֶרְנִי־גֶ'נֲרֲל) פְּרַקְלִיט הַמְּדִינָה, תּוֹבֵעַ כְּלָלִי; שַׂר הַמִּשְׁפָּטִים (בארה"ב)
attract' *v. t. & i.* (אֲטְרֶקְט) מָשַׁךְ; קֵרֵב
attrac'tion *n.* (אֲטְרֶקְשֶׁן) מְשִׁיכָה, קֶסֶם; כֹּחַ מוֹשֵׁךְ
attrac'tive *adj.* (אֲטְרֶקְטִב) מוֹשֵׁךְ; מְהַנֶּה; מְעוֹרֵר עִנְיָן; חִנָּנִי
at'tribute *n.* (אֶטְרִבְּיוּט) סְגֻלָּה, תְּכוּנָה; תֹּאַר
attrib'ute *v. t.* יִחֵס ל־, תָּלָה בּ־
attri'tion *n.* (אֲטְרִשֶׁן) הַתָּשָׁה, שְׁחִיקָה; חִכּוּךְ; נְשִׁירָה
attune' *v. t.* (אֲטוּן) כִּוֵּן, כֻּוְנַן, סִגֵּל
au'burn *n. & adj.* (אוֹבֶּרְן) חוּם אֲדַמְדַּם
auc'tion *n.* (אוֹקְשֶׁן) מְכִירָה פֻּמְבִּית; הַכְרָזָה, מִכְרָז
— *v. t.* מָכַר בִּמְכִירָה פֻּמְבִּית
auc"tioneer' *n.* (אוֹקְשֲנִיר) מְנַהֵל מְכִירָה פֻּמְבִּית
auda'cious *adj.* (אוֹדֵישֶׁס) נוֹעָז, אַמִּיץ; מַשְׁלִיךְ נַפְשׁוֹ מִנֶּגֶד; מְקוֹרִי; חָצוּף
audac'ity *n.* (אוֹדֶסִטִי) הֶעָזָה, תְּעָזָה; חֻצְפָּה
au'dible *adj.* (אוֹדִבְּל) שָׁמִיעַ; נִתָּן לִקְלוֹט בִּשְׁמִיעָה
au'dience *n.* (אוֹדִיאֶנְס) צוֹפִים, קָהָל; צִבּוּר (מאזינים, קוראים, צופים וכו); אוֹהֲדִים; שְׁמִיעָה; רֵאָיוֹן

au'dit *n.* (אוֹדִט) בְּדִיקַת חֶשְׁבּוֹנוֹת; דִּין וְחֶשְׁבּוֹן סוֹפִי
— *v. t. & i.* בָּדַק (דינים וחשבונות; חשבונות)
audi'tion *n.* (אוֹדִשֶׁן) שְׁמִיעָה; מִבְחַן כִּשְׁרוֹנוֹת
— *v. t. & i.* הֶעֱמִיד בְּמִבְחַן כִּשְׁרוֹנוֹת; הִצִּיג מֻעֲמָדוּת לְמִבְחָן (כשרונות)
au'ditor *n.* (אוֹדִטֶר) שׁוֹמֵעַ; מַאֲזִין; מְבַקֵּר חֶשְׁבּוֹנוֹת; שׁוֹמֵעַ חָפְשִׁי (באוניברסיטה)
au"ditor'ium *n.* (אוֹדִטוֹרִיאֶם) אוּלָם הַצָּגוֹת; בִּנְיַן מוֹפָעִים; אוֹדִיטוֹרְיוּם
au'dito"ry *adj.* (אוֹדִטוֹרִי) שְׁמִיעָתִי
au'ger *n.* (אוֹגֶר) מַקְדֵּחַ
aught *n.* (אוֹט) דָּבָר כָּלְשֶׁהוּ, מַשֶּׁהוּ
— *adv.* מִכָּל בְּחִינָה שֶׁהִיא
augment' *v. t.* (אוֹגְמֶנְט) הִגְדִּיל
au'gur *v. t. & i.* (אוֹגֶר) בִּשֵּׂר; נִחֵשׁ (עפ"י סימנים)
au'gury *n.* (אוֹגְיֶרִי) נִחוּשׁ; אוֹת לַבָּאוֹת
august' *adj.* (אוֹגֶסְט) מְעוֹרֵר יִרְאַת כָּבוֹד; נַעֲרָץ
aunt *n.* (אֶנְט) דּוֹדָה
au'ra *n.* (אוֹרָה) הִלָּה; אֶמַנַצְיָה
auro'ra *n.* (אוֹרוֹרָה) שַׁחַר, צַפְרִירִים; זֹהַר אַטְמוֹסְפֵרִי
aus'pices *n.* (אוֹסְפִּסֶז) חָסוּת, תְּמִיכָה; סִימָן מְבַשֵּׂר טוֹב
auspi'cious *adj.* (אוֹסְפִּשֶׁס) מְבַשֵּׂר הַצְלָחָה
austere' *adj.* (אוֹסְטִיר) מַחְמִיר, חָמוּר, קַפְּדָן, רְצִינִי, קוֹדֵר; צָנוּעַ; לְלֹא קִשּׁוּט
auster'ity *n.* (אוֹסְטֶרִטִי) חֻמְרָה; צֶנַע
authen'tic *adj.* (אוֹתֶ'נְטִק) אוֹתֶנְטִי; אֲמִתִּי; מֻסְמָךְ
authen'ticate" *v. t.* (אוֹתֶ'נְטִקֵיט) אִשֵּׁר; קָבַע אֲמִתּוּת
authentic'ity *n.* (אוֹתֶ'נְטִסִטִי) אוֹתֶנְטִיּוּת; אֲמִתּוּת
au'thor *n. & v. i.* (אוֹת'ר) מְחַבֵּר; יוֹצֵר; יְצִירָה; יָצַר
author"itar'ian *adj.* (אַת'וֹרִטֵרִיאֶן) דּוֹגֵל בִּכְנִיעָה לַמִּמְסָד; שְׁתַלְּטָנִי; טוֹטָלִיטָרִי

author'itat"tive *adj.* (אֲת׳וֹרְטֵיטִב) מְסַמָּךְ

author'ity *n.* (אֲת׳וֹרְטִי) בַּר־סַמְכָא, סַמְכוּת; רָשׁוּת; אוֹטוֹרִיטָה; שִׁכְנוּעַ; הַצְדָּקָה

— ies שִׁלְטוֹנוֹת

au"thoriza'tion *n.* (אוֹתְ׳רִזֵישְׁן) הַרְשָׁאָה; יִפּוּי כֹּחַ

au'thorize" *v. t.* (אוֹתַ׳רַיז) מִלֵּא יְדֵי־; יִפָּה כֹּחַ; הֶעֱנִיק סַמְכוּת, הִסְמִיךְ; אִשֵּׁר

au'to *n.* (אוֹטוֹ) מְכוֹנִית, אוֹטוֹ

au"tobiog'raphy *n.* (אוֹטוֹבַּיאוֹגְרֶפִי) אוֹטוֹבִּיוֹגְרַפְיָה

au'tocrat" *n.* (אוֹטַקְרֶט) שַׁלִּיט יָחִיד, אוֹטוֹקְרָט

au'tograph" *n.* & *adj.* (אוֹטַגְרֶף) אוֹטוֹגְרָף; חֲתִימָה; אוֹטוֹגְרָפִי

— *v. t.* חָתַם (בעצם ידו)

au"tomat'ic *adj.* (אוֹטֶמֶטִק) אוֹטוֹמָטִי; סְפּוֹנְטָנִי; פּוֹעֵל מֵעַצְמוֹ, כִּלְאַחַר יָד

— *n.* אֶקְדָּח אוֹטוֹמָטִי

au'tomobile" *n.* & *adj.* (אוֹטֻמוֹבִּיל) מְכוֹנִית; שֶׁל מְכוֹנִית

auto'nomy *n.* (אוֹטוֹנֶמִי) אוֹטוֹנוֹמְיָה

au'top"sy *n.* (אוֹטַפְּסִי) נְתִיחָה לְאַחַר הַמָּוֶת; נִתּוּחַ בִּקָּרְתִּי

au'tumn *n.* (אוֹטֶם) סְתָו

autum'nal *adj.* (אוֹטַמְנֶל) סְתָוִי; לְאַחַר גִּיל הָעֲמִידָה

auxil'iary *adj.* (אוֹגְזִלְיֶרִי) מִשְׁנִי, נוֹסָף, מַשְׁלִים; עָתוּד; עוֹזֵר, מְסַיֵּעַ

— *n.* עוֹזֵר; אִרְגּוּן־לְוַאי

— ies חֵילוֹת עֵזֶר זָרִים

avail' *v. t.* & *i.* & *n.* (אֲוֵיל) הוֹעִיל; עָזַר; יִתְרוֹן, תּוֹעֶלֶת

avail'able *adj.* (אֲוֵילֶבְּל) שָׁמִישׁ, זָמִין; נִמְצָא, נִתָּן לְהַשִּׂיג, בְּהֶשֵּׂג יָד; תָּקֵף

av'alanche" *n.* (אֶוֶלֶנְץ׳) גֶּלֶשׁ, מַפֹּלֶת

av'arice *n.* (אֶוֶרִס) אַהֲבַת בֶּצַע; בּוּלְמוּס לַאֲגִירַת נְכָסִים; חַמְדָנוּת

av"ari'cious *adj.* (אֶוֶרִשֶׁס) חַמְדָנִי

avenge' *v. t.* & *i.* (אֲוֶנְג׳) נָקַם

aven'ger *n.* (אֲוֶנְגֶ׳ר) נוֹקֵם

av'enue" *n.* (אֶוֶנְיוּ) שְׂדֵרָה; דֶּרֶךְ גִּישָׁה; אֶמְצָעִי

aver' *v. i.* (אֲוֶר) אִשֵּׁר בְּבִטְחָה

av'erage *n.* & *adj.* (אֶוֶרֶג׳) מְמֻצָּע, בֵּינוֹנִי, רָגִיל

— *v. t.* & *i.* מִצֵּעַ; הִתְמַצֵּעַ

averse' *adj.* (אֲוֶרְס) סוֹלֵד, מוֹאֵס

aver'sion *n.* (אֲוֶרְזֶ׳ן) סְלִידָה מִן; מְעוֹרֵר סְלִידָה

avert' *v. t.* (אֲוֶרְט) הֵסֵב; הִרְחִיק, מָנַע

a'viar"y *n.* (אֵיבִיאֶרִי) מִכְלָאַת עוֹפוֹת

a"via'tion *n.* (אֵיבִיאֵישְׁן) תְּעוּפָה

a'via"tor *n.* (אֵיבִיאֵיטְר) טַיָּס

av'id *adj.* (אֶוִד) מִשְׁתּוֹקֵק, חוֹשֵׁק; נִלְהָב, קַנָּאִי

av"oca'tion *n.* (אֶוֶקֵישְׁן) תַּחְבִּיב; הִתְעַסְּקוּת שְׁעוֹת הַפְּנַאי; מִשְׁלַח־יָד

avoid' *v. t.* (אֲווֹיד) הִתְרַחֵק, נִמְנַע

avow' *v. t.* (אֲוָאוּ) הִכְרִיז; הוֹדָה בְּפַרְהֶסְיָה

avowed' *adj.* (אֲוָאוּד) מֻצְהָר

await' *v. i.* (אֲוֵיט) חִכָּה, צִפָּה; הָיָה צָפוּי

awake' *adj.* (אֲוֵיק) עֵר

— *v. t.* & *i.* הֵעִיר; עוֹרֵר; הִתְעוֹרֵר, נַעֲשָׂה מוּדָע ל־, הִגִּיעַ לִידֵי הַכָּרָה

awak'en *v. t.* & *i.* (אֲוֵיקְן) הֵעִיר; עוֹרֵר, הִתְעוֹרֵר

awak'ening *adj.* & *n.* (אֲוֵיקֶנִינְג) מִתְעוֹרֵר; הִתְעוֹרְרוּת, הַכָּרָה

award' *v. t.* & *n.* (אֲווֹרְד) הֶעֱנִיק; פָּסַק; פְּרָס; פְּסַק דִּין

aware' *adj.* (אֲוֵר) מוּדָע ל־; מַכִּיר בּ־; יַדְעָן

away' *adv.* (אֲוֵי) בְּרִחוּק; לְכִוּוּן אַחֵר; לַזּוּלַת; עַד שֶׁנֶּעֱלַם; לְלֹא הַפְסָקָה; לְלֹא הִסּוּס

go — הִסְתַּלֵּק

take — הִרְחִיק, הִפְרִיד

awe *n.* & *v. t.* (אוֹ) יִרְאַת כָּבוֹד; חֶרְדַּת קֹדֶשׁ; עוֹרֵר יִרְאַת כָּבוֹד; הִשְׁפִּיעַ ע״י הֶעָרַת יִרְאַת כָּבוֹד

aw'ful *adj.* (אוֹפֶל) אָיֹם, נוֹרָא; מַחֲרִיד, מַבְעִית; מְעוֹרֵר יִרְאַת כָּבוֹד

— *adv.* (מְאֹד)

aw'fulness *n.* (אוֹפֻלְנֶס) נוֹרָאוּת

awhile' *adv.* (אֲהֻוַיל) לִזְמַן קָצָר

awk'ward *adj.* (אוֹקְוֶרְד) גַּמְלוֹנִי, מְסֻרְבָּל, מְגֻשָּׁם; מְסֻכָּן; לֹא נוֹחַ; מֵבִיךְ

awl *n.* (אוֹל) מַרְצֵעַ

awn'ing *n.* (אוֹנִינְג) סוֹכֵךְ, גְּנוֹגֶנֶת

ax *n.* (אֶקְס) גַּרְזֶן, קַרְדֹּם

get the — פְּטַר, גָּרֵשׁ

have an — to grind הָיָה בַּעַל פְּנִיּוֹת אִישִׁיּוֹת, הָיָה בַּעַל קַרְדֹּם לַחְפּוֹר בָּהּ

ax'iom *n.* (אֶקְסִיַם) אַקְסְיוֹמָה, אֲמִתָּה

a'xis *n.* (אֶקְסִס) צִיר

ax'le *n.* (אֶקְסֶל) סֶרֶן (מכונה)

ay *adv.* (אֵי) תָּמִיד, לְעוֹלָם

az'ure *adj.* & *n.* (אֵיזְ'ר) תָּכֹל; תְּכֵלֶת

B

B, b *n*. (בי) בי, האות השניה באלפבית האנגלי, ב׳

bab'ble *v. i. & t.* (בבל) פטפט, להג

babe *n.* (ביב) תינוק; בחורה; מתק

baboon' *n.* (בבון) בבון

ba'by *n.* (ביבי) תינוק; הצעיר; בחורה; מתק

— *adj.* מתאים לתינוק; תינוקי, ילדותי; קטן

— *v. t.* פנק

ba'bysit" *v. i.* (ביביסט) שמש שמרטף; שמר על ילדים

ba'bysit"ter *n.* שמרטף

bach'elor *n.* (בצ׳לר) רוק; בוגר אוניברסיטה

back *n.* (בק) גב; גבוי; מסעד; מגן (בכדורגל); חלק אחורי; עמוד שדרה

be flat on one's -- היה חסר אונים

behind one's — בחשאי; בהעדר פלוני

get one's — up התרגז

have one's — to the wall היה במצב חסר תקוה

in — of מאחורי

turn one's — on נטש; הזניח

be — חזר

give -- החזיר

go — חזר

draw — נסוג

drive — הדף

fall — נסוג

come — חזר

- *v. t.* תמך, חזק; ספק גב; ספק רקע; נתן גבוי; הפנה אחורנית; הניע אחורנית; המר לטובת; ספק לווי

— *v. i.* נע אחורנית

— down נטש טעונו

— out לא עמד בדבורו

— water ותר על דעה

— *adj.* אחורי; ערפי; ישן; שעבר זמן פרעונו; נע לאחור

back'bite *v. t. & i.* (בקבט) השמיץ

back'bone *n.* (בקבון) עמוד השדרה; עז רוח; דומה לעמוד שדרה

back'brea"king *adj.* (בקבריקנג) מפרך

back'gam"mon *n.* (בקגמן) שש־בש

back'ground" *n.* (בקגראונד) רקע; מוצא; לווי משני

back'han"ded *adj.* (בקהנדד) שבצע כשהיד מפנית אחורה; דו־משמעי

back'log *n.* (בקלוג) הצטברות (עבודה שוטפת) שלא טפלו בה

back' num'ber (בק נמבר) שעבר זמנו; מישן; עתון ישן

back'ward(s) *adj. & adv.* (בקורד[ז]) מפנה לאחור; מפנה לעבר; נחשל, מפגר; ביישן, הססני; בצורה הפוכה; כשהגב לפנים

— and forward על בוריו

ba'con *n.* (ביקן) קתל חזיר

bring home the — הרויח מחיתו; בצע; הצליח

bacter'ia *n. pl.* (בקטיריה) בקטריה

bad *adj.* (בד) רע, רשע; לא טוב; פגום; לא נכון; פסול; לא־תקף; שובב; חולה; רקוב; מזיף; מזיק; נרגז; חמור

too -- חבל

— *n.* רע, רעה; רשע

in — סר חינו

bade (בד) (זמן עבר של bid)

badge *n.* (בג׳) סימן; אות; תג

bad'ger *n.* (בג׳ר) גירית; תחש

— *v. t.* הציק; הטריד

bad"inage' *n.* (בדנג׳) דברי התול

baf'fle *v. t.* (בפל) סכל; בלבל; הכשיל; הפנה

bag *n.* (בג) שק; תרמיל, ילקוט; מזודה; תיק; ארנק; עטין; מלקוח

— *v. t.* שם בשק; הרג (ציד)

bagatelle′ *n.* (בֶּגַטֶל) דָּבָר שֶׁל מַה בְּכָךְ
bag′gage *n.* (בֶּגִג׳) חֲפָצִים, מִזְוָדוֹת; יַצְאָנִית; חָצְפָּנִית
bag′pipe *n.* (בֶּגְפַּיפּ) חֵמֶת חֲלִילִים
bail *n.* (בֵּיל) עֲרֵבוּת; עָרֵב; שִׁחְרוּר בַּעֲרֵבוּת
jump — בָּרַח לְאַחַר שִׁחְרוּר בַּעֲרֵבוּת
— *v. t.* שִׁלֵּם עֲרֵבוּת; שָׁאַב מַיִם;
— out עָזַב בִּשְׁעַת דְּחָק; צָנַח (להצלת חייו)
bai′liff *n.* (בֵּילִף) שְׁלִיחַ בֵּית מִשְׁפָּט; מְפַקֵּחַ עַל אֲחֻזָּה
bait *n.* & *v. t.* (בֵּיט) פִּתָּיוֹן; שָׂם פִּתָּיוֹן; פִּתָּה; שִׁסָּה; הֵצִיק, הִרְגִּיז
bake *v. t.* & *i.* (בֵּיק) אָפָה; הִקְשָׁה; אָפָה לֶחֶם; נֶאֱפָה; שָׂרַף (חרס)
bak′er *n.* (בֵּיקְר) אוֹפֶה, נַחְתּוֹם; תַּנּוּר מְטַלְטֵל
ba′kery *n.* (בֵּיקַרִי) מִגְדָּנִיָּה, חֲנוּת לְמִינֵי מַאֲפֶה; מַאֲפִיָּה
ba′lance *n.* (בֶּלֶנְס) אִזּוּן, שִׁוּוּי מִשְׁקָל; מֹאזְנַיִם
— *v. t.* & *i.* אִזֵּן; שָׁקַל; קִזֵּז; הִתְאַזֵּן
bal′ance sheet′ *n.* (בֶּלֶנְס שִׁיט) מַאֲזָן
bal′cony *n.* (בֶּלְקְנִי) גְּזֻזְטְרָה; יָצִיעַ
bald *adj.* (בּוֹלְד) קֵרֵחַ; חָשׂוּף; גָּלוּי; פָּשׁוּט
bale′ful *adj.* (בֵּילְפֶל) מַזִּיק, רָע
balk *v. i.* & *t.* (בּוֹק) הִתְעַקֵּשׁ, סֵרֵב לְהִתְקַדֵּם; הִכְשִׁיל, סִכֵּל
ball *n.* (בּוֹל) כַּדּוּר; מִשְׂחָק בְּכַדּוּר; נֶשֶׁף רִקּוּדִים
carry the — נָטַל אַחֲרָיוּת
bal′lad *n.* (בֶּלֶד) בַּלָּדָה
bal′last *n.* (בֶּלֶסְט) נֵטֶל, זְבוֹרִית
bal′listics *n.* (בֶּלִסְטִקְס) בַּלִּיסְטִיקָה
bal′loon *n.* (בֶּלוּן) בַּלּוֹן, כַּדּוּר פּוֹרֵחַ
bal′lot *n.* (בֶּלֶט) פֶּתֶק הַצְבָּעָה; כְּלַל הַקּוֹלוֹת (בבחירות); הַצְּבָעָה; רְשִׁימַת מֻעֲמָדִים
— *v. t.* הִצְבִּיעַ
bal′lot box *n.* (בֶּלֶט בּוֹקְס) קַלְפֵּי
balm *n.* (בָּם) צֳרִי
balm′y *adj.* (בָּמִי) מָתוֹן, מַרְגִּיעַ, נָאֶה; בְּשָׂמִי, מְבֻשָּׂם, נִיחוֹחִי; טִפְּשִׁי
bal′sam *n.* (בּוֹלְסֶם) אֲפַרְסְמוֹן
bal′ustrade *n.* (בֶּלֶסְטְרֵיד) מַעֲקֶה
bamboo′ *n.* (בֶּמְבּוּ) בַּמְבּוּק
bamboo′zle *v. t.* (בֶּמְבּוּזְל) הוֹלִיךְ שׁוֹלָל; אָחַז עֵינַיִם
ban *v. t.* & *n.* (בֶּן) אָסַר; אִסּוּר; גִּנּוּי; הַכְרָזָה; קְלָלָה
banal′ *adj.* (בְּנָל) בָּנָלִי; נָדוֹשׁ
banan′a *n.* (בְּנֶנָה) בָּנָנָה
band *n.* (בֶּנְד) קְבוּצָה; לַהֲקָה; תִּזְמֹרֶת כְּלֵי נְשִׁיפָה; קִשּׁוּר, רְצוּעָה, שֶׁנֶץ; תְּחוּם תְּדָרִים
to beat the — נִמְרָצוֹת; בְּשֶׁפַע
— *v. t.* לִכֵּד; הִתְלַכֵּד בִּקְבוּצָה
ban′dage *n.* & *v. t.* (בֶּנְדִג׳) תַּחְבֹּשֶׁת; חָבַשׁ
band′box *n.* (בֶּנְדְבּוֹקְס) תֵּבַת קַרְטוֹן עֲגֻלָּה; תֵּבַת כּוֹבָעִים
ban′dit *n.* (בֶּנְדִט) שׁוֹדֵד
band′leader *n.* (בֶּנְדְלִידְר) מְנַצֵּחַ עַל תִּזְמֹרֶת (לכלי נשיפה)
bandoleer′ *n.* (בֶּנְדֶלִיר) חֲגוֹרַת כַּדּוּרִים, פּוּנְדָּה
band′stand *n.* (בֶּנְדְסְטֶנְד) בִּימַת תִּזְמֹרֶת
band′wag″on *n.* (בֶּנְדְוֶגְן) עֶגְלַת תִּזְמֹרֶת
jump on the — תָּמַךְ בַּמַּצְלִיחַ
ban′dy *v. t.* (בֶּנְדִי) הֶעֱבִיר מֵאֶחָד לַשֵּׁנִי; הֶחֱלִיף
ban′dy-leg″ged *adj.* (בֶּנְדִי־לֶגְד) עִקֵּל
bane *n.* (בֵּין) הֶרֶס; אֶרֶס קַטְלָנִי
bang *n.* (בֶּנְג) טְרַךְ; מַהֲלֻמָּה; מֶרֶץ פִּתְאוֹמִי; תַּעֲנוּג; דְּפִיקָה
— s *n. pl.* שֵׂעָר קָצָר עַל הַמֵּצַח
— *v. t.* & *i.* הָלַם, טָרַק; חָבַט בְּרַעַשׁ
— *adv.* פִּתְאוֹם; בְּרַעַשׁ; בְּחָזְקָה; מַמָּשׁ, בְּדִיּוּק
ban′gle *n.* (בֶּנְגְל) צָמִיד; עֶכֶס
ban′ish *v. t.* (בֶּנִשׁ) הִגְלָה, שִׁלַּח, הִרְחִיק
ban′ishment *n.* (בֶּנִשְׁמֶנְט) הַגְלָיָה; גָּלוּת, גֵּרוּשׁ
ban′ister *n.* (בֶּנִסְטְר) עַמּוּד (של מעקה); מַעֲקֶה

bank (בֶּנְק) גָּדָה; בַּנְק; קֻפָּה; סוֹלְלָה, עֲרֵמָה, צֶבֶר, מִצְבּוֹר; מִדְרוֹן; פְּנִיָּה אֲלַכְסוֹנִית; מַעֲרֶכֶת

— *v. t. & i.* שָׁפַךְ סוֹלְלָה; עָרַם; הִפְקִיד כֶּסֶף בַּבַּנְק; הִטָּה תְּוַאי; הִטָּה אֲלַכְסוֹנִית; כִּסָּה אֵשׁ לְהָאָטַת בְּעִירָתָהּ; הִצְטַבֵּר צְבָרִים צְבָרִים

— on סָמַךְ עַל

ban'ker *n.* (בֶּנְקֶר) בַּנְקַאי; קֻפַּאי

ban'king *n.* (בֶּנְקִינְג) בַּנְקָאוּת

bank'night *n.* (בֶּנְקְנַיט) עֶרֶב פְּרָסִים

bank'note *n.* (בֶּנְקְנוֹט) שְׁטַר כֶּסֶף (שהוצא ע"י בנק מאושר)

bank'roll *n. & v. t.* (בֶּנְקְרוֹל) מָמוֹן; מַשְׁאַבִּים כַּסְפִּיִּים; מִמֵּן

bank'rupt *n. & adj.* (בֶּנְקְרַפְּט) פּוֹשֵׁט רֶגֶל

— *v. t.* הֵבִיא לִידֵי פְּשִׁיטַת רֶגֶל

bank'ruptcy *n.* (בֶּנְקְרַפְּטְסִי) פְּשִׁיטַת רֶגֶל; הֶרֶס גָּמוּר

ban'ner *n.* (בֶּנֶר) דֶּגֶל, נֵס; סִיסְמָה; כּוֹתֶרֶת לְרֹחַב עַמּוּד

banns *n. pl.* (בֶּנְז) הוֹדָעַת נִשּׂוּאִים

ban'quet *n. & v. t. & i.* (בֶּנְקְוִט) מִשְׁתֶּה, בַּנְקֶט; אֲרוּחָה חֲגִיגִית; קַבָּלַת פָּנִים; עָרַךְ מִשְׁתֶּה לִכְבוֹד־; הִשְׁתַּתֵּף בַּאֲרוּחָה חֲגִיגִית, סָעַד

ban'tam *n. & adj.* (בֶּנְטֶם) תַּרְנְגוֹל קָטָן; גּוּץ קַנְטְרָן; זָעִיר

ban'ter *n. & v. t. & i.* (בֶּנְטֶר) הַחְלָפַת דִּבְרֵי לֵיצָנוּת; הִתְלוֹצְצוּת; הִתְלוֹצֵץ

banzai' *interj.* (בַּנְזַי) יְחִי!

bap'tism *n.* (בֶּפְּטִזְם) טְבִילָה

baptis'mal *adj.* (בֶּפְּטִזְמֶל) שֶׁל טְבִילָה

bap'tistery *n.* (בֶּפְּטִסְטְרִי) בֵּית טְבִילָה; אַגַּן טְבִילָה

baptize' *v. t.* (בֶּפְּטַיז) טָבַל; טִהֵר; הִכְנִיס בִּבְרִית הַנַּצְרוּת

bar *n.* (בָּר) בֵּית מִשְׁפָּט; מִכְשׁוֹל, מַחְסוֹם; מָטִיל; חֲתִיכָה מַלְבֵּנִית; שִׂרְטוֹן; דֶּלְפֵּק לְהַגָּשַׁת מָזוֹן, בַּר; צִבּוּר עוֹרְכֵי הַדִּין; פַּס; מַעֲקֶה

—s סוֹרֵג

behind —s חָבוּשׁ בְּבֵית סֹהַר

— *v. t.* סָגַר בִּבְרִיחַ; חָסַם; אָסַר עַל; סִמֵּן בְּפַסִּים

— *prep.* מִלְּבַד; חוּץ מִן

barb *n.* (בַּרְבּ) אַנְקוֹל; עֹקֶץ; מַלְעָן

barbar'ian *n. & adj.* (בַּרְבֵּרִיאֶן) בַּרְבָּר; פֶּרֶא; חֲסַר־תַּרְבּוּת; בַּרְבָּרִי, זָר

barbar'ic *adj.* (בַּרְבֶּרִק) בַּרְבָּרִי; פְּרִימִיטִיבִי

bar'baris"m *n.* (בַּרְבֶּרִזְם) בַּרְבָּרִיּוּת; מַעֲשֶׂה בַּרְבָּרִי; שִׁבּוּשׁ

bar'barous *adj.* (בַּרְבֶּרֶס) פִּרְאִי; אַכְזָרִי; מְשֻׁבָּשׁ; זָר

bar'becue" *n. & v. t.* (בַּרְבֶּקְיוּ) מְסִבָּה לְמַאַכְלֵי צְלִי; שְׁבָכַת צְלִי; צְלִי אֵשׁ; צָלָה עַל אֵשׁ; בִּשֵּׁל בְּרֹטֶב תַּבְלִינִים

barbed' wire' (בַּרְבְּד וַיר) תַּיִל דּוֹקְרָנִי

bar'ber *n. & v. t.* (בַּרְבֶּר) סַפָּר; סִפֵּר, גִּלַּח

bard *n.* (בַּרְד) מְשׁוֹרֵר קֶלְטִי; מְשׁוֹרֵר (המלווה לעתים קרובות את שירהו בנבל), טְרוּבָּדוּר

bare *adj.* (בֵּר) עָרֹם; חָשׂוּף, גָּלוּי; רֵיק; כַּמּוּת שֶׁמַּסְפִּיקָה בְּקֹשִׁי

— *v. t.* עִרְטֵל, חָשַׂף, גִּלָּה

bare"faced' *adj.* (בֵּרְפֵיסְט) גְּלוּי פָּנִים; בְּלֹא מַסְוֶה, נוֹעָז; חָצוּף

bare'foot"(ed) *adj. & adv.* (בֵּרְפוּט[ד]) יָחֵף

bare'head"ed *adj.* (בֵּרְהֶדֶד) גְּלוּי רֹאשׁ; בִּגְלוּי רֹאשׁ

bar'ely *adv.* (בֵּרְלִי) רַק; בְּקֹשִׁי; לְלֹא מַסְוֶה; בְּצִמְצוּם

bar'gain *n.* (בַּרְגִן) מְצִיאָה; עִסְקָה

in the — יֶתֶר עַל כֵּן

strike a — הִגִּיעַ לִידֵי הֶסְכֵּם

— *v. i.* הִתְמַקֵּחַ, עָמַד עַל הַמִּקָּח; הִגִּיעַ לִידֵי הֶסְכֵּם

— *v. t.* סִדֵּר ע"י מַשָּׂא וּמַתָּן

barge *n. & v. t. & i.* (בַּרְג') אַרְבָּה; הֶעֱבִיר בְּאַרְבָּה; הִתְנַהֵל בְּצוּרָה מְגֻשֶּׁמֶת, הִתְנַגֵּשׁ; הִפְרִיעַ; נִדְחַק בְּצוּרָה מְגֻשֶּׁמֶת

bar'itone *n.* (בֶּרֶטוֹן) בָּרִיטוֹן

bark *n. & v.* (בַּרְק) קְלִפַּת עֵץ; נְבִיחָה; סְפִינַת מִפְרָשִׂים; נָבַח; פָּשַׁט קְלִפָּה (של עץ); שִׁפְשֵׁף עוֹר

— up the wrong tree טָרַח לָרִיק

bar'ker *n.* (בַּרְקֶר) כָּרוֹז; נוֹבֵחַ; מְקַלֵּף עֵצִים

bar'ley *n.* (בַּרְלִי) שְׂעוֹרָה

bar'maid" *n.* (בַּרְמֵיד) מוֹזֶגֶת

bar'man *n.* (בַּרְמֶן) מוֹזֵג

barn *n.* (בַּרְן) אָסָם; אֻרְוָה

bar'nacle *n.* (בַּרְנֶקְל) בַּרְחוֹן־יָם; טַרְדָן

barom'eter *n.* (בֶּרוֹמֶטְר) בָּרוֹמֶטֶר

bar'on *n.* (בֶּרֶן) בָּרוֹן; חָבֵר בְּבֵית הַלּוֹרְדִים (בבריטניה); תַּקִּיף כַּלְכָּלִי

bar'rack(s) *n.* (*pl.*) (בֶּרֶק) קַסַרְקְטִין

barrage' *n.* (בְּרָז') הַסְכָּרָה; מָסַךְ אֵשׁ

barred *adj.* (בַּרְד) מְסֹרָג; מְסֻסְפָּס; נָעוּל

bar'rel *n.* (בֶּרֶל) חָבִית; קָנֶה

over a — חֲסַר אֶפְשָׁרוּת לְהִתְנַגֵּד

— *v. t. & i.* שָׂם בְּחָבִית; נָסַע בִּמְהִירוּת

bar'ren *adj.* (בֶּרֶן) עָקָר; חָסֵר, שׁוֹמֵם

bar'renness *n.* (בֶּרֶנֶס) עֲקָרוּת

bar'ricade" *n. & v. t. & i.* (בֶּרֶקֵיד) מִתְרָס, מַחְסוֹם; חָסַם, הֵקִים מִתְרָסִים

bar'rier *n.* (בֶּרִיאֶר) מַחְסוֹם, מִכְשׁוֹל, חַיִץ; גְּבוּל

bar'rister *n.* (בֶּרִסְטְר) עוֹרֵךְ דִּין

bar'room" *n.* (בַּרוּם) מִסְבָּאָה, בֵּית מַרְזֵחַ

bar'ter *v. i. & t. & n.* (בַּרְטְר) הֶחֱלִיף, נִהֵל סְחַר חֲלִיפִין; סְחַר חֲלִיפִין; סְחוֹרָה (סחר חליפין)

— away מָכַר בְּזוֹל; מָכַר בְּצוּרָה טִפְּשִׁית

basalt' *n.* (בֶּסוֹלְט) בַּזֶּלֶת

base *n. & adj. & v. t.* (בֵּיס) בָּסִיס, יְסוֹד, נְקֻדַּת מוֹצָא; שָׁפָל; בִּסֵּס

base'ball *n.* (בֵּיסְבּוֹל) כַּדּוּר בָּסִיס; כַּדּוּר לְמִשְׂחַק כַּדּוּר בָּסִיס

base'less *adj.* (בֵּיסְלֶס) חֲסַר־יְסוֹד

base'ment *n.* (בֵּיסְמֶנְט) קוֹמַת מַרְתֵּף; מַרְתֵּף

bash *v. t. & n.* (בֶּשׁ) הָלַם; מַהֲלֻמָּה; מְסִבָּה עַלִּיזָה

bash'ful *adj.* (בֶּשְׁפֻל) בַּיְשָׁן, נֶחְבָּא אֶל הַכֵּלִים

ba'sic *adj.* (בֵּיסִק) בְּסִיסִי

ba'sin *n.* (בֵּיסְן) אַגָּן; כִּיּוֹר

ba'sis *n.* (בֵּיסִס) בָּסִיס, יְסוֹד

bask *v. i. & t.* (בֶּסְק) הִתְחַמֵּם, חָשַׂף לְחֹם; נֶהֱנָה, שִׂגְשֵׂג

bas'ket *n.* (בֶּסְקֶט) סַל

bas"-relief' *n.* (בָּרְלִיף) תַּבְלִיט

bas'tard *n. & adj.* (בֶּסְטֶרְד) מַמְזֵר; נְחוּת; מְזֻיָּף

baste *v.t.* (בֵּיסְט) הִכְלִיב; הִרְטִיב (תבשיל); הִכָּה

bas'tion *n.* (בֶּסְצְ'ן) מִגְנָן מְזֻוָּת; מָעוֹז

bat *n.* (בֶּט) מַחְבֵּט; אַלָּה; מַכָּה; חִנְגָּה; עֲטַלֵּף

go to — for עָמַד לִימִין־; הֵגֵן עַל

right off the — מִיָּד

— *v. t.* חָבַט; מִצְמֵץ

not — an eye שָׁמַר עַל קֹר רוּחַ

batch *n.* (בֶּץ') כַּמּוּת, צְרוֹר

bath *n.* (בֶּת') רְחִיצָה; אַמְבַּטְיָה; חֲדַר אַמְבַּטְיָה; מֶרְחָץ

bathe *v. t. & i.* (בֵּיד') רָחַץ; הִתְרַחֵץ

bath'er *n.* (בֵּיד'ר) מִתְרַחֵץ; רוֹחֵץ

ba'thing suit (בֵּיד'נְג סוּט) בֶּגֶד יָם

ba'thos *n.* (בֵּית'וֹס) רַגְשָׁנוּת־יֶתֶר; פָּתוֹס מְזֻיָּף

bath'robe" *n.* (בֶּת'רוֹב) חָלוּק

bath'tub" *n.* (בֶּת'טַב) אַמְבַּטְיָה

baton' *n.* (בֶּטוֹן) שַׁרְבִיט; אַלָּה

battal'ion *n.* (בֶּטֶלְיַן) גְּדוּד

bat'ten *v. i. & t.* (בֶּטְן) הִשְׁמִין, זָלַל; פִּטֵּם; חִזֵּק בִּנְסָרִים

bat'ter *v. t. & i. & n.* (בֶּטְר) הָלַם, נִתֵּץ; בָּצֵק, עִסָּה

bat'tering ram" (בֶּטֶרִנְג רֶם) אֵיל־בַּרְזֶל

bat'tery *n.* (בֶּטֶרִי) סוֹלְלָה; תְּקִיפַת־מַגָּע

bat'tle *n. & v. i. & t.* (בֶּטְל) קְרָב, מַעֲרָכָה; נִלְחַם

bat'tlement *n.* (בֶּטְלְמֶנְט) חוֹמַת שְׁנִיּוֹת; שְׁנִית

bau'ble *n.* (בּוֹבְּל) חֵפֶץ קַל־עֵרֶךְ

bawd *n.* (בּוֹד) קְלוֹנִית; זוֹנָה

bawl *v. t. & i.* (בּוֹל) צָוַח, צָרַח; יִלֵּל

bay *n.* (בֵּי) מִפְרָץ; תָּא, גֻּמְחָה; יְלָלָה מְמֻשֶּׁכֶת

— *v. i.* יִלֵּל מְמֻשָּׁכוֹת

at — מַאֲמָץ אַחֲרוֹן לְהִתְנַגֵּד לְרוֹדְפִים

bay'onet *n.* (בֵּיאָנֶט) כִּידוֹן; פִּין
עוֹצֵר (בבית נורה)
— *v. t.* פָּגַע בְּכִידוֹן
bazaar' *n.* (בֵּזָר) שׁוּק
be *v. i.* (בִּי; בלי הטעמה, גם בִּ) הָיָה; אֵרַע;
נִמְצָא; נִמְשַׁךְ, הִמְשִׁיךְ (וכן:1. כְּאוֹגֵד [copula]
2. כְּפֹעַל עֵזֶר)
beach *n.* (בִּיץ׳) שְׂפַת יָם; חוֹף
— *v. t. & i.* הֶעֱלָה עַל הַחוֹף
beach'com"ber *n.* (בִּיץ׳קוֹמֶר) מְשׁוֹטֵט;
חַי עַל פְּסֹלֶת חוֹפִים; נַחְשׁוֹל אָרֹךְ
bea'con *n.* (בִּיקֶן) אוֹר אַזְהָרָה, נִצְנֵץ;
מִגְדַּלּוֹר; מַשּׂוּאָה
bead *n.* (בִּיד) חָרוּז; טִפָּה; כַּוֶּנֶת קִדְמִית
bea'dle *n.* (בִּידְל) שַׁמָּשׁ
beak *n.* (בִּיק) מַקּוֹר, חַרְטוֹם
beak'er *n.* (בִּיקֶר) בָּזִיךְ, גָּבִיעַ
beam *n. & v. t.* (בִּים) קוֹרָה; אֲלֻמָּה; כִּוֵּן
— ing קוֹרֵן, מְאֻשָּׁר
bean *n.* (בִּין) פּוֹל; רֹאשׁ; כֶּסֶף, פְּרוּטָה
bear *v. t. & i. & n.* (בֵּר) נָשָׂא, סָבַל; יָלַד;
הֵנִיב; הֵבִיא; הָיָה רָאוּי; הֶעֱבִיר; נָע; דֹּב;
אָדָם מְגֻשָּׁם; אָדָם חֲסַר נִימוּס; פֶּסִימִיסְט;
(בתחום הכלכלי:) מוֹכֵר בְּהַקָּפָה עַל מְנָת לִקְנוֹת
בִּמְחִיר נָמוּךְ יוֹתֵר
bear'able *adj.* (בֵּרֶבְּל) שֶׁנִּתָּן לְשֵׂאתוֹ
beard *n.* (בִּירְד) זָקָן; מַלְעָן
— *v. t.* הִתְנַגֵּד בְּעֹז; תָּפַס אֶת הַזָּקָן
bear'er *n.* (בֵּרֶר) סַבָּל; נוֹשֵׂא; מוֹסֵר כְּתָב
זֶה (= מוֹכ״ז)
bear'ing *n.* (בֵּרִנְג) יְצִיבָה; יַחַס; הֲנָבָה,
יְבוּל; מֵסַב
beast *n.* (בִּיסְט) חַיָּה, חַיּוֹת
beat *v. t. & i.* (בִּיט) נִצַּח; הִכָּה, הִלְקָה;
פָּעַם; טָרַף (ביצים); עָלָה עַל; דָּפַק
— *n.* מַכָּה; קֶצֶב, פְּעִימָה; מַקּוֹף
bea'tify *v. t.* (בִּיטִפַי) זִכָּה בְּאֹשֶׁר עִלָּאִי;
הִכְרִיז כְּ„קָדוֹשׁ"
beat'ing *n.* (בִּיטִנְג) דְּפִיקָה, פְּעִימָה; עֹנֶשׁ
מַכּוֹת, מַלְקוֹת
beau *n.* (בּוֹ) מְאַהֵב, מְחַזֵּר; טַרְזָן
beaute'ous *adj.* (בְּיוּטִיאַס) יָפֶה
beau'tiful *adj.* (בְּיוּטִפְל) יָפֶה, יְפֵהפֶה

beau'tify *v. t.* (בְּיוּטִפַי) יִפָּה
beau'ty *n.* (בְּיוּטִי) יֹפִי; יָפָה (אשה);
כַּפְתּוֹר וָפֶרַח
became' (בִּיקֵים) (זמן עבר של become)
beau'ty par"lor (בְּיוּטִי פַּרְלֶר) מִסְפָּרָה
(לנשים)
bea'ver *n.* (בִּיבֶר) בּוֹנֶה (חיה); שַׁקְדָן
because' *conj. & adv.* (בִּקוֹז) כִּי, מִפְּנֵי
שֶׁ־; בִּגְלַל
beck *n.* (בֶּק) מֶחֱוָה לְהִתְקָרֵב, רֶמֶז
לָגֶשֶׁת קָרוֹב
beck'on *v. t. & i.* (בֶּקֶן) אוֹתֵת לְהִתְקָרֵב
become' *v. i. & t.* (בִּיקַם) נַעֲשָׂה, נִהְיָה;
הִתְהַוָּה; הָלַם
— of הָיָה צָפוּי לְ־
becom'ing *adj. & n.* (בִּיקַמִנְג) נָאֶה,
מוֹשֵׁךְ; הִתְהַוּוּת
bed *n.* (בֶּד) מִטָּה; עֲרוּגָה; אָפִיק, קַרְקָעִית;
רֹבֶד
go to — שָׁכַב לִישֹׁן
v. t. & i. סִפֵּק מִטָּה; הִשְׁכִּיב
בְּמִטָּה; נָטַע בַּעֲרוּגָה; רִבֵּד; יָשַׁן
bed'ding *n.* (בֶּדִנְג) מַצָּעוֹת; כְּלֵי מִטָּה
bedeck' *v. t.* (בִּדֶק) קִשֵּׁט, תָּלָה קִשּׁוּטִים
bed'lam *n.* (בֶּדְלֶם) רַעַשׁ וּמְהוּמָה;
הִשְׁתּוֹלְלוּת פְּרָאִית
bed'ouin *n. & adj.* (בֶּדוּאִן) בֶּדְוִי; נַוָּד
bedrag'gle *v. t.* (בִּדְרֶגְל) רִפֵּשׁ
bed'rid"den *adj.* (בֶּדְרִדְן) רָתוּק לְמִטָּה
bed'room" *n.* (בֶּדְרוּם) חֲדַר שֵׁנָה
bed'stead" *n.* (בֶּדְסְטֶד) שֶׁלֶד מִטָּה
bee *n.* (בִּי) דְּבוֹרָה; הִתְכַּנְּסוּת
beech *n.* (בִּיץ׳) אַשּׁוּר
beef *n.* (בִּיף) בְּשַׂר בָּקָר; בָּקָר לְבָשָׂר;
כֹּחַ; מִשְׁקָל
— *v. i.* הִתְאוֹנֵן, „קִטֵּר"
— up חִזֵּק
bee'hive *n.* (בִּיהַיב) כַּוֶּרֶת
been (בִּן) (זמן עבר, בינוני פועל של be)
beer *n.* (בִּיר) בִּירָה; שִׁקּוּי תּוֹסֵס
beet *n.* (בִּיט) סֶלֶק
beet'le *n.* (בִּיטְל) חִפּוּשִׁית
befall' *v. i. & t.* (בִּפוֹל) קָרָה

befit′ *v. t.* (בִּפִט) הִתְאִים

befit′ting *adj.* (בִּפִטִנְג) מַתְאִים

before′ *adv. & prep. & conj.* (בִּפוֹר) לִפְנֵי; קֹדֶם; לִפְנֵי כֵן; בִּפְנֵי; לְעֵינֵי

before′hand″ *adv. & adj.* (בִּפוֹרְהֶנְד) לִפְנֵי כֵן; מֵרֹאשׁ; בְּהֶקְדֵּם

befriend′ *v. t.* (בִּפְרֶנְד) הִתְרוֹעֵעַ עִם, הִתְיַדֵּד עִם

beg *v. t. & i.* (בֶּג) בִּקֵּשׁ; פָּשַׁט יָד; הִתְחַנֵּן; חָשַׁב כְּאֱמֶת; הִשְׁתַּמֵּט מִן

began (בִּגֶן) (זמן עבר של **begin**)

beget′ *v. t.* (בִּגֶט) הוֹלִיד

beg′gar *n.* (בֶּגֶר) קַבְּצָן, פּוֹשֵׁט יָד; אֶבְיוֹן; נָבָל

— *v. t.* רוֹשֵׁשׁ; הִצִּיג כִּבִלְתִּי מַסְפִּיק

begin′ *v. i. & t.* (בִּגִן) הִתְחִיל, הֵחֵל; יָסַד

begin′ner *n.* (בִּגִנֶר) מַתְחִיל

begin′ning *n.* (בִּגִנִנְג) הַתְחָלָה, רֵאשִׁית

— s רֵאשִׁית, מָקוֹר

begrudge′ *v. t.* (בִּגְרַג׳) קִנֵּא בְּ־; הָעֵין; הָיְתָה צָרָה בְּ־; נָתַן בְּעַל כָּרְחוֹ

beguile′ *v. t.* (בִּגַיל) הוֹנָה, רִמָּה; אָחַז עֵינַיִם; הִקְסִים

begun′ (בִּגַן) (זמן עבר, בינוני פועל, של **begin**)

behalf′ *n.* (בִּהָף) טוֹבָה

in — of בְּשֵׁם; לְטוֹבַת

behave *v. i. & t.* (בִּהֵיב) נָהַג, הִתְנַהֵג; הִתְנַהֵג יָפֶה

behav′ior *n.* (בִּהֵיבְיֵר) הִתְנַהֲגוּת; תְּגוּבָה

behead′ *v. t.* (בִּהֶד) הִתִּיז רֹאשׁ; עָרַף

beheld′ (בִּהֶלְד) (זמן עבר של **behold**)

behest′ *n.* (בִּהֶסְט) פְּקֻדָּה; תְּחִנָּה

behind′ *prep. & adv. & adj.* (בִּהַינְד) מֵאֲחוֹרֵי; מֵאַחַר; אַחֲרֵי; מֵאָחוֹר; מְפַגֵּר

— n. יַשְׁבָן

behold′ *v. t.* (בִּהוֹלְד) רָאָה; הִתְבּוֹנֵן

be′ing *n.* (בִּיאִנְג) יֵשׁ, יֵשׁוּת; קִיּוּם, חַיִּים; טֶבַע; יְצוּר; בֶּן־אָדָם

bela′ted *adj.* (בִּלֵיטִד) מִשְׁהֶה; מְעֻכָּב; מִתְאַחֵר

belch′ *v. i. & t.* (בֶּלְץ׳) גִּהֵק; הִתְפָּרֵץ; יָרַק, פָּלַט

belea′guer *v. t.* (בִּלִיגְר) צָר; הֵצִיק

bel′fry *n.* (בֶּלְפְרִי) מִגְדַּל פַּעֲמוֹן; כִּפַּת פַּעֲמוֹן; תֶּמֶךְ פַּעֲמוֹן

Bel′gian *n. & adj.* (בֶּלְגֵ׳ן) בֶּלְגִי

belie′ *v. t.* (בִּלַי) הִכְזִיב; סָתַר; סִלֵּף

belief′ *n.* (בִּלִיף) אֱמוּנָה, סְבָרָה; בִּטָּחוֹן; אֵמוּן

believe′ *v. i. & t.* (בִּלִיב) הֶאֱמִין; בָּטַח בְּ־; שָׂם אֵמוּן; סָבַר

make — הֶעֱמִיד פָּנִים; דִּמָּה

belie′ver *n.* (בִּלִיבֶר) מַאֲמִין

belit′tle *v. t.* (בִּלִטְל) זִלְזֵל בְּ־; הֵקֵל רֹאשׁ בְּ־

bell *n.* (בֶּל) פַּעֲמוֹן

ring a — מְעוֹרֵר תְּגוּבָה

with —s on מוּכָן לְהִתְעַנֵּג

— *v. t.* קָשַׁר פַּעֲמוֹן עַל

bell′-bot″tom *adj.* (בֶּל־בּוֹטְם) מִתְרַחֵב

— s מִכְנָסַיִם מִתְרַחֲבִים

bell′boy″ (בֶּלְבּוֹי) כַּתָּף, נַעַר מְשָׁרֵת (המלון)

bell′ cap″tain (בֶּל קֶפְּטְן) מְמֻנֶּה עַל הַכַּתָּפִים

bell′icose *adj.* (בֶּלִקוֹס) אִישׁ רִיב

bellig′erent *adj. & n.* (בֶּלִגֶ׳רֶנְט) שׁוֹאֵף קְרָבוֹת; תּוֹקְפָן; עוֹיֵן; לוֹחֵם; שֶׁל צַד לוֹחֵם; צַד לוֹחֵם; חַיָּל שֶׁל מְדִינָה לוֹחֶמֶת

bell′ow *v. i. & t. & n.* (בֶּלוֹ) נָהַם; נְהִימָה

bell′ows *n. pl.* (בֶּלוֹז) מַפּוּחַ

bell′y *n.* (בֶּלִי) בֶּטֶן; קֵיבָה; תֵּאָבוֹן; רֶחֶם; פְּנִים; שֶׁטַח מִתְבַּלֵּט; גָּחוֹן

belong′ *v. i.* (בִּלוֹנְג) הָיָה חָבֵר בְּ־; הָיָה שַׁיָּךְ, הִשְׁתַּיֵּךְ; מְקוֹמוֹ –

belong′ings (בִּלוֹנְגִנְגְז) רְכוּשׁ; חֲפָצִים

belov′ed *adj. & n.* (בִּלַוְד) אָהוּב; יַקִּיר

below′ *adv. & prep.* (בִּלוֹ) לְמַטָּה; נָמוּךְ יוֹתֵר; בָּעוֹלָם הַזֶּה; בְּגֵיהִנּוֹם; לְהַלָּן; מִתַּחַת לְ־

belt *n.* (בֶּלְט) חֲגוֹרָה; רְצוּעָה; מַהֲלֻמָּה; כְּבִישׁ־טַבַּעַת

below the — בְּצוּרָה לֹא־מְהֻגֶּנֶת

— *v. t.* הִקִּיף בַּחֲגוֹרָה; סִמֵּן בִּרְצוּעָה; חָגַר; הִצְלִיף, הִלְקָה, הִכָּה

bemoan′ *v. t. & i.* (בִּמוֹן) קוֹנֵן עַל; בָּכָה

bench *n.* (בֶּנְץ׳) סַפְסָל; כֵּס שׁוֹפְטִים; מִשְׂרַת שׁוֹפֵט; שֻׁלְחַן עֲבוֹדָה

bend *v. t. & i.* (בֶּנְד) כּוֹפֵף, עִקֵּם; כָּפָה; הִסְנָה, הִטָּה; מָתַח (כּיתר קשת); נִתְעַקֵּם; הִתְכּוֹפֵף; נִכְנַע; נָטָה

— over backwards הִתְאַמֵּץ בְּצוּרָה מֻגְזֶמֶת

— *n.* כְּפִיפָה; הִתְכּוֹפְפוּת; פְּנִיָּה; עֲקָמָה

beneath′ *prep. & adv.* (בִּנִית׳) לְמַטָּה; תַּחַת; נָמוּךְ מ־; לְמַטָּה מ־

benedic′tion *n.* (בֶּנֶדִקְשֶׁן) בְּרָכָה; בִּרְכַּת סִיּוּם

ben′efac″tor *n.* (בֶּנֶפַקְטֶר) מֵטִיב; פַּטְרוֹן

benef′icence *n.* (בֶּנֶפִסֶנְס) עֲשִׂיַּת חֶסֶד, צְדָקָה; מַעֲשֵׂה חֶסֶד

benef′icent *adj.* (בֶּנֶפִסֶנְט) עוֹשֶׂה חֶסֶד; טוֹב לֵב

ben″efici′al *adj.* (בֶּנֶפִשֶׁל) מֵטִיב, מוֹעִיל

ben″efici′ary *n.* (בֶּנֶפִשִׁיאֶרִי) נֶהֱנֶה; זוֹכֶה בַּהֲטָבוֹת; בַּעַל טוֹבַת הֲנָאָה; מְקַבֵּל גִּמְלָה

ben′efit *v. t. & i. & n.* (בֶּנֶפִט) הֵפִיק טוֹבַת הֲנָאָה; הֵפִיק תּוֹעֶלֶת; הֵיטִיב; הוֹעִיל; יִתְרוֹן, חֶסֶד, תּוֹעֶלֶת; מוֹפָע לְמַטְּרוֹת צְדָקָה; גִּמְלָה

benev′olence *n.* (בֶּנֶוֶלֶנְס) טוּב לֵב, חֶסֶד

benev′olent *adj.* (בֶּנֶוֶלֶנְט) עוֹשֶׂה חֶסֶד; מֵטִיב עִם; טוֹב לֵב; לְמַטְּרוֹת חֶסֶד

benign′ *adj.* (בִּנַיְן) טוֹב לֵב; שׁוֹפֵעַ חֶסֶד; מֵטִיב; מְבַשֵּׂר טוֹב; נוֹחַ; שַׁפִּיר

benig′nant *adj.* (בִּנִגְנֶנְט) טוֹב לֵב; מֵטִיב; אָדִיב

bent *adj.* (בֶּנְט) עָקֹם, כָּפוּף; בַּעַל הַחְלָטָה נְחוּשָׁה

— *n.* נְטִיָּה

benzine′ *n.* (בֶּנְזִין) בֶּנְזוֹל, בֶּנְזֶן; בֶּנְזִין

bequeath′ *v. t.* (בִּקְוִיד׳) צִוָּה ל־; הִנְחִיל; הוֹרִישׁ

bequest′ *n.* (בִּקְוֶסְט) יְרֻשָּׁה; עִזָּבוֹן

bereave′ *v. t.* (בִּרִיב) שִׁלֵּל; שִׁכֵּל

bereft′ *adj.* (בִּרֶפְט) נְטוּל; שַׁכּוּל

ber′ry *n. & v. i.* (בֶּרִי) גַּרְגֵּר, עֲנָבָה; לָקַט גַּרְגְּרִים

berth *n.* (בֶּרְת׳) מִטַּת מַדָּף; מִשְׂרָה, מְקוֹם עֲבוֹדָה; רָצִיף, שֶׁטַח עֲגִינָה; מֶרְחָק (ע״י אניה)

—*v.i. & t.* הִקְצָה שֶׁטַח עֲגִינָה; נִכְנַס לְמַעֲגָן

beseech′ *v. t. & i.* (בִּסִיץ׳) הִתְחַנֵּן, הִפְצִיר

beset′ *v. t.* (בִּסֶט) הִתְקִיף מִכָּל צַד; הֵצִיק; כִּתֵּר; שִׁבֵּץ

beside′ *prep. & adv.* (בִּסַיד) עַל יַד; לְעֻמַּת; נִפְרָד מִן־; מִלְּבַד

— oneself יָצָא מִגִּדְרוֹ

besides′ *adv. & prep.* (בִּסַידְז) יָתֵר עַל כֵּן, נוֹסָף ל־; מִלְּבַד; מִלְּבַד זֶה

besiege′ *v. t.* (בִּסִיג׳) צָר עַל; צָבָא עַל; הִסְתָּעֵר עַל

best *adj. & n.* (בֶּסְט) הַטּוֹב בְּיוֹתֵר; הַמְעֻלֶּה; הַגָּדוֹל בְּיוֹתֵר; בְּגָדִים נָאִים; הַמַּצָּב הַטּוֹב בְּיוֹתֵר; הַמַּאֲמָץ הַגָּדוֹל בְּיוֹתֵר; שִׂיא; דְּרִישַׁת שָׁלוֹם

— *adv.* בְּצוּרָה הַטּוֹבָה בְּיוֹתֵר; בְּיוֹתֵר

bes′tial *adj.* (בֶּסְצְ׳ל) בַּהֲמִי; אַכְזָרִי; שָׁפָל; גּוּפָנִי

bestir′ *v. t.* (בִּסְטֶר) עוֹרֵר; הֵעִיר

bestow′ *v. t.* (בִּסְטוֹ) הֶעֱנִיק; יִשֵּׂם

bet *n. & v. t. & i.* (בֶּט) הִתְעָרְבוּת; הִמּוּר; בְּרֵרָה; הִתְעָרֵב, הִמֵּר

betake′ *v. t.* (בִּטֵיק) הוֹלִיךְ

betray *v. t.* (בִּטְרֵי) בָּגַד בּ־; מָעַל; הִכְזִיב, רִמָּה; גִּלָּה

betroth′ *v. t.* (בִּטְרוֹד׳) אֵרֵס; אֵרַס

— ed אָרוּס; אֲרוּסָה

bet′ter *adj. & adv.* (בֶּטֶר) טוֹב יוֹתֵר; גָּדוֹל יוֹתֵר; בָּרִיא יוֹתֵר; בְּצוּרָה טוֹבָה יוֹתֵר; יוֹתֵר

— off בְּמַצָּב טוֹב יוֹתֵר

between′ *prep. & adv.* (בִּטְוִין) בֵּין; בֵּין... וּבֵין

go — מְתַוֵּךְ

bev′el *n.* (בֶּוֶל) זָוִית לֹא יְשָׁרָה (במיוחד בגלגלים משוננים)

bev′erage *n.* (בֶּוְרֶג׳) מַשְׁקֶה (מלבד מים)

bev′y *n.* (בֶּוִי) לַהֲקָה; קְבוּצָה

bewail′ *v. t. & i.* (בִּוֵיל) קוֹנֵן; בָּכָה

beware′ *v. t. & i.* (בִּוֵר) נִזְהַר מִפְּנֵי

bewil′der *v. t.* (בִּוִלְדֶר) הֵבִיךְ, בִּלְבֵּל

bewitch′ *v. t.* (בִּוִץ׳) כִּשֵּׁף; הִקְסִים

beyond′ *prep. & adv.* (בִּיאוֹנְד) מֵעֵבֶר; מֵעַל

the great - הָעוֹלָם הַבָּא

bi′as *n. & v. t.* (בַּיאֶס) מִשְׁפָּט קָדוּם; אֲלַכְסוֹן; הַשְׁקָפָה מְשֻׁחֶדֶת; יָצַר מִשְׁפָּט קָדוּם; הִשְׁפִּיעַ עַל

bib *n.* (בִּב) סִנּוֹר (לתינוק); חֲזִיַּת סִנּוֹר

Bible *n.* (בַּיְבְּל) בִּיבְּלִיָּה, כִּתְבֵי הַקֹּדֶשׁ (התנ״ך והברית החדשה); הַמִּקְרָא

bib′lical *adj.* (בִּבְּלִקְל) תְּנָ״כִי; בִּיבְּלִי; מִקְרָאִי

bib″liog′raphy *n.* (בִּבְּלִיאוֹגְרַפִי) בִּיבְּלִיוֹגְרַפְיָה

bib′liophile″ *n.* (בִּבְּלִיאֲפַיל) חוֹבֵב סְפָרִים; אַסְפַן סְפָרִים; בִּיבְּלִיוֹפִיל

bicar′bonate *n.* (בַּיקַרְבֲּנֵיט) דוּ־קַרְבּוֹנָט

bi′ceps *n.* (בַּיסֶפְּס) שְׁרִיר דוּ־רָאשִׁי; קִבֹּרֶת הַזְּרוֹעַ

bick′er *v. i.* (בִּקְר) הִתְנַצֵּחַ

bi′cycle *n. & v. i.* (בַּיסִקְל) אוֹפַנַּיִם; רָכַב עַל אוֹפַנַּיִם

bid *v. t. & i.* (בִּד) בִּקֵּשׁ; צִוָּה; אִחֵל; הִצִּיעַ (במכרז), הִכְרִיז; הִזְמִין

— n. הַצָּעָה; הַכְרָזָה; הַזְמָנָה; נִסָּיוֹן

bid′ding *n.* (בִּדִנְג) צַו, הַזְמָנָה; הַכְרָזָה

do his — צִיֵּת לִפְקֻדָּתוֹ; עָשָׂה כְּמִצְוָתוֹ

bide *v. t.* (בַּיד) חִכָּה

bien′nial *adj.* (בַּיאֶנִיאֲל) דוּ־שְׁנָתִי; לִשְׁנָתַיִם; נִמְשַׁךְ שְׁנָתַיִם

— *n.* צֶמַח דוּ־שְׁנָתִי; מְאֹרָע דוּ־שְׁנָתִי; בִּיאֶנָּלֶה

bier *n.* (בִּיר) כַּן (לארון המת)

big *adj.* (בִּג) גָּדוֹל; חָשׁוּב; מִתְרַבְרֵב; נָדִיב

big′amy *n.* (בִּגַמִי) בִּיגַמְיָה; נִשּׂוּאִים כְּפוּלִים

bike *n.* (בַּיק) אוֹפַנַּיִם

bilat′eral *adj.* (בַּילֶטֶרֶל) דוּ־צְדָדִי; ע״י שְׁנֵי הַהוֹרִים

bile *n.* (בַּיל) מָרָה; רַגְזָנוּת

biling′ual *adj.* (בַּילִנְגְוֲל) דוּ־לְשׁוֹנִי

bil′ious *adj.* (בִּלְיֶס) מְרָרִי; רַגְזָנִי

bilk *v. t.* (בִּלְק) הִשְׁתַּמֵּט מִתַּשְׁלוּם; רִמָּה; סִכֵּל; הִתְחַמֵּק מִן

bill *n.* (בִּל) חֶשְׁבּוֹן; שְׁטָר; הַצָּעַת חֹק; כְּרָזָה; הוֹדָעָה; רְשִׁימָה; תָּכְנִית; מַקּוֹר

— of fare תַּפְרִיט

— *v. t.* עָרַךְ חֶשְׁבּוֹן; שִׁגֵּר חֶשְׁבּוֹן; הוֹעִיד

— and coo לָחַשׁ דִּבְרֵי אַהֲבָה

bil′let *n.* (בִּלֶט) לִינָה; פְּקֻדָּה לְסַפֵּק מְקוֹם לִינָה; מִטָּה; מְקוֹם עֲבוֹדָה

— *v. t.* סִפֵּק מְקוֹם לִינָה; אִכְסֵן

bill′fold″ *n.* (בִּלְפוֹלְד) אַרְנָק; תִּיק

bill′ion *n.* (בִּלְיֲן) מִילְיַרְד

bill′ow *n. & v. i.* (בִּלוֹ) נַחְשׁוֹל; הִתְנַפֵּחַ; הִתְנַחְשֵׁל

bimonth′ly *adj. & n.* (בַּימַנְתְ׳לִי) דוּ־חָדְשִׁי; אַחַת לְחָדְשַׁיִם; פַּעֲמַיִם בַּחֹדֶשׁ; דוּ־יַרְחוֹן

bin *n.* (בִּן) מַחְסָן; תֵּבָה

bi′nary *adj.* (בַּינַרִי) בִּינָרִי, דוּאָלִי; זוּגִי; שְׁנִיּוֹנִי

bind *v. t. & i.* (בַּינְד) קָשַׁר, אִגֵּד; הִקִּיף; חָבַשׁ; אִלֵּם; חִיֵּב; הִגְבִּיל, עָצַר; כָּרַךְ (ספר); הִתְמַצֵּק; הִדְבִּיק; נַעֲשָׂה כִּמְחַיֵּב; נִתְקַע

bind′ing *n.* (בַּינְדִנְג) קְשִׁירָה, כְּרִיכָה

binoc′ular *adj.* (בֲּנוֹקְיֻלֶר) דוּ־עֵינִי

— s מִשְׁקֶפֶת

biog′rapher *n.* (בַּיאוֹגְרֲפֶר) בִּיוֹגְרָף

biog′raphy *n.* (בַּיאוֹגְרֲפִי) בִּיוֹגְרַפְיָה

biol′ogy *n.* (בַּיאוֹלֲגִ׳י) בִּיוֹלוֹגְיָה

bipar′tisan *adj.* (בַּיפַּרְטִזְן) דוּ־מִפְלַגְתִּי; מְיַצֵּג שְׁתֵּי מִפְלָגוֹת

bi′ped *n.* (בַּיפֶּד) הוֹלֵךְ עַל שְׁתַּיִם

birch *n.* (בֶּרְץ׳) שַׁדָּר (עץ)

bird *n.* (בֶּרְד) עוֹף, צִפּוֹר

bir′die *n.* (בֶּרְדִי) צִפּוֹר, אֶפְרוֹחַ

bird′lime *n.* (בֶּרְדְלַים) מַלְכֹּדֶת־דֶּבֶק

bird's′-eye *adj.* (בֶּרְדְזַי) נִרְאֶה מִלְמַעְלָה; מִמְּעוֹף הַצִּפּוֹר; שִׁטְחִי

birth *n.* (בֶּרְתְ׳) לֵדָה; הוּלֶּדֶת; הִתְהַוּוּת; מוֹצָא, יִחוּס

birth′day *n.* (בֶּרְתְ׳דֵי) יוֹם הוּלֶּדֶת

birth′place″ *n.* (בֶּרְתְ׳פְּלֵיס) מְקוֹם לֵדָה; מוֹלֶדֶת

birth′right″ *n.* (בֶּרְתְ׳רַיט) בְּכוֹרָה

bis′cuit *n.* (בִּסְקֲט) לַחְמָנִיָּה; עוּגִיָּה, בִּסְקְוִיט

bi′sect *v. t.* (בַּיסֶקְט) חָצָה

bish'op *n.* (בִּשֶׁפּ) בִּישׁוֹף; רָץ (בשחמט)

bis'muth *n.* (בִּזְמֶת') בִּיסְמוּת

bit *n.* (בִּט) שֶׁמֶץ, חֲתִיכָה זְעִירָה; שָׁעָה קַלָּה; מֶתֶג; מַקְדֵּחַ; חָף; יְחִידַת אִינְפוֹרְמַצְיָה בְּמַחְשֵׁב (ספרה בינארית)

two — s רֶבַע דּוֹלָר

bitch *n.* (בִּץ') כַּלְבָּה; כַּלְבְּתָא; פְּרוּצָה; תְּלוּנָה, „קְטוּר"; דָּבָר לֹא־נָעִים

— *v. i.* „קַטֵּר", הִלִּין

bite *v. t. & i.* (בַּיט) נָשַׁךְ; עָקַץ; נָגַס; אִכֵּל; אָכַל פִּתְיוֹן; תָּפַס

— *n.* נְשִׁיכָה; עֲקִיצָה; שְׁנִינוּת; נְגִיסָה; אֲרוּחָה קַלָּה; מִנְשָׁךְ

bit'ing *adj.* (בַּיטִנג) עוֹקְצָנִי; חַד; שָׁנוּן

bit'ter *adj.* (בִּטְר) מַר; שָׁנוּן

bitt'erness *n.* (בִּטְרְנֶס) מְרִירוּת

biv'ouac *n. & v. i.* (בִּבוּאֶק) חֲנָיוֹן פָּתוּחַ, מַאֲהָל; לָן בַּחֲנָיוֹן

blab *v. t. & i.* (בְּלֶבּ) פִּטְפֵּט

blabb'ermouth" *n.* (בְּלֶבֶּרְמַאוּת') פַּטְפְּטָן

black *adj. & n.* (בְּלֶק) שָׁחוֹר; כּוּשִׁי; קוֹדֵר; מְלֻכְלָךְ; עוֹיֵן; שׁוֹמֵם

black'berr"y *n.* (בְּלֶקְבֶּרִי) פֶּטֶל שָׁחוֹר

black'bird *n.* (בְּלֶקְבֶּרְד) שַׁחְרוּר; קִיכְלִי הַשַּׁחֲרוּר

black'en *v. t.* (בְּלֶקְן) הִשְׁחִיר; הִשְׁמִיץ

black'guard *n.* (בְּלֶגַרְד) נָבָל

black'jack" *n.* (בְּלֶקְגֶ'ק) אַלָּה קְצָרָה; אַלַּת כִּיס

black'mail" *n. & v. t.* (בְּלֶקְמֵיל) סַחְטָנוּת; סְחִיטָה; הוֹצִיא כֶּסֶף בְּאִיּוּמִים; כָּפָה עַל

black'out" *n.* (בְּלֶקְאַוּט) הַאֲפָלָה, אִפּוּל; אִבּוּד הַהַכָּרָה

black'smith" *n.* (בְּלֶקְסְמִת') נַפָּח; חָרַשׁ־בַּרְזֶל

bladd'er *n.* (בְּלֶדְר) שַׁלְפּוּחִית; שַׁלְפּוּחִית הַשֶּׁתֶן

blade *n.* (בְּלֵיד) לַהַב; חֶרֶב; עָלֶה; פַּס הַחֲלָקָה; הוֹלֵל צָעִיר

blame *v. t. & n.* (בְּלֵים) הֶאֱשִׁים; גִּנָּה; הַאֲשָׁמָה; גִּנּוּי; אַשְׁמָה

to — *adj.* אָשֵׁם

blame'less *adj.* (בְּלֵימְלֶס) חַף, נָקִי מֵאַשְׁמָה

blanch *v. t. & i.* (בְּלֶנְץ') הִלְבִּין; שָׁלַק; הֶחֱוִיר

bland *adj.* (בְּלֶנְד) נוֹחַ; נָעִים; מַרְגִּיעַ; אָדִישׁ

blan'dishment(s) (בְּלֶנְדִשְׁמֶנְט[ס]) דִּבְרֵי חֲנֻפָּה

blank *adj. & n.* (בְּלֶנְק) רֵיק; מְשֻׁלָּם; חָלָק; חָלָל; מָקוֹם רֵיק; כַּדּוּר חַ"ק (חסר־קליע); מַקַּף־הַשְׁמָטָה

draw a — לֹא זָכַר; לֹא הִכִּיר

blan'ket *n. & v. t.* (בְּלֶנְקֶט) שְׂמִיכָה; מַעֲטֶה; כִּסָּה בִּשְׂמִיכָה; הֶעֱטָה; הִפְרִיעַ; הִבְלִיעַ

— *adj.* כּוֹלֵל

blare *v. i. & t. & n.* (בְּלֵר) הִשְׁמִיעַ צְרִיחָה; צָרַח; צְרִיחָה

blasé' *adj.* (בְּלָזֵי) אָדִישׁ, מְשֻׁעֲמָם

blaspheme' *v. t. & i.* (בְּלֶסְפִים) חִלֵּל שֵׁם שָׁמַיִם; הִשְׁמִיץ; הֶעֱלִיל

blas'phemy *n.* (בְּלֶסְפֶמִי) חִלּוּל הַשֵּׁם

blast *n.* (בְּלֶסְט) מַשַּׁב־רוּחַ; צְפִירָה; רַעַשׁ פִּתְאוֹמִי; סִילוֹן אֲוִיר; פִּצּוּץ, הִתְפּוֹצְצוּת; הֶדֶף אֲוִיר

— *v. t. & i.* הִשְׁמִיעַ קוֹל חָזָק; צָפַר; שִׁדֵּף; הָרַס; פָּרַץ דֶּרֶךְ; קִלֵּל, גִּנָּה

— off זִנֵּק מִכַּן שִׁגּוּר

bla'tant *adj.* (בְּלֵיטֶנְט) בּוֹלֵט; רוֹעֵשׁ; חֲסַר טַעַם

blaze *n. & v. i.* (בְּלֵיז) אֵשׁ לֶהָבָה; הִתְלַקְּחוּת; סִימָן; כֶּתֶם לָבָן (על ראש סוס); לָהַט, בָּעַר בְּאֵשׁ גְּדוֹלָה; הִבְרִיק; הִתְלַקֵּחַ; יָרָה בְּלֹא הַפְסָקָה; סִמֵּן (דרך); סָלַל דֶּרֶךְ

bla'zer *n.* (בְּלֵיזֶר) מְעִיל סְפּוֹרְטִיבִי

bleach *v. t. & n.* (בְּלִיץ') הִלְבִּין; מַלְבִּין

bleak *adj.* (בְּלִיק) חָשׁוּף; קַר וְחוֹדֵר; מְדַכֵּא

bleat *n. & v. i.* (בְּלִיט) פְּעִיָּה; פָּעָה

bleed *v. i. & t.* (בְּלִיד) דִּמֵּם, שָׁתַת דָּם; זָב; רִחֵם; הִקִּיז דָּם; יָנַק מִן־; מָצַץ

blem'ish *n.* (בְּלֶמִשׁ) מוּם, פְּגָם, פְּסוּל; כֶּתֶם; נְקֻדָּה שְׁחוֹרָה (בעור)

blench *v. i.* (בְּלֶנְץ׳) נִרְתַּע

blend *v. t. & i. & n.* (בְּלֶנְד) עִרְבֵּב, מִזֵּג; הִתְמַזֵּג; עִרְבּוּב; מִזּוּג; תַּעֲרֹבֶת

bless *v. t.* (בְּלֶס) בֵּרֵךְ; קִדֵּשׁ; הֶעֱנִיק בְּרָכָה; קִלֵּל; הֶחֱוָה צוּרַת צְלָב

bles'sing *n.* (בְּלֶסִנְג) בְּרָכָה; אִשּׁוּר, הַסְכָּמָה

blest *adj.* (בְּלֶסְט) מְבֹרָךְ

blew (בְּלוּ) (זמן עבר של blow)

blight *n. & v. t.* (בְּלַיט) שִׁדָּפוֹן; הֶרֶס; שִׁדֵּף; הָרַס

blimp *n.* (בְּלִמְפּ) סְפִינַת־אֲוִיר לֹא־צְפוּדָה

blind *adj.* (בְּלַינְד) עִוֵּר; אָטוּם; חֲסַר־הַכָּרָה; נִסְתָּר; סָתוּם

— *n. & v. t.* וִילוֹן; מִסְתּוֹר; פִּתָּיוֹן; סִמֵּא, סִנְוֵר; עִרְפֵּל; טִמְטֵם

blind'fold" *v. t. & n.* (בְּלַינְדְפוֹלְד) קָשַׁר הָעֵינַיִם; כִּסּוּי עֵינַיִם

blind'ness *n.* (בְּלַינְדְנֶס) עִוָּרוֹן

blink *v. i. & t. & n.* (בְּלִנְק) מִצְמֵץ; הִתְעַלֵּם מִן; הִבְלִיחַ; הוֹצִיא מִן הָעַיִן (ע״י מצמוץ); מִצְמוּץ

bliss *n.* (בְּלִס) אֹשֶׁר

bliss'ful *adj.* (בְּלִסְפֻל) שׁוֹפֵעַ אֹשֶׁר

blis'ter *n. & v. t. & i.* (בְּלִסְטֶר) אֲבַעְבּוּעָה, בּוּעָה; תָּא מַקְלֵעַ (במטוס); גָּרַם לַאֲבַעְבּוּעוֹת; נָזַף קָשׁוֹת; הִתְכַּסָּה אֲבַעְבּוּעוֹת

blithe *adj.* (בְּלַיד׳) עַלִּיז; לְלֹא הִתְחַשְּׁבוּת

blith'ering *adj.* (בְּלִדֶ׳רִנְג) לוֹהֵג; פּוֹלֵט שְׁטֻיּוֹת

blitz'(krieg) (בְּלִצְ|קְרִיג|) מִלְחֶמֶת בָּזָק

bliz'zard *n.* (בְּלִזֶרְד) סוּפַת שֶׁלֶג

bloat *v. t. & i.* (בְּלוֹט) נִפַּח; הִתְנַפֵּחַ, צָבָה

bloc *n.* (בְּלוֹק) גּוּשׁ

block *v. t. & i. & n.* (בְּלוֹק) סָתַם; חָסַם; עִצֵּב; גּוּשׁ; בְּלוֹק; קֻבִּיָּה; אִמּוּם; גַּרְדֹּם; בִּימָה (למכירה פומבית); גַּלְגִּלָּה; מַחְסוֹם, סְתִימָה; רִבּוּעַ שְׁכוּנָתִי, גּוּשׁ בָּתִּים; צְמִדָּה

blockade' *n. & v. t.* (בְּלוֹקֵיד) הֶסְגֵּר; מַחְסוֹם; הֵטִיל הֶסְגֵּר

block'head" *n.* (בְּלוֹקְהֶד) טִפֵּשׁ, פֶּתִי

block'house" *n.* (בְּלוֹקְהַאוּס) מְצָד

blond(e) *adj. & n.* (בְּלוֹנְד) בְּלוֹנְדִינִי(ת)

blood *n.* (בְּלַד) דָּם; חַיּוּת; שְׁפִיכוּת דָּמִים; מֶזֶג; מוֹצָא, יִחוּס

blood'hound" *n.* (בְּלַדְהַאוּנְד) כֶּלֶב־דָּם (כלב ציד ארוך־אוזנים)

blood'shed" *n.* (בְּלַדְשֶׁד) שְׁפִיכוּת דָּמִים

blood'y *adj.* (בְּלַדִי) שׁוֹתֵת דָּם; מְכֻתָּם בְּדָם; עָקֹב מִדָּם; צְמֵא־דָם; דָּמִי

bloom *n. & v. i. & t.* (בְּלוּם) פֶּרַח, פְּרָחִים; פְּרִיחָה; סֹמֶק; פָּרַח, לִבְלֵב; הִפְרִיחַ; צִנֵּן

blos'som *n. & v. i. & t.* (בְּלוֹסֶם) נִצָּן; פְּרִיחָה; פָּרַח, לִבְלֵב

blot *n. & v. t. & i.* (בְּלוֹט) כֶּתֶם; רְבָב; הִכְתִּים; הִקְדִּיר; סִפֵּג; עָשָׂה כֶּתֶם

— **out** מָחַק, מָחָה

blotch *n.* (בְּלוֹץ׳) כֶּתֶם גָּדוֹל

blot'ting pa"per (בְּלוֹטִנְג פֵּיפֶּר) נְיַר סוֹפֵג

blouse *n.* (בְּלַאוּס) חֻלְצָה

blow *n. & v. i.* (בְּלוֹ) מַכָּה; סוּפָה; נָשַׁב; נִשָּׂא ע״י הָרוּחַ; נָשַׁף; צָפַר; הִתְפּוֹצֵץ; „הִתְנַדֵּף"; נָשָׂא; עִצֵּב (בזרם אוויר); פּוֹצֵץ; „בִּזְבֵּז"; „קִלְקֵל"

— **nose** מָחַט אַף

— **over** שָׁכַךְ

— **up** פּוֹצֵץ; הִתְפּוֹצֵץ; הִגְזִים; הִגְדִּיל; אִבֵּד עֶשְׁתּוֹנוֹת; נִפַּח

blow'zy *adj.* (בְּלַאוּזִי) מְרֻשָּׁל; אֲדַם־פָּנִים

blub'ber *n. & v. i. & adj.* (בְּלַבֶּר) שׁוּמַן לִוְיָתָנִים; גְּעִיָּה (בבכי); גָּעָה בִּבְכִי; צָבָה

bludge'on *n. & v. t.* (בְּלַגְ'ן) אַלָּה; הָלַם בְּאַלָּה; כָּפָה עַל

blue *adj. & n. & v. t.* (בְּלוּ) כָּחֹל; מְדֻכְדָּךְ; פּוֹרְנוֹגְרָפִי; תְּכֵלֶת; חֹמֶר הַכְחָלָה; הִכְחִיל, כִּחֵל

— **s** דִּכְדּוּךְ; בְּלוּז (בג׳ז)

bluff *n. & adj.* (בְּלַף) צוּק; בְּלוֹף; גְּלוּי־לֵב וְעַלִּיז;

— *v. t. & i.* בִּלֵּף; הִטְעָה

blun'der *n. & v. i.* (בְּלַנְדֶר) טָעוּת טִפְּשִׁית; טָעָה בְּצוּרָה טִפְּשִׁית; פָּעַל בְּטִפְּשׁוּת; פָּעַל בְּהֶסַּח הַדַּעַת

blunt *adj. & v. t.* (בְּלַנְט) קֵהֶה; מְגֻיָּה וּבִיָּה; בּוֹטֶה; קְשֵׁה־הֲבָנָה; הִקְהָה

blur *v. t. & i. & n.* (בְּלֶר) עִרְפֵּל; טִשְׁטֵשׁ; טִמְטֵם; נִטַּשְׁטֵשׁ; כֶּתֶם; טִשְׁטוּשׁ; דְּמוּת מְעֻרְפֶּלֶת

blurb *n.* (בְּלֶרְבּ) מוֹדָעָה קְצָרָה

blurt *v. t.* (בְּלֶרְט) הִפְלִיט

blush *v. i. & n.* (בְּלַשׁ) הִסְמִיק; סֹמֶק

blus'ter *v. i. & t. & n.* (בְּלַסְטֶר) נָשַׁב בְּמַטָּחִים חֲזָקִים; רָהַב; הִתְרַבְרֵב; הֲמֻלָּה; דִּבְרֵי רַהַב

boar *n.* (בּוֹר) חֲזִיר

board *n.* (בּוֹרְד) קֶרֶשׁ; לוּחַ; מָזוֹן, שֻׁלְחַן אֹכֶל, אֲרוּחוֹת; מוֹעָצָה (לפיקוח)

on — עַל סִפּוּן; בְּתוֹךְ

— *v. t.* סָגַר בִּקְרָשִׁים; סִפֵּק אֶשֶׁ״ל; עָלָה עַל; אָכַל, קִבֵּל אֲרוּחוֹת, קִבֵּל אֶשֶׁ״ל

board'er *n.* (בּוֹרְדֶר) דַּיָּר מִשְׁנֶה

board'ing house" (בּוֹרְדִנְג הַאוּס) פֶּנְסְיוֹן

boast *v. i. & t. & n.* (בּוֹסְט) הִתְגָּאָה, הִתְפָּאֵר; הִתְפָּאֲרוּת, תִּפְאֶרֶת

boast'ful *adj.* (בּוֹסְטְפֻל) מִתְפָּאֵר, רַבְרְבָנִי

boat *n. & v. i.* (בּוֹט) סִירָה, סְפִינָה; קְעָרָה; נָסַע בְּסִירָה

boat'man *n.* (בּוֹטְמֶן) שַׁיָּט; סִירַאי; מַשְׂכִּיר סִירוֹת

bob *v. t. & n.* (בּוֹב) קִצֵּר; חָטַף בַּשִּׁנַּיִם; נִעֲנַע מַעֲלָה־מַטָּה; הִתְנוֹעֵעַ בִּתְנוּעוֹת מְקֻטָּעוֹת; תְּנוּעָה מְקֻטַּעַת; תִּסְרֹקֶת קְצָרָה

bob'bin *n.* (בּוֹבִּן) סְלִיל חוּטִים

bode *v. t.* (בּוֹד) בִּשֵּׂר

bod'ice *n.* (בּוֹדִס) חֲזִיַּת שְׂרוֹכִים

bod'ily *adj. & adv.* (בּוֹדִלִי) גּוּפָנִי; כְּגוּף אֶחָד

bod'y *n.* (בּוֹדִי) גּוּף; גּוּפָה; מוּצָק; הַחֵלֶק הָעִקָּרִי; צִבּוּר; מַמָּשׁוּת

bog *n. & v. i.* (בּוֹג) בִּצָּה; בָּצָע; שָׁקַע בְּבֹץ

Bohe'mian *n. & adj.* (בּוֹהִימִיאֶן) בּוֹהֶמִי

boil *v. i. & t.* (בּוֹיל) רָתַח; הִרְתִּיחַ; בִּשֵּׁל; בִּשֵּׁל בְּמַיִם רוֹתְחִים

— over גָּלַשׁ

— *n.* רְתִיחָה; סִמְטָה; פּוּרוּנְקֶל

boil'er *n.* (בּוֹילֶר) דּוּד

bois'terous *adj.* (בּוֹיסְטְרַס) רוֹעֵשׁ; צַעֲקָנִי; סוֹעֵר

bold *adj.* (בּוֹלְד) נוֹעָז; עַז־פָּנִים, חָצוּף; בַּעַל דִּמְיוֹן לֹא־רָגִיל; בּוֹלֵט; תָּלוּל

bold'ness *n.* (בּוֹלְדְנִס) הֶעָזָה, אֹמֶץ; עַזּוּת־פָּנִים

bol'ster *n. & v. t.* (בּוֹלְסְטֶר) כֶּסֶת, כַּר; תָּמַךְ

bolt *n.* (בּוֹלְט) בֹּרֶג מְכוֹנָה, לוֹלָב; בְּרִיחַ; זִנּוּק; גְּלִיל אָרִיג; חֵץ; רַעַם

— *v. t. & i.* סָגַר בִּבְרִיחַ; נִתֵּק קְשָׁרִים עִם; יָרָה; הִפְלִיט; בָּלַע בְּחִפָּזוֹן; זִנֵּק

bomb *n. & v. t. & i.* (בּוֹם) פְּצָצָה; הִפְצִיץ, פּוֹצֵץ

bombard' *v. t.* (בּוֹמְבַּרְד) הִפְגִּיז; תָּקַף נִמְרָצוֹת

bom'bast *n.* (בּוֹמְבֶּסְט) מְלִיצוֹת יָמְרָנִיּוֹת

bond *n. & v. i. & t.* (בּוֹנְד) קֶשֶׁר, זִקָּה; בְּרִית; עֲרֻבָּה, עֲרֵבוּת; אִגֶּרֶת חוֹב; דְּבֵקוּת; דָּבַק; הִדְבִּיק; כָּבַל; חִיֵּב

bon'dage *n.* (בּוֹנְדִג׳) עַבְדוּת

bone *n.* (בּוֹן) עֶצֶם

have a — to pick הָיְתָה לוֹ סִבָּה לָרִיב

— s שֶׁלֶד; גּוּף

make no — s about דִּבֵּר גְּלוּיוֹת

— *v. t.* הוֹצִיא עֲצָמוֹת; „דָּגַר"

bon'fire *n.* (בּוֹנְפַיר) מְדוּרָה

bon'net *n.* (בּוֹנִט) כּוֹבַע בַּעַל אֹגֶן רָחָב

bo'nus *n.* (בּוֹנַס) בּוֹנוּס; הֲטָבָה מְיֻחֶדֶת; מַעֲנָק; שַׁי

bo'ny *adj.* (בּוֹנִי) דּוֹמֶה לְעֶצֶם; מָלֵא עֲצָמוֹת; גַּרְמִי

boo *interj. & n.* (בּוּ) בּוּז; קְרִיאַת בּוּז; בּוּ (להפחדה)

— *v. i. & t.* צָעַק „בּוּ" (להפחדה); קָרָא „בּוּז"

boo'b(y) *n.* (בּוּבִּי) גֹּלֶם, טִפֵּשׁ, שׁוֹטֶה; הַגָּרוּעַ בְּיוֹתֵר

boo'by hatch" (בּוּבִּי הֶץ׳) מוֹסָד לְחוֹלֵי רוּחַ

boo'by prize" (בּוּבִּי פְּרַיז) שַׁי־נִכְשָׁלִים, (לריתול) פְּרַס פִּיּוּס

boo'by trap" (בּוּבִּי טְרֶפּ) מַלְכֹּדֶת פְּתָאִים

book *n.* (בֻּק) סֵפֶר; כֶּרֶךְ; חִבּוּר; מַחְבֶּרֶת; תַּמְלִיל

like a — בְּאֹפֶן יְסוֹדִי
make — סִדֵּר הַמּוֹרִים
throw the — at דָּן בְּכָל חֹמֶר הַדִּין
— *v. t. & i.* רָשַׁם; הִזְמִין; הֶעֱסִיק; רָשַׁם הָאַשְׁמָה; סִדֵּר הַמּוֹרִים; שָׂכַר

book'bin"der *n.* (בֻּקְבַּינְדֶר) כּוֹרֵךְ
bookie *n.* (בֻּקִי) מְתַוֵּךְ הַמּוֹרִים
book'ing *n.* (בֻּקִנְג) הִתְחַיְּבוּת עֲבוֹדָה; מוֹעֵד לְמוֹפָע
book'kee"per *n.* (בֻּקְקִיפֶּר) מְנַהֵל פִּנְקָסִים
book'sell"er *n.* (בֻּקְסֶלֶר) מוֹכֵר סְפָרִים
boom *v. i. & t.* (בּוּם) הִשְׁמִיעַ רַעַשׁ עָמֹק וּמְהַדְהֵד; הִתְקַדֵּם נִמְרָצוֹת; תָּמַךְ בְּמֶרֶץ
— *n.* רַעַשׁ עָמֹק וּמְהַדְהֵד; עֲלִיַּת מְחִירִים מְהִירָה; תְּקוּפַת שִׂגְשׂוּג מָהִיר; עֲלִיָּה בְּפּוֹפּוּלָרִיּוּת; קוֹרָה, זְרוֹעַ שֶׁל מָנוֹף

boon *n. & adj.* (בּוּן) טוֹבָה; חֶסֶד; עַלִּיז; טוֹב־לֵב; נוֹטֶה חֶסֶד
boor *n.* (בּוּר) גַּס; כַּפְרִי, מְטֻמְטָם; בּוּר
boost *v. t. & i. & n.* (בּוּסְט) הֵרִים (ע״י דחיפה מאחור); הִמְלִיץ עַל קִדּוּם; הֶעֱלָה; הֲרָמָה, הַעֲלָאָה; סִיּוּעַ מְקַדֵּם
boot *n.* (בּוּט) מַגָּף; עַרְדָּל; נַרְתִּיק; בְּעִיטָה; פִּטּוּרִים
bet your — s הָיָה בָּטוּחַ
die with one's — s on מֵת בִּשְׁעַת פְּעֻלָּה; מֵת בִּשְׁעַת לְחִימָה
— *v. t.* בָּעַט; הֵזִיז בִּבְעִיטָה

booth *n.* (בּוּת׳) שֶׁטַח תְּצוּגָה; תָּא; שֶׁטַח מְפֹרָד; סֻכָּה
boot'leg" *n. & adj.* (בּוּטְלֶג) מַשְׁקֶה כָּהֳלִי לֹא־חֻקִּי; לֹא־חֻקִּי; חֲשָׁאִי
boo'ty *n.* (בּוּטִי) שָׁלָל; מַלְקוֹחַ
booze *n. & v. t. & i.* (בּוּז) מַשְׁקֶה כָּהֳלִי; וִיסְקִי; שָׁתָה לְשָׁכְרָה
bor'der *n. & v. t.* (בּוֹרְדֶר) קָצֶה; גְּבוּל; אֵזוֹר סְפָר; שׁוּלַיִם מְעֻטָּרִים; עֲרוּגָה צָרָה; גָּבַל בְּ־; עִטֵּר שׁוּלַיִם
bore *n. & v. t. & i.* (בּוֹר) טַרְדָן; חוֹר; קֶדַח; קֹטֶר פְּנִימִי; שִׁעֲמֵם; קָדַח; פָּרַץ מַעֲבָר
bor'eal *adj.* (בּוֹרִיאָל) שֶׁל רוּחַ צְפוֹנִית; צְפוֹנִי

bore'dom *n.* (בּוֹרְדֶם) שִׁעֲמוּם
bor'ing *adj.* (בּוֹרִנְג) מְשַׁעֲמֵם
born *adj.* (בּוֹרְן) נוֹלָד; מִלֵּדָה
— yesterday תָּמִים
borne (בּוֹרְן) (זמן עבר של bear)
bor'ough *n.* (בָּרוֹ) עֲיָרִית־מִשְׁנֶה; מָחוֹז עִירוֹנִי
bor'row *v. t. & i.* (בּוֹרוֹ) שָׁאַל; לָוָה
— trouble דָּאַג לְלֹא צֹרֶךְ
bos'om *n. & adj.* (בּוּזֶם) חָזֶה; שַׁד; חֵיק; אִינְטִימִי
boss *v. t. & i.* (בּוֹס) הִשְׂתָּרֵר, נָהַג שְׂרָרָה בְּ־; הָיָה שְׁתַלְטָנִי; נִהֵל
— *n.* מְנַהֵל; מְרַכֵּז מִפְלָגָה; שַׁלִּיט; „בּוֹס״; קִשּׁוּט מִתְבַּלֵּט, זִיז
botan'ical *adj.* (בֶּטֶנִקֶל) בּוֹטָנִי
bot'anist *n.* (בּוֹטֶנִסְט) בּוֹטָנַאי
bot'any *n.*(בּוֹטֶנִי) בּוֹטָנִיקָה; צוֹמֵחַ
botch *v. t. & n.* (בּוֹץ׳) קִלְקֵל; מְלָאכָה גְּרוּעָה; עִרְבּוּבְיָה
both *adj. & pron.* (בּוֹת׳) הַשְּׁנַיִם, הַשְּׁתַּיִם
— *conj.* גַּם; בְּצוּרָה שָׁוָה
both'er *v. t. & i. & n.* (בּוֹד׳ר) הִטְרִיחַ; הִטְרִיד; הִדְאִיג; טָרַח, הִתְעַסֵּק; טִרְחָה; מַאֲמָץ; דְּאָגָה
bot'tle *n.* (בּוֹטְל) בַּקְבּוּק
hit the — הִתְמַכֵּר לִסְבִיאָה
— *v. t.* מָזַג בַּקְבּוּק
— up הִדְחִיק; עָצַר; לָכַד
bott'leneck" *n.* (בּוֹטְלְנֶק) צַוַּאר בַּקְבּוּק
bot'tom *n. & adj.* (בּוֹטֶם) תַּחְתִּית; קַרְקָעִית; אֳנִיַּת מַשָּׂא; מָקוֹר; הַנְּקֻדָּה הַנְּמוּכָה בְּיוֹתֵר; תַּחְתּוֹן; נָמוּךְ בְּיוֹתֵר; יְסוֹדִי
bot'tomless *adj.* (בּוֹטֶמְלֶס) חֲסַר־תַּחְתִּית; עָמֹק מְאֹד; מִסְתּוֹרִי; לְלֹא גְּבוּל
bou'doir *n.* (בּוּדְוָר) חֲדַר שֵׁנָה שֶׁל אִשָּׁה; חֶדֶר פְּרָטִי שֶׁל אִשָּׁה
bough *n.* (בָּאוּ) עָנָף
bought (בּוֹט) (זמן עבר של buy)
bou'lder *n.* (בּוֹלְדֶר) סֶלַע
bounce *v. t. & i. & n.* (בַּאוּנְס) הִקְפִּיץ; הָלַךְ בְּמֶרֶץ; הָחְזַר מֵחֹסֶר כִּסּוּי; קָפַץ; פִּטֵּר, גֵּרֵשׁ; קְפִיצָה; זִנּוּק; חִיּוּת

bound *adj.* (בַּאוּנְד) קָשׁוּר, כָּפוּת; כָּרוּךְ; מְחֻיָּב; נוֹעָד
— *v. i. & n.* נִתֵּר; הִגְבִּיל, הָוָה גְבוּל; נִתּוּר; תְּחוּם, חֶסֶם
boun'dary *n.* (בַּאוּנְדְּרִי) גְּבוּל
bound'less *adj.* (בַּאוּנְדְלֶס) לְלֹא גְּבוּל; בִּלְתִּי מֻגְבָּל; עֲנָקִי
boun'ty *n.* (בַּאוּנְטִי) נְדִיבוּת; מַתָּנָה נְדִיבָה; פְּרָס
bouquet' *n.* (בּוּקֵי) צְרוֹר; מַחֲמָאָה; נִיחוֹחַ יֵינוֹת
bourgeois' *n. & adj.* (בּוּרְז'וָא) בּוּרְגָּנִי
bout *n.* (בַּאוּט) תַּחֲרוּת; תּוֹר; תְּקִיפָה
bow *v. i. & t. & n.* (בַּאוּ) הִשְׁתַּחֲוָה, קַד; נִכְנַע; כּוֹפֵף; דִּכֵּא; מָחַץ; קִדָּה; חַרְטוֹם
bow *n. & adj.* (בּוֹ) קֶשֶׁת (לירי חצים); כְּפִישָׁה; עֲנִיבָה, קֶשֶׁר; קַשְׁתִּית; קַשָּׁת; מְקֻשָּׁת, עָקֹם
bow'el *n.* (בַּאוּאֶל) מְעִי; קֶרֶב
bow'er *n.* (בַּאוּאֶר) סֻכַּת עֲנָפִים; בִּקְתָּה כַּפְרִית; חֲדַר־אִשָּׁה (בטירה)
bowl *n. & v. i.* (בּוֹל) קְעָרָה; אִצְטַדְיוֹן סְגַלְגַּל; כַּדּוּר; שִׂחֵק כַּדֹּרֶת; גִּלְגֵּל
bow'ling *n.* (בּוֹלִנְג) כַּדֹּרֶת
bow' tie' *n.* (בּוֹ טַי) עֲנִיבַת פַּרְפַּר
box *n. & v. t.* (בּוֹקְס) קֻפְסָה; תֵּבָה; אַרְגָּז; תָּא; מְלוּנָה; מִשְׁבֶּצֶת; מִסְגֶּרֶת; מַכַּת־אֶגְרוֹף; אֶשְׁכְּרוֹעַ; שָׂם בְּקֻפְסָה; חָבַט, הִתְאַגְרֵף עִם
box'er *n.* (בּוֹקְסֶר) מִתְאַגְרֵף; כֶּלֶב בּוֹקְסֶר
box'ing *n.* (בּוֹקְסִנְג) אִגְרוּף
box' of"fice *n.* (בּוֹקְס אוֹפִס) קֻפָּה; תַּקְבּוּלִים (ממופע): בִּדּוּר מוֹשֵׁךְ
boy *n.* (בּוֹי) יֶלֶד; נַעַר; בָּחוּר; מֶלְצַר, מְשָׁרֵת
boy'cott *n. & v. t.* (בּוֹיקוֹט) חֵרֶם; הֶחֱרִים
boy' scout" *n.* (בּוֹי סְקַאוּט) צוֹפֶה (חבר תנועת הצופים)
boy'hood *n.* (בּוֹיהֻד) יַלְדוּת, נְעוּרִים; נְעָרִים
brace *n. & v. t.* (בְּרֵיס) מַלְחֶצֶת; מִסְעָד, תָּמֵךְ; אַרְכֻּבָּה; זוּג; חִזֵּק
— **s** מְיַשֵּׁר שִׁנַּיִם
brace'let *n.* (בְּרֵיסְלֶט) צָמִיד
— **s** אֲזִקִּים

brack'et *n.* (בְּרֶקֶט) סָמוֹךְ; מַדָּף; זָוִית־חִזּוּק; קְבוּצָה; מַעֲמָד
— **s** אֲרִיחַיִם
— *v. t.* חִבֵּר סְמוֹכוֹת; שָׂם בַּאֲרִיחַיִם; מִיֵּן יַחַד
brack'ish *adj.* (בְּרֶקִשׁ) מָלוּחַ; לֹא נָעִים
brag *v. i. & t. & n.* (בְּרֶג) הִתְפָּאֵר; הִתְפָּאֲרוּת; רַבְרְבָן
brag'gart *n.* (בְּרֶגֶרְט) רַבְרְבָן, מִתְפָּאֵר
braid *n. & v. t.* (בְּרֵיד) צַמָּה; מִקְלַעַת; סֶרֶט; קָלַע; עִטֵּר בְּמִקְלַעַת
brain *n. & v. t.* (בְּרֵין) מֹחַ; שֵׂכֶל; מָחַץ הָרֹאשׁ
brain'wash" *v. t.* (בְּרֵינְווֹשׁ) נָתַן שְׁטִיפַת מֹחַ
brake *n. & v. t. & i.* (בְּרֵיק) בֶּלֶם, מַעֲצוֹר; בָּלַם, עָצַר; נֶעֱצַר, הֵאֵט
bram'ble *n.* (בְּרֶמְבְּל) שִׂיחַ קוֹצָנִי; פֶּטֶל
bran *n.* (בְּרֶן) סֻבִּים
branch *n. & v. i.* (בְּרֶנְץ') עָנָף; סְנִיף; הִסְתָּעֲפוּת; יוּבַל; הִסְתָּעֵף, הִתְפַּצֵּל
— **out** הִתְפַּשֵּׁט; הִרְחִיב תְּחוּם הַפְּעִילוּת
brand *n. & v. t.* (בְּרֶנְד) סֵמֶל מִסְחָרִי; כְּוִיַּת־קִנְיָן; אוֹת קָלוֹן; בַּרְזֶל לִבּוּן; אוּד; סִמֵּן; הוֹקִיעַ
brash *adj.* (בְּרֶשׁ) פָּזִיז; חָצוּף
brass *n.* (בְּרֶס) פְּלִיז; כְּלֵי נְשִׁיפָה; צַמֶּרֶת הַצָּבָא; צַמֶּרֶת; חֻצְפָּה
bras'sard *n.* (בְּרֶסַרְד) תַּג קִבֹּרֶת
brassiére' *n.* (בְּרֶזִיר) חֲזִיָּה
bras'sy *adj.* (בְּרֶסִי) עָשׂוּי פְּלִיז; דּוֹמֶה לִפְלִיז; צַעֲקָנִי, רַאַוְתָנִי
brat *n.* (בְּרֶט) פִּרְחָח קָטָן; יֶלֶד מְפֻנָּק וְחָצוּף
brave *adj. & n.* (בְּרֵיב) אַמִּיץ; לוֹחֵם אִינְדְיָנִי
— *v. t.* פָּגַשׁ בְּאֹמֶץ; הִתְרִיס
bra'very *n.* (בְּרֵיבֶרִי) אֹמֶץ
brawl *n. & v. i.* (בְּרוֹל) קְטָטָה; הֲמֻלָּה; הִתְקוֹטֵט
brawn *n.* (בְּרוֹן) שְׁרִירִים מְפֻתָּחִים; כֹּחַ שְׁרִירִים
bray *v. i. & n.* (בְּרֵי) נָהַק, נָעַר; נְעִירָה

bra'zen *adj.* (בְּרֵיזְן) חָצוּף; נוֹעָז; עָשׂוּי פְּלִיז; כְּעֵין הַפְּלִיז

braz'ier *n.* (בְּרֵיזְ'ר) מַרְחֶשֶׁת-גֶּחָלִים

breach *n.* & *v. t.* (בְּרִיץ') פֶּרֶץ; פִּרְצָה; הֲפָרָה; נִתּוּק; פָּרַץ; הֵפֵר, עָבַר עַל

bread *n.* & *v. t.* (בְּרֶד) לֶחֶם; כִּסָּה בְּפֵרוּרֵי לֶחֶם

breadth *n.* (בְּרֶת') רֹחַב; גֹּדֶל

break *v. t.* & *i.* & *n.* (בְּרֵיק) שָׁבַר; שִׁבֵּר; פָּרַץ; הוֹרִיד; נִתֵּק; חִלֵּק; פִּרְסֵם; אִלֵּף; עָמַד עַל הַסּוֹד; הוֹרִיד בְּדַרְגָּה; נִמְלַט; הֵפֵר; הֵבִיא לִידֵי פְּשִׁיטַת רֶגֶל; נִשְׁבַּר; נִתַּק; הִתְפּוֹצֵץ; נִתְגַּלָּה; שָׁכַךְ; שֶׁבֶר; פִּרְצָה; נִתּוּק; הַפְסָקָה; זִנּוּק; מַזָּל; הִזְדַּמְּנוּת לְשִׁפּוּר הַמַּצָּב

break'age *n.* (בְּרֵיקִג') שְׁבִירָה; עֵרֶךְ הַדְּבָרִים שֶׁנִּשְׁבְּרוּ דְּמֵי שְׁבִירָה

break'down" *n.* (בְּרֵיקְדַאוּן) הִתְמוֹטְטוּת; הִתְפָּרְקוּת; נִתּוּחַ; מִיּוּן

break'fast *n.* & *v. i.* (בְּרֶקְפַסְט) אֲרוּחַת-בֹּקֶר; אָכַל אֲרוּחַת בֹּקֶר

break'wa"ter *n.* (בְּרֵיקווֹטֶר) שׁוֹבֵר גַּלִּים

breast *n.* (בְּרֶסְט) חָזֶה; שַׁד; לֵב

make a clean — of הוֹדָה

— *v. t.* עָמַד מוּל; נֶאֱבַק עִם; הִתְגַּבֵּר עַל; בָּא עַל יַד —

breast'plate" *n.* (בְּרֶסְטְפְּלֵיט) שִׁרְיוֹן חָזֶה; חֹשֶׁן

breath *n.* (בְּרֶת') נְשִׁימָה; אֲוִיר נְשִׁימָה; חַיִּים; חִיּוּת; שְׁאִיפָה (של אוויר); אַרְגִּיעָה; שֶׁמֶץ; מַשַּׁב-אֲוִיר קַל; לַחוּת

breathe *v. i.* & *t.* (בְּרִיד') נָשַׁם; נָח; נָשַׁב בְּקַלּוּת; חַי; נָשַׁף; נָשַׁף צַחֲנָה; לָחַשׁ; הֵסִיחַ; הִרְשָׁה לָנוּחַ

breath'ing *n.* (בְּרִיד'נְג) נְשִׁימָה; שְׁאִיפָה; אֶתְנַחְתָּא; דִּבּוּר; מַשַּׁב-אֲוִיר קַל

breath'less *adj.* (בְּרֶתְ'לִס) נְטוּל-אֲוִיר; עֲצוּר-נְשִׁימָה; חֲסַר-חַיִּים; חֲסַר-תְּנוּעָה

breech'es *n. pl.* (בְּרִיצִ'ז) מִכְנְסֵי בִּרְכַּיִם

bred (בְּרֶד) (זמן עבר של breed)

breed *v. t.* & *i.* (בְּרִיד) הוֹלִיד; שִׁפֵּר; גִּדֵּל; הִצְמִיחַ; פִּתַּח; הִפְרָה (בהמה); נוֹלַד; הִתְעַבֵּר

— *n.* מִין הוֹמוֹגֵנִי; גֶּזַע; קְבוּצָה

breeze *n.* (בְּרִיז) בְּרִיזָה, רוּחַ קַלָּה

breth'ren *n. pl.* (בְּרֶדְ'רֶן) אַחִים; חֲבֵרִים

brev'iary *n.* (בְּרֶוְיְאֶרִי) סֵפֶר תְּפִלּוֹת (בכנסיה הקתולית)

brev'ity *n.* (בְּרֶוִטִי) קִצּוּר

brew *v. t.* & *i.* & *n.* (בְּרוּ) בִּשֵּׁל בִּירָה; הֵכִין מַשְׁקֶה (בתמצית); הִמְצִיא; גָּרַם; הִתְמַצָּה (משקה); הִתְהַוָּה; סוּג בִּירָה; מַשְׁקֶה שֶׁל מֵי תַּמְצִית

brew'ery *n.* (בְּרוּאֶרִי) מִבְשָׁלָה לְבִירָה

bri'ar *n.* (בְּרַיְאַר) אַבְרָשׁ שִׂיחִי

bribe *n.* & *v. t.* (בְּרַיְבּ) שֹׁחַד; שִׁחֵד

brick *n.* (בְּרִק) לְבֵנָה, לְבֵנִים

bri'dal *adj.* & *n.* (בְּרַיְדְל) שֶׁל כַּלָּה; שֶׁל כְּלוּלוֹת; נִשּׂוּאִים

bride *n.* (בְּרַיְד) כַּלָּה

bride'groom" *n.* (בְּרַיְדְגְרוּם) חָתָן; אָרוּס

brides'maid" *n.* (בְּרַיְדְזְמֵיד) שׁוֹשְׁבִינָה

bridge *n.* & *v. t.* (בְּרִיג') גֶּשֶׁר; גִּשֵּׁר

bridle *n.* (בְּרַיְדְל) רֶסֶן

brief *adj.* & *n.* (בְּרִיף) קָצָר; תַּמְצִית, סִכּוּם; תַּזְכִּיר

— ing תִּדְרוּךְ

— *v. t.* תִּדְרֵךְ

brigade' *n.* (בְּרִגֵיד) חֲטִיבָה

brig'adier gen'eral *n.* (בְּרִגְדִיר-גֶ'נֶרֶל) אַלּוּף

brig'and *n.* (בְּרִגֶנְד) שׁוֹדֵד

bright *adj.* (בְּרַיְט) בָּהִיר; מֵאִיר; זַךְ; מְפֹאָר; מְמֻלָּח; עַלִּיז; מַזְהִיר; מַבְרִיק

bright'en *v. i.* & *t.* (בְּרַיְטְן) הֵאִיר יוֹתֵר; הִבְהִיק

bright'ness *n.* (בְּרַיְטְנִס) זִיו; בְּהִירוּת, זֹהַר

brill'iant *adj.* (בְּרִלְיַנְט) מַזְהִיר; מַבְרִיק

brim *n.* (בְּרִם) קָצֶה; אֹגֶן; שׁוּלֵי כּוֹבַע

brine *n.* (בְּרַיְן) מֵי מֶלַח, צִיר; הַיָּם; מֵי הַיָּם

bring *v. t.* & *i.* (בְּרִנְג) הֵבִיא; הֵבִיא לִידֵי; הִזְכִּיר; שִׁכְנֵעַ

— about גָּרַם

— up חִנֵּךְ; גִּדֵּל

bring'ing-up' *n.* (בְּרִנְגִנְג־אַפּ) חִנּוּךְ

brink *n.* (בְּרִנְק) קָצֶה; שָׂפָה; סַף תְּהוֹם; תְּחוּם אַחֲרוֹן

brisk *adj.* (בְּרִסְק) זָרִיז; תּוֹסֵס

bristle *n.* & *v. i.* (בְּרִיסְל) זִיף; הִזְדַּקֵּף; הִזְדַּקֵּף בְּזַעַם; הִתְכַּסָּה זִיפִים

Brit'ish *adj.* & *n.* (בְּרִטִשׁ) בְּרִיטִי, אַנְגְּלִי

Bri'ton *n.* (בְּרִטְן) בְּרִיטִי, אַנְגְּלִי; בְּרֶטוֹנִי

brit'tle *adj.* (בְּרִטְל) שָׁבִיר

broach *v. t.* (בְּרוֹץ') הֶעֱלָה; הִזְכִּיר

broad *adj.* (בְּרוֹד) רָחָב; נִרְחָב; מָלֵא; סוֹבְלָנִי; עִקָּרִי, כְּלָלִי; בָּרוּר

broad'cast" *v. t.* & *i.* & *n.* (בְּרוֹדְקֶסְט) שִׁדֵּר; זָרָה; הֵפִיץ; שִׁדּוּר, מִשְׁדָּר

broad'en *v. i.* & *t.* (בְּרוֹדְן) הִתְרַחֵב; הִרְחִיב

broad'min'ded *adj.* (בְּרוֹדְמַינְדִד) לְלֹא מִשְׁפָּטִים קְדוּמִים; לִיבֶּרָלִי; סוֹבְלָנִי

broil *v. t.* & *i.* (בְּרוֹיל) צָלָה עַל גְּרִיל

broke *adj.* (בְּרוֹק) חֲסַר פְּרוּטָה

bro'ken *adj.* (בְּרוֹקְן) שָׁבוּר; מְקֻטָּע; מוּפָר; שָׁסוּעַ; מוּתָשׁ; מְאֻלָּף; מְשֻׁבָּשׁ

brok'er *n.* (בְּרוֹקְר) מְתַוֵּךְ; סוֹכֵן

bron'chial *adj.* (בְּרוֹנְקִיאֲל) שֶׁל הַסִּמְפּוֹנוֹת

bron'chitis *n.* (בְּרוֹנְקַיטִס) בְּרוֹנְכִיטִיס

bron'co *n.* (בְּרוֹנְקוֹ) סוּס לֹא־מְאֻלָּף

bronze *n.* (בְּרוֹנְז) בְּרוֹנְזָה, אָרָד; פֶּסֶל אָרָד

brooch *n.* (בְּרוֹץ') סִכָּה

brood *v. t.* & *i.* (בְּרוּד) הִרְהֵר בְּעַצְבוּת; הָיָה בְּמַצַּב רוּחַ מְדֻכָּא; דָּגַר

— *n.* אֶפְרוֹחִים; מִין, סוּג

brook *n.* (בְּרוּק) פֶּלֶג; נַחַל

— *v. t.* סָבַל, נָשָׂא

broom *n.* (בְּרוּם) מְטַאטֵא; רֹתֶם

broth *n.* (בְּרוֹת') מָרָק

broth'el *n.* (בְּרוֹת'ל) בֵּית זוֹנוֹת

broth'er *n.* (בְּרַדְ'ר) אָח; חָבֵר

broth'erhood" *n.* (בְּרַדְ'רְהֻד) אַחֲוָה; יְדִידוּת; אֲגֻדָּה

broth'er-in-law" *n.* (בְּרַדְ'ר־אִן־לוֹ) גִּיס

broth'erly *adj.* (בְּרַדְ'רְלִי) אַחֲוָתִי

brought (בְּרוֹט) (זמן עבר של bring)

brow *n.* (בְּרָאוּ) מֵצַח; גַּבָּה

brow'beat" *v. t.* (בְּרָאוּבִּיט) הִפְחִיד, הֵטִיל מוֹרָא; הִפִּיל חִתִּית

brown *n.* & *i.* & *adj.* *v. t.* (בְּרָאוּן) חוּם; שָׁחֹם; שָׁזוּף; הִשְׁחִים; צָרַב; הִשְׁתַּחֵם

browse *v. t.* & *i.* (בְּרָאוּז) לִחֵךְ; רָעָה; הֵצִיץ, דִּפְדֵּף

bruise *v. t.* & *i.* & *n.* (בְּרוּז) עָשָׂה חַבּוּרָה; חָבַל; פָּגַע; קִבֵּל חַבּוּרָה; נִפְגַּע; חַבּוּרָה, חֲבָלָה

brunt *n.* (בְּרַנְט) הַמַּהֲלֻמָּה הָעִקָּרִית

brush *n.* & *v. t.* & *i.* (בְּרַשׁ) מִבְרֶשֶׁת, מִכְחוֹל; זְנַב שֵׂעִיר; הִתְקָלוּת; סְבַךְ; הִבְרִישׁ; נָגַע, רִחֵף עַל; דָּחַף; הֵנִיעַ בְּקַלּוּת

brush'wood" *n.* (בְּרַשְׁוּד) עֲנָפִים כְּרוּתִים; סְבַךְ

brusque *adj.* (בְּרַסְק) נִמְהָר; גַּס; בְּלִי שְׁהִיּוֹת; קָצָר בְּצוּרָה נִמְרֶצֶת

bru'tal *adj.* (בְּרוּטְל) פִּרְאִי; אַכְזָרִי; גַּס; בְּרוּטָלִי

brutal'ity *n.* (בְּרוּטֶלְטִי) פִּרְאוּת; אַכְזְרִיּוּת; זְוָעָה; בְּרוּטָלִיּוּת

brut'alize" *v. t.* & *i.* (בְּרוּטְלַיז) עָשָׂה לְאַכְזָר; נֶהְפַּךְ לְאַכְזָרִי; הִתְיַחֵס בִּבְרוּטָלִיּוּת אֶל־

brute *n.* & *adj.* (בְּרוּט) יְצוּר לֹא־אֱנוֹשִׁי; חַיָּה; גַּס־רוּחַ; חַיָּתִי; לֹא־רַצְיוֹנָלִי; אַכְזָרִי; חוּשָׁנִי

bub'ble *n.* & *v. i.* (בַּבְּל) בּוּעָה; אַשְׁלָיָה; סְפֶּקוּלַצְיָה מְנֻפַּחַת; בִּעְבּוּעַ; בִּעְבֵּעַ; רָתַח; פָּעַל בְּעַלִּיזוּת; תָּסַס מֵהִתְרַגְּשׁוּת

buc"caneer' *n.* (בַּקָנִיר) פִּירָט

buck *n.* (בַּק) זָכָר (של חיה); צָעִיר תּוֹסֵס; כּוּשִׁי; אִינְדְיָנִי; דּוֹלָר

pass the — הִשְׁתַּמֵּט מֵאַחֲרָיוּת

— *v. i.* & *t.* קָפַץ וְהִתְנַעֵר; קִרְטֵעַ; הִתְנַגֵּד בְּעַקְשָׁנוּת; נָע לִמְקֻטָּעִין; נָגַח

buck'et *n.* (בַּקִט) דְּלִי

kick the — "הִתְפַּגֵּר"

buck'le *n.* & *v. t.* & *i.* (בַּקְל) אַבְזָם; כְּפִיפָה; אִבְזֵם; הִתְכּוֹנֵן לִפְעֻלָּה; הִתְעַקֵּם; אֻבְזַם; נִכְנַע

buck'wheat" *n.* (בַּקְהְוִיט) כֻּסֶּמֶת; סַגּוֹפִּירוֹן תַּרְבּוּתִי

bucol'ic *adj.* (בְּיוּקוֹלִק) שֶׁל רוֹעִים; פַּסְטוֹרָלִי
bud *n. & v. i.* (בַּד) פֶּקַע; נִצָּן; פַּג; הֵנֵיץ
budge *v. i. & t.* (בַּג') זָע; הֶחֱלִיף דֵּעָה; הֵזִיז; הֵנִיעַ לִשְׁקוֹל דֵּעָה מֵחָדָשׁ
budg'et *n. & v. t.* (בַּג'ט) תַּקְצִיב; תִּכְנֵן תַּקְצִיב; פָּעַל בְּהֶתְאֵם לְתַקְצִיב
buff *n. & v. t.* (בַּף) חוּם צְהַבְהַב; עוֹר חָשׂוּף; חוֹבֵב; נִקָּה בְּעוֹר
buff'alo" *n.* (בַּפְלוֹ) תְּאוֹ
buf'fer *n.* (בַּפְר) קוֹלֵט זַעֲזוּעִים
— state מְדִינַת חַיִץ
buf'fet *n. & v. t.* (בַּפְט) מַכַּת יָד; זַעֲזוּעַ חָזָק; הִכָּה
buffet' *n.* (בֻּפֵּי) מִזְנוֹן; מְסִבַּת שֵׁרוּת עַצְמִי
buffoon' *n.* (בַּפוּן) לֵץ
bug *n.* (בַּג) חֶרֶק; חִדֶּק; לִקּוּי; נִלְהָב; „שִׁגָּעוֹן"; מִקְרוֹפוֹן נִסְתָּר
bug'gy *n.* (בַּגִי) מֶרְכָּבָה קַלָּה
bug'le *n. & v. i. & t.* (בְּיוּגְל) חֲצוֹצְרָה; חִצֵּר; הִזְעִיק בַּחֲצוֹצְרָה
build *v. t. & i. & n.* (בִּלְד) בָּנָה; הֵקִים; יָצַר; עָסַק בִּבְנִיָּה; הִתְפַּתֵּחַ; מִבְנֶה־גוּף
buil'der *n.* (בִּלְדְר) בּוֹנֶה; בַּנַּאי
buil'ding *n.* (בִּלְדִנְג) בִּנְיָן; מִבְנֶה; בְּנִיָּה
built (בִּלְט) (זמן עבר של build)
built'-in" *adj.* (בִּלְטִן) חֵלֶק בִּלְתִּי נִפְרָד; קָבוּעַ
bulb *n.* (בַּלְב) פְּקַעַת; גֻּלָּה; נוּרָה
bulge *n. & v. i.* (בַּלְג') בְּלִיטָה; עֲלִיָּה פִּתְאוֹמִית; הִתְבַּלֵּט; מָלֵא עַד אֶפֶס מָקוֹם
bulk *n.* (בַּלְק) גֹּדֶל, מֵמַד; רֹב, הַחֵלֶק הָעִקָּרִי; צֹבֶר; אֹכֶל סִיבִי
— *v. i. & t.* הִתְרַחֵב; נִרְאָה גָּדוֹל; הִתְפִּיחַ, הִגְדִּיל
bul'ky *adj.* (בַּלְקִי) גָּדוֹל וּמְגֻשָּׁם
bull *n.* (בֻּל) פַּר; זָכָר (של בעלי חיים גדולים); אוֹפְּטִימִיסְט (בתחום העסקים); מַרְוִיחַ מֵעֲלִיַּת שְׁעָרִים (בבורסה)
— fighter לוֹחֵם שְׁוָרִים
papal — אִגֶּרֶת־אַפִּיפְיוֹר, בּוּלָה
bull'doze" *v. t.* (בֻּלְדוֹז) הִכְרִיחַ (ע"י איומים); יִשֵּׁר וּפִנָּה בְּדַחְפּוֹר
— er *n.* דַּחְפּוֹר
bul'let *n. & v. i.* (בֻּלְט) כַּדּוּר; נָע בִּמְהִירוּת
bul'letin *n.* (בֻּלְטְן) יְדִיעוֹן, בּוּלֶטִין
bull'finch" *n.* (בֻּלְפִינְץ') חֲצוֹצְרָן (ציפור)
bull'ion *n.* (בֻּלְיֵן) מַתֶּכֶת (כסף או זהב); מְטִיל (כסף או זהב)
bul'ly *n. & v. t.* (בֻּלִי) בַּעַל זְרוֹעַ; הִשְׂתָּרֵר עַל; הִפְחִיד; הִשְׁתַּחֵץ
bul'rush" *n.* (בֻּלְרַשׁ) סוּף
bul'wark *n.* (בֻּלְוֶרְק) דָּיֵק, סוֹלְלַת מָגֵן; מָעוֹז
bum *n. & adj. & v.t.* (בַּם) אוֹרֵחַ־פּוֹרֵחַ; נַוָּד; רָע, מֵאֵיכוּת גְּרוּעָה; מַטְעֶה; „שְׁנוֹרֵר"
bump *v. t. & i.* (בַּמְפּ) הִתְנַגֵּשׁ; הִכָּה; הוֹרִיד; הִתְקַדֵּם בִּקְפִיצוֹת
— into פָּגַשׁ
— *n.* מַכָּה; הִתְנַפְּחוּת; בְּלִיטָה
bum'per *n.* (בַּמְפְּר) פָּגוֹשׁ, „טוֹמְבּוֹן";
— *v. t.* שׁוֹפֵעַ
bump'kin *n.* (בַּמְפְּקִן) כַּפְרִי מְגֻשָּׁם
bun *n.* (בַּן) לַחְמָנִיָּה מְתוּקָה; צַמָּה צְנוּפָה (קוקו)
bunch *n. & v. i.* (בַּנְץ') אֶשְׁכּוֹל; קְבוּצָה; הִתְלַקֵּט, לִקֵּט
bun'dle *n. & v. t.* (בַּנְדְל) חֲבִילָה; קָשַׁר יַחַד, צָרַר
— off שִׁלַּח מִנֵּיהּ וּבֵיהּ
bung *n.* (בַּנְג) מְגוּפָה; חוֹר
bung'alow" *n.* (בַּנְגַלוֹ) בּוּנְגָלוֹ
bung'le *v. t. & i.* (בַּנְגְל) פָּעַל בְּצוּרָה כּוֹשֶׁלֶת; בִּצַּע בְּצוּרָה מְגֻשֶּׁמֶת, „פִּסְפֵּס"
bun'ion *n.* (בַּנְיֵן) יַבֶּלֶת, גַּבְשׁוּשִׁית
bunk *n. & v. i.* (בַּנְק) מִטַּת־מַדָּף; מִטָּה; „שְׁטֻיּוֹת"; לָן (בתנאים פשוטים)
bun'ting *n.* (בַּנְטִנְג) יְרִיעוֹת קִשּׁוּט
buoy *n. & v. t.* (בּוֹי) מָצוֹף; מָנַע שְׁקִיעָה (בכים)
buoyancy *n.* (בּוֹיאֲנְסִי) צִיפָה, עִלּוּי, כֹּחַ עִלּוּי, צִיפָנוּת; עַלִּיזוּת
buoy'ant *adj.* (בּוֹיאֲנְט) צִיפָנִי, צָף; מַעֲלֶה עַל פְּנֵי נוֹזֵל; עַלִּיז; מְעוֹדֵד
bur'den *n. & v. t.* (בֶּרְדְן) מַשָּׂא; מִטְעָן; מַעֲמָסָה; הֶעֱמִיס; טָעַן; הִדְאִיג

bur'eau *n.* (בְּיוּרוֹ) מִשְׂרָד, לִשְׁכָּה; שִׁדָּה
burg'lar *n.* (בֶּרְגְּלֶר) פּוֹרֵץ
bur'ial *n.* (בֶּרִיאֶל) קְבוּרָה
bur'lap *n.* (בֶּרְלֶפּ) יוּטָה
burlesque *n.* (בֶּרְלֶסְק) בּוּרְלֶסְקָה; גַּחְכִּית; הַצָּגַת בַּדְרָנִים וְחַשְׂפָּנִיּוֹת
— *v. t.* הִצִּיג בְּצוּרָה מְגֻחֶכֶת
bur'ly *adj.* (בֶּרְלִי) גְּדוֹל-גּוּף; בַּעַל בָּשָׂר
burn *v. i. & t.* (בֶּרְן) דָּלַק, בָּעַר; נִשְׂרַף; הֵאִיר; כָּאַב; הִתְקַצֵּף; לָהַט; נֶחֱרַךְ; הִשְׁתַּזֵּף; שָׂרַף; הִבְעִיר; הֶאְדִּים (העור); הִכְוָה; הִתְאַכְזֵב
burn'ing *adj. & n.* (בֶּרְנִנְג) בּוֹעֵר; מַזְהִיר; שׂוֹרֵף; לוֹהֵט, דָּחוּף; שְׂרֵפָה
bur'nish *v. t. & n.* (בֶּרְנִשׁ) מֵרַק; בָּרַק, זֹהַר
burnt' of'fering (בֶּרְנְט אוֹפֶרִנְג) קָרְבַּן עוֹלָה
burr *n.* (בֶּר) מַקְדֵּד; בִּטּוּי עִנְבָּלִי שֶׁל הָרֵי"ש
bur'row *n. & v. i. & t.* (בֶּרוֹ) מַחֲסֶה; מְאוּרָה; חָפַר (מנהרה); הִתְחַבֵּא בִּמְאוּרָה
bur'sar *n.* (בֶּרְסֶר) גִּזְבָּר
burst *v. i. & t. & n.* (בֶּרְסְט) הִתְפּוֹצֵץ; הִתְנַפֵּץ; פָּרַץ; הִתְמַלֵּא מְאֹד; נִפֵּץ; הִתְפּוֹצְצוּת; הִתְפָּרְצוּת; מַאֲמָץ-יֶתֶר פִּתְאוֹמִי; בִּטּוּי פִּתְאוֹמִי; מַטָּח, פִּרְצָה
bu'ry *v. t.* (בֶּרִי) קָבַר; טָמַן בָּאֲדָמָה; שִׁקַּע
bus *n. & v. t.* (בַּס) אוֹטוֹבּוּס; הֶעֱבִיר בְּאוֹטוֹבּוּס
bush *n.* (בֻּשׁ) שִׂיחַ; זְנַב-שׁוּעָל; ג׳וּנְגֶל
beat about the — נִמְנַע מִלְּדַבֵּר לָעִנְיָן
bus'iness *n.* (בִּזְנֶס) מִשְׁלַח-יָד; מִסְחָר; עֵסֶק; מַחֲזוֹר; מִשְׂרָד, בֵּית מִסְחָר; עִסּוּק; עִנְיָן; מַצָּב; חוֹבָה
bust *n.* (בַּסְט) פְּרוֹטוֹמָה; חָזֶה; שָׁדַיִם
— *v. i.* הִתְפּוֹצֵץ, הִתְנַפֵּץ; הִתְמוֹטֵט
bus'tle *v. i. & n.* (בַּסֶל) פָּעַל בִּמְרֶץ; שֶׁפַע; הִתְעַסְּקוּת, פְּעִילוּת נִמְרֶצֶת; הֲמֻלָּה
bus'y *adj. & v. t.* (בִּזִי) עָסוּק; פָּעִיל; תָּפוּס; תּוֹחֵב אַפּוֹ לְעִנְיְנֵי אֲחֵרִים; מְגֻבַּב-פְּרָטִים; הֶעֱסִיק
bus'ybo"dy *n.* (בִּזִי-בּוֹדִי) בַּחְשָׁן
but *conj. & prep. & adv.* (בַּט) אֲבָל; אוּלָם; מִלְּבַד; אֶלָּא; בְּלִי; שֶׁ-; רַק

butch'er *n. & v. t.* (בֻּצֶ׳ר) קַצָּב; רוֹצֵחַ; מוֹכֵר; שָׁחַט; טָבַח, עָרַךְ טֶבַח; קִלְקֵל
— shop אִטְלִיז
but'ler *n.* (בַּטְלֶר) מְשָׁרֵת רָאשִׁי; מֶלְצַר הַמַּשְׁקִים
butt *n.* (בַּט) קָצֶה; קַת; בְּדָל; שְׁאֵרִית; מַטָּרָה
— *v. t. & i.* נָגַח
— in הִתְעָרֵב; שִׁסֵּעַ
but'ter *n. & v. t.* (בַּטֶר) חֶמְאָה; מִמְרָח; מָרַח חֶמְאָה
— up הֶחֱנִיף ל-
but'tercup" *n.* (בַּטֶרְקַפּ) נוּרִית צְהֻבָּה
but'terfly" *n.* (בַּטֶרְפְלַי) פַּרְפַּר
but'tock *n.* (בַּטֶק) עַכּוּז
but'ton *n. & v. t. & i.* (בַּטְן) כַּפְתּוֹר; כִּפְתֵּר; הִתְכַּפְתֵּר
bux'om *adj.* (בַּקְסֶם) בַּעֲלַת חָזֶה מְפֻתָּח; בְּרִיאָה וְעַלִּיזָה
buy *v. t.* (בַּי) קָנָה; רָכַשׁ; שָׂכַר; שִׁחֵד
— off שִׁחֵד
— n. קְנִיָּה; מְצִיאָה
buy'er *n.* (בַּיְאֶר) קוֹנֶה; קַנְיָן
buzz *v. i. & t. & n.* (בַּז) זִמְזֵם; אוֹתֵת ע"י זִמְזוּם; הִנְמִיךְ לָטוּס; טִלְפֵּן; זִמְזוּם; שְׁמוּעָה; צִלְצוּל (בטלפון)
buz'zer *n.* (בַּזֶר) זַמְזָם
by *prep. & adv.* (בַּי) בְּאֶמְצָעוּת; עַל יְדֵי; בְּהֶתְאֵם ל-; לְפִי; עַל יַד; בְּדֶרֶךְ; לִפְנֵי; בְּמֶשֶׁךְ; בְּ-; לֹא יְאֻחַר מִן; מֵאֵת; כְּתוֹצָאָה מִן; לְאוֹר; בִּשְׁבִיל; עַל; נוֹלָד מִן; קָרוֹב, בְּסָמוּךְ; שֶׁעָבַר
— and — בְּקָרוֹב
by'gone" *adj. & n.* (בַּיגוֹן) שֶׁעָבַר; מְיֻשָּׁן; עָבָר, מַה שֶּׁעָבַר
let — s be — s הִתְפַּיֵּס
by'law" *n.* (בַּילוֹ) חֹק; חֹק עֵזֶר
by'-pass" *n. & v. t.* (בַּיפֶּס) דֶּרֶךְ עוֹקֶפֶת; עָקַף
by'stan"der *n.* (בַּיסְטֶנְדֶר) צוֹפֶה מִקְרִי; מִתְבּוֹנֵן מִן הַצַּד
by'word" *n.* (בַּיוֶרְד) שֵׁם דָּבָר; בִּטּוּי אָפְיָנִי; מָשָׁל; שְׁנִינָה

C

C, c *n.* (סִי) סִי, הָאוֹת הַשְּׁלִישִׁית בָּאָלֶפְבֵּית הָאַנְגְּלִי; ג׳; דוֹ

cab *n.* (קֶב) מוֹנִית; תָּא הַנֶּהָג, קַבִּינָה

cab'bage *n.* (קֶבִּג׳) כְּרוּב

cab'by *n.* (קֶבִּי) נֶהָג (מונית)

cab'in *n.* (קֶבִּן) בַּיִת קָטָן, בִּקְתָּה; תָּא

cab'inet *n.* (קֶבִּנֶט) מֶמְשָׁלָה; קַבִּינֶט; שִׁדָּה, אָרוֹן; תָּא

cab'inetmak"er *n.* (קֶבִּנֶטְמֵיקֶר) רָהִיטָן; חָרַשׁ־עֵץ

ca'ble *n. & v. t. & i.* (קֵיבְּל) כֶּבֶל; מִבְרָק; הִבְרִיק

ca'ble rail'way (קֵיבְּל רֵילוֵי) רַכֶּבֶל

cache *n. & v. t.* (קֶשׁ) סְלִיק; מַחֲבוֹא; הֶחְבִּיא

cack'le *v. i. & t. & n.* (קֶקְל) קִרְקֵר; צָחַק בְּקוֹל גָּבֹהַּ וּמְקֻטָּע; פִּטְפֵּט; קִרְקוּר, צְחוֹק גָּבֹהַּ וּמְקֻטָּע

cac'tus *n.* (קֶקְטֶס) קַקְטוּס, צַבָּר

cadav'ar *n.* (קֶדֶוֶר) גּוּפָה, גְּוִיָּה

cad'ence *n.* (קֵידֶנְס) זְרִימָה רִיתְמִית; סִדְרַת פְּעִימוֹת; שִׁעוּר מְקֻצָּב; מַתְכֹּנֶת; תֶּנַח

cadet' *n.* (קֶדֶט) צוֹעֵר; חָנִיךְ

café' *n.* (קֶפֵי) בֵּית קָפֶה; מִסְבָּאָה; מוֹעֲדוֹן לַיְלָה

caf"eter'ia *n.* (קֶפֶטִירִיָה) קָפֶטֶרְיָה, מִזְנוֹן

cage *n. & v. t.* (קֵיג׳) כְּלוּב; כֶּלֶא; תָּא; שֶׁלֶד; כָּלָא בִּכְלוּב

cajole' *v. t. & i.* (קֶג׳וֹל) פִּתָּה

cake *n.* (קֵיק) עֻגָּה; מַצָּה; לְבִיבָה; קְצִיצָה; חֲתִיכָה

take the — עָלָה עַל כֻּלָּם

— *v. t.* גִּבֵּשׁ; הִתְגַּבֵּשׁ, הִתְקָרֵשׁ

calam'ity *n.* (קֶלֶמִטִי) אָסוֹן; פֻּרְעָנוּת

cal'culate" (קֶלְקְיֻלֵיט) חִשֵּׁב; הֶעֱרִיךְ; תֵּאֵם

cal'endar *n.* (קֶלֶנְדֶר) לוּחַ (שנה); רְשִׁימָה

calf *n.* (קַף) עֵגֶל; וָלָד; עוֹר עֵגֶל; סֹבֶךְ

cal'iber *n.* (קֶלִבֶּר) קֹטֶר; חֲשִׁיבוּת, עֵרֶךְ

cal'isten'ics *n.* (קֶלִסְתֶנִיקְס) הִתְעַמְּלוּת

call *v. t. & i.* (קוֹל) קָרָא; הִזְמִין; מָשַׁךְ; הֵעִיר; טִלְפֵּן; הִכְרִיז; הֶעֱלָה; כִּנֵּס; דָּחָה (משחק); דָּרַשׁ פֵּרָעוֹן; כִּנָּה; צָעַק; עָרַךְ בִּקּוּר קָצָר

— out קָרָא, צָעַק; הִזְעִיק

— upon בִּקֵּשׁ

— forth עוֹרֵר

— together כִּנֵּס

— back הֶחֱזִיר

— n. קְרִיאָה, צְעָקָה; מְחַקֶּה קוֹל בַּעַל חַיִּים; הַזְמָנָה, הַזְעָקָה, אוֹת; בִּקּוּר קָצָר; מִנּוּי מִשָּׁמַיִם; קֶסֶם; צֹרֶךְ; תְּבִיעָה; מִסְפָּקָד; צִלְצוּל (בטלפון)

on — בִּכוֹנְנוּת מַתְמֶדֶת

cal'ling *n.* (קוֹלִנְג) קְרִיאָה; מִשְׁלַח־יָד; נְטִיָּה חֲזָקָה; כִּנּוּס

cal'lous *adj.* (קֶלֶס) נֻקְשֶׁה; אָדִישׁ

cal'low *adj.* (קֶלוֹ) חֲסַר־נִסָּיוֹן; לֹא מְבֻגָּר

cal'lus *n.* (קֶלֶס) יַבֶּלֶת

calm *adj. & n.* (קָם) שָׁקֵט, שָׁלֵו; רָגוּעַ; שֶׁקֶט, שַׁלְוָה

— *v. t. & i.* הִשְׁקִיט, הִרְגִּיעַ; נַעֲשָׂה שָׁקֵט, נִרְגַּע

cal'orie *n.* (קֶלֶרִי) קָלוֹרִיָּה

cal'umny *n.* (קֶלַמְנִי) עֲלִילָה; הַשְׁמָצָה

calve *v. t. & i.* (קָב) הִמְלִיט (עגל); הִתְפַּצֵּל (קרחון)

— s (רבים של calf)

came (קֵים) (זמן עבר של come)

ca'mel *n.* (קֶמְל) גָּמָל

cam'eo *n.* (קֶמִיאוֹ) פִּתּוּחַ אֶבֶן־חֵן

ca'mera *n.* (קֶמְרָה) מַצְלֵמָה

in — בְּיחִידוּת

cam'ouflage" *n. & v. t.* (קֶמֶפְלָז׳) הַסְוָאָה; הִסְוָה

camp *n. & v. i.* (קֶמְפּ) מַחֲנֶה; חֲנִיָּה; קִיְטָנָה; חָנָה; נָטָה אֹהָלִים; הִתְגּוֹרֵר בְּמַחֲנֶה

campaign′ *n.* & *v. i.* (קֶמְפֵּין) מַסָּע; מִבְצָע; מַגְבִּית; יָצָא לְמַסָּע; הִשְׁתַּתֵּף בְּמִבְצָע

cam′per *n.* (קֶמְפֶּר) קַיְטָן; מְכוֹנִית מְגוּרִים

camp′fire″ *n.* (קֶמְפְּפַיְאֶר) מְדוּרָה; כֶּנֶס

can *v.* (קֶן, בלי הטעמה: קֶן) יָכֹל; הָיָה מְסֻגָּל ל־; יוֹדֵעַ ל־

can *n.* & *v. t.* (קֶן) קֻפְסָה (מפח); פַּחִית; פַּח; דְּלִי; בֵּית כִּסֵּא; בֵּית סֹהַר; "יַשְׁבָן"; שִׁמֵּר; פִּטֵּר; הִפְסִיק

canal′ *n.* (קֶנֶל) תְּעָלָה; צִנּוֹר

cana′ry *n.* (קֶנֵרִי) כַּנָּרִית; צָהֹב בָּהִיר

can′cel *v. t.* & *i.* (קֶנְסֶל) בִּטֵּל; הֶחְתִּים (בול); קִזֵּז; נִטְרֵל

can′cer *n.* (קֶנְסֶר) סַרְטָן (מחלה)

can′delabrum *n.* (קֶנְדַלֶבְּרֶם) נִבְרֶשֶׁת; מְנוֹרָה

can′did *adj.* (קֶנְדִד) גְּלוּי־לֵב; לְלֹא הִסְתַּיְּגוּת; יָשָׁר; לְלֹא הִתְקַשְּׁטוּת

can′didacy *n.* (קֶנְדִדַסִי) מֻעֲמָדוּת

can′didate″ *n.* (קֶנְדִדֵיט) מֻעֲמָד

can′dle *n.* & *v. t.* (קֶנְדְל) נֵר; בָּדַק בָּאוֹר (טריות ביצים)

can′dlestick″ *n.* (קֶנְדְלְסְטִק) פָּמוֹט

can′dor *n.* (קֶנְדֶר) גְּלוּי־לֵב; חֹסֶר מַשּׂוֹא פָּנִים

can′dy *n.* & *v. t.* (קֶנְדִי) סֻכָּרִיָּה; מַמְתָּק; בִּשֵּׁל בְּסֻכָּר

cane *n.* & *v. t.* (קֵין) מַקֵּל; קָנֶה; הִלְקָה בְּמַקֵּל

ca′nine *adj.* & *n.* (קֵינַין) כַּלְבִּי; בַּעַל חַיִּים כַּלְבִּי, כֶּלֶב

can′ister *n.* (קֶנִסְטֶר) קֻפְסָה

can′nery *n.* (קֶנֶרִי) בֵּית חֲרֹשֶׁת לְשִׁמּוּרִים

can′nibal *n.* (קֶנִבְּל) קַנִּיבָּל; אוֹכֵל אָדָם; אוֹכֵל בֶּן־מִינוֹ

can′non *n.* (קֶנֶן) תּוֹתָח

can″nonade′ *n.* & *v. t.* & *i.* (קֶנֶנֵיד) מַטַּח תּוֹתָחִים; הִתְקִיף בְּתוֹתָחִים

can′ny *adj.* (קֶנִי) זָהִיר; פִּקֵּחַ, חָכָם

canoe′ *n.* (קֶנוּ) קָנוּ, סִירָה קַלָּה

can′on *n.* (קֶנֶן) קָנוֹן; קְנֵה־מִדָּה; חֹק כְּנֵסִיָּתִי; כֹּמֶר

can′onize *v. t.* (קֶנֶנַיז) הִכְרִיז כְּקָדוֹשׁ; פֵּאֵר; הִכְלִיל בְּקָנוֹן; אִשֵּׁר

can′opy *n.* (קֶנֶפִּי) חֻפָּה; אַפִּרְיוֹן; הַשָּׁמַיִם

cant *n.* (קֶנְט) דִּבְרֵי הִתְחַסְּדוּת; ז'רְגוֹן

cantan′kerous *adj.* (קֶנְטֶנְקֶרֶס) רַגְזָנִי

canteen′ *n.* (קֶנְטִין) מֵימִיָּה; קַנְטִינָה

can′ter *n.* & *v. i.* (קֶנְטֶר) דְּהִירָה קַלָּה; דָּהַר קַלּוֹת

can′tor *n.* (קֶנְטֶר) חַזָּן

can′vas *n.* (קֶנְוַס) קַנְבּוֹס; בְּרֶזֶנְט, אַבַּרְזִין; צִיּוּר שֶׁמֶן; אֹהֶל, אֹהָלִים

can′vass *v. t. i.* (קֶנְוַס) חִזֵּר אַחֲרֵי (קולות, דעות, לקוחות); דָּן, הִתְוַכֵּחַ עַל

cap *n.* & *v. t.* (קֶפּ) כַּסְקֶט; כֻּמְתָּה; כּוֹבַע (בַּעַל מִצְחִיָּה); כִּפָּה, כִּפַּת תַּחֲרִים; פִּיקָה; קַפְּצוֹן; מִכְסֶה; כִּסָּה בְּכִפָּה; שִׁמֵּשׁ כְּכִסּוּי

ca′pabil″ity *n.* (קֵיפֶּבִּלִטִי) יְכֹלֶת; כִּשָּׁרוֹן — ies סְגֻלּוֹת

ca′pable *adj.* (קֵיפֶּבְּל) מֻכְשָׁר; מְסֻגָּל ל־; נָתוּן ל־

capa′cious *adj.* (קֶפֵּישֶׁס) מְרֻוָּח; נִרְחָב; רְחַב־יָדַיִם

capac′ity *n.* (קֶפֶּסִטִי) כֹּחַ קְלִיטָה; תְּפִיסָה; נֶפַח; יְכֹלֶת; כִּשָּׁרוֹן; תַּפְקִיד

cape *n.* (קֵיפּ) שִׁכְמִיָּה; כֵּף

ca′per *v. i.* & *n.* (קֵיפֶּר) נִתֵּר, כִּרְכֵּר; נִתּוּר עַלִּיז; כִּרְכּוּר; תַּעֲלוּל

cap′il″lary *n.* & *adj.* (קֶפִּלֶרִי) נִימָה; נִימִי, קַפִּילָרִי

cap′ital *n.* & *adj.* (קֶפִּטְל) עִיר בִּירָה, בִּירָה; אוֹת רָאשִׁית; רְכוּשׁ, הוֹן, קַפִּיטָל; קַפִּיטָלִיסְטִים, רְכוּשָׁנִים; כּוֹתֶרֶת (של עמוד); שֶׁל הוֹן; עִקָּרִי, רָאשִׁי; מְצֻיָּן; שֶׁל מָוֶת

cap′tal goods′ (קֶפִּטְל גוּדז) נִכְסֵי יִצּוּר

cap′italis″m *n.* (קֶפִּטֶלִזְם) קַפִּיטָלִיזְם, רְכוּשָׁנוּת

cap′italist *n.* (קֶפִּטֶלִסְט) קַפִּיטָלִיסְט; רְכוּשָׁן, בַּעַל־הוֹן

cap′italize″ *v. t.* (קֶפִּטֶלַיז) כָּתַב בְּאוֹתִיּוֹת רָאשִׁיּוֹת; אִשֵּׁר נְיָרוֹת עֵרֶךְ; סִפֵּק הוֹן; הֶעֱרִיךְ עֵרֶךְ; נִצֵּל

cap′ital pun′ishment (קֶפִּטְל פַּנִשְׁמֶנְט) עֹנֶשׁ מָוֶת

capit'ulate *v. i.* (קַפִּיצְ׳לֵיט) נִכְנַע
caprice' *n.* (קַפְּרִיס) קַפְּרִיזָה; הֲפַכְפְּכָנוּת
caprici'ous *adj.* (קַפְּרִשֶׁס) קַפְּרִיזִי; הֲפַכְפַּךְ
cap'size *v. i. & t.* (קֶפְּסַיז) הִתְהַפֵּךְ
cap'sule *n.* (קֶפְּסֶל) כְּמוּסָה; הֶלְקֵט; נַרְתִּיק; תָּא־לַחַץ
cap'tain *n.* (קֶפְּטֶן) מַנְהִיג, רֹאשׁ; סֶרֶן; טַיָּס; רַב־חוֹבֵל
cap'tion *n.* (קֶפְּשֶׁן) כּוֹתֶרֶת; בֵּאוּר
cap'tivate" *v. t.* (קֶפְּטִוֵיט) הִקְסִים, שָׁבָה לֵב
cap'tive *n. & adj.* (קֶפְּטִב) שָׁבוּי; כָּלוּא
captiv'ity *n.* (קֶפְּטִוִטִי) שְׁבִי
cap'tor *n.* (קֶפְּטֶר) שׁוֹבֶה, שַׁבַּאי
cap'ture *n. & v. t.* (קֶפְּצֶ׳ר) שְׁבִיָּה; לְכִידָה, תְּפִיסָה; שָׁבָה, לָכַד, תָּפַס
car *n.* (קָר) מְכוֹנִית, רֶכֶב; קָרוֹן; חַשְׁמַלִּית; תָּא
car'avan" *n.* (קֶרֶוֶן) אוֹרְחָה, שַׁיָּרָה
car"bohy'drate (קַרְבּוֹהַידְרֵיט) פַּחְמֵימָה
car'bon *n.* (קַרְבֶּן) פַּחְמָן
— dioxide פַּחְמָן דּוּ־חַמְצָנִי,
car'buncle *n.* (קַרְבַּנְקֶל) גַּחֶלֶת; גַּרְנָט; דּוּ־תַּחְמֹצֶת הַפַּחְמָן
car'bure"tor *n.* (קַרְבְּרֵיטֶר) קַרְבּוּרָטוֹר, מְאַיֵּד
car'cass *n.* (קַרְקֶס) נְבֵלָה; שֶׁלֶד
card *n.* (קָרְד) כַּרְטִיס; קְלָף (של משחק)
in the — s צָפוּי
play one's — s בִּצֵּעַ תָּכְנִיּוֹתָיו
card'board" *n.* (קַרְדְּבּוֹרְד) קַרְטוֹן
car'dinal *n. & adj.* (קַרְדִּנֶל) קַרְדִּינָל, חַשְׁמָן; עִקָּרִי; אָדֹם עָמֹק
card'sharp" *n.* (קַרְדְשַׁרְפּ) קְלָפָן נוֹכֵל
care *n.* (קֵר) דְּאָגָה; תְּשׂוּמֶת־לֵב, זְהִירוּת; טִפּוּל, שְׁמִירָה
take —! הִזָּהֵר!
take — of שָׁמַר עַל; טִפֵּל בְּ־
— *v. i.* דָּאַג; שָׁמַר עַל; חִבֵּב, נָטָה לְ־
— about אִכְפַּת
not — about לֹא אִכְפַּת
careen' *v. t. & i.* (קַרִין) הִטָּה אֳנִיָּה עַל צִדָּהּ; נִקָּה (אניה); נָטָה לְצַד אֶחָד
career' *n.* (קַרִיר) קַרְיֵרָה

care'ful *adj.* (קֵרְפֶל) זָהִיר; מְדַיֵּק; מְדֻיָּק; מִתְחַשֵּׁב
care'less *adj.* (קֵרְלֶס) לֹא זָהִיר, רַשְׁלָנִי; מְרֻשָּׁל; לְלֹא הִתְחַשְּׁבוּת
caress' *n. & v. t.* (קֶרֶס) לִטֵּף; אוֹת חִבָּה, לְטִיפָה
car'go *n.* (קַרְגוֹ) מִטְעָן
car'icature *n. & v. t.* (קֶרֶקְצֶ׳ר) קָרִיקָטוּרָה; חִקּוּי מְגֻחָךְ; צִיֵּר בְּקָרִיקָטוּרָה
car'nage *n.* (קַרְנִג׳) טֶבַח
car'nal *adj.* (קַרְנֶל) לֹא־רוּחָנִי; מֵהָעוֹלָם הַזֶּה; בְּשָׂרִי, חוּשָׁנִי
carna'tion *n.* (קַרְנֵישֶׁן) צִפֹּרֶן; וָרֹד
car'nival *n.* (קַרְנֶוֶל) תָּכְנִית בִּדּוּר נוֹדֶדֶת; שִׂמְחָה; קַרְנָבָל
carniv'orous *adj.* (קַרְנִוֶרֶס) אוֹכֵל בָּשָׂר
car'ol *n. & v. i. & t.* (קֶרֶל) מִזְמוֹר גִּיל; מִזְמוֹר חַג הַמּוֹלָד; זִמֵּר בְּגִיל, רִנֵּן
carouse' *v. i.* (קַרָאוּז) הִשְׁתַּתֵּף בְּחִנְגָּת שִׁכּוֹרִים; שָׁתָה לְשָׁכְרָה
carp *v. i.* (קַרְפּ) חִפֵּשׂ מוּמִים; הִתְלוֹנֵן, הֵלִין
— *n.* קַרְפִּיוֹן
car'penter *n.* (קַרְפֶּנְטֶר) נַגָּר
car'pet *n.* (קַרְפִּט) מַרְבָד, שָׁטִיחַ
on the — מְקַבֵּל נְזִיפָה
— *v. t.* כִּסָּה בְּשָׁטִיחַ
car'riage *n.* (קֶרִג׳) כִּרְכָּרָה; קָרוֹן; יְצִיבָה; גְּרָר
car'rier *n.* (קֶרִיאֶר) סַבָּל; נוֹשֵׂא, מוֹבִיל; מְחַלֵּק, דַּוָּר; נוֹשֵׂאת־מְטוֹסִים; גַּגּוֹן (למכונית); מַעֲבִיר (מחלה)
car'rion *n. & adj.* (קֶרִיאֶן) נְבֵלָה; אוֹכֵל נְבֵלוֹת
car'rot *n.* (קֶרֶט) גֶּזֶר
car'rousel" *n.* (קֶרֶסֶל) קָרוּסֶלָה, סְחַרְחֵרָה
car'ry *v. t. & i.* (קֶרִי) נָשָׂא; הוֹבִיל; הֶעֱבִיר; הֶחֱזִיק; הֵכִיל; הָרְתָה; הִתְנַהֵג; יָזַם; הֶעֱבִיר הַצָּעַת חֹק; זָכָה לְרֹב; הִשְׁפִּיעַ עַל; נָשָׂא הָעִקָּר; הָיָה מְלֻוֶּה; הִגִּיעַ
— away הִשְׁפִּיעַ הַשְׁפָּעָה רַבָּה
— out בִּצֵּעַ, הִשְׁלִים
— through בִּצֵּעַ, הִשְׁלִים; תָּמַךְ בְּ־; הִתְמִיד

— too far הַגְּזִים
cart *n. & v. t.* (קַרְט) דּוּ־אוֹפָן; עֲגָלָה;
הוֹבִיל בַּעֲגָלָה
car'tilage *n.* (קַרְטִלְגּ׳) סְחוּס
car'ton *n.* (קַרְטְן) תֵּבַת קַרְטוֹן; קֻפְסָה
cartoon' *n. & v. t.* (קַרְטוּן) קָרִיקָטוּרָה; רִשּׁוּם
הִתּוּלִי; סֶרֶט מְצֻיָּר; צִיֵּר בְּצוּרַת קָרִיקָטוּרָה
cart'ridge *n.* (קַרְטְרִגּ׳) תַּרְמִיל, כַּדּוּר; מִלּוּי
carve *v. t. & i.* (קַרְב) גִּלֵּף, חָטַב, חָצַב;
פִּסֵּל; בָּתַר, חָתַךְ
car'ving *n.* (קַרְוִנְג) גִּלּוּף, חִטּוּב
cascade' *n. & v. i.* (קֶסְקֵיד) אֶשֶׁד, מַפַּל
מַיִם; קַסְקָדָה; נָפַל כְּמַפַּל מַיִם
case *n.* (קֵיס) מִקְרֶה; מַצָּב; קְבִיעַת
עֻבְדוֹת; הַנְמָקָה; חוֹלֶה; תְּבִיעָה מִשְׁפָּטִית;
יַחֲסָה; תֵּבָה, תִּיק; נַרְתִּיק
— *v. t.* שָׂם בַּתֵּבָה; בָּדַק מַטָּרָה לְפֶשַׁע
case'ment *n.* (קֵיסְמֶנְט) חַלּוֹן (הנפתח לצדדים)
cash *n. & v. t.* (קֶשׁ) מְזֻמָּנִים; כֶּסֶף בְּעַיִן;
נָתַן מְזֻמָּנִים; קִבֵּל מְזֻמָּנִים; הֶחֱלִיף בִּמְזֻמָּנִים
— in on הִרְוִיחַ מ־
cashier' *n. & v. t.* (קֶשִׁיר) קֻפַּאי; גִּזְבָּר;
שִׁלַּח, פִּטֵּר, הֵדִיחַ בְּבֹשֶׁת פָּנִים
cask *n.* (קֶסְק) חָבִית גְּדוֹלָה
cas'ket *n.* (קֶסְקִט) אֲרוֹן מֵתִים; תֵּבָה
קְטַנָּה
cas'serole" *n.* (קֶסֲרוֹל) אִלְפָּס
cas'sock *n.* (קֶסֶק) אִצְטְלָה
cast *v. t.* (קֶסְט) זָרַק, הִשְׁלִיךְ, הֵטִיל;
הִטָּה; דָּן (הפועל); הֶעֱנִיק; עָרַךְ; קָבַע תַּפְקִיד
(לשחקן); יָצַק
— *n.* זְרִיקָה; הַמִּשְׁתַּתְּפִים בְּהַצָּגָה;
יְצִיקָה; גֶּבֶס; הוֹפָעָה; פְּנִיָּה, עֲקָמָּה
cas"tanet' *n.* (קֶסְטְנֶט) עַרְמוֹנִית
cast'away" *n. & adj.* (קֶסְטְוֵי) נִצָּל
(מאניה שטבעה); מְנֻדֶּה
caste *n.* (קֶסְט) קַסְטָה; כַּת
half - בֶּן־גְּזָעִים מְעֹרָבִים
cas'ter *n.* (קֶסְטְר) גַּלְגַּל; זוֹרֵק; יוֹצֵק פַּךְ
תַּבְלִינִים; מְכַל תַּבְלִינִים
cas'tigate" *v. t.* (קֶסְטִגֵיט) יִסֵּר; בִּקֵּר קָשׁוֹת
cas'ting *n.* (קֶסְטִנְג) יְצִיקָה
cast' i'ron (קֶסְט אַיֶרְן) בַּרְזֶל יְצִיקָה

cas'tle *n.* (קֶסְל) טִירָה; מִבְצָר; אַרְמוֹן;
צְרִיחַ (בשחמט)
cas'tor oil' (קֶסְטְר אוֹיל) שֶׁמֶן קִיק
cas'trate *v. t.* (קֶסְטְרֵיט) סֵרֵס, עִקֵּר
cas'ual *adj.* (קֶז׳וּאֶל) מִקְרִי; כִּלְאַחַר יָד;
אָדִישׁ; פָּשׁוּט וְנוֹחַ (לבוש)
cas'ualty *n.* (קֶז׳וְאֶלְטִי) נִפְגָּע; תְּאוּנָה
קַטְלָנִית
cas'uistry *n.* (קֶז׳וּאִסְטְרִי) קָזוּאִיסְטִיקָה;
פִּלְפְּלָנוּת
cat *n.* (קֶט) חָתוּל; טוֹרֵף מִמִּשְׁפַּחַת
הַחֲתוּלִיִּים; רַכְלָנִית; בַּרְנָשׁ
let the — out of to bag גִּלָּה סוֹד
cat'aclysm" *n.* (קֶטֲקְלִזְם) תְּמוּרָה אֲלִימָה,
מַהְפֵּכָה; מַבּוּל, שִׁטָּפוֹן
cat'alog(ue) (קֶטֲלוֹג) קָטָלוֹג; רְשִׁימָה
cat'apult *n. & v. t.* (קֶטֲפֻּלְט) בַּלִּיסְטְרָה;
מָעוֹט; הֵזְנִיק, הֵעִיט
cat'aract *n.* (קֶטֲרֶקְט) מַפַּל מַיִם; תְּבַלּוּל
catas'trophe *n.* (קֶטֶסְטְרֶפִי) קָטַסְטְרוֹפָה,
שׁוֹאָה; אָסוֹן
catch *v. t.* (קֶץ׳) תָּפַס; לָכַד; רִמָּה;
עָלָה עַל (כלי רכב); הָיָה נוֹכֵחַ ב־; פָּגַע; עָצַר;
אָחַז; הִשִּׂיג; נִתְפַּס
— fire נִדְלַק, הִתְלַקֵּחַ
— up חָטַף; הִשִּׂיג; הִסְתַּבֵּךְ
-- n. תְּפִיסָה; עוֹצֵר; הַסּוּס;
שְׁלַל דָּגִים; בֶּן־זוּג רָצוּי;
מֶחְדָּל נִסְתָּר; קֶטַע
catch'ing *adj.* (קֶצ׳נְג) מִדַּבֵּק
catch'word" *n.* (קֶצ׳וֶרְד) סִיסְמָה
cat'echism" *n.* (קֶטֲקִזְם) מַדְרִיךְ עִקָּרִים
(בצורת שאלות ותשובות); מִבְחַן שְׁאֵלוֹת וּתְשׁוּבוֹת
cat"egor'ical *adj.* (קֶטֲגוֹרִקְל) קָטֵגוֹרִי;
מֻחְלָט
cat'egor"y *n.* (קֶטֲגוֹרִי) סוּג קָטֵגוֹרְיָה
ca'ter *v. i. & t.* (קֵיטְר) סִפֵּק שֵׁרוּת
לִמְסִבּוֹת; סִפֵּק בִּקּוּשׁ
ca'terer *n.* (קֵיטֲרֶר) מְאַרְגֵּן מְסִבּוֹת
cat'erpil"lar *n. & adj.* (קֶטֶרְפִּלְר) זַחַל; זַחֲלִי
cathe'dral *n.* (קֶתִ׳ידְרֶל) קָתֶדְרָלָה
cath'olic *adj.* (קֶתֲ׳לִק) מַקִּיף, נִרְחָב;
עוֹלָמִי, אוּנִיבֶרְסָלִי; שֶׁל כְּלַל הַכְּנֵסִיָּה

הַנּוֹצְרִית

Catholic *adj. & n.* קָתוֹלִי

Cathol'icism" *n.* (קַת׳וֹלִסִזְם) קָתוֹלִיּוּת

cat'tle *n.* (קֶטְל) בָּקָר

caught (קוֹט) (זמן עבר של catch)

caul'dron *n.* (קוֹלְדְרֶן) קַלַּחַת; יוֹרָה

cau'liflow"er *n.* (קוֹלִיפְלַאוּאֶר) כְּרוּבִית

cause *n. & v. t.* (קוֹז) סִבָּה; תַּכְלִית, אִידֵאָל, עִנְיָן; גָּרַם, הֵסֵב

make common — with הִתְאַחֵד לְמַאֲמָץ מְשֻׁתָּף

caus'eway" *n.* (קוֹזְוֵי) כְּבִישׁ מֻגְבָּה; כְּבִישׁ

caus'tic *adj.* (קוֹסְטִק) עוֹקְצָנִי; מְלַגְלֵג; מְאַכֵּל, מְשַׁתֵּק

cau'terize *v. t.* (קוֹטֶרַיז) כִּוָּה

cau'tion *n. & v. t. & i.* (קוֹשְׁן) זְהִירוּת; תִּמְהוֹנִי; הִזְהִיר

cau'tious *adj.* (קוֹשֶׁס) זָהִיר

cav'alcade" *n.* (קֶוַלְקֵיד) תַּהֲלוּכָה (פרשים; מרכבות); קַבַּלְקָדָה; הוֹפָעַת־פְּאֵר

cav'alier" *n. & adj.* (קֶוַלִיר) פָּרָשׁ, אַבִּיר; מְלַוֶּה (אשה); יָהִיר; אָדִישׁ

cav'alry *n.* (קֶוַלְרִי) חֵיל פָּרָשִׁים; פָּרָשִׁים; יְחִידוֹת שִׁרְיוֹן

cave *n.* (קֵיב) מְעָרָה; מַרְתֵּף (יין)

— in הִתְמוֹטֵט

cav'ern *n.* (קֶוֶרְן) מְעָרָה גְדוֹלָה

cav'ity *n.* (קֶוִטִי) חוֹר; חָלָל, מַכְתֵּשׁ

cease *v. t. & i.* (סִיס) חָדַל, פָּסַק, הִסְתַּיֵּם; הִפְסִיק

— fire הַפְסָקַת־אֵשׁ

ce'dar *n.* (סִידְר) אֶרֶז

cede *v. t.* (סִיד) וִתֵּר עַל

cei'ling *n.* (סִילִנְג) תִּקְרָה

cel'ebrate" *v. t. & i.* (סֶלֶבְּרֵיט) חָגַג; הִכְרִיז; הִלֵּל בָּרַבִּים; עָרַךְ (טקס דתי)

cel'ebra"ted *adj.* (סֶלֶבְּרֵיטְד) מְפֻרְסָם, נוֹדָע

cel"ebra'tion *n.* (סֶלֶבְּרֵישְׁן) מְסִבָּה; חֲגִיגָה; פֶסְטִיבַל

celeb'rity *n.* (סֶלֶבְּרִטִי) אָדָם מְפֻרְסָם; פִּרְסוּם

cel'ery *n.* (סֶלֶרִי) כַּרְפַּס, סֶלֶרִי

cele s'tial *adj.* (סֶלֶסְצֶ׳ל) שְׁמֵימִי; נֶאֱצָל

cel'ibacy *n.* (סֶלִבֶּסִי) רַוָּקוּת; פְּרִישׁוּת מֵחַיֵּי מִין

cel'ibate *n. & adj.* (סֶלֶבֶּט) רַוָּק; פָּרוּשׁ (מחיי מין)

cell *n.* (סֶל) תָּא

cel'lar *n.* (סֶלְר) מַרְתֵּף

cel'lular *adj.* (סֶלְיֻלַר) תָּאִי

Celtic *n. & adj.* (סֶלְטִק) קֶלְטִי

cement' *n. & v. t.* (סִמֶנְט) מֶלֶט; דֶּבֶק; מָלַט; הִדְבִּיק

cem'eter"y *n.* (סֶמְטֶרִי) בֵּית קְבָרוֹת

cen'sor *n. & v. t.* (סֶנְסֶר) צֶנְזוֹר; בָּדַק; צִנְזֵר, מָחַק

— ship צֶנְזוּרָה

cen'sure *n. & v. t.* (סֶנְשֶׁר) גִּנּוּי; גְּעָרָה; הַאֲשָׁמָה; בִּקֵּר קָשׁוֹת, גָּעַר, גִּנָּה, הֶאֱשִׁים

cen'sus *n.* (סֶנְסֶס) מִפְקָד

cen'tenar"y *adj. & n.* (סֶנְטֶנֶרִי) שֶׁל מֵאָה שָׁנָה; אַחַת לְמֵאָה שָׁנָה; חֲגִיגַת שְׁנַת הַמֵּאָה; מֵאָה שָׁנָה

centen'nial *adj. & n.* (סֶנְטֶנִיאֶל) שֶׁל חֲגִיגַת מֵאָה שָׁנָה; נִמְשָׁךְ מֵאָה שָׁנָה, בֶּן מֵאָה; חֲגִיגַת שְׁנַת הַמֵּאָה

cen'ter *n. & v. t.* (סֶנְטֶר) מֶרְכָּז; מוֹקֵד; אֶמְצַע; תָּוֶךְ; קָבַע בַּמֶּרְכָּז, מִקֵּד

cen'tigrade *adj.* (סֶנְטְגְרֵיד) שֶׁל צֶלְסִיוּס; מְחֻלָּק לְמֵאָה דְרָגוֹת

cen'tipede" *n.* (סֶנְטִפִּיד) מַרְבֵּה רַגְלַיִם

cen'tral *adj. & n.* (סֶנְטְרַל) מֶרְכָּזִי, עִקָּרִי; מֶרְכֶּזֶת

cen'tralize" *v. t. & i.* (סֶנְטְרַלַיז) מִרְכֵּז; הִתְמַרְכֵּז

centri'fugal *adj.* (סֶנְטְרִפְגֶל) צֶנְטְרִיפוּגָלִי

cen'tury *n.* (סֶנְצֶ׳רִי) מֵאָה שָׁנָה; מֵאָה

ceram'ics *n.* (סֶרֶמִקְס) קֶרָמִיקָה

cer'eal *n.* (סִירִיאֶל) דָּגָן; גַּרְגְּרֵי דָגָן; מַאֲכַל דָּגָן

cer'ebral *adj.* (סֶרֶבְּרֶל) מֹחִי

cer"emon'ial *adj. & n.* (סֶרֶמוֹנִיאֶל) טִקְסִי; חֲגִיגִי; מַעֲרֶכֶת טְקָסִים; נֹהַג

cer'emo"ny *n.* (סֶרֶמוֹנִי) טֶקֶס; נֹהַג; חֲסַר־מַשְׁמָעוּת; מְחָוָה; הַקְפָּדָה עַל נֹהַג מְקֻבָּל

stand on — דִּקְדֵּק בְּנֹהַג מֻסְכָּם
cer'tain *adj.* (סֶרְטְן) בָּטוּחַ, וַדַּאי; בִּלְתִּי נִמְנָע; מְסֻיָּם; מְעַט
cer'tainly *adv.* (סֶרְטֶנְלִי) בְּוַדַּאי; מוּבָן מֵאֵלָיו; בְּלִי סָפֵק
cer'tainty *n.* (סֶרְטֶנְטִי) וַדָּאוּת
certif'icate *n.* (סֶרְטִפִקֶט) תְּעוּדָה, אִשּׁוּר; שְׁטָר (כסף)
cer'tify *v. t. & i.* (סֶרְטִפַי) אִשֵּׁר, הֵעִיד; נָתַן תֹּקֶף; עָרַב
cer'titude" *n.* (סֶרְטִטוּד) וַדָּאוּת, בִּטְחָה
cessa'tion *n.* (סֶסֵישְׁן) הַפְסָקָה
ces'sion *n.* (סֶשְׁן) וִתּוּר עַל, הַסְגָּרָה; שֶׁטַח שֶׁהֻסְגַּר
cess'pool" *n.* (סֶסְפּוּל) בּוֹר שְׁפָכִים
chafe *v. t. & i.* (צֵ'יף) חִמֵּם עַל-יְדֵי שִׁפְשׁוּף; שִׁפְשֵׁף; הִקְנִיט; כָּאַב (משפשוף); הִתְבַּלָּה (משפשוף)
chaff *v. t. & i. & n.* (צֶ'ף) לָעַג בְּרוּחַ טוֹבָה; מֹץ; חָצִיר; פְּסֹלֶת
chagrin' *n. & v. t.* (שֲׁגְרִן) מַפַּח נֶפֶשׁ; הִרְגִּיז עַל יְדֵי אַכְזָבָה
chain *n. & v. t.* (צֵ'ין) שַׁלְשֶׁלֶת, שַׁרְשֶׁרֶת; סִדְרָה; כֶּבֶל; קָשַׁר בְּשַׁלְשֶׁלֶת
chair *n.* (צֶ'ר) כִּסֵּא; קָתֶדְרָה; יוֹשֵׁב רֹאשׁ
chair'man *n.* (צֶ'רְמֶן) יוֹשֵׁב רֹאשׁ
chalk *n. & v. t.* (צ'וֹק) גִּיר; נְקֻדַּת זְכוּת; כִּסָּה בְּגִיר
— up יִחֵס ל־; צָבַר (נקודות)
chal'lenge *v. t. & i. & n.* (צֶ'לְנְג') הִתְרִיס כְּנֶגֶד, קָרָא תִּגָּר; הִזְמִין (לתחרות); דָּרַשׁ הֵטִיל סָפֵק בּ־; דָּרַשׁ שֶׁיִּזְדַּהֶה; עוֹרֵר; קָבַע חֹסֶר-תְּקֵפוּת; אֶתְגָּר; דְּרִישַׁת הֶסְבֵּר; דְּרִישָׁה שֶׁיִּזְדַּהֶה; הִתְנַגְּדוּת כְּשֵׁרוֹ שֶׁל מֻשְׁבָּע
cham'ber *n.* (צֵ'ימְבֶּר) חֶדֶר; חֲדַר שֵׁנָה; אוּלַם יְשִׁיבוֹת; בַּיִת (כבית נבחרים); תָּא; לִשְׁכָּה (של שופט)
— of commerce לִשְׁכַּת מִסְחָר
cham'bermaid" *n.* (צֵ'ימְבֶּרְמֵיד) חַדְרָנִית
cham'ber mu"sic (צֵ'ימְבֶּר מְיוּזִק) מוּסִיקָה קָמֶרִית
chame'leon *n.* (קַמִילְיַאן) זִקִּית; הֲפַכְפַּךְ
cham'ois *n.* (שֶׁמִי) עוֹר רַךְ

champagne' *n.* (שֶׁמְפֵּין) שַׁמְפַּנְיָה
cham'pion *n. & adj. & v. t.* (צֶ'מְפִּיאַן) אַלּוּף; מְנַצֵּחַ; לוֹחֵם לְמַעַן־; הֵגֵן, לָחַם לְמַעַן־
cham'pionship" *n.* (צֶ'מְפִּיאַנְשִׁפּ) אַלִּיפוּת; הֲגַנָּה עַל
chance *n. & adj.* (צֶ'נְס) מִקְרֶה; מַזָּל; אֶפְשָׁרוּת; הִזְדַּמְּנוּת; סִכּוּן; מִקְרִי
by — בְּמִקְרֶה
— s קָרוֹב לְוַדַּאי
take — s הִסְתַּכֵּן
— *v. t. & i.* קָרָה; הִסְתַּכֵּן
— upon פָּגַשׁ בְּמִקְרֶה
chanc'ellor *n.* (צֶ'נְסֶלֶר) אֲמַרְכָּל רָאשִׁי; קַנְצְלֶר; מַזְכִּיר
chan"delier' *n.* (שֶׁנְדְלִיר) נִבְרֶשֶׁת
change *v. t. & i.* (צֵ'ינְג') שִׁנָּה; הֶחֱלִיף; הֵמִיר; פָּרַט; הֶחֱלִיף חִתּוּל; הֶחֱלִיף מַצָּעוֹת; הִשְׁתַּנָּה; הִתְחַלֵּף; הֶחֱלִיף כְּלֵי תַּחְבּוּרָה; הֶחֱלִיף בְּגָדִים; נַעֲשָׂה עָמֹק יוֹתֵר (קול)
— *n.* שִׁנּוּי; הַחְלָפָה; הִשְׁתַּנּוּת; תַּחֲלִיף; לְבוּשׁ חָדָשׁ; עֹדֶף; כֶּסֶף קָטָן; מְצַלְצְלִים
chan'geable *adj.* (צֵ'ינְגֶ'בְּל) עָשׂוּי לְהִשְׁתַּנּוֹת; הֲפַכְפַּךְ
change'less *adj.* (צֵ'ינְג'לֵס) קָבוּעַ; לֹא מִשְׁתַּנֶּה
chan'nel *n. & v. t.* (צֶ'נְל) תְּעָלָה; אָפִיק; מֵצַר; גִּישָׁה; דֶּרֶךְ; עָרוּץ; כִּוֵּן, הִפְנָה; כָּרָה
chant *v. t. & n.* (צֶ'נְט) זִמֵּר, שָׁר, סִלְסֵל קוֹל; זֶמֶר, שִׁיר; זֶמֶר חַדְגּוֹנִי
cha'os *n.* (קֵיאוֹס) תֹּהוּ וָבֹהוּ; כָּאוֹס
cha'otic *adj.* (קֵיאוֹטִק) שֶׁל תֹּהוּ וָבֹהוּ; כָּאוֹטִי; מְבֻלְבָּל
chap *n. & v. t. & i.* (צֶ'פּ) בָּחוּר; בְּקִיעַ; סָדַק; נִבְקַע
cha'pel *n.* (צֶ'פְּל) בֵּית תְּפִלָּה מִשְׁנִי; אוּלַם תְּפִלָּה; קַפֶּלָה, מַקְהֵלָה
chap'eron" *n. & v. t.* (שֶׁפְּרוֹן) פַּקַּחַת, בַּת-לְוָיָה; לִוָּה, פִּקֵּחַ עַל
chap'lain *n.* (צֶ'פְּלֶן) אִישׁ דָּת (למעמד מיוחד, כגון צבא, אוניברסיטה, חצר מלכות); מְבָרֵךְ
chap'ter *n.* (צֶ'פְּטֶר) פֶּרֶק; סְנִיף
char'acter *n.* (קֶרֶקְטֶר) אֹפִי; תְּכוּנָה; אֹמֶץ;

ישר; שם; מוניטין; המלצה; מעמד; אישיות; תמהוני; נפש (בספר, או במחזה), תפקיד; אות (של האלפבית)

in — מתאים לאפיו

— *adj.* מיצג אישיות מסימת

char"acteris'tic *n.* (קרקטריסטיק) תכונה; אפיני

char"acteriza'tion *n.* (קרקטריזישן) תאור, יצוג, משחק; אפיון

char'acterize" *v. t.* (קרקטריז) אפין; יחס אפי של־

char'coal" *n.* (צ'רקול) פחם עץ; עפרון פחם; ציור פחם

charge *n.* (צ'רג') מטען; חובה, אחריות, טפול, השגחה; פקדה; אשמה; תשלום; הסתערות

in — אחראי

— *v. t. & i.* הטיל על; טען; מלא; העמיס; פקד על; הורה; יחס ל־; האשים; דרש תשלום; קנה בהקפה; הסתער

— off מחק כהפסד

charge' account" (צ'רג'אקאונט) חשבון הקפה

char'iot *n.* (צ'ריאט) מרכבה

char'itable *adj.* (צ'רטבל) נדיב; נוטה חסד; מקל; עוסק בצדקה

char'ity *n.* (צ'רטי) צדקה; מעשה חסד; קרן צדקה; יחס סלחני

charm *n. & v. t.* (צ'רם) קסם, חן; תכשיט; קמע; לחש; קסם, הנה; כשף; רכש השפעה בקסם אישי

— s קסם

— ing מקסים, מהנה, מלבב

chart *n. & v. t.* (צ'רט) מפה; דיאגרמה; ציר מפה; תכנן

char'ter *n. & v. t.* (צ'רטר) צ'רטר; כתב־זכיות; יסד על פי צ'רטר; שכר

char'wom"an *n.* (צ'רוומן) מנקה

chase *v. t. & i. & n.* (צ'יס) רדף אחרי; צד; גרש; רדיפה, ציד

chasm *n.* (קזם) בקיע; גיא; פרצה; תהום

chaste *adj.* (צ'יסט) פרוש; חסר נסיון מיני; צנוע; ללא רבב

chas'ten *v. t.* (צ'יסן) יסר; שכך, מתן

chas'tise *v. t.* (צ'סטיז) יסר, נזף

chas'tity *n.* (צ'סטטי) בתולים; פרישות מינית

chat *v. t. & n.* (צ'ט) שוחח; שיחה קלה

chat'tels *n. pl.* (צ'טלז) מטלטלים; נכסים נודדים; עבדים

chat'ter *v. i. & t. & n.* (צ'טר) פטפט, להג; נקש; דברי הבאי, פטפוטים; נקישה

chat'terbox" *n.* (צ'טרבוקס) פטפטן

chauf'fer *n. & v. t. & i.* (שופר) נהג; עבד כנהג, נהג, הסיע

cheap *adj. & adv.* (צ'יפ) זול; נקלה; גס; נבוך; קמצני; בזול

chea'pen *v. t.* (צ'יפן) הוזיל; המיט קלון, השפיל; הוריד ערך

cheat *n. & v. t.* (צ'יט) רמאי, נוכל; רמאות; מתחזה; רמה, הונה

check *n. & v. t. & i.* (צ'ק) מעצור, עכוב; בלימה; בדיקה, קריטריון; צ'ק, המחאה; חשבון; כרטיס; משבצת; שח; עכב, עצר; הפחית; בקר, בדק, ודא; סמן; השאיר לשמירה; שלח; סמן במשבצות; התאמת; איים על המלך (בשחמט)

— in נרשם (במלון)

— out שלם ועזב (מלון)

— up on בדק, חקר

check'er *n. & v. t.* (צ'קר) דיסקית דמקה; משבצת, משבצות; גון; סמן במשבצות

— s דמקה

check'mate" *n. & v. t.* (צ'קמיט) שחמט; הכניס במצב מט; הביס

cheek *n.* (צ'יק) לחי; חצפה; עזות

cheep *v. i. & n.* (צ'יפ) ציץ; ציוץ

cheer *n.* (צ'יר) קריאת עדוד, תרועה; עדוד, נחומים; עליזות; מזון

— *v. t. & i.* הריע, עודד

— up עודד; חיתה רוחו

cheer'ful *adj.* (צ'ירפל) עליז; נעים, נלבב

cheer'less *adj.* (צ'ירלס) קודר

cheer'ly *adj.* (צ'ירי) עליז

cheese *n.* (צ'יז) גבינה

cheese'cake" *n.* (צִ'יזְקֵיק) עוּגַת גְּבִינָה; תַּצְלוּם גוּף וְנַפַּיִם (של בחורה יפה)

chem'ical *n. & adj.* (קֶמִקְל) כִּימִיקָל, חֹמֶר כִּימִי; כִּימִי

chem'ist *n.* (קֶמִסְט) כִּימַאי

chem'istry *n.* (קֶמִסְטְרִי) כִּימִיָּה; תְּכוּנוֹת כִּימִיּוֹת

cher'ish *v. t.* (צֶ'רִשׁ) הוֹקִיר; טִפַּח

cher'ry *n.* (צֶ'רִי) דֻּבְדְּבָן; עֵץ דֻּבְדְּבָן; אָדֹם בָּהִיר

cher'ub *n.* (צֶ'רַבּ) כְּרוּב; תָּמִים

chess *n.* (צֶ'ס) שַׁחְמָט; שַׁח

chess'board" *n.* (צֶ'סְבּוֹרְד) לוּחַ שַׁחְמָט

chess'man" *n.* (צֶ'סְמֶן) כְּלִי שַׁחְמָט

chest *n.* (צֶ'סְט) חָזֶה; תֵּבָה, אַרְגָּז; שִׁדָּה; קֻפָּה, אוֹצָר

get something off one's — גִּלָּה אֶת הַמֵּעִיק עָלָיו

chest'nut *n. & adj.* (צֶ'סְנַט) עַרְמוֹן; סוּס עַרְמוֹנִי

chew *v. t. & i.* (צ'וּ) לָעַס; מָעַךְ; הִרְהֵר; לָעַס טַבָּק

— out גָּעַר

chick *n.* (צִ'יק) אֶפְרוֹחַ; גּוֹזָל; יֶלֶד קָטָן; בַּחוּרָה

chick'en *n. & adj.* (צִ'יקְן) תַּרְנְגֹל; פַּרְגִּית; בְּשַׂר עוֹף; נַעֲרָה; שֶׁל בְּשַׂר עוֹף; מוּג לֵב

— out נִתְקַף פַּחַד

chick'en pox" (צִ'קְן פּוֹקְס) אֲבַעְבּוּעוֹת רוּחַ

chick'pea" *n.* (צִ'קְפִּי) חִמְצָה, „חוּמוּס"

chic'ory *n.* (צִ'קַרִי) עֹלֶשׁ

chide *v. i. & t.* (צַ'יד) גָּעַר, מָצָא דֹּפִי; הֵצִיק לְ-

chief *n. & adj.* (צִ'יף) מַנְהִיג; רֹאשׁ; שַׁלִּיט; רָאשִׁי, עִקָּרִי

in — רָאשִׁי

chief'ly *adv.* (צִ'יפְלִי) בְּעִקָּר, בְּעֶצֶם

chief'tain *n.* (צִ'יפְטְן) מַנְהִיג, רֹאשׁ

chil'blain" *n.* (צִ'לְבְּלֵין) אֲבַעְבּוּעַת קֹר

child *n.* (צַ'יילְד) יֶלֶד, יַלְדָּה; תִּינוֹק, וָלָד; צֶאֱצָא

with — הָרָה

child'birth" *n.* (צַ'יילְדְבֶּרְת') לֵדָה

child'hood" *n.* (צַ'יילְדְהֻד) יַלְדוּת

child'ish *adj.* (צַ'יילְדִשׁ) יַלְדוּתִי; טִפְּשִׁי

child'less *adj.* (צַ'יילְדְלִס) חֲשׂוּךְ־בָּנִים; עֲרִירִי

child'ren *n. pl.* (צִ'לְדְרֶן) (רבים של child)

chill *n.* (צִ'ל) קְרִירוּת, צִנָּה; צְמַרְמֹרֶת; קֹר פִּתְאוֹמִי; דִּכָּאוֹן

— *v. t.* קֵרֵר, צִנֵּן; הֶחְדִּיר קְרִירוּת; דִּכְדֵּךְ

chil'ly *adj.* (צִ'לִי) צוֹנֵן, קָרִיר

chime *n.* (צַ'יים) פַּעֲמוֹן מוּסִיקָלִי; הַתְאָמָה, הַרְמוֹנְיָה; נְעִימָה, לַחַן

— *v. i. & t.* צִלְצֵל בְּצוּרָה הַרְמוֹנִית; צִלְצֵל; הִתְאִים, תֵּאֵם

— in שִׁסַּע לְאוֹת הַסְכָּמָה

chim'ney *n.* (צִ'מְנִי) אֲרֻבָּה; מַעֲשֵׁנָה; שְׁפוֹפֶרֶת זְכוּכִית (של מנורה)

chim'ney sweep" *n.* (צִ'מְנִי סְוִיפּ) מְנַקֵּה אֲרֻבּוֹת

chim"panzee' *n.* (צִ'מְפֶּנְזִי) שִׁימְפַּנְזָה

chin *n.* (צִ'ן) סַנְטֵר

— up חֲזַק וֶאֱמָץ!

take it on the — נִכְשַׁל; הוּבַס

chi'na *n.* (צַ'ינָה) חַרְסִינָה; כְּלֵי חַרְסִינָה

Chinese' *n. & adj.* (צַ'ינִיז) סִינִי; סִינִית (לשון)

chink *n. & v. t. & i.* (צִ'נְק) סֶדֶק, בְּקִיעַ; נְקִישָׁה; מִלֵּא סְדָקִים; הִשְׁמִיעַ נְקִישָׁה

chip *n.* (צִ'פּ) שְׁבָב, נֶתֶז; פְּרוּסָה דַּקָּה; נֶקֶב; אֲסִימוֹן־מִשְׂחָק

— off the old block הַבֵּן כְּרֶעַ אָבִיו

one's shoulder — on שׁוֹאֵף קְטָטוֹת

in the — s עָשִׁיר

when the — s are down בְּמַצָּב חֵרוּם

— *v. t. & i.* שִׁבֵּב; שָׁבַר חֲתִיכָה קְטַנָּה

— in הִשְׁתַּתֵּף

chirop'odist *n.* (קַירוֹפֶּדִסְט) מְטַפֵּל בְּרַגְלַיִם; פֶּדִיקוּרִיסְט

chirp *v. i. & n.* (צֶ'רְפּ) צִיֵּץ; צִיּוּץ

chis'el *n. & v. t. & i.* (צִ'זְל) אִזְמֵל; פִּסֵּל; עָבַד בְּאִזְמֵל; רִמָּה, הִשִּׂיג בְּמִרְמָה

chit *n.* (צִ'ט) קַבָּלָה

chiv'alry *n.* (שִׁוַלְרִי) אַבִּירוּת; אֲדִיבוּת

chlor'ide *n.* (קְלוֹרַיד) כְּלוֹרִיד

chlor'ine *n.* (קְלוֹרִין) כְּלוֹר

chlor'oform *n.* (קְלוֹרֻפוֹרְם) כְּלוֹרוֹפוֹרְם

chlor'ophyll *n.* (קְלוֹרֻפִל) כְּלוֹרוֹפִיל

chock'-full' *adj.* (צ׳וֹקְפֻל) מָלֵא וְגָדוּשׁ

choc'olate *n.* (צ׳וֹקְלִט) שׁוֹקוֹלָדָה

choice *n. & adj.* (צ׳וֹיס) בְּחִירָה; נִבְחָר; בְּרֵרָה; מִבְחָר; מֻבְחָר, מְעֻלֶּה, מְצֻיָּן

choir *n.* (קְוַאיְר) מַקְהֵלָה; עֶזְרַת הַמַּקְהֵלָה

choke *v. t. & i. & n.* (צ׳וֹק) חָנַק, שִׁנֵּק; נֶחֱנַק; נִסְתַּם; מַשְׁנֵק, צָעַק

chol'era *n.* (קוֹלֶרָה) כּוֹלֶרָה, חֲלִירַע

chol'eric *adi.* (קוֹלֶרִק) רַגְזָנִי

choose *v. t. & i.* (צ׳וּז) בָּחַר; הֶעֱדִיף; נָטָה

— **up** „עָשָׂה בְּחִירוֹת"

choos'y *adj.* (צ׳וּזִי) בַּרְרָנִי

chop *v. t. & n.* (צ׳וֹפ) חָטַב, גָּזַר, כָּרַת; רִסֵּק; חֲבָטָה; צַלְעִית; לֶסֶת

chop'py *adj.* (צ׳וֹפִּי) גַּלִּי (ים); מְקֻטָּע; מִשְׁתַּנֶּה (כיוון הרוח)

chor'al *adj. & n.* (קוֹרֶל) שֶׁל מַקְהֵלָה; מַקְהֵלָה; הִימְנוֹן כְּנֵסִיָּתִי

chord *n.* (קוֹרְד) מֵיתָר; רֶגֶשׁ; תַּצְלִיל, אַקּוֹרְד

chor"eog'raphy (קוֹרִיאוֹגְרֶפִי) כּוֹרֵאוֹגְרַפְיָה

chortle *v. t. & i. & n.* (צ׳וֹרְטְל) צִחְקֵק בְּגִיל; צִחְקוּק גִּיל

chor'us *n.* (קוֹרֶס) פִּזְמוֹן; מַקְהֵלָה; שִׁיר בְּצַוְתָּא; דִּבּוּר בְּצַוְתָּא

— *v. t. & i.* שָׁר בְּצַוְתָּא; דִּבֵּר בְּצַוְתָּא

chose (צ׳וֹז) (זמן עבר של choose)

Christ *n.* (קְרַייסְט) יֵשׁוּ הַנּוֹצְרִי; מָשִׁיחַ (בנצרות)

chris'ten *v. t.* (קְרִסְן) הִטְבִּיל; קָרָא שֵׁם; הִשְׁתַּמֵּשׁ בַּפַּעַם הָרִאשׁוֹנָה

Chris'tendom *n.* (קְרִסְנְדֶם) הָעוֹלָם הַנּוֹצְרִי

Chris'tening *n.* (קְרִסְנִנְג) הַטְבָּלָה; טֶקֶס הַשָּׁקָה; טֶקֶס מַתַּן שֵׁם; טֶקֶס הַקְדָּשָׁה

Chris'tian *n. & adj.* (קְרִסְצֶ׳ן) נוֹצְרִי; הוֹלֵךְ בְּדֶרֶךְ יֵשׁוּ הַנּוֹצְרִי

Chris"tian'ity *n.* (קְרִסְצִ׳יאֶנִטִי) נַצְרוּת

Chris'tmas *n.* (קְרִסְמֶס) חַג הַמּוֹלָד (הנוצרי)

chrome, chrom'ium *n.* (קְרוֹם, קְרוֹמְיֶם) כְּרוֹם

chron'ic *adj.* (קְרוֹנִק) כְּרוֹנִי; מְמֻשָּׁךְ

chron'icle *n. & v. t.* (קְרוֹנִקְל) כְּרוֹנִיקָה; תּוֹלָדוֹת; סִפּוּר; רָשַׁם כְּרוֹנִיקָה שֶׁל

chronol'ogy *n.* (קְרֶנוֹלֶגִ׳י) כְּרוֹנוֹלוֹגְיָה

chronom'eter *n.* (קְרֶנוֹמִטְר) כְּרוֹנוֹמֶטֶר

chrys'alis *n.* (קְרִסֶלִס) גֹּלֶם (חרק)

chrysan'themum *n.* (קְרִסֶנְתְ׳מֶם) חַרְצִית

chub'by *adj.* (צַ׳בִּי) עָגֹל וּשְׁמַנְמַן

chuck *v. t.* (צַ׳ק) זָרַק, הֵטִיל; טָפַח בְּקַלּוּת; גֵּרֵשׁ; הִתְפַּטֵּר, וִתֵּר עַל

chuck'le *v. i. & n.* (צַ׳קְל) צָחַק חֲרִישִׁית; קִרְקֵר

chum *n.* (צַ׳ם) חָבֵר טוֹב

chunk *n.* (צַ׳נְק) גּוּשׁ; כַּמּוּת נִכֶּרֶת

church *n. & adj.* (צֶ׳רְץ׳) כְּנֵסִיָּה; תְּפִלָּה בִּכְנֵסִיָּה; הַנַּצְרוּת; כְּנֵסִיָּתִי

church'man *n.* (צֶ׳רְצ׳מֶן) כֹּמֶר; חָבֵר כְּנֵסִיָּה

church'yard" *n.* (צֶ׳רְצ׳יַרְד) בֵּית קְבָרוֹת; רַחֲבַת כְּנֵסִיָּה

churl *n.* (צֶ׳רְל) כַּפְרִי; בּוּר, עַם הָאָרֶץ; קַמְצָן

chur'lish *adj.* (צֶ׳רְלִשׁ) כַּפְרִי; חֲסַר דֶּרֶךְ אֶרֶץ; קַמְצָנִי; קְשֵׁה־עִבּוּד

churn *n. & v. t. & i.* (צֶ׳רְן) מַחְבֵּצָה; חִבֵּץ; הִסְעִיר

chute *n. & v. t. & i.* (שׁוּט) מִגְלָשׁ, מוֹבִיל מְשֻׁפָּע; מַפָּל; הוֹרִיד בְּמִגְלָשׁ; יָרַד בְּמִגְלָשׁ, גָּלַשׁ

ci'der *n.* (סַידְר) מִיץ תַּפּוּחִים

hard — שֵׁכַר תַּפּוּחִים

cigar' *n.* (סִגָר) סִיגָר

cig"arette' *n.* (סִגֶרֶט) סִיגָרִיָּה

cin'der *n.* (סִנְדְר) אוּד; גַּחֶלֶת עוֹמֶמֶת

— **s** אֵפֶר

cin'ema *n.* (סִינֶמֶה) קוֹלְנוֹעַ

cin'namon *n.* (סִינֶמֶן) קִנָּמוֹן

ci'pher *n.* (סַיפְר) אֶפֶס; סִפְרָה; צֹפֶן; מַפְתֵּחַ צֹפֶן; מִשְׁלֶבֶת

— *v. i. & t.* חִשְׁבֵּן; כָּתַב בְּצֹפֶן

cir'cle *n. & v. t. & i.* (סֶרְקְל) מַעְגָּל;

חוּג; תְּחוּם; מַחֲזוֹר; הִקִּיף, רָשַׁם מַעְגָּל; עָקַף

cir′cuit *n.* (סֶרְקִט) הַקָּפָה; סִבּוּב; דֶּרֶךְ עֲקִיפִין; נְסִיעָה מַחֲזוֹרִית; סוֹבְבִים; אֵזוֹר סִבּוּב; גְּבוּל; מַעְגָּל; אֶגֶד מְקוֹמוֹת בְּדוּר

circu′itous *adj.* (סֶרְקְיוּאִטֶס) עָקִיף

circ′ular *adj. & n.* (סֶרְקְיֻלֶר) מַעְגָּלִי; עָגֹל; מַחֲזוֹרִי; עָקִיף; חוֹזֵר

circ′ulate″ *v. i. & t.* (סֶרְקְיֻלֵיט) נָע בְּמַעְגָּל; זָרַם (דם); עָבַר, נָפוֹץ; הֶעֱבִיר, הֵפִיץ

circ″ula′tion *n.* (סֶרְקְיֻלֵישְׁן) סִבּוּב, מַחֲזוֹר; מַחֲזוֹר הַדָּם; הֲפָצָה, תְּפוּצָה

cir′cumcise″ *v. t.* (סֶרְקַמְסַיז) מָל; טִהֵר

cir″cumcis′ion *n.* (סֶרְקַמְסִזְ׳ן) מִילָה; טִהוּר רוּחָנִי

circum′ference *n.* (סֶרְקַמְפֶרֶנְס) הֶקֵּף (מעגל)

cir″cumscribe′ *v. t.* (סֶרְקַמְסְקְרַיבּ) הִקִּיף; רָשַׁם קַו מִסָּבִיב; תָּחַם

cir′cumspect″ *adj.* (סֶרְקַמְסְפֶּקְט) עֵרָנִי וְזָהִיר; נָבוֹן

cir′cumstance″ *n.* (סֶרְקַמְסְטֶנְס) נְסִבָּה; גּוֹרֵם; פְּרָט טָפֵל; מִקְרֶה, מְאֹרָע; טִקְסִיּוּת; תֵּאוּר מְפֹרָט

— **s** מַצָּב

cir″cumstan′tial *adj.* (סֶרְקַמְסְטֶנְשֶׁל) נְסִבָּתִי; טָפֵל, מִקְרִי; מְפֹרָט

cir″cumvent′ *v. t.* (סֶרְקַמְוֶנְט) כִּתֵּר, לָכַד; עָקַף; הֶעֱרִים עַל

cir′cus *n.* (סֶרְקַס) קִרְקָס

cis′tern *n.* (סִסְטֶרְן) מַאֲגָר, בּוֹר (מים); מֵכָל

cit′adel *n.* (סִטֶדֶל) מְצוּדָה; מִבְצָר

cite *v. t.* (סַיט) צִטֵּט, הֵבִיא; הִזְמִין (לבית משפט); הִזְכִּיר; צִיֵּן לְשֶׁבַח

cit′izen *n.* (סִטִזֶן) אֶזְרָח, נָתִין; תּוֹשָׁב

cit′ron *n.* (סִטְרָן) אֶתְרוֹג

cit′y *n. & adj.* (סִטִי) עִיר; עִירוֹנִי

— **hall** (- הוֹל) בִּנְיַן עִירִיָּה

civ′ic *adj.* (סִוִק) עִירוֹנִי, שֶׁל עִיר; אֶזְרָחִי

civ′il *adj.* (סִוִל) אֶזְרָחִי; מַמְלַכְתִּי; מְתֻרְבָּת; מְנֻמָּס, שֶׁל דֶּרֶךְ אֶרֶץ

civil′ian *n. & adj.* (סִוִלְיֶן) אֶזְרָח; אֶזְרָחִי

civ″iliza′tion *n.* (סִוִלֶזֵישְׁן) צִיבִילִיזַצְיָה, תַּרְבּוּת; תִּרְבּוּת; אֶרֶץ מְיֻשֶּׁבֶת; הֶשֵּׂגִים טֶכְנוֹלוֹגִיִּים

civ′ilize (סִוַלַיז) תִּרְבֵּת, קִדֵּם; הֶעֱלָה מִמַּצָּב פְּרִימִיטִיבִי

clad (קְלֶד) (זמן עבר של clothe)

claim *n. & v. t.* (קְלֵים) תְּבִיעָה; טַעֲנָה; שֶׁטַח נִתְבָּע; בַּקָּשַׁת תַּשְׁלוּם; תָּבַע; טָעַן

clai′mant *n.* (קְלֵימֶנְט) תּוֹבֵעַ; טוֹעֵן

clairvoy′ance *n.* (קְלֶרְווֹיאֶנְס) רְאִיָּה שֶׁלֹּא כְּדֶרֶךְ הַטֶּבַע; יְדִיעָה אִינְסְטִינְקְטִיבִית

clam *n. & v. i.* (קְלֶם) צִדְפָּה; אָסַף צְדָפוֹת

— **up** הִשְׁתַּתֵּק, שָׁמַר לְשׁוֹנוֹ

clam′ber *v. i.* (קְלֶמְבֶּר) טִפֵּס (תוך מאמץ הגפיים)

clam′my *adj.* (קְלֶמִי) לַח וְקַר; חוֹלָנִי

clam′or *n. & v. i. & t.* (קְלֶמֶר) הֲמֻלָּה, רַעַשׁ; צְעָקָה; קוֹל זְעָקָה; הֵקִים צְעָקָה; תָּבַע בְּקוֹלָנִיּוּת

clam′orous *adj.* (קְלֶמֶרֶס) רוֹעֵשׁ, קוֹלָנִי; תּוֹבְעָנִי

clamp *n. & v. t.* (קְלֶמְפּ) מַלְחֶצֶת; הִדֵּק בְּמַלְחֶצֶת

— **down** הִגְבִּיר פִּקּוּחַ; הִכְבִּיד יָדוֹ

clan *n.* (קְלֶן) בֵּית אָב; מִשְׁפָּחָה מֻרְחֶבֶת; קְבוּצָה מְלֻכֶּדֶת

clandes′tine *adj.* (קְלֶנְדֶסְטִן) חֲשָׁאִי, פְּרָטִי

clang *v. t. & i. & n.* (קְלֶנְג) הִשְׁמִיעַ צִלְצוּל חָזָק; קִרְקֵשׁ; צִלְצוּל חָזָק; קִרְקוּשׁ

clank *n. & v. i.* (קְלֶנְק) הַקָּשָׁה; הִקִּישׁ, נָקַשׁ

clap *v. t. & i. & n.* (קְלֶפּ) טָפַח; מָחָא כַּף; הֵנִיחַ מַהֵר; טְפִיחָה; מְחִיאַת כַּפַּיִם; סְטִירָה; מַכַּת פֶּתַע; רַעַשׁ פִּתְאוֹמִי

clap′per *n.* (קְלֶפֶּר) טוֹפֵחַ; עִנְבָּל

clar″ifica′tion *n.* (קְלֶרֶפִקֵישְׁן) הַבְהָרָה, בֵּרוּר; טִהוּר

clar′ify″ *v. t. & i.* (קְלֶרֶפַי) הִבְהִיר, בֵּרֵר; טִהֵר; הִתְבַּהֵר

clar″inet′ *n.* (קְלֶרֶנֶט) קְלַרְנִית

clar′ity *n.* (קְלֶרִטִי) בְּהִירוּת, זַכּוּת

clash *n. & v. i. & t.* (קְלֶשׁ) קְטָטָה, קְרָב; הִתְנַגְּשׁוּת; הִרְעִישׁ; הִתְנַגֵּשׁ; נֶחְלְקוּ הַדֵּעוֹת

clasp *n. & v. t. & i.* (קְלֶסְפּ) פְּרִיפָה, קֶרֶס; לְחִיצָה; גִּפּוּף; הִדֵּק; לָחַץ, גִּפֵּף

class *n.* (קְלֶס) קְבוּצָה, סוּג, מִין; מַעֲמָד; כִּתָּה, שְׁנָתוֹן; שִׁעוּר; מַחְלָקָה; מַעֲמָד חֶבְרָתִי גָּבֹהַּ; „אֶלֶגַנְטִיּוּת"

— *v. t.* מִיֵּן, סִוֵּג

clas′sic *adj. & n.* (קְלֶסִק) מְעֻלֶּה; קְלַסִּי; מוֹפְתִי; יְסוֹדִי; בַּעַל עֵרֶךְ קַיָּם; נוֹדָע; טִפּוּסִי; יְצִירָה קְלַסִּית; יוֹצֵר קְלַסִּי; רָאוּי לְצִיּוּן

clas′sical *adj.* (קְלֶסִקְל) קְלַסִּי, מוֹפְתִי

clas″sifica′tion *n.* (קְלֶסִפִקֵישְן) מִיּוּן, סִוּוּג

clas′sify″ *v. t.* (קְלֶסִפַי) מִיֵּן; סִוֵּג

clat′ter *v. i. & t. & n.* (קְלֶטֶר) קִשְׁקֵשׁ, טִרְטֵר; פִּטְפֵּט; רַעַשׁ, שָׁאוֹן; פִּטְפּוּט, רְכִילוּת

clause *n.* (קְלוֹז) מִשְׁפָּט פָּשׁוּט; סָעִיף מְיֻחָד

claw *n. & v. t. & i.* (קְלוֹ) צִפֹּרֶן (של בעל חיים); טֹפֶר, קָרַע בְּצִפָּרְנַיִם

clay *n.* (קְלֵי) חֹמֶר, טִין, טִיט, חֶרֶס

clean *adj.* (קְלִין) נָקִי; טָהוֹר; יָשָׁר; הוֹגֵן; מֻשְׁלָם; פָּשׁוּט; שָׁוֶה לְכָל נֶפֶשׁ

— *v. t. & i.* נִקָּה; נִתַּן לְנִקּוּי

clean′liness *n.* (קְלֶנְלִינֶס) נִקָּיוֹן

cleanse *v. t. & i.* (קְלֶנְז) נִקָּה, טִהֵר; הִטַּהֵר

clear *adj. & adv.* (קְלִיר) בָּהִיר; צָלוּל; בָּרוּר; זַךְ, נָקִי; שָׁלֵו; פָּתוּחַ, מִתְרַחֵק; רֵיק; פָּטוּר; מֻחְלָט; לְגַמְרֵי

— *v. t. & i.* נִקָּה, טִהֵר, זִכֵּךְ; הִבְהִיר; פִּנָּה; עָבַר; טִפֵּל בּ־; הִרְוִיחַ; קִבֵּל אִשּׁוּר; הִתְבַּהֵר; סִלֵּק חֶשְׁבּוֹן; סִדֵּר נְיָרוֹת; הִסְלִיג; נִמְכַּר; הִתְפַּזֵּר

— out סִלֵּק; הִסְתַּלֵּק; גֵּרֵשׁ

— up הִסְבִּיר, הִבְהִיר; סִדֵּר; הִתְבַּהֵר

clear′ance *n.* (קְלִירַנְס) נִקּוּי; טִהוּר, פִּנּוּי; מִרְוָח; סִלּוּקִין; סִדּוּר נְיָרוֹת (של אניה); אִשּׁוּר בִּטְחוֹנִי

clear′ing *n.* (קְלִירִנְג) נִקּוּי, טִהוּר, פִּנּוּי; מִבְרָא, קָרַחַת יַעַר; סִלּוּקִין

clear′ness *n.* (קְלִירְנֶס) בְּהִירוּת, צְלִילוּת

cleave *v. t. & i.* (קְלִיב) דָּבַק; בָּקַע; כָּרַת

clea′ver *n.* (קְלִיבֶר) קוֹפִיץ

cleft *n.* (קְלֶפְט) בֶּקַע; חָרִיץ

clem′ency *n.* (קְלֶמֶנְסִי) רַחֲמִים, חֶמְלָה; מְתִינוּת

clench *v. t.* (קְלֶנְץ') קָפַץ (אגרוף), סָגַר בְּחָזְקָה; אָחַז

cler′gy *n.* (קְלֶרְגִ'י) כְּמוּרָה

cler′gyman *n.* (קְלֶרְגִ'ימֶן) כֹּמֶר; כֹּהֵן דָּת

cler′ic *n. & adj.* (קְלֶרִק) כֹּמֶר; חָבֵר מִפְלָגָה קְלֶרִיקָלִית; שֶׁל כְּמוּרָה, קְלֶרִיקָלִי

clerk *n. & v. i.* (קְלֶרְק) לַבְלָר, פָּקִיד; זַבָּן; עָבַד כְּפָקִיד

clev′er *adj.* (קְלֶוֶר) מְמֻלָּח, פִּקֵּחַ, חָרִיף; מְיֻמָּן, זָרִיז; בַּעַל תּוּשִׁיָּה

cliché′ *n.* (קְלִישֵׁי) בִּטּוּי נָדוֹשׁ, קְלִישָׁה; גְּלוּפָה

click *n. & v. i.* (קְלִק) נְקִישָׁה, הִשְׁמִיעַ נְקִישָׁה; הִתְאִים אֶחָד לַשֵּׁנִי; הִצְלִיחַ

cli′ent *n.* (קְלַיְאֶנְט) לָקוֹחַ, קוֹנֶה, קְלִיֶנְט; תָּלוּי; מְקַבֵּל טוֹבַת הֲנָאָה; מַרְשֶׁה

cliff *n.* (קְלִף) צוּק

cli′mate *n.* (קְלַימִט) אַקְלִים

climat′ic *adj.* (קְלַימֶטִק) אַקְלִימִי

cli′max *n.* (קְלַימֶקְס) שִׂיא, קְלִימַקְס; נְקֻדַּת הַכְרָעָה

— *v. t. & i.* הֵבִיא לְשִׂיא; הִגִּיעַ לְשִׂיא

climb *v. i. & t.* (קְלַים) טִפֵּס; עָלָה; הִשְׁתַּפֵּעַ כְּלַפֵּי מַעְלָה

— down יָרַד

— *n.* טִפּוּס, עֲלִיָּה

clim′ber *n.* (קְלַימֶר) מְטַפֵּס; מִטְפָּס

clime *n.* (קְלַים) אַקְלִים; גָּלִיל

cling *v. t. & i.* (קְלִנְג) דָּבַק בּ־

cli′nic *n.* (קְלִנִק) קְלִינִיקָה, מִרְפָּאָה; קוּרְס

clink *v. t. & i. & n.* (קְלִנְק) קִשְׁקֵשׁ; קִשְׁקוּשׁ; „קַלַבּוּשׁ"

clip *v. t. & i.* (קְלִפּ) גָּזַז; חָתַךְ; הָלַם בּ־; הוֹנָה; גָּזַר; נָע בִּמְהִירוּת

clip′per *n.* (קְלִפֶּר) גּוֹזֵז; גּוֹזֵר; תְּלַת־תָּרְנִית מְהִירָה (אנית מפרשים)

—s מִסְפָּרַיִם; מִגְזָזַיִם

clip′ping *n.* (קְלִפִּנְג) קֶטַע (עתון), גְּזִיר; גְּזִיזָה, גְּזִירָה

clique *n.* (קְלִיק) חֲבוּרָה, קְלִיקָה

cloak *n. & v.t.* (קְלוֹק) רְדִיד, גְּלִימָה, מַעֲטֶה; כִּסָּה; הִסְתִּיר

clock *n.* (קְלוֹק) שָׁעוֹן (גדול)

clod *n.* (קְלוֹד) רֶגֶב; אֲדָמָה; מְטֻמְטָם

clog *v.t. & i.* (קְלוֹג) סָתַם; עָצַר; נִסְתַּם; נִדְבַּק

— *n.* קַבְקָב, נַעַל בַּעֲלַת סוּלְיַת עֵץ

cloi′ster *n. & v.t.* (קְלוֹיסְטֶר) מִנְזָר; מָקוֹם מְבֻדָּד; סְטָו; חָצֵר; שִׁכֵּן בְּמִנְזָר; הִרְחִיק; בּוֹדֵד

close *v.t. & i.* (קְלוֹז) סָגַר; סָתַם; לִכֵּד; סִיֵּם; הֵבִיא לִידֵי גְמָר; נִסְגַּר; נֶאֱבַק; הִסְתַּיֵּם

— *adj. & adv.* (קְלוֹס) קָרוֹב; צָפוּף; אִינְטִימִי; סָמוּךְ; מְהֻדָּק; קָצָר מְאֹד; מַחֲמִיר; מְדֻיָּק; סָגוּר; מְכֻתָּר; צַר; חֲסַר־אֲוִיר, מֵעִיק; מְכֻנָּס בְּתוֹךְ עַצְמוֹ; קַמְצָנִי; נָדִיר

— *n.* (קְלוֹז) סוֹף, סִיּוּם, גְּמָר; סְגִירָה

clos′et *n.* (קְלוֹזִט) אֲרוֹן בְּגָדִים; אָרוֹן

clot *n. & v.i. & t.* (קְלוֹט) גּוּשׁ, קְרִישׁ־דָּם; הִתְקָרֵשׁ; הִקְרִישׁ

cloth *n.* (קְלוֹת׳) אָרִיג, בַּד, לְבוּשׁ כֹּמֶר

the — הַכְּמוּרָה

clothe *v.t.* (קְלוֹד׳) הִלְבִּישׁ

clothes *n. pl.* (קְלוֹד׳ז) בְּגָדִים

take off — הִתְפַּשֵּׁט

clothes′line *n.* (קְלוֹזְלַין) חֶבֶל כְּבִיסָה

cloth′ier *n.* (קְלוֹד׳יֶר) מוֹכֵר בִּגְדֵי גְבָרִים

clo′thing *n.* (קְלוֹד׳נְג) בְּגָדִים

cloud *n. & v.t. & i.* (קְלַאוּד) עָנָן; שֶׁטַח מְעֻרְפָּל; כֶּתֶם; הֵעִיב; הֵבִיךְ; הִתְכַּסָּה עֲנָנִים, הוּעַב

clou′dy *adj.* (קְלַאוּדִי) מְעֻנָּן; קוֹדֵר; עַנְנִי; מְעֻרְפָּל; מְטֻשְׁטָשׁ; עָכוּר

clove (קְלוֹב) (זמן עבר של cleave)

— *n.* צִפֹּרֶן (תבלין)

clo′ver *n.* (קְלוֹבֶר) תִּלְתָּן

clown *n. & v.i.* (קְלַאוּן) מֻקְיוֹן; בַּדְחָן, לֵיצָן; בּוּר; הִתְנַהֵג כְּמֻקְיוֹן

cloy *v.t. & i.* (קְלוֹי) הוֹגִיעַ עַל יְדֵי הַפְרָזָה; הִשְׂבִּיעַ יָתֵר עַל הַמִּדָּה; נַעֲשָׂה תָּפֵל מֵחֲמַת שֶׁפַע

club *n. & v.t. & i.* (קְלַבּ) מוֹעֲדוֹן; אַלָּה; מוֹעֲדוֹן לַיְלָה; עָלֶה (קלפים), "טְרֶף"; הָלַם בְּאַלָּה; הִתְלַכֵּד; שִׁתֵּף; תָּרַם לְקֶרֶן מְשֻׁתֶּפֶת

cluck *v.i. & t.* (קְלַק) קִרְקֵר

clue *n.* (קְלוּ) רֶמֶז לְפִתָּרוֹן

clump *n.* (קְלַמְפּ) גּוּשׁ, קְבוּצָה; צַעַד כָּבֵד

clum′sy *adj.* (קְלַמְזִי) מְגֻשָּׁם, גַּמְלוֹנִי

clung (קְלַנְג) (זמן עבר של cling)

clus′ter *n.* (קְלַסְטֶר) אֶשְׁכּוֹל; צְרוֹר

clutch *v.t. & i. & n.* (קְלַץ׳) תָּפַס, אָחַז; נִסָּה לִתְפֹּס; הִפְעִיל מַצְמֵד; אֲחִיזָה; מַצְמֵד

—s שְׁלִיטָה

clut′ter *v.t. & n.* (קְלַטֶר) הָיָה מְפֻזָּר בְּאִי סֵדֶר; אִי־סֵדֶר

coach *n.* (קוֹץ׳) מֶרְכָּבָה סְגוּרָה; אוֹטוֹבּוּס; קָרוֹן זוֹל (ברכבת); מְאַמֵּן; מוֹרֶה פְּרָטִי

— *v.t. & i.* הִדְרִיךְ, אִמֵּן; שִׁמֵּשׁ מְאַמֵּן

coach′man *n.* (קוֹץ׳מֶן) עֶגְלוֹן, רַכָּב

coag′ulate″ *v.t. & i.* (קוֹאֶגְיֻלֵיט) הִתְקָרֵשׁ

coag″ula′tion *n.* (קוֹאֶגְיֻלֵישְׁן) קְרִישָׁה, הִתְקָרְשׁוּת

coal *n.* (קוֹל) פֶּחָם; גַּחֶלֶת

drag over the — s גָּעַר בִּנְזִיפָה

— *v.t. & i.* הִבְעִיר פֶּחָם; סִפֵּק פֶּחָם; הִצְטַיֵּד בְּפֶחָם

co″alesce′ *v.i. & t.* (קוֹאֲלֶס) הִתְאַחֵד, הִתְמַזֵּג; אִחֵד, מִזֵּג

co″alit′ion *n.* (קוֹאֲלִשְׁן) אִחוּד, הִתְמַזְּגוּת; בְּרִית; קוֹאָלִיצְיָה

coarse *adj.* (קוֹרְס) יָרוּד, גָּרוּעַ; גַּס; הֲמוֹנִי; שָׁפָל; חוֹרֵק; לֹא־מְעֻבָּד

coast *n. & v.i. & t.* (קוֹסְט) חוֹף; מִדְרוֹן; הֶחֱלִיק; הִפְלִיג לְאֹרֶךְ חוֹף; נָע לְלֹא כֹּחַ מֵנִיעַ; הִתְקַדֵּם לְלֹא מַאֲמָץ

coast′ guard″ (קוֹסְט גַּרְד) מִשְׁמַר חוֹפִים

coat *n. & v.t.* (קוֹט) בֶּגֶד, מְעִיל; מַעֲטֶה, כְּסוּת; שִׁכְבָה; סִפֵּק מַעֲטֶה; כִּסָּה בְּשִׁכְבָה; צִפָּה

coa′ting *n.* (קוֹטִנְג) שִׁכְבָה, צִפּוּי; בַּד מְעִילִים

coat′ of arms′ (קוֹט אָב אַרְמְז) שֶׁלֶט גִּבּוֹרִים; סֵמֶל

coat′tail *n.* (קוֹטְטֵיל) אֲחוֹרֵי מְעִיל

on the —s of מִיָּד אַחֲרֵי

coax *v.t. & i.* (קוֹקְס) שִׁדֵּל; הִשִּׂיג עַל יְדֵי

לְשׁוֹן חֲלַקְלַקּוֹת; הִשִּׂיג בְּמַאֲמָץ מַתְמִיד

cob (קוֹב) אֶשְׁבּוֹל; בַּרְבּוּר (זכר); סוּס קְצַר־רַגְלַיִם; גּוּשׁ

co'balt *n.* (קוֹבּוֹלְט) קוֹבַּלְט

cob'ble *n.* (קוֹבְּל) אֶבֶן עֲגֻלָּה (לריצוף)

cob'bler *n.* (קוֹבְּלֶר) סַנְדְּלָר; עֻגַת פֵּירוֹת; מַשְׁקֶה קַר (מיין ופירות)

cob'web" *n.* (קוֹבְּוֶב) קוּרֵי עַכָּבִישׁ; רֶשֶׁת קְנוּנִיּוֹת

cocaine' *n.* (קוֹקֵין) קוֹקָאִין

cock *n.* (קוֹק) תַּרְנְגוֹל, גֶּבֶר (עוף); שַׁבְשֶׁבֶת; שַׁלִּיט, רֹאשׁ; בֶּרֶז; פַּטִּישׁ (כלי יריה)

— *v.t. & i.* דָּרַךְ (כלי יריה); הִטָּה הַצִּדָּה

cockade' *n.* (קוֹקֵיד) צִיץ (לכובע)

cock'eyed" *adj.* (קוֹקַיד) פּוֹזֵל; טִפְּשִׁי, לְגַמְרֵי מֻטְעֶה

cock'pit" *n.* (קוֹקְפִּיט) תָּא הַטַּיָּס; תָּא הַהַגַּאי; תָּא הַנֶּהָג (במכונית מרוץ)

cock'roach" *n.* (קוֹקְרוֹץ׳) תִּיקָן

cock'y *adj.* (קוֹקִי) יָהִיר, רַבְרְבָנִי

co'coa *n.* (קוֹקוֹ) קָקָאוֹ; חוּם אֲדַמְדַּם

co'conut" *n.* (קוֹקְנַט) קוֹקוֹס, אֱגוֹז־הֹדּוּ

cocoon' *n.* (קֻקוּן) פְּקַעַת

cod *n.* (קוֹד) שִׁבּוּט

cod'dle *v.t.* (קוֹדְל) פִּנֵּק

code *n. & v.t.* (קוֹד) קוֹד, צֹפֶן, כְּתַב סְתָרִים; קוֹדֶקְס; מַעֲרֶכֶת כְּלָלִים; קִוֵּד; קִדֵּד; צִפֵּן

co'deine *n.* (קוֹדִין) קוֹדֶאִין

co'dex *n.* (קוֹדֶקְס) קוֹדֶקְס; מִצְחָף

cod'icil *n.* (קוֹדִסִל) נִסְפָּח

cod'ify" *v.t.* (קוֹדִפַי) עָרַךְ בְּקוֹדֶקְס; מִיֵּן

co"effic'ient *n.* (קוֹאֲפִשֶׁנְט) מְקַדֵּם

coerce' *v.t.* (קוֹאֶרְס) כָּפָה, הִכְרִיחַ; הִשְׁתַּלֵּט עַל

co"exis'tence *n.* (קוֹאֶגְזִסְטֶנְס) דּוּ־קִיּוּם

cof'fee *n.* (קוֹפִי) קָפֶה

cof'fin *n.* (קוֹפִן) אֲרוֹן מֵתִים

cog *n.* (קוֹג) שֵׁן (של גלגל משונן); גַּלְגַּל מְשֻׁנָּן; עוֹבֵד בַּעַל תַּפְקִיד זָעִיר

co'gent *adj.* (קוֹגֶ׳נְט) מְשַׁכְנֵעַ; מְגוּף הָעִנְיָן, שַׁיָּךְ

cog'nizance *n.* (קוֹגְנִזֶנְס) הַכָּרָה; תְּשׂוּמֶת לֵב; תְּחוּם יְדִיעוֹת

cohab'it *v.i.* (קוֹהֶבִּט) חַי יַחַד (גבר ואשה)

cohere' *v.i.* (קוֹהִיר) דָּבַק יַחַד; נִקְשַׁר; תָּאַם אֶחָד אֶת הַשֵּׁנִי

coher'ent *adj.* (קוֹהִירֶנְט) מִתְלַכֵּד, מְלֻכָּד; קָשׁוּר; שֶׁחֲלָקָיו תּוֹאֲמִים זֶה אֶת זֶה; הֶגְיוֹנִי, עִקְבִי, קוֹהֶרֶנְטִי

cohe'sion *n.* (קוֹהִיזְ׳ן) הִתְלַכְּדוּת; קוֹהֶזְיָה

cohe'sive *adj.* (קוֹהִיסִב) מְדַבֵּק, מִתְלַכֵּד, מְלֻכָּד

co'hort *n.* (קוֹהוֹרְט) חָבֵר; חֲבוּרָה; גְּדוּד; גְּדוּד רוֹמָאִי

coif *n.* (קוֹיף) בַּרְדָּס

— *v.t.* (קְוָף) סִדֵּר שְׂעָרוֹת

coiffure' *n.* (קְוָפְיוּר) תִּסְרֹקֶת

coil *v.t. & i. & n.* (קוֹיל) כָּרַךְ; הִתְפַּתֵּל; סְלִיל

coin *n. & v.t.* (קוֹין) מַטְבֵּעַ; טָבַע מַטְבְּעוֹת; הִמְצִיא

coi'nage *n.* (קוֹינג׳) טְבִיעַת מַטְבְּעוֹת; מַטְבְּעוֹת; אַמְצָאָה

co"incide *v.t.* (קוֹאִינְסַיד) חָפַף; תָּאַם

coin'cidence *n.* (קוֹאִנְסִדֶנְס) צֵרוּף מִקְרִים; חֲפִיפָה

coke *n.* (קוֹק) קוֹקְס

col'ander *n.* (קָלֶנְדֶר) מִשְׁמֶּרֶת

cold *adj. & n.* (קוֹלְד) קַר, צוֹנֵן; מֵת; חֲסַר הַכָּרָה; מְדַכֵּא; חַלָּשׁ; קֹר; הִצְטַנְּנוּת, נַזֶּלֶת

— *adv.* לַחֲלוּטִין; לְלֹא סַכָּנָה; מִנֵּיהּ וּבֵיהּ

coldness *n.* (קוֹלְדְנִס) קֹר

col'ic *n.* (קוֹלִק) עֲוִית מֵעַיִם

collab'orate *v.i.* (קֻלֶבֶּרֵיט) שִׁתֵּף פְּעֻלָּה; הִשְׁתַּתֵּף עִם

collapse' *v.i. & t. & n.* (קֻלֶפְּס) הִתְמוֹטֵט; הִתְקַפֵּל; נִכְשַׁל; הִתְעַלֵּף; אִבֵּד עֶשְׁתּוֹנוֹת; מוֹטֵט; הִתְמוֹטְטוּת

col'lar *n.* (קוֹלְר) צַוָּארוֹן; עֲנָק

hot under the — מִתְרַגֵּשׁ; זוֹעֵף

— *v.t.* הִלְבִּישׁ צַוָּארוֹן; תָּפַס בַּצַּוָּאר; תָּפַס בַּצַּוָּארוֹן; עִכֵּב

collate' *v.t.* (קֻלֵיט) הִשְׁוָה, עָרַךְ הַשְׁוָאָה; עָרַךְ; בָּדַק הַסֵּדֶר

col'league *n.* (קוֹלִיג) עָמִית, חָבֵר לַעֲבוֹדָה, קוֹלֶגָה

collect' *v.t. & i.* (קֶלֶקְט) אָסַף; גָּבָה; הִתְאוֹשֵׁשׁ; הִתְאַסֵּף; הִצְטַבֵּר; קִבֵּל (תשלום)

— *adj.* גּוּבַיְנָא

collec'tion *n.* (קֶלֶקְשֶׁן) אִסּוּף; גְּבִיָּה; אֹסֶף, קֹבֶץ; תְּרוּמָה (שנגבתה)

collec'tive *adj.* מְאֻחָד; מְשֻׁתָּף; קוֹלֶקְטִיבִי

collec'tor *n.* (קֶלֶקְטֶר) גּוֹבֶה; אוֹסֵף

col'lege *n.* (קוֹלִג') אוּנִיבֶרְסִיטָה, מִכְלָלָה; מִדְרָשָׁה, בֵּית־אֻלְפָּנָא; אֲגֻדָּה, מוֹעָצָה

collide' *v.i.* (קֶלַיד) הִתְנַגֵּשׁ

collis'ion *n.* (קֶלִז'ן) הִתְנַגְּשׁוּת

collo'quial *adj.* (קֶלוֹקְוִיאֶל) דִּבּוּרִי

col'loquy *n.* (קוֹלֶקְוִי) רַב־שִׂיחַ; וְעִידָה

collu'sion *n.* (קֶלוּז'ן) קְנוּנְיָה, קֶשֶׁר

co'lon *n.* (קוֹלֶן) נְקֻדָּתַיִם; הַמְּעִי הַגַּס

col'onel *n.* (קֶרְנֶל) קוֹלוֹנֶל, אַלּוּף־מִשְׁנֶה

colo'nial *adj. & n.* (קֶלוֹנִיאֶל) שֶׁל מוֹשָׁבָה, קוֹלוֹנְיָאלִי; שֶׁל מוֹשְׁבוֹת בְּרִיטַנְיָה בִּצְפוֹן אֲמֶרִיקָה (לפני שהקימו את ארצות הברית); תּוֹשַׁב מוֹשָׁבָה

col'onist *n.* (קוֹלֶנִיסְט) מִתְיַשֵּׁב; חֲבֵר מִשְׁלַחַת הִתְיַשְּׁבוּת

col'onize *v.i. & t.* (קוֹלֶנַיז) יִשֵּׁב, הֵקִים מוֹשָׁבָה

col"onnade' *n.* (קוֹלֶנֵיד) סְטָו; שְׂדֵרַת עֵצִים

col'ony *n.* (קוֹלֶנִי) מוֹשָׁבָה, קוֹלוֹנְיָה; קִבּוּץ; רֹבַע

col'or *n.* (קַלֶר) צֶבַע; גָּוֶן; סֹמֶק; גֶּזַע; גּוֹן עוֹר כֵּהֶה; חִיּוּת

—s סֵמֶל; דֶּגֶל; אֹפִי

— *v.t. & i.* גִּוֵּן; צָבַע; סִלֵּף; אִפְיֵן; הֶחֱלִיף צֶבַע, הִתְגַּוֵּן; הִסְמִיק

col'ored *adj.* (קַלֶרְד) צָבוּעַ; מְגֻוָּן; כּוּשִׁי; מַטְעֶה; מְשֻׁפָּע

col'orful *adj.* (קַלֶרְפֶל) סַסְגּוֹנִי; צִיּוּרִי

colt *n.* (קוֹלְט) סְיָח; נַעַר

col'umn *n.* (קוֹלֶם) טוּר, שְׂדֵרָה (צבא); עַמּוּד

col'umnist *n.* (קוֹלֶמְנִסְט) בַּעַל טוּר

co'ma *n.* (קוֹמָה) חֹסֶר הַכָּרָה מְמֻשָּׁךְ

comb *n. & v.t. & i.* (קוֹם) מַסְרֵק; קַרְצֶפֶת; כַּרְבֹּלֶת; חַלַּת דְּבַשׁ; פִּסְגַּת גַּל; סֵרֵק; הִשְׁתַּבֵּר (פסגת גל)

com'bat *n.* (קוֹמְבֶּט) סִכְסוּךְ, מַאֲבָק, קְרָב

combat' *v.t. & i.* (קֶמְבֶּט) נִלְחַם בְּ־; הִתְנַגֵּד בְּכֹחַ; נֶאֱבַק

com"bina'tion *n.* (קוֹמְבֶּנֵישֶׁן) צֵרוּף, חִבּוּר; בְּרִית; קוֹמְבִּינַצְיָה; צֹפֶן פְּתִיחָה (של מנעול)

combine' *v.t. & i.* (קֶמְבַּין) צֵרֵף, חִבֵּר, הִרְכִּיב; הִתְאַחֵד, הִתְחַבֵּר

com'bine *n.* (קוֹמְבַּין) צֵרוּף, חִבּוּר, קוֹמְבִּינַצְיָה; אִחוּד, אִגּוּד; קוֹמְבַּיְן

combus'tion *n.* (קֶמְבַּסְצ'ן) שְׂרֵפָה, בְּעֵירָה; חִמְצוּן אִטִּי

come *v.i. & t.* (קַם) בָּא, קָרַב, נִגַּשׁ; הוֹפִיעַ; הִגִּיעַ; הִסְתַּדֵּר; נוֹלַד; נַעֲשָׂה

— about קָרָה

— back חָזַר

— down with לָקָה בְּ־

— forward הִתְנַדֵּב

— in for קִבֵּל

— into קִבֵּל; יָרַשׁ

— off קָרָה; הִסְתַּיֵּם

— out הִתְפַּרְסֵם; הוֹפִיעַ; הִתְגַּלָּה; נִכְנַס לַחֶבְרָה; הִסְתַּיֵּם

— over קָרָה

— to הִסְתַּכֵּם; חָזַר לְהַכָּרָה

— up עָלָה

come'dian *n.* (קֶמִידִיאֶן) קוֹמִיקָן; מְחַבֵּר קוֹמֶדְיוֹת

com'edy *n.* (קוֹמֶדִי) קוֹמֶדְיָה

come'ly *adj.* (קַמְלִי) יָפָה, חִנָּנִית; יָאֶה

com'et *n.* (קוֹמִט) כּוֹכַב שָׁבִיט

com'fort *v.t. & i. & n.* (קַמְפֶרְט) נִחֵם, עוֹדֵד; נֶחָמָה; נוֹחִיּוּת

comf'ortable *adj.* (קַמְפְטֶבֶּל) נוֹחַ

com'forter *n.* (קַמְפֶרְטֶר) מְנַחֵם; סוּדָר; צֶמֶר; כֶּסֶת

com'ic *adj. & n.* (קוֹמִק) קוֹמִי; מְבַדֵּחַ; קוֹמִיקָן

co'ming *n. & adj.* (קַמִנְג) בּוֹא; הַקָּרוֹב

com'ma *n.* (קוֹמָה) פְּסִיק

command' *n. & v.t. & i.* (קֲמֶנְד) פְּקֻדָּה, צַו; פִּקּוּד; שְׁלִיטָה; צִוָּה, פָּקַד עַל; דָּרַשׁ; שָׁלַט בּ־; נִשְׁקַף עַל

— **ing** *adj.* מַטִּיל מָרוּת; מַרְשִׁים; מְפַקֵּד עַל; חוֹלֵשׁ עַל; מַשְׁפִּיעַ עַל יְדֵי מִקּוּמוֹ

com"mandeer' *v.t.* (קוֹמֶנְדִיר) גַּיֵּס לְשֵׁרוּת צְבָאִי (אזרח); תָּפַס לְשִׁמּוּשׁ צִבּוּרִי, הִפְקִיעַ

comman'der *n.* (קֲמֶנְדֶר) מְפַקֵּד; סְגָן אַלּוּף (בחיל הים של ארה"ב)

command'ment *n.* (קֲמֶנְדְמֶנְט) פְּקֻדָּה, מִצְוָה; דִּבֵּר

commem'orate *v.t.* (קֲמֶמֲרֵיט) הִזְכִּיר, שִׁמֵּשׁ לְזֵכֶר־; כִּבֵּד זֵכֶר

commence' *v.t. & i.* (קֲמֶנְס) הִתְחִיל, פָּתַח בּ־

commence'ment *n.* (קֲמֶנְסְמֶנְט) הַתְחָלָה; פְּתִיחָה; טֶקֶס סִיּוּם, יוֹם סִיּוּם

commend' *v.t.* (קֲמֶנְד) הִלֵּל, הִמְלִיץ עַל; הִפְקִיד; צִיֵּן לְשֶׁבַח

commend'able *adj.* (קֲמֶנְדֲבְּל) רָאוּי לְשֶׁבַח

com"menda'tion *n.* (קוֹמֲנְדֵישְׁן) הַמְלָצָה, שֶׁבַח; צִיּוּן לְשֶׁבַח

commen'surate *adj.* (קֲמֶנְשֲׁרִיט) שָׁוֶה לְ־; מַקְבִּיל לְ־; מַסְפִּיק

com'ment *n. & v.i. & t.* (קוֹמֶנְט) הֵעִיר, פֵּרֵשׁ, רָשַׁם הֶעָרוֹת; הֶעָרָה, פֵּרוּשׁ

com'mentary *n.* (קוֹמֲנְטֶרִי) הֶעָרָה, פֵּרוּשׁ, הֶסְבֵּר; פַּרְשָׁנוּת

com'mentator *n.* (קוֹמֲנְטֵיטֲר) פַּרְשָׁן

com'merce *n.* (קוֹמֶרְס) מִסְחָר; יַחֲסֵי חֶבְרָה; יְחָסִים מִינִיִּים; הַחֲלָפַת דֵּעוֹת

chamber of — לִשְׁכַּת מִסְחָר

com'mercial *adj. & n.* (קֲמֶרְשֶׁל) מִסְחָרִי; הוֹדָעַת פִּרְסוּם

commis'erate *v.t. & i.* (קֲמִזֲרֵיט) רִחֵם עַל; הִשְׁתַּתֵּף בְּצַעַר

commis'sion *n.* (קֲמִישְׁן) הַפְקָדָה, פְּקֻדָּה; סַמְכוּת; כְּתַב מִנּוּי; וַעֲדָה, מִשְׁלַחַת; בִּצּוּעַ; יִפּוּי כֹּחַ; עֲמָלָה

out of — אֵינוֹ פּוֹעֵל

— *v.t.* הֶעֱנִיק כְּתַב מִנּוּי; שָׁלַח לְשֵׁרוּת פָּעִיל; הִזְמִין

commis'sioner *n.* (קֲמִשֲׁנֶר) נְצִיב

commit' *v.t.* (קֲמִט) הִפְקִיד בִּידֵי; הִתְחַיֵּב, הִצְהִיר עַל עֶמְדָּה; דָּן לִכְלִיאָה בְּמוֹסָד; מָסַר; בִּצַּע

commit'ment *n.* (קֲמִטְמֶנְט) הַפְקָדָה; כְּלִיאָה בְּמוֹסָד; פְּקֻדַּת כְּלִיאָה; בִּצּוּעַ; הִתְחַיְּבוּת, הַצְהָרַת עֶמְדָּה; מְעֹרָבוּת, מְחֻיָּבוּת

commit'tal *n.* (קֲמִטְל) כְּלִיאָה; הַצְהָרַת עֶמְדָּה

commit'tee *n.* (קֲמִטִי) וַעַד

commod'ity *n.* (קֲמוֹדִטִי) מִצְרָךְ

com'mon *adj.* (קוֹמֶן) מְשֻׁתָּף; צִבּוּרִי; מְאֻחָד; יָדוּעַ לְשִׁמְצָה; נָפוֹץ; נָדוֹשׁ; נְחוּת; גַּס; פָּשׁוּט

—(s) אֲדָמָה צִבּוּרִית

House of Commons בֵּית הַנִּבְחָרִים (בבריטניה)

com'moner *n.* (קוֹמֲנֶר) אֶזְרָח פָּשׁוּט (שלא ממעמד האצולה)

com'monplace" *adj. & n.* (קוֹמֲנְפְּלֵיס) רָגִיל, פָּשׁוּט, שִׁגְרָתִי, נָדוֹשׁ; אִמְרָה נְדוֹשָׁה; דָּבָר לֹא־מְעַנְיֵן

com'monwealth" *n.* (קוֹמֲנְוֶלְתּ׳) חֶבֶר עַמִּים; פֶדֶרַצְיָה שֶׁל מְדִינוֹת; מְדִינָה (עצמאית – חברה בברית מדינות); קְהִלִּיָּה

commo'tion *n.* (קֲמוֹשְׁן) מְהוּמָה; תְּסִיסָה

commun'al *n. adj.* (קוֹמְיֻנַל) קְהִלָּתִי, עֲדָתִי, צִבּוּרִי

commune' *v.i. & n.* (קֲמְיוּן) שׂוֹחַח עִם (בצורה אינטימית); הִתְיָעֵץ עִם; קוֹמוּנָה, קְהִלָּה

commu'nicate *v.t.i.* (קֲמְיוּנִקֵיט) הוֹדִיעַ, הֶעֱבִיר, מָסַר; נִהֵל קֶשֶׁר; גִּלָּה בְּקַלּוּת; הָיָה בַּעַל מַעֲבָר מְשֻׁתָּף; אָכַל לֶחֶם קֹדֶשׁ (בנצרות)

commu"nica'tion *n.* (קֲמְיוּנֲקֵישְׁן) הִתְקַשְּׁרוּת; הוֹדָעָה; שֶׁדֶר; תִּקְשֹׁרֶת

—s תִּקְשֹׁרֶת

commu'nica"tive *adj.* (קֲמְיוּנֲקֵיטִב) נוֹחַ לְהִתְקַשְּׁרוּת; שֶׁל תִּקְשֹׁרֶת

commu'nion *n.* (קֲמְיוּנְיֲן) הִשְׁתַּתְּפוּת; קֶשֶׁר אִינְטִימִי, הִתְקַשְּׁרוּת; אֱמוּנָה (דתית)

commun′nique *n.* (קָמְיוּנֶקִי) הוֹדָעָה רִשְׁמִית

com′munis″m *n.* (קוֹמְיֻנִזְם) קוֹמוּנִיזְם

commu′nity *n.* (קָמְיוּנִטִי) קְהִלָּה, עֵדָה; צִבּוּר; קְהִלִּיָּה; שֻׁתָּפוּת, הַתְאָמָה

commute′ *v.t. & i.* (קָמְיוּט) הֶחֱלִיף, שִׁנָּה; הֵמְתִּיק (דין); נָסַע בִּקְבִיעוּת (בין פרבר העיר למרכזה וכו׳)

com′pact *n. & adj.* (קוֹמְפֶּקְט) חוֹזֶה, הֶסְכֵּם; פּוּדְרִיָּה; מְכוֹנִית קְטַנָּה וְחֶסְכוֹנִית; מוּצָק, דָּחוּס, מְעֻבֶּה; תּוֹפֵס מְעַט מָקוֹם; קָטָן וְחֶסְכוֹנִי; תַּמְצִיתִי

compan′ion *n.* (קַמְפֶּנְיַן) רֵעַ, חָבֵר; בֶּן־לְוָיָה; מַדְרִיךְ

com′pany *n.* (קַמְפֶּנִי) חֶבְרָה; אוֹרְחִים; פְּלֻגָּה; לַהֲקָה; צֶוֶת

keep — (במטרת נישואים) הִתְרוֹעֵעַ; הִתְקַשֵּׁר

part — נִתֵּק רֵעוּת, חָלַק עַל; נִפְרַד מִן

com′parable *adj.* (קוֹמְפֶּרֶבְּל) נִתָּן לְהַשְׁוָאָה; רָאוּי לְהַשְׁוָאָה; דּוֹמֶה

compar′ative *adj. & n.* (קוֹמְפֶּרַטִב) הַשְׁוָאָתִי, מַשְׁוֶה; יַחֲסִי; עֵרֶךְ הַיִּתְרוֹן

compare′ *v.t. & i.* (קַמְפֵּר) הִשְׁוָה; הִשְׁתַּוָּה, דָּמָה

compar′ison *n.* (קַמְפֶּרִסְן) הַשְׁוָאָה, דִּמְיוֹן

compart′ment *n.* (קַמְפַּרְטְמֶנְט) תָּא

com′pass *n.* (קַמְפֶּס) מַצְפֵּן; הֶקֵּף, תְּחוּם, שֶׁטַח; מְחוּגָה

compas′sion *n.* (קַמְפֶּשְׁן) רַחֲמָנוּת, חֶמְלָה

compas′sionate *adj.* (קַמְפֶּשֶׁנִט) רַחְמָן, חַנּוּן

compat′ible *adj.* (קַמְפֶּטִבְּל) מְסֻגָּל לְהִתְקַיֵּם יַחַד; מַתְאִים; מִשְׁתַּוֶּה; מִתְיַשֵּׁב עִם

compel′ *v.t. & i.* (קַמְפֶּל) הִכְרִיחַ; כָּפָה; הִכְנִיעַ; הִשְׁפִּיעַ הַשְׁפָּעָה מוּחֶצֶת

com′pensate″ *v.t. & i.* (קוֹמְפֶּנְסֵיט) פִּצָּה; קִזֵּז; הָיָה שָׁוֶה לְ־; אִזֵּן; כִּפֵּר עַל

com″pensa′tion *n.* (קוֹמְפֶּנְסֵישְׁן) פִּצּוּי

compete′ *v.i.* (קַמְפִּיט) הִתְחָרָה; הִשְׁתַּתֵּף בְּהִתְחָרוּת

com′petent *adj.* (קוֹמְפֶּטֶנְט) קוֹמְפֶּטֶנְטִי; מֻסְמָךְ; בָּקִי, מֻכְשָׁר בְּצוּרָה מַסְפִּיקָה; מַסְפִּיק

competit′ion *n.* (קוֹמְפֶּטִישְׁן) תַּחֲרוּת

compet′itor *n.* (קַמְפֶּטִטְר) מִתְחָרֶה, יָרִיב

compile′ *v.t.* (קַמְפַּיל) חִבֵּר; אָסַף

compla′cent *adj.* (קַמְפְּלֵיסֶנְט) שַׁאֲנָן; מְרֻצֶּה מִמַּעֲשָׂיו

complain′ *v.i. & t.* (קַמְפְּלֵין) הִתְאוֹנֵן; הִגִּישׁ מְחָאָה

complaint′ *n.* (קַמְפְּלֵינְט) תְּלוּנָה; חֹלִי

complai′sant *adj.* (קַמְפְּלֵיסֶנְט) נוֹחַ; מְבַקֵּשׁ לִמְצוֹא חֵן

com′plement *n. & v.t.* (קוֹמְפְּלֶמֶנְט) הַשְׁלָמָה; מַשְׁלִים; תִּקֵּן מָלֵא; הִשְׁלִים

complete′ *adj. & v.t.* (קַמְפְּלִיט) שָׁלֵם; מֻשְׁלָם; מֻחְלָט; הִשְׁלִים; סִיֵּם

complete′ly *adv.* (קַמְפְּלִיטְלִי) כָּלִיל; לַחֲלוּטִין

com′plex *adj. & n.* (קוֹמְפְּלֶקְס) מֻרְכָּב; מְסֻבָּךְ; תִּסְבֹּכֶת; תַּסְבִּיךְ; תִּשְׁלֹבֶת

comple′xion *n.* (קַמְפְּלֶקְשְׁן) גּוֹן (עור); מַרְאֶה

compli′ance *n.* (קַמְפְּלַיאֶנְס) הֵעָנוּת; כְּנִיעָה, צִיּוּת, שִׁתּוּף

comp′licate *v.t.* (קוֹמְפְּלֶקֵיט) סִבֵּךְ

complica′tion *n.* (קוֹמְפְּלֶקֵישְׁן) סִבּוּךְ; הִסְתַּבְּכוּת

com′pliment *n. & v.t. & i.* (קוֹמְפְּלְמֶנְט) מַחֲמָאָה; הֶחֱמִיא, חִלֵּק מַחֲמָאָה; בֵּרַךְ; הֶעֱנִיק טוֹבָה

comply′ *v.i.* (קַמְפְּלַי) מִלֵּא; נַעֲנָה, צִיֵּת

compon′ent *adj. & n.* (קַמְפּוֹנֶנְט) מַרְכִּיב, חֵלֶק, רָכִיב

comport′ *v.t. & i.* (קַמְפּוֹרְט) הִתְנַהֵג; תָּאַם

compose′ *v .t. & i.* (קַמְפּוֹז) חִבֵּר; הִרְכִּיב, הִוָּה; עָרַךְ; אִרְגֵּן הַמַּרְכִּיבִים; יָצַר; הִלְחִין; יִשֵּׁב (סכסוך); הִרְגִּיעַ; הִסְתַּדֵּר

composed′ *adj.* (קַמְפּוֹזְד) שָׁלֵו, רָגוּעַ

compo′ser *n.* (קַמְפּוֹזֶר) מַלְחִין, קוֹמְפּוֹזִיטוֹר; מַרְכִּיב

compos′ite *adj.* (קַמְפּוֹזִט) מֻרְכָּב מִיסוֹדוֹת שׁוֹנִים; מִמִּשְׁפַּחַת הַמֻּרְכָּבִים (בוטניקה)

com″posi′tion *n.* (קוֹמְפֶּזִשְׁן) חִבּוּר; מִבְנֶה; הֶרְכֵּב; תַּרְכִּיב; קוֹמְפּוֹזִיצְיָה; יִשּׁוּב (סכסוך), פְּשָׁרָה; סִדּוּר (אותיות)

compos′itor *n.* (קַמְפּוֹזִטֶר) סַדָּר (דפוס)

compos′ure *n.* (קַמְפּוֹז׳ר) יִשּׁוּב דַּעַת; שַׁלְוָה

com′pound *adj. & n.* (קוֹמְפַּאוּנְד) מְרֻכָּב; תִּרְכֹּבֶת; שֶׁטַח גָּדוּר

— *v.t. & i.* עִרְבֵּב; חִבֵּר; הִוָּה; שִׁלֵּם רִבִּית דְּרִבִּית; הִגְבִּיר; הִתְפַּשֵּׁר

com″prehend′ *v.t.* (קוֹמְפְּרִהֶנְד) הֵבִין, הִשִּׂיג, תָּפַס; הִקִּיף, כָּלַל

com″prehen′sion *n.* (קוֹמְפְּרִהֶנְשֶׁן) הֲבָנָה, תְּבוּנָה, הַשָּׂגָה, תְּפִיסָה; כְּלִילָה

com″prehen′sive *adj.* (קוֹמְפְּרִהֶנְסִב) מַקִּיף, כּוֹלֵל; מֵבִין, תּוֹפֵס

compress′ *v.t.* (קַמְפְּרֶס) דָּחַס

com′press *n.* (קוֹמְפְּרֶס) אִסְפְּלָנִית, תַּחְבֹּשֶׁת

compres′sor *n.* (קַמְפְּרֶסְר) מַדְחֵס

comprise′ *v.t.* (קַמְפְּרַיז) כָּלַל; הָיָה מֻרְכָּב מִן; הִוָּה

comp′romise″ *n. & v.t. & i.* (קוֹמְפְּרַמַיז) פְּשָׁרָה; סִכּוּן, חֲשִׂיפָה לַחֲשָׁד; הִתְפַּשֵּׁר; חָשַׂף הַשֵּׁם הַטּוֹב לַחֲשָׁד; הִשְׁפִּיעַ הַשְׁפָּעָה שְׁלִילִית; וִתֵּר בְּצוּרָה מַחְפִּירָה

compul′sion *n.* (קַמְפַּלְשֶׁן) הֶכְרֵחַ, כְּפִיָּה, לַחַץ

compul′sory *adj.* (קַמְפַּלְסַרִי) הֶכְרֵחִי, שֶׁל חוֹבָה

compunc′tion *n.* (קַמְפַּנְקְשֶׁן) מוּסַר כְּלָיוֹת, חֲרָטָה, חֹסֶר וַדָּאוּת בְּצִדְקַת מַעֲשֶׂה

compute′ *v.t. & i.* (קַמְפְּיוּט) חִשֵּׁב

compu′ter *n.* (קַמְפְּיוּטְר) מְחַשֵּׁב; מַחְשֵׁב

com′rade *n.* (קוֹמְרֶד) חָבֵר, יְדִיד, רֵעַ; קוֹמוּנִיסְט

concave′ *adj.* (קוֹנְקֵיב) קָעוּר

conceal *v.t.* (קַנְסִיל) הִסְתִּיר, כִּסָּה, חִפָּה עַל

concede′ *v.t. & i.* (קַנְסִיד) הוֹדָה, אִשֵּׁר נִצָּחוֹן; וִתֵּר עַל, עָשָׂה וִתּוּר

conceit *n.* (קַנְסִיט) יְהִירוּת; רַעְיוֹן; דִּמְיוֹן; קַפְּרִיזָה

concei′ted *adj.* (קַנְסִיטְד) יָהִיר

concei′vable *adj.* (קַנְסִיוַבְּל) עוֹלֶה עַל הַדַּעַת

conceive′ *v.t. & i.* (קַנְסִיב) דִּמָּה, הֶעֱלָה עַל הַדַּעַת; סָבַר, חָשַׁב, הָגָה; חָשׁ; הוֹלִיד; הָרָה; נוֹסַד, שֶׁמְּקוֹרוֹ –

con′centrate″ *v.t. & i. & n.* (קוֹנְסֶנְטְרֵיט) רִכֵּז; הִתְרַכֵּז; תַּרְכִּיז

con″centration *n.* (קוֹנְסֶנְטְרֵישְׁן) רִכּוּז; הִתְרַכְּזוּת; תְּשׂוּמֶת לֵב בִּלְעָדִית

con′cept *n.* (קוֹנְסֶפְּט) מֻשָּׂג, רַעְיוֹן

concep′tion *n.* (קַנְסֶפְּשֶׁן) מֻשָּׂג, רַעְיוֹן, הַעֲלָאָה עַל הַדַּעַת

concern′ *n. & v.t.* (קַנְסֶרְן) עִנְיָן; תְּפִיסָה; הֵרָיוֹן, הִתְעַבְּרוּת; רֵאשִׁית; תָּכְנִית; עֵסֶק; דְּאָגָה; יַחַס; מִפְעָל, חֶבְרָה, קוֹנְצֶרְן; נָגַע לְ־; הֶעֱסִיק, עִנְיֵן; הִדְאִיג

concerned *adj.* (קַנְסֶרְנְד) דּוֹאֵג, מְעֻנְיָן

concern′ing *prep.* (קַנְסֶרְנִנְג) עַל אוֹדוֹת, בְּעִנְיַן־; וַאֲשֶׁר לְ־

con′cert *n.* (קוֹנְסֶרְט) קוֹנְצֶרְט; הַסְכָּמָה, פְּעֻלָּה מְשֻׁתֶּפֶת

concer′ted *adj.* (קַנְסֶרְטַד) מֻסְכָּם, מְתֻכְנָן בְּשֻׁתָּפוּת, מְבֻצָּע תּוֹךְ שִׁתּוּף

conces′sion *n.* (קַנְסֶשְׁן) וִתּוּר; זִכָּיוֹן

concil′iate *v.t.* (קַנְסִלִיאֵיט) פִּיֵּס; רָכַשׁ; הֵבִיא לִידֵי הַשְׁלָמָה עִם

concil″ia′tion *n.* (קַנְסִלִיאֵישְׁן) פִּיּוּס, הַשְׁכָּנַת שָׁלוֹם

concil′iatory *adj.* (קַנְסִלִיאַטוֹרִי) פַּיְסָנִי

concise′ *adj.* (קַנְסַיס) תַּמְצִיתִי

concise′ness *n.* (קַנְסַיסְנִס) תַּמְצִיתִיּוּת

con′clave *n.* (קוֹנְקְלֵיב) אֲסֵפָה פְּרָטִית; כֶּנֶס חַשְׁמַנִּים (לבחירת אפיפיור)

conclude′ *v.t. & i.* (קַנְקְלוּד) סִיֵּם; הֵבִיא לִידֵי גְּמָר; הִסִּיק; הֶחֱלִיט; הִסְתַּיֵּם

conclu′sion *n.* (קַנְקְלוּז׳ן) סִיּוּם, גְּמָר; תּוֹצָאָה, פֹּעַל יוֹצֵא; הֶסְדֵּר סוֹפִי; הַחְלָטָה סוֹפִית; מַסְקָנָה

conclu′sive *adj.* (קַנְקְלוּסִב) מַכְרִיעַ, חוֹתֵךְ; מְסַיֵּם

concoct′ *v.t.* (קַנְקוֹקְט) הִמְצִיא, הִתְקִין

con′cord *n.* (קוֹנְקוֹרְד) הַסְכָּמָה; הֶסְכֵּם; הַרְמוֹנְיָה, הַתְאָמָה

concor′dance *n.* (קוֹנְקוֹרְדְנְס) קוֹנְקוֹרְדַנְצְיָה; הַסְכָּמָה, הַתְאָמָה

concrete′ *adj. & n.* (קוֹנְקְרִיט) מַמָּשִׁי, מְצִיאוּתִי, מוּחָשִׁי; עָשׂוּי בֶּטוֹן; בֶּטוֹן

con′cubine *n.* (קוֹנְקְיֻבַּין) פִּילֶגֶשׁ

concur′ *v.t. & i.* (קוֹנְקֶר) הִסְכִּים; שִׁתֵּף פְּעֻלָּה; אֵרַע בְּעֵת אַחַת

concus′sion *n.* (קֶנְקַשְׁן) זַעֲזוּעַ

condemn′ *v.t.* (קֶנְדֶם) הִרְשִׁיעַ; גִּנָּה; דָּן; גָּזַר לִפְסִילָה; הִכְרִיז כַּחֲשׁוּךְ מַרְפֵּא; גָּזַר עַל; הֶחֱרִים

condense′ *v.t. & i.* (קֶנְדֶנְס) דִּחֵס, עִבָּה; קִצֵּר; הִתְעַבָּה

conde″scend′ *v.t.* (קוֹנְדֶסֶנְד) מָחַל עַל כְּבוֹדוֹ; הוֹאִיל בְּטוּבוֹ

con′diment *n.* (קוֹנְדֶמֶנְט) תַּבְלִין

cond′ition *n. & v. t.* (קֶנְדִשְׁן) מַצָּב, מַעֲמָד; תְּנַאי, נְסִבָּה; הִכְשִׁיר, הִרְגִּיל, סִגֵּל; בָּדַק; הִתְנָה

condi′tional *adj.* (קֶנְדִשֶׁנְל) עַל תְּנַאי; בִּתְנַאי

condo′lence *n.* (קֶנְדוֹלֶנְס) הַבָּעַת תַּנְחוּמִים

condone′ *v.t.* (קֶנְדוֹן) הִתְעַלֵּם מ־; סָלַח

condu′ctive *adj.* (קֶנְדוּסִב) מְסַיֵּעַ ל־; מֵבִיא לִידֵי

conduct′ *v.t. & i.* (קֶנְדַקְט) נִהֵל; עָרַךְ; נִצֵּחַ עַל (תזמורת); הִתְנַהֵג; הוֹלִיךְ, לִוָּה

con′duct *n.* (קוֹנְדַקְט) הִתְנַהֲגוּת; נִהוּל; לִוּוּי, הַדְרָכָה; הַנְהָגָה

conduct′or *n.* (קֶנְדַקְטֶר) מְנַהֵל, מַדְרִיךְ; כַּרְטִיסָן; מְמֻנֶּה עַל צֶוֶת רַכֶּבֶת; מְנַצֵּחַ (תזמורת); מוֹלִיךְ

con′duit *n.* (קוֹנְדוִּט) צִנּוֹר, מוֹבִיל, מוֹבָל

cone *n.* (קוֹן) קוֹנוּס, חָרוּט

confec′tioner *n.* (קֶנְפֶקְשֶׁנֶר) מְיַצֵּר מַמְתַּקִּים; מוֹכֵר מַמְתַּקִּים

confed′eracy *n.* (קֶנְפֶדֶרַסִי) אִחוּד, בְּרִית; קְנוּנְיָה

confed′erate *n.* (קֶנְפֶדַרִט) שֻׁתָּף (לאיחוד, ברית, או קנוניה), בַּעַל בְּרִית; שֻׁתָּף לִדְבַר עֲבֵרָה

confer′ *v.t. & i.* (קֶנְפֶר) הֶעֱנִיק; נוֹעַץ, הִתְיָעֵץ

con′ference *n.* (קוֹנְפֶרֶנְס) וְעִידָה, אֲסֵפָה; לִיגָה (ספורט)

confess′ *v.t. & i.* (קֶנְפֶס) הוֹדָה עַל; הִתְוַדָּה; וִדָּה; הִכְרִיז עַל דְּבֵקוּתוֹ בּ־

confes′sion *n.* (קֶנְפֶשְׁן) הוֹדָאָה; וִדּוּי

confes′sional *n.* (קֶנְפֶשֶׁנְל) שֶׁל וִדּוּי; תָּא הִתְוַדּוּת

confes′sor *n.* (קֶנְפֶסֶר) מִתְוַדֶּה; מְוַדֶּה; דָּבֵק (בדת)

con″fidant′(e) (קוֹנְפֶדַנְט) אִישׁ [אֵשֶׁת] סוֹד

confide′ *v.i. & t.* (קֶנְפַיד) בָּטַח בּ־; נָתַן אֵמוּן בּ־; גִּלָּה סוֹדוֹת; שׂוֹחֵחַ עַל בְּעָיוֹת אִינְטִימִיּוֹת; הִפְקִיד בִּידֵי

con′fidence *n.* (קוֹנְפִדֶנְס) אֵמוּן; בִּטָּחוֹן עַצְמִי, הֶעָזָה; סוֹד

con′fident *adj.* (קוֹנְפִדֶנְט) בָּטוּחַ; בּוֹטֵחַ בְּעַצְמוֹ; נוֹעָז

con″fiden′tial *adj.* (קוֹנְפִדֶנְשֶׁל) סוֹדִי; שָׂם אֵמוּן בּ־; מֻפְקָד עַל עִנְיָנִים פְּרָטִיִּים; פְּנִימִי

confine′ *v.t. & i.* (קֶנְפַין) הִגְבִּיל, כָּלָא

—(s) *n.* תְּחוּם

confine′ment *n.* (קֶנְפַינְמֶנְט) כְּלִיאָה; לֵדָה

confirm′ *v.t.* (קֶנְפֶרְם) אִשֵּׁר; חִזֵּק

con″firma′tion *n.* (קוֹנְפֶרְמֵישְׁן) אִשּׁוּר; הוֹכָחָה; הַכְנָסָה בִּבְרִית (דת); בַּר־מִצְוָה, בַּת־מִצְוָה

con′fiscate *v.t.* (קוֹנְפִסְקֵיט) הֶחֱרִים, הִפְקִיעַ

con″flagra′tion *n.* (קוֹנְפְלַגְרֵישְׁן) דְּלֵקָה הַרְסָנִית

con′flict *n.* (קוֹנְפְלִקְט) קְרָב; מַאֲבָק; הִתְנַגְּשׁוּת; סִכְסוּךְ

conflict′ *v.t.* (קֶנְפְלִקְט) הִתְנַגֵּשׁ; נִלְחַם

con′fluence *n.* (קוֹנְפְלוּאֶנְס) מִפְגַּשׁ נְהָרוֹת; הִתְמַזְּגוּת; הָמוֹן

conform′ *v.i. & t.* (קֶנְפוֹרְם) תָּאַם; נִשְׁמַע ל־; דָּמָה; הִתְאִים עַצְמוֹ

confound′ *v.t.* (קוֹנְפַאוּנְד) הֵבִיךְ; בִּלְבֵּל; עִרְבֵּב; חָשַׁב בְּטָעוּת לְזֵהֶה; הִפְרִיךְ

confoun′ded *adj.* (קוֹנְפַאוּנְדִד) אָרוּר

confront′ *v.t.* (קֶנְפְרַנְט) עָמַד בִּפְנֵי; הִתְיַצֵּב נֶגֶד; הִצִּיג לִפְנֵי; הִשְׁוָה

confuse′ *v.t.* (קֶנְפְיוּז) בִּלְבֵּל, עִרְבֵּב; הֵבִיךְ; הֵעִיב עַל

confu′sion *n.* (קֶנְפְיוּזְ׳ן) בִּלְבּוּל, מְבוּכָה; תֹּהוּ וָבֹהוּ; עִרְפּוּל

congeal′ *v.t. & i.* (קֶנְג׳יל) הִקְרִישׁ, הִקְפִּיא; קָרַשׁ, קָפָא

congen′ial *adj.* (קֶנְג׳ינְיֶל) נוֹחַ

congen′ital *adj.* (קֶנְג׳נִטְל) מִלֵּדָה

conges'tion *n.* (קָנְגֶ'סְצ'ן) צְפִיפוּת, גֹּדֶשׁ

conglom"era'tion *n.* (קָנְגְלוֹמֶרֵישְׁן)
הִצְטַבְּרוּת, צְבִירָה, גִּבּוּב

congrat'ulate *v.t.* (קָנְגְרֶצְ'לֵיט) בֵּרֵךְ

congrat"ula'tion *n.* (קָנְגְרֶצְ'לֵישְׁן) בְּרָכָה,
אִחוּלִים

cong'regate *v.i.* & *t.* (קוֹנְגְרֵגֵיט)
הִקְהִיל, כִּנֵּס, אָסַף; הִתְאַסֵּף, הִתְקַהֵל

cong"rega'tion *n.* (קוֹנְגְרֵגֵישְׁן) הִתְקַהֲלוּת;
קְהִלָּה; עֵדָה

con'gress *n.* (קוֹנְגְרֶס) קוֹנְגְרֶס, בֵּית
נִבְחָרִים; הִתְכַּנְּסוּת, כִּנּוּס; יְחָסִים

conjec'ture *n.* & *v.t.* & *i.* (קָנְגֶ'קְצ'ר)
הַשְׁעָרָה; שִׁעֵר

con'jugal *adj.* (קוֹנְגֶ'גֶל) שֶׁל נִשּׂוּאִים;
שֶׁל יַחֲסֵי בַּעַל וְאִשָּׁה

con'jugate" *v.t.* (קוֹנְגֶ'גֵיט) נָטָה (דקדוק)

conjunc'tion *n.* (קָנְגֶ'נְקְשֶׁן) אִחוּד, חִבּוּר,
צֵרוּף; צֵרוּף מְאֹרָעוֹת; מִלַּת קִשּׁוּר

conjunc'tive *adj.* (קָנְגֶ'נְקְטִב) מְחַבֵּר; קָשׁוּר,
מְחֻבָּר

con'jure *v.t.* & *i.* (קוֹנְגֶ'ר) הִשְׁבִּיעַ, כִּשֵּׁף;
הֶעֱלָה

conjure' *v.t.* (קָנְגֶ'ר) הִתְחַנֵּן

connect' *v.t.* & *i.* (קָנֶקְט) קָשַׁר, חִבֵּר;
צֵרֵף; יִחֵס; הִתְקַשֵּׁר, הִתְחַבֵּר; קִיֵּם קֶשֶׁר

connec'tion *n.* (קָנֶקְשֶׁן) קֶשֶׁר, חִבּוּר; חֻלְיָה

conni'vance *n.* (קָנַיְוֶנְס) הִתְעַלְּמוּת (מפשע);
הַסְכָּמָה שֶׁבִּשְׁתִיקָה; הִשְׁתַּתְּפוּת חֲשָׁאִית;
הַשְׁלָמָה

con"noisseur' *n.* (קוֹנַסֶר) מֵבִין

con"nota'tion *n.* (קוֹנַטֵישְׁן) מַשְׁמָעוּת־לְוַאי;
רֶמֶז, הַשְׁלָכָה קוֹנוֹטַצְיָה

connu'bial *adj.* (קָנוּבִּיאֶל) שֶׁל נִשּׂוּאִים

con'quer *v.t.* & *i.* (קוֹנְקֶר) כָּבַשׁ, הִתְגַּבֵּר
עַל, נִצַּח; רָכַשׁ בְּמַאֲמָץ

con'queror *n.* (קוֹנְקֶרֶר) כּוֹבֵשׁ, מְנַצֵּחַ

con'quest *n.* (קוֹנְקְוֶסְט) כִּבּוּשׁ; רְכִישַׁת חִבָּה

con"sanguin'eous *adj.* (קוֹנְסֶנְגְוִינִיאֶס) שֶׁל
שְׁאֵר בָּשָׂר; קָרוֹב קִרְבַת־דָּם

con'science *n.* (קוֹנְשֶׁנְס) מַצְפּוּן

con"scien'tious *adj.* (קוֹנְשִׁיאֶנְשֶׁס) דַּיְקָן;
קַפְּדָן; בַּעַל מַצְפּוּן

con'scious *adj.* (קוֹנְשֶׁס) מַכִּיר בְּ־, מוּדָע
לְ־, עֵר לְ־; בְּהַכָּרָה; מֻרְגָּשׁ; בְּכַוָּנָה תְּחִלָּה

con'sciousness *n.* (קוֹנְשֶׁסְנֶס) הַכָּרָה,
תּוֹדָעָה, יְדִיעָה

conscrip'tion *n.* (קֶנְסְקְרִפְּשֶׁן) גִּיּוּס חוֹבָה

con'secrate *v.t.* (קוֹנְסֶקְרֵיט) הִקְדִּישׁ; קִדֵּשׁ

con'secra'tion *n.* (קוֹנְסֶקְרֵישְׁן) הַקְדָּשָׁה;
קִדּוּשׁ

consec'utive *adj.* (קֶנְסֶקְיֶטִב) רָצוּף, בָּזֶה
אַחַר זֶה

consen'sus *n.* (קֶנְסֶנְסֶס) הַסְכָּמָה כְּלָלִית,
דַּעַת הָרֹב; תְּמִימוּת דֵּעִים

consent' *v.t.* & *n.* (קֶנְסֶנְט) הִסְכִּים;
הַסְכָּמָה

con'sequence" *n.* (קוֹנְסֶקְוֶנְס) תּוֹצָאָה;
מַסְקָנָה; חֲשִׁיבוּת

con'sequent" *adj.* (קוֹנְסֶקְוֶנְט) מֵבִיא
לִידֵי; נִגְרָר; עוֹקֵב; כְּתוֹצָאָה מִ־

con"serva'tion *n.* (קוֹנְסֶרְוֵישְׁן) שְׁמִירָה;
שִׁמּוּר

conser'vative *adj.* & *n.* (קֶנְסֶרְוֶטִב) שַׁמְרָנִי,
שַׁמְרָן, קוֹנְסֶרְוָטִיבִי; זָהִיר, מָתוּן; מְשַׁמֵּר

conser'vatory *n.* (קֶנְסֶרְוֶטוֹרִי) קוֹנְסֶרְוָטוֹרְיוֹן

conserve' *v.t.* (קֶנְסֶרְב) שָׁמַר עַל, שִׁמֵּר;
שִׁמּוּרֵי פֵּרוֹת

consid'er *v.t.* & *i.* (קֶנְסִדֶר) שָׁקַל, הִרְהֵר,
עִיֵּן; סָבַר, חָשַׁב; שָׂם לֵב לְ־; הֶחְשִׁיב

consid'erable *adj.* (קֶנְסִדֶרֶבְּל) נִכָּר; רָאוּי
לְכָבוֹד

consid"era'tion *n.* (קֶנְסִדֶרֵישְׁן)
שִׁקּוּל; מַחֲשָׁבָה, הִרְהוּר; תְּמוּרָה; הִתְחַשְּׁבוּת;
חֲשִׁיבוּת; הוֹקָרָה

consign' *v.t.* (קֶנְסַין) מָסַר, הֶעֱבִיר לִידֵי,
הִפְקִיד; הִקְצָה; שָׁלַח, מִעֵן מִשְׁלוֹחַ

consign'ment *n.* (קֶנְסַינְמֶנְט) הַעֲבָרָה,
מִשְׁלוֹחַ

consist' *v.i.* (קֶנְסִסְט) הָיָה מֻרְכָּב מִן;
תָּאַם

consis'tency *n.* (קֶנְסִסְטֶנְסִי) הִתְלַכְּדוּת;
צְפִיפוּת, קַשְׁיוּת, צְמִיגוּת; עִקְבִיּוּת; תֵּאוּם

consis'tent *adj.* (קֶנְסִסְטֶנְט) עִקְבִי; מְגֻבָּשׁ

con"sola'tion *n.* (קוֹנְסֶלֵישְׁן) נֶחָמָה, עִדּוּד

console' *v.t.* (קֶנְסוֹל) נִחֵם; עוֹדֵד

consol'idate *v.t. & i.* (קֲנְסוֹלִדֵיט) לִכֵּד, אִחֵד; חִזֵּק, מִצֵּק; הִתְלַכֵּד, הִתְאַחֵד; הִתְמַצֵּק

con'sonant *n. & adj.* (קוֹנְסֲנֲנְט) עִצּוּר; תּוֹאֵם

con'sort *n. & v.i. & t.* (קוֹנְסוֹרְט) בַּעַל, אִשָּׁה, בֶּן־זוּג; הִתְחַבֵּר; תֹּאַם

conspic'uous *adj.* (קֲנְסְפִּקְיוּאֲס) בּוֹלֵט, מִתְבַּלֵּט

conspir'acy *n.* (קֲנְסְפִּרֲסִי) קְנוּנְיָה, קֶשֶׁר; קְבוּצַת קוֹשְׁרִים; שִׁתּוּף פְּעֻלָּה

conspir'ator *n.* (קֲנְסְפִּרֲטֶר) קוֹשֵׁר; מִשְׁתַּתֵּף בִּקְנוּנְיָה

conspire' *v.i. & t.* (קֲנְסְפַּיר) זָמַם, קָשַׁר; שִׁתֵּף פְּעֻלָּה

constab'ulary *n.* (קֲנְסְטֶבְּיֻלֲרִי) חֵיל שׁוֹטְרִים

con'stable *n.* (קוֹנְסְטֲבְּל) שְׁלִיחַ בֵּית מִשְׁפָּט; שׁוֹטֵר

con'stancy *n.* (קוֹנְסְטֲנְסִי) יַצִּיבוּת, נֶאֱמָנוּת; אֲחִידוּת

con'stant *adj.* (קוֹנְסְטֲנְט) יַצִּיב, אָחִיד; קָבוּעַ, תְּמִידִי, מַתְמִיד, חוֹזֵר; נֶאֱמָן; דָּבֵק בְּמַטָּרָה

con"stella'tion *n.* (קוֹנְסְטֲלֵישְׁן) קְבוּצַת כּוֹכָבִים, קוֹנְסְטֶלַצְיָה

con"sterna'tion *n.* (קוֹנְסְטֲרְנֵישְׁן) תִּמָּהוֹן וּמְבוּכָה; בֶּהָלָה

con"stipa'tion *n.* (קוֹנְסְטִפֵּישְׁן) עֲצִירוּת

constit'uency *n.* (קֲנְסְטִצ'וּאֲנְסִי) צִבּוּר בּוֹחֲרִים (של מחוז מסוים); מְחוֹז בְּחִירוֹת

constit'uent *adj. & n.* (קֲנְסְטִצ'וּאֲנְט) מַרְכִּיב; מְכוֹנֵן; רְכִיב; בּוֹחֵר

con'stitute" *v.t.* (קוֹנְסְטִטוּט) הִרְכִּיב, הִוָּה; מִנָּה; כּוֹנֵן, יָסַד

con"stitu'tion *n.* (קוֹנְסְטִטוּשְׁן) הֶרְכֵּב; מַצָּב גּוּפָנִי; אֹפִי; יְסוֹד; הִתְהַוּוּת; תִּקּוּן, חֻקָּה

con"stitu'tional *n.* (קוֹנְסְטִטוּשֲׁנֲל) שַׁיָּךְ לָאִישִׁיּוּת; מֵיטִיב לַבְּרִיאוּת; תַּמְצִיתִי; תַּחֲקוּנִי, בְּהֶתְאֵם לַחֻקָּה

— *n.* טִיּוּל (לשמירה על הבריאות)

constrain' *v.t.* (קֲנְסְטְרֵין) הִכְרִיחַ, חִיֵּב; כָּלָא, עָצַר; דִּכֵּא

constric'tion *n.* (קֲנְסְטְרִקְשְׁן) הֲצָרוּת; כִּוּוּץ

construct' *v.t.* (קֲנְסְטְרַקְט) בָּנָה, הֵקִים

construc'tion *n.* (קֲנְסְטְרַקְשְׁן) בְּנִיָּה; מִבְנֶה; הֶסְבֵּר

construc'tive *adj.* (קֲנְסְטְרַקְטִב) קוֹנְסְטְרוּקְטִיבִי, יַצְרָנִי; נִרְמָז

construe' *v.t.* (קֲנְסְטְרוּ) הִסְבִּיר, פֵּרֵשׁ; הִסִּיק; תִּרְגֵּם (תרגום מלולי)

con'sul *n.* (קוֹנְסֲל) קוֹנְסוּל

con'sulate *n.* (קוֹנְסֲלֲט) קוֹנְסוּלְיָה; כְּהֻנַּת קוֹנְסוּל; תְּקוּפַת כְּהֻנָּה שֶׁל קוֹנְסוּל

consult' *v.t. & i.* (קֲנְסַלְט) הִתְיָעֵץ עִם; פָּנָה (בשביל מידע); הִתְחַשֵּׁב בּ־

consume' *v.t. & i.* (קֲנְסוּם) צָרַךְ, הִשְׁתַּמֵּשׁ בּ־; אָכַל; הִשְׁמִיד, כִּלָּה; בִּזְבֵּז; סָפַג; כָּלָה

consu'mer *n.* (קֲנְסוּמֶר) צַרְכָן; מְכַלֶּה

con"summa'tion *n.* (קוֹנְסֲמֵישְׁן) סִיּוּם, הַשְׁלָמָה; הֲבָאָה לְשִׂיא; מִמּוּשׁ (נישואים — ע"י יחסים מיניים)

consump'tion *n.* (קֲנְסַמְפְּשֲׁן) צְרִיכָה; הַשְׁמָדָה; שַׁחֶפֶת

consump'tive *adj. & n.* (קֲנְסַמְפְּטִב) צַרְכָנִי; הַרְסָנִי; בַּזְבְּזָנִי; חוֹלֵה שַׁחֶפֶת

con'tact *n. & v.t. & i.* (קוֹנְטֶקְט) מַגָּע, קֶשֶׁר; קְשָׁרִים; קִשֵּׁר; הִתְקַשֵּׁר

contag'ious *adj.* (קֲנְטֵיגֲ'ס) מִדַּבֵּק; מַדְבִּיק (מחלה); מִתְפַּשֵּׁט

contain' *v.t.* (קֲנְטֵין) הֵכִיל; שָׁלַט בּ־; עָצַר; מָנַע

contam'inate" *v.t. & i.* (קֲנְטֶמִנֵיט) זִהֵם; טִמֵּא

con'template" *v.t. & i.* (קוֹנְטֶמְפְּלֵיט) צָפָה, הִתְבּוֹנֵן; הָגָה, הִרְהֵר, שָׁקַל

con"templa'tion *n.* (קוֹנְטֶמְפְּלֵישְׁן) צְפִיָּה, הִתְבּוֹנְנוּת; הִרְהוּר; תַּכְלִית; סִכּוּי

contem"pora'neous, contem'porar"y *adj. & n.* (קֲנְטֶמְפֲּרֵינִיאֲס; קֲנְטֶמְפֲּרֶרִי) בֶּן זְמַן־; בֶּן דּוֹר; בֶּן אוֹתָהּ תְּקוּפָה; בֶּן הַזְּמַן הַזֶּה; בֶּן אוֹתוֹ גִּיל

contempt' *n.* (קֲנְטֶמְפְּט) בּוּז; בִּזָּיוֹן

contemp'tible *adj.* (קֲנְטֶמְפְּטֲבְּל) נִבְזֶה, בָּזוּי

contempt'uous *adj.* (קֲנְטֶמְצ'וּאֲס) מְזַלְזֵל, מֵקֵל רֹאשׁ בּ־; מִתְיַחֵס בְּבוּז

contend' *v.i. & t.* (קַנְטֶנְד) טָעַן, קָבַע; נֶאֱבַק, הִתְחָרָה עַל

content' *adj.* (קַנְטֶנְט) מְרֻצֶּה, שָׂמֵחַ בְּחֶלְקוֹ

con'tent(s) *n.* (קוֹנְטֶנְט[ס]) תֹּכֶן; תְּכוּלָה, נֶפַח, גֹּדֶל

conten'ted *adj.* (קַנְטֶנְטֶד) מְרֻצֶּה, שָׂמֵחַ בְּחֶלְקוֹ

conten'tion *n.* (קַנְטֶנְשֶׁן) מַאֲבָק; תַּחֲרוּת; קְבִיעָה, טַעֲנָה

con'test *n.* (קוֹנְטֶסְט) מַאֲבָק; תַּחֲרוּת; סִכְסוּךְ

contest' *v.t & i.* (קַנְטֶסְט) נֶאֱבַק, לָחַם; הִתְוַכֵּחַ; עִרְעֵר עַל, חָלַק עַל; הִתְחָרָה

con'text *n.* (קוֹנְטֶקְסְט) הֶקְשֵׁר

con'tinent *n. & adj.* (קוֹנְטִנֶנְט) יַבֶּשֶׁת; יַבָּשָׁה; יַבֶּשֶׁת אֵירוֹפָּה (להוציא בריטניה); כּוֹבֵשׁ יִצְרוֹ

contin'gency *n.* (קַנְטִנְגֶ'נְסִי) תְּלוּת בְּמִקְרֶה; תְּלוּת בְּמִלּוּי תְּנַאי; מִקְרֶה (לא בטוח), אֶפְשָׁרוּת

contin'ual *adj.* (קַנְטִנְיוּאַל) תְּמִידִי, מִתְמִיד, נִמְשָׁךְ; חוֹזֵר וְנִשְׁנֶה

contin'uance *n.* (קַנְטִנְיוּאַנְס) הַמְשָׁכָה, הַמְשָׁכוּת, הַתְמָדָה; הֶמְשֵׁךְ

contin"ua'tion *n.* (קַנְטִנְיוּאֵישֶׁן) הַמְשָׁכָה, הַמְשָׁכוּת; הַאֲרָכָה; הֶמְשֵׁךְ

contin'ue *v.i. & t.* (קַנְטִנְיוּ) נִמְשַׁךְ; שָׁהָה; הִמְשִׁיךְ, הֶאֱרִיךְ; הוֹסִיף

con"tinu'ity *n.* (קוֹנְטִנְאוּאִטִי) רְצִיפוּת

contin'uous *adj.* (קַנְטִנְיוּאַס) רָצִיף, נִמְשָׁךְ; חוֹזֵר וְנִשְׁנֶה; לְלֹא הַפְסָקָה

contor'tion *n.* (קַנְטוֹרְשֶׁן) עִקּוּם, עִוּוּת

con'tour *n.* (קוֹנְטוּר) מִתְאָר

con'traband" *n.* (קוֹנְטְרֶבֶּנְד) סְחוֹרָה אֲסוּרָה; אָסוּר בְּיִבּוּא וְיִצּוּא; סְחוֹרָה מֻבְרַחַת; הַבְרָחָה

con"tracep'tion *n.* (קוֹנְטְרֶסֶפְּשֶׁן) מְנִיעַת הֵרָיוֹן; פִּקּוּחַ עַל הַיְלוּדָה

con'tract *n. & v.t.* (קוֹנְטְרֶקְט) חוֹזֶה;

con"tracep'tive *adj. & n.* (קוֹנְטְרֶסֶפְּטִב) מוֹנֵעַ הֵרָיוֹן; אֶמְצָעִי מְנִיעָה

אֵרוּסִים; קָבַע (בחוזה)

contract' *v.t. & i.* (קַנְטְרֶקְט) כִּוֵּץ, קִמֵּט; קִצֵּר; הִתְקַשֵּׁר בְּ־; לָקָה בְּ־; הֵבִיא עַל עַצְמוֹ; הִתְכַּוֵּץ; חָתַם עַל חוֹזֶה

contrac'tion *n.* (קַנְטְרֶקְשֶׁן) כִּוּוּץ; קִצּוּר; הִתְחַיְּבוּת חוֹזִית

con'tractor *n.* (קוֹנְטְרֶקְטֶר) קַבְּלָן; מְכַוֵּץ

con"tradict' *v.t. & i.* (קוֹנְטְרֶדִקְט) סָתַר (דבר); הִכְחִישׁ; שָׁלַל

con"tradic'tion *n.* (קוֹנְטְרֶדִקְשֶׁן) סְתִירָה, הַכְחָשָׁה

con"tradic'tory *adj.* (קוֹנְטְרֶדִקְטֶרִי) סוֹתֵר, מְנֻגָּד

con'trary *adj.* (קוֹנְטְרֶרִי) מְנֻגָּד; הָפוּךְ; סַרְבָּן

— *n.* הֵפֶךְ, הִפּוּךְ

on the — אַדְּרַבָּה, לְהֵפֶךְ

con'trast *n.* (קוֹנְטְרֶסְט) נִגּוּד, שֹׁנִי מֻחְלָט; שׁוֹנֶה בְּתַכְלִית

contrast' *v.t. & i.* (קַנְטְרֶסְט) הִצִּיג נִגּוּדִים, הִצִּיג שֹׁנִי

contrib'ute *v.t. & i.* (קַנְטְרִבְּיוּט) תָּרַם, נִדֵּב; פִּרְסֵם יְצִירָה

con"trib'ution *n.* (קוֹנְטְרִבְּיוּשֶׁן) תְּרוּמָה; פְּרִי־עֵט; מַס

contrite' *adj.* (קַנְטְרַיט) מִתְחָרֵט; חוֹזֵר בִּתְשׁוּבָה

contriv'ance *n.* (קַנְטְרַיְוַנְס) מִתְקָן; הַמְצָאָה; תָּכְנִית

contrive' *v.t. & i.* (קַנְטְרַיב) תִּכְנֵן, הִמְצִיא, תִּחְבֵּל; זָמַם; בִּצֵּעַ (ע״י תחבולות)

control' *v.t. & i. & n.* (קַנְטְרוֹל) בִּקֵּר, שָׁלַט בְּ־; רִסֵּן; בָּדַק (בעזרת קבוצת ביקורת); הִשְׁתַּלֵּט עַל, חִסֵּל; בִּקֹּרֶת, בַּקָּרָה; בְּדִיקָה; שְׁלִיטָה, פִּקּוּחַ

con'trover"sy *n.* (קוֹנְטְרֶוֶרְסִי) סִכְסוּךְ, מַחֲלֹקֶת, פּוּלְמוּס, וִכּוּחַ

contu'sion *n.* (קַנְטוּז'ן) חַבּוּרָה

conun'drum *n.* (קַנַנְדְּרַם) חִידָה

con"valesc'ence *n.* (קוֹנְוֶלֶסֶנְס) הַחְלָמָה

con"valesc'ent *adj. & n.* (קוֹנְוֶלֶסֶנְט) מַחְלִים

convene' *v.i.* (קַנְוִין) הִתְכַּנֵּס, הִתְאַסֵּף; כִּנֵּס; הִזְמִין (להופיע לפני שופט)

conven'ience *n.* (קַנְוִינְיֶנְס) נוֹחִיּוּת, נוֹחוּת; הַתְאָמָה; הִזְדַּמְּנוּת נְאוֹתָה

conven'ient *adj.* (קַנְוִינְיֶנְט) נוֹחַ, נָאוֹת; קָרוֹב

con'vent *n.* (קוֹנְוֶנְט) מִנְזָר (לנזירות)

conven'tion *n.* (קֶנְוֶנְשֶן) וְעִידָה; הֶסְכֵּם, חוֹזֶה, אֲמָנָה; מֻסְכָּמָה, הַסְכָּמָה כְּלָלִית, נֹהַג מֻסְכָּם

conven'tional *adj.* (קֶנְוֶנְשֶנֶל) קוֹנְוֶנְצְיוֹנָלִי; מֻסְכָּם; רָגִיל, מְקֻבָּל, רוֹוֵחַ

converge' *v.i.* (קֶנְוֶרְג') נָטָה לְהִפָּגֵשׁ, הִתְכַּנֵּס, הִתְחַבֵּר; נָטָה לְמַטָּרָה מְשֻׁתֶּפֶת

con"versa'tion *n.* (קוֹנְוֶרְסֵישֶן) שִׂיחָה

converse' *v.i.* & *n.* (קֶנְוֶרְס) שׂוֹחֵחַ; שִׂיחָה

conver'sion *n.* (קֶנְוֶרְזֶ'ן) הֲמָרָה; הֲמָרַת דָּת

convert' *v.t.* & *i.* (קֶנְוֶרְט) הֵמִיר, הֶחֱלִיף, הָפַךְ; הֶעֱבִיר עַל דָּת; הֵמִיר דָּתוֹ

con'vert *n.* (קוֹנְוֶרְט) מוּמָר; מֵמִיר דָּתוֹ

convex' *adj.* (קֶנְוֶקְס) קָמוּר

convey' *v.t.* (קֶנְוֵי) הֶעֱבִיר, הוֹבִיל, נָשָׂא; הוֹדִיעַ

convey'ance *n.* (קֶנְוֵיאֶנְס) הַעֲבָרָה, הוֹבָלָה; כְּלִי רֶכֶב

con'vict *n.* (קוֹנְוִקְט) אָסִיר

convict' *v.t.* (קֶנְוִקְט) הִרְשִׁיעַ

convic'tion *n.* (קֶנְוִקְשֶן) הַרְשָׁעָה; שִׁכְנוּעַ; דֵּעָה

convince' *v.t.* (קֶנְוִנְס) שִׁכְנֵעַ, הוֹכִיחַ

convoke' *v.t.* (קֶנְווֹק) כִּנֵּס, הִקְהִיל

con'voy *n.* & *v.t.* (קוֹנְווֹי) שַׁיָּרָה; לִוּוּי; לִוָּה

convul'sion *n.* (קֶנְוַלְשֶן) עֲוִית; מְהוּמָה

coo *v.i.* & *t.* (קוּ) הָמָה (כיונה); מִלְמֵל דִּבְרֵי אַהֲבָה

cook *v.t.* & *i* (קֻק) בִּשֵּׁל; הִתְבַּשֵּׁל

— *n.* טַבָּח; מְבַשֶּׁלֶת

cook'ie *n.* (קֻקִי) עוּגִיָּה

cook'ing *n.* (קֻקִנְג) בִּשּׁוּל

cool *adj.* & *n.* (קוּל) קָרִיר; שָׁלֵו; אָדִישׁ; לְלֹא גּוּזְמָה; „נֶהְדָּר"; קְרִירוּת; שַׁלְוָה

— *n.* צִנֵּן; מִתֵּן; נַעֲשָׂה קָרִיר; נַעֲשָׂה אָדִישׁ יוֹתֵר

coop *n.* (קוּפ) מִכְלָאָה

coop'erate" *v.i.* (קוֹאוֹפֵּרֵיט) הִשְׁתַּתֵּף, שִׁתֵּף פְּעֻלָּה; פָּעַל יַחַד

coop"era'tion *n.* (קוֹאוֹפֵּרֵישֶן) הִשְׁתַּתְּפוּת; שִׁתּוּף פְּעֻלָּה, שִׁתּוּף; עֶזְרָה

coop'era"tive *n.* & *adj.* (קוֹאוֹפֶּרֵיטִב) קוֹאוֹפֶּרָטִיב; בַּיִת מְשֻׁתָּף; דִּירָה (בבית משותף); מְשַׁתֵּף פְּעֻלָּה; מִשְׁתַּתֵּף

coor'dinate" *v.t.* & *i.* (קוֹאוֹרְדֶנֵיט) תֵּאֵם; עָרַךְ, סִדֵּר; צֵרֵף בִּפְעֻלָּה מְתֻאֶמֶת; תֻּאַם; פָּעַל בְּצֵרוּף מְתֻאָם; הִסְתַּדֵּר בַּסֵּדֶר הַנָּכוֹן

— *n.* קוֹאוֹרְדִינָטָה

cop *n.* (קוֹפ) שׁוֹטֵר

cope *v.i.* (קוֹפ) נֶאֱבַק

cop'ing *n.* (קוֹפִּנְג) נִדְבָּךְ עֶלְיוֹן

co'pi"lot *n.* (קוֹפַּילֶט) טַיָּס מִשְׁנֶה

co'pious *adj.* (קוֹפִּיאֶס) שׁוֹפֵעַ, גָּדוּשׁ

cop'per *n.* (קוֹפֶּר) נְחֹשֶׁת; מַטְבֵּעַ נְחֹשֶׁת (סֶנְט, פֶּנִי)

cop'ulate *v.i.* (קוֹפְּיֶלֵיט) הִזְדַּוֵּג

co'py *n.* & *v.t.* & *i.* (קוֹפִּי) עֹתֶק, טֹפֶס; הֶעְתֵּק; טֶקְסְט, חֹמֶר לְסִדּוּר (בדפוס); הֶעְתִּיק; חִקָּה

cop'yright" *n.* (קוֹפִּירַיְט) זְכוּת יוֹצְרִים

coquette' *n.* (קוֹקֶט) מְפַלַרְטֶטֶת, מִתְחַנְחֶנֶת

cor'al *n.* & *adj.* (קוֹרֶל) אַלְמֹג; וָרֹד צְהַבְהַב

cord *n.* (קוֹרְד) חֶבֶל דַּק; קוֹרְדוּרוֹי

cor'dial *adj.* & *n.* (קוֹרְגֶ'ל) לְבָבִי, אָדִיב; לִיקֶר

core *n.* & *v.t.* (קוֹר) תָּוֶךְ (פרי), גַּרְעִינִים; לֵב; הוֹצִיא תָּוֶךְ

cork *n.* & *v. t.* (קוֹרְק) פְּקָק; שַׁעַם; פָּקַק

cork'screw *n.* (קוֹרְקְסְקְרוּ) מַחְלֵץ

corn *n.* (קוֹרְן) תִּירָס; יַבֶּלֶת

cor'ner *n.* (קוֹרְנֶר) פִּנָּה, קֶרֶן־זָוִית; זָוִית; קָצֶה; בֵּין הַמְּצָרִים

cut —s הִשְׁתַּמֵּשׁ בְּדֶרֶךְ קְצָרָה; קִמֵּץ בְּהוֹצָאוֹת

— *v.t.* הֵבִיא בֵּין הַמְּצָרִים

cornet' *n.* (קוֹרְנֶט) קוֹרְנִית

corn'fllow"er *n.* (קוֹרְנְפְלַאוּאֶר) דְּגָנִיָּה

cor'nice *n.* (קוֹרְנִס) קַרְנִיזָה; כַּרְכֹּב

cor"ona'tion *n.* (קוֹרֶנֵישֶן) הַכְתָּרָה

cor'oner *n.* (קוֹרֶנֶר) חוֹקֵר מִקְרֵי מָוֶת (לא טבעיים)

cor′onet *n.* (קוֹרְנֶט) כֶּתֶר קָטָן; כֶּתֶר, נֵזֶר, עֲטָרָה

cor′poral *adj. & n.* (קוֹרְפֶּרֶל) גּוּפָנִי, גַּשְׁמִי; אִישִׁי; רַבַּ"ט, רַב־טוּרַאי

cor″pora′tion *n.* (קוֹרְפֶּרֵישְׁן) תַּאֲגִיד, חֶבְרָה גְּדוֹלָה

corps *n.* (קוֹר) קוֹרְפּוּס, גַּיִס; חַיִל; סֶגֶל

cor′psman *n.* (קוֹרְמֶן) חוֹבֵשׁ (בצבא ארה"ב)

corpse (קוֹרְפְּס) גּוּפָה, גְּוִיָּה

cor′pulence *n.* (קוֹרְפְּיֻלֶנְס) כַּרְסְתָנוּת; שַׁמְנוּת

cor′pulent *adj.* (קוֹרְפְּיֻלֶנְט) שָׁמֵן, כַּרְסְתָנִי

cor′puscle *n.* (קוֹרְפַּסְל) כַּדּוּרִית (דם); גּוּפִיף

correct′ *adj. & v.t.* (קֶרֶקְט) נָכוֹן, מְדֻיָּק, נָאוֹת; תִּקֵּן; צִיֵּן שְׁגִיאוֹת, הֵגִיהַּ; הוֹכִיחַ, נָזַף

correc′tion *n.* (קֶרֶקְשֶׁן) תִּקּוּן; נְזִיפָה

cor″respond′ *v.i.* (קוֹרֶסְפּוֹנְד) תָּאַם; הִקְבִּיל

—ing *adj.* (קוֹרֶסְפּוֹנְדִינְג) דּוֹמֶה; מַקְבִּיל; מְטַפֵּל בְּהִתְכַּתְּבוּת; מִתְכַּתֵּב

cor″respon′dence *n.* (קוֹרֶסְפּוֹנְדֶנְס) דִּמְיוֹן; הַתְאָמָה; תִּכְתֹּבֶת, הִתְכַּתְּבוּת

cor″respon′dent *n.* (קוֹרֶסְפּוֹנְדֶנְט) מִתְכַּתֵּב; כַּתָּב; מַקְבִּיל

cor′ridor″ *n.* (קוֹרִדְר) פְּרוֹזְדוֹר, מִסְדְּרוֹן

corrob′orate″ *v.t.* (קֶרוֹבֶּרֵיט) אִשֵּׁר, אִמֵּת

corrode′ *v.t. & i.* (קֶרוֹד) שִׁתֵּךְ, אִכֵּל; פָּגַע בְּ־; שָׁתַךְ, אֻכַּל

cor′rugated *adj.* (קוֹרֶגֵיטְד) גַּלִּי; מְקֻמָּט; מְתֻלָּם

corrupt′ *adj.* (קֶרַפְּט) מֻשְׁחָת; רָקוּב; נֶאֱלָח; מְקֻלְקָל; מְסֻלָּף; הִשְׁחִית; שִׁחֵד; אִלֵּחַ; הִרְקִיב; קִלְקֵל, סִלֵּף; הִתְקַלְקֵל

corrup′tion *n.* (קֶרַפְּשֶׁן) הַשְׁחָתָה; שְׁחִיתוּת; נִוּוּן; שֹׁחַד; קִלְקוּל; מִלָּה מְסֻלֶּפֶת, סִלּוּף; רִקָּבוֹן

cor′set *n.* (קוֹרְסֶט) מָחוֹךְ

cosmet′ic *n. & adj.* (קוֹזְמֶטִק) תַּמְרוּק; קוֹסְמֶטִי

cos″mopol′itan *adj. & n.* (קוֹזְמֶפּוֹלִטֶן) קוֹסְמוֹפּוֹלִיטִי; כְּלַל־עוֹלָמִי, קוֹסְמוֹפּוֹלִיט

cost *n. & v.i.* (קוֹסְט) מְחִיר; עָלָה בְּ־; חִיֵּב

cost′ly *adj.* (קוֹסְטְלִי) יָקָר; עוֹלֶה בְּיֹקֶר; מְפֹאָר

cos′tume *n.* (קוֹסְטְוּם) לְבוּשׁ, תִּלְבֹּשֶׁת

cot *n.* (קוֹט) מִטָּה מִתְקַפֶּלֶת

cot′tage *n.* (קוֹטִג׳) בַּיִת חַד־מִשְׁפַּחְתִּי; קוֹטֶג׳; צְרִיף

cot′ton *n.* (קוֹטְן) כֻּתְנָה, אֲרִיג כֻּתְנָה; צֶמֶר גֶּפֶן

couch *n. & v.t.* (קָאוּץ׳) דַּרְגָּשׁ, סַפָּה; הִבִּיעַ

cough *v.i.* (קוֹף) הִשְׁתַּעֵל; הִשְׁתָּעֵל וּפָלַט

— up מָסַר

— *n.* שִׁעוּל

could (קֻד; ללא הטעמה: קֶד) (זמן עבר של can)

coun′cil *n.* (קַאוּנְסֶל) מוֹעָצָה

coun′cillor *n.* (קַאוּנְסֶלֶר) חֲבֵר מוֹעָצָה

coun′sel *n.* (קַאוּנְסֶל) עֵצָה; הִתְיָעֲצוּת; תָּכְנִית; פְּרַקְלִיט, עוֹרְכֵי־דִּין

keep one's — חָשָׁה

coun′selor *n.* (קַאוּנְסֶלֶר) יוֹעֵץ; מַדְרִיךְ (בקיטנה); פְּרַקְלִיט

— *v.t. & i.* יָעַץ, הִמְלִיץ

count *v.t. & i.* (קַאוּנְט) סָפַר, מָנָה; חִשֵּׁב; חָשַׁב; כָּלַל בְּחֶשְׁבּוֹן; יִחֵס; נֶחֱשַׁב לְ־; הָיָה שָׁוֶה

— on (upon) סָמַךְ, בָּטַח בְּ־

— *n.* רוֹזֵן; סְפִירָה; סַךְ הַכֹּל; חִשּׁוּב

coun′tenance *n. & v.t.* (קַאוּנְטֶנֶנְס) קְלַסְתֵּר־פָּנִים, פָּנִים; רְגִיעָה; עִדּוּד; סָבַל, הִרְשָׁה; עוֹדֵד

coun′ter *n.* (קַאוּנְטֶר) דֶּלְפֵּק; אֲסִימוֹן חִשּׁוּב; מוֹנֶה

under the — בְּאֹרַח לֹא חֻקִּי; בְּהֶסְתֵּר

— *adv. & adj.* בְּכִוּוּן הָפוּךְ; בְּנִגּוּד לְ־; נֶגֶד; מְנֻגָּד

— *v.t. & i.* הִתְנַגֵּד; פָּעַל פְּעֻלָּה נֶגְדִּית

coun″teract′ *v.t.* (קַאוּנְטֶרֶאֶקְט) פָּעַל תּוֹךְ הִתְנַגְּדוּת; סִכֵּל

coun″terfeit *n.* (קַאוּנְטֶרְפִט) זִיּוּף

— *v. t. & i.* עָשָׂה זִיּוּף, זִיֵּף, חִקָּה; דִּמָּה, הֶעֱמִיד פָּנִים

coun′termand″ *v.t.* (קַאוּנְטֶרְמֶנְד) בִּטֵּל פְּקֻדָּה

coun′tersign″ *n. & v.t.* (קַאוּנְטֶרְסַיְן)

סִיסְמָה (בצבא); תְּשׁוּבָה לְאוֹת; חֲתִימָה נוֹסֶפֶת; חָתַם (לאישור חתימה קיימת)

coun'tess *n.* (קַאוּנְטֶס) רוֹזֶנֶת

count'less *adj.* (קַאוּנְטְלֶס) שֶׁלֹּא יְסֻפַּר לָרֹב

coun'trified" *adj.* (קַנְטְרִפַיד) כַּפְרִי

coun'try *n.* & *adj.* (קַנְטְרִי) אֶרֶץ, מְדִינָה; כְּפָר; אֵזוֹר; צִבּוּר; מוֹלֶדֶת; כַּפְרִי; גַּס; אַרְצִי

coun'tryman *n.* (קַנְטְרִימֶן) בֶּן־אֶרֶץ; כַּפְרִי

coun'ty *n.* (קַאוּנְטִי) מָחוֹז

coup *n.* (קוּ) פְּעֻלָּה מְחֻכֶּמֶת, צַעַד מֻצְלָח; הֲפִיכָה

couple *n.* & *v.t.* & *i.* (קַפְּל) זוּג; חִבֵּר בְּזוּגוֹת, חִבֵּר; הִשִּׂיא; אִחֵד; הִזְדַּוֵּג

cou'pon *n.* (קוּפּוֹן) תְּלוּשׁ; שׁוֹבֵר

cou'rage *n.* (קַרִג׳) אֹמֶץ

coura'geous *adj.* (קֲרֵיגְ׳ס) אַמִּיץ

course *n.* (קוֹרְס) הִתְקַדְּמוּת; כִּוּוּן; דֶּרֶךְ; מַסְלוּל; מֶשֶׁךְ; מַהֲלָךְ, מַהֲלָךְ טִבְעִי; הִתְנַהֲגוּת; קוּרְס; מָנָה (חלק מארוחה)

court *n.* (קוֹרְט) חָצֵר; מִגְרָשׁ (למשחקים); רְחוֹב קָצָר; אַרְמוֹן, חֲצַר מַלְכוּת; כִּנּוּס מַלְכוּתִי; כָּבוֹד, גִּנּוּנֵי חֵן; בֵּית מִשְׁפָּט

— *v.t.* חִזֵּר (אחרי); נִסָּה לִמְצוֹא חֵן; נִסָּה לִרְכּוֹשׁ; פִּתָּה; הִזְמִין; גָּרַם

cour'teous *adj.* (קֶרְטִיאֲס) אָדִיב, מְנֻמָּס

cour'tesan *n.* (קוֹרְטִזְן) פִּילֶגֶשׁ

cour'tesy *n.* (קֶרְטֲסִי) אֲדִיבוּת; חֶסֶד

court'-mar"tial *n.* & *v.t.* (קוֹרְט מַרְשֲל) בֵּית דִּין צְבָאִי; מִשְׁפָּט צְבָאִי; הַרְשָׁעָה בְּבֵית דִּין צְבָאִי; הֶעֱמִיד לְמִשְׁפָּט צְבָאִי

court'ship *n.* (קוֹרְטְשִׁפּ) חִזּוּר

cou'sin *n.* (קַזְן) בֶּן [בַּת] דּוֹד, בֶּן [בַּת] דּוֹדָה; דּוֹדָן; שְׁאֵר בָּשָׂר; קָרוֹב

cove *n.* (קוֹב) מִפְרָצוֹן; פִּנַּת סֵתֶר; מְעָרָה; מַעֲבָר

cov'enant *n.* (קַוֲנֶנְט) בְּרִית, אֲמָנָה, הֶסְכֵּם, סְעִיף לְוַאי (של הסכם); הַבְטָחַת ד׳

cov'er *v.t.* & *i.* (קַוְר) כִּסָּה, הִסְתִּיר; הֵבִיא עַל; הֵגֵן עַל, נָתַן מַחֲסֶה ל־; חִפָּה עַל; נָטַל אַחֲרָיוּת בִּשְׁבִיל; כִּוֵּן אֶל (כלי יריה); הָיָה בָּטוּחַ; דָּן בּ־; הִסְפִּיק (לתשלום הוצאות); בִּטַּח, הִפְקִיד סְכוּם (בהתערבות), קִבֵּל תְּנָאִים (של התערבות); סִקֵּר, פִּרְסֵם דּוּ״חַ; עָבַר (מרחק); שִׁמֵּשׁ מַחֲלִיף

— *n.* כִּסּוּי, מִכְסֶה; מַחֲסֶה; הַעֲמָדַת פָּנִים; סְבָךְ; מִסְתּוֹר; כְּלֵי אֲכִילָה (לאדם אחד); מַעֲטָפָה

break — זִנֵּק מִמִּסְתּוֹר

cov'erall(s)" *n.* (קַוְרוֹל[ז]) סַרְבָּל

cov'et *v.t.* & *i.* (קַוִט) חָמַד

cov'ey *n.* (קַוִי) לַהֲקָה (עופות); קְבוּצָה

cow *n.* (קַאוּ) פָּרָה; נְקֵבָה (של בהמה גסה וכו׳)

— *v.t.* הִפְחִיד, הֵטִיל אֵימָה (ע״י איומים או אלימות)

cow'ard *n.* (קַאוּאֲרְד) פַּחְדָן, מוּג־לֵב

cow'ardly *adj.* & *adv.* (קַאוּאֲרְדְלִי) פַּחְדָנִי; בְּפַחְדָנוּת

cow'er *v.i.* (קַאוּאֲר) נִרְתַּע בְּפַחַד

cowl *n.* (קַאוּל) בַּרְדָס; מִכְסֵה מָנוֹעַ

cox'comb *n.* (קוֹקְסְקוֹם) כַּרְבֹּלֶת

coy *adj.* (קוֹי) בַּיְשָׁן, צָנוּעַ; מַעֲמִיד פְּנֵי בַּיְשָׁן, מִצְטַנֵּעַ

co'zy *adj.* (קוֹזִי) נָעִים, נוֹחַ

crab *n.* & *v.t.* (קְרֶבּ) סַרְטָן; מַזַּל סַרְטָן; נִרְגָּן; תָּפַס סַרְטָנִים; רָטַן, חִפֵּשׂ מוּמִים

crack *v.i.* & *t.* (קְרֶק) הִשְׁמִיעַ קוֹל פִּצּוּחַ; נִסְדַּק, נִבְקַע בְּקוֹל פִּצּוּחַ; נִשְׁבַּר; סָדַק, בָּקַע; פִּצֵּחַ; פִּעֲנֵחַ; פָּגַע בּ־; הֶעֱבִיר עַל דַּעְתּוֹ; סִפֵּר (בדיחות)

— down נָקַט צְעָדִים חֲמוּרִים

— *n.* סֶדֶק, בְּקִיעַ; פְּגָם; פִּצּוּחַ; קוֹל נֶפֶץ; מַהֲלֻמָּה

crack'er *n.* (קְרֶקְר) מַצִּיָּה, רָקִיק; זִקּוּק (די־נור); גְּלִיל שַׁי; דַּלְפוֹן מְגֻנָּן (בדרום ארה״ב); מְפַצֵּחַ

cracker *n.* בֶּן ג׳וֹרְגָ׳ה (מדינת ארה״ב)

crack'er-bar"rel *adj.* (קְרֶקְר־בֶּרֶל) פָּשׁוּט וְלָעִנְיָן

crack'le *v.i.* & *n.* (קְרֶקְל) הִשְׁמִיעַ קוֹלוֹת נֶפֶץ קַלִּים; הִוָּה רֶשֶׁת סְדָקִים; קוֹל נֶפֶץ קַל

crack'-up" *n.* (קְרֶק־אַפּ) הִתְנַגְּשׁוּת, הִתְרַסְּקוּת; הִתְמוֹטְטוּת

cradle *n.* & *v.t.* (קְרֵידְל) עֲרִיסָה; עֶרֶשׂ; פִּגּוּם; שָׂם בַּעֲרִיסָה; טִפֵּחַ; הֶחֱזִיק

rob le the — הִתְקַשֵּׁר עִם אָדָם צָעִיר מִמֶּנּוּ בְּשָׁנִים רַבּוֹת

craft *n.* (קְרֶפְט) סְפִינָה, סְפִינוֹת, כְּלִי שַׁיִט; אוּמָנוּת; מְיֻמָּנוּת; אוּמָנִים; עָרְמָה; מָטוֹס, כְּלִי טַיִס

crafts'man *n.* (קְרֶפְטְסְמֶן) אוּמָן, בַּעַל מְלָאכָה

craf'ty *adj.* (קְרֶפְטִי) עַרְמוּמִי

crag *n.* (קְרֶג) צוּק

cram *v.t. & i.* (קְרֶם) דָּחַס; הִלְעִיט, פִּטֵּם; שִׁנֵּן בְּחִפָּזוֹן (ערב מבחן)

cramp *n.* (קְרֶמְפּ) הִתְכַּוְּצוּת שְׁרִירִים; כְּאֵב בֶּטֶן חָזָק

crane *n. & v.t.* (קְרֵין) עָגוּר, עֲגוּרָן; מָתַח צַוָּאר (כדרך עגורים)

cra'nium *n.* (קְרֵינִיֶם) גֻּלְגֹּלֶת

crank *n. & v.t. &* (קְרֶנְק) אַרְכֻּבָּה; נִרְגָּן; תִּמְהוֹנִי; סוֹבֵב (ארכובה); הִתְנִיעַ (ע״י סיבוב ארכובה)

crank'y *adj.* (קְרֶנְקִי) נִרְגָּן, כַּעֲסָן; רוֹעֵד

cran'ny *n.* (קְרֶנִי) בְּקִיעַ, נָקִיק

crape *n.* (קְרֵיפּ) סַלְסָלָה

crash *v.t. & i.* (קְרֶשׁ) הִתְנַפֵּץ, הִתְרַסֵּק; הִתְנַגֵּשׁ בְּחָזְקָה; הִתְמוֹטֵט; נִכְנַס לְלֹא הַזְמָנָה, „הִתְפַּלֵּחַ"

— *n. & adj.* הִתְנַפְּצוּת, הִתְרַסְּקוּת, הִתְנַגְּשׁוּת; הִתְמוֹטְטוּת פִּתְאוֹמִית; הַלְמוּת, רַעַם; מִלְוֶה מַאֲמָץ־יֶתֶר, ־בָּזָק

crate *n. & v.t.* (קְרֵיט) תֵּבַת נְסָרִים; אַרְגָּז; „טְרַנְטָה"; אָרַז (בתיבה)

cra'ter *n.* (קְרֵיטְר) לֹעַ; מַכְתֵּשׁ

crave *v.t.* (קְרֵיב) הִשְׁתּוֹקֵק; נִזְקַק ל־; הִתְחַנֵּן

crav'en *adj. & n.* (קְרֵיבְן) פַּחְדָן, מוּג־לֵב

crawl *v.i. & n.* (קְרוֹל) זָחַל; שָׁלַח קְנוֹקְנוֹת; שָׁרַץ; שְׂחִיַּת חֲתִירָה

cray'on *n.* (קְרֵיאֶן) עִפָּרוֹן־שֶׁמֶן; צִיּוּר בְּעִפְרוֹן־שֶׁמֶן

craze *v.t. & i. & n.* (קְרֵיז) שִׁגֵּעַ; סִדֵּק (שטח מזוגג); הִשְׁתַּגֵּעַ; בּוּלְמוּס, לְהִיטוּת, שִׁגָּעוֹן

cra'zy *adj.* (קְרֵיזִי) מְשֻׁגָּע, מְטֹרָף; חֲסַר הִגָּיוֹן; לָהוּט אַחֲרֵי; מִשְׁתּוֹקֵק, חֲסַר־סַבְלָנוּת; מוּזָר; נוֹטֶה לְהִשָּׁבֵר

creak *v.i. & n.* (קְרִיק) חָרַק; קוֹל חֲרִיקָה

cream *n.* (קְרִים) שַׁמֶּנֶת; קְרֵם; מַמְתָּק שׁוֹקוֹלָדָה (שתוכו רך); מְחִית; הַשֶּׁמֶן וְהַסֹּלֶת; לָבָן צְהַבְהַב

— of the crop הַשֶּׁמֶן וְהַסֹּלֶת; הַמֻּבְחָר

whipped — קַצֶּפֶת

— *v.t. & i.* הָיָה שַׁמֶּנֶת; הִקְצִיף; הֵכִין בְּתוֹסֶפֶת שׁוּמָן (חלב, שמנת, מחית וכו׳)

crease *n. & v.t.* (קְרִיס) קֶמֶט, קֶפֶל; תֶּלֶם; עָשָׂה קֶפֶל, פָּצַע פְּצִיעָה שִׁטְחִית

create' *v.t. & i.* (קְרִיאֵיט) בָּרָא, יָצַר; מִנָּה; הֵבִיא לִידֵי

crea'tion *n.* (קְרִיאֵישְׁן) בְּרִיאָה, יְצִירָה; מַעֲשֵׂה בְּרֵאשִׁית; הַיְקוּם; בְּרוּאִים; חִדּוּשׁ (אופנה)

crea'tive *adj.* (קְרִיאֵיטִב) יוֹצֵר, יַצְרָנִי

crea'tor *n.* (קְרִיאֵיטְר) בּוֹרֵא, יוֹצֵר

crea'ture *n.* (קְרִיצְ׳ר) יְצוּר; בַּעַל חַיִּים; בֶּן אָדָם

cred'ence *n.* (קְרִידֶנְס) אֱמוּנָה

creden'tial(s) *n.* (קְרֶדֶנְשֶׁל[ז]) תְּעוּדָה; כְּתַב הָאֲמָנָה

cred'ible *adj.* (קְרֶדִבְּל) אָמִין

cre'dit *n.* (קְרֶדִט) מְהֵימָנוּת, אֲמִינוּת; כָּבוֹד, שֶׁבַח; אִשּׁוּר (בעד לימודים); אַשְׁרַאי; זְכוּת

on — בְּהַקָּפָה

— *v.t.* בָּטַח בּ־; גָּרַם כָּבוֹד; אִשֵּׁר (בעד לימודים)

— with יִחֵס ל־

cred'itor *n.* (קְרֶדִטֶר) נוֹשֶׁה

cred'ulous *adj.* (קְרֶגְ׳לֵס) מַאֲמִין לְכָל דָּבָר

creed *n.* (קְרִיד) אֲנִי מַאֲמִין; עִקָּרֵי אֱמוּנָה

creek *n.* (קְרִיק) פֶּלֶג

up the — בִּמְצוּקָה

creep *v.i.* (קְרִיפּ) זָחַל; הִתְקַדֵּם בַּחֲשַׁאי וּבְאִטִּיּוּת; הִתְגַּנֵּב אֶל; טִפֵּס עַל קִיר (צמח)

make one's flesh — הִפְחִיד, דָּחָה, הִדְרִיךְ מְנוּחַת־

— *n.* זְחִילָה; פַּרְצוּף דּוֹחֶה

the — s הַרְגָּשַׁת אֵימָה אוֹ סְלִידָה

creep'er *n.* (קְרִיפְּר) זוֹחֵל; מְטַפֵּס (צמח)

cre'mate *v.t.* (קְרִימֵיט) שָׂרַף (גופה)

Creole *n. & adj.* (קְרֶאוֹל) קְרִיאוֹל (יליד דרום אמריקה ממוצא אירופי); בֶּן לוּאִיזִיאָנָה מִמּוֹצָא צָרְפָתִי, אוֹ שְׂפָתוֹ; בֶּן תַּעֲרֹבֶת מִמּוֹצָא כּוּשִׁי (שאחד מהוריו צרפתי או ספרדי)

crêpe *n.* (קְרֵיפּ) סַלְסָלָה; נְיָר קְרֶפּ; מֶשִׁי אֵבֶל; לְבִיבָה דַקָּה

crept (קְרֶפְּט) (זמן עבר של creep)

cresc'ent *n. & adj.* (קְרֶסֶנְט) חֲצִי סַהַר; בְּצוּרַת חֲצִי סַהַר; גָּדֵל וְהוֹלֵךְ

crest *n.* (קְרֶסְט) רֹאשׁ, מָרוֹם, פִּסְגָּה; כַּרְבֹּלֶת; רֶכֶס; קֶצֶף הַגַּל

crest'fallen *adj.* (קְרֶסְטְפוֹלֶן) מְדֻכָּא, מְדֻכְדָּךְ; שְׁמוּט-כַּרְבֹּלֶת

crev'ice *n.* (קְרֶוִס) בְּקִיעַ

crew *n.* (קְרוּ) צֶוֶת; סֶגֶל; קְבוּצָה, חֲבוּרָה

crib *n.* (קְרִב) עֲרִיסָה; מִכְלָאָה; אֵבוּס

crick'et *n.* (קְרִקִט) צְרָצַר; קְרִיקֶט (משחק); הִתְנַהֲגוּת הוֹגֶנֶת

cried (קְרַיד) (זמן עבר של cry)

cri'er *n.* (קְרַיאֶר) כָּרוֹז; רוֹכֵל

crime *n.* (קְרַים) פֶּשַׁע, פְּשִׁיעָה; חֵטְא; אִוֶּלֶת

cri'minal *adj. & n.* (קְרִמְנֶל) פְּלִילִי; שֶׁל פֶּשַׁע; אָשֵׁם, מֻרְשָׁע; טִפְּשִׁי; פּוֹשֵׁעַ

crimp *v.t. & n.* (קְרִמְפּ) סִלְסֵל; כָּפַף לְגַלִּים; לָחַץ יַחַד; עִכֵּב; סִלְסוּל; מִכְפֶּלֶת (בלוח מתכת)

crim'son *adj.* (קְרִמְזֶן) שָׁנִי, תּוֹלָע

cringe *v.i.* (קְרִנְג') הִתְכַּוֵּץ (מפחד, או חנופה), הִתְרַפֵּס

crip'ple *n. & v.t.* (קְרִפְּל) צוֹלֵעַ, חִגֵּר, פִּסֵּחַ; בַּעַל מוּם; הֵטִיל מוּם; גָּרַם נָכוּת

cris'is *n.* (קְרַיסִס) מַשְׁבֵּר; מִפְנֶה; שִׂיא הִתְנַגְּשׁוּת

crisp *adj.* (קְרִסְפּ) פָּרִיךְ, פָּרִיר, מוּצָק וְטָרִי; הֶחְלֵטִי; מַזְהִיר; מְסֻדָּר; מְשׁוֹבֵב נֶפֶשׁ; מְסֻלְסָל

cri'terion *n.* [pl. **-eria**] (קְרַיטִירִיאֶן) קְנֵה מִדָּה, קְרִיטֶרְיוֹן

crit'ic *n.* (קְרִטִק) מְבַקֵּר; חַטְטָן

crit'ical *adj.* (קְרִטִקְל) בִּקָּרְתִּי; מַטִּיל דֹּפִי; שֶׁל מַשְׁבֵּר, קְרִיטִי; מְסֻכָּן

crit'icism" *n.* (קְרִטִסִזְם) בִּקֹּרֶת; הֲטָלַת דֹּפִי

crit'icize" *v.t. & t.* (קְרִטִסַיז) בִּקֵּר, מָתַח בִּקֹּרֶת; הֵטִיל דֹּפִי, גִּנָּה

croak *v.i. & n.* (קְרוֹק) קִרְקֵר; „הִתְפַּגֵּר"; קִרְקוּר

crochet' *v.t. & i.* (קְרוֹשֵׁי) סָרַג בְּמַסְרֵגָה אַחַת

croc'odile *n.* (קְרוֹקֶדַיל) תַּנִּין, תִּמְסָח

cro'cus *n.* (קְרוֹקֶס) כַּרְכֹּם

cro'ny *n.* (קְרוֹנִי) חָבֵר טוֹב, רֵעַ

crook *n.* (קְרוּק) קֶרֶס; וָו; מַטֶּה בַּעַל אַנְקוֹל; עֲקָמָה; נוֹכֵל, גַּנָּב

crook'ed *adj.* (קְרוּקִד) עָקֹם, כָּפוּף; לֹא יָשָׁר, נוֹכֵל

croon *v.i.* (קְרוּן) פִּזֵּם

crop *n. & v.t.* (קְרוֹפּ) יְבוּל; קְבוּצָה; יָדִית (של שוט); שׁוֹט קָצָר; חֶתֶךְ בָּאֹזֶן; תִּסְפֹּרֶת קְצָרָה; זֶפֶק; קִטֵּם

— *up* הוֹפִיעַ

cross *v.t. & i.* (קְרוֹס) הִצְלִיב; סִמֵּן בִּצְלָב; בִּטֵּל, מָחַק; שָׂם בְּזָוִית יְשָׁרָה; רָשַׁם מֵעֵבֶר; הִצְטַלֵּב; הִכְלִיא; עָבַר (לצד השני), חָצָה; הֶעֱבִיר מֵעֵבֶר; נִפְגַּשׁ וְעָבַר; „בָּגַד בְּ-"; שִׂכֵּל; הִתְנַגֵּד בְּגָלוּי

— out מָחַק

— *n.* צְלָב; הַנַּצְרוּת; מַעֲבָר, הִצְטַלְּבוּת; שִׂכּוּל; צָרָה; הַכְלָאָה, הַצְלָבָה; כִּלְאַיִם; מְמֻצָּע

— *adj.* צוֹלֵב, מִצְטַלֵּב; שֶׁל הָרֹחַב; הֲדָדִי; מְנֻגָּד; לֹא נוֹחַ; רַגְזָן; מְכֻלְאָ

cross'-exam"ina'tion *n.* (קְרוֹס-אֶגְזֶמֶנֵישֶׁן) חֲקִירַת שְׁתִי וָעֵרֶב, חֲקִירָה שֶׁכְּנֶגֶד

cross'ing *n.* (קְרוֹסִנְג) עֲבִירָה, חֲצִיָּה; הִצְטַלְּבוּת, מַעֲבַר חֲצִיָּה; שִׂכּוּל; הִתְנַגְּדוּת; הַצְלָבָה, הַכְלָאָה

cross' sec"tion (קְרוֹס סֶקְשֶׁן) חֲתָךְ

cross'road(s)" *n.* (קְרוֹסְרוֹד[ז]) פָּרָשַׁת דְּרָכִים, צֹמֶת, הִצְטַלְּבוּת

cross'word puz"zle קְרוֹסְוֶרְד פַּזְל תַּשְׁבֵּץ

crotch *n.* (קְרוֹץ') מִסְעָף; מִפְשָׂעָה; רְצוּעַת הַמִּפְשָׂעָה

crouch *v.i.* (קְרָאוּץ') הִתְכּוֹפֵף; רָבַץ; הִתְפָּרֵס

croup *n.* (קְרוּפּ) דַּלֶּקֶת גָּרוֹן וְקָנֶה

crow *n.* (קְרוֹ) עוֹרֵב; קְרִיאָה (של תרנגול); קוֹל הֲנָאָה
as the — flies בְּקַו יָשָׁר
— *v.i.* קָרָא (תרנגול); הִשְׁמִיעַ קוֹל הֲנָאָה
crow'bar *n.* (קְרוֹבָּר) מָנוֹף, מוֹט
crowd *n.* & *v.i.* & *t.* (קְרַאוּד) הָמוֹן; קְבוּצָה, מַעֲמָד; קָהָל, צִבּוּר נוֹכְחִים; הִתְקַהֵל; דָּחַק, דָּחַף; דָּחַס; הִגְדִּישׁ
crow'ded *adj.* (קְרַאוּדִד) צָפוּף, דָּחוּס;
crown *n.* & *v.t.* (קְרַאוּן) כֶּתֶר, עֲטָרָה, נֵזֶר; פִּסְגָּה; הִכְתִּיר
cru'cial *adj.* (קְרוּשְׁל) מַכְרִיעַ, קְרִיטִי; חָמוּר; דּוֹמֶה לִצְלָב
cru'cifix *n.* (קְרוּסֶפִקְס) צְלָב עִם יֵשׁוּ
cru"cifi'xion *n.* (קְרוּסֶפִקְשֶׁן) צְלִיבָה; יֵשׁוּ; סֵבֶל, עִוּוּת דִּין מְשַׁוֵּעַ
cru'cify" *v.t.* (קְרוּסֶפַי) צָלַב; עִנָּה; רָדַף; הִתְיַחֵס בְּאִי־צֶדֶק
crude *adj.* (קְרוּד) גָּלְמִי; גַּס, מְסֻגָּר, חֲסַר־תַּרְבּוּת; בְּלֹא כָּחָל וָסָרָק
cru'el *adj.* (קְרוּאֲל) אַכְזָרִי; מַחֲמִיר
cru'elty *n.* (קְרוּאֲלְטִי) אַכְזָרִיּוּת
cruise *v.i.* & *t.* (קְרוּז) שָׁט, טִיֵּל, סִיֵּר; נָסַע בִּמְהִירוּת בֵּינוֹנִית
crui'ser *n.* (קְרוּזְר) סַיֶּרֶת; סְפִינַת טִיּוּלִים
crumb *n.* (קְרַם) פֵּרוּר; הַחֵלֶק הָרַךְ שֶׁל לֶחֶם
crum'ble *v.i.* & *t.* (קְרַמְבְּל) הִתְפּוֹרֵר; הִתְפָּרֵק, הִתְמוֹטֵט; פּוֹרֵר
crum'ple *v.t.* & *i.* (קְרַמְפְּל) קִמֵּט; מוֹטֵט; הִתְקַמֵּט; הִצְטַמֵּק; הִתְמוֹטֵט
crunch *v.t.* (קְרַנְץ') מָעַךְ (שיניים); טָחַן בְּקוֹל; לָעַס (תוך כדי מעיכה)
crusade' *n.* & *v. i.* (קְרוּסֵיד) מַסַּע צְלָב; מִלְחֶמֶת קֹדֶשׁ (של האפיפיור); מַסָּע נִמְרָץ; עָרַךְ מַסַּע צְלָב; יָצָא לְמַסָּע נִמְרָץ
crusa'der *n.* (קְרוּסֵידְר) צַלְבָן; יוֹצֵא לְמַסָּע נִמְרָץ
crush *v.t.* & *i.* & *n.* (קְרַשׁ) מָעַךְ; כָּתַשׁ; סָחַט; חִבֵּק בְּחָזְקָה; דִּכֵּא, דָּחַק; מְעִיכָה; הָמוֹן רָב; הִתְאַהֲבוּת עַזָּה; חָשׁוּק
crust *n.* (קְרַסְט) קְרוּם; צִפּוּי קָשֶׁה, קְלִפָּה; חֻצְפָּה
crus'ty *adj.* (קְרַסְטִי) בַּעַל קְרוּם; חָמוּר, גַּס
crutch *n.* (קְרַץ') קַב, מִשְׁעֶנֶת
crux *n.* (קְרַקְס) נְקֻדָּה מַכְרִיעָה; קֹשִׁי מֵבִיךְ; צְלָב
cry *v.t.* & *i.* & *n.* (קְרַי) בָּכָה; קָרָא, צָעַק; נָבַח, יִלֵּל; קוֹנֵן; הִכְרִיז עַל; הִתְחַנֵּן; קְרִיאָה, צְעָקָה, זְעָקָה; קִינָה; תְּחִנָּה; הַכְרָזָה; דִּין וְחֶשְׁבּוֹן פֻּמְבִּי; דֵּעָה
a far — שׁוֹנֶה מְאֹד
crypt *n.* (קְרִפְּט) חֶדֶר תַּת־קַרְקָעִי (לקבורה); כּוּךְ
crys'tal *n.* & *adj.* (קְרִסְטְל) גָּבִישׁ; בְּדֹלַח; קְרִיסְטַל; גְּבִישִׁי, בְּדָלְחִי, צַח, שָׁקוּף
cub *n.* (קַבּ) גּוּר; צָעִיר (חסר נסיון); שׁוּלְיָה
cube *n.* & *v.t.* (קְיוּבּ) קֻבִּיָּה; חָתַךְ לְקֻבִּיּוֹת
cu'bic *adj.* (קְיוּבִּק) מְעֻקָּב
cu'bit *n.* (קְיוּבִּט) אַמָּה (מידה)
cuck'old *n.* & *v.t.* (קַקֲלְד) בַּעֲלָהּ שֶׁל אִשָּׁה סוֹטָה; פִּתָּה הָאִשָּׁה שֶׁל־
cu'ckoo *n.* & *v.t.* (קוּקוּ) קוּקִיָּה; חָזַר עַל בְּצוּרָה חַדְגוֹנִית
— *adj.* מְשֻׁגָּע; טִפְּשִׁי
cu'cumber *n.* (קְיוּקַמְבְּר) מְלָפְפוֹן
cud *n.* (קַד) גֵּרָה
chew one's — הִרְהֵר; הֶעֱלָה גֵּרָה
cud'dle *v.t.* & *i.* (קַדְל) הִתְרַפֵּק עַל; גִּפֵּף; הִתְגַּפֵּף
cudg'el *n.* & *v.t.* (קַגְ'ל) אַלָּה; הָלַם בְּאַלָּה
cue *n.* & *v.t.* (קְיוּ) רֶמֶז, אוֹת, גֵּרוּי; תַּפְקִיד; רָמַז ל־, נָתַן אוֹת; הוֹרָה לְהִשְׁתַּתֵּף
cuff *n.* (קַף) חֵפֶת; אֲזִק; סְטִירָה
on the — בַּהֲקָפָה
— *v.t.* עָשָׂה חֲפָתִים; סָטַר
cul'minate" *v.i.* (קַלְמְנֵיט) הִסְתַּיֵּם בְּשִׂיא; הִגִּיעַ לְקִצּוֹ
cul'prit *n.* (קַלְפְּרִט) נֶאֱשָׁם
cult *n.* (קַלְט) פֻּלְחָן; הַעֲרָצָה, נַעֲרָץ, קוּלְט
cul'tivate" *v.t.* (קַלְטְוֵיט) עִבֵּד (אדמה); קִלְטֵר; טִפַּח; הִתְמַסֵּר ל־; בִּקֵּשׁ רֵעוּת שֶׁל

cul'tiva"ted *adj.* (קַלְטִוֵיטֶד) מְעֻבָּד; מַשְׂכִּיל; מְחֻנָּךְ, מְתֻרְבָּת

cul'ture *n.* (קַלְצְ'ר) תַּרְבּוּת; הֲוַי; תַּרְבִּית; עִבּוּד (אדמה); תַּרְבּוּת, טִפּוּחַ; פִּתּוּחַ כִּשְׁרוֹנוֹת נַפְשִׁיִּים

cul'vert *n.* (קַלְוֶרְט) תְּעָלָה (תחת כביש, או גשר); בִּיב

cum'bersome *adj.* (קַמְבֶּרְסֶם) מַכְבִּיד; מְגֻשָּׁם, מְסֻרְבָּל

cu'mula"tive *adj.* (קְיוּמְיֻלֵיטִב) מִצְטַבֵּר

cun'ning *n.* & *adj.* (קַנִנְג) עַרְמוּמִיּוּת; מְיֻמָּנוּת; מְחֻכָּם, עַרְמוּמִי; „מָתוֹק"

cup *n.* (קַפ) סֵפֶל, גָּבִיעַ; קֻבַּעַת

cupb'oard *n.* (קַבֶּרְד) אָרוֹן (לכלי אוכל); מִזְנוֹן

cupid'ity *n.* (קְיוּפִּדִטִי) תַּאֲוַת בֶּצַע

cur'able *adj.* (קְיוּרַבְּל) נִתָּן לְרִפּוּי

cu'rate *n.* (קְיוּרִט) כֹּמֶר; כֹּמֶר־עוֹזֵר

cura'tor *n.* (קְיוּרֵיטֶר) מְפַקֵּחַ, אֶפִּיטְרוֹפּוֹס, אַצָּר

curb *n.* & *v.t.* (קֶרְבּ) מַעֲצוֹר, בֶּלֶם; שְׂפַת מִדְרָכָה; עָצַר, בָּלַם

curd(s) *n.* (קֶרְד[ז]) קוֹם, חָלָב קָרוּשׁ

curd'le *v.t.* & *i.* (קֶרְדְל) הִקְרִישׁ; קָרַשׁ

cure *v.t.* & *i.* & *n.* (קְיוּר) רִפֵּא; תִּקֵּן; הִרְחִיק (נגע, או מטרד); שִׁמֵּר (בשר, או דגים); הִרְטִיב בֶּטוֹן; נִרְפָּא; רִפּוּי, טִפּוּל, תְּרוּפָה; שִׁמּוּר (בשר, או דגים)

cur'few *n.* (קֶרְפְיוּ) עֹצֶר

cur"iosi'ty *n.* (קְיוּרִיאוֹסִטִי) סַקְרָנוּת; תְּכוּנָה מוּזָרָה; תָּכְנִית מְעַנְיֶנֶת; חֵפֶץ מוּזָר; חֵפֶץ נָדִיר

cur'ious *adj.* (קְיוּרִיאֶס) סַקְרָנִי; מִתְעָרֵב (בעניינים לא לו); מוּזָר

curl *v.t.* & *i.* (קֶרְל) סִלְסֵל; הִסְתַּלְסֵל

— **up** יָשַׁב, אוֹ שָׁכַב בְּנַחַת

— *n.* תַּלְתַּל; סְלִיל, סִלְסוּל

cur'ly *adj.* (קֶרְלִי) מְסֻלְסָל, מְתֻלְתָּל

cur'rant *n.* (קַרֶנְט) דֻּמְדְּמָנִית; צִמּוּק לְלֹא חַרְצַנִּים

cur'rency *n.* (קַרֶנְסִי) מַטְבֵּעַ, כֶּסֶף; נְפוֹצוּת; תְּקוּפַת נְפוֹצוּת; תְּפוּצָה, מַחֲזוֹר

cur'rent *adj.* & *n.* (קַרֶנְט) שׁוֹטֵף, נוֹכְחִי; עוֹבֵר לַסּוֹחֵר; נָפוֹץ; מְקֻבָּל; זֶרֶם, זְרִימָה; מְגַמָּה

curric'ulum *n.* (קֶרִקְיֻלֶם) תָּכְנִית לִמּוּדִים

— **vitae** תּוֹלְדוֹת חַיִּים

curse *n.* & *v.t.* & *i.* (קֶרְס) קְלָלָה; קִלֵּל

cur'sory *adj.* (קֶרְסֶרִי) שִׁטְחִי; נִמְהָר

curt *adj.* (קֶרְט) קָצָר; קָטוּעַ

curtail' *v.t.* (קֶרְטֵיל) קִצֵּר, הִפְחִית, צִמְצֵם

cur'tain *n.* (קֶרְטְן) וִילוֹן; מָסָךְ

—**s** מִיתָה (אלימה)

— *v.t.* הִסְתִּיר בְּוִילוֹן; קִשֵּׁט בְּוִילוֹן

curt'sey *n.* & *v.i.* (קֶרְטְסִי) קִדָּה; קַד קִדָּה

curve *v.i.* & *t.* & *n.* (קֶרְב) הִתְעַקֵּם; עִקֵּם, כָּפַף; עֲקֻמָּה, עִקּוּל, פִּתּוּל, סִבּוּב; חַמּוּק

cush'ion *n.* & *v.t.* (קוּשְׁן) כַּר; קוֹלֵט זַעֲזוּעִים; רִכֵּךְ

cuss *v.t.* (קַס) קִלֵּל

— **out** נָזַף

cus'tard *n.* (קַסְטֶרְד) רַפְרֶפֶת בֵּיצִים

custo'dian *n.* (קַסְטוֹדִיאֶן) אֶפִּיטְרוֹפּוֹס

cus'tody *n.* (קַסְטֶדִי) אֶפִּיטְרוֹפְּסוּת, פִּקּוּחַ; מַעֲצָר; מַאֲסָר

cus'tom *n.* (קַסְטֶם) מִנְהָג, נֹהַג; מֶכֶס; לָקוֹחוֹת קְבוּעִים

—**s** מֶכֶס

— *adj.* עַל פִּי הַזְמָנָה מְיֻחֶדֶת

cus'tomary *adj.* (קַסְטֶמֶרִי) רָגִיל, מְקֻבָּל; נָהוּג

cus'tomer *n.* (קַסְטֶמֶר) לָקוֹחַ, קוֹנֶה; שֶׁיֵּשׁ עֵסֶק אִתּוֹ, בַּרְנָשׁ

cus'tom-house" (קַסְטֶם־הַאוּס) בֵּית מֶכֶס

cut *v.t.* & *i.* (קַט) חָתַךְ; הִצְלִיף; פָּגַע; פָּרַס; כָּרַת; קָצַר, כָּסַח; חָצָה; קִצֵּר; הוֹרִיד; מָהַל; גִּלֵּף; חָפַר; הִצְמִיחַ (שיניים); „הִפְסִיק"; עָרַךְ (סרט קולנועי); הִתְנַכֵּר לְ־; נִפְקַד (משיעור); הִקְלִיט; נֶחְתַּךְ; סָטָה פִּתְאוֹם

— **down** הִפְחִית

— *n.* חֲתָךְ; חֲתִיכָה; נֵתַח; חֵלֶק; פֶּצַע; גִּזְרָה (לבוש); סוּג; מַעֲבָר; הַשְׁמָטָה; הַפְחָתָה; פְּגִיעָה (ברגשות); גְּלוּפָה; הִתְנַכְּרוּת לְמַכָּר; נִפְקָדוּת (מלימודים)

a — above עוֹלֶה עַל בְּמִקְצָת

— *adj.* חָתוּךְ; מְגֻלָּף; מֻפְחָת; מְסֹרָס

— **and dried** קָבוּעַ מֵרֹאשׁ

— out for מַתְאִים לְ־; מְסֻגָּל

cute *adj.* (קְיוּט) נֶחְמָד, „מָתוֹק"; מִתְיַמֵּר לִהְיוֹת יָפֶה, אוֹ פִּקֵּחַ

cu′ticle *n.* (קְיוּטִקְל) עוֹר בְּסִיס הַצִּפֹּרֶן; עוֹר עֶלְיוֹן

cut′lery *n.* (קַטְלֶרִי) סַכּוּ"ם (סַכִּינִים, כַּפּוֹת וּמִזְלָגוֹת)

cut′ter *n.* (קַטְר) חוֹתֵךְ; חַד־תָּרְנִית; סְפִינַת־מִשְׁמָר

cy′cle *n.* & *v.i.* (סַיְקְל) מַעְגָּל, תְּקוּפָה; מַחֲזוֹר; צִיקְלוּס; אֹסֶף; אוֹפַנַּיִם; רָכַב עַל אוֹפַנַּיִם; נָע בְּמַעְגָּלִים, עָבַר בְּמַעְגָּלִים

cy′clone *n.* (סַיְקְלוֹן) צִיקְלוֹן, עַלְעוֹל

cyl′inder *n.* (סִלִנְדֶר) גָּלִיל; צִילִינְדֶר; אִצְטְוָנָה

cyn′ic *n.* (סִנִק) צִינִיקָן

cy′press *n.* (סַיפְּרֶס) בְּרוֹשׁ

cyst *n.* (סִסְט) צִיסְטָה; שַׁלְחוּף

Czar (זָר) צָאר; קֵיסָר; שַׁלִּיט יָחִיד

D

D, d *n.* (דִי) דִי, הָאוֹת הָרְבִיעִית בָּאָלֶפְבֵּית הָאַנְגְּלִי, ד׳

dab *v.t. & i. & n.* (דֶב) טָפַח בַּעֲדִינוּת; מָרַח; טְפִיחָה; לְטִיפָה; גוּשׁ, כַּמּוּת קְטַנָּה

dab′ble *v.t. & i.* (דֶבְּל) הִרְטִיב; טָבַל; עָסַק בְּשִׁטְחִיּוּת

dad, dad′dy *n.* (דֶד, דֶדִי) אַבָּא

daf′fodil *n.* (דֶפֲדִל) נַרְקִיס עָטוּר

dag′ger *n.* (דֶגֶר) פִּגְיוֹן; הַסִּימָן †

dai′ly *adv. & adj. & n.* (דֵילִי) יוֹם־יוֹם; יוֹמִי; יוֹמוֹן

dai′nty *adj.* (דֵינְטִי) מְעֻדָּן; טָעִים; בַּרְרָנִי, בַּעַל הַבְחָנָה עֲדִינָה

dair′y *n. & adj.* (דֵרִי) מַחְלָבָה; מֶשֶׁק חָלָב; שֶׁל מַאַכְלֵי חָלָב

dai′sy *n.* (דֵיזִי) חִנָּנִית

dale *n.* (דֵיל) בִּקְעָה רְחָבָה

dal′ly *v.i.* (דֶלִי) הִתְבַּטֵּל, בִּטֵּל זְמַן; הִשְׁתַּעֲשֵׁעַ

dam *n. & v.t.* (דֶם) סֶכֶר; הֵקִים סֶכֶר; סָתַם, סָכַר

dam′age *v.t. & i. & n.* (דֶמִג׳) הִזִּיק לְ־; גָּרַם נֶזֶק לְ־; פָּגַע בְּ־; קִלְקֵל; נִזּוֹק, נֶזֶק

dame *n.* (דֵים) אֲדוֹנָה, גְּבֶרֶת, מַטְרוֹנִית; אִשָּׁה

damn *v.t. & n.* (דֶם) פָּסַל; הָרַס; קִלֵּל; דָּן לְעֹנֶשׁ־נֶצַח; קְלָלָה

— *interj.* לַעֲזָאזֵל

damned *adj.* (דֶמְד) נִדּוֹן לְעֹנֶשׁ־נֶצַח; נִבְזֶה; גָּמוּר

damp *adj. & v.t.* (דֶמְפּ) לַח; מְדֻכְדָּךְ, חֲסַר־חִיּוּת; הִרְטִיב; רִפָּה יְדֵי; עִכֵּב

dam′sel *n.* (דֶמְזֶל) נַעֲרָה, עַלְמָה

dance *v.i. & t. & n.* (דֶנְס) רָקַד; כִּרְכֵּר; הִרְקִיד; רִקּוּד, מָחוֹל; נֶשֶׁף רִקּוּדִים; מוּסִיקָה לְרִקּוּדִים

dan′cer *n.* (דֶנְסֶר) רַקְדָן, רוֹקֵד

dan′druff *n.* (דֶנְדְרַף) קַשְׂקַשִּׂים

dan′dy *n. & adj.* (דֶנְדִי) טַרְזָן, גַּנְדְּרָן; מְצֻיָּן; יָפֶה, טוֹב מְאֹד

dan′ger *n.* (דֵינְגֶ׳ר) סַכָּנָה

dan′gerous *adj.* (דֵינְגֶ׳רֶס) מְסֻכָּן; חָמוּר

dan′gle *v.i. & t. & n.* (דֶנְגֶל) הָיָה תָּלוּי בְּרִפְיוֹן; רִחֵף; תָּלָה בְּרִפְיוֹן; תְּלִיָּה בְּרִפְיוֹן

dan′gling *adj.* (דֶנְגְלִנְג) תָּלוּי עַל בְּלִימָה

Da′nish *adj. & n.* (דֵינִשׁ) דָּנִי

dank *adj.* (דֶנְק) טָחוּב

dap′per *adj.* (דֶפֶּר) מְסֻדָּר (בלבוש); זָרִיז

dare *v.i. & t. & n.* (דֵר) הֵעֵז; הִתְרִיס כְּנֶגֶד, גֵּרָה; הֶעָזָה; הַתְרָסָה, אֶתְגָּר

da′ring *n. & adj.* (דֵרִנְג) הֶעָזָה; תְּעֻזָּה; נוֹעָז, הַרְפַּתְקָנִי

dark *adj. & n.* (דַרְק) אָפֵל, חָשׁוּךְ; כֵּהֶה; שָׁחוּם, שְׁחַרְחַר; קוֹדֵר; זָעֵף; מְרֻשָּׁע; נִבְעַר מִדַּעַת; מְעֻרְפָּל; שַׁתְקָן; חֹשֶׁךְ; לַיְלָה; מְקוֹם אֹפֶל; צֶבַע כֵּהֶה

dar′ken *v.t.* (דַרְקֶן) הֶחֱשִׁיךְ, הֶאֱפִיל, הִקְדִּיר, הֶעֱצִיב; סִמֵּא; נַעֲשָׂה כֵּהֶה, הִתְעַרְפֵּל

dark′ness *n.* (דַרְקְנֶס) חֹשֶׁךְ, אֲפֵלָה, עֲלָטָה; רֶשַׁע; קַדְרוּת, עִרְפּוּל; בַּעֲרוּת; עִוָּרוֹן

dar′ling *n. & adj.* (דַרְלִנְג) יַקִּיר, אָהוּב; יָקָר מְאֹד

darn *v.t. & n.* (דַרְן) תִּקֵּן; תִּקּוּן

dart *v.t. & n.* (דַרְט) זִנֵּק, רָץ, עָט; חֵץ זְרִיקָה

dash *v.t. & i. & n.* (דֶשׁ) נִפֵּץ, זָרַק בְּחָזְקָה; הִתִּיז; הָרַס; דִּכְדֵּךְ; בִּיֵּשׁ; הִסְתָּעֵר; הַתָּזָה; קֹרֶט; תְּנוּעָה מְהִירָה; מַקָּף; הִסְתָּעֲרוּת; תְּנוּעָה פִּזִּיזָה; רִיצָה; פְּעֻלָּה נִמְרֶצֶת; לוּחַ מוֹנִים

dash′ing *adj.* (דֶשִׁנְג) עַלִּיז; מַזְהִיר; מִתְהַדֵּר

date *n. & v.i. & t.* (דֵיט) תַּאֲרִיךְ; מֶשֶׁךְ; פְּגִישָׁה; שֶׁנִּקְבְּעָה אִתּוֹ פְּגִישָׁה; תָּמָר; הָיָה לוֹ תַּאֲרִיךְ; רֵאשִׁיתוֹ בְּ־; הִתְיַשֵּׁן; יָצָא לִפְגִישׁוֹת, קָבַע פְּגִישׁוֹת עִם; תֵּאֲרֵךְ; גִּלָּה גִּיל

daub *v.t. & i. & n.* (דוֹב) מָרַח; מְרִיחָה; צֶבַע גָּרוּעַ

daugh′ter *n.* (דוֹטֶר) בַּת

daunt *v.t.* (דוֹנְט) הֵטִיל מוֹרָא; הֵמֵס הַלֵּב

daunt'less *adj.* (דוֹנְטְלֶס) עָשׂוּי לִבְלִי חָת; נוֹעָז

daw'dle *v.i. & t.* (דוֹדְל) בִּטֵּל זְמָן, הִתְבַּטֵּל

dawn *n. & v.i.* (דוֹן) שַׁחַר; בּוֹא; הִפְצִיעַ; הֵאִיר (השחר); הִתְחִיל לְהִתְפַּתֵּחַ; הִתְחִיל לְהִתָּפֵס, הוֹפִיעַ

day *n.* (דֵּי) יוֹם; אוֹר הַיּוֹם; יְמָמָה; תַּחֲרוּת; תְּקוּפָה

call it a — הִפְסִיק פְּעִילוּת

— before yesterday שִׁלְשׁוֹם

— after tomorrow מָחֳרָתַיִם

day'break" *n.* (דֵּיבְּרֵיק) שַׁחַר, עֲלִיַּת הַשַּׁחַר

day' la"borer *n.* (דֵּי לֵיבֶּרֶר) שְׂכִיר יוֹם, פּוֹעֵל יוֹמִי

day'light" *n. & adj.* (דֵּילַיְט) אוֹר הַיּוֹם; פִּרְסוּם; יוֹם (מֶשֶׁךְ); עֲלִיַּת הַשַּׁחַר; דּוֹמֶה לְאוֹר הַיּוֹם; לְשִׁמּוּשׁ בַּיּוֹם

day'time" *n.* (דֵּיטַיְם) יוֹם (בין זריחת השמש לשקיעתה)

daze *v.t. & n.* (דֵּיז) הִמֵּם; בִּלְבֵּל; הִכָּה בְּסַנְוֵרִים; הִמּוּם, „טִשְׁטוּשׁ"

daz'zle *v.t. & n.* (דֶזְל) סִנְוֵר (ע"י אור חזק); בִּלְבֵּל (ע"י פאר); סִנְווּר; זֹהַר מְבַלְבֵּל

dea'con *n.* (דִיקְן) תַּת-כֹּמֶר; פָּקִיד הַכְּנֵסִיָּה

dead *adj.* (דֶד) מֵת; דּוֹמֶה לְמֵת; חֲסַר-הַרְגָּשָׁה; יָגֵעַ מְאֹד; עָקָר; חֲסַר-תְּנוּעָה; כָּבוּי; תָּפֵל; מַט; מֻחְלָט; פִּתְאוֹמִי; מְדֻיָּק; מְדַיֵּק; יָשָׁר

— body גּוּפָה

— *n.* שִׂיא

the — הַמֵּתִים

— *adv.* לַחֲלוּטִין; לְגַמְרֵי; לְלֹא זִיעַ; מַמָּשׁ, בְּדִיּוּק

dead'en *v.t.* (דֶדְן) הִקְהָה, הֵחֵשׁ; אָטַם

dead'ly *adj. & adv.* (דֶדְלִי) מֵמִית, גּוֹרֵם לְמִיתָה; שׁוֹאֵף לְהָמִית; דּוֹמֶה לְמֵת; מְדֻיָּק מְאֹד; מְשַׁעֲמֵם מְאֹד; לְגַמְרֵי

deaf *adj.* (דֶף) חֵרֵשׁ; מְסָרֵב לִשְׁמוֹעַ

deaf'en *v.t.* (דֶפְן) הֶחֱרִישׁ, הִמֵּם (ע"י רעש)

deaf'mute" *n.* (דֶף-מְיוּט) חֵרֵשׁ-אִלֵּם

deal *n. & v.i. & t.* (דִיל) עִסְקָה; הֶסְכֵּם; חֲשַׁאי; יַחַס הִתְנַגְּדוּת כְּלַפֵּי; כַּמּוּת נִכֶּרֶת; חֲלֻקָּה (קלפים); עָסַק בְּ־; נָקַט פְּעֻלָּה; הִתְנַהֵג; סָחַר; חִלֵּק (קלפים)

dea'ler *n.* (דִילְר) מִתְנַהֵג כְּלַפֵּי; קִמְעוֹנַאי, סוֹחֵר; מְחַלֵּק (קלפים)

dea'ling(s) *n.* (דִילִנְג[ז]) יְחָסִים, עֲסָקִים

dean *n.* (דִין) דִּקָן

dear *adj. & n.* (דִיר) יָקָר; נִכְבָּד מְאֹד; חָשׁוּב; גָּבֹהַּ; חָמוּד, אָהוּב

dearth *n.* (דֶרְתּ') מַחְסוֹר; רָעָב

death *n.* (דֶתּ') מִיתָה, מָוֶת; רֶצַח, שְׁפִיכוּת דָּמִים

debase' *v.t.* (דִבֵּיס) הִשְׁפִּיל; פִּגֵּל

deba'table *adj.* (דִבֵּיטַבְּל) נָתוּן לְוִכּוּחַ; מְפֻקְפָּק

debate' *v.i. & t. & n.* (דִבֵּיט) הִשְׁתַּתֵּף בְּוִכּוּחַ, הִתְוַכֵּחַ; דָּן, שָׁקַל; וִכּוּחַ; דִּיּוּן

debauch' *v.t. & n.* (דִבּוֹץ') הִשְׁחִית, הִשְׁפִּיל; הִתְמַכְּרוּת לְתַאֲוָה

deben'ture *n.* (דִבֶּנְצֶ'ר) אִגֶּרֶת חוֹב

deb'it *n. & v.t.* (דֶבִּט) חִיּוּב; חִיֵּב (חשבון)

deb"onair' *adj.* (דֶבֶּנֵר) נְעִים הֲלִיכוֹת; חִנָּנִי; עַלִּיז

debris' *n.* (דֶבְּרִי) עִיֵּי מַפֹּלֶת, חֳרָבוֹת

debt *n.* (דֶט) חִיּוּב; חוֹבָה; חֵטְא

debt'or *n.* (דֶטְר) לֹוֶה, בַּעַל חוֹב, חַיָּב

debut' *n.* (דֵּיבְּיוּ) הוֹפָעָה בִּמְבִּית רִאשׁוֹנָה; הַתְחָלַת קַרְיֶרָה

deb'utante *n.* (דֶבְּיוּטַנְט) צְעִירָה הַנִּכְנֶסֶת לַחֶבְרָה

decade' *n.* (דֶקֵיד) עָשׂוֹר

dec'adence *n.* (דֶקַדֶנְס) הִתְנַוְּנוּת, נִוּוּן, הִסְתָּאֲבוּת

Dec'alogue" *n.* (דֶקַלוֹג) עֲשֶׂרֶת הַדִּבְּרוֹת

decamp' *v.i.* (דִקֶמְפּ) יָצָא מִמַּחֲנֶה; פֵּרֵק מַחֲנֶה וְיָצָא לַדֶּרֶךְ; הִסְתַּלֵּק לְלֹא שֶׁהִיּוּת

decan'ter *n.* (דִקֶנְטְר) לָגִין, בַּקְבּוּק לְיַיִן

decap'itate *v.t.* (דִקֶפִּטֵיט) כָּרַת רֹאשׁ

decay' *v.i. & t. & n.* (דִקֵי) נִרְקַב; הִתְנַוֵּן; הִתְקַלְקֵל; הִרְקִיב; הִתְפָּרְקוּת, רִקָּבוֹן; הִתְנַוְּנוּת

decease' *v.i. & n.* (דִסִיס) מֵת; מִיתָה

deceased' *adj.* (דִסִיסְט) מֵת

the — הַמָּנוֹחַ; הַמֵּתִים

deceit' *n.* (דִסִיט) רַמָּאוּת, רְמִיָּה; תַּרְמִית, אוֹנָאָה, תַּחְבּוּלָה
deceive' *v.t. & i.* (דִסִיב) רִמָּה, הוֹנָה
Decem'ber *n.* (דִסֶמְבְּר) דֶצֶמְבֶּר
de'cency *n.* (דִיסֶנְסִי) הֲגִינוּת, צְנִיעוּת
de'cent *adj.* (דִיסֶנְט) יָאֶה, הָגוּן; צָנוּעַ; מְכֻבָּד; נָאֶה
decen'tralize" *v.t.* (דִיסֶנְטְרַלַיז) בִּזֵּר; פִּזֵּר סַמְכֻיּוֹת (מבחינה גיאוגראפית)
decep'tion *n.* (דִסֶפְּשֶן) רְמִיָּה, רַמָּאוּת; אוֹנָאָה
decide' *v.t. & i.* (דִסַיד) הֶחְלִיט, הִכְרִיעַ; יִשֵּׁב; הֵבִיא לִידֵי הַכְרָעָה; חָרַץ מִשְׁפָּט
—ed *adj.* נֶחֱרָץ, בָּרוּר; הֶחְלֵטִי
decided'ly *adv.* (דִסַידֶדְלִי) לְלֹא כָּל סָפֵק
decid'uous *adj.* (דִסִג'וּאֶס) נָשִׁיר; חוֹלֵף
dec'imal *adj. & n.* (דֶסִמֶל) עֶשְׂרוֹנִי; שֶׁבֶר עֶשְׂרוֹנִי
deci'pher *v.t.* (דִסַיפְר) פִּעְנֵחַ
decis'ion *n.* (דִסִזְ'ן) הַחְלָטָה; פְּסַק־דִּין, הַכְרָעָה; הֶחְלֵטִיּוּת
deci'sive *adj.* (דִסַיסִב) מַכְרִיעַ; הֶחְלֵטִי
deck *v.t. & n.* (דֶק) קִשֵּׁט; בָּנָה סִפּוּן; סִפּוּן; פְּלַטְפוֹרְמָה; חֲבִילָה (קלפים)
clear the —s! הִכּוֹן לִקְרָב!
declaim' *v.t. & t.* (דִקְלֵים) דִּקְלֵם; גִּנָּה; נָשָׂא נְאוּם (מן השפה ולחוץ); הִשְׁמִיעַ (בצורה מליצית)
dec"lara'tion *n.* (דֶקְלַרֵישְן) הַצְהָרָה, הַכְרָזָה
declare' *v.t. & i.* (דִקְלֶר) הִצְהִיר, הִכְרִיז; גִּלָּה; מָסַר הַצְהָרָה
decline' *v.t. & i. & n.* (דִקְלַין) סֵרֵב (בנימוס); הִטָּה כְּלַפֵּי מַטָּה; נָטָה (בדקדוק); הִשְׁתַּפֵּעַ, יָרַד; הִתְקָרֵב לְקִצּוֹ; פָּחַת; הִשְׁפִּיל עַצְמוֹ; הִתְנַוֵּן, תָּשַׁשׁ; שָׁקַע; שִׁפּוּעַ, מִדְרוֹן; יְרִידָה, הִתְמַעֲטוּת; תְּשִׁישׁוּת, הִתְנַוְּנוּת; שְׁקִיעָה
decliv'ity *n.* (דִקְלִוִטִי) מִדְרוֹן, מוֹרָד
de"compose' *v.t. & i.* (דִיקַמְפּוֹז) הִתְפָּרֵק, נִרְקַב
dec'orate" *v.t.* (דֶקֶרֵיט) עִטֵּר, קִשֵּׁט; עִצֵּב פְּנִים (של דירה וכו')

dec"ora'tion *n.* (דֶקֶרֵישְן) עִטּוּר, קִשּׁוּט; מֶדַלְיָה, אוֹת הִצְטַיְּנוּת
decor'um *n.* (דִקוֹרֶם) הִתְנַהֲגוּת מְמֻשְׁמַעַת; הֲלִיכוֹת נָאוֹת; גִּנּוּנֵי חֶבְרָה
de'coy *n. & v.t.* (דִיקוֹי) פִּתָּיוֹן, מַלְכֹּדֶת; פִּתָּה
decrease' *v.t. & i. & n.* (דִקְרִיס) הִתְמַעֵט, פָּחַת; הִפְחִית; הַפְחָתָה, יְרִידָה
decree' (דִקְרִי) גְּזֵרָה, צַו; פְּסַק־דִּין; גָּזַר
decrep'it *adi.* (דִקְרֶפִּט) תָּשׁוּשׁ, חַלָּשׁ, בָּלֶה
ded'icate" *v.t.* (דֶדִקֵיט) הִקְדִּישׁ, כָּתַב הַקְדָּשָׁה; חָנַךְ
deduce' *v.t.* (דִדוּס) הִסִּיק; עָקַב אַחֲרֵי הַמּוֹצָא
deduct *v.t.* (דִדַקְט) נִכָּה, הִפְחִית
deed *n. & v.t.* (דִיד) מַעֲשֶׂה, פְּעֻלָּה; תְּעוּדַת מִקְנָה; הֶעֱבִיר בַּעֲלוּת (באמצעות תעודת מקנה)
deem *v.t. & i.* (דִים) סָבַר, חָשַׁב; דָּן
deep *adj.* (דִיפּ) עָמֹק; רָחָב; מִשְׂתָּרֵעַ לְמֶרְחַקִּים; סָתוּם, מְעֻרְפָּל; רְצִינִי; מַעֲמִיק; כֵּהֶה (צבע); חוֹדֵר; עַרְמוּמִי; מִסְתּוֹרִי
in — water בִּמְצוּקָה
— *n.* מַעֲמַקִּים; מֶרְחָב; שִׂיא
dee'pen *v.t. & i.* (דִיפֶּן) הֶעֱמִיק; הָעֳמַק, נִתְעַמֵּק
deer *n.* (דִיר) אַיָּל, צְבִי
deface' *v.t.* (דִפֵיס) הִשְׁחִית (פני שטח)
defame' *v.t.* (דִפֵים) הוֹצִיא דִבָּה עַל, הִשְׁמִיץ
default' *n.* (דִפוֹלְט) רַשְׁלָנוּת, חֹסֶר פְּעֻלָּה; הִתְכַּחֲשׁוּת לְהִתְחַיְּבוּת
defeat' *v.t. & n.* (דִפִיט) נִצֵּחַ, הֵבִיס, גָּבַר עַל; סִכֵּל; מַפָּלָה, הַכְשָׁלָה, תְּבוּסָה; סִכּוּל
de'fect *n.* (דִיפֶקְט) פְּגָם, מִגְרַעַת, לִקּוּי; מוּם
defect' *v.i.* (דִפֶקְט) עָרַק
defec'tive *adj. & n.* (דִפֶקְטִב) פָּגוּם, לָקוּי; מְפַגֵּר
defend' *v.t.* (דִפֶנְד) הֵגֵן עַל; סִנֵּגֵר עַל; הִצְדִּיק

defen'dant *n.* (דֶפֶנְדֶנְט) נִתְבָּע, נֶאֱשָׁם

defend'er *n.* (דִפֶנְדֶר) מֵגֵן, סַנֵּגוֹר

defense' *n.* (דִפֶנְס) הֲגַנָּה; הִתְגּוֹנְנוּת; מָעוֹז, מִבְצָר; סַנֵּגוֹרְיָה; הַצְדָּקָה

defen'sive *adj.* & *n.* (דִפֶנְסִב) הֲגַנָּתִי; מַצַּב הִתְגּוֹנְנוּת

def'erence *n.* (דֶפֶרֶנְס) כְּנִיעָה, וִתּוּר לְטוֹבַת־; יַחַס כָּבוֹד

defer'ment *n.* (דִפֶרְמֶנְט) דְּחִיָּה

def'iance *n.* (דִפַיאֲנְס) הַתְרָסָה, הִתְנַגְּדוּת נוֹעֶזֶת; בּוּז; הַזְמָנָה לִקְרָב

defi'ciency *n.* (דֶפִשֶנְסִי) מַחְסוֹר; פְּגָם; גֵּרָעוֹן

def'icit *n.* (דֶפִסִט) גֵּרָעוֹן

defile' *n.* & *v.t.* (דִפַיל) מַעֲבָר צַר; צָעַד בְּטוּר עָרְפִּי; זִהֵם, הִכְתִּים, טִנֵּף; טִמֵּא; נָטַל בְּתוּלִים

define' *v.t.* (דִפַין) הִגְדִּיר, תֵּאֵר; תָּחַם; הִבְהִיר צוּרָה; קָבַע בְּבֵרוּר

def'inite *adj.* (דֶפִנִט) מֻגְדָּר, מְדֻיָּק; בָּטוּחַ; מַגְדִּיר

def"ini'tion *n.* (דֶפִנִשְן) הַגְדָּרָה

deflate' *v.t.* (דִפְלֵיט) הוֹצִיא אֲוִיר; הִפְחִית (מחירים); הִמְעִיט

deflect' *v.t.* & *i.* (דִפְלֶקְט) הִטָּה הַצִּדָּה; סָטָה

deform' *v.t.* (דִפוֹרְם) הִשְׁחִית צוּרָה, הִטִּיל מוּם; כִּעֵר, נִוֵּל, קִלְקֵל; שִׁנָּה צוּרָה

defor'mity *n.* (דִפוֹרְמִטִי) מוּם

defraud' *v.t.* (דִפְרוֹד) רִמָּה, הוֹנָה

defray' *v.t.* (דִפְרֵי) שִׁלֵּם

defrost' *v.t.* & *i.* (דִפְרוֹסְט) הִפְשִׁיר

defunct' *adj.* (דִפַנְקְט) מֵת; שֶׁאֵינוֹ בְּתֹקֶף

defy' *v.t.* (דִפַי) הִתְרִיס כְּנֶגֶד; הִתְנַגֵּד בְּגָלוּי; בִּקֵּשׁ לַעֲשׂוֹת הַנֶּחְשָׁב לְבִלְתִּי אֶפְשָׁרִי

degen'erate *adj.* & *n.* (דִגֶ'נֶרֶט) מְנֻוָּן, מֻשְׁחָת; דֶּגֶנֶרָט

degen'erate *v.i.* (דִגֶ'נֶרֵיט) הִתְנַוֵּן

degrade' *v.t.* (דִגְרֵיד) הוֹרִיד בְּדַרְגָּה [דִיגְרֵיד]; הִשְׁפִּיל, פָּגַע בְּכָבוֹד, הִפְחִית

degree' *n.* (דִגְרִי) מַדְרֵגָה, דַּרְגָּה; שָׁלָב, מִדָּה; מַעֲלָה (1/360 של מעגל); סוּג; תֹּאַר (המוענק באוניברסיטה); חֶזְקָה

de'ify" *v.t.* (דִיאִפַי) הֶאֱלִיהַּ; הֶאֱלִיל; הֶעֱרִיץ

deign *v.i.* & *t.* (דֵין) מָחַל עַל כְּבוֹדוֹ

de'ity *n.* (דִיאִטִי) אֵל; אֱלֹהוּת; מַעֲמַד אֱלֹהוּת

deject' *v.t.* (דִגֶ'קְט) דִּכְדֵּךְ

—ed *adj.* נְכֵה־רוּחַ, מְדֻכְדָּךְ

delay' *v.t.* & *i.* & *n.* (דִלֵי) דָּחָה, עִכֵּב; הִתְמַהְמֵהַּ; דְּחִיָּה, עִכּוּב; הִתְמַהְמְהוּת

delec'table *adj.* (דִלֶקְטֶבְּל) נָעִים מְאֹד; טָעִים

del'egate" *n.* & *v.t.* (דֶלֶגֵיט) נָצִיג, בָּא כֹּחַ; צִיר; שָׁלַח (נציג)

del"ega'tion *n.* (דֶלֶגֵישְן) מִשְׁלַחַת; הַעֲנָקַת סַמְכֻיּוֹת

delete' *v.t.* (דִלִיט) מָחַק

del"eter'ious *adj.* (דֶלִטִירִיאֲס) מַזִּיק

delib'erate *adj.* (דִלִבֶּרֶט) יָזוּם; בְּכַוָּנָה; זָהִיר; אִטִּי, בְּנַחַת

delib'erate *v.t.* & *i.* (דִלִבֶּרֵיט) שָׁקַל; הִרְהֵר, הִתְיָעֵץ

del'icacy *n.* (דֶלֶקַסִי) רֹךְ, עֲדִינוּת; דַּקּוּת, רְגִישׁוּת; מַעֲדָן; שְׁבִירוּת; דִּיּוּק; חֻלְשָׁה (גופנית)

del'icate *adj.* (דֶלֶקֶט) עָדִין; שָׁבִיר; דַּק; רַךְ; מְעֻדָּן; רָגִישׁ; מְדַיֵּק; מֻבְחָר; אִסְטְנִיס

del'icates'sen *n.* (דֶלֶקֶטֶסְן) חֲנוּת מַעֲדָנִים; מַעֲדָנִים

deli'cious *adj.* (דִלִשֶׁס) טָעִים, עָרֵב, נָעִים מְאֹד

delight' *n.* & *v.t.* & *i.* (דִלַיט) תַּעֲנוּג גָּדוֹל; גִּיל, אֹשֶׁר; הֵנָה, עִנֵּג; נָעַם; נֶהֱנָה מְאֹד

—ed שָׂמֵחַ מְאֹד

delight'ful *adj.* (דִלַיטְפֶל) מְהַנֶּה, נָעִים בְּיוֹתֵר

delin'eate *v.t.* (דִלִנִיאֵיט) הִתְוָה, שִׂרְטֵט; תֵּאֵר בְּדַיְקָנוּת

delinq'uency *n.* (דִלִנְקְוֶנְסִי) רַשְׁלָנוּת, אַשְׁמָה; עֲבַרְיָנוּת

delinq'uent *adj.* & *n.* (דִלִנְקְוֶנְט) מִתְרַשֵּׁל, עֲבַרְיָן, אָשֵׁם; שֶׁפֵּרָעוֹנוֹ מִתְאַחֵר

delir'ium *n.* (דִלִירְיֶם) טֵרוּף דַּעַת; הִתְרַגְּשׁוּת קַדַּחְתָּנִית; בִּלְבּוּל הַדַּעַת

deliv'er *v.t. & i.* (דִלִוְר) מָסַר, הֶעֱבִיר לְיָדֵי; נָשָׂא (נאום); פָּלַט; "הִרְבִּיץ"; שִׁחְרֵר; יִלֵּד, עָזַר בְּלֵדָה; יָלַד

deliv'erance *n.* (דִלִוְרֶנְס) מְסִירָה; שִׁחְרוּר, יְשׁוּעָה; גִּלּוּי דַעַת

deliv'erer *n.* (דִלִוְרֶר) גּוֹאֵל, מוֹשִׁיעַ; מְחַלֵּק, מוֹסֵר

deliv'ery *n.* (דִלִוְרִי) מְסִירָה, חֲלֻקָּה; חִתּוּךְ דִּבּוּר, הַבָּעָה; לֵדָה; סְנִיקָה

dell *n.* (דֶל) עֵמֶק קָטָן

del'ta *n.* (דֶלְטָה) דֶלְתָּא; מְשֻׁלָּשׁ

delude' *v.t.* (דִלוּד) הִטְעָה; הוֹנָה

del'uge *n. & v.t.* (דֶלְיוּג') מַבּוּל; גֶּשֶׁם שׁוֹטֵף; שִׁטָּפוֹן; הֵצִיף

delu'sion *n.* (דִלוּזְ'ן) הַטְעָיָה; אֲחִיזַת עֵינַיִם; דִּמְיוֹן שָׁוְא, תַּעְתּוּעַ

deluxe' *adj.* (דֶלַקְס) דֶה לוּקְס; מְהֻדָּר

delve *v.i.* (דֶלְב) חָקַר בִּיסוֹדִיּוּת

dem'agogue *n.* (דֶמַגוֹג) דֶמָגוֹג

demand' *v.t. & i.* (דִמֶנְד) תָּבַע, דָּרַשׁ; בִּקֵּשׁ; דְּרִישָׁה; בִּקּוּשׁ

demean' *v.t.* (דִמִין) הִשְׁפִּיל; הִתְנַהֵג

demea'nor *n.* (דִמִינְר) הִתְנַהֲגוּת; אֲרֶשֶׁת פָּנִים

dement'ed *adj.* (דִמֶנְטֶד) מְטֹרָף

demer'it *n.* (דִימֶרְט) צִיּוּן שְׁלִילִי; אַשְׁמָה; בַּר־הָעֲנָשָׁה

demise' *n.* (דִמַיז) מָוֶת; סִיּוּם, גְּמָר; הַעֲבָרָה

dem"obliza'tion *n.* (דִימוֹבְּלִזֵישְׁן) שִׁחְרוּר (מצבא); פֵּרוּק צָבָא

democ'racy *n.* (דִמוֹקְרַסִי) דֶמוֹקְרַטְיָה

dem'ocrat *n.* (דֶמֶקְרֶט) דֶמוֹקְרָט; דּוֹגֵל בְּשִׁוְיוֹן חֶבְרָתִי; חֲבֵר הַמִּפְלָגָה הַדֶּמוֹקְרָטִית (בארה"ב)

demol'ish *v.t.* (דִמוֹלִשׁ) הָרַס; הִשְׁמִיד, שָׂם קֵץ לְ־; עָשָׂה שַׁמּוֹת

de'mon *n.* (דִימֶן) רוּחַ רָעָה; שֵׁד; רִשְׁעוּת; רָשָׁע

dem'onstrate" *v.t. & i.* (דֶמֶנְסְטְרֵיט) הֶרְאָה, הִצִּיג, הִסְבִּיר; הוֹכִיחַ; הִפְגִּין

dem"onstra'tion *n.* (דֶמֶנְסְטְרֵישְׁן) הוֹכָחָה, הַסְבָּרָה, הַצָּגָה, תֵּאוּר; גִּלּוּי; הַפְגָּנָה

demon'strative *adj.* (דֶמוֹנְסְטְרַטִב) 'לוּי לֵב, מַבִּיעַ רְגָשׁוֹתָיו בְּגָלוּי; מוֹכִיחַ, מַסְבִּיר, מְתָאֵר; מַכְרִיעַ; רוֹמֵז

demor'alize *v.t.* (דִמוֹרַלַיז) רִפָּה יָדַיִם, הֵבִיךְ, חָתַר תַּחַת בִּטָּחוֹן; הִשְׁחִית

demor"aliza'tion *n.* (דִמוֹרַלַיזֵישְׁן) שְׁחִיתוּת הַמִּדּוֹת; רִפְיוֹן יָדַיִם, הִתְפּוֹרְרוּת הַרְגָּשַׁת בִּטָּחוֹן; דֶמוֹרָלִיזַצְיָה

demur' *v.i.* (דִימוּר) עִרְעֵר, הִתְנַגֵּד

demure' *adj.* (דִמְיוּר) צָנוּעַ, מְכֻנָּס בְּתוֹךְ עַצְמוֹ; מְיֻשָּׁב בְּדַעְתּוֹ (תוך בישנות מעושה)

den *n.* (דֶן) מְאוּרָה; מְעָרָה; מְקוֹם עָלוּב; חֲדַר מַרְגּוֹעַ; גּוֹב

deni'al *n.* (דִנַיְאֶל) הַכְחָשָׁה; כְּפִירָה, סֵרוּב; דְּחִיָּה

deni'zen *n.* (דֶנִיזְן) תּוֹשָׁב

denom"ina'tion *n.* (דִנוֹמֶנֵישְׁן) כִּנּוּי; סוּג; כַּת; עֵרֶךְ

denote' *v.t.* (דִנוֹט) סִמֵּן, הֶרְאָה; מַשְׁמָעוּתוֹ...

denounce' *v.t.* (דִנָאוּנְס) גִּנָּה, הוֹקִיעַ, הֶאֱשִׁים; בִּטֵּל רִשְׁמִית

dense *adj.* (דֶנְס) צָפוּף, סָמִיךְ; מְטֻמְטָם; קִיצוֹנִי; אָטוּם

den'sity *n.* (דֶנְסִטִי) צְפִיפוּת; טִמְטוּם; אֲטִימוּת

dent *n. & v.t. & i.* (דֶנְט) גֻּמָּה; עָשָׂה גֻּמָּה; הִתְקַעֵר

den'tal *adj. & n.* (דֶנְטַל) שֶׁל הַשִּׁנַּיִם, שִׁנִּי; שֶׁל רְפוּאַת שִׁנַּיִם; עִצּוּר שִׁנִּי

den'tist *n.* (דֶנְטִסְט) רוֹפֵא שִׁנַּיִם

den'tistry *n.* (דֶנְטִסְטְרִי) רְפוּאַת שִׁנַּיִם

den'ture *n.* (דֶנְצֶ'ר) תּוֹתֶבֶת (שיניים); שִׁנַּיִם תּוֹתָבוֹת

denude' *v.t.* (דִנוּד) חָשַׂף מַעֲרֻמִּים

denun"cia'tion *n.* (דִנַנְסִיאֵישְׁן) גִּנּוּי; הוֹקָעָה; אִשּׁוּם; הוֹדָעַת בִּטּוּל

deny' *v.t.* (דִנַי) הִכְחִישׁ; הִתְכַּחֵשׁ לְ־; דָּחָה; שָׁלַל; הֵשִׁיב פָּנִים רֵיקָם

deo'dorant *n.* (דִיאוֹדְרַנְט) דֶאוֹדוֹרַנְט; מֵפִיג רֵיחוֹת

depart' *v.i. & t.* (דִפַּרְט) הִסְתַּלֵּק, הָלַךְ לוֹ; סָטָה; עָזַב; מֵת

depart′ment *n.* (דִּפַּרְטְמֶנְט) מַחְלָקָה; מָדוֹר; מִשְׂרָד, מִינִיסְטֶרְיוֹן (בארה״ב); גָּלִיל (בצרפת); אֲגַף; פַּקּוּלְטָה

depar′ture *n.* (דִּפַּרְצְ׳ר) הִסְתַּלְּקוּת, הֲלִיכָה, יְצִיאָה; סְטִיָּה

depend′ *v.i.* (דִּפֶּנְד) סָמַךְ; בָּטַח בּ־; הָיָה תָּלוּי בּ־; הָיָה מֻתְנֶה בּ־; תָּלוּי; הָיָה תָּלוּי וְעוֹמֵד

depen′dence *n.* (דִּפֶּנְדֶנְס) תְּלוּת, הִסְתַּמְּכוּת עַל; אֵמוּן

depen′dent *adj. & n.* (דִּפֶּנְדֶנְט) תָּלוּי (בזולת); מֻתְנֶה בּ־; כָּפוּף ל־

depict′ *v.t.* (דִּפִּקְט) תֵּאֵר, צִיֵּר

depil′ator″y *n.* (דִּפִּלֲטוֹרִי) מַרְחִיק שֵׂעָר

deplete′ *v.t.* (דִּפְּלִיט) הִפְחִית בְּצוּרָה רְצִינִית; חִסֵּל

deplore′ *v.t.* (דִּפְּלוֹר) הִצְטָעֵר צַעַר רַב; הִתְנַגֵּד; לֹא מָצָא חֵן בְּעֵינָיו

deploy′ *v.t. & i.* (דִּפְּלוֹי) פָּרַשׂ (צבא)

depop′ulate *v.t.* (דִּיפּוֹפְּיַלֵיט) רוֹקֵן מִתּוֹשָׁבִים

deport′ *v.t.* (דִּפּוֹרְט) גֵּרֵשׁ; הִתְנַהֵג

de″porta′tion *n.* (דִּיפּוֹרְטֵישְׁן) גֵּרוּשׁ

deport′ment *n.* (דִּפּוֹרְטְמֶנְט) הִתְנַהֲגוּת

depose′ *v.t. & i.* (דִּפּוֹז) הִדִּיחַ; הֵעִיד (בכתב)

depos′it *n. & v. t.* (דִּפּוֹזִט) פִּקָּדוֹן; מְקוֹם הַפְקָדָה; מִרְבָּץ; שִׁכְבָה; מִשְׁקָע; הִנִּיחַ (בזהירות); שִׁלְשֵׁל; הִשְׁאִיר; הִפְקִיד; נָתַן כְּפִקָּדוֹן

dep″osi′tion *n.* (דֶּפֲּזִישְׁן) הַצְהָרָה בִּשְׁבוּעָה; הַדָּחָה (מתפקיד)

depos′itor *n.* (דִּפּוֹזִטְר) מַפְקִיד

de′pot *n.* (דִּיפּוֹ) תַּחֲנָה; מַחְסָן

deprav′ity *n.* (דִּפְּרֶוִיטִי) הַשְׁחָתָה, נִוּוּן

dep′recate″ *v.t.* (דֶּפְּרִקֵיט) הִבִּיעַ מֹרַת רוּחַ; מָחָא נֶגֶד; מִעֵט דְּמוּת

depre″cia′tion *n.* (דִּפְּרִישִׁיאֵישְׁן) פְּחָת; יְרִידַת עֶרֶךְ; זִלְזוּל

dep″reda′tion *n.* (דֶּפְּרִדֵישְׁן) שֹׁד, בִּזָּה

depress′ *v.t.* (דִּפְּרֶס) דִּכְדֵּךְ; הֶעֱצִיב; הִקְדִּיר פְּנֵי־; הֶחֱלִישׁ; הוֹרִיד עֶרֶךְ; לָחַץ עַל

depres′sing *adj.* (דִּפְּרֶסִנְג) מְדַכְדֵּךְ, מְדַכֵּא

depre′ssion *n.* (דִּפְּרֶשְׁן) דִּכְדּוּךְ; קַדְרוּת; דִּכָּאוֹן; שֶׁקַע; שֵׁפֶל כַּלְכָּלִי

deprive′ *v.t.* (דִּפְּרַיב) שָׁלַל, הִדִּיחַ

depth *n.* (דֶּפְּתְ׳) עֹמֶק; עִרְפּוּל; רְצִינוּת; עָצְמָה; שִׂיא

dep″uta′tion *n.* (דֶּפְּיֻטֵישְׁן) מִשְׁלַחַת, נְצִיגוּת; מִנּוּי נְצִיגוּת

dep′uty *n. & adj.* (דֶּפְּיֻטִי) סְגָן, עוֹזֵר; בָּא־כֹּחַ; צִיר

derail′ *v.t.* (דִּירֵיל) הוֹרִיד מֵהַפַּסִּים

derange′ *v.t.* (דִּרֵינְג׳) הֵטִיל אִי־סֵדֶר, הִפְרִיעַ

der′by *n.* (דֶּרְבִּי) מֵרוֹץ לַכֹּל. תַּחֲרוּת לַכֹּל; מִגְבַּעַת קָשָׁה

dere′lict *adi. & n.* (דֶּרֲלִקְט) נָטוּשׁ; רַשְׁלָנִי, מִתְרַשֵּׁל, מוֹעֵל בְּתַפְקִיד; חֵפֶץ נָטוּשׁ; אֳנִיָּה נְטוּשָׁה; הֵלֶךְ

deride′ *v.t.* (דִּרַיד) לִגְלֵג עַל

deris′ion *n.* (דֶּרִזְ׳ן) לִגְלוּג, לַעַג

der″iva′tion *n.* (דֶּרִוֵישְׁן) מָקוֹר; צִיּוּן מָקוֹר; תּוֹלָדָה; נִגְזֶרֶת

deriv′ative *n.* (דִּרִוַטִב) תּוֹלָדָה; נִגְזֶרֶת

derive′ *v.i. & t.* (דִּרַיב) נָבַע מִן; נִגְזַר מִן; מְקוֹרוֹ...; קִבֵּל מִמָּקוֹר; צִיֵּן מָקוֹר; הִסִּיק

derog′ator″y *adj.* (דִּרוֹגֲטוֹרִי) מְזַלְזֵל, מְמַעֵט דְּמוּת

der′rick *n.* (דֶּרִק) מַדְלֶה; מִגְדַּל קִדּוּחַ; עֲגוּרָן

descend′ *v.t. & i.* (דִּסֶנְד) יָרַד; הִשְׁתַּפֵּעַ; עָבַר בִּירֻשָּׁה; הִתְיַחֵס עַל; מְקוֹרוֹ...; הִתְנַפֵּל עַל; הִסְתָּעֵר עַל; שָׁקַע

descen′dant *n.* (דִּסֶנְדֶנְט) צֶאֱצָא; תּוֹלָדָה

descent′ *n.* (דִּסֶנְט) יְרִידָה; מוֹרָד; יִחוּס; פְּשִׁיטָה

describe′ *v.t.* (דִּסְקְרַיבּ) תֵּאֵר; הִדְבִּיק תָּו; סִמֵּן; צִיֵּר

descrip′tion *n.* (דִּסְקְרִפְּשֲׁן) תֵּאוּר; סוּג

descrip′tive *adj.* (דִּסְקְרִפְּטִב) מְתָאֵר, תֵּאוּרִי; עֻבְדָּתִי

descry′ *v.t.* (דִּסְקְרַי) הִבְחִין בּ־; גִּלָּה

des′ecrate″ *v.t.* (דֶּסֲקְרֵיט) חִלֵּל

de″segrega′tion *n.* (דִּיסֶגְרֲגֵישְׁן) בִּטּוּל הַפְרָדָה גִּזְעִית

desert′ *v.t. & i.* (דִּזֶרְט) נָטַשׁ, זָנַח; עָרַק

des′ert *n. & adj.* (דֶּזֶרְט) שְׁמָמָה; יְשִׁימוֹן; מִדְבָּר; מִדְבָּרִי

desert'(s) *n.* (דֶזֶרְט[ס]) עֹנֶשׁ (או שכר) שֶׁרָאוּי לוֹ

deser'ter *n.* (דִזֶרְטֶר) עָרִיק

deserve' *v.t. & i.* (דִזֶרְב) הָיָה רָאוּי לְ־; הָיָה שָׁוֶה

design' *v.t. & i. & n.* (דִזַין) הִתְוָה, רָשַׁם, שִׂרְטֵט; תִּכְנֵן; יָעַד; הִתְכַּוֵּן; עִצֵּב; עִצּוּב; תַּרְשִׁים, שִׂרְטוּט; תִּכְנוּן; תָּכְנִית; קוֹמְפּוֹזִיצְיָה; קְנוּנְיָה; תַּכְלִית, מַטָּרָה

des'ignate" *v.t.* (דֶזִגְנֵיט) צִיֵּן, יָעַד, מִנָּה; מְיֹעָד

desir'able *adj.* (דִזַיְרֶבְּל) רָצוּי, נָעִים, נָאֶה; מְעוֹרֵר חֵשֶׁק

desire' *n. & v.t.* (דִזַיְאָר) תְּשׁוּקָה; תַּאֲוָה; בַּקָּשָׁה; חָשַׁק בְּ־; הִתְאַוָּה לְ־; בִּקֵּשׁ

desi'rous *adj.* (דִזַירֶס) מִשְׁתּוֹקֵק, מִתְאַוֶּה, רוֹצֶה

desist' *v.t.* (דִסִסְט) חָדַל

desk *n. & adj.* (דֶסְק) שֻׁלְחַן כְּתִיבָה; מִכְתָּבָה; עַמּוּד (לספר); מַחְלָקָה; כַּן; שֶׁל שֻׁלְחַן כְּתִיבָה; לְשִׁמּוּשׁ עַל שֻׁלְחַן כְּתִיבָה; עָשׂוּי עַל אוֹ עַל יַד שֻׁלְחַן כְּתִיבָה

des'olate *adj.* (דֶסֶלִט) חָרֵב, שׁוֹמֵם; מְבֻדָּד; נָטוּשׁ; קוֹדֵר

des'olate" *v. t.* (דֶסֶלֵיט) הֵשַׁם; הֶחֱרִיב; הִשְׁמִיד תּוֹשָׁבִים; נָטַשׁ

de"sola'tion *n.* (דֶסֶלֵישֶׁן) שְׁמָמָה, הֶרֶס, חֻרְבָּן; הַשְׁמָדַת תּוֹשָׁבִים; קַדְרוּת; עֶצֶב

despair' *v.i. & n.* (דִסְפֶּר) יֵאוּשׁ; אָמַר נוֹאָשׁ, הִתְיָאֵשׁ

despatch *See* **dispatch**

des"pera'do *n.* (דֶסְפֶּרָדוֹ) פּוֹשֵׁעַ נוֹעָז

des'perate *adj.* (דֶסְפֶּרִט) מְסֻכָּן; מִשְׁתּוֹקֵק; רַע מְאֹד, מְזַעֲזֵעַ; קִיצוֹנִי; נוֹאָשׁ

despic'able *adj.* (דֶסְפִּקֶבְּל) נִבְזֶה

despise' *v.t.* (דִסְפַּיז) בָּז; מָאַס

despite' *prep.* (דִסְפַּיט) לַמְרוֹת, עַל אַף

despoil' *v.t.* (דִסְפּוֹיל) שָׁדַד, בָּזַז

despon'dency *n.* (דִסְפּוֹנְדֶנְסִי) דִּכְדּוּךְ, דִּכָּאוֹן

des'pot *n.* (דֶסְפֶּט) עָרִיץ, שַׁלִּיט יָחִיד; עוֹשֵׁק

des'potis"m *n.* (דֶסְפֶּטִזֶם) שִׁלְטוֹן יָחִיד; עֲרִיצוּת; מְדִינָה בְּשִׁלְטוֹן יָחִיד

dessert' *n.* (דִזֶרְט) מָנָה אַחֲרוֹנָה; קִנּוּחַ סְעֻדָּה

des"tina'tion *n.* (דֶסְטֶנֵישֶׁן) מְחוֹז חֵפֶץ; תַּחֲנָה סוֹפִית; תַּכְלִית

des'tine *v.t.* (דֶסְטִן) יָעַד; קָבַע מֵרֹאשׁ

des'tiny *n.* (דֶסְטִנִי) גּוֹרָל, יִעוּד; מַהֲלָךְ מְאֹרָעוֹת קָבוּעַ; הַכֹּחַ הַקּוֹבֵעַ מַהֲלַךְ הַמְּאֹרָעוֹת

des'titute" *adj.* (דֶסְטִטוּט) חֲסַר אֶמְצָעֵי מִחְיָה, עָנִי מָרוּד, אֶבְיוֹן

destroy' *v.t. & i.* (דִסְטְרוֹי) הִשְׁמִיד, הָרַס, שָׂם קֵץ לְ־; הָרַג; שָׂם לְאַל

destruc'tion *n.* (דִסְטְרַקְשֶׁן) הַשְׁמָדָה, חֻרְבָּן, מַשְׁמִיד

destruc'tive *adj.* (דִסְטְרַקְטִב) הַרְסָנִי, מַזִּיק

des'ultor"y *adj.* (דֶסֶלְטוֹרִי) מְקֻטָּע, מְבֻלְבָּל; חֲסַר עִקְבִיּוּת; מָלֵא סְטִיּוֹת

detach' *v.t.* (דִטֶץ׳) הִתִּיר, נִתֵּק וְהִפְרִיד; שִׁלַּח לִמְשִׂימָה מְיֻחֶדֶת

—**ed** *adj.* נִפְרָד, לֹא־מְחֻבָּר; אָדִישׁ; חֲסַר פְּנִיּוֹת, אוֹבְּיֶקְטִיבִי

detach'ment *n.* (דִטֶץ׳מֶנְט) נִתּוּק; אֲדִישׁוּת; חֹסֶר פְּנִיּוֹת, חֹסֶר מִשְׁפָּטִים קְדוּמִים; פְּלֻגָּה, מִשְׁלוֹחַ פְּלֻגָּה

de'tail *n.* (דִיטֵיל) פְּרָט, פִּרְטֵי פְּרָטִים; שִׂימַת לֵב לִפְרָטִים; מִנּוּי לְתַפְקִיד מְיֻחָד, צֶוֶת; הַצָּבָה מְיֻחֶדֶת

in — בִּפְרוֹטְרוֹט

detail' *v.t.* (דִטֵיל) תֵּאֵר בִּפְרוֹטְרוֹט; פֵּרֵט; מִנָּה לְתַפְקִיד מְיֻחָד

—**ed** *adj.* מְפֹרָט

detain' *v.t.* (דִטֵין) עִכֵּב, עָצַר

detect' *v.t.* (דִטֶקְט) גִּלָּה; מָצָא; עָמַד עַל טִיבוֹ

detec'tive *n.* (דִטֶקְטִב) בַּלָּשׁ, חוֹקֵר

deten'tion *n.* (דִטֶנְשֶׁן) עֲצִירָה, מַעֲצָר; עִכּוּב

deter' *v.t.* (דִטֶר) הִרְתִּיעַ; מָנַע

deter'iorate" *v.i. & t.* (דִטִירִיאֲרֵיט) הָלַךְ וָרַע; הִתְבַּלָּה; עָשָׂה רַע יוֹתֵר, הוֹרִיד עֶרְכּוֹ

deter"mina'tion *n.* (דִטֶרְמֶנֵישֶׁן) הַחְלָטָה; הַכְרָעָה, פִּתָּרוֹן; הֶחְלֵטִיּוּת; מַטָּרָה, קְבִיעָה; כִּוּוּן, מְגַמָּה

deter′mine *v.t. & i.* (דֶטֶרְמִן) פָּסַק, הִכְרִיעַ, הֶחֱלִיט, קָבַע; הִסִּיק; גָּרַם; דָּחַף; קָבַע כִּוּוּן; סִיֵּם
deter′rent *n.* (דֶטֶרֶנְט) הַרְתָּעָה
detest′ *v.t.* (דִטֶסְט) מָאַס, תִּעֵב; שָׂנֵא
dethrone′ *v.t.* (דִית׳רוֹן) הֵדִיחַ מִכֵּס הַמְּלוּכָה
det′onate″ *v.i. & t.* (דֶטֱנֵיט) הִתְפּוֹצֵץ; פּוֹצֵץ
de′tour *n.* (דִיטוּר) מַעֲקָף
detract′ *v.t. & i.* (דִטְרֶקְט) חִסֵּר; הִפְנָה
de′trimen′tal *adj.* (דֶטְרִמֶנְטֶל) מַזִּיק, פּוֹגֵעַ
deuce *n.* (דוּס) שְׁנַיִם (בקלפי משחק)
deva′luate″ *v.t.* (דִיבֶלְיוּאֵיט) פִּחֵת
dev′astate″ *v.t.* (דֶוַסְטֵיט) הֵשַׁם, הֶחֱרִיב
devel′op *v.t. & i.* (דִוֶלֶפּ) פִּתֵּחַ; חוֹלֵל; הִתְפַּתֵּחַ; הִתְרַחֵב; הִשְׁתַּלְשֵׁל; הִתְגַּלָּה
devel′opment *n.* (דִוֶלֶפְּמֶנְט) פִּתּוּחַ; הִתְפַּתְּחוּת; שִׁכּוּן
de′viate″ *v.i. & t.* (דִיבִיאֵיט) סָטָה; הִפְנָה
de′viate *adj. & n.* (דִיבִיאֵט) סוֹטֶה; סֶטֶה; סֶטֶה מִינִי
device′ *n.* (דִוַיס) מִתְקָן; הַמְצָאָה; תָּכְנִית, תַּחְבּוּלָה; מְזִמָּה; סִסְמָה
dev′il *n. & v.t.* (דֶוְל) שָׂטָן, שֵׁד; רָשָׁע מְרֻשָּׁע; "שֵׁד מְשַׁחֵת"; שָׁלִיחַ (בבית דפוס); "מִסְכֵּן"; הִקְנִיט; קָרַע; הִתְקִין אֹכֶל בְּתַבְלִינִים
dev′ilish *adj.* (דֶוְלִשׁ) שְׂטָנִי; "מְאֹד", "גָּדוֹל מְאֹד"
de′vil-may-care′ (דֶוְל-מֵי-קֶר) חֲסַר-זְהִירוּת, פָּזִיז; שָׂשׂ
dev′ilment *n.* (דֶוְלְמֶנְט) רִשְׁעוּת; תַּעֲלוּלִים
de′vious *adj.* (דִיבִיאֶס) עָקִיף; מְשׁוֹטֵט לְלֹא דֶּרֶךְ; סוֹטֶה מֵהַמְקֻבָּל; עָרוּם, פְּתַלְתֹּל
devise′ *v.t. & i.* (דִוַיז) תִּכְנֵן, הִמְצִיא
devoid′ *adj.* (דִווֹיד) חָסֵר, נָטוּל
devote′ *v.t.* (דִווֹט) הִקְדִּישׁ, הִתְמַסֵּר ל־
devo′tion *n.* (דִווֹשְׁן) מְסִירוּת
devour′ *v.t.* (דִוַאוּר) בָּלַע, אָכַל, טָרַף
devout′ *adj.* (דִוַאוּט) אָדוּק, דָּתִי, מָסוּר; כֵּן, רְצִינִי
dew *n.* (דוּ) טַל; לַחוּת

dexter′ity *n.* (דֶקְסְטֶרִטִי) מְיֻמָּנוּת, זְרִיזוּת
di″abe′tes *n.* (דַיאֲבִּיטִס) סֻכֶּרֶת
di″abol′ic *adj.* (דַיאֲבּוֹלִק) שְׂטָנִי; מְרֻשָּׁע, אַכְזָרִי
di′adem″ *n.* (דַיאֲדֶם) כֶּתֶר; עֲטֶרֶת-בַּד (כסמל השלטון); סַמְכוּת מַלְכוּתִית
di′agnose″ *v.t. & i.* (דַיאֲגְנוֹז) אִבְחֵן; קָבַע, מִיֵּן; נִתַּח
di″agno′sis *n.* (דַיאֲגְנוֹסִס) אִבְחוּן, דִּיאַגְנוֹזָה
diag′onal *adj. & n.* (דַיאֶגֱנֶל) אֲלַכְסוֹנִי; אֲלַכְסוֹן
di′agram″ *n. & v.t.* (דַיאֲגְרֶם) תַּרְשִׁים, שִׂרְטוּט, דִּיאַגְרָמָה; תֵּאֵר בְּתַרְשִׁים
di′al *n. & v.t. & i.* (דַיאֶל) לוּחַ סְפָרוֹת; מוֹדֵד; חוּגָה; רָשַׁם (על לוח ספרות); וִסֵּת (באמצעות לוח ספרות); חִיֵּג
di′alect *n.* (דַיאֲלֶקְט) נִיב, דִּיאַלֶקְט; לְשׁוֹן עִלְּגִים, עִלְּגָה
di′alog″(ue) *n.* (דַיאֲלוֹג) דּוּ-שִׂיחַ, דִּיאַלוֹג
diam′eter *n.* (דַיאֶמִטְר) קֹטֶר
di′amond *n.* (דַימֶנְד) יַהֲלוֹם; מְעֻיָּן; מִגְרַשׁ בֵּיסְבּוֹל
di′aper *n. & v.t.* (דַיפֶּר) חִתּוּל; חִתֵּל
di′aphragm″ *n.* (דַיאֲפְרֶם) סַרְעֶפֶת; דּוֹק; דִּיאַפְרַגְמָה; מֶמְבְּרָנָה
di″arrhe′a *n.* (דַיאֲרִיאָה) שִׁלְשׁוּל
di′ary *n.* (דַיאֲרִי) יוֹמָן
dice *n. pl.* (דַיס) קֻבִּיּוֹת (למשחק)
no — הַתְּשׁוּבָה שְׁלִילִית
— *v.t.* חָתַךְ לְקֻבִּיּוֹת
dick′er *v.i.* (דִקֶר) הִתְמַקֵּחַ
dic′tate *v.t. & i.* (דִקְטֵיט) הִכְתִּיב; צִוָּה, נָתַן פְּקֻדּוֹת
dicta′tion *n.* (דִקְטֵישְׁן) הַכְתָּבָה; תַּכְתִּיב
dic′tator *n.* (דִקְטֵיטְר) רוֹדָן; דִּיקְטָטוֹר; מַכְתִּיב
dicta′torship″ *n.* (דִקְטֵיטֱרְשִׁפּ) רוֹדָנוּת, דִּיקְטָטוּרָה
dic′tion *n.* (דִקְשֶׁן) חִתּוּךְ דִּבּוּר; סִגְנוֹן דִּבּוּר; אֹפֶן הַבָּעָה
dic′tiona″ry (דִקְשֶׁנֶרִי) מִלּוֹן; לֶקְסִיקוֹן
did (דִד) (זמן עבר של do)

didac′tic *adj.* (דַידֶקְטִק) לִמּוּדִי, מַשְׂכִּיל, מַטִּיף מוּסָר; דִידַקְטִי

die *v.i.* (דַי) מֵת; חָדַל לִפְעֹל; נַעֲשָׂה אָדִישׁ ל־; פָּג, עָבַר; הִתְעַלֵּף; סָבַל; הִשְׁתּוֹקֵק

— *n.* מַבְלֵט, מַטְבַּעַת

di′et *n. & v.i.* (דַיאִט) תְּזוּנָה; דִיאֶטָה; מָזוֹן; אָכַל לְפִי כְּלָלֵי דִיאֶטָה

dif′fer *v.i.* (דִפְר) הָיָה שׁוֹנֶה; חָלַק עַל־

dif′ference *n.* (דִפְרֶנְס) הֶבְדֵּל; שִׁנּוּי; חִלּוּקֵי דֵעוֹת, סִכְסוּךְ; הֶפְרֵשׁ

dif′ferent *adj.* (דִפְרֶנְט) שׁוֹנֶה

dif′ficult″ *adj.* (דִפִקַלְט) קָשֶׁה; עִקֵּשׁ

dif′ficul″ty *n.* (דִפִקַלְטִי) קֹשִׁי; צָרָה; חֹסֶר־רָצוֹן, הִתְנַגְּדוּת

dif′fidence *n.* (דִפִדֶנְס) בַּיְשָׁנוּת, הַסְסָנוּת

diffuse′ *v.t. & i.* (דִפְיוּז) פִּזֵּר, הֵפִיץ

— *adj.* (דִפְיוּס) אָרֹךְ מְאֹד, מְגֻבָּב מִלִּים; מְפֻזָּר, נָפוֹץ מְאֹד

dig *v.i. & t.* (דִג) חָפַר; חָשַׂף (ע״י חפירה); דָחַף

digest′ *v.t.* (דַיגֶ׳סְט) עִכֵּל; שָׁקַל; סָבַל; מִיֵּן; קִצֵּר, סִכֵּם

di′gest *n.* קֹבֶץ, יַלְקוּט; תַּמְצִית

diges′tion *n.* (דַיגֶ׳סְצֶ׳ן) עִכּוּל

dig′it *n.* (דִגֶ׳ט) סִפְרָה; אֶצְבַּע

dig′nified″ *adj.* (דִגְנִפַיד) מְכֻבָּד; נוֹהֵג בַּאֲצִילוּת

dig′nify *v.t.* (דִגְנִפַי) כִּבֵּד; הֶעֱנִיק

dig′nitar″y *n.* (דִגְנִטֵרִי) נִכְבָּד, רָם־מַעֲלָה

dig′nity *n.* (דִגְנִטִי) הָדָר; אֲצִילוּת, קוֹמְמִיּוּת, חֲשִׁיבוּת

digress′ *v.i.* (דַיגְרֶס) סָטָה (מהנושא)

dike *n.* (דַיק) סוֹלְלָה; תְּעָלָה; כְּבִישׁ מֻגְבָּה; מַחְסוֹם

dilap′ida″ted *adj.* (דִלֶפִּדֵיטְד) רָעוּעַ; מֻזְנָח

dilate′ *v.t. & i.* (דַילֵיט) הִרְחִיב, הִגְדִּיל; הִתְרַחֵב; הִרְחִיב הַדִּבּוּר

dil′ator″y *adj.* (דִלַטוֹרִי) מְעַכֵּב, אִטִּי, מְאַחֵר, גּוֹרֵם עִכּוּב

dilem′ma *n.* (דִלֶמַה) בְּעָיָה קָשָׁה; דִילֶמָּה; הַצֹּרֶךְ לָבֹר בֵּין אֶפְשָׁרֻיּוֹת לֹא־רְצוּיוֹת

dil′igence *n.* (דִלִגֶ׳נְס) חֲרִיצוּת, שְׁקִידָה; דִילִיזַ׳נְס

dil′igent *adj.* (דִלִגֶ׳נְט) חָרוּץ; קַפְּדָנִי

dill *n.* (דִל) שָׁמִיר

dilute′ *v.t.* (דַילוּט) מָהַל

dim *adj. & v.t.* (דִם) עָמוּם; מְעֻרְפָּל; כֵּהֶה; קְלוּשׁ־תִּקְוָה; עִמְעֵם

dime *n.* (דַים) דַיְם (מטבע בן 10 סנט בארה״ב)

dimen′sion *n.* (דִמֶנְשֵׁן) מֵמַד; גֹּדֶל

dimin′ish *v.t. & i.* (דִמִנִשׁ) הִפְחִית; הִקְטִין; זִלְזֵל ב־; פָּחַת

dimin′utive *adj. & n.* (דִמִנְיֻטִב) זָעִיר; זָעוּם; חֵפֶץ קָטָן; מִלַּת הַקְטָנָה

dim′ple *n.* (דִמְפְּל) גֻּמַּת חֵן

din *n. & v.t.* (דִן) רַעַשׁ, הֲמֻלָּה; הִתְקִיף בְּרַעַשׁ; הִרְעִישׁ

dine *v.i. & t.* (דַין) סָעַד; הִזְמִין לִסְעוֹד

— out סָעַד בְּמִסְעָדָה

din′gy *adj.* (דִנְגִ׳י) קוֹדֵר, מֻזְנָח

din′ing room″ (דַינִנְג רוּם) חֲדַר אֹכֶל

din′ner *n.* (דִנְר) הַסְּעֻדָּה הָעִקָּרִית (בצהריים או בערב); אֲרוּחָה חֲגִיגִית

din′osaur″ *n.* (דַינַסוֹר) דִינוֹסַאוּרוּס

dint *n.* (דִנְט) כֹּחַ

di′ocese″ *n.* (דַיאֲסִיס) מְחוֹז הַשִּׁפּוּט שֶׁל בִּישׁוֹף

diox′ide *n.* (דַיאוֹקְסַיד) דוּ־תַּחְמֹצֶת

dip *v.t. & i.* (דִפּ) טָבַל; הֶעֱלָה בְּכַפּוֹת; הוֹרִיד וְהֶעֱלָה; חִטֵּא (ע״י טבילה); צָלַל; שִׁלְשֵׁל (יד, כף); שָׁקַע; הִשְׁתַּפֵּעַ; פָּחַת זְמַנִּית; עָסַק בְּשִׁטְחִיּוּת; דִפְדֵּף

— *n.* טְבִילָה; מְלוֹא כַּף; כַּף (תכולה); טֶבֶל; שְׁקִיעָה, יְרִידָה; שִׁפּוּעַ, מִדְרוֹן; שֶׁקַע; שְׂחִיָּה קְצָרָה

diphther′ia *n.* (דִפְתִ׳ירִיאַה) אַסְכָּרָה, דִיפְתֶּרְיָה

diph′thong *n.* (דִפְת׳וֹנְג) דוּ־תְנוּעָה

diplo′ma *n.* (דִפְּלוֹמַה) תְּעוּדַת־גְּמָר

diplo′macy *n.* (דִפְּלוֹמֲסִי) דִיפְּלוֹמַטְיָה

dip′lomat″ *n.* (דִפְּלֲמֶט) דִיפְּלוֹמָט

dip″lomat′ic *adj.* (דִפְּלֲמֶטִק) דִיפְּלוֹמָטִי; בַּעַל חוּשׁ מִדָּה (בחברה)

dip′per *n.* (דִפְּר) טוֹבֵל; מַצֶּקֶת; טַבְלָן (עוף)

Big D— הַדֹּב הַגָּדוֹל

dire *adj.* (דַּיְאַר) נוֹרָא; מַחֲרִיד; מְנַבֵּא פֻּרְעָנוּת; דָּחוּף

direct′ *v.t. & i.* (דַּיְרֶקְט) הִדְרִיךְ, כִּוֵּן, הִפְנָה; הוֹרָה; נִהֵל; צִוָּה, פָּקַד עַל; שִׁמֵּשׁ בַּמַּאי; הִפְעִיל; פָּנָה אֶל; מִעֵן

— *adj. & adv.* יָשִׁיר, יָשָׁר; כֵּן, גְּלוּי־לֵב; מֻחְלָט

direc′tion *n.* (דְּרֶקְשֶׁן) הַכְוָנָה; כִּוּוּן; הוֹרָאָה; פְּקֻדָּה; הַנְהָלָה, מִנְהָלָה; נִמְעָן; בִּמּוּי

direc′tive *n.* (דְּרֶקְטִב) הַנְחָיָה

direct′ly *adv.* (דְּרֶקְטְלִי) יָשָׁר, בְּמֵישָׁרִים; מִיָּד; בְּקָרוֹב; בְּדִיּוּק, מַמָּשׁ

direc′tor *n.* (דְּרֶקְטְר) מְנַהֵל; בַּמַּאי

direc′tory *n.* (דְּרֶקְטְרִי) מַדְרִיךְ; סֵפֶר כְּתוֹבוֹת; לוּחַ כְּתוֹבוֹת

dirge *n.* (דֶּרְג׳) קִינָה, אֵבֶל

dirt *n.* (דֶּרְט) לִכְלוּךְ, זֻהֲמָה; אֲדָמָה, עָפָר; נִבְזֶה, חֲסַר־עֵרֶךְ; הַשְׁחָתָה; נִבּוּל פֶּה; לְשׁוֹן־הָרָע

dir′ty *v.t. & i.* (דֶּרְטִי) לִכְלֵךְ

— *adj.* מְלֻכְלָךְ, מְזֹהָם, מְטֻנָּף; מְלַכְלֵךְ; נִבְזֶה; בָּזוּי; מֻפְקָר, פָּרוּץ; פּוֹגֵעַ; שֶׁיֵּשׁ לְהִצְטַעֵר עָלָיו; לֹא הָגוּן; סוֹעֵר (מזג האוויר); עָכוּר

dis″abil′ity *n.* (דִּסַבִּלְטִי) מוּם, לִקּוּי; פְּסוּל חֻקִּי

disa′bled *adj.* (דִּסְאֵיבֶּלְד) נָכֶה

dis″advan′tage *n.* (דִּסְאֲדְוֶנְטִג׳) חֹסֶר־שִׁוְיוֹן; מַצָּב בִּישׁ; אֲבֵדָה, נֶזֶק

dis″agree′ *v.i.* (דִּסְאֲגְרִי) חָלַק עַל; רָב; גָּרַם הַרְגָּשָׁה רָעָה

dis″agree′able *adj.* (דִּסְאֲגְרִיאֲבְּל) לֹא־נָעִים; דּוֹחֶה

dis″agree′ment *n.* (דִּסְאֲגְרִימֶנְט) חִלּוּקֵי־דֵעוֹת; אִי־הַתְאָמָה, נִגּוּד; רִיב

dis″appear′ *v.i.* (דִּסְאֲפִּיר) נֶעֱלַם, כָּלָה

dis″appea′rance *n.* (דִּסְאֲפִּירֶנְס) הֵעָלְמוּת

dis″appoint′ *v.t.* (דִּסְאֲפּוֹינְט) אִכְזֵב; הִכְזִיב, סִכֵּל

dis″appoint′ment *n.* (דִּסְאֲפּוֹינְטְמֶנְט) אַכְזָבָה, מַפַּח נֶפֶשׁ

dis″approv′al *n.* (דִּסְאֲפְּרוּבְל) עַיִן רָעָה, יַחַס שְׁלִילִי, אִי־הַסְכָּמָה; גִּנּוּי, בִּקֹּרֶת

dis″approve′ *v.t. & i.* (דִּסְאֲפְּרוּב) הִבִּיט בְּעַיִן רָעָה, הִתְיַחֵס בִּשְׁלִילָה אֶל; הִתְנַגֵּד; גִּנָּה; סֵרֵב לְאַשֵּׁר

disarm′ *v.t. & i.* (דִּסְאַרְם) פֵּרֵק נֶשֶׁק; שָׁלַל אֶמְצְעֵי הֲגַנָּה; הִרְחִיק עוֹיְנוּת; הִתְפָּרֵק מִנִּשְׁקוֹ; צִמְצֵם כֹּחוֹת מְזֻיָּנִים

disar′mament *n.* (דִּסְאַרְמֲמֶנְט) פֵּרוּק נֶשֶׁק; צִמְצוּם כֹּחוֹת מְזֻיָּנִים

dis″array′ *n.* (דִּסְאֲרֵי) אִי־סֵדֶר

disas′ter *n.* (דִּזֶסְטְר) אָסוֹן

disas′trous *adj.* (דִּזֶסְטְרֶס) הֲרֵה אָסוֹן

dis″avow′ *v.t.* (דִּסְאֲוָאוּ) הִתְכַּחֵשׁ ל־; דָּחָה

disband′ *v.t.* (דִּסְבֶּנְד) פֵּרֵק; הִתְפָּרֵק, הִתְפַּזֵּר

disbar′ *v.t.* (דִּסְבָּר) גֵּרֵשׁ מִמִּקְצוֹעַ הַפְּרַקְלִיטוּת

dis″belief′ *n.* (דִּסְבִּלִיף) חֹסֶר־אֵמוּן; סֵרוּב לְהַאֲמִין ל־

disburse′ *v.t.* (דִּסְבֶּרְס) שִׁלֵּם, הוֹצִיא (כסף); פִּזֵּר

disburse′ment *n.* (דִּסְבֶּרְסְמֶנְט) תַּשְׁלוּם; כֶּסֶף (תשלום)

disc *See* **disk**

discard′ *v.t.* (דִּסְקַרְד) הִשְׁלִיךְ; זָרַק (כלי אין חפץ בו)

dis′card *n.* הַשְׁלָכָה; חֵפֶץ אוֹ אָדָם שֶׁאֵין רוֹצִים בּוֹ

discern′ *v.t. & i.* (דִּסֶרְן) הִבְחִין בּ־; רָאָה, הִכִּיר, תָּפַס

discer′ning *adj.* (דִּסֶרְנִנְג) נָבוֹן, מַבְחִין, חָרִיף

discern′ment *n.* (דִּסֶרְנְמֶנְט) הַבְחָנָה, חֲרִיפוּת

discharge′ *v.t. & i.* (דִּסְצָ׳רְג׳) פִּטֵּר, שִׁלַּח; פָּרַק (מטען); יָרָה; פָּלַט; שִׁחְרֵר; מִלֵּא (חובה); פָּרַע (חוב)

dis′charge *n.* פְּרִיקָה; מְסִירָה; פְּלִיטָה; יְרִיָּה; פִּטּוּרִין; שִׁחְרוּר; הִפָּטְרוּת מִן; זִכּוּי; מִלּוּי (חובה); פֵּרָעוֹן; תְּעוּדַת שִׁחְרוּר; הִתְפָּרְקוּת

disci′ple *n.* (דִּסַיְפְּל) תַּלְמִיד, חָסִיד

D— *n.* שָׁלִיחַ (בנצרות: אחד מ־12 השליחים)

dis"ciplinar'ian *n.* (דִּסִפְּלִנֵרִיאֶן) דּוֹרֵשׁ מִשְׁמַעַת

dis'cipline *n. & v.t.* (דִּסִפְּלִן) מִשְׁמַעַת; עֹנֶשׁ; מַעֲרֶכֶת כְּלָלִים; עֲנַף הַמַּדָּע; הִשְׁלִיט מִשְׁמַעַת, מִשְׁמֵעַ; אִמֵּן; תִּקֵּן, יִסֵּר, עָנַשׁ

disclaim' *v.t. & i.* (דִּסְקְלֵים) הִתְכַּחֵשׁ לְ־; כָּפַר בְּ־; וִתֵּר עַל

disclose *v.t.* (דִּסְקְלוֹז) גִּלָּה, חָשַׂף

discol'or *v.t. & i.* (דִּסְקַלְר) שִׁנָּה צֶבַע; טִשְׁטֵשׁ; הִכְתִּים, הִדְהָה; הִשְׁתַּנָּה (צבע); דָּהָה; הֻכְתַּם

discom'fit *v.t.* (דִּסְקַמְפִט) הֵנִיס, הֵבִיס; סִכֵּל; דִּכְדֵּךְ; בִּלְבֵּל

discom'fort *n.* (דִּסְקַמְפֶרְט) אִי־נוֹחִיּוּת

dis"concert' *v.t.* (דִּסְקַנְסֶרְט) בִּלְבֵּל; הוֹצִיא מִשִּׁוּוּי מִשְׁקָל; בִּלְבֵּל; גָּרַם אִי־סֵדֶר

dis"connect' *v.t.* (דִּסְקַנֶקְט) נִתֵּק קֶשֶׁר; הִפְרִיד

discon'solate *adj.* (דִּסְקוֹנְסֶלִט) מְמָאֵן לְהִתְנַחֵם; עָצוּב, קוֹדֵר

dis"content' *n.* (דִּסְקַנְטֶנְט) מֹרַת רוּחַ; חֹסֶר סִפּוּק; אִי־שֶׁקֶט נַפְשִׁי; אָדָם לֹא־מְרֻצֶּה

dis"conten'ted *adj.* (דִּסְקַנְטֶנְטֶד) חֲסַר־מְנוּחָה; לֹא־מְרֻצֶּה, נִרְגָּן

dis"contin'ue *v.t. & i.* (דִּסְקַנְטִנְיוּ) הִפְסִיק, שָׂם קֵץ לְ־; חָדַל לְהִשְׁתַּמֵּשׁ; פָּסַק

dis'cord *n.* (דִּסְקוֹרְד) מַחְלֹקֶת; חִלּוּקֵי דֵעוֹת; סִכְסוּךְ, רִיב; צֵרוּף לֹא־הַרְמוֹנִי; הֲמֻלָּה

discount' *v.t. & i.* (דִּסְקַאוּנְט) נִכָּה, נָתַן הֲנָחָה; הִתְעַלֵּם מִ־; הֶעֱרִיךְ בִּשְׁלִילָה מֵרֹאשׁ; הִלְוָה (לאחר ניכוי הריבית)

dis'count *n.* הֲנָחָה

discour'age *v.t.* (דִּסְקַרִג') רִפָּה יָדָיו; פִּתָּה שֶׁלֹּא יִפְעַל; הֶעֱכִיר רוּחַ; מָנַע; הִבִּיעַ מֹרַת רוּחַ

discour'agement *n.* (דִּסְקַרִג'מֶנְט) רִפְיוֹן יָדַיִם; מְרַפֵּה יָדַיִם; חֹסֶר תִּקְוָה

dis'course *n.* (דִּסְקוֹרְס) דִּבּוּר, שִׂיחָה; דִּיּוּן, דְּרָשָׁה, הַרְצָאָה, מַאֲמָר

discourse' *v.i.* דִּבֵּר, שׂוֹחֵחַ; הִרְצָה, דָּן בְּ־

discour'teous *adj.* (דִּסְקֶרְטִיאֶס) לֹא־מְנֻמָּס; לֹא־אָדִיב, גַּס

discov'er *v.t.* (דִּסְקַוֶר) גִּלָּה

discov'ery *n.* (דִּסְקַוֶרִי) גִּלּוּי, תַּגְלִית

discred'it *v.t.* (דִּסְקְרֶדִט) פָּגַע בְּשֵׁם הַטּוֹב; חִסֵּל אֵמוּן; סֵרֵב לְהַאֲמִין לְ־

discreet' *adj.* (דִּסְקְרִיט) זָהִיר, נוֹהֵג בְּחָכְמָה

discrep'ancy *n.* (דִּסְקְרֶפֶּנְסִי) סְתִירָה, חֹסֶר הַתְאָמָה, חֹסֶר עִקְבִיּוּת

discre'tion *n.* (דִּסְקְרֶשֶׁן) שִׁקּוּל דַּעַת, תְּבוּנָה

discrim'inate *v.i. & t.* (דִּסְקְרִמֶנֵיט) הִפְלָה, הִבְחִין

discrim"ina'tion *n.* (דִּסְקְרִמֶנֵישֶׁן) אַפְלָיָה; הַבְחָנָה

discuss' *v.t.* (דִּסְקַס) הִתְוַכֵּחַ, דָּן; הִרְצָה עַל

discus'sion *n.* (דִּסְקַשֶׁן) דִּיּוּן, וִכּוּחַ

disdain' *v.t. & n.* (דִּסְדֵין) בָּז, זִלְזֵל; בּוּז

disease' *n. & v.t.* (דִּזִיז) מַחֲלָה; רִקָּבוֹן; הֶחֱלָה

dis'embark" *v.t.&i.* (דִּסֶמְבַּרְק) יָרַד (מאניה); הוֹרִיד (מאניה)

disfa'vor *n.* (דִּסְפֵיוֶר) יַחַס שְׁלִילִי; אִי־רָצוֹן; נֵזֶק

disfi'gure *v.t.* (דִּסְפִגְיֶר) נִוֵּל; הִשְׁחִית צוּרָה; הֵטִיל מוּם בְּ־; הִשְׁחִית מַרְאֶה; פָּגַע בָּרֹשֶׁם

disgorge' *v.t.* (דִּסְגוֹרְג') הֵקִיא; הִסְגִּיר; פָּלַט

disgrace' *n. & v.t.* (דִּסְגְרֵיס) חֶרְפָּה, בּוּשָׁה, בִּזָּיוֹן; נָתַן לְחֶרְפָּה, בִּזָּה

disguise' *v.t. & n.* (דִּסְגַיז) תִּחְפֵּשׂ, הִסְוָה, הִסְתִּיר; הִתְחַזָּה; מַסְוֶה, תַּחְפֹּשֶׂת

disgust' *v.t. & n.* (דִּסְגַסְט) הִגְעִיל, הִבְחִיל; פָּגַע בַּטַּעַם הַטּוֹב; גֹּעַל נֶפֶשׁ; סְלִידָה

disgus'ting *adj.* (דִּסְגַסְטִנְג) מַגְעִיל

dish *n.* (דִּשׁ) צַלַּחַת, כְּלִי אֹכֶל; מַאֲכָל; קְעָרָה; "חֲתִיכָה"; הִגִּישׁ בְּצַלַּחַת; קֵעֵר; חִלֵּק

dishear'ten *v.t.* (דִּסְהַרְטְן) דִּכְדֵּךְ, דִּכֵּא

dishev'eld *adj.* (דִּשֶׁוֶלְד) פָּרוּעַ, לֹא־מְסֻדָּר

dishon'est *adj.* (דִסוֹנַסְט) לֹא־יָשָׁר; רַמַּאי; מְזֻיָּף

dishon'or *n. & v.t.* (דִסוֹנֶר) חִלּוּל כָּבוֹד, חֶרְפָּה, בִּזָּיוֹן; עֶלְבּוֹן; סֵרוּב לְשַׁלֵּם; חִלֵּל כְּבוֹד־; הֵבִיא חֶרְפָּה עַל; בִּיֵּשׁ; סֵרֵב לְשַׁלֵּם

dishon'orable *adj.* (דִסוֹנַרַבְּל) מֵבִישׁ, שָׁפָל, חֲסַר כָּבוֹד

dis"infect' *v.t.* (דִסִנְפֶקְט) חִטֵּא; טִהֵר

dis"infec'tant *n.* (דִסִנְפֶקְטֶנְט) מְחַטֵּא

dis"inher'it *v.t.* (דִסִנְהֶרִט) הֶעֱבִיר יְרֻשָּׁה מִן; שָׁלַל יְרֻשָּׁה

disin'tegrate" *v.i. & t.* (דִסִנְטַגְרֵיט) הִתְפָּרֵק; פֵּרֵק

disin'teres"ted *adj.* (דִסִנְטֶרֶסְטֶד) חֲסַר פְּנִיּוֹת אִישִׁיּוֹת; אוֹבְּיֶקְטִיבִי; אָדִישׁ

disjoin'ted *adj.* (דִסג'וֹינְטֶד) מְפֹרָד; חֲסַר קְשָׁרִים פְּנִימִיִּים, לֹא־מְגֻבָּשׁ

disjunc'tion *n.* (דִסְגַ'נְקְשֶׁן) הַפְרָדָה; נִתּוּק

disk *n.* (דִסְק) דִּסְקוּס; תַּקְלִיט; שֶׁטַח עָגֹל

dislike' *v.t. & n.* (דִסְלַיְק) לֹא חִבֵּב; מָצָא דֹּפִי בְּ־; יַחַס שְׁלִילִי; הִתְרַחֲקוּת נַפְשִׁית

dis"locate' *v.t.* (דִסְלוֹקֵיט) נָקַע; הֵזִיז מִמְּקוֹמוֹ; גָּרַם אִי־סֵדֶר

dislodge' *v.t.* (דִסְלוֹג') גֵּרֵשׁ, הֵזִיז מִמְּקוֹמוֹ

disloy'al *adj.* (דִסְלוֹיאֶל) לֹא־נֶאֱמָן; בּוֹגְדָנִי

disloy'alty *n.* (דִסְלוֹיאֶלְטִי) חֹסֶר נֶאֱמָנוּת; בְּגִידָה

dis'mal *adj.* (דִזְמֶל) קוֹדֵר, מְדַכְדֵּךְ; חֲסַר מְיֻמָּנוּת, אָדִישׁ

disman'tle *v.t.* (דִסְמֶנְטְל) פֵּרֵק

dismay' *v.t. & n.* (דִסְמֵי) רִפָּה יָדַיִם; הֵמֵס לֵב־; רִפְיוֹן יָדַיִם; אָזְלַת־יָד; אַכְזָבָה פִּתְאוֹמִית; הִתְרַגְּשׁוּת

dismem'ber *v.t.* (דִסְמֶמְבֶּר) בִּתֵּר; פֵּרֵק אֵבָרִים; קָרַע לִגְזָרִים; הֵטִיל מוּמִים

dismiss' *v.t.* (דִסְמִס) פָּקַד לְהִתְפַּזֵּר; בִּקֵּשׁ שֶׁיֵּלֵךְ, שִׁלַּח, פִּטֵּר; דָּחָה

dismount' *v.i.* (דִסְמַאוּנְט) יָרַד (מסוס, אופניים וכו')

dis"obe'dience *n.* (דִסַבִּידִיאֶנְס) מְרִי, סֵרוּב לְצַיֵּת, הֲפָרַת הוֹרָאוֹת

dis"obe'dient *adj.* (דִסַבִּידִיאֶנְט) סַרְבָן, מַמְרֶה; מְסָרֵב לְצַיֵּת; מַרְדָנִי

dis"obey' *v.t. & i.* (דִסַבֵּי) הִמְרָה, סֵרֵב לְצַיֵּת, הֵפֵר הוֹרָאוֹת

disor'der *n.* (דִסוֹרְדֶר) אִי־סֵדֶר; מְבוּכָה; הֲפָרָה; מְהוּמָה; קִלְקוּל

disor'derly *adj.* (דִסוֹרְדֶרְלִי) פָּרוּעַ, מְבֻלְבָּל, לֹא־מְסֻדָּר

dis"organiza'tion *n.* (דִסוֹרְגַנִזֵישֶׁן) חֹסֶר אִרְגּוּן; הִתְפָּרְקוּת אִרְגּוּנִית; אִי־סֵדֶר

disown' *v.t.* (דִסוֹן) הִתְכַּחֵשׁ לְ־; דָּחָה אַחֲרָיוּת לְ־

dispar'age *v.t.* (דִסְפֶּרִג') הֵקֵל רֹאשׁ בְּ־; מֵעֵט בִּדְמוּת־; בִּזָּה

dispatch' *v.t. & n.* (דִסְפֶּץ') שִׁגֵּר, שִׁלַּח; הֵמִית; בִּצַּע מִנֵּיהּ וּבֵיהּ; מִשְׁלוֹחַ; הוֹצָאָה לְהוֹרֵג; פְּעֻלָּה מִיָּדִית; שֶׁדֶר, מִבְרָק; כַּתָּבָה

dis'parate *adj.* (דִסְפֶּרִט) שׁוֹנֶה

dispas'sionate *adj.* (דִסְפֶּשֶׁנִט) אוֹבְּיֶקְטִיבִי; חֲסַר פְּנִיּוֹת אִישִׁיּוֹת

dispel' *v.* (דִסְפֶּל) הִרְחִיק, פִּזֵּר, הֵפִיג

dispen'sary *n.* (דִסְפֶּנְסֶרִי) בֵּית מִרְקַחַת; מִרְפָּאָה לַעֲנִיִּים

dispense' *v.t.* (דִסְפֶּנְס) חִלֵּק; בִּצַּע; הֵכִין (מרשם); הֶעֱנִיק הֶתֵּר; הִסְתַּדֵּר בְּלִי; נִפְטַר מִ־

disperse' *v.t. & i.* (דִסְפֶּרְס) פִּזֵּר; הֵפִיץ; הֵפִיג; הִתְפַּזֵּר; נֶעֱלַם

dispir'ited *adj.* (דִסְפִּרִטֶד) מְדֻכְדָּךְ

displace' *v.t.* (דִסְפְּלֵיס) נִשֵּׁל; דָּחָה; הֶעְתִּיק (ממקומו); תָּפַס מְקוֹם שֶׁל־; הֵדִיחַ

display' *n. & v.t.* (דִסְפְּלֵי) הַצָּגָה, תְּצוּגָה; הַבְלָטָה; הֶרְאָה, הִצִּיג לְרַאֲוָה; גִּלָּה; פָּרַשׂ; הִבְלִיט

displease' *v.t.* (דִסְפְּלִיז) עוֹרֵר מֹרַת רוּחַ; הִקְנִיט

dispo'sal *n.* (דִסְפּוֹזֶל) סִדּוּר; מַעֲרָךְ; סִלּוּק; הַעֲנָקָה; סַמְכוּת, זְכוּת טִפּוּל

dispose' *v.t. & i.* (דִסְפּוֹז) עָרַךְ, סִדֵּר; כּוֹנֵן; הֵנִיחַ; נָטָה; הֵכִין, הִכְשִׁיר

— **of** יִשֵּׁב; סִלֵּק; הִשְׁמִיד

dis"posi'tion *n.* (דִסְפֶּזִישֶׁן) סִדּוּר, מַעֲרָךְ; מַצַּב רוּחַ, מֶזֶג; נְטִיָּה; יִשּׁוּב; הַעֲנָקָה; שְׁלִיטָה

dis"possess' *v.t.* (דִסְפֶּזֶס) נִשֵּׁל

disprove′ *v.t.* (דִסְפְּרוּב) הִפְרִיךְ, הֵזֵם

dispute′ *v.i. & t. & n.* (דִסְפְּיוּט)
הִתְוַכֵּחַ, הִתְפַּלְמֵס, הִתְנַצֵּחַ, רָב; דָּן; הִקְשָׁה, הִתְוַכֵּחַ נֶגֶד; הִתְנַגֵּד לְ־; וִכּוּחַ, מַחְלֹקֶת; סִכְסוּךְ, פּוּלְמוּס

disqual′ify″ *v.t.* (דִסְקוּוֹלֲפַי) פָּסַל; שָׁלַל זְכֻיוֹת; הִכְרִיז כְּבִלְתִּי כָּשִׁיר, פָּסַל הִשְׁתַּתְּפוּת

disqu′iet *n.* (דִסְקְוַיאֶט) אִי־שֶׁקֶט; דְּאָגָה; חֹסֶר מָנוֹחַ

—ing *adj.* מַדְאִיג, מַדְרִיךְ מְנוּחָה

dis″regard′ *v.t. & n.* (דִסְרִיגַרְד)
הִתְעַלֵּם מִ־; הִתְעַלְּמוּת

disrep′utable *adj.* (דִסְרֶפְּיֻטַבְּל) מֵבִישׁ, בַּעַל שֵׁם רָע; מְמֻרְטָט

dis″respect′ *n.* (דִסְרִסְפֶּקְט) זִלְזוּל

disrobe′ *v.t. & i.* (דִסְרוֹב) הִתְפַּשֵּׁט

disrupt′ *v.t.* (דִסְרַפְּט) גָּרַם אִי־סֵדֶר; נִתֵּק, שִׁבֵּשׁ; נִתֵּץ

dis″satisfa′ction *n.* (דִסֶטִסְפֶּקְשֵׁן) אִי־שְׂבִיעַת רָצוֹן; מֹרַת רוּחַ

dissect′ *v.t.* (דִסֶקְט) נָתַח, בִּתֵּר; בָּדַק בְּקַפְּדָנוּת; נִתֵּחַ

dissem′ble *v.t. & i.* (דִסֶמְבְּל) הֶעֱמִיד פָּנִים, הִסְתִּיר (מניעיו האמיתיים)

dissem′inate″ *v.t.* (דִסֶמֲנֵיט) הֵפִיץ, פִּזֵּר, זֵרָה

dissen′sion *n.* (דִסֶנְשֵׁן) מַחְלֹקֶת, סִכְסוּךְ; פִּלְגְּתָּה

dis′sent *adj. & n.* (דִסֶנְט) חָלַק עַל; הִתְנַגֵּד; דָּחָה תּוֹרָה שֶׁל הַכְּנֵסִיָּה הָרִשְׁמִית; חִלּוּקֵי דֵעוֹת; הִפָּרְדוּת מִכְּנֵסִיָּה רִשְׁמִית

dis′sident *v.i. & n.* (דִסִדֶנְט) חוֹלֵק עַל; מִתְנַגֵּד; פּוֹרֵשׁ

dissim′ilar *adj.* (דִסִמְלַר) שׁוֹנֶה

dis′sipate″ *v.t. & i.* (דִסֲפֵּיט) פִּזֵּר, הֵפִיץ; בִּזְבֵּז; הִתְבַּזְבֵּז, הוּפַג; פָּרַק עֹל הַמּוּסָר

dis′sipa″ted *adj.* (דִסֲפֵּיטִד) מֻפְקָר; רוֹדֵף תַּאֲווֹת

dissol′uble *adj.* (דִסוֹלְיֻבְּל) מָסִיס

dis′solute″ *adj.* (דִסֲלוּט) מֻפְקָר

dis″solu′tion *n*, (דִסֲלוּשְׁן) פֵּרוּק, הִתְפָּרְקוּת; נִתּוּק; פִּזּוּר; מָוֶת; סִיּוּם

dissolve′ *v.t. & i.* (דִזוֹלְב) הֵמֵס; הִתִּיךְ; הָפַךְ לְנוֹזֵל; הִתִּיר; נִתֵּק; פִּזֵּר; סִיֵּם, הֵבִיא קֵץ עַל; פֵּרֵק; בִּטֵּל, בִּטֵּל הַשְׁפָּעָה; נָמַס; הִתְפָּרֵק, הִתְפַּזֵּר; נֶחֱלַשׁ, פָּג

dissuade′ *v.t.* (דִסְוֵיד) פִּתָּה לֹא לַעֲשׂוֹת, יָעַץ לְהִמָּנַע מִ־

dis′taff *n. & adj.* (דִסְטֶף) פֶּלֶךְ (לטוויה); נָשִׁים; עֲבוֹדַת אִשָּׁה; שֶׁל אִשָּׁה, נְקֵבִי

dis′tance *n.* (דִסְטֲנְס) מֶרְחָק; רֹחַק; מֶרְחָב, שֶׁטַח; פֶּרֶק זְמַן; מָקוֹם מְרֻחָק; מֶרְחַקִּים

dis′tant *adj.* (דִסְטֲנְט) רָחוֹק; נִפְרָד; מִתְרַחֵק

distaste′ *n.* (דִסְטֵיסְט) אִי־רָצוֹן, מְאִיסָה

distaste′ful *adj.* (דִסְטֵיסְטְפֲל) לֹא־נָעִים; מָאוּס; לֹא־טָעִים

distend′ *v.t. & i.* (דִסְטֶנְד) תָּפַח, הִתְרַחֵב; הִרְחִיב, מָתַח

distill′ *v.t. & i.* (דִסְטִל) זִקֵּק; הִזְדַּקֵּק

dis″tilla′tion *n.* (דִסְטִלֵישְׁן) זִקּוּק; הִזְדַּקְּקוּת; תַּמְצִית

distil′lery *n.* (דִסְטִלֲרִי) בֵּית זִקּוּק; בֵּית מִשְׂרְפוֹת יַיִן

distinct′ *adj.* (דִסְטִנְקְט) בָּרוּר; נִפְרָד, נִבְדָּל, שׁוֹנֶה; נָדִיר, יוֹצֵא מִן הַכְּלָל; מֻבְחָן

distinc′tion *n.* (דִסְטִנְקְשֲן) הֶבְדֵּל, שֹׁנִי; הַבְחָנָה; הַבְדָּלָה; יִחוּד; טִפּוּל מְיֻחָד; הִצְטַיְּנוּת; הוֹפָעָה מְכֻבֶּדֶת, מֻבְחָנוּת

disting′uish *v.t. & i.* (דִסְטִנְגְוִשׁ)
הִבְדִּיל; הִבְחִין; הִבְלִיט, הִצְטַיֵּן; מִיֵּן

disting′uished *adj.* (דִסְטִנְגְוִשְׁט) דָּגוּל, מִתְבַּלֵּט, מְפֻרְסָם; מְכֻבָּד

distort′ *v.t.* (דִסְטוֹרְט) סִלֵּף; עִוֵּת, עִקֵּם

distract′ *v.t.* (דִסְטְרֶקְט) הִסִּיחַ הַדַּעַת; הִפְנָה, הִרְחִיק; חִלֵּק (תשומת לב); הִפְרִיעַ, הֵצִיק; בִּדֵּר, שִׁעֲשַׁע

distrac′tion *n.* (דִסְטְרֶקְשֲן) הַסָּחַת דַּעַת; הֶסַּח הַדַּעַת; מְצוּקָה נַפְשִׁית; הַפְרָעָה; בִּדּוּר, מְהוּמָה; אִבּוּד חוּשִׁים

distress′ *n. & v.t.* (דִסְטְרֶס) צָרָה, צַעַר; סֵבֶל, מְצוּקָה; צִעֵר, הִדְאִיג, הֵצִיק; הִכְבִּיד עַל; הִכְרִיחַ

distrib′ute *v.t.* (דִסְטְרִבְּיוּט) חִלֵּק, הִקְצָה; פִּזֵּר, הֵפִיץ; חִלֵּק לִקְבוּצוֹת, מִיֵּן

dis"tribu'tion *n.* (דִסְטְרִבְּיוּשְן) חֲלֻקָּה; סִדּוּר; תְּפוּצָה; מָקוֹם

distrib'utor *n.* (דִסְטְרִבְּיֻטֶר) מְחַלֵּק, מֵפִיץ; סִיטוֹנַאי; מַפְלֵג

dis'trict *n.* (דִסְטְרִקְט) מָחוֹז; אֵזוֹר

distrust' *v.t.* (דִסְטְרַסְט) חָשַׁד בּ־; הִתְיַחֵס בְּחֹסֶר אֵמוּן; חֹסֶר אֵמוּן, חַשְׁדָנוּת, פִּקְפּוּק

disturb' *v.t.* (דִסְטֶרְבּ) הִפְרִיעַ, הִטְרִיד; הֵצִיק

distur'bance *n.* (דִסְטֶרְבֶּנְס) הַפְרָעָה, הַטְרָדָה, הֲצָקָה; מְהוּמָה, הֲפָרַת הַסֵּדֶר הַצִּבּוּרִי

disun'ion *n.* (דִסְיוּנְיֵן) פֵּרוּד, הַפְרָדָה, נִתּוּק; חֹסֶר אַחְדוּת

dis"unite' *v.t.* (דִסְיוּנַיט) נִתֵּק, הִכְנִיס פֵּרוּד, הִרְחִיק

disuse' *n.* (דִסְיוּס) הַפְסָקַת הַשִּׁמּוּשׁ, אִי־שִׁמּוּשׁ

ditch *n.* (דִץ׳) תְּעָלָה, עָרוּץ, חֲפִירָה

dit'to *n.* (דִטוֹ) הַנִּזְכָּר לְעֵיל; אוֹתוֹ הַדָּבָר

dit'ty *n.* (דִטִי) זֶמֶר קַל, פִּזְמוֹן

di'van *n.* (דַיבֶן) דַּרְגָּשׁ, סַפָּה

dive *v.i. & n.* (דַיב) צָלַל, קָפַץ; חָדַר פִּתְאוֹם, זִנֵּק; הִתְעַמֵּק בּ־; צְלִילָה, קְפִיצָה; זִנּוּק; יְרִידָה פִּתְאוֹמִית; מִסְבָּאַת מְפֻקְפָּקִים

di'ver *n.* (דַיבֶר) צוֹלֵל, אֲמוֹדַאי

diverge' *v.i.* (דַיבֶרְג׳) הִסְתָּעֵף, נִפְרַד; סָטָה; חָלַק עַל

di'vers *adj. & n.* (דַיבֶרְז) אֲחָדִים; כַּמָּה; מִסְפָּר סְתָמִי

diverse' *adj.* (דַיבֶרְס) שׁוֹנֶה, רַב־צוּרָנִי

diver'sify" *v.t. & i.* (דַיבֶרְסֶפַי) גִּוֵּן; הִשְׁקִיעַ בְּנִיָּרוֹת עֵרֶךְ שׁוֹנִים, גִּדֵּל יְבוּלִים שׁוֹנִים

diver'sion *n.* (דַיבֶרְזֶ׳ן) הַסָּחָה; בִּדּוּר

divert' *v.t.* (דַיבֶרְט) הִפְנָה; הִטָּה; בִּדֵּר

divest' *v.t.* (דַיבֶסְט) שָׁלַל; נִפְטַר מִן, סִלֵּק

divide' *v.t. & i.* (דִוַיד) חִלֵּק; נִתֵּק, הִפְרִיד; בָּקַע; מִיֵּן; נִפְרַד, הִתְחַלֵּק; הִסְתָּעֵף

— *n.* פָּרָשַׁת דְּרָכִים; פָּרָשַׁת מַיִם

div'idend" *n.* (דִוֶדֶנְד) דִּיבִידֶנְד; מְחֻלָּק; מַעֲנָק

divi'der *n.* (דִוַידֶר) מְחַלֵּק; מְחִצָּה

—s מְחוּגָה; מְחוּגַת עֻקָּצִים

divine' *adj. & n.* (דִוַין) אֱלֹהִי; דָּתִי; נֶהְדָּר; תֵּאוֹלוֹג, חֲכַם־דָּת; כֹּמֶר

— *v.t. & i.* שִׁעֵר; נִחֵשׁ; הִתְנַבֵּא; גִּלָּה מַיִם בְּאֶמְצָעוּת מַטֵּה קֶסֶם

divi'nity *n.* (דִוִנִטִי) אֱלֹהוּת; טֶבַע אֱלֹהִי; אֱלֹהִים, אֵל; תֵּאוֹלוֹגְיָה

divis'ion *n.* (דִוִזְ׳ן) חֲלֻקָּה; חִלּוּק; מְחִצָּה; חֵלֶק; חִלּוּקֵי דֵעוֹת; פֶּלֶג; מַחְלָקָה; אֻגְדָּה

divorce' *v.t. & i. & n.* (דִוּוֹרְס) נָתַן גֵּט; הִתְגָּרֵשׁ; הִפְרִיד, נִתֵּק; קִבֵּל גֵּט; גֵּט, גֵּרוּשִׁים; הַפְרָדָה גְמוּרָה, נִתּוּק

divorcé' *n.* (דִוּוֹרְסֵי) גָּרוּשׁ

divorcee' *n.* (דִוּוֹרְסִי) גְּרוּשָׁה

divulge' *v.t.* (דִוַלְג׳) גִּלָּה

dix'ie *n.* (דִקְסִי) מְדִינוֹת דְּרוֹם אַרְצוֹת הַבְּרִית; הַהֲמוֹן שֶׁלָּהֶן

diz'zy *adj.* (דִזִי) סְחַרְחַר; מְבֻלְבָּל; גּוֹרֵם סְחַרְחֹרֶת; חֲסַר אַחְרָיוּת; טִפְּשִׁי

do *v.t.* (דוּ; בהברה לא מוטעמת: דְ, דֻ) עָשָׂה, פָּעַל; בִּצֵּעַ; סִיֵּם; הֵבִיא לִידֵי, גָּרַם; טִפֵּל בּ־; נָסַע, נָסַע בִּמְהִירוּת מְסֻיֶּמֶת; סִיֵּר; הִסְפִּיק; הֵכִין; הָיָה בְּמֶשֶׁךְ תְּקוּפָה מְסֻיֶּמֶת; יָצַר; עָסַק בּ־; הִתְנַהֵג; הִסְתַּדֵּר; הִתְרַחֵשׁ; (הפועל משמש במשפטי שאלה, משפטי שלילה, משפטים בעלי סדר הפוך, בצורת הציווי וכן להדגשת הפועל העיקרי ובמקום חזרה עליו)

— away with סִיֵּם, בִּטֵּל; רָצַח

doc'ile *adj.* (דוֹסְל) נוֹחַ; נוֹחַ לְאִמּוּן

dock *n. & v.t.* (דוֹק) רָצִיף; מִסְפָּן; מִסְפָּנָה; מִבְדּוֹק; בָּמַת פְּרִיקָה וּטְעִינָה; תָּא נֶאֱשָׁמִים; הִכְנִיס לְמִסְפָּן אוֹ לְמִבְדּוֹק; נִכְנַס לְמִסְפָּן אוֹ לְמִבְדּוֹק; נִצְמַד (חללית לחברתה); קִטֵּם; קִצֵּץ זָנָב; הִפְחִית, נִכָּה

dock'er *n.* (דוֹקֶר) סַוָּר; פּוֹעֵל נָמֵל

dock'et *n.* (דוֹקֶט) רְשִׁימַת מִשְׁפָּטִים

doc'tor *n.* (דוֹקְטֶר) רוֹפֵא, דוֹקְטוֹר

— *v.t.* הִגִּישׁ עֶזְרָה רְפוּאִית; טִפֵּל (במחלה); תִּקֵּן; זִיֵּף; שִׁפֵּר (ע״י שינויים); שִׁמֵּשׁ כְּרוֹפֵא

doc'trine *n.* (דוֹקְטְרִן) דּוֹקְטְרִינָה; מִשְׁנָה, תּוֹרָה

doc'ument *n.* (דוֹקְיֻמֶנְט) מִסְמָךְ; תְּעוּדָה

doc'ument" *v.t.* תִּעֵד; חִזֵּק בִּתְעוּדוֹת

dod'dering *adj.* (דוֹדֶרִנְג) רוֹעֵד

dodge *v.i. & t. & n.* (דוג׳) הִשְׁתַּמֵּט, הִתְחַמֵּק; תַּחְבּוּלָה

doe *n.* (דוֹ) אַיָּלָה; צְבִיָּה; אַרְנֶבֶת; נְקֵבָה (בבעלי חיים)

does (דַז) (גוף שלישי, יחיד, הווה של do)

dog *n.* (דוֹג) כֶּלֶב; נִבְזֶה; בָּחוּר; "זִפְת"; נַעֲרָה בְּזוּיָה; צִפֹּרֶן חוֹרֶגֶת

go to the —s הִתְנַוֵּן

— *v.t.* עָקַב אַחֲרֵי בְּאֵיבָה

dog'ged *adj.* (דוֹגְד) מַתְמִיד, דָּבֵק בְּעַקְשָׁנוּת

dog'gerel *n. & adj.* (דוֹגְרֶל) חֲרוּזֵי לֵיצָנוּת; גַּס, נְחוּת, נִקְלֶה

dog'ma *n.* (דוֹגְמָה) דּוֹגְמָה; עִקָּרִים, "אֲנִי מַאֲמִין"; דֵּעָה מְקֻבֶּלֶת

do'ing *n.* (דוּאִנְג) פְּעֻלָּה, מַעֲשֶׂה, בִּצּוּעַ

—s מַעֲשִׂים; מְאֹרָעוֹת

dole *n. & v.t.* (דוֹל) קִצְבָּה; קִצְבַּת־אַבְטָלָה; חִלֵּק צְדָקָה; חִלֵּק טִפִּין טִפִּין

dole'ful *adj.* (דוֹלְפֻל) עָצוּב, נוּגֶה

doll *n.* (דוֹל) בֻּבָּה; "חֲתִיכָה"; "חָתִיךְ"

— up הִתְגַּנְדֵּר

dol'lar *n.* (דוֹלֶר) דּוֹלָר

dol'ly *n.* (דוֹלִי) בֻּבָּה; עֲגָלַת־יָד (למשאות); קַטַּר מַשָּׂאוֹת; בָּמָה נַיֶּדֶת

dol'phin *n.* (דוֹלְפִן) דּוֹלְפִין

dolt *n.* (דוֹלְט) טִפֵּשׁ, מְטֻמְטָם

domain' *n.* (דוֹמֵין) בַּעֲלוּת; תְּחוּם, שֶׁטַח

dome *n.* (דוֹם) כִּפָּה; רֹאשׁ

domes'tic *adj.* & n. (דֶמֶסְטִק) בֵּיתִי; שֶׁל מֶשֶׁק בַּיִת, מִשְׁפַּחְתִּי; מָסוּר לַבַּיִת; מְאֻלָּף; מְקוֹמִי, מִיֻּצָּר בַּמְּדִינָה; מְשָׁרֵת בַּיִת,

domes'ticate" *v.t.* (דֶמֶסְטִקֵיט) אִלֵּף; הִרְגִּיל לְחַיֵּי מִשְׁפָּחָה, הִרְגִּיל לְחַיֵּי בַּיִת; נָטַע הַרְגָּשַׁת בַּיִת

dom'icile" *n.* (דוֹמְסַיל) מָעוֹן, מְקוֹם מְגוּרִים

dom'inant *adj.* (דוֹמְנֶנְט) דּוֹמִינַנְטִי; שַׁלִּיט; רָאשִׁי, עִקָּרִי

dom'inate" *v.t. & i.* (דוֹמְנֵיט) שָׁלַט בְּ־; חָלַשׁ עַל־

dom"ineer' *v.i. & t.* (דוֹמְנִיר) הִשְׂתָּרֵר עַל, רָדָה בְּ־

— ing *adj.* שְׁתַלְּטָנִי; עָרִיץ

domin'ion *n.* (דְמִנְיֶן) סַמְכוּת, שִׁלְטוֹן; תְּחוּם שִׁלְטוֹן; שְׁטָחִים הַכְּפוּפִים לְרִבּוֹנוּת־

donate' *v.t. & i.* (דוֹנֵיט) תָּרַם, נִדֵּב, הֶעֱנִיק

dona'tion *n.* (דוֹנֵישְׁן) מַתָּנָה, תְּרוּמָה, נְדָבָה, הַעֲנָקָה

done (דַן) (זמן עבר של do)

— *adj.* גָּמוּר; מְבֻשָּׁל בְּמִדָּה מַסְפֶּקֶת; בָּלֶה; מְיֻגָּע; מְקֻבָּל

— for "רָצוּץ"; "הָרוּס"

don'key *n.* (דוֹנְקִי) חֲמוֹר

do'nor *n.* (דוֹנֶר) תּוֹרֵם, מְנַדֵּב, מַעֲנִיק

don't (דוֹנְט) (קיצור של do not)

—s אִסּוּרִים

do'nut *n.* (דוֹנַט) סֻפְגָּנִית גַּלְגַּל

dood'le *v.i.* (דוּדְל) כָּתַב אוֹ צִיֵּר בְּהֶסַּח הַדַּעַת; בִּזְבֵּז זְמַן בִּפְעֻלּוֹת חַסְרוֹת־טַעַם

doom *n. & v.t.* (דוּם) גּוֹרָל (של פורענות); כִּלָּיוֹן, מָוֶת; פְּסַק דִּין (מרשיע); גָּזַר עַל; חָרַץ מִשְׁפָּט, קָבַע גּוֹרָל; הִרְשִׁיעַ

dooms'day *n.* (דוּמְזְדֵי) יוֹם הַדִּין

door *n.* (דוֹר) דֶּלֶת; פֶּתַח; בַּיִת

lay at someone's — הֶאֱשִׁים

out of —s בַּחוּץ; תַּחַת כִּפַּת הַשָּׁמַיִם

door'way" *n.* (דוֹרְוֵי) פֶּתַח

dope *n. & v. t.* (דוֹפ) סַם מְשַׁכֵּר; מִשְׁחָה; "חֲדָשׁוֹת"; "טֶמְבֶּל"; סִמֵּם

— ad'dict (–אֶדְקְט) נַרְקוֹמָן, מָכוּר

dor'mant *adj.* (דוֹרְמֶנְט) רָדוּם, לֹא־פָּעִיל; נִסְתָּר

dor'mitor"y *n.* (דוֹרְמְטוֹרִי) פְּנִימִיָּה; אוּלַם שֵׁנָה

dose *n. & v. t.* (דוֹס) מָנָה; מִנֵּן; נָתַן רְפוּאָה

dos'sier" *n.* (דוֹסִיאֵי) תִּיק (מסמכים על נושא אחד)

dot *n.* (דוֹט) נְקֻדָּה; קֹרֶט

on the — בְּדִיּוּק נִמְרָץ

— *v.t.* סִמֵּן בִּנְקֻדּוֹת; נִמֵּר; כִּסָּה בִּנְקֻדּוֹת

do'tage *n.* (דוֹטִג׳) רִפְיוֹן שֵׂכֶל (לעת זקנה); חִבָּה אֱוִילִית

do'tard *n.* (דוֹטֶרְד) רְפֵה שֵׂכֶל (מִזִּקְנָה)

dote *v.i.* (דוֹט) הִשְׁפִּיעַ אַהֲבָה; רָפָה שִׂכְלוֹ (מזקנה)

doub'le *v.* (דַבְּל) הִכְפִּיל, הִגְדִּיל פִּי שְׁנַיִם; קִפֵּל; קָפַץ (אגרוף); זִוֵּג; הֻכְפַּל; הִתְקַפֵּל;

חָזַר כִּלְעֻמַּת שֶׁבָּא; עָבַד בִּשְׁתֵּי מִשְׂרוֹת, עָבַד בְּמִשְׂרָה נוֹסֶפֶת

— up הָיָה שֻׁתָּף לַחֲדַר יָחִיד; הִתְכּוֹפֵף (כְּאִילוּ מִכְּאֵב)

— *adj. & n.* כָּפוּל; זוּגִי; דּוּ־מַשְׁמָעִי, מְעֻרְפָּל; צָבוּעַ, נוֹכֵל; מְקֻפָּל; כֶּפֶל; כָּפִיל; חֶדֶר בַּעַל מִטָּה כְּפוּלָה

dou'ble cross' *n.* (דַּבְּל קְרוֹס) בְּגִידָה, הוֹנָאָה

double-cross *v.t.* בָּגַד בְּ־, רִמָּה

dou'ble-talk" *n.& v.t.* (דַּבְּל־טוֹק) לַהַג, דִּבּוּר חַמְקָנִי; פִּתָּה בְּשֶׁטֶף דִּבּוּר מְעֻרְפָּל

doubt *n. & v.t.* (דַּאוּט) סָפֵק; חֹסֶר אֵמוּן; פִּקְפֵּק, הֵטִיל סָפֵק

doubt'ful *adj.* (דַּאוּטְפֻל) מֻטָּל בְּסָפֵק; מְפַקְפֵּק; מְהַסֵּס

doubt'less *adj. & adv.* (דַּאוּטְלֶס) בְּלִי סָפֵק, קָרוֹב לְוַדַּאי, מִן הַסְּתָם; וַדַּאי

dough *n.* (דוֹ) בָּצֵק, עִסָּה; "כֶּסֶף"

dough'nut *See* **donut**

dove *n.* (דַּב) יוֹנָה

dove'cote" *n.* (דַּבְקוֹט) שׁוֹבָךְ

dove'tail" *v.t. & i.* (דַּבְטֵיל) שִׁלֵּב; הִשְׁתַּלֵּב

dow'ager *n.* (דַּאוּאֲג'ר) אַלְמְנַת אָצִיל; זְקֵנָה מְכֻבֶּדֶת

dow'dy *adj.* (דַּאוּדִי) מְרֻשָּׁל; מְפַגֵּר אַחֲרֵי הָאָפְנָה

down *adv. & adj.* (דַּאוּן) לְמַטָּה; לָאָרֶץ, דָּרוֹמָה, בִּירִידָה, בְּפָחוֹת; עַד (תקופה מאוחרת); נָמוּךְ יוֹתֵר; בִּרְצִינוּת; עַל נְיָר; בִּמְזֻמָּנִים (בשעת קניה); לְשֵׁם הַכְנָעָה; לַמָּקוֹר; רָתוּק לַמִּטָּה; נָמוּךְ; מְדֻכְדָּךְ; לְאַחַר הֶפְסֵד־; גָּמוּר

— and out עָנִי מָרוּד

— *n.* יְרִידָה; הֲרָעָה

— *v.t.* הִפִּיל; "הֵבִיס"

— *prep.* עַד לִנְקֻדָּה מִתְרַחֶקֶת

down *n.* (דַּאוּן) נוֹצוֹת רַכּוֹת; פֶּקֶס

down'cast" *adj.* (דַּאוּנְקֶסְט) מְדֻכְדָּךְ; מֻפְנֶה כְּלַפֵּי מַטָּה

down'fall *n.* (דַּאוּנְפּוֹל) יְרִידָה; הַפָּלָה; מַלְכֹּדֶת (שעיקרה משקל הנופל על הטרף)

down'hill" *adv.* (דַּאוּנְהִל) בְּמִדְרוֹן; כְּלַפֵּי מַטָּה; מִדְּחִי אֶל דֶּחִי

down'pour" *n.* (דַּאוּנְפּוֹר) גֶּשֶׁם שׁוֹטֵף

down'right" *adj. & adv.* (דַּאוּנְרַיְט) יְסוֹדִי, מֻחְלָט; בִּיסוֹדִיּוּת, לְגַמְרֵי, מַמָּשׁ

down'stairs' *adv.* (דַּאוּנְסְטֶרְז) לְקוֹמָה נְמוּכָה; בְּכִוּוּן יְרִידָה בְּמַדְרֵגוֹת

down'stairs" *adj.* שֶׁל קוֹמָה נְמוּכָה; שֶׁל קוֹמַת הַקַּרְקַע

down'town" *n. & adj. & adv.* (דַּאוּנְטַאוּן) מֶרְכָּז, מֶרְכַּז הָעֲסָקִים (של עיר); לַמֶּרְכָּז (של עיר); בַּמֶּרְכָּז; שֶׁל הַמֶּרְכָּז

down'trod"den *adj.* (דַּאוּנְטְרוֹדְן) מְדֻכָּא, עָשׁוּק

down'ward(s) *adv. & adj.* (דַּאוּנְוֶרְד[ז]) כְּלַפֵּי מַטָּה; מֵרֵאשִׁית־, מֵאָז; מֵאָב קַדְמוֹן, מִזְּמַן קָדוּם; יוֹרֵד

dow'ry *n.* (דַּאוּרִי) נְדוּנְיָה; כִּשְׁרוֹן

doze *v.t. & n.* (דוֹז) הִתְנַמְנֵם; נִמְנוּם

doz'en *n.* (דַּזְן) תְּרֵיסָר

drab *adj.* (דְּרֶבּ) קוֹדֵר; אָפֹר צְהַבְהַב; חוּם עָמוּם

draft *n.* (דְּרֶפְט) תַּרְשִׁים, שִׂרְטוּט, צִיּוּר, רִשּׁוּם; טְיוּטָה; לְגִימָה; גִּיּוּס; הַמְחָאָה; זְרִימַת אֲוִיר; וַסַּת־אֲוִיר; גְּרִירָה; מַשָּׂא; בְּהֵמוֹת מַשָּׂא; שֹׁקַע

— *v.t.* שִׂרְטֵט; נִסֵּחַ; גָּרַר, מָשַׁךְ; גִּיֵּס

drafts'man *n.* (דְּרֶפְטְסְמֶן) שַׂרְטָט; צַיַּר רִשּׁוּמִים

drag *v.t. & i. & n.* (דְּרֶג) גָּרַר, מָשַׁךְ; חִפֵּשׂ בְּאַנְקֹל; יִשֵּׁר; הֶאֱרִיךְ; נִגְרַר; נָע בִּכְבֵדוּת; עָבַר בְּאִטִּיּוּת; פִּגֵּר; אַנְקֹל (לחיפוש חפצים בקרקעית הים); רָחוֹב; שִׁעֲמוּם; גְּרִירָה

drag'on *n.* (דְּרֶגְן) דְּרָקוֹן; כַּעֲסָן

dragoon' *n. & v.t.* (דְּרָגוּן) פָּרָשׁ (מזוין בנשק רב), דְּרָגוּן; שָׁלַח פָּרָשִׁים; רָדַף (ע״י כוח מזוין), עָשַׁק; כָּפָה

drain *v.t. & i. & n.* (דְּרֵין) נִקֵּז, רוֹקֵן, יִבֵּשׁ; שָׁלַל; הִתְנַקֵּז, הִתְרוֹקֵן, הִתְיַבֵּשׁ; צִנּוֹר נִקּוּז; זְרִימַת הוֹצָאוֹת

go down the — אִבֵּד כָּל עֵרֶךְ

drai'nage *n.* (דְּרֵינִג') נִקּוּז; מַעֲרֶכֶת נִקּוּז

drake *n.* (דְּרֵיק) בַּרְוָז

dra'ma *n.* (דְּרָמָה) דְּרָמָה, מַחֲזֶה, מַחֲזָאוּת

dramat'ic *adj.* (דְּרֶמֶטִק) דְּרָמָתִי; חַי, מַרְשִׁים

drank (דְרֶנְק) (זמן עבר של drink)

drama'tize *v.t.* (דְרֶמֲתַיז) הִמְחִיז; בִּטֵּא בְּצוּרָה דְרָמָטִית

drape *v.t.* & *n.* (דְרֵיפּ) קִשֵּׁט בְּוִילוֹנוֹת; סִדֵּר (וילונות, בגדים) בִּקְפָלִים חִנָּנִיִּים; תָּלָה בְּרַשְׁלָנוּת; וִילוֹן בַּעַל קְפָלִים

dra'pery *n.* (דְרֵיפֶּרִי) אָרִיג תָּלוּי מְסֻדָּר בִּקְפָלִים; וִילוֹנוֹת אֲרֻכִּים; סִדּוּר אֲרִיגִים בִּקְפָלִים; אֲרִיגִים

dras'tic *adj.* (דְרֶסְטִק) דְרַסְטִי, חָמוּר מְאֹד, קִיצוֹנִי, תַּקִּיף

draught *See* **draft**

draughtsman *See* **draftsman**

draw *v.t.* & *i* (דְרוֹ) מָשַׁךְ; רִשֵּׁם; צִיֵּר, שִׂרְטֵט; נִסַּח; שָׁאַף (אוויר), יָנַק; הִשְׁתַּמֵּשׁ; הִסִּיק; קִבֵּל; הִכְנִיס; הוֹצִיא מֵעַיִם; נִקֵּז; מָתַח; הִפִּיל גּוֹרָל; הוֹצִיא מְגִלָּה; הִזְדַּקֵּק (לכמות מים מסוימת לשיט); עָבַר בְּאִטִּיּוּת; שָׁלַף; קִיֵּם פִּיס; כִּוֵּץ; דָּרַשׁ, הֵטִיל עַל

— back נָסוֹג אֲחוֹרָה

— up נִסַּח; עָרַךְ; נֶעֱצַר

— *n.* מְשִׁיכָה; מִבְנֶה נִמְשָׁךְ; פּוּר; תֵּיקוּ

draw'back" *n.* (דְרוֹבֶּק) עִכּוּב

draw'bridge" *n.* (דְרוֹבְּרִג') גֶּשֶׁר זָחִיחַ

draw'er *n.* מְגֵרָה

—s תַּחְתּוֹנִים אֲרֻכִּים

draw'ing *n.* (דְרוֹאִינְג) רִשּׁוּם, שִׂרְטוּט; הַגְרָלָה

draw'ing room" (דְרוֹאִנְג רוּם) חֲדַר אוֹרְחִים, סָלוֹן

drawl *v.t.* & *i.* (דְרוֹל) דִּבֵּר בַּעֲצַלְתַּיִם (אגב הארכת התנועות)

drawn (דְרוֹן) (זמן עבר של draw)

— *adj.* מָתוּחַ; כָּחוּשׁ; חֲסַר מֵעַיִם (עוף)

dread *v.t.* & *n.* (דְרֶד) יָרֵא מְאֹד, חָרַד; חָשַׁשׁ מִפְּנֵי; אֵימָה, חֲרָדָה

dread'ful *adj.* (דְרֶדְפֻל) נוֹרָא, אָיֹם; מַבְעִית; מְעוֹרֵר יִרְאָה; מְכֹעָר

dream *n.* & *v.i.* & *t.* (דְרִים) חֲלוֹם; הֲזָיָה, דִּמְיוֹן; קֶסֶם לֹא־מְצִיאוּתִי; חָלַם; הָזָה; הֶעֱלָה עַל הַדַּעַת; בִּלָּה זְמַן בַּחֲלוֹמוֹת

— up הִמְצִיא

deram'er *n.* (דְרִימֶר) חוֹלֵם, הוֹזֶה

drear'y *adj.* (דְרִירִי) מַעֲצִיב; מְשַׁעֲמֵם; עָגוּם, קוֹדֵר

dredge *n.* & *v.t.* (דְרֶג') מַחְפֵּר (כגון, מקרקעית נהר); אַרְבַּת מַחְפֵּר; אֻנְקָל חִפּוּשׂ; פִּנָּה בְּמַחְפֵּר; אָסַף בְּמַחְפֵּר

dreg(s) *n.* (דְרֶג(ז)) מִשְׁקָע; פְּסֹלֶת; קְרָטוֹב

drench *v.t.* (דְרֶנְץ') הִרְטִיב מְאֹד; שָׁרָה; כִּסָּה לִגְמְרֵי

dress *n.* & *v.t.* & *i.* (דְרֶס) שִׂמְלָה; לְבוּשׁ; תִּלְבֹּשֶׁת חֲגִיגִית; מַעֲטֶה; מַרְאֶה, הוֹפָעָה; הִלְבִּישׁ; קִשֵּׁט; הֵכִין לְבִשּׁוּל; עִבֵּד; סָרַק; חָבַשׁ (פצע); יִשֵּׁר (שורות); לָבַשׁ; הִתְלַבֵּשׁ; לָבַשׁ תִּלְבֹּשֶׁת חֲגִיגִית; הִתְיַשֵּׁר

— down נָזַף

dres'ser *n.* (דְרֶסֶר) שִׁדָּה; מִזְנוֹן; מַלְבִּישׁ; מִתְלַבֵּשׁ

dres'sing *n.* (דְרֶסִנְג) לְבִישָׁה, הַלְבָּשָׁה, הִתְלַבְּשׁוּת; רֹטֶב יְרָקוֹת; מְלִית; תַּחְבֹּשֶׁת; זֶבֶל, קוֹמְפּוֹסְט

dres'sing gown" (דְרֶסִנְג גַאוּן) חָלוּק, עֲטִיפָה

dress'ma"ker *n.* (דְרֶסְמֵיקֶר) חַיָּט, תּוֹפֶרֶת

drew (דְרוּ) (זמן עבר של draw)

drib'ble *v.i.* (דְרִבְּל) נָטַף, טִפְטֵף; הֵטִיף רִיר; כִּדְרֵר

dried (דְרַיד) (זמן עבר של dry)

drift *n.* (דְרִפְט) מַסְלוּל, מְגַמָּה, מַטָּרָה; דַּחַף; זֶרֶם רָחָב וְרָדוּד (באוקיאנוס); מְהִירוּת זֶרֶם; סְטִיָּה; מַשְׁמָעוּת; נִדְחָף; עֲרֵמָה; עֲרֵמַת שֶׁלֶג

— *v.t.* נִסְחַף; נָד לְלֹא מַטָּרָה; נֶעֱרַם; נָשָׂא, עָרַם

drill *n.* & *v.i.* (דְרִל) מַקְדֵּחָה; תַּרְגִּיל; קָדַח; תִּרְגֵּל, אִמֵּן; הִתְאַמֵּן

drink *v.i.* & *t.* & *n.* (דְרִנְק) שָׁתָה; לָגַם; הִשְׁתַּכֵּר; שָׁתָה לִכְבוֹד־; קָלַט; שְׁתִיָּה, מַשְׁקֶה; מַשְׁקֶה כָּהֳלִי; שִׁכְּרוּת; לְגִימָה

drip *v.i.* & *t.* & *n.* (דְרִפּ) טִפְטֵף; נָטַף; הִרְעִיף; טִפְטוּף

drip'-dry" *adj.* & *v.i.* (דְרִפּ־דְרַי) שֶׁל "רְחַץ וּלְבַשׁ"; לְלֹא גִהוּץ; יִבֵּשׁ לְצוּרָתוֹ הָרְצוּיָה לְאַחַר כְּבִיסָה

drive *v.t.* & *i.* (דְרַיב) גֵּרַשׁ, שִׁלַּח;

הֶעֱבִיד, הִפְצִיר; נָהַג; הִסִּיעַ; בִּצֵּעַ בְּמֶרֶץ; כָּרָה (בצורה אופקית); חָבַט ב־; נִדְחַף; הִסְתַּעֵר; יָדַע לִנְהוֹג (כלי רכב); נָסַע (בכלי רכב)

— at הִתְכַּוֵּן

— back הָדַף

— *n.* נְהִיגָה; טִיּוּל (במכונית); דְּחִיפָה; נִדְחָפִים (בקר, עצים וכ״ו); צֹרֶךְ בְּסִיסִי; הִתְקַדְּמוּת נִמְרֶצֶת; מִתְקָפָה; מַגְבִּית; מַאֲמָץ מְרֻכָּז; מֶרֶץ; כְּבִישׁ (בשטח ידוע בנופיו); הֲנָעָה; חֲבָטָה; צַיִד (כשהציידים אינם זזים)

drive′-in″ *n.* (דְּרַיבְן) הַכְּנִיסָה בְּרֶכֶב; הַמַּכְנִיס רֶכֶב

driv′el *n.* (דְּרִיבְל) דְּבָרִים בְּטֵלִים, פִּטְפּוּטִים; רִיר

dri′ver *n.* (דְּרַיבְר) נוֹהֵג, נֶהָג, עֶגְלוֹן; בּוֹקֵר; גַּלְגַּל מֵנִיעַ

driz′zle *v.t. & i. & n.* (דְּרִזְל) טִפְטֵף (גשם); גֶּשֶׁם קַל, טִפְטוּף

droll *adj.* (דְּרוֹל) מַצְחִיק, מְשַׁעֲשֵׁעַ בְּצוּרָה מְשֻׁנָּה

drom′edar″y *n.* (דְּרוֹמֶדֶרִי) גָּמָל בַּעַל דַּבֶּשֶׁת אַחַת

drone *n. & v.i.* (דְּרוֹן) זְכַר הַדְּבוֹרִים (שאינו יוצר דבש); טַפִּיל; מַנְגְּנוֹן מְבֻקָּר מֵרָחוֹק; זִמְזוּם חַדְגּוֹנִי; הִשְׁמִיעַ זִמְזוּם חַדְגּוֹנִי; דִּבֵּר בְּקוֹל חַדְגּוֹנִי

drool *v.i.* (דְּרוּל) הִזִּיל רִיר (כגון: בציפיה למזון טעים); גִּלָּה הֲנָאָה רַבָּה; פִּטְפֵּט שְׁטֻיּוֹת

droop *v.i. & n.* (דְּרוּפּ) נִדַּלְדֵּל, שָׁקַע, הָיָה תָּלוּי בְּרִפְיוֹן; תָּשַׁשׁ; הִתְיָאֵשׁ; דִּלְדּוּל

drop *n.* (דְּרוֹפּ) טִפָּה; נֵטֶף; כַּדּוּרִית (סוכריה); עֲדִי; נְפִילָה, יְרִידָה; צְנִיחָה; מִדְרוֹן תָּלוּל; אַרְגַּז שְׁמִירָה; הַצְנָחָה; גַּרְדֹּם; חָרִיץ

at the — of a hat מִנֵּיהּ וּבֵיהּ

— *v.i. & t.* נָטַף, טִפְטֵף, נָפַל; הִסְתַּיֵּם; ״הִסְתַּלֵּק״, נֶעֱלַם; רָבַץ; יָרַד; צָנַח; נָסוֹג; בִּקֵּר בְּאַקְרַאי, נִגַּשׁ; הִפִּיל, הוֹרִיד; הִפְחִית; פָּלַט דֶּרֶךְ אַגַּב; שָׁלַח; הִשְׁמִיט, נִתֵּק קְשָׁרִים; הִצְנִיחַ

— behind פִּגֵּר

—off נִרְדַּם; פָּחַת

drop′out″ *n.* (דְּרוֹפָּאוּט) נוֹשֵׁר

drop′per *n.* (דְּרוֹפֶּר) טַפְטֶפֶת, מְטַפְטֵף

drought *n.* (דְּרָאוּט) בַּצֹּרֶת; מַחְסוֹר מְמֻשָּׁךְ

drove (דְּרוֹב) (זמן עבר של drive)

— *n.* עֵדֶר; הָמוֹן (בתנועה)

drown *v.i. & t.* (דְּרָאוּן) טָבַע; הִטְבִּיעַ; שָׁטַף; הוֹסִיף יוֹתֵר מִדַּי מַיִם

drowse *v.i.* (דְּרָאוּז) הִתְנַמְנֵם, נִתְקְהוּ חוּשָׁיו

drow′sy *adj.* (דְּרָאוּזִי) מְנֻמְנָם; קְהֵה חוּשִׁים; מַרְדִּים

drub *v.t.* (דְּרַבּ) הִלְקָה, חָבַט; הֵבִיס, גָּבַר עַל; רָקַע בְּרַגְלַיִם

drudge *n.* (דְּרַג׳) עוֹבֵד עֲבוֹדָה שְׁחוֹרָה; עוֹשֶׂה עֲבוֹדָה מְשַׁעֲמֶמֶת

drudg′ery *n.* (דְּרַגֶ׳רִי) עֲבוֹדָה מְשַׁעֲמֶמֶת וְקָשָׁה

drug *n.* (דְּרַג) רְפוּאָה, סַם

—s תַּכְשִׁירֵי בְּרִיאוּת

— *v.t.* סִמֵּם, הֵמֵם בְּסַמִּים; נָתַן תְּרוּפָה; נָתַן תַּכְשִׁיר מַבְחִיל

drug′gist *n.* (דְּרַגִסְט) רוֹקֵחַ; מוֹכֵר רְפוּאוֹת; בַּעַל בֵּית מִרְקַחַת

drug′store″ *n.* (דְּרַגְסְטוֹר) בֵּית מִרְקַחַת (שנמכרים בו גם תכשירי קוסמטיקה, מכשירי כתיבה, עתונים וספרים, סיגריות, דברי אוכל וכ״ו)

drum *n. & v.t. & i.* (דְּרַם) תֹּף; קוֹל תֹּף; גָּלִיל (שפתחיו סגורים); חָבִית; תּוֹפֵף, תּוֹפֵף בָּאֶצְבָּעוֹת; הִזְעִיק (ע״י תיפוף); כָּפָה

— out גֵּרֵשׁ בְּחֶרְפָּה

— up רָכַשׁ לְקוֹחוֹת

drum′mer *n.* (דְּרַמְר) מְתוֹפֵף; סוֹכֵן נוֹסֵעַ

drunk *adj. & n.* (דְּרַנְק) שִׁכּוֹר, שָׁתוּי; מִשְׁתֶּה הוֹלְלוּת

drunk′ard *n.* (דְּרַנְקַרְד) שִׁכּוֹר

drun′ken *adj.* (דְּרַנְקֶן) שִׁכּוֹר, שָׁתוּי; מִתּוֹךְ שִׁכְרוּת

drunk′enness (דְּרַנְקֶנֶס) שִׁכְרוּת

dry *adj.* (דְּרַי) יָבֵשׁ, מְיֻבָּשׁ; צָמֵא; מַצְמִיא; לְלֹא מִמְרָח; פָּשׁוּט; מְשַׁעֲמֵם; אָדִישׁ; עָקָר; אוֹסֵר מַשְׁקָאוֹת כָּהֳלִיִּים

not — behind the ears חֲסַר בַּגְרוּת, חֲסַר נִסָּיוֹן, תָּמִים

dry′ clean′ing (דְּרַי קְלִינִנְג) נִקּוּי כִּימִי

dry′ dock′ *n.* (דְּרַי דּוֹק) מִבְדּוֹק

dry′ness *n.* (דְּרַינֶס) יֹבֶשׁ

du'al *adj.* (דוּאַל) זוּגִי; שֶׁל שְׁנַיִם; כָּפוּל

du'bious *adj.* (דוּבִּיאֶס) מְסֻפָּק; מְפַקְפֵּק, מֻטָּל בְּסָפֵק; מְהַסֵּס; מֵטִיל סָפֵק, מְפַקְפֵּק

duch'ess *n.* (דַּצִ'ס) דֻּכָּסִית

duch'y *n.* (דַּצִ'י) דֻּכָּסוּת

duck *n. & v.i. & t.* (דַּק) בַּרְוָז, בַּרְוָזָה; הִשְׁתַּמְּטוּת; הִטְבִּיל; הִשְׁתַּמֵּט; הִתְכּוֹפֵף פִּתְאוֹם

duck'ling *n.* (דַּקְלִנְג) בַּרְוָזוֹן

duct *adj.* (דַּקְט) צִנּוֹר, מוֹבִיל, מוֹבָל

dud *n.* (דַּד) כִּשָּׁלוֹן; נֵפֶל

—s בְּגָדִים; חֲפָצִים

dude *n.* (דוּד) גַּנְדְּרָן; אִישׁ הַמִּזְרָח (בארה"ב); בַּרְנָשׁ

due *adj.* (דוּ) הִגִּיעַ לְפֵרָעוֹן; מַגִּיעַ; זְכוּתוֹ –; נָאוֹת; מַסְפִּיק; נוֹעָד, צָפוּי

— to בִּגְלַל

— *n.* דָּבָר שֶׁזְּכוּתוֹ לְקַבְּלוֹ

—s מַס (חֲבֵרוּת)

du'el *n. & v.t. & i.* (דוּאֶל) דּוּ־קְרָב; תַּחֲרוּת־שְׁנַיִם; לָחַם בְּדוּ־קְרָב

duet' *n.* (דוּאֶט) דּוּאֶט, דּוּאִית

duf'fel bag" *n.* (דַּפְל בֶּג) שַׂק חֲפָצִים

dug (דַג) (זמן עבר של dig)

duke *n.* (דוּק) דֻּכָּס

—s אֶגְרוֹפִים

duke'dom *n.* (דוּקְדֶם) דֻּכָּסוּת

dull *adj. & v.t. & i.* (דַּל) מְטֻמְטָם; קֵהֶה; נְטוּל־רֶגֶשׁ, לֹא־רָגִישׁ; עָמוּם; אִטִּי, חֲסַר מֶרֶץ; מְשַׁעֲמֵם; קוֹדֵר; הִקְהָה; קָהָה

du'ly *adv.* (דוּלִי) כַּיָּאוּת; בִּזְמַן מַתְאִים; בְּדִיּוּק בִּזְמַן

dumb *adj.* (דַּם) אִלֵּם, שַׁתְקָנִי; "שׁוֹטֶה"

dum'bell" *n.* (דַּמְבֶּל) מִשְׁקֹלֶת כַּדּוּרִים; שׁוֹטֶה, "טֶמְבֶּל"

dum'found" *v.t.* (דַּמְפָאוּנְד) הִדְהִים; הִכָּה בְּאֵלֶם, הִכָּה בְּתִמָּהוֹן

dum'my *n. & adj.* (דַּמִי) גֹּלֶם; דֻּגְמָן, בֻּבַּת תְּצוּגָה; שׁוֹטֶה; אָדָם סָבִיל; דּוֹמֵם; דֶּמֶה; חִקּוּי, הֶעְתֵּק; מְזֻיָּף

dump *v.t. & n.* (דַּמְפּ) הִשְׁלִיךְ, שָׁפַךְ, רוֹקֵן (ע"י הטיה); הִצִּיג לִמְכִירָה (כמויות גדולות ובמחיר נמוך); מִצְבַּר פְּסֹלֶת, מִזְבָּלָה; מִצְבָּר; מָקוֹם מֻזְנָח

dump'ling *n.* (דַּמְפְּלִנְג) כֻּפְתָּה

dum'py *adj.* (דַּמְפִּי) גּוּץ וְשָׁמֵן

dunce *n.* (דַּנְס) בַּעַר, שׁוֹטֶה

dune *n.* (דְיוּן) חוֹלִית, דְּיוּנָה

dung"arees' *n.* (דַּנְגֶרִיז) סַרְבָּלֵי ג'ינְס

dun'geon *n.* (דַּנְגֶ'ן) בּוֹר כֶּלֶא, צִינוֹק

dunk *v.t.* (דַּנְק) טָבַל

dupe *n. & v.t.* (דוּפּ) פֶּתִי הַמַּאֲמִין לְכָל דָּבָר; כְּלִי שָׁרֵת מִרְמָה; רִמָּה; הֶעֱרִים עַל

du'plicate *adj. & n.* (דוּפְּלִקֶט) כָּפוּל, בַּעַל שְׁנֵי חֲלָקִים זֵהִים; זֵהֶה; הֶעְתֵּק

du'plicate" *v.t.* (דוּפְּלִקֵיט) הֶעְתִּיק בְּדִיּוּק, הִכְפִּיל; חָזַר עַל

duplic'ity *n.* (דוּפְּלִסִטִי) רְמִיָּה, אוֹנָאָה; כְּפִילוּת

dur'able *adj.* (דוּרֶבְּל) בַּר־קְיָם, יַצִּיב, עוֹמֵד בִּפְנֵי בְּלִיָּה

dura'tion *n.* (דוּרֵישְׁן) מֶשֶׁךְ, פֶּרֶק זְמַן

dur'ing *prep.* (דוּרִנְג) בְּמֶשֶׁךְ, בְּשָׁעַת, בִּזְמַן

dusk *n.* (דַּסְק) בֵּין הָעַרְבַּיִם, דִּמְדּוּמֵי חַמָּה; חשֶׁךְ חֶלְקִי, קַדְרוּת, צֵל

dus'ky *adj.* (דַּסְקִי) אַפְלוּלִי; עָמוּם; שְׁחַרְחַר; קוֹדֵר

dust *n.* (דַּסְט) אָבָק; עָפָר; אֲדָמָה; מַצָּב יָרוּד; דָּבָר חֲסַר עֵרֶךְ; מְהוּמָה; אִבֵּק; הֵסִיר אָבָק

dus'ty *adj.* (דַּסְטִי) מְאֻבָּק; אֲבָקִי; אֲפַרְפַּר

Dutch *adj. & n.* (דַּץ') הוֹלַנְדִּי, הוֹלַנְדִית (שפה)

go — כָּל מִשְׁתַּתֵּף מְשַׁלֵּם הוֹצָאוֹתָיו הוּא

in — בְּצָרָה

du'ty *n.* (דוּטִי) חוֹבָה, הִתְחַיְּבוּת; תַּפְקִיד, שֵׁרוּת; צַיְּתָנוּת; כָּבוֹד; שֵׁרוּת צְבָאִי; מֶכֶס

do — שִׁמֵּשׁ כּ־

on — בְּתַפְקִיד

dwarf *n. & adj. & v.t.* (דְוורְף) גַּמָּד, נַנָּס, זָעִיר; הִצִּיג כְּקָטָן יוֹתֵר; גִּמֵּד, מָנַע הִתְפַּתְּחוּת

dwell *v.i.* (דְוֶל) גָּר; הִתְמִיד, נִשְׁאַר; הִדְגִּישׁ, הֶאֱרִיךְ הַדִּבּוּר

dwel'ling *n.* (דְוֶלִנְג) בַּיִת, מְקוֹם מְגוּרִים

dwin'dle *v.i.* (דְוִנְדְל) פָּחַת, הִתְמַעֵט, הִתְכַּוֵּץ; כָּלָה, הִתְנַוֵּן

dye *n.* (דַי) צֶבַע
of the deepest — הַגָּרוּעַ בְּיוֹתֵר
— *v.t & i.* צָבַע, נִצְבַּע
dy'ing *adj. & n.* (דַיאִנְג) גּוֹסֵס, גּוֹוֵעַ; מֵת, שֶׁל מָוֶת; עַל אַף הַמָּוֶת; מַגִּיעַ לְקִצּוֹ; מִיתָה
dynam'ic *adj.* (דַיְנֶמִק) נִמְרָץ, דִּינָמִי
dy'namite" *n. & v.t.* (דַיְנַמַיט) דִּינָמִיט; אָדָם אוֹ דָבָר מַרְשִׁים בִּמְיֻחָד; פּוֹצֵץ בְּדִינָמִיט
dy'nasty *n.* (דַינַסְטִי) שׁוֹשֶׁלֶת; שִׁלְטוֹן שׁוֹשֶׁלֶת
dys'entery *n.* (דִיסֶנְטֶרִי) דִּיזֶנְטֶרְיָה, בּוֹרְדָם

E

E, e *n.* (אִי) אִי, אֶ; הָאוֹת הַחֲמִשִּׁית בָּאָלֶפְבֵּית הָאַנְגְּלִי, ה׳

each *adj. & pron.* (אִיץ׳) כָּל; כָּל אֶחָד; לְכָל אֶחָד, מִכָּל אֶחָד

— other אִישׁ אֶת רֵעֵהוּ

ea´ger *adj.* (אִיגְר) מִשְׁתּוֹקֵק, לָהוּט אַחֲרֵי; מִתְגַעֲגֵעַ; רְצ נִי מְאֹד

ea´gle *n.* (אִיגְל) עַיִט, ״נֶשֶׁר״

— eyed חַד־רְאִיָּה

ear *n.* (אִיר) אֹזֶן; תְּפִיסָה חַדָּה; תְּשׂוּמֶת־לֵב; אֶשְׁבּוֹל

earl *n.* (אֶרְל) רוֹזֵן

earl´dom *n.* (אֶרְלְדַם) רוֹזְנוּת

ear´ly *adv. & adj.* (אֶרְלִי) בְּהֶקְדֵּם; בַּחֵלֶק הָרִאשׁוֹן (של פרק זמן); מֻקְדָּם

earn *v.t. & i.* (אֶרְן) הִשְׂתַּכֵּר, הִרְוִיחַ; הָיָה רָאוּי לְ־; רָכַשׁ

ear´nest *adj.* (אֶרְנִסְט) רְצִינִי; כֵּן; חָשׁוּב

ear´ning *n.* (אֶרְנִנְג) הִשְׂתַּכְּרוּת

—s שָׂכָר, הַכְנָסָה

ear´ring" *n.* (אִירִנְג) עָגִיל

earth *n.* (אֶרְת׳) כַּדּוּר הָאָרֶץ, הָאָרֶץ; אֲדָמָה, קַרְקַע; יַבָּשָׁה; עָפָר; עִנְיְנֵי חֹמֶר (בניגוד לענייני רוח); עַפְרָה נְדִירָה; תַּחְמֹצֶת בַּרְזֶל (צבע לציור)

ear´thenware" *n.* (אֶרְתֶ׳נְוֶר) כְּלֵי חֶרֶס

earth´ly *adj.* (אֶרְתְ׳לִי) שֶׁל כַּדּוּר הָאָרֶץ; אֶפְשָׁרִי, שֶׁנִּתָּן לְהַעֲלוֹת עַל הַדַּעַת

earth´quake" *n.* (אֶרְתְ׳קְוֵיק) רַעַשׁ, רְעִידַת אֲדָמָה

ear´thy *adi.* (אֶרְתִ׳י) שֶׁל הָאֲדָמָה; מְצִיאוּתִי, מַעֲשִׂי; גַּס, לֹא־מְעֻדָּן; יָשָׁר לָעִנְיָן

ease *n.* (אִיז) נוֹחוּת, מְנוּחָה, מַרְגּוֹעַ; שַׁלְוָה; קַלּוּת; שֶׁפַע; חָפְשִׁי

at — עֲמוֹד נוֹחַ

— *v.t. & i.* הֵקֵל, הִרְגִּיעַ, עוֹדֵד; הִפְחִית; הִסִּיעַ בִּזְהִירוּת רַבָּה; שָׁכַךְ; פָּחַת

— out סִלֵּק מִתַּפְקִיד בַּעֲדִינוּת

ea´sel *n.* (אִיזְל) כַּנָּה

ea´sier *adj.* (אִיזִיאֲר) קַל יוֹתֵר

ea´sily *adv.* (אִיזַלִי) בְּקַלּוּת, עַל נְקַלָּה; לְלֹא סָפֵק; קָרוֹב לְוַדַּאי

east *n. & adj. & adv.* (אִיסְט) מִזְרָח; מִזְרָחִי; מִזְרָחָה, מִן הַמִּזְרָח

Ea´ster *n.* (אִיסְטְר) חַג הַפַּסְחָא

ea´sterly *adi. & adv. & n.* (אִיסְטֲרְלִי) מִזְרָחִי; מִזְרָחָה, מִן הַמִּזְרָח; רוּחַ מִזְרָחִית, רוּחַ קָדִים

ea´stern *adi.* (אִיסְטֲרְן) מִזְרָחִי

east´ward(s) (אִיסְטְוֶרְד|ז|) לְכִוּוּן מִזְרָח

ea´sy *adj. & adv.* (אִיזִי) קַל; רָגוּעַ; נוֹחַ; מְחַבֵּב נוֹחוּת; מֵקֵל; חָפְשִׁי; לְלֹא מַאֲמָץ; מָתוּן; בְּצוּרָה קַלָּה; בְּנוֹחוּת

eas´y chair" (אִיזִי צֵ׳ר) כֻּרְסָה מְרֻפֶּדֶת, כִּסֵּא נוֹחַ

eat *v.t. & i.* (אִיט) אָכַל, סָעַד; אִכֵּל, שִׁתֵּךְ; הֵשַׁם

ea´ting *n. & adj.* (אִיטִנְג) אֲכִילָה; מַאֲכָל; רָאוּי לְמַאֲכָל (ללא בישול)

eave *n.* (אִיב) כַּרְכֹּב גַּג

eaves´drop *v.i. & t.* (אִיבְזְדְרוֹפּ) הֶאֱזִין בַּחֲשַׁאי (לשיחה פרטית)

ebb *n. & v.i.* (אֶבּ) שֵׁפֶל; יְרִידָה, נְסִיגָה; נָסוֹג, הִתְרַחֵק; נָפוֹג

eb´ony *n. & adj.* (אֶבֲנִי) הָבְנֶה; עָשׂוּי הָבְנֶה; שָׁחוֹר עָמֹק וּמַבְרִיק

eccen´tric *adj. & n.* (אֶקְסֶנְטְרִק) מוּזָר, תִּמְהוֹנִי; אֶקְסְצֶנְטְרִי

eccles"ias´tic *n. & adj.* (אֶקְלִיזִיאֶסְטִק) כֹּמֶר; כְּנֵסִיָּתִי

ech´elon" *n.* (אֶשֲׁלוֹן) דֶּרֶג; מַעֲרָךְ מְדֹרָג

ech´o *n. & v.i. & t.* (אֶקוֹ) הֵד, בַּת קוֹל; חִקּוּי, חֲזָרָה עַל; חַקְיָן; הִשְׁמִיעַ הֵד, הִדְהֵד; חָזַר עַל, חִקָּה

eclipse´ *n. & v.t.* (אֶקְלִפְּס) לִקּוּי (חמה; לבנה); הַאֲפָלָה; פְּחִיתוּת; הֶאֱפִיל עַל, הֵעִיב; עָלָה עַל

ecology *n.* (אֶקוֹלַגִ׳י) אֶקוֹלוֹגְיָה, תּוֹרַת הַסְּבִיבָה

ec"onom'ic *adj.* (אִיקַנוֹמִק) כַּלְכָּלִי; מִשְׁקִי; מַשְׁפִּיעַ עַל הַמֶּשֶׁק

—s כַּלְכָּלָה; תּוֹרַת הַכַּלְכָּלָה; שִׁקּוּלִים כַּסְפִּיִּים

e"conom'ical *adj.* (אִיקַנוֹמִקַל) חֶסְכוֹנִי; כַּלְכָּלִי, מִשְׁקִי

econ'omize" *v.t. & i.* (אֶקוֹנַמַיז) חָסַךְ, קִמֵּץ

econ'omy *n.* (אֶקוֹנַמִי) מֶשֶׁק; חִסָּכוֹן; כַּלְכָּלָה; מַעֲרֶכֶת מְאֻרְגֶּנֶת; שִׁמּוּשׁ יָעִיל

ec'stasy *n.* (אֶקְסְטַסִי) הִתְלַהֲבוּת עִלָּאִית, תַּעֲנוּג מְרוֹמָם, הִתְפַּשְּׁטוּת הַגַּשְׁמִיּוּת, אֶקְסְטָזָה

ed'dy *n. & v.t. & i.* (אֶדִי) מְעַרְבֹּל; מְעַרְבֹּלֶת; הִתְעַרְבֵּל

edge *n.* (אֶג׳) קָצֶה, שָׂפָה; לַהַב; חַדּוּת, שְׁנִינוּת; יִתְרוֹן

on — עַצְבָּנִי, מָתוּחַ, חֲסַר סַבְלָנוּת, מִשְׁתּוֹקֵק

— v.t. & i. חִדֵּד; חִבֵּר שׁוּלַיִם; נִדְחַק בְּהַדְרָגָה, הִתְקַדֵּם בְּהַדְרָגָה

edge'wise *adv.* (אֶג׳וַיז) כְּשֶׁהַקָּצֶה מִלְּפָנִים; בְּכִוּוּן הַקָּצֶה

ed'ible *adj.* (אֶדִבְּל) רָאוּי לְמַאֲכָל

e'dict *n.* (אִידִקְט) פְּקֻדָּה, צַו

ed'ifice *n.* (אֶדִפִס) בִּנְיָן (גָּדוֹל וּמַרְשִׁים)

de'ify *v.t.* (אֶדִפַי) חִנֵּךְ, הִשְׂכִּיל (הקנה השכלה); חִזֵּק מִבְּחִינָה מוּסָרִית

ed'it *v.t.* (אֶדִט) עָרַךְ; הִשְׁמִיט

edi'tion *n.* (אֶדִשַׁן) מַהֲדוּרָה

ed'itor *n.* (אֶדִטַר) עוֹרֵךְ

ed"itor'ial *adj. & n.* (אֶדִטוֹרִיאַל) שֶׁל הָעוֹרֵךְ, שֶׁל הַמַּעֲרֶכֶת; שֶׁל עֲרִיכָה; מַאֲמָר רָאשִׁי

— staff מַעֲרֶכֶת

e"ditor'ialize *v.i.* (אֶדִטוֹרִיאַלַיז) הִבִּיעַ דֵּעָה אִישִׁית (בתיאור עובדתי)

ed'itor in chief' (אֶדִטַר אִן צִ׳יף) עוֹרֵךְ רָאשִׁי

ed'ucate *v.t. & i.* (אֶג׳קֵיט) חִנֵּךְ; הוֹרָה; אִמֵּן

ed"uca'tion *n.* (אֶג׳קֵישַׁן) חִנּוּךְ

eel *n.* (אִיל) צְלוֹפָח

e'er (אֶר) *See* **ever**

eer'ie, eer'y *adj.* (אִירִי) מִסְתּוֹרִי וּמְעוֹרֵר חֲרָדָה

efface' *v.t.* מָחָה; מָחַק, טִשְׁטֵשׁ; הִצְנִיעַ

effect' *n.* תּוֹצָאָה, תּוֹלָדָה; הַשְׁפָּעָה, רֹשֶׁם; בִּצּוּעַ; מַשְׁמָעוּת; תּוֹפָעָה מְדֻמָּה; כַּוָּנָה, תַּכְלִית

—s רְכוּשׁ אִישִׁי

in — בְּעֶצֶם

take — חָל; מַתְחִיל לְתַפְקֵד

— v.t. בִּצֵּעַ, הוֹצִיא לַפֹּעַל, הֵבִיא לִידֵי

effec'tive *adj. & n.* (אֶפֶקְטִב) מוֹעִיל, יָעִיל, מַמָּשִׁי; בַּר־תֹּקֶף; מַרְשִׁים; מוּכָן לְשֵׁרוּת; חַיָּל כָּשִׁיר לְשֵׁרוּת פָּעִיל; אֶפֶקְטִיבִי

effem'inate *adj.* (אֶפֶמַנַט) נָשִׁי

ef"fervesce' *v.i.* (אֶפֶרְוֶס) בִּעְבֵּעַ; גִּלָּה הִתְלַהֲבוּת

ef"fica'cious *adj.* (אֶפִקֵישַׁס) יָעִיל, מֵבִיא לִידֵי הַתּוֹצָאוֹת הַמְּבֻקָּשׁוֹת

ef'ficacy *n.* (אֶפִקַסִי) יְעִילוּת (בהשגת תוצאות מבוקשות)

effici'ency *n.* (אֶפִשַׁנְסִי) יְעִילוּת

effici'ent *adj.* (אֶפִשַׁנְט) יָעִיל

ef'figy *n.* (אֶפִג׳י) דְּמוּת, צֶלֶם (של אדם שסר חינו)

ef'fort *n.* (אֶפֶרְט) מַאֲמָץ; הֶשֵּׂג

effron'tery *n.* (אֶפְרַנְטֶרִי) חֻצְפָּה

effu'sive *adj.* (אֶפְיוּסִב) מִשְׁתַּפֵּךְ; שׁוֹפֵעַ רְגָשׁוֹת

egg *n.* (אֶג) בֵּיצָה; "אָדָם"

e'go *n.* (אִיגוֹ) הָ"אֲנִי"; הַעֲרָכָה עַצְמִית; חֲשִׁיבוּת עַצְמִית; אָנֹכִיּוּת

e'gois"m *n.* (אִיגוֹאִזְם) אָנֹכִיּוּת; הַעֲרָכַת יֶתֶר שֶׁל הָ"אֲנִי", הַעֲמָדַת הָ"אֲנִי" בַּמֶּרְכָּז

e'gotis"m *n.* (אִיגַטִזְם) שַׁחֲצָנוּת, אָנֹכִיּוּת

e'gotist *n.* (אִיגַטִסְט) שַׁחֲצָן, רַבְרְבָן

Egyp'tian *adj. & n.* (אִג׳פְּשַׁן) מִצְרִי; מִצְרִית (שפה)

eight *n. & adj.* (אֵיט) שְׁמוֹנָה (.m), שְׁמוֹנֶה (.f)

ei'ghteen' *n & adj.* (אֵיטִין) שְׁמוֹנָה עָשָׂר (.m) שְׁמוֹנֶה עֶשְׂרֵה (.f)

ei'ghteenth' *adj. & n.* (אֵיטִינְת׳) הַשְּׁמוֹנָה עָשָׂר (.m), הַשְּׁמוֹנֶה עֶשְׂרֵה (.f)

ei'ghtfold" *adj. & n.* (אֵיטְפוֹלְד) פִּי שְׁמוֹנָה עָשָׂר

eighth *adj. & n.* (אֵית׳) שְׁמִינִי, ־ת

ei´ghtieth (אֵיטִיאֶת׳) הַשְּׁמוֹנִים

ei´ghty *n. & adj.* (אֵיטִי) שְׁמוֹנִים

ei´ther *adj.* (אִידְ׳ר, אֵידְ׳ר) אֶחָד (מתוך השניים), כָּל אֶחָד מִשְּׁנַיִם, שְׁנֵי־

— *pron.* הָאֶחָד אוֹ הַשֵּׁנִי

— . . . . . . or אוֹ . . . אוֹ

— *adv.* גַּם כֵּן

ejac´ulate″ *v.t. & i.* (אִגְ׳קִילֵיט) הִפְלִיט קְרִיאָה; פָּלַט זֶרַע

eject´ *v.t.* (אִגְ׳קְט) גֵּרֵשׁ, הִשְׁלִיךְ, הוֹצִיא בְּכֹחַ

elab´orate *adj.* (אִלֶבְּרִט) מְפֹרָט, מְסֻבָּךְ

elab´orate″ (אִלֶבְּרֵיט) שִׁכְלֵל, פִּתֵּחַ לְאַחַר מַאֲמָץ; הוֹסִיף פְּרָטִים, הִרְחִיב הַדִּבּוּר

elapse´ *v.i.* (אִלֶפְּס) חָלַף

elast´ic *adj. & n.* (אִלֶסְטִק) אֶלַסְטִי, גָּמִישׁ, מָתִיחַ, קְפִיצִי; בַּד אֶלַסְטִי; גּוּמִיָּה, בִּירִית

elastic´ity *n.* (אִלֶסְטִסִטִי) גְּמִישׁוּת, קְפִיצוּת, רוֹמְמוּת רוּחַ

elate´ *v.t.* (אִלֵיט) הִשְׁרָה מַצַּב רוּחַ מְרוֹמָם; הִרְהִיב, שִׂמַּח

el´bow *n. & v.t.* (אֶלְבּוֹ) מַרְפֵּק; זָוִית יְשָׁרָה; כֶּפֶף; דָּחַף הַצִּדָּה בְּמַרְפֵּק, הִתְקַדֵּם בְּכֹחַ

el´der *adj. & n.* (אֶלְדְר) קָשִׁישׁ; בָּכִיר; מֻקְדָּם יוֹתֵר; זָקֵן

el´dest *adj.* (אֶלְדִסְט) הַזָּקֵן בְּיוֹתֵר, בְּכוֹר

elect´ *v.t. & i. & n.* (אִלֶקְט) בָּחַר בּ־; מִיעָד; נִבְחַר, בָּחִיר; מֻבְחָר

elec´tion *n.* (אִלֶקְשְׁן) בְּחִירָה; בְּחִירוֹת, הַצְבָּעָה

by — בְּחִירוֹת־מִשְׁנֶה

elec´torate *n.* (אִלֶקְטְרִיט) צִבּוּר הַבּוֹחֲרִים

elec´tric *adj.* (אִלֶקְטְרִק) חַשְׁמַלִּי; מְחַשְׁמֵל, מַרְהִיב

elec´trical *adj.* (אִלֶקְטְרִקְל) חַשְׁמַלִּי

electrici´an *n.* (אִלֶקְטְרִשְׁן) חַשְׁמַלַּאי

electric´ity *n.* (אִלֶקְטְרִסִטִי) חַשְׁמַל; הִתְרַגְּשׁוּת, צִפִּיָּה

elec´trify″ *v.t.* (אִלֶקְטְרִפַי) חִשְׁמֵל; סִפֵּק כֹּחַ חַשְׁמַלִּי; הִדְהִים, עוֹרֵר הִתְרַגְּשׁוּת

el´egance *n.* (אֶלְגֶנְס) הִדּוּר, אֶלֶגַנְטִיּוּת

el´egant *adj.* (אֶלְגֶנְט) הָדוּר, מְעֻדָּן, מֻבְחָר; מְצֻיָּן, עִלָּאִי

el´egy *n.* (אֶלְגִ׳י) קִינָה, אֶלֶגְיָה, שִׁיר תּוּגָה

el´ement *n.* (אֶלְמֶנְט) יְסוֹד; סְבִיבָה (טבעית); תְּחוּם פְּעִילוּת מַתְאִים; אֶלֶמֶנְט

—s אֵיתָנֵי הַטֶּבַע

el″emen´tary *adj.* (אֶלֶמֶנְטְרִי) יְסוֹדִי; שֶׁל בֵּית סֵפֶר יְסוֹדִי; פָּשׁוּט, לֹא מְסֻבָּךְ; שֶׁל אֵיתָנֵי הַטֶּבַע

el´ephant *n.* (אֶלְפַנְט) פִּיל

el´evate″ *v.t.* (אֶלְוֵיט) הֵרִים, הִגְבִּיהַּ, הֶעֱלָה; רוֹמֵם רוּחַ

el´eva″ted *adj. & n.* (אֶלְוֵיטֶד) מֻגְבָּה; נִשְׂגָּב, אָצִיל; שָׂשׂ; מְסִלַּת בַּרְזֶל עִלִּית

el″eva´tion *n.* (אֶלְוֵישְׁן) גֹּבַהּ; גִּבְעָה; אֲצִילוּת; הַגְבָּהָה, הֲרָמָה, הַעֲלָאָה

el″evator *n.* (אֶלְוֵיטְר) מַעֲלִית; מַשְׂבֵּחַ; מַמְגוּרָה (ממוכנת); הֶגֶה גֹּבַהּ (במטוס)

elev´en *n. & adj.* (אִלֶוְן) אַחַד עָשָׂר (.m), אַחַת עֶשְׂרֵה (.f) קְבוּצַת כַּדּוּרֶגֶל (אמריקני)

ele´enth *adj. & n.* (אִלֶוְנְת׳) (.m) הָאַחַד־עָשָׂר הָאַחַת־עֶשְׂרֵה (.f)

— hour בָּרֶגַע הָאַחֲרוֹן

elf *n.* ([*pl.* **elves**] אֶלְף, אֶלְוְז) (בדמות אדם זעיר) סִיָּה בַּחֲשָׁנִית

elic´it *v.t.* (אִלִסְט) הוֹצִיא, הֶעֱלָה

el´igible *adj.* (אֶלִגִ׳בְּל) מַתְאִים לְהִבָּחֵר; רָאוּי, מַתְאִים, רָצוּי; מְאֻשָּׁר עַל יְדֵי הַחֹק

elim´inate″ *v.t.* (אִלִמְנֵיט) סִלֵּק; הִשְׁמִיט; הוֹצִיא; חִלֵּץ; הִפְרִישׁ (מהגוף)

elisi´ion *n.* (אִלִזְ׳ן) הַשְׁמָטָה (תנועה, עיצור או הברה בשעת דיבור)

elite´ *n.* (אִלִיט) סָלְתָהּ וְשַׁמְנָהּ שֶׁל הַחֶבְרָה, עִלִּית, אֶלִיטָה

elix´ir *n.* (אִלִקְסְר) סַם קֶסֶם (להארכת החיים או להפיכת מתכת פשוטה לזהב); תְּמִסַּת מַיִם וְכֹהַל; תַּמְצִית טְהוֹרָה; תְּרוּפָה לַכֹּל

elipse´ *n.* (אִלִפְּס) אֶלִיפְּסָה

elip´sis *n.* (אִלִפְּסִס) חִסּוּר, הַשְׁמָטָה (של מלים במשפט)

elm. *n.* (אֶלְם) בּוּקִיצָה

el″ocu´tion *n.* (אֶלְקְיוּשְׁן) חָכְמַת נְשִׂיאַת נְאוּמִים; סִגְנוֹן דִּבּוּר

elong'ate *v.t. & i.* (אִלוֹנְגֵיט) הֶאֱרִיךְ

elope' *v.i.* (אִלוֹפּ) הִתְחַמֵּק לְשֵׁם נִשּׂוּאִים; בָּרַח עִם מְאַהֵב; נִמְלַט

el'oquence (אֶלֶקְוֶנְס) צַחוּת לָשׁוֹן; לְשׁוֹן לִמּוּדִים, לְשׁוֹן צָחוֹת; מַעֲנֶה לָשׁוֹן

el'oquent *adj.* (אֶלֶקְוֶנְט) שֶׁל דִּבּוּר שׁוֹטֵף וּמַרְשִׁים; שֶׁל לְשׁוֹן־צָחוֹת; עַז־הַבָּעָה

else *adj. & adv.* (אֶלְס) עוֹד; אַחֵר; אַחֶרֶת
or — אַתָּה תִּשָּׂא בָּאַחֲרָיוּת

else'where" *adv.* (אֶלְסְהֶוֶר) בְּמָקוֹם אַחֵר, לְמָקוֹם אַחֵר

elu'cidate *v.t.* (אִלוּסִדֵיט) הִבְהִיר, הֵאִיר, הִסְבִּיר

elude' *v.t.* (אִלוּד) הִתְחַמֵּק מִן; נִמְלַט, נִשְׁמַט

ema'cia"ted *adj.* (אִמֵישִׁיאֵיטִד) כָּחוּשׁ (מֵחֲמַת מַחֲלָה אוֹ חוֹסֶר תְּזוּנָה)

em'anate" *v.i. & t.* (אֶמְנֵיט) נָבַע, יָצָא, שָׁלַח

eman'cipate" *v.t.* (אִמֶנְסִפֵּיט) שִׁחְרֵר

embalm' *v.t.* (אֶמְבָּם) חָנַט; שִׁמֵּר; מָנַע הִתְפַּתְּחוּת; הִדִּיף רֵיחַ נִיחוֹחַ

embank'ment *n.* (אֶמְבֶּנְקְמֶנְט) סוֹלְלָה

embar'go *n.* (אֶמְבַּרְגוֹ) הֶסְגֵּר; אִסּוּר

embark' *v.t. & i.* (אֶמְבַּרְק) הֶעֱלָה עַל אֳנִיָּה; מְקַבֵּל עַל אֳנִיָּה; שִׁתֵּף בְּמִפְעָל, הִשְׁקִיעַ בְּמִפְעָל; עָלָה עַל אֳנִיָּה; עָסַק בְּמִפְעָל

embar'rass *v.t.* (אֶמְבֶּרֶס) הֵבִיךְ, הֵבִיא בִּמְבוּכָה; בִּיֵּשׁ, סִבֵּךְ; הֵקִים מִכְשׁוֹלִים; גָּרַם קְשָׁיִים כַּלְכָּלִיִּים, הִטִּיל חוֹבוֹת

embar'rassment *n.* (אֶמְבֶּרֶסְמֶנְט) מְבוּכָה; בּוּשָׁה; יוֹתֵר מִדַּי

em'bassy *n.* (אֶמְבֶּסִי) שַׁגְרִירוּת; מִשְׁלַחַת דִּיפְּלוֹמָטִית

embel'lish *t.* (אֶמְבֶּלִשׁ) קִשֵּׁט, יִפָּה

em'ber *n.* (אֶמְבְּר) גַּחֶלֶת עוֹמֶמֶת

embez'zle *v.t.* (אֶמְבֶּזְל) מָעַל (כְּשׁוֹמֵר כֶּסֶף אוֹ רְכוּשׁ שֶׁהֻפְקַד אֶצְלוֹ)

embit'ter *v.t.* (אֶמְבִּטְר) עוֹרֵר הִתְמַרְמְרוּת, מֵרֵר

em'blem *n.* (אֶמְבְּלֶם) סֵמֶל

embod'y *v.t.* (אֶמְבּוֹדִי) גִּלֵּם; אִרְגֵּן

embol'den *v.t.* (אֶמְבּוֹלְדְן) עוֹדֵד; נָתַן בְּלִבּוֹ עֹז

emboss' *v.t.* (אֶמְבּוֹס) קִשֵּׁט בְּפִתּוּחִים; הִבְלִיט (קִשּׁוּט עַל פְּנֵי הַשֶּׁטַח)

embrace' *v.t. & i. & n.* (אֶמְבְּרֵיס) חִבֵּק; קִבֵּל; קִבֵּל בְּרָצוֹן; הִשְׁתַּמֵּשׁ בְּ־; הִקִּיף; הִתְחַבֵּק; חִבּוּק; חֵיק

embroi'der *v.t. & i.* (אֶמְבְּרוֹידְר) רָקַם; קִשֵּׁט (בְּתוֹסֶפֶת בְּדוּתוֹת)

embroi'dery *n.* (אֶמְבְּרוֹידֶרִי) רְקִימָה, רִקְמָה; קִשּׁוּט (בְּתוֹסֶפֶת בְּדוּתוֹת)

embroil' *v.t.* (אֶמְבְּרוֹיל) סִבֵּךְ בְּרִיב, סִכְסֵךְ, חִרְחֵר מַחְלֹקֶת

em'bryo" *n.* (אֶמְבְּרִיאוֹ) עֻבָּר

em'erald *n.* (אֶמְרַלְד) אִזְמָרַגְד

emerge' *v.i.* (אִמֶרְג') יָצָא, הוֹפִיעַ; הִתְעוֹרֵר; נוֹלַד, הִתְהַוָּה; עָלָה מִתּוֹךְ

emer'gency *n.* (אִמֶרְג'נְסִי) מִקְרֵה חֵרוּם

em'ery *n.* (אֶמֶרִי) שָׁמִיר (לְלִיטוּשׁ)

emet'ic *n. & adj.* (אֲמֶטִק) מְעוֹרֵר הֲקָאָה

em'igrant *n.* (אֶמְגְרַנְט) מְהַגֵּר (מִמָּקוֹם)

em'igrate" *v.i.* (אֶמְגְרֵיט) יָצָא, הִגֵּר (מִמָּקוֹם)

em"igra'tion *n.* (אֶמְגְרֵישְׁן) הֲגִירָה (מִמָּקוֹם); מְהַגְּרִים

em'inence *n.* (אֶמְנֶנְס) מַעֲמָד רָם; מוֹנִיטִין; רָמָה, גִּבְעָה

em'inent *adj.* (אֶמְנֶנְט) רָם־מַעֲלָה, דָּגוּל; בּוֹלֵט, רָאוּי לְצִיּוּן, מִתְבַּלֵּט; נַעֲלֶה

em'issary" *n.* (אֶמְסֶרִי) שָׁלִיחַ, סוֹכֵן; מְרַגֵּל

emit' *v.t.* (אִמִט) פָּלַט; הוֹצִיא; בִּטֵּא

emotion *n.* (אִמוֹשְׁן) רִגּוּשׁ, רֶגֶשׁ עָמֹק, אֶמוֹצְיָה

emo'tional *adi.* (אִמוֹשֶׁנְל) רַגְשָׁנִי, אֶמוֹצְיוֹנָלִי, פּוֹנֶה לָרְגָשׁוֹת

em'peror *n.* (אֶמְפֶּרְר) קֵיסָר

em'phasis *n.* (אֶמְפֶסִס) הַבְלָטָה, הַדְגָּשָׁה, הַטְעָמָה; דָּגֵשׁ, עָצְמָה

em'phasize" *v.t.* (אֶמְפַסַיז) הִדְגִּישׁ, הִבְלִיט, הִטְעִים

emphat'ic *adj.* (אֶמְפֶטִק) מֻדְגָּשׁ, תַּקִּיף; נֶחֱצִי

em'pire *n.* (אֶמְפַּיאֶר) קֵיסָרוּת, מַמְלָכָה; רִבּוֹנוּת; שְׁלִיטָה מֻחְלֶטֶת; אִימְפֶּרְיָה

emplace'ment *n.* (אֶמְפְּלֵיסְמֶנְט) עֶמְדָּה; מָקוֹם

employ′ *v.t. & n.* (אֶמְפְּלוֹי) הֶעֱסִיק, הֶעֱבִיד; הִשְׁתַּמֵּשׁ בּ־; הִקְדִּישׁ זְמַן; תַּעֲסוּקָה; שֵׁרוּת

employ′ee *n.* (אֶמְפְּלוֹיִאי) שָׂכִיר, מָעֳסָק, מֻעֳסָק, עוֹבֵד

employ′er *n.* (אֶמְפְּלוֹיֶאר) מַעֲסִיק, מַעֲבִיד

employ′ment *n.* (אֶמְפְּלוֹימֶנְט) הַעֲסָקָה; שִׁמּוּשׁ; תַּעֲסוּקָה, שֵׁרוּת; מִשְׁלַח־יָד, עֲבוֹדָה, מִקְצוֹעַ; עִסּוּק

empow′er *v.t.* (אֶמְפַּאוּאֶר) הִסְמִיךְ, יִפָּה כֹּחַ; אִפְשֵׁר ל־

em′press *n.* (אֶמְפְּרֶס) קֵיסָרִית; אֵשֶׁת קֵיסָר

emp′ty *adj. & v.t. & i.* (אֶמְפְּטִי) רֵיק; פָּנוּי; חָסֵר; נָבוּב, חֲסַר מַשְׁמָעוּת; רָעֵב; רוֹקֵן; הֵרִיק; הִתְרוֹקֵן

em′ulate″ *v.t.* (אֶמְיָלֵיט) חִקָּה, נִסָּה לְהִשְׁתַּוּוֹת אֶל; נִסָּה לַעֲלוֹת עַל; הִתְחָרָה בְּהַצְלָחָה

ena′ble *v.t.* (אֶנֵיבְּל) אִפְשֵׁר, הֵקֵל עַל; הִסְמִיךְ

enact′ *v.t.* (אֶנֶקְט) חוֹקֵק; מִלֵּא תַּפְקִיד; הֶעֱלָה עַל הַבִּימָה

enact′ment *n.* (אֶנֶקְטְמֶנְט) חֹק; חֲקִיקָה

enam′el *n. & v.t.* (אֶנֶמֶל) אֵמַיִל; כְּלִי אֵמַיִל; צֶבַע אֵמַיִל; אִמֵּל, צִפָּה בְּאֵמַיִל; צִפָּה בְּצֶבַע מַבְרִיק

enam′or *v.t.* (אֶנֶמֶר) שִׁלְהֵב בְּאֵשׁ אַהֲבָה; הִקְסִים; שָׁבָה

encamp′ *v.i. & t.* (אֶנְקֶמְפּ) הֵקִים מַחֲנֶה; הָפַךְ לְמַחֲנֶה; לָן בְּמַחֲנֶה, חָנָה

encamp′ment *n.* (אֶנְקֶמְפְּמֶנְט) מַחֲנֶה; הֲקָמַת מַחֲנֶה, לִינָה בְּמַחֲנֶה, חֲנִיָּה

enchant′ *v.t.* (אֶנְצֶ׳נְט) הִקְסִים, כִּשֵּׁף

enci″pher *v.t.* (אֶנְסַיפֶר) צִפֵּן

encir′cle *v.t.* (אֶנְסֶרְקְל) הִקִּיף, כִּתֵּר

en′clave *n.* (אֶנְקְלֵיב) מֻבְלַעַת

enclose′ *v.t.* (אֶנְקְלוֹז) סָגַר עַל־ מִסָּבִיב; הִקִּיף; צֵרֵף, שָׂם בְּתוֹךְ; הֵכִיל

—**ed** *adj.* לוּט

enclo′sure *n.* (אֶנְקְלוֹז׳ר) הַכְנָסָה בְּתוֹךְ; מִכְנָס; מִכְתָּר; גִּדּוּר; שֶׁטַח גָּדוּר; גָּדֵר, חוֹמָה; לוּט

encode′ *v.t.* (אֶנְקוֹד) קִוֵּד

en′core *interj. & n.* (אַנְקוֹר) עוֹד הַפַּעַם; הַדְרָן

encoun′ter *v.t. & i & n.* (אֶנְקָאוּנְטֶר) פָּגַשׁ בְּאַקְרַאי, נִתְקַל בּ־; הִתְנַצֵּחַ, הִתְמוֹדֵד; פְּגִישָׁה לֹא צְפוּיָה; הִתְקָלוּת, קְרָב

encour′age *v.t.* (אֶנְקֶרְג׳) עוֹדֵד

encour′agement *n.* (אֶנְקֶרְג׳מֶנְט) עִדּוּד

encroach′ *v.i.* (אֶנְקְרוֹץ׳) הִסִּיג גְּבוּל

encum′ber *v.t.* (אֶנְקַמְבֶּר) עִכֵּב; סָתַם

ency″clope′dia *n.* (אֶנְסַיקְלֶפִּידִיָה) אֶנְצִיקְלוֹפֶּדְיָה

end *n.* (אֶנְד) קָצֶה; תְּחוּם; סוֹף; סִיּוּם, גְּמָר; מַטָּרָה, תַּכְלִית; תּוֹצָאָה; מָוֶת, הֶרֶס; קֶטַע, שָׂרִיד; חֵלֶק

at loose —s נָבוֹךְ, מְבֻלְבָּל

make —s meet חַי בְּאֶמְצָעִים הָעוֹמְדִים לִרְשׁוּתוֹ

— *v.t. & i.* סִיֵּם, הָוָה, הִקְצָה; הֵמִית; הָוָה הַדֻּגְמָה הַבּוֹלֶטֶת בְּיוֹתֵר; הִסְתַּיֵּם, פָּסַק; הִגִּיעַ בְּסוֹפוֹ שֶׁל דָּבָר

endan′ger *v.t.* (אֶנְדֵינְגֶ׳ר) סִכֵּן, הֶעֱמִיד בְּסַכָּנָה

endear′ *v.t.* (אֶנְדִיר) הֶאֱהִיב, עוֹרֵר חִבָּה אֶל

endear′ment *n.* (אֶנְדִירְמֶנְט) הַאֲהָבָה, חִבָּה; מַעֲשֵׂה חִבָּה, דִּבְרֵי חִבָּה

endeav′or *v.i. & t.* (אֶנְדֶוֶר) הִשְׁתַּדֵּל, נִסָּה, הִתְאַמֵּץ

en′ding *n.* (אֶנְדִנְג) סִיּוּם, גְּמָר; מִיתָה, כִּלָּיוֹן; סוֹפִית

en′dive *n.* (אֶנְדַיב) עֹלֶשׁ

end′less *adj.* (אֶנְדְלִס) אֵינְסוֹפִי; רָצוּף לְלֹא הֶפְסֵק

en′docrine″ *n.* (אֶנְדֶקְרִין) מַפְרִישׁ בִּפְנִים; שֶׁל בַּלּוּטַת הַפְרָשָׁה פְּנִימִית; הַפְרָשָׁה פְּנִימִית, הוֹרְמוֹן

endorse′ *v.t.* (אֶנְדוֹרְס) אִשֵּׁר, תָּמַךְ בּ־; הֵסֵב, חָתַם עַל; הוֹסִיף תּוֹסֶפֶת עַל מִסְמָךְ

endow′ *v.t.* (אֶנְדָאוּ) הֶעֱנִיק; יָסַד קֶרֶן קְבוּעָה; סִפֵּק הַכְנָסָה קְבוּעָה; צִיֵּד, חָנַן, הֶעֱנִיק סְגֻלָּה

endu′rance *n.* (אֶנְדוּרֶנְס) סַבְלָנוּת; נִסָּיוֹן, מִבְחָן; מֶשֶׁךְ

endure *v.t. & i.* (אֶנְדוּר) סָבַל; עָמַד בְּנִסָּיוֹן, הֶחֱזִיק מַעֲמָד

en'ema *n.* (אֶנְמָה) חֹקֶן

en'emy *n. & adj.* (אֶנְמִי) אוֹיֵב, שׂוֹנֵא; יָרִיב

en'ergy *n.* (אֶנֶרְגִ'י) מֶרֶץ; אֶנֶרְגְיָה

enfold' *v.t.* (אֶנְפוֹלְד) עָטַף; גִּפֵּף; קִפֵּל

enforce' *v.t.* (אֶנְפוֹרְס) אָכַף; כָּפָה

enfran'chise *v.t.* (אֶנְפְרֶנְצַ'יז) הֶעֱנִיק זְכוּת הַצְבָּעָה; שִׁחְרֵר

engage' *v.t. & i.* (אֶנְגֵּיְג') הֶעֱסִיק; שָׂכַר; עִנְיֵן, מָשַׁךְ; מָצָא חֵן בְּעֵינֵי; אֵרַס; הִכְנִיס לִקְרָב; נִכְנַס לִקְרָב, שִׁלֵּב; הִתְעַסֵּק; קִבֵּל עֲבוֹדָה; הִתְחַיֵּב, הִבְטִיחַ; הִשְׁתַּלֵּב (הילוכים)

engaged' *adj.* (אֶנְגֵּיְג'ד) עָסוּק, מְעֹרָב; מְאֹרָס; מִתְחַיֵּב; נִלְחַם עִם; מְשֻׁלָּב

engage'ment *n.* (אֶנְגֵּיְג'מֶנְט) הַעֲסָקָה; אֵרוּסִים; הִתְחַיְּבוּת; פְּגִישָׁה; הֶסְדֵּר; הִתְקָלוּת, קְרָב

en'gine *n.* (אֶנְג'ן) מָנוֹעַ; קַטָּר; מְכוֹנִית כִּבּוּי; מְכוֹנָה; כְּלִי מִלְחָמָה

en"gineer' *n. & v.t.* (אֶנְגִ'נִיר) מְהַנְדֵּס; נַהַג־קַטָּר; חַיָּל בְּחֵיל הַהַנְדָּסָה; מְנַהֵל מִיֻמָּן; תִּכְנֵן, יָזַם וּבִצֵּעַ; תִּמְרֵן

en"gineer'ing *n.* (אֶנְגִ'נִירִנְג) הַנְדָּסָה; תִּמְרוּן

Eng'lish *adj. & n.* (אִנְגְּלִשׁ) אַנְגְּלִי; אַנְגְּלִית (שפה)

Eng'lishman *n.* (אִנְגְּלִשְׁמֶן) אַנְגְּלִי

engrave' *v.t.* (אֶנְגְּרֵיב) חָקַק

engra'ving *n.* (אֶנְגְּרֵיבִנְג) גִּלּוּף, חֲרִיטָה; תַּחֲרִיט

engulf' *v.t.* (אֶנְגַּלְף) בָּלַע; טִבֵּעַ; שָׁטַף

enhance' *v.t.* (אֶנְהֶנְס) הֶעֱלָה, הִגְדִּיל, הִגְבִּיר; הֶעֱלָה עֶרֶךְ

enig'ma *n.* (אֶנִגְמָה) חִידָה, תַּעֲלוּמָה

enjoin' *v.t.* (אֶנְג'וֹין) פָּקַד עַל; אָסַר עַל

enjoy' *v.t.* (אֶנְג'וֹי) נֶהֱנָה, הִתְעַנֵּג

enjoy'able *adj.* (אֶנְג'וֹיאֶבֶּל) מְהַנֶּה

enjoy'ment *n.* (אֶנְג'וֹימֶנְט) הֲנָאָה, תַּעֲנוּג, עֹנֶג; שִׁמּוּשׁ בִּזְכוּת

enlarge' *v.t. & i.* (אֶנְלַרְג') הִגְדִּיל, הִרְחִיב; גָּדַל, הִתְרַחֵב; הִרְחִיב הַדִּבּוּר

enlight'en *v.t.* (אֶנְלַיְטְן) הֵאִיר, הִשְׂכִּיל, לִמֵּד

enlist' *v.i. & t.* (אֶנְלִסְט) הִתְגַּיֵּס; הִצְטָרֵף; גִּיֵּס, שִׁתֵּף

enlis'ted man" (אֶנְלִסְטֶד מֶן) חוֹגֵר

enlist'ment *n.* (אֶנְלִסְטְמֶנְט) תְּקוּפַת שֵׁרוּת; גִּיּוּס; הִתְגַּיְּסוּת

enli'ven *v.t.* (אֶנְלַיְבְן) הִמְרִיץ, עוֹרֵר לִפְעֻלָּה; עָשָׂה עַלִּיז

en'mity *n.* (אֶנְמִטִי) אֵיבָה, שִׂנְאָה

enno'ble *v.t.* (אֶנוֹבְּל) רוֹמֵם; הֶעֱנִיק תֹּאַר אֲצִילוּת

ennui' *n.* (אַנְוִי) שִׁעֲמוּם

enor'mity *n.* (אִנוֹרְמִטִי) זְוָעָה; פֶּשַׁע; עֲנָקִיּוּת

enor'mous *adj.* (אִנוֹרְמֶס) עֲנָקִי, עָצוּם; זְוָעָתִי

enough' *adj. & n.* (אִנַף) דַּי, מַסְפִּיק, כַּמּוּת מַסְפִּיקָה

— *adv.* בְּמִדָּה מַסְפִּיקָה; לְגַמְרֵי; בְּצוּרָה סְבִירָה

enrage' *v.t.* (אֶנְרֵיְג') הִזְעִים, עוֹרֵר חֵמָה

enrich' *v.t.* (אֶנְרִץ') הֶעֱשִׁיר, הֶעֱלָה עֶרֶךְ; קִשֵּׁט; שִׁפֵּר

enroll' *v.t.* (אֶנְרוֹל) רָשַׁם, הִכְנִיס בִּרְשִׁימָה; הִצְטָרֵף

enroll'ment *n.* (אֶנְרוֹלְמֶנְט) רִשּׁוּם; מִסְפַּר הַמִּשְׁתַּתְּפִים

en route' (אַן רוּט) בַּדֶּרֶךְ

enshrine' *v.t.* (אֶנְשְׁרַיְן) קִדֵּשׁ, הוֹקִיר כְּקָדוֹשׁ

en'sign *n.* (אֶנְסַיְן) דֶּגֶל; סֵמֶל כְּהֻנָּה; אוֹת, סֵמֶל

— *n.* (אֶנְסֶן) סְגַן מִשְׁנֶה (בחיל הים של ארה"ב)

enslave' *v.t.* (אֶנְסְלֵיב) שִׁעְבֵּד, הָפַךְ לְעֶבֶד

ensnare' *v.t.* (אֶנְסְנֵר) לָכַד בְּרֶשֶׁת

ensue' *v.i.* (אֶנְסוּ) בָּא מִיָּד אַחֲרֵי; נָבַע כְּתוֹצָאָה

ensure' *v.t.* (אֶנְשׁוּר) עָרַב, הִבְטִיחַ בְּאַחֲרָיוּת; בִּטַּח

entail *v.t.* (אֶנְטֵיל) גָּרַר בְּעִקְבוֹת־; הִגְבִּיל הַיּוֹרְשִׁים; הוֹרִישׁ לְיוֹרְשִׁים מְסֻיָּמִים בִּלְבַד

entang'le *v.t.* (אֶנְטֶנְגֶל) סִבֵּךְ, שָׁזַר; בִּלְבֵּל

entang'lement *n.* (אֶנְטֶנְגֶלְמֶנְט) סִבּוּךְ; הִסְתַּבְּכוּת; רֶשֶׁת, מַלְכֹּדֶת; מְעֹרָבוּת

en'ter *v.i. & t.* (אֶנְטֶר) נִכְנַס, הוֹפִיעַ,

עָלָה עַל הַבִּימָה; קִבֵּל רְשׁוּת לְהִשְׁתַּתֵּף; הִתְחִיל, פָּתַח בְּ־; חָדַר לְ־; הִכְנִיס; הִצְטָרֵף; נָתַן רְשׁוּת לְהִשְׁתַּתֵּף; עָסַק בְּ־; רָשַׁם; הִגִּישׁ (מכרז)

en′terprise″ *n.* (אֶנְטֶרְפְּרַיז) מִפְעָל; תָּכְנִית לְמִפְעָל; הִשְׁתַּתְּפוּת בְּמִפְעָל; תְּעָזָה; יָזְמָה; כֹּשֶׁר הַמְצָאָה; חֶבְרָה (מסחרית)

en′terpri″sing *adj.* (אֶנְטֶרְפְּרַיזִנְג) בַּעַל יָזְמָה, בַּעַל כֹּשֶׁר הַמְצָאָה, נִמְרָץ

en″tertain′ *v.t.* (אֶנְטֶרְטֵין) בִּדֵּר, שִׁעֲשַׁע; קִבֵּל כְּאוֹרֵחַ, עָרַךְ מְסִבָּה; שָׁקַל

—ing *adj.* מְבַדֵּר, מְשַׁעֲשֵׁעַ

en″tertai′ner *n.* (אֶנְטֶרְטֵינֶר) בַּדְּרָן; מַכְנִיס אוֹרְחִים, מַרְבֶּה לַעֲרוֹךְ מְסִבּוֹת

en″tertain′ment *n.* (אֶנְטֶרְטֵינְמֶנְט) בִּדּוּר; מוֹפָע; הַכְנָסַת אוֹרְחִים, עֲרִיכַת מְסִבּוֹת

enthu′sias″m *n.* (אֶנְת׳וּזִיאֶזֶם) הִתְלַהֲבוּת, הִתְפָּעֲלוּת

enthu″sias′tic *adj.* (אֶנְת׳וּזִיאֶסְטִק) מִתְלַהֵב, נִלְהָב, מִתְפָּעֵל

entice′ *v.t.* (אֶנְטַיס) פִּתָּה

entire′ *adj.* & *n.* (אֶנְטַיאַר) כָּל, כָּל כֻּלּוֹ; שָׁלֵם; רָצוּף; מָלֵא; הַכֹּל, שְׁלֵמוּת

—ly *adv.* לְגַמְרֵי; בְּצוּרָה בִּלְעָדִית

entire′ty *n.* (אֶנְטַיאַרְטִי) שְׁלֵמוּת

entit′le *v.t.* (אֶנְטַיטְל) זִכָּה, הֶעֱנִיק זְכוּת; קָרָא בְּתֹאַר; כִּנָּה

—ed זַכַּאי לְקַבֵּל; רַשַּׁאי לְקַבֵּל

entity *n.* (אֶנְטִטִי) יֵשׁוּת, עֶצֶם (דבר); הֲוָיָה; טֶבַע עַצְמִי

entomb′ *v.t.* (אֶנְטוּם) טָמַן בְּקֶבֶר, קָבַר

en′trails *n. pl.* (אֶנְטְרֵילְז) מֵעַיִם, קְרָבַיִם

en′trance *n.* (אֶנְטְרֶנְס) כְּנִיסָה, פֶּתַח; זְכוּת כְּנִיסָה; יְצִיאָה עַל הַבִּימָה

entrap′ *v.t.* (אֶנְטְרֶפּ) לָכַד בְּמַלְכֹּדֶת; טָמַן פַּח; פִּתָּה לְהַפְלִיט סְתִירוֹת; פִּתָּה לְהוֹדוֹת הוֹדָאָה מַזִּיקָה

entreat′ *v.t.* (אֶנְטְרִיט) בִּקֵּשׁ בְּמַפְגִּיעַ, הִתְחַנֵּן

entrea′ty *n.* (אֶנְטְרִיטִי) תְּחִנָּה, בַּקָּשָׁה

entrench′ *v.t.* & *i.* (אֶנְטְרֶנְץ׳) חָפַר חֲפִירוֹת הֲגַנָּה; שָׂם בְּעֶמְדַּת כֹּחַ; הִסִּיג גְּבוּל

entrust′ *v.t.* (אֶנְטְרַסְט) הִפְקִיד

en′try *n.* (אֶנְטְרִי) כְּנִיסָה; זְכוּת כְּנִיסָה, גִּישָׁה; רִשּׁוּם; פְּרָט רָשׁוּם; מִשְׁתַּתֵּף בְּתַחֲרוּת

enu′merate″ *v.t.* (אִנוּמֶרֵיט) מָנָה, פֵּרֵט

enun′ciate″ *v.t.* & *i.* (אִנַנְסִיאֵיט) חִתֵּךְ (דיבור), הָגָה בְּקַפְּדָנוּת, הִצְהִיר בְּהֶחְלֵטִיּוּת, הִכְרִיז

envel′op *v.t.* (אֶנְוֶלֶפּ) עָטַף, כִּסָּה; כִּתֵּר לְגַמְרֵי; הִתְקִיף אֲגַף

en′velope″ *n.* (אֶנְוֶלוֹפּ) מַעֲטָפָה; עֲטִיפָה; מַעֲטֶפֶת־גַז (של ספינת אוויר)

en′viable *adj.* (אֶנְוִיאֶבְּל) שֶׁיֵּשׁ לְקַנֵּא בּוֹ; רָצוּי

en′vious *adj.* (אֶנְוִיאֶס) מְקַנֵּא

envi′ronment *n.* (אֶנְוַירֶנְמֶנְט) סְבִיבָה

envi′rons *n. pl.* (אֶנְוַירֶנְז) עִבּוּר (של עיר); פַּרְוָרִים

en′voy *n.* (אֶנְווֹי) צִיר, שָׁלִיחַ מֻסְמָךְ

en′vy *n.* & *v.t.* (אֶנְוִי) קִנְאָה; צָרוּת עַיִן; מְעוֹרֵר קִנְאָה; קִנֵּא בְּ־

ep′aulet *n.* (אֶפֶּלֶט) כְּתֵפָה

ep′ic *adj.* & *n.* (אֶפִּק) אֶפִּי; מַרְשִׁים בְּגַדְלוּתוֹ; אֶפּוֹס

ep′icure″ *n.* (אֶפִּקְיוּר) בַּעַל טַעַם מְעֻדָּן; יַדְעָן

ep″idem′ic *adj.* & *n.* (אֶפִּדֶמִק) מְדַבֵּק, מִתְפַּשֵּׁט בְּצוּרַת מַגֵּפָה; אֶפִּידֶמִי; מַגֵּפָה, אֶפִּידֶמְיָה; הִתְפַּשְּׁטוּת מְהִירָה

ep′igram″ *n.* (אֶפִּיגְרֶם) מִכְתָּם; אֶפִּיגְרָם; שִׁיר סָטִירִי קָצָר

ep′igraph″ *n.* (אֶפִּגְרֶף) כְּתֹבֶת; צִיטָטָה

ep′ile″psy *n.* (אֶפִּלֶפְּסִי) אֶפִּילֶפְּסְיָה; מַחֲלַת־הַנְּפִילָה

ep′ilogue *n.* (אֶפִּלוֹג) אֶפִּילוֹג; אַחֲרִית דָּבָר

epis′copal *adj.* (אֶפִּסְקַפֶּל) שֶׁל בִּישׁוֹף; אֶפִּיסְקוֹפָּלִי (אנגליקני)

ep′isode″ *n.* (אֶפִּסוֹד) הִתְרַחֲשׁוּת, אֶפִּיזוֹדָה

epis′tle *n.* (אִפִּסְל) מִכְתָּב, אִגֶּרֶת (פורמלית)

ep′itaph″ *n.* (אֶפִּטֶף) כְּתֹבֶת (על מצבת קבר); דִּבְרֵי שֶׁבַח קְצָרִים לְמֵת

ep′ithet″ *n.* (אֶפִּתֶ׳ט) לְוַאי; כִּנּוּי; מִלּוֹת בּוּז

epit′ome *n.* (אִפִּטַמִי) הִתְגַלְמוּת טִפּוּסִית; סִכּוּם, תַּמְצִית

epit′omize″ *v.t.* (אֶפִּטַמַיז) יִצֵּג; הִוָּה הִתְגַלְמוּת טִפּוּסִית

ep′och *n.* (אֶפֶּק) עִדָּן; רֵאשִׁית עִדָּן; תַּאֲרִיךְ־מִפְנֶה

e′qual *adj.* & *n.* & *v.t.* (אִיקְוַל) שָׁוֶה; שָׁקוּל, מְאֻזָּן; אָחִיד; מַסְפִּיק; בַּעַל יְכֹלֶת מַסְפִּיקָה; מִישׁוֹרִי; שָׁוָה; עָשָׂה דָבָר שָׁוֶה

equal′ity *n.* (אִקְווֹלִטִי) שִׁוְיוֹן; סְגֻלָּה אֲחִידָה

e′qualize″ *v.t.* (אִיקְוַלַיז) הִשְׁוָה, הֶאֱחִיד

e″quanim′ity *n.* (אִיקְוַנִמִטִי) יִשּׁוּב־דַּעַת, שִׁוּוּי מִשְׁקָל

equa′tion *n.* (אִקְוֵיזְ׳ן) מִשְׁוָאָה; שִׁוּוּי מִשְׁקָל

equa′tor *n.* (אִקְוֵיטְר) קַו מַשְׁוֶה

e″quator′ial *adj.* (אִיקְוַטוֹרִיאֲל) מַשְׁוָנִי

eques′trian *adi.* (אִקְוֶסְטְרִיאֲן) שֶׁל פָּרָשִׁים; רָכוּב עַל גַּבֵּי סוּס, מְיַצֵּג פָּרָשׁ

equilib′rium *n.* (אִיקְוַלִבְּרִיאֲם) שִׁוּוּי מִשְׁקָל

e′quinox″ *n.* (אֶקְוַנוֹקְס) נְקֻדַּת שִׁוְיוֹן הַיּוֹם וְהַלַּיְלָה

equip′ *v.t.* (אִקְוִפּ) צִיֵּד

equip′ment *n.* (אִקְוִפְּמֶנְט) צִיּוּד; יֶדַע דָּרוּשׁ

eq′uity *n.* (אֶקְוִטִי) יֹשֶׁר, הֲגִינוּת; צֶדֶק טִבְעִי; עֵרֶךְ נָקִי (כלומר, פחות חוברת)

equiv′alent *adi.* & *n.* (אִקְוִוַלֶנְט) שָׁוֶה, שְׁוֵה־עֵרֶךְ, שָׁקוּל, אֶקְוִיוָלֶנְטִי; אֶקְוִיוָלֶנְט

equiv′ocate *v.t.* (אֶקְוִוַקֵיט) הִשְׁתַּמֵּשׁ בְּבִטּוּיִים מְעֻרְפָּלִים; הִתְחַמֵּק (מתשובה ברורה)

er′a *n.* (אִירַה) זְמָן (תקופה), מִנְיַן שָׁנִים, תַּאֲרִיךְ הַתְחָלָתִי; עִדָּן

erad′icate″ *v.t.* (אִרֶדַקֵיט) הִכְחִיד; מָחַק; שֵׁרֵשׁ

erase′ *v.t.* & *i.* (אִרֵיס) מָחַק; נִמְחַק בְּקַלּוּת; טִשְׁטֵשׁ

er′aser *n.* (אִרֵיסְר) מוֹחֵק, מַחַק

era′sure *n.* (אִרֵישְׁר) מְחִיקָה, כֶּתֶם (לאחר מחיקה)

ere *prep.* & *conj.* (אֵר) קֹדֶם

erect′ *v.t.* & *adj.* (אִרֶקְט) בָּנָה, הֵקִים; הֶעֱמִיד; יָסַד; זָקוּף; יָשָׁר

erec′tion *n.* (אִרֶקְשֲן) בְּנִיָּה, הֲקָמָה; מִבְנֶה; זְקִיפוּת; זִקְפָּה, קִשּׁוּי אֵבָר

er′mine *n.* (אֶרְמִן) הֶרְמִין, חָמוּס הֶרְמִין; מַעֲמָד רָם

erode′ *v.t.* & *i.* (אִרוֹד) סָחַף, אִכֵּל; נִסְחַף

erot′ic *adj.* (אִרוֹטִק) אֵרוֹטִי

err *v.i.* (אֶר) טָעָה; חָטָא; סָר מֵהַדֶּרֶךְ הַיְשָׁרָה

er′rand *n.* (אֶרַנְד) שְׁלִיחוּת

errat′ic *adj.* (אִרֶטִק) מוּזָר; נוֹדֵד

erro′neous *adj.* (אֲרוֹנִיאֲס) מֻטְעֶה, מְשֻׁבָּשׁ

er′ror *n.* (אֶרַר) טָעוּת, שְׁגִיאָה, מִשְׁגֶּה, שִׁבּוּשׁ; חֵטְא

er′udite *adj.* (אֶרַדַיט) מְלֻמָּד

er″udit′ion *n.* (אֶרְדִשְׁן) לַמְדָנוּת

erupt′ *v.i.* (אִרַפְּט) פָּרַץ, הִתְפָּרֵץ, הִתְגָּעֵשׁ; פָּרַח (העור)

es′calate″ *v.i.* (אֶסְקַלֵיט) הִסְלִים; הִגְבִּיר הֶקֵּף, הִגְבִּיר עָצְמָה; גָּדַל

es′cala″tor *n.* (אֶסְקַלֵיטְר) דְּרַגְנוֹעַ, מַדְרֵגוֹת נָעוֹת

es′capade″ *n.* (אֶסְקַפֵּיד) תַּעֲלוּל; בְּרִיחָה

escape′ *v.i.* & *t.* & *n.* (אִסְקֵיפּ) נִמְלַט, בָּרַח; הִשְׁתַּחְרֵר, חָמַק מִמַּעֲצָר, הִתְחַמֵּק; נִפְלַט; בְּרִיחָה, מִפְלָט, הִשְׁתַּמְּטוּת מֵהַמְּצִיאוּת

es′cort *n.* & *v.t.* (אֶסְקוֹרְט) לִוּוּי, מְלַוֶּה, מְלַוִּים; מִשְׁמָר מְזֻיָּן; שְׁמִירָה; לִוָּה, נִלְוָה אֶל

espe′cial *adj.* (אֶסְפֶּשְׁל) מְיֻחָד

— ly *adv.* בִּמְיֻחָד, בְּיִחוּד

es′pionage″ *n.* (אֶסְפִּיאֲנָז׳) רִגּוּל

es″planade′ *n.* (אֶסְפְּלֲנֵיד) טַיֶּלֶת

espouse′ *v.t.* (אֶסְפַּאוּז) אִמֵּץ לְעַצְמוֹ, דָּגַל בְּ־; נָשָׂא (אשה)

es′say *n.* (אֶסֵי) מַסָּה; נִסָּיוֹן

essay′ *v.t.* נִסָּה

es′sence *n.* (אֶסֲנְס) תַּמְצִית; עַצְמוּת, מַהוּת; בֹּשֶׂם

essen′tial *adj.* & *n.* (אֲסֶנְשֲל) חִיּוּנִי, דָּרוּשׁ, נָחוּץ; תַּמְצִיתִי, מַהוּתִי; טִבְעִי, סְפּוֹנְטָנִי; יְסוֹד חִיּוּנִי, עִקָּר

estab′lish *v.t.* (אִסְטֶבְּלִשׁ) יָסַד, הֵקִים, כּוֹנֵן; סִדֵּר; הוֹכִיחַ, קָבַע; מִנָּה; הִכִּיר כְּמוֹסָד מַמְלַכְתִּי

estab'lishment *n.* (אֶסְטֶבְּלִשְׁמֶנְט) יִסּוּד, כִּנּוּן; קְבִיעָה; מוֹסָד; מִמְסָד; מֶשֶׁק בַּיִת; בֵּית מִסְחָר; מַצָּבָה; הַכָּרָה כְּמוֹסָד מַמְלַכְתִּי

estate' *n.* (אֶסְטֵיט) אֲחֻזָּה; נְכָסִים; רְכוּשׁ; מַצָּב; תְּקוּפָה; מַעֲמָד

esteem' *n. & v.t.* (אֶסְטִים) הוֹקָרָה, הַעֲרָכָה; דֵּעָה חִיּוּבִית; יַחַס כָּבוֹד; הוֹקִיר, הֶחֱשִׁיב, כִּבֵּד; הֶעֱרִיךְ

es'timable *adj.* (אֶסְטִמַבְּל) רָאוּי לְהוֹקָרָה, רָאוּי לְכָבוֹד; נִתָּן לָאֱמוֹד

es'timate" *v.t. & i. & n.* (אֶסְטִמֵיט) הֶעֱרִיךְ, אָמַד; קָבַע דֵּעָה; אֻמְדָּן, הַעֲרָכָה; דֵּעָה

es"tima'tion *n.* (אֶסְטִמֵישְׁן) דֵּעָה; הוֹקָרָה; אֻמְדָּן

estrange' *v.t.* (אֶסְטְרֵינְג׳) הֵסֵב לֵב מִן; הִרְחִיק; נִכֵּר

es'tuar"y *n.* (אֶסְצ׳וּאֵרִי) פִּי נָהָר; שֶׁפֶךְ

etch *v.t. & i.* (אֶץ׳) חָרַט, שִׂרְטֵט בְּהַבְלָטָה; הִשְׁרִישׁ בַּזִּכָּרוֹן; עָשָׂה תַּחֲרִיטִים

etch'ing *n.* (אֶצ׳ינְג) חֲרִיטָה; תַּחֲרִיט

etc. **et cet'era** (אֶט סֶטֶרָה) וכו׳ (וְכֻלֵּהּ), וכד׳ (וְכַדּוֹמֶה), וגו׳ (וְגוֹמֵר)

eter'nal *adj.* (אִטֶרְנַל) נִצְחִי; תְּמִידִי, בְּלִי הֶפְסֵק; קַיָּם לָעַד

The Eternal אֱלֹהִים

eter'nity *n.* (אִטֶרְנִטִי) נֵצַח; קִיּוּם נִצְחִי; הָעוֹלָם הַבָּא; תְּקוּפָה לְלֹא קֵץ

eth'er *n.* (אִיתֶ׳ר) אֶתֶר, חֲלַל הָרָקִיעַ

ether'al *adj.* (אִתִ׳ירִיאַל) קַלִּיל, אַוְרִירִי, קָלוּשׁ; מְעֻדָּן מְאֹד; שְׁמֵימִי; שֶׁל הָאֶתֶר, שֶׁל הֶחָלָל

eth'ic *n.* (אֶתִ׳ק) עֶקְרוֹנוֹת מוּסָרִיִּים; עֶרְכֵי מוּסָר

—s אֶתִיקָה, תּוֹרַת הַמִּדּוֹת; מוּסָר

eth'ical *adj.* (אֶתִ׳קַל) אֶתִי, מוּסָרִי

eth'nic *adj.* (אֶתְ׳נִק) אֶתְנִי, שֶׁל עַם; שֶׁל עַם פְּרִימִיטִיבִי

et'iquette *n.* (אֶטְקֶט) אֶטִיקֶט; הִתְנַהֲגוּת חֶבְרָתִית מְקֻבֶּלֶת; אֶתִיקָה; גִּנּוּנִים

et"ymol'ogy *n.* (אֶטִמוֹלַגִ׳י) אֶטִימוֹלוֹגְיָה

eu"calyp'tus *n.* (יוּקַלִפְּטַס) אֵקָלִפְּטוּס

eu'logize *v.t.* (יוּלַגַ׳יז) שִׁבַּח מְאֹד; גָּמַר הַהַלֵּל עַל; הִסְפִּיד

eu'logy *n.* (יוּלַגִ׳י) הֶסְפֵּד; תִּשְׁבָּחוֹת

eu'nich *n.* (יוּנִק) סָרִיס

eu'phemis"m *n.* (יוּפֶמִזְם) לָשׁוֹן נְקִיָּה; תַּחֲלִיף מָתוּן

eu'phony *n.* (יוּפַנִי) נֹעַם צְלִילִים; אֵיפוֹנְיָה, תַּנְעוּמָה

Eur'ope *n.* (יוּרַפ) אֵירוֹפָּה

Eur"ope'an *adj. & n.* (יוּרַפִּיאַן) אֵירוֹפִּי

evac'uate" *v.t. & i.* (אִוֶקְיוּאֵיט) פִּנָּה; נִפְנָה, עָשָׂה צְרָכִים; יָצַר רִיק; שָׁלַל

evac"ua'tion *n.* (אִוֶקְיוּאֵישְׁן) פִּנּוּי, מִפְנֶה, מִפְנִים; עֲשִׂיַּת צְרָכִים

evade' *v.t. & i.* (אִוֵיד) הִתְחַמֵּק מִ־; הֶעֱרִים עַל; הִשְׁתַּמֵּט; נִמְנַע מִלָּתֵת תְּשׁוּבָה יְשִׁירָה

eval'uate" *v.t.* (אִוֶלְיוּאֵיט) הֶעֱרִיךְ; קָבַע עֵרֶךְ

ev"anesce' *v.t.* (אֶוַנֶס) פָּג, נֶעְלַם בְּהַדְרָגָה

evan'gelist *n.* (אִוֶנְג׳לִסְט) מַטִּיף דִּבְרֵי הַבְּרִית הַחֲדָשָׁה; מַטִּיף לְהִתְעוֹרְרוּת דָּתִית; מַטִּיף נוֹדֵד

evap'orate" *v.i. & t.* (אִוֶפַּרֵיט) הִתְאַדָּה; נֶעֱלַם, נָגוֹז, אִדָּה, יִבֵּשׁ; הֵפִיג

eva'sion *n.* (אִוֵיזְ׳ן) הִשְׁתַּמְּטוּת מִ־; הַעֲרָמָה; תַּחְבּוּלָה; בְּרִיחָה

eva'sive *adj.* (אִוֵיסִב) חֲמַקְנִי

eve *n.* (אִיב) עֶרֶב

e'ven *adj.* (אִיבְן) מִישׁוֹר, יָשָׁר, שָׁטוּחַ, חָלָק; מַקְבִּיל; יַצִּיב; אָחִיד; שָׁוֶה; זוּגִי (בניגוד לפרט); מַבָּע בְּמִסְפָּר שָׁלֵם (ללא שברים); לְלֹא יִתְרָה; שָׁלֵו; הָגוּן

— *adv.* בְּצוּרָה יְשָׁרָה; אֲפִלּוּ; מַמָּשׁ; אָכֵן

get — נָקַם

ev'ening *n. & adj.* (אִיבְנִנְג) עֶרֶב; תְּקוּפַת סִיּוּם; נֶשֶׁף; שֶׁל עֶרֶב

event' *n.* (אִוֶנְט) מְאֹרָע, אֵרוּעַ, מִקְרֶה; תּוֹצָאָה

at all —s מִכָּל מָקוֹם

e'ventide" *n.* (אִיבְנְטַיד) עֶרֶב

even'tual *adj.* (אִוֶנְצ׳וּאַל) סוֹפִי, בְּסוֹפוֹ שֶׁל דָּבָר

ev′er *adj.* (אור) אי פעם; בכלל; ברציפות; תמיד

ev′ergreen″ *adi.* & *n.* (אורגרין) ירק־עד

ever″erlas′ting *adj.* (אורלסטנג) נצחי; קבוע; חוזר ללא הפסק; משעמם

ev″ermore′ *adv.* (אורמור) תמיד; לעולם

ev′ery *adj.* (אורי) כל

ev′erybod″y *pron.* (אוריבדי) כל אחד, הכל

ev′eryday″ *adj.* (אורידי) יומיומי; של ימי חול; רגיל, שגרתי

ev′eryone′ *pron.* (אוריון) כל אחד, הכל

ev′erything″ *pron.* & *n.* (אורית׳נג) הכל, כל דבר; דבר חשוב ביותר

ev′erywhere″ *adv.* (אוריהור) בכל מקום, בכל חלק; בכל המקומות

evict′ *v.t.* (אוקט) גרש, נשל (על פי החוק)

ev′idence *n.* (אודנס) עדות, ראיה, הוכחה

in — בולט

ev′ident *adj.* (אודנט) ברור

e′vil *adj.* & *n.* (איבל) רע, רשע; לא־מוסרי; חוטא; מזיק; הרה־אסון; רגזני; רעה, רשע; נזק, צרה; חלי

evince′ *v.t.* (אונס) גלה, הראה

evoke′ *v.t.* (אווק) העלה, עורר; הזעיק

ev″olu′tion *n.* (אולושן) התפתחות, השתלשלות, גדול

evolve′ *v.t.* & *i.* (אולב) פתח לאט; פלט; התפתח, השתלשל

ewe *n.* (יו) כבשה

exact′ *adj.* & *v.t.* (אגזקט) מדיק; קפדני; דיקן; דרש, חיב; כפה תשלום

exac′ting *adj.* (אגזקטנג) קפדן, מחמיר; מחיב דיוק; עושק

exact′ly *adv.* (אגזקטלי) בדיוק

exag′gerate″ *v.t.* & *i.* (אגזג׳ריט) הגזים; הגדיל יתר על המדה

exag″gera′tion *n.* (אגזג׳רישן) הגזמה, גוזמה

exalt′ *v.t.* (אגזולט) רומם, העלה; שבח; גרה, עורר; הגביר

e″xalta′tion *n.* (אגזולטישן) העלאה, התעלות, התרוממות הנפש

exal′ted *adj.* (אגזולטד) רם, נעלה; נלהב, מרומם

exam″ina′tion *n.* (אגזמנישן) בחינה, מבחן; בדיקה, חקירה, תשובות לבחינה

exam′ine *v.t.* (אגזמן) בדק, בחן, חקר

exam′ple *n.* (אגזמפל) דגמה; מופת; דגם; תרגיל; משל, אזהרה; תקדים

exas′perate″ *v.t.* (אגזספריט) הקניט, הרגיז מאד, הוציא מן הכלים; הגביר

ex′cavate″ *v.t.* (אקסקויט) חפר, כרה; חשף

exceed′ *v.t.* & *i.* (אקסיד) עבר את; התקדם מעבר; עלה על

excee′dingly *adv.* (אקסידנגלי) מאד

excel′ *v.i.* & *t.* (אקסל) הצטין; עלה על

ex′cellence *n.* (אקסלנס) הצטינות

ex′cellent *adj.* (אקסלנט) מצטין

except′ *prep.* & *conj.* (אקספט) מלבד, חוץ מן; פרט ל־; רק; אלא

— *v.t.* & *i.* הוציא מן הכלל; ערער על

excep′tion *n.* (אקספשן) הוצאה מן הכלל; יוצא מן הכלל

take — ערער, התנגד

excep′tional *adj.* (אקספשנל) יוצא מן הכלל; מצטין

ex′cerpt *n.* (אקסרפט) ציטטה, קטע מתוך –

excerpt′ *v.t.* הוציא קטע

ex′cess *adj.* (אקסס) מיתר, יתר על המדה

excess′ *n.* יתר, יתרות; עדף; הגזמה

exces′sive *adj.* (אקססב) יתר על המדה

exchange′ *v.t.* & *i.* & *n.* (אקסצ׳ינג׳) החליף; המיר; עסק בחליפין; החלפה, המרה; בורסה; מרכזת; חליפין; עמלה

ex′chequer *n.* (אקסצ׳קר) אוצר (של מדינה)

ex′cis *n.* (אקסיז) בלו

exci′table *adj.* (אקסיטבל) נוח להתרגש, מתרגש בקלות

excite′ *v.t.* (אקסיט) רגש; עורר, גרה

exci′ted *adj.* (אקסיטד) נרגש, מגרה; פעלתני

excitement *n.* (אקסיטמנט) התרגשות; דבר מרגש

exclaim′ *v.i. & t.* (אֶקְסְקְלֵים) קָרָא בְּהִתְרַגְּשׁוּת; הִפְלִיט בְּקוֹל רָם

ex″clama′tion *n.* (אֶקְסְקְלֶמֵישְׁן) קְרִיאָה (בהתרגשות)

— point″ סִימַן קְרִיאָה

exclude′ *v.t.* (אֶקְסְקְלוּד) הִרְחִיק, מָנַע כְּנִיסָה; מָנַע הִשְׁתַּתְּפוּת אוֹ הִצְטָרְפוּת; גֵּרֵשׁ

exclu′sive *adj.* (אֶקְסְקְלוּסִב) בִּלְעָדִי, מְבַטֵּל; מִלְּבַד; יָחִיד; יִחוּדִי; בַּרְרָנִי; אֶקְסְקְלוּסִיבִי; מוֹצִיא

ex″commu′nicate *v.t.* (אֶקְסְקְמְיוּנֵקֵיט) הִכְרִיז חֵרֶם, נִדָּה

excur′sion *n.* (אֶקְסְקֶרְזְ׳ן) טִיּוּל, סִיּוּר; נְסִיעָה בִּמְחִיר מוּזָל; נוֹסְעִים בִּנְסִיעָה מוּזֶלֶת; סְטִיָּה

excuse′ *v.t.* (אֶקְסְקְיוּז) סָלַח, מָחַל עַל; הִצְדִּיק; שִׁחְרֵר; בִּקֵּשׁ פְּטוֹר; קִבֵּל פְּטוֹר

— *n.* (אֶקְסְקְיוּס) תֵּרוּץ, אֲמַתְלָה, הִצְטַדְּקוּת; דֶּגֶם נָחוּת

ex′ecrate″ *v.t. & i.* (אֶקְסֶקְרֵיט) תִּעֵב; קִלֵּל

ex′ecute″ *v.t.* (אֶקְסֶקְיוּט) בִּצֵּעַ; עָשָׂה; הוֹצִיא לְהוֹרֵג

ex″ecu′tion *n.* (אֶקְסֶקְיוּשֶׁן) בִּצּוּעַ; הוֹצָאָה לְהוֹרֵג

ex″ecu′tioner *n.* (אֶקְסֶקְיוּשֶׁנֶר) תַּלְיָן, מוֹצִיא לְהוֹרֵג; מְבַצֵּעַ

exec′utive *adj. & n.* (אֶגְזֶקְיֶטִב) מְבַצֵּעַ, מוֹצִיא לַפֹּעַל; וַעַד פּוֹעֵל; אֶקְסֶקוּטִיבָה; מְנַהֵל

exec′utor *n.* (אֶגְזֶקְיֶטְר) מְבַצֵּעַ

exempt′ *v.t. & adj.* (אֶגְזֶמְפְּט) פָּטַר (מהתחייבות), שִׁחְרֵר; פָּטוּר, מְשֻׁחְרָר

exemp′tion *n.* (אֶגְזֶמְפְּשֶׁן) פְּטוֹר; מִזְכֶּה בְּנִכּוּי מִמַּס

ex′ercise″ *v.i. & t. & n.* (אֶקְסֶרְסַיז) תִּרְגֵּל, עִמֵּל; מִמֵּשׁ, בִּצַּע; הִשְׁתַּמֵּשׁ בְּ־; הִתְעַמֵּל; הִתְעַמְּלוּת; תַּרְגִּיל; בִּצּוּעַ, שִׁמּוּשׁ בְּ־

—s טֶקֶס

exert′ *v.t.* (אֶגְזֶרְט) הִפְעִיל (תוך מאמץ)

exer′tion *n.* (אֶגְזֶרְשֶׁן) מַאֲמָץ; הַפְעָלָה

exhale′ *v.i.* (אֶקְסְהֵיל) נָשַׁף; פָּלַט

exhaust′ *v.t. & i.* (אֶגְזוֹסְט) כִּלָּה; הֶלְאָה; מִצָּה; טִפֵּל בִּיסוֹדִיּוּת; רוֹקֵן; יָצַר רִיק; שָׁלַל הַכֹּל; הִשְׁמִיד פּוֹרִיּוּת (אדמה); נִפְלַט

—ed מְיֻגָּע, תָּשׁוּשׁ, חֲסַר־אוֹנִים

— *n.* פְּלִיטָה; מַפְלֵט

exhaus′tion *n.* (אֶגְזוֹסְצְ׳ן) אֲפִיסַת כֹּחוֹת; חֹסֶר אוֹנִים

exhib′it *v.t. & i. & n.* (אֶגְזִבִּט) הִצִּיג; גִּלָּה; הִבְהִיר; תַּעֲרוּכָה; הַצָּגָה; תְּצוּגָה, תַּעֲרוּכָה; מֻצָּג

ex″hibi′tion *n.* (אֶקְסַבִּשְׁן) תַּעֲרוּכָה, תְּצוּגָה

ex″hibi′tionism *n.* (אֶקְסַבִּשֶׁנִזְם) הִתְעַרְטְלוּת; הִתְרָאֲווּת

exhil′irate *v.t.* (אֶגְזִלֵּרֵיט) עוֹרֵר חֶדְוַת חַיִּים, הֵשִׁיב נֶפֶשׁ; הִשְׁרָה חִיּוּת; עוֹרֵר, גֵּרָה

exhort′ *v.t. & i.* (אֶגְזוֹרְט) הִפְצִיר, יָעַץ אוֹ הִזְהִיר נִמְרָצוֹת; הוֹכִיחַ

ex′igency *n.* (אֶקְסֶגְ׳נְסִי) דְּחִיפוּת; דְּרִישָׁה; שְׁעַת דְּחָק

ex′ile *n. & v.t.* (אֶגְזַיל) גָּלוּת; גּוֹלֶה; הַגְלָיָה; הִגְלָה

exist′ *v.i.* (אֶגְזִסְט) הָיָה קַיָּם; נִמְצָא; חַי

exis′tence *n.* (אֶגְזִסְטֶנְס) הֲוָיָה; קִיּוּם, חַיִּים; יֵשׁוּת

ex′it *n. & v.i.* (אֶגְזִט) יְצִיאָה; יָצָא, עָזַב

ex′odus *n.* (אֶקְסֶדֶס) יְצִיאָה

Ex′odus סֵפֶר שְׁמוֹת

The Exodus יְצִיאַת מִצְרַיִם (של בני ישראל)

exon′erate″ *v.t.* (אֶגְזוֹנֶרֵיט) זִכָּה, נִקָּה מֵאַשְׁמָה; שִׁחְרֵר (מהתחייבות או חוב)

exor′bitant *adj.* (אֶגְזוֹרְבִּטֶנְט) מֻגְזָם, מֻפְקָע (מחיר)

ex′orcize″ *v.t.* (אֶקְסוֹרְסַיז) גֵּרֵשׁ (שדים ורוחות רעים); הִשְׁבִּיעַ שֵׁדִים וְרוּחוֹת

exot′ic *adj.* (אֶגְזוֹטִק) אֶקְזוֹטִי, מַרְשִׁים בְּזָרוּתוֹ

expand′ *v.t. & i.* (אֶקְסְפֶּנְד) הִרְחִיב, מָתַח; פִּתֵּחַ; הִתְרַחֵב, הִתְפַּשֵּׁט; הִתְפַּתֵּחַ; הִרְחִיב הַדִּבּוּר

expanse′ *n.* (אֶקְסְפֶּנְס) שֶׁטַח נִרְחָב, מֶרְחָב, רַחַב; הַרְחָבָה

expan'sion *n.* (אֶקְסְפֶּנְשֶׁן) הַרְחָבָה; הִתְרַחֲבוּת, הִתְפַּשְּׁטוּת; מֶרְחָב

expan'sive *adj.* (אֶקְסְפֶּנְסִב) בַּר־הִתְרַחֲבוּת, נוֹטֶה לְהִתְרַחֵב; מַרְחִיב; נִרְחָב, מַקִּיף; מִשְׁתַּפֵּךְ, עַלִּיז מְאֹד

expa'tiate" *v.i.* (אֶקְסְפֵּישִׁיאֵיט) הִרְחִיב הַדִּבּוּר; נָדַד בִּתְחוּם הָרוּחָנִי

expa'triate" *v.t.* (אֶקְסְפֵּיטְרִיאֵיט) הֶגְלָה; סִלֵּק (עצמו) מִמּוֹלַדְתּוֹ

— *n. & adj.* (אֶקְסְפֵּיטְרִיאִט) גּוֹלֶה; מֻגְלֶה

expect' *v.t. & i.* (אִקְסְפֶּקְט) צִפָּה ל־; סָבַר שֶׁיִּקְרֶה; הָרָה

ex"pecta'tion *n.* (אֶקְסְפֶּקְטֵישְׁן) צִפִּיָּה

expe'diency *n.* (אֶקְסְפִּידִיאֲנְסִי) הַתְאָמָה, תּוֹעַלְתִּיּוּת, כְּדָאִיּוּת

ex'pedite" *v.t.* (אֶקְסְפְּדַיט) זֵרֵז, הֵחִישׁ; בִּצַּע מִיָּד; הוֹצִיא, פִּרְסֵם

ex"pedi'tion *n.* (אֶקְסְפְּדִשְׁן) מַסָּע; הַמִּשְׁתַּתְּפִים בְּמַסָּע; מְהִירוּת

expel' *v.t.* (אִקְסְפֶּל) גֵּרֵשׁ, פָּלַט; הִרְחִיק; בִּטֵּל חֲבֵרוּת

expen'diture *n.* (אִקְסְפֶּנְדִצ׳ר) כִּלּוּי; תַּשְׁלוּם; צְרִיכָה; יְצִיאָה, הוֹצָאָה

expense' *n.* (אִקְסְפֶּנְס) מְחִיר; הוֹצָאָה; יְצִיאָה

at the — of עַל חֶשְׁבּוֹן

expen'sive *adj.* (אִקְסְפֶּנְסִב) יָקָר

exper'ience *n. & v.t.* (אִקְסְפִּירִיאֲנְס) נִסָּיוֹן; חֲוָיָה; נִתְקַל בּ־; חָשׁ, הִתְנַסָּה בּ־

exper'ienced *adj.* (אִקְסְפִּירִיאֲנְסְט) מְנֻסֶּה, וָתִיק

exper'iment *n. & v.i.* (אִקְסְפֶּרְמֶנְט) נִסּוּי; עָרַךְ נִסּוּי, בָּדַק, בָּחַן

exper"imen'tal *adj.* (אִקְסְפֶּרְמֶנְטְל) נִסּוּיִי, נִסְיוֹנִי; אֶמְפִּירִי; בְּשָׁלָב שֶׁל נִסּוּי

ex'pert *n. & adj.* (אֶקְסְפֶּרְט) מֻמְחֶה, בָּקִי, בֶּן־סֶמֶךְ, בַּעַל מִקְצוֹעַ; שֶׁל מֻמְחֶה

ex'piate" *v.t.* (אֶקְסְפִּיאֵיט) כִּפֵּר עַל, רִצָּה

ex"pira'tion *n.* (אֶקְסְפֵּרֵישְׁן) סִיּוּם, גְּמַר; תְּפוּגָה; נְשִׁיפָה

expire' *v.i. & t.* (אִקְסְפַּיְאֶר) הִסְתַּיֵּם, פָּג; נָסַס, כָּלָה, מֵת; כָּבָה; נָשַׁף

explain' *v.t.* (אִקְסְפְּלֵין) הִבְהִיר, הִסְבִּיר; בֵּאֵר; תֵּרֵץ

— away הִרְחִיק עַל יְדֵי הֶסְבֵּר

ex"plana'tion *n.* (אֶקְסְפְּלֲנֵישְׁן) הַסְבָּרָה, הֶסְבֵּר; בֵּאוּר, מַשְׁמָעוּת, פִּתְרוֹן

expla'nator"y *adj.* (אִקְסְפְּלֶנֲטוֹרִי) מַסְבִּיר, מַבְהִיר, מְבָאֵר

explic'it *adj.* (אִקְסְפְּלִסְט) בָּרוּר וּמְפֹרָשׁ; מֻגְדָּר, גְּלוּי־לֵב

ex'plode *v.i. & t.* (אִקְסְפְּלוֹד) הִתְפּוֹצֵץ; הִתְפָּרֵץ; פּוֹצֵץ; הֵזִים, סָתַר

exploit' *v.t.* (אִקְסְפְּלוֹיט) נִצֵּל; קִדֵּם (ע״י פרסומת)

ex'ploit *n.* מַעֲשֶׂה מַרְשִׁים, מַעֲשֵׂה גְבוּרָה

ex"ploita'tion *n.* (אֶקְסְפְּלוֹיטֵישְׁן) נִצּוּל; קִדּוּם (ע״י פרסומת)

ex"plora'tion *n.* (אֶקְסְפְּלֲרֵישְׁן) חֲקִירָה, בְּדִיקָה; חֲקִירַת אֲזוֹרִים לֹא־יְדוּעִים

explore' *v.t.* (אִקְסְפְּלוֹר) סִיֵּר (לשם חקירה); חָקַר, בָּדַק

explor'er *n.* (אִקְסְפְּלוֹרֶר) חוֹקֵר (אזורים לא־ידועים); מְגַלֶּה אֲרָצוֹת; מַכְשִׁיר גִּלּוּי

explo'sion *n.* (אִקְסְפְּלוֹז׳ן) הִתְפּוֹצְצוּת; הִתְפָּרְצוּת חֲזָקָה

explo'sive *adj. & n.* (אִקְסְפְּלוֹסִב) נוֹטֶה לְהִתְפּוֹצֵץ, נָפִיץ; טָעוּן חֹמֶר נֶפֶץ; שֶׁל הִתְפּוֹצְצוּת; חֹמֶר נֶפֶץ; הֶגֶה פּוֹצֵץ

expo'nent *n.* (אִקְסְפּוֹנֶנְט) מַסְבִּיר, מְבָאֵר; סֵמֶל, נָצִיג

ex'ponent מַעֲרִיךְ (באלגברה)

ex'port *n.* (אֶקְסְפּוֹרְט) יְצוּא, יִצּוּא; שֶׁל יְצוּא

export' *v.t.* יִצֵּא

expose' *v.t.* (אִקְסְפּוֹז) חָשַׂף; גִּלָּה; הִצִּיג; נָטַשׁ; הוֹקִיעַ

ex'posé' *n.* (אֶקְסְפּוֹזֵי) הוֹקָעָה

ex"posi'tion *n.* (אֶקְסְפֲּזִשְׁן) תַּעֲרוּכָה, יָרִיד; הַסְבָּרָה, הַרְצָאָה, הֶסְבֵּר; תְּצוּגָה, הַצָּגָה; הֶעֱבֵר (במוסיקה)

expo'sure *n.* (אִקְסְפּוֹז׳ר) חֲשִׂיפָה; גִּלּוּי; הוֹקָעָה; חֲשִׂיפוּת; מִקּוּם; שֶׁטַח חָשׂוּף

expound′ *v.t.* (אקספאונד) הרצה, פרט; הסביר, באר

express′ *v.t.* (אקספרס) הביע, בטא; גלה; יצג, סמל; שלח בדחיפות; סחט; פלט

— *adj. & n.* מפרש; מיחד; של משלוח דחוף; מהיר; כלי רכב מהיר; משלוח דחוף; חברה למשלוחים דחופים; חפץ שנשלח בדחיפות

— ly *adv.* בדחיפות; במפרש, במיחד

expres′sion *n.* (אקספרשן) הבעה, בטוי; מבע; נסוח; כשרון הבעה; סחיטה

expres′sive *adj.* (אקספרסב) בעל כשר בטוי; מביע, מבטא; משמעותי; של הבעה

express′way *n.* (אקספרסוי) כביש מהיר

expro′priate″ *v.t.* (אקספרופריאיט) הפקיע; נשל

expul′sion *n.* (אקספלשן) גרוש

ex′purgate″ *v.t.* (אקספרגיט) הוציא חמר פוגע (בטעם הטוב, במוסר המקובל וכו׳), טהר

ex′quisite *adj.* (אקסקוזט) מקסים להפליא; משלם, מצין; חזק; רגיש מאד; מעדן

ex-ser′vice *adj.* (אקס־סרוס) משחרר (חייל)

ex′tant *adj.* (אקסטנט) קים, נמצא

extem″pora′neous *adj.* (אקסטמפריניאס) מאלתר; ללא רשימות רבות; ללא הכנה רבה

extem′porize″ *v.i. & t.* (אקסטמפריז) נאם ללא הכנה רבה

extend′ *v.t.* (אקסטנד) מתח, האריך; הושיט; הרחיב; העניק; דחה זמן פרעון, נתן ארכה

exten′sion *n.* (אקסטנשן) הארכה, מתיחה; ארכה; שלוחה; התפשטות

— course תכנית למודים לשאינם סטודנטים מן המנין; שעורי ערב למבגרים

exten′sive *adj.* (אקסטנסב) נרחב, מקיף; ארך; גדול; אקסטנסיבי

extent′ *n.* (אקסטנט) מדה, שעור, היקף, גדל; דבר מארך

exten′uate″ *v.t.* (אקסטניואיט) הציג (עבירה, סגם) כרציני פחות; הקל

exter′ior *adj. & n.* (אקסטיריאר) חיצוני; לשמוש בחוץ; חלק חיצוני; חוץ; חיצוניות

exter′minate″ *v.t.* (אקסטרמניט) הכחיד, השמיד

exter′nal *adj.* (אקסטרנל) חיצוני; בא מן החוץ

extinct′ *adj.* (אקסטנקט) נכחד; מישן, לא בשמוש עוד; כבוי

extinc′tion *n.* (אקסטנקשן) הכחדה, כבוי; דכוי, בטול, השמדה

exting′uish *v.t.* (אקסטנגוש) כבה; השמיד; האפיל על

ex′tol *v.t.* (אקסטול) שבח, הלל

extort′ *v.t.* (אקסטורט) סחט, חמס, הוציא בכח מידי־, הוציא מידי פלוני על ידי איומים

ex′tra *adj. & n.* (אקסטרה) נוסף; מגדל, טוב יותר; הוצאה נוספת; הוצאה מיחדת (של עתון); נצב; עובד נוסף

— *adv.* למעלה מהמקבל, במיחד

extract′ *v.t.* (אקסטרקט) עקר, חלץ, הוציא בכח; הסיק; קבל; העתיק; תמצת, מצה

ex′tract *n.* תמצית; מובאה, ציטטה

extrac′tion *n.* (אקסטרקשן) עקירה; תמצות, מצוי; מוצא; תמצית

ex″tracurric′ular *adj.* (אקסטרקריקילר) מחוץ לתכנית הלמודים הרגילה

ex′tradi′tion *n.* (אקסטרדשן) הסגרה

extra′neous *adj.* (אקסטריניאס) בא מן החוץ; חיצוני; זר, נכרי; לא מגוף הענין, לא שיך, לא נוגע במישרין

extraor′dinar″y *adj.* (אקסטרורדנרי) לא רגיל, יוצא מן הכלל, מיחד

extrav′agant *adj.* (אקסטרוגנט) בזבזני; מפקע; מגזם; מגדיש הסאה, מעבר למה שהשכל מחיב; חסר־רסן, לא־מצדק

extreme′ *adj. & n.* (אקסטרים) קיצוני; עלאי; הרחוק ביותר; סופי, אחרון; קצה הגבול, קיצוניות

extreme′ly *adv.* (אקסטרימלי) מאד

extre′mism *n.* (אקסטרימזם) קיצוניות

extrem′ity *n.* (אֶקְסְטְרֶמִטִי) נְקֻדָּה קִיצוֹנִית; מְצוּקָה; שִׂיא; מַעֲשֶׂה קִיצוֹנִי; אֹפִי קִיצוֹנִי
—**ies** גַּפַּיִם

ex′tricate″ *v.t.* (אֶקְסְטְרִקֵיט) חִלֵּץ, שִׁחְרֵר

extrin′sic *adj.* (אֶקְסְטְרִנְסִק) טָפֵל, חִיצוֹנִי, בָּא מִן הַחוּץ

ex′trovert″ *n.* & *adj.* (אֶקְסְטְרֲוֶרְט) מְפֻנֶּה־חוּץ; אֶקְסְטְרוֹבֶרְטִי

exu′berance *n.* (אֶגְזוּבֶּרֲנְס) עַלִּיזוּת, מֶרֶץ שׁוֹפֵעַ, חִיּוּת, יָד רְחָבָה

exult′ *v.i.* (אֶגְזַלְט) צָהַל, עָלַז

eye *n.* & *adj.* & *v.t.* (אַי) עַיִן; רְאוּת, רְאִיָּה; מַבָּט; כַּדּוּרִי; הִתְבּוֹנֵן בּ־

eye′ball″ *n.* (אַיבּוֹל) גַּלְגַּל הָעַיִן

eye′brow″ *n.* (אַיבְּרַאוּ) גַּבָּה

eye′glas″ses *n. pl.* (אַיגְלֶסֶז) מִשְׁקָפַיִם

eye′lash″ *n.* (אַילֶשׁ) רִיס

eye′lid″ *n.* (אַילִד) עַפְעַף

eye′o″pener *n.* (אַיאוֹפֶּנֶר) גִּלּוּי מַדְהִים; גִּלּוּי מַחְכִּים; כּוֹסִית בֹּקֶר

eye′sight″ *n.* (אַיסַיט) רְאִיָּה, רְאוּת

eye′ sock″et (אַי סוֹקֶט) חוֹר הָעַיִן, אֲרֻבַּת הָעַיִן

eye′sore″ *n.* (אַיסוֹר) כִּעוּר

eye′tooth″ *n.* (אַיטוּת׳) נִיב (שֵׁן)
cut one's — teeth רָכַשׁ נִסָּיוֹן
give one's — teeth נָתַן הַכֹּל תְּמוּרַת מִלּוּי מִשְׁאָלָה

eye′wash″ *n.* (אַיווֹשׁ) קוֹלֶרְיוּם; תְּמִסָּה לִשְׁטִיפַת הָעַיִן; ״שְׁטֻיּוֹת״

eye′wit″ness *n.* (אַיוִטְנֵס) עֵד רְאִיָּה

F

F, f *n.* (אֶף) פ׳, הָאוֹת הַשִּׁשִּׁית בָּאָלֶפְבֵּית הָאַנְגְּלִי, ו׳ (מספר סידורי)

fa´ble *n.* (פֵיבְּל) מָשָׁל; סִפּוּר בַּדִּים, אַגָּדָה, אַגָּדוֹת, כָּזָב

fabric *n.* (פֶבְּרִק) אָרִיג; מִבְנֶה; שֶׁלֶד; בְּנִיָּה

fab´ricate" *v.t.* (פֶבְּרִקֵיט) בָּנָה; הִרְכִּיב; הִמְצִיא; זִיֵּף

fab´ulous *adj.* (פֶבְּיָלֶס) שֶׁלֹּא יְאֻמַּן; נִפְלָא, נֶהְדָּר; שֶׁל מְשָׁלִים, שֶׁל אַגָּדוֹת

facade´ *n* (פַסָד) חֲזִית; הוֹפָעָה מִתְחַסֶּדֶת, פַּסָּדָה

face *n.* (פֵיס) פָּנִים, פַּרְצוּף; הַעֲוָיָה, הַבָּעַת שְׁאָט־נֶפֶשׁ; "עַזּוּת פָּנִים"; הוֹפָעָה חִיצוֹנִית; יָמְרָה; שֵׁם טוֹב, יְקָרָה, קוֹמְמִיּוּת; עֶרֶךְ נָקוּב; מַשְׁמָעוּת מְפֹרֶשֶׁת; חֲזִית, לוּחַ (שעון); חֵלֶק קִדְמִי

— *v.t. & i.* פָּנָה; עָמַד לִפְנֵי; הִפְנָה הַפָּנִים אֶל־; הִתְיַצֵּב בְּאֹמֶץ; הִתְנַגֵּד בְּעֹז; צִפָּה; כִּסָּה לְפָנִים בְּחֹמֶר שׁוֹנֶה; תָּפַר בִּטְנָה לַשּׁוּלַיִם; סִתֵּת; נִשְׁקַף אֶל־

— up to הוֹדָה

face´-sa"ving *adj. & n.* (פֵיס־סֵיבִנְג) מַצִּיל יְקָרָה; הַצָּלַת יְקָרָה

fac´et *n.* (פֶסֶט) מִשְׁטַח מְלֻטָּשׁ; צַד, פָּן, אַסְפֶּקְט

fa´cial *adj. & n.* (פֵישְׁל) שֶׁל הַפָּנִים; לַפָּנִים; טִפּוּל הַפָּנִים

facil´itate" *v.t.* (פֲסִלְטֵיט) הֵקֵל; סִיֵּעַ

facil´ity *n.* (פֲסִלְטִי) אֶמְצָעִי, הֶתְקֵן; קַלּוּת, הֲקַלָּה; מְיֻמָּנוּת, כִּשְׁרוֹן; הִתְנַדְּבוּת רְגוּעָה; צִיְּתָנוּת מִיָּדִית

fa´cing *n.* (פֵיסִנְג) צִפּוּי קִדְמִי; בִּטְנַת שׁוּלַיִם; בַּד חָפוּת

facsim´ile *n.* (פֶקְסִמְלִי) הֶעְתֵּק מְדֻיָּק

fact *n.* (פֶקְט) עֻבְדָּה; מְצִיאוּת, אֱמֶת

in — בְּעֶצֶם

fac´tion *n.* (פֶקְשֶׁן) סִיעָה; מַחְלֹקֶת

fac´tor *n.* (פֶקְטֶר) גּוֹרֵם; סוֹכֵן

fac´tory *n.* (פֶקְטֶרִי) בֵּית חֲרֹשֶׁת

fac´tual *adj.* (פֶקְצ׳וּאֶל) עֻבְדָּתִי

fac´ulty *n.* (פֶקֶלְטִי) כֹּשֶׁר, סְפִיקָה; כִּשְׁרוֹן; פָּקוּלְטָה; חֶבֶר הַמּוֹרִים; חַבְרֵי מִקְצוֹעַ חָפְשִׁי

fad *n.* (פֶד) אָפְנָה זְמַנִּית

fade *v.i. & t.* (פֵיד) דָּהָה; נִתְעַמְעֵם; תָּשַׁשׁ, נָבַל; פָּג, הִתְפּוֹגֵג; הִדְהָה, הֵפִיג

fail *v.i. & t.* (פֵיל) נִכְשַׁל; אָזַל; נֶחֱלַשׁ; קָצְרָה יָדוֹ לִפְרוֹעַ חוֹבוֹת, פָּשַׁט הָרֶגֶל; יָצָא מִכְּלַל שִׁמּוּשׁ; הִכְזִיב; הִכְשִׁיל, נָתַן צִיּוּן שֶׁל בִּלְתִּי־מַסְפִּיק

fai´ling *n. & prep.* (פֵילִנְג) כִּשָּׁלוֹן; בְּהֶעְדֵּר

fail´ure *n.* (פֵילְיֶר) כִּשָּׁלוֹן, חֹסֶר מַעַשׂ; חֹסֶר הַצְלָחָה; מַחְסוֹר; תְּשִׁישׁוּת; פְּשִׁיטַת רֶגֶל; לֹא־יִצְלַח

fain *adv. & adj.* (פֵין) בְּרָצוֹן; רוֹצֶה, מַסְכִּים, שָׂמֵחַ

faint *adj. & v.i. & n.* (פֵינְט) חִוֵּר, עָמוּם, מְעֻרְפָּל, קָלוּשׁ, חַלָּשׁ; מוּג־לֵב; הִתְעַלֵּף; הִתְעַלְּפוּת, עִלָּפוֹן

fair *adj. & adv.* (פֵר) מְהֻגָּן; מַסְפִּיק; בֵּינוֹנִי; נוֹטֶה; נָאֶה; לֹא־סָתוּם; לְלֹא פְּגַם; בָּרוּר; בָּהִיר; בְּצוּרָה מְהֻגֶּנֶת; עַל הַצַּד הַטּוֹב בְּיוֹתֵר

bid — קָרוֹב לְוַדַּאי

— n. יָרִיד; שׁוּק (למטרות צדקה)

fair´y *n.* (פֵרִי) פִּיָּה

— tale" מַעֲשִׂיָּה; בְּדוּתָה

fair´yland" *n.* (פֵרִילֶנְד) מַלְכוּת הַפִּיּוֹת; אֶרֶץ מַקְסִימָה בְּיָפְיָהּ

faith *n.* (פֵית׳) אֵמוּן; אֱמוּנָה; אֱמוּנָה בֵּאלֹהִים; דָּת; נֶאֱמָנוּת

faith´ful *adj.* (פֵית׳פֶל) נֶאֱמָן; מָסוּר; מְהֵימָן

faith´less *adj.* (פֵית׳לִס) סוֹטֶה; מוֹעֵל; בּוֹגֵד בָּאֵמוּן; בִּלְתִּי־מְהֵימָן; חֲסַר־אֵמוּן; חֲסַר־אֱמוּנָה

fake *v.t. & i.* (פֵיק) זַיֵּף; הֶעֱמִיד פָּנִים
— *n. & adj.* זִיּוּף; זַיְּפָן, רַמַּאי; סִפּוּר בַּדִּים; מְזֻיָּף, אוֹחֵז עֵינַיִם
fal'con *n.* (פֶלְקֶן) בַּז
fall *v.i.* (פוֹל) נָפַל; צָנַח; יָרַד; שָׁכַךְ; כֻּוַּן כְּלַפֵּי מַטָּה; חָטָא; נִכְנַע; עָבַר (למצב חדש); יָצָא; נָפַל בְּחֶלְקוֹ; נִתְקַל; נָשַׁר; חָל; הִגִּיעַ לַזַּכַּאי לְקַבְּלוֹ; הִתְחַלֵּק; הִתְמוֹטֵט
— back to נָסוֹג אֶל
— behind פִּגֵּר
— fall for רֻמָּה ע״י־; הִתְאַהֵב בּ־
— through נִכְשַׁל
— under שַׁיָּךְ לִתְחוּם הָאַחֲרָיוּת; נִכְלַל בְּתוֹךְ, מֻיָּן כּ־
— *n.* נְפִילָה, מַפָּל, מַפֹּלֶת; סְתָו; יְרִידָה; מִדְרוֹן; הִדַּרְדְּרוּת, שְׁקִיעָה; חֵטְא; הַמָּקוֹם הַמַּתְאִים
ride for a — הִסְתַּכֵּן בְּכִשָּׁלוֹן
—s מַפַּל מַיִם, אֶשֶׁד
fal'lacy *n.* (פֶלֶסִי) רַעְיוֹן מֻטְעֶה; אַשְׁלָיָה; טִעוּן מֻטְעֶה, הַטְעָיָה, טָעוּת, סִלּוּף
fal'len *adj.* (פוֹלֶן) נָפוּל, יָרוּד; מֻנָּח עַל הָאֲדָמָה; מֻשְׁפָּל; לֹא־מוּסָרִי; מִתְפַּקֵּר; מְנֻצָּח, הָרוּס, כָּבוּשׁ
fal'ling-out' (פוֹלִינְג־אַוּט) מְרִיבָה
fal'lout" *n.* (פוֹלְאַוּט) נְשֹׁרֶת
fal'low *adj.* (פֶלוֹ) לֹא־מְעֻבָּד, מוּבָר
false *adj.* (פוֹלְס) מֻטְעֶה; שִׁקְרִי, כּוֹזֵב; בּוֹגְדָנִי; מִרְמָה; מְזֻיָּף; מְעֻוָּת, מְסֻלָּף; זְמַנִּי
— alarm' אַזְעָקַת שָׁוְא
false'hood *n.* (פוֹלְסְהוּד) שֶׁקֶר; סִלּוּף הַמְּצִיאוּת; בִּדּוּי
fal'sify" *v.t.* (פוֹלְסִפַי) זִיֵּף, סִלֵּף; הִכְזִיב; הֵזִים
fal'ter *v.i.* (פוֹלְטֶר) הִסֵּס, דִּבֵּר בְּהִסְּסָנוּת; מָעַד
fame *n.* (פֵים) פִּרְסוּם; מוֹנִיטִין
famil'iar *adj.* (פַמִלְיַר) מֻכָּר; בָּקִי; רָגוּעַ; קָרוֹב מְאֹד, מְקֹרָב; אִינְטִימִי; מַפְרִיז בְּנִסָּיוֹן לְהִתְקָרְבוּת; מְבֻיָּת, מְאֻלָּף
famil'iar'ity *n.* (פַמִלְיֶרִטִי) בְּקִיאוּת; קִרְבָה, יְדִידוּת; חֹסֶר רִשְׁמִיּוּת; אִינְטִימִיּוּת־יֶתֶר

famil'iarize" *v.t.* (פַמִלְיַרַיז) הִקְנָה בְּקִיאוּת, הִקְנָה הֶכֵּרוּת; פִּרְסֵם בָּרַבִּים
fam'ily *n. & adj.* (פֶמֶלִי) מִשְׁפָּחָה; בְּנֵי בַּיִת; מֶשֶׁק בַּיִת; צֶוֶת עוֹזְרִים; מִשְׁפַּחְתִּי
in the — way הָרָה
fam'ily tree' (פֶמֶלִי טְרִי) אִילַן יַחַס
fam'ine *n.* (פֶמִן) רָעָב, כָּפָן; מַחְסוֹר
fam'ished *adj.* (פֶמִשְׁט) רָעֵב מְאֹד
fa'mous *adj.* (פֵימֶס) מְפֻרְסָם, נוֹדָע; ״מְצֻיָּן״
fan *n.* (פֶן) מְאַוְרֵר, מְנִיפָה; אוֹהֵד מָסוּר, חָסִיד
— *v.t. & i.* הֵשִׁיב, הֵפִיחַ; קֵרֵר בִּמְנִיפָה; הִתְפַּשֵּׁט לְכָל עֵבֶר (כצורת מניפה)
fanat'ic *n. & adj.* (פֶנֶטִיק) קַנַּאי; קַנָּאִי, פָנָטִי
fanat'ical *adj.* (פֶנֶטִקְל) קַנָּאִי, פָנָטִי
fanat'icism *n.* (פֶנֶטִסִזְם) קַנָּאוּת מֻפְרֶזֶת; פָנָטִיּוּת
fan'cied *adj.* (פֶנְסִיד) מְדֻמֶּה, דִּמְיוֹנִי; רָצוּי, מֻעֲדָף
fan'ciful *adj.* (פֶנְסִפֶל) קַפְּרִיזִי, פְּרִי חֵשֶׁק; פִּתְאוֹמִי; דִּמְיוֹנִי
fan'cy *n. & adj.* (פֶנְסִי) דִּמְיוֹן; חֵשֶׁק; אַשְׁלָיָה, תַּעְתּוּעַ; קַפְּרִיזָה; הַעֲדָפָה, נְטִיָּה; טַעַם, שִׁפּוּט בִּקָּרְתִּי; הַשְׁבָּחַת בַּעֲלֵי־חַיִּים שֶׁל אֲנִינֵי טַעַם; מְעֻדָּן מְאֹד; מְקֻשָּׁט; דִּמְיוֹנִי, קַפְּרִיזִי; מְטֻפָּח כְּגֶזַע מְצֻיָּן
— *v.t.* תֵּאֵר לְעַצְמוֹ; יָצַר מֻשָּׂג; הֶאֱמִין, סָבַר; חִבֵּב
fan'fare *n.* (פֶנְפֶר) תְּרוּעַת חֲצוֹצְרוֹת; הַצָּגָה רַאַוְתָנִית, ״פִּרְסֹמֶת״
fang *n.* (פֶנְג) שֵׁן־אֶרֶס; נִיב; שֹׁרֶשׁ שֵׁן; חֹד
fan' mail (פֶן מֵיל) מִכְתְּבֵי אוֹהֲדִים
fantas'tic *adj.* (פֶנְטֶסְטִק) מוּזָר; קַפְּרִיזִי; דִּמְיוֹנִי, מְדֻמֶּה; פַנְטַסְטִי; מֻפְרָז; ״עָצוּם״
fan'tasy *n.* (פֶנְטֶסִי) הֲזָיָה, תַּעְתּוּעֵי דִּמְיוֹן, אַשְׁלָיָה; קַפְּרִיזָה; רַעְיוֹן דִּמְיוֹנִי
far *adv. & adj.* (פָר) רָחוֹק, מֵרָחוֹק; מְרֻחָק, נִדָּח
as — as עַד כַּמָּה שֶׁ־, בְּמִדָּה שֶׁ־
— be it from me חָלִילָה לִי מ־

go — הָלַךְ מֵחַיִל אֶל חַיִל

a — cry יֵשׁ הֶבְדֵּל גָּדוֹל

farce *n.* (פָרְס) פַרְסָה; הַעֲמָדַת־פָּנִים מְגֻחֶכֶת

fare *n. & v.i.* (פֵר) דְּמֵי נְסִיעָה; נוֹסֵעַ מְשַׁלֵּם; שׂוֹכֵר רֶכֶב צִבּוּרִי; אֹכֶל, תְּזוּנָה; בִּדּוּר לַצִּבּוּר

bill of — תַּפְרִיט

— *v.i.* הִסְתַּדֵּר; הִסְתַּיֵּם; קָרָה, נָפַל בְּחֶלְקוֹ; אָכַל, סָעַד

fare'well" *interj.* (פֶרְוֶל) לֵךְ לְשָׁלוֹם, שָׁלוֹם

— *n. & adj.* בִּרְכַּת פְּרֵדָה; פְּרֵדָה; מְסִבַּת פְּרֵדָה; אַחֲרוֹן, כּוֹפִי

far'-fetched' *adj.* (פָר־פֶצ'ט) לֹא מִתְקַבֵּל עַל הַדַּעַת; לֹא סָבִיר

far'flung' *adj.* (פָר־פְלַנְג) נִרְחָב; נָפוֹץ מְאֹד

fari'na *n.* (פְרִינָה) סֹלֶת

farm *n. & v.t. & i.* (פָרְם) חַוָּה, מֶשֶׁק; הַחְכָּרַת מִסִּים; אֵזוֹר גְּבִיָּה חָכוּר; סְכוּם מִסּוּי; עִבֵּד (קרקע); חָכַר; הֶחְכִּיר; נִהֵל מֶשֶׁק

far'mer *n.* (פָרְמֶר) אִכָּר, עוֹבֵד אֲדָמָה; חוֹכֵר

farm'hand' (פָרְם־הֶנְד) פּוֹעֵל חַקְלָאִי; שָׂכִיר

far'off' *adj.* (פָר־אוֹף) רָחוֹק, מְרֻחָק

far'-sigh'ted *adj.* (פָר־סַיטִד) רְחַק־רֹאִי; רוֹאֶה הַנּוֹלָד, חָכָם

far'ther *adj. & adv.* (פָרְדְ'ר) רָחוֹק יוֹתֵר; אֶל נְקֻדָּה מְרֻחֶקֶת יוֹתֵר

far'thest *adj. & adv.* (פָרְדְ'סְט) הָרָחוֹק בְּיוֹתֵר; הַמָּאֳרָךְ בְּיוֹתֵר, הָאָרֹךְ; לַנְּקֻדָּה הַמְרֻחֶקֶת בְּיוֹתֵר, לַמִּדָּה הַגְּדוֹלָה בְּיוֹתֵר

fasc'inate" *v.t. & i.* (פֶסֲנֵיט) הִקְסִים; עוֹרֵר סַקְרָנוּת; עוֹרֵר הִתְעַנְיְנוּת; מָשַׁךְ לֵב; שִׁתֵּק תּוֹךְ הַטָּלַת אֵימָה

fasc"ina'tion *n.* (פֶסֲנֵישְׁן) הַקְסָמָה, קֶסֶם; תְּכוּנָה קוֹסֶמֶת, מְשִׁיכָה חֲזָקָה

fasc'ism *n.* (פֶשִׁיזְם) פָשִׁיזְם

fash'ion *n. & v.t.* (פֶשְׁן) אָפְנָה; נֹהַג; צִבּוּר הַמְּקַיְּמִים תַּכְתִּיבֵי הָאָפְנָה; דֶּרֶךְ; צוּרָה; מִין, סוּג; עִצֵּב, צָר צוּרָה, עָשָׂה; הִתְאִים

fash'ionable *adj.* (פֶשֲנַבְּל) אָפְנָתִי, מְקַיֵּם תַּכְתִּיבֵי הָאָפְנָה

fast *adj. & adv.* (פֶסְט) מָהִיר, זָרִיז; מְמַהֵר; מְאַפְשֵׁר תְּנוּעָה מְהִירָה; מֻפְקָר; עָמִיד בִּפְנֵי־; מֻצָּב בַּחֲזָקָה; תָּפוּס בַּחֲזָקָה, קָשׁוּר בַּחֲזָקָה; סָגוּר; אוֹחֵז בַּחֲזָקָה; נֶאֱמָן, קָבוּעַ בַּחֲזָקָה; בְּצוּרָה עֲמֻקָּה

— *v.i. & n.* צָם; צוֹם

fas'ten *v.t. & i.* (פֶסְן) חִבֵּר הֵיטֵב; פָּרַף; סָגַר; הִדְבִּיק; חֻבַּר הֵיטֵב; נָעַל; נֶאֱחַז בּ־; הִתְרַכֵּז

fas'tening *n.* (פֶסֲנִנְג) מַנְעוּל; פְּרִיפָה

fastid'ious *adj.* (פֶסְטִדִיאֶס) אִסְטְנִיס, אֲנִין הַדַּעַת; מַקְפִּיד בְּבִקֹּרֶת, נוֹקְדָן

fast'ness *n.* (פֶסְטְנִס) יַצִּיבוּת; מְהִירוּת; מָעוֹז

fat *adj. & n.* (פֶט) שָׁמֵן; מְפֻטָּם; שַׁמְנוּנִי; שׁוֹפֵעַ; דָּשֵׁן; עָשִׁיר; עָבֶה, סָמִיךְ; מְטֻמְטָם, אָטוּם; שֻׁמָּן; מִשְׁמָן; שֹׁמֶן; עֹדֶף

the — is in the fire אֶת הַנַּעֲשֶׂה אֵין לְהָשִׁיב

fa'tal *adj.* (פֵיטְל) גּוֹרֵם מָוֶת, מְמִית; הַרְסָנִי; מַכְשִׁיל; מַכְרִיעַ, גּוֹרָלִי; שֶׁאֵין מָנוֹס מִמֶּנּוּ, פָטָלִי

fa'talis"m *n.* (פֵיטֲלִזְם) פָטָלִיזְם, פָטָלִיּוּת, כְּנִיעָה לַגּוֹרָל

fatal'ity *n.* (פֶטֶלְטִי) מִיתָה; מְמִית; אָסוֹן; נְטִיָּה לִהְיוֹת מְעֹרָב בְּאָסוֹן; כְּפִיפוּת לַגּוֹרָל, פָטָלִיּוּת; גּוֹרָל; מַהֲלָךְ שֶׁאֵין מָנוֹס מִמֶּנּוּ, גְּזֵרָה

fate *n.* (פֵיט) גּוֹרָל, חֵלֶק; כְּלָיָה

fa'ted *adj.* (פֵיטִד) נִגְזָר, נֶחְתָּךְ (גורל)

fa'ther *n. & v.t.* (פָדְ'ר) אָב, אָב קַדְמוֹן; חוֹתֵן; כֹּמֶר; אַבָּא; מַמְצִיא; הוֹלִיד; הִמְצִיא; הָיָה כְּאָב לְ־; הִצִּיג כְּאָבִי־; נָטַל לְעַצְמוֹ

fa'therhood" *n.* (פָדְ'רְהֻד) אַבְהוּת; אָבוֹת

fa'ther-in-law" *n.* (פָדְ'ר־אִן־לוֹ) חוֹתֵן; חָם

fa'therly *adj.* (פָדְ'רְלִי) אַבְהִי

fa'thom *n. & v.t.* (פֶדְ'ם) פַדּוֹם (מִדַּת אֹרֶךְ שֶׁל 1.83 מ'); מָדַד עֹמֶק; הֵבִין, עָמַד עַל טֶבַע

fatigue′ *v.t. & n.* (פֶטִיג) הוֹגִיעַ, עִיֵּף; עֲיֵפוּת; עֲבוֹדָה (לא צבאית, של חייל)

fat′ness *n.* (פֶטְנֶס) שְׁמֵנוּת, דַּשְׁנוּת

fat′ten *v.t. & i.* (פֶטְן) פִּטֵּם; הֶעֱשִׁיר, הִגְדִּיל; דִּשֵּׁן; הִשְׁמִין

fat′ty *adj.* (פֶטִי) שַׁמְנוּנִי, שָׁמֵן

fau′cet *n.* (פוֹסֶט) בֶּרֶז

fault *n.* (פוֹלְט) פְּגָם, מוּם; טָעוּת; עֲבֵרָה; אַשְׁמָה; שֶׁבֶר (גאולוגי)

at — אָשֵׁם

find — הִתְאוֹנֵן, בִּקֵּר

to a — יָתֵר עַל הַמִּדָּה

— *v.t.* הֶאֱשִׁים

faul′ty *adj.* (פוֹלְטִי) לָקוּי, פָּגוּם

faun *n.* (פוֹן) פָאוּן (אל כפרי במיתולוגיה הקלסית)

fa′vor *n.* (פֵיבְר) טוֹבָה, חֶסֶד; רָצוֹן טוֹב, חֵן; מַשּׂוֹא פָּנִים; מַתְּנַת חִבָּה, שַׁי

in — of בְּעַד; לִזְכוּת

—s יַחֲסֵי מִין ("חֲסָדִים")

find — מָצָא חֵן

— *v.t.* הֶעֱדִיף; הֵקֵל; הִתְיַחֵס בַּעֲדִינוּת; תָּמַךְ

fa′vorable *adj.* (פֵיבֶרֶבְּל) מַעֲנִיק יִתְרוֹן; נוֹחַ; מְחַיֵּב; רָצוּי

fa′vorite *adj. & n.* (פֵיבֶרִט) אָהוּב, מְעֻדָּף; פּוֹפּוּלָרִי; מְקֹרָב

fawn *n. & v.i.* (פוֹן) עֹפֶר; חוּם צְהַבְהַב בָּהִיר; הִתְרַפֵּס, גִּלָּה חִבָּה

fear *v.t. & i. & n.* (פִיר) פָּחַד, יָרֵא; פַּחַד; חֲרָדָה, חֲשָׁשׁ; יִרְאָה

for — of כְּדֵי לִמְנוֹעַ

fear′ful *adj.* (פִירְפֻל) מַבְעִית, אָיֹם, נוֹרָא; פּוֹחֵד, יָרֵא; גָּדוֹל מְאֹד

fear′less *adj.* (פִירְלֶס) עָשׂוּי לִבְלִי חָת, אַמִּיץ, נוֹעָז

fea′sible *adj.* (פִיזִבְּל) בַּר־בִּצּוּעַ, אֶפְשָׁרִי; מַתְאִים; מִתְקַבֵּל עַל הַדַּעַת

feast *n. & v.t. & i.* (פִיסְט) חֲגִיגָה, חַג; מִשְׁתֶּה; סְעוּדָה; עָרַךְ סְעוּדָה; הִשְׁתַּתֵּף בִּסְעוּדָה; עִנֵּג

feat *n.* (פִיט) מַעֲשֶׂה מַרְשִׁים, הֶשֵּׂג יוֹצֵא מִן הַכְּלָל

fea′ther *n.* (פֶדְ׳ר) נוֹצָה; מַצָּב, מַצַּב רוּחַ; מִין, אֹפִי; צִיץ; דָּבָר שֶׁל מָה בְּכָךְ, דָּבָר קַל

a — in one′s cap הֶשֵּׂג רָאוּי לְשֶׁבַח, כָּבוֹד

— *v.t. & i.* הִרְכִּיב נוֹצוֹת; כִּסָּה בְּנוֹצוֹת; הֵרִים (משוט) לְמַצָּב אָפְקִי, כִּבָּה מָנוֹעַ (של מטוס באוויר); הִצְמִיחַ נוֹצוֹת; נִרְאָה כְּנוֹצָה; נָע כְּנוֹצָה

— one′s nest נִצֵּל הִזְדַּמְּנוּת לְהִתְעַשֵּׁר (על חשבון הזולת)

fea′ture *n.* (פִיצ׳ר) חֵלֶק הַפָּנִים, תָּוֵי פָּנִים; חֵלֶק בּוֹלֵט; הַצָּעָה מְיֻחֶדֶת; הַסֶּרֶט הָעִקָּרִי; טוּר קָבוּעַ (בעתון), סִדְרָה קְבוּעָה

—s פָּנִים, פַּרְצוּף

— *v.t.* הִבְלִיט, תֵּאֵר, הִתְוָה

Feb′ruar″y *n.* (פֶבְּרוּאֶרִי) פֶבְּרוּאָר

fecun′dity *n.* (פִקַנְדִטִי) פּוֹרִיּוּת, פִּרְיוֹן

fed (פֶד) (זמן עבר של feed)

fed′eral *adj.* (פֶדֶרַל) פֶדֶרָלִי, שֶׁל בְּרִית מְדִינוֹת, שֶׁל אִחוּד מְדִינוֹת

fed″era′tion *n.* (פֶדֶרֵישְׁן) פֶדֶרַצְיָה, בְּרִית מְדִינוֹת

fee *n.* (פִי) שָׂכָר, תַּשְׁלוּם, אַגְרָה; מַעֲנָק

fee′ble *adj.* (פִיבְּל) חַלָּשׁ, רָפֶה, תָּשׁוּשׁ

feed *v.t. & i. & n.* (פִיד) הֶאֱכִיל, הִלְעִיט; סִפֵּק מָזוֹן; סִפֵּק, הֵזִין; נָתַן סִפּוּק; אָכַל; נִיזּוֹן; מָזוֹן, מִסְפּוֹא; הַאֲכָלָה, הֲזָנָה

fee′der *n.* (פִידְר) מֵזִין, מַאֲכִיל; נִיזּוֹן, אוֹכֵל; שֹׁקֶת; פַּטִּים; יוּבַל, שְׁלוּחָה

feel *v.t. & i.* (פִיל) חָשׁ; מִשֵּׁשׁ; גִּשֵּׁשׁ; הִרְגִּישׁ; הָיָה מוּדָע ל־; חָס עַל, אָהַד; נִתְפַּס, נִרְאָה

— like "הִתְחַשֵּׁק"

— up to הָיָה מְסֻגָּל ל־

— *n.* תְּחוּשָׁה; מַגָּע, מִשּׁוּשׁ; כִּשְׁרוֹן

fee′ler *n.* (פִילְר) חָשׁ; מַרְגִּישׁ; מְמַשֵּׁשׁ; מְגַשֵּׁשׁ; הַצָּעַת גִּשּׁוּשׁ, גִּשּׁוּשׁ; מְשׁוֹשָׁה

fee′ling *n.* (פִילִנְג) מִשּׁוּשׁ; רֶגֶשׁ; הַרְגָּשָׁה; תְּחוּשָׁה; חֶמְלָה; רְגִישׁוּת

feet (פִיט) (רבים של foot)

feign *v.t. & i.* (פֵין) הֶעֱמִיד פָּנִים; בָּדָה; חִקָּה כְּדֵי לְרַמּוֹת

feint *n. & v.t.* (פֵינְט) תְּקִיפַת הַסָּחָה; תָּקַף תְּקִיפַת הַסָּחָה

felic'itate" *v.t.* (פֶלִסְטֵיט) בָּרֵךְ

fe'line *adj.* (פִילַין) חֲתוּלִי; עַרְמוּמִי, בּוֹגְדָנִי, גַּנְבָנִי

fell (פֶל) (זמן עבר של fall)

fell *v.t.* (פֶל) הִפִּיל; חָטַב

fel'low *n. & adj.* (פֶלוֹ) בָּחוּר, אִישׁ; ״מְחַזֵּר״; ״בֶּן־אָדָם״, ״מִישֶׁהוּ״; חָבֵר; חֲבֵר אוֹתָהּ קְבוּצָה, בֶּן אוֹתוֹ מַעֲמָד; תַּלְמִיד מֶחְקָר

fel'lowship" *n.* (פֶלוֹשִׁפ) חֲבֵרוּת; שֻׁתָּפוּת; עִנְיָן; יְדִידוּת; אֲגֻדָּה, חֶבְרָה; מַעֲנָק

fel'low-trav'eler (פֶלוֹ טְרֶוְלֶר) אוֹהֵד

fel'ony *n.* (פֶלְנִי) פֶּשַׁע

felt (פֶלְט) (זמן עבר של feel)

— *n. & adj.* לֶבֶד; עָשׂוּי לֶבֶד

fe'male *adj. & n.* (פִימֵיל) נְקֵבָה; נְקֵבִי

fem'inine *adj.* (פֶמִנִן) נָשִׁי; עָדִין; חַלָּשׁ; שֶׁל מִין נְקֵבָה

fem'inism *n.* (פֶמִנִזְם) מַתַּן זְכֻיּוֹת שָׁווֹת לְנָשִׁים

fence *n.* (פֶנְס) גָּדֵר; כִּשְׁרוֹן לְהִתְוַכֵּחַ; סוֹחֵר חֲפָצִים גְּנוּבִים; מְקוֹם מוֹשָׁבוֹ שֶׁל סוֹחֵר חֲפָצִים גְּנוּבִים; סִיּוּף

mend one's —s חִזֵּק מַעֲמָדוֹ

on the — נֵיטְרָלִי; אֵינוֹ נוֹקֵט עֶמְדָּה

— *v.t.* גָּדַר; סִיֵּף, הִסְתַּיֵּף; הִתְחַמֵּק (מתשובה ישירה)

fen'cing *n.* (פֶנְסִנְג) סִיּוּף; הִתְחַמְּקוּת (מתשובה ישירה); גֶּדֶר, גְּדֵרוֹת; חֹמֶר לִגְדֵרוֹת

fend *v.t. & i.* (פֶנְד) הָדַף; הִתְגּוֹנֵן נֶגֶד; הִשְׁתַּמֵּט; הִסְתַּדֵּר

fen'der *n.* (פֶנְדֶר) כָּנָף (של מכונית) מַרְחִיק מִכְשׁוֹלִים, מָסוּהּ

fen'nel *n.* (פֶנְל) שֻׁמָּר

fer'ment *n.* (פֶרְמֶנְט) תֶּסֶס; אֶנְזִים; תְּסִיסָה

ferment' *v.t. & i.* הִתְסִיס, הֵסִית לְ־; תָּסַס

fer"menta'tion *n.* (פֶרְמֶנְטֵישְׁן) תְּסִיסָה

fern *n.* (פֶרְן) שָׁרָךְ

fero'cious *adj.* (פֶרוֹשֶׁס) מִשְׁתּוֹלֵל בְּשֶׁצֶף קֶצֶף, בְּחֵמָה שְׁפוּכָה; אַכְזָרִי מְאֹד; חָזָק מְאֹד, ״עָצוּם״

fer'ret *n & v.t. & i.* (פֶרֶט) בּוֹאֵשׁ לָבָן; עָלָה עַל עִקְבוֹתָיו וְגֵרֵשׁ; צָד בְּעֶזְרַת בּוֹאֵשׁ לָבָן; חִפֵּשׂ אַחֲרֵי, חָשַׂף

fer'ry *n. & v.t.* (פֶרִי) מַעְבֹּרֶת; שֵׁרוּת הַעֲבָרָה; הַזְּכוּת לְהַעֲבִיר נוֹסְעִים וַחֲפָצִים; הֶעֱבִיר בְּדֶרֶךְ הַיָּם; הֶעֱבִיר מֵעַל הַיָּם

fer'tile *adj.* (פֶרְטְל) פּוֹרֶה; מַפְרֶה

fer'tilize" *v.t.* (פֶרְטְלַיז) הִפְרָה; זִבֵּל

fer'tili"zer *n.* (פֶרְטְלַיזְר) דֶּשֶׁן, זֶבֶל

fer'vent *adj.* (פֶרְוֶנְט) נִלְהָב; לוֹהֵט

fer'vid *adj.* (פֶרְוִד) נִלְהָב

fes'ter *v.i. & t.* (פֶסְטֶר) הִתְמַגֵּל; נִרְקַב; גָּרַם הִתְמַרְמְרוּת עַזָּה

fes'tival *n.* (פֶסְטְוְל) חַג, חֲגִיגָה, מוֹעֵד; פֶסְטִיבַל; עַלִּיזוּת, הִתְעַלְּזוּת

fes'tive *adi.* (פֶסְטִב) חֲגִיגִי, שֶׁל חַג; עַלִּיז

festiv'ity *n.* (פֶסְטִוִטִי) מְאֹרָע חֲגִיגִי; עַלִּיזוּת

fetch *v.t.* (פֶץ׳) הֵבִיא, הָלַךְ וְהֵבִיא; נִמְכַּר בְּ־; בִּצַּע

—ing שׁוֹבֵה לֵב, מַקְסִים

fe'tid *adi.* (פֶטִד) מַצְחִין

fe'tish *n.* (פֶטִשׁ) פֶטִישׁ, אֱלִיל; פֶּסֶל

fet'lock *n.* (פֶטְלוֹק) מִפְרַק הַקְּוֻצָּה (ברגל סוס)

fet'ter *n. & v.t.* (פֶטֶר) שַׁרְשֶׁרֶת הָרֶגֶל; כָּבַל (רגלים), עָצַר, הִגְבִּיל

—s אֲזִקֵּי־רֶגֶל

fet'tle *n.* (פֶטְל) מַצָּב

fe'tus *n.* (פִיטֶס) עֻבָּר

feud *n. & v.i.* (פְיוּד) אֵיבַת דוֹרוֹת (בין משפחות); מְרִיבָה, סִכְסוּךְ; טִפַּח אֵיבָה (למשפחה אחרת)

feu'dal *adi.* (פְיוּדְל) פֵאוֹדָלִי

fe'ver *n.* (פִיבְר) חֹם, קַדַּחַת; הִתְרַגְּשׁוּת עַזָּה

fe'verish *adj.* (פִיבֶרִשׁ) קוֹדֵחַ, אֲחוּז־חֹם; קַדַּחְתָּנִי; שֶׁל קַדַּחַת

few *adj.* (פְיוּ) מְעַטִּים, סְפוּרִים

— and far between נָדִיר

— *n. & pron.* אֲחָדִים

quite a — מִסְפָּר נִכָּר

the — מִעוּט נִבְחָר

fi"ancé' *n.* (פִיאַנְסֵי) חָתָן, אָרוּס

fi"ancée' *n.* (פִיאַנְסֵי) כַּלָּה, אֲרוּסָה

fib *n. & v.i.* (פִב) שֶׁקֶר לָבָן, בְּדָיָה; סִפֵּר בְּדָיוֹת

fi'ber *n.* (פַּיבְּר) סִיב, סִיבִים; אֹפִי

fick'le *adi.* (פִקְל) הֲפַכְפַּךְ, קַפְּרִיזִי

fic'tion *n.* (פִקְשֶן) סִפְרוּת; בִּדְיוֹן; בְּדוּתָה; בְּדִיָּה

ficti'tious *adj.* (פִקְטִשֶס) בָּדוּי, דִמְיוֹנִי; בִּדְיוֹנִי, פִיקְטִיבִי

fid'dle *n. & v.t. & i.* (פִדְל) כִּנּוֹר; נִגֵּן בְּכִנּוֹר; עָשָׂה תְנוּעוֹת מְיֻתָּרוֹת בַּיָּדַיִם; בִּטֵּל זְמָן

fit as a — בָּרִיא כִּמְרִיא; בְּכֹשֶׁר גוּפָנִי מָלֵא

fid'dlesticks" *interj.* (פִדְלְסְטִקְס) שְׁטֻיּוֹת

fidel'ity *n.* (פִדֶלְטִי) נֶאֱמָנוּת; דִיוּק

fidg'et *v.i. & t. & n.* (פִגִ'ט) הִתְנוֹעֵעַ בְּחֹסֶר מַרְגּוֹעַ; הִתְנוֹעֵעַ בְּקֹצֶר רוּחַ; גָּרַם לְהַרְגָּשַׁת חֹסֶר מְנוּחָה; עַצְבָּנוּת, חֹסֶר מַרְגּוֹעַ

fie *interj.* (פַי) "אִכְס"

field *n.* (פִילְד) שָׂדֶה; מִגְרָשׁ; מִשְׁטָח; שֶׁטַח; רֶקַע; תְּחוּם

play the — גִּוֵּן פְּעִילוּת, קָבַע פְּגִישׁוֹת עִם מִסְפָּר רָב שֶׁל בְּנֵי הַמִּין הַשֵּׁנִי

field' day" (פִילְד דֵי) יוֹם תַּחֲרֻיּוֹת; כֶּנֶס תַּחַת כִּפַּת הַשָּׁמַיִם, פִּיקְנִיק; יוֹם תַּרְגִּילִים; פְּעִילוּת בִּלְתִּי מֻגְבֶּלֶת

field' glass"es (פִילְד גְלֶסֶז) מִשְׁקֶפֶת שָׂדֶה

fiend *n.* (פִינְד) רָשָׁע אַכְזָרִי; שָׂטָן; שֵׁד מַשְׁחִית, שׁוֹבָב; מִתְמַכֵּר

fierce *adj.* (פִירְס) פִּרְאִי וַחֲסַר רֶסֶן; אַלִּים; לוֹהֵט, חָזָק

fierce'ness *n.* (פִירְסְנֶס) אַלִּימוּת, פְּרָאוּת

fiery *adj.* (פַיאֲרִי) שֶׁל אֵשׁ; לוֹהֵט, בּוֹעֵר; מִשְׁתַּלְהֵב; דָּלִיק; שׂוֹרֵף

fife *n.* (פַיף) חָלִיל

fif"teen' *n. & adj.* (פִפְטִין) חֲמֵשׁ עֶשְׂרֵה (f.), חֲמִשָּׁה עָשָׂר (m.)

fif"teenth' *adj.* (פִפְטִינְתְ') הַחֲמֵשׁ עֶשְׂרֵה (f.), הַחֲמִשָּׁה עָשָׂר (m.)

fifth *adj.* (פִפְתְ') חֲמִישִׁי/ת; חֲמִישִׁית, חֹמֶשׁ; חֲמִישִׁית הַגָּלוֹן

fifth' col'umn (פִפְתְ' קוֹלֶם) גַּיִס חֲמִישִׁי

fif'tieth *adj.* (פִפְטִיאֶתְ') הַחֲמִשִּׁים

fif'ty *n. & adj.* (פִפְטִי) חֲמִשִּׁים; שְׁטָר בֶּן חֲמִשִּׁים דּוֹלָר

fifty-fifty חֵלֶק כְּחֵלֶק; הַטּוֹב וְהָרָע בְּמָנוֹת שָׁווֹת

fig *n.* (פִג) תְּאֵנָה; כְּהוּא זֶה; אֲסִימוֹן שָׁחוּק

fight *n.* (פַיט) קְטָטָה, מְרִיבָה, הִתְכַּתְּשׁוּת; הִתְנַצְּחוּת; מַאֲבָק; תַּחֲרוּת אִגְרוּף; כֹּשֶׁר לְחִימָה, רָצוֹן לְהִלָּחֵם

— *v.t. & i.* נִלְחַם, לָחַם; הִתְנַצֵּחַ, הִתְכַּתֵּשׁ; נֶאֱבַק; תִּמְרֵן

figh'ter *n.* (פַיטְר) לוֹחֵם; מִתְאַגְרֵף; מְטוֹס־קְרָב

prize — מִתְאַגְרֵף

fight'ing chance' (פַיטִנְג צֶ'נְס) סִכּוּי לְהַצְלִיחַ אִם יֵאָבֵק

fig'ment *n.* (פִגְמֶנְט) תּוֹצַר הַדִּמְיוֹן; רַעֲיוֹן דִּמְיוֹנִי; בְּדוּתָה

fig'ure *n.* (פִגְיֶר) סִפְרָה; צוּרָה, דְּמוּת; גִּזְרָה; אִישִׁיּוּת דְּגוּלָה; תְּמוּנָה, תֹּאַר; סֵמֶל

—s חֶשְׁבּוֹן

— *v.t. & i.* חִשֵּׁב; הִבִּיעַ בִּסְפָרוֹת; קִשֵּׁט; שִׂרְטֵט; סָבַר; הִתְבַּלֵּט; הָיָה צָפוּי

— out הֵבִין, פָּתַר

fig'urehead" *n.* (פִגְיֶרְהֶד) סֵמֶל בִּלְבָד (ללא סמכויות)

fil'ament *n.* (פִלֲמֶנְט) נִימָה, תַּיִל דַּק

fil'bert *n.* (פִלְבֶּרְט) אִלְסָר

filch *v.t.* (פִלְץ') "סָחַב"

file *n.* (פַיל) תִּיק, תִּיקִיָּה; טוּר; רְשִׁימָה; פְּצִירָה, שׁוֹפִין

on — מְתֻיָּק

rank and — צִבּוּר הַטּוּרָאִים; אַנְשֵׁי הַשּׁוּרָה

— *v.t. & i.* תִּיֵּק; הִגִּישׁ (בקשה וכו'); צָעַד בְּטוּר; פָּצַר, שִׁיֵּף

fil'ial *adj.* (פִלִיאֲל) שֶׁל בֵּן אוֹ בַּת

fil'ibus"ter *n. & v.t. & i.* (פִלִבַּסְטֶר) נְאוּמֵי עִכּוּב (להכשלת הצעת חוק); הַרְפַּתְקָן צְבָאִי; עִכֵּב תְּחִקָּה (ע"י נאומים ארוכים)

fil'igree" *n. & adj.* (פִלֲגְרִי) פִילִיגְרָן

fill *v.t. & i. & n.* (פִל) מִלֵּא; הִשְׂבִּיעַ; בִּצֵּעַ; הִרְכִּיב; סָתַם (שן); הִתְמַלֵּא; הִתְנַפֵּחַ; כַּמּוּת מַסְפֶּקֶת; מִלּוּי

fil'ler *n.* (פִלְר) מְמַלֵּא, מִלּוּי

fillet' *n. & v.t.* (פִלֵי) פִילֶה; גֵּרֵם

fil´ling *n.* (פִלִנְג) מִלּוּי; סְתִימָה (שֵׁן)

— station תַּחֲנַת דֶּלֶק

fil´ly *n.* (פִלִי) סְיָחָה; נַעֲרָה

film *n. & v.t. & i.* (פִלְם) שִׁכְבָה דַקָּה; פִילְם; סֶרֶט; מְמִבְרָנָה, קְרוּם דַּק; קוּר; אֹבֶךְ קָלוּשׁ; כִּסָּה בְּשִׁכְבָה דַקָּה; הִסְרִיט; הִתְכַּסָּה שִׁכְבָה דַקָּה; הִתְאִים לְהַסְרָטָה; הִפִּיק סְרָטִים

fil´my *adj.* (פִלְמִי) מְכֻסֶּה שִׁכְבָה דַקָּה; דּוֹמֶה לְשִׁכְבָה דַקָּה; מְעֻרְפָּל, מְטֻשְׁטָשׁ

fil´ter *n. & v.t. & i.* (פִלְטֶר) מַסְנֵן, פִילְטֶר; סִנֵּן; הִסְתַּנֵּן

filth *n.* (פִלְתּ׳) זֻהֲמָה, סְחִי, לִכְלוּךְ; שָׂפָה גַסָּה

fil´thy *adj.* (פִלְתִּ׳י) מְזֹהָם, מְטֻנָּף, מְלֻכְלָךְ; גַּס; מְשֻׁקָּץ

fin *n.* (פִן) סְנַפִּיר; מְיַצֵּב; לוּחִית

fin´al *adj. & n.* (פַינְל) סוֹפִי; אַחֲרוֹן; מַכְרִיעַ; גְּמָר

fin´ally *adv.* (פַינֶלִי) סוֹף־סוֹף, סוֹפִית

finance´ *n.* (פִנֶנְס) עִנְיְנֵי כְּסָפִים

—s מַשְׁאַבִּים כַּסְפִּיִּים, פִינַנְסִים

— *v.t.* מִמֵּן; נִהֵל עִנְיְנֵי הַכְּסָפִים

finan´cial (פִנֶנְשֶׁל) מָמוֹנִי, פִינַנְסִי, שֶׁל כְּסָפִים; שֶׁל אַנְשֵׁי כְּסָפִים

fin´ancier´ (פִנֶנְסִיר) מְמַמֵּן, פִינַנְסִיסְט

find *v.t. & i.* (פַינְד) מָצָא; נִתְקַל בּ־; הִשִּׂיג, הִגִּיעַ ל־; גִּלָּה; קִבֵּל בַּחֲזָרָה; חִשֵּׁב; וִדֵּא; הִכְרִיז; סִפֵּק; חָרַץ מִשְׁפָּט לְאַחַר שִׁקּוּל

— fault קִבֵּל

— *n.* מִמְצָא

fine *adj. & n.* (פַין) מְצֻיָּן, מְעֻלֶּה, מֻשְׁלָם; דַּק; עָדִין; חַד; מְעֻדָּן; מִתְרַבְרֵב; יָפֶה; טָהוֹר; קְנָס

— *v.t.* קָנַס

fi´nery *n.* (פַינֶרִי) לְבוּשׁ מְהֻדָּר

finesse´ *n.* (פִנֶס) דַּקּוּת בְּבִצּוּעַ; עֲדִינוּת; מְיֻמָּנוּת; תַּחְבּוּלָה

fin´ger *n.* (פִנְגֶר) אֶצְבַּע

fin´ish *v.t. & i. & n.* (פִנִשׁ) גָּמַר, סִיֵּם; כִּלָּה; הִשְׁלִים; אִשְׁפֵּר; סִיּוּם, גְּמָר; סוֹף; לְטוּשׁ; צִפּוּי; גִּמּוּר; אַשְׁפָּרָה

fi´nite *adj.* (פַינַיט) מֻגְבָּל; בַּר־מְדִידָה

fir *n.* (פֶר) אַשּׁוּחַ

fire *n.* (פַיְאֶר) אֵשׁ; דְּלֵקָה, שְׂרֵפָה; זֹהַר; הִתְלַהֲבוּת, לַהַט; חִיּוּת הַדִּמְיוֹן; דַּלֶּקֶת, קַדַּחַת; מְצוּקָה; עָצְמָה; נִיצוֹץ; יְרִי

catch — הִתְלַקַּח, בָּעַר

on — דּוֹלֵק, בּוֹעֵר; לָהוּט

set — to הֵצִית; הֵסִית

under — נִתְקָף

— *v.t. & i.* יָרָה; הֵצִית; סִפֵּק דֶּלֶק; חִמֵּם, שָׂרַף; הֵסִית; שִׁלְהֵב; הִשְׁרָה; פּוֹצֵץ; פִּטֵּר; "זָרַק"; נִדְלַק; זָהַר; הִתְרַגֵּשׁ; יָרָה; נוֹרָה; זָרַק (קליע); הִצְהִיב (צמח)

— away הִמְטִיר שְׁאֵלוֹת

fire´arm´´ *n.* (פַיְאֶרְאַרְם) נֶשֶׁק קַל

fire´ depart´ment (פַיְאֶר דִפַּרְטְמֶנְט) שֵׁרוּת כִּבּוּי; כַּבָּאִים

fire´ en´´gine (פַיְאֶר אֶנְגִ׳ן) מְכוֹנִית כִּבּוּי

fire´ extin´guisher (פַיְאֶר אֶקְסְטִנְגְוִשֶׁר) מַטְפֶּה

fire´fly´´ *n.* (פַיְאֶרְפְלַי) גַּחֲלִילִית

fire´house´´ *n.* (פַיְאֶר הַאוּס) תַּחֲנַת כַּבָּאִים

fire´man *n.* (פַיְאֶרְמֶן) כַּבַּאי; מַסִּיק (כבשן)

fire´place´´ *n.* (פַיְאֶרְפְּלֵיס) אָח; כִּירַיִ־חוּץ

fire´proof´´ *adj. & v.t.* (פַיְאֶרְפְּרוּף) חֲסִין־אֵשׁ; חִסֵּן מִפְּנֵי אֵשׁ

fire´side´´ *n. & adj.* (פַיְאֶרְסַיד) מֶחְצַת הָאָח הַמְבֹעֶרֶת; מָעוֹן, חַיֵּי מִשְׁפָּחָה

fire´ sta´´tion (פַיְאֶר סְטֵישֶׁן) תַּחֲנַת כַּבָּאִים

fire´works´´ *n. pl.* (פַיְאֶרְוֶרְקְס) זִקּוּקִין דִּי־נוּר; הִתְפָּרְצוּת זַעַם

fir´´ing squad´ (פַיְאֶרִנְג סְקְווֹד) כִּתַּת יוֹרִים

firm *adj. & n.* (פֶרְם) מוּצָק, קָשֶׁה, אָשׁוּן; קָבוּעַ; יַצִּיב; אֵיתָן; תַּקִּיף; חֶבְרָה מִסְחָרִית, פִירְמָה

fir´mament *n.* (פֶרְמֶמֶנְט) רָקִיעַ

firm´ness *n.* (פֶרְמְנֶס) מוּצָקוּת, קָשְׁיוּת; יַצִּיבוּת; קְבִיעוּת; תַּקִּיפוּת

first *adj. & n. & adv.* (פֶרְסְט) רִאשׁוֹן; הִלּוּךְ נָמוּךְ; לָרִאשׁוֹנָה, תְּחִלָּה, רֵאשִׁית

first´ aid´ (פֶרְסְט אֵיד) עֶזְרָה רִאשׁוֹנָה

first´ wa´ter (פֶרְסְט ווֹטֶר) הַמְעֻלֶּה

fis'cal *adj.* (פִסְקַל) שֶׁל אוֹצַר הַמְּדִינָה, פִיסְקָלִי, מָמוֹנִי

fish *n. & v.t. & i.* (פִשׁ) דָג; דָגָה; "בַּרְנַשׁ"; דָג (פועל), הֶעֱלָה בְּחַכָּה; הֶעֱלָה; חִפֵּשׂ, חִטֵּט; נִסָּה לְהַשִּׂיג עַל יְדֵי תַּחְבּוּלוֹת

fish'erman *n.* (פִשֶׁרְמֶן) דַיָּג

fish'ery *n.* (פִשֶׁרִי) דַיִג; מִדְגֶּה

fish'ing *n.* (פִשִׁנְג) דַיִג, דִיּוּג

fish'ing tack"le (פִשִׁנְג טֶקְל) צִיּוּד דַּיִג

fish' sto"ry (פִשׁ סְטוֹרִי) גּוּזְמָה, סִפּוּר מְגֻזָּם

fish'y *adi.* (פִשִׁי) שֶׁל דָג; שׁוֹפֵעַ דָגָה; לֹא מִתְקַבֵּל עַל הַדַּעַת; מְפֻקְפָּק; אָדִישׁ וְחָסֵר מֶרֶץ

fis'sion *n.* (פִשְׁן) בִּקּוּעַ

fis'sure *n.* (פִשֶׁר) בְּקִיעַ, נָקִיק

fist *n.* (פִסְט) אֶגְרוֹף

fit *v.t. & i.* (פִט) הִתְאִים, הָלַם; הִכְשִׁיר; הֵכִין, הִתְקִין; וִסֵּת; צִיֵּד, סִפֵּק; מָדַד

— out צִיֵּד

— *adj.* כָּשֵׁר, מַתְאִים, יָאֶה; רָאוּי; מוּכָן; בָּרִיא, בְּמַצָּב בְּרִיאוּת טוֹב; כָּשִׁיר

— *n.* הַתְאָמָה; הֶתְקֵף; שָׁבָץ; בּוּלְמוּס; הִתְפָּרְצוּת

by —s and starts מִפְּקִידָה לִפְקִידָה, בְּסֵרוּגִים

throw a — הִתְרַגֵּשׁ מְאֹד, הִתְקַצֵּף

fit'ful *adj.* (פִטְפֶל) בְּהֶתְקֵפִים; קוֹרֶה בְּסֵרוּגִים

fit'ness *n.* (פִטְנֵס) כֹּשֶׁר, כְּשִׁירוּת, הַתְאָמָה

fit'ting *adj. & n.* (פִטִנְג) מַתְאִים, יָאֶה; הַתְאָמָה; מְדִידָה; צִיּוּד, מִתְקָן

—s צִיּוּד, רָהוּט, אֲבִיזָרִים

five *n. & adj.* (פַיב) חָמֵשׁ (.f), חֲמִשָּׁה (.m)

take — נַח חָמֵשׁ דַּקּוֹת

fix *v.t. & i.* (פִקְס) קָבַע, יִצֵּב; חִבֵּר; תָּקַע; חִזֵּק; עִצֵּב צוּרָה סוֹפִית; תִּקֵּן; סִדֵּר; סִפֵּק; תִּחְבֵּל; הִתְקִין (ארוחה); נָקַם; הָפַךְ חֲנִיקָן לַחֲנִיקָה; נִקְבַּע לְתָמִיד, יֻצַּב; הִתְמַצֵּק; הִשְׁתַּקֵּעַ

— *n.* מַצָּב קָשֶׁה; קְבִיעַת מָקוֹם (של אניה או מטוס); הַזְרָקָה (של סם משכר); מְנַת סַם

fixa'tion *n.* (פִקְסֵישְׁן) קְבִיעָה; הִקָּבְעוּת; הֵרָתְקוּת; מִקְבָּע (בצילום)

fixed *adj.* (פִקְסְט) קָבוּעַ, אָשׁוּן, יַצִּיב; מְרֻכָּז, מְמֻקָּד; מְתֻקָּן

fix'ture *n.* (פִקְסְצֶ׳ר) מִתְקָן קָבוּעַ; צָמוּד בִּקְבִיעוּת (אדם או חפץ)

fizz *v.i. & n.* (פִז) הִשְׁמִיעַ קוֹל תְּסִיסָה; תָּסַס; קוֹל תְּסִיסָה; מֵי־סוֹדָה; מַשְׁקֶה כֹּהַל וּמִיץ לִימוֹן בְּמֵי־סוֹדָה

fiz'zle *v.i. & n.* (פִזְל) הִשְׁמִיעַ קוֹל תְּסִיסָה נֶחֱלָשׁ וְהוֹלֵךְ; נִכְשַׁל בְּבֹשֶׁת פָּנִים; קוֹל תְּסִיסָה נֶחֱלָשׁ, כִּעְכּוּעַ; כִּשָּׁלוֹן

flab'bergast" *v.t.* (פְלֶבֶּרְגֶסְט) הִדְהִים, הִכָּה בְּתִמָּהוֹן

flab'by *adj.* (פְלֶבִּי) מְדֻלְדָּל; רָפֶה, תָּלוּי בְּרִפְיוֹן; לֹא־מוּצָק

flag *n. & v.t. & i.* (פְלֶג) דֶּגֶל; זָנָב (של צבי או כלב ציד); מַרְצֶפֶת; קֹשֶׁט בִּדְגָלִים; אוֹתֵת ל־, הִזְהִיר; לָכַד בְּמַלְכֹּדֶת עַל־יְדֵי נִפְנוּף דֶּגֶל; סִמֵּן; הִדַּלְדֵּל, רָפָה, פָּחַת

fla'grant *adj.* (פְלֵיגְרֶנְט) מְנַקֵּר עֵינַיִם; יָדוּעַ לְשִׁמְצָה

flail *n. & v.t.* (פְלֵיל) מַחְבֵּט (לדיש); חָרוּץ; חָבַט

flair *n.* (פְלֵר) כִּשְׁרוֹן; יְכֹלֶת; הוֹפָעָה אֶלֶגַנְטִית; אַבְחָנָה דַקָּה

flak *n.* (פְלֶק) אֵשׁ נֶגֶד־מְטוֹסִית

flake *n. & v.i. & t.* (פְלֵיק) פָּתִית; רֹבֶד; הִתְקַלֵּף, הִתְפַּתְּתָה; פָּתַת, פִּתְפֵּת

flame *n. & v.i.* (פְלֵים) לֶהָבָה, שַׁלְהֶבֶת; זֹהַר; צֶבַע זוֹהֵר; לַהַט; אֲהוּבָה; הִתְלַקֵּחַ; זָהַר; בָּעַר; הִתְפָּרֵץ

flank *n. & v.t. & i.* (פְלֶנְק) צַד; אֲגַף; אִגֵּף

flan'nel *n.* (פְלֶנֶל) פְלָנֶל

flap. *v.i. & t. & n.* (פְלֶפּ) הִתְנַפְנֵף; חָבַט בְּאֶמְצָעוּת עֶצֶם רָחָב וְגָמִישׁ; נִפְנֵף מַעְלָה־מַטָּה; נִפְנוּף; קוֹל נִפְנוּף; חֲבָטָה (בעצם רחב וגמיש); עֶצֶם רָחָב וְגָמִישׁ; עֶצֶם שָׁטוּחַ וְדַק; מִשְׁטָח; שָׂפָה

landing —s דַּשֵּׁי־נְחִיתָה

flare *v.i. & t.* (פְלֵר) בָּעַר; הִתְלַקֵּחַ; הִתְפָּרֵץ; הִבְהִיק; הִתְרַחֵב; הִתְהַדֵּר בּ־; אוֹתֵת

— up הִתְקַצֵּף; הִתְגַּלֵּעַ

— *n.* הִתְלַקְּחוּת; נוּר, זִקּוּק; הִתְפָּרְצוּת; הִתְרַחֲבוּת

flash *n. & adj.* (פְלֶשׁ) הַבְזָקָה; הַבְהָקָה; חָזִיז, רֶשֶׁף; הֶרֶף־עַיִן, אַרְגִיעָה; פַּנָּס; הִתְהַדְּרוּת רַאַוְתָנִית; הַבְרָקָה מֻקְדֶּמֶת (של ידיעה); פִּתְאוֹמִי וְקָצָר; רַאַוְתָנִי

— **in the pan** הִתְאַמְּצוּת סְרָק

— *v.i. & t.* הִבְזִיק; הִבְהִיק; הִתְפָּרֵץ; הוֹפִיעַ פִּתְאֹם; נָע בִּמְהִירוּת גְּדוֹלָה; הֵצִית; הִבְרִיק; הִתְהַדֵּר

flash'back" *n.* (פְלֶשְׁבֶּק) הֲצָצָה לֶעָבָר

flash' bulb" (פְלֶשׁ בַּלְבּ) נוּרַת הַבְזָקָה

flash' gun" (פְלֶשׁ גַן) מַבְזֵק

flash'light" *n.* (פְלֶשְׁלַיט) פָּנָס חַשְׁמַלִּי

flash'y *adj.* (פְלֶשִׁי) מַזְהִיר; יָמְרָנִי; צַעַקְנִי

flask *n.* (פְלֶסְק) צְלוֹחִית; בַּקְבּוּק שָׁטוּחַ

flat *adj.* (פְלֶט) שָׁטוּחַ; פָּחוּס; יָשָׁר; מִישׁוֹרִי; אָפְקִי; מֻנָּח; פָּרוּשׂ; חֲסַר־אֲוִיר; מֻחְלָט; קָבוּעַ; חֲסַר־מֶרֶץ; חֲסַר־חִיּוּת; תָּפֵל; יָשָׁן; חֲסַר־תַּכְלִית; חֲסַר־מַשְׁמָעוּת; דּוּ־מְמַדִּי; חֲסַר־בָּרָק, מַט; עָמוּם; חַד־גּוֹנִי

— n. דִּירָה; עֶצֶם שָׁטוּחַ; נַעַל לְלֹא עָקֵב; מִשְׁטָח; בִּצָּה, מֵי רְדוּדִים; נַחַת; תֶּקֶר

— *adv.* בִּתְנוּחָה שְׁטוּחָה; בְּמַצָּב אָפְקִי; לַחֲלוּטִין; בְּדִיּוּק; בִּצְלִיל נָמוּךְ מֵהַגֹּבַהּ הַדָּרוּשׁ

flat'ten *v.t.* (פְלֶטֶן) שָׁטַח; פָּחַס; נַעֲשָׂה שָׁטוּחַ; הִשְׁתַּטֵּחַ; נִפְחַס

flat'ter *v.t. & i.* (פְלֶטֶר) הֶחֱנִיף; הֶחְמִיא ל־; הִבְלִיט הַמַּעֲלָה; הִפְצִיר עַל יְדֵי חֲנֻפָּה; הִרְגִּישׁ הַרְגָּשַׁת קוֹרַת רוּחַ; עוֹדֵד בְּתִקְוַת שָׁוְא; דִּבֵּר בִּשְׂפַת חֲלָקוֹת

flat'tery *n.* (פְלֶטֶרִי) חֲנֻפָּה

flat'ulence *n.* (פְלֶצְ'לֶנְס) נְפִיחוּת; הִתְנַפְּחוּת, יָמְרָנוּת

flaunt *v.t. & i.* (פְלוֹנְט) הִצִּיג בְּרַבְרְבָנוּת, הִתְהַדֵּר בּ־; זִלְזֵל בּ־; נִפְנֵף בְּצוּרָה רַאַוְתָנִית

fla'vor *n. & v.t.* (פְלֵיבֶר) טַעַם מְיֻחָד, טַעַם; סְגֻלָּה אָפְיָנִית, תְּכוּנָה מְיֻחֶדֶת; תַּבְלִין; תִּבֵּל

flaw *n.* (פְלוֹ) פְּגָם, מוּם; סֶדֶק, בְּקִיעַ

flax *n.* (פְלֶקְס) פִּשְׁתָּה, פִּשְׁתָּן

flax'en *adj.* (פְלֶקְסֶן) שֶׁל פִּשְׁתָּן, דּוֹמֶה לְפִשְׁתָּן; צָהֹב לְבַנְבַּן

flay *v.t.* (פְלֵי) פָּשַׁט הָעוֹר (ע״י מלקות); נָעַר, מָתַח בִּקֹּרֶת קָשָׁה

flea *n.* (פְלִי) פַּרְעוֹשׁ

— **in one's ear** רֶמֶז; נְזִיפָה

fleck *n.* (פְלֶק) כֶּתֶם

fled (פְלֶד) (זמן עבר של flee)

fledg'ling *n.* (פְלֶג'לִנְג) עוֹף צָעִיר, גּוֹזָל מַצְמִיחַ נוֹצוֹת; אָדָם חֲסַר־נִסָּיוֹן, טִירוֹן

flee *v.i. & t.* (פְלִי) נָס, בָּרַח; הִסְתַּלֵּק בִּמְהִירוּת

fleece *n. & v.t.* (פְלִיס) שֵׂעָר כְּבָשִׂים; גִּזָּה; אֲרִיג פְּלוּמָה, פְּלוּמָה; גָּזַז; הוֹצִיא רְכוּשׁ בִּרְמִיָּה

fleet *adj. & n.* (פְלִיט) מָהִיר; צִי

fleet'ing *adj.* (פְלִיטִנְג) חוֹלֵף

Flemish *n. & adj.* (פְלֶמִשׁ) פְלֶמִי, בֶּן פְלַנְדְרִיָּה; פְלֶמִית

flesh *n.* (פְלֶשׁ) בָּשָׂר; שֻׁמָּן, מִשְׁקָל; גּוּף; גַּשְׁמִיּוּת; הַמִּין הָאֱנוֹשִׁי; הַחַי; שְׁאֵר בָּשָׂר; צִיפָּה (פרי)

in the — פָּנִים אֶל פָּנִים

flew (פְלוּ) (זמן עבר של fly)

flex *v.t. & i.* (פְלֶקְס) כּוֹפֵף

flex'ible *adj.* (פְלֶקְסִבְּל) גָּמִישׁ; נִתָּן לְשִׁנּוּי; וַתְּרָנִי

flex"ibil'ity *n.* (פְלֶקְסִבִּלְטִי) גְּמִישׁוּת; וַתְּרָנוּת

flick *n. & v.t.* (פְלִק) טְפִיחָה פִּתְאוֹמִית; תְּנוּעָה קַלָּה וּמְהִירָה; דָּבָר מֻשְׁלָךְ בִּתְנוּעָה פִּתְאוֹמִית; טָפַח; הֵסִיר בִּטְפִיחָה; הֵזִיז בִּתְנוּעָה פִּתְאוֹמִית

flick'er *v.i. & n.* (פְלִקֶר) הִבְלִיחַ; זָע, רָטַט; הַבְלָחָה; תְּנוּדָה, רֶטֶט

fli'er *n.* (פְלַיאֶר) מְעוֹפֵף; טַיָּס; עָף; נְתִירָה מְעוֹפֶפֶת; מִפְעַל פִּינַנְסִי צְדָדִי

flight *n.* (פְלַיט) מָעוֹף; טִיסָה; לַהַק (עופות); גַּף (מטוסים); הִתְקַדְּמוּת מְהִירָה; הַמְרָאָה; טוּר (מדרגות); מְנוּסָה, בְּרִיחָה

put to — הֵנִיס

fligh'ty *adj.* (פְלַיטִי) קַפְּרִיזִי, קַל־דַּעַת; קְצָת מְפֻרָע; חֲסַר־אַחֲרָיוּת

flim´sy *adj. & n.* (פְלִמְזִי) קָלוּשׁ; חַלָּשׁ; רָעוּעַ; לֹא־מַסְפִּיק; לֹא־מְשַׁכְנֵעַ, לֹא־מְסַפֵּק; נְיָר דַק; דו״חַ עַל נְיָר דַק

flinch *v.i.* (פְלִנְץ׳) נִרְתַּע; הִתְכַּוֵּץ מִכְּאֵב

fling *v.t. & i. & n.* (פְלִנג) הֵטִיל, זָרַק, הִשְׁלִיךְ; זָז נִמְרָצוֹת; קִרְטֵעַ; הִשְׁמִיעַ דִבְרֵי בֶּלַע, דִבֵּר בְּגַסּוּת; הַשְׁלָכָה; תְּקוּפַת הוֹלְלוּת; פְלִינג (ריקוד סקוטי מלווה תנועות מהירות)

flint *n.* (פְלִנְט) צֹר, חַלָּמִישׁ

flint´lock´ *n.* (פְלִנְטְלוֹק) רוֹבֶה צֹר (בו מוצת אבק השריפה ע״י ניצוץ מהקשת צור על פלדה)

flin´ty *adj.* (פְלִנְטִי) חַלָּמִישִׁי; חֲסַר־רַחֲמִים, אַכְזָרִי; קָשׁוּחַ, עַקְשָׁן

flip *v.t. & i. & n.* (פְלִפּ) הֵטִיל פִּתְאוֹם; הִשְׁחִיל; הֵזִיז (בתנועה מקוטעת); הֵסֵךְ (בתנועות קצרות ומהירות); הֵגִיב בְּהִתְרַגְּשׁוּת; הֲטָלָה (בתנועה פתאומית); טְפִיחָה מְהִירָה

flip´pant *adj.* (פְלִפֶּנְט) קַל־דַעַת וְשִׁטְחִי; חָצוּף תּוֹךְ קַלּוּת־דַעַת

flip´per *n.* (פְלִפֶּר) סְנַפִּיר

flirt *v.i. & n.* (פְלֶרְט) הִשְׁתַּעֲשֵׁעַ בַּאֲהַבְהָבִים, ״פְלִרְטֵט״; הִשְׁתַּעֲשֵׁעַ (ברעיון); מִשְׁתַּעֲשֵׁעַ בַּאֲהַבְהָבִים, שֶׁמִּנְהָגוֹ לְ״פְלַרְטֵט״

flirta´tion *n.* (פְלֶרְטֵישְן) אֲהַבְהָבִים, ״פְלִירְט״

flit *v.i. & n.* (פְלִט) נָע בְּקַלּוּת וּבִמְהִירוּת; עָף; חָלַף בִּמְעוּף; תְּנוּעָה קַלָּה וּמְהִירָה

float *v.i. & t.* (פְלוֹט) צָף; שָׁט; רִחֵף; נָע בְּקַלּוּת וּבַעֲדִינוּת; נָע בְּחָפְשִׁיּוּת; נָדַד; הֵשִׁיט; שָׁטַף, הִשְׁקָה, הֵצִיף; כִּסָּה (שטח) בְּנוֹזֵל; הִשִּׁיק; יִסֵּד; הִנְפִּיק; פָּסַח עַל שְׁתֵּי הַסְּעִפִּים

n. צָף, רַפְסוֹדָה, מֵשִׁיט, רָצִיף צָף, מָצוֹף, עֶצֶם צָף; מַכְשִׁיר הַצָּלָה (כמים); כְּלִי־רֶכֶב מְקֻשָּׁט (בתהלוכה); כַּף סַיָּדִים

—ing adj. לֹא־קָבוּעַ, נַיָּד

flock *n. & v.i.* (פְלוֹק) עֵדֶר; צֹאן; לַהֲקָה; הָמוֹן; צֹאן מַרְעִית, עֵדָה; נָהַר, הִתְקַהֵל

floe *n.* (פְלוֹ) מִשְׁטַח קֶרַח שָׁט

flog *v.t.* (פְלוֹג) הִלְקָה בְּשׁוֹט; נָזַף

flog´ging *n.* (פְלוֹגִנג) מַלְקוֹת

flood *n. & v.t. & i.* (פְלַד) שִׁטָּפוֹן; מַבּוּל; גֵּאוּת הַיָּם; הֵצִיף, שָׁטַף; מִלֵּא לְגַמְרֵי

flood´light´´ *n.* (פְלַדְלַיט) זַרְקוֹר

floor *n & v.t.* (פְלוֹר) רִצְפָּה; קוֹמָה, דְיוֹטָה; מִשְׁטָח רָצוּף; שֶׁטַח; קַרְקַע; אוּלַם וִכּוּחִים; רְשׁוּת הַדִּבּוּר; רִצֵּף; הִפִּיל; הֵבִיא בִּמְבוּכָה

floo´ring *n.* (פְלוֹרִנג) חֹמֶר רְצָפוֹת; רִצְפָּה, רְצָפוֹת

floor´ mo´´del *n.* (פְלוֹר מוֹדֶל) מֻצָּג (בחנות)

floor´ show´´ (פְלוֹר שוֹ) בִּדּוּר, הַצָּגָה בְּקַבָּרֶט

floor´wal´´ker *n.* (פְלוֹרְווֹקֶר) מְפַקֵּחַ (בחנות)

floo´zy *n.* (פְלוּזִי) פְּרוּצָה מְרֻשֶּׁלֶת

flop *v.i. & t. & n.* (פְלוֹפּ) נָפַל בַּחֲבָטָה; הֶחֱלִיף סִיעוֹת; נִכְשַׁל; הִתְנַפְנֵף; הִשְׁלִיךְ בַּחֲבָטָה; קוֹל חֲבָטָה; נְפִילָה בַּחֲבָטָה; כִּשָּׁלוֹן

flop´house´´ *n.* (פְלוֹפְּהָאוּס) פֻּנְדָּק יָרוּד

flor´a *n.* (פְלוֹרָה) צִמְחִיָּה

flo´ral *adj.* (פְלוֹרֶל) פִּרְחִי

flor´id *adj.* (פְלוֹרִד) אֲדַמְדַּם; פִּרְחִי; רַאַוְתָנִי

flor´ist *n.* (פְלוֹרִסְט) מוֹכֵר פְּרָחִים

flotil´la *n.* (פְלוֹטִלָה) שַׁיֶּטֶת; צִי קָטָן

flot´sam *n.* (פְלוֹטְסֶם) שִׁבְרֵי אֳנִיָּה צָפִים

and jet sam (– גֶ׳טְסֶם) שִׁבְרֵי אֳנִיָּה; דְבָרִים חַסְרֵי עֵרֶךְ

flounce *v.i. & n.* (פְלַאוּנְס) יָצָא תּוֹךְ תְּנוּעָה נִמְרֶצֶת (של קוצר־רוח כעס או חוצפה); קִרְטֵעַ; תְּנוּעָה נִמְרֶצֶת; שׁוּלַיִם מְקֻפָּצִים

floun´der *v.i. & n.* (פְלַאוּנְדֶר) פִּרְכֵּס; פִּרְכּוּס; דַּג־מֹשֶׁה־רַבֵּנוּ

flour *n.* (פְלַאוּר) קֶמַח; אַבְקָה דַקָּה

flour´ish *v.t. & i. & n.* (פְלַרִש) שִׂגְשֵׂג; הָיָה בְּשִׂיא; הִצְלִיחַ; הֵנִיף; הִצִּיג בְּרַאַוְתָנוּת; סִלְסֵל כְּתָב; הִשְׁתַּמֵּשׁ בִּמְלִיצוֹת; הֲנָפָה, נִפְנוּף; הַצָּגָה רַאַוְתָנִית; סִלְסוּל; מְלִיצָה

flout *v.t. & i. & n.* (פְלַאוּט) לִגְלֵג עַל־; עֶלְבּוֹן

flow *v.i. & n.* (פְלוֹ) זָרַם, נָהַר; נָבַע; שָׁפַע; הָיְתָה לָהּ וֶסֶת; הַזְרִים, שָׁטַף; זְרִימָה; נָהָר; שֶׁטֶף; גֵּאוּת; וֶסֶת

flow´er *n. & v.i.* (פְלַאוּאֶר) פֶּרַח; נִצָּן;

פְּרִיחָה; קִשּׁוּט; שִׂיא הַפְּרִיחָה; מֵיטָב; פָּרַח; הִתְבַּגֵּר; קִשֵּׁט בִּפְרָחִים

flow'er-bed (פְלָאוּאֶר בֶּד) עֲרוּגָה

flow'ery *adj.* (פְלַאוּרִי) מְכֻסֶּה פְּרָחִים; פִּרְחוֹנִי; פִּרְחִי; מְלִיצִי

flu *n.* (פְלוּ) שַׁפַּעַת

fluc'tuate" *v.t.* (פְלַקְצ'וּאֵיט) עָלָה וְיָרַד; הִשְׁתַּנָּה לְמַקְטָעִין, פָּסַח עַל שְׁתֵּי הַסְּעִפִּים; נָע בְּגַלִּים; הִתְנוֹעֵעַ בְּצוּרָה גַּלִּית

flue *n.* (פְלוּ) מוֹבִל־עָשָׁן; מַעֲשֵׁנָה, אֲרֻבָּה; צִנּוֹר

flu'ent *adj.* (פְלוּאֶנְט) רָהוּט; מִשְׁתַּמֵּשׁ בִּרְהִיטוּת; מִשְׁתַּמֵּשׁ בְּשֶׁטֶף; קַל תְּנוּעָה; זוֹרֵם; זָרִים (בר־זרימה)

fluff *n.* & *v.t.* (פְלַף) גַּרְגְּרִים מוֹכִיִּים; מוֹךְ; דָּבָר שֶׁל מַה בְּכָךְ; מִשְׁגֶּה; עָשָׂה לְמוֹךְ; נִפַּח לַחֲבִילָה מוֹכִית, נִעֵר וְהָפַךְ לַחֲבִילָה מוֹכִית

fluf'fy *adj.* (פְלַפִי) מוֹכִי; קַל; קַל־דַּעַת

flu'id *n.* & *adj.* (פְלוּאִד) נוֹזֵל; מִשְׁתַּנֶּה בְּקַלּוּת

fluke *n.* (פְלוּק) קֶרֶס הָעֹגֶן; חֹד; יִתְרוֹן מִקְרִי; הַצְלָחָה מִקְרִית

flung *n.* (פְלַנְג) (זמן עבר של fling)

flunk *v.i.* & *t.* (פְלַנְק) נִכְשַׁל; נִכְשַׁל וְגֹרַשׁ מֵהַקּוּרְס; הִכְשִׁיל; גֵּרֵשׁ מִלִּמּוּדִים

flun'key *n.* (פְלַנְקִי) מְשָׁרֵת נִבְזֶה; מְלַחֵךְ פִּנְכָּה

flu"oresc'ent *adj.* (פְלוּאוֹרֶסֶנְט) פְלוּאוֹרֶסְצֶנְטִי

flu'orine *n.* (פְלוּאֳרִין) פְלוּאוֹר

flur'ry *n.* (פְלַרִי) מַטַּח שֶׁלֶג; הִתְרַגְּשׁוּת פִּתְאוֹמִית

flush *n.* & *adj.* & *adv.* (פְלַשׁ) סֹמֶק; שֶׁטֶף; הִתְהַוּוּת פִּתְאוֹמִית; חִיּוּת; חֹם; שָׁוֶה; בְּמִישׁוֹר אֶחָד עִם־; נוֹגֵעַ, נוֹשֵׁק; מְשֻׁפָּע, עָשִׁיר; שׁוֹפֵעַ חִיּוּת; מַסְמִיק; בְּמַגָּע יָשִׁיר עִם

— *v.t.* & *i.* הִסְמִיק; שָׁטַף; הִלְהִיב; הֶחֱרִיד מֵרִבְצוֹ; הִמְרִיא פִּתְאֹם

fluster *v.t.* (פְלַסְטֶר) הֵבִיא בִּמְבוּכָה נִרְגֶּשֶׁת; גָּרַם הִתְרַגְּשׁוּת

flute *n.* (פְלוּט) חָלִיל

flut'ter *v.i.* & *t.* & *n.* (פְלַטֶר) הִתְנַפְנֵף; נִפְנֵף בִּכְנָפַיִם; רֶטֶט; פָּעַם בְּצוּרָה מְקֻטַּעַת; הִתְרַגֵּשׁ; נָע לְלֹא תַּכְלִית; הִרְטִיט, הִסְעִיר: הֵבִיךְ; נִפְנוּף; הִתְרַגְּשׁוּת; תְּחוּשָׁה; תְּסִיסָה

flux *n.* (פְלַקְס) זְרִימָה, זֶרֶם; תְּמוּרָה מַתְמֶדֶת, אִי־יַצִּיבוּת; פְּלִיטַת נוֹזְלִים, דִיזֶנְטֶרְיָה; שֶׁטֶף; מִשְׁחַת־הַלְחָמָה; הִתְמַזְּגוּת

fly *v.i.* & *t.* (פְלַי) עָף, טָס; נִשָּׂא עַל יְדֵי הָרוּחַ, הוּעַף; הִתְנוֹפֵף; נָע פִּתְאוֹם וּבִמְהִירוּת; נָס, בָּרַח, נִמְלַט; חָלַף; הֵעִיף; הֵטִיס; הֵנִיף

— at הִתְקִיף, תָּקַף

— in the face of פָּעַל בְּנִגּוּד ל־

— *n.* יְרִיעַת־פֶּתַח (של אהל); "חֲנוּת" (במכנסיים); מַסְלוּל (של עצם מתעופף); אֹרֶךְ (של דגל), קְצֵה הַדֶּגֶל; זְבוּב; קֶרֶס מְסֻוֶּה כְּחֶרֶק

on the — בִּמְנוּסָה; בְּחִפָּזוֹן

fly'blown" *adj.* (פְלַיבְּלוֹן) מְכֻסֶּה בֵּיצֵי זְבוּבִים; מְקֻלְקָל, מְכֻתָּם

fly'-by-night" *adj.* & *n.* (פְלַי־בַּי־נַיְט) לֹא־מְהֵימָן, לֹא־אַחֲרָאִי; חוֹלֵף; לֹא־אָמִין

fly'ing *adj.* & *n* (פְלַיאִנְג). מִתְעוֹפֵף, עָף; מִתְנַפְנֵף, נָע בִּמְהִירוּת; חָטוּף, קָצָר; טַיִס, מָעוֹף, טִיסָה

fly'leaf" *n.* (פְלַילִיף) דַּף רֵיק (בראשית ספר או בסופו)

fly'wheel" *n.* (פְלַיהְוִיל) גַּלְגַּל תְּנוּפָה

foal *n.* & *v.t.* & *i.* (פוֹל) סְיָח (בן פחות משנה); הִמְלִיט (סיח)

foam *n.* & *v.i.* (פוֹם) קֶצֶף; הֶעֱלָה קֶצֶף

foam' rub'ber (פוֹם רַבֶּר) גּוּמְאֲוִיר

fob *n.* (פוֹב) מֶדַלְיוֹן שָׁעוֹן; כִּיס שָׁעוֹן

— off *v.t.* רִמָּה (ע"י החלפת הסחורה בסחורה נחותה); דָּחָה בְּעָרְמָה

fo'cal *adj.* (פוֹקֶל) שֶׁל מוֹקֵד

fo'cus *n.* & *v.t.* & *i.* (פוֹקֶס) מוֹקֵד; מִקֵּד; רִכֵּז; הִתְמַקֵּד

fod'der *n.* & *v.t.* (פוֹדֶר) מִסְפּוֹא; הִלְעִיט (במספוא)

foe *n.* (פוֹ) אוֹיֵב, שׂוֹנֵא, צַר; יָרִיב; מִתְנַגֵּד

fog *n.* & *v.t.* & *i.* (פוֹג) עֲרָפֶל; טִשְׁטוּשׁ; הֶעֱטָה בַּעֲרָפֶל; עִרְפֵּל; בִּלְבֵּל; הִתְכַּסָּה עֲרָפֶל

fog'gy *adj.* (פוֹגִי) עַרְפִלִּי; מְעֻרְפָּל

foi'ble *n.* (פוֹיבְּל) חֻלְשָׁה קְטַנָּה; פְּגָם קָטָן

foil *v.t.* & *n.* (פוֹיל) סִכֵּל; הִכְשִׁיל; רִקּוּעַ (מתכת), נְיַר־בְּדִיל; מֻבְלָט עַל יְדֵי נִגּוּדוֹ; סַיִף מְקֻהֶה

foist *v.t.* (פוֹיסְט) כָּפָה עַל (שלא כדין); שִׁלֵּב בַּחֲשַׁאי

fold *v.t.* & *i.* (פוֹלְד) קִפֵּל; חִבֵּק יָדַיִם, שִׂכֵּל; לָפַת; עָטַף; הִתְקַפֵּל

— **up** ״הִתְקַפֵּל״; סָגַר מִפְעָל, פָּשַׁט הָרֶגֶל

— *n.* קֶפֶל, קִפּוּל; מִכְלָאָה, צֹאן; כְּנֵסִיָּה, חַבְרֵי כְּנֵסִיָּה

-fold *suf.* (פוֹלְד) פִּי־, – מוֹנִים; חֶלְקֵי־

fol'der *n.* (פוֹלְדֶר) מַעֲטֶפֶת, תִּיק

fo'liage *n.* (פוֹלִיאִג׳) עַלְוָה, עָלִים

folk *n.* & *adj.* (פוֹק) אֲנָשִׁים; עֲמָמִי

—**s** אֲנָשִׁים; הוֹרִים; קְרוֹבִים

folk'lore" *n.* (פוֹקְלוֹר) פוֹלְקְלוֹר, יֶדַע־עַם

fol'low *v.t.* & *i.* (פוֹלוֹ) בָּא אַחֲרֵי, הָלַךְ אַחֲרֵי, הָלַךְ בְּעִקְּבוֹת; קִבֵּל מָרוּת שֶׁל־; צִיֵּת; חִקָּה; הִתְקַדֵּם; הִתְפַּתֵּחַ כְּתוֹצָאָה; נִלְוָה אֶל־; רָדַף אַחֲרֵי; שָׁאַף לְהַגִּיעַ אֶל; עָסַק בּ־ כְּמִשְׁלַח יָד; הִתְבּוֹנֵן בּ־; הִתְבּוֹנֵן בְּמַהֲלָךְ שֶׁל; הִשִּׂיג, עָמַד עַל דִּבְרֵי־; קָרָה (בעקבות מעשה אחר); שֵׁרֵת

— **out** בִּצֵּעַ

— **through** הִמְשִׁיךְ עַד לְהַשְׁלָמַת –

fol'lower *n.* (פוֹלוֹאֶר) הוֹלֵךְ אַחֲרֵי; חָסִיד, תַּלְמִיד; מְחַקֶּה; מְשָׁרֵת

fol'lowing *adj.* & *n.* (פוֹלוֹאִנְג) קָהָל חֲסִידִים; צִבּוּר מַעֲרִיצִים; הַבָּא לְהַלָּן, הַבָּא מִיָּד אַחֲרֵי; הַבָּא; הַנָּע בְּאוֹתוֹ כִּוּוּן

fol'low-up" *n.* & *adj.* (פוֹלוֹ־אַפּ) מַעֲקָב; חוֹזֵר־הֶתְמֵד; שֶׁל מַעֲקָב

fol'ly *n.* (פוֹלִי) אִוֶּלֶת, טִפְּשׁוּת, סִכְלוּת; הַשְׁקָעָה טִפְּשִׁית שֶׁסּוֹפָהּ כִּשָּׁלוֹן

—**ies** רֶבִיוּ; תָּכְנִית בִּדּוּר (שעיקרה רקדניות וזמרות)

foment' *v.t.* (פוֹמֶנְט) הֵסִית, חֵרְחֵר; הִרְטָה, שָׂם מַיִם חַמִּים

fond *adj.* (פוֹנְד) מְחַבֵּב; אוֹהֵב; מַשְׁפִּיעַ חִבָּה; מְטַפֵּחַ

fon'dle *v.t.* & *i.* (פוֹנְדְל) לִטֵּף; גִּלָּה חִבָּה

fond'ness *n.* (פוֹנְדְנִס) חִבָּה; חֻלְשָׁה

font *n.* (פוֹנְט) כִּיּוֹר טְבִילָה; מַעֲרֶכֶת אוֹתִיּוֹת

food *n.* (פוּד) מָזוֹן, אֹכֶל; מָזוֹן מוּצָק

fool *n.* (פוּל) פֶּתִי, טִפֵּשׁ, שׁוֹטֶה; לֵץ, לֵיצָן; לָהוּט אַחֲרֵי

be nobody's — הָיָה חָכָם

— *v.t.* & *i.* רִמָּה; שִׁטָּה בּ־; הִתְלוֹצֵץ, הִשְׁתַּעֲשֵׁעַ; הֶעֱמִיד פָּנִים

— **around** הִתְבַּטֵּל; ״הִתְעַסֵּק״ (עם בני המין השני)

— **with** טִפֵּל בּ־ בְּרַשְׁלָנוּת; הִתְיַחֵס בְּקַלּוּת דַּעַת אֶל־

foo'lery *n.* (פוּלֶרִי) אִוֶּלֶת; הִתְנַהֲגוּת טִפְּשִׁית

fool'har"dy *adj.* (פוּלְהַרְדִי) נוֹעָז לְלֹא שִׁקּוּל דַּעַת; מִסְתַּכֵּן בְּצוּרָה טִפְּשִׁית

fool'ish *adj.* (פוּלִשׁ) טִפְּשִׁי

fool'proof *adj.* (פוּלְפְּרוּף) חֲסִין־סִכּוּן; שֶׁאֵינוֹ מַכְזִיב

fool's' gold' (פוּלְז גוֹלְד) פִּירִיטִים שֶׁל בַּרְזֶל אוֹ נְחֹשֶׁת (שמראיהם כמראה זהב)

foot *n.* (פֻט) רֶגֶל; מִדַּת רֶגֶל (= 30.48 ס״מ); חֵיל־רַגְלִים; הֲלִיכָה, רִיצָה; צְעִידָה, מִדְרָךְ; תַּחְתִּית הַגֶּרֶב (המכסה את החלק של הרגל); תַּחְתִּית, רַגְלֵי, מַרְגְּלוֹת; אַחֲרִית

— *v.i.* & *t.* הָלַךְ בָּרֶגֶל; הֵזִיז הָרַגְלַיִם בְּקֶצֶב; רָקַד עַל; בִּצֵּעַ מָחוֹל; עָבַר בָּרֶגֶל; חִבֵּר מַעֲטֵה רֶגֶל ל־; שִׁלֵּם

foot'ball" *n.* (פֻטְבּוֹל) כַּדּוּרֶגֶל (אמריקני)

foot'bridge" *n.* (פֻטְבְּרִג׳) גֶּשֶׁר לְהוֹלְכֵי רֶגֶל

foot'hill" *n.* (פֻטְהִל) גִּבְעָה (למרגלות הר)

foot'hold" *n.* (פֻטְהוֹלְד) מַאֲחַז־רֶגֶל

foot'ing *n.* (פֻטִנְג) מַעֲמָד אֵיתָן; מַאֲחַז־רֶגֶל; בָּסִיס, יְסוֹד; מָקוֹם לְרַגְלַיִם; הֲלִיכָה; יַצִּיבוּת; מַעֲמָד; יַחֲסֵי גּוֹמְלִין

foot'light" *n.* (פֻטְלַיְט) אוֹר־בִּימָה

foot'lock"er *n.* (פֻטְלוֹקֶר) אַרְגַּז חֲפָצִים

foot'loose" *adj.* (פֻטְלוּס) חָפְשִׁי לָנוּעַ כִּרְצוֹנוֹ; חָפְשִׁי מֵאַחֲרָיוּת

foot'man *n.* (פֻטְמֶן) מְשָׁרֵת (במדים)

foot'note" *n.* (פֻטְנוֹט) הֶעָרָה (בתחתית עמוד); הֶעָרַת אַגַּב

foot'print" *n.* (פֻטְפְּרִנְט) עָקֵב (סימן שהוטבע ע"י רגל או נעל)

foot'step" *n.* (פֻטְסְטֶפ) צַעַד; מִדְרָךְ; עָקֵב (טביעת רגל); מַדְרֵגָה

foot'stool" *n.* (פֻטְסְטוּל) שְׁרַפְרַף, הֲדוֹם

foot'work" *n.* (פֻטְוֶרְק) רִגְלוּל

for *prep.* (פוֹר; בלי הטעמה: פֶר) בִּשְׁבִיל, לְמַעַן, ל־; נַעֲנָה ל־, רָגִישׁ ל־; תְּמוּרַת; יָאֶה ל־, מַתְאִים ל־; בְּעַד; אֲשֶׁר ל־; בְּיַחַס ל־; מִבְּחִינַת ־; בְּמֶשֶׁךְ; בִּמְקוֹם; כְּעֹנֶשׁ ל־; לִכְבוֹד; בְּדֶרֶךְ ל־; לְטוֹבַת; לְהַצָּלַת; כְּדֵי לִהְיוֹת; עַל־ (צריך); כְּדֵי לְהַרְשׁוֹת; בִּבְחִינַת־; לַמְרוֹת; מִסִּבַּת־, בְּ־; כְּמִדַּת; הַלְוַאי וְהָיָה לִי־

as — וַאֲשֶׁר ל־

— conj. הוֹאִיל וְ־; כִּי, מִפְּנֵי שֶׁ־

for'age *n. & v.i. & t.* (פוֹרִג') מִסְפּוֹא; צֵידָה; חִפּוּשׂ מָזוֹן, חִפּוּשׂ אַחֲרֵי צֵידָה; פְּשִׁיטָה; חִפֵּשׂ מָזוֹן; חִטֵּט; עָרַךְ פְּשִׁיטָה (לצורך אספקה); שָׁדַד; סִפֵּק מָזוֹן, סִפֵּק צֵידָה

for'ay *n.* (פוֹרֵי) פְּשִׁיטָה (למטרת ביזה); הַתְקָפַת פֶּתַע

forbade' (פוֹרְבֵּד) (זמן עבר של forbid)

forbear' *v.t. & i.* (פוֹרְבֵּר) נִמְנַע מ־; עִכֵּב; סָבַל; נָהַג בְּאֹרֶךְ רוּחַ (על אף התגרות), נָהַג בְּסַלְחָנוּת כְּלַפֵּי

forbear'ance *n.* (פוֹרְבֵּרֶנְס) הִמָּנְעוּת; אֹרֶךְ רוּחַ; סַלְחָנוּת; הִמָּנְעוּת מֵעֲמִידָה עַל זְכוּת

forbid' *v.t.* (פֶרְבִּד) אָסַר עַל, אָסַר; מָנַע

forbid'den *adj.* (פֶרְבִּדְן) אָסוּר

forbid'ding *adj.* (פֶרְבִּדִנְג) נִזְעָם, עוֹיֵן; אַכְזָרִי; מְאַיֵּם, מְסֻכָּן

force *n.* (פוֹרְס) כֹּחַ, עָצְמָה, מֶרֶץ; אֲלִימוּת; כֹּחַ שִׁכְנוּעַ; תֹּקֶף; עֵרֶךְ; מַשְׁמָעוּת

in — תָּקֵף, בְּתֹקֶף; בְּמִסְפָּר רַב

— *v.t. & i.* הִכְרִיחַ; הִכְנִיס בְּכֹחַ; בִּצֵּעַ בְּכֹחַ; כָּפָה עַל־; הוֹצִיא בְּכֹחַ; לָכַד; שָׁבַר; אִלֵּץ; הִמְרִיץ; הִשְׁתַּמֵּשׁ בְּכֹחַ נֶגֶד; הִתְקַדֵּם בְּכֹחַ

— *adj.* אָנוּס; מְאֻלָּץ; כָּפוּי; שֶׁל חֵרוּם, שֶׁל אֹנֶס

for'ceps *n. pl.* (פוֹרְסֶפְּס) מֶלְקָחַיִם

for'cible *adj.* (פוֹרְסִבְּל) בְּכֹחַ; חָזָק; מַרְשִׁים; מְשַׁכְנֵעַ

ford *n. & v.t.* (פוֹרְד) מַעְבָּרָה (מעבר בנהר); חָצָה נָהָר בָּרֶגֶל

fore *adj. & adv. & n.* (פוֹר) קִדְמִי; מֻקְדָּם; רִאשׁוֹן; לְיַד הַחַרְטוֹם; חֵלֶק קִדְמִי; חֲזִית

fore'arm" *n.* (פוֹרָרְם) אַמַּת הַיָּד

forearm' *v.t.* זִיֵּן מֵרֹאשׁ

fore'bear" *n.* (פוֹרְבֵּר) אָב קַדְמוֹן

forebo'ding *n.* (פוֹרְבּוֹדִנְג) הַרְגָּשָׁה שֶׁיֶּאֱרַע אָסוֹן

fore'cast" *v.t. & n.* (פוֹרְקֶסְט) חִזָּה, חָזָה מֵרֹאשׁ; הִגִּיד מֵרֹאשׁ; הִצְבִּיעַ מֵרֹאשׁ; שִׁמֵּשׁ תַּחֲזִית; תִּכְנֵן מֵרֹאשׁ; תַּחֲזִית; נִחוּשׁ עַל הֶעָתִיד

—er *n.* חַזַּאי

fore'castle *n.* (פוֹקְסֶל) טִירַת הַחַרְטוֹם; בֵּית הַסִּפּוּן

foreclose' *v.t. & i.* (פוֹרְקְלוֹז) עִקֵּל (על אי־פרעון תשלומי משכנתא), חִלֵּט, שָׁלַל זְכוּת פְּדִיָּה (של משכנתא); הִפְקִיעַ רְכוּשׁ (בעיקר משכון); מָנַע כְּנִיסָה; מָנַע, עָצַר; קָבַע תְּבִיעָה בִּלְעָדִית

foreclo'sure *n.* (פוֹרְקְלוֹז'ר) עִקּוּל

fore'father *n.* (פוֹרְפָדֶ'ר) אָב קַדְמוֹן

fore'fin"ger *n.* (פוֹרְפִינְגֶר) הָאֶצְבַּע, הָאֶצְבַּע הָרוֹמֶזֶת

fore'gone" *adj.* (פוֹרְגוֹן) קוֹדֵם, שֶׁעָבַר

fore'gone" conclu'sion תּוֹצָאָה שֶׁאֵין מָנוֹס מִמֶּנָּה

fore'ground" *n.* (פוֹרְגְרָאוּנְד) רֶקַע קִדְמִי

fore'head *n.* (פוֹרִד) מֵצַח; חֲזִית

for'eign *adj.* (פוֹרִן) זָר, נָכְרִי; שֶׁל חוּץ; שֶׁל זָר; מְשֻׁנֶּה

— exchange' מַטְבֵּעַ חוּץ

— min'ister שַׂר הַחוּץ

— of'fice מִשְׂרַד הַחוּץ

for'eigner *n.* (פוֹרִנֶר) זָר, נָכְרִי

fore'man *n.* (פוֹרְמֶן) מְנַהֵל עֲבוֹדָה; דּוֹבֵר הַמֻּשְׁבָּעִים

fore'most" *adj.* (פוֹרְמוֹסְט) רָאשִׁי; עִקָּרִי; רִאשׁוֹן

fore′noon″ *n. & adj.* (פּוֹרְנוּן) לִפְנֵי הַצָּהֳרַיִם, בֹּקֶר; שֶׁל לִפְנֵי הַצָּהֳרַיִם, שֶׁל הַבֹּקֶר

foren′sic *adj.* (פוֹרֶנְסִק) מִשְׁפָּטִי, שֶׁל הֲלִיכִים מִשְׁפָּטִיִּים; דִּיּוּנִי; וִכּוּחִי; רֶטוֹרִי

fore′run″ner *n.* (פוֹרַנֶר) בָּא לִפְנֵי, קוֹדֵם; אָב קַדְמוֹן; אוֹת, אוֹת מְבַשֵּׂר אֶת בּוֹא־; מְבַשֵּׂר

foresee′ *v.t. & i.* (פוֹרְסִי) חָזָה מֵרֹאשׁ, רָאָה הַנּוֹלָד

foreshad′ow *v.t.* (פוֹרְשֶׁדוֹ) הֶרְאָה מֵרֹאשׁ, הִצְבִּיעַ מֵרֹאשׁ, הִצִּיג לִפְנֵי כֵן

fore′sight″ *n.* (פוֹרְסַיט) דְּאָגָה לֶעָתִיד, רְאִיַּת הַבָּאוֹת, רְאִיַּת הַנּוֹלָד; תְּבוּנָה

fore′skin″ *n.* (פוֹרְסְקִן) עָרְלָה

for′est *n. & v.t.* (פוֹרֶסְט) יַעַר; עֲצֵי יַעַר; כִּסָּה בְּעֵצִים; הָפַךְ לְיַעַר

forestall′ *v.t.* (פוֹרְסְטוֹל) קִדֵּם פְּנֵי הָרָעָה; מָנַע (ע״י פעולה מקדימה); מָנַע מְכִירָה עַל יְדֵי תַּחְבּוּלוֹת

for′ester *n.* (פוֹרֶסְטֶר) יַעֲרָן

for′est ran′ger (פוֹרֶסְט רֵינְגֶ׳ר) שׁוֹמֵר יַעַר צִבּוּרִי

fore′taste″ *n.* (פוֹרְטֵיסְט) צִפִּיָּה, הֲנָאָה מֻקְדֶּמֶת, חֲוָיָה חֶלְקִית

fore′tell *v.t.* (פוֹרְטֶל) הִגִּיד מֵרֹאשׁ, נִבָּא

foretold′ (פוֹרְטוֹלְד) (זמן עבר של foretell)

fore′thought″ *n.* (פוֹרְת׳וֹט) דְּאָגָה מֵרֹאשׁ; מַחֲשָׁבָה לִפְנֵי מַעֲשֶׂה; שִׁקּוּל מֻקְדָּם; צְפִיָּה

forev′er *adv.* (פוֹרֶוֶר) לְעוֹלָם, לָנֶצַח; לְלֹא הַפְסָקָה, בִּרְצִיפוּת

forewarn′ *v.t.* (פוֹרווֹרְן) הִזְהִיר מֵרֹאשׁ

fore′word″ *n.* (פוֹרְוֶרְד) פֶּתַח דָּבָר, מָבוֹא, הַקְדָּמָה

for′feit *n. & v.t.* (פוֹרְפִט) קְנָס, עֹנֶשׁ; הֶפְסֵד; אִבּוּד זְכוּת (בעקבות עבירה); כֹּפֶר; הִפְסִיד (בעקבות ביצוע עבירה)

forge *n. & v.t. & i.* (פוֹרְג׳) כּוּר; מַפָּחָה; חִשֵּׁל; עִצֵּב; בָּדָה, זִיֵּף; הִתְקַדֵּם בְּטֶמְפּוֹ מוּאָץ; הִתְקַדֵּם בְּקֹשִׁי

for′gery *n.* (פוֹרְגֶ׳רִי) זִיּוּף; בְּדָיָה

forget′ *v.t. & i.* (פֶרְגֶט) שָׁכַח; הִתְעַלֵּם מ־; זִלְזֵל בּ־

forget′ful *adj.* (פֶרְגֶטְפֶל) נוֹטֶה לִשְׁכֹּחַ, שַׁכְחָן; מְזַלְזֵל

forget′fulness *n.* (פֶרְגֶטְפֶלְנֶס) שַׁכְחָנוּת

forget′-me-not″ *n.* (פֶרְגֶט־מִי־נוֹט) זְכְרִיָּה

forgiv′able *adj.* (פֶרְגִוַּבְּל) נִתָּן לִמְחִילָה

forgive′ *v.t. & i.* (פֶרְגִב) סָלַח, מָחַל

forgive′ness *n.* (פֶרְגִוְנֶס) סְלִיחָה, מְחִילָה

forgot (פֶרְגוֹט) (זמן עבר של forget)

fork *n* a *v.i & t.* (פוֹרְק) מַזְלֵג; מִסְעָף; הִסְתָּעֲפוּת; יוּבַל עִקָּרִי; הִסְתָּעֵף; הִשְׁתַּמֵּשׁ בְּמַזְלֵג

forlorn′ *adj.* (פוֹרְלוֹרְן) מְשֻׁמָּם, גַּלְמוּד; נוּגֶה; נָטוּשׁ; נוֹאָשׁ

form *n.* (פוֹרְם) צוּרָה, תַּבְנִית, דְּמוּת; גּוּף; אִמּוּם, דֻּגְמָן; דְּפוּס; סִדּוּר מְאֻרְגָּן; נֹהַג מְקֻבָּל; נֹסַח; טֹפֶס; מִסְמָךְ־אָב; טֶקֶס; הִתְנַהֲגוּת חֶבְרָתִית; שִׁיטָה, טֶכְנִיקָה; כֹּשֶׁר גּוּפָנִי; כִּתָּה

— *v.t. & i.* בָּנָה; צָר (צורה), עִצֵּב; עֻצַּב בְּצוּרָה מְסֻיֶּמֶת; עָשָׂה, יָצַר; שִׁמֵּשׁ כּ־; הִרְכִּיב; נִסַּח; סִגֵּל; לָבַשׁ צוּרָה מְסֻיֶּמֶת; נוֹצַר

for′mal *adj.* (פוֹרְמַל) שַׁיָּךְ לַנֹּהַג הַמְקֻבָּל; בְּהֶתְאֵם לַמֻּסְכָּמוֹת; פוֹרְמָלִי; טִקְסִי; הַקְפָּדָה עַל צוּרָה חִיצוֹנִית בִּלְבַד; תַּקִּיף; מִתְיַחֵס לְמַרְכִּיבָיו; כַּנֹּהַג; אֲקָדֵמִי; מְאֻרְגָּן; סִימֶטְרִי; בְּהֶתְאֵם לְקָנֶה מִדָּה מְסָרְתִּי; צוּרָנִי; מִבְּחִינָה חִיצוֹנִית בִּלְבַד

— *n. & adv.* נֶשֶׁף שֶׁבּוֹ תִּלְבֹּשֶׁת עֶרֶב חוֹבָה; לְבוּשׁ תִּלְבֹּשֶׁת עֶרֶב

formal′ity *n.* (פוֹרְמֶלִטִי) רִשְׁמִיּוּת, פוֹרְמָלִיּוּת; אֹפִי קַפְּדָנִי; קְשִׁיחוּת; הַקְפָּדָה עַל נֹהַג חִיצוֹנִי; שִׁיטַת קְבִיעָה; פְּעֻלָּה רִשְׁמִית; יְצִיאַת יְדֵי חוֹבָה

forma′tion *n.* (פוֹרְמֵישְׁן) עִצּוּב; תְּצוּרָה; מִבְנֶה; מַעֲרָךְ; פוֹרְמַצְיָה

for′mer *adj.* (פוֹרְמֶר) קוֹדֵם; לְשֶׁעָבַר; קָדוּם; רִאשׁוֹן (מתוך שנים)

for′merly *adv.* (פוֹרְמֶרְלִי) לְפָנִים, בֶּעָבָר; קֹדֶם

for′midable *adj.* (פוֹרְמִדַבְּל) מַבְעִית, מַפְחִיד; מְיָאֵשׁ; מְעוֹרֵר יִרְאַת כָּבוֹד; מְיֻחָד בְּמִינוֹ; עֶלְיוֹן; חָזָק מְאֹד, עָצוּם

for'mula *n.* (פוֹרְמְיֻלָה) נֻסְחָה; דֶּרֶךְ פְּעֻלָּה מְקֻבֶּלֶת; מִרְשָׁם; אֹכֶל לְתִינוֹק שֶׁעִקָּרוֹ חָלָב; קְבִיעָה רִשְׁמִית

for'mulate" *v.t.* (פוֹרְמְיֻלֵיט) נִסֵּחַ; קָבַע בְּדַיְקָנוּת; פִּתֵּחַ; הִבִּיעַ בְּנֻסְחָה

for'nicate" *v.i.* (פוֹרְנֶקֵיט) שָׁגַל, הִשְׁתַּגֵּל, זָנָה

forsake' *v.t.* (פוֹרְסֵיק) נָטַשׁ; וִתֵּר עַל

forswear' *v.t. & i.* (פוֹרְסְוֶר) דָּחָה בִּשְׁבוּעָה; וִתֵּר עַל בִּשְׁבוּעָה; הִכְחִישׁ נִמְרָצוֹת; נִשְׁבַּע לַשֶּׁקֶר

fort *n.* (פוֹרְט) מִבְצָר; בִּצּוּר; מֶרְכָּז לְסַחַר חֲלִיפִין

forth *adv.* (פוֹרְתְ׳) קָדִימָה, הָלְאָה; הַחוּצָה; לְעֵינֵי־; לַמֶּרְחַקִּים

forth'com"ing *adj.* (פוֹרְתְ׳קַמִנג) הָעוֹמֵד לְהוֹפִיעַ; מִתְקָרֵב, מְמַשְׁמֵשׁ וּבָא; מוּכָן

forth'right" *adi.* (פוֹרְתְ׳רַיט) יָשָׁר לָעִנְיָן; יָשִׁיר

forth"with' *adv.* (פוֹרְתְ׳וִד׳) מִיָּד

for'tieth *adj. & n.* (פוֹרְטִיאֶתְ׳) הָאַרְבָּעִים; הַחֵלֶק הָאַרְבָּעִים

for"tifica'tion *n.* (פוֹרְטִפִקֵישְׁן) בִּצּוּר, חִזּוּק מִבְצָר; בִּצּוּרִים

—s

for'tify" *v.t. & i.* (פוֹרְטְפַי) בִּצֵּר, חִזֵּק; אִשֵּׁר; הוֹסִיף כֹּהַל; הֵקִים בִּצּוּרִים

for'titude" *n.* (פוֹרְטִטוּד) אֹמֶץ; כֹּחַ מוּסָרִי

fort'night" *n.* (פוֹרְטְנַיט) שְׁבוּעַיִם

for'tress *n.* (פוֹרְטְרֶס) מְצוּדָה; מִבְצָר, מַעֲרֶכֶת בִּצּוּרִים, מָעֹז

fortu'itous *adj.* (פוֹרְטוּאִטֶס) מִקְרִי; בַּר־מַזָּל

for'tunate *adj.* (פוֹרְצֶ׳נִט) בַּר־מַזָּל; מֵבִיא מַזָּל טוֹב; מֻצְלָח, מִסְתַּיֵּם בְּכִי טוֹב

—ly לְמַרְבֵּה הַמַּזָּל

for'tune *n.* (פוֹרְצְ׳ן) מַזָּל; מִקְרֶה; מַעֲמָד (בהתאם לעושר); עֹשֶׁר; הוֹן רַב; גּוֹרָל; הַצְלָחָה, רְוָחָה

— hun'ter צַיַּד כַּלָּה עֲשִׁירָה

— tel'ler מַגִּיד עֲתִידוֹת

tell someone's — נִבָּא; הִתְיַמֵּר לְהַגִּיד עֲתִידוֹ שֶׁל פְּלוֹנִי

for'ty *n. & adj.* (פוֹרְטִי) אַרְבָּעִים

— winks שֵׁנָה חֲטוּפָה

for'ward *adv. & adj.* (פוֹרְוֶרְד) קָדִימָה, הָלְאָה; לְעֵינֵי כֹּל; לִקְרַאת הַחַרְטוֹם (של אניה); מִתְקַדֵּם; בְּמַצָּב הָכֵן; מִשְׁתּוֹקֵק; נוֹעָז; קִדְמִי; לִקְרַאת הֶעָתִיד; קִיצוֹנִי

— *n. & v.t.* חָלוּץ; הֶעֱבִיר; קִדֵּם, זֵרֵז

fos'sil *n. & adj.* (פוֹסְל) מְאֻבָּן; מְיֻשָּׁן; שֶׁאָבַד עָלָיו כֶּלַח

fos'silize" *v.t. & i.* (פוֹסְלַיז) אִבֵּן; הָפַךְ לִמְאֻבָּן; הָפַךְ לִמְיֻשָּׁן לְלֹא תַּקָּנָה; הִתְאַבֵּן

fos'ter *v.t. & adj.* (פוֹסְטֶר) טִפֵּחַ, עוֹדֵד; גִּדֵּל; טִפֵּל בְּ־; הוֹקִיר; מְאֻמָּץ; מְאַמֵּץ

fought (פוֹט) (זמן עבר של fight)

foul *adj. & adv.* (פָאוּל) מְטֻנָּף; גָּעֳלִי; מְעוֹרֵר שְׁאָט נֶפֶשׁ, מַבְחִיל; מָאוּס; מְעֻפָּשׁ; מְרֻפָּשׁ; סָתוּם; סוֹעֵר (כמזג אוויר); מְנֻגָּד; מְתֹעָב; לֹא־הוֹגֵן, בְּנִגּוּד לַכְּלָלִים; מְסֻתְבָּךְ; בְּצוּרָה גַּעֲלִית; בְּצוּרָה לֹא־הוֹגֶנֶת; מִחוּץ לִתְחוּם הַמִּשְׂחָק

fall — of הִתְנַגֵּשׁ; הִתְכַּתֵּשׁ; הִתְקִיף, הִסְתָּעֵר עַל

run — of הִתְנַגֵּשׁ

— *n.* עֲבֵרָה (על כללי המשחק), הֲפָרָה

— *v.t. & i.* טִנֵּף; לִכְלֵךְ; סָתַם; הִתְנַגֵּשׁ עִם; גָּרַם לְהִסְתַּבְּכוּת; שִׁקֵּץ, טִמֵּא; הֵמִיט חֶרְפָּה; הִסְתָּאֵב

foul'ness *n.* (פָאוּלְנֶס) תּוֹעֵבָה; סְחִי; רֶשַׁע

foul'play' (פָאוּל פְּלֵי) מַעֲשֶׂה נִפְשָׁע; רֶצַח; הִתְנַהֲגוּת לֹא־הוֹגֶנֶת

found *v.t. & adj.* (פָאוּנְד) (זמן עבר של find); יָסַד, הֵקִים; הִשְׁתִּית, בִּסֵּס; יָצַק; מָצוּי; מְצֻיָּד

founda'tion *n.* (פָאוּנְדֵישְׁן) יְסוֹד, יְסוֹדוֹת; יִסּוּד, בִּסּוּס; תְּרוּמָה, קֶרֶן; מוֹסָד נִתְמָךְ (ע״י קרן מיוחדת או עזבון); תַּכְשִׁיר פָּנִים

foun'der *v.i. & n.* (פָאוּנְדֶר) טָבַע, שָׁקַע; נִכְשַׁל כִּשָּׁלוֹן חָרוּץ, נֶהֱרַס; מָעַד; חָלָה מֵחֲמַת זְלִילָה; מְיַסֵּד

found'ling *n,* (פָאוּנְדְלִנג) אֲסוּפִי

foun'dry *n.* (פָאוּנְדְרִי) בֵּית יְצִיקָה; יְצִיקָה, יְצִיקוֹת

fount *n.* (פַאוּנְט) מַבּוּעַ, מַעְיָן; מִזְרָקָה; מָקוֹר

foun'tain *n.* (פַאוּנְטְן) מַעְיָן; מְקוֹר נָהָר; מָקוֹר; סִילוֹן, מִזְרָקָה; מַאֲגָר

foun'tain pen" (פַאוּנְטְן פֶּן) עֵט נוֹבֵעַ

four *n.* & *adj.* (פוֹר) אַרְבָּעָה (.m), אַרְבַּע (.f)

four'flush"er *n.* (פוֹרְפְלַשְׁר) מִתְהַלֵּל; בַּעַל יָמְרוֹת

four'teen' *n.* & *adj.* (פוֹרְטִין) אַרְבָּעָה עָשָׂר (.m), אַרְבַּע עֶשְׂרֵה (.f)

fourth *adj.* & *n.* (פוֹרְת׳) רְבִיעִי/ת

fowl *n.* (פַאוּל) תַּרְנְגוֹל; עוֹף בַּיִת (= ברווז, אווז, וכו׳); בְּשַׂר עוֹף (ביתי); עוֹף

fox *n.* & *v.t.* (פוֹקְס) שׁוּעָל; פַּרְוַת שׁוּעָל; אָדָם עַרְמוּמִי; הֶעֱרִים עַל; הִתְנַהֵג בְּעַרְמוּמִיּוּת

foy'er *n.* (פוֹיְאֶר) אוּלַם כְּנִיסָה; מָבוֹא; פְּרוֹזְדוֹר

fra'cas *n.* (פְרֵיקַס) הֲמֻלָּה; קְטָטָה, הִתְכַּתְּשׁוּת

frac'tion *n.* (פְרֶקְשֶׁן) שֶׁבֶר; קֶטַע; חֵלֶק; חֵלֶק זָעוּם, קֹרֶט; שְׁבִירָה

frac'ture *n.* & *v.t.* & *i.* (פְרֶקְצֶ׳ר) שֶׁבֶר, פִּרְצָה, בְּקִיעַ; שָׁבַר, סָדַק, גָּרַם שֶׁבֶר; נִשְׁבַּר

frag'ile *adj.* (פְרֶגֶ׳ל) שָׁבִיר, עָדִין, חַלָּשׁ; שַׁבְרִירִי; קָלוּשׁ

frag'ment *n.* (פְרֶגְמֶנְט) חֲתִיכָה, קֶטַע, שֶׁבֶר

frag'mentar"y *adj.* (פְרֶגְמֶנְטֶרִי) מְקֻטָּע; שָׁבוּר, לֹא־שָׁלֵם

fra'grance *n.* (פְרֵיגְרֶנְס) רֵיחַ נִיחוֹחַ

frag'rant *adj.* (פְרֵיגְרֶנְט) נִיחוֹחִי, רֵיחָנִי; נָעִים

frail *adj.* (פְרֵיל) חָלוּשׁ; שָׁבִיר

frail'ty *n.* (פְרֵילְטִי) חֲלוּשָׁה; חֻלְשָׁה מוּסָרִית; מוּם מוּסָרִי

frame *n.* & *v.t.* (פְרֵים) מִסְגֶּרֶת, שֶׁלֶד; תְּמִיכָה; מִבְנֵה גוּף; מַצָּב; עִצֵּב, בָּנָה; תִּכְנֵן; תִּחְבֵּל, דִּמָּה; בִּטֵּא; הִתְאִים; סִדֵּר בִּרְמִיָּה; הִפְלִיל חַף מִפֶּשַׁע; שָׂם בְּמִסְגֶּרֶת

fran'chise *n.* & *v.t.* (פְרֶנְצַ׳יז) זְכוּת הַצְבָּעָה; זִכָּיוֹן; זְכוּת מְכִירָה אוֹ שִׁוּוּק; שֶׁטַח זִכָּיוֹן; זְכוּת מְיֻחֶדֶת (שהוענקה ע״י סמכות עליונה); הֶעֱנִיק זִכָּיוֹן

frank *adj.* & *n.* (פְרֶנְק) גְּלוּי־לֵב, כֵּן; לְלֹא־מַסְוֶה, גָּלוּי; סִימַן פְּטוֹר; זְכוּת פְּטוֹר (מתשלום דואר); מִשְׁלוֹחַ חִנָּם

frank'ness *n.* (פְרֶנְקְנֶס) גִּלּוּי־לֵב

fran'tic *adj.* (פְרֶנְטִק) אֲבוּד־עֶשְׁתּוֹנוֹת; שְׁטוּף־הִתְרַגְּשׁוּת

frater'nal *adj.* (פְרֶטֶרְנֶל) אַחֲוָתִי; שֶׁל עֶזְרָה הֲדָדִית

frater'nity *n.* (פְרֶטֶרְנִטִי) מִסְדָּר אַחֲוָה; קְבוּצָה אַחֲוָתִית; קְבוּצָה בַּעֲלַת אִינְטֶרֶסִים וּמַטָּרוֹת מְשֻׁתָּפִים; אֲגֻדָּה; אַחֲוָה

frat'ernize" *v.i.* (פְרֶטֶרְנַיז) הִתְיַדֵּד

fra'tricide" *n.* (פְרֶטְרְסַיד) הוֹרֵג אָחִיו; הֲרִיגַת אָח

fraud *n.* (פְרוֹד) רַמָּאוּת, אוֹנָאָה; רַמַּאי

frau'dulent *adj.* (פְרוֹגֶ׳לֶנְט) שֶׁל מִרְמָה; נוֹעָד לְרַמּוֹת; גּוֹנֵב הַדַּעַת

fray *n.* (פְרֵי) הִתְנַצְּחוּת, הִתְכַּתְּשׁוּת

fraz'zle *v.i.* & *t.* & *n.* (פְרֶזְל) רִפֵּט, מִרְטֵט; הוֹגִיעַ; הִתְרַפְּטוּת

freak *n.* & *adj.* (פְרִיק) מִפְנֶה־פֶּתַע (ללא סיבה גלויה); זָרוּת, אֲנוֹמַלְיָה; סְטִיָּה; מִפְלֶצֶת; מִתְמַכֵּר

freck'le *n.* (פְרֶקְל) נֶמֶשׁ

free *adj.* (פְרִי) חָפְשִׁי, מְשֻׁחְרָר; עַצְמָאִי; פָּנוּי; פָּטוּר; כְּלָלִי; לֹא־מְחֻבָּר; גָּלוּי; נָדִיב; לְלֹא תְּמוּרָה; לְלֹא תַּשְׁלוּם; שֶׁאֵינוֹ מוּנָע בְּכֹחַ — *v.t.* שִׁחְרֵר

free'dom *n.* (פְרִידֶם) חֵרוּת, חֹפֶשׁ; עַצְמָאוּת; זְכוּת מְיֻחֶדֶת; שִׁחְרוּר מֵהִתְחַיְּבֻיּוֹת; חָפְשִׁיּוּת; פְּטוֹר, חֲסִינוּת; קַלּוּת פְּעֻלָּה; גִּלּוּי־לֵב; חֹסֶר טֶקְסִיּוּת

free'-for-all" *n.* (פְרִיפֶרוֹל) קְטָטָה שֶׁל הַכֹּל.בַּכֹּל

free' lance' (פְרִי לֶנְס) עוֹבֵד לְלֹא מַעֲבִיד קָבוּעַ; תּוֹמֵךְ קָנוּי

free'-lance' *v.i.* & *adj.* & *adv.* עָבַד שֶׁלֹּא כְּעוֹבֵד קָבוּעַ; לֹא כְּעוֹבֵד קָבוּעַ

free'man *n.* (פְרִימֶן) אָדָם חָפְשִׁי; בַּעַל זְכֻיּוֹת אֶזְרָח

free'think"er *n.* (פְרִית׳ינְקֶר) אָדָם הַחוֹשֵׁב בְּאֹפֶן עַצְמָאִי; כּוֹפֵר

freeze *v.i.* & *t.* (פְרִיז) קָפָא; מֵת

מִקְפָּאוֹן; נִסְתַּם בְּקֶרַח; נֶעֱצַר פִּתְאוֹם; נַעֲשָׂה מְשֻׁתָּק (מפחד, הלם וכו׳); הִקְפִּיא; סָתַם בְּקֶרַח; הָרַג בְּקֹר אוֹ קָרָה; צִנֵּן הִתְלַהֲבוּת; שִׁתֵּק בְּפַחַד

— **over** הִתְכַּסָּה קֶרַח

— ***n.*** קְפִיאָה, קִפָּאוֹן; הַקְפָּאָה

free'zer ***n.*** (פְרִיזֶר) תָּא־הַקְפָּאָה; מַקְפִּיא; מְכוֹנַת גְּלִידָה

freight ***n. & v.t.*** (פְרֵיט) הוֹבָלַת מַשָּׂאוֹת; דְּמֵי הוֹבָלָה; מִטְעָן; הֶעֱמִיס; טָעַן; הוֹבִיל; שָׁלַח בְּרֶכֶב הוֹבָלָה

freight'er ***n.*** (פְרֵיטֶר) אֳנִיַּת מַשָּׂא

French ***adj. & n.*** (פְרֶנְץ׳) צָרְפָתִי; הַצָּרְפָתִים; צָרְפָתִית

French'man ***n.*** (פְרֶנְצ׳מֶן) צָרְפָתִי; אֳנִיָּה צָרְפָתִית

fren'zy ***n.*** (פְרֶנְזִי) הִתְרַגְּשׁוּת עַזָּה, הִשְׁתּוֹלְלוּת; חֲמַת זַעַם; טֵרוּף

fre'quency ***n.*** (פְרִיקְוֶנְסִי) תְּדִירוּת; שְׁכִיחוּת

fre'quent ***adj.*** (פְרִיקְוֶנְט) תָּכוּף; רָגִיל; בִּרְוָחִים קְצָרִים

—**ly** ***adv.*** לְעִתִּים קְרוֹבוֹת; פְּעָמִים רַבּוֹת; תָּדִיר

freauent' ***v.t.*** (פְרִקְוֶנְט) בִּקֵּר לְעִתִּים קְרוֹבוֹת

fresh ***adj.*** (פְרֶשׁ) טָרִי; חָדָשׁ; שֶׁזֶּה עַתָּה הִגִּיעַ; נוֹסָף; לֹא־מָלוּחַ (מים); לֹא־מְשֻׁמָּר; רַעֲנָן; צַח, קָרִיר, מְרַעֲנֵן; חֲסַר־נִסָּיוֹן; חָצוּף; שֶׁזֶּה עַתָּה הִמְלִיטָה (פרה)

fresh'en ***v.t. & i.*** (פְרֶשֶׁן) עָשָׂה טָרִי; רִעֲנֵן; הִתְפִּיל; הִתְרַעֲנֵן; הִמְלִיטָה, הִתְחִילָה לָתֵת חָלָב (פרה)

fresh'man ***n. & adj.*** (פְרֶשְׁמֶן) תַּלְמִיד שָׁנָה רִאשׁוֹנָה; טִירוֹן; שֶׁל תַּלְמִידֵי הַשָּׁנָה הָרִאשׁוֹנָה; חֲסַר וֶתֶק; חֲסַר נִסָּיוֹן; רִאשׁוֹן

fret ***v.i. & t.*** (פְרֶט) דָּאַג; הִבִּיעַ חֲשָׁשׁוֹת; הִרְגִּישׁ מֹרַת־רוּחַ; אִכֵּל, כִּרְסֵם; יָצַר גַּלִּים; הִשְׁתַּפְשֵׁף; הִרְגִּיז, קִנְטֵר

fret'ful ***adj.*** (פְרֶטְפֶל) נוֹחַ לִכְעוֹס

fret'work" ***n.*** (פְרֶטְוֶרְק) תַּשְׁבֵּץ; קִשּׁוּטֵי מִשְׁבָּצוֹת

fri'ar ***n.*** (פְרַיאַר) נָזִיר

fric'tion ***n.*** (פְרִקְשֶׁן) חִכּוּךְ; חִלּוּקֵי דֵעוֹת, חִכּוּכִים

Fri'day ***n.*** (פְרַידִי) יוֹם הַשִּׁשִּׁי, יוֹם ו׳

Good — יוֹם ו׳ שֶׁלִּפְנֵי חַג הַפַּסְחָא

friend ***n.*** (פְרֶנְד) יְדִיד, חָבֵר; פַּטְרוֹן; קְוֵיקֶר

friend'liness ***n.*** (פְרֶנְדְלִנֶס) יְדִידוּת

friend'ly ***adj.*** (פְרֶנְדְלִי) יְדִידוּתִי, מַסְבִּיר פָּנִים

friend'ship ***n.*** (פְרֶנְדְשִׁפּ) יְדִידוּת

frieze ***n.*** (פְרִיז) אַפְרִיז

frig'ate ***n.*** (פְרִגִט) פְרִיגָטָה

fright ***n.*** (פְרַיט) פַּחַד פִּתְאוֹם; אָדָם מַבְעִית; דָּבָר מַפְחִיד

fright'en ***v.t.*** (פְרַיטְן) הִפְחִיד; הֶחֱרִיד

fright'ful ***adj.*** (פְרַיטְפֶל) אָיֹם, נוֹרָא, מַחֲרִיד; מְזַעְזֵעַ; לֹא־נָעִים; הַרְבֵּה מְאֹד

frig'id ***adj.*** (פְרִג׳ד) קַר מְאֹד; קַר, צוֹנֵן; נְטוּל־חֲמִימוּת; אָדִישׁ (לאהבה מינית); חֲסַר־דִּמְיוֹן, חֲסַר־רֶגֶשׁ

frill ***n.*** (פְרִל) קִשּׁוּט קְפָלִים אוֹ קִבּוּצִים; גְּדִיל; מַשֶּׁהוּ מְיֻתָּר (מסולסל או טקסי)

fringe ***n.*** (פְרִנְג׳) צִיצִית, גְּדִיל; שׁוּלַיִם; חֵלֶק טָפֵל

frisk ***v.i. & t.*** (פְרִסְק) כִּרְכֵּר, פִּזֵּז; עָרַךְ חִפּוּשׂ

fris'ky ***adj.*** (פְרִסְקִי) עַלִּיז; מִשְׁתַּעֲשֵׁעַ

frit'ter ***v.t. & i.*** (פְרִטֶר) בִּזְבֵּז, פִּזֵּר; נִפֵּץ לִרְסִיסִים, קָרַע לִגְזָרִים; הִתְמָעֵט; הִתְפָּרֵק לַחֲתִיכוֹת קְטַנּוֹת, נִפְרַט לִפְרוּטוֹת

frivol'ity ***n.*** (פְרִווֹלִטִי) קַלּוּת דַּעַת; חֹסֶר עֵרֶךְ

friv'olous ***adj.*** (פְרִוֶלֶס) חֲסַר־עֵרֶךְ; קַל־דַּעַת

friz'zle ***v.t.*** (פְרִזְל) קִרְזֵל (קרזולים קטנים ומוצקים)

fro ***adv.*** (פְרוֹ) מִן, מ־

to and — אֵילָךְ וָאֵילָךְ

frock ***n. & v.t.*** (פְרוֹק) שִׂמְלָה; אַדֶּרֶת; הִלְבִּישׁ שִׂמְלָה; הִסְמִיךְ לִכְמוּרָה

— **coat** מְעִיל אָרֹךְ

frog ***n.*** (פְרוֹג) צְפַרְדֵּעַ; צְרִידוּת; צָרְפָתִי (בזלזול); מַחֲזִיק־פְּרָחִים

frol′ic *n. & v.i.* (פְּרוֹלִק) עַלִּיזוּת; מְסִבָּה; פִּזֵּז; הִשְׁתַּעֲשֵׁעַ, הִתְעַנֵּג

from *prep.* (פְרַם, פְרוֹם; בלי הטעמה: פְרֶם) מִן, מִ־, מֵ־; הָחֵל בְּ־; עַל־פִּי

fround *n.* (פְרוֹנְד) עַלְעָל

front *n.* (פְרַנְט) חֲזִית; שֶׁטַח קִדְמִי; צַד; מָקוֹם לִפְנֵי־; שֶׁטַח לְאֹרֶךְ כְּבִישׁ אוֹ נָהָר; מַסְוֶה; מַנְהִיג סִמְלִי; יְצִיבָה; שַׁחְצָנוּת; מֵצַח, פָּנִים; כִּסּוּי חָזֶה

in — of לִפְנֵי, מוּל

in — לְפָנִים

— *v.t. & i.* עָמַד מוּל; פָּגַשׁ פָּנִים אֶל פָּנִים; הִתְיַצֵּב נֶגֶד; סִפֵּק חֲזִית; הִפְנָה הַחֲזִית אֶל־; שִׁמֵּשׁ מַסְוֶה

fron′tal *adj.* (פְרַנְטְל) חֲזִיתִי

frontier′ *n.* (פְרַנְטִיר) סְפָר; גְּבוּל; אֵזוֹר גְּבוּל

fron′tispiece″ *n.* (פְרַנְטִסְפִּיס) צִיּוּר פּוֹתֵחַ (מוּל שער הספר)

frost *n.* כְּפוֹר; קָרָה; קְפִיאָה; קְרִירוּת; כִּשָּׁלוֹן חָרוּץ

frost′bite″ *n.* (פְרוֹסְטְבַּיט) דַּלֶּקֶת קֹר

fros′ted *adj.* (פְרוֹסְטֶד) מְכֻסֶּה כְּפוֹר; נְגוּעַ־קָרָה; מְצֻפֶּה קֶרֶם; מַט, לָבָן (זכוכית)

fros′ty *adj.* (פְרוֹסְטִי) מְלֻוֶּה כְּפוֹר; קוֹפֵא, קַר מְאֹד; שֶׁל קָרָה; צוֹנֵן; דּוֹמֶה לִכְפוֹר; לָבָן אוֹ אָפֹר (שער); שֶׁל זִקְנָה

froth *n.* (פְרוֹתְ׳) קֶצֶף; קִפּוּי; פִּטְפּוּטֵי הֲבַאי

frown *v.i. & n.* (פְרַאוּן) קִמֵּט מֵצַח; הִזְעִים פָּנִים; הִתְיַחֵס בְּמֹרַת־רוּחַ; קִמּוּט־מֵצַח; מֹרַת־רוּחַ, פָּנִים זוֹעֲפוֹת

frow′zy *adj.* (פְרַאוּזִי) מְרֻשָּׁל וּמְלֻכְלָךְ; מְזֻנָּח

fro′zen *adj.* (פְרוֹזְן) קָפוּא; מְכֻסֶּה קֶרַח; מֻקְפָּא; קַר מְאֹד; נְגוּעַ־קָרָה; צוֹנֵן, חֲסַר־רֶגֶשׁ

fruc′tify″ *v.i. & t.* (פְרַקְטִפַי) הֵנִיב; נַעֲשָׂה פּוֹרֶה; הִפְרָה

fru′gal *adj.* (פְרוּגְל) חֶסְכוֹנִי; זוֹל; דַּל

fruit *n.* (פְרוּט) פְּרִי; פֵּרוֹת; תְּשׁוּאָה; תּוֹצֶרֶת

fruit′ful *adj.* (פְרוּטְפֻל) פּוֹרֶה; מַכְנִיס רְוָחִים; מֵנִיב בְּשֶׁפַע

fruit′ion *n.* (פְרוּאִשְׁן) הִתְגַּשְּׁמוּת; הַשָּׂגַת תּוֹצָאוֹת טוֹבוֹת; נַחַת; הֲנָבַת פֵּרוֹת

fruit′less *adj.* (פְרוּטְלִס) חֲסַר־סְרָק; חֲסַר תּוֹצָאוֹת; כּוֹשֵׁל; עָקָר

frump *n.* (פְרַמְפ) אִשָּׁה מְרֻשֶּׁלֶת

frus′trate *v.t.* (פְרַסְטְרֵיט) סִכֵּל; אִכְזֵב; תִּסְכֵּל

fry *v.t. & i. & n.* (פְרַי) טִגֵּן; מֵת בַּכִּסֵּא הַחַשְׁמַלִּי; נִצְלָה בְּגֵיהִנֹּם; מַאֲכָל מְטֻגָּן; מְסִבַּת מַאֲכָלוֹת מְטֻגָּנִים (תחת כפת השמים)

small — טַף; דְּבָרִים חַסְרֵי־עֵרֶךְ; דְּגֵי־רְקָק

fry′ing pan *n.* (פְרַיאִנְג פֶּן) מַחֲבַת

fud′dy-dud″dy *n.* (פַדִי־דַדִי) אָדָם שַׁמְרָנִי וּמִתְנַפֵּחַ; אָדָם קַטְנוּנִי

fudge *n.* (פַג׳) פַּג (ממתק עשוי חלב, שוקולדה, סוכר וחמאה); שְׁטֻיּוֹת, הֲבָלִים

fu′el *n. & v.t.* (פְיוּאֶל) דֶּלֶק; סִפֵּק דֶּלֶק, תִּדְלֵק

ftu′giive *n. & adj.* (פְיוּג׳טִב) נִמְלָט; חוֹלֵף, זְמַנִּי, נוֹדֵד

fu′gue *n.* (פְיוּג) פוּגָה; הֶפְלֵג

fulfil (l)′ *v.t.* (פֻלְפִל) הוֹצִיא־לַפֹּעַל, קִיֵּם, מִמֵּשׁ; בִּצַּע, מִלֵּא, צִיֵּת לְ־; הִשְׁלִים; סִפֵּק

fulfil (l)′ment *n.* (פֻלְפִלְמֶנְט) הוֹצָאָה לַפֹּעַל, קִיּוּם, בִּצּוּעַ, מִלּוּי; הַשְׁלָמָה, מִמּוּשׁ; סִפּוּק

full *adj.* (פֻל) מָלֵא; גָּדוּשׁ; שָׁלֵם; מַקְסִימָלִי; נִרְחָב, בַּעַל קְפָלִים רְחָבִים; שֶׁל אוֹתָם הַהוֹרִים

— *adv.* יָשָׁר, בְּדִיּוּק; מְאֹד

in — בִּמְלוֹאוֹ

full′-blood′ed *adj.* (פֻלְבְּלַדִד) מִגֶּזַע טָהוֹר

full′-fash′ioned *adj.* (פֻלְפֶשֶׁנְד) מְהֻדָּק לַגּוּף

full′-fledg′ed *adj.* (פֻלְפְלֶג׳ד) שָׁלֵם; מְפֻתָּח בִּמְלוֹאוֹ

full′-scale′ *adj.* (פֻלְסְקֵיל) בְּגֹדֶל טִבְעִי, בְּקְנֵה מִדָּה אֶחָד לְאֶחָד; כְּמַתְכֹּנֶת הַמָּקוֹר

full′ness *n.* (פֻלְנִס) מְלוֹא, מְלֵאוּת; שְׁלֵמוּת

ful′ly *adv.* (פֻלִי) בִּשְׁלֵמוּת, כֻּלּוֹ

full′ tilt′ (פֻל טִלְט) בִּמְלוֹא הַתְּנוּפָה

ful′minate″ *v.i. & t.* (פַלְמִנֵיט) הִתְפּוֹצֵץ; גִּנָּה, הוֹקִיעַ; פּוֹצֵץ

ful'some *adj.* (פֻלְסֶם) מַבְחִיל, גַס, מֻגְזָם; גַעֲלִי, דוֹחֶה

fum'ble *v.i. & t.* (פַמְבֶּל) גִשֵׁש בְּצוּרָה מְגֻשֶּׁמֶת, עָשָׂה בְּצוּרָה מְגֻשֶּׁמֶת; נָתַן לְהַחֲלִיק מִיָּדָיו, שָׁמַט

fume *n. & v.t. & i.* (פְיוּם) עָשָׁן, אֵד; זַעַם; פָּלַט עָשָׁן; חָשַׂף לְעָשָׁן; נִפְלַט כְּעָשָׁן; גִּלָּה זַעַם, זָעַף

fu'migate" *v.t.* (פְיוּמִגֵיט) חִטֵּא (ע״י אדים); הִשְׁמִיד חֲרָקִים

fun *n.* (פַן) הֲנָאָה, תַּעֲנוּג; בְּדִיחוּת, בְּדִיחוּת־הַדַּעַת

in — בְּלֵיצָנוּת

make — of לָעַג ל־

func'tion *n. & v.i.* (פַנְקְשֶׁן) תַּפְקִיד; אֵרוּעַ; פוּנְקְצְיָה; תִּפְקֵד, פָּעַל; שִׁמֵּשׁ

fund *n.* (פַנְד) קֶרֶן; מְלַאי

—s כֶּסֶף

fun"damen'tal *adj. & n.* (פַנְדָמֶנְטְל) בְּסִיסִי; יְסוֹדִי; מְקוֹרִי; עִקָּר; כְּלָל בְּסִיסִי

fu'neral *n. & adj.* (פְיוּנֶרֶל) טֶקֶס קְבוּרָה; הַלְוָיָה; שֶׁל טֶקֶס קְבוּרָה

fun'gus *n.* (פַנְגֶס) *pl.* **fun'gi** (פַנְגַ׳י) פִּטְרִיָּה

funic'ular *n.* (פְיוּנִקְיֶלֶר) רַכֶּבֶל

funk *n.* (פַנְק) פַּחַד, חֲרָדָה; דִּכָּאוֹן

fun'nel *n & v.t.* (פַנְל) מַשְׁפֵּךְ; מַעֲשֵׁנָה; פִּיר; רִכֵּז, הִזְרִים, מִקֵּד

fun'ny *adj.* (פַנִי) מַצְחִיק, מְבַדֵּחַ, הִתּוּלִי; מִתַּעְתֵּעַ, חָשׁוּד; חָצוּף; מְשֻׁנֶּה

— papers; funnies תְּמוּנוֹת הִתּוּלִיּוֹת, ״קוֹמִיקְס״

fur *n.* (פֶר) פַּרְוָה; שִׁכְבַת הַפְרָשָׁה

fur'bish *v.t.* (פֶרְבִּשׁ) חִדֵּשׁ, רִעֲנֵן

fur'ious *adj.* (פְיֻרִיאֶס) זוֹעֵם, מִתְקַצֵּף; מִשְׁתּוֹלֵל

furl *v.t.* (פֶרְל) גּוֹלֵל וְקָשַׁר

fur'lough *n.* (פֶרְלוֹ) חֻפְשָׁה (בצבא)

fur'nace *n.* (פֶרְנִס) כִּבְשָׁן; כּוּר; ״גֵיהִנּוֹם״ (מקום חם ביותר)

fur'nish *v.t.* (פֶרְנִשׁ) סִפֵּק; רִהֵט

fur'nishing *n.* (פֶרְנִשִׁנְג) רִהוּט

—s צִיּוּד בֵּיתִי; אֲבִזָרִים

fur'niture *n.* (פֶרְנִצְ׳ר) רָהִיטִים; צִיּוּד

fur'or *n.* (פְיֻרוֹר) הִתְלַהֲבוּת; שִׁגָּעוֹן; חֲרִי־אַף, זַעַם

furred *adj.* (פֶרְד) בַּעַל פַּרְוָה; עָשׂוּי פַּרְוָה; לָבוּשׁ פַּרְוָה; מְכֻסֶּה הַפְרָשָׁה

fur'rier *n.* (פֶרִיאֶר) פַּרְוָן

fur'row *n. & v.t.* (פֶרוֹ) תֶּלֶם; חָרִיץ, קֶמֶט; חָרַשׁ תֶּלֶם, חָרַץ

fur'ry *adj.* (פֶרִי) שֶׁל פַּרְוָה, דּוֹמֶה לְפַרְוָה; לוֹבֵשׁ פַּרְוָה; מְכֻסֶּה פַּרְוָה, שָׂעִיר; מְכֻסֶּה הַפְרָשָׁה

fur'ther *adv. & adj. & v.t.* (פֶרְדֶ׳ר) רָחוֹק יוֹתֵר; לִנְקֻדָּה רְחוֹקָה יוֹתֵר; בְּמִדָּה גְדוֹלָה יוֹתֵר; נוֹסָף; קִדֵּם

fur'thermore" *adv.* (פֶרְדֶ׳רְמוֹר) יָתֵר עַל כֵּן; מִלְּבַד זֹאת

fur'tive *adj.* (פֶרְטִב) בִּגְנֵבָה, חֲשָׁאִי; עַרְמוּמִי

fu'ry *n.* (פְיֻרִי) חֵמָה שְׁפוּכָה; אַלִּימוּת; הִשְׁתּוֹלְלוּת זַעַם; אָדָם מִשְׁתּוֹלֵל

like — בְּעָצְמָה רַבָּה

Furies אֵלוֹת הַנְּקָמָה

fuse *n. & v.t. & i.* (פְיוּז) נָתִיךְ, פְּקָק בִּטָּחוֹן; מַרְעוֹם; פְּתִיל הַצָּתָה; הִתִּיךְ; הֻתַּךְ; הִתְמַזֵּג

fu'selage" (פְיוּסֶלַג׳) מֶרְכָּב (מטוס)

fu'sillade" (פְיוּסִלֵיד) מַטָּח

fu'sion *n.* (פְיוּזֶ׳ן) הִתּוּךְ; הִתְמַזְּגוּת, מִזּוּג

fuss *n. & v.i.* (פַס) הִתְרַגְּשׁוּת־יֶתֶר, הִתְעַסְּקוּת־יֶתֶר; הִתְרוֹצְצוּת; וִכּוּחַ קוֹלָנִי; הִתְרַגֵּשׁ עַל דָּבָר פָּעוּט

fus'sy *adj.* (פַסִי) נוֹקְדָנִי; מִתְעַסֵּק בִּדְבָרִים רֵיקִים

fus'ty *adj.* (פַסְטִי) טָחוּב; מְיֻשָּׁן; שַׁמְרָנִי בְּקֹשִׁי עֹרֶף

fut'ile *adj.* (פְיוּטְל) שֶׁל שָׁוְא, חֲסַר־תּוֹצָאוֹת, חֲסַר־תּוֹעֶלֶת; קַל־עֵרֶךְ, אַפְסִי

fu'ture *n. & adj.* (פְיוּצְ׳ר) עָתִיד; זְמַן עָתִיד; בֶּעָתִיד, עֲתִידִי

futur'ity *n.* (פְיוּטֻרִטִי) עָתִיד; הַדּוֹרוֹת הַבָּאִים; הָעוֹלָם הַבָּא; מַצָּב בֶּעָתִיד, מְאֹרָע בֶּעָתִיד

fuzz *n.* (פַז) פֶּקֶס; מִשְׁטָרָה

G

G, g *n.* (גִ'י) ג, ג'; הָאוֹת הַשְּׁבִיעִית בָּאָלֶפְבֵּית הָאַנְגְּלִי; סוֹל; אֶלֶף דּוֹלָר

gab *v.i.* & *n.* (גֶּבּ) פִּטְפֵּט; דִּבְרֵי הֲבַאי

  gift of — כֹּחַ שִׁכְנוּעַ

gab′ble *v.i.* (גֶּבְּל) דִּבֵּר בִּמְהִירוּת וּבְצוּרָה לֹא־מוּבֶנֶת; גִּעְגַּע

ga′ble *n.* (גֵּיבְּל) גַּמְלוֹן

gad′about″ *n.* (גֶּדְאֲבַּאוּט) הוֹלֵךְ רָכִיל, הוֹלֵךְ בָּטֵל, מְשׁוֹטֵט

gad′fly″ *n.* (גֶּדְפְלַי) זְבוּב הַבָּקָר; טַרְדָן

gadg′et *n.* (גֶּג'ט) מִתְקָן מְחֻכָּם

gag *v.t.* & *i.* & *n.* (גֶּג) סָתַם הַפֶּה; דִּכֵּא חֹפֶשׁ הַדִּבּוּר; הִתְאַמֵּץ לְהָקִיא, נֶחֱנַק; הִתְבַּדֵּחַ; מַסְתֵּם לַפֶּה; דִּכּוּי חֹפֶשׁ הַדִּבּוּר; הֲלָצָה, בְּדִיחָה

ga′ga″ *adj.* (גָּגָה) טִפְּשִׁי, אֱוִילִי

gage *v.t.* & *n.* (גֵּיג') הֶעֱרִיךְ, אָמַד; מָדַד; הִתְאִים לְתֶקֶן; מַדִּיד; מַד; מִדָּה, גֹּדֶל, כַּמּוּת; קְנֵה מִדָּה; הֶקֵּף תְּכוּלָה; קֹטֶר פְּנִימִי (של הקנה של רובה ציד); רֹחַב מְסִלָּה (של מסילת ברזל); הַמֶּרְחָק בֵּין צֶמֶד גַּלְגַּלִּים (על סרן); עֳבִי; קֹטֶר; דַּקּוּת אָרִיג סָרוּג

gag′man″ *n.* (גֶּגְמֶן) מְחַבֵּר בְּדִיחוֹת

gag′rule″ (גֶּג רוּל) חֹק לְהַגְבָּלַת חֹפֶשׁ הַדִּבּוּר

gai′ety *n.* (גֵּיאִטִי) עַלִּיזוּת; רַאַוְתָנוּת

gai′ly *adv.* (גֵּילִי) בְּעַלִּיזוּת; בְּצוּרָה רַאַוְתָנִית

gain *v.t.* & *i.* & *n.* (גֵּין) הִשִּׂיג, רָכַשׁ; הִרְוִיחַ; הוֹסִיף; הִגִּיעַ ל־; הִשְׁתַּפֵּר, הִתְקַדֵּם; הִתְקָרֵב ל־; רֶוַח, יִתְרוֹן; תּוֹסֶפֶת; רְכִישָׁה; הַגְבָּרָה

gain′ful *adj.* (גֵּינְפֻל) מַכְנִיס, נוֹתֵן רֶוַח

gain′say″ *v.t.* (גֵּינְסֵי) הִכְחִישׁ; יָצָא נֶגֶד (בדיבורים או במעשים)

gait *n.* (גֵּיט) צוּרַת הֲלִיכָה

gai′ter *n.* (גֵּיטְר) גַּמָּשָׁה

gal *n.* (גֶּל) בַּחוּרָה

ga′la *adj.* & *n.* (גֵּילַה) חֲגִיגִי, בְּרֹב פְּאֵר; חֲגִיגָה; מְאֹרָע חֲגִיגִי; בִּדּוּר מְיֻחָד; לְבוּשׁ חֲגִיגִי

gal′axy *n.* (גֶּלַקְסִי) גָּלַקְסְיָה; חֲבוּרָה מַזְהִירָה

gale *n.* (גֵּיל) סַעַר; הִתְפָּרְצוּת רוֹעֶשֶׁת

Gal′ilee *n.* (גֶּלִלִי) הַגָּלִיל

  Sea of — יַם כִּנֶּרֶת

gall *v.t.* & *i.* & *n.* (גוֹל) הִרְגִּיז; שִׁפְשֵׁף בְּצוּרָה חֲמוּרָה, פָּצַע (ע״י שפשוף); נִפְצַע (ע״י שפשוף); פֶּצַע (שנגרם ע״י שפשוף); מַשֶּׁהוּ מַרְגִּיז, הִתְרַגְּזוּת; מָרָה; מְרִירוּת; עַזּוּת פָּנִים; עָפָץ

gal′lant *adj.* (גֶּלֶנְט) אַמִּיץ; אָדִיב, אַבִּירִי; אֶלֶגַנְטִי, בַּעַל הוֹפָעָה מְכֻבֶּדֶת; אָדִיב כְּלַפֵּי נָשִׁים; עוֹגְבָנִי

  galant′ *n.* (גַלֶנְט) גֶּבֶר אַמִּיץ וְתוֹסֵס; בַּעַל גִּנּוּנִים; גֶּבֶר עַלִּיז; מִתְעַסֵּק עִם נָשִׁים; מְאַהֵב; מְחַזֵּר

gal′lantry *n.* (גֶּלֶנְטְרִי) אֹמֶץ רַאַוְתָנִי; גְּבוּרָה שׁוֹפַעַת חִיּוּת; תְּשׂוּמֶת לֵב אֲדִיבָה לְנָשִׁים; מַעֲשֵׂה גְבוּרָה; נְאוּם אַמִּיץ

gal′lery *n.* (גֶּלֶרִי) סְטָו; מִרְפֶּסֶת; חֶדֶר אָרֹךְ וְצַר; מִסְדְּרוֹן; גְּזוּזְטְרָה; יָצִיעַ; גַּלֶרְיָה; הַמּוֹשָׁבִים הַזּוֹלִים בַּיָּצִיעַ; צִבּוּר חַסְרֵי טַעַם מְעֻדָּן; אֹסֶף אָמָּנוּת לִתְצוּגָה; אוּלָם (למטרה מיוחדת); מִנְהָרָה

  play to the — הֶחֱנִיף לְטַעַם הַהֲמוֹנִים

gal′ley *n.* (גֶּלִי) סְפִינַת מְשׁוֹטִים; מִטְבָּח (באניה); מַגָּשׁ; יְרִיעָה, יְרִיעַת הַגָּהָה

Gal′licism *n.* (גֶּלִסִזְם) בִּטּוּי צָרְפָתִי, אֹפֶן דִּבּוּר צָרְפָתִי

gal′livant″ *v.i.* (גֶּלְוֶנְט) שׁוֹטֵט בְּעַלִּיזוּת, סוֹבֵב תּוֹךְ קַלּוּת דַּעַת

gal′lon *n.* (גֶּלֶן) גַּלּוֹן

gal′lop *n.* & *v.i.* & *t.* (גֶּלֶפּ) דְּהִירָה; דָּהַר; הִדְהִיר

gal′lows *n.* (גֶּלוֹז) גַּרְדּוֹם

galore′ *adv.* (גַלוֹר) בְּשֶׁפַע

gal′vanize″ *v.t.* (גֶּלְוַנַיז) גִּלְוֵן; הִקְפִּיץ לִפְעֻלָּה

gam'bit *n.* (גַּמְבִּט) גַּמְבִּיט; תִּמְרוֹן פְּתִיחָה

gam'ble *v.i. & t.* (גֶמְבְּל) הִשְׁתַּתֵּף בְּמִשְׂחֲקֵי מַזָּל; הִמֵּר; הִפְסִיד (במשחקי מזל); עִנְיָן הַתָּלוּי בְּמַזָּל, מִשְׂחַק מַזָּל

gam'bler *n.* (גֶמְבְּלֶר) קַלְפָן; נוֹטֵל סִכּוּנִים; מָכוּר לְהִמּוּרִים

game *n.* (גֵים) מִשְׂחָק; נְקֻדּוֹת דְּרוּשׁוֹת לְנִצָּחוֹן; תַּחְבּוּלָה, בְּדִיחָה, הִתְבַּדְּחוּת; צַיִד (בעלי חיים); בְּשַׂר צַיִד; מַטָּרָה (של נרדף, התקפה או התעללות); רוּחַ לְחִימָה, אֹמֶץ

make — of לָעַג

— *adj.* שֶׁל צַיִד (בעלי חיים); אַמִּיץ; בַּעַל רָצוֹן, מוּכָן (לפעול); צוֹלֵעַ

game'keeper *n.* (גֵימְקִיפְּר) פַּקַּח צַיִד

gam'in *n.* (גֶמִן) יֶלֶד רְחוֹב

gam'ing *n. & adj.* (גֵימִנְג) מִשְׂחֲקֵי מַזָּל; שֶׁל מִשְׂחֲקֵי מַזָּל

ga'mut *n.* (גֶמֶט) סֻלָּם, מִשְׂרָע

gan'der *n.* (גֶנְדֶר) אַוָּז; מַבָּט, הֲצָצָה

gang *n. & v.t. & i.* (גֶנְג) חֲבוּרָה, כְּנוּפְיָה; מִשְׁמֶרֶת; אִרְגֵּן (חבורות); אִרְגֵּן בַּחֲבוּרָה

— up on הִתְלַכֵּד נֶגֶד

gang'land *n.* (גֶנְגְלֶנְד) הָעוֹלָם הַתַּחְתּוֹן, עוֹלַם הַפּוֹשְׁעִים

gang'rene *n.* (גֶנְגְרִין) גַּנְגְרֵינָה, מֶקֶק

gang'ster *n.* (גֶנְגְסְטֶר) אִישׁ כְּנוּפְיָה, חַמְסָן, גַּנְגְסְטֶר

gang'way" *n.* (גֶנְגְוֵי) מַעֲבָר, פֶּתַח; כֶּבֶשׁ

gang'way' *interj.* פַּנּוּ דֶּרֶךְ!

gap. *n.* (גֶפּ) פַּעַר; פִּרְצָה; סְטִיָּה; נִקְרָה; מִפְעָר

gape *v.i. & n.* (גֵיפּ) לָטַשׁ עֵינַיִם תּוֹךְ פְּעִירַת הַפֶּה; הִתְבּוֹנֵן בְּתִמָּהוֹן; פָּעַר פֶּה; נִפְעַר, נִבְעָה; מִפְעָר, פַּעַר, פִּרְצָה; לְטִישַׁת עֵינַיִם בְּתִמָּהוֹן; פִּהוּק

garage' *n.* (גַּרָג') מוּסָךְ

garb *n. & v.t.* (גַּרְבּ) תִּלְבֹּשֶׁת; בְּגָדִים; הוֹפָעָה חִיצוֹנִית; הִלְבִּישׁ

gar'bage *n.* (גַּרְבִּג') אַשְׁפָּה; זֶבֶל; הֲבַאי, שֶׁקֶר וְכָזָב

gar'ble *v.t.* (גַּרְבְּל) סִלֵּף, סֵרֵס; בִּלְבֵּל

gar'den *n. & adj.* (גַּרְדְן) גִּנָּה; גַּן; שֶׁל גִּנָּה

— *v.t. & t.* נָטַע גִּנָּה, עִבֵּד גִּנָּה; גִּנֵּן

gard'ener *n.* (גַּרְדְנַר) גַּנָּן

garg'le *v.t. & i. & n.* (גַּרְגְל) גִּרְגֵּר, שָׁטַף הַגָּרוֹן; מֵי גִּרְגּוּר

gar'goyle *n.* (גַּרְגּוֹיל) פֶּסֶל־מִפְלֶצֶת; זַרְבּוּבִית גְּרוֹטֶסְקִית

gar'ish *adj.* (גֶרִשׁ) צַעֲקָנִי, מִתְהַדֵּר בְּצוּרָה חַסְרַת טַעַם; מְקֻשָּׁט יֶתֶר עַל הַמִּדָּה, גַּנְדְּרָנִי; מְסֻנְוֵר

gar'land *n. & v.t.* (גַּרְלֶנְד) זֵר; לֶקֶט סִפְרוּתִי; קִשֵּׁט בְּזֵר

gar'lic *n & adj.* (גַּרְלִק) שׁוּם; שֶׁל שׁוּם

gar'ment *n.* (גַּרְמֶנְט) בֶּגֶד, לְבוּשׁ

gar'ner *v.t.* (גַּרְנַר) אָסַם; הִשִּׂיג, רָכַשׁ; לִקֵּט, אָגַר

gar'nish *v.t.* (גַּרְנִשׁ) עִטֵּר, קִשֵּׁט; הוֹסִיף לְשֵׁם יֹפִי

gar'ret *n.* (גֶרֶט) עֲלִיַּת גַּג

gar'rison *n. & v.t.* (גֶרִסְן) חֵיל מַצָּב, קְסַרְקְטִין; הִצִּיב חֵיל מַצָּב; שִׁכֵּן חַיָּלִים

gar'rulous *adj.* (גֶרֲלֶס) פַּטְפְּטָנִי

gar'ter *n.* (גַּרְטֶר) בִּירִית

gas *n.* (גֶס) גַּז; אִלְחוּשׁ גַּזִּי; בֶּנְזִין; דִּבְרֵי הֲבַאי

— *v.t.* סִפֵּק גַּז, הִרְעִיל בְּגַז

— up מִלֵּא מֵכַל הַבֶּנְזִין

gash *n. & v.t.* (גֶשׁ) פֶּצַע אָרֹךְ וְעָמֹק; בָּתַק; פָּצַע בְּפֶצַע אָרֹךְ וְעָמֹק, בֶּתֶק

gas'ket *n.* (גֶסְקִט) אֶטֶם

gas'man" *n.* (גֶסְמֶן) קוֹרֵא מוֹנֵה הַגַּז לִקְבִיעַת דְּמֵי שִׁמּוּשׁ

gas"oline' *n.* (גֶסֲלִין) בֶּנְזִין

gasp *v.i. & n.* (גֶסְפּ) נָשַׁם נְשִׁימוֹת מְקֻטָּעוֹת; נָשַׁם בִּכְבֵדוּת; נְשִׁימָה קְצָרָה וּפִתְאוֹמִית; פְּלִיטַת פֶּה מְקֻטַּעַת

gastri'tis *n.* (גֶסְטְרַיטִס) דַּלֶּקֶת הַקְּרוּם הָרִירִי שֶׁל הַקֵּבָה

gastron'omy *n.* (גֶסְטְרוֹנַמִי) גַּסְטְרוֹנוֹמְיָה; צוּרַת בִּשּׁוּל אוֹ אֲכִילָה

gas'works" *n.* (גֶסְוֶרְקְס) מִפְעַל גַּז

gate *n.* (גֵיט) שַׁעַר; פֶּתַח; מַעֲבָר בֶּהָרִים; שַׁסְתּוֹם; תַּקְבּוּלִים מִדְּמֵי כְּנִיסָה

get the — פֻּטַּר; גֹּרַשׁ

give someone the — פִּטֵּר; גֵּרֵשׁ, הִרְחִיק

gate'-crash'er (גֵיט־קְרֶשֶׁר) "מִתְפַּלֵּחַ"

gate'way *n.* (גֵיטְוֵי) פֶּתַח, שַׁעַר; כְּנִיסָה, אֲבוּל

gath'er *v.t. & i.* (גֶדְ'ר) אָסַף, לִקֵּט, קִבֵּץ, כִּנֵּס; הִגִּיעַ לְמַסְקָנָה; מָשַׁךְ, קִמֵּט; עָשָׂה קְפוּלִים; הִגְבִּיר (מְהִירוּת); הִתְקַבֵּץ, הִתְאַסֵּף; הִצְטַבֵּר, גָּדַל; הִתְקַמֵּט

gath'ering *n.* (גֶדֶ'רִנג) אִסּוּף; אֹסֶף; אֲסֵפָה; הָמוֹן; לֶקֶט; קִפּוּל, קְפָלִים

gau'dy *adj.* (גוֹדִי) צַעֲקָנִי, רַאַוְתָנִי לְלֹא טַעַם; מִתְהַדֵּר בְּצוּרָה זוֹלָה

gauge (גֵיג') *See* gage

gaunt *adj.* (גוֹנְט) כָּחוּשׁ; רָזֶה וְגַרְמִי; שׁוֹמֵם וְקוֹדֵר

gaunt'let *n.* (גוֹנְטְלִט) כְּפָפַת־שִׁרְיוֹן; כְּפָפַת־חֵפֶת

take up the — נַעֲנָה לְהַזְמָנָה לִקְרָב

gauze *n.* (גוֹז) גָּזָה; מַלְמָלָה

gave (גֵיב) (זמן עבר של give)

gav'el *n.* (גֶוְל) פַּטִּישׁ (של יושב ראש באסיפות)

gawk *v.i.* (גוֹק) הִתְבּוֹנֵן בְּאַרֶשֶׁת טִמְטוּם; לָטַשׁ עֵינַיִם בְּפֶה פָּעוּר

gaw'ky *adj.* (גוֹקִי) מְסֻרְבָּל, גַּמְלוֹנִי

gay *adj.* (גֵי) עַלִּיז; בָּהִיר; רַאַוְתָנִי; שׁוֹפֵעַ תַּעֲנוּגוֹת; מֻפְקָר; הוֹמוֹסֶקְסוּאָלִי

gaze *v.i. & n.* (גֵיז) הִצְמִיד מַבָּט; הִתְבּוֹנֵן שָׁעָה אֲרֻכָּה; לֹא גָּרַע עַיִן מִן; מַבָּט חוֹדֵר

gazelle' *n.* (גַזֶל) צְבִי

gazette *n.* (גַזֶט) עִתּוֹן

gazet"teer' *n.* (גֶזַטִיר) לֶקְסִיקוֹן גֵּאוֹגְרָפִי

gear *n.* (גִיר) גַּלְגַּל מְשֻׁנָּן; מַעֲרֶכֶת גַּלְגַּלִּים מְשֻׁנָּנִים; שִׁלּוּב (של גלגלים משוננים); הִלּוּךְ; מַנְגָּנוֹן; צִיּוּד; רִתְמָה; מִטַּלְטְלִים

— *v.t.* צִיֵּד בְּגַלְגַּלִּים מְשֻׁנָּנִים; סִפֵּק; הִתְקִין, הִתְאִים

geese (גִיס) (רבים של goose)

gee! *interj.* (גִ'י) יָהּ!

gel'atin(e) *n.* (גֶ'לַטְן) גֶ'לָטִינָה, מִקְפִּית

geld *v.t.* (גֶלְד) סֵרֵס

gel'ding *n.* (גֶלְדִנג) סוּס מְסֹרָס

gem *n.* (גֶ'ם) אֶבֶן טוֹבָה; כְּלִי יָקָר, יַקִּיר

gen'der *n.* (גֶ'נְדֶר) מִין (בדקדוק)

gene *n.* (גִ'ין) גֵּן

g'eneal'ogy *n.* (גִ'ינִיאוֹלֶגִ'י) יִחוּס

gen'eral *adj. & n.* (גֶ'נֶרַל) כְּלָלִי; בָּכִיר; גֶּנֶרָל, אַלּוּף, תַּת־אַלּוּף, רַב־אַלּוּף

in — בִּכְלָל; בְּדֶרֶךְ כְּלָל

gen"eral'ity *n.* (גֶ'נֶרֶלְטִי) כּוֹלְלוּת; עִקָּרוֹן כְּלָלִי; רֹב; כְּלָלִיּוּת

gen'eralize"" *v.t. & i.* (גֶ'נֶרַלַיז) הִכְלִיל

gen'erally *adv.* (גֶ'נֶרַלִי) בְּדֶרֶךְ כְּלָל, בִּכְלָל

gen'eral practi'tioner (גֶ'נֶרַל פְּרֶקְטִשֶׁנֶר) רוֹפֵא כְּלָלִי

gen'erate" *v.t.* (גֶ'נֶרֵט) יָצַר, חוֹלֵל; הוֹלִיד; יִצֵּר

gen"era'tion *n.* (גֶ'נֶרֵישְׁן) דּוֹר; צֶאֱצָאִים; יְצִירָה, הוֹלָדָה, רְבִיָּה; הִשְׁתַּלְשְׁלוּת

gen'era"tive *adj.* (גֶ'נֶרֵיטִב) שֶׁל רְבִיָּה; מְסֻגָּל לְיַצֵּר

gen'era"tor *n.* (גֶ'נֶרֵיטֶר) מְחוֹלֵל; מוֹלִיד; גֶּנֶרָטוֹר; קַו יוֹצֵר (גאומטריה)

gen"eros'ity *n.* (גֶ'נֶרוֹסִטִי) נְדִיבוּת, רֹחַב לֵב

gen'erous *adj.* (גֶ'נֶרֶס) נָדִיב; גָּדוֹל

gen'esis *n.* (גֶ'נֶסִס) הִתְהַוּוּת, יְצִירָה, רֵאשִׁית

Gen'esis סֵפֶר בְּרֵאשִׁית

genet'ics *n.* (גֶ'נֶטִקְס) גֶּנֶטִיקָה

gen'ial *adj.* (גִ'ינְיַל) לְבָבִי, נָעִים

ge"nial'ity *n.* (גִ'ינִיאֶלִטִי) לְבָבִיּוּת, נֹעַם, סֵבֶר פָּנִים יָפוֹת

ge'nital *adj. & n.* (גֶ'נִטְל) שֶׁל אֵבְרֵי הַמִּין; אֵבֶר הַמִּין

gen'itive *n. & adj.* (גֶ'נִטִב) יַחֲסַת שֶׁל־; שֶׁל יַחֲסַת שֶׁל

gen'ius *n.* (גִ'ינְיֶס) גְּאוֹנִיּוּת; גָּאוֹן; כִּשָּׁרוֹן; נְטִיָּה חֲזָקָה; סְגֻלָּה

gen'ocide" *n.* (גֶ'נֶסַיד) הַשְׁמָדַת עַם

genteel' *adj.* (גֶ'נְטִיל) מַקְפִּיד עַל גִּנּוּנִים; אָדִיב, מְעֻדָּן, אֶלֶגַנְטִי; אָדִיב בְּצוּרָה מְעֻשָּׂה

gen'tile *adj. & n.* (גֶ'נְטַיל) גּוֹי; נוֹצְרִי; לֹא־מוֹרְמוֹנִי; עוֹבֵד אֱלִילִים

gen'tle *adj.* (גֶ'נְטְל) חָבִיב; מָתוּן; בֶּן מִשְׁפָּחָה טוֹבָה; בֶּן מִשְׁפָּחָה מְכֻבֶּדֶת; נוֹחַ; נָמוּךְ, רַךְ, עָדִין; מְנֻמָּס, מְעֻדָּן; בַּעַל שֶׁלֶט יוֹחֲסִין

gen′tleman *n.* (גֶ׳נְטֶלְמֶן) אָדָם מְתֻרְבָּת וּבַעַל נִימוּסִים, בַּעַל הֲלִיכוֹת נָאוֹת; ג׳נְטֶלְמֶן; אָדוֹן; מְשָׁרֵת אִישִׁי; אָצִיל; אָדָם בַּעַל הַכְנָסָה שֶׁלֹּא מִיגִיעַ כַּפָּיו

gen′tleness *n.* (גֶ׳נְטֶלְנֶס) עֲדִינוּת, חֲבִיבוּת; מְתִינוּת, נוֹחוּת

gen′tlewom″an *n.* (גֶ׳נְטֶלְווּמְן) גְּבִירָה, אִשָּׁה מִמִּשְׁפָּחָה מְיֻחֶסֶת, אֲצִילָה; מְשָׁרֶתֶת שֶׁל אֲצִילָה

gen′tly *adv.* (גֶ׳נְטְלִי) בַּעֲדִינוּת, בְּרֹךְ; בַּחֲבִיבוּת; בִּמְתִינוּת

gen′try *n.* (גֶ׳נְטְרִי) אִכָּרוּת אֲמִידָה

gen′uine *adj.* (גֶ׳נְיוּאִן) אֲמִתִּי, לֹא־מְזֻיָּף; מְקוֹרִי; כֵּן; טְהוֹר־גֶּזַע

ge′nus *n.* (גִ׳ינַס) סוּג

geod′esy *n.* (גִ׳יאוֹדַסִי) גֵּאוֹדֶסְיָה

geog′rapher *n.* (גִ׳יאוֹגְרַפְר) גֵּאוֹגְרָף

ge″ograph′ic(al) *adj.* (גִ׳יאַגְרֶפִקְל) גֵּאוֹגְרָפִי

geog′raphy *n.* (גִ׳יאוֹגְרַפִי) גֵּאוֹגְרַפְיָה; סֵפֶר גֵּאוֹגְרַפְיָה; תְּכוּנוֹת טוֹפּוֹגְרָפִיּוֹת

geol′ogist *n.* (גִ׳יאוֹלַגִ׳סְט) גֵּאוֹלוֹג

geol′ogy *n.* (גִ׳יאוֹלַגִ׳י) גֵּאוֹלוֹגְיָה; תְּכוּנוֹת וְתַהֲלִיכִים גֵּאוֹלוֹגִיִּים

ge″omet′ric(al) *adj.* (גִ׳יאַמֶטְרִק) גֵּאוֹמֶטְרִי

geome′try (גִ׳יאוֹמַטְרִי) גֵּאוֹמֶטְרִיָּה; סֵפֶר גֵּאוֹמֶטְרִיָּה

ge″ophys′ics *n.* (גִ׳יאוֹפִזִקְס) גֵּאוֹפִיסִיקָה

ge″opol′itics *n.* (גִ׳יאוֹפּוֹלַטִקְס) גֵּאוֹפּוֹלִיטִיקָה

gera′nium *n.* (גִ׳רֵינִיאַם) גֶּרַנְיוֹן

germ *n.* (גֶ׳רְם) חַיְדַּק; נֶבֶט; זֶרַע, נִצָּן; עֻבָּר; תָּא רִאשׁוֹנִי

ger′man *adj.* (גֶ׳רְמַן) בֶּן אוֹתָם הַהוֹרִים; דּוֹדָן

Ger′man *n.* & *adj.* גֶּרְמָנִי

germane′ *adj.* (גֶ׳רְמֵין) קָרוֹב, עִנְיָנִי, שַׁיָּךְ, נוֹגֵעַ בְּמֵישָׁרִין

Ger′many *n.* (גֶ׳רְמַנִי) גֶּרְמַנְיָה, אַשְׁכְּנַז

ger′minate″ *v.i.* & *t.* (גֶ׳רְמִנֵיט) נָבַט, הִתְחִיל לְהִתְפַּתֵּחַ, לִבְלֵב; הִתְהַוָּה, הִתְחִיל; פִּתֵּחַ, יִצֵּר; יָצַר

ger′ryman″der *n.* (גֶ׳רִימֶנְדֶר) חֲלֻקַּת אֲזוֹרֵי בְּחִירָה לְאַפְשֵׁר נִצְחוֹנָהּ שֶׁל מִפְלָגָה מְסֻיֶּמֶת

ger′und *n.* (גֶ׳רַנְד) שֵׁם הַפֹּעַל, שֵׁם הַפְּעֻלָּה

gesta′tion *n.* (גֶ׳סְטֵישְׁן) הֵרָיוֹן

gestic′ulate″ *v.i.* & *t.* (גֶ׳סְטִקְיַלֵיט) הִתְבַּטֵּא בִּתְנוּעוֹת יָדַיִם, דִּבֵּר בִּתְנוּעוֹת נִרְגָּשׁוֹת

ges′ture *n.* & *v.i.* & *t.* (גֶ׳סְצֶ׳ר) מֶחֱוָה; גֶ׳סְטָה; עָשָׂה מֶחֱוָה, הִתְבַּטֵּא בְּמֶחֱווֹת

get *v.t.* & *i.* (גֶט) קִבֵּל; הִשִּׂיג, רָכַשׁ; הָלַךְ לְהָבִיא; גָּרַם, הֵבִיא לִידֵי; הִתְקַשֵּׁר עִם; שָׁמַע; תָּפַס, עָמַד עַל; לָכַד; שִׁכְנֵעַ; הוֹלִיד; הִשְׁפִּיעַ עַל רְגָשׁוֹת; נִקַּם בְּ־; לָקָה בְּ־; הָיָה סָתוּם; הִרְגִּיז; הִגִּיעַ לְ־; נַעֲשָׂה; הִרְוִיחַ; הִסְתַּלֵּק; ״הִתְנַדֵּף״

— away נִמְלַט, בָּרַח; יָצָא לַדֶּרֶךְ

— away with עָשָׂה לְלֹא עֹנֶשׁ

— back חָזַר; הֶחֱזִיר; נִקַּם בְּ־

— by הִצְלִיחַ לַעֲבוֹר; הִתְגַּבֵּר עַל קְשָׁיִים; הִתְחַמֵּק מִתְּשׂוּמֶת לֵב

— down הוֹרִיד; יָרַד; הִתְרַכֵּז בְּ־; דִּכְדֵּךְ; בָּלַע

— going הִתְחִיל; פָּעַל; מִהֵר

— ill חָלָה

— in נִכְנַס; הִגִּיעַ; הִתְרוֹעֵעַ

— it קִבֵּל נְזִיפָה; נֶעֱנַשׁ; הֵבִין

— off נִמְלַט מֵעֹנֶשׁ; חִלֵּץ מֵעֹנֶשׁ; יָצָא לַדֶּרֶךְ; יָרַד, הִתְחַצֵּף

— on הִתְקַדֵּם; הִצְלִיחַ לְהִתְקַיֵּם; הָיָה בְּיַחֲסִים טוֹבִים; הִזְקִין

— out יָצָא, הִסְתַּלֵּק

— over הִבְרִיא

— ready הֵכִין; הִתְכּוֹנֵן

— rid of נִפְטַר מִן

— ripe הִבְשִׁיל

—there הִגִּיעַ לְמַטָּרָה; הִצְלִיחַ

— through הִצְלִיחַ לְהַגִּיעַ; סִיֵּם; הִסְבִּיר עֶמְדָּתוֹ

— to הִתְקַשֵּׁר עִם; עָשָׂה רֹשֶׁם עַל

— together צָבַר, לִקֵּט; הִתְכַּנֵּס; הִסְכִּים

— up קָם; הֵכִין; עָרַךְ; אִרְגֵּן; הִתְלַבֵּשׁ;

has (have) got יֵשׁ לְ־

get'away" *n.* (גֶטַוֵי) בְּרִיחָה; זִנּוּק

gew'gaw *n.* (גְיוּגוֹ) קִשּׁוּט חֲסַר־עֵרֶךְ

gey'ser *n.* (גַיְזֶר) גֵּיזֶר

ghast'ly *adj.* (גֶסְטְלִי) מַחֲרִיד; חִוֵּר כְּמֵת; נוֹרָא

gher'kin *n.* (גֶרְקִן) קִשּׁוּא אַנְגּוּרְיָה

ghet'to *n.* (גֶטוֹ) גֶּטוֹ; רֹבַע יְהוּדִים; רֹבַע יָרוּד שֶׁל מִעוּט (כושים וכו׳)

ghost *n.* (גוֹסְט) רוּחַ רְפָאִים, רוּחַ־מֵת; אוֹב; צֵל, דִּמְיוֹן קָלוּשׁ; שֶׁמֶץ; אֶפְשָׁרוּת נְדִירָה; נְשָׁמָה; מְחַבֵּר סָמוּי

give up the — מֵת

— *v.t.* חִבֵּר בְּעִלּוּם שֵׁם לְזוּלַת

ghost'-wri"ter (גוֹסְט־רַיטֶר) מְחַבֵּר סָמוּי

ghoul *n.* (גוּל) שֵׁד אוֹכֵל גְּוִיּוֹת; שׁוֹדֵד קְבָרִים; נֶהֱנֶה מִתּוֹעֵבוֹת

gi'ant *n.* & *adj.* (גַ׳יאֲנְט) עֲנָק; עֲנָקִי

gib'berish *n.* (גִ׳בֶּרִשׁ) עִלֵּג

gib'bet *n.* (גִ׳בֶּט) גַּרְדּוֹם רַאֲוָה

gibe *v.i.* & *n.* (גַ׳יבּ) לִגְלֵג; הִקְנִיט; לִגְלוּג

gib'lets *n. pl.* (גִ׳בְּלֶטְס) רָגוּ, תַּרְבִּיךְ

gid'dy *adj.* (גִדִי) קַל דַּעַת וַעֲלִיז, אָחוּז סְחַרְחֹרֶת; גּוֹרֵם סְחַרְחֹרֶת

gift *n.* (גִפְט) מַתָּנָה; מַתָּן; כִּשְׁרוֹן

—**ed** *adj.* מְחוֹנָן

gigan'tic *adj.* (גַ׳יגֶנְטִק) עֲנָקִי

gig'gle *v.i.* & *n.* (גִגְל) צִחְקֵק בְּטִפְּשׁוּת; צִחְקוּק טִפְּשִׁי

gig'olo" *n.* (גִ׳גַלוֹ) מְאַהֵב בְּתַשְׁלוּם; מְלַוֶּה מִקְצוֹעִי (של אשה)

gild *v.t.* (גִלְד) צִפָּה בְּזָהָב; שִׁוָּה בָּרָק מְזֻיָּף

gill *n.* (גִל) זִים

gilt *adj.* & *n.* (גִלְט) מְזֻהָב; זָהָב; צִפּוּי זָהָב

—**-edged** מְזֻהַב־שׁוּלַיִם; בַּעַל אֵיכוּת מַעֲלָה

gim'crack *n.* (גִ׳מְקְרֶק) חֵפֶץ חֲסַר־עֵרֶךְ

gim'let *n.* (גִמְלֶט) מַקְדֵּחַ מַסְמְרִים; מַשְׁקֶה וּודְקָה אוֹ גִ׳ין מְמֻתָּק בְּמִיץ לִימֶטָה

gim'mick *n.* (גִמִק) עֵצָה מְחֻכֶּמֶת, תַּחְבּוּלָה; מַכְשִׁיר לַאֲחִיזַת עֵינַיִם

gin *n.* (גִ׳ין) גִ׳ין; מְכוֹנַת הַפְרָדָה (לזרעי כותנה); רָמִי

gin'ger *n.* (גִ׳נְגֶ׳ר) זַנְגְּבִיל; חוּם אֲדַמְדַּם אוֹ צְהַבְהַב; חִיּוּת

gin'gerly *adv.* (גִ׳נְגֶ׳רְלִי) בִּזְהִירוּת רַבָּה

ging'ham *n.* (גִנְגַם) אֲרִיג כֻּתְנָה פָּשׁוּט

gip'sy *See* **gypsy**

gin"givi'tis *n.* (גִ׳נְגִ׳וַיטִס) דַּלֶּקֶת הַחֲנִיכַיִם

giraffe' *n.* (גִ׳רֶף) גִ׳ירָפָה

gird *v.t.* (גֶרְד) חָגַר; הִקִּיף; הֵכִין

gir'der *n.* (גֶרְדֶר) קוֹרָה

gir'dle *n.* (גֶרְדְל) מָחוֹךְ (קל); חֲגוֹרָה, אַבְנֵט; גָּדֵר

girl *n.* (גֶרְל) יַלְדָּה, נַעֲרָה, בַּת; בַּחוּרָה, עַלְמָה, צְעִירָה; עוֹזֶרֶת

girl'hood *n.* (גֶרְלְהֻד) נַעֲרוּת (של בת); צִבּוּר הַנְּעָרוֹת

gir'lish *adj.* (גֶרְלִשׁ) שֶׁל נַעֲרָה, שֶׁל יַלְדָּה

girt *adj.* (גֶרְט) חָגוּר; מֻקָּף

gis'mo *n.* (גִזְמוֹ) "קוֹנְפִּיטֶר", "דָּבָר"

gist *n.* (גִ׳סְט) עִקָּר

give *v.t.* & *i.* (גִב) נָתַן, מָסַר, הֶעֱנִיק, הִצִּיג; סִפֵּק; הֵנִיב; עָשָׂה; פָּלַט; הִקְרִיב; גָּרַם; אִכְפַּת; עָרַךְ; הִקְצָה; יִחֵס לְ־; הִטִּיל; וִתֵּר עַל... לְטוֹבַת; תָּרַם; נִשְׁקַף עַל; נִכְנַע (תחת לחץ); הִתְמוֹטֵט

— away הֶעֱנִיק; הִצִּיג כַּלָּה לֶחָתָן; גִּלָּה, בָּגַד בְּ־

— oneself up to הִתְמַסֵּר לַגְמָרֵי

— the lie to הִכְזִיב, הֵזִים; גִּלָּה שֶׁקֶר שֶׁל־; סָתַר דִּבְרֵי

— up הִתְיָאֵשׁ; וִתֵּר עַל; חָדַל; נִכְנַע

give'away" *n.* (גִבַוֵי) בְּגִידָה אוֹ גִלּוּי סוֹד בִּשְׁגָגָה; פְּרָס (למשוך קונים); עִסְקַת־נְכָלִים; מִשְׁדַּר פִּרְסוּם

giz'zard *n.* (גִזֶרְד) קֻרְקְבָן; קְרָבַיִם

gla'cial *adj.* (גְלֵישֶׁל) קַרְחִי; שֶׁל קֶרַח; קַר מְאֹד

gla'cier *n.* (גְלֵישֶׁר) קַרְחוֹן

glad *adj.* (גְלֶד) שָׂמֵחַ; מְרֻצֶּה; מְשַׂמֵּחַ; שְׂבַע־נַחַת

glad'den *v.t.* (גְלֶדְן) שִׂמַּח

glade *n.* (גְלֵיד) קָרַחַת יַעַר

glad′ness *n.* (גְלֶדְנֶס) גִּיל, שִׂמְחָה

gla′mor *n.* (גְלֶמְר) קֶסֶם מְרַתֵּק; רִגּוּשׁ, הִתְרַפְּקָנוּת; כִּשּׁוּף

glance *v.i.* & *t.* & *n.* (גְלֶנְס) הֵעִיף עַיִן; הֵצִיץ; הִבְזִיק; נֶהֱדַף הַצִּדָּה; דָּן דֶּרֶךְ אַגַּב; מַבָּט חָטוּף הַצִּדָּה; הַבְזָקַת אוֹר; תְּנוּעַת חֲזָרָה אֲלַכְסוֹנִית; רְמִיזַת אַגַּב

gland *n.* (גְלֶנְד) בַּלּוּטָה

glare *n.* & *v.t.* & *i.* (גְלֵר) בֹּהַק; סִנְווּר; מַבָּט נוֹקֵב; רַאַוְתָנוּת; הִבְהִיק; לָטַשׁ מַבָּט נוֹקֵב

glar′ing *adj.* (גְלֶרִנְג) מַבְהִיק; צַעֲקָנִי; מֻזְדַּקֵּר לָעַיִן; מִתְבַּלֵּט מְאֹד; מִתְבּוֹנֵן בְּזַעַם

glass *n.* (גְלֶס) כּוֹס; זְכוּכִית; חַלּוֹן; מַרְאָה; זְכוּכִית מַגְדֶּלֶת; עֲדָשָׁה; כְּלֵי זְכוּכִית

—es מִשְׁקָפַיִם

— *adj.* עָשׂוּי זְכוּכִית

glaze *v.t.* & *v.t.* & *i.* & *n.* (גְלֵיז) זִגֵּג; נִזְדַּגֵּג; זִגּוּג, זֶגֶג; צִפּוּי סֻכָּר

gla′zier *n.* (גְלֵיזִ׳ר) זַגָּג

gleam *v.i.* & *n.* (גְלִים) הִבְזִיק, נִצְנֵץ; בְּזִיקָה; אוֹר עָמוּם; נִצְנוּץ, נִיצוֹץ

glean *v.t.* (גְלִין) לִקֵּט; אָסַף בְּהַדְרָגָה, גִּלָּה לְאַט לְאַט

glee *n.* (גְלִי) רִנָּה, חֶדְוָה; שִׁיר מַקְהֵלָה

—′club″ חוּג לְזִמְרָה

glen *n.* (גְלֶן) גַּיְא נִדָּח

glib *adj.* (גְלִב) רָהוּט, דּוֹבֵר שְׂפַת־חֲלָקוֹת; חָפְשִׁי

glide *v.i.* & *n.* (גְלַיְד) גָּלַשׁ, נָע לְלֹא מַאֲמָץ; עָבַר בִּרְחִיפָה; נָע בְּשֶׁקֶט, חָמַק; דָּאָה; גְּלִישָׁה; דְּאִיָּה

gli′der *n.* (גְלַיְדֶר) דָּאוֹן; גּוֹלֵשׁ

glim′mer *n.* & *v.i.* (גְלִמֶר) אוֹר קָלוּשׁ; הִבְהוּב; תְּפִיסָה עֲמוּמָה; מַשָּׂג; הִבְהֵב, נִצְנֵץ בְּאוֹר קָלוּשׁ; הוֹפִיעַ בְּאוֹר קָלוּשׁ

glimpse *n.* & *v.t.* & *i.* (גְלִמְפְּס) הֲצָצָה, מַבָּט חָטוּף; הוֹפָעַת־רֶגַע; רַעֲיוֹן מְעֻרְפָּל; הֵעִיף עַיִן, חָטַף מַבָּט, הִסְתַּכֵּל

glis′ten *v.i.* (גְלִסְן) נִצְנֵץ

glit′ter *v.i.* & *n.* (גְלִטֶר) נִצְנֵץ, שָׁבָה לֵב בִּפְאֵרוֹ; נִצְנוּץ; פְּאֵר רַאַוְתָנִי

gloa′ming *n.* (גְלוֹמִנְג) בֵּין הָעַרְבַּיִם

gloat *v.i.* (גְלוֹט) הִתְיַחֵס אֶל בְּסִפּוּק רַב; שָׂמַח לְאֵיד

glo′bal *adj.* (גְלוֹבְּל) גְּלוֹבָּלִי; שֶׁל כָּל כַּדּוּר הָאָרֶץ, כְּלַל־עוֹלָמִי; מַקִּיף; כַּדּוּרִי

globe *n.* (גְלוֹבּ) כַּדּוּר הָאָרֶץ; כּוֹכַב לֶכֶת; גֶּרֶם שְׁמֵימִי; גְּלוֹבּוּס; כַּדּוּר; אָהִיל כַּדּוּרִי

globe′-trot″ter (גְלוֹבּ־טְרוֹטֶר) טַיָּל וָתִיק

gloom *n.* (גְלוּם) חֹשֶׁךְ, אֲפֵלָה; קַדְרוּת, דִּכְדּוּךְ; מַבָּט נוּגֶה

gloo′my *adj.* (גְלוּמִי) קוֹדֵר, אָפֵל; מְדַכְדֵּךְ; עָצוּב, נוּגֶה; חֲסַר־תִּקְוָה, מְיֹאָשׁ, פֶּסִימִי

glo′rify *v.t.* (גְלוֹרְפַי) רוֹמֵם, עִלָּה; מִנָּה שְׁבָחִים; פֵּאֵר, הֶעֱרִיץ

glo′rious *adj.* (גְלוֹרִיאֶס) נִפְלָא; מְפֹאָר; נוֹדָע לִתְהִלָּה; נֶהְדָּר

glor′y *n.* (גְלוֹרִי) תְּהִלָּה, תִּפְאֶרֶת, הָדָר; הַעֲרָצָה; אֹשֶׁר מֻחְלָט; גַּן־עֵדֶן; הִלָּה

go to — מֵת

— *v.i.* עָלַז

gloss *n.* & *v.t.* (גְלוֹס) גְּלוֹסָה, בֵּאוּר (בשוליים או בין השיטין); פֵּרוּשׁ מֻרְחָב; גְּלוֹסַרְיוֹן; פֵּרוּשׁ מְחֻכָּם וּמַטְעֶה; בָּרָק; הוֹפָעָה מַטְעָה; הוֹסִיף בֵּאוּרִים, רָשַׁם הֶעָרוֹת; פֵּרֵשׁ פֵּרוּשׁ מַטְעֶה, הִרְחִיק סְפֵקוֹת עַל יְדֵי הֶסְבֵּר; שִׁוָּה בָּרָק; מֵרֵט; שִׁוָּה מַרְאֶה טוֹב וּמַטְעֶה

gloss′ary *n.* (גְלוֹסֶרִי) גְּלוֹסַרְיוֹן; מִלּוֹן מְיֻחָד

gloss′y *adj.* (גְלוֹסִי) מַבְרִיק; מְזֻיָּף, מַטְעֶה

glove *n.* (גְלַב) כְּפָפָה

glow *v.i.* & *n.* (גְלוֹ) זָהַר; הֶאְדִּים; הִתְחַמֵּם; הִתְמַלֵּא רֶגֶשׁ; זֹהַר; אֹדֶם; חֲמִימוּת; לַהַט, רִגּוּשׁ

glow′er *v.i.* (גְלַאוּאֶר) נָעַץ מַבָּט רוֹגֵז

glow′worm′ *n.* (גְלוֹוֶרְם) גַּחְלִילִית

glue *n.* & *v.t.* & *i.* (גְלוּ) דֶּבֶק; הִדְבִּיק; דָּבַק

glum *adj.* (גְלַם) קוֹדֵר וְשׁוֹתֵק; מְדֻכְדָּךְ

glut *v.t.* & *i.* & *n.* (גְלַט) הֶאֱכִיל יָתֵר עַל הַמִּדָּה; הֵצִיף; סָתַם; זָלַל; גֹּדֶשׁ; הֲצָפָה, פִּטּוּם

glut′ton *n.* (גְלַטְן) זוֹלֵל, גַּרְגְּרָן; בַּלְעָן

glyc′erine *n.* (גְלִסֶרִין) גְּלִיצֶרִין

gnarled *adj.* (נַרְלְד) מְסֻקָּס; שָׁפוּף; נִפְתָּל; בַּעַל הוֹפָעָה קְשׁוּחָה וּשְׁחוּקַת הָאֵיתָנִים; רַגְזָנִי

gnash *v.t. & i.* (נֶשׁ) הִקִּישׁ, טָחַן (שיניים זו בזו – מכעס או כאב); נָשַׁךְ בְּשִׁנַּיִם טוֹחֲנוֹת זוֹ בְּזוֹ

gnat *n.* (נֶט) יַתּוּשׁ מְצַיֵּץ; בַּרְחָשׁ; זְבוּבוֹן עוֹקֵץ

gnaw *v.t. & i.* (נוֹ) כִּרְסֵם, כָּסַס; הֵצִיק ל־

gnome *n.* (נוֹם) גַּמָּד, שׁוֹמֵר אוֹצְרוֹת הָאָרֶץ (בדמות ישיש מקומט)

go *v.i.* (גוֹ) הָלַךְ; יָצָא; תִּפְקֵד, פָּעַל; נַעֲשָׂה; עָשָׂה מַשֶּׁהוּ (כדי להגיע למצב מסוים); נוֹדַע ב־; הִגִּיעַ; אִפְשֵׁר גִּישָׁה; עָבַר (הזמן); נוֹעַד ל־, נִמְכַּר; כְּפִי הַנֶּחְשָׁב; נָטָה; הִסְתַּיֵּם; שַׁיָּךְ, מְקוֹמוֹ ב־; הִתְאִים (צבע, אפנה); הִתְפַּתֵּחַ; נִפּוֹץ; הִשְׁמִיעַ קוֹל; בִּצֵּעַ; נִזְקַק ל־; נֶחֱלַשׁ, הִתְבַּלָּה; מֵת; יָצָא מִכְּלַל שִׁמּוּשׁ; הָיָה דָּרוּשׁ; הִתְחַלֵּק ב־; עָמַד ל־; הִתְקַבֵּל; קָבַע; חָשַׂף עַצְמוֹ

— *v.t.* נָשָׂא; הִמֵּר; הִשְׁתַּתֵּף ב־; גָּדַל עַד כְּדֵי –

— about נָטַל הִתְחַיְּבוּת, בִּצֵּעַ

— after שָׁאַף ל־

—ahead הִמְשִׁיךְ לְלֹא הִסּוּס

— along הִסְכִּים

— away הִסְתַּלֵּק

— by הֻדְרַךְ עַל יְדֵי; חָלַף

— down הוּבַס

— for נִסָּה לְהַשִּׂיג; תָּקַף

— in for עָסַק ב־

— in with הִצְטָרֵף

— off הִתְפּוֹצֵץ; פָּעַל פִּתְאוֹם; אֵרַע

— on הִמְשִׁיךְ; פִּטְפֵּט; קָרָה; עָלָה עַל הַבִּימָה

— over סָקַר; חָזַר עַל, הִצְלִיחַ; בָּדַק

— the whole hog עָשָׂה בְּאֹפֶן יְסוֹדִי

— through סָבַל; הִתְנַסָּה ב־; בָּדַק בְּקַפְּדָנוּת גָּמַר כָּלִיל

— through with הִשְׁלִים; הִתְמִיד עַד הַסּוֹף

— together הִתְאִים; חָזַר אַחֲרֵי; הִתְרוֹעֵעַ עִם

— under נֶהֱרַס; טָבַע

— up הוֹלֵךְ וְנִבְנֶה; עָלָה

let — שִׁחְרֵר; הִרְפָּה מִן; פִּטֵּר

let oneself — הִשְׁתַּחְרֵר מִמַּעֲצוֹרִים

to — לִצְרִיכָה בְּמָקוֹם אַחֵר; נִשְׁאַר

— *n.* מֶרֶץ; נִסָּיוֹן; הֶשֵּׂג מֻצְלָח

from the word — מֵעֶצֶם הַהַתְחָלָה

no — חֲסַר־תּוֹעֶלֶת

on the — עָסוּק מְאֹד; פָּעִיל

goad *n. & v.t.* (גוֹד) מַלְמָד; דָּרְבָן; גֵּרוּי; דִּרְבֵּן

go'-ahead" *n.* (גוֹ־אֲהֶד) רְשׁוּת לְהַמְשִׁיךְ

goal *n.* (גוֹל) מַטָּרָה, תַּכְלִית; סִיּוּם; עַמּוּד הַסִּיּוּם; שַׁעַר; גוֹל

—kee"per שׁוֹעֵר

goat *n.* (גוֹט) עֵז, תַּיִשׁ; שָׂעִיר לַעֲזָאזֵל; עוֹגֵב

get one's — הִקְנִיט

goatee' *n.* (גוֹטִי) זְקַן־תַּיִשׁ

gob *n.* (גוֹב) גּוּשׁ; מַלָּח

—s הַרְבֵּה מְאֹד

gob'ble *v.t. & i.* (גוֹבְּל) בָּלַע; זוֹלֵל; אָכַל בִּמְהִירוּת; קִעְקַע כְּתַרְנְגוֹל הֹדּוּ

go'-between" *n.* (גוֹ־בִּטְוִין) מְתַוֵּךְ

gob'let *n.* (גוֹבְּלִט) גָּבִיעַ

gob'lin *n.* (גוֹבְּלִן) שֵׁד רָשָׁע

God *n.* (גוֹד) אֱלֹהִים; אֵל

god'dess *n.* (גוֹדִס) אֵלָה; אֱלִילָה

god'fa"ther *n.* (גוֹדְפָדֶ'ר) סַנְדָּק

God'head" *n.* (גוֹדְהֶד) אֱלֹהוּת

god'less *adj.* (גוֹדְלִס) כּוֹפֵר בָּעִקָּר; מִתְכַּחֵשׁ לֵאלֹהִים; חוֹטֵא

god'liness *n.* (גוֹדְלִנֶס) חֲסִידוּת, דְּבֵקוּת בֵּאלֹהִים

god'ly *adj.* (גוֹדְלִי) דָּבֵק בֵּאלֹהִים, אָדוּק

god'mo"ther *n.* (גוֹדְמַדֶ'ר) סַנְדָּקִית

God's' a'cre (גוֹדְז אֵיקֶר) בֵּית קְבָרוֹת (בחצר כנסיה); חֲצַר כְּנֵסִיָּה

god'send" *n.* (גוֹדְסֶנְד) מַתַּת אֱלֹהִים; חֶסֶד בִּלְתִּי־צָפוּי

god'son" *n.* (גוֹדְסַן) בֶּן־סַנְדּוּק

go'-get'ter *n.* (גוֹ־גֶטֶר) אִישׁ מַעֲשֶׂה

gog'gle-eyed" *adj. & adv.* (גוֹגְל־אַיד) בַּעַל עֵינַיִם לְטוּשׁוֹת (מתוך השתוממות); בְּעֵינַיִם לְטוּשׁוֹת

gog'gles *n. pl.* (גוֹגְלְז) מִשְׁקְפֵי מָגֵן

go'ing *n.* (גוֹאִנְג) יְצִיאָה; הֲלִיכָה; מַצַּב הַדֶּרֶךְ; הִתְקַדְּמוּת

—s התְנַהֲגוּת

— *adj.* פּוֹעֵל; פָּעִיל; מַצְלִיחַ; שׁוֹטֵף, מְקֻבָּל; יוֹצֵא

go'ings-on (גוֹאִנְגְז־אוֹן) הִתְנַהֲגוּת חֲשׁוּפָה לְבִקֹּרֶת; מַעֲשִׂים; מְאֹרָעוֹת

goi'ter *n.* (גוֹיטְר) זַפֶּקֶת

gold *n.* (גוֹלְד) זָהָב; צֶבַע זָהָב

gold'-brick" *n. & v.i.* (גוֹלְד־בְּרִק) "אַרְטִיסְט", מִשְׁתַּמֵּט מֵעֲבוֹדָה; הִשְׁתַּמֵּט

gold' dig"ger *n.* (גוֹלְד דִגְר) מְחַפֵּשׂ זָהָב; רוֹדֶפֶת בֶּצַע

gol'den *adj.* (גוֹלְדְן) זָהֹב; זוֹהֵר כְּזָהָב; עָשׂוּי זָהָב; שֶׁל זָהָב; יָקָר מְאֹד; שׁוֹפֵעַ חִיּוּת; שֶׁהַצְלָחָתוֹ בְּטוּחָה; רַךְ וְעָשִׁיר; שֶׁל יוֹבֵל שָׁנִים

— mean שְׁבִיל הַזָּהָב

gold'finch" *n.* (גוֹלְדְפִנְץ') חוֹחִית

gold'fish" *n.* (גוֹלְדְפִשׁ) דַּג זָהָב

gold'smith" *n.* (גוֹלְדְסְמִת') זֶהָבִי, צוֹרֵף זָהָב

gone *adj.* (גוֹן) יָצָא, עָזַב; אָבוּד, חֲסַר־תִּקְוָה; הָרוּס; מֵת; עָבַר; אֵין אוֹנִים; אָזַל; הָרָה

far — הִתְקַדֵּם מְאֹד; מְעֹרָב מְאֹד; עַל סַף עִלָּפוֹן; גּוֹסֵס

— on מְאֹהָב בְּ־

—er מֵת; גּוֹרָלוֹ נֶחֱרָץ, סוֹפוֹ וַדַּאי, חָסֵר כָּל תִּקְוָה

gon"orrhe'a *n.* (גוֹנַרִיאַה) זִיבָה

goo *n.* (גוּ) חֹמֶר צָמִיג

good *adj.* (גֻד) טוֹב; צַדִּיק; מְצֻיָּן, מְעֻלֶּה; יָאֶה; מְהֵימָן; אֲמִתִּי; מוֹעִיל; טוֹב לַבְּרִיאוּת; טָעִים, טָרִי; נָעִים; מוֹשֵׁךְ; לְלֹא פְּגָם; מַסְפִּיק; נָאֶה; מְיֻמָּן; מָלֵא; נִכָּר

— for בְּוַדַּאי יִפְרַע חוֹב בְּכֶסֶף –; שָׁוֶה; יַמְשִׁיךְ לְתַפְקֵד; תָּקֵף

make — פָּרַע; קִיֵּם; הִצְלִיחַ; אִמֵּת; בִּצֵּעַ

— *n.* טוֹבָה; תּוֹעֶלֶת; חֶסֶד; טוֹב

—s טוּבִין, רְכוּשׁ; סְחוֹרָה, מַה שֶׁהֻבְטַח; הַחֵפֶץ הָאֲמִתִּי; הוֹכָחַת אַשְׁמָה; בַּדִּים, אָרִיג

caught with the —s נִתְפַּס בִּשְׁעַת בִּצּוּעַ הַפֶּשַׁע

for — לִצְמִיתוּת

to the — מוֹעִיל; עָשִׁיר יוֹתֵר

good"by(e)' (גֻדְבַּי) שָׁלוֹם, לְהִתְרָאוֹת; פְּרֵדָה

good' egg' (גֻד אֶג) אָדָם נוֹחַ; אָדָם מְהֵימָן

good'-look'ing *adj.* (גֻד־לֻקִנְג) יְפֵה תֹּאַר, יָפֶה

good looks הוֹפָעָה נָאָה, יֹפִי

good'ly *adj.* (גֻדְלִי) טוֹב, בַּעַל אֵיכוּת טוֹבָה; בַּעַל הוֹפָעָה נָאָה; יָפֶה; נִכָּר

good'-na'tured *adj.* (גֻד־נֵיצֶ'רְד) מַסְבִּיר פָּנִים, נְעִים הֲלִיכוֹת, נוֹחַ

good'ness *n.* (גֻדְנִס) טוּב; מוּסָרִיּוּת; מִדּוֹת טוֹבוֹת; חֶסֶד, יֹשֶׁר; אֵיכוּת מְצֻיֶּנֶת; תַּמְצִית, כֹּחַ

thank — תּוֹדָה לָאֵל

good' of'fices (גֻד אוֹפִסֶז) שֵׁרוּתִים טוֹבִים

good'will (גֻד וִל) יַחַס יְדִידוּתִי; חֶסֶד; הַסְכָּמָה תּוֹךְ רָצוֹן; רָצוֹן טוֹב

good'y *n.* (גֻדִי) מַמְתָּק

—ies דְּבָרִים מְהַנִּים

goo'ey *adj.* (גוּאִי) צָמִיג, דָּבִיק; מִשְׁתַּפֵּךְ, רַגְשָׁנִי

goof *n. & v.i. & t.* (גוּף) פֶּתִי; שְׁגִיאָה, טָעוּת טִפְּשִׁית; טָעָה (טעות טפשית); בִּטֵּל זְמָן, הִתְבַּטֵּל; קִלְקֵל הַשּׁוּרָה

— off בִּטֵּל זְמָן, הִשְׁתַּמֵּט מֵעֲבוֹדָה

—y adj. "מְטֻרְלָל"; מְגֻחָךְ, טִפְּשִׁי

goon *n.* (גוּן) מְטֻמְטָם; בַּעַל־זְרוֹעַ

goose *n.* (גוּס) אֲוָז, אַוָּזָה; שׁוֹטֶה

cook one's — שָׂם קֵץ לְסִכּוּיָו

goose'ber"ry *n.* (גוּסְבֶּרִי) חֲזַרְזָר; דֻּמְדְּמָנִית חֲזַרְזָרִית

goose' egg" (גוּס אֶג) אֶפֶס (ציון)

goose' flesh" (גוּס פְלֶשׁ) עוֹר אַוָּזִי; בְּשַׂר חִדּוּדִים (מפחד או מקור)

go'pher *n.* (גוֹפְר) סוּסְלִיק, סְנָאִי הָאֲדָמָה

gore *n. & v.t.* (גוֹר) דַּם קָרוּשׁ; נָגַח, דָּקַר בְּקַרְנַיִם

gorge *n.* (גוֹרְג׳) בִּתְרוֹן; קַנְיוֹן קָטָן; זְלִילָה; בֶּלַע; גוּשׁ מַחֲנִיק, וֶשֶׁט
make one's — rise עוֹרֵר שְׁאָט נֶפֶשׁ, גָּרַם בְּחִילָה
— *v.t. & i.* הִלְעִיט; נֶחֱנַק; זָלַל
gor'geous *adj.* (גוֹרְגַ׳ס) נֶהְדָּר, מְפֹאָר; מְהַנֶּה מְאֹד
goril'la *n.* (גַרִלַה) גּוֹרִילָה; בַּעַל אֶגְרוֹף
gor'mandize" *v.t.* (גוֹרְמַנְדַיז) זָלַל
gor'y *adj.* (גוֹרִי) מְגֹאָל בְּדָם; עָקֹב מִדָּם; דּוֹמֶה לְדַם קָרוּשׁ; לֹא נָעִים
gos'hawk *n.* (גוֹסְהוֹק) נֵץ
gos'ling *n.* (גוֹזְלִנְג) אַוָּז צָעִיר; אַוְזוֹן; פֶּתִי חֲסַר־נִסָּיוֹן
gos'pel *n.* (גוֹסְפֶּל) דִּבְרֵי יֵשׁוּ וּשְׁלִיחָיו; בְּשׂוֹרָה; חַיֵּי יֵשׁוּ, אֶוַנְגֶּלְיוֹן; אֶחָד מִסִּפְרֵי הָאֶוַנְגֶּלְיוֹן; תּוֹרָה מִסִּינַי; עִקָּר
— truth קְבִיעָה שֶׁאֵין לְהַרְהֵר אַחֲרֶיהָ; תּוֹרָה מִסִּינַי
gos'sammer *n. & adj.* (גוֹסַמֶר) קוּרֵי עַכָּבִישׁ עֲדִינִים; קוּר עָדִין; גָּזָה עֲדִינָה; חֹמֶר קַל וְדַק; דּוֹמֶה לְקוּרֵי עַכָּבִישׁ, שֶׁל קוּרֵי עַכָּבִישׁ; דַּק וְקַל
gos'sip *n. & v.i.* (גוֹסִפּ) רְכִילוּת, לָשׁוֹן הָרָע; רַכְלָן; שִׂיחָה בְּטֵלָה; הָלַךְ רָכִיל, רִכְלֵל
got (גוֹט) (זמן עבר של get); נַעֲשָׂה
Goth'ic *adj. & n.* (גוֹתִ׳ק) גּוֹתִי; בַּרְבָּרִי; סִגְנוֹן קוֹדֵר הַמִּבְטָא גּוּוֹן אוֹ אַלִּימוּת; אָמָּנוּת אוֹ אוּמָּנוּת שֶׁל הַתְּקוּפָה הַגּוֹתִית; הַלָּשׁוֹן הַגּוֹתִית
gouge *n. & v.t.* (גַאוּג׳) מַפְסֶלֶת עֲגֻלָּה לְמֶחֱצָה; מַפְסֶלֶת קֵעוּר; חָרִיץ; מַעֲשֵׂה נְכָלִים, עֹשֶׁק; פָּסַל (במפסלת); עָקַר (במפסלת); עָשַׁק
gourd *n.* (גוֹרְד) קְרָא פָּשׁוּט; בְּזִיךְ־דְּלַעַת, כַּף־דְּלַעַת
gourmand' *n.* (גוּרְמָן) בָּקִי בְּדִבְרֵי מַאֲכָל
gourmet' *n.* (גוּרְמֶה) בָּקִי בְּדִבְרֵי מַאֲכָל
gout *n.* (גַאוּט) צִנִּית
gov'ern *v.t. & i.* (גַוֶרְן) מָשַׁל (בתוקף סמכות); כִּוֵּן, הִדְרִיךְ; עָצַר, שָׁלַט בּ־; שִׁמֵּשׁ כְּחֹק; חִיֵּב שִׁמּוּשׁ בּ־; בִּצַּע תַּפְקִידֵי מִמְשָׁל

gov'erness *n.* (גַוֶרְנֶס) אוֹמֶנֶת
gov'ernment *n.* (גַוֶרְנְמֶנְט) שִׁלְטוֹן; מִמְשָׁל; מִשְׁטָר; מֶמְשָׁלָה; מִנְהָלָה; קַבִּינֶט; הַכְוָנָה, שְׁלִיטָה; אֵזוֹר שִׁלְטוֹן
gov'ernor *n.* (גַוֶרְנֶר) מוֹשֵׁל; נְגִיד (בנק); וַסָּת
gown *n & v.t.* (גַאוּן) שִׂמְלָה; אִצְטְלָה, גְּלִימָה; מוֹרֵי אוּנִיבֶרְסִיטָה וְתַלְמִידֶיהָ (בניגוד לתושבי המקום); לָבַשׁ שִׂמְלָה, לָבַשׁ אִצְטְלָה; הִלְבִּישׁ שִׂמְלָה, הִלְבִּישׁ אִצְטְלָה
grab *v.t. & i. & n.* (גְרֶבּ) חָטַף, תָּפַס; תָּפַס בְּכֹחַ, גָּזַל; נִסָּה לַחֲטוֹף; חֲטִיפָה, תְּפִיסָה, גְּזֵלָה; חֵפֶץ חָטוּף
up for —s בְּהֶשֵּׂג יָד שֶׁל הַמִּתְאַמֵּץ לְהַשִּׂיגוֹ
grace *n.* (גְרֵיס) אֶלֶגַנְטִיּוּת (של צורה, התנהגות או תנועה); חִנָּנִיּוּת, חֵן; סְגֻלָּה מְלַבֶּבֶת; חֶסֶד, רָצוֹן טוֹב; חֶמְלָה, חֲנִינָה, מְחִילָה; אַרְכָּה, חֲסִינוּת זְמַנִּית; כֹּחַ מוּסָרִי; בִּרְכַּת הַמָּזוֹן
in someone's good —s מוֹצֵא חֵן בְּעֵינֵי פְּלוֹנִי
the Graces בְּנוֹת הַחֵן (בנות זאוס)
Your Grace הוֹד מַעֲלָתְךָ
— *v.t.* עִטֵּר; הוֹסִיף חֵן; כִּבֵּד
grace'ful *adj.* (גְרֵיסְפֶל) שׁוֹפֵעַ חִנָּנִיּוּת; גְּרַצְיוֹזִי
gra'cious *adj.* (גְרֵישַׁס) נָעִים; נוֹטֶה חֶסֶד; טוֹב־לֵב; אָדִיב; טוֹב־טַעַם; מוֹאִיל בְּטוּבוֹ; רַחֲמָנִי
— *interj.* וַי (להבעת הפתעה, הרגשת רווחה או תסכול)
grada'tion *n.* (גְרֵידֵישְׁן) תַּהֲלִיךְ מְדֹרָג; דֵּרוּג; דַּרְגָּה, שָׁלָב; הִתְמַזְּגוּת מְדֹרֶגֶת
grade *n.* (גְרֵיד) דַּרְגָּה; דֵּרוּג; שָׁלָב; כִּתָּה; צִיּוּן (במבחן); סוּג; מִדְרוֹן
— school בֵּית סֵפֶר יְסוֹדִי
make the — הִצְלִיחַ, הִשִּׂיג מְבֻקָּשׁוֹ
the —s בֵּית סֵפֶר יְסוֹדִי
— *v.t.* מִיֵּן, סִוֵּג; סִדֵּר לְפִי דְּרָגוֹת; קָבַע צִיּוּן; הֶעֱבִיר בְּצוּרָה מְדֹרֶגֶת; יִשֵּׁר
grade' cros"sing (גְרֵיד קְרוֹסִנְג) צֹמֶת (במישור אחד)

gra′der *n.* (גְרֵידֶר) תַּלְמִיד בְּכִתָּה מְסַיֶּמֶת

gra′dient *n.* (גְרֵידִיאֲנְט) שִׁפּוּעַ; גְרַדְיֶנְט

grad′ual *adj.* (גְרֶג׳וּאֲל) הַדְרָגָתִי; מָתוּן

grad′uate *n.* & *adj.* (גְרֶג׳וּאִט) בּוֹגֵר (מוסד חינוכי); מְסַיֵּם; סְטוּדֶנְט לִקְרַאת תֹּאַר שֵׁנִי (מוסמך); מְשֹׁורָה

— *v.i.* & *t.* (גְרֶג׳וּאֵיט) סִיֵּם, קִבֵּל תֹּאַר (לאחר סיום הלימודים הדרושים); הִשְׁתַּנָּה בְּהַדְרָגָה; הֶעֱנִיק תֹּאַר (לאחר סיום הלימודים); דֵּרֵג; סִמֵּן בְּמִדּוֹת

grad″ua′tion *n.* (גְרֶג׳וּאֵישְׁן) סִיּוּם; קַבָּלַת תֹּאַר; טֶקֶס הַעֲנָקַת תְּאָרִים; סִמּוּנֵי מְדִידָה

graft *n.* & *v.t.* (גְרֶפְט) רֹוכֵב (בבוטניקה); הַרְכָּבָה; שְׁחִיתוּת, הֲטָבָה שֶׁהֻשְּׂגָה עַל יְדֵי שְׁחִיתוּת; הִרְכִּיב

grain *n.* (גְרֵין) זֶרַע (של תבואה); דָּגָן; גַּרְגִּיר; גְּרֵין (משקל: 64.799 מיליגראמים); שֶׁמֶץ; מַעֲרַךְ הַסִּיבִים

against the — בְּנִגּוּד לַנְּטִיָּה הַטִּבְעִית

gram′mar *n.* (גְרֶמֶר) דִּקְדּוּק; סֵפֶר דִּקְדּוּק; כְּלַל יְסוֹד

— school″ בֵּית סֵפֶר יְסוֹדִי (בארה״ב)

grammar′ian *n.* (גְרַמֵרִיאֲן) מְדַקְדֵּק

grammat′ical *adj.* (גְרֶמֶטִקְל) דִּקְדּוּקִי; לְפִי הַדִּקְדּוּק

gra′nary *n.* (גְרֵינַרִי) מַמְגּוּרָה, אָסָם; אֵזוֹר עָשִׁיר בִּדְגָנִים

grand *adj.* & *n.* (גְרֶנְד) נִשְׂגָּב, נֶהְדָּר; נַעֲלֶה; מְפֹאָר; אֲצִילִי; גָּדוֹל, עֶלְיוֹן; עִקָּרִי; רָאשִׁי; נִכְבָּד, חָשׁוּב מְאֹד; מַקִּיף, כּוֹלֵל; שַׁחְצָנִי; מְצֻיָּן; פְּסַנְתֵּר כָּנָף; אֶלֶף דּוֹלַר

grand′child″ *n.* (גְרֶנְצַ׳יְלְד) נֶכֶד

grand′daugh″ter *n.* (גְרֶנְדוֹטֶר) נֶכְדָּה

gran′deur *n.* (גְרֶנְג׳ר) הוֹד, שֶׂגֶב

grand′fa″ther *n.* (גְרֶנְפָדֶ׳ר) סָב, אָב קַדְמוֹן

grand′ma″ *n.* (גְרֶנְמָה) סַבְתָּא

grand′moth″er *n.* (גְרֶנְמַדֶ׳ר) סָבָה; אֵם קַדְמוֹנָה

grand′pa″ *n.* (גְרֶנְפָּה) סַבָּא

grand′son″ *n.* (גְרֶנְסַן) נֶכֶד

grand′stand *n.* & *v.i.* (גְרֶנְסְטֶנְד) יָצִיעַ רָאשִׁי; יוֹשְׁבֵי הַיָּצִיעַ הָרָאשִׁי; הִתְנַהֵג בְּצוּרָה רַאַוְתָנִית; הִתְגַּדֵּר

grange *n.* (גְרֵינְג׳) מֶשֶׁק חַקְלָאִי, חַוָּה

the Grange אֲגֻדָּה לְטִפּוּחַ הַחַקְלָאוּת

gran′ite *n.* (גְרֶנִט) גְּרָנִיט, שַׁחַם

gran′ny *n.* (גְרֶנִי) סַבְתָּא; זְקֵנָה; מִתְעַסֵּק בְּקַטַנּוֹת

grant *v.t.* & *n.* (גְרֶנְט) הֶעֱנִיק, נָתַן; הִסְכִּים לְ־; הוֹדָה בְּ־; קִבֵּל; הֶעֱבִיר; מַעֲנָק; הַעֲנָקָה; הַעֲבָרַת נְכָסִים

gran′ular *adj.* (גְרֶנְיְלַר) גַּרְגִּירִי; מְגֻרְעָן, קָרְטִי

gran′ule *n.* (גְרֶנְיוּל) קֹרֶט

grape *n.* (גְרֵיפּ) עֵנָב; גֶּפֶן; אָדֹם־סְגַלְגַּל כֵּהֶה; צְרוֹר רְסִיסִים

the — יַיִן

grape′fruit″ *n.* (גְרֵיפְּפְרוּט) אֶשְׁכּוֹלִית

grape″shot′ *n.* (גְרֵיפְּשׁוֹט) צְרוֹר רְסִיסִים

grape′vine″ *n.* (גְרֵיפְּוַין) גֶּפֶן; תִּקְשֹׁרֶת מִפֶּה לְאֹזֶן

graph *n.* (גְרֶף) גְּרָף, דִּיאַגְרָמָה

graph′ic *adj.* (גְרֶפִק) חַי; גְּרָפִי; דִּיאַגְרָמָתִי

graphol′ogy *n.* (גְרֶפוֹלַגִ׳י) גְּרָפוֹלוֹגְיָה

grap′nel *n.* (גְרֶפְנַל) אַנְקוֹל; עֹגֶן אַנְקוֹלִים

grap′ple *n.* & *v.t.* & *i.* (גְרֶפְל) אַנְקוֹל, קֶרֶס־עֲגִינָה; אֲחִיזָה; הֵאָבְקוּת; קִשֵּׁר, הִדֵּק; הִשְׁתַּמֵּשׁ בְּאַנְקוֹל, תָּפַס כְּמוֹ בְּהֵאָבְקוּת, הִתְגּוֹשֵׁשׁ; נֶאֱבַק בְּ־

grasp *v.t.* & *i.* & *n.* (גְרֶסְפּ) לָפַת, אָחַז; תָּפַס; הֵבִין; נִסָּה לְהֵאָחֵז בְּ־; לְפִיתָה; מַאֲחָז; זְרוֹעוֹת לוֹפְתוֹת; הֶשֵּׂג־יָד; הִשְׁתַּלְּטוּת; תְּפִיסָה; הֲבָנָה

gras′ping *adj.* (גְרֶסְפִּנְג) לוֹפֵת; רוֹדֵף בֶּצַע, חוֹמְדָנִי

grass *n.* (גְרֶס) עֵשֶׂב; דֶּשֶׁא; מִרְעֶה; חָצִיר; עוֹנַת הָעֵשֶׂב; מָרִיחוּאָנָה

let the — grow under one′s feet הָיָה אָדִישׁ

grass′hop″per (גְרֶסְהוֹפֶּר) חַרְגּוֹל; חָגָב

grass′ wid′ow (גְרֶס וִדוֹ) פְּרוּשָׁה מִבַּעֲלָהּ

— -er פָּרוּשׁ מֵאִשְׁתּוֹ

grass′y *adj.* (גְרֶסִי) מְכֻסֶּה עֵשֶׂב; עֶשְׂבּוֹנִי; יָרֹק

grate *n.* & *v.i.* & *t.* (גְרֵיט) סְרִיג־גֶּחָלִים;

שְׂבָכָה; סוֹרֵג; אָח (להבעיר אש); גֵּרֵד, חִכֵּךְ; חָרַק; צָרַם; שִׁפְשֵׁף בְּקוֹל צוֹרְמָנִי

grate'ful *adj.* (גְרֵיטְפֶל) אֲסִיר טוֹבָה; מַבִּיעַ הַכָּרַת טוֹבָה; נָעִים; רָצוּי; מְרַעֲנֵן

grat"ifica'tion *n.* (גְרֶטֶפֶקֵישְׁן) סִפּוּק; נַחַת רוּחַ; מְקוֹר סִפּוּק

grat'ify" *v.t.* (גְרֶטִפַי) גָּרַם נַחַת רוּחַ; הִנְעִים; סִפֵּק

gra'ting *n.* (גְרֵיטִנְג) סוֹרֵג; שְׂבָכָה

grat'is *adv. & adj.* (גְרֶטִס) חִנָּם; לְלֹא תַּשְׁלוּם

grat'itude" *n.* (גְרֶטִטוּד) הַכָּרַת טוֹבָה, הַרְגָּשַׁת תּוֹדָה

gratu'itous *adj.* (גְרֶטוּאִטֶס) חִנָּם, לְלֹא תַּשְׁלוּם, לְלֹא תְּמוּרָה; לְלֹא סִבָּה, לְלֹא הַצְדָּקָה

gratu'ity *n.* (גְרֶטוּאִטִי) מַתַּת כֶּסֶף, מַעֲנָק, מַתָּנָה

grave *adj. & n.* (גְרֵיב) רְצִינִי, חָמוּר; מְכֻבָּד; בַּעַל מִשְׁקָל, חָשׁוּב; קוֹדֵר (צבע); קֶבֶר, מְקוֹם קְבוּרָה; מָוֶת

grav'el *n.* (גְרֶוְל) חָצָץ

—**ly** *adj.* דּוֹמֶה לְחָצָץ; מָלֵא חָצָץ; צוֹרְמָנִי

grave'stone" *n.* (גְרֵיבְסְטוֹן) מַצֵּבָה

grave'yard" *n.* (גְרֵיבְיַרְד) בֵּית קְבָרוֹת

— **shift'** מִשְׁמֶרֶת חֲצוֹת; עוֹבְדֵי מִשְׁמֶרֶת חֲצוֹת

grav'itate" *v.i.* (גְרֶוִטֵיט) נִמְשַׁךְ; שָׁקַע

grav"ita'tion *n.* (גְרֶוִטֵישְׁן) גְּרָבִיטַצְיָה, כֹּחַ הַכֹּבֶד, כֹּחַ הַמְּשִׁיכָה; שְׁקִיעָה, נְפִילָה; הַמְּשָׁכוּת

grav'ity *n.* (גְרֶוִטִי) גְּרָבִיטַצְיָה, כֹּחַ הַכֹּבֶד, כֹּחַ הַמְּשִׁיכָה; כֹּבֶד, מִשְׁקָל; הִתְנַהֲגוּת רְצִינִית; כֹּבֶד רֹאשׁ, חֻמְרָה, רְצִינוּת

gra'vy *n.* (גְרֵיבִי) רֹטֶב; כֶּסֶף שֶׁנִּתְקַבֵּל בְּקַלּוּת; הֲטָבָה לְמַעְלָה מִן הַצָּפוּי

gra'vy boat" (גְרֵיבִי בּוֹט) גְּבִיעַ רֹטֶב

gra'vy train" (גְרֵיבִי טְרֵין) קַבָּלַת טוֹבַת הֲנָאָה לְלֹא מַאֲמָץ

gray *adj. & n.* (גְרֵי) אָפֹר; קוֹדֵר; בַּעַל שַׂעֲרוֹת שֵׂיבָה; זָקֵן; נֵיטְרָלִי; חַיָּל (בצבא הקונפדרציה בדרום ארה"ב)

— *v.t. & i.* הָפַךְ לְאָפֹר, הֶאֱפִיר, נַעֲשָׂה אָפֹר

gray" em'inence (גְרֵי אֶמֶנֶנְס) מוֹשֵׁל בִּצְנָעָה

graze *v.i. & t.* (גְרֵיז) רָעָה; נָגַע נְגִיעָה קַלָּה, חָלַף עַל פְּנֵי, גֵּרֵד הָעוֹר

grease *n. & v.t.* (גְרִיס) גְּרִיז; חֹמֶר סִיכָה; גֵּרֵז

— **ball"** בֶּן עַם יָם־תִּיכוֹנִי (כינוי גנאי)

— **mon'key** מְכוֹנַאי (במכונית או מטוס)

—**y** *adj.* מָרוּחַ בִּגְרִיז; שָׁמֵן; שַׁמְנִי

great *adj. & adv.* (גְרֵיט) גָּדוֹל בִּמְיֻחָד; רַב; נִכָּר; יוֹצֵא מִן הַכְּלָל; נוֹדָע; חָשׁוּב מְאֹד; עִקָּרִי, רָאשִׁי; נַעֲלֶה; נָפוֹץ; בְּמִדָּה רַבָּה; בַּעַל זְכֻיּוֹת רַבּוֹת; נִלְהָב; טוֹב

— *n.* אָדָם דָּגוּל

great'ness *n.* (גְרֵיטְנֶס) גְּדֻלָּה

great'-aunt" *n.* (גְרֵיט־אָנְט) דּוֹדַת הָאָב אוֹ הָאֵם

great' grand'child" *n.* (גְרֵיט־גְרֶנְצַ'יְלְד) נִין

great"-grand' fa"ther *n.* (גְרֵיט־גְרֶנְפָדֶ'ר) סַב הָאָב אוֹ הָאֵם

great"-grand'mo"ther *n.* (גְרֵיט־גְרֶנְמַדֶ'ר) סָבַת הָאָב אוֹ הָאֵם

greed *n.* (גְרִיד) רְדִיפַת בֶּצַע

greed'iness *n.* (גְרִידִנֶס) רְדִיפַת בֶּצַע

gree'dy *adj.* (גְרִידִי) רוֹדֵף בֶּצַע; זוֹלֵל וְסוֹבֵא, גַּרְגְּרָן; תְּאֵב מְאֹד

Greek *adj. & n.* (גְרִיק) יְוָנִי; שֶׁל הַכְּנֵסִיָּה הַיְוָנִית; יְוָנִית (לשון); סֵפֶר חָתוּם; דָּבֵק בַּכְּנֵסִיָּה הַיְוָנִית; חָבֵר מוֹעֲדוֹן שֶׁשְּׁמוֹ אוֹתִיּוֹת יְוָנִיּוֹת

green *adj. & n.* (גְרִין) יָרֹק; מוֹרִיק; עָשׂוּי יְרָקוֹת יְרֻקִּים; רַעֲנָן, צָעִיר, נִמְרָץ; לַח; לֹא־מְעֻבָּד (עץ); בֹּסֶר, לֹא־מְפֻתָּח דַּי צָרְכּוֹ; חֲסַר־נִסָּיוֹן; טָרִי, חָדָשׁ; חִוֵּר, חוֹלָנִי; צֶבַע יָרֹק; בַּד יָרֹק; מִדְשָׁאָה

—**s** עָלִים יְרֻקִּים, עֲנָפִים יְרֻקִּים; זֵרִים; יְרָקוֹת יְרֻקִּים

green'ery *n.* (גְרִינֶרִי) צִמְחִיָּה יְרֻקָּה

green'eyed" *adj.* (גְרִין־אַיְד) מְקַנֵּא

green'gro"cer *n.* (גְרִין־גְרוֹסֶר) יַרְקָן

green'house" *n.* (גְרִינְהָאוּס) חֲמָמָה

greet *v.t.* (גְרִיט) קַדֵּם פְּנֵי־; קַבֵּל, בֵּרֵךְ; הוֹפִיעַ

gree'ting *n.* (גְרִיטִנְג) בִּרְכַּת שָׁלוֹם; שֶׁדֶר יְדִידוּתִי

gregar'ious *adj.* (גְרֶגֶרִיאֶס) אוֹהֵב חֶבְרָה; חַבְרוּתִי; חַי בַּעֲדָרִים; עֶדְרִי

grem'lin *n.* (גְרֶמְלִן) יְצוּר שׁוֹבָב שֶׁאֵינוֹ נִרְאֶה

grenade' *n.* (גְרֶנֵיד) רִמּוֹן

gren'adier" *n.* (גְרֶנַדִיר) רַמָּן

grew (גְרוּ) (זמן עבר של grow)

grey *See* **gray**

grid *n.* (גְרִד) סָרִיג; רֶשֶׁת; סוֹרֵג שְׁתִי וָעֵרֶב

grid'dle *n.* (גְרִדְל) מַחֲבַת שְׁטוּחָה; מִשְׁטַח בִּשּׁוּל

— cake חֲרָרָה, לְבִיבָה

grid'iron" *n.* (גְרִדְאַיאֶרְן) גְּרִיל; מִסְגֶּרֶת שְׁתִי וָעֵרֶב; מִגְרַשׁ כַּדּוּרֶגֶל (אמריקני)

grief *n.* (גְרִיף) יָגוֹן

come to — הִתְאַכְזֵב; אֵרַע לוֹ אָסוֹן; נִכְשַׁל

grie'vance *n.* (גְרִיבֶנְס) קִפּוּחַ, עָוֶל, תְּלוּנָה; תַּרְעֹמֶת

grieve *v.i. & t.* (גְרִיב) הִצְטַעֵר, הִתְאַבֵּל; צִעֵר

grie'vous *adj.* (גְרִיבֶס) מְצַעֵר; מְנַקֵּר עֵינַיִם, זְוָעָתִי; נוּגֶה; מֵעִיק; גּוֹרֵם יִסּוּרִים חֲמוּרִים

grill *n. & v.t.* (גְרִל) גְּרִיל; מַחֲבַת מִסְרֶגֶת; צְלִי אֵשׁ, שְׂבָכַת בַּרְזֶל; צָלָה עַל אֵשׁ; סִמֵּן בְּקַוִּים מַקְבִּילִים; חָקַר בְּמַפְגִּיעַ

grim *adj.* (גְרִם) חָמוּר וּבִלְתִּי מִתְפַּשֵּׁר; דּוֹחֶה, קוֹדֵר; פִּרְאִי, אַכְזָרִי

grim'ace *n. & v.i.* (גְרִמֶס) הַעֲוָיָה; עִוָּה פָּנִים

grime *n.* (גְרַיִם) לִכְלוּךְ, זֻהֲמָה

grin *v.i. & n.* (גְרִן) חִיֵּךְ חִיּוּךְ רָחָב; חָשַׂף שִׁנַּיִם; חִיּוּךְ רָחָב; חֲשִׂיפַת שִׁנַּיִם

grind *v.t.* (גְרַינְד) שָׁחַק, לָטַשׁ, הִשְׁחִיז; כָּתַשׁ; עִנָּה, הֵצִיק; שִׁפְשֵׁף יַחַד; חִכֵּךְ; סוֹבֵב; טָחַן; "דָּגַר" (על לימודים); סוֹבֵב מָתְנַיִם (בשעת ריקוד)

grind'stone" *n.* (גְרַינְדְסְטוֹן) אֶבֶן מַשְׁחֶזֶת

grip *v.t. & i. & n.* (גְרִפּ) לָפַת, תָּפַס, אָחַז בְּחָזְקָה; נֶאֱחַז בְּ־; רִתֵּק; לְפִיתָה, תְּפִיסָה, אֲחִיזָה; מַאֲחָז, שְׁלִיטָה; הֲבָנָה שָׁרְשִׁית; לְחִיצַת יָדַיִם מְיֻחֶדֶת; יָדִית; נִצָּב; הֶתְקֵף כְּאֵב

come to —s with נִתְקַל; הִשְׁתַּלֵּט עַל; טִפֵּל בְּ־ נִמְרָצוּת וִישִׁירוּת

gripe *v.t. & i. & n.* (גְרַיפּ) תָּפַס, אָחַז; הֵצִיק; הִכְאִיב (ע"י התכווצות); קִמֵּץ; סָבַל (מכאב בטן); רָטַן, "קִטֵּר", אֲחִיזָה; תְּלוּנָה

grippe *n.* (גְרִפּ) שַׁפַּעַת

gris'ly *adj.* (גְרִזְלִי) מַחֲרִיד, מַבְעִית; פִּרְאִי

grist *n.* (גְרִסְט) תְּבוּאָה לִטְחִינָה; תְּבוּאָה טְחוּנָה; קֶמַח; כַּמּוּת תְּבוּאָה לִטְחִינָה בְּבַת אַחַת

gris'tle *n.* (גְרִסְל) סְחוּס

grit *n. & v.t.* (גְרִט) חֶלְקִיקִים גַּסִּים; אֹמֶץ; חָרַק

griz'zled *adj.* (גְרִזַלְד) אָפֹר; אַפְרוּרִי, אֲפַרְפַּר

groan *n. & v.t.* (גְרוֹן) גְּנִיחָה; אֲנָקָה; קוֹל לִגְלוּג; חֲרִיקָה; גָּנַח; נֶאֱנַק; הִדְהֵד בְּקוֹל צוֹרְמָנִי; הֻעֲמַס בְּמַעֲמֶסֶת־יֶתֶר

groats *n.* (גְרוֹטְס) גְּרִיסִין

gro'cer *n.* (גְרוֹסֶר) חֶנְוָנִי (בחנות מכולת)

groc'ery *n.* (גְרוֹסֶרִי) חֲנוּת מַכֹּלֶת

grog *n.* (גְרוֹג) כֹּהַל וּמַיִם; מַשְׁקֶה חָרִיף

grog'gy *adj.* (גְרוֹגִי) מָט לִפּוֹל, מִתְנוֹעֵעַ; הָמוּם

groin *n.* (גְרוֹין) מִפְשָׂעָה; קִמְרוֹן צְלָעוֹת

groom *n & v.t.* (גְרוּם) סַיָּס; חָתָן; טִפֵּחַ; שִׁוָּה צוּרָה מְסֻדֶּרֶת; טִפֵּל בְּסוּסִים; הִכְשִׁיר

groove *n. & v.t.* (גְרוּב) חָרִיץ, חָרִיק; שִׁגְרָה קְבוּעָה

in the — בְּהֶתְאֵם לָאָפְנָה הָרוֹוַחַת, מְעֻדְכָּן

— *v.t.* חֵרֵץ; חֵרֵק

—y *adj.* מְגֻרֶה מְאֹד, יָפֶה בְּיוֹתֵר

grope *v.i. & t.* (גְרוֹפּ) גִּשֵּׁשׁ, מִשֵּׁשׁ

gro'ping *adj.* (גְרוֹפִּנְג) הַסְּסָנִי, מִתְנוֹעֵעַ בִּכְבֵדוּת; בְּרַגְלַיִם מוֹעֲדוֹת; שׁוֹחֵר פִּתְרוֹן

gross *n. & adj.* (גְרוֹס) שְׁנֵים עָשָׂר

— out of נַעֲשָׂה גָדוֹל מִדַּי בִּשְׁבִיל ־; הִתְפַּתֵּחַ מ־
— up גָּדַל, הָיָה לִמְבֻגָּר; הִתְהַוָּה
gro'wer *n.* (גְרוֹאֶר) מְגַדֵּל; גָּדֵל (בצורה מסוימת)
grow'ing pains" (גְרוֹאִנְג פֵּינְז) לְבָטֵי הִתְבַּגְּרוּת (בתחום הנפש); כְּאֵבֵי רַגְלַיִם (בעקבות מאמץ־יתר, יציבה מרושלת או קשיים נפשיים); קַשְׁיֵי הִתְרַחֲבוּת
growl *v.i. & n.* (גְרַאוּל) נָהַם; נְהִימָה
grown'-up" *n.* (גְרוֹנַפּ) מְבֻגָּר
growth *n.* (גְרוֹת׳) צְמִיחָה, גִּדּוּל, הִתְפַּתְּחוּת; שְׁלַב גִּדּוּל; הִתְפַּתְּחוּת מֻשְׁלֶמֶת; מָקוֹר
grub *n. & v.t. & i.* (גְרַבּ) דֶּרֶן; אָדָם אִטִּי וּמְשַׁעֲמֵם, "פְּלֶג"; חָפַר; פִּנָּה שָׁרָשִׁים וְגִדְמֵי עֵצִים, עָקַר מֵהַשֹּׁרֶשׁ, שֵׁרֵשׁ
grub'by *adj.* (גְרַבִּי) מְלֻכְלָךְ; מְזֹהָם; שׁוֹרֵץ דְּרָנִים; נִבְזֶה
grudge *n.* (גְרַג׳) טִינָה, תַּרְעֹמֶת
grudg'ing *adj.* (גְרַגִ׳נְג) בְּעַל כָּרְחוֹ
gru'eling *adj.* (גְרוּאֲלִנְג) מְיַגֵּעַ
grue'some *adj.* (גְרוּסַם) מְעוֹרֵר סְלִידָה; דּוֹחֶה בְּצוּרָה מַחֲרִידָה, מַבְעִית
gruff *adj.* (גְרַף) נָמוּךְ וְצוֹרְמָנִי; צָרוּד; זוֹעֵף
grum'ble *v.i. & t. & n.* (גְרַמְבְּל) רָטַן; נָהַם; תְּלוּנָה, רְטִינָה
grum'py *adj.* (גְרַמְפִּי) זוֹעֵף, מִתְלוֹנֵן
grunt *v.i.* (גְרַנְט) חִרְחֵר; חַרְחוּר
guar"antee' *v.t. & n.* (גֶרֶנְטִי) עָרַב ל־; הָיָה אַחֲרַאי ל־; שִׁמֵּשׁ עָרֵב; הִתְחַיֵּב; הִבְטִיחַ; הִתְחַיֵּב לְהָגֵן עַל אוֹ לְפַצּוֹת; הִתְחַיְּבוּת, עֲרֻבָּה; עֲרֵבוּת; אַחֲרָיוּת; הַבְטָחָה; עָרֵב; מַשְׁכּוֹן
guar'antor" *n.* (גֶרֶנְטוֹר) עָרֵב
guard *v.t. & i. & n.* (גַרְד) שָׁמַר עַל, הֵגֵן עַל; שָׁלַט בּ־; סִפֵּק מָגֵן; חִפָּה עַל; נָקַט אֶמְצָעֵי זְהִירוּת; שׁוֹמֵר; מִשְׁמָר; שְׁמִירָה קַפְּדָנִית; מָגֵן; יְצִיבַת הִתְגּוֹנְנוּת
off — לֹא מוּכָן לְהַתְקָפָה; אֵינוֹ עוֹמֵד עַל הַמִּשְׁמָר; לֹא־זָהִיר, לֹא־עֵר
guard'house" *n.* (גַרְדְהַאוּס) מַחְבּוֹשׁ
guar'dian *n.* (גַרְדִיאַן) אֶפִּיטְרוֹפּוֹס; שׁוֹמֵר

תְּרֵיסָרִים; בְּרוּטוֹ; גָּלְמִי; מֻחְלָט, מֻבְהָק; מְשַׁוֵּעַ; גַּס; גָּדוֹל, מְגֻשָּׁם; שָׁמֵן מְאֹד; צָפוּף, כָּבֵד; כְּלָלִי בְּיוֹתֵר
gross" na'tional prod'uct תּוֹצָר לְאֻמִּי גָּלְמִי
grotesque' *adj. & n.* (גְרוֹטֶסְק) גְּרוֹטֶסְקִי; מוּזָר; מֻגְזָם עַד כְּדֵי גִחוּךְ; אַבְּסוּרְדִי מְאֹד; מְכֹעָר בְּיוֹתֵר; בַּעַל צוּרוֹת תִּמְהוֹנִיּוֹת; גְּרוֹטֶסְקָה
grot'to *n.* (גְרוֹטוֹ) מְעָרָה, מְעָרָה מְלָאכוּתִית
grouch *n.* (גְרַאוּץ׳) זָעֵף, נִרְגָּן
ground *n.* (גְרַאוּנְד) אֲדָמָה, קַרְקַע, אֶרֶץ; נוֹשֵׂא לְדִיּוּן; טִעוּן עֻבְדָּתִי; רֶקַע עִקָּרִי; הָאֲרָקָה; קַרְקָעִית־יָם; יַבָּשָׁה
—s עִלּוֹת, סִבּוֹת; שְׁמָרִים, מִשְׁקָע; קַרְקַע צְמוּדָה לְבִנְיָן, מִדְשָׁאָה, גַּנִּים
break — חָרַשׁ; הִתְחִיל לַחְפֹּר (באדמה כדי להקים יסודות), הִכְשִׁיר הַקַּרְקַע
cover — נָסַע, הִתְקַדֵּם; טִפֵּל בּ־
from the — up בְּאֹפֶן יְסוֹדִי, מֵהַקַּל אֶל הַכָּבֵד
gain — הִתְקַדֵּם; זָכָה לְהַסְכָּמָה
give — וִתֵּר, נָסוֹג
hold (stand) one's — הֶחֱזִיק מַעֲמָד
— *v.t.* יָסַד; קָבַע בַּקַּרְקַע; הִקְנָה עִקָּרִים; עָשָׂה רֶקַע; הֶאֱרִיק; קִרְקֵעַ; הֶעֱלָה עַל הַיַּבָּשָׁה
ground' floor' קוֹמַת הַקַּרְקַע; עֶמְדַת יִתְרוֹן, הִזְדַּמְּנוּת מְיֻחֶדֶת
ground'less *adj.* (גְרַאוּנְדְלֶס) חֲסַר יְסוֹד הֶגְיוֹנִי
ground'work" *n.* (גְרַאוּנְדְוֶרְק) בָּסִיס, יְסוֹד
group *n.* (גְרוּפּ) קְבוּצָה; קְבוּצַת גְּדוּדִים (2 או יותר); לַהַק; לַהֲקָה; קִבֵּץ בִּקְבוּצָה
grouse *n.* (גְרַאוּס) שֶׂכְוִי
grove *n.* (גְרוֹב) חֻרְשָׁה, פַּרְדֵּס
grov'el *v.i.* (גְרַוְל) הִתְרַפֵּס, זָחַל; נֶהֱנָה מִדְּבָרִים נִבְזִים
grow *v.i. & t.* (גְרוֹ) צָמַח, גָּדַל; הִתְפַּתֵּחַ; הִתְרַחֵב; הִתְלַכֵּד; נַעֲשָׂה; הִצְמִיחַ, גִּדֵּל
— into נַעֲשָׂה דֵי גָדוֹל בִּשְׁבִיל ־; נַעֲשָׂה דֵי מְבֻגָּר בִּשְׁבִיל ־
— on (upon) הִשְׁתַּלֵּט; הִשְׁתָּרֵשׁ בַּנֶּפֶשׁ ־

guards′man *n.* (גַרְדְזְמֶן) שׁוֹמֵר; חַיָּל הַמִּשְׁמָר הַלְּאֻמִּי (בארה״ב)
guer(r)il′la *n.* (גַרִלָה) לוֹחֵם גֵּרִילָה
guess *v.t.* & *i.* & *n.* (גֶס) שִׁעֵר, נִחֵשׁ; פָּתַר, הֶעֱרִיךְ הַעֲרָכָה נְכוֹנָה; סָבַר; אָמַד; הַשְׁעָרָה, נִחוּשׁ
guest *n.* (גֶסְט) אוֹרֵחַ; מְזֻמָּן
guffaw′ *n.* & *v.i.* (גַפוֹ) הִתְפָּרְצוּת צְחוֹק קוֹלָנִית; צָחַק בְּקוֹל רָם
guid′ance *n.* (גַיְדֶנְס) הַדְרָכָה; מַנְהִיגוּת; הַכְוָנָה; יִעוּץ; טִפּוּל; עֶזְרָה; מַדְרִיךְ; הַנְחָיָה, נִוּוּט
guide *v.t.* & *n.* (גַיְד) הִדְרִיךְ, הוֹרָה הַדֶּרֶךְ; לִוָּה; הִכְוִין, הִנְחָה; יָעַץ; הִשְׁגִּיחַ עַל; מוֹרֵה דֶּרֶךְ; מַדְרִיךְ; תָּו עֵזֶר; תַּמְרוּר
guid′ed mis′sile (גַיְדֶד מִסְל) טִיל מֻנְחֶה
gui′don *n.* (גַיְדְן) דִּגְלוֹן; דַּגְלָן
guild *n.* (גִלְד) גִּילְדָּה; אִגּוּד
guile *n.* (גַיְל) עַרְמוּמִיּוּת, רַמָּאוּת, אוֹנָאָה
guil′lotine″ *n.* (גִלֲטִין) גִּילוֹטִינָה, מַעֲרֶפֶת; הִתִּיז (ראש)
guilt *n.* (גִלְט) אַשְׁמָה; פְּשִׁיעָה; הַרְגָּשַׁת אַחֲרָיוּת, הַרְגָּשַׁת חֲרָטָה
guilt′less *adj.* (גִלְטְלִס) נְקִי מֵאַשְׁמָה; חַף מִפֶּשַׁע; חֲסַר־יְדִיעָה
guil′ty *adj.* (גִלְטִי) אָשֵׁם; כָּרוּךְ בְּאַשְׁמָה; חָשׁ אַשְׁמָה
guin′ea fowl″ (hen) (גִנִי פַאוּל |הֶן|) פְּנִינִיָּה
guin′ea pig″ (גִנִי פִּג) חֲזִיר־יָם; קַבִיָּה; שְׁפַן־נִסָּיוֹן
guise *n.* (גַיְז) הוֹפָעָה חִיצוֹנִית; דְּמוּת; צוּרָה; מַסְוֶה; לְבוּשׁ
guitar′ *n.* (גִטָר) גִּיטָרָה, קַתְרוֹס
gulch *n.* (גַלְץ׳) חָרוּץ, גַּיְא
gulf *n.* (גַלְף) מִפְרָץ; שֶׁקַע עָמֹק; תְּהוֹם
gull *n.* & *v.t.* (גַל) שַׁחַף; הוֹנָה, רִמָּה
gul′let *n.* (גַלֶט) וֶשֶׁט, גָּרוֹן; תְּעָלָה; גַּיְא
gul′lible *adj.* (גַלִבְּל) פֶּתִי, שֶׁקַּל לְרַמּוֹתוֹ
gul′ly *n.* (גַלִי) עָרוּץ (נחל)
gulp *v.i.* & *t.* & *n.* (גַלְפּ) עִלֵּעַ; נָשַׁם בִּכְבֵדוּת בִּשְׁעַת בְּלִיעָה; לָגַם, גָּמַע; חִנֵּק; לְגִימָה

gum *n.* (גַם) שְׂרָף; דֶּבֶק; גּוּמִי לְעִיסָה; מַסְטִיק; גּוּמִי
—s חֲנִיכַיִם
— *v.t.* & *i.* מָרַח בְּדֶבֶק; הִדְבִּיק; סָתַם בְּחֹמֶר דָּבִיק; לָעַס בַּחֲנִיכַיִם; מִלְמֵל
beat one's —s ״קִשְׁקֵשׁ״
gum′drop″ *n.* (גַמְדְרוֹפּ) גּוּמִי יַיִן
gum′my *adj.* (גַמִי) צָמִיג, מְכֻסֶּה חֹמֶר דָּבִיק, סָתוּם בְּחֹמֶר דָּבִיק, מַפְרִישׁ שְׂרָף
gum′ption *n.* (גַמְפְּשֶׁן) יָזְמָה; תַּקִּיפוּת, תּוּשִׁיָּה; אֹמֶץ, ״דָּם״
gum′shoe″ *n.* (גַמְשׁוּ) נַעַל גּוּמִי; עַרְדָּל; בַּלָּשׁ
gun *n.* (גַן) כְּלִי יְרִיָּה, נֶשֶׁק (קל); אֶקְדָּח, רוֹבֶה; תּוֹתָח (ארוך־קנה ושטוח־מסלול)
give something the — הִתְנִיעַ; זֵרֵז
jump the — זִנֵּק לִפְנֵי מַתַּן הָאוֹת; הִתְחִיל לִפְנֵי הַזְּמַן הַמַּתְאִים, פָּעַל בִּפְזִיזוּת
spike someone's —s סִכֵּל תָּכְנִית
stick to his —s עָמַד אֵיתָן, לֹא נָסוֹג
— *v.t.* & *t.* צָד בִּכְלִי יְרִיָּה; יָרָה; הֵזִין בֶּנְזִין בִּפְתָאוֹם וּמַהֵר
— for חִפֵּשׂ כְּדֵי לִפְגּוֹעַ אוֹ לַהֲרוֹג; חִפֵּשׂ; הִתְאַמֵּץ לְהַשִּׂיג
gun′boat″ *n.* (גַנְבּוֹט) סְפִינַת תּוֹתָחִים
gun′ner *n.* (גַנֶר) תּוֹתְחָן
gun′nery *n.* (גַנֶרִי) תּוֹתְחָנוּת; יְרִיּוֹת; תּוֹתָחִים; כְּלֵי יְרִיָּה
gun′point″ *n.* (גַנְפּוֹינְט) כִּוּוּן כְּלִי יְרִיָּה
at — תַּחַת אִיּוּם פְּגִיעָה בִּירִיָּה
gun′pow″der *n.* (גַנְפַּאוּדֶר) אֲבַק שְׂרֵפָה
gun′run″ning *n.* (גַנְרַנִנְג) הַבְרָחַת נֶשֶׁק
gun′shot″ *n.* (גַנְשׁוֹט) יְרִיָּה; טְוַח יְרִיָּה
gun′-shy″ *adj.* (גַנְשַׁי) נִבְהַל מִפְּנֵי יְרִי
gun′smith″ *n.* (גַנְסְמִת׳) נַשָּׁק
gur′gle *v.i.* & *t.* & *n.* (גֶרְגְל) בִּקְבֵּק; בִּקְבּוּק
gush *v.i.* & *t.* & *n.* (גַשׁ) שָׁפַע, נִגַּר; הִשְׁתַּפֵּךְ; שְׁפִיעָה, הִשְׁתַּפְּכוּת, זְרִימָה פִּתְאוֹמִית
gush′er *n.* (גַשֶׁר) מַעְיַן־נֵפְט שׁוֹפֵעַ; אָדָם מִשְׁתַּפֵּךְ
gust *n.* (גַסְט) מַשַּׁב־רוּחַ עַז; הִתְפָּרְצוּת

gus'to *n.* (גַּסְטוֹ) עֹנֶג רַב; טַעַם אִישִׁי

gus'ty *adj.* (גַּסְטִי) שֶׁל מַשַּׁב־רוּחַ עַז; שֶׁל הִתְפָּרְצוּת פִּתְאוֹמִית; מָלֵא יָמְרוֹת גְּבוּבוֹת; נִמְרָץ, שׁוֹפֵעַ חִיּוּת

gut *n.* (גַּט) מְעִי; רִקְמַת מְעִי; סִיבֵי מְעִי; מַעֲבָר צַר, גַּיְא

—s מֵעַיִם; אֹמֶץ; הַתְמָדָה, כֹּחַ סֵבֶל, "דָּם"

— *v.t.* הוֹצִיא מֵעַיִם; שָׁדַד; הָרַס הַפְּנִים

gut'ter *n.* & *v.i.* (גַּטְר) מַרְזֵב; בִּיב; צִנּוֹר נִקּוּז; תְּעָלַת מַיִם זוֹרְמִים; מִשְׁכְּנוֹת הָעֲלוּבִים; זָרַם בִּפְלָגִים; טִפְטֵף שַׁעֲוָה בִּסְבִיבוֹת הַפְּתִילָה (של נר), דָּלַק בְּלֶהָבָה קְטַנָּה; הוּוָה תְּעָלוֹת; סִפֵּק מַרְזְבִים

gut'ter snipe" *n.* (גַּטְרְסְנַיְפ) חֵלֶךְ; יַחְפָן

gut'teral *adj.* (גַּטֲרַל) גְּרוֹנִי; צוֹרְמָנִי

guy *n.* & *v.t.* (גַּי) בָּחוּר, בַּרְנָשׁ; חֶבֶל־חִזּוּק, כֶּבֶל; לִגְלֵג עַל; חִזֵּק (בחבל או בכבל)

guz'zle *v.i.* & *t.* (גַּזְל) זָלַל, סָבָא

gym *n.* & *adj.* (גִ'ים) אוּלַם הִתְעַמְּלוּת; שֶׁל הִתְעַמְּלוּת

gymna'sium *n.* (גִ'מְנֵיזִיאַם) אוּלַם הִתְעַמְּלוּת; גִּימְנַסְיָה

gym'nast *n.* (גִ'מְנֶסְט) מוֹרֶה לְהִתְעַמְּלוּת; מִתְעַמֵּל

gymnas'tics *n.* (גִ'מְנֶסְטִקְס) הִתְעַמְּלוּת

gyp *v.t.* & *n.* (גִ'פּ) הוֹנָה, רִמָּה; אוֹנָאָה

gyp'sy *adj.* & *n.* (גִ'פְּסִי) צוֹעֲנִי

gy'rate *v.i.* (גַ'יְרֵיט) הִסְתּוֹבֵב מִסָּבִיב לְמֶרְכָּז; סַב בִּמְהִירוּת

H

H, h *n.* (אֵיץ׳) ה׳, הָאוֹת הַשְּׁמִינִית בָּאָלֶפְבֵּית הָאַנְגְּלִי

ha *interj.* (הָה) אֶה, אָהָה (להבעת הפתעה או נצחון)

hab′erdash″er *n.* (הֶבֶּרְדֶשֶׁר) מוֹכֵר בִּגְדֵי גְבָרִים

hab′erdash″ery *n.* (הֶבֶּרְדֶשֶׁרִי) חֲנוּת לְבִגְדֵי גְבָרִים

hab′it *n.* (הֶבִּט) הֶרְגֵּל; נֹהַג; הִתְמַכְּרוּת; נְטִיָּה נַפְשִׁית; מַצָּב גּוּפָנִי; תַּהֲלִיךְ אָפְיָנִי; לְבוּשׁ

hab′itable *adj.* (הֶבִּטַבְּל) רָאוּי לְדִיּוּר

hab′itat″ *n.* (הֶבִּטֶט) אֵזוֹר מִחְיָה, תְּחוּם תְּפוּצָה; מְקוֹם מְגוּרִים

hab′ita′tion *n.* (הֶבִּטֵישְׁן) בַּיִת, דִּירָה, מִשְׁכָּן; דִּיּוּר; יִשּׁוּב

habi′tual *adj.* (הֲבִּצ׳וּאֵל) מֻרְגָּל, רָגִיל; מוּעָד

habi′tuate *v.t.* (הֲבִּצ׳וּאֵיט) הִרְגִּיל

habi′tué″ *n.* (הֲבִּצ׳וּאֵי) מְבַקֵּר קָבוּעַ

hack *n. & v.t.* (הֶק) עוֹשֶׂה עֲבוֹדָה קְלוֹקֶלֶת; שְׂכִיר־עֵט; כַּתְבָן־שְׁגָרוֹת, מְחַבֵּר חִבּוּרִים נְדוֹשִׁים; סוּס בָּלֶה; מֶרְכָּבָה לְהַשְׂכָּרָה; מוֹנִית; קִצֵּץ, כָּרַת; כִּעְכֵּעַ

hack′le *n.* (הֶקְל) נוֹצַת צַוָּאר אֲרֻכָּה וְדַקָּה; נוֹצוֹת הַצַּוָּאר

—s שַׂעֲרוֹת הָעֹרֶף

hack′neyed *adj.* (הֶקְנִיד) נָדוֹשׁ, בָּנָלִי

had (הֶד) (זמן עבר של have)

Ha′des *n.* (הֵידִיז) עוֹלַם הַמֵּתִים; אֵל עוֹלַם הַמֵּתִים, הָדֵס

haft *n.* (הֶפְט) נִצָּב, יָדִית

hag *n.* (הֶג) זְקֵנָה מְכֹעֶרֶת, מִרְשַׁעַת; זְקֵנָה; מְכַשֵּׁפָה

hag′gard *adj.* (הֶגֶרְד) כְּחוּשׁ־מַרְאֶה, מְיֻגָּע; פִּרְאִי

hag′gle *v.i.* (הֶגְל) הִתְמַקֵּחַ (בצורה קטנונית); הִתְנַצֵּחַ

Hag″iog′rapha *n.* (הֶגִיאוֹגְרֶפָה) סִפְרֵי הַכְּתוּבִים (של התנ״ך)

hail *v.t. & i.* (הֵיל) בֵּרֵךְ לְשָׁלוֹם; קִבֵּל פְּנֵי־; קָרָא אֶל; קִבֵּל בְּרָצוֹן; יָרַד בָּרָד, יָרַד כְּבָרָד; הִמְטִיר (כברד)

— from מְקוֹם מְגוּרָיו..., מוֹלַדְתּוֹ...

— *n.* קְרִיאָה אֶל, בִּרְכַּת שָׁלוֹם; בָּרָד

hail′-fel′low well′ met′ (הֵיל־פֶלוֹ וֶל מֶט) אָדָם חַבְרוּתִי, חָבֵר עַלִּיז

hair *n.* (הֵר) שַׂעֲרָה, שֵׂעָר; חֵלֶק זָעִיר, קֹרֶט

get in someone's — קִנְטֵר

let one's — down הִתְנַהֵג בְּלִי מַעֲצוֹרִים, דִּבֵּר בְּגִלּוּי לֵב

make one's — stand on end הִבְעִית, סִמֵּר שַׂעֲרוֹת מֵאֵימָה

split —s הִתְפַּלְפֵּל

without turning a — בְּלִי לְהָנִיד עַפְעַף, בְּשַׁלְוָה גְּמוּרָה

hair′cut″ *n.* (הֵרְקַט) תִּסְפֹּרֶת

hair′do″ *n.* (הֵרְדוּ) תִּסְרֹקֶת; שֵׂעָר (לאחר סידורו)

hair′dres′ser *n.* (הֵרְדְרֶסֶר) סַפַּר־נָשִׁים

hair′pin″ (הֵרְפִּן) מַכְבֵּנָה, סִכַּת שֵׂעָר

hair′-rais″ing *adj.* (הֵר־רֵיזִנְג) מַבְעִית, מְסַמֵּר שֵׂעָר

hair′y *adj.* (הֵרִי) שָׂעִיר

hale *adj. & v.t.* (הֵיל) בָּרִיא, חָזָק וּבַעַל מֶרֶץ; גָּרַר, סָחַב

half *n. & adj. & adv.* (הֶף) חֵצִי, מַחֲצִית; חֲצִי; לְמֶחֱצָה, בְּמִדַּת־מָה

half′ baked′ *adj.* (הֶף־בֵּיקְט) לֹא אָפוּי בְּמִדָּה מַסְפֶּקֶת; לֹא מוּכָן כִּדְבָעֵי; לֹא־מְצִיאוּתִי; מוּזָר, מְשֻׁגָּע

half′ breed″ *n. & adj.* (הֶף־בְּרִיד) בֶּן גְּזָעִים מְעֹרָבִים; מִמּוֹצָא לָבָן וְאִינְדְיָנִי

half′-caste″ *n. & adj.* (הֶף־קֶסְט) בֶּן גְּזָעִים מְעֹרָבִים, מִמּוֹצָא לָבָן וְהֹדִּי

half′-cocked″ *adj.* (הֶף־קוֹקְט) דָּרוּךְ לְמֶחֱצָה; פָּזִיז, לְלֹא הֲכָנָה מַסְפֶּקֶת

half′hear′ted *adj.* (הֶף־הַרְטֶד) לֹא בְּלֵב שָׁלֵם, בְּהִתְלַהֲבוּת מוּעֶטֶת

hal'ito"sis *n.* (הֶלִטוֹסִס) נְשִׁימָה מַצְחִינָה

hall *n.* (הוֹל) פְּרוֹזְדוֹר, הוֹל; חֲדַר כְּנִיסָה; אוּלָם; אוֹדִיטוֹרְיָה; בִּנְיַן אוּנִי־בֶרְסִיטָה; טְרַקְלִין טִירָה; טִירָה

city — בֵּית הָעִירִיָּה

hall'mark" *n.* (הוֹלְמַרְק) חוֹתֶמֶת־אֵיכוּת; אוֹת־הַמּוּצָר; תַּו־טֹהַר

halloo' *v.i. & t.* (הֲלוּ) קָרָא בְּקוֹל רָם; צָעַק

hal'low *v.t.* (הֶלוֹ) קִדֵּשׁ; כִּבֵּד

hallu"cina'tion *n.* (הֲלוּסִנֵישְׁן) הָלוּצִינַצְיָה; הֲזָיָה; מַחֲזֵה־שָׁוְא; אַשְׁלָיָה

ha'lo *n.* (הֵילוֹ) הִלָּה

halt *v.i. & t. & n.* (הוֹלְט) נֶעֱצַר; עָצַר; הִסֵּס, פִּקְפֵּק; פָּסַח עַל שְׁתֵּי סְעִפִּים; עֲצִירָה

hal'ter *n.* (הוֹלְטֶר) אַפְסָר; לוּלָאַת־תְּלִיָּה; חֲזִיָּה מְצַלֶּבֶת

halve *v.t.* (הָב) חָצָה; חִלֵּק לַחֲלָקִים שָׁוִים; הִפְחִית עַד הַמַּחֲצִית

ham *n. & v.i.* (הֶם) יֶרֶךְ־חֲזִיר; אֲחוֹרֵי הַיָּרֵךְ; שֶׁקַע הַבֶּרֶךְ; שַׂחְקָן מַפְרִיז; אַלְחוּטַאי חוֹבֵב; שִׂחֵק בְּרַגְשָׁנוּת מֻפְרֶזֶת

ham'bur"ger *n.* (הֶמְבֶּרְגֶר) קְצִיצַת בָּשָׂר; בָּשָׂר קָצוּץ; כָּרִיךְ בָּשָׂר קָצוּץ

ham'let *n.* (הֶמְלִט) כְּפָר קָטָן

ham'mer *n.* (הֶמֶר) פַּטִּישׁ

under the — עוֹמֵד לִמְכִירָה בִּמְכִירָה פֻּמְבִּית

— *v.t.* שִׁקַּע (מסמר); דָּפַק בְּפַטִּישׁ; תָּלָה בְּפַטִּישׁ וּמַסְמְרִים; בָּנָה בְּפַטִּישׁ וּמַסְמְרִים; רִקֵּעַ; הָלַם; יִשֵּׁב (מחלוקת חריפה); הִטְבִּיעַ בְּצוּרָה מוּחֶצֶת

— home שִׁכְנֵעַ בִּתְקִיפוּת וּבְמֶרֶץ

ham'mer and tong's בַּהֲמֻלָּה וּבְמֶרֶץ

ham'mock *n.* (הֶמֶק) עַרְסָל

ham'per *n. & v.t.* (הֶמְפֶּר) סַל גָּדוֹל; עָצַר; הִפְרִיעַ לְ־, עִכֵּב

ham'ster *n.* (הֶמְסְטֶר) אוֹגֵר

ham'string" *v.t. & n.* (הֶמְסְטְרִנְג) שִׁלֵּל כֹּחַ, הִטִּיל מוּם עַל יְדֵי חִתּוּךְ גִּיד הַיָּרֵךְ; גִּיד הַיָּרֵךְ, גִּיד הַנָּשֶׁה

hand *n. & adj.* (הֶנְד) יָד, גַּף בַּעַל אֶצְבָּעוֹת; פּוֹעֵל; מְיֻמָּנוּת; בֶּן־אָדָם (ביחס לכושר כפיים); חֲבֵר צֶוֶת; עֶמְדַּת כֹּחַ; צַד; סִגְנוֹן כְּתִיבָה, כְּתִיבָה תַּמָּה; חֲתִימָה; מְחִיאוֹת כַּפַּיִם; הִתְחַיְּבוּת; טֶפַח; קְלָפִים בַּיָּד; הַמַּחֲזִיק בִּקְלָפִים; סִבּוּב (במשחק קלפים); צְרוֹר, אֶשְׁכּוֹל; שֶׁל יָד; מְלֶאכֶת יָד; נִשָּׂא בַּיָּד; מֻפְעָל בַּיָּד

at first — מִמָּקוֹר רִאשׁוֹן

at — קָרוֹב, מוּכָן לְשִׁמּוּשׁ

come to — בָּא לְהֶשֵּׂג הַיָּד; עוֹרֵר תְּשׂוּמַת לֵב; הִגִּיעַ, הִתְקַבֵּל

eat out of one's — עָמַד לִרְשׁוּתוֹ; הִתְרַפֵּס בִּפְנֵי־

force one's — הִכְרִיחַ לִנְקוֹט פְּעֻלָּה, הִכְרִיחַ לְגַלּוֹת כַּוָּנוֹתָיו הָאֲמִתִּיּוֹת

— and foot כְּדֵי לְהַפְרִיעַ לִתְנוּעָתוֹ; בְּהַכְנָעָה; בִּקְבִיעוּת

— and (in) glove בְּצוּרָה אִינְטִימִית, בְּקִרְבָה יְתֵרָה

— in — שְׁלוּבֵי יָד; יַחַד; כְּאִישׁ אֶחָד

— over fist בִּמְהִירוּת וּבְשֶׁפַע; בַּעֲלִיָּה מִתְמֶדֶת

—s down בְּקַלּוּת; לְלֹא עִרְעוּר

on — עוֹמֵד לִרְשׁוּתוֹ; נִמְצָא אֶצְלוֹ; עוֹמֵד לִקְרוֹת, מְמַשְׁמֵשׁ וּבָא

with a high — בִּיהִירוּת; בְּצוּרָה שְׂרִירוּתִית

— *v.t.* הֶעֱבִיר; סִיֵּעַ

— down הוֹרִישׁ, פָּסַק (בבית משפט)

— it to כִּבֵּד

— on מָסַר, הוֹרִישׁ

— out חִלֵּק

— over הִסְגִּיר

hand'bill" *n.* (הֶנְדְבִּל) גִּלָּיוֹן פִּרְסֹמֶת

hand'cuff" *n. & v.t.* (הֶנְדְקַף) אֲזִק־יָד; כָּבַל בַּאֲזִקֵּי־יָד

hand'ful" *adj.* (הֶנְדְפֻל) מְלוֹא הַיָּד; חֹפֶן; שֶׁקָּשֶׁה לְהִשְׁתַּלֵּט עָלָיו

han'dicap" *n. & v.t.* (הֶנְדִיקֶפּ) תַּחֲרוּת "פוֹר"; הַגְבָּלָה; מוּם; הִגְבִּיל, הִכְבִּיד עַל: חִלֵּק "פוֹר"; נִסָּה לְנַבֵּא מִי יְנַצֵּחַ וּבְאֵלוּ תּוֹצָאוֹת

—ed *adj.* מְעֻכָּב

han'dicraft" *n.* (הֶנְדִיקְרֶפְט) מְלֶאכֶת יָד, אֻמָּנוּת

han'diwork" *n.* (הֶנְדִיוֶרְק) עֲבוֹדַת כַּפַּיִם

hand'kerchief *n.* (הֶנְקֶרְצִ׳ף) מִמְחָטָה

han'dle *n.* (הֶנְדְל) יָדִית, אֹזֶן (כלי); שֵׁם פְּרָטִי

fly off the — יָצָא מִן הַכֵּלִים

— *v.t. & i.* נָגַע, מִשֵּׁשׁ, הֵרִים בַּיָּד; טִפֵּל, נִהֵל; הִשְׁתַּמֵּשׁ בּ־; פִּקֵּד עַל; דָּן בּ־; הִתְיַחֵס אֶל; סָחַר בּ־; תִּפְקֵד

han'dle bar"(s) *n.* (הֶנְדְלְבַּר[ז]) הֶגֶה, כִּידוֹן (של אופניים)

hand'maid"(en) *n.* (הֶנְדְמֵיד[ן]) מְשָׁרֶתֶת

hand'-me-down" (הֶנְד־מִי־דַאוּן) לְבוּשׁ מוּרָשׁ; דָּבָר זוֹל, דָּבָר מֵאֵיכוּת גְּרוּעָה

hand'out" *n.* (הֶנְדַאוּט) נְדָבָה; הוֹדָעָה מוּכָנָה; דֻּגְמַת חִנָּם

hand'-pick' *v.t.* (הֶנְד־פִּק) קָטַף בַּיָּד; בָּחַר אִישִׁית וּבִזְהִירוּת

hands'-down' (הֶנְדְז־דַאוּן) קַל; וַדַּאי; לְלֹא מַאֲמָץ

hands'-off' *adj.* (הֶנְדְז־אוֹף) לְלֹא הִתְעָרְבוּת

hand'some *adj.* (הֶנְסֶם) יְפֵה־תֹאַר, יָפֶה; נָאֶה; נִכָּר; נָדִיב, טוֹב לֵב

hand'wri"ting *n.* (הֶנְדְרַיטִנְג) כְּתַב־יָד

han'dy *adj.* (הֶנְדִי) בְּקִרְבַת מָקוֹם; קָרוֹב לַיָּד; נוֹחַ לְקַחַת; נוֹחַ, מוֹעִיל; מְיֻמָּן, בַּעַל יָדַיִם זְרִיזוֹת

han'dyman" *n.* (הֶנְדִימֶן) פּוֹעֵל אַחְזָקָה (למלאכות קטנות)

hang *v.t. & i.* (הֶנְג) תָּלָה; רִהֵט בַּחֲפָצִים תְּלוּיִים; הִצִּיג בְּגַלֶרְיָה; תָּלָה דֶּלֶת עַל צִירִים; עִכֵּב הַכְרָעָה שֶׁל חֶבֶר מֻשְׁבָּעִים; נִתְלָה; נִדַּלְדֵּל; הָיָה תָּלוּי בּ־; הִסֵּס, הָיָה מֻטָּל בְּסָפֵק; הִתְעַכֵּב, הָיָה לְלֹא הַכְרָעָה; הִתְמִיד; רִחֵף בָּאֲוִיר; נִצְמַד אֶל; הָיָה מֻצָּג; לֹא הִגִּיעַ לִידֵי הֶסְכֵּם

— around הִסְתּוֹבֵב; שׁוֹטֵט

— back הִסֵּס

— in the balance הָיָה מֻטָּל בְּסָפֵק; תָּלוּי וְעוֹמֵד לְלֹא הַכְרָעָה

— on נִצְמַד ל־; דָּבַק בּ־; הִתְמִיד

— one on "הִרְבִּיץ"; הִתְבַּסֵּם

— out הָיָה תָּלוּי דֶּרֶךְ פֶּתַח; בִּטֵּל זְמַן, הִסְתּוֹבֵב

— together הָיוּ מְלֻכָּדִים, שָׁמַר אֱמוּנִים אֶחָד לַשֵּׁנִי; הָיָה עִקְבִי, הָיָה הֶגְיוֹנִי

— up סָגַר, הִפְסִיק; נִרְתַּע; סָגַר טֶלֶפוֹן; מַעֲצוֹר נַפְשִׁי; תִּסְבִּיךְ

— *n.* אֹפֶן בִּצּוּעַ; מַשְׁמָעוּת, מַשָּׂג; שֶׁמֶץ דְּאָגָה

hang'ar *n.* (הֶנְגֶר) מוּסַךְ מְטוֹסִים; דִּיר; סְכָכָה

hang'dog" *adj.* (הֶנְגְדוֹג) מֻשְׁפָּל, מוּבָס, מְדֻכְדָּךְ; מְפַחֵד, בּוֹשׁ, אָשֵׁם; בָּזוּי, חַמְקָנִי

hang'er *n.* (הֶנְגֶר) קוֹלָב; מַתְלֶה; וָו; תּוֹלֶה

han'ger-on' *n.* (הֶנְגֶר־אוֹן) נִלְוֶה (לשם טובת הנאה)

hang'ing *n.* (הֶנְגִנְג) תְּלִיָּה

—s וִילוֹנוֹת; שְׁטִיחֵי־קִיר

hang'man *n.* (הֶנְגְמֶן) תַּלְיָן

hang'out *n.* (הֶנְגַאוּט) מִשְׁכָּן, מְקוֹם בִּקּוּרִים קָבוּעַ

hang'o"ver *n.* (הֶנְגוֹבְר) צִירֵי הִתְפַּכְּחוּת

hank *n.* (הֶנְק) דּוֹלְלָה; חוּט בְּאֹרֶךְ מְסֻיָּם; סְלִיל, קֶשֶׁר, לוּלָאָה

han'ker *v.i.* (הֶנְקֶר) הִשְׁתּוֹקֵק

han'ky-pan'ky *n.* (הֶנְקִי־פֶּנְקִי) הִתְנַהֲגוּת לֹא־מוּסָרִית; תַּעֲלוּלִים; רְמִיָּה; שְׁטוּת; הִשְׁתַּעַשְׁעוּת

haphaz'ardly *adv.* (הֶפְּהֶזַרְדְלִי) בְּמִקְרֶה, בְּלֹא כַּוָּנָה תְּחִלָּה

hap'less *adj.* (הֶפְּלֶס) בִּישׁ־מַזָּל, אֻמְלָל

hap'pen *v.i.* (הֶפְּן) אֵרַע, קָרָה, הִתְרַחֵשׁ; קָרָה בְּמִקְרֶה; נִתְקַל בְּמִקְרֶה; עָבַר בְּמִקְרֶה

hap'pily *adv.* (הֶפִּלִי) בַּהֲנָאָה, בְּשִׂמְחָה; לְמַרְבֵּה הַמַּזָּל; בְּצוּרָה הוֹלֶמֶת; בְּכִשְׁרוֹן

hap'piness *n.* (הֶפִּינֶס) שִׂמְחָה, אֹשֶׁר; מַזָּל טוֹב, עֹנֶג, גִּיל; שְׂבִיעַת רָצוֹן; הַתְאָמָה

hap'py *adj.* (הֶפִּי) שָׂמֵחַ, מְאֻשָּׁר, שְׂבַע־רָצוֹן; בַּר־מַזָּל; מַתְאִים, יָאֶה; מִזְדָּרֵז לְהִשְׁתַּמֵּשׁ בּ־

hap'py-go-luck'y *adj.* (הֶפִּי־גוֹ־לַקִי) סוֹמֵךְ עַל מַזָּל בְּשִׂמְחָה; חֲסַר־דְּאָגָה וְשָׂמֵחַ; אֵינוֹ חוֹשֵׁשׁ מִפְּנֵי הֶעָתִיד וְעַלִּיז

hap'py hunt'ing ground" (הֶפִּי הַנְטִנְג גְרַאוּנְד) גַּן עֵדֶן הָאִינְדְּיָאנִים (בעיקר ללוחמים גיבורים ולציידים)

hara′-kir′i *n.* (הַרָה־קִירִי) חֲרָקִירִי; הִתְאַבְּדוּת

harangue′ *n. & v.t. i.* (הֲרֶנְג) נְאוּם חוֹצֵב לֶהָבוֹת; הַרְצָאָה יַמְרָנִית; דְּרָשָׁה; גְּעָרָה; נָאַם אֲרֻכּוֹת וּבְלַהַט; הִרְצָה הַרְצָאָה יַמְרָנִית

har′ass *v.t.* (הֶרֶס) הִטְרִיד; עָרַךְ פְּשִׁיטָה; הֵצִיק ל־; רָדַף

har′binger *n.* (הַרְבִּנְג׳ר) מְבַשֵּׂר; כָּרוֹז; אוֹת; מְסַדֵּר לִינָה וְאֹכֶל מֵרֹאשׁ

har′bor *n. & v.t.* (הַרְבּר) נָמֵל, מַעֲגָן; מְקוֹם מִבְטָחִים, מִקְלָט; נָתַן מַחֲסֶה; הִצִּיעַ מִקְלָט; הִסְתִּיר; טִפַּח

hard *adj.* (הַרְד) קָשֶׁה; מוּצָק; מִתְאַמֵּץ; חָמוּר; חָזָק; רַע, שֶׁקָּשֶׁה לְשֵׂאתוֹ; נֻקְשֶׁה; מַחֲמִיר; שֶׁקָּשֶׁה לְהַכְחִישׁ; שֶׁל תַּרְעֹמֶת; קַפְּדָנִי; מְצִיאוּתִי; מְזֻמָּן (כסף); חָרִיף, מְשַׁכֵּר; חִכִּי (כגוי העיצורים ג, ק)

— of hearing כְּבַד־אֹזֶן

— up זָקוּק מְאֹד לְכֶסֶף; חָשׁ בְּמַחֲסוֹרוֹ בַּחֲרִיפוּת

—*adv.* קָשֶׁה; בְּמַבָּט חוֹדֵר, בְּעַיִן בִּקָרְתִּית; בְּחֻמְרָה; בְּעָצְמָה רַבָּה; בְּצוּרָה מוּצֶקֶת; בְּיָגוֹן כֵּן, בִּרְגִישׁוּת רַבָּה; קָרוֹב מְאֹד, בְּקִרְבָה מִיָּדִית; בְּצוּרָה מֻגְזֶמֶת, יָתֵר עַל הַמִּדָּה

— by קָרוֹב מְאֹד

— put to בִּמְבוּכָה גְּדוֹלָה; בִּמְצוּקָה גְּדוֹלָה; מַקְשֶׁה עָלָיו מְאֹד

hard′-and-fast′ (הַרְדְן־פֶסְט) מְחַיֵּב בְּצוּרָה חֲמוּרָה; שֶׁאֵין לַעֲבוֹר עָלָיו

hard′-bit′ten *adj.* (הַרְד בִּטְן) קָשׁוּחַ, מֻקְשָׁח; עִקֵּשׁ

hard′-boiled′ *adj.* (הַרְד־בּוֹילְד) קָשֶׁה (ביצה); קָשׁוּחַ, לְלֹא רֶגֶשׁ; מְצִיאוּתִי; שֶׁל דֵּעָה צְלוּלָה; שֶׁל גִּישָׁה יְשָׁרָה לָעִנְיָן

hard′ core′ *n. & adj.* (הַרְד קוֹר) הַגַּרְעִין הַקָּשׁוּחַ וְהַנֶּאֱמָן; יְסוֹדוֹת שֶׁאֵינָם מְוַתְּרִים; קְבוּצָה שֶׁקָּשֶׁה לָדוּן אִתָּהּ וְהַמִּתְנַגֶּדֶת לְכָל שִׁנּוּי

har′den *v.t. & i.* (הַרְדְן) הִקְשָׁה; הִקְשִׁיחַ; הִכְבִּיד; הִתְקַשָּׁה, נַעֲשָׂה קָשׁוּחַ, הֻרְגַּל

hard′head′ed *adj.* (הַרְד־הֶדִד) מַעֲשִׂי, מְמֻלָּח; עִקֵּשׁ

har′dihood″ *n.* (הַרְדִיהֻד) כֹּחַ עֲמִידָה; כֹּחַ סֵבֶל; אֹמֶץ, הֶעָזָה

hard′ knocks′ (הַרְד נוֹקְס) מְצוּקָה; תְּלָאוֹת

hard′ly *adv.* (הַרְדְלִי) בְּקשִׁי; כִּמְעַט וָלֹא; לֹא לְגַמְרֵי; קָרוֹב לְוַדַּאי שֶׁלֹּא

hard′ness *n.* (הַרְדְנִס) קַשְׁיוּת; קֹשִׁי; קְשִׁיחוּת

hard′sell′ (הַרְד סֶל) שִׁיטַת־מְכִירָה תַּקִּיפָה; פִּרְסֹמֶת תּוֹקְפָנִית

hard′ship *n.* (הַרְדְשִׁפּ) סֵבֶל; מְצוּקָה, מַחֲסוֹר; לַחַץ; צָרָה

hard′ware″ *n.* (הַרְדְוֵר) כְּלֵי מַתֶּכֶת; צִיּוּד מֶכָנִי; כְּלֵי נֶשֶׁק וְצִיּוּד קְרָבִי

hard′y *adj.* (הַרְדִי) מַחֲזִיק מַעֲמָד, אֵיתָן, חָזָק; עָמִיד (בפני תהפוכות האקלים); דּוֹרֵשׁ כֹּחַ סֵבֶל; דּוֹרֵשׁ אֹמֶץ; נוֹעָז, אַמִּיץ; יַמְרָנִי, מִסְתַּכֵּן יָתֵר עַל הַמִּדָּה

hare *adj.* (הֵר) אַרְנָב, אַרְנֶבֶת

hare′-brained″ *adj.* (הֵר־בְּרֵינְד) קַל דַּעַת; פָּזִיז

har′em *n.* (הֶרֶם) הַרְמוֹן

hark′(en) *v.i.* (הַרְק[ן]) הֶאֱזִין

— back חָזַר לִנְקֻדָּה קוֹדֶמֶת, חָזַר שׁוּב לַנּוֹשֵׂא

har′lequin *n.* (הַרְלֶקְוִן) לֵיצָן

har′lot *n.* (הַרְלֶט) זוֹנָה

harm *n. & v.t.* (הַרְם) נֶזֶק, פְּגִיעָה; עָוֶל; הִזִּיק, גָּרַם נֶזֶק

harm′ful *adj.* (הַרְמְפֻל) מַזִּיק; מְסֻכָּן

harm′less *adj.* (הַרְמְלִס) שֶׁאֵינוֹ מַזִּיק; שֶׁלֹּא נִפְגַּע

harmon′ica *n.* (הַרְמוֹנִקָה) מַפּוּחִית פֶּה

harmon′ics *n.* (הַרְמוֹנִקְס) תּוֹרַת הַצְּלִילִים הַמּוּסִיקָלִיִּים

harmo′nious *adj.* (הַרְמוֹנִיאַס) הַרְמוֹנִי; מִשְׁתַּלֵּב בְּצוּרָה נָאָה, מִתְמַזֵּג יָפֶה; נָעִים לָאֹזֶן, עָרֵב

har′monize″ *v.t. & i.* (הַרְמֶנַיְז) הִרְמֵן; הִתְאִים; הָיָה תְּמִים דֵּעוֹת; שָׁר בְּצוּרָה הַרְמוֹנִית

har′mony *n.* (הַרְמֶנִי) הַרְמוֹנְיָה; הַתְאָמָה

har′ness *n.* (הַרְנִס) רִתְמָה

has'sock *n.* (הֶסֶק) שְׁרַפְרַף
haste *n.* (הֵיסְט) חִפָּזוֹן, מְהִירוּת; פְּזִיזוּת
ha'sten *v.i. & t.* (הֵיסְן) מִהֵר; הֵחִישׁ, הֵאִיץ
hast'ily *adv.* (הֵיסְטִלִי) מַהֵר, בִּמְהִירוּת
ha'sty *adj.* (הֵיסְטִי) מָהִיר; חָטוּף; פָּזִיז; קָצָר, שִׁטְחִי; רַגְזָנִי
hat *n.* (הֶט) כּוֹבַע
— in hand בַּעֲנָוָה, בְּיִרְאַת כָּבוֹד
pass the — בִּקֵּשׁ נְדָבָה
take off one's — to שִׁבֵּחַ
talk through one's — דִּבֵּר דִּבְרֵי הֶבֶל
throw (toss) one's — in the ring הִצִּיג מֻעֲמָדוּת לְמִשְׂרָה פּוֹלִיטִית
under one's — פְּרָטִי; סוֹדִי, פְּנִימִי
hatch *v.t. & i.* (הֶץ') דָּגַר; הוֹצִיא, תִּחְבֵּל; בָּקַע; נִבְקַע; נִדְגַּר, יָצָא מֵהַבֵּיצָה
— *n.* פֶּתַח מַעֲבָר; דֶּלֶת לְפֶתַח מַעֲבָר
ha'tchet *n.* (הֶצִ'ט) גַּרְזֶן־חֲבָטָה
bury the — הִתְפַּיֵּס, הִשְׁלִים
— face פָּנִים כְּחוּשִׁים וּמְחֻדָּדִים
— man רוֹצֵחַ מִקְצוֹעִי; מַשְׁמִיץ מִקְצוֹעִי; מְבַצֵּעַ תַּפְקִידִים מְבִישִׁים
hatch'way' *n.* (הֶצְ'וֵי) פֶּתַח מַעֲבָר
hate *v.t. & i. & n.* (הֵיט) שָׂנֵא; לֹא הָיָה מְרֻצֶּה מ־; שִׂנְאָה, אֵיבָה; שָׂנוּא
hate'ful *adj.* (הֵיטְפֶל) מְעוֹרֵר שִׂנְאָה; לֹא־נָעִים, שָׂנוּא; מָלֵא רִשְׁעוּת
hate'-mon'ger *n.* (הֵיטְמַנְגֶר) מְחַרְחֵר שִׂנְאָה
hate' sheet" (הֵיט שִׁיט) עִתּוֹן הַמֵּסִית לְשִׂנְאָה
hat'rack" *n.* (הֶטְרֶק) קוֹלָב כּוֹבָעִים
ha'tred *n.* (הֵיטְרִד) שִׂנְאָה
hat'ter *n.* (הֶטֶר) כּוֹבָעָן
haugh'ty *adj.* (הוֹטִי) יָהִיר
haul *v.t. & i.* (הוֹל) גָּרַר, מָשַׁךְ, סָחַב; הֶעֱבִיר, הוֹרִיד; עָצַר וְהֵבִיא לִפְנֵי שׁוֹפֵט; הִגִּיעַ (לאחר מאמץ)
— off הֵנִיעַ זְרוֹעוֹ אֲחוֹרַנִּית כְּדֵי לְהַכּוֹת, הִתְכּוֹנֵן לְהַנְחִית מַכָּה
— *n.* גְּרִירָה, מְשִׁיכָה, סְחִיבָה;

in — עוֹסֵק בַּעֲבוֹדָתוֹ הָרְגִילָה; יַחַד כְּשֻׁתָּפִים
— *v.t.* רָתַם
harp *n. & v.i.* (הַרְפּ) נֵבֶל; פָּרַט עַל נֵבֶל; חָזַר בְּעַקְשָׁנוּת וּבְצוּרָה מְשַׁעֲמֶמֶת עַל אוֹתוֹ נוֹשֵׂא
harpoon' *n. & v.t.* (הַרְפּוּן) צִלְצָל; יָרָה צִלְצָל, הָרַג בְּצִלְצָל
har'py *n.* (הַרְפִּי) חַמְדָן, רוֹדֵף בֶּצַע; סוֹרֶרֶת, מִרְשַׁעַת זוֹעֶפֶת וְטַרְדָנִית
har'quebus *n.* (הַרְקְוִבַּס) צִנּוֹר יְרִיָּה; רוֹבֶה פְּרִימִיטִיבִי (כּמּאה ה־15)
har'ridan *n.* (הֶרִדְן) מִרְשַׁעַת יְשִׁישָׁה
har'row *n. & v..* (הֶרוֹ) מַשְׂדֵּדָה; שִׂדֵּד; צִעֵר, הֵצִיק, הִכְאִיב
har'ry *v.t. & i.* (הֶרִי) הִטְרִיד, הִקְנִיט; עִנָּה, הֵצִיק; הֵשַׁם; עָרַךְ פְּשִׁיטוֹת הַטְרָדָה
harsh *adj.* (הַרְשׁ) חָמוּר, קָשֶׁה; אַכְזָרִי; מַחֲמִיר, קַפְּדָנִי; שׁוֹמֵם, לֹא־נוֹחַ; אוֹכֶלֶת יוֹשְׁבֶיהָ (ארץ); צוֹרְמָנִי, לֹא־נָעִים
harsh'ness *n.* (הַרְשְׁנִס) חֻמְרָה; קַשְׁיוּת; אַכְזָרִיּוּת; שִׁמָּמוֹן; הַכְבָּדָה
hart *n.* (הַרְט) הָאַיָּל הָאָדֹם
har'um-scar'um *adj.* (הֶרֶם־סְקֶרֶם) פּוֹחֵז, פָּרוּעַ, חֲסַר־אַחֲרָיוּת; מְבֻלְבָּל
har'vest *n. & v.t. & i.* (הַרְוִסְט) קָצִיר, אָסִיף, מָסִיק (זיתים); יְבוּל; מְלַאי; תּוֹצָאָה, פּוֹעַל יוֹצֵא; קָצַר, אָסַף, מָסַק; זָכָה בּ־
har'vester *n.* (הַרְוִסְטֶר) קוֹצֵר; מַקְצֵרָה
has (הֶז) (גוף שלישי, יחיד, זמן הוה של have)
has'-been" *n.* (הֶז־בִּן) יוֹרֵד מִגְּדֻלָּתוֹ; אָדָם שֶׁנִּסְתַּם הַגּוֹלֵל עַל הַקַּרְיֶרָה שֶׁלּוֹ
hash *n.* (הֶשׁ) בְּלִיל שְׁיָרִים (של בשר, תפוחי אדמה, ירקות וכו'), מִקְצֶצֶת; תַּעֲרֹבֶת, אַנְדְּרָלָמוּסְיָה; חֲשִׁישׁ
settle someone's — נִפְטַר מ־; חִסֵּל; הִכְנִיעַ
— *v.t.* קִצֵּץ; הִכְנִיס אַנְדְּרָלָמוּסְיָה
— over חָזַר לִשְׁקוֹל
hash'ish *n.* (הֶשִׁישׁ) חֲשִׁישׁ
hash' mark" (הֶשׁ מַרְק) סֶרֶט שֵׁרוּת
hasp *n.* (הֶסְפּ) מַטְלָה עַל צִיר

מוּצָר נִגְרָר; מִטְעָן־תַּעֲבוּרָה; מֶרְחָק (שבו הועבר מטען); לְקִיחָה, רְכִישָׁה

long — זְמַן מְמֻשָּׁךְ; מֶרְחָק גָּדוֹל

haunch *n.* (הוֹנְץ') מֹתֶן; עַכּוּז (בעל חיים); הָרֶגֶל וְהַמֹּתֶן (של בהמה)

haunt *v.t.* (הוֹנְט) בִּקֵּר בִּקְבִיעוּת, פָּקַד לְעִתִּים קְרוֹבוֹת (רוח רפאים); הִשְׁתַּהָה, נִשְׁאַר; עָלָה בְּזִכָּרוֹן בְּהַתְמָדָה; הֵצִיק, הִדְרִיךְ מְנוּחָה

—ed מְשַׁמֵּשׁ מִשְׁכַּן רְפָאִים; אָחוּז, שָׁקוּעַ בּ־

—ing מִשְׁתַּלֵּט בַּנֶּפֶשׁ; לֹא נִשְׁכָּח בִּמְהִירוּת

have *v.t.* (הֶב; בלי הטעמה: הַב) הָיָה ל־; הָיָה בַּעֲלֵי־; הֵכִיל; הִסְכִּים לְקַבֵּל; קִבֵּל, לָקַח; הָיָה חַיָּב ל־; הִתְנַסָּה בּ־; לָקָה בּ־; גָּרַם, הֵבִיא לִידֵי כָּךְ שֶׁ...; גִּלָּה; הָיָה מְאֻפְיָן עַל יְדֵי; נִהֵל, עָסַק בּ־; אָכַל, שָׁתָה; הִרְשָׁה; אָמַר; הֵבִין; יָלַד, הוֹלִיד; הָיְתָה יָדוֹ עַל הָעֶלְיוֹנָה; הוֹנָה, שִׁחֵד; רָכַשׁ; הֶעֱמִיד בִּפְנֵי מַצָּב מְסֻיָּם; הִזְמִין; בָּעַל, בָּא בְּמַגָּע מִינִי עִם

— *v.i.* הָיָה בַּעַל כֶּסֶף, הָיָה בַּעַל בִּטָּחוֹן כַּלְכָּלִי

— *auxiliary* (פֹּעַל עֵזֶר [יחד עם בינוני פעול ליצירת העבר])

had better (best) מוּטָב שׁ...

had rather (sooner) הֶעֱדִיף

had done סִיֵּם, חָדַל

had it "נִשְׁבַּר לוֹ", נִכְשַׁל; גָּמַר הַקַּרְיֶרָה

— it in for נָשָׂא טִינָה נֶגֶד

— it out הִגִּיעַ לִידֵי הַכְרָעָה

— on לָבַשׁ; סִדֵּר, תִּכְנֵן

— to do with קִיֵּם קְשָׁרִים עִם; דָּן בּ־

— *n.* אָמִיד, מְבֻסָּס

ha'ven *n.* (הֵיבֶן) מִקְלָט, מַחֲסֶה; נָמֵל

have-not' *n.* (הֶב־נוֹט) לֹא־מְבֻסָּס; מְחֻסַּר הֲטָבוֹת חָמְרִיּוֹת

hav'ersack" *n.* (הֶוֶרְסֶק) תַּרְמִיל

hav'oc *n.* (הֶוֶק) הֶרֶס

cry — הִתְרִיעַ

play — with יָצַר אַנְדְּרָלָמוּסְיָה; הִשְׁמִיד, הָרַס

haw *v.i.* (הוֹ) הִסֵּס; הִבִּיעַ הִסּוּס

hawk *n.* & *v.t.* (הוֹק) נֵץ; נוֹכֵל טוֹרְפָנִי; רָכַל

haw'ker *n.* (הוֹקֶר) רוֹכֵל

haw'ser *n.* (הוֹזֶר) חֶבֶל עָבֶה

haw'thorn" *n.* (הוֹת'וֹרְן) עֻזְרָר

hay *n.* (הֵי) שַׁחַת; עֵשֶׂב כָּסוּחַ

— cock" *n.* עֲרֵמַת שַׁחַת

— ma"ker *n.* מַכַּת־הַשְׁכָּבָה

— seed" *n.* זַרְעֵי עֵשֶׂב; מֹץ, קַשׁ; בּוּר כַּפְרִי, "עַם הָאָרֶץ"

— stack" *n.* עֲרֵמַת שַׁחַת

hit the — שָׁכַב לִישׁוֹן, "נִשְׁכַּב"

hay'wire" *n.* & *adj.* (הֵיוַיר) תַּיִל לִקְשִׁירַת שַׁחַת; אוֹבֵד עֶשְׁתּוֹנוֹת

haz'ard *n.* & *v.t.* (הֶזֶרְד) סַכָּנָה, סִכּוּן, תְּלָאָה; מִקְרִיּוּת, מִקְרֶה; הִרְהִיב עֹז בְּנַפְשׁוֹ ל־, הֵעֵז; סִכֵּן; הִסְתַּכֵּן בּ־

haz'ardous *adj.* (הֶזֶרְדֶס) מְסֻכָּן; תָּלוּי בְּמִקְרִיּוּת

haze *n.* & *v.t.* (הֵיז) אֵבֶךְ; עֲרָפֶל, טִשְׁטוּשׁ; הִתְעַלֵּל בְּטִירוֹן

ha'zel *n.* (הֵיזֶל) אִלְסָר; חוּם זָהֹב בָּהִיר

— nut' אִלְסָר

ha'zy *adj.* (הֵיזִי) אָבִיךְ; מְעֻרְפָּל

he *pron.* (הִי) הוּא; מִי שֶׁ־

head *n.* (הֶד) רֹאשׁ; מֹחַ, שֵׂכֶל; בֶּן אָדָם (בעל תכונה מסוימת); חֵלֶק עֶלְיוֹן; פִּסְגָּה; גֻּלְגֹּלֶת; נְקֻדַּת הַכְרָעָה, מַשְׁבֵּר, שִׂיא; שַׂעַר; קֶצֶף; כַּף; רֵאשִׁית; כּוֹתֶרֶת; בֵּית שִׁמּוּשׁ

give one his — הִרְשָׁה לוֹ לַעֲשׂוֹת כִּרְצוֹנוֹ

go to one's — גָּרַם סְחַרְחֹרֶת; גָּרַם שִׁכְּרוּת; עוֹרֵר שַׁחֲצָנוּת

— over heels כְּשֶׁרֹאשׁוֹ מֻזְדַּקֵּר קָדִימָה; לַגַּמְרֵי, רֹאשׁוֹ וְרֻבּוֹ

—s up! הִזָּהֵר!

keep one's — נִשְׁאַר רָגוּעַ

keep one's — above water הֶחֱזִיק מַעֲמָד מִבְּחִינָה שִׂכְלִית, לֹא אִבֵּד עֶשְׁתּוֹנוֹתָיו

lose one's — אִבֵּד עֶשְׁתּוֹנוֹתָיו

not make — or tail נִבְצַר מִמֶּנּוּ לְהָבִין

one's — off בְּצוּרָה מֻגְזֶמֶת

out of one's — נִטְרְפָה עָלָיו דַּעְתּוֹ

over one's — פָּנָה לַבָּכִיר מִמֶּנּוּ; מֵעֵבֶר לַהֲשָׂגָתוֹ; מֵעֵבֶר לִיכָלְתּוֹ לְשַׁלֵּם

turn one's — גָּרַם זְחִיחוּת הַדַּעַת
— *adj.* רָאשִׁי; שֶׁל הָרֹאשׁ
— *v.t. & i.* עָמַד בְּרֹאשׁ –; הוֹבִיל; הִצְטַיֵּן; כִּוֵּן; הִתְקַדֵּם לְעֵבֶר
— off יֵרֵט
head'ache" *n.* (הֶדֵיק) כְּאֵב רֹאשׁ; מַטְרֵד, מְעוֹרֵר דְּאָגָה
head'dress" *n.* (הֶדְרֶס) כִּסּוּת רֹאשׁ; עִטּוּר רֹאשׁ
head'gear" *n.* (הֶדְגִיר) כִּסּוּת רֹאשׁ; כּוֹבַע, קַסְדָּה
head'ing *n.* (הֶדִינְג) רֹאשׁ, שֵׁם; כּוֹתֶר, כּוֹתֶרֶת; סָעִיף
head'land *n.* (הֶדְלֶנְד) לְשׁוֹן יַבָּשָׁה; רְצוּעָה לֹא־חֲרוּשָׁה
head'less *adj.* (הֶדְלִס) חֲסַר רֹאשׁ; חֲסַר מַנְהִיג; טִפְּשִׁי
head'light" *n.* (הֶדְלַיְט) פָּנָס (במכונית)
head'line" *n. & v.t.* (הֶדְלַיְן) כּוֹתֶרֶת; סִפֵּק כּוֹתֶרֶת; הִזְכִּיר בְּכוֹתֶרֶת; הָיָה הַבַּדְּרָן הָעִקָּרִי
head'long" *adv. & adj.* (הֶדְלוֹנְג) כְּשֶׁהָרֹאשׁ קָדִימָה; לְלֹא שְׁהִיּוֹת; בְּפִזִּיזוּת; חִפּוּז; פָּזִיז
head'master *n.* (הֶדְמֶסְטֶר) מְנַהֵל
head'mis'tress *n.* (הֶדְמִסְטְרֶס) מְנַהֶלֶת
head'-on' *adj. & adv.* (הֶד־אוֹן) חֲזִיתִי; בְּצוּרָה חֲזִיתִית
head'quar"ters *n. pl.* (הֶדְקְווֹרְטֶרְז) מַטֶּה, מִפְקָדָה
heads *adj.* (הֶדְז) פְּנֵי מַטְבֵּעַ
head'set" *n.* (הֶדְּסֶט) אָזְנִיּוֹת
head' start' (הֶד סְטַרְט) יִתְרוֹן זִנּוּק, "פּוֹר"
head'stream" *n.* (הֶדְסְטְרִים) מְקוֹר נָהָר
head'strong" *adj.* (הֶדְסְטְרוֹנְג) קְשֵׁה עֹרֶף, עִקֵּשׁ
head'waters" *n.* מְקוֹר נָהָר
head'way" *n.* (הֶדְוֵי) הִתְקַדְּמוּת; קִדְמָה
head'y *adj.* (הֶדִי) מְשַׁכֵּר; מַרְגִּשׁ, מְחַיֶּה; פָּזִיז; הַרְסָנִי
heal *v.t. & i.* (הִיל) רִפֵּא; יִשֵּׁב, הִשְׁלִים בֵּין; טִהֵר; הִתְרַפֵּא
health *n.* (הֶלְתְ׳) בְּרִיאוּת; הֲרָמַת כּוֹס לִבְרִיאוּת, אֲשֶׁר וכו׳; חִיּוּת
health'ful *adj.* (הֶלְתְ׳פֻל) טוֹב לַבְּרִיאוּת; בָּרִיא
heal'thy *adj.* (הֶלְתִ׳י) בָּרִיא; שׁוֹפֵעַ בְּרִיאוּת; טוֹב לַבְּרִיאוּת
heap *n. & v.t. & i.* (הִיפּ) עֲרֵמָה; הָמוֹן; עָרַם, צָבַר; הֶעֱמִיס; נֶעֱרַם
hear *v.t. & i.* (הִיר) שָׁמַע; הֶאֱזִין, הִקְשִׁיב; הָיָה נוֹכֵחַ בְּ־; עָרַךְ מִשְׁפָּט, שָׁקַל; שָׁמַע עֵדֻיּוֹת; הִסְכִּים
hear'ing *n.* (הִירִנְג) שְׁמִיעָה; הִזְדַּמְּנוּת לְהַשְׁמִיעַ עֵדוּת; גְּבִיַּת עֵדוּת; חֲקִירָה מֻקְדֶּמֶת; טְוַח שְׁמִיעָה
hear'ken *v.i. & t.* (הַרְקֶן) הִקְשִׁיב
hear'say" *n.* (הִירְסֵי) שְׁמִיעָה
hearse *n.* (הֶרְס) רֶכֶב הַלְוָיָה
heart *n.* (הַרְט) לֵב; הִתְלַהֲבוּת; תָּוֶךְ, מֶרְכָּז; חָזֶה
after one's own — כִּלְבָבוֹ
at — בְּיסוֹדוֹ
by — בְּעַל פֶּה
have a change of — שִׁנָּה דַּעְתּוֹ
have a — הָיָה בַּעַל רַחֲמִים
have at — הָפַךְ לְתַכְלִית
have one's — in one's mouth חָשַׁשׁ מְאֹד
have one's — in the right place הָיָה טוֹב לֵב בִּיסוֹדוֹ
set one's — on הִשְׁתּוֹקֵק
to one's —'s content כְּכָל אֲשֶׁר יִרְצֶה
wear one's — on one's sleeve גִּלָּה רִגְשׁוֹתָיו בָּרַבִּים
heart'bro"ken *adj.* (הַרְטְבְּרוֹקְן) שָׁרוּי בְּיָגוֹן
heart'burn" *n.* (הַרְטְבֶּרְן) צָרֶבֶת; קִנְאָה קָשָׁה
-hear'ted *adj.* (־הַרְטֶד) בַּעַל לֵב –
hear'ten *v.t.* (הַרְטְן) עוֹדֵד, שִׂמֵּחַ
heart'felt" *adj.* (הַרְטְפֶלְט) מֻרְגָּשׁ בְּכֵנוּת; רְצִינִי; כֵּן
hearth *n.* (הַרְתְ׳) רִצְפַּת אָח; אָח; כִּירָה, כִּירַיִם; מִשְׁפָּחָה; מוֹקֶדֶת; נָוֶה

hear'tily *adv.* (הַרְטִלִי) בְּצוּרָה לְבָבִית; בְּכֵנוּת; לְלֹא מַעֲצוֹר; בְּעַלִּיזוּת; בְּתֵאָבוֹן גָּדוֹל

heart'less *adj.* (הַרְטְלֶס) חֲסַר רֶגֶשׁ; אַכְזָרִי

heart'ren"ding *adj.* (הַרְטְרֶנְדִנְג) קוֹרֵעַ לֵב, גּוֹרֵם יָגוֹן

hearts' and flow'ers הִשְׁתַּפְּכוּת רַגְשָׁנִית

heart'sick" *adj.* (הַרְטְסִק) מְדֻכְדָּךְ, שָׁקוּעַ בְּיָגוֹן

heart'strings" *n. pl.* (הַרְטְסְטְרִנְגְז) הָרְגָשׁוֹת הָעֲמֻקִּים בְּיוֹתֵר, מַעֲמַקֵּי הַלֵּב, נִימֵי הַנֶּפֶשׁ

heart'throb" *n.* (הַרְטְתְ'רוֹב) פְּעִימַת לֵב מְהִירָה; רִגּוּשׁ סֶנְטִימֶנְטָלִי; אָהוּב, אֲהוּבָה

heart'-to-heart' *adj.* (הַרְטֲהַרְט) גְּלוּי־לֵב; כֵּן

heart'war"ming *adj.* (הַרְטְווֹרְמִנְג) מְעוֹרֵר רְגָשׁוֹת עֲדִינִים; גּוֹרֵם נַחַת

hear'ty *adj. & n.* (הַרְטִי) לְבָבִי; כֵּן, אֲמִתִּי; נִלְהָב; צוֹהֵל; חָזָק; בָּרִיא; דָּשֵׁן, מֵזִין; רַעַבְתָּנִי; בָּחוּר טוֹב; חָבֵר; מַלָּח

heat *n. & v.t. & i.* (הִיט) חֹם; טֶמְפֶּרָטוּרָה; יְמֵי שָׁרָב; חֲרִיפוּת; לַהַט; תַּחֲרוּת (אחת מתוך סדרה); תַּחֲרוּת מֻקְדֶּמֶת; סִימַן חֹם גָּבֹהַּ; חִמּוּם; יִחוּם; חִמֵּם; שִׁלְהֵב; הִתְחַמֵּם, הִשְׁתַּלְהֵב

hea'ted *adj.* (הִיטֶד) מְחֻמָּם; נִלְהָב, נִרְגָּשׁ

hea'ter *n.* (הִיטֶר) מְחַמֵּם; תַּנּוּר חִמּוּם

heath *n.* (הִית') שְׂדֵה־בּוּר; עֲרָבָה; אַבְרָשׁ

hea'then *n. & adj.* (הִידְ'ן) עוֹבֵד אֱלִילִים, עוֹבֵד עֲבוֹדָה זָרָה; כּוֹפֵר; אֱלִילִי

heath'er *n.* (הֶדֶ'ר) אַבְרָשׁ

heave *v.t. & i.* (הִיב) הֵרִים, הֵנִיף; הֵרִים וְהֵטִיל בְּחָזְקָה, כִּוֵּן; הִפְלִיט; הֵרִים וְהוֹרִיד חֲלִיפוֹת; הֵקִיא; מָשַׁךְ; הִתְרוֹמֵם וְיָרַד חֲלִיפוֹת; נָשַׁם בִּכְבֵדוּת; הִזְדַּקֵּר; הִתְנַפֵּחַ; דָּחַף

— **to** עָצַר

— *n* הֲרָמָה; הֲטָלָה; הֲקָאָה; הִתְרוֹמְמוּת וִירִידָה

heave'-ho *n.* (הִיב־הוֹ) דְּחִיָּה; פִּטּוּרִים, הֲעָפָה, זְרִיקָה הַחוּצָה

heav'en *n.* (הֶוְן) שָׁמַיִם; הָעוֹלָם הַבָּא; אֱלֹהִים; גַּן עֵדֶן

—**s** אָהּ!; רָקִיעַ; אֱלֹהִים

move — and earth עָשָׂה מַאֲמָץ עֶלְיוֹן

heav'enly *adj.* (הֶוְנְלִי) שְׁמֵימִי; יָפֶה; אֱלֹהִי

heav'ily *adv.* (הֶוִלִי) בִּכְבֵדוּת; בְּכֹבֶד; בְּצוּרָה מְעִיקָה; בְּצוּרָה חֲרִיפָה מְאֹד; בִּצְפִיפוּת; בְּכַמֻּיּוֹת גְּדוֹלוֹת

heav'iness *n.* (הֶוִינֶס) כֹּבֶד, כְּבֵדוּת; מִשְׁקָל, מַעֲמָסָה

heav'y *adj.* (הֶוִי) כָּבֵד; גָּדוֹל מְאֹד; עָצוּם; בַּעַל עָצְמָה רַבָּה; חָשׁוּב מְאֹד; מַעֲמִיק; מַכְבִּיד; מַרְבֶּה ל־; גַּס, עָבֶה, רָחָב; עָמוּס; מְגֻשָּׁם; קָשֶׁה לְעִכּוּל; הָרָה (אשה)

— *n.* רָשָׁע (במחזה); תּוֹתָח קַל בַּעַל קֹטֶר גָּדוֹל

heav'y-han'ded *adj.* (הֶוִי־הֶנְדֶד) מֵצִיק, לוֹחֵץ; מְסֻרְבָּל

heav'y-hear'ted *adj.* (הֶוִי־הַרְטֶד) נוּגֶה; עָצוּב; מְדֻכְדָּךְ

Heb'rew *n. & adj.* (הִיבְּרוּ) עִבְרִי; עִבְרִית (לשון)

heck *interj.* (הֶק) אוֹיְשׁ, אוּף, אֵיךְ

heck'le *v.t.* (הֶקְל) הִטְרִיד בִּקְרִיאוֹת בֵּינַיִם

hec'tare *n.* (הֶקְטֵר) הֶקְטָר

hec'tic *adi.* (הֶקְטִק) קַדַּחְתָּנִי

hedge *n. & v.t. & l.* (הֶג') גֶּדֶר חַיָּה; מַחְסוֹם; פְּעֻלַּת הֶחְלְצוּת; תָּחַם גֶּדֶר חַיָּה; הִקִּיף; הֵגֵן עַל מִתּוֹךְ הִסְתַּיְּגוּת; גּוֹנֵן (לשם מניעת הפסד); הֵקִים מִכְשׁוֹלִים; הִשְׁאִיר דֶּרֶךְ נְסִיגָה; הִמֵּר נֶגֶד הַמּוֹר קוֹדֵם (לשם מניעת הפסד); הֵכִין פִּצּוּי מֵרֹאשׁ

hedge'hog" *n.* (הֶג'הוֹג) קִפּוֹד; חֲמוֹר סְפָרַדִּי

hedge'hop" *v.i.* (הֶג'הוֹפּ) הִנְמִיךְ טוּס

hee'bie-jee'bies *n. pl.* (הִיבִּי־גִ'יבִּיז) עַצְבָּנוּת יְתֵרָה

heed *v.t. & i. & n.* (הִיד) שָׂם לֵב יָפֶה; תְּשׂוּמֶת לֵב

heed'less *adj.* (הִידְלֶס) חֲסַר הִתְחַשְּׁבוּת; חֲסַר זְהִירוּת, מִתְרַשֵּׁל

hee'haw" *n. & v.i.* (הִיהוֹ) נְהִיקָה, נְעִירָה; צְחוֹק גַּס; נָהַק, נָעַר

heel *n.* (הִיל) עָקֵב; רֶגֶל; אֲחוֹרִית הַיָּד; אַחֲרִית; נִבְזֶה
cool one's —s חִכָּה זְמָן רַב (כתוצאה זלזול)
down at the —s לָבוּשׁ בְּצוּרָה מְרֻשֶּׁלֶת, לָבוּשׁ קְרָעִים
kick up one's —s כִּרְכֵּר מֵרֹב שִׂמְחָה
take to one's —s בָּרַח
heeled *adj.* (הִילְד) בַּעַל עֲקֵבִים; עֲתִיר נְכָסִים
hef'ty *adj.* (הֶפְטִי) כָּבֵד; בַּעַל גּוּף
hegem'ony *n.* (הִיגֶ'מֶנִי) הֶגְמוֹנְיָה, מַנְהִיגוּת
heif'er *n.* (הֶפְר) עֶגְלָה (שעוד לא המליטה ועוד לא מלאו לה שלוש שנים)
heigh'-ho' *interj.* (הַי־הוֹ) אָה, אוֹה (להבעת הפתעה; גיל, צער, שעמום או עייפות)
height *n.* (הַיט) גֹּבַהּ; קוֹמָה (של אדם); פִּסְגָּה, גִּבְעָה, שִׂיא
height'en *v.t.* (הַיטְן) הִגְבִּיהַּ; הִגְדִּיל; הִבְלִיט תְּכוּנוֹת חֲשׁוּבוֹת
hei'nous *adj.* (הֵינַס) מְתֹעָב, מְשֻׁקָּץ, מָאוּס
heir *n.* (אֵר) יוֹרֵשׁ
—' appar'ent יוֹרֵשׁ לְלֹא עוֹרְרִין
—' presump'tive טוֹעֵן לַיְּרֻשָּׁה
heir'ess *n.* (אֵרֶס) יוֹרֶשֶׁת (של נכסים רבים)
heir'loom" *n.* (אֵרְלוּם) חֵפֶץ שֶׁעָבַר בִּירֻשָּׁה מִדּוֹר לְדוֹר
held (הֶלְד) (זמן עבר של hold)
he'licop"ter *n.* (הִילֶקוֹפְּטְר) מַסּוֹק, הֶלִיקוֹפְּטֶר
he'lium *n.* (הִילִיאֶם) הֶלְיוּם
hel'iport" *n.* (הִילֶפּוֹרְט) מִשְׁטַח נְחִיתָה לְמַסּוֹקִים
hell *n.* (הֶל) גֵּיהִנּוֹם; נְזִיפָה חֲמוּרָה; שְׁאוֹל; בֵּית הַמּוֹרִים
be — on הִכְבִּיד יָדוֹ עַל; גָּרַם נֵזֶק לְ־
get (catch) — קִבֵּל נְזִיפָה חֲמוּרָה
— of a קָשֶׁה; רַע מְאֹד; מְאֹד
raise — הִתְהוֹלֵל; הִתְנַגֵּד בַּחֲרִיפוּת
— *interj.* לַעֲזָאזֵל; אֵיךְ; אוֹה, אוֹף, אוֹיְשׁ
hello' *interj.* (הֶלוֹ) הַלּוֹ; שָׁלוֹם; אָה (להבעת הפתעה)
helm *n.* (הֶלְם) הֶגֶה, מַעֲרֶכֶת הַגּוּי; עֶמְדַּת שְׁלִיטָה

hel'met *n.* (הֶלְמִט) קַסְדָּה
helms'man *n.* (הֶלְמְזְמֶן) הַגַּאי
help *v.t.* & *i.* (הֶלְפּ) עָזַר; הִצִּיל; נִמְנַע מ־; סִיֵּעַ, הוֹשִׁיעַ, רִפֵּא; תִּקֵּן; עָצַר, מָנַע; לָקַח לְעַצְמוֹ
— out נָתַן עֶזְרָה
so — me בִּי נִשְׁבַּעְתִּי
— *n.* עֶזְרָה, סִיּוּעַ; תְּרוּפָה; עוֹבֵד, שָׂכִיר; עוֹבְדִים; דֶּרֶךְ רִפּוּי, דֶּרֶךְ תִּקּוּן; דֶּרֶךְ עֲצִירָה; דֶּרֶךְ מְנִיעָה
hel'per *n.* (הֶלְפֶּר) עוֹזֵר, תּוֹמֵךְ
help'ful *adj.* (הֶלְפְּפֶל) עוֹזֵר, מוֹעִיל
hel'ping & *adj.* (הֶלְפִּנְג) עֶזְרָה; מְנַת אֹכֶל; עוֹזֵר, תּוֹמֵךְ
help'less *adj.* (הֶלְפְּלִס) חַלָּשׁ, חֲסַר־יֶשַׁע; נְטוּל־כֹּחַ; נָבוֹךְ
help'mate" *n.* (הֶלְפְּמֵיט) עוֹזֵר, חָבֵר; בַּעַל, רַעְיָה
hel'ter-skel'ter *adv.* & *n.* & *adj.* (הֶלְטֶר־סְקֶלְטֶר) בְּאִי־סֵדֶר מְבֹהָל; בְּעִרְבּוּבְיָה; אִי־סֵדֶר גּוֹעֵשׁ; מְהוּמָה; נֶחְפָּז בְּרַשְׁלָנוּת, נָבוֹךְ
hem *v.t.* & *n.* (הֶם) כִּתֵּר; תָּפַר מַכְפֶּלֶת; הִסֵּס בִּשְׁעַת דִּבּוּר; מַכְפֶּלֶת, קָצֶה, שָׂפָה
— and haw הִשְׁתַּמֵּט מִמַּתַּן תְּשׁוּבָה יְשִׁירָה, דִּבֵּר בְּלִי לְהִתְחַיֵּב
hem'isphere" *n.* (הֶמִסְפִיר) חֲצִי כַּדּוּר
hem'lock" *n.* (הֶמְלוֹק) צוּנָה
hem'orrhage *n.* & *v.i.* (הֶמְרִג') שֶׁטֶף דָּם; דָּם רַב שָׁתַת מִפֶּצַע
hemp *n.* (הֶמְפּ) קַנְבּוֹס
hen *n.* (הֶן) תַּרְנְגֹלֶת; נְקֵבָה שֶׁל עוֹף; אִשָּׁה (רכלנית או בחשנית)
hence *adv.* (הֶנְס) לָכֵן; מֵעַתָּה
hence'forth' *adv.* (הֶנְסְפוֹרְת') מֵעַתָּה וָאֵילָךְ; מִכָּאן וָאֵילָךְ
hench'man *n.* (הֶנְצ'מֶן) חָסִיד (לדבר עבירה); תּוֹמֵךְ; אִישׁ שְׁלוֹמוֹ; שֻׁתָּף לְפֶשַׁע
hen'peck *v.t.* (הֶנְפֶּק) יָרַד לְחַיֵּי־ (לשם השתלטות)
her *pron.* (הֶר; בלי הטעמה: הֵר או אֶר) אוֹתָהּ; לָהּ; שֶׁלָּהּ; שֶׁהִיא
her'ald *n.* & *v.t.* (הֶרַלְד) שָׁלִיחַ;

מְבַשֵּׂר; כָּרוֹז; בִּשֵּׂר, הוֹדִיעַ, הִכְרִיז; הִצִּיג

her'aldry *n.* (הֶרַלְדְּרִי) הֶרַלְדִּיקָה; כְּהֻנַּת מְבַשֵּׂר; שֶׁלֶט גִּבּוֹרִים

herb *n.* (אֶרְבּ) עֵשֶׂב; צֶמַח רְפוּאִי; תַּבְלִין; צֶמַח רֵיחָנִי

her"cule'an *adj.* (הֶרְקְיָלִיאֵן) קָשֶׁה מְאֹד, דּוֹרֵשׁ כֹּחַ כְּכֹחוֹ שֶׁל הֶרְקוּלֶס; חָזָק מְאֹד, אַמִּיץ מְאֹד, עֲנָקִי

herd *n.* (הֶרְד) עֵדֶר; הָמוֹן; אֲסַפְסוּף

the — הֲמוֹנֵי הָעָם (בזלזול)

— *v.t.* אָסַף; הוֹבִיל

her'der *n.* (הֶרְדֶר) רוֹעֵה בָּקָר; רוֹעֵה צֹאן

herds'man *n.* (הֶרְדְזְמֶן) רוֹעֵה בָּקָר; רוֹעֵה צֹאן

here *adv.* & *n.* (הִיר) כָּאן, פֹּה; הִנֵּה; הִנֵּה; הָעוֹלָם הַזֶּה; דְּנַן, הַנִּמְצָא בְּטִפּוּל

— and now בְּרֶגַע זֶה, מִיָּד

—'s to אִחוּלִים לְ־

neither — not there אֵין זֶה שַׁיָּךְ לָעִנְיָן

— *interj.* וְעַתָּה; בְּסֵדֶר

here'about(s)" *adv.* (הִירַבַּאוּטְ[ס]) בִּסְבִיבָה זוֹ

hereaf'ter *adv.* & *n.* (הִירָאֶפְטֶר) לֶעָתִיד לָבוֹא, מֵעַתָּה וָאֵילָךְ; בָּעוֹלָם הַבָּא; הִשָּׁאֲרוּת הַנֶּפֶשׁ, הָעוֹלָם הַבָּא; הֶעָתִיד

herd'itar"y *adj.* (הֶרֶדִטֶרִי) תּוֹרַשְׁתִּי, שֶׁל יְרֻשָּׁה, עוֹבֵר בִּירֻשָּׁה; בְּעִקְּבוֹת יְרֻשָּׁה

heredi'ty *n.* (הֶרֶדִטִי) תּוֹרָשָׁה

herein' *adv.* (הִירִן) בָּזֶה

her'sey *n.* (הֶרֶסִי) כְּפִירָה, אֶפִּיקוֹרְסוּת

her'etic *n.* (הֶרֶטִק) כּוֹפֵר, אֶפִּיקוֹרוֹס

here"tofore' *adv.* (הִירְטֻפוֹר) לְפָנִים

herewith' *adv.* (הִירְוִד׳) יַחַד עִם זֹאת; בְּזֹאת

her'itage *n.* (הֶרִטִג׳) מוֹרָשָׁה; יְרֻשָּׁה, נַחֲלָה

hermet'ically *adv.* (הֶרְמֶטִקְלִי) בְּצוּרָה הֶרְמֶטִית, בְּצוּרָה אֲטוּמָה

her'mit *n.* (הֶרְמִט) מִתְבּוֹדֵד, פָּרוּשׁ

her'mitage *n.* (הֶרְמִטִג׳) מְעוֹן מִתְבּוֹדֵד; מָעוֹן נִדָּח

her'o *n.* (הִירוֹ) גִּבּוֹר

hero'ic *adj.* (הִרוֹאִק) אַמִּיץ, שֶׁל גִּבּוֹרִים; נוֹעָז, אָצִיל; נִשְׂגָּב; גָּדוֹל מְאֹד

—s מְלִיצוֹת; הִתְנַהֲגוּת דְּרָמָתִית

her'oine *n.* (הֶרוֹאִן) גִּבּוֹרָה

her'ois"m *n.* (הֶרוֹאִזְם) גְּבוּרָה, אֹמֶץ, חֵרוּף נֶפֶשׁ

her'on *n.* (הֶרֶן) אֲנָפָה

her'ring *n.* (הֶרִנְג) מָלִיחַ, דָּג מָלוּחַ

her'ringbone" *n.* (הֶרִנְגְבּוֹן) עַצְמוֹת דָּג

hers *pron.* (הֶרְז) שֶׁלָּהּ

herself' *pron.* (הֶרְסֶלְף) בְּעַצְמָהּ, עַצְמָהּ, הִיא עַצְמָהּ, לְעַצְמָהּ; אִישִׁיּוּתָהּ כִּתְמוֹל שִׁלְשׁוֹם

hes'itant *adj.* (הֶזִטֶנְט) הַסְסָנִי, מְפַקְפֵּק

hes'itate" *v.i.* (הֶזִטֵיט) הִסֵּס, פִּקְפֵּק; פָּסַח עַל שְׁתֵּי סְעִפִּים; גִּמְגֵּם

hes"ita'tion *n.* (הֶזִטֵישֶׁן) הִסּוּס, הַסְסָנוּת, פְּסִיחָה עַל שְׁתֵּי סְעִפִּים; גִּמְגּוּם

het"eroge'neous *adj.* (הֶטֶרֶג׳ינִיאֶס) הֶטֶרוֹגֶנִי

het"erosex'ual *adj.* & *n.* (הֶטֶרֶסֶקְשוּאֶל) שֶׁל הַמִּין הָאַחֵר, שֶׁל שְׁנֵי הַמִּינִים; אָדָם שֶׁרִגְשׁוֹתָיו הַמִּינִיִּים מְכֻוָּנִים לַמִּין הַשֵּׁנִי

hew *v.t.* & *i.* (הְיוּ) חָטַב, חָצַב, כָּרַת; חָתַךְ; דָּבַק בְּ־

hex *v.t.* & *n.* (הֶקְס) כִּשֵּׁף; כִּשּׁוּף; מְכַשֵּׁפָה

hey'day" *n.* (הֵידֵי) תְּקוּפַת הַשִּׂיא (מבחינת כוח, הצלחה, כו׳ וכו׳)

hi'bernate" *v.i.* (הַיבֶּרְנֵיט) יָשַׁן שְׁנַת חֹרֶף; הִתְבּוֹדֵד

hic'cup *n.* & *v.i.* (הִקַּפּ) שִׁהוּק; שִׁהֵק

hick *n.* (הִק) בּוּר קַרְתָּנִי, כַּפְרִי עַם הָאָרֶץ

hid (הִד) (זמן עבר של hide)

hid'den *adj.* (הִדְן) נִסְתָּר, סָמוּי, כָּמוּס; מְעֻרְפָּל

hide *v.t.* & *i.* (הַיְד) הִסְתִּיר, הֶחְבִּיא; הִסְתַּתֵּר, הִתְחַבֵּא

— out הִסְתַּתֵּר זְמַן מְמֻשָּׁךְ

— *n.* שֶׁלַח, עוֹר

hide'-and-seek' *n.* (הַיְדֶנְסִיק) מַחֲבוֹאִים (משחק)

hide'away" *n.* & *adj.* (הַיְדֶוֵי) מִסְתּוֹר, מִקְלָט, מַחֲסֶה; נִסְתָּר

hide'bound" *adj.* (הַיְדְבַּאוּנְד) בַּעַל מִשְׁפָּטִים קְדוּמִים, צַר־אֹפֶק, שַׁמְרָנִי מְאֹד

hid'eous *adj.* (הִדִיאֶס) מַחֲרִיד, מַבְהִיל;

דּוֹחֶה, מְכֹעָר מְאֹד; מְזַעְזֵעַ; גָּדוֹל בְּצוּרָה מַבְהִילָה

hi'ding *n.* (הַידִנג) הַסְתָּרָה, הִסְתַּתְּרוּת, מִסְתּוֹר; הַלְקָאָה, מַלְקוֹת

hi'erar"chy *n.* (הַיאַרַרְקִי) הִירַרְכְיָה; שִׁלְטוֹן כֹּהֲנִים, שִׁלְטוֹן קְבוּצָה נִבְחֶרֶת

hi"eroglyph'ic *n.* (הַירַגְלִפִק) כְּתַב חַרְטֻמִּים, הִירוֹגְלִיף; כְּתָב שֶׁקָּשֶׁה לִקְרוֹא אוֹתוֹ; כְּתָב בַּעַל מַשְׁמָעוּת סְמוּיָה

hi'-fi- (הַיפַי) בַּעַל נֶאֱמָנוּת גְּבֹהָה (מַקְלֵט רדיו, פטיפון וכו׳)

high *adj.* (הַי) גָּבֹהַּ; מֻגְבָּה; מֻגְבָּר, חָזָק, יוֹתֵר מֵהָרָגִיל; יָקָר; נַעֲלֶה; מִמָּקוֹם גָּבֹהַּ, רָם; רָאשִׁי; חָשׁוּב; רְצִינִי; יָהִיר; עַד שִׂיאוֹ; עַלִּיז, צוֹהֵל; עָשִׁיר, פַּזְרָנִי; שָׁתוּי; רָחוֹק, קִיצוֹנִי; שֶׁל אֲזוֹרִים גְּבֹהִים; שֶׁל אֲזוֹרִים פְּנִימִיִּים

— *adv.* בְּמָקוֹם גָּבֹהַּ, לְמָקוֹם גָּבֹהַּ, בְּדַרְגָּה גְבֹהָה; בִּמְחִיר יָקָר; בְּפַזְרָנוּת

fly — מָלֵא תִּקְוָה

— and dry מְקַרְקַע, לְגַמְרֵי; מִחוּץ לַמַּיִם; נָטוּשׁ

— and low בְּכָל מָקוֹם וּמָקוֹם

high'ball" *n.* (הַיבּוֹל) וִיסְקִי בְּמַיִם אוֹ סוֹדָה

high'brow" *n.* (הַיבְּרַאוּ) מַחֲשִׁיב הַשְׂכָּלָה וְתַרְבּוּת, אִישׁ רוּחַ; "אִינְטֶלִיגֶנְט"; סְנוֹב אִינְטֶלֶקְטוּאָלִי

high"falut'in *adj.* (הַיפָלוּטִן) מְנֻפָּח, יָהִיר, יָמְרָנִי

high'han'ded *adj.* (הַיהֶנְדִד) שְׁרִירוּתִי

high'-hat' *v.t.* (הַיהֶט) זִלְזֵל בְּ־; הִתְיַחֵס בְּשַׁחֲצָנוּת אֶל

high' horse' (הַי הוֹרְס) גַּאַוְתָנוּת, הִתְנַשְּׂאוּת

high' jinks" (הַי גִ'נְקְס) עַלִּיזוּת, הִתְהוֹלְלוּת

high'jump" (הַי גַ'מְפּ) קְפִיצָה לַגֹּבַהּ

high'land *n.* (הַילֶנְד) רָמָה

—s אֶרֶץ הָרִים, הָרִים בֵּינוֹנִיִּים

high'light" *v.t. & n.* (הַילַיט) הִבְלִיט; הִבְלִיט בְּאוֹר חָזָק; שִׂיא

high'ly *adv.* (הַילִי) בְּמִדָּה רַבָּה; בְּהַעֲרָכָה רַבָּה; בִּמְחִיר גָּבֹהַּ

high'-min"ded *adj.* (הַי־מַינְדִד) בַּעַל עֶקְרוֹנוֹת נַעֲלִים

high'ness *n.* (הַינֶס) גֹּבַהּ, רוֹמְמוּת; קוֹמְמִיּוּת; מַעֲלָה

high' noon' (הַי נוּן) בְּרֶגַע הַצָּהֳרַיִם, בַּחֲצִי הַיּוֹם; שִׂיא, פִּסְגָּה

high' priest' (הַי פְּרִיסְט) כֹּהֵן גָּדוֹל; כֹּהֵן רָאשִׁי; מַנְהִיג, שַׁלִּיט

high' rise" (הַי רַיז) רַב־קוֹמוֹת

high' school" (הַי סְקוּל) בֵּית סֵפֶר תִּיכוֹן

high' seas' (הַי סִיז) הַיָּם הַפָּתוּחַ, לֵב־יָם

high'way" *n.* (הַיוֵי) כְּבִישׁ רָאשִׁי; כְּבִישׁ עוֹרְקִי; כְּבִישׁ, דֶּרֶךְ, מַסְלוּל

high'way"man *n.* (הַיוֵימֶן) שׁוֹדֵד דְּרָכִים

hi'jack" *v.t. & i.* (הַיגֶ'ק) גָּנַב, חָטַף (משהו בדרך ממקום למקום)

hike *v.i. & t. & n.* (הַיק) טִיֵּל, צָעַד, הָלַךְ; הִתְרוֹמֵם; הֵרִים בִּתְנוּעָה מְהִירָה, סָחַב לְמַעְלָה; הִגְדִּיל (פתאום); טִיּוּל, צְעָדָה, הֲלִיכָה; הַגְדָּלָה, עֲלִיָּה

hilar'ious *adj.* (הִלֶרִיאֲס) עַלִּיז; מַצְחִיק; צוֹהֵל מְגִיל

hilar"ity *n.* (הִלֶרִטִי) צָהֳלָה, עַלִּיזוּת

hill *n.* (הִל) גִּבְעָה; עֲלִיָּה; תֵּל

go over the — פָּרַץ מִבֵּית סֹהַר; בָּרַח, נִפְקַד (מיחידה צבאית)

over the — מֵעֵבֶר לְשִׂיא יְעִילוּת

hill'bill"y *n.* (הִלְבִּלִי) שׁוֹכֵן הָרִים נִדָּחִים; בֶּן יִשּׁוּב נִדָּח (בדרום ארה״ב); חֲסַר־תַּרְבּוּת

hil'lock *n.* (הִלֶק) גִּבְשׁוּשִׁית, גִּבְעֹנֶת

hill'side" *n.* (הִלְסַיד) צֵלָע; גִּבְעָה; מִדְרוֹן

hill'y *adj.* (הִלִי) מָלֵא גְבָעוֹת; גִּבְעִי, מֻגְבָּה, מְשֻׁפָּע

hilt *n.* (הִלְט) נִצָּב, יָדִית

to the — בִּשְׁלֵמוּת, לְגַמְרֵי, עַד הַמַּקְסִימוּם, עַד הַדַּרְגָּה הָאַחֲרוֹנָה

him *pron.* (הִם; בלי הטעמה: אֶם) אוֹתוֹ; לוֹ

himself' *pron.* (הִמְסֶלְף) בְּעַצְמוֹ, עַצְמוֹ, הוּא עַצְמוֹ, לְעַצְמוֹ; אִישִׁיּוּתוֹ כִּתְמוֹל שִׁלְשׁוֹם

hind *adj. & n.* (הַינְד) אֲחוֹרִי; אַיָּלָה

hin'der *v.t. & i.* (הִנְדֶר) עִכֵּב, הִפְרִיעַ; מָנַע, הִפְסִיק; שִׁמֵּשׁ מִכְשׁוֹל

hind'quar"ters *n. pl.* (הַינְדְקוֹורְטֶרְז) הַחֵלֶק הָאֲחוֹרִי; אָחוֹר

hin′drance *n.* (הִנְדְּרַנְס) עִכּוּב, הַפְסָקָה, עֲצִירָה, מְנִיעָה

hind′sight″ *n.* (הַינְדְּסַיט) חָכְמָה לְאַחַר מַעֲשֶׂה

hinge *n.* & *v.i.* (הִנְג׳) צִיר; עִקָּר, עִקָּרוֹן; מַדְבֵּקָה; הָיָה תָּלוּי בּ־, סָבַב עַל; חִבֵּר בְּצִירִים, הִתְקִין צִירִים; הִתְנָה בּ־

hint *n.* & *v.t.* & *i.* (הִנְט) רֶמֶז; קֹרֶט; רָמַז, הִזְכִּיר

hin′terland″ *n.* (הִנְטֶרְלֶנְד) מֶרְחַב עֹרֶף, פְּנִים מְדִינָה; שְׁפֵלָה פְּנִימִית

—s אֲזוֹרִים מְפַגְּרִים

hip *n.* & *adj.* (הִפּ) מֹתֶן; מוּדָע לַהִתְפַּתְּחֻיּוֹת הָאַחֲרוֹנוֹת

hip′po, hip″popot′amus *n.* (הִפּוֹ, הִיפֶּפּוֹטֶמֶס) סוּס יְאוֹר

hip′py *adj.* (הִפִּי) בַּעַל מָתְנַיִם גְּדוֹלִים

hire *v.t.* (הַיאַר) שָׂכַר; שִׁלֵּם (תמורת שירות כסוים)

— on קִבֵּל עֲבוֹדָה

— out הִשְׂכִּיר

— *n.* שָׂכָר, שְׂכִירָה; הַשְׂכָּרָה

for — לְהַשְׂכָּרָה

hire′ling *n.* (הַיאַרְלִנְג) שָׂכִיר; מַשְׂכִּיר עַצְמוֹ לְכָל עֲבוֹדָה

his *pron.* (הִז; בלי הטעמה: אִז) שֶׁלּוֹ, מִשֶּׁלּוֹ

hiss *v.i.* & *t.* (הִס) לְחֵשׁ; הִבִּיעַ מֹרַת־רוּחַ עַל יְדֵי לְחוּשׁ; הִשְׁתִּיק עַל יְדֵי לְחוּשׁ; לְחוּשׁ

histor′ian *n.* (הִסְטוֹרִיאֲן) הִיסְטוֹרְיוֹן

histo′ric(al) *adj.* (הִסְטוֹרְק[ל]) הִיסְטוֹרִי

his′tory *n.* (הִסְטֲרִי) הִיסְטוֹרְיָה, דִּבְרֵי הַיָּמִים, תּוֹלָדוֹת

his″trion′ic *adj.* (הִסְטְרִיאוֹנִק) שֶׁל שַׂחְקָנִים, בִּימָתִי, תֵּאַטְרוֹנִי, מְעֻשֶּׂה

—s הַצָּגָה, אָמָּנוּת הַתֵּאַטְרוֹן; הִתְנַהֲגוּת מְעֻשָּׂה בִּשְׁבִיל הָרֹשֶׁם

hit *v.t.* (הִט) הִכָּה; פָּגַע בּ־; הִתְנַגֵּשׁ בּ־; קָלַע; הִשְׁפִּיעַ הַשְׁפָּעָה חֲזָקָה; הִתְקִיף; דָּרַשׁ הִגִּיעַ ל־; הוֹפִיעַ; מָצָא; תָּאַם בְּדִיּוּק; נִחֵשׁ נִחוּשׁ נָכוֹן; יָצָא לַדֶּרֶךְ

— it off הִסְתַּדֵּר, הִתְאִים אֶחָד לַשֵּׁנִי

— *n.* מַכָּה; לָהִיט, הַצְלָחָה

— or miss לְלֹא הִתְחַשְּׁבוּת בְּדִיּוּק; בְּאִי־סֵדֶר

hit″-and-run′ *adj.* (הִטֶנְרַן) שֶׁל פְּגַע וּבְרַח

hitch *v.t.* & *i.* & *n.* (הִץ׳) קָשַׁר; רָתַם; הֵרִים (בתנועות מקוטעות); הֵזִיז (בתנועות מקוטעות); בִּקֵּשׁ הַסָּעָה, בִּקֵּשׁ "טְרֶמְפּ"; חִתֵּן, סִדֵּר חֻפָּה וְקִדּוּשִׁין; נִתְקַע בּ־; נִצְמַד ל־; נִקְשַׁר ל־; נָע (בתנועות מקוטעות); צָלַע; קְשִׁירָה; עֶנֶד; כְּפִיתָה; תְּקוּפַת שֵׁרוּת (בצבא); מִכְשׁוֹל, עִכּוּב לֹא־צָפוּי; מְשִׁיכָה פִּתְאוֹמִית; צְלִיעָה

hitch′hike″ *v.i.* (הִצ׳הַיק) נָסַע עַל יְדֵי הַסָּעוֹת; נָסַע בּ"טְרֶמְפִּים"

hith′er *adv.* (הִדְ׳ר) הֵנָּה

— and thither הֵנָּה וָהֵנָּה; בִּמְקוֹמוֹת שׁוֹנִים

— and yon מִכָּאן לְשָׁם; בִּמְקוֹמוֹת רַבִּים

— *adj.* בַּצַּד הַקָּרוֹב

hith′erto″ *adv.* (הִדֶ׳רְטוּ) עַד עַתָּה, עַד כֹּה

hit′-or-miss′ *adj.* (הִטֲרְמִס) רַשְׁלָנִי, שֶׁל אִי־סֵדֶר

hive *n.* (הַיב) כַּוֶּרֶת; הָמוֹן שׁוֹרֵץ

—s חָרֶלֶת

ho *interj.* (הוֹ) אֶה; הֵי

hoar *n.* (הוֹר) מַרְאֵה לָבָן; כְּפוֹר

hoard *n.* & *v.t.* & *i.* (הוֹרְד) מַאֲגָר; מִצְבּוֹר; אָגַר

—ing אֲגִירָה

hoarse *adj.* (הוֹרְס) צָרוּד

hoar′y *adj.* (הוֹרִי) שֶׁל שֵׂיבָה; לָבָן, אָפֹר; זָקֵן, קָדוּם וּמְעוֹרֵר יִרְאַת כָּבוֹד

hoax *n.* & *v.t.* (הוֹקְס) תַּרְמִית תַּעֲלוּלִים; בְּדִיחַת רְמִיָּה; רְמִיָּה; רִמָּה לְשֵׁם לָצוֹן

hob′ble *v.i.* & *n.* (הוֹבְּל) צָלַע; קָשַׁר רַגְלַיִם; עִכֵּב; צְלִיעָה; חֶבֶל (לקשירת רגלי בהמה)

hob′bledehoy″ *n.* (הוֹבְּלְדִיהוֹי) נַעַר שְׁלוּמִיאֵלִי

hob′by *n.* (הוֹבִּי) תַּחְבִּיב; סוּס צַעֲצוּעַ

hob′byhorse″ *n.* (הוֹבִּיהוֹרְס) סוּס צַעֲצוּעַ

hob′gob″lin *n.* (הוֹבְּגוֹבְּלִן) שֵׁד מַבְעִית; שֵׁד שׁוֹבָב

hob′nail″ *n.* (הוֹבְּנֵיל) מַסְמֵר רְחַב־רֹאשׁ

hob′nob″ *v.i.* (הוֹבְּנוֹב) הִתְרוֹעֵעַ; שָׁתָה בְּצַוְתָּא

ho'bo *n.* (הוֹבּוֹ) הֵלֵךְ; נוֹדֵד; עוֹבֵד עוֹבֵר אֹרַח

hock *n. & v.t.* (הוֹק) קֶפֶץ; בֵּית־עֲבוֹט; מִשְׁכֵּן

ho'cus-po'cus *n.* (הוֹקַס־פּוֹקַס) לַחַשׁ־נַחַשׁ; אֲחִיזַת עֵינַיִם; תַּרְמִית; פְּעִילוּת מְיֻתֶּרֶת

hod *n.* (הוֹד) מַגַּשׁ בַּנָּאִים

hoe *n. & v.t. & i.* (הוֹ) מַעְדֵּר; עָדַר

hog *n.* (הוֹג) חֲזִיר

go the whole — הִרְחִיק לֶכֶת עַד הַסּוֹף; עָשָׂה בִּשְׁלֵמוּת עַד תֹּם

— *v.t.* חָטַף יוֹתֵר מֵחֶלְקוֹ

hog'tie *v.t.* (הוֹגְטַי) קָשַׁר אַרְבַּע הָרַגְלַיִם; סִכֵּל, עִכֵּב

hoist *v.t. & n.* (הוֹיסְט) הֵרִים; מָנוֹף הֲרָמָה; מַעֲלִית

hoi'ty-toi'ty *adj.* (הוֹיטִי־טוֹיטִי) מִתְנַשֵּׂא

hold *v.t. & i.* (הוֹלְד) אָחַז, הֶחֱזִיק, תָּפַס; שָׁמַר; תָּמַךְ, נָשָׂא; עִכֵּב; קִיֵּם; כִּהֵן בּ־; הֵכִיל; הָגָה בּ־; חָשַׁב; הִכְרִיעַ כַּחֹק; הֶעֱרִיךְ; כִּוֵּן; נִשְׁאַר; הֶחֱזִיק מַעֲמָד, דָּבַק; צִדֵּד בּ־; נִשְׁאַר בְּתָקְפּוֹ; נֶעֱצַר

— back עִכֵּב, עָצַר; הוֹסִיף לְהַחֲזִיק בּ־; נִמְנַע מִלְּגַלּוֹת

— down עָצַר; הִמְשִׁיךְ לְכַהֵן בְּהַצְלָחָה; דִּבֵּר בַּאֲרִיכוּת

— in עָצַר, הִתְאַפֵּק

— off הִרְחִיק, הִתְנַגֵּד, הָדַף; דָּחָה

— on הֶחֱזִיק בְּחָזְקָה; הִמְשִׁיךְ; עָצַר

— out הִצִּיעַ; הוֹשִׁיט; הוֹסִיף לְהִתְקַיֵּם, אָרַךְ; סֵרֵב לְוַתֵּר; סֵרֵב לִמְסֹר

— over דָּחָה; שָׁמַר לְשִׁקּוּל נוֹסָף; נִשְׁאַר

— up הִצִּיעַ, הִצִּיג; חָשַׂף; עָצַר, עִכֵּב; שָׁדַד; תָּמַךְ; נֶעֱצַר; הֶחֱזִיק בְּדַעְתּוֹ

— with הִסְכִּים ל־; סָמַךְ יָדוֹ עַל

— *n.* אֲחִיזָה; יָדִית; צַו שְׁמִירָה; הַשְׁפָּעָה; עִכּוּב, אֶתְנַחְתָּא; בֵּית סֹהַר, תָּא בְּבֵית סֹהַר; כְּלִי קִבּוּל; מֶרְחָב; מִטְעָן, תָּא מִטְעָן

holder *n.* (הוֹלְדֶר) מַחֲזִיק, אוֹחֵז, תּוֹפֵס; בְּעָלִים, בַּעַל בַּיִת; דַּיָּר

hol'ding *n.* (הוֹלְדִינג) הַחְזָקָה; חֶלְקָה חֲכוּרָה; חֶבְרַת־בַּת

— company חֶבְרָה־אֵם

hold'o"ver *n.* (הוֹלְדוֹבֶר) נִשְׁאַר מִתְּקוּפָה קוֹדֶמֶת; הַצָּגָה שֶׁהוֹפָעוֹתֶיהָ נִמְשָׁכוֹת לְאַחַר תַּאֲרִיךְ הַסְּגִירָה שֶׁנִּקְבַּע

hold'up" *n.* (הוֹלְדַפּ) שֹׁד מְזֻיָּן; עִכּוּב; מְחִיר מֻפְרָז

hole *n.* (הוֹל) חוֹר, נֶקֶב, פֶּתַח, פִּרְצָה; חָלָל; מְחִלָּה, מְאוּרָה; מְקוֹם־דִּיּוּר קָטָן וּמְזֻנָּח; צִינוֹק; מַצָּב מֵבִיךְ; מִפְרָצוֹן, נָמֵל קָטָן; טָעוּת; שֶׁקַע בְּנָהָר

in the — בִּמְצוּקָה; שָׁקוּעַ בְּחוֹבוֹת

— *v.t. & i.* נִקֵּב; שָׂם בְּחוֹר; חָפַר (מנהרה וכו׳)

— up נִכְנַס לְחוֹר; חָרַף; הִתְחַבֵּא

hol'iday" *n.* (הוֹלִדֵי) חַג; שַׁבָּתוֹן; חֲגִיגָה

hol'ier-than-thou' *adj.* (הוֹלִיאֶר־דֶּן־דַ׳אוּ) מִתְחַסֵּד

ho'liness *n.* (הוֹלִינֶס) קְדֻשָּׁה

hol'ler *v.i.* (הוֹלֶר) צָעַק

hol'low *adj. & n.* (הוֹלוֹ) חָלוּל, רֵיק; קָעוּר; שָׁקוּעַ; עָמוּם; חֲסַר־עֵרֶךְ; שִׁקְעֲרוּרִית, שֶׁקַע, חָלָל; חוֹר

hol'ly *n.* (הוֹלִי) צִינִית; עֲלָוָה וְגַרְגְּרִים שֶׁל הַצִּינִית (לקישוט; בעיקר בחג המולד)

hol'ocaust" *n.* (הוֹלֵקוֹסְט) הֶרֶס לְאַחַר דְּלֵיקָה; קָרְבַּן עוֹלָה; שׁוֹאָה

hol'ster *n.* (הוֹלְסְטֶר) נַרְתִּיק (של אקדח)

ho'ly *adj.* (הוֹלִי) קָדוֹשׁ, חָסִיד; טָהוֹר; דָּתִי; מְעוֹרֵר יִרְאַת כָּבוֹד

— terror בֶּן אָדָם מִשְׁתּוֹלֵל

Ho'ly Ark' (הוֹלִי אַרְק) אֲרוֹן קֹדֶשׁ

ho'ly or'ders (הוֹלִי אוֹרְדֶרְז) סְמִיכָה; מַעֲמַד כֹּמֶר מֻסְמָךְ; דַּרְגּוֹת כְּמוּרָה

Ho'ly See' (הוֹלִי סִי) מוֹשַׁב הָאַפִּיפְיוֹר בְּרוֹמָא; הָאַפִּיפְיוֹרוּת; חֲצַר הָאַפִּיפְיוֹר

ho'lystone" *n. & v.t.* (הוֹלִיסְטוֹן) אֶבֶן קַרְצוּף (עשויה אבן חול רכה); קִרְצֵף (באבן חול רכה)

hom'age *n.* (הוֹמִג׳) כָּבוֹד, כִּבּוּד; הַצְהָרַת נֶאֱמָנוּת

home *n.* (הוֹם) מְקוֹם מְגוּרִים, מָעוֹן, בַּיִת, דִּירָה; מוֹסָד; מִשְׁכָּן; מַחֲסֶה; מוֹלֶדֶת; מִקְלָט

at — בַּבַּיִת; בְּמוֹלַדְתּוֹ; מוּכָן לְקַבֵּל אוֹרְחִים; בְּמַצָּב נוֹחוּת; בָּקִי

— *adj. & adv.* בֵּיתִי, מְקוֹמִי; בְּעִירוֹ; בִּמְקוֹמוֹ; הַבַּיְתָה; עַד לַמַּעֲמַקִּים; בִּשְׁלֵמוּת, לְגַמְרֵי; אֶל הַמַּטָּרָה

bring — הִבְהִיר, הִדְגִּישׁ

write — about הֵעִיר

— *v.i.* חָזַר הַבַּיְתָה; הִתְבַּיֵּת עַל

home'body" *n.* (הוֹמְבּוֹדִי) יוֹשֵׁב בַּיִת

home'land" *n.* (הוֹמְלֶנְד) מוֹלֶדֶת

home'less *adj.* (הוֹמְלֶס) חֲסַר־בַּיִת, חֲסַר־מִשְׁפָּחָה

home'ly *adj.* (הוֹמְלִי) לֹא־יָפֶה; חֲסַר־עִדּוּן; חֲסַר־יְמָרוֹת; פָּשׁוּט; יָדוּעַ לַכֹּל; יְדִידוּתִי מְאֹד

home'made' *adj.* (הוֹמֵיד) מִתּוֹצֶרֶת בַּיִת; עָשׂוּי בַּמָּקוֹם; עָשׂוּי בִּידֵי עַצְמוֹ, חוֹבְבָנִי

home'room" *n.* (הוֹמְרוּם) כִּתַּת מְחַנֵּךְ

home'sick" *adj.* (הוֹמְסִק) מִתְגַּעְגֵּעַ עַל בֵּיתוֹ

home'ward *adv.* (הוֹמְוֶרְד) הַבַּיְתָה

home'work" *n.* (הוֹמְוֶרְק) שִׁעוּרֵי בַּיִת; עֲבוֹדַת בַּיִת

hom'icide" *n.* (הוֹמְסַיד) הֲרִיגַת אָדָם, רֶצַח; הוֹרֵג אָדָם, רוֹצֵחַ

hom'ily *n.* (הוֹמְלִי) דְּרָשָׁה

hom"ose"xual'ity *n.* (הוֹמוֹסֶקְשׁוּאֶלְטִי) הוֹמוֹסֶקְסוּאָלִיּוּת; מִשְׁכַּב זָכָר

hone *n. & v.t.* (הוֹן) אֶבֶן מַשְׁחֶזֶת; הִשְׁחִיז

hon'est *adj.* (אוֹנִסְט) יָשָׁר; הוֹגֵן; שֶׁהֻשַּׂג בְּדֶרֶךְ יְשָׁרָה; כֵּן, גְּלוּי־לֵב, אֲמִתִּי, אָמִין; מְכֻבָּד; צָנוּעַ

hon'esty *n.* (אוֹנִסְטִי) יֹשֶׁר; כֵּנוּת, גְּלוּי־לֵב; הֲגִינוּת

hon'ey *n.* (הַנִי) דְּבַשׁ; מְתִיקוּת, מֹתֶק; אָהוּב; כַּפְתּוֹר וָפֶרַח

hon'eycomb" *n. & adj. & v.t.* (הַנִיקוֹם) חַלַּת דְּבַשׁ, יַעֲרַת דְּבַשׁ; דּוֹמֶה לְחַלַּת דְּבַשׁ; מְלֵא נְקָבִים; נִקֵּב בִּנְקָבִים רַבִּים

hon'eydew mel'on *n.* (הַנִידוּ מֶלֶן) מֶלוֹן דְּבַשׁ

hon'eymoon" *n.* (הַנִימוּן) יֶרַח דְּבַשׁ

hon'eysuckle' *n.* (הַנִיסַקְל) יַעֲרָה

honk *n. & v.i. & t.* (הוֹנְק) גִּעְגּוּעַ (קול אווז); צְפִירָה (של מכונית); גִּעְגַּע; צָפַר

hon'key-tonk" *n.* (הוֹנְקִי־טוֹנְק) מוֹעֲדוֹן לַיְלָה צַעֲקָנִי

hon'or *n.* (אוֹנֶר) כָּבוֹד, הַעֲרָכָה, הוֹקָרָה; יֹשֶׁר; כִּבּוּד; צִיּוּן כָּבוֹד; טֹהַר

be on one's — קִבֵּל אַחֲרָיוּת אִישִׁית לְמַעֲשָׂיו

do the —s יָשַׁב בָּרֹאשׁ בִּסְעֻדָּה

— *v.t.* כִּבֵּד, חָלַק כָּבוֹד לְ־; הִתְחַשֵּׁב בְּ־; שִׁלֵּם; נֵעָנָה לְ־

hon'orable *adj.* (אוֹנֶרַבְּל) יָשָׁר, הוֹגֵן; מְכֻבָּד; רָאוּי לְכָבוֹד; הַמֵּבִיא כָּבוֹד לִמְקַבְּלוֹ

hon'orar"y *adj.* (אוֹנֶרֶרִי) שֶׁל כָּבוֹד; חוֹלֵק כָּבוֹד

hood *n.* (הֻד) בַּרְדָס; מִכְסֶה (של מכסה); בִּרְיוֹן, חַמְסָן

hood'lum *n.* (הוּדְלֶם) בִּרְיוֹן, חַמְסָן; שׁוֹדֵד

hood'wink" *v.t.* (הֻדְוִנְק) רִמָּה

hoo'ey *n.* (הוּאִי) שְׁטֻיּוֹת, הֲבָלִים

hoof *n.* (הֻף) פַּרְסָה; רֶגֶל

on the — חַי

— *v.t.* הָלַךְ; רָקַד

hook *n.* (הֻק) וָו, קֶרֶס; חַכָּה; מַלְכֹּדֶת; אַנְקוֹל; זָוִית חַדָּה; מַכַּת־אֶגְרוֹף (קצרה, כשהמרפק כפוף)

by — or by croock בְּכָל הָאֶמְצָעִים

—, line, and sinker לְגַמְרֵי; בִּשְׁלֵמוּת

off the — נֶחֱלַץ מִצָּרָה

on one's own — עַל אַחֲרָיוּתוֹ; בְּאֹפֶן עַצְמָאִי

on the — מְעֹרָב, קָשׁוּר בְּהִתְחַיְּבוּת; מֻכְרָח לְהַמְתִּין

— *v.t. & i.* תָּפַס בְּוָו, לָכַד; צָד בְּחַכָּה; הֶעֱרִים עַל

— up חִבֵּר בְּוָו; חִבֵּר לִמְקוֹר כֹּחַ

hooked *adj.* (הֻקְט) כָּפוּף כְּוָו; בְּצוּרַת וָו; בַּעַל וָו; מָכוּר

hoo'ligan *n.* (הוּלִגְן) בִּרְיוֹן, מִתְפָּרֵעַ

hoop *n.* (הוּפ) חִשּׁוּק

hoose'gow *n.* (הוּסְגָאוּ) "חַד גַּדְיָא"

hoot *v.i. & t. & n.* (הוּט) צָעַק (בלעג); קָרָא כְּיַנְשׁוּף; הִתְקִיף בִּצְעָקוֹת לַעַג; גֵּרֵשׁ בִּצְעָקוֹת; קְרִיאַת יַנְשׁוּף; צַעֲקַת לַעַג; אַף שֶׁמֶץ הִתְעַנְיְנוּת

hop *v.i. & t. & n.* (הוֹפּ) נִתֵּר; נִתֵּר עַל רֶגֶל אַחַת; דִּלֵּג; נָסַע נְסִיעָה חֲטוּפָה; עָלָה בִּכְלִי רֶכֶב אוֹ כְּלִי טַיִס; נִתּוּר, נִתּוּר עַל רֶגֶל אַחַת, קְפִיצָה קְצָרָה; טִיסָה; נְסִיעָה קְצָרָה; נֶשֶׁף רִקּוּדִים

—s כְּשׁוּת; אוֹפִּיּוּם

hope *n. & v.t. & i.* (הוֹפּ) תִּקְוָה; קִוָּה, צִפָּה; הֶאֱמִין; רָצָה

hope' chest" (הוֹפּ צֶ'סְט) אַרְגָּז לְבָנִים וּבְגָדִים לְחַיֵּי נִשּׂוּאִים

hope'ful *adj. & n.* (הוֹפְּפֻל) מָלֵא תִּקְוָה, מְעוֹרֵר תִּקְוָה, אוֹפְּטִימִיסְטִי; צָעִיר שַׁאֲפָנִי

hope'less *adj.* (הוֹפְּלִס) חֲסַר תִּקְוָה; נוֹאָשׁ

hop'per *n.* (הוֹפֶּר) מְנַתֵּר; חֶרֶק מְנַתֵּר; חֲרוּט מִלּוּי, מַמְגּוּרָה

hop'scotch" *n.* (הוֹפְּסְקוֹץ') אֶרֶץ (משחק)

horde *n.* (הוֹרְד) הָמוֹן, עַם רַב; שֵׁבֶט נַוָּדִים אַסְיָתִי; קְבוּצַת נַוָּדִים

hori'zon *n.* (הֲרַיְזְן) אֹפֶק

hor"izon'tal *adj.* (הוֹרִזוֹנְטְל) אָפְקִי; שָׁכוּב, בְּמַצַּב שְׁכִיבָה; מַקְבִּיל לָאֹפֶק; שֶׁל הָאֹפֶק; בַּעַל מַעֲמָד דּוֹמֶה

horn *n.* (הוֹרְן) קֶרֶן, שׁוֹפָר; חֹמֶר קַרְנִי; כְּלִי דּוֹמֶה לְקֶרֶן; חֲצוֹצְרָה; צוֹפָר; בְּרֵרָה

blow one's own — הִתְפָּאֵר

— in הִתְעָרֵב

hor'net *n.* (הוֹרְנֶט) צִרְעָה

hor'ny *adj.* (הוֹרְנִי) קָשֶׁה כְּקֶרֶן, מְיֻבָּל; קַרְנִי; בַּעַל קַרְנַיִם; מָלֵא תַּאֲוָה

ho'roscope *n.* (הוֹרֶסְקוֹפּ) הוֹרוֹסְקוֹפּ

hor'rible *adj.* (הוֹרֶבְּל) מַחֲרִיד, מְזַעְזֵעַ, אָיֹם; מַגְעִיל

hor'rid *adj.* (הוֹרִד) מְעוֹרֵר זְוָעָה; מַחֲרִיד; רַע מְאֹד

hor'rify" *v.t.* (הוֹרֶפַי) הִבְעִית, הֶחֱרִיד

hor'ror *n.* (הוֹרֶר) חֲרָדָה, זְוָעָה; סְלִידָה; דָּבָר רַע מְאֹד; פַּלָּצוּת

horse *n.* (הוֹרְס) סוּס; פָּרָשׁ, פָּרָשִׁים; חֲמוֹר עֲבוֹדָה

from the —'s mouth מִמָּקוֹר מֻסְמָךְ

hold one's —s נִרְגַּע, הָיָה שָׁקֵט

— of another color דְּבַר־מָה שׁוֹנֶה לְגַמְרֵי

look a gift — in the mouth מָתַח בִּקֹּרֶת עַל מַתָּנָה

— *v.t. & i.* סִפֵּק סוּס; הִרְכִּיב עַל סוּס; עָלָה עַל סוּס; רָכַב עַל סוּס

— around הִשְׁתּוֹבֵב

horse'laugh" *n.* (הוֹרְסְלֶף) צְחוֹק פָּרוּעַ וְלַגְלְגָנִי

horse'man *n.* (הוֹרְסְמֶן) פָּרָשׁ, סַיָּס

horse'manship" *n.* (הוֹרְסְמֶנְשִׁפּ) פָּרָשׁוּת

horse'play" *n.* (הוֹרְסְפְּלֵי) שׁוֹבְבָנוּת

horse'pow"er *n.* (הוֹרְסְפָּאוּאֶר) כֹּחַ סוּס

horse'rad"ish *n.* (הוֹרְסְרֶדִשׁ) חֲזֶרֶת

horse' sense" (הוֹרְס סֶנְס) שֵׂכֶל יָשָׁר

horse'shoe" *n.* (הוֹרְשׁוּ) פַּרְסַת סוּס; דָּבָר בְּצוּרַת פַּרְסָה

horse' trad"er *n.* (הוֹרְס טְרֵידֶר) מְצֻיָּן בְּהִתְמַקְּחוּת; סוֹחֵר סוּסִים

hor'ticul"ture *n.* (הוֹרְטֶקַלְצֶ'ר) גַּנָּנוּת

hose *n. & v.t.* (הוֹז) גֶּרֶב; גִּבְתָּה, צִנּוֹר גּוּמִי; פֻּזְמָק; גַּרְבּוֹן; הִשְׁקָה בְּגִבְתָּה; הִרְטִיב בְּגִבְתָּה

ho'sier *n.* (הוֹזְ'ר) סוֹחֵר גַּרְבַּיִם; יַצְרַן גַּרְבַּיִם

ho'siery *n.* (הוֹזַ'רִי) גַּרְבַּיִם; חֲנוּת גַּרְבַּיִם; מִפְעַל גַּרְבַּיִם

hos'pice *n.* (הוֹסְפִּס) פּוּנְדָּק (לעולי רגל)

hos'pitable *adj.* (הוֹסְפִּטַבְּל) מַכְנִיס אוֹרְחִים; מַסְבִּיר פָּנִים

hos'pital *n.* (הוֹסְפִּטְל) בֵּית חוֹלִים

hos"pital"ity *n.* (הוֹסְפִּטֶלְטִי) הַכְנָסַת אוֹרְחִים, הַסְבָּרַת פָּנִים

hos"pitaliza'tion *n.* (הוֹסְפִּטַלִיזֵישְׁן) אִשְׁפּוּז

host *n.* (הוֹסְט) מְאָרֵחַ; מַנְחֶה; פּוּנְדְּקַאי, פּוּנְדָּקִי, מְאַכְסֵן; הָמוֹן, אֲסַפְסוּף עוֹיֵן

Host *n.* לֶחֶם קֹדֶשׁ

hos'tage *n.* (הוֹסְטִג') בֶּן־עֲרֻבָּה

hos'tel *n.* (הוֹסְטְל) אַכְסַנְיָה

hos'tess *n.* (הוֹסְטִס) מְאָרַחַת; דַּיֶּלֶת; רַקְדָנִית בְּשָׂכָר

hos'tile *adj.* (הוֹסְטִיל) עוֹיֵן, אוֹיֵב

hostility *n.* (הוֹסְטִלְטִי) אֵיבָה, עוֹיְנוּת, הִתְנַגְּדוּת; פְּעֻלַּת אֵיבָה

—ies פְּעֻלּוֹת מִלְחַמְתִּיּוֹת, מִלְחָמָה

hot *adj.* (הוט) חַם; צוֹרֵב; חָרִיף; לוֹהֵט; מְיֻחָם, מָלֵא תַּאֲוָה, חוֹמְדָנִי; אַלִּים, סוֹעֵר; חָזָק; טָרִי, חָדָשׁ מְאֹד; קָרוֹב מְאֹד; פּוֹפּוּלָרִי מְאֹד; בַּעַל מַזָּל; מְגֻחָךְ, מַצְחִיק; מְעַנְיֵן מְאֹד; מַלְהִיב, מְשַׁלְהֵב; גָּנוּב, מְסֻכָּן; מִתְלַהֵב; מוֹבִיל זֶרֶם (היל חשמלי); רַדְיוֹאַקְטִיבִי

make it — for יָרַד לְחַיָּיו, הֵצִיק ל

—' air' מֶלֶל יָמְרָנִי

hot'bed" *n.* (הוֹטְבֶּד) חֲמָמָה; סְבִיבָה שׁוֹרֶצֶת

hot' dog" *n.* (הוט דוג) נַקְנִיקִית; נַקְנִיקִית בְּלַחְמָנִיָּה

hotel' *n.* (הוֹטֶל) מָלוֹן

hot"foot" *n.* & *v.i.* (הוֹטְפֻט) הַדְלָקַת גַּפְרוּר שֶׁנִּתְקַע בַּחֲשַׁאי בְּצַד הַסּוּלְיָה; נֶחְפַּז

hot'head'ed *adj.* (הוֹטְהֶדִד) בַּעַל מֶזֶג חַם; פָּזִיז מְאֹד; מְהִיר־חֵמָה, נוֹחַ לִכְעוֹס, חֲמוּם־מֹחַ

hot' house" *n.* (הוֹטְהַאוּס) חֲמָמָה

hot'wa'ter (הוט ווֹטְר) צָרָה, מְצוּקָה

hound *n.* & *v.t.* (הָאוּנְד) כֶּלֶב צַיִד, כֶּלֶב; נִבְזֶה; מָכוּר ל־; צָד בִּכְלָבִים; רָדַף אַחֲרֵי; שִׁפָּה

hour *n.* (אַוּאַר) שָׁעָה; מוֹעֵד; הַהֹוֶה; זְמַן שְׁכִיבָה אוֹ קִימָה; מֶרְחַק שָׁעָה

one's last — עֵת הַמָּוֶת

hour'ly *adj.* & *adv.* (אַוּרְלִי) כָּל שָׁעָה, מִדֵּי שָׁעָה; לְעִתִּים קְרוֹבוֹת; לְלֹא הֶפְסֵק

house *n.* (הַאוּס) בַּיִת; מֶשֶׁק בַּיִת; שׁוֹשֶׁלֶת, מִשְׁפָּחָה; תֵּאַטְרוֹן, אוּלָם; אוֹדִיטוֹרְיוּם; קְהַל צוֹפִים; קְווֹרוּם; מוֹסָד מִסְחָרִי; בֵּית הַמּוֹרִים; הַנְהָלָה; מוֹעָצָה; פְּנִימִיָּה; בֵּית זוֹנוֹת; בֵּית־נִבְחָרִים

bring down the — זָכָה לִתְשׁוּאוֹת סוֹעֲרוֹת

clean — הִרְחִיק יְסוֹדוֹת לֹא־רְצוּיִים

on the — מַתְּנַת הַהַנְהָלָה; חִנָּם

— *v.t.* (הַאוּז) שִׁכֵּן, נָתַן מַחְסֶה; סִפֵּק מָקוֹם (לעבודה, לימודים וכו'); אִחְסֵן

house' arrest' (הַאוּס אֲרֶסְט) מַעֲצַר בַּיִת

house'break" *v.t.* (הַאוּסְבְּרֵיק) אִלֵּף חַיַּת בַּיִת לֹא לַעֲשׂוֹת צְרָכֶיהָ בְּתוֹךְ הַבַּיִת

—er *n.* פּוֹרֵץ

house'hold" *n.* & *adj.* (הַאוּסְהוֹלְד) מֶשֶׁק בַּיִת; מִשְׁפָּחָה, בְּנֵי בַּיִת; בֵּיתִי; שֶׁל מֶשֶׁק בַּיִת; רָגִיל

house'kee"per *n.* (הַאוּסְקִיפֶּר) סוֹכֶנֶת בַּיִת

house'top" *n.* (הַאוּסְטוֹפּ) גַּג

from the —s בְּפֻמְבֵּי; בִּכְלָל

house'war"ming *n.* (הַאוּסְווֹרְמִנְג) מְסִבָּה לַחֲנֻכַּת הַבַּיִת

house'wife" *n.* (הַאוּסְוַיְף) בַּעֲלַת בַּיִת

hou'sing *n.* (הַאוּזִנְג) שִׁכּוּן, דִּיּוּר; בָּתִּים; אַסְפָּקַת דִּיּוּר; מִכְסֶה

hov'el *n.* (הָוְל) בִּקְתָּה עֲלוּבָה; דִּירָה מְזֻנַּחַת; דִּיר־אַחְסָנָה

hov'er *v.i.* (הַוְר) רִחֵף; הִמְתִּין בְּקִרְבַת מָקוֹם; הָיָה שָׁרוּי בְּמַצָּב לֹא־בָּרוּר

how *adv.* & *conj.* (הַאוּ) אֵיךְ, כֵּיצַד; בְּאֵיזוֹ מִדָּה; בְּאֵיזֶה מַצָּב; מַה

and — ! בְּוַדַּאי; וְעוֹד אֵיךְ

— are you? מַה שְּׁלוֹמְךָ?

— much? כַּמָּה?

— come כֵּיצַד קָרָה הַדָּבָר, מַדּוּעַ?

— do you do? מַה שְּׁלוֹמְךָ?

howev'er *adv.* & *conj.* (הַאוּאֶוְר) בְּכָל זֹאת, לַמְרוֹת הַכֹּל; לֹא חָשׁוּב אֵיךְ; בְּכָל מִדָּה שֶׁהִיא, יִהְיֶה אֲשֶׁר יִהְיֶה; אֵיךְ, אֵיךְ בַּתְּנָאִים הַקַּיָּמִים; בְּכָל צוּרָה

how'itzer *n.* (הַאוּאִצְר) הוֹבִיצֶר

howl *v.i.* & *n.* (הַאוּל) יִלֵּל, בָּכָה; צָחַק בְּקוֹל רָם; יְלָלָה; צְחוֹק קוֹלָנִי, צְחוֹק זִלְזוּל; בְּדִיחָה; מַעֲשֶׂה מְבַדֵּחַ

—ing *adj.* מְיַלֵּל; עָצוּם

hub *n.* (הַבּ) טַבּוּר (של אופן); מֶרְכָּז

the Hub הָעִיר בּוֹסְטוֹן בִּמְדִינַת מֶסֶצ'וּסֶץ (ארה"ב)

hub'bub *n.* (הַבַּבּ) שָׁאוֹן, הֲמֻלָּה

huck'ster *n.* (הַקְסְטֶר) רוֹכֵל; רוֹדֵף־בֶּצַע קַטְנוּנִי; מוֹכֵר תּוֹקְפָנִי; מֵכִין פִּרְסֹמֶת

hud'dle *v.t.* & *i.* & *n.* (הַדְל) עָרַם בִּצְפִיפוּת; הִצְטַנֵּף; הִתְכַּנֵּס בִּצְפִיפוּת; הִתְכַּנֵּס בִּמְלֻכָּד לְהִתְיָעֲצוּת; הִתְיָעֵץ; קְבוּצָה מְלֻכֶּדֶת; עֲרֵמָה צְפוּפָה; מְהוּמָה; הִתְיָעֲצוּת פְּרָטִית; הִתְכַּנְּסוּת לְשֵׁם הִתְיָעֲצוּת

hue *n.* (הְיוּ) צֶבַע; גַּוָּן; הֲמֻלַּת רוֹדְפִים

huff *n.* (הַף) תַּרְעֹמֶת, רֹגֶז אִלֵּם

hug *v.t. & i. & n.* (הַג) חִבֵּק, לָפַת; הוֹקִיר; נִצְמַד אֶל; הִתְחַבֵּק; חִבּוּק, לְפִיתָה

huge *adj.* (הְיוּג׳) עֲנָקִי

hulk *n. & v.i.* (הַלְק) גּוּה; אֳנִיַּת כֶּלֶא, אֳנִיַּת אַחְסָנָה; סְפִינָה גַּמְלוֹנִית; אָדָם מְגֻשָּׁם; דָּבָר מְגֻשָּׁם; שֶׁלֶד (של מבנה שנשרף); הוֹפִיעַ כִּדְמוּת מְגֻשֶּׁמֶת

—ing *adj.* מְגֻשָּׁם

hull *n.* (הַל) קְלִפָּה; מִכְסֶה; גּוּף (של אניה); תֵּבָה

hul′labaloo″ *n.* (הַלֲבַּלוּ) הֲמֻלָּה

hum *v.i. & t. & n.* (הַם) זִמְזֵם; הִמְהֵם; הָיָה בְּמַצַּב פְּעִילוּת נִמְרֶצֶת; זִמְזוּם; הִמְהוּם

hu′man *adj. & n.* (הְיוּמֶן) אֱנוֹשִׁי; בֶּן אָדָם

humane′ *adj.* (הְיוּמֵין) רַחוּם; הוּמָנִי

hu′manis″m *n.* (הְיוּמֶנִזְם) הוּמָנִיזְם; הַעֲמָדַת הָאָדָם בַּמֶּרְכָּז; לִמּוּדֵי מַדְעֵי הָרוּחַ וְהַחֶבְרָה

hu′manist *n.* (הְיוּמֶנִסְט) חוֹקֵר טֶבַע הָאָדָם וּפָעֳלוֹ; מַחֲשִׁיב כְּבוֹד הָאָדָם; הוּמָנִיסְט; אִישׁ הָרֶנֶסַנְס שֶׁהִתְעַמֵּק בְּלִמּוּדִים קְלַסִּיִּים

human″itar′ian *adj. & n.* (הְיוּמֶנִטֵּרִיאֶן) אוֹהֵב הַמִּין הָאֱנוֹשִׁי; אוֹהֵב הַבְּרִיּוֹת

human′ity *n.* (הְיוּמֶנִטִי) הַמִּין הָאֱנוֹשִׁי, אֱנוֹשׁוּת, אֱנוֹשִׁיּוּת; טוּב לֵב

the —ies לִמּוּדִים קְלַסִּיִּים; מַדְעֵי הָרוּחַ וְהַחֶבְרָה

hum′ble *adj. & v.t.* (הַמְבְּל) עָנָו, צָנוּעַ, שְׁפַל־רוּחַ; מֵקֵל רֹאשׁ בְּעַצְמוֹ; נִקְלֶה; אָדִיב; הִשְׁפִּיל; חָתַר תַּחַת; דִּכֵּא

hum′bug″ *n. & v.t.* (הַמְבַּג) רַמָּאוּת, תַּחְבּוּלָה; רַמַּאי; דִּבְרֵי הֲבַאי; רִמָּה, הוֹנָה

hum′drum″ *adj.* (הַמְדְרַם) מְשַׁעֲמֵם, חַדְגּוֹנִי

hu′mid *adj.* (הְיוּמִד) לַח

humid′ity *n.* (הְיוּמִדִטִי) לַחוּת

humil′iate″ *v.t.* (הְיוּמִלִיאֵיט) הִשְׁפִּיל, הֵבִיךְ

humil″ia′tion *n.* (הְיוּמִלִיאֵישְׁן) הַשְׁפָּלָה

humil′ity *n.* (הְיוּמִלְטִי) עֲנָוָה, צְנִיעוּת

hum′mingbird′ *n.* (הַמִינְגְבֶּרְד) יוֹנֵק דְּבַשׁ

hum′mock *n.* (הַמֶק) תְּלוּלִית

hu′mor *n.* (הְיוּמֶר) הוּמוֹר; סְגֻלָּה מְבַדַּחַת; מֶזֶג, הֲלָךְ־רוּחַ; מַצַּב רוּחַ; נְטִיָּה מוּזָרָה, קַפְרִיזָה, תְּכוּנָה מְשֻׁנָּה; לֵחָה, מָרָה

out of — נִרְגָּז

— *v.t.* הִתְאִים עַצְמוֹ לְמַצַּב רוּחַ שֶׁל; סִגֵּל עַצְמוֹ ל־

hu′morist *n.* (הְיוּמֶרִסְט) הוּמוֹרִיסְטָן; בַּעַל חוּשׁ הוּמוֹר פָּעִיל

hu′morous *adj.* (הְיוּמֶרֶס) מְבַדֵּחַ, מַצְחִיק

hump *n.* (הַמְפּ) גַּבְנוּן, חֲטוֹטֶרֶת, דַּבֶּשֶׁת; גַּבְשׁוּשִׁית

over the — עָבַר הַקָּשֶׁה בְּיוֹתֵר

the Hump הָרֵי הַהִימָלָיָה

hump′backed″ *adj.* (הַמְפְּבֶּקְט) בַּעַל חֲטוֹטֶרֶת, גִּבְנוּנִי

hunch *v.t. & i. & n.* (הַנְץ׳) גִּבְנֵן, קִמֵּר; דָּחַף; הִזְדַּקֵּר קָדִימָה; עָמַד, יָשַׁב אוֹ הָלַךְ בִּשְׁפִיפוּת; חֲטוֹטֶרֶת; תְּחוּשַׁת הַבָּאוֹת, חֲשָׁד; דְּחִיפָה; גּוּשׁ

hunch′back″ *n.* (הַנְצ׳בֶּק) גִּבֵּן

hun′dred *n. & adj.* (הַנְדְרֶד) מֵאָה; שְׁטָר בֶּן מֵאָה דּוֹלָר

hun′dredfold″ *adj.* (הַנְדְרֶדְפוֹלְד) פִּי מֵאָה; בֶּן מֵאָה חֲלָקִים

hun′dredth *adj. & n.* (הַנְדְרֶדְתְ׳) הַמֵּאָה; מֵאִית

hung (הַנְג) (זמן עבר של hang)

— over סוֹבֵל מִצִּירֵי הִתְפַּכְּחוּת

— up מְעֻכָּב בְּעִקְבוֹת קֹשִׁי

— up on מָכוּר ל־; מְאֹהָב מְאֹד בּ־

hung′er *n. & v.i.* (הַנְגֶר) רָעָב; רָעַב; הִשְׁתּוֹקֵק

hung′ry *adj.* (הַנְגְרִי) רָעֵב, שֶׁל רָעָב; מִשְׁתּוֹקֵק מְאֹד; דַּל

hunt *v.t. & i. & n.* (הַנְט) צָד, יָצָא לְצַיִד; רָדַף אַחֲרֵי; חִפֵּשׂ; עָרַךְ חִפּוּשׂ מְדַקְדֵּק; צַיִד; חִפּוּשׂ; מָצוֹד; מִרְדָּף; אֲגֻדַּת צַיָּדִים; אֵזוֹר צַיִד

hun′ter *n.* (הַנְטֶר) צַיָּד; מְחַפֵּשׂ אַחֲרֵי; סוּס צַיִד; כֶּלֶב צַיִד

hun′ting *n.* (הַנְטִנְג) צַיִד; תְּנוּדוֹת מַחֲזוֹרִיּוֹת

hunts′man *n.* (הַנְטְסְמֶן) צַיָּד; מַנְחֵה הַכְּלָבִים (בציד)

hur′dle *n.* (הֶרְדְל) מְשׂוּכָה; מִכְשׁוֹל

—s מֵרוֹץ מְשׂוּכוֹת

hur'dy-gur'dy *n.* (הֶרְדִי־גֶרְדִי) תֵּבַת נְגִינָה

hurl *v.t. & i.* (הֶרְל) זָרַק, הֵטִיל; הִפְלִיט נִמְרָצוֹת

hur'ly-bur'ly *n.* (הֶרְלִי־בֶּרְלִי) הֲמֻלָּה

hurrah' *interj.* (הֻרָה) הֵידָד; כִּיפַק־הֵי

hur'ricane" *n.* (הֲרֶקֵין) רוּחַ הוֹרְקָן; סְעָרָה עַזָּה

hur'ry *v.i. & t. & n.* (הַרִי) מִהֵר, הִזְדָּרֵז; זֵרֵז, הֵחִישׁ; מְהִירוּת

hurt *v.t. & i.* (הֶרְט) פָּצַע; הִכְאִיב; הִזִּיק לְ־; צִעֵר, פָּגַע בְּ־; כָּאַב

— *n. & adj.* מַכָּה; נֵזֶק; כְּאֵב; פְּגִיעָה, עֶלְבּוֹן; פָּצוּעַ; נִפְגַּע; נִזָּק

hurt'ful *adj.* (הֶרְטְפֶל) פּוֹגֵעַ, פּוֹצֵעַ, מַזִּיק; מַכְאִיב; מְצַעֵר

hur'tle *v.i.* (הֶרְטְל) נָע בִּמְהִירוּת רַבָּה, דָּהַר נִמְרָצוֹת

hus'band *n. & v.t.* (הַזְבֶּנְד) בַּעַל; מְנַהֵל; זָהִיר; נִהֵל בִּזְהִירוּת; שָׁמַר עַל, הִשְׁתַּמֵּשׁ בְּ־, בְּצוּרָה חֶסְכוֹנִית

hus'bandman *n.* (הַזְבֶּנְדְמֶן) אִכָּר

hus'bandry *n.* (הַזְבֶּנְדְרִי) חַקְלָאוּת, עֲבוֹדַת הָאֲדָמָה; נִהוּל זָהִיר וְחֶסְכוֹנִי

hush *interj. & n.* (הַשׁ) הַס; שֶׁקֶט

— *v.t.* הִסָּה, הִשְׁתִּיק; הִרְגִּיעַ

hush'-hush" *adj.* (הַשׁ־הַשׁ) סוֹדִי מְאֹד

hush'mon'ey (הַשׁ מַנִי) דְּמֵי לֹא־יֶחֱרַץ

husk *v.t. & n.* (הַסְק) קִלֵּף; קְלִפָּה; מַעֲטֶה חֲסַר־עֵרֶךְ

hus'ky *adj.* (הַסְקִי) גְּדוֹל־גוּף, חָסֹן; צָרוּד בְּמִקְצָת; דּוֹמֶה לִקְלִפָּה, מְכֻסֶּה קְלִפָּה, מָלֵא קְלִפּוֹת

hus'sy *n.* (הַסִי) מִפְקֶרֶת; שׁוֹבָבָנִית

hus'tle *v.i. & t.* (הַסְל) פָּעַל בְּמֶרֶץ; נִדְחַק; נָהַג בְּתוֹקְפָנוּת; הִתְפַּרְנֵס בִּדְרָכִים נְלוֹזוֹת; פָּנָה בְּהַצָּעָה (זונה); דָּחַף; הוֹצִיא בְּכֹחַ; זֵרֵז; לָחַץ עַל; הִצִּיעַ לִמְכִירָה בְּתוֹקְפָנוּת; סָחַט כְּסָפִים

hus'tler *n.* (הַסְלֶר) בַּעַל יָזְמָה; רוֹדֵף הַצְלָחָה; "בִּצּוּעִיסְט"; נוֹכֵל; יַצְאָנִית

hut *n.* (הַט) בִּקְתָּה, צְרִיף

hutch *n.* (הַץ') מִכְלָאָה קְטַנָּה; דִּיר קָטָן; בִּקְתָּה

hy'acinth *n.* (הַיאֲסִנְת') יַקִּינְתּוֹן

hy'brid *n.* (הַיבְּרִד) בֶּן־כִּלְאַיִם

hy'drant *n.* (הַידְרֶנְט) בֶּרֶז־שְׂרֵפָה

hy'drate *n.* (הַידְרֵיט) הִידְרָט

hydrau'lic *adj.* (הַידְרוֹלִק) הִידְרוֹלִי; מִתְקַשֶּׁה מִתַּחַת לִפְנֵי מַיִם

hy"drocar'bon *n.* (הַידְרֶקַרְבֶּן) פַּחְמֵימָן

hy'drogen *n.* (הַידְרֶגֶ'ן) מֵימָן

hye'na *n.* (הַיאִינָה) צָבוֹעַ

hy'giene *n.* (הַיגִ'ין) הִיגְיֶנָה, גֵּהוּת

hy"gien'ic *adj.* (הַיגִ'יאֶנִק) הִיגְיֵנִי

hy'men *n.* (הַימֶן) בְּתוּלִים; רִקְמַת בְּתוּלִים

hymn *n.* (הִם) מִזְמוֹר תְּהִלָּה

hyper'bole *n.* (הַיפֶּרְבֶּלִי) הַפְרָזָה מְכֻוֶּנֶת, מְלִיצָה

hy"percrit'ical *adj.* (הַיפֶּרְקְרִטִקְל) בַּקְרָנִי

hy"persen'sitive *adj.* (הַיפֶּרְסֶנְסֶטִב) רָגִישׁ יָתֵר עַל הַמִּדָּה

hyperten'sion *n.* (הַיפֶּרְטֶנְשֶׁן) מֶתַח־יֶתֶר; לַחַץ דָּם גָּבֹהַּ

hy'phen *n.* (הַיפֶן) מַקָּף

hy'phenate" *v.t.* (הַיפֶנֵיט) חִבֵּר בְּמַקָּף

hypno'sis *n.* (הִפְּנוֹסִס) הִיפְּנוֹזָה

hyonot'ic *adj.* (הִפְּנוֹטִק) הִיפְּנוֹטִי

hyp'notis"m *n.* (הִפְּנֶטִזֶם) הִיפְּנוֹזָה; הִפְּנוּט

hyp'notize" *v.t. & i.* (הִפְּנֶטַיז) הִפְּנֵט

hy'pochon'dria *n.* (הַיפֶּקוֹנְדְרִיָה) הִיפּוֹכוֹנְדְרִיָה

hypoc'risy *n.* (הִפּוֹקְרֶסִי) צְבִיעוּת

hyp'ocrite *n.* (הִפֶּקְרִט) צָבוּעַ

hy"poder'mic *adj.* (הַיפֶּדֶרְמִק) מִתַּחַת לָעוֹר; תַּת־עוֹרִי; זְרִיקָה מִתַּחַת לָעוֹר

hypoth'esis *n.* (הַיפּוֹתֶ'סִס) הִיפּוֹתֵיזָה; הַשְׁעָרָה

hyster'ia *n.* (הִסְטִירִיָה) הִתְפָּרְצוּת (של בכי, צחוק, חוסר הגיון וכו'), הִשְׁתּוֹלְלוּת רִגְשִׁית; הִיסְטֶרְיָה

hyster'ical *adj.* (הִסְטֶרִקְל) סוֹבֵל מֵהֶתְקֵף בְּכִי אוֹ צְחוֹק; חֲסַר־הִגָּיוֹן; הִיסְטֶרִי; מַצְחִיק מְאֹד

hyster'ic *n.* (הִסְטֶרִק) סוֹבֵל מֵהֶתְקֵפֵי רְגָשׁוֹת; לוֹקֶה בְּהִיסְטֶרְיָה

—s הֶתְקֵף צְחוֹק פָּרוּעַ; הֶתְקֵף בְּכִי

I

I, i *n. & pron.* (אַי) י׳, הָאוֹת הַתְּשִׁיעִית בָּאָלֶפְבֵּית הָאַנְגְּלִי; הַתְּנוּעָה אַי, א, אִי; אֲנִי

ice *n.* (אַיס) קֶרַח; גּוּשׁ; גְּלִידַת פֵּירוֹת; קְרֶם (לציפוי עוגה)

break the — הִצְלִיחַ בְּרֵאשִׁית מַעֲשֶׂה; הִתְגַּבֵּר עַל הַמְּחִיצָה הַחֶבְרָתִית

cut no — אֵינוֹ עוֹשֶׂה רֹשֶׁם חִיּוּבִי

on thin — בְּמַצָּב מְסֻכָּן

— *v.t. & i.* כִּסָּה בְּקֶרַח; הִקְפִּיא; צִנֵּן; צִפָּה בִּקְרֶם; קָפָא, הִתְכַּסָּה קֶרַח

ice′berg *n.* (אַיסְבֶּרְג) הַר קֶרַח

ice′ cream″ *n.* (אַיס קְרִים) גְּלִידָה

ic′icle *n.* (אַיסִקְל) נְטִיף קֶרַח

i′cing *n.* (אַיסִנְג) קְרֶם (לציפוי עוגה); שִׁכְבַת קֶרַח

i′cy *adj.* (אַיסִי) קַרְחִי; דּוֹמֶה לְקֶרַח; קַר; צוֹנֵן; גּוֹרֵם הַחְלָקָה

ide′a *n.* (אַידִיאָה) רַעְיוֹן; מַחֲשָׁבָה; רֹשֶׁם, מֻשָּׂג; תָּכְנִית, כַּוָּנָה; הַנָּחָה, דִּמְיוֹן; אִידֵיאָה

ideal′ *n. & adj.* (אַידִיל) מוֹפֵת; מֻשָּׂג הַשְּׁלֵמוּת; קְנֵה מִדָּה שֶׁל שְׁלֵמוּת; מַשְׂאַת נֶפֶשׁ נַעֲלָה; אִידֵיאָל; מוֹפְתִי; אִידֵיאָלִי; מֻשְׁלָם; דִּמְיוֹנִי; מוֹעִיל, מוּטָב

ide′alis″m *n.* (אַידִיאֲלִיזְם) אִידֵיאָלִיזְם; הֲפִיכָה לְאִידֵיאָל; תּוֹצָאָה אִידֵיאָלִית

ide′alist *n.* (אַידִיאֲלִסְט) אִידֵיאָלִיסְט; הוֹזֶה; יוֹצֵר מִתּוֹךְ דִּמְיוֹנוֹ

ide′alize *v.t. & i.* (אַידִיאֲלַיז) הָפַךְ לְאִידֵיאָל; יִצֵּג בְּצוּרָה אִידֵיאָלִית; הֶעֱלָה לְמַדְרֵגָה אִידֵיאָלִית שֶׁל שְׁלֵמוּת; דִּמָּה אִידֵיאָל

iden′tical *adj.* (אַידֶנְטִקְל) אוֹתוֹ, זֵהֶה

iden″tifica′tion *n.* (אַידֶנְטֲפִקֵישְׁן) זִהוּי; זֶהוּת; אִשּׁוּר־זֶהוּת; הִזְדַּהוּת

iden′tify *v.t. & i.* (אַידֶנְטִפַי) זִהָה; הִזְדַּהָה; קָבַע זֶהוּת, קָבַע שַׁיָּכוּת

iden′tity *n.* (אַידֶנְטִטִי) זֶהוּת

i″deol′ogy *n.* (אַידִיאוֹלֲגִ׳י) אִידֵיאוֹלוֹגְיָה

id′iocy *n.* (אִדִיאֲסִי) טִמְטוּם מֻחְלָט; אִידְיוֹטִיּוּת

id′iom *n.* (אִדִיאֲם) נִיב; אִידְיוֹם; דִּבּוּר אָפְיָנִי; סִגְנוֹן מְיֻחָד

i″diomat′ic *adj.* (אִדִיאֲמֶטִק) אִידְיוֹמָטִי

id′iot *n.* (אִדִיאֲט) שׁוֹטֶה גָּמוּר; אִידְיוֹט

id″iot′ic *adj.* (אִדִיאוֹטִק) אִידְיוֹטִי, אֱוִילִי

id′le *adj. & n.* (אַידְל) בָּטֵל; שֶׁל בַּטָּלָה; לֹא בְּשִׁמּוּשׁ; עָצֵל; חֲסַר־עֵרֶךְ; חֲסַר־יְסוֹד; קַל־דַּעַת; חֲסַר־תּוֹעֶלֶת; פְּעֻלַּת סְרָק, מַהֲלַךְ סְרָק, טוּרִים (של מנוע)

— *v.i. & t.* הִתְבַּטֵּל; עָבַר בַּעֲצַלְתַּיִם; בִּטֵּל זְמַן; הִבְטִיל; פָּעַל פְּעֻלַּת סְרָק, פָּעַל לְבַטָּלָה

i′dleness *n.* (אַידְלְנֶס) בַּטָּלָה

id′ol *n.* (אַידְל) אֱלִיל; אָדָם נַעֲרָץ; דִּמְיוֹן; מֻשָּׂג מֻטְעֶה

idol′ator *n.* (אַידוֹלֲטְר) עוֹבֵד אֱלִילִים; מַעֲרִיץ

idol′atry *n.* (אַידוֹלֲטְרִי) עֲבוֹדַת אֱלִילִים; הַעֲרָצָה עִוֶּרֶת

id′olize″ *v.t.* (אַידֲלַיז) הֶעֱרִיץ הַעֲרָצָה עִוֶּרֶת, אִלֵּל

i′dyl(l) *n.* (אַידְל) אִידִילְיָה

if *conj. & n.* (אִף) אִם; אִם גַּם; לוּ, אִלּוּ; הַשְׁעָרָה, אֶפְשָׁרוּת מְפֻקְפֶּקֶת; תְּנַאי

ignite′ *v.t. & i.* (אִגְנַיט) הֵצִית, הִדְלִיק; הִתְלַקֵּחַ, הִתְחִיל לִבְעוֹר

igno′ble *adj.* (אִגְנוֹבְּל) נִבְזֶה, שָׁפָל; קְלוֹקֵל; מִדַּלַּת הָעָם

ig″nomin′ious *adj.* (אִגְנֲמִנִיאֲס) מֵבִישׁ; מַחְפִּיר; בִּזּוּי

ig′nomin″y *n.* (אִגְנֲמִנִי) חֶרְפָּה, בּוּשָׁה; בִּזָּיוֹן צִבּוּרִי

ig″nora′mus *n.* (אִגְנֲרֵימֲס) בּוּר

ig′norance *n.* (אִגְנֲרֲנְס) בַּעֲרוּת, בּוּרוּת

ig′norant *adj.* (אִגְנֲרֲנְט) נִבְעָר; בּוּר; חֲסַר־יֶדַע; לֹא מוּדָע לְ־; מְגַלֶּה חֹסֶר יְדִיעָה

ignore′ *v.t.* (אִגְנוֹר) הִתְעַלֵּם מִ־

ill *adj. & n.* (אִל) חוֹלֶה; רַע; לָקוּי; עוֹיֵן; רֶשַׁע; נֶזֶק; מַחֲלָה; צָרָה, אָסוֹן

— at ease לֹא נוֹחַ, עַצְבָּנִי

— *adv.* בְּצוּרָה מְרֻשַּׁעַת; בְּאֹפֶן רָע; בְּצוּרָה עוֹיֶנֶת; בְּצוּרָה לְקוּיָה

I'll (אַיל) (קיצור של I will או shall)

ille'gal *adj.* (אִלִיגְל) לֹא־חֻקִּי; מְנֻגָּד לַחֹק; לְלֹא אִשּׁוּר

il"legal'ity *n.* (אִלִיגֶלְטִי) אִי־חֻקִּיּוּת

illeg'ible *adj.* (אִלֶג'בְּל) קְשֵׁה־קְרִיאָה; שֶׁאִי אֶפְשָׁר לִקְרוֹא אוֹתוֹ; שֶׁקָּשֶׁה לְפַעְנֵחַ אוֹתוֹ

il"legit'imacy *n.* (אִלִגִ'טֲמַסִי) אִי־לֶגִיטִימִיּוּת, אִי־חֻקִּיּוּת, אִי־הַתְאָמָה לַחֹק אוֹ לַנֹּהַג; הוּלֶדֶת מִחוּץ לִנְשׂוּאִים

il"legit'imate *adj.* (אִלִגִ'טֲמִט) לֹא־לֶגִיטִימִי, לֹא־חֻקִּי; שֶׁנּוֹלַד מִחוּץ לִנְשׂוּאִים; לֹא־יָאֶה; לֹא לְפִי הַמְקֻבָּל

illic'it *adj.* (אִלִסִט) אָסוּר; לְלֹא רְשׁוּת; לְלֹא הֶתֵּר; לְלֹא רִשָּׁיוֹן; לֹא־חֻקִּי; פָּסוּל

illit'erate *adj.* (אִלִטֲרִט) אַנְאַלְפַבֵּיתִי, שֶׁאֵינוֹ יוֹדֵעַ קְרוֹא וּכְתוֹב; בּוּר

ill'ness *n.* (אִלְנִס) מַחֲלָה

illog'ical *adj.* (אִלוֹגִ'קְל) לֹא־הֶגְיוֹנִי, מְנֻגָּד לַהִגָּיוֹן; מְנֻגָּד לַשֵּׂכֶל

illu'minate *v.t. & i.* (אִלוּמֲנֵיט) הֵאִיר; הִבְהִיר; עִטֵּר

illu"mina'tion *n.* (אִלוּמֲנֵישְׁן) הֶאָרָה; תְּאוּרָה; הַבְהָרָה, הַשְׂכָּלָה; כַּמּוּת אוֹר; עִטּוּר

illus'ion *n.* (אִלוּז'ן) מַחֲזֵה־שָׁוְא; אַשְׁלָיָה; אִילוּזְיָה; תַּעְתּוּעֵי־דִמְיוֹן

illu'sory *adj.* (אִלוּסֲרִי) מַטְעֶה; דִּמְיוֹנִי

il'lustrate" *v.t. & i.* (אִלֲסְטְרֵיט) הִבְהִיר, הִסְבִּיר עַל יְדֵי דֻגְמוֹת; הִדְגִּים; אִיֵּר

il"lustra'tion *n.* (אִלֲסְטְרֵישְׁן) אִיּוּר; הַדְגָּמָה; הֶסְבֵּר

illus'trious *adj.* (אִלֲסְטְרִיאֲס) מְפֻרְסָם; מְפֹאָר

im'age *n.* (אִמִג') דְּמוּת; בָּבוּאָה; רַעְיוֹן, מֻשָּׂג; צוּרָה; הֶעְתֵּק; סֵמֶל; הִתְגַּלְּמוּת; תֵּאוּר; צֶלֶם; בִּטּוּי מְלִיצִי; תַּדְמִית

im'agery *n.* (אִמִגְ'רִי) דִּמּוּי; תְּמוּנוֹת; הַשִּׁמּוּשׁ בְּדִמּוּיִים סִפְרוּתִיִּים; תֵּאוּר

imag'inable *adj.* (אִמֶגֶ'נַבְּל) שֶׁאֶפְשָׁר לְהַעֲלוֹת עַל הַדַּעַת, שֶׁנִּתָּן לְדִמּוּי

imag'inar"y *adj.* (אִמֶגֶ'נֶרִי) דִּמְיוֹנִי

imag"ina'tion *n.* (אִמֶגֶ'נֵישְׁן) דִּמְיוֹן; דִּמּוּי; מֻשָּׂג דִּמְיוֹנִי; תּוּשִׁיָּה

imag'inative *adj.* (אִמֶגֶ'נֲטִב) דִּמְיוֹנִי; שֶׁל הַדִּמְיוֹן; הוֹזֶה; דִּמְיוֹן פּוֹרֶה

imag'ine *v.t. & i.* (אִמֶגִ'ן) דִּמָּה, תֵּאֵר לְעַצְמוֹ; סָבַר, הֶאֱמִין, הִנִּיחַ

im'becile *n. & adj.* (אִמְבִּסִל) אִידְיוֹט, מְטֻמְטָם; אִימְבֶּצִילִי; טִפְּשִׁי; אַבְּסוּרְדִי

imbibe' *v.t. & i.* (אִמְבַּיב) שָׁתָה; שָׁרָה; קָלַט

imbue' *v.t.* (אִמְבְּיוּ) הֶחְדִּיר בְּ־; הִשְׁרָה

im'itate" *v.t.* (אִמִטֵיט) חִקָּה; הֶעְתִּיק; זִיֵּף; שָׁאַף לְהִדַּמּוֹת לְ־

im"ita'tion *n.* (אִמִטֵישְׁן) חִקּוּי; זִיּוּף, הֶעְתֵּק

immac'ulate *adj.* (אִמֶקְיֲלִט) נָקִי לְלֹא רְבָב; לְלֹא דֹּפִי; טָהוֹר

Immaculate Conception הֵרָיוֹן לְלֹא מַגָּע מִינִי (לפי האמונה הקתולית: הריונו של ישו)

im"mater'ial *adj.* (אִמֲטִירִיאֲל) נְטוּל חֲשִׁיבוּת, חָסֵר כָּל מַשְׁמָעוּת; רוּחָנִי

im"mature' *adj.* (אִמֲטְיוּר) לֹא־בָּשֵׁל; לֹא־מְפֻתָּח; שֶׁל בֹּסֶר; לֹא־מְשֻׁכְלָל; לֹא־מְבֻגָּר

immeas'urable *adj.* (אִמֶז'רֲבְּל) לְלֹא גְּבוּל

imme'diate *adj.* (אִמִידִיאִט) מִיָּדִי; סָמוּךְ; בִּלְתִּי־אֶמְצָעִי

—ly *adv.* מִיָּד

im"memor'ial *adj.* (אִמֲמוֹרִיאֲל) מֵעֵבֶר לְכָל יְדִיעָה וָזֵכֶר, קָדוּם מְאֹד

immense' *adj.* (אִמֶנְס) רְחַב־יָדַיִם, גָּדוֹל מְאֹד, עָצוּם; לְלֹא גְּבוּל

immerse' *v.t.* (אִמֶרְס) טָבַל, שִׁקַּע; הִטְבִּיל; קָבַר; שָׁקַע עֲמֻקּוֹת, הָגָה

im'migrant *n.* (אִמֲגְרֲנְט) מְהַגֵּר

im'migrate" *v.t.* (אִמֲגְרֵיט) הִגֵּר אֶל (כדי להשתקע)

im"migra'tion *n.* (אִמֲגְרֵישְׁן) הֲגִירָה, עֲלִיָּה לְאֶרֶץ יִשְׂרָאֵל

im'minent *adj.* (אִמֲנֲנְט) מְמַשְׁמֵשׁ וּבָא; מְאַיֵּם מִקָּרוֹב

im"mobil'ity *n.* (אִמוֹבִּלִטִי) חֹסֶר אֶפְשָׁרוּת לְהַזִּיזוֹ, שִׁתּוּק, חֹסֶר תְּנוּעָה; מְנוּחָה

immo'bilize" *v.t.* (אִמוֹבִּלַיז) שִׁתֵּק, נִיֵּחַ

immod'erate *adj.* (אִמוֹדֶרֶט) מֻגְזָם, קִיצוֹנִי

immod'est *adj.* (אִמוֹדִסְט) לֹא־צָנוּעַ; חֲסַר־בּוּשָׁה; חָצוּף, עַז־פָּנִים

im'molate" *v.t.* (אִמֱלֵיט) הִקְרִיב

immor'al *adj.* (אִמוֹרֶל) לֹא־מוּסָרִי; מְנֻגָּד לַמּוּסָר הַמְּקֻבָּל

im"moral'ity *n.* (אִמֱרֶלְטִי) חֹסֶר־מוּסָרִיּוּת; רֶשַׁע; פְּרִיצוּת, הֶפְקֵרוּת, מַעֲשֶׂה לֹא־מוּסָרִי

immor'tal *adj.* & *n.* (אִמוֹרְטֶל) אַלְמוֹתִי, שֶׁל אַלְמָוֶת; נִצְחִי; בֶּן אַלְמָוֶת; בַּעַל שֵׁם עוֹלָם

im"mortal'ity *n.* (אִמוֹרְטֶלְטִי) אַלְמָוֶת; שֵׁם עוֹלָם

immor'talize" *v.t.* (אִמוֹרְטֶלַיז) עָשָׂה לְאַלְמוֹתִי; הֶעֱנִיק נִצְחִיּוּת, הִנְצִיחַ; הֶעֱנִיק שֵׁם עוֹלָם

immo'vable *adj.* (אִמוּבֶבְּל) יַצִּיב, קָבוּעַ, שֶׁאֵין לַהֲזִיזוֹ; חֲסַר־תְּנוּעָה; לֹא־מִשְׁתַּנֶּה; חֲסַר־רֶגֶשׁ; עַקְשָׁן

immune' *adj.* (אִמְיוּן) מְחֻסָּן; פָּטוּר מ־

immu'nity *n.* (אִמְיוּנִטִי) חִסּוּן; פְּטוֹר; חֲסִינוּת

im'munize" *v.t.* (אִמְיְנַיז) חִסֵּן

immure' *v.t.* (אִמְיוּר) כָּלָא בֵּין חוֹמוֹת; כָּלָא; טָמַן בְּתוֹךְ קִיר

immu'table *adj.* (אִמְיוּטֶבְּל) שֶׁאֵינוֹ מִשְׁתַּנֶּה; שֶׁאֵין לְשַׁנּוֹתוֹ

imp *n.* (אִמְפּ) שֵׁדוֹן

im'pact *n.* (אִמְפֶּקְט) הִתְנַגְּשׁוּת; כֹּחַ מַחַץ; הַשְׁפָּעָה, פְּעֻלָּה עַל

impact' *v.t.* דָּחַס; מִלֵּא, צִפֵּף; הִתְנַגֵּשׁ בּ־

impair' *v.t.* (אִמְפֵּר) קִלְקֵל, הֵרַע, פָּגַע בּ־, הוֹרִיד עֶרֶךְ; הֶחֱלִישׁ, הִזִּיק ל־

impale' *v.t.* (אִמְפֵּיל) קָבַע עַל מוֹט מְשֻׁחָז; הֶחְדִּיר מוֹט מְשֻׁחָז; הָפַךְ לַחֲסַר־אוֹנִים

impal'pable *adj.* (אִמְפֶּלְפֶּבְּל) שֶׁאֵין לְתָפְסוֹ, שֶׁאֵין לְמַשְּׁשׁוֹ; דַּק בְּיוֹתֵר

impan'el *v.t.* (אִמְפֶּנְל) רָשַׁם בִּרְשִׁימָה; בָּחַר מֻשְׁבָּעִים מִתּוֹךְ רְשִׁימָה

impart' *v.t.* (אִמְפַּרְט) הוֹדִיעַ, סִפֵּר; נָתַן, הֶעֱנִיק, הֶעֱבִיר; מָסַר חֵלֶק

impar'tial *adj.* (אִמְפַּרְשְׁל) חֲסַר־פְּנִיּוֹת, אוֹבְּיֶקְטִיבִי, שֶׁאֵינוֹ נוֹשֵׂא פָּנִים

impas'sable *adj.* (אִמְפֶּסֶבְּל) לֹא־עָבִיר; שֶׁאֵין לַעֲבוֹר עָלָיו

impas'sioned *adj.* (אִמְפֶּשֶׁנְד) נִלְהָב, נִרְגָּשׁ; לוֹהֵט

impas'sive *adj.* (אִמְפֶּסִב) חֲסַר־רֶגֶשׁ; אָדִישׁ; שָׁלֵו; נְטוּל־הַכָּרָה, חֲסַר־תְּחוּשָׁה

impa'tience *n.* (אִמְפֵּישֶׁנְס) חֹסֶר־סַבְלָנוּת, קֹצֶר רוּחַ; חֹסֶר מְנוּחָה; בּוּלְמוּס לְשִׁנּוּיִים; חֹסֶר סוֹבְלָנוּת

impa'tient *adj.* (אִמְפֵּישֶׁנְט) חֲסַר־סַבְלָנוּת, חֲסַר־מְנוּחָה

impeach' *v.t.* (אִמְפִּיץ') הֶאֱשִׁים בְּהִתְנַהֲגוּת לֹא־יָאָה; הֶעֱמִיד לְמִשְׁפָּט; הֵטִיל סָפֵק בַּאֲמִינוּת; הִגִּישׁ הַאֲשָׁמָה נֶגֶד; הֵטִיל סָפֵק בּ־; מָצָא דֹּפִי בּ־

impeach'ment *n.* (אִמְפִּיץ'מֶנְט) הַעֲמָדָה לְמִשְׁפָּט; הַגָּשַׁת כְּתַב אִשּׁוּם (בפני בית נבחרים); הֲזָמַת עֵדוּת

impec'cable *adj.* (אִמְפֶּקֶבְּל) לְלֹא דֹּפִי; לֹא־מְסֻגָּל לַחֲטוֹא

impede' *v.t.* (אִמְפִּיד) עִכֵּב, שָׂם מִכְשׁוֹל בִּפְנֵי

imped'iment *n.* (אִמְפֶּדְמֶנְט) מִכְשׁוֹל; הַפְרָעָה בְּכֹשֶׁר הַדִּבּוּר

impel' *v.t.* (אִמְפֶּל) דָּחַף קָדִימָה; עוֹרֵר לִפְעֻלָּה, הִמְרִיץ; הֵנִיעַ

impend' *v.i.* (אִמְפֶּנְד) מִשְׁמֵשׁ וּבָא; אִיֵּם

impen'etrable *adj.* (אִמְפֶּנְטְרֶבְּל) אָטוּם, לֹא־חָדִיר; לֹא נִתָּן לְהַשְׁפָּעָה; שֶׁאֵין לַהֲבִינוֹ, סָתוּם

imper'ative *adj.* & *n.* (אִמְפֶּרֶטִב) מְצֻוֶּה; שֶׁל הַצִּוּוּי; פְּקֻדָּה, צַו; הִתְחַיְּבוּת, הֶכְרֵחַ; צִוּוּי; עִקָּר מְחַיֵּב

im"percep'tible *adj.* (אִמְפֶּרְסֶפְּטִבְּל) קָלוּשׁ מְאֹד, מְדֻרָּג בְּיוֹתֵר, דַּק מְאֹד; לֹא נִתְפָּס עַל יְדֵי הַחוּשִׁים

imper'fect *adj.* & *n.* (אִמְפֶּרְפֶקְט) פָּגוּם; לֹא־מֻשְׁלָם; לֹא־נִשְׁלָם (זמן, בדקדוק); זְמַן לֹא־נִשְׁלָם, פֹּעַל בִּזְמַן לֹא־נִשְׁלָם

im"perfect'tion *n.* (אִמְפֶּרְפֶקְשֶׁן) פְּגָם; חֹסֶר שְׁלֵמוּת

imper'forate *adj. & n.* (אִמְפֶּרְפֶרֶט) חֲסַר־נִקּוּב; בּוּל חֲסַר־נִקּוּב

imper'ial *adj. & n.* (אִמְפִּירִיאֲל) קֵיסָרִי; תַּקִּיף; זְקַן תַּיִשׁ קָצָר

imper'ialis"m *n.* (אִמְפִּירִיאֲלִזְם) אִמְפֶּרְיָאלִיזְם

imper'il *v.t.* (אִמְפֶּרְל) הֶעֱמִיד בְּסַכָּנָה, סִכֵּן

imper'ious *adj.* (אִמְפִּירִיאֲס) שְׁתַלְטָנִי, רוֹדָנִי; דָחוּף, הֶכְרֵחִי

imper'ishable *adj.* (אִמְפֶּרִשֲׁבְל) לֹא־נִשְׁחָת; שֶׁאֵין לְהַשְׁמִידוֹ; בַּר־קְיָם

imper'meable *vdj.* (אִמְפֶּרְמִיאֲבְל) אָטִים

imper'sonal *adj.* (אִמְפֶּרְסֲנַל) לְלֹא הִתְיַחֲסוּת אִישִׁית; חֲסַר יַחַס אִישִׁי; סְתָמִי; חֲסַר תְּכוּנוֹת־אֱנוֹשׁ, חֲסַר־אִישִׁיּוּת

imper'sonate" *v.t.* (אִמְפֶּרְסֲנֵיט) הִתְחַזָּה כּ־; גִּלֵּם

imper'tinence *n.* (אִמְפֶּרְטֲנֶנְס) חֻצְפָּה; חֹסֶר שַׁיָּכוּת, אַבְּסוּרְדִיּוּת; חָצוּף

imper'tinent *adj.* (אִמְפֶּרְטֲנֶנְט) חָצוּף; לֹא שַׁיָּךְ, לֹא מִגּוּף הָעִנְיָן

im"pertur'bable *adj.* (אִמְפֶּרְטֶרְבֲּבְל) לֹא־מִתְרַגֵּשׁ

imper'vious *adj.* (אִמְפֶּרְוִיאֲס) בִּלְתִּי־חָדִיר, אָטִים; לֹא־פָּגִיעַ, לֹא נִתָּן לְהַשְׁפָּעָה

impet"uos'ity *n.* (אִמְפֶּצ׳וּאוֹסִטִי) פְּזִיזוּת

impet'uous *adj.* (אִמְפֶּצ׳וּאֲס) פָּזִיז, מִתְפָּרֵץ, פּוֹעֵל בְּעִקְבוֹת דְּחָפִים, אִימְפּוּלְסִיבִי

im'petus *n.* (אִמְפִּטֲס) כֹּחַ דּוֹחֵף, דְּחִיפָה, גֵּרוּי, אֶנֶרְגְיָה שֶׁל תְּנוּעָה

impi'ety *n.* (אִמְפַּיאִטִי) חֹסֶר יִרְאַת שָׁמַיִם; מַעֲשֵׂה כְּפִירָה

impinge' *v.i.* (אִמְפִּנְג׳) פָּגַע, הִתְנַגֵּשׁ בּ־; הֵפֵר; עָשָׂה רֹשֶׁם

im'pious *adj.* (אִמְפִּיאֲס) מְזַלְזֵל בַּדָּת

im'pish *adj.* (אִמְפִּשׁ) כְּדֶרֶךְ שֵׁדוֹן, שׁוֹבְבָנִי

implac'able *adj.* (אִמְפְּלֶקֲבְל) שֶׁאֵין לְפַיְּסוֹ

implant' *v.t.* (אִמְפְּלֶנְט) הֶחְדִּיר, שָׁתַל

im'plement *n.* (אִמְפְּלֲמֶנְט) מַכְשִׁיר, כְּלִי; פְּרִיט צִיּוּד; אֶמְצָעִי

im'plement" *v.t.* בִּצֵּעַ; הוֹצִיא לַפֹּעַל; קִיֵּם; הִשְׁלִים

im"plicate" *v.t.* (אִמְפְּלִקֵיט) עֵרֵב, סִבֵּךְ; רָמַז עַל; הִתְיַחֵס אֶל; הִשְׁפִּיעַ עַל

im"plica'tion *n.* (אִמְפְּלִקֵישְׁן) רֶמֶז; הַשְׁלָכָה; סִבּוּךְ, עֵרוּב; אִמְפְּלִיקַצְיָה, הֶקֵּשׁ, מַתְנֶה

implic'it *adj.* (אִמְפְּלִסִט) נִרְמָז (לא נאמר בפירוש); עָשׂוּי לְהִכָּלֵל

implore' *v.t. & i.* (אִמְפְּלוֹר) הִתְחַנֵּן; הִפְצִיר

imply' *v.t.* (אִמְפְּלַי) רָמַז; הוֹרָה עַל; דָּרַשׁ כִּתְנַאי; עֵרֵב

im'polite" *adj.* (אִמְפֲּלַיט) חֲסַר־נִימוּס; גַּס

import' *v.t. & i.* (אִמְפּוֹרְט) יִבֵּא; הֶעֱבִיר, מָסַר; רָמַז, עֵרֵב; הָיָה בַּעַל חֲשִׁיבוּת

im'port *n.* יְבוּא; מִצְרַךְ יְבוּא; מַשְׁמָעוּת; הַשְׁלָכָה; חֲשִׁיבוּת

impor'tance *n.* (אִמְפּוֹרְטֲנְס) חֲשִׁיבוּת, עֵרֶךְ; תּוֹצָאָה

impor'tant *adj.* (אִמְפּוֹרְטֲנְט) חָשׁוּב; בַּעַל מַשְׁמָעוּת; גָּדוֹל, נִכְבָּד; רַב־הַשְׁפָּעָה; מִתְנַפֵּחַ

im"porta'tion *n.* (אִמְפּוֹרְטֵישְׁן) יְבוּא; מִצְרַךְ יְבוּא

impor'tunate *adj.* (אִמְפּוֹרְצ׳ֲנִט) מַפְצִיר; עִקֵּשׁ

im'portune" *v.t. & i.* (אִמְפּוֹרְטוּן) הִפְצִיר; הִצִּיעַ הַצָּעוֹת לֹא־יָאוֹת; דָּרַשׁ בְּמַפְגִּיעַ

impose' *v.t.* (אִמְפּוֹז) הִטִּיל; כָּפָה עַצְמוֹ עַל; מָסַר כְּדֵי לְרַמּוֹת; עָשָׂה רֹשֶׁם; נִצֵּל לְרָעָה; הִסְתּוֹלֵל בּ־; רִמָּה

—ing *adj.* רַב־רֹשֶׁם

im"posit'ion *n.* (אִמְפֲּזִשְׁן) הַטָּלָה; מַעֲמָסָה; נִצּוּל לְרָעָה; רְמִיָּה; סְמִיכַת יָדַיִם; הַנָּחָה עַל

impos"sibil'ity *n.* (אִמְפּוֹסֲבִּלִטִי) אִי־אֶפְשָׁרוּת

impos'sible *adj.* (אִמְפּוֹסִבְּל) בִּלְתִּי־אֶפְשָׁרִי; מֻטְעֶה לַחֲלוּטִין; לֹא־מַעֲשִׂי; קָשֶׁה מְאֹד

impos'ter *n.* (אִמְפּוֹסְטֶר) מוֹלִיךְ שׁוֹלָל, רַמַּאי; מִתְחַזֶּה, מִתְעַתֵּעַ

im'potence *n.* (אִמְפֲּטֶנְס) חֻלְשָׁה, חֹסֶר

כֹּחַ, חֹסֶר אוֹנִים; חֹסֶר כֹּחַ גַּבְרָא, אִימְפּוֹטֶנְטִיּוּת

im'potent *adj.* (אִמְפֶּטֶנְט) חַלָּשׁ, חֲסַר־אוֹנִים; חֲסַר כֹּחַ גַּבְרָא, אִימְפּוֹטֶנְטִי

impound' *v.t.* (אִמְפַּאוּנְד) כָּלָא; תָּפַס, עִקֵּל

impov'erish *v.t.* (אִמְפּוֹבֶרִשׁ) רוֹשֵׁשׁ; הֶחֱלִישׁ

imprac'ticable *adj.* (אִמְפְּרֶקְטֶקַבְּל) לֹא־מַעֲשִׂי; לֹא־מַתְאִים; לֹא־עָבִיר

im"preca'tion *n.* (אִמְפְּרֶקֵישְׁן) קְלָלָה, מְאֵרָה

impreg'nable *adi.* (אִמְפְּרֶגְנַבְּל) שֶׁאֵין לְכָבְשׁוֹ; שֶׁאֵין לְנַצְּחוֹ; נִתָּן לְהַפְרָיָה

impreg'nate *v.t.* (אִמְפְּרֶגְנֵיט) עִבֵּר; הִפְרָה; הֶחְדִּיר, הִרְוָה, הִסְפִּיג

impress' *v.t.* (אִמְפְּרֶס) הִשְׁפִּיעַ, עָשָׂה רֹשֶׁם, הִטְבִּיעַ חוֹתָמוֹ עַל; הִפְצִיר; לָחַץ עַל; הֶחְתִּים

impres'sion *n.* (אִמְפְּרֶשְׁן) רֹשֶׁם; סִימָן, חוֹתָם; יְצִיקָה; טְבִיעָה; חִקּוּי

impres'sive *adj.* (אִמְפְּרֶסִב) מַרְשִׁים

im'print *n.* (אִמְפְּרִנְט) חוֹתָם, טְבִיעָה; שֵׁם הַהוֹצָאָה

impris'on *v.t.* (אִמְפְּרִזְן) כָּלָא; עָצַר

impris'onment *n.* (אִמְפְּרִזְנְמֶנְט) כְּלִיאָה, מַעֲצָר

improb'able *adj.* (אִמְפְּרוֹבַּבְּל) לֹא מִתְקַבֵּל עַל הַדַּעַת, לֹא־סָבִיר

impromp'tu *adj.* (אִמְפְּרוֹמְפְּטוּ) מְאֻלְתָּר; עָשׂוּי בְּחִפָּזוֹן

improp'er *adj.* (אִמְפְּרוֹפְּר) לֹא־יָאֶה; מֻטְעֶה; מְנֻגָּד לַנֹּהַג; לֹא־מַתְאִים; לֹא־מְקֻבָּל

im"propri'ety *n.* (אִמְפְּרֶפְּרַיאִטִי) הִתְנַהֲגוּת לֹא־יָאָה; מִשְׁגֶּה; אִי־הַתְאָמָה; שִׁמּוּשׁ לֹא־נָכוֹן שֶׁל מִלָּה

improve' *v.t. & i.* (אִמְפְּרוּב) שִׁפֵּר; טִיֵּב; הֶעֱלָה עֶרֶךְ; נִצֵּל לְטוֹבָה; הִשְׁתַּפֵּר

improve'ment *n.* (אִמְפְּרוּבְמֶנְט) שִׁפּוּר, הִשְׁתַּפְּרוּת; הַעֲלָאַת עֶרֶךְ; שִׁמּוּשׁ טוֹב

improv'ident *adj.* (אִמְפְּרוֹבִדֶנְט) שֶׁאֵינוֹ רוֹאֶה הַנּוֹלָד; חֲסַר־זְהִירוּת, פַּזְּרָן; מִתְעַלֵּם מִצָּרְכֵי הֶעָתִיד

im'provise" *v.t. & i.* (אִמְפְּרַוַיז) אִלְתֵּר

impru'dent *adj.* (אִמְפְּרוּדֶנְט) חֲסַר־תְּבוּנָה, קַל־דַּעַת

im'pudence *n.* (אִמְפְּיֻדֶנְס) חֻצְפָּה, עַזּוּת פָּנִים

im'pulse *n.* (אִמְפַּלְס) דַּחַף, אִימְפּוּלְס; דְּחִיפָה; דַּרְבּוֹן; נְטִיָּה פִּתְאוֹמִית

impul'sive *adj.* (אִמְפַּלְסִב) נִמְהָר, הַפָּעַל עַל יְדֵי דַּחַף, אִימְפּוּלְסִיבִי; דּוֹחֵף; מְעוֹרֵר לִפְעֻלָּה

impu'nity *n.* (אִמְפְּיוּנִטִי) פְּטוֹר מֵעֹנֶשׁ; חֲסִינוּת מִפְּנֵי תּוֹצָאוֹת רָעוֹת

impure' *adj.* (אִמְפְּיוּר) לֹא־טָהוֹר; מְסֻגָּל; מְעֹרָב; מְאֻפְיָן עַל יְדֵי יְסוֹדוֹת זָרִים

impute' *v.i.* (אִמְפְּיוּט) יִחֵס (דבר שלילי); תָּלָה בְּ־

in *prep. & adv.* (אִן) בְּ, בְּתוֹךְ; לְתוֹךְ; לְ־; בַּבַּיִת; בַּמִּשְׂרָד; בַּשִּׁלְטוֹן; מַחֲזִיק בַּמָּקוֹם; תּוֹרוֹ הִגִּיעַ; בְּיַחֲסִים טוֹבִים; בָּאָפְנָה; בָּעוֹנָה

be — for צָפוּי לוֹ נִסָּיוֹן רָע

— for it צָפוּי לְתוֹצָאוֹת רָעוֹת

— love מְאֹהָב

— no way לְגַמְרֵי לֹא

— succession בְּזֶה אַחַר זֶה

— with בְּיַחֲסֵי יְדִידוּת

— *adj.* פְּנִימִי; אָפְנָתִי; מוּבָן רַק לְחוּג מְצֻמְצָם; נִכְנָס; נִמְצָא בְּשֶׁפַע

— *n.* בַּעַל שִׁלְטוֹן; חֲבֵר מִפְלֶגֶת הַשִּׁלְטוֹן; הַשְׁפָּעָה

in"abili'ty *n.* (אִנְאֲבִּלִטִי) חֹסֶר יְכֹלֶת; חֹסֶר כֹּחַ; חֹסֶר אֶמְצָעִים

in"acces'sible *adj.* (אִנְאֲקְסֶסִבְּל) שֶׁאֵין אֵלָיו גִּישָׁה

inac'curacy *n.* (אִנְאֶקְיֻרַסִי) חֹסֶר דִּיּוּק; שְׁגִיאָה

inac'curate *adj.* (אִנְאֶקְיֻרִט) לֹא־מְדֻיָּק; מֻטְעֶה; לֹא־נָכוֹן

inac'tion *n.* (אִנְאֶקְשֶׁן) חֹסֶר פְּעֻלָּה; בַּטָּלָה

inac'tive *adj.* (אִנְאֶקְטִב) לֹא־פָּעִיל; סָבִיל; עָצֵל; לֹא בְּשֵׁרוּת פָּעִיל

inad'equate *adj.* (אִנְאֶדֶקְוִט) לֹא־מַסְפִּיק, לֹא־מְסַפֵּק

in"admis'sible *adj.* (אִנְאֲדְמִסַבְּל) שֶׁאֵין לְקַבְּלוֹ

in"adver'tence *n.* (אִנְאֶדְוֶרְטֶנְס) הֶסֵּחַ הַדַּעַת; שְׁגָגָה

in"adver'tent *adj.* (אִנְאֶדְוֶרְטֶנְט) שֶׁבְּהֶסֵּחַ הַדַּעַת, שֶׁבִּשְׁגָגָה

in"advi'sable *adj.* (אִנְאֶדְוַיזַבְּל) לֹא־נָבוֹן

inane' *adj.* (אִינֵין) טִפְּשִׁי; רֵיק, חָלוּל

inan'imate *adj.* (אִנְאֶנִמֶט) דּוֹמֵם, לֹא־חַי; חֲסַר־חִיּוּת, אָדִישׁ

inan'ity *n.* (אִנֶינִטִי) אִוֶּלֶת; רֵיקָנוּת

in"approa'chable *adj.* (אִנְאֶפְּרוֹצֶ׳בְּל) שֶׁאֵין אֵלָיו גִּישָׁה; לְלֹא מִתְחָרֶה

in"appro'priate *adj.* (אִנְאֶפְּרוֹפְּרִיאֶט) לֹא־מַתְאִים

inapt' *adj.* (אִנְאֶפְּט) לֹא־מַתְאִים; חֲסַר־כִּשָּׁרוֹן; חֲסַר־יְכֹלֶת

in"artic'ulate *adj.* (אִנְאַרְטִקְיָלִט) לֹא הָגוּי בִּבְהִירוּת; מְגַמְגֵּם; חָסֵר כֹּחַ הַבָּעָה

inasmuch' as" (אִנֶזְמַץ׳ אֶז) הוֹאִיל וְ־, לְאוֹר הָעֻבְדָּה שֶׁ־, בְּמִדָּה שֶׁ־

in"atten'tion *n.* (אִנְאֶטֶנְשֶׁן) פִּזּוּר נֶפֶשׁ, חֹסֶר תְּשׂוּמֶת־לֵב; הִתְעַלְּמוּת

in"atten'tive *adj.* (אִנְאֶטֶנְטִב) לֹא שָׂם לֵב, מֵסִיחַ דַּעְתּוֹ, מִתְעַלֵּם

inau'dible *adj.* (אִנְאוֹדִבְּל) שֶׁאֵין לְשָׁמְעוֹ

inau'gurate" *v.t.* (אִנְאוֹגְיַרֵיט) הִתְחִיל בְּ־; הִשְׁבִּיעַ, הִכְנִיס לְמִשְׂרָה; הִסְמִיךְ לִכְהֻנָּה

in'born' *adj.* (אִנְבּוֹרְן) מִלֵּדָה

in"candes'cence *n.* (אִנְקַנְדֶסֶנְס) לַהַט, לִבּוּן; אוֹר לוֹהֵט

in"candesc'ent *adj.* (אִנְקַנְדֶסֶנְט) לוֹהֵט; מְלֻבָּן; בּוֹהֵק; מַזְהִיר, בָּהִיר מְאֹד

in"canta'tion *n.* (אִנְקֶנְטֵישֶׁן) דִּבְרֵי כִּשּׁוּף; לַחַשׁ; טְקָסִים מָגִיִּים

inca'pable *adj.* (אִנְקֵיפַּבְּל) חֲסַר־יְכֹלֶת; נְטוּל־כִּשָּׁרוֹן, לֹא־מְסֻגָּל; שֶׁאֵינוֹ מְאַפְשֵׁר; פָּסוּל ל־

in"capac'itate *v.t.* (אִנְקֶפֶּסִטֵיט) שָׁלַל יְכֹלֶת; עָשָׂה לֹא־כָּשִׁיר; פָּסַל

incar'cerate" *v.t.* (אִנְקַרְסַרֵיט) כָּלָא, שָׂם בְּמַעֲצָר, אָסַר

incar'nate *adj.* (אִנְקַרְנִט) בַּעַל דְּמוּת אָדָם; בְּהִתְגַּלְּמוּת־; בְּצֶבַע הָעוֹר

incau'tious *adj.* (אִנְקוֹשֶׁס) לֹא־זָהִיר, רַשְׁלָנִי

incen'diaris"m *n.* (אִנְסֶנְדִיאֲרִזְם) הַצָּתָה; הֲסָתָה

incen'diar"y *adj.* (אִנְסֶנְדִיאֶרִי) מִתְלַקֵּחַ; שֶׁל הַצָּתָה; מֵסִית, מְחַרְחֵר רִיב; מְשַׁלְהֵב; מַצִּית (אדם); פְּצָצַת תַּבְעֵרָה; פְּגַז תַּבְעֵרָה

in'cense *n.* & *v.t.* & *i.* (אִנְסֶנְס) קְטֹרֶת; רֵיחַ נִיחֹחַ; הַעֲרָצָה; קִטֵּר קְטֹרֶת

incense' *v.t.* הֶעֱלָה חֵמָה

incen'tive *n.* (אִנְסֶנְטִב) תַּמְרִיץ

incep'tion *n.* (אִנְסֶפְּשֶׁן) הַתְחָלָה, תְּחִלָּה, רֵאשִׁית

inces'sant *adj.* (אִנְסֶסֶנְט) לְלֹא הַפְסָקָה, מַתְמִיד

in'cest *n.* (אִנְסֶסְט) גִּלּוּי עֲרָיוֹת; יַחֲסֵי מִין אֲסוּרִים בֵּין שְׁאֵרֵי בָּשָׂר

inces'tuous *adj.* (אִנְסֶסְצ׳וּאֶס) שֶׁל גִּלּוּי עֲרָיוֹת; שֶׁל יַחֲסֵי מִין אֲסוּרִים (מחמת קרבה משפחתית); אָשֵׁם בְּגִלּוּי עֲרָיוֹת

inch *n.* (אִנְץ׳) אִינְץ׳ (2.54 ס"מ), "צוֹל"; כְּהוּא זֶה

by —s בְּעוֹר הַשִּׁנַּיִם

every — כֻּלּוֹ

within an — of כִּמְעַט; סָמוּךְ ל־

in'cidence *n.* (אִנְסִדֶנְס) הֶקֵּף; חִילָה, אֵרוּעַ; פְּגִיעָה

in'cident *n.* (אִנְסִדֶנְט) תַּקְרִית, מְאֹרָע, מִקְרֶה; אֵרוּעַ

in"ciden'tal *adj.* (אִנְסִדֶנְטַל) מִקְרִי, מִשְׁנִי; עָשׂוּי לִקְרוֹת; דֶּרֶךְ אַגַּב

incin'era"tor *n.* (אִנְסִנֵרֵיטֶר) כִּבְשָׁן, מִשְׂרֶפֶת

incis'ion *n.* (אִנְסִזְ׳ן) חֲתָךְ, חִתּוּךְ; חַדּוּת

inci'sive *adj.* (אִנְסַיסִב) חוֹתֵךְ, חוֹדֵר, נוֹקֵב; חַד; שָׁנוּן; שֶׁל הַנִּיבִים

incite' *v.t.* (אִנְסַיט) הֵסִית

incite'ment *n.* (אִנְסַיטְמֶנְט) הֲסָתָה; מֵנִיעַ

in"civil'ity *n.* (אִנְסִוִלִטִי) חֹסֶר נִימוּס

inclem'ent *adj.* (אִנְקְלֶמֶנְט) סוֹעֵר, קָשֶׁה (מזג אויר); מִתְאַכְזֵר

in"clina'tion *n.* (אִנְקְלִנֵישֶׁן) נְטִיָּה, הַעֲדָפָה; מַשְׁאַת נֶפֶשׁ; שִׁפּוּעַ

incline' *v.i.* & *t.* (אִנְקְלַיְן) נָטָה, הִשְׁתַּפֵּעַ; עוֹרֵר נְטִיָּה; הִטָּה

in'cline *n.* שִׁפּוּעַ, מִדְרוֹן

include' *v.t.* (אִנְקְלוּד) כָּלַל

inclu'sion *n.* (אִנְקְלוּזְ'ן) כְּלִילָה; דָּבָר כָּלוּל

inclus'ive *adj.* (אִנְקְלוּסִב) כּוֹלֵל, וְעַד בִּכְלָל, מַקִּיף

— of לְרַבּוֹת

in"coher'ence *n.* (אִנְקוֹהִירֶנְס) חֹסֶר קֶשֶׁר הֶגְיוֹנִי; אִי־הַתְאָמָה, חֹסֶר הַרְמוֹנְיָה

in"coher'ent *adj.* (אִנְקוֹהִירֶנְט) חֲסַר־קֶשֶׁר הֶגְיוֹנִי, חֲסַר־הַתְאָמָה, חֲסַר־הַרְמוֹנְיָה, חֲסַר־לִכּוּד פְּנִימִי; לְמְקֻטָּעִין

in'come *n.* (אִנְקַם) הַכְנָסָה, תַּקְבּוּלִים

in'com"ing *adj.* (אִנְקַמִנְג) נִכְנָס

in"commode' *v.t.* (אִנְקַמוֹד) הִטְרִיחַ; עִכֵּב

incom'parable *adj.* (אִנְקוֹמְפֶּרֶבְּל) שֶׁאֵין שָׁוֶה לוֹ, שֶׁאֵין דֻּגְמָתוֹ; שֶׁאֵינוֹ בַּר־הַשְׁוָאָה

in"compat'ible *adj.* (אִנְקַמְפֶּטֶבְּל) לֹא־מַתְאִים; לֹא מְסֻגָּל לִחְיוֹת יַחַד בְּהַרְמוֹנְיָה; מְנֻגָּד; שֶׁאֵינוֹ מְסֻגָּל לְדוּ־קִיּוּם

incom'petence *n.* (אִנְקוֹמְפִּטֶנְס) חֹסֶר־יְכֹלֶת, חֹסֶר כְּשִׁירוּת

incom'petent *adj.* (אִנְקוֹמְפִּטֶנְט) חֲסַר־יְכֹלֶת, חֲסַר־כְּשׁוּרִים

in"complete' *adj.* (אִנְקַמְפְּלִיט) לֹא־מְשֻׁלָּם, לֹא־גָמוּר; לָקוּי

in"comprehen'sible *adj.* (אִנְקוֹמְפְּרִהֶנְסֶבְּל) לֹא־מוּבָן, סָתוּם

inconcei'vable *adj.* (אִנְקַנְסִיבֶבְּל) שֶׁאֵין לְהַשִּׂיגוֹ, שֶׁאֵין לְהַעֲלוֹתוֹ עַל הַדַּעַת

in"conclu'sive *adj.* (אִנְקַנְקְלוּסִב) לְלֹא הַכְרָעָה; לֹא־מֻגְדָּר

incong'ruous *adj.* (אִנְקוֹנְגְרוּאַס) לֹא־מַתְאִים, יוֹצֵא דֹּפֶן; לֹא־יָאֶה; לֹא־הַרְמוֹנִי; לֹא־עִקְבִי

incon'sequent *adj.* (אִנְקוֹנְסַקְוֶנְט) לֹא־עִקְבִי, לֹא־הֶגְיוֹנִי; לֹא־עִנְיָנִי; חֲסַר־עֵרֶךְ, חֲסַר־מַשְׁמָעוּת

in"consid'erable *adj.* (אִנְקַנְסִדֶרֶבְּל) קַל־עֵרֶךְ; פָּעוּט

in"consid'erate *adj.* (אִנְקַנְסִדֶרִט) לֹא־מִתְחַשֵּׁב; פָּזִיז

in"consis'tent *adj.* (אִנְקַנְסִסְטֶנְט) לֹא־עִקְבִי; סוֹתֵר עַצְמוֹ; חֲסַר־הַתְאָמָה

in"conso'lable *adj.* (אִנְקַנְסוֹלֶבְּל) שֶׁאֵין לוֹ תַּנְחוּמִים; שֶׁאֵין לְנַחֲמוֹ

in"conspic'uous *adj.* (אִנְקַנְסְפִּקְיוּאַס) לֹא־מֻרְגָּשׁ, לֹא־מִתְבַּלֵּט

incon'stant *adj.* (אִנְקוֹנְסְטֶנְט) הֲפַכְפַּךְ, מִשְׁתַּנֶּה

incon'tinent *adj.* (אִנְקוֹנְטִנֶנְט) לֹא מְסֻגָּל לִשְׁלוֹט בְּהַפְרָשׁוֹת הַגּוּף; לֹא מְסֻגָּל לְהִתְאַפֵּק; לְלֹא הֲפוּגָה; לְלֹא שְׁלִיטָה בְּיִצְרוֹ

in"conven'ience *n.* (אִנְקַנְוִינְיֶנְס) טִרְחָה, אִי־נוֹחוּת

in"conven'ient *adj.* (אִנְקַנְוִינְיֶנְט) לֹא־נוֹחַ

in"conver'tible *adj.* (אִנְקַנְוֶרְטֶבְּל) לֹא בַּר־הֲמָרָה, שֶׁאֵין לְהַחֲלִיפוֹ

incor'porate *v.t. & i.* (אִנְקוֹרְפֶּרֵיט) הָפַךְ לְתַאֲגִיד; עָשָׂה לְאִרְגּוּן; מִזֵּג; גִּלֵּם; הִתְאַגֵּד

in"corpor'eal *adj.* (אִנְקוֹרְפּוֹרִיאַל) לֹא־חָמְרִי; לֹא־גַשְׁמִי

in"correct' *adj.* (אִנְקַרֶקְט) לֹא־נָכוֹן; לֹא־מְדֻיָּק; לֹא־יָאֶה

incor'rigible *adj.* (אִנְקוֹרִגְ'בְּל) לְלֹא תַּקָּנָה; מִתְעַלֵּם מֵעֹנֶשׁ; שֶׁאֵין לְשַׁנּוֹתוֹ בְּקַלּוּת; שֶׁאֵין לְהַשְׁפִּיעַ עָלָיו בְּקַלּוּת

in"corrup'tible *adj.* (אִנְקַרַפְּטֶבְּל) נְקִי כַּפַּיִם; שֶׁאֵין לְשַׁחֲדוֹ, לֹא־נִרְקָב, לֹא מִתְפָּרֵק

increase' *v.t. & i.* (אִנְקְרִיס) הִגְדִּיל; הִרְבָּה; גָּדַל; הִתְרַבָּה; רִבּוּי

in'crease *n.* גִּדּוּל; תּוֹסֶפֶת; תְּנוּבָה; תּוֹצָר, רֶוַח; רִבִּית

incred'ible *adj.* (אִנְקְרֶדַבְּל) בִּלְתִּי־אֶפְשָׁרִי, שֶׁלֹּא יֵאָמֵן

incred'ulous *adj.* (אִנְקְרֶגְ'לַס) מְפַקְפֵּק, סַפְקָנִי

in'crement *n.* (אִנְקְרֶמֶנְט) תּוֹסֶפֶת, גִּדּוּל; רֶוַח

incrim'inate" *v.t.* (אִנְקְרִמְנֵיט) הִפְלִיל; סִבֵּךְ בְּמַעֲשֶׂה פְּלִילִי

in'cubate" *v.t. & i.* (אִנְקְיַבֵּיט) דָּגַר, רָבַץ עַל בֵּיצִים; עָבַר דְּגִירָה; הִתְפַּתֵּחַ, גָּדַל, לָבַשׁ צוּרָה

in"cuba'tion *n.* (אִנְקְיֻבֵּישְׁן) דְּגִירָה, אִנְקוּבַּצְיָה

incul'cate *v.t.* (אִנְקַלְקֵיט) שִׁנֵּן ל־; הֶחְדִּיר לַלֵּב

incum'bent *n. & adj.* (אִנְקַמְבֶּנְט) מְכַהֵן (מִשְׂרָה מְסוּיֶּמֶת); מֻטָּל עַל

incur' *v.t.* (אִנְקֶר) נִתְקַל בּ־; הֵבִיא עַל עַצְמוֹ

incur'able *adj.* (אִנְקְיוּרֶבְּל) חֲשׁוּךְ־מַרְפֵּא

incur'sion *n.* (אִנְקֶרְזְ'ן) חֲדִירָה; פְּשִׁיטָה

indebt'ed *adj.* (אִנְדֶטְד) חַיָּב; אֲסִיר טוֹבָה

inde'cency *n.* (אִנְדִיסֶנְסִי) חֹסֶר צְנִיעוּת, פְּגִיעָה בַּמּוּסָר

inde'cent *adj.* (אִנְדִיסֶנְט) לֹא־צָנוּעַ, פּוֹגֵעַ (בַּמּוּסָר); לֹא־יָאֶה; גַּס

in"decisi'ion *n.* (אִנְדִסִזְ'ן) הַסְּסָנוּת; אִי־יְכֹלֶת לְהַחְלִיט

in"deci'sive *adj.* (אִנְדִסַיסִב) לְלֹא הַכְרָעָה; הַסְּסָנִי; לֹא־מֻגְדָּר, מְעֻרְפָּל

indec'orous *adj.* (אִנְדֶקֶרֶס) לֹא־יָאֶה

indeed' *adv. & interj.* (אִנְדִיד) אָכֵן, בְּעֶצֶם, אָמְנָם; אֶה

in"defat'igable *adj.* (אִנְדִפֶטֶגֶבְּל) שֶׁאֵינוֹ מִתְעַיֵּף

in"defen'sible *adj.* (אִנְדִפֶנְסֶבְּל) לֹא־מֻצְדָּק; שֶׁאֵין לִמְחוֹל; שֶׁאֵינוֹ בַּר־הֲגַנָּה

indef'inite *adj.* (אִנְדֶפֶנִט) לֹא־מֻגְדָּר; לְלֹא גְּבוּל קָבוּעַ; סְתָמִי

—a'rticle תָּוִית סוֹתֶמֶת

indel'ible *adj.* (אִנְדֶלֶבְּל) לֹא־יִמָּחֵק; עוֹשֶׂה סִימָנִים שֶׁלֹּא יִמָּחֲקוּ

indel'icate *adj.* (אִנְדֶלֶקְט) לֹא־עָדִין, גַּס

indem'nify *v.t.* (אִנְדֶמְנִפַי) פִּצָּה

indem'nity *n.* (אִנְדֶמְנִטִי) הֲגַנָּה בִּפְנֵי הֶפְסֵד, פִּצּוּי; בִּטּוּחַ

indent' *v.t. & i.* (אִנְדֶנְט) חֵרֵץ; פֵּרֵץ; הִרְחִיק מֵהַשּׁוּלַיִם; חָרַץ שׁוּלַיִם

in"denta'tion *n.* (אִנְדֶנְטֵישְׁן) מִפְרָץ; חֶרֶק

inden'ture *n. & v.t.* (אִנְדֶנְצ'ר) הֶסְכֵּם מְחֹרָץ (לְלֹא זִיהוּי); הֶסְכֵּם, חוֹזֶה; חוֹזֵה חֲנִיכוּת; רְשִׁימָה, אִשּׁוּר; הֶסְכֵּם חוֹב; חִיֵּב עַל פִּי חוֹזֵה חֲנִיכוּת

in"depen'dence *n.* (אִנְדִפֶּנְדֶנְס) עַצְמָאוּת

in"depen'dent *n.* (אִנְדִפֶּנְדֶנְט) עַצְמָאִי; בּוֹטֵחַ בְּעַצְמוֹ; בִּלְתִּי תָּלוּי

in"descri'bable *adj.* (אִנְדִסְקְרַיבֶּבְּל) שֶׁאֵין לְתָאֲרוֹ

in"destruc'tible *adj.* (אִנְדִסְטְרַקְטֶבְּל) שֶׁאֵין לְהַשְׁמִידוֹ

in"deter'minate *adj.* (אִנְדִטֶרְמֶנֶט) לֹא־קָבוּעַ; לֹא־מֻגְדָּר; לֹא־וַדָּאִי; סָתוּם, מְעֻרְפָּל; שֶׁלֹּא הֻכְרַע

in'dex *n.* (אִנְדֶקְס) מַפְתֵּחַ (עִנְיָנִים); אִינְדֶּקְס; סִימָן, רֶמֶז; מַחֲוָן; אֶצְבַּע (הָאֶצְבַּע הָרוֹמֶזֶת); מַדָּד; רְשִׁימַת חֹמֶר אָסוּר

In'dian *n. & adj.* (אִנְדִיאֶן) אִינְדְיָנִי; הֹדִּי

in'dicate" *v.t.* (אִנְדֶקֵיט) הֶרְאָה עַל; צִיֵּן; הִצְבִּיעַ עַל; הִבִּיעַ בְּקִצָּרָה, חִוָּה

in"dica'tion *n.* (אִנְדֶקֵישְׁן) סִימָן, רֶמֶז, חִוּוּי

indic'ative *adj. & n.* (אִנְדִקֶטִב) מַרְאֶה, מַצְבִּיעַ, מְצַיֵּן; דֶּרֶךְ הַחִוּוּי

in'dica"tor *n.* (אִנְדֶקֵיטֶר) מַחֲוָן, מַרְאֶה, מְצַיֵּן; מַחֲוֶה; אִינְדִיקָטוֹר

indict' *v.t.* (אִנְדַיט) הֶאֱשִׁים כַּחֹק

indict'ment *n.* (אִנְדַיטְמֶנְט) הַאֲשָׁמָה כַּחֹק; כְּתַב אִשּׁוּם

indif'ference *n.* (אִנְדִפְרֶנְס) אֲדִישׁוּת

indif'ferent *adj.* (אִנְדִפְרֶנְט) אָדִישׁ

in'digence *n.* (אִנְדֶגְ'נְס) עֹנִי

indig'enous *adj.* (אִנְדִגְ'נֶס) יְלִיד הַמָּקוֹם, מְקוֹמִי; טִבְעִי

in'digent *adj. & n.* (אִנְדֶגְ'נְט) עָנִי

in"diges'tible *adj.* (אִנְדֶגֶ'סְטֶבְּל) שֶׁאֵין לְעַכְּלוֹ

in"diges'tion *n.* (אִנְדֶגֶ'סְצ'ן) קִלְקוּל קֵבָה

indig'nant *adj.* (אִנְדִגְנֶנְט) מִתְרַעֵם, מִתְמַרְמֵר

in"digna'tion *n.* (אִנְדִגְנֵישְׁן) תַּרְעֹמֶת, הִתְמַרְמְרוּת, זַעַם

indig'nity *n.* (אִנְדִגְנֶטִי) פְּגִיעָה בְּכָבוֹד, הַשְׁפָּלָה

in'digo" *n.* (אִנְדֶגוֹ) אִינְדִיגוֹ, קָלָאִילָן

in"direct *adj.* (אִנְדִירֶקְט) עָקִיף, לֹא־יָשִׁיר

in"direc"tion *n.* (אִנְדִירֶקְשֶׁן) פְּעִילוּת עֲקִיפָה; דֶּרֶךְ עֲקִיפִין; חֹסֶר כִּוּוּן, חֹסֶר תַּכְלִית; רְמִיָּה

in"discreet' *adj.* (אִנְדִסְקְרִיט) חֲסַר־תְּבוּנָה

in"discreti'on *n.* (אִנְדִסְקְרֶשֵׁן) מַעֲשֶׂה חֲסַר־תְּבוּנָה

in"discrim'inate *adj.* (אִנְדִסְקְרִמֵנִט) לְלֹא הַבְחָנָה; מִקְרִי; מְבֻלְבָּל

in"dispen'sable *adj.* (אִנְדִסְפֶּנְסֵבְּל) הֶכְרֵחִי; שֶׁאֵין לְהִתְעַלֵּם מִמֶּנּוּ

in"disposed' *adj.* (אִנְדִסְפּוֹזְד) חוֹלֶה בְּמִקְצָת; שֶׁאֵינוֹ מַרְגִּישׁ בְּטוֹב; אֵינוֹ נוֹטֶה ל־

in"dispositi'on *n.* (אִנְדִסְפֵּזִ'שְׁן) מַחֲלָה קַלָּה; חֹסֶר רָצוֹן

in"dispu'table *adj.* (אִנְדִסְפְּיוּטֵבְּל) שֶׁאֵין לְהַרְהֵר אַחֲרָיו; שֶׁאֵין לְעַרְעֵר עָלָיו, וַדָּאִי

in"dissol'uble *adj.* (אִנְדִסוֹלְיֵבְּל) לֹא־מָסִיס; יַצִּיב; לֹא־פָּרִיק

in'distinct' *adj.* (אִנְדִסְטִנְקְט) לֹא־בָּרוּר, עָמוּם, מְעֻרְפָּל

indite' *v.t.* (אִנְדַיְט) חִבֵּר

in"divid'ual *adj. & n.* (אִנְדִוִג'וּאֵל) מְיֻחָד, נִפְרָד; יָחִיד; יְחוּדִי; אִינְדִיבִידוּאָלִי; בֶּן־אָדָם; יֵשׁוּת נִפְרֶדֶת; פְּרָט

in"divid'ualist *n.* (אִנְדִוִג'וּאֵלִסְט) אִינְדִיבִידוּאָלִיסְט

in"divid"ual'ity *n.* (אִנְדִוִג'וּאֶלִטִי) יִחוּד; יְחוּדִיּוּת; קִיּוּם כְּאָדָם יְחוּדִי

in"divis'ible *adj.* (אִנְדִוִזִבְּל) שֶׁאֵינוֹ מִתְחַלֵּק; שֶׁאֵינוֹ נִתָּן לַחֲלֻקָּה

in'dolence *n.* (אִנְדֵלֶנְס) עַצְלוּת, עֲצַלְתַּיִם; קֵהוּת רֶגֶשׁ

in'dolent *adj.* (אִנְדֵלֶנְט) עָצֵל; קֵהֵה־רֶגֶשׁ

in'door" *adj.* (אִנְדוֹר) פְּנִימִי, שֶׁבִּפְנִים הַבַּיִת

indoors' *adv.* בַּבַּיִת; לְתוֹךְ הַבַּיִת

indorse' *See* **endorse**

indu'bitable *adj.* (אִנְדוּבִּטֵבְּל) וַדָּאִי, שֶׁאֵינוֹ מֻטָּל בְּסָפֵק, שֶׁאֵין לְהַרְהֵר אַחֲרָיו

induce' *v.t.* (אִנְדוּס) פִּתָּה, דִּבֵּר עַל לֵב; גָּרַם; חוֹלֵל; הִמְרִיץ

induce'ment *n.* (אִנְדוּסְמֵנְט) פִּתּוּי, תַּמְרִיץ

induct' *v.t.* (אִנְדַקְט) הִכְנִיס, גִּיֵּס, חִיֵּל

induc'tion *n.* (אִנְדַקְשֵׁן) הַשְׁרָאָה; אִינְדוּקְצְיָה; הַצָּגָה; הַמְרָצָה; הַכְנָסָה (לתפקיד); גִּיּוּס, חִיּוּל

indulge' *v.i. & t.* (אִנְדַלְג') נִכְנַע לַחֵשֶׁק; סִפֵּק יֵצֶר

indul'gence *n.* (אִנְדַלְג'נְס) וִתּוּר לִרְצִיָּה; סוֹבְלָנוּת; מִלּוּי תַּאֲוָה; מְחִילָה חֶלְקִית; הַעֲנָקַת חֵרוּת מְיֻחֶדֶת; אַרְכָּה

indul'gent *adj.* (אִנְדַלְג'נְט) וַתְּרָנִי, מַתִּירָנִי

indus'trial *adj.* (אִנְדַסְטְרִיאֵל) תַּעֲשִׂיָּתִי

indus'trialist *n.* (אִנְדַסְטְרִיאֵלִסְט) תַּעֲשִׂיָּן

indus'trialize" *v.t.* (אִנְדַסְטְרִיאֵלַיז) תִּעֵשׂ

indus'trious *adj.* (אִנְדַסְטְרִיאֵס) חָרוּץ

in'dustry *n.* (אִנְדֵסְטְרִי) תַּעֲשִׂיָּה; חֲרֹשֶׁת; תַּעֲשִׂיָּנִים; הַתְמָדָה; שַׁקְדָנוּת, חֲרִיצוּת

ine'briate" *v.t.* (אִנִיבְּרִיאֵיט) שִׁכֵּר

inef'fable *adj.* (אִנְאֶפֵבְּל) שֶׁלֹּא יְתֹאַר; שֶׁאֵין לְבַטְּאוֹ

in"effec'tive *adj.* (אִנְאֶפֶקְטִב) לֹא־יָעִיל; חֲסַר־תּוֹצָאוֹת; חֲסַר־תּוֹעֶלֶת

in"effec'tual *adj.* (אִנְאֶפֶקְצ'וּאֵל) לְלֹא תּוֹצָאוֹת מַכְרִיעוֹת; חֲסַר־תּוֹעֶלֶת; ־סְרָק

in"effici'ent *adj.* (אִנִפִשֵׁנְט) לֹא־יָעִיל; חֲסַר־תּוֹצָאוֹת בְּאֶמְצָעִים מְצֻמְצָמִים

inept' *adj.* (אִנֶפְּט) חֲסַר־כִּשָּׁרוֹן; יוֹצֵא דֹּפֶן; טִפְּשִׁי

in"equal'ity *n.* (אִנִקְווֹלֵטִי) אִי־שִׁוְיוֹן; אִי־צֶדֶק; אִי־מִישׁוֹרִיּוּת, גַּבְשׁוּשִׁיּוּת

inert' *adj.* (אִנֶרְט) חֲסַר־פְּעִילוּת; עָצֵל; אָצִיל (גאז)

iner'tia *n.* (אִנֶרְשָׁה) חֹסֶר פְּעִילוּת; עֲצַלְתַּיִם; הַתְמָדָה, אִינֶרְצְיָה

ines'timable *adj.* (אִנֶסְטִמֵבְּל) שֶׁאֵין לְהַעֲרִיכוֹ; לְמַעְלָה מִכָּל הַעֲרָכָה

inev'itable *adj.* (אִנֶוִטֵבְּל) בִּלְתִּי־נִמְנָע; שֶׁאֵין מִמֶּנּוּ מָנוֹס; וַדָּאִי, הֶכְרֵחִי

in"exact' *adj.* (אִנִגְזֶקְט) לֹא־מְדֻיָּק; לֹא נָכוֹן בְּדִיּוּק

in"excu'sable *adj.* (אִנִקְסְקְיוּזֵבְּל) שֶׁאֵין לוֹ מְחִילָה; שֶׁאֵין לְהַצְדִּיקוֹ

in"exhaus'tible *adj.* (אִנִגְזוֹסְטֵבְּל) שֶׁאֵין לְמַצּוֹתוֹ; שֶׁלֹּא יִתַּם; לֹא־נִלְאֶה

ine'xorable *adj.* (אִנֶקְסֵרֵבְּל) לְלֹא וִתּוּרִים; לֹא־מִשְׁתַּנֶּה; קְשֵׁה־לֵב; חֲסַר־רַחֲמִים

in"expen'sive *adj.* (אִנִקְסְפֶּנְסִב) זוֹל, לֹא־יָקָר; עוֹלֶה בְּכֶסֶף מוּעָט

in"exper'ience *n.* (אִנְקְסְפִּירִיאֶנְס) חֹסֶר נִסָּיוֹן

in"exper'ienced *adj.* (אִנְקְסְפִּירִיאֶנְסְט) חֲסַר־נִסָּיוֹן

inex'plicable *adj.* (אִנֶקְסְפְּלִקַבְּל) שֶׁאֵין לְהַסְבִּירוֹ

in"expres'sible *adj.* (אִנְקְסְפְּרֶסַבְּל) שֶׁאֵין לְהַבִּיעוֹ; שֶׁאֵין לְבַטְּאוֹ בְּמִלִּים

in"expres'sive *adj.* (אִנְקְסְפְּרֶסִב) חֲסַר־הַבָּעָה

infal'lible *adj.* (אִנְפֶלַבְּל) שֶׁאֵינוֹ טוֹעֶה; מְהֵימָן לַחֲלוּטִין; וַדָּאִי; לְלֹא עוֹרְרִין; מוֹעִיל בְּוַדָּאוּת גְּמוּרָה; חֲסִין־מִשְׁגִּים

in'famous *adj.* (אִנְפַמַס) יָדוּעַ לְשִׁמְצָה; מְשֻׁקָּץ

in'famy *n.* (אִנְפַמִי) שִׁמְצָה, דֹּפִי; גְּנוּת; הִתְנַהֲגוּת בְּזוּיָה; תּוֹעֵבָה

in'fancy *n.* (אִנְפַנְסִי) יַנְקוּת; תִּינוֹקוּת

in'fant *n.* (אִנְפַנְט) תִּינוֹק, יוֹנֵק; מַתְחִיל, טִירוֹן

in'fantile" *adj.* (אִנְפַנְטַיל) יַנְקוּתִי, תִּינוֹקִי; שֶׁבְּרֵאשִׁית הִתְפַּתְּחוּת

in'fantry *n.* (אִנְפַנְטְרִי) חֵיל רַגְלִים

infat'uated" *adj.* (אִנְפֶצ'וּאֵיטִד) אֲחוּז תַּאֲוָה; נְטוּלַת־הִגָּיוֹן, מְאֹהָב בְּצוּרָה עִוֶּרֶת

infat"ua'tion *n.* (אִנְפֶצ'וּאֵישַן) הִתְאַהֲבוּת נְטוּלַת־הִגָּיוֹן; אַהֲבָה טִפְּשִׁית; אוֹהֵב הַמִּתְעַלֵּם מֵהַשֵּׂכֶל הַיָּשָׁר

infect' *v.t.* (אִנְפֶקְט) זִהֵם, הִדְבִּיק, אִלַּח; הִשְׁחִית מִדּוֹת; הִשְׁפִּיעַ עַל

infec'tion *n.* (אִנְפֶקְשַן) הָאֲלָחָה, זִהוּם, אִינְפֶקְצְיָה; אֶלַח; מַחֲלָה מִדַּבֶּקֶת

infec'tious *adj.* (אִנְפֶקְשַס) מִדַּבֵּק, זִהוּמִי

infer' *v.t. & i.* (אִנְפֶר) הִסִּיק; הִצְבִּיעַ עַל; רָמַז; שִׁעֵר, נִחֵשׁ, הִנִּיחַ

in'ference *n.* (אִנְפֶרַנְס) הַסָּקָה (של מסקנות), מַסְקָנָה; הַנָּחָה

infer'ior *adj. n.* (אִנְפִירִיאַר) נָחוּת, נְחוּת־דַּרְגָּה; נָמוּךְ יוֹתֵר

infer"ior'ity *n.* (אִנְפִירִיאוֹרִטִי) נְחִיתוּת

infer'nal *adj.* (אִנְפֶרְנַל) שֶׁל הַשְּׁאוֹל; שֶׁל הַגֵּיהִנֹּם; שְׂטָנִי; שֶׁל הַתֹּפֶת, תָּפְתִּי

infer'no *n.* (אִנְפֶרְנוֹ) תֹּפֶת, גֵּיהִנֹּם, שְׁאוֹל

infer'tile *adj.* (אִנְפֶרְטִל) לֹא־פּוֹרֶה, עָקָר

infest' *v.t.* (אִנְפֶסְט) שָׁרַץ, פָּשַׁט עַל

in'fidel *n.* (אִנְפִדֶל) כּוֹפֵר

in"fidel'ity *n.* (אִנְפִדֶלְטִי) בְּגִידָה, הֲפָרַת אֱמוּנִים; נִאוּף; כְּפִירָה

infil'trate *v.t.* (אִנְפִלְטְרֵיט) הִסְתַּנֵּן, חָדַר

in'finite *adj.* (אִנְפִנִט) גָּדוֹל לְלֹא שִׁעוּר, עָצוּם; לְלֹא גְּבוּל; מְשֻׁכְלָל, כְּלִיל הַשְּׁלֵמוּת; אֵינְסוֹפִי

infin'itive *n.* (אִנְפִנִטִב) מָקוֹר (של פועל)

infin'ity *n.* (אִנְפִנִטִי) אֵינְסוֹף

infirm' *adj.* (אִנְפֶרְם) חַלָּשׁ, תָּשׁוּשׁ, רָפֶה; הַסְסָנִי; לֹא־תָּקֵף

infir'mary *n.* (אִנְפֶרְמַרִי) מִרְפָּאָה, בֵּית חוֹלִים

infir'mity *n.* (אִנְפֶרְמִטִי) חֻלְשָׁה, תְּשִׁישׁוּת

inflame' *v.t.* (אִנְפְלֵים) הִצִּית, הִבְעִיר; סִמֵּק; שִׁלְהֵב; הֵסִית; גָּרַם דַּלֶּקֶת, הִדְלִיק

inflam'mable *adj.* (אִנְפְלֶמַבְּל) דָּלִיק; רָגִישׁ, נוֹחַ לִכְעוֹס, נוֹחַ לְהִתְרַגֵּשׁ

in"flama'tion *n.* (אִנְפְלַמֵישַן) דַּלֶּקֶת

inflam'mator"y *adj.* (אִנְפְלֶמַטוֹרִי) מְעוֹרֵר רִגּוּשׁ; שֶׁל הֲסָתָה; דַּלַּקְתִּי

inflate' *v.t.* (אִנְפְלֵיט) נִפַּח; הִרְחִיב

inflation *n.* (אִנְפְלֵישַן) אִינְפְלַצְיָה; נִפּוּחַ; נְפִיחוּת

inflect' *v.t.* (אִנְפְלֶקְט) הִטָּה, נָטָה; גִּוֵּן, רִכֵּךְ, הִתְאִים (הקול)

inflec'tion *n.* (אִנְפְלֶקְשַן) רִכּוּךְ (הקול); גִּוּוּן (הקול); נְטִיָּה; כֶּפֶף, זָוִית

inflex'bile *adj.* (אִנְפְלֶקְסַבְּל) לֹא־גָמִישׁ, צָפִיד; עִקֵּשׁ; שֶׁאֵין לְשַׁנּוֹת

inflict' *vt..* (אִנְפְלִקְט) יִסֵּר, הִטִּיל עַל, עָנַשׁ, גָּרַם

inflic'tion *n.* (אִנְפְלִקְשַן) יִסּוּר, יִסּוּרִים, עֹנֶשׁ

in'fluence *n. & v.t.* (אִנְפְלוּאֶנְס) הַשְׁפָּעָה; בַּעַל הַשְׁפָּעָה; הִשְׁפִּיעַ עַל, הֵנִיעַ

in"fluen'tial *adj.* (אִנְפְלוּאֶנְשַל) בַּעַל הַשְׁפָּעָה

in"fluen'za *n.* (אִנְפְלוּאֶנְזַה) שַׁפַּעַת

in'flux" *n.* (אִנְפְלַקְס) נְהִירָה, זֶרֶם; שֶׁפֶל

inform' *v.t. & i.* (אִנְפוֹרְם) הוֹדִיעַ; סִפֵּק

יְדִיעוֹת; מָסַר מֵידָע; פִּעְפֵּעַ בְּ־; הִשְׂכִּיל; הִלְשִׁין עַל

infor′mal *adj.* (אִנְפוֹרְמַל) לְלֹא טְקָסִיּוּת, לְלֹא גִּנּוּנִים; לְלֹא רִשְׁמִיּוּת; לֹא־רִשְׁמִי; פָּשׁוּט

infor′mant *n.* (אִנְפוֹרְמַנְט) מוֹדִיעַ; מוֹסֵר לַמַּלְכוּת, מַלְשִׁין

in″forma′tion *n.* (אִנְפֶרְמֵישְׁן) מֵידָע, הוֹדָעָה, יְדִיעוֹת, חֲדָשׁוֹת; מוֹדִיעִין, אִינְפוֹרְמַצְיָה

infor′mative *adj.* (אִנְפוֹרְמֵטִב) מְאַלֵּף, מוֹסֵר מֵידָע; מַקְנֶה יְדִיעוֹת, מַשְׂכִּיל, מֵכִיל יֶדַע

infor′mer *n.* (אִנְפוֹרְמֵר) מוֹדִיעַ; מַלְשִׁין, מוֹסֵר לַמַּלְכוּת

infre′quent *adj.* (אִנְפְרִקְוֶנְט) נָדִיר; לֹא־שָׁכִיחַ; מוּעָט

infringe′ *v.t. & i.* (אִנְפְרִנְג׳) הֵפֵר, עָבַר עַל; הִסִּיג גְּבוּל

infring′ment *n.* (אִנְפְרִנְג׳מֶנְט) הֲפָרָה, עֲבֵרָה, הַסָּגַת גְּבוּל

infur′iate″ *v.t.* (אִנְפְיוּרִיאֵיט) הֶעֱלָה חֵמָה

infuse′ *v.t.* (אִנְפְיוּז) הֶחְדִּיר, יָצַק; שָׁרָה

infu′sion *n.* (אִנְפְיוּז׳ן) הַחְדָּרָה, שְׁרִיָּה; אִינְפוּזְיָה

ingen′ious *adj.* (אִנְג׳ינְיַס) שֶׁל תּוּשִׁיָּה, מְחֻכָּם; בַּעַל הַמְצָאָה, מְמֻלָּח

in″genu′ity *n.* (אִנְג׳נוּאִטִי) תּוּשִׁיָּה, כֹּשֶׁר הַמְצָאָה; חֲרִיפוּת; מִתְקָן מְחֻכָּם

ingen′uous *adj.* (אִנְג׳נְיוּאַס) גְּלוּי־לֵב; תָּמִים

inglor′ious *adj.* (אִנְגְלוֹרִיאַס) מֵבִישׁ, מַחְפִּיר

in′got *n.* (אִנְגַט) גּוּשׁ מַתֶּכֶת

ingrained′ *adj.* (אִנְגְרֵינְד) קָבוּעַ בְּחָזְקָה; מֻשְׁרָשׁ יָפֶה; מְשֻׁלָּב הֵיטֵב

in′grate *n.* (אִנְגְרֵיט) אָדָם כְּפוּי טוֹבָה

ingra′tiate *v.t.* (אִנְגְרֵישִׁיאֵיט) הִתְאַמֵּץ לָשֵׂאת חֵן

ingrat′itude″ *n.* (אִנְגְרֶטִטוּד) כְּפִיַּת טוֹבָה

ingre′dient *n.* (אִנְגְרִידִיאֶנְט) מַרְכִּיב, יְסוֹד, חֹמֶר

inhab′it *v.t.* (אִנְהֶבִּט) שָׁכַן, גָּר

inhab′itant *n.* (אִנְהֶבִּטֶנְט) תּוֹשָׁב

inhale′ *v.t. & i.* (אִנְהֵיל) שָׁאַף (לתוך הריאות)

inhere′ *v.i.* (אִנְהִיר) הָיָה קַיָּם כְּחֵלֶק בִּלְתִּי נִפְרָד מִן, הָיָה טָבוּעַ בְּ־

inher′ent *adj.* (אִנְהִירַנְט) קַיָּם כִּיסוֹד בִּלְתִּי נִפְרָד מִן, טָבוּעַ בְּ־

inher′it *v.t. & i.* (אִנְהֶרִט) יָרַשׁ, נָחַל

inher′itance *n.* (אִנְהֶרִטֶנְס) יְרֻשָּׁה; בְּכוֹרָה; מוֹרָשָׁה

inhib′it *v.t.* (אִנְהִבִּט) עִכֵּב, עָצַר, אָסַר

in″hibit′ion *n.* (אִנְהִבְּשְׁן) עִכּוּב, עֲצִירָה; עַכָּבָה, מַעֲצוֹר

inhos′pitable *adj.* (אִנְהוֹסְפִּטַבְּל) שֶׁאֵינוֹ מַכְנִיס אוֹרְחִים; בַּעַל תְּנָאִים דּוֹחִים

inhu′man *adj.* (אִנְהְיוּמַן) אַכְזָרִי, לֹא־אֱנוֹשִׁי, חֲסַר־רֶגֶשׁ

in″humane′ *adj*, (אִנְהְיוּמֵין) רַע־לֵב

inim′ical *adj.* (אִנִמִקְל) עוֹיֵן; מַזִּיק; מִתְנַגֵּד לְ־

inim′itable *adj.* (אִנִמִטַבְּל) שֶׁאֵין לְחַקּוֹתוֹ; מֵעֵבֶר לְאֶפְשָׁרוּת חִקּוּי

iniq′uity *n.* (אִנִקְוִטִי) אִי־צֶדֶק מְשַׁוֵּעַ, עָוֶל, רֶשַׁע

initi′al *adj. & n.* (אִנִשְׁל) רִאשׁוֹן, הַתְחָלִי; הָאוֹת הָרִאשׁוֹנָה שֶׁל שֵׁם עֶצֶם פְּרָטִי

— *v.t.* חָתַם בְּרָאשֵׁי תֵּבוֹת; רָשַׁם רָאשֵׁי תֵּבוֹת הַשֵּׁם

init′iate″ *v.t.* (אִנִשִׁיאֵיט) הִתְחִיל, פָּתַח בְּ־; יָזַם; גִּלָּה סוֹדוֹת מִקְצוֹעִיִּים; הִכְנִיס כַּחֲבֵר בַּאֲגֻדָּה

init′iate *adj. & n.* (אִנִשִׁיאַט) שֶׁהוּחַל בּוֹ; שֶׁהוּכְנַס כַּחֲבֵר אֲגֻדָּה; חָבֵר חָדָשׁ

init″ia′tion *n.* (אִנִשִׁיאֵישְׁן) צֵרוּף חֲגִיגִי כַּחֲבֵר אֲגֻדָּה; טֶקֶס הַכְנָסַת חֲבֵרִים חֲדָשִׁים; הַכְנָסַת חֲבֵרִים חֲדָשִׁים

initi′ative *n.* (אִנִשַׁטִב) יָזְמָה; יָזְמַת חֲקִיקָה שֶׁל הַבּוֹחֲרִים

inject′ *v.t.* (אִנְג׳ֶקְט) דָּחַס נוֹזֵל, הִזְרִיק; הִנְהִיג חִדּוּשׁ, חִדֵּשׁ; פָּרַץ לְתוֹךְ שִׂיחָה, שִׁסַּע בְּהֶעָרָה

injec′tion *n.* (אִנְג׳ֶקְשַׁן) הַזְרָקָה; זְרִיקָה; נוֹזֵל מֻזְרָק

in″judici′ous *adj.* (אִנְג׳וּדִשַׁס) לֹא־פִּקֵּחַ, אֱוִילִי

injunc'tion *n.* (אִנְגַ'נְקְשֶׁן) צַו (של בית משפט); אִסּוּר; פְּקֻדָּה, אַזְהָרָה

in'jure *v.t.* (אִנְגֶ'ר) הִזִּיק; פָּצַע; פָּגַע בּ־

injur'ious *adj.* (אִנְגּ'וּרִיאַס) מַזִּיק; פּוֹגֵעַ

in'jury *n.* (אִנְגַ'רִי) נֶזֶק; פְּגִיעָה; אִי־צֶדֶק

injus'tice *n.* (אִנְגַ'סְטִס) עָוֶל, אִי־צֶדֶק; פְּגִיעָה, הֲפָרַת זְכֻיּוֹת

ink *n.* & *v.t.* (אִנְק) דְּיוֹ; דְּיֵּת

ink'ling *n.* (אִנְקְלִנְג) רֶמֶז; מֻשָּׂג

ink'well" *n.* (אִנְקְוֶל) קֶסֶת

in'land *adj.* & *n.* (אִנְלֶנְד) פְּנִימִי, שֶׁל פְּנִים הָאָרֶץ; פְּנִים הָאָרֶץ

— *adv.* (אִנְלֶנְד) בִּפְנִים הָאָרֶץ; לְעֵבֶר פְּנִים הָאָרֶץ

in'-law" *n.* (אִנְלוֹ) מְחֻתָּן

in'lay" *v.t.* & *n.* (אִנְלֵי) שִׁבֵּץ; תַּשְׁבֶּצֶת; סְתִימָה (בשן)

in'let *n.* (אִנְלֶט) מִפְרָצוֹן; מַעֲבָר (בין איים); כְּנִיסָה

in'mate" *n.* (אִנְמֵיט) חוֹלֶה (בבית חולים); אָסִיר; שׁוֹכֵן (בעל כרחו)

in'most" *adj.* (אִנְמוֹסְט) פְּנִימִי בְּיוֹתֵר, נִדָּח; אִינְטִימִי בְּיוֹתֵר

inn *n.* (אִן) אַכְסַנְיָה, פּוּנְדָּק; מִסְבָּאָה

in'nards *n.* (אִנֶרְדְז) קְרָבַיִם; הַחֲלָקִים הַפְּנִימִיִּים

innate' *adj.* (אִנֵיט) מִלֵּדָה; מִטִּבְעוֹ, מֻטְבָּע

in'ner *adj.* (אִנֶר) פְּנִימִי; אִינְטִימִי; רוּחָנִי; חָבוּי, נִסְתָּר

in'nermost" *adj.* (אִנֶרְמוֹסְט) הַפְּנִימִי בְּיוֹתֵר

in'ner tube" (אִנֶר טוּבּ) פְּנִימִית, אַבּוּב

in'ning *n.* (אִנִנְג) סִבּוּב; תּוֹר

inn'kee"per *n.* (אִנְקִיפֶּר) פּוּנְדְּקִי, בַּעַל אַכְסַנְיָה; בַּעַל מִסְבָּאָה

in'nocence *n.* (אִנֶסֶנְס) תֹּם; טֹהַר; צְנִיעוּת; חַפּוּת; פַּשְׁטוּת, גִּלּוּי לֵב; תְּמִימוּת; חֹסֶר נֶזֶק

in'nocent *n.* (אִנֶסֶנְט) תָּם, טָהוֹר; חַף מִפֶּשַׁע, נְקִי מֵאַשְׁמָה; לֹא־מַזִּיק; חֲסַר־מְתִמִּם; יֶלֶד

innoc'uous *adj.* (אִנוֹקְיוּאַס) לֹא־מַזִּיק; לֹא־מַרְגִּיז, לֹא־פּוֹגֵעַ; חִוֵּר

in'novate" *v.i.* & *t.* (אִנֲוֵיט) חִדֵּשׁ; הִכְנִיס שִׁנּוּיִים

in"nova'tion *n.* (אִנֲוֵישֶׁן) חִדּוּשׁ

in"nuen'do *n.* (אִנְיוּאֶנְדוֹ) רְמִיזַת זִלְזוּל

innu'merable *adj.* (אִנוּמֶרַבְּל) רַב מְאֹד, שֶׁלֹּא יִסָּפֵר מֵרֹב

inoculate" *v.t.* & *i.* (אִנוֹקְיָלֵיט) הִרְכִּיב, חִסֵּן, הִזְרִיק

inoc"ula'tion *n.* (אִנוֹקְיָלֵישֶׁן) הַרְכָּבָה, חִסּוּן, זְרִיקָה

in"offen'sive *adj.* (אִנַפֶּנְסִב) לֹא־מַזִּיק; לֹא־פּוֹגֵעַ; שֶׁאֵין בּוֹ דֹּפִי

inop"portune' *adj.* (אִנוֹפֶּרְטוּן) לֹא־הוֹלֵם, שֶׁלֹּא בִּזְמַן מַתְאִים

inor'dinate *adj.* (אִנוֹרְדִנַט) מֻגְזָם; חֲסַר־מִדָּה; חֲסַר־רֶסֶן; חֲסַר־סֵדֶר

in"organ'ic *adj.* (אִנוֹרְגֶנִק) לֹא־אוֹרְגָנִי; חִיצוֹנִי

in'put" *n.* (אִנְפֻּט) תְּשׂוּמָה; קֶלֶט

in'quest *n.* (אִנְקְוֶסְט) חֲקִירַת מִשְׁפָּטִים; מִשְׁפָּטִים; פְּסַק דִּין

inquire' *v.t.* (אִנְקְוַיְאֶר) שָׁאַל עַל; חָקַר, בִּקֵּשׁ מֵידָע

in'quiry *n.* (אִנְקְוַרִי) חֲקִירָה; שְׁאֵלָה

in"quisi'tion *n.* (אִנְקְוִזִשֶׁן) חֲקִירַת עִנּוּיִים; חֲקִירָה רִשְׁמִית

Inquisition אִינְקְוִיזִיצְיָה

inquis'itive *adj.* (אִנְקְוִזִטִב) חוֹקֵר, סַקְרָנִי, מִשְׁתּוֹקֵק לָדַעַת; סַקְרָנִי בְּצוּרָה מֻגְזֶמֶת; תּוֹחֵב אַפּוֹ לְעִנְיְנֵי הַזּוּלַת

inquis'itor *n.* (אִנְקְוִזִטֶר) חוֹקֵר נֻקְשֶׁה; אִינְקְוִיזִיטוֹר

in'road" *n.* (אִנְרוֹד) חֲדִירָה; פְּשִׁיטָה

insane' *adj.* (אִנְסֵין) לֹא־שָׁפוּי, מְשֻׁגָּע, מְטֹרָף; נוֹעַד לְחוֹלֵי רוּחַ

insan'ity *n.* (אִנְסֶנִטִי) שִׁגָּעוֹן, טֵרוּף הַדַּעַת; מַחֲלַת רוּחַ

insa'tiable *adj.* (אִנְסֵישִׁיאַבְּל) שֶׁאֵינוֹ יוֹדֵעַ שֹׂבַע

inscribe' *v.t.* (אִנְסְקְרַיבּ) רָשַׁם, חָרַת; הִקְדִּישׁ; הִקִּיף

inscrip'tion *n.* (אִנְסְקְרִפְּשֶׁן) כְּתֹבֶת; הַקְדָּשָׁה; חֲרִיתָה

inscru'table *adj.* (אִנְסְקְרוּטַבְּל) שֶׁאֵין לַעֲמוֹד עַל טִיבוֹ; כָּמוּס; מִסְתּוֹרִי

in'sect *n.* & *adj.* (אִנְסֶקְט) חֶרֶק; שֶׁל חֲרָקִים

in"secure' *adj.* (אִנְסֶקְיוּר) חָשׂוּף לְסַכָּנוֹת, לֹא־בָּטוּחַ; חוֹשְׁשָׁנִי, חֲסַר־בִּטָּחוֹן

in"secur'ity *n.* (אִנְסֶקְיוּרִטִי) חֹסֶר בִּטָּחוֹן; חֹסֶר יַצִּיבוּת; חַשְׁשָׁנוּת; חֹסֶר בִּטָּחוֹן עַצְמִי, לֹא־בִטְחָה

insen'sible *adj.* (אִנְסֶנְסִבְּל) חֲסַר־הַרְגָּשָׁה, חֲסַר־תְּחוּשָׁה; חֲסַר־הַכָּרָה; נְטוּל־רֶגֶשׁ; לֹא־מוּדָע לְ־; לֹא־מַעֲרִיךְ

insen'sitive *adj.* (אִנְסֶנְסִטִב) לֹא־רָגִישׁ; לֹא מֻשְׁפָּע עַל יְדֵי־; חֲסַר־רֶגֶשׁ

insep'arable *adj.* (אִנְסֶפֶּרַבְּל) שֶׁאֵין לְהַפְרִידוֹ

insert' *v.t.* (אִנְסֶרְט) הִכְנִיס, שִׁבֵּץ

in'sert *n.* (אִנְסֶרְט) חֹמֶר מֻכְנָס, חֹמֶר מְשֻׁבָּץ; דַּף מְצֹרָף

inser'tion *n.* (אִנְסֶרְשֶׁן) הַכְנָסָה; תּוֹסֶפֶת מֻכְנֶסֶת

in'set" *n.* (אִנְסֶט) תּוֹסֶפֶת מֻכְנֶסֶת; תּוֹסֶפֶת בְּמִסְגֶּרֶת; נְהִירָה; קְבִיעָה

in"side' *n.* & *adj.* (אִנְסַיד) הַחֵלֶק הַפְּנִימִי, תָּוֶךְ; חוּג נִבְחָר; טֶבַע פְּנִימִי; פְּנִימִי, הַנִּמְצָא מִבִּפְנִים

—s קְרָבַיִם

— out כְּשֶׁהַחֵלֶק הַפְּנִימִי מֻפְנֶה הַחוּצָה; בִּיסוֹדִיּוּת

in"side' *prep.* & *adv.* תּוֹךְ, בְּתוֹךְ; פְּנִימָה; מִבִּפְנִים

insid'ious *adj.* (אִנְסִדִיאֶס) בּוֹגְדָנִי, מַכְשִׁיל; פּוֹעֵל בַּחֲשַׁאי וּבְצוּרָה קַטְלָנִית

in'sight" *n.* (אִנְסַיט) תְּפִיסַת הַמַּהוּת הָאֲמִתִּית; הַבְחָנָה מַעֲמִיקָה

insig'nia *n.* (אִנְסִגְנִיָה) סֵמֶל, סִימָן

in"signif'icance *n.* (אִנְסִגְנִפִקֶנְס) חֹסֶר חֲשִׁיבוּת

in"signif'icant *adj.* (אִנְסִגְנִפִקֶנְט) נְטוּל חֲשִׁיבוּת; פָּעוּט; קַל־עֵרֶךְ; נִקְלֶה; חֲסַר־מַשְׁמָעוּת

in"sincere' *adj.* (אִנְסִנְסִיר) לֹא־כֵּן, לֹא־יָשָׁר (בהבעת רגשות); צָבוּעַ

in"sincer'ity *n.* (אִנְסִנְסֶרִטִי) חֹסֶר כֵּנוּת; הַעֲמָדַת פָּנִים

insin'uate *v.t.* & *i.* (אִנְסִנְיוּאֵיט) רָמַז (בכוונה זדונית); הִכְנִיס בְּעָרְמָה

insip'id *adj.* (אִנְסִפִּד) מְשַׁעֲמֵם, תָּפֵל

insist' *v.i.* & *t.* (אִנְסִסְט) דָּרַשׁ, עָמַד עַל דַּעְתּוֹ; הִדְגִּישׁ

insis'tence *n.* (אִנְסִסְטֶנְס) דְּרִישָׁה, עֲמִידָה עַל דַּעְתּוֹ

in'solence *n.* (אִנְסֶלֶנְס) חֻצְפָּה

in'solent *adj.* (אִנְסֶלֶנְט) חָצוּף; מַעֲלִיב

insol'uble *adj.* (אִנְסוֹלְיֻבְּל) לֹא־מָסִיס; שֶׁאֵין לְפָתְרוֹ

insolv'able *adj.* (אִנְסוֹלְוַבְּל) שֶׁאֵין לְפָתְרוֹ

insol'vency *n.* (אִנְסוֹלְוֶנְסִי) פְּשִׁיטַת רֶגֶל; אִי־יְכֹלֶת לִפְרוֹעַ הִתְחַיְּבוּיוֹת

insol'vent *adj.* (אִנְסוֹלְוֶנְט) פּוֹשֵׁט רֶגֶל; לֹא מְסֻגָּל לִפְרוֹעַ הִתְחַיְּבוּיוֹת

insom'nia *n.* (אִנְסוֹמְנִיָה) נְדוּדֵי שֵׁנָה

inspect' *v.t.* (אִנְסְפֶּקְט) בָּדַק; סָקַר

inspec'tion *n.* (אִנְסְפֶּקְשֶׁן) בְּדִיקָה; סְקִירָה; מִסְדַּר מְפַקֵּד

inspec'tor *n.* (אִנְסְפֶּקְטֶר) בּוֹדֵק; סוֹקֵר; מְפַקֵּחַ

in"spira'tion *n.* (אִנְסְפֶּרֵישֶׁן) הַשְׁרָאָה; שְׁאִיפָה

inspire' *v.t.* & *i.* (אִנְסְפַּיְאֶר) הִמְרִיץ; עוֹרֵר, הִשְׁרָה עַל; שָׁאַף; נָתַן הַשְׁרָאָה

in"stabil'ity *n.* (אִנְסְטֶבִּלְטִי) חֹסֶר יַצִּיבוּת; רְפִיפוּת; רַפְיוּת נַפְשִׁית

install' *v.t.* (אִנְסְטוֹל) הִתְקִין; הִכְנִיס בְּתַפְקִיד; עָרַךְ טֶקֶס לְרֶגֶל כְּנִיסָה לְתַפְקִיד

in"sta'llation *n.* (אִנְסְטֶלֵישֶׁן) הַתְקָנָה; מִתְקָן; הַכְנָסָה לְתַפְקִיד, טֶקֶס לְרֶגֶל כְּנִיסָה לְתַפְקִיד

install'ment *n.* (אִנְסְטוֹלְמֶנְט) תַּשְׁלוּם לְשִׁעוּרִין; חֵלֶק

in'stance *n.* (אִנְסְטֶנְס) מִקְרֶה, דֻּגְמָה; עַרְכָּאָה

at the — of עַל פִּי בַּקָּשַׁת

for — לְמָשָׁל

in'stant *n.* & *adj.* (אִנְסְטֶנְט) רֶגַע, אַרְגִּיעָה; חֹדֶשׁ זֶה; מִיָּדִי; רִגְעִי; דָּחוּף; לַהֲכָנָה מִיָּדִית (ע"י תוספת מים, חלב וכו')

in"stanta'neous *adj.* (אִנְסְטֶנְטֵינִיאֶס)

מִיָּד, כְּהֶרֶף עַיִן; בְּרֶגַע מְסֻיָּם

in'stantly *adv.* (אִנְסְטַנְטְלִי) תֵּכֶף וּמִיָּד

instead' *adv.* (אִנְסְטֶד) בִּמְקוֹם; כִּבְרֵרָה מֻעְדֶּפֶת

in'step" *n.* (אִנְסְטֶפּ) קִמּוּר הָרֶגֶל

in'stigate *v.t.* (אִנְסְטִגֵיט) הֵסִית

instill' *v.t.* (אִנְסְטִל) הִכְנִיס בְּהַדְרָגָה, הֶחְדִּיר לְאַט לְאַט

in'stinct *n.* (אִנְסְטִנְקְט) אִינְסְטִינְקְט, יֵצֶר, כֹּשֶׁר טִבְעִי

instinc'tive *adj.* (אִנְסְטִנְקְטִב) אִינְסְטִינְקְטִיבִי, מִתּוֹךְ דַּחַף טִבְעִי

in'stitute" *n.* & *v.t.* (אִנְסְטִטוּט) מָכוֹן; עִקָּרוֹן, כְּלָל, נֹהַג; הֵקִים, כּוֹנֵן; יָזַם, הִפְעִיל; הִכְנִיס לְתַפְקִיד, הִסְמִיךְ

in"stitu'tion *n.* (אִנְסְטִטוּשְׁן) מוֹסָד; נֹהַג; יִסּוּד; הַסְמָכָה

instruct' *v.t.* (אִנְסְטְרַקְט) הוֹרָה, לִמֵּד, הִדְרִיךְ, חִנֵּךְ; הוֹדִיעַ, הִקְנָה מֵידָע; פָּקַד

instruc'tion *n.* (אִנְסְטְרַקְשְׁן) הוֹרָאָה, לִמּוּד, חִנּוּךְ; יֶדַע

—s הוֹרָאוֹת, פְּקֻדּוֹת, הַנְחָיוֹת

instruc'tive *adj.* (אִנְסְטְרַקְטִב) מַקְנֶה יֶדַע, מְאַלֵּף

instruc'tor *n.* (אִנְסְטְרַקְטְר) מַדְרִיךְ (בְּמִכְלָלָה); מוֹרֶה

in'strument *n.* (אִנְסְטְרֻמֶנְט) מַכְשִׁיר, כְּלִי; כְּלִי נְגִינָה; סוֹכְנוּת, אֶמְצָעִי; מִסְמָךְ; כְּלִי־שָׁרֵת; הֶתְקֵן־מְדִידָה, מַד

in"subor'dinate *adj.* (אִנְסֻבּוֹרְדִנְט) מַמְרֶה; לֹא־צַיְּתָן; לֹא נָמוּךְ יוֹתֵר

in"suffici'ency *n.* (אִנְסַפִשֶנְסִי) חֹסֶר

in"suffici'ent *adj.* (אִנְסַפִשֶנְט) לֹא־מַסְפִּיק, חָסֵר

in'sular *adj.* (אִנְסֻלְר) שֶׁל אִי אוֹ אִיִּים; שׁוֹכֵן אִי; מְהַוֶּה אִי; מְבֻדָּד, נִפְרָד; שֶׁל שׁוֹכְנֵי אִיִּים; צַר־אֹפֶק

in'sulate" *v.t.* (אִנְסֻלֵיט) בִּדֵּד; בּוֹדֵד; הִפְרִיד

in'sula"tor *n.* (אִנְסֻלֵיטְר) מְבַדֵּד

insult' *v.t.* (אִנְסַלְט) הֶעֱלִיב

in'sult *n.* עֶלְבּוֹן

insu'perable *adj.* (אִנְסוּפְּרַבְּל) שֶׁאֵין לְהִתְגַּבֵּר עָלָיו; שֶׁאֵין לַעֲבוֹר מֵעָלָיו

insur'ance *n.* (אִנְשׁוּרַנְס) בִּטּוּחַ

insure' *v.t.* & *i.* (אִנְשׁוּר) בִּטַּח; הִבְטִיחַ; הוֹצִיא בִּטּוּחַ; רָכַשׁ בִּטּוּחַ

insur'gent *n.* & *adj.* (אִנְסֶרְגֶ'נְט) מוֹרֵד; מַרְדָּנִי

in"surmoun'table *adj.* (אִנְסֶרְמָאוּנְטַבְּל) שֶׁאֵין לַעֲבוֹר מֵעָלָיו; שֶׁאֵין לְהִתְגַּבֵּר עָלָיו

in"surrec'tion *n.* (אִנְסְרֶקְשֶׁן) מְרִידָה, הִתְקוֹמְמוּת

intact' *adj.* (אִנְטֶקְט) שֶׁשְּׁלֵמוּתוֹ לֹא נִפְגְּעָה; שָׁלֵם, לְלֹא פְּגָם

in'take" *n.* (אִנְטֵיק) מְקוֹם כְּנִיסָה, הַכְנָסָה; הַכְנָסָה; קִבּוּל, חֹמֶר מֻכְנָס; כַּמּוּת שֶׁהֻכְנְסָה; הַצָּרוּת, הִתְכַּוְּצוּת; שְׁאִיבָה, יְנִיקָה; אֲפַרְכֶּסֶת כְּנִיסָה

in'teger *n.* (אִנְטֶגְ'ר) שָׁלֵם; יֵשׁוּת שְׁלֵמָה

in'tegral *adj.* & *n.* (אִנְטֶגְרַל) שֶׁל חֵלֶק מִשְׁלֵמוּת; מֻרְכָּב מֵחֲלָקִים הַמְּהַוִּים שְׁלֵמוּת; שָׁלֵם; אִינְטֶגְרָלִי; שְׁלֵמוּת; אִינְטֶגְרָל

in'tegrate" *v.t.* & *i.* (אִנְטֶגְרֵיט) לִכֵּד לִשְׁלֵמוּת, יָצַר שְׁלֵמוּת; הֶאֱחִיד; מָצָא הָאִינְטֶגְרָל; אִפְשֵׁר שִׁמּוּשׁ לִבְנֵי כָּל הַגְּזָעִים; נָתַן אֶפְשָׁרֻיּוֹת שָׁווֹת לַכֹּל; מִזֵּג גְּזָעִים, הִתְמַזֵּג; הִתְכַּלֵּל

integ'rity *n.* (אִנְטֶגְרִטִי) דְּבֵקוּת בְּעֶקְרוֹנוֹת מוּסָרִיִּים; אֹפִי מוּסָרִי אֵיתָן; יֹשֶׁר; שְׁלֵמוּת; מִכְלוֹל

in'tellect" *n.* (אִנְטֶלֶקְט) בִּינָה, שֵׂכֶל; כֹּשֶׁר חֲשִׁיבָה, תְּבוּנָה; חָרִיף (אדם), אָדָם מְמֻלָּח; אִינְטֶלֶקְט

in"tellec'tual *adj.* & *n.* (אִנְטֶלֶקְצ'וּאַל) שִׂכְלִי; בַּעַל כֹּשֶׁר נַפְשִׁי מְפֻתָּח; חָרִיף; אִינְטֶלֶקְטוּאָלִי; מֻדְרָךְ עַל יְדֵי הַשֵּׂכֶל; בַּעַל שְׂאָר־רוּחַ; מַשְׂכִּיל; שִׂכְלְתָן; עוֹבֵד עֲבוֹדָה רוּחָנִית

intel'ligence *n.* (אִנְטֶלִגֶ'נְס) כֹּשֶׁר חֲשִׁיבָה; תְּבוּנָה; חֲדָשׁוֹת; מוֹדִיעִין; מִשְׂכָּל; אִינְטֶלִיגֶנְצְיָה

— quotient מְנַת מִשְׂכָּל

intel'ligent *adj.* (אִנְטֶלִגֶ'נְט) נָבוֹן, זָרִיז וּמְמֻלָּח; מְהִיר תְּפִיסָה, בַּעַל שֵׂכֶל חָרִיף; בַּעַל כֹּשֶׁר חֲשִׁיבָה וּתְפִיסָה; אִינְטֶלִיגֶנְטִי

intel'ligible *adj.* (אִנְטֶלִגַ'בְּל) שֶׁאֶפְשָׁר לַהֲבִינוֹ, בָּרוּר

intem'perance *adj.* (אִנְטֶמְפֶּרֶנְס) הַפְרָזָה
בִּשְׁתִיָּה; הַפְרָזָה בְּמַתַּן פֻּרְקָן לַיְּצָרִים; חֹסֶר
מְתִינוּת, הַפְרָזָה

intend' *v.t. & i.* (אִנְטֶנְד) יָעַד; הוֹעִיד;
הָיָה בַּעַל מַשְׁמָעוּת; קָבַע; הִתְכַּוֵּן

intense' *adj.* (אִנְטֶנְס) עַז; מְאֻמָּץ; נִמְרָץ

inten'sify *v.t. & i.* (אִנְטֶנְסִפַי) הִגְבִּיר;
חִזֵּק, חִדֵּד; נַעֲשָׂה עַז יוֹתֵר

inten'sive *adj.* (אִנְטֶנְסִב) עַצִּים,
אִינְטֶנְסִיבִי; מְרֻכָּז

intent' *n.* (אִנְטֶנְט) כַּוָּנָה; מַטָּרָה; מַשְׁמָעוּת
to all —s and purposes לְמַעֲשֶׂה

inten'tion *n.* (אִנְטֶנְשֶׁן) כַּוָּנָה, מַטָּרָה

inter' *v.t.* (אִנְטֶר) קָבַר

in"terac'tion *n.* (אִנְטֶרְאֶקְשֶׁן) פְּעֻלַּת
גּוֹמְלִין

in"tercede' *v.i.* (אִנְטֶרְסִיד) הִתְעָרֵב
לְטוֹבַת־, הִשְׁתַּדֵּל אֵצֶל... לְטוֹבַת־; תִּוֵּךְ

in"tercept' *v.t.* (אִנְטֶרְסֶפְּט) יֵרֵט, עָצַר;
הִפְסִיק

in"terchange' *v.t.* (אִנְטֶרְצֵ'ינְג') הֶחֱלִיף;
הֶחֱלִיף מְקוֹמוֹת; אֵרַע לְסֵרוּגִין; הִתְחַלֵּף

in'terchange" *n.* הַחְלָפָה; הִתְחַלְּפוּת;
מֶחְלָף

in"terchan'geable *adj.* (אִנְטֶרְצֵ'ינְג'בְּל)
חָלִיף; נִתָּן לְהִתְחַלְּפוּת

in"tercon"tinen'tal *adj.* (אִנְטֶרְקוֹנְטִנֶנְטְל)
בֵּין־יַבַּשְׁתִּי

in'tercourse" *n.* (אִנְטֶרְקוֹרְס) מַגָּע, יְחָסִים;
הַחְלָפָה; מִשְׁגָּל

in"terdict' *v.t.* (אִנְטֶרְדִקְט) אָסַר; נִדָּה;
שָׂם מִכְשׁוֹלִים בִּפְנֵי

in'terest *n.* (אִנְטֶרֶסְט) עִנְיָן, הִתְעַנְיְנוּת;
אִינְטֶרֶס, חֵלֶק, זְכוּת; נֶכֶס; טוֹבַת הֲנָאָה,
רִבִּית
—s בַּעֲלֵי דֵעָה
in the —s of לְטוֹבַת
— *v.t.* עִנְיֵן; הָיָה חָשׁוּב בְּעֵינֵי־

in'teresting *adj.* (אִנְטֶרֶסְטִנְג) מְעַנְיֵן

in"terfere' *v.i.* (אִנְטֶרְפִיר) הִפְרִיעַ;
הִתְנַגֵּשׁ; הִתְעָרֵב בְּ־

in"terfer'ence *n.* (אִנְטֶרְפִירֶנְס) הַפְרָעָה,
הִתְעָרְבוּת; הִתְאַבְּכוּת

inter'ior *adj. & n.* (אִנְטִירִיאֶר) פְּנִימִי; שֶׁל
פְּנִים הַיַּבֶּשֶׁת; מְקוֹמִי; פְּנִים

in"terject' *v.t.* (אִנְטֶרְגֶ'קְט) הִכְנִיס
בְּאֶמְצַע, שִׁסַּע; קָרָא תּוֹךְ הִתְרַגְּשׁוּת

in"terjec'tion *n.* (אִנְטֶרְגֶ'קְשֶׁן) הַכְנָסָה
בְּאֶמְצַע; קְרִיאָה נִרְגֶּשֶׁת; אֲמִירַת בֵּינַיִם; מִלַּת
קְרִיאָה

in"terlace' *v.i. & t.* (אִנְטֶרְלֵיס) שָׁזַר; מִזֵּג

in"terleave' *v.t.* (אִנְטֶרְלִיב) הִכְנִיס דַּפִּים
חֲלָקִים

in"terlin'ear *adj.* (אִנְטֶרְלִנִיאֶר) בֵּין
הַשּׁוּרוֹת; שֶׁל תַּרְגּוּם בְּשׁוּרוֹת לְסֵרוּגִין

in"terloc'utor *n.* (אִנְטֶרְלוֹקְיֻטֶר) אִישׁ שִׂיחָה,
מִשְׁתַּתֵּף בְּדוּשִׂיחַ

in'terlo"per *n.* (אִנְטֶרְלוֹפֶּר) מַסִּיג גְּבוּל;
פּוֹרֵץ לְעִנְיָנִים לֹא לוֹ

in'terlude" *n.* (אִנְטֶרְלוּד) מְאֹרַע־בֵּינַיִם,
אֶפִּיזוֹדַת־בֵּינַיִם; מִשְׂחַק־בֵּינַיִם; נְגִינַת־בֵּינַיִם;
קוֹמֶדְיָה

in"termar'riage *n.* (אִנְטֶרְמֶרִג') נִשּׂוּאֵי
תַּעֲרֹבֶת; אֶנְדּוֹגַמְיָה

in"termed'iate *adj.* (אִנְטֶרְמִידִיאֶט) ־בֵּינַיִם

inter'ment *n.* (אִנְטֶרְמֶנְט) קְבוּרָה

inter'minable *adj.* (אִנְטֶרְמֶנֶבְּל) לְלֹא
סִיּוּם, לְלֹא גְּבוּל; נִמְשָׁךְ לְלֹא סוֹף

in"terming'le *v.t.* (אִנְטֶרְמִנְגְל) הִתְעָרֵב
יַחַד

in"termissi'on *n.* (אִנְטֶרְמִשְׁן) הַפְסָקָה

intern' *v.t.* (אִנְטֶרְן) כָּלָא; שָׂם בְּמַעֲצָר,
הִפְקִיד מִשְׁמָר עַל

in'tern *n. & v.i.* סְטַזֶ'ר רְפוּאִי,
מִתְמַחֶה בְּבֵית חוֹלִים; שִׁמֵּשׁ סְטַזֶ'ר בְּבֵית
חוֹלִים

inter'nal *adj.* פְּנִימִי; מְקוֹמִי; קַיָּם רַק בְּנֶפֶשׁ
הַיָּחִיד, סוּבְּיֶקְטִיבִי

in"ternatio'nal *adj. & n.* (אִנְטֶרְנֶשֶׁנְל)
בֵּין־לְאֻמִּי; אִגּוּד מִקְצוֹעִי בֵּין־לְאֻמִּי,
אִינְטֶרְנַצְיוֹנָל

intern'ment *n.* (אִנְטֶרְנְמֶנְט) כְּלִיאָה,
מַעֲצָר

inter'polate" *v.t.* (אִנְטֶרְפֶּלֵיט) הִגְנִיב,
שִׁלֵּב חֹמֶר מְזֻיָּף; הוֹסִיף, בִּיֵּן

in"terpose' *v.t. & i.* (אִנְטֶרְפּוֹז) שָׂם בֵּין,

מְצַעַ; הִפְעִיל בֵּין; הִכְנִיס בְּאֶמְצַע; הִתְמַצֵּעַ, נִכְנַס בֵּין; תִּוֵּךְ, שִׁסַּע וְאָמַר

inter′pret *v.t. & i.* (אִנְטֶרְפְּרִט) הִסְבִּיר, בֵּאֵר; הֵבִין; בִּצֵּעַ; תִּרְגֵּם, נָתַן הֶסְבֵּר

inter″preta′tion *n.* (אִנְטֶרְפְּרִטֵישְׁן) הַסְבָּרָה, הֶסְבֵּר, בֵּאוּר; פֵּרוּשׁ; בִּצּוּעַ, אִינְטֶרְפְּרֶטַצְיָה; תִּרְגּוּם; פֵּשֶׁר

inter′preter *n.* (אִנְטֶרְפְּרִטֶר) תֻּרְגְּמָן, מְתַרְגֵּם, פַּרְשָׁן

inter′rogate″ *v.t. & i.* (אִנְטֶרֲגֵיט) חָקַר, הִצִּיג שְׁאֵלוֹת

inter″roga′tion *n.* (אֶנְטֶרֲגֵישְׁן) חֲקִירָה; הַצָּגַת שְׁאֵלוֹת; שְׁאֵלָה

inter′roga″tor *n.* (אִנְטֶרֲגֵיטְר) חוֹקֵר

in″terrupt′ *v.t. & i.* (אִנְטֲרַפְּט) הִפְסִיק, הִפְרִיעַ

in″terrup′tion *n.* (אִנְטֲרַפְּשְׁן) הַפְסָקָה, הַפְרָעָה

in″tersect′ *v.t. & i.* (אִנְטֶרְסֶקְט) חָצָה, הִצְטַלֵּב

in″tersec′tion *n.* (אִנְטֶרְסֶקְשֲׁן) הִצְטַלְּבוּת, צֹמֶת

in″tersperse′ *v.t.* (אִנְטֶרְסְפֶּרְס) פִּזֵּר, גִּוֵּן עַל יְדֵי פִּזּוּר

in″tertwine′ *v.t. & i.* (אִנְטֶרְטְוַיְן) שָׁזַר, הִשְׁתַּזֵּר

in′terval *n.* (אִנְטֶרְוַל) רֶוַח, הַפְסָקָה, הֲפוּגָה

at —s מִפְּקִידָה לִפְקִידָה

in″tervene′ *v.i.* (אִנְטֶרְוִין) הִתְעָרֵב, הָיָה בֵּין שְׁנֵי דְּבָרִים, הִתְמַצֵּעַ, קָרָה בֵּינְתַיִם, אֵרַע

in″terven′tion *n.* (אִנְטֲרְוֶנְשְׁן) הִתְעָרְבוּת

in′terview *n. & v.t.* (אִנְטֲרְוְיוּ) רֵאָיוֹן; דִּבֵּב רִאְיֵן

intes′tate *adj.* (אִנְטֶסְטֵיט) לְלֹא צַוָּאָה; לֹא מְחֻלָּק בְּאֵין צַוָּאָה

intes′tine *n.* (אִנְטֶסְטִן) מְעִי

in′timacy *n.* (אִנְטֲמַסִי) אִינְטִימִיוּת, יְדִידוּת עֲמֻקָּה; בְּקִיאוּת; בִּטּוּי יְדִידוּת; קֵרוּב מִינִי; יְחִידוּת

in′timate *adj. & n.* (אִנְטֲמִט) אִינְטִימִי, יְדִיד נֶפֶשׁ; יְדִידוּתִי, נוֹחַ וּמְלַבֵּב, בָּא בִּיחָסִים מִינִיִּים; מְפֹרָט, מַעֲמִיק; פְּנִימִי בְּיוֹתֵר; עַצְמִי

in′timate″ *v.t.* (אִנְטֲמֵיט) רָמַז

in″tima′tion *n.* (אִנְטֲמֵישְׁן) רֶמֶז

intim′idate″ *v.t.* (אִנְטִמִדֵיט) הִפְחִיד, הִבְהִיל, הִשְׁפִּיעַ עַל יְדֵי הַפְחָדָה, עוֹרֵר יִרְאָה

in′to *prep.* (אִנְטוּ; בלי הטעמה: אִנְטְ, אִנְטֲ) אֶל, לְתוֹךְ, בְּתוֹךְ, לְמַצַּב־, לִמְלֶאכֶת־, לִפְעֻלַּת־

intol′erable *adj.* (אִנְטוֹלֲרֲבְּל) שֶׁאֵין לְשֵׂאתוֹ, מֻגְזָם בְּיוֹתֵר

intol′erance *n.* (אִנְטוֹלֲרֲנְס) חֹסֶר סוֹבְלָנוּת; אִי־סְבִילוּת; רְגִישׁוּת

intol′erant *adj.* (אִנְטוֹלֲרֲנְט) אִי־סוֹבְלָנִי; בַּעַל מִשְׁפָּטִים קְדוּמִים, צַר־אֹפֶק; לֹא־סוֹבֵל

in″tona′tion *n.* (אִנְטֲנֵישְׁן) אִינְטוֹנַצְיָה, הַנְגָּנָה

intone′ *v.t. & i.* (אִנְטוֹן) בִּטֵּא בְּהַנְגָּנָה, הִנְגִּין; דִּקְלֵם בִּנְעִימָה

intox′ica′te *v.t. & i.* (אִנְטוֹקְסִקֵיט) שִׁכֵּר; הִלְהִיב

intran′sigent *adj.* (אִנְטְרֶנְסִגֲ׳נְט) דּוֹחֶה פְּשָׁרוֹת

intran′sitive *adj.* (אִנְטְרֲנְסִטִב) עוֹמֵד (פועל)

intrep′id *adj.* (אִנְטְרֶפִּד) לְלֹא פַּחַד

in′tricacy *n.* (אִנְטְרִקַסִי) מֻרְכָּבוּת, סִבּוּךְ

in′tricate *adj.* (אִנְטְרֲקִט) מֻרְכָּב, מְסֻבָּךְ; שֶׁקָּשֶׁה לַהֲבִינוֹ

intrigue′ *v.t. & n. & i.* (אִנְטְרִיג) עוֹרֵר סַקְרָנוּת, מָשַׁךְ בְּיִחוּדוֹ; בִּצֵּעַ בְּתַחְבּוּלוֹת, סִכְסֵךְ; נִהֵל פָּרָשַׁת אֲהָבִים חֲשָׁאִית; סַכְסְכָנוּת, אִינְטְרִיגָה; פָּרָשַׁת אֲהָבִים חֲשָׁאִית; תִּסְבֹּכֶת

instrin′sic *adj.* (אִנְטְרִנְסִק) עַצְמִי, פְּנִימִי, שַׁיָּךְ לַאֲתַר מְסֻיָּם

in″troduce′ *v.t.* (אִנְטְרֲדוּס) הִצִּיג; קֵרֵב, הִנְהִיג; הִצִּיעַ; הִקְדִּים, פָּתַח; הִכְנִיס

in″troduc′tion *n.* (אִנְטְרֲדַקְשֲׁן) הַצָּגָה; הַקְדָּמָה, מָבוֹא

in″troduc′tory *adj,* (אִנְטְרֲדַקְטֲרִי) שֶׁל מָבוֹא; כְּדֵי לְהַצִּיג

in′trovert″ *adj. & n.* (אִנְטְרֲוֶרְט) מֻפְנָם, בַּיְּשָׁן, בַּיְּשָׁנִי; אִינְטְרוֹוֶרְטִי

intrude′ *v.t. & i.* (אִנְטְרוּד) דָּחַק; נִדְחַק, פָּרַץ, חָדַר

intru′der *n.* (אנטרודר) נדחק, מתפרץ, זר לא־רצוי

intru′sion *n.* (אנטרוז׳ן) התפרצות, הדחקות; מחדר

in″tuiti′on *n.* (אנטואשן) אינטואיציה; תפיסה בלתי־אמצעית, חדירה מידית למשמעות

intu′itive *adj.* (אנטואטב) אינטואיטיבי, מתוך חדירה בלתי־אמצעית למשמעות; בעל אינטואיציה

inure′ *v.t.* & *i.* (אניור) הרגיל, הקשיח; נכנס לשמוש; פעל, השפיע, הביא תועלת

invade′ *v.t.* & *i.* (אניד) פלש; פשט; השתלט; פגע ב־; הסיג גבול; התפשט; ערך פלישה

in′valid *n.* & *adj.* (אנולד) נכה

inval′id *adj.* (אנולד) חסר־תקף; חלש; בטל

inval′idate″ *v.t.* (אנולדיט) שלל תקף; שלל כח חקי; שלל יעילות

inval′uable *adj.* (אנוליואבל) יקר מאד

invas′ion *n.* (אניז׳ן) לישה; התפרצות; הפרה

invec′tive *n.* (אנוקטב) גנוי חריף, חרוף וגדוף; עלבון

inveigh′ *v.t.* (אני) גנה בחריפות; מחא בחריפות

inveigle′ *v.t.* (אניגל) פתה; השיג בדברי חלקלקות

invent′ *v.t.* (אונט) המציא; בדה

inven′tion *n.* (אונשן) המצאה; בדותה

inven′tive *adj.* (אונטב) ממציא, מחדש; של כח המצאה

inven′tor *n.* (אונטר) ממציא

in′ventor″y *n.* & *v.t.* & *i.* (אונטורי) מצאי; קטלוג; אינונטר; ערך המצאי; רשימת סגלות; רשימת המלאי; רשם מצאי; קטלג; סכם; ערכו הסתכם ב־

inver′sion *n.* (אנורז׳ן) הפוך, אינורסיה

inver′tebrate *adi.* & *n.* (אנורטבריט) חסר־חליות; חסר־אפי

invest′ *v.t.* & *i.* (אנוסט) השקיע; הוציא (כסף); הקדיש; העניק סמכות; ציד בסימני משרה; הכניס לתפקיד; הלביש; עטף; כתר, צר על

inves′tigate″ *v.t.* & *i.* (אנוסטגיט) חקר

inves″tiga′tion *n.* (אנוסטגישן) חקירה

inves′titure *n.* (אנוסטצ׳ר) הכנסה לתפקיד, כניסה לתפקיד; מעטה; הענקת זכות

invest′ment *n.* (אנוסטמנט) השקעה; הקדשה; הלבשה; הענקה; הכנסה לתפקיד; כתור, מצור

invet′erate *adj.* (אנוטרט) תמידי; מרגל; מועד; כרוני

invid′ious *adj.* (אנודיאס) מעורר תרעמת, מעורר קנאה; מעליב; מזיק

invig′orate″ *v.t.* (אנוגריט) הפיח מרץ, השרה חיות

invin′cible *adj.* (אנונסבל) שאין לנצחו; שאין להתגבר עליו

invi′olate *adj.* (אנויאלט) שלא חללו אותו; שלא הפריעוהו; שלא פגעו בו; שלא הופר; שלא קפח

invis′ible *adj.* (אנוזבל) לא־נראה; חבוי, סמוי

in″vita′tion *n.* (אנויטישן) הזמנה; משיכה, תמריץ

invite′ *v.t.* (אנויט) הזמין; בקש בנימוס; חשף עצמו ל־; משך, פתה

invi′ting *adj.* (אנויטנג) מושך, מלבב

in″voca′tion *n.* (אנוקישן) תפלה; תחנה, פניה, בקשה; אכיפת זכות או עקרון מוסרי

in′voice *n.* (אנויס) חשבון

invoke′ *v.t.* (אנווק) התחנן; התפלל ל־; בקש להטיל; בקש אשור; בקש עזרה; גרם

invol′untar″y *adj.* (אנוולנטרי) שלא מרצון; בעל כרחו; ללא כונה; שלא ביודעין

involve′ *v.t.* (אנוולב) כלל, היה כרוך ב־; הביא בעקבותיו; השפיע על; ערב; סבך, גרר; העסיק; עטף

—ed *adj.* מסבך; מערב; קשור; קבל עם ועדה

in′ward *adv.* & *adj.* (אנורד) פנימה; פנימי, בתוך הגוף; בפנים המדינה; רוחני

i'odine" *n.* (אַיְאַדַין) יוֹד

i'on *n.* (אַיְאַן) יוֹן

i'ris *n.* (אַירִס) קַשְׁתִּית (העין); אִירוּס; קֶשֶׁת (בענן)

irk'some *adj.* (אִרְקְסַם) מַרְגִּיז; מֵעִיק; מְיַגֵּעַ

i'ron *n.* (אַיְאַרְן) בַּרְזֶל; מַגְהֵץ; בַּרְזֶל כְּוִיָּה; צִלְצָל

—s אֲזִקִּים

—s in the fire מִפְעָלִים בְּתִכְנוּן

—*adj.* שֶׁל בַּרְזֶל; קָשׁוּחַ, אַכְזָר

— *v.t. & i.* גִּהֵץ; צִיֵּד בְּבַרְזֶל; כָּבַל בַּאֲזִקִּים

— out יִשֵּׁר הַדּוּרִים; סִלֵּק קְשָׁיִים

i'ronclad' *adj.* (אַיְאַרְנְקְלֶד) מְצֻפֶּה לוּחוֹת בַּרְזֶל; קַפְּדָנִי, שֶׁאֵינוֹ נִשְׁבָּר, חֲסַר־גְּמִישׁוּת

iron'ic (al) (אַירוֹנִק[ל]) לַגְלְגָנִי, אִירוֹנִי

i'rony *n.* (אַירַנִי) אִירוֹנְיָה; לָשׁוֹן סַגִּי נְהוֹר; תּוֹצָאוֹת לֹא־צְפוּיוֹת; הִתּוּל; סִגְנוֹן לַגְלְגָנִי; סְתִירָה

irra'diate" *v.t.* (אִרֵידִיאֵיט) הִקְרִין, הֵאִיר; חִמֵּם בְּאֶנֶרְגִּיַּת קְרִינָה; חָשַׂף לִקְרִינָה

irrati'onal *adj.* (אִרֶשֲנְל) אִירַצְיוֹנָלִי, לֹא־הֶגְיוֹנִי, לֹא נִתְפָּס בַּשֵּׂכֶל

irreg'ular *adj.* (אִרֶגְיַלַר) לֹא־סָדִיר, חָרִיג; לֹא־קָבוּעַ; יוֹצֵא מִן הַכְּלָל, בְּנִגּוּד לַכְּלָל, בְּנִגּוּד לַמְקֻבָּל; פָּגוּם

irrel'evant *adj.* (אִרֶלַוַנְט) לֹא־שַׁיָּךְ, לֹא נוֹגֵעַ לָעִנְיָן, לֹא־רֶלֶוַנְטִי

ir"religi'ous *adj.* (אִרִלִגַ׳ס) לֹא־דָתִי, חֲסַר רֶגֶשׁ דָּתִי; מִתְנַגֵּד

irrep'arable *adj.* (אִרֶפַּרַבְּל) שֶׁאֵין לוֹ תַּקָּנָה; לֹא נִתָּן לְתִקּוּן

ir"reproa'chable *adj* (אִרִפְּרוֹצַ׳בְּל) לְלֹא דֹּפִי

ir"resis'table *adj.* (אִרִזִסְטַבְּל) שֶׁאֵין לְהִתְנַגֵּד לוֹ, שֶׁאֵין לַעֲמוֹד בְּפָנָיו; מְפַתֶּה בְּקִסְמוֹ, מְלַבֵּב

irres'olute *adj.* (אִרֶזַלוּט) חֲסַר־הַחְלָטִיּוּת, הַסְסָנִי, פּוֹסֵחַ עַל שְׁתֵּי הַסְּעִפִּים

ir"respec'tive *adj.* (אִרִסְפֶּקְטִב) בְּלִי לְהִתְחַשֵּׁב בְּ־; בְּהִתְעַלְּמוּת מִ־, בְּלִי לָשִׂים לֵב לְ־

ir"respon'sible *adj.* (אִרִסְפּוֹנְסַבְּל) חֲסַר־אַחֲרָיוּת

irrev'erent *adj.* (אִרֶוְרַנְט) מְזַלְזֵל, חֲסַר־יַחַס כָּבוֹד, מֵקֵל רֹאשׁ בְּ־

ir'rigate" *v.t.* (אִרְגֵיט) הִשְׁקָה; שָׁטַף; הִרְטִיב

ir"riga'tion *n.* (אִרְגֵישְׁן) הַשְׁקָאָה; שְׁטִיפָה

ir'ritable *adi.* (אִרְטַבְּל) רָגִיז; שֶׁקַּל לְגָרוֹתוֹ

ir'ritate" *v.t. & i.* (אִרְטֵיט) הִרְגִּיז; גֵּרָה; גָּרַם גֵּרוּי

ir"rita'tion *n.* (אִרְטֵישְׁן) הַרְגָּזָה, רֹגֶז; גֵּרוּי

irrup'tion *n.* (אִרַפְּשַׁן) הִתְפָּרְצוּת לְתוֹךְ, פְּלִישָׁה אֲלִימָה; הִתְרַבּוּת פִּתְאוֹמִית (של אוכלוסיית בעלי חיים)

is (אִז) (הווה, יחיד, גוף שלישי של הפועל be)

there — יֵשׁ

i'sland *n.* (אַילַנְד) אִי; חֹרֶשׁ בִּפְרֶרְיָה; גִּבְעָה בּוֹדֶדֶת

i'slander *n.* (אַילַנְדֶר) תּוֹשַׁב אִי, שׁוֹכֵן אִיִּים

isle *n.* (אַיל) אִיּוֹן; אִי

i'slet *n.* (אַילִט) אִיּוֹן קָטָן

i'solate" *v.t.* (אַיסַלֵיט) בּוֹדֵד; הִפְרִיד, נִתֵּק; שָׂם בְּהֶסְגֵּר

i"sola'tion *n.* (אַיסַלֵישְׁן) בִּדּוּד; הֶסְגֵּר, אִיזוֹלַצְיָה

is'sue *n.* (אִשׁוּ) הוֹצָאָה, נִסּוּחַ, חֲלֻקָּה; גִּלָּיוֹן, הַדְפָּסָה; סֶלַע מַחֲלֹקֶת, פְּלֻגְתָּה; שְׁלַב הַכְרָעָה; תּוֹצָאָה, מוּצָר; צֶאֱצָא; מוֹצָא, יְצִיאָה; זְרִימָה; תְּשׁוּאָה; הַנְפָּקָה, אֶמִיסְיָה

at — שָׁנוּי בְּמַחֲלֹקֶת

take — חָלַק עַל

— *v.t. & i.* הוֹצִיא; חִלֵּק; הִנְפִּיק; זָרַם הַחוּצָה; יָצָא; הוּצָא; יָצָא לָאוֹר; הִסְתַּיֵּם בְּ־

is'thmus *n.* (אִסְמַס) מֵצַר יַבָּשָׁה

it *pron.* (אִט) הוּא, הִיא; (מִין סתמי); זֶה, זֹאת; אוֹתוֹ, אוֹתָהּ; לוֹ, לָהּ

— n. מוֹקֵד הַמִּשְׂחָק; מַצַּב הָעִנְיָנִים

be with — הָיָה קָשׁוּב; הָיָה עֵר, הָיָה בַּעַל הֲבָנָה; הָיָה בַּעַל הַעֲרָכָה

get with — הִתְעַנְיֵן, הָיָה פָּעִיל

Ital'ian *adj. & n.* (אִטֶלְיַן) אִיטַלְקִי; אִיטַלְקִית

itch *v.t. & t. & n.* (אִץ׳) הִרְגִּישׁ גֵּרוּד; גֵּרֵד; הִשְׁתּוֹקֵק; הִרְגִּיז; גֵּרוּד; עִקְצוּץ; תְּשׁוּקָה מַטְרִידָה

i′tem *n.* (אַיְטֶם) פְּרָט; פָּרִיט; עֶרֶךְ; יְדִיעָה נִפְרֶדֶת

i′temize″ *v.t.* (אַיְטְמַיז) פֵּרֵט, רָשַׁם פְּרָטִים

it′erate″ *v.t.* (אִטְרֵיט) חָזַר עַל, עָשָׂה מַחֲזוֹרִית

itin′erant *adj. & n.* (אַיטִנֶרֶנְט) נוֹדֵד; שֶׁל נְדִידָה; פּוֹעֵל נוֹדֵד

itin′erar′y *n.* (אַיְטִנֶרֶרִי) תָּכְנִית מַסָּע, דֶּרֶךְ; דִּין וְחֶשְׁבּוֹן עַל טִיּוּל; מַדְרִיךְ לְתַיָּרִים

itself′ *pron.* (אִטְסֶלְף) עַצְמוֹ, עַצְמָהּ

i′vory *n.* (אַיְבְרִי) שֶׁנְהָב, שֶׁן־פִּיל

i′vy *n.* (אַיבִי) קִיסוֹס; מְטַפֵּס

J

J, j *n.* (גֵ׳י) ג׳, הָאוֹת הָעֲשִׂירִית בָּאָלֶפְבֵּית הָאַנְגְּלִי

jab *v.t. & i. & n.* (גֶ׳ב) דָּקַר; סִנְקֵר בִּתְנוּעָה חֲטוּפָה; דְּקִירָה; סְנוֹקֶרֶת חֲטוּפָה

jab'ber *v.i. & t. & n.* (גֶ׳בְּר) לָהַג, קִשְׁקֵשׁ, פִּטְפֵּט; לַהַג, קִשְׁקוּשׁ; פִּטְפּוּט

jack *n.* (גֶ׳ק) מַגְבֵּהַּ; בָּחוּר, נַסִּיךְ (קלפים) דֶּגֶל זֶהוּת; חֲמוֹר; קַן (חשמל); כֶּסֶף "חֲמֵשׁ אֲבָנִים"

—s כָּל אֶחָד לְלֹא יוֹצֵא מִן הַכְּלָל

every man — כָּל אֶחָד לְלֹא יוֹצֵא מִן הַכְּלָל

— *v.t.* הִגְבִּיהַּ; הֶעֱלָה

jack'al *n.* (גֶ׳קְל) תַּן; כֶּלֶב מְשָׁרֵת; נָבָל; נוֹכֵל

jack'ass" *n.* (גֶ׳קֶס) חֲמוֹר; שׁוֹטֶה

jack'et *n.* (גֶ׳קְט) זָ׳קֶט, מְעִיל קָצָר; עֲטִיפָה; מַעֲטֶה; קְלִפָּה (של תפוח אדמה כבושל); מַעֲטָפָה; מִכְסֶה פְּלָדָה

jack'pot" *n.* (גֶ׳קְפּוֹט) הַפְּרָס הָעִקָּרִי

hit the — הָיָה בַּעַל מַזָּל פִּתְאוֹמִי, זָכָה בְּהַצְלָחָה גְּדוֹלָה

jade *n.* (גֵ׳יד) יָדָה; יָרֹק; מִרְשַׁעַת; פְּרוּצָה; סוּס בָּלֶה

— *v.t. & i.* הִתְיַגֵּעַ; יִגֵּעַ

jag *n.* (גֶ׳ג) שִׁכָּרוֹן; הִשְׁתּוֹלְלוּת

jag'ged *adj.* (גֶ׳גִד) מְחֹרָץ

jail *n. & v.t.* (גֵ׳יל) בֵּית כֶּלֶא, מַעֲצָר; כָּלָא, שָׂם בְּמַעֲצָר

jail'bait" *n.* (גֵ׳ילְבֵּיט) קְטִינָה שֶׁבִּגְלָלָהּ נִכְנָסִים לַכֶּלֶא

jail'bird" *n.* (גֵ׳ילְבֶּרְד) אָסִיר; אָסִיר לְשֶׁעָבַר

jail'break" *n.* (גֵ׳ילְבְּרֵיק) בְּרִיחָה בְּכֹחַ מִבֵּית סֹהַר

jai'ler *n.* (גֵ׳ילְר) סוֹהֵר, אַחֲרַאי בְּבֵית כֶּלֶא קָטָן

jalop'y *n.* (גֶ׳לוֹפִּי) "טְרַנְטָה"

jal'ousie" *n.* (גֶ׳לֶסִי) רְפָפוֹת

jam *n.* (גֶ׳ם) דָּחַס, דָּחַק; עָשָׂה חֲבוּרָה; לָחַץ בְּחָזְקָה; גָּרַם שֶׁהֶחֳלָקִים יִתָּפְסוּ זֶה בָּזֶה, גָּרַם לְשִׁתּוּק הַמַּנְגָּנוֹן; בִּלֵּל, הִפְרִיעַ לְשִׁדּוּר; נִתְפַּס; נִתְקַע; נִדְחַק

— *n.* דְּחִיקָה; דֹּחַק; הִתָּפְסוּת; פְּקָק (תנועה); הִסְתַּבְּכוּת; הַפְרָעָה (לשדורים); רִבָּה

jam' ses"sion (גֶ׳ם סֶשְׁן) קוֹנְצֶרְט מְאֻלְתָּר לְעִנּוּג הַמְנַגְּנִים; קוֹנְצֶרְט גֶ׳ז

jang'le *v.i. & t.* (גֶ׳נְגְל) הִשְׁמִיעַ נְקִישָׁה צוֹרְמָנִית, צָרַם; הִתְנַצֵּחַ; הִרְגִּיז

jan'itor *n.* (גֶ׳נִטְר) שַׁמָּשׁ, שָׁרָת; שׁוֹעֵר

Jan'uary *n.* (גֶ׳נְיוּאֶרִי) יָנוּאָר

Jap"anese' *n. & adj.* (גֶ׳פֶּנִיז) יַפָּנִי; יַפָּנִית

jar *n. & v.i. & t.* (גַ׳ר) כַּד; חֲרִיקָה, צְרִימָה; זַעֲזוּעַ; צָרַם, חָרַק; הִזְדַּעְזֵעַ; זִעְזַע

jar'gon *n.* (גַ׳רְגְן) נִיב מִקְצוֹעִי; לְשׁוֹן עִלְּגִים; זַ׳רְגוֹן

jas'mine *n.* (גֶ׳זְמִן) יַסְמִין

jas'per *n.* (גֶ׳סְפְּר) יָשְׁפֵה

jaun'dice *n. & v.t.* (גּ׳וֹנְדִס) צַהֶבֶת; סִלֵּף

jaunt *v.i. & n.* (ג׳וֹנְט) טִיֵּל (טיול קצר); טִיּוּל קָצָר

jaun'ty *adj.* (ג׳וֹנְטִי) מָלֵא חִיּוּת; עַרְנִי; מְסֻדָּר וּמַרְשִׁים (לבוש)

jav'elin *n.* (גֶ׳וְלִן) רֹמַח

jaw *n. & v.i.* (ג׳וֹ) לֶסֶת; שׂוֹחֵחַ, "רִכֵּל"

jay *n.* (גֵ׳י) עוֹרְבָנִי

jay'walk" *v.i.* (גֵ׳יווֹק) חָצָה רְחוֹב שֶׁלֹּא בְּמַעֲבַר חֲצִיָּה, חָצָה רְחוֹב בְּרַשְׁלָנוּת

jazz *n.* (גֶ׳ז) גֶ׳ז; חִיּוּת; מְלִיצוֹת שְׁדוּפוֹת

jeal'ous *adj.* (גֶ׳לֶס) מְקַנֵּא; קַנַּאי

jeal'ousy *n.* (גֶ׳לֶסִי) קִנְאָה; קַנָּאוּת

jeep *n.* (ג׳יפּ) ג׳יפּ

jeer *v.i. & t. & n.* (גִ׳יר) לָעַג; לַעַג

jel'ly *n.* (גֶ׳לִי) קָרִישׁ

jel'lyfish" *n.* (גֶ׳לִיפִשׁ) מְדוּזָה

jeop'ardize *v.t.* (גֶ׳פֶּרְדַיז) סִכֵּן

jeop'ardy *n.* (גֶ׳פֶּרְדִי) סַכָּנָה

jerk *n. & v.t. & i.* (גֶ'רְק) תְּנוּעָה פִּתְאוֹמִית; טֶפַּשׁ; הֵנִיעַ פִּתְאוֹם; פָּלַט בְּצוּרָה מְקֻטַּעַת

jes'samine *n.* (גֶ'סַמִן) יַסְמִין

jest *n. & v.i. & t.* (גֶ'סְט) בְּדִיחָה, צְחוֹק; הִתְבַּדֵּחַ, חָמַד לָצוֹן; לָעַג

jes'ter *n.* (גֶ'סְטֶר) לֵיצָן

Jes'uit *n.* (גֶ'זוּאִט) יֵשׁוּעִי

Jes'us Christ' *n. & interj.* (ג'יזַס קְרַיסְט) יֵשׁוּ הַנּוֹצְרִי; אוֹיש, אוּף, אָיָּה

jet *n.* (גֶ'ט) סִילוֹן; נָחִיר

jet'sam *n.* (גֶ'טְסַם) סְחוֹרָה שֶׁנִּזְרְקָה לַיָּם

jet'ty *n.* (גֶ'טִי) מֵזַח

Jew *n.* (ג'וּ) יְהוּדִי

Jew'-bai"ting *n.* (ג'וּ־בֵּיטִנְג) רְדִיפַת יְהוּדִים

jew'el *n.* (ג'וּאֶל) תַּכְשִׁיט; אֶבֶן חֵן; כְּלִי יָקָר; אֶבֶן מֵסַב

jew'eler *n.* (ג'וּאֶלֶר) צוֹרֵף; שָׁעָן

jew'elry *n.* (ג'וּאֶלְרִי) תַּכְשִׁיטִים, תַּכְשִׁיט

Jew'ish *adj. & n.* (ג'וּאִשׁ) יְהוּדִי; יִידִית

Jew'ry *n.* (ג'וּרִי) הָעָם הַיְּהוּדִי

jig *n.* (גִ'ג) רִקּוּד עַלִּיז; נְגִינָה לְרִקּוּד הַגִ'יג

in — time בִּמְהִירוּת

the — is up אָפְסָה כָּל תִּקְוָה

jilt *v.t.* (גִ'לְט) נָטַשׁ, דָּחָה אֲהֻבָה

Jim'Crow' (גִ'ם קְרוֹ) אַפְלָיָה נֶגֶד כּוּשִׁים

jin'gle *v.i. & t. & n.* (גִ'נְגֶל) נָקַשׁ, חָרַז; נְקִישָׁה; חֲרִיזָה

jinx *n.* (גִ'נְקְס) מֵבִיא מַזָּל רָע

job *n.* (ג'וֹב) עֲבוֹדָה; חוֹבָה, אַחֲרָיוּת; מִשְׂרָה; עִנְיָן, מְאֹרָע

job'ber *n.* (ג'וֹבֶּר) סִיטוֹנַאי

jock'ey *n.* (ג'וֹקִי) רַכָּב; נֶהָג

jocose' *adj.* (ג'וֹקוֹס) מִתְלוֹצֵץ, מִתְבַּדֵּחַ

joc'ular *adj.* (ג'וֹקְיֶלֶר) מִתְבַּדֵּחַ, קֻנְדֵּסִי

jo'cund *adj.* (ג'וֹקֻנְד) עַלִּיז

jog *v.t. & i.* (ג'וֹג) דָּחַף, עוֹרֵר; נָע בִּתְנוּעוֹת מְקֻטָּעוֹת; רָץ בְּקֶצֶב

join *v.t. & i.* (ג'וֹין) חִבֵּר; הִתְחַבֵּר עִם; אִחֵד; הִצְטָרֵף לְ־; הִתְכַּנֵּס; פָּגַשׁ, נִפְגַּשׁ; הִשְׁתַּתֵּף יַחַד; חִתֵּן

joint *n.* (ג'וֹינְט) מִפְרָק; חִבּוּר; מַחְבָּר; מוֹעֲדוֹן לַיְלָה הֲמוֹנִי; מָקוֹם; סִיגַרְיַת מָרִיחוּאָנָה

out of — נָקוּעַ; בְּמַצָּב לֹא־מַתְאִים

adj. מְשֻׁתָּף

joke *n. & v.i. & t.* (ג'וֹק) הֲלָצָה; עִנְיָן שֶׁל מָה בְּכָךְ; דָּבָר קַל מְאֹד; הִתְלוֹצֵץ

jol'ly *adj.* (ג'וֹלִי) עַלִּיז; שָׂמֵחַ

jolt *v.t. & i. & n.* (ג'וֹלְט) זִעְזַע; הָלַם בְּ־; הִפְרִיעַ בְּצוּרָה מְזַעְזַעַת; נָע בִּתְנוּעוֹת מְקֻטָּעוֹת; זַעֲזוּעַ; הֶלֶם; תְּבוּסָה פִּתְאוֹמִית; מְנַת חִזּוּק

jos'tle *v.t. & i.* (ג'וֹסֶל) דָּחַף בְּגַסּוּת

jot *v.i.* (ג'וֹט) רָשַׁם בְּקִצּוּר, רָשַׁם מַהֵר

jour'nal *n.* (גֶ'רְנַל) עִתּוֹן, כְּתַב־עֵת; רִשּׁוּם יוֹמִי; דִּין וְחֶשְׁבּוֹן

jour'nalis"m *n.* (גֶ'רְנַלִזְם) עִתּוֹנָאוּת

jour'nalist *n.* (גֶ'רְנַלִסְט) עִתּוֹנַאי

jour"nalis'tic *adj.* (גֶ'רְנַלִסְטִק) עִתּוֹנָאִי, שֶׁל עִתּוֹנָאִים; שֶׁל עִתּוֹנָאוּת

jour'ney *n. & v.i.* (גֶ'רְנִי) נְסִיעָה; נָסַע

jour'neyman *n.* (גֶ'רְנִימֶן) אוּמָן

joust *n.* (גַ'אוּסְט) דּוּקְרָב פָּרָשִׁים

—s טוּרְנִיר

— *v.i.* הִשְׁתַּתֵּף בְּדוּקְרָב פָּרָשִׁים; הִשְׁתַּתֵּף בְּטוּרְנִיר

jo'vial *adj.* (ג'וֹבִיאֶל) עַלִּיז

jowl *n.* (גַ'אוּל) הַלֶּסֶת הַתַּחְתּוֹנָה; לְחִי; פִּימַת הַלֶּסֶת

joy *n.* (ג'וֹי) גִּיל; הֲנָאָה; עַלִּיזוּת

joy'ful *adj.* (ג'וֹיפֶל) שָׂמֵחַ; מְשַׂמֵּחַ, מַרְנִין

ju'bilant *adj.* (ג'וּבֶּלֶנְט) צוֹהֵל

ju'bilee" *n.* (ג'וּבֶּלִי) יוֹם שָׁנָה; יוֹבֵל; חֲגִיגָה, מְסִבָּה

Ju'dais"m *n.* (ג'וּדֶאִזְם) יַהֲדוּת

judge *n. & v.t. & i.* (גַ'ג') שׁוֹפֵט; בּוֹרֵר; פָּסַק, חָרַץ מִשְׁפָּט; שָׁפַט; יָשַׁב בְּדִין; סָבַר, הֶעֱרִיךְ

judg'ment *n.* (גַ'ג'מֶנְט) שְׁפִיטָה; פְּסַק דִּין; חִיּוּב; בַּעַל חוֹב; הַבְחָנָה, שֵׂכֶל יָשָׁר; הַכְרָעָה; דֵּעָה

judici'al *adj.* (ג'וּדִשֶׁל) שֶׁל בֵּית מִשְׁפָּט; שִׁפּוּטִי; שֶׁל שׁוֹפְטִים, שֶׁל שׁוֹפֵט; בִּקָּרְתִּי, בַּעַל אַבְחָנָה; מַכְרִיעַ

judici'ar"y *adj. & n.* (ג'וּדִשִׁיאֲרִי) שֶׁל פְּסַק דִּין, שֶׁל בֵּית מִשְׁפָּט; שִׁפּוּטִי; מַעֲרֶכֶת הַשִּׁפּוּט, מַעֲרֶכֶת בָּתֵּי הַמִּשְׁפָּט; שׁוֹפְטִים

judici'ous *adj.* (ג'וּדִשֶׁס) זָהִיר, נָבוֹן

jug *n.* (גַ'ג) כַּד, פַּךְ; "חַד־גַּדְיָא"

jug'gle *v.t. & i.* (גַ'גְל) לְהַטֵּט; זָרַק וְתָפַס בִּתְנוּעָה מַתְמֶדֶת; אִזֵּן; כִּמְעַט הִשְׁמִיט מִיָּדוֹ וְתָפַס; אָחַז עֵינַיִם, רִמָּה

jug'gler *n.* (גַ'גְלֶר) לַהֲטוּטָן, מְאַחֵז עֵינַיִם; רַמַּאי

jug'ular *adj.* (גַ'גְיֻלֶר) שֶׁל הַצַּוָּאר, שֶׁל וְרִיד הַצַּוָּאר

juice *n.* (ג'וּס) מִיץ; תַּמְצִית, חִיּוּת; כֹּחַ חַשְׁמַלִּי; דֶּלֶק

jui'cy *adj.* (ג'וּסִי) עֲסִיסִי, פִּיקַנְטִי

juke'box" *n.* (ג'וּקבּוֹקְס) פַּטֵיפוֹן בְּתַשְׁלוּם; תֵּבַת נְגִינָה

July' *n.* (גַ'לַי) יוּלִי

jum'ble *v.t. & i. & n.* (גַ'מְבְּל) עִרְבֵּב, בָּלַל; בִּלְבֵּל; הִתְעָרֵב; עִרְבּוּבְיָה, תֹּהוּ וָבֹהוּ

jump *v.i. & t.* (גַ'מְפּ) קָפַץ; קָם מַהֵר; נֶחְפַּז; פָּעַל בִּמְהִירוּת; הֶאֱמִיר; צִיֵּת מִיָּד; הִקְפִּיץ; דִּלֵּג, עָקַף; בָּרַח; תָּפַס שֶׁלֹּא כַּחֹק; לָכַד (בדמקה); הִתְנַפֵּל מִמַּאֲרָב

— n. קְפִיצָה; מִכְשׁוֹל; צְנִיחָה; הָאֲמָרָה; מַעֲבָר פִּתְאוֹמִי

get the — on הָיָה לוֹ יִתְרוֹן הַתְחָלָתִי

jum'per *n.* (גַ'מְפֶּר) סַרְפָן; חֻלְצָה

jum'py *adj.* (גַ'מְפִּי) עַצְבָּנִי

junc'tion *n.* (גַ'נְקְשֶׁן) חִבּוּר, הִתְחַבְּרוּת; מְחַבֵּר; צֹמֶת

junc'ture *n.* (גַ'נְקְצֶ'ר) מִפְנֶה, מַשְׁבֵּר; חִבּוּר; מְחַבֵּר

June *n.* (ג'וּן) יוּנִי

jun'gle *n.* (גַ'נְגְל) ג'וּנְגֶל; יַעַר עָבֹת; עִרְבּוּבְיָה

jun'ior *adj. & n.* (ג'וּנְיֶר) הַצָּעִיר, הַבֵּן; תַּלְמִיד הַשָּׁנָה הַשְּׁלִישִׁית; שֶׁל צְעִירִים; זוּטָר

— high' school' בֵּית סֵפֶר שֶׁל חֲטִיבַת הַבֵּינַיִם

ju'niper *n.* (ג'וּנִפֶּר) עַרְעָר

junk *n. & v.t.* (גַ'נְק) גְּרוּטָאוֹת; חֶפְצֵי פְּסֹלֶת; הִשְׁלִיךְ כִּכְלִי אֵין חֵפֶץ בּוֹ

— *adj.* זוֹל, חֲסַר־עֵרֶךְ

jun'ket *n.* (גַ'נְקֶט) טִיּוּל; נְסִיעָה בְּמִלּוּי תַּפְקִיד

jun'kie *n.* (גַ'נְקִי) נַרְקוֹמָן

jur"isdic'tion *n.* (ג'וּרִסְדִקְשֶׁן) סַמְכוּת שִׁפּוּט; סַמְכוּת; תְּחוּם שִׁפּוּט

jur"isprud'ence *n.* (ג'וּרִסְפְּרוּדֶנְס) מַדַּע הַמִּשְׁפָּט; מַעֲרֶכֶת מִשְׁפָּט

jur'or *n.* (ג'וּרֶר) שׁוֹפֵט מֻשְׁבָּע

jur'y *n.* (ג'וּרִי) חֶבֶר מֻשְׁבָּעִים

just *adv.* (גַ'סְט) זֶה עַתָּה, כָּרֶגַע; בְּדִיּוּק; מַמָּשׁ; בִּזְמַן קָצָר; רַק

— *adj.* צוֹדֵק, הָגוּן; מְדֻיָּק; יָשָׁר

jus'tice *n.* (גַ'סְטִס) צֶדֶק; מִשְׁפָּט; שׁוֹפֵט

jus'ti"fiable *adj.* (גַ'סְטִפַיאֲבְּל) מֻצְדָּק, שֶׁאֶפְשָׁר לְהַצְדִּיקוֹ

jus'tifica"tion *n.* (גַ'סְטִפִקֵישֶׁן) הַצְדָּקָה; לִמּוּד זְכוּת

jus'tify" *v.t. & i.* (גַ'סְטִפַי) הִצְדִּיק, לִמֵּד זְכוּת עַל; זִכָּה; הֵבִיא תִּמּוּכִין לְ־

just'ness *n.* (גַ'סְטְנֶס) צֶדֶק, הֲגִינוּת; הַתְאָמָה לַחֹק, הַתְאָמָה לָעֻבְדּוֹת

jut *v.i.* (גַ'ט) בָּלַט, הִתְבַּלֵּט

ju'venile" *adj. & n.* (ג'וּבֶנִיל) שֶׁל נֹעַר; צָעִיר; יַלְדוּת; סֵפֶר יְלָדִים

jux'tapositi'on *n.* (גַ'קְסְטַפֶּזִשֶׁן) קֵרוּב לְשֵׁם הַשְׁוָאָה; הַעֲמָדָה זֶה עַל יַד זֶה

K

K, k *n.* (קֵי) כּ, ק; הָאוֹת הָאַחַת־עֶשְׂרֵה בָּאָלֶפְבֵּית הָאַנְגְּלִי

kang″aroo′ *n.* (קֶנְגַּרוּ) קֶנְגּוּרוּ

keel *n.* (קִיל) שִׁדְרִית; אַרְבָּה; אֳנִיָּה

on an even — בְּצוּרָה יַצִּיבָה, בְּמַצָּב אִזּוּן

— *v.t. & i* הָפַךְ תַּחְתּוֹן לְעֶלְיוֹן; הִתְהַפֵּךְ

— over הִתְעַלֵּף פִּתְאוֹם

keen *adj. & i.* (קִין) חַד; שָׁנוּן; חוֹדֵר; רָגִישׁ מְאֹד, חָרִיף; חָזָק; נִלְהָב

— *n. & v.i.* קִינָה, נְהִי; נָהָה

keep *v.t. & i.* (קִיפּ) הֶחֱזִיק; הִשְׁתַּמֵּשׁ; שָׁמַר עַל; קִיֵּם; תִּחְזֵק; פִּרְנֵס; דָּאַג לְכָךְ; מָנַע; נִשְׁאַר בּ־; הִתְרוֹעֵעַ עִם; הִמְשִׁיךְ; נִשְׁמַר מִקִּלְקוּל; סָבַל דִּחוּי

— at הִתְמִיד

— back עָצַר, מָנַע

— on הִתְמִיד

— quiet שָׁתַק

— to דָּבַק בּ־; נִשְׁאַר בּ־

— up הִתְמִיד; תִּחְזֵק בְּמַצָּב טוֹב; הִתְחָרָה בְּהַצְלָחָה, עִדְכֵּן עַצְמוֹ

— *n.* מִחְיָה; מָעוֹז, טִירָה

for —s בְּלֹא כַּוָּנָה לְהַחֲזִיר; בִּרְצִינוּת

kee′per *n.* (קִיפְּר) שׁוֹמֵר; מַחֲזִיק; מַשְׁגִּיחַ; מְנַהֵל

kee′ping *n.* (קִיפִּנְג) הַתְאָמָה; הַשְׁגָּחָה; שְׁמִירָה; רְשׁוּת

keep′sake″ *n.* (קִיפְּסֵיק) מַזְכֶּרֶת

keg *n.* (קֶג) חָבִיוֹנָה; מִשְׁקָל שֶׁל 45.36 ק״ג (לִמְכִירַת מַסְמְרִים)

kelp *n.* (קֶלְפּ) לַמִּינַרְיָה

ken′nel *n.* (קֶנְל) מְלוּנָה; מוֹסָד לְגִדּוּל כְּלָבִים; מְאוּרָה

kept (קֶפְּט) (זְמַן עָבַר שֶׁל keep)

ker′chief *n.* (קֶרְצִ׳ף) מִטְפַּחַת

ker′nel *n.* (קֶרְנֶל) גַּרְעִין; זֶרַע

ker′osene″ *n.* (קֶרֶסִין) נֵפְט (דֶּלֶק)

ket′tle *n.* (קֶטְל) קוּמְקוּם; סִיר; תֵּיוֹן

— of fish מַצָּב מְבֻלְבָּל, עֵסֶק בִּישׁ

key *n. & adi.* (קִי) מַפְתֵּחַ; מְנַעְנֵעַ, מַקָּשׁ, קָלִיד; סֻלָּם; רָאשִׁי, עִקָּרִי; חָשׁוּב

kick *v.t. & i.* (קִק) בָּעַט; ״קִטֵּר״; נִרְתַּע

— around הִתְעַלֵּל בּ־; דָּן בּ־; הֶחֱלִיף מְקוֹם מְגוּרִים אוֹ עֲבוֹדָה לְעִתִּים תְּכוּפוֹת

— in תָּרַם חֶלְקוֹ

— out גֵּרֵשׁ

— over נִדְלַק

— the habit נִפְטַר מֵהֶרְגֵּל

— *n.* בְּעִיטָה; עָצְמָה; רֶתַע; תְּלוּנָה; מֶרֶץ; תַּעֲנוּג מְרַגֵּשׁ

kid *n. & v.t. & i.* (קִד) גְּדִי; עוֹר גְּדִי; יֶלֶד; ״מָתַח״; הִתְלוֹצֵץ, הִקְנִיט; אָחַז עֵינַיִם

kid′nap *v.t.* (קִדְנֶפּ) חָטַף

kid′ney *n.* (קִדְנִי) כִּלְיָה

kill *v.t. & i. & n.* (קִל) הָרַג, הֵמִית; נִטְרֵל; כָּבָה (מָנוֹעַ); בִּטֵּל (זְמַן); הָמַם; רָצַח; הֶרֶג; הֲרִיגָה, חַיַּת צַיִד הֲרוּגָה

kiln *n.* (קִלְן) מִשְׂרָפָה

kil′ogram″ *n.* (קִלֲגְרֶם) קִילוֹגְרָם

kilom′eter *n.* (קִלוֹמֲטְר) קִילוֹמֶטֶר

kilt *n.* (קִלְט) חֲצָאִית סְקוֹטִית

kin *n.* (קִן) קְרוֹבִים; קִרְבָה; בְּנֵי מוֹצָא אֶחָד; שְׁאֵר־בָּשָׂר. קָרוֹב

kind *n.* (קַינְד) מִין, סוּג; מַהוּת, טִיב

in — מִדָּה כְּנֶגֶד מִדָּה; בְּאוֹתָהּ סְחוֹרָה

of a — בְּנֵי אוֹתוֹ מִין, דּוֹמִים בְּמַהוּתָם

— *adj.* טוֹב־לֵב; מִתּוֹךְ טוּב־לֵב

kin′dle *v.t. & i.* (קִנְדְל) הִדְלִיק; הִלְהִיב; הִתְחִיל לִבְעוֹר

kin′dly *adj. & adv.* (קַינְדְלִי) מִתּוֹךְ טוּב־לֵב; עָדִין; מָתוּן; נָעִים, מֵיטִיב; בְּצוּרָה אֲדִיבָה; בִּלְבָבִיּוּת; בְּבַקָּשָׁה

kind′ness *n.* (קַינְדְנִס) טוּב־לֵב; חֶסֶד; יְדִידוּת

kin′dred *n. & adj.* (קִנְדְרֶד) קְרוֹבִים; מִשְׁפָּחָה, שֵׁבֶט, גֶּזַע; קִרְבָה, שְׁאֵרוּת; קָרוֹב; בַּעֲלֵי הַשְׁקָפוֹת דּוֹמוֹת; שֶׁל קְרוֹבִים

king *n.* (קִנְג) מֶלֶךְ

king'dom *n.* (קִנְגְדֶם) מְלוּכָה; מַמְלָכָה; מַלְכוּת

king'fisher" *n.* (קִנְגְפִשֶר) שַׁלְדָג

king'ly *adj.* (קִנְגְלִי) מַלְכוּתִי; שֶׁל מֶלֶךְ

kink *n.* (קִנְק) סִלְסוּל, פִּתּוּל; כְּאֵב שְׁרִירִים; פְּגָם; קַפְּרִיזָה

kins'man *n.* (קִנְזְמֶן) קָרוֹב, שְׁאֵר־בָּשָׂר

kiosk' *n.* (קִיאוֹסְק) בִּיתָן; קִיוֹסְק

kip'per *n.* (קִפֶּר) מָלִיחַ מְעֻשָּׁן

kiss *v.t. & i. & n.* (קִס) נָשַׁק; נָגַע נְגִיעָה קַלָּה; נְשִׁיקָה; סֻכָּרִיַּת טוֹפִי

kit *n.* (קִט) מַעֲרֶכֶת כֵּלִים; תַּרְמִיל כֵּלִים; מַעֲרֶכֶת מַרְכִּיבִים

— and caboodle הַכֹּל, מִכֹּל כֹּל

kitch'en *n.* (קִצֶ'ן) מִטְבָּח; עוֹבְדֵי מִטְבָּח; צִיּוּד מִטְבָּח

kite *n.* (קַיְט) עֲפִיפוֹן; דַּיָּה

kit'ten *n.* (קִטְן) חֲתַלְתּוּל

kit'ty *n.* (קִטִי) קֻפָּה; חֲתַלְתּוּל, חָתוּל

knack *n.* (נֶק) כִּשְׁרוֹן מְיֻחָד

knap'sack" *n.* (נֶפְּסֶק) תַּרְמִיל גַּב

knave *n.* (נֵיב) נוֹכֵל; בָּחוּר (קלפים)

knead *v.t.* (נִיד) לָשׁ, עִסָּה

knee *n.* (נִי) בֶּרֶךְ

kneel *v.i.* (נִיל) כָּרַע בֶּרֶךְ

knell *n.* (נֶל) צִלְצוּל פְּטִירָה; הוֹדָעַת הַסּוֹף; צְלִיל נוּגֶה

knew (נוּ) (זמן עבר של know)

knick'ers *n. pl.* (נִקֶרְז) מִכְנְסֵי בִּרְכַּיִם

knick'nack" *n.* (נִקְנֶק) תַּכְשִׁיט, קִשּׁוּט קַל־עֵרֶךְ, "שְׁמוֹנְצֶ'ס"

knife *n.* (נַיְף) סַכִּין; פִּגְיוֹן; לַהַב

under the — עוֹבֵר נִתּוּחַ

— *v.t. & i.* חָתַךְ, דָּקַר בְּסַכִּין; נִסָּה לְהָבִיס בְּעָרְמָה; בָּקַע כְּסַכִּין חוֹתֵךְ

knight *n. & v.t.* (נַיְט) אַבִּיר; פָּרָשׁ; הֶעֱנִיק תֹּאַר אַבִּיר

knight'hood *d.* (נַיְטְהֻד) אַבִּירוּת; צִבּוּר הָאַבִּירִים

knit *v.t. & i.* (נִט) סָרַג, חִבֵּר; קִמֵּט; הִתְחַבֵּר, הִתְמַזֵּג

knives (נַיְבְז) (רבים של knife)

knob *n.* (נוֹב) גֻּלָּה, כַּפְתּוֹר; גַּבְשׁוּשִׁית

knock *v.i. & t.* (נוֹק) דָּפַק, הִקִּישׁ; מָתַח בִּקֹּרֶת קַטְנוּנִית; הִתְנַגֵּשׁ בְּ־; הִכָּה, חָבַט; עָשָׂה עַל יְדֵי חֲבָטָה

— around נָדַד לְלֹא תַּכְלִית; שׁוֹטֵט; הִתְעַלֵּל בְּ־

— down צִיֵּן מְכִירָה עַל יְדֵי מַכַּת פַּטִּישׁ; פֵּרֵק; גָּנַב; הֲרָגָהּ; הִפְחִית מֵהַמְּחִיר

— it off! הַפְסֵק! דַּי!

— off הִפְסִיק (פעילות); סִיֵּם; רָצַח; נִפְטַר מִן; הֵבִיס

— oneself out הֶעֱבִיד עַצְמוֹ בְּפֶרֶךְ; "הָרַג עַצְמוֹ"

— out גָּבַר עַל יָרִיב בְּמַכָּה נִצַּחַת; הִשְׁמִיד, גָּרַם נֶזֶק לְ־

— over הִפִּיל אַרְצָה

— together בָּנָה מַהֵר וּבְרַשְׁלָנוּת

— up הִכְנִיס לְהֵרָיוֹן

— *n.* דְּפִיקָה, הַקָּשָׁה; מַכָּה, חֲבָטָה; בִּקֹּרֶת שְׁלִילִית

knoll *n.* (נוֹל) גַּבְשׁוּשִׁית

knot *n. & v.t. & i.* (נוֹט) קֶשֶׁר; קְבוּצָה; תְּפִיחָה; סִיקוּס; סְבַךְ; קָשַׁר קְשָׁרִים; עָשָׂה קְשָׁרִים; סִקֵּס; הִסְתַּבֵּךְ; הִסְתַּקֵּס

knot'ty *adj.* (נוֹטִי) בַּעַל קְשָׁרִים, מָלֵא קְשָׁרִים; מְסֻבָּךְ, קָשֶׁה

know *v.t. & i.* (נוֹ) יָדַע, הִכִּיר

— the ropes הָיָה בָּקִי בְּכָל הַפְּרָטִים

know'-how" *n.* (נוֹ־הַאוּ) יֶדַע

know'ledge *n.* (נוֹלְג') דַּעַת; יְדִיעָה; מֵידָע

knuck'le *n.* (נַקְל) פֶּרֶק הָאֶצְבַּע

kow'-tow' *v.i.* (קַאוּ־טַאוּ) הִשְׁתַּחֲוָה אַפַּיִם אַרְצָה; הִתְרַפֵּס

L

L, l *n.* (אֶל) ל, הָאוֹת הַשְּׁתֵּים־עֶשְׂרֵה בָּאָלֶפְבֵּית הָאַנְגְּלִי

la'bel *n. & v.t.* (לֵיבְּל) תָּוִית; הַקְדָּמָה, הַגְדָּרָה, תֵּאֵר; הִדְבִּיק תָּוִית, סִמֵּן בְּתָוִית

la'bor *n. & v.i.&t.* (לֵיבְּר) עֲבוֹדָה, עָמָל; צִבּוּר הָעוֹבְדִים; מְלָאכָה; צִירֵי לֵידָה; עָבַד, עָמַל; שָׁאַף ל־; פָּעַל; הָיָה אֲחוּז צִירֵי לֵדָה; הִתְנַדְנֵד בִּכְבֵדוּת (אניה); הִרְחִיב הַדִּבּוּר, הֶאֱרִיךְ בִּפְרָטִים; הוֹגִיעַ

—ed *adj.* קָשֶׁה, כָּבֵד; מְאֻמָּץ; מְעֻשֶּׂה

lab'orator"y *n.* (לֶבְּרֶטוֹרִי) מַעְבָּדָה; סַדְנָא

la'borer *n.* (לֵיבְּרֶר) פּוֹעֵל

labor'ious *adj.* (לֶבּוֹרִיאֶס) מְיַגֵּעַ; דּוֹרֵשׁ זְהִירוּת רַבָּה; מְאֻמָּץ; חָרוּץ

lab'yrinth *n.* (לֶבְּרִנְת) מָבוֹךְ

lace *n. & v.t. & i.* (לֵיס) תַּחֲרִים; שְׂרוֹךְ; פְּתִיל רָקוּם; כְּזַיִת מַשְׁקֶה חָרִיף; קָשַׁר בִּשְׂרוֹךְ; הִשְׁחִיל; הִדֵּק מָחוֹךְ; עִטֵּר בְּתַחֲרִים; שָׁזַר; הִלְקָה; צָבַע פַּסֵּי צֶבַע; הוֹסִיף כְּזַיִת מַשְׁקֶה חָרִיף; נִקְשַׁר בִּשְׂרוֹךְ; הִתְנַפֵּל עַל

lac'erate" *v.t.* (לֶסֶרֵיט) קָרַע; הֵצִיק ל־

lac"era'tion *n.* (לֶסֶרֵישְׁן) קְרִיעָה; קֶרַע, פֶּצַע מְחֹרָץ

lack *n. & v.i. & t.* (לֶק) חֹסֶר, מַחְסוֹר; חָסַר

lack"adai'sical *adi.* (לֶקֱדֵיזִקְל) חֲסַר־מֶרֶץ, אָדִישׁ; עָצֵל

lack'ey *n.* (לֶקִי) מְשָׁרֵת בְּמַדִּים; חָסִיד מִתְרַפֵּס, "כֶּלֶב"

lacon'ic *adj.* (לֶקוֹנִק) לָקוֹנִי, מֻבָּע בְּמִלִּים סְפוּרוֹת

lacq'uer *n.* (לֶקֶר) לַכָּה

lad *n.* (לֶד) נַעַר; בָּחוּר

lad'der *n.* (לֶדֶר) סֻלָּם

lad'en *adi.* (לֵידְן) עָמוּס

lad'le *n. & v.t.* (לֵידְל) מַצֶּקֶת; יָצַק

la'dy *n.* (לֵידִי) גְּבֶרֶת; אִשָּׁה; לֵידִי

la'dybug" *n.* (לֵידִיבֶּרְד) פָּרַת משֶׁה רַבֵּנוּ

la'dykil'ler *n.* (לֵידִיקִלְר) מְצוֹדֵד נָשִׁים

la'dylike" *adj.* (לֵידִילַיק) יָאֶה לִגְבֶרֶת; כְּדֶרֶךְ לֵידִי

lag *v.i.* (לֶג) הִתְמַהְמֵהַּ, פִּגֵּר; נֶחֱלַשׁ

lagoon' *n.* (לֶגוּן) לָגוּנָה

laid (לֵיד) (זמן עבר של lay)

lain (לֵין) (זמן עבר של lie)

lair *n.* (לֵר) מַרְבֵּץ, מְאוּרָה; מַחְבּוֹא

la'ity *n.* (לֵיאִטִי) הֶדְיוֹטוֹת; שֶׁאֵינָם חַבְרֵי הַמִּקְצוֹעַ

lake *n.* (לֵיק) יַמָּה; אֲגַם

lamb *n.* (לֶם) טָלֶה, שֶׂה

lam'bent *adj.* (לֶמְבֶּנְט) נוֹגֵעַ בְּקַלּוּת; מְשַׁעֲשֵׁעַ וּמַזְהִיר; זוֹהֵר בְּרַכּוּת

lame *adj.* (לֵים) בַּעַל מוּם; צוֹלֵעַ

lament' *v.t. & i. & n.* (לֶמֶנְט) קוֹנֵן, הִתְאַבֵּל עַל; אֵבֶל, קִינָה

la"menta'tion *n.* (לֶמֶנְטֵישְׁן) קִינָה

lamp *n.* (לֶמְפּ) מְנוֹרָה, פָּנָס, נוּרָה

lampoon' *n. & v.t.* (לֶמְפּוּן) הִתּוּל חָרִיף; הִתֵּל בַּחֲרִיפוּת

lance *n.* (לֶנְס) כִּידוֹן

lan'cer *n.* (לֶנְסֶר) פָּרָשׁ נוֹשֵׂא כִּידוֹן

lan'cet *n.* (לֶנְסֶט) אִזְמֵל נִתּוּחִים

land *n.* (לֶנְד) יַבָּשָׁה; אֲדָמָה, קַרְקַע; אֶרֶץ, מְדִינָה; תְּחוּם

the — הַכְּפָר; עֲבוֹדַת הָאֲדָמָה;

— v.t. & i. הֵבִיא (הביא ליבשה; עלה ליבשה וכו׳) לַיַּבָּשָׁה; עָלָה לַיַּבָּשָׁה; יָרַד מֵאֳנִיָּה, עָלָה עַל הַחוֹף, הֶעֱלָה עַל הַחוֹף; נָחַת; הִנְחִית; הִכְנִיס (למקום מסוים); קִבֵּל; הִגִּיעַ, נִכְנַס

lan'ded *adj.* (לֶנְדֶד) בַּעַל אֲדָמוֹת; מֻרְכָּב מֵאֲדָמוֹת

lan'ding *n.* (לֶנְדִנְג) עֲלִיָּה לַיַּבָּשָׁה; רָצִיף; רִצְפַּת־בֵּינַיִם (בין שני טורי מדרגות)

land'lord" *n.* (לֶנְדְלוֹרְד) בַּעַל בַּיִת; בַּעַל רְכוּשׁ לְהַשְׂכָּרָה; פּוּנְדְּקִי; בַּעַל אֲדָמוֹת

land'mark" *n.* (לֶנְדְמַרְק) צִיּוּן דֶּרֶךְ, תַּמְרוּר; תּוֹפָעָה בּוֹלֶטֶת; סִימַן גְּבוּל

land'ow"ner *n.* (לֶנְדוֹנְר) בַּעַל אֲדָמוֹת

land'scape" *n. & v.t.* (לֶנְדְסְקֵיפּ) נוֹף; תְּמוּנַת נוֹף; צִיּוּר נוֹף; שִׁפֵּר נוֹף

land'slide" *n.* (לֶנְדְסְלַיְד) זִיחַת קַרְקַע; מַפֹּלֶת; נִצָּחוֹן סוֹחֵף

lane *n.* (לֵין) מִשְׁעוֹל; שְׁבִיל; נָתִיב; מַסְלוּל

lang'uage *n.* (לֶנְגְוִג') לָשׁוֹן, שָׂפָה; דִּבּוּר; תּוֹרַת הַלְּשׁוֹנוֹת; סִגְנוֹן

lan'guid *adj.* (לֶנְגְוִד) מְדֻלְדָּל, חֲסַר־אוֹנִים, חַלָּשׁ; חֲסַר־מֶרֶץ; אָדִישׁ

lang'uish *v.i.* (לֶנְגְוִשׁ) תָּשׁ, הִדַּלְדֵּל, נָבַל; הָזְנַח; הִתְגַּעְגַּע; עָטָה אֲרֶשֶׁת עֶצֶב רַגְשָׁנִי

lang'our *n.* (לֶנְגֶר) חֻלְשָׁה, עִלָּפוֹן; חֹסֶר מֶרֶץ

lank *adj.* (לֶנְק) יָשָׁר וּמְדֻלְדָּל (שיער); אָרֹךְ מְאֹד וְדַק (צמח); כָּחוּשׁ, רָזֶה

—**y** *adj.* קָפֵחַ וְכָחוּשׁ

lan'tern *n.* (לֶנְטֶרְן) פָּנָס; חֲדַר הָאוֹר

lap *n.* (לֶפּ) בִּרְכַּיִם (בשעת ישיבה); הַגּוּף בֵּין הַבִּרְכַּיִם לַמָּתְנַיִם (בשעת ישיבה); כְּסוּת לַגּוּף בֵּין הַבִּרְכַּיִם לַמָּתְנַיִם; תְּחוּם אַחֲרָיוּת, הַשְׁגָּחָה אוֹ שְׁלִיטָה; שֶׁקַע; לְקִיקָה

— *v.t.* הִלְבִּישׁ, עָטַף, חָפַף; הִתְנַחְשֵׁל בְּקַלּוּת; נִשְׁפַּךְ בְּשִׁכְשׁוּךְ; לִקֵּק, הָמָה; נָע בְּגַלִּים קַלִּים תּוֹךְ הֶמְיָה

lap'dog" (לֶפּ דוֹג) כְּלַבְלָב

lapel' *n.* (לְפֶּל) דַּשׁ

lapse *n. & v.i.* (לֶפְּס) יְרִידָה; טָעוּת; פֶּרֶק זְמַן; הִסְתָּאֲבוּת; פְּקִיעָה; חָדַל לִהְיוֹת בְּשִׁמּוּשׁ; סִיּוּם; נְפִילָה הַדְרָגָתִית; הִסְתָּאֵב, יָרַד מֵרָמָה קוֹדֶמֶת; פָּקַע; הִסְתַּיֵּם; נָפַל; עָבַר

lar'ceny *n.* (לַרְסֶנִי) גְּנֵבָה

lard *n. & v.t.* (לָרְד) שׁוּמַן חֲזִיר; מָרַח בְּשׁוּמַן חֲזִיר; שָׁזַר

lar'der *n.* (לָרְדַר) מְזָוֶה

large *adj.* (לַרְג') גָּדוֹל; בְּהֶקֵּף גָּדוֹל; נִרְחָב

at — חָפְשִׁי, נִבְדָּר, בִּכְלָל; מְיַצֵּג אֵזוֹר כֻּלּוֹ

lark *n.* (לָרְק) עֶפְרוֹנִי

lar'va *n.* (לָרְוָה) זַחַל

lar'ynx *n.* (לֶרִנְקְס) גָּרוֹן

lasciv'ious *adj.* (לַסִיוְאַס) תַּאֲוָנִי; מְעוֹרֵר תַּאֲוָה מִינִית

lash *v.t. & i. & n.* (לֶשׁ) הִלְקָה, הִצְלִיף; הָלַם; דָּחַף בְּמַלְקוֹת; נָזַף קָשׁוֹת; קָשַׁר; רְצוּעָה (של שוט); הַלְקָאָה; תְּנוּעָה מְהִירָה; הַלְמוּת; רִיס

lass *n.* (לֶס) עַלְמָה; אֲהוּבָה

lasso' *n. & v.t.* (לֶסוּ) פְּלָצוּר; לָכַד בִּפְלָצוּר, פִּלְצֵר

last *adj. & adv.* (לֶסְט) אַחֲרוֹן; שֶׁחָלַף; סוֹפִי; מַכְרִיעַ; קִיצוֹנִי; יָחִיד; לָאַחֲרוֹנָה

— *n.* אַחֲרוֹן; הַזְכָּרָה סוֹפִית; סִיּוּם; אִמּוּם

at — לְבַסּוֹף

at long — סוֹף כָּל סוֹף

breathe one's — מֵת, נָפַח נִשְׁמָתוֹ

— *v.i. & t.* נִמְשַׁךְ; הִסְפִּיק; הוֹסִיף לְהִתְקַיֵּם

last' ditch' *adj.* (לֶסְט־דִּץ') שֶׁל מַאֲמָץ מְיֹאָשׁ אַחֲרוֹן

las'ting *adj.* (לֶסְטִנְג) קַיָּם, קָבוּעַ

latch *n. & v.t.* (לֶץ') בְּרִיחַ, וָוִית נְעִילָה; נָעַל בְּוָוִית

late *adj.* (לֵיט) מְאֻחָר; מְמֻשָּׁךְ; בְּשָׁעָה מְאֻחֶרֶת; שֶׁזֶּה עַתָּה הִגִּיעַ; קוֹדֵם, לִפְנֵי הַנּוֹכְחִי; מָנוֹחַ; בְּגִיל מִתְקַדֵּם; בְּשָׁלָב מִתְקַדֵּם

of — לָאַחֲרוֹנָה

— *adv.* בְּאִחוּר, לְאַחַר עִכּוּב, לָאַחֲרוֹנָה

late'com"er *n.* (לֵיטְקַמֶר) מְאַחֵר

late'ly *adv.* (לֵיטְלִי) לָאַחֲרוֹנָה

lat'ent *adj.* (לֵיטֶנְט) כָּמוּס, רָדוּם

lat'eral *adj.* (לֶטֶרַל) שֶׁל הַצַּד, צְדָדִי, צִדִּי; רָחְבִּי

lath *n.* (לֶת') פְּסִיסִית, פַּס־עֵץ

lathe *n.* (לֵיד') מַחֲרֵטָה

la'ther *n. & v.t.* (לֶד'ר) קֶצֶף; זֵעָה שׁוֹפַעַת; הִתְרַגְּשׁוּת; כִּסָּה בְּקֶצֶף

Lat'in *n. & adj.* (לֶטִן) לָטִינִית; רוֹמִית; רוֹמִי; לָטִינִי; קָתוֹלִי, דּוֹבֵר לָשׁוֹן לָטִינִית (ספרדית, פורטוגלית, צרפתית, איטלקית, רומנית); דְּרוֹם־אֲמֶרִיקָנִי

lat'itude" *n.* (לֶטִטוּד) קַו־רֹחַב; חֹפֶשׁ (מהגבלות צרות); חֹפֶשׁ־פְּעֻלָּה מֻתָּר

latrine' *n.* (לַטְרִין) בֵּית שִׁמּוּשׁ

lat'ter *adj.* (לֶטֶר) הַשֵּׁנִי (מתוך שנים); מְאֻחָר יוֹתֵר; קָרוֹב לַסּוֹף

lat'tice *n.* (לֶטִס) סָרִיג; סֹרֶג; שְׂבָכָה

laud *v.t.* (לוֹד) הִלֵּל, פֵּאֵר

lau'dable *adj.* (לוֹדֶבְּל) רָאוּי לִתְהִלָּה

laugh *v.i. & t.* (לֶף) צָחַק, הִשְׁמִיעַ צְחוֹק; הִבִּיעַ עַל יְדֵי צְחוֹק; גָּרַם עַל יְדֵי צְחוֹק שֶׁ... לָעַג; בָּז

— up one's sleeve צָחַק בַּחֲשַׁאי, בָּז בַּחֲשַׁאי

— *n.* צְחוֹק

have the last — הָיְתָה יָדוֹ עַל הָעֶלְיוֹנָה לְאַחַר כִּשָּׁלוֹן

laugh'able *adj.* (לֶפֶבְּל) מַצְחִיק, מְגֻחָךְ

laugh'ter *n.* (לֶפְטֶר) צְחוֹק; לַעַג

launch *v.t. & i. & n.* (לוֹנְץ') הִשִּׁיק; הִתְחִיל, הִפְעִיל; זָרַק; נִכְנַס מִיָּד לִפְעֻלָּה; הִפְלִיג; סְפִינַת עֵזֶר

— pad" כַּן־שִׁגּוּר

laun'der *v.t. & i.* (לוֹנְדֶר) כִּבֵּס; כֻּבַּס וְגֹהַץ; הִתְכַּבֵּס וְהִתְגַּהֵץ

laun'dress *n.* (לוֹנְדְרִס) כּוֹבֶסֶת

laun'dry *n.* (לוֹנְדְרִי) כְּבָסִים, כְּבִיסָה; מִכְבָּסָה

laun'dryman" *n.* (לוֹנְדְרִימֶן) פּוֹעֵל מִכְבָּסָה; בַּעַל מִכְבָּסָה; שְׁלִיחַ מִכְבָּסָה

laur'eate *adj.* (לוֹרִיאִט) עֲטוּר־עֲלֵי־דַפְנָה; עֲטוּר־כָּבוֹד, רָאוּי לִתְהִלָּה

lau'rel *n.* (לוֹרֶל) דַּפְנָה; עֲלֵי־דַפְנָה; זֵר־עֲלֵי־דַפְנָה

—s כִּבּוּדִים עַל הֶשֵּׂגִים

look to one's —s הָיָה עֵר לְאֶפְשָׁרוּת תְּבוּסָה

rest on one's —s הִסְתַּפֵּק בְּמַה שֶּׁכְּבָר הִשִּׂיג

la'va *n.* (לָוָה) לָבָּה

lav'ator"y *n.* (לֶוַטוֹרִי) בֵּית שִׁמּוּשׁ; חֲדַר רַחְצָה; כִּיּוֹר

lav'ender *n.* (לֶוֶנְדֶר) אֲזוֹבְיוֹן

lav'ish *adj. & v.t.* (לֶוִשׁ) פַּזְרָנִי; נִתָּן בְּשֶׁפַע, לְלֹא גְּבוּל; פִּזֵּר בְּשֶׁפַע

law *n.* (לוֹ) חֹק; מִשְׁפָּטִים; הֲלִיכִים מִשְׁפָּטִיִּים; הַמִּשְׁטָרָה; כְּלָל; דִּין

lay down the — הִבִּיעַ דֵּעוֹת בְּתַקִּיפוּת; צִוָּה כְּמִצְוָה שֶׁאֵין לַעֲבוֹר עָלֶיהָ

law'abi"ding *adj.* (לוֹ אֲבַיְדִנְג) שׁוֹמֵר חֹק

law'brea"ker *n.* (לוֹבְּרֵיקֶר) מֵפֵר חֹק, עֲבַרְיָן

law'ful *adj.* (לוֹפֻל) חֻקִּי, מֻכָּר עַל יְדֵי הַחֹק; שׁוֹמֵר חֹק

law'giver *n.* (לוֹגִוֶר) מְחוֹקֵק, מְנַסֵּחַ חֻקִּים

law'less *adj.* (לוֹלִס) מִתְעַלֵּם מֵהַחֹק, מֻפְקָר; שְׁלוּחַ־רֶסֶן

lawn *n.* (לוֹן) מִדְשָׁאָה, דֶּשֶׁא

law'suit *n.* (לוֹסוּט) תְּבִיעָה מִשְׁפָּטִית

lawy'er *n.* (לוֹיֶאר) עוֹרֵךְ דִּין, פְּרַקְלִיט

lax *adj.* (לֶקְס) מֵקֵל, רוֹפֵף, רַשְׁלָנִי; מְעֻרְפָּל; נַקְבּוּבִי; מְשַׁלְשֵׁל

lax'ative *n.* (לֶקְסֶטִב) מְשַׁלְשֵׁל

lay *v.t. & i.* (לֵי) שָׂם, הִנִּיחַ; הִשְׁכִּיב, הִצִּיג; יִחֵס; הֵטִיל; הִמֵּר; הִכְנִיס, הִטִּיל; סָלַל; עָרַךְ (שלחן); תִּכְנֵן; יִשֵּׁר; שָׁזַר; הִשְׁקִיט; הִכָּה; פָּעַל בְּמֶרֶץ

— aside נָטַשׁ, דָּחָה; חָסַךְ, אָגַר

— away שָׁמַר לֶעָתִיד; שָׁמַר עַל סְחוֹרָה עַד שֶׁיְּפֻרַע כָּל הַתַּשְׁלוּם; קָבַר

— by חָסַךְ

— down הִנִּיחַ; קָבַע, צִוָּה

— for אָרַב לְ־

— in שָׁמַר לֶעָתִיד

— into הִתְנַפֵּל עַל

— it on הִפְרִיז (בדברי חנופה או נזיפה)

— off פִּטֵּר, הִפְסִיק עֲבוֹדָה זְמַנִּית; הִפְסִיק, "יָרַד מֵעַל"

— out הִשְׁכִּיב; סִדֵּר, הֵכִין; הוֹצִיא (כסף), תָּרַם; תִּכְנֵן; עָשָׂה מִתְוֶה, הִתְוָה

— over דָּחָה; שָׁהָה זְמַנִּית, חָנָה חֲנִיַּת בֵּינַיִם

— up שָׁמַר לְשִׁמּוּשׁ בֶּעָתִיד; גָּרַם שֶׁיֶּחֱלֶה

— *adj.* שֶׁל הֶדְיוֹטוֹת; לֹא שֶׁל אִישׁ מִקְצוֹעַ

lay'er *n.* (לֵיאֶר) שִׁכְבָה, רֹבֶד, נִדְבָּךְ; מַנִּיחַ; מְטִילָה

lay'man *n.* (לֵימֶן) הֶדְיוֹט; לֹא אִישׁ מִקְצוֹעַ

lay'out" *n.* (לֵיאַוּט) מִתְוֶה, מַעֲרָךְ, תָּכְנִית; מָקוֹם; אֹסֶף, מַעֲרֶכֶת

la'ziness *n.* (לֵיזִינֶס) עַצְלָנוּת

la'zy *adj.* (לֵיזִי) עָצֵל; מְעַצֵּל; נָע בַּעֲצַלְתַּיִם

lead *v.t. & i.* (לִיד) נָהַג, הוֹלִיךְ; הִשְׁפִּיעַ עַל; הוֹבִיל, הֵבִיא; פָּקַד עַל; הָלַךְ בָּרֹאשׁ; עָלָה עַל; עָמַד בְּמָקוֹם רִאשׁוֹן; עָמַד בָּרֹאשׁ; נִצַּח עַל; עָבַר; הֵבִיא לִידֵי; פָּתַח בְּמִתְקָפָה

— on פִּתָּה

— *n. & adj.* מָקוֹם בָּרֹאשׁ; יִתְרוֹן; מוֹלִיךְ, מַנְהִיג; אַפְסָר; הַנְחָיָה; תַּקְדִּים; הַנְהָגָה; תַּפְקִיד רָאשִׁי; סִכּוּם; תַּיִל חַשְׁמַלִּי; חָשׁוּב בְּיוֹתֵר

— *n.* (לֶד) עוֹפֶרֶת; כַּדּוּרִים; גְּרָפִיט (בעפרון)

lead'en *adj.* (לֶדְן) כָּבֵד; עָגוּם; אָפֹר; מֵעִיק; חֲסַר־מֶרֶץ; חֲסַר־עֶרֶךְ; עָשׂוּי עוֹפֶרֶת

lea'der *n.* (לִידֶר) מַנְהִיג; מוֹלִיךְ; מְנַצֵּחַ

lea'dership" *n.* (לִידֶרְשִׁפּ) הַנְהָגָה, מַנְהִיגוּת

lea'ding *adj.* (לִידִנְג) רָאשִׁי; עִקָּרִי; הֶחָשׁוּב בְּיוֹתֵר; רִאשׁוֹן; מַנְחֶה

leaf *n.* (לִיף) עָלֶה; עַלְוָה; דַּף; רִקּוּעַ; רֹבֶד; לוּחַ זְחִיחַ; פַּס מַתֶּכֶת

leaf'let *n.* (לִיפְלֶט) עָלוֹן

league *n.* (לִיג) בְּרִית; לִיגָה; אֲגֻדָּה; קְבוּצָה

leak *n. & v.i. & t.* (לִיק) דְּלִיפָה, נְזִילָה; הַדְלָפָה; דָּלַף, נָזַל; הִדְלִיף, הִזִּיל

lea'ky *adj.* (לִיקִי) דּוֹלֵף, נוֹזֵל

lean *v.i. & t.* (לִין) הִתְכּוֹפֵף; נָטָה; נִשְׁעַן עַל; סָמַךְ עַל; הִטָּה; הִשְׁעִין

— over backwards עָשָׂה מַאֲמָץ־יֶתֶר

— *adj.* רָזֶה; דַּל

lean'ness *n.* (לִינֶס) רָזוֹן; דַּלּוּת

leap *v.i. & t. & n.* (לִיפּ) נִתֵּר, קָפַץ; זִנֵּק; הִקְפִּיץ; נִתּוּר, קְפִיצָה; זִנּוּק; מֶרְחָק; מַעֲבָר פִּתְאוֹמִי; עֲלִיָּה פִּתְאוֹמִית

by —s and bounds מַהֵר מְאֹד

leap'year" *n.* (לִיפְּיִיר) שָׁנָה מְעֻבֶּרֶת

learn *v.t. & i.* (לֶרְן) לָמַד; שִׁנֵּן; רָכַשׁ מֵידָע

learned *adj.* (לֶרְנֶד) מְלֻמָּד; מַדָּעִי, לַמְדָנִי; בָּקִי

lear'ning *n.* (לֶרְנִנְג) יְדִיעָה, לַמְדָנוּת; לְמִידָה

lease *n.* (לִיס) חוֹזֶה שְׂכִירוּת; נֶכֶס שָׂכוּר; תְּקוּפַת שְׂכִירוּת

a new — on life הִזְדַּמְּנוּת חֲדָשָׁה לְשִׁפּוּר הַחַיִּים

— *v.t. & i.* הִשְׂכִּיר, הֶחְכִּיר; שָׂכַר, חָכַר

leash *n.* (לִישׁ) אַפְסָר, רְצוּעָה; רֶסֶן

least *adj. & n.* (לִיסְט) הַקָּטָן בְּיוֹתֵר; הַפָּחוֹת חָשׁוּב

at — לְפָחוֹת; מִכָּל מָקוֹם

— adv. בְּמִדָּה הַקְּטַנָּה בְּיוֹתֵר

lea'ther *n.* (לֶדְ'ר) עוֹר

leave *v.t. & i.* (לִיב) עָזַב, יָצָא, הִסְתַּלֵּק; הִשְׁאִיר; נָטַשׁ; הִנִּיחַ; חָדַל מ־; הִתְעַלֵּם מ־; הוֹרִישׁ

— off חָדַל

— out הִשְׁמִיט

— *n.* רְשׁוּת; חֻפְשָׁה; פְּרֵדָה

lea'ven *n. & v.t.* (לֶוְן) שְׂאוֹר; שְׂאוֹר שֶׁבָּעִסָּה; הִתְפִּיחַ (עיסה)

lech'erous *adj.* (לֶצֶ'רֶס) תַּאַוְתָנִי; מְעוֹרֵר תַּאֲוָה מִינִית

lec'ture *n. & v.i. & t.* (לֶקְצֶ'ר) הַרְצָאָה; תּוֹכֵחָה מְשַׁעֲמֶמֶת; הִרְצָה; הוֹכִיחַ אֲרֻכּוֹת

lec'turer *n.* (לֶקְצֶ'רֶר) מַרְצֶה

led (לֶד) (זמן עבר של lead)

ledge *n.* (לֶג') מַדָּף, אִצְטַבָּה; שֵׁנִּית

le'dger *n.* (לֶג'ר) סֵפֶר חֶשְׁבּוֹנוֹת

lee *n.* (לִי) מַחְסֶה; הַצַּד הַמּוּגָן מִפְּנֵי רוּחַ

leech *n.* (לִיץ') עֲלוּקָה; טַפִּיל

leek *n.* (לִיק) כְּרֵשָׁה

leer *v.i. & n.* (לִיר) פָּזַל בְּתַאַוְתָנוּת; פָּזַל בְּכַוָּנָה זְדוֹנִית; פְּזִילָה תַּאַוְתָנִית; פְּזִילָה זְדוֹנִית

lees *n.* (לִיז) שְׁמָרִים

leeward *adj.* (לִיוֶרְד) שֶׁל כִּוּוּן הָרוּחַ

lee'way" *n.* (לִיוֵי) תְּנוּעָה לְעֵבֶר כִּוּוּן הָרוּחַ; סְטִיָּה מֵהַמַּסְלוּל; מִרְוַח זְמַן; מִרְוַח שֶׁטַח; תְּחוּם תִּמְרוּן; מִדַּת חֹפֶשׁ פְּעֻלָּה

left *adj. & n. & adv.* (לֶפְט) שְׂמָאלִי; שְׂמֹאל; פְּנִיָּה שְׂמֹאלָה; מַכָּה בְּיַד־שְׂמֹאל; שְׂמֹאלָה

— *v.* (זמן עבר של leave)

left'-han'ded *adj. & adv.* (לֶפְט הֶנְדֶד) אִטֵּר;

מְתֻאָם לְיַד־שְׂמֹאל, שֶׁל יַד־שְׂמֹאל; מְסֻתּוֹבֵב נֶגֶד כִּוּוּן הַשָּׁעוֹן; מִשְׁתַּמֵּעַ לִשְׁתֵּי פָּנִים, מְפַקְפֵּק; מְגֻשָּׁם, גַּמְלוֹנִי; בִּשְׂמֹאלוֹ, שְׂמֹאלָה

leg *n.* (לֶג) רֶגֶל; שׁוֹק; כֶּרַע; כִּסּוּי הַשּׁוֹק; צֶלַע; חֵלֶק נְסִיעָה

not have a — to stand on לְלֹא יְסוֹד תָּקֵף

on one's last —s עַל סַף הִתְמוֹטְטוּת

pull one's leg שִׁטָּה ב־, "מָתַח"

shake a — הִזְדָּרֵז

stretch one's —s יָצָא לְטַיֵּל; חִלֵּץ עַצְמוֹתָיו, הִתְעַמֵּל קְצָת

leg'acy *n.* (לֶגַסִי) עִזָּבוֹן, יְרֻשָּׁה; מוֹרָשָׁה

le'gal *adj.* (לִיגֶל) חֻקִּי; שֶׁל מִשְׁפָּטִים; מֻכָּר עַל יְדֵי הַחֹק; שֶׁל עוֹרְכֵי־דִין

legal'ity *n.* (לִיגֶלְטִי) חֻקִּיּוּת; חוֹבָה מִטַּעַם הַחֹק

le'galize" *v.t.* (לִיגַלַיז) עָשָׂה חֻקִּי; אִשֵּׁר

leg'ate *n.* (לֶגֶט) נְצִיג הָאַפִּיפְיוֹר

lega'tion *n.* (לִגֵישֶׁן) צִירוּת

leg'end *n.* (לֶגֶ'נְד) אַגָּדָה; כְּתֹבֶת; מִקְרָא; אֹסֶף סִפּוּרִים

leg'endary" *adj.* (לֶגֶ'נְדֶרִי) אַגָּדִי

leg"erdemain' *n.* (לֶגֶ'רְדֶמֵין) אֲחִיזַת עֵינַיִם, לַהֲטוּטָנוּת; תַּחְבּוּלָה; מַעֲשֵׂה עָרְמָה, רְמִיָּה

leg'ging *n.* (לֶגִנְג) חוֹתֶלֶת; מוֹק

leg'ible *adj.* (לֶגֶ'בְּל) נִתָּן לִקְרִיאָה בְּקַלּוּת; בָּרוּר

le'gion *n.* (לִיגְ'ן) לִגְיוֹן; צָבָא, מַחֲנֶה; מִסְפָּר רַב

leg"isla'tion *n.* (לֶגִ'סְלֵישֶׁן) תְּחִקָּה

leg'isla"tive *adj.* (לֶגִ'סְלֵיטִב) מְחוֹקֵק; תְּחִקָּתִי; שֶׁל בֵּית מְחוֹקְקִים

leg'isla"tor *n.* (לֶגִ'סְלֵיטֶר) מְחוֹקֵק; חֲבֵר בֵּית מְחוֹקְקִים

leg'isla"ture *n.* (לֶגִ'סְלֵיצֶ'ר) בֵּית מְחוֹקְקִים; רָשׁוּת מְחוֹקֶקֶת

legit'imacy *n.* (לֶגִ'טִמֶסִי) חֻקִּיּוּת; הַתְאָמָה לִנְהָגִים מְקֻבָּלִים; כַּשְׁרוּת; הִגָּיוֹן; זְכוּת יוֹרְשִׁים; הַצְדָּקָה

legit'imate *adj.* (לֶגִ'טִמֶט) חֻקִּי; בְּהֶתְאֵם לִנְהָגִים מְקֻבָּלִים; שֶׁנּוֹלַד בְּהֶתְאֵם לַחֹק; הֶגְיוֹנִי; נוֹבֵעַ מִזְּכוּת יוֹרְשִׁים; מֻצְדָּק; רָגִיל, כָּשֵׁר; שֶׁל מַחֲזֶה הַמּוּפָק עַל יְדֵי בַּעֲלֵי מִקְצוֹעַ

lei'sure *n.* (לִיז'ר) עִתּוֹת פְּנוּיוֹת, פְּנַאי; נַחַת

lei'surely *adj. & adv.* (לִיז'רְלִי) בְּנַחַת; שֶׁל פְּנַאי

lem'on *n.* (לֶמֶן) לִימוֹן; מוּצָר פָּגוּם; לֹא־יִצְלַח

lem'onade" *n.* (לֶמֱנֵיד) לִימוֹנָדָה

lend *v.t. & i.* (לֶנְד) הִלְוָה; הִשְׁאִיל; הֶעֱנִיק; שִׁוָּה, נָתַן לְלֹא סַיָּג; סִגֵּל; נָתַן הַלְוָאָה

length *n.* (לֶנְגְת') אֹרֶךְ; מֶשֶׁךְ; מֶרְחָק; חֲתִיכָה; אֲרִיכוּת; מַאֲמָץ; מִדַּת אֹרֶךְ

at — לִגְמָרֵי; לְבַסּוֹף

go to any — עַל אַף כָּל מִכְשׁוֹל

leng'then *v.t. & i.* (לֶנְגְתֶ'ן) הֶאֱרִיךְ; הִתְאָרֵךְ

leng'thy *adj.* (לֶנְגְתִ'י) אָרֹךְ מְאֹד; מְשֻׁפַּע־מִלִּים וּמְשַׁעֲמֵם

le'nient *adj.* (לִינְיֶנְט) סוֹבְלָנִי; מַתִּירָנִי; מֵקֵל נוֹחַ

lens *n.* (לֶנְז) עֲדָשָׁה (זכוכית)

lent (לֶנְט) (זמן עבר של lend)

Lent *n.* (לפני חג הפסחא) תְּשׁוּבַת הָאַרְבָּעִים יוֹם

len'til *n.* (לֶנְטְל) עֲדָשָׁה (צמח)

leop'ard *n.* (לֶפֶּרְד) נָמֵר

lep'er *n.* (לֶפֶּר) מְצֹרָע

lep'rosy *n.* (לֶפְּרֶסִי) צָרַעַת

le'sion *n.* (לִיז'ן) פֶּצַע

less *adv. & adj. & n.* (לֶס) פָּחוֹת; קָטָן יוֹתֵר; בְּוַדַּאי לֹא; כַּמּוּת קְטַנָּה יוֹתֵר

lessee *n.* (לֶסִי) שׂוֹכֵר, חוֹכֵר

les'sen *v.i. & t.* (לֶסְן) הִתְמַעֵט, פָּחַת; הִפְחִית, הִקְטִין

les'ser *adj.* (לֶסֶר) פָּחוֹת; קָטָן יוֹתֵר

les'son *n.* (לֶסְן) שִׁעוּר; לֶקַח; יֶדַע; עֹנֶשׁ, נְזִיפָה

lest *conj.* (לֶסְט) פֶּן, שֶׁמָּא

let *v.t. & i.* (לֶט) הִרְשָׁה; הִרְשָׁה לְהִכָּנֵס; הִשְׂכִּיר; הֶחְכִּיר; אִפְשֵׁר; נָתַן לְשִׂכִירָה

— be הֵנִיחַ

— down אִכְזֵב; בָּגַד בּ־; שָׁכַךְ; הוֹרִיד

— in הִכְנִיס; סִבֵּךְ פְּלוֹנִי שֶׁלֹּא בִּידִיעָתוֹ
— in on שִׁתֵּף
— him come שֶׁיָּבוֹא
— off שִׁחְרֵר (ע״י התפוצצות); שִׁחְרֵר, מָחַל
— on גִּלָּה רְגָשׁוֹת אֲמִתִּיִּים; הֶעֱמִיד פָּנִים
— out גִּלָּה; שִׁחְרֵר; הִגְדִּיל (בגד)
— someone have it הִתְנַפֵּל עַל
— up שָׁכַךְ; חָדַל
— up on הֵקֵל מֵעַל
let's (= let us) (לֶטְס) הָבָה
le'thal *adj.* (לִיתְ'ל) מֵמִית, קַטְלָנִי; נוֹעָד לְהָמִית
leth'argy *n.* (לֶתַ'רְגִ'י) רַדֶּמֶת; אֲדִישׁוּת; לֶתַרְגְּיָה
let'ter *n.* (לֶטְר) מִכְתָּב; אוֹת; פְּשָׁט, פְּשׁוּטוֹ כְּמַשְׁמָעוֹ
— s סִפְרוּת; דַּעַת
to the – כִּפְשׁוּטוֹ, כִּכְתָבוֹ וְכִלְשׁוֹנוֹ; בְּדִיּוּק
— *v.t.* רָשַׁם אוֹתִיּוֹת
let'tering *n.* (לֶטֶרִנְג) רִשּׁוּם אוֹתִיּוֹת; אוֹתִיּוֹת
let'tuce *n.* (לֶטִס) חַסָּה; כֶּסֶף שְׁטָרוֹת, מְזֻמָּנִים
Levant' *n.* (לֶוַנְט) אַרְצוֹת הַמִּזְרָח הַתִּיכוֹן; אַרְצוֹת הַיָּם הַתִּיכוֹן, לֶוַנְט
lev'ee *n.* (לֶוִי) סוֹלְלָה
le'vel *adj.* (לֶוְל) יָשָׁר, מִישׁוֹרִי; אָפְקִי; שָׁוֶה; אָחִיד; מָלֵא עַד הַשָּׂפָה
a – head בַּעַל שִׁוּוּי מִשְׁקָל, בַּעַל דֵּעָה צְלוּלָה וּמְיֻשֶּׁבֶת
one's – best כְּמֵיטַב יְכָלְתּוֹ
— *n.* פֶּלֶס; מִפְלָס; דַּרְגָּה; מִדָּה
— *v.t. & i.* יִשֵּׁר; הִגְבִּיהַּ אוֹ הִנְמִיךְ לְקַו מְסֻיָּם; הִשְׁוָה; הֶאֱחִיד; כִּוֵּן; סִפֵּר אֶת הָאֱמֶת
lev'er *n.* (לֶוְר) מָנוֹף
lev'erage *n.* (לֶוַרִג') הֲנָפָה, תְּנוּפָה, כֹּחַ לִפְעוֹל
lev'ity *n.* (לֶוִטִי) קַלּוּת דַּעַת; הַפַּכְפְּכָנוּת; קַלּוּת (משקל)
lev'y *v.t. & i. & n.* (לֶוִי) גָּבָה; אָסַף; הֵטִיל; גִּיֵּס; אָסַר מִלְחָמָה; גְּבִיָּה; אִסּוּף, גִּיּוּס; מַס; מְגֻיָּס
lewd *adj.* (לוּד) תַּאַוְתָנִי, מֻפְקָר

lex'icon *n.* (לֶקְסְקוֹן) מִלּוֹן, אוֹצַר מִלִּים; תּוֹלָדוֹת; לֶקְסִיקוֹן
li'abil'ity *n.* (לַיְאַבִּלְטִי) חוֹבוֹת; פַּסִּיב; הִתְחַיְּבֻיּוֹת; מִגְרַעַת
li'able (לַיְאַבְּל) עָשׂוּי, עָלוּל; כָּפוּף, חָשׂוּף ל־, צָפוּי ל־; אַחְרַאי (בפני החוק)
li'aison" *n.* (לִיאֵזוֹן) קֶשֶׁר (לשם פעולה מתואמת); פָּרָשַׁת אֲהָבִים
li'ar *n.* (לַיְאַר) שַׁקְרָן
li'bel *n. & v.t.* (לַיְבְּל) דִּבָּה; הוֹצִיא דִּבָּה; הַשְׁמָצָה; הוֹצִיא דִבַּת... רָעָה; הִשְׁמִיץ
li'belous *adj.* (לַיְבְּלֶס) מוֹצִיא דִּבָּה, מַשְׁמִיץ
lib'eral *adj. & n.* (לִבְּרַל) מִתְקַדֵּם; דּוֹגֵל בְּתִקּוּנִים; דּוֹגֵל בְּמִשְׁטָר דֵּמוֹקְרָטִי; דּוֹגֵל בְּחֹפֶשׁ; סוֹבְלָנִי; נָדִיב; חָפְשִׁי; לִיבֶּרָלִי; לִיבֶּרָל
lib"eral arts' (לִיבֶּרַל אַרְטְס) מַדָּעֵי הָרוּחַ
lib'eralis"m *n.* (לִבֶּרַלִזְם) לִיבֶּרָלִיּוּת; דְּבֵקוּת בְּעֶקְרוֹנוֹת הַקִּדְמָה וְהַחֹפֶשׁ
lib"eral'ity *n.* (לִבֶּרֶלְטִי) נְדִיבוּת; מַתָּנָה נְדִיבָה; רֹחַב אֹפֶק; שֶׁפַע; לִיבֶּרָלִיּוּת
lib'erate" *v.t.* (לִבֶּרֵיט) שִׁחְרֵר
lib"era'tion *n.* (לִבֶּרֵישְׁן) שִׁחְרוּר
lib'ertine" *n. & adj.* (לִבֶּרְטִין) מֻפְקָר; תַּאַוְתָן
lib'erty *n.* (לִבֶּרְטִי) חֹפֶשׁ, חֵרוּת; עַצְמָאוּת
at – חָפְשִׁי; מְבֻטָּל
— s הִתְקָרְבוּת יֶתֶר
librar'ian *n.* (לַיבְּרֵרִיאֶן) סַפְרָן
li'brar"y *n.* (לַיבְּרֵרִי) סִפְרִיָּה; סִפְרִיַּת הַשְׁאָלָה; בֵּית סְפָרִים; סִדְרַת סְפָרִים
li'cense *n. & v.t.* (לַיסֶנְס) רִשָּׁיוֹן; אִשּׁוּר; סְטִיָּה; פְּרִיקַת עֹל; הוֹצִיא רִשָּׁיוֹן, רִשָּׁה
licen'tious *adj.* (לַיסֶנְשֶׁס) מֻפְקָר; פּוֹרֵק עֹל
li'chen *n.* (לַיְקֶן) חֲזָזִית
lick *v.t.* (לִק) לִקֵּק; נָגַע בְּקַלּוּת; הִרְבִּיץ; הֵבִיס; עָלָה עַל
— into shape שִׁכְלֵל עַל יְדֵי מַאֲמָץ רַב
— *n.* לְקִיקָה; מַכָּה; מְהִירוּת; הִתְפָּרְצוּת; מֶרֶץ
— and a promise בִּצּוּעַ חָפוּז וְשִׁטְחִי
lic'orice *n.* (לִקְרִס; לִקְרִשׁ) שׁוּשׁ, לִיקוֹרִיץ

lid *n.* (לִד) מִכְסֶה; עַפְעַף
blow the – off חָשַׂף (שערוריה)
flip one's – אִבֵּד עֶשְׁתּוֹנוֹת; יָצָא מִגִּדְרוֹ
lie *v.i. & t. & n.* (לַי) שָׁכַב; הָיָה
קָבוּר בּ־; הָיָה מוּנָח; נִמְצָא; שִׁקֵּר; שֶׁקֶר;
הַכְחָשָׁה; הַכְזָבָה
give the – to הִכְחִישׁ, הֶאֱשִׁים בְּשֶׁקֶר;
הִכְזִיב; הֵזֵם
— down on the job הִתְבַּטֵּל; הִשְׁתַּמֵּט
מֵחוֹבוֹתָיו
— in עָמְדָה לָלֶדֶת
take lying down מַשְׁלִים לְלֹא הִתְנַגְּדוּת
lieuten'ant *n.* (לוּטֶנַנְט) סֶגֶן; סְגָן; סֶרֶן (בחיל
הים של ארה"ב)
first — סֶגֶן
— colonel אַלּוּף מִשְׁנֶה
— general רַב־אַלּוּף
second — סֶגֶן מִשְׁנֶה
life *n.* (לַיף) חַיִּים; נֶפֶשׁ חַיָּה; יְצוּר חַי; הַחַי;
בִּיּוֹגְרַפְיָה; חִיּוּת; גְּמִישׁוּת; בָּבַת הָעַיִן; מוֹקֵד
עַלִּיזוּת
as large as — מַמָּשׁ
come to — הִתְאוֹשֵׁשׁ; חָזְרָה הַכָּרָתוֹ;
גִּלָּה חִיּוּת וָמֶרֶץ; עָשָׂה רֹשֶׁם כִּיצוּר חַי
for dear — בִּשְׁאֵרִית מִרְצוֹ
for the – of one עַל אַף מַאֲמַצִּים רַבִּים
not on your — לֹא וָלֹא
— *adj.* לְכָל הַחַיִּים; שֶׁל הַחַיִּים
life' belt' *n.* (לַיף בֶּלְט) חֲגוֹרַת הַצָּלָה
life'boat" *n.* (לַיפְבּוֹט) סִירַת הַצָּלָה
life'expect"ancy תּוֹחֶלֶת הַחַיִּים
life'-guard" *n.* (לַיף־גָּרְד) מַצִּיל
life'less *adj.* (לַיפְלֶס) חֲסַר־רוּחַ חַיִּים;
לְלֹא נֶפֶשׁ חַיָּה; מֵת; אָדִישׁ; חֲסַר־הַכָּרָה
life'long" *adj.* (לַיפְלוֹנְג) נִמְשָׁךְ כָּל יְמֵי חַיָּיו
life'preserv"er חֲגוֹרַת הַצָּלָה
li'fer *n.* (לַיפְר) נָדוֹן לְמַאֲסַר עוֹלָם
life'time" *n. & adj.* (לַיפְטַים) יְמֵי הַחַיִּים; שֶׁל
כָּל יְמֵי הַחַיִּים
lift *v.t. & i. & n.* (לִפְט) הֵרִים, הֶעֱלָה,
הִגְבִּיהַּ; בִּטֵּל; "סָחַב"; עָלָה, הִתְרוֹמֵם;
הִתְפַּזֵּר; הֲרָמָה, הַסָּעָה, "טְרֶמְפּ"; הִתְרוֹ־
מְמוּת רוּחַ; מַעֲלִית; גַּבְשׁוּשִׁית; מַשָּׂא

lig'ament *n.* (לִגַמֶנְט) רְצוּעָה; קֶשֶׁר
lig'ature *n.* (לִגַצֶ'ר) קִשּׁוּר; קֶשֶׁר, תַּחְבֹּשֶׁת,
רְצוּעָה
light *n.* (לַיט) אוֹר; מָאוֹר; שַׁחַר; שְׁעוֹת
הַיּוֹם; תְּאוּרָה; מַרְאֶה; נִצְנוּץ (בעין); נִיצוֹץ,
לֶהָבָה, אֵשׁ; הֶאָרָה רוּחָנִית; רַאֲוָה; אִישִׁיּוּת
מַזְהִירָה; מִגְדַּלּוֹר; רַמְזוֹר
bring to — גִּלָּה
come to — נִתְגַּלָּה
— into הִתְנַפֵּל עַל
see the — נוֹצַר; נִתְפַּרְסֵם; הִתְחִיל לְהָבִין
דֵּעָה מְנֻגֶּדֶת
throw – on הִבְהִיר
— *adj.* מוּאָר; בָּהִיר; קַל; קַל־דַּעַת;
מְטֻשְׁטָשׁ; קַל־עֵרֶךְ; קַל לְעִכּוּל; זָרִיז;
מְפֻקָּר; הֲפַכְפַּךְ; סְחַרְחַר
make – of הֵקֵל רֹאשׁ בּ־
— *v.t. & i.* הִדְלִיק; הִצִּית; הֵאִיר; נִדְלַק;
הוּאַר; יָרַד, נָחַת, נָפַל, גִּלָּה בְּמִקְרֶה
li'ghten *v.i. & t.* (לַיטְן) הִתְחִיל לְהָאִיר,
זָהַר, נָאוֹר; הוּקַל, הֵקֵל; שִׂמֵּחַ
ligh'ter *n.* (לַיטְר) מַצִּית; אַרְבָּה
light'-fin'gered *adj.* (לַיטְפִינְגֶרְד) זָרִיז
לְכַיֵּס; מִזְדָּרֵז לִגְנוֹב
light'-hear'ted *adj.* (לַיטְהַרְטֶד) עַלִּיז
light'house" *n.* (לַיטְהַאוּס) מִגְדַּלּוֹר
ligh'ting *n.* (לַיטִנְג) הֶאָרָה, תְּאוּרָה
light'ness *n.* (לַיטְנֶס) אוֹר; חִוָּרוֹן, בְּהִירוּת;
קַלּוּת; זְרִיזוּת, קַלּוּת־תְּנוּעָה; עַלִּיזוּת, קַלּוּת־
דַּעַת
light'ning *n. & adj.* (לַיטְנִנְג) בָּרָק; מָהִיר
מְאֹד
li'kable *adj.* (לַיקַבְּל) חָבִיב, נָעִים
like *adj. & prep.* (לַיק) דּוֹמֶה; אָפְיָנִי
ל־; נוֹטֶה ל־; כַּהֲרֵי; כְּמוֹ
— anything עַד מְאֹד
— *adv.* כִּמְעַט; בְּעֵרֶךְ; כִּבְיָכוֹל; בְּמִדָּה
מְסֻיֶּמֶת;
— *conj.* כְּמוֹ שֶׁ־; כְּאִלּוּ
— n. דּוֹמֶה; מִין; סוּג
the — וְכַדּוֹמֶה
the –s of דּוֹמֶה; שָׁוֶה
— to כִּמְעַט

—*v.t. & i.* נֶהֱנָה מִן; חִבֵּב; הִתְיַחֵס בְּרָצוֹן לְ־; נָטָה אֶל, נִמְשַׁךְ אַחֲרֵי־; הָיָה לְרוּחוֹ

like'lihood" *n.* (לַיְקְלִהֻד) אֶפְשָׁרוּת מַמָּשִׁית

like'ly *adj. & adv.* (לַיְקְלִי) נוֹעָד לִכְאוֹרָה, מִתְקַבֵּל עַל הַדַּעַת; מַתְאִים; צְפוּיָה הַצְלָחָה; קָרוֹב לְוַדַּאי

li'ken *v.t.* (לַיְקְן) דִּמָּה, הִשְׁוָה

like'ness *n.* (לַיְקְנִס) דְּיוֹקָן; צוּרָה, דִּמְיוֹן

like'wise" *adv.* (לַיְקְוַיְז) יָתֵר עַל כֵּן; מִלְּבַד זֶה; גַּם כֵּן; בְּצוּרָה דּוֹמָה

li'king *n.* (לַיְקִנְג) חִבָּה, נְטִיָּה, הַעְדָּפָה; עֹנֶג, טַעַם

li'lac *n.* (לַיְלֶק) לִילָךְ

lilt *n.* (לִלְט) תְּנוּדָה קְצוּבָה; נְעִימָה קְצוּבָה

lil'y *n.* (לִלִי) שׁוֹשָׁן

lil'y-white' *adj.* (לִלִי־הְוַיְט) לָבָן כְּשׁוֹשָׁן; טָהוֹר, לְלֹא רְבָב; דּוֹגֵל בְּהַרְחָקַת כּוּשִׁים

limb *n.* (לִם) אֵבֶר; עָנָף;

out on a — פָּגִיעַ; בְּמַצָּב מְסֻכָּן

lim'ber *adj. & v.i. & t.* (לִמְבֶּר) גָּמִישׁ; עָשָׂה גָּמִישׁ

lim'bo *n.* (לִמְבּוֹ) אֵזוֹר נְשִׁיָּה; מַעֲצָר; בֵּין שְׁנֵי קְצָווֹת; בֵּין גַּן הָעֵדֶן לְגֵיהִנּוֹם

lime *n.* (לַיְם) תַּחְמֹצֶת סִידָן, סִיד חַי; לִימֶטָה

lime'light" *n.* (לַיְמְלַיְט) מוֹקֵד הִתְעַנְיְנוּת צִבּוּרִית

lim'erick *n.* (לִמֶרִק) חַמְשִׁיר

lim'it *n.* (לִמִט) גְּבוּל

— s אֵזוֹר (בין גבולות)

— *v.t.* הִגְבִּיל

lim"ita'tion *n.* (לִמִטֵישְׁן) מִגְבָּלָה; הַגְבָּלָה

limp *v.i. & n.* (לִמְפּ) צָלַע; צְלִיעָה

— *adj.* רוֹפֵף; מְדֻלְדָּל; יָגֵעַ; חֲסַר־קְשִׁיחוּת

lim'pid *adj.* (לִמְפִּד) שָׁקוּף, זַךְ, בָּהִיר לְגַמְרֵי; שָׁלֵו

lin'den *n.* (לִנְדֶן) טִלְיָה

line *n.* (לַיְן) קַו; שׁוּרָה; גְּבוּל; מַהֲלָךְ; מַצָּע; יִחוּס; שִׂיחַת־רַשָּׁם; מִשְׁלַח־יָד; סְחוֹרָה; חֶבֶל

— s טֶקְסְט שֶׁל מַחֲזֶה; דִּבְרֵי הַנְּפָשׁוֹת; צוּרָה חִיצוֹנִית

— draw the קָבַע גְּבוּל אַחֲרוֹן

hold the — הֶחֱזִיק מַעֲמָד, שָׁמַר עַל הַמַּצָּב הַקַּיָּם

in – of duty בִּשְׁעַת מִלּוּי תַּפְקִיד

into — לְמַצָּב שֶׁמְּחַיֵּב הַסְכָּמָה

out of — סוֹטֶה מִקַּו יָשָׁר; סוֹטֶה מֵהַמְקֻבָּל; חָצוּף

toe the — צִיֵּת לְלֹא הִסּוּס; מִלֵּא הִתְחַיְּבוּיוֹת

— *v.t.* שָׂכַר; קִוְקֵו; הִתְוָה; עָרַךְ בְּשׁוּרָה; רִפֵּד מִבִּפְנִים; מִלֵּא

lin'eage *n.* (לִנִיאֶג׳) יִחוּס, מוֹצָא; מִשְׁפָּחָה, שׁוֹשֶׁלֶת גֶּזַע

lin'eal *adj.* (לִנִיאַל) קַוִּי, בְּקַו יָשָׁר, יָשִׁיר

lin'eament *n.* (לִנִיאֲמֶנְט) קָו, תָּו; תְּכוּנָה אָפְיָנִית

lin'ear *adj.* (לִנִיאַר) קַוִּי, לִינֵאָרִי

lin'en *n.* (לִנֶן) פִּשְׁתָּן; מַצָּעוֹת

li'ner *n.* (לַיְנֶר) מְטוֹס נוֹסְעִים; אֳנִיַּת נוֹסְעִים; בִּטְנָה, רִפּוּד פְּנִימִי; מַעֲטָפָה

line'-up" *n.* (לַיְנַפּ) תּוֹר; מִסְדַּר זִהוּי; רְשִׁימַת מִשְׁתַּתְּפִים; מַעֲרָךְ

lin'ger *v.i. & t.* (לִנְגֶר) שָׁהָה, הִתְמַהְמֵהַּ (מחוסר רצון לעזוב); נִשְׁאַר בַּחַיִּים; הֶאֱרִיךְ; אִחֵר; הָלַךְ בְּאִטִּיּוּת; בִּלָּה זְמַן בְּנַחַת

lin'gerie" *n.* (לֶנְז׳רִי) לִבְנֵי־נָשִׁים

ling'uist *n.* (לִנְגְוִסְט) דּוֹבֵר לְשׁוֹנוֹת רַבּוֹת, פּוֹלִיגְלוֹט; חוֹקֵר לְשׁוֹנוֹת, בַּלְשָׁן

lin'iment *n.* (לִנִמֶנְט) מִשְׁחָה, שֶׁמֶן מִשְׁחָה

li'ning *n.* (לַיְנִנְג) בִּטְנָה

link *n. v.t. & i.* (לִנְק) חֻלְיָה; זִקָּה, קֶשֶׁר, לוּלָאָה; חָסַת, חִבֵּר, אִחֵד

lin'seed" *n.* (לִנְסִיד) זֶרַע פִּשְׁתִּים

lint *n.* (לִנְט) סִיבֵי כֻּתְנָה; חֲתִיכוֹת חוּט; מוֹךְ; קִרְעֵי בַּד

lin'tel *n.* (לִנְטֶל) מַשְׁקוֹף

li'on *n.* (לַיְאֶן) אַרְיֵה; חָתוּל־בַּר גָּדוֹל; גִּבּוֹר; אָדָם מְפֻרְסָם שֶׁהַכֹּל רוֹצִים בְּקִרְבָתוֹ

li'oness *n.* (לַיְאֲנֶס) לְבִיאָה

li'onize" *v.t.* (לַיְאֲנַיְז) קִבֵּל פָּנִים כְּאָדָם מְפֻרְסָם

lip *n.* (לִפּ) שָׂפָה; חֲצִפָּה; קָצֶה
button one's — שָׁתַק
keep a stiff upper — קִבֵּל אָסוֹן בְּאֹמֶץ
liq′uefy″ *v.t. & n.* (לִקְוִפַי) הָפַךְ לְנוֹזֵל; נֶהְפַּךְ לְנוֹזֵל
liq′uid *n. & adj. & n.* (לִקְוִד) נוֹזֵל; נָזִיל; בָּרוּר, שָׁקוּף; זוֹהֵר; שׁוֹטֵף
liq′uidate″ *v.t.* (לִקְוִדֵיט) פָּרַע (חוב); חִסֵּל
liq″uida′tion *n.* (לִקְוִדֵישְׁן) חִסּוּל; הֲמָרָה לִמְזֻמָּנִים
liqu′or *n.* (לִקֶר) מַשְׁקֶה חָרִיף; מָרָק, נוֹזֵל
lisp *n. & v.t. & i.* (לִסְפּ) שִׁנְשֵׁן; שִׁנְשׁוּן
lis′som(e) *adj.* (לִסֶם) גָּמִישׁ, זָרִיז, פָּעִיל
list *n. & v.t. & i.* (לִסְט) רְשִׁימָה; נְטִיָּה לַצַּד; רָשַׁם, עָרַךְ רְשִׁימָה; הִצִּיעַ לִמְכִירָה בִּמְחִיר רָשׁוּם; נָטָה לַצַּד
lis′ten *v.i.* (לִסֶן) הִקְשִׁיב, הֶאֱזִין; צִיֵּת; הִמְתִּין בְּקֹצֶר רוּחַ
— in הִקְשִׁיב לְשִׂיחָה לֹא־לוֹ
lis′tener *n.* (לִסְנֶר) מַאֲזִין
list′less *adj.* (לִסְטְלִס) אָדִישׁ לְכָל דָּבָר
lit (לִט) (זמן עבר של light)
lit′any *n.* (לִטֶנִי) תְּחִנָּה
li′ter *n.* (לִיטֶר) לִיטֶר
lit′eracy *n.* (לִטֶרֶסִי) יְדִיעַת קְרִיאָה וּכְתִיבָה
lit′eral *adj.* (לִטֶרֶל) מִלּוּלִי; מְפָרֵשׁ דְּבָרִים כִּפְשׁוּטָם, חֲסַר־דִּמְיוֹן; לְפִי הַפְּשָׁט; מְדֻיָּק, בְּדִיּוּק כְּמַשְׁמָעוֹ; שֶׁל אוֹתִיּוֹת הָאָלֶפְבֵּית; שֶׁל אוֹתִיּוֹת, מֻבָּע בְּאוֹתִיּוֹת
lit′erary *adj.* (לִטֶרֶרִי) סִפְרוּתִי; מַשְׂכִּיל; עוֹסֵק בְּסִפְרוּת; מְסֻרְבָּל
lit′erate *adj.* (לִטֶרֶט) יוֹדֵעַ קְרֹא וּכְתוֹב; מַשְׂכִּיל; בָּקִי בְּסִפְרוּת; בָּהִיר
lit′erature *n.* (לִטֶרֶצֶ׳ר) סִפְרוּת; כְּתָבִים, חֹמֶר מֻדְפָּס
lithe *adj.* (לַיד׳) גָּמִישׁ
lith′ograph *n.* (לִתֶ׳גְרֶף) הֶדְפֵּס־אֶבֶן
lit′igant *n.* (לִטֶגֶנְט) בַּעַל דִּין
lit″ig′ation *n.* (לִטֶגֵישְׁן) הֲלִיכִים מִשְׁפָּטִיִּים; תְּבִיעָה מִשְׁפָּטִית
lit′ter *n. & v.t.* (לִטֶר) פְּסֹלֶת מְפֻזֶּרֶת; אִי־סֵדֶר; מִסְפַּר וְלָדוֹת בְּלֵדָה אַחַת; אֲלוּנְקָה; אַפִּרְיוֹן; שַׁחַת; זָרַק פְּסֹלֶת; זָרַק בְּאִי־סֵדֶר; נָפוֹץ בְּאִי־סֵדֶר; יָלַד (יותר מוולד אחד); סִפֵּק שַׁחַת
lit′tle *adj. & adv. & n.* (לִטְל) קָטָן; קָצָר; מוּעָט; קְצָת; חַלָּשׁ; צַר־אֹפֶק; בָּזוּי; בִּכְלָל לֹא; בְּמִדָּה מוּעֶטֶת, לְעִתִּים רְחוֹקוֹת; מְעַט; זְמַן קָצָר
— by — בְּהַדְרָגָה, לְאַט לְאַט
make – of מֵעֵט בִּדְמוּתוֹ
think – of הֵקֵל רֹאשׁ בְּ־
lit′urgy *n.* (לִטֶרְגִ׳י) תְּפִלָּה בְּצִבּוּר; פֻּלְחָן; סִדְרֵי עֲבוֹדַת הָאֱלֹהִים; לִיטוּרְגִיָּה
live *v.i. & adj.* (לִב) חַי, גָּר, שָׁכַן; נֶהֱנָה מֵהַחַיִּים בִּמְלוֹאָם; שָׁכַב
— down הִשְׁכִּיחַ
— in גָּר בִּמְקוֹם עֲבוֹדָתוֹ
— it up חַי חַיֵּי הוֹלְלוּת
— up to חַי בְּהֶתְאֵם לְאִידֵיאָל
— *adj.* (לַיב) חַי; שֶׁל חַיִּים; בַּחַיִּים; שֶׁיֵּשׁ שָׁם בַּעַל חַיִּים; שֶׁיֵּשׁ שָׁם בְּנֵי אָדָם; שׁוֹפֵעַ מֶרֶץ, פָּעִיל, מְעַדְכָּן; אַקְטוּאָלִי; לוֹחֶשֶׁת (גחלת); מוֹבִיל מִטְעָן חַשְׁמַלִּי; מוּנָע
liv′elihood″ *n.* (לַיבְלִהֻד) מִחְיָה
live′ly *adj.* (לַיבְלִי) מָלֵא חִיּוּת; מָלֵא חַיִּים עַלִּיז; מְרַגֵּשׁ; עֵר, בָּרוּר, מַרְשִׁים; מְרַעֲנֵן; פְּעַלְתָּנִי
li′ven *v.t.* (לַיְבֶן) עוֹדֵד, הֵפִיחַ חַיִּים, שִׂמֵּחַ
li′ver *n.* (לִוֶר) כָּבֵד; כָּבֵד חוֹלָנִי
liv′ery *n.* (לִוֶרִי) מַדִּים, בִּגְדֵי־שְׂרָד; לְבוּשׁ מְיֻחָד; אַכְסוֹן סוּסִים
livid *adj. & n.* (לִוִד) כְּחַלְחַל (מחמת ליקוי); כָּחֹל אֲפַרְפַּר; מָלֵא חֵמָה; אָפֹר
liv′ing *adj. & n.* (לִוִנְג) חַי, בַּחַיִּים; פָּעִיל חָזָק; בּוֹעֵר; זוֹרֵם; נֶאֱמָן לַחַיִּים; שֶׁל בְּנֵי אָדָם חַיִּים; מַסְפִּיק לְמִחְיָה בַּטֶּבַע; מִחְלָט; קִיּוּם; דֶּרֶךְ חַיִּים; מִחְיָה
liv′ing room″ (לִוִנְג רוּם) חֲדַר אוֹרְחִים, טְרַקְלִין, „סָלוֹן"
liz′ard *n.* (לִזֶרְד) לְטָאָה
lo *interj.* (לוֹ) רְאֵה, הִנֵּה
load *n.* (לוֹד) מַשָּׂא, מִטְעָן; מִטְעָן מַקְסִימָלִי; מַעֲמָסָה; כַּמּוּת־מַשְׁקֶה מְשַׁכֶּרֶת;
— s „הָמוֹן"

get a – of הַבֵּט; הַקְשֵׁב ל־

— *v.t. & i.* טָעַן; הֶעֱמִיס עַל; הֵעִיק עַל; הוֹסִיף לַמִּשְׁקָל; הִכְנִיס מִשְׁפָּט קָדוּם; עָלָה עַל (רכב)

loaf *n. & v.i.* (לוֹף) כִּכָּר; גּוּשׁ; הִתְבַּטֵּל

loa'fer *n.* (לוֹפֶר) בַּטְלָן, עַצְלָן; נַעַל קַלָּה

loam *n.* (לוֹם) טִיט

loan *n. & v.t.* (לוֹן) הַלְוָאָה, מִלְוֶה; הִלְוָה

loath *adj.* (לוֹת׳) חֲסַר־רָצוֹן

loathe *v.t.* לוֹד׳ תִּעֵב

loa'thing *n.* (לוֹד׳נְג) שְׁאָט־נֶפֶשׁ

loath'some *adj.* (לוֹד׳סַם) מְתֹעָב, מָאוּס

lob'by *n. & v.t.* (לוֹבִּי) חֲדַר קַבָּלָה; קְבוּצַת אִינְטֶרֶסַנְטִים; נִסָּה לְהַשְׁפִּיעַ עַל הַמְחוֹקְקִים

lob'ster *n.* (לוֹבְּסְטֶר) צַבְטָן, סַרְטָן אֲרֹךְ־הַבֶּטֶן

lo'cal *adj. & n.* (לוֹקָל) מְקוֹמִי; נֶעֱצָר בְּכָל הַתַּחֲנוֹת; מְאַסֵּף (תחבורה); סְנִיף מְקוֹמִי; תּוֹשַׁב הַמָּקוֹם

local'ity *n.* (לוֹקֶלְטִי) מָקוֹם, אֵזוֹר; מִקּוּם

lo'calize" *v.t.* (לוֹקָלַיז) הִגְבִּיל לְמָקוֹם מְסֻיָּם

lo'cate *v.t. & i.* (לוֹקֵיט) אִתֵּר; יָשַׁב; הִשְׁתַּקֵּעַ

loca'tion *n.* (לוֹקֵישְׁן) מְקוֹם הִמָּצְאוֹ; אֲתַר; מִקּוּם; מָקוֹם נָאוֹת לְהַסְרָטָה

lock *n.* (לוֹק) מַנְעוּל; נֶקֶר (בכלי יריה); דֶּלֶת סֶכֶר; מַחְלָפָה, תַּלְתַּל

—, stock, and barrel הַכֹּל בְּכָל מִכֹּל; בִּשְׁלֵמוּת

— *v.t. & i.* נָעַל; כָּלָא; קָבַע שֶׁלֹּא יָזוּז; לָפַת; הֵקִים תְּעָלוֹת מַעֲבָר; נִנְעַל

— out הִשְׁבִּית מִפְעָל; נָעַל בִּפְנֵי

— up כָּלָא; נָעַל מַנְעוּלִים לִפְנֵי יְצִיאָה

lock'er *n.* (לוֹקֶר) אָרוֹן

lock'et *n.* (לוֹקֶט) תַּלְיוֹן

lock'out" *n.* (לוֹקָאוּט) הַשְׁבָּתָה

lo"como'tion *n.* (לוֹקַמוֹשְׁן) תְּנוּעָה

lo"como'tive *n.* (לוֹקַמוֹטִב) קַטָּר

lo'cust *n.* (לוֹקַסְט) אַרְבֶּה

lode *n.* (לוֹד) עוֹרֶק

lodge *n. & v.i. & t.* (לוֹג׳) בִּקְתַּת־יַעַר; צְרִיף; בִּנְיָן מֶרְכָּזִי (של מלון); סְנִיף (אגודת סחר); מְאוּרָה; לָן; נִתְפַּס; הֵלִין; שִׁמֵּשׁ מַחְסֶה; אִחְסֵן; הֵכִיל; הֶעֱנִיק סַמְכוּת; הִגִּישׁ (תלונה וכו׳)

lodg'er *n.* (לוֹג׳ר) דַּיַּר מִשְׁנֶה

lodg'ing *n.* (לוֹג׳נְג) חֶדֶר שָׂכוּר; דִּיּוּר אֲרָעִי

loft *n.* (לוֹפְט) עֲלִיַּת גַּג; יָצִיעַ, קוֹמָה עֶלְיוֹנָה

lof'ty *adj.* (לוֹפְטִי) רָם וְנִשָּׂא; מְרוֹמָם; יָהִיר

log *n. & v.t. & i.* (לוֹג) בּוּל־עֵץ; יוֹמַן־מַסָּע; מַנְוֵט, דּוּ״חַ הִתְקַדְּמוּת; כָּרַת; רָשַׁם בְּיוֹמַן־מַסָּע; נָסַע (במהירות מסוימת); נָסַע כְּרָשׁוּם בַּיּוֹמָן; כָּרַת עֵצִים

log'gerhead" *n.* (לוֹגֶרְהֶד) מְטֻמְטָם

at –s מְעֹרָבִים בִּקְטָטָה; מִתְכַּתְּשִׁים

log'ic *n.* (לוֹג׳ק) הִגָּיוֹן; שֵׂכֶל יָשָׁר; סִבָּה

log'ical *adj.* (לוֹג׳קל) הֶגְיוֹנִי; מִתְקַבֵּל עַל הַדַּעַת; מִתְיַשֵּׁב עִם הַשֵּׂכֶל הַיָּשָׁר

loin *n.* (לוֹין) חֶלֶץ, מֹתֶן

loi'ter *v.i.* (לוֹיטֶר) הִתְבַּטֵּל; נָע בַּעֲצַלְתַּיִם; הִתְמַהְמֵהַּ לְלֹא תַּכְלִית

loll *v.i.* (לוֹל) שָׁכַב בְּרִפְיוֹן; הָיָה תָּלוּי בְּרִפְיוֹן

lol'lipop" *n.* (לוֹלִיפּוֹפּ) סֻכָּרִיָּה עַל מַקֵּל

lone *adj.* (לוֹן) בּוֹדֵד; יָחִיד; פָּנוּי

lone'liness *n.* (לוֹנְלִנַס) בְּדִידוּת

lone'ly *adj.* (לוֹנְלִי) בּוֹדֵד, יָחִיד, נִדָּח, מְבֻדָּד

lone'some *adj.* (לוֹנְסַם) מְדֻכְדָּךְ בִּבְדִידוּתוֹ, בּוֹדֵד, גַּלְמוּד; נִדָּח

by one's — לְבַד

long *adj. & n.* (לוֹנְג) אָרֹךְ; נִמְשָׁךְ; אִטִּי; יְסוֹדִי; בַּעַל הַרְבֵּה; הַרְבֵּה זְמַן; גָּדֵל מַתְאִים לַאֲנָשִׁים גְּבוֹהִים

— before תּוֹךְ זְמַן קָצָר

the – and the short of הַתַּמְצִית בְּקִצּוּר

— *adv.* בְּמֶשֶׁךְ זְמַן רַב; זְמַן; בְּמֶשֶׁךְ כָּל הַתְּקוּפָה

as – as כָּל עוֹד

— *v.t.* הִתְגַּעְגֵּעַ, נִכְסַף

long'ing *n.* (לוֹנְגנְג) גַּעְגּוּעִים

lon′gitude″ *n.* (לוֹנג'טוּד) קַו אֹרֶךְ

long′shore″man *n.* (לוֹנְגְשׁוֹרְמֶן) סַוָּר

long′ shot″ (לוֹנג שׁוֹט) סִכּוּי קָלוּשׁ; בַּעַל סִכּוּיִים קְלוּשִׁים לְהַצְלִיחַ

look *v.i. & t.* (לֻק) הִבִּיט; הִסְתַּכֵּל; הִתְבּוֹנֵן; נָטָה; נִרְאָה; נִשְׁקַף עַל; כִּוֵּן מַבָּט; חִפֵּשׂ; בָּדַק

— after עָקַב אַחֲרֵי בְּעֵינַיִם; הִשְׁגִּיחַ עַל; טִפֵּל בְּ־

— daggers נָעַץ מַבָּט מָאִים

— down upon בָּז

— down one's nose זִלְזֵל

— for חִפֵּשׂ

— forward to צִפָּה בְּעֹנֶג

— in on בִּקֵּר קְצָרוֹת

— into בָּדַק, חָקַר

— on הִסְתַּכֵּל, צָפָה

— out הִסְתַּכֵּל הַחוּצָה; נִזְהַר, דָּאַג לְ־

— over בָּדַק (בדיקה חטופה) וְשִׁטְחִית

— sharp הָיָה עֵרָנִי

— to שָׂם לֵב; סָמַךְ עַל

— up הִגְבִּיהַּ עֵינַיִם; הִשְׁתַּפֵּר; חִפֵּשׂ

— upon הִתְיַחֵס אֶל; הִתְבּוֹנֵן

— up to כִּבֵּד

— *n.* מַבָּט; מַבָּט נוֹקֵב; בְּדִיקָה; מַרְאֶה

— s הוֹפָעָה

loo′ker *n.* (לֻקֶר) מִסְתַּכֵּל; יְפֵיפִיָּה

look′ing glass″ (לֻקִנְג גְּלֶס) מַרְאָה

look′out″ *n.* (לֻקְאַוּט) שְׁמִירָה; מִשְׁמָר; שׁוֹמֵר; מִצְפֵּה שְׁמִירָה

loom *n. & v.i.* (לוּם) נוֹל; אֲרִיגָה; הוֹפִיעַ בִּדְמוּת מְגֻדֶּלֶת וּמְעֻרְפֶּלֶת; לָבַשׁ צוּרָה

loo′ney *adj.* (לוּנִי) "טְרַלָּלֶה", מְשֻׁגָּע; טִפֵּשׁ גָּדוֹל

loop *n. & v.t.* (לוּפּ) לוּלָאָה; מַעְגָּל; טַבַּעַת; בִּימַת הִסְתּוֹבְבוּת; עָשָׂה לוּלָאוֹת; כִּתֵּר בְּלוּלָאָה; קָשַׁר בְּלוּלָאוֹת

loop′hole″ *n.* (לוּפְּהוֹל) חָרָךְ; אֶשְׁנָב; פֶּתַח; פִּרְצָה; אֶמְצָעֵי הִשְׁתַּמְּטוּת

loose *adj.* (לוּס) חָפְשִׁי; מְשֻׁחְרָר; מְדֻבְלָל; נִפְרָד; לֹא־אָרוּז; זָמִין, נִתָּן לְשִׁמּוּשׁ; לֹא־עָצוּר; מֻפְקָר; רוֹפֵף; גָּמִישׁ; לֹא־מְהֻדָּק; לֹא־צָפוּף; קָלוּשׁ, תָּחוּחַ; רָחָב

— *adv.* בְּרִפְיוֹן

break — הִשְׁתַּחְרֵר; נִמְלַט

cut — שִׁחְרֵר; הִשְׁתַּחְרֵר; פָּרַק עֹל

let — שִׁחְרֵר; הִשְׁתַּחְרֵר; הִתְפָּרֵק, נִשְׁמַט

— *v.t. & i.* הִתִּיר, שִׁחְרֵר; שִׁגֵּר, יָרָה; רוֹפֵף; הִרְפָּה

loo′sen *v.t. & i.* (לוּסְן) הִתִּיר, רוֹפֵף; הִרְפָּה; שִׁחְרֵר; הִפְחִית צְפִיפוּת; תִּחֵחַ; הִרְחִיק עֲצִירוּת; הֵקֵל; הִתְרוֹפֵף

loose′ end′ (לוּס אֶנְד) חֵלֶק מְדֻלְדָּל, פְּרָט שֶׁלֹּא הֻכְרַע

at – –s בְּמַצָּב מְעֻרְפָּל; לְלֹא תָּכְנִיּוֹת מִיָּדִיּוֹת

loot *n. & v.t.* (לוּט) שָׁלָל, בִּזָּה, מַלְקוֹחַ; אוֹסֶף מַתָּנוֹת; כֶּסֶף; בָּזַז

lop *v.t.* (לוֹפּ) כָּרַת; חָתַךְ

lope *v.i.* (לוֹפּ) רָץ בְּדִלּוּגִים, דִּלֵּג; דָּהַר בִּתְנוּפָה קְצוּבָה

lop′si′ded *adj.* (לוֹפְּסַיְדִד) לֹא־סִימֶטְרִי; נוֹטֶה לְצַד אֶחָד

loqua′cious *adj.* (לוֹקְוֵישֶׁס) דַּבְּרָנִי, פַּטְפְּטָנִי

lord *n. & interj.* (לוֹרְד) אָדוֹן, שַׁלִּיט; בְּעָלִים; מִצְטַיֵּן; בַּעַל אֲחֻזָּה; לוֹרְד; אוֹ (קריאת התפעלות)

Lord אֱלֹהִים (גם כמלת קריאה)

— *v.i.* הִתְנַשֵּׂא

lord′ly *adj.* (לוֹרְדְלִי) נֶהְדָּר; שַׁחֲצָנִי; שֶׁל לוֹרְד

lore *n.* (לוֹר) תּוֹרָה; יְדִיעָה

lose *v.t. & i.* (לוּז) אִבֵּד; נִפְטַר מִן; גָּרַם; הָרַס; בִּזְבֵּז; הֶחֱטִיא; הִפְסִיד; הוּבַס; גָּרַם אָבְדָן; הָיָה שָׁקוּעַ בְּ־; הִפִּיל (בשעת לידה)

— out נִכְשַׁל; הוּבַס; נָחַל מַפָּלָה

lo′ser *n.* (לוּזֶר) מַפְסִיד, מְאַבֵּד; כִּשָּׁלוֹן מַתְמִיד

loss *n.* (לוֹס) אֲבֵדָה; הֶפְסֵד; נֶזֶק; אָבְדָן; הֶרֶס

at a — בְּפָחוֹת מֵהַמְּחִיר; בְּהֶפְסֵד; בִּמְבוּכָה, בְּמַצָּב שֶׁל חֹסֶר וַדָּאוּת

lost *adj.* (לוֹסְט) אָבוּד; נֶעְדָּר, חָסֵר; תּוֹעֶה; מְבֻזְבָּז; הָרוּס; שָׁקוּעַ; מְיֹאָשׁ; (עבר של lose)

lot *n.* (לוט) גּוֹרָל; הַפָּלַת גּוֹרָל; חֵלֶק; מִגְרָשׁ
כַּמּוּת; סוּג; הַרְבֵּה

— s הַרְבֵּה

draw — s הִפִּיל גּוֹרָל

lo'tion *n.* (לוֹשְׁן) תַּרְחִיץ

lot'tery *n.* (לוֹטֶרִי) הַגְרָלָה, פַּיִס

loud *adj.* (לַאוּד) קוֹלָנִי, רָם; רוֹעֵשׁ;
צַעֲקָנִי; גַּס

out — בְּקוֹל

loud'spea"ker *n.* (לַאוּדְסְפִּיקֶר) רַמְקוֹל

lounge *v.i. & n.* (לַאוּנְג׳) הִתְבַּטֵּל;
הִתְפַּרְקֵד בַּעֲצַלְתַּיִם; הָלַךְ בְּנַחַת; דַּרְגָּשׁ;
אוּלָם צִבּוּרִי; חֲדַר־חֶבְרָה; מַרְזֵחַ; נוֹחִיּוּת

louse *n.* (לַאוּס) כִּנָּה; נִבְזֶה

— up קִלְקֵל, ״בִּלְגֵּן״

lou'sy *adj.* (לַאוּזִי) מָלֵא כִּנִּים; בָּזוּי,
שָׁפָל; רַע

— with שׁוֹרֵץ, מְשֻׁפָּע בְּ־

lout *n.* (לַאוּט) מְטֻמְטָם, מְגֻשָּׁם; בּוּר;
שׁוֹטֶה

lov'able *adj.* (לַבְּבְּל) מְלַבֵּב, חָבִיב

love *n.* (לַב) אַהֲבָה; תְּשׁוּקָה; אָהוּב;
פָּרָשַׁת אֲהָבִים; אֵל הָאַהֲבָה; חִבָּה; אֶפֶס
(בטניס)

for the – of לְמַעַן

in — מְאֹהָב

make — חִזֵּר אַחֲרֵי; הִזְדַּוֵּג

no – lost אֵיבָה

— *v.t. & i.* אָהַב; נִזְקַק לְ־; הִזְדַּוֵּג עִם

love'liness *n.* (לַבְלִנֶס) חֵן; יְפִי עָדִין

love'ly *adj.* (לַבְלִי) חִנָּנִי, יָפֶה, מוֹשֵׁךְ,
נֶחְמָד; מְהַנֶּה

lov'er *n.* (לַבֶר) אוֹהֵב; מְאַהֵב

— s זוּג מְאֹהָבִים

love' seat" (לַב סִיט) סַפָּה לִשְׁנַיִם

lov'ing *adj.* (לַבִנְג) אוֹהֵב, שֶׁל חִבָּה

lov'ing cup" (לַבִנְג קַפּ) גְּבִיעַ פְּרָס

low *adj. & n.* (לוֹ) נָמוּךְ; שָׁפָל; עָמֹק;
רָדוּד; חַלָּשׁ; קָטָן; זוֹל, חֲסַר־עֵרֶךְ; מוּעָט;
מְדֻכָּא; נָחוּת; בָּזוּי; גַּס; הִלּוּךְ נָמוּךְ; רָמָה
נְמוּכָה; שִׂיא שִׁפְלוּת, שֵׁפֶל יְרִידָה

— *adv.* בְּמַצָּב נָמוּךְ; לְמַצָּב נָמוּךְ; עוֹמֵד
לֶאֱזוֹל; עַל סַף הַמָּוֶת; בְּזוֹל; בְּקוֹל נָמוּךְ,
בְּשֶׁקֶט

lay — הָרַג, הִשְׁתַּלֵּט עַל; הִתְחַבֵּא

lie — הִתְחַבֵּא; הִסְתִּיר כַּוָּנוֹת

— *v.i. & t.* גָּעָה

low'brow *n.* (לוֹבְּרָאוּ) אָדִישׁ לְהַשְׂכָּלָה

low'er *v.t.* (לוֹאֶר) הוֹרִיד; הִנְמִיךְ;
הִפְחִית; הִשְׁפִּיל

— *adj. & n.* נָמוּךְ יוֹתֵר; מֻקְדָּם (עידן);
תּוֹשֶׁבֶת תַּחְתּוֹנָה; מִטָּה תַּחְתּוֹנָה

low'ering *adj.* (לַאוּאֶרִנְג) קוֹדֵר, זוֹעֵף

low'land *n.* (לוֹלֶנְד) שְׁפֵלָה

low'ly *adj.* (לוֹלִי) צָנוּעַ, דַּל; נָמוּךְ

low' tide' (לוֹ טַיד) שֵׁפֶל (גובה מים)

loy'al *adj.* (לוֹיאֶל) נֶאֱמָן

loy'alty *n.* (לוֹיאֶלְטִי) נֶאֱמָנוּת

loz'enge *n.* (לוֹזֶנְג׳) מַמְתָּק־מְצִיצָה; מְעֻיָּן

lu'bricate" *v.t. & i.* (לוּבְּרֶקֵיט) שִׁמֵּן; סָךְ

lu'cid *adj.* (לוּסִד) זוֹרֵחַ; בָּהִיר; זַךְ,
שָׁקוּף; מוּבָן בְּקַלּוּת; שָׁפוּי, צָלוּל

lucid'ity *n.* (לוּסִדִטִי) בְּהִירוּת, שְׁקִיפוּת,
צְלִילוּת, שְׁפִיּוּת

luck *n.* (לַק) מַזָּל; מַזָּל טוֹב

in — בַּעַל מַזָּל

lu'cky *adj.* (לַקִי) בַּר־מַזָּל; שֶׁל מַזָּל טוֹב;
מְבַשֵּׂר טוֹב

lu'crative *adj.* (לוּקְרֶטִב) מַכְנִיס רְוָחִים;
מַכְנִיס כֶּסֶף

lu'cre *n.* (לוּקֶר) כֶּסֶף, רֶוַח

lu'dicrous *adj.* (לוּדִקְרֶס) מַצְחִיק, מְגֻחָךְ

lug *v.t. & n.* (לַג) נָשָׂא תּוֹךְ מַאֲמָץ רַב,
טִלְטֵל; יָדִית; תָּג

lug'gage *n.* (לַגִג׳) מִזְוָדוֹת, מִטְעָן, חֲפָצִים

luke'warm' *adj.* (לוּקְווֹרְם) פּוֹשֵׁר, אָדִישׁ

lull *v.t. & n.* (לַל) יִשֵּׁן, הִרְגִּיעַ, הִשְׁקִיט;
הַשְׁרָה הַרְגָּשַׁת־בִּטָּחוֹן מַטְעָה; הֲפוּגָה

lull'aby" *n.* (לַלֶבַּי) שִׁיר עֶרֶשׂ

lum'ber *n. & v.i.* (לַמְבֶּר) עֵצִים נְסוּרִים;
הֵכִין עֵצִים לַשּׁוּק; נָע בִּכְבֵדוּת

lum'berjack" *n.* (לַמְבֶּרְגֶ׳ק) פּוֹעֵל יַעַר

lum'ber jack'et (לַמְבֶּר גֶ׳קֶט) מְעִיל צֶמֶר
מְשֻׁבָּץ

lu′minary″ *n.* (לוּמְנֶרִי) גֶרֶם שְׁמֵימִי; מָאוֹר; אִישִׁיּוּת מַזְהִירָה

lu′minous *adj.* (לוּמִנַס) מֵאִיר; מַזְהִיר; בָּהִיר, צָלוּל

lump *n. & adj.* (לַמְפּ) גּוּשׁ; תְּפִיחָה; קֻבִּיָּה (של סוכר); רֹב; בְּצוּרַת גּוּשִׁים; מִצְטַבֵּר

— *v.t.* כָּלַל יַחַד

lu′nacy *n.* (לוּנַסִי) טֵרוּף הַדַּעַת; שִׁגָּעוֹן

lu′natic *n.* (לוּנַטִק) מְטֹרָף

lunch *n. & v.i.* (לַנְץ׳) אֲרוּחַת צָהֳרַיִם; אֲרוּחָה קַלָּה; קָפֶטֶרְיָה; אָכַל אֲרוּחַת צָהֳרַיִם

lun′cheon *n.* (לַנְצְ׳ן) סְעוּדַת צָהֳרַיִם חֲגִיגִית

lung *n.* (לַנְג) רֵאָה

at the top of one's — s בְּקוֹלֵי קוֹלוֹת

lunge *n. & v.i.* (לַנְג׳) הַדָּחֲפוּת; דְּקִירָה; תְּנוּעַת־פִּתְאוֹם קָדִימָה; נִדְחַף קָדִימָה, עָט, זִנֵּק

lurch *n.* (לֶרְץ׳) הִתְנַדְנְדוּת־פֶּתַע; נְטִיָּה פִּתְאוֹמִית; הֲלִיכָה מִתְנַדְנֶדֶת

leave in the — נָטַשׁ בְּעֵת צָרָה

— *v.i.* הִתְנַדְנֵד

lure *n. & v.t.* (לֻר) פִּתּוּי; כֹּחַ פִּתּוּי; פִּתָּיוֹן; פִּתָּה

lu′rid *adj.* (לֻרִד) זוֹרֵחַ בְּזֹהַר אָדֹם; אָדֹם צַעֲקָנִי; סֶנְסַצְיוֹנִי; מַבְעִית; חִוֵּר

lurk *v.i.* (לֶרְק) אָרַב; חָמַק; עָבַר בַּחֲשַׁאי; הִסְתַּתֵּר

lus′cious *adj.* (לַשֶׁס) טָעִים בְּיוֹתֵר; רֵיחָנִי; נָעִים, נֶחְמָד

lush *adj. & n.* (לַשׁ) עָשִׁיר, שׁוֹפֵעַ

lust *n. & v.i.* (לַסְט) תַּאֲוָה; תְּשׁוּקָה; הִתְלַהֲבוּת לוֹהֶטֶת; הִתְאַוָּה, חָשַׁק

lus′ter *n.* (לַסְטֶר) זֹהַר, זִיו

lust′ful *adj.* (לַסְטְפֶל) מִתְאַוֶּה, חוֹשֵׁק

lus′trous *adj.* (לַסְטְרַס) מַבְרִיק, מַזְהִיר, מֵאִיר; נֶהְדָּר

lu′sty *adj.* (לַסְטִי) שׁוֹפֵעַ בְּרִיאוּת; שׁוֹפֵעַ

lute *n.* (לוּט) לָאוּטָה; קַטְרוֹס

Lu′theran *adj. & n.* (לוּתֶ׳רֶן) לוּתֶרָנִי

luxur′iant *adj.* (לַגְזְ׳רִיאֶנְט) שׁוֹפֵעַ, עָשִׁיר; דָּשֵׁן

luxur′iate″ *v.i.* (לַגְזְ׳רִיאֵיט) נֶהֱנָה הֲנָאָה רַבָּה; שִׂגְשֵׂג

luxur′ious *adj.* (לַגְזְ׳רִיאֶס) שֶׁל מוֹתָרוֹת; מִתְעַנֵּג; שׁוֹפֵעַ, עָשִׁיר

lux′ury *n.* (לַקְשֶׁרִי) מוֹתָרוֹת, לוּקְסוּס; תַּעֲנוּג

lyce′um *n.* (לַיסִיאֶם) מֶרְכַּז תַּרְבּוּת; אוּלָם תַּרְבּוּת

lye *n.* (לַי) תְּמִסַּת הִידְרוֹקְסִיד הָאַשְׁלְגָן; תְּמִסַּת הִידְרוֹקְסִיד הַנַּתְרָן; בּוֹרִית

lynch *v.t.* (לִנְץ׳) הוֹצִיא לְהוֹרֵג (האספסוף ללא משפט), עָשָׂה מִשְׁפַּט לִינְץ׳; עָשָׂה שְׁפָטִים

ly′re *n.* (לַיאֶר) לִירָה (נבל יווני)

lyr′ic(al) *adj. & n.* (לִרִק) לִירִי; מוּשָׁר; שָׁקֵט וּמָתוּן (קול); שִׁיר לִירִי

—s מִלִּים (של שיר), תַּמְלִיל

M

M, m, *n.* (אֶם) מ׳, הָאוֹת הַשְּׁלֹשׁ־עֶשְׂרֵה בָּאָלֶפְבֵּית הָאַנְגְּלִית

ma (מָה) אִמָּא

ma'am *n.* (מֶם; בלי הטעמה: מֵם) גְּבֶרֶת

maca'bre *adj.* (מֵקָבֵּר) מַחֲרִיד, זְוָעָתִי; שֶׁל מָוֶת

macad'am *n.* (מֶקֶדֶם) כְּבִישׁ מְרֻבָּד רְבְדֵי חָצָץ

mace *n.* (מֵיס) אַלַּת־מַסְמְרִים; שַׁרְבִיט

machine' *n.* & *v.t.* (מַשִׁין) מְכוֹנָה; מַנְגָּנוֹן; מָטוֹס; מְכוֹנִית מָנוֹעַ; לִטֵּשׁ בִּמְכוֹנָה

machi'nery *n.* (מֵשִׁינַרִי) מַנְגָּנוֹן; מְכוֹנָה

mack'inaw" *n.* (מֶקַנוֹ) מְעִיל צֶמֶר קָצָר

mad *adj.* (מֶד) מְשֻׁגָּע; זוֹעֵם, כּוֹעֵס; נְגוּעַ־כַּלֶּבֶת; מִשְׁתּוֹלֵל; לָהוּט; טִפְּשִׁי

mad'am *n.* (מֶדֶם) גְּבֶרֶת; מְנַהֶלֶת בֵּית זוֹנוֹת

mad'cap" *adj.* (מֶדְקֶפּ) פּוֹחֵז

mad'den *v.t.* (מֶדְן) שִׁגֵּעַ; הִרְגִּיז

made *adj.* (מֵיד) עָשׂוּי; מְמֻצָּא; שֶׁהַצְלָחָתוֹ מֻבְטַחַת (זמן עבר של make)

made'-up' *adj.* (מֵיד־אַפּ) מְלָאכוּתִי; מְאֻפָּר, מְפֻרְכָּס; מֻגְמָר

mad'house" *n.* (מֶדְהַאוּס) בֵּית חוֹלִים לְחוֹלֵי נֶפֶשׁ; בֵּית מְשֻׁגָּעִים

mad'man' *n.* (מֶדְמַן) מְטֹרָף

mad'ness *n.* (מֶדְנִס) טֵרוּף הַדַּעַת, שִׁגָּעוֹן; כַּלֶּבֶת; אִוֶּלֶת

mag"azine' *n.* (מֶגַזִין) כְּתַב־עֵת; קֹבֶץ; שְׁבוּעוֹן, יַרְחוֹן; מַחְסַן תַּחְמֹשֶׁת; מַחְסַן צִיּוּד; מַחְסָנִית

mag'got *n.* (מֶגַט) זַחַל

ma'gic *n.* & *adj.* (מֶגִ׳ק) מַגְיָה; מַעֲשֵׂה כְּשָׁפִים; קֶסֶם; מָגִי, שֶׁל כִּשּׁוּף; שֶׁל קֶסֶם

magici'an *n.* (מַגִ׳שְׁן) קוֹסֵם, עוֹשֵׂה־לְהָטִים

mag'istrate" *n.* (מֶגִ׳סְטְרֵיט) שׁוֹפֵט; שׁוֹפֵט שָׁלוֹם

magnan'imous *adj.* (מֶגְנֶנִמַס) נָדִיב, רְחַב־לֵב; אָצִיל

mag'nate *n.* (מֶגְנֵיט) אִישִׁיּוּת מֶרְכָּזִית, ״אַיִל״

mag'net *n.* (מֶגְנִט) מַגְנֵט; בַּעַל כֹּחַ מְשִׁיכָה

magnet'ic *adj.* (מַגְנֶטִק) מַגְנֵטִי; מוֹשֵׁךְ

mag'neti"sm *n.* (מֶגְנִטִזְם) מַגְנֵטִיּוּת; כֹּחַ מְשִׁיכָה, חֵן

mag'netize" *v.t.* (מֶגְנִטַיז) מִגְנֵט; הִשְׁפִּיעַ מְאֹד עַל

magnif'icence *n.* (מֶגְנִפִסֶנְס) פְּאֵר, הוֹד

magnif'icent *adj.* (מַגְנִפִסֶנְט) מְפֹאָר, נֶהְדָּר; נַעֲלֶה

mag'nify" *v.t.* (מֶגְנִפַי) הִגְדִּיל; הִגְזִים; הִגְבִּיר

mag'nifying glass" (מֶגְנִפַיאִנְג גְלֶס) זְכוּכִית מַגְדֶּלֶת

mag'nitude" *n.* (מֶגְנִטוּד) גֹּדֶל; מְמַדִּים; כַּמּוּת גְּדוֹלָה; חֲשִׁיבוּת; גְּדֻלָּה

mag'pie" *n.* (מֶגְפַּי) עַקְעָק, עוֹרֵב־הַנְּחָלִים

maid *n.* (מֵיד) עַלְמָה; עוֹזֶרֶת

maid'en *n.* & *adj.* (מֵידְן) נַעֲרָה, עַלְמָה; שֶׁל נַעֲרָה; לֹא־נְשׂוּאָה; שֶׁל הַפַּעַם הָרִאשׁוֹנָה; שֶׁל בְּכוֹרָה; בְּתוּלָה

mail *n.* & *adj.* & *v.t.* (מֵיל) דֹּאַר, דִּבְרֵי דֹּאַר; שִׁרְיוֹן קַשְׂקַשִּׂים; שֶׁל דִּבְרֵי דֹּאַר; שָׁלַח בַּדֹּאַר; שִׁלְשֵׁל בְּתֵבַת דֹּאַר

mail'box" *n.* (מֵילְבּוֹקְס) תֵּבַת דֹּאַר

mail'man" *n.* (מֵילְמֶן) דַּוָּר

maim *v.t.* (מֵים) הִטִּיל מוּם בּ־

main *adj.* & *n.* (מֵין) רָאשִׁי, עִקָּרִי; נִמְרָץ; נִרְחָב; צִנּוֹר רָאשִׁי; מוֹבָל רָאשִׁי; כֹּחַ; עִקָּר; הָאוֹקְיָנוֹס הַפָּתוּחַ

main'land" *n.* (מֵינְלֶנְד) יַבָּשָׁה; יַבֶּשֶׁת

main'ly *adv.* (מֵינְלִי) בְּעִקָּר

maintain' *v.t.* (מֵינְטֵין) קִיֵּם; תִּחְזֵק; קָבַע; פִּרְנֵס

main'tenance *n.* (מֵינְטַנַנְס) אַחְזָקָה; קִיּוּם; מִחְיָה

maize *n.* (מֵיז) תִּירָס

majes'tic *adj.* (מַגֶ׳סְטִק) נִשְׂגָּב

maj'esty *n.* (מֶגֶ'סְטִי) תִּפְאֶרֶת, קוֹמְמִיּוּת, רוֹמְמוּת, אֹפִי מַרְשִׁים; סַמְכוּת עֶלְיוֹנָה, רִבּוֹנוּת; בֶּן לְמִשְׁפַּחַת הַמְּלוּכָה

ma'jor *adj. & n.* גָּדוֹל יוֹתֵר; גָּדוֹל, נִכְבָּד; שֶׁל הָרֹב; רַב־סֶרֶן; מִקְצוֹעַ רָאשִׁי (באוניברסיטה)

— *v.t.* לָמַד כְּמִקְצוֹעַ רָאשִׁי

ma'jor gen'eral *n.* (מֵיגֶ'ר גֶ'נֶרַל) אַלּוּף

majority *n.* (מֶגֶ'וֹרֶטִי) רֹב; מִפְלֶגֶת הָרֹב; בַּגִּירוּת; דַּרְגַּת רַב־סֶרֶן

make *v.t. & i.* (מֵיק) עָשָׂה; גָּרַם שֶׁיִּהְיֶה; הִתְקִין; עִצֵּב; הָפַךְ; הִכְרִיחַ; הֵבִיא לִידֵי; הִרְוִיחַ; חִבֵּר, נִסֵּחַ; בִּצֵּעַ; חוֹקֵק; מִנָּה; הִגִּיעַ לְמַצַּב־; פֵּרֵשׁ; אָמַד; הִסְתַּכֵּם בְּ־; שָׁוָה לְ־; הָוָה, הִבְטִיחַ הַצְלָחָה; נָשָׂא (נאום); נָסַע בִּמְהִירוּת שֶׁל; הִגִּיעַ לְ־; הִגִּיעַ בַּזְּמַן; הוֹפִיעַ; הִתְגַּלָּה כְּ־; נַעֲשָׂה

— a play for נִסָּה לְהַשִּׂיג

— a point הוֹכִיחַ

— believe דִּמָּה, הֶעֱמִיד פָּנִים כְּאִלּוּ

— book לָקַח הִמּוּרִים

— do הִסְתַּדֵּר עַל אַף מַחְסוֹר

— fast קָשַׁר

— for נִגַּשׁ אֶל, הִסְתָּעֵר עַל; טִפֵּחַ

— good פִּצָּה; הִצְלִיחַ; קִיֵּם

— it הִגִּיעַ לַמַּטָּרָה; הִצְלִיחַ

— like חִקָּה

— off with לָקַח אִתּוֹ

— out מִלֵּא; הוֹכִיחַ; פִּעֲנֵחַ; הִבְחִין בְּ־; הֵבִין; רָמַז; הִצְלִיחַ; "הִתְמַזְמֵז"

— over שִׁנָּה צוּרָה; הֶעֱבִיר זְכוּת קִנְיָן

— up הָוָה; חִבֵּר; הִמְצִיא; פִּצָּה; הִשְׁלִים; סִדֵּר; סִיֵּם; הִכְרִיעַ; יִשֵּׁב, הִתְפַּיֵּס; יִשֵּׁב, הִתְפַּיֵּס; הִתְאַפֵּק

— up for פִּצָּה

— up to הֶחֱנִיף; נִסָּה לְהִתְיַדֵּד עִם

— *n.* צוּרָה; מִבְנֶה; סוּג; תּוֹצֶרֶת, יִצּוּר; אֹפִי, טֶבַע; עֲשִׂיָּה; תְּפוּקָה

on the — שׁוֹאֵף לְשַׁפֵּר מַעֲמָד עַל־חֶשְׁבּוֹן הַזּוּלַת; מִתְקַדֵּם; שׁוֹחֵר יְחָסִים מִינִיִּים

make'-believe" *n. & adj.* (מֵיק־בְּלִיב) הַעֲמָדַת פָּנִים, דִּמְיוֹן; מַעֲמִיד פָּנִים; דִּמְיוֹנִי

mak'er *n.* (מֵיקֶר) עוֹשֶׂה; יַצְרָן

Maker אֱלֹהִים

go to meet one's — מֵת

make'shift" *adj.* (מֵיקְשִׁפְט) תַּחֲלִיף זְמַנִּי

make'-up" *n.* (מֵיק־אַפּ) אִפּוּר; מִבְנֶה, הֶרְכֵּב, סֵדֶר, מִתְוֶה; בְּחִינַת מִשְׁנֶה

ma'king *n.* (מֵיקִנְג) עֲשִׂיָּה; מִבְנֶה, הֶרְכֵּב; אֶמְצְעֵי הַצְלָחָה

in the — מִתְפַּתֵּחַ, גָּדֵל; בְּתַהֲלִיךְ יִצּוּר

— s יְכֹלֶת, פּוֹטֶנְצְיָאל; חֳמָרִים, מַרְכִּיבִים

mal"adjus'ted *adj.* (מֶלֶגַ'סְטֶד) שֶׁלֹּא הִסְתַּגֵּל לִסְבִיבָתוֹ

mal"adjust'ment *n.* הִסְתַּגְּלוּת לְקוּיָה

mal'ady *n.* (מֶלֶדִי) מַחֲלָה; חֳלִי

male *adj. & n.* (מֵיל) שֶׁל זָכָר, זְכָרִי; שֶׁל זְכָרִים; שֶׁל תַּבְרִיג חִיצוֹנִי; זָכָר, גֶּבֶר; נַעַר

mal"edic'tion *n.* (מֶלֶדִקְשֶׁן) קְלָלָה; לְשׁוֹן הָרָע

mal'efac"tor *n.* (מֶלֶפֶקְטֶר) עֲבַרְיָן, רָשָׁע

malev'olent *adj.* (מֶלֶוֶלֶנְט) רַע־עַיִן, רָשָׁע, נַקְמָנִי

mal'ice *n.* (מֶלִס) רִשְׁעוּת, זָדוֹן

malici'ous *adj.* (מֶלִשֶׁס) זְדוֹנִי, רָשָׁע, רַע־לֵב, לְהַכְעִיס

malign' *v.t. & adj.* (מֶלַיְן) הִשְׁמִיץ, הוֹצִיא דִּבָּתוֹ רָעָה, דִּבֵּר סָרָה עַל; רָע, מַזִּיק, זְדוֹנִי

malig'nant *adj.* (מֶלִגְנֶנְט) זְדוֹנִי, פּוֹגֵעַ בְּמֵזִיד; עוֹיֵן; מַזִּיק מְאֹד, מַמְאִיר

malin'ger *v.i.* (מֶלִנְגֶר) הִתְחַלָּה

mall *n.* (מוֹל) טַיֶּלֶת עֵצִים; מִתְחַם חֲנֻיּוֹת; מְחַלֵּק נְתִיבִים

mal'leable *adj.* (מֶלִיאֶבְּל) רָקִיעַ, קַל לְעִבּוּד; סָגִיל, צַיְּתָנִי

mal'let *n.* (מֶלֶט) פַּטִּישׁ־עֵץ

malt *n.* (מוֹלְט) לֶתֶת

maltreat' *v.t.* (מֶלְטְרִיט) הִתְעַלֵּל בְּ־

ma'ma *n.* (מָמָה) אִמָּא

man *n.* (מֶן) אִישׁ; אָדָם; גֶּבֶר; הַמִּין הָאֱנוֹשִׁי; בַּעַל; פָּקוּד; מְשָׁרֵת; בָּחוּר; אַתָּה או אַתְּ (בפניה ישירה); חַיָּל (בשחמט)

be one's own — הָיָה עַצְמָאִי

— and boy — בְּמֶשֶׁךְ תְּקוּפַת הַיַּלְדוּת וּמֵאָז וְעַד עַתָּה

old" — — זָקֵן; אַבָּא; בַּעַל; "בּוֹס"; מְפַקֵּד

the — — אִישׁ לָבָן

to a — — כֻּלָּם כְּאֶחָד

man *v.t.* סַפֵּק אֲנָשִׁים; אַיֵּשׁ

— *interj.* אוֹ (קריאת התפעלות); אָה

man'acle *n.* (מֶנַקְל) אֲזִק

man' about town' פָּעִיל בְּחַיֵּי חֶבְרָה

man'age *v.t. & i.* (מֶנֶג') הִצְלִיחַ; נִהֵל; שָׁלַט בְּ־; כִּוֵּן; הִשְׁתַּמֵּשׁ בְּ־; הָיָה אַחֲרָאִי; הִסְתַּדֵּר

man'agement" *n.* (מֶנֶג'מֶנְט) נִהוּל; הַנְהָלָה; כִּשְׁרוֹן נִהוּל

man'ager *n.* (מֶנַג'ר) מְנַהֵל; מְנַהֵל־מֶשֶׁק

mane *n.* (מֵין) רַעְמָה

maneu'ver *n. & v.t. & i.* (מְנוּבְר) תִּמְרוֹן, תַּכְסִיס; תִּמְרֵן; הֵבִיא לִידֵי... עַל יְדֵי תַּחְבּוּלוֹת; נִהֵל בְּפִקְחוּת; סִכְסֵךְ

man'ger *n.* (מֵינְג'ר) אֵבוּס

man'gle *v.t. & n.* (מֶנְגְל) הִטִּיל מוּם, מָחַץ; מַעְגִּילָה

man'gy *adj.* (מֵינְג'י) לוֹקֶה בְּמַחֲלַת עוֹר; בָּזוּי; מְזֻנָּח

man'han"dle *v.t.* (מֶנְהֶנְדְל) הִתְיַחֵס אֶל בְּאַלִּימוּת, הִתְעַלֵּל בְּ־; הֵנִיעַ בְּמַאֲמַץ יָדַיִם בִּלְבַד

man'hole" *n.* (מֶנְהוֹל) פֶּתַח

man'hood *n.* (מֶנְהֻד) גַּבְרִיּוּת; גְּבָרִים; אֱנוֹשִׁיּוּת

ma'nia *n.* (מֵינִיָּה) לַהַט מֻגְזָם, מַנְיָה, הֶתְקֵף טֵרוּף

ma'niac" *n.* (מֵינִיאֶק) מְטֹרָף מִשְׁתּוֹלֵל; מְשֻׁגָּע

man'icure" *n. & v.t. & i.* (מֶנִקְיוּר) טִפּוּל יָדַיִם וְצִפָּרְנַיִם, מָנִיקוּר; טִפֵּל בַּיָּדַיִם וּבַצִּפָּרְנַיִם

man'ifest" *v.t. & n. & adj.* (מֶנִפֶסְט) הֶרְאָה בַּעֲלִיל; גִּלָּה; הוֹכִיחַ; רָשַׁם בִּרְשִׁימַת הַמִּטְעָן; רְשִׁימַת מִטְעָן; רְשִׁימַת נוֹסְעִים; גָּלוּי, בָּרוּר

man"ifes'to *n.* (מֶנִפֶסְטוֹ) מָנִיפֶסְט

man'ifold" *adj. & n.* (מֶנִפוֹלְד) מִמִּינִים שׁוֹנִים, מְגֻוָּן, רַבְגּוֹנִי; מַפְעִיל דְּבָרִים שׁוֹנִים בְּבַת אַחַת; רַב־חֲלָקִים; הֶעְתֵּק; סְעֶפֶת; רִבּוּי

man'ikin *n.* (מֶנַקִן) דֻּגְמָנִית; נַנָּס; בֻּבַּת־הוֹרָאָה

manip'ulate" *v.t.* (מֶנִפְּיַלֵיט) הִשְׁתַּמֵּשׁ בְּ־; הִשְׁפִּיעַ עַל, כִּוֵּן; הִפְעִיל לְתוֹעַלְתּוֹ, שִׁנָּה בְּעָרְמָה לְטוֹבָתוֹ

man"kind' *n.* (מֶנְקַינְד) הַמִּין הָאֱנוֹשִׁי, אֱנוֹשׁוּת

man'kind" צִבּוּר הַגְּבָרִים

man'liness *n.* (מֶנְלִנֶס) גַּבְרִיּוּת

man'ly *adj.* (מֶנְלִי) גַּבְרִי

man'nequin *See* **manikin**

man'ner *n.* (מֶנֶר) דֶּרֶךְ; אֹפֶן; הִתְנַהֲגוּת אָפְיָנִית; מִין; סִגְנוֹן

— s מִנְהָגִים, הֲוַי; גִּנּוּנִים, נִימוּס, מָנִירָה

in a – of speaking כִּבְיָכוֹל

to the – born רָגִיל מִלֵּדָה לְמַעֲמָד רָם; רָגִיל לְמִנְהָג מְסֻיָּם מִלֵּדָה

man'neri"sm *n.* (מֶנֶרִזְם) הֶרְגֵּל מַעֲשֶׂה; הִתְנַהֲגוּת אָפְיָנִית, מָנֶירִיזְם

man'nish *adj.* (מֶנִשׁ) גַּבְרִי; שֶׁל גֶּבֶר

man'or *n.* (מֶנֶר) אֲחֻזָּה, אַרְמוֹן (של בעל אחוזה); בִּנְיָן מֶרְכָּזִי

man'pow"er *n.* (מֶנְפָּאוּאֶר) כֹּחַ אָדָם

man'sion *n.* (מֶנְשֶׁן) בַּיִת גָּדוֹל

man'sized" *adj.* (מֶנְסַיזְד) יָאֶה לְגֶבֶר; מַצִּיג אֶתְגָּר

man'slaugh"ter *n.* (מֶנְסְלוֹטְר) הֲרִיגַת אָדָם, הֲרִיגָה

man'telpiece *n.* (מֶנְטְלְפִּיס) אִצְטַבַּת אָח

man'tle *n. & v.t.* (מֶנְטְל) אַדֶּרֶת; מַעֲטֶה; סְרִיג־בְּעִירָה; עָטַף, הֶעֱטָה, כִּסָּה

man'ual *adj. & n.* (מֶנְיוּאַל) שֶׁל יָדַיִם, יָדְנִי; מַדְרִיךְ (ספר); סֵפֶר הוֹרָאוֹת; תִּרְגֹּלֶת חוֹבָה; מַקְלֶדֶת

man"ufac'ture *n. & v.t.* (מֶנְיֻפֶקְצ'ר) יִצּוּר; תּוֹצֶרֶת; יְצִירָה; יִצֵּר; עָשָׂה; בָּדָה

man"ufac'turer *n.* (מֶנְיֻפֶקְצֶ'רֶר) יַצְרָן, תַּעֲשִׂיָּן

manure' *n.* (מְנוּר) זֶבֶל

man'uscript" *n. & adj.* (מֶנְיֶסְקְרִפְּט) כְּתַב־יָד; כְּתִיבָה בַּיָּד; כָּתוּב בַּיָּד; מֻדְפָּס בִּמְכוֹנַת כְּתִיבָה

man'y *adj. & n. & pron.* (מֶנִי) רַב, הַרְבֵּה; רַבִּים

map *n.* (מֶפּ) מַפָּה; פַּרְצוּף

off the map לַאֲבַדּוֹן

— *v.t.* מִפָּה; שִׂרְטֵט, תִּכְנֵן

ma'ple *n.* (מֵיפְּל) אֶדֶר

mar *v.t.* (מָר) קִלְקֵל; חִבֵּל בּ־; הֵטִיל מוּם בּ־

mara'thon" *n.* (מֶרֶתּ'וֹן) מֵרוֹץ־מָרָתוֹן; תַּחֲרוּת־הַתְמָדָה

maraud'er *n.* (מֶרוֹדֶר) שׁוֹדֵד; עוֹרֵךְ פְּשִׁיטוֹת־שֹׁד

mar'ble *n. & adj.* (מַרְבְּל) שַׁיִשׁ; פֶּסֶל־שַׁיִשׁ; גֻּלָּה (למשחק); שֶׁל שַׁיִשׁ

march *v.i. & t. & n.* (מַרְץ') צָעַד; הִצְעִיד; צְעָדָה; מַסָּע; הִתְקַדְּמוּת; מַרְשׁ

mare *n.* (מֵר) סוּסָה; נְקֵבָה (של משפחת הסוסים)

mar'garine *n.* (מַרְגֶ'רִן) מַרְגָּרִינָה

mar'gin *n.* (מַרְגִ'ן) שָׂפָה, קָצָה; שׁוּלַיִם; גְּבוּל אַחֲרוֹן; מֶרְחָב; סְכוּם יֶתֶר; פִּקָּדוֹן נֶגֶד הֶפְסֵד; הַשְׁקָעָה; הֶפְרֵשׁ; מֶתַח

mar'ginal *adj.* (מַרְגִ'נְל) שׁוּלִי

mar'igold" *n.* (מֶרֶגוֹלְד) טַגֶּטֶס

mar'ina *n.* (מֶרִינָה) תַּחֲנַת שֵׁרוּת לְסִירוֹת

marine' *adj. & n.* (מֶרִין) יַמִּי; שֶׁל חֵיל הַנֶּחָתִים; נֶחָת

mar'iner *n.* (מֶרִנֶר) מַלָּח, נַוָּט

mar'ital *adj.* (מֶרִטְל) שֶׁל נִשּׂוּאִים

mar'itime" *adj.* (מֶרִטַים) יַמִּי

mar'joram *n.* (מַרְגַ'רֶם) אֵזוֹבִית

mark *n.* (מַרְק) סִימָן, צִיּוּן; תָּו; אוֹת; רָמָה; חֲשִׁיבוּת; קָרְבָּן; קַו הַזִּנּוּק

make one's — הִצְלִיחַ

wide of the — לֹא־מְדֻיָּק, לֹא־שַׁיָּךְ

— *v.t. & i.* סִמֵּן, הִתְוָה, צִיֵּן; יָעַד; רָשַׁם; גִּלָּה; הִשְׁגִּיחַ בּ־, שָׂם לֵב ל־

— down הִפְחִית מֵהַמְּחִיר

— up הִשְׁחִית בְּסִימָנִים; סִמֵּן; הֶעֱלָה מְחִיר (ע״י תוספת הוצאות המוכר והרווח הרצוי למחיר הסיטוני)

marked *adj.* (מַרְקְט) נִכָּר, בּוֹלֵט; חָשׁוּד, צָפוּי לְהִתְנַקְּשׁוּת; נוֹשֵׂא סִימָן אוֹ סִימָנִים

mar'ket *n.* (מַרְקֶט) שׁוּק; סַחַר; בִּקּוּשׁ; עֶרֶךְ מְחִיר

in the – for מְבַקֵּשׁ לִקְנוֹת

on the — לִמְכִירָה

— *v.i. & t.* סָחַר; שִׁוֵּק, מָכַר

mar'ketable *adj.* (מַרְקֶטֶבְּל) נִתָּן לְשִׁוּוּק, נִמְכָּר בְּקַלּוּת; שֶׁל קְנִיָּה וּמְכִירָה

marks'man *n.* (מַרְקְסְמֶן) קַלָּע, צַלָּף

marl *n.* (מַרְל) חֻוָּר

mar'malade" *n.* (מַרְמֲלֵיד) מַרְמֶלָדָה

mar'mot *n.* (מַרְמֶט) מַרְמִיטָה

maroon *adj. & v.t.* (מֶרוּן) בְּצֶבַע בּוֹרְדוֹ; נָטַשׁ בּוֹדֵד לְלֹא אֶמְצָעִים וּלְלֹא תִּקְוָה

marquee' *n.* (מַרְקִי) גַּגּוֹן פִּרְסֹמֶת

mar'riage *n.* (מֶרִג') נִשּׂוּאִים; טֶקֶס נִשּׂוּאִים, חֲתֻנָּה; קִדּוּשִׁין; קֶשֶׁר הָדוּק

— por"tion נְדוּנְיָה

mar'riageable *adj.* (מֶרִגֶ'בְּל) מַתְאִים לְנִשּׂוּאִים, בַּר־חִתּוּן

mar'ried *adj.* (מֶרִיד) נָשׂוּי; שֶׁל נִשּׂוּאִים

mar'row *n.* (מֶרוֹ) מֹחַ (עצמות); לְשַׁד, חִיּוּת

mar'ry *v.t. & i.* (מֶרִי) נָשָׂא (אשה), נִשְּׂאָה (לאיש); הִשִּׂיא; סִדֵּר קִדּוּשִׁין; הִתְחַתֵּן עִם

Mars *n.* (מַרְז) מַאְדִּים; מַרְס (אל המלחמה הרומאי)

marsh *n.* (מַרְשׁ) בִּצָּה

mar'shal *n. & v.t.* (מַרְשַׁל) מַרְשַׁל; שׁוֹטֵר; שְׁלִיחַ בֵּית הַמִּשְׁפָּט; מְמֻנֶּה עַל הַטֶּקֶס; עָרַךְ; הוֹבִיל, הִנְחָה

mar'shy *n.* (מַרְשִׁי) בִּצָּתִי, שֶׁל בִּצָּה

mart *n.* (מַרְט) שׁוּק; מֶרְכַּז סַחַר

mar'ten *n.* (מַרְטְן) דֶּלֶק הָאֳרָנִים

mar'tial *adj.* (מַרְשְׁל) מִלְחַמְתִּי, אַמִּיץ; שֶׁל לוֹחֵם, צְבָאִי

mar"tinet' *n.* (מַרְטִנֶט) מַחֲמִיר (בענייני משמעת)

mar'tyr *n.* (מַרְטְר) מַקְרִיב עַצְמוֹ עַל קִדּוּשׁ הַשֵּׁם, סוֹבֵל וּמֵת עַל קִדּוּשׁ אֱמוּנָתוֹ

או עֶקְרוֹנוֹתָיו; קָדוֹשׁ מְעֻנֶּה; מִתְחַלֶּה, מַעֲמִיד פָּנִים כְּסוֹבֵל

mar′tyrdom *n.* (מַרְטֶרְדֶם) סֵבֶל רַב; מוֹת קְדוֹשִׁים

mar′vel *n. & v.t.* (מַרְוֶל) פֶּלֶא; הִתְפַּלֵּא; תָּמַהּ, רָצָה לָדַעַת, הָיָה סַקְרָנִי

mar′velous *adj.* (מַרְוֶלֶס) נִפְלָא, נֶהְדָּר

mas′cot *n.* (מֶסְקוֹט) קָמֵעַ

mas′culine *adj. & n.* (מֶסְקְיֻלִין) גַּבְרִי, שֶׁל גֶּבֶר, שֶׁל גְּבָרִים; שֶׁל מִין זָכָר (בדקדוק); מִין זָכָר

mash *n. & v.t.* (מֶשׁ) דַּיְסָה, מִגְבָּל; מָעַךְ; רִסֵּק

mask *n. & v.t. & i.* (מֶסְק) מַסֵּכָה; מַסְוֶה; הַעֲמָדַת פָּנִים; לוֹבֵשׁ מַסֵּכָה; נֶשֶׁף מַסֵּכוֹת, נֶשֶׁף; מִכְסֶה; הִסְוָה, הֶחְבִּיא, הֶעֱמִיד פָּנִים; כִּסָּה בְּמַסֵּכָה; לָבַשׁ מַסֵּכָה, הִתְחַפֵּשׂ

ma′son *n.* (מֵיסֶן) בַּנַּאי, סַתָּת

ma′sonry *n.* (מֵיסֶנְרִי) בַּנָּאוּת (בלבנים או אבנים); מִבְנֵה אֲבָנִים

mas″querade′ *n. & v.i.* (מֶסְקֶרֵיד) נֶשֶׁף מַסֵּכוֹת; תַּחְפֹּשֶׂת; מַסְוֶה; הַעֲמָדַת פָּנִים; הִתְחַפֵּשׂ; הִשְׁתַּתֵּף בְּנֶשֶׁף מַסֵּכוֹת

mass *n.* (מֶס) גּוּשׁ; אֹסֶף; צִבּוּר; כַּמּוּת גְּדוֹלָה; הָמוֹן; גֹּדֶל; מַסָּה; מִסָּה

the — s צִבּוּר הָעוֹבְדִים

mass′acre *n. & v.t.* (מֶסֶקֶר) טֶבַח; טָבַח, עָרַךְ טֶבַח

massage′ *n. & v.t.* (מֶסָז׳) עִסּוּי, מַסָּז׳; עִסָּה

mas′sive *adj.* (מֶסִב) מַסִּיבִי; מְגֻשָּׁם וְכָבֵד; גָּדוֹל, מַרְשִׁים; מוּצָק

mast *n.* (מֶסְט) תֹּרֶן

mas′ter *n. & v.t.* (מֶסְטֶר) אָדוֹן, שַׁלִּיט; מַעֲבִיד; רַב־חוֹבֵל; רֹאשׁ מִשְׁפָּחָה; בְּעָלִים; יוֹשֵׁב רֹאשׁ; רַב (מורה); מְנַצֵּחַ; אוּמָן; מֻמְחֶה; בַּעַל תֹּאַר מֻסְמָךְ; הִכְנִיעַ; הִשְׁתַּלֵּט עַל; הִתְגַּבֵּר עַל; שָׁלַט

mas′terful *adj.* (מֶסְטֶרְפֻל) שְׁתַלְטָנִי, מִשְׁתַּלֵּט; מְיֻמָּן

mas′terly *adj.* (מֶסְטֶרְלִי) מְיֻמָּן

mas′terpiece″ *n.* (מֶסְטֶרְפִּיס) מְלֶאכֶת־מַחֲשֶׁבֶת

mas′tery *n.* (מֶסְטֶרִי) הִשְׁתַּלְּטוּת, שְׁלִיטָה; בְּקִיאוּת; נִצָּחוֹן; מֻמְחִיּוּת

mas′ticate″ *v.t. & i.* (מֶסְטֶקֵיט) לָעַס; מָעַךְ, לָשׁ

mas′turbate″ *v.i. & t.* (מֶסְטֶרְבֵּיט) אוֹנֵן

mat *n.* (מֶט) מַחְצֶלֶת; מַפִּית

match *n. & v.t. & i.* (מֶץ׳) גַּפְרוּר; פְּתִיל הַצָּתָה; דּוֹמֶה, שָׁוֶה; יָרִיב שָׁוֶה; זוּג נָאוֹת; תַּחֲרוּת; מוֹעֵד תַּחֲרוּת; בֶּן־זוּג נָאוֹת; בְּרִית נִשּׂוּאִים; הָיָה שָׁוֶה לְ־; תָּאַם, הָיָה דּוֹמֶה לְ־; הִתְאִים; הֵבִיא שָׁוֶה לוֹ; עִמֵּת; הֵבִיא יָרִיב בַּעַל כֹּחַ שָׁוֶה; הִתְכַּתֵּשׁ (עם יריב בעל כוח כשוה); הִתְבָּרֵר כְּשָׁוֶה; הִשִּׂיא, שִׁדֵּךְ; צִמֵּד

match′less *adj.* (מֶץ׳לֶס) שֶׁאֵין שָׁוֶה לוֹ

match′ma″ker (מֶץ׳מֵיקֶר) שַׁדְּכָן; אֲמַרְגָּן

mate *n. & v.t. & i.* (מֵיט) בֶּן־זוּג; בַּעַל, אִשָּׁה; חָבֵר; חוֹבֵל; זִוֵּג, שִׁדֵּךְ, הִשִּׂיא; חִבֵּר; נָשָׂא, נִשָּׂא לְ־; הִזְדַּוֵּג

mater′ial *n. & adj.* (מֶטִירִיאֶל) חֹמֶר; מַרְכִּיב; בַּד; חָמְרִי, שֶׁל הַחֹמֶר, גּוּפָנִי; מַמָּשִׁי; חָשׁוּב, בַּעַל מִשְׁקָל, מַטֶרְיָאלִי

mater′ialis″m *n.* (מֶטִירִיאֶלִזְם) חָמְרָנוּת, מַטֶרְיָאלִיזְם

mate′rialize″ *v.i.* (מֶטִירִיאֶלַיז) לָבַשׁ צוּרָה גּוּפָנִית, לָבַשׁ צוּרָה חָמְרִית, הוֹפִיעַ, הִתְגַּשֵּׁם

mater′nal *adj.* (מֶטֶרְנֶל) אִמָּהִי; מִצַּד הָאֵם

mater′nity *n. & adj.* (מֶטֶרְנִטִי) אִמָּהוּת; שֶׁל תְּקוּפַת הַהֵרָיוֹן, שֶׁל יוֹלֶדֶת

math″emati′cal *adj.* (מֶתֶ׳מֶטִקֶל) מָתֵמָטִי; מְדֻיָּק

math″emati′cian *n.* (מֶתֶ׳מֶטִשֶׁן) מָתֵמָטִיקַאי

math″emat′ics *n.* (מֶתֶ׳מֶטִקְס) מָתֵמָטִיקָה

mat″inée′ *n.* (מֶטֶנֵי) הַצָּגָה יוֹמִית

ma′tricide″ *n.* (מֶטְרִסַיד) רֶצַח אֵם; רוֹצֵחַ אִמּוֹ

matric′ulate″ *v.i.* (מֶטְרִקְיֻלֵיט) נִרְשַׁם לָאוּנִיבֶרְסִיטָה

matri″cula′tion *n.* (מֶטְרִקְיֻלֵישֶׁן) בַּגְרוּת; תְּעוּדַת בַּגְרוּת; רִשּׁוּם לָאוּנִיבֶרְסִיטָה

ma′trimo″ny *n.* (מֶטְרֶמוֹנִי) חֲתֻנָּה; נִשּׂוּאִים

ma'tron *n.* (מֵיטְרֶן) מַטְרוֹנָה, גְּבֶרֶת נְשׂוּאָה; בַּעֲלַת מִשְׁפָּחָה; מְנַהֶלֶת מֶשֶׁק; שׁוֹמֶרֶת

mat'ter *n.* (מֶטֶר) חֹמֶר; מֻגְלָה; עִנְיָן; מַצָּב; חֲשִׁיבוּת; סִבָּה, עִלָּה

as a – of fact בְּעֶצֶם, לַאֲמִתּוֹ שֶׁל דָּבָר

for that — אֲשֶׁר לְ־

no — אֵין לָזֶה כָּל חֲשִׁיבוּת, לֹא מְשַׁנֶּה

what's the — מָה יֵשׁ, מָה קָרָה

— *v.i.* הָיָה בַּעַל חֲשִׁיבוּת

mat'tock *n.* (מֶטֶק) מַעְדֵּר

mat'tress *n.* (מֶטְרֶס) מִזְרוֹן

mature' *adj.* & *v.t.* & *i.* (מֶטְיוּר) מְבֻגָּר; בָּשֵׁל; מְפֻתָּח כָּלִיל; מֻשְׁלָם, מֻשְׁכְלָל; הִבְשִׁיל; שִׁכְלֵל; הִגִּיעַ לְפֵרָעוֹן, הִתְפַּתֵּחַ

matur'ity *n.* (מֶטְיוּרִטִי) בַּגְרוּת, בְּשֵׁלוּת; הִתְפַּתְּחוּת שְׁלֵמָה; זְמַן פֵּרָעוֹן

mau'dlin *adj.* (מוֹדְלִן) בַּכְיָנִי

maul *v.t.* (מוֹל) נָגַע בְּגַסּוּת; הִפְלִיא מַכּוֹת, חָבַל בְּ־

mauve *n.* (מוֹב) אַרְגָּמָן כְּחַלְחַל בָּהִיר

maw'kish *adj.* (מוֹקִשׁ) תָּפֵל, גָּעֳלִי בְּמִקְצָת; רַגְשָׁנִי בְּצוּרָה חוֹלָנִית

max'im *n.* (מֶקְסִם) פִּתְגָּם; עִקָּרוֹן הִתְנַהֲגוּת

max'imum *n.* (מֶקְסִמֶם) מַקְסִימוּם

May *n.* (מֵי) מַאי

may *v.* (מֵי) הַלְוַאי שֶׁ...; יִתָּכֵן שֶׁ...; עָשׂוּי לְ...; מֻתָּר

may'be *adv.* (מֵיבִּי) אוּלַי, אֶפְשָׁר

May' Day" (מֵי דֵי) הָאֶחָד בְּמַאי

may' Fly" *n.* (מֵיפְלַי) בַּרְיוֹם

may'or *n.* (מֵיאֶר) רֹאשׁ עִיר, רֹאשׁ עִירִיָּה

maze *n.* (מֵיז) מָבוֹךְ; מְבוּכָה

me *pron.* (מִי) אוֹתִי, לִי

mead *n.* (מִיד) תֶּמֶד, מֵי דְּבַשׁ

mead'ow *n.* (מֶדוֹ) אָחוּ; אֲפַר הָרִים

mea'ger *adj.* (מִיגֶר) זָעוּם; דַּל; כָּחוּשׁ

meal *n.* (מִיל) אֲרוּחָה; קֶבֶר; גַּרְגִּירִים טְחוּנִים

mean *n.* (מִין) אֶמְצָעִי; מְמֻצָּע

— s מַשְׁאַבִּים; עֹשֶׁר

by all — s בְּכָל מְחִיר; וִיהִי מָה; בְּוַדַּאי

by — s of בְּעֶזְרַת, בְּאֶמְצָעוּת

by no — s בְּשׁוּם אֹפֶן לֹא

not by any — s לַחֲלוּטִין לֹא

— *adj.* מְמֻצָּע; נָחוּת; שָׁפָל; נִבְזֶה; קְלוֹקֵל; דַּל; רַע־עַיִן; קַמְצָנִי; אָנוֹכִי; מַרְשִׁיעַ

— *v.t.* הִתְכַּוֵּן; יָעַד; רָצָה לְהַבִּיעַ; מַשְׁמָעוּת; הָיָה בַּעַל כַּוָּנוֹת; חֲשִׁיבוּתוֹ

— well כַּוָּנוֹתָיו טוֹבוֹת; מִשְׁתַּדֵּל לַעֲזוֹר

mean'der *v.i.* & *n.* (מִיאֶנְדֶר) הִתְפַּתֵּל; נָדַד לְלֹא תַּכְלִית; פִּתּוּל, מֵאַנְדֶּר, דֶּרֶךְ עֲקַלְקַלָּה

mea'ning *n.* & *adj.* (מִינִנְג) מַשְׁמָעוּת, פֵּרוּשׁ; תַּכְלִית; בַּעַל כַּוָּנוֹת־; צוֹפֵן בְּקִרְבּוֹ מַשְׁמָעוּת

mean'ness *n.* (מִינְנֶס) שִׁפְלוּת, נִבְזוּת

meant (מֶנְט) (זמן עבר של mean)

mean'time" / -while" *adv.* (מִינְטַיְם / ־הְוַיל) בֵּינְתַיִם; בְּאוֹתוֹ זְמַן

mea'sles *n.* (מִיזַלְז) חַצֶּבֶת

mea'sure *n.* & *v.* (מֶזְ׳ר) מְדִידָה; מִדָּה, גֹּדֶל, מֵמַד; מַכְשִׁיר מְדִידָה; כַּמּוּת מְסֻיֶּמֶת; קְנֵה־מִדָּה; גְּבוּל; הַצָּעַת חֹק; תְּנוּעָה קְצוּבָה; יְחִידַת מְדִידָה

for good — כְּתוֹסֶפֶת

— s צְעָדִים, אֶמְצָעִים

take one's — הֶעֱרִיךְ אָפְיוֹ, הֶעֱרִיךְ כִּשְׁרוֹנוֹת

— *v.t.* & *i.* מָדַד; הֶעֱרִיךְ; הִשְׁוָה, עָבַר בְּ־; נִמְדַּד, נִתַּן לִמְדִידָה

— one's length הֻפַּל, נָפַל

— up הִגִּיעַ לְרָמָה מְסֻיֶּמֶת; הָיָה בַּעַל כִּשּׁוּרִים

meas'urement *n.* (מֶזְ׳רְמֶנְט) מְדִידָה; מִדָּה, מֵמַד; שִׁיטַת מְדִידָה

meat *n.* (מִיט) בָּשָׂר; מַאֲכָל; חֵלֶק אָכִיל; תַּמְצִית; עִסּוּק חָבִיב

mechan'ic *n.* (מֶקֶנִק) מְכוֹנַאי; בַּעַל מְלָאכָה

mechan'ical *adj.* (מֶקֶנִקְל) מֶכָנִי

mechan'ics *n.* (מֶקֶנִקְס) מֶכָנִיקָה; מַנְגָּנוֹן; שִׁיטוֹת שִׁגְרָתִיּוֹת

mech'anism" *n.* (מֶקֶנִזְם) מַנְגְּנוֹן; מְכוֹנוֹת; שִׁיטוֹת שִׁגְרָתִיּוֹת; טֶכְנִיקָה

mech'anize" *v.t.* (מֶקַנַיז) מַכֵּן

med'al *n.* (מֶדְל) מֶדַלְיָה

medall'ion *n.* (מֶדֶלְיַן) מֶדַלְיָה גְדוֹלָה;

med'dle *v.i.* (מֶדְל) הִתְעָרֵב לַמְרוֹת שֶׁלֹּא נִתְבַּקֵּשׁ, בָּחַשׁ בַּקְּדֵרָה

med'dlesome *adj.* (מֶדְלְסֶם) מִתְעָרֵב בְּעִנְיְנֵי אֲחֵרִים, בּוֹחֵשׁ בַּקְּדֵרָה

me'dia *n. pl.* (מִידִיאָה) (במיוחד של תקשורת) אֶמְצָעִים

me'diate" *v.t. & i.* (מִידִיאֵיט) תִּוֵּךְ

me'dia"tor *n.* (מִידִיאֵיטְר) מְתַוֵּךְ

med'ical *adj.* (מֶדְקְל) רְפוּאִי; מְרַפֵּא

med"ica'tion *n.* (מֶדְקֵישְׁן) רִפּוּי; תְּרוּפָה, רְפוּאוֹת

medic'inal *adj.* (מֶדִסְנְל) רְפוּאִי, מְרַפֵּא

med'icine *n.* (מֶדְסֶן) רְפוּאִי; רְפוּאָה

give someone a taste of his own — נָמַל אֶת פְּלוֹנִי כְּפִי שֶׁנָּמַל אֲחֵרִים

take one's — הִשְׁלִים עִם עֹנֶשׁ שֶׁנָּבַע מִמַּעֲשָׂיו

med"ie'val *adj.* (מֶדִיאִיבְל) שֶׁל יְמֵי הַבֵּינַיִם, בֵּינַיְמִי

me"dio'cre *adj.* (מִידִיאוֹקְר) בֵּינוֹנִי, מְסַפֵּק בְּקֹשִׁי

me"dioc'rity *n.* (מִידִיאוֹקְרְטִי) בֵּינוֹנִיּוּת; כִּשָּׁרוֹן בֵּינוֹנִי; בַּעַל כִּשְׁרוֹנוֹת בֵּינוֹנִיִּים

med'itate" *v.t. & t.* (מֶדְטֵיט) הִרְהֵר, הָגָה בּ־; שָׁקַל; תִּכְנֵן

med"ita'tion *n.* (מֶדְטֵישְׁן) הִרְהוּר; מַחְשָׁבָה; הָגוּת

Med'iterra'nean Sea' (מֶדְטֶרֵינִיאֶן סִי) הַיָּם הַתִּיכוֹן

me'dium *n. & adj.* (מִידִיאֶם) אֶמְצַע; מִמְצָע; תָּוֶךְ; חֲלַל פְּעִילוּת; תְּחוּם תְּפוּצָה; סְבִיבָה; סוֹכְנוּת; אֶמְצָעִי; מֶדְיוּם; בֵּינוֹנִי

med'ley *n.* (מֶדְלִי) תַּעֲרֹבֶת; זֵר נְעִימוֹת

meek *adj.* (מִיק) עָנָו, שְׁפַל־רוּחַ

meek'ness *n.* (מִיקְנֶס) עַנְוְתָנוּת

meet *v.t. & i.* (מִיט) פָּגַשׁ, נִפְגַּשׁ; הִכִּיר; הִצְטָרֵף אֶל־; קִדֵּם פְּנֵי־; הוֹפִיעַ לִפְנֵי־; עָמַד פָּנִים אֶל פָּנִים עִם; הִתְנַגֵּשׁ עִם; הִתְנַגֵּד ל־; הִתְגַּבֵּר עַל; סִפֵּק; תָּאַם; נִתְקַל בּ־; הִתְאַסֵּף; הִתְאַחֵד; הִסְכִּים

— *n. & adj.* מִפְגָּשׁ; נֶאֱסָפִים; מְקוֹם מִפְגָּשׁ; מַתְאִים, יָאֶה

mee'ting *n.* (מִיטִנְג) פְּגִישָׁה; אֲסֵפָה; עֲצֶרֶת; דּוּקְרָב; מִפְגָּשׁ, מְקוֹם מַגָּע, אִחוּד

meg'aphone" *n.* (מֶגְפוֹן) מַגְבִּיר־קוֹל

mel'ancholy" *n. & adj.* (מֶלֶנְקוֹלִי) מָרָה שְׁחוֹרָה, דִּכָּאוֹן; שְׁקִיעָה בְּהִרְהוּרִים; מְדֻכְדָּךְ, שָׁרוּי בְּמָרָה שְׁחוֹרָה; מַעֲצִיב; שָׁקוּעַ בְּהִרְהוּרִים

mel'low *adj. & v.t. & i.* (מֶלוֹ) רַךְ וְטָעִים, בָּשֵׁל; מְשֻׁפָּר; רַךְ וְעָשִׁיר; עַלִּיז, מְבֻסָּם; רִכֵּךְ וְשִׁפֵּר

melo'dious *adj.* (מֶלוֹדִיאֶס) עָרֵב, מֶלוֹדִי, בַּעַל נְעִימָה

mel'odra"ma *n.* מֶלוֹדְרָמָה

mel'ody *n.* (מֶלֶדִי) נְעִימָה, לַחַן, מֶלוֹדְיָה

mel'on *n.* (מֶלֶן) אֲבַטִּיחַ צָהֹב, מֶלוֹן; רְוָחִים לַחֲלֻקָּה

melt *v.i. & t.* (מֶלְט) נָמַס, נִתַּךְ, נָמוֹג, נֶעֱלַם בְּהַדְרָגָה; הִתְמַזֵּג בְּהַדְרָגָה עִם; הִתְרַכֵּךְ, נִכְמְרוּ רַחֲמָיו; הֵמֵס, הִתִּיךְ; הֵפִיג; שִׁנָּה בְּהַדְרָגָה; רִכֵּךְ, עוֹרֵר רַחֲמִים

mem'ber *n.* (מֶמְבְּר) חָבֵר; אֵיבָר, גַּף; רָכִיב

mem'bership" *n.* (מֶמְבֶּרְשִׁפּ) חֲבֵרוּת; מִסְפַּר הַחֲבֵרִים

mem'brane *n.* (מֶמְבְּרֵין) קְרוּמִית, מֶמְבְּרָנָה

memen'to *n.* (מֶמֶנְטוֹ) מַזְכֶּרֶת

mem'oirs *n. pl.* (מֶמְוָרְז) זִכְרוֹנוֹת; תֵּאוּר מְאֹרָעוֹת; אוֹטוֹבִּיוֹגְרַפְיָה; אֹסֶף דּו״חוֹת; בִּיוֹגְרַפְיָה

mem'orable *adj.* (מֶמֶרֶבְּל) רָאוּי לְהִזָּכֵר; רָאוּי לְצִיּוּן; נִזְכָּר בְּקַלּוּת

mem"oran'dum *n.* (מֶמֶרֶנְדֶם) תַּזְכִּיר

memor'ial *n. & adj.* (מֶמוֹרִיאֶל) מַצֶּבֶת זִכָּרוֹן; יָד; אַזְכָּרָה; הַזְכָּרַת נְשָׁמוֹת; עֲצוּמָה; שֶׁל זִכָּרוֹן; שֶׁל אַזְכָּרָה

mem'orize" *v.t.* (מֶמֶרַיז) לָמַד בְּעַל פֶּה

mem'ory *n.* (מֶמֶרִי) זִכָּרוֹן; זְכִירָה, הַזְכָּרוּת; זֵכֶר, מוֹנִיטִין

men (מֶן) (מספר רבים של man)

men'ace *n. & v.t. & i.* (מֶנֶס) אִיּוּם; אִיֵּם עַל; סִכֵּן, הָוָה אִיּוּם, נִרְאָה כְּאִיּוּם

menag'erie *n.* (מְנֶג'רִי) גַּן חַיּוֹת

mend *v.t.* (מֶנְד) תִּקֵּן; סִפֵּר; הִשְׁתַּפֵּר, הִבְרִיא בְּהַתְמָדָה; תִּקּוּן; שִׁפּוּר; הִשְׁתַּפְּרוּת; מָקוֹם מְתֻקָּן

on the — מַבְרִיא

menda'cious *adj.* (מֶנְדֵישֶׁס) בָּדוּי, כּוֹזֵב, מְטַעֶה

men'dicant *n. & adj.* (מֶנְדִקֶנְט) פּוֹשֵׁט יָד; קַבְּצָנִי; נָזִיר פּוֹשֵׁט יָד

me'nial *adj.* (מִינִיאֶל) שֶׁל מְשָׁרְתִים; מִתְרַפֵּס; מַשְׁפִּיל

men's' room" (מֶנְז רוּם) בֵּית שִׁמּוּשׁ צִבּוּרִי לִגְבָרִים

men'struate" *v.t.* (מֶנְסְטְרוּאֵיט) הָיָה לָהּ וֶסֶת

mens"trua'tion *n.* (מֶנְסטְרוּאֵישֶׁן) וֶסֶת

men"sura'tion *n.* (מֶנְשֶׁרֵישֶׁן) מְדִידָה, תּוֹרַת הַמְּדִידָה

men'tal *adj.* (מֶנְטֶל) נַפְשִׁי, רוּחָנִי; שֶׁל הָרוּחַ; שֶׁל מַחֲלוֹת רוּחַ; מְבֻצָּע בַּנֶּפֶשׁ; בְּעַל פֶּה; שִׂכְלִי

mental'ity *n.* (מֶנְטֶלִטִי) הֲלָךְ־נֶפֶשׁ, מֶנְטָלִיּוּת, כֹּשֶׁר שִׂכְלִי

men'tion *v.t.* (מֶנְשֶׁן) הִזְכִּיר, צִיֵּן

not to — נוֹסָף עַל

— *n.* הַזְכָּרָה; צִיּוּן לְשֶׁבַח

men'u *n.* (מֶנְיוּ) תַּפְרִיט; מַאֲכָלִים

meow' *n. & v.t.* (מִיאַו) יְלָלָה (של חתול); יִלֵּל

mer'cantile" *adj.* (מֶרְקֶנְטַיל) שֶׁל סוֹחֲרִים, מִסְחָרִי; סוֹחֵר

mer'cenary" *adj. & n.* (מֶרְסֶנֶרִי) רוֹדֵף בֶּצַע; פּוֹעֵל עַל מְנָת לְקַבֵּל פְּרָס; שֶׁעִנְיָנוֹ רַק בְּשָׂכָר; חַיָּל שָׂכִיר; שָׂכִיר לְכָל מַעֲשֶׂה

mer'chandise" *n.* (מֶרְצֶ'נְדַיז) סְחוֹרָה, טוּבִין, מִצְרָכִים

mer'chant *n. & adj.* (מֶרְצֶ'נְט) סוֹחֵר; חֶנְוָנִי, קִמְעוֹנַאי; שֶׁל סַחַר

— man (מֶרְצֶ'נְטְמֶן) צִי סוֹחֵר

— marine' אֳנִיַּת מַשָּׂא

mer'ciful *adj.* (מֶרְסִפֶל) רַחֲמָנִי, רַחוּם

mer'ciless *adj.* (מֶרְסִלֶס) חֲסַר־רַחֲמִים

mercur'ial *adj.* (מֶרְקוּרִיאֶל) שֶׁל כַּסְפִּית; פָּעִיל, זָרִיז, הֲפַכְפַּךְ; קַל־דַּעַת

mer'cury *n.* (מֶרְקְיֶרִי) כַּסְפִּית; מֶרְקוּלִיס, מֶרְקוּרִיוּס; כּוֹכַב־חַמָּה; שָׁלִיחַ, מְבַשֵּׂר

mer'cy *n.* (מֶרְסִי) רַחֲמָנוּת; חֶסֶד; בְּרָכָה

at the — of נָתוּן לְחַסְדֵי־, נָתוּן כֻּלּוֹ בִּידֵי־

mere *adj.* (מִיר) רַק, בִּלְבַד

— ly *adv.* רַק, פָּשׁוּט

merge *v.t. & i.* (מֶרְג') אִחֵד, מִזֵּג; הִתְאַחֵד, הִתְמַזֵּג

merid'ian *n. & adj.* (מֶרִדִיאֶן) קַו־הַצָּהֳרַיִם, מִצְהָר; שִׂיא; שֶׁל קַו־הַצָּהֳרַיִם; שֶׁל שְׁעַת הַצָּהֳרַיִם; שֶׁל שִׂיא

mer'it *n.* (מֶרִט) הִצְטַיְּנוּת, עֵרֶךְ; סְגֻלָּה, זְכוּת

— s סְגֻלּוֹת עַצְמִיּוֹת; לְפִי מַה שֶּׁרָאוּי לוֹ

— *v.t.* הָיָה רָאוּי לְ־

mer"itor'ious *adj.* (מֶרְטוֹרִיאֶס) רָאוּי לְשֶׁבַח

mer'maid" *n.* (מֶרְמֵיד) בְּתוּלַת־הַיָּם

mer'riment *n.* (מֶרְמֶנְט) עַלִּיזוּת, שִׂמְחָה; צְחוֹק

mer'ry *adj.* (מֶרִי) עַלִּיז, שָׂמֵחַ

mer'ry-go-round" (מֶרִי־גוֹ־רַאוּנְד) סְחַרְחֵרָה, קָרוּסֶלָה

mesh *n. & v.t. & i.* (מֶשׁ) רֶוַח בְּרֶשֶׁת; רֶשֶׁת, שְׂבָכָה; הִשְׁתַּלְּבוּת (גלגלים משוננים); לָכַד בְּרֶשֶׁת; עָשָׂה מַעֲשֵׂה רֶשֶׁת; שִׁלֵּב; נוֹקֵשׁ בְּרֶשֶׁת; הִשְׁתַּלֵּב

mes'merize" *v.t.* (מֶזְמֶרַיז) הִפְנֵט; הִקְסִים, כִּשֵּׁף; כָּפָה עַל יְדֵי קֶסֶם

mess *n. & v.t. & i.* (מֶס) אִי־סֵדֶר; הִצְטַבְּרוּת זֻהֲמָה; מְבוּכָה; מַצָּב קָשֶׁה; סוֹעֲדִים יַחַד; אֲרוּחָה בְּצַוְתָּא; אָדָם שָׁרוּי בִּמְבוּכָה וְאִי־סֵדֶר; לִכְלֵךְ, עָשָׂה אִי־סֵדֶר; בִּלְבֵּל; סָעַד בְּצַוְתָּא

— around הִתְעַסֵּק בְּחֹסֶר תַּכְלִית; הִתְבַּטֵּל; בִּטֵּל זְמַן; הָיָה מְעֹרָב

— hall" חֲדַר אֹכֶל

mes'sage *n.* (מֶסֶג') הוֹדָעָה; מֶסֶר; בְּשׂוֹרָה, דִּבְרֵי נָבִיא אוֹ חָכָם; רַעְיוֹן, לֶקַח; תִּשְׁדֹּרֶת

mes'senger *n.* (מֶסֶנְגֶ'ר) שָׁלִיחַ, מְבַשֵּׂר

met (מֶט) (זמן עבר של meet)

Messi'ah *n.* (מִסַיָאה) מָשִׁיחַ; יֵשׁוּ הַנּוֹצְרִי; מוֹשִׁיעַ

mess'kit" *n.* (מֶסְקִט) פִּנְכָּה; "מֶסְטִינְג"

met'al *n.* (מֶטְל) מַתֶּכֶת

met"amor'phosis *n.* (מֶטֱמוֹרְפֶסִס) שִׁנּוּי צוּרָה, גִּלְגּוּל, מֶטָמוֹרְפוֹזָה

met'aphor" *n.* (מֶטֱפוֹר) הוֹרָאָה שְׁאוּלָה, הַשְׁאָלָה, מֶטָפוֹרָה

met'aphys"ics *n.* (מֶטֱפִיזִקְס) מֶטָפִיסִיקָה

mete *v.t.* (מִיט) חִלֵּק, הִקְצִיב

me'teor *n.* (מִיטִיאֶר) מֶטֶאוֹר

me'ter *n.* & *v.t.* (מִיטְר) מֶטֶר; מִשְׁקָל (בשירה); מוֹנֶה, מַד; מָדַד

meth'od *n.* (מֶתֶ'ד) שִׁיטָה, מֵתוֹדָה

method'ical *adj.* (מֶתוֹדִקְל) שִׁיטָתִי; זָהִיר, שָׁקוּל

Meth'odist *n.* & *adj.* (מֶתֶ'דִסְט) מֵתוֹדִיסְטִי

metrical *adj.* (מֶטְרִקְל) שֶׁל מִשְׁקָל (בשירה); כָּתוּב לְפִי מִשְׁקָל; שֶׁל מְדִידָה

metrop'olis *n.* (מֶטְרוֹפֱּלִס) כְּרַךְ, עִיר רָאשִׁית, מֶטְרוֹפּוֹלִין

me"tropol'itan *adj.* (מֶטְרֱפּוֹלִטְן) שֶׁל מֶטְרוֹפּוֹלִין, שֶׁל עִיר רָאשִׁית, שֶׁל יוֹשְׁבֵי כְּרַךְ; עִירוֹנִי

met'tle *n.* (מֶטְל) מֶזֶג, מַצַּב רוּחַ; אֹמֶץ

on ones — נֶאֱלָץ לַעֲשׂוֹת כְּמֵיטַב יְכָלְתּוֹ

mice (מַיְס) (מספר רבים של mouse)

mi'crobe *n.* (מַיְקְרוֹב) חַיְדַּק

mi'croscope" *n.* (מַיְקְרֱסְקוֹפּ) מִיקְרוֹסְקוֹפּ

mid- *adj.* (מִד) אֶמְצַע, תִּיכוֹן, בֵּינוֹנִי

mid'day" *n.* & *adj.* (מִדֵּי) חֲצוֹת הַיּוֹם, צָהֳרַיִם; שֶׁל הַצָּהֳרַיִם

mid'dle *adj.* & *n.* (מִדְל) אֶמְצָעִי, תִּיכוֹן, בֵּינוֹנִי; תָּוֶךְ, אֶמְצַע; מְמֻצָּע; טַבּוּר

— age גִּיל הָעֲמִידָה

Middle Ages יְמֵי הַבֵּינַיִם

midge *n.* (מִג') יַתּוּשׁ מְזַיֵּץ, בַּרְחָשׁ

midg'et *n.* (מִג'ִט) נַנָּס

mid'night" *n.* (מִדְנַיְט) חֲצוֹת הַלַּיְלָה

burn the — oil עָשָׂה לֵילוֹת כְּיָמִים

mid'riff *n.* (מִדְרִף) סַרְעֶפֶת; טַבּוּר; כְּסוּת הַטַּבּוּר; מַחְשׂוֹף־טַבּוּר

midst *n.* (מִדְסְט) תָּוֶךְ, אֶמְצַע

mid'sum'mer *n.* (מִדְסַמְר) אֶמְצַע הַקַּיִץ

mid'way' *adv.* & *adj.* (מִדְוֵי) בַּחֲצִי הַדֶּרֶךְ, שֶׁל חֲצִי הַדֶּרֶךְ

mid'wife" *n.* (מִדְוַיְף) מְיַלֶּדֶת; מְיַלֵּד, מְסַיֵּעַ לִיצִירָה

mien *n.* (מִין) מַרְאֶה, תֹּאַר, הוֹפָעָה

might *n.* (מַיְט) כֹּחַ, יְכֹלֶת

— *v.* (זמן עבר של may)

migh'ty *adj.* (מַיְטִי) חָזָק; עָצוּם; אַדִּיר

mi'grant *adj.* & *n.* (מַיְגְרֱנְט) נוֹדֵד

mi'grate *v.t.* (מַיְגְרֵיט) הִגֵּר; נָדַד

migra'tion *n.* (מַיְגְרֵישְׁן) הֲגִירָה; נְדִידָה

mi'grato"ry *adj.* (מַיְגְרֱטוֹרִי) נוֹדֵד; שֶׁל נְדִידָה

mike *n.* (מַיְק) מִיקְרוֹפוֹן

mild *adj.* (מַיְלְד) מָתוֹן, נוֹחַ

mil'dew" *n.* (מִלְדוּ) טַחַב

mild'ness *n.* (מַיְלְדְנִס) מְתִינוּת, נוֹחוּת

mile *n.* (מַיְל) מִיל

mil'itant *adj.* & *n.* (מִלְטֱנְט) תּוֹקְפָנִי, מִלְחַמְתִּי, שׁוֹאֵף קְרָב; לוֹחֵם

mil'itar"y *adj.* & *n.* (מִלְטֶרִי) צְבָאִי; מִלְחַמְתִּי; חַיָּלִי; צָבָא

mil'itate" *v.i.* (מִלְטֵיט) פָּעַל; לָחַם, הִתְנַגֵּד

militi'a *n.* (מִלִשֶׁה) צְבָא עֲמָמִי; חַיָּבֵי גִּיּוּס; מִשְׁמָר לְאֻמִּי, מִילִיצְיָה

milk *n.* (מִלְק) חָלָב; נוֹזֵל, מִיץ, שְׂרָף

cry over spilt — הִתְאַבֵּל עַל מַה שֶּׁאֵינוֹ יָכֹל לְשַׁנּוֹת

— *v.t.* & *i.* חָלַב

milk'maid" *n.* (מִלְקְמֵיד) חוֹלֶבֶת, חַלְבָּנִית

milk'man" *n.* (מִלְקְמֶן) חַלְבָּן

mil'ksop" *n.* (מִלְקְסוֹפּ) גֶּבֶר רַכְרוּכִי

milk'y *adj.* (מִלְקִי) חֲלָבִי; לָבָן, לְבַנְבַּן; מַפְרִישׁ הַרְבֵּה חָלָב; רַכְרוּכִי, רָפֶה

mill *n.* (מִל) טַחֲנָה; מִפְעַל חֲרֹשֶׁת; חֲרֹשֶׁת; מַגְרֵסָה; מְכוֹנָה; מוֹסָד לְטִפּוּל מְזֹרָז

through the — נָתוּן לִתְלָאוֹת רַבּוֹת

— *v.t. & i.* טָחַן; עִבֵּד, עִצֵּב, גִּיֵּץ; הִסְתּוֹבֵב לְלֹא מַטָּרָה, שׁוֹטֵט בִּמְבוּכָה

millen'ium *n.* (מִלֶנְיַם) אֶלֶף שָׁנָה; יוֹם הַשָּׁנָה הָאֶלֶף

the — תְּקוּפַת שִׁלְטוֹן יֵשׁוּ; תְּקוּפַת צֶדֶק וָאֹשֶׁר בְּאַחֲרִית הַיָּמִים

mil'ler *n.* (מִלְר) טוֹחֵן

mil'let *n.* (מִלְט) זִיפָן אִיטַלְקִי

mil'liner'y *n.* (מִלְנֶרִי) כּוֹבָעֵי נָשִׁים; כּוֹבְעָנוּת נָשִׁים

mil'lion *n.* מִילְיוֹן; "הָמוֹן", הַרְבֵּה מְאֹד

the — הֲמוֹנֵי הָעָם

mil"lionaire' *n.* (מִלְיַנֶר) מִילְיוֹנֶר

mill'pond" *n.* (מִלְפּוֹנְד) בְּרֵכָה לְהַפְעָלַת טַחֲנָה

mill'stone" *n.* (מִלְסְטוֹן) אֶבֶן רֵיחַיִם; מַעֲמָסָה כְּבֵדָה

mim'ic *v.t. & n.* (מִמִק) חִקָּה (בלגלוג); חִקָּה בְּהִתְרַפְּסוּת, חִקָּה בְּטִפְּשׁוּת; דָּמָה מְאֹד; חַקְיָן

mim'icry *n.* (מִמְקְרִי) חַקְיָנוּת, חִקּוּי; דִּמְיוֹן

mince *v.t. & i.* (מִנְס) כָּתַשׁ, קִצֵּץ; רִכֵּךְ; דִּבֵּר בְּאֶלֶגַנְטִיּוּת מְעֻשָּׂה, הִתְגַּנְדֵּר; הָלַךְ וְטָפַף

mind *n.* (מַיְנְד) נֶפֶשׁ, רוּחַ; שֵׂכֶל; מֹחַ; דֵּעָה; נְטִיָּה, חֵשֶׁק; יֵשׁוּת נְבוֹנָה; תּוֹדָעָה; זִכָּרוֹן; מַחֲשָׁבוֹת, תְּשׂוּמֶת לֵב

a piece of one's — הַבָּעָה בּוֹטָה שֶׁל מֹרַת־רוּחַ

bear (keep) in — זָכַר

have a good — to נוֹטֶה מְאֹד

in — בַּתּוֹדָעָה; בְּתוֹר תָּכְנִית אוֹ כַּוָּנָה

know one's own — תַּקִּיף בְּדֵעוֹתָיו

make up one's — הֶחְלִיט

on one's — בְּמַחְשְׁבוֹתָיו תָּמִיד

out of one's — מְשֻׁגָּע; אוֹבֵד עֵצוֹת

presence of — מַחֲשָׁבָה צְלוּלָה בִּשְׁעַת מַשְׁבֵּר

to one's — לְפִי דַּעְתּוֹ

— *v.t. & i.* שָׂם לֵב, צִיֵּת, נִשְׁמַע; טִפֵּל בְּ־; הִשְׁגִּיחַ עַל; נִזְהַר; דָּאַג לְ־; הָיָה אִכְפַּת לְ־; הִרְגִּישׁ בְּהַפְרָעָה; יִחֵס חֲשִׁיבוּת

never — לֹא חָשׁוּב

mind'ful *adj.* (מַיְנְדְפֵל) קַשָּׁב, זָהִיר

mine *pron. & n. & v.i. & t.* (מַין) שֶׁלִּי, לִי; מִכְרֶה; אוֹצָר; מִנְהָרָה; מוֹקֵשׁ; כָּרָה; חָפַר מִנְהָרָה; הִשְׁמִיד בַּחֲשַׁאי; מִקֵּשׁ

mi'ner *n.* (מַיְנְר) כּוֹרֶה

min'eral *n.* (מִנְרַל) מַחְצָב, מִינֶרָל; עַפְרָה

min'gle *v.i. & t.* (מִנְגְל) הִתְעַרְבֵּב, הִתְמַזֵּג, הִתְאַחֵד; הִתְרוֹעֵעַ, הִשְׁתַּתֵּף; עֵרֵב; מִזֵּג

min'iature *n.* (מִנִיאֲצִ'ר) מִינְיָטוּרָה

in — בִּזְעֵיר אַנְפִּין

min'imize" *v.t.* (מִנְמַיְז) הִפְחִית בְּצוּרָה מֵרַבִּית; מִעֵט בְּדְמוּת; הֶעֱרִיךְ בְּכַמּוּת מִינִימָלִית

min'imum *n.* (מִנִמַם) מִינִימוּם

mi'ning *n.* (מַיְנִנְג) כְּרִיָּה; מִקּוּשׁ

min'ion *n.* (מִנְיַן) מְשָׁרֵת, "כֶּלֶב"; נְשׂוּא־פָּנִים; פָּקִיד זוּטָר

min'ister *n. & v.t.* (מִנִסְטֶר) כֹּמֶר; שַׂר, מִינִיסְטֶר; צִיר; סוֹכֵן; שִׁמֵּשׁ כֹּמֶר; טִפֵּל בְּ־; הִגִּישׁ עֶזְרָה

min'istry *n.* (מִנִסְטְרִי) מִשְׂרַת כֹּמֶר, כְּמוּרָה; מִשְׂרַת שַׂר; מִשְׂרָד (ממשלתי), מִינִיסְטֶרְיוֹן; מֶמְשָׁלָה; תְּקוּפַת כְּהֻנָּתוֹ שֶׁל שַׂר; שֵׁרוּת הַגָּשַׁת עֶזְרָה, טִפּוּל

mink *n.* (מִנְק) חָרְפָּן

min'now *n.* (מִנוֹ) פּוֹקְסִינוּס; קַרְפְּיוֹן נַנָּסִי; דַּג־רְקָק

mi'nor *adj. & n.* (מַיְנְר) זוּטָר; קָטָן יוֹתֵר; קָטִין, מִינוֹר; טָפֵל; מִינוֹרִי; חוּג מִשְׁנִי

minor'ity *n. & adj.* (מַינוֹרִטִי) מִעוּט; קְבוּצַת מִעוּט; קַטְנוּת; שֶׁל מִעוּט

min'strel *n.* (מִנְסְטְרַל) זַמָּר (עם לווי כלים); מוּסִיקַאי מְשׁוֹרֵר; בַּדְרָן מְחֻפָּשׂ כְּכוּשִׁי

mint *n. & adj. & v.t.* (מִנְט) נַעֲנָה, מִנְתָּה; סֻכָּרִיַּת מִנְתָּה; מִטְבָּעָה; הוֹן תּוֹעָפוֹת; לֹא־מְחֻתָּם; לֹא־מְשֻׁמָּשׁ; טָבַע (מטבעות)

mi"nuet' *n.* (מִנְיוּאֶט) מֶנוּאֶט

min'us *prep. & adj. & n.* (מַיְנַס) פָּחוֹת; חֲסַר־, בְּלִי; שֶׁל חִסּוּר; שְׁלִילִי; כַּמּוּת שְׁלִילִית; מִגְרַעַת, הֶפְסֵד

min'ute *n.* (מִנִט) דַּקָּה; רֶגַע; סִכּוּם, תַּזְכִּיר, טְיוּטָה

— s פְּרוֹטוֹקוֹל

up to the — חָדִישׁ, מְעֻדְכָּן

minute *adj.* (מִינוּט) זָעִיר; קַל־עֶרֶךְ, חֲסַר־מַשְׁמָעוּת; מְדַקְדֵּק

minx *n.* (מִנְקְס) חֻצְפָּנִית

mir'acle *n.* (מִרֲקַל) נֵס, פֶּלֶא

mirac'ulous *adj.* (מִרֶקְיֻלַס) בְּדֶרֶךְ נֵס, נִפְלָא; מְחוֹלֵל נִסִּים, שֶׁל פֶּלֶא

mirage' *n.* (מִרָז׳) מַחֲזֵה־שָׁרָב; מַרְאֵה־תַּעְתּוּעִים; פָּטָה מוֹרְגָנָה

mire *n.* (מַיְאַר) בֹּץ, בִּצָּה; טִיט

mir'ror *n.* & *v.t.* (מִרַר) מַרְאָה; מוֹפֵת; שִׁקֵּף

mirth *n.* (מֶרְת׳) עַלִּיזוּת, הִלּוּלָה; צְחוֹק

mis"adven'ture *n.* (מִסַדְוֶנְצֵ׳ר) מַזָּל רָע; מֶחְדָּל

mis'anthrope" *n.* (מִזַנְתְ׳רוֹפּ) שׂוֹנֵא הַבְּרִיּוֹת

mis"apprehen'sion *n.* (מִסֶפְּרִהֶנְשַׁן) אִי־הֲבָנָה

mispp"aro'priate" *v.t.* (מִסַפְּרוֹפְּרִיאֵיט) הִשְׁתַּמֵּשׁ שֶׁלֹּא כַּדִּין, מָעַל

mis"behave' *v.i.* (מִסְבִּהֵיב) הִתְפָּרֵעַ

miscal'culate" *v.t.* & *i.* (מִסְקֶלְקְיַלֵיט) טָעָה בְּחִשּׁוּב; טָעָה בְּשִׁפּוּט

miscar'riage *n.* (מִסְקֶרִג׳) כִּשָּׁלוֹן; תְּעִיָּה; הַפָּלָה

miscar'ry *v.i.* (מִסְקֶרִי) נִכְשַׁל; תָּעָה, אָבַד בַּדֶּרֶךְ; הִפִּיל

mis"cella'neous *adj.* (מִסַלֵינִיאַס) מְעֹרָבִים, מִמִּינִים שׁוֹנִים, מְגֻוָּן; דָּן בְּנוֹשְׂאִים שׁוֹנִים

mis'cella"ny *n.* (מִסַלֵינִי) אֹסֶף מְעֹרָב, תַּעֲרֹבֶת; לִקּוּטִים

mis'chief *n.* (מִסְצִ׳ף) קַנְטְרָנוּת; הִתְפַּרְחֲחוּת; נֶזֶק

mis'chievous *adj.* (מִסְצַ׳וַס) מַזִּיק, מִתְפַּרְחֵחַ

miscon'duct *n.* (מִסְקוֹנְדַקְט) הִתְנַהֲגוּת נְלוֹזָה

mis"construe' *v.t.* (מִסְקַנְסְטְרוּ) הֵבִין שֶׁלֹּא כַּהֲלָכָה, פֵּרֵשׁ פֵּרוּשׁ מֻטְעֶה

misdeed' *n.* (מִסְדִּיד) מַעֲשֵׂה עָוֶל, חֵטְא

mis"demea'nor *n.* (מִסְדִּמִינְר) עָווֹן, עֲבֵרָה

mi'ser *n.* (מַיְזַר) קַמְצָן, כִּילַי

mis'erable *adj.* (מִזַרַבְּל) עָלוּב; בָּזוּי; מְעוֹרֵר רַחֲמִים, מִסְכֵּן

mis'erly *adj.* (מַיְזַרְלִי) קַמְצָנִי, קוֹפֵץ־יָד

misery' *n.* (מִזַרִי) מְצוּקָה, אֻמְלָלוּת, דַּלּוּת; יִסּוּרִים

mis'fit *n.* (מִסְפִּט) מִדָּה לֹא־נְכוֹנָה; לֹא־יֻצְלַח, יוֹצֵא־דֹּפֶן

misfor'tune *n.* (מִסְפוֹרְצַ׳ן) מַזָּל רָע; פֻּרְעָנוּת

misgiv'ing *n.* (מִסְגִּוִנְג) חֲשָׁשׁ

mis'hap *n.* (מִסְהֶפּ) פֻּרְעָנוּת

mis"inform' *v.t.* (מִסִנְפוֹרְם) הִטְעָה, מָסַר מֵידָע מַטְעֶה

mis"inter'pret *v.t.* (מִסִנְטֶרְפְּרִט) פֵּרֵשׁ פֵּרוּשׁ מֻטְעֶה; הֵבִין שֶׁלֹּא כַּהֲלָכָה

misjudge' *v.t.* & *i.* (מִסְגַ׳ג׳) הֶעֱרִיךְ הַעֲרָכָה מֻטְעֵית; טָעָה בְּשִׁפּוּט

mislay *v. t.* (מִסְלֵי) שָׁכַח בְּאֵיזֶה מָקוֹם הִנִּיחַ...

mislead' *v.t.* (מִסְלִיד) הִתְעָה; הִטְעָה, רִמָּה

misman'age *v.t.* (מִסְמֶנִג׳) נִהֵל שֶׁלֹּא כַּהֲלָכָה, נִהֵל שֶׁלֹּא בְּיֹשֶׁר

misman'agement *n.* (מִסְמֶנִג׳מַנְט) נִהוּל גָּרוּעַ

misplace' *v.t.* (מִסְפְּלֵיס) שָׁכַח בְּאֵיזֶה מָקוֹם הִנִּיחַ...; הִפְקִיד בְּטִפְּשׁוּת

mis'print" *n.* (מִסְפְּרִנְט) טָעוּת דְּפוּס

misquote' *v.t.* & *n.* (מִסְקְווֹט) צִטֵּט בְּצוּרָה לֹא־נְכוֹנָה; צִטָּטָה לֹא־נְכוֹנָה

mis"represent' *v.t.* (מִסְרֶפְּרִזֶנְט) הִצִּיג בְּצוּרָה מֻטְעֵית; הִצִּיג בְּצוּרָה גְּרוּעָה

misrule' *n.* (מִסְרוּל) שִׁלְטוֹן רָע; מִמְשָׁל רָע; אִי־סֵדֶר, הֶפְקֵרוּת

miss *v.t.* & *i.* & *n.* (מִס) הֶחֱטִיא, אִחֵר; לֹא נִצַּל כָּרָאוּי; נֶעְדַּר; הִשְׁגִּיחַ בְּהֶעְדֵּר־; הִתְגַּעְגֵּעַ עַל; וִהִשְׁתַּמֵּט; לֹא תָּפַס; נִכְשַׁל; הַחֲטָאָה; כִּשָּׁלוֹן; הַשְׁמָטָה; גְּבֶרֶת (לֹא־נְשׂוּאָה), עַלְמָה

mis'sal *n.* (מִסְל) סֵפֶר תְּפִלּוֹת הַמִּיסָה; סֵפֶר תְּפִלּוֹת

mis'sile *n.* (מִסְל) טִיל

mis'sing *adj.* (מִסִנְג) חָסֵר, נֶעְדָּר

mis'sion *n.* (מִשְׁן) מִשְׁלַחַת, נְצִיגוּת; מְשִׂימָה; מִיסְיוֹן; תְּחוּם פְּעִילוּת שֶׁל מִיסְיוֹן; מֶרְכָּז לִפְעֻלּוֹת־סַעַד וָדָת; כְּנֵסִיָּה; תְּפִלּוֹת הִתְעוֹרְרוּת

missi'ona"ry *n.* (מִשֲׁנֶרִי) מִיסְיוֹנֶר; תַּעֲמְלָן

misspell' *v.t.* (מִסְפֶּל) טָעָה בְּאִיּוּת

misstep' *n.* (מִסְטֶפּ) צַעַד מֻטְעֶה; טָעוּת בְּהִתְנַהֲגוּת

mist *n.* (מִסְט) אֵד, עֲרָפֶל

mistake' *n.* & *v.t.* & *i.* (מִסְטֵיק) שְׁגִיאָה, טָעוּת; טָעָה בְּהַעֲרָכָה, טָעָה בְּזִהוּי; הֵבִין שֶׁלֹּא כַּהֲלָכָה; פֵּרֵשׁ פֵּרוּשׁ מֻטְעֶה

mista'ken *adj.* (מִסְטֵיקְן) מֻטְעֶה; טוֹעֶה

mis'ter *n.* (מִסְטֶר) אָדוֹן, אֲדוֹנִי; מַר

mis'tletoe" *n.* (מִסֲלְטוֹ) דִּבְקוֹן לָבָן

mistreat' *v.t.* (מִסְטְרִיט) נָהַג בְּחֹסֶר הִתְחַשְּׁבוּת כְּלַפֵּי, הִתְעַלֵּל בְּ־

mis'tress *n.* (מִסְטְרִס) מְנַהֶלֶת, בַּעֲלַת בַּיִת; בַּעֲלַת חַיַּת בַּיִת; פִּילֶגֶשׁ, מְאַהֶבֶת

mistrust' *n.* & *v.t.* & *i.* (מִסְטְרַסְט) חֹסֶר אֵמוּן, חֲשַׁד; הִתְיַחֵס בְּחֹסֶר אֵמוּן; חָשַׁד בְּ־

mis'ty *adj.* (מִסְטִי) מְעֻרְפָּל, מְכֻסֶּה אֵדִים, עָמוּם

mis"understand' *v.t.* & *i.* (מִסַנְדֶּרְסְטֶנְד) פֵּרֵשׁ פֵּרוּשׁ מֻטְעֶה, הֵבִין שֶׁלֹּא כַּהֲלָכָה, טָעָה בְּהַעֲרָכָה

mis"understan'ding *n.* (מִסַנְדֶּרְסְטֶנְדִּנְג) אִי־הֲבָנָה; טָעוּת בַּהֲבָנָה; חִלּוּקֵי־דֵעוֹת

misuse' *n.* (מִסְיוּס) שִׁמּוּשׁ לֹא־נָכוֹן

misuse' *v.t.* (מִסְיוּז) הִשְׁתַּמֵּשׁ בְּצוּרָה לְקוּיָה; הִתְעַלֵּל בְּ־, הִתְיַחֵס בְּחֹסֶר הִתְחַשְּׁבוּת

mite *n.* & *adv.* (מַיט) אֲקָרִית; כַּמּוּת זְעוּמָה שֶׁל כֶּסֶף; דָּבָר קָטָן מְאֹד; מַטְבֵּעַ בַּעַל עֵרֶךְ זָעוּם; בְּמִדַּת מָה

mi'ter *n.* (מַיטֶר) מִגְבַּעַת; מִצְנֶפֶת

mit'igate" *v.t.* (מִטְגֵיט) הֵקֵל

mitt *n.* (מִט) כְּפָפַת כַּדּוּר־בָּסִיס; כְּפָפַת־אֲגוּדָל; יָד; כְּסָיַת־זְרוֹעַ

mit'ten *n.* (מִטְן) כְּפָפַת־אֲגוּדָל; כְּסָיַת־זְרוֹעַ

mix *v.t.* & *i.* & *n.* (מִקְס) עֵרֵב, עִרְבֵּב; לָשׁ, גָּבַל, עִרְבֵּל; הִכְלִיא; הִתְעַרְבֵּב; הִתְיַדֵּד; עִרְבּוּב; תַּעֲרֹבֶת; נֻסְחָה, מַתְכֹּנֶת

mix'er *n.* (מִקְסֶר) מְעַרְבֵּב; מְעֹרָב בֵּין הַבְּרִיּוֹת; יְדִידוּתִי; עַרְבָּל, מְעַרְבֵּל

mix'ture *n.* (מִקְסְצֶ'ר) תַּעֲרֹבֶת; עִרְבּוּב, עֵרוּב

mix'up" *n.* (מִקְסַפּ) בִּלְבּוּל, אַנְדְּרַלָמוּסְיָה, בַּלָּגָן

moan *n.* & *v.i.* (מוֹן) אֲנָקָה, אֲנָחָה כְּבֵדָה; הֶמְיָה, הָמָה; נָהָה; נֶאֱנַק, נֶאֱנַח בִּכְבֵדוּת

moat *n.* (מוֹט) חֲפִיר; תְּעָלַת מָגֵן

mob *n.* & *adj.* (מוֹב) אֲסַפְסוּף; הָמוֹן מִתְפָּרֵעַ; הָמוֹן; כְּנוּפְיַת פּוֹשְׁעִים; שֶׁל הֶהָמוֹן; נוֹעָד לֶהָמוֹן

— *v.t.* הִצְטוֹפֵף בְּרַעַשׁ; תָּקַף

mo'bile *adj.* (מוֹבְּל) נַיָּד; מִשְׁתַּנֶּה בְּקַלּוּת, גָּמִישׁ, מֵגִיב בִּמְהִירוּת; בַּעַל נִיעוּת

— *n.* (מוֹבִּיל) מוֹבִּיל

mobil'ity *n.* (מוֹבִּלְטִי) נַיָּדוּת, נִיעוּת

mo"biliza'tion *n.* (מוֹבֲּלִזֵישְׁן) גִּיּוּס

mo'bilize" *v.t.* & *i.* (מוֹבֲּלַיז) גִּיֵּס, הִתְגַּיֵּס

mock *v.t.* & *i.* (מוֹק) לָעַג לְ־; חִקָּה בִּלְגְלְגָנוּת; הִתְרִיס כְּנֶגֶד; רִמָּה, הִשְׁלָה, אִכְזֵב; לָעַג; מַטְרַת לַעַג; חִקּוּי

— *adj.* מְחֻקֶּה, מְדֻמֶּה; מְזֻיָּף

mock'ery *n.* (מוֹקְרִי) לַעַג; מַטְרַת לַעַג; חִקּוּי לַגְלְגָנִי; לַעַג יָמְרָנִי

mode *n.* (מוֹד) אֹפֶן, שִׁיטָה; דֶּרֶךְ; צוּרָה; אָפְנָה, סִגְנוֹן; סֻלָּם (במוסיקה)

mod'el *n.* & *adj.* (מוֹדְל) דֻּגְמָה, מוֹפֵת; דֶּגֶם; מוֹדֶל; דֻּגְמָן; דֻּגְמָנִית; תַּבְנִית; סִגְנוֹן; מְשַׁמֵּשׁ מוֹפֵת, לְמוֹפֵת

— *v.t.* & *i.* עִצֵּב, נָתַן צוּרָה; הִדְגִּים, הִצִּיג; כִּיֵּר; עָבַד כְּדֻגְמָן

mod'erate *adj.* & *n.* (מוֹדֶרְט) מָתוּן; בֵּינוֹנִי, מְמֻצָּע; שֶׁל מְתוּנִים

— *v.t.* & *i.* (מוֹדֶרֵיט) מִתֵּן, יָשַׁב בָּרֹאשׁ, תִּוֵּךְ, הִנְחָה

mod"era'tion *n.* (מוֹדֲרֵישְׁן) מְתִינוּת; הִתְאַפְּקוּת; פְּרִישׁוּת; תִּוּוּךְ

mod'era"tor *n.* (מוֹדֲרֵיטֶר) מְתַוֵּךְ, יוֹשֵׁב רֹאשׁ, מַנְחֶה; מְמַתֵּן

mod'ern *adj.* & *n.* (מוֹדֶרְן) שֶׁל זְמַנֵּנוּ;

מוֹדֶרְנִי; חָדָשׁ; חָדִישׁ; אָדָם בֶּן זְמַנֵּנוּ, אָדָם מוֹדֶרְנִי

mod'ernize" *v.t.* (מוֹדֶרְנַיז) עָשָׂה לְמוֹדֶרְנִי, חִדֵּשׁ פְּנֵי־

mod'est *adj.* (מוֹדְסְט) עָנָו, צָנוּעַ

mod'esty *n.* (מוֹדֶסְטִי) צְנִיעוּת, עֲנָוָה; פַּשְׁטוּת, מְתִינוּת

mod'ify" *v.t.* (מוֹדֶפַי) שִׁנָּה בְּמִקְצָת; הִפְחִית, מִתֵּן; הִשְׁפִּיעַ עַל; אִיֵּךְ

mod'ulate *v.t. & i.* (מוֹדְיַלֵיט) וִסֵּת, רִכֵּךְ, הוֹרִיד (הטון); הִתְאִים; סִלֵּם; אִפְנֵן

moist *adj.* (מוֹיסְט) לַח

mois'ten *v.t. & i.* (מוֹיסְן) לִחְלֵחַ; הִתְלַחְלֵחַ

mois'ture *n.* (מוֹיסְצֶ׳ר) לַחוּת; טַחַב

mo'lar *n.* (מוֹלֵר) שֵׁן טוֹחֶנֶת

mold *n. & v.t.* (מוֹלְד) תַּבְנִית, דְּפוּס; אִמּוּם; צוּרָה; מוֹפֵת; סְגֻלָּה, אֹפִי מְיֻחָד; עֹבֶשׁ; כִּיֵּר, עִצֵּב; צָר צוּרָה

mol'ding *n.* (מוֹלְדִנְג) עִצּוּב, כִּיּוּר; עֶצֶם מְעֻצָּב, עֶצֶם מְכֻיָּר; כַּרְכֹּב, פַּס

mole *n.* (מוֹל) שׁוּמָה; חֲפַרְפֶּרֶת; שׁוֹבֵר גַּלִּים, מֵזַח־אֲבָנִים; מַעְגָּן (מוּקָף שׁוֹבְרֵי־גלים)

mol'ecule" *n.* (מוֹלֶקְיוּל) מוֹלֶקוּלָה, פְּרֻדָּה

molest' *v.t.* (מֲלֶסְט) הֵצִיק ל־, הִטְרִיד, הִפְרִיעַ ל־; נִטְפַּל אֶל (מתוך מניעים מיניים)

mol'lify" *v.t.* (מוֹלֲפַי) פִּיֵּס, הִרְגִּיעַ; הֵשִׁיב חֵמָה; הִפְחִית

mol'lusc[k] *n.* (מוֹלֲסְק) רַכִּיכָה

mol'lycod'dle *n. & v.t.* (מוֹלִיקוֹדְל) מְפֻנָּק; פִּנֵּק

molt *v.i.* (מוֹלְט) הִשִּׁיר (נוצות, עור וכו׳)

mol'ten *adj.* (מוֹלְטֶן) מֻתָּךְ

mo'ment *n.* (מוֹמֶנְט) רֶגַע, אַרְגִּיעָה; תְּקוּפָה; חֲשִׁיבוּת; מוֹמֶנְט

at the — כָּרֶגַע, עַתָּה

mo'mentar"y *adj.* (מוֹמֶנְטֶרִי) חוֹלֵף, רִגְעִי; עָשׂוּי לִקְרוֹת כָּל רֶגַע, מְמַשְׁמֵשׁ וּבָא, אַחַר הַכֹּתֶל

momen'tous *adj.* (מוֹמֶנְטֲס) חָשׁוּב בְּיוֹתֵר, רַב־עֵרֶךְ

momen'tum *n.* (מוֹמֶנְטֲם) תְּנוּפָה; דַּחַף; תֶּנַע

mon'arch *n.* (מוֹנַרְק) מוֹשֵׁל יָחִיד (שירש ממלכה ומורישה); שַׁלִּיט, מֶלֶךְ, קֵיסָר; פַּרְפַּר מוֹנַרְךְ

mona'rchy *n.* (מוֹנַרְקִי) מְלוּכָה; שִׁלְטוֹן יָחִיד

mon'aster"y *n.* (מוֹנַסְטֶרִי) מִנְזָר

monas'tic *adj.* (מֲנֶסְטִק) שֶׁל נָזִיר, שֶׁל מִנְזָר; שֶׁל חַיֵּי פְּרִישׁוּת

Mon'day (מַנְדִי) יוֹם שֵׁנִי

mon'etar"y *adj.* (מוֹנַטֶרִי) כַּסְפִּי, מוֹנֶטָרִי

mon'ey *n.* (מַנִי) כֶּסֶף, מָמוֹן; סְכוּם כֶּסֶף

for one's — לְפִי דַעְתּוֹ

make — הִרְוִיחַ; הִתְעַשֵּׁר

mon'eyed *adj.* (מַנִיד) עָשִׁיר

mon'goose" *n.* (מוֹנְגוּס) נְמִיָּה

mong'rel *n.* (מוֹנְגְרֶל) בֶּן־כִּלְאַיִם; בֶּן־הַכְלָאָה שְׁרִירוּתִית; כֶּלֶב כִּלְאַיִם

mon'itor *n. & v.t.* (מוֹנִטֶר) תּוֹרָן; מַתְרֶה; מַשְׁגִּיחַ; מַנְגְּנוֹן תַּצְפִּית; מַקְלֵט הַאֲזָנָה; מַנְגְּנוֹן בִּקֹּרֶת; בִּקֵּר, הֶאֱזִין, צָפָה; עָקַב אַחֲרֵי

monk *n.* (מַנְק) נָזִיר

mon'key *n.* (מַנְקִי) קוֹף

make a — (out) of שָׂטָה ב־, הֶעֱמִיד בְּאוֹר מְגֻחָךְ

— *v.t. & i.* הִשְׁתַּעֲשֵׁעַ; חִקָּה

monog'amy *n.* (מֲנוֹגַמִי) נְשִׂיאַת בֶּן־זוּג אֶחָד, מוֹנוֹגַמְיָה

mon'ogram" *n.* (מוֹנַגְרֶם) מִשְׁלֶבֶת

mon'ograph" *n.* (מוֹנַגְרֶף) מוֹנוֹגְרַפְיָה

mon'olog(ue)" *n.* (מוֹנַלוֹג) מוֹנוֹלוֹג, שִׂיחַת־יָחִיד

monop'olize" *v.t.* (מֲנוֹפֲלַיז) רָכַשׁ מוֹנוֹפּוֹל עַל, הָיָה בַּעַל מוֹנוֹפּוֹל; רָכַשׁ בַּעֲלוּת בִּלְעָדִית עַל; שָׁמַר לְעַצְמוֹ בִּלְבָד

monop'oly *n.* (מֲנוֹפֲלִי) מוֹנוֹפּוֹל; קִנְיָן בִּלְעָדִי

mon'osyl'lable *n.* (מוֹנַסִלַבְּל) מִלָּה בַּת־הֲבָרָה אַחַת

monot'onous *adj.* (מֲנוֹטַנַס) חַדְגּוֹנִי, מוֹנוֹטוֹנִי, מְשַׁעֲמֵם

monot'ony *n.* (מֻנוֹטֻנִי) חַדְגּוֹנִיּוּת, מוֹנוֹטוֹנִיּוּת

mon'ster *n.* (מוֹנְסְטֶר) מִפְלֶצֶת; אָדָם מַבְעִית, יְצוּר בַּלָּהוֹת; עֲנָק

mon'strous *adj.* (מוֹנְסְטְרַס) מַבְעִית; מְזַעְזֵעַ, עֲנָקִי; מִפְלַצְתִּי; גְּרוֹטֶסְקִי

month *n.* (מַנְתּ') חֹדֶשׁ

month'ly *adj. & n.* (מַנְתְּ'לִי) חָדְשִׁי; אַחַת לְחֹדֶשׁ יָמִים; יַרְחוֹן

— *adv.* פַּעַם בְּחֹדֶשׁ, כָּל חֹדֶשׁ, מִדֵּי חֹדֶשׁ בְּחָדְשׁוֹ

mon'ument (מוֹנְיֻמֶנְט) מַצֵּבָה, מַצֶּבֶת זִכָּרוֹן, יָד; אֲתָר; מוֹפֵת; חֶלְקַת שְׁבָחִים, מַחְמָאָה

mon"umen'tal *adj.* (מוֹנְיֻמֶנְטְל) דּוֹמֶה לְמַצֵּבָה; רְחַב־מִדּוֹת, מַרְשִׁים; בַּעַל מַשְׁמָעוּת נִצְחִית; שֶׁל מַצֵּבָה; עָצוּם בְּצוּרָה בּוֹלֶטֶת; מוֹנוּמֶנְטָלִי

mood *n.* (מוּד) הֲלָךְ־רוּחַ, מַצַּב־רוּחַ; דֶּרֶךְ

moo'dy *adj.* (מוּדִי) בְּמַצַּב־רוּחַ קוֹדֵר; "מְצֻבְרָח"; בַּעַל מַצְּבֵי־רוּחַ מִתְחַלְּפִים

moon *n. & v.i.* (מוּן) יָרֵחַ; לְבָנָה; יֶרַח; הָזָה, הִתְבּוֹנֵן בְּחוֹלְמָנוּת

moon'light" *n. & adj. & v.i.* (מוּנְלַיְט) אוֹר הַיָּרֵחַ; לְאוֹר הַיָּרֵחַ, שֶׁל אוֹר הַיָּרֵחַ; עָבַד בַּעֲבוֹדָה נוֹסֶפֶת

moon'li"ghting *n.* (מוּנְלַיְטִנְג) עֲבוֹדָה נוֹסֶפֶת (לאחר העבודה הרגילה ביום)

moon'shine" *n.* (מוּנְשַׁיְן) וִיסְקִי לֹא־חֻקִּי; אוֹר הַיָּרֵחַ; דְּבַר הֲבַאי, שְׁטֻיּוֹת

moor *v.t. & i. & n.* (מוּר) קָשַׁר; קְשִׁירָה; שְׂדֵה אַבְרָשִׁים

Moor *n.* מָאוּרִי

moot *adj.* (מוּט) נִתָּן לְדִיּוּן; מְפֻקְפָּק; נְטוּל עֵרֶךְ מַעֲשִׂי; עִיּוּנִי

mop *n. & v.t.* (מוֹפּ) סְחָבָה בְּמַקֵּל; סְבַךְ שְׂעָרוֹת; נִגֵּב בִּסְחָבָה בְּמַקֵּל

— **up** טִהֵר; הִשְׁלִים

mope *v.i.* (מוֹפּ) הָיָה שָׁרוּי בַּאֲדִישׁוּת וְחֹסֶר מַעַשׂ

mor'al *adj. & n.* (מוֹרַל) מוּסָרִי; קַפְּדָן בְּמֻסְכָּמוֹת הַמִּינִיּוֹת; רוּחָנִי; פְּרִי תַּצְפִּית; מוּסַר הַשֵּׂכֶל, לֶקַח

— **s** עֶקְרוֹנוֹת מוּסָרִיִּים

morale' *n.* (מֶרֶל) הֲלָךְ־נֶפֶשׁ; הֲלָךְ־רוּחַ, מַצַּב־רוּחַ; מוֹרָל

mor'alist *n.* (מוֹרֲלִסְט) מַטִּיף לְעֶרְכֵי מוּסָר; בַּעַל מוּסָר; מוֹכִיחַ, מַחֲמִיר בְּמוּסָרִיּוּת הַזּוּלַת

moral'ity *n.* (מְרֶלִטִי) מוּסָרִיּוּת, הִתְנַהֲגוּת מוּסָרִית; פְּרִישׁוּת מִינִית; תּוֹרַת מִדּוֹת; הוֹרָאַת עֶקְרוֹנוֹת מוּסָר

mor'alize *v.i.* (מוֹרֲלַיז) הִטִּיף לְעֶרְכֵי מוּסָר

morass' *n.* (מֶרֶס) אַדְמַת בֹּץ, בִּצָּה

mor'bid *adj.* (מוֹרְבִּד) חוֹלָנִי; נְכֵה־רוּחַ; מַחֲרִיד

mor'dant *adj.* (מוֹרְדֶנְט) עוֹקְצָנִי

more *adj. & adv. & n.* (מוֹר) עוֹד, יוֹתֵר

all the — אַף יוֹתֵר מִכְּרָגִיל

moreo"ver *adv.* (מוֹרוֹבֶר) יָתֵר עַל כֵּן

mor"ganat'ic *adj.* (מוֹרְגֶנֶטִק) שֶׁל נִשּׂוּאִים בֵּין גֶּבֶר לְאִשָּׁה מִמַּעֲמָד נָמוּךְ (בתנאי שלא היא ולא ילדיה יימנו עם יורשיו)

morgue *n.* (מוֹרְג) חֲדַר מֵתִים, אַרְכִיוֹן

mor'ibund *adj.* (מוֹרֲבַּנְד) גּוֹסֵס, עַל סַף הַמָּוֶת, קוֹפֵא עַל שְׁמָרָיו

morn *n.* (מוֹרְן) בֹּקֶר

morn'ing *n. & adj.* (מוֹרְנִנְג) בֹּקֶר, שַׁחַר; לִפְנֵי הַצָּהֳרַיִם; רֵאשִׁית; שֶׁל בֹּקֶר

— glor'y לְפוּפִית אַרְגְּמָנִית

Moroc'co *n.* (מֲרוֹקוֹ) מָרוֹקוֹ

moroc'co עוֹר עִזִּים עָדִין

mor'on *n.* קָהוּי; מְטֻמְטָם

morose' *adj.* (מֲרוֹס) בַּעַל מַצַּב־רוּחַ רַע, קוֹדֵר

mor'row *n.* (מוֹרוֹ) מָחָר, יוֹם הַמָּחֳרָת

mor'sel *n.* (מוֹרְסֶל) נְגִיסָה קְטַנָּה, חֲתִיכָה קְטַנָּה, נַתַח זָעוּם; קָרְטוֹב

mor'tal *adj. & n.* (מוֹרְטַל) בֶּן־תְּמוּתָה; שֶׁל הָעוֹלָם הַזֶּה; שֶׁל מָוֶת; כָּרוּךְ בְּמָוֶת רוּחָנִי; גּוֹרֵם מָוֶת; עַד מָוֶת; קַטְלָנִי; קִיצוֹנִי; בֶּן־אָדָם

mortali'ty *n.* (מוֹרְטֶלִטִי) תְּמוּתָה; הַמִּין הָאֱנוֹשִׁי; מָוֶת

mor'tar *n.* (מוֹרְטֶר) מַכְתֵּשׁ, מְדוֹכָה; מַרְגֵּמָה; טִיט (לבניין), מֶלֶט

mor'tgage *n. & v.t.* (מוֹרְגֶג') מַשְׁכַּנְתָּה; מִשְׁכֵּן, שִׁעְבֵּד

mor'tify" *v.t.* (מוֹרְטִפַי) הִשְׁפִּיל; הִכְנִיעַ, סִגֵּף

mor'tuar"y *adj. & n.* (מוֹרצ'וּאֶרִי) שֶׁל קְבוּרָה; שֶׁל מָוֶת; בֵּית הַלְוָיוֹת

mosa'ic *n.* (מוֹזֵיאִק) פְּסֵיפָס, מוֹזָאִיקָה

Mos'lem *n.* (מוֹזְלֶם) מֻסְלְם

mosque *n.* (מוֹסְק) מִסְגָּד

mosqui'to *n.* (מֶסְקִיטוֹ) יַתּוּשׁ

moss *n.* (מוֹס) אֵזוֹב, טְחָב

most *adj. & n.* (מוֹסְט) רֹב; הַמִּסְפָּר הַגָּדוֹל בְּיוֹתֵר, הַטּוֹב בְּיוֹתֵר

at the — לְכָל הַיּוֹתֵר

— *adv.* בְּיוֹתֵר

most'ly *adv.* (מוֹסְטְלִי) עַל פִּי רֹב, לָרֹב; בְּדֶרֶךְ כְּלָל

mote *n.* (מוֹט) קֹרֶט, חֶלְקִיק

moth *n.* (מוֹת') עָשׁ

— ball כַּדּוּר נַפְתָּלִין

mother *n. & adj. & v.t.* (מַדְ'ר) אֵם, אִמָּא; חוֹתֶנֶת; חָמוֹת; מְטַפֶּלֶת; שֶׁל אֵם; אִמָּהִי; מוֹלַדְתִּי; הָיָה כְּאֵם לְ־; יָלַד; הִצִּיג עַצְמוֹ כְּיוֹצֵר; טִפֵּל כְּאֵם, הִתְיַחֵס כְּאֵם אֶל

moth'erhood" *n.* (מַדְ'רְהֻד) אִמָּהוּת; אִמָּהוֹת

mother'ly *adj.* (מַדְ'רְלִי) אִמָּהִי

moth'er-of-pearl' *n.* (מַדְ'ר־אֶב־פֶּרְל) צֶדֶף, דַּר

moth'er supe'rior נְזִירָה רָאשִׁית

motion *n. & v.t.* (מוֹשְׁן) תְּנוּעָה; הַצָּעָה; הוֹרָה עַל יְדֵי תְּנוּעָה, אוֹתֵת

mo'tionless *adj.* (מוֹשְׁנְלֶס) לְלֹא תְּנוּעָה; דּוֹמֵם

mo"tiva'tion *n.* (מוֹטְוֵישְׁן) הֲנָעָה, הַנְמָקָה; מוֹטִיבַצְיָה; תַּמְרִיץ, מֵנִיעַ

mo'tive *n.* (מוֹטִב) מֵנִיעַ, תַּמְרִיץ; תַּכְלִית

mo'tley *adj.* (מוֹטְלִי) מְגֻוָּן, הֶטֶרוֹגֵנִי; רַב־צְבָעִים

mo'tor *n. & adj. & v.i.* (מוֹטְר) מָנוֹעַ; מֵנִיעַ; מוּנָע בְּמָנוֹעַ; שֶׁל מְכוֹנִיּוֹת; נָסַע בִּמְכוֹנִית

mo'torbike" *n.* (מוֹטֶרְבַּיְק) טוּסְטוּס

mo'torboat" *n.* (מוֹטֶרְבּוֹט) סִירַת מָנוֹעַ

mo'torcar" *n.* (מוֹטֶרְקָר) מְכוֹנִית

mo'torcy"cle *n.* (מוֹטֶרְסַיקְל) אוֹפַנּוֹעַ

mo'torist *n.* (מוֹטֶרְסְט) נַהַג מְכוֹנִית, נוֹסֵעַ (בִּמְכוֹנִית)

mo'torize" *v.t.* (מוֹטֶרַיז) מִנֵּעַ; צִיֵּד בִּמְכוֹנִיּוֹת

mo'torman *n.* (מוֹטֶרְמֶן) נַהַג חַשְׁמַלִּית

mo'tor ve"hicle רֶכֶב מְנוֹעִי

mot'tled *adj.* (מוֹטְלְד) מְנֻמָּר

mot'to *n.* (מוֹטוֹ) מֵימְרָה, סִיסְמָה

mound *n.* (מַאוּנְד) תֵּל; גַּבְשׁוּשִׁית, גִּבְעָה; סוֹלְלָה

mount *v.t. & i.* (מַאוּנְט) עָלָה, טִפֵּס עַל; הִצִּיב; הֶעֱלָה; יָצָא לִשְׁמִירָה; קָבַע בְּמִסְגֶּרֶת; צִיֵּד; פִּחְלֵץ; הִתְקִין, מִתְקֵן

— *n.* עֲלִיָּה; סוּס, כְּלִי רֶכֶב; מִסְגֶּרֶת מַדְבֵּקָה; הַר, גִּבְעָה

moun'tain *n.* (מַאוּנְטֶן) הַר; הָמוֹן; מִכְשׁוֹל אַדִּיר

moun"taineer' *n. & v.i.* (מַאוּנְטֶנִיר) הֲרָרִי, יוֹשֵׁב הָרִים; מְטַפֵּס עַל הָרִים; טִפֵּס עַל הָרִים

moun'tainous *adj.* (מַאוּנְטֶנֶס) הֲרָרִי; גָּדוֹל וְגָבֹהַּ

moun'tebank" *n.* (מַאוּנְטֶבֶּנְק) מוֹכֵר תְּרוּפוֹת־שֶׁקֶר; נוֹכֵל

mou'nted *adj.* (מַאוּנְטֶד) רוֹכֵב, שֶׁל פָּרָשִׁים; מֻצָּב לְשִׁמּוּשׁ, מֻתְקָן

mourn *v.i.* W *t.* (מוֹרְן) הִתְאַבֵּל, קוֹנֵן; הִצְטַעֵר עַל; אָמַר בְּעֶצֶב

— er אָבֵל

mourn'ful *adj.* (מוֹרְנְפֻל) מִתְאַבֵּל, עָצוּב; שֶׁל אֲבֵלוּת; קוֹדֵר

mour'ning *n.* (מוֹרְנִנְג) אֵבֶל, אֲבֵלוּת; קִינָה

mouse *n. & v.t.* (מַאוּס) עַכְבָּר; צָד עַכְבָּרִים

mous'y *adj.* (מַאוּסִי) דּוֹמֶה לְעַכְבָּר; אָפֹר וּמְשַׁעֲמֵם; שָׁקֵט; שׁוֹרֵץ עַכְבָּרִים

mouth *n.* (מַאוּת') פֶּה; בִּטּוּי, לְשׁוֹן־רַהַב; הַעֲוָיַת שְׂפָתַיִם; פֶּתַח; שֶׁפֶךְ

down in the — מְדֻכְדָּךְ

— *v.t.* הִשְׁמִיעַ, בִּטֵּא בְּצוּרָה מְנֻפַּחַת; שָׂם בַּפֶּה; שִׁפְשֵׁף בַּפֶּה אוֹ בַּשְּׂפָתַיִם

mouth'ful" *n.* (מַאוּתְ'פֻל) מְלוֹא הַפֶּה; כַּמּוּת קְטַנָּה

mouth'piece" *n.* (מַאוּתְ'פִּיס) פִּיָּה, פֶּה (שֶׁל כְּלִי); פּוּמִית; דּוֹבֵר, בִּטָּאוֹן; עוֹרֵךְ דִּין

mo'vable *adj.* (מוּבֲבְל) שֶׁנִּתָּן לַהֲזָזָה, נָע נַיָּד, זָחִיחַ

move *v.t.* & *t.* (מוּב) נָע, זָז; עָבַר, הֶחֱלִיף דִּירָה; הֶעְתִּיק מְקוֹם מְגוּרִים; הִתְקַדֵּם; הִסְתּוֹבֵב; נִמְכַּר; יָצָא, עָזַב, הִפְרִישׁ (פֶּרֶשׁ); עוֹרֵר; עוֹרֵר רַחֲמִים; מָכַר; הִצִּיעַ

— *n.* תְּנוּעָה, תְּזוּזָה; הַחְלָפַת דִּירָה; צַעַד; תּוֹר

get a — on הִתְחִיל; פָּעַל; הִזְדָּרֵז

on the — עָסוּק, טָרוּד; פָּעִיל; נָע וָנָד; מִתְקַדֵּם

move'ment *n.* (מוּבְמֶנְט) תְּנוּעָה; תְּזוּזָה; מְאֹרָעוֹת, הִתְקַדְּמוּת מְאֹרָעוֹת; הִתְפַּתְּחוּת, פְּעֻלּוֹת; מַהֲלָךְ

mo'vie *n.* (מוּבִי) סֶרֶט (קוֹלְנוֹעַ); קוֹלְנוֹעַ, בֵּית קוֹלְנוֹעַ

— s תַּעֲשִׂיַּת סְרָטִים; הַקּוֹלְנוֹעַ; סֶרֶט, הַצָּגַת סֶרֶט

mo'ving *adj.* (מוּבִנְג) נָע; מֵנִיעַ, מֵזִיז; מַפְעִיל; מְעוֹרֵר רֶגֶשׁ

mow *v.t.* & *i.* (מוֹ) כִּסַּח. קִצֵּץ; קִצֵּר

mow'er *n.* (מוֹאֲר) מַכְסֵחָה

much *adj.* & *n.* (מַץ') רַב, הַרְבֵּה; עִנְיָן חָשׁוּב, דָּבָר חָשׁוּב

make — of הִצִּיג כְּבַעַל חֲשִׁיבוּת; הִתְיַחֵס אֶל בִּדְאָגָה רַבָּה

— *adv.* הַרְבֵּה, בְּמִדָּה רַבָּה; כִּמְעַט, בְּקֵרוּב

mu'cilage *n.* (מְיוּסֲלִג') דֶּבֶק

muck *n.* (מַק) זֶבֶל מְרֻפָּשׁ; רֶפֶשׁ; סְחִי, טִנֹּפֶת; בִּלְבּוּל

muck'rake" *v.i.* (מַקְרֵיק) חִפֵּשׂ מַעֲשֵׂי שְׁחִיתוּת

mud *n.* (מַד) בֹּץ

mud'dle *v.t.* & . (מַדְל) בִּלְבֵּל; טִמְטֵם; בָּחַשׁ; הִדְלִיחַ; הָיָה מְבֻלְבָּל

— through הִשִּׂיג מַטָּרָה אֵיכְשֶׁהוּ

— *n.* בִּלְבּוּל; אַנְדְּרָלָמוּסְיָה, תֹּהוּ וָבֹהוּ

mud'dy *adj.* *v.t.* (מַדִי) בָּצִי, מְרֻפָּשׁ; עָכוּר; כֵּהֶה; מְבֻלְבָּל; מְעֻרְפָּל; הִדְלִיחַ; רִפֵּשׁ, לִכְלֵךְ בְּבֹץ; הִשְׁמִיץ

mud'guard" *n.* (מַדְגַרְד) כָּנָף (שֶׁל מְכוֹנִית)

muff *n.* & *v.t.* (מַף) מוּף, יְדוֹנִית; צִיץ נוֹצוֹת; מֶחְדָּל, מִשְׁגֶּה; הִתְרַשֵּׁל; שָׁגָה וְלֹא תָּפַשׂ, נִכְשַׁל, "פִּסְפֵּס"

muf'fin *n.* (מַפְן) לַחְמָנִיָּה עֲגֻלָּה (עֲשׂוּיָה קֶמַח חִטִּים אוֹ קֶמַח תִּירָס)

muf'fle *v.t.* (מַפְל) עָטַף, עִמְעֵם (קוֹל)

muf'fler *n.* (מַפְלְר) סוּדָר סָמִיךְ; עַמָּם; עַמְעֶמֶת

muf'ti *n.* (מַפְטִי) לְבוּשׁ אֶזְרָחִי; מֻפְתִּי

mug *n.* & *v.t.* & *i.* (מַג) כַּד שְׁתִיָּה; פַּרְצוּף; חַמְסָן; תָּקַף, שָׁדַד; עִוָּה פָּנִים

mug'ger *n.* (מַגְר) חַמְסָן, גַּזְלָן; מְעַוֶּה פָּנִים, "עוֹשֶׂה פַּרְצוּפִים"

mug'gy *adj.* (מַגִי) לַח וּמֵעִיק

mulatto *n.* (מְלֶטוֹ) מוּלַט

mul'berry *n.* (מַלְבֶּרִי) תּוּת

mulch *n.* (מַלְץ') קַשׁ, עָלִים אוֹ זֶבֶל (מִסָּבִיב לִצְמָחִים)

mule *n.* (מְיוּל) פֶּרֶד, פִּרְדָּה; עַקְשָׁן; נַעַל בַּיִת, "פַּנְטוּפְל"

mu"leteer' *n.* (מְיוּלֲטִיר) נַהַג־פְּרָדִים

multi-, (מַלְטִי־) רַב־, מְרֻבֵּה־

mul'tiple *adj.* & *n.* (מַלְטֲפֲל) מְרֻבֶּה; כְּפוּלָה

mul"tiplica'tion *n.* (מַלְטִפְּלֵקֵישְׁן) הַכְפָּלָה; כֵּפֶל

mul'tipli'city *n.* (מַלְטֲפְּלִסִטִי) מִסְפָּר רַב; רִבּוּי

mul'tiply" *v.t.* & *i.* (מַלְטֲפְּלַי) הִרְבָּה; הִכְפִּיל; הִרְבָּה

mul'titude" *n.* (מַלְטִטוּד) מִסְפָּר רַב; הָמוֹן; רִבּוּי

mum *adj.* (מַם) שָׁקֵט, שׁוֹתֵק

— s the word יָפָה הַשְּׁתִיקָה

mum'ble *v.i.* (מַמְבְּל) מִלְמֵל

mum'bo jum'bo *n.* (מַמְבּוֹ גַ'מְבּוֹ) לַחַשׁ נַחַשׁ חֲסַר־שַׁחַר

mum'my *n.* (מַמִי) חָנוּט; אָדָם כָּחוּשׁ וּמְקֻמָּט

mumps *n.* (מַמְפְּס) חַזֶּרֶת

munch *v.t.* (מַנְץ') לָעַס בְּקוֹל

mundane' *adj.* (מַנְדֵין) שֶׁל הָעוֹלָם הַזֶּה; יוֹמְיוֹמִי; פָּשׁוּט, רָגִיל, נָדוֹשׁ

munic'ipal *adj.* (מְיוּנִסֶפְּל) עִירוֹנִי, מוּנִיצִיפָּלִי

munic"ipali'ty *n.* (מְיוּנִסֶפֶּלְטִי) עִיר, עֲיָרָה; עִירִיָּה

munif'icent *adj.* (מְיוּנִפִסֶנְט) נָדִיב

muniti'ons *n. & t.* (מְיוּנִשֶנְז) צִיּוּד־מִלְחָמָה; צִיֵּד

mur'al *adj. & n.* (מְיוּרָל) שֶׁל קִיר, דּוֹמֶה לְקִיר; עַל קִיר, מְחֻבָּר לְקִיר; צִיּוּר קִיר

mur'der *n. & v.t. & i.* (מֶרְדֶר) רֶצַח; דָּבָר קָשֶׁה בְּיוֹתֵר; רָצַח; קִלְקֵל, הִשְׁחִית

mur'derer *n.* (מֶרְדֶרֶר) רוֹצֵחַ

mur'derous *adj.* (מֶרְדֶרֶס) רַצְחָנִי, קָשֶׁה מְאֹד, מְסֻכָּן מְאֹד

murk *n.* (מֶרְק) חשֶׁךְ, אֲפֵלָה; עֲרָפֶל

— **y** *adj.* קוֹדֵר, אָפֵל; מְעֻרְפָּל

mur'mur *n. & v.i.* (מֶרְמֶר) רִשְׁרוּשׁ, הֶמְיָה; רִטּוּן; לָחַשׁ; רָטַן

musc'le *n.* (מַסְל) שְׁרִיר; כֹּחַ גּוּפָנִי

— **in** *v.i.* הִתְפָּרֵץ בְּמִרְמָה אוֹ בְּכֹחַ

mus'cular *adj.* (מַסְקְיֻלֶר) שְׁרִירִי; חָזָק, בַּעַל גּוּף

muse *v.i.* (מְיוּז) הִרְהֵר

Muse מוּזָה, בַּת־הַשִּׁיר

mus'eum *n.* (מְיוּזִיאֶם) מוּזֵיאוֹן, בֵּית נְכוֹת

mush *n.* (מַש) דַּיְסַת קֶמַח תִּירָס; גּוּשׁ סָמִיךְ; סֶנְטִימֶנְטַלְיוּת רַכְרוּכִית

mush'room *n. & v.t.* (מַשְרוּם) פִּטְרִיָּה; לָקַט פִּטְרִיּוֹת; לָבַשׁ צוּרַת פִּטְרִיָּה; הִתְפַּשֵּׁט בִּמְהִירוּת

mu'sic *n.* (מְיוּזִק) מוּסִיקָה; פַּרְטִיטוּרָה, תָּוִים; נְעִימָה

face the — קִבֵּל עַל עַצְמוֹ אַחֲרָיוּת לְמַעֲשָׂיו וְהָעֹנֶשׁ הַכָּרוּךְ בָּהּ

mu'sical *adj.* (מְיוּזִקְל) מוּסִיקָלִי; הַרְמוֹנִי, עָרֵב, נָעִים; חוֹבֵב מוּסִיקָה, בָּקִי בְּמוּסִיקָה

— comedy מַחֲזֶמֶר

mus'ician *n.* (מְיוּזִשְן) מוּסִיקַאי

musk *n.* (מַסְק) מֹשֶׁק

mus'ket *n.* (מַסְקֶט) רוֹבֶה (מסוג ישן, בעל קדח רחב ללא חירוק)

mus"keteer" *n.* (מַסְקַטִיר) רוֹבַאי

mus'ketry *n.* (מַסְקַטְרִי) אִפּוּס אֵשׁ אוֹטוֹמָטִי; רוֹבִים; רוֹבָאִים

mus'lin *n.* (מַזְלִן) מוּסְלִין

muss (up) *v.t.* (מַס) פָּרַע, סָתַר, עָשָׂה אִי־סֵדֶר

mus'sel *n.* (מַסְל) צִדְפָּה

Mus'sulman *n.* (מַסְלְמֶן) מֻסְלְם

must *aux. v. & v.i. & n.* (מַסְט) מֻכְרָח, חַיָּב; צָרִיךְ; עָתִיד ל־; הֶכְרֵחַ

mustache' *n.* (מֶסְטֶשׁ) שָׂפָם

mus'tard *n.* (מַסְטֶרְד) חַרְדָּל

mus'ter *v.t.* (מַסְטֶר) כִּנֵּס, הִקְהִיל, הִזְעִיק; אָסַף; הִתְכַּנֵּס

— in הִתְגַּיֵּס

— out הִשְׁתַּחְרֵר

— *n.* מִפְקָד, הִתְקַהֲלוּת, כִּנּוּס

pass — עָמַד בַּדְּרִישׁוֹת

mus'ty *adj.* (מַסְטִי) מַעֲלֶה רֵיחַ עֹבֶשׁ; מְעֻבָּשׁ; מְיֻשָּׁן; מְשַׁעֲמֵם, אָדִישׁ

mute *adj. & n. & v.t.* (מְיוּט) אִלֵּם; שׁוֹתֵק; שָׁקֵט; לֹא־מְבֻטָּא; נָח, נִסְתָּר; עַמְעֶמֶת; עִמֵּם, סִתֵּם (צלילים); הִפְחִית עָצְמָה

mut'ilate" *v.t.* (מְיוּטָלֵיט) הֵטִיל מוּם

mut"ineer' *n.* (מְיוּטֶנִיר) מוֹרֵד

mut'iny *n. & v.t.* (מְיוּטֶנִי) מֶרֶד, הִתְקוֹמְמוּת; מָרַד, הִתְקוֹמֵם

mut'ter *v.i. & t.* (מַטֶר) מִלְמֵל, לָחַשׁ; רָטַן

mut'ton *n.* (מַטְן) בְּשַׂר כֶּבֶשׂ

mu'tual *adj.* (מְיוּצ'וּאֶל) הֲדָדִי; מְשֻׁתָּף; שֶׁל עֶזְרַת גּוֹמְלִין

muz'zle *n.* (מַזְל) לֹעַ; זְמָם; מַחְסוֹם; חַרְטוֹם (של בעל חיים), הָאַף וְהַפֶּה (של בעל חיים); הִרְכִּיב זְמָם; חָסַם

my *pron. & interj.* (מַי) שֶׁלִּי; אֶה (לאות הפתעה)

myriad *n. & adj.* (מִרִיאֶד) מִסְפָּר רַב מְאֹד,

mys´tic *n.* (מִסְטִק) מִיסְטִיקָן, בָּקִי בְּחָכְמַת הַנִּסְתָּר, מַאֲמִין בְּחָכְמַת הַסּוֹד

— **(al)** *adj.* מִיסְטִי, סִמְלִי, שֶׁל חָכְמַת הַנִּסְתָּר; שֶׁל מִיסְטִיקָנִים

mys´ticis″m *n.* (מִסְטִסִזְם) מִיסְטִיקָה, תּוֹרַת הַסּוֹד; הִרְהוּרֵי רָזִים

mys´tify″ *v.t.* (מִסְטִפַי) בִּלְבֵּל, גָּרַם מְבוּכָה; הִטְעָה; הִשְׁרָה מִסְתּוֹרִין

mystique´ *n.* (מִסְטִיק) מִשְׁנַת־הַעֲרָצָה; אֲוִירַת מִסְתּוֹרִין; הִלַּת כֹּחַ נִסְתָּר

myth *n.* (מִת׳) מִיתוֹס, אַגָּדַת קְדוּמִים; מָשָׁל, אַלֶּגוֹרְיָה; אַגָּדָה

myth´ical *adj.* (מִת׳קְל) אַגָּדִי; שֶׁל מִיתוֹס; עוֹסֵק בְּאַגָּדוֹת; דִּמְיוֹנִי

mythol´ogy *n.* (מִת׳וֹלֶגִ׳י) מִיתוֹלוֹגְיָה

הַרְבֵּה מְאֹד; רְבָבָה; אֵין־סְפוֹר, לֹא יְסֻפַּר מֵרֹב; רַב־פָּנִים

myrrh *n.* (מֶר) מֹר

myr´tle *n.* (מֶרְטְל) הֲדַס

myself´ *pron.* (מַיסֶלְף) עַצְמִי, בְּעַצְמִי; אוֹתִי; אִישִׁיּוּתִי כִּתְמוֹל שִׁלְשׁוֹם

myster´ious *adj.* (מִסְטִירִיאֶס) מִסְתּוֹרִי, מְעֻרְפָּל, סָתוּם, כְּחִידָה

mys´tery *n.* (מִסְטֲרִי) מִסְתּוֹרִין, כִּבְשׁוֹן; סוֹדִיּוּת; סִפּוּר; בַּלָּשׁ; רָז; טֶקֶס (נוצרי); מִקְרֶה בְּחַיֵּי יֵשׁוּ אוֹ אִמּוֹ

— **ies** דָּת שֶׁטְּקָסֶיהָ סוֹדִיִּים; טִקְסֵי־סוֹד; הַלֶּחֶם וְהַיַּיִן בְּפֻלְחָן נוֹצְרִי

— **play** מַחֲזֶה עַל מְאֹרָע בְּחַיֵּי יֵשׁוּ

N

N, n, *n.* (אֶן) נ׳, הָאוֹת הָאַרְבַּע־עֶשְׂרֵה בָּאָלֶפְבֵּית הָאַנְגְּלִי

nab *v.t.* (נֶב) תָּפַס, אָסַר

nag *v.t. & i. & n.* (נֶג) הֵצִיק (בדרישות ובתלונות), כִּרְסֵם, מָצָא מוּמִים; מֵצִיק; סוּס זָקֵן, סוּס

nail *n.* (נֵיל) מַסְמֵר; צִפֹּרֶן

hit the — on the head קָלַע לַמַּטָּרָה, קָלַע "בּוּל"

— *v.t.* חִבֵּר בְּמַסְמֵר, סִמֵּר; תָּפַס

naive' *adj.* (נַאִיב) תָּמִים, נָאִיבִי

na'ked *adj.* (נֵיקִד) עָרֹם, חָשׂוּף; מְחֻסָּר, רֵיק, לְלֹא רָהוּט; לְלֹא מִשְׁקָפַיִם; חֲסַר־מָגֵן; נִגְלֶה

na'kedness *n.* (נֵיקִדְנִס) מַעֲרֻמִּים

name *n.* (נֵים) שֵׁם; שֵׁם גְּנַאי; מוֹנִיטִין, אָדָם נוֹדָע

to one's — בִּרְשׁוּתוֹ

— *v.t.* קָרָא שֵׁם; נָקַב בְּשֵׁם, קָרָא בְּשֵׁם, זִהָה; מִנָּה

name'-drop"ping *n.* (נֵים־דְרוֹפִּנְג) הַזְכָּרַת שְׁמוֹת אֲנָשִׁים נוֹדָעִים (כאילו הם ידידיו)

name'ly *adj.* (נֵימְלִי) כְּלוֹמַר, דְּהַיְנוּ

name'sake" *n.* (נֵימְסֵיק) בַּעַל אוֹתוֹ שֵׁם

nan'ny goat" (נֶנִי גוֹט) עֵז

nap *v.i. & t. & n.* (נֶפּ) הִתְנַמְנֵם, חָטַף שֵׁנָה; רִפָּה עֵרָנוּת; תְּמוּנָה; שֵׁנָה חֲטוּפָה; פִּקְסֵי סִיבִים

nape *n.* (נֵיפּ) עֹרֶף

nap'kin *n.* (נֶפְּקִן) מַפִּית

narcis'sus *n.* (נַרְסִסֶס) נַרְקִיס

narcot'ic *n. & adj.* (נַרְקוֹטִק) סַם; סַם מְשַׁכֵּר; נַרְקוֹמָן; מַרְדִּים; שֶׁל סַמִּים

nar'rate *v.t. & i.* (נֶרֵיט) סִפֵּר, הִגִּיד

nar'ration *n.* (נֶרֵישְׁן) סִפּוּר, הַגָּדָה

nar'rative *n. & adj.* (נֶרֶטִב) סִפּוּר, הַגָּדָה; תּוֹרַת הַסִּפּוּר; סִפּוּרִי

nar'row *adj. & v.i. & t.* (נֶרוֹ) צַר; זָעוּם; מַסְפִּיק בְּקֹשִׁי; תָּלוּי בְּחוּט הַשַּׂעֲרָה; נַעֲשָׂה צַר; הֵצֵר; צִמְצֵם בְּהַדְרָגָה; מָקוֹם צַר, מֵצַר; מַעֲבָר צַר

— minded צַר־מֹחַ, צַר־אֹפֶק

nar'rowness *n.* (נֶרוֹנִס) צָרוּת

na'sal *adj.* (נֵיזְל) אַפִּי, חָטְמִי

na'stiness *n.* (נֶסְטִינֶס) טִנּוּף, גֹּעַל; רִשְׁעוּת; רֹעַ

nastur'tium *n.* (נַסְטֶרְשֶׁם) טְרוֹפֵּיאוֹלִיּוֹם, כּוֹבַע־הַנָּזִיר, נַסְטוּרְצְיָה

nas'ty *adj.* (נֶסְטִי) מְטֻנָּף; נִגְעָלִי; גַּס; זְדוֹנִי; רָע

na'tion *n.* (נֵישְׁן) עַם, אֻמָּה, לְאֹם, מְדִינָה

nat'ional *adj. & n.* (נֶשֲנַל) לְאֻמִּי; אַרְצִי; נָתִין, אֶזְרָח

natio'nalis"m *n.* (נֶשְׁנַלִזְם) לְאֻמִּיּוּת; לְאֻמָּנוּת

nati'onalist *n. & adj.* (נֶשְׁנַלִסְט) לְאֻמָּן; דּוֹגֵל בְּעַצְמָאוּת לְאֻמִּית; לְאֻמָּנִי

natio'nali'ty *n.* (נֶשֲנֶלִטִי) לְאֹם, שַׁיָּכוּת לְאֻמִּית, נְתִינוּת

natio'nalize" *v.t.* (נֶשְׁנַלַיז) הִלְאִים

na"tionaliza'tion *n.* (נֶשְׁנַלַיזֵישְׁן) הַלְאָמָה

ra'tioniwide" *adj.* (נֵישֲנְוַיד) בְּרַחֲבֵי הַמְּדִינָה

nat'ive *adj.* (נֵיטִיב) שֶׁל מְקוֹם מוֹלַדְתּוֹ; מִלֵּדָה; אָפְיָנִי לְאֵזוֹר מְסֻיָּם; שֶׁל הַיְּלִידִים; טִבְעִי; מָצוּי בַּטֶּבַע

go — נָהַג כִּילִידֵי הַמָּקוֹם

— *n.* יָלִיד, תּוֹשָׁב וָתִיק

nativi'ty *n.* (נַטִוִטִי) הוּלֶדֶת, לֵדָה (ביחס לתנאים מסוימים), מוֹלָד

nat'ty *adj.* (נֶטִי) מְצֻחְצָח

natu'ral *adj. & n.* (נֶצ׳רַל) טִבְעִי, צָפוּי; מִלֵּדָה; נֶאֱמָן לַמָּקוֹר; שֶׁל מַדָּעֵי הַטֶּבַע; לֹא־חֻקִּי; מֻכְשָׁר

natu'ralist *n.* (נֶצ׳רֲלִסְט) חוֹקֵר הַטֶּבַע; זוֹאוֹלוֹג, בּוֹטָנַאי

nat"uraliza'tion *n.* (נֶצ׳רֲלַיזֵישְׁן) אִזְרוּחַ; סִגּוּל; הַתְאָמָה; הִתְאַזְרְחוּת

nat'uralize" *v.t.* (נֶצ׳רֲלַיז) אִזְרֵחַ;

הֶעֱנִיק אֶזְרָחוּת; סִגֵּל; הִנְהִיג; הִתְאִים לַטֶּבַע; הִתְאַזְרֵחַ; הִסְתַּגֵּל

nat'uralness *n.* (נֶצְ׳רֶלְנֶס) טִבְעִיּוּת

na'ture *n.* (נֵיצְ׳ר) טֶבַע

naught *n.* (נוֹט) אֶפֶס; לֹא־כְלוּם; כִּשָּׁלוֹן חָרוּץ

set at — זִלְזֵל בְּ־; בִּטֵּל

naugh'tiness *n.* (נוֹטִינֶס) מְרִי; שׁוֹבְבוּת; הוֹלֵלוּת

naugh'ty *adj.* (נוֹטִי) מַרְדָנִי, סוֹרֵר; שׁוֹבְבָנִי; הוֹלְלָנִי, לֹא־מוּסָרִי, שֶׁל פּוֹרְקֵי־עֹל

nau'sea *n.* (נוֹזִיאַה; נוֹשַׁה) בְּחִילָה, שְׁאָט־נֶפֶשׁ

nau'seate" *v.t.* (נוֹזִיאֵיט; נוֹשִׁיאֵיט) גָּרַם בְּחִילָה; גָּרַם שְׁאָט־נֶפֶשׁ

nau'seous *adj.* (נוֹשֶׁס) גּוֹרֵם בְּחִילָה, חָשׁ בְּחִילָה

nau'tical *adj.* (נוֹטִקְל) יַמִּי; שֶׁל יַמָּאוּת, שֶׁל אֳנִיּוֹת, שֶׁל יַמָּאִים

na'val *adj.* (נֵיבְל) שֶׁל חֵיל הַיָּם; שֶׁל אֳנִיּוֹת; שֶׁל אֳנִיּוֹת־קְרָב; בַּעֲלַת חַיִל יַמִּי; יַמִּי

nave *n.* (נֵיב) אוּלַם־תָּוֶךְ

na'vel *n.* (נֵיבְל) טַבּוּר; מֶרְכָּז

nav'igable *adj.* (נֶוִגַבְל) מַתְאִים לְשַׁיִט; נִתָּן לְנִווּט

nav'igate" *v.t. & i.* (נֶוִגֵיט) עָבַר; נִוֵּט

navi"ga'tion *n.* (נֶוִגֵישְׁן) ווּט, נַוָּטוּת

navi'ga"tor *n.* (נֶוִגֵיטְר) נַוָּט, סַפָּן, סַיַּר יַמִּים

na'vy *n.* (נֵיבִי) יַמִּיָּה, חֵיל־יָם; מִשְׂרַד הַיַּמִּיָּה; כָּחֹל כֵּהֶה

nay *adv. & n.* (נֵי) לֹא; לֹא זוֹ בִּלְבָד; אוּלָם, אָמְנָם; סֵרוּב, הַכְחָשָׁה; הַצְבָּעָה נֶגֶד; מַצְבִּיעַ נֶגֶד

Na'zi *n.* (נָצִי) נַאצִי

near *adv. & adj.* (נִיר) עַל יַד, קָרוֹב לְ־; קָרוֹב; כִּמְעַט; סָמוּךְ; יָשִׁיר; קָרוֹב יוֹתֵר; מִקָּרֹב; עַל סַף; שֶׁעַל סַף כִּשָּׁלוֹן

— at hand בִּסְבִיבָה הַמִּיָּדִית; בֶּעָתִיד הַקָּרוֹב

— *prep. & v.i.* בְּקִרְבַת מָקוֹם; בְּקִרְבַת זְמַן, מִתְקָרֵב לְ־; הִתְקָרֵב, קָרַב

near'by' *adj. & adv.* (נִירְבַּי) קָרוֹב, סָמוּךְ, שָׁכֵן; בְּקִרְבַת מָקוֹם

near'ly *adv.* (נִירְלִי) כִּמְעַט; דּוֹמֶה מְאֹד, קָרוֹב מְאֹד

near'ness *n.* (נִירְנֶס) קִרְבָה

near'sigh"ted *adj.* (נִירְסַיטְד) קְצַר רְאִיָּה

neat *adj.* (נִיט) מְסֻדָּר, בַּעַל הוֹפָעָה פְּשׁוּטָה וּמְסֻדֶּרֶת; יָעִיל; "עָצוּם"; טָהוֹר, לֹא־מָהוּל; נָטוֹ, נָקִי

neat'ness *n.* (נִיטְנֶס) סֵדֶר, הוֹפָעָה פְּשׁוּטָה וּמְסֻדֶּרֶת

neb'ula *n.* (נֶבְּיַלַה) עַרְפִלִּית

neb'ulous *adj.* (נֶבְּיַלֵס) מְעֻרְפָּל; עַרְפִלִּי

nec'essar"y *adj.* (נֶסֶסֶרִי) הֶכְרֵחִי; נָחוּץ; שֶׁל חוֹבָה

neces'sity *n.* (נַסֶסִטִי) צֹרֶךְ; כֹּרַח, הֶכְרֵחַ; מַחְסוֹר

neck *n.* (נֶק) צַוָּאר; מֵצַר

breakone's — עָשָׂה מַאֲמָץ עֶלְיוֹן

— and — קָרוֹב מְאֹד, זֶה עַל יַד זֶה; בַּעַל תּוֹצָאוֹת מְעֻרְפָּלוֹת

stick one's — out הִסְתַּכֵּן, חָשַׂף עַצְמוֹ לְסַכָּנָה אוֹ הוֹקָעָה

win by a — זָכָה בְּהֶפְרֵשׁ קָטָן

— *v.i.* הִתְמַזְמֵז

neck'erchief *n.* (נֶקֶרְצִ׳ף) עֲנִיבָה, מִטְפַּחַת (לצוואר)

neck'lace *n.* (נֶקְלִס) עֲנָק, רָבִיד, מַחֲרֹזֶת

neck'tie" *n.* (נֶקְטַי) עֲנִיבָה

necrol'ogy *n.* (נֶקְרוֹלֲגִ׳י) הוֹדָעַת פְּטִירָה; רְשִׁימַת נִפְטָרִים

nec'romancy *n.* (נֶקְרֶמֶנְסִי) כִּשּׁוּף, מַגְיָה, דְּרִישָׁה אֶל הַמֵּתִים, מַעֲשֵׂה אוֹב

nec'tar *n.* (נֶקְטַר) צוּף; שִׁקּוּי הָאֵלִים

née *adj.* (נֵי) נוֹלְדָה, לְמִשְׁפַּחַת־, לְבֵית־

need *n. & v.t.* (נִיד) צֹרֶךְ; הֶכְרֵחַ; צָרָה, מְצוּקָה; מַחְסוֹר; הָיָה זָקוּק לְ־, צָרִיךְ; הָיָה שָׁרוּי בְּמַחְסוֹר

need'ful *adj.* (נִידְפֻל) נָחוּץ

nee'dle *n. & v.t.* (נִידְל) מַחַט; צִנּוֹרָה, מַסְרֵגָה; זְרִיקָה; אוֹבֶּלִיסְק; תָּפַר בְּמַחַט, דָּקַר בְּמַחַט; דִּרְבֵּן; קִנְטֵר

need´less *adj.* (נִידְלֶס) לֹא־נָחוּץ; שֶׁלֹּא לְצֹרֶךְ
nee´dy *adj.* (נִידִי) נִצְרָךְ, עָנִי
ne´er *See* **never** (נֵר)
nega´tion *n.* (נִגֵישְׁן) שְׁלִילָה, הַכְחָשָׁה, אִיּוּן; אַיִן; הֶעְדֵּר, נִגּוּד; סְתִירָה, הֲזַמָּה
neg´ative *adj.* & *n.* (נֶגֶטִב) שְׁלִילִי; שֶׁל סֵרוּב; שֶׁל אִסּוּר; פּוֹשֵׁר; חֲסַר־תּוֹעֶלֶת; שְׁלִילָה; סֵרוּב; הַצַּד שֶׁכְּנֶגֶד, שׁוֹלְלִים; תְּכוּנָה שְׁלִילִית; נֶגֶטִיב, תַּשְׁלִיל
neglect´ *v.t.* & *n.* (נִגְלֶקְט) הִזְנִיחַ, הִתְעַלֵּם מ־, נָהַג בְּרַשְׁלָנוּת; לֹא חָשַׁב לְנָחוּץ ל־; רַשְׁלָנוּת, הַזְנָחָה, זִלְזוּל
neglect´ful *adj.* (נִגְלֶקְטְפֶל) רַשְׁלָנִי, מַזְנִיחַ, מִתְעַלֵּם מ־; מְזַלְזֵל בּ־, לֹא־זָהִיר
neg″ligee´ *n.* (נֶגְלִזֵ׳י) חָלוּק; לְבוּשׁ לֹא־קַפְּדָנִי, לְבוּשׁ סְפּוֹרְטִיבִי
neg´ligence *n.* (נֶגְלִגֶ׳נְס) רַשְׁלָנוּת
neg´ligent *adj.* (נֶגְלִגֶ׳נְט) רַשְׁלָנִי, מְרֻשָּׁל; אָדִישׁ, לֹא־זָהִיר, לֹא־קַפְּדָנִי
neg´ligible *adj.* (נֶגְלִגִ׳בְּל) מְבֻטָּל, שֶׁל מַה בְּכָךְ
nego´tiate″ *v. j.* & *t.* (נִגוֹשִׁיאֵיט) נָשָׂא וְנָתַן, נִהֵל מַשָּׂא וּמַתָּן; סִדֵּר לְאַחַר דִּיּוּן; נִהֵל; הִתְקַדֵּם; טִפֵּל בִּמְכִירָה וְהַעֲבָרָה; הֶעֱבִיר בַּעֲלוּת
nego″tia´tion *n.* (נִגוֹשִׁיאֵישְׁן) מַשָּׂא וּמַתָּן, נִהוּל מַשָּׂא וּמַתָּן
Ne´gro *adj.* & *n.* (נִיגְרוֹ) כּוּשִׁי
neigh *v.i.* & *n.* (נֵי) צָהַל, צְהָלָה
neigh´bor *n.* (נֵיבְּר) שָׁכֵן; רֵעַ, חָבֵר; אָדָם, הַזּוּלַת; מֵיטִיב
neigh´borhood″ *n.* (נֵיבְּרְהֻד) שְׁכוּנָה; שְׁכֵנוּת; סְבִיבָה; קִרְבָה
in the — of בְּקֵרוּב, כִּמְעַט, בְּעֵרֶךְ
neigh´boring *adj.* (נֵיבֵּרִנְג) סָמוּךְ
neigh´borly *adj.* (נֵיבֶּרְלִי) יְדִידוּתִי
nei´ther *conj.* & *adj.* &*pron.* (נִידְ׳ר; נַיְדְ׳ר) לֹא...; אַף אֶחָד מֵהַשְּׁנַיִם; וְגַם לֹא
neph´ew *n.* (נֶפְיוּ) אַחְיָן
nerve *n.* (נֶרְב) עָצָב; גִּיד; כֹּחַ; מֶרֶץ; אֹמֶץ; חֻצְפָּה
— s עַצְבָּנוּת

ner´vous *adj.* (נֶרְוֶס) עַצְבָּנִי; עֲצַבִּי; בַּעַל עֲצַבִּים; שֶׁל עֲצַבִּים, מַשְׁפִּיעַ עַל הָעֲצַבִּים; מְאֻפְיָן עַל יְדֵי עֲצַבִּים לוֹקִים, מָלֵא חֲשָׁשׁוֹת
nerv´ousness *n.* (נֶרְוֶסְנֶס) עַצְבָּנוּת
ner´vy *adj.* (נֶרְוִי) חָצוּף; אַמִּיץ; חָזָק
nest *n.* & *v.i.* (נֶסְט) קֵן; שׁוֹכְנֵי־קֵן; מְקוֹם מַרְגּוֹעַ, פִּנַּת חֶמֶד; מַעֲרֶכֶת; מְאוּרָה; שׁוֹכְנֵי־מְאוּרָה; בָּנָה קֵן, קִנֵּן; הִתְאִים אֶחָד בְּתוֹךְ הַשֵּׁנִי
nest´ egg″ (נֶסְטֶאג) פִּקָּדוֹן לִשְׁעַת הַצֹּרֶךְ; כֶּסֶף לְעֵת פְּרִישָׁה; בֵּיצַת־פִּתּוּי
nes´tle *v.i.* & *t.* (נֶסֶל) הִתְרַפֵּק עַל; הִתְכַּנֵּף; חָסָה; הֵנִיחַ בְּחִבָּה
nest´ling *n.* (נֶסְטְלִנְג) גּוֹזָל
net *n.* & *v.i.* & *adj.* (נֶט) רֶשֶׁת; מַלְכֹּדֶת; רֶשֶׁת; הַכְנָסָה נֶטוֹ, רֶוַח נָקִי; לָכַד בְּרֶשֶׁת; לָכַד; חָבַט לְתוֹךְ הָרֶשֶׁת (כדור טניס): הִרְוִיחַ רֶוַח נָקִי; נֶטוֹ, נָקִי; סוֹפִי
neth´er *adj.* (נֶדְ׳ר) תַּחְתִּי, מִתַּחַת לִפְנֵי כַּדּוּר הָאָרֶץ; תַּחְתּוֹן
Neth´erlands, the (דְ׳ נֶדֶ׳רְלֶנְדז) הוֹלַנְד
net´ting *n.* (נֶטִנְג) מַעֲשֵׂה רֶשֶׁת, רִשּׁוּת
net´tle *n.* & *v.i.* (נֶטְל) סִרְפָּד; הִרְגִּיז, עִקְצֵץ
net´work″ *n.* (נֶטְוֶרְק) רֶשֶׁת, מַעֲשֵׂה רֶשֶׁת
neuro´sis *n.* (נוּרוֹסִס) נֶאוּרוֹזָה, נֶוְרוֹזָה; עַצֶּבֶת
neu´ter *adj.* & *n.* (נוּטְר) סְתָמִי, עוֹמֵד (פועל): לֹא־מִינִי; נֵיטְרָלִי; מִין סְתָמִי; פֹּעַל עוֹמֵד; בַּעַל חַיִּים מְסֹרָס
neu´tral *adj.* & *n.* (נוּטְרֶל) נֵיטְרָלִי; לֹא־מֻגְדָּר; אָפֹר, אַכְרוֹמָטִי; לְלֹא הִלּוּכִים
neutral´ity *n.* (נוּטְרֶלִטִי) נֵיטְרָלִיּוּת
neu´tralize″ *v.t.* (נוּטְרֶלַיְז) נִטְרֵל; בִּטֵּל
nev´er *adv.* (נֶוֶר) מֵעוֹלָם לֹא, לְעוֹלָם לֹא, אַף פַּעַם לֹא; בְּשׁוּם פָּנִים וָאֹפֶן לֹא; כְּלָל לֹא
nev´ertheless″ *adv.* (נֶוֶרְדֶ׳לֶס) בְּכָל זֹאת, יָתֵר עַל כֵּן, אַף עַל פִּי כֵן
new *adj.* & *adv.* & *n.* (נוּ) חָדָשׁ; זָר; לֹא־מֻרְגָּל; מִקָּרוֹב, זֶה עַתָּה
new´ly *adv.* (נוּלִי) מִקָּרוֹב, בָּעֵת הָאַחֲרוֹנָה, זֶה לֹא כְּבָר; מֵחָדָשׁ; בְּצוּרָה מְחֻדֶּשֶׁת
news *n.* (נוּז) חֲדָשׁוֹת, מֵידָע; רָאוּי לְסִקּוּר בְּעִתּוֹן

news'man" *n.* (נוּזְמֶן) עִתּוֹנַאי

news'pa"per *n.* (נוּזְפֵּיפְּר) עִתּוֹן

news'pa"perman *n.* (נוּזְפֵּיפְּרְמֶן) עִתּוֹנַאי; בַּעֲלֵי עִתּוֹן

news'print" *n.* (נוּזְפְּרִנְט) נְיַר עִתּוֹן

news'reel" *n.* (נוּזְרִיל) יוֹמַן חֲדָשׁוֹת

New' Tes'tament *n.* (נוּ טֶסְטְמֶנְט) הַבְּרִית הַחֲדָשָׁה

next *adj.* (נֶקְסְט) הַבָּא, הַבָּא בַּתּוֹר; סָמוּךְ; קָרוֹב בְּיוֹתֵר

— door to בְּבַיִת סָמוּךְ, בִּשְׁכֵנוּת

— *adv.* בְּקָרוֹב בְּיוֹתֵר; בַּהִזְדַּמְּנוּת הָרִאשׁוֹנָה, בַּפַּעַם הַבָּאָה

— to כִּמְעַט

— *prep.* עַל יַד, סָמוּךְ לְ־

nib *n.* (נִבּ) צִפֹּרֶן (של עט): מַקּוֹר; חֹד

nib'ble *v.i. & ti. & n.* (נִבְּל) נָגַס חֲתִיכוֹת קְטַנּוֹת, נָגַס נְגִיסוֹת קַלּוֹת; אָכַל חֲתִיכוֹת קְטַנּוֹת; חֲתִיכָה קְטַנָּה, נְגִיסָה קַלָּה

nice *adj.* (נַיס) נָעִים, נוֹחַ; קַפְּדָנִי, מְדַקְדֵּק, דַּק; עָדִין, מְעֻדָּן; נָאֶה, נֶחְמָד, יָפֶה

ni'cety *n.* (נַיסְטִי) דַּקּוּת; הַבְחָנָה דַקָּה; פְּרָט; עֲדִינוּת

— ies אֶלֶגַנְטִיּוּת

to a — בְּדַיְקָנוּת

niche *n.* (נִץ׳) גֻּמְחָה; מָקוֹם מַתְאִים

nick *n.* (נִק) חָרִיץ, חָרִיק

in the — of time בְּרֶגַע הַהַכְרָעָה

— *v.t.* חָרַץ, חֵרֵק; פָּגַע פְּגִיעָה קַלָּה; קָלַע; הוֹנָה

nick'el *n.* (נִקְל) נִיקֶל; מַטְבֵּעַ בֶּן חֲמִשָּׁה סֶנְטִים (בארה״ב)

nick'name" *n.* (נִקְנֵים) כִּנּוּי, שֵׁם לְוַי

niece *n.* (נִיס) אַחְיָנִית

nig'gard *n.* (נִגַּרְד) כִּילַי

nig'gardly *adj. & adv.* (נִגַּרְדְלִי) קַמְצָנִי; בְּקַמְצָנוּת

nig'ger *n.* (נִגְר) [כינוי פוגע] כּוּשִׁי, כֵּהֵה־עוֹר

nigh *adj. & adv.* (נַי) קָרוֹב; קָצָר, יָשִׁיר; כִּמְעַט

night *n. & adj.* (נַיט) לַיְלָה; עֶרֶב, בֵּין הָעַרְבַּיִם; חֹשֶׁךְ, חֲשֵׁכָה; תְּקוּפַת בַּעֲרוּת; תְּקוּפַת מְצוּקָה; לֵילִי, שֶׁל לַיְלָה

night'cap" *n.* (נַיטְקֶפּ) כִּפַּת־שֵׁנָה; מַשְׁקֶה מַפְסִיק (לפני שכיבה לישון): הַמְּאֹרָע הָאַחֲרוֹן

night' clothes" (נַיט קְלוֹז) בִּגְדֵי שֵׁנָה

night'fall" *n.* (נַיטְפּוֹל) יְרִידַת הַלַּיְלָה, בּוֹא הַלַּיְלָה

at — עִם חֲשֵׁכָה, בַּעֲרוֹב הַיּוֹם

night'gown *n.* (נַיטְגַאוּן) כְּתֹנֶת לַיְלָה

nigh'tingale *n.* (נַיטִנְגֵיל) זָמִיר

night'ly *adj. & adv.* (נַיטְלִי) לֵילִי, בַּלַּיְלָה; כָּל לַיְלָה; בְּכָל לַיְלָה

night'mare" *n.* (נַיטְמֵר) סִיּוּט, חֲלוֹם בַּלָּהוֹת

nil *n.* (נִל) לֹא כְלוּם, אֶפֶס

nim'ble *adj.* (נִמְבְּל) קַל־תְּנוּעָה, זָרִיז, פָּעִיל; מְהִיר־תְּפִיסָה

nin'compoop" *n.* (נִנְקַמְפּוּפּ) שׁוֹטֶה

nine *n. & adj.* (נַין) תִּשְׁעָה (m.), תֵּשַׁע (f.); נִבְחֶרֶת כַּדּוּר בָּסִיס

nine'teen" *n. & adj.* (נַינְטִין) תִּשְׁעָה־עָשָׂר (m.), תְּשַׁע־עֶשְׂרֵה (f.)

nine'tieth *adj. & n.* (נַינְטִיאִת׳) הַתִּשְׁעִים, הַחֵלֶק הַתִּשְׁעִים

nine'ty *n.* (נַינְטִי) תִּשְׁעִים

nin'ny *n.* (נִנִי) פֶּתִי

ninth *adj.* (נַינְת׳) תְּשִׁיעִית

nip *v.t. & n.* (נִפּ) צָבַט, נָשַׁק; קִרְטֵם, קָטַם; עָצַר הִתְפַּתְּחוּת, קָטַף בְּאִבּוֹ; צְבִיטָה; נְשִׁיכָה, קִרְטוּם: עֹקֶץ; קֹר עוֹקֵץ, קָרָה

— and tuck שָׁקוּל

nip'ple *n.* (נִפְּל) פִּטְמָה; פִּטֹּמֶת, מַצָּץ; נִיפֶּל (צינור מוברג בקצותיו)

nit *n.* (נִט) בֵּיצִית כִּנָּה

ni'trate *n.* (נַיטְרֵט) חַנְקָה, נִיטְרָט

ni'trogen *n.* (נַיטְרֶגִ׳ן) חַנְקָן

no *adv. & n. & adj.* (נוֹ) לֹא, אֲפִלּוּ, אֵין, כְּלָל לֹא; לָאו, סֵרוּב, הַכְחָשָׁה, מַצְבִּיעַ נֶגֶד, אוֹמֵר לָאו

nobil'ity *n.* (נוֹבִּלְטִי) אֲצֻלָּה; אֲצִילוּת, שֶׂגֶב

no'ble *adj. & n.* (נוֹבְּל) אָצִיל; נַעֲלֶה; בַּעַל הוֹפָעָה מַרְשִׁימָה; מְעֻלֶּה

no'bleman *n.* (נוֹבֶּלְמֶן) אָצִיל

no'bleness *n.* (נוֹבֶּלְנֶס) אֲצִילוּת

no'body *pron. & n.* (נוֹבֶּדִי) אַף אֶחָד; חֲסַר־עֵרֶךְ, אֶפֶס, כְּלוּמַאי

noctur'nal *adj.* (נוֹקְטֶרְנַל) לֵילִי; פָּעִיל בַּלַּיְלָה

nod *v.i. & t. & n.* (נוֹד) הֵנִיד רֹאשׁ; רֹאשׁוֹ נָד קָדִימָה (מתוך עייפות), הִתְנַמְנֵם; הִתְרַשֵּׁל; הִפְעִיל בְּהֶנֵּד רֹאשׁ; הֶנֵּד רֹאשׁ; תְּנוּמָה

node *n.* (נוֹד) בְּלִיטָה, סִיקוּס, כַּפְתּוֹר; מוֹקֵד, מֶרְכָּז, צֹמֶת

noise *n.* (נוֹיז) רַעַשׁ; קוֹל; צְעָקָה

noise'less *adj.* (נוֹיזְלֶס) שָׁקֵט

noi'sy *adj.* (נוֹיזִי) מַרְעִישׁ, רוֹעֵשׁ

no'mad *n.* (נוֹמֶד) נַוָּד; נוֹדֵד

nom'inal *adj.* (נוֹמִנְל) נוֹמִינָלִי, נִקְרָא, נָקוּב; שֵׁמִי, שֶׁל שֵׁמוֹת, לְפִי הַשֵּׁם; שֵׁמָנִי

nom'inate" *v.t.* (נוֹמֶנֵיט) הִצִּיעַ (כמועמד): מִנָּה

nom"ination *n.* (נוֹמֶנֵישְׁן) בְּחִירָה כְּמֻעֲמָד

nom'ina"tive *adj. & n.* (נוֹמֶנֵיטִב) שֶׁל יַחֲסַת־הַנּוֹשֵׂא; בַּעַל מִנּוּי; שֵׁמִי; יַחֲסַת־הַנּוֹשֵׂא, נוֹמִינָטִיב

non'aligned" *adj.* (נוֹנַלַיְנְד) בִּלְתִּי־מְזֻדֶּהֶה

non"chalant' *adj.* (נוֹנְשֶׁלָנְט) אָדִישׁ, קַר־רוּחַ, שְׁוֵה־נֶפֶשׁ, חֲסַר־עִנְיָן, "לֹא־אִכְפַּתִּי"

non'comis'sioned of'ficer (נוֹנְקְמִשֶׁנְד אוֹפִסְר) מַשָּׁ"ק, נַגָּד

non'confor"mist *n.* (נוֹנְקֶנְפוֹרְמִסְט) מוֹרֵד בַּמֻּסְכָּמוֹת, מוֹרֵד בְּדֵעוֹת מְקֻבָּלוֹת

non"descript' *adj.* (נוֹנְדִסְקְרִפְּט) שֶׁאֵין לְהַגְדִּירוֹ, קָשֶׁה־תֵּאוּר

none *pron. & adv. & adj.* (נַן) אַף אֶחָד; אַף דָּבָר, אַף חֵלֶק, לְגַמְרֵי לֹא, בְּשׁוּם פָּנִים וָאֹפֶן לֹא

nonen'tity *n.* (נוֹנֶנְטִטִי) אֶפֶס, כְּלוּמַאי; לֹא־קַיָּם, דִּמְיוֹנִי

non'plus *v.t.* (נוֹנְפְּלַס) הֵבִיךְ לְגַמְרֵי

non'sense *n.* (נוֹנְסֶנְס) הֲבָלִים, שְׁטֻיּוֹת; אִוֶּלֶת; אַבְּסוּרְדִּיוּת; חֹסֶר חֲשִׁיבוּת

nonsen'sical *adj.* (נוֹנְסֶנְסִקְל) טִפְּשִׁי, אַבְּסוּרְדִי, חֲסַר־עֵרֶךְ

nood'le *n.* (נוּדְל) אִטְרִיָּה; רֹאשׁ; פֶּתִי

nook *n.* (נֻק) פִּנָּה, זָוִית; מָקוֹם נִדָּח

noon *n.* (נוּן) צָהֳרַיִם, חֲצוֹת הַיּוֹם

noon'day" *adj.* (נוּנְדֵי) שֶׁל הַצָּהֳרַיִם

no' one" (נוֹוַן) אַף אֶחָד

noose *n.* (נוּס) לוּלָאָה, פְּלָצוּר, קֶשֶׁר, עֲנִיבַת־תְּלִיָּה, מַלְכֹּדֶת

nor *conj.* (נוֹר; בלי הטעמה: נַר) וְגַם לֹא, וְלֹא

norm *n.* (נוֹרְם) נוֹרְמָה; תֶּקֶן

nor'mal *adj. & n.* (נוֹרְמֶל) נוֹרְמָלִי, תָּקִין; טִבְעִי; רָגִיל

north *n. & adj. & adv.* (נוֹרְת׳) צָפוֹן; צְפוֹנִי; צָפוֹנָה

north'bound" *adj.* (נוֹרְת׳בַּאוּנְד) מַצְפִּין, שֶׁכִּוּוּנוֹ צָפוֹן

north"east' *n. & adj.* (נוֹרְת׳יסְט) צְפוֹן־מִזְרָח; צְפוֹנִי־מִזְרָחִי

nor'therly *adj. & adv.* (נוֹרְדֶ׳רְלִי) צְפוֹנִי; צָפוֹנָה

nor'thern *adj.* (נוֹרְדֶ׳רְן) צְפוֹנִי, צָפוֹנָה

North' Pole' (־פּוֹל) הַקֹּטֶב הַצְּפוֹנִי

north'ward(s) *adj. & adv.* (נוֹרְת׳וֶרְד [ז]) צְפוֹנִי; צָפוֹנָה

north"west' *n. & adj.* (נוֹרְת׳וֶסְט) צְפוֹן־מַעֲרָב; צְפוֹנִי־מַעֲרָבִי

Nor'way *n.* (נוֹרְוֵי) נוֹרְוֶגְיָה

Norwe'gian *adj. & n.* (נוֹרְוִיגְ׳ן) נוֹרְוֶגִי, נוֹרְוֶגִית (לשון)

nose *n.* (נוֹז) אַף, חֹטֶם; חוּשׁ הָרֵיחַ; כֹּשֶׁר בִּלּוּשׁ; זַרְבּוּבִית; חַרְטוֹם; סַקְרָנוּת, אֹרֶךְ אַפּוֹ שֶׁל סוּס

by a — בְּהֶפְרֵשׁ זָעוּם

cut off one's — to spite one's face פָּגַע בְּעַצְמוֹ בְּמַעֲשֶׂה דַּוְקָאִי; נִקֵּר עֵינוֹ הָאַחַת כְּדֵי לְנַקֵּר שְׁתַּיִם שֶׁל הַזּוּלַת

on the — בְּדִיּוּק, מַמָּשׁ

pay through the — שִׁלֵּם מְחִיר מֻפְרָז

nose'gay" *n.* (נוֹזְגֵי) צְרוֹר פְּרָחִים

nostal'gia *n.* (נוֹסְטֶלְגִ׳ה) כִּסּוּפֵי־עָבָר, נוֹסְטַלְגְיָה

nos'tril *n.* (נוֹסְטְרֶל) נָחִיר

no'sy *adj.* (נוֹזִי) חַטְטָנִי, סַקְרָנִי, נוֹבְרָנִי

not *adv.* (נוֹט) לֹא, אֵין

no'table *adj.* & *n.* (נוֹטֶבְּל) רָאוּי לְצִיּוּן; חָשׁוּב, דָגוּל; נִכְבָּד

no'tary *n.* (נוֹטֶרִי) נוֹטַרְיוֹן

nota'tion *n.* (נוֹטֵישְׁן) מַעֲרֶכֶת סִימָנִים; רִשּׁוּם, סִמּוּן; תִּוּוּי

notch *n.* & *v.t.* (נוֹץ') חָרִיץ; חֲרִיק־סְפִירָה; חָרַץ, חֵרֵק

note *n.* (נוֹט) שֶׁדֶר; תַּזְכִּיר, הוֹדָעָה, פֶּתֶק; תָּו; שְׁטָר; תְּשׂוּמֶת־לֵב; מוֹנִיטִין; חֲשִׁיבוּת, רֶמֶז, נְעִימָה

— **s** רְשִׁימוֹת

compare — **s** הֶחֱלִיף דֵעוֹת

— *v.t.* רָשַׁם וְצִיֵּן; הֵעִיר; שָׂם לֵב; תִּוָּה; רָמַז עַל, הֶרְאָה עַל

note'book" *n.* (נוֹטְבּוּק) מַחְבֶּרֶת; פִּנְקָס, מִרְשַׁם שְׁטָרוֹת

no'ted *adj.* (נוֹטִד) נוֹדָע, מְפֻרְסָם

note'wor"thy *adj.* (נוֹטְוֶרְדִ'י) רָאוּי לְצִיּוּן, רָאוּי לִתְשׂוּמֶת־לֵב, חָשׁוּב

noth'ing *n.* (נַתִ'נג) לֹא כְלוּם, מְאוּמָה; לֹא... דָבָר; שׁוּם דָבָר; אֶפֶס; דָבָר חֲסַר־עֵרֶךְ

— **but** רַק

— **doing** לֹא וָלֹא, בְּהֶחְלֵט לֹא; שׁוּם פְּעִילוּת רְאוּיָה לִשְׁמָהּ

— *adv.* לְגַמְרֵי לֹא

noth'ingness *n.* (נַתִ'נְגְנִס) אַפְסוּת, חֹסֶר־קִיּוּם, אֵינוּת, בְּלִימָה, חֹסֶר־חֲשִׁיבוּת; חֹסֶר הַכָּרָה, מָוֶת

no'tice *n.* & *v.t.* (נוֹטִס) הוֹדָעָה, אַזְהָרָה; הוֹדָעָה מֵרֹאשׁ (על תפוגת תקפו של הסכם); תְּשׂוּמֶת־לֵב, הִתְבּוֹנְנוּת; סְקִירָה, בִּקֹּרֶת; שָׂם־לֵב, הִבְחִין בּ־; הֵעִיר; הִקְדִּישׁ תְּשׂוּמֶת־ (באדיבות)

no'ticeable *adj.* (נוֹטִסֶבְּל) מוֹשֵׁךְ תְּשׂוּמֶת־לֵב, שֶׁנִּתָּן לְהַבְחִין בּוֹ; רָאוּי לִתְשׂוּמֶת־לֵב

no"tifica'tion *n.* (נוֹטִפִקֵישְׁן) הוֹדָעָה

no'tify" *v.t.* (נוֹטִפַי) הוֹדִיעַ

no'tion *n.* (נוֹשְׁן) מֻשָּׂג, רַעְיוֹן; דֵעָה, הַשְׁקָפָה; קַפְרִיזָה, הֶתְקֵן, מַכְשִׁיר מְחֻכָּם

— **s** סִדְקִית

no"tori'ety *n.* (נוֹטֶרַיאֶטִי) פִּרְסוּם שְׁלִילִי; שֵׁם רָע

noto'rious *adj.* (נוֹטוֹרִיאֶס) יָדוּעַ לִשְׁמִצָּה; נוֹדָע בָּרַבִּים

not"withstan'ding *prep.* & *conj.* & *adv.* לַמְרוֹת, עַל אַף; אִם גַּם, (נוֹטְוִדְ'־סְטֶנְדִנג) אַף אִם; מִכָּל מָקוֹם, בְּכָל זֹאת; אוּלָם

noun *n.* & *adj.* (נַאוּן) שֵׁם עֶצֶם; שֶׁל שֵׁם עֶצֶם, שְׁמָנִי

nour'ish *v.t.* (נַרִשׁ) זָן, הֵזִין; חִזֵּק; טִפַּח

nour'ishment *n.* (נַרִשְׁמֶנְט) מָזוֹן; הֲזָנָה

nov'el *n.* & *adj.* (נוֹבְל) רוֹמָן; חָדָשׁ, שֶׁיֵּשׁ בּוֹ חִדּוּשׁ

nov'elist *n.* (נוֹבֶלִסְט) מְחַבֵּר רוֹמָנִים; רוֹמָנִיסְט

nov'elty *n.* (נוֹבֶלְטִי) חִדּוּשׁ; מְאֹרָע שֶׁיֵּשׁ בּוֹ מִן הַחִדּוּשׁ; סְחוֹרַת־בִּדּוּר

Novem'ber *n.* (נוֹבֶמְבֶּר) נוֹבֶמְבֶּר

novi'ce *n.* (נוֹבִס) טִירוֹן, חָדָשׁ; מֻעֲמָד לִנְזִירוּת; נָזִיר לִתְקוּפַת נִסָּיוֹן; חָבֵר חָדָשׁ בַּכְּנֵסִיָּה

now *adv.* (נַאוּ) עַתָּה, עַכְשָׁו, כָּעֵת; מִיָּד; בְּיָמֵינוּ; בַּנְּסִבּוֹת שֶׁל הַיּוֹם; הֲרֵי

just — זֶה עַתָּה

— and again (then) לִפְעָמִים

— that הוֹאִיל וְ־; מֵאַחַר שֶׁ־

now'adays" *adv.* (נַאוּאֶדֵיז) בְּיָמֵינוּ

no'where *adv.* (נוֹהְוֶר) בְּשׁוּם מָקוֹם לֹא

nox'ious *adj.* (נוֹקְשֶׁס) מַזִּיק

noz'zle *n.* (נוֹזְל) זַרְבּוּבִית

nuance' *n.* (נוּאָנְס) בֶּן־גָּוֶן, הֶפְרֵשׁ דַּק, נִיוּאַנְסָה

nub *n.* (נַב) בְּלִיטָה, זִיז; גּוּשׁ; תַּמְצִית

nu'bile *adj.* (נוּבִּל) רְאוּיָה לְהִנָּשֵׂא, שֶׁהִגִּיעָה לְפִרְקָהּ

nu'clear *adj.* (נוּקְלִיאַר) גַּרְעִינִי

nu'cleus *n.* (נוּקְלִיאֶס) גַּרְעִין

nude *adj.* & *n.* (נוּד) עָרֹם; חָשׂוּף, מְעֻרְטָל; עֵירֹם

nudge *v.t.* & *i.* & *n.* (נַג') דָּחַף בְּעֲדִינוּת (במרפק); דְּחִיפָה עֲדִינָה

nu'dism *n.* (נוּדִזְם) נוּדִיזְם

nu'dity *n.* (נוּדִטִי) עֵירֹם, מַעֲרֻמִּים

nui'sance *n.* (נוּסֶנְס) מִטְרָד; טַרְדָן

null *adj.* (נַל) חֲסַר־עֵרֶךְ, חֲסַר־מַשְׁמָעוּת;
לֹא שָׁוֶה כְּלוּם, לֹא־קַיָּם, אַפְסִי

— and void חֲסַר־תֹּקֶף, בָּטֵל וּמְבֻטָּל

nul'lify *v.t.* (נַלְפַי) בַּטֵּל

numb *adj.* & *v.t.* (נַם) חֲסַר־תְּחוּשָׁה,
קֵהֶה; הִקְהָה חוּשִׁים

num'ber *n.* (נַמְבֶּר) מִסְפָּר; סְכוּם; פְּרָט,
מוֹפָע; הוֹצָאָה (של עתון); סִפְרָה; בַּחוּרָה
כַּמּוּת נִכֶּרֶת; רַבִּים; עֶלְיוֹנוּת מִסְפָּרִית — s

Numbers סֵפֶר בְּמִדְבָּר

get (have) someone's — גִּלָּה פַּרְצוּף
אֲמִתִּי

— *v.t.* & *i.* קָבַע מִסְפָּר, סָפַר, מָנָה;
מִסְפֵּר, צִיֵּן בְּסִפְרָה; הִגְבִּיל מִסְפָּר; הִסְתַּכֵּם
בּ־; חִלֵּק, הִקְצִיב

numb'ness *n.* (נַמְנֶס) קִהָיוֹן, קֵהוּת

nu'meral *n.* & *adj.* (נוּמֶרַל) סִפְרָה;
מִסְפָּרִי

nu'merous *adj.* (נוּמֶרֶס) רַבִּים, שֶׁל עַם רַב

nun *n.* (נַן) נְזִירָה

nun'nery *n.* (נַנֶרִי) מִנְזָר (לנזירות)

nup'tial *adj.* & *n.* (נַפְּשֶׁל) שֶׁל נִשּׂוּאִים,
שֶׁל כְּלוּלוֹת, שֶׁל קִדּוּשִׁין

— s חֲתֻנָּה

nurse *n.* & *v.t.* & *i.* (נֶרְס) אָחוֹת (רחמניה);
מְטַפֶּלֶת, אוֹמֶנֶת, מֵינֶקֶת; טִפֵּל בְּחוֹלֶה; בִּקֵּשׁ
לְרַפֵּא עַל יְדֵי טִפּוּל; הֵינִיק; נָטַר; שִׁמֵּשׁ
אָחוֹת

nurse'maid" *n.* (נֶרְסְמֵיד) מְטַפֶּלֶת, אוֹמֶנֶת

nur'sery *n.* (נֶרְסֶרִי) חֲדַר־יְלָדִים, חֲדַר
פְּעוֹטוֹת; גַּן־יְלָדִים, גַּנּוֹן; מִשְׁתָּלָה

— school גַּנּוֹן

nur'sing home" *n.* (נֶרְסִנְג הוֹם) בֵּית אָבוֹת

nur'ture *v.t.* & *n.* (נֶרְצֶ׳ר) טִפֵּחַ, כִּלְכֵּל
גִּדֵּל, הִדְרִיךְ, חִנֵּךְ; חִנּוּךְ; גִּדּוּל; מָזוֹן

nut *n.* (נַט) אֱגוֹז; מְשֻׁגָּע; מָסוּר ל־; אֹם

nut'crack"er *n.* (נַטְקְרֶקֶר) מַפְצֵחַ אֱגוֹזִים

nut'meg *n.* (נַטְמֶג) מוּסְקָטִית רֵיחָנִית

nutrit'ion *n.* (נוּטְרִשְׁן) תְּזוּנָה; מָזוֹן

nutri'tious *adj.* (נוּטְרִשֶׁס) מְזִין

nuts *interj.* (נַטְס) אֶ, אֵיךְ, "שַׁק־לִי",
"קְפוֹץ־לִי"

nut'shell" *n.* (נַטְשֶׁל) קְלִפַּת אֱגוֹז

in a — בְּקִצּוּר

nuz'zle *v.i.* & *t.* & *n.* (נַזְל) נָבַר בָּאַף;
דָּחַף הָאַף; הִתְרַפֵּק עַל; נָגַע בָּאַף; הִתְרַפְּקוּת

ny'lon *n.* (נַילוֹן) נַיְלוֹן

— s גַּרְבֵּי נַיְלוֹן

nymph *n.* (נִמְף) נִימְפָה; עַלְמָה יָפָה; גֹּלֶם

O

O, o *n.* (אוֹ) הָאוֹת הַחֲמֵשׁ עֶשְׂרֵה בָּאָלֶפְבֵּית הָאַנְגְּלִי; הַתְּנוּעָה וֹ, וּ (= אוֹאוּ)

O *interj.* הָ (בפניה ישירה); אָהּ; אִי, אָיָה, אֶ; אוֹיש, אוּף

oaf *n.* (אוֹף) פֶּתִי; גֹּלֶם; יֶלֶד מְפַגֵּר

oak *n.* (אוֹק) אַלּוֹן

oa'ken *adj.* (אוֹקְן) אַלּוֹנִי

oar *n.* (אוֹר) מָשׁוֹט; מְשׁוֹטַאי

oars'man *n.* (אוֹרְזְמֶן) מְשׁוֹטַאי; חוֹתֵר

oa'sis *n.* (אוֹאֵיסִס) נְוֵה מִדְבָּר; שִׁנּוּי נָעִים, רְוָחָה

oat *n.* (אוֹט) שִׁבֹּלֶת שׁוּעָל

feel one's — s הִרְגִּישׁ עֶלְיוֹן; הִכִּיר בְּכֹחוֹ וְהִשְׁתַּמֵּשׁ בּוֹ

oath *n.* (אוֹת׳) שְׁבוּעָה; נְשִׂיאַת שֵׁם ד׳ לַשָּׁוְא; קְלָלָה

on (upon, under) — בִּשְׁבוּעָה

take — נִשְׁבַּע, נָדַר

oat'meal" *n.* (אוֹטְמִל) קֶמַח שִׁבֹּלֶת שׁוּעָל; דַּיְסַת קְוֵקֶר, פְּתִיתֵי שִׁבֹּלֶת שׁוּעָל

ob'durate *adj.* (אוֹבְּדְרִט) עַקְשָׁן, קְשֵׁה־עֹרֶף

obe'dience *n.* (אוֹבִּידִיאֶנְס) צַיְּתָנוּת

obe'dient *adj.* (אוֹבִּידִיאֶנְט) צַיְּתָנִי

obe'isance *n.* (אוֹבֵּיסֶנְס) קִידָה, הִשְׁתַּחֲוָיָה, הַרְכָּנַת רֹאשׁ

obe'lisk *n.* (אוֹבֶּלִסְק) אוֹבֶּלִיסְק, מַצֶּבֶת־מַחַט

obese' *adj.* (אוֹבִּיס) שָׁמֵן מְאֹד

obey' *v.t.* (אוֹבֵּי) צִיֵּת, נִשְׁמַע ל־, שָׁמַע בְּקוֹל; נַעֲנָה ל־

obit'uary *n.* (אוֹבִּיצ׳וּאֶרִי) הוֹדָעַת פְּטִירָה

ob'ject *n.* (אוֹבְּגֶ׳קְט) עֶצֶם דָּבָר; מַטָּרָה; מוֹקֵד; תַּכְלִית; מַשָּׂא; אוֹבְּיֶקְט

— *v.t. & t.* (אֲבְּגֶ׳קְט) הִתְנַגֵּד, עִרְעֵר עַל; הִבִּיעַ הִתְנַגְּדוּת

objec'tion *n.* (אֲבְּגֶ׳קְשֶׁן) הִתְנַגְּדוּת, עִרְעוּר; מֹרַת־רוּחַ; אִי־רָצוֹן

objec'tionable *adj.* (אֲבְּגֶ׳קְשֶׁנְבְּל) מְעוֹרֵר הִתְנַגְּדוּת; פּוֹגֵעַ

objec'tive *n. & adj* (אֲבְּגֶ׳קְטִב) תַּכְלִית, יַעַד, מַטָּרָה; יַחֲסַת־מַשָּׂא; אוֹבְּיֶקְטִיבִי; עִנְיָנִי; לֹא־מְשֻׁחָד

obla'tion *n.* (אוֹבְּלֵישֶׁן) קָרְבָּן; הַקְרָבַת לֶחֶם וָיַיִן (בנצרות); הַקְרָבָה

ob'ligate" *v.t.* (אוֹבְּלְגֵיט) חִיֵּב; שִׁעְבֵּד

ob"liga'tion *n.* (אוֹבְּלְגֵישֶׁן) חוֹבָה, הִתְחַיְּבוּת

oblig'ato"ry *adj.* (אוֹבְּלִגַטוֹרִי) מְחַיֵּב; שֶׁל חוֹבָה; מֻטָּל

oblige' *v.t. & i.* (אֲבְּלַיְג׳) דָּרַשׁ מ־; חִיֵּב, הִכְרִיחַ; חִיֵּב הַכָּרַת טוֹבָה; נָטָה חֶסֶד; סִיֵּעַ

obli'ging *adj.* (אֲבְּלַיְג׳נְג) מִשְׁתּוֹקֵק לַעֲשׂוֹת טוֹבָה; נוֹטֶה חֶסֶד; רוֹצֶה לַעֲזוֹר

oblique' *adj.* (אֲבְּלִיק) אֲלַכְסוֹנִי, מְשֻׁפָּע; סוֹטֶה מִקַּו יָשָׁר, עָקִיף, מִסְתַּעֵף; מֻבָּע בַּעֲקִיפִין, עֲקַלְקַל; מֻשָּׂג בַּעֲקִיפִין

oblit'erate" *v.t.* (אֲבְּלִטֲרֵיט) הִכְחִיד; מָחַק; בִּטֵּל לִגְמָרֵי

obliv'ion *n.* (אֲבְּלִוִיאֶן) שִׁכְחָה; נְשִׁיָּה; הִתְעַלְּמוּת, מְחִילָה, חֲנִינָה

obliv'ious *adj.* (אֲבְּלִוִיאֶס) לֹא מוּדָע ל־, לֹא מַרְגִּישׁ בּ־; מִתְעַלֵּם מ־, מַסִּיחַ דַּעְתּוֹ; שׁוֹכֵחַ

obl'ong" *adj. & n.* (אוֹבְּלוֹנְג) מָאֳרָךְ, מַלְבֵּנִי; מַלְבֵּן

ob'loquy *n.* (אוֹבְּלֶקְוִי) דֹּפִי, שֵׁם רַע, נְזִיפָה, גְּנוּת

obnox'ious *adj.* (אֲבְּנוֹקְשֶׁס) פּוֹגֵעַ, מְגֻנֶּה

o'boe *n.* (אוֹבּוֹ) אַבּוּב

obscene' *adj.* (אֲבְּסִין) לֹא־צָנוּעַ; פּוֹגֵעַ בְּמֻשְׂגֵי צְנִיעוּת; לֹא־מוּסָרִי; גַּס; שֶׁל נִבּוּל פֶּה; מְעוֹרֵר תַּאֲוָה מִינִית, מְגָרֶה; מְתֹעָב, גָּעֳלִי, דּוֹחֶה

obscen'ity *n.* (אֲבְּסֶנִטִי) חֹסֶר צְנִיעוּת, חֹסֶר מוּסָרִיּוּת; גַּסּוּת, נִבּוּל פֶּה

obscure' *adj.* (אֲבְּסְקְיוּר) מְעֻרְפָּל, סָתוּם;

לֹא מִתְבַּלֵּט, נֶחְבָּא אֶל הַכֵּלִים, לֹא־חָשׁוּב, נִדָּח; חִוֵּר, לֹא־בָּרוּר; אָפֵל, עָכוּר; כֵּהֶה

— *v.t.* הִסְתִּיר, כִּסָּה; עִרְפֵּל; הֶאֱפִיל עַל

obscur'ity *n.* (אֲבְּסְקְיוּרִטִי) עִרְפּוּל, אִפּוּל, אַלְמוֹנִיּוּת

obs'equies *n. & t.* (אוֹבְּסֶקְוִיז) טְקָסֵי הַלְוָיָה, טִקְסֵי קְבוּרָה

obse'quious *adj.* (אֲבְּסִיקְוִיאֲס) מִתְרַפֵּס

obser'vance *n.* (אֲבְּזֶרְוַנְס) צִיּוּת, שְׁמִירָה, קִיּוּם, טֶקֶס, חֲגִיגָה, נֹהַל; נֹהַג, כְּלָל; צְפִיָּה, תַּצְפִּית

obser'vant *adj.* (אֲבְּזֶרְוַנְט) צוֹפֶה בְּשׂוּמַת־לֵב, מֵיטִיב לְהִתְבּוֹנֵן; עֵרָנִי; זָהִיר בְּמִצְווֹת, שׁוֹמֵר חֹק

ob"serva'tion *n.* (אוֹבְּזֶרְוֵישְׁן) הֶעָרָה; תְּשׂוּמֶת־לֵב, הַבְחָנָה; הִתְבּוֹנְנוּת; צְפִיָּה, תַּצְפִּית

obser'vato"ry *n.* (אֲבְּזֶרְוַטוֹרִי) מִצְפֶּה כּוֹכָבִים; מִצְפֶּה

observe' *v.t. & i.* (אֲבְּזֶרְב) שָׂם לֵב, הִתְבּוֹנֵן, רָאָה, צָפָה; עָרַךְ תַּצְפִּיּוֹת; הֵעִיר, קָבַע; שָׁמַר עַל, קִיֵּם; שָׁמַר, נִשְׁמַע ל־, צִיֵּת; שִׁמֵּשׁ מַשְׁקִיף

obser'ver *n.* (אֲבְּזֶרְוֵר) צוֹפֶה מַשְׁקִיף

obsessi"on *n.* (אֲבְּסֶשְׁן) רַעְיוֹן טוֹרְדָנִי, אוֹבְּסֶסְיָה, מַחֲשָׁבָה טוֹרְדָנִית; כְּפִיּוּת לְרַעְיוֹן טוֹרְדָנִי; הִשְׁתַּלְּטוּת רַעְיוֹן טוֹרְדָנִי

ob"solete' *adj.* (אוֹבְּסֲלִיט) מְיֻשָּׁן

ob'stacle *n.* (אוֹבְּסְטַקְל) מִכְשׁוֹל

ob"stetrici'an *n.* (אוֹבְּסְטֶטְרִשְׁן) רוֹפֵא מְיַלֵּד

obste'trics *n.* (אֲבְּסְטֶטְרִקְס) מְיַלְּדוּת

ob'stinacy *n.* (אוֹבְּסְטִנַסִי) עַקְשָׁנוּת

ob'stinate *adj.* (אוֹבְּסְטִנַט) עַקְשָׁן, עִקֵּשׁ; מַתְמִיד; שֶׁקָּשֶׁה לְהִתְגַּבֵּר עָלָיו

obstrep'erous *adj.* (אֲבְּסְטְרֶפֲרַס) רַעֲשָׁנִי, קוֹלָנִי

obstruct' *v.t.* (אֲבְּסְטְרַקְט) חָסַם, שָׂם מִכְשׁוֹל, הִפְרִיעַ, הִסְתִּיר

obstruc'tion *n.* (אֲבְּסְטְרַקְשַׁן) מִכְשׁוֹל; עִכּוּב; הַפְרָעָה מְכֻוֶּנֶת; מְנִיעָה

obtain *v.t. & i.* (אֲבְּטֵין) הִשִּׂיג, רָכַשׁ; שָׂרַר, הָיָה קַיָּם; הָיָה נָהוּג

obtuse' *adj.* (אֲבְּטוּס) קֵהֶה; כֵּד

ob'verse *n. & adj.* (אוֹבְּוֶרְס) פָּנִים (של כטבע או מדליה); הַשֶּׁטַח הָעִקָּרִי, חֲזִית; הַחֵלֶק הַקִּדְמִי; מְפֻנֶּה לַצּוֹפֶה; מַקְבִּיל; מְחֻדָּד כְּלַפֵּי הַבָּסִיס, דְּמוּי בֵּיצָה הֲפוּכָה, דְּמוּי מָרִית

ob'viate" *v.t.* (אוֹבְּוִיאֵט) מָנַע, הִרְחִיק, הֵסִיר, עָשָׂה אִי־הֶכְרֵחִי

ob'vious *adj.* (אוֹבְּוִיאֲס) בָּרוּר, גָּלוּי לַכֹּל; מֻבְהָק; בּוֹלֵט

occa'sion *n.* (אֲקֵיזְ'ן) זְמַן מְסֻיָּם, נְסִבָּה; מְאֹרָע; הִזְדַּמְּנוּת; עִלָּה, סִבָּה

on — לִפְרָקִים

— *v.t.* גָּרַם, הֵסֵב

occa'sional *adj.* (אֲקֵיזַ'נְל) מִזְּמַן לִזְמַן, מוֹפִיעַ לְעִתִּים; לִשְׁעַת הַצֹּרֶךְ, כְּהַשְׁלָמָה; לְעֵת מְצוֹא, לִמְאֹרָע מְסֻיָּם

oc'cident *n.* (אוֹקְסִדֶנְט) מַעֲרָב

occult' *adj. & n.* (אֲקַלְט) מִסְתּוֹרִי, טָמִיר; שֶׁל רָזִים; לְמַעְלָה מִדֶּרֶךְ הַטֶּבַע; כָּמוּס; שֶׁל מַגְיָה; חָכְמַת הַנִּסְתָּר, כֹּחוֹת עַל־טִבְעִיִּים

oc'cupancy *n.* (אוֹקְיֻפַּנְסִי) הַחְזָקָה, חֲזָקָה, תְּקוּפַת דִּיּוּר; הַשִּׁמּוּשׁ בְּנֶכֶס

oc'cupant *n.* (אוֹקְיֻפֶּנְט) מַחֲזִיק, תּוֹפֵס, דַּיָּר; בַּעַל נֶכֶס הַגָּר בּוֹ

oc"cupa'tion *n.* (אוֹקְיֻפֵּישְׁן) מִשְׁלַח־יָד; הַחֲזָקָה, שִׁמּוּשׁ; תְּפִיסָה; כִּבּוּשׁ, הִשְׁתַּלְּטוּת; תְּקוּפַת כִּבּוּשׁ

oc'cupy" *v.t.* (אוֹקְיֻפַּי) תָּפַס; הֶעֱסִיק; כָּבַשׁ, הֶחֱזִיק ב־; דָּר

occur' *v.i.* (אֲקֶר) קָרָה, אֵרַע, הִתְרַחֵשׁ, חָל; נִמְצָא, נִפְגַּשׁ, נִתְקַל, הוֹפִיעַ; נִצְנֵץ בַּמֹּחַ, עָלָה בַּדַּעַת

occur'rence *n.* (אֲקֶרֶנְס) מִקְרֶה, מְאֹרָע, הִתְרַחֲשׁוּת לֹא־צְפוּיָה; תַּקְרִית

oc'ean *n.* (אוֹשְׁן) אוֹקְיָנוֹס; כַּמּוּת עֲצוּמָה, שֶׁטַח נִרְחָב

o'cher *n.* (אוֹקְר) אוֹכְרָה

o'clock' *adv.* (אֲקְלוֹק) לְפִי הַשָּׁעוֹן; שָׁעָה (עם ציון מספר)

oc'tave *n.* (אוֹקְטֵיב) אוֹקְטָבָה

Octo'ber *n.* (אוֹקְטוֹבֶּר) אוֹקְטוֹבֶּר

oc'topus *n.* (אוֹקְטֻפַּס) תְּמָנוּן

oc'ular *adj.* (אוֹקְיֻלַר) שֶׁל הָעַיִן; דּוֹמֶה לָעַיִן

oc'ulist *n.* (אוֹקְיָלִסְט) רוֹפֵא עֵינַיִם; אוֹפְּטִיקַאי

odd *adj.* (אוֹד) מוּזָר; תְּמְהוֹנִי; בְּקֵרוּב, קְצָת יוֹתֵר מ־; מִסְפָּר קָטָן, כַּמּוּת קְטַנָּה; בּוֹדֵד; שְׁאֵרִית; שֶׁל פְּרָט; לֹא־זוּגִי; עֲרָאִי, מִקְרִי, שֶׁמִּזְדַּמֵּן

od'dity *n.* (אוֹדִטִי) אָדָם תְּמְהוֹנִי; דָּבָר מוּזָר; קוּרְיוֹז; זָרוּת; תְּכוּנָה מְשֻׁנָּה

od'dment *n.* (אוֹדְמֶנְט) שְׁאֵרִית

odds *n. pl.* (אוֹדְז) הִסְתַּבְּרוּת, שִׁעוּר הַהִסְתַּבְּרוּת (בהימורים); "פוֹר", יִתְרוֹן

at — שֶׁחַי בְּמַחְלֹקֶת

odds' and ends' פְּרִיטִים שׁוֹנִים, שְׁאֵרִיּוֹת

ode *n.* (אוֹד) אוֹדָה (שיר)

o'dious *adj.* (אוֹדִיאֶס) מְתֹעָב, גָּעֳלִי

o'dor *n.* (אוֹדְר) רֵיחַ; רֶמֶז

od'yssey *n.* (אוֹדִסִי) מַסַּע הַרְפַּתְקָאוֹת

o'er *prep. & adv. See* **over** (אוֹר) מֵעַל

of *prep.* (אַב בלי הטעמה אֲב) מ־; שֶׁל; (אַב, אוֹב; הַזֵּהֶה ל־; עַל אוֹדוֹת; בַּעַל־; בִּשְׁעוֹת־; לִפְנֵי, עַד; בלי הטעמה: מִצַּד־; מִבְּחִינַת־

off *adv. & prep.* (אוֹף) מְנֻתָּק, חָפְשִׁי; בְּמֶרְחַק־; בְּמֶרְחָק מִן, הַרְחֵק מ־; לְשֵׁם הַרְחָקָה; בִּסְטִיָּה מִן, כְּהַנָּחָה, פָּחוֹת מ־; לְהַפְסָקַת פְּעִילוּת; נְזַר מִן; שֶׁיֶּחְדַּל לְכַסּוֹת; נֶעְדָּר; לְגַמְרֵי; לַחֲלוּטִין; כִּפְעֻלָּה מִיָּדִית; כְּהִתְגַּשְּׁמוּת; לְשֵׁם חֲלֻקָּה; הַרְחֵק מִמַּצָּב עֵרָנוּת; מִסְתָּעֵף מִן

be — הִסְתַּלֵּק

cut — נִתֵּק; בּוֹדֵד

put — דָּחָה

— and on לְסֵרוּגִין

— with יֵשׁ לְהָסִיר

right — מִיָּד

take — הֵסִיר

— *adj.* טוֹעֶה; קְצָת מְשֻׁנֶּה; יָרוּד; מְבֻטָּל; בְּמַצָּב שֶׁל; שֶׁל יְרִידָה בִּפְעִילוּת; הָרָחוֹק יוֹתֵר; יְמָנִי; מִתְעַתֵּד לִנְסֹעַ

of'fal *n.* (אוֹפֶל) חֲלָקִים לֹא־אֲכִילִים (שֶׁל בהמה שחוטה), נְבֵלָה; פְּסֹלֶת, אַשְׁפָּה

off'beat" *adj.* (אוֹפְבִּיט) שׁוֹנֶה מֵהַמְקֻבָּל; סוֹטֶה מֵהַמֻּסְכָּמוֹת

off'color' *adj.* (אוֹפְקַלְר) שׁוֹנֶה מֵהַצֶּבַע הַתָּקִין; מְפֻקְפָּק, לֹא־צָנוּעַ; חוֹלָנִי

offend' *v.t. & i.* (אֶפֶנְד) פָּגַע בּ־, הֶעֱלִיב; הִשְׁפִּיעַ בְּצוּרָה שְׁלִילִית; חָטָא, עָבַר עֲבֵרָה; גָּרַם מֹרַת־רוּחַ; צִעֵר; הִתְנַהֵג בְּצוּרָה לֹא־יָאָה

offend'er *n.* (אֶפֶנְדֶר) עֲבַרְיָן; אָשֵׁם; מַעֲלִיב

offense' *n.* (אֶפֶנְס) עֲבֵרָה, הֲפָרַת חֹק; חֵטְא; פֶּשַׁע; הִתְמַרְמְרוּת

of'fense *n.* (אוֹפֶנְס) הַתְקָפָה, הִסְתָּעֲרוּת; תּוֹקֵף

offen'sive *adj. & n.* (אֶפֶנְסִב) מַעֲלִיב, פּוֹגֵעַ, דּוֹחֶה, גָּעֳלִי; הֶתְקֵפִי, תּוֹקְפָנִי; מִתְקָפָה, אוֹפֶנְסִיבָה

of'fer *v.t. & i. & n.* (אוֹפְר) הִצִּיעַ; גִּלָּה רָצוֹן טוֹב; הִגִּישׁ בַּחֲגִיגִיּוּת; הִבְטִיחַ; אָסַר (מלחמה), אִיֵּם בּ־; הִצִּיג; הִצִּיעַ לִמְכִירָה; אֵרַע, הִזְדַּמֵּן; הַצָּעָה; הַצָּעַת נִשּׂוּאִים; הַצָּעַת מְחִיר; נִסָּיוֹן; רָצוֹן

of'fering *n.* (אוֹפְרִנְג) קָרְבָּן, עוֹלָה; תְּרוּמָה, נְדָבָה; מַתָּנָה, מִנְחָה; הַצָּעָה

off'hand' *adv.* (אוֹפְהֶנְד) מִנֵּיהּ וּבֵיהּ

of'fice *n.* (אוֹפִס) מִשְׂרָד; סֶגֶל; כְּהֻנָּה, מִשְׂרָה; תַּפְקִיד, שֵׁרוּת; סֵדֶר תְּפִלָּה, תְּפִלּוֹת; טֶקֶס אַשְׁכָּבָה

of'fice boy" (אוֹפִס בּוֹי) נַעַר שָׁלִיחַ

of'ficer *n.* (אוֹפִסְר) קָצִין; נוֹשֵׂא מִשְׂרָה, חֲבֵר וַעַד הַמְּנַהֲלִים; שׁוֹטֵר

offc'ial *adj. & n.* (אֶפִשְׁל) רִשְׁמִי; שֶׁל מִשְׂרָה; פוֹרְמָלִי וְצִבּוּרִי; מְכַהֵן בְּמִשְׂרָה; נוֹשֵׂא מִשְׂרָה, פָּקִיד

offic'ate" *v.i. & t.* (אֶפִשִׁיאֵיט) עָרַךְ טֶקֶס; בִּצַּע תַּפְקִידֵי הַמִּשְׂרָה; שִׁמֵּשׁ שׁוֹפֵט

offci'ous *adj.* (אֶפִשֶׁס) פּוֹגֵעַ בְּהִתְעָרְבוּ בְּעִנְיְנֵי הַזּוּלַת; תּוֹחֵב אַפּוֹ לְעִנְיְנֵי אֲחֵרִים

of'fing *n.* (אוֹפִנְג) מֶרְחַקֵּי הַיָּם; בְּמֶרְחָק מֵהַחוֹף

in the — נִרְאֶה בָּאֹפֶק, עוֹמֵד אַחַר כְּתָלֵנוּ

off"-lim'its *adv.* (אוֹף־לִמִטְס) מִחוּץ לַתְּחוּם

off'set" *n.* (אוֹפְסֶט) קִזּוּז, פִּצּוּי; הַתְחָלָה; יִחוּר אָפְקִי; אוֹפְסֶט

off″set′ *v.t. & i.* הִשְׁוָה; פִּצָּה, קִזֵּז; הִדְפִּיס בִּדְפוּס אוֹפְסֶט

off′shoot″ *n.* (אוֹפְשׁוּט) נֵצֶר

off′spring″ *n.* (אוֹפְסְפְּרִנְג) צֶאֱצָא, צֶאֱצָאִים, מוֹצָר, תּוֹצָאָה

oft *adv.* (אוֹפְט) לְעִתִּים קְרוֹבוֹת

of′ten *adv.* (אוֹפְן) לְעִתִּים קְרוֹבוֹת, פְּעָמִים רַבּוֹת, בְּמִקְרִים רַבִּים

o′gle *v.t. & i.* (אוֹגְל) הִתְבּוֹנֵן בְּעֵינֵי אַהֲבָה; פִּלְרְטֵט, נָעַץ מַבָּט חָצוּף; לָטַשׁ עֵינַיִם

o′gre *n.* (אוֹגְר) מִפְלֶצֶת אוֹכֶלֶת אָדָם; אָדָם אַכְזָרִי

Oh *See* **O**

oil *n. & adj.* (אוֹיל) שֶׁמֶן; נֵפְט; שֶׁל שֶׁמֶן, דּוֹמֶה לְשֶׁמֶן

pour — on troubled waters פִּיֵּס הִרְגִּיעַ

strike — גִּלָּה נֵפְט; הִתְעַשֵּׁר פִּתְאוֹם

— *v.t.* שִׁמֵּן, סָךְ, סִפֵּק שֶׁמֶן; הָפַךְ לְשֶׁמֶן

oil′can″ *n.* (אוֹילְקֶן) אָסוּךְ

oil′cloth″ *n.* (אוֹילְקְלוֹת׳) שַׁעֲוָנִית

oi′ly *adj.* (אוֹילִי) שַׁמְנִי, שַׁמְנוּנִי, מְשֻׁמָּן; מַחֲנִיף, דּוֹבֵר חֲלַקְלַקּוֹת

oint′ment *n.* (אוֹינְטְמֶנְט) מִשְׁחָה

old *adj. & n.* (אוֹלְד) זָקֵן, יָשָׁן; בֶּן . . . שָׁנִים; קָשִׁישׁ, מְבֻגָּר, נָדוֹשׁ; מְיֻשָּׁן; קָדוּם; וָתִיק; דֵּהֶה, שָׁקֵט; מְרֻפָּט; מְיֻשָּׁב; זְקֵנִים; בְּנֵי־שָׁנָה

of — בְּיָמִים עָבָרוּ, בֶּעָבָר

— age זִקְנָה

grow — הִזְקִין

— man אָב, בַּעַל; זָקֵן

old′-fash′ioned *adj.* (אוֹלְד־פֶשֶׁנְד) מְיֻשָּׁן, שֶׁאָבַד עָלָיו כֶּלַח, מִיָּמִים עָבָרוּ

old″ maid′ *n.* (אוֹלְד מֵיד) רַוָּקָה וְתִיקָה, בְּתוּלָה זְקֵנָה; אָדָם מִתְחַסֵּד, הַסְסָן, פּוֹסֵחַ עַל שְׁתֵּי סְעִפִּים, מִתְעַסֵּק בִּקְטַנּוֹת

old′ mas′ter (אוֹלְד מַסְטֶר) אָמָּן בַּעַל מוֹנִיטִין מִתְּקוּפָה קוֹדֶמֶת; צִיּוּר שֶׁל אָמָּן נוֹדָע מִתְּקוּפָה קוֹדֶמֶת

Old′ Nick′ (אוֹלְד נִק) הַשָּׂטָן

Old′ Tes′tament (אוֹלְד טֶסְטָמֶנְט) הַתְּנַ״ךְ

old′-ti-mer *n.* (אוֹלְד טַימֶר) וָתִיק; יָשִׁישׁ

o′lean″der *n.* (אוֹלִיאֶנְדֶר) הַרְדּוּף

o″leomar′garine (אוֹלִיאוֹמַרְגַ׳רִן) מַרְגָּרִינָה

olfa′ctory (אוֹלְפֶקְטָרִי) שֶׁל חוּשׁ הָרֵיחַ

ol′igar″chy *n.* (אוֹלִגַרְקִי) אוֹלִיגַרְכְיָה, שִׁלְטוֹן תַּקִּיפִים מְעַטִּים

ol′ive *n.* (אוֹלִב) זַיִת

om′elet *n.* (אוֹמְלִט) חֲבִיתָה

o′men *n.* (אוֹמֶן) סִימָן, אוֹת לַבָּאוֹת; נְבוּאָה, תַּחֲזִית

om′inous *adj.* (אוֹמִנֵס) מְבַשֵּׂר רָעוֹת, מְאַיֵּם

omiss′ion *n.* (אוֹמִשְׁן) הַשְׁמָטָה

omit′ *v.t.* (אוֹמִט) הִשְׁמִיט, דִּלֵּג עַל, הֶחְסִיר, לֹא (לפני פועל)

om′nibus″ *n. & adj.* (אוֹמְנִבֵּס) אוֹטוֹבּוּס; סֵפֶר יְצִירוֹת שֶׁל מְחַבֵּר אֶחָד, סֵפֶר עַל נוֹשֵׂא אֶחָד; דִּיּוּן בִּפְרָטִים מְגֻוָּנִים בְּכְפִיפָה אַחַת, שֶׁל פְּרָטִים רַבִּים בְּיַחַד

omnip′otence *n.* (אוֹמְנִפֶּטֶנְס) הַיְכֹלֶת לַעֲשׂוֹת הַכֹּל

omnip′otent *adj.* (אוֹמְנִפֶּטֶנְט) כָּל־יָכֹל; בַּעַל כֹּחַ בִּלְתִּי־מֻגְבָּל, בַּעַל סַמְכוּת בִּלְתִּי־מֻגְבֶּלֶת

omniv′orous *adj.* (אוֹמְנִוֶרֶס) אוֹכֵל כָּל מִינֵי מָזוֹן; בּוֹלֵעַ הַכֹּל

on *prep. & adv.* (אוֹן) עַל; עַל יַד; בְּכִוּוּן; בְּאֶמְצָעוּת; בְּ, מ־; בְּמַצַּב־; בִּשְׁעַת־; בְּסִכּוּן־; בְּחָזְקָה; הָלְאָה; בִּרְצִיפוּת; כְּדֵי שֶׁיִּפְעַל

— and on עַד בּוֹשׁ, עַד לֵאוּת

put — לָבַשׁ, חָבַשׁ

— *adj.* פּוֹעֵל; קוֹרֶה; יֵשׁ; מִתְכַּוֵּן

— to מוּדָע לָאֱמֶת

once *adv. & adj.* (וַנְס) פַּעַם; לְפָנִים; פַּעַם אַחַת; פַּעַם יְחִידָה; בְּדַרְגָּה אַחַת; קוֹדֵם

all at — בְּאוֹתוֹ זְמַן, פִּתְאוֹם

at — מִיָּד; בְּאוֹתוֹ זְמַן

— (and) far all בְּצוּרָה מַכְרִיעָה; סוֹפִית; גַּם כֵּן

— in awhile מִזְּמַן לִזְמַן, לִפְעָמִים

— or twice לְעִתִּים רְחוֹקוֹת

— upon a time לִפְנֵי הַרְבֵּה זְמַן; בְּיָמִים עָבָרוּ

one *adj. & n. & pron.* (וַן) אֶחָד (.m),

אַחַת (.f); יָחִיד; מְסֻיָּם; (לציון זמן סתמי); שְׁטָר בֶּן־דּוֹלַר אֶחָד; בֶּן־אָדָם

all — הַיְנוּ הָךְ; אֶחָד הוּא; חֲסַר־מַשְׁמָעוּת

at — מְאֻחָדִים

— with בְּדֵעָה אַחַת עִם

— another אִישׁ אֶת רֵעֵהוּ

o'nerous *adj.* (אוֹנֶרֶס) מַכְבִּיד, מֵעִיק; מְטֻפָּל בְּהִתְחַיְּבֻיּוֹת

oneself' *pron.* (וַנְסֶלְף) עַצְמוֹ

be — הָיָה בְּמַצָּבוֹ הַתָּקִין; הָיָה כֵּן, הָיָה לְלֹא יָמְרוֹת

by — לְבַד; בְּכֹחוֹת עַצְמוֹ

come to — חָזַר לְהַכָּרָתוֹ; שָׁלַט בְּעַצְמוֹ שֵׁנִית

one'-si"ded *adj.* (וַנְסַיְדֶד) חַד־צְדָדִי

one'-track" *adj.* (וַנְטְרֶק) חַד־מַסְלוּלִי; מָכוּר לְדָבָר אֶחָד

one'-way' *adj.* (וַנְוֵי) חַד־סִטְרִי; לְלֹא גְּמוּל

o'nion *n.* (אַנְיַן) בָּצָל

on'ly *adv.* (אוֹנְלִי) רַק

— too בְּעֶצֶם; מְאֹד; לְמַרְבֵּה הַצַּעַר

— *adj.* יָחִיד; מְיֻחָד בְּמִינוֹ; שֶׁאֵין כָּמוֹהוּ

— *conj.* אֶלָּא שֶׁ־

on'set *n.* (אוֹנְסֶט) הַתְחָלָה, תְּחִלָּה, רֵאשִׁית; הַתְקָפָה, הִסְתָּעֲרוּת

on'to *prep.* (אוֹנְטוּ; בלי הטעמה: אוֹנְטֲה) עַל; מוּדָע לְ־

on'us *n.* (אוֹנַס) מַעֲמָסָה; אַחֲרָיוּת

on'ward(s) *adv.* (אוֹנְוֶרְד[ז]) קָדִימָה

on'yx *n.* (אוֹנִקְס) אֲנֵךְ, שֹׁהַם

ooze *v.i.* & *t.* & *n.* (אוּז) זָרַם לְאַט, נָזַל בְּאִטִּיּוּת; נֶעֱלַם בְּהַדְרָגָה; טִפְטֵף לְאַט; נְזִילָה אִטִּית; בֹּץ סִידָנִי; רֶפֶשׁ, בִּצָּה

opaque' *adj.* (אוֹפֵּיק) אָטוּם; כֵּהֶה; מְעֻרְפָּל, סָתוּם; מְטֻמְטָם

o'pen (אוֹפְּן) פָּתַח; פָּקַח; פִּנָּה; בִּטֵּל; חָשַׂף; גִּלָּה; פָּרַשׂ; הִתְחִיל; עָשָׂה פֶּתַח; נִפְתַּח; נֶחְשַׂף. נִתְגַּלָּה; הוֹפִיעַ

— up פָּתַח בְּאֵשׁ; נַעֲשָׂה מֻכָּר; גִּלָּה סוֹדוֹת; הִגְדִּיל מְהִירוּת

— *adj.* פָּתוּחַ; מְפֻלָּשׁ; חָשׂוּף; פָּנוּי; לֹא־מְקֻפָּל; לְלֹא הַגְבָּלוֹת; זָמִין, נִתָּן לְהַשִּׂיג; לְלֹא קָרָה (כפור); לְלֹא חֻקִּים, מֻפְקָר; לֹא־מְיֻשָּׁב; נִתָּן לְ־, כָּפוּף לְ־; גָּלוּי; גְּלוּי־לֵב; נָדִיב; לְלֹא מִכְשׁוֹלִים; שֶׁטַח חָשׂוּף, מָקוֹם תַּחַת כִּפַּת הַשָּׁמַיִם; הַיָּם הַפָּתוּחַ; בְּמַצָּב שֶׁהַכֹּל גָּלוּי וְיָדוּעַ

o'pener *n.* (אוֹפֶּנֶר) פּוֹתְחָן; מַתְחִיל, פּוֹתֵחַ; מוֹפַע־פְּתִיחָה

o'pen-eyed' *adj.* (אוֹפְּן־אַיְד) פְּקוּחַ־עֵינַיִם; מִשְׁתּוֹמֵם; עֵרָנִי; מוּדָע לַכֹּל; יוֹדֵעַ בְּדִיּוּק מַה צָּפוּי

o'pen-han'ded *adj.* (אוֹפְּן־הֶנְדֶד) נָדִיב

o'pen-hear'ted *adj.* (אוֹפְּן־הַרְטֶד) יְדִידוּתִי, גְּלוּי־לֵב; טוֹב־לֵב, נוֹטֶה חֶסֶד

o'pen house' (אוֹפְּן הַאוּס) קַבָּלַת אוֹרְחִים, זְמַן בִּקּוּרִים

keep — — מוּכָן לְקַבֵּל אוֹרְחִים

o'pen hous'ing (אוֹפְּן הַאוּזִנְג) שִׁכּוּן לְלֹא אַפְלָיָה

o'pening *n.* (אוֹפֶּנִנְג) פְּתִיחָה, הִפָּתְחוּת; פֶּתַח; הַתְחָלָה; הַשָּׁלָב הָרִאשׁוֹן; מוֹפַע־פְּתִיחָה; חֲגִיגַת פְּתִיחָה; מִשְׂרָה פְּנוּיָה; הִזְדַּמְּנוּת

op'era *n.* (אוֹפְּרַה) אוֹפֶּרָה; בֵּית אוֹפֶּרָה

op'erate" *v.i.* & *t.* (אוֹפֶּרֵיט) פָּעַל, תִּפְקֵד; הִשְׁתַּמֵּשׁ בְּלַחַץ, הִפְעִיל הַשְׁפָּעָה; עָשָׂה, בִּצֵּעַ; נִתֵּחַ; תִּפְעֵל; נִהֵל פְּעֻלּוֹת; עָרַךְ מִבְצָעִים; נִהֵל עִסְקָאוֹת בְּקְנֵה־מִדָּה גָּדוֹל; הִפְעִיל; נִהֵל; הֵבִיא לִידֵי

op"era'tion *n.* (אוֹפֶּרֵישְׁן) פְּעֻלָּה, פְּעִילוּת, הַשְׁפָּעָה; תִּפְעוּל; תַּהֲלִיךְ; נִתּוּחַ; מִבְצָע; עִסְקָה

op'era"tive *n.* & *adj.* (אוֹפֶּרֵיטִב) מַפְעִיל; בַּלָּשׁ; סוֹכֵן חֶרֶשׁ, מְרַגֵּל; פּוֹעֵל; בְּתֹקֶף; יָעִיל; שֶׁל עֲבוֹדָה, שֶׁל יִצּוּר

op'era"tor *n.* (אוֹפֶּרֵיטֶר) מַפְעִיל; מֶרְכָּזָן; מְנַהֵל מִפְעָל; סוֹחֵר אִגְּרוֹת חוֹב; מְנַתֵּחַ; מְמֻלָּח, יוֹדֵעַ לְהִסְתַּדֵּר

ophthal'mic *adj.* (אוֹפְתֶ'לְמִק) שֶׁל הָעַיִן

o'piate *n.* & *adj.* (אוֹפִּיאֶט) תַּכְשִׁיר אוֹפְּיוּם; סַם מַרְגִּיעַ; סַם שֵׁנָה; מַקְהֶה חוּשִׁים; מֵכִיל אוֹפְּיוּם; מַרְדִּים

opine' *v.t.* & *i.* (אוֹפַּין) סָבַר; חִוָּה דֵּעָה

opin'ion *n.* (אֶפִּנְיְן) דֵּעָה, הַשְׁקָפָה, חַוַּת־דַּעַת; הַעֲרָכָה חִיּוּבִית

opin'iona"ted *adj.* (אֶפִּנְיֶנֵיטֶד) מַחֲזִיק בְּדֵעוֹתָיו בְּעַקְשָׁנוּת, מְזַלְזֵל בְּדַעַת הַזּוּלַת

o'pium *n.* (אוֹפִּיאֶם) אוֹפְּיוּם; מַקְהֶה חוּשִׁים; סַם הַרְגָּעָה, סַם מְשַׁתֵּק פְּעֻלָּה

oppo'nent *n.* (אֶפּוֹנֶנְט) יָרִיב, מִתְנַגֵּד

op"portune' *adj.* (אוֹפֶּרְטוּן) מַתְאִים, נוֹחַ; בָּא בִּזְמַן מַתְאִים

op"portu'nity *n.* (אוֹפֶּרְטוּנֵטִי) הִזְדַּמְּנוּת; מַצָּב נוֹחַ; שְׁעַת כֹּשֶׁר

oppose' *v.t. & i.* (אֶפּוֹז) הִתְנַגֵּד, נִלְחַם בְּ־; עָצַר, שָׂם מִכְשׁוֹל בַּדֶּרֶךְ; הֶעֱמִיד זֶה מוּל זֶה; הָיָה בַּעַל דֵּעָה מְנֻגֶּדֶת; עוֹרֵר דֵּעָה שְׁלִילִית עַל; הִתְוַכַּח נֶגֶד; הִשְׁוָה עִם־; פָּעַל נֶגֶד

op'posite *adj. & n. & prep. & adv.* (אוֹפֶּסֶט) מְנֻגָּד, נֶגְדִּי; נִגּוּד, הֵפֶךְ; מוּל, מִנֶּגֶד; מַקְבִּיל; בְּתַפְקִיד מַשְׁלִים; בִּצְדָדִים יְרִיבִים

op"positi'on *n.* (אוֹפֶּזִשֶׁן) הִתְנַגְּדוּת; עוֹיְנוּת, אֵיבָה; אוֹפּוֹזִיצְיָה; הַעֲמָדָה כְּנֶגֶד; עִמּוּת; הַשְׁוָאָה, הַתְוָיַת נִגּוּדִים

oppress' *v.t.* (אֶפְּרֶס) הֵעִיק עַל; הִכְבִּיד עַל; לָחַץ

oppres'sion *n.* (אֶפְּרֶשֶׁן) עֹשֶׁק; מְצוּקָה; לַחַץ; דִּכּוּי

oppres'sive *adj.* (אֶפְּרֶסִב) עוֹשֵׁק, מֵעִיק; מַכְבִּיד, מֵצִיק

oppro'brious *adj.* (אֶפְּרוֹבְּרִיאֶס) מֵבִישׁ, מַחְפִּיר

opt *v.i.* (אוֹפְּט) בָּחַר

op'tic *adj.* (אוֹפְּטִק) שֶׁל הָעַיִן, שֶׁל הָרְאִיָּה

— s אוֹפְּטִיקָה

op'tical *adj.* (אוֹפְּטִקְל) אוֹפְּטִי; שֶׁל הָעַיִן, שֶׁל הָרְאִיָּה; שֶׁל אוֹפְּטִיקָה

optici'an *n.* (אוֹפְּטִשְׁן) אוֹפְּטִיקַאי

op'timis'm *n.* (אוֹפְּטֶמִזְם) אוֹפְּטִימִיּוּת

op'timis"tic *adj.* (אוֹפְּטֶמִסְטִק) אוֹפְּטִימִי

op'tion *n.* (אוֹפְּשֶׁן) בְּרֵרָה, בְּחִירָה; אוֹפְּצְיָה

op'tional *adj.* (אוֹפְּשֶׁנֶל) שֶׁל רְשׁוּת; נִתָּן לִבְחִירָה

optom'etrist *n.* (אוֹפְּטוֹמֶטְרִסְט) אוֹפְּטוֹמֶטְרִיסְט

op'ulence *n.* (אוֹפְּיֻלֶנְס) עֹשֶׁר, שֶׁפַע

op'ulent *adj.* (אוֹפְּיֻלֶנְט) עָשִׁיר; נִמְצָא מְשֻׁפָּע בְּ־

or *conj.* (אוֹר; בלי הטעמה: אֶר) אוֹ, כְּלוֹמַר

or'acle *n.* (אוֹרֶקְל) אוֹרַקְל; נוֹשֵׂא דְּבַר־חָכְמָה

— s כִּתְבֵי הַקֹּדֶשׁ; קֹדֶשׁ הַקֳּדָשִׁים

or'al *adj. & n.* (אוֹרֶל) עַל פֶּה; דִּבּוּר; שֶׁל הַפֶּה; מֻגָּשׁ דֶּרֶךְ הַפֶּה; בְּחִינָה בְּעַל פֶּה

or'ange *n.* (אוֹרֶנְג׳) תַּפּוּחַ־זָהָב, תַּפּוּז; כָּתֹם; שֶׁל תַּפּוּזִים; בְּטַעַם תַּפּוּז

ora'tion *n.* (אוֹרֵישֶׁן) נְאוּם חֲגִיגִי

or'ator *n.* (אוֹרֶטֶר) נוֹאֵם

or'ator"y *n.* (אוֹרֶטוֹרִי) אָמָּנוּת הַנְּאוּם

orb *n.* (אוֹרְבּ) גֶּרֶם שְׁמֵימִי; כַּדּוּר; גַּלְגַּל־הָעַיִן, עַיִן

or'bit *n. & v.i.* (אוֹרְבִּט) מַסְלוּל (מסביב לגרם שמימי); מַהֲלַךְ הַחַיִּים, תְּחוּם פְּעִילוּת; נָע בְּמַסְלוּל מִסָּבִיב; שֻׁגַּר לְמַסְלוּל מִסָּבִיב

or'chard *n.* (אוֹרְצֶ׳רְד) מַטָּע; מַטַּע עֲצֵי פְּרִי

or'chestra *n.* (אוֹרְקֶסְטְרָה) תִּזְמֹרֶת; שֶׁטַח הַתִּזְמֹרֶת; אוּלָם (תאטרון): הַשּׁוּרוֹת הָרִאשׁוֹנוֹת

or'chid *n.* (אוֹרְקִד) סַחְלָב; אַרְגָּמָן כְּחַלְחַל־אֲדַמְדַּם

ordain' *v.t. & i.* (אוֹרְדֵין) פָּקַד, צִוָּה; נָתַן סְמִיכָה; הִסְמִיךְ; גָּזַר

ordeal' *n.* (אוֹרְדִיל) מִבְחָן חָמוּר; נִסָּיוֹן קָשֶׁה; מַסָּה, דִּין שָׁמַיִם

or'der *n.* (אוֹרְדֶר) פְּקֻדָּה; סֵדֶר; פְּעֻלָּה תְּקִינָה; דַּרְגָּה; מַעֲמָד חֶבְרָתִי; נֹהַג; דְּבֵקוּת בְּנֹהַג; מִשְׁטָר; הַזְמָנָה; סִדְרָה (במדעי הטבע); מִסְדָּר; הוֹרָאַת־תַּשְׁלוּם, הַמְחָאָה

call to — פָּתַח (אסיפה)

in — מַתְאִים, נָאוֹת; כַּיָּאוּת; תּוֹאֵם הַנֹּהַג

in — that לְמַטְּרַת. עַל מְנַת שֶׁ־

in — to כְּדֵי לְ־

in short — לְלֹא שְׁהִיּוֹת, מַהֵר

on — מְזֻמָּן

on the — of דּוֹמֶה לְ־

out of — לֹא מַתְאִים; מְקֻלְקָל; בְּנִגּוּד לַנֹּהַג

— *v.t. & i.* פָּקַד, צִוָּה; הִזְמִין; סִדֵּר; נָתַן סְמִיכָה

or'derliness *n.* (אוֹרְדֶרְלִינֶס) סֵדֶר, שִׁיטָתִיּוּת

or'derly *adj. & adv. & n.* (אוֹרְדֶרְלִי) מְסֻדָּר; שִׁיטָתִי; שׁוֹמֵר־חֹק; בְּהֶתְאֵם לִכְלָלִים; שַׁמָּשׁ קָצִין; חוֹבֵשׁ, אָח (בבית חולים)

or'dinal *adj. & n.* (אוֹרְדְנֶל) שֶׁל סִדְרָה; סִדּוּרִי; מִסְפָּר סִדּוּרִי

or'dinance *n.* (אוֹרְדְנֶנְס) תַּקָּנָה; כְּלָל; צַו; פְּקֻדָּה

or'dinary" *adj. & n.* (אוֹרְדֶנֶרִי) רָגִיל, שָׁכִיחַ, מָצוּי; תָּקִין; נָדוֹשׁ; נָחוּת; יָשִׁיר

or"dina'tion *n.* (אוֹרְדֶנֵישֶׁן) מַתַּן סְמִיכָה; קַבָּלַת סְמִיכָה; מַתַּן צַו; סִדּוּר; מַעֲרָךְ

ord'nance *n* (אוֹרְדְנֶנְס) אַרְטִילֶרְיָה; תּוֹתָחִים; חִמּוּשׁ; חֵיל חִמּוּשׁ

ore *n.* (אוֹר) עֲפְרָה, בֶּצֶר

or'gan *n.* (אוֹרְגֶן) אֵיבָר; עוּגָב; אוֹרְגָן; תֵּבַת נְגִינָה; בִּטָּאוֹן; מַכְשִׁיר

organ'ic *adj.* (אוֹרְגֶנִק) אוֹרְגָנִי

or'ganis"m *n.* (אוֹרְגֶנִזְם) אוֹרְגָנִיזְם, יְצוּר חַי; מַנְגָּנוֹן, מַעֲרֶכֶת

or'ganist *n.* (אוֹרְגֶנִסְט) מְנַגֵּן בְּעוּגָב, עוּגָבַאי, מְנַגֵּן בְּאוֹרְגָן

or"ganiza'tion *n.* (אוֹרְגֶנִיזֵישֶׁן) אִרְגּוּן; הִסְתַּדְּרוּת; הֶרְכֵּב, מִבְנֶה

or'ganize" *v.t. & i.* (אוֹרְגֶנַיז) אִרְגֵּן; סִדֵּר; אִרְגֵּן פּוֹעֲלִים בְּאִגּוּד מִקְצוֹעִי; הֵקִים אִגּוּד מִקְצוֹעִי; הִתְאַרְגֵּן

or'gani"zer *n.* (אוֹרְגֶנַיזֶר) מְאַרְגֵּן; מֵקִים אִגּוּד מִקְצוֹעִי, מְאַרְגֵּן פּוֹעֲלִים

or'gy *n.* (אוֹרְגִ׳י) מְסִבַּת שִׁכְרוּת וּפְרִיצוּת, מִשְׁתֶּה זִמָּה, אוֹרְגְיָה; הִשְׁתּוֹלְלוּת

or'ient *n.* (אוֹרִיאֶנְט) מִזְרָח

o'rient" *v.t. & i.* קָבַע הִתְמַצְּאוּת; קָבַע יְחָסִים עִם; קָבַע מִקּוֹם; קָבַע כִּוּוּן; פָּנָה מִזְרָחָה; פָּנָה לְכִוּוּן מְסֻיָּם

o"rien'tal *adj. & n.* (אוֹרִיאֶנְטֶל) מִזְרָחִי; שֶׁל הַמִּזְרָח; בֶּן הַמִּזְרָח

or"ienta'tion *n.* (אוֹרִיאֶנְטֵישֶׁן) קְבִיעַת הִתְמַצְּאוּת; קְבִיעַת מִקּוֹם, הִתְמַצְּאוּת, אוֹרְיֶנְטַצְיָה; תִּדְרוּךְ

or'ifice *n.* (אוֹרְפִס) פֶּה, פֶּתַח

or'igin *n.* (אוֹרְגִ׳ן) מָקוֹר, מוֹצָא; רֵאשִׁית

orig'inal *adj. & n.* (אֶרִגִ׳נֶל) מְקוֹרִי, בַּעַל מְקוֹרִיּוּת; חָדָשׁ, רַעֲנָן; מָקוֹר, אוֹרִיגִינָל

orig"inali'ty *n.* (אֶרִגִ׳נֶלְטִי) מְקוֹרִיּוּת

orig'inate" *v.i. & t.* (אֶרִגִ׳נֵיט) הִתְהַוָּה, נוֹצַר, נָבַע; יָצָא מִנְּקֻדַּת מוֹצָא; חִדֵּשׁ, הִמְצִיא

or'nament *n.* (אוֹרְנֶמֶנְט) קִשּׁוּט; יִפּוּי; עֲדִי

or'nament" *v.t.* קִשֵּׁט

or"namen'tal *adj. & n.* (אוֹרְנֶמֶנְטֶל) קִשּׁוּטִי,

ornate' *adj.* (אוֹרְנֵיט) מְקֻשָּׁט מְאֹד, מְנַקֵּר עֵינַיִם בְּהִדּוּרוֹ; נִמְלָץ

or"nithol'ogy *n.* (אוֹרְנִת׳וֹלֶגִ׳י) חֵקֶר הָעוֹפוֹת, אוֹרְנִיתוֹלוֹגְיָה

or'phan *n. & adj. & v.t.* (אוֹרְפֶן) יָתוֹם; מְיֻתָּם; יִתֵּם

or'phanage *n.* (אוֹרְפֶנִג׳) בֵּית יְתוֹמִים; יַתְמוּת

or'thodox" *n. & adj.* (אוֹרְתֶ׳דוֹקְס) אוֹרְתּוֹדוֹקְסִי, אָדוּק; מָסָרְתִּי; מְקֻבָּל, רָגִיל

or'thodox"y *n.* (אוֹרְתֶ׳דוֹקְסִי) מִנְהֲגֵי הָאֲדוּקִים, תּוֹרַת הָאֲדוּקִים; אֲדִיקוּת; צִבּוּר הָאֲדוּקִים, אוֹרְתּוֹדוֹקְסִיָּה

orthog'raphy *n.* (אוֹרְת׳וֹגְרֶפִי) אוֹרְתּוֹגְרַפְיָה, אִיּוּת; כְּתִיב

or"thope'dic *adj.* (אוֹרְתֶ׳פִּידִק) אוֹרְתּוֹפֶּדִי

os'cillate" *v.i. & t.* (אוֹסֶלֵיט) הִתְנוֹדֵד; פָּסַח עַל שְׁתֵּי סְעִפִּים; הֵנִיד

osmo'sis *n.* (אוֹסְמוֹסִס) אוֹסְמוֹזָה

os'prey *n.* (אוֹסְפְּרִי) שָׁלָךְ

osten'sible *adj.* (אוֹסְטֶנְסֶבֶּל) נִרְאֶה, גָּלוּי; בּוֹלֵט

os"tenta'tion *n.* (אוֹסְטֶנְטֵישֶׁן) הִתְהַדְּרוּת, רַאַוְתָנוּת

os"tenta'tious *adj.* (אוֹסְטֶנְטֵישֶׁס) רַאַוְתָנִי, מִתְפָּאֵר

os'tracis"m *n.* (אוֹסְטְרֶסִזֶם) נִדּוּי, חֵרֶם

os'tracize" *v.t.* (אוֹסְטְרֶסַיז) נִדָּה, הֶגְלָה

os'trich *n.* (אוֹסְטְרִץ׳) יָעֵן, בַּת־יַעֲנָה; מִתְעַלֵּם מִמְּצִיאוּת לֹא־נְעִימָה

oth'er *adj. & n. & pron.* (אַדְ'ר) נוֹסָף; אַחֵר; שׁוֹנֶה; שֵׁנִי (מתוך שנים), יֶתֶר; קוֹדְמִים
each — אִישׁ אֶת רֵעֵהוּ
every — כָּל... שֵׁנִי
the — day לִפְנֵי יוֹם־יוֹמַיִם, לָאַחֲרוֹנָה
— *adv.* אֶלָּא עַל יְדֵי
oth'erwise" *adv. & adj.* (אַדְ'רְוַיְז) אַחֶרֶת; בְּצוּרָה שׁוֹנָה; מִבְּחִינוֹת אֲחֵרוֹת; אֶלָּא עַל יְדֵי; שׁוֹנֶה, שֶׁבְּנְסִבּוֹת אֲחֵרוֹת
ot'ter *n.* (אוֹטֶר) לוּטְרָה
ouch *interj.* (אַוּץ') אַי, אָיָה
ought (אוֹט) (פועל עזר) צָרִיךְ
ounce *n.* (אַוּנְס) אוּנְקִיָּה; שֶׁמֶץ
our *pron.* (אַוּאֶר; בלי הטעמה: אָר) שֶׁלָּנוּ
ours *pron.* (אַוּאֶרְז; אָרְז) שֶׁלָּנוּ, לָנוּ
ourself *pron.* (אָרְסֶלְף; אַוּרְסֶלְף) עַצְמֵנוּ, עַצְמִי; יָחוּד
ourselves *pron. pl.* (אָרְסֶלְוְז; אַוּאֶרְסֶלְוְז) עַצְמֵנוּ; אֲנַחְנוּ (להדגשה); חָזַרְנוּ לְאֵיתָנֵנוּ
oust *v.t.* (אַוּסְט) גֵּרֵשׁ
out *adv.* (אַוּט) בַּחוּץ, הַחוּצָה; לֹא בַּמָּקוֹם הָרָגִיל, אֵינֶנּוּ; עַד לַהֲרָקָתוֹ; מִתּוֹךְ, מִחוּץ לִידֵי הַכְרָעָה סוֹפִית; לְחִדָּלוֹן; בְּנִגּוּד לָאָפְנָה, שֶׁלֹּא כַּמְּקֻבָּל; לִידִיעַת הַצִּבּוּר; שׁוֹחֵר ל־; נִתְקַבֵּל בַּחֶבְרָה; אֵינוֹ בַּנִּמְצָא; יָצָא בִּשְׁבִיתָה; כְּדֵי לְהִשְׁתָּרֵעַ; בִּפְעֻלָּה, בְּגָלוּי; עָשׂוּי חֹמֶר מְסֻיָּם; מִיִּשּׁוּב הַדַּעַת; מְסֻכְסָךְ; לְשֵׁם שְׁלִילָה מ־; עַד כְּדֵי גְּמִירָה; בִּשְׁלֵמוּת, לְגַמְרֵי; עַד כְּדֵי טִשְׁטוּשׁ
all — בְּמַאֲמָץ עֶלְיוֹן
break— פָּרַץ
call — קָרָא
carry — הוֹצִיא הַחוּצָה; בִּצֵּעַ
come — יָצָא
cross — מָחַק
drive — גֵּרֵשׁ
go — יָצָא
make — הִבְחִין בּ־; פָּתַר; הִתְעַלֵּס
— and away בְּמִדָּה רַבָּה
— from under נֶחֱלַץ מִמַּצָּב קָשֶׁה
put — כִּבָּה
rub — מָחַק
stand — הִתְבַּלֵּט
take — הוֹצִיא
way — רָחוֹק מְאֹד, נִדָּח
wear — בִּלָּה
work — הִסְתַּדֵּר
— *adj.* חָשׂוּף; מִחוּץ לַתְּחוּם הַמְּקֻבָּל; מִחוּץ לַמְּקֻבָּל; לֹא־נָכוֹן, לֹא־מְדֻיָּק; סוֹבֵל מַחְסוֹר אָמוֹן; סוֹבֵל מֵאָבְדַן מָמוֹן; חָסֵר; מְרֻחָק מִפְּעִילוּת (במשחק): חֲסַר־הַכָּרָה; מְבֻטָּל; שָׁרוּי בְּמַחֲלֹקֶת; גָּמוּר; כָּבוּי, אֵינוֹ פּוֹעֵל; שֶׁהֻרְחַק מִשִּׁלְטוֹן; יוֹצֵא; לֹא בָּאָפְנָה; אֵינוֹ בַּנִּמְצָא
— of מִתּוֹךְ, כְּתוֹצָאַת־
— prep. מִחוּץ ל־; הַחוּצָה וּלְכִוּוּן...
— *interj.* הַחוּצָה, הִסְתַּלֵּק, הָלְאָה
— *n. & v.t.* עֶצֶם בּוֹלֵט; אֶמְצָעִי הִשְׁתַּמְּטוּת, מָנוֹס; אָדָם נְטוּל שִׁלְטוֹן; יָצָא, הִתְגַּלָּה; גִּלָּה
be on the — s הָיָה מְסֻכְסָךְ
out"bid' *v.t.* (אַוּטְבִּד) הִצִּיעַ סְכוּם גָּדוֹל יוֹתֵר
out'break" *n.* (אַוּטְבְּרֵיק) הִתְפָּרְצוּת; מְהוּמָה, הִתְפָּרְעוּת
out'burst" *n.* (אַוּטְבֶּרְסְט) הִתְפָּרְצוּת; פְּעִילוּת פִּתְאוֹמִית
out'cast" *n.* (אַוּטְקֶסְט) מְנֻדֶּה; נָע וָנָד
out'come" *n.* (אַוּטְקַם) תּוֹצָאָה
out'cry" *n.* (אַוּטְקְרַי) זְעָקָה, מְחָאָה
out"do' *v.t.* (אַוּטְדוּ) עָלָה עַל
out'door"(s) *adj. & n.* (אַוּטְדוֹר[ז]) שֶׁל הַחוּץ, בַּחוּץ; תַּחַת כִּפַּת הַשָּׁמַיִם
ou'ter *adj.* (אַוּטֶר) חִיצוֹנִי
ou'termost' *adj.* (אַוּטֶרְמוֹסְט) הַמְּרֻחָק בְּיוֹתֵר
out'fit" *n. & v.t.* (אַוּטְפִט) צִיּוּד; לְבוּשׁ, הַלְבָּשָׁה "קוֹמְפְּלֶט"; מַעֲרֶכֶת; יְחִידָה; מִפְעָל; צִיֵּד
out'go"ing *adj.* (אַוּטְגוֹאִנְג) יוֹצֵא; מִתְיַדֵּד; אָרוּז (מזון – לאכילה במקום אחר)
out"grow' *v.t.* (אַוּטְגְרוֹ) גָּדַל יָתֵר עַל הַמִּדָּה; הִשְׁאִיר מֵאֲחוֹרָיו בְּעִקְבוֹת שִׁנּוּיִים שֶׁחָלוּ בּוֹ; גָּדַל יוֹתֵר מ־
out'growth" *n.* (אַוּטְגְרוֹת') הִתְפַּתְּחוּת, תּוֹצָאַת־לְוַאי, הִסְתַּעֲפוּת

out'house" *n.* (אוּטְהַאוּס) מבנה־חוץ; בית כסא

out'ing *n.* (אוּטִנג) טיול

outlan'dish *adj.* (אַוּטְלֶנְדִש) מוזר, משונה מאד; זר; נדח

out"last' *v.t.* (אַוּטְלֶסְט) האריך ימים מ־

out'law" *n. & v.t.* (אַוּטְלוֹ) פושע מועד; אדם מחוץ להגנת החק; סוס מתפרע; שלל זכיות, הוציא מחוץ לחק; הכריז כלא חקי, אסר

out'lay" *n.* (אוּטְלֵי) יציאה, הוצאה

out'let *n.* (אַוּטְלֶט) יציאה, פתח־יציאה; שקע; שוק; חנות; אמצעי בטוי; תחנה מקומית; אפיק, שפך

out'line" *n. & v.t.* (אוּטְלַין) תרשים, מתוה, סקיצה; מתאר; ראשי־פרקים; תרשם, תאר בראשי־פרקים

out"live' *v.t.* (אַוּטְלִב) האריך ימים מ־; בלה

out'look" *n.* (אַוּטְלֻק) השקפה; סכוי, תחזית; מצפה, תצפית

out'ly"ing *adj.* (אַוּטְלַיאִנג) מרחק, נדח

out"mo'ded *adj.* (אוּטְמוֹדֶד) מישן; של אפנה מישנת; שאינו עוד בשמוש

out'-of-bounds" *adj.* (אַוּטְוְבַּאוּנְדז) מחוץ לתחום

out'-of-the-way" *adj.* (אַוּטֶוְדְ'וֵי) מרחק; לא־רגיל; פוגע

out'patient *n.* (אַוּטְפֵּישֶׁנְט) חולה לא־מאשפז

out'post" *n.* (אַוּטְפּוֹסְט) עמדה, משלט

ouf'pour"ing *n.* (אַוּטְפּוֹרִנְג) השתפכות

out'put" *n.* (אַוּטְפֻּט) תפוקה, יצור; הספק

out'rage *n. & v.t.* (אַוּטְרֵיג') נבלה; זועה; החריד; פגע פגיעה קשה; הרגיז; עורר התמרמרות; אנס

outra'geous *adj.* (אַוּטְרֵיגְ'ס) מחריד, משגע; מזעזע; מוזר ביותר

out'right" *adj.* (אַוּטְרַיט) גמור, מחלט

out'right' *adv.* לגמרי, לחלוטין; בגלוי; מיד; ללא מעצורים

out'run' *v.t.* (אַוּטְרַן) רץ מהר מ־, הרחיק לרוץ מ־; נמלט בריצה; עלה על

out'set" *n.* (אַוּטְסֶט) התחלה

out'side' *n.* (אַוּטְסַיד) חוץ, החלק החיצון; חיצון

at the — בקצה הגבול, בתחום המרחק ביותר

out"side' *adj. & adv. & prep.* חיצוני, מהחוץ; נדיר; החוצה; מחוץ ל־; מלבד

— of מלבד, חוץ מ־

out"si'der *n.* (אַוּטְסַידֶר) אדם בחוץ; זר; אינו מתמצא בענין

out'size(d)" *adj.* (אַוּטְסַיז[ד]) גדול מהרגיל

out'skirts" *n.* (אַוּטְסְקֶרְטְס) עבור (של עיר), פרור; שולים

out"smart' *v.t.* (אַוּטְסְמַרְט) גבר על (בחכמתו), "סדר"

out'spo'ken *adj.* (אַוּטְסְפּוֹקֶן) גלוי־לב, ללא מעצורים, מבע בחפשיות

out"stan'ding *adj.* (אַוּטְסְטֶנְדִנְג) דגול, בולט; נמשך; שלא־נפרע; תלוי ועומד, במחזור

out"stretch' *v.t.* (אַוּטְסְטְרֶץ') הושיט; מתח מעבר; הרחיב

out"strip' *v.t.* (אַוּטְסְטְרִפּ) עלה על; עבר על פני... והלאה, התקדם לפני־, השאיר מאחוריו

out'ward *adj.* (אַוּטְוֶרְד) גלוי, נגלה, שטחי; חיצוני; גשמי; של פעלות חיצוניות, של הופעה חיצונית; כלפי חוץ

— (s) החוצה; ברגשות גלויים; אל הים הפתוח

— by *adv.* כלפי חוץ, למראית עין; על פני השטח

out"weigh' *v.t.* (אַוּטְוֵי) עלה על (בערך, חשיבות, השפעה); היה בעל משקל־יתר

out'wit' *v.t.* (אַוּטְוִט) עלה בחריפותו על; הערים על; גבר בתושיתו על

o'val *adj. & n.* (אוֹבְל) סגלגל, אליפטי; עצם סגלגל; תבנית סגלגלה; כדורגל (אמריקני)

o'vary *n.* (אוֹבְרִי) שחלה

ova'tion *n.* (אוֹבֵישְן) קבלת פנים נלהבת; תשואות; מחיאות כפים סוערות

ov′en *n.* (אַוְן) תַּנּוּר

o′ver *prep.* (אוֹבֶר) עַל, מֵעַל; בְּכָלוֹ; מֵעֵבֶר; לְמַעְלָה מ־; יוֹתֵר מ־; עַד תֹּם; בְּמֶשֶׁךְ; עַל פְּנֵי; בִּשְׁעַת הִתְעַסְּקוּת בּ־;

— and above מִלְּבַד, נוֹסָף

— *adv.* מֵעֵבֶר לַקָּצֶה; עַל פְּנֵי כָּל הַשֶּׁטַח; בְּכָל הַשֶּׁטַח; בְּמֶרְחַק מָה לְעֵבֶר; מֵעֵבֶר; מֵהַהַתְחָלָה וְעַד הַסּוֹף; מֵאֶחָד לַשֵּׁנִי; מֵעֵבֶר לַיָּם (לארה״ב); מִמַּצָּב זָקוּף; שֵׁנִית; בָּזֶה אַחַר זֶה; כִּיתְרָה; בְּמֶשֶׁךְ תְּקוּפָה מְסֻיֶּמֶת; לְבֵיתוֹ; לְמִשְׂרָדוֹ

all — בְּכָל מָקוֹם, בְּכָל הַשֶּׁטַח; לְגַמְרֵי, בִּיסוֹדִיּוּת; גָּמוּר

all — with נִגְמַר, הִסְתַּיֵּם

— again עוֹד הַפַּעַם

— and — פְּעָמִים אֲחָדוֹת

— there לְאֵירוֹפָּה (בארה״ב, בקשר למלחמת העולם הראשונה)

— *adj.* עֶלְיוֹן; גָּבֹהַּ יוֹתֵר; בַּעַל סַמְכֻיּוֹת רַבּוֹת יוֹתֵר; חִיצוֹנִי; עוֹדֵף, נוֹסָף; יוֹתֵר מִדַּי; גָּמוּר

— *n.* תּוֹסֶפֶת

o″verall′ *adj.* (אוֹבֶרוֹל) מִקָּצֶה אֶל קָצֶה; מַקִּיף, מְכַסֶּה הַכֹּל

— s *n.* סַרְבָּל

o″verbear′ing *adj.* (אוֹבֶרבֶּרִנְג) שְׁתַלְטָנִי, שַׁחֲצָנִי

o′verboard″ *adv.* (אוֹבֶרבּוֹרְד) לְתוֹךְ הַמַּיִם

o′vercast′ *adj.* (אוֹבֶרְקֶסְט) מְעֻנָּן; אַפְלוּלִי, קוֹדֵר

o″vercharge′ *v.t.* (אוֹבֶרְצָ׳רְג׳) בִּקֵּשׁ מְחִיר מֻפְרָז; הֶעֱמִיס יָתֵר עַל הַמִּדָּה; הִגְזִים;

o′vercharge′ *n.* מְחִיר מֻפְרָז; מַעֲמֶסֶת־יֶתֶר

o′vercoat″ *n.* (אוֹבֶרְקוֹט) מְעִיל עֶלְיוֹן, אַדֶּרֶת

o″vercome′ *v.t. & i.* (אוֹבֶרַקַם) נִצַּח, הֵבִיס; הִתְגַּבֵּר עַל; הִשְׁתַּלֵּט עַל

o″vercrowd′ *v.t.* (אוֹבֶרְקְרָאוּד) צִפֵּף, דָּחַס

o″verdo′ *v.t. & i.* (אוֹבֶרְדוּ) הִפְרִיז בּ־, הִגְדִּישׁ הַסְּאָה; הוֹגִיעַ; הִקְדִּיחַ תַּבְשִׁילוֹ; הִקְדִּיחַ

o′verdraft″ *n.* (אוֹבֶרְדְרֶפְט) מְשִׁיכַת־יֶתֶר

o″verdraw′ *v.t.* (אוֹבֶרְדְרוֹ) מָשַׁךְ מְשִׁיכַת־יֶתֶר; מָתַח יָתֵר עַל הַמִּדָּה; הִפְרִיז

o″verdress′ *v.t. & i.* (אוֹבֶרְדְרֶס) הִפְרִיז בִּלְבוּשׁ

o″verdue′ *adj.* (אוֹבֶרְדוּ) מִתְמַהְמֵהַּ, מִתְעַכֵּב פֵּרָעוֹנוֹ

o″vereat′ *v.i.* (אוֹבֶרִיט) הִפְרִיז בַּאֲכִילָה, זָלַל

o″veres′timate″ *v.t.* (אוֹבֶרֶסְטֶמֵיט) יִתֵּר בָּאֹמֶד

o″veflow′ *v.i. & n.* (אוֹבֶרְפְלוֹ) עָלָה עַל גְּדוֹתָיו; גָּלַשׁ; נָהַר; הִשְׁתַּפֵּעַ

o′verflow″ *n.* גְּלִישָׁה; גֹּדֶשׁ; צִנּוֹר־בֵּרוּץ

o′vergrow″ *v.t. & i.* (אוֹבֶרְגְרוֹ) צָמַח וְכִסָּה; גָּדַל יָתֵר עַל הַמִּדָּה

o″verhang′ *v.t.* (אוֹבֶרְהֶנְג) הָיָה תָּלוּי מֵעַל; הִשְׁתָּרֵבֵב מֵעַל, הִתְבַּלֵּט מֵעַל; אִיֵּם עַל

o′verhaul″ *v.t. & n.* (אוֹבֶרְהוֹל) בָּדַק (לגילוי קלקולים), תִּקֵּן; הִשִּׂיג (במרוץ); בְּדִיקָה כְּלָלִית (לגילוי קלקולים); בֶּדֶק־בַּיִת

over′head′ *adv.* (אוֹבֶרְהֶד) מִמַּעַל, מֵעַל הָרֹאשׁ; לְמַעְלָה; בְּאֶמְצַע הַשָּׁמַיִם; שָׁרוּי לְגַמְרֵי, מְעֹרָב לַחֲלוּטִין

o′verhead″ *adj. & n.* מֵעַל הָרֹאשׁ עִלִּי, מֻגְבָּה, תָּלוּי; כְּלָלִי, מְמֻצָּע; הוֹצָאוֹת תִּפְעוּל; הוֹצָאוֹת כְּלָלִיּוֹת

o″verhear′ *v.t.* (אוֹבֶרְהִיר) שָׁמַע בְּהֶסַּח הַדַּעַת

o″verheat′ *v.t.* (אוֹבֶרְהִיט) חִמֵּם יָתֵר עַל הַמִּדָּה

o″verlap′ *v.i. & t.* (אוֹבֶרְלֶפּ) חָפַף, חוֹפֵף

o″verload′ *v.t.* (אוֹבֶרְלוֹד) הֵטִיל נֵטֶל כָּבֵד מִנְּשׂוֹא; הֶעֱמִיס יָתֵר עַל הַמִּדָּה

o′verload″ *n.* מַעֲמֶסֶת־יֶתֶר

o″verlook′ *v.i.* (אוֹבֶרְלוּק) הִתְעַלֵּם מ־, הִזְנִיחַ, לֹא שָׂם לֵב; הִשְׁקִיף עַל; צָפָה עַל; וְשִׁקֵּף עַל; הִתְרוֹמֵם מֵעַל; מָחַל; בָּדַק; הִשְׁגִּיחַ עַל

o′vernight′ *adv.* (אוֹבֶרְנַיְט) בְּמֶשֶׁךְ הַלַּיְלָה; בְּעֶרֶב הַקּוֹדֵם; פִּתְאוֹם, מַהֵר מְאֹד, בִּן־לַיְלָה

o'vernight" *adj.* לְכָל הַלַּיְלָה, לֵילִי; לְלַיְלָה אֶחָד; שֶׁל הָעֶרֶב הַקּוֹדֵם; פִּתְאוֹמִי

o'verpass *v.t.* (אוֹבֶרְפֶּס) גֶּשֶׁר (מעל כביש או מסילת ברזל)

o"verpay' *v.t.* (אוֹבֶרְפֵּי) שִׁלֵּם יוֹתֵר מִדַּי

o"verpow'er *v.t.* (אוֹבֶרְפָּאוּאֶר) הִתְגַּבֵּר עַל; הִכְנִיעַ; הִשְׁתַּלֵּט עַל; הִשְׁפִּיעַ עַל... בְּצוּרָה מֻגְזֶמֶת

o"verrate' *v.t.* (אוֹבֶרֵיט) הֶעֱרִיךְ יָתֵר עַל הַמִּדָּה, הֶחֱשִׁיב יוֹתֵר מִדַּי

o"verreach' *v.t. & i.* (אוֹבֶרִיץ') הִגִּיעַ מֵעֵבֶר לְ־; מָתַח יָתֵר עַל הַמִּדָּה; נִכְשַׁל מֵחֲמַת הִתְחַכְּמוּת־יֶתֶר; הֶחֱטִיא בְּעִקְּבוֹת מַאֲמַץ־יֶתֶר; הִגִּיעַ יוֹתֵר מִדַּי רָחוֹק; סוֹכֵךְ; רִמָּה

o"verride' *v.t.* (אוֹבֶרַייד) דָּרַס; הִשְׁלִיט רְצוֹנוֹ; בִּטֵּל

o"verrule' *v.t.* (אוֹבֶרוּל) סֵרֵב לְקַבֵּל טֵעוּן; בִּטֵּל טְעָנוֹת; פָּסַק נֶגֶד

o"verrun' *v.t. & i.* (אוֹבֶרַן) פָּלַשׁ, פָּשַׁט עַל; הִתְפַּשֵּׁט בִּמְהִירוּת; הֵבִיס, מָעַךְ; רָץ מֵעֵבֶר לְ־; עָלָה עַל; גָּלַשׁ

o"verseas' *adv. & n.* (אוֹבֶרְסִיז) מֵעֵבֶר לַיָּם, אַרְצוֹת נֵכָר

o'verseas' *adj.* שֶׁל נְסִיעָה מֵעֵבֶר לַיָּם, שֶׁל צְלִיחַת הָאוֹקְיָנוֹס; שֶׁל חוּץ לָאָרֶץ; שֶׁל מֵעֵבֶר לַיָּם

o"versee' *v.t.* (אוֹבֶרְסִי) פִּקֵּחַ עַל; הִשְׁגִּיחַ עַל; רָאָה בַּחֲשַׁאי, רָאָה שֶׁלֹּא בְּמִתְכַּוֵּן

o'verseer" *n.* (אוֹבֶרְסִיר) מְפַקֵּחַ, מַשְׁגִּיחַ, נוֹגֵשׂ

o"vershad'ow *v.t.* (אוֹבֶרְשֶׁדוֹ) מִעֵט בַּחֲשִׁיבוּת, הֵטִיל צֵל עַל; הִקְדִּיר

o'vershoe" *n.* (אוֹבֶרְשׁוּ) עַרְדָּל

o'versight" *n.* (אוֹבֶרְסַיט) חֹסֶר תְּשׂוּמֶת־לֵב, הַשְׁמָטָה מֵרַשְׁלָנוּת, טָעוּת רַשְׁלָנִית; פִּקּוּחַ, הַשְׁגָּחָה

o"versleep' *v.i. & t.* (אוֹבֶרְסְלִיפּ) אֵחֵר לָקוּם, אֵחֵר מוֹעֵד הַקִּימָה

o"verstate' *v.t.* (אוֹבֶרְסְטֵיט) הִגְזִים, הִפְרִיז בַּהֲבָעָה

overt' *adj.* (אוֹבֶרְט) גָּלוּי

o"vertake' *v.t.* (אוֹבֶרְטֵיק) הִשִּׂיג, הִדְבִּיק; תָּפַס; בָּא עַל פִּתְאוֹם

o"vertax' *v.t.* (אוֹבֶרְטֶקְס) דָּרַשׁ יוֹתֵר מִדַּי מִן; הֵטִיל מִסִּים כְּבֵדִים מִדַּי

o"verthrow' *v.t. & i.* (אוֹבֶרְתְ'רוֹ) הִפִּיל; הֵבִיס; מִגֵּר, הוֹרִיד מִשִּׁלְטוֹן; זָרַק יוֹתֵר מִדַּי רָחוֹק

o'verthrow" *n.* הַפָּלָה; מִגּוּר; הוֹרָדָה מִשִּׁלְטוֹן; מַפָּלָה, חֻרְבָּן

o'vertime" *adv. & n. & adj.* (אוֹבֶרְטַיְם) בְּמֶשֶׁךְ שָׁעוֹת נוֹסָפוֹת; שָׁעוֹת נוֹסָפוֹת; תַּשְׁלוּם בְּעַד שָׁעוֹת נוֹסָפוֹת; הַאֲרָכָה; שֶׁל שָׁעוֹת נוֹסָפוֹת

o'verture" *n.* (אוֹבֶרְצ'וּר) תְּנוּעַת פְּתִיחָה, צַעַד רִאשׁוֹן, הַצָּעָה; אוֹבֶרְטוּרָה, פְּתִיחָה

o"verturn' *v.t. & i.* (אוֹבֶרְטֶרְן) הָפַךְ; הִפִּיל, הֵבִיס; הִתְהַפֵּךְ

o'verweight" *n.* (אוֹבֶרְוֵיט) עֹדֶף מִשְׁקָל

o"verwhelm' *v.t.* (אוֹבֶרְהְוֶלְם) הִתְגַּבֵּר עַל בְּכֹחוֹת עוֹדְפִים, הִשְׁמִיד, מָעַךְ; הֶעֱמִיס יָתֵר עַל הַמִּדָּה; נֶעֱרַם עַל; הֶחְדִּיר לִגְמָרֵי

o"verwork' *v.t. & i.* (אוֹבֶרְוֶרְק) הֶעֱבִיד יוֹתֵר מִדַּי; הוֹגִיעַ בַּעֲבוֹדַת פֶּרֶךְ, הֵסִית יָתֵר עַל הַמִּדָּה, הִלְהִיב בְּצוּרָה מֻפְרֶזֶת; הִפְרִיז בְּשִׁמּוּשׁ; עָבַד יוֹתֵר מִדַּי קָשֶׁה

o'verwork" *n.* עֲבוֹדָה מֻפְרֶזֶת; עֲבוֹדַת גֶּדֶשׁ, עֲבוֹדָה נוֹסֶפֶת

o'vum *n.* (אוֹבַם) בֵּיצָה; בֵּיצִית

ow *interj.* (אַו) וַי, אוֹי

owe *v.t. & i.* (אוֹ) הָיָה חַיָּב; רָחַשׁ כְּלַפֵּי

o'wing *adj.* (אוֹאִנְג) חַיָּב

— to בִּגְלַל; מֵחֲמַת

owl *n.* (אַוּל) דּוֹרֵס לַיְלָה, לִילִית, יַנְשׁוּף

barn — תִּנְשֶׁמֶת

eagle — אוֹחַ

little — כּוֹס

long-eared — יַנְשׁוּף עֵצִים

own *adj. & n.* (אוֹן) שֶׁלּוֹ; שֶׁלּוֹ עַצְמוֹ

come into one's — רָכַשׁ מַה שֶּׁשַּׁיָּךְ לוֹ; זָכָה לְהַכָּרָה שֶׁרָאוּי לָהּ

hold one's — הֶחֱזִיק מַעֲמָד; עוֹמֵד עַל רָמָה נְאוֹתָה

of one's — שֶׁלּוֹ עַצְמוֹ

on one's — בְּכֹחוֹת עַצְמוֹ; בִּלְבַד

— *v.t.* הָיָה בַּעַל, הָיָה ל־; הוֹדָה בּ־; הִכִּיר

— *v.i.* הוֹדָה, הִתְוַדָּה

o'wner *n.* (אוֹנֶר) בְּעָלִים, בַּעַל

o'wnership" *n.* (אוֹנֶרְשִׁפּ) בַּעֲלוּת

ox *n.* (אוֹקְס) שׁוֹר; פָּר; "בּוֹק"

ox'ide *n.* (אוֹקְסַיד) תַּחְמֹצֶת

ox'ygen *n.* (אוֹקְסִגְ'ן) חַמְצָן

oy'ster *n.* (אוֹיסְטְר) צִדְפָּה נֶאֱכֶלֶת, רַכִּיכַת־יָם; דָּבָר שֶׁנִּתָּן לְנִצּוּל; שַׁתְקָן

P

P, p *n.* (פִּי) פ׳, הָאוֹת הַשֵּׁשׁ־עֶשְׂרֵה בָּאָלֶפְבֵּית הָאַנְגְּלִי

mind one's — s and o's נִזְהַר בְּצוּרַת הִתְנַהֲגוּת

pa *n.* (פָּה) אַבָּא

pace *n.* (פֵּיס) טֶמְפּוֹ, קֶצֶב; צַעַד; צוּרַת הֲלִיכָה

put someone through the —s הֶעֱמִיד בְּמִבְחָן

set the — שִׁמֵּשׁ מוֹפֵת, הָיָה רִאשׁוֹן בַּמַּצְלִיחִים

— *v.t. & i.* קָבַע קֶצֶב; צָעַד; מָדַד בִּצְעָדִים; אִמֵּן לְהַקְנָיַת מְהִירוּת מְסֻיֶּמֶת; צָעַד צְעָדִים קְצוּבִים; הִתְהַלֵּךְ בְּעַצְבָּנוּת

pacif'ic *adj.* (פַּסִפִק) פַּיְסָנִי; אוֹהֵב שָׁלוֹם, מָתוּן; שֶׁל שָׁלוֹם; שָׁלֵו

P — שֶׁל חוֹף הָאוֹקְיָנוֹס הַשָּׁקֵט

pac'ificis"m *n.* (פֶּסֶפִּסִזְם) הִתְנַגְּדוּת לְמִלְחָמָה, הִתְנַגְּדוּת לְאַלִּימוּת; תְּנוּעַת שׁוֹחֲרֵי שָׁלוֹם; פָּצִיפִיזְם; אִי־הִתְנַגְּדוּת לְתוֹקְפָנוּת

pac'ificist *n.* (פֶּסֶפִסְט) שׁוֹחֵר שָׁלוֹם, מִתְנַגֵּד לְמִלְחָמָה, מִתְנַגֵּד לְאַלִּימוּת, פָּצִי־פִיסְט; סָרְבָן מִלְחָמָה, מְסָרֵב לְהִתְנַגֵּד לְתוֹקְפָנוּת

pac'ify" *v.t.* (פֶּסֶפִי) הִשְׁכִּין שָׁלוֹם, הֶחֱזִיר שָׁלוֹם עַל כַּנּוֹ; הִשְׁקִיט, הִרְגִּיעַ; פִּיֵּס, הִכְנִיעַ

pack *n.* (פֶּק) צְרוֹר, חֲבִילָה; תַּרְמִיל; חֲפִיסָה, אֲרִיזָה; חֲבוּרָה, עֵדָה, לַהֲקָה; חֲבִישָׁה; תַּחְבֹּשֶׁת; מִמְרָח

— *v.t. & i.* צָרַר; דָּחַס; אָרַז; הִצְטוֹפֵף בּ־, מִלֵּא; אָרַז; עָטַף; טָעַן; נָשָׂא; שָׁלַח לְלֹא שְׁהִיּוֹת; הָיָה מְסֻגָּל לְהַנְחִית; נִתַּן לַאֲרִיזָה, נִתָּן לִדְחִיסָה; עָזַב בִּמְהֵרָה

— *adj.* שֶׁל מַשָּׂא, לְהַעֲבָרַת מַשָּׂאוֹת; אָרוּז; שֶׁל אֲרִיזָה

pack'age *n. & v.t.* (פֶּקִג׳) צְרוֹר, חֲבִילָה; אָרַז; עִצֵּב אֲרִיזָה; אִחֵד לִיחִידָה

pack'er *n.* (פֶּקֶר) אוֹרֵז

pack'et *n.* (פֶּקֶט) צְרוֹר; סְפִינָה (בקו קבוע)

pack'ing *n.* (פֶּקִנְג) אֲרִיזָה; הַעֲבָרַת מַשָּׂאוֹת; חֹמֶר רִפּוּד; אֶטֶם, "פַּקִינג"

pact *n.* (פֶּקְט) הֶסְכֵּם, אֲמָנָה, בְּרִית; חוֹזֶה

pad *n. & v.t.* (פֶּד) כָּרִית; כַּר, אֹכֶף (ללא מסגרת); בְּלוֹק (נייר); גָּזָה, תַּחְבֹּשֶׁת; טָרָף צָף; דִּירָה, מָעוֹן, מִטָּה; רִפֵּד; הִגְדִּיל בְּחֹמֶר מְזֻיָּף, "מָרַח"

pad'ding *n.* (פֶּדִנְג) חֹמֶר רִפּוּד; חֹמֶר מְיֻתָּר; הוֹצָאוֹת מְזֻיָּפוֹת; "מְרִיחָה"

pad'le *n. & v.i. & t.* (פֶּדְל) מָשׁוֹט; מַטְרֵף, מַבְחֵשׁ; מַטְקָה, מַחְבֵּט; שָׁט, הֵשִׁיט; הִלְקָה (במחבט); בָּחַשׁ, טָרַף (במטרף); חָבַט (במחבט); הֵנִיעַ יָדַיִם וְרַגְלַיִם (במים רדודים)

pad'dock *n.* (פֶּדֶק) שְׂדֵה דֶשֶׁא; מִכְלָאָה, דִּיר

pad'dy *n.* (פֶּדִי) שְׂדֵה אֹרֶז; אֹרֶז; אֹרֶז בִּקְלִפָּה

pad'lock" *n. & v.t.* (פֶּדְלוֹק) מַנְעוּל תָּלוּי; נָעַל בְּמַנְעוּל תָּלוּי

pae'an *n.* (פִּיאֶן) שִׁיר תְּהִלָּה, שִׁיר נִצָּחוֹן, רִנָּה; שִׁיר הוֹדָיָה

pa'gan *n. & adj.* (פֵּיגְן) עוֹבֵד אֱלִילִים, פָּגָן; אֶפִּיקוֹרוֹס; שֶׁל עֲבוֹדַת אֱלִילִים, שֶׁל עוֹבְדֵי אֱלִילִים; אֶפִּיקוֹרְסִי

pa'ganis"m *n.* (פֵּיגֶנִזְם) עֲבוֹדַת אֱלִילִים, אֶפִּיקוֹרְסוּת, פַּגָּנִיּוּת

page *n. & v.t.* (פֵּיג׳) דַּף; עַמּוּד; נַעַר מְשָׁרֵת, נַעַר שָׁלִיחַ; עִמֵּד; קָרָא ל־ (ע״י השמעת השם)

page'ant *n.* (פֶּג׳נְט) חִזָּיוֹן; תַּהֲלוּכָה; הַצָּגָה אַלֵגוֹרִית; חֲגִיגָה בְּרֹב עַם; תְּצוּגָה יָמְרָנִית

paid (פֵּיד) (זמן עבר של pay)

pail *n.* (פֵּיל) דְּלִי

pain *n.* (פֵּין) כְּאֵב

— s מַאֲמָצִים גְּדוֹלִים, זְהִירוּת קַפְּדָנִית; צִירֵי לֵדָה

on (under, upon) — of שֶׁצָּפוּי לוֹ עֹנֶשׁ

— *v.t.* הִכְאִיב; צִעֵר

pain'ful *adj.* (פֵּינְפֻל) כּוֹאֵב, מַכְאִיב; קָשֶׁה, מֵעִיק

pain'less *adj.* (פֵּינְלֶס) לְלֹא כְּאֵב; שֶׁאֵינוֹ מַכְאִיב; קַל

pain'sta"king *adj.* (פֵּינְזְטֵיקִנְג) קַפְּדָנִי, זָהִיר

paint *n. & v.t. & i.* (פֵּינְט) צֶבַע; צְבִיעָה; אִפּוּר, פִּרְכּוּס; צָבַע; צִיֵּר; תֵּאֵר; הִתְפַּרְכֵּס

— the town (red) הִתְהוֹלֵל

pain'ter *n.* (פֵּינְטְר) צַיָּר; צַבָּע; חֶבֶל חַרְטוֹם (של כלי שיט)

pain'ting *n.* (פֵּינְטִנְג) צִיּוּר

pair *n. & v.t.* (פֵּר) זוּג; צֶמֶד; זִוֵּג; צִמֵּד; הִסְתַּדֵּר בְּזוּגוֹת

pal'ace *n.* (פֶּלֶס) אַרְמוֹן

pal'atable *adj.* (פֶּלֲטַבְּל) טָעִים, עָרֵב; נָעִים

pal'ate *n.* (פֶּלִט) חֵךְ; חוּשׁ הַטַּעַם; הַעֲרָכָה רוּחָנִית

palav'er *n.* (פֶּלֶוְר) דִּיּוּן מְמֻשָּׁךְ; פִּטְפּוּט; חֲנֻפָּה; פִּטְפֵּט; דָּן אֲרֻכּוֹת; הִתְיָעֵץ

pale *adj. & v.i.* (פֵּיל) חִוֵּר, לִבְנוּנִי; חַלָּשׁ; הֶחֱוִיר

pal'ette *n.* (פֶּלִט) טַבְלַת צְבָעִים; מַעֲרֶכֶת צְבָעִים

pal'isade' *n.* (פֶּלִסֵיד) גֶּדֶר כְּלוֹנְסָאוֹת; כְּלוֹנָס

— s טוּר צוּקִים

pall *v.i. & n.* (פּוֹל) הוֹגִיעַ; נַעֲשָׂה לֹא־נָעִים; הִשְׂבִּיעַ יָתֵר עַל הַמִּדָּה; בַּד כִּסּוּי; אֲרוֹן מֵתִים; מַעֲטֶה

pal'let *n.* (פֶּלִט) מִטַּת קַשׁ; מִטָּה מְאֻלְתֶּרֶת; סַכִּין־כִּיּוּר

pal'liative *n.* (פֶּלִיאֲטִב) תְּרוּפָה עֲרָאִית; הֶסְדֵּר זְמַנִּי, הֲקַלָּה

pal'lid *adj.* (פֶּלִד) חִוֵּר; חַלָּשׁ

pal'lor *n.* (פֶּלְר) חִוָּרוֹן

palm *n.* (פָּם) כַּף; דֶּקֶל; עֲנַף דֶּקֶל; שְׂכַר נִצָּחוֹן; נִצָּחוֹן

cross (grease) someone's — שֹׁחַד

— *v.t.* הִצְפִּין בְּכַף הַיָּד; הֵרִים בַּחֲשַׁאי; הֶחֱזִיק בַּיָּד; לִטֵּף בְּכַף הַיָּד

— off נִפְטַר מ־ בְּמִרְמָה; הֵנִיחַ תַּחְלִיף (בכוונה להונות)

pal'pable *adj.* (פֶּלְפַּבְּל) נִרְאֶה בְּעָלִיל, נִתְפָּס מִיָּד, בּוֹלֵט; מוּחָשִׁי, נִתָּן לְמִשּׁוּשׁ, מַמָּשִׁי

pal'pitate" *v.i.* (פֶּלְפִּטֵיט) דָּפַק; פִּרְפֵּר, רָטַט

pal'sy *n.* (פּוֹלְזִי) שִׁתּוּק; עֲוִית

pal'try *adj.* (פּוֹלְטְרִי) שֶׁל מַה בְּכָךְ, קַל־עֵרֶךְ, קַטְנוּנִי; חֲסַר־עֵרֶךְ; בָּזוּי

pam'per (פֶּמְפְּר) פִּנֵּק

pam'phlet *n.* (פֶּמְפְלִט) קוּנְטְרֵס, חוֹבֶרֶת

pan *n. & v.t.* (פֶּן) מַחֲבַת; פַּרְצוּף; שָׁטַף בְּמַחֲבַת לְהַפְרִיד בֵּין זָהָב לְחָצָץ וְחוֹל; מָתַח בִּקֹּרֶת חֲרִיפָה

— out הִתְפַּתֵּחַ, הִסְתַּיֵּם

pan'cake" *n.* (פֶּנְקֵיק) לְבִיבָה; נְחִיתַת גַּחוֹן

pan'der *n. & v.i.* (פֶּנְדְר) מְתַוֵּךְ, שָׁלִיחַ (בפרשת אהבים), סַרְסוּר, רוֹעֶה זוֹנוֹת; מִתְפַּרְנֵס מֵחֻלְשׁוֹת הַזּוּלַת; שִׁמֵּשׁ סַרְסוּר לְבַעֲלֵי תַּאֲוָה

pane *n.* (פֵּין) שִׁמְשָׁה

pan'el *n.* (פֶּנְל) פַּנֶל, סְפִין; רְשִׁימַת מֻעֲמָדִים; חֶבֶר מֻשְׁבָּעִים; חֶבֶר מִשְׁתַּתְּפִים; דִּיּוּן פֻּמְבִּי; לוּחַ

pang *n.* (פֶּנְג) כְּאֵב פִּתְאוֹמִי, דְּקִירַת כְּאֵב

pan'han"dle *n. & v.i. & t.* (פֶּנְהֶנְדְל) יְדִית־מַחֲבַת; שֶׁטַח מֻאֶצְבָּע; קִבֵּץ נְדָבוֹת מֵעוֹבְרִים וְשָׁבִים

pan'ic *n. & v.i.* (פֶּנִק) מְהוּמָה, בֶּהָלָה, פָּנִיקָה; מַצְחִיק מְאֹד; הָיָה אָחוּז בֶּהָלָה

Pan"oram'a *n.* (פֶּנֲרֶמָה) מַרְאֵה נוֹף, מַרְאֶה מַקִּיף; פָּנוֹרָמָה; מְאֹרָעוֹת נְגוֹלִים; סְקִירָה מַקִּיפָה

pansy *n.* (פֶּנְזִי) אַמְנוֹן וְתָמָר, סֶגֶל שְׁלָשׁ־גּוֹנִי; הוֹמוֹסֶקְסוּאָלִיסְט

pant *v.i. & n.* (פֶּנְט) נָשַׁם בִּכְבֵדוּת; הִפְלִיט פְּלִיטוֹת קִיטוֹר; הִתְגַּעְגֵּעַ; רָטֵט, פָּעַם; נְשִׁימָה כְּבֵדָה, פְּעִימָה

pan"taloons' *n.* (פֶּנְטְלוּנְז) מִכְנָסַיִם

pan'theon" *n.* (פֶּנְתִ'יאוֹן) פַּנְתֵּיאוֹן

pan'ther *n.* (פֶּנְתְ'ר) פַּנְתֵּר; נָמֵר

pan'ties *n. pl.* (פֶּנְטִיז) תַּחְתּוֹנִים (של אשה)

pan'tomime" *n.* (פֶּנְטֲמַים) פַּנְטוֹמִימָה

pan'try *n.* (פֶּנְטְרִי) מְזָוֶה; חֶדֶר לַהֲכָנַת אֹכֶל

pants *n.* (פֶּנְטְס) מִכְנָסַיִם; תַּחְתּוֹנִים

papa *n.* (פַּפָּה) אַבָּא

pa'pacy *n.* (פֵּיפֶּסִי) אַפִּיפְיוֹרוּת; תְּקוּפַת כְּהֻנָּה שֶׁל אַפִּיפְיוֹר; הָאַפִּיפְיוֹרִים

pa'pal *adj.* (פֵּיפְּל) אַפִּיפְיוֹרִי; שֶׁל הַכְּנֵסִיָּה הַקָּתוֹלִית

pa'per *n.* (פֵּיפְּר) נְיָר; תְּעוּדָה; שְׁטָר; אִגֶּרֶת חוֹב; עֲבוֹדָה בִּכְתָב; מַסָּה, מַאֲמָר, דִּיסֶרְטַצְיָה; עִתּוֹן; טַפֶּט

on — כָּתוּב, מֻדְפָּס; לַהֲלָכָה; בְּמַצָּב רִאשׁוֹנִי, בְּתִכְנוּן

— *v.t.* כִּסָּה בִּנְיָר, עָטַף בִּנְיָר; צִפָּה בְּטַפֶּטִים

— *adj.* עָשׂוּי נְיָר, שֶׁל נְיָר; נֶעֱרָךְ בְּאֶמְצָעוּת חֹמֶר כָּתוּב; קַיָּם רַק עַל הַנְּיָר, דִּמְיוֹנִי

pa'perback" *n. & adj.* (פֵּיפְּרְבֶּק) סֵפֶר בִּכְרִיכַת־נְיָר; שֶׁל סֵפֶר אוֹ סְפָרִים בִּכְרִיכַת־נְיָר

pa'per hang"er *n.* (פֵּיפְּר הֶנְגֶּר) צַפַּאי קִירוֹת (בטפטים)

pa'pist *n.* (פֵּיפִּסְט) קַתּוֹלִי (בזלזול)

par *n.* (פָּר) שִׁוְיוֹן; מַצָּב מְמֻצָּע, מַצָּב כְּתִקְנוֹ; עֵרֶךְ נָקוּב

par'able *n.* (פֶּרֶבְּל) מָשָׁל, אַלֶּגוֹרְיָה

par'achute" *n. & v.t.* (פֶּרֶשׁוּט) מַצְנֵחַ; הִצְנִיחַ; צָנַח

par'achut"ist *n. & i.* (פֶּרֶשׁוּטִסְט) צַנְחָן

parade' *n. & v.t. & i.* (פֶּרֵיד) מִצְעָד; מִסְדָּר; מִגְרַשׁ מִסְדָּרִים; הַצָּגָה רַאַוְתָנִית, הוֹלִיךְ אָנֶה וָאָנָה; הִצִּיג בְּצוּרָה רַאַוְתָנִית; צָעַד; טִיֵּל לְשֵׁם הִתְגַּנְדְּרוּת; כִּנֵּס לְרַאֲוָה

par'adise" *n.* (פֶּרֶדַיס) גַּן־עֵדֶן; אֹשֶׁר עִלָּאִי

par'adox" *n.* (פֶּרֶדוֹקְס) פָּרָדוֹקְס; סְתִירָה

par'agon" *n.* (פֶּרֶגוֹן) מוֹפֵת

par'agraph" *n.* (פֶּרֶגְרֶף) סָעִיף; פִּסְקָה; הַסִּימָן §

par'allel *adj. & n.* (פֶּרֶלֶל) מַקְבִּיל; בַּעַל מְגַמָּה אַחַת; הַקְבָּלָה

paral'ysis *n.* (פֶּרֶלִסִס) שִׁתּוּק

par"alyt'ic *n. & adj.* (פֶּרֶלִטִק) נְגוּעַ־שִׁתּוּק, מְשֻׁתָּק

par'alyze" *v.t.* (פֶּרֶלַיז) שִׁתֵּק

par'amount *adj.* (פֶּרֶמַאוּנְט) רָאשִׁי, חָשׁוּב בְּיוֹתֵר, עֶלְיוֹן, דָּגוּל

par'apet *n.* (פֶּרֶפֶּט) חוֹמַת מָגֵן

par"aphernal'ia *n.* (פֶּרֶפֶנֵילְיָה) רְכוּשׁ אִישִׁי; צִיּוּד, מַנְגָּנוֹן, רָהוּט

par'aphrase" *n. & v.t. & i.* (פֶּרֶפְרֵיז) עִבּוּד; עִבֵּד

par'asite" *n.* (פֶּרֶסַיט) טַפִּיל

par'asol" *n.* (פֶּרֶסוֹל) שִׁמְשִׁיָּה; סוֹכֵךְ (מפני השמש)

par'atroop" *adj.* (פֶּרֶטְרוּפּ) שֶׁל צַנְחָנִים

— s *n.* יְחִידַת צַנְחָנִים; צַנְחָנִים

— er *n.* צַנְחָן

par'boil" *v.t.* (פָּרְבּוֹיל) הִרְתִּיחַ שָׁעָה קַלָּה

par'cel *n.* (פָּרְסֶל) צְרוֹר, חֲבִילָה; מִגְרָשׁ

parch *v.t.* (פָּרְץ') הִצְחִיחַ, צִמֵּק; יִבֵּשׁ, חִמֵּם, הִצְמִיא; קָלָה

parch'ment *n.* (פַּרְצ'מֶנְט) קְלָף; תְּעוּדָה (על קלף)

par'don *n. & v.t.* (פַּרְדְן) סְלִיחָה; מְחִילָה, חֲנִינָה; סָלַח, מָחַל

pare *v.t.* (פֵּר) קִלֵּף, חָתַךְ וְהֵסִיר; הִקְטִין בְּהַדְרָגָה

par'ent *n.* (פֶּרֶנְט) הוֹרֶה; אָב קַדְמוֹן; מָקוֹר, מוֹצָא, סִבָּה; אַפִּיטְרוֹפּוֹס, מֵגֵן

par'entheses *n. pl.* (פֶּרֶנְתְ'סִיז) סוֹגְרַיִם

— sis *n.* סוֹגֵר, מַאֲמָר מֻסְגָּר

par'ish *n.* (פֶּרִשׁ) קְהִלָּה, מָחוֹז קְהִלָּתִי; כְּנֵסִיָּה מְקוֹמִית; מָחוֹז (במדינת לואיזיאנה)

parish'ioner *n.* (פֶּרִשֶׁנֶר) בֶּן מָחוֹז קְהִלָּתִי

park *n. & v.t. & i.* (פָּרְק) פַּרְק, גַּן צִבּוּרִי; אִיצְטַדְיוֹן; מִגְרַשׁ חֲנָיָה; מִגְרַשׁ כִּנּוּס; חָנָה, הֶחֱנָה

par'ley *n. & v.i.* (פָּרְלִי) דִּיּוּן, וְעִידָה; מַשָּׂא וּמַתָּן; נָשָׂא וְנָתַן (עם אויב); דָּן, הִתְיָעֵץ

par'liament *n.* (פָּרְלֶמֶנְט) פַּרְלָמֶנְט; בֵּית נִבְחָרִים, בֵּית מְחוֹקְקִים; כֶּנֶס

par"liamen'tary *adj.* (פָּרְלֶמֶנְטֶרִי) שֶׁל פַּרְלָמֶנְט; שֶׁאֻשַּׁר ע"י בֵּית נִבְחָרִים; בַּעַל

פַּרְלָמֶנְט, בְּהֶתְאֵם לִכְלָלֵי פַּרְלָמֶנְט; פַּרְלָמֶנְטָרִי

par'lor *n.* (פָּרְלֶר) חֲדַר אוֹרְחִים, טְרַקְלִין, סָלוֹן; חֲדַר עֲסָקִים

paro'chial *adj.* (פֶּרוֹקִיאֶל) שֶׁל מָחוֹז קְהִלָּתִי, שֶׁל בֵּית סֵפֶר דָּתִי; צַר־הָאֹפֶק, מֻגְבָּל

— school בֵּית סֵפֶר דָּתִי פְּרָטִי

par'ody *n. & v.t.* (פֶּרֶדִי) פָּרוֹדְיָה; חִקּוּי גָּרוּעַ; חִבֵּר פָּרוֹדְיָה עַל; חִקָּה בְּלַעַג; חִקָּה בְּצוּרָה גְרוּעָה

parole' *n. & v.t.* (פֶּרוֹל) שִׁחְרוּר עַל תְּנַאי, שִׁחְרוּר בְּהֵן צֶדֶק, הֵן צֶדֶק; שִׁחְרֵר עַל תְּנַאי

par'oxys"m *n.* (פֶּרֶקְסִזְם) הִתְפָּרְצוּת, הֶתְקֵף

par'ricide *n.* (פֶּרֶסַיד) רֶצַח הוֹרֶה; רוֹצֵחַ הוֹרִים

par'rot *n. & v.t.* (פֶּרֶט) תֻּכִּי; חָזַר עַל דְּבָרִים כְּתֻכִּי

par'ry *v.t. & i. & n.* (פֶּרִי) הָדַף, הִתְחַמֵּק מ־; הִשְׁתַּמֵּט מ־; תְּנוּעַת הֲגַנָּה; תְּשׁוּבָה מְחֻכֶּמֶת; הִתְחַמְּקוּת

parse *v.t.* (פָּרְס) נִתֵּחַ (צורות דקדוקיות ותחביר)

par"simo'nious *adj.* (פַּרְסֶמוֹנִיאֶס) קַמְּצָנִי

par'simo"ny *n.* (פַּרְסֶמוֹנִי) קַמְּצָנוּת

pars'ley *n.* (פַּרְסְלִי) פֶּטְרוֹזִילְיָה

par'snip *n.* (פַּרְסְנִפּ) פַּסְטִינָקָה; גֶּזֶר לָבָן

par'son *n.* (פָּרְסֶן) כֹּמֶר, מַטִּיף

part *n.* (פָּרְט) חֵלֶק; חֲתִיכָה; קֶטַע; צַד; פִּסְקָה; חָלָק; פַּרְטִית; עִנְיָן; חוֹבָה; תַּפְקִיד

for my — עַד כַּמָּה שֶׁזֶּה נוֹגֵעַ לִי, מִצִּדִּי

for the most — בְּדֶרֶךְ כְּלָל, עַל פִּי רֹב

in — בְּחֶלְקוֹ

on the — of עַד כַּמָּה שֶׁזֶּה נוֹגֵעַ...

— and parcel חֵלֶק חִיּוּנִי

— s אֵזוֹר, מָחוֹז, רֹבַע; חֲשִׁיבוּת

take — הִשְׁתַּתֵּף

take someone's — תָּמַךְ בּ־; הֵגֵן עַל

— *v.t.* חִלֵּק, שָׁבַר, בָּקַע; פִּסְפֵּס (שערות); בִּטֵּל; הִפְרִיד

— *v.i.* הִתְפָּרֵק; נִפְרַד

— with וִתֵּר עַל

partake' *v.i.* (פַּרְטֵיק) הִשְׁתַּתֵּף; שֶׁיֵּשׁ בּוֹ מִן הַ...

par'tial *adj.* (פַּרְשֶׁל) חֶלְקִי; מַרְכִּיב; נוֹטֶה לְ־; מְשֻׁחָד; מְחַבֵּב

par"tial'ity *n.* (פַּרְשִׁיאֶלְטִי) מַשּׂוֹא פָּנִים, חִבָּה יְתֵרָה

partic'ipant *n.* (פַּרְטִסִפֶּנְט) מִשְׁתַּתֵּף

partic'ipate" *v.i.* (פַּרְטִסֶפֵּיט) הִשְׁתַּתֵּף בּ־

par'ticip"le *n.* (פַּרְטִסִפְּל) בֵּינוֹנִי (דקדוק)

par'ticle *n.* (פַּרְטִקְל) חֶלְקִיק; שֶׁמֶץ; סָעִיף; מוּסָפִית; מִלַּת שִׁמּוּשׁ (מלת טעם, מלת קריאה או תווית)

partic'ular *adj. & n.* (פַּרְטִקְיֻלֶר) מְיֻחָד; מְפֹרָט; בַּרְרָנִי; פְּרָט

— s פְּרָטִים מְיֻחָדִים

par'ting *n. & adj.* (פַּרְטִנְג) פְּרֵדָה, הִסְתַּלְּקוּת; יְצִיאָה; הִתְחַלְּקוּת, הִתְפָּרְדוּת; מִיתָה; מְקוֹם הִתְפָּרְדוּת; שֶׁל פְּרֵדָה, בִּשְׁעַת פְּרֵדָה, אַחֲרוֹן

par'tisan *n. & adj.* (פַּרְטִזֶן) מְצַדֵּד; פַּרְטִיזָן; נוֹטֶה לְצַד אֶחָד; שֶׁל פַּרְטִיזָנִים

partiti'on *n. & v.t.* (פַּרְטִשֶׁן) חֲלֻקָּה; מְחִיצָה; חִלֵּק; חִלֵּק

par'tly *adv.* (פַּרְטְלִי) בְּחֶלְקוֹ; בְּמִדַּת־מָה, לֹא לְגַמְרֵי

par'tner *n.* (פַּרְטְנֶר) שֻׁתָּף; חָבֵר

— ship *n.* שֻׁתָּפוּת, שִׁתּוּף

par'tridge *n.* (פַּרְטְרִג׳) חָגְלָה

par'ty *n. & adj.* (פַּרְטִי) מְסִבָּה, נֶשֶׁף; קְבוּצָה, מִשְׁלַחַת; חֲלִיָּה; מִפְלָגָה; בַּעַל דִּין; מִשְׁתַּתֵּף, שֻׁתָּף; בֶּן־אָדָם; שֶׁל מִפְלָגוֹת; שֶׁל נֶשֶׁף; מְשֻׁתָּף

pass *v.t. & i.* (פֶּס) עָבַר עַל יָד; הִתְעַלֵּם מ־; הִרְשָׁה לַעֲבוֹר; חָצָה; עָמַד בְּמִבְחָן; הֶעֱבִיר בְּהַצְלָחָה; עָבַר מֵעֵבֶר; הֵפִיץ; הִתְחַיֵּב; אִשֵּׁר; זָכָה לְאִשּׁוּר; הִבִּיעַ; בִּלָּה (זמן); הִתְקַדֵּם; הִסְתַּלֵּק; אֵרַע; נָפוֹץ; שִׁמֵּשׁ תַּחֲלִיף; חַי כְּאָדָם לָבָן (כושי); פָּסַק (דין); הִכְרִיעַ; אִשֵּׁר; וִתֵּר

bring to — הֵבִיא לִידֵי, גָּרַם

come to — אֵרַע, קָרָה

— away הִסְתַּיֵּם; מֵת

— for נֶחְשַׁב לְ־

— off הִצִּיעַ כְּדֵי לְרַמּוֹת, הֶעֱמִיד פָּנִים; הִתְעַלֵּם מִ־

— on מֵת

— out הִתְעַלֵּף, אִבֵּד הַכָּרָה; חִלֵּק

— over הִתְעַלֵּם מִ־

— up סֵרֵב לְנַצֵּל, דָּחָה (הזדמנות)

— *n.* מַעֲבָר; תְּעוּדַת מַעֲבָר; רִשְׁיוֹן יְצִיאָה; כַּרְטִיס חִנָּם; מֶחֱוָה מִינִית; שָׁלָב

pas'sable *adj.* (פֶּסֶבְּל) עָבִיר; מִתְקַבֵּל עַל הַדַּעַת, מְסַפֵּק, מַסְפִּיק

pas'sage *n.* (פֶּסֶג') סְעִיף, פִּסְקָה; מַעֲבָר, עֲבִירָה; רִשְׁיוֹן מַעֲבָר; דֶּרֶךְ; הַפְלָגָה; תְּנָאֵי מְגוּרִים (באניה); דְּמֵי נְסִיעָה; חֲקִיקָה; הַעֲבָרָה

pas'senger *n.* (פֶּסֶנְג'ר) נוֹסֵעַ

pas'serby" *n.* (פֶּסֶרְבַּי) עוֹבֵר וָשָׁב

pas'sion *n.* (פֶּשֶׁן) סַעֲרַת רֶגֶשׁ; אַהֲבָה עַזָּה; תַּאֲוָה; לַהַט; הִתְלַהֲבוּת חֲזָקָה; הִתְפָּרְצוּת זַעַם; הִפָּעֲלוּת; יִסּוּרֵי יֵשׁוּ

pas'sionate *adj.* (פֶּשֶׁנֶט) נִלְהָב, אֲחוּז־לַהַט, מִתְרַגֵּשׁ, אֲחוּז־תְּשׁוּקָה; אֲחוּז־חֵמָה

pas'sive *adj.* & *n.* (פֶּסִב) סָבִיל; אָדִישׁ; נִכְנָע לְלֹא הִתְנַגְּדוּת; פָּעוּל, נִפְעָל

Pas'sover *n.* (פֶּסוֹבֶר) פֶּסַח (חג)

pass'port *n.* (פֶּספּוֹרְט) דַּרְכּוֹן; תְּעוּדַת מַעֲבָר; כַּרְטִיס כְּנִיסָה

past *adj.* & *n.* (פֶּסְט) שַׁיָּךְ לֶעָבָר; שֶׁעָבַר; חוֹלֵף; לִפְנֵי־; קוֹדֵם; זְמַן עָבָר; הִיסְטוֹרְיָה; קוֹרוֹת הֶעָבָר; הִתְנַהֲגוּת אִי־מוּסָרִית בֶּעָבָר

— *adv.* & *prep.* כְּדֵי לַעֲבוֹר עַל פְּנֵי־; כְּדֵי לַעֲבוֹר הָלְאָה; אַחֲרֵי; מֵעֵבֶר לְ־

paste *n.* & *v.t.* (פֵּיסְט) דֶּבֶק; עִסָּה; מִשְׁחָה; סְנוֹקֶרֶת; הִדְבִּיק; סִנְקֵר

paste'board" *n.* (פֵּיסְטְבּוֹרְד) קַרְטוֹן

pastel' *adj.* & *n.* (פַּסְטֶל) פַּסְטֶל; בַּעַל גָּוֶן רַךְ וְשָׁקֵט; שֶׁל פַּסְטֶל

pas'teurize" *v.t.* (פֶּסְצֶ'רַיְז) פִּסְטֵר

pas'time" *n.* (פֶּסְטַיְם) בִּלּוּי

past' mas'ter (פֶּסְט מֶסְטְר) מֻמְחֶה, בָּקִי

pas'tor *n.* (פֶּסְטְר) כֹּמֶר

pas'toral *adj.* & *n.* (פֶּסְטְרַל) שֶׁל רוֹעִים; לְשֵׁם רְעִיָּה; פַּסְטוֹרָלִי, כַּפְרִי; שֶׁל כֹּמֶר; פַּסְטוֹרָלָה

pa'stry *n.* (פֵּיסְטְרִי) מִגְדָּנִים, מִגְדָּן

pas'ture *n.* (פֶּסְצֶ'ר) מִרְעֶה

pat *v.t.* & *i.* (פֶּט) טָפַח; לָטַף; רָץ בִּצְעָדִים קַלִּים

— on the back עוֹדֵד; בֵּרֵךְ; שִׁבֵּחַ

— *n.* טְפִיחָה; קֻבִּיָּה

— *adj.* & *adv.* בְּדִיּוּק לָעִנְיָן; רָהוּט בְּלֵב וָלֵב; נִלְמָד בְּדִיּוּק; כַּהֲלָכָה, עַל בֻּרְיוֹ

patch *n.* & (פֶּץ') טְלַאי; רְטִיָּה; שֶׁטַח קָטָן; אַרְבַּע עַל אַרְבַּע; חֶלְקָה; תָּג; הִטְלִיא, תִּקֵּן; חִזֵּק; חִבֵּר טְלָאִים; יִשֵּׁב

pat'ent *n.* & *adj.* (פֶּטֶנְט) פָּטֶנְט; הַמְצָאָה; הַרְשָׁאָה; מוּגָן עַל יְדֵי פָּטֶנְט; שֶׁל פָּטֶנְט; גָּלוּי, בּוֹלֵט

pater'nal *adj.* (פֶּטֶרְנַל) אַבָהִי; מִצַּד הָאָב; נוֹרָשׁ מֵהָאָב

pater'nity *n.* & *adj.* (פֶּטֶרְנִטִי) אַבְהוּת; רְכִישָׁה מֵאָב; מָקוֹר; שֶׁל הָאַשְׁמַת אַבְהוּת, שֶׁל אַבְהוּת

path *n.* (פֶּת') מִשְׁעוֹל, שְׁבִיל; מַסְלוּל; דֶּרֶךְ

pathet'ic *adj.* (פֶּתֶ'טִק) מְעוֹרֵר חֶמְלָה, מַשְׁפִּיעַ עַל הָרְגָשׁוֹת; רִגְשִׁי; עָלוּב; פָּתֶטִי

pathol'ogy *n.* (פֶּת'וֹלֶג'י) פָּתוֹלוֹגְיָה

pa'thos *n.* (פֵּית'וֹס) פָּתוֹס; חֶמְלָה

path'way" *n.* (פֶּתְ'וֵי) מִשְׁעוֹל, שְׁבִיל, דֶּרֶךְ

pa'tience *n.* (פֵּישֶׁנְס) סַבְלָנוּת; הַתְמָדָה

pa'tient *n.* & *adj.* (פֵּישֶׁנְט) חוֹלֶה (בטיפול); פַּצְיֶנְט; סַבְלָנִי; מַתְמִיד, שַׁקְדָנִי

pa'triarch" *n.* (פֵּיטְרִיאַרְק) רִאשׁוֹן הַמִּין הָאֱנוֹשִׁי, אָב (קדמון); אֶחָד מִשְּׁלֹשֶׁת הָאָבוֹת; אֶחָד מִבְּנֵי יַעֲקֹב אָבִינוּ; בִּישׁוֹף, פַּטְרִיאַרְךְ; זְקַן הָעֵדָה; זָקֵן מְכֻבָּד; רֹאשׁ שֵׁבֶט, רֹאשׁ מִשְׁפָּחָה; מְיַסֵּד

pa'triar'chal *adj.* (פֵּיטְרִיאַרְקְל) שֶׁל פַּטְרִיאַרְךְ, פַּטְרִיאַרְכָלִי; שֶׁל זָקֵן מְכֻבָּד; שֶׁל הָאָבוֹת הָרִאשׁוֹנִים

pa'trimo"ny *n.* (פֶּטְרֻמוֹנִי) אֲחֻזַּת אָבוֹת; מוֹרָשָׁה; נַחֲלַת כְּנֵסִיָּה

pa'triot *n.* (פֵּיטְרִיאַט) פַּטְרִיּוֹט

pa"triot'ic *adj.* (פֵּיטְרִיוֹטִק) פַּטְרִיּוֹטִי

רִפָּה (חבל); פָּרַע; סִלֵּק, הָיָה כְּדַאי; לֹא נִצַּל מִנְּקָמָה, לֹא נִצַּל מֵעֹנֶשׁ
— off סִלֵּק כָּל הַחוֹב; שִׁחֵד; עָנַשׁ, נִקַּם בּ־
— one's way שִׁלֵּם חֶלְקוֹ בַּהוֹצָאוֹת
— up שִׁלֵּם הַחוֹב... כֻּלּוֹ; שִׁלֵּם בִּשְׁעַת דְּרִישָׁה
— *n.* שָׂכָר, מַשְׂכֹּרֶת; תַּעֲסוּקָה בְּתַשְׁלוּם
— *adj.* מֵכִיל מַתֶּכֶת בַּעֲלַת עֵרֶךְ מִסְחָרִי; שֶׁנִּתָּן לְהַפְעָלָה בְּמַטְבֵּעַ

pay'ment *n.* (פֵּימֶנְט) שִׁלּוּם; תַּשְׁלוּם; גְּמוּל

pay'roll" *n.* (פֵּירוֹל) רְשִׁימַת מְקַבְּלֵי־שָׂכָר; תַּשְׁלוּמֵי שָׂכָר; מִסְפַּר הַמָּעֳסָקִים

pay' sta"tion (פֵּי סְטֵישְׁן) טֶלֶפוֹן צִבּוּרִי

pea *n.* (פִּי) אֲפוּנָה

peace *n.* (פִּיס) שָׁלוֹם; חוֹזֶה שָׁלוֹם; שַׁלְוָה; שֶׁקֶט
hold one's — חָדַל לְדַבֵּר, נִמְנַע מִלְּדַבֵּר
keep the — קִיֵּם הַסֵּדֶר הַצִּבּוּרִי
make ones — with הִשְׁלִים עִם, הִתְפַּיֵּס עִם

pea'ceable; peace'ful *adj.* (פִּיסַבְּל; פִּיסְפֻל) מִתְרַחֵק מֵרִיב; אוֹהֵב שָׁלוֹם, שׁוֹחֵר שָׁלוֹם, שֶׁל שָׁלוֹם

peace' of"ficer *n.* (פִּיס אוֹפִסֶר) אִישׁ בִּטָּחוֹן; מְקַיֵּם הַסֵּדֶר הַצִּבּוּרִי; שׁוֹטֵר

peach *n.* (פִּיץ׳) אֲפַרְסֵק; צָהֹב וְרַדְרַד; "עָצוּם"

pea'cock *n.* (פִּיקוֹק) טַוָּס; גַּנְדְּרָן

peak *n.* (פִּיק) פִּסְגָּה; שִׂיא; חֹד בּוֹלֵט; מִצְחִיָּה

peal *n.* & *v.t.* (פִּיל) צִלְצוּל מְמֻשָּׁךְ; מַעֲרֶכֶת פַּעֲמוֹנִים; מַעֲרֶכֶת צִלְצוּלִים; קוֹלוֹת רָמִים וּמְמֻשָּׁכִים; הִשְׁמִיעַ קוֹלוֹת רָמִים וּמְהַדְהֲדִים

pea'nut" *n.* (פִּינַט) אֱגוֹז אֲדָמָה
— s סְכוּם אַפְסִי; פְּרוּטוֹת

pear *n.* (פֵּר) אַגָּס

pearl *n.* (פֶּרְל) פְּנִינָה, מַרְגָּלִית; אָפוֹר חֲוַרְוַר; צֶדֶף
cast —s before the swine שָׂם נֶזֶם זָהָב בְּאַף חֲזִיר

pa'triotis"m *n.* (פֵּטְרִיאָטִזְם) פַּטְרִיּוֹטִיּוּת, אַהֲבָה וּמְסִירוּת לַמּוֹלֶדֶת

patrol' *n.* & *v.t.* (פַּטְרוֹל) סִיּוּר, מִשְׁמָר נַיָּד, פַּטְרוֹל; כִּתָּה (בצופים); פִּטְרֵל, עָרַךְ סִיּוּר
— man שׁוֹטֵר מַקּוֹף
— wagon מְכוֹנִית עֲצוּרִים

pa'tron *n.* (פֵּיטְרֶן) לָקוֹחַ, קוֹנֶה, אוֹרֵחַ קָבוּעַ (בבית מלון); תּוֹמֵךְ; פַּטְרוֹן

pa'tronage *n.* (פֵּיטְרֶנֶג׳) תְּמִיכָה (של לקוחות, קונים, אורחים בבית מלון); עִדּוּד פַּטְרוֹן; מִנּוּיִים עַל יְסוֹד "פְּרוֹטֶקְצְיָה"; חֲלֻקַּת מִשְׂרוֹת עַל יְסוֹד הַשְׁתַּיְּכוּת פּוֹלִיטִית; זִלְזוּל בַּעֲשִׂיַּת חֲסָדִים

pa'tronize" *v.t.* (פֵּיטְרֶנַיז) תָּמַךְ; עָשָׂה חֶסֶד תּוֹךְ הִתְנַשְּׂאוּת

pat'ter *v.i.* & *n.* (פֶּטֶר) טָפַח מְמֻשָּׁכוֹת; הָלַךְ מַהֵר וּבְשֶׁקֶט; שׁוּרַת טְפִיחוֹת; נְאוּם רָהוּט; לַהַג; דִּבְרֵי בְּדִיחוּת

pat'tern *n.* & *v.t.* (פֶּטֶרְן) דֻּגְמָה; עִצּוּב גֵּאוֹמֶטְרִי; הִתְנַהֲגוּת אָפְיָנִית; מַתְכֹּנֶת; מוֹפֵת; מַסְלוּל טִיסָה; עָשָׂה לְפִי דֻגְמָה, חִקָּה, סִמֵּן בְּעִצּוּב גֵּאוֹמֶטְרִי

paunch *n.* (פּוֹנְץ׳) כָּרֵס

pau'per *n.* (פּוֹפֶּר) עָנִי מָרוּד

pau'perize" *v.t.* (פּוֹפֶּרַיז) רוֹשֵׁשׁ, הָפַךְ לְעָנִי מָרוּד

pause *n.* & *v.i.* (פּוֹז) אֶתְנַחְתָּא; הַפְסָקָה זְמַנִּית; חָדַל רֶגַע; הִפְסִיק דִּבּוּרוֹ

pave *v.t.* (פֵּיב) סָלַל

pave'ment *n.* (פֵּיבְמֶנְט) מִדְרָכָה; שֶׁטַח סָלוּל; חֹמֶר סְלִילָה

pavil'ion *n.* (פֶּוִלְיֶן) בִּיתָן; בִּנְיָן נִפְרָד; אֹהֶל גָּדוֹל וּמְפֹאָר

paw *n.* & *v.t.* & *i.* (פּוֹ) רֶגֶל (של בעלי חיים); הָלַם בְּרֶגֶל; גֵּרֵד בְּרֶגֶל; נָגַע בְּגַסּוּת

pawn *v.t.* & *n.* (פּוֹן) מִשְׁכֵּן; סִכֵּן; עֲבוֹט; מַשְׁכּוֹן; בֶּן־עֲרֻבָּה; פִּיּוֹן

pawn'bro"ker *n.* (פּוֹנְבְּרוֹקֶר) מַשְׁכּוֹנַאי

pawn'shop" *n.* (פּוֹנְשׁוֹפּ) בֵּית עֲבוֹט, בֵּית מַשְׁכּוֹנוֹת

pay *v.t.* & *i.* (פֵּי) שִׁלֵּם; פִּצָּה; הִשְׁתַּלֵּם; הִכְנִיס; שִׁלֵּם כִּגְמוּל; הֶעֱנִיק; עָרַךְ (ביקור);

peas'ant *n.* (פֶּזֶנְט) עוֹבֵד אֲדָמָה, פַּלָּח; בּוּר, וְעַם הָאָרֶץ

peat *n.* (פִּיט) כָּבוּל

peb'ble *n.* (פֶּבְּל) חַלּוּק אֶבֶן

peck *v.t. & i. & n.* (פֶּק) נִקֵּר; נִקֵּב; אָכַל בְּלִי תֵאָבוֹן; נִקּוּר; נְשִׁיקָה חֲטוּפָה; פֶּק (מדת קיבול — 9.09 ליטר)

pecul'iar *adj.* (פִּקְיוּלְיַר) מוּזָר, מְשֻׁנֶּה; יוֹצֵא דֹּפֶן; מְיֻחָד; בִּלְעָדִי

pecu"liar'ity *n.* (פִּיקְיוּלִיאֶרִטִי) תְּכוּנָה מוּזָרָה; סְגֻלָּה

pecu'niar"y *adj.* (פִּקְיוּנִיאֲרִי) שֶׁל כֶּסֶף (מטבע)

ped"ago'gic *adj.* (פֶּדֲגוֹגִ'ק) שֶׁל מוֹרֶה; שֶׁל הוֹרָאָה; פֶּדָגוֹגִי

— s פֶּדָגוֹגְיָה

ped'agogue" *n.* (פֶּדֲגוֹג) מוֹרֶה, פֶּדָגוֹג

ped'ago"gy *n.* (פֶּדֲגוֹגִ'י) פֶּדָגוֹגְיָה

ped'al *n. & v.t.* (פֶּדְל) דַּוְשָׁה; דִּוֵּשׁ

ped'ant *n.* (פֶּדֲנְט) מִתְנַשֵּׂא בִּידִיעוֹת; מַקְפִּיד כְּחוּט הַשַּׂעֲרָה; פֶּדַנְט

ped'dle *v.t. & i.* (פֶּדְל) רָכַל, עָסַק בְּרוֹכְלוּת

ped'dler *n.* (פֶּדְלֵר) רוֹכֵל

ped'estal *n.* (פֶּדִסְטֵל) בָּסִיס

put (set) on a — נִשֵּׂא

pedes'trian *n.* (פֲּדֶסְטְרִיאֲן) הוֹלֵךְ־רֶגֶל

pe"diatrici'an *n.* (פִּידִיאֲטְרִשְׁן) רוֹפֵא יְלָדִים

ped'icure" *n.* (פֶּדִיקְיוּר) פֶּדִיקוּר

ped'igree" *n.* (פֶּדֲגְרִי) יִחוּס; שַׁלְשֶׁלֶת יוּחֲסִין; גֶּזַע טָהוֹר; מָקוֹר, מוֹצָא, קוֹרוֹת

ped'lar *See* **peddler**

peek *v.i. & n.* (פִּיק) הֵצִיץ; הֲצָצָה

peel *v.t. & i.* (פִּיל) קִלֵּף, הִתְקַלֵּף

keep one's eyes —ed שָׂם לֵב בְּקַפְּדָנוּת, עָמַד עַל הַמִּשְׁמָר

— *n.* קְלִפָּה

peep *v.i.* (פִּיפּ) הֵצִיץ, הִבִּיט בַּחֲשַׁאי, הִבִּיט בְּסַקְרָנוּת; הוֹפִיעַ לְאַט לְאַט; צִיֵּץ; הֲצָצָה, מַבָּט חָטוּף, מַבָּט חֲשָׁאִי; צִיּוּץ; קוֹל חָלוּשׁ וְדַק

peer *n. & v.i.* (פִּיר) בֶּן אוֹתוֹ מַעֲמָד; שְׁוֵה־דַרְגָּה; שָׁוֶה; אָצִיל; אִמֵּץ מַבָּט; צָפָה כִּמְחַפֵּשׂ

peer'age *n.* (פִּירְג') אֲצֻלָּה; רְשִׁימַת הָאֲצֻלָּה

peeve *v.t. & n.* (פִּיב) הִרְגִּיז, הִקְנִיט; מְקוֹר רֹגֶז, מַרְגִּיז

pee'vish *adj.* (פִּיבִשׁ) נִרְגָּז, נִרְגָּן

peg *n.* (פֶּג) יָתֵד

take down a — קִצֵּץ כְּנָפַיִם

— *v.i.* קָבַע יְתֵדוֹת; קִיֵּם בְּרָמָה קְבוּעָה; זִהָה, סִוֵּג

— *adj.* צַר וְהוֹלֵךְ

pel'ican *n.* (פֶּלֲקֶן) שַׂקְנַאי

pel'let *n.* (פֶּלִט) כַּדּוּרִית

pell'-mell' *adj.* (פֶּל־מֶל) בְּאַנְדְּרַלְמוּסְיָה

pelt *v.t. & i. & n.* (פֶּלְט) הִפְלִיא מַכּוֹת; זָרַק; חֵרֵף וְגִדֵּף; רָץ; שֶׁלַח, עוֹר

pen *n. & v.t.* (פֶּן) עֵט; צִפֹּרֶן; מִכְלָאָה; לוּל; כָּתַב (בעט); כָּלָא בְּמִכְלָאָה

pen'al *adj.* (פִּינְל) שֶׁל הַעֲנָשָׁה; לְשֵׁם הַעֲנָשָׁה; פְּלִילִי, כָּרוּךְ בְּהַעֲנָשָׁה

pen'alize" *v.t.* (פִּינֶלַיז) הֶעֱנִישׁ; קָבַע הַעֲנָשָׁה; הִצִּיב מִכְשׁוֹל, הִטִּיל קְנָס

pen'alty *n.* (פֶּנַלְטִי) עֹנֶשׁ; קְנָס; תּוֹצָאָה לֹא־נְעִימָה; סַנְקְצִיָּה; "פֶּנֶדל"

pen'ance *n.* (פֶּנַנְס) סִגּוּף תְּשׁוּבָה, חֲזָרָה בִּתְשׁוּבָה

pen'cil *n.* (פֶּנְסֵל) עִפָּרוֹן

pen'dant *n.* (פֶּנְדֲנְט) נְטִיפָה; קִשּׁוּט תָּלוּי; בֵּית נוּרָה תָּלוּי, נִבְרֶשֶׁת; צִמּוּד

pen'ding *prep. & adj.* (פֶּנְדִנְג) עַד, בְּמֶשֶׁךְ; תָּלוּי וְעוֹמֵד; עוֹמֵד לְהִתְרַחֵשׁ

pen'dulum *n.* (פֶּנְגֻ'לֵם) מְטֻטֶּלֶת

pen'etrate" *v.t. & i.* (פֶּנִטְרֵיט) חָדַר; פִּעְפֵּעַ בְּ־; עָמַד עַל הָאֱמֶת, עָמַד עַל הַמַּשְׁמָעוּת; הִשְׁפִּיעַ הַשְׁפָּעָה חֲזָקָה

peng'uin *n.* (פֶּנְגְוִן) פִּינְגְוִין

penin'sula *n.* (פֲּנִנְסֲלָה) חֲצִי־אִי

pe'nis *n.* (פִּינִס) אֵיבַר־הַזָּכָר

pen'itence *n.* (פֶּנִטֲנְס) חֲרָטָה, חֲזָרָה בִּתְשׁוּבָה

pen"iten'tiary *n.* (פֶּנִטֶנְשֲׁרִי) בֵּית סֹהַר

pen'knife" *n.* (פֶּנַיף) אוֹלָר

pen'manship" *n.* (פֶּנְמֲנְשִׁפּ) כְּתִיבָה תַּמָּה

pen' name" (פֶּן נֵים) כִּנּוּי סִפְרוּתִי

pen'nant *n.* (פֶּנַנְט) נֵס; דֶּגֶל אֲלִיפוּת, דֶּגֶל נִצָּחוֹן

pen'niless *adj.* (פֶּנִילֶס) מְרוּשָׁשׁ לְגַמְרֵי; חֲסַר־כֹּל

pen'ny *n.* (פֶּנִי) סֶנְט (בארה״ב וקנדה); פֶּנִי (מטבע אנגלי)

a pretty — סְכוּם נִכָּר

pen'sion *n.* & *v.t.* (פֶּנְשֶׁן) פֶּנְסְיָה; גִּמְלַת־פְּרִישָׁה; קִצְבָּה; הוֹצִיא לְפֶנְסְיָה

pen'sive *adj.* (פֶּנְסִב) מְהַרְהֵר, שָׁקוּעַ בְּמַחֲשָׁבוֹת נוּגוֹת

Pen'tateuch" *n.* (פֶּנְטֶטְיוּק) חֻמָּשׁ

Pen'tecost" *n.* (פֶּנְטֶקוֹסְט) שָׁבוּעוֹת; יוֹם רִאשׁוֹן הַשְּׁבִיעִי לְאַחַר חַג הַפַּסְחָא

pen'ury *n.* (פֶּנְיַרִי) עֹנִי מְדַכְדֵּךְ; מַחְסוֹר, חֹסֶר־כֹּל

pe'ony *n.* (פִּיאוֹנִי) אַדְמוֹנִית

peo'ple *n.* & *v.t.* (פִּיפְּל) עַם; אֻמָּה; קְרוֹבִים, מִשְׁפָּחָה; אֲנָשִׁים; נְתִינִים; "עַמְּךָ"; בְּנֵי אָדָם; הָמוֹן; אִכְלֵס

pep *n.* (פֶּפּ) מֶרֶץ, חִיּוּת

pep'per *n.* & *v.t.* (פֶּפֶּר) פִּלְפֵּל; פִּלְפֶּלֶת; תִּבֵּל בְּפִלְפֵּל; פִּזֵּר עַל, זֵרָה, נִקֵּד

per *prep.* (פֶּר; בלי הטעמה: פֵּר) לְכָל־; עַל יְדֵי, בְּאֶמְצָעוּת

perceive' *v.t.* (פֶּרְסִיב) הֵבִין, תָּפַס, הִכִּיר, יָדַע, זִהָה; הִבְחִין בּ־

percent' *n.* (פֶּרְסֶנְט) חֵלֶק מֵאָה, שִׁעוּר; אָחוּז, אֲחוּזִים

percen'tage *n.* (פֶּרְסֶנְטִג') שִׁעוּר; אָחוּז, אֲחוּזִים; רֶוַח

percep'tible *adj.* (פֶּרְסֶפְּטֶבְּל) תָּפִיס

percep'tion *n.* (פֶּרְסֶפְּשֶׁן) תְּפִיסָה

perch *n.* & *v.i.* & *t.* (פֶּרְץ') מוֹט; מָקוֹם גָּבֹהַּ; דַּקַּר הַמַּיִם הַמְּתוּקִים; יָשַׁב עַל מוֹט, נָחַת עַל מוֹט; הוֹשִׁיב עַל מוֹט

perchance' *adj.* (פֶּרְצֶ'נְס) אוּלַי, יִתָּכֵן

percussi'on *n.* (פֶּרְקַשְׁן) הַקָּשָׁה, נְקִישָׁה

perditi'on *n.* (פֶּרְדִשְׁן) כִּלָּיוֹן חָרוּץ; אֲבַדּוֹן; חַיֵּי עוֹלָם הַבָּא שֶׁל הָרְשָׁעִים; גֵּיהִנּוֹם

peremp'tory *adj.* (פֶּרֶמְפְּטֶרִי) מְחַיֵּב לְלֹא עִרְעוּר; מַכְרִיעַ, סוֹפִי, נֶחֱרָץ

peren'nial *adj.* & *n.* (פֶּרֶנְיאֶל) נִמְשָׁךְ זְמַן רַב, קַיָּם; רַב־שְׁנָתִי, נִמְשָׁךְ כָּל הַשָּׁנָה; נִצְחִי, צֶמַח רַב־שְׁנָתִי

perfect *adj.* & *n.* (פֶּרְפֶקְט) מֻשְׁלָם; מְצֻיָּן; מַתְאִים בְּדִיּוּק; נָכוֹן עַל כָּל פְּרָטָיו; גָּמוּר; טָהוֹר; מֻחְלָט; שָׁלֵם; שֶׁל זְמַן עָבָר; זְמַן עָבָר

perfect' *v.t.* (פֶּרְפֶקְט) הִשְׁלִים; שִׁכְלֵל

perfec'tion *n.* (פֶּרְפֶקְשֶׁן) כְּלִיל הַשְּׁלֵמוּת; דַּרְגָּה מֻשְׁלֶמֶת, שִׂיא הַשִּׁכְלוּל; שִׁכְלוּל, הַשְׁלָמָה

per'fidy *n.* (פֶּרְפִדִי) בְּגִידָה, בּוֹגְדָנוּת, מְעִילָה

per'forate" *v.t.* (פֶּרְפֶרֵיט) נִקֵּב; חָדַר

perform' *v.t.* & *i.* (פֶּרְפוֹרְם) בִּצֵּעַ, חוֹלֵל, עָשָׂה; מִלֵּא

perfor'mance *n.* (פֶּרְפוֹרְמֶנְס) מוֹפָע, הַצָּגָה; בִּצּוּעַ; פְּעֻלָּה

perform'er *n.* (פֶּרְפוֹרְמֶר) מְבַצֵּעַ, מַצִּיג, שַׂחְקָן, בַּדְּרָן

perfume' *n.* & *v.t.* (פֶּרְפְיוּם) בֹּשֶׂם; בִּשֵּׂם

perfunc'tory *adj.* (פֶּרְפַנְקְטֶרִי) כִּלְאַחַר יָד, מָהִיר וְשִׁטְחִי, לָצֵאת יְדֵי חוֹבָה, אָדִישׁ

perhaps' *adj.* (פֶּרְהֶפְּס) אוּלַי, יִתָּכֵן שׁ־

peri'l *n.* (פֶּרֶל) סַכָּנָה

peri'lous *adj.* (פֶּרֶלֶס) מְסֻכָּן, כָּרוּךְ בְּסַכָּנָה

perim'eter *n.* (פֶּרִמֶטֶר) הֶקֵּף

pe'riod *n.* & *adj.* (פִּירִיאֶד) תְּקוּפָה; פֶּרֶק זְמַן; מַחֲזוֹר; וֶסֶת; הַהֹוֶה; נְקֻדָּה; מְאַפְיֵן תְּקוּפָה הִיסְטוֹרִית

pe"riod'ic *adj.* (פִּירִיאוֹדִק) מַחֲזוֹרִי; מְסֹרָג; קוֹרֶה לְעִתִּים מְזֻמָּנוֹת

pe"riod'ical *n.* & *adj.* (פִּירִיאוֹדִקְל) כְּתַב־עֵת, כְּתָב עִתִּי; מוֹפִיעַ בְּעִתִּים קְבוּעוֹת; שֶׁל כְּתַב־עֵת; מַחֲזוֹרִי

periph'ery *n.* (פֶּרִפֶרִי) הֶקֵּף, פֶּרִיפֶרְיָה

per'ish *v.i.* (פֶּרִשׁ) מֵת (בטרם עת); נִסְפָּה; כָּלָה, נֶעֱלַם

per'ishable *adj* (פֶּרִשֶׁבְּל) עָלוּל לְהִשָּׁחֵת, רָקִיב

per'jure *3.t.* (פֶּרְגֶ'ר) נִשְׁבַּע לַשֶּׁקֶר

per'jury *n.* (פֶּרְגֶ'רִי) שְׁבוּעַת שֶׁקֶר

perk *v.i.* & *t.* (פֶּרְק) הִתְנַהֵג בִּצוּרָה

נִמְרֶצֶת; חָזַר לְעֵרָנוּת; הֵרִים נִמְרָצוֹת; הִתְלַבֵּשׁ בִּלְבוּשׁ עַלִּיז

per'manent *adj. & n.* (פֶּרְמֲנֶנְט) קָבוּעַ, תְּמִידִי; קַיָּם זְמַן רַב; לֹא־דֵהֶה; סִלְסוּל תְּמִידִי

per'meate" *v.t. & i.* (פֶּרְמִיאֵיט) חָדַר, חִלְחֵל; רִוָּה

permis'sible *adj.* (פֶּרְמִסֲבְּל) מֻתָּר

permissi'on *n.* (פֶּרְמִשְׁן) רְשׁוּת

permis"sive *adj.* (פֶּרְמִסִב) מַתִּירָנִי

permit' *v.t. & i.* (פֶּרְמִט) הִרְשָׁה, נָתַן; הִסְכִּים; אִפְשֵׁר; נָתַן רְשׁוּת

per'mit *n.* (פֶּרְמִט) רִשָּׁיוֹן; רְשׁוּת

pernici'ous *adj.* (פֶּרְנִשֲׁס) מַזִּיק, מַשְׁחִית; מַמְאִיר

per"pendic'ular *adj. & n.* (פֶּרְפֶּנְדִקְיֲלֶר) מְאֻנָּךְ, זָקוּף; תָּלוּל; נִצָּב

per'petrate" *v.t.* (פֶּרְפֶּטְרֵיט) בִּצֵּעַ; עוֹלֵל

perpet'ual *adj.* (פֶּרְפֶּצ'וּאֲל) נִצְחִי; תְּמִידִי;

perpet'uate *v.t.* (פֶּרְפֶּצ'וּאֵיט) הִנְצִיחַ

perplex' *v.t.* (פֶּרְפְּלֶקְס) הֵבִיא בִּמְבוּכָה, בִּלְבֵּל; סִבֵּךְ

perplex'ity *n.* (פֶּרְפְּלֶקְסִטִי) מְבוּכָה, סָפֵק, חֹסֶר־וַדָּאוּת; תִּסְבֹּכֶת

per'quisite *n.* (פֶּרְקְוִזִט) הַכְנָסָה נוֹסֶפֶת; הֲטָבָה, בּוֹנוּס, מַעֲנָק; זְכוּת מְיֻחֶדֶת

per'secute" *v.t.* (פֶּרְסֲקְיוּט) רָדַף, הֵצִיק לְ־

per"secuti'on *n.* (פֶּרְסֲקְיוּשְׁן) רְדִיפָה

per"sever'ance *n.* (פֶּרְסֲוִירֲנְס) הַתְמָדָה

per"severe' *v.i.* (פֶּרְסֲוִיר) הִתְמִיד בְּ־

Persi'a *n.* (פֶּרְז'ה) פָּרַס, אִירָן

persist' *v.i.* (פֶּרְסִסְט) הִתְמִיד בְּ־, שָׁקַד עַל; הֶחֱזִיק מַעֲמָד; הִמְשִׁיךְ לְהִתְקַיֵּם; עָמַד עַל דַּעְתּוֹ

persis'tence *n.* (פֶּרְסִסְטֲנְס) הַתְמָדָה, שְׁקִידָה; הֶמְשֵׁכוּת, הַתְמֵד

persis'tent *adj.* (פֶּרְסִסְטֲנְט) מַתְמִיד, שַׁקְדָנִי; עִקֵּשׁ; נִמְשָׁךְ

per'son *n.* (פֶּרְסֲן) בֶּן־אָדָם; אִישִׁיּוּת יְחוּדִית, אֲנִי; גּוּף; בַּרְנָשׁ, כְּלוֹמַאי; יֵשׁוּת מִשְׁפָּטִית

in — בִּכְבוֹדוֹ וּבְעַצְמוֹ

per'sonage *n.* (פֶּרְסֲנִג') אִישִׁיּוּת דְּגוּלָה; בֶּן־אָדָם; נֶפֶשׁ (במחזה)

per'sonal *adj. & n.* (פֶּרְסֲנַל) אִישִׁי, יְחוּדִי, פְּרָטִי; מָדוֹר לְעִנְיְנֵי חֶבְרָה; מוֹדָעָה אִישִׁית

per"sonal'ity *n.* (פֶּרְסֲנֶלִטִי) אִישִׁיּוּת

— ies *pl.* עֶלְבּוֹנוֹת אִישִׁיִּים

person"ifica'tion *n.* (פֶּרְסוֹנִפִקֵישְׁן) הַאֲנָשָׁה; הִתְגַּלְּמוּת

perso'nify" *v.t.* (פֶּרְסוֹנִפַי) הֶאֱנִישׁ; גִּלֵּם

per"sonnel' *n.* (פֶּרְסֲנֶל) סֶגֶל, חֶבֶר עוֹבְדִים, פֶּרְסוֹנָל

perspec'tive *n.* (פֶּרְסְפֶּקְטִב) פֶּרְסְפֶּקְטִיבָה; סִכּוּי

per"spira'tion (פֶּרְסְפֲּרֵישְׁן) הַזָּעָה, זֵעָה

perspire' *v.i. & t.* (פֶּרְסְפַּיְאֶר) הִזִּיעַ

persuade' *v.t.* (פֶּרְסְוֵיד) שִׁכְנֵעַ, דִּבֵּר עַל לֵב

persua'sion *n.* (פֶּרְסְוֵיז'ן) שִׁכְנוּעַ, שִׁדּוּל; אֱמוּנָה, כַּת

pert *adj.* (פֶּרְט) נוֹעָז, חֲצְפָנִי; עֵרָנִי, עַלִּיז

pertain' *v.i.* (פֶּרְטֵין) הִתְיַחֵס לְ־; הָיָה קָשׁוּר בְּ־; הָיָה שַׁיָּךְ לְ־; תָּאַם

per"tina'cious *adj.* (פֶּרְטֲנֵישֲׁס) מַתְמִיד, עַקְשָׁן

perturb' *v.t.* (פֶּרְטֶרְבּ) הִפְרִיעַ מְאֹד, הִדְאִיג, הִסְעִיר; בִּלְבֵּל

peru'sal *n.* (פֲּרוּזְל) קְרִיאָה; עִיּוּן; סְקִירָה, בְּדִיקָה מְדֻקְדֶּקֶת

peruse' *v.t.* (פֲּרוּז) קָרָא בְּעִיּוּן, קָרָא, סָקַר, בָּדַק לִפְרָטָיו

pervade' *v.t.* (פֶּרְוֵיד) הִתְפַּשֵּׁט כְּלִיל בְּ־, חָדַר, פִּעְפֵּעַ

perverse' *adj.* (פֶּרְוֶרְס) סוֹרֵר, מַרְדָנִי; נוֹחַ לִכְעוֹס; עוֹמֵד בְּמִרְדּוֹ; סוֹטֶה, מֻשְׁחָת

perver'sion *n.* (פֶּרְוֶרְז'ן) הַשְׁחָתָה; סְטִיָּה

perver'sity *n.* (פֶּרְוֶרְסִטִי) מַרְדָנוּת

pervert' *v.t.* (פֶּרְוֶרְט) הִטָּה מֵהַדֶּרֶךְ הַיְשָׁרָה; הִשְׁחִית, קִלְקֵל מִדּוֹת; הִטְעָה; הִפְנָה לְשִׁמּוּשׁ לֹא־נָכוֹן; סִלֵּף בְּזָדוֹן; הִשְׁפִּיל

per'vert *n.* סוֹטֶה

pes'simis'm *n.* (פֶּסֲמִזְם) פֶּסִימִיּוּת

pes'simist *n.* (פֶּסֲמִסְט) פֶּסִימִיסְט, רוֹאֶה שְׁחוֹרוֹת

שִׁיטָה פִּילוֹסוֹפִית; הַשְׁקָפַת עוֹלָם; עֶמְדָּה רְגוּעָה

phlegm *n.* (פְלֶם) רִיר; לֵחָה; אֲדִישׁוּת, קֹר־רוּחַ

phlegmati'c *adj.* (פְלֶגְמֶטִק) אָדִישׁ, קַר־מֶזֶג; פְלֶגְמָתִי

phoe'nix *n.* (פִינִקְס) חוֹל (עוף אגדי); כְּלִיל יֹפִי, כְּלִיל שְׁלֵמוּת

phone *n. & v.t. & i.* (פוֹן) טֶלֶפוֹן; טִלְפֵּן

honet'ic *adj.* (פֶנֶטִק) פוֹנֵטִי; לְפִי הַהִגּוּי

— **s** פוֹנֶטִיקָה, הַבָּרוֹן

pho'nograph" *n.* (פוֹנֶגְרֶף) פַּטִיפוֹן

pho'ny *adj. & n.* (פוֹנִי) מְזֻיָּף, זִיּוּף; זַיְפָן, נוֹכֵל, צָבוּעַ

phos'phorus *n.* (פוֹסְפֶרֶס) זַרְחָן

pho"togen'ic *adj.* (פוֹטֶגֶ'נִק) פוֹטוֹגֶנִי

pho'tograph" *n. & v.t. & i.* (פוֹטֶגְרֶף) תַּצְלוּם; צִלֵּם, עָסַק בְּצִלּוּם; הִתְאִים לְצִלּוּם; הִצְטַלֵּם

photo'grapher *n.* (פֶטוֹגְרֶפֶר) צַלָּם

pho"tograph'ic *adj.* (פוֹטֶגְרֶפִק) שֶׁל צִלּוּם; שֶׁל תַּצְלוּם; מְצִיאוּתִי מְאֹד, מְדֻיָּק מְאֹד, מְפֹרָט מְאֹד

photog'raphy *n.* (פֶטוֹגְרֶפִי) צִלּוּם

phrase *n. & v.t.* (פְרֵיז) מִשְׁפָּט; מַאֲמָר; נִיב; מֵימְרָה; הֶעָרָה קְצָרָה; נִסֵּחַ

phylac'tery *n.* (פֶלֶקְטֶרִי) תְּפִלִּין; תְּפִלָּה (יחיד של תפילין)

phys'ical *adj.* (פִזִקֶל) גּוּפָנִי; חָמְרִי; פִיסִי

physici'an *n.* (פִזִשֶן) רוֹפֵא

phys'icist *n.* (פִזִסִסְט) פִיסִיקַאי

phys'ics *n.* (פִזִקְס) פִיסִיקָה

phys"iolo'gy *n.* (פִזִיאוֹלֶגִ'י) פִיסְיוֹלוֹגְיָה; תַּהֲלִיכִים אוֹרְגָנִיִּים, תִּפְקוּד

physique' *n.* (פִזִיק) מִבְנֶה גוּף; גוּף (מבחינת המבנה והשרירים)

pian'ist *n.* (פִיאֶנִסְט) פְּסַנְתְּרָן

pia'no (פִּיֶנוֹ) פְּסַנְתֵּר

pia'ster *n.* (פִיאֶסְטֶר) גְּרוּשׁ

pick *v.t. & i.* (פִּק) בָּחַר, בֵּרֵר; חִרְחֵר; חִפֵּשׂ; גָּנַב (מכיס); פָּתַח (מנעול, ללא מפתח); רִסֵּק, חָפַר; חִטֵּט כְּדֵי לְהוֹצִיא מַשֶּׁהוּ; נִקָּה עַל יְדֵי חִטּוּט; הֵסִיר בְּהַדְרָגָה, מָרַט; קָטַף; הֵרִים

— **ic** *adj.* פֶּסִימִי

pest *n.* (פֶּסְט) מְטָרֵד; מַזִּיק; מַגֵּפָה

pes'ter *v.t.* (פֶּסְטֶר) הֵצִיק, הִטְרִיד

pes'tilence *n.* (פֶּסְטֶלֶנְס) מַגֵּפָה

pes'tle *n.* (פֶּסֶל) עֱלִי

pet *n. & adj.* (פֶּט) חַיַּת בַּיִת חֲבִיבָה, חַיַּת שַׁעֲשׁוּעִים; מְפֻנָּק, חָבִיב, שֶׁל הוֹקָרָה

— *v.t. & i.* פִּנֵּק, לִטֵּף; "הִתְמַזְמֵז"

pet'al *n.* (פֶּטֶל) עֲלֵה כּוֹתֶרֶת

petiti'on *n. & v.t.* (פֶּטִשֶׁן) עֲצוּמָה; בַּקָּשָׁה, תְּחִנָּה; הִגִּישׁ עֲצוּמָה; בִּקֵּשׁ

pe'trify" *v.t. & i.* (פֶּטְרֶפַי) אִבֵּן, הִקְשָׁה; שִׁתֵּק; הִתְאַבֵּן

petro'leum *n.* (פֶּטְרוֹלִיאֶם) נֵפְט (גלמי)

pet'ticoat" *n.* (פֶּטִיקוֹט) חֲצָאִית תַּחְתּוֹנָה

pet'ty *adj.* (פֶּטִי) קַטְנוּנִי; תָּפֵל; צַר; דַּוְקָאִי

pew *n.* (פְּיוּ) סַפְסָל; תָּא־מוֹשָׁבִים מִשְׁפַּחְתִּי

phan'tom *n.* (פֶנְטֶם) רוּחַ רְפָאִים; מַרְאֶה תַּעְתּוּעִים; תַּעְתּוּעַ

Pha'risee" *n.* (פֶּרִסִי) פְּרוּשִׁי; צָבוּעַ

phar'macist *n.* (פָרְמֶסִסְט) רוֹקֵחַ

phar'macy *n.* (פָרְמֶסִי) בֵּית מִרְקַחַת

phase *n. & v.t.* (פֵיז) שָׁלָב; פָּזָה; הִתְקִין; סִנְכְּרֵן, הִכְנִיס לְפָזָה

— **in** הִכְנִיס לְשִׁמּוּשׁ בִּשְׁלַבִּים

— **out** סִלֵּק בְּהַדְרָגָה

pheas'ant *n.* (פֶזֶנְט) פַּסְיוֹן

phenom'enon" *n.* (פֶנוֹמֶנוֹן) תּוֹפָעָה; תּוֹפָעָה יוֹצֵאת מִן הַכְּלָל, פֶנוֹמֶן

phew *interj.* (פְיוּ) אוּי־וַי, אוֹיְשׁ

philan'derer *n.* (פִלֶנְדֶרֶר) עַגְבָן, "מְזַמְזֵן"

philan'thropy *n.* (פִילֶנְתְרֶפִי) אַהֲבַת הָאָדָם; נַדְבָנוּת, צְדָקָה, פִילַנְתְּרוֹפְּיָה; אִרְגּוּן צְדָקָה

Phil'istine" *n. & adj.* (פִלֶסְטִין) פְּלִשְׁתִּי; בּוּר, חֲסִיד הַשִּׁגְרָה; עוֹיֵן תַּרְבּוּת

philos'opher *n.* (פִלוֹסֶפֶר) פִילוֹסוֹף, הוֹגֶה דֵעוֹת; אָדָם שֶׁאֵינוֹ מְאַבֵּד עֶשְׁתּוֹנוֹת

phil"osoph'ical *adj.* (פִלֶסוֹפִקֶל) פִילוֹסוֹפִי; רָגוּעַ, אֵינוֹ מְאַבֵּד עֶשְׁתּוֹנוֹתָיו

philos'ophy *n.* (פִילוֹסֶפִי) פִילוֹסוֹפְיָה;

(בשיניים או במקור); הִפְרִיד, פֵּרֵק; פָּרַט; דָּקַר

— and choose בֵּרֵר בְּקַפְּדָנוּת

— at חִפֵּשׂ מוּמִים; אָכַל מְעַט מְאֹד; נָגַע בְּ־

— off מָרַט; יָרָה בְּ־ (לאחר בחירת המטרה)

— on מָתַח בִּקֹּרֶת; הֶאֱשִׁים; הֵצִיק

— out בָּחַר בְּ־; הִכִּיר; הִבְחִין בְּ־; נִגֵּן לְפִי הַשְּׁמִיעָה

— over מִיֵּן וּבָחַר

— up הֵרִים; הִבְרִיא; נִזְדַּמֵּן לוֹ; אָסַף ("טְרֶמְפִּיסְט"); תָּפַס; הִגְבִּיר מְהִירוּת; סִדֵּר; הִשְׁתַּפֵּר; עָשָׂה הֶכֵּרוּת מִקְרִית עִם; עָצַר; הִשִּׂיג, קָנָה; שִׁלֵּם (חשבון כולל)

— *n.* בְּחִירָה; מִבְחָר; בְּחִירָה רִאשׁוֹנָה; כַּמּוּת שֶׁנִּקְטְפָה; דְּקִירָה; מַכּוֹשׁ; מַפְרֵט; דֶּקֶר

picket *n. & v.t. & i.* (פִּקֶט) פַּצִּים, מוֹט, יָתֵד; מִשְׁמֶרֶת שׁוֹבְתִים, מִשְׁמֶרֶת מַפְגִּינִים; מִשְׁמָר; הִקִּיף גָּדֵר; קָשַׁר לְמוֹט; הֶעֱמִיד מִשְׁמָרוֹת; שָׁמַר; הֶעֱמִיד זְקִיפִים

pick'le *n. & v.t.* (פִּקְל) מְלָפְפוֹן חָמוּץ; חֲמוּצִים, כְּבוּשִׁים; צִיר; חָמְצָה; מַצָּב בִּישׁ; שִׁמֵּר בְּצִיר, כָּבַשׁ

— ed *adj.* כָּבוּשׁ; מְשֻׁמָּר; שָׁתוּי

pick'pock"et *n.* (פִּקְפּוֹקֶט) כַּיָּס

pick'up" *n.* (פִּקְאַפּ) מַכָּר מִקְרִי; תְּאוּצָה מְהִירָה; טֶנְדֶּר; הִשְׁתַּפְּרוּת; קְלִיטָה, מַקְלֵט; הַסָּעָה

pic'nic *n. & v.t.* (פִּקְנִק) פִּיקְנִיק; תַּעֲנוּג; עָרַךְ פִּיקְנִיק; הִשְׁתַּתֵּף בְּפִיקְנִיק

pictor'ial *adj. & n.* (פִּקְטוֹרִיאֲל) שֶׁל תְּמוּנָה, שֶׁל תְּמוּנוֹת; שֶׁל צִיּוּר; מוֹשֵׁךְ כִּתְמוּנָה; כְּתַב־עֵת מְצֻיָּר

pic'ture *n. & v.t.* (פִּקְצֶ'ר) תְּמוּנָה; תֵּאוּר חַי; תְּמוּנָה חַיָּה; דְּמוּת; הִתְגַּלְּמוּת; נְסִבּוֹת; הֲבָנַת מַצָּב; בַּד, מָסָךְ; תֵּאֵר בִּתְמוּנָה; דִּמָּה; תֵּאֵר בְּמִלִּים, תֵּאֵר בְּצוּרָה חַיָּה

pic"turesque' *adj.* (פִּקְצֶ'רֶסְק) צִיּוּרִי; חַי; מְלַבֵּב

pie *n.* (פַּי) עוּגָה מְמֻלָּאָה (בשר, פירות וכו')

pie'bald *adj.* (פַּי בּוֹלְד) מְנֻמָּר, טָלוּא

piece *n.* (פִּיס) חֲתִיכָה; חֵלֶק; פְּרִיט; קֶטַע; נוֹרְמָה, כַּמּוּת מְסֻיֶּמֶת; יְצִירָה; כְּלִי (שחמט); דֻּגְמָה; כְּלִי יְרִיָּה, תּוֹתָח; מַטְבֵּעַ

go to —s אִבֵּד עֶשְׁתּוֹנוֹת

of a — מֵאוֹתוֹ מִין, מִקְשָׁה אַחַת

speak one's — הִבִּיעַ הַשְׁקָפָתוֹ, גִּלָּה דַּעְתּוֹ

— *v.t. & i.* תִּקֵּן, הִטְלִיא; הִרְחִיב; חִבֵּר

piece'meal" *adv. & adj.* (פִּיסְמִיל) חֲתִיכוֹת חֲתִיכוֹת; לַחֲתִיכוֹת; עָשׂוּי חֲתִיכוֹת חֲתִיכוֹת

pier *n.* (פִּיר) רָצִיף; תֹּמֶךְ; עַמּוּד

pierce *v.t. & i.* (פִּירְס) חָרַר, נִקֵּב; חָדַר; בָּקַע

pi'ety *n.* (פַּאִטִי) יִרְאַת שָׁמַיִם, אֲדִיקוּת; מַעֲשֶׂה חֲסִידִים

pig *n.* (פִּג) חֲזִיר; בַּרְזֶל גָּלְמִי

pige'on *n.* (פִּגְ'ן) יוֹנָה; פֶּתִי

pige'onhole" *n. & 3.t.* (פִּגְ'נְהוֹל) תָּא בְּשׁוֹבָךְ; תָּא; שָׁמַר בְּתָא, תִּיֵּק; גָּנַז לִצְמִיתוּת; סִוֵּג

pig'gyback" *adj.* (פִּגִיבֶּק) אַבָּא יוֹ־יוֹ, רָכוּב

pig'head"ed *adj.* (פִּגְהֶדֶד) קְשֵׁה־עֹרֶף, עַקְשָׁן, שׁוֹטֶה

pig'ment *n.* (פִּגְמֶנְט) צִבְעָן, פִּיגְמֶנְט

pig'tail" *n.* (פִּגְטֵיל) צַמַּת עֹרֶף

pike *n.* (פַּיק) זְאֵב־הַיָּם; קַרְדֹּם קְרָב

pile *n. & v.t. & i.* (פַּיל) עֲרֵמָה; הוֹן תּוֹעָפוֹת; עָרַם, צָבַר; הִצְטַבֵּר

pil'fer *v.i.* (פִּלְפֶר) גָּנַב, "סָחַב"

pil'grim *n.* (פִּלְגְּרִם) עוֹלֶה־רֶגֶל, צַלְיָן; נוֹסֵעַ, נוֹדֵד

Pilgrim (בארה"ב) פּוּרִיטָנִי מְיַסֵּד פְּלִימַת'

pil'grimage *n.* (פִּלְגְּרִמִג') עֲלִיָּה לְרֶגֶל, נְסִיעָה אֲרֻכָּה

pill *n.* (פִּל) גְּלוּלָה; דָּבָר לֹא־נָעִים לִבְלִיעָה; טַרְדָן

the — הַגְּלוּלָה לִמְנִיעַת הֵרָיוֹן

pil'lage *v.t. & i. & n.* (פִּלִג') בָּזַז; בִּזָּה

pil'lar *n.* (פִּלֶר) עַמּוּד

from — to post מִמָּקוֹם לְמָקוֹם; מִדְּחִי אֶל דֶּחִי; לְלֹא תַּכְלִית

pil'lory *n. & v.t.* (פִּלֹרִי) סַד; כָּלָא בְּסַד; הוֹקִיעַ חֶרְפָּה בָּרַבִּים

pil'low *n.* (פִּלוֹ) כַּר

pi'lot *n. & v.t.* (פַּילֶט) טַיָּס, קַבַּרְנִיט; נַוָּט; הַגַּאי; מַדְרִיךְ, מַנְהִיג; כִּוֵּן, נָהַג; שִׁמֵּשׁ נַוָּט, הֵטִיס

— *adj.* נִסְיוֹנִי

pimp *n.* (פִּמְפּ) סַרְסוּר זוֹנוֹת

pim'ple *n.* (פִּמְפְּל) אֲבַעְבּוּעָה, פִּצְעוֹן

pin *n. & v.t.* (פִּן) סִכָּה; יָתֵד; פִּין; מְהַדֵּק־כְּבִיסָה; מַכְבֵּנָה; חִבֵּר בְּסִכָּה; רִתֵּק

— down כָּפָה, הִגְדִּיר בְּדַיְקָנוּת

— something on someone טָפַל אַשְׁמָה

pin'cers *n. pl.* (פִּנְסֶרְז) מֶלְקָחַיִם, מִצְבָּטַיִם

pinch *v.t. & i.* (פִּנְץ') צָבַט; לָחַץ; עָשָׂה כָּחוּשׁ וּמָתוּחַ; הֵצִיק; קִמֵּץ; "סָחַב"; עָצַר

— pennies קִמֵּץ מְאֹד

— *n.* צְבִיטָה; לְחִיצָה; קֹמֶץ; קֹרֶט; מְצוּקָה, מִקְרֵה חֵרוּם

pine *n. & v.i.* (פַּין) אֹרֶן; הִתְגַּעְגֵּעַ מְאֹד, סָבַל מֵרֹב כִּסּוּפִים ל־; כָּחַשׁ

pine'ap"ple *n.* (פַּינֶפְּל) אֲנָנָס

pin'ion *n. & v.t.* (פִּנְיֵן) אֶבְרַת־הַיָּד; כָּנָף נוֹצָה; כְּנָפַיִם; כָּרַת אֶבְרַת־הַיָּד; כָּפַת כְּנָפַיִם; כָּפַת

pink *n.* (פִּנְק) וָרֹד; צִפֹּרֶן (פרח); שִׂיא; שְׂמָאלָנִי; פּוֹשֵׁר (בזלזול)

pin'nacle *n.* (פִּנַקְל) פִּסְגָּה; שִׂיא; סֶלַע מְחֻדָּד

pint *n.* (פַּינְט) יְחִידַת קִבּוּל (= 0.568 ליטר)

pin'-up" *n.* (פִּנַפּ) תְּמוּנַת־קִיר (של נערה יפה); נַעֲרָה יָפָה בִּתְמוּנָה

pi"oneer' *n. & v.t.& i.* (פַּיאֲנִיר) חָלוּץ; חַיָּל בְּחֵיל הַהַנְדָּסָה; הָיָה חָלוּץ; הָיָה רִאשׁוֹן ל־; יָזַם; הָלַךְ בָּרֹאשׁ

pi'ous *adj.* (פַּיאֲס) אָדוּק, דָּתִי; לְמַטָּרָה קְדוֹשָׁה; מִתְחַסֵּד

pipe *n. & v.i.* (פַּיפּ) צִנּוֹר; מִקְטֶרֶת; כְּלִי נְשִׁיפָה; חָלִיל; צִיּוּץ; קוֹל; חִלֵּל, צִנֵּר, כִּנֵּס (בכלי נשיפה); הוֹבִיל (בכלי נשיפה); צִיֵּץ

— down שָׁתַק

— up הִתְחִיל לְנַגֵּן; אָמַר, עָמַד עַל כָּךְ

pi'per *n.* (פַּיפְּר) חֲלִילָן; מְחַלֵּל בְּחֵמֶת חֲלִילִים

pay the — שִׁלֵּם הַהוֹצָאוֹת; נָשָׂא בָּאַחֲרָיוּת, נָשָׂא בַּתּוֹצָאוֹת הַשְּׁלִילִיּוֹת שֶׁל מַעֲשָׂיו

pique *v.t. & n.* (פִּיק) הִרְגִּיז, הֶעֱלִיב; עוֹרֵר, גֵּרָה; רֹגֶז, הַרְגָּשַׁת עֶלְבּוֹן

pi'racy *n.* (פַּירַסִי) שֹׁד יַמִּי, פִּירָטִיּוּת; גְּנֵבַת יְצִירָה אוֹ הַמְצָאָה

pi'rate *n. & v.t. & i.* (פַּירִט) שׁוֹדֵד־יָם; פִּירָט; אֳנִיַּת פִּירָטִים; שׁוֹדֵד; בּוֹזֵז; גַּנָּב יְצִירָה אוֹ הַמְצָאָה; שָׁדַד, בָּזַז; גָּנַב (יצירה או המצאה)

pis'tol *n.* (פִּסְטֶל) אֶקְדָּח

pis'ton *n.* (פִּסְטֵן) בֻּכְנָה

pit *n. & v.t.* (פִּט) בּוֹר; פַּחַת; חֲפִירָה; פִּיר; מִכְרֶה; גֵּיהִנּוֹם; שֶׁקַע; חָטָט; מִכְלָאַת־קְרָבוֹת; אֵזוֹר (הבורסה); גַּלְעִין; צַלֶּקֶת; אִחְסֵן בְּבוֹר; עִמֵּת; הוֹצִיא גַּלְעִין

pitch *v.t.* (פִּץ') נָטָה (אוהל); קָבַע; זָרַק; קָבַע לְפִי גֹּבַהּ צְלִיל מְסֻיָּם; נָפַל קָדִימָה; מָעַד; הִשְׁתַּפֵּעַ כְּלַפֵּי מַטָּה; יָרַד; הִתְנַדְנֵד קָדִימָה וַאֲחוֹרָה (אניה)

— in תָּרַם, הִשְׁתַּתֵּף; הִתְחִיל לַעֲבוֹד בְּמֶרֶץ

— into הִתְנַפֵּל עַל; הִתְחִיל לַעֲבוֹד בְּמֶרֶץ

— *n.* נְקֻדָּה, דַּרְגָּה; זָוִית; שִׂיא; גֹּבַהּ הַצְּלִיל; זְרִיקָה; נִדְנוּד (אניה); שִׁפּוּעַ, מִדְרוֹן; פִּתּוּיֵי פִּרְסֹמֶת; גִּישָׁה; זֶפֶת; כֹּפֶר

pitch'er *n.* (פִּצְ'ר) כַּד; זוֹרֵק, רוֹמֶה (כדור)

pitch'fork" *n.* (פִּצְ'פּוֹרְק) קִלְשׁוֹן

pit'eous *adj.* (פִּטְיְאַס) מְעוֹרֵר רַחֲמִים

pith *n.* (פִּת') קָנֶה; לִבָּה, תָּוֶךְ; עִקָּר, תַּמְצִית; מִשְׁקָל, מַמָּשׁוּת

pit'iable *adj.* (פִּטִיאֲבְל) מְעוֹרֵר רַחֲמִים; עָלוּב

pit'iful *adj.* (פִּטִפֶל) מְעוֹרֵר רַחֲמִים; עָלוּב

pit'iless *adj.* (פִּטִילִס) חֲסַר־רַחֲמִים

pit'tance *n.* (פִּטֲנְס) קִצְבָּה קְטַנָּה; הַכְנָסָה זְעוּמָה

pit'y *n.* (פִּטִי) רַחֲמָנוּת, חֶמְלָה

have (take) — on חָס עַל

what a — ! חֲבָל!
— *v.t. & i.* רַחֵם עַל
piv'ot *n. & v.i.* (פִּוֹט) צִיר; הִסְתּוֹבֵב
plac'ard *n.* (פְּלֶקַרְד) כְּרָזָה
pla'cate *v.t.* (פְּלֵיקֵיט) פִּיֵּס, שִׁכֵּךְ (חימה)
place *n.* (פְּלֵיס) מָקוֹם; מוֹשָׁב; מִשְׂרָה; תַּפְקִיד; מִשְׂרָה חֲשׁוּבָה; רְחָבָה; חָצֵר; יִשּׁוּב; בַּיִת
give — to נָתַן זְכוּת קְדִימָה ל־; פִּנָּה מָקוֹם ל־
go — s הִצְלִיחַ
put someone in his — הֶעֱמִיד אוֹתוֹ בִּמְקוֹמוֹ; הִשְׁפִּיל
take — קָרָה
— *v.t.* הִנִּיחַ, שָׂם, עָרַךְ; מָסַר; מִנָּה; מָצָא מִשְׂרָה; קָבַע מָקוֹם שֶׁל; הִצִּיב; זִהָה
plac'id *adj.* (פְּלֶסִד) שָׁלֵו
pla'giaris"m *n.* (פְּלֵיגִ'יאֲרִזְם) פְּלָגְיָט, גְּנֵבַת יְצִירָה, גְּנֵבָה סִפְרוּתִית
plague *n. & v.t.* (פְּלֵיג) מַגֵּפָה, צָרָה; הֵצִיק, עִנָּה; נָגַף בְּמַגֵּפָה; גָּרַם צָרָה
plain *adj. & n.* (פְּלֵין) בָּרוּר; מֻבְהָק, פָּשׁוּטוֹ כְּמַשְׁמָעוֹ; גָּלוּי; פָּשׁוּט; לֹא־יָפֶה; מִישׁוֹר
plain'tiff *n.* (פְּלֵינְטִף) תּוֹבֵעַ
plain'tive *adj.* (פְּלֵינְטִב) נוּגֶה
plait *n.* (פְּלֵיט) צַמָּה, מִקְלַעַת; קִפּוּל; קָלַע
plan *n. & v.t.* (פְּלֶן) תָּכְנִית; שִׂרְטוּט; מַפָּה; תִּכְנֵן; שִׂרְטֵט תָּכְנִית
plane *n. & v.t. & i.* (פְּלֵין) מִשְׁטָח; מִישׁוֹר; רָמָה (של אופי, התפתחות וכו׳); מַקְצוּעָה; הִקְצִיעַ; גָּלַשׁ, רִחֵף; הִשְׁתַּמֵּשׁ בְּמַקְצוּעָה
pla'net *n.* (פְּלֶנֶט) כּוֹכַב־לֶכֶת
plank *n.* (פְּלֶנְק) קֶרֶשׁ; עֶקְרוֹנוֹת יְסוֹד (של מצע)
walk the — הוּצָא לְהוֹרֵג (ע״י נפילה מאניה מקרש מוצב מעל המים)
plant *n. & v.t.* (פְּלֶנְט) צֶמַח; שָׁתִיל; מִפְעָל; צִיּוּד; צִיּוּד וּמִבְנִים; שָׁתוּל; נָטַע; הִנְהִיג; תָּקַע; שָׂם; הֶעֱמִיד; שָׁתַל; יִסֵּד, יִשֵּׁב
plant'ation *n.* (פְּלֶנְטֵישְׁן) מֶשֶׁק מַטָּעִים; מַטָּעִים; חַוָּה

plan'ter *n.* (פְּלֶנְטֶר) נוֹטֵעַ; בַּעַל מַטָּעִים; מִתְיַשֵּׁב
plaque *n.* (פְּלֶק) לוּחַ; לוּחִית זִכָּרוֹן
plas'ter *n. & v.i.* (פְּלֶסְטֶר) גֶּבֶס; מִשְׁחָה; טָח בְּגֶבֶס, טָח; הִנִּיחַ בְּצוּרָה שְׁטוּחָה; מָרַח מִשְׁחָה (על פצע); הִדְבִּיק בְּצוּרָה מֻפְרֶזֶת
plas'terer *n.* (פְּלֶסְטֶרֶר) טַיָּח
plas'tic *adj. & n.* (פְּלֶסְטִק) פְּלַסְטִי, נִתָּן לְכִיּוּר; מַעֲשֵׂה כִּיּוּר; מְעַצֵּב; יוֹצֵר; פִּסּוּלִי; גָּמִישׁ; חֹמֶר פְּלַסְטִי
plate *n. & v.t.* (פְּלֵיט) צַלַּחַת; אֲרוּחָה עִם שֵׁרוּת; פְּלָטָה; קַעֲרַת־נְדָבוֹת; רִקּוּעַ; לוּחַ; גְּלוּפָה; כֵּלִים מְצֻפִּים; תּוֹתֶבֶת; צִפָּה; רִקֵּעַ
plateau' *n.* (פְּלֶטוֹ) רָמָה; מִישׁוֹר; תְּקוּפַת קִפָּאוֹן
plat'form *n.* (פְּלֶטְפוֹרְם) בָּמָה; רְצִפַּת בֵּינַיִם; רָצִיף; גְּזוּזְטְרַת כְּנִיסָה (של קרון־רכבת); מַצָּע; תָּכְנִית
plat'inum *n.* (פְּלֶטְנֶם) פְּלָטִינָה
plat'itude" *n.* (פְּלֶטִטוּד) הֶעָרָה נְדוֹשָׁה
platon'ic *adj.* (פְּלֶטוֹנִק) אַפְּלָטוֹנִי
platoon' *n.* (פְּלֶטוּן) מַחְלָקָה; קְבוּצָה
plat'ter *n.* (פְּלֶטֶר) קַעֲרַת הַגָּשָׁה
plau'sible *adj.* (פְּלוֹזַבְּל) סָבִיר; אָמִין;
play *n.* (פְּלֵי) מַחֲזֶה; הַצָּגָה; מִשְׂחָק; שַׁעֲשׁוּעַ; צְחוֹק; פְּעֻלָּה; תּוֹר; הִמּוּר; חֹפֶשׁ תְּנוּעָה
bring into — הִצִּיג
make a — for נִסָּה לִמְשֹׁךְ; נִסָּה לַעֲשׂוֹת רֹשֶׁם עַל
— *v.t. & i.* שִׂחֵק, גִּלֵּם; הֶעֱלָה עַל הַבִּימָה; מִלֵּא (תפקיד); הִשְׁתַּמֵּשׁ ב־; נִצֵּל; הִתְעָרֵב; חִקָּה; נִגֵּן, פָּרַט; עָשָׂה; פָּעַל לְפִי־; הֶעֱבִיר; מִהֵר; הִפְעִיל, הוֹגִיעַ; הִשְׁתַּעֲשֵׁעַ; נָע מַהֵר
— both ends against the middle תִּמְרֵן קְבוּצוֹת מְנֻגָּדוֹת לְתוֹעַלְתּוֹ
— down הִמְעִיט בְּעֶרְכּוֹ
—ed out עָיֵף עַד אֲפִיסַת כֹּחוֹת; מְיֻשָּׁן, נָדוֹשׁ; גָּמוּר, אָזַל
— fast and loose נָהַג בְּחֹסֶר אַחֲרָיוּת
— for time הֶאֱרִיךְ כְּדֵי לִזְכּוֹת בְּיִתְרוֹן

— into someone's hands הַסְגִּיר עַצְמוֹ לִידֵי יְרִיבוֹ עַל יְדֵי הִתְנַהֲגוּתוֹ

— it by ear אִלְתֵּר

— off שַׂחֵק מִשְׂחָק נוֹסָף (כדי לישב תיקו)

— on (upon) נִצֵּל

— out סִיֵּם; שִׁחְרֵר (חבל)

— up נִפַּח, נִסָּה לַעֲשׂוֹת רֹשֶׁם

pla'yer *n.* (פְּלֵיאֶר) מְשַׂחֵק; שַׂחְקָן; מְנַגֵּן; מְהַמֵּר, קֻבְיוּסְטוּס

play'boy" *n.* (פְּלֵיבּוֹי) רוֹדֵף בִּלּוּיִים

play'ful *adj.* (פְּלֵיפֻל) אוֹהֵב שַׁעֲשׁוּעִים, עַלִּיז; מִתְלוֹצֵץ

play'ground" *n.* (פְּלֵיגְרָאוּנְד) מִגְרָשׁ מִשְׂחָקִים; מְקוֹם שַׁעֲשׁוּעִים

play'mate" *n.* (פְּלֵימֵיט) חָבֵר לְמִשְׂחָקִים

play'pen" *n.* (פְּלֵיפֶּן) לוּל (לפעוטות)

play'thing" *n.* (פְּלֵיתִ'נְג) צַעֲצוּעַ

play'wright" *n.* (פְּלֵירַיט) מַחֲזַאי

pla'za *n.* (פְּלֶזָה) כִּכָּר, רְחָבָה

plea *n.* (פְּלִי) טַעֲנָה; אֲמַתְלָה, תּוֹאֲנָה; תּוֹבְעָנָה; תְּחִנָּה

plead *v.i. & t.* (פְּלִיד) הִתְחַנֵּן; טָעַן; כָּתַב טַעֲנָה

plea'ding(s) *n.* (פְּלִידִנְג[ז]) טֵעוּן

pleas'ant *adj.* (פְּלֶזֶנְט) נָעִים

please *v.t. & i.* (פְּלִיז) הֵנָה, הִנְעִים; בְּבַקָּשָׁה; רָצָה

if you — בִּרְשׁוּתְךָ

pleas'ure *n.* (פְּלֶזְ'ר) עֹנֶג, תַּעֲנוּג, הֲנָאָה; רָצוֹן

pleb'iscite" *n.* (פְּלֶבִּסַט) מִשְׁאַל-עָם

pledge *n. & v.t.* (פְּלֶג') הִתְחַיְּבוּת; מַשְׁכּוֹן, עֲבוֹט; מֻעֲמָד (לחברות במועדון); שְׁתִיָּה לְחַיֵּי-

take the — נִשְׁבַּע לְהִמָּנַע מִשְּׁתִיַּת מַשְׁקָאוֹת חֲרִיפִים

— *v.t. & i.* הִשְׁבִּיעַ; הִבְטִיחַ, הִתְחַיֵּב לָתֵת-; מִשְׁכֵּן; הִבְטִיחַ; עָרַב לְ-; קִבֵּל מֻעֲמָדוּת (לחברות); שָׁתָה לְחַיֵּי-

plen'tiful *adj.* (פְּלֶנְטִפֻל) בְּשֶׁפַע

plen'ty *n. & adj.* (פְּלֶנְטִי) שֶׁפַע; בְּשֶׁפַע

pli'able *adj.* (פְּלַיאֶבְּל) גָּמִישׁ; וַתְּרָנִי; מִסְתַּגֵּל בְּקַלּוּת

pliers *n. pl.* (פְּלַיאֶרְז) צְבָת, מֶלְקָחַיִם

plight *n. & v.t.* (פְּלַיט) מַצָּב, מַצָּב בִּישׁ; הִבְטִיחַ; הִתְחַיֵּב

plod *v.i.* (פְּלוֹד) הָלַךְ בִּכְבֵדוּת; הִתְמִיד בַּעֲבוֹדָה חַדְגּוֹנִית

plot *n. & v.t. & i.* (פְּלוֹט) קֶשֶׁר, קְנוּנְיָה; עֲלִילָה; חֶלְקָה; קָשַׁר, זָמַם, תִּכְנֵן; סִמֵּן בְּמַפָּה; רָשַׁם מַפָּה; קָבַע נְקֻדּוֹת צִיּוּן; תִּכְנֵן עֲלִילָה

plough, plow *n. & v.t. & i.* (פְּלָאוּ) מַחֲרֵשָׁה; מְכוֹנַת פִּנּוּי; חָרַשׁ; פִּלֵּס דֶּרֶךְ; הִשְׁקִיעַ בְּמִפְעָל; נֶחֱרַשׁ; הִתְקַדֵּם בְּמֶרֶץ

plo'ver *n.* (פְּלוֹבֶר) חוֹפְמִי

pluck *v.t.* (פְּלַק) קָטַף, מָרַט; מָשַׁךְ; סָחַב פִּתְאוֹם; עָקַר; שָׁדַד; פָּרַט

— up עָקַר; שֵׁרֵשׁ; הִתְעוֹדֵד

— *n.* מְשִׁיכָה; אֹמֶץ

plug *n. & v.t. & i.* (פְּלַג) פְּקָק, מְגוּפָה; תֶּקַע; מַצַּת; בֶּרֶז-שְׂרֵפָה; גּוּשׁ טַבַּק; סוּס בָּלֶה; הַזְכָּרָה לַטּוֹב; סָתַם; הִזְכִּיר לַטּוֹב; "תָּקַע כַּדּוּר"; הִתְמִיד

— in חִבֵּר לְזֶרֶם הַחַשְׁמַל, הִכְנִיס הַתֶּקַע שֶׁל

plum *n.* (פְּלַם) שְׁזִיף; צִמּוּק; אַרְגָּמָן

plu'mage *n.* (פְּלוּמִג') נוֹצוֹת

plum'ber *n.* (פְּלַמֶר) שְׁרַבְרַב, אִינְסְטָלָטוֹר

plumb'ing *n.* (פְּלַמִנְג) צַנֶּרֶת; שְׁרַבְרָבוּת

plume *n.* (פְּלוּם) נוֹצָה; נוֹצַת-פְּאֵר

plum'met *n. & v.t.* (פְּלַמֶט) מִשְׁקֹלֶת; צָלַל

plump *adj. & v.i. & t.* (פְּלַמְפּ) עֲגַלְגַּל, שְׁמַנְמַן; נָפַל בִּכְבֵדוּת; הִפִּיל פִּתְאוֹם, הִפִּיל בִּכְבֵדוּת

— for תָּמַךְ בְּהִתְלַהֲבוּת

plun'der *v.t. & i. & n.* (פְּלַנְדֶר) גָּזַל, שָׁדַד; בָּזַז; שְׁדִידָה, שֹׁד; בִּזָּה; גְּנֵבָה

plunge *v.t.* (פְּלַנְג') הִכְנִיס פִּתְאוֹם, הִטְבִּיל פִּתְאוֹם, הֵטִיל; צָלַל; הִסְתָּעֵר; נִדְחַק בְּמֶרֶץ; הִמֵּר לְלֹא אַבְחָנָה; הִכְנִיס עַצְמוֹ פִּתְאוֹם; יָרַד בְּצוּרָה מִבְהֶלֶת; זִנֵּק בְּחָזְקָה

— *n.* קְפִיצָה

take the — קָפַץ קְפִיצָה נַחְשׁוֹנִית

plur'al *n. & adj.* (פְּלוּרֶל) מִסְפָּר רַבִּים, צוּרַת הָרִבּוּי; שֶׁל רַבִּים, אֶחָד מִנִּי רַבִּים

plus *prep. & adj. & n.* (פְּלַס) פְּלוּס, וְעוֹד, יַחַד עִם; שֶׁל חִבּוּר, חִיּוּבִי, יוֹתֵר, לְרֹב; כַּמּוּת חִיּוּבִית; תּוֹסֶפֶת, עֹדֶף, רֶוַח, מַעֲלָה

ply *v.t. & i.* (פְּלַי) הִשְׁתַּמֵּשׁ בְּ־ בַּחֲרִיצוּת; שָׁקַד עַל; עָסַק בְּ־; טִפֵּל בְּ־ בִּקְבִיעוּת; הִתְקִיף בִּקְבִיעוּת; הִגִּישׁ בְּמַפְגִּיעַ; פָּנָה אֶל שׁוּב וָשׁוּב; הִפְצִיר; עָבַר בִּקְבִיעוּת

pneumon'ia *n.* (נוּמוֹנְיָה) דַּלֶּקֶת רֵאוֹת

poach *v.i. & v.t.* (פּוֹץ׳) צָד בְּנִגּוּד לַחֹק, גָּנַב (בעלי חיים); הִסִּיג גְּבוּל; בִּשֵּׁל בְּמַיִם חַמִּים

poa'cher *n.* (פּוֹצ׳ר) מַסִּיג גְּבוּל (לצוד בעלי חיים)

pock'et *n. & adj.* (פּוֹקִט) כִּיס; שַׂק; מִרְבָּץ; שֶׁל כִּיס

in one's — תַּחַת הַשְׁפָּעָתוֹ

line one's —s צָבַר רְוָחִים (על חשבון אחרים)

— *v.t.* שָׂם בַּכִּיס; קָנָה בִּמְשִׁיכָה; הִטְמִין; הָיָה נָתוּן בְּשֶׁטַח צַר; עִכֵּב

pock'etbook" *n.* (פּוֹקִטְבּוּק) אַרְנָק, תִּיק; מַשְׁאַבִּים כַּסְפִּיִּים

pock'et book" סֵפֶר כִּיס

pock'mark" *n. & v.t.* (פּוֹקְמַרְק) חָטָט, גֻּמָּמִית; סִטֵּף, חִטֵּט

pod *n.* (פּוֹד) תַּרְמִיל; אַרְגָּז

po'em *n.* (פּוֹאֶם) שִׁיר, פּוֹאֶמָה

po'et *n.* (פּוֹאֶט) מְשׁוֹרֵר, פַּיְטָן

poet'ic *adj.* (פּוֹאֶטִק) שִׁירִי, שֶׁל שִׁירָה, שֶׁל מְשׁוֹרֵר, פִּיּוּטִי

po'etry *n.* (פּוֹאֶטְרִי) שִׁירָה, פִּיּוּט, רוּחַ לִירִית

pogrom' *n.* (פֻּגְרֹם) פּוֹגְרוֹם

poign'ancy *n.* (פּוֹינְיַנְסִי) עָצְמַת־רֹשֶׁם

poign'ant *adj.* (פּוֹינְיַנְט) מְצַעֵר מְאֹד; חָזָק, מַרְשִׁים

point *n.* (פּוֹינְט) נְקֻדָּה, חֹד; כַּף; כִּוּוּן; רֶגַע מְסֻיָּם; סַף; דָּבָר בַּעַל מַשְׁמָעוּת; פּוּאֶנְטָה; עִרְעוּר; עֵצָה; סְגֻלָּה; סַיֶּרֶת

in — בַּעַל שַׁיָּכוּת, לָעִנְיָן

in — of בְּיַחַס לְ־

make a — of יִחֵס חֲשִׁיבוּת לְ־

stretch a — סָטָה מֵהַמְקֻבָּל

to the — לָעִנְיָן

— *v.t. & i.* כִּוֵּן; הִצְבִּיעַ עַל; הֵסֵב תְּשׂוּמֶת־לֵב; חִדֵּד; נִקֵּד; הִפְרִיד בִּנְקֻדּוֹת; הִדְגִּישׁ

point'-blank' *adj. & adv.* (פּוֹינְט־בְּלֶנְק) בְּטְוָח קָצָר; יָשִׁיר, מְפֹרָשׁ; בְּגִלּוּי־לֵב; לְלֹא כַּחַל וָשָׂרָק

poin'ted *adj.* (פּוֹינְטֶד) מְחֻדָּד, חַד; עוֹקְצָנִי, שָׁנוּן; יָשִׁיר; מְכֻוָּן; מֻדְגָּשׁ, נִכָּר

poin'ter *n.* (פּוֹינְטֵר) מַחֲוָן; מָחוֹג; מְכַוֵּן; פּוֹינְטֶר (כלב ציד); עֵצָה, סוֹד הַצְלָחָה

poise *n. & v.t. & i.* (פּוֹיז) שִׁוּוּי־מִשְׁקָל; יַצִּיבַת־בִּטָּחוֹן; רִחוּף; אִזֵּן, הֶחֱזִיק (לפני הטלה); רִחֵף

poi'son *n. & v.t.* (פּוֹיזְן) רַעַל, סַם מָוֶת; הִרְעִיל; הָרַס, הִשְׁחִית

poi'sonous *adj.* (פּוֹיזְנַס) מַרְעִיל; אַרְסִי, מַזִּיק, זְדוֹנִי

poke *v.t. & i. & n.* (פּוֹק) תָּחַב; נִקֵּב; הוֹצִיא בְּמֶרֶץ; הִגְדִּיל עַל יְדֵי גְּרִיפָה; חִטֵּט, נָע בְּאִטִּיּוּת

— fun at לִגְלֵג עַל בְּעָרְמָה

— *n.* דְּחִיפָה, תְּחִיבָה

po'ker *n.* (פּוֹקֶר) מוֹט חִתּוּי; פּוֹקֶר (משחק)

po'lar *adj.* (פּוֹלֶר) קָטְבִּי; מְנֻגָּד; מֶרְכָּזִי, שֶׁל צִיר; מַנְחֶה

— bear דֹּב הַקֶּרַח, הַדֹּב הַלָּבָן

pole *n. & v.t.* (פּוֹל) מוֹט, עַמּוּד; יָצוּל; קֹטֶב; דָּחַף בְּמוֹט

pole'cat *n.* (פּוֹלְקֶט) חָמוֹס

polem'ic *n.* (פֻּלֶמִק) פּוּלְמוּס; פּוּלְמוּסָן

pole'star" *n.* (פּוֹלְסְטָר) כּוֹכַב הַצָּפוֹן, כּוֹכַב הַקֹּטֶב; עִקָּרוֹן מַנְחֶה

pole' vault" (פּוֹל וּוֹלְט) קְפִיצָה בְּמוֹט

police' *n. & v.t.* (פֻּלִיס) מִשְׁטָרָה; וִסֵּת, שָׁמַר עַל הַסֵּדֶר; נִקָּה

police'man *n.* (פֻּלִיסְמֶן) שׁוֹטֵר

pol'icy *n.* (פּוֹלֲסִי) תְּעוּדַת בִּטּוּחַ, פּוֹלִיסָה; מְדִינִיּוּת, חָכְמָה מַעֲשִׂית, קַו פְּעֻלָּה

pol'ish *v.t. & n.* (פּוֹלִשׁ) מֵרֵק, לִטֵּשׁ, צִחְצֵחַ, הִבְרִיק; מִשְׁחַת־הַבְרָקָה, מֵרוּק, לִטּוּשׁ; בָּרָק; עִדּוּן, הִדּוּר

Polish *n. & adj.* (פּוֹלִשׁ) פּוֹלָנִי; פּוֹלָנִית

polite' *adj.* (פֻּלַיט) אָדִיב, מְנֻמָּס; מְעֻדָּן, תַּרְבּוּתִי

polite'ness *n.* (פֻּלַיטְנִס) אֲדִיבוּת

pol′itic *adj.* (פּוֹלִטִק) חָכָם, נָבוֹן; פִּקֵּחַ; עַרְמוּמִי; פּוֹלִיטִי

polit′ical *adj.* (פֻּלִטִקְל) מְדִינִי, פּוֹלִיטִי; מִפְלַגְתִּי; שֶׁל הַמִּשְׁטָר

pol″itici′an *n.* (פּוֹלִטִשְׁן) פּוֹלִיטִיקַאי, עַסְקָן מִפְלַגְתִּי; מְנַהֲלָן; שׁוֹאֵף שְׂרָרָה

pol′itics *n.* (פּוֹלִטִקְס) מְדִינִיּוּת; פּוֹלִיטִיקָה; שִׁיטוֹת פּוֹלִיטִיּוֹת; עֶקְרוֹנוֹת פּוֹלִיטִיִּים; תַּכְסִיסָנוּת, סַכְסְכָנוּת

poll *n.* (פּוֹל) הַצְבָּעָה; רִשּׁוּם קוֹלוֹת; רְשִׁימַת נְפָשׁוֹת; סֶקֶר דַּעַת קָהָל; גֻּלְגֹּלֶת

— **s** קַלְפֵּי

— *v.t.* קִבֵּל בַּקַּלְפֵּי; רָשַׁם קוֹלוֹת; הֵטִיל (קול), הִצְבִּיעַ; עָרַךְ סֶקֶר דַּעַת קָהָל

pol′len *n.* (פּוֹלְן) אֲבָקָה

pol′linate″ *v.t.* (פּוֹלֶנֵיט) הֶאֱבִיק

pollute′ *v.t.* (פֻּלוּט) זִהֵם; טִמֵּא; חִלֵּל

pollu′tion *n.* (פֻּלוּשְׁן) זִהוּם; טִמּוּא, חִלּוּל

polyg′amy *n.* (פֻּלִגַמִי) רִבּוּי נָשִׁים, פּוֹלִיגַמְיָה

pom′egran″ate *n.* (פּוֹמְגְרֶנְט) רִמּוֹן

pomp *n.* (פּוֹמְפּ) פְּאֵר, הָדָר; הִתְגַּנְדְּרוּת

pom′pous *adj.* (פּוֹמְפֶּס) מִתְגַּנְדֵּר, מְלִיצִי; מְפֹאָר

pond *n.* (פּוֹנְד) בְּרֵכָה, אֲגַמָּה

pon′der *v.i. & t.* (פּוֹנְדֶר) שָׁקַל בִּיסוֹדִיּוּת; הִרְהֵר

pon′derous *adj.* (פּוֹנְדֶרֶס) כָּבֵד, מְגֻשָּׁם; מְסֻרְבָּל; מְשַׁעֲמֵם

pon′tiff *n.* (פּוֹנְטִף) אַפִּיפְיוֹר; כֹּמֶר, בִּישׁוֹף

pontoon′ *n.* (פּוֹנְטוּן) פּוֹנְטוֹן, סִירַת גֶּשֶׁר; אַרְבָּה

po′ny *n.* (פּוֹנִי) סוּס קָטָן; תַּרְגּוּם מִלּוּלִי; כּוֹסִית

poo′dle *n.* (פּוּדְל) צַמְרוֹן, פּוּדֶל

pooh-pooh *v.t. & i.* (פּוּ־פּוּ) לִגְלֵג עַל; זִלְזֵל בּ־

pool *n.* (פּוּל) בְּרֵכָה, אֲגַמָּה; שְׁלוּלִית; מִקְוֵה־מַיִם; שֶׁטַח שָׁקֵט (בנהר); מִרְבַּץ תַּת־קַרְקָעִי; אִגּוּד מוֹנוֹפּוֹלִיסְטִי; שִׁתּוּף; קֻפָּה (במשחק); בִּילְיַרְד; קֻפַּת הַמּוֹרִים; רִכּוּז, מַאֲגָר, מוֹגֶרֶת

— *v.t.* הִכְנִיס לְקֻפָּה מְשֻׁתֶּפֶת

poor *adj.* (פֻּר) עָנִי, דַּל; מִסְכֵּן; גָּרוּעַ

— *n. & pl.* הָעֲנִיִּים

pop *v.i. & t.* (פּוֹפּ) הִשְׁמִיעַ קוֹל נִפּוּץ; הִתְנַפֵּץ; יָרָה; בָּקַע בְּקוֹל נִפּוּץ; הִכְנִיס מַהֵר

— **off** הִסְתַּלֵּק מַהֵר; מֵת פִּתְאוֹם; הִתְבַּטֵּא בְּזַעַם; הִתְבַּטֵּא בְּטִפְּשׁוּת

— **the question** הִצִּיעַ נִשּׂוּאִים

— *n.* קוֹל נִפּוּץ; גָּזוֹז; יְרִיָּה; מוּסִיקָה פּוֹפּוּלָרִית, לַחַן פּוֹפּוּלָרִי; אַבָּא

pope *n.* (פּוֹפּ) אַפִּיפְיוֹר

pop′lar *n.* (פּוֹפְּלֶר) צַפְצָפָה

pop′py *n.* (פּוֹפִּי) פֶּרֶג

pop′ulace *n.* (פּוֹפְּיֻלֶס) אֻכְלוּסִיָּה, תּוֹשָׁבִים; הָעָם הַפָּשׁוּט

pop′ular *adj.* (פּוֹפְּיֻלֶר) פּוֹפּוּלָרִי, שָׁוֶה לְכָל נֶפֶשׁ; עֲמָמִי

pop″ular′ity *n.* (פּוֹפְּיֻלֶרְטִי) פּוֹפּוּלָרִיּוּת

pop′ulate″ *v.t.* (פּוֹפְּיֻלֵיט) שִׁכֵּן בּ־, הִתְגּוֹרֵר בּ־; יִשֵּׁב, אִכְלֵס

pop″ula′tion *n.* (פּוֹפְּיֻלֵישְׁן) אֻכְלוּסִיָּה, תּוֹשָׁבִים; אִכְלוּס

pop′ulous *adj.* (פּוֹפְּיֻלֶס) מְאֻכְלָס בִּצְפִיפוּת, צָפוּף

por′celain *n.* (פּוֹרְסֶלִן) חַרְסִינָה; כְּלֵי חַרְסִינָה

porch *n.* (פּוֹרְץ׳) מִרְפֶּסֶת

por′cupine″ *n.* (פּוֹרְקְיֻפַּין) דַּרְבָּן

pore *v.i. & n.* (פּוֹר) הִרְהֵר, הָגָה בּ־, הִתְעַמֵּק בּ־; נַקְבּוּבִית

pork *n.* (פּוֹרְק) בְּשַׂר חֲזִיר; מִנּוּיִים פּוֹלִיטִיִּים; הַקְצָבוֹת מְטַעֲמִים פּוֹלִיטִיִּים

pornog′raphy *n.* (פּוֹרְנוֹגְרֶפִי) פּוֹרְנוֹגְרַפְיָה

por′ous *adj.* (פּוֹרֶס) נַקְבּוּבִי

por′poise *n.* (פּוֹרְפֶּס) פּוֹקְנָה; דּוֹלְפִין

por′ridge *n.* (פּוֹרְג׳) דַּיְסָה

port *n.* (פּוֹרְט) נָמֵל; עִיר נָמֵל; יֵין פַּרְתּוֹם; צַד שְׂמֹאל; כַּנָּה; חָרָךְ

por′table *adj.* (פּוֹרְטֶבְּל) מִטַּלְטֵל; קַל (משקל)

por′tal *n.* (פּוֹרְטֶל) שַׁעַר מַרְשִׁים; פֶּתַח, כְּנִיסָה

portend′ *v.t.* (פּוֹרְטֶנְד) נִבֵּא, בִּשֵּׂר

por′tent *n.* (פּוֹרְטֶנְט) סִימָן לַבָּאוֹת; סִימָן מְבַשֵּׂר רַע; פֶּלֶא

por′ter *n.* (פּוֹרְטֶר) סַבָּל; שָׁרָת; חַדְרָן (בְּרַכֶּבֶת)

portfo′lio″ *n.* (פּוֹרְטְפוֹלִיאוֹ) תִּיק; מִשְׂרַת שַׂר; תִּיק הַשְׁקָעוֹת

port′hole″ *n.* (פּוֹרְטְהוֹל) כַּוָּה, אֶשְׁנָב

por′tico *n.* (פּוֹרְטִקוֹ) סְטָו

por′tion *n.* (פּוֹרְשֶׁן) חֵלֶק; מָנָה; נַחֲלָה;

port′ly *n.* (פּוֹרְטְלִי) שְׁמַנְמַן; בַּעַל הוֹפָעָה מְכֻבֶּדֶת

por′trait *n.* (פּוֹרְטְרִט) דְּיוֹקָן; תֵּאוּר

portray′ *v.t.* (פּוֹרְטְרֵי) צִיֵּר; פִּסֵּל; גִּלֵּם; תֵּאֵר

Por″tuguese′ *adj. & n.* (פּוֹרְצֻ׳גִיז) פּוֹרְטוּגָלִי, פּוֹרְטוּגֵזִי; פּוֹרְטוּגָלִית

pose *v.i. & t. & n.* (פּוֹז) שִׁמֵּשׁ דֻּגְמָן; הֶעֱמִיד פָּנִים; הִתְנַהֵג בְּצוּרָה מְעֻשָּׂה; הֶעֱמִיד בְּעֶמְדָּה מְסֻיֶּמֶת; נִסֵּחַ; עֶמְדָּה, מַצָּג; פּוֹזָה

posit′ion *n. & v.t.* (פֻּזִשְׁן) מַצָּב, מָקוֹם; תְּנוּחָה, מִקּוּם; עֶמְדָּה; מַעֲמָד חֶבְרָתִי; מַעֲמָד נִכְבָּד; מִשְׂרָה; הֵנִיחַ, קָבַע בְּמָקוֹם מְסֻיָּם; אִתֵּר

pos′itive *adj. & n.* (פּוֹזִטִב) מְפֹרָשׁ, מֻגְדָּר; וַדָּאִי; בָּטוּחַ; מֻחְלָט; גָּמוּר; פּוֹזִיטִיבִיסְטִי; חִיּוּבִי; פּוֹזִיטִיב

— by *adj.* בְּצוּרָה חִיּוּבִית; לְלֹא כָּל סָפֵק

pos″itive′ly *interj.* אָמְנָם כֵּן

possess′ *v.t.* (פֻּזֶס) הָיָה לְ־; יָדַע; הִקְנָה; קִיֵּם; הִשְׁתַּלֵּט עַל; הִפְעִיל; הִצְלִיחַ לְקַיֵּם יְחָסִים מִינִיִּים עִם

— ed *adj.* אָחוּז־; מְיֻשָּׁב

—ed of בַּעַל־; יֵשׁ לוֹ־

possessi′on *n.* (פֻּזֶשְׁן) בַּעֲלוּת; תְּפִיסָה, הַחְזָקָה; רְכוּשׁ, נֶכֶס; מוֹשָׁבָה, שֶׁטַח כָּפוּף; שְׁלִיטָה

posses′sive *adj.* (פֻּזֶסִב) שֶׁל קִנְיָן, שֶׁל בַּעֲלוּת; שְׁתַלְּטָנִי

pos″sibil′ity *n.* (פּוֹסִבִּלִטִי) אֶפְשָׁרוּת

pos′sible *adj.* (פּוֹסִבְּל) אֶפְשָׁרִי

pos′sibly *adj.* (פּוֹסִבְּלִי) אוּלַי, יִתָּכֵן

post *n. & v.t. & i.* (פּוֹסְט) כְּלוֹנָס, קוֹרָה, עַמּוּד; מִשְׂרָה, תַּפְקִיד, מִנּוּי; מַצָּבָה; תַּחֲנָה; דֹּאַר; הִדְבִּיק הוֹדָעָה; הִכְרִיז עַל; גִּנָּה בְּפֻמְבֵּי; רָשַׁם; הִצִּיב; שָׁלַח בַּדֹּאַר, שִׁלְשֵׁל בְּתֵבַת דֹּאַר; עִדְכֵּן, הוֹדִיעַ

— card גְּלוּיָה

po′stage *n.* (פּוֹסְטִג׳) דְּמֵי דֹּאַר

— stamp בּוּל

pos′tal *adj.* (פּוֹסְטַל) שֶׁל הַדֹּאַר

— card גְּלוּיַת דֹּאַר

po′ster *n.* (פּוֹסְטֶר) כְּרָזָה, הוֹדָעָה

poster′ior *adj.* (פּוֹסְטִירִיאֶר) אֲחוֹרִי; מְאֻחָר יוֹתֵר; שֶׁל הָאֲחוֹרַיִם

poster′ity *n.* (פּוֹסְטֶרִטִי) הַדּוֹרוֹת הַבָּאִים; צֶאֱצָאִים

post′ exchange″ (פּוֹסְט אֶקְסְצֵ׳ינְג׳) שֶׁקֶ״ם

postgrad′uate *adj.* (פּוֹסְטְגְרֶג׳וּאִט) שֶׁל לִמּוּדִים מִתְקַדְּמִים; לְבַעֲלֵי תֹּאַר רִאשׁוֹן אוֹ שֵׁנִי

post′haste′ (פּוֹסְטְהֵיסְט) בִּמְהִירוּת הָאֶפְשָׁרִית, מִיָּד

pos′thumous *adj.* (פּוֹסְצֻ׳מֶס) שֶׁלְּאַחַר הַמָּוֶת; שֶׁנּוֹלַד לְאַחַר מוֹת הָאָב

post′man *n.* (פּוֹסְטְמֶן) דַּוָּר

post′mark″ *n.* (פּוֹסְטְמָרְק) חוֹתֶמֶת דֹּאַר

post′mas″ter *n.* (פּוֹסְטְמֶסְטֶר) מְנַהֵל סְנִיף דֹּאַר

— general שַׂר הַדֹּאַר

post′ of″fice דֹּאַר, מִשְׂרַד דֹּאַר

postpone′ *v.t.* (פּוֹסְטְפּוֹן) דָּחָה

postpone′ment *n.* (פּוֹסְטְפּוֹנְמֶנְט) דִּחוּי

post′script″ *n.* (פּוֹסְטְסְקְרִפְּט) נִכְתָּב בְּצִדּוֹ; הוֹסָפָה, מוּסָף, נִסְפָּח; נ.ב.; סוֹף דָּבָר

pos′tulate″ *v.t.* (פּוֹסְצֻ׳לֵיט) בִּקֵּשׁ, תָּבַע; טָעַן; הֵנִיחַ

— *n.* (פּוֹסְצֻ׳לִט) הַנָּחָה, עִקָּרוֹן; אַקְסְיוֹמָה; תְּנַאי הֶכְרֵחִי

pos′ture *n.* (פּוֹסְצֶ׳ר) תְּנוּחָה, יְצִיבָה, מַצָּב; הַעֲרָכוֹת; עֶמְדָּה רוּחָנִית

pot *n.* (פּוֹט) סִיר, קְדֵרָה; מֵכָל; קֻפָּה; מָרִיחוּאָנָה; גְּרָף

go to — נֶהֱרַס; הִתְנַוֵּן

— *v.t. & i.* שָׁתַל בְּעָצִיץ; שִׁמֵּר בְּסִיר; בִּשֵּׁל בְּסִיר; יָרָה (בְּבַעֲלֵי חַיִּים בְּשָׁעַת מְנוּחָתָם); יָרָה בְּ־

pot′ash *n.* (פּוֹטֶשׁ) אַשְׁלָג

potas'sium *n.* (פֶּטֶסִיאֶם) אַשְׁלְגָן

pota'to *n.* (פֶּטֵיטוֹ) תַּפּוּחַ אֲדָמָה

— chips צִ׳יפְּס

pot'ency *n.* (פּוֹטֶנְסִי) כֹּחַ, עָצְמָה; סַמְכוּת; יְעִילוּת; חֹזֶק; פּוֹטֶנְצְיָה

pot'ent *adj.* (פּוֹטֶנְט) חָזָק, אַדִּיר; בַּעַל עָצְמָה רַבָּה; מְשַׁכְנֵעַ; בַּעַל כֹּחַ גַּבְרָא

pot'entate" *n.* (פּוֹטֶנְטֵיט) שַׁלִּיט חָזָק

potenti'al *adj. & n.* (פֶּטֶנְשֶׁל) אֶפְשָׁרִי, בְּכֹחַ, בְּפּוֹטֶנְצְיָה; פּוֹטֶנְצְיָאלִי; אֶפְשָׁרוּת, פּוֹטֶנְצְיָה; פּוֹטֶנְצְיָאל

pot'hol"der *n.* (פּוֹטְהוֹלְדֶר) מַטְלִית (להחזקת סיר חם)

pot'hole" *n.* (פּוֹטְהוֹל) מַהֲמוֹרָה, בּוֹר

po'tion *n.* (פּוֹשְׁן) שִׁקּוּי־קֶסֶם

pot'tage *n.* (פּוֹטִג׳) מָרָק סָמִיךְ

pot'ter *n.* (פּוֹטֶר) קַדָּר, יוֹצֵר (כלי חרס)

pot'tery *n.* (פּוֹטֶרִי) כְּלֵי חֶרֶס, קֶרָמִיקָה

pouch *n.* (פַּאוּץ׳) שַׂק; כִּיס; נַרְתִּיק

—es חֲגוֹר־אַשְׁפּוֹת

poul'tice *n.* (פּוֹלְטִס) אִסְפְּלָנִית

poul'try *n.* (פּוֹלְטְרִי) עוֹפוֹת

pounce *v.i. & n.* (פַּאוּנְס) עָט; עִיּוּט

pound *n. & v.t. & i.* (פַּאוּנְד) לִיטְרָה; לִירָה; כְּתִישָׁה, הַלְמוּת, מַכָּה קָשָׁה; מִכְלָא; מַלְכֹּדֶת־דָּגִים; בֵּית מַעֲצָר; כָּתַשׁ, הָלַם בְּ־; חָבַט בְּ־; צָעַד בִּצְעָדִים כְּבֵדִים; צָעַד בְּמֶרֶץ

pour *v.t. & i* (פּוֹר) מָזַג; יָצַק; שָׁפַךְ; זָרַם, נָהַר; יָרַד בְּחָזְקָה (גשם)

pout *v.i. & n.* (פַּאוּט) שִׁרְבֵּב שָׂפָה; הִזְעִים פָּנִים; שִׁרְבּוּב שָׂפָה; מַצַּב־רוּחַ זָעֵף

pov'erty *n.* (פּוֹבֶרְטִי) עֹנִי, דַּלּוּת; מַחְסוֹר, חֹסֶר

pow'der *n. & v.t.* (פַּאוּדְר) אֲבָקָה; פּוּדְרָה; כָּתַשׁ; פִּזֵּר אַבְקָה; פִּדֵּר

pow'er *n. & v.t.* (פַּאוּאֶר) יְכֹלֶת, כֹּחַ; עָצְמָה; שְׁלִיטָה; סַמְכוּת; מַעֲצָמָה; הֶסְפֵּק; חֶזְקָה; סִפֵּק כֹּחַ

pow'erful *adj.* (פַּאוּאֶרְפֶל) חָזָק; אַדִּיר, בַּעַל עָצְמָה

pow'erhouse" *n.* (פַּאוּאֶרְהַאוּס) תַּחֲנַת־כֹּחַ

pow'er of attor'ney יִפּוּי כֹּחַ

prac'tical *adj.* (פְּרֶקְטִקְל) מַעֲשִׂי, שִׁמּוּשִׁי; רָגִיל; מוֹעִיל; מַמָּשִׁי; פְּרוֹזָאִי, מְיֻשָּׁב

pra'ctice [se] *n. & v.t. & i.* (פְּרֶקְטִס) נֹהַל; הֶרְגֵּל; נֹהַג; אִמּוּן, תִּרְגֹּלֶת; בִּצּוּעַ, עֲשִׂיָּה; עֲבוֹדָה בַּמִּקְצוֹעַ; מִקְצוֹעַ; נָהַג לְ־; עָבַד בְּ־; הִתְאַמֵּן בְּ־

practiti'oner *n.* (פְּרֶקְטִשֶׁנֶר) עוֹסֵק (במקצוע)

prair'ie *n.* (פְּרֵרִי) עֲרָבָה, פְּרֶרְיָה; אָחוּ

— dog מַרְמִיטָה כַּלְבִּית

praise *v.t. & n.* (פְּרֵיז) הִלֵּל, שִׁבֵּחַ; תְּהִלָּה, שֶׁבַח

praise'wor"thy *adj.* (פְּרֵיזְוֶרְדִ׳י) רָאוּי לְשֶׁבַח

prance *v.i.* (פְּרֶנְס) כִּרְכֵּר; נִתֵּר; רָכַב בְּעַלִּיזוּת, רָכַב בְּגַאֲוָה

prank *n.* (פְּרֶנְק) תַּעֲלוּל

prate *v.i. & t.* (פְּרֵיט) הִשְׁמִיעַ דִּבְרֵי הֲבַאי, גִּבֵּב דְּבָרִים

prat'tle *v.i. & n.* (פְּרֶטְל) "קִשְׁקֵשׁ"; פִּטְפֵּט; פִּטְפּוּטִים

pray *v.t. & i.* (פְּרֵי) הִתְחַנֵּן; הִתְפַּלֵּל; הִשְׁתּוֹקֵק

prayer *n.* (פְּרֵר) תְּפִלָּה; תְּחִנָּה

prayer' book" סִדּוּר (תפילה)

preach *v.t. & i.* (פְּרִיץ׳) הִטִּיף לְ־; דָּרַשׁ (דרשה); הִטִּיף מוּסָר בְּצוּרָה מְשַׁעֲמֶמֶת, "דִּבֵּר צִיּוֹנוּת"

prea'cher *n.* (פְּרִיצֶ׳ר) מַטִּיף, דַּרְשָׁן, מַגִּיד; כֹּמֶר

precar'ious *adj.* (פְּרִקֵרִיאֶס) רָעוּעַ; תָּלוּי בְּזוּלַת; מְסֻכָּן

precau'tion *n.* (פְּרִיקוֹשְׁן) אֶמְצְעֵי זְהִירוּת, זְהִירוּת

precede' *v.t.* (פְּרִסִיד) בָּא לִפְנֵי, הִקְדִּים; שִׁמֵּשׁ מָבוֹא לְ־

prec'edence *n.* (פְּרֶסִידֶנְס) קְדִימָה, זְכוּת־קְדִימָה; סֵדֶר־הַעֲדָפָה

prec'edent *n.* (פְּרֶסְדֶנְט) תַּקְדִּים

pre'cept *n.* (פְּרִיסֶפְּט) מִצְוָה, הוֹרָאָה

pre'cinct *n.* (פְּרִיסִנְקְט) מָחוֹז, רֹבַע; אֵזוֹר בְּחִירוֹת; שֶׁטַח, תְּחוּם

—s סְבִיבוֹת

preci′ous *adj.* (פְּרֶשֶׁס) יָקָר; אָהוּב; מֻבְהָק; מְעֻשֶּׂה

prec′ipice *n.* (פְּרֶסֶפִּס) מַתְלוּל; מַצָּב הֲרֵה־אָסוֹן

precip′itate″ *v.t.& i.* (פְּרִסְפִּטֵיט) זֵרֵז; הִשְׁקִיעַ (משקע); הִשְׁלִיךְ אַרְצָה; הִפִּיל בְּחָזְקָה; יָרַד אַרְצָה

precip′itate *adj. & n.* (פְּרִסְפִּטִט) כְּשֶׁרֹאשׁוֹ קָדִימָה; מִסְתָּעֵר קָדִימָה; חָפוּז וּבָהוּל; פָּזִיז; מִשְׁקָע

precip′itous *adj.* (פְּרֶסְפִּטֶס) תָּלוּל; בָּהוּל

precise′ *adj.* (פְּרִסַיס) מְדֻיָּק; קַפְּדָנִי; בָּרוּר מְאֹד

precisi′on *n.* (פְּרִסִיזְ׳ן) דִּיּוּק

preco′cious *adj.* (פְּרִקוֹשֶׁס) בַּכִּיר, מְפֻתָּח קֹדֶם זְמַנּוֹ

precur′sor *n.* (פְּרִיקֶרְסֶר) קוֹדֵם; מְבַשֵּׂר

pred′ator″y *adj.* (פְּרֶדֶטוֹרִי) טוֹרֵף; בּוֹזֵז

pred′eces″sor *n.* (פְּרֶדֶסֶסֶר) קוֹדֵם

predic′ament *n.* (פְּרֶדִקֶמֶנְט) מַצָּב קָשֶׁה

predict′ *v.t. & i.* (פְּרִדִקְט) הִגִּיד מֵרֹאשׁ, נִבֵּא

pre″dispose′ *v.t.* (פְּרִידִסְפּוֹז) נָטַע נְטִיָּה מֵרֹאשׁ; הֵבִיא לִידֵי נְטִיָּה לְ־; עָשָׂה כָּפוּף לְ־

predom′inance *n.* (פְּרִידוֹמֶנֶנְס) שְׁלִיטָה

predom′inate″ *v.i.* (פְּרִדוֹמֶנֵיט) הָיְתָה יָדוֹ עַל הָעֶלְיוֹנָה; הָיָה הֶחָזָק בְּיוֹתֵר, הִשְׁתַּלֵּט עַל, עָלָה עַל אֲחֵרִים

pre-em′inent *adj.* (פְּרִיאֶמֶנֶנְט) חָשׁוּב, דָּגוּל, מִתְבַּלֵּט

pref′ace *n. & v.t.* (פְּרֶפֶס) פֶּתַח דָּבָר, מָבוֹא, הַקְדָּמָה; סִפֵּק מָבוֹא, שִׁמֵּשׁ מָבוֹא

prefer′ *v.t.* (פְּרִפֶר) הֶעֱדִיף; הִצִּיג, הִגִּישׁ

pref′reable *adj.* (פְּרֶפֶרֶבְּל) עָדִיף, רָצוּי יוֹתֵר

pref′erence *n.* (פְּרֶפֶרֶנְס) הַעֲדָפָה; יִתְרוֹן; זְכוּת קְדִימָה

prefer′ment *n.* (פְּרִפֶרְמֶנְט) הַעֲדָפָה, מַתָּן זְכוּת קְדִימָה

pre′fix *n.* (פְּרִיפִקְס) קִדֹּמֶת, תְּחִלִּית

preg′nancy *n.* (פְּרֶגְנֶנְסִי) הֵרָיוֹן

preg′nant *adj.* (פְּרֶגְנֶנְט) הָרָה; חֲדוּר־; עָשִׁיר, פּוֹרֶה; מָלֵא מַשְׁמָעוּת; שׁוֹפֵעַ אֶפְשָׁרֻיּוֹת; שׁוֹפֵעַ רַעְיוֹנוֹת

prej′udice *n. & v.t.* (פְּרֶגֶ׳דִס) מִשְׁפָּט קָדוּם; פְּגִיעָה; נָטַע מִשְׁפָּט קָדוּם; פָּגַע

prej″udici′al *adj.* (פְּרֶגֶ׳דִשְׁל) פּוֹגֵעַ, מַזִּיק, נוֹטֵעַ מִשְׁפָּט קָדוּם

prel′ate *n.* (פְּרֶלְט) כֹּמֶר בַּעַל דַּרְגָּה גְּבוֹהָה (בישוף, ארכיבישוף)

prelim′inar″y *adj. & n.* (פְּרִלְמֶנֶרִי) מֻקְדָּם, מַקְדִּים; שֶׁל פְּתִיחָה; שֶׁל הַקְדָּמָה; מָבוֹא, שָׁלָב מֻקְדָּם; מוֹפָע מִשְׁנִי

prel′ude *n.* (פְּרֶלְיוּד) הַקְדָּמָה; פְּרֶלוּד

prema′rital *adj.* (פְּרִימֶרֶטְל) לִפְנֵי הַנִּשּׂוּאִים

pre″mature′ *adj.* (פְּרִימֶצ׳וּר) לִפְנֵי הַזְּמַן, מֻקְדָּם מִדַּי, שֶׁל בֹּסֶר

premier′ *n.* (פְּרִמִיר) רֹאשׁ מֶמְשָׁלָה

premiere′ *n.* (פְּרִמְיר) הַצָּגַת בְּכוֹרָה

prem′ise, prem′iss *n.* (פְּרֶמִס) הַנָּחָה

—s מִגְרָשׁ וּבִנְיָנָיו; בִּנְיָן וְקַרְקָעוֹ; נֶכֶס

pre′mium *n.* (פְּרִימִיאֶם) פְּרָס, מַעֲנָק; פְּרֶמְיָה

at a — רַבִּים הַקּוֹפְצִים עָלָיו, נִדְרָשׁ מְאֹד; בִּמְחִיר גָּבֹהַּ מְאֹד

prem″oniti′on *n.* (פְּרֶמֶנִשְׁן) אַזְהָרָה מֻקְדֶּמֶת; הַרְגָּשָׁה מֻקְדֶּמֶת שֶׁפֻּרְעָנוּת צְפוּיָה; נְבוּאָה שֶׁבַּלֵּב

preoc′cupy″ *v.t.* (פְּרִיאוֹקְיֻפַּי) הֶעֱסִיק בְּצוּרָה בִּלְעָדִית

— ied *adj.* שָׁקוּעַ רֹאשׁוֹ וְרֻבּוֹ

prep″ara′tion *n.* (פְּרֶפֶּרֵישְׁן) הֲכָנָה; הִתְכּוֹנְנוּת; תַּכְשִׁיר

prepare′ *v.t. & i.* (פְּרִפֵּר) הֵכִין; צִיֵּד; הִתְקִין; יִצֵּר, חִבֵּר; הִתְכּוֹנֵן

prepay′ *v.t.* (פְּרִיפֵּי) שִׁלֵּם מֵרֹאשׁ

prepon′derant *adj.* (פְּרִפּוֹנְדֶרֶנְט) עֶלְיוֹן, עוֹלֶה עַל

prep″ositi′on *n.* (פְּרֶפֶּזִשְׁן) מִלַּת יַחַס

pre″posses′sing *adj.* (פְּרִיפֶּזֶסִנְג) מְלַבֵּב

prepos′terous *adj.* (פְּרִפּוֹסְטֶרֶס) אַבְּסוּרְדִּי, מְנֻגָּד לַהִגָּיוֹן, טִפְּשִׁי בְּיוֹתֵר

prerog′ative *n.* (פְּרִרוֹגֶטִב) זְכוּת בִּלְעָדִית

prescribe′ *v.t. & i.* (פְּרִסְקְרַיבּ) קָבַע כְּלָל; רָשַׁם; בִּטֵּל; קָבַע הַנְחָיוֹת, צִוָּה

prescrip′tion *n.* (פְּרִסְקְרִפְּשְׁן) מִרְשָׁם, רֶצֶפְּט; תַּכְתִּיב, צִוּוּי; חֲזָקָה; רְכִישַׁת חֲזָקָה

pres'ence *n.* (פְּרֶזֶנְס) נוֹכְחוּת; חֶבְרָה; שְׁכֵנוּת מִיָּדִית, קִרְבָה צְמוּדָה; בִּטָּחוֹן עַצְמִי; הוֹפָעָה שֶׁכֻּלָּהּ אוֹמֶרֶת כָּבוֹד; אִישִׁיּוּת מְכֻבֶּדֶת; רוּחַ אֱלֹהִית קְרוֹבָה

— of mind שַׁלְוָה נַפְשִׁית וּמְהִירוּת פְּעֻלָּה; שְׁלִיטָה בְּעֶשְׁתּוֹנוֹתָיו

pres'ent *adj. & n.* (פְּרֶזֶנְט) עַכְשָׁוִי; שֶׁל זְמַן הַהֹוֶה; נוֹכֵחַ; קַיָּם בּ־; מַמָּשׁ כָּאן; נֶגֶד הָעֵינַיִם; הֹוֶה; מַתָּנָה

at — עַתָּה, עַכְשָׁו

for the — לְפִי שָׁעָה

— *v.t.* נָתַן בְּמַתָּנָה; הִגִּישׁ, הִצִּיג; סִפֵּק; הִצִּיעַ; נִסֵּחַ; הִפְנָה; דִּגֵּל; הִגִּישׁ כְּתַב־אִשּׁוּם

pre"senta'tion *n.* (פְּרִיזֶנְטֵישְׁן) הַגָּשָׁה; הַצָּגָה; הַעֲנָקָה; מַתָּנָה

pre'sent-day' *adj.* (פְּרֶזַנְט־דֵּי) מוֹדֶרְנִי, בֶּן־זְמַנֵּנוּ

presen'timent *n.* (פְּרִזֶנְטִמֶנְט) הַרְגָּשַׁת פֻּרְעָנוּת מִתְקָרֶבֶת

pres'ently *adv.* (פְּרֶזֶנְטְלִי) בְּקָרוֹב, עוֹד מְעַט; כָּעֵת

pres"erva'tion *n.* (פְּרֶזַרְוֵישְׁן) שְׁמִירָה עַל קִיּוּם; שִׁמּוּר

preser'vative *n.* (פְּרִזֶרְוַטִב) מְשַׁמֵּר, חֹמֶר מְשַׁמֵּר

preserve' *v.t. &i. & n.* (פְּרִזֶרְב) שָׁמַר עַל, קִיֵּם; שִׁמֵּר; מְשַׁמֵּר; שְׁמִירָה

—s שִׁמּוּרִים

preside' *v.i.* (פְּרִזַיְד) יָשַׁב בָּרֹאשׁ, שִׁמֵּשׁ יוֹשֵׁב רֹאשׁ, נִהֵל

pres'idency *n.* (פְּרֶזִדֶנְסִי) נְשִׂיאוּת; מָחוֹז

pres'ident *n.* (פְּרֶזִדֶנְט) נָשִׂיא; יוֹשֵׁב רֹאשׁ

— elect' הַנָּשִׂיא הַמְּיֹעָד

press *v.t. & i.* (פְּרֶס) לָחַץ עַל; גִּהֵץ; סָחַט; הֵצִיק ל־; כָּפָה; זֵרֵז; הִפְצִיר; עָמַד עַל קַבָּלַת; בִּקֵּשׁ בְּמַפְגִּיעַ; דָּחַף; הֵעִיק עַל; נִדְחַק קָדִימָה; הִצְטוֹפֵף

— *n.* עִתּוֹנוּת; בֵּית דְּפוּס; מַכְבֵּשׁ דְּפוּס; לְחִיצָה, לַחַץ; הַדְּחֲקוּת, הִצְטוֹפְפוּת; גִּהוּץ; דְּחִיפוּת

go to — נִשְׁלַח לְהַדְפָּסָה

press' a"gent סוֹכֵן פִּרְסֹמֶת, פִּרְסוּמַאי

press' con"ference מְסִבַּת עִתּוֹנָאִים

pres'sing *adj.* (פְּרֶסִנְג) דָּחוּף; מְחַיֵּב טִפּוּל מִיָּדִי

pres'sure *n. & v.t.* (פְּרֶשְׁר) לַחַץ; דְּחִיפוּת; כָּפָה, הִפְעִיל לַחַץ עַל, הִשְׁפִּיעַ עַל

pres'sure cook"er סִיר לַחַץ

prestige' *n.* (פְּרֶסְטִיג') יְקָרָה, פְּרֶסְטִיזָ'ה

presume' *v.t. & i.* (פְּרִזוּם) הִנִּיחַ; הִתְיַמֵּר ל־; פָּעַל בְּהֶעָזָה לֹא־מֻצְדֶּקֶת; סָמַךְ עַל בִּשְׁעַת פְּעִילוּת יָמְרָנִית; הִרְשָׁה לְעַצְמוֹ, הִתְחַצֵּף

presump'tion *n.* (פְּרִזַמְפְּשֶׁן) הַנָּחָה; חֻצְפָּה

presump'tuous *adj.* (פְּרִזַמְפְּצ'וּאֶס) חָצוּף, עַז־פָּנִים

pre"suppose' *v.t.* (פְּרִיסֻפּוֹז) הִנִּיחַ מֵרֹאשׁ; דָּרַשׁ כִּתְנַאי מֻקְדָּם

pretend' *v.t. & i.* (פְּרִטֶנְד) הֶעֱמִיד פָּנִים; שִׂחֵק כְּאִלּוּ; טָעַן בְּשֶׁקֶר; טָעַן ל־, תָּבַע

pre'tense [ce] *n.* (פְּרִיטֶנְס) הַעֲמָדַת פָּנִים; יָמְרָה; מִשְׂחָק כְּאִלּוּ; טַעֲנַת שֶׁקֶר; טַעֲנָה; יָמְרָנוּת

preten'sion *n.* (פְּרִטֶנְשֶׁן) טַעֲנָה, תְּבִיעָה; יָמְרָנוּת; הַעֲמָדַת פָּנִים; תּוֹאֲנָה

preten'tious *adj.* (פְּרִטֶנְשֶׁס) יָמְרָנִי, רַאַוְתָנִי

pre'text *n.* (פְּרִיטֶקְסְט) תּוֹאֲנָה, תֵּרוּץ, אֲמַתְלָה

pret'ty *adj. & adv.* (פְּרִטִי) יָפֶה, חָמוּד; נָאֶה; עָצוּם; נִכָּר; בְּמִדַּת־מָה

— soon בְּקָרוֹב, עוֹד מְעַט

sitting — כְּשֶׁיָּדוֹ עַל הָעֶלְיוֹנָה, אָמִיד, מַצְלִיחַ

prevail' *v.i.* (פְּרִוֵיל) שָׂרַר; רָוַח; גָּבַר עַל; שִׁכְנֵעַ

prev'alent *adj.* (פְּרֶוַלֶנְט) נָפוֹץ, רוֹוֵחַ

prevent' *v.t.* (פְּרִוֶנְט) מָנַע

preven'tion *n.* (פְּרִוֶנְשֶׁן) מְנִיעָה; תְּרוּפָה מוֹנַעַת

pre'view" *n.* (פְּרִיבְיוּ) הַצָּגָה מֻקְדֶּמֶת; מֻשָּׂג מֻקְדָּם; הַצָּגַת פִּרְסֹמֶת

pre'vious *adj.* (פְּרִיוִיאֶס) קוֹדֵם

prey *n. & v.i.* (פְּרֵי) טֶרֶף; קָרְבָּן; טָרַף; בָּזַז; הֵעִיק; נִצֵּל

price *n. & v.t.* (פְּרַיְס) מְחִיר; הַקְרָבָה; פְּרָס; קָבַע מְחִיר; שָׁאַל לַמְּחִיר

price′less *adj.* (פְּרַיסְלֶס) מֵעֵבֶר לְכָל מְחִיר, יָקָר מְאֹד; מְשַׁעֲשֵׁעַ בְּיוֹתֵר

prick *n.* & *v.t.* (פְּרִק) עֲקִיצָה, דְּקִירָה; דָּקַר

pride *n.* (פְּרַיד) גַּאֲוָה; כָּבוֹד־עַצְמִי; יְהִירוּת; סִפּוּק; לַהֲקַת אֲרָיוֹת; הָדָר

priest *n.* (פְּרִיסְט) כֹּהֵן; כֹּמֶר

priest′hood *n.* (פְּרִיסְטְהֻד) כְּהֻנָּה, כְּמוּרָה

prig *n.* (פְּרִג) מַחֲזִיק טוֹבָה לְעַצְמוֹ, צִדְקָן בְּעֵינָיו

prim *adj.* (פְּרִם) קוֹרֶקְטִי, מַחֲמִיר בִּדְבֵקוּת בַּמְּקֻבָּל, דַּקְדְּקָנִי

pri′mary *adj.* & *n.* (פְּרַימֵרִי) רָאשִׁי, עִקָּרִי; רִאשׁוֹן, רִאשׁוֹנִי; מְקוֹרִי, בְּסִיסִי; שֶׁל בֵּית סֵפֶר יְסוֹדִי; הֶחָשׁוּב בְּיוֹתֵר; בְּחִירוֹת מֻקְדָּמוֹת

pri′mate *n.* (פְּרַימֶט) אַרְכִיבִּישׁוֹף, בִּישׁוֹף רָאשִׁי

— *n.* (פְּרַימֵיט) פְּרִימָט

prime *adj.* & *n.* (פְּרַים) עִקָּרִי, רָאשִׁי, רִאשׁוֹן בְּמַעֲלָה; מְעֻלֶּה; מֻבְחָר; יְסוֹדִי; שִׂיא הַשִּׂגְשׂוּג; רֵאשִׁית תְּקוּפַת הַבַּגְרוּת; הַשָּׁלָב הָרִאשׁוֹן

— *v.t.* הֵכִין; טָעַן (כּאִין), הִכְנִיס (נוזל להפעלה ראשונית), צָבַע צְבִיעַת־יְסוֹד; סִפֵּק

prime′val *adj.* (פְּרַימִיבְל) שֶׁל תְּקוּפַת בְּרֵאשִׁית, קָדוּם

prim′itive *adj.* (פְּרִמְטִב) פְּרִימִיטִיבִי; מְקוֹרִי; רִאשׁוֹנִי

primor′dial *adj.* (פְּרַימוֹרְדִיאֶל) רִאשׁוֹנִי, מְקוֹרִי, פְּרִימִיטִיבִי, קָדוּם, קַיָּם מִבְּרֵאשִׁית

prince *n.* (פְּרִנְס) נָסִיךְ; אַלּוּף; אָדָם דָּגוּל

crown — יוֹרֵשׁ עֶצֶר

prince′ly *adj.* (פְּרִנְסְלִי) בְּיָד רְחָבָה, מְפֹאָר; שֶׁל נָסִיךְ

prin′cess *n.* (פְּרִנְסֶס) נְסִיכָה

prin′cipal *adj.* & *n.* (פְּרִנְסִפְּל) רָאשִׁי, עִקָּרִי; מְנַהֵל; רֹאשׁ; שַׂחְקָן רָאשִׁי; נַגָּן רָאשִׁי; קֶרֶן

prin″cipal′ity *n.* (פְּרִנְסִפֶּלְטִי) נְסִיכוּת

prin′ciple *n.* (פְּרִנְסִפְּל) עִקָּרוֹן

in — לַהֲלָכָה, מִבְּחִינָה תֵּאוֹרֶטִית

on — עֶקְרוֹנִית

print *v.t.* & *i.* & *n.* (פְּרִנְט) הִדְפִּיס, רָשַׁם בְּאוֹתִיּוֹת דְּפוּס; עָבַד כְּמַדְפִּיס; הַדְפָּסָה; אוֹתִיּוֹת דְּפוּס; דְּבַר־דְּפוּס; נְיַר עִתּוֹן; הֶדְפֵּס; דְּפוּס

in — בְּצוּרָה מֻדְפֶּסֶת, נִמְצָא לִמְכִירָה

prin′ter *n.* (פְּרִנְטֶר) מַדְפִּיס

prin′ting *n.* (פְּרִנְטִנְג) הַדְפָּסָה, דְּפוּס; דְּבַר־דְּפוּס; רָשׁוּם בְּאוֹתִיּוֹת דְּפוּס

pri′or *adj.* (פְּרַיאָר) קוֹדֵם

— to לִפְנֵי; עַד

prior′ity *n.* (פְּרַיאוֹרְטִי) קְדִימָה; זְכוּת קְדִימָה; עֲדִיפוּת

pris′m *n.* (פְּרִזְם) מִנְסָרָה; פְּרִיזְמָה

pris′on *n.* (פְּרִזְן) בֵּית סֹהַר; כְּלִיאָה

pris′oner *n.* (פְּרִזְנֶר) אָסִיר; שָׁבוּי

pris′tine *adj.* (פְּרִסְטִין) מְקוֹרִי, רֵאשִׁיתִי, בַּעַל טָהֳרוֹ הַמְּקוֹרִי

pri′vacy *adj.* (פְּרַיבַסִי) פְּרָטִיּוּת; יְחִידוּת; סוֹדִיּוּת

pri′vate *adj.* & *n.* (פְּרַיבִט) פְּרָטִי; אִישִׁי; פָּשׁוּט (חייל); טוּרַאי

— s מְבוּשִׁים

in — בִּיחִידוּת

— first″ class″ טוּרַאי רִאשׁוֹן

pri″vateer′ *n.* (פְּרַיבֶטִיר) אֳנִיַּת קְרָב פְּרָטִית

priva′tion *n.* (פְּרַיבֵישְׁן) מַחְסוֹר; שְׁלִילָה

priv′et *n.* (פְּרִוִט) לִיגוּסְטְרוּם

priv′ilege *n.* (פְּרִוְלִג׳) זְכוּת־יֶתֶר; פְּרִיבִילֶגְיָה

priv′y *adj.* & *n.* (פְּרִוִי) שֻׁתָּף לְסוֹד; פְּרָטִי; שַׁיָּךְ לְאָדָם מְיֻחָד; שֶׁל הַמֶּלֶךְ; מַחֲרָאָה

prize *n.* & *adj.* (פְּרַיז) פְּרָס; אֳנִיָּה שְׁבוּיָה; שֶׁקִּבֵּל פְּרָס; רָאוּי לְקַבֵּל פְּרָס, נִתָּן כִּפְרָס

— fight″ אִגְרוּף

— ring′ זִירַת אִגְרוּף

prob″abili′ty *n.* (פְּרוֹבַּבִּלְטִי) הִסְתַּבְּרוּת, קִרְבָה לְוַדַּאי; אֶפְשָׁרוּת

in all — קָרוֹב לְוַדַּאי

prob′able *adj.* (פְּרוֹבֶּבְּל) קָרוֹב לְוַדַּאי, מִסְתַּבֵּר

proba′tion *n.* (פְּרוֹבֵּישְׁן) בְּחִינָה, מִבְחָן

probe *v.t.* (פְּרוֹב) חָקַר, בָּחַן בִּיסוֹדִיּוּת

pro'bity *n.* (פְּרוֹבִּטִי) הֲגִינוּת, יֹשֶׁר

prob'lem *n. & adj.* (פְּרוֹבְּלֶם) בְּעָיָה; בְּעָיָתִי

prob"lemat'ic *adj.* (פְּרוֹבְּלֶמַטִיק) בְּגֶדֶר בְּעָיָה; צָרִיךְ עִיּוּן; מְפֻקְפָּק

proce'dure *n.* (פְּרֲסִיגְ'ר) נֹהַל; נֹהַג, דֶּרֶךְ פְּעֻלָּה; סֵדֶר דִּין; פְּרוֹצֶדוּרָה

proceed' *v.t.* (פְּרֲסִיד) נָבַע מִן, יָצָא; מְקוֹרוֹ...; הִמְשִׁיךְ בִּפְעֻלָּה; הוֹסִיף וְאָמַר; יָזַם פְּעֻלָּה מִשְׁפָּטִית

procee'ding *n.* (פְּרֲסִידִנְג) צַעַד, פְּעֻלָּה; הָלִיךְ מִשְׁפָּטִי

— **s** הֲלִיכִים, תּוּבְעָנָה

pro'ceeds *n. pl.* (פְּרוֹסִידְז) פִּדְיוֹן, הַכְנָסָה, רֶוַח

proc'ess *n. & v.t.* (פְּרוֹסֶס) תַּהֲלִיךְ; הַזְמָנָה לְדִין; עִבֵּד; טִפֵּל בּ־; הִגִּישׁ תְּבִיעָה מִשְׁפָּטִית; הִזְמִין לְדִין

processi'on *n.* (פְּרֲסֶשְׁן) תַּהֲלוּכָה; הִתְקַדְּמוּת; יְצִיאָה מִן

proclaim' *v.t.* (פְּרוֹקְלֵים) הִכְרִיז, הִצְהִיר; שִׁבַּח בְּפֻמְבֵּי

proc"lamation *n.* (פְּרוֹקְלֲמֵישְׁן) כְּרוּז, מִנְשָׁר; הַכְרָזָה

procliv'ity *n.* (פְּרוֹקְלִוִטִי) נְטִיָּה טִבְעִית

procras'tinate" *v.i. & t.* (פְּרוֹקְרֶסְטְנֵיט) הִשְׁהָה פְּעֻלָּה, הִתְמַהְמֵהַּ; דָּחָה

pro'create" *v.t.* (פְּרוֹקְרִיאֵיט) הוֹלִיד, יָצַר

procure' *v.t. & i.* (פְּרוֹקְיוּר) הִשִּׂיג; הֵבִיא לִידֵי; סִרְסֵר לִדְבַר עֲבֵרָה

prodigal *adj.* (פְּרוֹדִגְל) פַּזְרָנִי, בַּזְבְּזָנִי; מַשְׁפִּיעַ

prodigi'ous *adj.* (פְּרֲדִגֲ'ס) עָצוּם, עֲנָקִי, רַב מְאֹד; נִפְלָא

prod'igy *n.* (פְּרוֹדִגְ'י) עִלּוּי, פֶּלֶא

produce' *v.t.* (פְּרֲדוּס) יָצַר; יִצֵּר; יָלַד, הוֹצִיא, הִצְמִיחַ; הֵנִיב; סִפֵּק; הִצִּיג, הֵפִיק

pro'duce *n.* יְבוּל; פֵּרוֹת; פְּרִי־בֶּטֶן

produ'cer *n.* (פְּרֲדוּסֶר) יַצְרָן; מֵפִיק

prod'uct *n.* (פְּרוֹדֲקְט) מוּצָר, תּוֹצָר; תּוֹצֶרֶת; פְּרִי; תּוֹלָדָה; מַכְפֵּלָה

produc'tion *n.* (פְּרֲדַקְשְׁן) יִצּוּר, תּוֹצֶרֶת; מוּצָר; יְצִירָה; הֲגָשָׁה, הַצָּגָה

produ'ctive *adj.* (פְּרֲדַקְטִב) פּוֹרֶה; מֵבִיא לִידֵי, גּוֹרֵם; יַצְרָנִי; פְּרוֹדוּקְטִיבִי

profane' *adj. & v.t.* (פְּרֲפֵין) שֶׁל חִלּוּל קֹדֶשׁ; חִלּוֹנִי; שֶׁל עוֹבְדֵי אֱלִילִים; לֹא־דָתִי, הֲמוֹנִי, גַּס; חִלֵּל; טִמֵּא

profan'ity *n.* (פְּרֲפֶנְטִי) חִלּוֹנִיּוּת; נִבּוּל פֶּה; חִלּוּל הַקֹּדֶשׁ בְּדִבּוּר פֶּה, קְלָלָה, קַלְלָנוּת

profess' *v.t. & i.* (פְּרֲפֶס) הֶעֱמִיד פָּנִים; טָעַן; הוֹדָה בְּגִלּוּי־לֵב, הִכִּיר בּ־; הוֹדָה בַּאֲמִתּוּת שֶׁל; הִצְהִיר עַל נֶאֱמָנוּת; הִתְיַמֵּר לִהְיוֹת מֻמְחֶה; הִצְהִיר

professi'on *n.* (פְּרֲפֶשְׁן) מִקְצוֹעַ; מִקְצוֹעַ חָפְשִׁי; אַנְשֵׁי הַמִּקְצוֹעַ; הַצְהָרָה, הוֹדָאָה; אֱמוּנָה, דָּת

professi'onal *adj. & n.* (פְּרֲפֶשֲׁנְל) מִקְצוֹעִי; מֻמְחֶה; שֶׁל מִקְצוֹעָן; אִישׁ מִקְצוֹעַ, מִקְצוֹעָן

profes'sor *n.* (פְּרֲפֶסְר) פְּרוֹפֶסוֹר, פְּרוֹפֶסוֹר מִן הַמִּנְיָן; מַרְצֶה בְּאוּנִיבֶרְסִיטָה; מוֹרֶה; מוֹדֶה בַּאֲמִתּוּת־

prof'fer *v.t.* (פְּרוֹפְר) הִצִּיעַ

profici'ency *n.* (פְּרַפִשֲׁנְסִי) מְיֻמָּנוּת, כֹּשֶׁר; מֻמְחִיּוּת; בְּקִיאוּת

profici'ent *adj.* (פְּרֲפִשֲׁנְט) מֻמְחֶה; מְיֻמָּן; בָּקִי

pro'file *n.* (פְּרוֹפַיְל) צְדוּדִית, פְּרוֹפִיל; דְּיוֹקָן בִּפְרוֹפִיל; נִתּוּחַ

prof'it *n. & v.i. & t.* (פְּרוֹפִט) רֶוַח; יִתְרוֹן; הֲטָבָה; תּוֹעֶלֶת; הֵפִיק תּוֹעֶלֶת; הִרְוִיחַ; נִצֵּל; הוֹעִיל

prof'itable *adj.* (פְּרוֹפִטֲבְּל) מַכְנִיס, מֵבִיא רְוָחִים

prof"iteer' *n. & v.i.* (פְּרוֹפִטִיר) מַפְקִיעַ שְׁעָרִים; סַפְסָר; הִפְקִיעַ שְׁעָרִים; סִפְסֵר

prof'ligacy *n.* (פְּרוֹפְלֲגַסִי) פְּרִיצוּת, הוֹלֵלוּת

prof'ligate *adj. & n.* (פְּרוֹפְלֲגֲט) מֻפְקָר, הוֹלֵל; פַּזְרָן

profound' *adj.* (פְּרֲפַאוּנְד) עָמֹק; יְסוֹדִי, חוֹדֵר; נָמוּךְ

profuse' *adj.* (פְּרֲפְיוּס) פַּזְרָנִי, נְדִיב בְּיָד רְחָבָה, מַשְׁפִּיעַ; שׁוֹפֵעַ

profu'sion *n.* (פְּרֲפְיוּזְ'ן) שֶׁפַע

prog'eny *n.* (פְּרוֹגֲ'נִי) צֶאֱצָא, צֶאֱצָאִים

prognos'ticate" *v.t. & i.* (פְּרוֹגְנוֹסְטֵקֵיט) נִבֵּא; מָסַר תַּחֲזִית

pro'gram *n. & v.i.* (פְּרוֹגְרֶם) תָּכְנִית; תָּכְנִיָּה; תִּכְנֵת

prog'ress *n.* (פְּרוֹגְרֶס) קִדְמָה; הִתְקַדְּמוּת; סִיּוּר

— **in** מִתְנַהֵל, נֶעֱרָךְ

progress' *v.i.* (פְּרֻגְרֶס) הִתְקַדֵּם

progres'sive *adj. & n.* (פְּרֻגְרֶסִב) מִתְקַדֵּם; דּוֹגֵל בְּקִדְמָה; מִשְׁתַּפֵּר וְהוֹלֵךְ; פְּרוֹגְרֶסִיבִי; עוֹלֶה שָׁלָב שָׁלָב; מַחֲרִיף

prohib'it *v.t.* (פְּרוֹהִבִּט) אָסַר; מָנַע, עִכֵּב

pr"ohibiti'on *n.* (פְּרוֹאֲבִּשְׁן) אִסּוּר יִצּוּר מַשְׁקָאוֹת חֲרִיפִים וּמְכִירָתָם; תְּקוּפַת הָאִסּוּר (הנ"ל) בְּארה"ב (1920—1933); אִסּוּר

proj'ect *n.* (פְּרוֹגֶ'קְט) תָּכְנִית, הַצָּעָה; פְּרוֹיֶקְט; מִפְעָל; מֶחְקָר מְיֻחָד; שִׁכּוּן

project' *v.t.* (פְּרֻגֶ'קְט) הִצִּיעַ, תִּכְנֵן; הֵטִיל, הִשְׁלִיךְ; חִשֵּׁב; הִקְרִין; חָזָה בְּעֵינֵי רוּחוֹ; הִבְלִיט, גָּרַם שֶׁיִּבְלֹט; יִחֵס רִגְשׁוֹתָיו לַזּוּלַת

projec'tile *n.* (פְּרֻגֶ'קְטְל) קָלִיעַ

projec'tion *n.* (פְּרֻגֶ'קְשְׁן) הַבְלָטָה, בְּלִיטָה; הֲטָלָה, הַשְׁלָכָה; הֶטֵּל; חִשּׁוּב; תָּכְנִית

pro"letar'iat *n.* (פְּרוֹלֶטֶרִיאֶט) פְּרוֹלֶטַרְיוֹן

prolif'ic *adj.* (פְּרֻלִפִק) פּוֹרֶה

prolix' *adj.* (פְּרוֹלִקְס) אָרֹךְ וּמְשַׁעֲמֵם; מַאֲרִיךְ

pro'logue *n.* (פְּרוֹלוֹג) פְּתִיחָה; פֶּתַח־דָּבָר, פְּרוֹלוֹג; הַקְדָּמָה

prolong' *v.t.* (פְּרֻלוֹנְג) הֶאֱרִיךְ

prom"enade' *n. & v.i. & t.* (פְּרוֹמֶנֵיד) טִיּוּל; טַיֶּלֶת; תַּהֲלוּכָה; טִיֵּל; הִצִּיג אַגַּב הֲלִיכָה; הֶעֱבִיר עַל פְּנֵי־

prom'inence *n.* (פְּרוֹמִנֶנְס) הִתְבַּלְּטוּת; בְּלִיטָה

prom'inent *n.* (פְּרוֹמִנֶנְט) מִתְבַּלֵּט, בּוֹלֵט; מְפֻרְסָם, חָשׁוּב, יָדוּעַ

promis'cuous *adj.* (פְּרֻמִסְקְיוּאֶס) מִזְדַּוֵּג לְלֹא אַבְחָנָה; מְעֹרְבָּב; לְלֹא אַבְחָנָה

prom'ise *n. & v.t. & i.* (פְּרוֹמִס) הַבְטָחָה; תִּקְוָה לְהֶשֵּׂגִים; הִבְטִיחַ; נָתַן יְסוֹד לְצַפּוֹת ל־; הִתְחַיֵּב לָשֵׂאת אוֹ לְהִנָּשֵׂא

prom'ising *adj.* (פְּרוֹמִסִנְג) מַבְטִיחַ

prom'issor"y *adj.* (פְּרוֹמֶסוֹרִי) שֶׁל הַבְטָחָה

— **note** שְׁטַר חוֹב

prom'onto"ry *n.* (פְּרוֹמֶנְטוֹרִי) לְשׁוֹן יַבָּשָׁה, חַרְטוֹם

promote' *v.t.* (פְּרֻמוֹט) טִפֵּחַ, קִדֵּם; הֶעֱלָה (בכתה; בדרגה); הוֹצִיא מוֹנִיטִין ל־; "אִרְגֵּן", הִשִּׂיג בְּעָרְמָה

promo'tion *n.* (פְּרֻמוֹשְׁן) הַעֲלָאָה (בכתה; בדרג); טִפּוּחַ, עִדּוּד; הוֹצָאַת מוֹנִיטִין, קִדּוּם; דִּבְרֵי פִּרְסֹמֶת

prompt *adj. & v.t. & i.* (פְּרוֹמְפְּט) מִיָּדִי, לְלֹא שְׁהִיּוֹת, מִנֵּיהּ וּבֵיהּ; מָהִיר; זָרִיז, עוֹרֵר לִפְעֻלָּה; יָזַם; לָחַשׁ נִשְׁכָּחוֹת

prompt'ness *n.* (פְּרוֹמְפְּטְנֶס) דַּיְקָנוּת, זְרִיזוּת

prom'ulgate" *v.t.* (פְּרוֹמֶלְגֵיט) פִּרְסֵם; נָתַן תֹּקֶף עַל יְדֵי פִּרְסוּם; הוֹרָה בָּרַבִּים

prone *adj.* (פְּרוֹן) נוֹטֶה, בַּעַל נְטִיָּה; כְּשֶׁהַחֵלֶק הַקִּדְמִי כְּלַפֵּי מַטָּה, מוּנָח עַל הַגָּחוֹן, גָּחוֹן; יוֹרֵד

prong *n.* (פְּרוֹנְג) שֵׁן, חֹד, יוּבַל

pro'noun" *n.* (פְּרוֹנָאוּן) שֵׁם הַגּוּף, כִּנּוּי הַגּוּף

pronounce' *v.t. & i.* (פְּרֻנָאוּנְס) בִּטֵּא, הָגָה; הִצְהִיר, הִכְרִיז

pronun"cia'tion *n.* (פְּרֻנַנְסִיאֵישְׁן) הֲגִיָּה, הִגּוּי, בִּטּוּי; מִבְטָא

proof *n. & adj.* (פְּרוּף) רְאָיָה, הוֹכָחָה; מִבְחָן; בְּדִיקָה; כֹּחַ תִּקְנִי; הֶדְפֵּס־נִסָּיוֹן; בִּלְתִּי־חָדִיר; בָּדוּק; שֶׁל נִסּוּי; יְרִיעָה

— *v.t.* הִגִּיהַּ; עָשָׂה לְחָסִין

— **read** *v.t. & i.* הִגִּיהַּ

prop *v.t. & n.* (פְּרוֹפ) תָּמַךְ; הִשְׁעִין עַל; סָמוֹךְ, תֶּמֶךְ, תּוֹמֵךְ

prop"agan'da *n.* (פְּרוֹפֶּגֶנְדָה) תַּעֲמוּלָה; הַסְבָּרָה

prop'agate" *v.t. & i.* (פְּרוֹפֶּגֵיט) גִּדֵּל, הִתְרַבָּה; הוֹרִישׁ; הֵפִיץ; הִגְדִּיל, הִרְבָּה; הֶעֱבִיר

propel' *v.t.* (פְּרֻפֶּל) דָּחַף קָדִימָה, הֵנִיעַ

propel'ler *n.* (פְּרֻפֶּלֶר) מַדְחֵף, פְּרוֹפֶּלֶר

propen'sity *n.* (פְּרֻפֶּנְסִטִי) נְטִיָּה

prop'er *adj.* (פְּרוֹפֶּר) מַתְאִים, נָאוֹת, בְּהֶתְאֵם לַמֻּסְכָּמוֹת, קוֹרֶקְטִי; שֶׁל אָדָם אוֹ דָּבָר מְיֻחָד; צַר; מְדֻיָּק; בַּמּוּבָן הַצַּר; גּוּפָא; פְּרָטִי; תָּקִין, רָגִיל

prop'erly *adj.* (פְּרוֹפֶּרְלִי) כַּיָּאוּת; כַּהֲלָכָה; כְּהֹגֶן; בְּצוּרָה מְקֻבֶּלֶת; בְּדַיְקָנוּת; בְּצֶדֶק; עַל בֻּרְיוֹ, בִּיסוֹדִיּוּת

prop'erty *n.* (פְּרוֹפֶּרְטִי) נְכָסִים, רְכוּשׁ; מְקַרְקְעִין; אֲחֻזָּה; מִגְרָשׁ; קִנְיָן; זְכֻיּוֹת קַיָּמוֹת; סְגֻלָּה; פְּרִיטֵי תַּפְאוּרָה

proph'ecy (פְּרוֹפֶסִי) נְבוּאָה

proph'esy" *v.t. & i.* (פְּרוֹפֶסַי) נִבֵּא

proph'et *n.* (פְּרוֹפֶט) נָבִיא

prophet'ic *adj.* (פְּרֶפֶטִק) נְבִיאִי; נְבוּאִי; מְבַשֵּׂר־רָע

propinq'uity *n.* (פְּרוֹפִּנְקְוִטִי) קִרְבָה; דִּמְיוֹן

propit'iate" *v.t.* (פְּרֶפִּשִׁיאֵיט) רִצָּה, פִּיֵּס

propiti'ous *adj.* (פְּרֶפִּשֶׁס) רָצוּי, נוֹחַ, שֶׁל חֶסֶד, מְבַשֵּׂר־טוֹב; נוֹטֶה חֶסֶד

propor'tion *n.* (פְּרֶפּוֹרְשֶׁן) יַחַס, שִׁעוּר, גֹּדֶל יַחֲסִי; חֵלֶק; תֹּאַם; מַתְכֹּנֶת

—s מְמַדִּים

propor'tional *adj.* (פְּרֶפּוֹרְשֶׁנֶל) מְחֻלָּק לְפִי יַחַס מְסֻיָּם; יַחֲסִי; פְּרוֹפּוֹרְצְיוֹנָלִי

propor'tionate *adj.* (פְּרֶפּוֹרְשֶׁנֶט) יַחֲסִי; מֻתְאָם לְיַחַס נָאוֹת; פְּרוֹפּוֹרְצְיוֹנָלִי

propo'sal *n.* (פְּרֶפּוֹזֶל) הַצָּעָה; תָּכְנִית; הַצָּעַת נִשּׂוּאִים

propose' *v.t. & i.* (פְּרֶפּוֹז) הִצִּיעַ; הִצִּיג מֻעֲמָדוּת; תִּכְנֵן, הִתְכַּוֵּן; הִצִּיעַ נִשּׂוּאִים; שָׁקַל תַּכְלִית

prop"ositi'on *n. & v.t.* (פְּרוֹפֶּזִשֶׁן) תָּכְנִית; הַצָּעַת תְּנָאִים; עֵסֶק; בְּעָיָה; הַצָּעָה לְיַחֲסִים מִינִיִּים לֹא־חֻקִּיִּים; הִצִּיעַ תָּכְנִית; הִצִּיעַ יַחֲסִים מִינִיִּים לֹא־חֻקִּיִּים

propound' *v.t.* (פְּרֶפַּאוּנְד) הִגִּישׁ לְעִיּוּן

propri'etor *n.* (פְּרֶפְּרַיאֶטֶר) בַּעֲלִים

propr'iety *n.* (פְּרֶפְּרַיאֶטִי) הַתְאָמָה לַמֻּסְכָּמוֹת; הַתְאָמָה; צֶדֶק

—ies גִּנּוּנֵי הַחֶבְרָה

prosa'ic *adj.* (פְּרוֹזֵיאִק) שִׁגְרָתִי, מְשַׁעֲמֵם; פְּרוֹזָאִי

proscribe' *v.t.* (פְּרוֹסְקְרַיבּ) גִּנָּה; אָסַר, הוֹצִיא מִחוּץ לַחֹק; נִדָּה, הִגְלָה; הִכְרִיז כְּנִדּוֹן לְמִיתָה וּמְשֻׁלַּל זְכֻיּוֹת (ברומא העתיקה)

proscrip'tion *n.* (פְּרוֹסְקְרִפְּשֶׁן) גִּנּוּי; אִסּוּר, הוֹצָאָה מִחוּץ לַחֹק; נִדּוּי; גָּלוּת

prose *n. & adj.* (פְּרוֹז) פְּרוֹזָה; פְּרוֹזָאִי

pros'ecute" *v.t. & i.* (פְּרוֹסֶקְיוּט) תָּבַע לְדִין, הֶעֱמִיד לְמִשְׁפָּט; הֵבִיא לִידֵי גְּמַר; עָסַק בּ־; שִׁמֵּשׁ תּוֹבֵעַ

pros"ecu'tion *n.* (פְּרוֹסֶקְיוּשֶׁן) תְּבִיעָה; הֲבָאָה לִידֵי גְּמַר

pros'ecu"tor *n.* (פְּרוֹסֶקְיוּטֶר) תּוֹבֵעַ

pros'elyte" *n. & v.i. & t.* (פְּרוֹסֶלַיט) מוּמָר, גֵּר; שִׁמֵּד, גִּיֵּר; נִסָּה לְהַעֲבִיר עַל דָּת

pros'ody *n.* (פְּרוֹסֶדִי) תּוֹרַת הַמִּשְׁקָל, פְּרוֹסוֹדְיָה

pros'pect *n.* (פְּרוֹסְפֶּקְט) סִכּוּי, אֶפְשָׁרוּת הַצְלָחָה; צִפִּיָּה; מְקוֹר רֶוַח צָפוּי; לָקוֹחַ אֶפְשָׁרִי; מַרְאֶה; סֶקֶר; רֶמֶז לַמְּצִיאוּת; עַפְרוֹת; מְקוֹם כְּרִיָּה אֶפְשָׁרִי; כְּרִיָּה

in — צָפוּי

— *v.t. & i.* חִפֵּשׂ (מתכות יקרות); כָּרָה, עָבַד בְּמִכְרֶה

prospe'ctive *adj.* (פְּרֶסְפֶּקְטִב) צָפוּי

prospe'ctus *n.* (פְּרֶסְפֶּקְטֶס) דִּין וְחֶשְׁבּוֹן מֻקְדָּם, חוֹבֶרֶת הַסְבָּרָה, פְּרוֹסְפֶּקְט

pros'per *v.t.* (פְּרוֹסְפֶּר) הִצְלִיחַ, פָּרַח, שִׂגְשֵׂג

prospe'rity *n.* (פְּרוֹסְפֶּרְטִי) רְוָחָה, שֶׁפַע; שִׂגְשׂוּג

pros'perous *adj.* (פְּרוֹסְפֶּרֶס) מַצְלִיחַ, מְשַׂגְשֵׂג; בְּסִימָן טוֹב

pros'titute" *n.* (פְּרוֹסְטִטוּט) זוֹנָה, יַצְאָנִית, זוֹנֶה; סוֹחֵר בְּכִשְׁרוֹנוֹתָיו

pros'trate *v.t. & adj.* (פְּרוֹסְטְרֵיט) הִשְׁתַּחֲוָה אַפַּיִם אַרְצָה; הִשְׁתַּטֵּחַ עַל הָאָרֶץ; גָּבַר עַל, הִכָּה שׁוֹק עַל יָרֵךְ; שָׂרוּעַ עַל בִּטְנוֹ; מֻשְׁפָּל עַד דַּכָּא; מֻטָּל בַּאֲפִיסַת כֹּחוֹת; מְדֻכְדָּךְ מְאֹד

protect' *v.t. & i.* (פְּרֶטֶקְט) הֵגֵן עַל, שָׁמַר עַל; סִפֵּק הֲגַנָּה

prote'ction *n.* (פְּרֶטֶקְשֶׁן) הֲגַנָּה, שְׁמִירָה; מָגֵן; מִשְׁמָר; פַּטְרוֹנוּת

protec'tive *adj.* (פְּרֶטֶקְטִב) מֵגֵן, שׁוֹמֵר; שֶׁל מָגֵן
protec'tor *n.* (פְּרֶטֶקְטֶר) מֵגֵן, שׁוֹמֵר, פַּטְרוֹן
protec'torate *n.* (פְּרֶטֶקְטֶרֶט) שֶׁטַח חָסוּת
pro'tégé" *n.* (פְּרוֹטֶזֵ'י) בֶּן חָסוּת
pro'tein *n.* (פְּרוֹטִין) פְּרוֹטֶאִין, חֶלְבּוֹן
pro'test *n.* (פְּרוֹטֶסְט) מְחָאָה; עִרְעוּר
protest' *v.i. & t.* (פְּרֶטֶסְט) מָחָא; הִצְהִיר חֲגִיגִית; עִרְעֵר
Prot'estant *n. & adj.* (פְּרוֹטֶסְטֶנְט) פְּרוֹטֶסְטַנְט; פְּרוֹטֶסְטַנְטִי
pro'tocol" *n.* (פְּרוֹטֶקוֹל) תַּקָּנוֹן; פְּרוֹטוֹקוֹל; זִכְרוֹן־דְּבָרִים; נִסְפָּח לְחוֹזֶה
pro'totype" *n.* (פְּרוֹטֶטַיפּ) אַב־טִפּוּס, דֻּגְמָה רִאשׁוֹנָה
protact' *v.t.* (פְּרוֹטְרֶקְט) הֶאֱרִיךְ
protrac'tor *n.* (פְּרוֹטְרֶקְטֶר) מַדְזָוִית
protrude' *v.i.* (פְּרוֹטְרוּד) בָּלַט
protu'berance *n.* (פְּרוֹטְרוּבֶּרֶנְס) בְּלִיטָה
proud *adj.* (פְּרַאוּד) גֵּא, מִתְגָּאֶה; מְרֻצֶּה מִמַּעֲשָׂיו; זְחוּחַ־דַּעַת; מַחֲזִיק טוֹבָה לְעַצְמוֹ; רַבְרְבָנִי; מְעוֹרֵר גַּאֲוָה; מָלֵא חֲשִׁיבוּת, כֻּלּוֹ אוֹמֵר כָּבוֹד
prove *v.t. & i.* (פְּרוּב) הוֹכִיחַ; אִמֵּת; הִתְבָּרֵר, הוּכַח כְּ־
prov'ender *n.* (פְּרוֹבֶנְדֶר) מִסְפּוֹא יָבֵשׁ; מָזוֹן, צֵידָה
prov'erb *n.* (פְּרוֹבֶרְבּ) מָשָׁל, פִּתְגָּם; שֵׁם דָּבָר
prover'bial *adj.* (פְּרֶבֶרְבִּיאֲל) שֶׁל מָשָׁל, מֻבָּע בְּמָשָׁל; נוֹדָע
provide' *v.t. & i.* (פְּרֶוַיד) סִפֵּק, צִיֵּד; אִפְשֵׁר; הִתְנָה מֵרֹאשׁ; נָקַט אֶמְצָעִים מֵרֹאשׁ; פִּרְנֵס
—ed *conj.* בִּתְנַאי
Prov'idence *n.* (פְּרוֹבִדֶנְס) הַהַשְׁגָּחָה, אֱלֹהִים
prov'ident *adj.* (פְּרוֹבִדֶנְט) רוֹאֶה הַנּוֹלָד, מֵרְאִיַּת הַנּוֹלָד; נָבוֹן; חַסְכָנִי
prov"iden'tial *adj.* (פְּרוֹבִדֶנְשֶׁל) שֶׁל הַהַשְׁגָּחָה
provi'ding *adj.* (פְּרֶוַידִנְג) בִּתְנַאי שֶׁ...
prov'ince *n.* (פְּרוֹבִנְס) מָחוֹז, גָּלִיל, אֵזוֹר
the —s עָרֵי הַשָּׂדֶה
provin'cial *adj. & n.* (פְּרֶוִנְשֶׁל) שֶׁל מָחוֹז מְסֻיָּם; שֶׁל עָרֵי הַשָּׂדֶה, פְּרוֹבִינְצְיָאלִי; קַרְתָּנִי
provisi'on *n.* (פְּרֶוִיז'ן) סִפּוּק מָזוֹן; הַסְפָּקָה; תְּנַאי; מִנּוּי
—s אַסְפָּקָה; צֵידָה
— *v.t.* סִפֵּק מָזוֹן
provisional *adj.* (פְּרֶוִז'נֶל) זְמַנִּי, שֶׁהֻנְהַג עַל תְּנַאי
prov"ocation *n.* (פְּרוֹבֶקֵישְׁן) מַעֲשֵׂה הִתְגָּרוּת; פְּרוֹבוֹקַצְיָה
prov'ocative *adj.* (פְּרֶווֹקְטִב) מְגָרֶה, מַסִּית, פְּרוֹבוֹקָטִיבִי
provoke' *v.t.* (פְּרֶווֹק) הִרְגִּיז; הֵסִית, גֵּרָה; עוֹרֵר, הֵבִיא לִידֵי
prow *n.* (פְּרַאוּ) חַרְטוֹם
prow'ess *n.* (פְּרַאוּאֶס) אֹמֶץ; כֹּשֶׁר; יְכֹלֶת מְיֻחֶדֶת; מַעֲשֵׂה גְּבוּרָה
prowl *v.i. & t. & n.* (פְּרַאוּל) שִׁחֵר לְטֶרֶף; שׁוֹטֵט בִּגְנֵבָה; שִׁטּוּט בִּגְנֵבָה; שִׁחוּר לְטֶרֶף
— car נַיֶּדֶת מִשְׁטָרָה
prow'ler *n.* (פְּרַאוּלֶר) מְשׁוֹטֵט בִּגְנֵבָה; פּוֹרֵץ; גַּנָּב
proxim'ity *n.* (פְּרוֹקְסִמִטִי) קִרְבָה
prox'y *n.* (פְּרוֹקְסִי) סַמְכוּת מְיֻפֵּה־כֹּחַ; מְיֻפֵּה־כֹּחַ; יִפּוּי־כֹּחַ
prude *n.* (פְּרוּד) מַפְרִיז בִּצְנִיעוּת
prud'ence *n.* (פְּרוּדֶנְס) תְּבוּנָה; זְהִירוּת; נִהוּל־עִנְיָנִים נָבוֹן
pru'dent *adj.* (פְּרוּדֶנְט) נָבוֹן; מַעֲשִׂי; דּוֹאֵג לֶעָתִיד, חַסְכָנִי
prud'ery *n.* (פְּרוּדֶרִי) צְנִיעוּת־יֶתֶר
prud'ish *adj.* (פְּרוּדִשׁ) מַפְרִיז בִּצְנִיעוּת
prune *n. & v.t.* (פְּרוּן) שְׁזִיף מְיֻבָּשׁ; זָמַר, גָּזַם, סִלֵּק הַמְּיֻתָּר
prur'ient *adj.* (פְּרֻרִיאֶנְט) עוֹגְבָנִי, תַּאַוְתָנִי; מְעוֹרֵר תַּאֲוָה
Prussi'a *n.* (פְּרַשֶׁה) פְּרוּסְיָה
pry *v.i. & t.* (פְּרַי) חִטֵּט בְּחֻצְפָּה; הִתְבּוֹנֵן בְּסַקְרָנוּת; הֵרִים בְּמָנוֹף; הִשִּׂיג בְּמַאֲמָץ

psalm *n.* (סָם) מִזְמוֹר תְּהִלִּים, מִזְמוֹר דָּתִי; פֶּרֶק בְּסֵפֶר תְּהִלִּים
psa'lmist *n.* (סָמִסְט) מְחַבֵּר מִזְמוֹר תְּהִלִּים
the Psalmist דָּוִד, נְעִים זְמִירוֹת יִשְׂרָאֵל
p's and q's (פִּיז אֶן קְיוּז) נִימוּסִים, הִתְנַהֲגוּת
pseud'onym *n.* (סוּדְנִם) כִּנּוּי סִפְרוּתִי, שֵׁם בָּדוּי, פְּסֵידוֹנִים
psychi'atrist *n.* (סַיְקַאיְטְרִסְט) פְּסִיכִיאַטֶר, רוֹפֵא לְמַחֲלוֹת רוּחַ
psy'chic *adj.* (סַיְקִק) נַפְשִׁי; עַל־גַּשְׁמִי; רוּחָנִי; עַל־טִבְעִי
psy"choanal'ysis *n.* (סַיְקוֹאֲנֶלִסִס) פְּסִיכוֹאָנָלִיזָה
psy"cholog'ical *adj.* (סַיְקְלוֹגִ'קְל) פְּסִיכוֹלוֹגִי; שֶׁל הַנֶּפֶשׁ
psychol'ogist *n.* (סַיְקוֹלֶגִ'סְט) פְּסִיכוֹלוֹג
psychol'ogy *n.* (סַיְקוֹלֶגִ'י) פְּסִיכוֹלוֹגְיָה; מַדָּע הַהִתְנַהֲגוּת; מַצָּבִים וְתַהֲלִיכִים נַפְשִׁיִּים
pu'berty *n.* (פְּיוּבֶּרְטִי) בַּגְרוּת מִינִית
pub'lic *adj.* & *n.* (פַּבְּלִק) צִבּוּרִי; יָדוּעַ, מְפֻרְסָם; צִבּוּר, עַם, כְּלָל
go — הִנְפִּיק מְנָיוֹת לִמְכִירָה פֻּמְבִּית
in — בְּפֻמְבֵּי, בְּגָלוּי
pub"lica'tion *n.* (פַּבְּלִקֵישְׁן) פִּרְסוּם; כְּתַב־עֵת
publi'city *n.* (פַּבְּלִסִטִי) פִּרְסוּם, פִּרְסֹמֶת, פֻּמְבֵּי; פֻּמְבִּיּוּת
pub'licize" *v.t.* (פַּבְּלִסַיז) נָתַן פֻּמְבֵּי ל־; פִּרְסֵם; הֵבִיא לִידִיעַת הַצִּבּוּר
pub'lic opinion (פַּבְּלִק אֲפִּנְיְן) דַּעַת קָהָל
pub'lish *v.t.* & *i.* (פַּבְּלִשׁ) הוֹצִיא לָאוֹר; הִכְרִיז בָּרַבִּים; עָסַק בְּהוֹצָאָה לָאוֹר
pub'lisher *n.* (פַּבְּלִשֶׁר) מוֹצִיא לָאוֹר, מו״ל; הוֹצָאָה
puck'er *v.t.* & *i.* & *n.* (פַּקֶר) קִמֵּט, הִתְקַמֵּט; קֶמֶט
pud'ding *n.* (פֻּדִנְג) פּוּדִינְג; רַפְרֶפֶת; פַּשְׁטִידָה, חֲבִיצָה
pud'dle *n.* (פַּדְל) שְׁלוּלִית; טִיט
pudg'y *adj.* (פַּגִ'י) גּוּץ וְשָׁמֵן
pu'erile" *adj.* (פְּיוּאֲרִיל) יַלְדוּתִי, שְׁטוּתִי
puff *n.* & *v.i.* & *t.* (פַּף) נְשִׁיפָה; שְׁאִיפָה וּנְשִׁיפָה חֲלִיפוֹת; חֵלֶק מְנֻפָּח; עוּגָה מְמֻלָּאָה (בריבה או קצפת), פַּחֲזָנִית; נִפּוּחַ; גִּלְגַּל שֵׂעָר; כֶּסֶת; הַמְלָצָה מֻגְזֶמֶת; נָשַׁב בְּמַשָּׁבִים קְצָרִים; יָצָא בִּנְשִׁיפָה; נָשַׁם בִּכְבֵדוּת; נָשַׁף; נָע בִּנְשִׁיפוֹת; שָׁאַף וְנָשַׁף חֲלִיפוֹת; הִתְנַפֵּחַ; פָּלַט, נָע וּפָלַט אֲוִיר אוֹ עָשָׁן; כִּבָּה בִּנְשִׁיפָה; עִשֵּׁן; תָּפַח, נִפַּח, הֵגִיס דַּעַת; הִפְרִיז בְּשִׁבְחִים
pu'gilist *n.* (פְּיוּגִ'לִסְט) מִתְאַגְרֵף מִקְצוֹעִי
pugn'acious *adj.* (פַּגְנֵישֵׁס) אוֹהֵב רִיב, בַּעַל־אַף
pug'nose' (פַּג נוֹז) אַף סוֹלֵד
pull *v.t.* (פֻּל) מָשַׁךְ; קָרַע; עָקַר; מָרַט; שָׁלַף; נִסָּה לְבַצֵּעַ; לָבַשׁ; הִדְפִּיס יְרִיעָה; אִמֵּץ; שָׁאַף עָשָׁן; חָתַר
— in הִגִּיעַ
— off בִּצֵּעַ בְּהַצְלָחָה
— oneself together הִתְאוֹשֵׁשׁ
— out יָצָא, הִסְתַּלֵּק; הִפְסִיק פְּעִילוּת; חָדַל לְהִשְׁתַּתֵּף
— someone's leg הִקְנִיט, ״מָתַח״
— through יָצָא בְּשָׁלוֹם, הִתְגַּבֵּר
— *n.* מְשִׁיכָה; שְׁאִיפָה, לְגִימָה; ״פְּרוֹטֶקְצְיָה״; יָדִית; תּוֹר; חֲתִירָה
pul'let *n.* (פֻּלִט) פַּרְגִּית (שעוד לא מלאה לה שנה)
pul'ley *n.* (פֻּלִי) גַּלְגִּלָּה
pul'monar"y *adj.* (פַּלְמֶנֶרִי) שֶׁל הָרֵאוֹת; בַּעַל רֵאוֹת; מַשְׁפִּיעַ עַל הָרֵאוֹת
pulp *n.* (פַּלְפּ) צִיפָּה; עִסָּה; מוֹךְ־הַשֵּׁן
pul'pit *n.* (פֻּלְפִּט) דּוּכָן, בָּמָה
the — הַכְּמוּרָה
pul'sate *v.i.* (פַּלְסֵיט) הִתְרַחֵב וְהִתְכַּוֵּץ בְּקֶצֶב, פָּעַם, רָטַט
pulsa'tion *n.* (פַּלְסֵישְׁן) הִתְרַחֲבוּת וְהִתְכַּוְּצוּת בְּקֶצֶב, פְּעִימָה; תְּנוּדָה
pulse *n.* (פַּלְס) דֹּפֶק, פְּעִימָה
pul'verize" *v.t.* & *i.* (פַּלְוֶרַיז) הֵדֵק, שָׁחַק; מָעַךְ כָּלִיל; הִשְׁתַּחֵק
pum'ice *n.* (פַּמִס) חֲפָף
pump *n.* & *v.t.* & *i.* (פַּמְפּ) מַשְׁאֵבָה; שָׁאַב; נִפֵּחַ; הִפְעִיל בִּתְנוּעָה אָפְקִית אוֹ מְאֻנֶּכֶת; דָּחַף, הִכְנִיס בְּכֹחַ; חָקַר בְּהַתְמָדָה; הִפְעִיל מַשְׁאֵבָה
pump'kin *n.* (פַּמְפְּקִן) דְּלַעַת הַשָּׂדֶה

pun *n. & v.i.* (פַּן) לָשׁוֹן נוֹפֵל עַל לָשׁוֹן; הִשְׁתַּמֵּשׁ בְּלָשׁוֹן נוֹפֵל עַל לָשׁוֹן

punch *n.* (פַּנְץ׳) מַכַּת אֶגְרוֹף; מַקְּב; פּוּנְשׁ

pull —es מִתֵּן כֹּחַ מַכּוֹתָיו

— *v.t. & i.* הִכָּה בְּאֶגְרוֹף; הֵנִיעַ; דָּקַר, חָבַט בּ־; נִקֵּב

punc'tual *adj.* (פַּנְקְצ׳וּאַל) דַּיְקָן

punct"ual'ity *n.* (פַּנְקְצ׳וּאֶלְטִי) דַּיְקָנוּת

punc'tuate" *v.t. & i.* (פַּנְקְצ׳וּאֵיט) נִקֵּד, פִּסֵּק; הִדְגִּישׁ

punc"tua'tion *n.* (פַּנְקְצ׳וּאֵישְׁן) סִימָנֵי פִּסּוּק, נִקּוּד

punc'ture *n. & v.t. & i.* (פַּנְקְצֶ׳ר) נְקוּב; נֶקֶב; נֶקֶר; נִקֵּב, נִקֵּר

pun'gent *adj.* (פַּנְגְ׳נְט) חָרִיף; נוֹקֵב; מְצָעֵר מְאֹד; מְגָרֶה

pun'ish *v.t. & i.* (פַּנִשׁ) עָנַשׁ; הִכָּה קָשׁוֹת; הֶעֱבִיד קָשׁוֹת

pun'ishable *adj.* (פַּנִשַׁבְּל) צָפוּי לְעֹנֶשׁ

pun'ishment *n.* (פַּנִשְׁמֶנְט) עֹנֶשׁ, עֲנִישָׁה; מַכּוֹת קָשׁוֹת

pu'ny *adj.* (פְּיוּנִי) חָלוּשׁ; אַפְסִי

pup *n.* (פַּפּ) גּוּר כְּלָבִים, גּוּר

pu'pil *n.* (פְּיוּפִּל) תַּלְמִיד, סְטוּדֶנְט; אִישׁוֹן

pup'pet *n.* (פַּפִּט) בֻּבָּה (הַמּוּפְעֶלֶת בִּידֵי אָדָם)

pup'py *n.* (פַּפִּי) גּוּר כְּלָבִים; צָעִיר יָהִיר וְטִפֵּשׁ

pur'chase *v.t. & n.* (פֶּרְצֶ׳ס) קָנָה, רָכַשׁ בְּמַאֲמַצִּים; הִסְפִּיק לִקְנוֹת; קְנִיָּה; רְכִישָׁה

pur'chaser *n.* (פֶּרְצֶ׳סֶר) קוֹנֶה

pure *adj.* (פְּיוּר) טָהוֹר; זַךְ; כֵּן; עִיּוּנִי; בָּרוּר וְנֶאֱמָן; מֻחְלָט; בִּלְבַד; לְלֹא דֹּפִי; פָּרוּשׁ מֵחַיֵּי מִין; מֻפְשָׁט

pure'ness *n.* (פְּיוּרְנֶס) טֹהַר; זַכּוּת

pur'gator"y *n.* (פֶּרְגַטוֹרִי) מְקוֹם טִהוּר הַחוֹטְאִים; מְקוֹם־כַּפָּרָה זְמַנִּי, כּוּר מַצְרֵף

purge *v.t. & i. & n.* (פֶּרְג׳) טִהֵר; זִכֵּךְ; נִקָּה; כִּפֵּר; עָשָׂה צְרָכִים; גָּרַם לַעֲשִׂיַּת צְרָכִים; הִטַּהֵר, טָהַר; טִהוּר; מְשַׁלְשֵׁל

pu"rifica'tion *n.* (פְּיוּרְפִקֵישְׁן) טִהוּר; זִכּוּךְ

pur"ify' *v.t. & i.* (פְּיוּרְפַי) טִהֵר; זִכֵּךְ; נִקָּה; הִטַּהֵר, טָהַר

Pur'itan *n. & adj.* (פְּיוּרִטְן) פּוּרִיטָן; פּוּרִיטָנִי, מַחֲמִיר בְּעִנְיְנֵי מוּסָר

pur'ity *n.* (פְּיוּרִטִי) טֹהַר; זַכּוּת; פְּרִישׁוּת מֵחַיֵּי מִין

purloin' *v.t. & i.* (פֶּרְלוֹין) גָּנַב, קָנָה בִּמְשִׁיכָה

pur'ple *n. & adj.* (פֶּרְפְּל) אַרְגָּמָן; אַרְגְּמָנִי; נִמְלָץ

born to the — מִזֶּרַע הַמְּלוּכָה, בַּעַל יִחוּס

purport' *v.t.* (פֶּרְפּוֹרְט) הִבִּיעַ, רָמַז עַל; הוֹרָה מַשְׁמָעוּת; טָעַן, הִבִּיעַ נֶאֱמָנוּת בְּצִבְיעוּת

pur'port *n.* מַשְׁמָעוּת; מַטָּרָה, כַּוָּנָה

pur'pose *n.* (פֶּרְפֶּס) מַטָּרָה, תַּכְלִית; הֶחְלֵטִיּוּת; נוֹשֵׂא נָדוֹן; תּוֹצָאָה

on — בְּכַוָּנָה

— *v.t.* קָבַע כְּמַטָּרָה; הִתְכַּוֵּן

purr *v.t.* (פֶּר) נָהַם תּוֹךְ קֹרַת־רוּחַ, הָמָה בְּנַחַת

purse *n. & v.t.* (פֶּרְס) אַרְנָק; תִּיק; פְּרָס, מַעֲנָק; כֶּסֶף; קִמֵּט, כִּוֵּץ

pur'ser *n.* (פֶּרְסֶר) גִּזְבָּר

pursu'ance *n.* (פֶּרְסוּאֶנְס) בִּצּוּעַ, הוֹצָאָה לַפֹּעַל

pursue' *v.t. & i.* (פֶּרְסוּ) רָדַף אַחֲרֵי; הֵצִיק; הִתְמִיד בּ־; שָׁקַד עַל; בִּצֵּעַ; עָסַק בּ־; הִמְשִׁיךְ לָדוּן בּ־; הָלַךְ בְּעִקְּבוֹת

pursuit' *n.* (פֶּרְסוּט) רְדִיפָה, מִרְדָּף; מַאֲמָץ לְהַשִּׂיג, חִפּוּשׂ אַחֲרֵי; מִשְׁלַח־יָד

purvey' *v.t.* (פֶּרְוֵי) סִפֵּק

purvey'or *n.* (פֶּרְוֵיאֶר) סַפָּק

pus *n.* (פַּס) מֻגְלָה

push *v.t.* (פֻּשׁ) דָּחַף, נִדְחַק; פִּלֵּס דֶּרֶךְ; הֵאִיץ; קִדֵּם לִקְרַאת סִיּוּם; סָמַךְ עַל יוֹתֵר מִדַּי; לָחַץ לְמַטָּרָה מְסֻיֶּמֶת; הִכְנִיס; לְצָרָה מֵחֲמַת מַחְסוֹר בְּמַשֶּׁהוּ; זָז (לְאַחַר דְּחִיפָה)

— off הִסְתַּלֵּק, יָצָא

— *n.* דְּחִיפָה; מַאֲמָץ גָּדוֹל; פִּלּוּס דֶּרֶךְ; הִתְקַדְּמוּת נִמְרֶצֶת; לַחַץ; הַתְמָדָה, כֹּחַ הַמְצָאָה

push'er *n.* (פֻּשֶׁר) דּוֹחֵף נִדְחָק, מְזָרֵז; סוֹחֵר סַמִּים

push'ing *adj.* (פֻּשִׁנְג) דּוֹחֵף, נִדְחָק; בַּעַל כֹּחַ הַמְצָאָה, נִמְרָץ; תּוֹקְפָנִי בְּגַסּוּת

push'o"ver *adj.* (פְּשׁוֹבֶר) קַל לַעֲשׂוֹת, קַל לְהַשִּׂיג; נִצָּחוֹן קַל

push'-up" *n.* (פְּשׁ־אַפּ) שְׁכִיבַת סְמִיכָה

pu"sillan'imous *adj.* (פְּיוּסִלֶנִמֶס) הַסְסָן, פַּחְדָן; רַכְרוּכִי

puss *n.* (פְּס) פַּרְצוּף; חָתוּל; נַעֲרָה, אִשָּׁה

pus'sy *n.* (פְּסִי) חֲתַלְתּוּל, חָתוּל

pus'syfoot" *v.t.* (פְּסִיפֻט) הִתְגַּנֵּב, פָּסַע בִּזְהִירוּת; נָהַג בְּחֹסֶר הֶחְלֵטִיּוּת, פָּסַח עַל שְׁתֵּי סְעִפִּים

put *v.t.* (פֻּט) שָׂם, הִנִּיחַ; הִכְנִיס; הֶעֱמִיד; הֶעֱסִיק; הֵבִיא לִידֵי־; תִּרְגֵּם; חִבֵּר לַחַן; יִחֵס; קָבַע; הִמֵּר; הִבִּיעַ; הִשְׁתַּמֵּשׁ בּ־; הִצִּיג; הֵטִיל; הִשְׁקִיעַ; יָצָא

— across הִסְבִּיר שֶׁיּוּבַן; גָּרַם שֶׁיִּתְקַבֵּל יָפֶה

— aside חָסַךְ, אָגַר

— down רָשַׁם, כָּתַב; דִּכֵּא; מֵעֵט בִּדְמוּת, הֵבִיךְ

— forth הִצִּיעַ, הִגִּישׁ; הִפְעִיל; הִצְמִיחַ

— forward הִצִּיעַ, הִגִּישׁ

— in נִכְנַס לְנָמֵל; הִתְעָרֵב, נִכְנַס לְתוֹךְ דִּבְרֵי הַזּוּלַת; בִּלָּה זְמַנּוֹ כַּנִּדְרָשׁ

— in for בִּקֵּשׁ, הִגִּישׁ בַּקָּשָׁה

— off דָּחָה; דָּחָה בְּלֵךְ וָשׁוּב; הֵשִׁיק

— on לָבַשׁ; סִגֵּל לְשֵׁם הַעֲמָדַת פָּנִים; הִצִּיג

— oneself out הִתְאַמֵּץ בִּמְיֻחָד, הוֹצִיא כֶּסֶף

— out כִּבָּה; הִקְנִיט; הִפְרִיעַ; גָּרַם אִי־נְעִימוּת; יִצֵּר, הוֹצִיא לָאוֹר

— over בִּצַּע בְּהַצְלָחָה

— someone on הִקְנִיט בִּשְׁקָרִים

— something over on רִמָּה, נִצֵּל

— through הוֹצִיא לַפֹּעַל, בִּצֵּעַ; קִשֵּׁר (טלפונית)

— to it הֶעֱמִד בִּפְנֵי קְשָׁיִים

— to sleep הִרְדִּים

— up הֵקִים; תָּרַם, סִפֵּק, אִכְסֵן, נָתַן מָקוֹם לִינָה; הֶרְאָה; הִצִּיג כְּמֻעֲמָד, מִנָּה

— up on נִצֵּל בְּצוּרָה לֹא־הוֹגֶנֶת

— up to הֵסִית

— up with סָבַל, הִשְׁלִים עִם

stay — נִשְׁאַר בִּמְקוֹמוֹ, נִשְׁאַר בְּמַעֲמָדוֹ

— n. הֲטָלָה

put-'on' *adj.* (פֻּט־אוֹן) מְעֻשֶּׂה, שֶׁל הַעֲמָדַת פָּנִים

pu"trefac'tion *n.* (פְּיוּטְרֶפֶקְשֶׁן) רִקָּבוֹן, הֵרָקְבוּת

pu'trid *adj.* (פְּיוּטְרִד) רָקוּב; מַעֲלֶה צַחֲנָת רִקָּבוֹן; יָרוּד

put'tee *n.* (פַּטִי) חוֹתֶלֶת

put'ty *n.* (פַּטִי) מֶרֶק, "קִיט"

put'-up" *adj.* (פֻּט־אַפּ) מְבֻיָּם בְּעָרְמָה, מְתֻכְנָן מֵרֹאשׁ בַּחֲשַׁאי

puz'zle *n.* & *v.t.* & *i.* (פַּזְל) חִידָה; דָּבָר מַתְמִיהַּ; מַצָּב מַתְמִיהַּ; הֵבִיךְ, בִּלְבֵּל, עוֹרֵר תְּמִיהָה; נִסָּה לִפְתֹּר

pyg'my *n.* (פִּגְמִי) נַנָּס; חֲדַל־אִישִׁים, דָּבָר שֶׁל מַה־בְּכָךְ

Pygmy פִּיגְמִי

pyja'mas *n.* (פִּגָ'מֶז) פִּיגָ'מָה

plyon *n.* (פַּילוֹן) מִגְדַּל סִמּוּן, עַמּוּד

pyr'amid *n.* (פִּרֶמִד) פִּירָמִידָה

pyre *n.* (פַּיאֶר) עֲרֵמַת חֹמֶר שְׂרֵפָה

py"rotech'nics *n.* (פַּירֶטֶקְנִקְס) יִצּוּר זִקּוּקִין, שִׁמּוּשׁ בְּזִקּוּקִין, זִקּוּקִין; רַאֲוָה

Q

Q, *n.* (קְיוּ) ק׳, הָאוֹת הַשְּׁבַע־עֶשְׂרֵה בָּאָלֶפְבֵּית הָאַנְגְּלִי

qua *adv.* (קְוָה) בְּתוֹר

quack *n.* & *v.i.* (קְוֶק) גִּעְגַּע; מַעֲמִיד פָּנִים כְּרוֹפֵא; מַעֲמִיד פָּנִים; רַמַּאי; גִּעְגּוּעַ

quad'rang"le *n.* (קְוּוֹדְרֶנְגֶל) מְרֻבָּע; חָצֵר מְרֻבַּעַת; בִּנְיָנִים מִסָּבִיב לְחָצֵר מְרֻבַּעַת

quad'rant *n.* (קְוּוֹדְרֶנְט) קְוַדְרַנְט; רֶבַע מַעְגָּל

qua"drilat'eral *n.* (קְוּוֹדְרִלֶטֶרֶל) מְרֻבָּע

quadrille' *n.* (קְוַדְרִל) קַדְרִיל

quadroon' *n.* (קְוּוֹדְרוּן) שְׁלֹשֶׁת רִבְעֵי כּוּשִׁי; בֶּן מוּלָט וְלָבָן

quad'ruped *n.* (קְוּוֹדְרֻפֶּד) הוֹלֵךְ עַל אַרְבַּע

quadru'ple *adj.* & *n.* & *v.t.* & *i.* (קְוּוֹדְרוּפְּל) פִּי אַרְבָּעָה, בֶּן אַרְבָּעָה חֲלָקִים; הִכְפִּיל פִּי אַרְבָּעָה, רִבֵּעַ

quadru'plet *n.* (קְוּוֹדְרוּפְּלִט) רְבִיעִיָּה; בֶּן רְבִיעִיָּה

quaff *v.i.* & *t.* & *n.* (קְווֹף) לָגַם; לְגִימָה

quag'mire *n.* (קְוַגְמַיְאֵר) אַדְמַת בִּצָּה; מַצָּב קָשֶׁה

quail *n.* & *v.i.* (קְוֵיל) שְׂלָו; נָמַס הַלֵּב, רָפוּ יָדָיו

quaint *adj.* (קְוֵינְט) מְשֻׁנֶּה בְּצוּרָה מְלַבֶּבֶת; צִיּוּרִי בְּצוּרָה יוֹצֵאת־דֹּפֶן; מַקְסִים בְּיָשְׁנוֹ; עָשׂוּי כִּמְלֶאכֶת מַחֲשֶׁבֶת

quake *v.i.* & *n.* (קְוֵיק) רָעַד, הִתְחַלְחֵל; רְעִידַת אֲדָמָה, רֶטֶט

Qua'ker *n.* (קְוֵיקֶר) קְוֵיקֶר

qual"ifica'tion *n.* (קְוֹלֶפֶקֵישֶׁן) כִּשּׁוּר; הַתְאָמָה, הֱיוֹת כָּשִׁיר; כְּשִׁירוּת; מִגְבָּלָה

qual'ify" *v.t.* & *i.* (קְוֹלֶפַי) הִכְשִׁיר; יִחֵס סְגֻלּוֹת; אִפְיֵן, כִּנָּה, הִגְבִּיל; אִיֵּךְ; מִתֵּן, הֵקֵל; הָיָה כָּשִׁיר; קִבֵּל סַמְכוּת בְּכַשִׁירוּתוֹ; גִּלָּה כְּשִׁירוּת; עָמַד בְּמִבְחֲנֵי קְלִיטָה

qual'ity *n.* & *adj.* (קְווֹלִטִי) סְגֻלָּה; אֵיכוּת, טִיב; הִצְטַיְּנוּת; הֶשֵּׂג; מַעֲמָד רָם; בַּעַל אֵיכוּת מְעֻלָּה

qualm *n.* (קְוָם) נְקִיפַת מַצְפּוּן; מוּסַר כְּלָיוֹת הַרְגָּשַׁת אִי־נוֹחוּת; בְּחִילַת פִּתְאוֹם

quan'dary *n.* (קְווֹנְדֶרִי) מְבוּכָה, דִּילֶמָּה

quan'tity *n.* (קְווֹנְטִטִי) כַּמּוּת; כַּמּוּת נִכֶּרֶת

quar'antine" *n.* & *v.t.* (קְווֹרֶנְטִין) הֶסְגֵּר; אַרְבָּעִים יוֹם; הֶחֱזִיק בְּהֶסְגֵּר; בּוֹדֵד

quar'rel *n.* & *v.i.* (קְווֹרֶל) רִיב, קְטָטָה; רָב, הִתְקוֹטֵט, הִתְנַצֵּחַ; הִגִּישׁ תְּלוּנָה, מָצָא מוּם

quar'relsome *adj.* (קְווֹרֶלְסֶם) אוֹהֵב־רִיב, נִרְגָּן

quar'ry *n.* & *v.t.* (קְווֹרִי) מַחְצָבָה; טֶרֶף; דָּבָר נִרְדָּף; חַיַּת צַיִד; חָצַב

quart *n.* (קְווֹרְט) יְחִידַת מִדָּה לְנוֹזְלִים (= 0.946 ליטר)

quar'ter *n.* (קְווֹרְטֶר) רֶבַע; רֶבַע דּוֹלָר; רֶבַע שָׁעָה; רֶבַע שָׁנָה; כִּוּוּן; אֵזוֹר; מָחוֹז, מָקוֹם; רֹבַע; מָקוֹר סְתָמִי (למידע); רַחֲמִים; רֶבַע גּוּף

—s מְקוֹם מְגוּרִים, דִּירָה

— *v.t.* חִלֵּק לְאַרְבָּעָה חֲלָקִים שָׁוִים; חִלֵּק; חָתַךְ לְאַרְבָּעָה חֲלָקִים; אִכְסֵן; חִיֵּב לְאַכְסֵן; הִצִּיב

quar'terly *adj.* & *adv.* & *n.* (קְווֹרְטֶרְלִי) שֶׁל רֶבַע שָׁנָה; שֶׁל רֶבַע; אַחַת לְרֶבַע שָׁנָה; רִבְעוֹן

quar'termas"ter *n.* (קְווֹרְטֶרְמֶסְטֶר) אַפְסְנַאי

quartz *n.* (קְווֹרְץ) קְוַרְצָה

quash *v.t.* (קְווֹשׁ) דִּכֵּא; בִּטֵּל

quasi *adj.* & *adv.* (קְוֵזַי) דּוֹמֶה ל־; כְּעֵין; מְדֻמֶּה, כִּבְיָכוֹל

qu?'ver *v.i.* & *t.* & *n.* (קְוִיבֶר) רָטַט; רֶטֶט

quay *n.* (קִי) רָצִיף

quea'sy *adj.* (קְוִיזִי) סוֹבֵל מִבְּחִילָה; מְעוֹרֵר בְּחִילָה; לֹא־נוֹחַ; בַּרְרָנִי מְאֹד

queen *n.* (קְוִין) מַלְכָּה; הוֹמוֹסֶקְסוּאָלִיסְט

queen'ly *adj.* (קְוִינְלִי) שֶׁל מַלְכָּה, יָאֶה לְמַלְכָּה

queer *adj.* & *v.t.* & *n.* (קְוִיר) מְשֻׁנֶּה; מְפֻקְפָּק; מְעוֹרֵר חֲשָׁד; חַלָּש; מְשֻׁגָּע; הוֹמוֹסֶקְסוּאָלִי; קִלְקֵל, סִכֵּן; הוֹמוֹסֶקְסוּ־אָלִיסְט

quell *v.t.* (קְוֶל) הִכְנִיעַ, דִּכֵּא; שָׂם קֵץ ל־; שִׁכֵּךְ

quench *v.t.* (קְוֶנְץ׳) רִוָּה; כָּבָה; צִנֵּן פִּתְאוֹם; דִּכֵּא, גָּבַר עַל

quer'ulous *adj.* (קְוֶרֲלֵס) מִתְלוֹנֵן, נִרְגָּן

quer'y *n.* & *v.t.* (קְוִירִי) שְׁאֵלָה; סָפֵק; סִימַן שְׁאֵלָה; שָׁאַל, הֵטִיל סָפֵק בּ־; סִמֵּן בְּסִימַן שְׁאֵלָה, חָקַר

quest *n.* (קְוֶסְט) חִפּוּשׂ

qu'estion *n.* (קְוֶסְצֵ׳ן) שְׁאֵלָה; בְּעָיָה; נוֹשֵׂא מַחְלֹקֶת; הַצָּעָה לְדִיּוּן; חֲקִירָה; עִנְיָן

beyond — לְמַעְלָה מִכָּל סָפֵק

call into — הֵטִיל סָפֵק

in — הַנָּדוֹן

out of the — בִּלְתִּי אֶפְשָׁרִי

— *v.t.* שָׁאַל, הִצִּיג שְׁאֵלוֹת ל־; חָקַר; פִּקְפֵּק בּ־; חָלַק עַל

ques'tionable *adj.* (קְוֶסְצֵ׳נַבְּל) מְפֻקְפָּק; שֶׁנִּתָּן לַחֲלֹק עָלָיו

queue *n.* & *v.i.* & *t.* (קְיוּ) צַמָּה; תּוֹר; עָמַד בַּתּוֹר

quib'ble *n.* & *v.i.* (קְוִבְּל) הִתְחַמְּקוּת; בִּקֹּרֶת קַטְנוּנִית; הִתְנַגְּדוּת חַסְרַת־עֵרֶךְ; הִתְחַמֵּק מִתְּשׁוּבָה בְּרוּרָה; מָתַח בִּקֹּרֶת קַטְנוּנִית

quick *adj.* & *n.* & *adv.* (קְוִיק) מָהִיר, מִיָּדִי, זָרִיז; נִמְהָר, פָּזִיז; חוֹדֵר; מְהִיר־תְּפִיסָה; הַחַיִּים; מַהֵר

cut to the — הֶעֱלִיב קָשׁוֹת

quick'en *v.t.* & *i.* (קְוִיקְן) הֵחִישׁ, זֵרֵז; עוֹרֵר; הֶחֱיָה; נַעֲשָׂה פָּעִיל יוֹתֵר; חָזַר לַחַיִּים; הִתְחִיל לְגַלּוֹת סִימָנֵי חַיִּים

quick'sand" *n.* (קְוִיקְסֶנְד) חוֹל טוֹבְעָנִי, טִיט יָוֵן

quiet *adj.* & *n.* & *v.t.* & *i.* (קְוַיְאַט) שָׁקֵט; רָגוּעַ; מָתוּן; שֶׁקֶט; רְגִיעָה; שָׁלוֹם; הִשְׁקִיט; הִשְׁתִּיק; הִרְגִּיעַ; שִׁכֵּךְ; הִשְׁתַּתֵּק

quill *n.* (קְוִיל) אֶבְרָה; קוּלְמוּס; קוֹץ (של קיפוד או דרבן)

quilt *n.* (קְוִילְט) כֶּסֶת

quince *n.* (קְוִינְס) חַבּוּשׁ

qui'nine *n.* (קְוַינַין) כִּינִין

quintet' *n.* (קְוִינְטֶט) חַמְשִׁית

quintup'let *n.* (קְוִינְטוּפְּלִט) חֲמִישִׁיָּה; בֶּן חֲמִישִׁיָּה

quip *n.* & *v.t.* (קְוִיפּ) הֶעָרָה מְבַדַּחַת, חִדּוּד; שְׁנִינָה; הֵעִיר הֶעָרָה מְבַדַּחַת, הֵעִיר הֶעָרָה מְמֻלַּחַת

quirk *n.* (קְוֶרְק) מוּזָרוּת; הִתְנַהֲגוּת יוֹצֵאת־דֹּפֶן; הִתְחַמְּקוּת; תַּפְנִית־פֶּתַע; כְּתִיבָה רַאַוְתָנִית

quit *v.t.* & *i.* & *adj.* (קְוִיט) חָדַל; יָצָא, עָזַב; וִתֵּר עַל; הִרְפָּה מ־; הִתְפַּטֵּר מ־; הוֹדָה עַל תְּבוּסָה, נִכְנַע; חָפְשִׁי, מְשֻׁחְרָר, פָּטוּר

quite *adv.* (קְוַיְט) לְגַמְרֵי, כֻּלּוֹ, בִּשְׁלֵמוּת; בְּעֶצֶם, לְמַעֲשֶׂה; בְּמִדָּה נִכֶּרֶת, לְמַדַּי

quits *adj.* (קְוִיטְס) בְּמַצָּב שָׁוֶה לְאַחַר סִלּוּק חֶשְׁבּוֹן

call it — הִפְסִיק פְּעִילוּת זְמַנִּית; חָדַל לְהִתְאַמֵּץ

quit'tance *n.* (קְוִיטַנְס) פִּצּוּי, גְּמוּל; פְּטוֹר

quiv'er *v.t.* & *i.* & *n.* (קְוִיבְר) רָעַד, רִטֵּט; רְעִידָה; רֶטֶט; אַשְׁפָּה (לחצים)

qui'xot'ic *adj.* (קְוִיקְסוֹטִק) דּוֹן־קִישׁוֹטִי, אַבִּירִי בְּצוּרָה מֻגְזֶמֶת; הוֹזֶה, בַּעַל דִּמְיוֹן

quiz *v.t.* & *n.* (קְוִיז) בָּחַן; חָקַר; בֹּחַן; חִידוֹן; הַצָּגַת שְׁאֵלוֹת; מַעֲשֵׂה לֵצָנוּת

— program חִידוֹן

quiz'zical *adj.* (קְוִזִקְל) נָבוֹךְ; מְשֻׁנֶּה; מְבַדֵּחַ; לַגְלְגָנִי

quor'um *n.* (קְווֹרֶם) קְוֹורוּם, מִנְיָן מִינִימָלִי

quo'ta *n.* (קְווֹטַה) מִכְסָה, "נוֹרְמָה"

quota'tion *n.* (קְווֹטֵישְׁן) צִיטָטָה, מוּבָאָה; צִטּוּט; מְחִיר הַשּׁוּק

— marks מֶרְכָאוֹת

quote *v.t. & i. & n.* (קְווֹט) צִטֵּט; צִיֵּן, הֵבִיא כְּסִמּוּכִין; צִיֵּן בְּמֶרְכָאוֹת; נָקַב מְחִיר; הֵבִיא צִיטָטוֹת; צִיטָטָה

quoth *v.* (קְווֹת׳) אָמַר

quotid'ian *adj.* (קְווֹטִדִיאֲן) יוֹמִי; יוֹמְיוֹמִי

quo'tient *n.* (קְווֹשֶׁנְט) מָנָה

R

R, r *n.* (אָר) ר', הָאוֹת הַשְּׁמוֹנֶה־עֶשְׂרֵה בָּאָלֶפְבֵּית הָאַנְגְּלִי
rab'bi *n.* (רֶבַּי) רַב; רַבִּי
rabbin'ical *adj.* (רַבִּנִקְל) שֶׁל רַבָּנִים, רַבָּנִי, שֶׁל הָרַבָּנוּת
rab'bit *n.* (רֶבִּט) אַרְנָבוֹן, אַרְנֶבֶת
rab'ble *n.* (רֶבְּל) אֲסַפְסוּף
rab'id *adj.* (רֶבִּד) מִשְׁתּוֹלֵל; מְטֹרָף, נְגוּעַ־כַּלֶּבֶת
ra'bies*n.* (רֵיבִּיז) כַּלֶּבֶת
raccoon' *n.* (רֶקוּן) רַקּוּן, דֹּב רוֹחֵץ
race *n. & v.i.* (רֵיס) מֵרוֹץ; תַּחֲרוּת; הִתְקַדְּמוּת לְעֵבֶר; זֶרֶם חָזָק; אָפִיק, תְּעָלָה; גֶּזַע; הַמִּין הָאֱנוֹשִׁי; הִשְׁתַּתֵּף בְּמֵרוֹץ; הִתְחָרָה; הֵרִיץ בְּמֵרוֹץ; רָץ; שִׁתֵּף בְּמֵרוֹץ; הֵנִיעַ בִּמְהִירוּת רַבָּה
ra'cial *adj.* (רֵישֶׁל) גִּזְעִי; גִּזְעָנִי
rack *n. & v.t.* (רֶק) מִתְלֶה; מִסְגֶּרֶת; פַּס־שִׁנַּיִם; מִמְתָּח לְעִנּוּיִים; סֵבֶל קָשֶׁה; מַאֲמָץ חָזָק; עִנָּה; אִמֵּץ מְאֹד; מָתַח לְשֵׁם עִנּוּי
rack'et *n.* (רֶקֶט) הֲמֻלָּה; סַחְטָנוּת מְאֻרְגֶּנֶת, פֶּשַׁע מְאֻרְגָּן; מִשְׁלַחַ־יָד; מַחְבֵּט
rack"eteer" *n.* (רֶקֶטִיר) סַחְטָן, פּוֹשֵׁעַ "מְאֻרְגָּן"
ra'cy *adj.* (רֵסִי) לֹא־צָנוּעַ; עַלִּיז; חָרִיף
ra'dar *n.* (רֵידָר) רָדָר, מַכָּ"ם
ra'diance *n.* (רֵידִיאֲנְס) הַד, קְרִינָה; זִיו חַמִּים
ra'diant *adj.* (רֵידִיאֲנְט) זוֹהֵר, זוֹרֵחַ, קוֹרֵן
ra'diate" *v.i & t.* (רֵידִיאֵיט) קָרַן, זָרַח; הֵפִיץ עַלִּיזוּת; הִקְרִין, הֵפִיץ
ra"dia'tion *n.* (רֵידִיאֵישְׁן) קְרִינָה; הַקְרָנָה
ra'dia"tor *n.* (רֵידִיאֵיטְר) רַדְיָטוֹר, מַקְרֵן
rad'ical *adj. & n.* (רֶדִקְל) שָׁרְשִׁי, בְּסִיסִי; קִיצוֹנִי, יְסוֹדִי; רָדִיקָלִי; רָדִיקָל
ra'dio" *n. & adj. & v.t. & i.* (רֵידִיאוֹ) רַדְיוֹ; אַלְחוּט; שֶׁדֶר; שֶׁל רַדְיוֹ, אַלְחוּטִי; הֶעֱבִיר בְּרַדְיוֹ, מָסַר בְּאַלְחוּט, שִׁדֵּר

r"adioac'tive *adj.* (רֵידִיאוֹאֶקְטִב) רַדְיוֹאַקְטִיבִי
rad'ish *n.* (רֶדִשׁ) צְנוֹן; צְנוֹנִית
ra'dium *n.* (רֵידִיאֶם) רַדְיוּם
ra'dius *n.* (רֵידִיאֶס) רַדְיוּס
raf'fish *adj.* (רֶפִשׁ) הֲמוֹנִי, גַּס; מֻפְקָר
raf'fle *n. & v.t.* (רֶפְל) הַגְרָלָה; הִגְרִיל
raft *n.* (רֶפְט) רַפְסוֹדָה, דוֹבְרָה
raf'ter *n.* (רֶפְטְר) קוֹרַת־תֶּמֶךְ
rag *n.* (רֶג) סְמַרְטוּט, סְחָבָה; קֶרַע
rage *n. & v.i.* (רֵיג') חָרוֹן, חֵמָה; הִשְׁתּוֹלְלוּת; עָצְמָה; תְּשׁוּקָה עַזָּה; לַהַט, הִתְלַהֲבוּת; שִׁגָּעוֹן־אָפְנָה; הִשְׁתּוֹלֵל, זָעַם, סָעַר; הִסְתָּעֵר
rag'ged *adj.* (רֶגֶד) בָּלוּי, מְמֻרְטָט; מְשֻׁנָּן; מֻזְנָח; פָּגוּם
raid *n. & v.t. & i.* (רֵיד) פְּשִׁיטָה, מָצוֹד; עָרַךְ פְּשִׁיטָה, פָּשַׁט עַל
rail *n. & v.i.* (רֵיל) פַּס, פַּסִּים; מַעֲקֶה; מְסִלַּת בַּרְזֶל; גִּנָּה חֲרִיפוֹת, קָרָא תִּגָּר
rai'ling *n.* (רֵילִנְג) מַעֲקֶה
rai'llery *n.* (רֵילֲרִי) לַעַג בְּרוּחַ טוֹבָה, לִגְלוּג לֵיצָנִי
rail'road" *n. & v.t.* (רֵילְרוֹד) מְסִלַּת בַּרְזֶל; הֶעֱבִיר בְּרַכֶּבֶת; הֶעֱבִיר בְּחִפָּזוֹן; הִרְשִׁיעַ מְנִיָּה וּבֵיהּ לְלֹא עֵדוּת מַסְפֶּקֶת אוֹ בְּהַאֲשָׁמוֹת כּוֹזְבוֹת
rail'way" *n.* (רֵילְוֵי) מְסִלַּת בַּרְזֶל (למרחקים קצרים)
rai'ment *n.* (רֵימֶנְט) בְּגָדִים, לְבוּשׁ
rain *n. & v.i. & t.* (רֵין) גֶּשֶׁם, מָטָר; יָרַד (גשם); הִמְטִיר; הוֹרִיד
— cats and dogs אֲרֻבּוֹת הַשָּׁמַיִם נִפְתְּחוּ
— out גֶּשֶׁם גָּרַם לְבִטּוּל אוֹ לִדְחִיָּה
rain'bow" *n.* (רֵינְבּוֹ) קֶשֶׁת (בענן); תְּצוּגָה סַסְגוֹנִית, מִגְוָן
rain"fall' *n.* (רֵינְפּוֹל) גֶּשֶׁם; כַּמּוּת הַגְּשָׁמִים
rai'ny *adj.* (רֵינִי) גָּשׁוּם; רָטֹב מִגֶּשֶׁם
raise *v.t.* (רֵיז) הֵרִים; הִגְבִּיהַּ; זָקַף; הֵקִים;

גדל; הפעיל; הציג; כנס, אסף; העיר; החיה; עודד; קדם, העלה; הגדיל; השמיע; הסיר (מצור)

— *n.* העלאה, עליה

rai'sin *n.* (ריזן) צמוק

rake *n.* & *v.t.* (ריק) מגרפה; הולל; גרף; חשף; חפש ביסודיות; גרד; ירה לארך; העביר העינים על

ra'kish *adj.* (ריקש) עליז, נאה ומסדר

ral'ly *v.t.* & *i.* & *n.* (רלי) ערך מחדש, כנס וארגן מחדש; הזעיק, קבץ; חזק; התכנס לפעלה משתפת; נערכו מחדש; סיע; הבריא חלקית, התאושש, התעודד; עלה לאחר ירידה (ערך): הערכות מחדש; התאוששות; עליה חדה; מרוץ מכוניות למרחק רב

ram *n.* & *v.t.* (רם) איל; קבל; חרטום נגיחה; כלי מפץ; מזל טלה; נגח בעצמה רבה; הלם ב־; התנגש ב־; דחק, דחף בחזקה

ram'ble *v.i.* (רמבל) נדד ללא מטרה, שוטט, התהלך בדרך נפתלת; גדל בצורה לא־מסדרת; דבר או כתב ללא תכלית

ram'ifica'tion *n.* (רמפקישן) הסתעפות; תוצאה

ramp *n.* (רמפ) מעבר משפע; כבש; סוללה

ram'page *n.* (רמפיג׳) השתוללות; חמת זעם

rampage' *v.i.* השתולל

ram'part *n.* (רמפרט) חיל

ram'rod" *n.* (רמרוד) מוט נגח, מוט נקוי; חטר

ram'shack"le *adj.* (רמשקל) רעוע

ran (רן) (זמן עבר של run)

ranch *n.* (רנץ׳) חוה לגדול בהמות

—**er** *n.* מגדל בהמות

ran'cid *adj.* (רנסד) מסריח (מרקבון)

ran'cor *n.* (רנקר) איבה מחלחלת, רשעות

ran'dom *adj.* (רנדם) מקרי, חסר־תכלית, אקראי

rang (רנג) (זמן עבר של ring)

range *n.* (רינג׳) תחום; טוח; מטוח; מרחק; שטח פעלה; דרגה; טור, שורה, סדרה; אזור־מרעה נרחב; שטוט; שטח התפשטות; שלשלת הרים; כירים

— *v.t.* & *i.* ערך; סוג; ישר; עבר וחפש; רעה באזור נרחב; כון; קבע טוח, נע בין... ובין; התפשט; התמקם; שוטט, נדד; נמצא

ran'ger *n.* (רינג׳ר) שוטר אזורי; פקח; חיל קומנדו

rank *n.* (רנק) מעמד; דרגה; מעמד רם; טור, שורה, סדרה; מערך

—s חוגרים

pull — נצל דרגתו בצורה לא־צפויה

— *v.t.* & *i.* ערך בשורות; הציב למעמד מסים; עלה בדרגה על; נערך בשורה; תפס מקום מסים; היה בעל דרגה מסימת; היה בעל הדרגה הבכירה

— *adj.* גדל בשפע, מתפשט באין מעצור; מצמיח צמחיה סבוכה; מסריח, חריף מאד; מחלט, מבהק; נעלי

ran'king *adj.* (רנקנג) בכיר; דגול; בעל דרגה מסימת

ran'kle *v.i.* (רנקל) כרסם, עורר התמרמרות מתמידה, חלחל, התגמל

ran'sack *v.t.* (רנסק) חפש ביסודיות; בזז

ran'som *n.* & *v.t.* (רנסם) פדיון; כפר; פדה על ידי תשלום כפר; שחרר עם קבלת כפר

rant *v.i.* & *t.* (רנט) דבר בטרוף

rap *v.t.* & *i.* & *n.* (רפ) דפק דפיקות מספר; אמר בקול חד; שוחח באינטנסיביות; דפיקה מהירה; אשמה, ענש; כהוא זה

a bum — הרשעה על לא עול בכפו

beat the — התחמק מענש; יצא זכאי

take the — נענש על עברה או שגיאת הזולת

rapa'cious *adj.* (רפישס) בוזזני, חמסני; טורפני

rape *n.* & *v.t.* & *i.* (ריפ) אנס; שד; אנס; שדד, בזז

ra'pid *adj.* (רפד) מהיר; זריז

—s אשד־נהר

ra'pier *n.* (ריפיאר) חרב פיפיות, סיף

ra'pine *n.* (רפן) שד

rapt *adj.* (רֶפְּט) שָׁקוּעַ מְאֹד; אָחוּז; שְׁטוּף־גִּיל

rap'ture *n.* (רֶפְּצֶ'ר) אֹשֶׁר נִלְהָב

rare *adj.* (רֵר) נָדִיר; דַּק; בְּמִדָּה רַבָּה; מְעֻלֶּה

—**ly** *adv.* לְעִתִּים רְחוֹקוֹת; לְעִתִּים נְדִירוֹת

rar'ity *n.* (רֵרִטִי) נְדִירוּת, תּוֹפָעָה יְקָרַת הַמְּצִיאוּת; הִצְטַיְּנוּת יוֹצֵאת מִן הַכְּלָל; דַּקּוּת

ras'cal *n.* (רֶסְקַל) נָבָל; שׁוֹבָב

rash *adj.* & *n.* (רֶשׁ) פָּזִיז; תִּפְרַחַת, פְּרִיחָה (שֶׁל הָעוֹר); מַגֵּפָה

rash'er *n.* (רֶשֶׁר) פְּרוּסָה דַקָּה

rash'ness *n.* (רֶשְׁנִס) פְּזִיזוּת

rasp *v.t.* & *i.* & *n.* (רֶסְפּ) גֵּרֵד; גֵּרָה; גֵּרוּד; שׁוֹפִין־קַרְצוּף, מָשׁוֹף

ras'pber"ry *n.* (רֶזְבֶּרִי) פֶּטֶל

rat *n.* (רֶט) חֻלְדָּה; נָבָל; בּוֹגֵד, מַלְשִׁין

smell a — חָשַׁד מִפְּנֵי בּוֹגְדָנוּת

— *v.i.* הִלְשִׁין

rate *n.* (רֵיט) שִׁעוּר; תַּעֲרִיף; מְחִיר; קֶצֶב; מַצָּב יַחֲסִי, מַעֲמָד; דֵּרוּג; שָׂכָר לְפִי שָׁעוֹת

at any — עַל כָּל פָּנִים, לְפָחוֹת, עֲדַיִן

— *v.t.* & *i.* הֶעֱרִיךְ, שָׂם; הִתְיַחֵס אֶל; קָבַע תַּעֲרִיף; סִוֵּג; דֵּרֵג; הָיָה בַּעַל עֵרֶךְ; הָיָה בַּעַל מַעֲמָד מְסֻיָּם; הֶחְשַׁב

rath'er *adv.* (רֶדֶ'ר) בְּמִדַּת־מָה; לְיֶתֶר דִּיּוּק; מוּטָב; לְהֵפֶךְ

rat'ify *v.t.* (רֶטֲפַי) אִשְׁרֵר

ra'ting *n.* (רֵיטִנְג) סִוּוּג, דֵּרוּג; מַעֲמָד כִּמְקַבֵּל אַשְׁרַאי; שִׁעוּר מַאֲזִינִים אוֹ צוֹפִים; תַּעֲרִיף

ra'tio" *n.* (רֵישִׁיאוֹ) יַחַס

rati'on *n.* (רֶשְׁן) מָנָה

—**s** צֵידָה

— *v.t.* קִצֵּב; הִגְבִּיל צְרִיכָה

rati'onal *adj.* (רֶשֲׁנַל) רַצְיוֹנָלִי, שִׂכְלִי, הֶגְיוֹנִי, מְבֻסָּס עַל תְּבוּנָה; שָׁפוּי; בַּעַל תְּבוּנָה

rat'ionalize" *v.t.* & *i.* (רֶשֲׁנַלַיז) שִׂכְלֵן; נָהַג בִּתְבוּנָה

rat'tle *v.i.* & *t.* & *n.* (רֶטְל) קִשְׁקֵשׁ, שִׁקְשֵׁק; גָּרַם שִׁקְשׁוּק; עָשָׂה מַהֵר; בִּלְבֵּל; שִׁקְשׁוּק; רַעֲשָׁן; קַשְׁקַשֵׁי־שִׁקְשׁוּק; שִׁקְשׁוּקֵי גְּסִיסָה

rat'tlesnake" *n.* (רֶטַלְסְנֵיק) צִפְעוֹן שַׁקְשְׁקָן

rau'cous *adj.* (רוֹקַס) צוֹרְמָנִי

rav'age *v.t.* & *i.* & *n.* (רֶוִג') הֵשַׁם; הֶרֶס

rave *v.i.* & *t.* & *n.* (רֵיב) דִּבֵּר בְּטֵרוּף; הִשְׁתּוֹלֵל; הִפְלִיג בִּשְׁבָחִים; דִּבּוּר־טֵרוּף; הִשְׁתּוֹלְלוּת; תִּשְׁבָּחוֹת מֻפְרָזוֹת

ra'ven *n.* (רֵיבְן) עוֹרֵב שָׁחוֹר

rav'enous *adj.* (רֶוַנַס) טוֹרְפָנִי מְאֹד; רָעֵב מְאֹד; לָהוּט מְאֹד

ravine' *n.* (רַוִין) גַּיְא

ra'ving *adj.* (רֵיבִנְג) מְדַבֵּר מִתּוֹךְ טֵרוּף; מִשְׁתּוֹלֵל; יוֹצֵא מִן הַכְּלָל

rav'ish *v.t.* (רֶוִשׁ) חָטַף, אָנַס; מִלֵּא שִׂמְחָה וָגִיל

—**ing** *adj.* מַקְסִים

raw *adj.* חַי, נָא; גָּלְמִי; חָשׂוּף; גַּס; גְּלוּי־לֵב בְּצוּרָה אַכְזָרִית; אַכְזָרִי; קַר וְרָטֹב; לֹא־מָהוּל

in the — בְּמַצָּב טִבְעִי; עָרֹם

ray *n.* (רֵי) קֶרֶן; זְרוֹעַ (שֶׁל כּוֹכַב יָם); תְּרִיסָנִית

ra'yon *n.* (רֵיאוֹן) זְהוֹרִית

raze *v.t.* (רֵיז) הָרַס כָּלִיל

ra'zor *n.* (רֵיזְר) מַכְשִׁיר גִּלּוּחַ; תַּעַר

— blade סַכִּין גִּלּוּחַ

re- *prefix* (רִי־) עוֹד פַּעַם, שֵׁנִית, מֵחָדָשׁ; אֲחוֹרָה

reach *v.t.* & *i.* & *n.* (רִיץ') הִגִּיעַ לְ־; הוֹשִׁיט; הִשִּׂיג; הִסְתַּכֵּם בְּ־; פָּגַע בְּ־; הִתְאַמֵּץ לִתְפֹּס; נִמְשַׁךְ עַד; חָדַר; הַשָּׂגָה, הֶשֵּׂג; תְּחוּם פְּעֻלָּה; יְכֹלֶת; שֶׁטַח רָצוּף

react' *v.t.* (רִיאֶקְט) הֵגִיב; פָּעַל פְּעֻלַּת גּוֹמְלִין; פָּעַל בְּצוּרָה מְנֻגֶּדֶת; נַעֲנָה לְ־

reac'tion *n.* (רִיאֶקְשֶׁן) פְּעֻלָּה מְנֻגֶּדֶת; רֵאַקְצְיָה; שַׁמְרָנוּת קִיצוֹנִית; תְּגוּבָה

read *v.t.* (רִיד) קָרָא; עָמַד עַל מַשְׁמָעוּת; נִבֵּא, יִחֵס; הָיָה כָּתוּב; רָשַׁם; נָזַף; פָּתַר; עָסַק בִּקְרִיאָה; נִקְרָא; נִתַּן לְפֵרוּשׁ; הָיָה מְנֻסָּח בְּצוּרָה מְסֻיֶּמֶת

rea'dable *adj.* (רִידַבְּל) קָרִיא

rea'der *n.* (רִידְר) קוֹרֵא; מִקְרָאָה; קַרְיָן; כִּתְבֵי־יָד; מְדַקְלֵם; מַקְרִיא; מַרְצֶה

rea'dership" *n.* (רִידֶרְשִׁפּ) צִבּוּר הַקּוֹרְאִים

read′ily *adv.* (רֶדִלִי) מִיָּד, מַהֵר, בְּקַלּוּת; בְּרָצוֹן
read′iness *n.* (רֶדִינֶס) נְכוֹנוּת; זְרִיזוּת; קַלּוּת; נְטִיָּה, הַסְכָּמָה
rea′ding *n.* (רִידִנְג) קְרִיאָה; פֵּרוּשׁ; בְּקִיאוּת סִפְרוּתִית; חֹמֶר קְרִיאָה; גִּרְסָה
read′y *adj.* (רֶדִי) מוּכָן; מָהִיר; נוֹטֶה; עוֹמֵד לְ־; בְּנִמְצָא מִיָּד; נוֹכֵחַ; נוֹחַ
  make — הֵכִין
real *adj. & adv.* (רִיל) אֲמִתִּי; מַמָּשִׁי; כֵּן; מְצִיאוּתִי; שֶׁל נִכְסֵי דְלָא נָיְדֵי; מְאֹד
real′estate″ (רִיל אֶסְטֵיט) נִכְסֵי דְלָא נָיְדֵי, מְקַרְקְעִין
re′alis″m *n.* (רִיאֲלִזְם) מְצִיאוּתִיּוּת, רֶאָלִיזְם
re′alist *n.* (רִיאֲלִסְט) רֶאָלִיסְט
real′ity *n.* (רִיאֶלִטִי) מְצִיאוּת
  in — בְּעֶצֶם, לְמַעֲשֶׂה
re″aliza″tion *n.* (רִיאֶלִזֵישְׁן) הַכָּרָה; הַגְשָׁמָה, הִתְגַּשְּׁמוּת; הֲמָרָה לִמְזֻמָּנִים
re′alize″ *v.t. & i.* (רִיאֲלַיז) הֵבִין, תָּפַס, הִגִּיעַ לִידֵי הַכָּרָה; הָיָה מוּדָע לְ־; הִגְשִׁים; מִמֵּשׁ, הֵמִיר לִמְזֻמָּנִים; קִבֵּל בְּתוֹר רֶוַח; הִכְנִיס
re′ally *adv.* (רִילִי) בֶּאֱמֶת, בְּעֶצֶם; אָמְנָם
realm *n.* (רֶלְם) מַמְלָכָה; תְּחוּם, שֶׁטַח
ream *v.t.* (רִים) קִדֵּד
reap *v.t. & i.* (רִיפּ) קָצַר; אָסַף; קִבֵּל כִּתְשׁוּאָה
rear *n.* (רִיר) אָחוֹר; אֲחוֹרַיִם; מְאַסֵּף
  bring up the — הָיָה בַּמְאַסֵּף
  — *v.t. & i.* גִּדֵּל; הֵקִים; הֶעֱמִיד; עָמַד עַל הָרַגְלַיִם הָאֲחוֹרִיּוֹת; הִתְרוֹמֵם
reason *n.* (רִיזְן) סִבָּה; הַצְדָּקָה; תְּבוּנָה; שֵׂכֶל; שְׁפִיּוּת־דַּעַת; הַנָּחָה
  by — of בִּגְלַל
  within — מִתְקַבֵּל עַל הַדַּעַת, נָאוֹת
  stand to — הָיָה בָּרוּר
  with — מֻצְדָּק, נָאוֹת
  — *v.i. & t.* שָׁקַל בְּדַעַת; הִסִּיק; נִסָּה לְשַׁכְנֵעַ; נִמֵּק
re′asonable *adj.* (רִיזַנַבְּל) הֶגְיוֹנִי, מִתְקַבֵּל עַל הַדַּעַת; תְּבוּנָתִי; סָבִיר; שָׁוֶה לְכָל נֶפֶשׁ; שִׂכְלִי
re′asoning *n.* (רִיזַנִנְג) שִׁקּוּל דַּעַת, הַסָּקַת מַסְקָנוֹת; הַנְמָקָה
re″assure′ *v.t.* (רִיאֲשׁוּר) עוֹדֵד, הֶחֱזִיר בִּטָּחוֹן
rebate′ *n.* (רִבֵּיט) הַחְזָרַת חֵלֶק מִתַּשְׁלוּם
rebel′ *v.i.* (רִבֶּל) מָרַד; מָאַס
re′bel *n.* (רֶבְּל) מוֹרֵד
rebell′ion *n.* (רִבֶּלְיַן) מֶרֶד
rebell′ious *adj.* (רִבֶּלְיַס) מוֹרֵד, מַמְרֶה, פּוֹרֵק עֹל
re′bound″ *n.* (רִיבַּאוּנְד) רְתִיעָה, קְפִיצָה חוֹזֶרֶת
  on the — לְאַחַר קְפִיצָה חוֹזֶרֶת; לְאַחַר דְּחִיָּה עַל יְדֵי מִישֶׁהוּ אַחֵר
  rebound′ *v.i. & t.* (רִבַּאוּנְד) קָפַץ בַּחֲזָרָה; הִקְפִּיץ בַּחֲזָרָה
re′buff *n.* (רִיבַּף) דְּחִיָּה מִנֵּיהּ וּבֵיהּ; סֵרוּב מִיָּדִי; מִכְשׁוֹל
  rebuff′ *v.t.* (רִבַּף) דָּחָה מִנֵּיהּ וּבֵיהּ; סֵרֵב בְּלִי שְׁהִיּוֹת; עָצַר
rebuke′ *n. & v.t.* (רִבְּיוּק) נְזִיפָה; נָזַף בְּ־
recall′ *v.t.* (רִקוֹל) נִזְכַּר; קָרָא חֲזָרָה; בִּטֵּל
  re′call″ *n.* (רִיקוֹל) הִזָּכְרוּת; קְרִיאָה חֲזָרָה; בִּטּוּל הַעֲבָרָה מִמִּשְׂרָה צִבּוּרִית בְּעִקְבוֹת מִשְׁאַל־עַם
recant′ *v.t. & i.* (רִקֶנְט) חָזַר בּוֹ בְּפַרְהֶסְיָה
re″capit′ulate *v.t. & i.* (רִיקַפִּצַ׳לֵיט) סִכֵּם; חָזַר עַל שְׁלַבִּים קוֹדְמִים
recede′ *v.i.* (רִסִיד) נָסוֹג, הִתְרַחֵק; נָטָה אֲחוֹרָה
receipt′ *n. & v.t.* (רִסִיט) קַבָּלָה; מַתְכּוֹן
  —s תַּקְבּוּלִים
  — *v.t. & i.* מָסַר קַבָּלָה; אִשֵּׁר עַל יְדֵי קַבָּלָה
receive′ *v.t. & i.* (רִסִיב) קִבֵּל; הִתְנַסָּה בְּ־; קִבֵּל פְּנֵי־; קָלַט
recei′ver *n.* (רִסִיבְר) מְקַבֵּל; מַקְלֵט; שְׁפוֹפֶרֶת; כּוֹנֵס נְכָסִים; קוֹנֶה סְחוֹרָה גְּנוּבָה; מֵכָל; צִנָּה
re′cent *adj.* (רִיסֶנְט) חָדָשׁ, שֶׁאֵרַע לָאַחֲרוֹנָה, שֶׁמִּלִּפְנֵי זְמַן קָצָר
  —ly *adv.* לָאַחֲרוֹנָה, מִקָּרוֹב

recep′tacle *n.* (רֶסֶפְּטֶקְל) בֵּית קִבּוּל, מֵכָל; מַצָּעִית

recep′tion *n.* (רֶסֶפְּשֶׁן) קַבָּלָה; קַבָּלַת פָּנִים; קְלִיטָה

—ist *n.* פְּקִיד קַבָּלָה

re′cess *n.* (רִיסֶס) הַפְסָקָה; גֻּמְחָה; קֶעֶר; מִפְרָצוֹן

—s מְקוֹם חָבוּי

—*v.i.* יָצָא לְהַפְסָקָה

rec′ipe″ *n.* (רֶסֶפִּי) מַתְכּוֹן; מִרְשָׁם; דֶּרֶךְ לְהַשָּׂגַת מַטָּרָה

recip′ient *n.* (רִסִפִּיאֶנְט) מְקַבֵּל

recip′rocal *adj.* (רִסִפְּרֶקְל) שֶׁל גּוֹמְלִין; הֲדָדִי

recip′rocate″ *v.t. & i.* (רִסִפְּרֶקֵיט) גָּמַל; הֵשִׁיב כִּגְמוּלוֹ; הֵנִיעַ קָדִימָה וַאֲחוֹרָה

rec″iproc′ity *n.* (רֶסִפְּרוֹסֶטִי) הֲדָדִיּוּת; הַשְׁפָּעַת גּוֹמְלִין

recit′al *n.* (רִסַיטְל) רֶסִיטָל; קוֹנְצֶרְט יָחִיד; דִּקְלוּם, הַקְרָאָה; הוֹדָעָה מְפֹרֶטֶת; תֵּאוּר, דִּין וְחֶשְׁבּוֹן

recite′ *v.t. & i.* (רִסַיט) דִּקְלֵם, הִרְצָה עַל; תֵּאֵר, סִפֵּר עַל; מָנָה

reck′less *adj.* (רֶקְלִס) חֲסַר־אַחֲרָיוּת, פָּזִיז; חֲסַר־זְהִירוּת

reck′on *v.t. & i.* (רֶקְן) מָנָה, סָפַר; חִשֵּׁב; חָשַׁב; הֶחֱשִׁיב; יִשֵּׁב; סָמַךְ

— with הֵבִיא בְּחֶשְׁבּוֹן; נִהֵל מַשָּׂא וּמַתָּן עִם

reck′oning *n.* (רֶקֲנִנְג) חִשּׁוּב, חֶשְׁבּוֹן; סְפִירָה; סִדּוּר חֶשְׁבּוֹן

reclaim′ *v.t.* (רִקְלֵים) הִכְשִׁיר; יִבֵּשׁ, טִיֵּב; הֶחֱזִיר לְשִׁמּוּשׁ; הֶחֱזִיר לַמּוּטָב

rec″lama′tion *n.* (רֶקְלַמֵישְׁן) הַכְשָׁרָה, טִיּוּב; הַחֲזָרָה לְשִׁמּוּשׁ

recline′ *v.i. & t.* (רִקְלַין) נִשְׁעַן, הֵסֵב; נָח; הִשְׁעִין, הֵנִיחַ

recluse′ *n.* (רִקְלוּס) מִתְבּוֹדֵד

rec″ogniti′on *n.* (רֶקֲגְנִשְׁן) הַכָּרָה

rec′ognize″ *v.t.* (רֶקֲגְנַיז) הִכִּיר

recoil′ *v.i.* (רִקוֹיל) נִרְתַּע; פָּעַל נֶגֶד

re′coil″ *n.* (רִיקוֹיל) רְתִיעָה; רֶתַע

re″collect′ *v.t. & i.* (רֶקַלֶקְט) נִזְכַּר בְּ־; זָכַר

rec″olle′ction *n.* (רֶקַלֶקְשֶׁן) זְכִירָה, זִכָּרוֹן

rec″ommend′ *v.t. & i.* (רֶקַמֶנְד) הִמְלִיץ עַל; שִׁבֵּחַ; הִצִּיעַ; עָשָׂה לְרָצוּי

rec″ommenda′tion *n.* (רֶקַמֶנְדֵישְׁן) הַמְלָצָה; מִכְתַּב הַמְלָצָה

rec′ompense″ *v.t. & i. & n.* (רֶקַמְפֶּנְס) פִּצָּה; גָּמַל, שִׁלֵּם; פִּצּוּי, גְּמוּל, פְּרָס; תַּשְׁלוּם

rec′oncile″ *v.t.* (רֶקֲנְסַיל) הִשְׁלִים בֵּין; הֵבִיא לִידֵי הַשְׁלָמָה עִם; יִשֵּׁב

rec″oncil″ia′tion *n.* (רֶקֶנְסִלִיאֵישְׁן) הַשְׁלָמָה, הִתְפַּיְּסוּת

rec′ondite″ *adj.* (רֶקֲנְדַיט) מְעֻרְפָּל; נִסְתָּר; סָתוּם

recon′naissance *n.* (רִקוֹנַסֲנְס) סִיּוּר

recon′stitute″ *v.t.* (רִיקוֹנְסְטִטוּט) הֵקִים מֵחָדָשׁ

re″construct′ *v.t.* (רִיקַנְסְטְרַקְט) בָּנָה מֵחָדָשׁ, שִׁחְזֵר

re″constru′ction *n.* (רִיקַנְסְטְרַקְשֶׁן) שִׁחְזוּר, בְּנִיָּה מֵחָדָשׁ

record′ *v.t. & i.* (רֶקוֹרְד) רָשַׁם; הִקְלִיט; עָשָׂה תַּקְלִיט

rec′ord *v.t. n. & adj.* (רֶקֲרְד) רִשּׁוּם; זִכְרוֹן דְּבָרִים; דִּין וְחֶשְׁבּוֹן; מֵידָע; תְּעוּדָה, עֵדוּת; תִּיק; תַּקְלִיט; שִׂיא; פְּרוֹטוֹקוֹל; שֶׁל שִׂיא

go on — הוֹדִיעַ עַל עֶמְדָּה בְּפֻמְבֵּי

off the — לֹא לְפִרְסוּם, לֹא־רִשְׁמִי, פְּנִימִי

on — יָדוּעַ לַכֹּל, נִשְׁמָר בִּתְעוּדָה

recor′der *n.* (רִקוֹרְדֶר) רַשָּׁם; מַכְשִׁיר הַקְלָטָה; חָלִיל

recount′ *v.t.* (רִקַאוּנְט) סִפֵּר, תֵּאֵר

re′count′ *v.t. n.* (רִיקַאוּנְט) סְפִירָה חוֹזֶרֶת

recoup′ *v.t. & i.* (רִקוּפּ) קִבֵּל בַּחֲזָרָה; פִּצָּה

re′course″ *n.* (רִיקוֹרְס) גִּישָׁה; עֶזְרָה, הֲגַנָּה; זְכוּת גְּבִיָּה

recov′er *v.t.& i.* (רִקַוֶר) קִבֵּל בַּחֲזָרָה; קִבֵּל פִּצּוּי; הִתְאוֹשֵׁשׁ; הִבְרִיא; חִדֵּשׁ זְכוּת קִנְיָן בְּבֵית מִשְׁפָּט

recov'ery *n.* (רִקַוֶרִי) קַבָּלָה בַּחֲזָרָה; הַבְרָאָה; הִתְאוֹשְׁשׁוּת; הַחֲזָרָה לְשִׁמּוּשׁ
re"create' *v.t.* (רִיקְרִיאֵיט) יָצַר מֵחָדָשׁ
re"crea'tion *n.* (רֶקְרִיאֵישְׁן) בִּדּוּר; הֲנָאָה, מַרְגּוֹעַ, נֹפֶשׁ
recruit' *n. & v.t. & i.* (רִקְרוּט) טִירוֹן; גִּיֵּס; שָׂכַר; סִפֵּק מֵחָדָשׁ; חִדֵּשׁ
rec'tan"gle *n.* (רֶקְטֶנְגֶּל) מַלְבֵּן
rec'tify" *v.t.* (רֶקְטִפַי) תִּקֵּן; סִגֵּל; טִהֵר; הָפַךְ זֶרֶם חִלּוּפִין לְזֶרֶם יָשִׁיר; יִשֵּׁר; קָבַע אֹרֶךְ עֲקֻמָּה
rec'titude" *n.* (רֶקְטִטוּד) יֹשֶׁר
rec'tor *n.* (רֶקְטֶר) כֹּמֶר; רֶקְטוֹר
rec'tum *n.* (רֶקְטֶם) חַלְחֹלֶת
recum'bent *adj.* (רִקַמְבֶּנְט) שׁוֹכֵב, נָח, נִשְׁעָן, שָׂרוּעַ
recu'perate" *v.i.* (רִקוּפֶּרֵיט) הִבְרִיא, הֶחֱלִים
recur' *v.i.* (רִקֶר) נִשְׁנָה, אֵרַע שׁוּב; עָלָה שׁוּב בַּמַּחֲשָׁבָה; עָלָה שׁוּב, חָזַר
recur'rence *n.* (רִקֶרֶנְס) הִשָּׁנוּת; חֲזָרָה
recur'rent *asj.* (רִקֶרֶנְט) חוֹזֵר וְנִשְׁנֶה, חוֹזֵר
recy'cle *v.t.* (רִיסַיקְל) הִנְצִיל
red *n. & adj.* (רֶד) אֹדֶם; קוֹמוּנִיסְט; אָדֹם; קוֹמוּנִיסְטִי, שְׂמָאלָנִי
in the — פּוֹעֵל בְּהֶפְסֵד
see — הִתְקַצֵּף
red'den *v.t. & i.* (רֶדְן) אִדֵּם; הִתְאַדֵּם, הִסְמִיק
re'ddish *adj.* (רֶדִשׁ) אֲדַמְדַּם
redeem' *v.t.* (רִדִים) פָּדָה; קָנָה בַּחֲזָרָה; הֵמִיר שְׁטָרוֹת בְּמַטְבְּעוֹת; קִיֵּם; כִּפֵּר עַל; הֵבִיא לִידֵי שִׁחְרוּר; גָּאַל
redee'mer *n.* (רִדִימֶר) גּוֹאֵל
Redeemer יֵשׁוּ הַנּוֹצְרִי (כפי הנוצרים)
redemp'tion *n.* (רִדֶמְפְּשְׁן) גְּאֻלָּה; הַצָּלָה; כַּפָּרָה; פְּדִיָּה; הֲמָרָה
redoub'le *v.t. & i.* (רִידַבְּל) הִכְפִּיל; הִדְהֵד; חָזַר כִּלְעֻמַּת שֶׁבָּא; הָכְפַּל
redoubt' *n.* (רִדַאוּט) מָעוֹז
redou'btable *adj.* (רִדַאוּטֶבְּל) מְעוֹרֵר יִרְאָה
redound' *v.i.* (רִדַאוּנְד) הִשְׁפִּיעַ עַל; נִזְקַף לִזְכוּת; חָזַר; הִשְׁתַּקֵּף
redress' *v.t.* (רִדְרֶס) תִּקֵּן; פִּצָּה
redress *n.* (רִידְרֶס) תִּקּוּן, פִּצּוּי
Red' Sea' (רֶד סִי) יַם סוּף
reduce' *v.t. & i.* (רִדוּס) הִפְחִית, הִקְטִין; הָרַס; הוֹרִיד בְּדַרְגָּה; נִתַּח; הוֹרִיד מְחִיר; הִשְׁתַּלֵּט עַל; הִרְזָה
reduc'tion *n.* (רִדַקְשְׁן) הַפְחָתָה, הַקְטָנָה; צִמְצוּם; חִזּוּר, נְסִיגָה
redun'dant *adj.* (רִדַנְדֶּנְט) שֶׁל גִּבּוּב מִלִּים; אָרֹךְ יָתֵר עַל הַמִּדָּה; מְיֻתָּר, עוֹדֵף
reed *n.* (רִיד) קָנֶה, סוּף; אַבּוּב; לְשׁוֹנִית
reef *n.* (רִיף) שׁוּנִית, שֶׁן־סֶלַע, רִיף
reek *n. & v.i.* (רִיק) צַחֲנָה; אֵד, קִיטוֹר; הֶעֱלָה צַחֲנָה; הָיָה חָדוּר מַשֶּׁהוּ דּוֹחֶה; הֶעֱלָה אֵדִים, הֶעֱלָה קִיטוֹר
reel *n. & v.t.* (רִיל) מַגְלֵל; סְלִיל; כָּרַךְ
— off אָמַר אוֹ כָּתַב מִנֵּיהּ וּבֵיהּ
— *v.i.* הִתְנוֹעֵעַ; הִסְתּוֹבֵב
refer' *v.t. & i.* (רִפֶר) הִפְנָה; מָסַר לִידֵי; הִתְיַחֵס אֶל; רָמַז; נָגַע לְ־
ref"eree' *n. & v.t. & i.* (רֶפֶרִי) שׁוֹפֵט, בּוֹרֵר; שִׁמֵּשׁ כְּשׁוֹפֵט
ref'erence *n.* (רֶפְרֶנְס) הַפְנָיָה, הִתְיַחֲסוּת; הַסַּבַּת תְּשׂוּמֶת־לֵב; הַזְכָּרָה, רֶמֶז; עֵזֶר, שִׁמּוּשׁ (לשם אסיפת מידע); מְקוֹר הַמְלָצָה; הַמְלָצָה
refine' *v.t.* (רִפַין) זִקֵּק; זִכֵּךְ; עִדֵּן
refine'ment *n.* (רִפַינְמֶנְט) עִדּוּן, אֲנִינוּת־טַעַם; זִקּוּק, זִכּוּךְ; דֶּגֶם מְשֻׁכְלָל
reflect' *v.t. & i.* (רִפְלֶקְט) הֶחֱזִיר; שִׁקֵּף; הֵסֵב; חָזַר, הִשְׁתַּקֵּף; הִרְהֵר, שָׁקַל בְּדַעַת; גִּלָּה הֶבֵּט מְסֻיָּם, הוֹקִיעַ
reflec'tion *n.* (רִפְלֶקְשְׁן) הַחֲזָרָה; הִשְׁתַּקְּפוּת; בָּבוּאָה; הִרְהוּר; דֹּפִי
reflec'tor *n.* (רִפְלֶקְטֶר) מַשְׁקֵף; רֶפְלֶקְטוֹר, מַחֲזִיר־אוֹר
re'flex *n.* (רִיפְלֶקְס) הֶחְזֵר, רֶפְלֶקְס
reflex'ive *adj.* (רִפְלֶקְסִב) חוֹזֵר אֶל עַצְמוֹ; הֶחְזֵרִי; רֶפְלֶקְסִיבִי
reform' *v.t. & i. & n.* (רִפוֹרְם) תִּקֵּן, הֶחֱזִיר לַמּוּטָב, שִׁפֵּר; חָזַר לַמּוּטָב; תִּקּוּן; שִׁכְלוּל, שִׁנּוּי; רֶפוֹרְמָה
refrac'tion *n.* (רִפְרֶקְשְׁן) שְׁבִירָה

refrac'tory *adj.* (רִפְרֶקְטֳרִי) סוֹרֵר וּמוֹרֶה; עַקְשָׁן; קְשֵׁה־טִפּוּל

refrain' *v.t.* & *n.* (רִפְרֵין) נִמְנַע; פִּזְמוֹן חוֹזֵר; נְעִימָה

refresh' *v.t.* (רִפְרֶשׁ) רִעֲנֵן; שׁוֹבֵב נֶפֶשׁ

refresh'ment *n.* (רִפְרֶשְׁמֶנְט) מַאֲכָל וּמַשְׁקֶה

refrig'erator *n.* (רִפְרִגֶ'רֵיטְר) מְקָרֵר; מְעַבֶּה

refu'el *v. t.* &. *i.* (רִיפְיוּאֶל) תִּדְלֵק; לָקַח דֶּלֶק

refuge *n.* (רֶפְיוּג') מִקְלָט, מַחֲסֶה

refu"gee' *n.* (רֶפְיוּגִ'י) פָּלִיט

refund' *v.t.* (רִפַנְד) הֶחֱזִיר; פִּצָּה

re'fund *n.* (רִיפַנְד) הַחְזָרַת כֶּסֶף

refu'sal *n.* (רִפְיוּזְל) סֵרוּב; הַצָּעָה רִאשׁוֹנָה, אוֹפְּצִיָה

refuse' *v.t.* & *i.* (רִפְיוּז) סֵרֵב, דָּחָה

ref'use *n.* (רֶפְיוּס) אַשְׁפָּה, פְּסֹלֶת

refute' *v.t.* (רִפְיוּט) הֵזֵם, הִפְרִיךְ

regain' *v.t.* (רִגֵין) רָכַשׁ שֵׁנִית, קִבֵּל בַּחֲזָרָה; חָזַר שׁוּב

re'gal *adj.* (רִיגְל) שֶׁל מֶלֶךְ, מַלְכוּתִי; מְפֹאָר

regale' *v.t.* (רִגֵיל) הִשְׁפִּיעַ עַל; הֵנָה; עָשָׂה מִשְׁתֶּה לִכְבוֹד־

regard' *v.t.* & *i.* (רִגַרְד) הִבִּיט עַל, הִתְיַחֵס אֶל; כִּבֵּד, הֶחֱשִׁיב; הֵבִיא בְּחֶשְׁבּוֹן; חָשַׁב, שָׁפַט; שָׂם לֵב

— *n.* יַחַס; הֶבֵּט, בְּחִינָה; מַחֲשָׁבָה, תְּשׂוּמֶת־לֵב, דְּאָגָה; מַבָּט; הוֹקָרָה

—s דְּרִישַׁת שָׁלוֹם

regar'ding *prep.* (רִגַרְדִּנְג) וַאֲשֶׁר ל־; בְּנוֹגֵעַ ל־

regard'less *adj.* & *adv.* (רִגַרְדְלִס) בְּלִי שִׂים־לֵב; לְלֹא הִתְיַחֲסוּת; בְּכָל־אֹפֶן, וִיהִי מָה; לַמְרוֹת

re'gency *n.* (רִיגֶ'נְסִי) כְּהֻנַּת עוֹצֵר (או עוֹצְרִים), שִׁלְטוֹן עוֹצְרִים; שֶׁטַח בְּשִׁלְטוֹן עוֹצֵר; תְּקוּפַת שִׁלְטוֹן שֶׁל עוֹצֵר (או עוצרים)

regen'erate" *v.t.* (רִגֶ'נֵרֵיט) תִּקֵּן, חִדֵּשׁ פְּנֵי־; שִׁכְלֵל; הֶחֱיָה, הֶחֱזִיר

re'gent *n.* (רִיגֶ'נְט) עוֹצֵר; חֲבֵר סֶנָט, נֶאֱמָן (של אוניברסיטה); חֲבֵר מוֹעָצָה (של מוסד לחינוך)

re'gicide" *n.* (רֶג'סַיד) הֲרִיגַת מֶלֶךְ; הוֹרֵג מֶלֶךְ

regime' *n.* (רֵזִ'ים) מִשְׁטָר

re'giment *n.* & *v.t.* (רֶגִ'מֶנְט) רֶגִימֶנְט (= לפחות 2 גדודים; יחידת סגל וכוחות סיוע); חֲטִיבָה; הִשְׁתָּרֵר עַל; נִהֵל תּוֹךְ הִתְעַלְּמוּת מִזְּכֻיּוֹת הַפְּרָט; הִצִּיב בַּחֲטִיבָה

re'gion *n.* (רִיגְ'ן) אֵזוֹר; תְּחוּם, שֶׁטַח; מָחוֹז

re'gister *n.* & *v.t.* & *i.* (רֶגִ'סְטְר) מִרְשָׁם; רְשִׁימָה; רִשּׁוּם; תְּעוּדַת לְאֻמִּיּוּת; מִשְׁלָב, רֶגִיסְטֶר; רָשַׁם; שָׁלַח בְּדֹאַר רָשׁוּם; צִיֵּן בְּסֻלָּם, גִּלָּה; עָשָׂה רֹשֶׁם

re'gistrar" *n.* (רֶגִ'סְטְרַר) רַשָּׁם

re"gistra'tion *n.* (רֶגִ'סְטְרֵישְׁן) רִשּׁוּם; תְּעוּדַת רִשּׁוּם

reg'istry *n.* (רֶגִ'סְטְרִי) רִשּׁוּם; מִשְׂרַד רִשּׁוּם; לְאֻמִּיּוּת

regress' *v.i.* (רִגְרֶס) נָסוֹג; חָזַר לִתְקוּפָה קוֹדֶמֶת

regret' *v.t.* (רִגְרֶט) הִצְטַעֵר, הִתְחָרֵט

reg'ular *adj.* (רֶגְיֻלֶר) רָגִיל, סָדִיר; עָרוּךְ יָפֶה; קָבוּעַ; שִׁיטָתִי; אֲמִתִּי

reg'ulate" *v.t.* (רֶגְיֻלֵיט) וִסֵּת; הִסְדִּיר; סִדֵּר, כִּוֵּן

reg"ula'tion *n.* (רֶגְיֻלֵישְׁן) תַּקָּנָה, כְּלָל; וִסּוּת

reg'ula"tor *n.* (רֶגְיֻלֵיטְר) וַסָּת

re"habili'tate" *v.t.* (רִיהֲבִּלְטֵיט) שִׁקֵּם; הֶחֱזִיר לְקַדְמוּתוֹ

rehear'sal *n.* (רִהֶרְסְל) חֲזָרָה; הַרְצָאָה

rehearse' *v.t.* & *i.* (רִהֶרְס) חָזַר עַל, עָרַךְ חֲזָרָה; אִמֵּן; הִרְצָה, תִּנָּה

reign *v.i.* & *n.* (רֵין) מָלַךְ, שִׁמֵּשׁ מֶלֶךְ; רָוַח, שָׁלַט; תְּקוּפַת שֶׁבֶת עַל כֵּס הַמְּלוּכָה; סַמְכוּת מַלְכוּתִית; רִבּוֹנוּת; שִׁלְטוֹן

re"imburse' *v.t.* (רִיאִמְבֶּרְס) פִּצָּה; הֶחֱזִיר חוֹב

rein *n.* (רֵין) מוֹשְׁכוֹת; רֶסֶן

rein'deer" *n.* (רֵינְדִיר) אַיַּל הַצָּפוֹן

re"inforce' *v.t.* (רִיאִנְפוֹרְס) תִּגְבֵּר; חִזֵּק; הִגְדִּיל

re"inforce'ment *n.* (רִיאִנְפוֹרְסְמֶנְט) תִּגְבּוֹר, חִזּוּק

—s תִּגְבֹּרֶת

re"instate' *v.t.* (רִיאִנְסְטֵיט) הֶחֱזִיר לְקַדְמוּתוֹ, הֵשִׁיב עַל כַּנּוֹ

reit'erate" *v.t.* (רִיאִטֲרֵיט) חָזַר עַל

reject' *v.t.* (רִגֶ׳קְט) דָּחָה; סֵרֵב; זָרַק, פָּסַל

re'ject *n.* (רִיגֶ׳קְט) דָּבָר שֶׁנִּפְסַל

rejec'tion *n.* (רִגֶ׳קְשֶׁן) דְּחִיָּה, סֵרוּב, פְּסִילָה

rejoice' *v.i. & t.* (רִגֶ׳וֹיס) עָלַז, שָׂמַח; שִׂמֵּחַ

rejoi'cing *n.* (רִגֶ׳וֹיסִנְג) גִּיל

rejoin' *v.t. & i.* (רִגֶ׳וֹין) עָנָה (על תשובה), הֵשִׁיב

rejoin'der *n.* (רִגֶ׳וֹינְדֶר) תְּשׁוּבָה (לתשובה)

reju'venate" *v.t.* (רִגֶ׳וּבְנֵיט) חִדֵּשׁ נְעוּרִים

relapse' *v.i. & n.* (רִלֶפְּס) חָזַר לְמַצָּב קוֹדֵם; חָלָה שֵׁנִית לְאַחַר הִתְאוֹשְׁשׁוּת; חָזַר לְסוּרוֹ; חֲזָרָה לְמַצָּב קוֹדֵם; חֲזָרָה לְמַחֲלָה

relate' *v.t. & i.* (רִלֵיט) סִפֵּר; קָשַׁר יְחָסִים; יָצַר הִתְיַחֲסוּת

—d קָשׁוּר, מְקֹרָב; מְסֻפָּר

rela'tion *n.* (רִלֵישֶׁן) קֶשֶׁר; יַחַס; קִרְבָה מִשְׁפַּחְתִּית, שְׁאֵרוּת; קָרוֹב; הִתְיַחֲסוּת; סִפּוּר, הַגָּדָה

rela'tionship" *n.* (רִלֵישֶׁנְשִׁפּ) קֶשֶׁר; שְׁאֵרוּת; קִרְבָה מִשְׁפַּחְתִּית

rela'tive *n. & adj.* (רֶלֶטִב) קָרוֹב; דָּבָר יַחֲסִי; כִּנּוּי זוֹקֵק; יַחֲסִי; רֶלָטִיבִי; שַׁיָּךְ

relax' *v.t. & i.* (רִלֶקְס) רִפָּה; הֶחֱלִישׁ; הֵקֵל; מִתֵּן; הֵפִיג מֶתַח; רָפָה; הִתְמַתֵּן; חָדַל מִמַּאֲמָץ כְּדֵי לָנוּחַ; נִרְגַּע; הִשְׁתַּחְרֵר מִמֶּתַח

re"laxa'tion *n.* (רִילֶקְסֵישֶׁן) הֲפָגַת מֶתַח; מַרְגִּיעַ; בִּדּוּר; הַרְפָּיָה

re'lay *n. & v.t.* (רִילֵי) מִשְׁמֶרֶת; קְבוּצַת מַחֲלִיפִים; קֶטַע (במרוץ שליחים); תָּוֶךְ, מִמְסָר; הֶעֱבִיר

release' *v.t. & n.* (רִלִיס) שִׁחְרֵר, הִתִּיר, הִרְשָׁה פִּרְסוּם; וִתֵּר עַל; וִתּוּר; שִׁחְרוּר; הַתָּרָה; מְשַׁחְרֵר, גּוֹאֵל; מַתַּן רְשׁוּת פִּרְסוּם

rel'egate" *v.t.* (רֶלֲגֵיט) הוֹרִיד; הִפְקִיד בִּידֵי; שִׁגֵּר; הִצִּיב; הִגְלָה

relent' *v.i.* (רִלֶנְט) הִתְמַתֵּן, הִתְרַכֵּךְ

relent'less *adj.* (רִלֶנְטְלִס) מַחְמִיר בְּכָל חֹמֶר הַדִּין; מַקְפִּיד לְלֹא כָּל רַחֲמָנוּת; קְשׁוּחַ־לֵב

rel'evance(y) *n.* (רֶלֲוֶנְס[י]) שַׁיָּכוּת, קֶשֶׁר

rel'evant *adj.* (רֶלֲוֶנְט) שַׁיָּךְ, נוֹגֵעַ, רֶלֶוַנְטִי

reli"abil'ity *n.* (רִלַיְאֲבִּלְטִי) מְהֵימָנוּת

reli'able *adj.* (רִלַיְאֲבְּל) מְהֵימָן, נֶאֱמָן

reli'ance *n.* (רִלַיְאֶנְס) אֵמוּן, בִּטָּחוֹן, הִסְתַּמְּכוּת

reli'ant *adj.* (רִלַיְאֶנְט) בּוֹטֵחַ, נוֹתֵן אֵמוּן

rel'ic *n.* (רֶלִק) שָׂרִיד, זֵכֶר; מַזְכֶּרֶת

relief' *n.* (רִלִיף) הֲקָלָה, רְוָחָה; סַעַד; שִׁחְרוּר עַל יְדֵי מַחֲלִיף; מַחֲלִיף; חִלּוּף; שִׁנּוּי לַהֲפָגַת הַמֶּתַח; תַּבְלִיט; בְּלִיטָה, רֶלְיֶף

on — מְקַבֵּל סַעַד

relieve *v.t.* (רִלִיב) הֵקֵל; שִׁחְרֵר; חִלֵּץ, סִיֵּעַ; הִפְחִית מַעֲמָסָה; גּוֹנֵן; הִבְלִיט; הֵבִיא מַחֲלִיף

— oneself עָשָׂה צְרָכָיו

religi'on *n.* (רִלִגֶ׳ן) דָּת; אֱמוּנָה; חַיֵּי נְזִירוּת; שְׁמִירַת מִצְווֹת דָּתִיּוֹת; עִנְיָן שֶׁל מַצְפּוּן

religi'ous *adj.* (רִלִגֶ׳ס) דָּתִי; קַפְּדָנִי בְּיוֹתֵר; שֶׁל נְזִירוּת

relin'quish *v.t.* (רִלִנְקְוִשׁ) וִתֵּר עַל; חָדַל מִן; שִׁחְרֵר

rel'ish *n. & v.t. & i.* (רֶלִשׁ) הֲנָאָה; הַעֲרָכָה; מְתַאֲבֵן; טַעַם נָעִים; נֹעַם; תַּבְלִין; קָרְטוֹב, רֵיחַ; נֶהֱנָה מִן; הִנְעִים לַטַּעַם; עָרֵב לַחֵךְ

reluc'tance *n.* (רִלַקְטֶנְס) אִי־רָצוֹן, סֵרוּב

reluc'tant *adj.* (רִלַקְטֶנְט) חֲסַר־רָצוֹן

rely' *v.i.* (רִלַי) סָמַךְ

remain' *v.i.* (רִמֵין) נִמְשַׁךְ לְלֹא שִׁנּוּי; נִשְׁאַר; נוֹתַר; הִשָּׁאֵר

—s *n. pl.* גְּוִיָּה, שְׂרִידִים; כְּתָבִים בְּעִזָּבוֹן, עֲקֵבוֹת

remain'der *n.* (רִמֵינְדֶר) שְׁאָר, יֶתֶר; שְׁאֵרִית; יִתְרָה

remark' *v.t. & n.* (רִמָרְק) הֵעִיר; הִבְחִין, רָאָה, שָׂם לֵב; הֶעָרָה; תְּשׂוּמֶת לֵב

remar'kable *adj.* (רִמָרְקֲבְּל) יוֹצֵא מִן הַכְּלָל, רָאוּי לְצִיּוּן

rem'edy *n.* (רֶמִדִי) תְּרוּפָה, רְפוּאָה; תִּקּוּן

remem'ber *v.t.* (רִמֶמְבֶּר) זָכַר; נִזְכַּר בּ־; הֶעֱנִיק פְּרָס; הִזְכִּיר

remem'brance *n.* (רִמֶמְבְּרֶנְס) זִכָּרוֹן; זְכִירָה; מַזְכֶּרֶת; שַׁי

remind' *v.t.* (רִמַיְנְד) הִזְכִּיר

remind'er *n.* (רִמַינְדְר) תִּזְכֹּרֶת

rem"inisc'ence *n.* (רֶמִנִסֶנְס) זְכִירָה; זִכָּרוֹן; מְעוֹרֵר זִכְרוֹנוֹת

rem"inisc'ent *adj.* (רֶמִנִסֶנְט) מְעוֹרֵר זִכְרוֹנוֹת, מַזְכִּיר; שֶׁל זִכְרוֹנוֹת

remiss' *adj.* (רִמִס) רַשְׁלָנִי, אִטִּי; נִרְפֶּה

remissi'on *n.* (רִמִשְׁן) מִשְׁלוֹחַ; מְחִילָה; יְרִידָה, שְׁכִיבָה; וִתּוּר עַל

remit' *v.t. & i.* (רִמִט) שָׁלַח (כסף); בִּטֵּל; מָחַל; רִפָּה; הֶחֱזִיר; דָּחָה; שָׁכַךְ

remit'tance *n.* (רִמִטֶנְס) מִשְׁלוֹחַ כֶּסֶף; כֶּסֶף, תַּשְׁלוּם

rem'nant *n.* (רֶמְנֶנְט) שְׁאֵרִית; אָבָק, שֶׁמֶץ

remod'el *v.t.* (רִימוֹדְל) בָּנָה מֵחָדָשׁ

remon'strate *v.t. & i.* (רִמוֹנְסְטְרֵיט) מָחָא, קָרָא תִּגָּר; הִתְאוֹנֵן

remorse' *n.* (רִמוֹרְס) חֲרָטָה, מוּסַר כְּלָיוֹת

remote' *adj.* (רִמוֹט) רָחוֹק, נִדָּח; עָקִיף; קָלוּשׁ; מִתְרַחֵק, מְסֻיָּג

remo'vable *adj.* (רִמוּבֶבְל) נָתִיק; שֶׁנִּתָּן לְהָסִיר בְּקַלּוּת

remo'val *n.* (רִמוּבְל) הֲסָרָה; נִתּוּק; הַחְלָפַת מְקוֹם מְגוּרִים; פִּטּוּרִים, סִלּוּק

remove' *v.t. & i.* (רִמוּב) הֵסִיר, הִרְחִיק, סִלֵּק; פָּשַׁט; הֶעְתִּיק; הֶעֱבִיר; שִׁלַּח; פִּטֵּר; הוֹצִיא; שָׂם קֵץ ל־; הָרַג; עָבַר לְמָקוֹם אַחֵר; הִסְתַּלֵּק, יָצָא; נֶעֱלַם

remu'nerate" *v.t.* (רִמְיוּנֵרֵיט) שִׁלֵּם, גָּמַל; פִּצָּה

remu"nera'tion *n.* (רִמְיוּנֵרֵישְׁן) תַּשְׁלוּם; שָׂכָר, פִּצּוּי

ren"aissance' *n.* (רֶנֶסָנְס) תְּחִיָּה; רֶנֶסַנְס

rend *v.t. & i.* (רֶנְד) קָרַע לִגְזָרִים, מָשַׁךְ בְּחָזְקָה; הֵצִיק ל־; נִקְרַע

ren'der *v.t. & i.* (רֶנְדְר) גָּרַם לְ־, הֵבִיא לִידֵי; עָשָׂה; סִפֵּק; גִּלָּה; הִגִּישׁ, הִצִּיג; בִּצַּע; פָּרַע; מָסַר, פָּסַק; תִּרְגֵּם; יִצֵּג; גָּמַל, הֶחֱזִיר; נִכְנַע

ren'egade" *n.* (רֶנֵגֵיד) בּוֹגֵד; מוּמָר

renew' *v.t.* (רִנוּ) חִדֵּשׁ; הִתְחִיל שׁוּב; חִדֵּשׁ תֹּקֶף; שִׁלֵּם; עָשָׂה שֵׁנִית; הֶחֱיָה; הֵקִים מֵחָדָשׁ; הֶחֱזִיר

renew'al *n.* (רִנוּאֶל) חִדּוּשׁ; הַתְחָלָה מֵחָדָשׁ, הֲקָמָה מֵחָדָשׁ

renounce' *v.t.* (רִנַאוּנְס) וִתֵּר עַל; הִתְכַּחֵשׁ ל־

reno'vate" *v.t.* (רֶנֱוֵיט) חִדֵּשׁ, תִּקֵּן, שִׁפֵּץ

renown' *n.* (רִנַאוּן) מוֹנִיטִין, פִּרְסוּם

—ed *adj.* מְפֻרְסָם, נוֹדָע

rent *n.* (רֶנְט) שְׂכַר דִּירָה, דְּמֵי שְׂכִירוּת; תְּשׁוּאָה מִנְּכָסֵי דְּלָא נָיְדֵי

for — לְהַשְׂכָּרָה

— *v.t. & i.* הִשְׂכִּיר; שָׂכַר

ren'tal *n.* (רֶנְטֶל) דְּמֵי שְׂכִירוּת, שְׂכַר־דִּירָה; דִּירָה לְהַשְׂכָּרָה; הַכְנָסָה מִדְּמֵי שְׂכִירוּת

renun"cia'tion *n.* (רִנַנְסִיאֵישְׁן) וִתּוּר, נְטִישָׁה, הִתְכַּחֲשׁוּת

repair' *v.t. & n.* (רִפֵּר) תִּקֵּן; פִּצָּה; תִּקּוּן; דָּבָר שֶׁתֻּקַּן; מַצָּב תָּקִין

— *v.i.* הָלַךְ, נָסַע תְּכוּפוֹת

rep"ara'tion *n.* (רֶפֱרֵישְׁן) פִּצּוּי; שִׁפּוּץ, תִּקּוּן

re"partee' *n.* (רֶפֱרְטִי) תְּשׁוּבַת־בָּזָק מְבַדַּחַת, הַבְרָקַת־פֶּה

repast' *n.* (רִפֶּסְט) אֲרוּחָה

repa'triate" *v.t.* (רִיפֵּיטְרִיאֵיט) הֶחֱזִיר לַמּוֹלֶדֶת

repa'triate *n.* (רִיפֵּיטְרִיאֶט) מֻחְזָר לַמּוֹלֶדֶת, רֶפַּטְרִיאַנְט

repay' *v.t. & i.* (רִפֵּי) פָּרַע, גָּמַל, הֶחֱזִיר

repay'ment *n.* (רִפֵּימֶנְט) פֵּרָעוֹן, גְּמוּל הַחְזָרָה

repeal' *v.t. & n.* (רִפִּיל) בִּטֵּל; בִּטּוּל

repeat' *v.t. & i.* (רִפִּיט) חָזַר עַל; סִפֵּר; עָשָׂה שֵׁנִית

repel' *v.t. & i.* (רִפֶּל) הָדַף; דָּחָה, הִרְחִיק מִמֶּנּוּ

repent' *v.i.* (רִפֶּנְט) הִתְחָרֵט; נִחַם, הִרְגִּישׁ מוּסַר כְּלָיוֹת

repen'tance *n.* (רִפֶּנְטֶנְס) חֲרָטָה, מוּסַר כְּלָיוֹת, תְּשׁוּבָה

re"percussi'on *n.* (רִיפֶּרְקַשְׁן) הֵד;

תּוֹצָאָה עֲקִיפָה; הֲדִיפָה; קְפִיצָה אֲחוֹרָה, רְתִיעָה

re'pertor"y *n.* (רֶפֶּרְטוֹרִי) רֶפֶּרְטוּאָר

rep"etiti'on *n.* (רֶפִּטִשְׁן) חֲזָרָה, הִשָּׁנוּת; הֶעְתֵּק

replace' *v.t.* (רִפְּלֵיס) הֶחֱלִיף; תִּקֵּן, הֶחֱזִיר לִמְקוֹמוֹ, חִדֵּשׁ

reple'nish *v.t.* (רִפְּלֶנִשׁ) הִשְׁלִים, חִדֵּשׁ; מִלֵּא מֵחָדָשׁ, הוֹסִיף דֶּלֶק

replete' *adj.* (רִפְּלִיט) גָּדוּשׁ; מְפֻטָּם

reply' *v.t. & i. & n.* (רִפְּלַי) עָנָה; הֵשִׁיב; תְּשׁוּבָה

report' *n. & v.t. & i.* (רִפּוֹרְט) דִּין וְחֶשְׁבּוֹן, דו"חַ; תֵּאוּר, יְדִיעָה; הוֹדָעָה; שְׁמוּעָה; רְכִילוּת; דּוּחַ; מוֹנִיטִין; רַעַשׁ; מָסַר, דִּוַּח; הוֹדִיעַ; כָּתַב עַל; תֵּאֵר; הֶאֱשִׁים; הִתְיַצֵּב; רָשַׁם; סִפֵּר; הוֹדִיעַ עַל מְקוֹם הִמָּצְאוֹ

— card תְּעוּדָה

repor'ter *n.* (רִפּוֹרְטֶר) כַּתָּב, סוֹפֵר; דַּוָּח, מוֹדִיעַ

repose' *n. & v.i.* (רִפּוֹז) מְנוּחָה, שֵׁנָה; שָׁלוֹם, שַׁלְוָה, שֶׁקֶט; רְגִיעָה נַפְשִׁית; נָח; שָׁכַב; שָׁקַט; סָמַךְ עַל

repos'itor"y *n.* (רִפּוֹזְטוֹרִי) תֵּבַת־שְׁמִירָה; מְקוֹם שְׁמִירָה; קֶבֶר; שׁוֹמֵר חִנָּם

rep"rehen'sible *adj.* (רֶפְּרִהֶנְסִבְּל) רָאוּי לִנְזִיפָה, מְגֻנֶּה

rep"resent' *v.t.* (רֶפְּרִזֶנְט) יִצֵּג, סִמֵּל, תֵּאֵר; חִקָּה; הִצִּיג; שִׁמֵּשׁ מוֹפֵת ל־; הָיָה שָׁוֶה ל־, הָיָה מַקְבִּיל ל־

rep"resenta'tion *n.* (רֶפְּרִזֶנְטֵישְׁן) יִצּוּג; סֵמֶל; תֵּאוּר; נְצִיגוּת; רַעְיוֹן, מִצָּג; מֻשָּׂג; דִּמּוּי; עִצּוּב; הַצָּגָה; הַרְצָאַת עֻבְדּוֹת

rep"resen'tative *n. & adj.* (רֶפְּרִזֶנְטֵטִב) נָצִיג; צִיר; בָּא כֹּחַ, סוֹכֵן; דֻּגְמָה; מְיַצֵּג; מְחַקֶּה; טִפּוּסִי

House of Representatives בֵּית הַנִּבְחָרִים

repress' *v.t.* (רִפְּרֶס) דִּכֵּא; הִכְנִיעַ; הִדְחִיק

repressi'on *n.* (רִפְּרֶשְׁן) דִּכּוּי; הַכְנָעָה; הַדְחָקָה

reprieve' *v.t. & n.* (רִפְּרִיב) דָּחָה, הֵקֵל עַל זְמַנִּית; דְּחִיָּה; רְוָחָה זְמַנִּית

rep'rimand" *n. & v.t.* (רֶפְּרְמֶנְד) נְזִיפָה קָשָׁה; נָזַף קָשׁוֹת

reprint' *v.t.* (רִיפְּרִנְט) הִדְפִּיס שׁוּב

rep'rint" *n.* תַּדְפִּיס, הַדְפָּסָה חוֹזֶרֶת

repri'sal *n.* (רִפְּרַיזְל) פְּעֻלַּת תַּגְמוּל

reproach' *v.t. & n.* (רִפְּרוֹץ׳) הֶאֱשִׁים, נָתַן דֹּפִי בּ־; גָּעַר; הַאֲשָׁמָה, דֹּפִי; גְּעָרָה; חֶרְפָּה

reproach'ful *adj.* (רִפְּרוֹצ׳פֶל) מַאֲשִׁים, נוֹתֵן דֹּפִי, מְיַסֵּר

rep'robate" *n.* (רֶפְּרְבֵּיט) נָבָל, רָשָׁע

re"produce' *v.t. & i.* (רִיפְּרֻדוּס) הֶעְתִּיק; שִׁעְתֵּק; חִדֵּשׁ; הוֹלִיד; הִזְכִּיר; הִפִּיק שֵׁנִית; יָלַד, רָבָה; הָעְתַּק

re"produc'tion *n.* (רִיפְּרֻדַקְשְׁן) הַעְתָּקָה; שִׁעְתּוּק; חִדּוּשׁ; הֶעְתֵּק; רְבִיָּה

re"produc'tive *adj.* (רִיפְּרֻדַקְטִב) מַעְתִּיק; שֶׁל רְבִיָּה

reproof' *n.* (רִפְּרוּף) גְּעָרָה, תּוֹכָחָה

reprove' *v.t. & i.* (רִפְּרוּב) גָּעַר, הוֹכִיחַ; יִסֵּר

rep'tile *n.* (רֶפְּטִיל) זוֹחֵל; שֶׁרֶץ

repub'lic *n.* (רִפַּבְּלִק) רֶפּוּבְּלִיקָה, קְהִלִיָּה

repub'lican *adj.* (רִפַּבְּלִקְן) רֶפּוּבְּלִיקָנִי

repu'diate" *v.t.* (רִפְּיוּדִיאֵיט) דָּחָה; הִתְכַּחֵשׁ ל־; סֵרֵב לְהַכִּיר בּ־

repug'nance *n.* (רִפַּגְנְנְס) שְׁאָט נֶפֶשׁ, סְלִידָה

repug'nant *adj.* (רִפַּגְנְנְט) מְעוֹרֵר שְׁאָט נֶפֶשׁ; גֹּעֲלִי

repulse' *v.t. & n.* (רִפַּלְס) הֵדַף, דָּחָה בְּגַסּוּת; הֲדִיפָה; דְּחִיָּה; סֵרוּב

repul'sion *n.* (רִפַּלְשְׁן) הֲדִיפָה; שְׁאָט נֶפֶשׁ; דְּחִיָּה

repul'sive *adj.* (רִפַּלְסִב) מְעוֹרֵר שְׁאָט נֶפֶשׁ; דּוֹחֶה

rep'utable *adj.* (רֶפְּיֻטַבְּל) בַּעַל שֵׁם טוֹב, מְכֻבָּד; בַּעַל רָמָה

rep"uta'tion *n.* (רֶפְּיֻטֵישְׁן) שֵׁם טוֹב, מוֹנִיטִין; מַעֲמָד; פִּרְסוּם

repute' *v.t. & n.* (רִפְּיוּט) הֶעֱרִיךְ, הֶחֱשִׁיב; שֵׁם טוֹב, מוֹנִיטִין; פִּרְסוּם

request′ *n. & v.t.* (רִקְוֶסְט) בַּקָּשָׁה; בִּקּוּשׁ; בִּקֵּשׁ

require′ *v.t. & i.* (רִקְוַיְאַר) הָיָה צָרִיךְ; חִיֵּב; דָּרַשׁ, תָּבַע

require′ment *n.* (רִקְוַיְאַרְמֶנְט) דְּרִישָׁה; צֹרֶךְ

req′uisite *adj. & n.* (רֶקְוִזִט) נָחוּץ, דָּרוּשׁ, הֶכְרֵחִי; תְּכוּנָה דְּרוּשָׁה

req″uisiti′on *n. & v.t.* (רֶקְוִזִשְׁן) דְּרִישָׁה, חִיּוּב; תְּבִיעָה רִשְׁמִית; בַּקָּשָׁה בִּכְתָב; צַו הַפְקָעָה; דָּרַשׁ, הִפְקִיעַ

requite′ *v.t.* (רִקְוַיְט) פִּצָּה, גָּמַל; הֶחֱזִיר; נָקַם בְּ־; הֵשִׁיב גְּמוּל

rescind′ *v.t.* (רִסִנְד) בִּטֵּל; שָׁלַל תֹּקֶף

res′cue *v.t. & n.* (רֶסְקְיוּ) הִצִּיל, חִלֵּץ; הַצָּלָה, חִלּוּץ

research′ *n. & v.i.* (רִסֶרְץ׳) מֶחְקָר; עֵסֶק בְּמֶחְקָר, חָקַר

resem′blance *n.* (רִזֶמְבְּלֶנְס) דִּמְיוֹן

resem′ble *v.t.* (רִזֶמְבְּל) דָּמָה לְ־

resent′ *v.t.* (רִזֶנְט) הִתְרַעֵם עַל

resent′ment *n.* (רִזֶנְטְמֶנְט) תַּרְעֹמֶת, טִינָה

res″erva′tion *n.* (רֶזֶרְוֵישְׁן) עִכּוּב, שְׁמִירָה לְחוּד; הוֹצָאָה מִן הַכְּלָל, הִסְתַּיְּגוּת; שְׁמוּרָה; מָקוֹם שָׁמוּר

reserve′ *v.t. & n.* (רִזֶרְב) עִכֵּב; שָׁמַר אוֹ הִשִּׂיג עַל פִּי תְּנַאי מֵרֹאשׁ; עִתֵּד; רֶזֶרְוָה; יִתְרָה; מִלּוּאִים; הִסְתַּיְּגוּת; קַרְקַע שְׁמוּרָה; עֲתוּדָה; הִתְאַפְּקוּת, שַׁתְקָנוּת, קְרִירוּת

—s כֹּחוֹת מִלּוּאִים

in — הִקְצָה לְצָרְכֵי הֶעָתִיד, שָׁמוּר לְעֵת הַצֹּרֶךְ

res′ervoir″ *n.* (רֶזֶרְווּאַר) מַאֲגָר, מְכָל; מִלַּאי, רֶזֶרְוָה

reside′ *v.i.* (רִזַיד) גָּר, שָׁכַן; הֶעֱנִיק

res′idence *n.* (רֶזִדֶנְס) מְגוּרִים, מָעוֹן; יְשִׁיבָה; תְּקוּפַת מְגוּרִים

res′ident *n. & adj.* (רֶזִדֶנְט) תּוֹשָׁב; מִשְׁתַּלֵּם (כבית חולים); מִתְגּוֹרֵר; שׁוֹכֵן, קַיָּם

res″identi′al *adj.* (רֶזִדֶנְשֶׁל) שֶׁל מְגוּרִים

res′idue *n.* (רֶזִדוּ) שְׁאֵרִית; יֶתֶר; יִתְרָה; מִשְׁקָע

resign′ *v.i. & t.* (רִזַין) הִתְפַּטֵּר; וִתֵּר, נִכְנַע

res″igna′tion *n.* (רֶזִגְנֵישְׁן) הִתְפַּטְּרוּת; כְּנִיעָה, וִתּוּר

res′in *n.* (רֶזִן) שְׂרָף

resist′ *v.t. & i.* (רִזִסְט) הִתְנַגֵּד לְ־; הֶחֱזִיק מַעֲמָד נֶגֶד

resis′tance *n.* (רִזִסְטֶנְס) הִתְנַגְּדוּת, מְרִי

res′olute″ *adj.* (רֶזָלוּט) עוֹמֵד עַל דַּעְתּוֹ, בַּעַל הַחְלָטָה נְחוּשָׁה

res″olu′tion *n.* (רֶזָלוּשְׁן) הַחְלָטָה; עֲמִידָה עַל הַדַּעַת, תַּקִּיפוּת; הֶחְלֵטִיּוּת; פֵּרוּק; פִּתְרוֹן

resolve′ *v.t. & i. & n.* (רִזוֹלְב) עָמַד עַל דַּעְתּוֹ; פֵּרֵק; הֵמִיר; הֶחְלִיט; פָּתַר; סִלֵּק; הִתְפָּרֵק; הִשְׁתַּנָּה; עֲמִידָה עַל הַדַּעַת, הַחְלָטָה אֵיתָנָה

res′onance *n.* (רֶזַנֶנְס) תְּהוּדָה, רֶזוֹנַנְס

res′onant *adj.* (רֶזַנֶנְט) מְהַדְהֵד

resort′ *v.i. & n.* (רִזוֹרְט) הִשְׁתַּמֵּשׁ בְּ־ כִּבְרֵרָה אַחֲרוֹנָה; הָלַךְ לְעִתִּים קְרוֹבוֹת; מְקוֹם נֹפֶשׁ; בִּקּוּר חוֹזֵר; פְּנִיָּה; מַטְּרַת פְּנִיָּה (אדם או דבר)

resound′ *v.i.* (רִזַאוּנְד) הִדְהֵד; הִשְׁמִיעַ קוֹל, צִלְצֵל; הִתְפַּרְסֵם

re′source *n.* (רִיסוֹרְס) מָקוֹר

—s מַשְׁאַבִּים; נְכָסִים; כֹּשֶׁר, תּוּשִׁיָּה

resource′ful *adj.* (רִסוֹרְסְפֶל) בַּעַל תּוּשִׁיָּה

—ness *n.* תּוּשִׁיָּה; כֹּחַ הַמְצָאָה

respect′ *n. & v.t.* (רִסְפֶּקְט) פְּרָט; יַחַס; הוֹקָרָה; כָּבוֹד; דֶּרֶךְ אֶרֶץ; יִרְאַת כָּבוֹד; כִּבֵּד, הוֹקִיר, הֶחְשִׁיב; נִמְנַע מִלְּהַפְרִיעַ; הִתְיַחֵס אֶל

respec′table *adj.* (רִסְפֶּקְטֶבְּל) הָגוּן, רָאוּי לְכָבוֹד; בַּעַל שֵׁם טוֹב; מְכֻבָּד, בַּעַל מַעֲמָד; נִכָּר

respec′tful *adj.* (רִסְפֶּקְטְפֶל) מַחֲשִׁיב, מִתְיַחֵס בְּכָבוֹד אֶל, מָלֵא יִרְאַת כָּבוֹד

respec′ting *prep.* (רִסְפֶּקְטִנְג) בְּדְבַר; וַאֲשֶׁר לְ־

respec′tive *adj.* (רִסְפֶּקְטִב) מְיֻחָד, שֶׁל כָּל אֶחָד וְאֶחָד

— ly *adv.* בְּיַחַס לְכָל אֶחָד וְאֶחָד, לְפִי הַסֵּדֶר שֶׁהֻזְכַּר

res"pira'tion *n.* (רֶסְפֶּרֵישְׁן) נְשִׁימָה

res'pite *n.* (רֶסְפִּט) הַשְׁהָיָה, הַפְסָקָה, הֲקַלָּה לְשָׁעָה קַלָּה; דְּחִיַּת בִּצּוּעַ פְּסַק דִּין מָוֶת

resplen'dent *adj.* (רִסְפְּלֶנְדֶנְט) נוֹצֵץ; נֶהְדָּר

respond' *v.i. & t.* (רִסְפּוֹנְד) נַעֲנָה, הֵשִׁיב; הֵגִיב

response' *n.* (רִסְפּוֹנְס) הֵעָנוּת, תְּשׁוּבָה; תְּגוּבָה

respon"sibil'ity *n.* (רִספּוֹנְסַבִּלִטִי) אַחֲרָיוּת

respon'sible *adj.* (רִספּוֹנְסַבְּל) אַחֲרַאי; מְהֵימָן; דּוֹרֵשׁ אַחֲרָיוּת

respon'sive *adj.* (רִסְפּוֹנְסִב) נַעֲנֶה, מֵגִיב

rest *v.i. & t. & n.* (רֶסְט) נָח; שָׁבַת; שָׁקַט; חָדַל לָנוּעַ; נֶעֱצַר; הִפְסִיק פְּעִילוּת; הֻטַּל; נִמְצָא; שָׁהָה; הָיָה תָּלוּי בּ־; הֵנִיחַ; כִּוֵּן; עָצַר; סִיֵּם הַגָּשַׁת עֵדוּת; נִשְׁאַר; מְנוּחָה; מַרְגּוֹעַ; נֹפֶשׁ; שֶׁקֶט, שַׁלְוָה; מָוֶת; נַיָּחוּת; דְּמִימָה; פֻּנְדָּק; מִסְעָד; תֶּמֶךְ; יֶתֶר, שְׁאֵרִית, שְׁאָר

at — נָח; יָשֵׁן; מֵת; נַיָּח; שָׁקֵט, שָׁלֵו

lay to — קָבַר

res'taurant *n.* (רֶסְטֵרֶנְט) מִסְעָדָה

rest'ful *adj.* (רֶסְטְפֵל) מַרְגִּיעַ; רוֹגֵעַ, שָׁקֵט, שָׁלֵו

res"titu'tion *n.* (רֶסְטִטוּשְׁן) פִּצּוּי; הַחְזָרָה

res'tive *adj.* (רֶסְטִב) חֲסַר־מְנוּחָה, קְצַר־רוּחַ; מַרְדָּנִי; עַקְשָׁן

rest'less *adj.* (רֶסְטְלִס) חֲסַר־מְנוּחָה, עַצְבָּנִי, בִּתְנוּעָה תְּמִידִית; פָּעִיל

res"tora'tion *n.* (רֶסְטֵרֵישְׁן) הַחְזָרָה; מַתַּן פִּצּוּי; שִׁחְזוּר; הַחְזָרַת עֲטָרָה לְיָשְׁנָהּ

restore' *v.t.* (רִסְטוֹר) הֶחֱזִיר, הֶחֱזִיר עַל כַּנּוֹ; שִׁחְזֵר; הֶחֱזִיר לְאֵיתָנוֹ; הֵשִׁיב שְׁבוּת

restrain' *v.t.* (רִסְטְרֵין) רִסֵּן, עָצַר, דִּכֵּא; הִגְבִּיל

restraint' *n.* (רִסְטְרֵינְט) רִסּוּן, מַעֲצוֹר, עֲצִירָה; מַעֲצָר; הַבְלָגָה, הִתְאַפְּקוּת

restrict *v.t.* (רִסְטְרִקְט) הִגְבִּיל

restric'tion *n.* (רִסְטְרִקְשְׁן) הַגְבָּלָה

restric'tive *adj.* (רִסְטְרִקְטִב) מַגְבִּיל

rest' room" (רֶסְט רוּם) חֲדַר נוֹחוּת

result' *n. & v.i.* (רִזַלְט) נָבַע מ־, הָיָה תּוֹצָאָה שֶׁל; הִסְתַּיֵּם בְּצוּרָה מְסֻיֶּמֶת; תּוֹצָאָה

resume' *v.t.* (רִזוּם) חִדֵּשׁ, הִמְשִׁיךְ (לאחר הפסקה), הִתְחִיל שׁוּב; תָּפַס שֵׁנִית; לָקַח שׁוּב

rés'umé" *n.* (רֶזֻמֵי) סִכּוּם, תַּמְצִית

resump'tion *n.* (רִזַמְפְּשְׁן) חִדּוּשׁ, הַמְשָׁכָה (לאחר הפסקה), הַתְחָלָה שׁוּב; קַבָּלָה בַּחֲזָרָה

res"urrec'tion *n.* (רֶזֶרֶקְשְׁן) תְּחִיַּת הַמֵּתִים, תְּחִיָּה

Resurrection תְּחִיַּת יֵשׁוּ; תְּחִיַּת הַמֵּתִים בְּיוֹם הַדִּין

re'tail *n. & adj. & adv.* (רִיטֵיל) מְכִירָה קִמְעוֹנִית; קִמְעוֹנִי; בְּקִמְעוֹנוּת

— *v.t. & i.* מָכַר בְּקִמְעוֹנוּת, מָכַר יְשִׁירוֹת לַקּוֹנֶה; נִמְכַּר בְּקִמְעוֹנוּת, נִמְכַּר לַיְחִידִים

re'tailer *n.* (רִיטֵילֶר) קִמְעוֹנַאי

retain' *v.t.* (רִטֵין) הֶחֱזִיק בּ־; הִמְשִׁיךְ לְהִשְׁתַּמֵּשׁ בּ־; הוֹסִיף לִשְׁמוֹר עַל; זָכַר; הֶחֱזִיק בְּמָקוֹם; הֶעֱסִיק; עָצַר

retal'iate" *v.t. & t.* (רִטֶלִיאֵיט) הֵשִׁיב כִּגְמוּל, גָּמַל

retal"ia'tion *n.* (רִטֶלִיאֵישְׁן) גְּמוּל, תַּגְמוּל

retard' *v.t.* (רִטַרְד) עִכֵּב

retch *v.i.* (רֶץ׳) עָמַד לְהָקִיא

reten'tion *n.* (רִטֶנְשְׁן) הַחְזָקָה, עֲצִירָה; הַמְשָׁכָה; זִכָּרוֹן

ret'icence *n.* (רֶטִסֶנְס) שַׁתְקָנוּת, הִתְאַפְּקוּת

ret'inue" *n.* (רֶטְנוּ) פָּמַלְיָה, מְשָׁרְתִים

retire' *v.i. & t.* (רִטַיְאֶר) הִסְתַּלֵּק, הִתְבּוֹדֵד בּ־; שָׁכַב לִישׁוֹן; פָּרַשׁ; יָצָא לְגִמְלָאוֹת; נָסוֹג לְפִי תָּכְנִית; הוֹצִיא מֵהַמַּחֲזוֹר; פָּקַד עַל נְסִיגָה; הֵבִיא לִידֵי פְּרִישָׁה; הוֹצִיא מִשִּׁמּוּשׁ

retire'ment *n.* (רִטַיְאֶרְמֶנְט) הִסְתַּלְּקוּת, הִתְבּוֹדְדוּת; סִלּוּק; פְּרִישָׁה; יְצִיאָה לְגִמְלָאוֹת; תְּקוּפַת פְּרִישָׁה; מָקוֹם בּוֹדֵד; נְסִיגָה מְסֻדֶּרֶת

retort' *n. & v.t. & i.* (רִטוֹרְט) תְּשׁוּבָה קוֹלַעַת; אַבִּיק; עָנָה בְּצוּרָה קוֹלַעַת; עָנָה בִּתְשׁוּבָה נִצַּחַת

retrace′ *v.t.* (רִטְרֵיס) חָזַר כִּלְעֻמַּת שֶׁבָּא; שִׁחְזֵר

retract′ *v.t. & i.* (רִטְרֶקְט) לָקַח בַּחֲזָרָה, חָזַר בּוֹ מ־; בִּטֵּל; נָסוֹג, נִרְתַּע לְאָחוֹר; כִּנֵּס בַּחֲזָרָה

retreat′ *n.* (רִטְרִיט) נְסִיגָה; הִתְבּוֹדְדוּת, הִסְתַּלְּקוּת; מְקוֹם הִתְבּוֹדְדוּת; בֵּית מַרְפֵּא; טֶקֶס הוֹרָדַת הַדֶּגֶל

beat a — נָסוֹג בְּחִפָּזוֹן

— *v.i.* נָסוֹג; הִסְתַּלֵּק; הִתְבּוֹדֵד; הִשְׁתַּפֵּעַ אֲחוֹרָה; הוֹלִיךְ אֲחוֹרָה

re″tribu′tion *n.* (רֶטְרְבְּיוּשְׁן) גְּמוּל

retrieve′ *v.t.* (רִטְרִיב) הֶחֱזִיר, קִבֵּל בַּחֲזָרָה; הֶחֱזִיר עֲטָרָה לְיָשְׁנָה; כִּפֵּר עַל; תִּקֵּן; הִצִּיל, חִלֵּץ; הֵבִיא (ציד)

re″troac′tive *adj.* (רֶטְרוֹאֶקְטִב) שֶׁכֹּחוֹ יָפֶה לֶעָבָר, רֶטְרוֹאַקְטִיבִי; בַּר־תֹּקֶף מִתַּאֲרִיךְ שֶׁעָבַר

re′trograde″ *adj.* (רֶטְרְגְרֵייד) נָע אֲחוֹרָה, נָסוֹג; הָפוּךְ

re′trospect″ *n.* (רֶטְרְסְפֶּקְט) סְקִירָה אֲחוֹרָה; הִסְתַּכְּלוּת בֶּעָבָר

in — בְּהִסְתַּכְּלוּת בִּמְאֹרָעוֹת שֶׁאֵרְעוּ בֶּעָבָר

return′ *v.i. & t. & n.* (רִטֶרְן) חָזַר, שָׁב, הֵשִׁיב, הֶחֱזִיר; פָּסַק (דין); נָתַן תְּשׁוּאָה; הוֹדִיעַ רִשְׁמִית; חֲזָרָה, שִׁיבָה; מִקְרֶה חוֹזֵר; תְּמוּרָה, פֵּרָעוֹן; תְּשׁוּבָה; רֶוַח, תְּשׁוּאָה; הַצְהָרָה עַל הַכְנָסָה

—s תּוֹצָאוֹת; סְחוֹרָה מֻחְזֶרֶת

— *adj.* חוֹזֵר, – חֲזָרָה; מֻחְזָר; גּוֹמְלִין

reun′ion *n.* (רִי־יוּנְיְן) כֶּנֶס; אִחוּד מֵחָדָשׁ

reveal′ *v.t.* (רִוִיל) גִּלָּה; חָשַׂף, הִצִּיג לְרַאֲוָה

rev′el *v.i. & n.* (רֶוְל) נֶהֱנָה מְאֹד מ־; חָגַג; עָלַז; חֲגִיגָה

rev″ela′tion *n.* (רֶוְלֵישְׁן) גִּלּוּי, גִּלּוּי מַרְשִׁים; הִתְגַּלּוּת הָאֱלֹהִים

rev′elry *n.* (רֶוְלְרִי) חִנְגָּה, חֲגִיגָה עַלִּיזָה

revenge′ *v.t. & n.* (רִוֶנְג׳) נָקַם; נִקַּם מ־; נְקָמָה; נַקְמָנוּת

revenge′ful *adj.* (רִוֶנְג׳פְל) נַקְמָנִי

rev′enue *n.* (רֶוְנְיוּ) הַכְנָסָה; אֲגַף הַכְנָסוֹת הַמְּדִינָה; הַכְנָסָה קְבוּעָה

rever′berate″ *v.i.* (רִוֶרְבְּרֵיט) הִדְהֵד

revere′ *v.t.* (רִוִיר) הֶעֱרִיץ, הִתְיַחֵס בְּיִרְאַת כָּבוֹד

rev′erence *n.* (רֶוְרְנְס) הַעֲרָצָה, יִרְאַת כָּבוֹד; קִדָּה

rev′erend *adj. & n.* (רֶוְרֶנְד) נַעֲרָץ; שֶׁל הַכְּמוּרָה; כֹּמֶר

rev′erent *adj.* (רֶוְרֶנְט) מַעֲרִיץ, רוֹחֵשׁ הַעֲרָצָה, מַרְגִּישׁ יִרְאַת כָּבוֹד

rev′erie *n.* (רֶוְרִי) הֲזָיָה; חֲלוֹם בְּהָקִיץ; רַעְיוֹן דִּמְיוֹנִי, רַעְיוֹן לֹא־מַעֲשִׂי

rever′sal *n.* (רִוֶרְסְל) הַפְנָיָה אֲחוֹרַנִּית, פְּנִיָּה אֲחוֹרַנִּית, הִפּוּךְ, שִׁנּוּי כִּוּוּן; בִּטּוּל

reverse′ *adj. & n.* (רִוֶרְס) נֶגְדִּי, מְהֻפָּךְ; הָפוּךְ; נִגּוּד; גַּב, אָחוֹר; פֻּרְעָנוּת

— *v.t. & i.* הָפַךְ כִּוּוּן; הָפַךְ צַד; שִׁנָּה לַגַּמְרֵי; בִּטֵּל; פָּנָה בְּכִוּוּן נֶגְדִּי; הֶחֱלִיף הִלּוּכִים לִנְסִיעָה אֲחוֹרָה, נָסַע אֲחוֹרַנִּית, "הִכְנִיס לְרֶוֶרְס"

rever′sible *adj. & n.* (רִוֶרְסְבְּל) נִתָּן לְשִׁנּוּי כִּוּוּן, נִתָּן לְתִקּוּן; הָפִיךְ; מַלְבּוּשׁ הָפִיךְ

rever′sion *n.* (רִוֶרְז׳ן) חֲזָרָה

revert′ *v.i.* (רִוֶרְט) חָזַר

review′ *n.* (רִוְיוּ) סְקִירָה, מַאֲמַר בִּקֹּרֶת, הַעֲרָכָה; כְּתַב־עֵת; מַרְאֶה חוֹזֵר; חֲזָרָה, שִׁנּוּן; תַּרְגִּיל־חֲזָרָה; מִסְקָר; עִיּוּן בִּמְאֹרָעוֹת הֶעָבָר; דִּין וְחֶשְׁבּוֹן; בְּדִיקָה חוֹזֶרֶת; רֶבְיוּ, תָּכְנִית בִּדּוּר

— *v.t. & i.* הִסְתַּכֵּל שׁוּב; חָזַר עַל, שִׁנֵּן; בָּדַק; סָקַר; הִבִּיט אֲחוֹרָה; דָּן בּ־; כָּתַב סְקִירָה

review′er *n.* (רִוְיוּאֶר) כּוֹתֵב סְקִירוֹת, מְבַקֵּר, עוֹרֵךְ מִסְקָרִים, בּוֹדֵק

revile′ *v.t. & i.* (רִוַיל) גִּדֵּף

revise′ *v.t.* (רִוַיז) תִּקֵּן, הִכְנִיס שִׁנּוּיִים

revis′ion *n.* (רִוִז׳ן) תִּקּוּן, הַכְנָסַת שִׁנּוּיִים

revi′val *n.* (רִוַיבְל) חִדּוּשׁ; הַחְיָאָה, הַחֲזָרָה; הַצָּגָה מְחֻדֶּשֶׁת; הִתְעוֹרְרוּת דָּתִית; תְּפִלַּת הִתְעוֹרְרוּת; מַתַּן תֹּקֶף מֵחָדָשׁ

revive′ *v.t. & i.* (רִוַיב) חִדֵּשׁ, הִפְעִיל מֵחָדָשׁ; נָתַן תֹּקֶף מֵחָדָשׁ; הֶחֱזִיר; הִצִּיג מֵחָדָשׁ; הֶחֱיָה; חָזַר לְאֵיתָנוֹ, הִתְאוֹשֵׁשׁ; נַעֲשָׂה שׁוּב תָּקֵף

revoke' *v.t.* (רווֹק) בטל

revolt' *v.i. & t. & n.* (רווֹלט) מרד; נרתע בשאט נפש; חש בחילה; התחלחל; עורר שאט נפש; מרד

rev"olu'tion *n.* (רבולושן) מהפכה; סבוב; הסתובבות; מחזור

rev"olu'tiona"ry *adj. & n.* (רבולושנרי) מהפכני; מסתובב; מהפכן

rev"olu'tionize" *v.t.* (רבולושניז) גרם מהפכה; בצע שנוי קיצוני

revolve' *v.i. & t.* (רוולב) הסתובב; הקיף; ארע שוב; נשקל בדעת; סובב; שקל בדעת, הרהר על

revol'ver *n.* (רוולור) אקדח תפי; מסתובב

revue' *n.* (רויו) רביו, תכנית בדור

revul'sion *n.* (רולשן) שאט נפש; שנוי פתאומי וקיצוני

reward' *n. & v.t.* (רוורד) פרס; שכר; פצה, העניק פרס

rhap'sody *n.* (רפסדי) רפסודיה; השתפכות־נפש נשגבת, התלהבות מפרזת; אפוס

rhet'oric *n.* (רטרק) אמנות הנאום, רטוריקה; כשרון דבור; פרזה; מליצה

rheumat'ic *adj.* (רמטק) שגרוני

rheu'matis"m *n.* (רומטזם) שגרון

rhinoc'eros *n.* (רינוסרס) קרנף

rhu'barb *n.* (רוברב) רבס

rhyme *n.* (רים) חריזה; חרוז, שירה

— or reason הגיון, שכל ישר

— *v.t. & i.* חרז; כתב חרוזים; חבר שירה מחרזת

rhyth'm *n.* (רדם) קצב, מקצב; ריתמוס

rib *n. & v.t.* (רב) צלע; חזק בצלעות, הקיף בצלעות, סמן בצלעות; הקניט, שטה ב־

rib'ald *adj.* (רבלד) לא־צנוע; לגלגני

rib'bon *n.* (רבן) סרט; קשור; עטור

—s קרעים

rice *n.* (ריס) ארז

rich *adj. & n.* (רץ') עשיר; שופע; (על מאכל:) מתבל, מתוק ושמן; יקר; הדור; חריף ומעדן (יין); עמק (צבע); בעל טון עדין ומלא; חריף; פורה; משעשע מאד; מגחך

rich'es *n. pl.* (רצ'ז) עשר, עשירות, נכסים

rich'ness *n.* (רצ'נס) עשר

rick'ets *n.* (רקץ) רככת

rick'ety *adj.* (רקטי) מט לפול, רעוע; חלוש; ישן; לא־סדיר; לוקה רככת

rid *v.t.* (רד) שחרר, חלץ

get — of נפטר מ־, השמיד

rid'dance *n.* (רדנס) שחרור, סלוק, חלוץ

good — ברוך שפטרני

rid'dle *n.* (רדל) חידה

ride *v.i.* (רייד) רכב על; נסע ב־; התקדם; היה מעגן; נראה כמרחף; הסתובב על; התבלט מעל; חפף; נסע; המשיך ללא הפרעה; היה תלוי ב־; שלט ב־; היה מונח על; עבר ב־; הרכיב; עגן

— down דרס; השיג

— out החזיק מעמד ללא נזקים (תוך עגינה); החזיק מעמד בהצלחה

— *n.* רכיבה, טיול (על סוס וכו' או בתוך כלי רכב); נסיעה; דרך, כביש; רכב שעשועים

take for a — רצח; רמה

ri'der *n.* (ריידר) רוכב; רכב; מרכב; נספח

ridge *n.* (רג') רכס; קו רכס; קצה עליון; גב; רצועה בולטת; קו חבור של קורות, קו קדקד, קורה מרכזית

rid'icule" *n. & v.t.* (רדקיול) לעג; לעג ל־

ridic'ulous *adj.* (רדקילס) מגחך

ri'ding *n. & adj.* (ריידנג) רכיבה; של רכיבה

rife *adj.* (רייף) רווח, נפוץ; מהלך; שופע

riff'raff" *n.* (רפרף) אספסוף

ri'fle *n.* (ריפל) רובה; חרוק; תותח מחרק

—s יחידת רובאים

— *v.t.* חרק; בזז; חטט ושדד

rift *n.* (רפט) בקיע; נקיק; שטח פתוח; קרע; מחלקת; שבר; עמק־שבר

— valley בקע

rig *v.t. & n.* (רג) ציד ב־; התקין;

הִפְעִיל בְּרַמִּיָּה; חִבֵּל; צִיּוּד; מֶרְכָּבָה
וְסוּסִים; צִיּוּד קִדּוּחַ; תִּלְבֹּשֶׁת

right *adj. & n.* (רַיט) נָכוֹן, נָאוֹת; צוֹדֵק;
אֲמִתִּי; בָּרִיא; מְסֻדָּר; עֶלְיוֹן, עִקָּרִי; נוֹחַ,
רָצוּי; יְמָנִי, יָשָׁר; זְכוּת; צֶדֶק; מְצִיאוּת;
נְכוֹנוּת; יָמִין; פְּנִיָּה יְמִינָה; מַכַּת יָמִין

by —s לְמַעַן הַיֹּשֶׁר; מִבְּחִינַת הַצֶּדֶק

in one's own — בְּכֹחוֹת עַצְמוֹ

in the — צוֹדֵק

to —s בְּסֵדֶר, בְּמַצָּב נָאוֹת

— *adv.* בְּקַו יָשָׁר; יְשִׁירוּת; לְגַמְרֵי; מִיָּד;
בְּדִיּוּק; בְּצוּרָה נְכוֹנָה; כָּרָאוּי; יָפֶה, כַּהֲלָכָה;
יְמִינָה; מְאֹד

— and left בְּכָל צַד

— away (off) מִיָּד, מִנֵּיהּ וּבֵיהּ

— *v.t. & i.* זָקַף; תִּקֵּן; יִשֵּׁר; עָשָׂה צֶדֶק,
נָקַם; הִזְדַּקֵּף

right'eous *adj.* (רַיצֶ'ס) צוֹדֵק, צַדִּיק; יָשָׁר

right'eousness *n.* (רַיצֶ'סְנֶס) צֶדֶק; יֹשֶׁר

right'ful *adj.* (רַיטְפֶל) חֻקִּי; יָשָׁר

right'-hand' *adj.* (רַיט־הֶנְד) מִימִין; בְּיַד
יָמִין; יָעִיל מְאֹד

—ed *adj.* יְמָנִי; בְּיַד יָמִין

right'ist *adj. & n.* (רַיטִסְט) יְמָנִי

right' of way' זְכוּת קְדִימָה

rig'id *adj.* (רִגִ'יד) אָשׁוּן, צָפִיד;
קָשׁוּחַ; מַחְמִיר, מְחַיֵּב רִכּוּז רַב, חָמוּר

rigid'ity *n.* (רִגִ'ידִטִי) אֲשִׁינוּת, צְפִידוּת,
חֹסֶר גְּמִישׁוּת; קַפְּדָנוּת; חֻמְרָה; קְשִׁיחוּת

rig'marole" *n.* (רִגְמֲרוֹל) תַּהֲלִיךְ מְסֻבָּךְ,
מַעֲשֵׂה מֶרְכָּבָה; לַהַג, פִּטְפּוּט

rig'or *n.* (רִגֶר) חֻמְרָה, חֹמֶר הַדִּין; קֹשִׁי;
דַּיְקָנוּת; קַפְּדָנוּת; אַכְזָרִיּוּת; צְפִידוּת; צִנָּה
פִּתְאוֹמִית

rig'orous *adj.* (רִגֶרֶס) מַחְמִיר, חָמוּר;
אַכְזָרִי; קָשׁוּחַ; מְדַקְדֵּק

rill *n.* (רִל) פֶּלֶג

rim *n.* (רִם) כַּרְכֹּב; קָצֶה, שָׂפָה; מִסְגֶּרֶת

rind *n.* (רַינְד) קְלִפָּה; קְרוּם

ring *n.* (רִנְג) טַבַּעַת; מַעְגָּל; חִשּׁוּק;
סִבּוּב, חוּג; זִירָה; אִגְרוּף; כְּנוּפְיָה, חָח;
צִלְצוּל; קוֹל פַּעֲמוֹן; הִדְהוּד; רֹשֶׁם

run —s around עָלָה עַל

— *v.t. & i.* הִקִּיף בְּטַבַּעַת; כִּתֵּר, עָשָׂה
לְטַבַּעַת; שָׂם חָח בָּאַף; חָתַךְ מִסָּבִיב; עָשָׂה
טַבָּעוֹת, נֶעֱרַךְ אוֹ עָבַר בְּמַעְגָּל; צִלְצֵל;
נִשְׁמַע; הִדְהֵד; הוֹדִיעַ בְּקוֹל פַּעֲמוֹן

— down the curtain הוֹרָה לְהוֹרִיד
מָסָךְ; הוֹרִיד מָסָךְ

— down the curtain on הֵבִיא לִידֵי גְּמָר

— up רָשַׁם

— up the curtain הֶעֱלָה מָסָךְ

— up the curtain on הִתְחִיל, יָזַם

ring'lea"der *n.* (רִנְגְלִידֶר) מַנְהִיג סוֹרְרִים

ring'let *n.* (רִנְגְלֶט) תַּלְתַּל, קְוֻצָּה

rink *n.* (רִנְק) רַחֲבַת קֶרַח; מִשְׁטַח הַחְלָקָה;
אוּלַם הַחְלָקָה

rinse *v.t. & n.* (רִנְס) שָׁטַף; שְׁטִיפָה; מֵי
שְׁטִיפָה; תַּכְשִׁיר שְׁטִיפָה

ri'ot *n.* (רַיאֶט) הִתְפָּרְעוּת, מְהוּמָה;
חַיֵּי פְּרִיצוּת; חִנְגָּה סוֹאֶנֶת; הִתְפָּרְצוּת
שְׁלוּחַת־רֶסֶן; הַצָּגָה סַסְגּוֹנִית; הֲלָצָה אַדִּירָה

run — פָּעַל לְלֹא מַעֲצוֹרִים

— *v.i.* הִתְפָּרֵעַ; חַי חַיֵּי פְּרִיצוּת

ri'otous *adj.* (רַיאֶטֶס) מִתְפָּרֵעַ; מֵסִית
לִמְהוּמוֹת; מֻפְקָר; סוֹאֵן; מַצְחִיק מְאֹד

rip *v.t. & i.* (רִפּ) חָתַךְ, קָרַע, בִּתֵּר; נִסֵּר;
נִקְרַע; נִפְרַם

— into הִתְקִיף, הִסְתָּעֵר עַל

— out צָעַק בְּזַעַם

— *n.* קֶרַע

ripe *adj.* (רַיפּ) בָּשֵׁל; אָדֹם וּמָלֵא; בְּשִׂיא
הַהִתְפַּתְּחוּת, מְבֻגָּר; מִתְקַדֵּם; מוּכָן לְגַמְרֵי

ri'pen *v.t. & i.* (רַיפְּן) הִבְשִׁיל; הֵבִיא לִידֵי
הַבְשָׁלָה

ripple *n. & v.i. & t.* (רִפְּל) אַדְוָה;
סִלְסוּל; קוֹל אַדְווֹת; הָוָה אַדְווֹת; זָרַם
בְּאַדְווֹת; עָלָה וְיָרַד; הֵנִיעַ בְּקַלִּילוּת

rise *v.i.* (רַיז) קָם; הִזְדַּקֵּף; הִתְקוֹמֵם;
הוּקַם; צָמַח; הִתְבַּלֵּט; הוֹפִיעַ; הִתְחוֹלֵל;
אֵרַע; עָלָה; הִסְתַּגֵּל; נַעֲשָׂה עַלִּיז; רָגַשׁ;
תָּפַח; גָּדַל; סִיֵּם (ישיבה); קָם לִתְחִיָּה

— above הִתְעַלֵּם מ־

— *n.* קִימָה; עֲלִיָּה; מָקוֹר; הוֹפָעָה

get a — out of הִרְגִּיז; עוֹרֵר הַתְּשׁוּבָה
הָרְצוּיָה אוֹ הַצְּפוּיָה

give — to גָּרַם

risk *v.t. & n.* (רִסְק) סַכֵּן, הִסְתַּכֵּן; סִכּוּן

ris'ky *adj.* (רִסְקִי) מְסֻכָּן, כָּרוּךְ בְּסִכּוּן

rite *n.* (רַיְט) טֶקֶס; נֹסַח; מִנְהָג

rit'ual *n. & adj.* (רִצ'וּאֶל) פֻּלְחָן; טִקְסִי

riv'al *n. & adj. & v.t.* (רַיבַל) מִתְחָרֶה; הִתְחָרָה עִם, נִסָּה לַעֲלוֹת עַל

ri'valry *n.* (רַיבֶלְרִי) תַּחֲרוּת; נִסָּיוֹן לַעֲלוֹת עַל

riv'er *n.* (רִוְר) נָהָר; זֶרֶם

sell down the — בָּגַד בְּ־; נָטַשׁ; רִמָּה

up the — בְּבֵית הַסֹּהַר

riv'et *n. & v.t.* (רִוֶט) מַסְמֶרֶת; סִמְרֵר; חִזֵּק עַל יְדֵי רִקּוּעַ הַקְּצָווֹת; הִדֵּק; הֶחֱזִיק בְּ־

riv'ulet *n.* (רִוְיֻלִט) פֶּלֶג, נַחַל קָטָן

roach *n.* (רוֹץ') תִּיקָן

road *n.* (רוֹד) דֶּרֶךְ, כְּבִישׁ

hit the — יָצָא לְמַסָּע

one for the — כּוֹסִית אַחֲרוֹנָה

on the — בִּנְסִיעוֹת; בְּסִיּוּר

take to the — יָצָא לְסִיּוּר, יָצָא לִנְסִיעָה

roam *v.i.* (רוֹם) נָדַד

roar *v.i. & t. & n.* (רוֹר) שָׁאַג; צָחַק בְּקוֹל רָם; הִשְׁמִיעַ בְּרַעַשׁ גָּדוֹל; שְׁאָגָה; נְהִימָה; צְחוֹק אַדִּיר

roast *v.t. & i. & n.* (רוֹסְט) צָלָה; קָלָה; חִמֵּם; נִצְלָה; צָלִי; פִּיקְנִיק־צְלִיָּה

rob *v.t. & i.* (רוֹב) שָׁדַד, גָּזַל; בָּזַז

rob'ber *n.* (רוֹבְּר) שׁוֹדֵד, גַּזְלָן

rob'bery *n.* (רוֹבְּרִי) שֹׁד, גָּזֵל

robe *n.* (רוֹב) גְּלִימָה; חָלוּק; שִׂמְלַת־פְּאֵר; מַעֲטֶה

—s לְבוּשׁ, תִּלְבֹּשֶׁת

— *v.t.* הִלְבִּישׁ

rob'in *n.* (רוֹבִּן) אֲדֹם־חָזֶה

robust' *adj.* (רוֹבַּסְט) חָסֹן, חָזָק וּבָרִיא; קָשׁוּחַ; חֲסַר־נִימוּס וְרַעַשְׁנִי; דָּשֵׁן וְטָעִים

rock *n.* (רוֹק) סֶלַע; צוּר; יַהֲלֹם, אֶבֶן־חֵן; הִתְנוֹעֲעוּת

on the —s עָלָה עַל שִׂרְטוֹן; עָנִי מָרוּד, פּוֹשֵׁט רֶגֶל; עִם קֻבִּיּוֹת קֶרַח

— *v.i. & t.* הִתְנוֹעֵעַ; נִעְנַע; הִשְׁרָה הַרְגָּשַׁת־שָׁוְא שֶׁל בִּטָּחוֹן; עָשָׂה רֹשֶׁם עַז; הִסְעִיר רוּחַ; זִעְזַע

rock'et *n.* (רוֹקֶט) רַקֶּטָה

rock'y *adj.* (רוֹקִי) סַלְעִי; זָרוּעַ חַתְחַתִּים; אֵיתָן; חֲסַר־רֶגֶשׁ, לְלֹא הִשְׁתַּתְּפוּת בְּצַעַר

rod *n.* (רוֹד) מַקֵּל; שֵׁבֶט; מוֹט; חֹטֶר; עֹנֶשׁ; שַׁרְבִיט; שְׂרָרָה; אֶקְדָּח

rode (רוֹד) (זמן עבר של ride)

rod'ent *n.* (רוֹדֶנְט) מְכַרְסֵם

ro'deo" *n.* (רוֹדִיאוֹ) הַצָּגַת בּוֹקְרִים; אִסּוּף בָּקָר

roe *n.* (רוֹ) בֵּיצֵי דָגִים; זֶרַע דָּגִים; אַיָּל

rogue *n.* (רוֹג) נָבָל, שׁוֹבָב; נַוָּד; פִּיל תּוֹקְפָנִי וּמְנֻדֶּה

—s' gallery אֹסֶף תַּצְלוּמֵי פּוֹשְׁעִים

ro'guish *adj.* (רוֹגִשׁ) מְנֻוָּל; שׁוֹבְבָנִי

roi'ster *v.i.* (רוֹיסְטֶר) הִתְרַבְרֵב בְּקוֹל; הִשְׁתּוֹלֵל בְּגַאַוְתָנוּת

role *n.* (רוֹל) תַּפְקִיד

roll *v.i. & t.* (רוֹל) הִתְגַּלְגֵּל; הִתְנַחְשֵׁל, הִתְקַדֵּם גַּלִּים גַּלִּים; הִשְׂתָּרַע גְּבָעוֹת גְּבָעוֹת; חָלַף (זמן); הִשְׁמִיעַ קוֹל מְמֻשָּׁךְ; הִסְתּוֹבֵב; הִתְפַּלְבֵּל; הִתְנוֹעֵעַ מִצַּד שֶׁל צַד; שִׁטַּח; גִּלְגֵּל; בִּטֵּא (רי"ש, בתנודת קצה הלשון); סוֹבֵב; גּוֹלֵל; תּוֹפֵף בִּרְצִיפוּת; הֵטִיל; בָּזַז (אדם ישן או שתוי); פִּלְבֵּל (בעינים)

— around הִגִּיעַ

— in הָיָה לוֹ בְּשֶׁפַע; שָׁכַב לִישׁוֹן; הִגִּיעַ בְּכַמֻּיּוֹת גְּדוֹלוֹת

— out שִׁטַּח, רִדֵּד; קָם

— up צָבַר; אָסַף; הִגִּיעַ (בכלי רכב)

— *n.* גָּלִיל; רְשִׁימָה; רוֹלָדָה; גַּל; דִּבּוּר מְקֻצָּב; קוֹל עָמֹק וּמְמֻשָּׁךְ; תְּנוּעָה לִצְדָדִים; סִבּוּב; מָמוֹן; הֲטָלָה

strike off (from) the —s מָחַק מֵרְשִׁימַת הַמִּשְׁתַּתְּפִים

rol'ler *n.* (רוֹלֶר) מִתְגַּלְגֵּל; מְגַלְגֵּל; גַּלְגַּל; גָּלִיל; מַעֲגִילָה; מַכְבֵּשׁ; נַחְשׁוֹל אָרֹךְ הַמִּתְקַדֵּם בְּהַתְמָדָה

rol'lick *v.i.* (רוֹלִק) עָלַז

rol'ling stock' כְּלֵי הָרֶכֶב (של מסילת ברזל)

Roman *adj. & n.* (רוֹמֶן) רוֹמָאִי; לָטִינִית

romance' *n. & v.i. & t.* (רוֹמֶנְס) רוֹמָן;

רוֹמָן הִיסְטוֹרִי; עוֹלַם הַדִּמְיוֹן; רוֹמַנְסָה;
סִפּוּר בַּדִּים; רוֹמַנְטִיקָה; תְּכוּנָה רוֹמַנְטִית;
פָּרָשַׁת אַהֲבָה; הָזָה; דִּבֵּר בְּסִגְנוֹן רוֹמַנְטִי;
חִזֵּר אַחֲרֵי

Romance *adj.* שֶׁל הַלְּשׁוֹנוֹת הָרוֹמַנִּיּוֹת

roman'tic *adj.* (רוֹמֶנְטִק) רוֹמַנְטִי; דִּמְיוֹנִי;
חָדוּר רוּחַ הַרְפַּתְקָאוֹת; לָהוּט

roman'ticism *n.* (רוֹמֶנְטִסִזְם) רוֹמַנְטִיקָה;
רוֹמַנְטִיזְם

romp *v.i. & n.* (רוֹמְפּ) הִשְׁתַּעֲשֵׁעַ
בְּעַלִּיזוּת; רָץ מַהֵר לְלֹא מַאֲמָץ; שַׁעֲשׁוּעִים
עַלִּיזִים; מֵרוֹץ לְלֹא מַאֲמָץ

roof *n.* (רוּף) גַּג

raise the — הִרְעִישׁ עוֹלָמוֹת; הֵקִים צְעָקָה

rook *n. & v.t.* (רֻק) עוֹרֵב־הַמִּזְרָע; צְרִיחַ
(שח); נוֹכֵל; רִמָּה

room *n.* (רוּם) חֶדֶר; נוֹכְחִים; מָקוֹם, מֶרְחָב;
הִזְדַּמְּנוּת

—s מְקוֹם מְגוּרִים

— *v.i.* גָּר

roo'my *adj.* (רוּמִי) מְרֻוָּח, נִרְחָב

roost *n.* (רוּסְט) מוֹט; לוּל; מְקוֹם כִּנּוּס

rule the — שָׁלַט

— *v.i.* רָבַץ עַל מוֹט; לָן

come home to — שָׁב גְּמוּלוֹ

roo'ster *n.* (רוּסְטֶר) תַּרְנְגוֹל, גֶּבֶר

root *n.* (רוּט) שֹׁרֶשׁ; מָקוֹר; מוֹצָא; חֹטֶר

— and branch כָּלִיל, עַד חָרְמָה

take — הִשְׁתָּרֵשׁ

— *v.i. & t.* הִשְׁרִישׁ; סִפֵּק שָׁרָשִׁים; שֵׁרֵשׁ,
עָקַר מֵהַשֹּׁרֶשׁ; הֵרִיעַ וְעוֹדֵד; גָּבַר עַל

rope *n.* (רוֹפּ) חֶבֶל; פְּלָצוּר; תְּלִיָּה;
שַׁרְשֶׁרֶת, מִקְלַעַת

at the end of one's — כָּלוּ כָּל
הַקִּצִּים; הִגִּיעוּ מַיִם עַד נֶפֶשׁ

know the —s הָיָה בָּקִי בִּפְרָטֵי הַמַּעֲשֶׂה

— *v.t. & i.* קָשַׁר בְּחֶבֶל; הֵקִים גֶּדֶר־
חֲבָלִים; פִּלְצֵר

— in פִּתָּה

ro'sary *n.* (רוֹזָרִי) מַחֲרֹזֶת תְּפִלָּה;
תְּפִלַּת הַמַּאֲרָעוֹת (מחיי ישו או אמו, מרים)

rose *n. & adj.* (רוֹז) וֶרֶד; אָדֹם סְגַלְגַּל;
שֶׁל וְרָדִים

under the — בַּחֲשַׁאי

rose'mar"y *n.* (רוֹזְמֵרִי) רוֹסְמָרִין

ros'trum *n.* (רוֹסְטְרַם) דּוּכַן נוֹאֲמִים;
חַרְטוֹם

ro'sy *adj.* (רוֹזִי) וַרְדְּרַד; בָּרִיא; עַלִּיז,
אוֹפְּטִימִי; שֶׁל וְרָדִים

rot *v.i. & v.t. & n.* (רוֹט) רָקַב, נִרְקַב;
נָמַק; נַעֲשָׂה מֻשְׁחָת; הִרְקִיב; הִשְׁחִית; רִקָּבוֹן;
הַשְׁחָתָה; נִוּוּן חֶבְרָתִי; שְׁטֻיּוֹת

ro'tate *v.t. & i.* (רוֹטֵיט) סוֹבֵב; הִפְעִיל
בְּצוּרָה מַחְזוֹרִית; הֶחֱלִיף לְפִי סֵדֶר; הֶחֱלִיף
מַחְזוֹר הַזְּרָעִים; הִסְתּוֹבֵב; הִתְחַלֵּף לְפִי סֵדֶר
קָבוּעַ

rote *n.* (רוֹט) שִׁגְרָה; מַהֲלָךְ מֻכָנִי

rot'ten *adj.* (רוֹטְן) רָקוּב, נִרְקָב;
מֻשְׁחָת; "מְזֻפָּת"; בָּזוּי; מִתְפּוֹרֵר

rotund' *adj.* (רוֹטַנְד) עָגֹל, מְעֻגָּל; בָּשֵׁל;
שְׁמַנְמַן, שָׁמֵן; צָלוּל, צַח וְחָזָק

rouge *n. & v.t.* (רוּז׳) אֹדֶם; אִדֵּם

rough *adj.* (רַף) מְחֻסְפָּס; גַּס; שָׂעִיר; מְסֻלָּע
וּמְבֻתָּר; אָלִים; סוֹעֵר; מְהִיר־חֵמָה;
חֲסַר־נִימוּס; פָּרוּעַ; קָשֶׁה, לֹא־נָעִים;
צוֹרְמָנִי; מַכְאִיב; חָרִיף; לְלֹא נוֹחוּת; דּוֹרֵשׁ
מַאֲמָץ; לֹא־מְלֻטָּשׁ; לֹא־מְעֻבָּד; קָרוֹב; נָשׁוּף

— *v.t. & i.* הִתְנַפֵּל עַל; עִבֵּד עִבּוּד מֻקְדָּם

— it חַי בְּלִי נוֹחִיּוֹת רְגִילוֹת

rough'ly *adv.* (רַפְלִי) בְּגַסּוּת; בְּקֵרוּב

round *adj. & n.* (רָאוּנְד) עָגֹל, מַעְגָּלִי;
גְּלִילִי; כַּדּוּרִי; סְבוּבִי; שָׁלֵם; נִכָּר; מָלֵא
וְעָמֹק (קול); גְּלוּי־לֵב, לְלֹא הִסְתַּיְּגוּת; כַּדּוּר;
מַעְגָּל; סִבּוּב, הִתְפָּרְצוּת יְחִידָה; יְרִיָּה
בּוֹדֶדֶת, הַגָּשָׁה; מַעְגַּל רוֹקְדִים קָנוֹן, רוֹנְדוֹ

in the — מֻקָּף מוֹשָׁבִים; עוֹמֵד חָפְשִׁי

make the —s עָרַךְ סִבּוּב, עָבַר
מִמָּקוֹם לְמָקוֹם

— *adv. & prep.* בְּמֶשֶׁךְ תְּקוּפָה שְׁלֵמָה;
מִסָּבִיב; בִּסְבִיבוֹת

— *v.t. & i.* עִגֵּל; הִשְׁלִים, שִׁכְלֵל; הִקִּיף,
פָּנָה; הִתְעַגֵּל; הִשְׁמִין; הִשְׁתַּכְלֵל; הִסְתּוֹבֵב

— off הִשְׁלִים, סִיֵּם; הִתְעַגֵּל

— up קִבֵּץ; הִתְקַבֵּץ

round'about" *adj.* (רַאוּנְדַבָּאוּט) עָקִיף

rouse *v.t. & i.* (רָאוּז) הֵעִיר; עוֹרֵר;

הֵסִית; הֶחֱרִיד מִמַּחֲבוֹא; הִתְעוֹרֵר, הִתְנַעֵר; נֶחֱרַד מִמַּחֲבוֹא

rout *n. & v.i. & t.* (רַאוּט) מְנוּסַת בֶּהָלָה, תְּבוּסָה מוֹחֶצֶת; הָמוֹן סוֹאֵן; הֵנִיס בְּבֶהָלָה, הֵבִיס

route *n. & v.t.* (רוּט; רַאוּט) דֶּרֶךְ; אֵזוֹר לָקוֹחוֹת; קָבַע דֶּרֶךְ, שָׁלַח בְּדֶרֶךְ מְסֻיֶּמֶת; נִתֵּב

routine′ *n.* (רוּטִין) שִׁגְרָה; נֹהַג; מִשְׁטָר רָגִיל

rove *v.i. & t.* (רוֹב) שָׁט, שׁוֹטֵט, נָדַד

row *n. & v.i. & t.* (רוֹ) שׁוּרָה; חָתַר

— *n.* (רַאוּ) קְטָטָה רוֹעֶשֶׁת; מְהוּמָה; רַעַשׁ

row′boat″ *n.* (רוֹבּוֹט) סִירַת מְשׁוֹטִים

row′dy *adj. & n.* (רַאוּדִי) פָּרוּעַ, מִתְפָּרֵעַ

roy′al *adj.* (רוֹיאֲל) מַלְכוּתִי, שֶׁל מֶלֶךְ, שֶׁל מַלְכָּה; מִשּׁוֹשֶׁלֶת הַמְּלוּכָה; מְפֹאָר, מְהֻדָּר; מְצֻיָּן; מְעֻלֶּה, לְמַעְלָה מֵהָרָמָה הַבֵּינוֹנִית

roy′alist *adj.* (רוֹיאֲלִסְט) מְלוּכָנִי; תּוֹמֵךְ בַּבְּרִיטִים (במלחמת העצמאות האמריקנית)

roy′alty *n.* (רוֹיאֲלְטִי) מִשְׁפַּחַת הַמְּלוּכָה; מַעֲמַד מַלְכוּת, מַלְכוּת; בֶּן מִשְׁפַּחַת הַמְּלוּכָה; זְכוּת מְלָכִים; תְּחוּם הַמַּלְכוּת, מַמְלָכָה; מַלְכוּתִיּוּת; אֲצִלָּה; תַּמְלוּגִים

rub *v.t. & i.* (רַבּ) שִׁפְשֵׁף, חִכֵּךְ; מָרַח; מָחַק; נִמְחַק

— it in הִזְכִּיר דָּבָר לֹא־נָעִים כְּדֵי לְהַרְגִּיז

— out מָחָה, מָחַק; הָרַג

— the wrong way הִקְנִיט

— *n.* שִׁפְשׁוּף; מַשֶּׁהוּ מַרְגִּיז; נִסָּיוֹן מַקְנִיט; מִכְשׁוֹל; שֶׁטַח מְחֻסְפָּס

rub′ber *n.* (רַבֶּר) גּוּמִי; נַעַל גּוּמִי, עַרְדָּל; מַגְרֵד; מְשַׁפְשֵׁף; עַסַּאי; מַחַק

rub′bish *n.* (רַבִּשׁ) פְּסֹלֶת, אַשְׁפָּה; שְׁטֻיּוֹת, הֲבָלִים

rub′ble *n.* (רַבְּל) עִיֵּי מַפֹּלֶת

ru′by *n.* (רוּבִּי) רוּבִּין, אֹדֶם, אֶבֶן אֲדֻמָּה

rud′der *n.* (רַדֶר) הֶגֶה (של כלי שיט או מטוס)

rud′dy *adj.* (רַדִּי) אֲדַמְדַּם, שׁוֹפֵעַ בְּרִיאוּת

rude *adj.* (רוּד) לֹא־מְנֻמָּס, גַּס־רוּחַ, חָצוּף; חֲסַר־תַּרְבּוּת, לְלֹא דֶּרֶךְ־אֶרֶץ; מְחֻסְפָּס; פָּשׁוּט; צוֹרְמָנִי; סוֹעֵר; חָסֹן; קָרוֹב

ru′diment *n.* (רוּדִמֶנְט) יְסוֹד רִאשׁוֹנִי; הַתְחָלָה, רֵאשִׁית

rue *v.t. & i.* (רוּ) הִצְטַעֵר עַל; הִתְחָרֵט

ruf′fian *n.* (רַפְיַן) בִּרְיוֹן

ruf′fle *v.t. & i. & n.* (רַפְל) חִסְפֵּס; זָקַף (נוצות); הִפְרִיעַ; הִרְגִּיז; דִּפְדֵּף מַהֵר; טָרַף מַהֵר (קלפים); קִפֵּל; הִתְנַחְשֵׁל; הִתְנַדְנֵד; הִתְרַגֵּז; גַּל; מִקְבָּץ, קִפּוּל; רֹגֶז, הַפְרָעָה

rug *n.* (רַג) שָׁטִיחַ

rug′ged *adj.* (רַגִד) מְבֻתָּר; מְקֻמָּט; חָמוּר, קָשׁוּחַ; סוֹעֵר, צוֹרְמָנִי, גַּס־רוּחַ

ru′in *n. & v.t.* (רוּאִן) חֻרְבָּה; הֶרֶס; הִתְמוֹטְטוּת; גּוֹרֵם הֶרֶס; הָרַס; הֵשַׁם; פָּגַע לִצְמִיתוּת; פִּתָּה

ru′inous *adj.* (רוּאִנַס) הַרְסָנִי; הָרוּס, חָרֵב; רָעוּעַ; שֶׁל הֲרִיסוֹת

rule *n.* (רוּל) כְּלָל, תַּקָּנָה; דִּין; נֹהַג; מִמְשָׁל, מֶמְשָׁלָה; תְּקוּפַת כְּהֻנָּה, מִשְׁטָר; חֹק; סַרְגֵּל

as a — בְּדֶרֶךְ כְּלָל

— *v.t. & i.* שָׁלַט ב־, מָשַׁל; פָּסַק; סִמֵּן בְּקַוִּים יְשָׁרִים; שִׂרְטֵט קַו יָשָׁר; הָיְתָה יָדוֹ עַל הָעֶלְיוֹנָה; רָוַח, הִשְׁתַּלֵּט

— out סֵרֵב לְקַבֵּל; סֵרֵב לְהַכִּיר; בִּטֵּל, פָּסַל

ru′ler *n.* (רוּלֶר) שַׁלִּיט; מוֹשֵׁל; מֶלֶךְ; סַרְגֵּל

ru′ling *n. & adj.* (רוּלִנְג) פְּסַק דִּין; שִׂרְטוּט קַוִּים יְשָׁרִים בְּסַרְגֵּל; קַוִּים יְשָׁרִים (ששורטטו בסרגל); נָפוֹץ

rum *n.* (רַם) רוּם

rum′ble *v.i. & n.* (רַמְבְּל) הָמָה; נָע תּוֹךְ הַשְׁמָעַת הֶמְיָה; הֶמְיָה; הִתְכַּתְּשׁוּת רְחוֹב (בין כנופיות צעירים)

ru′minate″ *v.i. & t.* (רוּמִנֵיט) הֶעֱלָה גֵרָה; הִרְהֵר

rum′mage *v.t.* (רַמִג׳) חִטֵּט, הָפַךְ וְחִפֵּשׂ

ru′mor *n. & v.t.* (רוּמֶר) שְׁמוּעָה; רְכִילוּת; הֵפִיץ עַל יְדֵי שְׁמוּעָה

rump *n.* (רַמְפּ) אֲחוֹרַיִם; עַכּוּז; חֵלֶק אַחֲרוֹן; חֵלֶק נָחוּת; שְׁאֵרִית בֵּית מְחוֹקְקִים (לאחר סילוק הרוב)

rum'ple *v.t.* (רַמְפְּל) קַמֵּט; סָתַר, פָּרַע

rum'pus *n.* (רַמְפֶּס) מְהוּמָה

run *v.i. & t.* (רַן) רָץ; נֶחְפַּז; בָּרַח; בִּקֵּשׁ סִיּוּעַ; בִּקֵּר קְצָרוֹת; שׁוֹטֵט; נָדַד; הִצִּיג מֻעֲמָדוּת; עָלָה בְּמַעֲלֵה נָהָר לְהָטִיל בֵּיצִים אוֹ זֶרַע; פָּעַל; הוּבַל; עָשָׂה סִבּוּב, נָסַע; נָע בְּקַלּוּת; זָחַל; טִפֵּס; נִפְרַם; זָרַם; הֵרִיק, הֶעֱבִיר; הִשְׂתָּרַע; הִפְשִׁיר; הִתְפַּשֵּׁט; גָּלַשׁ, נָזַל; חָלַף; נַעֲשָׂה; הִסְתַּכֵּם בְּ־; הָיָה מֻנָּסָח; הִצְטַבֵּר; הִגִּיעַ לְפֵרָעוֹן; נִמְשַׁךְ; הוֹפִיעַ (בדפוס); הָיָה מֻצָּג לְלֹא הַפְסָקוֹת; חָזַר בְּהַתְמָדָה; הִתְאַפְיֵן בְּ־; הֵנִיעַ; הֶעֱבִיר; הֵרִיץ; רָכַב, הִדְהִיר; הִשְׁתַּתֵּף בְּמֵרוֹץ; בִּקֵּשׁ לָצוּד; הִסְתַּנֵּן; הִבְרִיחַ; הִפְעִיל; הִדְפִּיס, הֶעְתִּיק; עִבֵּד, יִצֵּר, זִקֵּק; הִרְשָׁה לָצֵאת; תָּמַךְ בְּ־; נִהֵל; חָשַׂף עַצְמוֹ; הִזְרִים; נִשְׁפַּךְ; פָּרַם; כָּפָה; דָּחַף; רָעָה; הוֹשִׁיט, הֶאֱרִיךְ; סִמֵּן; עָלָה בְּקֵרוּב (מחיר)

— across פָּגַשׁ בְּאַקְרַאי, נִתְקַל בְּ־

— afoul הִתְנַגֵּשׁ בְּ־; הֶעֱלָה חֵמָה

— away בָּרַח

— down דָּרַס, הִכָּה וְהִפִּיל; רָדַף אַחֲרֵי וְתָפַס; עִיֵּן בְּ־, סָקַר; חָדַל, נֶעֱצַר; גִּנָּה, בִּקֵּר קָשׁוֹת; חִפֵּשׂ; מָצָא; הֵתֵשׁ

— in (מכונה) בִּקֵּר בִּקּוּר קָצָר; עָצַר; הֵרִיץ

— into הִתְנַגֵּשׁ עִם; נִפְגַּשׁ; נִתְקַל בְּ־; הִסְתַּכֵּם בְּ־; בָּא אַחֲרֵי; הִתְנַסָּה בְּ־

— off עָזַב מַהֵר, יָצָא; עָשָׂה מַהֵר; קָבַע הַמְנַצֵּחַ עַל יְדֵי תַּחֲרוּת נוֹסֶפֶת; גֵּרֵשׁ

— on הִמְשִׁיךְ לְלֹא הַפְרָעוֹת

— out הִסְתַּיֵּם; אָזַל; גֵּרֵשׁ

— out of כִּלָּה כָּל הַמְּלַאי

— out on נָטַשׁ

— over דָּרַס; עָלָה עַל גְּדוֹתָיו, עָבַר עַל; חָזַר עַל

— through דָּקַר; הִשְׁתַּמֵּשׁ בְּ־ בְּרַשְׁלָנוּת; פִּזֵּר, בִּזְבֵּז; עָרַךְ חֲזָרָה מְהִירָה

— up תָּפַר מַהֵר; צָבַר; הִגְדִּיל; בָּנָה מַהֵר

— *n.* רִיצָה; בְּרִיחָה; מֶרְחָק; נְסִיעָה; בִּקּוּר חָטוּף; טִיסָה מֵעַל הַמַּטָּרָה; תְּנוּעָה מְהִירָה; טִיסָה שִׁגְרָתִית; פֶּרֶק זְמַן לִפְעֻלָּה; כַּמּוּת; "רַכֶּבֶת" (בגרב); הִתְקַדְּמוּת; כִּוּוּן; מַהֲלָךְ; חֹפֶשׁ; שׁוּרַת הוֹפָעוֹת רְצוּפָה; רֶצֶף; בֶּהָלַת מְשִׁיכָה (בבנק); תְּקוּפַת זְרִימָה; פֶּלֶג; מִדְרוֹן; מִכְלָאָה; נְדִידַת דָּגִים בְּמַעֲלֵה נָהָר אוֹ לְעֵבֶר חוֹף; קְבוּצַת בַּעֲלֵי חַיִּים בִּתְנוּעָה; נְקֻדַּת זְכוּת (בכדור בסיס); שׁוּרַת הַצְלָחוֹת

a — for one's money תַּחֲרוּת חֲרִיפָה; תְּמוּרָה נָאוֹתָה

in the long — בְּסוֹפוֹ שֶׁל דָּבָר, לְבַסּוֹף

on the — בְּחִפָּזוֹן; בִּשְׁעַת רִיצָה; בּוֹרֵחַ מֵהַמִּשְׁטָרָה

run'away" *n. & adj.* (רַנֵוֵי) בּוֹרֵחַ; פָּלִיט; עָרִיק; סוּס בּוֹרֵחַ; בְּרִיחָה; נִמְלָט; שֶׁקַּל לִזְכּוֹת בּוֹ; שְׁלוּחַ־רֶסֶן

run'-down" *adj.* (רַן־דַאוּן) עָיֵף וְיָגֵעַ; בַּעַל מַצַּב־בְּרִיאוּת רוֹפֵף; חוֹלָנִי, חַלָּשׁ; רָעוּעַ, מֻזְנָח; נֶעֱצָר

run'down" *n.* (בעל פה) סִכּוּם קָצָר

rung *n.* (רַנְג) שָׁלָב

run'ner *n.* (רַנְר) רָץ; שָׁלִיחַ; סוֹכֵן; פַּס תְּנוּעָה; שְׁטִיחַ אָרֹךְ וְצַר; רְצוּעַת מַלְמָלָה; מַבְרִיחַ; סְפִינַת הַבְרָחָה; שְׁלוּחָה

run'ner-up' *n.* (רַנְר־אַפּ) הַשֵּׁנִי אַחֲרֵי הַמְנַצֵּחַ בְּתַחֲרוּת

runt *n.* (רַנְט) נַנָּס; הַקָּטָן וְהַחַלָּשׁ; גּוּץ וּבָזוּי

run'way" *n.* (רַנְוֵי) מַסְלוּל; מַסְלוּל הַמִּרְאָה; מַסְלוּל הַשְׁתַּלְּבוּת

rup'ture *n. & v.t.* (רַפְּצֶ'ר) שְׁבִירָה; קֶרַע; שֶׁבֶר; בֶּקַע, פֶּקַע; שָׁבַר, פּוֹצֵץ, גָּרַם קֶרַע

rur'al *adj.* (רוּרֶל) כַּפְרִי; חַקְלָאִי

ruse *n.* (רוּז) תַּחְבּוּלָה, עָרְמָה

rush *v.i. & t. & n.* (רַשׁ) מִהֵר, רָץ, פָּרַץ, נֶחְפַּז; הִסְתָּעֵר קָדִימָה, זֵרֵז; הֵבִיא מַהֵר; הֵחִישׁ; גָּבַר עַל, שָׁבָה; חָזַר אַחֲרֵי בְּמֶרֶץ; עָרַךְ מְסִבָּה לִכְבוֹד־; הִתְפָּרְצוּת; רִיצָה; הִסְתָּעֲרוּת, הַתְקָפָה; בֶּהָלָה; הוֹפָעָה פִּתְאוֹמִית; הֲמֻלָּה; חִפָּזוֹן; לַחַץ; חִזּוּר נִמְרָץ

rush' hour" (רַשׁ אַוְאֶר) שְׁעַת שִׂיא

rusk *n.* (רַסְק) צְנִים

rus'set *n.* (רַסֶט) חוּם צְהַבְהַב, חוּם בָּהִיר, חוּם אֲדַמְדַּם

Russi'an *adj. & n.* (רַשְׁן) רוּסִי; רוּסִית

rust *n. & v.i. & t.* (רַסְט) חֲלוּדָה; חִלָּדוֹן; הִתְחַמְצְנוּת; פְּעֻלָּה מְנֻוֶּנֶת; תּוֹפָעָה

rus´ty *adj.* (רַסְטִי) חָלוּד; דֵהֶה, מְזֻנָּח, לָקוּי, חֲסַר־כֹּשֶׁר

rut *n.* (רַט) תֶּלֶם, חָרִיץ; שִׁגְרָה מְיָאֶשֶׁת, שִׁמָּמוֹן

ruth´less *adj.* (רוּתְ׳לִס) חֲסַר־רַחֲמִים, אַכְזָר

rye *n.* (רַי) שִׁפּוֹן; וִיסְקִי שִׁפּוֹן; וִיסְקִי מְעֻרְבָּל

מַזִּיקָה; צָהֹב אֲדַמְדַּם, חוּם אֲדַמְדַּם; נֶחֱלַד; הֶחֱלִיד

rus´tic *adj. & n.* (רַסְטִק) כַּפְרִי; פָּשׁוּט; שֶׁל עַם הָאָרֶץ; גַּס, חֲסַר דֶּרֶךְ אֶרֶץ

rus´tle *v.i. & t. & n.* (רַסְל) רִשְׁרֵשׁ; הִזְדָּרֵז; גָּנַב בְּהֵמוֹת; רִשְׁרוּשׁ

S

S, s *n.* (אֶס) ס׳, הָאוֹת הַתְּשַׁע־עֶשְׂרֵה בָּאָלֶפְבֵּית הָאַנְגְּלִי
Sab'bath *n.* (סֶבֶּת׳) שַׁבָּת, יוֹם רִאשׁוֹן
sa'ber *n.* (סֵיבְּר) חֶרֶב פָּרָשִׁים
sa'ble *n.* & *adj.* (סֵיבְּל) צֶבֶל; שָׁחוֹר
sab'otage" *n.* (סֶבֶּטָז׳) חַבָּלָה
sacch'arin *n.* (סֶקֶרִן) סָכָרִין
sacch'arine *adj.* (סֶקֶרִן) סָכָרִי; מָתוֹק מְאֹד; מְתַקְתֵּק
sack *n.* (סֶק) שַׂק
sack'ing *n.* (סֶקִנְג) יוּטָה
sac'rament *n.* (סֶקְרָמֶנְט) אוֹת חֶסֶד; סְעֻדַּת הַקֹּדֶשׁ; לֶחֶם הַקֹּדֶשׁ; קֹדֶשׁ, מִסְתּוֹרִין; אוֹת, סֵמֶל; שְׁבוּעָה, הִתְחַיְּבוּת חֲגִיגִית
sa'cred *adj.* (סֵיקְרִד) קָדוֹשׁ, מְקֻדָּשׁ
sac'rifice" *n.* & *v.t.* & *i.* (סֶקְרִפַיס) קָרְבָּן; הִקְרִיב; וִתֵּר עַל; מָכַר בְּהֶפְסֵד
sac'rilege *n.* (סֶקְרִלִג׳) חִלּוּל הַקֹּדֶשׁ
sac'ristan *n.* (סֶקְרִסְטֶן) מְמֻנֶּה עַל תַּשְׁמִישֵׁי קֹדֶשׁ
sad *adj.* (סֶד) עָצוּב; קוֹדֵר; גָּרוּעַ
sad'den *v.t.* & *i.* (סֶדְן) הֶעֱצִיב; הִתְעַצֵּב
sad'dle *n.* & *v.t.* & *i.* (סֶדְל) אֻכָּף; מִרְדַּעַת; חָבַשׁ; הֶעֱמִיס עַל
Sad'ducee" *n.* (סֶגַ׳סִי) צְדוֹקִי
sad'ism *n.* (סֵידִזְם) סַדִּיזְם
sad'ness *n.* (סֶדְנִס) עֶצֶב, תּוּגָה
safe *adj.* & *n.* (סֵיף) בָּטוּחַ; מְהֵימָן; שָׁלֵם; מִתְרַחֵק מִסַּכָּנָה; עָצוּר; כַּסֶּפֶת; תֵּבַת אִחְסוּן
safe'-con"duct *n.* (סֵיף־קוֹנְדַקְט) רִשְׁיוֹן מַעֲבָר; הַעֲבָרָה בְּבִטָּחוֹן
safe'guard" *n.* & *v.t.* (סֵיפְגַרְד) הֲגַנָּה; עֲרֻבַּת בִּטָּחוֹן; מִשְׁמָר; שָׁמַר עַל, הֵגֵן עַל
safe'ty *n.* (סֵיפְטִי) בְּטִיחוּת, בִּטָּחוֹן; מִתְקַן בְּטִיחוּת; נְצֵרָה
saf'fron *n.* (סֶפְרְן) כַּרְכֹּם, זַעְפְּרָן
sag *v.i.* & *n.* (סֶג) שָׁקַע; הִתְקַעֵר; יָרַד; הִדַּלְדֵּל; שֶׁקַע, דִּלְדּוּל
saga'cious *adj.* (סֶגֵישֶׁס) פִּקֵּחַ, מְמֻלָּח
sage *n.* & *adj.* (סֵיג׳) חָכָם; מַרְוָה
said (סֶד) (זמן עבר של say)
sail *n.* & *v.i.* & *t.* (סֵיל) מִפְרָשׂ; סְפִינַת מִפְרָשִׂים; טִיּוּל בִּסְפִינָה, הַפְלָגָה; הִפְלִיג; דָּאָה; נָהַג בִּסְפִינָה
— into הִתְחִיל לִפְעוֹל בְּמֶרֶץ; הִתְנַפֵּל עַל
sai'lor *n.* (סֵילְר) מַלָּח, סַפָּן; כּוֹבַע קַשׁ שָׁטוּחַ
saint *n.* (סֵינְט) קָדוֹשׁ; צַדִּיק
saint'ly *adj.* (סֵינְטְלִי) דּוֹמֶה לְקָדוֹשׁ; דּוֹמֶה לְצַדִּיק; כַּיָּאוּת לְקָדוֹשׁ; כַּיָּאוּת לְצַדִּיק
sake *n.* (סֵיק) תּוֹעֶלֶת, הֲנָאָה; מַטָּרָה
sal'ad *n.* (סֶלֶד) סָלָט
sal'amander *n.* (סֶלֶמֶנְדְר) סַלַמַנְדְּרָה
sal'ary *n.* (סֶלֶרִי) מַשְׂכֹּרֶת
sale *n.* (סֵיל) מְכִירָה; כַּמּוּת שֶׁנִּמְכְּרָה; שׁוּק; מְכִירָה פֻּמְבִּית
for — לִמְכִירָה
sales'man *n.* (סֵילְזְמֶן) זַבָּן, מוֹכֵר
sal'ient *adj.* & *n.* (סֵילְיֶנְט) בּוֹלֵט; קוֹפֵץ; בְּלִיטָה
sal'low *adj.* (סֶלוֹ) צְהַבְהַב, מְכֻרְכָּם
sal'ly *n.* & *v.i.* (סֶלִי) גִּיחָה; טִיּוּל; הִתְפָּרְצוּת; חִדּוּד; הֶעָרָה קוֹלַעַת; עָרַךְ גִּיחָה; הִסְתָּעֵר; יָצָא לְטִיּוּל; יָצָא בְּמֶרֶץ
salm'on *n.* (סֶמֶן) סַלְמוֹן, אִלְתִּית
salon' *n.* (סָלוֹן) טְרַקְלִין, חֲדַר אוֹרְחִים; גַּלֶּרְיָה, תְּצוּגָה
saloon' *n.* (סְלוּן) מִסְבָּאָה; אוּלָם
salt *n.* (סוֹלְט) מֶלַח, מֶלַח בִּשּׁוּל; מַלָּח וָתִיק
with a grain of — בִּסְפֵקָנוּת
worth one's — רָאוּי לִשְׂכָרוֹ
— *v.t.* מָלַח; סִפֵּק מֶלַח
— away שָׁמַר לְעֵת צֹרֶךְ
salt'cel"lar *n.* (סוֹלְטְסֶלְר) מִמְלָחָה
salt"pe'ter *n.* (סוֹלְטְפִּיטְר) מְלַחַת

sal'ty *adj.* (סוֹלְטִי) מָלוּחַ; חָרִיף; שֶׁל הַיָּם

sal'utar"y *adj.* (סֶלְיֶטֶרִי) מַבְרִיא, מוֹעִיל

sal"uta'tion *n.* (סֶלְיֶטֵישְׁן) בְּרָכָה, דִּבְרֵי פְּתִיחָה

salute' *v.t.* & *i.* & *n.* (סֶלוּט) בֵּרֵךְ; קִדֵּם בִּבְרָכָה; הִצְדִּיעַ; הַצְדָּעָה

sal'vage *n.* & *v.t.* (סֶלְוִג') הַצָּלָה, חִלּוּץ, רְכוּשׁ מֻצָּל; נִצֹּלֶת; פִּצּוּי הַצָּלָה; הַכְנָסָה מֵחֲפָצִים מֻצָּלִים; הִצִּיל, חִלֵּץ

salva'tion *n.* (סֶלְוֵישְׁן) יְשׁוּעָה, הַצָּלָה; הֲגָנָה

salve *n.* & *v.t.* (סָב) מִשְׁחָה; מְרַח מִשְׁחָה, שִׁכֵּךְ כְּאֵב

sal'vo *n.* (סֶלְוֹו) מַטָּח; תְּשׁוּאוֹת

same *adj.* & *pron.* (סֵים) אוֹתוֹ, זֵהֶה; הַנִּזְכָּר לְעֵיל

all the — אַף עַל פִּי כֵן; אַחַת הִיא

just the — בְּאוֹתוֹ אֹפֶן; אַף עַל פִּי כֵן

the — בְּאוֹתוֹ הָאֹפֶן; בְּדֶרֶךְ זֵהָה

same'ness *n.* (סֵימְנֶס) זֶהוּת, אֲחִידוּת; חַדְגּוֹנִיּוּת

sam'ple *n.* & *adj.* & *v.t.* (סֶמְפְּל) דֻּגְמָה, לְדֻגְמָה; מִדְגָּם; לָקַח דֻּגְמָה; בָּחַן לְפִי דֻּגְמָה, דָּן לְפִי דֻּגְמָה

san"ato'rium *n.* (סֶנֶטוֹרִיֶם) סָנָטוֹרְיוּם, בֵּית הַבְרָאָה לְטִפּוּל מְמֻשָּׁךְ

san'ctify" *v.t.* (סֶנְקְטִפַי) קִדֵּשׁ; טִהֵר מֵחֵטְא

san"ctimo'nious *adj.* (סֶנְקְטִמוֹנִיאֶס) מִתְחַסֵּד

sanc'timo"ny *n.* (סֶנְקְטִמוֹנִי) הִתְחַסְּדוּת

san'ction *n.* & *v.t.* (סֶנְקְשֶׁן) אִשּׁוּר; סַנְקְצִיָּה; אִשֵּׁר, נָתַן תֹּקֶף ל־; אִשְׁרֵר

sancti'ty *n.* (סֶנְקְטֶטִי) קְדֻשָּׁה

sanc'tuar"y *n.* (סֶנְקְצ'וּאֶרִי) מִקְדָּשׁ; מָקוֹם קָדוֹשׁ; בֵּית הַמִּקְדָּשׁ (בירושלים); קֹדֶשׁ הַקֳּדָשִׁים; מִקְלָט; שְׁמוּרַת טֶבַע

sand *n.* & *v.t.* (סֶנְד) חוֹל; שִׁפְשֵׁף בִּנְיַר זְכוּכִית; פִּזֵּר חוֹל עַל

san'dal *n.* (סֶנְדֶל) סַנְדָּל

sand'man" *n.* (סֶנְדְמֶן) הַדּוֹד הַמַּרְדִּים

sand'pa"per *n.* & *v.t.* (סֶנְדְפֵּיפֶּר) נְיַר זְכוּכִית; שִׁפְשֵׁף בִּנְיַר זְכוּכִית

sand'wich *n.* & *v.t.* (סֶנְ[ד]וִיץ') כָּרִיךְ, סֶנְדְוִיץ'; מִצֵּעַ

san' dy *adj.* (סֶנְדִי) חוֹלִי, מְכֻסֶּה חוֹל

sane *adj.* (סֵין) שָׁפוּי, נָבוֹן; בָּרִיא

sang (סֶנְג) (זמן עבר של sing)

sang'uinar"y *adj.* (סֶנְגְוֶנֶרִי) עָקֹב מִדָּם

sang'uine *adj.* (סֶנְגְוִן) אוֹפְּטִימִי; שׁוֹפֵעַ בִּטָּחוֹן; אֲדַמְדַּם

san'itar'ium See **sanatorium**

san'itar"y *adj.* (סֶנִטֶרִי) שֶׁל בְּרִיאוּת; הִיגְיֵנִי, נָקִי; טוֹב לַבְּרִיאוּת; תַּבְרוּאִי

sa"nita'tion *n.* (סֶנִטֵישְׁן) תַּבְרוּאָה

san'ity *n.* (סֶנִטִי) שְׁפִיּוֹן, שְׁפִיּוּת־הַדַּעַת; צְלִילוּת־הַדַּעַת

sank (סֶנְק) (זמן עבר של sink)

sap *n.* & *v.t.* (סֶפּ) מֹהַל; מִיץ; שׁוֹטֶה; מָצַץ

sap'ling *n.* (סֶפְּלִנְג) עֵץ רַךְ, שָׁתִיל

sapph'ire *n.* (סֶפַּיאֶר) סַפִּיר

Sar'acen *n.* (סֶרֶסֶן) עַרְבִי; מֻסְלְמִי; בֶּדְוִי

sar'casm *n.* (סָרְקֶזֶם) לִגְלוּג עוֹקְצָנִי; שְׁנִינָה; סַרְקַזְם

sarcas'tic *adj.* (סַרְקֶסְטִק) לַגְלְגָנִי, עוֹקְצָנִי; סַרְקַסְטִי

sardine' *n.* (סַרְדִין) סַרְדִּין

sardon'ic *adj.* (סַרְדוֹנִק) עוֹקְצָנִי, שֶׁל לַעַג מַר

sash *n.* (סֶשׁ) אַבְנֵט; מִסְגֶּרֶת

sat (סֶט) (זמן עבר של sit)

Sat'an *n.* (סֵיטְן) הַשָּׂטָן

satch'el *n.* (סֶצ'ֶל) יַלְקוּט, צִקְלוֹן

sate *v.t.* (סֵיט) הִשְׂבִּיעַ; פִּטֵּם יָתֵר עַל הַמִּדָּה

sat'ellite" *n.* (סֶטֶלַיט) לַוְיָן; יָרֵחַ; גָּרוּר; מְדִינָה גְּרוּרָה

sa'tiate" *v.t.* (סֵישִׁיאֵיט) פִּטֵּם עַד לְזָרָא; הִשְׂבִּיעַ בִּמְלוֹאוֹ

sat'iety *n.* (סֶטַיאֶטִי) שֹׂבַע; פִּטּוּם

sa'tin *n.* (סֶטְן) סָטֶן, אַטְלַס

sat'ire *n.* (סֶטַיאֶר) סָטִירָה; שְׁנִינָה

satir'ical *adj.* (סֶטִרִקְל) סָטִירִי

sat'irist *n.* (סֶטֶרִסְט) סָטִירִיקָן

sat'irize" *v.t.* (סֶטֶרַיז) הִתְקִיף בְּסָטִירָה, לִגְלֵג עַל

sat″isfac′tion *n.* (סֶטִסְפֶקְשֶן) סִפּוּק; פִּצּוּי; קֹרַת־רוּחַ; נַחַת; הֲנָחַת־דַּעַת; אֶפְשָׁרוּת גְמוּל; פֵּרָעוֹן

sat″isfac′tory *adj.* (סֶטִסְפֶקְטֶרִי) מַשְׂבִּיעַ רָצוֹן, מֵנִיחַ הַדַּעַת, מְסַפֵּק

sat′isfy″ *v.t. & i.* (סֶטִסְפַי) סַפֵּק; הִשְׂבִּיעַ; הֵנִיחַ הַדַּעַת; שִׁכְנַע; פָּרַע; פִּצָּה; נָתַן סִפּוּק

sat′urate″ *v.t.* (סֶצֶ׳רֵיט) רִוָּה

sat″ura′tion *n.* (סֶצֶ׳רֵישֶן) רְוָיָה

Satu′rday *n.* (סֶטֶרְדִי) יוֹם הַשַּׁבָּת

sat′urnine″ *adj.* (סֶטֶרְנַין) קוֹדֵר וְעַצְלָנִי; לוֹקֶה בְּהַרְעָלַת עוֹפֶרֶת; שֶׁל סְפִינַת עוֹפֶרֶת

sauce *n.* (סוֹס) רֹטֶב; תַּבְלִין; לִפְתַּן פֵּרוֹת

sauce′pan″ *n.* (סוֹסְפֶן) אִלְפָּס, מַרְחֶשֶׁת

sau′cer *n.* (סוֹסֶר) תַּחְתִּית

sau′cy *adj.* (סוֹסִי) חָצוּף; חַצְפָנִי; מִתְחַצֵּף בְּעַלִּיזוּת

saun′ter *v.i. & n.* (סוֹנְטֶר) הִתְהַלֵּךְ בְּנַחַת; טִיּוּל בְּנַחַת

sau′sage *n.* (סוֹסִג׳) נַקְנִיקִית, נַקְנִיק

sa′vage *adj. & n.* (סֶוִג׳) פִּרְאִי; בַּרְבָּרִי; חֲסַר־תַּרְבּוּת; מָלֵא חֵמָה; פֶּרֶא; פֶּרֶא אָדָם, אַכְזָר

sav′agery *n.* (סֶוִג׳רִי) פִּרְאוּת, בַּרְבָּרִיּוּת

save *v.t. & i. & prep.* (סֵיב) הִצִּיל, חִלֵּץ; נָצַר, שָׁמַר עַל; חָסַךְ, קִמֵּץ בְּ־; מָנַע; הוֹשִׁיעַ; פְּרָט לְ־

sa′ving *adj. & n.* (סֵיבִנְג) חוֹסֵךְ; מְחַלֵּץ, מַצִּיל; מְפַצֶּה, גּוֹאֵל; חֶסְכוֹנִי; מַגְבִּיל; חִסָּכוֹן; הַצָּלָה

sav′ior *n.* (סֵיבְיֶר) מוֹשִׁיעַ; מַצִּיל

Savior אֱלֹהִים; יֵשׁוּ

sa′vor *n. & v.i. & t.* (סֵיבְר) טַעַם, רֵיחַ; סְגֻלָּה; תְּכוּנָה מְגָרָה; הֶעֱלָה טַעַם; הֶעֱלָה רֵיחַ; תִּבֵּל; נֶהֱנָה מִ־

sa′vory *adj.* (סֵיבֶרִי) טָעִים, רֵיחָנִי; חָרִיף; נָעִים

saw *n. & v.t.* (סוֹ) מַסּוֹר; נִסֵּר; הֶעֱבִיר הָלוֹךְ וָחֹזוֹר; (זמן עבר של see)

saw′dust″ *n.* (סוֹדַסְט) נְסֹרֶת

saw′mill″ *n.* (סוֹמִל) מִנְסָרָה

Saxon *n. & adj.* (סֶקְסֶן) סַקְסוֹנִי; סַקְסוֹנִית

say *v.t. & i.* (סֵי) אָמַר, הִגִּיד

that is to — כְּלוֹמַר

— *adv.* בְּקֵרוּב; לְמָשָׁל

— *n.* דִּבּוּר; רְשׁוּת דִּבּוּר; תּוֹו

have the — הִכְרִיעַ

sa′ying *n.* (סֵיאִנְג) אִמְרָה, מֵימְרָה

go without — מוּבָן מֵאֵלָיו

scab *n.* (סְקֶב) גֶּלֶד; מֵפֵר שְׁבִיתָה; גָּרָב

scab′bard *n.* (סְקֶבֶּרְד) נְדָן

scab′by *adj.* (סְקֶבִּי) מְגֻלָּד

scaf′fold *n.* (סְקֶפוֹלְד) פִּגּוּם; גַּרְדּוֹם; בָּמָה

scaf′folding *n.* (סְקֶפוֹלְדִנְג) פִּגּוּמִים, פִּגּוּם

scald *v.t. & n.* (סְקוֹלְד) הִכְוָה שָׁלַק; חָלַט; חִמֵּם (עד לסף הרתיחה); כְּוִיָּה

scale *n. & v.t.* (סְקֵיל) מֹאזְנַיִם; סֻלָּם; סַרְגֵּל; דֵּרוּג; קְנֵה מִדָּה; קַשְׂקַשׂ; טִפֵּס בְּסֻלָּם, טִפֵּס

scall′ion *n.* (סְקֶלְיֶן) בְּצַל יָרֹק

scalp *n. & v.t. & i.* (סְקֶלְפּ) קַרְקֶפֶת; קִרְקֵף, סִפְסֵר

scal′pel *n.* (סְקֶלְפֶּל) אִזְמֵל מְנַתְּחִים

sca′ly *adj.* (סְקֵילִי) קַשְׂקַשִּׂי

scamp *n.* (סְקֶמְפּ) נָבָל; פִּרְחָח

scam′per *v.i.* (סְקֶמְפֶּר) הִתְרוֹצֵץ, רָץ מַהֵר

scan *v.t. & i.* (סְקֶן) בָּחַן, הִתְבּוֹנֵן בְּ־; בָּדַק; הֶעֱבִיר מַבָּט חָטוּף; קָבַע בְּהַטְעָמָה

scan′dal *n.* (סְקֶנְדֶל) שַׁעֲרוּרִיָּה; הַשְׁמָצָה

scan′dalize″ *v.t.* (סְקֶנְדֶלַיז) זִעְזַע, הִדְהִים

scan′dalous *adj.* (סְקֶנְדֶלֶס) מֵבִישׁ, מַדְהִים

scant *adj.* (סְקֶנְט) זָעוּם, דַּל; מְצֻמְצָם; מַסְפִּיק בְּקֹשִׁי

scan′ty *adj.* (סְקֶנְטִי) זָעוּם, מוּעָט; מְצֻמְצָם

scape′goat″ *n.* (סְקֵיפְּגוֹט) שָׂעִיר לַעֲזָאזֵל

scar *n. & v.t.* (סְקָר) צַלֶּקֶת; צִלֵּק, הִתְרַפֵּא וְהִשְׁאִיר צַלֶּקֶת

scarce *adj.* (סְקֶרְס) נָדִיר

make oneself — הִסְתַּלֵּק

scarce′ly *adv.* (סְקֶרְסְלִי) בְּקֹשִׁי; בְּוַדַּאי לֹא; קָרוֹב לְוַדַּאי שֶׁלֹּא

scar′city *n.* (סְקֶרְסִטִי) מַחְסוֹר; נְדִירוּת, יֹקֶר הַמְּצִיאוּת

scare *v.t.* (סְקֵר) הִפְחִיד; נִבְהַל

— up הִשִּׂיג לְאַחַר מַאֲמָץ

— *n.* פַּחַד פִּתְאוֹם; דְּאָגָה

scare′crow″ *n.* (סְקֶרְקְרוֹ) דַּחְלִיל

scarf *n.* (סְקָרְף) סוּדָר, צָעִיף

scar′let *adj.* (סְקָרְלֶט) שָׁנִי; אָדֹם בָּהִיר

— fever שָׁנִית

sca′thing *adj.* (סְקֵידִ׳נְג) בּוֹטֶה, נוֹקֵב; מַזִּיק

scat′ter *v.t.* (סְקֶטֶר) פִּזֵּר; זֵרָה; הֵפִיץ; הִתְפַּזֵּר

scav′enger *n.* (סְקֶוִנְגֶ׳ר) אוֹכֵל נְבֵלוֹת

scenar′io″ *n.* (סְנֵרִיאוֹ) תַּסְרִיט

scene *n.* (סִין) מַחֲזֶה, מְקוֹם עֲלִילָה; נוֹף, מַרְאֶה; תְּמוּנָה; הִתְפָּרְצוּת מְבִיכָה; סְצֶנָה

behind the —s מֵאֲחוֹרֵי הַקְּלָעִים, בַּסֵּתֶר

sce′nery *n.* (סִינֵרִי) נוֹף, מַרְאֶה; תַּפְאוּרָה

scent *n.* & *v.t.* (סֶנְט) רֵיחַ, בֹּשֶׂם; הִכִּיר בְּחוּשׁ הָרֵיחַ, הֵרִיחַ

sce′pter *n.* (סֶפְּטֶר) שַׁרְבִיט; סַמְכוּת מַלְכוּתִית, מַלְכוּת

sceptic *See* **skeptic**

schedule *n.* & *v.t.* (סְקֶג׳וּל) לוּחַ זְמַנִּים; רְשִׁימָה, תָּכְנִית, טַבְלָה; רָשַׁם, תִּכְנֵן, שִׁבֵּץ בְּלוּחַ זְמַנִּים

scheme *n.* & *v.t.* (סְקִים) תָּכְנִית; קֶשֶׁר; קְנוּנְיָה; מְזִמָּה; מִפְעָל דִּמְיוֹנִי; תַּרְשִׁים, סְכֵמָה, דִּיאַגְרַמָּה; תִּכְנֵן; קָשַׁר קֶשֶׁר; זָמַם

schol′ar *n.* (סְקוֹלֶר) תַּלְמִיד־חָכָם, לַמְדָן, מְלֻמָּד; תַּלְמִיד

schol′arship″ *n.* (סְקוֹלֶרְשִׁפּ) לַמְדָנוּת; מַעֲנָק לִמּוּדִים, מַעֲנַק הִשְׁתַּלְּמוּת

scholas′tic *adj.* (סְקַלֶסְטִק) שֶׁל בָּתֵּי סֵפֶר, שֶׁל תַּלְמִידִים, חִנּוּכִי; פֶּדַנְטִי

school *n.* & *adj.* & *v.t.* (סְקוּל) בֵּית סֵפֶר; אַסְכּוֹלָה; לִמּוּדִים; צִבּוּר תַּלְמִידִים; שֶׁל בֵּית סֵפֶר; הוֹרָה, לִמֵּד, אִמֵּן

school′house″ *n.* (סְקוּלְהַאוּס) בִּנְיַן בֵּית סֵפֶר, בֵּית סֵפֶר

school′ing *n.* (סְקוּלִנְג) חִנּוּךְ

school′ma″ster *n.* (סְקוּלְמֶסְטֶר) מוֹרֶה; מְנַהֵל בֵּית סֵפֶר

school′room″ *n.* (סְקוּלְרוּם) כִּתָּה, חֲדַר לִמּוּדִים

schoo′ner *n.* (סְקוּנֶר) דּוּ־תָּרְנִית; כּוֹס גְּבוֹהָה

sci′ence *n.* (סַיאֶנְס) מַדָּע; בְּקִיאוּת, מְיֻמָּנוּת

sci″entifi′c *adj.* (סַיאֶנְטִפִק) מַדָּעִי; שִׁיטָתִי

sci′entist *n.* (סַיאֶנְטִסְט) מַדְּעָן

scim′itar *n.* (סִמִטֶר) חֶרֶב עֲקֻמָּה

sci′on *n.* (סַיאֶן) חֹטֶר; צֶאֱצָא; יְחוּר

sciss′ors *n.* (סִזֶרְז) מִסְפָּרַיִם

scoff *v.i.* (סְקוֹף) לָעַג לְ־

scold *v.t.* & *i.* & *n.* (סְקוֹלְד) גָּעַר; הוֹכִיחַ בְּכַעַס; גִּדֵּף; אֵשֶׁת־מְדָנִים, מִרְשַׁעַת

scoop *n.* & *v.t.* (סְקוּפּ) מַצֶּקֶת; יָעֶה; סֵפֶל; מַכְתֵּשׁ; הַקְדָּמַת פִּרְסוּם, סְקוּפּ; קַעֲרוּרִית; מֵכָל; הֵרִים בְּמֵכָל; הֵרִיק בִּדְלִי; הִקְדִּים לְפַרְסֵם; אָסַף, בִּתְנוּעָה רְחָבָה

scope *n.* (סְקוֹפּ) הֶקֵּף; טְוָח; תְּחוּם

scoot *v.i.* (סְקוּט) נָע בְּחִפָּזוֹן, רָץ

scorch *v.t.* & *n.* (סְקוֹרְץ׳) צָרַב, חָרַךְ; בִּקֵּר קָשׁוֹת; כְּוִיָּה שִׁטְחִית, צְרִיבָה

score *n.* (סְקוֹר) תּוֹצָאוֹת, מִנְיַן נְקֻדּוֹת; זְכִיָּה בִּנְקֻדּוֹת; חָרִיץ; חֶשְׁבּוֹן; עֶשְׂרִים; סִבָּה; פַּרְטִיטוּרָה

pay off (settle) one's — סִלֵּק חֶשְׁבּוֹן, גָּמַל

— *v.t.* & *i.* חֵרֵץ, רָשַׁם חֶשְׁבּוֹן; קָבַע צִיּוּן, סִכֵּם נְקֻדּוֹת; בִּקֵּר; הִשִּׂיג; נָזַף

scorn *v.t.* & *n.* (סְקוֹרְן) בּוּז; בָּז

scorn′ful *adj.* (סְקוֹרְנְפֶל) מָלֵא בּוּז לַגְלְגָנִי

scor′pion *n.* (סְקוֹרְפִּיאֶן) עַקְרָב

Scot *n.* (סְקוֹט) סְקוֹטִי

Scotch *adj.* & *n.* (סְקוֹץ׳) סְקוֹטִי, שֶׁל סְקוֹטְלַנְד; חַסְכָנִי; סְקוֹטִים; וִיסְקִי סְקוֹטִי

scoun′drel *n.* (סְקַאוּנְדְרֶל) נָבָל, בֶּן בְּלִיַּעַל

scour *v.t.* (סְקַאוּאֶר) שִׁפְשֵׁף וְנִקָּה, מֵרַק, צִחְצֵחַ

scourge *n.* & *v.t.* (סְקֶרְג׳) שׁוֹט; מֵצִיק, הוֹרֵס; הִלְקָה; עָנַשׁ קָשׁוֹת, נָזַף קָשׁוֹת

scout *n.* (סְקַאוּט) סַיָּר, סַיֶּרֶת; מְרַגֵּל; מְחַפֵּשׂ בַּעֲלֵי כִּשְׁרוֹנוֹת; צוֹפֶה

a good — בָּחוּר נְעִים הֲלִיכוֹת

— *v.i.* & *t.* סִיֵּר, שִׁמֵּשׁ כְּסַיָּר; חִפֵּשׂ

scowl *v.i. & n.* (סְקָאוּל) קָמֵט מֵצַח, הִזְעִים פָּנִים; הִבִּיט בְּקַדְרוּת; אֲרֶשֶׁת זוֹעֶמֶת

scrabble *v.t. & n.* (סְקְרֶבְּל) גֵּרֵד; "קִשְׁקֵשׁ"; חָטַף; גֵּרוּד; כְּתָב מְקֻשְׁקָשׁ; הִתְכַּתְּשׁוּת פְּרוּעָה

scrag'gy *adj.* (סְקְרֶגִי) כָּחוּשׁ; מְבֻתָּר

scram'ble *v.i. & t. & n.* (סְקְרֶמְבְּל) טִפֵּס עַל אַרְבַּע; הִתְחָרָה עִם, נֶאֱבַק עִם; נֶחְפַּז; אָסַף מַהֵר בְּצוּרָה לֹא־מְסֻדֶּרֶת; טִגֵּן בֵּיצָה מְקֻשְׁקֶשֶׁת; עִרְבֵּב בְּאִי־סֵדֶר; זֵרֵז; טִפּוּס מְזֹרָז (על דרך התחתים); מַאֲבָק; עִרְבּוּבְיָה; הַמְרָאַת־חֵרוּם מְהִירָה

scrap *adj. & n.* (סְקְרֶפּ) שֶׂרֶד, נִפְסַל לְשִׁמּוּשׁ, שֶׁל פְּסֹלֶת; חֲתִיכָה קְטַנָּה, קֶטַע; שִׁיר; חֹמֶר שֶׁנִּתָּן לְשִׁמּוּשׁ חוֹזֵר; קְטָטָה

— *v.t. & i.* פֵּרֵק; פָּסַל לְשִׁמּוּשׁ; הִתְקוֹטֵט

scrape *v.t. & i. & n.* (סְקְרֵיפּ) גֵּרֵד; גֵּרוּד; הִסְתַּבְּכוּת

scratch *v.t. & i. & n.* (סְקְרֶץ') גֵּרֵד; שָׂרַט; שְׂרִיטָה

from — מֵהַהַתְחָלָה, מִבְּרֵאשִׁית; מִלֹּא־כְלוּם

up to — מַשְׂבִּיעַ רָצוֹן, מְסַפֵּק

— *adj.* לְרְשִׁימוֹת חֲפוּזוֹת; שֶׁנֶּאֱסַף בְּחִפָּזוֹן; שֶׁנֶּאֱסַף בְּחִפָּזוֹן וּלְלֹא אַבְחָנָה

scrawl *v.t. & n.* (סְקְרוֹל) כָּתַב אוֹ רָשַׁם בְּצוּרָה שְׂרוּעָה; כְּתָב שָׂרוּעַ

scraw'ny *adj.* (סְקְרוֹנִי) רָזֶה מְאֹד, כָּחוּשׁ, שָׁהִיף

scream *v.i. & t. & n.* (סְקְרִים) צָוַח, צָרַח, צָחַק בְּצוּרָה פְּרוּעָה; צְרִיחָה, צְוָחָה; מַשֶּׁהוּ מַצְחִיק בְּיוֹתֵר

screech *v.i. & t.* (סְקְרִיץ') צָרַח; צְרִיחָה

screen *n. & v.t.* (סְקְרִין) רֶשֶׁת; מָסָךְ, אֶקְרָן; פַּרְגּוֹד; נָתַן מַחְסֶה ל־; כִּסָּה; הֵגֵן עַל; נִפָּה; הִקְרִין עַל מָסָךְ

screw *n.* (סְקְרוּ) בֹּרֶג

have a loose — הָיָה תִּמְהוֹנִי

put the —s on כָּפָה

— *v.t.* בָּרַג, הִבְרִיג; עִוֵּת; חִזֵּק

screw'dri"ver *n.* (סְקְרוּ דְרַיבְר) מַבְרֵג; מַשְׁקֶה וּודְקָה וּמִיץ תַּפּוּזִים

scrib'ble *v.t. & i. & n.* (סְקְרִבְּל) כָּתַב בְּרַשְׁלָנוּת, "קִשְׁקֵשׁ"; כְּתִיבָה סְתוּמָה; כְּתָב "מְקֻשְׁקָשׁ"

scrib'bler *n.* (סְקְרִבְּלֶר) קַשְׁקְשָׁן, סוֹפֵר חֲסַר־עֵרֶךְ

scribe *n.* (סְקְרַיבּ) סוֹפֵר; כַּתָּב

scrim'mage *n.* (סְקְרִמִג') מַאֲבָק נִמְרָץ; מִשְׂחַק אִמּוּנִים; מִשְׂחָק בְּפֹעַל

scrimp *v.t. & i.* (סְקְרִמְפּ) קִמֵּץ ב־

script *n.* (סְקְרִפְּט) כְּתָב; כְּתַב־יָד; טֶקְסְט; תַּסְרִיט; שִׁיטַת כְּתִיבָה

scrip'tural *adj.* (סְקְרִפְּצֶ'רֶל) שֶׁל כִּתְבֵי הַקֹּדֶשׁ; שֶׁל כְּתִיבָה

Scrip'ture *n.* (סְקְרִפְּצֶ'ר) כִּתְבֵי הַקֹּדֶשׁ; פָּסוּק

scroll *n.* (סְקְרוֹל) מְגִלָּה; רְשִׁימָה; קִשּׁוּט עָגֹל, עִטּוּר סְלִילִים

scrounge *v.t.* (סְקְרַאוּנְג') שְׁנוֹרֵר; "אִרְגֵּן"

scrub *v.t. & i. & n. & adj.* (סְקְרַבּ) שִׁפְשֵׁף; קִרְצֵף; נִקָּה עַל יְדֵי שִׁפְשׁוּף; שִׁפְשׁוּף; קִרְצוּף; בַּתָּה; נַנָּסִי; מְכֻסֶּה שִׂיחִים

scruff *n.* (סְקְרַף) עֹרֶף

scru'ple *n.* (סְקְרוּפְּל) שִׁקּוּל מוּסָרִי מְרַסֵּן, נְקִיפַת מַצְפּוּן; קֹרֶט

scru'pulous *adj.* (סְקְרוּפְּיֻלֶס) מַחְמִיר, מְדַקְדֵּק, בַּעַל מַצְפּוּן

scrut'inize" *v.t. &i.* (סְקְרוּטֶנַיז) בָּדַק בְּקַפְּדָנוּת

scrut'iny *n.* (סְקְרוּטִנִי) בְּדִיקָה קַפְּדָנִית; מַעֲקָב חָמוּר, מַבָּט נוֹקֵב

scud *v.i. & n.* (סְקַד) נָע בִּמְהִירוּת; תְּנוּעָה מְהִירָה; עֲנָנִים נְמוּכִים בְּגֶשֶׁם

scuff *v.i. & t. & n.* (סְקַף) גָּרַר רַגְלַיִם; הִתְכַּסָּה שְׂרִיטוֹת; גֵּרֵד; שָׂרַט; פְּגָם

scuf'fle *v.i. & n.* (סְקַפְל) הִשְׁתַּתֵּף בְּתִגְרָה מְבֻלְבֶּלֶת; נָע בְּצוּרָה מְבֻלְבֶּלֶת; קְטָטָה טְרוּפָה; גְּרִירַת רַגְלַיִם

scull *n. & v.t.* (סְקַל) מְשׁוֹט יַרְכָּתַיִם; סִירַת מְשׁוֹטִים; חָתַר בִּמְשׁוֹט יַרְכָּתַיִם

sculp'tor *n.* (סְקַלְפְּטֶר) פַּסָּל

sculp'tural *adj.* (סְקַלְפְּצֶ'רֶל) פִּסּוּלִי

sculp'ture *n. & v.t.* (סְקַלְפְּצֶ'ר) פִּסּוּל; פִּסֵּל; עִצֵּב

scum *n.* (סְקַם) קֶצֶף, פְּסֹלֶת; חֶלְאָה

scur'rilous *adj.* (סְקֶרְלַס) מַשְׁמִיץ; גַּס

scur'ry *v.i.* & *n.* (סְקַרִי) נֶחְפַּז; רִיצָה מְהִירָה

scur'vy *n.* (סְקֶרְוִי) צַפְדִּינָה

scut'tle *v.i.* & *t.* (סְקַטְל) מִהֵר (בצעדים קצרים); טִבַּע; נָטַש; הִשְׁמִיד

scythe *n.* (סַיד׳) חֶרְמֵשׁ

sea *n.* (סִי) יָם, אוֹקְיָנוֹס; סַעֲרַת גַּלִּים, גַּלִּים; נַחְשׁוֹל; יַמָּאוּת

  at — בַּיָּם; בִּמְבוּכָה

  put (out) to — הִפְלִיג

  — *adj.* יַמִּי, שֶׁל יָם

seal *n.* & *v.t.* (סִיל) חוֹתָם, סֵמֶל; חוֹתֶמֶת; גּוּשְׁפַּנְקָה; מַסְתֵּם; בּוּל קִשּׁוּט; אִשּׁוּר; כֶּלֶב־יָם, פַּרְוַת כֶּלֶב־יָם; חָתַם; אִשֵּׁר בִּטְבִיעַת חוֹתָם; סָתַם, הִדְבִּיק; הִכְרִיעַ סוֹפִית; הֶעֱנִיק בַּחֲתִימָתוֹ

seam *n.* & *v.t.* (סִים) תֶּפֶר; חִבֵּר בִּתְפָרִים

sea'man *n.* (סִימֶן) יַמַּאי, מַלָּח

seam'stress *n.* (סִימְסְטְרִס) תּוֹפֶרֶת

seam'y *adj.* (סִימִי) עָלוּב; שֶׁל תֶּפֶר

sea'port" *n.* (סִיפּוֹרְט) נָמֵל; עִיר נָמֵל

sear *v.t.* (סִיר) שָׂרַף; צָרַב; הִכְוָה; הִקְשִׁיחַ; הִכְמִישׁ

search *v.t.* & *i.* (סֶרְץ׳) חִפֵּשׂ, עָרַךְ חִפּוּשׂ; בָּדַק; חָשַׂף; חָקַר; חִפּוּשׂ; בְּדִיקָה

sear'ching *adj.* (סֶרְצִ׳נְג) חוֹדֵר; נוֹקֵב

search'light" *n.* (סֶרְצְ׳לַיט) זַרְקוֹר; אֲלֻמַּת אוֹר (מזרקור)

sea'sick" *adj.* (סִיסִק) חוֹלֵה יָם

season *n.* & *v.t.* (סִיזְן) עוֹנָה; תְּקוּפָה; זְמָן מַתְאִים; תִּבֵּל; (הִקְשִׁיחַ; יִבֵּשׁ (עץ)

sea'sonable *adj.* (סִיזַנַבְּל) מַתְאִים לָעוֹנָה; בְּעִתּוֹ

sea'sonal *adj.* (סִיזַנַל) עוֹנָתִי

sea'soning *n.* (סִיזַנִנְג) תַּבְלִין

seat *n.* & *v.t.* (סִיט) כִּסֵּא, מוֹשָׁב; יַשְׁבָן; יְשִׁיבָה; תּוֹשֶׁבֶת; בָּסִיס; אֲתַר; מֶרְכָּז; מִשְׂרָה, סַמְכוּת; הוֹשִׁיב; הָיָה בַּעַל מוֹשָׁב; הִכְנִיס לִכְהֻנָּה, חִבֵּר

sea'weed" *n.* (סִיוִיד) צִמְחֵי יָם, אַצּוֹת

secede' *v.i* (סִסִיד) פָּרַשׁ, נִתֵּק קְשָׁרִים

secessi'on *n.* (סִסֶשַׁן) פְּרִישָׁה; נִתּוּק קְשָׁרִים

seclude' *v.t.* (סִקְלוּד) בּוֹדֵד

seclus'ion *n.* (סִקְלוּז׳ן) בִּדּוּד, יְחִידוּת; מָקוֹם מְבֻדָּד

sec'ond *adj.* & *n.* (סֶקַנְד) שֵׁנִי, אַחֵר; נָחוּת; מִשְׁנִי, טָפֵל; שֶׁל הִלּוּךְ שֵׁנִי; סְגָן, תּוֹמֵךְ; סֶקוּנְדַנְט; בָּא־כֹּחַ; יוֹעֵץ; שְׁנִיָּה; הִלּוּךְ שֵׁנִי; תּוֹסֶפֶת מָזוֹן

  — *v.t.* תָּמַךְ בּ־; שִׁמֵּשׁ בָּא־כֹּחַ

sec'onda"ry *adj.* (סֶקַנְדֶרִי) שֵׁנִי בְּמַעֲלָה, מִשְׁנִי; טָפֵל; שֶׁל בֵּית סֵפֶר תִּיכוֹן; שְׁנִיּוֹנִי

sec'ond fid'dle תַּפְקִיד מִשְׁנִי; אָדָם בְּתַפְקִיד מִשְׁנִי, זוּטָר

sec'ond-hand' *adj.* & *adv.* (סֶקַנְד הֶנְד) מִכְּלִי שֵׁנִי; לֹא יְשִׁירוֹת; מְשֻׁמָּשׁ; עוֹסֵק בִּסְחוֹרָה מְשֻׁמֶּשֶׁת; לְאַחַר שִׁמּוּשׁ, בְּצוּרָה מְשֻׁמֶּשֶׁת; בַּעֲקִיפִין

sec'ond-rate' *adj.* (סֶקַנְד־רֵיט) מִמַּדְרֵגָה שְׁנִיָּה; נָחוּת; בֵּינוֹנִי

se'crecy *n.* (סִיקְרִסִי) סוֹדִיּוּת; יְחִידוּת; שַׁתְקָנוּת

se'cret *n.* & *adj.* (סִיקְרִט) סוֹד, סֵתֶר; מִסְתּוֹרִין; סוֹדִי, חֲשָׁאִי; נִסְתָּר

  in — בְּסוֹדִיּוּת

sec'reta"ry *n.* (סֶקְרִטֶרִי) מַזְכִּיר

  — of state שַׂר הַחוּץ

secrete' *v.t.* (סִקְרִיט) הִפְרִישׁ; הֶחְבִּיא

secre'tion *n.* (סִקְרִישְׁן) הַפְרָשָׁה

se'cretive *adj.* (סִיקְרִטִב) נוֹטֶה לְסוֹדִיּוּת, שׁוֹמֵר סוֹד, שַׁתְקָנִי

sect *n.* (סֶקְט) כַּת; סִיעָה

sectar'ian *adj.* & *n.* (סֶקְטֵרִיאֲן) שֶׁל כַּת, כִּתָּתִי, צַר־אֹפֶק; חֲבֵר כַּת; פּוֹרֵשׁ

sec'tion *n.* & *v.t.* (סֶקְשֲן) קֶטַע; חֲתִיכָה, חֲתָךְ; חֵלֶק; סָעִיף; פֶּלַח; עָנָף; חֻלְיָה, שְׁתֵּי כִּתּוֹת; חִתּוּךְ; חָתַךְ לַחֲתָכִים

se'ctor *n.* (סֶקְטֲר) קֶטַע; גִּזְרָה, סֶקְטוֹר

sec'ular *adj.* (סֶקְיַלַר) חִלּוֹנִי; לֹא שַׁיָּךְ לְמִסְדָּר; בְּמֶשֶׁךְ תְּקוּפָה מְמֻשֶּׁכֶת

sec"ulariza'tion *n.* (סֶקְיַלַרַזֵישְׁן) חִלּוּן

sec'ularize" *v.t.* (סֶקְיַלַרַיז) חִלֵּן; הוֹצִיא נָזִיר מִכְּלַל חַבְרֵי מִסְדָּר; הֶעֱבִיר לִרְשׁוּת חִלּוֹנִית

secure' *adj.* & *v.t.* (סִקְיוּר) בָּטוּחַ; אֵיתָן,

חָזָק; חֲסַר־דְאָגָה; הִשִּׂיג, קִבֵּל; אִבְטֵחַ; שָׁמַר
עַל; הִבְטִיחַ; חִזֵּק; נָעַל; שָׁבָה

secur′ity *n.* (סִקְיוּרִטִי) בִּטָּחוֹן; הֲגַנָּה;
שְׁמִירָה; עֲרֻבָּה, הַבְטָחָה; עַרְבוּת, עָרֵב;
נְיַר־עֵרֶךְ

sedan′ *n.* (סִדֶן) מְכוֹנִית סְגוּרָה

sedate′ *adj.* & *v.t.* (סִדֵיט) שָׁלֵו, שָׁקֵט,
מְיֻשָּׁב; נָתַן סַם הַרְגָּעָה

seda′tive *adj.* & *n.* (סֶדֲטִב) מַרְגִּיעַ,
מְשַׁכֵּךְ; תְּרוּפַת הַרְגָּעָה

sed′entar″y *adj.* (סֶדֲנְטֵרִי) כָּרוּךְ בִּישִׁיבָה,
שֶׁאֵינוֹ כָּרוּךְ בְּמַאֲמָץ גּוּפָנִי רַב; קָבוּעַ, לֹא־
נַוָּד, יַצִּיב

sed′iment *n.* (סֶדִמֶנְט) מִשְׁקָע; קֻבַּעַת

sedit′ion *n.* (סִדִשְׁן) הֲסָתָה לְמֶרֶד

sedit′ious *adj.* (סִדִשֲׁס) מֵסִית לְמֶרֶד

seduce′ *v.t.* (סִדוּס) הִדִּיחַ; הִשְׁחִית; פִּתָּה

seduc′tion *n.* (סִדַקְשֲׁן) הַדָּחָה; הַשְׁחָתָה;
פִּתּוּי

see *v.t.* & *i.* (סִי) רָאָה; הֵבִין; קִבֵּל;
הִכִּיר; בָּרַר; הִתְנַסָּה בּ־; וִדֵּא; פָּגַשׁ;
הִתְרוֹעֵעַ עִם; עָזַר ל־; לִוָּה; הִכְנִיס סְכוּם
זֵהֶה; הֶעְדִיף; שָׂם לֵב; שָׁקַל בְּדַעַת

— about הִתְחַקָּה עַל; חָקַר

— off נִפְרַד מִן

— out נִשְׁאַר עִם עַד לַסִּיּוּם, הִתְמִיד עַד
הַגְּמָר

— through הֵבִין, עָמַד עַל,
הִתְמִיד עַד הַסּוֹף

— to (about) שָׂם לֵב ל־, דָּאַג ל־

— *n.* מוֹשָׁב (של סמכות כנסייתית)

seed *n.* (סִיד) זֶרַע, זְרָעִים; צֶאֱצָאִים

go (run) to — הִזְרִיעַ (צמח); הִתְנַוֵּן,
הָלַךְ וָרַע

in — מַזְרִיעַ זֶרַע; זָרוּעַ

— *v.t.* זֶרַע; זָרָה חֹמֶר מַמְטִיר; הוֹצִיא
זְרָעִים

see′dy *adj.* (סִידִי) שׁוֹפֵעַ זְרָעִים; מַזְרִיעַ
זְרָעִים; מְזֻנָּח, עָלוּב, בָּלֶה; חַלָּשׁ

seek *v.t.* (סִיק) חִפֵּשׂ, בִּקֵּשׁ; נִסָּה לְהַשִּׂיג;
הִשְׁתַּדֵּל

seem *v.i.* (סִים) נִרְאָה

seem′ly *adj.* (סִימְלִי) יָאֶה, הוֹלֵם; הוֹגֵן;
מַתְאִים; נָאֶה

seen (סִין) (see של p. p.)

seep *v.i.* (סִיפּ) חִלְחֵל; פִּעְפַּע

seer *n.* (סִיאֲר) רוֹאֶה, מַשְׁקִיף

— *n.* (סִיר) חוֹזֶה, נָבִיא; מַגִּיד עֲתִידוֹת

see′saw″ *n.* & *v.i.* & *t.* (סִיסוֹ) נַדְנֵדָה;
תְּנוּעַת עֲלִיָּה וִירִידָה, נִדְנוּד; הִתְנַדְנֵד; נִדְנֵד

seethe *v.i.* & *t.* (סִיד׳) הֶעֱלָה קֶצֶף;
הִתְרַתֵּחַ; שָׁרָה; הִרְתִּיחַ

seg′ment *n.* (סֶגְמֶנְט) חֵלֶק, קֶטַע, פֶּלַח;
מִקְטָע

seg′regate″ *v.i.* & *i.* (סֶגְרֲגֵיט) הִפְרִיד,
בּוֹדֵד; בִּצֵּעַ הַפְרָדַת גְּזָעִים

seg″rega′tion *n.* (סֶגְרֲגֵישְׁן) הַפְרָדָה;
הַפְרָדָה גִּזְעִית

seize *v.t.* & *i.* (סִיז) אָחַז בּ־, תָּפַס;
חָטַף; הִשְׁתַּלֵּט עַל, הֶחֱרִים

sei′zure *n.* (סִיז׳ר) תְּפִיסָה; הַחְרָמָה

sel′dom *adv.* (סֶלְדֲם) לְעִתִּים רְחוֹקוֹת

select′ *v.t.* & *adj.* (סִלֶקְט) בָּחַר; נִבְחַר,
מֻבְחָר; בַּרְרָנִי

selec′tion *n.* (סִלֶקְשֲׁן) בְּחִירָה; מִבְחָר

self *n.* & *adj.* & *pron.* (סֶלְף) עַצְמוֹ;
זֶהוּת; הָ״אֲנִי״; טֶבַע; עִנְיָן אִישִׁי; אָחִיד

self″-con′fidence *n.* (סֶלְף־קוֹנְפִדֲנְס)
בִּטָּחוֹן עַצְמִי

self′-control′ *n.* (סֶלְף־קַנְטְרוֹל) שְׁלִיטָה
עַצְמִית

self′-deni′al *n.* (סֶלְף־דִנַיְאֲל) הִנָּזְרוּת,
וַתְּרָנוּת

self′-deter″mina′tion *n.* (סֶלְף־דִטֶרְמֲנֵישְׁן)
הַגְדָּרָה עַצְמִית

self″-go′vernment *n.* (סֶלְף־גַוֶרְנְמֶנְט)
שִׁלְטוֹן עַצְמִי

sel-′fish *adj.* (סֶלְפִשׁ) אֶגוֹאִיסְטִי, אָנֹכִיִּי

selfi′shness *n.* (סֶלְפִשְׁנִס) אֶגוֹאִיזְם, אָנֹכִיּוּת

self′less *adj.* (סֶלְפְלִס) דּוֹאֵג קֹדֶם לַזּוּלַת,
מְבַטֵּל רְצוֹנוֹ מִפְּנֵי רְצוֹן הַזּוּלַת

self′-rel′iance *n.* (סֶלְף־רִלַיְאֲנְס) בִּטָּחוֹן
עַצְמִי

self′same″ *adj.* (סֶלְפְסֵים) אוֹתוֹ, זֵהֶה

self′-supporting *adj.* (סֶלְף־סַפּוֹרְטִנְג)

תּוֹמֵךְ בְּעַצְמוֹ, עוֹמֵד בִּרְשׁוּת עַצְמוֹ, עַצְמָאִי מִבְּחִינָה כַּלְכָּלִית

self'-taught' *adj.* (סֶלְף־טוֹט) שֶׁלִּמֵּד עַצְמוֹ; נִלְמָד בְּלִי מוֹרֶה

sell *v.t. & i.* (סֶל) מָכַר; סָחַר בּ־; שִׁכְנַע; קִבֵּל תְּמוּרָה גְבוֹהָה; נִמְכַּר

— out מָכַר כָּל הַמְּלַאי; בָּגַד בּ־, הִסְגִּיר

sem'aphore" *n. & v.i.* (סֶמָפוֹר) תַּמְרוּר הַכְוָנָה; אִתּוּת דְּגָלִים; אוֹתֵת (בדגלים)

sem'blance *n.* (סֶמְבְּלֶנְס) הוֹפָעָה חִיצוֹנִית, מַרְאֶה; הֶעְתֵּק; מַרְאֶה מְעֻשֶּׂה

sem'icircle *n.* (סֶמִיסֶרְקֶל) חֲצִי מַעְגָּל; חֲצִי גֹּרֶן עֲגֻלָּה

sem'ico"lon *n.* (סֶמִיקוֹלֶן) נְקֻדָּה וּפְסִיק

sem'inary" *n.* (סֶמִנֶרִי) בֵּית מִדְרָשׁ לְכֹהֲנֵי דָת; סֶמִינָר; בֵּית סֵפֶר לְלִמּוּדֵי דָת; בֵּית סֵפֶר תִּיכוֹן; בֵּית סֵפֶר תִּיכוֹן לִצְעִירוֹת

Sem'ite *n.* (סֶמַיט) בֶּן שֵׁם (בנו של נח), שֵׁמִי; יְהוּדִי

Semit'ic *adj.* (סֶמִטִק) שֵׁמִי; יְהוּדִי

sen'ate *n.* (סֶנֶט) סֶנָט

sen'ator *n.* (סֶנֶטֶר) חֲבֵר סֶנָט, סֶנָטוֹר

send *v.t. & i.* (סֶנְד) שָׁלַח; שִׁגֵּר; צִוָּה לָלֶכֶת; הֶעֱלָה, פָּלַט; שִׁדֵּר; עִנֵּג

— back הֶחֱזִיר

— for הִזְמִין

— forth הוֹצִיא, הִצְמִיחַ; הֵנִיב; יָצָא; הוֹצִיא לָאוֹר

— in שָׁלַח

— off שִׁלַּח

— out חִלֵּק, שִׁלַּח

— packing שִׁלַּח בְּחֶרְפָּה

— up שִׁגֵּר כְּלַפֵּי מַעְלָה; שִׁחְרֵר; דָּן לְמַאֲסָר

se'nile *adj.* (סִינַיל) שֶׁל הִזְדַּקְנוּת, שֶׁל חֻלְשַׁת זִקְנָה; יְשִׁישִׁי, סֶנִילִי

sen'ior *adj. & n.* (סִינְיֶר) קָשִׁישׁ; בָּכִיר, הָאָב; תַּלְמִיד הַשָּׁנָה הָאַחֲרוֹנָה

senior'ity *n.* (סִינְיוֹרִטִי) וֶתֶק

sensa'tion *n.* (סֶנְסֵישֶׁן) תְּחוּשָׁה; רֹשֶׁם חָזָק, סֶנְסַצְיָה; הִתְרַגְּשׁוּת

sensa'tional *adj.* (סֶנְסֵישֶׁנַל) מְעוֹרֵר תְּגוּבוֹת עַזּוֹת; מְרַגֵּשׁ מְאֹד, סֶנְסַצְיוֹנִי; תְּחוּשָׁתִי

sense *n.* (סֶנְס) חוּשׁ; חוּשִׁים; תְּחוּשָׁה; הַרְגָּשָׁה; הַכָּרָה; שֵׂכֶל יָשָׁר; דְּבָרִים שֶׁל טַעַם; מוּבָן, מַשְׁמָעוּת; דֵּעָה

in a — לְפִי דֵּעָה אַחַת; בְּמִדַּת מָה

make — הִתְקַבֵּל עַל הַדַּעַת

—s מַחֲשָׁבָה צְלוּלָה

— *v.t.* חָשׁ; הֵבִין, עָמַד עַל

sense'less *adj.* (סֶנְסְלֶס) חֲסַר־הַכָּרָה; חֲסַר שֵׂכֶל יָשָׁר; טִפְּשִׁי; חֲסַר־מַשְׁמָעוּת

sen"sibil'ity *n.* (סֶנְסִבִּלִטִי) תְּחוּשָׁה; רְגִישׁוּת, הַעֲרָכָה דַּקָּה, דַּקּוּת הַרְגָּשָׁה

—ies יְכֹלֶת רִגְשִׁית; כֹּשֶׁר הַבְחָנָה; אֲנִינוּת טַעַם

sen'sible *adj.* (סֶנְסִבְּל) נָבוֹן, בַּעַל שֵׂכֶל יָשָׁר; מוּדָע ל־; נִכָּר; מוּחָשִׁי; בַּעַל תְּחוּשָׁה, נִתָּן לִתְפִיסָה; בַּעַל הַכָּרָה

sen'sitive *adj.* (סֶנְסִטִב) רָגִישׁ; שֶׁל חֹמֶר מְסֻוָּג, סוֹדִי

sen'sual *adj.* (סֶנְשׁוּאַל) חוּשָׁנִי; תַּאַוְתָנִי; מֻפְקָר; מְגָרֶה הַחוּשִׁים; חָמְרָנִי

sen"sual'ity *n.* (סֶנְשׁוּאֶלִטִי) חוּשָׁנוּת; תַּאַוְתָנוּת

sen'suous *adj.* (סֶנְשׁוּאַס) שֶׁל הַחוּשִׁים; חוּשָׁנִי

sent (סֶנְט) (זמן עבר של send)

sen'tence *v.t. & n.* (סֶנְטֶנְס) דָּן; מִשְׁפָּט; פְּסַק דִּין; עֹנֶשׁ

sen'timent *n.* (סֶנְטִמֶנְט) רֶגֶשׁ, רִגּוּשׁ; דֵּעָה; עֶמְדָּה; רְגִישׁוּת; מַחֲשָׁבָה רִגְשִׁית; סֶנְטִימֶנְט

sen"timen'tal *adj.* (סֶנְטִימֶנְטֶל) רַגְשָׁנִי; שֶׁל רֶגֶשׁ; סֶנְטִימֶנְטָלִי

sen'tinel *n.* (סֶנְטִנֶל) זָקִיף; שׁוֹמֵר

sen'try *n.* (סֶנְטְרִי) זָקִיף; שׁוֹמֵר

— box" סֻכַּת זָקִיף

sep'arate" *v.t. & i.* (סֶפֶּרֵיט) הִפְרִיד; חִלֵּק; נִתֵּק; מִיֵּן; נִפְרַד

sep'arate *adj.* (סֶפֶּרֶט) נִפְרָד; מֻפְרָד

sep"ara'tion *n.* (סֶפֶּרֵישֶׁן) הַפְרָדָה; הִפָּרְדוּת; הִנָּתְקוּת; קַו מַפְרִיד, מְחִצָּה

Septem'ber *n.* (סֶפְּטֶמְבֶּר) סֶפְּטֶמְבֶּר

sep'tic *adj.* (סֶפְּטִק) מְאַלֵּחַ, מְזֹהָם; שֶׁל זִהוּם

sep'ulcher *n.* (סֶפֶּלְקֶר) קֶבֶר

sepul'chral *adj.* (סֶפַּלְקְרַל) שֶׁל קֶבֶר; שֶׁל קְבוּרָה; נוּגֶה; עָמֹק וּמְהַדְהֵד

se'quel *n.* (סִיקְוֶל) הֶמְשֵׁךְ; תּוֹלָדָה; סֵפֶר הֶמְשֵׁךְ

se'quence *n.* (סִיקְוֶנְס) סֵדֶר; רְצִיפוּת; סִדְרָה; תּוֹצָאָה; אֶפִּיזוֹדָה

se'quin *n.* (סִיקְוִן) דִּסְקִית עִטּוּר

ser'aph *n.* (סֶרֶף) שָׂרָף (מַלְאָךְ)

ser"enade' *n.* & *v.t.* & *i.* (סֶרֶנֵיד) סֶרֶנָדָה; זִמֵּר סֶרֶנָדָה, נִגֵּן סֶרֶנָדָה

serene' *adj.* (סֶרִין) שָׁקֵט, שָׁלֵו; צָלוּל; נַעֲלֶה

seren'ity *n.* (סֶרֶנִטִי) שֶׁקֶט, שַׁלְוָה; צְלִילוּת

serf *n.* (סֶרְף) צָמִית

ser'geant *n.* (סַרְגֶ'נְט) סַמָּל

ser'ial *n.* & *adj.* (סִירִיאֶל) סִפּוּר בְּהֶמְשֵׁכִים; מוֹפִיעַ בְּהֶמְשֵׁכִים

ser'ies *n. pl.* (סִירִיז) סִדְרָה, שׁוּרָה; טוּר; סֶרְיָה

ser'ious *adj.* (סִירִיאֶס) רְצִינִי; כֵּן; חָשׁוּב; חָמוּר

ser'mon *n.* (סֶרְמֶן) דְּרָשָׁה; נְאוּם אָרֹךְ וּמְשַׁעֲמֵם

ser'pent *n.* (סֶרְפֶּנְט) נָחָשׁ; הַשָּׂטָן

ser'um *n.* (סִירֶם) נַסְיוּב

ser'vant *n.* (סֶרְוֶנְט) מְשָׁרֵת; עוֹבֵד מֶמְשַׁלְתִּי

serve *v.i.* & *t.* & *n.* (סֶרְב) שֵׁרֵת, שִׁמֵּשׁ; הִגִּישׁ; עָבַד כִּמְשָׁרֵת; עָזַר; כִּהֵן; הִסְפִּיק, מִלֵּא דְּרִישׁוֹת; תָּרַם לְ־; שִׁמֵּשׁ מֶלְצַר; סִפֵּק; נָהַג בְּ־; הִזְדַּוֵּג עִם; תִּפְעֵל; הַגָּשָׁה

— one right נֶעֱנַשׁ בְּעֹנֶשׁ צוֹדֵק

ser'vice *n.* & *adj.* (סֶרְוִס) שֵׁרוּת; עֶזְרָה; מִנְהָגוֹן; שֵׁרוּת צִבּוּרִי; הַכֹּחוֹת הַמְזֻיָּנִים, חַיִל; תְּפִלָּה בְּצִבּוּר, טֶקֶס; עֲבוֹדַת הַבּוֹרֵא; מוֹעִיל; שֶׁל הַמְשָׁרְתִים; שֶׁל תַּחֲזוּקָה; שֶׁל הַצָּבָא

— *v.t.* תִּקֵּן, בִּצֵּעַ, בָּדַק, תִּחְזֵק; עָזַר לְ־; הִזְדַּוֵּג עִם

ser'viceable *adj.* (סֶרְוִסֶבֶּל) שָׁמִישׁ, מוֹעִיל, נִתָּן לְשִׁמּוּשׁ; חָזָק; נִתָּן לְתִקּוּן בְּקַלּוּת

ser'vile *adj.* (סֶרְוַיל) מִתְרַפֵּס, חָנֵף; עָלוּב; שֶׁל עַבְדוּת

servil'ity *n.* (סֶרְוִילְטִי) הִתְרַפְּסוּת, חֲנֻפָּה; עַבְדוּת, שִׁפְלוּת

ser'vitude" *n.* (סֶרְוִטוּד) עַבְדוּת; שִׁעְבּוּד; עֲבוֹדַת כְּפִיָּה

sess'ion *n.* (סֶשֶׁן) מוֹשָׁב; שְׁעַת־לִמּוּד; תְּקוּפַת פְּגִישׁוֹת

set *v.t.* & *i.* (סֶט) שָׂם; עָרַךְ; קָבַע; כִּוֵּן; שִׁבֵּץ; הוֹשִׁיב; הִדְגִּיר; הִפְנָה; אִחָה; הִתְאִים; סִדֵּר; הִתְפִּיחַ; הִקְשָׁה; הֵסִית; שָׁקַע; דָּגַר עַל; הָיָה מֻנָּח

— about הִתְחִיל

— aside הִפְרִישׁ; הִקְצָה; גָּבַר עַל; זָרַק; בִּטֵּל

— back מָנַע, עִכֵּב

— down רָשַׁם; נָחַת

— forth סִפֵּר עַל, מָסַר דִּין וְחֶשְׁבּוֹן, תֵּאֵר; יָצָא לִנְסִיעָה; הִתְחִיל

— in הִתְחִיל לְהִשְׁתַּלֵּט; הִגִּיעַ

— off פּוֹצֵץ; הִבְלִיט עַל יְדֵי הַצָּגַת הַנִּגּוּדִים; יָצָא לִנְסִיעָה, הִתְחִיל

— on (upon) הִתְקִיף; הֵסִית, שִׁסָּה

— on fire הִצִּית

— out הִתְחִיל, יָצָא לִנְסִיעָה; נִסָּה; הִגְדִּיר, תֵּאֵר; נָטַע, שָׁתַל

— to הִתְאַמֵּץ בְּמֶרֶץ; הִתְמַסֵּר לְ־; הִתְחִיל; הִתְחִיל לְהֵאָבֵק

— up הֶעֱמִיד, הִצִּיב; הֶעֱלָה; בָּנָה, הֵקִים, הִרְכִּיב; קָבַע; הִנְהִיג; סִפֵּק אֶמְצָעִים

— *n.* הֲנָחָה; הִתְקַשּׁוּת; מַעֲרֶכֶת; סִדְרָה; חוּג; הַתְאָמָה; כִּוּוּן; יְצִיבָה; מַקְלֵט; תַּפְאוּרָה, רֶקַע; קְבוּצָה; שְׁקִיעָה

— *adj.* קָבוּעַ; שָׁגוּר; אֵיתָן

set'back" *n.* (סֶטְבֶּק) עִכּוּב, מִכְשׁוֹל; מַפָּלָה

settee' *n.* (סֶטִי) סַפָּה

set'ting *n.* (סֶטִנְג) קְבִיעָה, הֲנָחָה; מִסְגֶּרֶת, רֶקַע, סְבִיבָה; מִשְׁבֶּצֶת; מַעֲרֶכֶת כֵּלִים; תַּפְאוּרָה

set'tle *v.t.* & *i.* (סֶטְל) קָבַע; יִשֵּׁב, הֵקִים; סִדֵּר; הִסְדִּיר; פָּרַע, סִלֵּק חֶשְׁבּוֹן; אִכְלֵס; הִשְׁקִיט; נִמְנַע מֵהִתְנַגְּדוּת; שָׁקַע; הֶחְלִיט עַל;

הִגִּיעַ לִידֵי הֶסְכֵּם; הִשְׁתַּקֵּעַ; נָח; הִתְכַּנֵּס; נִרְגַּע; שָׁקַע; הִתְקַשָּׁה

— down הִתְרַגֵּל לְשִׁגְרָה; נִכְנַס לַתֶּלֶם; נַעֲשָׂה רָגוּעַ; הִתְמַסֵּר לַעֲבוֹדָה רְצִינִית

set'tlement *n.* (סֶטְלְמֶנְט) יִשּׁוּב, הִתְיַשְּׁבוּת; מוֹשָׁבָה; הֶסְדֵּר; שְׁקִיעָה; מֶרְכַּז־סַעַד; הַעֲבָרַת קִנְיָן

set'tler *n.* (סֶטְלֶר) מִתְיַשֵּׁב

set'up" *n.* (סֶטַפּ) אִרְגּוּן, הֶסְדֵּר, סִדּוּר; פְּעִילוּת לְלֹא מַאֲמָץ; חָמְרֵי מַשְׁקֶה כָּהֳלִי; מַעֲרֶכֶת אֶמְצָעֵי בִּצּוּעַ; תָּכְנִית

sev'en *n. & adj.* (סֶוְן) שִׁבְעָה (.m), שֶׁבַע (.f)

sev'enteen" *n. & adj.* (סֶוֶנְטִין) שִׁבְעָה־עָשָׂר (.m), שְׁבַע־עֶשְׂרֵה (.f)

sev'enth *adj.* (סֶוַנְתּ׳) שְׁבִיעִי,ת

sev'enty *n. & adj.* (סֶוַנְטִי) שִׁבְעִים

sev'er *v.t.* (סֶוֶר) הִפְרִיד, נִתֵּק; הִבְחִין

sev'eral *adj. & n.* (סֶוְרַל) אֲחָדִים; נִפְרָד, מְיֻחָד; שׁוֹנֶה; יָחִיד

sev'erance *n.* (סֶוְרַנְס) נִתּוּק

severe' *adj.* (סִוִיר) חָמוּר; קָשׁוּחַ; קִיצוֹנִי מְאֹד; רְצִינִי; פָּשׁוּט; קָשֶׁה; קַפְּדָנִי

sever'ity *n.* (סִוֶרִטִי) חֻמְרָה; קְשִׁיחוּת; קַשְׁיוּת; פַּשְׁטוּת; קַפְּדָנוּת

sew *v.t.* (סוֹ) תָּפַר; תִּקֵּן

— up הִשְׁלִים בְּהַצְלָחָה; תָּפַר, תִּקֵּן

sew'age *n.* (סוּאִג׳) שְׁפָכִים; בִּיּוּב

sew'er *n.* (סוּאֶר) בִּיב

sex *n.* (סֶקְס) מִין; מִינִיּוּת; מִשְׁגָּל

sex'ton *n.* (סֶקְסְטֶן) שַׁמָּשׁ

sex'ual *adj.* (סֶקְשׁוּאֶל) מִינִי

sex"uali'ty *n.* (סֶקְשׁוּאֶלִטִי) מִינִיּוּת

sex'y *adj.* (סֶקְסִי) מִינִי; מְעוֹרֵר תְּשׁוּקָה, מְגָרֶה; מְעַנְיֵן

shab'by *adj.* (שֶׁבִּי) בָּלֶה, מֻזְנָח, מְמֻרְטָט; בָּזוּי

shack *n.* (שֶׁק) בִּקְתָּה, צְרִיף פָּשׁוּט

— up *v.t.* שָׁכַב

shack'le *n. & v.t.* (שֶׁקְל) אֲזִק; שַׁרְשֶׁרֶת; כָּבַל, קָשַׁר בַּאֲזִקִּים; הִגְבִּיל

shade *n. & v.t.* (שֵׁיד) צֵל; גָּוֶן; אָהִיל; מִשְׁקְפֵי־שֶׁמֶשׁ; פְּרִישׁוּת יַחֲסִית; רוּחַ רְפָאִים; קִרְטוּב; מַחֲסֶה; סָכַךְ, הֵצֵל; הֶעֱמִיד בַּצֵּל; הֶאֱפִיל עַל; הִסְתִּיר; כִּסָּה; גִּוֵּן אוֹר וָצֵל; שִׁנָּה בְּצוּרָה אַפְסִית

shad'ow *n. & v.t.* (שֶׁדוֹ) צֵל; מַחֲסֶה; רוּחַ רְפָאִים; רֶמֶז דַּק; דִּמְיוֹן קָלוּשׁ; בָּבוּאָה; חֵלֶק אַפְלוּלִי; תְּקוּפַת קַדְרוּת; עוֹקֵב חֲשָׁאִי; הֵצֵל; הִקְדִּיר; כִּסָּה; עָקַב אַחֲרֵי בַּחֲשַׁאי

shad'owy *adj.* (שֶׁדוֹאִי) מְעֻרְפָּל; קָלוּשׁ; מָלֵא צְלָלִים; מְכֻסֶּה צְלָלִים; מֵצֵל

sha'dy *adj.* (שֵׁידִי) מוּצָל; מְעֻרְפָּל, מְטֻשְׁטָשׁ; מְפֻקְפָּק

shaft *n.* (שֶׁפְט) מוֹט; חֵץ, עֹקֶץ; קֶרֶן, אֲלֻמָּה; יָדִית; צִיר; תֹּרֶן; עַמּוּד; יָצוּל; פִּיר, מִנְהָרָה מְאֻנֶּכֶת

shag'gy *adj.* (שֶׁגִי) שָׂעִיר; פְּרוּעַ־שֵׂעָר; מְחֻסְפָּס

shake *v.i. & t.* (שֵׁיק) הִתְנַעֲנֵעַ; רָעַד; הִתְנַעֵר; הִתְנוֹעֵעַ; לָחַץ יָד; נִעֲנַע; הוֹרִיד עַל יְדֵי נִעֲנוּעַ; זִעֲזַע; עִרְעֵר; הִתְחַמֵּק מ־

— down הוֹרִיד; בָּחַן; סָחַט כֶּסֶף

— off נִפְטַר מ־; דָּחָה; הִתְרַחֵק מ־; הִשְׁאִיר מֵאֲחוֹרָיו

— one's head נִעֲנַע רֹאשׁוֹ לִשְׁלִילָה; נִעֲנַע רֹאשׁוֹ לְאוֹת הַסְכָּמָה

— up נִעֵר; זִעֲזַע

— *n.* נִעֲנוּעַ; מַכָּה; לְחִיצַת יָד; יַחַס; הֲטָלָה; בְּקִיעַ; אַרְגִּיעָה

—s צְמַרְמֹרֶת

no great —s אֵין לוֹ בַּמֶּה לְהִתְפָּאֵר

two —s of a lamb's tail זְמַן קָצָר מְאֹד

shake'down" *n.* (שֵׁיקְדָאוּן) סְחִיטָה; חִפּוּשׂ מְדַקְדָּק; מִטָּה מְאֻלְתֶּרֶת

shake'-up" *n.* (שֵׁיק־אַפּ) שִׁנּוּי יְסוֹדִי

shale *n.* (שֵׁיל) צִפְחָה

shall *aux. v.* (שֶׁל; בלי הטעמה: שַׁל) (פועל עזר בגוף ראשון לציון זמן העתיד וביתר הגופים, לציון חובת הפעולה)

shal'low *adj.* (שֶׁלוֹ) רָדוּד; שִׁטְחִי

sham *n. & adj. & v.t. & i.* (שֶׁם) זִיּוּף, רְמִיָּה; רַמַּאי, מִתְחַזֶּה, מַעֲמִיד פָּנִים; מְזֻיָּף; הֶעֱמִיד פָּנִים, זִיֵּף

sham'bles *n.* (שֶׁמְבֶּלְז) בֵּית מִטְבָּחַיִם; מְקוֹם קֶטֶל; הֶרֶס

shame *n.* (שֵׁים) בּוּשָׁה; חֶרְפָּה

for — בּוֹשׁ וְהִכָּלֵם

put to — בִּיֵּשׁ; עָלָה עַל

— *v.t.* כִּסָּה עַל יְדֵי הַכְלָמָה

shame'faced" *adj.* (שֵׁימְפֵיסְט) צָנוּעַ, בַּיְשָׁנִי; מְבֻיָּשׁ, נִכְלָם

shame'ful *adj.* (שֵׁימְפֻל) מַחְפִּיר; מֵבִישׁ

shame'less *adj.* (שֵׁימְלִס) חֲסַר־בּוּשָׁה; עַז־פָּנִים

shampoo' *n. & v.t.* (שֶׁמְפּוּ) שַׁמְפּוּ; חֲפִיפַת רֹאשׁ; חָפַף רֹאשׁ; נִקָּה בְּתַכְשִׁיר נִקּוּי

sham'rock *n.* (שֶׁמְרוֹק) תִּלְתָּן

shank *n.* (שֶׁנְק) שׁוֹק; רֶגֶל

shan'ty *n.* (שֶׁנְטִי) בִּקְתָּה, צְרִיף עָלוּב

shape *n.* (שֵׁיפּ) צוּרָה, דְּמוּת; רוּחַ רְפָאִים; מַצָּב

take — לָבַשׁ צוּרָה

— *v.t. & i.* צָר, נָתַן צוּרָה; עִצֵּב, גִּלֵּם; בִּטֵּא; סִגֵּל, הִתְאִים; הִכְוִין; הִתְפַּתֵּחַ בְּדֶרֶךְ רְצוּיָה

shape'ly *adj.* (שֵׁיפְּלִי) בַּעַל צוּרָה נָאָה, מְחֻטָּב יָפֶה

share *n. & v.t.* (שֵׁר) חֵלֶק; מְנָיָה; חִלֵּק, הִשְׁתַּתֵּף בְּ־; קִבֵּל חֵלֶק שָׁוֶה

share'cropper *n.* (שֵׁרְקְרוֹפֶּר) אָרִיס

share'hold"er *n.* (שֵׁרְהוֹלְדֶר) בַּעַל מְנָיוֹת

shark *n.* (שַׁרְק) כָּרִישׁ; עוֹשֵׁק; אַשָּׁף

sharp *adj. & n.* (שַׁרְפּ) חַד; בָּרוּר; חָרִיף; נוֹקֵב; עוֹקֵץ; חָזָק; קָשֶׁה; מְמֻלָּח; פִּקֵּחַ; עַרְמוּמִי; נוֹכֵל; מְגֻנְדָּר; נָסֵק

— *adv.* בְּצוּרָה חַדָּה; בְּדִיּוּק; פִּתְאוֹם

shar'pen *v.t. & i.* (שַׁרְפֶּן) חִדֵּד, הִשְׁחִיז; הֶחֱרִיף; הִתְחַדֵּד

sharp'shoo"ter *n.* (שַׁרְפְּשׁוּטֶר) קַלָּע

shat'ter *v.t. & i.* (שֶׁטֶר) נִפֵּץ; הָרַס; הֶחֱלִישׁ, הִפְרִיךְ; הִתְנַפֵּץ

shave *v.t. & i. & n.* (שֵׁיב) הִתְגַּלֵּחַ; גִּלֵּחַ; גֵּרֵד, הִקְצִיעַ; גָּזַז; שִׁבֵּב, הִתְקָרֵב מְאֹד אֶל; הִפְחִית; גִּלּוּחַ; פְּרוּסָה דַקָּה; מַעֲצָד

sha'ver *n.* (שֵׁיבֶר) מְגַלֵּחַ; מִתְגַּלֵּחַ; מְכוֹנַת גִּלּוּחַ; זַאֲטוּט, בָּחוּר

sha'ving *n.* (שֵׁיבִנְג) שְׁבָב; גִּלּוּחַ, הִתְגַּלְּחוּת

shawl *n.* (שׁוֹל) מַעֲטֶה, שָׁל

she *pron. & n.* (שִׁי) הִיא; הָאִשָּׁה; אִשָּׁה, נְקֵבָה

sheaf *n.* (שִׁיף) אֲלֻמָּה; צְרוֹר

shear *v.t.* (שִׁיר) גָּזַר, חָתַךְ; גָּזַז; שָׁלַל מ־

—s *n. pl.* מִסְפָּרַיִם גְּדוֹלִים; מִגְזָזַיִם

sheath *n.* (שִׁית׳) נְדָן; נַרְתִּיק

sheathe *v.t.* (שִׁיד׳) שָׂם בְּנָדָן; תָּחַב (כבתוך נדן); כִּסָּה

shed *n. & v.t. & i.* (שֶׁד) דִּיר, בִּקְתָּה; מַחְסֶה; הִרְעִיף; הִזִּיל; הוֹצִיא; הָיָה חָסִין נֶגֶד; הִשִּׁיר; נָשַׁר

— blood שָׁפַךְ דָּם; שָׁחַט

sheen *n.* (שִׁין) זֹהַר, זִיו, בָּרָק

sheep *n.* (שִׁיפּ) כֶּבֶשׂ; צֹאן; עוֹר כֶּבֶשׂ; צַיְּתָן וְתָמִים

sheep'ish *adj.* (שִׁיפִּשׁ) נָבוֹךְ; צַיְּתָנִי וְתָמִים

sheer *adj. & adv.* (שִׁיר) דַּק וְשָׁקוּף; טָהוֹר; גָּמוּר; תָּלוּל מְאֹד; לְגַמְרֵי; מַמָּשׁ; בִּמְאֻנָּךְ

sheet *n.* (שִׁיט) גִּלָּיוֹן; סָדִין; יְרִיעָה, עִתּוֹן, כְּתַב־עֵת; מִשְׁטָח; לוּחַ; מִפְרָשׂ

shelf *n.* (שֶׁלְף) מַדָּף, אִצְטַבָּה; שִׂרְטוֹן

on the — נִדְחָה זְמַנִּית; חֲסַר־תּוֹעֶלֶת; לֹא־פָּעִיל

shell *n.* (שֶׁל) פָּגָז; קוֹנְכִיָּה; קְלִפָּה; הִתְנַהֲגוּת מִסְתַּגֶּרֶת; תַּרְמִיל; סִירַת מֵרוֹץ קַלִּילָה; רַכִּיכָה; זִירָה, מִקְרָה; שֶׁלֶד (של בניין); כּוֹס

— *v.t. & i.* הוֹצִיא מִקְּלִפָּה, קִלֵּף; הִפְגִּיז; הִתְקַלֵּף; נָשַׁר

— out שִׁלֵּם, תָּרַם

shel'ter *n. & v.t.* (שֶׁלְטֶר) מַחְסֶה; מִקְלָט; נָתַן מַחְסֶה; הֵגֵן עַל

shelve *v.t.* (שֶׁלְב) שָׂם עַל מַדָּף, דָּחָה, הִנִּיחַ בְּקֶרֶן זָוִית; פִּטֵּר, הֶעֱבִיר מִשִּׁמּוּשׁ אוֹ מִשֵּׁרוּת פָּעִיל

sheph'erd *n. & v.t.* (שֶׁפֶּרְד) רוֹעֵה צֹאן; רוֹעֶה; כֹּמֶר; רָעָה, שָׁמַר עַל; לִוָּה; הִדְרִיךְ

sher'iff *n.* (שֶׁרִף) שׁוֹטֵר, מְחוֹזִי, "שֶׁרִיף"

shield *n. & v.t.* (שִׁילְד) מָגֵן; תְּרִיס; תָּג, סֵמֶל; הֵגֵן עַל; הָיָה מָגֵן ל־; הֶחְבִּיא

shift *v.t. & i. & n.* (שִׁפְט) הֶעֱבִיר; עִתֵּק; הִסְתַּדֵּר; הֶחֱלִיף הִלּוּכִים; שִׁנּוּי כִּוּוּן;

מִשְׁמֶרֶת; מוֹט הִלּוּכִים; תַּחְתּוֹנִית; תַּחְבּוּלָה; הַחְלָפָה

shift'less *adj.* (שִׁפְטְלֶס) בַּטְלָנִי; לֹא־יָעִיל, חֲסַר־שְׁאִיפוֹת

shif'ty *adj.* (שִׁפְטִי) עַרְמוּמִי, שֶׁל נְכָלִים, חֲמַקְמַק

shil'ly-shal"ly *v.i.* (שִׁלִי־שֶׁלִי) פָּסַח עַל שְׁתֵּי הַסְּעִפִּים, לֹא יָכוֹל לְהַחְלִיט

shin *n.* (שִׁן) שׁוֹק

shine *v.i. & t.* (שַׁיְן) זָרַח, הֵאִיר; נִצְנֵץ; סִנְוֵר; הוֹפִיעַ בִּבְהִירוּת; הִתְבַּלֵּט, הִצְטַיֵּן; מֵרֵק; צִחְצֵחַ

— up to נִסָּה לַעֲשׂוֹת רֹשֶׁם עַל

— *n.* בָּרָק; מֶזֶג אֲוִיר נָאֶה; צִחְצוּחַ

take a — to חִבֵּב

shin'gle *n. & v.t.* (שִׁנְגְּל) רַעַף; תִּסְפֹּרֶת קְצָרָה; שֶׁלֶט; רִעֵף

shi'ny *adj.* (שַׁינִי) מַבְרִיק; זוֹרֵחַ; נוֹצֵץ; מְשֻׁפְשָׁף

ship *n. & v.t. & i.* (שִׁפּ) אֳנִיָּה, סְפִינָה; צֶוֶת אֳנִיָּה; מָטוֹס; הֶעֱלָה עַל אֳנִיָּה; הוֹבִיל בִּכְלִי תַּחְבּוּרָה; אִפְשֵׁר לְמַיִם לְהִכָּנֵס; שָׁלַח; עָלָה עַל אֳנִיָּה; קִבֵּל עֲבוֹדָה בָּאֳנִיָּה

— out יָצָא בָּאֳנִיָּה; שִׁלַּח בָּאֳנִיָּה

ship' chan"dler (שִׁפּ צֶ'נְדְלֶר) סַפָּק לָאֳנִיּוֹת

ship'mate" *n.* (שִׁפְּמֵיט) סַפָּן חָבֵר

ship'ment *n.* (שִׁפְּמֶנְט) מִשְׁלוֹחַ; מִטְעָן

ship'per *n.* (שִׁפֶּר) סוֹכֵן מִשְׁלוֹחִים

ship'ping *n.* (שִׁפִּנְג) מִשְׁלוֹחַ מִטְעָנִים; טוֹנָז', תְּפִיסָה

ship'wreck" *n. & v.t.* (שִׁפְּרֶק) הֶרֶס אֳנִיָּה; טְבִיעַת אֳנִיָּה; חָרְבַּת אֳנִיָּה; הֶרֶס; הִטְבִּיעַ; הָרַס

ship'yard" *n.* (שִׁפְּיַרְד) מִסְפָּנָה

shirk *v.t.* (שֶׁרְק) הִשְׁתַּמֵּט

shirt *n.* (שֶׁרְט) חֻלְצָה, כֻּתֹּנֶת; גּוּפִיָּה

keep one's — on נִשְׁאַר שָׁלֵו, נִרְגַּע

lose one's — אִבֵּד כָּל אֲשֶׁר לוֹ

shiv'er *v.i. & n.* (שִׁוֶר) רָעַד; רַעַד, רְעִידָה

shoal *n.* (שׁוֹל) מַיִם רְדוּדִים; שִׂרְטוֹן

shock *n. & v.t.* (שׁוֹק) הֶלֶם, זַעֲזוּעַ; עֲרֵמַת אֲלֻמּוֹת; הִדְהִים, זִעְזַע; הָלַם

—ing *adj.* מְזַעְזֵעַ; רַע מְאֹד

shod'dy *adj.* (שׁוֹדִי) יָמְרָנִי; מְזֻיָּף; מֵאֵיכוּת יְרוּדָה; נִבְזֶה

shoe *n. & v.t.* (שׁוּ) נַעַל; הִנְעִיל, סִפֵּק נַעֲלַיִם; פִּרְזֵל

shoe'ma"ker *n.* (שׁוּמֵיקֶר) סַנְדְּלָר

shone (שׁוֹן) (זמן עבר של shine)

shoo *interj. & v.t. & i.* (שׁוּ) הִסְתַּלֵּק; הִרְחִיק בְּצַעֲקַת "שׁוּ"; גֵּרֵשׁ; צָעַק "שׁוּ"

shoot *v.t.* (שׁוּט) יָרָה; פָּלַט; כִּוֵּן מַהֵר; נָע פִּתְאוֹם; יָצָא לָצַיִד; עָבַר מַהֵר; הוֹשִׁיט; צִלֵּם; הֵנֵץ (ניצנים); הֶעֱבִיר (בריח של מנעול); מָדַד רוּם; הִתְחִיל לְדַבֵּר

— at (for) שָׁאַף ל־

— off one's face (mouth) הִרְבָּה לְדַבֵּר שְׁטֻיּוֹת; הִגְזִים

— up צָמַח מַהֵר; עָשָׂה שַׁמּוֹת עַל יְדֵי יְרִיּוֹת; פָּצַע בִּירִיָּה

— *n.* יְרִיָּה; תַּחֲרוּת יֶרִי; נְבִיטָה; נֶבֶט

shop *n.* (שׁוֹפּ) חֲנוּת; מָדוֹר (בחנות); סַדְנָה; בֵּית חֲרֹשֶׁת; מִשְׂרָד; מִשְׁלַח־יָד

talk — שׂוֹחַח בְּעִנְיְנֵי עֲבוֹדָה

— *v.i.* עָרַךְ קְנִיּוֹת

shop'lif"ter *n.* (שׁוֹפְּלִפְטֶר) גַּנָּב (בחנויות)

shop'ping *n.* (שׁוֹפִּנְג) קְנִיָּה, עֲרִיכַת קְנִיּוֹת; אֶפְשָׁרֻיּוֹת קְנִיָּה; דְּבָרִים קְנוּיִים

shop'worn *adj.* (שׁוֹפְּוֹרְן) בָּלוּי, פָּגוּם

shore *n.* (שׁוֹר) חוֹף; מוֹלֶדֶת; יַבָּשָׁה

short *adj.* (שׁוֹרְט) קָצָר; נָמוּךְ, גּוּץ; מְצֻמְצָם; חָסֵר; פָּגוּם, לָקוּי; לֹא בַּעֲלֵי הַמְּנָיוֹת שֶׁהוּא מוֹכֵר

— of פָּחוֹת מ־; חָסֵר; מִלְּבַד

— *adv.* פִּתְאוֹם; בְּקִצּוּר נִמְרָץ; קָרוֹב

sell — מָכַר מַה שֶּׁאֵינוֹ שַׁיָּךְ לוֹ; מִעֵט בְּדַמּוּת, זִלְזֵל בּ־

shor'tage *n.* (שׁוֹרְטֶג') מַחְסוֹר

shor'ten *v.t. & i.* (שׁוֹרְטֶן) קִצֵּר; הִתְקַצֵּר

short'hand" *n.* (שׁוֹרְטְהֶנְד) קַצְרָנוּת

short'ly *adv.* (שׁוֹרְטְלִי) בְּקָרוֹב, בִּזְמַן קָצָר; בְּקִצּוּר; בְּחֹסֶר־אֲדִיבוּת

shot (שׁוֹט) (זמן עבר של shoot)

— *n.* יְרִיָּה; טְוָח; קָלִיעַ; רֶסֶס; קַלָּע; זְרִיקָה; כַּמּוּת קְטַנָּה

shot'gun" *n.* (שׁוֹטְגַן) רוֹבֵה צַיִד

should *aux. v.* (שֻׁד) (לציון בדרך השׁנֵיאׁ); צָרִיךְ
shoulder *n. & v.t.* (שׁוֹלְדֶר) כָּתֵף; דָּחַף בְּכָתֵף; נָטַל אַחֲרָיוּת
shout *n. & v.i. & t.* (שַׁאוּט) צְעָקָה, הִתְפָּרְצוּת פִּתְאוֹמִית; צָעַק, דִּבֵּר אוֹ צָחַק בְּקוֹל רָם
shove *v.t. & n.* (שַׁב) דָּחַף, הָדַף
— off דָּחַף מֵהַחוֹף; הִסְתַּלֵּק
— *n.* דְּחִיפָה; הֲדִיפָה
shov'el *n. & v.t.* (שַׁוְל) אֵת; יָעֶה; גָּרַף, הֶעֱבִיר בְּאֵת, פִּנָּה בְּאֵת
show *v.t. & i.* (שׁוֹ) הֶרְאָה; הִצִּיג; הִדְרִיךְ; הִסְבִּיר; הוֹכִיחַ; רָשַׁם; נִתְגַּלָּה, נִרְאָה; הוֹפִיעַ
— off הִתְגַּדֵּר
—up גִּלָּה; הִצִּיג; הוֹפִיעַ
— *n.* הַצָּגָה; תְּצוּגָה רַאַוְתָנִית; תָּכְנִית; סֶרֶט; הוֹפָעָה, רשֶׁם; הוֹפָעָה מַטְעָה; רֶמֶז
run the — שָׁלַט בַּתְּנָאִים; נִהֵל הָעִנְיָנִים
steal the — קִבֵּל כָּל הַתְּשׂוּאוֹת; הִתְבַּלֵּט מֵעַל הַשְּׁאָר
stop the — קִבֵּל תְּשׂוּאוֹת רַבּוֹת עַד כְּדֵי הַפְסָקַת הַהַצָּגָה
show'er *n. & v.t. & i.* (שַׁאוּאֶר) מִמְטָר; מָטָר; מִקְלַחַת; הִמְטִיר; יָרַד; שָׁטַף; קִלֵּחַ; הִתְקַלֵּחַ
show'off" *n.* (שׁוֹ־אוֹף) מִתְגַּדֵּר
show'y *adj.* (שׁוֹאִי) מְהֻדָּר, מַרְשִׁים; גַּנְדְּרָנִי
shred *n. & v.t. & i.* (שְׁרֶד) קֶרַע; קָרַע לִגְזָרִים; נִקְרַע לִגְזָרִים
shrew *n.* (שְׁרוּ) חֲדַף; סוֹרֶרֶת, מִרְשַׁעַת
shrewd *adj.* (שְׁרוּד) חָרִיף; עַרְמוּמִי
shriek *v.t. & n.* (שְׁרִיק) צָרַח; צְרִיחָה
shrill *adj.* (שְׁרִל) צוֹרְחָנִי
shrimp *n.* (שְׁרִמְפּ) טַן טָן פְּשׁוּט־חַפֶּטֶן; נַנָּס; נִקְלֶה
shrine *n.* (שְׁרַין) מִשְׁכָּן; אָרוֹן; מָקוֹם קָדוֹשׁ; מִזְבֵּחַ
shrink *v.i. & t.* (שְׁרִנְק) הִתְכַּוֵּץ; נִרְתַּע; כִּוֵּץ; הִקְטִין

shriv'el (שְׁרִוְל) הִצְטַמֵּק
shroud *n. & v.t.* (שְׁרַאוּד) תַּכְרִיכִים; מַעֲטֶה; עָטַף בְּתַכְרִיכִים; כִּסָּה, הִסְתִּיר; עָטַף בְּמִסְתּוֹרִין
shrub *n.* (שְׁרַב) שִׂיחַ
shrug *v.t. & i.* (שְׁרַג) מָשַׁךְ (בכתפיים)
— off הֵקֵל רֹאשׁ בְּ־; מִעֵט בִּדְמוּת
— *n.* מְשִׁיכַת כְּתֵפַיִם
shud'der *v.i. & n.* (שַׁדֶר) רָעַד, רִטֵּט; רְעִידָה, רֶטֶט
shuf'fle *v.i. & t. & n.* (שַׁפְל) גָּרַר רַגְלַיִם; נָע בְּצוּרָה מְגֻשֶּׁמֶת; נִסָּה לְהִתְחַמֵּק; טָרַף (קלפים); רָקַד בִּגְרִירַת רַגְלַיִם; גְּרִירַת רַגְלַיִם; הִתְחַמְּקוּת; טְרִיפָה
shun *v.t. & i.* (שַׁן) הִתְרַחֵק מִ־
shunt *v.t. & i. & n.* (שַׁנְט) הִסְטָה; הֶעֱבִיר הַצִּדָּה; עִתֵּק; מֵצַד
shut *v.t. & n.* (שַׁט) סָגַר; כָּלָא
— up כָּלָא; סָגַר כָּלִיל; הִשְׁתַּתֵּק
shut'ter *n. & v.t.* (שַׁטֶר) תְּרִיס; מִכְסֶה; צַמְצָם; הֵגִיף תְּרִיס, סָגַר בִּתְרִיס
shut'tle *n. & v.i. & t.* (שַׁטְל) בְּכִיָּר; נָע הָלוֹךְ וָשׁוֹב; הִסִּיעַ הָלוֹךְ וָשׁוֹב
shy *adj.* (שַׁי) בַּיְשָׁן; הַסְסָנִי; חַשְׁדָן; זָהִיר; חָסֵר
fight — of הִתְחַמֵּק
— *v.i.* נִרְתַּע
shy'ster *n.* (שַׁיסְטֶר) רַמַּאי (עורך דין)
sib'ilant *adj. & n.* (סִבְּלֶנְט) שׁוֹרֵק
sick *adj.* (סִק) חוֹלֶה; חָשׁ בְּחִילָה; סַדִּיסְטִי; חוֹלָנִי; שֶׁל מַחֲלָה; חָלוּשׁ; נִמְאָס
sick'en *v.t. & i.* (סִקְן) עוֹרֵר בְּחִילָה; הֶחֱלָה; חָשׁ בְּחִילָה
sick'le *n.* (סִקְל) מַגָּל
sick'ly *adj.* (סִקְלִי) חוֹלָנִי, חַלָּשׁ; שֶׁל מַחֲלָה; מַבְחִיל
sick'ness *n.* (סִקְנֶס) מַחֲלָה; בְּחִילָה
side *n. & adj. & v.i.* (סַיד) צַד; צֵלָע; צְדָדִי, צִדִּי; בָּא מִן הַצַּד; לַצַּד; טָפֵל; צִדֵּד בְּ־, עָמַד לַצַּד שֶׁל־
side'board" *n.* (סַידְבּוֹרְד) מִזְנוֹן
side'burns" *n. pl.* (סַידְבֶּרְנְז) פֵּאוֹת, זְקַן לְחָיַיִם

side′car″ *n.* (סַידְקָר) סִירָה (של אופנוע); כַּשְׁקֶה בְּרֶנְדִי בְּמִיץ לִימוֹן וְלִיקֶר תַּפּוּזִים

side′line″ *n.* (סַידְלַין) עִסּוּק צְדָדִי; סְחוֹרָה מִשְׁנִית; שׁוּרָה צִדִּית

side′long″ *adj.* (סַידְלוֹנְג) מְלֻכְסָן; עָקִיף. מֻפְנֶה הַצִּדָּה; מְשֻׁפָּע

side′walk″ *n.* (סַידְווֹק) מִדְרָכָה

side′ways″ *adv.* (סַידְוֵיז) כְּשֶׁהַצַּד קָדִימָה; פּוֹנֶה הַצִּדָּה; בַּאֲלַכְסוֹן, מִן הַצַּד

si′ding *n.* (סַידִנְג) שְׁלוּחָה

siege *n.* (סִיג׳) מָצוֹר; סִדְרַת פֻּרְעָנֻיּוֹת

sieve *n.* (סִב) נָפָה

sift *v.t.* (סִפְט) נִפָּה; סִנֵּן; בָּדַק בְּקַפְּדָנוּת; חָקַר בְּקַפְּדָנוּת

sigh *n.* & *v.i.* (סַי) אֲנָחָה; נֶאֱנַח; הִתְגַּעְגֵּעַ

sight *n.* (סַיט) רְאִיָּה; תְּחוּם רְאִיָּה; מַרְאֶה; שִׁפּוּט; חָזוּת מְזֻוַּעַת; כַּוֶּנֶת

catch — of הִבְחִין בְּ־, רָאָה

— *v.t.* רָאָה; כִּוֵּן

sight′less *adj.* (סַיטְלִס) עִוֵּר; רוֹאֶה וְאֵינוֹ נִרְאֶה

sign *n.* & *v.t.* (סַין) סִימָן, אוֹת; תְּנוּעָה, מֶחֱוָה, רֶמֶז; סֵמֶל; חָתַם עַל; סִמֵּן; אוֹתֵת

— off חָתַם; הִשְׁתַּתֵּק

— on הֶעֱסִיק; קִבֵּל עֲבוֹדָה

— up הִתְגַּיֵּס; הִצְטָרֵף; צֵרֵף

sig′nal *n.* & *v.t.* & *i.* (סִגְנַל) אוֹת, סִימָן, רֶמֶז; אוֹתֵת

sig′nature *n.* (סִגְנַצ׳ר) חֲתִימָה

signif′icance *n.* (סִגְנִפִקַנְס) מַשְׁמָעוּת; חֲשִׁיבוּת

signif′icant *adj.* (סִגְנִפִקַנְט) רַב־מַשְׁמָעוּת, מַשְׁמָעוּתִי; חָשׁוּב

signi′fy″ *v.t.* & *i.* (סִגְנִפַי) נָתַן אוֹת, רָמַז; הָיָה בַּעַל מַשְׁמָעוּת; מַשְׁמָעוּתוֹ...; הוֹרָה עַל; הָיָה בַּעַל חֲשִׁיבוּת

si′lence *v.t.* & *n.* (סַילֶנְס) הִשְׁתִּיק; הִסָּה; שֶׁקֶט

si′lent *adj.* (סַילֶנְט) שׁוֹתֵק; אִלֵּם; שַׁתְקָן; שֶׁבִּשְׁתִיקָה

silk *n.* & *adj.* (סִלְק) מֶשִׁי; עָשׂוּי מֶשִׁי, שֶׁל מֶשִׁי

sill *n.* (סִל) סַף, אֶדֶן

sil′liness *n.* (סִילִנְס) טִפְּשׁוּת

sil′ly *adj.* (סִלִי) טִפְּשִׁי; מְגֻחָךְ; לֹא־הֶגְיוֹנִי; הָמוּם

silt *n.* (סִלְט) טִין, סְחֹפֶת

sil′ver *n.* (סִלְוֶר) כֶּסֶף; כְּלֵי כֶּסֶף; כְּלֵי אֹכֶל. סַכּוּ״ם

sil′versmith″ *n.* (סִלְוֶרסְמִת׳) צוֹרֵף כֶּסֶף

sil′very *adj.* (סִלְוֶרִי) כַּסְפִּי; צָלוּל; מֵכִיל כֶּסֶף

sim′ilar *adj.* (סִמִלֶר) דּוֹמֶה

sim″ilar′ity *n.* (סִמִלֶרְטִי) דִּמְיוֹן

sim′ile *n.* (סִמֶלִי) מָשָׁל; דִּמְיוֹן

sim′mer *v.t.* & *i.* & *n.* (סִמֶר) בִּשֵּׁל עַל סַף הָרְתִיחָה; חִמֵּם לִנְקֻדַּת הָרְתִיחָה; רָחַשׁ; הָיָה עַל סַף הִתְרַגְּשׁוּת אוֹ הִתְפָּרְצוּת; הִתְחַמֵּם עַל סַף הָרְתִיחָה; הִתְחַמְּמוּת, רְחִישָׁה

— down נִרְגַּע

si′mony *n.* (סַיְמֶנִי) סַחַר בְּטוֹבוֹת הֲנָאָה דָּתִיּוֹת

sim′per *n.* & *v.i.* (סִמְפֶּר) חִיּוּךְ טִפְּשִׁי; חִיֵּךְ בְּחִיּוּךְ טִפְּשִׁי

sim′ple *adj.* (סִמְפֶּל) פָּשׁוּט; מֻחְלָט; תָּמִים; גְּלוּי־לֵב; שׁוֹטֶה; טָהוֹר

sim′pleton *n.* (סִמְפֶּלְטֶן) פֶּתִי

simplic′ity *n.* (סִמְפְּלִסִטִי) פַּשְׁטוּת; כֵּנוּת; תְּמִימוּת; אִוֶּלֶת

sim″plifica′tion *n.* (סִמְפְּלִפִקֵישֶׁן) פִּשּׁוּט

sim′plify″ *v.t.* (סִמְפְּלִפַי) פִּשֵּׁט; עָשָׂה קַל

sim′ulate″ *v.t.* (סִמְיֻלֵיט) הֶעֱמִיד פָּנִים; הִתְחַזָּה, הִתְחַפֵּשׂ; חִקָּה, הִדְמָה

sim″ula′tion *n.* (סִמְיֻלֵישֶׁן) הַעֲמָדַת פָּנִים; הִתְחַפְּשׂוּת, הִתְחַזּוּת; חִקּוּי; סִימוּלַצְיָה

si″multa′neous *adj.* (סַימֶלְטֵינִיאֶס) בּוֹ־זְמַנִּי, סִימוּלְטָנִי

sin *n.* & *v.i.* (סִן) חֵטְא, מִשְׁגֶּה; חָטָא, שָׁגָה

since *adv.* & *prep.* & *conj.* (סִנְס) מֵאָז; לְאַחַר מִכֵּן; לִפְנֵי הַיּוֹם; הוֹאִיל וְ...; מֵאַחַר שֶׁ...; כִּי

sincere′ *adj.* (סִנְסִיר) כֵּן; אֲמִתִּי

sincer′ity *n.* (סִנְסֶרִטִי) כֵּנוּת; אֲמִתִּיּוּת; כֹּבֶד רֹאשׁ

sine *n.* (סַין) סִינוּס (טריגונומטריה)

si'necure" *n.* (סַינֶקְיוּר) מִשְׂרָה שֶׁשְּׂכָרָהּ רַב לְלֹא מַאֲמָץ

sin'ew *n.* (סִנְיוּ) גִּיד

—s עָצְמָה; מֶרֶץ

sin'ful *adj.* (סִנְפֻל) רָשָׁע; חוֹטֵא

sing *v.i. & t. & n.* (סִנְג) שָׁר, זִמֵּר; כָּתַב שִׁירָה; שִׁבֵּחַ בְּזֶמֶר, הִלֵּל; נִתַּן לְזִמְרָה; שָׁרַק, זִמְזֵם; צִלְצֵל; הִלְשִׁין

— out קָרָא בְּקוֹל; צָעַק

— *n.* זִמְרִיָּה

singe *v.t.* (סִנְג') חָרַךְ

sin'ger *n.* (סִנְגֶר) זַמָּר; מְשׁוֹרֵר; צִפּוֹר שִׁיר

sing'ing *n.* (סִנְגִנְג) זִמְרָה

sin'gle *adj. & n. & v.t.* (סִנְגֶל) אֶחָד, יָחִיד; לְיָחִיד; רַוָּק; כֵּן, יָשָׁר; נִפְרָד; בָּחַר, בֵּרֵר

sing'ular *adj. & n.* (סִנְגְיֻלֶר) מְיֻחָד בְּמִינוֹ, מְצֻיָּן; מוּזָר; יָחִיד; נִפְרָד; מִסְפָּר יָחִיד

sin"gular'ity *n.* (סִנְגְיֻלֶרִטִי) יְחִידוּת; זָרוּת; נְדִירוּת

sin'ister *adj.* (סִנִסְטֶר) מְאַיֵּם; מְבַשֵּׂר רָע; מְרֻשָּׁע, זְדוֹנִי

sink *v.i. & t. & n.* (סִנְק) כִּיּוֹר; שֶׁקַע; בִּיב, בּוֹר שְׁפָכִים; שָׁקַע, טָבַע; יָרַד, חָלָה; הוֹרִיד, הִטְבִּיעַ; כָּרָה; הִפְחִית; הִשְׁקִיעַ

sink'ing fund" קֶרֶן פִּדְיוֹן

sin'ner *n.* (סִנֶר) חוֹטֵא

sin'uous *adj.* (סִנְיוּאֶס) מִתְפַּתֵּל; עָקִיף

sinus *n.* (סַיְנֶס) עִקּוּל; שֶׁקַע; סִינוּס (אנטומיה)

sip *v.t. & i. & n.* (סִפּ) שָׁתָה לְאַט, שְׁתִיָּה אִטִּית, טְעִימָה

sir *n.* (סֶר) אָדוֹן, אֲדוֹנִי; סֶר

sire *n.* (סַיְאֶר) אָב

sir'en *n.* (סַירֶן) סִירוֹנִית; בַּת יָם מְפַתָּה; אִשָּׁה מְפַתָּה; צוֹפַר אַזְעָקָה

sis'ter *n.* (סִסְטֶר) אָחוֹת; נְזִירָה

sissy *n.* (סִסִי) גֶּבֶר רַכְרוּכִי, גֶּבֶר נָשִׁי; פַּחְדָן

sis'terhood" *n.* (סִסְטֶרְהֻד) מַצַּב אָחוֹת; קְבוּצַת חֲבֵרוֹת, קְבוּצַת נְזִירוֹת; אֲגֻדַּת נָשִׁים

sis'ter-in-law" *n.* (סִסְטֶר־אִן־לוֹ) גִּיסָה

sis'terly *adj.* (סִסְטֶרְלִי) שֶׁל אָחוֹת, שֶׁל אֲחָיוֹת, כְּיָאוּת לְאָחוֹת

sit *v.i. & t.* (סִט) יָשַׁב; הָיָה מָצוּי; נָח, הָיָה מֻנָּח עַל; שִׁמֵּשׁ דֻּגְמָן; רָבַץ; כִּהֵן; קִיֵּם יְשִׁיבוֹת; שִׁמֵּשׁ שְׁמַרְטַף; הוֹשִׁיב; רָכַב

— in on הָיָה צוֹפֶה; הִשְׁתַּתֵּף בְּ־

— out נִשְׁאַר עַד הַסּוֹף; יָשַׁב בְּאֶפֶס מַעֲשֶׂה; נִמְנַע מֵהִשְׁתַּתְּפוּת

— pretty הִצְלִיחַ

— tight הֶחֱרִישׁ; נִמְנַע מִפְּעֻלָּה

site *n. & v.t.* (סַיט) אֲתַר; מָקוֹם; מִקֵּם

sit'ting *n.* (סִטִנְג) יְשִׁיבָה; מוֹשָׁב; דְּגִירָה; בֵּיצֵי דְגִירָה; מִשְׁמֶרֶת־אֲכִילָה

sit'ua"ted *adj.* (סִצ'וּאֵיטֶד) נִמְצָא, מְמֻקָּם; מַצָּבוֹ...

sit"ua'tion *n.* (סִצ'וּאֵישֶׁן) מַצָּב; מָקוֹם; מִקּוּם; מִשְׂרָה; סִיטוּאַצְיָה

six *n. & adj.* (סִקְס) שִׁשָּׁה (.m), שֵׁשׁ (.f)

at —es and sevens מְבֻלְבָּל; שָׁרוּי בְּמַחֲלֹקֶת

six'teen' *n. & adj.* (סִקְסְטִין) שִׁשָּׁה עָשָׂר (.m), שֵׁשׁ עֶשְׂרֵה (.f)

six'teenth' *adj.* (סִקְסְטִינְת') הַשִּׁשָּׁה עָשָׂר (.m), הַשֵּׁשׁ עֶשְׂרֵה (.f)

sixth *adj.* (סִקְסְת') שִׁשִּׁי־ת

six'ty *n.* (סִקְסְטִי) שִׁשִּׁים

size *n. & v.t.* (סַיז) גֹּדֶל, מִדָּה; הֶקֵּף; מַצַּב הָעִנְיָנִים; מִיֵּן לְפִי גְדָלִים; קָבַע גֹּדֶל

siz'zle *v.i.* (סִזְל) הִשְׁמִיעַ קוֹל שְׁרִיקָה; הָיָה חַם מְאֹד

skate *n. & v.i.* (סְקֵיט) מַחֲלִיק; הֶחֱלִיק

skein *n.* (סְקֵין) דּוֹלְלָה, סְלִיל

skel'eton *n.* (סְקֶלִטֶן) שֶׁלֶד; אָדָם כָּחוּשׁ; רָאשֵׁי פְּרָקִים

skep'tic *n.* (סְקֶפְּטִק) סַפְקָן; קְטַן אֲמָנָה; כּוֹפֵר

skep'ticis"m *n.* (סְקֶפְּטִסִזְם) סַפְקָנוּת

sketch *n. & v.t. & i.* (סְקֶץ') מִתְוֶה, חֲקִיצָה; רִשּׁוּם; שִׂרְטוּט; תַּסְכִּית; רָשַׁם; תִּוָּה; שִׂרְטֵט

skew'er *n.* (סְקְיוּאֶר) שַׁפּוּד

skid *n. & v.t. & i.* (סְקִד) קֶרֶשׁ־הַעֲבָרָה; בָּמַת־עִתּוּק; קֶרֶשׁ־תְּמִיכָה; בֶּלֶם; מַחֲלִיק־נְחִיתָה; הַחְלָקָה; הֶעֱבִיר עַל קֶרֶשׁ; בָּלַם; הֵנִיעַ בִּתְנוּעַת הַחְלָקָה; הֶחֱלִיק

skiff *n.* (סְקִף) סִירָה

skill *n.* (סְקִל) כֹּשֶׁר, מְיֻמָּנוּת; מִשְׁלַח־יָד (הדורש מומחיות)

skilled *adj.* (סְקִלְד) מְיֻמָּן, מְאֻמָּן, מֻכְשָׁר, מֻמְחֶה

skill´ful *adj.* (סְקִלְפֻל) מְיֻמָּן; מֻכְשָׁר, מֻמְחֶה

skim *v.t. & i.* (סְקִם) הֵסִיר קְרוּם, הֵסִיר מֵעַל פְּנֵי הַשֶּׁטַח; נָע בְּקַלִּילוּת עַל פְּנֵי הַשֶּׁטַח; עָשָׂה בְּצוּרָה שִׁטְחִית

— milk חָלָב כָּחוּשׁ

skimp *v.t. & i.* (סְקִמְפּ) קִמֵּץ

skim´py *adj.* (סְקִמְפִּי) מְצֻמְצָם; קַמְּצָנִי

skin *n. & v.t. & i.* (סְקִן) עוֹר; קְלִפָּה; קְרוּם; נֹאד

get under one's — הִרְגִּיז; עָשָׂה רֹשֶׁם עַז עַל

no — off one's back (nose) אֵינוֹ נוֹגֵעַ לוֹ כְּלָל עִקָּר; אֵינוֹ מְעַנְיְנוֹ

— v.t. פָּשַׁט עוֹר; קִלֵּף; גֵּרֵד קְצָת עוֹר; הוֹצִיא רְכוּשׁ בְּמִרְמָה; "סִדֵּר"

skin´ny *adj.* (סְקִנִי) כָּחוּשׁ, צָנוּם

skip *v.i. & t.* (סְקִפּ) דִּלֵּג; פָּסַח עַל; נֶעְדַּר מ־; הִשְׁמִיט; הִסְתַּלֵּק; דִּלּוּג, נְתִירָה; הַשְׁמָטָה

skip´per *n.* (סְקִפֶּר) רַב חוֹבֵל; רֹאשׁ

skir´mish *n.* (סְקֶרְמִשׁ) הִתְנַגְּשׁוּת, תִּגְרָה

skirt *n. & v.t.* (סְקֶרְט) חֲצָאִית; בַּחוּרָה; עָבַר לְיַד הַקָּצֶה; הִתְרַחֵק מ־

skit *n.* (סְקִט) תַּסְכִּית מְבַדֵּחַ; דְּבַר־לַעַג

skull *n.* (סְקַל) גֻּלְגֹּלֶת

skunk *n. & v.t.* (סְקַנְק) בּוֹאֵשׁ; נָבָל; הִנְחִיל תְּבוּסָה נִצַּחַת

sky *n.* (סְקַי) שָׁמַיִם

out of clear — כְּשֶׁד מִשַּׁדַּי

sky´lark" *n.* (סְקַילַרְק) זַרְעִית הַשָּׂדֶה

sky´light" *n.* (סְקַילַיְט) צֹהַר

sky´scra"per *n.* (סְקַיסְקְרֵיפֶּר) גּוֹרֵד שְׁחָקִים

slab *n.* (סְלֶבּ) לוּחַ; פְּרוּסָה עָבָה, חֲתִיכָה רְחָבָה וְעָבָה

slack *adj.* (סְלֶק) רָפוּי; מְרֻשָּׁל; אִטִּי, עַצְלָנִי; חַלָּשׁ

slack´en *v.t. & i.* (סְלֶקֶן) רִפָּה; פָּג; צִמְצֵם פְּעִילוּת; רָפָה, הֵאֵט, מִתֵּן

slack´er *n.* (סְלֶקֶר) מִשְׁתַּמֵּט

slacks *n. pl.* (סְלֶקְס) מִכְנָסַיִם

slag *n.* (סְלֶג) סִיגִים

slain (סְלֵין) (slay של p. p.)

slake *v.t.* (סְלֵיק) רִוָּה, הִשְׁקִיט, הֵפִיג

slam *v.t. & i. & n.* (סְלֶם) טָרַק; דָּחַף בְּכֹחַ; בִּקֵּר קָשׁוֹת; טְרִיקָה, דְּחִיפָה בְּכֹחַ

slan´der *v.t. & n.* (סְלֶנְדֶר) הִשְׁמִיץ, הוֹצִיא דִּבָּה; הַשְׁמָצָה, הוֹצָאַת דִּבָּה

slang *n.* (סְלֶנְג) עָגָה, דִּבּוּר הֲמוֹנִי

slant *v.i. & t. & n.* (סְלֶנְט) נָטָה בַּאֲלַכְסוֹן, הִשְׁתַּפֵּעַ; נָטָה ל־; סִלֵּף, גִּלָּה מַשּׂוֹא פָּנִים, גִּלָּה מְגַמָּתִיּוּת, הִכְנִיס פְּנִיּוֹת; שִׁפּוּעַ, נְטִיָּה; הַשְׁקָפָה; עֶמְדָּה; טוֹן

slap *v.t. & n.* (סְלֶפּ) סָטַר, סְטִירָה

slap´dash" *adj.* (סְלֶפְּדֶשׁ) נִמְהָר, פָּזִיז

slap´stick" *n.* (סְלֶפְּסְטִק) קוֹמֶדְיָה סוֹאֶנֶת

slash *v.t. & i. & n.* (סְלֶשׁ) חָתַךְ בְּכֹחַ וּבִתְנוּפָה; הִצְלִיף; צִמְצֵם; קָרַע; גָּזַר לִגְזָרִים; חֲתָךְ; קֶרַע; פֶּצַע; צִמְצוּם; הַצְלָפָה

slate *n.* (סְלֵיט) צִפְחָה, לוּחַ צִפְחָה; לוּחַ קָטָן; אָפֹר; כְּחַלְחַל כֵּהֶה; רְשִׁימַת מֻעֲמָדִים

clean — מוֹנִיטִין לְלֹא רְבָב

— v.t. כִּסָּה בְּצִפְחָה; הֵכִין רְשִׁימַת מֻעֲמָדִים; קָבַע מָקוֹם בְּלוּחַ זְמַנִּים; נָזַף

slat´tern *n.* (סְלֶטֶרְן) מְרֻשֶּׁלֶת; לִכְלוּכִית; יַצְאָנִית

slaugh´ter *v.t. & n.* (סְלוֹטֶר) שָׁחַט, טָבַח; הֵבִיס תְּבוּסָה נִצַּחַת; שְׁחִיטָה, טֶבַח; תְּבוּסָה נִצַּחַת

slaugh´terhouse" *n.* (סְלוֹטֶרְהָאוּס) בֵּית מִטְבָּחַיִם

slave *n. & v.i.* (סְלֵיב) עֶבֶד; מָכוּר; מְשֻׁעְבָּד לַעֲבוֹדָה מְשַׁעֲמֶמֶת; עָמַל כְּעֶבֶד; עָבַד עֲבוֹדַת פֶּרֶךְ, הִשְׁתַּעְבֵּד לַעֲבוֹדָה מְשַׁעֲמֶמֶת

slav´er *v.i.* (סְלֶוֶר) הִפְרִישׁ רִיר מֵהַפֶּה

— *n.* (סְלֵיוֶר) סוֹחֵר עֲבָדִים; אֳנִיָּה לִסְחַר עֲבָדִים

sla´very *n.* (סְלֵיוֶרִי) עַבְדוּת; שִׁעְבּוּד, עָמָל

sla′vish *adj.* (סְלֵיוִשׁ) שֶׁל עַבְדוּת; דּוֹמֶה לְעֶבֶד, שֶׁל עֲבָדִים; נִקְלֶה; חַקְיָנִי

slay *v.t.* (סְלֵי) הָרַג, רָצַח, הִשְׁמִיד; עָשָׂה רֹשֶׁם כַּבִּיר עַל

slea′zy *adj.* (סְלִיזִי) קְלוֹקֵל; קָלוּשׁ; נִקְלֶה

sled *n.* (סְלֶד) מִגְרָרָה, מִזְחֶלֶת

sledge *n.* (סְלֶג׳) מִזְחֶלֶת; מִגְרָרָה

sledge′ ham″mer (סְלֶג׳ הֶמֶר) הַלְמוּת, מַקֶּבֶת

sleek *adj.* (סְלִיק) חָלָק וּמַבְרִיק; שָׂבֵעַ, מְטֻפָּח; חֲלַק־לָשׁוֹן

sleep *v.i.* & *n.* (סְלִיפּ) יָשֵׁן; לָן; שָׁכַב; שֵׁנָה

— in לָן בִּמְקוֹם הָעֲבוֹדָה

slee′per *n.* (סְלִיפֶּר) יָשֵׁן; אֶדֶן; קְרוֹן־שֵׁנָה

sleep′walker″ *n.* (סְלִיפְּווֹקֶר) סַהֲרוּרִי

slee′py *adj.* (סְלִיפִּי) רוֹצֶה לִישׁוֹן; מְנֻמְנָם, רָדוּם; מַרְדִּים

sleet *n.* (סְלִיט) גֶּשֶׁם־שֶׁלֶג

sleeve *n.* (סְלִיב) שַׁרְווּל; מַעֲטֶפֶת; גָּלִיל

laugh up one's — צָחַק בַּחֲשַׁאי; בָּז בְּלִבּוֹ

up one's — חָבוּי

sleigh *n.* (סְלֵי) מִזְחֶלֶת, מִגְרָרָה

sleight′ of hand′ (סְלַיט אֲבְהֶנְד) זְרִיזוּת יָדַיִם

slen′der *adj.* (סְלֶנְדֶר) רָזֶה, דַּק; דַּל

slept (סְלֶפְּט) (זמן עבר של sleep)

slew (סְלוּ) (זמן עבר של slay)

slice *v.t.* & *n.* (סְלַיס) פָּרַס, חָתַךְ; פְּרוּסָה; חֵלֶק

slick *adj.* & *n.* (סְלִק) חֲלַקְלַק, חָלָק וּמַבְרִיק; עַרְמוּמִי; מְמֻלָּח; מַחֲלִיק; "עָצוּם"; מָקוֹם חָלָק; כֶּתֶם שֶׁמֶן; כְּתַב־עֵת רַב־תְּפוּצָה

slick′er *n.* (סְלִקֶר) מְעִיל גֶּשֶׁם; נוֹכֵל

slide *v.i.* & *t.* & *n.* (סְלַיד) הֶחֱלִיק, גָּלַשׁ; עָבַר בְּהַדְרָגָה; חָוַח, הֶעֱבִיר; הַחְלָקָה, גְּלִישָׁה; מַגְלֵשָׁה; מַפֹּלֶת; שְׁקוּפִית; קָנֶה זָחִיחַ

slight *adj.* & *v.t.* & *n.* (סְלַיט) מוּעָט; פָּעוּט; רָזֶה, דַּק; הֵקֵל רֹאשׁ בּ־; הִתְעַלֵּם מ־; פְּגִיעָה, עֶלְבּוֹן מְכֻוָּן

slim *adj.* (סְלִם) רָזֶה, דַּק; קָלוּשׁ; דַּל

slime *n.* (סְלַים) טִיט, שֶׁמֶן מְטֻנָּף; הַפְרָשָׁה שַׁמְנוּנִית

sli′my *adj.* (סְלַימִי) שַׁמְנוּנִי וּמְטֻנָּף; שֶׁל טִיט; מַבְחִיל

sling *n.* (סְלִנְג) קֶלַע, "רוֹגַטְקָה"; תַּחְבֹּשֶׁת־תְּמִיכָה; מַעֲנָב; רְצוּעָה; זָרַק, הֵטִיל, הֶעֱבִיר בְּמַעֲנָב; תָּלָה

slink *v.i.* (סְלִנְק) הִתְחַמֵּק בְּבֹשֶׁת פָּנִים; הָלַךְ חֲמַקְמַקּוֹת; הָלַךְ בְּצוּרָה מְגֻרָה

slip *v.i.* & *t.* (סְלִפּ) חָמַק; הֶחֱלִיק; מָעַד; נָפַל; שָׁגָה; הֵנִיחַ בַּחֲשַׁאי; לָבַשׁ מַהֵר; פָּשַׁט מַהֵר; הִפְלִיג; פָּלַט, הִשִּׁיר; נָתַן

let — גִּלָּה בִּשְׁגָגָה

— up טָעָה; נִכְשַׁל

— *n.* הַחְלָקָה; מְעִידָה; מִשְׁגֶּה; פְּלִיטָה; יְרִידָה; תַּחְתּוֹנִית; צִפִּית; מִבְדּוֹק

give someone the — הִתְחַמֵּק מִידֵי־

slip′per *n.* (סְלִפֶּר) נַעַל בַּיִת

slip′pery *adj.* (סְלִפֶּרִי) גּוֹרֵם הַחְלָקָה, חֲלַקְלַק; חֲמַקְמַק; עַרְמוּמִי; רָעוּעַ

slip′shod″ *adj.* (סְלִפְּשׁוֹד) מֻזְנָח, מְרֻשָּׁל; יָרוּד

slit *v.t.* & *n.* (סְלִט) בָּקַע; בְּקִיעַ, סֶדֶק

slith′er *v.i.* (סְלִדְ׳ר) הֶחֱלִיק, זָחַל, הָלַךְ בְּצוּרָה נִפְתֶּלֶת

sliv′er *n.* (סְלִוֶר) קֵיסָם

slob′ber *v.i.* (סְלוֹבֶּר) הִתִּיז רִיר; נָהַג בְּצוּרָה מְתַקְתֶּקֶת

slog′an *n.* (סְלוֹגַן) סִיסְמָה; מֵימְרָה

slop *v.t.* & *n.* (סְלוֹפּ) שָׁפַךְ; מֵי שְׁפָכִים

slope *n.* & *v.i.* & *t.* (סְלוֹפּ) מִדְרוֹן; הָיָה מְשֻׁפָּע; הִטָּה בַּאֲלַכְסוֹן

slop′py *adj.* (סְלוֹפִּי) מְרֻשָּׁל; מְכֻסֶּה בֹּץ, מְלֻכְלָךְ, מְרֻטָּב; מְתַקְתַּק

slot *n.* & *v.t.* (סְלוֹט) חָרִיץ; עָשָׂה חָרִיץ

sloth *n.* (סְלוֹת׳) עַצְלָנוּת; עַצְלָן

slouch *v.i.* & *n.* (סְלַאוּץ׳) הָלַךְ אוֹ יָשַׁב בִּשְׁמִיטַת רֹאשׁ וּכְתֵפַיִם; הָלַךְ בְּרִפְיוֹן; הָיָה תָּלוּי בְּרִפְיוֹן; שְׁמִיטַת רֹאשׁ וּכְתֵפַיִם

slov′enly *adj.* (סְלַוֶנְלִי) מְרֻשָּׁל, מְלֻכְלָךְ

slow *adj.* (סְלוֹ) אִטִּי; קְשֵׁה־תְּפִיסָה; כְּבַד־תְּנוּעָה, מְפַגֵּר; מָתוּן

slow′ness *n.* (סְלוֹנֶס) אִטִּיּוּת; פִּגּוּר

slug *n. & v.t.* (סְלַג) שַׁבְּלוּל; אֲסִימוֹן; הָלַם בְּאֶגְרוֹף

slug′gard *n.* (סְלַגֶרְד) עָצֵל

slug′gish *adj.* (סְלַגִשׁ) חֲסַר־מֶרֶץ, עָצֵל; אִטִּי

slum *n. & v.t.* (סְלַם) שְׁכוּנַת עֹנִי, רֹבַע מֻזְנָח; בִּקֵּר בְּרֹבַע מֻזְנָח; בִּקֵּר בִּמְקוֹמוֹת בִּדּוּר הֲמוֹנִיִּים

slumber *v.i. & n.* (סְלַמְבֶּר) הִתְנַמְנֵם; יָשֵׁן, נָם; שֵׁנָה, תְּנוּמָה קַלָּה

slump *v.i. & n.* (סְלַמְפּ) עָמַד אוֹ יָשַׁב בְּרִפְיוֹן; שָׁקַע; יָרַד; יְצִיבַת־רִפְיוֹן; יְרִידָה

slur *v.t. & i. & n.* (סְלֶר) נָגַע בִּצּוּרָה שִׁטְחִית; בִּטֵּא בְּטִשְׁטוּשׁ; זִלְזֵל בְּ־; דִּבֵּר בְּרַשְׁלָנוּת; צְלִיל מְטֻשְׁטָשׁ; זִלְזוּל, פְּגִיעָה; רְבָב

slush *n.* (סְלַשׁ) שְׁלוּגִית, שֶׁלֶג נָמֵס וּבֹץ

— fund″ קֻפַּת שֹׁחַד

slut *n.* (סְלַט) לִכְלוּכִית; פְּרוּצָה

sly *adj.* (סְלַי) עַרְמוּמִי; חַמְקְמַק; שׁוֹבָב

on the — בַּחֲשַׁאי

smack *v.t. & i. & n.* (סְמֶק) סָטַר, הִקִּישׁ; הָיָה בַּעַל טַעַם־; סְטִירָה; הַקָּשָׁה; נְשִׁיקָה קוֹלָנִית; טַעַם, נְגִיסָה

small *adj.* (סְמוֹל) קָטָן; רָזֶה, צַר; צָנוּעַ; קַטְנוּנִי; קָלוּשׁ; זָעִיר; חַלָּשׁ

small′pox″ *n.* (סְמוֹלְפּוֹקְס) אֲבַעְבּוּעוֹת

smart *adj. & v.i.* (סְמַרְט) פִּקֵּחַ, חָרִיף; מְמֻלָּח; מְצַחְצָח; אֶלֶגַנְטִי; חָצוּף; נִמְרָץ; חַד; כָּאַב; סָבַל

smash *v.t. & i. & n.* (סְמֶשׁ) נִפֵּץ, מִעֵךְ, רִסֵּק; הָרַס; הִכָּה; הִתְנַפֵּץ; מַכָּה; הִתְרַסְּקוּת; הִתְנַגְּשׁוּת; הֶרֶס; לְהִיט

smat′tering *n.* (סְמֶטֶרִנְג) יְדִיעָה שִׁטְחִית

smear *v.t.* (סְמִיר) מָרַח; טִנֵּף; הִשְׁמִיץ; הִכָּה מַכָּה נִצַּחַת; רְבָב; הַשְׁמָצָה; מִשְׁטָח

smell *n. & v.t. & i.* (סְמֶל) רֵיחַ; הֲרָחָה; צַחֲנָה; הֵרִיחַ; הִרְגִּישׁ בְּ־; גִּלָּה; הֶעֱלָה רֵיחַ; הִסְרִיחַ

smelt *v.t.* (סְמֶלְט) הִתִּיךְ

smile *v.i. & t. & n.* (סְמַיְל) חִיֵּךְ; נָטָה חֶסֶד לְ־; חִיּוּךְ

smirk *v.i. & n.* (סְמֶרְק) חִיֵּךְ חִיּוּךְ מְעֻשֶּׂה; חִיּוּךְ אִינְטִימִי מְעֻשֶּׂה

smite *v.t.* (סְמַיט) הִכָּה; הִשְׁפִּיעַ הַשְׁפָּעָה עַזָּה

smith *n.* (סְמִת׳) חָרָשׁ

smith′y *n.* (סְמִת׳י) מַפָּחָה

smit′ten (סְמִטְן) (p. p. של smite)

smock *n.* (סְמוֹק) מַעֲפֹרֶת, חֲלוּק עֲבוֹדָה

smog *n.* (סְמוֹג) עַרְפִּיחַ

smoke *n. & v.i. & t.* (סְמוֹק) עָשָׁן; אֵד; עִשּׁוּן; סִיגָרִיָּה, עִשֵּׁן; עִשֵּׁן

— out גֵּרֵשׁ מִמַּחְבּוֹאוֹ בְּעָשָׁן; חָשַׂף

smo′ky *adj.* (סְמוֹקִי) מַעֲלֶה עָשָׁן, עָשֵׁן; אָפֹר; שֶׁל עָשָׁן

smol′der *v.i.* (סְמוֹלְדֶר) בָּעַר בְּלִי עָשָׁן; בָּעַר לְאַט; הִתְקַיֵּם בַּחֲשַׁאי; גִּלָּה רְגָשׁוֹת מְדֻכָּאִים

smooth *adj. & v.t.* (סְמוּד׳) חָלָק; שָׁקֵט; מְלֻטָּשׁ; עָשָׂה חָלָק; יִשֵּׁר; הִרְגִּיעַ; הִקְצִיעַ, הֵסִיר מִכְשׁוֹלִים

smote (סְמוֹט) (זמן עבר של smite)

smoth′er *v.t. & i.* (סְמַד׳ר) שִׁנֵּק; כִּבָּה; כִּסָּה בְּ־; דִּכֵּא; נֶחֱנַק

smudge *n. & v.t. & i.* (סְמַג׳) רְבָב; עָשָׁן מַחֲנִיק; הִכְתִּים בִּרְבָבִים; מִלֵּא בְּעָשָׁן סָמִיךְ; הִתְלַכְלֵךְ

smug *adj.* (סְמַג) מְרֻצֶּה בְּעַצְמוֹ; מְצֻחְצָח

smug′gle *v.t. & i.* (סְמַגְל) הִבְרִיחַ; הֵבִיא בִּגְנֵבָה

smug′gler *n.* (סְמַגְלֶר) מַבְרִיחַ

smut *n.* (סְמַט) חֶלְקִיק פִּיחַ; רְבָב שָׁחוֹר; נִבּוּל פֶּה; פּוֹרְנוֹגְרַפְיָה; שִׁדָּפוֹן

smut′ty *adj.* (סְמַטִי) מְפֻיָּח; שֶׁל נִבּוּל פֶּה, גַּס

snack *n.* (סְנֶק) אֲרוּחָה קַלָּה, מַשֶּׁהוּ לֶאֱכוֹל; חֵלֶק

snag *n. & v.i.* (סְנֶג) גֶּדֶם מַכְשִׁיל; בְּלִיטָה חַדָּה; קֶרַע; מִכְשׁוֹל; נִתְפַּס, הִסְתַּבֵּךְ

snail *n.* (סְנֵיל) חִלָּזוֹן

snake *n.* (סְנֵיק) נָחָשׁ; אוֹיֵב בּוֹגְדָנִי

snap *v.i. & t.* (סְנֶפּ) הִשְׁמִיעַ קוֹל פִּצּוּחַ; נָע בְּלִוּוּי קוֹל פִּצּוּחַ; נִשְׁבַּר פִּתְאוֹם; נוֹצֵץ; נָע בִּתְנוּעָה חֲטוּפָה; צִלֵּם; חָטַף פִּתְאוֹם; פָּלַט; הֵזִיז פִּתְאוֹם (בליווי קול פיצוח); שִׁבֵּר פִּתְאוֹם

— one's fingers at — גִּלָּה אֲדִישׁוּת; הִפְגִּין בּוּז כְּלַפֵּי

— out of it — הִתְאוֹשֵׁשׁ

— *n.* — תְּנוּעָה פִּתְאוֹמִית; קוֹל פִּצּוּחַ; תְּקוּפָה קְצָרָה; תַּצְלוּם; מַעֲשֶׂה קַל

snap'pish *adj.* (סְנֶפִּשׁ) עוֹקְצָנִי, נוֹחַ לִכְעוֹס

snap'shot" *n.* (סְנֶפְּשׁוֹט) תַּצְלוּם

snare *n. & v.t.* (סְנֵר) מַלְכֹּדֶת; מַלְכֹּדֶת לוּלָאָה; לָכַד בְּמַלְכֹּדֶת; סִבֵּךְ, תָּפַס בְּעַרְמוּמִיּוּת

snarl *v.i. & n.* (סְנָרְל) נָהַם בְּזַעַם; הִתְרַעֵם בְּזַעַם; נְהִימַת זַעַם; תַּרְעֹמֶת זוֹעֶמֶת

snatch *v.i. & t.* (סְנֶץ') חָטַף; חֲטִיפָה; קֶרַע; תְּקוּפָה חֲטוּפָה

sneak *v.i. & t.* (סְנִיק) הִתְגַּנֵּב; הִגְנִיב; אָדָם נִבְזֶה; מַלְשִׁין

snea'ker *n.* (סְנִיקְר) נַעַל הִתְעַמְּלוּת

sneer *v.i. & n.* (סְנִיר) חִיֵּךְ בְּבוּז, עִוֵּת שָׂפָה בְּבוּז; לִגְלֵג; אֲרֶשֶׁת בּוּז; דְּבַר־לַעַג

sneeze *v.i. & n.* (סְנִיז) הִתְעַטֵּשׁ; עִטּוּשׁ, הִתְעַטְּשׁוּת

snick'er *v.i. & n.* (סְנִקְר) צִחְקֵק בְּזִלְזוּל; צִחְקוּק־זִלְזוּל

sniff *v.i. & n.* (סְנִף) רִחְרֵחַ, שָׁאַף אֲוִיר; גִּלָּה בּוּז (ע״י הרחרוח); רִחְרוּחַ; רֵיחַ קַל

snif'fle *v.i. & n.* (סְנִפְל) רִחְרוּחַ תְּכוּפוֹת; רִחְרוּחַ חוֹזֵר וְנִשְׁנֶה

—s נַזֶּלֶת

snip *v.t. & i. & n.* (סְנִפּ) גָּזַר; גְּזִירָה; חֲתִיכָה קְטַנָּה; אָדָם נִקְלֶה

snipe *n. & v.i.* (סְנַיְפּ) חַרְטוֹמָן; צְלִיפָה (כבארב); צָלַף (כבארב); מָתַח בִּקֹּרֶת בְּעִלּוּם־שֵׁם

snip'er *n.* (סְנַיְפֶּר) צַלָּף

snip'pet *n.* (סְנִפֶּט) חֲתִיכָה, קֶטַע; אָדָם נִקְלֶה

snob *n.* (סְנוֹב) סְנוֹב; שַׁחֲצָן

snob'bish *adj.* (סְנוֹבִּשׁ) סְנוֹבִּי, שַׁחֲצָנִי

snooze *n. & v.i.* (סְנוּז) יָשַׁן; הִתְנַמְנֵם; חָטַף תְּנוּמָה

snore *v.i. & n.* (סְנוֹר) נָחַר; נְחִירָה

snort *v.i. & n.* (סְנוֹרְט) נָשַׁף בְּקוֹל; הִפְגִּין בּוּז עַל יְדֵי נְשִׁיפָה קוֹלָנִית; נְשִׁיפָה קוֹלָנִית; כּוֹסִית

snout *n.* (סְנַאוּט) חַרְטוֹם, אַף

snow *n. & v.i. & t.* (סְנוֹ) שֶׁלֶג; הֵרוֹאִין; יָרַד שֶׁלֶג; כִּסָּה בְּשֶׁלֶג; שִׁכְנֵעַ, הֶעֱרִים עַל

snow'drift" *n.* (סְנוֹדְרִפְט) עֲרֵמַת שֶׁלֶג, סַחַף שֶׁלֶג

snow'flake" *n.* (סְנוֹפְלֵיק) פְּתִית שֶׁלֶג

snow'plow" *n.* (סְנוֹפְלַאו) מַפְלֶסֶת, מַחֲרֵשָׁה לְפִנּוּי שֶׁלֶג

snow'storm" *n.* (סְנוֹסְטוֹרְם) סוּפַת שֶׁלֶג

snow'y *adj.* (סְנוֹאִי) מְכֻסֶּה שֶׁלֶג; שֶׁל שֶׁלֶג; צָחוֹר

snub *v.t. & n.* (סְנַב) הִתְעַלֵּם מ־ בְּבוּז; דָּחָה בְּלַעַג; עֶלְבּוֹן לַגְלְגָנִי, הִתְעַלְּמוּת בְּבוּז

snub'-nosed" *adj.* (סְנַבּ־נוֹזְד) חֲרוּמַף

snuff *v.t. & n.* (סְנַף) שָׁאַף (דרך האף); רִחְרֵחַ; הֵרִיחַ (טבק); שְׁאִיפָה (דרך האף); רִחְרוּחַ; הֲרָחָה; רֵיחַ; טַבַּק־הֲרָחָה; קֻמְצוּץ טַבַּק־הֲרָחָה

up to — מַשְׂבִּיעַ רָצוֹן

snuf'fle *v.i. & n.* (סְנַפְל) שָׁאַף בְּקוֹלָנִיּוּת; אִנְפֵּף; יִבֵּב; שְׁאִיפָה קוֹלָנִית; אִנְפּוּף; יְבָבָה

snug *adj.* (סְנַג) נוֹחַ וְחָמִים; מְסֻדָּר; מְהֻדָּק; סוֹדִי

snug'gle *v.i. & t.* (סְנַגְל) נִצְמַד אֶל; הִתְרַפֵּק עַל; גִּפֵּף

so *adv.* (סוֹ) כָּךְ, כָּכָה; כֹּה, כָּל כָּךְ; מְאֹד; עַד כַּמָּה; לְמַעַן; לָכֵן; בְּוַדַּאי; אָמְנָם כֵּן; גַּם כֵּן; אַחַר כָּךְ

— what מָה אִכְפַּת

— *conj.* כְּדֵי שֶׁ־; הַתּוֹצָאָה הִיא; בִּתְנַאי שֶׁ־; אִם

— *pron. & interj. & adv.* כָּכָה; בְּקֵרוּב; דַּי

soak *v.i. & t. & n.* (סוֹק) שָׁרָה; הָיָה רָטֹב מְאֹד; חָדַר; הִשְׁרָה, הִרְטִיב לְגַמְרֵי; הִפְקִיעַ מְחִיר; שְׁרִיָּה; שַׁתְיָן

soap *n.* (סוֹפ) סַבּוֹן; חֲנֻפָּה

no — לֹא בָּא בְּחֶשְׁבּוֹן

— *v.t.* סִבֵּן

soar *v.i.* (סוֹר) הִמְרִיא; דָּאָה בְּגֹבַהּ רַב; הִתְנוֹסֵס, הִרְקִיעַ שְׁחָקִים

sob *n. & v.i.* (סוֹב) הִתְיַפֵּחַ; הִתְיַפְּחוּת

so'ber *adj.* (סוֹבֶּר) פִּכֵּחַ; מְיֻשָּׁב בְּדַעְתּוֹ, מְפֻכָּח; שָׁלֵו; שָׁקֵט; מְרֻסָּן, מָתוּן

sobri'ety *n.* (סֶבְּרַיאֶטִי) פִּכָּחוֹן; מְתִינוּת; כֹּבֶד רֹאשׁ

soc'cer *n.* (סוֹקֶר) כַּדּוּרֶגֶל

so'ciable *adj.* (סוֹשֶׁבְּל) חֶבְרוּתִי, יְדִידוּתִי

so'cial *adj.* (סוֹשֶׁל) חֶבְרָתִי; סוֹצְיָאלִי

so'cialism *n.* (סוֹשֶׁלִזְם) סוֹצְיָאלִיזְם

so'cialist *n. & adj.* (סוֹשֶׁלִסְט) סוֹצְיָאלִיסְט; סוֹצְיָאלִיסְטִי

soci'ety *n.* (סֶסַיאֶטִי) אֲגֻדָּה; חֶבְרָה; מַעֲמָד; חַיֵּי הַחֶבְרָה; הַחֶבְרָה הַגְּבוֹהָה; קְהִלָּה

so"ciol'ogy *n.* (סוֹסִיאוֹלֶגִ'י) סוֹצְיוֹלוֹגְיָה

sock *n. & v.t.* (סוֹק) גֶּרֶב; הָלַם בְּכֹחַ, "הִרְבִּיץ"

sock'et *n.* (סוֹקִט) בֵּית־נוּרָה; שֶׁקַע

sod *n.* (סוֹד) גּוּשׁ עֲשָׂבִים; דֶּשֶׁא; קַרְקַע

so'da *n.* (סוֹדֶה) נַתְרָן; גָּזוֹז; סוֹדָה לִשְׁתִיָּה; סוֹדָה קָאוּסְטִית

sod'den *adj.* (סוֹדְן) סָפוּג רְטִיבוּת; רָווּי; מָלֵא גוּשִׁים; תָּפוּחַ; מְטֻמְטָם

so'fa *n.* (סוֹפֶה) סַפָּה

soft *adj.* (סוֹפְט) רַךְ; חָלָק; נָעִים; עָדִין; קַל; מִשְׁתַּתֵּף בְּצַעַר; מֻשְׁפָּע בְּקַלּוּת; טִפְּשִׁי

be — on someone חִבֵּב

sof'ten *v.t. & i.* (סוֹפְן) רִכֵּךְ, עִדֵּן; הִתְרַכֵּךְ; הִתְעַדֵּן

soil *n. & v.t.* (סוֹיל) אֲדָמָה; לִכְלֵךְ, טִנֵּף

so'journ *n. & v.i.* (סוֹגֶ'רְן) שְׁהִיָּה; שָׁהָה

sol'ace *n.* (סוֹלִס) נֶחָמָה, תַּנְחוּמִים

so'lar *adj.* (סוֹלֶר) שֶׁל הַשֶּׁמֶשׁ

sold (סוֹלד) (זמן עבר של sell)

sold'er *n. & v.t.* (סוֹדר) לַחַם; הַלְחָמָה; חִבּוּר; הִלְחִים, תִּקֵּן; חִבֵּר

sol'dier *n. & v.i. & t.* (סוֹלְגֶ'ר) חַיָּל; אִישׁ צָבָא; חוֹגֵר; שִׁמֵּשׁ חַיָּל; הֶעֱמִיד פָּנִים כְּעוֹבֵד

sol'diery *n.* (סוֹלְגֶ'רִי) חַיָּלִים, אַנְשֵׁי צָבָא; קְבוּצַת חַיָּלִים; אִמּוּן צְבָאִי

sole *adj. & n.* (סוֹל) יָחִיד; מְיֻחָד; בְּמִינוֹ; בִּלְעָדִי; כַּף רֶגֶל; סֻלְיָה

sole'mn *adj.* (סוֹלֶם) רְצִינִי; חֲגִיגִי; דָּתִי

solem'nity *n.* (סֶלֶמְנִטִי) רְצִינוּת, חֲגִיגִיּוּת, חֲגִיגָה

sol'emnize" *v.t.* (סוֹלֶמְנַיז) חָגַג בְּטְקָסִים; עָרַךְ טֶקֶס; סִדֵּר קִדּוּשִׁין; עָשָׂה רְצִינִי, עָשָׂה מְכֻבָּד

solic'it *v.t. & i.* (סֶלִסִט) בִּקֵּשׁ; הִפְצִיר; שִׁדֵּל; הִתְחַנֵּן

solic'itor *n.* (סֶלִסְטֶר) מְבַקֵּשׁ פְּרַקְלִיט

solic'itous *adj.* (סֶלִסֶטֶס) דּוֹאֵג, חָרֵד לְ־; מִשְׁתּוֹקֵק; זָהִיר

sol'id *adj. & n.* (סוֹלִד) מוּצָק; אָטוּם, לֹא חָלוּל; קָשֶׁה; עָבֶה; מַמָּשִׁי; רָצוּף; שָׁלֵם; שֶׁל מִקְשָׁה אַחַת; אָחִיד; אֲמִתִּי; אֵיתָן; מְהֵימָן; סוֹלִידִי; מְעֻקָּב; יְסוֹדִי; מְגֻבָּשׁ; מְלֻכָּד; בִּקְשָׁרִים אֵיתָנִים

sol"idar'ity *n.* (סוֹלְדֶרִטִי) אַחְדוּת; שֻׁתָּפוּת אִינְטֶרֶסִים; סוֹלִידָרִיּוּת

solid'ity *n.* (סֶלִדִטִי) מוּצָקוּת; מַמָּשׁוּת; כֹּחַ

solil'oquy (סֶלִלֶקְוִי) מוֹנוֹלוֹג, שִׂיחַת יָחִיד

sol'itar"y *adj.* (סוֹלִטֶרִי) בָּדָד, בּוֹדֵד, יָחִיד; חַי לְבַד; גַּלְמוּד; נִדָּח

sol'itude" *n.* (סוֹלִטוּד) בְּדִידוּת; מָקוֹם בּוֹדֵד; רָחוֹק

sol'stice *n.* (סוֹלְסְטִס) יוֹם תְּקוּפָה, נְקֻדַּת הָרִחַק מִקַּו הַמַּשְׁוֶה

sol'uble *adj.* (סוֹלְיֻבְּל) מָסִיס; פָּתִיר

solu'tion *n.* (סֶלוּשְׁן) פִּתָּרוֹן, פְּתִירָה; תְּשׁוּבָה; תְּמִסָּה

solve *v.t.* (סוֹלְב) פָּתַר

sol'vent *adj.& n.* (סוֹלְוֶנְט) מְסֻגָּל לִפְרוֹעַ חוֹבוֹתָיו; מֵמֵס

som'ber *adj.* (סוֹמְבֶּר) קוֹדֵר, כֵּהֶה, אָפֵל; רְצִינִי מְאֹד

some *adj. & pron.* (סַם; בלי הטעמה: סֶם) מַשֶּׁהוּ, אֵיזֶה, אֶחָד; מְסֻיָּמִים (עם הריבוי); בְּקֵרוּב; בַּעַל עֵרֶךְ; אֲחָדִים; מִסְפָּר סְתָמִי, כַּמּוּת סְתָמִית

some'bod"y *pron. & n.* (סַמְבָּדִי) מִישֶׁהוּ; אָדָם חָשׁוּב

some'how" *adv.* (סַמְהַאוּ) אֵיכְשֶׁהוּ

some'one" *pron.* (סַמְוַן) מִישֶׁהוּ

som'ersault" *n. & v.i.* (סַמֶרְסוֹלְט) סַלְטָה; שִׁנּוּי מִקְּצֵה לְקָצֶה; עָשָׂה סַלְטָה

some'thing *pron. & n.* (סַמְתִּ'נְג) מַשֶּׁהוּ, דְּבַר־מָה; פְּלוּס, מַשֶּׁהוּ נוֹסָף

some'time" *adv. & adj.* (סַמְטַים) פַּעַם, בְּיוֹם מִן הַיָּמִים; קוֹדֵם

—s לִפְעָמִים, מִזְּמַן לִזְמַן

some'what" *adv.* (סַמְהְוַט) בְּמִדַּת־מָה, קְצָת

some'where" *adv. & n.* (סַמְהְוֶר) בְּאֵיזֶה מָקוֹם, לְאֵיזֶה מָקוֹם; אֵי־שָׁם

somnam'bulist *n.* (סוֹמְנֶמְבְּיַלִסְט) סַהֲרוּרִי

som'nolent *adj.* (סוֹמְנַלֶנְט) מְנֻמְנָם; מַרְדִּים

son *n.* (סַן) בֵּן

song *n.* (סוֹנְג) זֶמֶר; שִׁיר, שִׁירָה; זְמִירָה

for a — בְּזִיל הַזּוֹל; כִּמְצִיאָה

— and dance הֶסְבֵּר חֲמַקְמַק

song'ster *n.* (סוֹנְגסְטֶר) זַמָּר; מַלְחִין; מְשׁוֹרֵר

song'stress *n.* (סוֹנְגסְטְרֶס) זַמֶּרֶת

son'-in-law" *n.* (סַנִּנְלוֹ) חָתָן (בעל הבת)

son'net *n.* (סוֹנִט) סוֹנֶטָה

soon *adv.* (סוּן) בְּקָרוֹב; מִיָּד, מַהֵר; בְּרָצוֹן

—er or later בְּמֻקְדָּם אוֹ בִּמְאֻחָר

soot *n.* (סֻט) פִּיחַ

soothe *v.t. & i.* (סוּד׳) שִׁכֵּךְ, הִשְׁקִיט, הִרְגִּיעַ; הֵקֵל, הִמְתִּיק

sooth'say"er *n.* (סוּתְ׳סֵיאֶר) מַגִּיד עֲתִידוֹת

soot'y *adj.* (סֻטִי) מְכֻסֶּה פִּיחַ, שֶׁל פִּיחַ

sop *n. & v.t.* (סוֹפ) אֹכֶל לִטְבִילָה; דָּבָר שֶׁכֻּלּוֹ רָטֹב; שֹׁחַד, דְּמֵי לֹא־יֶחֱרַץ; טָבַל, שָׁרָה; הִרְטִיב כָּלִיל; סָפַג

sophis'tica"ted *adj.* (סַפִסְטַקֵיטִד) מְתֻחְכָּם; בַּעַל חָכְמַת חַיִּים; מַשְׂבִּיעַ רָצוֹן; מַטְעֶה; מְסֻבָּךְ

soph'omore *n.* (סוֹפַמוֹר) תַּלְמִיד הַשָּׁנָה הַשְּׁנִיָּה

sopran'o *n. & adj.* (סַפְּרֶנוֹ) סוֹפְּרָן, טוֹעֲנוֹ

sor'cerer *n.* (סוֹרְסֶרֶר) מְכַשֵּׁף

sor'cery *n.* (סוֹרְסֶרִי) כִּשּׁוּף

sor'did *adj.* (סוֹרְדִד) מְלֻכְלָךְ; בָּזוּי, שָׁפָל; אָנֹכִיִּי

sore *adj. & n.* (סוֹר) כּוֹאֵב; סוֹבֵל מִמַּכְאוֹבִים; מֵצֵר; מְצַעֵר מְאֹד; רוֹגֵז; מַרְגִּיז; פֶּצַע; מְקוֹר רֹגֶז אוֹ צַעַר

sore'head" *n.* (סוֹרְהֶד) מַפְסִיד קַטְנוּנִי, נוֹטֵר אֵיבָה; לֹא־סְפּוֹרְטִיבִי

soror'ity *n.* (סַרוֹרִטִי) אֲגֻדַּת נָשִׁים אֲקָדֶמָאִיּוֹת

sor'row *n. & v.i.* (סוֹרוֹ) צַעַר, עֶצֶב; חֲרָטָה; הִצְטַעֵר, הִתְעַצֵּב

sor'rowful *adj.* (סוֹרֶפֶל) עָצוּב; מַעֲצִיב

sor'ry *adj.* (סוֹרִי) מִצְטַעֵר, עָצוּב; מִתְחָרֵט; עָלוּב

sort *n.* (סוֹרְט) סוּג; מִין; טִפּוּס; דֻּגְמָה נְחוּתָה; דֶּרֶךְ, אֹפֶן

of —s מִסּוּג נָחוּת; מִמִּין לֹא־מֻגְדָּר, בֵּינוֹנִי

out of —s שָׁרוּי בְּכַעַס; בְּמַצָּב רַע, זוֹעֵף, מְרֻגָּז

— *v.t.* מִיֵּן, סִוֵּג; הִפְרִיד

sor'tie *n.* (סוֹרְטִי) גִּיחָה

sot *n.* (סוֹט) שִׁכּוֹר

sough *v.i. & n.* (סַף) רִשְׁרֵשׁ; רִשְׁרוּשׁ, אִוְשָׁה

sought (סוֹט) (זמן עבר של seek)

soul *n. & adj.* (סוֹל) נְשָׁמָה; נֶפֶשׁ; רוּחַ; בֶּן־אָדָם; הִתְגַּלְּמוּת, שֶׁל כּוּשִׁים

sound *n. & adj.* (סַאוּנְד) קוֹל; צְלִיל; הֶגֶה; מֵצַר יָם; מִפְרָצוֹן; בָּרִיא; אֵיתָן, שָׁלֵם; מוּצָק; מְהֵימָן, יַצִּיב; לְלֹא פְּגָם; עָמֹק; נִמְרָץ

— *v.i. & t.* צִלְצֵל; נִשְׁמַע; הִשְׁמִיעַ; בִּטֵּא; בָּדַק; מָדַד עֹמֶק; חָקַר; בֵּרֵר דֵּעוֹת

— off הִזְדַּהָה בְּקוֹל; הִתְאוֹנֵן בְּלֹא מַעֲצוֹרִים; הִתְרַבְרֵב

soun'ding *n.* (סַאוּנְדִנְג) בְּדִיקַת עֹמֶק

soup *n.* (סוּפ) מָרָק; עֲרָפֶל סָמִיךְ; עָצְמָה נוֹסֶפֶת; נִיטְרוֹגְלִיצֶרִין

in the — בִּמְצוּקָה

sour *adj. & v.i.* (סַאוּאֶר) חָמוּץ; תּוֹסֵס; מַר־נֶפֶשׁ; לֹא־נָעִים; יָרוּד; הֶחֱמִיץ; נַעֲשָׂה מַר־נֶפֶשׁ

source *n.* (סוֹרְס) מָקוֹר

sour' salt' (סַאוּאֶר סוֹלְט) מֶלַח לִימוֹן

souse *v.t. & i. & n.* (סַאוּס) טָבַל; שָׁרָה בְּמֵי־מֶלַח; שִׁכֵּר; נָפַל לַמַּיִם; הָיָה שָׁרוּי;

טְבִילָה, שְׁרִיָּה; דָּבָר שָׁרוּי בְּצִיר; צִיר, מֵי־מֶלַח; שִׁכּוֹר

south *adj. & adv.* (סַאוּת׳) דְּרוֹמִי, דָּרוֹמָה

south″east′ *n. & adj. & adv.* (סַאוּת׳יסְט) דָּרוֹם־מִזְרָח; דְּרוֹמִי־מִזְרָחִי; דְּרוֹמִית מִזְרָחִית

south′erly *adj. & adv.* (סַדֶ׳רְלִי) דְּרוֹמִי; דָּרוֹמָה

south′ern *adj.* (סַדֶ׳רְן) דְּרוֹמִי

south′erner *n.* (סַדֶ׳רְנֶר) דְּרוֹמִי, בֶּן הַדָּרוֹם

south′ward *adv.* (סַאוּת׳וֶרְד) דָּרוֹמָה

south″west′ *n. & adj. & adv.* (סַאוּת׳וֶסְט) דָּרוֹם־מַעֲרָב; דְּרוֹמִי־מַעֲרָבִי; דְּרוֹמִית־מַעֲרָבִית

sou″venir′ *n.* (סוּבֶנִיר) מַזְכֶּרֶת; זֵכֶר

sov′ereign *n. & adj.* (סוֹבְרִן) מֶלֶךְ, שַׁלִּיט; רִבּוֹן; מַלְכוּתִי; רִבּוֹנִי; עֶלְיוֹן; הַגָּדוֹל בְּיוֹתֵר; עָצוּם

sov′ereignty *n.* (סוֹבְרִנְטִי) רִבּוֹנוּת; מְדִינָה רִבּוֹנִית

So′viet Un′ion (סוֹבִיאֶט יוּנְיֶן) בְּרִית הַמּוֹעָצוֹת

sow *v.t. & i.* (סוֹ) זָרַע; נָטַע; הֵפִיץ

— *n.* (סַאוּ) חֲזִירָה

soy *n.* (סוֹי) סוֹיָה

space *n. & v.t.* (סְפֵּיס) מֶרְחָב; חָלָל; מָקוֹם; רוּחַ; שֶׁטַח; מֶרְחָק; פֶּרֶק זְמַן; הַפְסָקָה; חִלֵּק לִרְוָחִים

spa′cious *adj.* (סְפֵּיְשֶׁס) מְרֻוָּח; רְחַב־יָדַיִם

spade *n.* (סְפֵּיד) אֵת

call a — a — דִּבֵּר בְּרוּרוֹת, דִּבֵּר בְּלֹא כָּחָל וּבְלֹא שָׂרָק

span *n. & v.t.* (סְפֶּן) זֶרֶת (כ־20 סנטימטר); מִמְתָּח; מִשְׂרָע; מִלּוּא הַמֶּרְחָק; מֻטַּת כָּנָף; פֶּרֶק זְמַן קָצָר; מָדַד בְּזֶרֶת; הִקִּיף בְּיָדַיִם; נִמְתַּח מֵעַל; סִפֵּק בְּדָבָר הַנִּמְתָּח מֵעַל

Span′iard *n.* (סְפֶּנְיֶרְד) סְפָרַדִּי

Span′ish *adj. & n.* (סְפֶּנִשׁ) סְפָרַדִּי; הַסְּפָרַדִּים; סְפָרַדִּית

spank *v.t.* (סְפֶּנְק) הִכָּה עַל הָעַכּוּז

spar *n.* (סְפָּר) כְּלוֹנָס; הִתְאַמֵּן בְּאִגְרוּף; הִתְאַגְרֵף בְּמַכּוֹת קַלּוֹת; הִתְנַצֵּחַ

spare *v.t. & i.* (סְפֵּר) חָס עַל; הִתְיַחֵס בְּהִתְחַשְּׁבוּת; מָנַע אִי־נְעִימוּת מִן; נִמְנַע מִן; הִקְצָה; שָׁמַר לְמַטָּרָה מְסֻיֶּמֶת; הִשְׁאִיל; הִסְתַּדֵּר בְּלִי; נָהַג בְּחִסָּכוֹן; נִמְנַע מִלְּהַעֲנִישׁ

— *n. & adj.* שָׁמוּר לְעֵת הַצֹּרֶךְ; שֶׁל חִלּוּף; רֶזֶרְוִי; מְיֻתָּר; דַּל; מֻגְבָּל; רָזֶה; זָעוּם; דָּבָר שָׁמוּר; חָלִיף

spark *n. & v.i. & t.* (סְפַּרְק) נִיצוֹץ; שֶׁמֶץ; סִימָן; הֵפִיק נִיצוֹצוֹת; נִצְנֵץ; הִצִּית

— plug מַצֶּת

spar′kle *v.i. & n.* (סְפַּרְקְל) נִצְנֵץ; הֵפִיץ נִיצוֹצוֹת; תָּסַס; הִבְרִיק; נֹגַהּ, בָּרָק; בִּעְבּוּעַ; הַבְרָקָה

spar′row *n.* (סְפֶּרוֹ) דְּרוֹר

sparse *adj.* (סְפָּרְס) דָּלִיל; מוּעָט, דַּל; קָלוּשׁ

spas′m *n.* (סְפֶּזְם) עֲוִית

spasmod′ic *adj.* (סְפֶּזְמוֹדִק) עֲוִיתִי; פִּתְאוֹמִי וְקָצָר

spat *n.* (סְפֶּט) רִיב קַטְנוּנִי; טְפִיחָה, סְטִירָה; מַחְפֶּה, קַרְסֻלִּית

— *v.* (זמן עבר של spit)

spat′ter *v.t. & i. & n.* (סְפֶּטֶר) הִתִּיז; הִשְׁמִיץ; נִתַּז; הַתָּזָה; כֶּתֶם

spawn *n. & v.i.* (סְפּוֹן) בֵּיצֵי דָּגִים; צֶאֱצָאִים (בזלזול); הֵטִיל בֵּיצִים אוֹ זֶרַע, הוֹלִיד; יָצַר מִסְפָּר רַב

speak *v.i.* (סְפִּיק) דִּבֵּר; שׂוֹחֵחַ; נָאַם; גִּלָּה דַּעַת; הוֹצִיא קוֹל, אָמַר; הִבִּיעַ, הִצְהִיר

so to — כִּבְיָכוֹל

— for דִּבֵּר לְטוֹבַת; בָּחַר, בִּקֵּשׁ לִשְׁמוֹר

to — of שֶׁרָאוּי לְהַזְכִּירוֹ

spea′ker *n.* (סְפִּיקֶר) דַּבְּרָן, נוֹאֵם; יוֹשֵׁב רֹאשׁ שֶׁל בֵּית נִבְחָרִים

spear *n. & v.t.* (סְפִּיר) חֲנִית; חֵיל־חֲנִית; צִלְצָל; דָּקַר בַּחֲנִית; צָד בְּצִלְצָל

speci′al *adj. & n.* (סְפֶּשֶׁל) מְיֻחָד, נִבְדָּל; יוֹצֵא מִן הַכְּלָל; דָּבָר מְיֻחָד

—ly *adv.* בִּמְיֻחָד

speci′alist *n.* (סְפֶּשֶׁלִסְט) מֻמְחֶה, בַּעַל מִקְצוֹעַ

speci'alize" *v.i.* (סְפֶּשֲׁלַיז) הִתְמַחָה בּ־

speci'alty *n.* (סְפֶּשֲׁלְטִי) שֶׁטַח הִתְמַחוּת; דָּבָר מְיֻחָד; מִצְרָךְ מֻבְחָר; מִצְרָךְ חָדָשׁ

spe'cies *n. pl.* (סְפִּישִׁיז) מִין, מַחְלָקָה

specif'ic *adj.* (סְפֶּסִפִק) מְיֻחָד, מֻגְדָּר, מְסֻיָּם; אָפְיָנִי; שֶׁל הַמִּין

spec"ifica'tion *n.* (סְפֶּסִפִקֵישֶׁן) פֵּרוּט; מִפְרָט

spec'ify *v.t.* (סְפֶּסִפַי) פֵּרֵט, בִּקֵּשׁ בִּמְפֹרָשׁ; פֵּרֵשׁ; אִפְיֵן בִּמְיֻחָד

spec'imen *n.* (סְפֶּסִמֶן) דֻּגְמָה

spe'cious *adj.* (סְפִּישֲׁס) טוֹב רַק לְמַרְאִית עַיִן; מְזֻיָּף, לֹא־אֲמִתִּי; נָאֶה אוּלָם מַטְעֶה

speck *n.* (סְפֶּק) כֶּתֶם זָעִיר; חֶלְקִיק, נְקֻדָּה

speck'le *n.* & *v.t.* (סְפֶּקְל) נְקֻדָּה זְעִירָה; נִמֵּר

spec'tacle *n.* (סְפֶּקְטַקְל) הַצָּגַת־פְּאֵר; מַחֲזֶה בְּרֹב־עַם

—s מִשְׁקָפַיִם

make a — of oneself הִתְנַהֵג בְּצוּרָה מְבִישָׁה בְּפֻמְבֵּי

spectac'ular *adj.* (סְפֶּקְטֶקְיֻלַר) מַרְשִׁים מְאֹד, מַרְהִיב

spec'tator *n.* (סְפֶּקְטֵיטְר) צוֹפֶה; מַשְׁקִיף

spec'ter *n.* (סְפֶּקְטֶר) רוּחַ רְפָאִים; מְקוֹר אֵימָה

spec'ulate" *v.i.* (סְפֶּקְיֻלֵיט) שָׁקַל בְּדַעַת, הִרְהֵר; עִיֵּן; שָׁאַל עַצְמוֹ, תָּהָה; סִפְסֵר

spe"cula'tion *n.* (סְפֶּקְיֻלֵישְׁן) שִׁקּוּל בְּדַעַת; הִרְהוּר; עִיּוּן; תְּהִיָּה; סַפְסָרוּת, סְפֶּקוּלַצְיָה

spec'ula"tor *n.* (סְפֶּקְיֻלֵיטְר) סַפְסָר

sped (סְפֶּד) (זמן עבר של speed)

speech *n.* (סְפִּיץ') כֹּשֶׁר דִּבּוּר, דִּבּוּר; נְאוּם; שָׂפָה; נִיב; אֹפֶן הַבָּעָה; תּוֹרַת הַהַבָּעָה בְּעַל פֶּה

speech'less *adj.* (סְפִּיץ'לֶס) נְטוּל־דִּבּוּר, מֻכֵּה־אֵלֶם; אִלֵּם; לֹא מֻבָּע בְּמִלִּים

speed *v.i.* & *t.* & *n.* (סְפִּיד) מִהֵר; הֵאִיץ; זֵרֵז, הֵחִישׁ; טִפֵּחַ; מְהִירוּת

spee'dy *adj.* (סְפִּידִי) מָהִיר

spell *v.t.* (סְפֶּל) אִיֵּת; טָמַן בְּחֻבּוֹ

— out אִיֵּת בְּקֹשִׁי; הִבְהִיר בְּצוּרָה שֶׁאֵינָהּ מִשְׁתַּמַּעַת לִשְׁתֵּי פָּנִים

— *n.* לַחַשׁ־נַחַשׁ; כִּשּׁוּף; קֶסֶם; תְּקוּפַת־מָה

spel'ling *n.* (סְפֶּלִנְג) כְּתִיב, אִיּוּת

spend *v.t.* & *i.* (סְפֶּנְד) הוֹצִיא; שִׁלֵּם; הִשְׁתַּמֵּשׁ בּ־; בִּלָּה; הִקְדִּישׁ

spend'thrift" *n.* (סְפֶּנְדְתְּ'רִפְט) פַּזְרָן, בַּזְבְּזָן

spent (סְפֶּנְט) (זמן עבר של spend)

sperm *n.* (סְפֶּרְם) זֶרַע

spew *v.t.* (סְפְּיוּ) הֵקִיא

sphere *n.* (סְפִיר) כַּדּוּר; גַּלְגַּל; גֶּרֶם שְׁמֵימִי; כּוֹכָב; תְּחוּם; שֶׁטַח; קְלִפָּה

spher'ical *adj.* (סְפֶרִקְל) כַּדּוּרִי; גַּרְמִי הַשָּׁמַיִם

spice *n.* & *v.t.* (סְפַּיס) תַּבְלִין; יְסוֹד פִּיקַנְטִי; תִּבֵּל

spi'cy *adj.* (סְפַּיסִי) מְתֻבָּל; חָרִיף; מְגָרֶה, לֹא־צָנוּעַ; פִּיקַנְטִי

spi'der *n.* (סְפַּידְר) עַכָּבִישׁ; מַחֲבַת; חֲצוּבָה

spig'ot *n.* (סְפִּגט) בֶּרֶז; מְגוּפָה, יָתֵד

spike *n.* & *v.t.* (סְפַּיק) מַסְמֵר אָרֹךְ; חַד; חִבֵּר בְּמַסְמְרִים אֲרֻכִּים; סִפֵּק חַדִּים; הוֹצִיא מִכְּלַל שִׁמּוּשׁ; סִכֵּל; הוֹסִיף כֹּהַל

spill *v.t.* & *i.* (סְפִּל) שָׁפַךְ; פִּזֵּר בְּאִי־סֵדֶר; גִּלָּה; נִשְׁפַּךְ

spin *v.t.* & *i.* & *n.* (סְפִּן) טָוָה; סִחְרֵר; הִמְצִיא; הֶאֱרִיךְ; הִסְתּוֹבֵב מַהֵר; הִסְתַּחְרֵר; נָע מַהֵר; סִחְרוּר; יְרִידָה פִּתְאוֹמִית; טִיּוּל קָצָר בָּרֶכֶב, "סִבּוּב"

spin'ach (סְפִּנִץ') תֶּרֶד; עֲלֵי תֶּרֶד

spin'dle *n.* (סְפִּנְדְל) כִּישׁוֹר; כּוּשׁ

spine *n.* (סְפַּין) עַמּוּד הַשִּׁדְרָה; קוֹץ; כֹּחַ רָצוֹן; גַּב

spin'ster *n.* (סְפִּנְסְטֶר) רַוָּקָה (לא צעירה)

spi'ral *adj.* & *n.* (סְפַּירַל) חֶלְזוֹנִי, סְלִילִי, סְפִּירָלִי; לוּלְיָן; סְלִיל; עֲלִיָּה בִּלְתִּי־פּוֹסֶקֶת

spire *n.* (סְפַּיאַר) מִגְדָּל מְחֻדָּד

spir'it *n.* (סְפִּרִט) רוּחַ; רוּחַ רְפָאִים; פֵּיָה; מַלְאָךְ; שֵׁד; מֶזֶג

—s מַצַּב רוּחַ; מַשְׁקֶה חָרִיף

— *v.t.* עוֹדֵד, הִמְרִיץ; הִרְחִיק; סִלֵּק

spir'ited *adj.* (סְפִּרִטֶד) נִמְרָץ וְאַמִּיץ

spir'itual *adj.* & *n.* (סְפִּרִצ'וּאַל) רוּחָנִי;

שֶׁל עוֹלַם הָרוּחוֹת; דָּתִי; כְּנֵסִיָּתִי; שִׁיר דָּתִי כּוּשִׁי; תְּחוּם הָרוּחַ

spir′itualis″m *n.* (סְפִּרִצ׳וּאֲלִיזְם) סְפִּירִיטִיזְם

spit *v.i. & t. & n.* (סְפִּט) יָרַק; שַׁפּוּד; רֹק, יְרִיקָה

— and image דִּמְיוֹן מְדֻיָּק; כָּפִיל

spite *n.* (סְפַּיט) רִשְׁעוּת; טִינָה

in — of עַל אַף, לַמְרוֹת

— *v.t.* הִתְיַחֵס אֶל בְּרִשְׁעוּת; הִרְגִּיז מִתּוֹךְ רִשְׁעוּת

spite′ful *adj.* (סְפַּיטְפֻל) מִתּוֹךְ רָצוֹן לְהַכְעִיס, זְדוֹנִי

spit′tle *n.* (סְפִּטְל) רֹק

spittoon′ *n.* (סְפִּטוּן) מַרְקֵקָה

splash *v.t. & i. & n.* (סְפְּלֶשׁ) הִתִּיז; שִׁכְשֵׁךְ; נִתַּז; הִשְׁתַּכְשֵׁךְ; הַתָּזָה; שִׁכְשׁוּךְ; כֶּתֶם; הַצָּגָה רַאַוְתָנִית

spleen ′*n.* (סְפְּלִין) טְחוֹל; רֹגֶז, רִשְׁעוּת

splen′did *adj.* (סְפְּלֶנְדִד) נֶהְדָּר; דָּגוּל; מַזְהִיר

splen′dor *n.* (סְפְּלֶנְדֶּר) תִּפְאֶרֶת; זֹהַר

splice *v.t. & n.* (סְפְּלַיס) סֵרֵג; הִדְבִּיק; חִבֵּר, אִחָה; מִסְרָג; מַחְבָּר

splint *n.* (סְפְּלִנְט) סַד; קַשֶּׁשֶׁת; פַּס עֵץ

splin′ter *n. & v.t. & i.* (סְפְּלִנְטֶר) שְׁבָב, קֵיסָם; רְסִיס; הִתְנַפֵּץ לִרְסִיסִים; נִפֵּץ לִרְסִיסִים

split *v.t. & i. & n.* (סְפְּלִט) בִּקֵּעַ; חִלֵּק; פִּלֵּג; פִּצֵּל; הִתְפַּצֵּל; נִשְׁבַּר, הִתְפַּלֵּג; נִפְרַד; הִתְחַלֵּק עִם; פִּלּוּג; פֶּלֶג; בִּקּוּעַ; בְּקִיעַ; גְּלִידָה בִּפְרִי

splut′ter *v.i. & n.* (סְפְּלַטֶר) עִלֵּג בְּבֶהָלָה; נִתַּז בְּקוֹל נִפּוּץ; עִלֶּג בָּהוּל וְנִפְצוֹצִי

spoil *v.t. & i.* (סְפּוֹיל) הִשְׁחִית, קִלְקֵל; פִּנֵּק; הִתְקַלְקֵל; בָּזַז

be —ing for מִשְׁתּוֹקֵק

—s *n. pl.* בִּזָּה

spoke *n.* (סְפּוֹק) חִשּׁוּר; שָׁלָב; (זמן עבר של speak)

spo′ken *adj.* (סְפּוֹקְן) מְדֻבָּר; אָמוּר; שֶׁבְּעַל פֶּה

spokes′man *n.* (סְפּוֹקְסְמֶן) דּוֹבֵר

spo″lia′tion *n.* (סְפּוֹלִיאֵישְׁן) בִּזָּה

sponge *n.* (סְפַּנְג׳) סְפוֹג

throw in the — הוֹדָה בִּתְבוּסָה

— *v.t. & i.* נִגֵּב בִּסְפוֹג; מָחַק; סָפַג; הִשִּׂיג עַל יְדֵי נִצּוּל הַזּוּלַת

spon′sor *n. & v.t.* (סְפּוֹנְסֶר) עָרֵב, אַחֲרַאי; מְמַמֵּן תָּכְנִית פִּרְסֹמֶת; מְפַרְסֵם; נָטַל אַחֲרָיוּת ל־ נָתַן חָסוּת; מִמֵּן תָּכְנִית פִּרְסֹמֶת; יָזַם

spon″tane′ity *n.* (סְפּוֹנְטֶנִיאִטִי) סְפּוֹנְטָנִיּוּת, הִתְעוֹרְרוּת פְּנִימִית

sponta′neous *adj.* (סְפּוֹנְטֵינִיאֶס) סְפּוֹנְטָנִי; פּוֹעֵל מֵאֵלָיו

spool *n.* (סְפּוּל) סְלִיל

spoof *n. & v.i.* (סְפּוּף) חִקּוּי לַגְלְגָנִי; פָּרוֹדְיָה; מַעֲשֶׂה לֵיצָנוּת; הִתֵּל בּ־ בְּרוּחַ טוֹבָה; חָמַד לָצוֹן, "סִדֵּר", "מָתַח"

spook *n.* (סְפּוּק) רוּחַ רְפָאִים

spoon *n. & v.t. & i.* (סְפּוּן) כַּף, כַּפִּית; אָכַל בְּכַף, הֶעֱבִיר בְּכַף; גִּלָּה אַהֲבָה בְּפֻמְבֵּי

sporad′ic *adj.* (סְפֶּרֶדִק) מִתְרַחֵשׁ מִפַּעַם לְפַעַם, לֹא־קָבוּעַ, סְפּוֹרָדִי

spore *n.* (סְפּוֹר) נֶבֶג

sport *n. & v.i. & t.* (סְפּוֹרְט) סְפּוֹרְט; מִשְׂחָק; שַׁעֲשׁוּעַ; לֵיצָנוּת; גַּנְדְּרָן; הִשְׁתַּעֲשֵׁעַ; עָסַק בִּסְפּוֹרְט; הִרְגִּיז, לָעַג; הִתְהַדֵּר

sports′cast″*n.* (סְפּוֹרְטְסְקֶסְט) מִשְׁדַּר סְפּוֹרְט

sports′man *n.* (סְפּוֹרְצְמֶן) סְפּוֹרְטַאי

spot *n.* (סְפּוֹט) כֶּתֶם, רְבָב; נְקֻדָּה; מוּם; מָקוֹם; זַרְקוֹר

hit the — מְסַפֵּק בְּדִיּוּק

in a (bad) — בְּצָרָה

on the — בְּמַצָּב מְסֻכָּן; מִיָּד; בַּמָּקוֹם שֶׁמְּדֻבָּר עָלָיו

— *v.t. & i.* סִמֵּן בִּנְקֻדּוֹת; הִכְתִּים; זִהָה, הִכִּיר; סָפַג כְּתָמִים בְּקַלּוּת

spot′less *adj.* (סְפּוֹטְלֶס) לְלֹא רְבָב; לְלֹא דֹּפִי

spot′light″ *n.* (סְפּוֹטְלַיט) זַרְקוֹר; תְּחוּם תְּשׂוּמַת לֵב צִבּוּרִית

spouse *n.* (סְפַּאוּס) בַּעַל; אִשָּׁה, רַעְיָה; בֶּן־זוּג

spout *v.t. & i.* (סְפַּאוּט) הִזְרִים; הִרְבָּה מֶלֶל; זָרַם בְּסִילוֹן; הִתְפָּרֵץ; צִנּוֹר; זַרְבּוּבִית; מוּבָל; סִילוֹן

sprain *v.t. & n.* (סְפְּרֵין) נָקַע; נֶקַע

sprang (סְפְּרֶנְג) (זמן עבר של spring)

sprawl *v.i. & t. & n.* (סְפְּרוֹל) הִסְתָּרֵחַ, הִשְׂתָּרֵעַ; שָׁכַב אוֹ יָשַׁב בְּפִשּׁוּט אֵיבָרִים; נִסְרַח בְּצוּרָה פְּרוּעָה; זָחַל בְּצוּרָה גַּמְלוֹנִית; פָּשַׁט (איברים); הִסְתָּרְחוּת; הִשְׂתָּרְעוּת

spray *n. & v.t. & i.* (סְפְּרֵי) רְסוּס, רֶסֶס; רִסֵּס

spread *v.t. & i. & n.* (סְפְּרֶד) הֵפִיץ; פָּשַׁט, פָּרַס; מָרַח; עָרַךְ (שלחן); פִּזֵּר; הִתְפַּשֵּׁט; נָפוֹץ; נִבְקַע; הִתְפַּשְּׁטוּת; הִתְרַחֲבוּת; הֲפָצָה; מִכְסֶה; סְעֻדָּה; מִטָּה

spree *n.* (סְפְּרִי) הִלּוּלָה וְחִנְגָּה; מְסִבַּת הִשְׁתַּכְּרוּת; תְּקוּפַת הִתְפַּנְּקוּת; פְּעַלְתָּנוּת

spring *n.* (סְפְּרִג) זַלְזַל; שָׂרִיג; נֵצֶר

spright'ly *adj.* (סְפְּרַיטְלִי) עֵרָנִי, שׁוֹפֵעַ חִיּוּת, פְּעַלְתָּנִי

spring *v.i. & t. & n. & adj.* (סְפְּרִנְג) זִנֵּק, נִתֵּר; קָפַץ; פָּרַץ; קָם; נָבַע; יָצָא מ־; הִתְרוֹמֵם; עָלָה; הִפְעִיל, הִזְנִיק; שִׁחְרֵר; זִנּוּק, נְתִירָה, קְפִיצָה; גְּמִישׁוּת; מַעְיָן; קְפִיץ; אָבִיב; אֲבִיבִי, שֶׁל הָאָבִיב; קְפִיצִי

spring'time" *n.* (סְפְּרִנְגְטַיִם) עוֹנַת הָאָבִיב, אָבִיב; רֵאשִׁית, אֵב

spring'y *adj.* (סְפְּרִנְגִי) קְפִיצִי, גָּמִישׁ; שׁוֹפֵעַ מַעְיָנוֹת

sprin'kle *v.t. & i. & n.* (סְפְּרִנְקְל) הִזָּה, זִלֵּף, הִתִּיז; הִתְפַּזֵּר בַּחֲלָקִיקִים; יָרַד טִפִּין טִפִּין; גֶּשֶׁם קַלִּיל; מְעַט

—**er** *n.* מַמְטֵרָה

sprint *v.i.* (סְפְּרִנְט) רָץ בִּמְלוֹא הַמְּהִירוּת, רָץ בִּתְאוּצָה רַבָּה

—**er** *n.* אָצָן

sprite *n.* (סְפְּרַיט) פֵיָה, שֵׁדוֹן

sprout *n. & v.i.* (סְפְּרַאוּט) נֶבֶט; נָבַט, הִתְפַּתֵּחַ מַהֵר

—**s** כְּרוּב נִצָּנִים

spruce *n. & v.t.* (סְפְּרוּס) אֲשׁוּחִית; הִלְבִּישׁ בְּצוּרָה קַפְּדָנִית

sprung (סְפְּרַנְג) (זמן עבר של spring)

spry *adj.* (סְפְּרַי) פְּעַלְתָּנִי, זָרִיז, נִמְרָץ

spun (סְפַּן) (זמן עבר של spin)

spur *n.* (סְפֶּר) דָּרְבָן; דַּחַף

on the — of the moment פִּתְאוֹם, בּוֹ בָּרֶגַע, לְלֹא שְׁהִיּוֹת

— *v.t.* דִּרְבֵּן; הִמְרִיץ

spur'ious (סְפְּיוּרִיאֶס) מְזֻיָּף

spurn *v.t. & i.* (סְפֶּרְן) דָּחָה בְּבוּז; בָּז ל־

spurt *v.i. & t. & n.* (סְפֶּרְט) זִנֵּק, הִתְפָּרֵץ; הִזְנִיק; סִילוֹן, קִלּוּחַ; הִתְפָּרְצוּת

sput'ter *v.i. & n.* (סְפַּטְר) פָּלַט בַּחֲזָקָה; הִתִּיז רֹק; צָעַק בְּנִפְצוּצִים; הַתָּזַת רֹק; מוֹצָא־פֶּה נִפְצוּצִי

spy *n. & v.i. & t.* (סְפַּי) מְרַגֵּל; רִגּוּל; רִגֵּל; גִּלָּה; הִבְחִין בְּ־ פִּתְאוֹם

squab *n.* (סְקְוֹב) גּוֹזַל יוֹנָה

squab'ble *v.i. & n* (סְקְווֹבְּל) הִתְנַצֵּחַ; הִתְנַצְּחוּת

squad *n.* (סְקְווֹד) כִּתָּה; קְבוּצָה קְטַנָּה, חֻלְיָה

— car נַיֶּדֶת מִשְׁטָרָה

squad'ron *n.* (סְקְווֹדְרֶן) טַיֶּסֶת; שַׁיֶּטֶת; יְחִידַת פָּרָשִׁים

squal'id *adj.* (סְקְווֹלִד) נֶאֱלָח, מְלֻכְלָךְ, עָלוּב

squall *n. & v.i.* (סְקְווֹל) תַּזְזִית, מַשַּׁב רוּחַ פִּתְאוֹמִי עִם מִשְׁקָע; מְהוּמַת־פִּתְאוֹם; צָוַח בְּקוֹל; צְוָחָה קוֹלָנִית

squal'or *n.* (סְקְווֹלֶר) לִכְלוּךְ מְנֻוָּן

squan'der *v.t.* (סְקְווֹנְדֶר) בִּזְבֵּז; פִּזֵּר

square *n.* (סְקְוֶר) כִּכָּר; רִבּוּעַ; שַׁמְרָן

on the — כֵּן, יָשָׁר

— *v.t. & i.* רִבֵּעַ, בָּדַק יַשְׁרוּת; הִשְׁוָה; עָשָׂה לְזָוִית יְשָׁרָה; קָבַע רִבּוּעַ; הִזְקִיף; הִתְאִים; וִסֵּת; יִשֵּׁב; יִשֵּׁר

— away הִתְכּוֹנֵן

— off תָּפַס יְצִיבַת קְרָב

— *adj. & adv.* רָבוּעַ; מְרֻבָּע; נִצָּב; יָשָׁר; מְחַסְּלִים כָּל הַחֶשְׁבּוֹנוֹת; כֵּן, גְּלוּי־לֵב; מַשְׂבִּיעַ; שַׁמְּרָנִי; בְּצוּרָה רְבוּעָה; בְּנִצָּב ל־; בְּיֹשֶׁר, בְּכֵנוּת

squash *v.t. & i. & n.* (סְקְווֹשׁ) מֵעֵךְ; דִּכֵּא; נִמְעַךְ; מְעִיכָה; דְּלַעַת הַגִּנָּה

squat *v.i. & n. & adj.* (סְקְווֹט) יָשַׁב בִּשְׁפִיפָה, רָבַץ עַל הָעֲקֵבַיִם; הִתְיַשֵּׁב לְלֹא אִשּׁוּר חֻקִּי; הִתְיַשֵּׁב כְּדֵי לִרְכּוֹשׁ זְכוּת קִנְיָן; יְשִׁיבָה שְׁפוּפָה; קָצָר וּמְשֻׁכְבָּד; נָמוּךְ וְרָחָב

squaw *n.* (סְקְווֹ) אִשָּׁה אִינְדְיָנִית

squeak *v.i. & n.* (סְקְוִיק) צִיֵּץ, חָרַק; צִיּוּץ, חֲרִיקָה; הִמָּלְטוּת מִסַּכָּנָה

squeal *n. & v.i.* (סְקְוִיל) יְלָלָה מְמֻשֶּׁכֶת; יִלֵּל אֲרֻכּוֹת; הִלְשִׁין

squea'mish *adj.* (סְקְוִימִשׁ) מְזַעֲזָע בְּקַלּוּת; אִסְטְנִיס; צָנוּעַ בְּצוּרָה מֻגְזֶמֶת; מִתְמַלֵּא בְּחִילָה בְּקַלּוּת

squeeze *v.t. & i. & n.* (סְקְוִיז) לָחַץ; סָחַט; חִבֵּק; לְחִיצָה; חִבּוּק; סְחִיטָה

squelch *v.t. & n.* (סְקְוֶלְץ׳) מָעַךְ; הִשְׁתִּיק בִּתְשׁוּבָה נוֹקֶבֶת; הַשְׁתָּקָה; מַשְׁתִּיק־רַחַשׁ

squint *v.i. & n.* (סְקְוִנְט) הִסְתַּכֵּל בְּעֵינַיִם עֲצוּמוֹת לְמֶחֱצָה; פָּזַל; לִכְסֵן מַבָּט; מַבָּט חָטוּף

squirm *v.i.* (סְקְוֶרְם) פִּרְפֵּר, הִתְפַּתֵּל; חָשׁ אִי־נוֹחוּת

squir'rel *n.* (סְקְוֶרֶל) סְנָאִי

squirt *v.i. & n.* (סְקְוֶרְט) הִתִּיז בְּסִילוֹן דַּק; הַתָּזַת סִילוֹן דַּק; "פַּסְפּוּס", "צוּצִיק"

stab *v.t. & i. & n.* (סְטֶבּ) דָּקַר, תָּקַע; דְּקִירָה; פֶּצַע; נִסָּיוֹן חָטוּף

stabil'ity *n.* (סְטֲבִּלִטִי) יַצִּיבוּת

stable *adj. & n.* (סְטֵיבְּל) יַצִּיב; אֻרְוָה; סוּסִים

stack *n. & v.t.* (סְטֶק) עֲרֵמָה; קְבוּצַת אֲרֻבּוֹת; אֲרֻבָּה; מְצוּבָה

blow one's — יָצָא מִן הַכֵּלִים

—s אִצְטַבָּאוֹת; מַחְסָן (ספרים)

— *v.t.* עָרַם; סִדֵּר כְּדֵי לְרַמּוֹת

sta'dium *n.* (סְטֵידִיאַם) אִצְטַדְיוֹן

staff *n.* (סְטֶף) מַקֵּל; מַטֶּה; תֹּרֶן; סֶגֶל; חֲמִשָּׁה

stag *n. & adj.* (סְטֶג) אַיִל; זָכָר (בבעלי חיים); גֶּבֶר בְּלִי אִשָּׁה; לִגְבָרִים בִּלְבַד

stage *n. & v.t.* (סְטֵיג׳) בִּימָה; פִּגּוּם; תֵּיאַטְרוֹן; זִירָה; תַּחֲנָה; מֶרְחָק; שָׁלָב; הִצִּיג עַל בִּימָה; בִּיֵּם

stag'ger *v.i. & t. & n.* (סְטֶגֶר) הִתְנוֹדֵד; הִסֵּס; הִדְהִים; סִדֵּר בְּצוּרָה לֹא־סִימֶטְרִית; הֲלִיכָה תּוֹךְ הִתְנוֹדְדוּת

stag'nant *adj.* (סְטֶגְנֶנְט) עוֹמֵד; עָכוּר; מְסֻגָּר, קוֹפֵא עַל שְׁמָרָיו

stag'nate *v.i.* (סְטֶגְנֵיט) נֶעֱצַר בִּזְרִימָתוֹ; נֶעְכַּר; קָפָא עַל שְׁמָרָיו

stagna'tion *n.* (סְטֶגְנֵישְׁן) קִפָּאוֹן; עֲמִידָה מְנוּעָה, חֹסֶר מַעַשׂ

staid *adj.* (סְטֵיד) מְיֻשָּׁב, רְצִינִי

stain *n. & v.t. & i.* (סְטֵין) כֶּתֶם, רְבָב; צְבִיעָה, צֶבַע; הִכְתִּים; צָבַע; הִשְׁחִית; הֻכְתַּם

stain'less *adj.* (סְטֵינְלֶס) לְלֹא רְבָב; שֶׁל פְּלָדַת אַל־חֶלֶד; לֹא־חָלִיד; סַכּוּ"ם מִפְּלֶדֶת אַל־חֶלֶד

stair *n.* (סְטֵר) מַדְרֵגָה

stake *n.* (סְטֵיק) מוֹט; עַמּוּד; דְּמֵי הִמּוּר; מַעֲרָבוֹת

at — עוֹמֵד בְּסַכָּנָה

pull up —s הִסְתַּלֵּק

— *v.t.* סִמֵּן בְּמוֹטוֹת; טָעַן לְבַעֲלוּת עַל קַרְקַע; סִכֵּן, הִמֵּר; צִיֵּד בְּ־

— out עָקַב אַחֲרֵי

stale *adj.* (סְטֵיל) לֹא־טָרִי; יָשָׁן; קָשֶׁה; תָּפֵל; מְשַׁעֲמֵם; מִשְׁתַּעֲמֵם

stalemate *n. & v.t.* (סְטֵילְמֵיט) קִפָּאוֹן; פַּט (בשחמט); שִׁתֵּק

stalk *n. & v.i.* (סְטוֹק) קֶלַח, גִּבְעוֹל; רָדַף אַחֲרֵי; הִתְקָרֵב אֶל בִּגְנֵבָה; צָעַד בִּצְעָדִים מְדוּדִים; שׁוֹטֵט בְּצוּרָה מְאַיֶּמֶת

stall *n. & v.t. & i.* (סְטוֹל) תָּא; אֻרְוָה; רֶפֶת; דוּכָן; שֶׁטַח מְסֻמָּן; כִּבּוּי מָנוֹעַ; תְּאוּנַת הַשְׁהָיָה; הִכְנִיס לְתָא; הִכְנִיס לְאֻרְוָה אוֹ לְרֶפֶת (לשם פיטום); גָּרַם לְכִבּוּי מָנוֹעַ; הִשְׁהָה, עָצַר; נֶעֱצַר; דָּר בְּתָא

stall'ion *n.* (סְטֶלְיַן) סוּס רְבִיעָה

stal'wart *adj. & n.* (סְטוֹלְוֶרְט) חָסֹן, אֵיתָן, בַּעַל גּוּף; חָזָק וְאַמִּיץ

sta'men *n.* (סְטֵימֶן) אַבְקָן

stam'ina *n.* (סְטֶמֶנָה) כֹּחַ עֲמִידָה, כֹּשֶׁר הִתְמָדָה גּוּפָנִי

stam'mer *v.i. & n.* (סְטֶמֶר) גִּמְגֵּם; גִּמְגּוּם

stamp *n. & v.t.* (סְטֶמְפּ) בּוּל; רְקִיעָה;

רְמִיסָה; הַחְתָּמָה; חוֹתָם; חוֹתֶמֶת; עֵדוּת, סִימָן; רָקַע, רָמַס, דָּשׁ; כִּבָּה בִּרְקִיעָה; דִּכֵּא בְּכֹחַ רַב; כָּתַשׁ; הִטְבִּיעַ חוֹתָם; הֶחְתִּים; בִּיֵּל; אִפְיֵן, גִּלָּה, הִבְחִין בֵּין

stampede' *n. & v.t. & i.* (סְטֶמְפִּיד) מְנוּסַת בֶּהָלָה; גָּרַם לִמְנוּסַת בֶּהָלָה; הִסְתָּעֵר עַל; נָס בְּבֶהָלָה

stanch *v.t.* (סְטוֹנְץ׳) עָצַר

stand *v.i. & t.* (סְטֶנְד) עָמַד; קָם; נִמְצָא; נִשְׁאַר; הֻשְׁאַר לְלֹא טִפּוּל; עָמַד לְצַד־ בְּמִבְחָן; הֶעֱמִיד; עָמַד בִּפְנֵי־; הִתְנַסָּה בּ־; הֶחֱזִיק מַעֲמָד; סָבַל; קָנָה ל־; מִלֵּא תַּפְקִיד

— a chance הָיָה בַּעַל אֶפְשָׁרוּת

— by עָמַד לִימִין־; קִיֵּם; עָמַד מוּכָן; הִמְתִּין

— for יִצֵּג, סִמֵּל; טִפַּח; צִדֵּד בּ־; סָבַל, הִרְשָׁה

— on נִשְׁעַן עַל; הָיָה תָּלוּי בּ־; דָּרַשׁ, הִקְפִּיד עַל

— out הִתְבַּלֵּט; הִתְמִיד בְּהִתְנַגְּדוּת; הִתְעַקֵּשׁ

— pat סֵרֵב לְהִשְׁתַּנּוֹת; סֵרֵב לְהַסְכִּים לְשִׁנּוּיִים

— up קָם; הָיָה מְשַׁכְנֵעַ; נִשְׁאַר אֵיתָן; לֹא בָּא לִפְגִישָׁה

— up עָמַד לְלֹא פַּחַד בִּפְנֵי־; הִתְעַמֵּת עִם

— *n.* עֲמִידָה; עֲצִירָה; הַפְסָקָה; מַאֲמָץ אַחֲרוֹן, עֶמְדָּה תַּקִּיפָה; בָּמָה; תַּחֲנָה; דּוּכָן; קְיוֹסְק; כַּן; שֻׁלְחָן קָטָן; מָקוֹם; עֵצִים; קָמָה; חֲנִיָּה כְּדֵי לְהַצִּיג הַצָּגָה

stan'dard *n. & adj.* (סְטֶנְדֶּרְד) דֶּגֶל; קְנֵה־ מִדָּה; רָמָה; תֶּקֶן; מַתְכֹּנֶת; אֶבֶן־בֹּחַן; דֻּגְמָה; תִּקְנִי, סְטַנְדַּרְטִי

stan'ding *n. & adj.* (סְטֶנְדִּנְג) עֲמִידָה; מַעֲמָד; מֶשֶׁךְ זְמַן; קְבִיעוּת; יַצִּיבוּת; מוֹנִיטִין; עוֹמֵד; זָקוּף; קָבוּעַ

stand'-of'fish *adj.* (סְטֶנְדוֹפִשׁ) שׁוֹמֵר מֶרְחָק; לֹא־יְדִידוּתִי

stand'point" *n.* (סְטֶנְדְּפּוֹינְט) נְקֻדַּת הַשְׁקָפָה

stand'still" *n.* (סְטֶנְדְּסְטִל) עֲצִירָה, שִׁתּוּק, קִפָּאוֹן

stan'za *n.* (סְטֶנְזָה) בַּיִת (שיר)

sta'ple *n. & adj. & v.t.* (סְטֵיפְּל) מִצְרָךְ עִקָּרִי; פָּרִיט בְּסִיסִי; סִכַּת חִבּוּר; חֹמֶר גֶּלֶם; שֶׁל שׁוּק מִצְרָכִים; שֶׁל מִצְרָךְ עִקָּרִי; עִקָּרִי, בְּסִיסִי; חִבֵּר

star *n. & v.t. & i.* (סְטָר) כּוֹכָב; גֶּרֶם שְׁמֵימִי; גּוֹרָל, "כִּכֵּב", מָסַר תַּפְקִיד רָאשִׁי; "כָּכַב", הִצְטַיֵּן, שִׂחֵק בְּתַפְקִיד רָאשִׁי

star'board *n.* (סְטָרְבֶּרְד) צַד יָמִין

starch *n. & v.t.* (סְטָרְץ׳) עֲמִילָן; תְּעֻזָּה; עִמְלֵן

stare *v.t. & i.* (סְטֵר) נָעַץ מַבָּט, לָטַשׁ עַיִן; הִתְבַּלֵּט בְּעַזּוּת מֵצַח

— one in the face הָיָה דָּחוּף; מְמַשְׁמֵשׁ וּבָא

— *n.* מַבָּט נוֹקֵב

stark *adj.* (סְטָרְק) מֻבְהָק; בָּרוּר; כָּלִיל, שָׁלֵם; קוֹדֵר, שׁוֹמֵם; חָמוּר, פָּשׁוּט מְאֹד; אָשׁוּן, צָפִיד

star'ling *n.* (סְטָרְלִנְג) זַרְזִיר

Star' of Da'vid מָגֵן דָּוִד

star'ry *adj.* (סְטָרִי) זָרוּעַ כּוֹכָבִים; מוּאָר בְּאוֹר כּוֹכָבִים; שֶׁל כּוֹכָבִים

start *v.i. & t. & n.* (סְטָרְט) הִתְחִיל; הוֹפִיעַ פִּתְאוֹם; נָע פִּתְאוֹם; הִתְחַלְחֵל; קָפַץ מִמְּקוֹמוֹ; הִתְבַּלֵּט; נִשְׁמַט; יָצָא מִמְּקוֹמוֹ; הִמְרִיץ, הִפְעִיל; הִתְנִיעַ; עָזַר, אִפְשֵׁר ל־; הַתְחָלָה; חַלְחָלָה; תְּנוּעָה פִּתְאוֹמִית; הַתְנָעָה; רֵאשִׁית; יְצִיאָה לַדֶּרֶךְ; זִנּוּק

star'tle *v.t. & i. & n.* (סְטָרְטְל) הֶחֱרִיד; הִתְחַלְחֵל; חַלְחָלָה

starva'tion *n. & adj.* (סְטָרְוֵישְׁן) רָעָב, הַרְעָבָה; שֶׁל רָעָב

starve *v.i. & t.* (סְטָרְב) רָעַב; גָּוַע בָּרָעָב; הִשְׁתּוֹקֵק ל־; סָבַל מֵחֹסֶר־; הִרְעִיב; הֵמִית בָּרָעָב

state *n. & adj.* (סְטֵיט) מַצָּב; מַעֲמָד; שָׁלָב; דַּרְגָּה; עֶמְדָּה רָמָה; תְּנָאִים מְכֻבָּדִים; מְדִינָה; הִתְרַגְּשׁוּת; עִנְיְנֵי מִמְשָׁל; שֶׁל הַמְּדִינָה; מַמְלַכְתִּי; טִקְסִי

lie in — הָיָה מֻצָּג לַצִּבּוּר

the States אַרְצוֹת הַבְּרִית

— *v.t.* קָבַע; הִצְהִיר; אָמַר בְּתַקִּיפוּת

state′ly *adj.* (סְטֵיטְלִי) מְפֹאָר; אוֹמֵר כָּבוֹד; הָדוּר

state′ment *n.* (סְטֵיטְמֶנְט) קְבִיעָה; הַצְהָרָה; דִּבּוּר, דָּבָר; הוֹדָעָה; הַרְצָאַת פְּרָטִים; דִּין וְחֶשְׁבּוֹן

states′man *n.* (סְטֵיטְסְמֶן) מְדִינַאי

sta′tion *n. & v.t.* (סְטֵישְׁן) תַּחֲנָה; תַּחֲנַת רַכֶּבֶת; עֶמְדָּה; מַעֲמָד; הִצִּיב

sta′tionar″y *adj* (סְטֵישֶׁנֶרִי) יַצִּיב; עוֹמֵד, מֻצָּב; קָבוּעַ; נַיָּח; לֹא־מִשְׁתַּנֶּה

sta′tioner *n.* (סְטֵישֶׁנֶר) מוֹכֵר צָרְכֵי כְּתִיבָה

sta′tioner′y *n.* (סְטֵישֶׁנֶרִי) צָרְכֵי כְּתִיבָה

statis′tics *n.* (סְטֶטִיסְטִקְס) סְטָטִיסְטִיקָה

stat′uar″y *n.* (סְטֶצ׳וּאֶרִי) פְּסָלִים, אֹסֶף פְּסָלִים

stat′ue *n.* (סְטֶצ׳וּ) פֶּסֶל

stat′ure *n.* (סְטֶצ׳ר) גֹּבַהּ, קוֹמָה; רָמַת הַשֵּׂגִים

stat′ute *n.* (סְטֶצ׳וּט) חֹק (מאושר)

— of limita′tions חֹק הִתְיַשְּׁנוּת

stat′utor″y *adj.* (סְטֶצ׳וּטוֹרִי) שֶׁל חֹק מְאֻשָּׁר; בַּר־עֲנִישָׁה לְפִי הַחֹק

staunch *adj.* (סְטוֹנְץ׳) תַּקִּיף, אֵיתָן, מוּסָרִי; חָזָק, מַמָּשִׁי

stave *n. & v.t.* (סְטֵיב) לָמוּד (של חבית); מַקֵּל, מוֹט; שָׁלָב; פָּרַץ, שָׁבַר

stay *v.i. & t. & n.* (סְטֵי) שָׁהָה; נִשְׁאַר; נֶעֱצַר; הִתְמִיד; עָצַר; דִּכֵּא; הִשְׂבִּיעַ; הֶחֱזִיק מַעֲמָד; עֲצִירָה; שְׁהִיָּה; הַשְׁעָיָה

stead *n.* (סְטֶד) מָקוֹם

stand in good — הוֹעִיל

stead′fast″ *adj.* (סְטֶדְפֶסְט) אֵיתָן, תַּקִּיף, מַתְמִיד

stead′y *adj.* (סְטֶדִי) יַצִּיב; מַתְמִיד; אָחִיד, רָצוּף; קָבוּעַ; אֵיתָן; הֶחְלֵטִי

go — הִתְקַשֵּׁר עִם אֶחָד (או אחת) בִּלְבַד

— v.t. עָצַר מְנוּעַ; יִצֵּב

— *interj.* הֵרָגַע; שְׁלֹט בְּעַצְמְךָ

steak *n.* (סְטֵיק) אֻמְצָה

steal *v.t. & i.* (סְטִיל) גָּנַב; הִתְגַּנֵּב; גְּנֵבָה

— someone's thun′der גָּנַב רַעְיוֹנוֹ שֶׁל אַחֵר

— *n.* גְּנֵבָה; מְצִיאָה

stealth *n.* (סְטֶלְתְ׳) מַעֲשֶׂה חֲשָׁאִי; פְּעֻלָּה בִּגְנֵבָה

steal′thy *adj.* (סְטֶלְתִ׳י) חֲשָׁאִי, שֶׁבִּגְנֵבָה

steam *n.* (סְטִים) קִיטוֹר

blow off — נָתַן פֻּרְקָן לְרְגָשׁוֹת מְדֻחְקִים

— *v.i. & t.* הֶעֱלָה קִיטוֹר; עָלָה בְּצוּרַת קִיטוֹר; הִתְכַּסָּה אֵדִים; יִצֵּר קִיטוֹר; הִתְקַצֵּף; אִדָּה

steam′boat″ *n.* (סְטִימְבּוֹט) סְפִינַת קִיטוֹר

stea′mer *n.* (סְטִימֶר) אֳנִיַּת קִיטוֹר; סִיר אִדּוּי

steam′rol″ler *n. & v.t.* (סְטִימְרוֹלֶר) מַכְבֵּשׁ; הִשְׁתַּלֵּט עַל בְּעָצְמָה מוֹחֶצֶת

steam′ship″ *n.* (סְטִימְשִׁפּ) אֳנִיַּת קִיטוֹר

steed *n.* (סְטִיד) סוּס

steel *n. & adj.* (סְטִיל) פְּלָדָה; חֶרֶב; שֶׁל פְּלָדָה; קָשֶׁה, חָזָק

— *v.t.* צִפָּה בִּפְלָדָה; שִׁוָּה סְגֻלַּת פְּלָדָה; חִשֵּׁל

steep *adj. & v.t.* (סְטִיפּ) תָּלוּל; מֻפְרָז (מחיר); שָׁרָה; הֶחְדִּיר

stee′ple *n.* (סְטִיפְּל) צְרִיחַ מִתְחַדֵּד

steer *v.t. & i.* (סְטִיר) כִּוֵּן; הָלַךְ בְּעִקְבוֹת־; הִדְרִיךְ; נָתַן לְהַכְוָנָה

— clear of הִתְרַחֵק מ־

— *n.* הַצָּעָה כֵּיצַד לִפְעוֹל; פַּר מְסֹרָס; שׁוֹר

steer′age *n.* (סְטִירֶג׳) מַחְלֶקֶת הַנִּזְקָקִים

steer′ing wheel″ הֶגֶה

steers′man *n.* (סְטִירְזְמֶן) הַגַּאי

stem *n. & v.i. & t.* (סְטֶם) גִּבְעוֹל; גֶּזַע; קָנֶה; מוֹצָא; שֹׁרֶשׁ (בדקדוק); נָבַע; רִסֵּן; סָכַר

stench *n.* (סְטֶנְץ׳) סִרָחוֹן

stenog′rapher *n.* (סְטֶנוֹגְרֶפֶר) קַצְרָן

stenog′raphy *n.* (סְטֶנוֹגְרֶפִי) קַצְרָנוּת

step *n.* (סְטֶפּ) צַעַד; צוּרַת הֲלִיכָה; דַּרְגָּה; מַדְרֵגָה

in — בְּקֶצֶב; מִסְתַּגֵּל

watch one's step נָהַג בִּזְהִירוּת

— *v.i.* צָעַד, הָלַךְ (צעדים מספר); צָעַד צְעָדִים מְדוּדִים; דָּרַךְ

— on it מַהֵר

— up הִגְדִּיל

step'bro"ther *n.* (סְטֶפְּבְּרַדֶ'ר) אָח חוֹרֵג

step'child" *n.* (סְטֶפְּצַ'יְלְד) יֶלֶד חוֹרֵג

step'dau"ghter *n.* (סְטֶפְּדוֹטֶר) בַּת חוֹרֶגֶת

step'fa"ther *n.* (סְטֶפְּפָדֶ'ר) אָב חוֹרֵג

step'lad"der *n.* (סְטֶפְּלֶדֶר) סֻלָּם מַדְרֵגוֹת; סֻלָּם גַּבֹּהַ

step'mo"ther *n.* (סְטֶפְּמַדֶ'ר) אֵם חוֹרֶגֶת

step'sis"ter *n.* (סְטֶפְּסִסְטֶר) אָחוֹת חוֹרֶגֶת

step'son" *n.* (סְטֶפְּסַן) בֵּן חוֹרֵג

ster'eo" *n.* (סְטִירִיאוֹ) הַקְלָטָה סְטֶרֶאוֹפוֹנִית; מַעֲרֶכֶת הַקְלָטָה סְטֶרֶאוֹפוֹנִית; צִלּוּם סְטֶרֶאוֹסְקוֹפִּי

ster'eotype" *n.* (סְטֶרִיאֲטַיְפּ) בִּטּוּי נָדוֹשׁ; סְטֶרֶאוֹטִיפּ; מֻשָּׂג מְסֻכָּם

ster'ile *adj.* (סְטֶרִל) עָקָר; שֶׁל סְרָק; סְטֶרִילִי, מְחֻטָּא

steril'ity *n.* (סְטֶרִלְטִי) עֲקָרוּת

ster'ilize" *v.t.* (סְטֶרֲלַיְז) חִטֵּא; עִקֵּר

stern *adj. & n.* (סְטֶרְן) חָמוּר, מַחֲמִיר; קָשֶׁה; זוֹעֵף; יַרְכָּתַיִם

ste'vedore" (סְטִיבֲדוֹר) סַוָּר

stew *v.t.* w *i.* (סְטוּ) בִּשֵּׁל עַל אֵשׁ קְטַנָּה; הִתְבַּשֵּׁל עַל אֵשׁ קְטַנָּה; דָּאַג

— in one's own juice בָּא עַל הָעֹנֶשׁ שֶׁרָאוּי לוֹ

— *n.* נְזִיד בָּשָׂר וִירָקוֹת; הִתְרַגְּשׁוּת, אִי־נוֹחוּת, דְּאָגָה

ste'ward *n.* (סְטוּאֲרְד) מְמֻנֶּה עַל הַמֶּשֶׁק; מְמֻנֶּה עַל הַהַגָּשָׁה; תָּאָן; דַּיָּל; מְפַקֵּחַ

—ess *n.* דַּיֶּלֶת; תָּאָנִית

stick *n.* (סְטִק) מַקֵּל; שַׁרְבִיט; אַלָּה; מוֹט; דְּקִירָה; עֲצִירָה, קִפָּאוֹן; עִכּוּב; דְּבִיקָה; דֶּבֶק; דְּבֵקָה

the —s הַכְּפָר

— *v.t. & i.* דָּקַר; הָרַג בִּדְקִירָה; תָּחַב; הִדְבִּיק; הִצְמִיד; הֶעֱמִיד; הָיָה תָּקוּעַ; הִתְמִיד, בִּלְבֵּל, הִטִּיל מַשֶּׁהוּ לֹא־נָעִים עַל; נִתְקַע; דָּבַק; נֶעֱצַר; נָבוֹךְ; הִתְבַּלֵּט

— around נִשְׁאַר בְּקִרְבַת מָקוֹם

— by (to) שָׁמַר אֱמוּנִים ל־

— something out הִתְמִיד עַד הַסּוֹף; הֶחֱזִיק מַעֲמָד עַד הַסּוֹף

— up שָׁדַד

— up for לִמֵּד זְכוּת עַל

stick'ler *n.* (סְטִקְלֶר) מַחְמִיר; בְּעָיָה קָשָׁה

stick'y *adj.* (סְטִקִי) דָּבִיק; מְדַבֵּק; חַם וְלַח; קָשֶׁה

stiff *adj. & n.* (סְטִף) נֻקְשֶׁה, אָשׁוּן, צָפִיד; חָזָק; עִקֵּשׁ; אֵיתָן; חָמוּר; קָשֶׁה; יוֹתֵר מִדַּי; סָמִיךְ; פֶּגֶר; שִׁכּוֹר; בָּחוּר; נַוָּד; פּוֹעֵל

stiffen *v.t. & i.* (סְטִפְן) הִקְשָׁה; קָשָׁה; הִתְמַתֵּחַ

sti'fle *v.t. & i.* (סְטַיפְל) חָנַק; שִׁנֵּק; דִּכֵּא, רִסֵּן; נֶחֱנַק

stig'ma *n.* (סְטִגְמָה) כֶּתֶם, רְבָב; אוֹת קָלוֹן; סִימָן

stig'matize" *v.t.* (סְטִגְמֲטַיז) סִמֵּן בְּאוֹת קָלוֹן, הִכְתִּים

stile *n.*(סְטַיל) מַדְרֵגוֹת; מַחְסוֹם מִסְתּוֹבֵב

still *adj. & n.* (סְטִל) לְלֹא תְּנוּעָה, עוֹמֵד; דּוֹמֵם; שָׁקֵט; חֲרִישִׁי; שָׁלֵו, רָגוּעַ; שֶׁקֶט; תַּצְלוּם דּוֹמֵם; מַזְקֵקָה; בֵּית מִשְׂרְפוֹת יַיִן

— *adv. & conj.* עֲדַיִן; עוֹד יוֹתֵר; בְּכָל זֹאת; בְּשֶׁקֶט יוֹתֵר

— and all אַף עַל פִּי כֵן

— *v.t.* הִשְׁתִּיק; הִשְׁקִיט, שִׁכֵּךְ

still'ness *n.* (סְטִלְנֶס) חֹסֶר תְּנוּעָה; שֶׁקֶט

stilt *n.* (סְטִלְט) קַב הַגְבָּהָה, עַמּוּד

stil'ted *adj.* (סְטִלְטֶד) רַבְרְבָנִי וְכָבֵד

stim'ulant *n.* (סְטִמְיֲלֶנְט) מַמְרִיץ, סַם מְעוֹרֵר, מַשְׁקֶה מְעוֹרֵר; תַּמְרִיץ

stim'ulate" *v.t. & i.* (סְטִמְיֲלֵיט) גֵּרָה, עוֹרֵר; הִמְרִיץ

stim"ula'tion *n.* (סְטִמְיֲלֵישְׁן) גֵּרוּי, תַּמְרִיץ

stim'ulus *n.* (סְטִמְיֲלֶס) גֵּרוּי

sting *v.t. & i. & n.* (סְטִנְג) עָקַץ, הִכְאִיב, דָּקַר; עֲקִיצָה, דְּקִירָה

stin'gy *adj.* (סְטִנְגִ'י) קַמְּצָן; דַּל

stink *v.t. & t. & n.* (סְטִנְק) הִסְרִיחַ; הָיָה יָרוּד בְּיוֹתֵר; סֻרְחוֹן, צַחֲנָה; שַׁעֲרוּרִיָּה

stint *v.t. & i. & n.* (סְטִנְט) הִגְבִּיל, קִמֵּץ; הָיָה קַמְּצָן; הַגְבָּלָה; מִכְסָה

sti'pend *n.* (סְטַיפֶּנְד) שָׂכָר קָבוּעַ; מַשְׂכֹּרֶת; קִצְבָּה

stip′ulate″ *v.i. & t.* (סְטִפְּיֻלֵיט) הִתְנָה; הִבְטִיחַ

stip″ula′tion *n.* (סְטִפְּיֻלֵישְׁן) הַתְנָאָה, תְּנַאי

stir *v.t. & i. & n.* (סְטֶר) בָּחַשׁ; הֵנִיעַ; נִעֲנַע; הֵזִיז בְּמֶרֶץ; עוֹרֵר; גֵּרָה; נָע, זָע; הָיָה פָּעִיל; רָוַח; הִתְעוֹרֵר לִפְעֻלָּה; הִתְרַגֵּשׁ; תְּזוּזָה; תְּנוּעָה; אִוְשָׁה; הֲמֻלָּה, הִתְרַגְּשׁוּת; תְּחוּשָׁה; דְּחִיפָה

stir′rup *n.* (סְטִרֶפּ) מִשְׁוֶרֶת

stitch *n. & v.t. & i.* (סְטִץ׳) תֶּפֶר; כְּלִיבָה; עַיִן; כְּאֵב דּוֹקֵר; קֶרֶטוֹב; חֲתִיכָה קְטַנָּה; תָּפַר, חִבֵּר, אִחָה; הִכְלִיב

stock *n.* (סְטוֹק) מְצַאי; מְלַאי; רֶזֶרְוָה; בַּעֲלֵי חַיִּים; מְנָיָה; לַהֲקָה; כַּנָּה; גֶּזַע, מָקוֹר, מוֹצָא; קַת; גֶּדֶם

—s סַד

take (put) — in בָּטַח בְּ־; שָׂם אֵמוּן בְּ־, הֶאֱמִין לְ־

— *v.t. & i.* צִיֵּד; סִפֵּק מְלַאי; הִכְנִיס בַּעֲלֵי חַיִּים

stockade′ *n.* (סְטוֹקֵיד) גֶּדֶר־עַמּוּדִים; מִכְלָאַת עַמּוּדִים; מַחְבּוֹשׁ

stock′ing *n.* (סְטוֹקִינְג) גֶּרֶב

stock′y *adj.* (סְטוֹקִי) חָסֹן וְגוּץ

stodg′y *adj.* (סְטוֹג׳י) כָּבֵד וּמְשַׁעֲמֵם; כָּבֵד; חַדְגּוֹנִי; שַׁמְּרָנִי מְאֹד

sto′ical *adj.* (סְטוֹאִקְל) קַר־רוּחַ; סְטוֹאִי

stoke *v.t. & i.* (סְטוֹק) נִעֵר וְהֵזִין אֵשׁ, שָׁמַר עַל אֵשׁ, סִפֵּק דֶּלֶק

stole *n.* (סְטוֹל) שָׁל; (זמן עבר של steal)

stol′id *adj.* (סְטוֹלִד) קַר־מֶזֶג

stom′ach *n. & v.t.* (סְטַמְק) קֵבָה; בֶּטֶן; תֵּאָבוֹן; חֵשֶׁק; הִכְנִיס לַקֵּבָה; סָבַל

stone *n. & adj.* (סְטוֹן) אֶבֶן; גַּלְעִין; מַצֵּבָה; אֶבֶן הַשְׁחָזָה; אֶבֶן רֵיחַיִם; גַּרְגִּיר בָּרָד; שֶׁל אֶבֶן

cast the first — הָיָה רִאשׁוֹן בַּמְגַנִּים

leave no — unturned נִסָּה כָּל הָאֶפְשָׁרֻיּוֹת

— *v.t. & i.* סָקַל; הִשְׁתַּמֵּשׁ בַּאֲבָנִים; הוֹצִיא גַּלְעִין

ston′y *adj.* (סְטוֹנִי) מָלֵא אֲבָנִים; שֶׁל אֶבֶן; קָשׁוּחַ, חֲסַר־רַחֲמִים; חֲסַר־מַבָּע; מְשַׁתֵּק, מְהַמֵּם

stood (סְטֻד) (זמן עבר של stand)

stool *n.* (סְטוּל) שְׁרַפְרַף; אַסְלָה; צוֹאָה; עוֹף פִּתָּיוֹן; מַלְכֹּדֶת; מַלְשִׁין

stoop *v.i. & t. & n.* (סְטוּפּ) הִתְכּוֹפֵף; הִשְׁפִּיל כְּתֵפַיִם; נִשְׁעַן עַל; יָרַד מִמְּקוֹמוֹ הַמְכֻבָּד, וִתֵּר עַל כְּבוֹדוֹ; עָט; מִרְפֶּסֶת

stop *v.t. & i.* (סְטוֹפּ) הִפְסִיק; עָצַר; מָנַע; הֵגִיף; נֶעֱצַר, עָמַד; חָדַל

— off שָׁהָה זְמַן קָצָר

— over לָן

— *n.* עֲצִירָה, הַפְסָקָה; סִיּוּם; שְׁהִיָּה; תַּחֲנָה; סְתִימָה; מְגוּפָה, פְּקָק; מִכְשׁוֹל; עֶצֶר; צַמְצָם; נְקֻדָּה; עִכּוּב תַּשְׁלוּם

stop′page *n.* (סְטוֹפִּג׳) הַפְסָקָה; סְתִימָה; עִכּוּב; מִכְשׁוֹל

stop′per *n.* (סְטוֹפֶּר) פְּקָק

stor′age *n.* (סְטוֹרִג׳) אִחְסוּן, מַחְסָן

store *n.* (סְטוֹר) חֲנוּת; מְלַאי; מַחְסָן־

—s מִצְרָכִים

in — מוּכָן; צָפוּי

set (lay) — by הֶעֱרִיךְ

— *v.t. & i.* אִחְסֵן

stork *n.* (סְטוֹרְק) חֲסִידָה

storm *n. & v.i.* (סְטוֹרְם) סְעָרָה, סוּפָה; סָעַר, הִסְתָּעֵר

stor′my *adj.* (סְטוֹרְמִי) סוֹעֵר, גּוֹעֵשׁ

story *n.* (סְטוֹרִי) סִפּוּר; קוֹמָה; שֶׁקֶר

stout *adj.* (סְטַאוּט) כַּרְסְתָנִי, מְגֻשָּׁם; אַמִּיץ; תַּקִּיף; חָזָק; עָבֶה

stove *n.* (סְטוֹב) תַּנּוּר; כִּירַיִם, כִּירָה

stow *v.t.* (סְטוֹ) טָעַן, אִחְסֵן; אָרַז; הֶחֱזִיק

— away הִסְתַּתֵּר (כדי לנסוע בלי תשלום או לברוח)

stow′away″ *n.* (סְטוֹאֲוֵי) נוֹסֵעַ סָמוּי

strad′dle *v.i. & t.* (סְטְרֶדְל) עָמַד אוֹ יָשַׁב בְּפִשּׂוּק רַגְלַיִם; פָּסַח עַל שְׁתֵּי הַסְּעִפִּים

strag′gle *v.i.* (סְטְרֶגְל) סָטָה, נֶחֱשַׁל, שׁוֹטֵט

straight *adj. & adv.* (סְטְרֵיט) יָשָׁר; זָקוּף; מְסֻדָּר; כֵּן; הָגוּן; מְהֵימָן; גְּלוּי לֵב; לְלֹא שִׁנּוּיִים; טָהוֹר; תָּקִין; בְּקַו יָשָׁר; יְשִׁירוֹת;

בְּדִיּוּק; גְלוּיוֹת; בְּצֶדֶק, בְּיֹשֶׁר; בְּגַב זָקוּף; מִיָּד

straigh'ten *v.t. & i.* (סְטְרֵיטְן) יִשֵּׁר; סִדֵּר; הִזְקִיף; הִתְיַשֵּׁר, הִזְדַּקֵּף

straight"for'ward *adv.* (סְטְרֵיטְפוֹרְוֶרְד) בְּכֵנוּת, בְּגִלּוּי־לֵב

strain *v.t. & i. & n.* (סְטְרֵין) מָתַח; הִתְאַמֵּץ עַד גְּבוּל הַיְכֹלֶת; אִמֵּץ; הִזִּיק ל־ (ע״י מאמץ יתר); דָּרַשׁ יוֹתֵר מִדַּי; סִנֵּן; נִקֵּז; מָשַׁךְ בְּחָזְקָה, הִסְתַּנֵּן, חִלְחֵל; לָחַץ; נָקַע; חַבָּלָה מִמַּאֲמַץ יֶתֶר; מַאֲמַץ־יֶתֶר; עִוּוּת; כֹּשֶׁר הַבָּעָה, שֶׁטֶף דִּבּוּר; חֵלֶק, קֶטַע; טוֹן; סִגְנוֹן, רוּחַ; מוֹצָא; גֶּזַע; יִחוּס; זַן מְלָאכוּתִי; נִימָה; מִין

strai'ner *n.* (סְטְרֵינְר) מִסְנֶנֶת, מְסַנֶּנֶת

strait *n.* (סְטְרֵיט) מֵצַר; מְצוּקָה

strand *n. & v.t. & i.* (סְטְרֶנְד) שְׂפַת־יָם, חוֹף, גָּדָה; מִקְלַעַת; חֶבֶל קָלוּעַ; סִיב; מַחֲרֹזֶת; מַחְלָפָה; הֶעֱלָה עַל חוֹף; הִשְׁאִיר בְּמַצָּב אֵין אוֹנִים; עָלָה עַל שִׂרְטוֹן; נִקְלַע לִמְצוּקָה

strange *adj.* (סְטְרֵינְג׳) זָר, מְשֻׁנֶּה; נָכְרִי; לֹא־מֻכָּר; לֹא־מַכִּיר

tra'nger *n.* (סְטְרֵינְג׳ר) זָר, נָכְרִי; אוֹרֵחַ; לֹא־מֻכָּר; לֹא־מַכִּיר

stran'gle *v.i. & t.* (סְטְרֶנְגְל) נֶחֱנַק לָמָוֶת; חָנַק לַמָּוֶת; מָנַע קִיּוּם

strap *n. & v.t.* (סְטְרֶפּ) חֲגוֹרָה; רְצוּעָה; פַּס; רְצוּעַת הַשְׁחָזָה; חִזֵּק בַּחֲגוֹרָה, קָשַׁר בִּרְצוּעָה; הִלְקָה בַּחֲגוֹרָה

strap'ping *adj.* (סְטְרֶפִּנְג) חָסֹן

strat'agem *n.* (סְטְרֶטֶג׳ם) תַּכְסִיס, תַּחְבּוּלָה

strate'gic *adj.* (סְטְרַטִיג׳ק) אַסְטְרָטֶגִי; תַּכְסִיסִי; נוֹעָד לְשִׁתּוּק הָאוֹיֵב; חִיּוּנִי לְנִהוּל הַמִּלְחָמָה

stra'tegist (סְטְרֶטֶג׳סְט) אַסְטְרָטֶג

strat'egy *n.* (סְטְרֶטֶג׳י) אַסְטְרָטֶגְיָה; שִׁמּוּשׁ יָעִיל בְּתַכְסִיס

stra'tum *n.* (סְטְרֶטֶם) שִׁכְבָה, רֹבֶד

straw *n. & adj.* (סְטְרוֹ) גִּבְעוֹל; קַשׁ; כְּהוּא זֶה; כּוֹבַע קַשׁ; שֶׁל קַשׁ

catch (clutch; grasp) at a — נֶאֱחַז בְּקַשׁ

straw'berry *n.* (סְטְרוֹבֶּרִי) תּוּת שָׂדֶה

stray *v.i. & n. & adj.* (סְטְרֵי) תָּעָה, נָדַד, סָטָה; בְּהֵמָה תּוֹעָה; יְצוּר חֲסַר־בַּיִת; תּוֹעֶה, מִקְרִי

streak *n. & v.t.* (סְטְרִיק) פַּס; הַבְזָקָה; שִׁכְבָה; תּוֹסֶפֶת; תְּקוּפָה; סִמֵּן בְּפַסִּים; הִסְתַּמֵּן בְּפַסִּים

strea'ky *adj.* (סְטְרִיקִי) מְתֻוֶּה בְּפַסִּים; לֹא־אָחִיד

stream *n. & v.i.* (סְטְרִים) זֶרֶם; פֶּלֶג; נַחַל; זָרַם

strea'mer *n.* (סְטְרִימְר) דֶּגֶל אָרֹךְ; סֶרֶט אָרֹךְ; אֲלֻמַּת אוֹר; נֵס (דגל)

street *n. & adj.* (סְטְרִיט) רְחוֹב; שֶׁל רְחוֹב; מַתְאִים לָרְחוֹב

— wal"ker *n.* יַצְאָנִית

strength *n.* (סְטְרֶנְגְת׳) כֹּחַ, חֹזֶק; עָצְמָה; כַּמּוּת

on the — of עַל יְסוֹד

streng'then *v.t.* (סְטְרֶנְגְתֶ׳ן) חִזֵּק; נָתַן כֹּחַ ל־

stren'uous *adj.* (סְטְרֶנְיוּאֶס) נִמְרָץ; דּוֹרֵשׁ מַאֲמָץ

stress *n. & v.t.* (סְטְרֶס) דָּגֵשׁ, הַדְגָּשָׁה; הַטְעָמָה; פְּעִימָה; לַחַץ, מֶתַח, מַאֲמָץ; הִדְגִּישׁ, הִטְעִים; דָּרַךְ (בטון)

stretch *v.t. & i. & n.* (סְטְרֶץ׳) מָתַח, שָׁטַח; הִדֵּק; הִתְאַמֵּץ מְאֹד; הִשְׂתָּרֵעַ; הִתְפַּשֵּׁט; הוֹשִׁיט; נִמְתַּח; מְתִיחָה; כִּבְרָה; גְּמִישׁוּת; תְּקוּפַת מַאֲסָר; מִמְתָּח

stretch'er *n.* (סְטְרֶצֶ׳ר) אֲלוּנְקָה; מוֹתְחָן

strew *v.t.* (סְטְרוּ) פִּזֵּר

strick'en *adj.* (סְטְרִקְן) נָגוּעַ; מֻשְׁפָּע מְאֹד

strict *adj.* (סְטְרִקְט) קַפְּדָן, חָמוּר; מְדֻיָּק; מְצֻמְצָם; גָּמוּר

stride *n. & v.i. & t.* (סְטְרַיד) פְּסִיעָה נִמְרֶצֶת; פְּסִיעָה אֲרֻכָּה; הֲלִיכָה קְצוּבָה; צָעַד קָדִימָה; פָּסַע פְּסִיעוֹת נִמְרָצוֹת וַאֲרֻכּוֹת

take something in one's — טִפֵּל בּ־ בְּשַׁלְוָה וּבְהַצְלָחָה

strid'ent *adj.* (סְטְרַידֶנְט) חוֹרֵק, צוֹרְמָנִי

strife *n.* (סְטְרַיף) מְרִיבָה; מַחְלֹקֶת חֲרִיפָה; סִכְסוּךְ, הִתְנַגְּשׁוּת; תַּחֲרוּת

strike *v.t. & i.* (סְטְרַיק) הִכָּה; הָלַם; תָּחַב; דָּפַק; שִׁפְשֵׁף, הִדְלִיק; הִגִּיעַ ל־; עָלָה בּ־, נִכְנַס; תָּפַס; עָשָׂה רֹשֶׁם חָזָק; עָשָׂה רֹשֶׁם; גִּלָּה; מָחַק; טָבַע (מטבע וכו׳); חָתַךְ; הוֹרָה עַל הַשָּׁעָה עַל יְדֵי הַקָּשָׁה; הִכְנִיס; הֶחְדִּיר; אִשֵּׁר; שָׁבַת; בָּחַר בְּמִשְׁבָּצִים; הִתְנַגֵּשׁ בּ־; נָפַל; הִשְׁתָּרֵשׁ; יָצָא; הִתְקַדֵּם; הוֹרִיד (דגל)

— home הִנְחִית מַכָּה יְעִילָה; הִשְׁפִּיעַ כְּפִי שֶׁצִּפָּה

— it rich גִּלָּה אוֹצָרוֹת; הִתְעַשֵּׁר פִּתְאוֹם

— off הִדְפִּיס; הֵסִיר, בִּטֵּל

— out הוֹצִיא מֵהַסִּבּוּב; נִכְשַׁל; סָר חִנּוֹ

— up הִתְחִיל לְנַגֵּן אוֹ לָשִׁיר; הֵבִיא לִידֵי הִוָּצְרוּת, הִתְחִיל

— *n.* הַכָּאָה, מַכָּה; שְׁבִיתָה; הַחְטָאָה; גִּלּוּי מִרְבָּץ עָשִׁיר; טְבִיעָה (של מטבע)

have two —s against one הָיָה בְּמַצָּב בִּישׁ

stri′ker *n.* (סְטְרַיקֶר) שׁוֹבֵת; מַכֶּה; מַקּוֹשׁ

stri′king *adj.* (סְטְרַיקִנְג) מַכֶּה; יוֹצֵא מִן הַכְּלָל; בּוֹלֵט, שׁוֹבֵת

string *n. & v.t.* (סְטְרִנְג) חוּט, מֵיתָר; שְׂרוֹךְ; שׁוּרָה, סִדְרָה; מַחֲרֹזֶת; כְּלֵי מֵיתָרִים; מִגְבָּלָה; סִפֵּק חוּטִים; צִיֵּד בְּמֵיתָרִים; קָשַׁר, מָתַח; תָּלָה

strin′gent *adj.* (סְטְרִנְגֶ׳נְט) מַחְמִיר, קַפְּדָן, חָמוּר; מְחַיֵּב; מְשַׁכְנֵעַ

strip *n. & v.t. & i.* (סְטְרִפּ) רְצוּעָה; סִדְרַת קָרִיקָטוּרוֹת; פָּשַׁט; הֵסִיר; קִלֵּף; הֵרִיק; פֵּרֵק; שָׁדַד; הִתְפַּשֵּׁט; רָקַד מְחוֹל חַשְׂפָנִי

stripe *n.* (סְטְרַיפּ) פַּס; רְצוּעָה; סֶרֶט; מִין; הַלְקָאָה

strip′tease″ *n.* (סְטְרִפְּטִיז) מְחוֹל חַשְׂפָנִי

strive *n.* (סְטְרַיב) הִתְאַמֵּץ, הִשְׁתַּדֵּל

stroke *n. & v.t.* (סְטְרוֹק) מַכָּה, הַקָּשָׁה; מְחִי; דְּפִיקָה; שָׁבָץ; פְּעֻלָּה יְחִידָה; שִׁיטַת שְׂחִיָּה; תְּנוּעָה; סְגֻלָּה אָפְיָנִית; כַּמּוּת; נִסָּיוֹן לְהַשִּׂיג; צַעַד; הֶשֵּׂג; מְאֹרָע מִקְרִי; לִטֵּף

stroll *v.i. & n.* (סְטְרוֹל) טִיֵּל בְּנַחַת, הִתְהַלֵּךְ, שׁוֹטֵט; טִיּוּל בְּנַחַת

strong *adj.* (סְטְרוֹנְג) חָזָק; מוּצָק; אֵיתָן; מַמָּשִׁי; חָרִיף; עָצוּם; מְבֻסָּס; מְחַיֵּב; נִמְרָץ; מַעֲלֶה סֵרָחוֹן

strove (סְטְרוֹב) (זמן עבר של strive)

struck *adj.* (סְטְרַק) סָגוּר עַל יְדֵי שְׁבִיתָה; (זמן עבר של strike)

struc′ture *n.* (סְטְרַקְצֶ׳ר) מִבְנֶה; תַּבְנִית

strug′gle *v.i. & t. & n.* (סְטְרַגְל) נֶאֱבַק; הִתְאַמֵּץ; הִתְלַבֵּט; הִתְקַדֵּם תּוֹךְ מַאֲמָץ; מַאֲבָק

strut *v.i. & n.* (סְטְרַט) סָמוֹךְ; הָלַךְ בְּגַאֲוָה, הָלַךְ בְּיָהֳרָה

stub *n. & v.t.* (סְטַב) גֶּדֶם; זָנָב קָטוּעַ; בְּדָל; שְׁיָר; תְּלוּשׁ; שׁוֹבֵר; עֵט קָצָר; נִתְקַל בְּמִקְרֶה

stub′ble *n.* (סְטַבְּל) קָנִים בְּשָׂדֶה לְאַחַר הַקָּצִיר; גְּדָמִים; פֶּקֶס; צִמְחִיָּה

stub′born *adj.* (סְטַבֶּרְן) עַקְשָׁן; קְשֵׁה עֹרֶף

stuck *adj.* (סְטַק) תָּקוּעַ; דָּבוּק; מְאֹהָב בּ־

stud *n.* (סְטַד) נַעַץ, כַּפְתּוֹר; סוּס הַרְבָּעָה

stud′ent *n.* (סְטוּדֶנְט) תַּלְמִיד, סְטוּדֶנְט

stu′dio″ *n.* (סְטוּדְיוֹ) סְטוּדְיוֹ, אֻלְפָּן

stu′dious *adj.* (סְטוּדִיאֶס) מַתְמִיד; מָסוּר לַלִּמּוּדִים, שֶׁל לִמּוּדִים; קַפְּדָנִי, שַׁקְדָנִי

stud′y *n. & v.i.* (סְטַדִי) לִמּוּד; חֵקֶר; מֶחְקָר; מִקְצוֹעַ; חֲרִיצוּת; הָגוּת, הִרְהוּר; חֲדַר עִיּוּן; אֶטְיוּד; תַּרְשִׁים; לָמַד, שִׁנֵּן, עִיֵּן; הִתְאַמֵּץ; הִשְׁתַּדֵּל; הָגָה; חָקַר; בָּחַן; הִתְבּוֹנֵן בּ־; לָמַד בְּעַל פֶּה; שָׁקַל בְּדַעַת; הִסִּיק (מסקנה)

stuff *n. & v.t.* (סְטַף) חֹמֶר, חֳמָרִים; סְגֻלּוֹת; כֹּשֶׁר מְיֻחָד; פְּעִילוּת; שְׁטֻיּוֹת; דָּחַס; מִלֵּא; רִפֵּד; פִּטֵּם; פִּחְלֵץ; זִיֵּף קוֹלוֹת (בבחירות)

—ing *n.* מִלּוּי, מְלִית

stuf′fy *adj.* (סְטַפִי) מַחֲנִיק; מֵעִיק; סָתוּם; מְשַׁעֲמֵם; מִתְנַפֵּחַ; שַׁמְרָנִי, צַר־אֹפֶק

stum′ble *v.i.* (סְטַמְבְּל) מָעַד, נִתְקַל בּ־; הָלַךְ בְּצוּרָה מוּעֶדֶת; טָעָה; פָּעַל בְּהַסְסָנוּת

stump *n. & v.t. & i.* (סְטַמְפּ) גֶּדֶם, גֶּזַע; שְׁיָר; רֶגֶל תּוֹתֶבֶת; רֶגֶל; פְּסִיעָה כְּבֵדָה;

בָּמַת נְאוּמִים; גָּדַע; עָקַר גְּדָמִים; הֵבִיךְ; נָשָׂא נְאוּמֵי בְּחִירוֹת; פָּסַע בִּכְבֵדוּת

stun *v.t.* (סְטַן) הָמַם, הִדְהִים

stung (סְטַנְג) (זמן עבר של sting)

stunt *v.t. & n.* (סְטַנְט) הֵאֵט הִתְפַּתְּחוּת; בִּצַּע מַעֲשֵׂה כֹּשֶׁר; הָאָטַת הִתְפַּתְּחוּת; עֲצִירַת גִּדּוּל; פְּעֻלַּת כֹּשֶׁר; הֶשֵּׂג גּוּפָנִי; מַעֲשֵׂה רַאֲוָה

stu'pefy" *v.t.* (סְטוּפֵּפַי) טִמְטֵם, הִקְהָה חוּשִׁים

stupen'dous *adj.* (סְטוּפֶּנְדֶס) מַפְלִיא; אַדִּיר

stu'pid *adj.* (סְטוּפִּד) טִפְּשִׁי; מְטֻמְטָם

stupid'ity *n.* (סְטוּפִּדִטִי) טִפְּשׁוּת, טִמְטוּם

stu'por *n.* (סְטוּפֶּר) קִהָיוֹן־חוּשִׁים; טִמְטוּם, אֲדִישׁוּת

stur'dy *adj.* (סְטֶרְדִי) חָזָק, חָסֹן; אֵיתָן, מְשֻׁרְשׁ

stut'ter *v.i. & n.* (סְטַטֶר) גִּמְגֵּם; גִּמְגּוּם

sty *n.* (סְטַי) דִּיר חֲזִירִים; מִזְבָּלָה; שְׂעוֹרָה (בעין)

style *n. & v.t.* (סְטַיל) סִגְנוֹן; דֶּרֶךְ פְּעֻלָּה אָפְיָנִית; דֶּרֶךְ חַיִּים אָפְנָתִית; אָפְנָה; תֹּאַר; חֶרֶט; כִּנָּה בְּתֹאַר; עִצֵּב בְּהֶתְאֵם לְסִגְנוֹן מְסֻיָּם; הִתְאִים לְסִגְנוֹן מְסֻיָּם

sty'lish *adj.* (סְטַילִשׁ) בְּהֶתְאֵם לָאָפְנָה, אֶלֶגַנְטִי

sty'list *n.* (סְטַילִסְט) אֳמַן הַסִּגְנוֹן; מְעַצֵּב

suave *adj.* (סְוָב) נוֹחַ, נְעִים הֲלִיכוֹת; חָבִיב; מְלֻטָּשׁ

subdue' *v.t.* (סַבְּדוּ) הִכְנִיעַ; גָּבַר עַל; דִּכֵּא; רִכֵּךְ; שִׁכֵּךְ

sub'ject *n. & adj.* (סַבְּג'קְט) נוֹשֵׂא; מִקְצוֹעַ; סִבָּה; נָתִין; סוּבְּיֶקְט; כָּפוּף; נָתוּן לְ־; חָשׂוּף; תָּלוּי בְּ־

subject' *v.t.* (סַבְּגֶ'קְט) הִכְנִיעַ; הֵבִיא תַּחַת שְׁלִיטָה שֶׁל; חָשַׂף, הֶעֱמִיד בִּפְנֵי־

subjec'tion *n.* (סַבְּגֶ'קְשֶׁן) הַכְנָעָה; כְּנִיעָה, כְּפִיפוּת

sub'jugate" *v.t.* (סַבְּגֻ'גֵיט) הִכְנִיעַ, הִכְרִיעַ, שִׁעְבֵּד

subjunc'tive *n.* (סַבְּגַ'נְקְטִב) דֶּרֶךְ הַתְּלוּי, דֶּרֶךְ הַשֶּׁמָּא

sublime' (סַבְּלַים) נַעֲלֶה, נִשְׂגָּב

sub'marine" *n. & adj.* (סַבְּמֲרִין) צוֹלֶלֶת; תַּת־יַמִּי; שֶׁל צוֹלְלוֹת

submerge' *v.t. & i.* (סַבְּמֶרְג') שָׁקַע בְּמַיִם, הִטְבִּיל; צָלַל

submissi'on *n.* (סַבְּמִשְׁן) כְּנִיעָה, קַבָּלַת מָרוּת; מְסִירָה

submis'sive *adj.* (סַבְּמִסִב) נִכְנָע, מְקַבֵּל מָרוּת, וַתְּרָנִי

submit' *v.t. & i.* (סַבְּמִט) נִכְנַע, וִתֵּר לְ־; קִבֵּל מָרוּת; הֵבִיא לִידֵי־; הִגִּישׁ; הִצִּיעַ

subor'dinate *adj. & n.* (סַבּוֹרְדִנַט) כָּפוּף; מִשְׁנִי, נָחוּת; תָּלוּי בְּ־; זוּטָר; פָּקוּד

subor'dinate" *v.t.* (סַבּוֹרְדִנֵיט) קָבַע בְּמָקוֹם נָמוּךְ יוֹתֵר; הֶעֱמִיד בְּמָקוֹם מִשְׁנִי; הֵבִיא לִידֵי כְּפִיפוּת לְ־, הִכְפִּיף

subscribe' *v.t. & i.* (סַבְּסְקְרַיבּ) תָּרַם; הִתְחַיֵּב לָתֵת; חָתַם עַל; הֶחְתִּים עַל; הִסְכִּים לְ־

subscrip'tion *n.* (סַבְּסְקְרִפְּשֶׁן) תְּרוּמָה; הִתְחַיְּבוּת; חֲתִימָה; קֶרֶן מִתְּרוּמוֹת; מִנּוּי; סֵיפָא

sub'sequent *adj.* (סַבְּסְקְוֶנְט) הַבָּא אַחֲרֵי

subser'vient *adj.* (סַבְּסֶרְוִיאֶנְט) כָּפוּף; נִכְנָע, מִתְרַפֵּס

subside' *v.i.* (סַבְּסַיד) שָׁכַךְ, שָׁקַע, פָּג

subsid'iar"y *adj. & n.* (סַבְּסִדִיאֲרִי) מְסַיֵּעַ, מַשְׁלִים; חֶבְרַת־בַּת

sub'sidize" *v.t.* (סַבְּסִדַיז) הֶעֱנִיק תְּמִיכָה, נָתַן סוּבְּסִידְיָה, סִבְסֵד; שִׁחֵד

sub'sidy *n.* (סַבְּסִדִי) סוּבְּסִידְיָה; מַעֲנָק

subsist' *v.i.* (סַבְּסִסְט) הִתְקַיֵּם; נִשְׁאַר בַּחַיִּים, חַי עַל

subsis'tence *n.* (סַבְּסִסְטֶנְס) קִיּוּם; פַּרְנָסָה, אֶמְצְעֵי מִחְיָה

subs'tance *n.* (סַבְּסְטֶנְס) חֹמֶר; מוּצָקוּת; סְמִיכוּת; מַשְׁמָעוּת; יֵשׁוּת, הֲוָיָה

substan'tial *adj.* (סַבְּסְטֶנְשֶׁל) יָקָר; מַמָּשִׁי; מוּצָק, אֵיתָן, חָזָק; עָשִׁיר; בַּעַל הַשְׁפָּעָה; חָשׁוּב, בַּעַל עֵרֶךְ; חָמְרִי; יֵשׁוּתִי, מְצִיאוּתִי

substan'tiate" *v.t.* (סַבְּסְטֶנְשִׁיאֵיט) הוֹכִיחַ; מִמֵּשׁ; אִשֵּׁר, חִזֵּק

sub'stitute" *v.t. & i. & n.* (סַבְּסְטִטוּט)

שָׂם בִּמְקוֹם; הֶחֱלִיף; מִלֵּא מְקוֹם־; הִצִּיב; תַּחֲלִיף; מְמַלֵּא מָקוֹם

sub″stitu′tion *n.* (סַבְּסְטִטוּשְׁן) תַּחֲלִיף, מִלּוּי מָקוֹם; תְּמוּרָה, הֶצֵּב

sub′terfuge″ *n.* (סַבְּטֶרְפְיוּג׳) הִתְחַמְּקוּת; תַּחְבּוּלָה; מַעֲשֵׂה עָרְמָה

sub″terra′nean *adj. & n.* (סַבְּטֵרֵינִיאֵן) תַּת־קַרְקָעִי; חֲשָׁאִי

sub′tle *adj.* (סַטְל) דַּק; עָדִין; קָלוּשׁ; חוֹדֵר, מַבְחִין; עָרוּם, עַרְמוּמִי; שָׁנוּן

subtract′ *v.t. & i.* (סַבְּטְרֶקְט) נִכָּה; חִסֵּר; גָּרַע; הִפְחִית

subtrac′tion *n.* (סַבְּטְרֶקְשֶׁן) חִסּוּר; הַפְחָתָה; נִכּוּי

sub′urb *n.* (סַבֶּרְב) פַּרְוָר

subver′sive *adj. & n.* (סַבְּוֶרְסִב) חַתְרָנִי, חַתְרָן

sub′way″ *n.* (סַבְּוֵי) רַכֶּבֶת תַּחְתִּית

succeed′ *v.i. & t.* (סַקְסִיד) הִצְלִיחַ; צָמַח, שִׂגְשֵׂג; בָּא אַחֲרֵי; בָּא בִּמְקוֹם, יָרַשׁ מְקוֹם־

success′ *n.* (סַקְסֶס) הַצְלָחָה; מַצְלִיחַ

success′ful *adj.* (סַקְסֶסְפֶל) מַצְלִיחַ; מֻצְלָח

succes′sion *n.* (סַקְסֶשֶׁן) הִתְקַדְּמוּת בָּזֶה אַחַר זֶה; רֶצֶף, שׁוּרָה, סִדְרָה; זְכוּת יְרֻשָּׁה; סֵדֶר הַיּוֹרְשִׁים; הוֹרָשָׁה

succes′sive *adj.* (סַקְסֶסִב) שֶׁבָּאִים בָּזֶה אַחַר זֶה; רָצוּף

succes′sor *n.* (סַקְסֶסֶר) יוֹרֵשׁ; הַבָּא אַחֲרֵי־; הַבָּא בִּמְקוֹם־

succinct′ *adj.* (סַקְסִנְקְט) תַּמְצִיתִי, קָצָר; מְקֻצָּר וּמַשְׁמָעוּתִי

suc′cor *n. & v.t.* (סַקֶר) עֶזְרָה; מְסַיֵּעַ; עָזַר לְ־

suc′culent *adj.* (סַקְיֻלֶנְט) עֲסִיסִי; עָשִׁיר בִּתְכוּנוֹת רְצוּיוֹת; מְעַנְיֵן; בַּשְׂרָנִי

succumb′ *v.i.* (סַקַם) נִכְנַע, וִתֵּר לְ־; מֵת

such *adj. & pron.* (סַץ׳) כָּזֶה, כָּזֹאת, כָּאֵלֶּה; כַּיּוֹצֵא בָּזֶה; כַּיּוֹצֵא בָּאֵלֶּה; מֻבְהָק; מְסֻיָּם; כַּנִּזְכָּר לְעֵיל

— as כְּגוֹן

suck *v.t. & i.* (סַק) יָנַק; מָצַץ

— in רִמָּה

— *n.* יְנִיקָה; מְצִיצָה; מְעַרְבֹּלֶת

suck′er *n.* (סַקֶר) יוֹנֵק; מוֹצֵץ; פֶּתִי; תִּינוֹק; אֵיבַר יְנִיקָה; סֻכָּרִיָּה עַל מַקֵּל; שְׁלוּחָה תַּת־קַרְקָעִית

suck′le *v.t. & i.* (סַקְל) הֵינִיק; הֵזִין; גִּדֵּל; יָנַק

suck′ling *n.* (סַקְלִנְג) יוֹנֵק

suc′tion *n.* (סַקְשֶׁן) יְנִיקָה

sud′den *adj.* (סַדְן) פִּתְאוֹמִי

all of a — פִּתְאוֹם

sud′denly *adv.* (סַדֶנְלִי) פִּתְאוֹם

suds *n. pl.* (סַדְז) מֵי סַבּוֹן; קֶצֶף; בִּירָה

sue *v.t. & i.* (סוּ) הִגִּישׁ תְּבִיעָה מִשְׁפָּטִית נֶגֶד

suede *n.* (סְוֵיד) זַמְשׁ

su′et *n.* (סוּאִט) חֵלֶב

suf′fer *v.i.* (סַפֶר) סָבַל; נֶעֱנַשׁ; הִתְיַסֵּר; נִפְגַּע; הִתְנַסָּה בְּ־; הִרְשָׁה

suf′ferance *n.* (סַפֶרֶנְס) הֶתֵּר סָבִיל; סוֹבְלָנוּת; כֹּחַ סֵבֶל

suf′fering *n.* (סַפֶרִנְג) סֵבֶל; יִסּוּרִים

suffice′ *v.i.* (סַפַיס) הִסְפִּיק

suffici′ent *adj.* (סַפִשֶׁנְט) מַסְפִּיק

suf′fix *n.* (סַפִקְס) סִיֹּמֶת, סוֹפִית

suf′focate″ *v.t. & i.* (סַפֶקֵיט) חָנַק; הֵעִיק עַל מֵחֹסֶר אֲוִיר; דִּכֵּא; נֶחֱנַק, סָבַל מֵחֹסֶר אֲוִיר

suf′frage *n.* (סַפְרִג׳) זְכוּת הַצְבָּעָה; קוֹל (בהצבעה)

suffuse′ *v.t.* (סַפְיוּז) פִּעְפֵּעַ; מִלֵּא; הִתְפַּשֵּׁט

sug′ar *n. & v.t.* (שֻׁגֶר) סֻכָּר; מִתֵּק; כִּסָּה בְּסֻכָּר, פִּזֵּר סֻכָּר, סִכֵּר; עָשָׂה לְנָעִים

suggest′ *v.t.* (סַגֶ׳סְט) הִצִּיעַ; רָמַז, הֶעֱלָה עַל הַדַּעַת

sugges′tion *n.* (סַגֶ׳סְצ׳ן) הַצָּעָה; נִימָה, רֶמֶז; הַשָּׂאָה, סוּגֶסְטְיָה

sugges′tive *adj.* (סַגֶ׳סְטִב) מַצִּיעַ, מַעֲלֶה הַצָּעוֹת; מְעוֹרֵר מַחֲשָׁבָה; לֹא־צָנוּעַ

su′icide″ *n.* (סוּאִסַיד) הִתְאַבְּדוּת; מִתְאַבֵּד, שׁוֹלֵחַ יָד בְּנַפְשׁוֹ

suit *n.* (סוּט) חֲלִיפָה; תְּבִיעָה מִשְׁפָּטִית; חִזּוּר; עֲצוּמָה

follow — עָשָׂה כְּמַעֲשֵׂהוּ שֶׁל אַחֵר

— *v.t. & i.* הִתְאִים; הָלַם; הִשְׂבִּיעַ רָצוֹן;

נִרְאָה לְ־; הִתְקַבֵּל עַל הַדַּעַת; הִלְבִּישׁ, סִפֵּק חֲלִיפָה

su'itable *adj.* (סוּטֶבְּל) מַתְאִים, יָאֶה; הוֹלֵם

suite *n.* (סְוִיט) מַעֲרֶכֶת, סִדְרָה; דִּירָה; מַעֲרֶכֶת רָהִיטִים; פָּמַלְיָה; סְוִיטָה, סוּאִיטָה

sui'tor *n.* (סוּטְר) מְחַזֵּר; תּוֹבֵעַ, מַגִּישׁ תְּבִיעָה מִשְׁפָּטִית

sul'fur *n.* (סַלְפֶר) גָּפְרִית

sulk *v.i.* & *n.* (סַלְק) הִשְׁתַּתֵּק וְהִסְתַּגֵּר; הִשְׁתַּתְּקוּת וְהִסְתַּגְּרוּת

—s רֹגֶז וְהִסְתַּגְּרוּת

sul'ky *adj.* & *n.* (סַלְקִי) מִסְתַּגֵּר וְשׁוֹתֵק; קוֹדֵר; כִּרְכֶּרֶת יָחִיד, דּוּ־אוֹפַן

sul'len *adj.* (סַלֶן) מַשְׁמִים; זָעֵף; קוֹדֵר; מִתְנַהֵל בְּאִטִּיּוּת

sul'ly *v.t.* (סַלִי) לִכְלֵךְ, הִכְתִּים

sul'phur *See* **sulfur**

sul'tan *n.* (סַלְטֶן) שֻׁלְטָן

sul'try *adj.* (סַלְטְרִי) מַחֲנִיק וָלַח, חַם וּמֵעִיק, חַם מְאֹד; מְעוֹרֵר תַּאֲוָה, תַּאַוְתָנִי

sum *n.* & *v.t.* (סַם) סַךְ הַכֹּל; סְכוּם; סְכוּם; שׁוּרַת מִסְפָּרִים לְחִבּוּר; בְּעָיָה בְּחֶשְׁבּוֹן; תַּמְצִית; סִכֵּם; חִבֵּר

— up סִכֵּם; תִּמְצֵת

sum'marize" *v.t.* (סַמֲרַיז) סִכֵּם; תִּמְצֵת

sum'mary *n.* & *adj.* (סַמֲרִי) סִכּוּם, תַּמְצִית; תַּמְצִיתִי; מִיָּדִי, מָהִיר, מְקֻצָּר

sum'mer *n.* & *adj.* (סַמֶר) קַיִץ; תְּקוּפַת חֹם; תְּקוּפַת שִׂיא; שֶׁל קַיִץ

sum'mit *n.* & *adj.* (סַמִט) פִּסְגָּה; שֶׁל רָאשֵׁי מְדִינָה

summon *v.t.* & *i.* (סַמֶן) כִּנֵּס, הִזְעִיק; הִזְמִין

sum'mons *n.* (סַמֶנְז) הַזְמָנָה, צַו; דְּרִישָׁה

sum'ptuous *adj.* (סַמְפְּצ'וּאֶס) כָּרוּךְ בְּהוֹצָאוֹת מְרֻבּוֹת; מְהֻדָּר

sun *n.* & *v.t.* (סַן) שֶׁמֶשׁ; כּוֹכָב; מַכַּת שֶׁמֶשׁ; חָשַׂף לְקַרְנֵי הַשֶּׁמֶשׁ; חִמֵּם בַּשֶּׁמֶשׁ

sun'burn" *n.* (סַנְבֶּרְן) כְּוִיַּת שֶׁמֶשׁ; שִׁזּוּף

Sunday *n.* & *adj.* (סַנְדִי) יוֹם א'; יוֹם רִאשׁוֹן; שֶׁל יוֹם א'

a month of —s תְּקוּפָה מְמֻשֶּׁכֶת

sun'der *v.t.* (סַנְדֶר) הִפְרִיד, נִתֵּק; חִלֵּק

sun'dry *adj.* (סַנְדְרִי) שׁוֹנִים; שֶׁל מִינִים שׁוֹנִים

all and— כָּל אֶחָד

sung (סַנְג) (p. p. של sing)

sunk *adj.* (סַנְק) שֶׁאֵין לוֹ תַּקָּנָה; מְחֻסָּל; (זמן עבר של sink)

sun'light" *n.* (סַנְלַיט) אוֹר הַשֶּׁמֶשׁ

sun'ny *adj.* (סַנִי) שְׁטוּף־שֶׁמֶשׁ; חָשׂוּף לַשֶּׁמֶשׁ; שֶׁל הַשֶּׁמֶשׁ; דּוֹמֶה לַשֶּׁמֶשׁ

sun'ny-side up' בֵּיצִיַּת עַיִן

sun'rise" *n.* (סַנְרַיז) זְרִיחַת הַשֶּׁמֶשׁ, זְרִיחָה

sun'set" *n.* (סַנְסֶט) שְׁקִיעַת הַשֶּׁמֶשׁ, שְׁקִיעָה

sun'shine" *n.* (סַנְשַׁין) זְרִיחַת הַשֶּׁמֶשׁ, אוֹר שֶׁמֶשׁ; אֹשֶׁר; מְקוֹר אֹשֶׁר

superb' *adj.* (סֻפֶּרְבּ) נַעֲלֶה, מְפֹאָר; מְצֻיָּן; מְהֻדָּר

su"perfici'al *adj.* (סוּפֶּרְפִשְׁל) שִׁטְחִי, שֶׁל שֶׁטַח; חִיצוֹנִי בִּלְבַד; לֹא־אֲמִתִּי, חֲסַר־מַשְׁמָעוּת

super'fluous *adj.* (סוּפֶּרְפְלוּאֶס) מְיֻתָּר, עוֹדֵף

su"perhu"man *adj.* (סוּפֶּרְהְיוּמֶן) עַל־אֱנוֹשִׁי

su"perinten'dent *n.* (סוּפְּרִנְטֶנְדֶנְט) מְפַקֵּחַ; פּוֹעֵל אַחְזָקָה; שָׁרָת

supe'rior *adj.* & *n.* (סֻפִּירִיאֶר) גָּבֹהַּ יוֹתֵר; רָם יוֹתֵר; נַעֲלֶה; מְעֻלֶּה; עָדִיף; עֶלְיוֹן; רַב יוֹתֵר; מִתְעַלֶּה; גּוֹבֵר עַל; מְמֻנֶּה עַל

super"ior'ity *n.* (סֻפִּירִיאוֹרִטִי) עֶלְיוֹנוּת, עֲדִיפוּת

super'lative *adj.* & *n.* (סֻפֶּרְלֶטִב) מֵהַסּוּג הָעִלָּי, מֵהַדַּרְגָּה הַגְּבוֹהָה בְּיוֹתֵר; מֻפְלָג; עֵרֶךְ הַהַפְלָגָה, גֻּזְמָה, שִׂיא

su'permar"ket *n.* (סוּפֶּרְמַרְקִט) חֲנוּת מַכֹּלֶת גְּדוֹלָה לְשֵׁרוּת עַצְמִי

su"pernat'ural *adi.* & *n.* (סוּפֶּרְנֶצְ'רְל) עַל־טִבְעִי; לְמַעְלָה מִדֶּרֶךְ הַטֶּבַע; כֹּחַ עַל־טִבְעִי

su"persede' *v.t.* (סוּפֶּרְסִיד) בָּא בִּמְקוֹם־; בִּטֵּל; יָרַשׁ

su"perstiti'on *n.* (סוּפֶּרְסְטִשְׁן) אֱמוּנָה תְּפֵלָה; אֱמוּנַת הֶבֶל

su"perstiti'ous *adj.* (סוּפֶּרְסְטִשֶׁס) שֶׁל אֱמוּנוֹת תְּפֵלוֹת; מַאֲמִין בֶּאֱמוּנוֹת תְּפֵלוֹת

su'pervise" *v.t.* (סוּפֶּרְוַיז) פִּקֵּחַ עַל; הִשְׁגִּיחַ עַל

supervisor *n.* (סוּפֶּרְוַיזֶר) מְפַקֵּחַ, מַשְׁגִּיחַ

supine' *adj.* (סוּפַּין) פְּרַקְדָן; לְלֹא־פְּעֻלָּה, סָבִיל

sup'per *n.* (סַפֶּר) אֲרוּחַת עֶרֶב

supplant' *v.t.* (סַפְּלֶנְט) בָּא בִּמְקוֹם־; תָּפַס הַמָּקוֹם שֶׁל

sup'ple *adj.* (סַפְּל) גָּמִישׁ, כָּפִיף; סָגִיל; כָּנִיעַ, וַתְּרָנִי; מִתְרַפֵּס

sup'plement *n.* (סַפְּלֶמֶנְט) תּוֹסֶפֶת; מוּסָף; נִסְפָּח; הַשְׁלָמָה

sup'plement" *v.t.* הוֹסִיף, הִשְׁלִים, מִלֵּא הֶחָסֵר

sup'plicate" *v.i. & t.* (סַפְּלִקֵיט) הֶעְתִּיר, הִתְחַנֵּן

supply' *v.t. & i. & n.* (סַפְּלַי) סִפֵּק; צִיֵּד; הִמְצִיא; הִשְׁלִים; מִלֵּא הֶחָסֵר; אַסְפָּקָה, מְלַאי; הֶצֵּעַ; צֵידָה, מִצְרָכִים

support' *v.t. & n.* (סַפּוֹרְט) תָּמַךְ בּ־; סָמַךְ; נָשָׂא; סָבַל; פִּרְנֵס; עוֹדֵד; עָזַר ל־; אִשֵּׁר, חִזֵּק; מִלֵּא תַּפְקִיד שֵׁנִי בְּמַעֲלָה; תְּמִיכָה, תֶּמֶךְ; סָמוֹךְ; פַּרְנָסָה; הַחְזָקָה; סִיּוּעַ

suppor'ter *n.* (סַפּוֹרְטֶר) תּוֹמֵךְ; בִּירִית

suppose' *v.t. & i.* (סַפּוֹז) הִנִּיחַ; שִׁעֵר; נָטָה לְהַאֲמִין; חָשַׁב, סָבַר; יָצָא מִן הַהַנָּחָה

sup"posit'ion *n.* (סַפְּזִשְׁן) הַנָּחָה

suppress' *v.t.* (סַפְּרֶס) הִפְסִיק פְּעִילוּת; בִּטֵּל; עָצַר בְּעַד; עִכֵּב פִּרְסוּם; דִּכֵּא, הִכְנִיעַ

suppres'sion *n.* (סַפְּרֶשְׁן) דִּכּוּי; בִּטּוּל; הַדְחָקָה

suprem'acy *n.* (סַפְּרֶמַסִי) עֶלְיוֹנוּת; סַמְכוּת עֶלְיוֹנָה

supreme' *adj.* (סַפְּרִים) עֶלְיוֹן; רָאשִׁי, רִבּוֹנִי; גָּבוֹהַּ בְּיוֹתֵר; רִאשׁוֹן בְּמַעֲלָה; מִמַּדְרֵגָה רִאשׁוֹנָה; אַחֲרוֹן

sure *adj.* (שֻׁר) בָּטוּחַ, וַדַּאי; מְשֻׁכְנָע; מְהֵימָן, יַצִּיב; בָּדוּק; הֶכְרֵחִי

make — הָיָה לְגַמְרֵי בָּטוּחַ

— enough בְּוַדַּאי

to be — בְּלִי כָּל סָפֵק

sur'ety *n.* (שֻׁרְטִי) עֲרֻבָּה, עַרְבוּת; עָרֵב; בִּטָּחוֹן, וַדָּאוּת

surf *n.* (סֶרְף) דָּכִי, קֶצֶף גַּלִּים, מִשְׁבָּרִים

sur'face *n. & adj. & v.i.* (סֶרְפִס) שֶׁטַח, שֶׁטַח חִיצוֹנִי, חֲזִית; מִשְׁטָח; תַּעֲבוּרָה יַבַּשְׁתִּית אוֹ יַמִּית; חִיצוֹנִי, שִׁטְחִי, שֶׁל הַיַּבָּשָׁה, שֶׁל הַיָּם; עָלָה עַל פְּנֵי הַיָּם

surge *n. & v.i.* (סֶרְג׳) הִסְתָּעֲרוּת, הִתְנַחְשְׁלוּת; מִשְׁבְּרֵי הַיָּם; הַיָּם הַגַּלִּי, גַּעַשׁ; הִסְתָּעֵר, גָּעַשׁ, הִתְנַחְשֵׁל, הִתְפָּרֵץ

sur'geon *n.* (סֶרְג׳ן) מְנַתֵּחַ; כִּירוּרְג

sur'gery *n.* (סֶרְג׳רִי) מְנַתְּחוּת, כִּירוּרְגְיָה; חֲדַר נִתּוּחַ

sur'gical *adj.* (סֶרְג׳קְל) כִּירוּרְגִי, שֶׁל כִּירוּרְגְיָה

sur'ly *adj.* (סֶרְלִי) גַּס־רוּחַ, זוֹעֵף, עוֹיֵן; קוֹדֵר; מְאַיֵּם

surmise' *v.t. & i.* (סֶרְמַיז) שִׁעֵר, סָבַר

sur'name" *n.* (סֶרְנֵים) שֵׁם מִשְׁפָּחָה; כִּנּוּי לְוַאי

surpass' *v.t.* (סֶרְפֶּס) עָלָה עַל; הִצְטַיֵּן; הָיָה מֵעֵבֶר ל־

sur'plice *n.* (סֶרְפְּלִס) גְּלִימָה לְבָנָה (בַּעֲלַת שַׁרְווּלִים רְחָבִים)

sur'plus *n.* (סֶרְפְּלָס) עֹדֶף; יִתְרָה

surprise' *v.t. & n.* (סֶרְפְּרַיז) הִפְתִּיעַ; נִתְקַל בּ־ פִּתְאוֹם; הִתְמִיהַּ; הַפְתָּעָה; תִּמָּהוֹן

surren'der *v.t. & i. & n.* (סֶרֶנְדֶר) נִכְנַע; הִתְמַסֵּר ל־; וִתֵּר עַל; כְּנִיעָה; הַסְגָּרָה; וִתּוּר עַל

sur"repti'ous *adj.* (סֶרֶפְּטִשֶׁס) חֲשָׁאִי; שֶׁבִּגְנֵבָה

surround' *v.t.* (סֶרַאוּנְד) הִקִּיף; כִּתֵּר

surroun'ding *n.* (סֶרַאוּנְדִנְג) דָּבָר מַקִּיף; הַקָּפָה; כִּתּוּר

—s סְבִיבָה

surveil'lance *n.* (סֶרְוֵילֶנְס) פִּקּוּחַ, מַעֲקָב

survey' *v.t. & n.* (סֶרְוֵי) סָקַר, עָמַד עַל טִיב; סֶקֶר, סְקִירָה; בְּדִיקָה; מְדִידָה, תֵּאוּר

survey'or *n.* (סֶרְוֵיאֶר) מוֹדֵד; מַשְׁגִּיחַ

survi'val *n. & adj.* (סֶרְוַיבַל) הִשָּׁאֲרוּת

בַּחַיִּים; הֶמְשֵׁךְ קִיּוּם; שֶׁל אֶמְצָעֵי קִיּוּם הֶכְרֵחִיִּים

survive' *v.i.* (סֶרְוַיב) נִשְׁאַר בַּחַיִּים; הוֹסִיף לְהִתְקַיֵּם

survi'vor *n.* (סֶרְוַיבְּר) נִשְׁאַר בַּחַיִּים; שָׂרִיד; שָׁאִיר

suscep'tible *adj.* (סֶסֶפְּטִבְּל) רָגִישׁ, נוֹחַ לְקָלוֹט, מְקַבֵּל בְּקַלּוּת; מִתְרַשֵּׁם בְּקַלּוּת

suspect' *v.t. & i.* (סֶסְפֶּקְט) חָשַׁד; הִנִּיחַ, שִׁעֵר

sus'pect *n. & adj.* חָשׁוּד

suspend' *v.t. & i.* (סֶסְפֶּנְד) תָּלָה; דָּחָה; הִפְסִיק; הִשְׁעָה

suspen'ders *n. pl.* (סֶסְפֶּנְדֶּרְז) כְּתֵפִיּוֹת

suspense' *n.* (סֶסְפֶּנְס) מֶתַח; אִי־הַכְרָעָה נַפְשִׁית; אִי־וַדָּאוּת

suspen'sion *n.* (סֶסְפֶּנְשֶׁן) תְּלִיָּה; הַפְסָקָה; הַשְׁעָיָה; תַּרְחִיף; מִתְלֶה

suspici'on *n.* (סֶסְפִּשֶׁן) חֲשָׁד; רֶמֶז

suspici'ous *adj.* (סֶסְפִּשֶׁס) חָשׁוּד, מְפֻקְפָּק; חוֹשֵׁד

sustain' *v.t.* (סֶסְטֵין) תָּמַךְ ב־; כִּלְכֵּל; נָשָׂא; עוֹדֵד; הִתְמִיד ב־; אִשֵּׁר

sus'tenance *n.* (סַסְטֶנֶנְס) מִחְיָה, כַּלְכָּלָה, מָזוֹן

su'zerain *n.* (סוּזֶרֶן) רִבּוֹן, שַׁלִּיט עֶלְיוֹן

swab *n.* (סְוֹבּ) סְחַבַת סְפוֹגִים; סְפוֹגִית; דֻּגְמָה (שנאספה בספוגית); פְּלַגְלִית; נִקָּה בִּסְחָבָה; מָרַח בִּסְפוֹגִית, מָשַׁח, נִקָּה בִּסְפוֹגִית; הֶעֱבִיר (סחבה)

swad'dle *v.t.* (סְוֹדְל) חִתֵּל, עָטַף

swag'ger *v.i.* (סְוֶגֶר) פָּסַע בִּיהִירוּת; הִתְרַבְרֵב בְּקוֹלָנִיּוּת

swain *n.* (סְוֵין) אוֹהֵב, מְאַהֵב; בָּחוּר כַּפְרִי; מְחַזֵּר כַּפְרִי

swal'low *v.t. & i. & n.* (סְוֹלוֹ) בָּלַע; הֶאֱמִין לְלֹא הִסּוּס; חָזַר בּוֹ; בְּלִיעָה; לְגִימָה; סְנוּנִית

swam (סְוֶם) (זמן עבר של swim)

swamp *n. & v.t.* (סְוֹמְפּ) בִּצָּה; הֵצִיף; הִטְבִּיעַ; הִשְׁאִיר בְּאַפְסַת כֹּחוֹת

swan *n.* (סְוֹן) בַּרְבּוּר

swank'y *adj.* (סְוֶנְקִי) גַּנְדְּרָנִי; שֶׁל מוֹתָרוֹת

swap *v.t. & i. & n.* (סְוֹפּ) הֶחֱלִיף; חֲלִיפִין

swarm *n. & v.i.* (סְוֹרְם) נְחִיל; לַהֲקָה, הָמוֹן; הִסְתַּלֵּק (דבורים); נָע בַּהֲמוֹנִים; הִתְגּוֹדֵד, הִתְקַהֵל; שָׁרַץ

swar'thy *adj.* (סְוֹרְדִ׳י) כֵּהֵה־עוֹר, שְׁחַמְחַם

swash'buck"ler *n.* (סְוֹשְׁבַּקְלֶר) הַרְפַּתְקָן מִתְרַבְרֵב; בָּז לְסַכָּנוֹת

swa'stika *n.* (סְוֹסְטִקָה) צְלַב הַקֶּרֶס

swat *v.t. & n.* (סְוֹט) הִכָּה, חָבַט, סָטַר; מַכָּה, חֲבָטָה, סְטִירָה

swath *n.* (סְוֹד׳) מִשְׁעוֹל קָצוּר; רְצוּעָה

swathe *v.t.* (סְוֵיד׳) כָּרַךְ, חִתֵּל; חָבַשׁ (תחבושת)

sway *v.i. & t. & n.* (סְוֵי) הִתְנַעְנֵעַ; נָטָה; פָּסַח עַל שְׁתֵּי הַסְּעִפִּים; שָׁלַט; נִעֲנַע; הִשְׁפִּיעַ עַל; נִעְנוּעַ; שִׁלְטוֹן; הַשְׁפָּעָה

swear *v.i. & t.* (סְוֵר) נִשְׁבַּע; קִלֵּל; נִבֵּל פִּיו; מָסַר עֵדוּת בִּשְׁבוּעָה; הִשְׁבִּיעַ; חִלֵּל הַשֵּׁם, נָשָׂא שֵׁם ד׳ לַשָּׁוְא

sweat *n. & v.i.* (סְוֶט) זֵעָה, הַזָּעָה; חֹסֶר סַבְלָנוּת; הַעֲלָאַת לַחוּת; הִזִּיעַ; הֶעֱלָה לַחוּת; חָשׁ מְצוּקָה, נִמְצָא בְּמֶתַח; הִשִּׂיג בַּעֲבוֹדָה קָשָׁה; הֶעֱבִיד בְּפֶרֶךְ; הֶעֱסִיק בִּתְנָאִים גְּרוּעִים

— blood הָיָה בְּמֶתַח; עָבַד בְּפֶרֶךְ; חִכָּה בְּחֹסֶר סַבְלָנוּת, דָּאַג

— out הִמְתִּין עַד הַגְּמָר; הִתְמִיד; עָבַד קָשֶׁה לְהַגִּיעַ לַמַּטָּרָה

sweat'er *n.* (סְוֶטֶר) אֲפֻדָּה; מַזִּיעַ

sweat'shop" *n.* (סְוֶטְשׁוֹפּ) מִפְעַל־עֹשֶׁק

Swede *n.* (סְוִיד) שְׁוֶדִי

Swed'en *n.* (סְוִידְן) שְׁוֶדְיָה

Swe'dish *adj. & n.* (סְוִידִשׁ) שְׁוֶדִי; שְׁוֶדִית

sweep *v.t. & i. & n.* (סְוִיפּ) טִאטֵא; הִשְׁמִיד; גָּרַף; פִּנָּה; שָׁטַף; חָלַף בִּמְהִירוּת; נִצֵּחַ נִצָּחוֹן מַכְרִיעַ; טִאטוּא; פִּנּוּי; סְחִיפָה, גְּרִיפָה; טְוָח; מֶרְחָב; כִּוּוּן; תְּנוּפָה; מְנַקֵּה אֲרֻבּוֹת; זְכִיָּה בְּכָל הַפְּרָסִים; נִצָּחוֹן מַכְרִיעַ

swee'ping *adj.* (סְוִיפִּנְג) מַקִּיף, בַּעַל הֶקֵּף רָחָב; סוֹחֵף; מִתְקַדֵּם בְּהַתְמָדָה; מַכְרִיעַ

—s *n. pl.* פְּסֹלֶת

sweep'stakes" *n.* (סְוִיפְּסְטֵיקְס) מֵרוֹץ פַּיִס; פְּרָס; פַּיִס

sweet *adj.* (סְוִיט) מָתוֹק; טָרִי; לֹא־מָלוּחַ; עָרֵב; נְעִים־הֲלִיכוֹת; רוֹחָנִי; אָהוּב; יָקָר; מְבֻצָּע בְּקַלּוּת; מְתַקְתַּק; דִּמְיוֹנִי
— on נִמְשָׁךְ אַחֲרֵי; מְאֹהָב ב־
— *n.* מְתִיקוּת; מַנְעָם; אָהוּב
—s בָּטְטוֹת מְזֻגָּגוֹת; דִּבְרֵי מְתִיקָה
swee'ten *v.t.* (סְוִיטְן) הִמְתִּיק; רִכֵּךְ; רִעֲנֵן; הִנְעִים
sweet'heart" *n.* (סְוִיטְהַרְט) אָהוּב, אֲהוּבָה; יַקִּיר; אָדָם טוֹב לֵב וְנָדִיר
sweet'ness *n.* (סְוִיטְנִס) מְתִיקוּת, נֹעַם
sweet' pota'to (סְוִיט פֵּטֵיטוֹ) בָּטָטָה
swell *v.i.* & *n.* (סְוֶל) תָּפַח; הִתְנַחְשֵׁל; בִּעְבֵּעַ; הִתְנַפֵּחַ; הִתְרַחֵב; הִתְעַצֵּם, גָּבַר; גָּאָה; תְּפִיחָה; הִתְנַפְּחוּת; הִתְרַחֲבוּת; בְּלִיטָה; הִתְעַצְּמוּת, הִתְרוֹמְמוּת; שׁוּרַת גַּלִּים; טַרְזָן; נִכְבָּד
swel'ling *n.* (סְוֶלִנְג) נְפִיחוּת, תְּפִיחוּת; בְּלִיטָה; גֵּאוּת
swel'ter *v.i.* (סְוֶלְטְר) סָבַל מֵחֹם מֵעִיק
swept (סְוֶפְּט) (זמן עבר של sweep)
swerve *v.i.* & *t.* & *n.* (סְוֶרְב) סָטָה; הִטָּה; סְטִיָּה
swift *adj.* (סְוִפְט) מָהִיר; זָרִיז
swig *n.* (סְוִג) לְגִימָה
swill *n.* (סְוִל) פְּסֹלֶת נוֹזְלִית; אַשְׁפָּה; שְׁפָכִים
swim *v.i.* & *n.* (סְוִם) שָׂחָה; צָף; רִחֵף; הוּצַף, נִשְׁטַף; הִסְתַּחְרֵר; שְׂחִיָּה, דְּאִיָּה
in the — בְּתוֹךְ הָעִנְיָנִים
swim'mer *n.* (סְוִמְר) שַׂחְיָן
swim'ming *n.* & *adj.* (סְוִמִנְג) שְׂחִיָּה; סְחַרְחַר
swin'dle *v.t.* & *n.* (סְוִנְדְל) הוֹנָה; הוֹצִיא בְּמִרְמָה, רְמִיָּה, אוֹנָאָה
swine *n.* (סְוַין) חֲזִיר
swing *v.t.* & *i.* & *n.* (סְוִנְג) נִדְנֵד, נִעְנַע, נוֹפֵף; אִרְגֵּן; הִתְנַדְנֵד, הִתְנַעְנֵעַ; הִתְנוֹפֵף; פָּסַע בִּתְנוּפָה; כִּוֵּן; הֵנִיף יָד עַל; הָיָה מְעֹרָב בַּהֲוַי הַמּוֹדֶרְנִי; נִתְלָה; נִדְנוּד; נַדְנֵדָה; מֶרְחָב, תְּנוּעָה סִבּוּבִית; מַכַּת־יָד; מִקְצָב יַצִּיב; תְּנוּעַת עֲלִיּוֹת וִירִידוֹת קְצוּבָה; מִשְׁמֶרֶת לַיְלָה; חֹפֶשׁ פְּעֻלָּה
in full — פּוֹעֵל בִּמְלוֹא הַיְעִילוּת וְהַתְּנוּפָה
swirl *v.i.* & *t.* (סְוֶרְל) הִסְתּוֹבֵב; הִתְעַרְבֵּל; סוֹבֵב, עִרְבֵּל
swish *v.i.* & *t.* & *n.* (סְוִשׁ) נִעְנַע בִּשְׁרִיקָה; רִשְׁרֵשׁ; הִלְקָה; תְּנוּעָה שׁוֹרֶקֶת
Swiss *adj.* (סְוִס) שְׁוֵיצִי
switch *n.* & *v.t.* & *i.* (סְוִץ') שׁוֹט; הַלְקָאָה; גִּבְעוֹל; מֶתֶג; מְסִלַּת עִתּוּק; הַחְלָפָה; הִלְקָה; הֵנִיף; הִפְנָה; מִתֵּג, הִדְלִיק, כִּבָּה; עִתֵּק; הֶחֱלִיף כִּוּוּן; הִתְנַעְנֵעַ
swiv'el *n.* & *v.t.* (סְוִבְל) סְבִיבוֹל; מַמְתֵּחַ חַד־צְדָדִי, סוֹבֵב עַל צִיר
swol'len *adj.* (סְווֹלְן) נָפוּחַ, תָּפוּחַ; מְנֻפָּח
swoon *v.i.* & *n.* (סְוּוּן) הִתְעַלֵּף; נִכְנַס לְמַצָּב שֶׁל הִתְלַהֲבוּת הִיסְטֶרִית; הִתְעַלְּפוּת
sword *n.* (סוֹרְד) חֶרֶב; מִלְחָמָה
swords'man *n.* (סוֹרְדְזְמַן) סַיָּף, חַיָּל
swore (סְווֹר) (זמן עבר של swear)
syc'amore' *n.* (סִקַמוֹר) שִׁקְמָה
syc'ophant *n.* (סִיקַפֶנְט) חַנְפָן, טַפִּיל מִתְרַפֵּס
syl'lable *n.* (סִלַבְּל) הֲבָרָה; שֶׁמֶץ דָּבָר
sym"bio'sis *n.* (סִימְבִּיאוֹסִס) סִימְבְּיוֹזָה
sym'bol *n.* (סִמְבְּל) סֵמֶל; תָּג, סִימָן
symbol'ic *adj.* (סִמְבּוֹלִק) סִמְלִי
sym'bolize *v.t.* (סִמְבְּלַיז) סִמֵּל; תֵּאֵר בִּסְמָלִים
symmet'rical *adj.* (סִמֶטְרִקְל) סִימֶטְרִי
sym'metry *n.* (סִמֶטְרִי) סִימֶטְרִיָּה
sym"pathet'ic *adj.* (סִמְפֶּתֶ'טִק) אוֹהֵד; מִשְׁתַּתֵּף בְּצַעַר, מַבִּיט בְּעַיִן יָפָה; סִימְפָּתִי
sym'pathize" *v.i.* (סִמְפֶּתַ'יז) אָהַד, הִשְׁתַּתֵּף בְּצַעַר; הִסְכִּים ל־; הִבִּיעַ תַּנְחוּמִים
sym'pathy *n.* (סִמְפֶּתִ'י) אַהֲדָה, הִשְׁתַּתְּפוּת בְּצַעַר, הַסְכָּמָה
sym'phony *n.* (סִמְפְנִי) סִימְפוֹנְיָה
sympo'sium *n.* (סִמְפּוֹזִיאַם) סִימְפּוֹזְיוֹן, רַב־שִׂיחַ
symp'tom *n.* (סִמְפְּטַם) סִימְפְּטוֹם, סִימַן־הֶכֵּר
syn'agog"ue *n.* (סִנֶגוֹג) בֵּית כְּנֶסֶת
syn'chronize" *v.i.* & *t.* (סִנְקְרֻנַיז) אֵרַע

בְּעֵת וּבְעוֹנָה אַחַת; קָרָה יַחַד; סִנְכְּרֵן; תֵּאֵם שְׁתֵּי פְּעֻלּוֹת כְּדֵי שֶׁיִּקְרוּ בְּעֵת וּבְעוֹנָה אַחַת; וִסֵּת כְּדֵי שֶׁיּוֹרוּ אוֹתָהּ שָׁעָה; יִחֵס לְאוֹתָהּ תְּקוּפָה

syn'dicate *n.* (סִנְדֶקְט) סִינְדִיקַט, אִגּוּד; הִתְאַגְּדוּת

syn'dicate" *v.t.* (סִנְדֶקֵיט) אִגֵּד לְסִינְדִיקַט; סִפֵּק לְפִרְסוּם סִימוּלְטָנִי בְּמִסְפַּר עִתּוֹנִים

syn'onym *n.* (סִנֶנִם) שֵׁם נִרְדָּף

synon'ymous *adj.* (סִנוֹנִמֶס) נִרְדָּף, זֵהֶה בְּמַשְׁמָעוּת

synop'sis *n.* (סִנוֹפְּסִס) תַּמְצִית, רָאשֵׁי פְּרָקִים, סִכּוּם קָצָר

syn'tax *n.* (סִנְטֶקְס) תַּחְבִּיר

syn'thesis *n.* (סִנְתֶּסִס) סִינְתֶּזָה; מְזִיגָה

synthet'ic *adj.* (סִנְתֶטִק) סִינְתֶּטִי

syph'ilis *n.* (סִפִלִס) עַגֶּבֶת

Syr'ia *n.* (סִרִיָה) סוּרְיָה

syringe' *n.* (סֶרִנְג') מַזְרֵק

sy'rup *n.* (סֶרֶפּ) סִירוֹפּ, מִיץ מְרֻכָּז

sys'tem *n.* (סִסְטֶם) מַעֲרֶכֶת; שִׁיטָה; מִשְׁטָר

sys"temat'ic *adj.* (סִסְטֶמֶטִק) סִיסְטֶמָטִי, שִׁיטָתִי

T

T, t *n.* (טִי) ט׳, הָאוֹת הָעֶשְׂרִים בָּאָלֶפְבֵּית הָאַנְגְּלִי

to a — בְּדִיּוּק

tab'erna"cle *n.* (טֶבֶּרְנֶקְל) אֹהֶל, בִּקְתָּה; הַמִּשְׁכָּן; בֵּית תְּפִלָּה; מִקְדָּשׁ

ta'ble *n. & adj.* (טֵיבְּל) שֻׁלְחָן; אֹכֶל מֻגָּשׁ לַשֻּׁלְחָן; כְּלֵי אֹכֶל; שֻׁלְחַן הַמּוֹרִים; לוּחַ; טַבְלָה; לְשִׁמּוּשׁ עַל שֻׁלְחָן, שֻׁלְחָנִי; לַאֲכִילָה

on the — נִדְחֶה

set the — עָרַךְ הַשֻּׁלְחָן

turn the —s הָפַךְ מַצָּב קַיָּם; הָפַךְ הַקְּעָרָה עַל פִּיהָ

under the — שִׁכּוֹר; כְּשֹׁחַד

wait (on) —s עָבַד כִּמְלְצָר; הִגִּישׁ אֹכֶל

— *v.t.* דָּחָה

ta'blecloth" *n.* (טֵיבְּלְקְלוֹת׳) מַפַּת שֻׁלְחָן

tableau' *n.* (טֶבְּלוֹ) תְּמוּנָה; תְּמוּנָה דְּרָמָתִית; הַצָּגָה דְּרָמָתִית

ta'bleland" *n.* (טֵיבְּלֶנְד) רָמָה; טַבְלָה

ta'blespoon" *n.* (טֵיבְּלְסְפּוּן) כַּף; כַּף לְמָרָק

tab'let *n.* (טֶבְּלִט) בְּלוֹק כְּתִיבָה; דַּפְדֶּפֶת; לוּחַ זִכָּרוֹן; טַבְלִית

tab'loid *n.* (טֶבְּלוֹיד) עִתּוֹן בְּפוֹרְמָט קָטָן; עִתּוֹן מְצֻיָּר וְרוֹדֵף סֶנְסַצְיוֹת

taboo' *adj. & n. & v.t.* (טַבּוּ) אָסוּר; אִסּוּר, טַבּוּ; אָסַר, הֵטִיל טַבּוּ עַל

tac'it *adj.* (טֶסִט) שַׁתְקָן; מוּבָן מֵאֵלָיו; שֶׁלֹּא נֶאֱמַר בִּמְפֹרָשׁ

tac'iturn" *adj.* (טֶסִטֶרְן) שַׁתְקָן; דּוֹמֵם; מִסְתַּגֵּר

tack *n.* (טֶק) מַסְמֵר קָטָן, נַעַץ; מַהֲלָךְ; דֶּרֶךְ־פְּעֻלָּה חֲדָשָׁה

on the wrong — טוֹעֶה; תּוֹעֶה

tack'le *n. & v.t. & i.* (טֶקְל) צִיּוּד דַּיִג; גַּלְגֶּלֶת; הַפָּלָה אַרְצָה; נִסָּה לִפְתֹּר; הִפִּיל אַרְצָה

tact *n.* (טֶקְט) טַקְט

tact'ful *adj.* (טֶקְטְפֻל) בַּעַל טַקְט

ta'ctic *n.* (טֶקְטִק) טַקְטִיקָה; תַּכְסִיס

— s טַקְטִיקָה; תַּכְסִיסֵי לְחִימָה; תִּמְרוּנִים

tac'tical *adj.* (טֶקְטִקְל) טַקְטִי; מְחֻכָּם

tad'pole" *n.* (טֶדְפּוֹל) רֹאשָׁן

tag *n. & v.t. & i.* (טֶג) תָּו, תָּוִית; קֶרַע; "תּוֹסֶפֶת"; הִדְבִּיק תָּו; עָקַב אַחֲרֵי מִקָּרוֹב

tail *n.& v.t.* (טֵיל) זָנָב; אָחוֹר; פָּמַלְיָה; עָקַב אַחֲרֵי

tai'lor *n.* (טֵילְר) חַיָּט; עָבַד כְּחַיָּט; צִיֵּד בִּבְגָדִים; תָּפַר לְפִי טַעַם אִישִׁי

taint *n. & v.t.* (טֵינְט) דֹּפִי; כֶּתֶם; רְקָב; אֶלַח; אֲבַק חֶרְפָּה; הִשְׁחִית; קִלְקֵל; זִהֵם; הִכְתִּים

take *v.t. & i.* (טֵיק) לָקַח; חָטַף; תָּפַס; אָחַז; בָּחַר בּ־; קִבֵּל; שָׂכַר; חָתַם עַל; בָּלַע; הֵסִיר; נִכָּה; עָלָה עַל; הוֹבִיל; הִצְלִיחַ לַעֲבוֹר; לָקָה בּ־; סָפַג; מָשַׁךְ; דָּרַשׁ; נָקַט, הִשְׁתַּמֵּשׁ בּ־; בִּצֵּעַ, עָשָׂה; צִלֵּם; רָשַׁם; לָמַד; טִפֵּל בּ־; בָּדַק; הִרְגִּישׁ; סִגֵּל; הֵבִין; לָכַד; רִמָּה; נִצַּח; הִזְדַּוֵּג עִם; הִשְׁתָּרֵשׁ; דָּבַק בּ־; נָשָׂא חֵן; נִקְלַט; הִתְמַסֵּר לְ־

— after דָּמָה לְ־; עָקַב אַחֲרֵי, רָדַף אַחֲרֵי

— away סִלֵּק; הֵסִיר

— back לָקַח בַּחֲזָרָה; הֶחֱזִיר; חָזַר בּוֹ

— care טִפֵּל בּ־; נִזְהַר

— down הִשְׁפִּיל; הוֹרִיד; רָשַׁם; פֵּרֵק

— in הִכְנִיס; הִקְטִין; סִפֵּק מְקוֹם לִינָה, אִכְסֵן; כָּלַל, הִקִּיף; הֵבִין; רִמָּה; הִתְבּוֹנֵן בּ־; הִבְחִין בּ־

— it הִסְכִּים, קִבֵּל; הֶחֱזִיק מַעֲמָד; עָמַד בּ־; הֵבִין

— it out of יִגַּע; דָּרַשׁ תַּשְׁלוּם

— it out on כִּלָּה חֵמָה

— leave עָזַב; הִסְתַּלֵּק

— off הֵסִיר; חָטַף; הִסְתַּלֵּק; הִמְרִיא; הֶעֱבִיר; הֵמִית; עָשָׂה הֶעְתֵּק; שָׂם לְלַעַג, הִצִּיג סָטִירָה עַל

— on שָׂכַר, הֶעֱסִיק; הִתְחַיֵּב לְ־; קִבֵּל; הִתְכַּתֵּשׁ עִם; הִתְרַגֵּשׁ

— out הוֹצִיא; לִוָּה, הִזְמִין לָצֵאת; יָצָא

— over נָטַל מִנְהָל; נָטַל אַחֲרָיוּת

— place אֵרַע, הִתְרַחֵשׁ

— to הִתְמַסֵּר לְ־; הִתְמַכֵּר לְ־; הִתְיַחֵס בְּחִיּוּב, הִתְחִיל לְחַבֵּב; הָלַךְ לִתְקוּפָה אֲרֻכָּה

— up עָסַק בְּ־; הֵרִים, תָּפַס; הִשְׁתַּמֵּשׁ בְּ־; כִּלָּה, קָלַט; הִתְחִיל לִתְמֹךְ בְּ־; הִמְשִׁיךְ; נִכְנַס לְתַפְקִיד

— up with הִתְיַדֵּד עִם

— *n.* לְקִיחָה; מַלְקוֹחַ; שָׁלָל; רְוָחִים; סְצֵינָה; הַקְלָטָה; זְרִיקָה שֶׁנִּקְלְטָה

on the — מְחַפֵּשׂ רְוָחִים עַל חֶשְׁבּוֹן אֲחֵרִים

tale *n.* (טֵיל) סִפּוּר, מַעֲשִׂיָּה; רְכִילוּת

tal'ent *n.* (טֶלֶנְט) כִּשְׁרוֹן; כִּכָּר (כסף)

tal'isman *n.* (טֶלִיזְמֶן) קָמֵעַ

talk *v.i.* (טוֹק) דִּבֵּר; רָכַל; פִּטְפֵּט; נָשָׂא נְאוּם; גִּלָּה סוֹד; דָּן בְּ־; הִשְׁפִּיעַ עַל יְדֵי דִּבּוּר

— back עָנָה בְּחֻצְפָּה

— big הִתְרַבְרֵב

— down הִכְנִיעַ בִּדְבּוּרִים; זִלְזֵל בְּ־

— over שָׁקַל בְּשִׂיחָה; דָּן בְּ־

— up עוֹרֵר הִתְעַנְיְנוּת; דָּן בְּ־ בְּהִתְלַהֲבוּת; דִּבֵּר גְּלוּיוֹת וּבְרוּרוֹת, דִּבֵּר לְלֹא הֶסּוּס

— *n.* דִּבּוּר, שִׂיחָה, נְאוּם, הַרְצָאָה; מֶלֶל; וְעִידָה; שְׁמוּעוֹת; רְכִילוּת; שָׂפָה

ta'lkative *adj.* (טוֹקֶטִב) פַּטְפְּטָנִי

tall *adj.* (טוֹל) גָּבֹהַּ; מֻגְזָם

tal'low *n.* (טֶלוֹ) חֵלֶב

tal'ly *n.* & *v.t.* & *i.* (טֶלִי) חֶשְׁבּוֹן, חִשּׁוּב; הַתְאָמָה; תָּוִית; רָשַׁם, מָנָה, חִשֵּׁב; הִתְאִים

tal'on *n.* (טֶלֶן) טֹפֶר עוֹף

tam'arisk *n.* (טֶמֶרִסְק) אֵשֶׁל

tam"bourine' *n.* (טֶמְבֶּרִין) טַנְבּוּר

tame *adj.* & *v.t.* (טֵים) מְאֻלָּף; מְקַבֵּל מָרוּת; מְשַׁעֲמֵם; חֲסַר־חִיּוּת; רַךְ־לֵבָב; מִתְרַבֶּת; אִלֵּף, בִּיֵּת, הִכְנִיעַ; רִכֵּךְ; הִשְׁתַּלֵּט עַל; עִבֵּד

tamp *v.t.* (טֶמְפּ) סָתַם עַל יְדֵי טְפִיחוֹת; דָּחַס

tam'per *v.i.* (טֶמְפֶּר) הִתְעַסֵּק, הִתְעָרֵב בְּ־; הִתְעָרֵב בְּ־ כְּדֵי לְהַזִּיק; טִפֵּל בְּ־ בַּחֲשַׁאי אוֹ בְּצוּרָה מַזִּיקָה; נָהַג בְּשְׁחִיתוּת

tan *v.t.* & *i.* (טֶן) בִּרְסֵק; עִבֵּד עוֹר; שִׁזֵּף; הִכָּה; הִשְׁתַּזֵּף

— one's hide הִכָּה נִמְרָצוֹת

— *n.* & *adj.* חוּם צְהַבְהַב; חוּם בָּהִיר; עֶפֶץ

tan'dem *adv.* (טֶנְדֶם) אֶחָד אַחֲרֵי הַשֵּׁנִי

in — בְּשׁוּרָה עָרְפִּית

tang *n.* (טֶנְג) טַעַם חָרִיף; רֵיחַ חָרִיף; רֵיחַ אָפְיָנִי; חָף

tan"gerine' *n.* (טֶנְג'רִין) מַנְדָּרִינָה

tan'gible *adj.* (טֶנְג'בְּל) שֶׁאֶפְשָׁר לְמַשְּׁשׁוֹ; מַמָּשִׁי, מוּחָשִׁי

tan'gle *v.t.* & *i.* & *n.* (טֶנְגְל) סִבֵּךְ; הִסְתַּבֵּךְ; סְבַךְ

tank *n.* (טֶנְק) מֵכָל; טַנְק; אוּלָם מַעֲצָר

tanker *n.* (טֶנְקֶר) מְכָלִית

tan'ner *n.* (טֶנֶר) בּוּרְסִי

tan'nery *n.* (טֶנֶרִי) בּוּרְסְקִי

tan'talize" *v.t.* (טֶנְטֶלַיז) צִעֵר בְּתִקְווֹת שָׁוְא; הִרְגִּיז בְּצִפִּיּוֹת שָׁוְא

tan'tamount" *adj.* (טֶנְטֶמָאוּנְט) שָׁקוּל כְּנֶגֶד, שָׁוֶה

tap *v.t.* & *i.* & *n.* (טֶפּ) טָפַח, נָגַע; עָשָׂה בִּטְפִיחוֹת קַלּוֹת; הִקִּישׁ; מָזַג; נִצֵּל מַשְׁאַבִּים; טְפִיחָה, נְקִישָׁה; עוֹר לְתִקּוּן סוּלְיָה; בַּרְזֶל (על נעל); בֶּרֶז; מְגוּפָה; סִלּוּק נוֹזֵל

on — מוּכָן לְהַגָּשָׁה

tape *n.* & *v.t.* (טֵיפּ) סֶרֶט; רְצוּעָה; סֶרֶט דָּבִיק; מַגְלוּל, סֶרֶט מְדִידָה; חִבֵּר בְּסֶרֶט

taper *v.i* & *n.* (טֵיפֶּר) הָלַךְ וְצַר; נֵר דַּק

tap'estry *n.* (טֶפֶּסְטְרִי) שְׁטִיחַ קִיר

tap'eworm" *n.* (טֵיפְּוֶרְם) צַסְטוֹדָה

taps *n. pl.* (טֶפְּס) כִּבּוּי אוֹרוֹת; תְּרוּעַת אַשְׁכָּבָה

tar *n.* & *v.t.* (טָר) זֶפֶת, עִטְרָן; מַלָּח; זִפֵּת

beat (knock; whale) the — out of הִכָּה לְלֹא רַחֲמִים

— and feather הֶעֱנִישׁ אוֹ הִשְׁפִּיל עַל יְדֵי מְשִׁיחַת זֶפֶת וְנוֹצוֹת

tar'dy *adj.* (טַרְדִּי) מְאַחֵר; מְפַגֵּר; אִטִּי; מִשְׁתַּהֶה

tar'get *n.* (טַרְגִט) מַטָּרָה, יַעַד

tar'iff *n.* (טֶרִף) מֶכֶס מָגֵן; תַּעֲרִיף

tar'nish *v.t. & i. & n.* (טַרְנִשׁ) חִמְצֵן, פָּגַם בַּצֶּבַע, הִכְהָה; הִכְתִּים, טִמֵּא; כָּהָה, אִבֵּד בָּרָק; הֻכְתַּם; צִפּוּי כֵּהֶה, שִׁכְבַת תַּחְמֹצֶת

tarpau'lin *n.* (טַרְפֹּלִן) אַבַּרְזִין, בְּרֶזֶנְט

tarry *v.i.* (טֶרִי) שָׁהָה; הִתְמַהְמַהַּ

tart *adj. & n.* (טָרְט) חָרִיף; נוֹקֵב; עוּגַת פֵּרוֹת; זוֹנָה

tar'tar *n.* (טָרְטַר) שִׁכְבַת סִיד; שִׁכְבַת אֶבֶן

task *n.* (טֶסְק) תַּפְקִיד, מְשִׂימָה, חוֹבָה; עֲבוֹדָה

take to — נָזַף; חִיֵּב לָתֵת הַדִּין

task'mas"ter *n.* (טֶסְקְמֶסְטְר) נוֹגֵשׂ; מְפַקֵּחַ קַפְּדָנִי

tas'sel *n.* (טֶסְל) פִּיף

taste *v.t. & i. & n.* (טֵיסְט) טָעַם; אָכַל אוֹ שָׁתָה קְצָת; הִתְנַסָּה בְּ־ בְּכַמֻּיּוֹת מֻגְבָּלוֹת; הָיָה לוֹ טַעַם־; טְעִימָה; טַעַם; שֶׁמֶץ; נְטִיָּה אִישִׁית; חוּשׁ לְהַרְמוֹנְיָה; חוּשׁ לְיֹפִי

taste'ful *adj.* (טֵיסְטְפֻל) לְפִי הַטַּעַם הַטּוֹב; טָעִים

tas'ty *adj.* (טֵיסְטִי) טָעִים; שֶׁל טַעַם טוֹב

tat'ter *n.* (טֶטְר) קֶרַע; סְחָבָה

tat'tle *v.i.* (טֶטְל) גִּלָּה סוֹדוֹת (כתוך רשעות), פִּטְפֵּט; רָכַל; הִלְשִׁין

tattoo' *n. & v.t.* (טֶטוּ) כְּתֹבֶת קַעֲקַע; קִעְקוּעַ; תְּרוּעַת חֲזָרָה לַקְּסַרְקְטִין; דְּפִיקָה קִעְקֵעַ

taught (טוֹט) (זמן עבר של teach)

taunt *v.t. & i. & n.* (טוֹנְט) הִרְגִּיז בְּלַעַג; לִגְלֵג עַל; שְׁנִינָה פּוֹגַעַת; עֶלְבּוֹן לַגְלְגָנִי

taut *adj.* (טוֹט) מָתוּחַ; בְּמַצָּב טוֹב, מְסֻדָּר

tav'ern *n.* (טֶוֶרְן) מִסְבָּאָה; פּוּנְדָּק

taw'dry *adj.* (טוֹדְרִי) צַעֲקָנִי, רַאַוְתָנִי וְזוֹל

taw'ny *adj.* (טוֹנִי) צָהֹב־חוּם

tax *n. & v.t.* (טֶקְס) מַס; הֶטֵּל; מַעֲמָסָה; הִטִּיל מַס; הִטִּיל מַעֲמָסָה עַל; דָּרַשׁ מַאֲמָץ גָּדוֹל מ־; נָזַף

taxa'tion *n.* (טֶקְסֵישְׁן) הַטָּלַת מִסִּים, מִסּוּי, מַס; הַכְנָסָה מִמִּסִּים

ta'xi *n. & v.i.* (טֶקְסִי) מוֹנִית; נָסַע עַל פְּנֵי הַשֶּׁטַח (מטוס)

tea *n.* (טִי) תֵּה; מַרִיחוּאָנָה

one's cup of — לְרוּחוֹ

teach *v.t. & i.* (טִיץ׳) לִמֵּד, הוֹרָה

tea'cher *n.* (טִיצְ׳ר) מוֹרֶה

tea'ching *n.* (טִיצִ׳נְג) הוֹרָאָה, הַדְרָכָה; לִמּוּד

team *n.* (טִים) קְבוּצָה, נִבְחֶרֶת, צֶוֶת; צֶמֶד (בהמות); סוּס אוֹ חֲמוֹר עִם עֲגָלָה

tear *n.* (טִיר) דִּמְעָה; טִפַּת נוֹזֵל

—s יָגוֹן, עֶצֶב

in —s בּוֹכֶה

— *v.i.* דָּמַע

tear *v.t. & i. & n.* (טֵר) קָרַע; חָטַף בְּחָזְקָה; שִׁסַּע; נִקְרַע; דָּהַר; נָע בִּמְהִירוּת רַבָּה; נִסָּה לִקְרוֹעַ

— into הִתְנַפֵּל עַל בְּשֶׁצֶף קֶצֶף, הִתְקִיף

— up קָרַע לִגְזָרִים

— *n.* קְרִיעָה; קֶרַע

tear'ful *adj.* (טִירְפֻל) בּוֹכֶה, בַּכְיָנִי; מְעוֹרֵר בְּכִי

tease *v.t. & i. & n.* (טִיז) הִרְגִּיז, גֵּרָה; קִנְטֵר; קַנְטְרָן; מְגָרֶה

tea'spoon" *n.* (טִיסְפּוּן) כַּפִּית

teat *n.* (טִיט) דַּד, פִּטְמָה

tech'nical *adj.* (טֶקְנִקְל) טֶכְנִי; מִקְצוֹעִי

technici'an *n.* (טֶקְנִשְׁן) טֶכְנַאי, הַנְדָּסַאי

technique' *n.* (טֶקְנִיק) טֶכְנִיקָה, כֹּשֶׁר בִּצּוּעַ, שִׁיטַת־יִשּׂוּם מִקְצוֹעִית; שִׁיטָה לְנִצּוּל קֶסֶם אִישִׁי

technol'ogy *n.* (טֶקְנוֹלֻגִ׳י) טֶכְנוֹלוֹגְיָה; יִשּׂוּם; מֻנָּחִים מִקְצוֹעִיִּים; תַּהֲלִיךְ טֶכְנוֹלוֹגִי

te'dious *adj.* (טִידִיאֲס) מְשַׁעֲמֵם; מְיַגֵּעַ

te'dium *n.* (טִידִיאֲם) שִׁעֲמוּם, חַדְגוֹנִיּוּת

teem *v.i.* (טִים) שָׁפַע, שָׁרַץ

teen'a"ger *n.* (טִינֵאיגְ׳ר) צָעִיר בִּשְׁנוֹת הָעֶשְׂרֵה

teens *n. pl.* (טִינְז) מִסְפְּרֵי הָעֶשְׂרֵה; שְׁנוֹת הָעֶשְׂרֵה

teeth (טִית׳) (הריבוי של tooth)

teethe *v.i.* (טִידְ׳) הִצְמִיחַ שִׁנַּיִם

teetot´aler *n.* (טִיטוֹטֶלֶר) נָזִיר מִמַּשְׁקָאוֹת חֲרִיפִים

tel´egram″ *n.* (טֶלֶגְרֶם) מִבְרָק

tel´egraph″ *n.* & *v.t.* (טֶלֶגְרֶף) טֶלֶגְרָף; טִלְגְּרֵף, הִבְרִיק

tel´ephone″ *n.* & *v.t.* & *i.* (טֶלֶפוֹן) טֶלֶפוֹן; טִלְפֵּן

tele´phone directory מַדְרִיךְ טֶלֶפוֹן

— exchange מִרְכֶּזֶת, מֶרְכָּזִיָּה

— operator מֶרְכְּזָן; טֶלֶפוֹנַאי

tel´escope″ *n.* & *v.t.* & *i.* (טֶלֶסְקוֹפּ) טֶלֶסְקוֹפּ; הִכְנִיס אֶחָד לְתוֹךְ הַשֵּׁנִי; קִפֵּל, קִצֵּר; נִכְנַס אֶחָד לְתוֹךְ הַשֵּׁנִי; הִתְנַגֵּשׁ בְּהִתְנַגְּשׁוּת שַׁרְשֶׁרֶת

tell *v.t.* (טֶל) אָמַר; סִפֵּר, הִגִּיד; הוֹדִיעַ; הִבִּיעַ; גִּלָּה; הִבְחִין, צִוָּה עַל; נִבָּא; הִשְׁפִּיעַ הַשְׁפָּעָה נִכֶּרֶת

— off גָּעַר בִּנְזִיפָה

— on הִלְשִׁין

tel´ler *n.* (טֶלְר) מְסַפֵּר, מַגִּיד; קֻפַּאי; מוֹנֶה

tell´tale″ *n.* & *adj.* (טֶלְטֵיל) מַלְשִׁין, הוֹלֵךְ רָכִיל; מְגַלֶּה; חוֹשֵׂף

teme´rity *n.* (טֲמֶרִטִי) פְּזִיזוּת, הֶעָזָה פְּזִיזָה, פַּחֲזוּת

tem´per *n.* & *v.t.* (טֶמְפְּר) הֲלָךְ־נֶפֶשׁ; שִׁוּוּי מִשְׁקָל; חֲמִימוּת־מֹחַ; תְּכוּנָה רִגְשִׁית; קֹר־רוּחַ; קַשְׁיוּת; חִסּוּם; מִתֵּן; רִכֵּךְ; עִרְבֵּב; עִבֵּד; חָסַם, חִסֵּם

tem´perament *n.* (טֶמְפְּרְמֶנְט) מֶזֶג; עֶמְדָּה תְּמְהוֹנִית

tem´perance *n.* (טֶמְפֲּרְנְס) שְׁלִיטָה עַצְמִית; מְתִינוּת; הִסְתַּפְּקוּת בְּמוּעָט

tem´perate *adj.* (טֶמְפֲּרִט) מָתוּן; מִסְתַּפֵּק בְּמוּעָט; מְמֻזָּג

tem´perature *n.* (טֶמְפְּרַצֶ׳ר) טֶמְפֶּרָטוּרָה, חֹם

tem´pest *n.* (טֶמְפִּסְט) סוּפָה עַזָּה; הֲמֻלָּה עַזָּה

tempes´tuous *adj.* (טֶמְפֶּסְצ׳וּאֲס) חָשׁוּף לִסוּפוֹת; סוֹעֵר

temple *n.* (טֶמְפְּל) מִקְדָּשׁ; בֵּית הַמִּקְדָּשׁ; הֵיכָל; צֶדַע, רַקָּה; מוֹטָה (של משקפיים)

tem´po *n.* (טֶמְפּוֹ) מִפְעָם, קֶצֶב, טֶמְפּוֹ

tem´poral *adj.* (טֶמְפֲּרַל) שֶׁל זְמָן; שֶׁל הָעוֹלָם הַזֶּה; זְמַנִּי, חוֹלֵף; שֶׁל זְמַנֵּי הַפֹּעַל; חִלּוֹנִי

tem´porar″y *adj.* (טֶמְפֲּרֶרִי) זְמַנִּי

tem´porize″ *v.i.* (טֶמְפֲּרַיז) הִתְחַמֵּק מִפְּעֻלָּה מִיָּדִית; פָּסַח עַל שְׁתֵּי הַסְּעִפִּים; הִתְאִים עַצְמוֹ לִדְרִישׁוֹת הַמְּאֹרָע; נִהֵל שִׂיחוֹת עַל מְנָת לְהַרְוִיחַ זְמָן; הִגִּיעַ לִידֵי הֶסְכֵּם עִם; הִגִּיעַ לִידֵי פְּשָׁרָה

tempt *v.t.* (טֶמְפְּט) פִּתָּה, הִדִּיחַ; מָשַׁךְ; הֶעֱמִיד בְּנִסָּיוֹן, גֵּרָה

tempta´tion *n.* (טֶמְפְּטֵישְׁן) פִּתּוּי; הֲדָחָה; מְשִׁיכָה; גֵּרוּי, מַדּוּחִים

ten *n.* & *adj.* (טֶן) עֲשָׂרָה (.m), עֶשֶׂר (.f); שְׁטָר בֶּן עֲשָׂרָה דוֹלָר

take — הַפְסָקַת מְנוּחָה לְעֶשֶׂר דַּקּוֹת

tena´cious *adj.* (טֲנֵישֲׁס) נֶאֱחָז בַּחֲזָקָה, אֵיתָן, חָזָק; מַחֲזִיק הַרְבֵּה; מַתְמִיד, עִקֵּשׁ; דָּבִיק, צָמִיג

tenac´ity *n.* (טֲנֶסִטִי) אֲחִיזָה עִקְשָׁנִית, עַקְשָׁנוּת

ten´ancy *n.* (טֶנֲנְסִי) הַחְזָקָה, אֲרִיסוּת, חֲכִירוּת, שְׂכִירוּת

ten´ant *n.* (טֶנֲנְט) שׂוֹכֵר; דַּיָּר

tend *v.i.* & *t.* (טֶנְד) נָטָה; הוֹבִיל; טִפֵּל בּ־; שָׁמַר עַל; דָּאַג לְ־

ten´dency *n.* (טֶנְדֲנְסִי) נְטִיָּה, מְגַמָּה

ten´der *adj.* & *n.* & *v.t.* (טֶנְדֶר) רַךְ; עָדִין; חַלָּשׁ; צָעִיר; לֹא־מְבֻגָּר; רָגִישׁ; שֶׁל חִבָּה; הַגָּשָׁה, הַצָּעָה; תַּשְׁלוּם כַּסְפִּי; מִכְרָז; מַשְׁגִּיחַ; הִצִּיעַ, הִגִּישׁ

ten´derness *n.* (טֶנְדֶרְנִס) רֹךְ, רַכּוּת, עֲדִינוּת; חִבָּה

ten´don *n.* (טֶנְדֲן) גִּיד

ten´ement *n.* (טֶנֲמֶנְט) בֵּית מְגוּרִים; דִּירָה

ten´fold″ *adj.* (טֶנְפוֹלְד) פִּי עֲשָׂרָה

ten´nis *n.* (טֶנִס) טֶנִיס

ten´or *n.* (טֶנֶר) מַשְׁמָעוּת, מוּבָן; מַהֲלָךְ, הִתְקַדְּמוּת; טֶנוֹר

tense *adj.* & *n.* (טֶנְס) מָתוּחַ; זְמָן (בדקדוק)

ten´sion *n.* (טֶנְשֲׁן) מְתִיחוּת, מֶתַח

tent *n.* (טֶנְט) אֹהֶל

ten'tacle *n.* (טֶנְטֶקְל) זְרוֹעַ צַיִד; בַּחֲנִין
ten'tative *adj.* (טֶנְטֶטִב) נִסְיוֹנִי; לֹא־וַדָּאִי, עֲרָאִי, הַסְסָנִי
tenth *adj. & n.* (טֶנְת׳) עֲשִׂירִי/ת; הַחֵלֶק הָעֲשִׂירִי
ten'ure *n.* (טֶנְיֶר) וֶתֶק, חֲזָקָה, הַחְזָקָה
tep'id *adj.* (טֶפִּד) פּוֹשֵׁר
term *n.* (טֶרְם) מֶנַח; תְּקוּפָה; סֶמֶסְטֶר; מוֹעֵד; לֵדָה
—s תְּנָאִים
bring to —s הִכְנִיעַ
come to —s הִגִּיעַ לִידֵי הֶסְכֵּם
— *v.t.* קָרָא שֵׁם, כִּנָּה
ter'minal *adj. & n.* (טֶרְמִנְל) סוֹפִי, שֶׁל סִיּוּם; שֶׁל תְּקוּפוֹת מְזֻמָּנוֹת; שֶׁל מָסוֹף; שֶׁל גְּבוּל; מָסוֹף; סוֹף; קָצֶה; תַּחֲנָה סוֹפִית, תַּחֲנָה; קֹטֶב
ter'minate *v.t. & i.* (טֶרְמִנֵיט) סִיֵּם; הִסְתַּיֵּם, חָדַל
ter"mina'tion *n.* (טֶרְמִנֵישְׁן) סִיּוּם; גְּבוּל; תּוֹצָאָה
ter'minus *n.* (טֶרְמִנַס) סוֹף; תַּחֲנָה סוֹפִית, מָסוֹף; תַּכְלִית, מַטָּרָה; גְּבוּל; אֶבֶן גְּבוּל
ter'race *n.* (טֶרַס) טֶרָסָה, מַדְרֵגָה; גַּג שָׁטוּחַ; חָצֵר (צמודה לבית)
terres'trial *adj.* (טֶרֶסְטְרִיאֶל) שֶׁל כַּדּוּר הָאָרֶץ; יַבַּשְׁתִּי; שֶׁל הָעוֹלָם הַזֶּה, אַרְצִי
terr'ible *adj.* (טֶרִבְּל) חָמוּר; קָשֶׁה; נוֹרָא, אָיֹם
terrif'ic *adj.* (טֶרִפִק) עָצוּם; מַבְעִית
ter'rify" *v.t.* (טֶרִפַי) הִטִּיל אֵימָה, הִפְחִיד, הִבְעִית
ter"ritor'ial *adj.* (טֶרִטוֹרִיאֶל) שֶׁל שֶׁטַח מְסֻיָּם; אַרְצִי, מְקוֹמִי; טֶרִיטוֹרְיָאלִי
ter'ritor"y *n.* (טֶרִטוֹרִי) חֶבֶל אֶרֶץ, אֶרֶץ; מֶרְחָב, מָחוֹז, אֵזוֹר; תְּחוּם; טֶרִיטוֹרְיָה
ter'ror *n.* (טֶרֶר) אֵימָה, טֵרוֹר
ter'rorize" *v.t.* (טֶרֶרַיז) הִטִּיל אֵימָה עַל; הִשְׁתַּלֵּט עַל בְּאֶמְצָעוּת טֵרוֹר
terse *adj.* (טֶרְס) קָצָר, תַּמְצִיתִי
test *n. & v.t. & i.* (טֶסְט) בְּחִינָה, מִבְחָן; נִסָּיוֹן; בְּדִיקָה; אֶבֶן בֹּחַן; בָּחַן, עָרַךְ מִבְחָן; נִסָּה; צֵרֵף, בָּדַק
tes'tament *n.* (טֶסְטֶמֶנְט) צַוָּאָה; בְּרִית
New Testament הַבְּרִית הַחֲדָשָׁה
Old — הַתַּנַ"ךְ
tes'tify" *v.i.* (טֶסְטִפַי) הֵעִיד, הִצְהִיר, קָבַע
tes"timo'nial *n.* (טֶסְטִמוֹנִיאֶל) עֵדוּת בִּכְתָב; הַמְלָצָה; מַתַּת־הַעֲרָכָה
tes'timo"ny *n.* (טֶסְטִמוֹנִי) עֵדוּת; הוֹכָחָה, רְאָיָה; הַצְהָרָה קָבָל עַם; לוּחוֹת הַבְּרִית
tes'ty *adj.* (טֶסְטִי) רוֹגֵז בְּקֹצֶר רוּחַ
tet'anus *n.* (טֶטֶנַס) צַפֶּדֶת, טֶטָנוּס
teth'er *n.* (טֶדֶ׳ר) אַפְסָר, חֶבֶל קְשִׁירָה; תְּחוּם פְּעִילוּת; תְּחוּם מַשְׁאַבִּים
at the end of one's — בִּקְצֵה הַגְּבוּל שֶׁל הַמַּשְׁאַבִּים, הַסַּבְלָנוּת אוֹ הַכֹּחַ
— *v.t.* קָשַׁר, כָּלָא
Te"tragram'maton" *n.* (טֶטְרַגְרֶמֶטוֹן) שֵׁם הֲוָיָה, הַשֵּׁם הַמְּפֹרָשׁ
text *n.* (טֶקְסְט) טֶקְסְט, גִּרְסָה, נֹסַח; דִּבְרֵי הַמְחַבֵּר אוֹ הַנּוֹאֵם; נוֹשֵׂא; תַּמְלִיל; סֵפֶר לִמּוּד; פָּסוּק, הַכְּתָב וְהַלָּשׁוֹן (כל המקרא)
— book סֵפֶר לִמּוּד
tex'tile *n.* (טֶקְסְטַל) אָרִיג; סִיבֵי אֲרִיגָה; טֶקְסְטִיל
tex'tual *adj.* (טֶקְסְטְצ׳וּאֶל) שֶׁל הַטֶּקְסְט; עַל פִּי הַכָּתוּב, שֶׁל הַנּוֹשֵׂא, שֶׁל הַנֹּסַח, שֶׁל הַגִּרְסָה
tex'ture *n.* (טֶקְסְצֶ׳ר) מִבְנֶה, מִרְקָם, מַסֶּכֶת, תַּמְצִית; סְגֻלָּה; אָרִיג
than *conj. & prep.* (דֶ׳ן; בלי הטעמה: דֶ׳ן) כֵּן, מֵאֲשֶׁר; כַּאֲשֶׁר; לְעֻמַּת, לְגַבֵּי
thank *v.t.* (תֶ׳נְק) הוֹדָה
have oneself to — בְּעַצְמוֹ אַחֲרָאִי; הוּא אִישִׁית אָשֵׁם
—s *n. pl.* תּוֹדָה, תּוֹדָה לְךָ
thank'ful *adj.* (תֶ׳נְקְפֶל) אֲסִיר תּוֹדָה
thank'less *adj.* (תֶ׳נְקְלֶס) כְּפוּי טוֹבָה; לְלֹא הַעֲרָכָה רְאוּיָה
that *pron. & adj. & adv. & conj.* זֶה, זֹאת; הַהוּא, הַהִיא; (דֶ׳ט; בלי הטעמה: דֶ׳ט) שֶׁ־; אֲשֶׁר; לְפִי הַמִּדָּה הַנִּזְכֶּרֶת
thatch *n. & v.t.* (תֶ׳ץ׳) סְכָךְ; שֵׂעָר; כִּסָּה בִּסְכָךְ
thaw *v.i. & t. & n.* נָמַס; הִתְחַמֵּם, הִפְשִׁיר; הִתְקָרֵב קְצָת; נַעֲשָׂה יְדִידוּתִי יוֹתֵר; הֵמֵס; חִמֵּם; קֵרֵב; הַפְשָׁרָה

the *definite article* הַ, הָ, הֶ (דִ'י; בלי הטעמה לפני עיצור: דַ'; בלי הטעמה לפני תנועה: דִ'י)
— *adv.* מִשּׁוּם כָּךְ, בְּמִדָּה שֶׁ־, כְּכָל שֶׁ־
the'ater *n.* (תִ'אֶטֶר) תֵּאַטְרוֹן; צוֹפִים; זִירָה; אוּלָם; מַחֲזוֹת; אֵיכוּת שֶׁל בִּצּוּעַ דְרָמָתִי
thea'trical *adj.* (תִ'יאֶטְרִקְל) שֶׁל תֵּאַטְרוֹן; מְלָאכוּתִי; מְנֻפָּח, דְּרָמָתִי בְּצוּרָה מֻגְזֶמֶת
—s *n. pl.* הַצָּגַת חוֹבְבָנִים
thee *pron.* (דִ'י) אוֹתְךָ (.m); אוֹתָךְ (.f)
theft *n.* (תֶ'פְט) גְּנֵבָה
their *pron.* (דֶ'ר; בלי הטעמה: דֶ'ר) שֶׁלָּהֶם (.m), שֶׁלָּהֶן (.f)
theirs *pron.* (דֶ'רְז) שֶׁלָּהֶם (.m), שֶׁלָּהֶן (.f)
them *pron.* (דֶ'ם; בלי הטעמה: דַ'ם) אוֹתָם (.m), אוֹתָן (.f); לָהֶם (.m), לָהֶן (.f)
theme *n.* (תִ'ים) נוֹשֵׂא; חִבּוּר; תֵּימָה
themselves' *pron. pl.* (דֶ'מְסֶלְוְז) עַצְמָם (.m), עַצְמָן (.f); אִישִׁיּוּתָם כִּתְמוֹל שִׁלְשׁוֹם
then *adv.* (דֶ'ן) אָז, אַחַר כָּךְ; בְּאוֹתוֹ זְמַן; אַחֲרִית; מִלְּבַד זֶה; כְּתוֹצָאָה מִכָּךְ, בְּנִסִבּוֹת; לָכֵן, מִכֵּיוָן שֶׁכָּךְ; אֵפוֹא
— and there מִיָּד
— *adj. & n.* שֶׁל אוֹתוֹ זְמַן; אוֹתוֹ זְמַן
now and — מִזְּמַן לִזְמַן; לִפְעָמִים
thence *adv.* (דֶ'נְס) מִשָּׁם; מֵאָז; מֵאוֹתוֹ מָקוֹר; לָכֵן
thence"forth' *adv.* (דֶ'נְסְפוֹרְת') מֵאָז וָאֵילָךְ
the"o'logian *n.* (תִ'יאֱלוֹגְ'ן) תֵּיאוֹלוֹג; חוֹקֵר הָאֱלֹהוּת
the"olog'ical *adj.* (תִ'יאֱלוֹגִ'קְל) תֵּיאוֹלוֹגִי
theol'ogy *n.* (תִ'יאוֹלֶגִ'י) תֵּיאוֹלוֹגְיָה, חֵקֶר הָאֱלֹהוּת; חֵקֶר הַדָּת
the'orem *n.* (תִ'יאֶרֶם) מִשְׁפָּט (במתמטיקה); כְּלָל; תֵּיאוֹרֶמָה
the"ore'tical *adj.* (תִ'יאֶרֶטִקְל) תֵּיאוֹרֶטִי; עִיּוּנִי
the'ory *n.* (תִ'יאֶרִי) תֵּיאוֹרְיָה; מִשְׁנָה; הַנָּחָה, הַשְׁעָרָה
ther'apy *n.* (תֶ'רֶפִּי) רִפּוּי; כֹּחַ מַרְפֵּא; טִפּוּל

there *adv. & pron.* (דֶ'ר) שָׁם; בָּעִנְיָן הַנִּדּוֹן; שָׁמָּה; הִנֵּה; כָּל הַכָּבוֹד ל־; הַנְּקֻדָּה הַהִיא
— is יֵשׁ
— is not אֵין
— *n.* הַמַּצָּב הַהוּא
there'about(s)" *adv.* (דֶ'רַבַּאוּט[ס]) בְּקִרְבַת אוֹתוֹ מָקוֹם, בְּאוֹתוֹ זְמַן בְּקֵרוּב; בְּאוֹתוֹ זְמַן, בְּאוֹתוֹ מָקוֹם בְּקֵרוּב
there"by *adv.* (דֶ'רְבַּי) בָּזֶה, עַל יְדֵי כָּךְ; בְּקֶשֶׁר לָזֶה, עַל יַד־
there"for' *adv.* (דֶ'רְפוֹר) תְּמוּרַת זֹאת, בִּשְׁבִיל זֹאת
thre'fore" *adv.* (דֶ'רְפוֹר) לָכֵן, מִשּׁוּם כָּךְ
there"in' *adv.* (דֶ'רִן) בְּתוֹךְ זֶה, בְּעִנְיָן זֶה
there"of' *adv.* (דֶ'רוֹב) מִזֶּה, מִתּוֹךְ כָּךְ, מִכָּאן
there"on' *adv.* (דֶ'רוֹן) עַל זֶה; מִיָּד אַחַר כָּךְ, לְפִיכָךְ
there's (דֶ'רְז) (there has; there is קיצור של)
there"upon' *adv.* (דֶ'רַפּוֹן) מִיָּד אַחַר כָּךְ; לָכֵן; כְּתוֹצָאָה מִכָּךְ; עַל זֶה; בְּיַחַס לָזֶה
thermom'eter *n.* (תֶ'רְמוֹמִטֶר) מַדְחֹם
these *pron. & adj.* (דִ'יז) אֵלֶּה, אֵלּוּ; הָאֵלֶּה, הָאֵלּוּ
the'sis *n.* (תִ'יסִס) הַנָּחָה; נוֹשֵׂא לְחִבּוּר; מוֹנוֹגְרַפְיָה (לקבלת תואר "מוסמך")
they *pron.* (דֵ'י) הֵם (.m), הֵן (.f); אֲנָשִׁים
they'll (דֵ'יל) (they shall; they will קיצור של)
thick *adj. & adv.* (תִ'ק) עָבֶה; סָמִיךְ, צָפוּף; דָּחוּס; עָמֹק; מֻבְהָק, מֻדְגָּשׁ; לֹא־בָּרוּר; שׁוֹפֵעַ; קָרוֹב, אִינְטִימִי; מְטֻמְטָם; מֻפְרָז; בִּצְפִיפוּת; שֶׁיָּצָא עָבֶה
lay it on — גְּמַר הַהַלֵּל
— *n.* עֹבִי, מַעֲבֶה; הַחֵלֶק הַצָּפוּף בְּיוֹתֵר
through — and thin בְּדִבְקוּת; בְּטוֹב וּבְרָע, בְּכָל מִינֵי מַצָּבִים
thick'en *v.t. & i.* (תִ'קְן) עִבָּה, הִתְעַבָּה; סִבֵּךְ, הִסְתַּבֵּךְ
thick'et *n.* (תִ'קִט) סְבַךְ

thick'ness *n.* (ת'קְנֵס) עֹבִי; שִׁכְבָה

thief *n.* (תִ'יף) גַּנָּב

thieve *v.t. & i.* (תִ'יב) גָּנַב; בִּצֵּעַ גְּנֵבָה

thie'very *n.* (תִ'יבֶרִי) גְּנֵבָה

thigh *n.* (תַ'י) יָרֵךְ

thim'ble *n.* (תִ'מְבֵּל) אֶצְבָּעוֹן

thin *adj. & v.t. & i.* (תִ'ין) דַּק, רָזֶה; קָלוּשׁ; דַּל; דָּלִיל; חַלָּשׁ; בָּהִיר; עָשָׂה דַק, דִּקֵּק, עָשָׂה דַק יוֹתֵר; נַעֲשָׂה דַק

thine *pron.* (דַ'ין) שֶׁלְּךָ, שֶׁלָּךְ

thing *n.* (תִ'נְג) דָּבָר, עֶצֶם; מַעֲשֶׂה; פְּרָט; מַטָּרָה, תַּכְלִית; דָּבָר מַתְאִים, שִׁיטָה מַתְאִימָה; מְלָאכָה, מְשִׂימָה; יְצוּר; יַחַס מוּזָר, בַּעַת

—s עִנְיָנִים; בְּגָדִים; רְכוּשׁ פְּרָטִי; כֵּלִים

think *v.i.* (תִ'נְק) חָשַׁב, סָבַר; הִרְהֵר; עִיֵּן; הֶחְלִיט; הִמְצִיא; נִזְכַּר; הִתְכַּוֵּן

— better of שִׁנָּה דַעְתּוֹ; שָׁקַל שֵׁנִית

— fit חָשַׁב לְמַתְאִים

— up הִמְצִיא

think'er *n.* (תִ'נְקֶר) חוֹשֵׁב, הוֹגֶה דֵעוֹת

thinking *adj. & n.* (תִ'נְקִנְג) הֶגְיוֹנִי, שִׂכְלִי, נָבוֹן; חוֹשֵׁב; הוֹגֶה מַחֲשָׁבָה, פִּשּׁוּט, הִרְהוּר; חֲשִׁיבָה

third *adj. & n.* (תֶ'רְד) שְׁלִישִׁי/ת; הַהִלּוּךְ הַשְּׁלִישִׁי; שְׁלִישׁ; טֶרְצָה

thirst *n. & v.i.* (תֶ'רְסְט) צָמָא, צִמָּאוֹן; תְּשׁוּקָה; צָמֵא; הִשְׁתּוֹקֵק

thirs'ty *adj.* (תֶ'רְסְטִי) צָמֵא; מִשְׁתּוֹקֵק

thir'teen" *n. & adj.* (תֶ'רְטִין) שְׁלֹשָׁה עָשָׂר (.m) שְׁלֹשׁ עֶשְׂרֵה (.f)

thir'ty *n. & adj.* (תֶ'רְטִי) שְׁלֹשִׁים

this *pron. & adj.* (דִ'ס) זֶה (.m), זֹאת (.f); הַזֶּה, הַזֹּאת (וכן לציון נושא סתמי)

this'tle *n.* (תִ'סֶל) קוֹצָן, קַרְטָם, דַּרְדַּר, קִפּוֹדָן

thith'er *adv.* (תִ'דֶ'ר) שָׁמָּה

tho *See* **although**

thong *n.* (תֹ'ונְג) רְצוּעַת עוֹר, שְׂרוֹךְ

thorn *n.* (תֹ'ורְן) קוֹץ; עֵץ הָעֻזְרָר

thorn'y *adj.* (תֹ'ורְנִי) קוֹצָנִי, מָלֵא קוֹצִים; עוֹקֵץ, דּוֹקְרָנִי; מְצַעֵר, מֵעִיק; קָשֶׁה, מְסֻבָּךְ

thor'ough *adj.* (תַ'רוֹ) יְסוֹדִי, קַפְּדָנִי; מֻשְׁלָם

thor'oughfare" *n.* (תַ'רֶפֶר) כְּבִישׁ מַעֲבָר, רְחוֹב מַעֲבָר; כְּבִישׁ רָאשִׁי, דֶּרֶךְ רָאשִׁית; מַעֲבָר

those *pron. & adj.* (דוֹ'ז) הֵם (.m), הֵן (.f); הָהֵם, הָהֵן

thou *pron.* (דַ'או) אַתָּה (.m), אַתְּ (.f)

though *conj.* (דוֹ') לַמְרוֹת שֶׁ־; אֲפִלּוּ אִם

as — כְּאִלּוּ

thought *n.* (תֹ'וט) מַחֲשָׁבָה, מַחֲשָׁבוֹת; חֲשִׁיבָה; הִרְהוּר, רַעְיוֹן; הָגוּת; כַּוָּנָה; צִפִּיָּה; תְּשׂוּמֶת־לֵב; דֵּעָה

thought'ful *adj.* (תֹ'וטְפֻל) שֶׁל מַחֲשָׁבָה, שֶׁל שִׁקּוּל דַּעַת; מְהַרְהֵר; זָהִיר, מִתְחַשֵּׁב

thought'less *adj.* (תֹ'וטְלֶס) חֲסַר־מַחֲשָׁבָה, חֲסַר־זְהִירוּת, רַשְׁלָנִי; לֹא־מִתְחַשֵּׁב, חֲסַר־טַקְט; טִפְּשִׁי

thou'sand *n. & adj.* (תַ'אוּזֶנְד) אֶלֶף

thrash *v.t.* (תְ'רֶשׁ) הִלְקָה; הֵבִיס לַחֲלוּטִין; דָּשׁ

thread *n. & v.t.* (תְ'רֶד) חוּט; נִימָה; תַּבְרִיג; הִשְׁחִיל; שֵׂרֵךְ דַּרְכּוֹ, תִּבְרֵג

thread'bare" *adj.* (תְ'רֶדְבֵּר) מְרֻפָּט, מָהוּהַ; דַּל; נָדוֹשׁ

threat *n.* (תְ'רֶט) אִיּוּם; סַכָּנָה

threat'en *v.t. & i.* (תְ'רֶטֶן) אִיֵּם עַל; סִכֵּן

three *n. & adj.* (תְ'רִי) שְׁלֹשָׁה (.m), שָׁלֹשׁ (.f)

three'fold" *adj.* (תְ'רִיפוֹלְד) מְשֻׁלָּשׁ; פִּי שְׁלֹשָׁה

thresh *v.t. & i.* (תְ'רֶשׁ) דָּשׁ, חָבַט

— out (over) דָּן בְּ־ בִּיסוֹדִיּוּת כְּדֵי לְהַגִּיעַ לִידֵי מַסְקָנָה

thresh'old *n.* (תְ'רֶשׁוֹלְד) סַף, מִפְתָּן

threw (תְ'רוּ) (זמן עבר של throw)

thrice *adv.* (תְ'רַיס) שָׁלֹשׁ פְּעָמִים (ברציפות); פִּי שְׁלֹשָׁה; מְאֹד

thrift *n.* (תְ'רִפְט) חִסָּכוֹן

thrif'ty *adj.* (תְ'רִפְטִי) חַסְכָנִי

thrill *v.t. & i. & n.* (תְ'רִל) הִרְטִיט, הִרְעִיד, רִגֵּשׁ; הִתְרַגֵּשׁ, רָטַט; הִתְרַגְּשׁוּת, רֶטֶט

thril'ler *n.* (תְ'רִלֶר) סִפּוּר מֶתַח

thrive *v.t.* (ת'ריב) שגשג; הצליח
throat *n.* (ת'רוט) גרון, לע
cut one's own — המיט אסון על עצמו
jump down someone's — גער ב־, גדף
lump in one's — התהדקות הגרון מרב התרגשות
ram something down someone's — כפה עליו הסכמה
stick in one's — היה קשה להביע
throb *v.i.* & *n.* (ת'רוב) פעם בחזקה, דפק; התרגש; פעימה, דפיקה, הלמות
throe *n.* (ת'רו) כאב חזק; התקף התרגשות
—s מאבק עז; עוות חזק; צירי לדה; פרפורי גסיסה
throne *n.* (ת'רון) כסא מלכות; מלכות; סמכות המלך; מלך; כהנה
throng *n.* & *v.i.* & *t.* (ת'רונג) המון; הצטופף; דחק; מלא עד אפס מקום; הקהיל
throt'tle *n.* & *v.t.* (ת'רוטל) משנק; חנק, שנק; השתיק
through *prep.* & *adv.* (ת'רו) דרך; במשך כל־; לאחר שהגיע לסיום; ועד בכלל, לאחר שגמר בהצלחה; באמצעות; כתוצאה מ־; כל הדרך; מההתחלה ועד הסוף; עד הסוף; לסיום מצלח; עד לסיום
— and — לחלוטין; מכל הבחינות
— with נתק יחסים עם
— *adj.* גמור, עובר מקצה לקצה; עובר מצד אל צד; ללא תחנות; ללא מחסומים, רצוף, ישיר
throughout' *prep.* & *adv.* (ת'רואוט) בכל חלק; מההתחלה ועד הסוף; בכל מקום; בכל נקודה, סעיף סעיף
throw *v.t.* & *i.* (ת'רו) זרק, השליך; הטיל; הניע; הניח במהירות; הסעיל; הפיל ארצה; יצר על האבנים; הפסיד בכונה; הדהים, בלבל
— a party ערך מסבה
— away זרק; נפטר מ־; בזבז
— in הוסיף
— off השתחרר מ־; זרק הצדה; נמלט מ־; פלט; בלבל, הביך
— oneself at someone (someone's head) התאמץ לעורר חבה בלב־
— oneself into עסק במרץ, עסק בהתלהבות
— over נטש
— together עשה מהר, עשה בצורה רשלנית; גרם שיתידד
— up הקיא; בנה בחפזון; בקר
— *n.* זריקה; מרחק זריקה; שמיכה קלה; הטלת קביה
thrum *v.i.* & *t.* & *n.* (ת'רם) פרט; נגינה חדגונית
thrush *n.* (ת'רש) קיכלי, טרד
thrust *v.t.* & *i.* & *n.* (ת'רסט) דחף, דחק; תחב, תקע; נדחק; דחיפה, תחיבה; מתקפה; דחף
thru'way" *n.* (ת'רווי) כביש מהיר
thud *n.* & *v.t.* & *i.* (ת'ד) קול חבטה; חבטה; חבט
thumb *n.* (ת'ם) אגודל, בהן
all —s גמלוני, מגשם
—s down תנועת מרת רוח
under one's — תחת השפעה
— *v.t.* לכלך באגודל; דפדף; פרט; בקש הסעה (ע"י רמיזה באגודל)
— one's nose at דחה בבוז; התריס כנגד בבוז, "צפצף על"
thump *n.* & *v.t.* (ת'מפ) חבטה; חבט, הלם ב־
thun'der *n.* (ת'נדר) רעם; איום
steal someone's —s החליש רשם (ע"י הקדמתו במעשה או בדיבור)
— *v.t.* רעם; איים בקול; גנה בקול
thun'derbolt" *n.* (ת'נדרבולט) ברק מלוה רעם
thun'derstruck" *adj.* (ת'נדרסטרק) הלום־רעם; מכה־תדהמה
Thurs'day *n.* (ת'רזדי) יום חמישי, יום ה'
thus *adv.* (ד'ס) כך; בצורה הזאת; לכן; עד; למשל, כדוגמה
thwart *v.t.* & *n.* (ת'וורט) סכל, מנע; מושב

thy *pron.* (דַי) שֶׁלְּךָ (.m), שֶׁלָּךְ (.f)

thyself′ *pron.* (דַיסֶלְף) עַצְמְךָ (.m), עַצְמֵךְ (.f)

tick *n. & v.i. & t.* (טִק) טִקְטוּק; סִימָן; קַרְצִית; טִקְטֵק; עָבַר בְּלִוּוּי טִקְטוּק; סִמֵּן

tick′et *n. & v.t.* (טִקִט) כַּרְטִיס; תָּוִית; רְשִׁימַת מֻעֲמָדִים; ״רַפּוֹרְט״, דּוּ״חַ עַל הֲפָרָה; הַדָּבָר הַמַּתְאִים; הִדְבִּיק תָּוִית עַל

tick′le *v.t. & i. & n.* (טִקְל) דִּגְדֵּג; עָשָׂה נַחַת רוּחַ; בִּדֵּחַ; חָשׁ דִּגְדּוּג; דִּגְדּוּג

tick′lish *adj.* (טִקְלִשׁ) רָגִישׁ לְדִגְדּוּג; עָדִין, כָּרוּךְ בְּסַכָּנָה; רָגִישׁ מְאֹד; לֹא־יַצִּיב

tid′al *adj.* (טַיְדְל) שֶׁל גֵּאוּת וָשֵׁפֶל; תָּלוּי בְּגֵאוּת

tid′bit″ *n.* (טִדְבִּט) חֲתִיכָה מֻבְחֶרֶת

tide *n.* (טַיד) גֵּאוּת וָשֵׁפֶל; זְרִימָה; זֶרֶם; מְגַמָּה; עוֹנָה

turn the — שִׁנָּה פְּנֵי הַדְּבָרִים; הָפַךְ הַקְּעָרָה עַל פִּיהָ

— *v.i. & t.* זָרַם אָנֶה וָאָנָה; צָף עִם הַזְּרִימָה; נָשָׂא

— over עָזַר עַד שֶׁהִשְׁתַּפֵּר הַמַּצָּב

ti′dings *n. pl.* (טַיְדִנְגְז) חֲדָשׁוֹת, בְּשׂוֹרוֹת

ti′dy *adj. & v. & t. i.* (טַיְדִי) מְסֻדָּר, מְאֻרְגָּן יָפֶה; מִתְקַבֵּל עַל הַדַּעַת, דֵּי טוֹב; נִכָּר; הִכְנִיס סֵדֶר, סִדֵּר

tie *v.t. & i. & n.* (טַי) קָשַׁר; הִדֵּק; כָּפַת; עָנַב; אִגֵּד; חִבֵּר; הִגְבִּיל; חִיֵּב; הִשִּׂיג תֵּיקוּ

— down הִגְבִּיל, כָּלָא, קָשַׁר

— in הִתְקַשֵּׁר; הָיָה עִקְבִי

— one on הִשְׁתַּכֵּר

— up קָשַׁר יָפֶה; עִכֵּב; עָצַר; הִשְׁקִיעַ עַד כְּדֵי מְנִיעַת שִׁמּוּשׁ; הָיָה עָסוּק

— *n.* קֶשֶׁר; חֶבֶל; עֲנִיבָה; זִקָּה; אֶדֶן

tier *n.* (טִיר) שׁוּרָה; שִׁכְבָה

tiff *n.* (טִף) מְרִיבָה קַטְנוּנִית; רֹגֶז קַל

ti′ger *n.* (טַיְגְר) טִיגְרִיס; אָדָם נִמְרָץ הָעוֹבֵד קָשֶׁה

tight *adj.* (טַיט) מְהֻדָּק, הָדוּק; מָתוּחַ; צַר; קָשֶׁה; אָטוּם; מְצֻמְצָם; קָצָר; חָזָק, אֵיתָן; צָפוּף; קַמְצָנִי; שִׁכּוֹר, שָׁתוּי; שֶׁקָּשֶׁה לְהַשִּׂיגוֹ; מֻגְבָּל

tight′en *v. t. & i.* (טַיְטְן) הִדֵּק; הִתְהַדֵּק

tile *n. & v.t.* (טַיל) מִרְצֶפֶת; רַעַף, רִצֵּף רִעֵף

till *prep. & v.t. & n.* (טִל) עַד; לִפְנֵי; בִּשְׁעַת־; עִבֵּד; מְגֵרָה, תֵּבָה

tilt *v.t.* (טִלְט) הִטָּה; הִסְתָּעֵר עַל; הַטָּיָה; שִׁפּוּעַ; מִדְרוֹן; תַּחֲרוּת; סִכְסוּךְ; תְּחִיבָה

full — בְּכָל הָעָצְמָה; יְשִׁירוֹת

tim′ber *n.* (טִמְבְּר) עֵץ; עֵץ בְּנִיָּה; יַעַר; קוֹרָה

time *n.* (טַים) זְמָן; תְּקוּפָה; מוֹעֵד; חֲוָיָה, בִּלּוּי; תְּקוּפַת מַאֲסָר; תְּקוּפַת שֵׁרוּת; פְּנַאי; הַשָּׁעָה; עֵת; הִזְדַּמְּנוּת מַתְאִימָה; תּוֹר; מִפְעָם; מְהִירוּת צְעִידָה

against — בְּמַאֲמָץ לְסַיֵּם תּוֹךְ תְּקוּפָה מֻגְבֶּלֶת

ahead of — בְּהֶקְדֵּם, מֻקְדָּם

at one — פַּעַם; לְפָנִים; בְּעֵת וּבְעוֹנָה אַחַת

at —s לִפְעָמִים

behind the —s שַׁמְרָנִי, מְפַגֵּר

for the — being לְעֵת עַתָּה; זְמַנִּית

from — to — לִפְעָמִים, מִזְּמַן לִזְמַן

in good — בַּזְּמַן הַמַּתְאִים; בְּהֶקְדֵּם

in no — כִּמְעַט מִיָּד

in — דֵּי מֻקְדָּם; בְּסוֹפוֹ שֶׁל דָּבָר; לְפִי הַקֶּצֶב הַנָּכוֹן

keep — צִיֵּן הַשָּׁעָה; שָׁמַר עַל הַקֶּצֶב; עָשָׂה פְּעֻלּוֹת רִיתְמִיּוֹת בְּקֶצֶב

kill — בִּטֵּל זְמַן כְּדֵי שֶׁיַּעֲבוֹר מַהֵר

make good (bad) — נָסַע בְּשִׁעוּר־מְהִירוּת טוֹב (רע)

make — פָּעַל בִּמְהִירוּת כְּדֵי לְהַרְוִיחַ זְמַן־אִחוּר

many a — שׁוּב וָשׁוּב, לְעִתִּים קְרוֹבוֹת

mark — דָּרַךְ בַּמָּקוֹם

on — בַּזְּמַן, בְּדַיְקָנוּת; בְּתַשְׁלוּמִים

out of — לֹא לְפִי הַקֶּצֶב הַנָּכוֹן

pass the — of day שׂוֹחֵחַ קְצָרוֹת; הֶחֱלִיף בְּרָכוֹת

take one's — פָּעַל בְּאִטִּיּוּת, הִתְבַּטֵּל

— of one's life תְּקוּפָתוֹ הַנָּאָה

— *adj.* שֶׁל זְמַן; שֶׁל קְנִיָּה בְּתַשְׁלוּמִים

— *v.t.* קָבַע הַזְּמָן; קָבַע מֶשֶׁךְ; כִּוֵּן הַזְּמָן; עָרַךְ לוּחַ זְמַנִּים; הִתְאִים הַזְּמָן; צִיֵּן הַקֶּצֶב

time'ly *adv.* (טַימְלִי) בְּעִתּוֹ, בְּשָׁעָה טוֹבָה

tim'id *adj.* (טִמִד) הַסְּסָן, חַשְׁשָׁן, פַּחְדָן, בַּיְשָׁן

ti'ming *n.* (טִמִדִטִי) חַשְׁשָׁנוּת, הַסְּסָנוּת, פַּחְדָנוּת

ti'ming *n.* (טַימִנְג) עִתּוּי; קְבִיעַת זְמַן מַתְאִים

tim'orous *adj.* (טִמֶּרֶס) פַּחְדָן; חַשְׁשָׁן

tin *n.* (טִן) בְּדִיל

tin'der *n.* (טִנְדֶר) חֹמֶר הַצָּתָה

tinge *v.t. & n.* (טִנְג׳) גִּוֵּן; נָתַן טַעַם, נָתַן רֵיחַ; גִּוּוּן קַל, שֶׁמֶץ

tin'gle *v.i. & n.* (טִנְגֶל) חָשׁ רֶטֶט; תְּחוּשַׁת רֶטֶט

tin'ker *n. & v.i.* (טִנְקֶר) פֶּחָח; בַּעַל מְלָאכָה גָּרוּעַ; בַּעַל מְלָאכָה לְכָל דָּבָר; עָסַק בְּפֶחָחוּת; עָבַד בְּצוּרָה גְרוּעָה; הִתְבַּטֵּל, עָבַד לָרִיק

—'s dam(n) ״קְלִפַּת הַשּׁוּם״

tin'kle *v. i. & t. & n.* (טִנְקֶל) צִלְצֵל; נִגֵּן בְּקַלִּילוּת; צִלְצוּל קַלִּיל

tin'sel *n. & adj.* (טִנְסֶל) לוּחִית נוֹצֶצֶת; רַאַוְתָנִי זוֹל

tint *n. & v.t.* (טִנְט) גָּוֶן, צֶבַע; גִּוֵּן; צָבַע

ti'ny *adj.* (טַינִי) זָעִיר; קְטַנְטַן

tip *n. & v.t. & i.* (טִפּ) קָצֶה, חֹד; פִּסְגָּה, קָדְקֹד; כִּסּוּי; קָצֶה; הַטָּיָה, הֲפִיכָה; מַעֲנָק, דְּמֵי שְׁתִיָּה; מֵידָע מְיֻחָד; רַעְיוֹן מוֹעִיל; הִתְקִין כִּסּוּי לְקָצֶה; הִטָּה; הָפַךְ; הֵרִים (כובע); נָתַן מַעֲנָק, נָתַן דְּמֵי שְׁתִיָּה; נָטָה, הִתְהַפֵּךְ

— off מָסַר מֵידָע מְיֻחָד, הוֹדִיעַ; הִזְהִיר

tip'sy *adj.* (טִפְּסִי) מְבֻסָּם; עִקֵּם

tip'toe" *n. & v.i.* (טִפְּטוֹ) קְצֵה אֶצְבַּע (של הרגל)

on — עַל קְצוֹת הָאֶצְבָּעוֹת; מִשְׁתּוֹקֵק; מָתוּחַ מִתּוֹךְ צִפִּיָּה; בִּגְנֵבָה, בִּזְהִירוּת

— *v.i.* פָּסַע עַל קְצוֹת הָאֶצְבָּעוֹת

tip'top" *n. & adj.* (טִפְּטוֹפּ) רֹאשׁ הַפִּסְגָּה; הַדַּרְגָּה הַגְּבוֹהָה בְּיוֹתֵר; בַּשִּׂיא; הָאֵיכוּת הַגְּבוֹהָה בְּיוֹתֵר

ti'rade *n.* (טִירֵיד) גִּדּוּף מְמֻשָּׁךְ, הִתְפָּרְצוּת מִלּוּלִית; נְאוּם אָרֹךְ וְתַקִּיף

tire *v.t. & i. & n.* (טַיְאֶר) הוֹגִיעַ, עִיֵּף, שִׁעֲמֵם, הֶלְאָה; הִתְעַיֵּף, נִלְאָה, רָצָה לִישׁוֹן; הִשְׁתַּעֲמֵם; צְמִיג

tired *adj.* (טַיְאֶרְד) עָיֵף; מְשֻׁתַּעֲמֵם; נִמְאַס לוֹ; נָדוֹשׁ; חֲסַר־סַבְלָנוּת

tire'some *adj.* (טַיְאֶרְסֶם) מְיַגֵּעַ; מַרְגִּיז

'tis (טִז) (קיצור של it is)

tis'sue *n.* (טִשׁוּ) רִקְמָה; נְיָר דַּק

tit' for tat' גְּמוּל כִּגְמוּלוֹ

tithe *n.* (טַיְד׳) מַעֲשֵׂר

tit'le *n.* שֵׁם, כּוֹתֶר, כּוֹתֶרֶת; תֹּאַר; אַלִּיפוּת; זְכוּת, זְכוּת קִנְיָן

— page שַׁעַר (ספר)

tit'ter *v.i. & n.* (טִטֶר) צָחַק צְחוֹק עָצוּר; צְחוֹק עָצוּר

tit'ular *adj.* (טִטְיֻלֶר) שֶׁל תֹּאַר; בַּעַל תֹּאַר, בַּעַל דַּרְגָּה; בְּשֵׁם בִּלְבַד, שֶׁל שֵׁם

to *prep. & adv.* (טוּ; בלי הטעמה: טֶ) אֶל, לְ־; עַד; עַל; מִסְתַּכֵּם בְּ־; בְּ־; לִנְקֻדַּת הַסְּגִירָה; לִפְעֻלָּה; מַצַּב הַכָּרָה

— and fro הָלוֹךְ וָשׁוֹב

toad *n.* (טוֹד) קַרְפָּדָה; נִבְזֶה, גֹּעַל

toad'stool" *n.* (טוֹדְסְטוּל) פִּטְרִיָּה אַרְסִית

toa'dy *n.* (טוֹדִי) חַנְפָן מִתְרַפֵּס, מְלַחֵךְ פִּנְכָּה; ״כֶּלֶב״

toast *n. & v.t.* (טוֹסְט) לֶחֶם קָלוּי, צְנִים; הֲרָמַת כּוֹס לִכְבוֹד־, שְׁתִיַּת לְחַיִּים; בְּרָכָה לִפְנֵי שְׁתִיַּת לְחַיִּים; אָדָם שֶׁלִּכְבוֹדוֹ שׁוֹתִים לְחַיִּים; קָלָה, צָנַם; שָׁתָה לְחַיֵּי־; הֵרִים כּוֹס לִכְבוֹד־

tobac'co *n.* (טֲבֶּקוֹ) טַבָּק

today' *n. & adv.* (טֲדֵי) הַיּוֹם; בְּיָמֵינוּ; כַּיּוֹם, כָּעֵת

tod'dle *v.i.* (טוֹדֶל) הָלַךְ בִּפְסִיעוֹת הַסְסָנִיּוֹת

to-do' *n.* (טֲדוּ) הֲמֻלָּה

toe *n.* (טוֹ) אֶצְבַּע (של רגל, כפפה,); חַרְטוֹם

on one's —s נִמְרָץ; עֵרָנִי; מוּכָן

slip of the — פְּלַטַּת פֶּה

with (one's) — in cheek בְּלַעַג; בִּצְבִיעוּת; מִן הַשָּׂפָה וְלַחוּץ

tongue'-tied" *adj.* (טַנְג־טַיד) כְּבַד־פֶּה

ton'ic *n.* (טוֹנִק) תְּרוּפַת־מֶרֶץ; מַמְרִיץ; מֵי סוֹדָה

tonight' *n. & adv.* (טֻנַיט) הַלַּיְלָה

ton'sil *n.* (טוֹנְסִל) שָׁקֵד (בגרון)

too *adv.* (טוּ) גַּם; גַּם כֵּן; יוֹתֵר מִדַּי; נוֹסָף; מְאֹד; אָכֵן (לסתור כשפט שלילי)

took (טוּק) (זמן עבר של take)

tool *n.* (טוּל) כְּלִי, מַכְשִׁיר; מְכוֹנָה; כְּלִי שָׁרֵת

toot *v.i. & t. & n.* (טוּט) שָׁרַק, צָפַר; הִשְׁמִיעַ קוֹל צְפִירָה; תָּקַע; תְּקִיעָה; צְפִירָה

tooth *n.* (טוּת׳) שֵׁן; טַעַם, מְשִׁיכָה לְ־

in the teeth of נֹכַח, בְּעִמּוּת עִם, חֵרֶף, בְּנִגּוּד לְ־

tooth'paste" *n.* (טוּת׳פֵּיסְט) מִשְׁחַת שִׁנַּיִם

tooth'pick" *n.* (טוּת׳פִּק) מַחְצָצָה, קֵיסָם

top *n.* (טוֹפּ) רֹאשׁ, פִּסְגָּה, שִׂיא; קָדְקֹד; מִבְחָר; מִכְסֶה; הַתְחָלָה; סְבִיבוֹן

blow one's — הִתְמַלֵּא חֵמָה; יָצָא מִדַּעְתּוֹ, יָצָא מֵהַכֵּלִים

on — מַצְלִיחַ; מְנַצֵּחַ; שַׁלִּיט

on — of מֵעַל, עַל; נוֹסָף עַל; קָרוֹב מְאֹד לְ־; שַׁלִּיט בְּ־

— *adj.* עֶלְיוֹן, שֶׁבָּרֹאשׁ; הַגָּבוֹהַּ בְּיוֹתֵר; עִקָּרִי, רָאשִׁי

— *v.t. & i.* סִפֵּק רֹאשׁ, סִפֵּק מִכְסֶה; הָיָה בַּשִּׂיא; הִגִּיעַ לַפִּסְגָּה; עָלָה עַל; הֵסִיר הַחֵלֶק הָעֶלְיוֹן; עָלָה, הִתְרוֹמֵם

— off הִשְׁלִים, הִגִּיעַ לַשִּׂיא; גָּמַר

top'ic *n.* (טוֹפִּק) נוֹשֵׂא

top'ical *adj.* (טוֹפִּקְל) אַקְטוּאָלִי; שֶׁל הַנּוֹשֵׂא; מְקוֹמִי

topog'raphy *n.* (טֻפּוֹגְרַפִי) טוֹפּוֹגְרַפְיָה

top'sy-tur'vy *adv. & adj.* (טוֹפְּסִי־טֶרְוִי) הָפוּךְ, עֶלְיוֹנִים וְתַחְתּוֹנִים, בְּעִרְבּוּבְיָה, מְבֻלְבָּל

torch *n.* (טוֹרְץ׳) לַפִּיד, אֲבוּקָה

step (tread) on someone's —s פָּגַע בְּ־; פָּלַשׁ לְשֶׁטַח הַזּוּלַת,

— *v.t.* הִשִּׂיג גְּבוּל; סִפֵּק חַרְטוֹם; נָגַע בְּאֶצְבְּעוֹת הָרֶגֶל; בָּעַט בְּאֶצְבְּעוֹת הָרֶגֶל

togeth'er *adv.* (טֻגֶדְ׳ר) יַחַד; זֶה אֶל זֶה; יַחְדָּיו; בְּאוֹתוֹ הַזְּמַן; לְלֹא הַפְסָקָה, בִּרְצִיפוּת, בְּשֻׁתָּפוּת

toil *n. & v.i.* (טוֹיל) עָמָל, עֲבוֹדָה קָשָׁה; עָמַל, עָבַד קָשֶׁה

toi'let *n.* (טוֹילֶט) אַסְלָה; חֲדַר אַמְבַּטְיָה; חֲדַר הַלְבָּשָׁה; הִתְלַבְּשׁוּת; לְבוּשׁ

tok'en *n.* (טוֹקְן) סִימָן, אוֹת; סֵמֶל; מַזְכֶּרֶת; תָּג; אֲסִימוֹן; דֻּגְמָה

by the same — כִּרְאָיָה לְ־; יָתֵר עַל כֵּן

in — of כְּאוֹת; כִּרְאָיָה לְ־

told (טוֹלְד) (זמן עבר של tell)

all — בְּסַךְ הַכֹּל

tol'erable *adj.* (טוֹלֶרַבְּל) שֶׁאֶפְשָׁר לִסְבֹּלוֹ; לֹא רָע; בְּמַצַּב־בְּרִיאוּת טוֹב

tol'erance *n.* (טוֹלֶרֶנְס) סוֹבְלָנוּת

tol'erant *adj.* (טוֹלֶרַנְט) סוֹבְלָנִי; סַבְלָן

tol'erate" *v.t.* (טוֹלֶרֵיט) סָבַל, הִתִּיר; הִתְיַחֵס בְּסוֹבְלָנוּת אֶל

tol"era'tion *n.* (טוֹלֶרֵישְׁן) סוֹבְלָנוּת

toll *v.t. & i. & n.* (טוֹל) צִלְצֵל; הוֹדִיעַ עַל מָוֶת (בצלצולי פעמון); צִלְצוּל; תַּשְׁלוּם; אַגְרָה; מַס; מְחִיר הַנֵּזֶק; פִּצּוּי

toma'to *n.* (טֻמֵיטוֹ) עַגְבָנִיָּה; בַּחוּרָה

tomb *n.* (טוּם) קֶבֶר; כּוּךְ

tom'boy" *n.* (טוֹמְבּוֹי) בַּת הַמִּשְׁתּוֹבֶבֶת כְּבֵן

tom'cat" (טוֹמְקֶט) חָתוּל (זכר)

tomor'row *adv.* (טֻמוֹרוֹ) מָחָר

day after — מָחֳרָתַיִם

ton *n.* (טַן) טוֹנָה

tone *n.* (טוֹן) מִצְלוֹל; טוֹן; צְלִיל; קוֹל; אֵיכוּת קוֹל; טַעַם אָפְיָנִי; מַצַּב נַפְשִׁי בָּרִיא; הֲלָךְ־רוּחַ; אֲוִירָה, סִגְנוֹן; אֶלֶגַנְטִיּוּת

— down רִכֵּךְ

tongs *n. pl.* (טוֹנְגְז) מֶלְקָחַיִם

tongue *n.* (טַנְג) לָשׁוֹן; סִגְנוֹן דִּבּוּר

hold one's — שָׁתַק, הֶחֱרִישׁ

carry the — for סָבַל מֵאַהֲבָה לְז.־ מְחֻזֶּרֶת

tore (טוֹר) קָרוּעַ (זמן עבר של tear)

torment' *v.t. & n.* (טוֹרְמֶנְט) עִנָּה; הִכְאִיב; צִעֵר; הֵצִיק ל־; הִדְאִיג מְאֹד

tor'ment *n.* עִנּוּי, יִסּוּרִים, צַעַר

torn (טוֹרְן) (זמן עבר של tear)

torna'do *n.* (טוֹרְנֵידוֹ) טוֹרְנָדוֹ

torpe'do *n. & v.t.* (טוֹרְפִּידוֹ) טוֹרְפֶּדוֹ; מוֹקֵשׁ תַּת־יַמִּי; מִטְעָן חֹמֶר נֶפֶץ; נַפָּץ; רוֹצֵחַ שָׂכִיר; טִרְפֵּד; הִשְׁמִיד

tor'pid *adj.* (טוֹרְפִּד) חֲסַר־פְּעִילוּת, מִתְנַהֵל בְּאִטִּיּוּת; אִטִּי, אָדִישׁ, שְׁוֵה־נֶפֶשׁ; רָדוּם

tor'por *n.* (טוֹרְפְּר) קֵהָיוֹן; חֹסֶר פְּעִילוּת; קִפָּאוֹן; תַּרְדֵּמָה, אֲדִישׁוּת

tor'rent *n.* (טוֹרְנְט) שֶׁטֶף; שִׁטָּפוֹן; זֶרֶם אַדִּיר; גֶּשֶׁם שׁוֹטֵף

tor'rid *adi.* (טוֹרִד) חָרֵב, צָחִיחַ; לוֹהֵט

tor'toise *n.* (טוֹרְטֲס) צַב־יַבָּשָׁה

tor'tuous *adj.* (טוֹרְצ׳וּאֲס) נִפְתָּל, מְפֻתָּל; עֲקַלְקַל; פְּתַלְתֹּל

tor'ture *v.i. & n.* (טוֹרְצְ׳ר) עִנָּה; עִנּוּי

—s יִסּוּרִים

toss *v.t. & n.* (טוֹס) זָרַק הִלְאַחַר יָד; פִּרְכֵּס; הֵרִים פִּתְאוֹם; זָרַק מַטְבֵּעַ (להפלת גורל); עִרְבֵּב; זְרִיקָה; הַפָּלַת גּוֹרָל; תְּנוּעָה פִּתְאוֹמִית

tot'al *adj. & n. & v.t.* (טוֹטְל) כּוֹלֵל, שָׁלֵם, גָּמוּר; כּוֹלְלָנִי; סַךְ הַכֹּל, סִכּוּם; כְּלָל; סִכֵּם; הִסְתַּכֵּם בּ־

tot'ter *v.i.* (טוֹטְר) הִתְנוֹדֵד, הִתְנוֹעֵעַ; הָלַךְ בִּצְעָדִים מוּעֲדִים

touch *v.t. & i. & n.* (טַץ׳) נָגַע בּ־; מִשֵּׁשׁ; קֵרֵב; הִשְׁתַּמֵּשׁ בּ־; הִשְׁפִּיעַ עַל; עוֹרֵר רֶגֶשׁ; דָּן בּ־; הִגִּיעַ ל־; שִׁנָּה הַמַּרְאֶה קְצָת; עָרַךְ בִּקּוּר קָצָר

— down נָחַת

— off הִצִּית, פּוֹצֵץ; הֵבִיא לִידֵי־

— on (upon) הִזְכִּיר דֶּרֶךְ אַגַּב; דָּן בּ־ אַגַּב

— up שִׁפֵּר בְּשִׁנּוּיִים קַלִּים

— *n.* נְגִיעָה, מַגָּע; מִשּׁוּשׁ; תְּחוּשַׁת מִשּׁוּשׁ; נְגִיעָה קַלָּה; הַתְקָפָה קַלָּה, קָרְטוֹב, נִימָה; בַּקָּשַׁת הַלְוָאָה; מַלְוֶה בְּקַלּוּת

touch'ing *adj. & prop.* (טַצ׳ִנְג) מְעוֹרֵר רְגָשׁוֹת; נוֹגֵעַ לַלֵּב; נוֹגֵעַ; בְּיַחַס ל־; בִּדְבַר־

touch'stone" *n.* (טַצ׳ְסְטוֹן) אֶבֶן בֹּחַן

touch'y *adj.* (טַצִ׳י) פָּגִיעַ, נֶעֱלָב בְּקַלּוּת, רָגִישׁ, דּוֹרֵשׁ זְהִירוּת; דּוֹרֵשׁ זְרִיזוּת; מְסֻכָּן, כָּרוּךְ בְּסִכּוּן

tough *adj. & n.* (טַף) חָזָק; מַחֲזִיק מַעֲמָד; קָשׁוּחַ; קָשֶׁה; חָסֹן; עַקְשָׁן; שֶׁאֵין לוֹ תַּקָּנָה; שֶׁקָּשֶׁה לְשֵׂאתוֹ; נִמְרָץ, חָמוּר; זְדוֹנִי, מֻרְשָׁע; בַּעַל אֶגְרוֹף, בִּרְיוֹן

tough'en *v.t. & i.* (טַפְן) הִקְשָׁה, הִקְשִׁיחַ; הִתְקַשָּׁה

tour *v.i. & n.* (טוּר) סִיֵּר; טִיּוּל, סִיּוּר, תִּיּוּר

tour'ist *n. & adj.* (טֻרִסְט) תַּיָּר; שֶׁל מַחְלֶקֶת תַּיָּרִים, שֶׁל תַּיָּרִים

tour'nament *n.* (טֻרְנַמֶנְט) תַּחֲרוּת, טוּרְנִיר

tou'sle *v.t.* (טַאוּזְל) סָתַר, פָּרַע

tout *v.t. & i.* (טַאוּט) בִּקֵּשׁ תְּמִיכָה בְּמַפְגִּיעַ; תֵּאֵר בְּחַנְפָנוּת; מָסַר מֵידָע אִישִׁי; רִגֵּל

tow *v.t. & i. & n.* (טוֹ) גָּרַר; גְּרִירָה; גּוֹרֵר

in — בְּהַדְרָכַת־; תַּחַת פִּקּוּחַ; בְּחֶבְרַת־

toward(s) *prep.* (טוֹרְד[ז]) לִקְרַאת, לְעֵבֶר, בִּשְׁבִיל; בְּקִרְבַת־; קָרוֹב ל־; נֹכַח, מוּל; כְּסִיּוּעַ ל־, כִּתְרוּמָה ל־; לְגַבֵּי, בְּיַחַס

tow'el *n.* (טַאוּאֲל) מַגֶּבֶת

throw in the — הוֹדָה בִּתְבוּסָה, נִכְנַע

tow'er *n. & v.i.* (טַאוּאֲר) מִגְדָּל; הִתְרוֹמֵם; עָלָה עַל

town *n.* (טַאוּן) עִיר, עֲיָרָה; תּוֹשְׁבֵי עֲיָרָה; מְקוֹם מֶרְכַּז הָעִיר

go to — עָשָׂה הֵיטֵב, בִּצֵּעַ בִּיעִילוּת; עָשָׂה מַהֵר

on the — מְחַפֵּשׂ אַחֲרֵי בִּדּוּר

tox'ic *adj.* (טוֹקְסִק) רָעִיל

toy *n. & v.l.* (טוֹי) צַעֲצוּעַ; דָּבָר חֲסַר־עֵרֶךְ; חַיָּה זְעִירָה; שִׂחֵק, הִשְׁתַּעֲשֵׁעַ; נָהַג קַלּוּת רֹאשׁ

trace *n. & v.t. & i.* (טְרֵיס) סִימָן; שָׂרִיד; רֶמֶז קַל; כַּמּוּת זְעִירָה, שֶׁמֶץ; עָקֵב; עֲקֵבוֹת; שְׁבִיל; רִשּׁוּם; הָלַךְ בְּעִקְּבוֹת־; הִתְחַקָּה עַל

מָקוֹר; עָקַב אַחֲרֵי הִתְפַּתְּחוּת; חָקַר, גִּלָּה, הִתְוָה; טָבַע

track *n.* & *v.t.* & *i.* (טְרֶק) מְסִלָּה; סִימָנֵי גַּלְגַּלִּים; עֲקֵבוֹת; סִימָנֵי רַגְלַיִם; מִשְׁעוֹל; נָתִיב; מַסְלוּל; מַהֲלָךְ; דֶּרֶךְ פְּעֻלָּה; רֹחַב בֵּין גַּלְגַּלִּים; הָלַךְ בְּעִקְבוֹת־; הִשְׁאִיר סִימָנֵי נַעֲלַיִם

— down לָכַד

tract *n.* (טְרֶקְט) אֵזוֹר, שֶׁטַח; חוֹבֶרֶת, קוּנְטְרֵס; מַסֶּכֶת

trac'table *adj.* (טְרֶקְטֵבְּל) מְקַבֵּל מָרוּת, נוֹחַ, וַתְּרָנִי; קַל לְעִבּוּד

trac'tor *n.* (טְרֶקְטְר) טְרַקְטוֹר

trade *n.* & *v.t.* & *i.* (טְרֵיד) סַחַר; קְנִיָּה; מְכִירָה; חֲלִיפִין; מִשְׁלַח־יָד; מִקְצוֹעַ; בַּעֲלֵי מִקְצוֹעַ; שׁוּק; תְּחוּם פְּעִילוּת עִסְקִית; לָקוֹחוֹת; סָחַר; קָנָה וּמָכַר; עָסַק בְּעִסְקוֹת חֲלִיפִין; הֶחֱלִיף; עָרַךְ קְנִיּוֹת

— in מָסַר חֵפֶץ מְשֻׁמָּשׁ כְּחֵלֶק מִמְּחִיר חֵפֶץ חָדָשׁ

trade'mark" *n.* (טְרֵידְמַרְק) סֵמֶל מִסְחָרִי

tra'der *n.* (טְרֵידְר) סוֹחֵר; אִישׁ עֲסָקִים; אֳנִיַּת־סַחַר

trade' un"ion *n.* (טְרֵיד יוּנְיֶן) אִגּוּד מִקְצוֹעִי

traditi'on *n.* (טְרֵדִשְׁן) מַסֹּרֶת

traditi'onal *adj.* (טְרֵדִשֶׁנֵל) מַסָּרְתִּי

traf'fic *n.* & *v.i.* (טְרֶפִק) תְּנוּעָה; תַּעֲבוּרָה; סַחַר, מִסְחָר; סָחַר

trag'edy *n.* (טְרֶג'ֶדִי) טְרַגֶדְיָה

trag'ic *adj.* (טְרֶג'ִק) טְרָגִי; נוּגֶה; הֲרֵה־אָסוֹן

trail *v.t.* & *i.* & *n.* (טְרֵיל) גָּרַר; הֵבִיא בְּעִקְבוֹת־; הָלַךְ בְּעִקְבוֹת־; נִגְרַר; סָרַח; נֶחֱלַשׁ; נָחַל תְּבוּסָה; מִשְׁעוֹל; עֲקֵבוֹת; סֶרַח

trai'ler *n.* (טְרֵילְר) עוֹקֵב אַחֲרֵי; נִסְרַח אַחֲרֵי; נִגְרֶרֶת; קְרָוָן

train *n.* & *v.t.* (טְרֵין) רַכֶּבֶת; תַּהֲלוּכָה; שׁוּרָה; שֹׁבֶל; פָּמַלְיָה; סָפִיחַ; תּוֹצָאַת־לְוַאי; מַהֲלָךְ; אִמֵּן, תִּרְגֵּל, הִדְרִיךְ; אִלֵּף; כִּוֵּן

trai'ner *n.* (טְרֵינְר) מְאַמֵּן; מְאַלֵּף

trai'ning *n.* (טְרֵינִנְג) אִמּוּן, הַדְרָכָה

trait *n.* (טְרֵיט) סְגֻלָּה, טֶבַע

trai'tor *n.* (טְרֵיטְר) בּוֹגֵד

trai'torous *adj.* (טְרֵיטֶרֶס) בּוֹגְדָנִי

tramp *v.i.* & *t.* & *n.* (טְרֶמְפּ) צָעַד בִּכְבֵדוּת; דָּרַךְ; צָעַד; טִיֵּל; שׁוֹטֵט, נָע וָנָד; נָסַע בָּאֳנִיַּת מַשָּׂא מְשׁוֹטֶטֶת; צְעִידָה; דְּרִיכָה; מְשׁוֹטֵט, הֵלֶךְ, נָע וָנָד; פְּרוּצָה; אֳנִיַּת מַשָּׂא מְשׁוֹטֶטֶת

tram'ple *v.i.* & *t.* (טְרֶמְפְּל) צָעַד בִּכְבֵדוּת; רָמַס

trance *n.* (טְרֶנְס) חֶרְגּוֹן; טְרַנְס; מַצַּב־מְבוּכָה נַפְשִׁי; מַצָּב הִפְּנוֹטִי; הִתְפַּשְּׁטוּת הַגַּשְׁמִיּוּת

tran'quil *adj.* (טְרֶנְקְוִל) שָׁלֵו, רָגוּעַ

tran'quili"zer *n.* (טְרֶנְקְוִלַיְזְר) מַרְגִּיעַ; סַם הַרְגָּעָה

tran'quility *n.* (טְרֶנְקְוִלִטִי) שַׁלְוָה

transact' *v.t.* (טְרֶנְזֶקְט) נִהֵל, בִּצֵּעַ

transac'tion *n.* (טְרֶנְזֶקְשֵׁן) עִסְקָה; בִּצּוּעַ

transcend' *v.t.* (טְרֶנְסֶנְד) עָלָה עַל

transcribe' *v.t.* (טְרֶנְסְקְרַיְב) הֶעְתִּיק; תִּרְגֵּם

trans'fer *v.t.* & *i.* & *n.* (טְרֶנְסְפֵר) הֶעֱבִיר; מָסַר ל־; עָבַר; הַעֲבָרָה, מְסִירָה; כַּרְטִיס הַעֲבָרָה; מַחֲלִיף מָקוֹם

transfix' *v.t.* (טְרֶנְסְפִקְס) דָּקַר; סִמְרֵר; שִׁתֵּק בְּמַכְשִׁיר חַד

transform' *v.t.* (טְרֶנְסְפוֹרְם) שִׁנָּה מַרְאֶה; שִׁנָּה; הֵמִיר

trans"forma'tion *n.* (טְרֶנְסְפֶרְמֵישְׁן) שִׁנּוּי מַרְאֶה, שִׁנּוּי; פֵּאָה נָכְרִית

transfor'mer *n.* (טְרֶנְסְפוֹרְמְר) טְרַנְסְפוֹרְמָטוֹר, שַׁנַּאי

transfu'sion *n.* (טְרֶנְזְפְיוּז'ְן) עֵרוּי, עֵרוּי דָּם

transgress *v.i.* & *t.* (טְרֶנְסְגְרֶס) הֵפֵר (חוק); עָבַר עַל; חָטָא

tran'sient *adj.* & *n.* (טְרֶנְשֶׁנְט) חוֹלֵף, עוֹבֵר; זְמַנִּי; עוֹבֵר אֹרַח; אוֹרֵחַ זְמַנִּי

tran'sit *n.* (טְרֶנְזִט) מַעֲבָר; שִׁנּוּי; תַּחְבּוּרָה, תַּעֲבוּרָה; תֵּאוֹדוֹלִיט

transiti'on *n.* (טְרֶנְזִשְׁן) מַעֲבָר, שִׁנּוּי, חִלּוּף; אִפְנוּן

tran'sitive *adj.* (טְרֶנְסֶטִב) חוֹלֵף, יוֹצֵא (פועל)

tran'sito"ry *adj.* (טְרֶנְסִטוֹרִי) חוֹלֵף, עוֹבֵר; קָצָר; זְמַנִּי

translate' *v.t.* (טְרֶנְסְלֵיט) תִּרְגֵּם; הֵמִיר; בֵּאֵר

transla'tion *n.* (טְרֶנְסְלֵישְׁן) הֲמָרָה; תִּרְגּוּם

transla'tor *n.* (טְרֶנְסְלֵיטֶר) מְתַרְגֵּם

transmissi'on *n.* (טְרֶנְסְמִשֶׁן) מְסִירָה, מִשְׁלוֹחַ; מִמְסָרָה; שִׁדּוּר, תִּמְסֹרֶת

transmit' *v.t. & i.* (טְרֶנְסְמִט) מָסַר, הֶעֱבִיר; הֵפִיץ; שִׁדֵּר

transmit'ter *n.* (טְרֶנְסְמִטֶר) מַעֲבִיר; מוֹסֵר; מַשְׁדֵּר

transpa'rency *n.* (טְרֶנְסְפֶּרֶנְסִי) שְׁקִיפוּת; שְׁקוּפִית

transpar'ent *adj.* (טְרֶנְסְפֶּרֶנְט) שָׁקוּף; גָּלוּי; בָּרוּר

transpire' *v.i.* (טְרֶנְסְפַּיְאֶר) אֵרַע; פָּלַט; נִפְלַט; הִתְגַּלָּה

transplant' *v.t.* (טְרֶנְסְפְּלֶנְט) שָׁתַל; עָבַר לְמָקוֹם אַחֵר; הֶעֱבִיר

trans'plant' *n.* שְׁתִילָה, הַשְׁתָּלָה

transport' *v.t.* (טְרֶנְסְפּוֹרְט) הוֹבִיל, הֶעֱבִיר; הִקְסִים; הִגְלָה

trns'port" *n.* הוֹבָלָה, תּוֹבָלָה, הַעֲבָרָה; רִגּוּשׁ עַז; אֹשֶׁר עִלָּאִי; גּוֹלֶה

trans"porta'tion *n.* (טְרֶנְסְפֶּרְטֵישְׁן) הַעֲבָרָה; תַּחְבּוּרָה; דְּמֵי נְסִיעָה; גֵּרוּשׁ

transpose' *v.t.* (טְרֶנְסְפּוֹז) הֶחֱלִיף סֵדֶר

trap *n.* (טְרֶפּ) מַלְכֹּדֶת; מוֹקֵשׁ; מַחְסוֹם גַּזִּים; פֶּה

—s כְּלֵי הַקָּשָׁה

— *v.t. & i.* לָכַד; תָּפַס בְּעָרְמָה; טָמַן מַלְכֹּדֶת; לָכַד חַיּוֹת־פַּרְוָה

trap' door' *n.* (טְרֶפְּדוֹר) דֶּלֶת מִשְׁטָח

trap'pings *n. pl.* (טְרֶפִּנְגְז) קִשּׁוּטִים, לְבוּשׁ הָדוּר; מַלְבּוּשִׁים

trash *n.* (טְרֶשׁ) פְּסֹלֶת, אַשְׁפָּה; שְׁטֻיּוֹת; אָרְחֵי־פָּרְחֵי; רֵיקָה, אַסְפְסוּף; סְמַרְטוּט, "חֲנַטְרִישׁ"

travail' *n.* (טְרֲוֵיל) עָמָל; סֵבֶל, יִסּוּרִים; צִירֵי לֵדָה

trav'el *v.i. & n.* (טְרֶוֶל) נָסַע; הִתְקַדֵּם, נָע; הִתְרוֹעֵעַ; נָסַע מַהֵר; נְסִיעָה; תְּנוּעָה

trav'eler *n.* (טְרֶוְלֶר) נוֹסֵעַ; תַּיָּר

traverse *v.t. & i.* (טְרֶוֶרְס) עָבַר; חָצָה; עָלָה בַּאֲלַכְסוֹן; הֶעֱבִיר בְּצוּרָה אָפְקִית; בָּדַק; סָתַר, הִכְחִישׁ; צִדֵּד

trawl *n. & v.i.* (טְרוֹל) מִכְמֹרֶת; דָּג בְּמִכְמֹרֶת

tray *n.* (טְרֵי) מַגָּשׁ; מְגֵרָה

treach'erous *adj.* (טְרֶצֶ'רֶס) בּוֹגְדָנִי; עַרְמוּמִי; לֹא־יַצִּיב; מְסֻכָּן

treach'ery *n.* (טְרֶצֶ'רִי) בְּגִידָה, מְעִילָה, רְמִיָּה

tread *v.t. & i. & n.* (טְרֶד) צָעַד עַל; רָמַס; עָשָׂה עַל יְדֵי צְעִידָה; דִּכֵּא; הָלַךְ; דָּרַךְ; צְעִידָה; קוֹל צְעָדִים; מִדְרָךְ כַּף רֶגֶל; סוּלְיָה (של צמיג), פְּרוֹפִיל

trea'son *n.* (טְרִיזְן) בְּגִידָה

treas'ure *n. & v.t.* (טְרֶז'ר) אוֹצָר; מַטְמוֹן; שָׁמַר בְּקַפְּדָנוּת; הוֹקִיר

treas'urer *n.* (טְרֶזֶ'רֶר) גִּזְבָּר

treas'ury *n.* (טְרֶזֶ'רִי) גִּזְבָּרוּת; אוֹצָר; הַכְנָסוֹת; מִשְׂרַד הָאוֹצָר; מְקוֹם שְׁמִירָה

treat *v.t. & i. & n.* (טְרִיט) הִתְיַחֵס אֶל; טִפֵּל ב־; דָּן ב־; עָרַךְ קַבָּלַת פָּנִים לִכְבוֹד־; הִזְמִין; נִהֵל מַשָּׂא וּמַתָּן; הַזְמָנָה (למאכל ומשקה ולבידור); תַּעֲנוּג; תּוֹר לְהַזְמִין

trea'tise *n.* (טְרִיטִס) מַסָּה, מוֹנוֹגְרַפְיָה, חִבּוּר

treat'ment *n.* (טְרִיטְמֶנְט) טִפּוּל; יַחַס

trea'ty *n.* (טְרִיטִי) חוֹזֶה; הֶסְכֵּם

treb'le *adj. & n.* (טְרֶבְּל) פִּי שְׁלֹשָׁה; שֶׁל סוֹפְּרָן; סוֹפְּרָן

tree *n.* (טְרִי) עֵץ, אִילָן

up a — אוֹבֵד עֵצוֹת

— *v.t.* הִכְרִיחַ לְטַפֵּס עַל עֵץ

trel'lis *n.* (טְרֶלִס) שְׂבָכָה

trem'ble *v.i.* (טְרֶמְבְּל) רָעַד, חָרַד; רִטֵּט

—ling *n.* רַעַד

tremen'dous *adj* (טְרִימֶנְדֶס) עָצוּם; נוֹרָא

trem'or *n.* (טְרֶמֶר) רַעַד; רֶטֶט, תְּנוּדָה

trem'ulous *adj.* (טְרֶמְיֻלֶס) רוֹעֵד, חָרֵד, רוֹטֵט; פּוֹחֵד

trench *n.* (טְרֶנְץ') חֲפִירָה, חָפִיר; תְּעָלָה

trend *n.* (טְרֶנְד) מְגַמָּה; סִגְנוֹן; כִּוּוּן כְּלָלִי

trep"ida'tion *n.* (טְרֶפִּדֵישְׁן) חֲרָדָה; רֶטֶט, רְעָדָה

tres'pass *n.* & *v.t.* (טְרֶסְפֶּס) פֶּשַׁע; עֲבֵרָה; הַסָּגַת גְּבוּל; עָבַר עֲבֵרָה; הִסִּיג גְּבוּל; חָטָא

tress *n.* (טְרֶס) קְוֻצָּה, תַּלְתַּל אָרֹךְ; מַחְלָפָה

tres'tle *n.* (טְרֶסְל) פִּגּוּם, מִתְמָךְ, סֶמֶךְ

trial *n.* & *adj.* (טְרַיְל) נִסָּיוֹן, מַאֲמָץ; מִשְׁפָּט; מִבְחָן; הוֹכָחָה; נִסּוּי; הַעֲמָדָה בְּמִבְחָן, בְּחִינָה; מַסָּה; סֵבֶל; פֶּגַע; שֶׁל נִסּוּי; נִסְיוֹנִי; שֶׁל מִשְׁפָּט; לְדֻגְמָה

tri'ang"le *n.* (טְרַיְאֶנְגְל) מְשֻׁלָּשׁ

tri'bal *adj.* (טְרַיְבְּל) שִׁבְטִי

tribe *n.* (טְרַיְבּ) שֵׁבֶט

trib"ula'tion *n.* (טְרִבְּיָלֵישְׁן) תְּלָאָה; נֶגַע

tribun'al *n.* (טְרַיְבְּיוּנַל) בֵּית מִשְׁפָּט; מוֹעֶצֶת שׁוֹפְטִים

trib'utar"y *n.* (טְרִבְּיַטֶרִי) יוּבַל; מַעֲלֶה מַס

trib'ute *n.* (טְרִבְּיוּט) מַס; הַכָּרַת טוֹבָה; שַׁי; מַס עוֹבֵד

trice *n.* (טְרַיְס) זְמַן קָצָר מְאֹד, הֶרֶף עַיִן

trick *n.* (טְרִק) תַּחְבּוּלָה, עָרְמָה, אֲחִיזַת עֵינַיִם; תַּעֲלוּל; תַּכְסִיס; כִּשְׁרוֹן; לַהֲטוּט; הֶרְגֵּל; תּוֹר, מִשְׁמֶרֶת; יֶלֶד, יַלְדָּה

do (turn) the — הֵבִיא לִידֵי הַתּוֹצָאוֹת הָרְצוּיוֹת

— *v.t.* הֶעֱרִים עַל; רִמָּה

trick'ery *n.* (טְרִיקַרִי) גְּנֵבַת הַדַּעַת, עָרְמָה, תַּחְבּוּלוֹת

trick'le *v.i.* & *n.* (טְרִקְל) טִפְטֵף; הָלַךְ טִפִּין טִפִּין; טִפְטוּף; כַּמּוּת זְעוּמָה, טִפִּין טִפִּין

trick'ster *n.* (טְרִקְסְטֶר) רַמַּאי, נוֹכֵל; תַּחְבְּלָן; שׁוֹבָב

trick'y *adj.* (טְרִקִי) עַרְמוּמִי; תַּחְבְּלָנִי; אוֹחֵז עֵינַיִם

trid'ent *n.* (טְרַיְדֶנְט) תְּלַת־קִלְשׁוֹן

tried (טְרַיְד) (זמן עבר של try)

trien'nial *adj.* & *n.* (טְרַיְאֶנִיאֶל) תְּלַת־שְׁנָתִי; נִמְשָׁךְ שָׁלֹשׁ שָׁנִים; יוֹם הַשָּׁנָה הַשְּׁלִישִׁי; תְּקוּפַת שָׁלֹשׁ שָׁנִים

tri'fle *n.* & *v.i.* (טְרַיְפְל) דָּבָר חֲסַר־עֵרֶךְ; מְעַט; נָהַג קַלּוּת רֹאשׁ כְּלַפֵּי; הִשְׁתַּעֲשֵׁעַ; הִתְבַּטֵּל

trifling *adj.* (טְרַיְפְלִנְג) שֶׁל מָה בְּכָךְ, חֲסַר־מַשְׁמָעוּת, חֲסַר־עֵרֶךְ, פָּעוּט; שִׁטְחִי

trig'ger *n.* (טְרִגֶר) הֶדֶק; מְנוֹף שִׁחְרוּר; יַזָּם

quick on the — מֵגִיב מִנֵּיהּ וּבֵהּ; עֵרָנִי

— *v.t.* יָזַם תְּגוּבָה

trig"onom'etry *n.* (טְרִגַנוֹמֶטְרִי) טְרִיגוֹנוֹמֶטְרִיָּה

trill *n.* & *v.i.* (טְרִל) סִלְסוּל הַקּוֹל, טְרִיל; טִרְלֵל

trim *v.t.* & *i.* & *n.* (טְרִם) סִדֵּר יָפֶה עַל יְדֵי גְּזִיזָה; תִּקֵּן; גָּזַז; עָרַךְ, הִכְשִׁיר; גָּזַף; סֵדֶר; מַצָּב טוֹב; קִשּׁוּט; גְּזִיזָה

trim'ming *n.* (טְרִמִנְג) קִשּׁוּט

trin'ity *n.* (טְרִנִטִי) שְׁלִישִׁיָּה

Trinity שִׁלּוּשׁ

trin'ket *n.* (טְרִנְקֶט) תַּכְשִׁיט זוֹל; דָּבָר חֲסַר־עֵרֶךְ

trip *n.* & *v.i.* & *t.* (טְרִפּ) נְסִיעָה; טִיּוּל; מְעִידָה; צַעַד כּוֹשֵׁל; מִשְׁגֶּה; כִּרְכּוּר; תְּקוּפַת סִמּוּם; חֲוָיַת סַמִּים; מָעַד; הִכְשִׁיל; תָּפַס בְּקַלְקָלָה; הֵטָה

— the light fantastic יָצָא בִּמְחוֹלוֹת

tripe *n.* (טְרַיְפּ) מֵעַיִם; הֲבָלִים; דָּבָר חֲסַר־עֵרֶךְ

trip'le *adj.* & *n.* & *v.i.* & *t.* (טְרִפְּל) פִּי שְׁלֹשָׁה, שְׁלִישִׁיָּה; הִגְדִּיל פִּי שְׁלֹשָׁה

trip'let *n.* (טְרִפְּלֶט) אֶחָד מִתּוֹךְ שְׁלִישִׁיָּה

—s שְׁלִישִׁיָּה

tri'pod *n.* (טְרַיְפּוֹד) חֲצוּבָה, תְּלַת־רֶגֶל

trite *adj.* (טְרַיְט) נָדוֹשׁ

tri'umph *n.* & *v.i.* (טְרַיְאַמְף) נִצָּחוֹן; תַּהֲלוּכַת נִצָּחוֹן; נִצֵּחַ; גָּבַר; עָלַז עַל הַצְלָחָה, חָגַג נִצָּחוֹן

triumphant *adj.* (טְרַיְאַמְפַנְט) מְנַצֵּחַ, מַצְלִיחַ; עוֹלֵז עַל הַצְלָחָה, חוֹגֵג נִצָּחוֹן

triv'ial *adj.* (טְרִוִיאַל) קַל־עֵרֶךְ, שֶׁל מָה בְּכָךְ; קַטְנוּנִי; חֲסַר־מַשְׁמָעוּת, פָּעוּט; שִׁגְרָתִי

triv'ial'ity *n.* (טְרִוִיאֶלְטִי) דָּבָר קַל־עֵרֶךְ; חֹסֶר חֲשִׁיבוּת

trod (טְרוֹד) (זמן עבר של tread)

trol'ley *n.* (טְרוֹלִי) חַשְׁמַלִּית; גַּלְגַּל מוֹלִיךְ־זֶרֶם; קְרוֹנִית

troop *n.* (טְרוּפּ) קְבוּצָה; חֲבוּרָה; פְּלֻגָּה; מַחְלָקָה (של צופים)

—s חַיָּלִים

— *v.i.* הִתְקַהֵל; עָבַר בְּסָךְ; עָבְרוּ בֶּהָמוֹן; צָעַד

troo'per *n.* (טְרוּפֶּר) פָּרָשׁ; שׁוֹטֵר רָכוּב

tro'phy *n.* (טְרוֹפִי) מַזְכֶּרֶת; עֵדוּת הִצְטַיְּנוּת; מַזְכֶּרֶת הֶשֵּׂג, פְּרָס

trop'ic *n. & adj.* (טְרוֹפִּק) חוּג (בגאוגרפיה): טְרוֹפִּי

the —s הָאֲזוֹרִים הַטְּרוֹפִּיִּים

trop'ical *adj.* (טְרוֹפִּקְל) טְרוֹפִּי

trot *v.i. & v.t.* (טְרוֹט) צָעַד בִּזְרִיזוּת; נֶחְפַּז; הִצְעִיד בִּזְרִיזוּת

— out הִגִּישׁ לְבִקֹּרֶת; הֵבִיא לְרַאֲוָה

— *n.* צְעִידָה זְרִיזָה, רִיצָה קַלָּה

troub'le *n.* (טְרַבְּל) צָרָה, קֹשִׁי; טִרְחָה; הִתְפָּרְעוּת; חֹלִי; מַאֲמָץ, רֹגֶז

in — הָרָה מִחוּץ לַנִּשּׂוּאִים

— *v.t. & i.* הִטְרִיחַ, הִדְאִיג; הִפְרִיעַ; הֵצִיק; הִרְגִּיז; הֶעְכִּיר; דָּאַג

troub'leshoo"ter *n.* (טְרַבְּלְשׁוּטֶר) מֻמְחֶה לְיִשּׁוּב סִכְסוּכִים; מֻמְחֶה לְגִלּוּי קִלְקוּלִים וְתִקּוּנָם

troub'lesome *adj.* (טְרַבְּלְסַם) מַטְרִיחַ, מַדְאִיג, קָשֶׁה

trough *n.* (טְרוֹף) אֵבוּס, שֹׁקֶת; תְּעָלָה; שֶׁקַע

trounce *v.t.* (טְרַאוּנְס) הִפְלִיא מַכּוֹת; נֶאֱמְנוּת; עָנַשׁ; הֵבִיס

troupe *n.* (טְרוּפּ) לַהֲקָה (נודדת)

—er *n.* שַׂחְקָן (בלהקה נודדת); שַׂחְקָן וָתִיק

trous'ers *n. pl.* (טְרַאוּזֶרְז) מִכְנָסַיִם

trou'sseau *n.* (טְרוּסוֹ) מַעֲרֶכֶת מַלְבּוּשִׁים וּכְלֵי בַּיִת לְכַלָּה

trout *n.* (טְרַאוּט) טְרוּטָה

trow'el *n.* (טְרַאוּאֶל) כַּף סַיָּדִים; יָעֶה

tru'ant *n. & adj* (טְרוּאַנְט) נֶעְדָּר בְּלֹא רְשׁוּת; מִשְׁתַּמֵּט; נֶעְדָּר מִבֵּית הַסֵּפֶר בְּלֹא רְשׁוּת; רַשְׁלָנִי, עַצְלָנִי

truce *n.* (טְרוּס) הֲפוּגָה; שְׁבִיתַת נֶשֶׁק

truck *n. & v.t.* (טְרַק) מַשָּׂאִית; קָרוֹן־מַשָּׂא; קְרוֹנִית; מַעֲרֶכֶת גַּלְגַּלִּים; יְרָקוֹת לְשִׁווּק; "חַנְטָרִיש"; שִׂיחַ וָשִׂיג; הוֹבִיל בְּמַשָּׂאִית, טָעַן בְּמַשָּׂאִית; נָהַג בְּמַשָּׂאִית

truck'ing *n.* (טְרַקִנְג) תּוֹבָלָה בְּמַשָּׂאִיּוֹת

truck'le *v.i.* (טְרַקְל) נִכְנַס בְּהִתְרַפְּסוּת, הִתְרַפֵּס

truc'ulent *adj.* (טְרַקְיֻלֶנְט) פָּרוּעַ, אַכְזָר; דָּן בִּרְוּתְחִין; תּוֹקְפָנִי, שׁוֹאֵף קְרָבוֹת

trudge *v.i.* (טְרַג') הָלַךְ תּוֹךְ לֵאוּת, הִשְׂתָּרֵךְ, שֵׂרַךְ דֶּרֶךְ

true *adj. & n.* (טְרוּ) אֲמִתִּי; נֶאֱמָן; כֵּן; מְדֻיָּק; דִּיּוּק

come — הִתְגַּשֵּׁם

tru'ism *n.* (טְרוּאִזְם) אֱמֶת בְּרוּרָה

trul'y *adv.* (טְרוּלִי) בֶּאֱמֶת; בְּדִיּוּק; כַּיָּאוּת; בְּנֶאֱמָנוּת; אָכֵן, אָכְנָם

trum'pet *n. & v.i* (טְרַמְפֶּט) חֲצוֹצְרָה; תְּרוּעָה; תָּקַע בַּחֲצוֹצְרָה; הִשְׁמִיעַ קוֹל חֲצוֹצְרָה

trum'peter *n.* (טְרַמְפֶּטֶר) חֲצוֹצְרָן; מַצְהִיר, מְשַׁבֵּחַ, מַסְפִּיד

trun'cate *v.t.* (טְרַנְקֵיט) קָטַם, קִצֵּר

trund'le *v. t.* (טְרַנְדְל) גִּלְגֵּל; הֶעֱבִיר

trunk *n.* (טְרַנְק) גֶּזַע (עץ); אַרְגָּז, מִזְוָדָה גְּדוֹלָה; תָּא־מִטְעָן; גּוּף (כלבד הגפיים); אָפִיק רָאשִׁי, קַו רָאשִׁי; חֶדֶק

—s מִכְנְסֵי הִתְעַמְּלוּת

truss *v.t. & n.* (טְרַס) קָשַׁר; כָּפַת; צִיֵּד בְּמִתְמָךְ; מִתְמָךְ; חֲגוֹרַת בֶּטֶן

trust *n. & v.i.& t.* (טְרַסְט) אֵמוּן; תִּקְוָה; בִּטָּחוֹן; אַשְׁרַאי; הַקָּפָה; אָדָם מְהֵימָן; מְהֵימָנוּת, אַחֲרָיוּת; הַשְׁגָּחָה; נֶאֱמָנוּת; הִתְאַגְּדוּת מוֹנוֹפּוֹלִיסְטִית, טְרַסְט; סָמַךְ עַל; בָּטַח בְּ־; נָתַן אֵמוּן בְּ־; הֶאֱמִין לְ־; צִפָּה; הִפְקִיד בִּידֵי־; מָכַר בְּהַקָּפָה לְ־

trustee' *n.* (טְרַסְטִי) נֶאֱמָן; אַפִּטְרוֹפּוֹס

trust'ful *adj.* (טְרַסְטְפֻל) נוֹתֵן אֵמוּן

trust'wor"thy *adj.* (טְרַסְטְוֶרְדִ'י) רָאוּי לְאֵמוּן; מְהֵימָן; שֶׁאֶפְשָׁר לִסְמוֹךְ עָלָיו

trus'ty *n.* (טְרַסְטִי) אָסִיר שֶׁנּוֹתְנִים בּוֹ אֵמוּן

truth *n.* (טְרוּת') אֱמֶת; אֲמִתָּה; אֲמִתּוּת; נֶאֱמָנוּת לַמָּקוֹר; יֹשֶׁר; עֻבְדָּה; דִּיּוּק

truth'ful *adj.* (טְרוּת'פֻל) דּוֹבֵר אֱמֶת; אֲמִתִּי; נֶאֱמָן לַמְּצִיאוּת

try *v.t.* (טְרַי) הִשְׁתַּדֵּל; נִסָּה; בָּחַן, בָּדַק; נִסָּה לְפַתּוֹחַ; הֶעֱמִיד לְמִשְׁפָּט; בֵּרֵר מִשְׁפָּט; הֶעֱמִיד בְּמִבְחָן
— on מָדַד
— out נִסָּה; בָּחַן
— *n.* נִסָּיוֹן; מַאֲמָץ
try'ing *adj.* (טְרַיאִנְג) מַרְגִּיז מְאֹד, קָשֶׁה, מַכְבִּיד
tub *n.* (טַב) אַמְבָּט, אַמְבַּטְיָה; גִּיגִית
tube *n.* (טוּבּ) צִנּוֹר; שְׁפוֹפֶרֶת; קָנֶה; מִנְהָרָה; אַבּוּב, פְּנִימִית
tuber'cular *adj.* (טוּבֶּרְקְיֻלֶר) שַׁחוּף
tuber"culo'sis *n.* (טוּבֶּרְקְיֻלוֹסִס) שַׁחֶפֶת
tuck *v.t.* & *n.* (טַק) דָּחַק פְּנִימָה; הֵדֵק; כִּסָּה יָפֶה; קִפֵּל; כִּוֵּץ; קֶפֶל
Tues'day *n.* (טוּזְדִי) יוֹם ג׳, יוֹם שְׁלִישִׁי
tuft *n.* (טַפְט) צִיצָה; פְּקַעַת חוּטִים
tug *v.t.* & *i.* & *n.* (טַג) סָחַב בְּכֹחַ; גָּרַר; עָמַל קָשֶׁה; סְחִיבָה בְּכֹחַ; מַאֲבָק; סְפִינַת גֹּרֶר; חֶבֶל סְחִיבָה; שַׁרְשֶׁרֶת
— boat סְפִינַת גֹּרֶר
tuiti'on *n.* (טוּאִשְׁן) שְׂכַר לִמּוּד; הוֹרָאָה
tu'lip *n.* (טוּלִפּ) צִבְעוֹנִי
tum'ble *v.i.* (טַמְבְּל) הִתְהַפֵּךְ, נָפַל; בִּצֵּעַ אַקְרוֹבָּטִיקָה; הִתְמוֹטֵט; נִתְקַל בְּ־ וְנָפַל; מָעַד; הִתְנַהֵל בִּמְבוּכָה; הֵפֵךְ; הָפַךְ; הִפִּיל; פָּרַע; מוֹטֵט; הִתְהַפְּכוּת; נְפִילָה; אַקְרוֹבָּטִיקָה; יְרִידָה; הֵעָנוּת, תְּגוּבָה; עִרְבּוּבְיָה, אַנְדְּרָלָמוּסְיָה
tum'bler *n.* (טַמְבְּלֶר) לוּלְיָן; עֶצֶר גְּלִילִי; כּוֹס; "נַחוּם־תַּקּוּם"
tum'or *n.* (טוּמֶר) גִּדּוּל, שְׂאֵת
tu'mult *n.* (טוּמַלְט) הֲמֻלָּה; שָׁאוֹן; הִתְרַגְּשׁוּת
tune *n.* (טוּן) נְעִימָה, לַחַן; אַחְדוּת, הַרְמוֹנְיָה
change (one's) — שִׁנָּה דֵּעָה, שִׁנָּה עֶמְדָּה בְּצוּרָה קִיצוֹנִית
sing a different — שִׁנָּה דֵּעָה; שִׁנָּה הִתְנַהֲגוּת
to the — of בְּסְכוּם שֶׁל
— *v.t.* כִּוְנֵן; הִתְאִים; כִּוֵּן טוֹרִים
— in כִּוְנֵן רַדְיוֹ; יָרַד לְסוֹף דַּעְתּוֹ שֶׁל

tu'nic *n.* (טוּנִק) אִצְטְלָה; מְעִיל קָצָר; טוּנִיקָה
tun'nel *n.* & *v.t.* & *i.* (טַנֶל) מִנְהָרָה, מְחִלָּה; כָּרָה מִנְהָרָה
tur'ban *n.* (טֶרְבֶּן) מִצְנֶפֶת; טוּרְבָּן
tur'bid *adj.* (טֶרְבִּד) עָכוּר; סָמִיךְ; מְבֻלְבָּל
tur'bine *n.* (טֶרְבַּין) טוּרְבִּינָה
tur'bulent *adj.* (טֶרְבְּיֻלֶנְט) סוֹעֵר, גּוֹעֵשׁ; מַפְרִיעַ; אַלִּים
tureen' *n.* (טְרִין) קַעֲרַת־מָרָק עֲמֻקָּה, מָגֵס
turf *n.* (טֶרְף) שִׁכְבַת עֲשָׂבִים; גּוּשׁ כָּבוּל; תְּחוּם שְׁלִיטָה שְׁכוּנָתִי
the — מַסְלוּל מֵרוֹץ (לסוסים), מֵרוֹץ סוּסִים
tur'gid *adj.* (טֶרְגִ׳ד) תָּפוּחַ; מְנֻפָּח; רַבְרְבָנִי
tur'key *n.* (טֶרְקִי) תַּרְנְגוֹל הֹדּוּ
talk — דִּבֵּר גְּלוּיוֹת
Turkey טוּרְקִיָּה
Tur'kish *adj.* & *n.* (טֶרְקִשׁ) טוּרְקִי; טוּרְקִית
tur'moil *n.* (טֶרְמוֹיל) אַנְדְּרָלָמוּסְיָה; מְהוּמָה
turn *v.t.* (טֶרְן) סוֹבֵב; הָפַךְ; הִטָּה; הֵסֵב; שִׁנָּה מְגַמָּה; שִׁנָּה אֹפִי; חִמֵּץ; שִׁנָּה צֶבַע; גָּרַם בְּחִילָה; תִּרְגֵּם; יִשֵּׁם; נָע מִסָּבִיב; עָבַר מֵעֵבֶר; הִפְנָה לְכִוּוּן מְסֻיָּם; עִבֵּד, שִׁבֵּב; שִׁוָּה צוּרָה עֲגֻלָּה; בִּטֵּא בְּחֵן; כּוֹפֵף, נָקַע; הִקְהָה; בִּצֵּעַ בְּסִבּוּבִים; סָתַר
— *v.i.* הִסְתּוֹבֵב; קָבַע כִּוּוּן; כִּוֵּן; פָּנָה לְ־; הִתְכּוֹפֵף; קָהָה; לָקָה בִּבְחִילָה; לָקָה בִּסְחַרְחֹרֶת; הֶחֱלִיף נֶאֱמָנוּת; תָּקַף; הֶחְמִיץ; הֶחֱלִיף צְבָעִים; נֶהְפַּךְ לְ־
— away פָּנָה עֹרֶף לְ־
— down הָפַךְ, קִפֵּל; דָּחָה
— in מָסַר; שָׁכַב לִישׁוֹן
— off סָגַר; כִּבָּה; פָּנָה לַדֶּרֶךְ צְדָדִית; שִׁעֲמֵם; הֶחֱלִישׁ הִתְעַנְיְנוּת
— on פָּתַח; הִדְלִיק; הִפְעִיל; פִּתָּה לָקַחַת סַם מְשַׁכֵּר; הִגִּיעַ לִידֵי הִתְעוֹרְרוּת רִגְשִׁית (לאחר לקיחת סמים); גֵּרָה, עוֹרֵר הִתְרַגְּשׁוּת אֵצֶל; פָּנָה בְּאֵיבָה אֶל

tweak *v.t.* (טְוִיק) צָבַט וּמָשַׁךְ; צְבַט הָאַף
twee'zers *n. pl.* (טְוִיזֶרְז) מַלְקֵט
twelfth *adj. & n.* (טְוֶלְפְת׳) הַשְּׁנֵים עָשָׂר (.m); הַשְּׁתֵּים עֶשְׂרֵה (.f); הַחֵלֶק הַשְּׁנֵים עָשָׂר
twelve *n. & adj.* (טְוֶלְב) שְׁנֵים עָשָׂר (.m), שְׁתֵּים עֶשְׂרֵה (.f)
twen'tieth *adj. & n.* (טְוֶנְטִיאֶת׳) הָעֶשְׂרִים; הַחֵלֶק הָעֶשְׂרִים
twen'ty (טְוֶנְטִי) עֶשְׂרִים
twice *adv.* (טְוַיס) פַּעֲמַיִם; פִּי שְׁנַיִם
twid'dle *v.t.* (טְוִדְל) סוֹבֵב
— one's thumbs הִתְבַּטֵּל
twig *n.* (טְוִג) זַלְזַל
twi'light" *n.* (טְוַילַיְט) בֵּין הַשְּׁמָשׁוֹת, דִּמְדּוּמִים; תְּקוּפַת יְרִידָה; אֲוִירַת חֹסֶר בִּטָּחוֹן; תְּחוּשַׁת קַדְרוּת
twin *n.* (טְוִן) תְּאוֹם
twine *n. & v.t.* (טְוַיְן) חוּט שָׁזוּר; שָׁזַר, כָּרַךְ
twinge *n.* (טְוִנְג׳) כְּאֵב חַד וּפִתְאוֹמִי; יִסּוּרִים; כְּאֵב נַפְשִׁי חַד
twin'kle *v.i. & n.* (טְוִנְקְל) צִנְצֵן; הִבְלִיחַ; נִצְנוּץ, נִיצוֹץ; הֶרֶף עַיִן
twirl *v.t. & i. & n.* (טְוֶרְל) סוֹבֵב מַהֵר; זָרַק (כדור); הִסְתּוֹבֵב מַהֵר; סִבּוּב מָהִיר; הִסְתּוֹבְבוּת מְהִירָה; סִלְסוּל, חִלָּזוֹן
twist *v.t. & i. & n.* (טְוִסְט) שָׁזַר; כָּרַךְ מִסָּבִיב; שִׁנָּה צוּרָה; נָקַע; סוֹבֵב וְשָׁבַר; עִוֵּת; סִלֵּף; עֻוָּה; הִשְׁתַּזֵּר; הִתְפַּתֵּל; פָּנָה לְכִוּוּן אַחֵר; רָקַד "טְוִיסְט"; סְטִיָּה; פְּנִיָּה; כִּפּוּף; תְּנוּעָה סִבּוּבִית; שְׁזִירָה; עִוּוּת; צוּרָה סְלִילִית; עֶמְדָּה מְשֻׁנָּה; טִפּוּל חָדָשׁ; מִפְנֶה פִּתְאוֹמִי; שִׁנּוּי צוּרָה; כַּעַךְ; "טְוִיסְט" (ריקוד)
twitch *v.t. & i. & n.* (טְוִיץ׳) מָשַׁךְ בִּתְנוּעָה מְהִירָה, חָטַף; פִּרְכֵּס; הֵנִיעַ בִּתְנוּעָה מְקֻטַּעַת וַחֲטוּפָה; קִרְטֵעַ; צָבַט וְהִכְאִיב; כְּאֵב פִּתְאוֹמִי; תְּנוּעַת גּוּף מְהִירָה וּמְקֻטַּעַת, פִּרְכּוּס; מְשִׁיכָה פִּתְאוֹמִית
twit'ter *v.i. & n.* (טְוִטֶר) צִיֵּץ; פִּטְפֵּט; צִחְקֵק; רָעַד; צִיּוּץ; רֶטֶט
two *n. & adj.* (טוּ) שְׁנַיִם (.m); שְׁתַּיִם (.f); שְׁנֵי, שְׁתֵּי

— out כָּבָה; הֵפִיק; הִתְבָּרֵר; נַעֲשָׂה
— over הִתְהַפֵּךְ; הָפַךְ; הֶעֱבִיר; מָסַר; נִדְלַק (מנוע); קָנָה וּמָכַר; עָשָׂה עֲסָקִים בִּסְכוּם־; הִשְׁקִיעַ וְהִרְוִיחַ
— to פָּנָה בְּבַקָּשַׁת עֶזְרָה אֶל; הִתְחִיל לַעֲבוֹד; נֶהְפַּךְ לְ־
— up קִפֵּל, חָפַת; חָשַׂף, גִּלָּה, מָצָא; הִגְבִּיר, הִגְדִּיל; קָרָה; הוֹפִיעַ, הִגִּיעַ, נִמְצָא שׁוּב
— *n.* סִבּוּב; הַפְנָיָה; תּוֹר; פְּנִיָּה; נְקֻדַּת מִפְנֶה; כִּוּוּן, מְגַמָּה; שִׁנּוּי; תַּפְנִית; סִגְנוֹן, בִּטּוּי; נְטִיָּה; מִשְׁמֶרֶת; הֶתְקֵף; טוֹבָה; רָעָה; דְּרִישָׁה; טִפּוּל
at every — בְּכָל מִקְרֶה, תָּמִיד
by —s לְסֵרוּגִין
in — לְפִי הַתּוֹר
out of — שֶׁלֹּא לְפִי הַתּוֹר; בְּצוּרָה לֹא מַתְאִימָה; בְּצוּרָה טִפְּשִׁית
take —s הִתְחַלֵּף
to a — כַּהֲלָכָה; בְּדִיּוּק כְּמוֹ שֶׁצָּרִיךְ
turn'coat" *n.* (טֶרְנְקוֹט) בּוֹגֵד
turn'ing point" *n.* נְקֻדַּת מִפְנֶה
tur'nip *n.* (טֶרְנִפּ) לֶפֶת
turn'off" *n.* (טֶרְנוֹפ) הִסְתַּעֲפוּת, מִסְעָף, סְטִיָּה
turn'out" *n.* (טֶרְנָאוּט) קָהָל, צִבּוּר נוֹכְחִים; תְּפוּקָה; מַרְאֶה; צִיּוּד
turn"o'ver *n.* (טֶרְנוֹבֶר) הֲפִיכָה; מַחֲזוֹר; פִּדְיוֹן; כִּיסוֹן
turn'stile" *n.* (טֶרְנְסְטַיל) מִצְלֶבֶת
tur'ret *n.* (טַרִט) צְרִיחַ
tur'tle *n.* (טֶרְטְל) צָב
tusk *n.* (טַסְק) נִיב
tussle *v.i. & n.* (טַסְל) נֶאֱבַק; מַאֲבָק, תִּגְרָה
tu'tor *n. & v.t.* (טוּטֶר) מוֹרֶה פְּרָטִי; מַדְרִיךְ; לִמֵּד בְּאֹרַח פְּרָטִי; שִׁמֵּשׁ אֶפִּיטְרוֹפּוֹס לְ־; אִמֵּן
twang *v.i. & t. & n.* (טְוֶנְג) הִשְׁמִיעַ קוֹל רְטוּט חַד; אִנְפֵּף; מָתַח מֵיתָר (של קשת); צְלִיל רְטוּט מֵיתָר; אִנְפּוּף
'twas (טְווֹז; בלי הטעמה: טְוַז) (קיצור של it was)

ty'phoid *n.* (טַיפוֹיד) טִיפוּס הַמֵּעַיִם
typ'hus *n.* (טַיְפַּס) טִיפוּס הַבֶּהָרוֹת
typ'ical *adj.* (טִפִּקְל) טִיפּוּסִי, אָפְיָנִי, סִמְלִי
ty'pify" *v.t.* (טִפְּפַי) שִׁמֵּשׁ דֶּגֶם טִפּוּסִי, סִמֵּל
ty'pist *n.* (טַיפִּסְט) כַּתְבָנִית (.f), כַּתְבָן (.m)
tyr'annize" *v.i.* & *t.* (טִרַנַיז) רָדָה בְּ־; הִשְׂתָּרֵר עַל, שָׁלַט בְּאַכְזְרִיּוּת; מָשַׁל בְּעָרִיצוּת
tyr'anny *n.* (טִרַנִי) עָרִיצוּת; רוֹדָנוּת; קְשִׁיחוּת מֻפְרֶזֶת; מְדִינָה בְּשִׁלְטוֹן עָרִיץ
tyrant *n.* (טַירֶנְט) עָרִיץ, רוֹדָן; שַׁלִּיט אַבְּסוֹלוּטִי

in — בִּשְׁנֵי חֲלָקִים נִפְרָדִים
put — and — together הִסִּיק מַסְקָנָה נְכוֹנָה, הֵבִין דָּבָר מִתּוֹךְ דָּבָר
two'fold" *adj.* (טוּפוֹלְד) פִּי שְׁנַיִם
type *n.* & *v.t.* & *i.* (טַיְפּ) טִפּוּס, מַעֲמָד, סוּג; דֻּגְמָה; אַבְטִיפּוּס; אוֹת דְּפוּס; כָּתַב בִּמְכוֹנַת כְּתִיבָה, הִדְפִּיס, טִקְטֵק; קָבַע סוּג הַדָּם; סִמֵּל, יִצֵּג
type'write" *v.t.* & *i.* (טַיפְּרַיט) כָּתַב בִּמְכוֹנַת כְּתִיבָה, טִקְטֵק
typ'ewri"ter *n.* (טַיפְּרַיטְר) מְכוֹנַת כְּתִיבָה
—ing *n.* כְּתִיבָה בִּמְכוֹנָה

U

U, u *n.* (יוּ) י׳, הָאוֹת הָעֶשְׂרִים וְאַחַת בָּאָלֶפְבֵּית הָאַנְגְּלִי

ud'der *n.* (אַדֶר) עָטִין

ug'liness *n.* (אַגְלִנֶס) כִּעוּר

ug'ly *adj.* (אַגְלִי) מְכֹעָר, מְגֻנֶּה, מָאוּס, בָּזוּי, מְבַשֵּׂר רָע; עוֹיֵן, מְרֻשָּׁע

ul'cer *n.* (אַלְסֶר) כִּיב, אוּלְקוּס

ulter'ior *adj.* (אַלְטִירִיֶר) מֻסְתָּר; מְאֻחָר יוֹתֵר; מְרֻחָק יוֹתֵר; שֶׁמֵּעֵבֶר לְ־

ul'timate *adj.* (אַלְטֲמִט) אַחֲרוֹן, סוֹפִי, מְרֻחָק בְּיוֹתֵר, קִיצוֹנִי; מַכְרִיעַ, מַקְסִימָלִי; יְסוֹדִי, בְּסִיסִי; כּוֹלֵל; נְקֻדָּה סוֹפִית; תּוֹצָאָה סוֹפִית; עֶקְרוֹן־יְסוֹד

ul"tima'tum *n.* (אַלְטֲמֵיטֶם) אוּלְטִימָטוּם; הַצָּעַת תְּנָאִים אַחֲרוֹנָה

umbrel'la *n.* (אַמְבְּרֶלַה) מִטְרִיָּה; סוֹכֵךְ

um'pire *n. & v.i. & t.* (אַמְפַּיאֶר) שׁוֹפֵט; בּוֹרֵר; שִׁמֵּשׁ שׁוֹפֵט; שִׁמֵּשׁ בּוֹרֵר

un- *prefix* (אַן) (קִידוֹמֶת בְּמוּבַן "לֹא", "בְּלִי")

una'ble *adj.* (אַנֶאיבְּל) לֹא־מְסֻגָּל; חֲסַר־יְכֹלֶת

un"affe'cted *adj.* (אַנְאֲפֶקְטִד) כֵּן, חֲסַר־יָמְרוֹת, אֲמִתִּי

unan'imous *adj.* (יוּנֶנֲמֶס) לְכָל הַדֵּעוֹת, פֶּה אֶחָד, שֶׁל הֶסְכֵּם כְּלָלִי

un"assu'ming *adj.* (אַנֲסוּמִנְג) עָנָו, צָנוּעַ, חֲסַר־יָמְרוֹת

un"aware' *adj.* (אַנֲוֵר) לֹא־מוּדָע לְ־; שֶׁאֵינוֹ מַכִּיר בְּ־

un"becom'ing *adj.* (אַנְבִּקַמִנְג) לֹא־יָפֶה; לֹא־מַתְאִים; לֹא־הוֹלֵם; פּוֹגֵם בָּרֹשֶׁם

unbound' *adj.* (אַנְבַּאוּנְד) חָפְשִׁי; לֹא־מְכֹרָךְ

unbur'den *v.t.* (אַנְבֶּרְדְן) פָּרַק מִטְעָן, שִׁחְרֵר מִמַּעֲמָסָה; נָתַן פֻּרְקָן לַמֵּעִיק עָלָיו, גִּלָּה

unbut'ton *v.t.* (אַנְבַּטְן) פָּתַח (כפתור), הִתִּיר

uncer'tain *adj.* (אַנְסֶרְטֲן) מְסֻפְקָק, לֹא־בָּטוּחַ; הַסְסָנִי; לֹא־מֻגְדָּר, מְעֻרְפָּל; הֲפַכְפַּךְ, לֹא־יַצִּיב; בַּעַל תּוֹצָאוֹת לֹא־צְפוּיוֹת

uncer'tainty *n.* (אַנְסֶרְטֶנְטִי) חֹסֶר וַדָּאוּת; סָפֵק; הַסְסָנוּת; שֶׁאֵין לָדַעַת אַחֲרִיתוֹ

unchan'geable *adj.* (אַנְצֵ׳ינְג׳בְּל) לֹא־מִשְׁתַּנֶּה, שֶׁאֵין לְשַׁנּוֹתוֹ

unci'vilized" *adj.* (אַנְסִוִלַיזְד) בַּרְבָּרִי, גַּס, חֲסַר־תַּרְבּוּת

un'cle *n.* (אַנְקְל) דּוֹד

unclean' *adj.* (אַנְקְלִין) מְלֻכְלָךְ, מְרֻשָּׁע; טָמֵא

uncomf'ortable *adj.* (אַנְקַמְפְטֲבְּל) לֹא־נוֹחַ;

uncon'scious *adj. & n.* (אַנְקוֹנְשֶׁס) חֲסַר־הַכָּרָה; חֲסַר־תּוֹדָעָה; תַּת־הַכָּרָתִי; תַּת־הַכָּרָה, תַּת־יֶדַע

uncouth' *adj.* (אַנְקוּת׳) מְגֻשָּׁם, חֲסַר־נִימוּס; מוּזָר

uncov'er *v.t. & i.* (אַנְקַוְר) חָשַׂף, גִּלָּה; הֵסִיר מִכְסֶה; הֵסִיר כּוֹבַע, הֵסִיר כּוֹבַע כְּמֶחֱוַת כָּבוֹד

undaun'ted *adj.* (אַנְדוֹנְטִד) לֹא־מְיֹאָשׁ; לֹא־חוֹשֵׁשׁ; מַתְמִיד בְּמַאֲמַצִּים, דָּבֵק בַּמַּטָּרָה; לְלֹא־פַּחַד

un"deci'ded *adj.* (אַנְדִסַידִד) לְלֹא דֵעָה; פּוֹסֵחַ עַל שְׁתֵּי הַסְּעִפִּים

un'der *prep. & adv.* (אַנְדֶר) תַּחַת; מִתַּחַת לִפְנֵי־; לְפִי סוּג; בְּ־; פָּחוֹת מִ־; כָּפוּף לְ־; עַל פִּי; בִּתְקוּפַת כְּהֻנָּה שֶׁל; בְּמַצָּב; בְּמָקוֹם נָמוּךְ יוֹתֵר; מַטָּה

go — נִכְנַע; נִכְשַׁל בַּעֲסָקִים

— adj. תַּחְתִּי, תַּחְתּוֹן; נָמוּךְ יוֹתֵר; פָּחוֹת; כָּפוּף לְ־, מָכוּר לְ־

un"derbid' *v.t.* (אַנְדֶרְבִּד) הִצִּיעַ פָּחוֹת

un'derclothes(ing)" *n. pl.* (אַנְדֶרְקְלוֹ) לְבָנִים

un"dercov'er *adj.* (אַנְדֶרְקַוְר) חֲשָׁאִי; שֶׁל רִגּוּל

un'dercur"rent *n.* (אַנְדֶרְקַרֶנְט) זֶרֶם תַּחְתִּי; מְגַמָּה סְמוּיָה

un'derdog" *n.* (אַנְדֶרְדוֹג) שֶׁצְּפוּיָה לוֹ מַפָּלָה; נוֹעָד לְכִשָּׁלוֹן; מְקֻפָּח

un'derdone' *adj.* (אַנְדֶרְדַן) לֹא מְבֻשָּׁל לְגַמְרֵי; שֶׁאֵינוֹ דֵּי מְבֻשָּׁל

un"dergo' *v.t.* (אַנְדֶרְגוֹ) קָרָה לוֹ, נָפַל בְּחֶלְקוֹ, נִגְזַר עָלָיו, הִתְנַסָּה בְּ־;

un"dergrad'uate *n.* (אַנְדֶרְגְרֶג'וּאִט) סְטוּדֶנְט (שעוד לא הוענק לו תואר)

un'derground' *adv. & adj.* (אַנְדֶרְגְרַאוּנְד) מִתַּחַת לִפְנֵי הָאֲדָמָה, בַּחֲשַׁאי; תַּת־קַרְקָעִי; חֲשָׁאִי; מַחְתַּרְתִּי; חַדְשָׁנִי

un'derground" *n.* שֶׁטַח תַּת־קַרְקָעִי; מַעֲבָר תַּת־קַרְקָעִי; מַחְתֶּרֶת; תְּנוּעַת חַדְשָׁנִים

un'dergrowth" *n.* (אַנְדֶרְגְרוֹת׳) צִמְחִיָּה נְמוּכָה, סְבַךְ; פִּגּוּר; שִׂכְבַת־שֵׂעָר תַּחְתִּית

un'derhand" (un'derhan'ded) *adj.* (אַנְדֶרְהֶנְד) עַרְמוּמִי וַחֲשָׁאִי; כְּשֶׁכַּף הַיָּד כְּלַפֵּי מַעְלָה

un"derlie' *v.t.* (אַנְדֶרְלַי) הָיָה מֻנָּח תַּחַת; הָיָה מֻנָּח בִּיסוֹד־, הִוָּה הַבָּסִיס ל־

un'derline" *v.t.* (אַנְדֶרְלַין) שִׂרְטֵט קַו מִתַּחַת ל־; הִצְבִּיעַ עַל חֲשִׁיבוּת־; הִדְגִּישׁ

un'dermine" *v.t.* (אַנְדֶרְמַין) הֶחֱלִישׁ הַיְּסוֹדוֹת; עִרְעֵר; חָתַר תַּחַת

un"derneath' *prep. & adv.* (אַנְדֶרְנִית׳) מִתַּחַת ל־; תַּחַת; כָּפוּף ל־; נָתוּן לִשְׁלִיטָה; סָמוּי; מִתַּחַת, מִלְּמַטָּה

un'derpants' *n. pl.* (אַנְדֶרְפֶּנְטְס) תַּחְתּוֹנִים

un"derrate' *v.t.* (אַנְדֶרְרֵיט) הֵקֵל רֹאשׁ בְּ־, מִעֵט בְּעֶרְכּוֹ

undersea *adj.* (אַנְדֶרְסִי) תַּת־יַמִּי

—s *adv.* מִתַּחַת לִפְנֵי הַיָּם

un"dersell' *v.t.* (אַנְדֶרְסֶל) מָכַר בִּמְחִיר זוֹל יוֹתֵר; פִּרְסֵם בְּהִתְאַפְּקוּת, מִעֵט בְּפִרְסוּם הַמַּעֲלוֹת

un'dershirt" *n.* (אַנְדֶרְשֶׁרְט) גּוּפִיָּה

un'dersigned" *adj.* (אַנְדֶרְסַינְד) הֶחָתוּם מַטָּה, הַחֲתוּמִים מַטָּה

un"derstand' *v.t. & i.* (אַנְדֶרְסְטֶנְד) הֵבִין, הִכִּיר הֵיטֵב; פֵּרֵשׁ; עָמַד עַל חֲשִׁיבוּת; חָשַׁב כְּמֻסְכָּם; שָׁמַע; הֶאֱמִין; הֵבִין מֵאֵלָיו; תָּפַס; קִבֵּל בְּאַהֲדָה; הָיָה בַּעַל יֶדַע

un"derstan'ding *n.* (אַנְדֶרְסְטֶנְדִנְג) הֲבָנָה; תְּבוּנָה; הַכָּרָה, יֶדַע; הֶסְכֵּם בְּעַל פֶּה; חוֹזֶה מֻקְדָּם

un"derstate' *v.t.* (אַנְדֶרְסְטֵיט) הִמְעִיט בַּחֲשִׁיבוּת; הִבִּיעַ בְּצוּרָה מְאֻפֶּקֶת, הִבִּיעַ בְּמְתִינוּת

un"derstood' *adj.* (אַנְדֶרְסְטֻד) מֻסְכָּם; מְרֻמָּז, לֹא מֻבָּע בְּמִלִּים; מוּבָן

un"dertake' *v.t.* (אַנְדֶרְטֵיק) נָטַל עַל עַצְמוֹ; הִתְחַיֵּב לְבַצֵּעַ; עָרַב ל־; נָטַל אַחֲרָיוּת

un'derta"ker *n.* (אַנְדֶרְטֵיקֶר) עוֹרֵךְ הַלְוָיוֹת; מְטַפֵּל בִּקְבוּרַת מֵתִים

un"derta'king *n.* (אַנְדֶרְטֵיקִנְג) הִתְחַיְּבוּת, מְשִׂימָה, מִפְעָל; עֲרֻבָּה, הַבְטָחָה

un'derwear" *n.* (אַנְדֶרְוֵר) לְבָנִים

un'derweight" *n.* (אַנְדֶרְוֵיט) צֵרֶךְ בְּתוֹסֶפֶת מִשְׁקָל

un'derweight' *adj.* פָּחוֹת מֵהַמִּשְׁקָל הַדָּרוּשׁ

un'derworld" *n.* (אַנְדֶרְוֶרְלְד) עוֹלָם תַּחְתּוֹן; עוֹלַם הַמֵּתִים; עוֹלָם מִתַּחַת לִפְנֵי הַשֶּׁטַח

un"derwrite' *v.t. & i.* (אַנְדֶרְרַיט) הוֹסִיף; חָתַם שֵׁם; אִשֵּׁר; עָרַב ל־; בִּטֵּחַ

un'dies *n. pl.* (אַנְדִיז) לְבָנֵי נָשִׁים וִילָדִים

undo' *v.t.* (אַנְדוּ) הָפַךְ תּוֹצָאוֹת, בִּטֵּל; מָחָה; הִשְׁמִיד; פָּתַח, שִׁחְרֵר

undone' *adj.* (אַנְדַן) לֹא עָשׂוּי; לֹא־מְבֻצָּע; הָרוּס; פָּתוּחַ

undress' *v.t. & i. & n.* (אַנְדְרֶס) הִפְשִׁיט, הֵסִיר בְּגָדִים; חָשַׂף, גִּלָּה; הֵסִיר תַּחְבֹּשֶׁת; הִתְפַּשֵּׁט; לְבוּשׁ רָגִיל; לְבוּשׁ בֵּיתִי

undue' *adj.* (אַנְדוּ) לֹא־מֻצְדָּק; יוֹתֵר מִדַּי; לֹא־מַתְאִים, לֹא־יָאֶה; שֶׁלֹּא הִגִּיעַ לְפֵרָעוֹן

undu'ly *adv.* (אַנְדוּלִי) יֶתֶר עַל הַמִּדָּה; בְּאֹפֶן לֹא־מַתְאִים; בְּצוּרָה לֹא־מֻצְדֶּקֶת

undy'ing *adj.* (אַנְדַיאִנְג) בֶּן אַלְמָוֶת, נִצְחִי

unearth' *v.t.* (אַנְאֶרְת׳) חָפַר מִתּוֹךְ הָאֲדָמָה; גִּלָּה, חָשַׂף

uneas'iness *n.* (אַנְאִיזִינֶס) מְתִיחוּת, חֹסֶר מְנוּחָה, עַצְבָּנוּת

unea'sy *adj.* (אַנְאִיזִי) מָתוּחַ, עַצְבָּנִי, מֻדְאָג

un"employed' *adj. & n.* (אנאמפלויד) מבטל, מחסר־עבודה; בטל, לא בשמוש, לא בשמוש יצרני

unemployment *n.* (אנאמפלוימנט) אבטלה, חסר־עבודה

une'qual *adj.* (אנאיקול) לא־שוה; לא־מספיק; לא־מאזן, לא־סימטרי; לא ישר, משתנה; לא־צודק

uner'ring *adj.* (אנארנג) לא־טועה, מדיק מאד; מתאים בדיוק

une'ven *adj.* (אנאיבן) לא־ישר; גבשושי; לא־אחיד; לא־צודק, לא־הוגן, חד־צדדי; לא־מאזן, לא־סימטרי; לא־זוגי

un"expec'ted *adj.* (אנאקספקטד) לא־צפוי; מפתיע

unfair' *adj.* (אנפר) לא־הוגן; לא־יאה

unfaith'ful *adj.* (אנפיתפל) לא־נאמן; בוגדני, מועל, נואף; לא־מדיק, משבש

un"famil'iar *adj.* (אנפמליר) לא־מכר; לא־רגיל; לא־בקי

unfa'vorable *adj.* (אנפיברבל) שלילי, לא־טוב

unfee'ling *adj.* (אנפילנג) חסר־רגש; קשה־לב; אדיש

unfi'nished *adj.* (אנפנשט) לא־גמור; לא־משלם; לא־מלטש

unfit' *adj.* (אנפט) לא־מתאים; חסר־כשורים; חולני

unfold *v.t. & i.* (אנפולד) גולל; פרש, פתח; גלה; הסביר

un"forget'table *adj.* (אנפרגטבל) בלתי־נשכח, שאי אפשר לשכחו

unfor'tunate *adj.* (אנפורצ'נט) אמלל, חסר־מזל; לא־מצלח; שיש להצטער עליו

unfriend'ly *adj.* (אנפרנדלי) לא־ידידותי; לא־אוהד; אדיש, מתרחק; עוין

unfrock' *v.t.* (אנפרוק) הדיח מכהנה (כומר); הפשיט

ungain'ly *adj.* (אנגינלי) מגשם, גמלוני; גס

ungrate'ful *adj.* (אנגריטפל) כפוי טובה; לא־נעים

unhap'piness *n.* (אנהפינס) עצבות; עליבות; אי־שביעת רצון

unhap'py *adj.* (אנהפי) עצוב, עלוב, לא־מרצה, לא־שמח

unheal'thy *adj.* (אנהלת'י) לא־בריא, חולני; מזיק לבריאות; רע

unheard' -of" *adj.* (אנהרדב) לא ידוע מקדם; לא־מכר; חסר־תקדים; מזעזע

u'nicorn" *n.* (יונקורן) חדקרן; ראם

u'niform" *adj. & n.* (יונפורם) אחיד; זהה; קבוע, עקבי; מדים, בגדי־שרד

u"nifor'mity *n.* (יונפורמטי) אחידות; הומוגניות; זהות; קביעות

u"nilat'eral *adj.* (יונלטרל) חד־צדדי, חד־שטחי

u'nion *n.* (יונין) אחוד; התאחדות; ברית; אחדות; סמל אחדות (השטח הכחול בדגל ארה"ב); אגוד מקצועי

unique' *adj.* (יוניק) מיחד במינו; יחיד; שאין דומה לו

u'nison *n.* (יונסן) הרמוניה, התאמה משלמת; אוניסון; זהות פעלה וזמן

u'nit *n.* (יונט) יחידה

unite' *v.t. & i.* (יוניט) אחד; לכד; הדביק עם, חבר; גלם; התאחד, התלכד

—**d** *adj.* מאחד, מלכד

Unit'ed Na'tions אמות מאחדות, או"ם

Un'ited States' ארצות הברית

unity *n.* (יונטי) אחדות; אחוד; התאמה שלמה; הסכמה מלאה

u"niver'sal *adj.* (יונורסל) כללי; עולמי; אוניברסלי; מקיף; של היקום

u'niverse" *n.* (יונורס) יקום; העולם כלו; המין האנושי; עולם

u"niver'sity *n.* (יונורסטי) אוניברסיטה

unjust' *adj.* (אנג'סט) לא־צודק, לא־הוגן

unkempt' *adj.* (אנקמפט) לא־מסרק; מרשל, לא־מסדר; גס

unkind' *adj.* (אנקינד) רע־לב; לא־מתחשב; מחמיר

unknown' *adj. & n.* (אננון) לא־ידוע; לא־מכר; לא־מזהה; שלא נתגלה, נסתר; אלמוני; נעלם

unlearn' *v. t.* (אנלרן) שכח, התעלם מ־

unleash' *v.t.* (אנליש) שחרר, התיר רצועה

unleav'ened *adj.* (אַנְלֶוְנְד) שֶׁל חָמֵץ; שֶׁלֹּא הֶחֱמִיץ

— bread מַצָּה

unless' *conj. & prep.* (אַנְלֶס) אִם לֹא; אֶלָּא אִם כֵּן; מִלְּבַד

unlike' *adj. & prep.* (אַנְלַיְק) שׁוֹנֶה; שׁוֹנֶה מ־; לֹא כְּדֶרֶךְ־; לֹא טִפּוּסִי ל־

unload' *v.t. & i.* (אַנְלוֹד) פָּרַק; הוֹרִיד נוֹסְעִים; הוֹצִיא כַּדּוּר; הֵקֵל מַעֲמָסָה

unlock' *v.t.* (אַנְלוֹק) פָּתַח בְּמַפְתֵּחַ; חָשַׂף, גִּלָּה

unluck'y *adj.* (אַנְלַקִי) חֲסַר־מַזָּל, בִּישׁ־גַּדָּא, בְּשָׁעָה לֹא־מַצְלַחַת

unman' *v.t.* (אַנְמֶן) שָׁלַל אֹמֶץ, שָׁלַל גְּבוּרָה; שָׁלַל גַּבְרִיּוּת; סֵרֵס

unmask' *v.t.* (אַנְמַסְק) הֵסִיר מַסֵּוֶה; חָשַׂף אָפְיִי אֲמִתִּי, גִּלָּה פַּרְצוּף

unnat'ural *adj.* (אַנְנֶצְ'רַל) לֹא־טִבְעִי; לֹא־תָּקִין; מְלָאכוּתִי; לֹא־אֱנוֹשִׁי

unnec'essar"y *adj.* (אַנְנֶסֶסֶרִי) לֹא־נָחוּץ, לֹא חִיּוּנִי, מְיֻתָּר

unnerve' *v.t.* (אַנְנֶרְב) רִפָּה יָדַיִם; הֶחֱלִישׁ; הֵמֵס לֵב

unpack' *v.t. & i.* (אַנְפֶּק) הֵרִיק; הוֹצִיא; פָּרַק מִטְעָן; הוֹצִיא דְּבָרִים מֵחֲבִילָה, הוֹצִיא דְּבָרִים מִמִּזְוָדָה

unpleas'ant *adj.* (אַנְפְּלֶזַנְט) לֹא־נָעִים

unpop'ular *adj.* (אַנְפּוֹפְּיָלֶר) לֹא־פּוֹפּוּלָרִי; שֶׁאֵינוֹ מוֹצֵא חֵן בְּעֵינֵי הַצִּבּוּר; לֹא־אָהוּד

unprin'table *adj.* (אַנְפְּרִנְטַבְּל) שֶׁאֵין לְהַדְפִּיסוֹ, שֶׁל חֹמֶר תּוֹעֵבָה, שֶׁל חֹמֶר פּוֹגֵעַ

unques'tionable *adj.* (אַנְקְוֶסְצֶ'נַבְּל) לְמַעְלָה מִכָּל סָפֵק, וַדָּאִי; מֵעֵבֶר לְכָל בִּקֹּרֶת, בְּלִי יוֹצֵא מִן הַכְּלָל

unrea'sonable *adj.* (אַנְרִיזַנַבְּל) לֹא מִתְקַבֵּל עַל הַדַּעַת; לֹא־הֶגְיוֹנִי; בְּנִגּוּד לַשֵּׂכֶל; לֹא־מַתְאִים; מֻפְרָז

unru'ly *adj.* (אַנְרוּלִי) לֹא נִכְנָע לִכְלָלִים; פָּרוּעַ

un"satisfac'tory *adj.* (אַנְסֶטִסְפֶקְטֶרִי) לֹא מַשְׂבִּיעַ רָצוֹן; לֹא־מַסְפִּיק

unseen' *adj.* (אַנְסִין) לֹא־נִרְאֶה; שֶׁלֹּא הִבְחִינוּ בּוֹ; מוּבָן לְלֹא הֲכָנָה קוֹדֶמֶת

unsel'fish *adj.* (אַנְסֶלְפִשׁ) לֹא־אָנֹכִיִּי; חֲסַר־פְּנִיּוֹת אִישִׁיּוֹת; מָסוּר לַזּוּלַת, רְחַב־לֵב

unset'tle *v.t.* (אַנְסֶטְל) עִרְעֵר, חָתַר תַּחַת הַיַּצִּיבוּת; הִכְנִיס סְפֵקוֹת; צִעֵר

unsight'ly *adj.* (אַנְסַיְטְלִי) דּוֹחֶה, לֹא נָעִים לְמַרְאֶה

unsound' *adj.* (אַנְסַאוּנְד) לֹא־שָׁלֵם; חוֹלָנִי, פָּגוּם; רָעוּעַ; מֻטְעֶה; רוֹפֵף; לֹא־מְהֵימָן

unspea'kable *adj.* (אַנְסְפִּיקַבְּל) שֶׁאֵין לְהַעֲלוֹת עַל הַשְּׂפָתַיִם; שֶׁאֵין לְתָאֲרוֹ; מְתֹעָב, מָאוּס

unsta'ble *adj.* (אַנְסְטֵיבְּל) לֹא־יַצִּיב; רוֹפֵף; פּוֹסֵחַ עַל שְׁתֵּי הַסְּעִפִּים, הַסְּכְסָךְ; מִתְנוֹעֵעַ

unstead'y *adj.* (אַנְסְטֶדִי) לֹא־יַצִּיב, רָעוּעַ; מִתְנוֹעֵעַ; לֹא־יָשָׁר

un"succes'sful *adj.* (אַנְסַקְסֶסְפֶל) כּוֹשֵׁל, לֹא־מֻצְלָח

unti'dy *adj.* (אַנְטַיְדִי) לֹא־מְסֻדָּר; פָּרוּעַ מְרֻשָּׁל; מְבֻלְבָּל

untie' *v.t. & i.* (אַנְטַי) הִתִּיר, פָּתַח; שִׁחְרֵר; הִתִּיר קֶשֶׁר; פָּתַר; נִפְתַּח, הֻתַּר

until' *conj. & prep.* (אַנְטִל) עַד שֶׁ־; לִפְנֵי שֶׁ־; עַד, לִפְנֵי

untime'ly *adj.* (אַנְטַיְמְלִי) לֹא בְּעִתּוֹ; בִּזְמַן לֹא־מַתְאִים; לִפְנֵי זְמַנּוֹ

unti'ring *adj.* (אַנְטַיְרִנְג) לְלֹא לֵאוּת, מַתְמִיד

unused' *adj.* (אַנְיוּזְד) לֹא בְּשִׁמּוּשׁ; חָדָשׁ לְגַמְרֵי; רָגִיל

unu'sual *adj.* (אַנְיוּז'וּאַל) לֹא רָגִיל; יוֹצֵא מִן הַכְּלָל; מְיֻחָד

unwar'y *adj.* (אַנְוֶרִי) לֹא־זָהִיר, פָּזִיז

unwel'come *adj.* (אַנְוֶלְקַם) לֹא רָצוּי

unwell' *adj.* (אַנְוֶל) חוֹלָנִי, לֹא־בָּרִיא, שֶׁאֵינוֹ מַרְגִּישׁ בְּטוֹב

unwil'ling *adj.* (אַנְוִלִנְג) לֹא מֵרָצוֹן; בְּעַל כָּרְחוֹ; מִתְנַגֵּד, מְסָרֵב; מִתְעַקֵּשׁ

unwit'ting *adj.* (אַנְוִטִנְג) לֹא מוּדָע ל־; לְלֹא יְדִיעָה; שֶׁלֹּא בְּהַכָּרָה; בְּשׁוֹגֵג, שֶׁלֹּא בְּכַוָּנָה

unwor'thy *adj.* (אַנְוֶרְדִ'י) לֹא־חָשׁוּב, חֲסַר־עֵרֶךְ; נִקְלֶה, לֹא־יָאֶה, לֹא־רָאוּי

unzip′ *v.t.* (אַנְזִפּ) פָּתַח רוֹכְסָן

up *adv.* (אַפּ) לְמַעְלָה; זָקוּף; מֵהַמִּטָּה; מֵעַל הָאֹפֶק; לַמָּקוֹר; גָּבוֹהַּ יוֹתֵר; לְמָקוֹם שָׁוֶה; בְּמָקוֹם מוֹבִיל; בְּמַגָּע מַתְמִיד; בִּפְעֻלָּה; בְּמַצַּב הִתְרַגְּשׁוּת; לִיצִירָה; לְמַרְאֶה; לְמָקוֹם מִבְטָחִים; לְחִבּוּר; לְמַצַּב הִתְכַּוְּצוּת; לַנְּקֻדָּה הַדְּרוּשָׁה; עַד הַסּוֹף; לַעֲצִירָה

all — with בְּקִרְבַת הַסּוֹף; עַל סַף כִּשָּׁלוֹן

— against נֹכַח, צָפוּי ל־

— against it בִּמְצוּקָה כַּסְפִּית

— and about (around) הַבְרִיא, מְסֻגָּל לָרֶדֶת מֵהַמִּטָּה

— to עַד; עַד ל־, בְּמִמּוּשׁ שָׁלֵם, בְּשִׁמּוּשׁ מָלֵא; מְסֻגָּל לְבַצֵּעַ; מֻטָּל עַל; עוֹסֵק בּ־

— *prep.* בְּמַעֲלֵה־; לְמָקוֹם גָּבוֹהַּ יוֹתֵר; בְּמָקוֹם מְרֻחָק; עַד הַמָּקוֹר שֶׁל; בְּתוֹךְ

— *adj.* לַעֲלִיָּה; מוּדָע ל־; מְעֻדְכָּן; גָּמוּר; מִתְרַחֵשׁ; גָּבוֹהַּ; מוּרָם, זָקוּף; מֵעַל פְּנֵי הַקַּרְקַע; בָּאֲוִיר; מֵעַל הָאֹפֶק; עֵר, מִחוּץ לַמִּטָּה; רָכוּב עַל סוּס; בָּנוּי; כְּלַפֵּי מַעְלָה; כְּשֶׁשִּׁטְחוֹ חָסוּר; מִתְרַגֵּשׁ; מָלֵא הַרְגָּשַׁת בִּטָּחוֹן; לֹא־בְּסֵדֶר; מוּכָן; בַּדֶּרֶךְ ל־; הִגִּיעַ לִנְקֻדָּה לֹא־רְצוּיָה; גָּבוֹהַּ יוֹתֵר; בְּגִיל מִתְקַדֵּם; פָּעִיל; מָאֳשָׁם בּ־; מוּכָן לְשִׁמּוּשׁ; מוֹבִיל; תֵּיקוּ; בָּא בְּחֶשְׁבּוֹן; שֶׁנִּקְבַּע כְּהָמוּר; מְרֻחָק וְגָבוֹהַּ; הַהַכְרָעָה בִּידֵי־

— *n.* עֲלִיָּה; שִׁפּוּעַ עוֹלֶה; מַהֲלָךְ בַּעֲלִיָּה

on the — and — גְּלוּי־לֵב, כֵּן

— *v.t. & i.* הִגְדִּיל, הִגְבִּיר; הֶעֱלָה; הִתְחִיל פִּתְאוֹם

up′-and-com′ing *adj.* (אַפֶּנְקַמִנְג) עָשׂוּי לְהַצְלִיחַ; פִּקֵּחַ וְשַׁקְדָן

upbraid′ *v.t.* (אַפְּבְּרֵיד) נָזַף בּ־, הוֹכִיחַ

up′bringing *n.* (אַפְּבְּרִנְגִנְג) חִנּוּךְ, רֶקַע חִנּוּךְ וְגִדּוּל

uphea′val *n.* (אַפְּהִיבְל) הִתְרוֹמְמוּת; מַהְפֵּכָה

up′hill *adj.* (אַפְּהִל) כְּלַפֵּי מַעְלָה; עוֹלֶה; בְּמָקוֹם גָּבוֹהַּ; מְיַגֵּעַ

uphold′ *v.t.* (אַפְּהוֹלְד) הֵרִים; תָּמַךְ בּ־; הֵגֵן עַל

uphol′ster *v.t.* (אַפְּהוֹלְסְטֶר) רִפֵּד

—**er** *n.* רַפָּד

uphol′stery *n.* (אַפְּהוֹלְסְטְרִי) רִפּוּד; רַפָּדוּת

up′keep″ *n.* (אַפְּקִיפּ) הַחְזָקָה, קִיּוּם, פַּרְנָסָה; הוֹצָאוֹת אַחְזָקָה

up′land *n.* (אַפְּלֶנְד) רָמָה; הָרִים בֵּינוֹנִים, אֶרֶץ הָרִים

uplift′ *v.t.* (אַפְּלִפְט) הֶעֱלָה, הֵרִים; רוֹמֵם; שִׁפֵּר; גָּרַם לְרוֹמְמוּת רוּחַ

upon′ *prep.* (אֲפּוֹן) עַל, כְּלַפֵּי מַעְלָה; בְּמָקוֹם מֻגְבָּה; בְּמַגָּע עִם; מְמַשְׁמֵשׁ וּבָא; כְּעֵת, מִיָּד לְאַחַר

up′per *adj.* (אַפֶּר) עֶלְיוֹן, עִלִּי

up′per hand′ *n.* (אַפֶּרְהֶנְד) עֶמְדַּת שְׁלִיטָה; יִתְרוֹן

up′permost″ *adj.* (אַפֶּרְמוֹסְט) גָּבוֹהַּ בְּיוֹתֵר, עֶלְיוֹן, עִלָּאִי

up′right″ *adj.* (אַפְּרַיְט) זָקוּף; מְאֻנָּךְ; יָשָׁר

up′roar″ *n.* (אַפְּרוֹר) הֲמֻלָּה, שָׁאוֹן

uproot′ *v.t.* (אַפְּרוּט) שֵׁרֵשׁ, עָקַר מֵהַשֹּׁרֶשׁ; הִשְׁמִיד כָּלִיל; עָקַר

upset′ *v.t. & adj.* (אַפְּסֶט) הָפַךְ; הִסְעִיר; הָפַךְ עַל פִּיו, הִכְנִיס תֹּהוּ וָבֹהוּ; קִלְקֵל; הָפוּךְ; שָׁרוּי בְּאִי־סֵדֶר; מִתְרַגֵּשׁ; מְפֻרָע; מְקֻלְקָל

up′set″ *n.* הֲפִיכָה; מַפָּלָה לֹא־צְפוּיָה; עַצְבָּנוּת, רֹגֶז; אִי־סֵדֶר

up′shot″ *n.* (אַפְּשׁוֹט) מַסְקָנָה, תּוֹצָאָה סוֹפִית; תַּמְצִית

up′side down′ (אַפְּסַיד דַאוּן) הָפוּךְ, כְּשֶׁהַחֵלֶק הָעֶלְיוֹן לְמַטָּה, בִּמְהֻפָּךְ; בְּאִי־סֵדֶר גָּמוּר; מְבֻלְבָּל

up′stairs *adv. & adj.* (אַפְּסְטֶרְז) לְמַעְלָה; בְּקוֹמָה עֶלְיוֹנָה; בַּנֶּפֶשׁ, בָּרֹאשׁ

kick — הֶעֱלָה בְּדַרְגָּה כְּדֵי לְהִפָּטֵר מ־

— *adj. & n.* שֶׁל קוֹמָה עֶלְיוֹנָה; קוֹמָה עֶלְיוֹנָה; קוֹמוֹת עֶלְיוֹנוֹת

upstan′ding *adj.* (אַפְּסְטֶנְדִנְג) זָקוּף; גָּבוֹהַּ וּזְקוּף־קוֹמָה; נִמְרָץ וְסִימְפָּטִי; יָשָׁר, הָגוּן

up′start″ *n.* (אַפְּסְטַרְט) אָדָם שֶׁזֶּה מִקָּרוֹב עָלָה לִגְדֻלָּה; אָדָם יַמְרָנִי וְרַע־הֲלִיכוֹת שֶׁעָלָה לִגְדֻלָּה

make — of הִשְׁתַּמֵּשׁ בּ־ לְמַטָּרוֹת אִישִׁיּוֹת

put to — הֵפִיק תּוֹעֶלֶת מ־; הִשְׁתַּמֵּשׁ בּ־ לְתוֹעַלְתּוֹ

used *adj.* (יוּזְד) מְשֻׁמָּשׁ; בָּלוּי, מְמֻרְטָט; שֶׁשִּׁמֵּשׁ לְמַטָּרָה מְסֻיֶּמֶת; רָגִיל, מֻרְגָּל

use′ful *adj.* (יוּסְפֶל) מוֹעִיל, שִׁמּוּשִׁי

use′less *adj.* (יוּסְלִס) חֲסַר־תּוֹעֶלֶת; חֲסַר־עֶרֶךְ

ush′er *n.* & *v.t.* & *i.* (אַשְׁר) סַדְּרָן; שׁוֹמֵר סַף; מְלַוֶּה; כָּרוֹז; שִׁמֵּשׁ סַדְּרָן; הִצִּיג, הֶרְאָה, לִוָּה; בִּשֵּׂר

u′sual *adj.* (יוּז׳וּאֶל) רָגִיל, שִׁגְרָתִי

as — כָּרָגִיל

— ly *adv.* כָּרָגִיל, בְּדֶרֶךְ כְּלָל

u′surer *n.* (יוּז׳רֶר) מַלְוֶה בְּרִבִּית (קצוצה), נוֹשֶׁה

usurp′ *v.t.* & *i.* (יוּסֶרְפּ) תָּפַס שֶׁלֹּא כַּדִּין; פָּלַשׁ ל־; הִשְׁתַּלֵּט עַל; הִשְׁתַּמֵּשׁ שֶׁלֹּא כַּדִּין

u′sury *n.* (יוּז׳רִי) שֵׁעוּר רִבִּית מֻפְרָז; הַלְוָאָה בְּרִבִּית קְצוּצָה

uten′sil *n.* (יוּטֶנְסֶל) כְּלִי

util′ity *n.* (יוּטִלִטִי) תּוֹעֶלֶת; דְּבַר מָה מוֹעִיל; שֵׁרוּת צִבּוּרִי

ut′ilize″ *v.t.* (יוּטִלַיז) הֵפִיק תּוֹעֶלֶת מ־, נִצֵּל

ut′most″ *adj.* (אַטְמוֹסְט) הַגָּדוֹל בְּיוֹתֵר, הַגָּבוֹהַּ בְּיוֹתֵר; הָרַב בְּיוֹתֵר; קִיצוֹנִי

ut′ter *v.t.* & *adj.* (אַטְר) בִּטֵּא; אָמַר; הִשְׁמִיעַ; הוֹדִיעַ, פִּרְסֵם; גָּמוּר, מֻחְלָט; לְלֹא תְּנַאי

ut′terance *n.* (אַטֶרֶנְס) אֲמִירָה; בִּטּוּי, מִלָּה; אֹפֶן הִתְבַּטְּאוּת, חִתּוּךְ דִּבּוּר; קוֹל

up′-to-date′ *adj.* (אַפְּטֻדֵיט) מְעֻדְכָּן; נוֹכְחִי; שֶׁלְּפִי הָאָפְנָה הָאַחֲרוֹנָה; לְפִי רוּחַ הַזְּמַן

up′ward(s) *adv.* & *adj.* (אַפְּוֶרְד[ז]) לְמַעְלָה, לְמָקוֹם גָּבוֹהַּ יוֹתֵר; יוֹתֵר; לְעֵבֶר עִיר גְּדוֹלָה; לְעֵבֶר מְקוֹרוֹ שֶׁל נָהָר; אֶל פְּנִים הַמְּדִינָה; בַּחֲלָקִים הָעֶלְיוֹנִים; מַעַל; עוֹלֶה; בְּמָקוֹם גָּבוֹהַּ יוֹתֵר

ur′ban *adj.* (אֶרְבֶּן) עִירוֹנִי, שֶׁל עִיר, שֶׁל עֲיָרָה

urbane′ *adj.* (אֶרְבֵּין) בַּעַל הֲלִיכוֹת נָאוֹת

ur″baniza′tion *n.* (אֶרְבֶּנִזֵישְׁן) עִיּוּר

ur′chin (אֶרְצ׳ין) זַאֲטוּט; פִּרְחַח קָטָן

urge *v.t.* & *i.* & *n.* (אֶרְג׳) דָּחַף, הֵאִיץ בּ־; הִפְצִיר בּ־; זֵרֵז; עוֹרֵר תְּשׂוּמֶת־לֵב בְּמַפְגִּיעַ; הֵמְלִיץ עַל מְאֹד; הַפְצָרָה, זֵרוּז; דַּחַף; חֵשֶׁק

ur′gency *n.* (אֶרְגֶ׳נְסִי) דְּחִיפוּת

—ies דְּרִישׁוֹת דְּחוּפוֹת

ur′gent *adj.* (אֶרְגֶ׳נְט) דָּחוּף; תָּכוּף; מַתְמִיד, עִקֵּשׁ

ur′ine *n.* (יֻרִן) שֶׁתֶן

urn *n.* (אֶרְן) אֲגַרְטָל; דּוּד; כַּד־אֵפֶר

us *pron.* (אַס) אוֹתָנוּ, לָנוּ

u′sage *n.* (יוּסִג׳) הֶרְגֵּל, נֹהַג; שִׁמּוּשׁ מְקֻבָּל; דְּפוּס לָשׁוֹן; טִפּוּל

use *v.t.* & *i.* (יוּז) הִשְׁתַּמֵּשׁ בּ־; הִפְעִיל; הוֹצִיא; הִתְיַחֵס אֶל; הִרְגִּיל; הָיָה רָגִיל ל־

— up גָּמַר כָּלִיל, הִשְׁתַּמֵּשׁ בּ־ עַד תֻּמּוֹ, כִּלָּה

— *n.* (יוּס) שִׁמּוּשׁ; הַפְעָלָה; תַּכְלִית; כֹּשֶׁר; תּוֹעֶלֶת; רֶוַח; צֹרֶךְ; נֹהַג; מִנְהָג; טוֹבַת הֲנָאָה; נֹסַח

have no — for לֹא הָיָה לוֹ צֹרֶךְ בּ־; סֵרֵב לְהַשְׁלִים עִם, "לֹא סָבַל"; הִתְיַחֵס בְּחֹסֶר אַהֲדָה ל־

V

V, v *n.* (וִי) ו׳ (ב), הָאוֹת הָעֶשְׂרִים וּשְׁתַּיִם בָּאָלֶפְבֵּית הָאַנְגְּלִי

va'cancy *n.* (וֵיקַנְסִי) רֵיקָנוּת; מָקוֹם פָּנוּי; מָקוֹם לְהַשְׂכָּרָה; פִּרְצָה, פֶּתַח; מִשְׂרָה פְּנוּיָה

va'cant *adj.* (וֵיקַנְט) רֵיק, פָּנוּי; בָּטֵל

va'cate *v.t. & i.* (וֵיקֵיט) פִּנָּה; יָצָא מִן; בִּטֵּל

vaca'tion *n. & v.i.* (וֵקֵישְׁן) פַּגְרָה, חֻפְשָׁה; פִּנּוּי; בִּלָּה פַּגְרָה

vac'cinate" *v.t.* (וֶקְסִנֵיט) הִרְכִּיב אֲבַעְבּוּעוֹת; חִסֵּן

vac"cina'tion *n.* (וֶקְסִנֵישְׁן) הַרְכָּבַת אֲבַעְבּוּעוֹת; חִסּוּן

vaccine' *n.* (וֶקְסִין) תַּרְכִּיב

vac'illate" *v.i.* (וֶסִלֵיט) פָּסַח עַל שְׁתֵּי הַסְּעִפִּים, הִסֵּס; הִתְנוֹעֵעַ; הִתְנוֹדֵד

vac'uous *adj.* (וֶקְיוּאֲס) רֵיק, נָבוּב; בָּטֵל, חֲסַר־תַּכְלִית

vac'uum *n.* (וֶקְיוּם) רִיק, וַקוּאוּם

vac'uum clean"er שׁוֹאֵב־אָבָק, שַׁאֲבָק

vag'abond" *n. & adj.* (וֶגַבּוֹנְד) נוֹדֵד, נָע וָנָד, בַּטְלָן

va'grant *adj. & n.* (וֵיגְרֶנְט) נוֹדֵד, מְשׁוֹטֵט, הֵלֶךְ

vague *adj.* (וֵיג) מְעֻרְפָּל, לֹא־בָּרוּר, סָתוּם

vain *adj.* (וֵין) חֲסַר מַשְׁמָעוּת; מִתְנַשֵּׂא; חֲסַר־תַּכְלִית, לֹא־יִצְלַח

vale *n.* (וֵיל) עֵמֶק

val"edic'tory *n.* (וֶלֶדִקְטֶרִי) נְאוּם פְּרֵדָה

val'entine" *n.* (וֶלֶנְטַין) בִּרְכַּת־דּוֹדִים; אָהוּב; אֲהוּבָה; מַתָּנָה (בְּ״יוֹם וַלֶנְטִין״ ב־14 בְּפֶבְּרוּאָר)

val'et *n.* (וֶלֵי, וֶלִט) מְשָׁרֵת אִישִׁי; שַׁמָּשׁ וְרָדִים

val'iant *adj.* (וֶלְיַנְט) אַמִּיץ; גִּבּוֹר; מִצְטַיֵּן

val'id *adj.* (וֶלִד) מְבֻסָּס, יָעִיל; בֶּן־סֶמֶךְ; תָּקֵף, שָׁרִיר

valid'ity *n.* (וַלִדִטִי) תֹּקֶף חֻקִּי, תְּקֵפוּת; בִּסּוּס

valise' *n.* (וַלִיס) צִקְלוֹן, מִזְוָדָה קְטַנָּה

val'ley *n.* (וֶלִי) עֵמֶק, בִּקְעָה

val'or *n.* (וֶלֶר) עֹז־רוּחַ, גְּבוּרָה

val'uable *adj.* (וֶלְיֻבֶּל) יָקָר, שָׁוֶה כֶּסֶף רַב; רַב־עֵרֶךְ

val'ue *n.& v.t.* (וֶלְיוּ) עֵרֶךְ, תּוֹעֶלֶת; שָׁוֶה כֶּסֶף; כַּמּוּת; מַשְׁמָעוּת; הֶעֱרִיךְ עֵרֶךְ כַּסְפִּי; שָׁקַל עֶרְכּוֹ; הֶחֱשִׁיב

valve *n.* (וֶלְב) שַׁסְתּוֹם

vam'pire *n.* (וֶמְפַּיאֲר) עַרְפָּד; מוֹצֵץ דָּם

van *n.* (וֶן) חֵיל חָלוּץ; טֶנְדֶר, מַשָּׂאִית

van'dal *n.* (וֶנְדְל) מַשְׁחִית לְשֵׁמוֹ

vane *n.* (וֵין) שַׁבְשֶׁבֶת; לַהַב, מִשְׁטָח

van'guard" *n.* (וֶנְגַרְד) חֵיל חָלוּץ, צוֹעֵד בָּרֹאשׁ, אֲוַנְגַרְד

vanil'la *n.* (וַנִלַה) שֶׁנֶף, וָנִיל

van'ish *v.i.* (וֶנִשׁ) נֶעֱלַם; הִסְתַּלֵּק בַּחֲשַׁאי, הִתְחַמֵּק; חָדַל

van'ity *n.* (וֶנִטִי) שַׁחֲצָנוּת; הֶבֶל

van'quish *v.t.* (וֶנְקְוִשׁ) הֵבִיס, נִצַּח, גָּבַר עַל

van'tage *n.* (וֶנְטִג׳) עֶמְדַּת־יִתְרוֹן; יִתְרוֹן

va'por *n.* (וֵיפְּר) אֵד, אֵדִים

var'iable *n. & adj.* (וֶרִיאֲבְּל) מִשְׁתַּנֶּה; הֲפַכְפַּךְ

var'iance *n.* (וֶרִיאֲנְס) שֹׁנִי; מַחֲלֹקֶת

var"ia'tion *n.* (וֶרִיאֵישְׁן) שִׁנּוּי, שֹׁנִי, וַרְיַצְיָה

var'ied *adj.* (וֶרִיד) מְגֻוָּן; מִמִּינִים שׁוֹנִים; שֶׁל שִׁנּוּיִים

vari'ety *n.* (וַרַיאֲטִי) שֹׁנִי, שִׁנּוּי, רַבְגּוֹנִיּוּת; הֶבְדֵּל; מִינִים שׁוֹנִים; מִבְחָר; סוּג; זַן; בִּדּוּר מְגֻוָּן

vari'ous *adj.* (וֶרִיאֲס) שׁוֹנִים, מְגֻוָּנִים; רַבִּים

var'nish *n. & v.t.* (וַרְנִשׁ) לַכָּה; מָשַׁח לַכָּה; שִׁוָּה בָּרָק חִיצוֹנִי מַטְעֶה, הִסְוָה

var'y *v.t. & i.* (וֶרִי) שִׁנָּה; גִּוֵּן; הִשְׁתַּנָּה; סָטָה

vase *n.* (וֵיז) אֲגַרְטָל

vas'eline" *n.* (וֶסֶלִין) וָזֶלִין

vas'sal *n.* (וֶסֶל) וַסָּל, גָּרוּר, מְשֻׁעְבָּד; עֶבֶד, מְשָׁרֵת

vast *adj.* (וֶסְט) עָצוּם, נִרְחָב, גָּדוֹל מְאֹד

vat *n.* (וֶט) מֵכָל גָּדוֹל, גִּיגִית גְּדוֹלָה

vault *n.* & *v.i.* (וֹולְט) קִמְרוֹן; חֲדַר פִּקְדוֹנוֹת; כּוּךְ; כִּפָּה; קְפִיצָה; קָפַץ בְּמוֹט

vaunt *v.i.* (וֹונְט) הִתְפָּאֵר בּ־

veal *n.* (וִיל) בְּשַׂר עֵגֶל; עֵגֶל לִשְׁחִיטָה

veer *v.i.* (וִיר) שִׁנָּה כִּוּוּן

veg'etable *n.* (וֶג'טַבְּל) יָרָק; צֶמַח, יָרֹק; אָדָם אָדִישׁ וּמְשַׁעֲמֵם

veg'etar"ian *n.* (וֶג'טֶרִיאֶן) צִמְחוֹנִי

veg'etate" *v.i.* (וֶג'טֵיט) צָמַח כְּיָרָק; חַי חַיִּים סְבִילִים

veg"eta'tion *n.* (וֶג'טֵישְׁן) צוֹמֵחַ, צְמִיחָה כְּיָרָק; קִיּוּם מְשַׁעֲמֵם וְסָבִיל

ve'hemence *n.* (וִיאֲמֶנְס) עֹז, עָצְמָה; הִתְפָּרְצוּת נִמְרֶצֶת; אַלִּימוּת, לַהַט

ve'hement *adj.* (וִיאֲמֶנְט) תַּקִּיף, נִמְרָץ, עַז; נִרְגָּז

ve'hicle *n.* (וִיאִקְל) כְּלִי רֶכֶב, רֶכֶב; אֶמְצָעִי; כְּלִי

veil *n.* (וֵיל) צָעִיף, הִינוּמָה; מַסְוֶה

take the — הָיְתָה לִנְזִירָה

— the נִדְרֵי נְזִירָה; חַיֵּי נְזִירָה

— *v.t.* & *i.* הִסְתִּיר, כִּסָּה; הִתְכַּסָּה בְּצָעִיף

vein *n.* (וֵין) וָרִיד; נִימָה; רֹבֶד

veloc'ity *n.* (וֶלוֹסִטִי) מְהִירוּת

vel'vet *n.* (וֶלְוִט) קְטִיפָה; זְכִיָּה, רֶוַח נָקִי

ven'al *adj.* (וִינְל) מְקַבֵּל שֹׁחַד; נִתָּן לִקְנִיָּה שֶׁל שֹׁחַד

vendor(-er) *n.* (וֶנְדְר) מוֹכֵר

veneer' *n.* (וַנִיר) צִפּוּי דַק; לָבִיד; מַרְאֶה חִיצוֹנִי מְלַבֵּב

ven'erable *adj.* (וֶנֶרַבְּל) מְעוֹרֵר יִרְאַת כָּבוֹד, נְשׂוּא־פָּנִים

ven'erate" *v.t.* (וֶנֶרֵיט) הִתְיַחֵס אֶל בְּיִרְאַת כָּבוֹד, כִּבֵּד, הֶעֱרִיץ

vener'eal *adj.* (וַנִירִיאֶל) שֶׁל יְחָסִים מִינִיִּים; שֶׁל מַחֲלָה מִינִית; שֶׁל תְּשׁוּקָה מִינִית; מְעוֹרֵר תַּאֲוָה מִינִית

ven'geance *n.* (וֶנְג'נְס) נְקָמָה, תַּאֲוַת נָקָם

venge'ful *adj.* (וֶנְג'פֶל) נַקְמָנִי

ve'nial *adj.* (וִינִיאֶל) שֶׁנִּתָּן לִמְחִילָה

ven'ison *n.* (וֶנִסְן) בְּשַׂר אַיִל, בְּשַׂר צְבִי

ven'om *n.* (וֶנַם) אֶרֶס

ven'omous *adj.* (וֶנַמַס) אַרְסִי; זְדוֹנִי

vent *n.* & *v.t.* (וֶנְט) פֶּתַח; מוֹצָא; פִּי טַבַּעַת; בִּטּוּי, אֲמִירָה; בִּטֵּא בְּאֹפֶן חָפְשִׁי; נָתַן פֻּרְקָן ל־; שִׁחְרֵר; צִיֵּד בִּפְתָחִים

ven'tilate" *v.t.* (וֶנְטְלֵיט) אִוְרֵר; הֶעֱמִיד לְדִיּוּן פֻּמְבִּי; בִּטֵּא

ven"tila'tion *n.* (וֶנְטְלֵישְׁן) אִוְרוּר

ven'tilator *n.* (וֶנְטְלֵיטְר) מְאַוְרֵר

ventril'oquis"m *n.* (וֶנְטְרִלַקְוִזְם) דִּבּוּר מִפִּי הַזּוּלַת

ven'ture *n.* & *v.t.* & *i.* (וֶנְצ'ר) מִפְעָל שֶׁסִּכּוּן בְּצִדּוֹ; הַשְׁקָעָה בְּסִכּוּן; סִכֵּן; הִסְתַּכֵּן ב־; הִרְהִיב עֹז בְּנַפְשׁוֹ לְהַבִּיעַ; יָצָא לְמַסָּע; הִתְחִיל בְּמִפְעָל

verac'ity *n.* (וַרֶסִטִי) אֲמִתּוּת, אֱמֶת; דִּיּוּק; אֲמִתָּה

verb *n.* (וֶרְבּ) פֹּעַל

ver'bal *adj.* (וֶרְבַּל) שֶׁל מִלִּים; שֶׁבְּעַל פֶּה; מִלּוּלִי; שֶׁל פֹּעַל

verbose' *adj.* (וֶרְבּוֹס) מַרְבֶּה דִבּוּרִים, דַּבְּרָנִי

ver'dant *adj.* (וֶרְדֶנְט) יָרֹק, מוֹרִיק; חֲסַר־נִסָּיוֹן

ver'dict *n.* (וֶרְדִקְט) פְּסַק דִּין; הַחְלָטָה

verge *n.* & *v.i.* (וֶרְג') קָצֶה; סַף; גְּבוּל; שַׂרְבִיט; הָיָה עַל גְּבוּל־, הָיָה עַל סַף

ver"ifica'tion *n.* (וֶרִפִקֵישְׁן) אִמּוּת; הוֹכָחָה; אִשּׁוּר רִשְׁמִי

ver'ify" *v.t.* (וֶרִפַי) אִמֵּת, אִשֵּׁר; וִדֵּא; הוֹכִיחַ

vermil'ion *n.* (וֶרְמִלְיַן) שְׁנִי כָּתֹם

ver'min *n.* (וֶרְמִן) שְׁרָצִים; אֲנָשִׁים בְּזוּיִים; טוֹרְפֵי חַיּוֹת־צַיִד

vernac'ular *adj.* & *n.* (וֶרְנֶקְיַלְר) שֶׁל בְּנֵי הַמָּקוֹם, עֲמָמִי; שֶׁל שְׂפַת הַדִּבּוּר; שֶׁל שְׂפַת הָעָם; שְׂפַת הַמָּקוֹם; שָׂפָה מִקְצוֹעִית; הַשָּׂפָה הַמְדֻבֶּרֶת; הַשֵּׁם הַמְקֻבָּל

ver'nal *adj.* (וֶרְנַל) שֶׁל הָאָבִיב, אֲבִיבִי, צָעִיר

ver'satile *adj.* (וֶרְסֶטְל) מְכֻשָּׁר לְכָל מְלָאכָה; סְתַגְּלָנִי; רַב־שִׁמּוּשִׁי

ver"satil'ity *n.* (וֶרְסֶטִלְטִי) הִתְמַצְּאוּת בַּכֹּל, תּוּשִׁיָּה, סְתַגְּלָנוּת, רַב־שִׁמּוּשִׁיּוּת

verse *n.* (וֶרְס) בַּיִת (בשירה); חָרוּז; שׁוּרָה (בשיר); מִשְׁקָל (בשירה); שִׁיר; שִׁירָה מְחֹרֶזֶת; פָּסוּק

versed *adj.* (וֶרְסְט) מְנֻסֶּה, מְיֻמָּן, בָּקִי, מְלֻמָּד

ver'sify" *v.t. & i.* (וֶרְסִפַי) חִבֵּר בַּחֲרוּזִים, חָרַז

ver'sion *n.* (וֶרְזְ'ן) גִּרְסָה; נֹסַח; תַּרְגּוּם

ver'tical *adj.* (וֶרְטִקְל) מְאֻנָּךְ, זָקוּף

ver'tigo" *n.* (וֶרְטִגוֹ) סְחַרְחֹרֶת

verve *n.* (וֶרְב) חִיּוּת, הִתְלַהֲבוּת, מֶרֶץ

ver'y *adv. & adj.* (וֶרִי) מְאֹד; בְּעֶצֶם; בְּדִיּוּק, מַמָּשׁ; בִּלְבַד; מֻחְלָט; שָׁלֵם; אוֹתוֹ, עֶצֶם

ves'sel *n.* (וֶסְל) סְפִינָה, כְּלִי־שַׁיִט; כְּלִי קִבּוּל, כְּלִי; מוּבָל

vest *n. & v.t.* (וֶסְט) חֲזִיָּה (של גבר); הִלְבִּישׁ; הִטִּיל עַל; הֶעֱנִיק

ves'ted *adj.* (וֶסְטֶד) קָבוּעַ וּמֻחְלָט; מוּגָן; לָבוּשׁ

— **in"terest** עִנְיָן מְיֻחָד לְשֵׁם טוֹבַת הֲנָאָה אִישִׁית; זְכוּת קְבוּעָה, "אִינְטֶרֶס מְשֻׁרְיָן"

—**s** קְבוּצוֹת שַׁלִּיטוֹת

ves'tibule" *n.* (וֶסְטִבְּיוּל) מָבוֹא, פְּרוֹזְדוֹר

ves'tige *n.* (וֶסְטִג') סִימָן, שָׂרִיד, עֵדוּת; אֵיבָר מְנֻוָּן

vet'eran *n. & adj.* (וֶטֶרֶן) וָתִיק; חַיָּל מְשֻׁחְרָר, וְתִיק־מִלְחָמָה; מְנֻסֶּה, לָמוּד

vet'erinar"y *n. & adj.* (וֶטֶרֶנֶרִי) רוֹפֵא וֶטֶרִינָר; שֶׁל רִפּוּי בְּהֵמוֹת, וֶטֶרִינָרִי

ve'to *n. & v.t.* (וִיטוֹ) וֶטוֹ; אִסּוּר מֻחְלָט; דָּחָה עַל יְדֵי הַטָּלַת וֶטוֹ; הִטִּיל וֶטוֹ, אָסַר לַחֲלוּטִין

vex *v.t.* (וֶקְס) הִרְגִּיז, קִנְטֵר, עוֹרֵר חֵמָה; עִנָּה, הֵצִיק ל־; הִדְאִיג; חָלַק עַל

vexa'tion *n.* (וֶקְסֵיְשְׁן) הַרְגָּזָה; הֲצָקָה; הַדְאָגָה; רֹגֶז; מְקוֹר רֹגֶז

via'duct *n.* (וַיאֲדַקְט) גֶּשֶׁר יַבָּשָׁה

vi'al *n.* (וַיאֲל) צְלוֹחִית

vi'and *n.* (וַיאֲנְד) מָזוֹן

—**s** מַטְעַמִּים

vi'brate *v.i. & t.* (וַיבְּרֵיט) הִתְנוֹדֵד, רָטַט; פָּסַח עַל שְׁתֵּי הַסְּעִפִּים; הִרְטִיט; הֵנִיד

vibra'tion *n.* (וַיבְּרֵישְׁן) תְּנוּדָה, רֶטֶט

vic'ar *n.* (וִקְר) מְמַלֵּא מָקוֹם שֶׁל כֹּמֶר, כֹּמֶר־מִשְׁנֶה; כֹּמֶר; עוֹזֵר לְבִישׁוֹף; נְצִיג הָאַפִּיפְיוֹר, נְצִיג בִּישׁוֹף; מְמַלֵּא מָקוֹם, סְגַן

vicar'ious *adj.* (וַיקֵרִיאֲס) בִּמְקוֹם אַחֵר; נֶהֱנֶה בְּדִמְיוֹן הֲנָאַת הַזּוּלַת

vice *n.* (וַיס) פְּרִיצוּת; פְּרִיקַת עֹל; זְנוּת; מוּם, מֶחְדָּל; הֶרְגֵּל רָע

— סְגַן־, מִשְׁנֶה

vice'roy *n.* (וַיסְרוֹי) מִשְׁנֶה לַמֶּלֶךְ

vi'ce ver'sa (וַיְסֶה וֶרְסָה) לְהֶפֶךְ, הִפּוּכוֹ שֶׁל דָּבָר

vicin'ity *n.* (וִסִנְטִי) שְׁכֵנוּת, קִרְבָה; שְׁכוּנָה

vici'ous *adj.* (וִשֲס) מֻשְׁחָת, זְדוֹנִי; מְרֻשָּׁע; לָקוּי

vicis'situde" *n.* (וִסִסְטוּד) תַּהְפּוּכָה; שִׁנּוּי

—**s** מַעֲלוֹת וּמוֹרָדוֹת

vic'tim *n.* (וִקְטִם) קָרְבָּן

vic'timize" *v.t.* (וִקְטִמַיז) עָשָׂה לְקָרְבָּן; רִמָּה; שָׁחַט

vic'tor *n.* (וִקְטֶר) מְנַצֵּחַ

victor'ious *adj.* (וִקְטוֹרִיאֲס) מְנַצֵּחַ, שֶׁל נִצָּחוֹן

vic'tory *n.* (וִקְטֶרִי) נִצָּחוֹן

vict'uals *n.* (וִטְלְז) מָזוֹן, מִצְרְכֵי מָזוֹן, אֹכֶל לִבְנֵי אָדָם

vid'eo *n.* (וִדִיאוֹ) הַיְסוֹדוֹת הֶחָזוּתִיִּים שֶׁל טֶלֶוִיזְיָה, טֶלֶוִיזְיָה

vie *v.i.* (וַי) הִתְחָרָה

view *n.* (וְיוּ) רְאִיָּה; תְּחוּם רְאִיָּה; מַרְאֶה, נוֹף; תְּמוּנָה, תַּצְלוּם; הִרְהוּר; דֵּעָה; תַּכְלִית; סֶקֶר כְּלָלִי, סִכּוּם

in — בִּתְחוּם הָרְאִיָּה; בְּדִיּוּן

in — of לְאוֹר, בִּגְלַל

on — לְרַאֲוָה; מֻצָּג

with a — to בְּמַטָּרָה ל־; בְּצִפִּיָּה

— *v.t.* רָאָה; הִבִּיט, סָקַר; בָּדַק; שָׁקַל בְּדַעַת; הִתְיַחֵס אֶל

view'point" *n.* (וְיוּפּוֹינְט) נְקֻדַּת הַשְׁקָפָה; מְקוֹם הַשְׁקָפָה

vig'il *n.* (וִג'ל) תְּקוּפַת עֵרָנוּת

vig'ilance *n.* (וִג'לֶנְס) עֵרָנוּת

vig'ilant *adj.* (וִג'לֶנְט) עֵרָנִי, עַל הַמִּשְׁמָר

vig"ilan'te *n.* (וִג'לֶנְטִי) אֶזְרָח לַאֲכִיפַת הַחֹק; חָבֵר קְבוּצַת אֶזְרָחִים לְהַעֲנָשַׁת פּוֹשְׁעִים

vig'or *n.* (וִגר) עֹז; חִיּוּת; מֶרֶץ, כֹּחַ; גִּדּוּל בָּרִיא; תֹּקֶף

vig'orous *adj.* (וִגֶרֶס) עַז, חָזָק; נִמְרָץ; חָסֹן, תַּקִּיף

vile *adj.* (וַיל) מְשֻׁקָּץ, נִתְעָב; שָׁפָל; מְטֻנָּף; שֶׁל שִׁפְלוּת; זָעוּם

vil'ify *v.t.* (וִלְפַי) הִשְׁמִיץ, הוֹצִיא דִּבָּה

vil'lage *n.* (וִלִג') כְּפָר; מוֹשָׁבָה (שֶׁל בַּעֲלֵי חַיִּים)

vil'lager *n.* (וִלִג'ר) כַּפְרִי

vil'lain *n.* (וִלֶן) רָשָׁע

vin'dicate" *v.t.* (וִנְדֶקֵיט) נִקָּה (מֵאַשְׁמָה), הִצְדִּיק; סִנְגֵּר; תָּבַע; נָקַם

vin"dica'tion *n.* (וִנְדֶקֵישְׁן) הַצְדָּקָה; נִקּוּי מֵאַשְׁמָה, זִכּוּי

vindic'tive *adj.* (וִנְדִקְטִב) נוֹקֵם, נַקְמָנִי

vine *n.* (וַין) מְטַפֵּס; קִיסוֹס; גֶּפֶן

vin'egar *n.* (וִנֶגר) חֹמֶץ

vine'yard *n.* (וִנְיֶרְד) כֶּרֶם

vin'tage *n. & adj.* (וִנְטִג') יַיִן מִשְׁנָה מְסֻיֶּמֶת; בָּצִיר, יַיִן מֻבְחָר (מִבָּצִיר טוֹב); תַּעֲשִׂיַּת יַיִן; שְׁנַת יִצּוּר; שֶׁל יַיִן; שֶׁל יֵינוֹת; שֶׁל בָּצִיר מְסֻיָּם; מֻבְחָר; מִסּוּג יָשָׁן, שֶׁאָבַד עָלָיו כֶּלַח

vi'olate" *v.t.* (וַיאֲלֵיט) עָבַר עַל, הֵפֵר; חִלֵּל; הִפְרִיעַ; אָנַס

vi"ola'tion *n.* (וַיאֲלֵישְׁן) הֲפָרָה, עֲבֵרָה; חִלּוּל; הַפְרָעָה; אֹנֶס

vi'olence *n.* (וַיאֲלֶנְס) אַלִּימוּת, תּוֹקְפָנוּת; פְּגִיעָה

vi'olent *adj.* (וַיאֲלֶנְט) אַלִּים; עַז; חָרִיף; תּוֹקְפָנִי; שֶׁל עִוּוּת

vi'olet *n. & adj.* (וַיאֲלֶט) סֶגֶל, סִגָּלִית; סָגֹל

vi'"olin' *n.* (וַיאֲלִן) כִּנּוֹר

vi"olin'ist *n.* (וַיאֲלִנִסְט) כַּנָּר

vi'per *n.* (וַיפֶּר) צֶפַע

vira'go *n.* (וִרֵיגוֹ) אֵשֶׁת מְדָנִים, קְלִפָּה (אִשָּׁה)

vir'gin *n. & adj.* (וֶרְג'ן) בְּתוּלָה; שֶׁל בְּתוּלָה, בְּתוּלִי; זַךְ; טָהוֹר; לֹא־מְנֻצָּל

virgo *n.* (וֶרְגוֹ) מַזַּל בְּתוּלָה

vir'ile *adj.* (וִרֶל) גַּבְרִי; חָזָק; תַּקִּיף; מְסֻגָּל לְהוֹלִיד

viril'ity *n.* (וִרִלְטִי) גַּבְרִיּוּת; כֹּחַ גַּבְרָא, אוֹן

vir'tual *adj.* (וֶרְצ'וּאֶל) בִּמְצִיאוּת, לְפִי הָרֹשֶׁם

—ly *adv.* בְּדֶרֶךְ כְּלָל, כִּמְעַט כָּלִיל

vir'tue *n.* (וֶרְצ'וּ) טֹהַר מוּסָרִי; טוּב; יֹשֶׁר; סְגֻלָּה; מִדָּה טוֹבָה; מוּסָרִיּוּת; פְּרִישׁוּת מִינִית; כֹּחַ, יְכֹלֶת

vir'tuous *adj.* (וֶרְצ'וּאֶס) מוּסָרִי; בַּעַל מִדּוֹת טוֹבוֹת; יָשָׁר, צַדִּיק; פָּרוּשׁ מֵחַיֵּי מִין

vir'ulent *adj.* (וִרְיֶלֶנְט) אַרְסִי מְאֹד; מַמְאִיר, קַטְלָנִי

vir'us *n.* (וַירֶס) נָגִיף, וִירוּס; אֶרֶס

vi'sa *n.* (וִיזָה) אַשְׁרָה, וִיזָה

vis'age *n.* (וִזִג') קְלַסְתֵּר פָּנִים, מַרְאֶה

vis"-à-vis' *adv. & adj. & prep.* (וִיזַוִי) פָּנִים אֶל פָּנִים; בְּיַחַס לְ־, לְעֻמַּת; מוּל

vis'cous *adj.* (וִסְקֶס) צָמִיג, דָּבִיק

vise *n.* (וַיס) מֶלְחָצַיִם

vis"ibil'ity *n.* (וִזַבִּלְטִי) רְאוּת

vis'ible *adj.* (וִזְבְּל) נִרְאֶה לָעַיִן; גָּלוּי

vis'ion *n.* (וִזְ'ן) רְאִיָּה; מָעוֹף; חָזוֹן; דִּמְיוֹן חַי, צְפִיָּה; מַרְאֶה מַרְהִיב

visi'onar"y *adj. &n.* (וִזְ'נֶרִי) הוֹזֶה, בַּעַל דִּמְיוֹנוֹת; בַּעַל חֲלוֹמוֹת; שׁוֹגֶה בַּהֲזָיוֹת; דִּמְיוֹנִי; נִרְאֶה בֶּחָזוֹן

vis'it *n. & v.t. & i.* (וִזִט) בִּקּוּר; שְׁהִיָּה; עֲרִיכַת בִּקֹּרֶת; בִּקֵּר, עָרַךְ בִּקּוּר; עָרַךְ בִּקֹּרֶת; שָׁהָה בְּ־; פָּקַד; הֵבִיא עַל

vis'itor *n.* (וִזִטְר) מְבַקֵּר, אוֹרֵחַ

vi'sor *n.* (וַיזְר) שִׁרְיוֹן־פָּנִים; מִצְחִיָּה; מָגֵן־שֶׁמֶשׁ

vis'ta *n.* (וִסְטָה) מַרְאֶה; רְאִיָּה נַפְשִׁית

vis'ual *adj.* (וִז'וּאֶל) חָזוּתִי; שֶׁל רְאִיָּה; שֶׁל הָעֵינַיִם; נִרְאֶה; שֶׁל תְּפִיסַת עֵינֵי הָרוּחַ

vis'ualize" *v.i. & t.* (וִז'וּאֲלַיז) הֶעֱלָה בַּזִּכָּרוֹן; רָאָה בְּמַצָּגִים נַפְשִׁיִּים, רָאָה בְּעֵינֵי רוּחוֹ

vit'al *adj.* (וַיטְל) חִיּוּנִי, שֶׁל הַחַיִּים; נִמְרָץ; חָשׁוּב מְאֹד; קַטְלָנִי

—s *n. pl.* אֵבָרִים חִיּוּנִיִּים; חֲלָקִים חִיּוּנִיִּים

vital'ity *n.* (וַיטֶלְטִי) חִיּוּנִיּוּת, חִיּוּת; כֹּחַ חַיִּים

vi'tamin *n.* (וַיטַמִן) וִיטָמִין

vit'iate" *v.t.* (וִשִׁיאֵיט) קִלְקֵל; הִשְׁחִית; בִּטֵּל תֹּקֶף

vitu"pera'tion *n.* (וַיטוּפֶּרֵישְׁן) גִּדּוּף, חֵרוּף

viva'cious *adj.* (וַוֵישֶׁס) מָלֵא חַיִּים, שׁוֹפֵעַ חִיּוּת, נִמְרָץ וְעֵרָנִי, נִלְהָב

viv'id *adj.* (וִוִד) חַי; מָלֵא חַיִּים; נִמְרָץ; חָזָק

viv"isec'tion *n.* (וִוִסֶקְשֶׁן) נְתִיחַת גּוּף חַי

vix'en *n.* (וִקְסֶן) שׁוּעָלָה; אֵשֶׁת מְדָנִים, מִרְשַׁעַת

vizier' *n.* (וְזִיר) וָזִיר

vocab'ular"y *n.* (ווֹקֶבְּיֶלֶרִי) אוֹצַר מִלִּים

vo'cal *adj.* (ווֹקְל) קוֹלִי; מִתְבַּטֵּא בְּשֶׁפַע דִּבּוּרִים, קוֹלָנִי

vo'calist (ווֹקְלִסְט) זַמָּר

vo'calize" *v.t. & i.* (ווֹקְלַיז) בִּטֵּא; זִמֵּר; הֶעֱנִיק קוֹל; נִקֵּד; הִשְׁתַּמֵּשׁ בְּקוֹל

voca'tion *n.* (ווֹקֵישְׁן) מִשְׁלַח־יָד, מִקְצוֹעַ; דַּחַף פְּנִימִי לְהִתְמַסֵּר לְמִקְצוֹעַ מְסֻיָּם, יִעוּד; יִעוּד מִפִּי הַגְּבוּרָה

vocif'erate" *v.i. & t.* (ווֹסִפֶרֵיט) צָעַק, צָוַח

vogue *n.* (ווֹג) אָפְנָה; תְּקוּפַת־רָצוֹן; פּוֹפּוּלָרִיּוּת

voice *n. n. & v.t.* (ווֹיס) קוֹל; בִּטּוּי; דֵּעָה; רָצוֹן; אֹפֶן (של פועל); בִּטֵּא; הִצְהִיר

void *n. & adj. & v.t.* (ווֹיד) חָלָל, רֵיקָנוּת; פִּרְצָה; בָּטֵל, חֲסַר־תֹּקֶף; חֲסַר־תּוֹעֶלֶת; נָטוּל, חָסֵר; בִּטֵּל; הֵרִיק; פִּנָּה

vol'atile *adj.* (ווֹלֶטְל) נָדִיף; מָלֵא חֹמֶר נֶפֶץ; הֲפַכְפַּךְ; חוֹלֵף; מִשְׁתַּנֶּה

volcan'ic *adj.* (ווֹלְקֶנִק) גַּעֲשִׁי; שֶׁל הַר גַּעַשׁ

volca'no *n.* (ווֹלְקֵינוֹ) הַר גַּעַשׁ

voliti'on *n.* (ווֹלִשְׁן) רְצִיָּה, רָצוֹן, כֹּחַ רָצוֹן; בְּחִירָה

vol'ley *n.* (ווֹלִי) מַטָּח; הִתְפָּרְצוּת

— ball כַּדּוּרְעָף

volt *n.* (ווֹלְט) ווֹלְט

vol'uble *adj.* (ווֹלְיַבְּל) רָהוּט, שׁוֹטֵף, פַּטְפְּטָנִי

vol'ume *n.* (ווֹלְיוּם) כֶּרֶךְ; נֶפַח; כַּמּוּת גְּדוֹלָה; סַךְ הַכֹּל, כַּמּוּת; עָצְמַת קוֹל

volu'minous *adj.* (וַלוּמֶנֶס) מְרֻבֶּה, מְשֻׁפָּע; רַב מְאֹד, רַב־כַּמּוּת; מְמַלֵּא כְּרָכִים רַבִּים; אָרֹךְ מְאֹד

vol'untar"y *adj.* (ווֹלֶנְטֶרִי) שֶׁל הִתְנַדְּבוּת, מֵרָצוֹן; חָפְשִׁי; שֶׁל מִתְנַדְּבִים; שֶׁבְּמֵזִיד; לְלֹא פִּצּוּי; רְצוֹנִי; סְפּוֹנְטָנִי

vol"unteer' *n. & adj.* (ווֹלֶנְטִיר) מִתְנַדֵּב; שֶׁל הִתְנַדְּבוּת; שֶׁל מִתְנַדְּבִים

— *v.i. & t.* הִתְנַדֵּב; הִצִּיעַ בְּלִי שֶׁנִּתְבַּקֵּשׁ; הִגִּיד בְּלִי שֶׁנִּתְבַּקֵּשׁ

volup'tuous *adj.* (וַלֶפְּצ׳וּאֶס) שֶׁל תַּעֲנוּגוֹת; שֶׁל עִנּוּג הַחוּשִׁים; חוּשָׁנִי; מְהַנֶּה הַחוּשִׁים

vom'it *v.i. & t. & n.* (ווֹמִט) הֵקִיא; יָרַק בְּחָזְקָה; הֲקָאָה, קִיא

voo'doo *n.* מַעֲשֵׂה כְּשָׁפִים; מְכַשֵּׁף

vora'cious *adj.* (וַרֵישֶׁס) רַעַבְתָנִי, זוֹלֵל, בּוֹלְעָנִי; שֶׁאֵינוֹ יוֹדֵעַ שֹׂבַע

vorac'ity *n.* (וַרֶסִטִי) רַעַבְתָנוּת, זְלִילָה; בּוֹלְעָנוּת, תַּאֲוָה שֶׁאֵינָהּ יוֹדַעַת שֹׂבַע

vor'tex *n.* (ווֹרְטֶקְס) מְעַרְבֹּלֶת; פְּעִילוּת גּוֹעֶשֶׁת

vote *v.i. & t.* (ווֹט) הִצְבִּיעַ, בָּחַר; קָבַע עַל יְדֵי הַצְבָּעָה; תָּמַךְ בּ־; דָּגַל בּ־; קָבַע בְּהַסְכָּמָה כְּלָלִית; הַצְבָּעָה; בְּחִירוֹת; זְכוּת בְּחִירָה; זְכוּת הַצְבָּעָה; הַחְלָטָה; קוֹל

vo'ter *n.* (ווֹטְר) בּוֹחֵר; מַצְבִּיעַ

vouch *v.i.* (וַאוּץ׳) אִשֵּׁר, הֵעִיד עַל

vou'cher *n.* (וַאוּצְ׳ר) מְאַשֵּׁר, מֵעִיד; קַבָּלָה

vouchsafe' *v.t. & i.* (וַאוּצְ׳סֵיף) הֶעֱנִיק; הִתִּיר, הוֹאִיל [illegible]

vow *n.* (וַאוּ) נֶדֶר; הִתְחַיְּבוּת חֲגִיגִית; הַצְהָרָה חֲגִיגִית

take — s הִצְטָרֵף לְמִסְדָּר דָּתִי

— *v.i. & t.* נָדַר; הִתְחַיֵּב חֲגִיגִית; הִבְטִיחַ; הִצְהִיר חֲגִיגִית

vow'el *n.* (וַאוּאֶל) תְּנוּעָה; אֵם קְרִיאָה

voy'age *n.* & *v.i.* (ווֹיאִג') נְסִיעָה. מַסָּע, הַפְלָגָה; נָסַע, עָרַךְ מַסָּע

voyeur' *n.* (ווּאַיֶר) מֵצִיץ

vul'gar *adj.* (וַלְגֶר) גַּס, הֲמוֹנִי, ווּלְגָרִי; מֻפְקָר; שֶׁל פְּשׁוּטֵי הָעָם; נוֹכֵחַ; פּוֹפּוּלָרִי; שֶׁל שְׂפַת פְּשׁוּטֵי הָעָם

vulgar'ity *n.* (וַלְגֶרִטִי) גַּסּוּת, הֲמוֹנִיּוּת, ווּלְגָרִיּוּת; מֻפְקָרוּת

vul'nerable *adj.* (וַלְנֵרַבְּל) פָּגִיעַ; חָשׂוּף

vul'ture *n.* (וַלְצֶ'ר) עֻזְנִיָּה, נֶשֶׁר, רַחַם

W

W, w (doub'le yoo") *n.* (דַבְּלְיוּ) ר׳, הָאוֹת הָעֶשְׂרִים וְשָׁלֹשׁ בָּאָלֶפְבֵּית הָאַנְגְּלִי

wad *n. & v.t.* (ווֹד) גּוּשׁ, כַּדּוּר; אָנִיץ, מוֹךְ; חֲבִילָה; הַרְבֵּה כֶּסֶף; עָשָׂה חֲבִילָה; בָּלַל בִּמְהֻדָּק; דָּחַס

waddle *v.i. & n.* (ווֹדְל) הָלַךְ כְּבַרְוָז; הָלַךְ לְאַט וּבְנִדְנוּדִים; הֲלִיכַת בַּרְוָז

wade *v.i.* (וֵיד) הָלַךְ כְּשֶׁהָרַגְלַיִם בַּמַּיִם; שִׂחֵק בְּמַיִם רְדוּדִים; הִתְקַדֵּם בְּאִטִּיּוּת

— (in) into הִתְחִיל בְּמֶרֶץ; הִתְקִיף בְּמֶרֶץ

wa'fer *n.* (וֵיפְר) אֲפִיפִית, תּוּפִין דַּק, ״וַפְלָה״

waf'fle *n.* (ווֹפְל) לְבִיבַת-סָרִיג

waft *v.t.* (וָפְט) נָשָׂא בְּקַלִּילוּת

wag *v.t. & i. & n.* (וֶג) כִּשְׁכֵּשׁ; נִדְנֵד, נִעֲנַע; רָכַל; נִעֲנוּעַ; לֵץ

wage(s) *n. & v.t.* (וֵיגְ׳[ז]) שְׂכַר עֲבוֹדָה, שָׂכָר; גְּמוּל; נִהֵל, עָסַק ב־

wa'ger *n.* (וֵיגְ׳ר) הִמּוּר, הִתְעָרְבוּת; תְּנָאֵי הִמּוּר; הִמֵּר, הִתְעָרֵב

wag'on *n.* (וֶגְן) עֲגָלָה; קְרוֹנִית-מִשְׂחָק

hitch one's — to a star הָיָה בַּעַל שְׁאִיפוֹת נַעֲלוֹת

on the — נִמְנַע מִשְּׁתִיַּת מַשְׁקָאוֹת חֲרִיפִים

waif *n.* (וֵיף) יֶלֶד עָזוּב; אֲסוּפִי; חַיָּה חַסְרַת בַּיִת

wail *v.i. & n.* (וֵיל) יִלֵּל; הִתְאַבֵּל; הִשְׁמִיעַ קוֹלוֹת קִינָה, נָהָה; יְלָלָה, נְהִי

waist *n.* (וֵיסְט) מֹתֶן; חֻלְצָה; גּוּפִיָּה

wait *v.i. & t. & n.* (וֵיט) חִכָּה ל־, הִמְתִּין ל־; צִפָּה ל־; הִתְעַכֵּב; שִׁמֵּשׁ מֶלְצָר; עִכֵּב

— on (upon) שֵׁרֵת; מִלֵּא בַּקָּשָׁה; עָרַךְ בִּקּוּר

— up דָּחָה שְׁכִיבָה לִישׁוֹן; נֶעֱצַר וְחִכָּה

— *n.* הַמְתָּנָה

lie in — אָרַב ל־

wai'ter *n.* (וֵיטְר) מֶלְצָר; מַגִּישׁ; מַגָּשׁ; מַמְתִּין

wai'ting *n.* (וֵיטִנְג) הַמְתָּנָה; הַפְסָקָה; עִכּוּב

in — עוֹמֵד לְשֵׁרוּת־

wai'tress *n.* (וֵיטְרֶס) מֶלְצָרִית

waive *v.t.* (וֵיב) וִתֵּר, נִמְנַע מִלִּתְבּוֹעַ; דָּחָה

wake *v.i. & t. & n.* (וֵיק) הִתְעוֹרֵר; הָיָה עֵר; הִתְנַעֵר; נַעֲשָׂה מוּדָע ל־; הֵעִיר; עוֹרֵר; שְׁמִירָה; לֵיל שִׁמּוּרִים לְמֵת

wa'ken *v.t. & i.* (וֵיקְן) הֵעִיר; הִתְעוֹרֵר

walk *v.i. & t.* (ווֹק) הָלַךְ; טִיֵּל; הִסְתּוֹבֵב, הִתְהַלֵּךְ; עָזַר לָלֶכֶת; לִוָּה; הֶעֱבִיר; מָדַד

— off נִפְטַר מ־ עַל יְדֵי הֲלִיכָה

— off (away with) גָּנַב; זָכָה בּ־

— out יָצָא לִשְׁבִיתָה; יָצָא כִּמְחָאָה

— out on נָטַשׁ; יָצָא בְּחֹסֶר נִימוּס

— over הִתְיַחֵס אֶל בְּבוּז

— *n.* הֲלִיכָה; מַהֲלָךְ; צוּרַת הֲלִיכָה; אָפְיָנִית; פְּעִילוּת, הִתְעַסְּקוּת; שְׁבִיל

walk'away" *n.* (ווֹקְוֵי) נִצָּחוֹן קַל

walk'ing *adj. & n.* (ווֹקִנְג) מִתְהַלֵּךְ, שֶׁל הֲלִיכָה; חַי; הֲלִיכָה; צוּרַת הֲלִיכָה; תְּנָאֵי הֲלִיכָה

wall *n. & v.t.* (ווֹל) קִיר, כֹּתֶל, חוֹמָה; הֵקִים חוֹמָה; קָבַר בְּתוֹךְ קִיר

wal'let *n.* (ווֹלִט) אַרְנָק

wall'flow"er *n.* (ווֹלְפְלַאוּאֶר) מִתְבּוֹדֶדֶת (בְּנֶשֶׁף); ״פֶּרַח קִיר״ (באונס)

wal'lop *v.t. & n.* (ווֹלֶפּ) הִכָּה מַכּוֹת נֶאֱמָנוֹת, הִפְלִיא מַכּוֹת; חָבַט בְּחָזְקָה; מַהֲלֻמָּה; רֹשֶׁם עַז

wall'ow *v.i.* (ווֹלוֹ) הִתְפַּלֵּשׁ; הִתְפַּנֵּק; נָע בִּכְבֵדוּת

wal'nut" *n.* (ווֹלְנַט) אֱגוֹז מֶלֶךְ

wal'rus *n.* (ווֹלְרֶס) סוּס יָם

waltz *n. & v.i.* (ווֹלְץ) וַלְס; רָקַד וַלְס; נָע בְּעַלִּיזוּת; עָבַר בְּלֹא מַאֲמָץ

wan *adj.* (ווֹן) חִוֵּר, חוֹלָנִי; רָפֶה

wand *n.* (ווֹנְד) מַטֶּה; שַׁרְבִיט; זַלְזַל

wan'der *v.i.* (ווֹנְדֶר) נָדַד; הִסִּיחַ דַּעְתּוֹ; תָּעָה; סָטָה

wan'derer *n.* (ווֹנְדֶרֶר) נוֹדֵד, נָע וָנָד

wane *v.i.* (וֵין) הִתְמַעֵט; שָׁקַע; יָרַד; הָלַךְ וּפָחַת; הִתְקָרֵב לַקֵּץ

wan'gle *v.t.* (וֶנְגֶל) בִּצֵּעַ בְּתַחְבּוּלוֹת, הִשִּׂיג בְּעָרְמָה

want *v.t. & i.* (ווֹנְט) רָצָה; חָסַר; הָיָה זָקוּק לְ־; חִפֵּשׂ

— in רָצָה לְהִכָּנֵס; רָצָה לְהִצְטָרֵף

— out רָצָה לָצֵאת

— *n.* צֹרֶךְ; חֹסֶר; דַּלּוּת; הַרְגָּשַׁת מַחְסוֹר

wan'ting *adj. & prep.* (ווֹנְטִנְג) חָסֵר; בְּלִי; פָּחוֹת

wan'ton *adj. & n.* (ווֹנְטֵן) זְדוֹנִי; אַכְזָרִי; מֻפְקָר; מָכוּר לְחַיֵּי מוֹתָרוֹת; פְּרוּצָה

war *n. & v.i.* (ווֹר) מִלְחָמָה; נִלְחַם בְּ־

warble *v.i. & n.* (ווֹרְבְּל) סִלְסֵל בְּקוֹל; סִלְסוּל קוֹל

ward *n.* (ווֹרְד) אֵזוֹר; מַחְלָקָה; מַעֲצָר; נָתוּן לְאֶפִּיטְרוֹפְּסוּת; קָטִין בְּהַשְׁגָּחַת אֶפִּיטְרוֹפּוֹס; שְׁמִירָה

war'den *n.* (ווֹרְדְן) סוֹהֵר; מְנַהֵל בַּיִת סֹהַר; מְמֻנֶּה; אֶפִּיטְרוֹפּוֹס

war'der *n.* (ווֹרְדְר) שׁוֹמֵר, מַשְׁגִּיחַ

war'drobe *n.* (ווֹרְדְרוֹב) בְּגָדִים, מַלְבּוּשִׁים; אֲרוֹן־בְּגָדִים; מֶלְתָּחָה

ware *n.* (וֵר) סְחוֹרָה, מִצְרָךְ; פְּרַט־טוּבִין; דָּבָר הָעוֹמֵד לִמְכִירָה; סוּג סְחוֹרָה; כְּלֵי חֶרֶס

ware'house" *n.* (וֵרְהָאוּס) מַחְסָן; בֵּית מִמְכָּר

war'fare" *n.* (ווֹרְפֵר) לְחִימָה, מִלְחָמָה

war'like" *adj.* (ווֹרְלַיק) מוּכָן לְמִלְחָמָה; מְאַיֵּם בְּמִלְחָמָה, מִלְחַמְתִּי

warm *adj. & v.t. & i.* (ווֹרְם) חָמִים; מְחַמֵּם; יְדִידוּתִי; מְלַבֵּב; עֵרָנִי; נִרְגָּז; חָזָק; קָרוֹב; חִמֵּם; הִלְהִיב; הִתְחַמֵּם; הִתְלַהֵב

war'mon"ger *n.* (ווֹרְמַנְגֶר) מְחַרְחֵר מִלְחָמָה

warmth *n.* (ווֹרְמְת׳) חֲמִימוּת, עֵרָנוּת, לְבָבִיּוּת; חִבָּה; עַלִּיזוּת; רֹגֶז קַל

warn *v.t.* (ווֹרְן) הִזְהִיר; הוֹדִיעַ

war'ning *n.* (ווֹרְנִנְג) אַזְהָרָה

warp *v.t. & n.* (ווֹרְפּ) עִקֵּם; עִוֵּת; עִקּוּל; סִלּוּף; שְׁתִי

war'rant *v.t.* (ווֹרֶנְט) אִשֵּׁר, הֶעֱנִיק סַמְכוּת, יִפָּה כֹּחַ; הִצְהִיר בְּבִטְחָה; עָרַב לְ־; נָתַן אַחֲרָיוּת; הִצְדִּיק; הִתְחַיֵּב; הַרְשָׁאָה; הַצְדָּקָה; עֲרֻבָּה, הִתְחַיְּבוּת; אִשּׁוּר; פְּקֻדַּת חִפּוּשׂ; כְּתַב־מִנּוּי; פְּקֻדַּת תַּשְׁלוּם

war'ranty *n.* (ווֹרֶנְטִי) כְּתַב־אַחֲרָיוּת; תְּנַאי; הַרְשָׁאָה

war'ren *n.* (ווֹרֶן) שְׁפַנִיָּה; מָקוֹם צָפוּף מְאֹד

war'rior *n.* (ווֹרִיאֶר) לוֹחֵם; חַיָּל

wart *n.* (ווֹרְט) פִּטְמִית, יַבֶּלֶת

war'y *adj.* (וֵרִי) זָהִיר, עֵרָנִי

was (ווֹז; בלי הטעמה: וַז) (גוף ראשון ושלישי, יחיד, עבר, של הפועל be)

wash *v.t. & i.* (ווֹשׁ) כִּבֵּס; רָחַץ; נִקָּה, גָּרַף; הִרְטִיב; שָׁחַק; כִּסָּה בְּשִׁכְבָה דַּקָּה; הִתְרַחֵץ; הִתְכַּבֵּס; נִשָּׂא עַל יְדֵי מַיִם; נִשְׁטַף

— down רָחַץ בִּיסוֹדִיּוּת; הֵקֵל עַל בְּלִיעָה

— out סִלֵּק עַל יְדֵי רְחִיצָה; הָרַס עַל יְדֵי מַיִם; נִכְשַׁל, הוּצָא

— up רָחַץ פָּנִים וְיָדַיִם; הֵדִיחַ; חִסֵּל בְּחֶרְפָּה

— *n.* רְחִיצָה; כְּבָסִים; זְרִימָה; גַּלֵּי מַיִם; שֹׁבֶל קֶצֶף; תַּרְחִיץ; שִׁכְבָה דַּקָּה, צִפּוּי; בִּצָּה; פֶּלֶג; בְּרֵכָה רְדוּדָה; מַיִם רְדוּדִים

come out in the — הִתְגַּלָּה לְבַסּוֹף

wa'shing *n.* (ווֹשִׁנְג) רְחִיצָה; רַחֲצָה; כִּבּוּס; כְּבָסִים; תּוֹצְאַת שְׁטִיפָה; צִפּוּי דַּק

wasn't (ווֹזְנְט) (קיצור של was not)

wasp *n.* (ווֹסְפּ) צִרְעָה, דַּבּוּר

waste *v.t. & i. & n.* (וֵיסְט) בִּזְבֵּז; לֹא נִצֵּל; שָׁחַק; כִּלָּה, הֵשַׁם; בֻּזְבַּז; כָּלָה; כָּחַשׁ; הִדַּלְדֵּל; הִתְמַעֵט; בִּזְבּוּז; הַשְׁחָתָה; שְׁמָמָה; אַדְמַת בּוּר; פְּסֹלֶת

lay — הֵשַׁם; הִשְׁמִיד

— *adj.* שׁוֹמֵם, חָרֵב; מְבֻזְבָּז; מְיֻתָּר; שֶׁל פְּסֹלֶת; לְהַעֲבָרַת פְּסֹלֶת

waste'ful *adj.* (וֵיסְטְפֶל) בַּזְבְּזָנִי; הַרְסָנִי

was'trel *n.* (וֵיסְטְרֶל) בַּזְבְּזָן; אֲסוּפִי; בַּטְלָן, לֹא־יִצְלַח

watch *v.i.* (ווֹץ׳) צָפָה, הִתְבּוֹנֵן בְּ־;

חִכָּה בִּתְשׂוּמֶת לֵב; עָמַד עַל הַמִּשְׁמָר, שָׁמַר;
נִזְהַר; שָׁמַר עַל; עָקַב אַחֲרֵי
— oneself הָיָה זָהִיר, נָהַג בִּזְהִירוּת
— out נִזְהַר, נִשְׁמַר
— *n.* הַמְתָּנָה, צִפִּיָּה, עֲמִידָה עַל
הַמִּשְׁמָר; שְׁמִירָה; הִסְתַּכְּלוּת מִתְמֶדֶת;
מִשְׁמֶרֶת; אַשְׁמוּרָה; מִשְׁמָר; שָׁעוֹן (קָטָן, לְשִׁימוּשׁ אִישִׁי)
on the — עֵרָנִי, עַל הַמִּשְׁמָר
watch'ful *adj.* (ווֹצְ'פֻל) עֵרָנִי, עַל
הַמִּשְׁמָר, דָּרוּךְ
watch'ma"ker *n.* (ווֹצְ'מֵיקֶר) שָׁעָן
watch'man *n.* (ווֹצְ'מֶן) שׁוֹמֵר
wa'ter *n. & adj.* (ווֹטֶר) מַיִם; פְּנֵי מַיִם;
מִפְלָס; נוֹזֵל; שֶׁל מַיִם; מֵימִי
—s מֵי נָהָר, מֵי אֲגַם; מַיִם מִינֶרָלִיִּים
above — יָצָא לַמֶּרְחָב; הִשְׁתַּחְרֵר
מִבְּעָיוֹת כַּסְפִּיּוֹת
by — בְּדֶרֶךְ הַיָּם
hold — הָיָה הֶגְיוֹנִי, הָיָה תָּקֵף
in deep — בִּמְצוּקָה גְּדוֹלָה
— *v.t. & i.* הִשְׁקָה; רִסֵּס מַיִם; הִרְטִיב;
סִפֵּק מַיִם; מָהַל; מִעֵט בַּחֲשִׁיבוּת, רִכֵּךְ
wa'tercol"or *n.* (ווֹטֶרְקַלֶר) צִיּוּר בְּצֶבַע
מַיִם, אַקְוָרֶל; צֶבַע מַיִם; צְבִיעָה בְּצִבְעֵי מַיִם
wa'terfall" *n.* (ווֹטֶרְפוֹל) מַפַּל מַיִם
wa'terlogged" *adj.* (ווֹטֶרְלוֹגְד) רְווּי־מַיִם,
מוּצָף וּמוּצָא מִכְּלַל שִׁמּוּשׁ
wa'termel"on *n.* (ווֹטֶרְמֶלֶן) אֲבַטִּיחַ
wa'terproof" *adj. & v.t.* (ווֹטֶרְפְּרוּף)
אָטִים; עָמִיד בִּפְנֵי מַיִם, חֲסִין־מַיִם; אִטֵּם
—ing *n.* חֹמֶר אִטּוּם; אִטּוּם
wa'terspout" *n.* (ווֹטֶרְסְפָּאוּט) מַרְזֵב;
עַמּוּד עֲרָפֶל
wa'tertight" *adj.* (ווֹטֶרְטַיט) אָטִים;
שֶׁאֵין לְהִתְחַמֵּק מִמֶּנּוּ, שֶׁאֵין לְבַטְּלוֹ, מְשֻׁרְיָן
wa'terworks" *n. pl.* (ווֹטֶרְוֶרְקְס) רֶשֶׁת
אַסְפָּקַת מַיִם
wa'tery *adj.* (ווֹטֶרִי) שֶׁל מַיִם, מֵימִי; מוּצָף;
דּוֹמֵעַ; דּוֹמֶה לְמַיִם; מְהֻגָּל
wat'tle *n.* (ווֹטְל) דַּבְלוּל
wave *v.i. & t. & n.* (וֵיב) הִתְנַעֲנַע, הִתְנַפְנֵף;
נִפְנֵף יָד; עָלָה וְיָרַד; נִעְנַע; הוֹרָה עַל יְדֵי
נִפְנוּף; עָשָׂה עֲקָמוֹת עוֹלוֹת וְיוֹרְדוֹת; סִלְסֵל;
גַּל, נַחְשׁוֹל; עֲקֻמָּה; עֲלִיָּה וִירִידָה; נִפְנוּף,
נִעְנוּעַ; סִלְסוּל, תַּלְתַּלִּים
wa'ver *v.i.* (וֵיבְר) הִתְנוֹעֵעַ; פִּרְפֵּר;
הִבְלִיחַ, הִבְהֵב; גִּלָּה חֹסֶר יַצִּיבוּת; רָעַד;
הִסֵּס, פָּסַח עַל שְׁתֵּי הַסְּעִפִּים; הִשְׁתַּנָּה
wa'vy *adj.* (וֵיבִי) גַּלִּי; רוֹעֵד; מְסֻלְסָל
wax *n. & v.t.* (וֶקְס) שַׁעֲוָה, דּוֹנַג; מִשְׁחָה;
דִּנֵּג; מָשַׁח בְּשַׁעֲוָה, מֵרֵק בְּשַׁעֲוָה
wa'xen *adj.* (וֶקְסֶן) שֶׁל שַׁעֲוָה, מְצֻפֶּה שַׁעֲוָה;
מְדֻנָּג; דּוֹמֶה לְשַׁעֲוָה; חַלָּשׁ, רַךְ, מִתְרַשֵּׁם
בְּקַלּוּת
wax'y *adj.* (וֶקְסִי) שֶׁל שַׁעֲוָה, מְדֻנָּג
way *n.* (וֵי) דֶּרֶךְ, אֹפֶן; הֶרְגֵּל; אֶמְצָעִי,
שִׁיטָה; בְּחִינָה; כִּוּוּן; סְבִיבָה; מַעֲבָר; רָצוֹן;
מַצָּב
by the — דֶּרֶךְ אַגַּב
by — of דֶּרֶךְ; כְּאֶמְצָעִי
come one's — הִגִּיעַ לְמִישֶׁהוּ; פָּגַע בּ־,
עָבַר עַל
give — נָסוֹג, הִסְתַּלֵּק; הִתְמוֹטֵט; נִכְנַע
give — to וִתֵּר ל־; הִתְפָּרֵץ בּ־
go out of one's — הִתְאַמֵּץ בִּמְיֻחָד
עָשָׂה בְּזָדוֹן
lead the — שִׁמֵּשׁ מוֹרֵה דֶּרֶךְ; נָטַל
יָזְמָה; שִׁמֵּשׁ מוֹפֵת
make one's — הִתְקַדֵּם; הִצְלִיחַ
make — הִרְשָׁה לַעֲבוֹר, פִּנָּה דֶּרֶךְ
out of the — מְחֻסָּל; מְרֻחָק, נִדָּח;
לֹא־הוֹגֵן; יוֹצֵא מִן הַכְּלָל, מְיֻחָד
under — בִּתְנוּעָה, בִּפְעֻלָּה
way'far"er *n.* (וֵיפֵרֶר) עוֹבֵר אֹרַח
waylay' *v.t.* (וֵילֵי) אָרַב וְשָׁדַד
way'ward *adj.* (וֵיוֶרְד) סוֹרֵר, מַמְרֶה;
הֲפַכְפַּךְ
we *pron.* (וִי) אֲנַחְנוּ
weak *adj.* (וִיק) חַלָּשׁ, רָפֶה; רוֹפֵף;
תָּשׁוּשׁ
wea'ken *v.t. & i.* (וִיקֶן) הֶחֱלִישׁ; נֶחֱלַשׁ
weak'ness *n.* (וִיקְנֶס) חֻלְשָׁה, רִפְיוֹן; חִבָּה,
מוֹקֵד חִבָּה
wealth *n.* (וֶלְתְ') עֹשֶׁר; שֶׁפַע
weal'thy *adj.* (וֶלְתִ'י) עָשִׁיר

wean *v.t.* (וִין) גָּמַל; שִׁחְרֵר

weap'on *n.* (וֶפְּן) נֶשֶׁק, כְּלִי נֶשֶׁק

wear *v.t. & i.* (וֵר) לָבַשׁ; נָעַל; נָשָׂא; בִּלָּה, כִּלָּה, שָׁחַק; הֵצִיק ל־; הֶחֱלִישׁ; הוֹגִיעַ; בִּלָּה זְמַן בְּאִטִּיּוּת; הִתְבַּלָּה; נִשְׁחַק; עָבַר בְּאִטִּיּוּת

— down הֵתֵשׁ; הוֹגִיעַ; גָּבַר עַל

— off פָּג, נֶעֱלַם

— out קִלְקֵל מֵרֹב שִׁמּוּשׁ; הוֹגִיעַ

— *n.* לְבוּשׁ, לְבִישׁוּת; בְּלַאי, בְּלָיָה; עֲמִידוּת

wea'riness *n.* (וִירִינֶס) עֲיֵפוּת

wea'risome *adj.* (וִירִיסֶם) מְיַגֵּעַ, מְשַׁעֲמֵם

wear'y *adj. & v.t. & i.* (וִירִי) עָיֵף; מְיֻגָּע; חֲסַר־סַבְלָנוּת, שֶׁנִּמְאַס לוֹ; עִיֵּף; נִמְאַס ל־

wea'sel *n.* (וִיזְל) חָמוֹס גַּמָּדִי; נוֹכֵל

weath'er *n.* (וֶדֶ'ר) מֶזֶג אֲוִיר; סוּפוֹת

under the — חוֹלָנִי; מְבֻסָּם; סוֹבֵל מִצִּירֵי הִתְפַּכְּחוּת

— *v.t.* חָשַׂף לְהַשְׁפָּעַת מֶזֶג הָאֲוִיר; פָּגַע (השפעת מזג האויר); הֶחֱזִיק מַעֲמָד, גָּבַר עַל

weave *v.t. & i.* (וִיב) אָרַג, קָלַע; טָוָה; הָגָה, הִרְכִּיב; שִׁלֵּב; נָע מִצַּד אֶל צַד, נָע בְּצוּרָה זִיגְזָגִית

wea'ver *n.* (וִיבְר) אוֹרֵג

web *n.* (וֶב) מַאֲרָג, מַסֶּכֶת, אָרִיג; קוּרִים; שְׂבָכָה, רֶשֶׁת; קְרוּם שְׂחִיָּה; מִרְקָם, סְבָךְ

wed *v.t. & i.* (וֶד) נָשָׂא, נִשָּׂא; הִתְחַתֵּן; הִתְמַסֵּר ל־; מִזֵּג; חִתֵּן; הִתְמַזֵּג

wed'ding *n.* (וֶדִנְג) חֲתֻנָּה; יוֹם הַשָּׁנָה לַחֲתֻנָּה; מִזּוּג

wedge *n. & v.t.* (וֶג') טְרִיז; יָתֵד; מְשֻׁלָּשׁ; בִּקַּע; הִכְנִיס טְרִיז; חִזֵּק בִּטְרִיזִים; דָּחַק

wed'lock *n.* (וֶדְלוֹק) נִשּׂוּאִים

Wednes'day *n.* (וֶנְזְדֵי) יוֹם ד׳, יוֹם רְבִיעִי

wee *adj.* (וִי) קָטָן, זָעִיר; מֻקְדָּם מְאֹד

weed *n.* (וִיד) עֵשֶׂב רַע, עֵשֶׂב שׁוֹטֶה; סִיגָרִיָּה, סִיגָר; אָדָם כָּחוּשׁ וּמְגֻשָּׁם

the — טַבָּק

— *v.t.* נִכֵּשׁ; שֵׁרֵשׁ, בִּעֵר; סִלֵּק

week *n.* (וִיק) שָׁבוּעַ

week'day" *n. & adj.* (וִיקְדֵי) יוֹם חֹל; שֶׁל יוֹם חֹל

week'ly *adj. & adv. & n.* (וִיקְלִי) שְׁבוּעִי; לְפִי שָׁבוּעַ; שֶׁל כָּל שָׁבוּעַ; פַּעַם בְּשָׁבוּעַ; שְׁבוּעוֹן

weep *v.i. & t.* (וִיפּ) בָּכָה, בִּכָּה; הִזִּיל

wee'vil *n.* (וִיבְל) תּוֹלַעַת זִיפִית

weigh *v.t. & i.* (וֵי) שָׁקַל; מָדַד; הוֹסִיף כֹּבֶד; הָיָה בַּעַל מִשְׁקָל; הִשְׁפִּיעַ; הִכְבִּיד; מִשְׁקָלוֹ־

— anchor הֵרִים עֹגֶן

— down הִכְבִּיד, הוֹרִיד; הֵעִיק

— in נִשְׁקַל רִשְׁמִית

weight *n.* (וֵיט) מִשְׁקָל, כֹּבֶד, לַחַץ; מַשָּׂא, מַעֲמָסָה; חֹמֶר; מִשְׁקֹלֶת; חֲשִׁיבוּת

carry — הִשְׁפִּיעַ

pull one's — תָּרַם חֶלְקוֹ

throw one's — around נִצֵּל הַשְׁפָּעָתוֹ שֶׁלֹּא כַּיָּאוּת

— *v.t.* הוֹסִיף מִשְׁקָל, הִכְבִּיד, הֵעִיק; שִׁקְלֵל; הִטָּה

weigh'ty *adj.* (וֵיטִי) כָּבֵד, מַכְבִּיד; בַּעַל מִשְׁקָל, חָשׁוּב

weird *adj.* (וִירְד) שֶׁלֹּא מֵהָעוֹלָם הַזֶּה, מוּזָר

we'lcome *interj. & n.* (וֶלְקֶם) בָּרוּךְ הַבָּא; קַבָּלַת פָּנִים

wear out one's — הֶאֱרִיךְ בְּבִקּוּרִים עַד כְּדֵי מֹרַת רוּחַ

— *v.t.* קִבֵּל בְּסֵבֶר פָּנִים יָפוֹת, קִדֵּם בִּבְרָכָה; פָּגַשׁ

— *adj.* מְקֻבָּל בְּרָצוֹן; רָצוּי; נָעִים; מֻתָּר ל־; עַל לֹא דָבָר

weld *v.t.* (וֶלְד) רִתֵּךְ; חִבֵּר; מְחֻבָּר מְרֻתָּךְ, רִתּוּךְ

wel'fare" *n.* (וֶלְפֵר) מַצָּב, רְוָחָה; סַעַד

well *adv.* (וֶל) יָפֶה, הֵיטֵב; כַּהֲלָכָה; בְּצֶדֶק; בְּעַיִן יָפָה; בְּמִדָּה נִכֶּרֶת

as — גַּם כֵּן

as — as בְּאוֹתָהּ מִדָּה

— *adj.* בָּרִיא; מַשְׂבִּיעַ רָצוֹן; טוֹב, נוֹחַ; יָאֶה

leave — enough alone לֹא לְשַׁנּוֹת מַה שֶּׁמַּשְׂבִּיעַ רָצוֹן

— *interj.* אוֹה, אָה

— *n.* בְּאֵר; מַעְיָן; צְלוֹחִית; מִפְלַשׁ מַדְרֵגוֹת; צַלַּחַת (לצמח)

— *v.t.* נָבַע, בִּעְבֵּעַ

we'll (וִיל) (קיצור של ; we shall we will)

well'be'ing *n.* (וֶלְבִּיאִנְג) רְוָחָה, חַיִּים נְעִימִים, קִיּוּם נָאֶה; תְּנָאֵי־חַיִּים, שָׁלוֹם

well'-known' *adj.* (וֶל־נוֹן) יָדוּעַ, נוֹדָע; מֻכָּר

well'-nigh' *adj.* (וֶל־נַי) כִּמְעַט

well'-off' *adj.* (וֶל־אוֹף) בְּמַצָּב טוֹב, אָמִיד

well'-preserved' *adj.* (וֶל־פְּרִזֶרְוְד) בְּמַצָּב טוֹב; בַּעַל מַרְאֶה צָעִיר

well-read *adj.* (וֶל־רֶד) מַשְׂכִּיל

well'spring" *n.* (וֶלְסְפְּרִנְג) מָקוֹר; מָקוֹר לֹא־אַכְזָב; אַסְפָּקָה שׁוֹפַעַת

well'-to-do' *adj.* (וֶלְטֶדוּ) עָשִׁיר

well'-turned' *adj.* (וֶלְטֶרְנְד) בַּעַל צוּרָה יָפָה; מֻבָּע בְּצוּרָה אֶלֶגַנְטִית

well'-wish'er *n.* (וֶל־וִשְׁר) דּוֹרֵשׁ טוֹב, רוֹצֶה בְּטוֹבַת־

welt *n.* (וֶלְט) חַבּוּרָה; מַכָּה; רְצוּעָה

wel'ter *v.i.* & *n.* (וֶלְטְר) הִתְגּוֹלֵל, הִתְנַעֲנֵעַ; הִתְפַּלֵּשׁ, הִתְבּוֹסֵס; הִסְתַּבֵּךְ מְאֹד; אַנְדְּרָלָמוּסְיָה; מְהוּמָה, עִרְבּוּבְיָה; הִתְגּוֹלְלוּת

wench *n.* & *v.t.* (וֶנְץ׳) צְעִירָה, נַעֲרָה; הִתְרוֹעֵעַ עִם פְּרוּצוֹת

went (וֶנְט) (זמן עבר של go)

wept (וֶפְּט) (זמן עבר של weep)

west *n.* & *adj.* (וֶסְט) מַעֲרָב; מַעֲרָבִי

wes'terly *adj.* & *adv.* (וֶסְטֶרְלִי) מַעֲרָבִי; מַעֲרָבָה

wes'tern *adj.* & *n.* (וֶסְטֶרְן) מַעֲרָבִי; מַעֲרָבוֹן

wes'ternize" *v.t.* (וֶסְטֶרְנַיז) הֶחְדִּיר הַשְׁפָּעָה מַעֲרָבִית

west'ward *adj.* & *adv.* (וֶסְטְוֶרְד) שֶׁנָּע מַעֲרָבָה; מַעֲרָבָה

wet *adj.* (וֶט) רָטֹב; נוֹזְלִי; מַרְשֶׁה מְכִירַת מַשְׁקָאוֹת חֲרִיפִים

all — טוֹעֶה לְגַמְרֵי

— behind the ears תָּמִים; חֲסַר־בַּגְרוּת

— *n.* & *v.t.* רְטִיבוּת, לַחוּת; גֶּשֶׁם; מְחַיֵּב יִצּוּר מַשְׁקָאוֹת חֲרִיפִים וּמְכִירָתָם; הִרְטִיב

wet' nurse' *n.* (וֶט נֶרְס) מֵינֶקֶת

wet' wash" (וֶט ווֹשׁ) כְּבָסִים שֶׁלֹּא יָבְשׁוּ

whack *v.t.* & *n.* (הְוֶק) סָטַר, הִצְלִיף; סְטִירָה, מַכָּה

whale *n.* & *v.i.* & *t.* (הְוֵיל) לִוְיָתָן; עֲנָק, הַרְבֵּה מְאֹד; צָד לִוְיָתָנִים; הִפְלִיא מַכּוֹת

whaler *n.* (הְוֵילְר) צַיֶּדֶת לִוְיָתָנִים (אניה); צַיַּד לִוְיָתָנִים

wharf *n.* (הְוּוֹרְף) רָצִיף

what *pron.* & *interj.* (הְווֹט; בלי הטעמה: הְוָט) מַה; כַּמָּה; כָּל מַה; אֵיזֶה; הַאֻמְנָם וְכַדּוֹמֶה, וְכֵן הָלְאָה

— have you נַנִּיחַ שֶׁ־

— if מַה שֶּׁדָּרוּשׁ לְהַשִּׂיג הַמְבֻקָּשׁ

— it takes הַמַּצָּב כַּהֲוָיָתוֹ

—s — הַטִּיב הָאֲמִתִּי; אֵיזֶה, אֵלֶּה

— *n.* & *adj.* בְּאֵיזוֹ מִדָּה

— *adv.* בְּצֵרוּף

— with

whatev'er *pron.* & *adj.* (הְווֹטֶוֶר) כָּל מַה, מַה, וִיהִי מָה; וְגוֹמֵר; בְּכָל כַּמּוּת; בְּלִי לְהִתְחַשֵּׁב בְּ־; יִהְיֶה אֲשֶׁר יִהְיֶה; כָּלְשֶׁהוּ, מִכָּל סוּג

wheat *n.* (הְוִיט) חִטִּים, חִטָּה

wheed'le *v.t.* & *i.* (הְוִידְל) נִסָּה לְהַשְׁפִּיעַ בַּחֲנֻפָּה; פִּתָּה בַּחֲנֻפָּה; הִשִּׂיג בַּחֲנֻפָּה; הֶחֱנִיף

wheel *n.* & *v.t.* (הְוִיל) גַּלְגַּל; גִּלְגֵּל, עִנּוּיִים; הֶגֶה; גִּלְגֵּל, סוֹבֵב; הִסִּיעַ

— and deal עָשָׂה קוֹמְבִּינַצְיוֹת, עָסַק בִּסְחַר־מֶכֶר

wheel'bar"row *n.* (הְוִילְבֶּרוֹ) מְרִיצָה

wheeze *v.i.* & *n.* (הְוִיז) הִשְׁמִיעַ שְׁרִיקָה בִּשְׁעַת נְשִׁימָה, הִתְקַשָּׁה בִּנְשִׁימָה; נְשִׁימָה שׁוֹרֶקֶת

whelp *n.* & *v.i.* (הְוֶלְפּ) גּוּר; "צוּצִיק" (בזלזול); הִמְלִיט

when *adv.* & *conj.* & *pron.* (הְוֶן) מָתַי; בְּאֵיזֶה זְמַן; כַּאֲשֶׁר; בְּעוֹד שֶׁ־

whence *adv.* & *conj.* (הְוֶנְס) מִנַּיִן, מֵאַיִן

whene'ver *conj.* (הְוֶנֶוֶר) בְּכָל עֵת, בְּכָל שָׁעָה; מָתַי

where *adv. & conj. & pron.* (הְוֶר) אֵיפֹה; כֵּיצַד; לְאָן; מִנַּיִן; בְּמָקוֹם שֶׁ־; בְּמַצָּב שֶׁ־; בַּאֲשֶׁר, לְכָל מָקוֹם; שֶׁאָז

where'abouts" *adv. & conj. & n.* (הְוֶרַבַּאוּטְס) אֵיפֹה, אֵיפֹה בְּעֵרֶךְ; בְּקִרְבַת אֵיזֶה מָקוֹם; מְקוֹם הִמָּצְאוּת

whereas' *conj.* (הְוֶרֶז) בְּעוֹד שֶׁ־; הוֹאִיל וְ־; מֵאַחַר שֶׁ־

whereat' *adv. & conj.* (הְוֶרֶט) שֶׁבּוֹ; שֶׁבְּיַחַס אֵלָיו, שֶׁלְּגַבָּיו

where"upon' *conj.* (הְוֶרֶפּוֹן) שֶׁעָלָיו; כְּתוֹצָאָה; אַחֲרֵי כֵן

wherev'er *conj. & adv.* (הְוֶרֶוְר) בְּכָל מָקוֹם שֶׁ־; בְּכָל מִקְרֶה, בְּכָל מַצָּב; אֵיפֹה

where'withal" *n.* (הְוֶרְוִדְ'וֹל) כֶּסֶף, אֶמְצָעִים

whet *v.t.* (הְוֶט) הִשְׁחִיז; גֵּרָה

wheth'er *conj.* (הְוֶדְ'ר) אִם

— or no יְהִי מָה; יִהְיֶה אֲשֶׁר יִהְיֶה הַמַּצָּב

whet'stone" *n.* (הְוֶטְסְטוֹן) אֶבֶן מַשְׁחֶזֶת

which *pron. & adj.* (הְוִיץ') אֵיזֶה (.m), אֵיזוֹ (.f); שֶׁ־, אֲשֶׁר; מַה שֶּׁ־

whichev'er *pron. & adj.* (הְוִצֶ'וְר) אֵיזֶה, אֵיזֶה שֶׁהוּא; לֹא מְשַׁנֶּה, כָּל־

whiff *n.* (הְוִף) מַשַּׁב קַל; רֵיחַ קָלוּשׁ; שְׁאִיפָה (נשימה), נְשִׁיפָה; הִתְפָּרְצוּת קַלָּה

while *n.* (הְוַיל) תְּקוּפָה, פֶּרֶק זְמַן

worth one's — כְּדַאי

— *conj.* בְּשָׁעָה שֶׁ־; כָּל זְמַן שֶׁ־; אַף עַל פִּי

— *v.t.* בִּלָּה בַּנְּעִימִים

whim *n.* (הְוִם) קַפְּרִיזָה

whim'per *v.i & n* (הְוִמְפֶּר) יִבֵּב בְּשֶׁקֶט; יְבָבָה חֲרִישִׁית

whim'sical *adj* (הְוִמְזִקְל) קַפְּרִיזִי, הֲפַכְפַּךְ, תִּמְהוֹנִי; בַּעַל הוּמוֹר קַפְּרִיזִי

whim'sy *n* (הְוִמְזִי) הוּמוֹר קַפְּרִיזִי; רַעְיוֹן מוּזָר; קַפְּרִיזָה; בִּטּוּי דִּמְיוֹנִי

whine *v i & n* (הְוַין) יִלֵּל; הִתְלוֹנֵן מִתּוֹךְ חֶמְלָה עַצְמִית; יְלָלָה בַּכְיָנִית

whip *n & v.t. & i* (הְוִפּ) שׁוֹט; הַלְקָאָה; מַצְלִיף מִפְלַגְתִּי; מַאֲכַל קַצֶּפֶת; הִצְלִיף, הִלְקָה; אִמֵּן בְּכֹחַ; גָּבַר עַל; מָשַׁךְ פִּתְאוֹם; טָרַף (ביצים), הִקְצִיף; נָע מַהֵר

— up הֵכִין מַהֵר; שִׁסָּה, הֵסִית

whip'ped cream" (הְוִפְּט קְרִים) קַצֶּפֶת

whir *v.i. & n.* (הְוֶר) נָע מַהֵר וְהִשְׁמִיעַ זִמְזוּם; זִמְזוּם

whirl *v.i. & t. & n.* (הְוֶרְל) הִסְתּוֹבֵב מַהֵר; נָע בִּמְהִירוּת; הִסְתַּחְרֵר; סוֹבֵב מַהֵר; הִסְתּוֹבְבוּת מְהִירָה; סִבּוּב קָצָר; סִבּוּב מָהִיר; סְחַרְחֹרֶת; נִסָּיוֹן

whirl'pool" *n.* (הְוֶרְלְפּוּל) מְעַרְבֹּלֶת

whirl'wind" *n.* (הְוֶרְלְוִנְד) סוּפָה; טוֹרְנָדוֹ; סוּפָתָה (הושע ה, ז)

whisk *v.t.* (הְוִסְק) טִאטֵא בְּקַלִּילוּת; הֵזִיז בִּתְנוּעָה מְהִירָה; חָטַף

whis'kers *n. pl.* (הְוִסְקֶרְז) זָקָן

whisk(e)y *n.* (הְוִסְקִי) וִיסְקִי

whis'per *v.i. & n.* (הְוִסְפֶּר) לָחַשׁ, הִתְלַחֵשׁ; רִשְׁרֵשׁ; לַחַשׁ, לְחִישָׁה; רִשְׁרוּשׁ

whis'tle *n. & v.i.* (הְוִסְל) שְׁרִיקָה, צִפְצוּף; שָׁרַק, צִפְצֵף

— for טָרַח לַשָּׁוְא

whit *n.* (הְוִט) קֻרְטוֹב, שֶׁמֶץ

white' *adj. & n.* (הְוַיט) לָבָן; שֶׁל אֲנָשִׁים לְבָנִים; חִוֵּר; מַכְסִיף; כְּעֵין הַשֶּׁלֶג; בָּהִיר; שָׁקוּף; שַׁמְרָנִי מְאֹד; לָבוּשׁ בְּגָדִים לְבָנִים; יָשָׁר, הָגוּן, בַּר־מַזָּל; זַךְ, טָהוֹר, תָּמִים; לֹא־מַזִּיק; לֹבֶן; בְּהִירוּת; חֶלְבּוֹן; אָדָם לָבָן

whit'en *v.t. & i.* (הְוַיטְן) הִלְבִּין

white'wash" *n. & v.t.* (הְוַיטְווֹשׁ) סִיד; הַלְבָּנָה (מאשמה), חִפּוּי; תְּבוּסָה; סִיֵּד; נִקָּה מֵאַשְׁמָה, חִפָּה עַל; הֵבִיס

whit'tle *v.t. & i.* (הְוִטְל) כִּיֵּר בְּאוֹלָר, שִׁבֵּב; גָּזַר קִיסָמִים, הִפְחִית

whiz *v.i.* (הְוִז) הִשְׁמִיעַ קוֹל זִמְזוּם

who *pron.* (הוּ) מִי; שֶׁ־

whodun'it (הוּדַנִט) סִפּוּר בַּלָּשִׁי

whoev'er *pron.* (הוּאֶוֶר) מִי, אִישֶׁהוּ; יִהְיֶה אֲשֶׁר יִהְיֶה

whole *adj. & n.* (הוֹל) כָּל; כֻּלּוֹ; שָׁלֵם; כְּלָל; מִכְלוֹל

out of — cloth חֲסַר יְסוֹד; בָּדוּי

on the — לְאַחַר שִׁקּוּל; בְּדֶרֶךְ כְּלָל

whole'sale" *n. & adj. & adv.* (הוֹלְסֵיל) סִיטוֹנוּת; סִיטוֹנִי; נִרְחָב; בְּסִיטוֹנוּת

— *v.t.* מָכַר בְּסִיטוֹנוּת

whole'some *adj.* (הוֹלְסֶם) מֵיטִיב; מוֹעִיל; טוֹב לַבְּרִיאוּת; בָּרִיא

whol'ly *adv.* (הוֹלִי) לְגַמְרֵי; כֻּלּוֹ, בִּשְׁלֵמוּת

whom *pron.* (הוּם) מִי (אחרי את, ל־, ב־ וכו׳)

whoop *n. & v.i.* (ווּפ, הוּפ) תְּרוּעָה, צְעָקָה; הִשְׁמִיעַ קוֹל צְעָקָה, הֵרִיעַ

whoop'ing cough" (הוּפִּנְג קוֹף) שַׁעֶלֶת

whore *n.* (הוֹר) זוֹנָה; פְּרוּצָה

who's (הוּז) who is; who's there; (קיצור של who has)

whose *pron.* (הוּז) שֶׁל מִי, שֶׁאֶת שֶׁלּוֹ, שֶׁ־

why *adv. & conj. & n. & interj.* (הְוַי) לָמָּה; מַדּוּעַ; שֶׁבִּגְלַל־; מִפְּנֵי מָה; סִבָּה; אֶה, אוּי

wick *n.* (וִק) פְּתִילָה

wick'ed *adj.* (וִקֶד) רָע; חוֹטֵא, רָשָׁע; שׁוֹבָב; מְרֻשָּׁע; מַזִּיק; מֻפְרָז; מְצֻיָּן

wick'edness *n.* (וִקֶדְנֶס) רֶשַׁע, רָע; מַעֲשֶׂה עָוֶל

wick'er *n. & adj.* (וִקֶר) נֵצֶר; קָלוּעַ, שֶׁל נְצָרִים

wide *adj.* (וַיד) רָחָב; נִרְחָב, רְחַב־יָדַיִם; פָּתוּחַ לִרְוָחָה; שׁוֹפֵעַ; רָחוֹק

wide'ly *adj.* (וַידְלִי) בְּמִדָּה רַבָּה; עַל פְּנֵי שֶׁטַח נִרְחָב; בֵּין אֲנָשִׁים רַבִּים; בְּנוֹשְׂאִים רַבִּים

wid'en *v.t. & i.* (וַידְן) הִרְחִיב; הִתְרַחֵב

wid'ow *n. & v.t.* (וִדוֹ) אַלְמָנָה; אִשָּׁה שֶׁנֶּעֶזְבָה לְנַפְשָׁהּ; אִלְמֵן

wid'ower *n.* (וִדוֹאֶר) אַלְמָן

width *n.* (וִדְתּ׳) רֹחַב; חֲתִיכָה בָּרֹחַב

wield *v.t.* (וִילְד) הִשְׁתַּמֵּשׁ בְּ־

wife *n.* (וַיף) אִשָּׁה, זוּגָה, בַּת־זוּג, רַעְיָה

wig *n.* (וִג) פֵּאָה נָכְרִית

wig'gle *v.i. & t.* (וִגְל) הִתְנַעְנַע מִצַּד אֶל צַד; נִעְנַע מִצַּד אֶל צַד

wild *adj.* (וַילְד) בַּר; פִּרְאִי; שׁוֹמֵם; אַלִּים; סוֹעֵר; מְטֹרָף; מִשְׁתּוֹלֵל; פָּרוּעַ; שְׁלוּחַ־רֶסֶן; מֻפְרָז, דִּמְיוֹנִי; רָחוֹק מֵהַמַּטָּרָה; מִתְלַהֵב; לְפִי רְצוֹן הַמְשַׂחֵק (קלפים)

— *adv.* בְּצוּרָה פִּרְאִית

run — גָּדַל פֶּרֶא; הִתְפָּרֵעַ, גָּדַל לְלֹא מַעֲצוֹרִים

— *n.* שְׁמָמָה

wil'derness *n.* (וִלְדֶרְנֶס) שְׁמָמָה; יְשִׁימוֹן; שֶׁטַח שׁוֹמֵם; אַנְדְּרָלְמוּסְיָה

wild'-eyed" *adj.* (וַילְדַיד) בַּעַל אַרֶשֶׁת־טֵרוּף; אֲחוּז־חֵמָה; אֲחוּז־יָגוֹן; מְטֹרָף, דִּמְיוֹנִי; שְׁטוּף־הֲזָיוֹת

wild'fire" *n.* (וַילְדְפַיְאֶר) חֹמֶר מִתְלַקֵּחַ, אֵשׁ מִשְׁתּוֹלֶלֶת

like — בִּמְהִירוּת הַבָּזָק

wile *n.* (וַיל) תַּחְבּוּלָה; עָרְמָה

—s קֶסֶם, כִּשּׁוּף

will (וִל) (פועל עזר בגוף שני ושלישי לציין את זמן העתיד ובגוף ראשון לציין את חובת הפעולה)

— *v.* רָצָה, נָטָה לְ־, הָיָה עוֹמֵד לְ־; הָיָה מִתְבַּקֵּשׁ לְ־; הָיָה צָרִיךְ; הָיָה מִתְעַקֵּשׁ לְ־; הָיָה רָגִיל לְ־; הָיָה מְסֻגָּל לְ־; צִוָּה לְ־; הוֹרִישׁ; הִשְׁפִּיעַ עַל בְּכֹחַ הָרָצוֹן; הִשְׁתַּמֵּשׁ בְּכֹחַ הָרָצוֹן; הֶחְלִיט, הִכְרִיעַ

— *n.* רָצוֹן; רְצִיָּה; יַחַס; צַוָּאָה

at — כִּרְצוֹנוֹ

will'ful *adj.* (וִלְפֻל) זְדוֹנִי; קְשֵׁה־עֹרֶף, עַקְשָׁן בְּצוּרָה עִוֶּרֶת

wil'ling *adj.* (וִלִנְג) מַסְכִּים, נוֹטֶה, מוּכָן בְּרָצוֹן; עָשׂוּי בְּרָצוֹן

—ly *adj.* בְּרָצוֹן, בְּשִׂמְחָה

wil'low *n.* (וִלוֹ) עֲרָבָה

wil'ly-nil'ly *adv.* (וִלִי־נִלִי) בֵּין בְּרָצוֹן וּבֵין בְּעַל כָּרְחוֹ

wilt *v.i.* (וִלְט) נָבַל, קָמַל; תָּשַׁשׁ

wi'ly *adj.* (וַילִי) עַרְמוּמִי

win *v.i. & t. & n.* (וִן) נִצַּח, זָכָה; הִצְלִיחַ; הִצְלִיחַ לְהַגִּיעַ; הִשִּׂיג; נָשָׂא חֵן בְּעֵינֵי; רָכַשׁ תְּמִיכָה; שִׁכְנֵעַ לְהִנָּשֵׂא; נִצָּחוֹן

wince *v.i.* (וִנְס) הִתְכַּוֵּץ מִכְּאֵב

winch *n.* (וִנְץ׳) כַּנֶּנֶת, אַרְכֻּבָּה

wind *n.* (וִנְד) רוּחַ; סוּפָה; נְשִׁיפָה; כְּלִי נְשִׁיפָה, כְּלֵי נְשִׁיפָה; נְשִׁימָה; נְשִׁימָה חָפְשִׁית; מְגַמָּה, רֶמֶז, אֲוִיר נוֹשֵׂא רֵיחַ; הֲבָלִים; גַּז (במעיים); כִּוּוּן

— s מְנַגְּנֵי כְּלֵי נְשִׁיפָה

break — הָפִיחַ נְפִיחָה
how the — blows (lies) מַה הַמְּגַמָּה
in the teeth of the — לְתוֹךְ עָצְמַת הָרוּחַ
in the — מְמַשְׁמֵשׁ וּבָא
take the — out of one's sails חָתַר תַּחַת הַבִּטָּחוֹן הָעַצְמִי; סִכֵּל
— *v.i. & t.* (וַינְד) הִתְפַּתֵּל; נִכְרַךְ מִסָּבִיב; הִתְעַקֵּם; הִתְקַדֵּם בְּדֶרֶךְ עֲקַלְקַלָּה; הָיָה מְסוּבָב; כָּרַךְ; לִפֵּף; סוֹבֵב, כּוֹנֵן; מָתַח (שעון); הִסְתַּנֵּן
— up רִגֵּשׁ; הִלְהִיב; סִיֵּם; מָתַח (שעון)
win'ded *adj.* (וִנְדֶד) בַּעַל נְשִׁימָה־; נוֹשֵׁם בְּקֹשִׁי
wind'fall" *n.* (וִנְדְפוֹל) זְכִיָּה לֹא־צְפוּיָה; מַזָּל טוֹב לֹא־צָפוּי
winding *n.* (וַינְדִנְג) פִּתּוּל; כְּרִיכָה; סְלִיל; לִפּוּף
wind'mill" *n.* (וִנְדְמִל) טַחֲנַת רוּחַ; יָרִיב דִּמְיוֹנִי
win'dow *n.* (וִנְדוֹ) חַלּוֹן; זגוג; שִׁמְשָׁה; אֶשְׁנָב
wind'pipe" *n.* (וִנְדְפַּיפ) קָנֶה
wind'shield" *n.* (וִנ[ד]שִׁילְד) מָגֵן־רוּחַ
win'dy *adj.* (וִנְדִי) שֶׁל רוּחַ, שֶׁל רוּחוֹת; חָשׂוּף לְרוּחוֹת; דּוֹמֶה לְרוּחַ; מְנֻפָּח; שָׁדוּף
wine *n. & v.t.* (וַין) יַיִן; הִשְׁקָה יַיִן
— and dine עָרַךְ מְסִבָּה לִכְבוֹד־; בְּיָד נְדִיבָה
wing *n.* (וִנְג) כָּנָף; זְרוֹעַ; אֶמְצְעֵי נְסִיעָה; אֲגַף
—s כַּנְפֵי טַיָּס
on the — מְעוֹפֵף, טָס
winged *adj.* (וִנְגְד) בַּעַל כְּנָפַיִם; מָהִיר; נִשְׂגָּב; פָּגוּעַ; פָּצוּעַ קַל
wink *v.i.* (וִנְק) קָרַץ; פִּלְבֵּל בְּעֵינַיִם; נִצְנֵץ
— at הִתְעַלֵּם מִ־ לְגַמְרֵי
— *n.* קְרִיצָה; רֶמֶז; הֶרֶף עַיִן; נִצְנוּץ; כְּהוּא זֶה
win'ner *n.* (וִנֶר) מְנַצֵּחַ, זוֹכֶה
win'ning *n.* (וִנִנְג) נִצָּחוֹן, זְכִיָּה, רֶוַח
—s פְּרָס
— *adj.* מְנַצֵּחַ, זוֹכֶה; מְלַבֵּב
win'now *v.t.* (וִנוֹ) זָרָה; נָשַׁף; פִּזֵּר; נִתַּח

win'ter *n. & adj.* (וִנְטֶר) חֹרֶף; מֶזֶג אֲוִיר קַר; תְּקוּפַת יְרִידָה, תְּקוּפַת מְצוּקָה; חָרְפִּי
— *v.i.* חָרַף; בִּלָּה הַחֹרֶף
win'try *adj.* (וִנְטְרִי) חָרְפִּי
wipe *v.t. & n.* (וַיפּ) נִגֵּב; מָחָה; שִׁפְשֵׁף; וְנִקָּה; נִגּוּב; שִׁפְשׁוּף, מְחִיָּה; מַכָּה
— out הִשְׁמִיד; רָצַח
wire *n.* (וַיאֶר) תַּיִל, חוּט בַּרְזֶל, חוּט חַשְׁמַל; מִבְרָק; טֶלֶגְרָף
pull —s נִצֵּל פְּרוֹטֶקְצְיָה
the — הַטֶּלֶפוֹן
— *v.t. & i.* צִיֵּד בְּתַיִל; הִתְקִין מַעֲרֶכֶת חוּטֵי חַשְׁמַל; חִבֵּר בְּחוּטֵי בַּרְזֶל; הִבְרִיק
wire'less *adj. & n.* (וַיאֶרְלֶס) אַלְחוּטִי; אַלְחוּט, טֶלֶגְרָף אַלְחוּטִי, מִבְרָק רַדְיוֹ
wir'y *adj.* (וַיאֶרִי) עָשׂוּי תַּיִל, דּוֹמֶה לְתַיִל; רָזֶה וּשְׁרִירִי, חָסֹן
wis'dom *n.* (וִזְדֶם) חָכְמָה
wise *adj.* (וַיז) חָכָם; נָבוֹן; בָּקִי; בַּר־דַּעַת; חָצוּף
be (get) — הִכִּיר הַמַּצָּב לַאֲשׁוּרוֹ, לָמַד
get — רָכַשׁ מֵידָע; הִתְחַצֵּף
put someone — הֶעֱמִידוֹ עַל אֲמִתּוּת הַדְּבָרִים
— *n.* דֶּרֶךְ, אֹפֶן
wise'crack" *n. & v.i.* (וַיזְקְרֶק) הֶעָרָה חֲרִיפָה, הֶעָרָה מְבַדַּחַת; הֵעִיר הֶעָרָה חֲרִיפָה אוֹ מְבַדַּחַת
wish *v.t. & i.* (וִשׁ) רָצָה, הִשְׁתּוֹקֵק; רָצָה שֶׁתִּתְגַּשֵּׁם רְצִיָּתוֹ; אִחֵל לְ־; בִּקֵּשׁ; בֵּרֵךְ בְּ־; פָּקַד עַל; הִבִּיעַ מִשְׁאָלָה
— on כָּפָה עַל
— upon הִבִּיעַ מִשְׁאָלָה אַגַּב שִׁמּוּשׁ בְּקָמֵעַ
— *n.* רְצִיָּה, רָצוֹן; מִשְׁאָלָה; אִחוּל, בְּרָכָה
wish'ful thin'king (וִשְׁפֶל תִ'נְקִנְג) מַתַּן פֵּרוּשׁ מֵהִרְהוּרֵי־הַלֵּב
wish'y-wash"y *adj.* (וִשִׁי־וֹשִׁי) מֵימִי; חֲסַר־הֶחְלֵטִיּוּת; חַלָּשׁ
w sp *n.* (וִסְפּ) חֲבִילָה קְטַנָּה; אָנִיץ; צִיצָה; קָטָן וְעָדִין; מַחֲזֶה־שָׁרָב
wist'ful *adi.* (וִסְטְפֶל) נוּגֶה וּמָלֵא כִּסּוּפִים; מְהַרְהֵר בְּעֶצֶב

wit *n.* (וִט) בְּדִיחוּת הַדַּעַת; מְמֻלָּח; תְּבוּנָה

—s תּוּשִׁיָּה; שֵׂכֶל

have (keep) one's —s הָיָה עֵרָנִי

witch *n.* (וִץ) מְכַשֵּׁפָה; מִרְשַׁעַת; זְקֵנָה בָּלָה

witch'craft" *n.* (וִצְ'קְרֶפְט) כִּשּׁוּף

witch' doc"tor *n.* (וִץ' דּוֹקְטַר) רוֹפֵא אֱלִיל

with *prep.* (וִד') מְלֻוֶּה; יַחַד עִם; עִם, בְּ־; בְּאֶמְצָעוּת; בַּעַל־; בְּיַחַס לְ־, לְגַבֵּי; מֵחֲמַת, בִּגְלַל; לְפִי דַּעַת־; אֵצֶל; מִן; נֶגֶד; שֻׁתָּף לְדֵעָה; בִּכְפִיפָה אַחַת עִם

— child הָרָה

withdraw' *v.t. & i.* (וִדְ'דְּרוֹ) הֶחֱזִיר, לָקַח בַּחֲזָרָה, מָשַׁךְ, הֵסִיר; נָסוֹג, הִתְרַחֵק, הִסְתַּלֵּק; חָדַל לְהִשְׁתַּמֵּשׁ בְּסַם מְשַׁכֵּר

with'er *v.i. & t.* (וִדְ'ר) קָמַל, נָבַל; דָּהָה; גָּרַם קְמִילָה, פָּגַע בְּ־; בִּיֵּשׁ בְּמַבָּט נוֹקֵב

withhold' *v.t.* (וִדְ'הוֹלְד) עִכֵּב, עָצַר; מָנַע

within' *adv. & prep. & n.* (וִדִ'ן) פְּנִימָה; בַּלֵּב; בְּתוֹךְ; בְּ־; בִּתְחוּם, בִּגְבוּל; בְּטְוַח; בְּמֶשֶׁךְ; בִּפְנִים

without' *prep. & adv. & n.* (וִדְ'אוּט) בְּלִי, בִּלְעֲדֵי; חוּץ מִ־; בַּחוּץ

withstand' *v.t. & i.* (וִתְ'סְטֶנְד) עָמַד בִּפְנֵי, הִתְנַגֵּד לְ־

wit'ness *v.t. & n.* (וִטְנֶס) הָיָה עֵד לְ־; הָיָה עֵד רְאִיָּה; רָאָה בְּמוֹ עֵינָיו; הָיָה נוֹכֵחַ; הֵעִיד; שִׁמֵּשׁ עֵד, חָתַם עַל; עֵד; עֵדוּת

wit'ticis"m *n.* (וִטִסִזְם) בְּדִיחָה, מַהֲתַלָּה

wit'ty *adj.* (וִטִי) שָׁנוּן, חָרִיף, מְבַדֵּחַ

wives (וַיְבְז) (רִיבּוּי שֶׁל wife)

wiz'ard *n.* (וִזַרְד) מְכַשֵּׁף, קוֹסֵם; לַהֲטוּטָן; אַשָּׁף

wiz'ened *adj.* (וִזְנְד) קָמֵל, מְצֻמָּק

wob'ble *v.i.* (ווֹבְּל) הִתְנַדְנֵד, רָעַד; פָּסַח עַל שְׁתֵּי הַסְּעִפִּים

woe *n.* (וֹוּ) יָגוֹן; מְצוּקָה; תְּלָאָה

woe'ful *adj.* (ווֹפֻל) אֻמְלָל, נוּגֶה; עָלוּב

wolf *n.* (וּלְף) זְאֵב; פְּרִיצַת זְאֵב; רוֹדֵף נָשִׁים

cry — הִשְׁמִיעַ אַזְעָקַת שָׁוְא

keep the — from the door הִרְחִיק רָעָב

— in sheep's clothing רָשָׁע הַמִּתְחַזֶּה כְּצַדִּיק

wolves (וּלְוְז) (רִיבּוּי שֶׁל wolf)

wom'an *n.* (וּמֶן) אִשָּׁה; אֲהוּבָה, פִּילֶגֶשׁ; עוֹזֶרֶת

wom'anhood" *n.* (וּמֶנְהֻד) מַצַּב הָאִשָּׁה, נָשִׁיּוּת; תְּכוּנוֹת נָשִׁיּוֹת; נָשִׁים

wo'manish *adj.* (וּמֶנִשׁ) נָשִׁי; חַלָּשׁ

wom'ankind" *n.* (וּמֶנְקַיְנְד) נָשִׁים; הַמִּין הַנָּשִׁי

wom'anly *adj.* (וּמֶנְלִי) כְּמוֹ אִשָּׁה, יָאֶה לְאִשָּׁה, נָשִׁי

womb *n.* (ווּם) רֶחֶם; פְּנִים

wo'men (וִמֶן) (רִיבּוּי שֶׁל woman)

won'der *v.i. & t. & n.* (וַנְדְר) תָּהָה; הִתְפַּלֵּא; שָׁאַל עַצְמוֹ; פֶּלֶא; תְּמִיהָה; נֵס

won'derful *adj.* (וַנְדֶרְפֻל) נִפְלָא

wont *adj. & n.* (וּוֹנְט) רָגִיל; הֶרְגֵּל, נֹהַג

won't (וּוֹנְט) (קִיצּוּר שֶׁל will not)

woo *v.t. & i.* (וּוּ) חִזֵּר אַחֲרֵי; בִּקֵּשׁ לִזְכּוֹת בְּ־; הִזְמִין; בִּקֵּשׁ לְשַׁכְנֵעַ; הִתְחַנֵּן

wood *n.* (וּד) עֵץ; עֲצֵי בְּנִיָּה; עֲצֵי הַסָּקָה; חָבִית

—s יַעַר

out of the —s בִּמְקוֹם מִבְטָחִים

wood'craft" *n.* (וּדְקְרֶפְט) חָכְמַת הַיַּעַר, בְּקִיאוּת בַּהֲוֵי הַיַּעַר; יַעֲרָנוּת; חֲרָשׁוּת עֵץ

wood'ed *adj.* (וּדֶד) מְיֹעָר

wood'en *adj.* (וּדְן) עָשׂוּי עֵץ; גַּמְלוֹנִי; חֲסַר־חַיּוּת, אָדִישׁ

wood'land" *n. & adj.* (וּדְלֶנְד) אֶרֶץ יְעָרוֹת, שִׁטְחֵי עֵצִים; שֶׁל יַעַר, שֶׁל יְעָרוֹת

wood'pec"ker *n.* (וּדְפֶּקְר) נַקָּר

wood(s)'man *n.* (וּד[ז]מֶן) חֲכַם־יְעָרוֹת; כּוֹרֵת עֵצִים

wood'work" *n.* (וּדְוֶרְק) חֶפְצֵי עֵץ; אַבְזְרֵי־עֵץ

wool *n.* (וּל) צֶמֶר

all — and a yard wide אֲמִתִּי; מְצֻיָּן; כֵּן

dyed in the — מֻשְׁבָּע, מֻכּוֹר

pull the — over someone's eyes רִמָּה

wool'en *n. & adj.* (וּלֶן) אֲרִיג צֶמֶר; שֶׁל צֶמֶר

—s בִּגְדֵי צֶמֶר
wool'ly *adj.* (וֹלִי) עָשׂוּי צֶמֶר; דּוֹמֶה לְצֶמֶר; צָמִיר; מְחֻסְפָּס וְדִינָמִי; מְבֻלְבָּל
—ies תַּחְתּוֹנֵי צֶמֶר
woo'zy *adj.* (ווּזִי) מְטֻשְׁטָשׁ, הָמוּם; אֲחוּז־סְחַרְחֹרֶת, חַלָּשׁ
word *n.* (וֶרְד) מִלָּה; שִׂיחָה; בִּטּוּי; הַבְטָחָה, דִּבּוּר; יְדִיעָה, בְּשׂוֹרָה; סִיסְמָה; פְּקֻדָּה; אִמְרָה
—s דִּבּוּרִים, מֶלֶל; תַּמְלִיל; מְרִיבָה
be as good as one's — עָמַד בְּדִבּוּרוֹ
eat one's —s הוֹדָה בְּהַכְנָעָה עַל טָעוּת
have no —s לֹא הָיָה מְסֻגָּל לְתָאֵר
in a — לְסִכּוּם, בְּקִצּוּר
in so many —s בִּמְפֹרָשׁ; פְּשׁוּטוֹ כְּמַשְׁמָעוֹ
man of his — אִישׁ הָעוֹמֵד בְּדִבּוּרוֹ
of few —s מְמַעֵט שִׂיחָה, שַׁתְקָן
put in a (good) — דִּבֵּר טוֹבוֹת עַל; הִמְלִיץ עַל
take one at one's — הִתְיַחֵס בְּאֵמוּן ל־
take the —s out of one's month הִקְדִּים אַחֵר בַּאֲמִירַת דָּבָר
— *v.t.* הִבִּיעַ בְּמִלִּים, נִסֵּחַ
wor'dy *adj.* (וֶרְדִי) רַב־מֶלֶל, פַּטְפְּטָנִי; שֶׁל מִלִּים
wore (ווֹר) (זמן עבר של wear)
work *n. & adj.* (וֶרְק) עֲבוֹדָה, עָמָל; מְלָאכָה; מַעֲשֶׂה; יְצִירָה; מִבְנֶה; בִּצּוּר; שֶׁל עֲבוֹדָה
—s מִפְעָל; מַנְגָּנוֹן; מַעֲשִׂים טוֹבִים
at — בַּעֲבוֹדָה; בִּפְעֻלָּה
shoot the —s עָשָׂה מַאֲמָץ לְבַזְבֵּז כָּל הַמַּשְׁאַבִּים
the —s הַכֹּל; כָּל הַכָּרוּךְ בָּזֶה; טִפּוּל אַכְזָרִי
— *v.i. & t.* עָבַד; הִצְלִיחַ; הִגִּיעַ לִידֵי־; הִשְׁפִּיעַ עַל; הִתְעַוֵּת; הִתְקַדֵּם תּוֹךְ מַאֲמָץ; הִתְפָּרֵק קְצָת; פָּעַל, תִּפְקֵד; תָּסַס; הִשְׁתַּמֵּשׁ בּ־; תִּפְעֵל; הֵבִיא לִידֵי; הִשִּׂיג עַל יְדֵי עֲבוֹדָה; הֶעֱבִיד; נִצֵּל; סָרַג, רָקַם; שִׁלְהֵב; הִסְעִיר; הִתְסִיס
— off נִפְטַר מ־ עַל יְדֵי מַאֲמָץ; פָּרַע
— out עִבֵּד, פָּתַר; הִסְתַּיֵּם; הִרְחִיב; יָצָא לַפֹּעַל; הִתְאַמֵּן
— up עוֹרֵר; הֵכִין; עִבֵּד
wor'ker *n.* (וֶרְקֶר) פּוֹעֵל, עוֹבֵד; נְקֵבָה עֲקָרָה (אצל חרקים)
work'man *n.* (וֶרְקְמֶן) פּוֹעֵל, עוֹבֵד
work'manship" *n.* (וֶרְקְמֶנְשִׁפּ) אוּמָנוּת; בִּצּוּעַ, אֵיכוּת; מוּצָר
work'out" *n.* (וֶרְקָאוּט) מִשְׂחַק־אִמּוּן, תִּרְגֹּלֶת
work'shop" *n.* (וֶרְקְשׁוֹפּ) בֵּית מְלָאכָה; סַדְנָה, סֶמִינָר
world *n. & adj.* (וֶרְלְד) כַּדּוּר הָאָרֶץ; עוֹלָם; הַמִּין הָאֱנוֹשִׁי; יְקוּם; כַּמּוּת גְּדוֹלָה מְאֹד; גֶּרֶם שְׁמֵימִי
for all the — בְּעַד כָּל תְּמוּרָה שֶׁתֻּצַּע; בְּדִיּוּק
in the — בִּכְלָל לֹא, מֵעוֹלָם לֹא; מִכָּל הָאֶפְשָׁרֻיּוֹת
out of this (the) — נֶהְדָּר, מְיֻחָד בְּמִינוֹ, שֶׁאֵין כָּמוֹהוּ
set the — on fire פָּעַל גְּדוֹלוֹת וּנְצוּרוֹת
think the — of הוֹקִיר מְאֹד
world'ly *adj.* (וֶרְלְדְלִי) שֶׁל הָעוֹלָם הַזֶּה; חִלּוֹנִי; בָּקִי בְּהִלְכוֹת הָעוֹלָם
worm *n. & v.i.* (וֶרְם) תּוֹלַעַת; יְצוּר נִבְזֶה; חִלָּזוֹן; זָחַל לְאַט וּבִגְנֵבָה; הִתְקַדֵּם בַּחֲשַׁאי; הִסְתַּנֵּן; הִשִּׂיג בְּעַרְמוּמִיּוּת
worm'wood" *n.* (וֶרְמְוּד) לַעֲנָה
worm'y *adj.* (וֶרְמִי) מָלֵא תּוֹלָעִים; מִתְרַפֵּס
worn *adi.* (וּוֹרְן) מְשֻׁמָּשׁ; בָּלוּי, מְמֻרְטָט; מְיֻגָּע; (p.p. של wear)
— out *adj.* בָּלוּי, שָׁחוּק; מְיֻגָּע; תָּשׁוּשׁ
wor'risome *adj.* (וַרִסֶם) מַדְאִיג; חַשְׁשָׁנִי
wor'ry *v.i. & t. & n.* (וַרִי) דָּאַג; נָע בְּמַאֲמָץ; הִדְאִיג; הֵצִיק; נִגְעַס בַּשִּׁנַּיִם; דְּאָגָה, צָרָה
worse *adj. & n. & adv.* (וֶרְס) רַע יוֹתֵר, גָּרוּעַ; נְחוּת; בְּצוּרָה רָעָה יוֹתֵר, בְּרִשְׁעוּת־יֶתֶר; בְּמִדָּה גְּדוֹלָה יוֹתֵר
wor'ship" *n. & v.i. & t.* (וֶרְשִׁפּ) תְּפִלָּה, עֲבוֹדָה, פֻּלְחָן; הַעֲרָצָה; הֶעֱרִיץ מְאֹד; הִתְפַּלֵּל; עָבַד אֶת־

worst *adj. & n.* (וֶרְסְט) הָרָע בְּיוֹתֵר; הַגָּרוּעַ בְּיוֹתֵר
at — בְּמַצָּב הַגָּרוּעַ בְּיוֹתֵר
get the — of something הוּבַס
if — comes to — בַּמִּקְרֶה הַגָּרוּעַ בְּיוֹתֵר
in the — way מְאֹד, בְּצוּרָה קִיצוֹנִית
— *adv.* בְּצוּרָה הַגְּרוּעָה בְּיוֹתֵר; בַּמִּדָּה הַגְּדוֹלָה בְּיוֹתֵר
— *v.t.* הֵבִיס, נִצֵּחַ
wors'ted *n.* (וֻסְטֶד) אֲרִיג־צֶמֶר חָלָק
worth *prep. & n.* (וֶרְתְ׳) שָׁוֶה, כְּדָאִי; אֹפִי מְצֻיָּן; עֵרֶךְ; חֲשִׁיבוּת; כַּמּוּת; עֹשֶׁר, נְכָסִים
for all one is — בְּרִכּוּז כָּל הַמַּאֲמַצִּים
put in one's two cents — חִוָּה דַעְתּוֹ
worth'less *adj.* (וֶרְתְ׳לֶס) חֲסַר־עֵרֶךְ
worth'while' *adj.* (וֶרְתְ׳הְוַיל) כְּדָאִי
wor'thy *adj. & n.* (וֶרְדִ׳י) בַּעַל עֵרֶךְ; רָאוּי לְשֶׁבַח; נִכְבָּד
would (וֻד; בלי הטעמה: וֻד) הַלְוַאי, מִי יִתֵּן וְ־; הַאִם
would'-be" *adj.* (וֻד־בִּי) מִתְיַמֵּר לִהְיוֹת, רוֹצֶה לִהְיוֹת; נוֹעָד לִהְיוֹת
wound *n. & v.t. & i.* (וּנְד) פֶּצַע; פְּגִיעָה, עֶלְבּוֹן; פָּצַע; פָּגַע בְּ־; הֶעֱלִיב
woun'ded *adj. & n.* (וּנְדִד) פָּצוּעַ; נֶעֱלָב
wove (ווֹב) (זמן עבר של weave)
wraith *n.* (רֵיְתְ׳) רוּחַ רְפָאִים
wran'gle *v.i. & t. & n.* (רֶנְגֶל) הִתְנַצֵּחַ; רָעָה בָּקָר, אָסַף בָּקָר; קְטָטָה קוֹלָנִית, סִכְסוּךְ
wrap *v.t. & i. & n.* (רֶפּ) עָטַף; אָרַז; קִפֵּל, כָּרַךְ; הִסְתִּיר; נִכְרַךְ, הִתְקַפֵּל; מַעֲטֶה, עֲטִיפָה
—s בְּגָדִים עֶלְיוֹנִים
wrap'per *n.* (רֶפֶּר) עוֹטֵף; נְיַר־עֲטִיפָה; חָלוּק
wrath *n.* (רֶתְ׳) זַעַם, חֵמָה
wreak *v.t.* (רִיק) הֵטִיל, בִּצַּע; חוֹלֵל, עוֹלֵל; הוֹצִיא
wreath *n.* (רִית׳) זֵר
wreathe *v.t. & i.* (רִידְ׳) עִטֵּר בְּזֵר; עִצֵּב בְּצוּרַת זֵר; הִקִּיף בְּצוּרוֹת שְׁזוּרוֹת, שָׁזַר; עָטַף, עִטֵּר; הִתְפַּתֵּל

wreck *n. & v.t. & i.* (רֶק) חֻרְבָּה; שְׂרִידֵי אֳנִיָּה; הִטָּרְפוּת אֳנִיָּה; הֶרֶס; אָדָם בְּמַצַּב־בְּרִיאוּת יָרוּד; גָּרַם לְהִטָּרְפוּת; הֶחֱרִיב; סִבֵּךְ בְּהִתְנַגְּשׁוּת, הֶעֱלָה עַל שִׂרְטוֹן; נֶהֱרַס
wren *n.* (רֶן) גִּדְרוֹן
wrench *v.t. & i. & n.* (רֶנְץ׳) סוֹבֵב בְּכֹחַ; נָקַע; חָטַף; נָע הַצִּדָּה פִּתְאוֹם; מַפְתֵּחַ בְּרָגִים, מַפְתֵּחַ שְׁוֶדִי; סִבּוּב פִּתְאוֹמִי; נֶקַע; סֵבֶל פִּתְאוֹמִי
wrest *v.t.* (רֶסְט) סוֹבֵב בְּכֹחַ; לָקַח בְּכֹחַ; עִוֵּת
wres'tle *v.i. & t.* (רֶסְל) הִתְאַבֵּק, נֶאֱבַק; הִתְגּוֹשֵׁשׁ
wres'tler *n.* (רֶסְלֶר) מִתְאַבֵּק, מִתְגּוֹשֵׁשׁ
wres'tling *n.* (רֶסְלִנְג) הֵאָבְקוּת, הִתְאַבְּקוּת
wretch *n.* (רֶץ׳) עָלוּב; נִבְזֶה
wretch'ed *adj.* (רֶצ׳ִד) עָלוּב, אֻמְלָל; נִבְזֶה; חֲסַר־עֵרֶךְ, גָּרוּעַ
wrig'gle *v.i. & t. & n.* (רִגְל) פִּרְכֵּס, קִרְטֵעַ; הִתְפַּתֵּל; קִרְטוּעַ
wring *v.t.* (רִנְג) סוֹבֵב בְּכֹחַ; סָחַט; הִכְאִיב לְ־; הֶחֱזִיק בְּכֹחַ
wrin'kle *n. & v.t. & i.* (רִנְקֶל) קֶמֶט; קִמֵּט; הִתְקַמֵּט
wrist *n.* (רִסְט) פֶּרֶק הַיָּד
wrist' watch" שְׁעוֹן יָד
writ *n.* (רִט) צַו, כְּתָב, כְּתִיבָה; תְּעוּדָה
write *v.t.* (רַיְט) כָּתַב; חִבֵּר; רָשַׁם; עָסַק בְּסִפְרוּת
— down רָשַׁם; כָּתַב לְצִבּוּר בַּעַל הַשְׂכָּלָה פְּחוּתָה
— off בִּטֵּל; הֶחְלִיט לִשְׁכֹּחַ; מָחַק
— out הֶעֱלָה בִּכְתָב; כָּתַב בִּשְׁלֵמוּת
— up רָשַׁם עַל כָּל פְּרָטָיו
wri'ter *n.* (רַיְטֶר) סוֹפֵר, מְחַבֵּר; לַבְלָר, פָּקִיד; יוֹדֵעַ לִכְתֹּב
the — כּוֹתֵב טוּרִים אֵלֶּה
write'-up" *n.* (רַיְטְאַפּ) תֵּאוּר בִּכְתָב, דּוּחַ בִּכְתָב
writhe *v.i.* (רַיְדְ׳) הִתְפַּתֵּל, הִתְעַוֵּת; נִרְתַּע מִבְּחִינָה נַפְשִׁית

— v.t. עָשָׂה עָוֶל; הִתְיַחֵס בְּאִי־צֶדֶק; הִטִּיל דֹּפִי בּ־

wrote (רוֹט) (זמן עבר של write)

wroth *adj.* (רוֹת׳) כּוֹעֵס, מָלֵא חֵמָה

wrought *adj.* (רוֹט) מְעֻבָּד; מְקֻשָּׁט; מְלֻטָּשׁ, רָקוּעַ

wrought' i'ron בַּרְזֶל חָשִׁיל

wrought'-up' *adj.* (רוֹט־אַפּ) מִתְרַגֵּשׁ, נִרְגָּשׁ, נִסְעָר

wry *adj.* (רַי) מְעֻוָּת, עָקֹם; נִפְתָּל; מַמְרֶה; מְסֻלָּף; לַגְלְגָנִי

wri'ting *n.* (רַיטִנְג) כְּתִיבָה; כְּתָב; חִבּוּר; כְּתַב־יָד; סִגְנוֹן; סִפְרוּת

writ'ten *adj.* (רִטְן) כָּתוּב, שֶׁבִּכְתָב

wrong *adj. & n.* (רוֹנְג) טוֹעֶה, לֹא־נָכוֹן, מֻטְעֶה; לֹא־צוֹדֵק, רָע; לֹא־יָאֶה, לֹא־מְקֻבָּל; מְקֻלְקָל, לֹא בְּסֵדֶר; עָוֶל, חֵטְא

get in — סָר חִנּוֹ

in the — טוֹעֶה

— *adv.* בְּצוּרָה לֹא־נְכוֹנָה

go — נִכְשַׁל, הִשְׁתַּבֵּשׁ; סָר מֵהַדֶּרֶךְ הַיְשָׁרָה

X

X, x *n.* (אֶקְס) קְס, הָאוֹת הָעֶשְׂרִים וְאַרְבַּע בָּאָלֶפְבֵּית הָאַנְגְּלִי; נֶעְלָם; אוֹת נְשִׁיקָה; סִימַן כֵּפֶל; עַל (לציון מידות); תַּו־חֲתִימָה; סִמּוּן בְּחִירָה; סִמּוּן שְׁגִיאָה

— *v.t.* מָחַק; סִמֵּן בְּחִירָה

x'-ray" *n. & v.t.* (אֶקְסְרֵי) קֶרֶן רֶנְטְגֶן; תַּצְלוּם רֶנְטְגֶן; בָּדַק בְּתַצְלוּם רֶנְטְגֶן; טִפֵּל בְּקַרְנֵי רֶנְטְגֶן

xy'lem *n.* (זַיְלֶם) עֵצָה

xylog'raphy *n.* (זַיְלוֹגְרֶפִי) חֲרִיטַת עֵץ

xy'lophone" *n.* (זַיְלֶפוֹן) קְסִילוֹפוֹן

Y

Y, y *n.* (וַי) י׳, הָאוֹת הָעֶשְׂרִים וְחָמֵשׁ בָּאָלֶפְבֵּית הָאַנְגְּלִי

yacht *n.* (יוֹט) יַכְטָה; סְפִינַת־טִיּוּלִים

yam *n.* (יֶם) טַמּוּס, בָּטָטָה

yank *v.t. & i. & n.* (יֶנְק) מָשַׁךְ בְּכֹחַ; הֵסִיר פִּתְאוֹם; מְשִׁיכָה בְּכֹחַ, סִלּוּק פִּתְאוֹמִי

Yank *n.* אִישׁ נְיוּ־אִינְגְּלַנְד (צפון־מזרח ארה״ב); אֲמֵרִיקָנִי

Yankee *See* **Yank**

yap *v.i. & n.* (יֶפּ) נָבַח בְּקוֹל צַרְחָנִי; נְבִיחָה צַרְחָנִית; פֶּה

yard *n.* (יַרְד) חָצֵר; מִכְלָאָה; יַרְד (0.9144 מטר); מוֹט

yarn *n.* (יָרְן) חוּט (לאריגה או טוויה); מַעֲשִׂיָּה, סִפּוּר הַרְפַּתְקָאוֹת

yawn *v.i. & n.* (יוֹן) פִּהֵק; נִפְעַר; פִּהוּק; פֶּתַח, תְּהוֹם פְּעוּרָה

year *n.* (יִיר) שָׁנָה

—s גִּיל; זִקְנָה

— in and — out בִּרְצִיפוּת

year'ling *n.* (יִירְלִנְג) בֶּן־שָׁנָה, בַּעַל חַיִּים בִּשְׁנָתוֹ הַשְּׁנִיָּה

year'ly *adj. & adv.* (יִירְלִי) שְׁנָתִי; פַּעַם בְּשָׁנָה, כָּל שָׁנָה

yearn *v.i.* (יֶרְן) נִכְסַף ל־; חִבֵּב

yearn'ing *n.* (יֶרְנִנְג) כִּסּוּפִים

yeast *n.* (יִיסְט) שְׁמָרִים; קֶצֶף; תְּסִיסָה

yell *v.i. & t. & n.* (יֶל) צָעַק; צְעָקָה

yel'low *adj. & n.* (יֶלוֹ) צָהֹב; פַּחְדָן; סֶנְסַצְיוֹנִי, צַעֲקָנִי; חֶלְמוֹן

yel'lowish *adj.* (יֶלוֹאִשׁ) צְהַבְהַב

yelp *v.i. & t. & n.* (יֶלְפּ) יִלֵּל, הִשְׁמִיעַ יְלָלָה חַדָּה; יְלָלָה

yes *adv. & n.* (יֶס) כֵּן; אָמְנָם כֵּן; תְּשׁוּבָה חִיּוּבִית

yes' man″ חַנְפָן

yes'terday″ *adv. & n.* (יֶסְטֶרְדֵי) אֶתְמוֹל

day before — שִׁלְשׁוֹם

yet *adv. & conj.* (יֶט) עֲדַיִן; עוֹד; נוֹסָף עַל; יָתֵר עַל כֵּן; בְּכָל זֹאת

Yid'dish *n. & adj.* (יִדִשׁ) יִידִית, אִידִישׁ; יִידִי

yield *v.t. & i. & n.* (יִילְד) הֵנִיב; הִכְנִיס; נִכְנַע, וִתֵּר; נָתַן; הִתְמוֹטֵט; תְּנוּבָה; יְבוּל; תְּשׁוּאָה

yod'el *v.t. & i. & n.* (יוֹדְל) יִדְלֵל; יִדְלוּל

yoke *n.* (יוֹק) עֹל; צֶמֶד; אֵסֶל; צַוָּארוֹן

yolk *n.* (יוֹק) חֶלְמוֹן

yon'der *adj. & adv.* (יוֹנְדֶר) הַנִּמְצָא שָׁם, הַהוּא; שָׁמָּה

yore *n.* (יוֹר) זְמַנִּים שֶׁעָבְרוּ

you *pron.* (יוּ; בלי הטעמה: יְ) אַתָּה (.m), אַתְּ (.f); אַתֶּם (.m. pl), אַתֶּן (.f. pl); אוֹתְךָ (.m), אוֹתָךְ (.f); אֶתְכֶם (.m pl), אֶתְכֶן (.f. pl); לְךָ (.m), לָךְ (.f); לָכֶם (.m. pl), לָכֶן (.f. pl); מִישֶׁהוּ, אָדָם

you'd (יוּד) (קיצור של you had; you would)

you'll (יוּל; בלי הטעמה: יְל) (קיצור של you shall; you will)

young *adj. & n.* (יַנְג) צָעִיר; מָלֵא עֲלוּמִים; שֶׁל נְעוּרִים; צְעִירִים, נֹעַר; צֶאֱצָאִים

with — מְעֻבֶּרֶת; הָרָה

young'ster *n.* (יַנְגְסְטֶר) צָעִיר, נַעַר, יֶלֶד

your *pron.* (יֻר, יוֹר; בלי הטעמה: יַר) שֶׁלְּךָ (.m), שֶׁלָּךְ (.f); שֶׁלָּכֶם (.m. pl); שֶׁלָּכֶן (.f. pl); כָּל ה־; שֶׁל אָדָם

you're (יֻר; בלי הטעמה: יַר) (קיצור של you are)

yours *pron.* (יֻרְז, יֹרְז) שֶׁלְּךָ (.m), שֶׁלָּךְ (.f); שֶׁלָּכֶם (.m. pl), שֶׁלָּכֶן (.f pl)

yourself' *pron.* (יֻרְסֶלְף; יֹרְסֶלְף) בְּעַצְמְךָ (.m), בְּעַצְמֵךְ (.f); עַצְמְךָ, עַצְמֵךְ; הָאִישִׁיּוּת הָרְגִילָה; בְּעַצְמוֹ

yourselves' *pron.* (יֻרְסֶלְוְז, יֻרְסֶלְוְז) בְּעַצְמְכֶם, בְּעַצְמְכֶן; עַצְמְכֶם, עַצְמְכֶן

youth *n.* (יוּת׳) נְעוּרִים; צְעִירוּת; עֲלוּמִים; נֹעַר, צְעִירִים; צָעִיר, נַעַר

youth'ful *adj.* (יוּתְ׳פֵל) צָעִיר; שֶׁל עֲלוּמִים

you've (יוּב; בלי הטעמה: יֻב) (קיצור של you have)

yowl *v i* & *n.* (יַאוּל) יִלֵּל מִמְשָׁכוֹת; יְלָלָה מִמְשֶׁכֶת

yule *n.* (יוּל) חַג הַמּוֹלָד, עוֹנַת חַג הַמּוֹלָד

Z

Z, z *n.* (זִי) ז׳, הָאוֹת הָעֶשְׂרִים וָשֵׁשׁ בָּאָלֶפְבֵּית הָאַנְגְּלִי

za'ny *adj.* (זֵינִי) מְבַדֵּחַ, לֵצָנִי

zeal *n.* (זִיל) לַהַט, הִתְלַהֲבוּת; קַנָּאוּת

zea'lot *n.* (זֶלֶט) קַנַּאי

zeal'ous *adj.* (זֶלֶס) קַנָּאִי ל־; לָהוּט; מָסוּר, נִלְהָב

ze'bra *n.* (זִיבְּרָה) זֶבְּרָה

ze'nith *n.* (זִינִת׳) זֵנִית; נְקֻדַּת שִׂיא, שִׂיא

zeph'yr *n.* (זֶפְר) רוּחַ קְלִילָה, צַפְרִיר

zero' *n.* & *v.t.* (זִירוֹ) אֶפֶס; לֹא־כְלוּם; כִּוֵּן, כִּוֵּן לְפִי נְקֻדַּת הָאֶפֶס, אִפֵּס

— in (on) רִכֵּז אֵשׁ בְּמֶרְכַּז הַמַּטָּרָה, אִפֵּס; הִתְרַכֵּז בּ־

zest *n.* (זֶסְט) תַּעֲנוּג לְבָבִי, הֲנָאָה רַבָּה; טַעַם פִּיקַנְטִי, טַעַם נָעִים; פִּיקַנְטִיּוּת, עִנְיָן, חֵן

zig'zag" *n.* (זִגְזֶג) זִגְזָג

zinc *n.* (זִנְק) אָבָץ

Zi'on *n.* (זַיְאַן) צִיּוֹן; גַּן עֵדֶן

Zi'onis"m *n.* (זַיְאֲנִזְם) צִיּוֹנוּת

Zi'onist *n.* *adj.* (זַיְאֲנִסְט) צִיּוֹנִי

zip *v.t.* & *i.* (זִפּ) רָכַס; פָּתַח רוֹכְסָן; פָּעַל בְּמֶרֶץ, נָע בִּמְהִירוּת

zip'per *n* (זִפֶּר) רוֹכְסָן

zo'diac" *n.* (זוֹדִיאֶק) גַּלְגַּל הַמַּזָּלוֹת

zone *n.* & *v.t.* (זוֹן) אֵזוֹר; חִלֵּק לַאֲזוֹרִים

zoo *n.* (זוּ) גַּן חַיּוֹת

zoo"log'ical *adj.* (זוֹאֲלוֹגִ׳קְל) זוֹאוֹלוֹגִי

zool'ogist *n.* (זוֹאוֹלֲגִ׳סְט) זוֹאוֹלוֹג, חוֹקֵר תּוֹרַת הַחַי

zool'ogy *n.* (זוֹאוֹלֲגִ׳י) זוֹאוֹלוֹגְיָה, תּוֹרַת הַחַי

zoom *v.i.* & *n.* (זוּם) נָע בִּמְהִירוּת בְּהַשְׁמָעַת קוֹל זִמְזוּם; נָסַק פִּתְאוֹם בִּמְהִירוּת רַבָּה; שִׁנָּה הַגְדָּלַת מוֹקֵד מְצַלֵּם

THE MERIDIAN HEBREW/ENGLISH ENGLISH/HEBREW DICTIONARY

EDITED BY

Dov Ben-Abba

A MERIDIAN BOOK

Hebrew/English Dictionary

Key to Hebrew Pronunciation

Vowels and diphthongs

□ָ, □ַ	a – as *a* in father or *u* in but (kaTAN = קָטָן) (kaTAV = כָּתַב)
□ָי, □ַי	ai – as *y* in my (maTAI = מָתַי)
□ֶ, □ֱ, □ֵ	e – as *e* in get (YEled = יֶלֶד)
□ְ	e – as short *a* in final syllable of sofa (keTAV = כְּתָב)
□ֵי	ey – as *ey* in they (BEYT = בֵּית)
□ִ, □ִי	i – as *i* in sit or *ea* in seat (pegiSHA = פְּגִישָׁה)
□ֹ, וֹ, □ֳ, □ָ	o – as *o* in short (ḥoMA = חוֹמָה)
וֹי	oy – as *oy* in boy (GOY = גּוֹי)
□ֻ, וּ	u – as *oo* in foot or in toot (uLAM = אוּלָם)
וּי	uy – *oo-ee* in hooey (shinNUY = שִׁנּוּי)

Consonants

	b = בּ	n = נ
	ch = צ׳	p = פּ
	f = פ	r = ר
	g = ג	s = ס, שׂ
	h = ה	sh = שׁ
	ḥ = ח	t = ט, ת
	k = כּ, ק	ts = צ
	kh = כ	v = ו, ב
	l = ל	y = י
	m = מ	z = ז
French	j = ז׳	
English	j = ג׳	

Accented syllables are in capitals; *dagesh* doubling consonants is represented by two consonants, except in cases of *ts* and *sh.*

נִתְפָּעֵל is represented by הִתְפָּעֵל

Abbreviations

(masculine)	ז׳ - זָכָר
(masculine dual)	ז״ז - זָכָר זוּגִי
(masculine plural)	ז״ר - זָכָר רִבּוּי
(pronoun)	מ״ג - מִלַּת גּוּף
(conjunction)	מ״ח - מִלַּת חִבּוּר
(preposition)	מ״י - מִלַּת יַחַס
(interjection)	מ״ק - מִלַּת קְרִיאָה
(feminine)	נ׳ - נְקֵבָה
(feminine dual)	נ״ז - נְקֵבָה זוּגִית
(feminine plural)	נ״ר - נְקֵבָה רִבּוּי
(transitive verb)	פֹּעַל י׳ - פֹּעַל יוֹצֵא
(intransitive verb)	פֹּעַל ע׳ - פֹּעַל עוֹמֵד
(intransitive and transitive verb)	פֹּעַל ע׳/י׳ - פֹּעַל עוֹמֵד וְיוֹצֵא
see	ר׳ - רְאֵה
(number [adjective and noun])	ש״מ - שֵׁם מִסְפָּר
(adverb)	תה״פ - תֹּאַר הַפֹּעַל

א נ׳ (*Alef*) Aleph (the first letter of the Hebrew alphabet); one; first

אאוֹרְטָה נ׳ (*aOrta*) aorta

אָב ז׳ (*av*) father; origin; God; arch-

– קַדְמוֹן (*kadMON*) ancestor

־וֹת ז״ר ancestors; antecedents

אַבָּא ז׳ (*ABba*) father, daddy, pappa; abbé

אָבַד פעל ע׳ (*aVAD*) be lost; disappear: cease; be destroyed

אִבֵּד פעל י׳ (*ibBED*) lose; annihilate

– עַצְמוֹ לָדַעַת commit suicide

– עֶשְׁתּוֹנוֹתָיו loses one's head

אֲבֵדָה נ׳ (*aveDA*) loss; damage

אֲבַדּוֹן ז׳ (*avadDON*) destruction; hell

אָבְדָן ז׳ (*ovDAN*) loss

אָבָה פעל ע׳ (*aVA*) want; agree

אֲבָהוּת נ׳ (*avaHUT*) paternity; fatherhood

אֲבָהִי ת׳ (*avaHI*) fatherly

אַבּוּב ז׳ (*abBUV*) oboe; pipe; tube, inner tube

אִבּוּד ז׳ (*ibBUD*) loss; waste

– לָדַעַת suicide

אָבוּד ת׳ (*aVUD*) lost; hopeless

אֲבוֹי מ״ק (*aVOI*) alas

אִבּוּן ז׳ (*ibBUN*) fossilization

אֵבוּס ז׳ (*eVUS*) trough

אָבוּס ת׳ (*aVUS*) fattened; stuffed

אִבּוּק ז׳ (*ibBUK*) covering with dust; dusting; pulverizing

אֲבוֹקָדוֹ ז׳ (*avoKAdo*) avocado

אֲבוּקָה נ׳ (*avuKA*) torch

אַבְזֵם ז׳ (*avZEM*) buckle

אַבְזָר ר׳ אֲבִיזָר

אָב חוֹרֵג ז׳ (*av ḥoREG*) stepfather

אִבְחֵן פעל י׳ (*ivḤEN*) diagnose

אַבְחָנָה נ׳ (*avḥaNA*) diagnosis; distinction

אִבְטַח פעל י׳ (*ivTAḤ*) secure, protect

אֲבַטִּיחַ ז׳ (*avatTIaḥ*) watermelon

אַבְטִיפּוּס ז׳ (*avtiPUS*) archetype; prototype

אַבְטָלָה נ׳ (*avtaLA*) unemployment

אֲבִי־ (*aVI*) father of

אָבִיב ז׳ (*aVIV*) spring, springtime, inital stage

אֲבִיבִי ת׳ (*aviVI*) vernal, fresh, spring-like

אֶבְיוֹן ז׳ (*evYON*) pauper; poor man; beggar

אֲבִיזָר ז׳ (*aviZAR*) accessory, appurtenance

אָבִיךְ ת׳ (*aVIKH*) hazy

אַבִּיק ז׳ (*abBIK*) retort

אַבִּיר ת׳ ז׳ (*abBIR*) brave, strong, knight

אַבִּירוּת נ׳ (*abbiRUT*) courage, chivalry, knighthood

– הָעֲנָקַת accolade

אֹבֶךְ ז׳ (*Ovekh*) haze

אֲבָל מ״ח (*aVAL*) but; however; indeed

אָבֵל ז׳ (*aVEL*) mourning; desolate

אֵבֶל ז׳ (*Evel*) mourning, sorrow

אֲבֵלוּת נ׳ (*aveLUT*) mourning

אֶבֶן נ׳ (*Even*) stone; rock; weight

– בֹּחַן touchstone

– נֶגֶף obstacle

– פִּנָּה cornerstone, foundation

– רֵיחַיִם millstone

אַבְנֵט ז׳ (*avNET*) sash, belt

אַבְנִי ת׳ (*avNI*) stony

אָבְנַיִם ז״ר (*ovNAyim*) potter's wheel; work bench; childbearing couch

אַבְּסוֹלוּטִי ת׳ (*absoLUti*) absolute

אַבְּסוֹלוּטִיזְם ז׳ (*absoluTIzm*) absolutism

absurdity (abSURD) אַבְּסוּרְד ז׳
absurd (abSURdi) אַבְּסוּרְדִי ת׳
abstract (abSTRAKti) אַבְּסְטְרַקְטִי ת׳
abscissa (absTSIsa) אַבְּסְצִיסָה נ׳
blister, pustule (ava'bu'A) אֲבַעְבּוּעָה נ׳
smallpox (ava'bu'OT) אֲבַעְבּוּעוֹת נ״ר
aorta (AV orKIM) אַב־עוֹרְקִים ז׳
zinc (aVATS) אָבָץ ז׳
dust (ibBEK) אִבֵּק פעל י׳
dust; powder (aVAK) אָבָק ז׳
powder; pollen (avaKA) אֲבָקָה נ׳
stamen (avKAN) אַבְקָן ז׳
אֲבַק שְׂרֵפָה ז׳ (aVAK sereFA) gunpowder
member (eVAR) אֵבָר ז׳
canvas; tarpaulin (abbarZIN) אַבַּרְזִין ז׳
young man (avREKH) אַבְרֵךְ ז׳
aberration (abbeRAtsya) אַבֶּרַצְיָה נ׳
breeches, pantaloons (avraKAyim) אַבְרָקַיִם ז״ז
by, by way of (aggav) אַגַּב מ״ח
incidentally – תה״פ
by the way, incidentally דֶּרֶךְ –
tie together; bunch (agAD) אָגַד פעל י׳
bind, tie together well; collect (iggED) אִגֵּד פעל י׳
bunch, bundle; group; bandage (Eged) אֶגֶד ז׳
bundle; association, organization (agudDA) אֲגֻדָּה נ׳
division (ugDA) אֻגְדָה נ׳
legend; tale; myth; narrative and hermeneutical part of Talmud (aggaDA) אַגָּדָה נ׳
legendary; fictitious, imaginary; exaggerated (aggaDI) אַגָּדִי ת׳
egoism, selfishness (egoIZM) אֶגוֹאִיזְם ז׳
egotist (egoIST) אֶגוֹאִיסְט ז׳
association; binding (iggUD) אִגּוּד ז׳
thumb; big toe (aguDAL) אֲגוּדָל ז׳
nut; nut tree (egOZ) אֱגוֹז ז׳
peanut אֲדָמָה –
coconut הֹדּוּ –

flank attack, flanking movement (iggUF) אִגּוּף ז׳
stored; collected (agUR) אָגוּר ת׳
$\frac{1}{100}$ Israeli pound; biblical coin (agoRA) אֲגוֹרָה נ׳
collection; hoarding (agiRA) אֲגִירָה נ׳
drop; bead (Egel) אֶגֶל ז׳
lake (aGAM) אֲגַם ז׳
reed, bulrush; fish hook (agMON) אַגְמוֹן ז׳
basin (agGAN) אַגָּן ז׳
pelvis הַיְרֵכַיִם –
pelvis הַחֲלָצַיִם –
jug-handle; brim; flange (Ogen) אֹגֶן ז׳
pear (agGAS) אַגָּס ז׳
wing; side; annex; flank; branch, arm (aGAf) אֲגַף ז׳
outflank (igGEF) אִגֵּף פעל י׳
flanking (agapPI) אֲגַפִּי ת׳
collect; hoard (aGAR) אָגַר פעל י׳
toll, levy, tax (agRA) אַגְרָה נ׳
agronomist (agroNOM) אַגְרוֹנוֹם ז׳
agronomy (agroNOMya) אַגְרוֹנוֹמְיָה נ׳
fist (egROF) אֶגְרוֹף ז׳
making a fist; boxing (igROOF) אִגְרוּף ז׳
boxer, pugilist; brass knuckles (egroFAN) אֶגְרוֹפָן ז׳
vase (agarTAL) אֲגַרְטָל ז׳
aggressive (agresSIvi) אַגְרֶסִיבִי ת׳
make a fist (igREF) אִגְרֵף פעל י׳
agrarian (agRAri) אַגְרָרִי ת׳
letter; document; bill (igGEret) אִגֶּרֶת נ׳
airletter אֲוִיר –
bond, debenture חוֹב –
vapor; gas (ed) אֵד ז׳
vaporize; steam (idDA) אִדָּה פעל י׳
ripple (adVA) אַדְוָה נ׳
vaporization; steaming (idDUi) אִדּוּי ז׳

אָדוֹן ז׳ (aDON) lord, master, ruler; mister (Mr.)
אָדוּק ת׳ (aDUK) pious, zealous; orthodox
אַדְוֶרְבִּיאָלִי ת׳ (adverbiYALi) adverbial
אָדִיב ת׳ (aDIV) polite, courteous
אֲדִיבוּת נ׳ (adiVUT) courtesy, politeness
אֲדִיקוּת נ׳ (adiKUT) piety; orthodoxy; zeal
אַדִּיר ת׳ (adDIR) great, mighty
אָדִישׁ ת׳ (aDISH) indifferent; aloof; apathetic; bland
אֲדִישׁוּת נ׳ (adiSHUT) indifference; apathy
אָדֹם ת׳ (aDOM) red
אֹדֶם ז׳ (Odem) red; ruby; lipstick
אָדָם ז׳ (aDAM) person; human being; a man; someone; mankind
– הָרִאשׁוֹן Adam
אֲדַמְדַּם ת׳ (adamDAM) reddish
אֲדָמָה נ׳ (adaMA) earth, soil, ground; territory
עוֹבֵד – farmer
עֲבוֹדַת – agriculture, farming
אַדְמוֹנִי ת׳ (admoNI) red-haired; rosy-cheeked
אַדְמִינִיסְטְרָטוֹר ז׳ (adminisTRAtor) administrator
אַדְמִינִיסְטְרָטִיבִי ת׳ (administraTIvi) administrative
אַדְמִינִיסְטְרַצְיָה נ׳ (adminisTRAtsya) administration
אַדְמִירַל ז׳ (admiRAL) admiral
אַדְמִירָלוּת נ׳ (admiRALut) admiralty
אַדֶּמֶת נ׳ (adDEmet) German measles
אֶדֶן ז׳ (Eden) base; railroad tie, sill
אַדְנוּת נ׳ (adNUT) rule, authority
אֲדֹנָי ז׳ (adoNAI) God, Lord
אֶדֶר ז׳ (Eder) maple
אֲדָר ז׳ (aDAR) 6th Hebrew month (12th, in Bible)

אַדְּרַבָּה, אַדְּרַבָּא תה״פ (adderabBa) on the contrary
אִדְרָה נ׳ (idRA) fishbone
אַדְרִיכָל ר׳ אַרְדִיכָל
אַדֶּרֶת נ׳ (adDEret) overcoat
אָהַב פעל י׳ (aHAV) love; like, cherish; regard with affection; desire
אַהֲבָה נ׳ (ahaVA) love
– פָּרָשַׁת אֲהָבִים – affair
אֲהַבְהָב(־ים) ז׳ (ahavHAV) flirt
אָהַד פעל י׳ (aHAD) sympathize with; like; lean towards; be a fan of
אַהֲדָה נ׳ (ahaDA) sympathy, good will
אֲהָהּ! מ״ק (aHA) alas, woe
אָהוּב ת׳ ז׳ (aHUV) beloved; liked; desired; lover
אָהוּד ת׳ (aHUD) liked, likeable
אָהִיל ז׳ (aHIL) lampshade, shade
אֹהֶל ז׳ (Ohel) tent
אָהַל פעל ע׳ (aHAL) pitch a tent, camp
אוֹ מ״ח (O) or
–...– either...or
אוֹב ז׳ (OV) necromancy
אוֹבֵד ת׳ ז׳ (oVED) lost; unfortunate
אוֹבְּיֶקְט ז׳ (obYEKT) object
אוֹבְּיֶקְטִיבִי ת׳ (obyekTIvi) objective
אוֹבֶּלִיסְק ז׳ (obeLISK) obelisk
אוֹגֵד ז׳ (oGED) copula
אוֹגְדָן ז׳ (ogeDAN) binder
אוֹגֶף ר׳ אֲגַפִּי
אוֹגֵר ז׳ (oGER) collector; hoarder; hamster
אוּד ז׳ (UD) firebrand
אוֹדוֹת נ״ר (oDOT) about, concerning
עַל – about
אוֹדִיטוֹרְיוּם ז׳ (odiTORyum) auditorium
אַוָּה נ׳ (aVA) wish, desire, lust
אִוָּה פעל י׳ (ivVA) want, desire
אוֹהֵב ז׳ (oHEV) lover; friend
אַוָּז ז׳ (avVAZ) goose
אוֹטוֹבּוּס ז׳ (otoBUS) bus, omnibus

אוֹטוֹבִּיּוֹגְרַפְיָה נ׳ (otobioGRAFya) autobiography
אוֹטוֹגְרָף ז׳ (otoGRAF) autograph
אוֹטוֹ־דָה־פֶה, אוֹטוֹדָפֶה ז׳ (otodaFE) auto-da-fé
אוֹטוֹמוֹבִּיל ז׳ (otomoBIL) automobile, car
אוֹטוֹמָט ז׳ (otoMAT) automat, automatic device
אוֹטוֹמָטִי ת׳ (otoMAti) automatic
אוֹטוֹנוֹמִי ת׳ (otoNOmi) autonomous; independent
אוֹטוֹנוֹמְיָה נ׳ (otoNOMya) autonomy
אוּטוֹפְּיָה נ׳ (uTOPya) utopia
אוֹטוֹקְרָט נ׳ (otoKRAT) autocrat
אוֹטוֹרִיטָה נ׳ (otoRIta) authority
אוֹטַרְקְיָה נ׳ (oTARkya) autarchy
אוֹי מ״ק (oy) alas, woe
אוֹיֵב ז׳ (oYEV) enemy, foe
אֱוִיל ז׳ (eVIL) fool, blockhead
אֱוִילוּת נ׳ (eviLUT) foolishness, stupidity
אֱוִילִי ת׳ (eviLI) foolish, silly, stupid
אֲוִיר ז׳ (aVIR) air
חֵיל — ז׳ air force
סְפִינַת — נ׳ airship
מִזּוּג — ז׳ air conditioning
חֲסַר — ת׳ airless
אִגֶּרֶת — נ׳ airletter
דֹּאַר — ז׳ air mail
נְמַל — ז׳ airport
הַפְצָצַת — נ׳ air raid
אֲוִירָה נ׳ (aviRA) atmosphere
אֲוִירוֹבָּטִיקָה נ׳ (aviroBAtika) aerobatics
אֲוִירוֹן ז׳ (aviRON) airplane
אֲוִירוֹנָאוּטִיקָה נ׳ (aviroNAUtika) aeronautics
אֲוִירִי ת׳ (aviRI) aerial; airy
אֲוִירִיָּה נ׳ (aviriYA) air force; aircraft
אוּלְטִימָטוּם ז׳ (ultiMAtum) ultimatum
אוּלַי מ״ח (uLAI) maybe, perhaps

אוֹלִיגַרְכְיָה נ׳ (oliGARkhya) oligarchy
אוֹלִימְפִּיאָדָה נ׳ (olimpiAda) olympics, olympic games
אוּלָם ז׳ מ״ח (uLAM) hall; large room; auditorium; but, however
אוּלְקוּס ז׳ (ULkus) ulcer
אוֹלָר ז׳ (oLAR) jackknife; penknife, pocketknife
אִוֶּלֶת נ׳ (ivVELet) foolishness; nonsense
אוֹמֵן ז׳ (oMEN) tutor, trainer
אוֹמֶנֶת נ׳ (OMENet) governess, nurse
אוֹן ז׳ (ON) strength, power; seed, offspring
אָוֶן ז׳ (Aven) evil
אוֹנָאָה נ׳ (ona'A) deception, fraud
אֶוַנְגֶּלְיוֹן ז׳ (evanGELyon) Gospel, New Testament
אוּנִיבֶרְסִיטָה נ׳ (uniVERsita) university
אוּנִיבֶרְסָלִי ת׳ (univerSAli) universal
אוֹנָנוּת נ׳ (onaNUT) masturbation
אוֹפֶה ז׳ (oFE) baker
אוֹפּוֹזִיצְיָה נ׳ (opoZITSya) opposition
אוֹפְּטִימִי ת׳ (opTImi) optimistic
אוֹפְּטִימִיסְט ז׳ (optiMIST) optimist
אוֹפְּטִיקָה נ׳ (OPtika) optics
אוֹפְּיוּם ז׳ (OPyum) opium
אוֹפָן ז׳ (oFAN) wheel; kind of angel
אוֹפְנָה ר׳ אָפְנָה
אוֹפַנּוֹעַ ז׳ (ofanNO'a) motorcycle
אוֹפַנַּיִם ז״ר (ofanNAyim) bicycle
אוֹפֶנְסִיבָה נ׳ (ofenSIva) offensive
אוֹפֶּרָה נ׳ (Opera) opera
אָץ פעל ע׳ (ATS) hasten, rush; run
אוֹצָר ז׳ (oTSAR) treasure; treasury
אוֹקְיָנוֹס ז׳ (okyaNOS) ocean
אוֹר ז׳ (OR) light
אוֹר פעל ע׳ (OR) light up, shine, become light
אוֹרֵג ז׳ (oREG) weaver

organic (orGAni) אוֹרְגָנִי ת׳
light (oRA) אוֹרָה נ׳
ventilation, airing (ivRUR) אִוְרוּר ז׳
guest, visitor (oREaḥ) אוֹרֵחַ ז׳
caravan, convoy (oreḤA) אוֹרְחָה נ׳
original (origiNAli) אוֹרִיגִינָלִי ת׳
(uRIM vetumMIM) אוּרִים וְתֻמִּים ז״ר oracle
(oryenTATSya) אוֹרְיֶנְטַצְיָה נ׳ orientation
aerial (avriRI) אַוְרִירִי ת׳
clock (orloGIN) אוֹרְלוֹגִין ז׳
(uRAN; uRANyoom) אוּרָן, אוּרַנְיוּם ז׳ uranium
air, ventilate (ivRER) אִוְרֵר פעל י׳
(ortoDOKsi) אוֹרְתוֹדוֹקְסִי ת׳ orthodox
orthopedic (ortoPEdi) אוֹרְתוֹפֶּדִי ת׳
rustle (ivSHA) אִוְשָׁה נ׳
sign; proof, miracle (OT) אוֹת ז׳
letter (of alphabet) — נ׳
me (objective pronoun.) (oTI) אוֹתִי נ׳
you (oteKHA, oTAKH) אוֹתְךָ, אוֹתָךְ
him (OTO) אוֹתוֹ
her (OTAH) אוֹתָהּ
us (oTAnu) אוֹתָנוּ
you (etKHEM,-KHEN) אֶתְכֶם, ־ן
they (oTAM,-TAN) אוֹתָם, ־ן
authentic (oTENti) אוֹתֶנְטִי ת׳
(oTENtiyut) אוֹתֶנְטִיּוּת ז׳ authenticity
to signal (oTET) אוֹתֵת פעל י׳
then; thus (az) אָז תה״פ
asbestos (azBEST) אַזְבֶּסְט ז׳
(izdaREkhet) אִזְדָרֶכֶת נ׳ chinaberry
warning (azhaRA) אַזְהָרָה נ׳
moss (eZOV) אֵזוֹב ז׳
balance; equilibrium (izZUN) אִזּוּן ז׳
region; zone; belt (eZOR) אֵזוֹר ז׳
regional (azoRI) אֲזוֹרִי ת׳
then (aZAI) אֲזַי תה״פ

memorial service (azkaRA) אַזְכָּרָה נ׳
be exhausted; give out (aZAL) אָזַל פעל ע׳
scalpel; chisel (izMEL) אִזְמֵל ז׳
emerald (izmaRAGD) אִזְמָרַגְד ז׳
ear; handle (Ozen) אֹזֶן נ׳
balance (izZEN) אִזֵּן פעל י׳
earphone (ozniYA) אָזְנִיָּה נ׳
alarm, alert (az'aKA) אַזְעָקָה נ׳
handcuffs; shackles (azikKIM) אֲזִקִּים ז״ר
gird on (aZAR) אָזַר פעל י׳
take heart — חַיִל (חֲלָצָיו; מָתְנָיו)
citizen, national; civilian; subject; burgess (ezRAḤ) אֶזְרָח ז׳
nationalize (izREaḥ) אִזְרֵחַ פעל י׳
citizenship; nationality; civilian life; civics (ezraḤUT) אֶזְרָחוּת נ׳
civil; civilian (ezraḤI) אֶזְרָחִי ת׳
brother; friar; male nurse (AḤ) אָח ז׳
fireplace — נ׳
eagle owl (Oaḥ) אֹחַ ז׳
(aḤAT; eḤAD) אֶחָד ש״מ ז׳ אַחַת ש״מ נ׳ one, single
join, unite (iḤED) אִחֵד פעל י׳
unity, agreement; oneness (aḥDUT) אַחְדוּת נ׳
few (aḥaDIM) אֲחָדִים ז״ר
eleven (aḤAD 'aSAR) אַחַד עָשָׂר ש״מ ז׳
sew together; join (iḤA) אִחָה פעל י׳
meadow (Aḥu) אָחוּ ז׳
union, combination (iḤUD) אִחוּד ז׳
fraternity, brotherhood (aḥaVA) אַחֲוָה נ׳
percent (aḤUZ) אָחוּז ז׳
joining, fastening together (iḤUY) אִחוּי ז׳
good wish, congratulation, blessing (iḤUL) אִחוּל ז׳
back; rear (aḤOR) אָחוֹר ז׳
backwards, back לְ — תה״פ
in back, behind מֵ — מ״י תה״פ
backwards אָחוֹרָה תה״פ

אָחוֹרָה פְּנֵה — about face
מֵאֲחוֹרֵי תה"פ — behind
אִחוּר ז׳ (iḤUR) — tardiness; lateness; delay
אֲחוֹרִי ת׳ (aḥoRI) — back; rear, hind
אֲחוֹרַיִם ז"ז (aḥoRAyim) — rear, posterior, buttocks
אֲחוֹרַנִּית תה"פ (aḥoranNIT) — backwards
אָחוֹת נ׳ (aḤOT) — sister; nurse
אָחַז פעל י׳ (aḤAZ) — hold, grasp, seize
– עֵינַיִם — deceive, swindle
אֲחֻזָּה נ׳ (aḥuzZA) — estate; property
אָחִיד ת׳ (aḤID) — uniform
אֲחִידוּת נ׳ (aḥiDUT) — uniformity
אֲחִיזָה נ׳ (aḥiZA) — grasp; support, hold
– ת עֵינַיִם — trickery, deceit
אַחְיָן ז׳ (aḥYAN) — nephew
אִחֵל פעל י׳ (iḤEL) — wish; bid, bless, congratulate
אִחְסוּן ז׳ (iḥSUN) — storage
אִחְסֵן פעל י׳ (iḥSEN) — store, storage
אַחַר תה"פ מ"י (aḤAR) — after; behind
ל – (מִכֵּן) תה"פ — afterward(s)
– (י) הַצָּהֳרַיִם — afternoon
– כָּךְ — afterwards, later
מֵ – שֶׁ־ — because
אֵחַר פעל ע׳ (eḤAR) — be late
אַחֵר ז׳ ת׳ (aḤER) — another
אַחֲרָאִי ת׳ (aḥara'I) — responsible, accountable
אַחֲרוֹן ת׳ (aḥaRON) — last; latter; recent
אַחֲרֵי מ"י (aḥaREY) — behind; after; following
אַחֲרֵי־כֵן תה"פ — afterwards, later
אַחֲרָיוּת נ׳ (aḥaraYUT) — accountability, responsibility
אַחֲרִית נ׳ (aḥaRIT) — end; remnant
אַחֶרֶת תה"פ (aḤEret) — otherwise
אַחַת ש"מ, נ׳ (aḤAT) — one (f.)

אַחַת עֶשְׂרֵה ש"מ, נ׳ (aḤAT 'esRE) — eleven (f.)
אַט תה"פ (AT) — slowly
אַט־אַט — very slowly
אָטוּם ת׳ (aTUM) — sealed; airtight; opaque; dull
אָטוֹם ז׳ (aTOM) — atom
אָטוֹמִי ת׳ (aTOmi) — atomic
אִטִּי ת׳ (itTI) — slow
אָטִים ת׳ (aTIM) — sealed, airtight, watertight
אֲטִימוּת נ׳ (atiMUT) — waterproof; airtightness; impenetrability
אִטְלִיז ז׳ (itLIZ) — butchershop
אַטְלַנְטִי ת׳ (atLANti) — Atlantic
אַטְלַס ז׳ (ATlas) — atlas; satin
אָטַם פעל י׳ (aTAM) — seal, shut, fill up
אִטֵּם פעל י׳ (itTEM) — sealed, make watertight, etc.
אֶטֶם ז׳ (Etem) — seal, gasket
אַטְמוֹסְפֵרָה נ׳ (atmosFEra) — atmosphere
אִטֵּר ת׳ (itTER) — left-handed
– יַד יְמִינוֹ — left-handed
אִטְרִיָּה נ׳ (itriYA) — noodle
אִי ז׳ (I) — island; jackal
אִי מלת שלילה (I-) — non-; un-; in-; prefix of negation
אֵי מלת שאלה (ey) — where?
– אֵלֶּה — few, some
אֵיבָה נ׳ (eyVA) — hate, enmity
אֵיבָר ר׳ אֵבָר
אֵיד ז׳ (EYD) — affliction, trouble, distress; holiday
אִידֵאָה נ׳ (iDE'a) — idea
אִידֵאוֹלוֹגְיָה נ׳ (ideoLOGya) — ideology
אִידֵאָל ז׳ (ide'AL) — ideal, example
אִידֵאָלִי ת׳ (ide'Ali) — ideal, exemplary
אִידְיוֹט ז׳ (idYOT) — idiot
אִידִישׁ ר׳ יִידִית
אִידָךְ מ"ג (iDAKH) — that
מֵ – גִּיסָא — on the other hand

אַיָּה נ׳ (*ayYA*) kite
אַיֵּה מלת שאלה (*aYE*) where?
אִיּוּם ז׳ (*iYUM*) threat
אֵיזֶה מ״ג ז׳; אֵיזוֹ מ״ג נ׳ (*eyZE; eyZO*) which? who?; of what quality?; any
אֵיזֶהוּ מ״ג ז׳; אֵיזוֹהִי מ״ג נ׳ (*eyZEhoo; eyZOhi*) who is?
אֵיזוֹר ר׳ אֵזוֹר
אֵיזֶשֶׁהוּ מ״ג ז׳ (*eyzesheHU*) any one, someone
אֵיךְ מ״ש (*eykh*) how
– שֶׁהוּא somehow
אֵיכוּת נ׳ (*eyKHUT*) quality
אֵיכוּתִי ת׳ (*eykhuTI*) qualitative
אַיִל ז׳ (*Ayil*) ram; leader
אֵיל־הוֹן (*eyl-HON*) tycoon
אֵיל בַּרְזֶל (*eyl-barZEL*) battering ram
אַיָּל ז׳ (*aiYAL*) deer
– קוֹרֵא elk, moose
אֵילוּ מ״ג ר׳ (*EYlu*) these
אֵילָךְ תה״פ (*eyLAKH*) below, henceforth, onwards
אִילָן ז׳ (*iLAN*) tree
– יַחַס ז׳ (*–YAḥas*) family tree
אִיֵּם פעל י׳ (*iYEM*) threaten; frighten
אָיֹם ת׳ (*aYOM*) terrible, awful
אֵימָה נ׳ (*eyMA*) terror
אֵימָל ר׳ אֶמָאיל
אִימְפֶּרְיָה נ׳ (*imPERya*) empire
אִימְפֶּרְיָאלִיזְם ז׳ (*imperyaLIZM*) imperialism
אֵימַת, אֵימָתַי מ״ש (*eymaTAI*) when?
כָּל – שֶׁ־ (*eyMAT*) whenever
אֵימְתָנוּת נ׳ (*eymetaNUT*) terrorism
אַיִן ז׳ (*Ayin*) nothing; nothingness
אֵין (*eyn*) there is not; there are not
אֵין דָּבָר (*– daVAR*) never mind
אֵין לִי I do not have
אִינְדוּקְטִיבִי ת׳ (*indukTIvi*) inductive
אִינְדוּקְצְיָה נ׳ (*inDUKtsya*) induction
אִינְדֶּקְס ז׳ (*INdeks*) index

אִינְוֶנְטָר ז׳ (*invenTAR*) stock, inventory
אִינְטוּאִיצְיָה נ׳ (*intu'ITSya*) intuition
אִינְטִימִי ת׳ (*inTImi*) intimate
אִינְטִימִיּוּת נ׳ (*inTImiyut*) intimacy
אִינְטֶלִיגֶנְטִי ת׳ (*inteliGENti*) intelligent
אִינְטֶלִיגֶנְצְיָה נ׳ (*inteliGENtsya*) intelligence; intelligentsia
אִינְטֶנְסִיבִי ת׳ (*intenSIvi*) intensive
אִינְטְרִיגָה נ׳ (*inTRIga*) intrigue
אִינְטֶרְנַצְיוֹנָל ז׳ (*internatsyoNAL*) socialist international; Internationale
אִינְטֶרֶס ז׳ (*inteRES*) interest; affair, benefit
אֵינְסוֹף ז׳ (*eynSOF*) infinity
אֵינְסוֹפִי ת׳ (*eynsoFI*) infinite
אִינְסְטָלָטוֹר ז׳ (*instaLAtor*) plumber
אִינְפוֹרְמַצְיָה נ׳ (*inforMATSya*) information
אִינְפְלַצְיָה נ׳ (*inFLATSya*) inflation
אִינְקְוִיזִיצְיָה נ׳ (*inkviZITSya*) inquisition; torture
אִינֶרְצְיָה נ׳ (*iNERTSya*) inertia
אִיסְלָם ר׳ אִסְלָאם
אֵיפָה נ׳ (*eyFA*) ephah (old measure of corn, about 40 liters)
– וָ – false weights; unfairness; partiality
אֵיפֹה מ״ש (*eyFO*) where?
אֵיפוֹא ר׳ אֵפוֹא
אִיקוֹנִין ז׳ (*ikoNIN*) icon, image
אֵיקָלִיפְּטוּס ז׳ (*eykaLIPtus*) eucalyptus
אִיָּר ז׳ (*iYAR*) 8th Hebrew month (2nd, in Bible)
אִירוֹנְיָה נ׳ (*iRONya*) irony
אֵירוֹפָּה נ׳ (*eyROpa*) Europe
אִישׁ ז׳ (*ISH*) man; male; husband; person; anyone, one; personality
– צָבָא soldier
אִישׁוֹן ז׳ (*iSHON*) pupil, bull'seye
– לַיְלָה the dead of night
אִישׁוּת נ׳ (*iSHUT*) marital status, matrimony, wedlock

private, personal (iSHI) אִישִׁי ת׳
personally אִישִׁית תה״פ
personality; personage (ishiYUT) אִישִׁיּוּת נ׳
spell (iYET) אִיֵּת פעל י׳
strong, firm (eyTAN) אֵיתָן ת׳
elements – אֵיתָנֵי הַטֶּבַע
but; only (AKH) אַךְ מ״ח
corrosion; consumption (ikKOOL) אִכּוּל ז׳
failing, unreliable (akhZAV) אַכְזָב ת׳
disappoint (ikhZEV) אִכְזֵב פעל י׳
disappointment (akhzaVA) אַכְזָבָה נ׳
(akhZAR[I]) אַכְזָר, אַכְזָרִי ת׳ cruel, harsh
cruelty, harshness (akhzariYUT) אַכְזָרִיּוּת נ׳
edible (aKHIL) אָכִיל ת׳
eating (akhiLA) אֲכִילָה נ׳
eat, consume, destroy (aKHAL) אָכַל פעל י׳
consume, corrode (ikKEL) אִכֵּל פעל י׳
food (Okhel) אֹכֶל ז׳
population (ukhlusiYA) אֻכְלוּסִיָּה נ׳
glutton (akhLAN) אַכְלָן ז׳
populate (ikhLES) אִכְלֵס פעל י׳
indeed, certainly, but, yet (akHEN) אָכֵן תה״פ
corridor; vestibule (akhsadRA) אַכְסַדְרָה נ׳
accommodation; lodging (ikhSUN) אִכְסוּן ז׳
accommodate, put up, quarter (ikhSEN) אִכְסֵן פעל י׳
hostel, inn, hotel; quarters (akhsanYA) אַכְסַנְיָה נ׳
compel, enforce (aKHAF) אָכַף פעל י׳
saddle (ukKAF) אֻכָּף ז׳
concern, involvement; pressing (ikhPAT) אִכְפַּת
I care, I mind אִכְפַּת לִי, לְךָ וכו׳
farmer (ikKAR) אִכָּר ז׳

...not (in negation of imperatives) (AL) אַל מלת שלילה
non-; (prefix of negation); -less
to, by, near (el) אֶל מ״י
god (EL) אֵל ז׳
but, only, except; consequently (elLA) אֶלָּא מ״ח
according to (allibBA) אַלִּבָּא מ״י
album (alBOM) אַלְבּוֹם ז׳
algebra (ALgebra) אַלְגֶּבְּרָה נ׳
elegant (eleGANti) אֶלֶגַנְטִי ת׳
elegance (eleGANtiyut) אֶלֶגַנְטִיּוּת נ׳
terebinth; oak (eLA) אֵלָה נ׳
goddess (eLA) אֵלָה נ׳
bat, cudgel (alLA) אַלָּה נ׳
oath; curse (aLA) אָלָה נ׳
these, those (ELle) אֵלֶּה מ״ג
god; divinity, deity (eLOah) אֱלֹהַּ, אֱלוֹהַּ ז׳
divinity, godliness; god (eloHUT) אֱלֹהוּת נ׳
divine, godly (eloHI) אֱלֹהִי ת׳
God; judge (eloHIM) אֱלֹהִים ז״ר
these, those (ELlu) אֵלּוּ מ״ג
if; in case (ilLU) אִלּוּ מ״ח
12th Hebrew month (6th, in Bible) (eLUL) אֱלוּל ז׳
(illuLE) אִלּוּלֵא, אִלּוּלֵי מ״ח
if not, were it not for
aluminium (aluMINyum) אַלוּמִינְיוּם ז׳
oak (alLON) אַלּוֹן ז׳
towel (alonTIT) אֲלוּנְטִית נ׳
stretcher (alunKA) אֲלוּנְקָה נ׳
chief, leader, champion; close friend; major general; lord; domesticated animal (aLUF) אַלּוּף ז׳
Aluf Mishne (colonel) (– mishNE) ־מִשְׁנֶה
Sgan Aluf (lieutenant colonel) סְגַן –
Rav Aluf (lieutenant general) רַב –
Tat Aluf (brigadier general) תַּת –

אִלּוּף ז׳ *(ilLUF)* domestication, taming
אִלּוּץ ז׳ *(ilLUTs)* compulsion, coercion
אַלְחוּט ז׳ *(alḤUT)* wireless, radio
אַלְחוּטַאי ז׳ *(alḥuTAI)* wireless operator
אַלְחֶלֶד ז׳ *(alḤEled)* stainless metal, rust-proof metal
אַלְט ז׳ *(ALT)* alto
אַלְטֶרְנָטִיבָה נ׳ *(alternaTIva)* alternative
אַלִּיבָּא ר׳ אַלִּבָּא
אַלִּיבִּי ז׳ *(aLIbi)* alibi
אַלְיָה נ׳ *(alYA)* fat tail (of sheep); earlobe
– וְקוֹץ בָּהּ fly in the ointment, there's a catch
אֱלִיל ז׳ *(eLIL)* idol
אֱלִילוּת נ׳ *(eliLUT)* paganism
אֱלִילִי ת׳ *(eliLI)* pagan
אַלִּים ת׳ *(alLIM)* violent; strong
אַלִּימוּת נ׳ *(alliMUT)* violence; strength
אַלִּיפוּת נ׳ *(alliFUT)* championship
אֶלִיפְּסָה נ׳ *(elLIPsa)* ellipse
אַלְכּוֹהוֹל ז׳ *(ALkohol)* alcohol
אַלְכִּימַאי ז׳ *(alkiMAI)* alchemist
אַלְכִּימְיָה נ׳ *(alKIMya)* alchemy
אֲלַכְסוֹן ז׳ *(alakhSON)* diagonal
אֲלַכְסוֹנִי ת׳ *(alakhsoNI)* diagonal, slanted
אֵלֶם ז׳ *(Elem)* silence; muteness
אִלֵּם ת׳ *(ilLEM)* mute
אַלְמֹג ז׳ *(alMOG)* coral
אֲלֻמָּה נ׳ *(alumMA)* sheaf; beam
אַלְמוֹנִי ת׳ *(almoNI)* anonymous, anonymous person; anyone; someone unknown
אִלְּמוּת נ׳ *(illeMUT)* muteness
אַלְמָוֶת ז׳ *(alMAvet)* immortality
אַלְמוֹתִי ת׳ *(almoTI)* immortal
אִלְמָלֵא, אִלְמָלֵי מ״ח *(ilmaLE)* if not; if
אַלְמָן ז׳ *(alMAN)* widower
אַלְמָנָה נ׳ *(almaNA)* widow
אַלְמְנוּת נ׳ *(almeNUT)* widowhood; destitution
אַלְמַתֶּכֶת נ׳ *(almaTEkhet)* non-metal
אֶלַסְטִי ת׳ *(eLASti)* elastic
אִלֵּף פעל י׳ *(ilLEF)* train, tame
אֶלֶף ז׳ *(Elef)* thousand
אָלֶף נ׳ *(Alef)* Aleph, (the first letter of the Hebrew alphabet); one, first
אָלֶף־בֵּית, אָלֶפְבֵּית *(alefBET)* ABC, alphabet
אָלֶפְבֵּיתִי ת׳ *(alefBEYti)* alphabetized
אַלְפוֹן ז׳ *(alFON)* children's primer
אַלְפִּית נ׳ *(alPIT)* thousandth
אֻלְפָּן ז׳ *(ulPAN)* atelier; studio; school; Ulpan
אִלְפָּס ז׳ *(ilPAS)* casserole, pot
אִלֵּץ פעל י׳ *(ilLETS)* compel, force
אֶלֶקְטְרוֹנִי ת׳ *(elektROni)* electronic
אֶלֶקְטְרוֹנִיקָה נ׳ *(elektROnika)* electronics
אֱלֹקִים ז״ר *(eloKIM)* God (used to avoid mentioning the divine name)
אַלְקָלִי ז׳ *(alKAli)* alkali
אַלֶרְגִי ת׳ *(alLERgi)* allergic
אַלֶרְגְיָה נ׳ *(alLERgya)* allergy
אִלְתּוּר ז׳ *(ilTUR)* improvisation
אִלְתִּית נ׳ *(ilTIT)* salmon
[לְ]אַלְתַּר תה״פ *(l'alTAR)* at once, immediately
אִלְתֵּר פעל י׳ *(ilTER)* improvise
אֵם נ׳ *(EM)* mother, matriarch; abbess; metropolis; matrix
– הַדֶּרֶךְ נ׳ crossroads
אִם מ״ח *(IM)* if, in case; when
– ... (וְ) – .... whether...or...
– כֵּן under the circumstances, so
– כִּי although
הַאִם (introduces question)
אֹם ז׳ *(OM)* nation
אֹם נ׳ nut
אִמָּא נ׳ *(IMma)* mother, ma, mummy, etc.

enamel (*eMA'il*) אֶמָאִיל ז׳
amoeba (*aMEba*) אֲמֶבָה נ׳
ambulance (*AMbulans*) אַמְבּוּלַנְס ז׳
(*amBAT;* אַמְבָּט ז׳, אַמְבַּטְיָה נ׳
bath; *amBATya*)
bath tub; bathroom; washing
ambition (*amBITSya*) אַמְבִּיצְיָה נ׳
ambitious (*ambiTSYOzi*) אַמְבִּיצְיוֹזִי ת׳
estimate (*aMAD*) אָמַד פעל י׳
estimation (*umDAN;* אֻמְדָּן ז׳, אֻמְדָּנָה נ׳
umdaNA)
maid, female slave (*aMA*) אָמָה נ׳
forearm; cubit; (*amMA*) אַמָּה נ׳
middle finger; penis
matrix (printing), (*imMA*) אִמָּה נ׳
mold
nation (*umMA*) אֻמָּה נ׳
motherhood (*immaHUT*) אִמָּהוּת נ׳
motherly (*immaHI*) אִמָּהִי ת׳
diver (*amoDAI*) אָמוֹדַאי ז׳
shoetree; (*imMUM*) אִמּוּם ז׳
mannequin
training, practice (*imMUN*) אִמּוּן ז׳
belief; confidence, (*eMUN*) אֵמוּן ז׳
trust
ammonium (*amMON*) אַמּוֹן ז׳
belief; faith (*emuNA*) אֱמוּנָה נ׳
superstition — תְּפֵלָה, טְפֵלָה
אֱמוּנִים ר׳ אֵמוּן
ammoniac (*amMONyak*) אַמּוֹנְיָק ז׳
adoption; (*imMUTS*) אִמּוּץ ז׳
encouragement; strengthening
amok (*aMOK*) אָמוֹק ז׳ תה״פ
(*amortiZATSya*) אַמּוֹרְטִיזַצְיָה נ׳
amortization
amorphous (*aMORfi*) אַמּוֹרְפִי ת׳
verification (*imMUT*) אִמּוּת ז׳
well-to-do (*aMID*) אָמִיד ת׳
אָמַיִל ר׳ אֶמָאִיל
faithful, authentic; (*aMIN*) אָמִין ת׳
reliable
credibility (*amiNUT*) אֲמִינוּת נ׳
brave, courageous (*amMITS*) אַמִּיץ ת׳

treetop, crown (*aMIR*) אָמִיר ז׳
(of tree)
utterance, saying (*amiRA*) אֲמִירָה נ׳
wretched, miserable (*umLAL*) אֻמְלָל ת׳
make wretched (*imLEL*) אִמְלֵל פעל י׳
bring up, educate (*aMAN*) אָמַן פעל י׳
train, instruct (*imMEN*) אִמֵּן פעל י׳
amen (*aMEN*) אָמֵן תה״פ
artist; expert (*oMAN*) אֳמָן ז׳
craftsman, artisan (*umMAN*) אֻמָּן ז׳
covenant, pact; (*amaNA*) אֲמָנָה נ׳
convention
IOU; promissory note שְׁטַר —
pilaster, buttress (*omNA*) אָמְנָה נ׳
pansy (*amNON* אַמְנוֹן וְתָמָר ז׳
vetaMAR)
craft, skill, (*ummaNUT*) אֻמָּנוּת נ׳
vocation, trade
art (*ommaNUT*) אָמָּנוּת נ׳
artistic (*ommanuTI*) אָמָּנוּתִי ת׳
female, artist (*ommaNIT*) אָמָּנִית נ׳
indeed (*omNAM*) אָמְנָם תה״פ
is that so? (*ha-umNAM*) הַאֻמְנָם?
(*emantsiPATSya*) אֶמַנְצִיפַּצְיָה נ׳
emancipation
amphibious (*amFIbi*) אַמְפִיבִּי ת׳
(*amfiteyatRON*) אַמְפִיתֵאַטְרוֹן ז׳
amphitheater
(*ampliTUda*) אַמְפְּלִיטוּדָה נ׳
amplitude
be strong (*aMATS*) אָמַץ פעל ע׳
adopt, (*imMETS*) אִמֵּץ פעל י׳
encourage, clasp
courage, bravery (*Omets*) אֹמֶץ ז׳
invention (*amtsa'A*) אַמְצָאָה נ׳
piece of raw meat; (*umTSA*) אֻמְצָה נ׳
steak
middle, center (*emTSA*) אֶמְצַע ז׳
means, agency (*emtsa'UT*) אֶמְצָעוּת נ׳
agent, medium, (*emetsa'I*) אֶמְצָעִי ז׳
mean
middle; intermediate — ת׳
immediate, direct בִּלְתִּי — ת׳

means; capital אֶמְצָעִים ז״ר
say, utter, tell (aMAR) אָמַר פעל י׳
speech, word (Omer) אֹמֶר ז׳
saying, motto; (imRA) אִמְרָה נ׳
word; utterance; hem, border
American (ameriKAni) אֲמֶרִיקָנִי ז׳ ת׳
administrator (amarKAL) אֲמַרְכָּל ז׳
last night; yesterday (Emesh) אֶמֶשׁ תה״פ
night — ז׳
truth (eMET) אֱמֶת נ׳
verify (imMET) אִמֵּת פעל י׳
axiom, truth (amitTA) אֲמִתָּה נ׳
truth; authenticity (amitTUT) אֲמִתּוּת נ׳
bag, pouch (amTAḥat) אַמְתַּחַת נ׳
true; real; authentic (amitTI) אֲמִתִּי ת׳
excuse (amatLA) אֲמַתְלָה נ׳
(amMAT-midDA) אַמַּת־מִדָּה נ׳
measuring rod; criterion
(amMAT-MAyim) אַמַּת־מַיִם נ׳
aqueduct
please (anNA) אָנָּא מ״ק
(angloSAKsi) אַנְגְּלוֹ־סַקְסִי ת׳
Anglo-Saxon; English-speaking (in Israel)
Anglican (angliKAni) אַנְגְּלִיקָנִי ז׳ ת׳
(andROginos) אַנְדְּרוֹגִינוֹס ז׳
hermaphrodite
statue (andarTA) אַנְדַּרְטָה נ׳
(andralaMUSya) אַנְדְּרָלָמוּסְיָה נ׳
chaos, confusion, disorder; bloodshed
cause, chance (inNA) אִנָּה פעל י׳
whither; where (Ana) אָנָה מ״ש
hither and thither; back and forth — אָנֶה וָ
lobe (unNA) אֻנָּה נ׳
we (Anu) אָנוּ מ״ג
anomaly (anoMALya) אֲנוֹמַלְיָה נ׳
forced; forced convert, Marrano (aNUS) אָנוּס ת׳ ז׳
compulsion, coercion (inNUS) אִנּוּס ז׳
severe, mortal (wound) (aNUSH) אָנוּשׁ ת׳

man, human being (eNOSH) אֱנוֹשׁ ז׳
mankind (enoSHUT) אֱנוֹשׁוּת נ׳
human, humane (enoSHI) אֱנוֹשִׁי ת׳
humanity; humaneness (enoshiYUT) אֱנוֹשִׁיּוּת נ׳
sigh (anaḤA) אֲנָחָה נ׳
we (aNAḤnu) אֲנַחְנוּ מ״ג
antarctic (antARKti) אַנְטַארְקְטִי ת׳
anatomy (anaTOMya) אֲנָטוֹמְיָה נ׳
anatomical (anaTOmi) אֲנָטוֹמִי ת׳
antibiotic (antibiYOti) אַנְטִיבִּיּוֹטִי ת׳
(antibiYOtika) אַנְטִיבִּיּוֹטִיקָה נ׳
antibiotics
antelope (antiLOpa) אַנְטִילוֹפָּה נ׳
antiseptic (antiSEPti) אַנְטִיסֶפְּטִי ת׳
antipodes (antiPOdim) אַנְטִיפּוֹדִים ז״ר
repulsive (antiPAti) אַנְטִיפָּתִי ת׳
antipathy (antiPATya) אַנְטִיפַּתְיָה נ׳
anti-Semite; anti-Semitic (antiSHEmi) אַנְטִישֵׁמִי ז׳ ת׳
(antiSHEmiyut) אַנְטִישֵׁמִיּוּת נ׳
anti-Semitism
antithesis (antiTEza) אַנְטִיתֵזָה נ׳
aerial; antenna (anTEna) אַנְטֶנָּה נ׳
I; ego (aNI) אֲנִי מ״ג ז׳
ship, boat (oniYA) אֳנִיָּה נ׳
sensitive, refined; fastidious; sissified (aNIN) אָנִין ת׳
אֲנִין־הַדַּעַת ז׳ ר׳ אָנִין
gourmet; discriminating אֲנִין־הַטַּעַם ת׳
bundle; fibers (aNITS) אָנִיץ ז׳
plumb-line; perpendicular (aNAKH) אֲנָךְ ז׳
I (anoKHI) אָנֹכִי מ״ג
perpendicular; vertical (anaKHI) אֲנָכִי ת׳
selfish, egotistic (anokhiYI) אָנֹכִיִּי ת׳
(anakhroNIZM) אֲנַכְרוֹנִיזְם ז׳
anachronism
analogy (anaLOGya) אֲנָלוֹגְיָה נ׳
analogous (anaLOgi) אֲנָלוֹגִי ת׳

analysis	(anaLIza)	אֲנָלִיזָה נ׳
analytic, analytical	(anaLIti)	אֲנָלִיטִי ת׳
anemia	(aNEMya)	אֲנֶמְיָה נ׳
pineapple	(Ananas)	אֲנָנָס ז׳
force, compel; rape	(aNAS)	אָנַס פעל י׳
compulsion; rape	(Ones)	אֹנֶס ז׳
heron	(anaFA)	אֲנָפָה נ׳
nasalization, nasal speech	(inPUF)	אִנְפּוּף ז׳
speak through the nose	(inPEF)	אִנְפֵּף פעל ע׳
encyclopedia	(entsikloPEDya)	אֶנְצִיקְלוֹפֶּדְיָה נ׳
anecdote	(anekDOta)	אֲנֶקְדוֹטָה נ׳
sigh, groan, moan	(anaKA)	אֲנָקָה נ׳
hook	(anKOL)	אַנְקוֹל ז׳
swallow	(anKOR)	אַנְקוֹר ז׳
energy	(eNERgya)	אֶנֶרְגְיָה נ׳
anarchy	(aNARkhya)	אֲנַרְכְיָה נ׳
anarchist	(anarKHIST)	אֲנַרְכִיסְט ז׳
men, people	(anaSHIM)	אֲנָשִׁים ז״ר
anthology	(antoLOGya)	אַנְתּוֹלוֹגְיָה נ׳
anthropology	(antropoLOGya)	אַנְתְּרוֹפּוֹלוֹגְיָה נ׳
ace	(AS)	אַס (בקלפים) ז׳
raft	(asDA)	אַסְדָּה נ׳
oilcan	(aSUKH)	אָסוּךְ ז׳
storage (of grain)	(isSUM)	אִסּוּם ז׳
disaster; accident; adversity	(aSON)	אָסוֹן ז׳
collection; accumulation	(isSUF)	אִסּוּף ז׳
foundling	(asuFI)	אֲסוּפִי ז׳
association	(asotsiATSya)	אַסוֹצְיאַצְיָה נ׳
forbidden, prohibited; chained, imprisoned	(aSUR)	אָסוּר ת׳
prohibition; ban	(isSUR)	אִסּוּר ז׳
astigmatism	(astigMATiyut)	אַסְטִיגְמָטִיּוּת נ׳
sensitive, delicate, spoiled	(isteNIS)	אִסְטְנִיס ת׳
sensitiveness, delicacy, spoiling		אִסְטְנִיסוּת נ׳
astrologer	(astroLOG)	אַסְטְרוֹלוֹג ז׳
astrology	(astroLOGya)	אַסְטְרוֹלוֹגְיָה נ׳
astronomer	(astroNOM)	אַסְטְרוֹנוֹם ז׳
astronomy	(astroNOMya)	אַסְטְרוֹנוֹמְיָה נ׳
strategist	(astraTEG)	אַסְטְרָטֶג ז׳
strategic	(astraTEgi)	אַסְטְרָטֶגִי ת׳
strategy	(astraTEGya)	אַסְטְרָטֶגְיָה נ׳
Asia	(ASya)	אַסְיָה נ׳
Essenes	(issiYIM)	אִסִּיִּים ז״ר
worn coin, worthless coin; telephone token	(asiMON)	אֲסִימוֹן ז׳
assistant	(asisTENT)	אַסִיסְטֶנְט ז׳
harvest	(aSIF)	אָסִיף ז׳
gathering	(asiFA)	אֲסִיפָה נ׳
prisoner	(aSIR)	אָסִיר ז׳
school, system	(asKOla)	אַסְכּוֹלָה נ׳
diphtheria	(asKAra)	אַסְכָּרָה נ׳
yoke, pole	(Esel)	אֵסֶל ז׳
Islam	(isLAM)	אִסְלָאם ז׳
granary; barn	(aSAM)	אָסָם ז׳
store	(isSEM)	אִסֵּם פעל י׳
support, authority	(asmakhTA)	אַסְמַכְתָּה נ׳
collect; gather; assemble	(aSAF)	אָסַף פעל י׳
collection	(Osef)	אֹסֶף ז׳
meeting, assembly	(aseFA)	אֲסֵפָה נ׳
aspirin	(aspiRIN)	אַסְפִּירִין ז׳
asphalt	(asFALT)	אַסְפַלְט ז׳
adhesive bandage; compress	(ispelaNIT)	אִסְפְּלָנִית נ׳
collector	(asseFAN)	אַסְפָן ז׳
rabble, mob; riffraff	(asafSUF)	אֲסַפְסוּף ז׳
alfalfa	(asPEset)	אַסְפֶּסֶת נ׳
supply	(aspaKA)	אַסְפָּקָה נ׳
aspect	(asPEKT)	אַסְפֶּקְט ז׳
mirror	(aspakLARya)	אַסְפַּקְלַרְיָה נ׳

אַסְפָּרָגוּס, אַסְפֶּרֶג ז׳ (aspaRAgos; asPEreg) asparagus
אָסַר פעל י׳ (aSAR) imprison, arrest; tie; forbid
אִסְרוּ־חַג ז׳ (Iseru-ḤAG) day following holiday
אֶסְתֶּטִי ת׳ (esTEti) aesthetic
אֶסְתֶּטִיקָה נ׳ (esTEtika) aesthetics
אַסְתְּמָה נ׳ (ASTma) asthma
אַף ז׳ (AF) nose; anger, wrath
אַפַּיִם nostrils; face
– מ״ח also, too
עַל – מ״י even though
– כִּי although
– שֶׁ..., – – עַל פִּי שֶׁ... although
– עַל פִּי כֵן nevertheless, despite
אֲפֻדָּה נ׳ (afudDA) sweater; vest
אָפָה פעל י׳ (aFA) bake
אֵפוֹא מלת הדגשה (eFO) then, in that case; however
אַפּוֹטְרוֹפּוֹס ז׳ (apoTROpos) guardian; administrator; trustee
אַפּוֹטְרוֹפְּסוּת נ׳ (apoTROPsut) guardianship, administration
אָפוּי ת׳ (aFUI) baked
אִפּוּל ז׳ (ipPUL) blackout
אַפּוֹלוֹגֶטִי ת׳ (apoloGEti) apologetic
אֲפוּנָה נ׳ (afuNA) pea
אִפּוּר ז׳ (ipPUR) make up
אֹפִי ז׳ (Ofi) character, nature
אַפִּי ת׳ (apPI) nasal
אֶפִּידֶמְיָה נ׳ (epiDEMya) epidemic
אֲפִיָּה נ׳ (afiYA) baking
אֶפִּיטְרוֹפּוֹס ר׳ אַפּוֹטְרוֹפּוֹס
אֲפִילוּ ר׳ אֲפִלּוּ
אַפַּיִם ר׳ אַף
אִפְיֵן פעל י׳ (ifYEN) characterize
אָפְיָנִי ת׳ (ofyaNI) characteristic
אַפִּיפְיוֹר ז׳ (apifYOR) pope
אַפִּיפְיוֹרִי ת׳ papal; apostolic; Catholic
אֲפִיפִית נ׳ (afiFIT) wafer
אָפִיק ז׳ (aFIK) channel, river bed
אֶפִּיקוֹרוֹס ז׳ (epiKOros) atheist; heretic, skeptic
אֶפִּיקוֹרְסוּת נ׳ (epikorSUT) atheism, heresy, skepticism
אֹפֶל ז׳ (Ofel) darkness
אָפֵל ת׳ (aFEL) dark
אֲפֵלָה נ׳ (afeLA) darkness
אֲפִלּוּ מ״ח (aFILlu) even, even if, even though
אַפְלוּלִי ת׳ (afluLI) dim
אַפְלוּלִיּוּת נ׳ (afluliYUT) dimness
אַפְלָיָה נ׳ (aflaYA) discrimination
אֹפֶן ז׳ (Ofen) manner, mode, way
אַפֶּנְדִיצִיט ז׳ (apendiTSIT) appendicitis
אָפְנָה נ׳ (ofNA) fashion, style
אִפְנוּן ז׳ (ifNUN) modulation
אָפְנָתִי ת׳ (ofnaTI) fashionable, stylish
אָפֵס פעל ע׳ (aFES) cease, be exhausted
אֶפֶס ז׳ (Efes) zero, nothing, end
אִפֵּס פעל י׳ (ipPES) zero (weapon or instrument), set to zero; equate to zero
אַפְסִי ת׳ (afSI) insignificant, worthless
אַפְסְנָאוּת נ׳ (afsena'UT) supply
אַפְסְנַאי ז׳ (afseNAI) quartermaster, storekeeper
אַפְסָר ז׳ (afSAR) leash
אֶפְעֶה ז׳ (ef'E) Burton's carpet viper
אַף עַל פִּי שֶׁ... מ״ח although, even though
אָפַף פעל י׳ (aFAF) surround
אֹפֶק ז׳ (Ofek) horizon
אָפְקִי ת׳ (ofKI) horizontal
אֵפֶר ז׳ (Efer) ash
אָפֹר ת׳ (aFOR) gray; ashen
אֲפָר ז׳ (aFAR) meadow
אִפֵּר פעל י׳ (ipPER) make up (the face)
אֶפְרוֹחַ ז׳ (efROaḥ) chicken, nestling
אַפְרוּרִי ת׳ (afruRI) grayish
אַפִּרְיוֹן ז׳ (appirYON) canopy
אַפְרִיקָנִי ז׳ ת׳ (afriKAni) African

אֲפַרְכֶּסֶת נ׳ (afarKEset) earphone, earpiece; funnel; external ear
עָשָׂה אָזְנוֹ כַּ — listen attentively
אֲפַרְסְמוֹן ז׳ (afarseMON) persimmon; balsam, balm
אֲפַרְסֵק ז׳ (afarSEK) peach
אֲפַרְפַּר ת׳ (afarPAR) grayish, pale gray
אֶפְשִׁי (efSHI) my wish
אִי־אֶפְשִׁי I don't want...
אֶפְשָׁר תה״פ (efSHAR) possible; perhaps, maybe
אִי־אֶפְשָׁר impossible, cannot be
אִפְשֵׁר פעל י׳ (ifSHER) enable, make possible
אֶפְשָׁרוּת נ׳ (efshaRUT) possibility, chance; alternative
אֶפְשָׁרִי ת׳ (efshaRI) possible
אַפָּתִי ת׳ (apPAti) indifferent, apathetic
אַפַּתְיָה נ׳ (apPATya) apathy
אַפְתָּעָה ר׳ הַפְתָּעָה
אָץ פעל ע׳ (ATS) hurry, run, hasten
אֶצְבַּע נ׳ (etsBA) finger; index finger, forefinger
— אֱלֹהִים act of God
— הָרֶגֶל toe
אֵינוֹ נוֹקֵף — does not lift a finger
אֶצְבָּעוֹן ז׳ (etsbaON) thimble
אַצָּה נ׳ (atsTSA) alga (algae)
אִצְטַבָּה נ׳ (itstaBA) shelf, ledge
אִצְטַגְנִין ז׳ (itstagNIN) astrologer
אִצְטַדְיוֹן ז׳ (itstadYON) stadium
אִצְטוֹמְכָה נ׳ (itstomKHA) stomach
אֲצֶטוֹן ז׳ (atseTON) acetone
אִצְטְוָנָה נ׳ (itstevaNA) cylinder
אִצְטְלָה נ׳ (itsteLA) robe, cloak
אִצְטְרֻבָּל ז׳ (itstruBAL) pine cone, cone
אַצִּיל ז׳ (atsTSIL) upper arm
אָצִיל ז׳ ת׳ (atSIL) nobleman, aristocrat; gentle
אֲצִילָה נ׳ (atsiLA) noblewoman; vesting, delegating
אֲצִילוּת נ׳ (atsiLUT) nobility; aristocracy; divine emanation (Kabbala)
אֲצִילִי ת׳ (atsiLI) noble
אֲצִירָה נ׳ (atsiRA) accumulating, hoarding
אֵצֶל מ״י (Etsel) near, close to, at the side of, by, at, care of (c/o)
אָצַל פעל י׳ (aTSAL) delegate; lay aside; emanate
אֲצֻלָּה נ׳ (atsulLA) nobility, aristocracy
אֶצְעָדָה נ׳ (ets'aDA) bracelet; anklet
אָצַר פעל י׳ (aTSAR) collect, accumulate, hoard
אֶקְדָּח ז׳ (ekDAḤ) pistol; red precious stone
— תֻּפִּי revolver
אֲקָדֶמַאי ז׳ (akadeMA'i) university graduate
אֲקָדֶמִי ת׳ (akaDEmi) academic
אֲקָדֶמְיָה נ׳ (akaDEMya) academy
אַקְוֶדוּקְט ז׳ (akveDUKT) aqueduct
אֶקוֹנוֹמִי ת׳ (ekoNOmi) economical
אֲקוּסְטִיקָה נ׳ (aKUStika) acoustics
אָקוֹרְדְיוֹן ז׳ (akordYON) accordion
אַקְוַרְיוּם ז׳ (akVARyum) aquarium
אַקְטוּאָלִי ת׳ (aktu'Ali) timely, current
אַקְטִיב ז׳ (akTIV) assets
אַקְלִים ז׳ (akLIM) climate
אִקְלֵם פעל י׳ (ikLEM) acclimate; acclimatize
אַקְסְיוֹמָה נ׳ (aksYOma) axiom
אֲקַצְיָה נ׳ (aKATSya) acacia
אַקְר ז׳ (Akr) acre
אַקְרַאי ז׳ (akRAI) chance
בְּ — תה״פ by chance, incidentally, at random
אַקְרוֹבָּט ז׳ (akroBAT) acrobat
אַקְרוֹבָּטִיקָה נ׳ (akroBAtika) acrobatics
אַקְרוֹסְטִיכוֹן ז׳ (akrostiKHON) acrostic

mite (akaRIT) אֲקָרִית נ׳
ambush, lurk (aRAV) אָרַב פעל ע׳
locust, locusts (arBE) אַרְבֶּה ז׳
chimney; hatch, skylight (aruBA) אֲרֻבָּה נ׳
barge (arBA) אַרְבָּה נ׳
four (f.) (arBA') אַרְבַּע ש״מ
four (m.); foursome (arba'A) אַרְבָּעָה ש״מ
(arba'A aSAR) אַרְבָּעָה עָשָׂר ש״מ fourteen (m.)
tetrahedron (araba'ON) אַרְבָּעוֹן ז׳
forty (arba'IM) אַרְבָּעִים ש״מ
(arBA esRE) אַרְבַּע עֶשְׂרֵה ש״מ fourteen (f.)
weave (aRAG) אָרַג פעל י׳
fabric, shuttle (weaver's) (Ereg) אֶרֶג ז׳
organization, organizing (irGUN) אִרְגּוּן ז׳
case, crate, box; chest; body (arGAZ) אַרְגָּז ז׳
purple (argaMAN) אַרְגָּמָן ז׳
organize (irGEN) אִרְגֵּן פעל י׳
calming, relieving; all-clear (arga'A) אַרְגָּעָה נ׳
bronze (aRAD) אָרָד ז׳
architect (ardiKHAL) אַרְדִיכָל ז׳
architecture (ardikhaLUT) אַרְדִיכָלוּת נ׳
gather, pick, pluck (aRA) אָרָה פעל י׳
stable (urVA) אֻרְוָה נ׳
hospitality, accommodation (eRUaḥ) אֵרוּחַ ז׳
meal (aruḤA) אֲרוּחָה נ׳
erotic (eROti) אֵרוֹטִי ת׳
healing, cicatrix (aruKHA) אֲרוּכָה נ׳
recovered הֶעֱלָה –
aroma (aROma) אֲרוֹמָה נ׳
closet, chest, wardrobe, cupboard, locker; coffin, ark (aRON) אָרוֹן ז׳
Holy Ark אֲרוֹן הַקֹּדֶשׁ
fiancé; betrothed (aRUS-A) אָרוּס(־ה) ז׳ (נ׳)

engagement (eruSIM) אֵרוּסִים ז״ר
accursed (aRUR) אָרוּר ת׳
cedar; sturdy; young man, good fellow (Erez) אֶרֶז ז׳
pack (aRAZ) אָרַז פעל י׳
rice (Orez) אֹרֶז ז׳
way, manner, routine, custom (Oraḥ) אֹרַח ז׳
by the way אַגַּב (אָרְחָא)
accommodate, display hospitality to (eRAḤ) אֵרַח פעל י׳
(orḤEY-porḤEY) אָרְחֵי־פָּרְחֵי ז״ר tramps, bums
artillery (artiLERya) אַרְטִילֶרְיָה נ׳
artist, actor; malingerer (arTIST) אַרְטִיסְט ז׳
lion; Leo (aRI; arYE) אֲרִי, אַרְיֵה ז׳
Aryan (Ari) אָרִי ת׳
fabric (aRIG) אָרִיג ז׳
packing; packaging (ariZA) אֲרִיזָה נ׳
tile; brick, briquet; (aRIaḥ) אָרִיחַ ז׳
length (ariKHUT) אֲרִיכוּת נ׳
longevity – יָמִים
tenant farmer, sharecropper (aRIS) אָרִיס ז׳
land tenancy, sharecropping (ariSUT) אֲרִיסוּת נ׳
(aristoKRAT) אֲרִיסְטוֹקְרָט ז׳ aristocrat
(aristoKRATya) אֲרִיסְטוֹקְרַטְיָה נ׳ aristocracy
arithmetical (aritMEti) אֲרִיתְמֶטִי ת׳
(aritMEtica) אֲרִיתְמֶטִיקָה נ׳ arithmetic
endure, last, continue (aRAKH) אָרַךְ פעל ע׳
long (aROKH) אָרֹךְ ת׳
length (Orekh) אֹרֶךְ ז׳
along לְאֹרֶךְ תה״פ
(arkhe'oLOG) אַרְכֵאוֹלוֹג ז׳ archaeologist
(arkhe'oLOGya) אַרְכֵאוֹלוֹגְיָה נ׳ archaeology

knee, crank-handle, crank (arkubBA) אַרְכֻּבָּה נ׳
archaic (arkha'I) אַרְכָאִי ת׳
extension (arKA) אַרְכָּה נ׳
stirrup; boot (torture), stocks (arKOF) אַרְכּוֹף ז׳
at length (arukKOT) אֲרֻכּוֹת תה״פ
arch- (ARkhi-) אַרְכִי־ ת׳
archbishop (arkhibiSHOF) אַרְכִיבִּישׁוֹף ז׳
archduke (arkhidukKAS) אַרְכִידֻכָּס ז׳
archives (arkhiYON) אַרְכִיּוֹן ז׳
architecture (arkhitekTUra) אַרְכִיטֶקְטוּרָה נ׳
archipelago (arkhipeLAG) אַרְכִיפֶּלָג ז׳
Aram; Aramea (aRAM) אֲרָם נ׳
Mesopotamia – נַהֲרַיִם
palace, castle, citadel, mansion (arMON) אַרְמוֹן ז׳
Aramaic, Aramean (aramMI) אֲרַמִּי ת׳
Aramaic (araMIT) אֲרָמִית נ׳
pine (Oren) אֹרֶן ז׳
hare (arNAV) אַרְנָב ז׳
hare (arNEvet) אַרְנֶבֶת נ׳
tax, property tax (arnoNA) אַרְנוֹנָה נ׳
bolete (orniYA) אָרְנִיָּה נ׳
wallet, purse, bag, billfold (arNAK) אַרְנָק ז׳
become engaged to (eRAS) אֵרַס פעל י׳
poison, venom (Eres) אֶרֶס ז׳
poisonous (arSI) אַרְסִי ת׳
poisonousness (arsiYUT) אַרְסִיּוּת נ׳
arsenic (arSEN) אַרְסֶן ז׳
be, happen, occur (aRA) אָרַע פעל ע׳
happen, occur; make temporary (eRA) אֵרַע פעל ע׳
temporary, chance; transitional (ara'I) אֲרָעִי ת׳
transitoriness; impermanence (ara'iYUT) אֲרָעִיּוּת נ׳
land, country; soil, ground; earth; state (Erets) אֶרֶץ נ׳
earth (the globe) כַּדּוּר הָאָרֶץ
national, country-wide; earthly, material, temporal (arTSI) אַרְצִי ת׳
arak (oriental brandy) (Arak) אָרָק ז׳
ground, ground-wire (arKA) אַרְקָה נ׳
arctic (ARkti) אַרְקְטִי ת׳
curse (aRAR) אָרַר (אָר) פעל י׳
אֲרַשׁ ר׳ אֵרֵס
expression (areREshet) אֲרֶשֶׁת נ׳
fire, blaze (ESH) אֵשׁ נ׳
cob, spadix (eshBOL) אֶשְׁבּוֹל ז׳
waterfall, cascade (Eshed) אֶשֶׁד ז׳
slope; declivity (asheDA) אֲשֵׁדָה נ׳
woman, wife; female; anyone (f.), one (f.) (ishSHA) אִשָּׁה נ׳
fir (ashSHU'aḥ) אַשּׁוּחַ ז׳
accusation, indictment, charge (ishSHUM) אִשּׁוּם ז׳
beech; step (aSHUR) אָשׁוּר ז׳
precisely, perfectly, properly לַאֲשׁוּרוֹ תה״פ
Assyria (ashSHUR) אַשּׁוּר נ׳
confirmation; endorsement, sanction; certificate (ishSHUR) אִשּׁוּר ז׳
אִשּׁוּת ר׳ אִישׁוּת
foundation (oshYA) אָשְׁיָה נ׳
testicle (Eshekh) אֶשֶׁךְ ז׳
requiem; burial (ashkaVA) אַשְׁכָּבָה נ׳
cluster, bunch (eshKOL) אֶשְׁכּוֹל ז׳
versatile scholar אִישׁ – וֹת
grapefruit (eshkoLIT) אֶשְׁכּוֹלִית נ׳
Ashkenaz (traditional name for Germany); European Jewry (ashkeNAZ) אַשְׁכְּנַז נ׳
European Jew – י
tamarisk; scholar (Eshel) אֶשֶׁל ז׳
potash (ashLAG) אַשְׁלָג ז׳
potassium (ashleGAN) אַשְׁלְגָן ז׳
delusion, illusion (ashlaYA) אַשְׁלָיָה נ׳
guilty, accused (aSHEM) אָשֵׁם ת׳
sin, crime; guilt; guilt offering (aSHAM) אָשָׁם ז׳

be guilty, sin *(aSHAM)* אָשַׁם פעל ע׳

confirmed sinner *(ashMAI)* אַשְׁמַאי ז׳

Asmodeus, King of Demons *(ashmeDAI)* אַשְׁמְדַאי ז׳

guilt, blame, crime *(ashMA)* אַשְׁמָה נ׳

(ashmuRA; ashMOret) אַשְׁמוּרָה, אַשְׁמֹרֶת נ׳ vigil, watch (part of night)

small window, porthole, hatch, skylight *(eshNAV)* אֶשְׁנָב ז׳

wizard, magician, sorcerer *(ashSHAF)* אַשָּׁף ז׳

garbage, refuse, dirt; quiver *(ashPA)* אַשְׁפָּה נ׳

hospitalization; accommodation *(ishPUZ)* אִשְׁפּוּז ז׳

hospitalize *(ishPEZ)* אִשְׁפֵּז פעל י׳

finish *(ashpaRA)* אַשְׁפָּרָה נ׳

confirm; acknowledge, authenticate, authorize *(ishSHER)* אִשֵּׁר פעל י׳

happiness, bliss *(Osher)* אֹשֶׁר ז׳

that, who, which, that which; as to, regarding *(aSHER)* אֲשֶׁר מ״ח

when, whenever כַּ — תה״פ

a propos — ל־

credit, trust *(ashRAI)* אַשְׁרַאי ז׳

visa, ratification *(ashRA)* אַשְׁרָה נ׳

ratification *(ishRUR)* אִשְׁרוּר ז׳

happy is... *(ashREY)* אַשְׁרֵי מ״ק

ratify; approve *(ishRER)* אִשְׁרֵר פעל י׳

last year *(eshtaKAD)* אֶשְׁתָּקַד תה״פ

sign of the accusative case [direct object] *(et)* אֶת־, אֵת מ״י

with — מ״י

spade, shovel *(ET)* אֵת ז׳

you (f.s.) *(AT)* אַתְּ מ״ג

atheism *(ate'ISM)* אַתֵאִיזְם ז׳

atheist *(ateIST)* אַתֵאִיסְט ז׳

challenge *(etGAR)* אֶתְגָּר ז׳

you (m.s.) *(atTA)* אַתָּה מ״ג

she-ass *(aTON)* אָתוֹן נ׳

locating; localizing *(itTUR)* אִתּוּר ז׳

signalling *(itTUT)* אִתּוּת ז׳

ethical *(Etti)* אֶתִּי ת׳

ethics *(Etika)* אֶתִיקָה נ׳

(etKHEM/N) אֶתְכֶם, ־ן מ״ג; ז׳ נ׳ you ([pl.] in the accusative case)

with you (pl.) אִתְּכֶם, ־ן

athlete *(atLET)* אַתְלֵט ז׳

athletics *(atLEtika)* אַתְלֵטִיקָה נ׳

track and field sports — קַלָּה

you (pl.) *(aTEM/N)* אַתֶּם, ־ן מ״ג ז׳ נ׳

yesterday *(etMOL)* אֶתְמוֹל ז׳ ותה״פ

pause *(etnaḥTA)* אֶתְנַחְתָּא נ׳

ethnic *(ETni)* אֶתְנִי ת׳

harlot's pay; corrupt earnings *(etNAN)* אֶתְנַן ז׳

place *(aTAR)* אֲתַר ז׳

locate, find; localize *(itTER)* אִתֵּר פעל י׳

ether *(Eter)* אֶתֶר ז׳

אַתְרָאָה ר׳ הַתְרָאָה

ethrog, citron *(etROG)* אֶתְרוֹג ז׳

אֹתֶת ר׳ אוֹתֶת

signaller *(atTAT)* אַתָּת ז׳

ב

ב נ׳ Beit (the second letter (*BEYT*) of the Hebrew alphabet); two, second

ב – אות־יחס in, by, at, during, because of, for, according to, against (preposition that transforms noun into adverb [..-ly])

בָּא פעל ע׳ come, arrive; happen; (*BA*) set (sun)

– ־כֹּחַ ז׳ representative, delegate, spokesman

– בַּיָּמִים ת׳ aged

בֹּא ז׳ arrival (*BO*)

בֵּאוּר ז׳ explanation, (*be'UR*) commentary

בָּאוּשׁ ת׳ stinking, spoilt (*ba'USH*)

בֵּאֵר פעל י׳ explain, clarify (*be'ER*)

בְּאֵר נ׳ well (*be'ER*)

בָּאַשׁ פעל ע׳ stink, rot (*ba'ASH*)

בָּבָה נ׳ pupil (*baVA*)

בָּבַת־עַיִן apple of the eye

בֻּבָּה נ׳ doll, puppet (*bubBA*)

בָּבוּאָה נ׳ reflection, image (*bavu'A*)

בַּבּוּן ז׳ baboon (*baBUN*)

בַּבּוֹנָג ז׳ camomile (*baboNAG*)

בָּבֶל נ׳ Babylon (*baVEL*)

בְּבַת אַחַת תה״פ all (*beVAT-aḤAT*) at once

בָּגַד פעל ע׳ betray, act (*baGAD*) treacherously, deceive

בֶּגֶד ז׳ garment, apparel, (*BEged*) dress; coat

– ־יָם ז׳ bathing suit

בְּגֶדֶר תה״פ within the (*beGEder*) scope of . . .

בְּגִידָה נ׳ betrayal, treason, (*begiDA*) treachery, infidelity; adultery

בְּגִין מ״י for the sake of, (*beGIN*) for; because of

בִּגְלַל מ״י for, because of, (*bigLAL*) on account of, thanks to

בְּגַפּוֹ תה״פ alone (*begapPO*)

בג״ץ = בֵּית דִּין גָּבֹהַּ לְצֶדֶק High Court of Justice; Supreme Court

בָּגַר פעל ע׳ grow up, mature (*baGAR*)

בַּגְרוּת נ׳ maturity, (*bagRUT*) puberty; matriculation

בַּד ז׳ fabric, cloth; staff, (*BAD*) branch; oil-press; lie, fiction

בַּדַּאי ז׳ liar (*badDAI*)

בָּדַד פעל ע׳ be alone, (*baDAD*) be in seclusion

בִּדֵּד פעל י׳ isolate, insulate (*bidDED*)

בָּדָד תה״פ alone, solitary (*baDAD*)

בָּדָה פעל י׳ invent a story, (*baDA*) fabricate, make up

בִּדָּה פעל י׳ prove a liar; (*bidDA*) give the lie to

בִּדּוּד ז׳ insulation; (*bidDUD*) isolation

בָּדוּחַ ת׳ gay, amused (*baDUaḥ*)

בִּדּוּחַ ז׳ amusement, (*bidDUaḥ*) entertainment, jesting

בֶּדְוִי ת׳ז׳ bedouin (*BEDwi*)

בָּדוּי ת׳ fabricated, (*baDUY*) made up, assumed

שֵׁם – ז׳ alias

בִּדּוּל ז׳ differentiation, (*bidDUL*) distinction

בִּדּוֹן ז׳ canvas hut (*badDON*)

בָּדוּק ת׳ checked, proven, (*baDUK*) tested, verified, inspected

בִּדּוּר ז׳ entertainment, (*bidDUR*) amusement, recreation, diversion

בְּדוּת, בְּדוּתָה נ׳ (*beDUT; beduTA*) fiction; falsehood, fabrication; lie

בִּדַּח פעל י׳ amuse (*bidDAḤ*)

בַּדְּחָן ז׳ (baddeḤAN) jester, clown; humorist
בַּדְּחָנוּת נ׳ (baddeḥaNUT) jesting, fun
בְּדֵי מ״ח (beDEY) for, for the sake of, according to
– עָמָל תה״פ with difficulty
בְּדִידוּת נ׳ (bediDUT) loneliness, seclusion
בְּדָיָה נ׳ (bedaYA) fiction; falsehood, fantasy
בְּדִיחָה נ׳ (bediḤA) joke, jest
בְּדִיחוּת נ׳ (bediḤUT) jesting, joy, fun-making
בְּדִיל ז׳ (beDIL) tin
בְּדִיעֲבַד תה״פ (bedi'aVAD) after the event, post factum, ex post facto
בְּדִיקָה נ׳ (bediKA) check, examination, inspection, test
בִּדֵּל פעל י׳ (bidDEL) differentiate, separate; isolate
בָּדָל ז׳ (baDAL) piece, end, flap, lobe, butt
בְּדֹלַח ז׳ (beDOlaḥ) crystal
בַּדְלָנוּת נ׳ (badlaNUT) separatism; isolationism
בַּדְלָנִי ת׳ (badlaNI) separatist, isolationist
בָּדַק פעל י׳ (baDAK) examine, inspect, assay, check, scrutinize; repair, renovate
בֶּדֶק ז׳ (BEdek) repair, overhaul, maintenance; breach, gap; examination
בִּדֵּר פעל י׳ (bidDER) entertain, amuse, distract; divert; scatter; disperse
בָּהּ מ״ג (BAH) in her; in it (f.)
בָּהָה פעל ע׳ (baHA) wonder, be confused
בָּהוּל ת׳ (baHUL) anxious; worried; hasty; urgent; frightened
בַּהַט ז׳ (BAhat) alabaster

בְּהֶחְלֵט תה״פ (beheḥLET) absolutely
בְּהִילוּת נ׳ (behiLUT) haste, urgency, excitement
בָּהִיר ת׳ (baHIR) clear, bright, articulate; light, pale
בְּהִירוּת נ׳ (behiRUT) clarity, brightness, clearness
בֶּהָלָה נ׳ (behaLA) fright, panic; excitement; confusion; haste
בְּהֵמָה נ׳ (beheMA) domesticated animal; beast, animal; brute
בַּהֲמִי ת׳ (bahaMI) bestial; brutish; expressionless
בַּהֲמִיּוּת נ׳ (bahamiYUT) brutishness, beastliness; impassivity
בֹּהֶן נ׳ (BOhen) thumb; big toe
בָּהַק פעל ע׳ (baHAK) shine, gleam, glow
בֹּהַק ז׳ (BOhak) brightness; leucoderma
בַּהֶרֶת נ׳ (baHEret) bright spot; pale spot
– ־קַיִץ freckle
בּוֹ מ״ג (BO) in him, in it (m.); therein
בּוֹא ז׳ (BO) advent, arrival, entering; setting (sun)
בּוֹאֲךָ, בּוֹאֲכָה תה״פ (bo'aKHA) in the direction of, toward
בּוֹאֵשׁ ז׳ (boESH) skunk
בּוֹגֵד ז׳ (boGED) traitor, betrayer
בּוֹגְדָנוּת נ׳ (bogedaNUT) treachery, disloyalty
בּוֹגְדָנִי ת׳ (bogedaNI) treacherous, disloyal
בּוֹגֵר ז׳ ת׳ (boGER) adult, mature; graduate, alumnus
– ־אוּנִיבֶרְסִיטָה bachelor
בְּוַדַּאי תה״פ (bevadDAI) certainly
בּוֹדֵד ת׳ ז׳ (boDED) lonely, alone, isolated; individual, single
בּוֹדֵק ז׳ (boDEK) examiner, tester
בּוֹהֶמִי ת׳ (boHEmi) bohemian
בּוֹהֵק ת׳ (boHEK) glittering

בּוּז ז׳ (BUZ) scorn, contempt, mockery; shame
בּוֹזֵז ז׳ (boZEZ) plunderer, robber
בּוֹחֵן ז׳ (boḤEN) inspector, examiner, tester
בּוֹחֵר ז׳ (boḤER) voter; elector
בּוֹטֶה ת׳ (boTE) harsh, biting, blunt
בּוֹטָנִיקָה נ׳ (boTAnika) botany
בּוּל ז׳ (BUL) stamp, bull's eye; block, log; harvest
בּוּלָאוּת נ׳ (bula'UT) stamp collecting, philately
בּוּלַאי ז׳ (buLAI) stamp collector, philatelist
בּוּלְדוֹג ז׳ (BULdog) bulldog
בּוּלְדוֹזֶר ז׳ (bulDOzer) bulldozer
בּוֹלֵט ת׳ (boLET) protruding; conspicuous; prominent
בּוֹלֶשֶׁת נ׳ (boLEshet) secret police, department of detectives
בּוֹנֶה ז׳ ת׳ (boNE) builder; beaver; constructive
בּוֹסֵס פעל ע׳ (boSES) tread, trample; tramp
בּוּעָה נ׳ (bu'A) bubble; blister
בּוּעִית נ׳ (bu'IT) small, bubble
בּוֹעֵר ת׳ (bo'ER) burning, ablaze feverish; ignorant; urgent
בּוּץ ז׳ (BUTS) fine linen
בּוֹצֵר ז׳ (boTSER) grape harvester, vintager
בּוּקִיצָה נ׳ (bukiTSA) elm
בּוֹקֵעַ ת׳ (boKE'A) breaking through piercing, penetrating
בּוֹקֵר ז׳ (boKER) cattleman, herdsman, cowboy
בּוֹר ז׳ (BOR) hole, pit, cistern; dungeon; grave; boron, borax
בּוּר ת׳ ז׳ (BUR) illiterate, ignorant, boorish, boor, ignoramus; fallow, uncultivated
בּוֹרֵא ז׳ (boRE) Creator, God; maker
בּוּרְגָנוּת נ׳ (burgaNUT) bourgeoisie
בּוּרְגָנִי ז׳ ת׳ (burgaNI) bourgeois
בּוּרוּת נ׳ (buRUT) ignorance, illiteracy
בּוּרְסָה נ׳ (burSA) stock exchange, stock market
בּוֹרֵר ז׳ (boRER) arbitrator, arbiter; sorter
בּוֹרְרוּת נ׳ (boreRUT) arbitration
בּוֹשׁ פעל ע׳ (BOSH) be ashamed
בּוּשָׁה נ׳ (buSHA) shame, disgrace
בּוֹשֵׁשׁ פעל ע׳ (boSHESH) be late, tarry, be delayed
בַּז ז׳ (BAZ) falcon; plunder, loot, spoils
בָּז פעל ע׳ despise, mock, scorn
בִּזְבּוּז ז׳ (bizBUZ) waste
בִּזְבֵּז פעל י׳ (bizBEZ) squander, waste; spend
בַּזְבְּזָן ז׳ (bazbeZAN) wastrel, spendthrift, squanderer
בַּזְבְּזָנוּת נ׳ (bazbezaNUT) squandering, wastefulness
בִּזָּה פעל י׳ (bizZA) scorn, despise, abase
— נ׳ plunder
בָּזוּי ת׳ (baZUY) despised, vile
בִּזּוּי ז׳ (biZUY) deprecation, scorning, despising
בָּזַז פעל י׳ (baZAZ) plunder, sack, loot
בִּזָּיוֹן ז׳ (bizzaYON) shame, disgrace; contempt
בָּזִיךְ ז׳ (baZIKH) beaker, cup
בְּזִיל הַזּוֹל תה״פ (beZIL hazZOL) very cheap
בַּזֶּלֶת נ׳ (bazZElet) basalt
בָּזָק ז׳ (baZAK) lightning
בָּזַק פעל ע׳ י׳ (baZAK) sprinkle, scatter; flash
בָּחוּר ז׳ (baḤUR) youth, young man; jack; bachelor
בַּחוּרָה נ׳ (baḥuRA) girl, maiden
בְּחִילָה נ׳ (beḥiLA) nausea, disgust

בְּחִינָה נ׳ (beḥiNA) examination, test; aspect
בִּבְחִינַת like, comparable to
מִבְּחִינַת from the point of view of
בָּחִיר ת׳ (baḤIR) chosen, elect, select
בְּחִיר לִבּוֹ fiancée
בְּחִירָה נ׳ (beḥiRA) choice, choosing; election
– וֹת נ״ר elections
בְּחִישָׁה נ׳ (beḥiSHA) mixing, stirring
בָּחַל פעל ע׳ (baḤAL) abhor, loathe
בָּחַן פעל י׳ (baḤAN) examine, test, assay
בֹּחַן ז׳ (BOḥan) examination, quiz; test, trial
בָּחַר פעל י׳ (baḤAR) choose, elect, prefer, select
בַּחֲרוּת נ׳ (baḥaRUT) youth
בָּחַשׁ פעל י׳ (baḤASH) stir
בִּטֵּא פעל י׳ (bitTE) pronounce; express, articulate
בִּטָּאוֹן ז׳ (bitta'ON) organ, mouthpiece
בָּטוּחַ ת׳ (baTUaḥ) safe, assured
בִּטּוּחַ ז׳ (bitTUaḥ) insurance
בְּטוּחוֹת תה״פ (battuḤOT) safely
בִּטּוּי ז׳ (bitTUY) pronunciation, expression, utterance, articulation
בִּטּוּל ז׳ (bitTUL) annulment, abolition; disrespect, contempt
בֵּטוֹן ז׳ (beTON) concrete
בָּטַח פעל ע׳ (baTAḤ) trust; be at ease, be unafraid
בִּטַּח פעל י׳ (bitTAḤ) insure
בֶּטַח תה״פ (BEtaḥ) in safety, securely; surely
בִּטְחָה נ׳ (bitḤA) security, safety, certainty
בִּטָּחוֹן ז׳ (bittaḤON) trust, faith; security
בְּטִיחוּת נ׳ (betiḤUT) safety, security
בָּטַל פעל ע׳ (baTEL) cease, end
בִּטֵּל פעל י׳ (bitTEL) abolish, repeal; despise, belittle
בָּטֵל ת׳ (baTEL) idle; null, void
בַּטָּלָה נ׳ (battaLA) idleness; leisure; vanity
בַּטְלָן ז׳ (batLAN) idler, loafer; good-for-nothing; bungler; Torah scholar living on alms
בַּטְלָנוּת נ׳ (batlaNUT) idleness, loafing; inefficiency, bungling
בֶּטֶן נ׳ (BEten) belly, abdomen; stomach; depth; protuberance; pregnancy
בָּטְנֶה ז׳ (botNE) pistachio nut; peanut
בִּטְנָה נ׳ (bitNA) lining
בַּטְנוּן ז׳ (batNUN) bass
בַּטֶּרְיָה נ׳ (baTERya) battery
בָּטַשׁ פעל ע׳ (baTASH) trample, stomp, kick
בִּי מ״ג (BI) in me; with me
– מ״ק please
בִּיאָה נ׳ (bi'A) entrance, coming; coitus
בִּיב ז׳ (BIV) sewer, gutter
בִּיבְּלִיוֹגְרָף ז׳ (bibliyoGRAF) bibliographer
בִּיבְּלִיוֹגְרַפְיָה נ׳ (bibliyoGRAFya) bibliography
בֵּיבָר ז׳ (beVAR) zoo, menagerie
בִּיגַמְיָה נ׳ (biGAMya) bigamy
בִּיּוּב ז׳ (biYUV) sewage, drainage, canalization
בִּיוֹגְרָף ז׳ (biyoGRAF) biographer
בִּיוֹגְרַפְיָה נ׳ (biyoGRAFya) biography
בִּיוֹלוֹג ז׳ (biyoLOG) biologist
בִּיוֹלוֹגְיָה נ׳ (biyoLOGya) biology
בִּיּוּם ז׳ (biyYUM) staging, directing
בִּיּוּן ז׳ (biYUN) intelligence; interposition
בִּיוֹסְפֵירָה נ׳ (biyoSFEra) biosphere
בִּיּוּץ ז׳ (biYUTS) ovulation; mixing in an egg

בִּיוּרוֹקְרַטְיָה נ׳ (byuroKRATya) bureaucracy
בִּיּוּשׁ ז׳ (biYUSH) shaming, humiliating
בִּיּוּת ז׳ (biYUT) domestication
בְּיוֹתֵר תה״פ (beyoTER) most, greatly; especially
בִּיל״וּ (BIlu) Bilu (1882 pioneer group)
בִּילְיוֹן ז׳ (bilYON) billion
בִּיֵּם פעל י׳ (biYEM) stage; direct
בִּימַאי ז׳ (biMAI) stage manager
בִּימָה נ׳ (biMA) stage; platform
בֵּין מ״י (BEYN) between; among, amidst; inter-
בִּינָה נ׳ (biNA) wisdom, understanding, comprehension, insight
בִּינוֹם ז׳ (biNOM) binomial
בֵּינוֹנִי ת׳ (beynoNI) middle, average, mediocre, intermediate; present participle
בֵּינוֹנִיּוּת נ׳ (beynoniYUT) mediocrity
בֵּינַיִם ז״ז (beyNAyim) middle
יְמֵי הַ – Middle Ages
מַצַּב – interim condition
בֵּין־לְאֻמִּי ת׳ (beyn-le'umMI) international
בֵּינְתַיִם תה״פ (beynTAyim) meanwhile
בִּיֵּץ פעל י׳ (biYETS) ovulate; mix an egg
בֵּיצָה נ׳ (beyTSA) egg; ovum, ovule
בֵּיצִי ת׳ (beyTSI) oval, egg-like
בֵּיצִיָּה נ׳ (beytsiYA) fried egg, omelet
בִּירָה נ׳ (BIra) beer
– כֵּהָה ale
בִּירָה נ׳ (biRA) capital (city)
בִּירִית נ׳ (biRIT) garter; ring, hoop
בִּישׁ ת׳ (BISH) bad
בִּיֵּשׁ פעל י׳ (biYESH) shame, disgrace
בִּישׁוֹף ז׳ (biSHOF) bishop
בַּיְשָׁן ת׳ (bayeSHAN) bashful
בַּיְשָׁנוּת נ׳ (baiyeshaNUT) bashfulness

בַּיִת ז׳ (baYIT) house, home; chamber; family, tribe; school; verse, stanza; Jerusalem Temple; receptacle; interior
בִּיֵּת פעל י׳ (biYET) domesticate
בֵּית אָב ז׳ (beyt-AV) family, tribe
בֵּית אָבוֹת ז׳ (beyt-aVOT) home for aged
בֵּית אֲחִיזָה ז׳ (bet-aḥiZA) handle
בֵּית־אֲסוּרִים ז׳ (beyt-asuRIM) prison
בֵּית־בַּד ז׳ (beyt BAD) oil press
בֵּית־בְּלִיעָה ז׳ (beyt bli'A) chamber; throat
בֵּית־בֹּשֶׁת ז׳ (beyt BOshet) brothel
בֵּית־דִּין ז׳ (beyt DIN) court, tribunal
בֵּית־דְּפוּס ז׳ (beyt deFUS) press (printing)
בֵּית־הַשֶּׁחִי ז׳ (beyt ha-SHEḥi) armpit
בֵּית־זִקּוּק ז׳ (beyt zikKUK) refinery
בֵּית־חוֹלִים ז׳ (beyt ḥoLIM] hospital
בֵּית־חַיִּים ז׳ (beyt ḥaiYIM) source of life; cemetery
בֵּית־חֲרֹשֶׁת ז׳ (beyt ḥaROshet) factory
בֵּית־יָד ז׳ (beyt YAD) sleeve; handle, glove
בֵּית־יוֹצֵר ז׳ (beyt yoTSER) pottery; workshop; source of creativity
בֵּית־יְצִיקָה ז׳ (beyt yetsiKA) foundry
בֵּית־יִרְאָה ז׳ (beyt yir'A) church, mosque
בֵּית־כָּבוֹד ז׳ (beyt kaVOD) latrine, toilet
בֵּית־כֶּלֶא ז׳ (beyt KEle) prison
בֵּית־כְּנֶסֶת ז׳ (beyt keNEset) synagogue
בֵּית־כִּסֵּא ז׳ (beyt kisSE) toilet
בֵּית־מִדְרָשׁ ז׳ (beyt midRASH) Talmudic school; seminary; synagogue; school, system
בֵּית־מִטְבָּחַיִם ז׳ (beyt mitbaḤAyim) slaughter house
בֵּית־מְלָאכָה ז׳ (beyt melaKHA) workshop

barroom (*beyt marZEaḥ*) בֵּית־מַרְזֵחַ ז׳

(*beyt merḤATS*) בֵּית־מֶרְחָץ ז׳ bathhouse

(*beyt mirKAḥat*) בֵּית־מִרְקַחַת ז׳ pharmacy, drugstore

(*beyt mishPAT*) בֵּית־מִשְׁפָּט ז׳ court, courthouse

(*beyt nivḥaRIM*) בֵּית־נִבְחָרִים ז׳ parliament; legislature, assembly

museum (*beyt neKHOT*) בֵּית נְכוֹת ז׳

(*beyt netiVOT*) בֵּית־נְתִיבוֹת ז׳ terminal building, train station

prison (*beyt SOhar*) בֵּית־סֹהַר ז׳

school (*beyt SEfer*) בֵּית־סֵפֶר ז׳

pawnshop (*beyt aVOT*) בֵּית־עֲבוֹט ז׳

cemetery (*beyt oLAM*) בֵּית־עוֹלָם ז׳

assembly, hall, (*beyt AM*) בֵּית־עָם ז׳ community center

(*beyt kevaROT*) בֵּית־קְבָרוֹת ז׳ cemetery

café, (*beyt kaFE*) בֵּית־קָפֶה ז׳ coffee shop

First (*BAyit riSHON*) בַּיִת רִאשׁוֹן ז׳ Temple

Second Temple (*BAyit sheNI*) בַּיִת שֵׁנִי ז׳

latrine, (*beyt shimMUSH*) בֵּית־שִׁמּוּשׁ ז׳ toilet

free (*beyt tamḤUY*) בֵּית־תַּמְחוּי ז׳ kitchen

domestic, homely (*beyTI*) בֵּיתִי ת׳

domesticity (*beytiYUT*) בֵּיתִיּוּת נ׳

pavilion (*biTAN*) בִּיתָן ז׳

in you; with *beKHA*) בְּךָ מ״ג ז׳ you (m.)

in you, with you (f.) (*baKH*) בָּךְ מ״ג נ׳

cry, weep (*baKHA*) בָּכָה פעל ע׳

bewail, mourn (*bikKA*) בִּכָּה פעל י׳

first-born, senior, (*beKHOR*) בְּכוֹר ז׳ elder

birthright, (*bekhoRA*) בְּכוֹרָה נ׳ primogeniture, seniority

first harvest (*bikkuRIM*) בִּכּוּרִים ז״ר

Shavu'ot, Pentecost חַג הַ־ —

weeping (*beKHI*) בְּכִי ז׳

weeping (*bekhiYA*) בְּכִיָּה נ׳

weeper, cry-baby (*bakhYAN*) בַּכְיָן ז׳

weeping, (*bakhyaNUT*) בַּכְיָנוּת נ׳ disposition to weep, whining

senior, superior (*baKHIR*) בָּכִיר ת׳

shuttle, spindle (*bukhYAR*) בֻּכְיָר ז׳

in you, (*baKHEM*) בָּכֶם מ״ג ז״ר with you (m. pl.)

in you, with (*baKHEN*) בָּכֶן מ״ג נ״ר you (f. pl.)

(*beKHEN, uvKHEN*) בְּכֵן, וּבְכֵן מ״ח if so, and so, accordingly; thus

piston (*bukhNA*) בֻּכְנָה נ׳

prefer; give (*bikKER*) בִּכֵּר פעל י׳ birth for the first time

young male camel (*BEkher*) בֶּכֶר ז׳

young female (*bikhRA*) בִּכְרָה נ׳ camel

non-, do not; (*BAL*) בַּל מ״ח (particle of negation, especially in imperatives)

without (*beLO*) בְּלֹא מ״י

any- (*beLAV-haKHI*) בְּלָאו הָכֵי תה״פ way, in any case

stealthily, secretly (*balLAT*) בַּלָּאט תה״פ

wear; amortization (*beLAI*) בְּלַאי ז׳

only, just, alone (*bilVAD*) בִּלְבַד תה״פ

confusion (*bilBUL*) בִּלְבּוּל ז׳

bulbul (bird) (*bulBUL*) בֻּלְבּוּל ז׳

potato; bulb (*bulBUS*) בֻּלְבּוּס ז׳

confuse. bewilder (*bilBEL*) בִּלְבֵּל פעל י׳

Belgian (*BELgi*) בֶּלְגִּי ז׳ ת׳

confusion, (*balaGAN*) בַּלָּגָן ז׳ disorder, mess

ballad (*baLAda*) בַּלָּדָה נ׳

courier (*balDAR*) בַּלְדָּר ז׳

become worn, (*baLA*) בָּלָה פעל ע׳ age, decay, wither

wear out, waste, (*bilLA*) בִּלָּה פעל י׳ spend; spend time, have a good time; outlive, survive

worn-out, old (baLE) בָּלֶה ת׳

horror, dread, terror (ballaHA) בַּלָּהָה נ׳

nightmare חֲלוֹם בַּלָּהוֹת

excise (beLO) בְּלוֹ ז׳

rags (beloIM) בְּלוֹאִים ז״ר

acorn (balLUT) בַּלּוּט ז׳

gland (balluTA) בַּלּוּטָה נ׳

pastime, recreation; wearing out (bilLUY) בִּלּוּי ז׳

worn out, ragged (baLUY) בָּלוּי ת׳

mixed, mingled (baLUL) בָּלוּל ת׳

closed, sealed; full; braked (baLUM) בָּלוּם ת׳

balloon; gas container (balLON) בַּלּוֹן ז׳

(bLONdi, blonDIni) בְּלוֹנְדִי, בְּלוֹנְדִינִי ת׳ blond

forelock (beloRIT) בְּלוֹרִית נ׳

crime detection, investigation, sleuthing (bilLUSH) בִּלּוּשׁ ז׳

protrude; be emphasized, be conspicuous (baLAT) בָּלַט פ״ע

ballet (balLET) בַּלֶּט ז׳

floor tile, flat surface (baLAta) בַּלָּטָה נ׳

fiction, belles lettres (belletRIStika) בֶּלֶטְרִיסְטִיקָה נ׳

without (beLI) בְּלִי מלת שלילה

protrusion, bulge (beliTA) בְּלִיטָה נ׳

mixture, concoction, mixed fodder (beLIL) בְּלִיל ז׳

mixing (beliLA) בְּלִילָה נ׳

braking; nothingness (beliMA) בְּלִימָה נ׳

ballistics (balLIStika) בַּלִּיסְטִיקָה נ׳

catapult, ballista (ballistRA) בַּלִּיסְטְרָא נ׳

swallowing, absorption (bli'A) בְּלִיעָה נ׳

absorption coefficient גּוֹרֵם הַ –

chamber (gun) בֵּית הַ –

wickedness, evil (beliYA'al) בְּלִיַּעַל ז׳

villain; swindler אִישׁ (בֶּן) –

mix, confuse, assimilate (baLAL) בָּלַל פעל י׳

brake, stop, shut (baLAM) בָּלַם פעל י׳

brake (BElem) בֶּלֶם ז׳

desire, lust, intense hunger (bulMUS) בֻּלְמוּס ז׳

bath attendant (balLAN) בַּלָּן ז׳

swallow; absorb, assimilate (baLA') בָּלַע פעל י׳

destroy, confuse (bilLA') בִּלַּע פעל י׳

destruction; mouthful; deceit, slander (BEla) בֶּלַע ז׳

exclusive (bil'aDI) בִּלְעָדִי ת׳

exclusiveness (bil'adiYUT) בִּלְעָדִיּוּת נ׳

glutton (bal'AN) בַּלְעָן ז׳

ballerina (balleRIna) בַּלֶּרִינָה נ׳

search, investigate (baLASH) בָּלַשׁ פעל י׳

detective (balLASH) בַּלָּשׁ ז׳

investigation, crime detection (ballaSHUT) בַּלָּשׁוּת נ׳

detective (ballaSHI) בַּלָּשִׁי ת׳

linguist; philologist (balSHAN) בַּלְשָׁן ז׳

linguistics, philology (balshaNUT) בַּלְשָׁנוּת נ׳

not, except; without (bilTI) בִּלְתִּי מ״י

in them, with them (m.) (BAM) בָּם מ״ג ז״ר

director (stage or film), stage-manager (bamMAI) בַּמַּאי ז׳

bamboo (BAMbuk) בַּמְבּוּק ז׳

stage, pulpit, rostrum, mound; altar; mesa; scaffold (baMA) בָּמָה נ׳

bandstand – לְתִזְמֹרֶת

in his own, with his own (beMO) בְּמוֹ מ״ח

direction (stage) (bimMUY) בִּמּוּי ז׳

bamia, okra (BAMya) בַּמְיָה נ׳

instead of (bimKOM) בִּמְקוֹם מ״י

during (beMEshekh) בְּמֶשֶׁךְ תה״פ

son, boy, child (male), native, inhabitant, member of, ...of age (BEN) בֵּן ז׳ בֶּן־

human being (ben aDAM) בֶּן־אָדָם ז׳
immortal (ben alMAvet) בֶּן־אַלְמָוֶת ז׳
familiar; close friend (ben BAyit) בֶּן־בַּיִת ת׳ז׳
Jew; ally (ben beRIT) בֶּן־בְּרִית ת׳
cousin (ben DOD) בֶּן־דוֹד ז׳
spouse, mate, partner (ben ZUG) בֶּן־זוּג ז׳
bastard (ben zenuNIM) בֶּן־זְנוּנִים ת׳
child born to elderly parents (ben zekuNIM) בֶּן־זְקוּנִים ז׳
stepson (ben ḥoREG) בֶּן חוֹרֶג ז׳
freeman (ben ḥoRIN) בֶּן־חוֹרִין ז׳
brave man, hero (ben ḤAyil) בֶּן־חַיִל ז׳
son of good family (ben toVIM) בֶּן־טוֹבִים ז׳
Jew; Israelite (ben yisra'EL) בֶּן־יִשְׂרָאֵל ז׳
escort, follower (ben levaYA) בֶּן־לְוָיָה ז׳
deserving death (ben MAvet) בֶּן־מָוֶת ת׳
of the same kind (ben miNO) בֶּן־מִינוֹ ת׳
hostage (ben arubBA) בֶּן־עֲרֻבָּה ז׳
instantly (bin REga) בֶּן־רֶגַע
scholar, learned in the Torah (ben toRA) בֶּן־תּוֹרָה ת׳
mortal (ben temuTA) בֶּן־תְּמוּתָה ז׳
(ben ta'aROvet) בֶּן־תַּעֲרֹבֶת ת׳ hybrid, of mixed breeds
understand, study (BAN) בָּן פעל י׳
internationalization (bin'UM) בִּנְאוּם ז׳
building, construction, architecture (banna'UT) בַּנָּאוּת נ׳
construction worker, builder (banNAI) בַּנַּאי ז׳
build, construct, establish, make (baNA) בָּנָה פ״י
build up; reconstruct, repair, strengthen (binNA) בִּנָּה פעל י׳
in us; with us; us (BAnu) בָּנוּ מ״ג

construction; building up; reconstruction (binNUY) בִּנּוּי ז׳
built-up, constructed (baNUY) בָּנוּי ת׳
gasoline (benZIN) בֶּנְזִין ז׳
construction, building (beniYA) בְּנִיָּה נ׳
(beney me'A'yim) בְּנֵי־מֵעַיִם ז״ר intestines, guts
building, edifice, construction, building up; conjugation, basic rule (binYAN) בִּנְיָן ז׳
archtype בִּנְיָן אָב ז׳
banal (baNALi) בָּנָלִי ת׳
banality (baNALiyut) בָּנָלִיּוּת נ׳
banana (baNAna) בַּנָּנָה נ׳
bank (BANK) בַּנְק ז׳
banking (banka'UT) בַּנְקָאוּת נ׳
banker (banKAI) בַּנְקַאי ז׳
bank; banking (banka'I) בַּנְקָאִי ת׳
bass (BAS) בַּס ז׳
well, in order; satisfactorily; all right; safe; yes; satisfactory (beSEder) בְּסֵדֶר תה״פ ת׳
perfuming (bisSUM) בִּסּוּם ז׳
basing; establishing; strengthening, supporting (bisSUS) בִּסּוּס ז׳
basis, base, foundation; alkali (baSIS) בָּסִיס ז׳
basic, fundamental; alkaline (besiSI) בְּסִיסִי ת׳
perfume, flavor; gladden; intoxicate (bisSEM) בִּסֵּם פעל י׳
base, found; establish, strengthen, support (bisSES) בִּסֵּס פ״י
trample, tread (baSAS) בָּסַס פעל י׳
unripe fruit; immaturity; unfinished work (BOser) בֹּסֶר ז׳
orchard, garden (busTAN) בֻּסְתָּן ז׳
bubble, boil (bi'BA) בִּעְבַּע פעל ע׳
(be'AD; BA'ad) בַּעַד, בְּעַד מ״י for the sake of, for, through; after; because of

מִבַּעַד (mibBA'ad) through

בְּעוֹד תה״פ (be'OD) while, as long as

בְּעוּלָה נ׳ (beu'LA) married woman; non-virgin

בִּעוּר ז׳ (bi'UR) removal, annihilation

בְּעוּת ז׳ (bi'UT) terror, horror

בָּעַט פעל י׳ (ba'AT) kick; trample, despise; revel

בְּעֶטְיוֹ שֶׁל מ״י (be'etYO shel) because of, due to

בְּעָיָה נ׳ (be'aYA) problem

בְּעִיטָה נ׳ (be'iTA) kick

בְּעִילָה נ׳ (be'iLA) sexual intercourse

בָּעִיר ת׳ (ba'IR) inflammable

בְּעִיר ז׳ (be'IR) domestic animals

בְּעָיָתִי ת׳ (be'ayaTI) problematical

בָּעַל פעל י׳ (ba'AL) have sexual intercourse with; be master of

בַּעַל ז׳ (BA'al) husband; owner, possessor; master, lord; Baal; land not requiring irrigation

בַּעַל־אֶגְרוֹף ז׳ (BA'al egROF) ruffian

בַּעַל־אֹפִי ז׳ (BA'al O'fi) person of character

בַּעַל־בַּיִת ז׳ (BA'al BAyit) houseowner, landlord; master, host; well-off person

בַּעַל־בֵּיתִי ת׳ (BA'al bey'TI) middle-class; bourgeois; provincial

בַּעַל בְּרִית ז׳ (BA'al beRIT) ally, associate

בַּעַל־דֵּעָה ת׳ (BA'al de'A) influential; intelligent

בַּעַל־חוֹב ז׳ (BA'al ḤOV) debtor; creditor

בַּעַל־חַיִּים ז׳ (BA'al ḥaiYIM) animal

בַּעַל־חֻלְיוֹת ז׳ (BA'al ḥulYOT) vertebrate

בַּעַל־כָּנָף ז׳ (BA'al kaNAF) bird

בַּעַל־מוּם ז׳ (BA'al MUM) cripple, invalid

בַּעַל־מְלָאכָה ז׳ (BA'al melaKHA) artisan

בַּעַל־נִסָּיוֹן ת׳ (BA'al nissaYON) experienced

בַּעַל־עֲבֵרָה ז׳ (BA'al aveRA) sinner

בַּעַל־צוּרָה ת׳ (BA'al tsuRA) dignified

בַּעַל־קוֹמָה ת׳ (BA'al koMA) tall

בַּעַל־קוֹרֵא, בַּעַל־קְרִיאָה ז׳ (BA'al koRE; BA'al keri'A) reader (scriptures in synagogue)

בַּעַל־(הָ)רַחֲמִים ז׳ (BA'al [ha]raḥaMIM) All Merciful One, God

בַּעַל־שִׂמְחָה ז׳ (BA'al simḤA) celebrator

בַּעַל־שְׂרָרָה ז׳ (BA'al seraRA) senior government official, wielder of power

בַּעַל־תְּפִלָּה ז׳ (BA'al tefilLA) cantor, reader

בַּעַל־תְּשׁוּבָה ז׳ (BA'al teshuVA) repenting sinner

בַּעַל־תּוֹקֵעַ, בַּעַל־תְּקִיעָה ז׳ (BA'al toKE'a; BA'al teki'A) shofar (rams horn) blower

בַּעֲלוּת נ׳ (ba'aLUT) ownership, possession

בְּעָלִים ז״ר (be'aLIM) owner

בְּעַל כָּרְחוֹ תה״פ (be'AL korḤO) reluctantly

בְּעַלְמָא תה״פ (be'alMA) unintentionally, just like that, for no reason

בַּעֲלָן ז׳ ת׳ (ba'aLAN) avid, eager person

בְּעַל פֶּה תה״פ (be'alPE) by heart

בְּעֶצֶם תה״פ (be'Etsem) as a matter of fact, actually

בָּעַר פעל ע׳ י׳ (ba'AR) blaze, burn

בִּעֵר פעל י׳ (bi'ER) kindle, ignite; remove; annihilate; exterminate

ignoramus, fool (*BA'ar*) בַּעַר ז׳
בְּעֵרָבוֹן מֻגְבָּל (בע״מ)
(*be'eraVON mugBAL*)
limited liability (Ltd.; Inc.)
blaze, fire (*be'eRA*) בְּעֵרָה נ׳
stupidity; ignorance (*ba'aRUT*) בַּעֲרוּת נ׳
(*be'Erekh*) בְּעֵרֶךְ תה״פ
approximately, about, around
phobia; fear (*BA'at*) בַּעַת ז׳
sudden fear; terror (*be'aTA*) בְּעָתָה נ׳
in presence of, before, in sight of (*bifeNEY*) בִּפְנֵי תה״פ
inside, within (*bifeNIM*) בִּפְנִים תה״פ
actually; actual, acting (*beFO'al*) בְּפֹעַל תה״פ ת׳
particularly (*bifeRAT*) בִּפְרָט תה״פ
mud (*BOTS*) בֹּץ ז׳
bursting, sprouting (*bitsBUTS*) בִּצְבּוּץ ז׳
burst forth, sprout (*bitsBETS*) בִּצְבֵּץ פעל ע׳
swamp, marsh (*bitsTSA*) בִּצָּה נ׳
performance, realization, practice, execution (*bitsTSU'a*) בִּצּוּעַ ז׳
fortification (*bitsTSUR*) בִּצּוּר ז׳
slicing (*betsi'A*) בְּצִיעָה נ׳
grape harvest, vintage (*baTSIR*) בָּצִיר ז׳
onion, bulb (*baTSAL*) בָּצָל ז׳
shallot, scallion (*betsalTSAL*) בְּצַלְצַל ז׳
slice, break off; effect a compromise (*baTSA*) בָּצַע פעל י׳
perform, execute, carry out; accomplish (*bitsTSE'a*) בִּצֵּעַ פעל י׳
profit, unjust gain; advantage (*BEtsa*) בֶּצַע ז׳
greed; avarice אַהֲבַת (רְדִיפַת, תַּאֲוַת) – נ׳
dough, paste, batter (*baTSEK*) בָּצֵק ז׳
swell, become pasty (*baTSAK*) בָּצַק פעל ע׳
pasty, swollen (*betseKI*) בְּצֵקִי ת׳
edema (*batsTSEket*) בַּצֶּקֶת נ׳
harvest (vine); subdue (*baTSAR*) בָּצַר פעל י׳
fortify; strengthen (*bitsTSER*) בִּצֵּר פעל י׳
ore; strength (*BEtser*) בֶּצֶר ז׳
drought (*batsTSOret*) בַּצֹּרֶת נ׳
swampy, marshy (*bitstsaTI*) בִּצָּתִי ת׳
bottle (*bakBUK*) בַּקְבּוּק ז׳
splitting, chopping; crack (*biKU'a*) בִּקּוּעַ ז׳
broken, split, cleft, cloven (*baKU'a*) בָּקוּעַ ת׳
visit, attendance; examination (*bikKUR*) בִּקּוּר ז׳
demand (*bikKUSH*) בִּקּוּשׁ ז׳
bacteria (*bakTERya*) בַּקְטֶרְיָה נ׳
expert, learned; adept (*baKI*) בָּקִי ת׳
expertness, adaptness, familiarity (*bekiUT*) בְּקִיאוּת נ׳
breach, gap, fissure; pond (*beKI'a*) בְּקִיעַ ז׳
fissionability, fissure (*beki'UT*) בְּקִיעוּת נ׳
hake, cod, codfish (*BAKkala*) בַּקָּלָה נ׳
bakelite (*bakeLIT*) בַּקֶּלִיט ז׳
cleave, split, break; penetrate (*baKA'*) בָּקַע פעל י׳
split, chop (*bikKA'*) בִּקַּע פעל י׳
split, rift; half shekel (*BEka*) בֶּקַע ז׳
valley (*bik'A*) בִּקְעָה נ׳
visit, attend; examine, criticize, check (*bikKER*) בִּקֵּר פעל י׳
cattle (*baKAR*) בָּקָר ז׳
beef בְּשַׂר – ז׳
checker; inspector; examiner (*bakKAR*) בַּקָּר ז׳
morning (*BOker*) בֹּקֶר ז׳
amid (st), among (st) (*beKErev*) בְּקֶרֶב מ״י

בְּקִרְבַת־ תה״פ (bekirVAT) around, near, in the vicinity of
בַּקָּרָה נ׳ (bakkaRA) control, examination, inspection
בְּקֵרוּב תה״פ (bekeRUV) nearly, approximately; around, about
בְּקָרוֹב תה״פ (bekaROV) shortly, soon
בִּקֹּרֶת נ׳ (bikKOret) criticism, review, critique, inspection; censorship
לָמְתּוֹחַ – פעל ע׳ criticize, censure
בִּקָּרְתִּי ת׳ (bikkorTI) critical
בִּקָּרְתִּיּוּת נ׳ (bikkortiYUT) censoriousness, critical attitude
בִּקֵּשׁ פעל י׳ (bikKESH) ask, request; search; intend
בַּקָּשָׁה נ׳ (bakkaSHA) request; seeking; entreaty, application
בְּבַקָּשָׁה please
בִּקְתָּה נ׳ (bikTA) hut
בָּר, בַּר ז׳ ת׳ (BAR) grain; cereals; open field, wilderness; wild, undomesticated
בַּר ז׳ ת׳ exterior, pure, clean; son; possessing...; worthy of...
– מ״י except, without
בַּר־מִנַּן ז׳ (bar-minNAN) corpse; God forbid
בָּרָא פעל י׳ (baRA) create
בֵּרֵא פעל י׳ (beRE) cut down; clear (forest)
בְּרֵאשִׁית תה״פ (bereSHIT) in the beginning, to begin with; Genesis (book)
בְּרֵאשִׁיתִי ת׳ (bereshiTI) primeval
בַּרְבּוּר ז׳ (barBUR) swan
בַּרְבָּרִי ז׳ ת׳ (barBAri) barbarian, barbaric
בַּרְבָּרִיּוּת נ׳ (barBAriyut) barbarism, vandalism
בֹּרֶג ז׳ (BOreg) screw, bolt
בְּרֹגֶז תה״פ (beROgez) angry with, "mad at"; on bad terms with
– ז׳ quarrel

בָּרְגִי ת׳ (borGI) spiral; screw-like
בֻּרְגָּנוּת נ׳ (burgaNUT) bourgeoisie
בָּרָד ז׳ (baRAD) hail
בָּרֹד ת׳ (baROD) spotted, piebald
בַּרְדְּלָס ז׳ (bardeLAS) cheetah; spotted predatory feline
בַּרְדָּס ז׳ (barDAS) hood, cowl
בָּרוּא ז׳ (baRU) creature
בֵּרוּא ז׳ (beRU) clearing, deforestation
בַּרְוָז ז׳ (barVAZ) duck
בַּרְוָזִיָּה נ׳ (barvaziYA) duck house
בַּרְוָזָן ז׳ (barvaZAN) platypus
בְּרוּטוֹ ז׳ ת׳ (BRUto) gross, total, overall
בְּרוּטָלִיּוּת נ׳ (bruTAliyut) brutality
בָּרוּךְ ת׳ (baRUKH) blessed
– הַבָּא welcome
בְּרוֹם ז׳ (beROM) bromine
בָּרוֹמֶטֶר ז׳ (baroMEter) barometer
בָּרוֹן ז׳ (baRON) baron
בְּרוֹנְזָה נ׳ (beRONza) bronze
בֵּרוּץ ז׳ (beRUTS) surplus, excess, overflow
בָּרוּר ת׳ (baRUR) clear, evident, obvious
בֵּרוּר ז׳ (beRUR) clarification, explanation; selection; classification
בְּרוּרוֹת תה״פ (beruROT) clearly
בְּרוֹשׁ ז׳ (beROSH) cypress
בֶּרֶז ז׳ (BErez) faucet, tap, valve, cock
בָּרַז פעל י׳ (baRAZ) open faucet; open tap and pour
בַּרְזֶל ז׳ (barZEL) iron, iron bar
– חָשִׁיל wrought iron
– יְצִיקָה cast iron
– עָשׁוֹת steel
בַּרְזִלִּי ת׳ (barzilLI) ferrous
בַּרְזְלָן ז׳ (barzilLAN) ironworker
בְּרֶזֶנְט ז׳ (breZENT) canvas, tarpaulin
בָּרַח פעל ע׳ (baRAḤ) run away, flee, escape; bolt

clear, certain; indisputable (baRI) בָּרִי תה״פ
health, strength; (BOri) בֹּרִי ז׳
perfectly; thoroughly עַל בֻּרְיוֹ
healthy; stout, corpulent (baRI) בָּרִיא ת׳
creation; cosmos (bri'A) בְּרִיאָה נ׳
health, soundness (bri'UT) בְּרִיאוּת נ׳
brigade (briGAda) בְּרִיגָדָה נ׳
creature, human being; nature (beriYA) בְּרִיָּה נ׳
hoodlum, bully; "tough guy" (birYON) בִּרְיוֹן ז׳
hooliganism, vandalism, terrorism (biryoNUT) בִּרְיוֹנוּת נ׳
bolt; latch; collarbone (beRIaḥ) בְּרִיחַ ז׳
flight, escape (beriḤA) בְּרִיחָה נ׳
baritone (bariTON) בָּרִיטוֹן ז׳
barricade (bariKAda) בָּרִיקָדָה נ׳
selection, choice (beriRA) בְּרִירָה נ׳
clarity (beriRUT) בְּרִירוּת נ׳
treaty, pact, alliance; union; testament (beRIT) בְּרִית נ׳
allies; Jews בְּנֵי — ז״ר
Soviet Union — הַמּוֹעָצוֹת נ׳
circumcision — מִילָה נ׳
form an alliance כָּרַת — פעל ע׳
external Mishnah (baRAIta) בָּרַיְתָא נ׳
kneel, bend (baRAKH) בָּרַךְ פעל ע׳
bless, greet, congratulate (beRAKH) בֵּרַךְ פעל י׳
knee, lap, bend (BErekh) בֶּרֶךְ נ׳
benediction, blessing; congratulations, salute; luck; profit, prosperity, gift (beraKHA) בְּרָכָה נ׳
pool, pond; cistern, reservoir (bereKHA) בְּרֵכָה נ׳
but, however (beRAM) בְּרַם תה״פ
fellow, guy, chap; human being (barNASH) בַּרְנָשׁ ז׳

tanner (bursKI) בֻּרְסְקִי ז׳
lightning, glitter, gloss, shine (baRAK) בָּרָק ז׳
flash (lightning); glow, shine (baRAK) בָּרַק פעל י׳ ע׳
thorn (notobasis) (barKAN) בַּרְקָן ז׳
agate (baREket) בָּרֶקֶת נ׳
choose, select; examine; purify (baRAR) בָּרַר פעל י׳
clarify, make clear, explain; purify, clean (beRAR) בֵּרֵר ז׳
inferior fruit (beRAra) בְּרָרָה נ׳
choice, alternative (bereRA) בְּרֵרָה נ׳
choosy person; chooser, hard to please (bareRAN) בַּרְרָן ז׳
choosiness, fastidiousness (bareraNUT) בַּרְרָנוּת נ׳
brush (beRASH) בֵּרַשׁ פעל י׳
for the sake of, for; because of; to (bishVIL) בִּשְׁבִיל מ״י
cooking, cookery (bishSHUL) בִּשּׁוּל ז׳
perfuming (bisSUM) בִּשּׂוּם ז׳
news, tidings, annunciation, Gospel (besoRA) בְּשׂוֹרָה נ׳
ripening, maturation (beshiLA) בְּשִׁילָה נ׳
ripen, be cooked (baSHAL) בָּשַׁל פעל ע׳
cook (bishSHEL) בִּשֵּׁל פעל י׳
ripe, mature (baSHEL) בָּשֵׁל ת׳
on account of, because of, due to (beSHEL) בְּשֶׁל מ״י
perfume, fragrance (BOsem) בֹּשֶׂם ז׳
perfumer (basSAM) בַּשָּׂם ז׳
perfume; make pleasant (bisSEM) בִּשֵּׂם פעל י׳
perfumed, fragrant (bosMI) בָּשְׂמִי ת׳
announce, herald (bisSER) בִּשֵּׂר פעל י׳
meat, flesh; body (baSAR) בָּשָׂר ז׳
mortal — וָדָם

beef בְּשַׂר בָּקָר ז׳

carnal lust תַּאֲוַת בְּשָׂרִים ת׳

alive; for meat dishes (*besaRI*) בְּשָׂרִי ת׳

fat; fleshy; succulent (*basraNI*) בַּשְׂרָנִי ת׳

shame, disgrace; indemnity; pubic area; pagan deity (*BOshet*) בֹּשֶׁת נ׳

daughter, girl; possessor (*BAT*) בַּת נ׳

spouse, mate – זוג נ׳

ostrich; desert owl – יַעֲנָה נ׳

pupil (eye) – עַיִן נ׳

smile – ־צְחוֹק, ־שְׂחוֹק נ׳

echo; divine voice – קוֹל נ׳

subsidiary חֶבְרַת – נ׳

eat hearty, bon appétit (*bete'aVON*) בְּתֵאָבוֹן תה״פ

wasteland; moor; neglected field; terrain overrun with undergrowth (*baTA*) בָּתָה נ׳

inside, amid, among (*beTOKH*) בְּתוֹךְ מ״י

chaste youth, virgin (male) (*baTUL*) בָּתוּל נ׳

virgin, maid; Virgo (*betuLA*) בְּתוּלָה נ׳

virginal, chaste (*betuLI*) בְּתוּלִי ת׳

virginity, maidenhood (*betuLIM*) בְּתוּלִים ז״ר

splitting, piercing, severing (*bitTUK*) בִּתּוּק ז׳

dissection, cutting up, dismemberment, severing; indentation (*bitTUR*) בִּתּוּר ז׳

as a, in the capacity of (*beTOR*) בְּתוֹר תה״פ

houses etc. (pl.) (*batTIM*) בָּתִּים ר׳ בַּיִת

cut, up, split, hack (*bitTEK*) בִּתֵּק פעל י׳

cut up; bisect, halve, dissect (*baTAR*) בָּתַר פעל י׳

cut up; dissect, dismember, carve (*bitTER*) בִּתֵּר פעל י׳

section, slice, portion; ravine (*BEter*) בֶּתֶר ז׳

gully, ravine, canyon (*bitRON*) בִּתְרוֹן ז׳

badlands בִּתְרוֹנוֹת

ג

Gimel (the third letter of the Hebrew alphabet); three, third (*GImel*) ג׳

proud, haughty (*GE; ge'E*) גֵא, גֵאֶה ת׳

rise, grow; be uplifted (*ga'A*) גָּאָה פעל ע׳

geographer (*geoGRAF*) גֵאוֹגְרָף ז׳

geographical (*geoGRAfi*) גֵאוֹגְרָפִי ת׳

geography (*geoGRAFya*) גֵאוֹגְרַפְיָה נ׳

geodesy (*geoDESya*) גֵאוֹדֶסְיָה נ׳

pride; haughtiness; vanity (*ga'aVA*) גַּאֲוָה נ׳

redeemed (*ga'UL*) גָּאוּל ת׳

geologist (*geoLOG*) גֵאוֹלוֹג ז׳

geological (*geoLOgi*) גֵאוֹלוֹגִי ת׳

geology (*geoLOGya*) גֵאוֹלוֹגְיָה נ׳

geometry (*geoMETriya*) גֵאוֹמֶטְרִיָה נ׳

genius; scholar; Gaon (title); pride, conceit, majesty; high tide (*ga'ON*) גָּאוֹן ז׳

genius (*ge'oNUT*) גְּאוֹנוּת נ׳

brilliant (*ge'oNI*) גְּאוֹנִי ת׳

genius (*ge'oniYUT*) גְּאוֹנִיּוּת נ׳

high tide; majesty; pride (*ge'UT*) גֵּאוּת נ׳

boastful, proud (*ga'avTAN*) גַּאַוְתָן ת׳

(*ga'avtaNUT*) גַּאַוְתָנוּת נ׳ boastfulness, arrogance

redeem, ransom, free; marry deceased kin's widow (*ga'AL*) גָּאַל פעל י׳

redemption, deliverance (*ge'ulLA*) גְּאֻלָּה נ׳

back; elevation (*GAV*) גַּב ז׳

on, on the back of עַל –, עַל גַּבֵּי מ״י

regarding, for לְגַבֵּי מ״י

waterhole, cistern (*GEV*) גֵּב ז׳

pit, den (*GOV*) גֹּב ז׳

office of synagogue director; collection (*gabba'UT*) גַּבָּאוּת נ׳

synagogue director tax collector (*gaBAI*) גַּבַּאי ז׳

heap, pile in disorder (*gibBEV*) גִּבֵּב פעל י׳

straw, rakings, verbiage (*gevaVA*) גְּבָבָה נ׳

be high; be haughty; be lofty; be exalted; rise (*GAvah*) גָּבַהּ פעל ע׳

height; altitude; pitch (*GOvah*) גֹּבַהּ ז׳

high; tall; haughty (*gavo'AH*) גָּבֹהַּ ת׳

eyebrow (*gabBA*) גַּבָּה נ׳

collect (*gaVA*) גָּבָה פעל י׳

height, pride (*gavHUT*) גַּבְהוּת נ׳

heap, disorderly, pile, accumulation (*gibBUV*) גִּבּוּב ז׳

collection; backing (*gibBUY*) גִּבּוּי ז׳

border, limit, frontier; boundary, territory, province (*geVUL*) גְּבוּל ז׳

trespassing הַסָּגַת –

cheesemaking; curvature (*gibBUN*) גִּבּוּן ז׳

hero; strong man; warrior, victor; central character (*gibBOR*) גִּבּוֹר ז׳

heroism, strength; heroic deed (*gevuRA*) גְּבוּרָה נ׳

crystallization, consolidation (*gibBUSH*) גִּבּוּשׁ נ׳

bald in front; very tall (*giBEaḥ*) גִּבֵּחַ ת׳

frontal baldness; smooth side; clearing (*gabBAḥat*) גַּבַּחַת נ׳

dorsal (*gabBI*) גַּבִּי ת׳

collection (*geviYA*) גְּבִיָּה נ׳

eyebrow (*gaVIN*) גָּבִין ז׳

cheese (*geviNA*) גְּבִינָה נ׳

goblet, cup; calyx (*gaVI'a*) גָּבִיעַ ז׳

cup-shaped (*gevi'I*) גְּבִיעִי ת׳

master, lord, rich man (*geVIR*) גְּבִיר ז׳

גְּבִירָה נ׳ (geviRA) mistress, lady; queen; rich woman; queen mother
גְּבִירוּת נ׳ (geviRUT) wealth
גָּבִישׁ ז׳ (gaVISH) crystal
גְּבִישִׁי ת׳ (geviSHI) crystalline
גָּבַל פעל ע׳ י׳ (gaVAL) adjoin; border on; set a limit; establish boundary
גִּבֵּן ז׳ (gibBEN) hunchback
גִּבֵּן פעל י׳ (giBEN) hunch, curve; become hunched; make cheese
גַּבְנוּן ז׳ (gavNUN) hunch, hump
גַּבְנוּנִי ת׳ (gavnuNI) hunchbacked; humped; convex
גַּבְנוּנִיּוּת נ׳ (gavnuniYUT) convexity
גִּבְּנוּת נ׳ (gibbeNUT) hunchbacked condition
גֶּבֶס ז׳ (GEves) gypsum, plaster of paris
גִּבְעָה נ׳ (giv'A) hill, height
גֶּבַע ז׳ (GEva') hill, height
גִּבְעוֹל ז׳ (giv'OL) stalk, stem
גָּבַר פעל ע׳ (gaVAR) prevail, increase, be strong
גֶּבֶר ז׳ (GEver) man, male, hero, cock, rooster
גַּבְרָא ז׳ (gaVRA) man (Aram.)
כֹּחַ — potency, virility
הַאי — this man
— רַבָּא distinguished man
גַּבְרוּת נ׳ (gavRUT) manliness; manhood
גַּבְרִי ת׳ (gavRI) manly, virile
גַּבְרִיּוּת נ׳ (gavriYUT) manliness, virility
גְּבֶרֶת נ׳ (geVEret) lady; madam; Mrs., Miss
גְּבַרְתָּן ז׳ (gevarTAN) strong man
גִּבֵּשׁ פעל י׳ (gibBESH) crystallize, consolidate
גַּבְשׁוּשִׁית נ׳ (gavshuSHIT) protrusion; hillock
גַּג ז׳ (GAG) roof, top
גַּגּוֹן ז׳ (gagGON) awning
גָּדָה נ׳ (gaDA) bank; brim

גְּדוּד ז׳ (geDUD) battalion, troop, group, band, force
גְּדוּדִי ת׳ (geduDI) battalion
גָּדוֹל ת׳ (gaDOL) great, large, big, mighty, noble
גִּדּוּל ז׳ (gidDUL) growth, upbringing, breeding, growing; crop, plant; tumor; enhancement
גָּדוּם ת׳ (gaDUM) clipped, cut, amputated
גִּדּוּם ז׳ (gidDUM) amputation
גָּדוּעַ ת׳ (gaDU'a) cut down, felled
גִּדּוּעַ ז׳ (gidDU'a) cutting down, felling
גִּדּוּף ז׳ (gidDUF) abuse, insult
גָּדוּר ת׳ (gaDUR) fenced, fenced off
גִּדּוּר ז׳ (gidDUR) fencing (off), restraint
גָּדוּשׁ ת׳ (gaDUSH) brimming, overflowing, packed
גָּדִיל ז׳ (gaDIL) fringe
גָּדַל פעל ע׳ (gaDAL) grow, increase, become great
גִּדֵּל פעל י׳ (gidDEL) rear, bring up, raise, grow, exalt
גֹּדֶל ז׳ (GOdel) size, greatness, quantity; power, magnitude
גְּדֻלָּה נ׳ (gedulLA) greatness, importance; high rank
גַּדְלוּת נ׳ (gadLUT) greatness; arrogance
גִּדֵּם ז׳ (gidDEM) one-armed, amputee
גָּדַם פעל י׳ (gaDAM) cut off, amputate
גֶּדֶם ז׳ (GEdem) stump
גָּדַע פעל י׳ (gaDA') cut off, cut down, fell, destroy
גִּדֵּף פעל י׳ (gidDEF) abuse, insult, curse
גָּדַר פעל י׳ (gaDAR) fence (off), obstruct, restrain
גָּדֵר נ׳ (gaDER) fence; refuge; restriction; limit

– חַיָּה hedge
פּוֹרֵץ – transgressor
יָצָא מִגִּדְרוֹ lose his temper
גָּדַשׁ פעל י׳ (*gaDASH*) heap, pile, fill to overflowing
גֹּדֶשׁ ז׳ (*GOdesh*) surplus, overflow, plenty
גִּהוּץ ז׳ (*giHUTS*) ironing
גִּהוּק ז׳ (*giHUK*) belch, burp
גֵּהוּת נ׳ (*geHUT*) hygiene
גְּהִירָה נ׳ (*gehiRA*) stretching upon, bending over
גִּהֵץ פעל י׳ (*giHETS*) iron, press
גַּהָץ ז׳ (*gaHATS*) presser
גִּהֵק פעל ע׳ (*giHEK*) belch, burp
גָּהַר פעל ע׳ (*gaHAR*) stretch oneself upon
גֵּו ז׳ (*GEV*) body, back
גּוֹאֵל ז׳ (*go'EL*) redeemer, savior
גּוּאַשׁ ז׳ (*gu'ASH*) gouache
גּוּבַיְנָא נ׳ (*guVAIna*) collection, collect
גּוֹבֵל ת׳ (*goVEL*) adjoining; adjacent
גּוֹדֵר ז׳ (*goDER*) fencemaker, mason
גִּוּוּן ז׳ (*givVUN*) variety; coloring; tone
גּוֹזֵז ז׳ (*goZEZ*) shearer, clipper
גּוֹזָל ז׳ (*goZAL*) nestling
גּוֹי ז׳ (*GOY*) Gentile, nation; backslider, heretic
גְּוִיָּה נ׳ (*geviYA*) corpse; body
גְּוִיל ז׳ (*geVIL*) parchment; scroll; undressed stone; exterior of hide
גְּוִיעָה נ׳ (*gevi'A*) dying, death
גּוֹלָה נ׳ (*goLA*) exile, Diaspora
גּוֹלֶה ז׳ (*goLE*) exile, wanderer
גּוֹלֵל ז׳ (*goLEL*) burial stone
סָתַם הַגּוֹלֵל finish off
גּוֹלְף ז׳ (*golf*) golf
גּוּלָשׁ ז׳ (*GUlash*) goulash
גּוּמִי ז׳ (*GUmi*) rubber
– לְעִיסָה ז׳ chewing gum
גָּוֶן ז׳ (*GAven*) shade, hue, nuance; complexion

גִּוֵּן פעל י׳ (*givVEN*) variegate; assort, diversify; tint, shade
גּוֹסֵס ת׳ (*goSES*) dying
גָּוַע פעל ע׳ (*gaVA'*) die
גּוֹעֵשׁ ת׳ (*go'ESH*) stormy
גּוּף ז׳ (*GUF*) body; self; person; element, object, substance; essence; hull, fuselage; solid
– רִאשׁוֹן first person
גּוּפָא ז׳ (*guFA*) very same, same, itself; subject under discussion
גּוּפָה נ׳ (*guFA*) corpse, torso
גּוּפִיָּה נ׳ (*gufiYA*) undershirt
גּוּפִיף ז׳ (*guFIF*) corpuscle
גּוּפָנִי ת׳ (*gufaNI*) corporal, bodily, physical, material
גּוּץ ת׳ (*GUTS*) short
גּוּר ז׳ (*GUR*) cub; pup
גּוֹרֵד־שְׁחָקִים ז׳ (*goRED-sheḥaKIM*) skyscraper
גּוֹרִילָה נ׳ (*goRIlla*) gorilla
גּוֹרָל ז׳ (*goRAL*) fate; lot
גּוֹרָלִי ת׳ (*goraLI*) fateful, crucial
גּוֹרֵם ז׳ (*goREM*) factor, cause
גּוֹרֶרֶת נ׳ (*goREret*) tugboat; tow truck
גּוּשׁ ז׳ (*GUSH*) lump, bulk, block, mass, bloc
גּוּשְׁפַּנְקָה נ׳ (*gushpanKA*) seal
גֵּז ז׳ (*GEZ*) wool, fleece; shearing season; shorn wool
גַּז ז׳ (*GAZ*) gas
גִּזְבָּר ז׳ (*gizBAR*) treasurer, bursar
גִּזְבָּרוּת נ׳ (*gizbaRUT*) treasury, accounts department; bursar's office, paymaster's office
גִּזָּה נ׳ (*gizZA*) shorn wool, fleece
גָּזָה נ׳ (*GAza*) gauze
גַּזּוֹז ז׳ (*gazZOZ*) soda pop
גְּזוּזְטְרָא נ׳ (*gezuzTRA*) balcony
גִּזּוּם ז׳ (*gizZUM*) trimming, pruning
גָּזוּר ת׳ (*gaZUR*) cut, shaped; derived
גָּזַז פעל י׳ (*gaZAZ*) cut, shear, clip, trim

גַּזָּז ז׳	(gazZAZ)	sheep shearer
גַּזֶּזֶת נ׳	(gazZEzet)	ringworm, trichophytosis
גַּזִּי ת׳	(gazZI)	gaseous
גָּזִיז ז׳	(gaZIZ)	fragment, piece
גְּזִיזָה נ׳	(geziZA)	shearing, clipping
גְּזִיר ז׳	(geZIR)	log, clipping
גְּזִירָה נ׳	(geziRA)	cutting; derivation, differentiation
גָּזִית נ׳	(gaZIT)	dressed stone; hewing
גָּזַל פעל י׳	(gaZAL)	rob, plunder
גָּזֵל ז׳	(gaZEL)	robbery, loot
גְּזֵלָה נ׳	(gezeLA)	robbery, loot
גַּזְלָן ז׳	(gazLAN)	robber
גַּזְלָנוּת נ׳	(gazlaNUT)	robbing, robbery
גָּזַם, גִּזֵּם פעל י׳	(gaZAM; gizZEM)	trim, clip, prune
גָּזָם ז׳	(gaZAM)	locust larva
גֻּזְמָה נ׳	(guzMA)	exaggeration
גַּזְּמָן ז׳	(gazzeMAN)	exaggerator
גְּזֹמֶת נ׳	(geZOmet)	pruned branches
גֶּזַע ז׳	(GEza')	trunk, stem, race, breed
גִּזְעִי ת׳	(giz'I)	purebred
גִּזְעִיּוּת נ׳	(giz'iYUT)	racial purity
גִּזְעָנוּת נ׳	(giz'aNUT)	racism
גִּזְעָנִי ת׳	(giz'aNI)	racist, racial
גָּזַר פעל י׳	(gaZAR)	cut, clip; decree; order; forbid; derive, differentiate
גֶּזֶר ז׳	(GEzer)	carrot; piece, part, fragment; block; clipping
גַּזָּר ז׳	(gazZAR)	cutter
גְּזַר־דִּין ז׳	(gezar-DIN)	verdict; sentence
גְּזֵרָה נ׳	(gezeRA)	decree, prohibition, harsh law, persecution; derivation
גִּזְרָה נ׳	(gizRA)	cut, figure, sector, section
גַּזְּרָן ז׳	(gazzeRAN)	cutter
גָּח פעל ע׳	(GAḤ)	burst out, emerge, leave
גִּחוּךְ ז׳	(giḤUKH)	grim, ridiculousness
גָּחוֹן ז׳	(gaḤON)	belly
גָּחוּן ת׳	(gaḤUN)	bent over
גְּחִינָה נ׳	(geḥiNA)	bending
גִּחֵךְ פעל ע׳	(giḤEKH)	grin
גַּחֲכָן ז׳	(gaḥaKHAN)	jester
גַּחְלִילִית נ׳	(gaḥliLIT)	firefly
גַּחֶלֶת נ׳	(gaḤElet)	live coal; ember
גָּחַן פעל ע׳	(gaḤAN)	bend
גֵּט ז׳	(GET)	divorce; document
גֶּטוֹ ז׳	(GETto)	ghetto
גַּיְא ז׳	(GAI)	gorge, defile
גִּיגִית נ׳	(giGIT)	large bowl, tub
גִּיד ז׳	(GID)	tendon, sinew
גֵּיהִנּוֹם ז׳	(gehinNOM)	Gehenna, hell
גִּיּוּס ז׳	(giYUS)	mobilization, draft
גִּיּוּר ז׳	(giyYUR)	proselytization, conversion to Judaism
גִּיּוֹרֶת נ׳	(giYOret)	female proselyte, convert (f.) to Judaism
גֵּיזֶר ז׳	(GEYzer)	geyser
גִּיחָה נ׳	(giḤA)	sally, sortie, dash
גִּיל ז׳	(GIL)	age; joy
גִּילַאי ז׳	(giLAI)	member of age group
גִּילָה נ׳	(giLA)	joy, gladness
גִּילְיוֹטִינָה נ׳	(gilyoTIna)	guillotine
גִּימַטְרִיָּא נ׳	(gimatriYA)	numeral value of letters
גִּימֶל נ׳	(GImel)	Gimel (3rd letter of Hebrew alphabet)
גִּימְנַסְיָה נ׳	(gimNASya)	academic high school
גִּינֶקוֹלוֹג ז׳	(ginekoLOG)	gynecologist
גִּינֶקוֹלוֹגְיָה נ׳	(ginekoLOGya)	gynecology
גִּיס ז׳	(GIS)	brother-in-law
גִּיֵּס פעל י׳	(giYES)	mobilize; draft, enlist, recruit
גַּיִס ז׳	(GAyis)	army corps, battalion; force
— חֲמִשִׁי		fifth column
גַּיָּס ז׳	(gaiYAS)	recruiter
גִּיסָא ז׳	(giSA)	side
— מֵחַד		on the one hand
— מֵאִידָךְ		on the other hand

globe (*GLObus*) גְלוֹבּוּס ז׳
global (*gloBAli*) גְלוֹבָּלִי ת׳
galvanization (*gilVUN*) גִלְווּן ז׳
shaved (*gaLUaḥ*) גָלוּחַ ת׳
shave, shaving (*gilLUaḥ*) גִלּוּחַ ז׳
uncovered, apparent, known, bare (*gaLUY*) גָלוּי ת׳
openly, frankly גְלוּיוֹת תה״פ
uncovering, revelation, exposure; manifestation (*gilLUY*) גִלּוּי ז׳
announcement – דַעַת
frankness – לֵב
bareheadedness – רֹאשׁ
adultery; incest, forbidden sexual behavior – עֲרָיוֹת
postcard, postal card (*geluYA*) גְלוּיָה נ׳
pill (*geluLA*) גְלוּלָה נ׳
wrapped; involved; latent; inherent; crude (*gaLUM*) גָלוּם ת׳
embodiment, concretization (*gilLUM*) גִלּוּם ז׳
gallon (*galLON*) גַלּוֹן ז׳
galvanize (*gilVEN*) גִלְוֵן פעל י׳
sarcophagus (*gloskaMA*) גְלוֹסְקָמָה נ׳
carving, engraving, etching (*gilLUF*) גִלּוּף ז׳
cut, plate (*geluFA*) גְלוּפָה נ׳
(*gilluFIN*) גִלּוּפִין
tipsy, slightly drunk בְּ –
glucose (*gluKOza*) גְלוּקוֹזָה נ׳
exile, banishment, Diaspora; exiles (*gaLUT*) גָלוּת נ׳
of Diaspora nature, mentality, etc. (*galuTI*) גָלוּתִי ת׳
shave (*gilLAḤ*) גִלַּח פעל י׳
priest (Christian) (*galLAḤ*) גַלָּח נ׳
shaved place (*galLAḥat*) גַלַּחַת נ׳
wavy, undulant (*galLI*) גַלִּי ת׳
ice, icicle (*geLID*) גְלִיד ז׳
ice cream (*geliDA*) גְלִידָה נ׳
sheet, page; copy, issue; margin, slate; apocalypse (*gillaYON*) גִלָּיוֹן ז׳

sister-in-law (*giSA*) גִיסָה נ׳
brother of brother- (or sister) in-law (*giSAN*) גִיסָן ז׳
jeep (*JIP*) ג׳יפּ ז׳
chalk; limestone (*GIR*) גִיר ז׳
proselyte, convert to Judaism (*giYER*) גִיֵּר פעל י׳
chalky (*giRI*) גִירִי ת׳
badger (*giRIT*) גִירִית נ׳
approach, access (*giSHA*) גִישָׁה נ׳
geisha (*GEYsha*) גֵישָׁה נ׳
wave; heap, mound; ruin; lever, shaft (*GAL*) גַל ז׳
rejoice, be merry (*GAL*) גָל פעל ע׳
detector (*galLAI*) גַלַּאי ז׳
barber (*galLAV*) גַלָּב ז׳
rolling, revolving; metamorphosis, change, transformation; wandering; transmigration (*gilGUL*) גִלְגּוּל ז׳
roll, turn, revolve; roll up; move; cause; impose, require; have dealings (*gilGEL*) גִלְגֵל פעל י׳
wheel; circle; winch (*galGAL*) גַלְגַל ז׳
gear – מְשֻׁנָּן ז׳
pulley (*galgilLA*) גַלְגִלָּה נ׳
round (*galgalLI*) גַלְגַלִּי ת׳
skull; person (*gulGOlet*) גֻלְגֹלֶת נ׳
poll tax מַס –
tackle (*galGElet*) גַלְגֶלֶת נ׳
skin, crust; cicatrice; side, sole (*GEled*) גֶלֶד ז׳
freeze, congeal (*gaLAD*) גָלַד פעל ע׳
thick-skinned, leathery (*gildaNI*) גִלְדָנִי ת׳
go into exile, wander (*gaLA*) גָלָה פעל ע׳
discover, reveal, uncover; disclose, betray (*gilLA*) גִלָּה פעל י׳
marble, knob, ball, bowl; blobe; spring (*gulLA*) גֻלָּה נ׳
crowning feature; high point, top גֻלַּת הַכּוֹתֶרֶת

waviness, undulation (galliYUT) גַּלְּיוּת נ׳
cylinder, roll, spool; province; Galilee (gaLIL) גָּלִיל ז׳
catchment basin גְּלִיל מַיִם ז׳
rolling; rolling up; province; roll cake (geliLA) גְּלִילָה נ׳
cylindrical; regional; Galilean (geliLI) גְּלִילִי ת׳
cloak, mantle, gown (geliMA) גְּלִימָה נ׳
engraving (geliFA) גְּלִיפָה נ׳
sliding; gliding; skiing, skating, overflowing (geliSHA) גְּלִישָׁה נ׳
roll, wrap; roll off, roll up (gaLAL) גָּלַל פעל י׳
because of (geLAL; bigLAL) גְּלַל, בִּגְלַל מ״י
dung, droppings (gaLAL; GElel) גָּלָל, גֶּלֶל ז׳
wrap; shape, form (gaLAM) גָּלַם פעל י׳
pupa; ignoramus, boor; clumsy person, clod; shapeless mass; unfinished article; robot; automaton in human form; dummy (GOlem) גֹּלֶם ז׳
(GElem) גֶּלֶם ז׳
row material חֹמֶר־ –
solitary, lonely, forlorn, barren (galMUD) גַּלְמוּד ת׳
raw, crude (golMI) גָּלְמִי ת׳
crudeness (golmiYUT) גָּלְמִיּוּת נ׳
clumsy (golmaNI) גָּלְמָנִי ת׳
dry goods (galenTERya) גַּלַנְטֶרְיָה נ׳
monument, memorial (galED) גַּלְעֵד ז׳
pit, stone (gal'IN) גַּלְעִין ז׳
engrave, carve (gaLAF) גָּלַף פעל י׳
engrave, carve (gilLEF) גִּלֵּף פעל י׳
engraver, carver; zincographer (galLAF) גַּלָּף ז׳
gallery (galLERya) גַּלֶּרְיָה נ׳
slide, glide, overflow; ski, skate (gaLASH) גָּלַשׁ פעל ע׳

avalanche; curl (GElesh) גֶּלֶשׁ ז׳
too, also; even (GAM; gam-KEN) גַּם, גַּם־כֵּן מ״ח
gulp (gaMA) גָּמָא פעל י׳
gulp (gimME) גִּמֵּא פעל י׳
papyrus (GOme) גֹּמֶא ז׳
stuttering (gimGUM) גִּמְגּוּם ז׳
stutter (gimGEM) גִּמְגֵּם פעל ע׳
stutterer (gamgeMAN) גַּמְגְּמָן ז׳
cubit; smallness, tininess; face protector (GOmed) גֹּמֶד ז׳
dwarf (gamMAD) גַּמָּד ז׳
reduce; contract (gaMAD) גָּמַד פעל י׳ ע׳
tiny, dwarfish (gammaDI) גַּמָּדִי ת׳
hole, pit, dimple, depression (gumMA) גֻּמָּה נ׳
reward; payment; retribution; retaliation; deed (geMUL) גְּמוּל ז׳
finished, absolute; complete (gaMUR) גָּמוּר ת׳
niche, alcove, bay, recess (gumḤA) גֻּמְחָה נ׳
drinking, gulping (gemi'A) גְּמִיאָה נ׳
weaning; ripening, recompensing (gemiLA) גְּמִילָה נ׳
pay, recompense, benevolence (gemiLUT) גְּמִילוּת נ׳
drinking, gulping (gemi'A) גְּמִיעָה נ׳
elastic, flexible, adaptable; quick (gaMISH) גָּמִישׁ ת׳
elasticity, flexibility (gemiSHUT) גְּמִישׁוּת נ׳
ripen; mature; recompense, reward, retaliate; wean (gaMAL) גָּמַל פעל ע׳ י׳
camel (gaMAL) גָּמָל ז׳
praying mantis גְּמַל שְׁלֹמֹה ז׳
cameleer (gamMAL) גַּמָּל ז׳
awkward; large, huge (gamloNI) גַּמְלוֹנִי ת׳
benefit, pension (gimLA) גִּמְלָה נ׳
go on pension יָצָא לְגִמְלָאוֹת
camel caravan (gamMElet) גַּמֶּלֶת נ׳

drink, gulp (*gaMA'*) גָּמַע פעל י׳
finish, conclude (*gaMAR*) גָּמַר פעל י׳
Gemara (*gemaRA*) גְּמָרָא נ׳ (commentary on the Mishna); Talmud
garden, orchard, park (*GAN*) גַּן ז׳
zoo – חַיּוֹת ז׳
kindergarten, nursery-school – יְלָדִים ז׳
vegetable garden – יָרָק ז׳
Garden of Eden, paradise – עֵדֶן ז׳
disgrace, disrepute (*geNAI*) גְּנַאי ז׳
steal; deceive; cross stealthily (*gaNAV*) גָּנַב פעל י׳
thief (*ganNAV*) גַּנָּב ז׳
theft, stolen goods (*geneVA*) גְּנֵבָה נ׳
stealthily בִּ – תה״פ
gangrene (*gangREna*) גַּנְגְּרֶנָה נ׳
unit, troop, company, battery (artillery) (*gunDA*) גֻּנְדָּה נ׳
beautify excessively, primp (*ginDER*) גִּנְדֵּר פעל י׳
dandy, "sharp dresser" (*gandeRAN*) גַּנְדְּרָן ז׳
dandyism (*ganderaNUT*) גַּנְדְּרָנוּת נ׳
small garden; garden; orchard (*ginNA*) גִּנָּה נ׳
denounce; blame (*ginNA*) גִּנָּה פעל י׳
stolen (*gaNUV*) גָּנוּב ת׳
awning; parasol (*genoGEnet*) גְּנוֹגֶנֶת נ׳
hidden, secret, latent (*gaNUZ*) גָּנוּז ת׳
denunciation; condemnation; disgrace (*ginNUY*) גִּנּוּי ז׳
manner; style; planting gardens (*ginNUN*) גִּנּוּן ז׳
prekindergarten school (*ganNON*) גַּנּוֹן ז׳
disgrace; denunciation (*geNUT*) גְּנוּת נ׳
hide, file away; shelve, table; store away (*gaNAZ*) גָּנַז פעל י׳
treasure; valuable collection (*genaZIM*) גֶּנֶז, גְּנָזִים ז״ר
archives; treasure house (*ganZAKH*) גַּנְזַךְ ז׳

cough and spit blood or phlegm; groan (*gaNAḤ*) גָּנַח פעל ע׳
gentleman (*JENtelmen*) ג׳נְטֶלְמֶן ז׳
hiding, storage; archives; repository of torn sacred books (*geniZA*) גְּנִיזָה נ׳
groan, groaning; coughing and spitting blood or phlegm (*gniḤA*) גְּנִיחָה נ׳
protect (*gaNAN*) גָּנַן פעל י׳
gardener (*ganNAN*) גַּנָּן ז׳
gardening, horticulture (*gannaNUT*) גַּנָּנוּת נ׳
kindergarden teacher; gardener (*ganNEnet*) גַּנֶּנֶת נ׳
generator (*geneRAtor*) גֶּנֶרָטוֹר ז׳
general (*geneRAL*) גֶּנֶרָל ז׳
coarse, blunt, vulgar, "dirty"; impudent (*GAS*) גַּס ת׳
coarseness, crudeness; rudeness, vulgarity (*gasSUT*) גַּסּוּת נ׳
dying (*gesiSA*) גְּסִיסָה נ׳
expire; breathe one's last, be at death's door (*gaSAS*) גָּסַס פעל ע׳
longing, yearning, nostalgia (*ga'gu'IM*) גַּעְגּוּעִים ז״ר
honk, quack; wallow (*gi'GA*) גִּעְגַּע פעל י׳
moo, low, bleat; weep (*ga'A*) גָּעָה פעל ע׳
mooing, bleating; weeping; wailing (*ge'iYA*) גְּעִיָּה נ׳
loathing, abhorring (*ge'iLA*) גְּעִילָה נ׳
loathe, detest (*ga'AL*) גָּעַל פעל י׳
disgust, loathing, nausea (*GO'al*) גֹּעַל ז׳
disgusting, revolting (*go'oLI*) גָּעֳלִי ת׳
rebuke, scold, curse (*ga'AR*) גָּעַר פעל ע׳
rebuke, threat (*ge'aRA*) גְּעָרָה נ׳
storm, shake, tremble; erupt (*ga'ASH*) גָּעַשׁ פעל ע׳
rage, eruption, quaking (*GA'ash*) גַּעַשׁ ז׳

הר־ — ז׳ volcano
גַעַת שם הפעל של נגע (GA'at) touching
גַף ז״נ (GAF) wing; limb, extremity; flight; handle
בְּגַפּוֹ ת׳ (begapPO) alone, by himself
גִּפּוּף ז׳ (gipPUF) embrace; caress; shutting
גִּפּוּר ז׳ (gipPUR) vulcanization; fumigation, sulfurization
גֶּפֶן נ׳ (GEfen) vine
גִּפֵּף פעל י׳ (gipPEF) embrace, caress
גִּפֵּר פעל י׳ (gipPER) vulcanize; sulfurize, fumigate
גָּפְרָה נ׳ (gofRA) sulfate
גַּפְרוּר ז׳ (gafRUR) match
גָּפְרִי ז׳ (gofRI) sulfide
גָּפְרִית נ׳ (gofRIT) sulfur
גָּפְרִיתִי ת׳ (gofriTI) sulfurous
גָּפְרָתִי, גָּפְרִיתָנִי ת׳ (gofraTI; gofritaNI) sulfuric
גֵּץ ז׳ (GETS) spark
גֵּר ז׳ (GER) proselyte, convert to Judaism; foreigner
גָּר פעל ע׳ (GAR) dwell, abide, sojourn
גָּרָב ז׳ (gaRAV) eczema; large earthenware jug; cask
גֶּרֶב ז׳ (GErev) stocking, sock
גָּרַב פעל י׳ (gaRAV) put on (stockings)
גָּרֶבֶת נ׳ (gaREvet) eczema
גִּרְגּוּר ז׳ (girGUR) gargle; berry picking; prattle
גַּרְגִּיר, גַּרְגֵּר ז׳ (garGIR; garGER) berry; grain
גִּרְגֵּר פעל ע׳ (girGER) gargle; berry
גַּרְגְּרָן ז׳ (gargeRAN) glutton
גַּרְגְּרָנוּת נ׳ (gargeraNUT) gluttony, voracity
גַּרְגֶּרֶת נ׳ (garGEret) windpipe, trachea, Adam's apple
גֵּרֵד פעל י׳ (geRED) scratch; scrape, dig up
גֶּרֶד ז׳ (GEred) scratched spot; itch; fringe, tassel

גַּרְדּוֹם ז׳ (garDOM) scaffold, gallows
גַּרְדְּרוֹבָּה נ׳ (gardeROba) wardrobe
גָּרֶדֶת נ׳ (gaREdet) scabies
גְּרֹדֶת נ׳ (geROdet) metal shavings
גֵּרָה נ׳ (geRA) cud
מַעֲלֶה — chewing the cud
גֵּרָה פעל י׳ (geRA) excite, stimulate, irritate
גְּרוֹגֶרֶת נ׳ (geroGEret) dried fig
גֵּרוּד ז׳ (geRUD) scratching, abrasion
גְּרוּטָאוֹת נ״ר (geruta'OT) junk, scrap metal
גְּרוֹטֶסְקִי ת׳ (groTESki) grotesque
גֵּרוּי ז׳ (geRUY) stimulus; provocation, dispute
גָּרוּם ת׳ (gaRUM) bony
גָּרוֹן ז׳ (gaRON) throat, larynx
גְּרוֹנִי ת׳ (geroNI) guttural, throaty
גָּרוּעַ ת׳ (gaRU'a) inferior, bad, worse
גֵּרוּף ז׳ (geRUF) raking, sweeping
גָּרוּר ת׳ ז׳ (gaRUR) towed; trailer; satellite, follower
גֵּרוּשׁ ז׳ (geRUSH) deportation, expulsion, banishment
גָּרוּשׁ ת׳ ז׳ (gaRUSH) divorced (*m.*); divorcé
גְּרוּשָׁה ת׳ נ׳ (geruSHA) divorced (*f.*); divorcée
גֵּרוּשִׁים, גֵּרוּשִׁין ז״ר (geruSHIM; geruSHIN) divorce
גֵּרוּת נ׳ (geRUT) proselytism, conversion to Judaism; residence in a foreign country; foreign quarter
גָּרָז׳ ז׳ ר׳ מוּסָךְ (gaRAZH)
גַּרְזֶן ז׳ (garZEN) ax, hatchet
גְּרֵידָא תה״פ (gereyDA) alone; only, exclusively
גְּרִידָה נ׳ scratching; scraping; curettage
גֵּרִילָה נ׳ (geRIla) guerilla
מִלְחֶמֶת — — warfare
גְּרִימָה נ׳ (geriMA) causation
גְּרִיס ז׳ (geRIS) groats

גְרִיסָה נ׳ (*geriSA*) coarse milling; crushing, munching; groats

גְרִיעָה נ׳ (*geri'A*) decrease

גְרִיעוּת נ׳ (*geri'UT*) inferiority; deterioration

גְרִיפָּה נ׳ (*GRIpa*) influenza

גְרִיפָה נ׳ (*geriFA*) raking; sweeping

גְרִירָה נ׳ (*geriRA*) dragging, towing; bond; involvement

גֶרֶם נ׳ (*GErem*) bone; celestial body; strength

– מַעֲלוֹת ז׳ stair, stairway

גָרַם פעל י׳ (*gaRAM*) cause, bring about; gnaw bones

גַרְמִי ת׳ (*garMI*) bony

גַרְמִיּוּת נ׳ (*garmiYUT*) boniness

גֶרְמָנִי ת׳ (*germaNI*) German

גֹרֶן נ׳ (*GOren*) threshing floor

חֲצִי – (עֲגֻלָּה) נ׳ semicircle

גְרָנִיט ז׳ (*graNIT*) granite

גָרַס פעל י׳ (*gaRAS*) crush, mill, grind; subscribe to, maintain; learn; determine version, formulate, read

גִרְסָה נ׳ (*girSA*) text, version, reading; study

גָרַע פעל י׳ (*gaRA'*) reduce, subtract; diminish

גֵרָעוֹן ז׳ (*gera'ON*) deficit, lack

גַרְעִין ז׳ (*gar'IN*) seed, kernel, stone, nucleus; granule

גַרְעִינִי ת׳ (*gar'iNI*) nuclear; fundamental; granular

גַרְעֶנֶת נ׳ (*gar'Enet*) trachoma

גָרַף פעל י׳ (*gaRAF*) sweep, clean, rake; drag; blow nose; collect

גְרָף ז׳ (*geRAF*) graph; chamberpot, bedpan

גְרָפִי ת׳ (*GRAfi*) graphic

גְרָפִיט ז׳ (*graFIT*) graphite

גְרָפִיקַאי ז׳ (*grafiKAI*) commercial artist

גְרָפִיקָה נ׳ (*GRAfika*) commercial art

גְרֹפֶת נ׳ (*geROfet*) silt, gravel, pebbles

גָרַר פעל י׳ (*gaRAR*) drag, tow, bring about, imply; chew the cud; grate

גְרָר ז׳ (*geRAR*) towing, dragging; addition; lingering

טַעַם – aftertaste

גְרָרָה נ׳ (*geraRA*) slide; sledge; sliderule

גֵרֵשׁ פעל י׳ (*geRESH*) expel, deport; banish; divorce

גֶרֶשׁ ז׳ (*GEresh*) groats; produce

גֵרֵשׁ ז׳ (*geRESH*) apostrophe

גֵרְשַׁיִם quotation marks

גַשׁ, גֶשׁ ר׳ נָגַשׁ

גָשׁוּם ת׳ (*gaSHUM*) rainy

גִשּׁוּם ז׳ (*gishSHUM*) realization, materialization

גִשּׁוּר ז׳ (*gishSHUR*) bridging

גִשּׁוּשׁ ז׳ (*gishSHUSH*) groping, probing, searching; tracking

גָשׁוֹשׁ ז׳ (*gaSHOSH*) sounder, sounding-line

גֶשֶׁם ז׳ (*GEshem*) rain; substance, material

גַשְׁמִי ת׳ (*gashMI*) corporeal, material, temporal

גַשְׁמִיּוּת נ׳ (*gashmiYUT*) corporeality, temporality; materialism

הִתְפַּשְּׁטוּת הַ – נ׳ dematerialization, immaterialization

גְשְׁפַּנְקָה נ׳ ר׳ גושפנקה

גֶשֶׁר ז׳ (*GEsher*) bridge

גִשֵּׁר פעל י׳ (*gishSHER*) bridge

גַשָּׁשׁ ז׳ (*gashSHASH*) tracker, scout, pathfinder

גִשְׁתָּה נ׳ (*gishTA*) siphon

גַת נ׳ (*GAT*) wine press, vat; sinus

גִתִּי ת׳ (*gitTI*) wine treader

ד

ד נ׳ (*DAlet*) Dalet (the fourth letter of the Hebrew alphabet); four, fourth

בְּ – אַמּוֹתָיו nearby, close to him

דָּא נ׳ (*DA*) this (*Aram.*)

– עָקָא that's the trouble

עַל – וְעַל הָא about various matters

דָּאַב פעל ע׳ (*da'AV*) be sad, hurt

דְּאָבָה נ׳ (*de'aVA*) sorrow

דְּאָבוֹן ז׳ (*de'aVON*) sorrow, pain, distress

דָּאַג פעל ע׳ (*da'AG*) worry, care, be concerned, be anxious

דְּאָגָה נ׳ (*de'aGA*) anxiety, worry, care, concern

דָּאָה פעל ע׳ (*da'A*) glide; fly

דָּאוֹן ז׳ (*da'ON*) glider

דְּאִיָּה נ׳ (*de'iYA*) gliding; flying

דֹּאַר ז׳ (*DO'ar*) mail; post office

– אֲוִיר air mail

דֹּב ז׳ (*DOV*) bear

– לָבָן polar bear

שֵׁרוּת – ז׳ unintentional disservice

דֶּבֶב ז׳ (*DEvev*) interview

דְּבָב ז׳ (*deVAV*) hate, antagonism

בַּעַל – adversary; foe

דֻּבְדְּבָן ז׳ (*duvdeVAN*) cherry

דִּבָּה נ׳ (*dibBA*) slander, defamation

דֻּבָּה נ׳ (*dubBA*) she-bear

דֻּבּוֹן ז׳ (*dubBON*) bear cub; teddy bear

דָּבוּק ת׳ (*daVUK*) attached; glued

דִּבּוּק ז׳ (*dibBUK*) attaching, joining; Dibbuk (demon or soul in the body of another)

דִּבּוּר ז׳ (*dibBUR*) speech, word, saying; talk

דַּבּוּר ז׳ (*dabBUR*) wasp, hornet

דָּבוּר ת׳ (*daVUR*) said, uttered, spoken

דְּבוֹרָה נ׳ (*devoRA*) bee

דֶּבִּיל ז׳ (*debBIL*) moron, cretin, simpleton

דָּבִיק ת׳ (*daVIK*) sticky, adhesive

דְּבִיקָה נ׳ (*deviKA*) attachment, union

דְּבִיקוּת נ׳ (*deviKUT*) adhesiveness, stickiness

דְּבִיר ז׳ (*deVIR*) sanctuary; Holy of Holies

דְּבֵלָה נ׳ (*deveLA*) cake of dried figs

דַּבְלוּל ז׳ (*davLUL*) strand

דָּבַק פעל ע׳ (*daVAK*) adhere, cling, stick, be attached

דָּבֵק ת׳ (*daVEK*) attached to, clinging

דֶּבֶק ז׳ (*DEvek*) glue, adhesive

דֶּבְּקָה נ׳ (*DEBka*) Debka (Arab dance)

דְּבֻקָּה נ׳ (*devukKA*) stick of bombs; succession of paratroopers

דְּבֵקוּת נ׳ (*deveKUT*) adherence; intense devotion

דָּבָר ז׳ (*daVAR*) thing (object); matter, affair; word, speech; something, anything

אֵין דָּבָר it does not matter

בִּדְבַר מ״י regarding

דְּבַר־מָה ז׳ something

עַל דְּבַר מ״י concerning, about; because of

דִּבְרֵי־הַיָּמִים ז״ר chronicles, annals

דִּין וּדְבָרִים claims, arguments

דִּבֵּר פעל י׳ (*dibBER*) talk, speak, say

דִּבֵּר עַל לִבּוֹ persuade

דִּבֵּר ז׳ (*dibBER*) speech, word, saying, commandment

דַּבָּר ז׳ (*dabBAR*) leader, spokesman

דֶּבֶר ז׳ (*DEver*) plague, pest

דִּבְרָה נ׳ (*divRA*) word; statement, saying
עַל דִּבְרָתִי upon my word
דַּבְּרָן ז׳ (*dabbeRAN*) orator, chatterbox
דַּבְּרָנוּת נ׳ (*dabberaNUT*) oratory; talkativeness
דְּבַשׁ ז׳ (*deVASH*) honey
דִּבְשִׁי ת׳ (*divSHI*) honey-like, containing honey
דֻּבְשָׁן ז׳ (*duvSHAN*) honey cake
דֻּבְשָׁנִית נ׳ (*duvshaNIT*) honey cookie
דַּבֶּשֶׁת נ׳ (*dabBEshet*) camel's hump
דָּג ז׳ (*DAG*) fish
– מָלוּחַ ז׳ herring
דָּגִים ז״ר Pisces
דָּג פעל י׳ (*DAG*) fish; angle
דִּגְדֵּג פעל י׳ (*digDEG*) tickle
דַּגְדְּגָן ז׳ (*dagdeGAN*) clitoris
דִּגְדּוּג ז׳ (*digDUG*) tickling, tickle
דָּגָה נ׳ (*daGA*) fish (*pl.*)
דָּגוּל ת׳ (*daGUL*) distinguished, prominent, outstanding
דִּגּוּל ז׳ (*digGUL*) raising (banner, flag); presenting (arms)
דָּגוּשׁ ת׳ (*daGUSH*) marked with a dagesh; stressed
דָּגִיג ז׳ (*daGIG*) small fish, minnow
דְּגִימָה נ׳ (*degiMA*) sampling
דְּגִירָה נ׳ (*degiRA*) hatching, incubation
דֶּגֶל ז׳ (*DEgel*) flag, banner
דָּגַל פעל י׳ (*daGAL*) raise the banner of, profess; praise
דִּגֵּל פעל י׳ (*digGEL*) raise (banner, flag), present (arms)
דַּגְלָן ז׳ (*dagLAN*) flagbearer, standard-bearer
דֶּגֶם, דְּגָם ז׳ (*DEgem; deGAM*) model, sample, pattern
דֻּגְמָה, דֻּגְמָא נ׳ (*dugMA*) sample, example, paradigm
דֻּגְמָן ז׳ (*dugMAN*) manikin, model (*m.*)

דֻּגְמָנִית נ׳ (*dugmaNIT*) model (*f.*)
דָּגָן ז׳ (*daGAN*) grain, cereals
דְּגָנִי ת׳ (*degaNI*) cereal
דְּגָנִיָּה נ׳ (*deganiYA*) cornflower
דֶּגֶנֶרָט ז׳ (*degeneRAT*) degenerate
דָּגַר פעל י׳ (*daGAR*) brood (on eggs), hatch; work persistently
דָּגֵשׁ ז׳ (*daGESH*) dagesh (dot doubling or affecting pronunciation of Hebrew consonants); emphasis
דִּגֵּשׁ פעל י׳ (*digGESH*) insert a dagesh; stress
דַּד ז׳ (*DAD*) breast, teat; nipple; tap
דִּדָּה פעל ע׳ (*didDA*) hop; stumble; help; walk; throw
דִּדּוּי ז׳ (*didDUY*) hopping; stumbling
דָּהָה פעל ע׳ (*daHA*) fade
דֵּהֶה, דָּהוּי ת׳ (*deHE, daHUY*) faded
דִּהוּי ז׳ (*diHUY*) fading, discoloration
דְּהִיָּה נ׳ ר׳ דִּהוּי (*dehiYA*)
דְּהַיְנוּ תה״פ (*deHAInu*) that is to say; i.e.
דְּהִירָה נ׳ (*dehiRA*) gallop
דֹּהַן ז׳ (*DOhan*) oil; pomade; polish; grease
דָּהַר פעל ע׳ (*daHAR*) gallop
דְּהָרָה נ׳ (*dehaRA*) gallop
דַּהֲרָן ז׳ (*dahaRAN*) fast horse
דּוּ־ (*DU*) two, bi-, di-, ambi-, amphi-; co-
דּוּ־לְאֻמִּי ת׳ binational
דּוּ־מְמַדִּי ת׳ two-dimensional
דּוּ־קְרָב ז׳ duel
דּוּ־תַּחְמֹצֶת... נ׳ - dioxide
דּוּ־קִיּוּם ז׳ co-existence
דּוּאָלִי ת׳ (*du'Ali*) dual; binary
דואר ר׳ דֹּאַר
דּוֹבֵב פעל י׳ (*doVEV*) cause to speak
דּוֹבֵר ז׳ (*doVER*) speaker, spokesman
דּוֹבְרָה נ׳ (*doveRA*) raft
דּוּגִית נ׳ (*duGIT*) dinghy
דוגמה ר׳ דֻּגְמָה

דוֹגְמָטִי ת׳ *(dogMAti)* dogmatic
דוֹגֶרֶת נ׳ *(doGEret)* brooding hen
דוּד ז׳ *(DUD)* boiler, vat; large basket
דַּוָּד ז׳ *(davVAD)* boilermaker; kettlemaker; tinker
דוֹד ז׳ *(DOD)* uncle; (biblical) lover, friend
דּוּדָא ז׳ *(duDA)* mandrake, love apple
דוֹדָה נ׳ *(doDA)* aunt
דוֹדִים ז״ר *(doDIM)* love, lovemaking
דוֹדָן ז׳; דוֹדָנִית נ׳ *(doDAN; dodaNIT)* cousin
דָּוָה פעל ע׳ *(daVA)* be ill; regret
דָּוֶה ת׳ *(daVE)* sad, mournful, sick
דִּוּוּחַ ז׳ *(di VU'aḥ)* reporting; report; informing
דִּוַּח פעל י׳ *(divVAḤ)* report, inform
דו״חַ, דוח נ׳ *(du'AḤ; DOḤ)* report, account, briefing
דּוֹחֶה ת׳ *(doḤE)* repulsive
דּוּחַי ז׳ *(duḤAI)* amphibian
דְּוַי ז׳ *(deVAI)* pain, sorrow distress, sickness
דּוּכִיפַת נ׳ *(dukhiFAT)* hoopoe
דּוּכָן ז׳ *(duKHAN)* platform, pulpit, rostrum; counter
דּוֹלְפִין ז׳ *(dolFIN)* dolphin
דּוֹלָר ז׳ *(DOlar)* dollar
דּוּמָה נ׳ *(duMA)* grave; hell; abode of the dead; guardian angel of the dead
דּוֹמֶה ת׳ *(doME)* similar, resembling, like, analogous; it appears; it seems
דּוּמִיָּה נ׳ *(dumiYA)* silence, stillness
דּוּמָם תה״פ *(duMAM)* silently
דּוֹמֵם ת׳ *(doMEM)* inanimate
טֶבַע – ז׳ still life
דּוֹמֵם פעל ע׳ *(doMEM)* quiet, soothe; remain silent
דּוֹמַנִי *(doMAni)* it seems to me
דּוֹמֵעַ ת׳ *(doME'a)* shedding tears, tearful

דּוּ־מַשְׁמָעוּת נ׳ *(dumashma'UT)* ambiguity
דּוּ־מַשְׁמָעִי ת׳ *(dumashma'I)* ambiguous
דּוֹנַג ז׳ *(doNAG)* wax, beeswax
דּוּנָם ז׳ *(Dunam)* dunam (1000 sq. meters; 1/4 acre)
דּוּפִיָּה נ׳ *(dufiYA)* burette
דַּוְקָא תה״פ *(davKA)* only so, exactly so; precisely, especially, just; just for spite
דּוֹקְטוֹר ז׳ *(DOKtor)* doctor
דּוֹקְטוֹרָט ז׳ *(doktoRAT)* doctorate, doctor's thesis
דּוֹקְטְרִינָה נ׳ *(doktRIna)* doctrine
דּוּ־קְרָב ז׳ *(dukeRAV)* duel; dogfight
דּוּקְרָן ז׳ *(dukeRAN)* forked stick; sear
דּוֹר ז׳ *(DOR)* generation; age, era
דּוּר ז׳ *(DUR)* circle, rim, whorl
דַּוָּר ז׳ *(davVAR)* mailman, postman
דּוּרֶגֶל ז׳ *(dureGAL)* bipod
דּוּרָה נ׳ *(DUra)* sorghum
דּוֹרוֹן ז׳ *(doRON)* gift, present
דּוֹרֵס ת׳ *(doRES)* predatory, rapacious
דּוֹרֵשׁ ז׳ *(doRESH)* preacher
דַּוְשָׁה נ׳ *(davSHA)* pedal
דַּוְשַׁת הַדֶּלֶק accelerator
דָּחָה פעל י׳ *(daḤA)* repel, reject, push away, put off; postpone, delay, defer
דָּחוּי ת׳ *(daḤUY)* postponed; repelled
דִּחוּי ז׳ *(diḤUY)* delay
דָּחוּס ת׳ *(daḤUS)* compressed, crowded, congested
דָּחוּף ת׳ *(daḤUF)* urgent
דָּחוּק ת׳ *(daḤUK)* hard-pressed; in need of; crowded; narrow
דְּחִי ז׳ *(deḤI)* failure, mishap
דְּחִיָּה נ׳ *(deḥiYA)* delay, postponement; rejection
דְּחִילוּ נ׳ *(deḤIlu)* fear, awe

דְּחִיסָה נ׳ (*deḥiSA*) compression
דְּחִיסוּת נ׳ (*deḥiSUT*) density, compressibility
דְּחִיפָה נ׳ (*deḥiFA*) push, impulse
דְּחִיפוּת נ׳ (*deḥiFUT*) urgency
דְּחִיקָה נ׳ (*deḥiKA*) pressing, thrust, repulsion
דַּחְלִיל ז׳ (*daḥLIL*) scarecrow
דֹּחַן ז׳ (*DOḥan*) millet
דָּחַס פעל י׳ (*daḤAS*) compress, press
דַּחַס ז׳ (*DAḥas*) congestion
דַּחַף ז׳ (*DAḥaf*) impulse, push, thrust
דָּחַף פעל י׳ (*daḤAF*) push, impel
דַּחְפּוֹר ז׳ (*daḥPOR*) bulldozer
דָּחַק פעל י׳ (*daḤAK*) press, oppress; push; urge, try
דֹּחַק, דְּחָק ז׳ (*DOḥak; deḤAK*) pressure, congestion; distress, need, want
בְּדֹחַק תה״פ scarcely, with difficulty
דַּחֲקוּת נ׳ (*daḥaKUT*) distress, poverty
דַּי, דֵּי־ ז׳ תה״פ (*DAI; DEY-*) enough, plenty; amply, sufficiently
– וְהוֹתֵר ז׳ ample
דַּיֶּךָּ! enough!
יוֹתֵר מִדַּי too much
לְמַדַּי תה״פ sufficiently
מִדֵּי תה״פ every (-time)
דִּיאַגְנוֹזָה נ׳ (*diagNOza*) diagnosis
דִּיאַגְרָמָה נ׳ (*di'aGRAma*) diagram
דִּיאֶטָה נ׳ (*di'Eta*) diet
דִּיאָלוֹג ז׳ (*di'aLOG*) dialogue
דִּיאַלֶקְטִיקָה נ׳ (*di'aLEKtika*) dialectics
דִּיבִיזְיָה נ׳ (*diVIZya*) division
דַּיָּג ז׳ (*daiYAG*) fisherman
דַּיִג ז׳ (*DAyig*) fishing, fishery
דִּידַקְטִיקָה נ׳ (*diDAKtika*) education, didactics
דַּיָּה נ׳ (*daiYA*) kite (bird)
דְּיוֹ זו״נ (*deYO*) ink
דְּיוֹטָה נ׳ (*deyoTA*) floor, story

דִּיּוּן ז׳ (*diYUN*) discussion, deliberation; debate
דְּיוֹנוֹן ז׳ (*deyoNUN*) squid
דְּיוֹפִי ז׳ ר׳ דּוּפְיָה (*deyoFI*)
דִּיּוּק ז׳ (*diYUK*) accuracy, precision
בְּדִיּוּק תה״פ exactly
דְּיוֹקָן ז׳ (*deyoKAN*) portrait, image
דִּיּוּר ז׳ (*diYUR*) housing
דִּיּוּת נ׳ (*diYUT*) ink drawing, inking, retouching
דְּיוֹת נ׳ (*deYOT*) India ink
דְּיוֹתָה נ׳ (*deyoTA*) inkwell
דִּיזֶנְטֶרְיָה נ׳ (*dizenTERya*) dysentery
דַּיָּל ז׳ (*daiYAL*) steward
דַּיֶּלֶת נ׳ (*daiYElet*) stewardess; hostess
דִּימוֹס ז׳ (*diMOS*) freedom
יָצָא בְּ־ go free; resign, retire
דִּין ז׳ (*DIN*) trial; judgment, verdict; justice; law, rule
בְּדִין תה״פ rightly, justifiedly
דִּין וְחֶשְׁבּוֹן (דו״ח) ז׳ report, account
בֵּית־דִּין ז׳ court
בַּעַל־דִּין ז׳ party, litigant
גְּזַר־דִּין ז׳ verdict
חֹמֶר־הַדִּין ז׳ the letter of the law
נָתַן אֶת הַדִּין account for, pay the penalty
עוֹרֵךְ־דִּין ז׳ lawyer
שׁוּרַת־הַדִּין נ׳ justice, strict law
לִפְנִים מִשּׁוּרַת הַדִּין תה״פ with special leniency
דַּיָּן ז׳ (*daiYAN*) judge, judge of rabbinical court
דַּיָּנוּת נ׳ (*daiyaNUT*) office of judge (in rabbinical court); duties of judge
דִּינָמוֹ ז׳ (*DInamo*) dynamo
דִּינָמִי ת׳ (*diNAmi*) dynamic
דִּינָמִיּוּת נ׳ (*diNAmiyut*) dynamics
דִּינָמִיקָה נ׳ (*diNAmica*) dynamics
דִּינָר ז׳ (*diNAR*) dinar, denarius
דַּיְסָה נ׳ (*daySA*) cereal, porridge, mess

דִּיסְטַנְס ז׳ *(disTANS)* aloofness, reserve

דִּיסְקִית נ׳ *(disKIT)* washer, disc, dogtag

דִּיסֶרְטַצְיָה נ׳ *(diserTATSya)* dissertation

דִּיעֲבַד ר׳ בְּדִיעֲבַד

דִּיפְטֶרְיָה נ׳ *(difTERya)* diphtheria

דִּיפְּלוֹמַטְיָה נ׳ *(diploMATya)* diplomacy

דִּיפֶרֶנְצְיָלִי ת׳ *(diferentsYAli)* differential

דִּיצָה נ׳ *(diTSA)* joy

דִּיֵּק פעל ע׳ *(diYEK)* be punctual, be precise, be accurate

דָּיֵק ז׳ *(daYEK)* siege towers; parapet

דִּיקָן ז׳ *(diKAN)* dean

דַּיְּקָן ת׳ *(daiyeKAN)* punctual, prompt, meticulous

דַּיְּקָנוּת נ׳ *(dayyekaNUT)* accuracy; punctuality

דִּיר ז׳ *(DIR)* sheep pen, shed

דִּיֵּר פעל י׳ *(diYER)* accommodate, house

דַּיָּר ז׳ *(daiYAR)* tenant, occupant

דִּירָה נ׳ *(diRA)* apartment, flat; dwelling

דִּירֶקְטוֹרְיוֹן ז׳ *(direktorYON)* board of directors

דַּיִשׁ ז׳ *(daiYISH)* threshing; threshed grain; trampling

דִּישָׁה נ׳ *(diSHA)* threshing; trampling; repetitious activity

דִּישׁוֹן ז׳ *(diSHON)* addax, antelope

דִּיֵּת פעל ע׳ י׳ *(diYET)* ink; retouch; diffuse

דַּךְ ת׳ *(DAKH)* oppressed, wretched, poor

דִּכֵּא פעל י׳ *(dikKE)* oppress, subdue, crush, suppress

דַּכָּא ת׳ *(dakKA)* oppressed, tormented

דִּכָּאוֹן ז׳ *(dikka'ON)* depression, melancholy

דִּכְדּוּךְ ז׳ *(dikhDUKH)* depression, dejection

דִּכְדֵּךְ פעל י׳ *(dikhDEKH)* depress, deject, dismay

דַּכָּה נ׳ *(dakKA)* bruising, crushing

פְּצוּעַ־ — man with injured testicles

דִּכּוּי ז׳ *(dikKUY)* suppression, crushing, oppression

דֻּכָּס ז׳ *(dukKAS)* duke

דַּל ת׳ *(DAL)* poor, meager, wretched, lean

דֹּלֶב ז׳ *(DOlev)* plane-tree

דָּלַג פעל ע׳ *(daLAG)* leap over, skip; jump

דִּלֵּג פעל ע׳ *(dilLEG)* skip; jump

דִּלְדּוּל ז׳ *(dilDUL)* weakening, impoverishment; degeneration

דִּלְדֵּל פעל י׳ *(dilDEL)* weaken, impoverish, deplete

דַּלָּה נ׳ *(daLLA)* the poor, the masses; forelock

דַּלַּת־הָעָם impoverished masses

דָּלָה פעל י׳ *(daLA)* draw, raise

דִּלּוּג ז׳ *(dilLUG)* skip, omission; skipping, jumping

דָּלוּחַ ת׳ *(daLU'aḥ)* turbid; sad

דִּלּוּחַ ז׳ *(dilLU'aḥ)* pollution

דִּלּוּל ז׳ *(dilLUL)* thinning, dilution

דָּלוּק ת׳ *(daLUK)* on fire, burning, lighted

דַּלּוּת נ׳ *(dalLUT)* poverty, scarcity

דָּלַח פעל י׳ *(daLAḤ)* pollute, dirty, befoul

דְּלִי ז׳ *(deLI)* bucket; pail; Aquarius

דְּלִיָּה נ׳ *(deliYA)* drawing

דָּלִיָּה נ׳ *(daliYA)* vertical branch

דָּלִיל ת׳ *(daLIL)* diluted, thin

דְּלִילוּת נ׳ *(deliLUT)* thinness, sparseness

דְּלִיפָה נ׳ *(deliFA)* dripping, leak, leaking

דָּלִיק ת׳ *(daLIK)* inflammable

דָּלַל פעל ע׳ *(daLAL)* become poor; decrease

דִּלֵּל פעל י׳ *(dilLEL)* dilute, thin out

דְּלַעַת נ׳ *(deLA'at)* squash

דָּלַף פעל ע׳ (daLAF) leak, drip
דֶּלֶף ז׳ (DElef) leak, drizzle
דַּלְפוֹן ז׳ (dalFON) pauper
דֶּלְפֵּק ז׳ (delPEK) counter, bar
דָּלַק פעל ע׳ (daLAK) burn, be on (light); pursue
דָּלָק ז׳ (daLAK) marten
דֶּלֶק ז׳ (DElek) fuel
דְּלֵקָה נ׳ (deleKA) blaze, fire
דַּלֶּקֶת נ׳ (dalLEket) inflammation
דַּלַּקְתִּי ת׳ (dallakTI) inflammatory
דֶּלֶת נ׳ (DElet) door; column (in scroll)
דָּלֶת נ׳ (DAlet) Dalet (the fourth letter of the Hebrew alphabet)
דְּלָתַיִם נ״ז (delaTAyim) double doors
בְּ– סְגוּרוֹת in camera
...דּם מ״ק attention!
דָּם ז׳ (DAM) blood
גְּאֻלַּת דָּם, נִקְמַת דָּם נ׳ blood feud, vendetta
בִּקֵּשׁ אֶת דָּמוֹ seek his murderer
דָּמוֹ בְּרֹאשׁוֹ he bears the responsibility
דַּם־הַמַּכַּבִּים ז׳ strawflower, helichrysum
אִישׁ דָּמִים ז׳ murderer
שְׁפִיכוּת־דָּמִים נ׳ bloodshed
דֶּמָגוֹג ז׳ (demaGOG) demagogue
דִּמְדּוּם ז׳ (dimDUM) dimness; vagueness, twilight, decline
דִּמְדּוּמִים ז״ר twilight
דִּמְדֵּם פעל ע׳ (dimDEM) be dazed, emit dim light
דַּמְדְּמָנִית נ׳ (damdemaNIT) red currant
דָּמָה פעל ע׳ (daMA) resemble, be like
דִּמָּה פעל י׳ (dimMA) liken, compare; imagine; think, suppose; intend, plot
דִּמּוּי ז׳ (dimMUY) comparison, likeness; idea; image; allegory; metaphor

דָּמוּי ת׳ (daMUY) similar to-, like
דְּמוּי – (deMUY) - shaped, -form, - like (-al, -ular)
דִּמּוּם ז׳ (dimMUM) bleeding, hemorrhage
דִּמּוּעַ ז׳ (dimMU'a) weeping, shedding tears
דֶּמוֹקְרַטְיָה נ׳ (demoKRATya) democracy
דֶּמוֹרָלִיזַצְיָה נ׳ (demoraliZATSya) demoralization
דְּמוּת נ׳ (deMUT) image, form; character
דָּמִי ת׳ (daMI) bloody
דֳּמִי ז׳ (DOmi) silence, quiet; rest
דִּמְיוֹן ז׳ (dimYON) analogy; similarity, likeness; imagination, fantasy; example
דִּמְיוֹנִי ת׳ (dimyoNI) imaginary, fanciful, fantastic
דָּמִים ז״ר (daMIM) money, cost, fee, value
ר׳ גם דם
דְּמֵי־כִּיס pocket money
דְּמֵי־כְּנִיסָה admission fee
דְּמֵי־נְסִיעָה fare
דְּמֵי־שְׁתִיָּה tip
דִּמְיֵן פעל י׳ (dimYEN) imagine
דְּמִיעָה נ׳ (demi'A) weeping, shedding tears
דָּמַם פעל ע׳ (daMAM) be silent, be still
דִּמֵּם פעל עו״י (diMEM) bleed; immobilize
דֶּמֶם ז׳ (DEmem) bleeding
דְּמָמָה נ׳ (demaMA) silence
דֹּמֶן ז׳ (DOmen) dung, manure
דִּמֵּן פעל י׳ (dimMEN) fertilize, spread dung
דָּמַע פעל ע׳ (daMA') shed tears
דֶּמַע ז׳ (DEma) tear
דִּמְעָה נ׳ (dim'A) tear
דָּן פעל י׳ (DAN) deliberate, discuss; judge; rule; punish, chastise
דִּנֵּג פעל י׳ (dinNEG) wax

דְּנַן ז׳ (deNAN) this, the one in question (Aram.)
דִּסְקוּס ז׳ (DISkus) disc, discus
דִּסְקִית נ׳ ר׳ דִּיסְקִית
דַּע ר׳ יָדַע
דֵּעָה נ׳ (de'A) opinion; knowledge; understanding; conduct, character, trait
– קְדוּמָה prejudice
הוֹגֶה דֵעוֹת thinker, philosopher
שָׁפוּי בְּדַעְתּוֹ sane
דְּעִיכָה נ׳ (de'iKHA) expiring, flickering
דָּעַךְ פעל ע׳ (da'AKH) fade, flicker, be extinguished, die out
דַּעַץ ז׳ (DA'ats) ancient Hebrew script
דַּעַת נ׳ (DA'at) knowledge, mind, thought
הִתְקַבֵּל עַל הַ– make sense
מֵנִיחַ אֶת הַ – be adequate
נָחָה דַעְתּוֹ calmed down
קַלּוּת־ – נ׳ frivolity
דַּעְתָּן ז׳ (da'TAN) intelligent person; erudite person; determined person
דַּף ז׳ (DAF) plate; flap; strip of cloth; plank, board; page; leaf; sheet (of paper)
דִּפְדּוּף ז׳ (difDUF) leafing
דִּפְדֵּף פעל י׳ (difDEF) leaf through, browse
דַּפְדֶּפֶת נ׳ (dafDEfet) loose-leaf notebook
דְּפוּס ז׳ (deFUS) print, printing press; form, mold
דֹּפִי ז׳ (DOfi) fault; scorn, aspersion
דְּפִיקָה נ׳ (defiKA) knock, blow, beating
דֹּפֶן ז׳ (DOfen) side, wall, partition
יוֹצֵא – ת׳ exceptional, unusual, odd
דַּפְנָה נ׳ (dafNA) laurel
דַּפָּס ז׳ (dapPAS) printer
דָּפַק פעל י׳ (daFAK) knock; beat, drive
דֹּפֶק ז׳ (DOfek) pulse
דֶּפְּרֶסְיָה נ׳ (depRESya) depression (mental)
דֶּצֶמְבֶּר ז׳ (deTSEMber) December
דֶּצֶנְטְרָלִיזַצְיָה נ׳ (detsentraliZATSya) decentralization
דָּק פעל ע׳ (DAK) scrutinize
דַּק ת׳ (DAK) thin, narrow, fine, slim
דֹּק ז׳ (DOK) thin cloth; diaphragm; membrane; corneal ulcer
דִּקְדּוּק ז׳ (dikDUK) grammar; exactness; detail; scrutiny
דִּקְדּוּקֵי עֲנִיּוּת ז״ר hair splitting
דִּקְדּוּקִי ת׳ (dikduKI) grammatical
דִּקְדֵּק פעל ע׳ (dikDEK) be exact, be strict; scrutinize; investigate grammar
דַּקְדְּקָן ז׳ (dakdeKAN) grammarian; meticulous person
דַּקָּה נ׳ (dakKA) minute (time)
דַּקּוּת נ׳ (dakKUT) thinness; fineness, delicacy
דַּקִּיק ת׳ (dakKIK) very thin, very fine
דַּקִּיקוּת נ׳ (dakkiKUT) thinness
דְּקִירָה נ׳ (dekiRA) stab, prick, puncture; barb
דֶּקֶל ז׳ (DEkel) palm tree; date palm
דִּקְלוּם ז׳ (dikLUM) recitation
דִּקְלֵם פעל י׳ (dikLEM) recite
דֶּקֶר ז׳ (DEker) crowbar; dibble; pick
דָּקַר פעל י׳ (daKAR) stab, puncture, prick
דָּר פעל ע׳ (DAR) dwell, reside
דֵּרָאוֹן ז׳ (dera'ON) disgrace
דִּרְבּוּן ז׳ (dirBUN) spurring, urging on
דָּרְבָן ז׳ (dareVAN) spur; goad; thorn, sticker
דַּרְבָּן ז׳ (darBAN) porcupine
דִּרְבֵּן פעל י׳ (dirBEN) goad, spur

grade, gradate, (*deREG*) דֵּרֵג פעל י׳ make steps, terrace

grade; echelon (*DEreg*) דֶּרֶג ז׳

rank, grade, level, (*darGA*) דַּרְגָּה נ׳ step, stair

escalator (*deragNO'a*) דְּרַגְנוֹעַ

sofa, divan, (*darGASH*) דַּרְגָּשׁ ז׳ couch; footstool

rolling, dispersing (*dirDUR*) דִּרְדּוּר ז׳

child, infant (*darDAK*) דַּרְדַּק ז׳

thistle, centaury (*darDAR*) דַּרְדַּר ז׳

to roll, roll (*dirDER*) דִּרְדֵּר פעל י׳ away and disperse

terraced; graded (*daRUG*) דָּרוּג ת׳

grading, scaling; (*deRUG*) דֵּרוּג ז׳ terracing

tense, taut, alert, (*daRUKH*) דָּרוּךְ ת׳ ready; cocked

south (*daROM*) דָּרוֹם ז׳

southern, south (*deroMI*) דְּרוֹמִי ת׳

freedom, liberty, (*deROR*) דְּרוֹר ז׳ liberation; sparrow

sermon; (*deRUSH*) דְּרוּשׁ ז׳ discourse; midrashic exposition, hypothesis

required, wanted, (*daRUSH*) דָּרוּשׁ ת׳ necessary

treading; (*deriKHA*) דְּרִיכָה נ׳ cocking, drawing (bow)

tension, (*deriKHUT*) דְּרִיכוּת נ׳ preparedness

trampling, running (*deriSA*) דְּרִיסָה נ׳ over; treading

foothold, freedom דְּרִיסַת רֶגֶל of entry; entrance; accidental touch of the foot

demand; appeal; (*deriSHA*) דְּרִישָׁה נ׳ inquiry; investigation; sermon

regards דְּרִישַׁת שָׁלוֹם

step, tread, (*daRAKH*) דָּרַךְ פעל ע׳ י׳ press; cock, draw (bow)

way, road; (*DErekh*) דֶּרֶךְ ז׳ נ׳ manner; means; mood (*gram.*)

by, through – מ״י

by the way – אַגַּב

proper manners – אֶרֶץ

generally בְּ – כְּלָל

highway – הַמֶּלֶךְ

for instance – מָשָׁל

passport (*darKON*) דַּרְכּוֹן ז׳

drama (*deRAma*) דְּרָמָה נ׳

playwright (*dramaTURG*) דְּרָמָטוּרְג ז׳

dramatic (*deraMAti*) דְּרָמָתִי ת׳

trample, run over; (*daRAS*) דָּרַס פעל י׳ tear with claws; prey upon; force-feed

drastic (*deRASti*) דְּרַסְטִי ת׳

dragon (*deraKON*) דְּרָקוֹן ז׳

preach, (*daRASH*) דָּרַשׁ פעל ע׳ י׳ discourse; appeal; pray for; demand, require; inquire, investigate; seek, study; explain, interpret

homiletical (*deRASH*) דְּרָשׁ ז׳ interpretation, midrashic exposition, exegesis

midrashic (*deraSHA*) דְּרָשָׁה נ׳ exposition; sermon, discourse

preacher; (*darSHAN*) דַּרְשָׁן ז׳ hermeneutical interpreter

preaching, (*darshaNUT*) דַּרְשָׁנוּת נ׳ discoursing; interpreting

thresh; trample, (*DASH*) דָּשׁ פעל י׳ crush; thrash; beat; deal with repeatedly

lapel, flap (*DASH*) דַּשׁ ז׳

lawn, young grass (*DEshe*) דֶּשֶׁא ז׳

treading; (*dishDUSH*) דִּשְׁדּוּשׁ ז׳ trampling; prattle

tread, (*dishDESH*) דִּשְׁדֵּשׁ פעל ע׳ trample, wallow in

fertilization; (*dishSHUN*) דִּשּׁוּן ז׳ ash removal

fat; chemical (*DEshen*) דֶּשֶׁן ז׳ fertilizer

fat, rich, fertile (*daSHEN*) דָּשֵׁן ת׳

fertilize; (*dishSHEN*) דִּשֵּׁן פעל י׳ fatten; remove ashes

דָּת נ׳ (*DAT*) religion; law, custom, decree

כַּ – properly, as required

דָּתִי ת׳ (*daTI*) religious, devout, orthodox

דָּתִיּוּת נ׳ (*datiYUT*) orthodoxy, religiosity

ה

ה נ׳ (HE) He (fifth letter of the Hebrew alphabet); five; fifth

הַ־ (הָ, הֶ־) (HA-) the

הֲ־ (הַ־, הֶ־) (HA) (prefix to first word in interrogative sentence)

ה׳ (adoNAI; ha-SHEM) God

הֵא נ׳ (HE) He (fifth letter of the Hebrew alphabet)

– הַיְדִיעָה definite article

– הַשְּׁאֵלָה interrogative particle

הַאֲבָדָה נ׳ destruction

הֶאֱבִיד פעל י׳ (he'eVID) destroy

הֶאֱבִיק פעל י׳ (he'eVIK) pollinate

הַאֲבָקָה נ׳ (ha'avaKA) pollination

הֵאָבְקוּת נ׳ (he'avKUT) wrestling; struggle

הֶאְדִים פעל ע׳ (he'DIM) redden

הֶאְדִיר פעל י׳ (he'DIR) glorify

הַאְדָמָה נ׳ (ha'daMA) reddening

הַאְדָרָה נ׳ (ha'daRA) glorifying

הֶאֱהִיל פעל י׳ (he'eHIL) cover; shelter; shade

הַאֲהָלָה נ׳ (ha'ahaLA) covering; sheltering; shading

הֶאֱזִין פעל ע׳ (he'eZIN) listen; listen in, tap, eaves drop

הַאֲזָנָה נ׳ (ha'azaNA) listening; listening in; tapping; eavesdropping

הֶאָח מ״ק (he'AḤ) hurray

הַאֲחָדָה נ׳ (ha'aḥaDA) unification; standardization; making uniform

הֵאָחֲזוּת נ׳ (he'aḥaZUT) pioneering settlement

הֶאֱחִיד פעל י׳ (he'eḤID) unify; combine; make uniform, standardize

הֵאֵט פעל י׳ (he'ET) slow down

הָאָטָה נ׳ (he'aTA) slowdown

הֵאִיץ פעל י׳ (he'ITS) urge; accelerate

הֵאִיר פעל י׳ (he'IR) illuminate; light up; kindle; elucidate; explain

הֶאֱכִיל פעל י׳ (he'eKHIL) feed

הַאֲכָלָה נ׳ (ha'akhaLA) feeding

הַאֲלָהָה נ׳ (ha'alaHA) deification; idolization

הֶאֱלִיהַּ פעל י׳ (he'eLIah) deify; idolize

הֶאֱמִין פעל ע׳ י׳ (he'eMIN) believe; trust; confirm; accredit

הֶאֱמִיר פעל ע׳ (he'eMIR) rise; soar; praise

הַאֲמָנָה נ׳ (ha'amaNA) accreditation; confirmation; belief

הַאֲמָרָה נ׳ (ha'amaRA) sharp rise; praise

הֶאֱנִישׁ פעל י׳ (he'eNISH) anthropomorphize

הַאֲנָשָׁה נ׳ (ha'anaSHA) anthropomorphism

הֶאֱפִיל פעל ע׳ י׳ (he'eFIL) darken; conceal; obscure; overshadow

הֶאֱפִיר פעל ע׳ (he'eFIR) turn gray

הַאֲפָלָה נ׳ (ha'afaLA) blackout; darkening

הַאֲפָרָה נ׳ (ha'afaRA) darkening; making gray; shading; turning gray

הָאָצָה נ׳ (he'aTSA) acceleration; urging

הֶאֱצִיל פעל י׳ (he'eTSIL) impart; ennoble

הַאֲצָלָה נ׳ (ha'atsaLA) inspiration; ennobling; emanation; sublimation

הָאָרָה נ׳ (he'aRA) illumination; lighting; elucidation; light

הַאֲרָחָה נ׳ (ha'araḤA) accommodation; lodging

– בַּיִת guest house

הֶאֱרִיךְ פעל י׳ ע׳ (he'eRIKH) lengthen; prolong; extend; linger

ground *(he'eRIK)* הֶאֱרִיק פעל י׳
extension; prolongation; lengthening *(ha'araKHA)* הַאֲרָכָה נ׳
grounding, ground *(ha'araKA)* הַאֲרָקָה נ׳
accuse; arraign; indict; blame *(he'eSHIM)* הֶאֱשִׁים פעל י׳
accusation; blame; charge *(ha'ashaMA)* הַאֲשָׁמָה נ׳
bringing; quotation *(hava'A)* הֲבָאָה נ׳
nonsense; exaggeration *(haVAI)* הֲבַאי ז׳
stench; causing a stink *(hav'aSHA)* הַבְאָשָׁה נ׳
defamation; giving a bad name הַבְאָשַׁת רֵיחַ
stink; cause a stench; defame, arouse hatred; ripen *(hiv'ISH)* הִבְאִישׁ פעל ע׳ י׳
defame, give a bad name – רֵיחַ
separate; set aside; perform Havdala ceremony *(hivDIL)* הִבְדִּיל פעל י׳
not to be mentioned together לְ־
difference; distinction; remainder *(hevDEL)* הֶבְדֵּל ז׳
Havdala (ceremony at conclusion of Sabbaths and holidays); difference; distinction *(havdaLA)* הַבְדָּלָה נ׳
separation; isolation; segregation *(hibbadeLUT)* הִבָּדְלוּת נ׳
let us *(HAva)* הָבָה מ״ק
flicker; simmer; scintillate; singe; toast; broil *(hivHEV)* הִבְהֵב פעל ע׳ י׳
flickering; simmering; singeing; scintillation; broiling *(hivHUV)* הִבְהוּב ז׳
alarm; frighten; urge; bring quickly; rush *(hivHIL)* הִבְהִיל פעל י׳
flash *(hivHIK)* הִבְהִיק פעל ע׳
clarify *(hivHIR)* הִבְהִיר פעל י׳
alarming; rushing *(havhaLA)* הַבְהָלָה נ׳
fright *(hibbahaLUT)* הִבָּהֲלוּת נ׳
flash *(hevHEK)* הֶבְהֵק ז׳

flash *(havhaKA)* הַבְהָקָה נ׳
clarification *(havhaRA)* הַבְהָרָה נ׳
give *(HAvu)* הָבוּ פעל י׳
flash; strafe *(hivZIK)* הִבְזִיק פעל ע׳ י׳
flash *(hevZEK)* הֶבְזֵק ז׳
strafing; flash *(havzaKA)* הַבְזָקָה נ׳
nauseate; feel nauseous; ripen; age *(hivḤIL)* הִבְחִיל פעל ע׳ י׳
distinguish between; discern *(hivḤIN)* הִבְחִין פעל י׳
causing nausea; ripening; artificial ripening; aging *(havḥaLA)* הַבְחָלָה נ׳
discernment; discrimination; distinction *(havḥaNA)* הַבְחָנָה נ׳
election *(hibbaḥaRUT)* הִבָּחֲרוּת נ׳
aspect *(hebBET)* הֶבֵּט ז׳
look *(habbaTA)* הַבָּטָה נ׳
promise; assurance; securing *(havtaḤA)* הַבְטָחָה נ׳
promise; assure, secure *(hivTI'aḥ)* הִבְטִיחַ פעל י׳
bring; quote *(heVI)* הֵבִיא פעל י׳
take into account – בְּחֶשְׁבּוֹן
afflict with – עַל
look *(hibBIT)* הִבִּיט פעל ע׳
bewilder; confuse; embarrass *(heviKH)* הֵבִיךְ פעל י׳
hazy *(haVIL)* הָבִיל ת׳
understand; observe; explain *(heVIN)* הֵבִין פעל י׳
defeat; rout *(heVIS)* הֵבִיס פעל י׳
express *(hibBI'a)* הִבִּיעַ פעל י׳
lay waste *(heVIR)* הֵבִיר פעל י׳
embarrassment; confusion *(havaKHA)* הֲבָכָה נ׳
ripen early; give birth for the first time *(hivKIR)* הִבְכִּיר פעל י׳ ע׳
first birth *(havkaRA)* הַבְכָּרָה נ׳
vanity; foolishness; vapor, breath *(HEvel)* הֶבֶל ז׳
restraint *(havlaGA)* הַבְלָגָה נ׳
folly; foolishness *(havLUT)* הַבְלוּת נ׳
flickering *(havlaḤA)* הַבְלָחָה נ׳

הַבְלָטָה נ׳ (*havlaTA*) emphasis; prominence
הִבָּלְטוּת נ׳ (*hibbaleTUT*) prominence; conspicuousness
הִבְלִיג פעל ע׳ (*hivLIG*) contain; repress; exercise restraint
הִבְלִיחַ פעל ע׳ (*hivLI'aḥ*) flicker
הִבְלִיט פעל י׳ (*hivLIT*) emphasize; make conspicuous
הִבְלִיעַ פעל י׳ (*hivLI'a*) cause to swallow; insert; conceal; elide
הַבְלָעָה נ׳ (*havla'A*) slurring over; absorption; assimilation; elision
הָבְנֶה ז׳ (*hovNE*) ebony
הֲבָנָה נ׳ (*havaNA*) understanding
אִי־ – misunderstanding
הֲבָסָה נ׳ (*havaSA*) defeat; rout
הַבָּעָה נ׳ (*haba'A*) expression
הִבְעִיר פעל י׳ (*hiv'IR*) kindle; set fire
הִבְעִית פעל י׳ (*hiv'IT*) frighten; intimidate
הַבְעָרָה נ׳ (*hav'aRA*) kindling; setting on fire
הַבְעָתָה נ׳ (*hav'aTA*) intimidation; terrorizing
הִבְקִיעַ פעל י׳ (*hivKI'a*) break through; pierce
הַבְקָעָה נ׳ (*havka'A*) breakthrough
הַבְרָאָה נ׳ recovery; recuperation; convalescence
בֵּית – resort; convalescent home
דְּמֵי – vacation allowance
סְעֻדַּת – mourner's meal
הַבְרָגָה נ׳ (*havraGA*) screwing; screw; thread
הֲבָרָה נ׳ (*havaRA*) syllable
הַבְרָחָה נ׳ (*havraḤA*) smuggling; chasing away; bolting
הִבְרִיא פעל ע׳ י׳ (*hivRI*) recover; recuperate; make healthy
הִבְרִיג פעל י׳ (*hivRIG*) screw; screw in
הִבְרִיחַ פעל י׳ (*hivRI'aḥ*) smuggle; chase away; put to flight; bolt

הִבְרִיךְ פעל י׳ (*hivRIKH*) cause to kneel; bend
הִבְרִיק פעל ע׳ (*hivRIK*) glitter; twinkle; flash; shine; telegraph; cable
הִבְרִישׁ פעל י׳ (*hivRISH*) brush
הַבְרָכָה נ׳ (*havraKHA*) causing to kneel; bending
הַבְרָקָה נ׳ (*havraKA*) glittering; twinkling; flashing; shining; bright idea; telegraphing, cabling
הַבְרָשָׁה נ׳ (*havraSHA*) brushing
הִבְשִׁיל פעל י׳ ע׳ (*hivSHIL*) ripen; age
הַבְשָׁלָה נ׳ (*havshaLA*) ripening; aging
הַגַ"א (*HAga*) civil defense
הַגַּאי ז׳ (*hagGAI*) navigator, helmsman
הֲגָבָה נ׳ (*hagaVA*) reaction; response
הַגְבָּהָה נ׳ (*hagbaHA*) lifting; raising Torah scroll for display
הִגְבִּיהַּ פעל י׳ (*higBI'ah*) lift; raise
הִגְבִּיל פעל י׳ (*higBIL*) limit, restrict
הִגְבִּיר פעל י׳ (*higBIR*) amplify; intensify
הַגְבָּלָה נ׳ (*hagbaLA*) limitation; restriction
הַגְבָּרָה נ׳ (*hagbaRA*) amplification; intensification
הַגָּדָה נ׳ (*haggaDA*) narrating; narration; telling; Passover story
הַגָּדַת עֲתִידוֹת fortunetelling
הִגְדִּיל פעל י׳ ע׳ (*higDIL*) enlarge; increase; magnify; grow
הִגְדִּיר פעל י׳ (*higDIR*) define
הִגְדִּישׁ פעל י׳ (*higDISH*) fill to capacity
– הַסְּאָה overdo it
הַגְדָּלָה נ׳ (*hagdaLA*) enlargement; enlarging; increase, magnification
הַגְדָּרָה נ׳ (*hagdaRA*) definition
– עַצְמִית self determination
הַגְדָּשָׁה נ׳ (*hagdaSHA*) filling to capacity
הָגָה פעל י׳ (*haGA*) pronounce; articulate; express; study; think; meditate; growl; moan; remove

הֶגֶה ז׳ (*HEge*) sound; moan; sigh; rudder; helm; steering wheel
הַגָּהָה נ׳ (*haggaHA*) proofreading; marginal note; galley proof
הָגוּי ת׳ (*haGUY*) pronounced; articulated
הִגּוּי ז׳ (*higGUY*) pronunciation; steering
הָגוּן ת׳ (*haGUN*) decent; respectable; proper
הָגוּת נ׳ (*haGUT*) meditation; thought
הִגְזִים פעל ע׳ (*higZIM*) exaggerate
הַגְזָמָה נ׳ (*hagzaMA*) exaggeration
הֵגִיב פעל ע׳ (*heGIV*) react; respond
הִגִּיד פעל י׳ (*higGID*) tell; relate; explain; read Passover story
הִגִּיהַּ פעל י׳ (*higGI'ah*) proofread; shine
הֲגִיָּה נ׳ (*hagiYA*) study; meditation; pronunciation; articulation; moaning
הִגָּיוֹן ז׳ (*higgaYON*) logic; common sense
הֶגְיוֹנִי ת׳ (*hegyoNI*) logical
הֵגִיחַ פעל ע׳ (*heGIaḥ*) sally forth
הֲגִינוּת נ׳ (*hagiNUT*) decency; respectability; fairness
הִגִּיעַ פעל ע׳ י׳ (*higGI'a*) arrive; reach; attain; bring; cause to touch; extend to; suffice; deserve; be coming to
הֵגִיף פעל י׳ (*heGIF*) shut
הֲגִירָה נ׳ (*hagiRA*) emigration; migration
הִגִּישׁ פעל י׳ (*higGISH*) serve; bring near; present
הַגְלָדָה נ׳ (*haglaDA*) cicatrization; freezing
הֶגְלָה פעל י׳ (*hegLA*) exile; banish
הִגְלִיד פעל ע׳ (*higLID*) cicatrize; freeze
הַגְלָיָה נ׳ (*haglaYA*) exile; banishment
הֲגַם תה״פ (*haGAM*) although
הֶגְמוֹן ז׳ (*hegMON*) bishop; ruler
הֶגְמוֹנְיָה נ׳ (*hegMONya*) hegemony; rule; superiority; bishopric
הִגָּמְלוּת נ׳ (*higgameLUT*) weaning
הֹגֶן ז׳ (*HOgen*) propriety
כַּ— properly
הֵגֵן פעל י׳ (*heGEN*) defend; protect
הַגְנָבָה נ׳ (*hagnaVA*) smuggling; introduction by stealth
הֲגַנָּה נ׳ (*haganNA*) defense; protection; Hagana (Israeli pre-state defense organization)
הִגְנִיב פעל י׳ (*higNIV*) smuggle in; introduce by stealth
הֲגַנָּתִי ת׳ (*hagannaTI*) defensive
הַגָּעָה נ׳ (*hagga'A*) arrival; reaching
הִגְעִיל פעל י׳ (*hig'IL*) scald (to render suitable for Passover); nauseate
הַגְעָלָה נ׳ (*hag'aLA*) scalding (to render suitable for Passover); make disgusting
הֲגָפָה נ׳ (*hagaFA*) shutting
הִגֵּר פעל ע׳ (*higGER*) emigrate; migrate
הִגְרִיל פעל י׳ (*higRIL*) draw lots; raffle off; win in a raffle
הַגְרָלָה נ׳ (*hagraLA*) lottery; raffle
הִגָּרְרוּת נ׳ (*higgareRUT*) dragging
הַגָּשָׁה נ׳ (*haggaSHA*) serving; presenting; presentation; submitting
הִגְשִׁים פעל י׳ (*higSHIM*) realize; implement; materialize
הַגְשָׁמָה נ׳ (*hagshaMA*) realization; implementation; materialization
הֵד ז׳ (*HED*) echo
הִדְאִיג פעל י׳ (*hid'IG*) worry; bother
הִדְבִּיק פעל י׳ (*hidBIK*) glue; infect; overtake
הִדְבִּיר פעל י׳ (*hidBIR*) subjugate; exterminate
הַדְבָּקָה נ׳ (*hadbaKA*) gluing; sticking; contagion; overtaking
הַדְבָּרָה נ׳ (*hadbaRA*) subjection; destruction; extermination
הִדְגִּים פעל י׳ (*hidGIM*) demonstrate
הִדְגִּיר פעל י׳ (*hidGIR*) set; hatch; incubate

stress; emphasize (*hidGISH*) הִדְגִּישׁ פעל י׳

demonstration (*hadgaMA*) הַדְגָּמָה נ׳

setting; hatching; incubation (*hadgaRA*) הַדְגָּרָה נ׳

stress; emphasis (*hadgaSHA*) הַדְגָּשָׁה נ׳

mutual; reciprocal (*hadaDI*) הֲדָדִי ת׳

cooperative society אֲגֻדָּה הֲדָדִית

reciprocity (*hadadiYUT*) הֲדָדִיּוּת נ׳

echo; re-echo; reverberate (*hidHED*) הִדְהֵד פעל ע׳

fade (*hidHA*) הִדְהָה פעל י׳

echoing; reverberation (*hidHUD*) הִדְהוּד ז׳

fading (*hadhaYA*) הַדְהָיָה נ׳

astound; shock (*hidHIM*) הִדְהִים פעל י׳

gallop (*hidHIR*) הִדְהִיר פעל י׳

bewilderment; shock, stupefaction (*hadhaMA*) הַדְהָמָה נ׳

India (*HODdu*) הֹדּוּ נ׳

turkey תַּרְנְגוֹל –

stool; footstool (*haDOM*) הֲדוֹם ז׳

piedmont; foothill – הָרִים

hedonism (*hedoNIZM*) הֶדוֹנִיזְם ז׳

tightening; strengthening (*hidDUK*) הִדּוּק ז׳

tight; close (*haDUK*) הָדוּק ת׳

splendid; (*haDUR*) הָדוּר ת׳

magnificent curve; uneven mountainous terrain; rough ground – ז׳

remove obstacles; remedy faults, iron out difficulties יִשֵּׁר אֶת הַהֲדוּרִים

honoring; splendor; ornamentation; elegance (*hidDUR*) הִדּוּר ז׳

rinsing; washing (*hadaḤA*) הֲדָחָה נ׳

dismissal; impeachment; misleading; leading astray (*haddaḤA*) הַדָּחָה נ׳

being pushed; rush (*hiddahaFUT*) הִדָּחֲפוּת נ׳

Indian (from India) (*hodDI*) הֹדִּי ת׳

simple; ordinary; lay; ignorant; layman; idiot (*hedYOT*) הֶדְיוֹט ת׳ז׳

laity; vulgarity; ignorance (*hedyoTUT*) הֶדְיוֹטוּת נ׳

rinse; wash (*heDI'aḥ*) הֵדִיחַ פעל י׳

dismiss; impeach, depose, discharge; lead astray (*hidDI'aḥ*) הִדִּיחַ פעל י׳

הֵדִּין ר׳ הִתְדַּיֵּן

disseminate (*hidDIF*) הִדִּיף פעל י׳

push; thrust (*hadiFA*) הֲדִיפָה נ׳

shot put הֲדִיפַת כַּדּוּר

tightening; clasping tightly (*hadiKA*) הֲדִיקָה נ׳

prohibit (*hidDIR*) הִדִּיר פעל י׳

become impoverished (*hiddalDEL*) הִדַּלְדֵּל פעל ע׳

(*hiddaldeLUT*) הִדַּלְדְּלוּת נ׳ impoverishment

leak (*hidLIF*) הִדְלִיף פעל י׳

kindle; light; ignite (*hidLIK*) הִדְלִיק פעל י׳

leaking (*hadlaFA*) הַדְלָפָה נ׳

kindling; igniting (*hadlaKA*) הַדְלָקָה נ׳

similarity; assimilation (*hiddamMUT*) הִדַּמּוּת נ׳

hop; scratch; stagger (*hidDES*) הִדֵּס פעל ע׳י׳

myrtle (*haDAS*) הֲדַס ז׳

repel; ward off; push away; push (*haDAF*) הָדַף פעל י׳

shock; thrust; blast (*HEdef*) הֶדֶף ז׳

blast – אֲוִיר

dissemination (*haddaFA*) הַדָּפָה נ׳

print; type (*hidPIS*) הִדְפִּיס פעל י׳

offprint; printing (*hedPES*) הֶדְפֵּס ז׳

surcharge – רֶכֶב

printing; typing (*hadpaSA*) הַדְפָּסָה נ׳

tighten; fasten (*hidDEK*) הִדֵּק פעל י׳

pulverize; pound; crush (*heDEK*) הֵדֵק פעל י׳

trigger (*HEdek*) הֶדֶק ז׳

splendor; glory; elegance; citrus (*haDAR*) הָדָר ז׳

honor; respect; show deference to (*haDAR*) הָדַר פעל י׳

הִדֵּר פעל י׳ (*hidDER*) glorify; respect; adorn; observe scrupulously
הַדְרָגָה נ׳ (*hadraGA*) gradualness; gradual transition
בְּ – gradually
הַדְרָגִי, הַדְרָגָתִי ת׳ (*hadraGI; hadragaTI*) gradual; progressive
הִדַּרְדֵּר פעל ע׳ (*hiddarDER*) roll down; deteriorate
הִדַּרְדְּרוּת נ׳ (*hiddardeRUT*) rolling down; deterioration
הֲדָרָה נ׳ (*hadaRA*) glory; splendor
הַדְרַת פָּנִים dignified aspect
הַדְרַת קֹדֶשׁ respect; reverence
הַדְרָכָה נ׳ (*hadraKHA*) guidance; briefing; explanation; training
הַדְרָמָה נ׳ (*hadraMA*) turning southward
הַדְרָן מ״ק ז׳ (*hadRAN*) encore
הִדְרִיךְ פעל י׳ (*hidRIKH*) guide; direct; brief; train
הִדְרִים פעל ע׳ (*hidRIM*) turn south; go south
הִדְשִׁיא פעל י׳ (*hidSHI*) put forth grass; cause to sprout
הֶהְדִיר פעל י׳ (*hehDIR*) prepare new edition; republish
הַהוּא מ״ג ז׳ (*haHU*) that; that one (*m.*)
הַהִיא מ״ג נ׳ (*haHI*) that; that one (*f.*)
הֵהִין פעל ע׳ (*heHIN*) dare
הָהֵם מ״ג ז״ר (*haHEM*) those (*m.*)
הָהֵן מ״ג נ״ר (*haHEN*) those (*f.*)
הוֹ מ״ק (*HO*) alas; woe; O, oh
הוּא מ״ג ז׳ (*HU*) he; it; (as copula)
– הַדִּין the same holds true
מַה שֶּׁ – any thing, something
כְּ – זֶה anything whatsoever
הוֹאִיל פעל ע׳ (*ho'IL*) agree
– וְ... since
הוֹבִיל פעל י׳ (*hoVIL*) lead; convey; transport; haul
הוֹבִיצֶר ז׳ (*HOvitser*) howitzer
הוֹבָלָה נ׳ (*hovaLA*) transportation; transporting
הוֹגִיעַ פעל י׳ (*hoGI'a*) fatigue; weary
הוֹגֵן ת׳ (*hoGEN*) fair; decent; suitable
הוֹגָעָה נ׳ (*hoga'A*) tiring out
הוֹד ז׳ (*HOD*) glory; grandeur; beauty
– מַלְכוּתוֹ Your Majesty
– מַעֲלָתוֹ Your Excellency
– קְדֻשָּׁתוֹ Your Holiness
– רוֹמְמוּתוֹ Your Eminence
הוֹדָאָה נ׳ (*hoda'A*) admission; confession of guilt; acknowledgement; thanks; thanking
הוֹדָה פעל ע׳ י׳ (*hoDA*) admit; confess guilt; acknowledge; thank
הוֹדוֹת לְ... תה״פ (*hoDOT le-*) thanks to
הוֹדָיָה נ׳ (*hodaYA*) praise; thanksgiving; admission
הוֹדִיעַ פעל ע׳ י׳ (*hoDI'a*) announce; inform; notify
הוֹדָעָה נ׳ (*hoda'A*) announcement; notice; notification; communiqué; message
– בִּשְׁבוּעָה affida
הַוָּה נ׳ (*havVA*) evil
לְהַוָּתוֹ unfortunately for him
הִוָּה פעל י׳ (*hivVA*) constitute; cause to be
הֹוֶה נ׳ (*hoVE*) present; reality; actual situation; present tense
הוֹזֶה ז׳ (*hoZE*) dreamer; visionary
הוֹזִיל פעל י׳ (*hoZIL*) reduce price; mark down
הוֹזָלָה נ׳ (*hozaLA*) reduction; markdown
הוֹחִיל פעל ע׳ (*hoḤIL*) hope
הוֹי מ״ק (*HOY*) woe; oh
הֲוַי ז׳ (*haVAI*) way of life; conviviality
עֶרֶב – social evening
הֲוָיָה נ׳ (*havaYA*) existence; being; formation; coming into being
כַּהֲוָיָתוֹ as it really is
שֵׁם – Tetragrammaton

הוֹכָחָה נ׳ (hokhaḤA) proof; evidence; demonstration; reproof
הוֹכִיחַ פעל י׳ (hoKHI'aḥ) prove; establish; demonstrate; reprove; reprimand
הוֹלָדָה נ׳ (holaDA) begetting
הוֹלִיד פעל י׳ (hoLID) beget
הוֹלִיךְ פעל י׳ (hoLIKH) lead; convey; transport; guide; conduct; cause to walk
– שׁוֹלָל bamboozle; lead astray
הוֹלָכָה נ׳ (holaKHA) transportation; delivery; conducting, leading
הוֹלֵל ז׳ (hoLEL) rake; dissolute person
הוֹלֵלוּת נ׳ (holeLUT) licentiousness; mischief
הוֹלֵם ת׳ (hoLEM) suitable
הוֹלַנְד נ׳ (HOland) Netherlands
הוֹלַנְדִי ת׳ ז׳ (hoLANdi) Dutch; Dutchman
הוֹמֶה ת׳ (hoME) noisy; bustling
הוֹמוֹגֶנִי ת׳ (homoGEni) homogeneous
הוֹמוֹסֶקְסוּאָלִי ת׳ (homoseksu'Ali) homosexual
הוֹמוֹסֶקְסוּאָלִיּוּת נ׳ (homoseksu'Aliyut) homosexuality
הוֹמוֹסֶקְסוּאָלִיסְט ז׳ (homoseksua'LIST) homosexual
הוּמוֹר ז׳ (huMOR) humor
הוּמוֹרִי, הוּמוֹרִיסְטִי ת׳ (huMOri; humoRISti) humorous
הוּמוֹרִיסְטָן ז׳ (humoRIStan) humorist
הוּמָנִי ת׳ (huMAni) humane
הוּמָנִיּוּת נ׳ (huMAniyut) humanity; humaneness
הוּמָנִיזְם ז׳ (humaNIZM) humanism
הוּמָנִיטָרִי ת׳ (humaniTAri) humanitarian
הוּמָנִיסְט ז׳ (humaNIST) humanist
הוּמָנִיסְטִיקָה נ׳ (humaNIStika) humanities

הוֹן ז׳ (HON) capital; wealth; riches
– חוֹזֵר circulating capital
– תּוֹעָפוֹת great wealth
הוֹנָאָה נ׳ (hona'A) deceit; fraud; swindle
הוֹנָה פעל י׳ (hoNA) deceive; swindle
הוֹסָפָה נ׳ (hosaFA) addition; increase; supplement
הוֹסִיף פעל י׳ (hoSIF) add, append; affix
הוֹעִיד פעל ע׳ (ho'ID) summon; invite
הוֹעִיל פעל ע׳ (ho'IL) be useful; benefit; help
הִוָּעֲצוּת נ׳ (hivva'aTSUT) consultation
הוֹפִיעַ פעל ע׳ (hoFI'a) appear
הוֹפָעָה נ׳ (hofa'A) appearance
הוֹצָאָה נ׳ (hotsa'A) taking out; expense; publication; edition
הוֹצִיא פעל י׳ (hoTSI) take out; spend; publish
– דִּבָּה slander
– לָאוֹר publish
– לַפֹּעַל carry out; execute
– שֵׁם רַע עַל give a bad name to
– לְ except, with the exception of
– לַהוֹרֵג execute; put to death
הִוָּצְרוּת נ׳ (hivvatseRUT) formation; creation
הוֹקִיעַ פעל י׳ (hoKI'a) denounce; condemn; stigmatize; hang
הוֹקִיר פעל י׳ (hoKIR) admire; appreciate
הוֹקָעָה נ׳ (hoka'A) denunciation; condemnation; stigmatizing; exposure; hanging
הוֹקָרָה נ׳ (hokaRA) esteem; admiration; appreciation; price rise
הוֹרָאָה נ׳ (hora'A) teaching; instruction; order; meaning
הוֹרֵג ז׳ (hoREG) murderer; killer
הוֹצִיא לַ — execute
הוֹרָדָה נ׳ (horaDA) taking down; deposing; decreasing, lowering

teach; instruct (hoRA) הוֹרָה פעל י׳
mother; parent — נ׳
hora (dance) (HOra) הוֹרָה נ׳
parent; father (hoRE) הוֹרֶה ז׳
horoscope (horoSKOP) הוֹרוֹסְקוֹפּ ז׳
take down; (hoRID) הוֹרִיד פעל י׳
depose; decrease, lower
become (hivRID) הִוְרִיד פעל ע׳ י׳
pink; make pink
parents (hoRIM) הוֹרִים ז״ר
become (hoRIK) הוֹרִיק פעל ע׳ י׳
green; turn green; make green
bequeath; (hoRISH) הוֹרִישׁ פעל י׳
hand down; transmit; expel
hormone (horMON) הוֹרְמוֹן ז׳
destructive (horesaNI) הוֹרְסָנִי ת׳
becoming green; (horaKA) הוֹרָקָה נ׳
making green
hurricane (hura'KAN) הוּרָקָן ז׳
bequeathing; (horaSHA) הוֹרָשָׁה נ׳
passing on; transmitting; expelling
seating; setting; (hoshaVA) הוֹשָׁבָה נ׳
placing; settling
extending; (hoshaTA) הוֹשָׁטָה נ׳
holding out
seat; set; (hoSHIV) הוֹשִׁיב פעל י׳
settle; appoint
extend; hold (hoSHIT) הוֹשִׁיט פעל י׳
out
help; save (hoSHI'a) הוֹשִׁיעַ פעל י׳
Hosanna; (hosha'NA) הוֹשַׁעְנָא נ׳
"please save"
seventh day of Sukkot — רַבָּה
leave (hoTIR) הוֹתִיר פעל י׳
more than enough דַּי וְהוֹתֵר
sprinkling (hazza'A) הַזָּאָה נ׳
identify (hizdaHA) הִזְדַּהָה פעל ע׳
identification (hizdaHUT) הִזְדַּהוּת נ׳
be infected (hizdaHEM) הִזְדַּהֵם פעל ע׳
infection (hizdahaMUT) הִזְדַּהֲמוּת נ׳
sprinkle (hizZA) הִזָּה פעל י׳
mate; (hizdavVEG) הִזְדַּוֵּג פעל ע׳
copulate

mating; (hizdavveGUT) הִזְדַּוְּגוּת נ׳
copulation
arm (hizdaYEN) הִזְדַּיֵּן פעל ע׳
chance; (hizdamMEN) הִזְדַּמֵּן פעל ע׳
come accidentally; prepare
oneself
(hizdammeNUT) הִזְדַּמְּנוּת נ׳
opportunity; chance; occasion
trail; (hizdanNEV) הִזְדַּנֵּב פעל ע׳
stretch out behind
be shocked (hizda'aZE'a) הִזְדַּעֲזֵעַ פעל ע׳
become old; (hizdakKEN) הִזְדַּקֵּן פעל ע׳
aged
stand (hizdakKEF) הִזְדַּקֵּף פעל ע׳
upright; become erect; straighten up
need; have (hizdakKEK) הִזְדַּקֵּק פעל י׳
recourse to; be purified, be refined
being in (hizdakkeKUT) הִזְדַּקְּקוּת נ׳
need of; purification; needing
push (hizdakKER) הִזְדַּקֵּר פעל ע׳
through; be conspicuous, stand out
hurry; make (hizdaREZ) הִזְדָּרֵז פעל ע׳
haste
daydream (haZA) הָזָה פעל ע׳
gild (hizHIV) הִזְהִיב פעל י׳
warn; caution (hizHIR) הִזְהִיר פעל י׳
warning; (hazhaRA) הַזְהָרָה נ׳
cautioning
moving (hazaZA) הֲזָזָה נ׳
sliding door דֶּלֶת —
act wilfully (heZID) הֵזִיד פעל י׳
daydream; fancy; (hazaYA) הֲזָיָה נ׳
delusion
sprinkling (huzzaYA) הַזָּיָה נ׳
move (heZIZ) הֵזִיז פעל י׳
move (heZI'ah) הֵזִיחַ פעל י׳
lower; reduce (heZIL) הֵזִיל פעל י׳
shed; drop (hizZIL) הִזִּיל פעל י׳
feed (heZIN) הֵזִין פעל י׳
perspire; sweat (hizZI'a) הִזִּיעַ פעל ע׳
harm; hurt; (hizZIK) הִזִּיק פעל י׳
damage

inject (hizRIK) הִזְרִיק פעל י׳
causing to flow; (hazraMA) הַזְרָמָה נ׳
flow; pouring
insemination; (hazra'A) הַזְרָעָה נ׳
sowing
injecting (hazraKA) הַזְרָקָה נ׳
hiding; concealing (haḥba'A) הַחְבָּאָה נ׳
hide; conceal (heḥBI) הֶחְבִּיא פעל י׳
infiltrate; (heḥDIR) הֶחְדִּיר פעל י׳
insert; introduce sharply; cause to penetrate
piercing; (haḥdaRA) הַחְדָּרָה נ׳
infiltrating; inserting deeply
reveal; show (heḥeVA) הֶחֱוָה פעל י׳
take a bow – קִדָּה
pale; blanch; (heḥeVIR) הֶחֱוִיר פעל ע׳ י׳
whiten
paling; blanching (haḥvaRA) הַחְוָרָה נ׳
clarification
hold; contain; (heḥeZIK) הֶחֱזִיק פעל י׳
seize; attack; sustain; maintain
be grateful – טוֹבָה
hold out – מַעֲמָד
return; (heḥeZIR) הֶחֱזִיר פעל י׳ ע׳
restore; turn; reflect; reply
holding; seizing; (haḥzaKA) הַחְזָקָה נ׳
maintaining
gratitude הַחְזָקַת טוֹבָה
reflex (heḥZER) הֶחְזֵר ז׳
return; reflection (haḥzaRA) הַחְזָרָה נ׳
persuasion to mend his ways – לְמוּטָב
causing to sin; (haḥta'A) הַחְטָאָה נ׳
missing; miss
cause to sin; (heḥeTI) הֶחֱטִיא פעל י׳
miss
revival; (haḥaya'A) הַחְיָאָה נ׳
resurrection; letting live
revive; (heḥeYA) הֶחֱיָה פעל י׳
resurrect; let live; preserve
apply; put into (heḤIL) הֵחִיל פעל י׳
effect
accelerate; (heḤISH) הֵחִישׁ פעל י׳
speed up

purification (hizzakKUT) הִזַּכּוּת נ׳
remind; (hizKIR) הִזְכִּיר פעל י׳
mention; proclaim; offer a sacrifice; burn incense; commemorate
reminder; (hazkaRA) הַזְכָּרָה נ׳
mention; Tetragrammaton; memorial service
memorial service for the dead הַזְכָּרַת נְשָׁמוֹת
הַזָּלָה ר׳ הוֹזָלָה
sprinkle; water (hizLIF) הִזְלִיף פעל י׳
sprinkling; (hazlaFA) הַזְלָפָה נ׳
watering
disprove an alibi; (heZEM) הֵזֵם פעל י׳
refute testimony
refutation; (hazamMA) הֲזַמָּה נ׳
disproving alibi
invite; (hizMIN) הִזְמִין פעל י׳
summon; order; prepare
invitation; (hazmaNA) הַזְמָנָה נ׳
summon; order
made-to-order לְפִי –
feeding; food (hazaNA) הֲזָנָה נ׳
neglect; (haznaḤA) הַזְנָחָה נ׳
negligence; abandonment
neglect; (hizNI'aḥ) הִזְנִיחַ פעל י׳
abandon; cast off
release; start (hizNIK) הִזְנִיק פעל י׳
off
start (haznaKA) הַזְנָקָה נ׳
perspiring, (hazza'A) הַזָּעָה נ׳
sweating
summon; (hiz'IK) הִזְעִיק פעל ע׳ י׳
assemble; sound alarm; proclaim
alarm; sounding (haz'aKA) הַזְעָקָה נ׳
alarm; summoning
damage; injury (hezZEK) הֶזֵּק ז׳
grow old; age (hizKIN) הִזְקִין פעל ע׳ י׳
inseminate; (hizRI'a) הִזְרִיעַ פעל י׳
breed; bring forth seed
cause to flow, (hizRIM) הִזְרִים פעל י׳
pour

make wise; (heḥKIM) הֶחְכִּים פעל י׳ ע׳ impart knowledge; become wise

lease; rent (heḥKIR) הֶחְכִּיר פעל י׳

leasing; renting (haḥkaRA) הַחְכָּרָה נ׳

begin (heḤEL) הֵחֵל פעל י׳

making ill (haḥla'A) הַחְלָאָה נ׳

rusting; causing to rust (haḥlaDA) הַחְלָדָה נ׳

applying; putting into effect (heḥaLA) הֶחָלָה נ׳

make ill (heḥeLA) הֶחֱלָה פעל י׳

decision (heḥLET) הֶחְלֵט ז׳

definitely; absolutely בְּ — תה״פ

decision; resolution (haḥlaTA) הַחְלָטָה נ׳

decisive (heḥleTI) הֶחְלֵטִי ת׳

decisiveness; resoluteness (heḥletiYUT) הֶחְלֵטִיּוּת נ׳

rust; cause to rust (heḥeLID) הֶחֱלִיד פעל ע׳ י׳

decide; determine; resolve (heḥLIT) הֶחְלִיט פעל ע׳

recover; cure; heal (heḥeLIM) הֶחֱלִים פעל ע׳ י׳

exchange; change (heḥeLIF) הֶחֱלִיף פעל י׳

regain strength — כֹּחַ

slide; skid; (heḥeLIK) הֶחֱלִיק פעל ע׳ י׳ slip; skate; ski; slip away; smoothen; cause to slip; caress lightly; flatter

weaken (heḥeLISH) הֶחֱלִישׁ פעל י׳

recovery (haḥlaMA) הַחְלָמָה נ׳

exchanging; changing (haḥlaFA) הַחְלָפָה נ׳

(heḥaleTSUT) הֵחָלְצוּת נ׳ volunteering; rush to help; rescue; extraction

skidding; slipping; (haḥlaKA) הַחְלָקָה נ׳ skating; skiing

weakening (haḥlaSHA) הַחְלָשָׁה נ׳

compliment (heḥeMI) הֶחֱמִיא פעל ע׳

sour; (heḥeMITS) הֶחֱמִיץ פעל ע׳ י׳ declare unfit for Passover; keep

miss an opportunity — הִזְדַּמְּנוּת

be strict; (heḥMIR) הֶחְמִיר פעל י׳ ע׳ worsen

souring; (haḥmaTSA) הַחְמָצָה נ׳ leavening; fermenting; oxydation; coming late; missing

worsening; (haḥmaRA) הַחְמָרָה נ׳ strictness

park (heḥeNA) הֶחֱנָה פעל י׳

parking (haḥanaYA) הַחֲנָיָה נ׳

flatter (heḥeNIF) הֶחֱנִיף פעל ע׳

strangle; stifle (heḥeNIK) הֶחֱנִיק פעל י׳

strangling (haḥnaKA) הַחְנָקָה נ׳

store (heḥeSIN) הֶחֱסִין פעל י׳

deduct; (heḥSIR) הֶחְסִיר פעל י׳ ע׳ subtract; be absent

storing; storage (haḥsaNA) הַחְסָנָה נ׳

haste (heḥafeZUT) הֵחָפְזוּת נ׳

destroying; (haḥraVA) הַחְרָבָה נ׳ destruction

terrifying (haḥraDA) הַחְרָדָה נ׳

arouse anger (heḥeRA) הֶחֱרָה פעל י׳

encourage — הֶחֱזִיק

destroy; dry up (heḥeRIV) הֶחֱרִיב פעל י׳

terrify; appall; (heḥeRID) הֶחֱרִיד פעל י׳ alarm

confiscate; (heḥeRIM) הֶחֱרִים פעל י׳ excommunicate; boycott; ostracize; destroy; dry up

worsen; (heḥeRIF) הֶחֱרִיף פעל י׳ ע׳ aggravate; deteriorate; become more serious

be silent; (heḥeRISH) הֶחֱרִישׁ פעל י׳ ע׳ silence; drown out (sound); deafen; approve tacitly

confiscation; (haḥraMA) הַחְרָמָה נ׳ excommunication; boycott; ostracizing; destruction

worsening; (haḥraFA) הַחְרָפָה נ׳ aggravation; deterioration

considering (haḥshaVA) הַחְשָׁבָה נ׳ important; respecting

הַחְשָׁדָה נ׳ (*haḥshaDA*) arousing suspicion against; rendering suspect

הֶחֱשָׁה פעל ע׳ י׳ (*heḥeSHA*) keep silent refrain from acting; demand silence; silence

הֶחָשָׁה נ׳ (*heḥaSHA*) acceleration; speeding

הֶחֱשִׁיד פעל י׳ (*heḥeSHID*) arouse suspicion against; render suspect

הֶחְשִׁיב פעל י׳ (*heḥSHIV*) consider important; respect

הֶחְשִׁיךְ פעל י׳ ע׳ (*heḥSHIKH*) darken; become dark; stay until nightfall

הַחְשָׁכָה נ׳ (*haḥshaKHA*) darkening; waiting until nightfall

הֶחְתִּים פעל י׳ (*heḥTIM*) sign up; sign on as subscriber; stamp; postmark

הַחְתָּמָה נ׳ (*haḥtaMA*) signing up; stamping; postmarking

הֲטָבָה נ׳ (*hataVA*) improvement; doing a favor; benefit; bonus

הִטְבִּיל פעל י׳ (*hitBIL*) dip; immerse; baptize

הִטְבִּיעַ פעל י׳ (*hitBI'a*) sink; drown; stamp; coin; mint

הַטְבָּלָה נ׳ (*hatbaLA*) dipping; immersion; baptism

הַטְבָּעָה נ׳ (*hatba'A*) sinking; drowning; stamping; coining; minting

הִטָּה פעל י׳ (*hitTA*) divert; bend; incline; bank; follow

– אֹזֶן listen

– דִּין pervert justice

– רֹאשׁ nod; shake (head)

הִטַּהֲרוּת נ׳ (*hittahaRUT*) purification; becoming pure; clearing

הֲטָחָה נ׳ (*hataḤA*) striking; throwing; plastering

הֲטָחַת דְּבָרִים insolence

הַטָּיָה נ׳ (*hattaYA*) diversion; bending; inclining; following

הֵטִיחַ פעל י׳ (*heTI'aḥ*) strike; plaster

– דְּבָרִים כְּלַפֵּי speak insolently

– הָאֲשָׁמָה accuse

הֵטִיל פעל י׳ (*heTIL*) throw; lay; extrude; drop

– גּוֹרָל draw lots

– מַיִם pour water; urinate

הִטִּיל פעל י׳ (*hitTIL*) place; put; impose; levy

הֵטִיס פעל י׳ (*heTIS*) fly; airlift

הִטִּיף פעל י׳ (*hitTIF*) preach; sermonize; drip

– מוּסָר moralize

הֵטֶל ז׳ (*hetTEL*) levy; tax; projection

הַטָּלָה נ׳ (*hattaLA*) putting; placing; imposing; levying

הֲטָלָה נ׳ (*hataLA*) throwing; casting; projection

הַטְלָאָה נ׳ (*hatla'A*) patching; cannibalization

הִטַּלְטֵל פעל ע׳ (*hittalTEL*) wander; be carried

הִטַּלְטְלוּת נ׳ (*hittalteLUT*) wandering; being carried; being moved around

הִטְלִיא פעל י׳ (*hitLI*) patch

הִטַּמְטֵם פעל ע׳ (*hittamTEM*) become stupid; become dumb; thicken

הִטַּמְטְמוּת נ׳ (*hittamteMUT*) becoming stupid; becoming numb; thickening

הִטְמִין פעל י׳ (*hitMIN*) hide; keep warm

הִטְמִין חַמִּין keep food warm for Sabbath

הִטְמִיעַ פעל י׳ (*hitMI'a*) assimilate

הַטְמָנָה נ׳ (*hatmaNA*) hiding; keeping warm

הַטְמָעָה נ׳ (*hatma'A*) assimilation

הֲטָסָה נ׳ (*hataSA*) flying; air transportation; airlifting

הִטְעָה פעל י׳ (*hit'A*) mislead; deceive

הַטְעָיָה נ׳ (*hat'aYA*) misleading, deceiving; feint; sophism

הִטְעִים פעל י׳ (*hit'IM*) stress; emphasize; recite; give to taste; flavor; accentuate; recite

load (hit'IN) הִטְעִין פעל י׳
stressing; (hat'aMA) הַטְעָמָה נ׳
emphasis; accentuation; recitation; allowing to taste; flavoring
loading (hat'aNA) הַטְעָנָה נ׳
preaching; (hattaFA) הַטָּפָה נ׳
sermonizing; dripping
moralizing הַטָּפַת מוּסָר
accosting; (hittafeLUT) הִטַּפְּלוּת נ׳
joining
become (hittapPESH) הִטַּפֵּשׁ פעל ע׳
foolish; play the fool
heterogeneous (heteroGEni) הֶטֶרוֹגֶנִי ת׳
annoyance; (hatraDA) הַטְרָדָה נ׳
harassment
(heterogeniYUT) הֶטֶרוֹגֶנִיּוּת נ׳
heterogeneity
troubling; (hatraḤA) הַטְרָחָה נ׳
bothering; annoyance
annoy; badger; (hitRID) הִטְרִיד פעל י׳
harass
trouble; (hitRI'aḥ) הִטְרִיחַ פעל י׳
bother; annoy
pronounce (hitRIF) הִטְרִיף פעל י׳
ritually unfit; forbid (unkosher food)
become (hittashTESH) הִטַּשְׁטֵשׁ פעל ע׳
unclear; become obliterated
(hittashteSHUT) הִטַּשְׁטְשׁוּת נ׳
becoming unclear; becoming obliterated
lament; woe; alas; oh (HI) הִי ז׳ מ״ק
here is (HEY) הֵי מ״ק
she; it (as; copula) (HI) הִיא מ״ג נ׳
how (hey'AKH) הֵיאַךְ מ״ש
hygiene (higYEna) הִיגְיֶנָה נ׳
hygienic (higYEni) הִיגְיֶנִי ת׳
hurray; hurrah (heyDAD) הֵידָד מ״ק
acclaim, cheer קָרָא –
(hidroGRAFya) הִידְרוֹגְרַפְיָה נ׳
hydrography
(hidroLOGya) הִידְרוֹלוֹגְיָה נ׳
hydrology

hydraulic (hidROli) הִידְרוֹלִי ת׳
(hidROlika) הִידְרוֹלִיקָה נ׳
hydraulics
hydrant (hidRANT) הִידְרַנְט ז׳
be; belong; (haYA) הָיָה פעל ע׳
happen; become of
become – ל...
intend – אֶת לִבּוֹ, – בְּדַעְתּוֹ
want – עִם לִבּוֹ
have to – עָלָיו, הָיָה לוֹ ל...
help – עִם
it will come to pass – וְ
and it came to pass וַיְהִי
once upon a time וַיְהִי הַיּוֹם
come what may וִיהִי מָה
being; reality; (heYOT) הֱיוֹת נ׳
existence
since – שׁ... שה״פ של היה
well (heyTEV) הֵיטֵב תה״פ
do good; (heyTIV) הֵיטִיב פעל י׳
improve; do a favor; benefit
how (HEYKH) הֵיךְ מ״ש
palace; (heyKHAL) הֵיכָל ז׳
Jerusalem Temple
where (heyKHAN) הֵיכָן תה״פ
wherever – שׁ...
mourn; (heyLIL) הֵילִיל פעל ע׳
lament; weep
(heyLEL ben SHAḥar) הֵילֵל בֶּן שַׁחַר ז׳
Venus; morning star
turn to the (heyMIN) הֵימִין פעל ע׳
right
from him; (heyMENnu) הֵימֶנּוּ מ״ג ז׳
from it
hymn; anthem (himNON) הִימְנוֹן ז׳
this is; that is (HAInu) הַיְנוּ תה״פ
it's all the same – הָךְ
nurse; suckle (heyNIK) הֵינִיק פעל י׳
historic; (hisTOri) הִיסְטוֹרִי ת׳
historical
history (hisTORya) הִיסְטוֹרְיָה נ׳
historian (historYON) הִיסְטוֹרְיוֹן ז׳
hysterical (hisTEri) הִיסְטֶרִי ת׳

hysteria (hisTERya) הִסְטֶרְיָה נ׳
hypothesis (hipoTEza) הִיפּוֹתֵיזָה נ׳
hypothetical (hipoTEti) הִיפּוֹתֵיטִי ת׳
hypnosis (hipNOza) הִיפְּנוֹזָה נ׳
hypnotic (hipNOti) הִיפְּנוֹטִי ת׳
heroic (heRO'i) הֵירוֹאִי ת׳
הִירוֹגְלִיפִים ז״ר (hiyeroGLIfim) hieroglyphics
hierarchy (hiyeRARkhya) הִיֶרַרְכְיָה נ׳
go (heySHIR) הֵישִׁיר פעל ע׳ י׳ straight; straighten
straight; (haiSHER) הַיְשֵׁר תה״פ directly
striking; hitting; (haka'A) הַכָּאָה נ׳ beating
hurt; cause (hikh'IV) הִכְאִיב פעל י׳ pain
bother; (hakhbaDA) הַכְבָּדָה נ׳ inconvenience; sweeping
bother; (hikhBID) הִכְבִּיד פעל י׳ burden; inconvenience
increase; (hikhBIR) הִכְבִּיר פעל י׳ multiply
gab – מִלִּים
strike; hit; beat (hikKA) הִכָּה פעל י׳
darken; dim (hikhHA) הִכְהָה פעל י׳
align; tune; (hikhVIN) הִכְוִין פעל י׳ direct
be prepared! (hikKON) הִכּוֹן פעל ע׳
alert; standby – ז׳
alignment; (hakhvaNA) הַכְוָנָה נ׳ tuning; directing
disappointment; (hakhzaVA) הַכְזָבָה נ׳ denial
disappoint; (hikhZIV) הִכְזִיב פעל י׳ deny
destruction; (hakhḥaDA) הַכְחָדָה נ׳ annihilation
destroy; (hikhḤID) הִכְחִיד פעל י׳ annihilate
turn blue (hikhḤIL) הִכְחִיל פעל ע׳
deny (hikhḤISH) הִכְחִישׁ פעל י׳
denial (hakhḥaSHA) הַכְחָשָׁה נ׳

(particle introducing (haKHI) הֲכִי מ״ש question); most
contain (heKHIL) הֵכִיל פעל י׳
prepare (heKHIN) הֵכִין פעל י׳
recognize; be (hikKIR) הִכִּיר פעל י׳ acquainted with, know, discern
be grateful – טוֹבָה
strike; tap; (hikKISH) הִכִּישׁ פעל י׳ bite (snake)
crossbreeding; (hakhla'A) הַכְלָאָה נ׳ hybridization
crossbreed (hikhLI) הִכְלִיא פעל י׳
baste (hikhLIV) הִכְלִיב פעל י׳
generalize (hikhLIL) הִכְלִיל פעל י׳
shame; insult (hikhLIM) הִכְלִים פעל י׳
generalization (hakhlaLA) הַכְלָלָה נ׳
shaming; (hakhlaMA) הַכְלָמָה נ׳ insulting
ready (haKHEN) הָכֵן תה״פ
preparedness – ז׳
standby – מַצָּב
preparation; (hakhaNA) הֲכָנָה נ׳ readiness
bring in; (hikhNIS) הִכְנִיס פעל י׳ admit; introduce
subdue; (hikhNI'a) הִכְנִיעַ פעל י׳ overpower; subjugate; humiliate
income; revenue; (hakhnaSA) הַכְנָסָה נ׳ proceeds; bringing in; introduction
hospitality הַכְנָסַת אוֹרְחִים
wedding; contributions הַכְנָסַת כַּלָּה towards dowry, bride's fund
suppression; (hakhNA'a) הַכְנָעָה נ׳ humility
silverplate; (hikhSIF) הִכְסִיף פעל י׳ turn silvery; turn white
anger; irritate (hikh'IS) הִכְעִיס פעל י׳
multiply; (hikhPIL) הִכְפִּיל פעל י׳ double; duplicate
multiplying; (hakhpaLA) הַכְפָּלָה נ׳ multiplication; doubling; duplicating
recognition (hekKER) הֶכֵּר ז׳
identifying mark – סִימַן

recognition (*hakkaRA*) הַכָּרָה נ׳
acquaintance; awareness; discernment; consciousness; cognizance; cognition
fully aware person בַּעַל –
de jure recognition – דֶה יוּרֶה
de facto recognition – דֶה פַקְטוֹ
conscience – פְּנִימִית
gratitude הַכָּרַת טוֹבָה
appearance; הַכָּרַת פָּנִים
countenance; facial feature
subconscious תַּת־ –
acquaintance (*hekkeRUT*) הֶכֵּרוּת נ׳
proclamation; (*hakhraZA*) הַכְרָזָה נ׳
declaration; announcement; bid
necessity (*hekhRE'aḥ*) הֶכְרֵחַ ז׳
necessary; (*hekhreḤI*) הֶכְרֵחִי ת׳
essential; obligatory
(*hekhreḥiYUT*) הֶכְרֵחִיּוּת נ׳
unavoidability; obligatoriness
proclaim; (*hikhRIZ*) הִכְרִיז פעל י׳
announce; bid
force; compel (*hikhRI'aḥ*) הִכְרִיחַ פעל י׳
force to kneel; (*hikhRI'a*) הִכְרִיעַ פעל י׳
subjugate; suppress; tip; decide
decision; (*hakhra'A*) הַכְרָעָה נ׳
tipping (scales); defeat; subjection
conscious (*hakkaraTI*) הַכָּרָתִי ת׳
blow; knock; (*hakkaSHA*) הַכָּשָׁה נ׳
tap; snake bite
cause to fail; (*hikhSHIL*) הִכְשִׁיל פעל י׳
cause to stumble; flunk; mislead; corrupt
prepare; (*hikhSHIR*) הִכְשִׁיר פעל י׳
qualify; train; make ritually fit; pronounce kosher
failing; (*hakhshaLA*) הַכְשָׁלָה נ׳
tripping; corrupting
certificate of (*hekhSHER*) הֶכְשֵׁר ז׳
ritual fitness; preparation; rendering ritually fit; sanction; license
training; (*hakhshaRA*) הַכְשָׁרָה נ׳
preparation; qualifying; rendering ritually fit
dictation; (*hakhtaVA*) הַכְתָּבָה נ׳
dictating
dictate (*hikhTIV*) הִכְתִּיב פעל י׳
stain; (*hikhTIM*) הִכְתִּים פעל י׳
besmirch; sully
shoulder (*hikhTIF*) הִכְתִּיף פעל י׳
crown; award; (*hikhTIR*) הִכְתִּיר פעל י׳
bestow
staining; (*hakhtaMA*) הַכְתָּמָה נ׳
besmirching; sullying
shouldering; (*hakhtaFA*) הַכְתָּפָה נ׳
carrying on the shoulder
coronation; (*hakhtaRA*) הַכְתָּרָה נ׳
crowning; awarding
is it not so? surely (*haLO*) הֲלֹא מ״ש
tire (*hel'A*) הֶלְאָה פעל י׳
beyond; far (*HAl'a*) הָלְאָה תה״פ
away; henceforth; down with
get out of here גֶּשׁ –
and so on וְכֵן –
nationalize (*hil'IM*) הִלְאִים פעל י׳
nationalization (*hal'aMA*) הַלְאָמָה נ׳
whiten; (*hilBIN*) הִלְבִּין פעל י׳ ע׳
bleach, blanch
shame – פָּנִים
dress; clothe (*hilBISH*) הִלְבִּישׁ פעל י׳
whitening; (*halbaNA*) הַלְבָּנָה נ׳
bleaching
shaming הַלְבָּנַת פָּנִים
dressing; clothing (*halbaSHA*) הַלְבָּשָׁה נ׳
birth (*huLEdet*) הֻלֶּדֶת נ׳
birthday – יוֹם
that one (*halLA*) הַלָּה מ״ג
halo; aura; radiance (*hilLA*) הִלָּה נ׳
inflame; arouse (*hilHIV*) הִלְהִיב פעל י׳
enthusiasm; excite
hello; hey (*halLO*) הַלּוֹ מ״ק
loan; loaning (*halva'A*) הַלְוָאָה נ׳
would that; it (*halVAI*) הַלְוַאי מ״ק
would have been better; I wish
loan; lend (*hilVA*) הִלְוָה פעל י׳

הַלְוָיָה נ׳ (halvaYA) funeral; escort; accompaniment
הִלּוּךְ ז׳ (hilLUKH) walk; gait; movement; way; conduct; gear
– מֵעַיִם bowel movement
הִלּוּל ז׳ (hilLUL) praising
הִלּוּלִים joyful hymns; merrymaking
פְּרִי הִלּוּלִים beautiful fruit
הִלּוּלָא, הִלּוּלָה נ׳ (hilluLA) wedding gaiety; rejoicing; merrymaking
– וְחִנְגָּא jubilation; carousing
הֲלוֹם תה״פ (haLOM) here; hither
עַד – to this condition
הָלוּם ת׳ (haLUM) struck
הַלוּצִינַצְיָה נ׳ (halutsiNATSya) hallucination
הִלְחִים פעל י׳ (hilḤIM) solder
הִלְחִין פעל י׳ (hilḤIN) compose
הַלְחָמָה נ׳ (halḥaMA) soldering; solder
הַלְחָנָה נ׳ (halḥaNA) composing
הֶלְיוּם ז׳ (HELyum) helium
הֵלִיז פעל י׳ (heLIZ) slander
הֵלִיט פעל י׳ (heLIT) cover; wrap
הָלִיךְ ז׳ (haLIKH) walk; gait; conduct; behavior; process; procedure; action
הֲלִיכָה נ׳ (haliKHA) walking; going; caravan; conduct; practices
הֲלִימָה נ׳ (haliMA) striking; pulsation
הֲלִימוּת נ׳ (haliMUT) aptness; appropriateness
הֵלִין פעל י׳ (heLIN) accommodate; delay; hold back
הִלִּין פעל ע׳ (hilLIN) complain; grumble
הֶלִיקוֹפְּטֶר ז׳ (heliKOPter) helicopter
הָלַךְ פעל ע׳ (haLAKH) go; walk; move; proceed; travel; depart; continue; go on
– בְּדֶרֶךְ כָּל הָאָרֶץ go the way of all flesh; pass away
– בָּטֵל be idle
– בַּתֶּלֶם toe the line
– לְאִבּוּד get lost
– לְעוֹלָמוֹ die; pass away
– רָכִיל slander; gossip
– שׁוֹלָל be taken in by
הָלוֹךְ וָשׁוֹב going and coming; return trip
לֵךְ וָשׁוּב run-around
הִלֵּךְ פעל ע׳ י׳ (hilLEKH) walk about; cause to move; cast
– אֵימִים terrify
– בִּגְדוֹלוֹת aspire to great deeds
הֵלֶךְ ז׳ (HElekh) wanderer; wayfarer
הֲלָךְ־נֶפֶשׁ (haLOKH-NEfesh) mentality; thinking
הֲלָךְ־רוּחַ ז׳ (haLOKH-RU'aḥ) mood
הֲלָכָה נ׳ (halaKHA) law; legal part of Talmud; theory
כַּ – properly
לַ – theoretically
– לְמַעֲשֶׂה in actual practice; designed for implementation, practical
לַ– וּלְמַעֲשֶׂה in theory and in practice
הֲלָכִי ת׳ (halaKHI) legal; theoretical; halakhic
הִלְכָּךְ מ״ח (hilKAKH) therefore; consequently
הִלְכָתִי ת׳ (hilkhaTI) halakhic; pertaining to the הֲלָכָה (which see)
הִלֵּל פעל י׳ (hilLEL) praise
הַלֵּל ז׳ (halLEL) praise; song of praise; Psalms 113-118
גָּמַר עָלָיו אֶת הַ – heap praise upon
הַלָּלוּ מ״ג (halLAlu) these; those
הַלְלוּיָהּ (haleluYAH) praise the Lord; halelujah
הָלַם פעל י׳ (haLAM) strike; hit; smite; beat; daze, confound; fit, suit
הֶלֶם ז׳ (HElem) shock
הַלְמוּת נ׳ (halMUT) striking; beating
הַלָּן תה״פ (halLAN) farther on
לְ – below
הֲלָנָה נ׳ (halaNA) accommodating for the night; delay until morning
הֲלָנַת שָׂכָר delaying payment of wages

insult (*hil'IV*) הִלְעִיב פעל י׳
slander (*hil'IG*) הִלְעִיג פעל ע׳ י׳
slander; translate; introduce foreign usage (*hil'IZ*) הִלְעִיז פעל י׳
stuff; feed (*hil'IT*) הִלְעִיט פעל י׳
joke; joking (*halaTSA*) הֲלָצָה נ׳
whipping; flogging; flagellation (*halka'A*) הַלְקָאָה נ׳
whip; flog (*hilKA*) הִלְקָה פעל י׳
inform on; denounce; slander (*hilSHIN*) הִלְשִׁין פעל י׳
informing; denunciation; slander (*halshaNA*) הַלְשָׁנָה נ׳
they (*m.*) (*HEM*) הֵם מ״ג ז״ר
they themselves – –
those הָ –
make hateful (*him'IS*) הִמְאִיס פעל י׳
they (*HEMma*) הֵמָּה מ״ג ז״ר
growl; groan; make noise; coo; rage (*haMA*) הָמָה פעל ע׳
rustling; murmur (*himHUM*) הִמְהוּם ז׳
rustle; murmur (*himHEM*) הִמְהֵם פעל ע׳
stunned; aghast (*haMUM*) הָמוּם ת׳
multitude; many; mass; mob; noise (*haMON*) הָמוֹן ז׳
vulgar; common (*hamoNI*) הֲמוֹנִי ת׳
vulgarity; commonness (*hamoniYUT*) הֲמוֹנִיּוּת נ׳
bet; wager (*himMUR*) הִמּוּר ז׳
check; draft; money order (*hamḥa'A*) הַמְחָאָה נ׳
dramatization (*hamḥaZA*) הַמְחָזָה נ׳
dramatize (*himḤIZ*) הִמְחִיז פעל י׳
concretize; make real (*himḤISH*) הִמְחִישׁ פעל י׳
concretization (*hamḥaSHA*) הַמְחָשָׁה נ׳
bring down rain; irrigate (by sprinkler) (*himTIR*) הִמְטִיר פעל י׳
bringing down rain; irrigation (by sprinkler) (*hamtaRA*) הַמְטָרָה נ׳
growl; groan; noise; cooing; yearning (*hemYA*) הֶמְיָה נ׳

cause; cast, bring down (*heMIT*) הֵמִיט פעל י׳
change; exchange (*heMIR*) הֵמִיר פעל י׳
kill; put to death (*heMIT*) הֵמִית פעל י׳
noise; commotion; tumult (*hammuLA*) הֲמֻלָּה נ׳
salting (*hamlaḤA*) הַמְלָחָה נ׳
giving birth; rescue (*hamlaTA*) הַמְלָטָה נ׳
escape (*himmaleTUT*) הִמָּלְטוּת נ׳
salt; salinate (*himLI'aḥ*) הִמְלִיחַ פעל י׳
give birth; rescue (*himLIT*) הִמְלִיט פעל י׳
crown (*himLIKH*) הִמְלִיךְ פעל י׳
recommend (*himLITS*) הִמְלִיץ פעל ע׳
crowning; coronation (*hamlaKHA*) הַמְלָכָה נ׳
recommendation (*hamlaTSA*) הַמְלָצָה נ׳
confound; stun; terrify (*haMAM*) הָמַם פעל י׳
(*himmane'UT*) הִמָּנְעוּת נ׳
abstention; abstaining; restraint; impossibility
melt (*heMES*) הֵמֵס פעל י׳
melting (*hammasSA*) הֲמַסָּה
trip; cause to fall; stumble (*him'ID*) הִמְעִיד פעל י׳ ע׳
lessening; diminishing; reducing (*ham'aTA*) הַמְעָטָה נ׳
derogation הַמְעָטַת דְּמוּת
(*himma'aTUT*) הִמָּעֲטוּת נ׳
diminishing
lessen; diminish; reduce (*him'IT*) הִמְעִיט פעל י׳
derogate – דְּמוּת
invention; device; supply (*hamtsa'A*) הַמְצָאָה נ׳
finding; existence (*himmatse'UT*) הִמָּצְאוּת נ׳
invent; devise; provide (*himTSI*) הִמְצִיא פעל י׳

הִמֵּר פעל ע׳ (himMER) bet; wager
הַמְרָאָה נ׳ (hamra'A) takeoff
הִמְרָה פעל י׳ (himRA) disobey; rebel against; provoke; depress
הֲמָרָה נ׳ (hamaRA) change; conversion
הִמְרִיא פעל ע׳ (himRI) take off
הִמְרִיד פעל י׳ (himRID) incite to rebellion
הִמְרִיץ פעל י׳ (himRITS) urge; press; move
הַמְרָצָה נ׳ (hamraTSA) urging; pressuring; stimulation; motion
הַמְשָׂגָה נ׳ (hamsaGA) conceptualization
הִמְשִׁיךְ פעל י׳ (himSHIKH) continue; prolong; pull; drag; cause to flow
הִמְשִׁיל פעל י׳ (himSHIL) liken; compare; instal as ruler
הֶמְשֵׁךְ ז׳ (hemSHEKH) continuation; installment
הַמְשָׁכָה נ׳ (hamshaKHA) continuation; prolonging; causing to flow
הִמָּשְׁכוּת נ׳ (himmasheKHUT) continuation; inclination; attraction to
הֶמְשֵׁכִיּוּת נ׳ (hemshkhiYUT) continuity
הֲמָתָה נ׳ (hamaTA) killing
הִמְתִּין פעל ע׳ (himTIN) wait; delay; be moderate
הִמְתִּיק פעל י׳ (himTIK) sweeten; embellish; desalinate
— דִּין mitigate sentence
— סוֹד consult; devise means
הַמְתָּנָה נ׳ (hamtaNA) waiting
הַמְתָּקָה נ׳ (hamtaKA) sweetening; desalination
הַמְתָּקַת דִּין mitigation of sentence; clemency
הַמְתָּקַת סוֹד consultation; devising means
הֵן מ״ג נ׳ (HEN) they (f.)
— — they themselves

— מ״ק yes
הֵן צֶדֶק ז׳ (HEN TSEdek) word of honor
הֲנָאָה נ׳ (hana'A) pleasure; enjoyment
— טוֹבַת slight benefit; recognition of services rendered
הֲנָבָה נ׳ (hanaVA) yield; produce
הַנְבָּטָה נ׳ (hanbaTA) causing to sprout; sprouting
הִנְבִּיט פעל י׳ (hinBIT) cause to sprout
הַנְגָּנָה נ׳ (hangaNA) intonation
הַנְדָּסָה נ׳ (handaSA) engineering; geometry
הַנְדָּסִי ת׳ (handaSI) geometrical
הֵנָּה מ״ג נ׳ (HENna) they (f)
— כָּ — וְכָ many times over
— תה״פ here; to this place; hither
— עַד thus far; until today
הִנֵּה מ״י (hinNE) behold; here; see
הֵנָה פעל י׳ (hinNA) give pleasure
הַנְהָגָה נ׳ (hanhaGA) leadership; behavior; conduct
הִנְהִיג פעל י׳ (hinHIG) lead; introduce
הַנְהָלָה נ׳ (hanhaLA) management; directorate; administration
הַנְהָלַת חֶשְׁבּוֹנוֹת bookkeeping
הַ — הַצִּיּוֹנִית Zionist Executive
הִנְהֵן פעל ע׳ (hinHEN) say yes; assent
הִנָּזְרוּת נ׳ (hinnazeRUT) abstinence
הֲנָחָה נ׳ (hanaḤA) discount; reduction; rest
הַנָּחָה נ׳ (hannaḤA) putting; assumption; supposition; hypothesis; determining terminology
הִנְחָה פעל י׳ (hinḤA) guide; lead
הַנְחָיָה נ׳ (hanḥaYA) directive; term of reference; management; guidance
הִנְחִיל פעל י׳ (hinḤIL) teach; bequeath, leave; impart
הִנְחִית פעל י׳ (hinḤIT) land
הַנְחָלָה נ׳ (hanḥaLA) bequeathing; leaving; imparting; teaching

landing (*hanḥaTA*) הַנְחָתָה נ׳
prevent; turn away; dissuade (*heNI*) הֵנִיא פעל י׳
yield; produce; bear fruit (*heNIV*) הֵנִיב פעל י׳
shake; exile (*heNID*) הֵנִיד פעל י׳
bring rest; soothe (*heNI'aḥ*) הֵנִיחַ פעל י׳
satisfactory מֵנִיחַ אֶת הַדַּעַת
place; put; assume; suppose; leave; allow; lay down; determine terminology (*hinNI'aḥ*) הִנִּיחַ פעל י׳
put on phylacteries – תְּפִלִּין
rout (*heNIS*) הֵנִיס פעל י׳
move; set in motion; start (*heNI'a*) הֵנִיעַ פעל י׳
lift; wave; display (flag) (*heNIF*) הֵנִיף פעל י׳
lower (*hinMIKH*) הִנְמִיךְ פעל י׳
lowering (*hanmaKHA*) הַנְמָכָה נ׳
argumentation, substantiation; elucidation; explaining reasons (*hanmaKA*) הַנְמָקָה נ׳
moving; movement; starting; setting in motion (*hana'A*) הֲנָעָה נ׳
front-wheel drive – קִדְמִית
put on shoes; shoe (*hin'IL*) הִנְעִיל פעל י׳
make pleasant (*hin'IM*) הִנְעִים פעל י׳
supplying shoes; putting on shoes; shoeing (*han'aLA*) הַנְעָלָה נ׳
lifting; waving; displaying (flag) (*hanaFA*) הֲנָפָה נ׳
issue (*hinPIK*) הִנְפִּיק פעל י׳
issue (*hanpaKA*) הַנְפָּקָה ו׳
shining (*haNETS*) הָנֵץ ז׳
sunrise – הַחַמָּה
bud; blossom; sprout (*heNETS*) הֵנֵץ פעל ע׳
budding; flowering (*hanaTSA*) הֲנָצָה נ׳
immortalizing; perpetuating (*hantsaḤA*) הַנְצָחָה נ׳
immortalize; perpetuate (*hinTSI'aḥ*) הִנְצִיחַ פעל י׳
rescue; escape (*hinnatseLUT*) הִנָּצְלוּת נ׳
nursing; suckling; breast feeding (*hanaKA*) הֲנָקָה נ׳
restoring respiration; artificial respiration (*hanshaMA*) הַנְשָׁמָה נ׳
sundering; severance; being cut off (*hinnateKUT*) הִנָּתְקוּת נ׳
quiet; sh...; hush (*HAS*) הַס מ״ק
mum's the word – מִלְּהַזְכִּיר
cause to go around; turn; avert; transfer; hand over; endorse; sit at the table; sit in a reclining position; cause (*heSEV*) הֵסֵב פעל י׳
(*hasabBA; hasaVA*) הֲסַבָּה, הֲסָבָה נ׳ reclining; transfer; endorsement
job retraining הֲסַבַּת מִקְצוֹעַ
explain; illustrate (*hisBIR*) הִסְבִּיר פעל י׳
receive with a smile – פָּנִים
explanation (*hesBER*) הֶסְבֵּר ז׳
information (*hasbaRA*) הַסְבָּרָה נ׳
friendly reception הַסְבָּרַת פָּנִים
explanatory; imparting information (*hasbaraTI*) הַסְבָּרָתִי ת׳
removal (*hassaGA*) הַסָּגָה נ׳
encroachment; trespassing; unethical competition הַסָּגַת גְּבוּל
hand over; deliver; surrender; extradite (*hisGIR*) הִסְגִּיר פעל י׳
blockade; quarantine; detention (*hesGER*) הֶסְגֵּר ז׳
detention; delivering; extradition (*hasgaRA*) הַסְגָּרָה נ׳
regularize; adjust; settle; arrange (*hisDIR*) הִסְדִּיר פעל י׳
arrangement; settlement; adjustment; regularization (*hesDER*) הֶסְדֵּר ז׳
regularization; arrangement (*hasdaRA*) הַסְדָּרָה נ׳
be silent; silence; hush (*hisSA*) הִסָּה פעל ע׳ י׳

camouflage (hasva'A) הַסְוָאָה נ׳
camouflage (hisVA) הִסְוָה פעל י׳
hesitation (hisSUS) הִסּוּס ז׳
removal (hesSAḤ) הֶסֵּחַ ז׳
inattention – הַדַּעַת
unexpectedly; inadvertently בְּ – הַדַּעַת
removal; diversion; deflection (hassaḤA) הַסָּחָה נ׳
diversion of attention הַסָּחַת הַדַּעַת
diversionary action פְּעֻלַּת –
being swept away (hissaḥaFUT) הִסָּחֲפוּת נ׳
pushing aside; removal; deviation, deflection (hesSET) הֶסֵּט ז׳
shifting; removal (hasaTA) הֲסָטָה נ׳
remove (h'sSIG) הִסִּיג פעל י׳
encroach upon; compete unethically; trespass – גְּבוּל
remove; divert; deflect (hisSI'aḥ) הִסִּיחַ פעל י׳
divert attention – אֶת הַדַּעַת
move away; remove; shift (heSIT) הֵסִיט פעל י׳
transport; remove; move (hisSI'a) הִסִּיעַ פעל י׳
conclude; infer; heat; light a fire (hisSIK) הִסִּיק פעל י׳
remove (heSIR) הֵסִיר פעל י׳
incite; instigate (heSIT) הֵסִית פעל י׳
agree, consent, acquiesce, assent, accept (hisKIM) הִסְכִּים פעל ע׳
become accustomed (hisKIN) הִסְכִּין פעל ע׳
agreement, arrangement, accord, pact (hesKEM) הֶסְכֵּם ז׳
come to an agreement בָּאוּ לִידֵי –
agreement, consent, acquiescence, acceptance (haskaMA) הַסְכָּמָה נ׳
ordain; authorize; draw near; thicken; (hisMIKH) הִסְמִיךְ פעל י׳
blush (hisMIK) הִסְמִיק פעל ע׳

bringing nearer; ordination; authorization; thickening (hasmaKHA) הַסְמָכָה נ׳
blushing (hasmaKA) הַסְמָקָה נ׳
hesitate (hisSES) הִסֵּס פעל ע׳
hesitant person; irresolute person (hasseSAN) הַסְסָן ז׳
hesitancy; indecision (hassesaNUT) הַסְסָנוּת נ׳
hesitant (hassesaNI) הַסְסָנִי ת׳
transportation; removal; moving (hassa'A) הַסָּעָה נ׳
agitate, stir up; cause a storm (his'IR) הִסְעִיר פעל י׳
causing a storm; agitation (has'aRA) הַסְעָרָה נ׳
absorption (hissafeGUT) הִסָּפְגוּת נ׳
eulogy; funeral oration; lament (hesPED) הֶסְפֵּד ז׳
dry; impregnate (hisPIG) הִסְפִּיג פעל י׳
mourn; eulogize (hisPID) הִסְפִּיד פעל י׳
supply, provide; enable; succeed; manage; suffice (hisPIK) הִסְפִּיק פעל י׳ ע׳
output; capacity; power (hesPEK) הֶסְפֵּק ז׳
supply; provision; maintenance, support (haspaKA) הַסְפָּקָה נ׳
heating (hassaKA) הַסָּקָה נ׳
removal (hasaRA) הֲסָרָה נ׳
filming; making a movie (hasraTA) הַסְרָטָה נ׳
stink (hisRI'aḥ) הִסְרִיחַ פעל ע׳
film; make a movie (hisRIT) הִסְרִיט פעל י׳
become contaminated, become corrupt, become polluted (hista'EV) הִסְתָּאֵב פעל ע׳
becoming corrupt; defilement; pollution (hista'aVUT) הִסְתָּאֲבוּת נ׳
become involved; become complicated (histabBEKH) הִסְתַּבֵּךְ פעל ע׳
(histabbeKHUT) הִסְתַּבְּכוּת נ׳

involvement; entanglement; complication

soap oneself (*histabBEN*) הִסְתַּבֵּן פעל ע׳

become (*histabBER*) הִסְתַּבֵּר פעל ע׳ clear; appear reasonable, stand to reason, be probable

(*histabbeRUT*) הִסְתַּבְּרוּת נ׳ probability

adapt oneself (*histagGEL*) הִסְתַּגֵּל פעל ע׳

adaptation (*histaggeLUT*) הִסְתַּגְּלוּת נ׳

mortify (*histagGEF*) הִסְתַּגֵּף פעל ע׳ oneself

shut oneself (*histagGER*) הִסְתַּגֵּר פעל ע׳ up; seclude oneself

arrange (*histadDER*) הִסְתַּדֵּר פעל ע׳ oneself; be arranged; come out well, manage, make out

form a line – בְּשׁוּרָה

(*histaddeRUT*) הִסְתַּדְּרוּת נ׳ organization; arrangement; coming out well

The Histadrut (Israel's Federation of Labor) – הַ

of the (*histadderuTI*) הִסְתַּדְּרוּתִי ת׳ Histadrut (see הִסְתַּדְּרוּת)

incitement; (*hasaTA*) הֲסָתָה נ׳ instigation

revolve, (*histoVEV*) הִסְתּוֹבֵב פעל ע׳ rotate, go around; roam

turning (*histoveVUT*) הִסְתּוֹבְבוּת נ׳ around; going around, circling; rotation

whisper, (*histoDED*) הִסְתּוֹדֵד פעל ע׳ confer secretly

(*histodeDUT*) הִסְתּוֹדְדוּת נ׳ whispering, conferring in secret

visit often (*histoFEF*) הִסְתּוֹפֵף פעל ע׳

become (*histaḥRER*) הִסְתַּחְרֵר פעל ע׳ dizzy; turn around

reserve (*histaiYEG*) הִסְתַּיֵּג פעל ע׳ opinion

(*histaiyeGUT*) הִסְתַּיְּגוּת נ׳ reservation, qualification

(*histaiyeDUT*) הִסְתַּיְּדוּת נ׳ calcification

arteriosclerosis, hardening of the arteries – הָעוֹרְקִים

end (*histaiYEM*) הִסְתַּיֵּם פעל ע׳

be helped; (*histaiYE'a*) הִסְתַּיֵּעַ פעל ע׳ rely on the assistance of

hide, conceal (*hisTIR*) הִסְתִּיר פעל י׳

look, (*histakKEL*) הִסְתַּכֵּל פעל ע׳ observe

(*histakkeLUT*) הִסְתַּכְּלוּת נ׳ observation; looking

amount (*histakKEM*) הִסְתַּכֵּם פעל ע׳ to; be summed up

risk; be (*histakKEN*) הִסְתַּכֵּן פעל ע׳ in danger

(*histakhSEKH*) הִסְתַּכְסֵךְ פעל ע׳ quarrel with

go away, (*histalLEK*) הִסְתַּלֵּק פעל ע׳ withdraw; depart; die

departure, (*histalleKUT*) הִסְתַּלְּקוּת נ׳ withdrawal, cessation; death

become (*histamME*) הִסְתַּמֵּא פעל ע׳ blind

rely; (*histaMEKH*) הִסְתַּמֵּךְ פעל ע׳ refer to

(*histammeKHUT*) הִסְתַּמְּכוּת נ׳ reliance; reference

be marked; (*histamMEN*) הִסְתַּמֵּן פעל ע׳ become apparent

be dazzled; (*histanVER*) הִסְתַּנְוֵר פעל ע׳ be blinded

be filtered; (*histanNEN*) הִסְתַּנֵּן פעל ע׳ infiltrate

(*histanneNUT*) הִסְתַּנְּנוּת נ׳ infiltration; filtering

be affiliated (*histanNEF*) הִסְתַּנֵּף פעל ע׳

branch off (*hista'EF*) הִסְתָּעֵף פעל ע׳

(*hista'aFUT*) הִסְתָּעֲפוּת נ׳ ramification, branch; branching off

storm, assault, (*hista'ER*) הִסְתָּעֵר פעל ע׳ sweep across

הִסְתָּעַרְבוּת נ׳ (*hista'arVUT*) arabization; assimilation to Arab way of life

הִסְתָּעֲרוּת נ׳ (*hista'aRUT*) assault

הִסְתַּפֵּק פעל ע׳ (*histapPEK*) be satisfied with

הִסְתַּפְּקוּת נ׳ (*histappeKUT*) self-sufficiency

– בְּמוּעָט abstemiousness

הִסְתַּפֵּר פעל ע׳ (*histapPER*) take a haircut

הַסְתָּרָה נ׳ (*hastaRA*) hiding; concealment

הִסְתָּרֵס פעל ע׳ (*histaRES*) become castrated

הִסְתָּרֵק פעל ע׳ (*histaREK*) comb one's hair

הִסְתַּתֵּם פעל ע׳ (*histatTEM*) become blocked up

הִסְתַּתְּמוּ טַעֲנוֹתָיו he had no further arguments

הִסְתַּתֵּר פעל ע׳ (*histatTER*) hide

הֶעֱבִיד פעל י׳ (*he'eVID*) provide work; employ; force to work, enslave

הֶעֱבִיר פעל י׳ (*he'eVIR*) transfer, remove; hand over

הַעֲבָרָה נ׳ (*ha'avaRA*) transfer

הֶעֱדִיף פעל י׳ (*he'eDIF*) prefer

הַעֲדָפָה נ׳ (*ha'daFA*) preference

הֶעְדֵּר ז׳ (*he'DER*) absence; lack

הֵעָדְרוּת נ׳ (*he'adeRUT*) absence; absenteeism

הֶעֱוָה פעל י׳ ע׳ (*he'eVA*) pervert; sin

הַעֲוָיָה נ׳ (*ha'avaYA*) grimace

הֵעֵז פעל ע׳ (*he'EZ*) dare

הֶעָזָה נ׳ (*he'aZA*) daring; insolence

הֶעֱטָה פעל י׳ (*he'eTA*) cover; wrap; envelop

הֵעִיב פעל י׳ (*he'IV*) darken

הֵעִיד פעל ע׳ (*he'ID*) testify; bear witness; attest; warn

הֵעִיף פעל י׳ (*he'IF*) fly; eject; throw out

הֵעִיק פעל י׳ (*he'IK*) oppress; bear down, press; cause depression

הֵעִיר פעל י׳ (*he'IR*) awaken, wake up; remark, comment

הַעֲלָאָה נ׳ (*ha'la'A*) raise; lifting, raising; promotion

– בְּדַרְגָּה promotion, advancement

הַעֲלָבָה נ׳ (*ha'alaVA*) insulting

הֵעָלְבוּת נ׳ (*he'aleVUT*) becoming insulted

הֶעֱלָה פעל י׳ (*he'eLA*) raise, lift; advance; grow

– בָּאֵשׁ burn down

– בְּיָדוֹ succeed in doing

– גֵּרָה chew the cud

– חֲלוּדָה become rusty

– חֶרֶס בְּיָדוֹ fail

הֶעֱלִיב פעל י׳ (*he'eLIV*) insult, offend

הֶעֱלִיל פעל י׳ (*he'eLIL*) slander, accuse falsely

הֶעֱלִים פעל י׳ (*he'eLIM*) conceal, hide

– עַיִן shut one's eye to

הַעֲלָמָה נ׳ (*ha'alaMA*) concealing, hiding

הַעֲלָמַת עַיִן shutting one's eye to

הֵעָלְמוּת נ׳ (*he'aleMUT*) disappearance

הַעֲמָדָה נ׳ (*ha'amaDA*) setting up, causing to stand, placing

הַעֲמָדַת פָּנִים pretending; pretense

הֶעֱמִיד פעל י׳ (*he'eMID*) stand; set up; appoint; stop; erect; rebuild; establish

– בָּנִים begot children

– עַל... apprise

– פָּנִים make believe, pretend

הֶעֱמִיס פעל י׳ (*he'eMIS*) load, overload

הֶעֱמִיק פעל י׳ ע׳ (*he'eMIK*) deepen; descend deeply

הַעֲמָסָה נ׳ (*ha'amaSA*) loading

הַעֲמָקָה נ׳ (*ha'amaKA*) deepening; delving deeply

הֵעָנוּת נ׳ (*he'aNUT*) response

displacement, shift; translation
copy, copying; (ha'taKA) הַעְתָּקָה נ׳
translation; removal, shift
dispelling, easing, (hafaGA) הֲפָגָה נ׳
reducing
shelling, (hafgaZA) הַפְגָּזָה נ׳
bombardment, barrage
shell (hifGIZ) הִפְגִּיז פעל י׳
demonstrate (hifGIN) הִפְגִּין פעל ע׳
bring together, (hifGISH) הִפְגִּישׁ פעל י׳
cause to meet, introduce
demonstration (hafgaNA) הַפְגָּנָה נ׳
demonstrative (hafganaTI) הַפְגָּנָתִי ת׳
bringing (hafgaSHA) הַפְגָּשָׁה נ׳
together; meeting
pause, lull; truce (hafuGA) הֲפוּגָה נ׳
overturned, (haFUKH) הָפוּךְ ת׳
upside down; reverse, inverted
coffee with much milk קָפֶה –
change; turning (hipPUKH) הִפּוּךְ נ׳
over; reverse, opposite; inversion; antithesis
scaring, (hafḥaDA) הַפְחָדָה נ׳
intimidation
blowing, (hafaḤA) הֲפָחָה נ׳
blowing out; fanning (flame)
blowing, (happaḤA) הַפָּחָה נ׳
blowing up, inflating
frighten, (hifḤID) הִפְחִיד פעל י׳
intimidate
reduce, (hifḤIT) הִפְחִית פעל י׳
decrease, diminish; abate
reduction, (hafḥaTA) הַפְחָתָה נ׳
decrease, diminution, abatement
let go, send (hifTIR) הִפְטִיר פעל י׳
away; exempt, release; end; conclude; read a selection from the Prophets
(haftaRA; haftoRA) הַפְטָרָה, הַפְטוֹרָה נ׳
reading from the Prophets; end, conclusion
dispel, ease, lighten (heFIG) הֵפִיג פעל י׳
blow, blow out (heFI'aḥ) הֵפִיחַ פעל י׳

grant, bestow, (he'eNIK) הֶעֱנִיק פעל י׳
present, award; accord
punish, (he'eNISH) הֶעֱנִישׁ פעל י׳
penalize
granting a (ha'anaKA) הַעֲנָקָה נ׳
bonus; grant, benefit; bestowing
punishing (ha'anaSHA) הַעֲנָשָׁה נ׳
employ; keep (he'eSIK) הֶעֱסִיק פעל י׳
busy
absorb כָּלִיל –
employment, (ha'asaKA) הַעֲסָקָה נ׳
employing
flying, ejecting (he'aFA) הֶעָפָה נ׳
strive upwards, (he'PIL) הֶעְפִּיל פעל ע׳
dare; run British blockade
striving upwards; (ha'paLA) הַעְפָּלָה נ׳
daring; running British blockade of unauthorized immigration to Palestine
remark; observation, (he'aRA) הֶעָרָה נ׳
comment; note; awakening
estimate, (he'eRIKH) הֶעֱרִיךְ פעל י׳
appraise, evaluate; assess; appreciate
trick, evade, (he'eRIM) הֶעֱרִים פעל ע׳
cheat
admire, (he'eRITS) הֶעֱרִיץ פעל י׳
esteem, adore
estimate, (ha'araKHA) הַעֲרָכָה נ׳
appraisal, evaluation; assessment; appreciation
deployment (he'arKHUT) הֵעָרְכוּת נ׳
tricking; (ha'araMA) הַעֲרָמָה נ׳
cheating; evasion
admiration, (ha'araTSA) הַעֲרָצָה נ׳
esteem; adoration
enrich (he'eSHIR) הֶעֱשִׁיר פעל י׳
enrichment (ha'ashaRA) הַעֲשָׁרָה נ׳
copy; translate; (he'TIK) הֶעְתִּיק פעל י׳
move, shift
pray, (he'TIR) הֶעְתִּיר פעל ע׳ י׳
entreat; respond; multiply, shower, give abundantly
copy; moving, (he'TEK) הֶעְתֵּק ז׳

blow, blow up, inflate (hipPI'aḥ) הֵפִיחַ פעל י׳

reversible (haFIKH) הָפִיךְ ת׳

coup d'état; reversal; overturning; conversion, changing (hafiKHA) הֲפִיכָה נ׳

throw down; destroy; overthrow (hipPIL) הִפִּיל פעל י׳

abort; miscarry (הִפִּילָה בִּשְׁעַת לֵדָה)

pacify, appease (heFIS) הֵפִיס פעל י׳

distribute; circulate; scatter (heFITS) הֵפִיץ פעל י׳

produce; derive (heFIK) הֵפִיק פעל י׳

cancel, neutralize (heFIR) הֵפִיר פעל י׳

turn, turn over; destroy; change, convert (haFAKH) הָפַךְ פעל י׳

opposite, contrary (HEfekh) הֵפֶךְ, הֶפֶךְ ז׳

on the contrary לְ –

overthrow; revolt, destruction (hafeKHA) הֲפֵכָה נ׳

fickle; crooked (hafakhPAKH) הֲפַכְפַּךְ ת׳

exceedingly (hafLE) הַפְלֵא תה״פ

how wonderful – וָפֶלֶא

sailing, departure; exaggeration (haflaGA) הַפְלָגָה נ׳

separate; discriminate; differentiate (hifLA) הִפְלָה פעל י׳

throwing down; dropping; abortion; miscarriage (happaLA) הַפָּלָה נ׳

ejection; discharge (haflaTA) הַפְלָטָה נ׳

astound, surprise; do wonderfully (hifLI) הִפְלִיא פעל י׳

sail, depart; go to sea; exaggerate (hifLIG) הִפְלִיג פעל י׳

discrimination (haflaYA) הַפְלָיָה נ׳

emit, eject, discharge (hifLIT) הִפְלִיט פעל י׳

incriminate; arraign (hifLIL) הִפְלִיל פעל י׳

arraignment; incrimination (haflaLA) הַפְלָלָה נ׳

direct, cause to turn; refer (hifNA) הִפְנָה פעל י׳

hypnotize (hipNET) הִפְנֵט פעל י׳

turn; directing, referring (hafnaYA) הַפְנָיָה נ׳

introversion (hafnaMA) הַפְנָמָה נ׳

loss, damage (hefSED) הֶפְסֵד ז׳

lose, suffer loss (hifSID) הִפְסִיד פעל י׳

stop, cease (hifSIK) הִפְסִיק פעל י׳

intermission, recess, cessation, stopping (hafsaKA) הַפְסָקָה נ׳

ceasefire הַפְסָקַת אֵשׁ

Hifil (active causative form of the Hebrew verb) (hif'IL) הִפְעִיל ז׳

activate; start, set in motion; operate – פעל י׳

(hof'AL; huf'AL) הָפְעַל, הֻפְעַל ז׳ Hofal (passive causative form of the Hebrew verb)

activation; operation; starting, setting in motion (haf'aLA) הַפְעָלָה נ׳

scattering; spreading; distribution, circulation (hafaTSA) הֲפָצָה נ׳

bomb (hifTSITS) הִפְצִיץ פעל י׳

implore; urge (hifTSIR) הִפְצִיר פעל ע׳

bombing, bombardment (haftsaTSA) הַפְצָצָה נ׳

air raid הַפְצָצַת אֲוִיר

imploring, entreaty, urging (haftsaRA) הַפְצָרָה נ׳

depositing; appointing (hafkaDA) הַפְקָדָה נ׳

producing (hafaKA) הֲפָקָה נ׳

entrust to; appoint; charge with; deposit (hifKID) הִפְקִיד פעל י׳

expropriate, requisition (hifKI'a) הִפְקִיעַ פעל י׳

abandon; forfeit; renounce, forsake (hifKIR) הִפְקִיר פעל י׳

expropriation; requisition, attachment (hafka'A) הַפְקָעָה נ׳

הַפְקָעַת שְׁעָרִים, הַפְקָעַת מְחִירִים profiteering

הֶפְקֵר ז׳ (*hefKER*) property without an owner; lawlessness

בֶּן אָדָם שֶׁל – irresponsible person; wastrel

זָכָה מִן הַ – receive a windfall

יֶלֶד – waif, homeless child

הַפְקָרָה נ׳ (*hafkaRA*) abandonment; renunciation

הֶפְקֵרוּת נ׳ (*hefkeRUT*) lawlessness, anarchy

הֵפֵר פעל י׳ (*heFER*) violate; break; annul; cancel; rescind; disturb

הַפְרָדָה נ׳ (*hafraDA*) separation; segregation

– גִּזְעִית apartheid

הַפְרָדַת כֹּחוֹת disengagement

הִפָּרְדוּת נ׳ (*hippareDUT*) separation; detachment

הִפְרָה פעל י׳ (*hifRA*) fertilize

הֲפָרָה נ׳ (*hafaRA*) violation; infraction; annulment, cancellation; disturbing

הַפְרָזָה נ׳ (*hafraZA*) exaggeration

הַפְרָחָה נ׳ (*hafraḤA*) flying; spreading; causing to flower

הִפְרִיד פעל י׳ (*hifRID*) separate, segregate

הַפְרָיָה נ׳ (*hafraYA*) fertilization

– מְלָאכוּתִית artificial insemination

הִפְרִיז פעל ע׳ (*hifRIZ*) exaggerate

הִפְרִיחַ פעל י׳ (*hifRI'aḥ*) fly; spread; cause to flower

הִפְרִיךְ פעל י׳ (*hifRIKH*) refute, disprove

הִפְרִיעַ פעל י׳ (*hifRI'a*) disturb, interrupt, interfere

הִפְרִישׁ פעל י׳ (*hifRISH*) set aside; separate; distinguish; excrete; discharge; set out

הַפְרָכָה נ׳ (*hafraKHA*) refutation, disproving

הַפְרָעָה נ׳ (*hafra'A*) disturbance, interruption, interference

הֶפְרֵשׁ ז׳ (*hefRESH*) difference

הַפְרָשָׁה נ׳ (*hafraSHA*) secretion; excretion; allocation; setting aside; setting out; separation

הֶפְרֵשִׁיּוּת נ׳ (*hefreshiYUT*) scale of differences

הַפְשָׁטָה נ׳ (*hafshaTA*) abstraction; skinning, flaying

הִפְשִׁיט פעל י׳ (*hifSHIT*) undress; flay, skin; make abstract

הִפְשִׁיל פעל י׳ (*hifSHIL*) roll up, fold back; throw

הִפְשִׁיר פעל ע׳ י׳ (*hifSHIR*) melt; thaw

הַפְשָׁלָה נ׳ (*hafshaLA*) rolling up, folding back

הַפְשָׁרָה נ׳ (*hafshaRA*) melting; thaw

הִפְתִּיעַ פעל י׳ (*hifTI'a*) surprise

הַפְתָּעָה נ׳ (*hafta'A*) surprise

הַצָּבָה נ׳ (*hatsaVA*) erecting, placing, establishing; stationing; assignment; substitution

הִצְבִּיעַ פעל ע׳ (*hitsBI'a*) vote; point at, indicate; raise one's finger (to attract attention)

הַצְבָּעָה נ׳ (*hatsba'A*) voting; pointing out, indicating

הַצָּגָה נ׳ (*hatsaGA*) performance; display, presentation; introduction; demonstration

הִצִּיג פעל י׳ (*hitsTSIG*) present, introduce; place; display; perform; demonstrate

הַצִּדָּה תה״פ (*hatsTSIdda*) aside

הִצְדִּיעַ פעל ע׳ (*hitsDI'a*) salute

הִצְדִּיק פעל י׳ (*hitsDIK*) justify

הַצְדָּעָה נ׳ (*hatsda'A*) salute

הַצְדָּקָה נ׳ (*hatsdaKA*) justification

הִצְהִיב פעל ע׳ (*hitsHIV*) turn yellow

הִצְהִיר פעל י׳ (*hitsHIR*) declare, affirm

הַצְהָרָה נ׳ (*hats'haRA*) declaration, affirmation

– בִּשְׁבוּעָה affidavit
הַצְהָרָתִי ת׳ (hats'haraTI) declarative, declaratory
הִצְחִיק פעל י׳ (hitsḤIK) cause to laugh
הַצְחָקָה נ׳ (hatsḥaKA) causing to laugh
הִצְטַבֵּר פעל ע׳ (hitstabBER) accumulate
הִצְטַבְּרוּת נ׳ (hitstabbeRUT) accumulation
הִצְטַדֵּק פעל ע׳ (hitstadDEK) justify oneself; apologize
הִצְטַדְּקוּת נ׳ (hitstaddeKUT) self-justification; apology
הִצְטַוָּה פעל ע׳ (hitsavVA) be ordered
הִצְטוֹפֵף פעל ע׳ (hitstoFEF) crowd together, be packed in
הִצְטוֹפְפוּת נ׳ (hitstofeFUT) crowding, congestion
הִצְטַחֵק פעל ע׳ (hitstaḤEK) smile; grin
הִצְטַחֲקוּת נ׳ (hitstaḥaKUT) smile; grin
הִצְטַיֵּד פעל ע׳ (hitstaiYED) be provided
הִצְטַיְּדוּת נ׳ (hitstaiyeDUT) being provided
הִצְטַיֵּן פעל ע׳ (hitstaiYEN) excel, distinguish oneself
הִצְטַיְּנוּת נ׳ (hitstaiyeNUT) distinction, excellence
הִצְטַיֵּר פעל ע׳ (hitstaiYER) be described, be pictured, be conceived
הִצְטַלֵּב פעל ע׳ (hitstalLEV) cross oneself; cross
הִצְטַלְּבוּת נ׳ (hitstalleVUT) crossing, intersection; crossing oneself
הִצְטַלֵּם פעל ע׳ (hitstalLEM) be photographed, have one's picture taken
הִצְטַמְצֵם פעל ע׳ (hitstamTSEM) be confined, limit oneself; be reduced
הִצְטַמְצְמוּת נ׳ (hitstamtseMUT) limiting, confinement; decline; contenting oneself
הִצְטַמֵּק פעל ע׳ (hitstamMEK) be dried up, shrivel, shrink
הִצְטַמְּקוּת נ׳ (hitstammeKUT) drying up, shrinking, contraction
הִצְטַנֵּן פעל ע׳ (hitstanNEN) catch cold; cool
הִצְטַנְּנוּת נ׳ (hitstaneNUT) cooling off; cold, catching cold
הִצְטַעֲצַע פעל ע׳ (hitsta'aTSA) preen oneself
הִצְטַעַצְעוּת נ׳ (hitsta'atse'UT) preening
הִצְטַעֵר פעל ע׳ (hitsta'ER) regret, feel sorry, feel sad
הִצְטָרֵךְ פעל ע׳ (hitstaREKH) be in need of
הִצְטָרְכוּת נ׳ (hitstareKHUT) being in need of; need
הִצְטָרֵף פעל ע׳ (hitstaREF) join
הִצְטָרְפוּת נ׳ (hitstareFUT) joining
הִצִּיב פעל י׳ (hitsTSIV) erect, place, establish; station; assign; substitute
הִצִּיל פעל י׳ (hitsTSIL) save, rescue
הִצִּיעַ פעל י׳ (hitsTSI'a) suggest, propose, offer; make (bed)
הֵצִיף פעל י׳ (heTSIF) flood
הֵצִיץ פעל ע׳ (heTSITS) peek, peer
הֵצִיק פעל י׳ (heTSIK) annoy, ail, beset; oppress
הִצִּית פעל י׳ (hitsTSIT) set fire to; light, ignite
הַצְלָבָה נ׳ (hatslaVA) crossing; crossbreeding
הַצָּלָה נ׳ (hatsaLA) rescue, saving, deliverance
חֲגוֹרַת – lifebelt
סִירַת – lifeboat
הַצְלָחָה נ׳ (hatslaḤA) success
בְּ – good luck, I wish you success
הִצְלִיב פעל י׳ (hitsLIV) cross; crossbreed
הִצְלִיחַ פעל ע׳ (hitsLI'aḥ) succeed
הִצְלִיף פעל ע׳ (hitsLIF) whip, lash; snipe
הַצְלָפָה נ׳ (hatslaFA) whipping, flogging

attaching, joining, linking (hatsmaDA) הַצְמָדָה נ׳
being linked (hitsameDUT) הִצָּמְדוּת נ׳
growing (hatsmaḤA) הַצְמָחָה נ׳
make thirsty (hitsMI) הִצְמִיא פעל י׳
attach; couple; link (hitsMID) הִצְמִיד פעל י׳
cause to grow; grow (hitsMI'aḥ) הִצְמִיחַ פעל י׳
parachuting (hatsnaḤA) הַצְנָחָה נ׳
parachute, drop (by parachute) (hitsNI'aḥ) הִצְנִיחַ פעל י׳
hide, conceal (hitsNI'a) הִצְנִיעַ פעל י׳
hiding, concealment (hatsna'A) הַצְנָעָה נ׳
supply (heTSA') הֶצֵּעַ ז׳
suggestion, proposal, offer; motion; making bed (hatsa'A) הַצָּעָה נ׳
bill הַצָּעַת חֹק
draft resolution הַצָּעַת הַחְלָטָה
flooding; dumping (hatsaFA) הֲצָפָה נ׳
hide; encode; travel northward (hitsPIN) הִצְפִּין פעל י׳ ע׳
peeping, peering (hatsaTSA) הֲצָצָה נ׳
annoying, harassing; oppressing (hatsaKA) הֲצָקָה
bother; narrow, limit; feel distressed, grieve (heTSER) הֵצֵר פעל י׳ ע׳
bothering, narrowing, constriction (hatsaRA) הֲצָרָה נ׳
narrowing (hitsaRUT) הִצָּרוּת נ׳
castling (hatsraḤA) הַצְרָחָה נ׳
castle (hitsRI'aḥ) הִצְרִיחַ פעל י׳
necessitate require; cause to need (hitsRIKH) הִצְרִיךְ פעל י׳
necessitating; causing to need (hatsraKHA) הַצְרָכָה נ׳
lighting, ignition; arson (hatsaTA) הַצָּתָה נ׳
vomiting (haka'A) הֲקָאָה נ׳
be opposite; be parallel; compare, confront (hikBIL) הִקְבִּיל פעל ע׳ י׳
receive, welcome הִקְבִּיל אֶת פְּנֵי...
group (hikBITS) הִקְבִּיץ פעל י׳
parallel (hakbaLA) הַקְבָּלָה נ׳
reception, welcome הַקְבָּלַת פָּנִים
grouping (hakbaTSA) הַקְבָּצָה נ׳
burn, scorch (hikDI'aḥ) הִקְדִּיחַ פעל י׳
precede, do before, advance; do early; preface, introduce; receive, welcome (hikDIM) הִקְדִּים פעל י׳ ע׳
darken (hikDIR) הִקְדִּיר פעל ע׳ י׳
consecrate, dedicate; devote; sanctify (hikDISH) הִקְדִּישׁ פעל י׳
acting early (hekDEM) הֶקְדֵּם ז׳
soon, as soon as possible בְּ —
foreword, preface, introduction; advancing; doing early; preceding (hakdaMA) הַקְדָּמָה נ׳
consecration; Temple treasury; hostel for poor; endowment (hekDESH) הֶקְדֵּשׁ ז׳
dedication, consecration, sanctification (hakdaSHA) הַקְדָּשָׁה נ׳
blunt, dull; set on edge (hikḤA) הִקְהָה פעל י׳
assemble, convoke (hikHIL) הִקְהִיל פעל י׳
make smaller, reduce, lessen; become small (hikTIN) הִקְטִין פעל י׳ ע׳
burn incense (hikTIR) הִקְטִיר פעל י׳
lessening, diminution, making smaller ,reduction; diminutive (haktaNA) הַקְטָנָה נ׳
hectare (hekTAR) הֶקְטָר ז׳
burning a sacrifice; burning incense (haktaRA) הַקְטָרָה נ׳
vomit (heKI) הֵקִיא פעל י׳
let blood, shed blood; bleed; drain (hikKIZ) הִקִּיז פעל י׳
establish, found, build, erect; raise (heKIM) הֵקִים פעל י׳
encompass, circle, surround (hikKIF) הִקִּיף פעל י׳

הֵקִיף פעל י׳ (heKIF) advance credit

הֵקִיץ פעל ע׳ (heKITS) awaken

הֵקִישׁ פעל י׳ (heKISH) compare

הִקִּישׁ פעל י׳ (hikKISH) knock, tap, rap; compare, draw an analogy; infer

הֵקֵל פעל י׳ (heKEL) lighten, ease; alleviate; reduce; mitigate

– רֹאשׁ disparage, regard lightly

הֲקָלָה, הֲקַלָּה נ׳ (hakaLA; hakalLA) lightening, easing; relief; concession

הַקְלָטָה נ׳ (haklaTA) recording

הִקְלִיט פעל י׳ (hikLIT) record

הֲקָמָה נ׳ (hakaMA) establishment, founding; erecting, building

הִקְנָה פעל י׳ (hikNA) impart, transmit

הַקְנָטָה נ׳ (haknaTA) vexation, irritation

הַקְנָיָה נ׳ (haknaYA) imparting, transmitting, transfer

הִקְנִיט פעל י׳ (hikNIT) vex, irritate, provoke

הִקְסִים פעל י׳ (hikSIM) charm, captivate

הֶקֵּף ז׳ (hekKEF) scope, range; orbit; perimeter, periphery

הַקְפָּאָה נ׳ (hakpa'A) freeze, freezing

הַקְפָּדָה נ׳ (hakpaDA) strictness, precision

הֲקָפָה נ׳ (hakaFA) credit

בְּ – on credit

הַקָּפָה נ׳ (hakkaFA) circling, encompassing; orbiting; procession around the synagogue on Simhat Torah

הֶקֵּפִי ת׳ (hekkeFI) peripheral

הִקְפִּיא פעל י׳ (hikPI) freeze

הִקְפִּיד פעל ע׳ (hikPID) be strict

הִקְפִּיץ פעל י׳ (hikPITS) bounce; jar, shock

הַקְצָאָה נ׳ (haktsa'A) allotment, allocation

הַקְצָבָה נ׳ (haktsaVA) allocation, appropriation; allowance

הִקְצָה פעל י׳ (hikTSA) allot, set aside

הִקְצִיב פעל י׳ (hikTSIV) allocate, appropriate

הִקְצִיעַ פעל י׳ (hikTSI'a) plane

הִקְצִיף פעל י׳ (hikTSIF) froth, foam; anger, provoke; whip (cream)

הַקְצָעָה נ׳ (haktsa'A) planing

הַקְצָפָה נ׳ (haktsaFA) provoking; whipping (cream)

הַקְרָאָה נ׳ (hakra'A) reading; recitation

הִקְרִיא פעל י׳ (hikRI) read

הִקְרִיב פעל י׳ (hikRIV) sacrifice, offer; drawing near

הִקְרִיחַ פעל ע׳-י׳ (hikRI'aḥ) become bald; pull out hair; pull out plants

הִקְרִין פעל י׳ (hikRIN) project, show a movie; radiate

הִקְרִישׁ פעל י׳ (hikRISH) congeal, coagulate, clot; freeze

הַקְרָנָה נ׳ (hakraNA) projection, showing a movie; radiation

הַקְרָשָׁה נ׳ (hakraSHA) congealing, coagulation, clotting; freezing

הֶקֵּשׁ ז׳ (hekKESH) analogy; comparison

הַקְשָׁבָה נ׳ (hakshaVA) listening; attention

הִקְשָׁה פעל י׳ (hikSHA) harden, stiffen; solidify

הַקָּשָׁה נ׳ (hakkaSHA) knocking, knock, tapping

כְּלִי – percussion instrument

הַקְשָׁחָה נ׳ (hakshaḤA) stiffening, hardening

הִקְשִׁיב פעל ע׳ (hikSHIV) listen; pay attention

הִקְשִׁיחַ פעל י׳ (hikSHI'aḥ) stiffen, harden

הֶקְשֵׁר ז׳ (hekSHER) context, connection

הַר ז׳ (*HAR*) mountain
– גַּעַשׁ volcano
הַרְבֵּה תה״פ (*harBE*) much; many
הִרְבִּיץ פעל י׳ (*hirBITS*) make lie down; sprinkle; disseminate; hit
הַרְבָּעָה נ׳ (*harba'A*) mating, copulation
הַרְבָּצָה נ׳ (*harbaTSA*) making to lie down; sprinkling, disseminating; hitting
הָרַג פעל י׳ (*haRAG*) kill
הֶרֶג ז׳ (*HEreg*) killing
הֲרֵגָה נ׳ (*hareGA*) killing, murder, massacre
הַרְגָּזָה נ׳ (*hargaZA*) angering, provoking
הִרְגִּיז פעל י׳ (*hirGIZ*) anger, provoke, stir up
הִרְגִּיל פעל י׳ (*hirGIL*) accustom, habituate
הִרְגִּיעַ פעל י׳ (*hirGI'a*) calm, soothe
הִרְגִּישׁ פעל י׳ (*hirGISH*) feel
הֶרְגֵּל ז׳ (*herGEL*) habit
הַרְגָּעָה נ׳ (*harga'A*) calming, soothing
הַרְגָּשָׁה נ׳ (*hargaSHA*) feeling
הַרְדּוּף ז׳ (*harDUF*) oleander
הִרְדִּים פעל י׳ (*hirDIM*) put to sleep; narcotize, anesthetize
הַרְדָּמָה נ׳ (*hardaMA*) putting to sleep; narcotization, anesthetization; anesthesia
הֵרָדְמוּת נ׳ (*heradeMUT*) falling asleep
הָרָה פעל ע׳ י׳ (*haRA*) become pregnant, conceive; produce, create
– נ׳ ת׳ pregnant woman; bearing, on the verge of producing, about to cause, permeated with
הִרְהוּר, הַרְהוֹר ז׳ (*hirHUR; harHOR*) thought, reflection
רָאָה מֵהִרְהוּרֵי לִבּוֹ indulge in wishful thinking
הִרְהִיב פעל ע׳ (*hirHIV*) dare
הִרְהֵר פעל ע׳ (*hirHER*) think; think over
הֶרוֹאִי ת׳ (*heRO'i*) heroic
הָרוּג ת׳ (*haRUG*) slain, dead; all in
הִרְוָה פעל י׳ (*hirVA*) quench; saturate
הַרְוָחָה נ׳ (*harvaḤA*) relief; comfort, ease
הִרְוִיחַ פעל י׳ ע׳ (*hirVI'aḥ*) earn, make; feel relieved; afford relief; widen
הָרוּס ת׳ (*haRUS*) destroyed, demolished
הַרְזָאָה, הַרְזָיָה נ׳ (*harza'A; harzaYA*) reducing (weight)
הִרְזָה פעל ע׳ י׳ (*hirZA*) reduce (weight)
הַרְחָבָה נ׳ (*harḥaVA*) broadening, widening; expanding; enlarging
הֲרָחָה נ׳ (*haraḤA*) smelling, sniffing
הֵרִיחַ פעל י׳ (*heRI'aḥ*) smell, sniff
הִרְחִיב פעל י׳ (*hirḤIV*) broaden, widen; expand; enlarge
– אֶת הַדִּבּוּר discuss at length
הִרְחִיק פעל י׳ ע׳ (*hirḤIK*) remove, move away; get rid of; alienate; reject; go far
– לֶכֶת go too far
הַרְחֵק תה״פ (*harḤEK*) far off, far away
הַרְחָקָה נ׳ (*harḥaKA*) removal; getting rid of; rejecting; alienation, estrangement
הַרְטָבָה נ׳ (*hartaVA*) wetting
הֵרָטְבוּת נ׳ (*herateVUT*) becoming wet
הִרְטִיב פעל י׳ (*hirTIV*) wet
הֲרֵי מ״ק תה״פ (*haREY*) behold, see, here is; for surety..., isn't it so that...; already
הֲרִיגָה נ׳ (*hariGA*) killing; death; manslaughter
הֵרָיוֹן ז׳ (*heraYON*) pregnancy
הֵרִים פעל י׳ (*heRIM*) lift, raise
הֲרִיסָה נ׳ (*hariSA*) demolition, destruction, ruin

הֵרִיעַ פעל ע׳ (*heRI'a*) cheer, acclaim

הֵרִיץ פעל י׳ (*heRITS*) cause to run; rush; dispatch; break in

הֵרִיק פעל י׳ (*heRIK*) empty

הֶרְכֵּב ז׳ (*herKEV*) composition

הַרְכָּבָה נ׳ (*harkaVA*) assembly; causing to mount; raising; grafting; combining; inoculation, vaccination

הַרְכָּבַת אֲבַעְבּוּעוֹת inoculation against smallpox, vaccination

הִרְכִּיב פעל י׳ (*hirKIV*) assemble; put on; cause to mount, give a ride; raise; graft; form; compound, combine; inoculate

הִרְכִּין פעל י׳ (*hirKIN*) bow, bend, lower

הַרְכָּנָה נ׳ (*harkaNA*) bowing, bending, lowering

הֲרָמָה נ׳ (*haraMA*) lifting, raising

הֲרָמַת יָדַיִם show of hands

הֲרָמַת מִשְׁקָלוֹת weight lifting

הַרְמוֹן ז׳ (*harMON*) harem

הַרְמוֹנִי ת׳ (*harMOni*) harmonious

הַרְמוֹנְיָה נ׳ (*harMONya*) harmony, accord

הַרְמוֹנִיזַצְיָה נ׳ (*harmoniZATSya*) harmonization

הֶרְמֶטִי ת׳ (*herMEti*) hermetical; airtight, watertight

הִרְמֵן פעל י׳ (*hirMEN*) harmonize

הָרַס פעל י׳ ע׳ (*haRAS*) demolish, tear down, destroy; dare

הֶרֶס ז׳ (*HEres*) destruction

הַרְסָנוּת נ׳ (*harsaNUT*) destructiveness

הַרְסָנִי ת׳ (*harsaNI*) destructive

הֵרַע פעל י׳ (*heRÁ*) harm, do evil, make worse; misbehave, act sinfully

הַרְעָבָה נ (*har'aVA*) starving

הֲרָעָה נ׳ (*hara'A*) doing evil, harming; worsening, deterioration; trumpeting

הִרְעִיב פעל י׳ (*hir'IV*) starve

הִרְעִיל פעל י׳ (*hir'IL*) poison

הִרְעִים פעל ע׳ (*hir'IM*) thunder, fulminate

הִרְעִישׁ פעל י׳ (*hir'ISH*) jolt, shake; shell; bombard; make noise; cause a sensation, cause a storm

– עוֹלָמוֹת create a huge fuss

הַרְעָלָה נ׳ (*har'aLA*) poisoning

הַרְעָשָׁה נ׳ (*har'aSHA*) jolting, shaking, shelling, bombardment

הֶרֶף (*HEref*) leave... alone; stop it

– עַיִן instant

בְּ– עַיִן, כְּ– עַיִן in the twinkling of an eye

הִרְפָּה פעל י׳ (*hirPA*) relax, loosen

הַרְפָּיָה נ׳ (*harpaYA*) relaxing

הַרְפַּתְקָה, הַרְפַּתְקָא נ׳ (*harpatKA*) adventure

הַרְפַּתְקָן ז׳ (*harpatKAN*) adventurer

הַרְפַּתְקָנוּת נ׳ (*harpatkaNUT*) love of adventure, adventurousness

הַרְפַּתְקָנִי ת׳ (*harpatkaNI*) adventurous

הַרְצָאָה נ׳ (*hartsa'A*) lecture; counting

הִרְצָה פעל ע׳ י׳ (*hirTSA*) lecture; repay, count; relate

הֲרָצָה נ׳ (*haraTSA*) causing to run; dispatching; breaking in

הִרְצִין פעל ע׳ (*hirTSIN*) become serious

הַרְקָבָה נ׳ (*harkaVA*) causing to rot; rotting, decay, decomposition

הֵרָקְבוּת נ׳ (*herakeVUT*) decay, rotting

הִרְקִיב פעל י׳ ע׳ (*hirKIV*) cause to rot; decay

הִרְקִיד פעל י׳ (*hirKID*) make dance; shake

הִרְקִיעַ פעל ע׳ (*hirKI'a*) beat; soar

הֲרָקָה נ׳ (*haraKA*) emptying

הֲרָרִי ת׳ ז׳ (*haraRI*) mountainous; mountaineer

הֲרָרִים ז״ר (*haraRIM*) mountains

הַרְשָׁאָה נ׳ (*harsha'A*) authorization, power of attorney

הִרְשָׁה פעל י׳ (*hirSHA*) allow, permit, authorize, grant power of attorney
– לְעַצְמוֹ afford
הִרְשִׁים פעל י׳ (*hirSHIM*) impress; record
הִרְשִׁיעַ פעל י׳ (*hirSHI'a*) convict; condemn
הַרְשָׁמָה נ׳ (*harshaMA*) registration; impressiveness
הַרְשָׁעָה נ׳ (*harsha'A*) conviction
הִרְתִּיחַ פעל י׳ (*hirTI'aḥ*) boil; infuriate
הִרְתִּיעַ פעל י׳ (*hirTI'a*) deter
הֵרָתְמוּת נ׳ (*herateMUT*) being harnessed
הַרְתָּעָה נ׳ (*harta'A*) deterring, deterrence; withdrawal, flinching
הַשָּׁאָה נ׳ (*hasha'A*) enticement, persuasion; suggestion
הַשָּׂאָה נ׳ (*hassa'A*) transporting; lifting; marrying off; assumption
הִשְׁאִיל פעל י׳ (*hish'IL*) lend
הִשְׁאִיר פעל י׳ (*hish'IR*) leave, leave behind
הַשְׁאָלָה נ׳ (*hash'aLA*) lending
בְּ – on loan
סִפְרִיַּת – lending library
הַשְׁאָרָה נ׳ (*hashaRA*) leaving, leaving behind
הַשְׁאָרַת הַנֶּפֶשׁ immortality of the soul
הִשָּׁאֲרוּת נ׳ (*hisha'aRUT*) staying, remaining
– הַנֶּפֶשׁ immortality of the soul
הֲשָׁבָה נ׳ (*hashaVA*) returning, restoring, reinstatement
הִשָּׁבוֹן ז׳ (*hishaVON*) refund; restitution
הַשְׁבָּחָה נ׳ (*hashbaḤA*) improvement
הִשְׁבִּיחַ פעל י׳ ע׳ (*hishBI'aḥ*) improve
הִשְׁבִּיעַ פעל י׳ (*hishBI'a*) administer oath, swear in; adjure
הִשְׂבִּיעַ פעל י׳ (*hisBI'a*) satisfy; satiate

הִשְׁבִּית פעל י׳ (*hishBIT*) disturb; lock out; terminate
הַשְׁבָּעָה נ׳ (*hashba'A*) adjuration, administration of oath, swearing in; incantation
הַשְׂבָּעָה נ׳ (*hasba'A*) satisfying; satiating
הַשְׁבָּתָה נ׳ (*hashbaTA*) lockout; terminating
הֶשֵּׂג ז׳ (*hesSEG*) achievement, accomplishment; exploit
– יָד means; reach
הַשָּׂגָה נ׳ (*hassaGA*) achieving, obtaining; grasping; reaching, attainment; criticism, objection, qualification; overtaking, catching
הַשָּׂגַת יָד means, ability to acquire
הַשְׁגָּחָה נ׳ (*hashgaḤA*) supervision; Providence; attention
הִשְׁגִּיחַ פעל ע׳ (*hishGI'aḥ*) take care of, supervise; pay attention
הִשְׁהָה פעל י׳ (*hishHA*) delay
הַשְׁהָיָה נ׳ (*hash'haYA*) delay
הַשְׁוָאָה נ׳ (*hashva'A*) comparison; equalization
הַשְׁוָאָתִי ת׳ (*hashva'aTI*) comparative
הִשְׁוָה פעל י׳ (*hishVA*) compare, liken, equalize; straighten out
הַשְׁחָזָה נ׳ (*hashḥaZA*) sharpening, whetting, grinding
הִשְׁחִיז פעל י׳ (*hishḤIZ*) sharpen, whet, grind
הִשְׁחִיל פעל י׳ (*hishḤIL*) thread, insert
הִשְׁחִים פעל י׳ ע׳ (*hishḤIM*) brown; turn brown
הִשְׁחִיר פעל י׳ ע׳ (*hishḤIR*) blacken; turn black
הִשְׁחִית פעל י׳ (*hishḤIT*) destroy, ruin; deform, deface; corrupt
הַשְׁחָלָה נ׳ (*hashḥaLA*) threading, inserting
הִשָּׁחֲקוּת נ׳ (*hishaḥaKUT*) grinding; being ground

blackening; turning black (hashḥaRA) הַשְׁחָרָה נ׳
destruction, ruining; deforming; corruption (hashḥaTA) הַשְׁחָתָה נ׳
floating, sailing (hashaTA) הֲשָׁטָה נ׳
entice, persuade; suggest (hishSHI) הִשִּׁיא פעל י׳
transport; give in marriage, marry off (hisSI) הִשִּׂיא פעל י׳
counsel – עֵצָה
return, reply; restore; reinstate (heSHIV) הֵשִׁיב פעל י׳
obtain, get, achieve; reach, attain; grasp; object to, question; overtake; catch (hisSIG) הִשִּׂיג פעל י׳
he can afford יָדוֹ מַשֶּׂגֶת
float, sail (heSHIT) הֵשִׁיט פעל י׳
discard, shed (hishSHIL) הִשִּׁיל פעל י׳
launch; touch (hishSHIK) הִשִּׁיק פעל י׳
throw away, discard (hishSHIR) הִשִּׁיר פעל י׳
laying down, putting to bed (hashkaVA) הַשְׁכָּבָה נ׳
burial prayer תְּפִלַּת –
lay down, put to bed (hishKIV) הִשְׁכִּיב פעל י׳
cause to forget (hishKI'aḥ) הִשְׁכִּיחַ פעל י׳
become wise; succeed; look at; make wise (hisKIL) הִשְׂכִּיל פעל ע׳ י׳
rise early (hishKIM) הִשְׁכִּים פעל ע׳
place; establish (hishKIN) הִשְׁכִּין פעל י׳
rent, hire out (hisKIR) הִשְׂכִּיר פעל י׳
intelligence, understanding (hasKEL) הַשְׂכֵּל ז׳
moral מוּסַר –
learning; education; wisdom; enlightenment (haskaLA) הַשְׂכָּלָה נ׳
early (hashKEM) הַשְׁכֵּם תה״פ
many times; often – וְהַעֲרֵב
early rising, reveille (hashkaMA) הַשְׁכָּמָה נ׳

placing; establishing (hashkaNA) הַשְׁכָּנָה נ׳
hiring out, hire, renting (haskaRA) הַשְׂכָּרָה נ׳
raising to power; establishing, enforcing; imposing (hashlaTA) הַשְׁלָטָה נ׳
raise to power; impose; establish; enforce (hishLIT) הִשְׁלִיט פעל י׳
throw (hishLIKH) הִשְׁלִיךְ פעל י׳
complete; make peace, reconcile oneself; hand over; be completed (hishLIM) הִשְׁלִים פעל י׳ ע׳
deposit (hishLISH) הִשְׁלִישׁ פעל י׳
throwing; projection; implication (hashlaKHA) הַשְׁלָכָה נ׳
completion; making peace; reconciling oneself (hashlaMA) הַשְׁלָמָה נ׳
depositing (hashlaSHA) הַשְׁלָשָׁה נ׳
devastate, lay waste (heSHAM) הֵשַׁם פעל י׳
turn to the left (hisme'IL) הִשְׂמְאִיל פעל ע׳
destruction; extermination (hashmaDA) הַשְׁמָדָה נ׳
genocide הַשְׁמָדַת עַם
omission; allowing to lie fallow; debt cancellation, renunciation (hashmaTA) הַשְׁמָטָה נ׳
destroy, annihilate (hishMID) הִשְׁמִיד פעל י׳
omit; allow to lie fallow, cancel (debts); drop (hishMIT) הִשְׁמִיט פעל י׳
grow fat, put on weight (hishMIN) הִשְׁמִין פעל ע׳
utter (hishMI'a) הִשְׁמִיעַ פעל י׳
defame, smear; discredit (hishMITS) הִשְׁמִיץ פעל י׳
growing fat (hashmaNA) הַשְׁמָנָה נ׳
defamation, smearing; discrediting (hashmaTSA) הַשְׁמָצָה נ׳
cause to be hated (hisNI) הִשְׂנִיא פעל י׳
suspend (hish'A) הִשְׁעָה פעל י׳
suspension (hash'aYA) הַשְׁעָיָה נ׳

הִשָּׁעֲנוּת נ׳ (hisha'aNUT) reliance; dependence

הַשְׁעָרָה נ׳ (hash'aRA) conjecture, surmise, guess

הִשְׁפִּיל פעל י׳ (hishPIL) degrade, humiliate

הִשְׁפִּיעַ פעל י׳ (hishPI'a) influence, affect; shower an abundance

הִשְׁפִּיר פעל י׳ (hishPIR) finish; improve

הַשְׁפָּלָה נ׳ (hashpaLA) degradation; humiliation

הַשְׁפָּעָה נ׳ (hashpa'A) influence; showering with abundance

הַשְׁפָּרָה נ׳ (hashpaRA) finishing, finish

הַשְׁקָאָה נ׳ (hashka'A) watering, irrigation; giving to drink

הִשְׁקָה פעל י׳ (hishKA) water, irrigate; give to drink

הַשָּׁקָה נ׳ (hashaKA) launching

הַשְׁקָטָה נ׳ (hashkaTA) soothing, allaying, calming

הִשְׁקִיט פעל י׳ (hishKIT) soothe, allay, calm

הִשְׁקִיעַ פעל י׳ (hishKI'a) invest; deposit; imbed

הִשְׁקִיף פעל ע׳ (hishKIF) look, view

הַשְׁקָעָה נ׳ (hashka'A) investment; depositing, sedimentation

הַשְׁקָפָה נ׳ (hashkaFA) looking, viewing; view, outlook; review

הַשְׁקָפַת עוֹלָם philosophy, outlook

נְקֻדַּת – point of view

הַשְׁרָאָה נ׳ (hashra'A) inspiration; imparting; induction

הִשְׁרָה פעל ע׳ (hishRA) impart; inspire; induce

הַשָּׁרָה נ׳ (hashaRA) shedding, casting off

הִשְׁרִיץ פעל י׳ (hishRITS) breed

הִשְׁרִישׁ פעל י׳ ע׳ (hishRISH) implant deeply, cause to strike roots

הַשְׁרָשָׁה נ׳ (hashraSHA) implanting, causing to strike roots

הִשְׁתָּאָה פעל ע׳ (hishta'A) be surprised

הִשְׁתָּאוּת נ׳ (hishta'UT) surprise, astonishment

הִשְׁתַּבֵּחַ פעל ע׳ (hishtabBAḤ) praise oneself; boast

הִשְׁתַּבֵּץ פעל ע׳ (hishtabBETS) fit in, be integrated

הִשְׁתַּבֵּשׁ פעל ע׳ (hishtabBESH) be mistaken, be full of mistakes; become confused; deteriorate, become unusable

הִשְׁתַּגֵּעַ פעל ע׳ (hishtagGE'a) become insane, go crazy

הִשְׁתַּדֵּךְ פעל ע׳ (hishtadDEKH) make a match

הִשְׁתַּדְּכוּת נ׳ (hishtaddeKHUT) making a match; employing a matchmaker; marriage

הִשְׁתַּדֵּל פעל ע׳ (hishtadDEL) try, attempt, endeavor

הִשְׁתַּהָה פעל ע׳ (hishtaHA) tarry, delay

הִשְׁתּוֹבֵב פעל ע׳ (hishtoVEV) make mischief

הִשְׁתַּוָּה פעל ע׳ (hishtavVA) come to an agreement, agree; become equal

הִשְׁתּוֹלֵל פעל ע׳ (hishtoLEL) rage, run wild

הִשְׁתּוֹלְלוּת נ׳ (hishtoleLUT) raging, unruly behavior, running wild

הִשְׁתּוֹמֵם פעל ע׳ (hishtoMEM) wonder, marvel, be amazed

הִשְׁתּוֹמְמוּת נ׳ (hishtomeMUT) astonishment, wonder

הִשְׁתּוֹקֵק פעל ע׳ (hishtoKEK) yearn, crave

הִשְׁתּוֹקְקוּת נ׳ (hishtokeKUT) yearning, craving

הִשְׁתַּזֵּף פעל ע׳ (hishtazZEF) get a tan, sunbathe

הִשְׁתַּזְּפוּת נ׳ (hishtazzeFUT) getting a tan, sunbathing

הִשְׁתַּחֲוָה פעל ע׳ (hishtaḥaVA) bow down, prostrate oneself

הִשְׁתַּחֲוָיָה נ׳ (hishtaḥavaYA) prostration, bow

הִשְׁתַּחֵק פעל ע׳ (hishtaḤEK) become worn

הִשְׁתַּחְרֵר פעל ע׳ (hishtaḥRER) free oneself, be relieved

הִשְׁתַּחְרְרוּת נ׳ (hishtaḥreRUT) freeing, release, liberation; relief

הִשְׁתַּטָּה פעל ע׳ (hishtaTA) pretend to be demented; go mad

הִשְׁתַּטַּח פעל ע׳ (hishtatTAḤ) stretch out, prostrate oneself; become superficial

הִשְׁתַּיֵּךְ פעל ע׳ (hishtaiYEKH) belong

הִשְׁתִּיל פעל ע׳ י׳ (hishTIL) transplant, implant

הִשְׁתַּיְּכוּת נ׳ (hishtaiyeKHUT) belonging, affiliation, membership

הִשְׁתִּיק פעל י׳ (hishTIK) silence

הִשְׁתִּית פעל י׳ (hishTIT) found, base

הִשְׁתַּכַּח פעל ע׳ (hishtakKAḤ) be forgotten

הִשְׁתַּכְלֵל פעל ע׳ (hishtakhLEL) improve, become improved; become perfected

הִשְׁתַּכְלְלוּת נ׳ (hishtakhleLUT) improvement, perfection

הִשְׁתַּכֵּן פעל ע׳ (hishtakKEN) move into a home, find a place to live; tenant

הִשְׁתַּכְּנוּת נ׳ (hishtakkeNUT) settling, finding a place to live, moving in, becoming a tenant

הִשְׁתַּכְנַע פעל ע׳ (hishtakhNA') be convinced

הִשְׁתַּכֵּר פעל ע׳ (hishtakKER) become drunk

הִשְׂתַּכֵּר פעל י׳ (hishtakKER) earn

הִשְׁתַּכְּרוּת נ׳ (hishtakkeRUT) intoxication, becoming drunk

הִשְׂתַּכְּרוּת נ׳ (histakkeRUT) earning

הִשְׁתַּכְשֵׁךְ פעל ע׳ (hishtakhSHEKH) splash

הִשְׁתַּלֵּב פעל ע׳ (hishtalLEV) fit in, become integrated

הִשְׁתַּלְּבוּת נ׳ (hishtalleVUT) integration

הַשְׁתָּלָה (hashtaLA) transplantation, implantation

הִשְׁתַּלְהֵב פעל ע׳ (hishtalHEV) be inflamed, flare up

הִשְׁתַּלֵּט פעל ע׳ (hishtalLET) take control, seize power; conquer, dominate

הִשְׁתַּלְּטוּת נ׳ (hishtalleTUT) taking control, seizing power; domination

הִשְׁתַּלֵּם פעל ע׳ (hishtalLEM) pursue advanced studies; perfect oneself; be paid, be rewarded

הִשְׁתַּלְּמוּת נ׳ (hishtalleMUT) advanced study; perfecting oneself

הִשְׁתַּלְשֵׁל פעל ע׳ (hishtalSHEL) develop, evolve

הִשְׁתַּלְשְׁלוּת נ׳ (hishtalsheLUT) development

הִשְׁתַּמֵּד פעל ע׳ (hishtamMED) abandon Judaism

הִשְׁתַּמֵּט פעל ע׳ (hishtamMET) evade

הִשְׁתַּמְּטוּת נ׳ (hishtammeTUT) evasion, dodging responsibility

הִשְׁתַּמַּע פעל ע׳ (hishtamMA') be interpreted, be deduced; be heard; let oneself be heard

הִשְׁתַּמֵּר פעל ע׳ (hishtamMER) be preserved; be cautious, watch out

הִשְׁתַּמֵּשׁ פעל ע׳ (hishtamMESH) use, make use of, employ, apply

– שֶׁלֹּא כַּדִּין abuse

הַשְׁתָּנָה נ׳ (hashtaNA) urinating

הִשְׁתַּנָּה פעל ע׳ (hishtanNA) alter, change; vary, be different

הִשְׁתַּנּוּת נ׳ (hishtanNUT) change, changing

הִשְׁתַּעְבֵּד פעל ע׳ (*hishta'BED*) become a slave, be enslaved; be subjected; be mortgaged

הִשְׁתַּעְבְּדוּת נ׳ (*hishta'beDUT*) enslavement, subjection; mortgaging

הִשְׁתַּעֵל פעל ע׳ (*hishta'EL*) cough

הִשְׁתַּעֲמֵם פעל ע׳ (*hishta'aMEM*) be bored

הִשְׂתָּעֵר פעל ע׳ (*hista'ER*) storm, assault

הִשְׁתַּעֲשֵׁעַ פעל ע׳ (*hishta'aSHE'a*) toy, play, amuse oneself

הִשְׁתַּפֵּךְ פעל ע׳ (*hishtapPEKH*) spill out, overflow; roll; pour out one's heart

הִשְׁתַּפְּכוּת נ׳ (*hishtappeKHUT*) overflowing, outpouring, effusion

הִשְׁתַּפֵּר פעל ע׳ (*hishtapPER*) improve

הִשְׁתַּפְּרוּת נ׳ (*hishtappeRUT*) improvement

הִשְׁתַּפְשֵׁף פעל ע׳ (*hishtafSHEF*) wear out, be defaced; undergo a rigorous regime

הַשְׁתָּקָה נ׳ (*hashtaKA*) silencing

הִשְׁתַּקֵּם פעל ע׳ (*hishtakKEM*) rehabilitate oneself

הִשְׁתַּקַּע פעל ע׳ (*hishtakKA'*) settle

הִשְׁתַּקֵּף פעל ע׳ (*hishtakKEF*) be reflected

הִשְׁתַּקְּפוּת נ׳ (*hishtakkeFUT*) reflection

הִשְׁתַּרְבֵּב פעל ע׳ (*hishtarBEV*) be extended, become lengthened; shoot out; be misplaced, be transposed

הִשְׂתָּרֵךְ פעל ע׳ (*histaREKH*) trudge, plod

הִשְׂתָּרַע פעל ע׳ (*histaRA'*) extend, stretch out

הִשְׂתָּרֵר פעל ע׳ (*histaRER*) dominate, tyrannize

הִשְׁתָּרֵשׁ פעל ע׳ (*hishtaRESH*) strike roots, take root

הִשְׁתַּתֵּף פעל ע׳ (*hishtatTEF*) participate, share in

הִשְׁתַּתְּפוּת נ׳ (*hishtatteFUT*) participation, sharing

– בְּצַעַר sympathy

הִשְׁתַּתֵּק פעל ע׳ (*hishtatTEK*) fall silent

הִתְאַבֵּד פעל ע׳ (*hitabBED*) commit suicide

הִתְאַבְּדוּת נ׳ (*hitabbeDUT*) suicide

הִתְאַבֵּךְ פעל ע׳ (*hitabBEKH*) rise up, spiral up; raise clouds of dust

הִתְאַבֵּל פעל ע׳ (*hitabBEL*) mourn

הִתְאַבֵּן פעל ע׳ (*hitabBEN*) turn to stone, become petrified; become fossilized

הִתְאַבֵּק פעל ע׳ (*hitabBEK*) be covered with dust; wrestle; struggle

הִתְאַבְּקוּת נ׳ (*hitabbeKUT*) wrestling; being covered with dust

הִתְאַגֵּד פעל ע׳ (*hitagGED*) unite, organize

הִתְאַגְּדוּת נ׳ (*hitaggeDUT*) union, organization, association

הִתְאַגְרֵף פעל ע׳ (*hitagREF*) box

הִתְאַגְרְפוּת נ׳ (*hitagreFUT*) boxing

הִתְאַדָּה פעל (*hitadDA*) evaporate

הִתְאַדּוּת נ׳ (*hitadDUT*) evaporation

הִתְאַדֵּם פעל ע׳ (*hitadDEM*) redden, flush

הִתְאַהֵב פעל ע׳ (*hitaHEV*) fall in love

הִתְאַהֲבוּת נ׳ (*hitahaVUT*) falling in love; love

הִתְאַוָּה פעל ע׳ (*hitavVA*) desire, lust after, crave; want

הִתְאַוּוּת נ׳ (*hitavVUT*) desire, craving

הִתְאוֹנֵן פעל ע׳ (*hitonNEN*) complain, protest

הִתְאַוְרֵר פעל ע׳ (*hitavRER*) be ventilated

הִתְאוֹשֵׁשׁ פעל ע׳ (*hitoSHESH*) recover, regain strength, pull oneself together

הִתְאוֹשְׁשׁוּת נ׳ (*hitosheSHUT*) recovery, regaining strength

הִתְאַזֵּן פעל ע׳ (*hitazZEN*) be balanced, balance

strengthen (*hitazZER*) הִתְאַזֵּר פעל ע׳ oneself, gird oneself

be (*hitazRE'aḥ*) הִתְאַזְרֵחַ פעל ע׳ naturalized

(*hitazreḤUT*) הִתְאַזְּרְחוּת נ׳ naturalization

unite (*hitaḤED*) הִתְאַחֵד פעל ע׳

union, (*hitaḥaDUT*) הִתְאַחֲדוּת נ׳ organization, association

be joined, (*hitaḤA*) הִתְאַחָה פעל ע׳ become stitched together

joining, (*hitaḤUT*) הִתְאַחוּת נ׳ linking, union; repair

settlement (*hitaḥaZUT*) הִתְאַחֲזוּת נ׳

come late, (*hitaḤER*) הִתְאַחֵר פעל ע׳ delay, be tardy

resemble; (*hit'IM*) הִתְאִים פעל ע׳ י׳ suit, fit; adapt

be (*hitakhZEV*) הִתְאַכְזֵב פעל ע׳ disappointed

be cruel, (*hitakhZER*) הִתְאַכְזֵר פעל ע׳ act cruelly

cruelty (*hitakhzeRUT*) הִתְאַכְזְרוּת נ׳

lodge (*hitakhSEN*) הִתְאַכְסֵן פעל ע׳

become (*hitalMEN*) הִתְאַלְמֵן פעל ע׳ widowed; become a widower; lose one's spouse

accord, agreement, (*het'EM*) הֶתְאֵם ז׳ harmony

in accordance with בְּ – לְ...

adapting, (*hat'aMA*) הַתְאָמָה נ׳ adjusting; agreement; relation

discrepancy אִי־ –

become (*hitamLEL*) הִתְאַמְלֵל פעל ע׳ miserable

train, (*hitamMEN*) הִתְאַמֵּן פעל ע׳ practise

try, (*hitamMETS*) הִתְאַמֵּץ פעל ע׳ endeavor, strive, make an effort

effort (*hitammeTSUT*) הִתְאַמְּצוּת נ׳

be (*hitamMET*) הִתְאַמֵּת פעל ע׳ verified, turn out to be true

turning (*hitammeTUT*) הִתְאַמְּתוּת נ׳ out to be true, verification

pick a quarrel (*hitanNA*) הִתְאַנָּה פעל ע׳ with, provoke an argument, pick on

provoking (*hitanNUT*) הִתְאַנּוּת נ׳

sigh, sighing (*hitanNAḤ*) הִתְאַנֵּחַ פעל ע׳

become (*hitasLEM*) הִתְאַסְלֵם פעל ע׳ a Moslem, adopt Islam

gather, (*hitasSEF*) הִתְאַסֵּף פעל ע׳ assemble

restrain (*hitapPEK*) הִתְאַפֵּק פעל ע׳ oneself, exercise self-control

restraint, (*hitappeKUT*) הִתְאַפְּקוּת נ׳ self-control

make up (*hitapPER*) הִתְאַפֵּר פעל ע׳

become (*hitafSHER*) הִתְאַפְשֵׁר פעל ע׳ possible

become (*hitakLEM*) הִתְאַקְלֵם פעל ע׳ acclimated

(*hitakleMUT*) הִתְאַקְלְמוּת נ׳ acclimatization

organize (*hitarGEN*) הִתְאַרְגֵּן פעל ע׳

(*hitargeNUT*) הִתְאַרְגְּנוּת נ׳ organization, organizing; regrouping

stay with, (*hitaRAḤ*) הִתְאָרַח פעל ע׳ accept the hospitality of

lodging, (*hitareḤUT*) הִתְאָרְחוּת נ׳ accepting the hospitality of

lengthen, (*hitaREKH*) הִתְאָרֵךְ פעל ע׳ become long, be prolonged

(*hitareKHUT*) הִתְאָרְכוּת נ׳ prolongation, lengthening, extending

occur, (*hitaRA'*) הִתְאָרַע פעל ע׳ happen

be (*hitashSHER*) הִתְאַשֵּׁר פעל ע׳ confirmed, be corroborated

mature (*hitbagGER*) הִתְבַּגֵּר פעל ע׳

maturing, (*hitbaggeRUT*) הִתְבַּגְּרוּת נ׳ maturation, maturity, ripening

adolescence תְּקוּפַת הַ –

be proved (*hitbadDA*) הִתְבַּדָּה פעל ע׳ false; turn out to be wrong

הִתְבַּדּוּת נ׳ (*hitbadDUT*) being false; proving to be wrong

הִתְבַּדֵּחַ פעל ע׳ (*hitbadDAH*) jest, joke; make merry

הִתְבַּדֵּל פעל ע׳ (*hitbadDEL*) dissociate oneself; isolate oneself; withdraw, stand aloof

הִתְבַּדְּלוּת נ׳ (*hitbaddeLUT*) isolation, seclusion, aloofness, withdrawal

הִתְבַּדֵּר פעל ע׳ (*hitbadDER*) be entertained; scatter

הִתְבַּהֵר פעל ע׳ (*hitbaHER*) become clear, clear up

הִתְבַּהֲרוּת נ׳ (*hitbahaRUT*) becoming clear, clearing up; clarification

הִתְבּוֹדֵד פעל ע׳ (*hitboDED*) be alone, seclude oneself

הִתְבּוֹדְדוּת נ׳ (*hitbodeDUT*) seclusion, solitude, retirement

הִתְבּוֹלֵל פעל ע׳ (*hitboLEL*) become assimilated

הִתְבּוֹלְלוּת נ׳ (*hitboleLUT*) assimilation

הִתְבּוֹנֵן פעל ע׳ (*hitboNEN*) look, regard, observe

הִתְבּוֹנְנוּת נ׳ (*hitboneNUT*) looking, regarding, observation

הִתְבּוֹסֵס פעל ע׳ (*hitboSES*) roll, wallow

הִתְבּוֹשֵׁשׁ פעל ע׳ (*hitboSHESH*) be ashamed; be late

הִתְבַּזְבֵּז פעל ע׳ (*hitbazBEZ*) be squandered, be wasted

הִתְבַּזָּה פעל ע׳ (*hitbazZA*) degrade oneself, humiliate oneself

הִתְבַּטֵּא פעל ע׳ (*hitbatTE*) express oneself

הִתְבַּטְּאוּת נ׳ (*hitbatte'UT*) expressing oneself, expression

הִתְבַּטֵּל פעל ע׳ (*hitbatTEL*) be cancelled; be abolished; idle away the time, loaf; belittle oneself

הִתְבַּטְּלוּת נ׳ (*hitbatteLUT*) self-disparagement; loafing, idling; abolition

הִתְבַּיֵּשׁ פעל ע׳ (*hitbaiYESH*) feel ashamed

הִתְבַּלְבֵּל פעל ע׳ (*hitbalBEL*) become confused

הִתְבַּלָּה פעל ע׳ (*hitbalLA*) wear out

הִתְבַּלֵּט פעל ע׳ (*hitbalLET*) be conspicuous, stand out; show off

הִתְבַּלְּטוּת נ׳ (*hitballeTUT*) conspicuousness; becoming conspicuous

הִתְבַּסֵּם פעל ע׳ (*hitbasSEM*) become tipsy, become drunk; perfume oneself

הִתְבַּסֵּס פעל ע׳ (*hitbasSES*) be substantiated; be consolidated; be strengthened; be based

הִתְבַּסְּסוּת נ׳ (*hitbasseSUT*) consolidation; substantiation

הִתְבַּצֵּעַ פעל ע׳ (*hitbaTSA'*) be carried out, be executed

הִתְבַּצֵּר פעל ע׳ (*hitbatsTSER*) fortify oneself; strengthen oneself

הִתְבַּצְּרוּת נ׳ (*hitbatseRUT*) fortifying oneself; strengthening oneself

הִתְבַּקַּע פעל ע׳ (*hitbakKA'*) split, be cleft

הִתְבַּקֵּשׁ פעל ע׳ (*hitbakKESH*) be asked, be requested; be summoned

הִתְבָּרֵךְ פעל ע׳ (*hitbaREKH*) bless oneself, be blessed with; congratulate oneself

הִתְבָּרֵר פעל ע׳ (*hitbaRER*) become clear

הִתְבַּשֵּׁל פעל ע׳ (*hitbashSHEL*) ripen, mature, cook

הִתְבַּשֵּׂם ר׳ הִתְבַּסֵּם

הִתְבַּשֵּׂר פעל ע׳ (*hitbasSER*) receive good news; be told glad tidings

הִתְגָּאָה פעל ע׳ (*hitga'A*) boast, brag

הִתְגַּבֵּהַּ פעל ע׳ (*hitgabBAH*) act arrogantly

הִתְגַּבֵּן פעל ע׳ (*hitgabBEN*) become hunch-backed; become cheese, curdle

הִתְגַּבֵּר פעל ע׳ (*hitgabBER*) overcome; overpower; be strong

הִתְגַּבֵּשׁ פעל ע׳ (*hitgabBESH*) crystallize; become consolidated

הִתְגַּבְּשׁוּת נ׳ (*hitgabbeSHUT*) crystallization; consolidation

הִתְגַּדֵּל פעל ע׳ (*hitgadDEL*) boast, praise oneself

הִתְגַּדֵּר פעל ע׳ (*hitgadDER*) boast; brag; become prominent; fence oneself in, build a barrier around

הִתְגּוֹדֵד פעל ע׳ (*hitgoDED*) gather in groups; scratch oneself; inflict wounds on oneself

הִתְגּוֹלֵל פעל ע׳ (*hitgoLEL*) roll

הִתְגּוֹנֵן פעל ע׳ (*hitgoNEN*) defend oneself

הִתְגּוֹנְנוּת נ׳ (*hitgoneNUT*) self defense

הִתְגּוֹרֵר פעל ע׳ (*hitgoRER*) dwell, reside

הִתְגּוֹשֵׁשׁ פעל ע׳ (*hitgoSHESH*) wrestle

הִתְגּוֹשְׁשׁוּת נ׳ (*hitgosheSHUT*) wrestling, clashing

הִתְגַּיֵּס פעל ע׳ (*hitgaiYES*) enlist, be inducted; volunteer

הִתְגַּיֵּר פעל ע׳ (*hitgaiYER*) adopt Judaïsm, become a Jew

הִתְגַּיְּרוּת נ׳ (*hitgaiyeRUT*) proselytization; adopting Judaism

הִתְגַּלְגֵּל פעל ע׳ (*hitgalGEL*) roll; unfold, develop

הִתְגַּלָּה פעל ע׳ (*hitgalLA*) appear, be revealed; be uncovered; reveal oneself; expose oneself

הִתְגַּלּוּת נ׳ (*hitgalLUT*) revelation; exposure; appearance

הִתְגַּלַּח פעל ע׳ (*hitgalLAḤ*) shave

הִתְגַּלֵּם פעל ע׳ (*hitgalLEM*) be embodied; pupate

הִתְגַּלְּמוּת נ׳ (*hitgalleMUT*) embodiment, personification; pupation

הִתְגַּלַּע פעל ע׳ (*hitgalLA'*) break out, flare up

הִתְגַּנֵּב פעל ע׳ (*hitganNEV*) steal away; come (go) by stealth; sneak in, sneak out

הִתְגַּנְדֵּר פעל ע׳ (*hitganDER*) show off; strut; display finery

הִתְגַּנְדְּרוּת נ׳ (*hitgandeRUT*) conceit, display of finery, showing off

הִתְגַּעְגֵּעַ פעל ע׳ (*hitga'GA'*) long, yearn

הִתְגָּרֵד פעל ע׳ (*hitgaRED*) scratch oneself

הִתְגָּרָה פעל ע׳ (*hitgaRA*) tease, provoke

הִתְגָּרוּת נ׳ (*hitgaRUT*) provocation; teasing

הִתְגָּרֵשׁ פעל ע׳ (*hitgaRESH*) get a divorce, divorce each other

הִתְגַּשֵּׁם פעל ע׳ (*hitgashSHEM*) materialize; come true, be realized

הִתְגַּשְּׁמוּת נ׳ (*hitgasheMUT*) materialization, realization; incarnation

הִתְדַּיֵּן פעל ע׳ (*hitdaiYEN*) argue, dispute

הִתְדַּיְּנוּת נ׳ (*hitdaiyeNUT*) disputing; litigation

הִתְדַּלְדֵּל פעל ע׳ (*hitdalDEL*) become impoverished, be depleted

הִתְדַּלְדְּלוּת נ׳ (*hitdaldeLUT*) impoverishment

הִתְדַּפֵּק פעל ע׳ (*hitdapPEK*) knock repeatedly

הִתְדַּפְּקוּת נ׳ (*hitdappeKUT*) protacted knocking

הִתְדַּרְדֵּר ר׳ הִדַּרְדֵּר

הִתְהַדֵּק פעל ע׳ (*hit'hadDEK*) tighten

הִתְהַדֵּר פעל ע׳ (*hit'hadDER*) boast; put on all one's finery, adorn oneself excessively

הִתְהַוָּה פעל ע׳ (*hit'havVA*) become, come into being; be formed, emerge

הִתְהַוּוּת נ׳ (*hit'havVUT*) formation, coming into being

הִתְהוֹלֵל פעל ע׳ (*hit'hoLEL*) roister, behave boisterously; pretend madness, go mad

הִתְהַלֵּךְ פעל ע׳ (*hit'halLEKH*) walk about, walk; roam; live, conduct oneself

הִתְהַלֵּל פעל ע׳ praise (hithaLEL) oneself; boast, glory

הִתְהַפֵּךְ פעל ע׳ turn (hit'hapPEKH) over; roll over; change

הִתְוַדָּה פעל ע׳ confess (hitvadDA)

הִתְוַדַּע פעל ע׳ make (hitvadDA') oneself known, introduce oneself

הִתְוָה פעל י׳ mark off, (hitVA) delineate, outline

הִתּוּךְ ז׳ melting (hitTUKH)

כּוּר – melting pot

הִתְוַכַּח פעל ע׳ dispute, (hitvakKAḤ) debate, argue; discuss

הִתּוּל ז׳ derision, ridicule (hitTUL)

הִתּוּלִי ת׳ humorous, comic (hittuLI)

הִתּוֹסֵף פעל ע׳ be added (hittoSEF)

הִתְוַעֵד פעל ע׳ meet; (hitva'ED) convene; keep an appointment

הַתָּזָה נ׳ cutting off; (hattaZA) sprinkling; strong emphasis

הִתְחַבֵּא פעל ע׳ hide (hithabBE)

הִתְחַבֵּב פעל ע׳ endear (hiṭhabBEV) oneself

הִתְחַבֵּט פעל ע׳ struggle, (hiṭhabBET) exert oneself, strive

הִתְחַבֵּק פעל ע׳ embrace (hiṭhabBEK)

הִתְחַבֵּר פעל ע׳ (hiṭhabBER) associate with; join; be written, be compiled

הִתְחַדֵּד פעל ע׳ become (hiṭhadDED) acute, sharpen

הִתְחַדֵּשׁ פעל ע׳ be (hiṭhadDESH) renewed; renew oneself

הִתְחַדְּשׁוּת נ׳ (hiṭhaddeSHUT) renewal, renovation; regeneration

הִתְחוֹלֵל פעל ע׳ take place, (hithoLEL) break out, rage, come into being

הִתְחַיֵּב פעל ע׳ undertake, (hiṭhaiYEV) pledge; be found guilty; be obliged

הִתְחַיְּבוּת נ׳ obligation, (hiṭhaiyeVUT) commitment; pledge

הִתְחַכֵּךְ פעל ע׳ rub (hiṭhakKEKH) against

הִתְחַזָּה פעל ע׳ impersonate, (hiṭhazZA) pretend to be, disguise oneself as

הִתְחַזּוּת נ׳ impersonating, (hiṭhazZUT) impersonation

הִתְחַזֵּק פעל ע׳ become (hiṭhazZEK) strong, increase

הִתְחַזְּקוּת נ׳ becoming (hiṭhazzeKUT) strong

הִתְחִיל פעל י׳ begin, start, (hitḤIL) commence

הִתְחַכֵּם פעל ע׳ pretend to (hiṭhakKEM) be wise; be a wise guy, show off one's knowledge; devise means; become wise

הִתְחַכְּמוּת נ׳ (hiṭhakkeMUT) pretending to be wise, trickery

הַתְחָלָה נ׳ beginning, start; (hatḥaLA) commencement; element

הִתְחַלָּה פעל ע׳ feign (hiṭhalLA) illness, malinger

הִתְחַלְחֵל פעל ע׳ tremble, (hiṭhalḤEL) shake

הִתְחַלֵּף פעל ע׳ change (hiṭhalLEF)

הִתְחַלֵּק פעל ע׳ divide; (hiṭhalLEK) be divided; slip

הִתְחַמֵּם פעל ע׳ warm (hiṭhamMEM) up, become warmer

הִתְחַמְּמוּת נ׳ (hiṭhammeMUT) warming up

הִתְחַמְצֵן פעל ע׳ oxidize (hiṭhamTSEN)

הִתְחַמֵּק פעל ע׳ slip (hiṭhamMEK) away; evade

הִתְחַמֵּשׁ פעל ע׳ arm, (hiṭhamMESH) arm oneself

הִתְחַנְחֵן פעל ע׳ coquet, (hiṭhanḤEN) flirt

הִתְחַנְחֲנוּת נ׳ coquetry (hiṭhanḥanNUT)

הִתְחַנֵּךְ פעל ע׳ be (hiṭhanNEKH) educated

הִתְחַנֵּן פעל ע׳ entreat, (hiṭhanNEN) beg, plead

הִתְחַנְּנוּת נ׳ (hiṭhanneNUT) entreating, begging, pleading

התחנף פעל ע׳ (*hithanNEF*) ingratiate oneself, curry favor, fawn

התחסד פעל ע׳ (*hithasSED*) pretend to be pious, act hypocritically

התחסדות נ׳ (*hithasseDUT*) hypocrisy, cant

התחסל פעל ע׳ (*hithasSEL*) liquidate oneself

התחסלות נ׳ (*hithasselLUT*) liquidation

התחפר פעל ע׳ (*hithaPPER*) dig in

התחפש פעל ע׳ (*hithapPES*) disguise oneself, masquerade; dress up in a costume, go as...

התחצף פעל ע׳ (*hithatsTSEF*) act insolently, be impertinent

התחקה פעל ע׳ (*hithakKA*) look into, keep an eye on, attempt to keep track of, trail

התחקות נ׳ (*hithakKUT*) keeping an eye on, trailing

התחרבן פעל ע׳ (*hitharBEN*) "get taken", "fix" oneself, fail

התחרה פעל ע׳ (*hithaRA*) compete

התחרות נ׳ (*hithaRUT*) competition, rivalry; contest, match

התחרט פעל ע׳ (*hithaRET*) regret, be sorry

התחרש פעל ע׳ (*hithaRESH*) become deaf

התחשב פעל ע׳ (*hithashSHEV*) have regard for, take into account, consider

התחשבות פעל ע׳ (*hithasheVUT*) consideration, having regard for

התחשבן פעל ע׳ (*hithashBEN*) settle accounts

התחשבנות נ׳ (*hithashbeNUT*) settling accounts

התחשמל פעל ע׳ (*hithashMEL*) electrocute oneself, be electrified

התחשק פעל ע׳ (*hithashSHEK*) desire, feel like

התחתן פעל ע׳ (*hithatTEN*) marry; marry into, become related by marriage

התיאש פעל ע׳ (*hitya'ESH*) despair

התיבש פעל ע׳ (*hityabBESH*) dry up

התיבשות נ׳ (*hityabbeSHUT*) drying up, becoming dry

התיגע פעל ע׳ (*hityagGA'*) exert oneself, wear oneself out, become weary

התידד פעל ע׳ (*hityadDED*) become friends, be on friendly terms

התידדות נ׳ (*hityaddeDUT*) making friends; fraternization

התיהד פעל ע׳ (*hityaHED*) become a Jew, adopt Judaism

התיון פעל ע׳ (*hityavVEN*) become hellenized, become Greek

התיז פעל י׳ (*hitTIZ*) cut off; sprinkle; emphasize strongly

התיחד פעל ע׳ (*hityaHED*) be alone, seclude oneself; meet in privacy; commune; be devoted

התיחדות נ׳ (*hityahaDUT*) isolation, seclusion; communion, association

התיחם פעל ע׳ (*hityaHEM*) rut, be in heat

התיחס פעל ע׳ (*hityaHES*) regard, look upon; refer; trace ancestry to, claim descent; pretend relationship with

התיחסות נ׳ (*hityahaSUT*) reference, regard; relation; claiming descent, pretending relationship with

התיך פעל י׳ (*hitTIKH*) melt

התימר פעל ע׳ (*hityamMER*) pretend, boast

התיסד פעל ע׳ (*hityasSED*) be founded

התיסר פעל ע׳ (*hityasSER*) suffer; be afflicted, be disciplined

התיעץ פעל ע׳ (*hitya'ETS*) consult, confer

התיעצות נ׳ (*hitya'aTSUT*) consultation

התיפה פעל ע׳ (*hityapPA*) make oneself beautiful, prink

הִתְיַפֵּחַ פעל ע׳ (hityapPAḤ) sob

הִתְיַפְּחוּת נ׳ (hityappeḤUT) sobbing

הִתְיַצֵּב פעל ע׳ (hityatsTSEV) stand, station oneself, take a stand; become stabilized; report, present oneself

הִתְיַצְּבוּת נ׳ (hityatseVUT) reporting for duty; standing before; stabilization

הִתְיַקֵּר פעל ע׳ (hityakKER) increase, rise in price

הִתְיַקְּרוּת נ׳ (hityakkeRUT) rise in prices

הִתִּיר פעל י׳ (hitTIR) allow, permit; untie, loosen, release; cancel; solve

הִתְיָרֵא פעל ע׳ (hityaRE) fear, be afraid

הִתִּישׁ פעל י׳ (hitTISH) weaken

הִתְיַשֵּׁב פעל ע׳ (hityashSHEV) settle; sit down

הִתְיַשְּׁבוּת נ׳ (hityasheVUT) settlement, settling; calm deliberation

הִתְיַשֵּׁן פעל ע׳ (hityashSHEN) become obsolete

הִתְיַשְּׁנוּת נ׳ (hityashNUT) becoming old; obsolescence

חֹק הַ – statute of limitations

הִתְיַשֵּׁר פעל ע׳ (hityashSHER) straighten up, become straight

הִתְיַתֵּם פעל ע׳ (hityatTEM) become orphaned

הִתְכַּבֵּד פעל ע׳ (hitkabBED) glory, have the honor, help oneself (to refreshment)

הַתָּכָה נ׳ (hattaKHA) melting

הִתְכַּוֵּן פעל ע׳ (hitkavVEN) intend

הִתְכּוֹנֵן פעל ע׳ (hitkoNEN) prepare oneself, get ready

הִתְכּוֹפֵף פעל ע׳ (hitkoFEF) bend

הִתְכַּוֵּץ פעל ע׳ (hitkavVETS) shrink

הִתְכַּחֵשׁ פעל ע׳ (hitkaḤESH) alienate oneself, abjure, deny

הִתְכַּנֵּס פעל ע׳ (hitkanNES) assemble, convene; withdraw within oneself

הִתְכַּסָּה פעל ע׳ (hitkasSA) cover oneself

הִתְכַּעֵס פעל ע׳ (hitka'ES) become angry

הִתְכַּעֵר פעל ע׳ (hitka'ER) become ugly

הִתְכַּרְבֵּל פעל ע׳ (hitkarBEL) wrap oneself, swathe oneself

הִתְכַּתֵּשׁ פעל ע׳ (hitkatTESH) fight, exchange blows

הִתְכַּתְּשׁוּת נ׳ (hitkatteSHUT) fight, fist fight

הִתְכַּתֵּב פעל ע׳ (hitkatTEV) correspond

הִתְכַּתְּבוּת נ׳ (hitkatteVUT) correspondence

הִתֵּל פעל ע׳ (hitTEL) mock, make fun of

הִתְלַבֵּט פעל ע׳ (hitlabBET) struggle, strive to cope with difficulties, debate with oneself

הִתְלַבְּטוּת נ׳ (hitlabbeTUT) worry, mental struggle

הִתְלַבֵּן פעל ע׳ (hitlaBEN) become clear; turn white, become white-hot

הִתְלַבֵּשׁ פעל ע׳ (hitlabBESH) dress (oneself)

הִתְלַהֵב פעל ע׳ (hitlaHEV) become enthusiastic

הִתְלַהֲבוּת נ׳ (hitlahaVUT) enthusiasm, ardor

הִתְלַהֵט פעל ע׳ (hitlaHET) become incandescent

הִתְלַוָּה פעל ע׳ (hitlavVA) accompany, escort, be accompanied

הִתְלוֹנֵן פעל ע׳ (hitloNEN) complain, grumble

הִתְלוֹצֵץ פעל ע׳ (hitloTSETS) joke, clown, jest

הִתְלוֹצְצוּת נ׳ (hitlotseTSUT) joking, banter

הִתְלַחֵשׁ פעל ע׳ (hitlaḤESH) whisper

הִתְלַכֵּד פעל ע׳ (hitlakKED) rally, join forces, stand united

הִתְלַכְּדוּת נ׳ (hitlakkeDUT) uniting, rallying, joining forces

הִתְלַכְלֵךְ פעל ע׳ (hitlakhLEKH) dirty oneself, become dirty
הִתְלַמֵּד פעל ע׳ (hitlamMED) teach oneself, learn by oneself
הִתְלַקַּח פעל ע׳ (hitlakKAḤ) flare up, catch fire, burst into flames
הִתְלַקְּחוּת נ׳ (hitlakkHUT) catching fire, bursting into flames; rapid spreading, flare-up
הִתְמַגֵּל פעל ע׳ (hitmagGEL) suppurate, fill with pus
הַתְמָדָה נ׳ (hatmaDA) diligence; persistency, perseverance
בְּ – persistently
הִתְמַהְמֵהַּ פעל ע׳ (hitmahME'ah) tarry, delay
הִתְמוֹגֵג פעל ע׳ (hitmoGEG) melt, dissolve
הִתְמוֹדֵד פעל ע׳ (hitmoDED) contend, compete, pit oneself against, face up to
הִתְמוֹדְדוּת נ׳ (hitmodeDUT) contest, match, struggle, confrontation
הִתְמוֹטֵט פעל ע׳ (hitmoTET) collapse
הִתְמוֹטְטוּת נ׳ (himoteTUT) collapse
הִתְמַזֵּג פעל ע׳ (hitmazZEG) blend, merge, be fused together
הִתְמַזְּגוּת נ׳ (hitmazzeGUT) fusion, blending, merging
הִתְמַזֵּל פעל ע׳ (hitmazZEL) luck has it
הִתְמַזְמֵז פעל ע׳ (hitmazMEZ) neck, pet; wear out, dissipate
הִתְמַחָה פעל ע׳ (hitmaḤA) specialize
הִתְמַחוּת נ׳ (hitmaḤUT) specialization
הִתְמִיד פעל ע׳ (hitMID) persist, persevere
הִתְמִיהַּ פעל י׳ (hitMI'ah) amaze, astonish
הִתְמַכֵּר פעל ע׳ (hitmakKER) devote oneself; become addicted
הִתְמַכְּרוּת נ׳ (hitmakkeRUT) addiction
הִתְמַלֵּא פעל ע׳ (hitmalLE) fill, be full; be fulfilled
הִתְמַלֵּט פעל ע׳ (hitmalLET) escape

הִתְמַמֵּשׁ פעל ע׳ (hitmamMESH) be realized, materialize
הִתְמַנָּה פעל ע׳ (hitmanNA) be appointed
הִתְמַסֵּד פעל ע׳ (hitmasSED) become institutionalized
הִתְמַסְמֵס פעל ע׳ (hitmasMES) decay, fall apart, disintegrate, break down
הִתְמַסֵּר פעל ע׳ (hitmasSER) devote oneself; hand oneself over, give oneself
הִתְמַסְּרוּת נ׳ (hitmasseRUT) devotion; delivering oneself
הִתְמַעֵט פעל ע׳ (hitma'ET) decrease, grow less, become smaller, diminish
הִתְמַעֲטוּת נ׳ (hitma'aTUT) diminution, decrease, lessening
הִתְמַעֵךְ פעל ע׳ (hitma'EKH) be crushed
הִתְמַצֵּא פעל ע׳ (hitmatsTSE) find one's way, orient oneself, determine one's position
הִתְמַצְּאוּת נ׳ (hitmatse'UT) orientation; determining one's position
הִתְמַצָּה פעל ע׳ (hitmatsTSA) be exhausted; be squeezed out
הִתְמַצֵּק פעל ע׳ (hitmatsTSEK) become solid, solidify
הִתְמַקַּח פעל ע׳ (hitmakKAḤ) bargain, haggle
הִתְמַקְּחוּת נ׳ (hitmakkeḤUT) bargaining, haggling
הִתְמַקֵּם פעל ע׳ (hitmakKEM) take up a position
הִתְמָרֵד פעל ע׳ (hitmaRED) rebel, revolt
הִתְמַרְמֵר פעל ע׳ (hitmarMER) resent
הִתְמַרְמְרוּת נ׳ (hitmarmeRUT) resentment
הִתְמָרֵס פעל ע׳ (hitmaRES) fester
הִתְמַשֵּׁךְ פעל ע׳ (hitmashSHEKH) continue, stretch out, extend
הִתְמַתַּח פעל ע׳ (hitmatTAḤ) stretch

become moderate (*hitmatTEN*) הִתְמַתֵּן פעל ע׳

attempt to appear beautiful; beautify oneself; adorn oneself; boast (*hitna'A*) הִתְנָאָה פעל ע׳

prophesy (*hitnabBE*) הִתְנַבֵּא פעל ע׳

dry oneself (*hitnagGEV*) הִתְנַגֵּב פעל ע׳

oppose, resist, object (*hitnagGED*) הִתְנַגֵּד פעל ע׳

(*hitnaggeDUT*) הִתְנַגְּדוּת נ׳ opposition, objection; resistance; antagonism

clash, collide, conflict (*hitnagGESH*) הִתְנַגֵּשׁ פעל ע׳

(*hitnaggeSHUT*) הִתְנַגְּשׁוּת נ׳ collision, clash, conflict

volunteer, offer (*hitnadDEV*) הִתְנַדֵּב פעל ע׳

(*hitnaddeVUT*) הִתְנַדְּבוּת נ׳ volunteering

rock, sway, swing, fluctuate; pitch (*hitnadNED*) הִתְנַדְנֵד פעל ע׳

evaporate; vanish (*hitnadDEF*) הִתְנַדֵּף פעל ע׳

stipulate (*hitNA*) הִתְנָה פעל ע׳

make love – אֲהָבִים

act, behave (*hitnaHEG*) הִתְנַהֵג פעל ע׳

behavior, conduct, actions (*hitnahaGUT*) הִתְנַהֲגוּת נ׳

pitch, sway, vacillate (*hitnoDED*) הִתְנוֹדֵד פעל ע׳

degenerate, deteriorate, decline; atrophy (*hitnavVEN*) הִתְנַוֵּן פעל ע׳

degeneration, deterioration, decline; atrophy (*hitnavveNUT*) הִתְנַוְּנוּת נ׳

wave; be hoisted (*hitnoSES*) הִתְנוֹסֵס פעל ע׳

move, sway (*hitno'e'A*) הִתְנוֹעֵעַ פעל ע׳

flutter, wave (*hitnoFEF*) הִתְנוֹפֵף פעל ע׳

glitter, sparkle, gleam (*hitnoTSETS*) הִתְנוֹצֵץ פעל ע׳

abstain from, give up; lead a hermit's life (*hitnazZER*) הִתְנַזֵּר פעל ע׳

settle (*hitnaḤEL*) הִתְנַחֵל פעל ע׳

be consoled; regret (*hitnaḤEM*) הִתְנַחֵם פעל ע׳

start (*hitNI'a*) הִתְנִיעַ פעל י׳

starting (*hatna'A*) הַתְנָעָה נ׳

plot, scheme (*hitnakKEL*) הִתְנַכֵּל פעל ע׳

plotting, scheming (*hitnakkeLUT*) הִתְנַכְּלוּת נ׳

alienate oneself, shun, pretend to be a stranger (*hitnakKER*) הִתְנַכֵּר פעל ע׳

(*hitnakkeRUT*) הִתְנַכְּרוּת נ׳ alienation, estrangement, shunning

doze (*hitnamNEM*) הִתְנַמְנֵם פעל ע׳

experience (*hitnasSA*) הִתְנַסָּה פעל ע׳

sway (*hitna'NE'a*) הִתְנַעְנֵעַ פעל ע׳

awaken, wake up; shake off; throw off, get rid of (*hitna'ER*) הִתְנַעֵר פעל ע׳

awakening; waking up; shaking off, getting rid of (*hitna'aRUT*) הִתְנַעֲרוּת נ׳

swell; be swell-headed; be inflated, brag (*hitnapPAḤ*) הִתְנַפֵּחַ פעל ע׳

swelling; swell-headedness, bragging (*hitnappeḤUT*) הִתְנַפְּחוּת נ׳

fall upon, attack (*hitnapPEL*) הִתְנַפֵּל פעל ע׳

attack (*hitnappeLUT*) הִתְנַפְּלוּת נ׳

flutter, wave (*hitnafNEF*) הִתְנַפְנֵף פעל ע׳

shatter, break (*hitnapPETS*) הִתְנַפֵּץ פעל ע׳

argue, bicker (*hitnatsTSAḤ*) הִתְנַצֵּחַ פעל ע׳

argument, clash (*hitnatseḤUT*) הִתְנַצְּחוּת נ׳

apologize; strip off (*hitnatsTSEL*) הִתְנַצֵּל פעל ע׳

apology; removal, stripping off (*hitnatseLUT*) הִתְנַצְּלוּת נ׳

become a Christian (*hitnatsTSER*) הִתְנַצֵּר פעל ע׳

הִתְנַצְּרוּת נ׳ (*hitnatseRUT*) christianization, becoming Christian

הִתְנַקֵּם פעל ע׳ (*hitnakKEM*) avenge, take revenge

הִתְנַקֵּשׁ פעל ע׳ (*hitnakKESH*) assault, attack, attempt to kill

הִתְנַקְּשׁוּת נ׳ (*hitnakkeSHUT*) assault, attack on one's life, attempt to kill

הִתְנַשֵּׂא פעל ע׳ (*hitnasSE*) be exalted; rise; boast, be haughty

הִתְנַשֵּׁם פעל ע׳ (*hitnashSHEM*) pant; inhale

הִתְנַשֵּׁף פעל ע׳ (*hitnashSHEF*) breathe heavily, puff

הִתְנַשֵּׁק פעל ע׳ (*hitnashSHEK*) kiss, kiss each other

הִתְנַשְּׁקוּת נ׳ (*hitnasheKUT*) kissing

הִתְסִיס פעל י׳ (*hitSIS*) cause fermentation, arouse ferment

הַתְסָסָה נ׳ (*hatsaSA*) fermentation; causing ferment

הִתְעַבָּה פעל ע׳ (*hit'abBA*) thicken, condense

הִתְעַבּוּת נ׳ (*hit'abBUT*) thickening, condensation

הִתְעַבֵּר פעל ע׳ (*hitabBER*) become pregnant, conceive; be angry

הִתְעַגֵּל פעל ע׳ (*hitagGEL*) become round

הִתְעָה פעל י׳ (*hit'A*) mislead, lead astray

הִתְעוֹדֵד פעל ע׳ (*hit'oDED*) be encouraged, be strengthened

הִתְעוֹפֵף פעל ע׳ (*hit'oFEF*) fly

הִתְעַוֵּר פעל ע׳ (*hit'avVER*) become blind

הִתְעוֹרֵר פעל ע׳ (*hit'oRER*) arise, awake, wake up

הִתְעוֹרְרוּת נ׳ (*hit'oreRUT*) awakening, revival

הִתְעַטֵּף פעל ע׳ (*hit'atTEF*) wrap oneself, cover oneself

הִתְעַטֵּשׁ פעל ע׳ (*hit'atTESH*) sneeze

הִתְעַטְּשׁוּת נ׳ (*hit'atteSHUT*) sneezing

הִתְעַיֵּף פעל ע׳ (*hit'aiYEF*) become tired

הִתְעַכֵּב פעל ע׳ (*hit'akKEV*) delay, tarry

הִתְעַכֵּל פעל ע׳ (*hit'akKEL*) be digested

הִתְעַלָּה פעל ע׳ (*hit'alLA*) be exalted; rise above

הִתְעַלֵּל פעל ע׳ (*hit'alLEL*) abuse, maltreat

הִתְעַלְּלוּת נ׳ (*hit'aleLUT*) maltreatment, abuse, brutality

הִתְעַלֵּם פעל ע׳ (*hit'alLEM*) ignore, disregard, overlook

הִתְעַלְּמוּת נ׳ (*hit'alleMUT*) disregard, overlooking

הִתְעַלֵּס פעל ע׳ (*hit'alLES*) make love

הִתְעַלְּסוּת נ׳ (*hit'alleSUT*) love-making

הִתְעַלֵּף פעל ע׳ (*hit'alLEF*) faint

הִתְעַלְּפוּת נ׳ (*hitalleFUT*) fainting

הִתְעַמֵּל פעל ע׳ (*hit'amMEL*) exercise

הִתְעַמְּלוּת נ׳ (*hit'ammeLUT*) exercise, gymnastics, calisthenics

הִתְעַמֵּק פעל ע׳ (*hit'amMEK*) delve deeply, immerse oneself

הִתְעַמְּקוּת נ׳ (*hit'ammeKUT*) delving deeply, penetrating study

הִתְעַנֵּג פעל ע׳ (*hit'anNEG*) enjoy, derive pleasure

הִתְעַנָּה פעל ע׳ (*hit'anNA*) torment oneself, fast; suffer torment

הִתְעַנְיֵן פעל ע׳ (*hit'anYEN*) be interested, interest oneself; look around

הִתְעַנְיְנוּת נ׳ (*hit'anyeNUT*) interest

הִתְעַנֵּן פעל ע׳ (*hit'anNEN*) become cloudy

הִתְעַנְּנוּת נ׳ (*hit'aneNUT*) clouding

הִתְעַסֵּק פעל ע׳ (*hit'asSEK*) occupy oneself, engage in, deal with, do; fight; make advances, flirt

הִתְעַסְּקוּת נ׳ (*hit'asseKUT*) occupation, business

הִתְעַצֵּב פעל ע׳ (*hit'atsTSEV*) feel sad

הִתְעַצְבֵּן פעל ע׳ (*hit'atsBEN*) be nervous

הִתְעַצֵּל פעל ע׳ (*hit'aTSEL*) be lazy

הִתְעַצֵּם פעל ע׳ (*hit'atsTSEM*) become strong

הִתְעַצְּמוּת נ׳ (*hit'atseMUT*) growing strong, growth, expansion

הִתְעַקֵּם פעל ע׳ (*hit'akKEM*) become crooked

הִתְעַקֵּשׁ פעל ע׳ (*hit'akKESH*) be stubborn, be obstinate; insist

הִתְעָרֵב פעל י׳ ע׳ (*hit'aREV*) bet, wager; mix together, be mixed in; interfere, intervene

הִתְעַרְבֵּב פעל ע׳ (*hit'arBEV*) become mixed

הִתְעַרְבְּבוּת נ׳ (*hit'arbeVUT*) mixing with one another, mixture

הִתְעָרְבוּת נ׳ (*hit'areVUT*) bet, wager; intervention; interference; mixture

הִתְעָרָה פעל ע׳ (*hit'aRA*) strike roots

הִתְעָרוּת נ׳ (*hit'aRUT*) striking roots

הִתְעַרְטֵל פעל ע׳ (*hit'arTEL*) undress; disrobe; expose oneself, strip

הִתְעַרְעֵר פעל ע׳ (*hit'ar'ER*) become shaky, begin to totter

הִתְעַשֵּׁר פעל ע׳ (*hit'ashSHER*) become rich

הִתְעַשְּׁרוּת נ׳ (*hitasheRUT*) growing rich

הִתְעַשֵּׁת פעל ע׳ (*hit'ashSHET*) think over, consider

הִתְעַתֵּד פעל ע׳ (*hit'atTED*) prepare, get ready

הִתְפָּאֵר פעל ע׳ (*hitpa'ER*) boast

הִתְפָּאֲרוּת נ׳ (*hitpa'aRUT*) boasting

הִתְפַּגֵּל פעל ע׳ (*hitpagGEL*) become impure, be adulterated, be spoiled, be denatured

הִתְפַּגֵּר פעל ע׳ (*hitpagGER*) die, "croak"

הִתְפַּדֵּר פעל ע׳ (*hitpadD ER* powder one's nose

הִתְפּוֹצֵץ פעל ע׳ (*hitpoTSETS*) explode, blow up

הִתְפּוֹצְצוּת נ׳ (*hitpotseTSUT*) explosion, blast

הִתְפּוֹרֵר פעל ע׳ (*hitpoRER*) crumble, fall apart, disintegrate

הִתְפּוֹרְרוּת נ׳ (*hitporeRUT*) crumbling, falling apart, disintegration

הִתְפַּזֵּר פעל ע׳ (*hitpazZER*) scatter, disperse; spread oneself

הִתְפַּחֵם פעל ע׳ (*hitpaḤEM*) be electrocuted

הִתְפַּטֵּם פעל ע׳ (*hitpatTEM*) stuff oneself

הִתְפַּטֵּר פעל ע׳ (*hitpatTER*) resign, abdicate; get rid of

הִתְפַּטְּרוּת נ׳ (*hitpatteRUT*) resignation; abdication

הִתְפִּיל פעל י׳ (*hitPIL*) desalinate; render tasteless, make flat

הִתְפַּיֵּס פעל ע׳ (*hitpaiYES*) become reconciled, become conciliated, be appeased

הִתְפַּיְּסוּת נ׳ (*hitpaiyeSUT*) reconciliation

הִתְפַּכֵּחַ פעל ע׳ (*hitpakKAḤ*) sober up, face reality

הִתְפַּכְּחוּת נ׳ (*hitpakkeḤUT*) sobering up, sobriety, facing reality

הִתְפַּלֵּא פעל ע׳ (*hitpalLE*) wonder, marvel, be amazed

הִתְפַּלֵּג פעל ע׳ (*hitpalLEG*) split, separate, part

הִתְפַּלְּגוּת נ׳ (*hitpalleGUT*) split. division, parting

הַתְפָּלָה נ׳ (*hatpaLA*) desalination; making tasteless

הִתְפַּלֵּל פעל ע׳ (*hitpalLEL*) pray

הִתְפַּלְמֵס פעל ע׳ (*hitpalMES*) argue, dispute

הִתְפַּלְמְסוּת נ׳ (*hitpalmeSUT*) arguing, disputing; disputation, polemic

הִתְפַּלְסֵף פעל ע׳ (hitpalSEF) philosophize

הִתְפַּלְפֵּל פעל ע׳ (hitpalPEL) split hairs, argue

הִתְפַּלֵּץ פעל ע׳ (hitpalLETS) shudder

הִתְפַּלֵּשׁ פעל ע׳ (hitpalLESH) wallow, roll

הִתְפַּנָּה פעל ע׳ (hitpanNA) be free, have time to spare; be vacant

הִתְפַּנֵּק פעל ע׳ (hitpanNEK) pamper oneself

הִתְפַּנְּקוּת נ׳ (hitpanneKUT) pampering oneself

הַתְפָּסָה נ׳ (hatpaSA) apperception

הִתָּפְסוּת נ׳ (hittafeSUT) being caught

הִתְפָּעֵל פעל ע׳ (hitpa'EL) admire, be impressed

— ז׳ Hitpa'el (passive and reflexive form of the Hebrew verb)

הִתְפָּעֲלוּת נ׳ (hitpa'aLUT) admiration, wonder, enthusiasm

הִתְפָּעֵם פעל ע׳ (hitpa'EM) be moved, be stirred, be excited

הִתְפַּצֵּל פעל ע׳ (hitpatsTSEL) be split, be subdivided

הִתְפַּצְּלוּת נ׳ (hitpatseLUT) splitting, division

הִתְפַּקֵּד פעל ע׳ (hitpakKED) be counted, be mustered

— ! count off!

הִתְפַּקֵּחַ פעל ע׳ (hitpakKAḤ) regain sight or hearing; acquire sense

הִתְפַּקֵּעַ פעל ע׳ (hitpakKA') burst

הִתְפַּקֵּק פעל ע׳ (hitpakKEK) be plugged, be stopped up, be sealed; decompose

הִתְפַּקֵּר פעל ע׳ (hitpakKER) become immoral; become atheistic, become a heretic

הִתְפַּקְּרוּת נ׳ (hitpakkeRUT) immorality; heresy, atheism

הִתְפַּרְחֵחַ פעל ע׳ (hitparḤE'aḥ) become unruly; act like a ruffian; behave mischievously

הִתְפַּרְנֵס פעל ע׳ (hitparNES) make a living

הִתְפָּרֵס פעל ע׳ (hitpaRES) deploy, fan out

הִתְפַּרְסֵם פעל ע׳ (hitparSEM) become famous, acquire renown; acquire notoriety

הִתְפָּרַע פעל ע׳ (hitpaRA') riot, run wild, create a disturbance; be repaid

הִתְפָּרְעוּת נ׳ (hitpare'UT) rioting, creating a disturbance

הִתְפָּרֵץ פעל ע׳ (hitpaRETS) break out; break into, burst into; rebel; erupt

הִתְפָּרְצוּת נ׳ (hitpareTSUT) outbreak, outburst; breaking into; rebellion; excitement; eruption

הִתְפַּרְקֵד פעל ע׳ (hitparKED) lie on one's back

הִתְפָּרֵשׁ פעל ע׳ (hitpaRESH) be interpreted

הִתְפַּשֵּׁט פעל ע׳ (hitpashSHET) spread out, expand; undress

הִתְפַּשְּׁטוּת נ׳ (hitpasheTUT) expansion, spreading out; undressing

הִתְפַּשֵּׁר פעל ע׳ (hitpashSHER) compromise

הִתְפַּתָּה פעל ע׳ (hitpatTA) be seduced, be enticed, be persuaded

הִתְפַּתֵּחַ פעל ע׳ (hitpatTAḤ) develop

הִתְפַּתְּחוּת נ׳ (hitpatteḤUT) development; evolution

הִתְפַּתְּחוּתִי ת׳ (hitpatteḥuTI) developmental

הִתְפַּתֵּל פעל ע׳ (hitpatTEL) twist; writhe; wriggle

הִתְקַבֵּל פעל ע׳ (hitkabBEL) be received, be accepted

הִתְקַבֵּץ פעל ע׳ (hitkabBETS) gather

הִתְקַדֵּם פעל ע׳ (hitkadDEM) advance, get ahead, proceed

הִתְקַדְּמוּת נ׳ (hitkaddeMUT) advance, advancement

הִתְקַדֵּר פעל ע׳ (hitkadDER) darken

הִתְקַדֵּשׁ פעל ע׳ (hitkadDESH) be purified; be sanctified; prepare oneself, consecrate oneself

הִתְקַדְּשׁוּת נ׳ (hitkaddeSHUT) purification; sanctification, consecration

הִתְקַהֵל פעל ע׳ (hitkaHEL) gather, assemble

הִתְקַהֲלוּת נ׳ (hitkahaLUT) assembly, gathering

הִתְקוֹטֵט פעל ע׳ (hitkoTET) quarrel

הִתְקוֹטְטוּת נ׳ (hitkoteTUT) quarreling

הִתְקוֹמֵם פעל ע׳ (hitkoMEM) rebel, rise up

הִתְקוֹמְמוּת נ׳ (hitkomeMUT) uprising, revolt, rebellion

הִתְקַיֵּם פעל ע׳ (hitkaiYEM) exist; materialize, come true

הִתְקִין פעל ע׳ (hitKIN) install; prepare, arrange; introduce, establish

הִתְקִיף פעל י׳ (hitKIF) attack, assault

הִתָּקְלוּת נ׳ (hitakkeLUT) encounter

הִתְקַלֵּחַ פעל ע׳ (hitkalLAḤ) take a shower

הִתְקַלֵּס פעל ע׳ (hitkalLES) mock, jeer at

הִתְקַלֵּף פעל ע׳ (hitkalLEF) peel

הִתְקַלְקֵל פעל ע׳ (hitkalKEL) become spoiled; break down

הִתְקַמֵּט פעל ע׳ (hitkamMET) wrinkle

הִתְקַמְּטוּת נ׳ (hitkammeTUT) wrinkling

הֶתְקֵן נ׳ (hetKEN) device

הִתְקַנֵּא פעל ע׳ (hitkanNE) envy

הַתְקָנָה נ׳ (hatkanNA) installing, installation; preparation; introducing

הֶתְקֵף ז׳ (hetKEF) attack, access

הַתְקָפָה ז׳ (hatkaFA) attack, assault

הִתְקַפֵּל פעל ע׳ (hitkapPEL) fold up, fold; roll; "take off", "pull out"

הִתְקַצֵּף פעל ע׳ (hitkatsTSEF) be angry

הִתְקָרֵב פעל ע׳ (hitkaREV) approach, approximate

הִתְקָרְבוּת נ׳ (hitkareVUT) coming near, approaching; approach; rapprochement

הִתְקָרֵחַ פעל ע׳ (hitkaRAḤ) bald, become bald

הִתְקָרֵר פעל ע׳ (hitkaRER) cool off; catch cold

הִתְקָרְרוּת נ׳ (hitkareRUT) cooling; catching cold

הִתְקָרֵשׁ פעל ע׳ (hitkaRESH) coagulate, thicken, congeal

הִתְקַשָּׁה פעל ע׳ (hitkaSHA) harden; find it difficult; become difficult

הִתְקַשֵּׁט פעל ע׳ (hitkashSHET) adorn oneself

הִתְקַשֵּׁר פעל ע׳ (hitkashSHER) be tied, be bound, be joined; gather; get in touch; form an alliance; keep company

הִתְקַשְּׁרוּת נ׳ (hitkasheRUT) being joined, attachment; forming an alliance; commitment, alliance

הֶתֵּר ז׳ (heTER) permission, permit; release

הִתְרָאָה פעל ע׳ (hitra'A) see each other

לְהִתְרָאוֹת so long, au revoir

הַתְרָאָה נ׳ (hatra'A) warning

הִתְרַבָּה פעל ע׳ (hitrabBA) multiply, increase

הִתְרַבּוּת נ׳ (hitrabBUT) increase

הִתְרַבְרֵב פעל ע׳ (hitravREV) boast, brag

הִתְרַבְרְבוּת נ׳ (hitravreVUT) boasting, bragging

הִתְרַגֵּז פעל ע׳ (hitragGEZ) be angry

הִתְרַגֵּל פעל ע׳ (hitragGEL) get used to, become accustomed to

הִתְרַגֵּשׁ פעל ע׳ (*hitragGESH*) become excited

הִתְרָה פעל י׳ (*hitRA*) warn

הַתָּרָה נ׳ (*hattaRA*) permission, permitting; loosening, untying, releasing, solving, solution; abolition, cancellation

הִתְרוֹמֵם פעל ע׳ (*hitroMEM*) rise

הִתְרוֹעֵעַ פעל ע׳ (*hitro'E'a*) become friends, associate

הִתְרוֹפֵף פעל ע׳ (*hitroFEF*) weaken; loosen; diminish

הִתְרוֹצֵץ פעל ע׳ (*hitroTSETS*) rush around, run around

הִתְרוֹצְצוּת נ׳ (*hitrotseTSUT*) rushing around, running around; clash

הִתְרוֹקֵן פעל ע׳ (*hitroKEN*) empty

הִתְרוֹקְנוּת נ׳ (*hitrokenNUT*) emptying, becoming empty

הִתְרוֹשֵׁשׁ פעל ע׳ (*hitroSHESH*) become poor

הִתְרוֹשְׁשׁוּת נ׳ (*hitrosheSHUT*) impoverishment

הִתְרַחֵב פעל ע׳ (*hitraḤEV*) broaden, expand, dilate

הִתְרַחֲבוּת נ׳ (*hitraḥaVUT*) broadening, expansion; dilation

הִתְרַחֵץ פעל ע׳ (*hitraḤETS*) bathe; wash up

הִתְרַחֵק פעל ע׳ (*hitraḤEK*) go far away; keep aloof, keep one's distance, draw away, become estranged

הִתְרַחֲקוּת נ׳ (*hitraḥaKUT*) going far; keeping aloof; keeping one's distance, drawing away, estrangement

הִתְרַחֵשׁ פעל ע׳ (*hitraḤESH*) happen, occur

הִתְרַחֲשׁוּת נ׳ (*hitraḥaSHUT*) happening, occurrence

הִתְרַטֵּב פעל ע׳ (*hitratTEV*) become wet

הִתְרַכֵּז פעל ע׳ (*hitrakKEZ*) concentrate; be concentrated

הִתְרִים פעל ע׳ (*hitRIM*) induce to contribute, collect donations

הִתְרִיס פעל ע׳ (*hitRIS*) defy, object to, contradict

הִתְרִיעַ פעל ע׳ (*hitRI'a*) object strenuously, complain bitterly; sound a trumpet call

הִתְרַכֵּךְ פעל ע׳ (*hitraKEKH*) soften, become soft

הִתְרַכְּכוּת נ׳ (*hitrakeKHUT*) softening

הַתְרָמָה נ׳ (*hatraMA*) inducing to contribute; collecting donations

הַתְרָסָה נ׳ (*hatraSA*) defiance, objection, contradiction

הִתְרַסֵּן פעל ע׳ (*hitrasSEN*) control oneself, restrain oneself

הִתְרַסֵּק פעל ע׳ (*hitrasSEK*) crash

הִתְרַסְּקוּת נ׳ (*hitrasseKUT*) crash

הַתְרָעָה נ׳ (*hatra'A*) objection, complaint; trumpet call

הִתְרָעֵם פעל ע׳ (*hitra'EM*) grumble

הִתְרַעֲנֵן פעל ע׳ (*hitra'aNEN*) refresh oneself, become refreshed

הִתְרַפֵּא פעל ע׳ (*hitrapPE*) seek a cure, be under a physician's care; be under treatment; be cured, recover

הִתְרַפָּה פעל ע׳ (*hitrapPA*) weaken, slacken, loosen; become lazy

הִתְרַפּוּת נ׳ (*hitrapPUT*) weakening, slackening, loosening; becoming lazy

הִתְרַפֵּס פעל ע׳ (*hitrapPES*) humble oneself, fawn

הִתְרַפְּסוּת נ׳ (*hitrappeSUT*) humbling oneself; fawning, obsequiousness

הִתְרַפֵּק פעל ע׳ (*hitrapPEK*) hug, hold close; yearn

הִתְרַפְּקוּת נ׳ (*hitrappeKUT*) hugging, embracing, holding close

הִתְרַצָּה פעל ע׳ (*hitratsTSA*) be reconciled; make a favorable impression

הִתְרַקֵּם פעל ע׳ (*hitrakKEM*) be formed

הִתְרַשֵּׁל פעל ע׳ (*hitrashSHEL*) be negligent

הִתְרַשֵּׁם פעל ע׳ (*hitrashSHEM*) be impressed

הִתְרַתֵּחַ פעל ע׳ (*hitratTAḤ*) be furious

הֲתַשָּׁה נ׳ (*hatashSHA*) attrition; weakening

ו

Vav, Waw (the sixth letter of the Hebrew alphabet); six, sixth (*VAV*) ו נ׳

and, also; but; then; [in biblical Hebrew: converts future tense into past and past into future] (*ve-, u-, va-*) וְ־, וּ־, וָ־ מ״ח

wadi, dry, water, course (except during rainy season) (*VAdi*) וָאדִי ז׳

verify (*vidDE*) וִדֵּא פעל י׳

certainty (*vada'UT*) וַדָּאוּת נ׳

truth, certainty (*vadDAI*) וַדַּאי ז׳

surely, certainly בְּ – תה״פ

certain, clear (*vada'I*) וַדָּאִי ת׳

hear confession (*vidDA*) וִדָּה פעל י׳

confession (*vidDUY*) וִדּוּי ז׳

hook, letter vav (*VAV*) וָו ז׳

vulgar, coarse (*vulGAri*) וּוּלְגָּרִי ת׳

tungsten (*VOLFram*) וּוֹלְפְרָם ז׳

minister, vizier (*vaZIR*) וָזִיר ז׳

veto (*VEto*) וֶטוֹ ז׳

veterinary (*veteriNAR*) וֶטֶרִינָר ז׳

woe (*VAI*) וַי מ״ק

visa (*VIza*) וִיזָה נ׳

vitamin (*vitaMIN*) וִיטָמִין ז׳

curtain, veil, blind, drape; velum (*viLON*) וִילוֹן ז׳

virus (*VIrus*) וִירוּס ז׳

virtuoso (*virtu'OZ*) וִירְטוּאוֹז ז׳

debate, argument discussion, disputation (*vikKU'aḥ*) וִכּוּחַ ז׳

argumentative person; polemist (*vakkeḤAN*) וַכְּחָן ז׳

argumentative (*vakkeḥaNI*) וַכְּחָנִי ת׳

infant; newborn offspring, young whelp (*vaLAD*) וָלָד ז׳

multiparity (*valdaNUT*) וַלְדָנוּת נ׳

prolific mother, multipara (*valdaNIT*) וַלְדָנִית נ׳

waltz (*VALS*) וַלְס ז׳

vandal (*vanDAL*) וַנְדָל ז׳

vanilla (*vaNIL*) וָנִיל ז׳

regulation, adjusting (*visSUT*) וִסּוּת ז׳

menstruation (*VEset*) וֶסֶת ז׳ נ׳

adjust, regulate (*visSET*) וִסֵּת פעל י׳

regulator, governor (*vasSAT*) וַסָּת ז׳

summon, assemble (*ve'ED*) וִעֵד פעל י׳

committee, board; meeting (*VA'ad*) וַעַד ז׳

committee, commission (*va'a'DA*) וַעֲדָה נ׳

convention, conference; meeting (*ve'i'DA*) וְעִידָה נ׳

vector (*VEKtor*) וֶקְטוֹר ז׳

rose (*VEred*) וֶרֶד ז׳

pink (*vaROD*) וָרֹד ת׳

rosy, pinkish (*veradRAD*) וְרַדְרַד ת׳

vein (*vaRID*) וָרִיד ז׳

venous (*veriDI*) וְרִידִי ת׳

variation (*varYATSya*) וַרְיַצְיָה נ׳

esophagus, gullet (*VEshet*) וֶשֶׁט ז׳

concession, surrender, renunciation (*vitTUR*) וִתּוּר ז׳

veteran, old, senior (*vaTIK*) וָתִיק ת׳

seniority, tenure (*VEtek*) וֶתֶק ז׳

concede, yield, renounce (*vitTER*) וִתֵּר פעל ע׳

indulgent person, lenient person; generous (*vatteRAN*) וַתְּרָן ז׳

leniency, indulgence (*vatteraNUT*) וַתְּרָנוּת נ׳

ז

Zayin (the seventh letter of the Hebrew alphabet); seven, seventh (ZAyin) ז נ׳
wolf (ze'EV) זְאֵב ז׳
wolfish (ze'eVI) זְאֵבִי ת׳
wolfishness (ze'eviYUT) זְאֵבִיּוּת נ׳
youngster, boy; mischievous child, imp (za'aTUT) זַאֲטוּט ז׳
this (f.), this one (ZOT) זֹאת נ׳ מ״ג
nevertheless, still בְּכָל –
ooze, drip, trickle (ZAV) זָב פעל ע׳
afflicted with gonorrhea – ז׳
gift (ZEved) זֶבֶד ז׳
butterfat (zivDA) זִבְדָּה נ׳
fly (zeVUV) זְבוּב ז׳
Beelzebub בַּעַל־ –
manuring, fertilizing (zibBUL) זִבּוּל ז׳
ballast (zevoRIT) זְבוֹרִית נ׳
poor soil; inferior merchandise (zibbuRIT) זִבּוּרִית נ׳
sacrifice (zaVAḤ) זָבַח פעל י׳
sacrifice (ZEvaḥ) זֶבַח ז׳
sacrificing (zeviḤA) זְבִיחָה נ׳
container, case (zeVIL) זְבִיל ז׳
dung, manure; refuse, feces; garbage, waste (ZEvel) זֶבֶל ז׳
fertilize (zibBEL) זִבֵּל פעל י׳
salesman (zabBAN) זַבָּן ז׳
selling (in store) (zabbaNUT) זַבָּנוּת נ׳
zebra (ZEBra) זֶבְּרָה נ׳
glazier (zagGAG) זַגָּג ז׳
glaze (zigGEG) זִגֵּג פעל י׳
glaziery, glasswork (zaggaGUT) זַגָּגוּת נ׳
glazing; frosting, icing (zigGUG) זִגּוּג ז׳
glassy; translucent (zeguGI) זְגוּגִי ת׳
glass, pane; glaze (zeguGIT) זְגוּגִית נ׳

scoundrel, villain (ZED) זֵד ז׳
malice (zaDON) זָדוֹן ז׳
evil-doer (zeDON) זֵדוֹן ז׳
malicious (zedoNI) זְדוֹנִי ת׳
this one, this (m.) (ZE) זֶה ז׳ מ״ג
that; then; already – מ״ח
each other – אֶת –
not long ago – לֹא כְּבָר
just now – עַתָּה
in this here, hereby בָּ –
such a... כָּ –
gold (zaHAV) זָהָב ז׳
golden (zaHOV) זָהֹב ת׳
golden, golden brown (zehavHAV) זְהַבְהַב ת׳
identify (ziHA) זִהָה פעל י׳
identical (zeHE) זֵהֶה ת׳
this is (-it), is (ZEhu) זֶהוּ מ״ג
identification (ziHUY) זִהוּי ז׳
pollution; infection; fouling (ziHUM) זִהוּם ז׳
rayon; crimson cloth (zehoRIT) זְהוֹרִית נ׳
identity (zeHUT) זֶהוּת נ׳
careful, cautious (zaHIR) זָהִיר ת׳
caution (zehiRUT) זְהִירוּת נ׳
pollute, infect; contaminate (ziHEM) זִהֵם פעל י׳
filth, dirt (zuhaMA) זֻהֲמָה נ׳
glow, brilliance glamor; Zohar (zoHAR) זֹהַר ז׳
glow, shine (zaHAR) זָהַר פעל ע׳
glow, radiance (zahaRUR) זַהֲרוּר ז׳
this (f.) (ZO) זוֹ מ״ג
that, which, who (ZU) זוּ מ״ח
zoologist (zo'o'LOG) זוֹאוֹלוֹג ז׳
zoology (zo'oLOGya) זוֹאוֹלוֹגְיָה נ׳
flow, discharge (ZOV) זוֹב ז׳

pair, couple (ZUG) זוּג ז׳
spouse; mate בֶּן־ –; בַּת־ –
pair, match (zivVEG) זִוֵּג פעל י׳
wife (zuGA) זוּגָה נ׳
even, dual, binary (zuGI) זוּגִי ת׳
pairing, matching; spouse; mating (zivVUG) זִוּוּג ז׳
reptile, insect (zoḤEL) זוֹחֵל ז׳
miniature, tiny (ZUta) זוּטָא ת׳
trifle, brief anecdote, sketch (zuTA) זוּטָה נ׳
junior, small (zuTAR) זוּטָר ת׳
angle; corner (zaVIT) זָוִית נ׳
square (zaviTON) זָוִיתוֹן ז׳
angular (zaviTI) זָוִיתִי ת׳
low price; cheap, inferior (ZOL) זוֹל ז׳ ת׳
cheapness (zoLUT) זוֹלוּת נ׳
glutton, low, insignificant (zoLEL) זוֹלֵל ת׳
glutton (zoleLAN) זוֹלְלָן ז׳
except, other than- (zuLAT) זוּלַת מ״י
fellow man, other person הַ –
prostitute (zoNA) זוֹנָה נ׳
horror; atrocity; earthquake (zeva'A) זְוָעָה נ׳
atrocious; horrible (zav'a'TI) זַוְעָתִי ת׳
sneeze (zoRER) זוֹרֵר פ״ע
move, budge (ZAZ) זָז פעל ע׳
arrogant (zaḤU'aḥ) זָחוּחַ ת׳
sliding, movable (zaḤI'aḥ) זָחִיחַ ת׳
movability; movement; haughtiness (zeḥiḤUT) זְחִיחוּת נ׳
crawl, creeping, self-abasement (zeḥiLA) זְחִילָה נ׳
crawl, creep, humble oneself (zaḤAL) זָחַל פעל ע׳
larva, caterpillar; caterpillar-track; tracked vehicle (ZAḥal) זַחַל ז׳
crawler; slowpoke; slide; sycophant (zaḥLAN) זַחְלָן ז׳

self abasement; sluggishness; delay (zaḥlaNUT) זַחְלָנוּת נ׳
gonorrhea; flowing (ziVA) זִיבָה נ׳
brightness, glory (ZIV) זִיו ז׳
arming, armament; sexual intercourse (ziyYUN) זִיּוּן ז׳
bright (zivaNI) זִיוָנִי ת׳
counterfeiting, forgery, fraud, fake (ziYUF) זִיּוּף ז׳
projection, bracket; motion (ZIZ) זִיז ז׳
cheapness; go! (Aram.) (ZIL) זִיל ז׳
dirt cheap – הַזּוֹל
gill (ZIM) זִים ז׳
arms, weapon; penis (ZAyin) זַיִן ז׳
arm; copulate with (ziYEN) זִיֵּן פעל י׳
tremor; stir, movement (ZI'a) זִיעַ ז׳
bristle, whisker (ZIF) זִיף ז׳
counterfeit, forge, fake (ziYEF) זִיֵּף פעל י׳
coarse sand (ZIFzif) זִיפְזִיף ז׳
forger, counterfeiter, faker (zaiyeFAN) זַיְּפָן ז׳
forgery, deception (zaiyefaNUT) זַיְּפָנוּת נ׳
spark, flash; bit; comet (ZIK) זִיק ז׳
זִיקָה ר׳ זִקָּה
arena, theater, scene (ziRA) זִירָה נ׳
olive, olive tree (ZAyit) זַיִת ז׳
the size of an olive, tiny quantity, anything at all – כְּ
pure, clear, clean (ZAKH) זַךְ ת׳
acquitted, innocent; worthy; entitled (zakKAI) זַכַּאי ת׳
win, be fortunate; be acquitted; be worthy (zaKHA) זָכָה פעל ע׳
acquit; favor (zikKA) זִכָּה פעל י׳
acquittal; granting of possession; crediting (zikKUY) זִכּוּי ז׳
personal deductions זִכּוּיִים אִישִׁיִּים
purification, refining (zikKUKH) זִכּוּךְ ז׳

glass (zekhuKHIT) זְכוּכִית נ׳
remembered; males (zaKHUR) זָכוּר ת׳ ז״ר
right, privilege; credit; acquittal; merit, favor; advantage (zeKHUT) זְכוּת נ׳
thanks to, by right of בְּ –
acquit, make allowances for דָּן לְכַף –
credit... זָקַף לִזְכוּתוֹ שֶׁל...
plead his cause לִמֵּד – עָלָיו
right of way – קְדִימָה
primogeniture – בְּכוֹרָה
purity, clarity (zakKUT) זַכּוּת נ׳
winning; accomplishment; right (zekhiyYA) זְכִיָּה נ׳
concession (zikkaYON) זִכָּיוֹן ז׳
remembrance, recollection (zekhiRA) זְכִירָה נ׳
purify, refine (zikKEKH) זִכֵּךְ פעל י׳
remember, recollect, memorize (zaKHAR) זָכַר פעל י׳
male; masculine (zaKHAR) זָכָר ז׳
memory, trace (ZEkher) זֵכֶר ז׳
memory, recollection; storage (computer) (zikkaRON) זִכָּרוֹן ז׳
masculinity, virility; penis (zakhRUT) זַכְרוּת נ׳
male, manly (zekhaRI) זְכָרִי ת׳
memorizing ability (zakhraNUT) זַכְרָנוּת נ׳
drip, flow; cause to flow, pour (zaLAG) זָלַג פעל ע׳ י׳
sparsely-bearded (zaldeKAN) זַלְדְקָן ת׳
dripping, flowing (zilLUG) זִלּוּג ז׳
sprinkling (zilLUF) זִלּוּף ז׳
contempt, disparagement (zilZUL) זִלְזוּל ז׳
belittle, disparage, degrade (zilZEL) זִלְזֵל פעל ע׳
twig (zalZAL) זַלְזַל ז׳
dripping, flowing (zeliGA) זְלִיגָה נ׳
gluttony, devouring (zeliLA) זְלִילָה נ׳

dripping, sprinkling (zeliFA) זְלִיפָה נ׳
eat greedily, overeat, devour (zaLAL) זָלַל פעל י׳
trembling, storm (zal'aFA) זַלְעָפָה נ׳
raging wind, tempest רוּחַ זַלְעָפוֹת
cause to drip, sprinkle (zaLAF) זָלַף פעל י׳
lewdness, evil, abomination; adultery (zimMA) זִמָּה נ׳
summons, meeting, appointment; assignation (zimMUN) זִמּוּן ז׳
branch, twig (zemoRA) זְמוֹרָה נ׳
buzz, hum (zimZUM) זִמְזוּם ז׳
buzzer (zamZAN) זַמְזָם ז׳
hum, buzz (zimZEM) זִמְזֵם פעל ע׳ י׳
available; transferable (zaMIN) זָמִין ת׳
availability; transferability (zemiNUT) זְמִינוּת נ׳
nightingale; songbird (zaMIR) זָמִיר ז׳
pruning; singing; hymn (zemiRA) זְמִירָה נ׳
plot, perjury; muzzle (zeMAM) זְמָם ז׳
plot, scheme, conspire; muzzle (zaMAM) זָמַם פעל י׳
time; period, season; tense; holiday (zeMAN) זְמָן ז׳
prepare; summon together; invite; say grace in company (zimMEN) זִמֵּן פעל י׳
temporary; acting, ad hoc (zemanNI) זְמַנִּי ת׳
prune (zaMAR) זָמַר פעל י׳
sing; praise in song; play (instrument) (zimMER) זִמֵּר פעל י׳
singing; song, melody (zemer) זֶמֶר ז׳
singer (zamMAR) זַמָּר ז׳
זְמַרַגְּד ר׳ אִזְמָרַגְּד
singing, music (zimRA) זִמְרָה נ׳
singer (f.) (zamMEret) זַמֶּרֶת נ׳
feed, provide (ZAN) זָן פעל י׳
kind, variety (ZAN) זַן ז׳

זַנַּאי ז׳ (*zanNAI*) pimp; adulterer, fornicator
זָנָב ז׳ (*zaNAV*) tail
חֲסַר – ת׳ acaudal
זִנֵּב פעל י׳ (*zinNEV*) dock the tail; cut off tip; destroy stragglers
זְנַבְנָב ז׳ (*zenavNAV*) small tail
זַנְגְּבִיל ז׳ (*zangVIL*) ginger
זָנָה פעל ע׳ (*zaNA*) commit adultery; commit idolatry; stray from the right path; prostitute oneself
זִנּוּב ז׳ (*zinNUV*) docking the tail; destruction of stragglers
זְנוּנִים ז״ר (*zenuNIM*) prostitution, lewdness
זִנּוּק ז׳ (*zinNUK*) sortie, leap; start; take-off
זְנוּת נ׳ (*zeNUT*) prostitution
זָנַח פעל י׳ (*zaNAḤ*) abandon, neglect
זִנֵּק פעל ע׳ (*zinNEK*) jump, leap, spring
זָע פעל ע׳ (*ZA'*) move, budge; tremble
זֵעָה נ׳ (*ze'A*) perspiration, sweat
זָעוּם ת׳ (*za'UM*) scanty, meager; angry; cursed
זָעוּף ת׳ (*za'UF*) angry, bad-tempered
זַעֲזוּעַ ז׳ (*za'aZU'a*) shock, tremor
זִעְזַע פעל י׳ (*zi'ZA*) shake, shock
זָעִיר ת׳ (*za'IR*) tiny, miniature, minor
זְעֵיר תה״פ (*ze'EYR*) a little, slightly
– אַנְפִּין miniature, small scale
– בּוּרְגָּנִי petit bourgeois
זָעַם פעל ע׳ י׳ (*za'AM*) be angry
זַעַם ז׳ (*ZA'am*) wrath, anger
זַעֲמָן ז׳ (*za'aMAN*) racer (snake)
זָעַף פעל ע׳ (*za'AF*) resent; be angry; be cross, scowl; storm
זַעַף ז׳ (*ZA'af*) anger
גֶּשֶׁם – torrential rain
זָעֵף ת׳ (*za'EF*) angry; ill-tempered
זְעַפְרָן ז׳ (*ze'afRAN*) saffron
זָעַק פעל ע׳ (*za'AK*) cry; scream, call out; implore; weep
– חָמָס cry out against injustice

זְעָקָה נ׳ (*ze'aKA*) cry, outcry
זַעֲרוּרִי ת׳ (*za'aruRI*) minuscule
זְעַרְעָר ת׳ (*ze'ar'AR*) tiny
זִפּוּת ז׳ (*zipPUT*) asphalting; tarring
זֶפֶק ז׳ (*ZEfek*) crop, goiter
זִפֵּת פעל י׳ (*zipPET*) tar, asphalt; spoil
זֶפֶת נ׳ (*ZEfet*) tar, pitch, asphalt
זַפָּת ז׳ (*zapPAT*) tar maker, tar worker
זִפְת ת׳ (*ZIFT*) "lousy"
זֵק ז׳ (*ZEK*) spark; fetter
זִקָּה נ׳ (*zikKA*) connection, attachment, sympathy, bond; relation; requirement
מִלַּת – relative pronoun
מִשְׁפַּט – dependent clause
זְקוּנִים ז״ר (*zekuNIM*) old age
בֶּן – son born in old age, last born
זָקוּף ת׳ (*zaKUF*) vertical, erect
זָקוּק ת׳ (*zaKUK*) need, require; needy; chained
זִקּוּק ז׳ (*zikKUK*) distillation, purification; refining; firecracker; flare; spark
זִקּוּקִין דִּי־נוּר fireworks
זָקִיף ז׳ (*zaKIF*) sentry, sentinel
זְקִיפָה נ׳ (*zekiFA*) charging (an account); erecting
– לִזְכוּת crediting
– לְחוֹבָה debiting
זְקִיפוּת נ׳ (*zekiFUT*) erectness, uprightness
זִקִּית נ׳ (*zikKIT*) chameleon
זָקֵן ת׳ ז׳ (*zaKEN*) old, aged, veteran, senior; old man, elder, chieftain, representative, patriarch, scholar, grandfather
זָקֵן פעל ע׳ (*zaKEN*) be old, age, become old
זֹקֶן ז׳ (*ZOken*) old age
זָקָן ז׳ (*zaKAN*) beard
זְקֵנָה נ׳ (*zekeNA*) old woman, grandmother

זִקְנָה, זִקְנוּת נ׳ (zikNA; zikNUT) old age

זְקַנְקַן ז׳ (zekanKAN) small beard

זָקַף פעל ע׳ י׳ (zaKAF) raise up, lift, straighten, stand erect, charge (an account); attribute

זֵקֶף ז׳ (zakEF) side of a right angle

זִקֵּק פעל י׳ (zikKEK) refine, purify, distill

זָקַר פעל י׳ (zaKAR) push, thrust

זֵר ז׳ (ZER) wreath, bouquet; frame, edge

– ־דַּפְנָה laurel (wreath)

זָר ת׳ ז׳ (ZAR) strange, foreign, alien; stranger, foreigner, alien, outsider; layman

עֲבוֹדָה זָרָה נ׳ idolatry

זָרָא ז׳ (zaRA) loathing, disgust

זַרְבּוּבִית נ׳ (zarbuVIT) spout

ז׳רְגוֹן ז׳ (zharGON) jargon; Yiddish

זֶרֶד ז׳ (ZEred) twig, sprig; stick

זָרָה פעל י׳ (zaRA) scatter, disperse, sprinkle

זֵרוּז ז׳ (zeRUZ) urging, accelerating, catalysis

זֵרוּי ז׳ (zeRUY) dispersal

זָרוּי ת׳ (zaRUY) scattered

זְרוֹעַ נ׳ (zeRO'a) arm, forearm, shankbone; strength; violence; branch (of army); spoke, tributary

זָרוּעַ ת׳ (zaRU'a) sown, strewn

זָרוּת נ׳ (zaRUT) anomaly; strangeness; laity

זֵרֵז פעל י׳ (zeREZ) urge, spur, accelerate; catalyze

זָרָז ז׳ (zaRAZ) catalyst

זַרְזִיף ז׳ (zarZIF) drizzle; stream

זַרְזִיר ז׳ (zarZIR) starling

זִרְזֵף פעל ע׳ י׳ (zirZEF) overflow, drip; drizzle, spout

זָרַח פעל ע׳ (zaRAḤ) rise (sun), shine, bloom

זַרְחָה נ׳ (zarḤA) phosphate

זַרְחָן ז׳ (zarḤAN) phosphorus

זַרְחָנוּת נ׳ (zarḥaNUT) phosphorescence

זַרְחָנִי ת׳ (zarḥaNI) phosphoric

זַרְחָתִי ת׳ (zarḥaTI) phosphorous

זְרִיָּה נ׳ (zeriYA) sprinkling, scattering

זָרִיז ת׳ (zaRIZ) agile, adroit, alert, quick, nimble, industrious, skillful

זְרִיזוּת נ׳ (zeriZUT) adroitness, agility, alacrity

זָרִים ת׳ (zaRIM) streamlined

זְרִיחָה נ׳ (zeriḤA) sunrise, shining, glowing

זְרִימָה נ׳ (zeriMA) flow

תַּרְשִׁים – ז׳ flow-chart

זְרִיעָה נ׳ (zeri'A) sowing

זְרִיקָה נ׳ (zeriKA) throw, throwing; injection; sprinkling

זְרִירָה נ׳ (zeriRA) sneeze, sneezing

זָרַם פעל ע׳ י׳ (zaRAM) flow, stream, sweep away, flood

זֶרֶם ז׳ (ZErem) stream; current, flow, trend, course

– חִלּוּפִין ז׳ alternating current

– יָשָׁר ז׳ direct current

זִרְמָה נ׳ (zirMA) flow; issue, ejaculation

זַרְנוּק ז׳ (zarNUK) hose, fire hose; tube

זַרְנִיךְ ז׳ (zarNIKH) arsenic

זָרַע פעל י׳ (zaRA') sow, seed, scatter

זֶרַע ז׳ (ZEra') seed; corn, grain; sowing season; sperm, semen, issue, offspring

זֵרְעוֹן ז׳ (zera'ON) seed; spermatozoon, achene

זַרְעִי ת׳ (zar'I) having seed

זָרַק פעל י׳ (zaRAK) throw; hurl; sprinkle

זַרְקוֹר ז׳ (zarKOR) projector; searchlight

זֶרֶת נ׳ (ZEret) little finger, pinky; span

ח

ח נ׳ (ḤET) Het (the eighth letter of the Hebrew alphabet); eight, eighth

חָאן ז׳ (KHAN) inn, caravansary

חֹב ז׳ (ḤOV) bosom

בְּחֻבּוֹ inside

חָב פעל ע׳ (ḤAV) owe, incur debt

חָבַב פעל י׳ (ḥaVAV) be fond of, like

חִבֵּב פעל י׳ (ḥibBEV) like, love, regard with affection

חִבָּה נ׳ (ḥibBA) affection, liking, attachment, fondness

חִבּוּב ז׳ (ḥibBUV) liking

חַבּוּב ז׳ (ḥabBUB) darling

חִבּוּט ז׳ (ḥibBUT) beating

חָבוּט ת׳ (ḥaVUT) beaten

חָבוּי ת׳ (ḥaVUY) hidden

חָבוּל ת׳ (ḥaVUL) wounded, beaten, given as security, mortgaged; tied

חִבּוּץ ז׳ (ḥibBUTS) churning

חָבוּק ת׳ (ḥaVUK) hugged

חִבּוּק ז׳ (ḥibBUK) embrace, hug

חִבּוּר ז׳ (ḥibBUR) joining, connecting, joint; addition, attachment, connection; composition; essay; articulation

חַבּוּרָה נ׳ (ḥabbuRA) bruise

חֲבוּרָה נ׳ (ḥavuRA) group, band, company

חָבוּשׁ ת׳ (ḥaVUSH) tied, imprisoned; bandaged; worn (hat); saddled

חַבּוּשׁ ז׳ (ḥabBUSH) quince

חָבַט פעל י׳ (ḥaVAT) beat, strike, thresh, thrash down

חֲבָטָה נ׳ (ḥavaTA) blow

חָבִיב ת׳ (ḥaVIV) lovable, pleasant, amiable, dear

חֲבִיבוּת נ׳ (ḥaviVUT) affability; pleasantness; amiability

חֶבְיוֹן ז׳ (ḥevYON) hiding place

חֶבְיוֹנָה נ׳ (ḥevyoNA) cask, keg

חֲבִיטָה נ׳ (ḥaviTA) beating, blow

חֲבִילָה נ׳ (ḥaviLA) package, bundle, parcel

חֲבִיצָה נ׳ (ḥaviTSA) pudding, custard

חֲבִישָׁה נ׳ (ḥaviSHA) bandaging; putting on; saddling; imprisonment

חָבִית נ׳ (ḥaVIT) barrel, cask; large jug

חֲבִיתָה נ׳ (ḥaviTA) omelet

חֲבִיתִיָּה, חֲבִיתִית נ׳ (ḥavitiyYA; ḥaviTIT) blintze, stuffed omelet

חָבַל פעל י׳ (ḥaVAL) wound, damage; pledge, pawn, take possession of, repossess a pledge

חִבֵּל פעל י׳ (ḥibBEL) destroy, sabotage, injure; plot, scheme

חֶבֶל ז׳ (ḤEvel) rope, district; snare; portion, lot; group

חֵבֶל ז׳ (ḤEvel) pain, suffering; birth pangs

חֶבְלֵי לֵדָה labor pains

חֶבְלֵי מָשִׁיחַ pre-Messianic tribulations

חֲבָל מ״ק (ḥaVAL) too bad!

חֲבַלְבַּל ז׳ (ḥavalBAL) bindweed, convolvulus

חֲבָלָה נ׳ (ḥavaLA) injury; indemnity

חַבָּלָה נ׳ (ḥabbaLA) sabotage, destruction; demolition

חַבְּלָן ז׳ (ḥabbeLAN) sapper, demolition expert; saboteur; terrorist

חַבְּלָנוּת נ׳ (ḥabbelaNUT) acts of sabotage

חִבֵּץ פעל י׳ (ḥibBETS) churn

חֲבַצֶּלֶת נ׳ (ḥavaTSElet) lily (pancratium)

חָבַק פעל י׳ (*ḥaVAK*) embrace, clasp
חִבֵּק פעל י׳ (*ḥibBEK*) embrace, hug
חָבַר פעל ע׳ (*ḥaVAR*) associate, affiliate, unite against; stitch; bewitch, practice magic
חִבֵּר פעל י׳ (*ḥibBER*) join, connect, add, attach, bind; compose, write
חֶבֶר ז׳ (*ḤEver*) company, association, staff, league, gang; magic
חָבֵר ז׳ (*ḥaVER*) friend, comrade, fellow, member, colleague; scholar, equal, companion, associate, mate
חֶבְרָה נ׳ (*ḥevRA*) company, association, society
חֶבְרַת בַּת subsidiary
מַדָּעֵי הַ – social sciences
חֶבְרֶה ז״ר (*ḤEVre*) group, band, gang
ה – the (our) group; the gang
חֲבֵרוּת נ׳ (*ḥaveRUT*) friendship; membership
חַבְרוּתָא נ׳ (*ḥavruTA*) company, society
חַבְרוּתִי ת׳ (*ḥavruTI*) sociable; social, friendly
חַבְרוּתִיּוּת נ׳ (*ḥavrutiYUT*) sociability
חֲבֵרִי ת׳ (*ḥaveRI*) friendly, comradely
חַבְרַיָּא, חֶבְרַיָּה ז״ר (*ḥavraiYA; ḥevraiYA*) friends, pals
חֶבְרַיָּה נ׳ (*ḥevraiYA*) company; the group, the gang
חֶבְרֶמַן ז׳ (*ḤEVreman*) one of the gang, regular fellow, good mixer; clever guy, "cool cat"
חֶבְרָתִי ת׳ (*ḥevraTI*) social
חָבַשׁ פעל י׳ (*ḥaVASH*) bandage; put on (hat); saddle; tie, bind; imprison
חַבַּשִׁי ת׳ (*ḥabbaSHI*) Ethiopian
חָג פעל י׳ (*ḤAG*) circle, turn around; make a circle
חַג ז׳ (*ḤAG*) holiday, festival, celebration, feast

חַג׳ ז׳ (*ḤAJ*) Hajj
חָגָב ז׳ (*ḥaGAV*) grasshopper
חָגַג פעל י׳ (*ḥaGAG*) celebrate, feast; dance, reel
חָגָו ז׳ (*ḥaGAV*) crevice
חָגוּר ת׳ (*ḥaGUR*) girded, belted; in full pack
חֲגוֹר ז׳ (*ḥaGOR*) full pack
חֲגוֹרָה נ׳ (*ḥagoRA*) belt, girdle
חֲגִיגָה נ׳ (*ḥagiGA*) celebration, party; festivity
חֲגִיגִי ת׳ (*ḥagiGI*) festive, solemn, ceremonial
חֲגִיגִית תה״פ solemnly
חֲגִיגִיּוּת נ׳ (*ḥagigiYUT*) festivity; solemnity
חֲגִירָה נ׳ (*ḥagiRA*) girding on, putting on pack
חָגְלָה נ׳ (*ḥogLA*) partridge, rock partridge
חָגַר פעל י׳ (*ḥaGAR*) gird on; encircle; make a supreme effort
חִגֵּר ת׳ (*ḥigGER*) lame
חִגְּרוּת נ׳ (*ḥiggeRUT*) lameness
חַד ת׳ (*ḤAD*) sharp, acute, biting, shrill
חָד פעל י׳ (*ḤAD*) pose a riddle
חֹד ז׳ (*ḤOD*) point, sharpness, edge, apex, spike
חַד ז׳ ת׳ (*ḤAD*) one, single
מֵחַד גִּיסָא on the one hand
חַד – (prefix) mono-, uni-
– פַּעֲמִי unique
– צְדָדִי unilateral
– תָּאִי monocellular, protozoan
– תָּאִיִּים protozoa
חַדְגוֹנִי ת׳ (*ḥadgoNI*) monotonous
חַדְגוֹנִיּוּת נ׳ (*ḥadgoniYUT*) monotony
חִדֵּד פעל י׳ (*ḥidDED*) sharpen
חִדּוּד ז׳ (*ḥidDUD*) sharpening; sting, joke
חַדּוּד ז׳ (*ḥadDUD*) point, spike, edge
חֶדְוָה נ׳ (*ḥedVA*) joy, gaiety

חָדוּר ת׳ (*ḥaDUR*) imbued with, saturated, permeated, penetrated
חִדּוּשׁ ז׳ (*ḥidDUSH*) innovation, regeneration, renewal; discovery
חַדּוּת נ׳ (*ḥadDUT*) sharpness, acuity, keenness
חָדִיר ת׳ (*ḥaDIR*) permeable, penetrable, pervious
חֲדִירָה נ׳ (*ḥadiRA*) penetration, incursion, invasion
חֲדִירוּת נ׳ (*ḥadiRUT*) permeability, penetrability
חָדִישׁ ת׳ (*ḥaDISH*) modern, novel, brand new
חָדַל פעל י׳ ע׳ (*ḥaDAL*) cease, stop
חָדֵל ת׳ (*ḥaDEL*) ceasing, failing; forsaking, transient
חֲדַל־אִישִׁים good-for-nothing
חֶדֶל ז׳ (*ḤEdel*) this world; cessation, the grave
חִדָּלוֹן ז׳ (*ḥiddaLON*) destruction, cessation
חַדַּף ז׳ (*ḥadDAF*) shrew
חֶדֶק ז׳ (*ḤEdek*) trunk (elephant), snout, proboscis
חִדְקוֹנִית נ׳ (*ḥidkoNIT*) weevil
חִדֶּקֶל ז׳ (*ḥidDEKel*) Tigris
חִדְקָן ז׳ (*ḥidKAN*) sturgeon
חָדַר פעל ע׳ (*ḥaDAR*) penetrate, enter, invade
חֶדֶר ז׳ (*ḤEder*) room; chamber, cell; ventricle; recess; inner place, space; religious elementary school; apartment
חֲדַר־שֵׁנָה bedroom
חֲדַר־מֵתִים morgue
חַדְרוֹן ז׳ (*ḥadRON*) alcove, cubicle
חַדְרָן ז׳ (*ḥadRAN*) steward, valet
חַדְרָנִית נ׳ chambermaid
חִדֵּשׁ פעל י׳ (*ḥidDESH*) renew, renovate; invent, discover
חָדָשׁ ת׳ (*ḥaDASH*) new
מֵחָדָשׁ תה״פ anew
חֹדֶשׁ ז׳ (*ḤOdesh*) month, new moon
רֹאשׁ חֹדֶשׁ first of the month, new moon
חֲדָשָׁה נ׳ (*ḥadaSHA*) novelty
חֲדָשׁוֹת נ״ר news
חָדְשִׁי ת׳ (*ḥodSHI*) monthly
חַדְּשָׁן ז׳ (*ḥaddeSHAN*) innovator, modernizer, inventor
חַדְּשָׁנוּת נ׳ (*ḥaddeshaNUT*) disposition to innovate, inventiveness
חוֹב ז׳ (*ḤOV*) debt
בַּעַל־ – ז׳ lender; debtor
שְׁטַר־ – ז׳ note
חוֹבֵב ז׳ (*ḥoVEV*) lover; admirer; amateur
חוֹבְבוּת, חוֹבְבָנוּת נ׳ (*ḥoveVUT; ḥovevaNUT*) amateurishness
חוֹבְבָן ז׳ (*ḥoveVAN*) amateur, dilettante
חוֹבְבָנִי ת׳ (*ḥovevaNI*) amateurish
חוֹבָה נ׳ (*ḥoVA*) duty, obligation, conviction; guilt; debit, liability
דָּן לְכַף – convict, accuse
יָצָא יְדֵי חוֹבָתוֹ do one's duty, fulfil obligation
לִמֵּד – עַל־ pronounce guilty
חוֹבֵל ז׳ (*ḥoVEL*) officer, mate; sailor
– רִאשׁוֹן first mate
רַב־ – skipper, captain
חוֹבְלָנִי ת׳ (*ḥovelaNI*) destructive
חוֹבֵר ז׳ (*ḥoVER*) magician
חוֹבֶרֶת נ׳ (*ḥoVEret*) booklet, pamphlet; issue, copy; notebook
חוֹבֵשׁ ז׳ (*ḥoVESH*) medic, medical orderly, male nurse; jailer
– בֵּית הַמִּדְרָשׁ scholar
חוֹבְשׁוּת נ׳ (*ḥoveSHUT*) medical corpsmans' course
חוּג ז׳ (*ḤUG*) circle, sphere; orb; tropic, horizon; group, class, department, course; ring (math.)
חוֹגֵג ז׳ (*ḥoGEG*) celebrant
חוּגָה נ׳ (*ḥuGA*) dial; wood lark
חוֹגֵר ז׳ (*ḥoGER*) person liable for

military service; enlisted man; non-commissioned officer
חוֹדֵר ת׳ (*ḥoDER*) penetrating, piercing; acute
– שִׁרְיוֹן armor-piercing
חָוָה פעל ע׳ (*ḥaVA*) experience, be impressed
חִוָּה פעל י׳ (*ḥivVA*) indicate, pronounce, state
חַוָּה נ׳ (*ḥavVA*) farm, ranch
חִוּוּי ז׳ (*ḥivVUY*) statement, indication
דֶּרֶךְ – indicative mood
מִשְׁפַּט – declarative sentence
חָווּי ת׳ (*ḥaVUY*) expressed; experienced
חוֹזֶה ז׳ (*ḥoZE*) contract; seer, prophet
חוֹזֵר ז׳ (*ḥoZER*) circular (letter or memorandum)
– ת׳ returning, repeating
– בִּתְשׁוּבָה repentant sinner, penitent
הזוּן־ – feedback
חוֹחַ ז׳ (*ḤO'aḥ*) golden thistle, fissure, cleft; hook, ring
חוֹחִית נ׳ (*ḥoḤIT*) goldfinch
חוּט ז׳ (*ḤUT*) string, thread, cord; wire, line, filament; streak
– בַּרְזֶל wire
– חַשְׁמַל electric wire
– הַשִּׁדְרָה spinal cord
– הַשָּׁנִי thread of scarlet; characteristic element
– הַשַּׂעֲרָה hair's-breadth
חוֹטֵא ז׳ (*ḥoTE*) sinner
חוֹטֵב ז׳ (*ḥoTEV*) hewer, carver
– עֵצִים woodcutter, lumberjack
חוּטִי ת׳ (*ḥuTI*) thread-like, stringy
חֲוָיָה נ׳ (*ḥavaYA*) experience, profound impression
חֲוִילָה נ׳ (*ḥaviLA*) villa

חֲוָיָתִי ת׳ (*ḥavayaTI*) profound, impressive, elevating
חוּכָא נ׳ (*ḤUkha*) laughter, fun
– וְאִטְלוּלָא laughing stock
חוֹכֵר ז׳ (*ḥoKHER*) tenant, lessee
חו״ל = חוּץ לָאָרֶץ (*ḤUTS la'-Arets; ḤUL*) outside the country; foreign countries
בּ – abroad
חוֹל ז׳ (*ḤOL*) sand; phoenix
– טוֹבְעָנִי quicksand
חוֹלוֹת נוֹדְדִים shifting sands
חוֹלֵב ז׳ (*ḥoLEV*) milkman; dairyman
חוֹלֶבֶת נ׳ (*ḥoLEvet*) milch cow
חוֹלֵד ר׳ חֹלֶד
חֻלְדָּה נ׳ (*ḥulDA*) rat
חוֹלֶה ת׳ ז׳ (*ḥoLE*) sick, ill, ailing; patient
– אָנוּשׁ seriously ill
חוֹלֵה רוּחַ mentally ill
חוּלִי ר׳ חֳלִי
חוּלְיָה ר׳ חֻלְיָה
חוּלִין ר׳ חֻלִּין
חוֹלִית נ׳ (*ḥoLIT*) sand dune
חוֹלֵל פעל י׳ (*ḥoLEL*) generate, produce, bear, create; cause to tremble; dance; kill
חוֹלָם ז׳ (*ḥoLAM*) Hebrew vowel corresponding to Latin O
חוֹלְמָנִי ת׳ (*holemaNI*) dreamy
חוֹלָנִי ת׳ (*ḥolaNI*) sickly
חוֹלָנִיּוּת נ׳ (*ḥolaniYUT*) sickliness
חוֹלֵץ ז׳ (*ḥoLETS*) pincers, corkscrew, extractor; performer of *halitsa* (ר׳ חליצה)
חוּלְצָה ר׳ חֻלְצָה
חוּלְשָׁה ר׳ חֻלְשָׁה
חוּם ת׳ (*ḤUM*) brown
חוֹמָה נ׳ (*ḥoMA*) wall (solid fence); shelter, rampart
חוּמוּס ז׳ (*ḤUmus*) chick-pea dish
חוֹמֶט ר׳ חֹמֶט
חוֹמֶץ ר׳ חֹמֶץ

חוּמְצָה ר׳ חֻמְצָה

חוּמְרָה ר׳ חֻמְרָה

חוּמָשׁ ר׳ חֻמָּשׁ

חוֹסֵם עוֹרְקִים ז׳ (*ḥoSEM oreKIM*) tourniquet

חוֹסֶן ר׳ חֹסֶן

חוֹף ז׳ (*ḤOF*) coast, shore, beach

חוּפָּה ר׳ חֻפָּה

חוֹפְזָנִי ת׳ (*ḥofezaNI*) hasty

חוֹפֶן ר׳ חֹפֶן

חוֹפֵף ת׳ (*ḥoFEF*) overlapping, covering; congruent

חוֹפְפוּת נ׳ (*ḥofeFUT*) congruity

חוֹפֶשׁ ר׳ חֹפֶשׁ

חוּפְשָׁה ר׳ חֻפְשָׁה

חוּץ ז׳ (*ḤUTS*) outside, exterior; street

— מ־ תה״פ except, excluding

בַּ — תה״פ outside

— ל־, מִ — ל־ מ״י outside of

— לָאָרֶץ outside the country, abroad

שַׂר הַ — foreign minister

— ־ (prefix) extra-

חוֹצֵב ז׳ (*ḥoTSEV*) quarryman

חוּצְפָּה ר׳ חֻצְפָּה

חָוָק ז׳ (*ḥaVAK*) rung

חוּקָּה ר׳ חֻקָּה

חוּקִּי ר׳ חֻקִּי

חוּקִּיּוּת ר׳ חֻקִּיּוּת

חוֹקֶן ר׳ חֹקֶן

חוֹקֵר ז׳ (*ḥoKER*) investigator, examiner; researcher, scholar

חָוַר פעל ע׳ (*ḥaVAR*) become pale

חִוֵּר פעל י׳ (*ḥivVER*) clarify, explain; make pale

חַוָּר ז׳ (*ḥavVAR*) chalky soil, marl

חִוֵּר ת׳ (*ḥivVER*) pale, pallid

חוֹר ז׳ (*ḤOR*) hole, aperture, pore, eyesocket; nobleman, freeman

חוּרְבָּה ר׳ חֻרְבָּה

חוּרְבָּן ר׳ חֻרְבָּן

חוֹרֵג ת׳ (*ḥoREG*) step-; aberrant

בֵּן — stepson

אֵם־חוֹרֶגֶת stepmother

חִוָּרוֹן ז׳ (*ḥivvaRON*) paleness, pallor

חֲוַרְוַר ת׳ (*ḥavarVAR*) palish

חוֹרִין ז׳ free

בֶּן־חוֹרִין (*BEN-ḥoRIN*) free man

חִוַּרְיָן ת׳ (*ḥivvarYAN*) palish, whitish

חוֹרֶף ר׳ חֹרֶף

חוֹרֶשׁ ר׳ חֹרֶשׁ

חוּרְשָׁה ר׳ חֻרְשָׁה

חוּשׁ ז׳ (*ḤUSH*) sense; feeling, penchant

חוּשְׁחָשׁ ר׳ חֻשְׁחָשׁ

חוּשִׁי ת׳ (*ḥuSHI*) sensory; sensual

חוֹשֶׁךְ ר׳ חֹשֶׁךְ

חוּשָׁם ז׳ (*ḥuSHAM*) nickname for a fool

חוּשָׁנִי ת׳ (*ḥushaNI*) sensual; corporeal

חוּשָׁנִיּוּת נ׳ (*ḥushaniYUT*) sensuality

חוֹשֵׁק ז׳ (*ḥoSHEK*) lover

חוֹשֵׁשׁ, חוֹשְׁשָׁנִי ת׳ (*ḥoSHESH; ḥosheshaNI*) apprehensive, afraid, hesitant

חוֹתֵךְ ת׳ ז׳ (*ḥoTEKH*) decisive; clear; transversal, secant

חוֹתָל ז׳ (*ḥoTAL*) wrapper

חוֹתֶלֶת נ׳ (*ḥoTElet*) puttee, legging

חוֹתָם ז׳ (*ḥoTAM*) seal, signet ring; stamp, mark, imprint

חוֹתֵם ז׳ (*ḥoTEM*) endorsee, subscriber; signer

חוֹתֶמֶת נ׳ (*ḥoTEmet*) seal, rubber stamp, stamp

חוֹתֵן ז׳ (*ḥoTEN*) father-in-law (of man)

חוֹתֶנֶת נ׳ (*ḥoTEnet*) mother-in-law (of man)

חַזַּאי ז׳ (*ḥazZAI*) weather forecaster

חָזָה פ״י (*ḥaZA*) see, behold, observe; prophesy, foresee, predict

חָזֶה ז׳ (*ḥaZE*) chest, breast

חִזּוּי ז׳ (*ḥizZUY*) prediction, weather forecasting

חָזוֹן ז׳ (*ḥaZON*) prophecy, revelation; vision

— נִפְרָץ common phenomenon

it's not yet time עוֹד – לַמּוֹעֵד
strengthening, support (ḥizZUK) חִזּוּק ז׳
courting, wooing; circling, reduction (chemistry) (ḥizZUR) חִזּוּר ז׳
begging (from door to door) – עַל הַפְּתָחִים
prophecy; vision; appearance (ḥaZUT) חָזוּת נ׳
visual, optical (ḥazuTI) חָזוּתִי ת׳
lichen; acne (ḥazaZIT) חֲזָזִית נ׳
pectoral (ḥaZI) חָזִי ת׳
brassiere, bra; waistcoat, vest (ḥaziYA) חֲזִיָּה נ׳
drama, play; vision, revelation (ḥizzaYON) חִזָּיוֹן ז׳
flash; thunderbolt; petard (ḥaZIZ) חֲזִיז ז׳
pig, boar, pork (ḥaZIR) חֲזִיר ז׳
wild boar –־בָּר
guinea pig – יָם
sow; return (ḥaziRA) חֲזִירָה נ׳
swinishness; grossness (ḥaziRUT) חֲזִירוּת נ׳
swinish, piggish (ḥaziRI) חֲזִירִי ת׳
pig sty, pig farm (ḥaziriYA) חֲזִירִיָּה נ׳
front; foreground; facade (ḥaZIT) חֲזִית נ׳
frontal, head-on (ḥaziTI) חֲזִיתִי ת׳
our sages of blessed memory חֲזַ״ל ז״ר חֲכָמֵינוּ זִכְרוֹנָם לִבְרָכָה
cantor (ḥazZAN) חַזָּן ז׳
cantoral music; synagogue chanting; cantor's office (ḥazzaNUT) חַזָּנוּת נ׳
be strong, be courageous, be hard, overcome, overpower (ḥaZAK) חָזַק פעל ע׳ – עַל
strengthen, encourage, harden, reinforce, aid (ḥizZEK) חִזֵּק פעל י׳
strong, courageous, hard, severe (ḥaZAK) חָזָק ת׳
strength, force intensity (ḤOzek) חֹזֶק ז׳

strength, courage, violence (ḥozKA) חָזְקָה נ׳
aggressively, violently, powerfully בְּ – תה״פ
strength; power (ḥezKA) חֶזְקָה נ׳
right of possession, established claim, seizing (ḥazaKA) חֲזָקָה נ׳
it may be presumed that he shall... – עָלָיו שֶׁ־
return, revert; repeat; regret, repent; do repeatedly (ḥaZAR) חָזַר פעל ע׳
repent – בּוֹ, – בִּתְשׁוּבָה
recur – חֲלִילָה
go around, roam; court, woo; reduce (chemistry) (ḥizZER) חִזֵּר פעל ע׳
return, repetition; penance; rehearsal, review; reflection (ḥazaRA) חֲזָרָה נ׳
piglet (ḥazarZIR) חֲזַרְזִיר ז׳
bamboo (ḥizRAN) חִזְרָן ז׳
horseradish (ḥaZEret) חֲזֶרֶת נ׳
mumps (ḥazZEret) חַזֶּרֶת נ׳
nose ring, ring, hook, swivel (ḤAḤ) חָח ז׳
tusk, incisor; cold chisel (ḤAT) חַט ז׳
sin, transgress; miss, fail (ḥaTA) חָטָא פעל ע׳
disinfect; purify (ḥitTE) חִטֵּא פעל י׳
sin (ḤET) חֵטְא ז׳
sinner (ḥatTA) חַטָּא ז׳
sin, guilt; sin offering; atonement (ḥata'A; ḥaTAT) חֲטָאָה, חֶטְאָה, חַטָּאת נ׳
cut wood; chop wood (ḥaTAV) חָטַב פעל י׳
cut, carve, sculpt (ḥitTEV) חִטֵּב פעל י׳
wheat (ḥitTA) חִטָּה נ׳
disinfection (ḥitTU) חִטּוּא ז׳
cut, carved; shapely (ḥaTUV) חָטוּב ת׳
carving; shape, curve (ḥitTUV) חִטּוּב ז׳
pockmarked (ḥaTUT) חָטוּט ת׳
pecking, (ḥitTUT) חִטּוּט ז׳

compel; convict, pronounce guilty; charge, debit; approve, favor
owe, indebted, (*ḥaiYAV*) חַיָּב ת׳
obliged; guilty
dial (*ḥiYEG*) חִיֵּג פעל י׳
riddle, enigma; (*ḥiDA*) חִידָה נ׳
puzzle, allegory
quiz (*ḥiDON*) חִידוֹן ז׳
quiz-master (*ḥidoNAI*) חִידוֹנַאי ז׳
germ, microbe (*ḥaiDAK*) חַיְדַק ז׳
live, (*ḥaYA, ḤAY*) חָיָה, חַי פעל ע׳
be alive, survive; recover, be revived
long live…! יְחִי
let live, enliven; (*ḥiYA*) חִיָּה פעל י׳
give life; resurrect, revive; animate; nourish
animal, beast; spirit (*ḥayYA*) חַיָּה נ׳
of life, life; midwife; woman in childbirth
beast of prey – רָעָה
marsupial חַיַּת כִּיס
lively, healthy, vigorous (*ḥaYE*) חָיֶה ת׳
approval, (*ḥiYUV*) חִיּוּב ז׳
affirmation; positive; obligation; conviction; debiting, charging
positive, favorable, (*ḥiyuVI*) חִיּוּבִי ת׳
affirmative
dialing (*ḥiYUG*) חִיּוּג ז׳
dial tone צְלִיל –
smile (*ḥiYUKH*) חִיּוּךְ ז׳
induction (*ḥiYUL*) חִיּוּל ז׳
vital; (*ḥiyuNI*) חִיּוּנִי ת׳
indispensible
vitality, (*ḥiyuniYUT*) חִיּוּנִיּוּת נ׳
vigor; indispensability
(*ḥiYUT; ḥaiYUT*) חִיּוּת, חַיּוּת נ׳
vitality, vividness, living, animality, animation
tailor (*ḥaiYAT*) חַיָּט ז׳
sew, tailor (*ḥiYET*) חִיֵּט פעל י׳
tailoring (*ḥaiyaTUT*) חַיָּטוּת נ׳
life, livelihood, (*ḥaiYIM*) חַיִּים ז״ר
lifetime, living, being

scratching, snooping, digging, searching
hump, hunch (*ḥatoTEret*) חֲטוֹטֶרֶת נ׳
disinfection, (*ḥitTUY*) חִטּוּי ז׳
purification
snatched, (*ḥaTUF*) חָטוּף ת׳
kidnaped; quick, sudden; marked with a חֲטָף
sudden death מִיתָה חֲטוּפָה
peck, dig, (*ḥaTAT*) חָטַט פעל י׳
scratch
pick at, snoop, (*ḥitTET*) חִטֵּט פעל י׳
peck, dig, search, scratch; handle details
snoop, nosey (*ḥatteTAN*) חַטְטָן ז׳
person; digger
faultfinding, (*ḥattetaNUT*) חַטְטָנוּת נ׳
nosiness, snooping
probing, (*ḥattetaNI*) חַטְטָנִי ת׳
snooping, faultfinding; meticulous
boils (*ḥatteTET*) חַטֶּטֶת נ׳
brigade, group; (*ḥatiVA*) חֲטִיבָה נ׳
section, block; figure; cutting
brigade (*ḥativaTI*) חֲטִיבָתִי ת׳
scratching, (*ḥatiTA*) חֲטִיטָה נ׳
digging, probing
kidnaping, (*ḥatiFA*) חֲטִיפָה נ׳
abduction
hastily בַּ – תה״פ
nose (*ḤOtem*) חֹטֶם ז׳
nasal (*ḥotMI*) חָטְמִי ת׳
kidnap, abduct; (*ḥaTAF*) חָטַף פעל י׳
do in haste
(*ḥaTAF; ḥaTEF*) חֲטָף, חֲטֵף
ultrashort vowel (a = ֲ ; e = ֱ ; o= ֳ)
robber; (*ḥatFAN*) חַטְפָן ז׳
child-snatcher (for military service during reign of Nicholas I in Russia)
shoot, twig, rod; (*ḤOter*) חֹטֶר ז׳
offspring; pointer
living, alive, lively; alert, (*ḤAI*) חַי ת׳
animate; fresh; raw
oblige, bind, (*ḥiYEV*) חִיֵּב פעל י׳

בַּ – ת׳	alive
מָלֵא – ת׳	lively
עָשָׂה –	enjoy life
רָמַת –	standard of living
בַּעַל –	animal
חַיֵּי עוֹלָם	eternal life
חַיֵּי שָׁעָה	ephemeral life
חַיֵּךְ פעל ע׳ (*ḥiYEKH*)	smile
חַיְכָן ז׳ (*ḥaiyeKHAN*)	smiler
חַיְכָנִי ת׳ (*ḥaiyekhaNI*)	smiling
חַיִל ז׳ (*ḤAyil*)	power, strength; wealth; army, force, corps, arm
חֵיל אֲוִיר	air force
חֵיל הַנְדָּסָה	corps of engineers
חֵיל יָם	navy
חֵיל מִלּוּאִים	reserves
חֵיל מַצָּב	garrison
חֵיל חִמּוּשׁ	ordnance corps
חֵיל קֶשֶׁר	signal corps
חֵיל רַגְלִים	infantry
חֵיל פָּרָשִׁים	cavalry
חֵיל שִׁרְיוֹן	armored corps
חֵיל תּוֹתְחָנִים	artillery
חַיָּל ז׳ (*ḥaiYAL*)	soldier; pawn (chess)
חִיֵּל פעל י׳ (*ḥiYEL*)	induct
חֵיל, חֵל ז׳ (*ḤEYL; ḤEL*)	bulwark,
חִיל ז׳ (*ḤIL*)	birth pangs; shudder, trembling, quake
חִילָה נ׳ (*ḥiLA*)	incidence
חַיָּלוּת נ׳ (*ḥaiyaLUT*)	soldiering
חַיָּלִי ת׳ (*ḥaiyaLI*)	soldierly, military
חַיֶּלֶת נ׳ (*ḥaiYElet*)	woman soldier
חִימַאי ר׳ כִּימַאי	
חִימִי ר׳ כִּימִי	
חִימְיָה ר׳ כִּימְיָה	
חַיִץ ז׳ (*ḥaYITS*)	partition, screen, barrier, buffer
חִיֵּץ פעל י׳ (*ḥiYETS*)	partition, serve as partition, extrapolate, screen off
חִיצוֹן ת׳ (*ḥiTSON*)	outer, external; irreligious, heretic
סְפָרִים חִיצוֹנִים	Apocrypha
חִיצוֹנִי ת׳ (*ḥitsoNI*)	external, exterior
חִיצוֹנִיּוּת נ׳ (*ḥitsoniYUT*)	exterior
חֵיק ז׳ (*ḤEYK*)	bosom, inside
אֵשֶׁת חֵיקוֹ	his wife
חִי״ר (= חֵיל רַגְלִים) ז׳ (*ḤIR*)	infantry
חִירוּרְג ר׳ כִּירוּרְג	
חִירִיק ז׳ (*ḥiRIK*)	Hebrew vowel
– גָּדוֹל	(sl*ee*p) = אִי
– קָטָן	(sl*i*p) = אִ
חִישׁ תה״פ (*ḤISH*)	quickly
חִישָׁה נ׳ (*ḥiSHA*)	haste; feeling, sensation; thicket
חִישׁוּנוּת נ׳ (*ḥishoNUT*)	sensibility
חִישׁוֹנִי ת׳ (*ḥishoNI*)	sensitive
חֵית נ׳ (*ḤET*)	Het (the eighth letter of the Hebrew alphabet); eight, eighth
חַיָּתִי ת׳ (*ḥaiyaTI*)	animal, bestial
חֵךְ ז׳ (*ḤEKH*)	palate
חִכָּה פעל ע׳ (*ḥikKA*)	wait, expect, bide, await
חַכָּה נ׳ (*ḥakKA*)	fishing rod, fishhook
חִכּוּי ז׳ (*ḥikKUY*)	waiting
חִכּוּךְ ז׳ (*ḥikKUKH*)	friction, scratching, itch; squabble
חָכוּר ת׳ (*ḥaKHUR*)	leased, let, hired
חִכִּי ת׳ (*ḥikKI*)	palatal
חֲכִירָה נ׳ (*ḥakhiRA*)	leasing, letting,
חָכַךְ פעל ע׳ י׳ (*ḥakHAKH*)	scratch, rub, hesitate, have doubts
חִכֵּךְ פעל י׳ (*ḥikKEKH*)	scratch, rub; clear one's throat
חַכְלִיל, חַכְלִילִי ת׳ (*ḥakhLIL; ḥakhliLI*)	reddish, rosy
חָכַם פעל ע׳ (*ḥaKHAM*)	be wise, be clever, become wise
חָכָם ת׳ (*ḥaKHAM*)	wise, clever, intelligent; prudent, skilful, learned; rabbi, sage
תַּלְמִיד –	scholar, sage
חֲכָמָה נ׳ (*ḥakhaMA*)	wise woman; midwife

חָכְמָה נ׳ (*ḥokhMA*) wisdom, intelligence; knowledge; experience; science; wisecrack, trick
חָכַר פעל י׳ (*ḥaKHAR*) hire, lease, let
חָל פעל ע׳ (*ḤAL*) be due, apply to; fall on
חֵל ר׳ חֵיל
חֹל ז׳ (*ḤOL*) non-holy; secular; common, workaday
יְמוֹת הַ – weekdays
חֶלְאָה נ׳ (*ḥel'A*) dirt, filth; scum
חֲלָאִים ז״ר ר׳ חֳלִי
חֲלָאִים ז״ר ר׳ חֳלִי
חָלַב פעל י׳ (*ḥaLAV*) milk, yield milk
חָלָב ז׳ (*ḥaLAV*) milk
טִפַּת – infant care center
שְׁבִיל הֶ – Milky Way
חֵלֶב ז׳ (*ḤElev*) fat, grease
חֶלְבּוֹן ז׳ (*ḥelBON*) egg white, protein; albumen
חֶלְבּוֹנִי ת׳ (*ḥelboNI*) protein, albuminous
חֲלָבִי ת׳ (*ḥalaVI*) milky; for milk dishes, dairy
חַלְבָּן ז׳ (*ḥalBAN*) milkman, dairyman
חַלְבָּנוּת נ׳ (*ḥalbaNUT*) dairying, dairy farming; selling dairy products
חֶלֶד ז׳ (*ḤEled*) world; lifetime
בִּימֵי חֶלְדִּי in my lifetime
חֹלֶד ז׳ (*ḤOled*) skink
חֻלְדָּה נ׳ (*ḥulDA*) rat
חֲלֻדָּה נ׳ (*ḥaludDA*) rust
חִלָּדוֹן ז׳ (*ḥillaDON*) wheat rust
חָלָה פעל ע׳ (*ḥaLA*) be sick, be ill, ail, fall sick
חִלָּה פעל י׳ (*ḥilLA*) ask for, beg; sweeten
– אֶת־פָּנָיו implore
חַלָּה נ׳ (*ḥalLA*) challah, Sabbath bread; priests' share of dough
חַלַּת דְּבַשׁ honeycomb
חָלוּד ת׳ (*ḥaLUD*) rusty

חֲלוּדָה ר׳ חֲלֻדָּה
חַלְוָה נ׳ (*ḥalVA*) halvah
חָלוּט ת׳ (*ḥaLUT*) decided; boiled
לַחֲלוּטִין תה״פ absolutely
חִלּוּי ז׳ (*ḥilLUY*) entreaty; sweetening
חָלוּל ת׳ (*ḥaLUL*) hollow
חִלּוּל ז׳ (*ḥilLUL*) desecration; secularization
– הַשֵּׁם blasphemy
– הַקֹּדֶשׁ sacrilege
חֲלוֹם ז׳ (*ḥaLOM*) dream
חַלּוֹן ז׳ (*ḥalLON*) window
– רַאֲוָה shop window; display window
הַחַלּוֹנוֹת הַגְּבוֹהִים senior bureaucracy
חִלּוֹנִי ת׳ (*ḥilloNI*) secular; lay
חִלּוֹנִיּוּת נ׳ (*ḥilloniYUT*) secularity
חֲלוֹף ז׳ (*ḥaLOF*) passing away
בֶּן־חֲלוֹף ת׳ ephemeral
חִלּוּף ז׳ (*ḥilLUF*) exchange; opposite, reverse, substitution; variation
– חֳמָרִים metabolism
חֹק הַ – commutative law
חֶלְקֵי – spare parts
– מִשְׁמָרוֹת changing the guard
חִלּוּפֵי גַּבְרָא personnel changes
חִלּוּפֵי דְּבָרִים change of words
חִלּוּפִין ז״ר (*ḥilluFIN*) alternation
זֶרֶם – alternating current
חֲלוּפִין ז״ר (*ḥaluFIN*) alternation
לַחֲלוּפִין תה״פ alternatively
חִלּוּפִית נ׳ (*ḥilluFIT*) amœba
חִלּוּץ ז׳ (*ḥiLUTS*) recovery; rescue, salvaging; elimination (math.)
– עֲצָמוֹת body strengthening; physical exercise
חָלוּץ ז׳ ת׳ (*ḥaLUTS*) pioneer, vanguard, spearhead, advance guard, forward (in soccer); man refusing to marry brother's widow
חֲלוּצָה נ׳ (*ḥaluTSA*) pioneer (f.); widow whose brother-in-law refuses to marry

pioneer (ḥaluTSI) חֲלוּצִי ת׳
pioneering (ḥalutsiYUT) חֲלוּצִיּוּת נ׳
robe, gown, smock; (ḥaLUK) חָלוּק ז׳ ת׳ different; disputing
smooth pebble (ḥalLUK) חַלּוּק ז׳
division; (ḥilLUK) חִלּוּק ז׳ difference, dispute
disagreement חִלּוּקֵי דֵעוֹת
חֲלוּקָה ר׳ חֲלֻקָּה
weak, feeble, sick (ḥaLUSH) חָלוּשׁ ת׳
incidence; (ḥaLUT) חָלוּת נ׳ applicability
snail; spiral; (ḥillaZON) חִלָּזוֹן ז׳ cataract (eye)
spiral, wormlike (ḥelzoNI) חֶלְזוֹנִי ת׳
seepage; trembling (ḥilḤUL) חִלְחוּל ז׳
permeate, (ḥilHEL) חִלְחֵל פעל ע׳ perforate, seep; tremble
trembling, terror, (ḥalḥalLA) חַלְחָלָה נ׳ fear
rectum (ḥalḤOlet) חַלְחֹלֶת נ׳
scald, prepare (ḥaLAT) חָלַט פעל י׳ with boiling water; decide
ornament, necklace (ḥaLI) חֲלִי ז׳
sickness, disease (ḥoLI) חֳלִי, חֹלִי ז׳
milking (ḥaliVA) חֲלִיבָה נ׳
rusting, susceptible (ḥaLID) חָלִיד ת׳ to rust
link; joint; vertebra, (ḥulYA) חֻלְיָה נ׳ segment; detail (military)
vertebrate בַּעַל חֻלְיוֹת
scalding, preparing (ḥaliTA) חֲלִיטָה נ׳ with boiling water
flute (ḥaLIL) חָלִיל ז׳
God forbid (ḥaLIla) חָלִילָה מ״ק
circling, (ḥaliLA) חֲלִילָה תה״פ circumambulation
and so on and so forth וְחוֹזֵר –
small flute, (ḥaliLIT) חֲלִילִית נ׳ recorder
secularism; (ḥulLIN) חֻלִּין ז״ר object for profane use; profane matter, workday matter

small talk שִׂיחַת –
fresh shoot (ḥaLIF) חָלִיף ז׳ ת׳ (replacing cut branch); exchangeable; interchangeable
caliph (khaLIF) חַ׳לִיף ז׳
suit; change, (ḥaliFA) חֲלִיפָה נ׳ substitution
correspondence חֲלִיפַת מִכְתָּבִים
alternately חֲלִיפוֹת תה״פ
barter, exchange (ḥaliFIN) חֲלִיפִין ז״ר
rate of exchange שַׁעַר –
removal, (ḥaliTSA) חֲלִיצָה נ׳ extraction; suit, armor; ceremony of shoe removal when man refuses to marry brother's childless widow
cholera (ḥoliRA) חֳלִירָע ז׳
(ḥaliSHA); חֲלִישָׁה, חֲלִישׁוּת נ׳ ḥaliSHUT)
weakness, feebleness
grief הַדַּעַת –
feeblemindedness הַשֵּׂכֶל –
wretched man (ḤEleh) חֵלֶךְ ז׳
fatality, dead man; (ḥaLAL) חָלָל ז׳ cavity, hollow, blank; space; son born to a woman forbidden in marriage to a priest
be hollow (ḥaLAL) חָלַל פעל ע׳
desecrate, (ḥilLEL) חִלֵּל פעל י׳ violate, defile; make common; play the flute
spatial; profane (ḥalaLI) חֲלָלִי ת׳
dream; be (ḥaLAM) חָלַם פעל י׳ ע׳ healthy
Chelm (city of fools) (ḤELM) חֶלְם נ׳
fool (inhabitant (ḥelma'I) חֶלְמָאִי ז׳ ת׳ of Chelm); foolish
yolk (ḥelMON) חֶלְמוֹן ז׳
egg brandy (ḥelmoNA) חֶלְמוֹנָה נ׳
yolk-like (ḥelmoNI) חֶלְמוֹנִי ת׳
flint (ḥallaMISH) חַלָּמִישׁ ז׳
common mallow (ḥelMIT) חֶלְמִית נ׳
pass, go away, (ḥaLAF) חָלַף פעל ע׳ vanish

change, replace (ḥilLEF) חִלֵּף פעל י׳
spare part; (ḤElef) חֵלֶף ז׳ מ״י
instead, in exchange for
slaughterer's knife (ḥalLAF) חַלָּף ז׳
moneychanger (ḥalleFAN) חַלְפָן ז׳
moneychanging (ḥallefaNUT) חַלְפָנוּת נ׳
pull off, (ḥaLATS) חָלַץ פעל י׳
remove, pull out, rescue; give חֲלִיצָה
rescue, (ḥilLETS) חִלֵּץ פעל י׳
salvage, recover, eliminate (math.)
loins (ḥalaTSAyim) חֲלָצַיִם ז״ר
gird one's loins אָזַר חֲלָצָיו
shirt, blouse (ḥulTSA) חֻלְצָה נ׳
divide; (ḥaLAK) חָלַק פעל י׳ ע׳
distinguish; allot; differ; be smooth
dissent, disagree, differ – עַל־
honor – כָּבוֹד
divide; (ḥilLEK) חִלֵּק פעל י׳
distribute, allot; distinguish
smooth; bald, (ḥaLAK) חָלָק ת׳
hairless; blank
part, portion; (ḤElek) חֵלֶק ז׳
lot; plot; inheritance; character,
smoothness
equally – כְּ –
part of speech – הַדִּבּוּר, – הַדִּבֵּר
spare parts חֶלְקֵי חִלּוּף
herring (ḥilLAK) חִלָּק ז׳
lot; plot; smooth (ḥelKA) חֶלְקָה נ׳
part
division; (ḥalukKA) חֲלֻקָּה נ׳
allotment, distribution of alms;
difference of opinion
smoothness (ḥalKUT) חַלְקוּת נ׳
flattery (ḥalaKOT) חֲלָקוֹת נ״ר
partial (ḥelKI) חֶלְקִי ת׳
partiality (ḥelkiYUT) חֶלְקִיּוּת נ׳
particle (ḥelKIK) חֶלְקִיק ז׳
slightly smooth, (ḥalakLAK) חֲלַקְלַק ת׳
slippery
glacis (ḥalaklakKA) חֲלַקְלַקָּה נ׳
(ḥalaklakKUT) חֲלַקְלַקּוּת נ׳
smoothness, slipperiness

be weak, (ḥaLASH) חָלַשׁ פעל ע׳
become weak
dominate, command – עַל
weak, feeble (ḥalLASH) חַלָּשׁ ת׳
weakness (ḥulSHA) חֻלְשָׁה נ׳
faintness, (ḥallaSHUT) חַלָּשׁוּת נ׳
weakness
hot, warm (ḤAM) חַם ת׳
פעל ע׳ ר׳ חָמַם
firearms נֶשֶׁק –
heat, warmth; (ḤOM) חֹם ז׳
temperature; enthusiasm
father-in-law (of wife) (ḤAM) חָם ז׳
butter (ḥem'A) חֶמְאָה נ׳
Turkish bath (ḥamMAM) חַמַּאם ז׳
covet, desire (ḥaMAD) חָמַד פעל י׳
joke – לָצוֹן
charm, beauty (ḤEmed) חֶמֶד ז׳
a lovely couple צֶמֶד –
precious thing; (ḥemDA) חֶמְדָּה נ׳
desire, delight
greedy; lustful; (ḥamDAN) חַמְדָן ז׳
envious
avarice, greed; (ḥamdaNUT) חַמְדָנוּת נ׳
lust
acquisitive, (ḥamdaNI) חַמְדָנִי ת׳
avaricious; lustful
sun; heat; fever (ḥamMA) חַמָּה נ׳
wrath; poison (ḥeMA) חֵמָה נ׳
because of מֵחֲמַת
(ḥaMUD; ḥamuDON) חָמוּד, חֲמוּדוֹן ת׳
lovely, pretty, delightful, charming,
cute
precious (ḥamuDOT) חֲמוּדוֹת נ״ר
object; grace, charm
heating, warming (ḥimMUM) חִמּוּם ז׳
hot; enthusiastic (ḥaMUM) חָמוּם ת׳
hot-headed, חֲמוּם־מֹחַ (־רֹאשׁ, ־מֶזֶג)
hot-tempered
polecat (ḥaMOS) חָמוֹס ז׳
weasel – גַּמָּד
sour; acid; red (ḥaMUTS) חָמוּץ ת׳
assorted pickles חֲמוּצִים

חִמּוּץ ז׳ (*ḥimMUTS*) souring, acidification; missing an opportunity
חָמוּק ז׳ (*ḥaMUK*) curve
חֲמוֹר ז׳ (*ḥaMOR*) donkey, ass; vaulting horse, trestle, sawhorse
– יָם codfish
– גֶּרֶם strong donkey; jackass
– סְפָרַדִּי hedgehog (military)
חָמוּר ת׳ (*ḥaMUR*) grave, severe; important
חֲמוֹרִי ת׳ (*ḥamoRI*) asinine
חָמוּשׁ ת׳ (*ḥaMUSH*) armed
חִמּוּשׁ ז׳ (*ḥimMUSH*) armament, arms
חָמוֹת נ׳ (*ḥaMOT*) mother-in-law (of wife)
חַמּוּת נ׳ (*ḥamMUT*) warmth, heat
חֹמֶט ז׳ (*ḤOmet*) mole rat
חַמִּים, חַמִּין ז״ר (*ḥamMIM, ḥamMIN*) hot water, hot springs; hot tea, hot stew; cholent
חָמִים ת׳ (*ḥaMIM*) warm, lukewarm
חֲמִימוּת נ׳ (*ḥamiMUT*) warmth; cosiness
חַמִּין ר׳ חַמִּים
חֲמִיצָה נ׳ (*ḥamiTSA*) sour vegetable soup, borsht (beet soup)
חֲמִיצוּת נ׳ (*ḥamiTSUT*) sourness, acidity
חֲמִישִׁי ר׳ חֲמִשִּׁי
חֲמִישִׁיָּה נ׳ (*ḥamishiYA*) quintet; quintuplets
חֲמִישִׁית נ׳ (*ḥamisHIT*) fifth
חָמַל פעל ע׳ (*ḥaMAL*) pity, spare
חֶמְלָה נ׳ (*ḥemLA*) pity
חָמַם פעל ע׳ (*ḥaMAM*) be warm, become warm
חִמֵּם פעל י׳ (*ḥiMEM*) heat, warm
חֲמָמָה נ׳ (*ḥamaMA*) hothouse, hotbed
חַמָּנִית נ׳ (*ḥammaNIT*) sunflower
חָמָס ז׳ (*ḥaMAS*) violence; injustice
– זָעַק complain of injury
חָמַס פעל י׳ (*ḥaMAS*) rob, wrong; destroy, do violence
חַמְסִין ז׳ (*ḥamSIN*) hot dry weather, sirocco

חַמְסָן ז׳ (*ḥamSAN*) robber, violent man
חַמְסָנוּת נ׳ (*ḥamsaNUT*) robbery, violence
חָמַץ פעל ע׳ (*ḥaMATS*) become sour, ferment, become leavened
חִמֵּץ פעל י׳ (*ḥimMETS*) make sour; leaven; delay
חָמֵץ ז׳ (*ḥaMETS*) leavened bread, leaven; hametz (anything not *kasher* for Passover)
חֹמֶץ ז׳ (*ḤOmets*) vinegar
חֻמְצַת – נ׳ acetic acid
חֻמְצָה נ׳ (*ḥumTSA*) acid
חִמְצָה נ׳ (*ḥimTSA*) chick pea
חִמְצוּן ז׳ (*ḥimTSUN*) oxidation
חֻמְצִי ת׳ (*ḥumTSI*) acid
חֻמְצִיּוּת נ׳ (*ḥumtsiYUT*) acidity
חַמְצִיץ ז׳ (*ḥamTSITS*) oxalis, wood sorrel
חֲמַצְמַץ ת׳ (*ḥamatsMATS*) sourish
חַמְצָן ז׳ (*ḥamTSAN*) oxygen
חִמְצֵן פ״י (*ḥimTSEN*) oxidize
חַמְצָנִי ת׳ (*ḥamtsaNI*) oxygen
חָמַק פעל ע׳ (*ḥaMAK*) slip away
חֲמַקְמַק ת׳ (*ḥamakMAK*) evasive, elusive
חָמַר פעל ע׳ י׳ (*ḥaMAR*) seethe, froth; tar; scorch, burn; pile, collect
חִמֵּר פעל י׳ (*ḥimMER*) drive a donkey
חַמָּר ז׳ (*ḥamMAR*) donkey driver
חֵמָר ז׳ (*ḥeMAR*) bitumen, clay, asphalt
חֹמֶר ז׳ (*ḤOmer*) material, substance, matter; clay, mortar; severity, strictness; heap; sermon
– קַל וָ all the more so
בְּכָל – הַדִּין severely
חֻמְרָה נ׳ (*ḥumRA*) severity, strictness, austerity
חַמְרָה נ׳ (*ḤAMra*) red loam
חָמְרִי ת׳ (*ḥomRI*) material, corporeal; economical

חָמְרִיּוּת נ׳ (*ḥomriYUT*) corporeality; materialism
חַמְרָן ז׳ (*ḥamRAN*) aluminium
חָמְרָנוּת, חַמְרָנוּת נ׳ (*ḥomraNUT; ḥamraNUT*) materialism
חָמְרָנִי ת׳ (*ḥomraNI*) materialistic
חָמֵשׁ ז׳ (*ḥaMESH*) five (f.)
חֲמֵשׁ עֶשְׂרֵה נ׳ fifteen (f.)
חֹמֶשׁ ז׳ (*ḤOmesh*) fifth part; five years; belly, groin
חֻמָּשׁ ז׳ (*ḥumMASH*) Pentateuch
חִמֵּשׁ פעל י׳ (*ḥimMESH*) arm, equip; multiply by five
חַמְשָׁה נ׳ (*ḥamSHA*) group of five; staff
חֲמִשָּׁה ז׳ (*ḥahmiSHA*) five (m.)
– עָשָׂר ז׳ fifteen (m.)
חֲמִשִּׁי ת׳ (*ḥamishSHI*) fifth
יוֹם – Thursday
חֲמִשִּׁים ז׳ נ׳ (*ḥamishSHIM*) fifty
חַמְשִׁיר ז׳ (*ḥamSHIR*) limerick
חֵמֶת נ׳ (*ḤEmet*) skin bottle
– חֲלִילִים bagpipe
חֲמַת ר׳ מְחַמַּת
חֵן ז׳ (*ḤEN*) charm, beauty; favor, grace
חֵן חֵן thanks
אֶבֶן – precious stone
יַעֲלַת – pretty woman
חוּט שֶׁל – touch of grace
חִנְגָּא נ׳ (*ḥinGA*) dance, feast; merrymaking
חָנָה פעל ע׳ (*ḥaNA*) park; encamp, bivouac
חָנוּט ז׳ (*ḥaNUT*) mummy
חִנּוּךְ ז׳ (*ḥinNUKH*) education, training, upbringing
חֲנוּכָּה ר׳ חֲנֻכָּה
חִנּוּכִי ת׳ (*ḥinnuKHI*) educational
חַנּוּן, חָנוּן ת׳ (*ḥanNUN; ḥaNUN*) merciful
חֶנְוָנוּת נ׳ (*ḥenvaNUT*) shopkeeping
חֶנְוָנִי ז׳ (*ḥenvaNI*) storekeeper

חֲנוּפָּה ר׳ חֲנֻפָּה
חָנוּק ת׳ (*ḥaNUK*) strangled, choked; pressed hard
חֲנוּת נ׳ (*ḥaNUT*) store; fly (trousers)
חָנַט פעל י׳ (*ḥaNAT*) embalm
חֲנָיָה, חֲנִיָּה נ׳ (*ḥanaYA; ḥaniYA*) parking; encampment, bivouac
חַנְיוֹן ז׳ (*ḥanYON*) campground; bivouac; parking area
חֲנִיטָה נ׳ (*ḥaniTA*) embalming
חָנִיךְ ז׳ (*ḥaNIKH*) apprentice, student, trainee
חֲנִיכוּת נ׳ (*ḥaniKHUT*) apprenticeship
חֲנִיכַיִם ז״ר (*ḥaniKHAyim*) gums
חֲנִינָה נ׳ (*ḥaniNA*) amnesty, pardon, mercy; compassion
חֲנִיפָה נ׳ (*ḥaniFA*) flattery
חֲנִיקָה נ׳ (*ḥaniKA*) strangling, choking
חֲנִית נ׳ (*ḥaNIT*) spear, lance
חָנַךְ פעל י׳ (*ḥaNAKH*) dedicate, inaugurate, hold house warming ceremony; train, teach
חִנֵּךְ פעל י׳ (*ḥinNEKH*) educate, bring up, train
חֲנֻכָּה נ׳ (*ḥanukKA*) inauguration, dedication, consecration; Hanukka (feast)
חֲנֻכִּיָּה נ׳ (*ḥanukkiYA*) Hanukka lamp
חִנָּם תה״פ (*ḥinNAM*) free, gratis, without pay; without cause, in vain
חָנַן פעל י׳ (*ḥaNAN*) favor, absolve; pity, amnesty; bestow, grant
חִנָּנוּת נ׳ (*ḥinnaNUT*) charm, grace, comeliness
חִנָּנִי ת׳ (*ḥinnaNI*) attractive, charming
חָנַף פעל ע׳ (*ḥaNAF*) sin; flatter; desecrate
חָנֵף ת׳ (*ḥaNEF*) flatterer, hypocrite, sinner
חֲנֻפָּה נ׳ (*ḥanupPA*) flattery
חַנְפָן ז׳ (*ḥanFAN*) flatterer, sycophant
חָנַק, חִנֵּק פעל י׳ (*ḥaNAK; ḥinNEK*) strangle, choke, garrotte

חֶנֶק ז׳ (*ḤEnek*) strangulation, suffocation
חֲנָקָה נ׳ (*ḥanKA*) nitrate
חֲנָקָן ז׳ (*ḥanKAN*) nitrogen; shrike
חֲנָקָנִי ת׳ (*ḥankaNI*) nitrogenous, nitric
חֲנָקָתִי ת׳ (*ḥankaTI*) nitrous
חָס פעל י׳ (*ḤAS*) pity; have pity on
חַס וְחָלִילָה, חַס וְשָׁלוֹם מ״ק God forbid!
חֶסֶד ז׳ (*ḤEsed*) charity, favor, benevolence, grace
חוּט שֶׁל – a touch of grace
גְּמִילוּת – (־ים) charity
חָסָה פעל ע׳ (*ḥaSA*) find refuge, find shelter; trust, rely on
חַסָּה נ׳ (*ḤASsa*) lettuce
חָסוּד ת׳ (*ḥaSUD*) charming, pretty; hypocritical
חִסּוּי ז׳ (*ḥisSUY*) shelter, protection
חָסוּי ת׳ (*ḥaSUY*) sheltered, protected; restricted
חָסוּךְ ת׳ (*ḥaSUKH*) lacking; saved
חֲסוּךְ־בָּנִים childless
חִסּוּל ז׳ (*ḥisSUL*) liquidation
חִסּוּם ז׳ (*ḥisSUM*) forging, tempering, strengthening; tempered edge; muzzling; density
חָסוּם ת׳ (*ḥaSUM*) blocked, barred; muzzled; hard
חִסּוּן ז׳ (*ḥisSUN*) immunization; innoculation; strengthening
חִסּוּר ז׳ (*ḥisSUR*) subtraction; lack, absence
חָסוּת נ׳ (*ḥaSUT*) refuge, protection, auspices, patronage
אֶרֶץ – protectorate
בִּקֵּשׁ – seek protection
חַסְחוּס ז׳ (*ḥasḤUS*) cartilage
חָסִיד ת׳ ז׳ (*ḥaSID*) righteous, pious, Hassidic; follower, fan
חֲסִידָה נ׳ (*ḥasiDA*) stork
חֲסִידוּת נ׳ (*ḥasiDUT*) piety, benevolence; Hassidism

חָסִיל ז׳ (*ḥaSIL*) locust larva
חֲסִימָה נ׳ (*ḥasiMA*) blocking, barring; muzzling
חָסִין ת׳ (*ḥaSIN*) immune, resistant, proof; mighty, strong
חֲסִינוּת נ׳ (*ḥasiNUT*) immunity; resistance
חָסַךְ פעל י׳ (*ḥaSAKH*) save, economize; spare
חִסָּכוֹן ז׳ (*ḥissaKHON*) saving, thrift, economy
חַסְכָן ת׳ ז׳ (*ḥasKHAN*) thrifty, economical
חַסְכָנוּת נ׳ (*ḥaskhaNUT*) thrift, economy, saving, parsimony
חַסְכָנִי נ׳ (*ḥaskhaNI*) thrifty, economical
חָסַל פעל י׳ (*ḥaSAL*) destroy, bring to an end
חִסֵּל פעל י׳ (*ḥisSEL*) liquidate, put an end to
חֲסַל מ״ק (*ḥaSAL*) the end; finished; that's all
חָסַם פעל י׳ (*ḥaSAM*) block, bar, barricade; restrain, muzzle; inscribe (*geom.*)
חִסֵּם פעל י׳ (*ḥisSEM*) forge; temper
חֶסֶם ז׳ (*ḤEsem*) block, lock
חַסָּם ז׳ (*hasSAM*) tourniquet
חִסֵּן פעל י׳ (*ḥisSEM*) immunize, strengthen
חֹסֶן ז׳ (*ḤOsen*) strength, immunity, power; riches
חָסֹן ת׳ (*ḥaSON*) strong, robust, athletic
חִסְפּוּס ז׳ (*ḥisPUS*) roughness, coarseness
חִסְפֵּס פעל י׳ (*ḥisPES*) roughen
חֲסָקָה נ׳ (*ḤAsaka*) surfboat
חָסַר, חָסֵר פעל ע׳ (*ḥaSAR; ḥaSER*) be deficient, lack, want, miss; be absent; decrease, diminish
חִסֵּר פעל י׳ (*ḥisSER*) subtract, deduct, diminish; cause loss

חָסֵר ת׳ (*ḥaSER*) lacking, wanting, deficient; – less, minus, un-
חֲסַר־אוֹנִים powerless
חֲסַר־הַכָּרָה unconscious
חֹסֶר ז׳ (*ḤOser*) lack, want, deficiency
חִסָּרוֹן, חֶסְרוֹן ז׳ (*ḥissaRON; ḥesRON*) deficiency, defect, loss
חַף ת׳ (*ḤAF*) innocent
– מִפֶּשַׁע innocent, not guilty
חָפָה פעל י׳ (*ḥaFA*) cover, overlap
חִפָּה פעל י׳ (*ḥipPA*) protect, cover; cover up for
חֻפָּה נ׳ (*ḥupPA*) canopy, covering, wedding ceremony
נִכְנַס לַ – be wed
חָפוּז ת׳ (*ḥaFUZ*) rapid, hasty, rash
חָפוּי ת׳ (*ḥaFUY*) covered
חֲפוּי־רֹאשׁ ashamed
חִפּוּי ז׳ (*ḥipPUY*) protection, covering, covering up for
חָפוּן ת׳ (*ḥaFUN*) handful
חִפּוּשׂ ז׳ (*ḥipPUS*) search, quest
חִפּוּשִׁית נ׳ (*ḥippuSHIT*) beetle
חָפוּת ת׳ (*ḥaFUT*) tucked up, turned up, rolled up
חַפּוּת נ׳ (*ḥapPUT*) innocence
חָפַז ר׳ נֶחְפַּז
חֹפֶז ז׳ (*ḤOfez*) haste, rush
חָפְזָה נ׳ (*ḥofZA*) haste, rush
חִפָּזוֹן ז׳ (*ḥippaZON*) haste, rush
חֲפִינָה נ׳ (*ḥafiNA*) taking a handful
חֲפִיסָה נ׳ (*ḥafiSA*) packet, deck (cards), bar (chocolate)
חֲפִיפָה נ׳ (*ḥafiFA*) overlapping, congruence(*geom.*), covering, washing hair, shampoo; "washing up", "bawling out"
חָפִיר ז׳ (*ḥaFIR*) ditch, moat (dry)
חֲפִירָה נ׳ (*ḥafiRA*) excavation, digging; ditch, trench, pit
חֹפֶן ז׳ (*ḤOfen*) handful
חָפַן פעל י׳ (*ḥaFAN*) take a handful

חַפָּן ז׳ (*ḥapPAN*) masseur
חָפַף פעל י׳ (*ḥaFAF*) overlap, be congruent; cover, wash hair, rub shampoo
חָפֵץ פעל ע׳ (*ḥaFETS*) want, desire
חֵפֶץ ז׳ (*ḤEfets*) wish, desire; thing, object, article
בְּ – לֵב with pleasure
– מְחוֹז objective
חֲפָצִים ז״ר baggage, belongings
חָפַר פעל י׳ ע׳ (*ḥaFAR*) dig, excavate; search, explore; be ashamed
חַפָּר ז׳ (*ḥapPAR*) digger; sapper
חֲפַרְפֶּרֶת נ׳ (*ḥafarPEret*) mole
חִפֵּשׂ פעל י׳ (*ḥipPES*) search, seek; disguise
חֹפֶשׁ ז׳ (*ḤOfesh*) freedom, liberty; vacation
חֻפְשָׁה נ׳ (*ḥufSHA*) vacation, leave
חָפְשִׁי ת׳ (*ḥofSHI*) free; secular, irreligious
חָפְשִׁיּוּת נ׳ (*ḥofshiYUT*) freedom, ease; secularity
חָפַת פעל י׳ (*ḥaFAT*) fold, roll, tuck up
חֵפֶת ז׳ (*ḤEfet*) cuff, fold
חֵץ ז׳ (*ḤETS*) arrow
חֲצָאִית נ׳ (*ḥatsa'IT*) skirt
חָצַב פעל י׳ (*ḥaTSAV*) quarry; hew, carve, chisel
חָצָב ז׳ (*ḥaTSAV*) squill
חַצֶּבֶת נ׳ (*ḥatsTSEvet*) measles
חָצָה פעל י׳ (*ḥaTSA*) divide, part, bisect; cross
חָצוּב ת׳ (*ḥaTSUV*) hewn, carved, quarried
חֲצוּבָה נ׳ (*ḥatsuVA*) tripod
חָצוּי ת׳ (*ḥaTSUY*) halved, bisected, divided; crossed
חָצוּף ת׳ (*ḥaTSUF*) insolent, impudent, impertinent
חֲצוֹצְרָה נ׳ (*ḥatsotseRA*) trumpet, bugle

חֲצוֹצְרָן ז׳ (*ḥatsotseRAN*) trumpeter, bugler
חֲצוֹת נ׳ (*ḥaTSOT*) midnight
– הַיּוֹם midday
חֵצִי, חֵצִי ז׳ (*ḥaTSI; ḤEtsi*) half; semi-; demi-, hemi-
לַחֲצָאִין תה״פ partly
חֲצִי־אִי ז׳ (*ḥaTSI-I'*) peninsula
חֲצִיבָה נ׳ (*ḥatsiVA*) stonecutting, quarrying; carving, hewing
חֲצָיָה, חֲצִיָּה נ׳ (*ḥatsaYA, ḥatsiYA*) halving, bisection; partitioning; crossing
חָצִיל ז׳ (*ḥaTSIL*) eggplant
חֲצִיפוּת נ׳ (*ḥatsiFUT*) insolence, impudence
חֲצִיצָה נ׳ (*ḥatsiTSA*) partition, separating
חָצִיר ז׳ (*ḥaTSIR*) hay, grass
חֹצֶן ז׳ (*ḤOtsen*) bosom
נִעֵר חָצְנוֹ מ־ wash one's hands of
חֻצְפָּה נ׳ (*ḥutsPA*) insolence, impudence
חֻצְפָּנִי ת׳ insolent, impudent
חֻצְפָּנוּת נ׳ (*ḥutspaNUT*) impudence
חָצַץ פעל י׳ ע׳ (*ḥaTSATS*) partition, divide; serve as partition; pick (teeth)
חָצָץ ז׳ (*ḥaTSATS*) gravel
חִצְצֵר פעל ע׳ (*ḥitsTSER*) blow a trumpet, bugle
חָצֵר נ׳ (*ḥaTSER*) yard, courtyard; court; suburb; village
חֲצֵרִים premises
חַצְרָן ז׳ (*ḥatsRAN*) maintenance man, janitor, courtier
חַצְרָנוּת נ׳ (*ḥatsraNUT*) yard maintenance; court customs, court life
חֹק ז׳ (*ḤOK*) law, decree, statute, act, ordinance, rule; limit; portion
חֻקָּה נ׳ (*ḥukKA*) constitution; law, custom
חִקָּה פעל י׳ (*ḥikKA*) imitate, mimic, impersonate

חִקּוּי ז׳ (*ḥikKUY*) imitation, mimicry
חִקּוּק ז׳ (*ḥikKUK*) engraving, inscribing; enactment
חִקּוּר ז׳ (*ḥikKUR*) investigation
חֻקִּי ת׳ (*ḥukKI*) lawful, legal, legitimate
חָקִי ז׳ (*ḤAki*) khaki
חֻקִּיּוּת נ׳ (*ḥukkiYUT*) legality, legitimacy, lawfulness; constancy
חַקְיָן ז׳ (*ḥakYAN*) imitator, mimic
חַקְיָנוּת נ׳ (*ḥakyaNUT*) mimicry
חֲקִיקָה נ׳ (*ḥakiKA*) legislation; engraving, inscription
חֲקִירָה נ׳ (*ḥakiRA*) examination, investigation, inquiry; research
חַקְלָאוּת נ׳ (*ḥaklaUT*) agriculture
חַקְלַאי ז׳ (*ḥakLAI*) farmer, agriculturist
חַקְלָאִי ת׳ (*ḥakla'I*) agricultural, agrarian
חֹקֶן ז׳ (*ḤOken*) enema
חָקַק פעל י׳ (*ḥaKAK*) engrave, inscribe; legislate, enact
חָקַר פעל י׳ (*ḥaKAR*) investigate, examine, inquire, interrogate
חֵקֶר ז׳ (*ḤEker*) examination, inquiry
אֵין – ת׳ unfathomable
חַקְרָה נ׳ (*ḤAKra*) citadel
חַקְרָן ז׳ (*ḥakRAN*) examiner, prober, hairsplitter
חַקְרָנוּת נ׳ (*ḥakraNUT*) examining, hairsplitting
חָרַב פעל ע׳ י׳ (*ḥaRAV*) be destroyed; dry up; destroy
חָרֵב ת׳ (*ḥaREV*) destroyed, ruined, desolate; arid, dry
חֹרֶב ז׳ (*ḤOrev*) aridity, dryness, drought; waste, desolation
חֶרֶב נ׳ (*ḤErev*) sword, saber, blade
– פִּיפִיּוֹת double-edged sword
חֻרְבָּה נ׳ (*ḥurBA*) ruin, ruins
חֲרָבָה נ׳ (*ḥoraVA*) dry land, dryness

failure, flop (ḥerBON) חֶרְבּוֹן ז׳
cause failure, spoil; defecate (ḥirBEN) חִרְבֵּן פעל י׳
deviate; leap out (ḥaRAG) חָרַג פעל ע׳
grasshopper (ḥarGOL) חַרְגּוֹל ז׳
be afraid, tremble, be anxious (ḥaRAD) חָרַד פעל ע׳
fearful, anxious, concerned; orthodox, pious, God-fearing (ḥaRED) חָרֵד ת׳
fear, horror, concern; anxiety (ḥaraDA) חֲרָדָה נ׳
starred lizard, agama (ḥarDON) חַרְדּוֹן ז׳
pious, religious (ḥareDI) חֲרֵדִי ת׳
mustard (ḥarDAL) חַרְדָּל ז׳
be angry, burn (ḥaRA) חָרָה פעל ע׳
carob (ḥaRUV) חָרוּב ז׳
rhyme, verse; bead (ḥaRUZ) חָרוּז ז׳
strung; rhymed, versified (ḥaRUZ) חָרוּז ת׳
cone; engraved, carved (ḥaRUT) חָרוּט ז׳ ת׳
conic, cone-shaped (ḥaruTI) חֲרוּטִי ת׳
scorched (ḥaRUKH) חָרוּךְ ת׳
thorn, nettle (ḥaRUL) חָרוּל ז׳
emergency (ḥeRUM) חֵרוּם ז׳
emergency שְׁעַת –
blunt, snub (ḥaRUM) חָרוּם ת׳
flat-nosed, snub-nosed, pug-nosed (ḥaruMAF) חֲרוּמַף ז׳
wrath (ḥaRON [af]) חָרוֹן, חֲרוֹן אַף ז׳
חֲרוֹסֶת ר׳ חֲרֹסֶת
abuse; curse (ḥeRUF) חֵרוּף ז׳
great risk, self sacrifice נֶפֶשׁ –
betrothed (ḥaruFA) חֲרוּפָה נ׳
female slave given in marriage to male slave; miserable drudge שִׁפְחָה –
diligent, industrious; complete, decided; toothed, indented, notched, fine gold (ḥaRUTS) חָרוּץ ת׳ ז׳
utter destruction כִּלָּיוֹן –

notched, indented; crenate (ḥaRUK) חָרוּק ת׳
grinding, notching (ḥeRUK) חֵרוּק ז׳
gnashing one's teeth שִׁנַּיִם –
full of holes (ḥaRUR) חָרוּר ת׳
plowed (ḥaRUSH) חָרוּשׁ ת׳
freedom, liberty, license (ḥeRUT) חֵרוּת נ׳
engraved, inscribed (ḥaRUT) חָרוּת ת׳
string, array; rhyme, versify (ḥaRAZ) חָרַז פעל י׳
versifier, rhymester (ḥarZAN) חַרְזָן ז׳
doggerel; writing inferior verse (ḥarzaNUT) חַרְזָנוּת נ׳
stirring up, agitation, incitement; grunt (of camel) (ḥirHUR) חִרְחוּר ז׳
stir up, incite, agitate; grunt (camel); gargle (ḥirHER) חִרְחֵר פעל י׳
instigator, intriguer (ḥarḥaRAN) חַרְחֲרָן ז׳
engrave, carve, etch, chisel (ḥaRAT) חָרַט פעל י׳
stylus, nib, pen; etching (ḤEret) חֶרֶט ז׳
lathe operator; turner, engraver (ḥaRAT) חָרָט ז׳
remorse, regret, repentance (ḥaraTA) חֲרָטָה נ׳
beak, nose, prow; toe (of shoe) (ḥarTOM) חַרְטוֹם ז׳
lathe operation; engraving (ḥaraTUT) חָרָטוּת נ׳
Egyptian priest or magician (ḥarTOM) חַרְטֹם ז׳
hieroglyphics כְּתַב הַחַרְטֻמִּים
wrath (ḥoRI-af) חֳרִי־אַף ז׳
exception; irregularity, deviation; amiss, irregular; exceptional (ḥaRIG) חָרִיג ז׳ת׳
deviation, breach (ḥariGA) חֲרִיגָה נ׳
rhyming; stringing (ḥariZA) חֲרִיזָה נ׳

turning, carving, etching (*ḥariTA*) חֲרִיטָה נ׳
scorching (*ḥariKHA*) חֲרִיכָה נ׳
safflower (*ḥaRI'a*) חֲרִיעַ ז׳
sharp, pungent, acrid; acute; witty, sharpwitted (*ḥaRIF*) חָרִיף ת׳
acuteness, sharpness, pungency, acrimony; acumen, sharpwittedness (*ḥariFUT*) חֲרִיפוּת נ׳
crack, scratch; particle, shaving; ditch (*ḥaRITS*) חָרִיץ ז׳
cheese חֲרִיץ חָלָב
cut, groove; slitting; cutting; deciding (*ḥariTSA*) חֲרִיצָה נ׳
verdict חֲרִיצַת דִּין (מִשְׁפָּט)
slander חֲרִיצַת לָשׁוֹן
diligence, industry (*ḥariTSUT*) חָרִיצוּת נ׳
grating, gnashing (teeth), cracking, creaking (*ḥariKA*) חֲרִיקָה נ׳
small hole, peephole (*ḥaRIR*) חָרִיר ז׳
plowing season, plowing (*ḥaRISH*) חָרִישׁ ז׳
plowing; deafness, grove (*ḥariSHA*) חֲרִישָׁה נ׳
silent, still (*ḥariSHI*) חֲרִישִׁי ת׳
engraving, inscription (*ḥariTA*) חֲרִיתָה נ׳
scorch, singe, char (*ḥaRAKH*) חָרַךְ פעל י׳
aperture, crevice, port (hole) (*ḥaRAKH*) חָרָךְ ז׳
excommunication, boycott, ban; forfeited property; consecration; distraction; disgrace (*ḤErem*) חֵרֶם ז׳
destruction, annihilation (*ḥorMA*) חָרְמָה נ׳
scythe (*herMESH*) חֶרְמֵשׁ ז׳
clay, sherd (*ḤEres*) חֶרֶס ז׳
earthenware, pottery כְּלֵי –
china, chinaware, porcelain (*ḥarsiNA*) חַרְסִינָה נ׳
reddish soil, kaolin (*ḥarSIT*) חַרְסִית נ׳
mixture of grated apple, nuts, wine etc., (to simulate mortar at the Passover seder) (*ḥaROset*) חֲרֹסֶת נ׳
winter (*ḤOref*) חֹרֶף ז׳
winter, hibernate (*ḥaRAF*) חָרַף פעל ע׳
sleep, "hit the sack" חָרַפּ
abuse, insult, curse (*ḥeREF*) חֵרֵף פעל י׳
risk one's life – נַפְשׁוֹ
despite (*ḤEref*) חֵרֶף תה״פ
disgrace, shame (*ḥerPA*) חֶרְפָּה נ׳
scarab (*ḥarpuSHIT*) חַרְפּוּשִׁית נ׳
wintry, winter (*ḥorPI*) חָרְפִּי ת׳
cutnotch, slit; decide; arbitrate (*ḥaRATS*) חָרַץ פעל י׳
adjudicate – מִשְׁפָּט
prepare to bite; menace – לָשׁוֹן
hush money, bribe דְּמֵי לֹא יֶחֱרַץ
incision, slit; destruction; verdict (*ḤErets*) חֶרֶץ ז׳
fetter, chain (*ḥartsubBA*) חַרְצֻבָּה נ׳
chrysanthemum (*ḥarTSIT*) חַרְצִית נ׳
grape seed; pit (*ḥarTSAN*) חַרְצָן ז׳
grate, gnash, creak, grind (*ḥaRAK*) חָרַק פעל י׳ ע׳
insect (*ḤErek*) חֶרֶק ז׳
harakiri (*ḥaraKIri*) חֲרַקִירִי ז׳
secretly, silently (*ḤEresh*) חֶרֶשׁ תה״פ
plain-clothes man שׁוֹטֵר –
plow; devise; keep silent, be deaf (*ḥaRASH*) חָרַשׁ פעל י׳
devise evil – רָעָה
deaf person (*ḥeRESH*) חֵרֵשׁ ז׳
thicket, grove, wood (*ḤOresh*) חֹרֶשׁ ז׳
artisan, craftsman (*ḥaRASH*) חָרָשׁ ז׳
חֶרֶשׂ ר׳ חֶרֶס
grove, small wood (*ḥurSHA*) חֻרְשָׁה נ׳
deafness (*herSHUT*) חֵרְשׁוּת נ׳
artichoke (*ḥurSHAF*) חֻרְשָׁף ז׳

חֲרֹשֶׁת נ׳ (*ḥaROchet*) industry, manufacture, craft
בֵּית – ז׳ factory
חֲרָשְׁתָּן ז׳ (*ḥaroshTAN*) industrialist, manufacturer
חָרַת פעל י׳ (*ḥaRAT*) engrave, inscribe, carve
חֶרֶת נ׳ (*ḤEret*) tanner's black dye
חֲרֹתֶת נ׳ (*ḥaROtet*) inscription
חָשׁ פעל ע׳ (*ḤASH*) feel; hasten, hurry
חֲשַׁאי ז׳ (*ḥaSHAI*) silence, stillness
בַּ – תה״פ secretly
חֲשָׁאִי ת׳ (*ḥasha'I*) secret
חָשַׁב פעל י׳ (*ḥaSHAV*) think, intend, regard, consider, reckon
חִשֵּׁב פעל י׳ (*ḥishSHEV*) calculate, compute, count, estimate; reckon, consider; be likely; be about to
חַשָּׁב ז׳ (*ḥashSHAV*) accountant
חֶשְׁבּוֹן ז׳ (*ḥeshBON*) arithmetic; account; bill; calculus (*math.*)
– נֶפֶשׁ moral self examination
דִּין וְ – (דו״חַ) report; account
הַנְהָלַת חֶשְׁבּוֹנוֹת bookkeeping
מְנַהֵל חֶשְׁבּוֹנוֹת bookkeeper
רוֹאֵה – auditor
עַל הַ – on credit...
הֵבִיא בְּ – take into account
חִשָּׁבוֹן ז׳ (*ḥishaVON*) intention, thinking; device, contrivance
חֶשְׁבּוֹנָאוּת נ׳ (*ḥeshbonaUT*) accountancy, accounting
חֶשְׁבּוֹנַאי ז׳ (*ḥeshboNAI*) accountant
חֶשְׁבּוֹנִי ת׳ (*ḥeshboNI*) arithmetical
חֶשְׁבּוֹנִיָּה נ׳ (*ḥeshboniYA*) abacus
חַשְׁבָן ז׳ (*ḥashsheVAN*) good at figures
חִשְׁבֵּן פעל י׳ (*ḥishBEN*) make accounts
חָשַׁד פעל י׳ ע׳ (*ḥaSHAD*) suspect
– בִּכְשֵׁרִים suspect the innocent
חֲשַׁד ז׳ (*ḥaSHAD*) suspicion
בַּ – תה״פ askance
חַשְׁדָן ז׳ ת׳ (*ḥashDAN*) suspicious (person)

חַשְׁדָנוּת נ׳ (*ḥashdaNUT*) suspicion
חַשְׁדָנִי ת׳ (*ḥashdaNI*) distrustful, suspicious
חָשָׁה פעל ע׳ (*ḥaSHA*) be silent, be still
חָשׁוּב ת׳ (*ḥaSHUV*) important
– כְּ־ be considered, be regarded as
חִשּׁוּב ז׳ (*ḥiSHUV*) calculation, reckoning, computation, analysis; attaching importance
מְכוֹנַת – adding machine
חָשׁוּד ת׳ (*ḥaSUHD*) suspect, suspicious
חָשׁוּךְ ת׳ (*ḥaSHUKH*) dark, obscure
חָשׂוּךְ ת׳ ר׳ חָסוּךְ
חִשּׁוּל ז׳ (*ḥiSHUL*) forging, tempering
חֶשְׁוָן ז׳ ר׳ מַרְחֶשְׁוָן (*ḥeshVAN*)
חָשׂוּף ת׳ (*ḥaSUF*) exposed, bald, bare, stripped; bleak
חִשּׂוּף ז׳ (*ḥisSUF*) laying bare, exposure
חִשּׁוּק, חָשׁוּק ז׳ (*ḥiSHUK; ḥaSHUK*) hoop, band
חָשׁוּק ת׳ (*ḥaSHUK*) desired, beloved
חִשּׁוּר ז׳ (*ḥiSHUR*) spoke; hub
חֻשְׁחָשׁ ז׳ (*ḥushHASH*) bitter orange
חֲשִׁיבָה נ׳ (*ḥashiVA*) thinking
חֲשִׁיבוּת נ׳ (*ḥashiVUT*) importance
חָשִׁיל ת׳ (*ḥaSHIL*) malleable
חֲשִׂיפָה נ׳ (*ḥasiFA*) uncovering, exposure, disrobing
חֲשִׁיקָה נ׳ (*ḥashiKA*) desiring
חָשִׁישׁ ז׳ (*ḥaSHISH*) hashish
חָשַׁךְ פעל ע׳ (*ḥaSHAKH*) become dark
– הָעוֹלָם בַּעֲדוֹ, חָשְׁכוּ עֵינָיו be stunned, be in great distress
חֹשֶׁךְ ז׳ (*ḤOshekh*) darkness, dark
חָשֵׁךְ ת׳ (*ḥaSHEKH*) dark, gloomy
חָשַׂךְ פעל י׳ ר׳ חָסַךְ
חֲשֵׁכָה נ׳ (*ḥasheKHA*) darkness
חִשֵּׁל פעל י׳ (*ḥishSHEL*) forge, temper, mold
חִשְׁמוּל ז׳ (*ḥishMUL*) electrification, electrocution

electricity (ḥashMAL) חַשְׁמַל ז׳
electrify, galvanize; electrocute (ḥishMEL) חִשְׁמֵל פעל י׳
electrician's vocation, electrical engineering, theory of electricity (ḥashmalla'UT) חַשְׁמַלָּאוּת נ׳
electrician (ḥashmalLAI) חַשְׁמַלַּאי ז׳
electric (ḥashmalLI) חַשְׁמַלִּי ת׳
street car, trolley, tram (ḥashmalLIT) חַשְׁמַלִּית נ׳
cardinal (ḥashMAN) חַשְׁמָן ז׳
breastplate (ḤOshen) חֹשֶׁן ז׳
bare, expose, uncover, discover (ḥaSAF) חָשַׂף פעל י׳
striptease (ḥasfaNUT) חַשְׂפָנוּת נ׳
stripper (ḥasfaNIT) חַשְׂפָנִית נ׳
desire, covet; fasten (ḥaSHAK) חָשַׁק פעל ע׳ י׳
fasten with hoops (ḥishSHEK) חִשֵּׁק פעל י׳
desire, delight, lust, longing, appetite (ḤEshek) חֵשֶׁק ז׳
strong desire, lust (ḥashkaNUT) חַשְׁקָנוּת נ׳
desirous, lascivious, amorous (ḥashkaNI) חַשְׁקָנִי ת׳
accumulation (ḥashRA) חַשְׁרָה נ׳
be anxious; worry; feel apprehensive; fear; feel pain (ḥaSHASH) חָשַׁשׁ פעל ע׳
anxiety, apprehension, misgiving, fear (ḥaSHASH) חֲשָׁשׁ ז׳
straw (ḥaSHASH) חֲשַׁשׁ ז׳
apprehensive person (ḥasheSHAN) חַשְׁשָׁן ז׳
hesitation, apprehension (ḥasheshaNUT) חַשְׁשָׁנוּת נ׳
hesitant, apprehensive (ḥasheshaNI) חַשְׁשָׁנִי ת׳
be shattered, terrified, afraid (ḤAT) חַת פעל י׳
fear — ז׳

fearless, dauntless עָשׂוּי לִבְלִי —
— נ׳ ר׳ אַחַת
fear (ḤET) חַת ז׳
gather, rake; abhor (ḥaTA) חָתָה פעל י׳
raking (ḥitTUY) חִתּוּי ז׳
cut, carved; (ḥaTUKH) חָתוּךְ ת׳
cutting; etching; intersection (ḥitTUKH) חִתּוּךְ ז׳
articulation, diction — דִּבּוּר
diaper; wrapping (ḥitTUL) חִתּוּל ז׳
cat (ḥaTUL) חָתוּל ז׳
catty, feline (ḥatuLI) חֲתוּלִי ת׳
sealed, signed, stamped; closed, locked; subscriber (ḥaTUM) חָתוּם ת׳ ז׳
the undersigned הֶ — מַטָּה
a sealed book, unintelligible — סֵפֶר
sealing, signing, underwriting (ḥitTUM) חִתּוּם ז׳
marrying, marriage (ḥitTUN) חִתּוּן ז׳
חֲתוּנָּה ר׳ חֲתֻנָּה
obstacle (ḥatḤAT) חַתְחַת ז׳
handsome man, ladies' man, dandy (ḥaTIKH) חָתִיךְ ז׳
piece, slice; cutting; pretty woman, "doll", "chick", "broad" (ḥatiKHA) חֲתִיכָה נ׳
signature, signing, autograph; sealing, end, verdict, conclusion; subscription (ḥatiMA) חֲתִימָה נ׳
trace of beard חֲתִימַת זָקָן
undermining, subversion, sabotage; rowing; effort; digging, ditch (ḥatiRA) חֲתִירָה נ׳
fright, terror (ḥitTIT) חִתִּית נ׳
cut, intersect; articulate, decide (ḥaTAKH) חָתַךְ פעל י׳
cut up; articulate (hitTEKH) חִתֵּךְ פעל י׳
(ḥaTAKH; Ḥetekh) חֲתָךְ, חֶתֶךְ ז׳
section, cross section, incision, intersection; wound
cross section — רָחָב
diaper, swaddle; wrap, bandage (ḥiTEL) חִתֵּל פעל י׳

חֲתַלְתּוּל ז׳ (ḥatalTUL) kitten

חָתַם פעל י׳ (ḥaTAM) sign, seal, finish, terminate, close; subscribe

חָתָן ז׳ (ḥaTAN) bridegroom; son-in-law; prizewinner, laureate

חֲתֻנָּה נ׳ (ḥatunNA) marriage, wedding ceremony

חָתַף פעל י׳ (ḥaTAF) snatch, rob

חֶתֶף ז׳ (ḤEtef) robbery

כְּ — תה״פ suddenly

חָתַר פעל י׳ (ḥaTAR) undermine, dig under; row, paddle; make a vigorous effort

חֲתַת ז׳ (ḥaTAT) terror

ט

Tet (the ninth letter of the Hebrew alphabet); nine, ninth (*TET*) ט נ׳

sweep (*tiTE*) טִאטֵא פעל י׳

sweeping (*tiTU*) טִאטוּא ז׳

good (*Aram.*); (*pl.*) bonds, securities (*TAV*) טָב ת׳

hard cash טָבִין וּתְקִילִין

land registry office (*TAbu*) טַבּוֹ ז׳

taboo (*taBU*) –

dipping; baptizing (*tibBUL*) טִבּוּל ז׳

immersed, dipped (*taVUL*) טָבוּל ת׳

submerging, sinking, drowning; coining, minting; ringing (*tibBU'a*) טִבּוּעַ ז׳

drowned, sunk; minted, coined, struck, engraved, impressed (*taVU'a*) טָבוּעַ ת׳

navel, hub, center (*tabBUR*) טַבּוּר ז׳

navel (orange) (*taBUri*) טַבּוּרִי ת׳

slaughter, butcher; massacre; chop up (*taVAH*) טָבַח פעל י׳

slaughter, massacre (*TEvaḥ*) טֶבַח ז׳

cook, chef; executioner (*tabBAḤ*) טַבָּח ז׳

cooking, cookery (*tabbaḤUT*) טַבָּחוּת נ׳

cook (*f.*) (*taBAḥat*) טַבַּחַת נ׳

slaughter; massacre (*teviḤA*) טְבִיחָה נ׳

baptism; dipping; immersion (*teviLA*) טְבִילָה נ׳

טָבִין וּתְקִילִין ר׳ טָב

drowning, sinking; minting; coining, impressing, stamping; stamp, mark, print (*tevi'A*) טְבִיעָה נ׳

fingerprints טְבִיעַת אֶצְבָּעוֹת

perceptiveness טְבִיעַת עַיִן

dip, immerse; baptize (*taVAL*) טָבַל פעל י׳

board; table, plate, slate, tableland, plateau (*tavLA*) טַבְלָה נ׳

tablet (*tavLIT*) טַבְלִית נ׳

grebe; attendant (in מִקְוֶה) (*tavLAN*) טַבְלָן ז׳

sink; be drowned; coin, mint, impress, stamp (*taVA'*) טָבַע פעל ע׳ י׳

sink, drown; ring, put a ring on (*tibBA'*) טִבַּע פעל י׳

nature; character (*TEva'*) טֶבַע ז׳

naturalism, doctrine of eating only raw fruits and vegetables (*tiv'oNUT*) טִבְעוֹנוּת נ׳

naturalistic, nature-loving; eater of raw fruits and vegetables only (*tiv'oNI*) טִבְעוֹנִי ת׳ ז׳

natural, genuine, artless (*tiv'I*) טִבְעִי ת׳

life-size – בְּגֹדֶל

naturalness (*tiv'iYUT*) טִבְעִיּוּת נ׳

ring; seal; circle (*taBA'at*) טַבַּעַת נ׳

anus פִּי הַ –

ringlike (*taba'TI*) טַבַּעְתִּי ת׳

tobacco (*taBAK*) טַבָּק ז׳

snuff טַבַּק הֲרָחָה

tobacconist (*tabaKAI*) טַבָּקַאי ז׳

Tebeth, 4th Hebrew month (10th in Bible) (*teVET*) טֵבֵת ז׳

frying (*tigGUN*) טִגּוּן ז׳

fry (*tigGEN*) טִגֵּן פעל י׳

טֶה ר׳ תֵּה

pure, clean; immaculate; absolute (*taHOR*) טָהוֹר ת׳

purge, purification, cleansing (*tiHUR*) טִהוּר ז׳

be cleansed, be pure (*taHAR*) טָהַר פעל ע׳

purify, cleanse, purge; absolve (*tiHER*) טִהֵר פעל י׳

טֹהַר ז׳ (TOhar) purity; cleanness, clarity; integrity

טָהֳרָה נ׳ (tohoRA) purity, purification; object declared ritually clean

טַוַּאי ז׳ (tavVAI) spinner

– הַמֶּשִׁי silkworm

טוֹב ת׳ (TOV) good; kind, fair, pleasant, nice; better

– יוֹתֵר ת׳ better

הַ – בְּיוֹתֵר ת׳ best

– ז׳ good thing, benefit

– פעל ע׳ be pleasant, be good

טוּב ז׳ (TUV) goodness; wealth;

טוּבִים, טוּבִין (*pl.*) goods

– לֵב kindness, benevolence

טוֹבָה נ׳ (*toVA*) favor, kindness, benefit

לְטוֹבַת on behalf of

טוֹבְעָנִי ת׳ (*tov'aNI*) boggy, swampy

טָוָה פעל י׳ (*taVA*) spin

טִוּוּחַ ז׳ (*tiVU'aḥ*) range-finding, adjustment of fire

טְוָח ז׳ (*teVAḤ*) range

– רָחוֹק long range

טִוַּח פעל י׳ (*tivVAḤ*) find range, adjust fire

טוֹחֵן ז׳ (*toḤEN*) miller

טוֹחֶנֶת נ׳ (*toḤEnet*) molar; miller (*f.*); miller's wife

טוֹטָלִי ת׳ (*toTAli*) total

טוֹטָלִיטָרִי ת׳ (*totaliTAri*) totalitarian

טוֹטֶם ז׳ (*TOtem*) totem

טוֹטֶפֶת נ׳ (*toTEfet*) forehead ornament; forehead phylactery; insignia, badge

טְוִיָּה נ׳ (*teviYA*) spinning (thread)

טומאה ר׳ טֻמְאָה

טומטום ר׳ טֻמְטוּם

טוֹן ז׳ (*TON*) tone; ton

טוּנְדְּרָה נ׳ (*TUNdra*) tundra

טוֹנָה נ׳ (*TOna*) ton

טוּנָה, טוּנוּס ז׳ (*TUna; TUnus*) tuna

טוֹנָז׳ ז׳ (*toNAZH*) tonnage

טַוָּס ז׳ (*tavVAS*) peacock

טוֹעֵן ז׳ (*to'EN*) plaintiff; defense attorney; pretender (to throne)

טוֹפּוֹגְרָפִי ת׳ (*topoGRAfi*) topographical

טוֹפּוֹגְרַפְיָה נ׳ (*topoGRAFya*) topography

טוֹפִי ז׳ (*TOfi*) toffee

טופס ר׳ טֹפֶס

טוּר ז׳ (*TUR*) row, line; column; file, series, progression (*math.*)

טוּרַאי ז׳ (*tuRAI*) private (soldier)

טוּרָאִים rank and file

טוּרְבִּינָה נ׳ (*turBIna*) turbine

טורדן ר׳ טַרְדָן

טוֹרְדָנִי ת׳ (*tordaNI*) troublesome, nagging

טורח ר׳ טֹרַח

טוֹרְט ז׳ (*TORT*) cream-filled cake, tart, pie

טוּרִי ת׳ (*tuRI*) arranged in a column, in a row; parallel

דוּ־טוּרִי arranged in two columns, double-breasted

טוּרִיָּה נ׳ (*tuRIYya*) wide hoe

טוֹרֵף ת׳ (*toREF*) predatory; carnivorous; shuffler (cards)

טוֹרְפֵּדוֹ ז׳ (*torPEdo*) torpedo

טוֹרְפָנִי ת׳ (*torefaNI*) predatory

טוּרְקִי ת׳ (*turKI*) Turkish

טוּשׁ ז׳ (*TUSH*) Indian ink

טָח פעל י׳ (*TAḤ*) plaster, coat, daub

טַחַב ז׳ (*TAḥav*) dampness, mustiness

טְחָב ז׳ (*teḤAV*) moss, bryophyte, liverwort

טָחוּב ת׳ (*taḤUV*) damp, musty, moldy

טְחוֹל ז׳ (*teḤOL*) spleen

טָחוּן ת׳ (*taḤUN*) ground

טְחוֹרִים ז״ר (*teḥoRIM*) hemorrhoids

טְחִינָה נ׳ (*teḥiNA*) grinding, crushing

tehina (ground sesame seeds) — נ׳
grind, mill, crush (*taḤAN*) טָחַן פעל י׳
miller (*teḤAN*) טֶחָן ז׳
mill (*taḥaNA*) טַחֲנָה נ׳
windmill טַחֲנַת רוּחַ
quality; character, nature; connection (*TIV*) טִיב ז׳
improve (*tiYEV*) טִיֵּב פעל י׳
tiger (*tigRIS*) טִיגְרִיס ז׳
improvement (*tiYUV*) טִיּוּב ז׳
plastering (*tiYU'aḥ*) טִיּוּחַ ז׳
drafting (*tiYUT*) טִיּוּט ז׳
walk, trip, tour, hike, stroll, outing, drive (*tiYUL*) טִיּוּל ז׳
plaster (*TI'aḥ*) טִיחַ ז׳
plaster, coat, daub (*tiYAḤ*) טִיַּח פעל י׳
plasterer (*taiYAḤ*) טַיָּח ז׳
plastering (*taiyaḤUT*) טַיָּחוּת נ׳
mortar, loam, clay; mud, mire (*TIT*) טִיט ז׳
draft (*tiYET*) טִיֵּט פעל י׳
go for a walk, stroll, hike, take a trip (*tiYEL*) טִיֵּל פעל ע׳
hiker, tourist, stroller, rambler (*taiYAL*) טַיָּל ז׳
missile (*TIL*) טִיל ז׳
promenade (*taiYElet*) טַיֶּלֶת נ׳
silt; clay (*TIN*) טִין ז׳
grudge, resentment, hate, grievance, complaint (*tiNA*) טִינָה נ׳
pilot, aviator (*taiYAS*) טַיָּס ז׳
flying, flight, aviation (*TAyis*) טַיִס ז׳
flight, flying (*tiSA*) טִיסָה נ׳
flying model (airplane) (*tiSAN*) טִיסָן ז׳
squadron; pilot (*f.*) (*taiYEset*) טַיֶּסֶת נ׳
טיפה ר׳ טִפָּה
typhoon (*tayFUN*) טַיְפוּן ז׳
typhus (*TIfus*) טִיפוּס ז׳
typhus — הַבֶּהָרוֹת
typhoid — הַמֵּעַיִם
type (*tiPUS*) טִיפּוּס ז׳

typical (*tipuSI*) טִיפּוּסִי ת׳
castle; encampment (*tiRA*) טִירָה נ׳
kite (*taiYAra*) טַיָּרָה נ׳
recruit, beginner (*tiRON*) טִירוֹן ז׳
basic training (*tiroNUT*) טִירוֹנוּת נ׳
tyrant (*tiRAN*) טִירָן ז׳
Teth (the ninth letter of the Hebrew alphabet) ט (*TET*) טֵית נ׳
ordering (*tikKUS*) טִכּוּס ז׳
taking counsel — עֵצָה
technician (*tekhNAI*) טֶכְנַאי ז׳
technologist (*tekhnoLOG*) טֶכְנוֹלוֹג ז׳
technological (*tekhnoLOgi*) טֶכְנוֹלוֹגִי ת׳
technology (*tekhnoLOGya*) טֶכְנוֹלוֹגְיָה נ׳
technical (*TEKHni*) טֶכְנִי ת׳
technical school (*tekhniYON*) טֶכְנִיּוֹן ז׳
technique (*TEKHnika*) טֶכְנִיקָה נ׳
arrange, order; praise (*tikKES*) טִכֵּס פעל י׳
take counsel, discuss, seek a solution — עֵצָה
טֶכֶס ז׳ (*TEkhes*) ר׳ טֶקֶס
טֶכְּסְט ר׳ טֶקְסְט
טֶכְּסְטִיל ר׳ טֶקְסְטִיל
tactic; practice (*takhSIS*) טַכְסִיס ז׳
dew (*TAL*) טַל ז׳
patch (*teLAI*) טְלַאי ז׳
telegram, cable (*teleGRAMma*) טֶלֶגְרַמָּה נ׳
telegraph (*teleGRAF*) טֶלֶגְרַף ז׳
cable, wire, telegraph (*tilGREF*) טִלְגְרֵף פעל י׳
telegraphic (*teleGRAfi*) טֶלֶגְרָפִי ת׳
lamb; Aries (*taLE*) טָלֶה ז׳
patched; speckled, polka-dotted (*taLU*) טָלוּא ת׳
television (*teleVIZya*) טֶלֶוִיזְיָה נ׳
dewy (*taLUL*) טָלוּל ת׳
moving, carrying; wandering (*tilTUL*) טִלְטוּל ז׳

טִלְטוּלֵי דֶּרֶךְ — tribulations of travel

טִלְטֵל פעל י' (*tilTEL*) — move, transfer, cause to wander; shake

טַלְטָל ז' (*talTAL*) — connecting rod

טַלְיָה נ' (*talYA*) — lamb (*f.*)

טַלִּית נ' (*taLIT*) — Tallith, prayer shawl

טֶלֶסְקוֹפּ ז' (*teleSKOP*) — telescope

טֶלֶסְקוֹפִּי ת' (*teleSKOpi*) — telescopic

טֶלֶף ז' (*TElef*) — hoof

טֶלֶפוֹן ז' (*teleFON*) — telephone

טֶלֶפוֹנַאי ז' (*telefoNAI*) — telephonist, telephone operator

טִלְפֵּן פעל י' (*tilP(F)EN*) — phone, call

טֶלֶפַּתְיָה נ' (*telePATya*) — telepathy

טָמֵא ת' (*taME*) — unclean, defiled, corrupted, profane

טָמֵא פעל ע' (*taME*) — become unclean, be contaminated, be defiled

טֻמְאָה נ' (*tum'A*) — uncleanness, defilement, contamination

טָמוּן ת' (*taMUN*) — buried, hidden

טֻמְטוּם ז' (*tumTUM*) — hermaphrodite; moron

טִמְטוּם ז' (*timTUM*) — dulling, stupidity, causing stupidity

טִמְטֵם פעל י' (*timTEM*) — make stupid, make dull

טִמְיוֹן ז' (*timYON*) — government treasury

יָרַד לְ – — go down the drain

טְמִינָה נ' (*temiNA*) — hiding

טְמִיעָה נ' (*temi'A*) — assimilation; mixture

טָמִיר ת' (*taMIR*) — secret, hidden, occult

טָמַן פעל י' (*taMAN*) — bury, hide, conceal

– יָדוֹ בַּצַּלַּחַת — sit idle

– פַּח (רֶשֶׁת) — set a trap

טֶמְפֶּרָטוּרָה נ' (*temperaTUra*) — temperature

טֶנֶא ז' (*TEne*) — wicker basket

טַנְבּוּר ז' (*tanBUR*) — small drum; tambourine

טַנְגוֹ ז' (*TANgo*) — tango

טַנְגֶּנְס ז' (*TANgens*) — tangent (*trig.*)

טַנְדוּ תה"פ (*tanDU*) — in two, two together

טֶנְדֶר ז' (*TENder*) — pickup truck

טִנּוּף ז' (*tinNUF*) — filth, dirt

טֶנוֹר ז' (*teNOR*) — tenor

טֶנִיס ז' (*TENnis*) — tennis

– שֻׁלְחָן — ping pong

טִנֵּף פעל י' (*tinNEF*) — dirty, make filthy befoul

טִנֹּפֶת נ' (*tinNOfet*) — filth, dirt, excrement, waste

טַנְק ז' (*TANK*) — tank

טַס ז' (*TAS*) — tray

טְסֶה־טְסֶה ז' (*TSE-TSE*) — tse-tse fly

טַסִּית נ' (*tasSIT*) — small tray, platelet

– ־דָּם — thrombocyte

טָעָה פעל ע' (*ta'A*) — make a mistake, err

טָעוּן ת' (*ta'UN*) — requiring; loaded; charged with; subject to

טִעוּן ז' (*ti'UN*) — argument, reasoning

טְעוֹן ז' (*te'ON*) — load

טָעוּת נ' (*ta'UT*) — error, mistake, fault

מִקָּח – — bad bargain

טְעִיָּה נ' (*te'iYA*) — erring

טָעִים ת' (*ta'IM*) — tasty, delicious

טְעִימָה נ' (*te'iMA*) — tasting, taste

טְעִינָה נ' (*te'iNA*) — loading; charging

טָעַם פעל י' (*ta'AM*) — taste, savor; experience

טַעַם ז' (*TA'am*) — taste, flavor; sense; logic, reason, cause; nature, character; order, accent, intonation

– לִפְגָם — disqualification; faulty reasoning

– לְשֶׁבַח — sound reasoning, supporting reason

מִטַּעַם — appointed by-, by order of-

אֲנִין – — connoisseur

דְּבָרִים שֶׁל – — sensible words

סַר־ – — senseless, tasteless

load, charge; be loaded; claim, sue, plead; argue, state, reason, maintain (ta'AN) טָעַן פעל י׳

claim, argument, pleading, assertion, plea, reason (ta'aNA) טַעֲנָה נ׳

ifs and buts טְעָנוֹת וּמַעֲנוֹת

small children (TAF) טַף ז׳

drop, a little, a bit (tipPA) טִפָּה נ׳

liquor – מָרָה

drop by drop טִפִּין־טִפִּין

like two peas in a pod כִּשְׁתֵּי טִפּוֹת מַיִם

a little טִפ־ –

attendance, care, nurture (tipPU'aḥ) טִפּוּחַ ז׳

care, treatment (tipPUL) טִפּוּל ז׳

connected (taFUL) טָפוּל ת׳

climbing (tipPUS) טִפּוּס ז׳

(TEfaḥ; TOfaḥ) טֶפַח, טֹפַח ז׳ hand's-breadth, span

reveal a little גִּלָּה –

strike, knock, slap; become moist, swell (taFAḤ) טָפַח פעל י׳

take care of, nurture, cultivate, attend to; clap, slap (tipPAḤ) טִפַּח פעל י׳

rafter (tifḤA) טִפְחָה נ׳

from top to bottom מִמַּסָּד עַד הַטְּפָחוֹת

dripping, drizzle (tifTUF) טִפְטוּף ז׳

drip, drop (tifTEF) טִפְטֵף פעל ע׳ י׳

dropper, pipette (tafTEfet) טַפְטֶפֶת נ׳

clap, slap (tefiḤA) טְפִיחָה נ׳

rug; wallpaper (tapPIT) טַפִּיט ז׳

parasite (tapPIL) טַפִּיל ז׳

parasitism (tappiLUT) טַפִּילוּת נ׳

parasitic (tappiLI) טַפִּילִי ת׳

mincing walk, patter (tefiFA) טְפִיפָה נ׳

attribute; attach; paste (taFAL) טָפַל פעל י׳

attend to, care for, handle, look after (tipPEL) טִפֵּל פעל י׳

additional, incidental, unimportant, secondary (taFEL) טָפֵל ת׳

copy; form; formula; mold (TOfes) טֹפֶס ז׳

climb, mount (tipPES) טִפֵּס פעל ע׳

climber (tappeSAN) טַפְּסָן ז׳

construction worker, form-maker (tafSAN) טַפְסָן ז׳

form-making, scaffolding construction (tafsaNUT) טַפְסָנוּת נ׳

scribe, clerk, dignitary; angel (tafSAR) טַפְסָר ז׳

mince, patter (taFAF) טָפַף פעל ע׳

fool (tipPESH) טִפֵּשׁ ז׳

teens – ־עֶשְׂרֵה ת׳

little fool (tippeSHON) טִפְּשׁוֹן ז׳

stupidity, folly (tippSHUT) טִפְּשׁוּת נ׳

stupid, foolish, silly (tippeSHI) טִפְּשִׁי ת׳

tact (TAKT) טַקְט ז׳

ticking; typing (tikTUK) טִקְטוּק ז׳

tactical (TAKti) טַקְטִי ת׳

tactician (taktiKAI) טַקְטִיקַאי ז׳

tactics (TAKtica) טַקְטִיקָה נ׳

tick; type (tikTEK) טִקְטֵק פעל ע׳ י׳

ceremony; protocol (TEkes) טֶקֶס ז׳

order; organize a ceremony (tikKES) טִקֵּס פעל י׳

ceremonial (tikSI) טִקְסִי ת׳

formalism, ritualism, ceremonialism, ceremony (tiksiYUT) טִקְסִיּוּת נ׳

tragedy (traGEDya) טְרַגֶדְיָה נ׳

tragic (teRAgi) טְרָגִי ת׳

tragedy (teRAgiyut) טְרָגִיּוּת נ׳

tragedian (teragiKON) טְרָגִיקוֹן ז׳

drive out, expel, push; trouble; disturb, distress, harass (taRAD) טָרַד פעל י׳

trouble, bother, concern, distress, nuisance (tirDA) טִרְדָה נ׳

pest, bore, nuisance, bothersome, troublesome (tarDAN) טַרְדָן ז׳ ת׳

troubling, bothering, nuisance (tardaNUT) טַרְדָנוּת נ׳

banishment; bother (teRUD) טֵרוּד ז׳

busy, occupied; troubled; banished (taRUD) טָרוּד ת׳

bleary (taRUT) טָרוּט ת׳

trout (teruTA) טְרוּטָה נ׳

pre-, before (teROM) טְרוֹם־ מ״י

trombone (tromBON) טְרוֹמְבּוֹן ז׳

prefabricated (teroMI) טְרוֹמִי ת׳

grievance; severe complaint (teruniYA) טְרוּנְיָה נ׳

confusion, mixture; scrambling; insanity; madness, frenzy (teRUF) טֵרוּף ז׳

torn apart; devoured; torn out; chopped; mixed; scrambled (taRUF) טָרוּף ת׳

tropical (TROPi) טְרוֹפִּי ת׳

terror (teROR) טֶרוֹר ז׳

terrorist (teroRIST) טֶרוֹרִיסְט ז׳

dandy (tarZAN) טַרְזָן ז׳

trouble oneself, take pains; trouble, bother (taRAḤ) טָרַח פעל ע׳

bother, hardship, trouble (TOraḥ) טֹרַח ז׳

trouble, bother, toil (tirḤA) טִרְחָה נ׳

troublesome person (tarḤAN) טַרְחָן ז׳

troubling, bothering (tarḥaNUT) טַרְחָנוּת נ׳

rattle; harassment (tirTUR) טִרְטוּר ז׳

rattle, make noise; harass (tirTER) טִרְטֵר פעל ע׳

fresh, moist (taRI) טָרִי ת׳

(trigonoMETriya) טְרִיגוֹנוֹמֶטְרִיָּה נ׳ trigonometry

freshness, newness (triYUT) טְרִיּוּת נ׳

wedge (teRIZ) טְרִיז ז׳

territory (teriTORya) טֶרִיטוֹרְיָה נ׳

territorial (teritorYAli) טֶרִיטוֹרְיָלִי ת׳

tearing apart; devouring; mixing, scrambling (teriFA) טְרִיפָה נ׳

textile, knitted fabric (triKO) טְרִיקוֹ ז׳

trachoma (teraKHOma) טְרָכוֹמָה נ׳

before, not yet (TErem) טֶרֶם, בְּטֶרֶם תה״פ

טֶרְמוֹ ר׳ תֶּרְמוֹ

termite (terMIT) טֶרְמִיט ז׳

(terminoLOGya) טֶרְמִינוֹלוֹגְיָה נ׳ terminology

transistor (tranZIStor) טְרַנְזִיסְטוֹר ז׳

trans- (TRANS) טְרַנְס־ מ״ח

(transforMAtor) טְרַנְסְפוֹרְמָטוֹר ז׳ transformer

(transtsendenTAli) טְרַנְסְצֶנְדֶנְטָלִי ת׳ transcendental

(transKRIPtsya) טְרַנְסְקְרִיפְּצְיָה נ׳ transcription

terrace (teRASsa) טֶרָסָה נ׳

trust (TRAST) טְרַסְט ז׳

weaver, embroiderer (tarSI) טַרְסִי ז׳

prey upon, tear apart, devour, seize; wreck; mix, confuse, shuffle, beat, scramble; declare ritually unfit (taRAF) טָרַף פעל י׳

prey, food; mixture (TEref) טֶרֶף ז׳

beast of prey חַיַּת –

club (cards) (TREF) טְרֶף ז׳

blade (of leaf) (taRAF) טָרָף ז׳

forbidden, unfit, unkosher (taREF) טָרֵף ת׳

torpedo (tirPED) טִרְפֵּד פעל י׳

torpedo boat (tarPEdet) טַרְפֶּדֶת נ׳

prey; animal killed by other animal; unkosher food (tereFA) טְרֵפָה נ׳

trapeze (traPEZ) טְרַפֶּז ז׳

cruel, predatory; eater of unkosher food (tarFAN) טַרְפָן ז׳

turpentine (terpenTIN) טֶרְפֶּנְטִין ז׳

tractor (trakTOR) טְרַקְטוֹר ז׳

tractor driver (traktoRIST) טְרַקְטוֹרִיסְט ז׳

drawing room, salon, parlor, living room (terakLIN) טְרַקְלִין ז׳

stone, boulder, rock, hard soil (TEresh) טֶרֶשׁ ז׳

טָרָ"שׁ (= טוּרַאי רִאשׁוֹן) ז׳ (*taRASH*) private first class

טַרְשִׁי ת׳ (*tarSHI*) stony, rocky

טָרֶשֶׁת נ׳ (*taREshet*) sclerosis

טִשְׁטוּשׁ ז׳ (*tishTUSH*) obscuring; erasing; covering up; obliterating

טִשְׁטֵשׁ פעל י׳ (*tishTESH*) obscure, cover up, obliterate

י

Yod (the (*YOD; YUD*) י נ׳
tenth letter of the Hebrew alphabet); ten, tenth

fit, befit; be fair (*ya'A*) יָאָה פעל ע׳

fitting, proper, right (*ya'E*) יָאֶה ת׳

Nile; channel (*ye'OR*) יְאוֹר ז׳

despair (*ye'USH*) יֵאוּשׁ ז׳

properly (*ya'UT*) יָאוּת תה״פ

cause despair, discourage (*ye'ESH*) יֵאֵשׁ פעל י׳

import (*yibBE*) יִבֵּא פעל י׳

sob, whimper (*yibBEV*) יִבֵּב פעל ע׳

sob, whimper (*yevaVA*) יְבָבָה נ׳

import (*yeVU*) יְבוּא ז׳

importation (*yibBU*) יִבּוּא ז׳

importer (*yevu'AN*) יְבוּאָן ז׳

sobbing, whimpering (*yibBUV*) יִבּוּב ז׳

harvest, crop, produce (*yeVUL*) יְבוּל ז׳

weeding (*yibBUL*) יִבּוּל ז׳

marriage to a brother's childless widow (*yibBUM*) יִבּוּם ז׳

drying; drainage (*yibBUSH*) יִבּוּשׁ ז׳

gnat (*yavHUSH*) יַבְחוּשׁ ז׳

weed; callus; cause blisters; celebrate anniversary (*yibBEL*) יִבֵּל פעל י׳

stream (*yaVAL*) יָבָל ז׳

Bermuda grass, Bahama grass (*yabLIT*) יַבְלִית נ׳

callus; blister (*yabBElet*) יַבֶּלֶת נ׳

brother-in-law (*yaVAM*) יָבָם ז׳

marry one's brother's childless widow (*yibBEM*) יִבֵּם פעל י׳

sister-in-law (*yevaMA*) יְבָמָה נ׳

dry, dry up (*yaVESH*) יָבֵשׁ פעל ע׳

dry, drain; dehydrate (*yibBESH*) יִבֵּשׁ פעל י׳

dry (*yaVESH*) יָבֵשׁ ת׳

dryness, drought (*YOvesh*) יֹבֶשׁ ז׳

dry land, mainland, aground (*yabbaSHA*) יַבָּשָׁה נ׳

aground, ashore עַל הַ—

dryness (*yeveSHUT*) יְבֵשׁוּת נ׳

dryness, drying up (*yeVOshet*) יְבֹשֶׁת נ׳

continent; dry land (*yabBEshet*) יַבֶּשֶׁת נ׳

jaguar (*YAGwar*) יָגוּאָר ז׳

grief, sorrow (*yaGON*) יָגוֹן ז׳

toil, labor; effort; produce (*yaGI'a*) יְגִיעַ ז׳

toil, labor, effort, trouble, exertion (*yegi'A*) יְגִיעָה נ׳

toil, work, labor, exert oneself; be weary, become tired (*yaGA'*) יָגַע פעל ע׳

tired, fatigued (*yaGE'a*) יָגֵעַ ת׳

things are pretty bad הַדְּבָרִים יְגֵעִים

fear, be afraid (*yaGOR*) יָגֹר פעל ע׳

hand; projection; handle; monument, memorial; share, portion; force; place; hand-, manual (*YAD*) יָד נ׳

in unison יָד אַחַת

generosity — פְּתוּחָה

stinginess — קְמוּצָה

courage — רָמָה

busybody, aggressive יָדוֹ בַּכֹּל

have the upperhand יָדוֹ עַל הָעֶלְיוֹנָה

be the loser יָדוֹ עַל הַתַּחְתּוֹנָה

by, through — בְּ

according to the ability of, according to — כְּ

offhand כִּלְאַחַר —

near, at hand —לְ

to, to a state of לִידֵי

immediately מִיָּד

from מִידֵי

near; because of		עַל־ –
by means of		עַל־יְדֵי
impotence		אָזְלַת –
without effort		בְּאֶפֶס –
sleeve		בֵּית –
manuscript		כְּתַב –
occupation		מִשְׁלַח –
palm		כַּף –
handball		כַּדּוּר –
beggar		פּוֹשֵׁט –
weakness		קֹצֶר –
large, wide		רְחַב יָדַיִם
wrist watch		שְׁעוֹן יָד
attain		בָּא לְיָדוֹ
afford		הִגִּיעָה (הִשִּׂיגָה) יָדוֹ
be involved in		הָיְתָה יָדוֹ בְּ־
revolt against		הֵרִים יָדוֹ בְּ־
hands off!		הֶרֶף יָדְךָ!
be able to		יֵשׁ לְאֵל יָדוֹ
be in possession of		יֵשׁ תַּחַת יָדוֹ
treat severely		כָּבְדָה יָדוֹ
authorize		מִלֵּא אֶת יָדוֹ
be able		מָצְאָה יָדוֹ
withdraw from		מָשַׁךְ יָדוֹ (סִלֵּק)
take oath		נָשָׂא יָדוֹ
agree, participate		נָתַן יָדוֹ
authorize		סָמַךְ יָדוֹ עַל
succeed, menage		עָלָה בְּיָדוֹ
unite		עָשׂוּ יָד אַחַת
withhold from		קָפַץ אֶת יָדוֹ מִ־
be unable		קָצְרָה יָדוֹ
steal; strike		שָׁלַח יָדוֹ בְּ־
commit suicide		שָׁלַח יָד בְּנַפְשׁוֹ
attain		בָּא לִידֵי
perform one's duty		יָצָא יְדֵי חוֹבָתוֹ
be disappointed		יָצָא וְיָדָיו עַל רֹאשׁוֹ
change hands		עָבַר מִיָּד לְיָד
throw	(*yaDA*)	יָדָה פעל י׳
throw	(*yidDA*)	יִדָּה פעל י׳
throwing	(*yidDUY*)	יִדּוּי ז׳
known, certain	(*yaDU'a*)	יָדוּעַ ת׳
chronically ill		יְדוּעַ חֹלִי
to some extent		בְּמִדָּה יְדוּעָה
identification; making definite	(*yidDU'a*)	יִדּוּעַ ז׳
friend	(*yaDID*)	יָדִיד ז׳
friendship, friendliness; amity, affection	(*yediDUT*)	יְדִידוּת נ׳
friendly, amiable amicable	(*yediduTI*)	יְדִידוּתִי ת׳
knowledge; news; information	(*yedi'A*)	יְדִיעָה נ׳
bulletin	(*yedi'ON*)	יְדִיעוֹן ז׳
handle	(*yaDIT*)	יָדִית נ׳
know, have knowledge of, be aware of; have sexual intercourse with	(*yaDA'*)	יָדַע פעל י׳
specify (noun as definite); appoint; cause to know	(*yidDA'*)	יִדַּע פעל י׳
soothsayer, magician	(*yid'oNI*)	יִדְּעוֹנִי ז׳
expert, connoiseur, Savant	(*yad'AN*)	יַדְעָן ז׳
knowledge-ableness	(*yad'aNUT*)	יַדְעָנוּת נ׳
God; woe	(*YAH*)	יָהּ ז׳
let there be	(*yeHE*)	יְהֵא
burden; hope, prospect	(*yeHAV*)	יְהָב ז׳
give	(*yaHAV*)	יָהַב פעל י׳
convert to Judaism; Judaize	(*yiHED*)	יִהֵד פעל י׳
Judaism; Jewry	(*yahaDUT*)	יַהֲדוּת נ׳
conversion to Judaism; Judaization	(*yiHUD*)	יִהוּד ז׳
Jew, Jewish	(*yehuDI*)	יְהוּדִי ז׳ ת׳
Jewess	(*yehudiYA*)	יְהוּדִיָּה נ׳
Jehovah, God	(*adoNAI*)	יהוה
let there be	(*yeHI*)	יְהִי
haughty, arrogant	(*yaHIR*)	יָהִיר ת׳
haughtiness, arrogance	(*yehiRUT*)	יְהִירוּת נ׳
diamond	(*yahaLOM*)	יַהֲלוֹם ז׳
diamond merchant; diamond polisher	(*yahaloMAN*)	יַהֲלוֹמָן ז׳

יַהֲלוֹמָנוּת נ׳ (yahalomaNUT) diamond trade
יָהֳרָה נ׳ (yohoRA) haughtiness, arrogance
יוֹבֵל ז׳ (yoVEL) jubilee; anniversary; ram; ram's horn
יוּבַל ז׳ (yuVAL) stream, brook; tributary
יוֹגֵב ז׳ (yoGEV) farmer
יוֹגָה נ׳ (YOga) yoga
יוֹגוּרְט ז׳ (YOgurt) yoghurt
יוֹגִי ז׳ (YOgi) yogi
יוֹד, יוּד נ׳ (YOD; YUD) Yod (the tenth letter of the Hebrew alphabet); iota, trifle
יוֹד ז׳ (YOD) iodine
יוּדָאִיקָה נ׳ (yuDA'ika) Judaica
יוֹדִיד ז׳ (yoDID) iodide
יוֹזֵם ז׳ (yoZEM) initiator, pioneer
יוּחֲסִין ז״ר (yuḥaSIN) lineage, pedigree, genealogy
מְגִלַּת – family register, pedigree
שַׁלְשֶׁלֶת – family tree
יוּטָה נ׳ (YUta) jute, burlap
יוֹלֶדֶת, יוֹלֵדָה נ׳ (yoLEdet; yoleDA) woman in confinement; parturient woman; mother
יוּלִי ז׳ (YULi) July
יוֹם ז׳ (YOM) day; time
– הֻלֶּדֶת birthday
– זִכָּרוֹן memorial day; remembrance day
– טוֹב holiday, festival
– – everyday
הַ– today
בּוֹ בַּ – on the very day
– מִן הַיָּמִים some day
יוֹמַיִם two days
מִיָּמָיו never in his life
יְמֵי קֶדֶם antiquity
יְמֵי הַבֵּינַיִם Middle Ages
יְמוֹת הַגְּשָׁמִים rainy season
יְמוֹת הַמָּשִׁיחַ days of redemption
שְׂכִיר – day laborer
בָּא יוֹמוֹ his time has come
בֶּן יוֹמוֹ one day old
אֹרֶךְ יָמִים longevity
בָּא בַּיָּמִים aged
דִּבְרֵי הַיָּמִים chronicles; annals
הֶאֱרִיךְ יָמִים old
עוּל יָמִים young
אַחֲרִית הַיָּמִים the End of Days
יוֹם חֹל (YOM ḤOL) weekday
יוֹם כִּפּוּר (YOM kipPUR) Day of Atonement
יוֹמוֹן ז׳ (yoMON) daily newspaper
יוֹמִי ת׳ (yoMI) daily
יוֹמְיוֹמִי ת׳ (yomyoMI) daily, commonplace
יוֹמִית תה״פ (yoMIT) by day
יוֹמָם תה״פ (yoMAM) daily, in the day time
יוֹם (הַ)שָּׁנָה ז׳ (YOM ha-shaNA) anniversary
יוֹמָן ז׳ (yoMAN) diary; journal, register; log; newsreel
יוֹמָנַאי ז׳ (yomaNAI) desk sergeant
יָוֵן ז׳ (yaVEN) mud, mire, muck
יָוָן נ׳ (yaVAN) Greece
יִוֵּן פעל י׳ (yivVEN) hellenize
יוֹן ז׳ (YON) pigeon (*m.*); ión
יוֹנָה נ׳ (yoNA) pigeon (*f.*), dove
יְוָנִי ת׳ (yevaNI) Greek; Hellenistic
יוּנִי נ׳ (YUni) June
יוֹנִי ת׳ (YOni) Ionian, Ionic
יוֹנֵק ז׳ (yoNEK) mammal; suckling; sapling
יוֹנֵק־הַדְּבַשׁ ז׳ (yoNEK ha-deVASH) humming bird
יוֹנְקִים ז״ר (yoneKIM) mammals
יוֹעֵץ ז׳ (yo'ETS) counsellor, adviser
יופי ר׳ יֹפִי
יוֹצֵא ת׳ (yoTSE) departing
– צָבָא liable for army service
– דֹּפֶן odd, exceptional

exceptional; extraordinary מִן הַכְּלָל –
transitive verb פֹּעַל –
similiar, such as- כְּ – בְּ...
creator, maker, (*yoTSER*) יוֹצֵר ז׳
inventor; God; potter; generator (*math.*); Yotzer (prayer)
potter's workshop; workshop בֵּית –
turn things upside down הֶחֱלִיף אֶת הַיּוֹצְרוֹת
copyright זְכוּת יוֹצְרִים
יוקר ר׳ יֹקֶר
hunter, trapper (*yoKESH*) יוֹקֵשׁ ז׳
minelayer (*yoKEshet*) יוֹקֶשֶׁת נ׳
down on his luck; (*yoRED*) יוֹרֵד ת׳ ז׳
pauperized; emigrant (from Israel)
seafarer יָם –
first rainfall; early (*yoRE*) יוֹרֶה ז׳
part of rainy season
large kettle (*yoRA*) יוֹרָה נ׳
jurdicial (*yuRIdi*) יוּרִידִי ת׳
heir, successor (*yoRESH*) יוֹרֵשׁ ז׳
crown prince עֶצֶר –
(*yoSHEV keraNOT*) יוֹשֵׁב־קְרָנוֹת
idler
(*yoSHEV ROSH*) יוֹשֵׁב־רֹאשׁ
chairman
יושר ר׳ יֹשֶׁר
more; excess (*yoTER*) יוֹתֵר תה״פ
too much מִדַּי –
most בְּ –
at most לְכָל הַ –
memorial prayer (*yizKOR*) יִזְכֹּר ז׳
initiate, launch (*yaZAM*) יָזַם פעל י׳
initiator, pioneer (*yazZAM*) יַזָּם ז׳
initiative, (*yozMA*) יָזְמָה נ׳
enterprise
sweat (*YEza'*) יֶזַע ז׳
set apart, assign, (*yiḤED*) יִחֵד פעל י׳
single out; leave alone; profess the unity of
together (*YAḥad*) יַחַד תה״פ
setting aside; (*yiḤUD*) יִחוּד ז׳
singularity, uniqueness; profession of unity of God
especially בְּ – תה״פ
hope (*yiḤUL*) יִחוּל ז׳
sexual excitement (*yiḤUM*) יִחוּם ז׳
lineage, pedigree; (*yiḤUS*) יִחוּס ז׳
relation; connection, reference;
cutting (*yiḤUR*) יִחוּר ז׳
יִחוּשׂ ר׳ יִחוּס
single, singular, (*yaḤID*) יָחִיד ז׳
individual, alone, private
private property רְשׁוּת הַ־
elect יְחִידֵי סְגֻלָּה
unit; single (*f.*) (*yeḥiDA*) יְחִידָה נ׳
solitariness; (*yeḥiDUT*) יְחִידוּת נ׳
singleness; uniqueness
alone (*yeḥiDI*) יְחִידִי ת׳
hope (*yiḤEL*) יִחֵל פעל ע׳
be in heat; be (*yaḤAM*) יָחַם פעל ע׳
sexually excited
excite sexually (*yiḤEM*) יִחֵם פעל י׳
fallow deer (*yaḥMUR*) יַחְמוּר ז׳
attribute, date; (*yiḤES*) יִחֵס פעל י׳
assign; trace the descent
relation, connection, (*YAḥas*) יַחַס ז׳
bearing; treatment; lineage, descent; inclination; ratio, proportion
regarding בְּ – לְ־
preposition מִלַּת –
have relations; have קִיֵּם יְחָסִים עִם
sexual intercourse
case (*yaḥaSA*) יַחֲסָה נ׳
relativity (*yaḥaSUT*) יַחֲסוּת נ׳
relative (*yaḥaSI*) יַחֲסִי ת׳
relativity; (*yaḥasiYUT*) יַחֲסִיּוּת נ׳
relativism
relatively (*yaḥasSIT*) יַחֲסִית תה״פ
man of good (*yaḥSAN*) יַחְסָן ז׳
family; personage; snob
distinguished (*yaḥsaNUT*) יַחְסָנוּת נ׳
lineage; snobbishness, haughtiness
barefoot(ed) (*yaḤEF*) יָחֵף ת׳
barefootedness (*yeḥeFUT*) יְחֵפוּת נ׳

tramp, vagabond, (yaḥFAN) יַחְפָן ז׳
vagrant
vagrancy, (yaḥfaNUT) יַחְפָנוּת נ׳
dereliction
יַחַשׂ ר׳ יַחַס
be good (yaTAV) יָטַב פעל ע׳
God, Adonai (adoNAI; ha SHEM) יְיָ
(YIdish; yiDIT) יִידִישׁ, יִידִית נ׳
Yiddish
wine (YAyin) יַיִן ז׳
winy (yeyNI) יֵינִי ת׳
wine maker; wine (yeyNAN) יֵינָן ז׳
vendor
yacht (YAKHta) יַכְטָה נ׳
be able, be (yaKHOL) יָכֹל פעל ע׳
capable of; be permitted; overcome
so to speak כִּבְיָכוֹל
ability, (yeKHOlet) יְכֹלֶת נ׳
capability; faculty, capacity;
possibility
bear (yaLAD) יָלַד פעל י׳
deliver (child) (yilLED) יִלֵּד פעל י׳
child, offspring; boy; (YEled) יֶלֶד ז׳
son; youth
girl (yalDA) יַלְדָּה נ׳
little boy (yalDON) יַלְדּוֹן ז׳
childhood; (yalDUT) יַלְדוּת נ׳
childishness
childish (yalduTI) יַלְדוּתִי ת׳
childishness (yaldutiYUT) יַלְדוּתִיּוּת נ׳
newborn baby; infant (yaLUD) יָלוּד ז׳
human, mortal יְלוּד אִשָּׁה
newborn baby; (yilLOD) יִלּוֹד ז׳
infant
midwifery (yilLUD) יִלּוּד ז׳
birth rate (yeluDA) יְלוּדָה נ׳
birth control הַגְבָּלַת הַ –
native; son (yaLID) יָלִיד ז׳
יֵלֵךְ ר׳ הָלַךְ
wail, howl (yilLEL) יִלֵּל פעל ע׳
wailing, (yeLEL; yelaLA) יְלֵל ז׳, יְלָלָה נ׳
howl
locust larva (YElek) יֶלֶק ז׳

bag, satchel; (yalKUT) יַלְקוּט ז׳
collection; anthology
sea, ocean; lake; west; (YAM) יָם ז׳
vat
seafarers יוֹרְדֵי –
seasickness מַחֲלַת –
overseas מֵעֵבֶר לַ –
seashore שְׂפַת הַ –
(YAM tiKHON) – תִּיכוֹן
Mediterranean Sea
(YAM tikhoNI) – תִּיכוֹנִי ת׳
Mediterranean
seamanship (yamma'UT) יַמָּאוּת נ׳
seaman (yamMAI) יַמַּאי ז׳
lake (yamMA) יַמָּה נ׳
days of (yeMOT) יְמוֹת– ז״ר
sea, marine, maritime, (yamMI) יַמִּי ת׳
naval; aquatic
navy, fleet (yammiYA) יַמִּיָּה נ׳
(yeMEY יְמֵי־הַבֵּינַיִם ז״ר
Middle Ages (ha-beyNAyim)
יָמִים ז״ר ר׳ יוֹם
right, right hand (yaMIN) יָמִין ז׳
encourage הֶחֱזִיק בִּימִינוֹ
to the right (yaMIna) יָמִינָה תה״פ
right handed; (yemiNI) יְמִינִי ת׳ ז׳
right; Benjaminite
a day and a night (yemaMA) יְמָמָה נ׳
(24 hours)
right, right-handed; (yemaNI) יְמָנִי ת׳
rightist
pretension, (yomRA) יָמְרָה נ׳
pretence
pretentiousness, (yomraNUT) יָמְרָנוּת נ׳
ambition
pretentious, (yomraNI) יָמְרָנִי ת׳
ambitious
January (YAnuar) יָנוּאָר ז׳
ionization (yinNUN) יִנּוּן ז׳
babe, child; (yanNUka) יַנּוּקָא ז׳
child rabbi
sucking, suckling; (yeniKA) יְנִיקָה נ׳
suction; intake, absorption

suck, absorb, take in (yaNAK) יָנַק פעל י׳
infancy (yanKUT) יַנְקוּת נ׳
infant (yankuTI) יַנְקוּתִי ת׳
owl (yanSHUF) יַנְשׁוּף ז׳
found, establish (yaSAD) יָסַד פעל י׳
found, establish (yisSED) יִסֵּד פעל י׳
foundation, basis; principle; element; origin (yeSOD) יְסוֹד ז׳
on the basis of עַל –
unfounded נְטוּל –
founding (yisSUD) יִסּוּד ז׳
fundamental, basic; elementary; thorough (yesoDI) יְסוֹדִי ת׳
thoroughness (yesodiYUT) יְסוֹדִיּוּת נ׳
torment, suffering; correction; admonition, warning (yisSUR) יִסּוּר ז׳
agony, suffering יִסּוּרִים
jasmine (yasMIN) יַסְמִין ז׳
shearwater (yas'UR) יַסְעוּר ז׳
add; repeat; continue (yaSAF) יָסַף פעל י׳ ע׳
punish, admonish (yaSAR) יָסַר פעל י׳
punish, admonish (yisSER) יִסֵּר פעל י׳
designate, destine, set apart (ya'AD) יָעַד פעל י׳
destine, appoint, set apart; betroth (yi'ED) יִעֵד פעל י׳
aim, objective; purpose (YA'ad) יַעַד ז׳
dustpan, coal pan, shovel, scoop (ya'E) יָעֶה ז׳
designation; mission, assignment; destiny; promise (yi'UD) יִעוּד ז׳
designated, set apart (ya'UD) יָעוּד ת׳
increasing efficiency (yi'UL) יִעוּל ז׳
afforestation (yi'UR) יִעוּר ז׳
designation; assembly; statement (ye'iDA) יְעִידָה נ׳
efficient; useful (ya'IL) יָעִיל ת׳
efficiency; usefulness (ye'iLUT) יְעִילוּת נ׳
make efficient (yi'EL) יִעֵל פעל י׳

ibex, mountain goat (ya'EL) יָעֵל ז׳
mountain goat (f.) (ye'eLA) יְעֵלָה נ׳
lovely woman יַעֲלַת חֵן
ostrich (ya'EN) יָעֵן ז׳
because, since (YA'an) יַעַן מ״י
because, on account of, since – אֲשֶׁר, – כִּי
be tired (ya'AF) יָעַף פעל ע׳
tired (ya'EF) יָעֵף ת׳
flight; haste, hurry; volley (ye'AF) יְעָף ז׳
advise (ya'ATS) יָעַץ פעל י׳
advise (ye'ETS) יֵעֵץ פעל י׳
forest; honeycomb (YA'ar) יַעַר ז׳
plant a forest, afforest (yi'ER) יִעֵר פעל י׳
honeycomb (ya'aRA) יַעֲרָה נ׳
forest, wooded, sylvan (ya'aRI) יַעֲרִי ת׳
forester (ya'aRAN) יַעֲרָן ז׳
forestry (ya'a'raNUT) יַעֲרָנוּת נ׳
be beautiful, grow beautiful (yaFA) יָפָה פעל ע׳
make beautiful, beautify, adorn, improve (yipPA) יִפָּה פעל י׳
authorize, empower – כֹּחוֹ
beautiful, pretty, fair, nice; good; pleasant; worthy; wanted (yaFE) יָפֶה ת׳
beautifully; well – תה״פ
very beautiful (yefeFE) יְפֵהפֶה ת׳
beauty (f.) יְפֵהפִיָּה נ׳
beautification (yipPUY) יִפּוּי ז׳
authorization; accreditation; power of attorney ־כֹּחַ
beauty (YOfi) יֹפִי ז׳
be very beautiful (yofyaFA) יָפְיָפָה פעל ע׳
יְפֵיפֶה ר׳ יְפֵהפֶה
go out, come out; go away; stand out; be set apart; emerge, originate; follow (as consequence), be caused; expire, end; be exempt; defecate (yaTSA) יָצָא פעל ע׳

– בְּדִימוֹס resign, abdicate
– הַגּוֹרָל עַל the lot fell on
– הַדִּין judgment was delivered
– יְדֵי חוֹבָתוֹ perform perfunctory duties
– לָאוֹר be published
יָצְאָה נַפְשׁוֹ אֶל long for
יָצְאָה נִשְׁמָתוֹ died
– שְׁמוֹ become famous
יָצְאָה הַשֶּׁמֶשׁ the sun has risen
– לַפּוֹעַל be carried out, executed
– מִגִּדְרוֹ lose one's temper
– מִדַּעְתּוֹ lose one's mind
– מִכֵּלָיו lose one's temper
– מִן הַכְּלָל be an exception
– בְּשֵׁן וָעַיִן suffer serious losses
– וְיָדָיו עַל רֹאשׁוֹ lose
– שְׂכָרוֹ בְּהֶפְסֵדוֹ his loss exceeded his gain
– הֶפְסֵדוֹ בִּשְׂכָרוֹ his gain exceeded his loss
יִצֵּא פעל י׳ (*yitsTSE*) export
יַצְאָנִית נ׳ (*yats'aNIT*) streetwalker, prostitute
יִצֵּב פעל י׳ (*yitsTSEV*) stabilize
יִצֵּג פעל י׳ (*yitsTSEG*) represent
יִצְהָר ז׳ (*yitsHAR*) fresh pure olive oil
יְצוּא ז׳ (*yeTSU*) export
יְצוּאָן ז׳ (*yetsu'AN*) exporter
יִצּוּב ז׳ (*yitsTSUV*) stabilization
יִצּוּג ז׳ (*yitsTSUG*) representation
יָצוּל ז׳ (*yaTSUL*) shaft, temple (glasses)
יָצוּעַ ז׳ (*yaTSU'a*) couch, bed
יָצוּק ת׳ (*yaTSUK*) cast, forged
יְצוּר ז׳ (*yeTSUR*) creature
יִצּוּר ז׳ (*yitsTSUR*) production, manufacturing
יְצִיאָה נ׳ (*yetsi'A*) going out, departure, exit; emigration; death; expense; sunrise; defection
יַצִּיב ת׳ (*yatsTSIV*) stable, solid, firm
יְצִיבָה נ׳ (*yetsiVA*) carriage, posture
יַצִּיבוּת נ׳ (*yatstsiVUT*) stability
יְצִיגָה נ׳ (*yetsiGA*) posture, stand
יָצִיעַ ז׳ (*yaTSI'A*) gallery (theater), grandstand, balcony; floor; wing (building), annex; carpet
יְצִיקָה נ׳ (*yetsiKA*) casting; pouring
בֵּית־ – foundry
בַּרְזֶל – cast iron
יְצִיר ז׳ (*yeTSIR*) creature; figure; production; creation
יְצִירָה נ׳ (*yetsiRA*) creation; production; generation; deed, work; work of art, composition; pottery
יָצַק פעל י׳ (*yaTSAK*) pour; cast
יַצֶּקֶת נ׳ (*yatsTSEket*) cast iron
יָצַר פעל י׳ (*yaTSAR*) create, produce, generate; fashion, compose
יֵצֶר ז׳ (*YEtser*) inclination, drive, instinct, lust; creature
– הָרָע evil nature
יַצְרָן ז׳ (*yatseRAN*) manufacturer, producer
יַצְרָנוּת נ׳ (*yatseraNUT*) productivity; manufacturing
יֶקֶב ז׳ (*YEkev*) wine cellar; wine press
יָקַד פעל ע׳ (*yaKAD*) burn, blaze
יְקוֹד ז׳ (*yeKOD*) burning, fire
יְקוּם ז׳ (*yeKUM*) universe
יִקּוּר ז׳ (*yikKUR*) making dear; price rise; endearment
יַקִּינְתּוֹן ז׳ (*yakkinTON*) hyacinth
יְקִיצָה נ׳ (*yekiTSA*) awakening
יַקִּיר ת׳ ז׳ (*yakKIR*) dear, beloved; respectable; important; dignitary
יָקַר פעל ע׳ (*yaKAR*) be dear; be respected; be precious; be costly; be heavy
יִקֵּר פעל י׳ (*yikKER*) increase price, make expensive; honor
יָקָר ת׳ (*yaKAR*) dear; expensive; rare; precious

monthly (magazine) (*yarḤON*) יַרְחוֹן ז׳

lunar (*yereḤI*) יַרְחִי ת׳

intercept (airplane) (*yeRET*) יֵרֵט פעל י׳

shooting, fire; shot (*yeRI*) יְרִי ז׳

opponent, rival; enemy (*yaRIV*) יָרִיב ז׳

rivalry (*yeriVUT*) יְרִיבוּת נ׳

fair, market (*yaRID*) יָרִיד ז׳

descent, drop, going down, landing; decline; deterioration, decrease; degeneration; emigration (from Israel) (*yeriDA*) יְרִידָה נ׳

shot, shooting; firing (*yeriYA*) יְרִיָּה נ׳

sheet, tarpaulin; curtain; fly (tent), flap; parchment sheet (*yeri'A*) יְרִיעָה נ׳

spitting (*yeriKA*) יְרִיקָה נ׳

thigh, loin; side; flank (*yaREKH*) יָרֵךְ נ׳

stern, rear; end; abutment; buttress (*yarKHA*) יַרְכָה נ׳

stern; remote region (*yarkhaTAyim*) יַרְכָתַיִם

spit (*yaRAK*) יָרַק פעל י׳

green; greenhorn (*yaROK*) יָרֹק ת׳

greenery (*YErek*) יֶרֶק ז׳

vegetable (*yaRAK*) יָרָק ז׳

green; chlorosis (*yeraKON*) יֵרָקוֹן ז׳

greenfinch (*yarKON*) יַרְקוֹן ז׳

greenness (*yarKUT*) יַרְקוּת נ׳

greengrocer; vegetable grower (*yarKAN*) יַרְקָן ז׳

greenish (*yerakRAK*) יְרַקְרַק ת׳

(*yerakrakKUT*) יְרַקְרַקּוּת נ׳
greenishness

inherit; take possession of; succeed (*yaRASH*) יָרַשׁ פעל י׳

inheritance, possession (*yerushSHA*) יְרֻשָּׁה נ׳

there is, there are (*YESH*) יֵשׁ תה״פ

honor, value; precious object; charm, glow (*yeKAR*) יְקָר ז׳

high cost, high price; expensiveness; price rise; cost (*YOker*) יֹקֶר ז׳

prestige (*yukRA*) יֻקְרָה נ׳

expensiveness, high prices (*yakRUT*) יַקְרוּת נ׳

one who charges high prices (*yakRAN*) יַקְרָן ז׳

demanding high prices (*yakraNUT*) יַקְרָנוּת נ׳

ensnare, trap, mine (*yaKOSH*) יָקֹשׁ פעל י׳

fear, apprehend; worry; respect; stand in awe of (*yaRE*) יָרֵא פעל ע׳

fearful; fearing; afraid; apprehensive; timid; respecting – ת׳

God-fearing יְרֵא־שָׁמַיִם

fear awe; respect (*yir'A*) יִרְאָה נ׳

place of worship בֵּית –

awe, respect יִרְאַת כָּבוֹד

jerboa (*yarBU'a*) יַרְבּוּעַ ז׳

great tit (*yargaZI*) יַרְגָּזִי ז׳

come down, go down; descend; fall, decrease, deteriorate (*yaRAD*) יָרַד פעל ע׳

the day is approaching its end – הַיּוֹם

persecute, torment – לְחַיֵּי

be lost, go down the drain – לְטִמְיוֹן

be improverished – מִנְּכָסָיו

shoot, fire; throw (*yaRA*) יָרָה פעל י׳

low, lowly, inferior (*yaRUD*) יָרוּד ת׳

interception (airplane) (*yeRUT*) יֵרוּט ז׳

green scum, algae (*yeroKA*) יְרוֹקָה נ׳

warbler (*yeroKIT*) יְרוֹקִית נ׳

ירושה ר׳ יְרֻשָּׁה

moon (*yaRE'aḥ*) יָרֵחַ ז׳

month (*YEraḥ*) יֶרַח ז׳

honeymoon – הַדְּבַשׁ

- have, - has (with noun or pronoun) – לְ־
I have – לִי
he has – לוֹ
one has to (with verb) – לְ־
he is inclined – אֶת נַפְשׁוֹ
he intends – בְּדַעְתּוֹ
he is capable – לְאֵל יָדוֹ
what is there? what's up? מַה – ?
being, reality, existence; possession, assets – ז׳
sit, dwell, stay, settle, be (at) (yaSHAV) יָשַׁב פעל ע׳
sit in court – בְּדִין
sit idle – בָּטֵל
fast – בְּתַעֲנִית
ponder, deliberate – עַל הַמְּדוֹכָה
preside – רֹאשׁ
settle, adjust, populate; set; order; explain; mediate (yishSHEV) יִשֵּׁב פעל י׳
buttock, bottom; behind; "ass"; sitter; settler (yashVAN) יַשְׁבָן ז׳
Jesus (YEshu) יֵשׁוּ ז׳
settlement; population; proper civilized society; explaining; consideration; mediation; accommodating; ordering (yiSHUV) יִשּׁוּב ז׳
settlement of conflicts – סִכְסוּכִים
presence of mind – דַּעַת
seated; inhabited (yaSHUV) יָשׁוּב ת׳
of the population; of the settlement; civilized (yishuVI) יִשּׁוּבִי ת׳
application (yisSUM) יִשּׂוּם ז׳
putting to sleep; aging (yishHUN) יִשּׁוּן ז׳
salvation; rescue; prosperity (yeshu'A) יְשׁוּעָה נ׳
Jesuit, Jesuitic; hypocritical (yeshu'I) יֵשׁוּעִי ת׳
straightening; rectification (yishSHUR) יִשּׁוּר ז׳
entity; existence; being (yeSHUT) יֵשׁוּת נ׳

sitting; meeting; session; settlement, residence; Yeshiva (Talmudic academy) (yeshiVA) יְשִׁיבָה נ׳
desert, wasteland (yeshiMON) יְשִׁימוֹן ז׳
direct; immediate; through (yaSHIR) יָשִׁיר ת׳
very old; aged (yaSHISH) יָשִׁישׁ ת׳ ז׳
sleep (yaSHEN) יָשֵׁן פעל ע׳
put to sleep; cause to age (yishSHEN) יִשֵּׁן פעל י׳
old, outmoded (yaSHAN) יָשָׁן ת׳
oldness; former condition (YOshen) יֹשֶׁן ז׳
he (it) is, she is יֶשְׁנוֹ, יֶשְׁנָהּ ר׳ יש
oldness, obsolescence (yashNUT) יַשְׁנוּת נ׳
there are, they are יֶשְׁנָם, יֶשְׁנָן ר׳ יש
sleepyhead (yashNAN) יַשְׁנָן ז׳
salvation, help (YEsha') יֶשַׁע ז׳
jasper (yasheFE) יָשְׁפֵה נ׳
go straight, be straight, be agreeable (yaSHAR) יָשַׁר פעל ע׳
make straight; straighten (yishSHER) יִשֵּׁר פעל י׳
straight; honest; right; upright; smooth; agreeable (yaSHAR) יָשָׁר ת׳
be pleasing... ...יָשָׁר בְּעֵינֵי
honesty; straightness; rectitude (YOsher) יֹשֶׁר ז׳
Israeli; Jewish; Israelite (yisrae'eLI) יִשְׂרְאֵלִי ת׳ ז׳
straightness; honesty; rectitude (yashRUT) יַשְׁרוּת נ׳
stake; wedge; peg, nail; metric foot (poetry) (yaTED) יָתֵד נ׳
cuneiform כְּתַב הַיְתֵדוֹת
staking out (yitTUD) יִתּוּד ז׳
orphan; destitute; alone (yaTOM) יָתוֹם ז׳ ת׳

orphanage בֵּית יְתוֹמִים

orphaning (*yitTUM*) יִתּוּם ז׳

excess, remainder (*yitTUR*) יִתּוּר ז׳

mosquito (*yatTUSH*) יַתּוּשׁ ז׳

superfluous (*yatTIR*) יַתִּיר ת׳

maybe, perhaps (*yittaKHEN*) יִתָּכֵן תה״פ

it's impossible לֹא –

become an orphan (*yaTAM*) יָתַם פעל ע׳

make an orphan (*yitTEM*) יִתֵּם פעל י׳

orphanhood (*yatMUT*) יַתְמוּת נ׳

add, overdo (*yitTER*) יִתֵּר פעל י׳

superfluous, excessive; great; greater; advantageous (*yaTER*) יָתֵר ת׳

furthermore – עַל כֵּן

remainder; abundance; excess; string; hypotenuse (*YEter*) יֶתֶר ז׳

remainder; balance (*yitRA*) יִתְרָה נ׳

advantage; profit (*yitRON*) יִתְרוֹן ז׳

superiority (*yeteRUT*) יְתֵרוּת נ׳

כ

כ נ׳ (*KAF*) Kaph (the eleventh letter of the Hebrew alphabet); twenty, twentieth

כְּ־ מ״ח (*ke-*) as, like; about, approximately; when; at; according to

כָּאַב פעל ע׳ (*ka'AV*) ache, feel pain, hurt; suffer

כְּאֵב ז׳ (*ke'EV*) pain, ache, sorrow, grief; anguish

כָּאוּב ת׳ (*ka'UV*) painful, aching

כאורה ר׳ לִכְאוֹרָה

כְּאִלּוּ מ״ח (*ke'I'lu*) as if, as

כָּאָמוּר ת׳ (*ka'a'MUR*) as said before

כָּאן תה״פ (*KAN*) here; in this case

מִכָּאן שֶׁ־ hence

כַּאֲשֶׁר מ״ח (*ka'aSHER*) when, while

כַּבָּאוּת נ׳ (*kabba'UT*) fire extinguishing

כַּבַּאי ז׳ (*kabBAI*) fireman

כָּבֵד פעל ע׳ (*kaVED*) be heavy; be difficult; be grievous; be important

כִּבֵּד פעל י׳ (*kibBED*) honor, respect; sweep (floor)

כָּבֵד ת׳ ז׳ (*kaVED*) heavy; difficult; grievous; abundant; liver

כֹּבֶד ז׳ (*KOved*) weight, heaviness, gravity; difficulty; abundance

כְּבֻדָּה נ׳ (*kevudDA*) possessions, burden

כְּבֵדוּת נ׳ (*keveDUT*) heaviness; slowness; fatigue

כְּבֵדִי ת׳ (*keveDI*) of the liver; hepatic

כָּבָה פעל ע׳ (*kaVA*) be extinguished; go out (fire, etc.)

כִּבָּה פעל י׳ (*kibBA*) extinguish, put out, turn off (light)

כָּבוֹד ז׳ (*kaVOD*) honor, respect; splendor; majesty; wealth; riches

כְּבוֹד־ Your (his) Honor...

לִכְבוֹד to (Mr., Miss, etc.); in honor of

בִּכְבוֹדוֹ וּבְעַצְמוֹ in person

כָּל הַכָּבוֹד good for you! (all due respect)

בֵּית כָּבוֹד toilet

בְּכָבוֹד רַב yours sincerely

כִּבּוּד ז׳ (*kibBUD*) refreshments; respecting; honoring; sweeping (floor)

כָּבוּד ת׳ (*kaVUD*) honorable; important

כָּבוּי ת׳ (*kaVUY*) extinguished; extinct

כִּבּוּי ז׳ (*kibBUY*) extinguishing; extinction; putting out, turning off (light)

כָּבוּל ת׳ ז׳ (*kaVUL*) fettered; chained; bound; turf; peat

כָּבוּן ת׳ (*kaVUN*) clasped; pinned; wrapped; pinned up (hair)

כִּבּוּס ז׳ (*kibBUS*) washing; laundering

כִּבּוּשׁ ז׳ (*kibBUSH*) conquest; occupation; accomplishment; pressing, compressing; suppression; repression; pickling

כָּבוּשׁ ת׳ (*kaVUSH*) occupied; conquered; enslaved; pickled; preserved; pressed; compressed; suppressed; paved

כְּבוּשִׁים ז״ר (*kevuSHIM*) pickled vegetables; pickled fruits; pickled food

כְּבִיָּה נ׳ (*keviyYA*) extinction; going out (fire, light, etc.)

כִּבְיָכוֹל תה״פ (*kivyaKHOL*) so to speak; as it were

כְּבִילָה נ׳ (*keviLA*) chaining; fettering; binding

כָּבִיס ת׳ (kaVIS) washable
כְּבִיסָה נ׳ (keviSA) laundering; laundry
כַּבִּיר ת׳ (kabBIR) great, mighty; tremendous
כְּבִירָה נ׳ (keviRA) sifting
כְּבִישׁ ז׳ (keVISH) road, highway
כְּבִישָׁה נ׳ (keviSHA) pressing; compressing; pickling; preserving; conquering
כָּבַל פעל י׳ (kaVAL) bind; chain; restrain; restrict
כֶּבֶל ז׳ (KEvel) cable; wire; chain, bond
כָּבַן פעל י׳ (kaVAN) clasp; pin (hair)
כְּבֵנָה נ׳ (keveNA) hairpin; clasp; brooch; hairnet
כָּבַס פעל י׳ (kaVAS) launder
כִּבֵּס פעל י׳ (kibBES) launder; cleanse; wash
כְּבָסִים ז״ר (kevaSIM) laundry; laundered articles
כָּבַר פעל י׳ (kaVAR) sift
כְּבָר תה״פ (keVAR) already
מִ – previously
זֶה – a long time ago
כְּבָרָה נ׳ (kevaRA) sieve
כִּבְרַת אֶרֶץ fair measure of road; plot of land
כִּבְרַת דֶּרֶךְ certain distance
כֶּבֶשׂ ז׳ (KEves) sheep
כֶּבֶשׁ ז׳ (KEvesh) gangway; gangplank; ramp
כָּבַשׁ פעל י׳ (kaVASH) conquer; occupy; capture; enslave; press; compress; pave (road); pickle; preserve; hide; suppress
כִּבְשָׂה נ׳ (kivSA) ewe
כִּבְשָׁן ז׳ (kivSHAN) furnace; kiln; oven
כְּגוֹן תה״פ (keGON) such as; e.g.
כַּד ז׳ ת׳ (KAD) jug; pitcher; rounded; oval; blunt
כֹּד ז׳ (KOD) blunt end; rounded end

כְּדַאי ת׳ תה״פ (keDAI) worthwhile
כְּדָאִיּוּת נ׳ (keda'iYUT) degree of being worthwhile; profitableness
כִּדְבָעֵי תה״פ (kidva'EY) properly
כַּדָּד ז׳ (kadDAD) jug maker
כַּדּוֹמֶה תה״פ (kaddoME) and the like; ditto, etc.
כַּדּוּר ז׳ (kadDUR) ball; sphere; bullet; round; tablet; pill
– הָאָרֶץ the globe
– פּוֹרֵחַ balloon
כַּדּוּרֶגֶל ז׳ (kadduREgel) soccer (football)
כַּדּוּרַגְלָן ז׳ (kadduragLAN) soccer player
כַּדּוּרִי ת׳ (kadduRI) spherical; round
כַּדּוּרִיּוּת נ׳ (kadduriYUT) sphericality; roundness
כַּדּוּרִית נ׳ (kadduRIT) corpuscle; globule; small ball
כַּדּוּרְסַל ז׳ (kaddurSAL) basketball
כַּדּוּרְסַלָּן ז׳ (kaddursalLAN) basketball player
כַּדּוּרְעָף ז׳ (kaddurAF) volley ball
כְּדֵי (keDEY) in order
– שֶׁ־ in order that
– לְ־ in order to
מִכְּדֵי more than
תּוֹךְ – while
כַּדִּית נ׳ (kadDIT) small jug
כַּדְכֹּד ז׳ (kadKOD) chalcedony; jacinth
כִּדֵּן פעל י׳ (kidDEN) fix a bayonet
כִּדֵּר פעל י׳ (kidDER) make round
כִּדְרוּר ז׳ (kidRUR) dribble
כִּדְרֵר פעל י׳ (kiDRER) dribble
כַּדֹּרֶת נ׳ (kadDOret) bowling
כֹּה תה״פ (KO) so, thus; here; now
עַד – until now, up to this point
בֵּין – וָכֹה meanwhile, at any rate
כְּהֹגֶן תה״פ (keHOgen) properly; fairly
כָּהָה פעל ע׳ (kaHA) become dim; be dark

כָּהוּ עֵינָיו his eyesight weakened
כִּהָה פ״ע (kiHA) reprove; admonish
כֵּהֶה ת׳ (keHE) dark; obscure; dim
כָּהוּי ת׳ (kaHUY) dim; dark
כִּהוּי ז׳ (kiHUI) dimming; reproach
כהונה ר׳ כְּהֻנָּה
כֵּהוּת נ׳ (keHUT) dimness; darkness
כֹּהַל ז׳ (KOhal) alcohol
כָּהֳלִי ת׳ (kohoLI) alcoholic
כַּהֲלָכָה תה״פ (kahalaKHA) right; correctly; properly
כִּהֵן פעל ע׳ (kiHEN) serve (as...); hold office; serve as priest
כְּהֻנָּה נ׳ (kehunNA) service; tenure of office; priesthood; priest's office
כָּהֵנָּה מ״ג (kaHENna) such as they (*f.*)
– וְכָהֵנָּה more and more; more of the same kind
כֹּהֲנִי ת׳ (kohaNI) priestly
כֹּהֶנֶת נ׳ (koHEnet) priestess
כּוֹאֵב ת׳ (ko'EV) ill; hurting; painful
כּוֹבֶסֶת נ׳ (koVEset) washerwoman
כּוֹבַע ז׳ (KOva; koVA) hat
כּוֹבָעָן ז׳ (kova'AN) hatter; milliner
כּוֹבֵשׁ ז׳ (koVESH) conquerer
כָּוָה פעל י׳ (kaVA) burn; scorch; make a burn
כִּוָּה פעל י׳ (kivVA) cauterize; burn
כַּוָּה נ׳ (kavVA) hatchway; porthole
כִּוּוּן ז׳ (kivVUN) direction; aiming; diverting
כִּוּוּנִי ת׳ (kivvuNI) directional
כִּוּוּץ ז׳ (kivVUTS) shrinking; contraction; pressing
כּוֹזֵב ת׳ (koZEV) false
כְּוִיָּה נ׳ (keviYA) burn
כָּוִיץ ת׳ (kaVITS) shrinkable
כּוּךְ ז׳ (KUKH) niche; crypt
כּוֹכָב ז׳ (koKHAV) star; Mercury; luck; success; asterisk
– חַמָּה sun; Mercury
– לֶכֶת planet
– שָׁבִיט comet

– נוֹפֵל meteor
כּוֹכַב־יָם ז׳ (koKHAV yam) starfish
כּוֹכָבוֹן ז׳ (kokhaVON) small star; asterisk
כּוֹכָבִי ת׳ (kokhaVI) star; stellar; astral
כּוֹכָבִית נ׳ (kokhaVIT) chickweed
כּוֹכֶבֶת נ׳ (koKHEvet) star (*f.*); Venus
כּוֹלֵל ת׳ ז׳ (koLEL) inclusive; including; comprehensive; general; overall; community; congregation
כּוֹלֶרָה נ׳ (koleRA) cholera
כומר ר׳ כֹּמֶר
כומתה ר׳ כֻּמְתָּה
כִּוֵּן פעל י׳ (kivVEN) direct; aim; tune; attune
כַּוָּנָה נ׳ (kavvaNA) intention; purpose; meaning; devotion
– תְּחִלָּה premeditation
בְּכַוָּנָה intentionally; on purpose
כִּוְנוּן ז׳ (kivNUN) adjustment; tuning
כִּוְנֵן פעל י׳ (kivNEN) adjust; tune
כּוֹנֵן פעל י׳ (koNEN) establish. found; constitute; fix; affix
כּוֹנְנוּת נ׳ (koneNUT) alertness; alert; preparedness
כּוֹנָנִית נ׳ (konaNIT) bookcase; shelf
כּוֹנֵס ז׳ (koNES) receiver
– ־נְכָסִים receiver
כַּוֶּנֶת נ׳ (kavVEnet) sight (gun); guide (machine)
כּוֹס נ׳ (KOS) glass; tumbler; portion; lot
– ז׳ little owl
כּוֹסִית נ׳ (koSIT) small glass
כוסמת ר׳ כֻּסֶּמֶת
כּוֹפֵל ז׳ (koFEL) multiplier
כּוֹפֵר ז׳ (koFER) heretic, unbeliever; atheist; denier of charge
כופר ר׳ כֹּפֶר
כופתה ר׳ כֻּפְתָּה
כָּוַץ פעל ע׳ (kaVATS) shrink

כִּוֵּץ פעל י׳ (*kivVETS*) cause to shrink, contract

כֶּוֶץ ז׳ (*KEvets*) shrinkage; fold

כּוּר ז׳ (*KUR*) furnace; melting pot

— אֲטוֹמִי atomic reactor

כּוֹרֶה ז׳ (*koRE*) miner

כּוֹרֵיאוֹגְרַפְיָה נ׳ (*koreoGRAFya*) choreography

כּוֹרֵךְ ז׳ (*koREKH*) bookbinder

כּוֹרְכוּת נ׳ (*koreKHUT*) bookbinding

כּוֹרֵם ז׳ (*koREM*) vineyard proprietor

כַּוְרָן ז׳ (*kavRAN*) beekeeper

כַּוְרָנוּת נ׳ (*kavraNUT*) beekeeping; apiculture

כורסה ר׳ כֻּרְסָה

כּוֹרֵת ז׳ (*koRET*) reaper; logger

כַּוֶּרֶת נ׳ (*kavVEret*) beehive

כּוֹשׁ ז׳ (*KOSH*) spindle; shaft

כּוּשִׁי ת׳ ז׳ (*kuSHI*) black; negro; Ethiopian

כּוֹשֵׁל ז׳ (*koSHEL*) faint; failing

כושר ר׳ כֹּשֶׁר

כותונת ר׳ כֻּתֹּנֶת

כותל ר׳ כֹּתֶל

כותנה ר׳ כֻּתְנָה

כּוֹתֶפֶת נ׳ (*koTEfet*) shoulder strap; epaulet

כּוֹתֶרֶת נ׳ (*koTEret*) headline; capital (column); heading; caption; corolla

— עָלֶה petal

כָּזַב פעל י׳ (*kaZAV*) lie; deceive

כִּזֵּב פעל י׳ (*kizZEv*) lie, deceive

כָּזָב ז׳ (*kaZAV*) lie, falsehood, deceit

כַּזְּבָן ז׳ (*kazzeVAN*) liar

כַּזְּבָנוּת נ׳ (*kazzevaNUT*) deceitfulness

כַּזְּבָנִי ת׳ (*kazzevaNI*) deceitful

כְּזַיִת ז׳ (*keZAyit*) very small amount (the size of an olive)

כֹּחַ ז׳ (*KO'aḥ*) force; strength; power; might; ability; resource; violence; validity; wealth; authority

— גַּבְרָא sexual potency

— ־סוּס horsepower

— בָּא representative

— יִפּוּי authority, power of attorney

עָצַר — ל... be able, muster the strength for

כָּח פעל ע׳ (*KAḤ*) cough up phlegm

כִּחֵד פעל י׳ (*kiḤED*) deny; conceal

כחול ר׳ כָּחֹל

כְּחוֹל ז׳ (*keḤOL*) blue; azure; eye shadow

כָּחוּשׁ ת׳ (*kaḤUSH*) lean; thin; skim (milk)

כִּחוּשׁ ז׳ (*kiḤUSH*) denial

כֹּחִי ת׳ (*koḤI*) strong; potential

כְּחִישׁוּת נ׳ (*keḥiSHUT*) leanness

כִּחְכֵּחַ פעל ע׳ (*kiḥKAḤ*) clear the throat

כָּחַל פעל י׳ (*kaḤAL*) paint (eyelids) blue

כָּחֹל ת׳ (*kaḤOL*) blue

כָּחָל ז׳ (*kaHAL*) blue paint; eye shadow

בְּלֹא — וּבְלֹא שָׂרָק unadorned

כְּחַלְחַל ת׳ (*keḥalḤAL*) bluish

כַּחְלִילִי ת׳ (*kaḥliLI*) bluish

כָּחַשׁ פעל ע׳ (*kaḤASH*) become lean; decrease

כִּחֵשׁ פעל ע׳ (*kiḤESH*) deny; lie; disappoint

כַּחַשׁ ז׳ (*KAḤash*) lying; deceit; leanness; meagerness

כִּי מ״ח (*KI*) because, since; for; that; while; if; but only

— אָז then

— אִם but only

— עַל כֵּן since

בְּכִי טוֹב successfully

הֲכִי is it because; the most

וְכִי (to introduce question)

אִם — although

אַף — even though

אֶפֶס — but

it is not (... but) לֹא כִּי
until עַד –
because תַּחַת –
ulcer (KIV) כִּיב ז׳
spark (kiDOD) כִּידוֹד ז׳
bayonet; spear; lance; javelin (kiDON) כִּידוֹן ז׳
calibration; measurement; titration (kiYUL) כִּיּוּל ז׳
directly (keyVAN) כֵּיוָן תה״פ
since; seeing that; when – שֶׁ...
basin; sink (kiYOR) כִּיּוֹר ז׳
molding (kiyYUR) כִּיּוּר ז׳
phlegm; spittle; spit (KI'aḥ) כִּיחַ ז׳
spitting; expectoration (kiḤA) כִּיחָה נ׳
כִּיכְלִי ר׳ קִיכְלִי
calibrate; measure; titrate (kiYEL) כִּיֵּל פעל י׳
measurement (KAyil) כַּיִל ז׳
כילה ר׳ כִּלָּה
stinginess (kiLUT) כִּילוּת נ׳
miser; tightwad (kiLAI) כִּילַי ז׳
hatchet (keyLAF) כֵּילָף ז׳
chemist (kiMAI) כִּימַאי ז׳
chemical (kiMI) כִּימִי ת׳
chemistry (kimYA) כִּימְיָה נ׳
quinine (kiNIN) כִּינִין ז׳
pocket; pouch (KIS) כִּיס ז׳
pickpocket (kaiYAS) כַּיָּס ז׳
dumpling (kiSAN) כִּיסָן ז׳
כיף ר׳ כֵּף
כיפה ר׳ כִּפָּה
fun; "kicks" (KEYF) כֵּיף ז׳
have a good time; have fun (kiyYEF) כִּיֵּף פעל ע׳
how (keyTSAD) כֵּיצַד מ״ש
mold; model (kiyYER) כִּיֵּר פעל י׳
burner; range (kiRA) כִּירָה נ׳
surgeon (kiRURG) כִּירוּרְג ז׳
surgical (kiRURgi) כִּירוּרְגִי ת׳
surgery (kiRURGya) כִּירוּרְגְיָה
stove; range (kiRAyim) כִּירַיִם ז״ז

spindle; distaff (kiSHOR) כִּישׁוֹר ז׳
so, thus (KAKH) כָּךְ תה״פ
by this בְּכָךְ
to this; therefore לְכָךְ
from this מִ –
afterwards אַחַר –
anyhow בֵּין – וּבֵין –
so much כָּל –
what of it? מַה בְּכָךְ
trifle דָּבָר שֶׁל מַה בְּכָךְ
as much as עַד כְּדֵי –
by this עַל יְדֵי –
star (in film, etc.) (kaKHAV; kikKEV) כָּכַב, כִּכֵּב פעל ע׳
so, thus (KAkha) כָּכָה תה״פ
so-so – –
loaf; cake; square; plaza; circle; valley; talent (weight) (kikKAR) כִּכָּר נ׳
all, the whole; all, every; any, multi-, pan- (KOL) כֹּל, כָּל־ ז׳ ת׳
each אֶחָד –
whenever אֵימַת שֶׁ... –
having everything; department store בּוֹ –
omnipotent; Almighty יָכוֹל –
as long as עוֹד –
all the more לֹא – שֶׁכֵּן
inasmuch as שֶׁ... –
all, everybody הַ –
anyhow בְּכָל אֹפֶן
for all that, nevertheless בְּכָל זֹאת
absolutely מִ – וָכֹל
anyhow מִ – מָקוֹם
sum total סַךְ הַכֹּל
in any case עַל – פָּנִים
the major part of רֻבּוֹ כְּכֻלּוֹ
imprison; withold; prevent (kaLA) כָּלָא פעל י׳
prison (KEle) כֶּלֶא ז׳
jail; prison בֵּית־ –
warden (prison) (kalLAI) כַּלַּאי ז׳

כִּלְאַיִם ז״ז	(kil'A'yim)	hybrid, crossing (breeding)
בֶּן –		hybrid, mongrel
כִּלֵּב פעל י׳	(kilLEV)	make irregular stitches
כֶּלֶב ז׳	(KElev)	dog
– שׁוֹטֶה		mad dog
רָעֵב כְּכֶלֶב		hungry as a wolf
כֶּלֶב־יָם ז׳	(KElev-yam)	seal
כֶּלֶב־נָהָר ז׳	(KElev-naHAR)	otter
כַּלְבָּה נ׳	(kalBA)	bitch
כַּלְבִּי ת׳	(kalBI)	canine
כְּלַבְלַב ז׳	(kelavLAV)	small dog
כַּלְבָּן ז׳	(kalBAN)	dog trainer
כַּלְבָּנוּת נ׳	(kalbaNUT)	dog training
כַּלֶּבֶת נ׳	(kalLEvet)	rabies
כָּלָה פעל ע׳	(kaLA)	be finished; cease; perish; run out; long
כִּלָּה פעל י׳	(kilLA)	finish; complete; destroy; annihilate
כָּלָה נ׳	(kaLA)	extinction
– תה״פ		entirely
כָּלֶה ת׳	(kaLE)	transitory; short-lived
כַּלָּה נ׳	(kalLA)	bride; betrothed; daughter-in-law; Sabbath; bi-annual, conference of religious sholars
כִּלָּה נ׳	(kilLA)	mosquito net; canopied bed
כָּלוּא ת׳	(kaLU)	imprisoned
כְּלוּב ז׳	(keLUV)	cage; wicker basket
כִּלּוּי ז׳	(kilLUY)	completion; finishing; annihilation
כָּלוּל ת׳	(kaLUL)	included; complete; perfect
כְּלוּלוֹת נ״ר	(keluLOT)	wedding; nuptials; engagement; becoming a bride
כְּלוּם ז׳	(keLUM)	something; anything
– תה״פ		(to introduce question)
לֹא –		nothing
כְּלוֹמַר מ״ח	(keloMAR)	that is; namely
כְּלוֹנָס ז׳	(keloNAS)	pole; pile; picket; stilt
כְּלוֹר ז׳	(keLOR)	chlorine
כְּלוֹרוֹפוֹרְם ז׳	(kloroFORM)	chloroform
כְּלוֹרוֹפִיל ז׳	(kloroFIL)	chlorophyll
כְּלוֹרִי ת׳	(kloRI)	chloric
כְּלוֹרִיד ז׳	(kloRID)	chloride
כְּלוֹת־הַנֶּפֶשׁ נ׳	(keLOT ha-NEfesh)	longing; yearning
כֶּלַח ז׳	(KElaḥ)	old age
אָבַד עָלָיו –		become obsolete, become outworn
כְּלִי ז׳	(keLI)	tool, utensil; instrument; weapon; thing; article; artifact; vessel; container; organ; member; dress; garment
כְּלֵי־זַיִן		weapons, arms
כְּלֵי־זֶמֶר		musical instruments; wedding musicians
כְּלֵי־טַיִס		aircraft
כְּלֵי־יוֹצֵר		earthenware
כְּלֵי־לָבָן		linen
כְּלֵי־מִטָּה		bedding
– רֶכֶב		vehicle
– אֵין חֵפֶץ בּוֹ		useless (thing, person)
נֶחְבָּא אֶל הַכֵּלִים		be shy
יָצָא מִכֵּלָיו		lose one's temper
נוֹשֵׂא כֵּלִים		apprentice; squire; disciple
כֵּלַי ז׳	(keLAI)	miser
כַּלִּיא־בָּרָק ז׳	(kalLI-baRAK)	lightning rod
כְּלִיאָה נ׳	(keli'A)	imprisonment
כִּלְיָה נ׳	(kilYA)	kidney
כְּלָיוֹת		mind, conscience
מוּסַר כְּלָיוֹת		pangs of conscience
כְּלָיָה נ׳	(kelaYA)	annihilation
כִּלָּיוֹן ז׳	(killaYON)	destruction, ruin, annihilation
– חָרוּץ		utter ruin

כִּלְיוֹן עֵינַיִם impatience; yearning
כָּלִיל ת׳ (kaLIL) complete; perfect
– תה״פ completely; totally
– ז׳ burnt offering
כלימה ר׳ כְּלִמָּה
כָּלִיף ר׳ חָ׳לִיף
כַּלִּירַעַם ז׳ (kalliRA'am) lightning rod
כַּלֵּךְ מ״ק (kalLEKH) get out; turn away
כִּלְכּוּל ז׳ (kilKUL) maintenance, nourishing
כִּלְכֵּל פעל י׳ (kilKEL) maintain, support; nourish; contain; organize
כַּלְכָּל ז׳ (kalKAL) steward
כַּלְכָּלָה נ׳ (kalkaLA) economy; maintenance; economics
כַּלְכָּלִי ת׳ (kalkaLI) economic
כַּלְכְּלָן ז׳ (kalkaLAN) economist
כָּלַל פעל י׳ (kaLAL) include; complete
כְּלָל ז׳ (keLAL) rule; total; entirety; community; society
– לֹא, – וּכְלָל לֹא not at all
בִּכְלָל generally
בְּדֶרֶךְ – as a rule
יוֹצֵא מִן הַ – exception(al); excellent
לִכְלָל towards
מִ – from; hence
כְּלָלוּת נ׳ (kelaLUT) generality
כְּלָלִי ת׳ (kelaLI) general; comprehensive; common; public; universal
כְּלָלִיּוּת נ׳ (kelaliYUT) generality
כְּלִמָּה, כְּלִמּוּת נ׳ (kelimMA; kelimMUT) shame; disgrace; insult
כַּלָּנִית נ׳ (kallaNIT) anemone
כִּלְעֻמַּת שֶׁ־ מ״י (kil'umMAT-she) just as, in the same way
כְּלַפֵּי מ״י (kelapPEY) toward; against; regarding
כָּלְשֶׁהוּ ז׳ (kolsheHU) any; any such; some
כָּלְשֶׁהִי נ׳ (kolsheHI)

כַּמָּה מ״ש (kamMA) how many, how much; a few; some
– וְכַמָּה many
כְּמָה ר׳ כְּמוֹ
כָּמַהּ פעל ע׳ (kaMAH) long; yearn
כְּמֵהָה נ׳ (kemeHA) truffle
כְּמוֹ מ״י (keMO) as, like
– מ״ח when, as if
– כֵן also
– שֶׁהוּא as it is, as is
כַּמּוּבָן תה״פ (kammuVAN) certainly, of course
כַּמּוֹן ז׳ (kamMON) cumin
כָּמוּס ת׳ (kaMUS) hidden, latent, concealed, occult
כְּמוּסָה נ׳ (kemuSA) capsule
כְּמוּרָה נ׳ (kemuRA) clergy; priesthood
כָּמוּשׁ ת׳ (kaMUSH) withered
כְּמוֹת מ״י (keMOT) as, like
כַּמּוּת נ׳ (kamMUT) quantity, amount
כַּמּוּתִי ת׳ (kammuTI) quantitative
כְּמִיהָה נ׳ (kemiHA) longing; yearning
כְּמִישָׁה נ׳ (kemiSHA) withering
כָּמַס פעל י׳ (kaMAS) hide; conceal
כִּמְעַט תה״פ (kim'AT) almost; about; nearly
כֹּמֶר ז׳ (KOmer) priest; minister
כֹּמֶרֶת נ׳ (komRIT) priestess; minister's wife
כָּמַשׁ פעל ע׳ (kaMASH) wither
כָּמֵשׁ ת׳ (kaMESH) withered
כִּמְשׁוֹן ז׳ (kimSHON) late blight
כֻּמְתָּה נ׳ (kumTA) beret; vizorless cap
כֵּן תה״פ (KEN) yes; aye; so; thus; rightly
– ת׳ sincere; frank; artless
וּבְכֵן if so; thus
וְכֵן הָלְאָה and so on
וְכֵן and so
לָכֵן therefore

שֶׁכֵּן because
אַחַר כֵּן afterwards, then
אִם כֵּן if so
אַף־עַל־פִּי־כֵן nevertheless
כָּל שֶׁכֵּן certainly then
עַל כֵּן therefore
יָתֵר עַל כֵּן moreover
כִּי עַל כֵּן because
עַל מְנָת כֵּן for this purpose
כַּן, כֵּן ז׳ (*KAN; KEN*) stand; pedestal; bracket; position
הֵשִׁיב עַל כַּנּוֹ reinstate
כַּנָּה נ׳ (*kanNA*) stock; stand; mounting; bracket
כִּנָּה נ׳ (*kinNA*) louse
כִּנָּה פעל י׳ (*kinNA*) name; call; designate
כִּנּוּי ז׳ (*kinNUY*) appelation; name nickname; title; pronoun; alias; pseudonym
כִּנּוּן ז׳ (*kinNUN*) establishment; foundation; directing; printing; aiming
כִּנּוּס ז׳ (*kinNUS*) assembly; conference; gathering
כָּנוּעַ ת׳ (*kaNU'a*) submissive
כנופיה ר׳ כְּנֻפְיָה
כִּנּוֹר ז׳ (*kinNOR*) violin; fiddle
כֵּנוּת נ׳ (*keNUT*) sincerity; frankness
כְּנִימָה נ׳ (*keniMA*) scale bug; mealybug
כְּנִימַת עָלִים aphid
כְּנִיסָה נ׳ (*keniSA*) entrance; admission; assembly; gateway; beginning; inlet
כְּנִיעָה נ׳ (*keni'A*) surrender; capitulation; submission
כְּנִיעוּת נ׳ (*keni'UT*) submissiveness
כִּנֵּן פעל י׳ (*kinNEN*) adjust; wind; wrap; direct; aim
כַּנֶּנֶת נ׳ (*kanNEnet*) winch
כָּנַס פעל י׳ ע׳ (*kaNAS*) gather; convene; assemble; collect; be shortened
כִּנֵּס פעל י׳ (*kinNES*) gather; convene
כֶּנֶס ז׳ (*KEnes*) meeting; gathering; conference
כְּנֵסִיָּה נ׳ (*kenesiYA*) church; assembly
כְּנֵסִיָּתִי ת׳ (*kenesiyaTI*) ecclesiastical; church
כְּנֶסֶת נ׳ (*keNEset*) Knesset (Israeli parliament); assembly
כְּנַעַן ז׳ (*kena'AN*) Canaan
כְּנַעֲנִי ת׳ (*kena'a'NI*) Canaanite; merchant
עֶבֶד – slave for life; non-Hebrew slave
כָּנָף נ׳ (*kaNAF*) wing; corner; end; skirt; fringe; shelter; fender
כְּנֻפְיָה נ׳ (*kenufYA*) gang; band; group
כַּנָּר ז׳ (*kanNAR*) violinist; fiddler
כִּנֵּר פעל י׳ (*kinNER*) play the violin
כַּנִּרְאֶה תה״פ (*kannirE*) apparently
כַּנָּרִית נ׳ (*kunnaRIT*) canary
כֵּס ז׳ (*KES*) throne; seat
כִּסֵּא ז׳ (*kisSE*) chair; seat
בֵּית – latrine; toilet
כִּסָּה פעל י׳ (*kisSA*) cover; conceal
כִּסּוּחַ ז׳ (*kisSU'aḥ*) cutting down; moving; clipping
כָּסוּחַ ת׳ (*kaSU'aḥ*) cut off; mown
כִּסּוּי ז׳ (*kisSUY*) covering; concealing; camouflaging; cover; coverage
כִּסּוּף ז׳ (*kisSUF*) longing; yearning
כְּסוּת נ׳ (*keSUT*) cover; covering; garment; clothes
כָּסַח פעל י׳ (*kaSAḤ*) cut down; mow
כִּסַּח פעל י׳ (*kisSAḤ*) cut off; mow
כְּסָיָה נ׳ (*kesaYA*) glove
כְּסִיחָה נ׳ (*kesiḤA*) cutting off; mowing
כְּסִיל ז׳ (*keSIL*) fool; Orion
כְּסִילוּת נ׳ (*kesiLUT*) folly, stupidity

כְּסִיסָה נ׳ (*kesiSA*) chewing; gnawing; crunching
כִּסְכֵּס פעל י׳ (*kisKES*) scrub; crunch
כִּסְלֵו ז׳ (*kisLEV*) Kislev, 3rd Hebrew month (9th, in Bible)
כֻּסֶּמֶת נ׳ (*kusSEMet*) spelt, buckwheat
כִּסְנוֹעַ ז׳ (*kesNO'a*) rocking chair
כָּסַס פעל י׳ (*kaSAS*) chew, gnaw; crunch
כֶּסֶף ז׳ (*KEsef*) silver; money; coin
– קָטָן change
כְּסָפִים finance
כֻּסְפָּה נ׳ (*kusPA*) oil cake
כַּסְפִּי ת׳ (*kasPI*) financial; silvery
כַּסְפִּית נ׳ (*kasPIT*) mercury
כַּסְפִּיתִי ת׳ (*kaspiTI*) mercurous; mercurial
כַּסְפִּיתָנִי ת׳ (*kaspitaNI*) mercuric
כַּסֶּפֶת נ׳ (*kasSEfet*) safe
כֶּסֶת נ׳ (*KEset*) featherbed; quilt; large pillow; strap; ribbon
כָּעוּס ת׳ (*ka'US*) angry
כִּעוּר ז׳ (*ki'UR*) ugliness
כָּעוּר ת׳ (*ka'UR*) ugly
כְּעֵין תה״פ (*ke'EYN*) like; similar to
כַּעַךְ ז׳ (*KA'akh*) pretzel; beigel
כִּעְכּוּעַ ז׳ (*ki'KU'a*) slight cough
כִּעְכַּע פעל ע׳ (*ki'KA'*) cough; clear the throat
כָּעַס פעל ע׳ (*ka'AS*) be angry
כַּעַס ז׳ (*KA'as*) anger; sorrow
כַּעֲסָן ז׳ (*ka'aSAN*) quick tempered person; irritable person
כַּעֲסָנוּת נ׳ (*ka'asaNUT*) irascibility; irritability
כִּעֵר פעל י׳ (*ki'ER*) make ugly
כַּף נ׳ (*KAF*) palm (hand), sole (foot); spoon; tablespoon; handle; scale(s); branch; authority; Kaf (the eleventh letter of the Hebrew alphabet)
– מֹאזְנַיִם scale (balance)
– נַעַל shoehorn
בָּא בַּכַּף be caught
תָּקַע – shake hands
שָׂם נַפְשׁוֹ בְּכַפּוֹ risk one's life
יְגִיעַ כַּפַּיִם, עֲבוֹדַת כַּפַּיִם manual labor
נְקִי כַּפַּיִם honest man
מָחָא כַּפָּיו, סָפַק כַּפָּיו clap hands
כֵּף ז׳ (*KEF*) cliff; cape; promontory
כָּפָה פעל י׳ (*kaFA*) force; compel; coerce; turn over
כִּפָּה נ׳ (*kipPA*) dome; vault; skullcap; cap; bottom of palm branch; stack; pile
מָלַךְ (מָשַׁל) בַּכִּפָּה rule everywhere; rule the whole world
כַּפָּה נ׳ (*kapPA*) palm (hand); palm branch
כָּפוּי ת׳ (*kaFUY*) forced
כְּפוּי טוֹבָה ungrateful
כָּפוּל ת׳ (*kaFUL*) double; multiplied; times..., ... by... (multiplication)
כְּפוּלָה נ׳ (*kefuLA*) duplicate; multiple; fold
כָּפוּף ת׳ (*kaFUF*) bent; subject to; subordinate
כִּפּוּף ז׳ (*kipPUF*) bending; bend; subordination
כְּפוֹר ז׳ (*keFOR*) frost
כִּפּוּר ז׳ (*kipPUR*) atonement; forgiveness
יוֹם –, יוֹם הַכִּפּוּרִים Day of Atonement
כְּפוֹרִי ת׳ (*kefoRI*) frosty
כָּפוּשׁ ת׳ (*kaFUSH*) downtrodden; trampled; ugly
כָּפוּת ת׳ (*kaFUT*) bound; tied; fettered
כִּפֵּחַ ת׳ (*kipPE'aḥ*) very tall; lanky
כְּפִי מ״י (*keFI*) according to; like
– אֲשֶׁר, – שֶׁ־ since
כְּפִיָּה נ׳ (*kefiyYA*) compulsion; coercion; overturning; epilepsy

כְּפִיָּה נ׳ (kaFIya) Arab head kerchief
כְּפִיּוּת נ׳ (kefiyYUT) binding
– טוֹבָה ingratitude
כָּפִיל ז׳ (kaFIL) double
כְּפִילָה נ׳ (kefiLA) folding; doubling; multiplying
כְּפִילוּת נ׳ (kefiLUT) duality; duplication
כָּפִיס ז׳ (kaFIS) beam; board; rafter
כָּפִיף ת׳ (kaFIF) flexible
כְּפִיפָה נ׳ (kefiFA) flexion; subordination; basket
בִּכְפִיפָה אַחַת together
כְּפִיפוּת נ׳ (kefiFUT) flexibility; subordination
כְּפִיר ז׳ (keFIR) young lion
כְּפִירָה נ׳ (kefiRA) denial; heresy; atheism; young lionness
כַּפִּית נ׳ (kapPIT) small spoon; teaspoon
כְּפִיתָה נ׳ (kefiTA) binding; fettering
כָּפַל פעל י׳ (kaFAL) multiply; double; repeat
כֶּפֶל ז׳ (KEfel) double, doubling; multiplication; -fold
כִּפְלַיִם תה״פ (kifLAyim) double, twice
כָּפָן ז׳ (kaFAN) hunger
כָּפַף פעל י׳ (kaFAF) bend; incline; arch; curve; subject; subordinate
כֶּפֶף ז׳ (KEfef) bend
כְּפָפָה נ׳ (kefaFA) glove
כָּפַר פעל ע׳ י׳ (kaFAR) deny; be heretical; besmear
כִּפֵּר פעל י׳ (kipPER) absolve, atone for; pardon; forgive
כֹּפֶר ז׳ (KOfer) ransom; indemnity; bribe; asphalt; pitch; tar
כְּפָר ז׳ (keFAR) village
כַּפָּרָה נ׳ (kappaRA) atonement; forgiveness; absolution
כַּפְרִי ת׳ ז׳ (kafRI) rustic; rural; villager
כַּפְרִיּוּת נ׳ (kafriYUT) rusticity; country style

כַּפְרָן ז׳ (kafRAN) heretic, unbeliever; liar
כַּפְרָנוּת נ׳ (kafraNUT) heresy; denial
כַּפֹּרֶת נ׳ (kapPOret) covering of the Holy Ark; curtain
כָּפַת פעל י׳ (kaFAT) bind, tie, fetter
כֻּפְתָּה נ׳ (kufTA) dumpling
כַּפְתּוֹר ז׳ (kafTOR) button; knob; bud; capital (column); Crete
כִּפְתּוּר ז׳ (kifTUR) buttoning
כִּפְתֵּר פעל י׳ (kifTER) button
כַּר ז׳ (KAR) pillow; cushion; meadow; field; fattened sheep; battering ram
כָּרָאוּי תה״פ (kara'UY) properly
כִּרְבֵּל פעל י׳ (kirBEL) wrap up; cover; bundle up
כַּרְבֹּלֶת נ׳ (karBOlet) coxcomb
כְּרָגִיל תה״פ (karaGIL) as usual
כָּרָה פעל י׳ (kaRA) dig, mine; make a feast
– אֹזֶן לְ־ call someone's attention to
כֵּרָה נ׳ (keRA) feast, banquet
כְּרוּב ז׳ (keRUV) cabbage; cherub
כְּרוּבִית נ׳ (keruVIT) cauliflower
כְּרוּז ז׳ (keRUZ) proclamation
כָּרוֹז ז׳ (kaROZ) crier; announcer; barker; herald
כָּרוּךְ ת׳ (kaRUKH) wrapped; swaddled; bound; folded; twisted
– אַחֲרָיו right behind him; attracted to him
– בְּ־ involves
כְּרוּכְיָה נ׳ (kerukhYA) crane (bird)
כְּרוּכִית נ׳ (keruKHIT) strudel (cake)
כְּרוֹם ז׳ (keROM) chrome
כְּרוֹמוֹסוֹם ז׳ (kromoSOM) chromosome
כְּרוֹמָטִי ת׳ (keroMAti) chromatic
כְּרוֹנוֹלוֹגִי ת׳ (keronoLOgi) chronological
כְּרוֹנוֹלוֹגְיָה נ׳ (keronoLOGya) chronology

כְּרוֹנִי ת׳ (keROni) chronic

כְּרוֹנִיקָה נ׳ (keROnika) chronicles, news

כְּרָזָה נ׳ (keraZA) placard, poster

כֹּרַח ז׳ (KOraḥ) necessity; compulsion

כַּרְטוֹגְרַפְיָה נ׳ (kartoGRAFya) cartography

כַּרְטִיס ז׳ (karTIS) card, ticket

כַּרְטִיסִיָּה נ׳ (kartisiYA) card index, file

כַּרְטִיסָן ז׳ (kartiSAN) ticket-seller, conductor

כַּרְטֶסֶת נ׳ (karTEset) card index, file

כְּרִיָּה נ׳ (keriYA) mining, digging

כָּרִיךְ ז׳ (kaRIKH) sandwich

כְּרִיכָה נ׳ (keriKHA) binding (book); winding; wrapping; bundle

כְּרִיכִיָּה נ׳ (kerikhiYA) bindery

כְּרִיעָה נ׳ (keri'A) kneeling

כָּרִישׁ ז׳ (kaRISH) shark

כָּרִית נ׳ (kaRIT) small pillow, pad

כְּרִיתָה נ׳ (keriTA) cutting; excommunication; divorcing

כְּרִיתַת בְּרִית signing a covenant

כְּרִיתוּת נ׳ (keriTUT) divorce

כָּרַךְ פעל י׳ (kaRAKH) wrap up; connect; combine; bind (book)

כֶּרֶךְ ז׳ (KErekh) volume, tome; bundle, package

כְּרַךְ ז׳ (keRAKH) large city; metropolis

כַּרְכֹּב ז׳ (karKOV) ledge; rim

כרכום ר׳ כַּרְכֹּם

כִּרְכּוּר ז׳ (kirKUR) dance; leap; circumvention

כַּרְכֹּם ז׳ (karKOM) crocus; saffron

כִּרְכֵּר פעל ע׳ (kirKER) dance; leap; go in circles, circumvent

כֻּרְכָּר ז׳ (kurKAR) soft building limestone

כִּרְכָּרָה נ׳ (kirkaRA) light carriage; buggy

כַּרְכֶּשֶׁת נ׳ (karKEshet) intestine; rectum

כֶּרֶם ז׳ (KErem) vineyard; orchard

כֶּרֶס נ׳ (KEres) belly, abdomen

כְּרֵסָהּ בֵּין שִׁנֶּיהָ in an advanced stage of pregnancy

כֻּרְסָה נ׳ (kurSA) armchair

כִּרְסוּם ז׳ (kirSUM) gnawing; milling

כַּרְסֹם ז׳ (karSOM) cutter; milling machine

כִּרְסֵם פעל י׳ (kirSEM) gnaw; chew; mill

כַּרְסָן, כַּרְסְתָן ת׳ ז׳ (karSAN; karseTAN) potbellied; corpulent

כָּרַע פעל ע׳ (kaRA') kneel, crouch; collapse

כֶּרַע נ׳ (KEra) leg

כַּרְפַּס ז׳ (karPAS) celery; parsley; fine cloth (white cotton or linen)

כֶּרֶץ ז׳ (KErets) roundworm; pinworm

כָּרָר ז׳ (kaRAR) saddlemaker

כָּרֵשׂ נ׳ (kaRES) belly

כָּרַת פעל י׳ (kaRAT) cut off; cut down; fell; destroy

– בְּרִית make a covenant

כָּרֵת ז׳ (kaRET) excommunication; premature death (as divine punishment)

כִּשּׁוּף ז׳ (kishSHUF) sorcery, magic

כָּשׁוּף ת׳ (kaSHUF) enchanted; bewitched

כִּשּׁוּר ז׳ (kiSHUR) qualification

כַּשּׁוּרָה תה״פ (kashuRA) properly; in order

כַּשִּׁיל ז׳ (kaSHIL) heavy ax; sledge hammer

כָּשִׁיר ת׳ (kaSHIR) fit; able-bodied; qualified

כְּשִׁירוּת נ׳ (keshiRUT) fitness; qualification

כִּשְׁכּוּשׁ ז׳ (kishKUSH) wagging (tail)

כִּשְׁכֵּשׁ פעל י׳ (kishKESH) wag

כָּשַׁל פעל ע׳ (kaSHAL) stumble, stagger, fail, lag
כֶּשֶׁל ז׳ (KEshel) failure; slip; mistake
אַל – failproof; fail safe
כִּשָּׁלוֹן ז׳ (kishaLON) failure; defeat; mistake; weakness
כְּשֵׁם שֶׁ־ מ״ח (keSHEM SHE-) inasmuch; just as
כִּשֵּׁף פעל י׳ (kiSHEF) practise magic; bewitch, enchant; cast spell
כַּשְּׁפָנוּת נ׳ (kashefaNUT) sorcery; witchcraft
כָּשַׁר פעל ע׳ (kaSHAR) succeed; suit; be right
כָּשֵׁר ת׳ (kaSHER) proper, right; fair; allowed (by dietary laws), ritually fit, kasher (kosher); honest, decent
כֹּשֶׁר ז׳ (KOsher) ability; fitness; propriety; talent; kashruth
– גּוּפָנִי physical fitness
בַּעַל – able-bodied
שְׁעַת הַ – opportunity; the proper time
כִּשָּׁרוֹן ז׳ (kishaRON) talent; aptitude; ability
כִּשְׁרוֹנִי ת׳ (kishroNI) talented; gifted
כַּשְׁרוּת נ׳ (kashRUT) propriety; fitness; kashruth
כַּת נ׳ (KAT) sect; party; faction; class; group
כָּתַב פעל י׳ (kaTAV) write, write down
כְּתָב ז׳ (keTAV) writing; handwriting; script; scripture; document, writ; statement
כְּתַב־אַשְׁמָה charge sheet
כְּתַב־יָד handwriting; manuscript
כְּתַב־עֵת periodical
כִּתְבֵי־קֹדֶשׁ Holy Scriptures
כַּתָּב ז׳ (katTAV) reporter; correspondent; scribe

כַּתָּבָה נ׳ (kattaVA) report, correspondence; article
כְּתֻבָּה נ׳ (ketubBA) marriage contract
כַּתְבָן ז׳ (katVAN) typist (*m.*); clerk; scribbler
כַּתְבָנוּת נ׳ (katvaNUT) typing; scribbling
כַּתְבָנִית נ׳ (katvaNIT) typist (*f.*)
כְּתֹבֶת נ׳ (keTOvet) address; inscription
– קַעֲקַע tattoo
כִּתָּה נ׳ (kitTA) class; grade; classroom; squad; crew; section; sect
כָּתוּב ת׳ ז׳ (kaTUV) written; biblical verse; biblical quotation
כְּתוּבִים ז״ר (ketuVIM) Hagiographia
כתובה ר׳ כְּתֻבָּה
כתובת ר׳ כְּתֹבֶת
כתום ר׳ כָּתֹם
כִּתּוּף ז׳ (kitTUF) shouldering
כִּתּוּר ז׳ (kitTUR) surrounding; encirclement
כָּתוּשׁ ת׳ (kaTUSH) pounded; ground
כָּתוּת ת׳ (kaTUT) crushed; pounded
כִּתּוּת ז׳ (kitTUT) pounding; beating
– רַגְלַיִם waste of energy; runaround; long tiring walk
כְּתִיב ז׳ (keTIV) spelling; orthography; written version
– חָסֵר Hebrew spelling without matres lectionis
– מָלֵא Hebrew spelling with matres lectionis
כְּתִיבָה נ׳ (ketiVA) writing
– וַחֲתִימָה טוֹבָה Happy New Year
– תַּמָּה calligraphy
כְּתִיבַת הָאָרֶץ geography
מְכוֹנַת – typewriter
שֻׁלְחַן – desk
כְּתִישָׁה נ׳ (ketiSHA) pounding
כְּתִיתָה נ׳ (ketiTA) beating; crushing
כֹּתֶל ז׳ (KOtel) wall

הַ – הַמַּעֲרָבִי remnant of Western Wall of Herod's Temple
כֶּתֶם ז׳ (*KEtem*) spot, stain; blemish; fine gold
כָּתֹם ת׳ (*kaTOM*) orange
כְּתַמְתַּם ת׳ (*ketamTAM*) pale orange; orange-yellow
כֻּתְנָה נ׳ (*kutNA*) cotton
כֻּתֹּנֶת, כְּתֹנֶת נ׳ (*kutTOnet; keTOnet*) shirt; tunic
כְּתֹנֶת לַיְלָה nightgown
כָּתֵף נ׳ (*kaTEF*) shoulder; side; end; projection; ledge; shelf
כִּתֵּף פעל י׳ (*kitTEF*) shoulder; carry
כַּתָּף ז׳ (*katTAF*) bellboy; porter
כְּתֵפָה נ׳ (*keteFA*) suspender
כִּתְפָּה נ׳ (*kitPA*) epaulet; shoulder strap
כְּתֵפִיָּה נ׳ (*ketefiYA*) cape; suspender
כִּתֵּר פעל י׳ (*kitTER*) encircle; surround; wait; write headline
כֶּתֶר ז׳ (*KEter*) crown; title; flourish
כתרת ר׳ כּוֹתֶרֶת
כָּתַשׁ פעל י׳ (*kaTASH*) pound; grind
כַּתְּשָׁן ז׳ (*katteSHAN*) pounder, beater, bully
כְּתֹשֶׁת נ׳ (*keTOshet*) pulp
כָּתַת פעל י׳ (*kaTAT*) crush; beat; pound
כִּתֵּת פעל י׳ (*kitTET*) beat
– אֶת רַגְלָיו waste one's energy; run around in vain
כִּתָּתִי ת׳ (*kittaTI*) class (school); sectarian; factional
כִּתָּתִיּוּת נ׳ (*kittatiYUT*) factionalism; sectarianism

ל

ל נ׳ (*LAmed*) Lamed (the twelfth letter of the Hebrew alphabet; thirty, thirtieth

לְ־ מ״י (*le; with other vowels as well*) to, towards; by; for; according to; of; about; as; in order to

לֹא מלת שלילה (*LO*) no, not

– כִּי not so

– כָּל שֶׁכֵּן all the more

– כְלוּם nothing

– עָלֶיךָ (עָלֵינוּ...) may it not befall you (us)

אִם – surely; if not

בְּלֹא without

הֲלֹא is it not... that?; indeed...

וָלֹא or else

כְּלֹא as if not

לְלֹא without

עַד שֶׁלֹּא before

לֵאֶה ת׳ (*le'E*) tired, fatigued

לָאו מלת שלילה (*LAV*) no; prohibition; negation

– דַוְקָא not exactly so

בְּ – הָכֵי anyhow

לְאוֹם, לְאוּמִי, לְאוּמָנִי וכו׳

ר׳ לְאֹם, לְאֻמִּי, לְאֻמָּנִי וכו׳

לֵאוּת נ׳ (*le'UT*) weariness; fatigue; tiredness

לָאַט פעל ע׳ י׳ (*la'AT*) whisper; speak slowly; cover, conceal

לְאַט תה״פ (*le'AT*) slowly

לְאַלְתַּר תה״פ (*le'alTAR*) at once, right away

לְאֹם ז׳ (*le'OM*) nation, nationality

לְאֻמִּי ת׳ (*le'umMI*) national

בֵּין־ – international

לְאֻמִּיּוּת נ׳ (*le'ummiYUT*) nationalism; patriotism; nationality

לְאֻמָּנוּת נ׳ (*le'ummaNUT*) extreme nationalism; chauvinism

לְאֻמָּנִי ת׳ (*le'ummaNI*) nationalistic; chauvinistic

לֵאמֹר שה״פ (*leMOR*) that is to say; saying; viz.

לְאָן מ״ש (*le'AN*) whereto, whither; where

לֵב ז׳ (*LEV*) heart

אֹמֶץ – courage

גְּבַהּ – arrogant

גִּלּוּי – frankness

גְּלוּי – frank

מוּג – coward; cowardly

מֹרֶךְ – cowardice

טוֹב – kind

רֹחַב – wisdom; generosity

שָׂם – pay attention

שְׁרִירוּת – arbitrariness

תְּשׂוּמֶת – attention; heed

אֵין בְּלִבּוֹ עַל bears no malice towards

אָמַר אֶל לִבּוֹ think

בָּדָה מִלִּבּוֹ fabricate

הֵשִׁיב אֶל לִבּוֹ pay attention

טוֹב לִבּוֹ be happy

מְלָאוֹ לִבּוֹ dare

סָעַד אֶת לִבּוֹ eat

עָלָה עַל לִבּוֹ occur to him

עָרַב אֶת לִבּוֹ dare

לֵבָב ז׳ (*leVAV*) heart (mostly in compounds)

בַּר־ – pure-hearted

יְשַׁר־ – honest

רַךְ־ – cowardly

בְּכָל לְבָבוֹ with all his heart

לִבֵּב פעל י׳ (*libBEV*) attract; enchant; encourage; make pancakes

לְבָבִי ת׳ (*levaVI*) hearty; amicable; kind

לְבָבִיּוּת נ׳ (levaviYUT) cordiality; heartiness; kindness
לְבַד תה״פ (leVAD) alone; only; a part
לְבַדּוֹ alone
בִּ – only
מִלְּבַד in addition; apart from
לֶבֶד ז׳ (LEved) felt
לִבֵּד פעל י׳ (libBED) veneer; combine; make plywood
לַבָּה נ׳ (labBA) lava
לִבָּה נ׳ (libBA) core; nucleus; heart
לִבָּה פעל י׳ (libBA) inflame, fan (flames)
לִבּוּב ז׳ (libBUV) enchantment; pancake making
לָבוּד ת׳ (laVUD) united; combined; veneered
עֵץ – plywood; veneer
לִבּוּד ז׳ (libBUD) veneering; felting
לִבּוּי ז׳ (libBUY) inflaming; fanning (flames)
לִבּוּן ז׳ (libBUN) bleaching; purifying; heating to whiteness (metal); elucidation; making bricks
לְבוֹנָה נ׳ (levoNA) frankincense
לְבוּשׁ ז׳ (leVUSH) dress; garment; clothing; cover; disguise; shell
לָבוּשׁ ת׳ (laVUSH) dressed
לָבֶטַח תה״פ (laVEtaḥ) safely; peacefully
לָבִיא ז׳ (laVI) lion
לְבִיאָה נ׳ (levi'A) lioness
לְבִיבָה נ׳ (leviVA) pancake; "latke"
לָבִיד ז׳ (laVID) plywood
לְבִישָׁה נ׳ (leviSHA) dressing; wearing
לִבְלֵב פעל ע׳ (livLEV) blossom, bloom
לַבְלָב ז׳ (lavLAV) pancreas
לִבְלוּב ז׳ (livLUV) blossoming, blooming
לַבְלָר ז׳ (lavLAR) clerk
לַבְלָרוּת נ׳ (lavlaRUT) clerking; office work
לָבַן פעל י׳ (laVAN) make bricks
לִבֵּן פעל י׳ (libBEN) whiten; bleach; heat to whiteness (iron); clarify; elucidate; cleanse
לָבָן ת׳ (laVAN) white
לְבָנִים underwear; linen; lingerie
לֹבֶן ז׳ (LOven) whiteness; white
לֶבֶן ז׳ (LEben) soured milk; yogurt
לְבַנְבַּן ת׳ (levanBAN) whitish
לְבָנָה נ׳ (levaNA) moon
אוֹתִיּוֹת שֶׁל קִדּוּשׁ – very large letters
לְבֵנָה נ׳ (leveNA) brick
לִבְנֶה ז׳ (livNE) snowbell
לַבְנוּנִי ת׳ (lavnuNI) whitish
לְבָנִים ז״ר (levaNIM) underwear; linen; lingerie
לַבְנִין ז׳ (lavNIN) cabbage butterfly
לַבְקָן ז׳ (lavKAN) a bino
לָבַשׁ פעל י׳ (laVASH) wear; dress; put on
– צוּרַת... take the form of...
לֹג ז׳ (LOG) liquid measure (about ½ quart)
לִגְיוֹן ז׳ (ligYON) legion
לִגְיוֹנָר ז׳ (ligyoNAR) legionary; Jordanian soldier
לֶגִיטִימִי ת׳ (legiTImi) legitimate
לֶגִיטִימִיּוּת נ׳ (legiTImiyut) legitimacy
לְגִימָה נ׳ (legiMA) drink; draft; sip; swallow
לָגִין ז׳ (laGIN) jar; jug
לִגְלֵג פעל ע׳ (ligLEG) sneer; mock; deride; scoff
לַגְלְגָן ז׳ (lagleGAN) sneerer; mocker
לַגְלְגָנִי ת׳ (laglegaNI) sneering; mocking
לֶגָלִי ת׳ (leGAli) legal
לֶגָלִיּוּת נ׳ (legaliYUT) legality
לֶגָלִיזַצְיָה נ׳ (legaliZATSya) legalization
לָגַם פעל י׳ (laGAM) drink; sip; swallow
לְגַמְרֵי תה״פ (legamREY) completely; entirely
לֵדָה נ׳ (leyDA) birth; delivery; creation

לְדִידִי מ״ג (lediDI) as far as I am concerned; as for me
לָדִינוֹ ז׳ (laDIno) Ladino; Jewish-Spanish (dialect)
לֶדֶת ר׳ יָלַד
לָהּ מ״ג (LAH) her; to her; to it (f.)
לַהַב ז׳ (LAhav) blade; flame; glitter
לְהַבָּא תה״פ (lehabBA) henceforth
לֶהָבָה נ׳ (lehaVA) flame
לַהַבְיוֹר ז׳ (lahavYOR) flamethrower
לַהַג ז׳ (LAhag) chatter; dialect
לָהַג פעל י׳ (laHAG) talk nonsense; prattle; pronounce; talk
לַהֲגָנוּת נ׳ (lahagaNUT) idle talk; talkativeness
לָהוּט ת׳ (laHUT) eager; excited; enthusiastic
לִהוּט ז׳ (liHUT) blaze, burning
לְהוֹצִיא (lehoTSI) excluding
לָהַט פעל ע׳ (laHAT) burn, blaze, glow
לַהַט ז׳ (LAhat) intense heat; flame; enthusiasm; sword blade; sorcery
לַהֲטוּט ז׳ (lahaTUT) trick; juggling; acrobatics
לַהֲטוּטָן ז׳ (lahatuTAN) juggler; trickster
לַהֲטוּטָנוּת נ׳ (lahatutaNUT) juggling
לָהִיט ז׳ ת׳ (laHIT) hit (music), fad; with passion; con passione
לְהִיטוּת נ׳ (lehiTUT) eagerness; enthusiasm; strong desire, excitement
לְהַלָּן תה״פ (lehalLAN) below, as follows, later
לָהֶם מ״ג (laHEM) them; to them (m.)
לָהֶן מ״ג (laHEN) them, to them (f.)
לַהַק ז׳ (LAhak) group, band; wing (USAF)
לַהֲקָה נ׳ (lahaKA) group, band, company; troupe; ensemble, combo
לְהִת׳, לְהִתְרָאוֹת מ״ק (leHIT; lehitra'OT); see you! so long! goodbye! au revoir!

לוֹ מ״ג (LO) him, to him, to it (m.)
לוּ, לוּא מ״ח (LU) if; oh if...!
לְוַאי מ״ח (leVAI) oh that; if only; would
– ז׳ת׳ (LEVAY) auxiliary; attachment; attribute; nickname; secondary
לובן ר׳ לֹבֶן
לוֹגִי ת׳ (LOgi) logical
לוֹגִיסְטִיקָה נ׳ (loGIStica) logistics
לוֹגִיקָה נ׳ (LOgika) logic
לוֹגָרִיתְם, לוֹגָרִיתְמוּס ז׳ (logaRITM, logaRITmus) logarithm
לוּדָר ז׳ (luDAR) gladiator; wrestler
לָוָה פעל י׳ (laVA) borrow
לִוָּה פעל י׳ (livVA) accompany, escort
לוֹהֵט ת׳ (loHET) burning; scorching; enthusiastic
לוֹוֶה ז׳ (loVE) borrower
לִוּוּחַ ז׳ (livVU'aḥ) planking; tabulation
לִוּוּי ז׳ (livVUY) accompaniment; escort
לוּז ז׳ (LUZ) almond tree
– הַשִּׁדְרָה uppermost vertebra; element; essence; eternal force, core
לוּחַ ז׳ (LU'aḥ) plank; board; blackboard; slab, plate; panel; table; schedule; calendar
– סְפָרוֹת dial
לוּחוֹת הַבְּרִית tablets of the Decalogue
לִוַּח פעל י׳ (livVAḤ) tabulate; saw into boards
לוּחִית נ׳ (luḤIT) plate, tag
לוֹחֵם ז׳ (loḤEM) fighter, warrior; belligerent
לוּט ת׳ (LUT) enclosed
לוֹט ז׳ (LOT) cover, veil
לוֹטוּס ז׳ (LOtus) lotus
לֵוִי ז׳ (leVI) Levite
לִוְיָה נ׳ (livYA) ornament; charm; cry of woe

funeral; escort, accompaniment (levaYA) לְוָיָה נ׳
companion, escort — בֶּן
accompanied by בְּלִוְיַת...
satellite (lavYAN) לַוְיָן ז׳
whale; leviathan; sea monster (livyaTAN) לִוְיָתָן ז׳
diagonally; slant (lokhSAN) לוֹכְסָן תה״פ ז׳
chicken coop, hen house; playpen; spiral staircase (LUL) לוּל ז׳
f not, were it not for... (luLEY) לוּלֵא, לוּלֵי מ״ח
loop, noose; buttonhole (lula'A) לוּלָאָה נ׳
undeveloped palm branch (luLAV) לוּלָב ז׳
bolt (loLAV) לוֹלָב ז׳
acrobat; helix (lulYAN) לוּלְיָן נ׳
acrobatics (lulyaNUT) לוּלְיָנוּת נ׳
spiral (lulyaNI) לוּלְיָנִי ת׳
poultry farmer (luLAN) לוּלָן ז׳
lumbago (lumBAgo) לוּמְבָּגוֹ ז׳
amusement park (LUna PARK) לוּנָה פַּרְק ז׳
Levant, eastern Mediteranean countries (leVANT) לֶוַנְט ז׳
Levantine (levanTIni) לֶוַנְטִינִי ת׳
לוע ר׳ לֹעַ
foreign, strange, stranger, foreigner (lo'aZI) לוֹעֲזִי ת׳ ז׳
foreign language (other than Hebrew) — לוֹעֲזִית
dishcloth gourd, vegetable sponge (LUfa) לוּפָה נ׳
local (loKAli) לוֹקָלִי ת׳
lord (LORD) לוֹרְד ז׳
לֶזְבִּית ר׳ לֶסְבִּית
crookedness, perversity (leZUT) לְזוּת נ׳
slander — שְׂפָתַיִם
moisture; freshness, vigor (LE'aḥ) לֵחַ ז׳

moist; fresh (LAḤ) לַח ת׳
moisture; pus; phlegm; saliva; body liquid (leḤA) לֵחָה נ׳
separately, apart, alone (leḤUD) לְחוּד תה״פ
pressed, compressed; difficult (laḤUTS) לָחוּץ ת׳
moisture, dampness; humidity; freshness (laḤUT) לַחוּת נ׳
cheek, jaw; board; side (LEḥi) לְחִי, לֶחִי נ׳
slap in the face סְטִירַת —
to your life; cheers (toast) (leḤAIyim) לְחַיִּים מ״ק
eating grass; lapping; licking; slight friction (leḥiKHA) לְחִיכָה נ׳
fighting (leḥiMA) לְחִימָה נ׳
snap; push button, knob (leḤITS) לְחִיץ ז׳
pressing; compressing; clasp, grip (leḥiTSA) לְחִיצָה נ׳
handshake לְחִיצַת יָד
whisper, whispering; hissing; slander (leḥiSHA) לְחִישָׁה נ׳
lick; lap up; consume (laḤAKH) לָחַךְ פעל י׳
lick; consume; devour (liḤEKH) לִחֵךְ פעל י׳
sycophant; flatterer מְלַחֵךְ פִּנְכָּה
dampening; freshening; moisture (liḥLU'aḥ) לִחְלוּחַ ז׳
slightly moist (laḥluḤI) לַחְלוּחִי ת׳
slight moisture; freshness; vitality; fluid (laḥluḤIT) לַחְלוּחִית נ׳
absolutely (laḥaluTIN) לַחֲלוּטִין תה״פ
moisten, freshen (liḥLAḤ) לִחְלַח פ״י
fight, wage war (laḤAM) לָחַם פעל י׳
bread; loaf; food; meal; livelihood (LEḤem) לֶחֶם ז׳
daily bread — חֹק
prison fare — צַר
support מַטֵּה —
slice of bread; livelihood פַּת —

לַחַם ז׳ (LAḥam) solder
לָחְמָה נ׳ (loḥMA) warfare, belligerency
לַחְמָנִיָּה נ׳ (laḥmaniyYA) roll (bread), bun
לַחַן ז׳ (LAḥan) tune
לָחַץ פעל י׳ (laḤATS) press, oppress, compress, force, squeeze
לַחַץ ז׳ (LAḥats) pressure; oppression; distress
מַיִם –, לֶחֶם – meager fare
לַחְצָנִית נ׳ (laḥtsaNIT) snap; knob; push button
לָחַשׁ פעל י׳ (laHASH) whisper; cast a spell; hiss; flicker
לַחַשׁ ז׳ (LAhash) whisper; hiss; incantation
לַחֲשׁוּשׁ ז׳ (lahaSHUSH) whisper, murmur
לַחְשָׁן ז׳ (laḥSHAN) prompter, whisperer
לָט ז׳ (LAT) spell
בַּ – secretly; quietly
לֹט ר׳ לוט
לְטָאָה נ׳ (leta'A) lizard
לִטּוּף ז׳ (litTUF) caress; caressing; pat
לִטּוּשׁ ז׳ (litTUSH) polish, polishing; finish; honing; sharpening
לָטִינִי ת׳ (laTIni) Latin; Roman
לָטִינִית נ׳ (laTInit) Latin (language)
לְטִיפָה נ׳ (letiFA) caress; pat
לְטִישָׁה נ׳ (letiSHA) sharpening; honing; polishing
לְטִישַׁת עֵינַיִם stare, staring
לִטֵּף פעל י׳ (litTEF) caress; pat; pet
לַטְפָנִי ת׳ (latfaNI) caressing
לָטַשׁ פעל י׳ (laTASH) sharpen, hone, polish
– עֵינַיִם stare
לִטֵּשׁ פעל י׳ (litTESH) sharpen, polish
לִי מ״י (LI) to me, me; for myself
ליאות ר׳ לֵאוּת

לִיבֶּרָל ז׳ (libeRAL) liberal
לִיבֶּרָלִיּוּת נ׳ (libeRAliyut) liberalism
לִיגָה נ׳ (LIga) league
לְיַד מ״י (leYAD) near, by, beside
לידה ר׳ לֵדָה
לִידֵי מ״י (liDEY) to; into a position of; into the hands of
ליח ר׳ לֵחַ
ליחה ר׳ לֵחָה
ליטוגרפיה ר׳ לִיתוֹגְרַפְיָה
לִיטֶר ז׳ (LIter) liter; (1.0567 U.S. quarts)
לִיטְרָה נ׳ (litRA) pound
לַיִל ז׳ (LAyil) night, eve
לֵיל שַׁבָּת Sabbath eve
לַיְלָה ז׳ (LAIla) night; darkness
בְּאִישׁוֹן – in the middle of the night
בֶּן – overnight
חֲצוֹת הַ – midnight
כְּתֹנֶת – nightgown
סִיר – chamber pot
לֵילִי ת׳ (leyLI) nocturnal
לִילִית נ׳ (liLIT) owl; Lilith (queen of devils)
לִילָךְ ז׳ (liLAKH) lilac
לִימוֹן ז׳ (liMON) lemon
לִימוֹנָדָה נ׳ (limoNAda) lemonade
לִימְפָה נ׳ (LIMfa) lymph
לִינָה נ׳ (liNA) lodging, billet; staying the night
לִינוֹטִיפּ ז׳ (LInotip) linotype
לִינוֹלֶאוּם ז׳ (linoLE'um) linoleum
לִינְץ׳ ז׳ (LINCH) lynch, lynching
לִיף ז׳ (LIF) fiber
לֵיצָן ז׳ (leyTSAN) clown, jester, joker, mocker
לֵיצָנוּת נ׳ (leytsaNUT) jesting; joking; mockery
לִיקֶר ז׳ (liKER) liqueur
לִירָה נ׳ (LIra) pound (currency)
לִירִי ת׳ (LIri) lyrical
לִירִיקָה נ׳ (LIrika) lyrics
לַיִשׁ ז׳ (LAyish) lion

kneading (*liSHA*) לִישָׁה נ׳

there is not (*Aram.*) (*LEYT*) לֵית

there is no choice — בְּרֵרָה

for want of an alternative בִּדְלֵית בְּרֵרָה

there is no justice and no judge לֵית דִּין וְלֵית דַּיָּן

(*litoGRAFya*) לִיתוֹגְרַפְיָה נ׳ lithography

(*leKHA; LAKH*) לְךָ מ״י ז׳, לָךְ מ״י נ׳ to you, you

apparently (*likhe'o'RA*) לִכְאוֹרָה תה״פ

capture, trap, seize; take by lot (*laKHAD*) לָכַד פעל י׳

unite (*likKED*) לִכֵּד פעל י׳

varnish; lacquer, shellac (*LAka*) לַכָּה נ׳

uniting; union; consolidation (*likKUD*) לִכּוּד ז׳

capture, capturing; trapping (*lekhiDA*). לְכִידָה נ׳

(*leKHOL hayoTER*) לְכָל הַיּוֹתֵר תה״פ at most

(*leKHOL happaḤOT*) לְכָל הַפָּחוֹת תה״פ at least

dirt; dirtying (*likhLUKH*) לִכְלוּךְ ז׳

dirty (*likhLEKH*) לִכְלֵךְ פעל י׳

to you (*pl.*), you { (*laKHEM;* לָכֶם מ״י ז״ר / (*laKHEN*) לָכֶן מ״י נ״ר }

accordingly; therefore (*laKHEN*) לָכֵן מ״ח

tilting, slanting (*likhSUN*) לִכְסוּן ז׳

לֶכְּסִיקוֹגְרָף ר׳ לֶקְסִיקוֹגְרָף

לֶכְּסִיקוֹן ר׳ לֶקְסִיקוֹן

tilt, slant (*likhSEN*) לִכְסֵן פעל י׳

look out of the corner of his eye — מַבָּטוֹ

when (*likhshe-*) לִכְשֶׁ־

to go (infinitive); going (*LEkhet*) לֶכֶת

planet כּוֹכַב —

at first; initially (*lekhatteḥiLA*) לְכַתְּחִלָּה תה״פ

without (*leLO*) לְלֹא מלת שלילה

לְלָיָן ר׳ לוּלְיָן

learn; study; come to know (*laMAD*) לָמַד פעל י׳

teach; train (*limMED*) לִמֵּד פעל י׳

argue in favor of; advocate — זְכוּת (סַנֵּגוֹרְיָה) עַל

accuse, prosecute — חוֹבָה (קָטֵגוֹרְיָה) עַל

to show that לְלַמֵּד שֶׁ־

learning; learn; learner (*laMED*) לָמֵד ת׳ ז׳

from this it may be deduced מִכָּאן אַתָּה —

(*lemadDAI*) לְמַדַּי תה״פ sufficiently; enough

scholar; Talmudic scholar (*lamDAN*) לַמְדָן ז׳

learning; scholarship (*lamdaNUT*) לַמְדָנוּת נ׳

scholarly (*lamdaNI*) לַמְדָנִי ת׳

why? what for? (*LAMma*) לָמָּה מ״ש

llama (*LAma*) לָמָה נ׳

trained; accustomed; experienced (*laMUD*) לָמוּד ת׳

instruction; learning; study; discipline; tuition; student; trained; accustomed; stave (*limMUD*) לִמּוּד ז׳ ת׳

textbook סֵפֶר —

tuition שְׂכַר —

instructional; didactic; educational; theoretical; academic (*limmuDI*) לִמּוּדִי ת׳

below; beneath (*leMATta*) לְמַטָּה תה״פ

learning (*lemiDA*) לְמִידָה נ׳

much; a great deal; abundantly (*lemakhBIR*) לְמַכְבִּיר תה״פ

muttering (*limLUM*) לִמְלוּם ז׳

mutter (*limLEM*) לִמְלֵם פעל ע׳

excluding (*lema'ET*) לְמַעֵט תה״פ

above; up; upwards; before (*leMA'lc*) לְמַעְלָה תה״פ

in order to; for the sake of; on account of (*leMA'an*) לְמַעַן מ״ח

actually, in fact (lema'aSE) לְמַעֲשֶׂה תה״פ
backwards; retrospectively; retroactively; in advance (lemafRE'a) לְמַפְרֵעַ תה״פ
despite (lamROT) לַמְרוֹת תה״פ
for example (lemaSHAL) לְמָשָׁל תה״פ
neatly; cleanly; smoothly (lemish'I) לְמִשְׁעִי תה״פ
to us; us (LAnu) לָנוּ מ״י
loess (LES) לֶס ז׳
lesbian (LESbit) לֶסְבִּית ת׳נ׳
robbery (lisTUT) לִסְטוּת נ׳
robber (lisTIM) לִסְטִים ז׳
rob (lisTEM) לִסְטֵם פעל י׳
alternately; (leseruGIN) לְסֵרוּגִין תה״פ
alternate עָשָׂה –
jaw (LEset) לֶסֶת נ׳
pharynx; throat; mouth (of carnivore); muzzle; crater (LO'a) לֹעַ ז׳
snapdragon (LO'a aRI) לֹעַ אֲרִי ז׳
mock; scorn; ridicule (la'AG) לָעַג פעל ע׳
mockery; scorn (LA'ag) לַעַג ז׳
mocking; scornful (la'agaNI) לַעֲגָנִי ת׳
forever (la'AD) לָעַד תה״פ
forever; always (le'oLAM) לְעוֹלָם תה״פ
לעומת ר׳ לְעֻמַּת
slander; speak foreign language (la'AZ) לָעַז פעל ע׳
slander; foreign language (other than Hebrew) (LA'az) לַעַז ז׳
damn! to hell with it! (la'azaZEL) לַעֲזָאזֵל מ״ק
swallow; devour (la'AT) לָעַט פעל י׳
guttural; pharyngal (lo'I) לֹעִי ת׳
mockery (le'IGA) לְעִיגָה נ׳
slander (le'iZA) לְעִיזָה נ׳
above; before (le'EYL) לְעֵיל תה״פ
penultimate (accent) מִלְּעֵיל
chewing (le'iSA) לְעִיסָה נ׳
above; more (le'Ella) לְעֵלָּא תה״פ
against; opposite; in contrast to; compared with (le'umMAT) לְעֻמַּת מ״י
in the same way; just as כְּ – שֶׁ־
wormwood; bitterness; absinthe (la'aNA) לַעֲנָה נ׳
chew (la'AS) לָעַס פעל י׳
approximately (le'Erekh) לְעֵרֶךְ תה״פ
winding; wrapping (lipPUF) לִפּוּף ז׳
wound; wrapped (laFUF) לָפוּף ת׳
adding relish to bread; flavoring (lipPUT) לִפּוּת ז׳
clasped; grasped (laFUT) לָפוּת ת׳
at least (lefaḤOT) לְפָחוֹת תה״פ
according to (leFI) לְפִי מ״י
torch; flame (lapPID) לַפִּיד ז׳
therefore (lefiKHAKH) לְפִיכָךְ מ״ח
clasp; grasp (lefiTA) לְפִיתָה נ׳
just before, towards (lifNOT) לִפְנוֹת תה״פ
before, in front of; ahead of; ago (lifNEY) לִפְנֵי מ״י
before noon – הַצָּהֳרַיִם
within; inside (lifNAI) לִפְנַי תה״פ
previously; formerly; in front (lefaNIM) לְפָנִים תה״פ
within; inside (lifNIM) לִפְנִים תה״פ
sometimes (lif'aMIM) לִפְעָמִים תה״פ
wrap, wind; clasp (laFAF) לָפַף פעל י׳
wind (lipPEF) לִפֵּף פעל י׳
sometimes (lifraKIM) לִפְרָקִים תה״פ
grasp; clasp (laFAT) לָפַת פעל י׳
add relish, spice or vegetables; flavor (lipPET) לִפֵּת פעל י׳
turnip (LEfet) לֶפֶת נ׳
dessert; stewed fruit; food eaten with bread (lifTAN) לִפְתָּן ז׳
joker; clown; prankster; mocker (LETS) לֵץ ז׳
jesting; jest; joking (laTSON) לָצוֹן ז׳
forever (litsmiTUT) לִצְמִיתוּת תה״פ

לָקָה פעל ע׳ (laKA) be stricken; be affected; be defective; be eclipsed
לָקוֹחַ ז׳ (laKO'aḥ) client; customer
לִקּוּט ז׳ (likKUT) collection; gathering
לָקוּי ת׳ (laKUY) defective; spoiled
לִקּוּי ז׳ (likKUY) defect, fault; blemish; eclipse
לִקּוּק ז׳ (likKUK) lick, licking
לְקוּת נ׳ (leKUT) defect; deficiency
לָקַח פעל י׳ (laKAḤ) take; receive; purchase
לֶקַח ז׳ (LEkaḥ) lesson; moral; learning; instruction
– לָמַד draw a lesson
לָקַט פעל י׳ (laKAT) gather; pluck; pick
לִקֵּט פעל י׳ (likKET) collect; gather; pluck; pick; compile; catch
לֶקֶט ז׳ (LEket) collection; compilation; gleanings; patch
לְקִיחָה נ׳ (lekiḤA) taking; receiving; buying; marriage
לְקִיטָה נ׳ (lekiTA) gathering; picking
לְקִיקָה נ׳ (lekiKA) lick, licking
לִקְלֵק פעל י׳ (likLEK) lick
לְקַמָּן תה״פ (lekamMAN) below
כִּדלְקַמָּן as follows
לֶקְסִיקוֹן ז׳ (leksiKON) dictionary; lexicon
לֶקְסִיקוֹגְרָף ז׳ (leksikoGRAF) lexicographer
לָקַק פעל י׳ (laKAK) lick; lick up
לִקֵּק פעל י׳ (likKEK) lick
לַקְקָן ז׳ (lakkeKAN) person with sweet tooth
לַקְקָנוּת נ׳ (lakekaNUT) liking for candy

לִקְרַאת תה״פ (likRAT) towards
לָרֹב תה״פ (laROV) mostly; usually; abundantly
לְרַבּוֹת תה״פ (lerabBOT) including
לְרֶגֶל מ״י (leREgel) because of, on the occasion of
לָשׁ פעל י׳ (LASH) knead
לְשַׁד ז׳ (leSHAD) marrow; fat; vigor
לָשׁוֹן נ׳ ז׳ (laSHON) tongue; language; expression; speech; style, version
– אַחֵר in other words
– בְּנֵי־אָדָם ordinary speech
– הָרָע slander; gossip
– חֲכָמִים Mishnaic language
– יַבָּשָׁה peninsula
– יָחִיד singular (*gram.*)
– יָם inlet
– נוֹפֵל עַל – play on words
– נְקִיָּה euphemism
– הַקֹּדֶשׁ Hebrew
– רַבִּים plural
– בָּזֶה הַ – in these words
– חֶלְקַת flattery, sycophancy
– חָרַץ snarl
לְשׁוֹנִי ת׳ (leshoNI) lingual; linguistic; language
– דוּ bilingual
לִשְׁכָּה נ׳ (lishKA) office; bureau; chamber; cell
לִשְׁלֶשֶׁת נ׳ (lishLEshet) droppings; bird droppings
לֶשֶׁם ז׳ (LEshem) opal
לְשֵׁם מ״י (leSHEM) for the sake of
לְשֶׁעָבַר תה״פ (leshe'a'VAR) previously; formerly, ex-
לֶתֶת ז׳ (LEtet) malt

מ

Mem (the thirteenth letter of the Hebrew alphabet); forty, fortieth (*MEM*) מ, נ׳

from, of, more than, because of, rather than, since; (abbreviated form of מִן) (*mi-, me-*) מִ־, מֵ־ מ״י

long since, a long time מִזְּמַן

fossil; petrified (*me'ubBAN*) מְאֻבָּן ז׳ ת׳

struggle; anther (*ma'aVAK*) מַאֲבָק ז׳

spray gun; duster (*ma'aVEK*) מַאֲבֵק ז׳

dusty, powdered (*me'ubBAK*) מְאֻבָּק ת׳

connected; associated; unionized, organized (*me'ugGAD*) מְאֻגָּד ת׳

very, much; power (*me'OD*) מְאֹד תה״פ ז׳

steamed (*me'udDE*) מְאֻדֶּה ת׳

Mars (*ma'DIM*) מַאְדִּים ז׳

hundred, century; wealth; very many (*me'A*) מֵאָה ש״מ

lover, beau (*me'aHEV*) מְאַהֵב ז׳

in love, enamored (*me'oHAV*) מְאֹהָב ת׳

lover (*f.*) (*me'aHEvet*) מְאַהֶבֶת נ׳

encampment (*ma'aHAL*) מַאֲהָל ז׳

desires, wishes (*ma'avaiYIM*) מַאֲוַיִּים ז״ר

something (*meUM*) מְאוּם ז׳

something; anything (*me'U'ma*) מְאוּמָה נ׳

refusal, refusing (*me'UN*) מֵאוּן ז׳

abominable; loathesome; repulsive (*ma'US*) מָאוּס ת׳

abomination; repulsiveness (*mi'US*) מִאוּס ז׳

light, lighting; brightness; window (*ma'OR*) מָאוֹר ז׳

sun; great man, shining light גָּדוֹל —

moon קָטָן —

cave, den, hole (*me'uRA*) מְאוּרָה נ׳

ventilator; fan (*me'avRER*) מְאַוְרֵר ז׳

aired; ventilated; air-conditioned (*me'uvRAR*) מְאֻוְרָר ת׳

signaler, blinker (*me'oTET*) מְאוֹתֵת ז׳

since; long since (*me'AZ*) מֵאָז תה״פ

auditor; listener (*ma'aZIN*) מַאֲזִין ז׳

balancing: offsetting (*me'azZEN*) מְאַזֵּן ת׳

balanced; horizontal (*me'uzZAN*) מְאֻזָּן ת׳

balance; balance sheet (*ma'aZAN*) מַאֲזָן ז׳

level (*ma'azeNA*) מַאֲזֵנָה נ׳

scales; balance; Libra (*mozNAyim*) מֹאזְנַיִם ז״ר

aileron (*ma'aZEnet*) מַאֲזֶנֶת נ׳

naturalized (*me'uzRAḤ*) מְאֻזְרָח ת׳

united (*me'uḥAD*) מְאֻחָד ת׳

stitched together; joined (*me'uḤE*) מְאֻחֶה ת׳

from behind; behind (*me'aḤOR*) מֵאָחוֹר תה״פ

handle: grip; hold (*ma'aHAZ*) מַאֲחָז ז׳

clip; holder (*ma'aḤEZ*) מַאֲחֵז ז׳

latecomer (*me'aḤER*) מְאַחֵר ת׳

late; it is late (*me'uḤAR*) מְאֻחָר תה״פ

since (*me'aḤAR*) מֵאַחַר שֶׁ־ תה״פ

May (*MAI*) מַאי ז׳

what, why (*Aram.*) מ״ש

carburetor (*me'aiYED*) מְאַיֵּד ז׳

steamed, vaporized, evaporated (*me'uyYAD*) מְאֻיָּד ת׳

on the other hand (*me'iDAKH*) מֵאִידָךְ תה״פ

on the other hand גִּיסָא —

qualified (*me'uYAKH*) מְאֻיָּךְ ת׳

since when (*me'eymaTAI*) מֵאֵימָתַי מ״ש
whence: from where (*me'Ayin*) מֵאַיִן מ״ש
for lack of; lacking (*me'EYN*) מֵאֵין מ״י
abhorrence; loathing (*me'iSA*) מְאִיסָה נ׳
accelerator, primer (*me'iTS*) מֵאִיץ ז׳
shining (*me'IR*) מֵאִיר ת׳
hundredth (*me'IT*) מֵאִית נ׳
disappointed (*me'ukhZAV*) מְאֻכְזָב ת׳
food; dish; meal (*ma'aKHAL*) מַאֲכָל ז׳
corroding; caustic (*me'akKEL*) מְאַכֵּל ת׳
populated (*me'ukhLAS*) מְאֻכְלָס ת׳
consumption; annihilation (*ma'aKHOlet*) מַאֲכֹלֶת נ׳
slaughtering knife (*ma'aKHElet*) מַאֲכֶלֶת נ׳
saddled; saddlebacked (*me'ukKAF*) מְאֻכָּף ת׳
by himself; by herself; by itself; alone (*me'eLAV*) מֵאֵלָיו מ״י
combine (*me'alLEmet*) מְאַלֶּמֶת נ׳
trainer; tamer; illuminating; illustrative; instructive (*me'alLEF*) מְאַלֵּף ז׳ ת׳
tamed; trained (*me'ulLAF*) מְאֻלָּף ת׳
forced (*me'ulLATS*) מְאֻלָּץ ת׳
believer (*ma'aMIN*) מַאֲמִין ז׳
coach; trainer (*me'amMEN*) מְאַמֵּן ז׳
trained; practiced (*me'uMAN*) מְאֻמָּן ת׳
effort; strain (*ma'aMATS*) מַאֲמָץ ז׳
adopted; strenuous (*me'umMATS*) מְאֻמָּץ ת׳
article; utterance; decree; chapter; category (*ma'aMAR*) מַאֲמָר ז׳
who, which, what; whoever; whichever (*MAN*) מָאן מ״ג
refuse (*me'EN*) מֵאֵן פעל ע׳

(*me'unNAKH*) מְאֻנָּךְ ת׳ perpendicular; upright; vertical
hooked (*me'unKAL*) מְאֻנְקָל ת׳
abhor; despise; hate (*ma'AS*) מָאַס פעל י׳
rearguard; local (public vehicle); literary collection (*me'asSEF*) מְאַסֵּף ז׳
imprisonment, arrest (*ma'aSAR*) מַאֲסָר ז׳
pastry; baked goods (*ma'aFE*) מַאֲפֶה ז׳
bakery (*ma'afiYA*) מַאֲפִיָּה נ׳
(*me'upPAL; mo'oFAL*) מְאֻפָּל, מָאֳפָל ת׳ darkened; blacked out
zeroed (*me'upPAS*) מְאֻפָּס ת׳
restrained; reserved (*me'upPAK*) מְאֻפָּק ת׳
made-up; painted (*me'upPAR*) מְאֻפָּר ת׳
ashtray (*ma'afeRA*) מַאֲפֵרָה נ׳
(*me'utsBA'*) מְאֻצְבָּע ת׳ finger-shaped; digitate
ambush (*ma'aRAV*) מַאֲרָב ז׳
curse (*me'eRA*) מְאֵרָה נ׳
host (*me'aRE'aḥ*) מְאָרֵחַ ז׳
hostess (*me'aRAḥat*) מְאָרַחַת נ׳
extension rod, lengthening bar; long-winded (*ma'aRIKH*) מַאֲרִיךְ ז׳
drawn out; extended; oblong (*mo'oRAKH*) מָאֳרָךְ ת׳
fiancé; engaged; betrothed (*me'oRAS*) מְאֹרָס ז׳ ת׳
event; affair; clash; attack (*me'oRA'*) מְאֹרָע ז׳
grounded (electrically) (*mo'oRAK*) מָאֳרָק ת׳
accusing; accuser; prosecutor (*ma'aSHIM*) מַאֲשִׁים ז׳ ת׳
accused; prosecuted (*mo'oSHAM*) מָאֳשָׁם ת׳
happy, content; approved; certified (*me'uSHAR*) מְאֻשָּׁר ת׳

strong; fundamental (me'uSHASH) מְאֻשָּׁשׁ ת׳
by, from (me'ET) מֵאֵת מ״י
two hundred (ma'TAyim) מָאתַיִם ש״מ
stinking (mav'ISH) מַבְאִישׁ ת׳
adult; grown-up; mature (mevugGAR) מְבֻגָּר ת׳
isolated; insulated (mevudDAD) מְבֻדָּד ת׳
insulator (mavDED) מַבְדֵד ז׳
drydock (mivDOK) מִבְדּוֹק ז׳
humorous, amusing; funny, comical (mevadDE'aḥ) מְבַדֵּחַ ת׳
room divider (mavDElet) מַבְדֶּלֶת נ׳
check-up; analysis; examination; quiz (mivDAK) מִבְדָּק ז׳
frightening; terrifying (mavHIL) מַבְהִיל ת׳
shining; gleaming; sparkling (mavHIK) מַבְהִיק ת׳
terrified; frightened; rushing; hurrying (mevoHAL) מְבֹהָל ת׳
obvious; clear; outstanding; distinguished (muvHAK) מֻבְהָק ת׳
introduction; preface; preamble; entrance; alley; passage (maVO) מָבוֹא ז׳
alley, passage (maVOY) מָבוֹי ז׳
blind alley – סָתוּם
labyrinth; maze (maVOKH) מָבוֹךְ ז׳
perplexity; confusion; embarrassment (mevuKHA) מְבוּכָה נ׳
flood; deluge (mabBUL) מַבּוּל ז׳
spring; fountain (mabBU'a) מַבּוּעַ ז׳
emptiness; waste (mevuKA) מְבוּקָה ו׳
genitals, privates (mevuSHIM) מְבוּשִׁים ז״ר
artificially ripened (muvḤAL) מֻבְחָל ת׳
test; trial; examination; audition; probation (mivḤAN) מִבְחָן ז׳
test tube (mavḥeNA) מַבְחֵנָה נ׳
choice; selection; assortment (mivḤAR) מִבְחָר ז׳

picked; selected; choice (muvḤAR) מֻבְחָר ת׳
view; glance; look; aspect (mabBAT) מַבָּט ז׳
pronunciation; accent; utterance (mivTA) מִבְטָא ז׳
foreign accent – זָר
confidence; security; shelter; fortress (mivTAḤ) מִבְטָח ז׳
unemployed (muvTAL) מֻבְטָל ז׳
stamped (mevuYAL) מְבֻיָּל ת׳
staged; produced; artificial; contrived; "rigged" (mevuYAM) מְבֻיָּם ת׳
expert; authority; savant (meVIN) מֵבִין ז׳
shameful; disgraceful (meVISH) מֵבִישׁ ת׳
from within (mibBAyit) מִבַּיִת תה״פ
domesticated (mevuYAT) מְבֻיָּת ת׳
primipara, giving birth for the first time (mavkiRA) מַבְכִּירָה נ׳
confused; mixed up; perplexed (mevulBAL) מְבֻלְבָּל ת׳
die (mavLET) מַבְלֵט ת׳
diemaker (mavleTAN) מַבְלְטָן ז׳
without; for lack of (mibbeLI) מִבְּלִי מ״ח
intermingled; implicit (muvLA') מֻבְלָע ת׳
except; save (mibbal'aDEY) מִבַּלְעֲדֵי מ״י
(muvla'A; muvLA'at) מֻבְלָעָה, מֻבְלַעַת נ׳ enclave
form; structure; frame; building, edifice (mivNE) מִבְנֶה ז׳
built up (mevunNE) מְבֻנֶּה ת׳
structural (mivNI) מִבְנִי ת׳
happy; satisfied (Arab.) (mabSUT) מַבְסוּט ת׳
scented; tipsy; drunk (mevusSAM) מְבֻסָּם ת׳

מְבֻסָּס ת׳ (mevusSAS) based; established; founded; well-founded

מַבָּע ז׳ (mabBA') expression; utterance

מִבַּעַד לְ־ תה״פ (mibBA'ad le-) from behind; through

מִבְּעוֹד תה״פ (mibbe'OD) so long as, while it is still...

מַבְעִית ת׳ (mav'IT) frightful; awful

מַבְעֵר ז׳ (mav'ER) burner

מִבְצָע ז׳ (mivTSA') operation; project

מְבַצֵּעַ ת׳ (mevatsTSE'a) administrative; executive

מִבְצָעִי ת׳ (mivTSA'i) operational

מִבְצָר ז׳ (mivTSAR) fortress; fort; citadel

מְבֻצָּר ת׳ (mevutsTSAR) fortified

מְבֻקָּע ת׳ (mevukKA') rent; breached; split

מְבַקֵּר ז׳ (mevakKER) critic; inspector; checker; comptroller; guest, visitor

— חֶשְׁבּוֹנוֹת auditor

מְבֻקָּר ת׳ (mevukKAR) checked; inspected; criticized

מְבֻקָּשׁ ת׳ (mevukKASH) wanted; required; sought after

מַבְרֵג ז׳ (mavREG) screwdriver

מַבְרֵז ז׳ (mavREZ) tap

מֻבְרָח ת׳ (muvRAḤ) smuggled; contraband; bolted

מַבְרִיחַ ז׳ (mavRI'aḥ) smuggler

מַבְרִיק ת׳ (mavRIK) shining; polished; brilliant

מְבֹרָךְ ת׳ (mevoRAKH) blessed

מִבְרָק ז׳ (mivRAK) telegram; cablegram

מִבְרָקָה נ׳ (mivraKA) telegraph office

מְבֹרָר ת׳ (mevoRAR) selected; select; clarified

מִבְרֶשֶׁת נ׳ (mivREshet) brush

מִבְשָׁלָה נ׳ (mivshaLA) brewery

מְבַשֶּׁלֶת נ׳ (mevaSHElet) cook (*f.*)

מְבֻשָּׂם ת׳ (mevusSAM) scented; perfumed; balmy; spiced; tipsy; drunk

מִבְשָׂמָה נ׳ (mivsaMA) perfumery

מְבַשֵּׂר ז׳ (mevasSER) herald; messenger; Elijah

מָג ז׳ (MAG) magician; magus

מַגָּב ז׳ (magGAV) wiper; squeegee

מַגְבֵּהַּ ז׳ (magBE'ah) jack

מִגְבָּהּ ז׳ (migBAH) elevation; height

מַגְבִּיר ת׳ (magBIR) strengthening; amplifying

— קוֹל ז׳ loudspeaker; amplifier

מַגְבִּית נ׳ (magBIT) collection; fund raising; fund

מֻגְבָּל ת׳ (mugBAL) limited; restricted; confined

מִגְבָּלָה נ׳ (migbaLA) limitation; restriction; shortcoming

מִגְבַּעַת נ׳ (migBA'at) hat

מַגְבֵּר נ׳ (magBER) amplifier; booster

מְגֻבָּשׁ ת׳ (megubBASH) crystallized; consolidated; solidified; solid; cohesive

מַגֶּבֶת נ׳ (magGEvet) towel

מֶגֶד ז׳ (MEged) sweetness; goodness

מַגְדִּיר ז׳ (magDIR) handbook; guide

מִגְדָּל ז׳ (migDAL) tower; turret; pulpit

מְגַדֵּל ז׳ (megadDEL) grower; breeder

מְגֻדָּל ת׳ (megudDAL) grown; grown-up; large

מֻגְדָּל ת׳ (mugDAL) enlarged; magnified

מִגְדַּלּוֹר ז׳ (migdalLOR) lighthouse; beacon

מַגְדֶּלֶת (זְכוּכִית) נ׳ (magDElet) magnifying glass

מִגְדָּן ז׳ (migDAN) confection; candy; gift

מִגְדָּנִיָּה נ׳ (migdaniYA) pastry shop; bakery

defined (*mugDAR*) מֻגְדָּר ת׳
iron (*magHETS*) מַגְהֵץ ז׳
ironed; (*megoHATS*) מְגֹהָץ ת׳
pressed; smart
varied; (*meguvVAN*) מְגֻוָּן ת׳
variegated; diverse; colorful
assortment; (*migVAN*) מִגְוָן ז׳
diversity; color range
sluice, valve (*maGOF*) מָגוֹף ז׳
plug, stopper (*meguFA*) מְגוּפָה נ׳
fear (*maGOR*) מָגוֹר ז׳
destruction; (*migGUR*) מִגּוּר ז׳
defeat
barn, granary; (*meguRA*) מְגוּרָה נ׳
bin; compartment; cell
residence; (*meguRIM*) מְגוּרִים ז״ר
dwelling
exaggerated; (*mugZAM*) מֻגְזָם ת׳
overdone
sector, segment; (*migZAR*) מִגְזָר ז׳
piece, cut
wirecutters (*migzaRAyim*) מִגְזְרַיִם ז״ר
ramming; goring; (*magGAḤ*) מַגָּח ז׳
joint
ridiculous; (*meguḤAKH*) מְגֻחָךְ ת׳
ludicrous; absurd
magic (*MAgi*) מָגִי ת׳
narrator; preacher (*magGID*) מַגִּיד ז׳
soothsayer; fortune teller – עֲתִידוֹת
veined; sinewy (*meguYAD*) מְגֻיָּד ת׳
proofreader (*magGI'ah*) מַגִּיהַּ ז׳
magic (*MAGya*) מַגְיָה נ׳
recruit, (*meguYAS*) מְגֻיָּס ז׳ ת׳
conscript; draftee; conscripted; mobilized
master (M.A., (*maGISter*) מַגִיסְטֶר ז׳
M.Sc. etc.)
waiter, server (*magGISH*) מַגִּישׁ ז׳
sickle (*magGAL*) מַגָּל ז׳
whip, crop, lash (*magLEV*) מַגְלֵב ז׳
roll, scroll; (*megilLA*) מְגִלָּה נ׳
story; Book of Esther; lengthy account

family tree; pedigree מְגִלַּת יֻחֲסִין
pus (*mugLA*) מֻגְלָה נ׳
shaved (*megulLAḤ*) מְגֻלָּח ת׳
engraving tool; (*magLEF*) מַגְלֵף ז׳
carving knife; stylus
skis; (*miglaSHAyim*) מִגְלָשַׁיִם ז״ז
skids; runners; launchers
purulent; (*muglaTI*) מֻגְלָתִי ת׳
suppurative
stutterer; (*magamGEM*) מְגַמְגֵּם ז׳
stammerer
tendency; (*megamMA*) מְגַמָּה נ׳
direction; trend; course; orientation
completed; (*mugMAR*) מֻגְמָר ת׳
accomplished
tendentious; (*megammaTI*) מְגַמָּתִי ת׳
interested
(*megammatiYUT*) מְגַמָּתִיּוּת נ׳
tendentiousness
shield; defender; (*maGEN*) מָגֵן ז׳
protection; egis; fender, mudguard; back (soccer; football)
Shield of David – דָּוִד
defender; back (*meGEN*) מֵגֵן ז׳
(soccer, football)
coquettish; (*megunDAR*) מְגֻנְדָּר ת׳
flaunting, "dolled-up", flashily dressed
sorrow; grief (*meginNA*) מְגִנָּה נ׳
sorrow מְגִנַּת לֵב
disgraceful; (*megunNE*) מְגֻנֶּה ת׳
improper; ugly
magnetization (*migNUT*) מִגְנוּט ז׳
magnesium (*magNEZyum*) מַגְנֶזְיוּם ז׳
magnet (*magNET*) מַגְנֵט ז׳
magnetize (*migNET*) מִגְנֵט פעל י׳
magnetic (*magNEti*) מַגְנֶטִי ת׳
magnetism (*magNEtiyut*) מַגְנֶטִיּוּת נ׳
מַגְנֶסִיּוּם, מַגְנִיּוֹן ר׳ מַגְנֶזְיוּם
fortification; defense (*migNAN*) מִגְנָן ז׳
touch; contact; (*magGA'*) מַגָּע ז׳
liason; relation; intercourse

מַגְעִיל ת׳ (mag'IL) disgusting; revolting; repulsive
מַגָּף ז׳ (magGAF) boot
מַגֵּפָה נ׳ (maggeFA) plague; epidemic; trouncing; wound
מֶגָפוֹן ז׳ (MEgafon) megaphone
מְגֻפָּר ת׳ (megupPAR) sulfurized; vulcanized
מִגֵּר פעל י׳ (migGER) destroy; fling down; overpower
מַגְרֵד ז׳ (magRED) scraper; curette; grater
מְגֹרָד ת׳ (megoRAD) scraped; grated
מְגָרֵד שְׁחָקִים ז׳ (megaRED sheḥaKIM) skyscraper
מַגְרֶדֶת נ׳ (magREdet) scouring brush
מְגֵרָה נ׳ (megeRA) drawer; case; large saw
מְגָרֶה ת׳ (megaRE) stimulating; exciting; irritating
מְגֹרֶה ת׳ (megoRE) irritated; stimulated; excited
מְגֹרָם ת׳ (megoRAM) filleted; scraped; gnawed
מַגְרֵסָה נ׳ (magreSA) crusher; grinding mill
מִגְרָע ז׳ (migRA') fault; defect; lack; notch; recess
מִגְרָעָה נ׳ (migra'A) recess; niche; bay
מִגְרַעַת נ׳ (migRA'at) deficiency; fault; notch; recess; fillister plane
מַגְרֵפָה נ׳ (magreFA) rake
מִגְרָר ז׳ (migRAR) skid; trailer
מִגְרָרָה נ׳ (migraRA) sleigh; sled
מִגְרֶרֶת נ׳ (migREret) grater
מִגְרָשׁ ז׳ (migRASH) plot; lot; site; field; area
מִגְרַשׁ חֲנָיָה parking lot
מִגְרַשׁ טֶנִיס tennis court
מִגְרַשׁ סְפּוֹרְט sports field (ground)
מַגָּשׁ ז׳ (magGASH) tray
מְגֻשָּׁם ת׳ (meguSHAM) coarse; crude; awkward; clumsy; materialistic; soaked
מַד ז׳ ר׳ מַדִּים (MAD) meter; gage, -meter
מֻדְאָג ת׳ (mud'AG) worried; concerned
מַדְאוֹר ז׳ (mad'OR) photometer
מְדֻבְלָל ת׳ (meduvLAL) thin, sparse
מִדַּבֵּק ת׳ (middabBEK) adhesive; sticky; contagious; catching
מַדְבֵּקָה נ׳ (madbeKA) gummed label; stamp hinge
מִדְבָּר ז׳ (midBAR) desert; wilderness; prairie; speech
מְדַבֵּר ז׳ (medabBER) speaker; first person singular
מִדְבָּרִי ת׳ (midbaRI) barren; arid; desert, wild
מִדְבָּרִיּוּת נ׳ (midbariYUT) desolation; desert nature
מַד־גֹּבַהּ ז׳ (mad-GOvah) altimeter
מִדְגֶּה ז׳ (midGE) fishery; fish breeding
מִדְגָּם ז׳ (midGAM) sample; model; design
מֻדְגָּם ת׳ (mudGAM) exemplified; modeled
מַדְגֵּרָה נ׳ (madgeRA) incubator; hatchery
מַדְגֶּשֶׁם ז׳ (madGEshem) rain gage
מָדַד פעל י׳ (maDAD) measure; gage
מַדָּד ז׳ (maDAD) index; indicator
מִדָּה נ׳ (midDA) measure; measurement; quantity, degree; unit; portion; measuring device; rule; principle; character; disposition; ethos; moral; custom
— כְּנֶגֶד — measure for measure
מִדַּת הַדִּין strict justice
מִדַּת הָרַחֲמִים merciful justice
קְנֵה — standard; scale; yardstick
אִישׁ מִדּוֹת tall person; man of distinction

בֵּית מִדּוֹת — large house

מִדּוֹת נ״ר — ethics, morality

תּוֹרַת הַמִּדּוֹת — ethics, morality

מָדוּד ת׳ (*maDUD*) measured; considered

מַדְוֶה ז׳ (*madVE*) pain; grief; sickness

מֶדוּזָה נ׳ (*meDUza*) jellyfish

מַדּוּחַ ז׳ (*madDU'aḥ*) obstacle; illusion; allurement

מָדוֹךְ ז׳ (*maDOKH*) pestle

מְדוֹכָה נ׳ (*medoKHA*) mortar; seat; smoke-launcher (pot)

יָשַׁב עַל הַ – seek a solution (to a problem)

מָדוֹן ז׳ (*maDON*) quarrel; strife

מַדּוּעַ מ״ש (*madDU'A*) why

מְדוּפְלָם ר׳ מְדֻפְלָם

מָדוֹר ז׳ (*maDOR*) department; compartment; section; branch; dwelling

מְדוּרָה נ׳ (*meduRA*) fire; flames; pyre; bonfire

מַדְזָוִית ז׳ (*madzaVIT*) protractor

מַדְזְמָן ז׳ (*madzeMAN*) chronometer

מַדְזֶרֶם ז׳ (*madZErem*) ammeter

מֻדָּח ת׳ (*mudDAḤ*) exiled; deposed

מַדְחֹם ז׳ (*madḤOM*) thermometer

מַדְחָן ז׳ (*madḤAN*) parking meter

מַדְחֵס ז׳ (*madḤES*) compressor

מַדְחֵף ז׳ (*madḤEF*) propeller; screw

מֻדְחָק ת׳ (*mudḤAK*) repressed; supressed

מַדְטְוָח ז׳ (*madteVAḤ*) range finder

מִדֵּי מ״י (*midDEY*) whenever; every time

– יוֹם בְּיוֹמוֹ every day

מִדַּי תה״פ (*midDAI*) sufficiently; enough; more than enough

– יוֹתֵר too much

לְמַדַּי תה״פ (*lemadDAI*) enough, sufficiently

מַדִּיד ז׳ (*madDID*) gage, caliper; indicator

מָדִיד ת׳ mesurable

מְדִידָה נ׳ (*mediDA*) measuring; measurement; surveying

מֶדְיוּם ז׳ (*MEDyum*) medium

מַדִּיחַ ז׳ (*madDI'aḥ*) instigator, seducer

מַדִּים ז״ר (*madDIM*) uniform

מְדִינָאוּת נ׳ (*medina'UT*) statesmanship

מְדִינַאי ז׳ (*medinAI*) statesman

מְדִינָאִי ת׳ diplomatic; political

מְדִינָה נ׳ (*mediNA*) state; province; country

מְדִינִי ת׳ (*mediNI*) political

מְדִינִיּוּת נ׳ (*mediniYUT*) policy; politics

מְדַיֵּק ת׳ (*medaYEK*) punctual

מְדֻיָּק ת׳ (*meduYAK*) accurate; exact

מְדַכֵּא ת׳ (*medakKE*) depressing; oppressive

מְדֻכָּא ת׳ (*medukKA*) depressed; oppressed

מְדַכְדֵּךְ ת׳ (*medakhDEKH*) depressing

מַדְכֹּחַ ז׳ (*madKOaḥ*) dynamometer

מְדֻלְדָּל ת׳ (*medulDAL*) dangling; sparse; impoverished; poor

מַדְלֶה ז׳ (*madLE*) crane; derrick

מַדְלַחוּת ז׳ (*madlaḤUT*) hygrometer

מַדְלַחַץ ז׳ (*madLAḥats*) manometer

מֶדַלְיָה נ׳ (*meDALya*) medal

מְדַלֵּל ת׳ (*medaLEL*) thinner

מְדֻמֶּה ת׳ (*medumME*) imaginary; simulated; pseudo-

מְדַמֵּם ת׳ (*medamMEM*) bleeding

מַדְמֵנָה נ׳ (*madmeNA*) dunghill; dump

מְדָנִים ז״ר (*medaNIM*) quarrel, strife

מַדָּע ז׳ (*madDA'*) science; knowledge

מַדָּעֵי הָרוּחַ liberal arts, humanities

מַדָּעִי ת׳ (*madda'I*) scientific

מַדָּעִיּוּת נ׳ (*madda'iYUT*) scientific inquiry; scientific method

מַדְעָן ז׳ (*madda'AN*) scientist

shelf (madDAF) מַדָּף ז׳
printer (madPIS) מַדְפִּיס ז׳
certified; (medupLAM) מְדֻפְלָם ת׳
holding a dipolma
printing press (madpeSA) מַדְפֵּסָה נ׳
grammarian; (medakDEK) מְדַקְדֵּק ז׳
pedant; stickler
precise; (medukDAK) מְדֻקְדָּק ת׳
detailed; strict
piercing; (madkeRA) מַדְקֵרָה נ׳
stabbing
prescribed (midderabbaNAN) מִדְּרַבָּנָן
by the Talmudic sages
terraced; (medoRAG) מְדֹרָג ת׳
graded; graduated
stair, step; (madreGA) מַדְרֵגָה נ׳
degree; level; grade
wind gage (madRU'aḥ) מַדְרוּחַ ז׳
slope; slant; (midRON) מִדְרוֹן ז׳
incline; bank
guide; (madRIKH) מַדְרִיךְ ז׳
instructor; trainer; guidebook;
handbook; directrix (geom.)
foothold; (midRAKH) מִדְרָךְ ז׳
footboard; step
guided (mudRAKH) מֻדְרָךְ ת׳
sidewalk; (midraKHA) מִדְרָכָה נ׳
pavement
arch support; (midRAS) מִדְרָס ז׳
foothold; stepping
study; (midRASH) מִדְרָשׁ ז׳
commentary; midrashic exegesis;
non-halakhic part of Talmud
house of study; synagogue בֵּית —
school; (midraSHA) מִדְרָשָׁה נ׳
college; academy
midrashic (midraSHI) מִדְרָשִׁי ת׳
(see מדרש)
lawn (midsha'A) מִדְשָׁאָה נ׳
fatty; fat (medushSHAN) מְדֻשָּׁן ת׳
satisfied; self-satisfied מְדֻשַּׁן עֹנֶג
what; (ma, ma, me) מַה (מָה, מֶה) מ״ש מ״ח
which; how much; why; how; some;
something; whatever
as . . . ,so . . . — אַף...
what's the — בֵּין... לְ...
difference between . . .
so what; trivial — בְּכָךְ
the more so, moreover — גַּם שֶׁ...
what is the reason — טַעַם
what's the matter — יֵּשׁ
what do I have to do with him — לִּי וָלוֹ
what's the matter with you — לָּךְ
the case is not so — שֶּׁאֵין כֵּן
something מַה־שֶּׁהוּא, מַשֶּׁהוּ
how בַּמֶּה
something; anything דְּבַר —
like כְּמָה
whatever maybe וִיהִי —
steaming; foggy; (mahBIL) מַהְבִּיל ת׳
misleading
honest; worthy (mehugGAN) מְהֻגָּן ת׳
emigrant; (mehagGER) מְהַגֵּר ז׳
immigrant
edition (mahaduRA) מַהֲדוּרָה נ׳
editor; reader (mahaDIR) מַהֲדִיר ז׳
paper clip; (mehadDEK) מְהַדֵּק ז׳
clothespin; clamp; stapler
meticulous (mehadDER) מְהַדֵּר ז׳
observer; strictly orthodox Jew
strict observers; מְהַדְּרִין מִן הַמְהַדְּרִין
finest of the fine
fancy, elegant; (mehudDAR) מְהֻדָּר ת׳
luxurious; de-luxe; adorned
what is he; (MAhu) מַהוּ מ״ש
what is it
faded; worn-out (maHU'ah) מָהוּהַּ ת׳
diluted; mixed; (maHUL) מָהוּל ת׳
blended; circumcised
tumult; (mehuMA) מְהוּמָה נ׳
confusion; turmoil; bedlam; trouble;
riot; panic
מְהוּקְצָע ר׳ מְהֻקְצָע
essence; nature; (maHUT) מַהוּת נ׳
quality

מַהוּתִי ת׳ (mahuTI) essential

מַהִי מ״ש (MA'hi) what is she; what is it

מֵהֵיכָן תה״פ (meheyKHAN) where from whence

מְהִילָה נ׳ (mehiLA) dilution; mixing; circumcision

מְהֵימָן ת׳ (meheyMAN) reliable; trustworthy

מְהֵימָנוּת נ׳ (meheymaNUT) reliability; trustworthiness

מָהִיר ת׳ (maHIR) quick; fast; rapid; swift; adroit; diligent; prompt

מְהִירוּת נ׳ (mehiRUT) speed; velocity

בִּ־ quickly

מָהַל פעל י׳ (maHAL) dilute; mix; circumcise

מֹהַל ז׳ (MOhal) sap; juice

מַהֲלָךְ ז׳ (mahaLAKH) course; stroke; move; distance; walking; journey; gear (transmission)

מַהְלְכִים ז״ר (mahleKHIM) ways; access

מְהֻלָּל ת׳ (mehulLAL) glorious; praised; blessed

מַהֲלֻמָּה נ׳ (mahalumMA) blow; stroke; bang; bash

מַהֲמוֹרָה נ׳ (mahamoRA) pit; hole; pothole

מְהַמֵּר ז׳ (mehamMER) bettor; gambler

מְהַנְדֵּס ז׳ (mehanDES) engineer

מַהְפָּךְ ז׳ (mahPAKH) tropic

מְהֻפָּךְ ת׳ (mehupPAKH) reversed; upside down

מַהְפֵּכָה נ׳ (mahpeKHA) revolution; upheaval

מַהְפְּכָן ז׳ (mahpeKHAN) revolutionary; revolutionist

מַהְפְּכָנוּת נ׳ (mahpekhaNUT) revolutionary zeal; revolutionary activity

מַהְפְּכָנִי ת׳ (mahpekhaNI) revolutionary

מְהַפְנֵט ז׳ (mehapNET) hypnotist

מְהֻפְנָט ת׳ (mehupNAT) hypnotized

מְהֻקְצָע ת׳ (mehukTZA') planed; polished

מִהֵר פעל ע׳ י׳ (miHER) hasten; hurry; be quick; accelerate; urge

מַהֵר תה״פ (maHER) quickly; fast; rapidly; swiftly

מֹהַר ז׳ (MOhar) bride price

מְהֵרָה תה״פ (meheRA) quickly

בִּ – quickly; soon; shortly

מַהֲתַלָּה נ׳ (mahatalLA) joke; farce

מוּאָר ת׳ (mu'AR) lighted; lit-up; elucidated

מוּבָאָה נ׳ (muva'A) quotation; citation

מובהק ר׳ מֻבְהָק

מובחר ר׳ מֻבְחָר

מובטח ר׳ מֻבְטָח

מובטל ר׳ מֻבְטָל

מוֹבִיל ז׳ (moVIL) conveyor; transporter; carrier; conduit

מוֹבָל ז׳ (moVAL) duct; conduit

מוּבָן ז׳ ת׳ (muVAN) sense; meaning; understandable, comprehensible

– מֵאֵלָיו obvious; of course

מוּבָס ת׳ (muVAS) defeated; trampled

מוּבָר ת׳ (muVAR) uncultivated; fallow

מוּג־לֵב ת׳ ז׳ (mug-LEV) coward

מוגבל ר׳ מֻגְבָּל

מוגבר ר׳ מֻגְבָּר

מוגדל ר׳ מֻגְדָּל

מוגדר ר׳ מֻגְדָּר

מוגזם ר׳ מֻגְזָם

מוגלה ר׳ מֻגְלָה

מוגמר ר׳ מֻגְמָר

מוּגָן ת׳ (muGAN) defended; protected

מוּגָף ת׳ (muGAF) closed; slammed; shut

מוֹדֵד ז׳ (moDED) surveyor; meter; index

מוֹדָה נ׳ (MOda) fashion

מוֹדוּס ז׳ (*MOdus*) mode; manner; mood (gram.)
מוֹדִיעִין ז״ר (*modi'IN*) intelligence (military); information
מוֹדֶל ז׳ (*moDEL*) model
מוֹדָע ז׳ (*moDA'*) acquaintance; friend
מוּדָע ת׳ ז׳ (*muDA'*) conscious; aware
תַּת – subconscious
לא – unconscious
מוֹדָעָה נ׳ (*moda'A*) advertisement
מוּדָעוּת נ׳ (*muda'UT*) awareness
מוֹדֶרְנִי ת׳ (*moDERni*) modern
מוֹדֶרְנִיזַצְיָה נ׳ (*moderniZATSya*) modernization
מוֹהֵל ז׳ (*moHEL*) circumciser
מוֹזָאִיקָה נ׳ (*moZAika*) mosaic
מוֹזֵג ז׳ (*moZEG*) bartender; tavern owner
מוֹזֶגֶת נ׳ barmaid
מוּזָה נ׳ (*MUza*) Muse
מוּזֵיאוֹן ז׳ (*muZEYon*) museum
מוזיקה ר׳ מוּסִיקָה
מוּזָר ת׳ (*muZAR*) strange; odd; peculiar
מוּזָרוּת נ׳ (*muzaRUT*) strangeness
מוחלט ר׳ מֻחְלָט
מוֹחֵץ ת׳ (*moḤETS*) smashing; crushing
מוֹחֵק ז׳ (*moḤEK*) eraser
מוּחָשׁ ת׳ (*muḤASH*) concrete; tangible; perceptible; substantial; accelerated
מוּחָשִׁי ת׳ (*muḥaSHI*) tangible; concrete; substantial
מוּחָשִׁיּוּת נ׳ (*muḥashiYUT*) concreteness; tangibility
מוֹט ז׳ (*MOT*) rod; pole; staff; bar
מוּטָב תה״פ ז׳ (*muTAV*) it is better; rather; beneficiary
מוֹטָה נ׳ (*moTA*) pole; yoke
מוֹטוֹר ז׳ (*moTOR*) motor
מוֹטִיב ז׳ (*moTIV*) motif

מוטל ר׳ מֻטָּל
מוֹטֶל ז׳ (*moTEL*) motel
מוּטָס ת׳ (*muTAS*) airborne
מוטעה ר׳ מֻטְעֶה
מוטעם ר׳ מֻטְעָם
מוּטַצְיָה נ׳ (*muTATSya*) mutation
מוֹךְ ז׳ (*MOKH*) cotton wool; down
מוֹכָ״ז (מוסר כתב זה) (*moKAZ*) bearer
מוּכָח ת׳ (*muKHAḤ*) proven
מוכחד ר׳ מֻכְחָד
מוכחש ר׳ מֻכְחָשׁ
מוֹכִיחַ ז׳ (*moKHI'aḥ*) preacher; reprover
מוּכָן ת׳ (*muKHAN*) ready; prepared
מוּכְנִית תה״פ (*mukhNIT*) mechanically
מוֹכֵס ז׳ (*moKHES*) customs' official; tax collector
מוֹכְסָן ז׳ (*mokheSAN*) tax collector
מוכסף ר׳ מֻכְסָף
מוכפל ר׳ מֻכְפָּל
מוֹכֵר ז׳ (*moKHER*) vendor; salesman; seller
מוּכְתָּר ז׳ (*mukhTAR*) village headman
מוּל מ״י (*MUL*) in front of, facing, opposite; against; counter
מוֹל ז׳ (*MOL*) flat (music)
מו״ל (מוציא לאור) ז׳ (*MOL*) publisher
מוֹלָד ז׳ (*moLAD*) birth; new moon
חַג הַ – Christmas
מוֹלֶדֶת נ׳ (*moLEdet*) native land; homeland; birthplace
מוּלָט ז׳ (*muLAT*) mulatto
מוֹלִיךְ ז׳ (*moLIKH*) conductor
מוֹלִיכוּת נ׳ (*moliKHUT*) conductivity
מולך ר׳ מֹלֶךְ
מוֹלֶקוּלָה נ׳ (*moLEkula*) molecule
מוֹלֶקוּלָרִי ת׳ (*molekuLAri*) molecular
מוּם ז׳ (*MUM*) blemish; defect; deformity; fault
בַּעַל – cripple; invalid
מו״מ (משא ומתן) ז׳ negotiations
מומחה ר׳ מֻמְחֶה

מוּמְיָה נ׳ (*MUMya*) mummy
מומלץ ר׳ מֻמְלָץ
מוֹמֶנְט ז׳ (*moMENT*) moment; torque
מוֹמֶנְטוּם ז׳ (*moMENtum*) momentum
מוּמָר ז׳ (*muMAR*) convert; apostate
מוֹנְגוֹלִי ת׳ (*monGOli*) Mongolian
מוֹנֶה ז׳ (*moNE*) meter, counter; numerator (math.)
מוֹנוֹגָמִי ת׳ (*monoGAmi*) mongamous
מוֹנוֹגַמְיָה נ׳ (*monoGAMya*) monogamy
מוֹנוֹטוֹנִי ת׳ (*monoTOni*) monotonous
מוֹנוֹלוֹג ז׳ (*monoLOG*) monologue; soliloquy
מוֹנוֹפּוֹלִי ת׳ (*monoPOli*) monopolistic
מוֹנוֹפּוֹל, מוֹנוֹפּוֹלִין ז׳ (*monoPOL, monopoLIN*) monopoly
מוֹנִיטִין ז״ר (*moniTIN*) fame, reputation; repute; coins
יָצְאוּ לוֹ – he became famous
מוֹנִים ז״ר (*moNIM*) times
מוּנִיצִיפָּלִי ת׳ (*munitsiPAli*) municipal
מוֹנִית נ׳ (*moNIT*) taxi; cab
מוֹנֵעַ ת׳ (*moNE'a*) preventive; prophylactic; hindering
מוֹנַרְךְ ז׳ (*moNARKH*) monarch
מוֹנַרְכְיָה נ׳ (*moNARKHya*) monarchy
מוסגר ר׳ מֻסְגָר
מוֹסָד ז׳ (*moSAD*) institution; institute
מוסה ר׳ מוּזָה
מוסווה ר׳ מֻסְוֶה
מוסיאון ר׳ מוּזֵיאוֹן
מוּסִיקַאי ז׳ (*musiKAI*) musician
מוּסִיקָה נ׳ (*MUsika*) music
מוּסִיקוֹלוֹגְיָה נ׳ (*musikoLOGya*) musicology
מוּסִיקָלִי ת׳ (*musiKAli*) musical
מוּסָךְ ז׳ (*muSAKH*) garage, hangar
מוסכם ר׳ מֻסְכָּם
מוסכמה ר׳ מֻסְכָּמָה
מוסלמי ר׳ מֻסְלְמִי
מוסמך ר׳ מֻסְמָךְ

מוּסָף ז׳ ת׳ (*muSAF*) supplement; Mussaf (additional sacrifice or prayer); added
מוּסָר ז׳ (*muSAR*) chastisement; morals; ethics; punishment
הִטִּיף – moralize; reprove
מוּסַר הַשְׂכֵּל lesson; moral
מוּסַר כְּלָיוֹת regret; remorse
מוֹסֵרָה נ׳ (*moseRA*) rope
מוּסָרִי ת׳ (*musaRI*) moral; ethical
מוּסָרִיּוּת נ׳ (*musariYUT*) morality
מוּעָב ת׳ (*mu'AV*) cloudy
מוֹעֵד ז׳ (*mo'ED*) fixed time; season; term; time; holiday; festivity; meeting; rendezvous; temple
בְּמוֹעֲדוֹ on time
מוֹעֲדִים לְשִׂמְחָה! Happy Festival
אֹהֶל – the Tabernacle
בְּעוֹד – in good time
חֹל הַ־ intermediate days of festival
קְצַר – short-term
מוּעָד ת׳ (*mu'AD*) forewarned; liable to full indemnity; habitual; designed for
מוֹעֲדוֹן ז׳ (*mo'aDON*) club
מוּעָט ת׳ (*mu'AT*) small, scanty; a little
מוֹעִיל ת׳ (*mo'IL*) useful; advantageous; beneficial
מועמד ר׳ מֻעֲמָד
מוֹעֵן ז׳ (*mo'EN*) sender
מוֹעָצָה נ׳ (*mo'aTSA*) council; board; soviet
בְּרִית הַמּוֹעָצוֹת U.S.S.R.
מוֹעַצְתִּי ת׳ (*mo'atsTI*) federative
מוּעָקָה נ׳ (*mu'aKA*) distress; pressure
מוּפָז ת׳ (*muFAZ*) gilded
מופלג ר׳ מֻפְלָג
מופלה ר׳ מֻפְלֶה
מוֹפָע ז׳ (*moFA'*) appearance; show; phase
מופקע ר׳ מֻפְקָע
מופקר ר׳ מֻפְקָר

מופרז ר׳ מֻפְרָז
מופרע ר׳ מֻפְרָע
מופשט ר׳ מֻפְשָׁט
מופשל ר׳ מֻפְשָׁל
מוֹפֵת ז׳ (*moFET*) example, model; sign; token; wonder; proof
לְ – exemplary
מוֹפְתִי ת׳ (*mofeTI*) exemplary
מופתע ר׳ מֻפְתָּע
מוץ ר׳ מֹץ
מוֹצָא ז׳ (*moTSA*) exit; outlet; origin; source; ancestry; east
מוצב ר׳ מֻצָּב
מוצדק ר׳ מֻצְדָּק
מוצהר ר׳ מֻצְהָר
מוֹצִיא לָאוֹר ז׳ (*moTSI-la'OR*) publisher
מוֹצִיא לְפֹעַל ז׳ (*moTSI lefo'AL*) executor, executive officer
מוצל ר׳ מֻצָּל
מוצלב ר׳ מֻצְלָב
מוצלח ר׳ מֻצְלָח
מוצנע ר׳ מֻצְנָע
מוּצָף ת׳ (*muTSAF*) flooded
מוּצָק ז׳ת׳ (*muTSAK*) solid; cast
מוּצָקוּת נ׳ (*mutsaKUT*) solidity
מוּצָר ז׳ (*muTSAR*) product
מוֹקֵד ז׳ (*moKED*) focus; fire; pyre
מוקדם ר׳ מֻקְדָּם
מוקטן ר׳ מֻקְטָן
מוּקְיוֹן ז׳ (*mukYON*) clown
מוֹקִיר ז׳ (*moKIR*) admirer
מוּקָע ת׳ (*muKA‘*) stigmatized; condemned
מוֹקֵשׁ ז׳ (*moKESH*) mine; trap; obstacle
מור ר׳ מֹר
מוֹרָא ז׳ (*moRA*) fear; awe; miracle
מוֹרַג ז׳ (*moRAG*) threshing sledge
מוֹרָד ז׳ (*moRAD*) slope; incline; descent; decline
מוֹרֵד ז׳ (*moRED*) rebel

מוֹרֶה ז׳ (*moRE*) teacher; instructor; guide
מוֹרֵה דֶרֶךְ guide
מוֹרָה נ׳ (*moRA*) teacher (f.)
– ז׳ razor
מורך ר׳ מֹרֶךְ
מורכב ר׳ מֻרְכָּב
מוֹרָל ז׳ (*moRAL*) morale
מוּרָם ת׳ (*muRAM*) elevated
מוֹרְס ז׳ (*MORS*) Morse code
מורסה ר׳ מֻרְסָה
מורעב ר׳ מֻרְעָב
מורעל ר׳ מֻרְעָל
מוֹרְפוֹלוֹגְיָה נ׳ (*morfoLOGya*) morphology
מוֹרְפְיוּם ז׳ (*MORfyum*) morphine
מוֹרָשָׁה נ׳ (*moraSHA*) heritage; legacy; inheritance; possession
מורשע ר׳ מֻרְשָׁע
מורת רוח ר׳ מֹרַת רוּחַ
מושא ר׳ מֻשָּׂא
מוֹשָׁב ז׳ (*moSHAV*) sitting; seat; dwelling; residence; settlement; moshav (smallholders' cooperative settlement)
מוֹשָׁבָה נ׳ (*moshaVA*) village; settlement; colony
מושבע ר׳ מֻשְׁבָּע
מושג ר׳ מֻשָּׂג
מושחת ר׳ מֻשְׁחָת
מוּשָׁט ת׳ (*muSHAT*) extended; floated
מוֹשִׁיעַ ז׳ (*moSHI‘a*) savior; deliverer
מוֹשֵׁךְ ת׳ (*moSHEKH*) appealing; attractive
מוֹשְׁכוֹת נ״ר (*mosheKHOT*) reins
מוֹשֵׁל ז׳ (*moSHEL*) ruler; governor
מושלם ר׳ מֻשְׁלָם
מוּשְׁק ז׳ (*MUSHK*) musk; musk deer
מָוֶת ז׳ (*MAvet*) death
מותן ר׳ מֹתֶן
מותנה ר׳ מֻתְנֶה
מותר ר׳ מֻתָּר

מוֹתָר ז׳ (moTAR) remainder; superfluity; advantage
ל – לְצַיֵּן needless to say
מוֹתָרוֹת luxury; luxuries
מִזְבֵּחַ ז׳ (mizBE'aḥ) altar
מִזְבָּלָה נ׳ (mizbaLA) garbage dump; refuse heap
מֶזֶג ז׳ (MEzeg) temperament; mixture; mixed wine
– אֲוִיר weather
מָזַג פעל י׳ (maZAG) pour; mix; blend
מִזֵּג פעל י׳ (mizZEG) merge; amalgamate; fuse; temper; condition (air)
מְזֻגָּג ת׳ (mezugGAG) glazed; frosted; lacquered
מְזֻגְזָג ת׳ (mezugZAG) zigzag
מַזְגַן אֲוִיר ז׳ (mazGAN-aVIR) air conditioner
מָזֶה ת׳ (maZE) exhausted; withered
מְזֵה־רָעָב starving
מֻזְהָב ת׳ (muzHAV) gilded
מְזֻהֶה ת׳ (mezuHE) identified
מַזְהִיר ת׳ (mazHIR) shining; bright; brilliant; cautionary
מְזֹהָם ת׳ (mezoHAM) filthy; contaminated; polluted
מִזּוּג ז׳ (mizZUG) fusion; amalgamation; mixing; integration; merger
– אֲוִיר air conditioning
מְזֻוָּג ת׳ (mezuvVAG) paired
מִזְוָדָה נ׳ (mizvaDA) suitcase; valise; bag; trunk
מְזָוֶה ז׳ (mezaVE) pantry; barn
מזוהה ר׳ מְזֻהֶה
מזוהם ר׳ מְזֹהָם
מְזוּזָה נ׳ (mezuZA) door post; Mezuzah (parchment scroll in container attached to doorpost)
מָזוּט ז׳ (maZUT) crude oil; heating oil
מזוין ר׳ מְזֻיָּן
מזויף ר׳ מְזֻיָּף
מָזוֹכִיזְם ז׳ (mazoKHIZM) masochism
מָזוֹכִיסְט ז׳ (mazoKHIST) masochist
מזומן ר׳ מְזֻמָּן
מָזוֹן ז׳ (maZON) food; nourishment
מְזוֹנוֹת alimony
מָזוֹנִיט ז׳ (mazoNIT) masonite
מזועזע ר׳ מְזֻעְזָע
מזופת ר׳ מְזֻפָּת
מזוקן ר׳ מְזֻקָּן
מזוקק ר׳ מְזֻקָּק
מָזוֹר ז׳ (maZOR) bandage; healing; wound; disease
מָז׳וֹר ז׳ (maZHOR) major (music)
מֵזַח ז׳ (MEzaḥ) jetty
מִזְחֶלֶת נ׳ (mizḤElet) sled
מְזִיגָה נ׳ (meziGA) pouring; mixing; blending; synthesis
מֵזִיד ז׳ (meZID) intentional wrongdoer
בְּ – intentionally; with malice
מְזֻיָּן ת׳ (mezuYAN) armed; equipped; reinforced
מֵזִין ת׳ (meZIN) nourishing; nutritive
מְזַיֵּף ת׳ (mezaYEF) forger; counterfeiter; faker
מְזֻיָּף ת׳ (mezuYAF) counterfeit; forged; false; phony
מַזִּיק ת׳ ז׳ (mazZIK) destructive; bad; pest; demon
מַזְכִּיר ז׳ (mazKIR) secretary
מַזְכָּ"ל (מזכיר כללי) secretary general
מַזְכִּירוּת נ׳ (mazkiRUT) secretariat; office
מֻזְכָּר ת׳ (muzKAR) mentioned
מַזְכֶּרֶת נ׳ (mazKEret) souvenir; memorial; remembrance
מַזָּל ז׳ (mazZAL) luck; fortune; fate; destiny; stars; signs of the zodiac
– טוֹב good luck, congratulations
לְרֹעַ הַ – unfortunately
בִּישׁ־ – unlucky
בַּר־ – lucky
שִׂחֵק לוֹ מַזָּלוֹ succeeded
עוֹבֵד כּוֹכָבִים וּמַזָּלוֹת pagan; idolator; heathen; gentile

מַזְלֵג ז׳ (mazLEG) fork
מַזְלֵף ז׳ (mazLEF) watering-can; atomizer
מְזִמָּה נ׳ (mezimMA) conspiracy; plot; design; evil device
מִזְמוּז ז׳ (mizMUZ) flirting; "necking"; softening
מַזְמוּט ז׳ (mazMUT) amusement; gaiety
מִזְמוֹר ז׳ (mizMOR) song; chant; hymn; anthem
מִזְמֵז פעל י׳ (mizMEZ) flirt; "neck"; destroy
מְזֻמָּן ת׳ (mezumMAN) ready; prepared; cash
–ים cash
לְעִתִּים מְזֻמָּנוֹת from time to time, at fixed intervals
מִזְּמַן תה״פ (mizzeMAN) long ago
מַזְמֵרָה נ׳ (mazmeRA) clipper; pruning shears; pruning hook
מִזְנוֹן ז׳ (mizNON) buffet; cupboard; diner; refreshment stand
מִזְנוֹנַאי ז׳ (miznoNAI) refreshment stand attendant; waiter
מֻזְנָח ת׳ (muzNAH) neglected; derelict
מַזְנִיק ז׳ (mazNIK) starter
מְזַעֲזֵעַ ת׳ (meza'ZE'a) shocking
מְזֻעְזָע ת׳ (mezu'ZA') shocked
מִזְעָר תה״פ (miz'AR) little; least
מְעַט – very little
מִזְעָרִי ת׳ (miz'aRI) minimal
מְזֻפָּת ת׳ (mezupPAT) tarred; asphalted; paved; lousy; rotten
מְזֻקָּן ת׳ (mezukKAN) bearded
מְזֻקָּק ת׳ (mezukKAK) refined; distilled
מַזְקֵקָה נ׳ (mazkeKA) refinery; distillery
מְזֹרֶה ת׳ (mezoRE) winnowed; scattered
מִזְרוֹן ז׳ (mizRON) mattress
מְזֹרָז ת׳ (mezoRAZ) accelerated; quick

מִזְרָח ז׳ (mizRAH) east; orient; east wall of synagogue; ornamental sign indicating the east
מִזְרָחִי ת׳ ז׳ (mizraHI) eastern; oriental; easterner
מִזְרְחָן ז׳ (mizreHAN) orientalist
מִזְרְחָנוּת נ׳ (mizrehaNUT) oriental studies
מִזְרָע ז׳ (mizRA') sown area
מַזְרֵק ז׳ (mazREK) syringe; injector
מִזְרָקָה נ׳ (mizraKA) fountain
מֹחַ ז׳ (MO'ah) brain; marrow; core
– בִּלְבּוּל confusion; nonsense
– חֲמוּם hotheaded
שְׁטִיפַת מֹחַ brainwashing
מֵחַ ז׳ (ME'ah) fatness; marrow
מָחָא פעל י׳ (maHA) clap
– כַּף clap hands, applaud
מְחָאָה נ׳ (meha'A) protest
מַחֲבוֹא ז׳ (mahaVO) hiding place; hideout
מַחֲבוֹאִים ז״ר (mahavo'IM) hide-and-seek
מַחְבֵּט ז׳ (mahBET) bat, racket; carpet-beater
מְחַבֵּל ז׳ (mehabBEL) destroyer; saboteur; demon; terrorist
מַחְבְּצָה נ׳ (mahbeTSA) churn
מְחַבֵּר ז׳ (mehabBER) author; composer
מַחְבֵּר ז׳ (mahBER) connector; stapler; mortise joint
מַחְבֶּרֶת נ׳ (mahBEret) notebook; copybook
מַחֲבַת נ׳ (mahaVAT) frying pan; skillet
מַחְגֵּר ז׳ (mahGER) ratchet
מְחַדֵּד, מַחְדֵּד ז׳ (mehadDED) (mahDED) pencil sharpener
מֶחְדָּל ז׳ (mehDAL) shortcoming; failure; oversight
מְחַדֵּשׁ ז׳ (mehadDESH) innovator; inventor

מָחָה פעל י׳ ע׳ (maḤA) wipe; erase; oblitrate; protest
יִמַּח שְׁמוֹ may his name be blotted out
מִחָה פעל י׳ (miḤA) protest
מָחוֹג ז׳ (maḤOG) hand (of clock), pointer; needle (of meter); gesture
מְחוּגָה נ׳ (meḥuGA) compass(es), calipers
מַחֲוֶה ז׳ (maḥaVE) pointer
מֶחֱוָה נ׳ (meḥeVA) gesture; phrase
מָחוֹז ז׳ (maḤOZ) district; region
מְחוֹזִי ת׳ (meḥoZI) district
מחויב ר׳ מְחֻיָּב
מָחוֹךְ ז׳ (maḤOKH) girdle, corset
מחוכם ר׳ מְחֻכָּם
מָחוֹל ז׳ (maḤOL) dance
מְחוֹלֵל ז׳ (meḥoLEL) generator; performer; doer; dancer
מַחֲוָן ז׳ (maḥaVAN) indicator; pointer
מְחוֹנָן ת׳ (meḥoNAN) talented; gifted; pardoned
מחוסן ר׳ מְחֻסָּן
מחוספס ר׳ מְחֻסְפָּס
מחופה ר׳ מְחֻפֶּה
מִחוּץ תה״פ (miḤUTS) outside
– לַתְּחוּם out of bounds
מְחוֹקֵק ז׳ (meḥoKEK) legislator; engraver
מְחֻוָּר ת׳ (meḥuvVAR) clear; clarified
מחורבן ר׳ מְחֻרְבָּן
מֵחוֹשׁ ז׳ (meḤOSH) ache; pain
מָחוֹשׁ ז׳ (maḤOSH) antenna (insect)
מחושב ר׳ מְחֻשָּׁב
מַחֲזָאוּת נ׳ (maḥaza'UT) dramatics; play writing
מַחֲזַאי ז׳ (maḥaZAI) playwright
מַחֲזֶה ז׳ (maḥaZE) play; drama; view; sight; spectacle
מַחֲזֵה תַּעְתּוּעִים mirage
מַחֲזוֹר ז׳ (maḥaZOR) cycle; circulation; regular course; graduation class; period; prayer book for holidays

– הַדָּם blood circulation
מַחֲזוֹרִי ת׳ (maḥazoRI) circulation; cyclic; recurring; circular; periodic
מַחֲזוֹרִיּוּת נ׳ (maḥazoriYUT) periodicity; recurrence
מַחֲזִירוֹר ז׳ (maḥaziROR) reflector
מְחֻזָּק ת׳ (meḥuzZAK) reinforced
מֻחְזָק ז׳ (muḥZAK) held; supported; maintained; considered; convinced
מְחַזֵּר ז׳ ת׳ (meḥazZER) suitor; wooer; wanderer; rambler
מָחַט פעל י׳ (maḤAT) clean; trim; blow (nose)
מַחַט נ׳ (MAḥat) needle
עֲצֵי – conifers
מְחַטֵּא ת׳ (meḥatTE) antiseptic; disinfecting
מְחֻטָּא ת׳ (meḥutTA) disinfected
מְחֻטָּב ת׳ (meḥuTAV) carved; well-formed; well-shaped
מַחְטָנִי ת׳ (maḥtaNI) needle-shaped; coniferous
מְחִי ז׳ (MeḤI) blow; stroke
מֹחִי ת׳ (moḤI) cerebral
מְחִיאָה נ׳ (meḥi'A) clapping; knocking
מְחִיאַת כַּפַּיִם applause
מְחַיֵּב ת׳ (meḥaiYEV) affirmative; positive; obliging; committing; accusing; convicting
מְחֻיָּב ת׳ (meḥuYAV) obliged; bound
– הַמְּצִיאוּת necessary; inevitable
מִחְיָה נ׳ (miḥYA) means of livelihood; subsistence; living
יֹקֶר הַ – cost of living
מְחִילָה נ׳ (meḥiLA) pardon; amnesty; forgiveness; indulgence
מְחִיצָה נ׳ (meḥiTSA) partition
מְחִיקָה נ׳ (meḥiKA) erasing; erasure
מְחִיר ז׳ (meḤIR) price; cost
מְחִירוֹן ז׳ (meḥiRON) price list
מְחִית נ׳ (meḤIT) purée; mash
מְחֻכָּם ת׳ (meḥukKAM) artful; clever; shrewd

מָחַל פעל ע׳ (*maḤAL*) forgive, pardon; absolve
מַחְלָבָה נ׳ (*maḥlaVA*) dairy; dairy shop
מַחֲלָה נ׳ (*maḥaLA*) illness; disease; ailment; sickness
מְחִלָּה נ׳ (*meḥilLA*) tunnel; cave; burrow
מחלוקת ר׳ מַחֲלֹקֶת
מֻחְלָט ת׳ (*muḥLAT*) absolute; definite; decisive
מַחֲלִיא ת׳ (*maḥaLI*) sickening; pathogenic
מַחֲלִיף ת׳ (*maḥaLIF*) alternate; substitute; relief
מַחֲלִיקַיִם ז״ז (*maḥaliKAyim*) ice-skates
מַחְלֵף ז׳ (*maḥLEF*) changer (instrument), converter
מֶחְלָף ז׳ (*meḥLAF*) interchange
מַחְלָפָה נ׳ (*maḥlaFA*) plait; braid; lock
מַחְלֵץ ז׳ (*maḥLETS*) corkscrew; extractor
מַחֲלָצוֹת נ״ר (*maḥalaTSOT*) fine clothing; elegant attire
מְחַלֵּק ז׳ (*meḥalLEK*) divider; divisor
מְחֻלָּק ז׳ ת׳ (*meḥulLAK*) dividend; divided
מַחְלָקָה נ׳ (*maḥlaKA*) department; class; platoon; ward
מַחֲלֹקֶת נ׳ (*maḥaLOket*) controversy; argument; dispute; discord; conflict
סֶלַע הַ— bone of contention
שָׁנוּי בְּ— controversial; at issue
מַחְלַקְתִּי ת׳ (*maḥlaKTI*) departmental
מֵחָם ז׳ (*meḤAM*) samovar
מַחֲמָאָה נ׳ (*maḥama'A*) compliment; flattery
מַחְמָד ז׳ (*maḥMAD*) precious thing; delight
מַחֲמִיר ת׳ (*maḥaMIR*) strict; severe
מַחְמָל ז׳ (*maḥMAL*) beloved thing
מְחֻמְצָן ת׳ (*meḥumTSAN*) oxidized
מְחֻמָּשׁ ז׳ (*meḥumMASH*) pentagon
— ת׳ five-sided; fivefold
מֵחֲמַת מ״י (*meḥaMAT*) because of; owing to
מַחֲנָאוּת נ׳ (*maḥana'UT*) camping; campcraft
מַחֲנָאִי ת׳ (*maḥana'I*) camp (adj.)
מַחֲנֶה ז׳ (*maḥaNE*) camp; encampment; host; mass; army (unit)
מַחֲנַיִם dodgeball
מְחַנֵּךְ ז׳ (*meḥanNEKH*) educator; pedagogue
מַחֲנָק ז׳ (*maḥaNAK*) suffocation; stifling
מַחְסֶה ז׳ (*maḥSE*) shelter; refuge
מַחְסוֹם ז׳ (*maḥSOM*) obstacle; barrier; block; barricade; muzzle; gag
מַחְסוֹר ז׳ (*maḥSOR*) shortage; want
מְחֻסָּם ת׳ (*meḥusSAM*) tempered; hardened
מְחֻסָּן ת׳ (*meḥusSAN*) immune; protected; -proof
מַחְסָן ז׳ (*maḥSAN*) warehouse; depot; bin
מַחְסְנָאוּת נ׳ (*maḥsena'UT*) warehouse keeping; supply
מַחְסָנִית נ׳ (*maḥsaNIT*) magazine (ammunition)
מְחֻסְפָּס ת׳ (*meḥusPAS*) rough
מְחֻפֶּה ת׳ (*meḥupPE*) covered
מַחְפִּיר ת׳ (*maḥPIR*) shameful; disgraceful
מַחְפֵּר ז׳ (*maḥPER*) dredge; steamshovel; excavator
מַחְפֹּרֶת נ׳ (*maḥPOret*) trench; dugout; mine
מְחֻפָּשׂ ת׳ (*meḥupPAS*) disguised; masked; wanted
מָחַץ פעל י׳ (*maḤATS*) crush; beat; wound
מַחַץ ז׳ (*MAḥats*) strike; shock; bruise; wound
מַחְצָב ז׳ (*maḥTSAV*) mineral; ore; quarry; origin

מַחְצָבָה נ׳ (*mahtsaVA*) quarry; origin
מֶחֱצָה נ׳ (*meheTSA*) half; middle
מְחִצָּה נ׳ (*mehitsTSA*) partition; bulkhead
מַחֲצִית נ׳ (*mahaTSIT*) half; half time
מַחְצֶלֶת נ׳ (*mahTSElet*) mat
מְחֻצָּף ת׳ (*mehutsTSAF*) impudent
מֶחְצָצָה נ׳ (*mehtsaTSA*) toothpick
מְחַצְצֵר ז׳ (*mehatseTSER*) bugler; trumpeter
מָחַק פעל י׳ (*maHAK*) erase; blot out; rub out; remove a little; pierce
מַחַק ז׳ (*MAhak*) eraser
מְחַקֶּה ז׳ (*mehakKE*) imitator; mimic
מֶחְקָר ז׳ (*mehKAR*) research; inquiry; study; depth
מָחָר תה״פ ז׳ (*maHAR*) tomorrow; the morrow
מַחֲרָאָה נ׳ (*maharaA*) toilet; latrine
מָחֳרָב ת׳ (*mohaRAV*) destroyed; ruined
מְחֻרְבָּן ת׳ (*mehurBAN*) rotten; lousy; cursed
מַחֲרֹזֶת נ׳ (*mahaROzet*) necklace; string (beads etc.); combination; set
מְחַרְחֵר ז׳ (*meharHER*) provoker; instigator
מַחֲרֵטָה נ׳ (*mahareTA*) lathe
מַחֲרִיד ת׳ (*mahaRID*) shocking; frightful
מַחֲרִישׁ ת׳ (*mahaRISH*) silent; deafening
מָחֳרָם ת׳ (*mohoRAM*) banned; excommunicated; confiscated
מַחֲרֵצָה נ׳ (*mahareTSA*) grooving plane
מְחֹרָר ת׳ (*mehoRAR*) full of holes
מַחֲרֵשָׁה נ׳ (*mahareSHA*) plow
מָחֳרָת תה״פ (*mohoRAT*) the following day
לְ – on the following day
מָחֳרָתַיִם תה״פ (*mohorataYIM*) the day after tomorrow

מְחַשֵּׁב ז׳ (*mehashSHEV*) calculator; accountant; computer
מַחְשֵׁב ז׳ (*mahSHEV*) computer
מְחֻשָּׁב ת׳ (*mehushSHAV*) calculated; considered
מַחֲשָׁבָה נ׳ (*mahashaVA*) thought; idea; intention; thinking; contemplation; cogitation
בְּ – תְּחִלָּה deliberately
מַחֲשֶׁבֶת נ׳ (*mahaSHEvet*) skill
מְלֶאכֶת – artistic work; fine work; masterpiece
מַחְשׂוֹף ז׳ (*mahSOF*) exposed place; exposure; decolletage
מַחְשָׁךְ ז׳ (*mahSHAKH*) darkness; dark place; hiding place
מְחֻשָּׁל ת׳ (*mehushSHAL*) forged; well-formed
מַחְתָּה נ׳ (*mahTA*) shovel
מְחֻתָּךְ ת׳ (*mehutTAKH*) cut; articulated
מְחֻתָּן ז׳ (*mehutTAN*) relative by child's marriage; married
מַחְתֶּרֶת נ׳ (*mahTEret*) underground; breach; tunnel
מָט פעל ע׳ (*MAT*) stagger; keel over
מָט ז׳ (*MAT*) checkmate
מֶטֶאוֹר ז׳ (*meteOR*) meteor
מֶטֶאוֹרוֹלוֹג ז׳ (*meteoroLOG*) meteorologist
מֶטֶאוֹרוֹלוֹגִי ת׳ (*meteoroLOgi*) meteorological
מֶטֶאוֹרוֹלוֹגְיָה נ׳ (*meteoroLOGya*) meteorology
מֶטְאוֹרִיט ז׳ (*meteoRIT*) meteorite
מַטְאֲטֵא ז׳ (*mat'aTE*) broom
מִטְבָּח ז׳ (*miBAH*) kitchen
בֵּית מִטְבָּחַיִם slaughterhouse
מַטְבֵּחַ ז׳ (*matBE'ah*) slaughter
מַטְבֵּעַ ז׳ נ׳ (*matBE'a*) coin; currency; coinage; form; formula
מִטְבָּע ז׳ (*mitBA'*) imprint; stamp
מִטְבָּעָה נ׳ (*mitba'A*) mint

מְטֻגָּן ת׳ (metugGAN) fried
מִטָּה נ׳ (mitTA) bed; cot; berth; bunk; litter; bier
מַטֶּה ז׳ (matTE) staff; cane; baton; headquarters; tribe
מַטָּה, לְמַטָּה תה״פ (MATta; leMATta) down; downward; under; beneath; below; less than-
מֻטֶּה ת׳ ז׳ (mutTE) inclined; slanted; mistrial; injustice
מֻטָּה נ׳ (mutTA) span (wing); spread
מטוגן ר׳ מְטֻגָּן
מַטְוֶה ז׳ (matVE) yarn
מִטְוָח ז׳ (mitVAḤ) range (rifle etc.)
מַטְוִיָּה נ׳ (matviYA) spinning mill
מָטוֹל ז׳ (maTOL) launcher; projector
מטומטם ר׳ מְטֻמְטָם
מטונף ר׳ מְטֻנָּף
מָטוֹס ז׳ (maTOS) airplane; aircraft
נוֹשֵׂאת מְטוֹסִים aircraft carrier
מטופח ר׳ מְטֻפָּח
מטופל ר׳ מְטֻפָּל
מטופש ר׳ מְטֻפָּשׁ
מטורף ר׳ מְטֹרָף
מטושטש ר׳ מְטֻשְׁטָשׁ
מָטוּתָא נ׳ (matuTA) request (Aram.)
בְּ – מִמְּךָ please
מַטָּח ז׳ (matTAḤ) volley; salvo
מְטַחֲוֶה ז׳ (metaḥaVE) range
מַטְחֵנָה נ׳ (matḥeNA) meat grinder; mincer
מְטֻטֶּלֶת נ׳ (metutTElet) pendulum
מְטֻיָּב ת׳ (metuYAV) improved
מְטִיל ז׳ (meTIL) bar; ingot
מְטַיֵּל ז׳ (metaiYEL) hiker; tourist
מַטִּיף ז׳ (matTIF) preacher
מֻטָּל ת׳ (mutTAL) placed; imposed
מְטֻלָּא ת׳ (metulLA) patched
מֶטַלּוּרְגְיָה נ׳ (metaLURgya) metallurgy
מִטַּלְטֵל ת׳ (mittalTEL) portable
מִטַּלְטְלִין movable property
מַטְלִית נ׳ (matLIT) rag; piece of cloth; patch

מַטְמוֹן ז׳ (matMON) treasure
מֶטָמוֹרְפוֹזָה נ׳ (metamorFOza) metamorphosis
מְטֻמְטָם ת׳ (metumTAM) stupid; thick-headed
מְטֻנָּף ת׳ (metunNAF) filthy, dirty
מַטָּס ז׳ (matTAS) flight
מַטָּע ז׳ (matTA') plantation; orchard
מַטְעֶה ת׳ (mat'E) misleading
מֻטְעֶה ת׳ (mut'E) mistaken
מֻטְעָם ת׳ (mut'AM) accented; stressed
מִטְעָן ז׳ (mit'AN) load; cargo; freight; baggage; charge
מַטְעֵן ז׳ (mat'EN) ammunition clip
מַטְפֶּה ז׳ (matPE) fire extinguisher
מֶטָפוֹרָה נ׳ (metaFOra) metaphor
מְטֻפָּח ת׳ (metupPAḤ) nursed; cultivated well; cared for
מִטְפַּחַת נ׳ (mitPAḤat) kerchief
מְטַפְטֵף ז׳ (metafTEF) dropper
מֶטָפִיסִיקָה נ׳ (metaFIsika) metaphysics
מְטַפֵּל ז׳ (metapPEL) therapist; attendant
מְטַפֶּלֶת נ׳ (metapPElet) nursemaid; therapist (f.)
מְטֻפָּל ת׳ (metupPAL) burdened
מְטַפֵּס ז׳ (metapPES) climber; creeper
מְטֻפָּשׁ ת׳ (metupPASH) foolish; silly
מָטָר ז׳ (maTAR) rain
מֶטֶר ז׳ (MEter) meter (unit), tape measure, meterstick
מִטְרָד ז׳ (miTRAD) nuisance; bother; annoyance
מַטָּרָה נ׳ (mattaRA) aim; object; objective; goal; target; mark
מַטְרוֹנָה, מַטְרוֹנִית נ׳ (matroNA; matroNIT) matron; lady
מֶטְרוֹנוֹם ז׳ (metroNOM) metronome
מֶטְרוֹפּוֹלִין נ׳ (metropoLIN) metropolis; capital; mother country
מֶטְרִי ת׳ (METri) metric
מַטֶרְיָאלִי ת׳ (materYAli) material

מַטֶרְיָאלִיזְם ז׳ (materyaLIzm) materialism
מַטֶרְיָאלִיסְט ז׳ (materyaLIST) materialist
מַטֶרְיָאלִיסְטִי ת׳ (materyaLISti) materialistic
מַטְרִיאַרְכְיָה נ׳ (matriARKHya) matriarchy
מִטְרִיָּה נ׳ (mitriYA) umbrella
מַטְרִיצָה נ׳ (matRItsa) matrix
מְטֹרָף ת׳ (metoRAF) mad; crazy
מַטְרֵף ז׳ (matREF) beater; eggbeater
מְטֻשְׁטָשׁ ת׳ (metushTASH) blurred; dim; dazed; perplexed
מִי מ״ג (MI) who; whoever; he who; he that, the one who
אֶת – whom
שֶׁל –, לְ – whose
– שֶׁהָיָה has been, ex-
מִי ז׳ (MI) mi (music), E
מֵי־ ר׳ מַיִם (MEY) possessive case of מַיִם (water)
מְיֹאָשׁ ת׳ (meyoASH) desperate; hopeless
מְיֻבָּל ת׳ (meyubBAL) rough; horny
מְיַגֵּעַ ת׳ (meyagGE'a) exhausting; arduous
מִיָּד תה״פ (miYAD) at once; immediately
תֵּכֶף וּ – right away
מִיַּד־, מִידֵי מ״י (miyad; miDEY) from (from the hand[s] of)
מִיָּדִי ת׳ (miyadDI) immediate; instantaneous
מִיָּדִיּוּת נ׳ (miyadiYUT) urgency; immediacy
מְיֻדָּע ת׳ (meyudDA) acquaintance; definite; containing the definite article
מֵידָע ז׳ (meyDA) information
מִיהוּ מ״ג (MIhu) who is (he)
מיואש ר׳ מְיֹאָשׁ
מיובל ר׳ מְיֻבָּל
מיודע ר׳ מְיֻדָּע
מיוזע ר׳ מְיֻזָּע
מיוחד ר׳ מְיֻחָד
מיוחס ר׳ מְיֻחָס
מִיּוּן ז׳ (miYUN) classifying; classification; sorting; categorizing
מַיּוֹנֶז ז׳, מַיּוֹנִית נ׳ (maiyoNEZ; maiyoNIT) mayonnaise
מיועד ר׳ מְיֻעָד
מיופה ר׳ מְיֻפֶּה
מיושב ר׳ מְיֻשָּׁב
מיושן ר׳ מְיֻשָּׁן
מיותם ר׳ מְיֻתָּם
מיותר ר׳ מְיֻתָּר
מְיֻזָּע ת׳ (meyuzZA) sweaty; perspiring
מְיֻחָד ת׳ (meyuḤAD) special; specific; extra
– בְּמִינוֹ unique
מְיֻחָל ת׳ (meyuḤAL) hoped for
מְיֻחָם ת׳ (meyuḤAM) in heat (animal)
מְיֻחָס ת׳ (meyuḤAS) of good family; well-born; pedigreed; privileged; important; attributed (to)
מֵיטָב ז׳ (meyTAV) the best of, choice; optimum
מֵיטִיב ז׳ ת׳ (meyTIV) benefactor; beneficial; benevolent; benign
מיכל ר׳ מְכָל
מיכלית ר׳ מְכָלִית
מיכני ר׳ מֶכָנִי
מיכניקה ר׳ מֶכָנִיקָה
מִיל ז׳ (MIL) mile; mil (1/1000 of a pound)
לֹא שָׁוֶה – worthless
מֵילָא מ״ק (MEYla; meyLA) let it be so, so be it
מִ – by itself; in any case
מְיַלֵּד ז׳ (meyalLED) obstetrician; accoucheur
מְיַלְּדוּת נ׳ (meyalleDUT) midwifery; obstetrics
מְיַלֶּדֶת נ׳ (meyalLEdet) midwife
מִילָה נ׳ (miLA) circumcision

circumcision ceremony, Brit בְּרִית מִילָה
ash (meyLA) מֵלָה נ׳
milli- (mili) מִילִי־
billion (milYARD) מִילְיַרְד ז׳
million (milYON) מִילְיוֹן ז׳
millionaire (milyoNER) מִילְיוֹנֶר ז׳
militarism (militaRIZM) מִילִיטָרִיזְם ז׳
militarist (militaRIST) מִילִיטָרִיסְט ז׳
millimeter (miliMEter) מִילִימֶטֶר ז׳
militia (miLITSya) מִילִיצְיָה נ׳
water (MAyim) מַיִם ז״ר
knee-deep water; urine מֵי־בִּרְכַּיִם
perfumed water מֵי־בֹּשֶׂם
mead מֵי־דְבַשׁ
hydrogen peroxide מֵי־חַמְצָן
still waters מֵי־מְנוּחוֹת
soda water מֵי־סוֹדָה
eau de cologne מֵי־קוֹלוֹן
urine מֵי־רַגְלַיִם
marsh water מֵי־רְקָק
sewage water מֵי־שְׁפָכִין
drinking water מֵי־שְׁתִיָּה
ground water מֵי־תְהוֹם
water tower מִגְדַּל –
waterway נְתִיב –
watershed פָּרָשַׁת –
watercolor צֶבַע –
water clock שְׁעוֹן –
the situation is unbearable בָּאוּ – עַד נֶפֶשׁ
urinate הֵטִיל –
study under someone (an illustrious teacher) יָצַק – עַל יָדָיו
watery; aqueous (meyMI) מֵימִי ת׳
canteen (meymiYA) מֵימִיָּה נ׳
long since; a long time (miyaMIM) מִיָּמִים תה״פ
every year – יָמִימָה
turning right; right-handed (maiMIN) מַיְמִין ת׳
hydrogen (meyMAN) מֵימָן ז׳

skilled; adroit; adept (meyumMAN) מְיֻמָּן ת׳
skill; dexterity; adroitness; adeptness (meyummaNUT) מְיֻמָּנוּת נ׳
hydrogenous (meymaNI) מֵימָנִי ת׳
saying; expression; proverb (memRA) מֵימְרָה נ׳
kind; species; sex; heretic (MIN) מִין ז׳
like כְּ –
sexual life חַיֵּי הַ –
of the same kind בֶּן מִינוֹ
classify; sort; assort; catalogue (miyYEN) מִיֵּן פעל י׳
classifier (maiYAN) מַיָּן ז׳
minus (MInus) מִינוּס ז׳
minor (music) (miNOR) מִינוֹר ז׳
hersey (miNUT) מִינוּת נ׳
sexual; venereal (miNI) מִינִי ת׳
miniature (minyaTUra) מִינְיָאטוּרָה נ׳
miniature (minyaTUri) מִינְיָאטוּרִי ת׳
sexuality (miniYUT) מִינִיּוּת נ׳
minimum (MInimum) מִינִימוּם ז׳
minimal (miniMAli) מִינִימָלִי ת׳
minister; secretary of government department (miNISter) מִינִיסְטֶר ז׳
ministry; department (of government) (ministerYON) מִינִיסְטֶרְיוֹן ז׳
wet nurse (meyNEket) מֵינֶקֶת נ׳
mineral (mineRAL) מִינֶרָל ז׳
mineralogy (mineraLOGya) מִינֶרָלוֹגְיָה נ׳
mineral (mineRAli) מִינֶרָלִי ת׳
founder (meyasSED) מְיַסֵּד ז׳
mystic; mystical (MISti) מִיסְטִי ת׳
mysticism (MIStika) מִיסְטִיקָה נ׳
mission (religious) (misYON) מִיסְיוֹן ז׳
missionary (misyoNER) מִיסְיוֹנֶר ז׳
destined; designate; intended; future (meyu'AD) מְיֹעָד ת׳
advisory; advisor; counsellor (meya'ETS) מְיָעֵץ ת׳ ז׳
afforested; wooded (meyo'AR) מְיֹעָר ת׳

מְיֻפֶּה ת׳ (meyupPE) adorned; beautified; authorized; empowered
מְיֻפֵּה כֹּחַ charge d'affaires
מִיץ ז׳ (MITS) juice; squash
מְיַצֵּב ז׳ת׳ (meyatsTSEV) stabilizer; fin; stabilizing
מְיַצֵּג ת׳ (meyatsTSEG) representing; representative
מִיקְרוֹ־ (MIKro-) micro-
מִיקְרוֹבִּיוֹלוֹגְיָה נ׳ (mikrobiyoLOGya) microbiology
מִיקְרוֹסְקוֹפּ ז׳ (mikroSKOP) microscope
מִיקְרוֹפוֹן ז׳ (mikroFON) microphone; mike
מִיקְרוֹפִילְם ז׳ (mikroFILM) microfilm
מְיֻשָּׁב ת׳ (meyushSHAV) settled; stable; moderate; calm; level-headed; appropriate; sitting
מִישֶׁהוּ ז׳; מִישֶׁהִי נ׳ (misheHU; misheHI) somebody; someone
מִישׁוֹר ז׳ (miSHOR) plain; plane; surface; level
מִישׁוֹרִי ת׳ (mishoRI) flat; level
מְיֻשָּׁן ת׳ (meyushSHAN) obsolete, outmoded; old; antiquated; archaic; sleepy
מְיַשֵּׁר ז׳ (meyashSHER) rectifier
מֵישָׁר ז׳ (meySHAR) horizontal line; level area; plain
מֵישָׁרִים ז״ר straightness; righteousness
מִיתָה נ׳ (miTA) death; execution
– חֲטוּפָה sudden death
מִיתַת בֵּית דִּין capital punishment
– נְשִׁיקָה euthanasia
מִיתוֹלוֹגִי ת׳ (mitoLOgi) mythological
מִיתוֹלוֹגְיָה נ׳ (mitoLOGya) mythology
מִיתוֹס ז׳ (MItos) myth
מְיֻתָּם ת׳ (meyutTAM) orphaned; isolated; solitary
מְיֻתָּר ז׳ (meyutTAR) unnecessary; superfluous; redundant
מֵיתָר ז׳ (meyTAR) string; chord; sinew
מֵיתַר הַקּוֹל vocal chord
מַכְאוֹב ז׳ (makh'OV) pain; grief
מַכְאִיב ת׳ (makh'IV) painful
מְכֻבָּד ת׳ (mekhubBAD) honored; respected; esteemed
מְכַבֶּה ת׳ (mekhaBE) extinguisher
מְכַבֵּה אֵשׁ fireman
מַכְבִּיר ז׳ (makhBIR) abundance
לְ– abundantly
מַכְבֵּנָה נ׳ (makhbeNA) hairpin
מִכְבָּסָה נ׳ (mikhbaSA) laundry
מַכְבֵּשׁ ז׳ (makhBESH) press; steamroller; roller
מִכְּדֵי תה״פ (mikKEDEY) too; more than is needed
מְכֻדָּן ת׳ (mekhudDAN) bayoneted
מְכֻדָּר ת׳ (mekhudDAR) rolled up into a ball, spherical
מַכָּה נ׳ (makKA) blow; stroke; hit; defeat; wound; disaster; plague
מֻכֶּה ת׳ (mukKE) beaten; afflicted
מכובד ר׳ מְכֻבָּד
מכודן ר׳ מְכֻדָּן
מכודר ר׳ מְכֻדָּר
מִכְוָה נ׳ (mikhVA) burn; scar (of burn)
מכוון ר׳ מְכֻוָּן
מכולת ר׳ מַכֹּלֶת
מְכוּלָה נ׳ (mekhuLA) container
מָכוֹן ז׳ (maKHON) institute; foundation; site; place; basis
מְכוֹן יֹפִי beauty parlor
מְכֻוָּן ת׳ (mekhuvVAN) directed; aimed; intentional; accurate; adjusted; parallel
מִכּוּן ז׳ (mikKUN) mechanization; automation
מַכְוֵן ז׳ (makhVEN) regulator; tuner
מְכוֹנָאוּת נ׳ (mekhona'UT) mechanics
מְכוֹנַאי ז׳ (mekhoNAY) mechanic
מכונה ר׳ מְכֹנֶה
מְכוֹנָה נ׳ (mekhoNA) machine; base; cage
מְכוֹנַת יְרִיָּה machine-gun

מְכוֹנַת כְּבִיסָה washing machine
מְכוֹנַת כְּתִיבָה typewriter
מְכוֹנַת תְּפִירָה sewing machine
מְכוֹנַת תֹּפֶת infernal machine
מְכוֹנִית נ׳ (mekhoNIT) car; automobile; vehicle
– כִּבּוּי fire engine
– מַשָּׂא truck
מְכוֹנֵן ז׳ (mekhoNEN) founder; establisher; mechanic
אֲסֵפָה מְכוֹנֶנֶת constitutional assembly
מכונס ר׳ מְכֻנָּס
מכוסה ר׳ מְכֻסֶּה
מכוער ר׳ מְכֹעָר
מְכֻוָּץ ת׳ (mekhuvVATS) cramped; shrunken
מָכוּר ת׳ (maKHUR) addicted; sold; sold out; betrayed
מְכוֹרָה נ׳ (mekhoRA) homeland; origin
מִכְוֶרֶת נ׳ (mikhVEret) apiary
מַכּוֹשׁ ז׳ (makKOSH) pick; pickax; knocker; clapper
מִכֹּחַ תה״פ (mikKO'aḥ) by virtue of
מִכְחוֹל ז׳ (mikhḤOL) paint brush; brush
מֵכִיל ת׳ (meKHIL) including; containing; comprising
מְכִינָה נ׳ (mekhiNA) preparatory class
מַכִּיר ת׳ (makKIR) acquaintance; friend
מְכִירָה נ׳ (mekhiRA) sale; selling
– פֻּמְבִּית auction
מְכֻכָּב ת׳ (mekhukkAV) starry
מֵכָל ז׳ (mekHAL) container; tank
מֻכְלָא ת׳ (mukhLA) crossed; hybridized
מִכְלָאָה נ׳, מִכְלָה נ׳ (mikhla'A; mikhLA) pen; corral; stockade
מִכְלוֹל ז׳ (mikhLOL) totality; entirety; wholeness; generality; splendor
מְכָלִית נ׳ (mekhaLIT) tanker

מִכְלָל ז׳ (mikhLAL) perfection; completness; assembly, total components; encyclopedia
מכלל ר׳ כְּלָל
מִכְלָלָה נ׳ (mikhlaLA) college; university
מַכֹּלֶת נ׳ (makKOlet) provisions; groceries; grocery
– חֲנוּת grocery; grocery store
מִכְמָן ז׳ (mikhMAN) treasure
מַכָּ״ם ז׳ (makKAM) radar
מִכְמֹרֶת נ׳ (mikhMOret) seine; fishing net
מִכֵּן פעל י׳ (mikKEN) mechanize
מְכַנֶּה ז׳ (mekhanNE) denominator
מְכֻנֶּה ת׳ (mekhunNE) named; called; nicknamed
מֵכָנִי ת׳ (meKHAni) mechanical
מֵכָנִיזְם ז׳ (mekhaNIZM) mechanism
מַכְנִיס ת׳ (makhNIS) bring in; profitable
– אוֹרְחִים hospitable
מֵכָנִיקָה נ׳ (meKHAnika) mechanics
מְכֻנָּם ת׳ (mekhunNAM) lousy
מִכְנָס ז׳ (mikhNAS) trouser leg; breech; stored produce; stock; income
מְכֻנָּס ת׳ (mekhunNAS) gathered in; folded; tight; compact
מִכְנָסַיִם ז״ז (mikhnaSAYim) pants; trousers; breeches
– קְצָרִים shorts
מְכֻנָּף ת׳ (mekhunNAF) winged
מֶכֶס ז׳ (MEkhes) customs; levy; tax
מִכְסָה נ׳ (mikhSA) quota; amount
מִכְסֶה ז׳ (mikhSE) lid; cover
מְכֻסֶּה ת׳ (mekhusSE) covered; clad
מַכְסֵחָה נ׳ (makhseḤA) mower
מַכְּסִימוּם ז׳ (MAKsimum) maximum
מַכְּסִימָלִי ז׳ (maksiMAli) maximal
מַכְסִיף ת׳ (makhSIF) silvery; graying; turning white

מֻכְסָף ת׳ (*mukhSAF*) silvery; silver-plated

מְכֹעָר ת׳ (*mekho'AR*) ugly

מְכֻפָּל ת׳ (*mekhupPAL*) doubled; multiplied

מֻכְפָּל ת׳ ז׳ (*mukhPAL*) double; duplicated; copied; mimeographed; multiplied; multiplicand

מַכְפֵּלָה נ׳ (*makhpeLA*) product (math.)

מְעָרַת הַ – traditional burial cave of patriarchs in Hebron

מַכְפֶּלֶת נ׳ (*makhPElet*) hem; mimeograph

מְכֻפְתָּר ת׳ (*mekhufTAR*) buttoned; buttoned-up

מָכַר פעל י׳ (*maKHAR*) sell; sell out; betray

מֶכֶר ז׳ (*MEkher*) sale; goods; price

רַב־ – best seller

שְׁטַר – bill of sale

מַכָּר ז׳ (*makKAR*) acquaintance; friend

מֻכָּר ת׳ (*mukKAR*) known; well-known; approved; recognized

מְכֻרְבָּל ת׳ (*mekhurBAL*) wrapped

מִכְרֶה ז׳ (*mikhRE*) mine; pit

מִכְרָז ז׳ (*mikhRAZ*) bid, tender

מֻכְרָח ת׳ (*mukhRAḤ*) compelled; must; need

מַכְרִיעַ ת׳ (*makhRI'a*) decisive

מְכֻרְכָּם ת׳ (*mekhurKAM*) saffron-hued; yellowish; reddish orange

פָּנִים מְכֻרְכָּמוֹת yellow with grief or shame

מְכַרְסֵם ז׳ ת׳ (*mekharSEM*) rodent; gnawing

מִכְשׁוֹל ז׳ (*mikhSHOL*) obstacle; hindrance; bar; barrier

מִכְשׁוּר ז׳ (*mikhSHUR*) gadgetry; instrumentation; apparatus

מַכְשִׁיר ז׳ (*makhSHIR*) appliance; instrument; tool; implement; gadget; apparatus; mean(s)

מַכְשִׁירָנוּת נ׳ (*makhshiraNUT*) instrument maintenance

מַכְשֵׁלָה נ׳ (*makhsheLA*) obstacle; ruin

מְכַשֵּׁף ז׳ (*mekhashSHEF*) sorcerer; wizard

מְכַשֵּׁפָה נ׳ witch

מֻכְשָׁר ת׳ (*mukhSHAR*) able; capable; qualified; apt; talented; gifted; koshered

מִכְתָּב ז׳ (*mikhTAV*) letter; epistle; writing

מַכְתֵּבָה, מִכְתָּבָה נ׳ (*makhteVA; mikhtaVA*) desk; writing cabinet

מִכְתָּם ז׳ (*mikhTAM*) epigram; aphorism

מְכֻתָּר ת׳ (*mekhutTAR*) surrounded

מֻכְתָּר ת׳ ז׳ (*mukhTAR*) crowned; titled; village headman

מַכְתֵּשׁ ז׳ (*makhTESH*) mortar; cavity; hollow; socket; crater

מָל פעל י׳ (*MAL*) circumcise

מָלֵא פעל ע׳ י׳ (*maLE*) be full; fill; become full; be completed; be ample

מָלְאוּ... שָׁנִים ... years passed

מָלְאוּ לוֹ... שָׁנִים be ... years old

מְלָאוֹ לִבּוֹ dare

מִלֵּא פעל י׳ (*milLE*) fill; complete; fill up; fill in; fulfil; stuff

– הַבְטָחָתוֹ keep one's promise

– טֹפֶס fill out a form

– חוֹבָתוֹ do one's duty

– אַחֲרֵי... obey ...

– יְדֵי... authorize ...

– מָקוֹם replace; succed; substitute for

מְמַלֵּא מָקוֹם (מ״מ)... acting ...

מָלֵא ת׳ (*maLE*) full; complete; ample; filled; stuffed; drunk; stoned

כְּתִיב – plene spelling

– יָמִים old

– בְּפֶה expressly

מַלְאֶה ת׳ (*mal'E*) tiresome; tedious

מְלֵאוּת נ׳ (*meleUT*) fullness

מְלַאי ז׳ (*meLAI*) stock; inventory
מַלְאָךְ ז׳ (*mal'AKH*) angel; herald; messenger
מְלָאכָה נ׳ (*melaKHA*) work; craft; trade; skill; labor; art
בֵּית – workshop
בַּעַל – craftsman
מְלֶאכֶת מַחֲשֶׁבֶת art; masterpiece
מְלֶאכֶת יָד handicraft
מְלָאכוּתִי ת׳ (*melakhuTI*) artificial
מְלָאכוּתִיּוּת נ׳ (*melakhutiYUT*) artificiality
מַלְאָכִי ת׳ (*mal'aKHI*) angelic
מֻלְאָם ת׳ (*mul'AM*) nationalized
מְלַבֵּב ת׳ (*melabBEV*) appealing; attractive
מִלְּבַד מ״י (*milleVAD*) aside from; besides
מַלְבּוּשׁ ז׳ (*malBUSH*) garment; clothes
מַלְבִּין ת׳ (*malBIN*) bleacher; whitener
– פָּנִים insulting
מַלְבֵּן ז׳ (*malBEN*) rectangle; frame; brick mold
מַלְבֵּנִי ת׳ (*malbeNI*) rectangular
מִלְּבַר תה״פ (*milleVAR*) from without; outside
מְלֻבָּשׁ ת׳ (*melubBASH*) dressed
מִלְגָּה נ׳ (*milGA*) scholarship
מִלְּגֶו, מִלְּגַו תה״פ (*milleGEV; milleGAV*) from within; inside
מַלְגֵּז ז׳ (*malGEZ*) pitchfork
מַלְגֵּזָה נ׳ (*malgeZA*) lift truck
מִלָּה נ׳ (*milLA*) word
– בְּ – literally
מִלַּת גּוּף (= כִּנּוּי) pronoun
מִלַּת חִבּוּר conjunction
מִלַּת יַחַס preposition
מִלַּת קְרִיאָה interjection
מִלַּת קִשּׁוּר conjunction
מִלַּת שְׁאֵלָה interrogative
מִלִּים בְּעָלְמָא mere talk
מִשְׂחַק מִלִּים play on words

מִלּוּא ז׳ (*milLU*) filling; stuffing; full capacity
מְלוֹא, מְלֹא ז׳ (*meLO*) fullness; capacity; fill; the whole; plenum
– קוֹמָתוֹ one's full height
מִלּוּאִים ז״ר (*milu'IM*) supplement; addenda; reserves (army); spare-; filling; stuffing
מלובש ר׳ מְלֻבָּשׁ
מלובן ר׳ מְלֻבָּן
מְלוֹג ז׳ (*meLOG*) usufruct
מֶלוֹדִי ת׳ (*meLOdi*) melodious
מֶלוֹדְיָה נ׳ (*meLODya*) melody
מֶלוֹדְרָמָה נ׳ (*meloDRAma*) melodrama
מֶלוֹדְרָמָתִי ת׳ (*melodraMAti*) melodramatic
מַלְוֶה ז׳ lender
– בְּרִבִּית money lender; loan-shark
מִלְוֶה ז׳ (*milVE*) loan
מִלְוָה נ׳ (*milVA*) loan
מְלַוֶּה ז׳ (*melaVE*) companion; escort; attendant; chaperone; accompanist
מָלוּחַ ז׳ ת׳ (*maLU'aḥ*) salty; briny; salted
דָּג – herring
מִלּוּט ז׳ (*milLUT*) escape; rescue; deliverance; ejection
מִלּוּי ז׳ (*milLUY*) filling; stuffing; refill; cartridge; fulfillment
– חוֹבָה fulfillment of a duty
מְלוּכָה נ׳ (*meluKHA*) kingdom; reign; monarchy
מלוכלך ר׳ מְלֻכְלָךְ
מְלוּכָנוּת נ׳ (*melukhaNUT*) monarchism; royalism
מְלוּכָנִי ת׳ (*melukhaNI*) royal; royalist; monarchist
מלוכסן ר׳ מְלֻכְסָן
מִלּוּלִי ת׳ (*milluLI*) verbal; literal
מלומד ר׳ מְלֻמָּד
מֶלוֹן ז׳ (*meLON*) melon
מָלוֹן ז׳ (*maLON*) hotel

מִלּוֹן ז׳ (milLON) dictionary
מְלוֹנַאי ז׳ (meloNAI) hotelkeeper
מִלּוֹנַאי ז׳ (milloNAI) lexicographer
מְלוֹנָאוּת נ׳ (melona'UT) hotelkeeping
מְלוּנָה נ׳ (meluNA) doghouse; kennel; watchman's hut
מֶלַח ז׳ (MElaḥ) salt
– בְּרִית everlasting covenant
יָם הַ – Dead Sea
מָלַח פעל י׳ (maLAḤ) salt
מַלָּח ז׳ (malLAḤ) sailor
מְלֵחָה נ׳ (meleḤA) salt flat; salt marsh
מְלֵחוּת נ׳ (meleḤUT) salinity
מִלְחִי ת׳ (milḤI) saline
חֻמְצָה מִלְחִית hydrochloric acid
מַלְחִין ז׳ (malḤIN) composer
מְלַחֵךְ פִּנְכָּא ז׳ (melaḤEKH pinKA) bootlicker
מַלְחֵם ז׳ (malḤEM) soldering iron
מִלְחָמָה נ׳ (milḥaMA) war; warfare; struggle; campaign
מִלְחַמְתִּי ת׳ (milḥamTI) war; warlike; belligerent; military
מֶלְחָצַיִם ז״ז (melḥaTSAyim) vise
מַלְחֶצֶת נ׳ (malḤEtset) clamp
מְלַחַת נ׳ (meLAḥat) sodium nitrate; saltpeter; niter
מִלֵּט פעל י׳ (milLET) cause to escape; deliver; rescue; give birth
– אֶת נַפְשׁוֹ save one's own life
מֶלֶט ז׳ (MElet) cement; concrete; mortar
מְלֻטָּשׁ ת׳ (melutTASH) polished; honed
מִלְטָשָׁה נ׳ (miltaSHA) polishing shop
מַלְטֶשֶׁת נ׳ (malTEshet) grinder
מְלִיאָה נ׳ (meli'A) plenary session; fullness; whole field
מָלִיחַ ז׳ (malLI'aḥ) herring
מְלִיחָה נ׳ (meliḤA) salting
מְלִיחוּת נ׳ (meliḤUT) salinity, saltiness
מְלִיטָה נ׳ (meliTA) birth (animal); escape; cementing

מֵלִיץ ז׳ (meLITS) interpreter; advocate; orator
– יֹשֶׁר advocate
מְלִיצָה נ׳ (meliTSA) flowery language; florid phrase; poetic style; fable; riddle
מְלִיצִי ת׳ (meliTSI) florid; poetic; rhetorical
מְלִיקָה נ׳ (meliKA) wringing neck; decapitation
מִלִּית נ׳ (milLIT) particle (gram.)
מְלִית נ׳ (meLIT) stuffing
מָלַךְ פעל ע׳ (maLAKH) be king; reign; rule
מֶלֶךְ ז׳ (MElekh) king; ruler; the best; superior
מֹלֶךְ ז׳ (MOlekh) Moloch
מְלֻכָּד ת׳ (melukKAD) united
מַלְכֹּדֶת נ׳ (malKOdet) trap; snare
– פְּתָאִים booby trap
מַלְכָּה נ׳ (malKA) queen; the Sabbath
מַלְכוּת נ׳ (malKHUT) kingship; kingdom; royalty; empire; state; majesty
הוֹד מַלְכוּתוֹ His Majesty
מַלְכוּתִי ת׳ (malkhuTI) regal; majestic
מְלַכְלָךְ ת׳ (melukhLAKH) dirty
מְלֻכְסָן ת׳ (melukhSAN) diagonal; slanting
מִלְּכַתְּחִלָּה תה״פ (milekhateḥilLA) from the start; to begin with
מֶלֶל ז׳ (MElel) speech; verbiage
מִלֵּל פעל י׳ (milLEL) say; utter; articulate; think
מַלְמָד ז׳ (malMAD) goad
מְלַמֵּד ז׳ (melamMED) teacher; tutor (religious)
מְלֻמָּד ז׳ ת׳ (melumMAD) scholar; scientist; learned, educated; trained
מְלַמְּדוּת נ׳ (melammeDUT) teaching (in elementary religious school)
מִלְמוּל ז׳ (milMUL) muttering; murmur; jabbering

מִלְמַטָּה ר׳ מַטָּה
מִלְמֵל פעל י׳ (milMEL) mutter; murmur; jabber
מַלְמָלָה נ׳ (malmaLA) muslin
מֶלַנְכּוֹלִי ת׳ (melanKOli) melancholic
מֶלַנְכּוֹלְיָה נ׳ (melanKOLya) melancholy
מִלְּעֵיל תה״פ (milleEYL) on the penult; penultimate (accent)
מִלְּעֵילִי ת׳ (milleyLI) penultimate
מַלְעָן ז׳ (mal'AN) awn, beard
מְלָפְפוֹן ז׳ (melafeFON) cucumber
מֶלְצָר ז׳ (melTSAR) waiter
מֶלְצָרוּת נ׳ (meltsaRUT) waiter's trade; waiting on tables
מֶלְצָרִית נ׳ (meltsaRIT) waitress
מָלַק פעל י׳ (maLAK) decapitate (by wringing neck)
מַלְקוֹחַ ז׳ (malKO'aḥ) booty; loot; spoils; bag
מַלְקוֹשׁ ז׳ (malKOSH) latter rain; spring rains (concluding winter rainy season)
מַלְקוּת, מַלְקוֹת נ״ר (malKUT; malKOT) lashing; whipping; flogging
מֶלְקָחַיִם ז״ז (melkaḤAyim) tongs; forceps; pincers
מַלְקֶטֶת נ׳ (malKEtet) tweezers; pincers
מָלַרְיָה נ׳ (maLARya) malaria
מִלְּרַע תה״פ (milleRA') on the ultimate (accent)
מִלְּרָעִי ת׳ (millera'I) ultimate (accent)
מַלְשִׁין ז׳ (malSHIN) informer; stoolpigeon
מַלְשִׁינוּת נ׳ (malshiNUT) informing
מֶלְתָּחָה נ׳ (meltaḤA) wardrobe; cloakroom
מֶלְתָּחָן ז׳ (meltaḤAN) cloakroom attendant
מַלְתָּעָה נ׳ (malta'A) premolar (of carnivores)
מֵם נ׳ (MEM) Mem (the thirteenth letter of the Hebrew alphabet)

מַמְאִיר ת׳ (mam'IR) malignant; stinging; burning
מֶמְבְּרָנָה נ׳ (memBRAna) membrane
מַמְגּוּרָה נ׳ (mamguRA) granary
מְמֻגָּל ת׳ (memugGAL) full of pus; purulent
מֵמַד ז׳ (meMAD) dimension; measure; extent
מְמַדִּי ת׳ (memadDI) dimensional
תְּלַת־ — three dimensional
ממוזג ר׳ מְמֻזָּג
ממוכן ר׳ מְמֻכָּן
מִמּוּל תה״פ (mimMUL) in front of; opposite
ממולא ר׳ מְמֻלָּא
ממולח ר׳ מְמֻלָּח
מָמוֹן ז׳ (maMON) money
מִמּוּן ז׳ (mimMUN) financing
ממונה ר׳ מְמֻנֶּה
ממונע ר׳ מְמֻנָּע
ממוצע ר׳ מְמֻצָּע
ממוקם ר׳ מְמֻקָּם
ממוקש ר׳ מְמֻקָּשׁ
ממורט ר׳ מְמֹרָט
ממורמר ר׳ מְמֻרְמָר
מִמּוּשׁ ז׳ (mimMUSH) realization; carrying out
ממושך ר׳ מְמֻשָּׁךְ
ממושמע ר׳ מְמֻשְׁמָע
ממושקף ר׳ מְמֻשְׁקָף
מַמּוּתָה נ׳ (mamMUTA) mammoth
מְמֻזָּג ת׳ (memuzZAG) temperate; air-conditioned; blended
מַמְזֵר ז׳ (mamZER) bastard; shrewd individual
מַמְזֵרוּת נ׳ (mamzeRUT) bastardy; illegitimacy; cunning
מַמְזֵרִי ת׳ (mamzeRI) bastardly; damned; cunning
מֻמְחֶה ז׳ (mumḤE) expert; specialist
מֻמְחָז ת׳ (mumḤAZ) dramatized
מִמְחָטָה נ׳ (mimḥaTA) handkerchief
מֻמְחִיּוּת נ׳ (mumḥiYUT) expertness;

expertise; skill; specialization; mastery

מַמְטֵרָה נ׳ (mamteRA) sprinkler

מְמֵילָא ר׳ מֵילָא

מְמֻיָּן ת׳ (memuyYAN) classified

מְמַיֶּנֶת נ׳ (memaYEnet) sorting machine; sorter

מֵמִית ת׳ (meMIT) lethal

מִמְּךָ, מ״י ז׳; מִמֵּךְ מ״י נ׳ (mimmeKHA; mimMEKH) from you

מְמֻכָּן ת׳ (memukKAN) mechanized

מִמְכָּר ז׳ (mimKAR) sale; marchandise

מִקָּח וּ— bargaining; give-and-take

מְמֻלָּא ת׳ (memulLA) filled; stuffed

מְמַלֵּא מָקוֹם ז׳ (memalLE maKOM) substitute; stand-in; acting-

מְמֻלָּח ת׳ (memulLAḤ) salty; sharp; clever; cunning

מִמְלָחָה נ׳ (mimlaḤA) saltshaker

מַמְלָכָה נ׳ (mamlaKHA) kingdom; state; realm

מַמְלַכְתִּי ת׳ (mamlakhTI) of state

מַמְלַכְתִּיּוּת נ׳ (mamlakhtiYUT) statehood; sovereignty

מֻמְלָץ ת׳ (mumLATS) recommended; prescribed

מְמֻמָּן ת׳ (memumMAN) financed

מְמֻמָּשׁ ת׳ (memumMASH) realized; effectuated

מִמֵּן פעל י׳ (mimMEN) finance

מְמֻנֶּה ת׳ ז׳ (memunNE) appointed; in charge; commissioner; official

מִמֶּנָּה מ״י נ׳ (mimMEnna) from her; from it

מִמֶּנּוּ מ״י ז׳ (mimMEnnu) from him; from it

מִמֶּנִּי מ״י (mimMEnni) from me

מְמֻנָּע ת׳ (memunNA') motorized

מְמֻסָּד ת׳ (memusSAD) established; institutionalized

מְמֻסְפָּר ת׳ (memusPAR) numbered

מִמְסָר ז׳ (mimSAR) relay

מִמְסָרָה נ׳ (mimsaRA) transmission, drive

מִמַּעַל תה״פ (mimMA'al) above

מִמְצָא ז׳ (mimTSA) find; discovery

מְמַצֶּה ת׳ (mematsTSE) exhaustive; thorough

מַמְצִיא ז׳ (mamTSI) inventor

מְמֻצָּע ז׳ ת׳ (memutsTSA') average; medium; in the middle

מְמֻקָּם ת׳ (memukKAM) placed; localized

מְמֻקָּשׁ ת׳ (memukKASH) mined

מַמְרֶה ת׳ (mamRE) rebellious

מִמְרָח ז׳ (mimRAḤ) spread

מְמֹרָט ת׳ (memoRAT) polished; worn; shabby

מְמֻרְטָט ת׳ (memurTAT) tattered; worn; shabby

מַמְרִיץ ת׳ (mamRITS) stimulating

מְמֻרְמָר ת׳ (memurMAR) embittered

מַמָּשׁ תה״פ ז׳ (mamMASH) really; actually; being; reality; substance; concreteness

מִמֵּשׁ פעל י׳ (mimMESH) execute; carry out; realize; effect

מַמָּשׁוּת נ׳ (mamaSHUT) substance; concreteness; reality; being

מַמָּשִׁי ת׳ (mammaSHI) real; substantial; actual; tangible

מַמָּשִׁיּוּת נ׳ (mamashiYUT) reality; concrete value; feasibility

מְמֻשָּׁךְ ת׳ (memushSHAKH) prolonged

מְמֻשְׁכָּן ת׳ (memushKAN) mortgaged; pawned

מִמְשָׁל ז׳ (mimSHAL) rule; government; administration; jurisdiction; law

מֶמְשָׁלָה נ׳ (memshaLA) government; rule; dominion; cabinet

מֶמְשַׁלְתִּי ת׳ (memshalTI) government; governmental

מְמֻשְׁמָע ת׳ (memushMA') disciplined

מְמֻשְׁקָף ת׳ (memushKAF) bespectacled

מִמְתָּח ז׳ (mimTAḤ) span

מַמְתָּק ז׳ (*mamTAK*) candy; sweet; sweetmeat

מְמֻתָּק ת׳ (*memutTAK*) sweetened

מָן ז׳ (*MAN*) manna

מִן מ״י (*MIN*) from; out of; of; than; among; since; because

– הַדִּין probably

– הַיּשֶׁר it is right (honest)

– הַמִּנְיָן registered; regular

– הַסְּתָם probably

– הָרָאוּי it is proper

לְ – from the time that

מִנְבָּטָה נ׳ (*minbaTA*) seed bed

מְנֻגָּד ת׳ (*menugGAD*) opposed; against; contrary

מַנְגִּינָה נ׳ (*mangiNA*) tune; melody

מְנַגֵּן ז׳ (*menagGEN*) musician; player (of instrument)

מַנְגָּן ז׳ (*manGAN*) manganese

מַנְגָּנוֹן ז׳ (*mangaNON*) mechanism; apparatus; machinery; bureaucracy; staff, personnel

מְנֻגָּע ת׳ (*menugGA'*) infected; contaminated

מְנֻדֶּה ת׳ ז׳ (*menudDE*) ostracized; excommunicated; pariah

מַנְדּוֹלִינָה נ׳ (*mandoLINa*) mandolin

מַנְדָּט ז׳ (*manDAT*) mandate; British mandatory government

מַנְדָּרִינָה נ׳ (*mandaRIna*) tangerine

מָנָה פעל י׳ (*maNA*) count; enumerate

מִנָּה פעל י׳ (*minNA*) appoint; assign; allot

מָנָה נ׳ (*maNA*) portion; share; course; ration; present (of food); amount; measure; quotient; ratio

מִנְהָג ז׳ (*minHAG*) custom; manner; conduct

מַנְהִיג ז׳ (*manHIG*) leader

מְנַהֵל ז׳ (*menaHEL*) manager; director; administrator; boss; foreman; headmaster; principal

– חֶשְׁבּוֹנוֹת bookkeeper, accountant

– עֲבוֹדָה foreman

מִנְהָל ז׳ (*minHAL*) management; administration

מִנְהָלָה נ׳ (*minhaLA*) administration; management

מִנְהֶלֶת הָעָם Israel's provisional government 1948–9

מִנְהָלִי ת׳ (*minhaLI*) administrative; executive; managerial

מִנְהָרָה נ׳ (*minhaRA*) tunnel

מנוגד ר׳ מְנֻגָּד

מנוגע ר׳ מְנֻגָּע

מָנוֹד ז׳ (*maNOD*) nodding, shaking

מְנוֹד־רֹאשׁ sympathy; scorn; doubt

מנודה ר׳ מְנֻדֶּה

מנוול ר׳ מְנֻוָּל

מנוון ר׳ מְנֻוָּן

מנוזל ר׳ מְנֻזָּל

מָנוֹחַ ז׳ (*maNO'aḥ*) resting place; rest; the late; deceased

מִנּוּחַ ז׳ (*minNU'aḥ*) terminology

מְנוּחָה נ׳ (*menuḤA*) rest; repose; tranquillity; stillness

לֵיל – good night

– הִדְרִיךְ give no rest

מָנוּי ז׳ (*maNUY*) subscriber; counted; designated

– וְגָמוּר it is firmly decided

מִנּוּי ז׳ (*minNUY*) appointment; assignment; nomination; subscription

מְנֻוָּל ז׳ ת׳ (*menuVAL*) villain; corrupt; ugly; repulsive

מנומנם ר׳ מְנֻמְנָם

מנומס ר׳ מְנֻמָּס

מנומק ר׳ מְנֻמָּק

מנומר ר׳ מְנֻמָּר

מנומש ר׳ מְנֻמָּשׁ

מִנּוּן ז׳ (*minNUN*) dosage

מְנֻוָּן ת׳ (*menuvVAN*) degenerate

מָנוֹס ז׳ (*maNOS*) escape; refuge

מְנוּסָה נ׳ (*menuSA*) flight

מנוסה ר׳ מְנֻסֶּה

מנוסח ר׳ מְנֻסָּח

מָנוֹעַ ז׳ (maNO'a) motor; engine
מְנוֹעִי ת׳ (meno'I) motorized; motor
מָנוֹף ז׳ (maNOF) lever; crane; arm; impetus; incentive
מְנוֹפַאי ז׳ (menoFAI) crane operator
מנופה ר׳ מְנֻפֶּה
מנופח ר׳ מְנֻפָּח
מנופץ ר׳ מְנֻפָּץ
מנוצח ר׳ מְנֻצָּח
מנוצל ר׳ מְנֻצָּל
מנוקב ר׳ מְנֻקָּב
מנוקד ר׳ מְנֻקָּד
מָנוֹר ז׳ (maNOR) warp beam
מְנוֹרָה נ׳ (menoRA) lamp; torch; menorah
מנושל ר׳ מְנֻשָּׁל
מנותק ר׳ מְנֻתָּק
מְנֻזָּל ת׳ (menuzZAL) having a cold; having a running nose
מִנְזָר ז׳ (minZAR) abbey, monastery; convent
מֻנָּח ז׳ת׳ (munNAḤ) term; put; laid
מִנַּח פעל י׳ (minNAḤ) coin terms; create terminology
מִנְחָה נ׳ (minḤA) gift; offering; tribute; *minhah* (afternoon prayer)
מַנְחֶה ז׳ (manḤE) chairman; M.C., moderator; guide
מְנַחֵשׁ ז׳ (menaḤESH) diviner; soothsayer
מִנְחָת ז׳ (minḤAT) landing pad
מֶנְטָלִיּוּת נ׳ (menTAliyut) mentality
מִנִּי מ״י (minNI) since
מְנָיָה נ׳ (menaYA) share (stock)
מְנִיָּה נ׳ (meniYA) counting; enumerating
מִנֵּיהּ וּבֵיהּ immediately; on the spot
מִנַּיִן מ״ש (minNAyin) from where; when
מִנְיָן ז׳ (minYAN) number; amount; counting; quorum for public prayer
מִן הַ – regular; included
פְּרוֹפֶסוֹר מִן הַ – full professor
תַּלְמִיד מִן הַ – regular student (full time)
מֵנִיעַ ז׳ (meNI'A) motive; stimulus; impulse; cause; mover
מְנִיעָה נ׳ (meni'A) hindrance; prevention; prophylaxis
צַו – injunction
אֶמְצָעֵי – contraceptives
מְנִיפָה נ׳ (meniFA) fan
מָנִיפֶסְט ז׳ (maniFEST) manifesto
מָנִיקוּר ז׳ (maniKUR) manicure
מַנְכַּ״ל (מנהל כללי) ז׳ (manKAL) director-general
מְנֻמְנָם ת׳ (menumNAM) drowsy
מְנֻמָּס ת׳ (menumMAS) polite; well-mannered
מְנֻמָּק ת׳ (menumMAK) explained; reasoned; substantiated
מְנֻמָּר ת׳ (menumMAR) spotted; flecked; speckled; colored
מְנֻמָּשׁ ז׳ (menumMASH) freckled
מְנֻסֶּה ת׳ (menusSE) experienced; expert; trained; tried out
מְנֻסָּח ת׳ (menusSAḤ) formulated; phrased; styled
מִנְסָרָה נ׳ (minsaRA) sawmill; prism
מָנַע פעל י׳ (maNA') prevent; withhold; deny
מֶנַע ז׳ (MEna') prevention
מִנַּע פעל י׳ (minNA) motorize
מַנְעוּל ז׳ (man'UL) lock
מִנְעָל ז׳ (min'AL) shoe
מַנְעָם ז׳ (man'AM) delicacy; pleasure
מְנַעֲנֵעַ ז׳ (mena'a'NE'a) key (piano, typewriter)
מְנֻפֶּה ת׳ (menupPE) sifted; selected; choice
מְנֻפָּח ת׳ (menupPAḤ) inflated; swollen; puffed up; exaggerated
מְנֻפָּץ ת׳ (menupPATS) shattered; combed; carded
מְנֻצֶּה ת׳ (menutsTSE) pinnate; feathery; plumed

מְנַצֵּחַ ז׳ (*menatsTSE'aḥ*) victor; winner; conductor

מְנֻצָּח ת׳ (*menutsTSAḤ*) vanquished; defeated

מְנַצֵּל ת׳ ז׳ (*menatsTSEL*) exploiting; exploiter

מְנֻצָּל ת׳ (*menutsTSAL*) exploited

מְנֻקָּב ת׳ (*menukKAV*) perforated; punched; pierced, riddled

מְנֻקָּד ת׳ (*menukKAD*) vocalized; in plene spelling; piebald; dotted

מְנַשֵּׁל ז׳ (*menashSHEL*) dispossessor

מְנֻשָּׁל ת׳ (*menushSHAL*) dispossessed; exiled

מִנְשָׁר ז׳ (*minSHAR*) proclamation

מְנָת נ׳ (*meNAT*) portion; share

עַל – in order to

מִנְתָּה, מֶנְתָּה נ׳ (*MINta; MENta*) mint

מְנַתֵּחַ ז׳ (*menatTE'aḥ*) surgeon

מְנֻתָּק ת׳ (*menutTAK*) cut off; severed; disconnected; unattached

מַס ז׳ (*MAS*) tax; tribute; service; levy; duty; fee

– הַכְנָסָה income tax

– חָבֵר membership fee

– שְׂפָתַיִם lip service

מְסֹאָב ז׳ (*meso'AV*) filthy; soiled; tarnished

מַסַּאי ז׳ (*masSAI*) essayist

מֵסֵב ת׳ (*meSEV*) sitting; reclining

מֵסַב ז׳ (*meSAV*) bearing

מִסְבָּאָה נ׳ (*misba'A*) tavern; barroom

מְסֻבָּב ז׳ (*mesubBAV*) effect

מְסִבָּה נ׳ (*mesibBA*) party; reception

מְסִבּוֹת circumstances

מְסֻבָּךְ ת׳ (*mesubBAKH*) complex; complicated; entangled; involved

מֻסְבָּר ת׳ (*musBAR*) explained

מֶסֶג ז׳ (*MEseg*) alloy

מִסְגָּד ז׳ (*misGAD*) mosque

מְסֻגָּל ת׳ (*mesugGAL*) capable; fit; able; adapted; suited

מְסַגְנֵן ז׳ (*mesagNEN*) stylist; rewrite man

מְסֻגְנָן ת׳ (*mesugNAN*) styled; stylized

מְסֻגָּר ת׳ (*mesugGAR*) closed; locked up

מֻסְגָּר ת׳ (*musGAR*) parenthetical; extradited

מַסְגֵּר ז׳ (*masGER*) machanist; locksmith; lock; prison

מַסְגֵּרוּת נ׳ (*masgeRUT*) locksmith's trade; machine shop

מַסְגֵּרִיָּה נ׳ (*masgeriYA*) locksmith's shop; machine shop

מִסְגֶּרֶת נ׳ (*misGEret*) frame; framework; border; limits; scope; rim; ledge

מַסָּד ז׳ (*masSAD*) basis; foundation

מִסֵּד פעל י׳ (*misSED*) institutionalize; adapt to establishment

מִסְדָּר ז׳ (*misDAR*) inspection; parade; order; fraternity

מְסֻדָּר ת׳ (*mesudDAR*) arranged; orderly; set up (type)

מִסְדְּרוֹן ז׳ (*misdeRON*) corridor

מַסְדֶּרֶת נ׳ (*masDEret*) typesetting machine

מַסָּה נ׳ (*masSA*) essay; trial

– נ׳ (*MASsa*) mass

מִסָּה נ׳ (*MISsa*) mass (prayer)

מסובב ר׳ מְסֻבָּב

מסוּבין ר׳ מֵסֵב

מסובך ר׳ מְסֻבָּךְ

מְסֻוָּג ת׳ (*mesuvVAG*) classified; graded

מסוגל ר׳ מְסֻגָּל

מסוגנן ר׳ מְסֻגְנָן

מסוגר ר׳ מְסֻגָּר

מִסּוּד ז׳ (*misSUD*) institutionalization; adapting to establishment

מסודר ר׳ מְסֻדָּר

מַסְוֶה ז׳ (*masVE*) disguise; mask; veil

מְסֻוֶּה ת׳ (*musVE*) camouflaged; disguised

מסויג ר׳ מְסֻיָּג

מסוים ר׳ מְסֻיָּם

מִסּוּךְ ז׳ (*misSUKH*) curtaining; screening; screen; interference

מסוכם ר׳ מְסֻכָּם

מסוכסך ר׳ מְסֻכְסָךְ

מסולסל ר׳ מְסֻלְסָל

מסולף ר׳ מְסֻלָּף

מסומל ר׳ מְסֻמָּל

מסומם ר׳ מְסֻמָּם

מסומן ר׳ מְסֻמָּן

מסומר ר׳ מְסֻמָּר

מסונן ר׳ מְסֻנָּן

מְסוֹס ז׳ (*meSOS*) rot

מסועף ר׳ מְסֹעָף

מָסוֹף ז׳ (*maSOF*) terminal

מסופח ר׳ מְסֻפָּח

מסופק ר׳ מְסֻפָּק

מַסּוֹק ז׳ (*masSOK*) helicopter

מסוקס ר׳ מְסֻקָּס

מַסּוֹר ר׳ מַשּׂוֹר

מָסוּר ת׳ (*maSUR*) handed down; devoted; given

מסורבל ר׳ מְסֻרְבָּל

מסורג ר׳ מְסֹרָג

מְסוֹרָה, מָסוֹרָה נ׳ (*mesoRA; masoRA;*) Massorah (body of traditional explanations regarding orthography and reading of the Hebrew Old Testament)

מַסּוֹרִית נ׳ (*massoRIT*) fret saw

מסורס ר׳ מְסֹרָס

מסורת ר׳ מָסֹרֶת

מְסוֹרָתִי ת׳ (*mesoraTI*) Masoretic; traditional; adhering to Jewish tradition but not strictly observant

מַסָּז׳ ז׳ (*masSAZH*) massage

מִסְחוּר ז׳ (*misḤUR*) commercialization

מַסְחֵטָה נ׳ (*masḥeTA*) squeezer; wringer

מִסְחָר ז׳ (*misḤAR*) commerce; trade; business

בֵּית־ – store; shop

מִסְחֵר פעל י׳ (*misḤER*) commercialize

מִסְחָרִי ת׳ (*misḥaRI*) commercial

מְסַחְרֵר ת׳ (*mesaḥRER*) dizzying

מַסִּיבִי ת׳ (*masSIvi*) massive

מַסִּיבִיּוּת נ׳ (*massiviYUT*) massivity

מְסֻיָּג ת׳ (*mesuYAG*) reserved; qualified; enclosed; restricted

מְסֻיָּם ת׳ (*mesuYAM*) certain; definite; particular

מָסִיס ת׳ (*maSIS*) soluble

מְסִיסוּת נ׳ (*mesiSUT*) solubility

מְסַיֵּעַ ת׳ (*mesaYE'a*) auxiliary; accessory; ancillary

מַסִּיק ז׳ (*masSIK*) fireman; stoker

מָסִיק ז׳ (*maSIK*) olive harvest

מְסִירָה נ׳ (*mesiRA*) handing; giving; transmitting; handing-in; betraying; informing against

מְסִירוּת נ׳ (*mesiRUT*) devotion; dedication; adherence

– נֶפֶשׁ risking one's life; utter devotion

מָסַךְ פעל י׳ (*maSAKH*) pour out; mix; blend

מֶסֶךְ ז׳ (*MEsekh*) mixed wine; cocktail

מָסָךְ ז׳ (*maSAKH*) screen; curtain

מִסֵּךְ פעל י׳ (*misSEKH*) screen

מַסֵּכָה נ׳ (*masseKHA*) mask; disguise

מְסֻכָּם ת׳ (*mesukKAM*) summed up

מֻסְכָּם ת׳ (*musKAM*) agreed; conventional

מֻסְכָּמָה נ׳ (*muskaMA*) convention

מְסֻכָּן ת׳ (*mesukKAN*) dangerous

מִסְכֵּן ז׳ ת׳ (*misKEN*) wretch; poor; miserable

מִסְכֵּנוּת נ׳ (*miskeNUT*) wretchedness; poverty

מְסֻכְסָךְ ת׳ (*mesukhSAKH*) embroiled; involved in a quarrel; in conflict; complicated

מִסְכֶּרֶת נ׳ (*misKEret*) sugar bowl

מַסֶּכֶת נ׳ (*masSEkhet*) web; weaving; tractate; treatise; chapter; set

מְסִלָּה נ׳ (*mesilLA*) road; track; orbit; course; railroad

מְסִלַּת בַּרְזֶל railroad

מַסְלוּל ז׳ (*masLUL*) course; road; lane; path; trajectory; groove; orbit

מֻסְלְמִי ז׳ (*musleMI*) Moslem

מְסֻלְסָל ת׳ (*mesulSAL*) curly; adorned; embellished

מְסֻלָּע נ׳ (*mesulLA'*) rocky

מְסֻלָּף ת׳ (*mesulLAF*) distorted; falsified

מִסְלָקָה נ׳ (*mislaKA*) clearing house

מִסְמוּס ז׳ (*misMUS*) melting; squeezing; decay

מִסְמָךְ ז׳ (*misMAKH*) document; certificate; diploma

מֻסְמָךְ ת׳ (*musMAKH*) authorized; authentic; authoritative; certified; ordained; qualified; competent; master (degree)

מְסֻמָּל ת׳ (*mesumMAL*) symbolized; characterized

מְסֻמָּם ת׳ (*mesumMAM*) drugged; poisoned

מְסֻמָּן ת׳ (*mesumMAN*) marked; designated

מִסְמֵס פעל י׳ (*misMES*) melt; soften; squeeze

מַסְמֵר ז׳ (*masMER*) nail; peg; highlight

קָבַע מַסְמְרוֹת בַּדָּבָר establish as an indisputable fact

מִסְמֵר פעל י׳ (*misMER*) nail

מְסֻמָּר ת׳ (*mesumMAR*) nailed; spiked; full of nails

מְסַמְרֵר ז׳ (*mesamRER*) riveter

מַסְמֶרֶת נ׳ (*masMEret*) rivet

מְסֻנָּן ת׳ (*mesunNAN*) filtered; strained

מִסְנָן ז׳ (*misNAN*) filtrate; residue

מַסְנֵן ז׳ (*masNEN*) filter

מְסַנֶּנֶת, מִסְנֶנֶת נ׳ (*mesaNEnet; misNEnet*) strainer; filter

מַסָּע ז׳ (*masSA'*) journey; travel; voyage; march; expedition; campaign; drive; move (chess)

מַסַּע צְלָב crusade

מִסְעָד ז׳ (*mis'AD*) support; back (of chair)

מִסְעָדָה נ׳ (*mis'aDA*) restaurant

מְסֹעָף ת׳ (*meso'AF*) branched; ramifed; complex

מִסְעָף ז׳ (*mis'AF*) road junction; branching; fork

מִסְפֵּד ז׳ (*misPED*) mourning; funeral oration

מִסְפּוֹא ז׳ (*misPO*) fodder

מִסְפּוּר ז׳ (*misPUR*) numbering

מְסֻפָּח ז׳ (*mesupPAḤ*) annexed; attached; appended

מַסְפִּיק ת׳ (*masPIK*) enough; sufficient; adequate; passing mark

מִסְפָּנָה נ׳ (*mispaNA*) shipyard; dock

מְסַפֵּק ת׳ ז׳ (*mesapPEK*) satisfactory; supplier

מְסֻפָּק ת׳ (*mesupPAK*) doubtful; supplied; satisfied

מְסֻפְּקַנִי I doubt

מִסְפָּר ז׳ (*misPAR*) number; quantity; a few

— מְתֵי a few people

מִסְפֵּר פעל י׳ (*misPER*) number

מְסַפֵּר ז׳ (*mesapPER*) storyteller; fiction writer

מִסְפָּרָה נ׳ (*mispaRA*) barbershop

מִסְפָּרִי ת׳ (*mispaRI*) numerical; quantitative

מִסְפָּרַיִם ז״ז (*mispaRAyim*) scissors; shears

מָסַק פעל י׳ (*maSAK*) harvest olives

מֻסָּק ת׳ (*mussSAK*) heated; concluded; inferred

מַסְקָנָה נ׳ (*masskaNA*) conclusion; result; inference

מְסֻקָּס ת׳ (mesukKAS) knotted; gnarled

מָסַר פעל י׳ (maSAR) hand over; give; transmit; hand down; betray; inform against

מְסֻרְבָּל ת׳ (mesurBAL) awkward; clumsy

מְסֹרָג ת׳ (mesoRAG) barred; latticed; alternate

מַסְרֵגָה נ׳ (masreGA) knitting needle

מַסְרֵטָה נ׳ (masreTA) movie camera

מַסְרִיחַ ת׳ (masRI'aḥ) stinking

מַסְרִיט ז׳ (masRIT) cameraman; motion picture producer

מְסֹרָס ת׳ (mesoRAS) castrated, gelded; distorted; perverted; reversed

מַסְרֵק ז׳ (masREK) comb

מְסֹרָק ת׳ (mesoRAK) combed; carded

מָסֹרֶת נ׳ (ר׳ מסורה) (masoRET) tradition; *Massorah*

שׁוֹמֵר – traditionalist

מָסָרְתִּי ת׳ (masorTI) traditional; traditionalist

מָסָרְתִּיּוּת נ׳ (msortiYUT) traditionalism

מִסְתַּבֵּר ת׳ (mistaBER) apparently

מִסְתּוֹר ז׳ (misTOR) refuge, hiding place

מִסְתּוֹרִי ת׳ (mistoRI) mysterious

מִסְתּוֹרִין ז׳ (mistoRIN) mystery

מַסְתֵּם ז׳ (masTEM) plug; valve

מִסְתַּנֵּן ז׳ (mistanNEN) infiltrator

מִסְתָּר ז׳ (misTAR) secret place; hiding place

מְסֻתָּת ת׳ (mesutTAT) cut; hewn

מְעֻבָּד ת׳ (me'ubBAD) processed; worked; tilled; cultivated; adapted for; finished; polished

מַעְבָּדָה נ׳ (ma'baDA) laboratory

מַעְבַּדְתִּי ת׳ (ma'badTI) laboratorial

מַעֲבֶה ז׳ (ma'aVE) depth; thick

מְעֻבֶּה ת׳ (me'ubBE) thickened; dense

מַעֲבִיד ז׳ (ma'aVID) employer

מַעֲבָר ז׳ (ma'aVAR) passage; pass; ford; aisle; transition; transit

בְּחִינַת – intermediate examination

תְּעוּדַת – pass; laissez passer

מֵעֵבֶר לְ־ מ״י (me'E'ver le-) beyond; on the other side

מַעְבָּרָה נ׳ (ma'baRA) transit camp; ford; ferry; small bridge; pass

מַעְבֹּרֶת נ׳ (ma'BOret) ferryboat

מְעֻבֶּרֶת ת׳ (meu'bBEret) pregnant

שָׁנָה – leap year

מַעְגִּילָה נ׳ (ma'giLA) roller; mangle

מַעְגָּל ז׳ (ma'GAL) circle; orbit; course; circuit

מְעֻגָּל ת׳ (me'ugGAL) circular; rounded; curved

מַעֲגָן ז׳ (ma'aGAN) anchorage; jetty

מָעַד פעל ע׳ (ma'AD) trip; stumble; slip

מְעֻדְכָּן ת׳ (meu'dKAN) up-to-date; updated

מְעֻדָּן ת׳ (me'udDAN) delicate; refined

מַעֲדָן ז׳ (ma'aDAN) delicacy; pleasure; delight

מְעֻדָּף ת׳ (mo'o'DAF) preferred; given priority

מַעְדֵּר ז׳ (ma'DER) hoe

מָעָה נ׳ (ma'A) small coin; grain

מָעוֹת money

מעובה ר׳ מְעֻבֶּה

מעוברת ר׳ מְעֻבֶּרֶת

מעוגל ר׳ מְעֻגָּל

מְעוֹדֵד ת׳ (me'oDED) encouraging

מעודן ר׳ מְעֻדָּן

מָעוֹז, מָעֹז ז׳ (ma'OZ) fortress; fortified outpost; shelter; refuge; rock

מָעוּט ת׳ (ma'UT) scanty; meager; poor

מִעוּט ז׳ (mi'UT) minority; little; minimum; least; diminution; exclusion

מָעוֹט ז׳ (ma'OT) catapult

מעוטר ר׳ מְעֻטָּר

מעוין ר׳ מְעֻיָּן

crushed; squeezed; bruised (ma'UKH) מָעוּךְ ת׳
crushing; squeezing (mi'UKH) מִעוּךְ ז׳
מעולה ר׳ מְעֻלֶּה
never; of old (me'oLAM) מֵעוֹלָם תה״פ
מעולף ר׳ מְעֻלָּף
מעומלן ר׳ מְעֻמְלָן
מעומעם ר׳ מְעֻמְעָם
dwelling; residence; house; den; home; dormitory; hostel; quarters (ma'ON) מָעוֹן ז׳
flight; vision (ma'OF) מָעוּף ז׳
flying; flyer; volleyball player (me'oFEF) מְעוֹפֵף ת׳ ז׳
מעופש ר׳ מְעֻפָּשׁ
מעוצבן ר׳ מְעֻצְבָּן
מעוצה ר׳ מְעֻצֶּה
מעוקב ר׳ מְעֻקָּב
מעוקם ר׳ מְעֻקָּם
מעוקר ר׳ מְעֻקָּר
מעורב ר׳ מְעֹרָב
מעורה ר׳ מְעֹרֶה
מעורם ר׳ מְעֹרָם
awaking; arousing; stimulating; exciting (me'oRER) מְעוֹרֵר ת׳
alarm clock — שָׁעוֹן
מעושב ר׳ מְעֻשָּׂב
מעושה ר׳ מְעֻשֶּׂה
מעושן ר׳ מְעֻשָּׁן
מעושר ר׳ מְעֻשָּׂר
distorted; crooked; wrong (me'uvVAT) מְעֻוָּת ת׳ ז׳
decrease; diminish; be small (ma'AT) מָעַט פעל ע׳
lessen; reduce; decrease (mi'ET) מִעֵט פעל י׳
excluding . . . לְמַעֵט...
little; few; a little (me'AT) מְעַט ת׳ תה״פ
almost; about — כִּ
soon — עוֹד
covering; mantle (ma'aTE) מַעֲטֶה ז׳

wrapped; paperback (meutTAF) מְעֻטָּף ת׳
envelope; wrapper; dust-jacket (ma'ataFA) מַעֲטָפָה נ׳
cloak; mantle; curved or lateral surface (of solid); jacket; casing; involucre (ma'aTEfet) מַעֲטֶפֶת נ׳
crowned; adorned (me'utTAR) מְעֻטָּר ת׳
intestine (me'I) מְעִי ז׳
entrails; guts מֵעַיִם ז״ר
stumbling (me'iDA) מְעִידָה נ׳
squeezing; crushing (me'iKHA) מְעִיכָה נ׳
coat; mantle; jacket (me'IL) מְעִיל ז׳
embezzlement; betrayal; treachery (me'iLA) מְעִילָה נ׳
spring; fountain; source; attention (ma'aYAN) מַעְיָן ז׳
rhombus, diamond; diamond-shaped; balanced (me'uYAN) מְעֻיָּן ז׳ ת׳
linked to; resembling; as if; quasi- (me'EYN) מֵעֵין מ״י
oppressive (me'IK) מֵעִיק ת׳
squeeze; crush (ma'AKH) מָעַךְ פעל י׳
squeeze; press; crush; lower (mi'EKH) מִעֵךְ פעל י׳
digested; consumed (me'ukKAL) מְעֻכָּל ת׳
embezzle; betray; misuse; sin (ma'AL) מָעַל פעל י׳
treachery; fraud; embezzlement (MA'al) מַעַל ז׳
raising (MO'al) מֹעַל ז׳
raising the hand — יָד
above; aloft (מַעַל) מִמַּעַל תה״פ
ascent; rise; slope; platform (ma'aLE) מַעֲלֶה ז׳
ruminant; ruminating — גֵּרָה
stair; step; degree; position; advantage; merit (ma'aLA) מַעֲלָה נ׳
his honor מַעֲלַת כְּבוֹדוֹ
his excellency הוֹד מַעֲלָתוֹ

מַעְלָה תה"פ (*MA'la*) upward; above; aloft; heaven
מְעֻלֶּה ת׳ (*me'ulLE*) excellent; superior
מַעֲלִית נ׳ (*ma'aLIT*) elevator
מַעֲלָל ז׳ (*ma'aLAL*) deed; action
מְעֻלָּף ת׳ (*me'uLAF*) caused to faint; fainting; covered
מֵעִם מ"י (*me'IM*) from
מַעֲמָד ז׳ (*ma'aMAD*) class (social); position; stand; status; rank; presence; posture; pedestal; scene (in play), event
בְּמַעֲמַד־ in the presence of
הֶחֱזִיק – stand fast
מֻעֲמָד ז׳ candidate
מֻעֲמָדוּת נ׳ (*mu'amaDUT*) candidacy
מַעֲמָדִי ת׳ (*ma'amaDI*) class
מַעֲמָדִיּוּת נ׳ (*ma'amadiYUT*) class consciousness; class behavior
מְעֻמְלָן ת׳ (*me'umLAN*) starched; stiff
מַעֲמָס ז׳ (*ma'aMAS*) burden; load; capacity
מַעֲמָסָה נ׳ (*ma'amaSA*) burden
מְעֻמְעָם ת׳ (*me'umAM*) dim
מַעֲמָק ז׳ (*ma'aMAK*) depth; bottom; deep penetration
מַעַן ז׳ (*MA'an*) address
לְ – for the sake of
מִעֵן פעל י׳ (*me'EN*) address (letter)
מַעֲנֶה ז׳ (*ma'aNE*) answer; reply
מְעֻנֶּה ת׳ (*me'unNE*) tortured; tormented
מְעַנְיֵן ת׳ (*me'anYEN*) interesting
מְעֻנְיָן ת׳ (*me'unYAN*) interested
מַעֲנִית נ׳ (*ma'aNIT*) furrow
מְעֻנָּן ת׳ (*me'unNAN*) cloudy
מַעֲנָק ז׳ (*ma'aNAK*) grant; bonus; allowance
מָעֳסָק ת׳ (*mo'oSAK*) employed
מַעְפִּיל ז׳ (*ma'PIL*) daring person; clandestine immigrant
מְעֻפָּשׁ ת׳ (*me'upPASH*) moldy; stinking

מְעֻצָּב ת׳ (*me'uTSAV*) shaped; designed; styled
מְעַצְבֵּן ת׳ (*me'atsBEN*) irritating; annoying
מְעֻצְבָּן ת׳ (*meu'tsBAN*) nervous; annoyed; high-strung; irritable
מְעֻצֶּה ת׳ (*me'utsTSE*) woody
מַעְצוֹר ז׳ (*maTSOR*) brake; block; obstacle; hindrance; inhibition
מַעֲצִיב ת׳ (*ma'aTSIV*) sad; saddening
מַעֲצָמָה נ׳ (*ma'atsaMA*) power
מַעֲצָר ז׳ (*ma'aTSAR*) detention; arrest
מְעֻקָּב ת׳ (*me'ukKAV*) cubic
מַעֲקָב ז׳ (*ma'aKAV*) follow-up; sequence; surveillance
מַעֲקֶה ז׳ (*ma'aKE*) banister, balustrade; rail; railing; parapet
מְעֻקָּל ת׳ (*me'ukKAL*) distorted; curved; attached (by court)
מְעֻקָּם ת׳ (*me'ukKAM*) crooked; bent;
מְעֻקָּר ת׳ (*me'ukkAR*) sterilized; castrated
מְעֹרָב ת׳ (*me'oRAV*) mixed; mingled; involved
מַעֲרָב ז׳ (*ma'aRAV*) west
מְעֻרְבָּב ת׳ (*me'urBAV*) mixed; confused
מַעֲרָבָה תה"פ (*ma'aRAva*) westwards
מַעֲרְבוֹן ז׳ (*ma'arVON*) western
מַעֲרָבִי ת׳ (*ma'araVI*) western
מְעַרְבֵּל ז׳ (*me'arBEL*) concrete mixer
מְעַרְבֹּלֶת נ׳ (*me'arBOlet*) whirlpool; vortex; turbulence; maelstrom
מְעֻרְגָּל ת׳ (*me'urGAL*) rolled
מַעֲרֶה ז׳ (*ma'aRE*) bare spot; clearing
מְעָרָה נ׳ (*me'aRA*) cave
מְעֹרֶה ת׳ (*me'oRE*) rooted; integrated
מַעֲרוֹךְ ז׳ (*ma'aROKH*) rolling pin; pastry board
מערומים ר׳ מַעֲרֻמִּים
מְעֻרְטָל ת׳ (*me'urTAL*) exposed; naked
מַעֲרִיב ז׳ (*ma'aRIV*) evening prayer
מַעֲרִיךְ ז׳ (*ma'aRIKH*) assessor; appraiser; exponent (math.)

מַעֲרִיץ ז׳ (*ma'aRITS*) admirer; adorer

מַעֲרָךְ ז׳ (*ma'aRAKH*) formation; array; project; plan; arrangement; disposition; alignment

מַעֲרָכָה נ׳ (*ma'araKHA*) campaign; battle; struggle; battle line; army; array; arrangement; act (in play); set; order; system; sub-kingdom

מַעַרְכוֹן ז׳ (*ma'arKHON*) one-act play

מַעֲרֶכֶת נ׳ (*ma'aREkhet*) editorial board; staff (office); row; system; set; order

מַעֲרֻמִּים ז״ר (*ma'arumMIM*) nakedness

מְעַרְעֵר ז׳ (*me'arER*) appellant

מְעֻרְפָּל ת׳ (*me'urPAL*) foggy; vague

מַעַשׂ ז׳ (*MA'as*) deed; action

מְעֻשָּׂב ת׳ (*me'usSAV*) weeded; grassy

מַעֲשֶׂה ז׳ (*ma'aSE*) deed; action; work; act; practice; conduct; occurrence; event; product; story; tale; fable

בְּאֶפֶס – idly

בִּשְׁעַת – in the very act

הֲלָכָה לְ– practical instruction

לְאַחַר – post factum

לְ – in practice; in fact

– בְּ־ it so happened

מַעֲשֵׂה־... ...-work

" בְּרֵאשִׁית creation

" חוֹשֵׁב skilful work

" נִסִּים miracle

" סְדוֹם sodomy

" קֻנְדֵּס practical joke

" שָׂטָן bad luck

מַה מַּעֲשֶׂיךָ? what do you do? what are you doing?

מְעֻשֶּׂה ת׳ (*me'usSE*) artificial; affected

מַעֲשִׂי ת׳ (*ma'aSI*) practical; feasible

מַעֲשִׂיָּה נ׳ (*ma'asiYA*) tale; legend; fairy tale; fable; anecdote

מַעֲשִׂיּוּת נ׳ (*ma'asiYUT*) practicalness; feasibility

מְעַשֵּׁן ז׳ (*me'ashSHEN*) smoker

מְעֻשָּׁן ת׳ (*me'ushSHAN*) smoked

מַעֲשֵׁנָה נ׳ (*ma'asheNA*) smokestack; chimney

מַעֲשֵׂר ז׳ (*ma'aSER*) tithe

מְעֻשָּׂר ת׳ ז׳ (*me'usSAR*) tithed; decagon

מֵעֵת לְעֵת ז׳ תה״פ (*me'ET le'ET*) twenty four hour period; now and then

מְפֹאָר ת׳ (*mefo'AR*) magnificent; splendid

מִפְּאַת מ״י (*mippe'AT*) because of; for

מַפְגִּיעַ ת׳ (*mafGI'a*) insisting

בְּ – pressingly; urgently

מְפֻגָּל ת׳ (*mefugGAL*) spoiled

כֹּהַל – denatured spirits

מִפְגָּן ז׳ (*mifGAN*) parade; rally; demonstration

מִפְגָּע ז׳ (*mifGA'*) obstacle; nuisance; target

מְפַגֵּר ת׳ (*mefagGER*) retarded; backward; slow

מִפְגָּשׁ ז׳ (*mifGASH*) reunion; meeting; rendezvous; meeting place

מִפְדֶּה ז׳ (*mifDE*) redemption; ransom

מִפָּה פעל י׳ (*mipPA*) map

מַפָּה נ׳ (*mapPA*) tablecloth; map; chart

מפוגל ר׳ מְפֻגָּל

מפוזר ר׳ מְפֻזָּר

מַפּוּחַ ז׳ (*mapPU'aḥ*) bellows

מַפּוּחִית נ׳ (*mappuḤIT*) harmonica

– יָד accordion

מפוחלץ ר׳ מְפֻחְלָץ

מפוחם ר׳ מְפֻחָם

מפוטם ר׳ מְפֻטָּם

מפוטר ר׳ מְפֻטָּר

מִפּוּי ז׳ (*mipPUY*) mapping

מפויח ר׳ מְפֻיָּח

מפוכח ר׳ מְפֻכָּח

מפולג ר׳ מְפֻלָּג

מפולס ר׳ מְפֻלָּס

מפולפל ר׳ מְפֻלְפָּל

מפולש ר׳ מְפֻלָּשׁ
מפולת ר׳ מַפֹּלֶת
מפונה ר׳ מְפֻנֶּה
מפונק ר׳ מְפֻנָּק
מפוסטר ר׳ מְפֻסְטָר
מפוספס ר׳ מְפֻסְפָּס
מפוסק ר׳ מְפֻסָּק
מפוצל ר׳ מְפֻצָּל
מפוקפק ר׳ מְפֻקְפָּק
מפורד ר׳ מְפֹרָד
מפורז ר׳ מְפֹרָז
מפורט ר׳ מְפֹרָט
מפורכס ר׳ מְפֻרְכָּס
מפורסם ר׳ מְפֻרְסָם
מפורק ר׳ מְפֹרָק
מפושק ר׳ מְפֻשָּׂק
מפותח ר׳ מְפֻתָּח
מפותל ר׳ מְפֻתָּל

dispersed; absent-minded (*mefuzZAR*) מְפֻזָּר ת׳

blow; exhalation; blowout; frustration (*maPAḤ*) מַפָּח ז׳

disappointment מַפַּח נֶפֶשׁ

stuffed (*mefuḥLATS*) מְפֻחְלָץ ת׳

coal-black; electrocuted; carbonized (*mefuḤAM*) מְפֻחָם ת׳

reduced (*mufḤAT*) מֻפְחָת ת׳

(*mafTIR*) מַפְטִיר ז׳ ר׳ הַפְטָרָה
Haftarah reader; *Haftarah;* concluding

fattened; stuffed; gorged (*mefutTAM*) מְפֻטָּם ת׳

dismissed; fired (*mefutTAR*) מְפֻטָּר ת׳

sooty (*mefuYAḤ*) מְפֻיָּח ת׳

distributor (*meFITS*) מֵפִיץ ז׳

producer (*meFIK*) מֵפִיק ז׳

dot in letter *He* (ה) to denote aspiration (*mapPIK*) מַפִּיק ז׳

violator (*meFIR*) מֵפִיר ז׳

strikebreaker; scab – שְׁבִיתָה

napkin; washcloth (*mapPIT*) מַפִּית נ׳

sober; realistic (*mefukKAḤ*) מְפֻכָּח ת׳

fall; waterfall; drop (*mapPAL*) מַפָּל ז׳

waterfall מַפַּל מַיִם

fat folds מַפְּלֵי בָשָׂר

wonderful; incomprehensible (*mufLA*) מֻפְלָא ת׳

divided (*mefulLAG*) מְפֻלָּג ת׳

excellent; extreme; exaggerated; remote (*mufLAG*) מֻפְלָג ת׳

distributor (*mafLEG*) מַפְלֵג ז׳

party (*miflaGA*) מִפְלָגָה נ׳

party; partisan (*miflagTI*) מִפְלַגְתִּי ת׳

(*miflagti'UT*) מִפְלַגְתִּיּוּת נ׳
partisanship; party identification

defeat; fall; downfall (*mappaLA*) מַפָּלָה נ׳

discriminated against (*mufLE*) מֻפְלֶה ת׳

refuge; asylum (*mifLAT*) מִפְלָט ז׳

ejector; exhaust pipe (*mafLET*) מַפְלֵט ז׳

level (*mifLAS*) מִפְלָס ז׳

sea level מִפְלַס הַיָּם

water table מִפְלַס מֵי תְּהוֹם

levelled; paved; blazed (trail) (*mefulLAS*) מְפֻלָּס ת׳

road grader (*mefalLEset*) מְפַלֶּסֶת נ׳

peppered; witty; tricky; subtle; casuistic; spicy (*mefulPAL*) מְפֻלְפָּל ת׳

monster (*mifLEtset*) מִפְלֶצֶת נ׳

monstrous (*miflatsTI*) מִפְלַצְתִּי ת׳

open at both ends (*mefulLASH*) מְפֻלָּשׁ ת׳

fall; collapse; ruin; debris; landslide; avalanche (*mapPOlet*) מַפֹּלֶת נ׳

turn; turning point; change (*mifNE*) מִפְנֶה ז׳

evicted; evacuated; evacuee (*mefunNE*) מְפֻנֶּה ת׳ ז׳

directed; turned; single (*mufNE*) מֻפְנֶה ת׳

because; before (*mippeNEY*) מִפְּנֵי מ״י

because – שֶׁ

why – מָה

introverted; internalized (mufNAM) מֻפְנָם ת׳

pampered; fondled (mefunNAK) מְפֻנָּק ת׳

pasteurized (mefusTAR) מְפֻסְטָר ת׳

chisel; wood chisel (mafSElet) מַפְסֶלֶת נ׳

sidewalk (mifsa'A) מִפְסָעָה נ׳

striped (mefusPAS) מְפֻסְפָּס ת׳

punctuated; divided (mefusSAK) מְפֻסָּק ת׳

switch (mafSEK) מַפְסֵק ז׳

operator; agent (maf'IL) מַפְעִיל ז׳

work; deed; enterprise; project; plant (industrial) (mif'AL) מִפְעָל ז׳

destruction (mapPATS) מַפָּץ ז׳

nutcracker (mafTSE'aḥ) מַפְצֵחַ ז׳

bomber (mafTSITS) מַפְצִיץ ז׳

fighter-bomber –־קְרָב

divided, forked, split (mefuTSAL) מְפֻצָּל ת׳

bombed (mufTSATS) מֻפְצָץ ת׳

census; muster; parade; roll call (mifKAD) מִפְקָד ז׳

commander; chief (mefakKED) מְפַקֵּד ז׳

headquarters (mifkaDA) מִפְקָדָה נ׳

inspector; supervisor; superintendent (mefakKE'aḥ) מְפַקֵּחַ ז׳

very clever; wide-awake (mefukKAḤ) מְפֻקָּח ת׳

depositor (mafKID) מַפְקִיד ז׳

expropriated; requisitioned; confiscated; exorbitant (price) (mufKA') מֻפְקָע ת׳

dubious; doubtful; questionable; undependable (mefukPAK) מְפֻקְפָּק ת׳

prostitute; loose woman (mufKEret) מֻפְקֶרֶת נ׳

scattered; disjointed; divided (mefoRAD) מְפֹרָד ת׳

separated (mufRAD) מֻפְרָד ת׳

fertilized; inseminated (mufRE) מֻפְרֶה ת׳

exaggerated (mufRAZ) מֻפְרָז ת׳

demilitarized (mefoRAZ) מְפֹרָז ת׳

shod; covered with iron; iron-plated (mefurZAL) מְפֻרְזָל ת׳

detailed; specified; itemized (mefoRAT) מְפֹרָט ת׳

specification (mifRAT) מִפְרָט ז׳

hoofed; ungulate (mafRIS) מַפְרִיס ת׳

ungulates; Ungulata מַפְרִיסֵי־פַּרְסָה

refuted; groundless (mufRAKH) מֻפְרָךְ ת׳

made-up; painted (mefurKAS) מְפֻרְכָּס ת׳

breadwinner (mefarNES) מְפַרְנֵס ז׳

famous (mefurSAM) מְפֻרְסָם ת׳

(lemafRE'a) מַפְרֵעַ, לְמַפְרֵעַ תה״פ retroactively; in advance

disturbed (mufRA') מֻפְרָע ת׳

partial payment (of debt) (mifra'A) מִפְרָעָה נ׳

bay; gulf (mifRATS) מִפְרָץ ז׳

indented (mefoRATS) מְפֹרָץ ת׳

joint; node (mifRAK) מִפְרָק ז׳

liquidator (mefaREK) מְפָרֵק ז׳

dismantled; broken-down; taken apart; unloaded; liquidated (mefoRAK) מְפֹרָק ת׳

cervical vertebrae; neck (bones) (mafREket) מַפְרֶקֶת נ׳

crumbled (mefoRAR) מְפֹרָר ת׳

sail (mifRAS) מִפְרָשׂ ז׳

interpreter; commentator (mefaRESH) מְפָרֵשׁ ז׳

explicit; explained; clear (mefoRASH) מְפֹרָשׁ ת׳

God, Ineffable Name; Tetragrammaton הַשֵּׁם הַ –

sailboat (mifraSIT) מִפְרָשִׂית נ׳

abstract; intangible; vague (mufSHAT) מֻפְשָׁט ת׳

מֻפְשָׁל ת׳ (mufSHAL) rolled up; rolled back
מִפְשָׂעָה נ׳ (mifsa'A) groin
מְפֻשָּׂק ת׳ (mefusSAK) spread apart
מְפַשֵּׁר ז׳ (mefashSHER) mediator; arbiter
מַפְתֵּחַ ז׳ (mafTE'ah) key; index; wrench
מְפַתֵּחַ ז׳ (mefatTE'ah) carver, engraver; developer
מִפְתָּח ז׳ (mifTAH) opening; aperture; span
מְפֻתָּח ת׳ (mefutTAH) developed; engraved
מַפְתִּיעַ ת׳ (mafTI'a') surprising
מִפְתָּן ז׳ (mifTAN) threshold
מֹץ ז׳ (MOTS) chaff
מָצָא פעל י׳ (maTSA) find; get; procure; reach; come upon; meet; infer; happen; befall; be sufficient
— חֵן please; find favor
מָצְאָה יָדוֹ be able; afford
מְצַאי ז׳ (meTSAI) inventory; stock
מַצָּב ז׳ (matsTSAV) situation; state; position; stand; condition; circumstances; garrison
מַצַּב רוּחַ mood
חֵיל־ — garrison
מֻצָּב ז׳ (muTSAV) fortified position; outpost
מַצֵּבָה נ׳ (matseVA) tombstone; monument
מַצָּבָה נ׳ (matsaVA) strength (manpower)
מִצְבּוֹר ז׳ (mitsBOR) dump; depot
מִצְבָּטַיִם ז״ז (mitsbaTAyim) pincers; pince-nez
מַצְבִּיא ז׳ (matsBI) general, commander
מַצְבִּיעַ ז׳ (matsBI'a) voter
מִצְבָּעָה נ׳ (mitsba'A) dye works
מַצְבֵּר ז׳ (matsBER) accumulator; battery

מְצֻבְרָח ת׳ (metsuvRAH) moody; grumpy
מֻצָּג ז׳ (muTSAG) exhibit; representation
מְצָד ז׳ (meTSAD) fort; pillbox
מֵצַד ז׳ (meTSAD) siding; shunt; stop
מִצַּד מ״י (mitsTSAD) on the side; beside; by
— שֵׁנִי on the other hand
מְצַדֵּד ז׳ (metsaDED) supporter; follower
מְצָדָה נ׳ (metsaDA) hill stronghold
מְצָדִית נ׳ (metsaDIT) pillbox
מֻצְדָּק ת׳ (mutsDAK) justified
מִצָּה פעל י׳ (mitsTSA) drain; exhaust
מַצָּה נ׳ (matsTSA) *matzah*, unleavened bread; strife
חַג הַמַּצּוֹת Passover
מֻצְהָר ת׳ (mutsHAR) declared; proclaimed
מָצוֹד ז׳ (maTSOD) hunt; chase; manhunt; trap
מְצוֹדֵד ת׳ (metsoDED) enticing; charming
מְצוּדָה נ׳ (metsuDA) fortress
מִצְוָה נ׳ (mitsVA) religious precept; commandment; duty; meritorious deed
בַּר־ — Bar Mitzvah
בַּת־ — Bat/s) Mitzvah
מצוחצח ר׳ מְצֻחְצָח
מָצוּי ת׳ (maTSUY) available; frequent; common
מִצּוּי ז׳ (mitsTSUY) extraction; draining; exhausting
מצוין ר׳ מְצֻיָּן
מצויץ ר׳ מְצֻיָּץ
מְצוּלָה נ׳ (metsuLA) depth; abyss
יְוֵן — deep mire
מצולע ר׳ מְצֻלָּע
מצולק ר׳ מְצֻלָּק
מצומצם ר׳ מְצֻמְצָם

lighter; arsonist (*matsTSIT*) מַצִּית ז׳
shady (*meTSAL*) מֵצַל ת׳
crossed; crossbred (*mutsLAV*) מֻצְלָב ת׳
bell; chime (*metsilLA*) מְצִלָּה נ׳
successful (*mutsLAḤ*) מֻצְלָח ת׳
successful (*matsLI'aḥ*) מַצְלִיחַ ת׳
whip (*matsLIF*) מַצְלִיף ת׳
camera (*matsleMA*) מַצְלֵמָה נ׳
polygon (*metsulLA'*) מְצֻלָּע ז׳
coins; change (money) (*metsaltseLIM*) מְצַלְצְלִים ז״ר
scarred (*metsulLAK*) מְצֻלָּק ת׳
cymbals (*metsilTAyim*) מְצִלְתַּיִם ז״ז
clutch (*matsMED*) מַצְמֵד ז׳
blink (*mitsMETS*) מִצְמֵץ פעל ע׳
reducing; limiting; contracting (*metsamTSEM*) מְצַמְצֵם ת׳
reduced; limited; contracted; scanty (*metsumTSAM*) מְצֻמְצָם ת׳
dried up; shrivelled (*metsumMAK*) מְצֻמָּק ת׳
parachute (*matsNE'aḥ*) מַצְנֵחַ ז׳
cooled; chilled; having a cold (*metsunNAN*) מְצֻנָּן ת׳
cooler; radiator (*matsNEN*) מַצְנֵן ז׳
hidden; concealed (*mutsNA'*) מֻצְנָע ת׳
turban; headdress; cap (*mitsneFET*) מִצְנֶפֶת נ׳
center; divide in two; find the average (*mitsTSA'*) מִצַּע פעל י׳
bedding; bedclothes; mattress; platform; base (*maTSA'*) מַצָּע ז׳
spread; placed on bed; made (bed); proposed; suggested (*mutsTSA*) מֻצָּע ת׳
parade; march; step (*mitsAD*) מִצְעָד ז׳
veiled; shrouded (*metso'AF*) מְצֹעָף ת׳
fancy; ornamented; garish; flamboyant (*metsu'TSA'*) מְצֻעְצָע ת׳
small thing; trifle (*mits'AR*) מִצְעָר ז׳
at least לְ –

מצומק ר׳ מְצֻמָּק
מצונן ר׳ מְצֻנָּן
finding the average; centering; compromise (*mitsTSU'a'*) מִצּוּעַ ז׳
מצועף ר׳ מְצֹעָף
מצועצע ר׳ מְצֻעְצָע
buoy; float (*maTSOF*) מָצוֹף ז׳
sucked (*maTSUTS*) מָצוּץ ת׳
unfounded; fanciful – מִן הָאֶצְבַּע
cliff (*maTSUK*) מָצוּק
distress; trouble; need (*metsuKA*) מְצוּקָה נ׳
siege; blockade; distress (*maTSOR*) מָצוֹר ז׳
מצורע ר׳ מְצֹרָע
forehead (*meTSAḤ*) מֵצַח ז׳
insolent עַז –
brazen face – נְחוּשָׁה
frontal attack הַתְקָפַת –
visor; greave (*mitsḤA*) מִצְחָה נ׳
funny; laughable; humorous (*matsḤIK*) מַצְחִיק ת׳
polished; shiny (*metsuḥTSAḤ*) מְצֻחְצָח ת׳
accumulative (*mitstaBER*) מִצְטַבֵּר ת׳
find; finding; bargain (*metsi'A*) מְצִיאָה נ׳
reality; existence; actuality (*metsi'UT*) מְצִיאוּת נ׳
rare יְקַר־ הַ –
indispensible; imperative מְחֻיַּב הַ –
real; realistic (*metsi'UTI*) מְצִיאוּתִי ת׳
realism (*metsi'utiYUT*) מְצִיאוּתִיּוּת נ׳
cracker; wafer (*matsiYA*) מַצִּיָּה נ׳
lifeguard; lifesaver (*matsTSIL*) מַצִּיל ז׳
excellent; distinguished; marked; indicated (*metsuYAN*) מְצֻיָּן ת׳
tufted; frilled (*metsuYATS*) מְצֻיָּץ ת׳
sucking; suction; "drag" (*metsiTSA*) מְצִיצָה נ׳

מְצַעֵר ת׳ (metsaER) saddening
מִצְפֶּה ז׳ (mitsPE) watchtower; observatory; lookout
מְצֻפֶּה ת׳ (metsupPE) coated; frosted; expected
מַצְפּוּן ז׳ (matsPUN) conscience
מַצְפּוּנִי ת׳ (matspuNI) conscience
מַצְפֵּן ז׳ (matsPEN) compass
מָצַץ פעל י׳ (maTSATS) suck; drain out
מִצֵּק פעל י׳ (mitsTSEK) solidify; make firm
מַצֶּקֶת נ׳ (matsTSEket) ladle
מֵצַר ז׳ (meTSAR) strait; isthmus; distress
מֶצֶר ז׳ (MEtser) boundary; bound
מֵצֵר ת׳ז׳ (meTSER) grieve; oppressor; constrictor
מִצְרִי ת׳ (mitsRI) Egyptian
מִצְרַיִם נ׳ (mitsRAyim) Egypt
מִצְרָךְ ז׳ (mitsRAKH) commodity; item; staple
מְצֹרָע ת׳ ז׳ (metsoRA') leper; leprous
מַצְרֵף ז׳ (matsREF) crucible
כּוּר – Purgatory
מַצֵּת ז׳ (matsTSET) sparkplug; lighter; igniter
מַק ז׳ (MAK) rot
מַקָּב ז׳ (makKAV) punch
מַקְבִּיל ת׳ (makBIL) parallel; corresponding
מַקְבִּילָה נ׳ (makbiLA) parallel
מַקְבִּילוֹן ז׳ (makbiLON) parallelipiped
מַקְבִּילוּת נ׳ (makbiLUT) parallelism
מַקְבִּילַיִם ז״ז (makbiLAyim) parallel bars
מַקְבִּילִית נ׳ (makbiLIT) parallelogram
מְקֻבָּל ת׳ז׳ (mekubBAL) accepted; conventional; usual; desirable; cabalist
מִקְבָּע ז׳ (mikBA') mounting; fixation
מִקְבָּץ ז׳ (mikBATS) group; grouping; cluster

מַקֶּבֶת נ׳ (makKEvet) mallet
מַקְדֵּחַ ז׳ (makDE'aḥ) drill bit; gimlet
מֻקְדָּח ת׳ (mukDAḤ) spoiled; burned
מַקְדֵּחָה נ׳ (makdeḤA) drill
מֻקְדָּם ת׳ (mukDAM) early; preliminary
בְּ – soon
לְכָל הַ – at the earliest
מְקַדֵּם ז׳ (mekadDEM) coefficient
מִקְדָּמָה נ׳ (mikdaMA) advance
מִקַּדְמַת דְּנָה תה״פ (mikkadMAT deNA) since olden times; for a long time
מִקְדָּשׁ ז׳ (mikDASH) temple; sanctuary
– מְעַט synagogue
בֵּית הַ – the Temple
מְקֻדָּשׁ ת׳ (mekudDASH) sacred; consecrated; offered
מֻקְדָּשׁ ת׳ (mukDASH) dedicated; consecrated
מְקֻדֶּשֶׁת ת׳ (mekudDEshet) betrothed; sanctified
מַקְהֵלָה נ׳ (mak'heLA) choir; chorus
מִקּוּד ז׳ (mikKUD) focussing; ZIP code
מִקְוֶה ז׳ (mikVE) pool; reservoir; *mikveh* (ritual bath)
מִקְוָה נ׳ (mikVA) pool; water hole
מְקֻוֶּה ת׳ (mekuvVE) hoped; expected
מִקּוּחַ ז׳ (mikKU'aḥ) bargaining
מקוטע ר׳ מְקֻטָּע
מקולל ר׳ מְקֻלָּל
מקולף ר׳ מְקֻלָּף
מקולקל ר׳ מְקֻלְקָל
מָקוֹם ז׳ (maKOM) place; locality; site; spot; space, room; abode; seat; state; The Omnipresent
– גֵּאוֹמֶטְרִי locus
בִּמְקוֹם instead of
מִכָּל – in any case
מְמַלֵּא – acting; replacing; substitute; stand in
מַרְאֵה – reference

עַד אֶפֶס – full up
מִקּוּם ז׳ (mikKUM) location; localization; placing; siting
מקומט ר׳ מְקֻמָּט
מְקוֹמִי ת׳ (mekoMI) local; native
מקומר ר׳ מְקֻמָּר
מְקוֹנֵן ז׳ (mekoNEN) mourner
מקוער ר׳ מְקֹעָר
מַקּוֹף ז׳ (makKOF) beat (police)
מקופח ר׳ מְקֻפָּח
מקופל ר׳ מְקֻפָּל
מקוצץ ר׳ מְקֻצָּץ
מקוצר ר׳ מְקֻצָּר
מְקֻוְקָו ז׳ (mekuvKAV) lined; striped; lineal
מָקוֹר ז׳ (maKOR) source; fount; spring; origin; original; root; infinitive
מַקּוֹר ז׳ (makKOR) beak, bill
מקורב ר׳ מְקֹרָב
מקורה ר׳ מְקֹרֶה
מקורזל ר׳ מְקֻרְזָל
מְקוֹרִי ת׳ (mekoRI) original
מְקוֹרִיּוּת נ׳ (mekoriYUT) originality
מקורר ר׳ מְקֹרָר
מַקּוֹשׁ ז׳ (makKOSH) gong; clapper
מִקּוּשׁ ז׳ (mikKUSH) mining; minelaying
מקושט ר׳ מְקֻשָּׁט
מַקּוֹשִׁית נ׳ (makkoSHIT) xylophone
מקושקש ר׳ מְקֻשְׁקָשׁ
מקושת ר׳ מְקֻשָּׁת
מִקָּח, מֶקַח ז׳ (mikkAḤ; MEkaḥ) taking; buying; goods; price
– וּמִמְכָּר buying and selling; bargaining
– טָעוּת bad bargain
עָמַד עַל הַ– bargain
מְקֻטָּן ת׳ (mukTAN) reduced; on a small scale
מְקֻטָּע ת׳ (mekutTA') fragmentary; cut up
מַקְטֵפָה נ׳ (makteFA) picker (device)

מִקְטֹרֶן ז׳ (mikTOren) jacket; dinner jacket
מִקְטֶרֶת נ׳ (mikTEret) pipe
מקיון ר׳ מוּקְיוֹן
מַקִּיף ת׳ (makKIF) comprehensive; extensive; overall; surrounding
מַקֵּל ז׳ (makKEL) stick; rod; cane
מֵקֵל ת׳ (meKEL) lenient; extenuating
מִקְלַחַת נ׳ (mikLAḥat) shower
מִקְלָט ז׳ (mikLAT) shelter; refuge; asylum
מַקְלֵט ז׳ (makLET) receiver (radio; television)
מְקֻלָּל ת׳ (mekulLAL) cursed; damned
מַקְלֵעַ, מִקְלָע ז׳ (makLE'a'; mikLA') machine gunner
תַּת־ – sub-machinegun
מַקְלְעָן ז׳ (makle'AN) machine gunner
מִקְלַעַת נ׳ (mikLA'at) plait; braid; slingshot
מְקֻלָּף ת׳ (mekulLAF) peeled
מַקְלֵף ז׳ (makLEF) peeler
מְקֻלְקָל ת׳ (mekulKAL) defective; spoiled; rotten; out of order, broken
מִקֵּם פעל י׳ (mikKEM) localize; locate; place; site
מְקֻמָּט ת׳ (mekumMAT) wrinkled; creased
מְקֻמָּר ת׳ (mekumMAR) convex; vaulted; curved
מִקְנֶה ז׳ (mikNE) cattle and sheep; livestock; herd; stock; purchase; property
מִקְנָה נ׳ (mikNA) purchase; price
מַקְסִים ת׳ (makSIM) enticing; charming; fascinating
מַקְסִימוּם ז׳ (MAKsimum) maximum
מַקְסִימָלִי ת׳ (maksiMAli) maximal
מִקְסָם ז׳ (mikSAM) magic; spell; attraction
מִקְסַם שָׁוְא illusion
מֻקְסָם ת׳ (mukSAM) enchanted; spellbound

concave (*meko'AR*) מְקֹעָר ת׳

hyphen (*makKAF*) מַקָּף ז׳

surrounded; (*mukKAF*) מֻקָּף ת׳ hyphenized; sold on credit

frozen (*mukPA*) מֻקְפָּא ת׳

jelly (*mikPA*) מִקְפָּא ז׳

gruel (*mikPA*) מִקְפָּה נ׳

deprived; (*mekupPAḤ*) מְקֻפָּח ת׳ denied; discriminated against

folded (*mekupPAL*) מְקֻפָּל ת׳

springboard; (*makpeTSA*) מַקְפֵּצָה נ׳ diving board

beat; rhythm (*mikTSAV*) מִקְצָב ז׳

set apart; (*mukTSE*) מֻקְצֶה ת׳ allocated; designated; untouchable

heat (sport); (*mikTSE*) מִקְצֶה ז׳ detail

occupation; (*mikTSO'a*) מִקְצוֹעַ ז׳ vocation; profession; trade; course; subject; branch (learning); edge; angle; corner

plane (*maktsu'A*) מַקְצוּעָה נ׳

professional; (*miktso'I*) מִקְצוֹעִי ת׳ skilled; vocational, trade; specialist

(*miktso'iYUT*) מִקְצוֹעִיּוּת נ׳ professionalism; skill

professional (*miktso'AN*) מִקְצוֹעָן ת׳

planed; polished (*mukTSA'*) מֻקְצָע ת׳

eggbeater (*makTSEF*) מַקְצֵף ז׳

cut; curtailed (*mekuTSATS*) מְקֻצָּץ ת׳

shortened; (*mekutsTSAR*) מְקֻצָּר ת׳ abridged; abbreviated

reaper; (*maktseRA*) מַקְצֵרָה נ׳ harvester; mower

a little (of); (*mikTSAT*) מִקְצָת תה״פ some

somewhat בְּ –

rot (*mekEK*) מֶקֶק ז׳

cockroach (*makKAK*) מַקָּק ז׳

calling; con- (*miKRA*) מִקְרָא ז׳ vocation; reading; reciting; text; Bible; biblical verse; legend (of map)

anthology; reader (*mikra'A*) מִקְרָאָה נ׳

biblical (*mikra'I*) מִקְרָאִי ת׳

familiar; favorite; (*mekoRAV*) מְקֹרָב ת׳ approximate; close, friendly with

chance; incident; (*mikRE*) מִקְרֶה ז׳ event; occasion; case; lot; fate

by chance בְּ –

roofed (*mekoRE*) מְקֹרֶה ת׳

accidental; by chance (*mikRI*) מִקְרִי ת׳

chance (*mikriYUT*) מִקְרִיּוּת נ׳

balding (*makRI'aḥ*) מַקְרִיחַ ת׳

horned; radiating; (*makRIN*) מַקְרִין ת׳ radiant

radiator (*makREN*) מַקְרֵן ז׳

(*mekarke'IM[N]*) מְקַרְקְעִים(־ן) ז״ר real estate; real property

(*mekaRER; makRER*) מְקָרֵר, מַקְרֵר ז׳ refrigerator

cooled; (*mekoRAR*) מְקֹרָר ת׳ refrigerated; having a cold

mine; lay (*mikKESH*) מִקֵּשׁ פעל י׳ mines

key (*makKASH*) מַקָּשׁ ז׳

melon (*miksha'A;* מִקְשָׁאָה, מִקְשָׁה נ׳ patch; squash patch *mikSHA*)

beaten work (*mikSHA*) מִקְשָׁה נ׳

of one piece – אַחַת

questioner (*makSHE*) מַקְשֶׁה ז׳

hardened; (*mukSHE*) מֻקְשֶׁה questionable; hard to solve

decorated; (*mekushSHAT*) מְקֻשָּׁט ת׳ adorned

inquirer; (*makSHAN*) מַקְשָׁן ז׳ contentious questioner; trouble maker

(*makshaNUT*) מַקְשָׁנוּת נ׳ contentiousness

scribbled; (*mekushKASH*) מְקֻשְׁקָשׁ ת׳ confused; scrambled

scaly (*mekusKAS*) מְקֻשְׂקָשׂ ת׳

go-between; (*mekashSHER*) מְקַשֵּׁר ז׳ messenger; liason officer; inside forward; halfback (soccer)

connected; (*mekushSHAR*) מְקֻשָּׁר ת׳ tied up

arched (mekushSHAT) מְקֻשָּׁת ת׳
bitter (MAR) מַר ת׳
embittered – נֶפֶשׁ
intoxicating liquor הַטִּפָּה הַמָּרָה
Mr., Mister, Sir (MAR) מָר ז׳
myrrh (MOR) מֹר ז׳
sight; view; appearance; vision (mar'E) מַרְאֶה ז׳
reference מַרְאֵה מָקוֹם
good looking – יְפֵה
mirror; vision (mar'A) מַרְאָה נ׳
sight; appearance (mar'IT) מַרְאִית נ׳
on the surface; apparently – עַיִן
in advance; ahead (meROSH) מֵרֹאשׁ תה״פ
head rest (mera'aSHOT) מְרַאֲשׁוֹת נ״ר
under the head לִמְרַאֲשׁוֹת־
stained; soiled (merubBAV) מְרֻבָּב ת׳
carpet (marVAD) מַרְבָד ז׳
stratified; laminated (merubBAD) מְרֻבָּד ת׳
much; greatly; multiplier; increaser (marBE) מַרְבֶּה תה״פ ת׳
to my great distress לְמַרְבֵּה הַצַּעַר
numerous; much; multiple; multi- (merubBE) מְרֻבֶּה ת׳
(marBE-ragLAyim) מַרְבֵּה־רַגְלַיִם ז׳ centipede
greater part; most (marBIT) מַרְבִּית נ׳
quadrangle; square; four-part; quadrate; quadruple; quatrain (merubBA') מְרֻבָּע ז׳
deposit (geol.); stratum (mirBATS) מִרְבָּץ ז׳
fattening stable (marBEK) מַרְבֵּק ז׳
rest; quiet (marGO'a) מַרְגּוֹעַ ז׳
rest house – בֵּית
angry; annoyed (merugGAZ) מְרֻגָּז ת׳
angered (murGAZ) מֻרְגָּז ת׳
spy (meragGEL) מְרַגֵּל ז׳
accustomed; used to (murGAL) מֻרְגָּל ת׳

foot rest; feet; foot (margeLOT) מַרְגְּלוֹת נ״ר
at the foot of – לְ
piedmont – הָהָר
pearl (margaLIT) מַרְגָּלִית נ׳
spy (f.) (meragGElet) מְרַגֶּלֶת נ׳
mortar (margeMA) מַרְגֵּמָה נ׳
daisy (margaNIT) מַרְגָּנִית נ׳
margarine (margaRIna) מַרְגָּרִינָה נ׳
felt; perceived; perceivable (murGASH) מֻרְגָּשׁ ת׳
exciting (meraGESH) מְרַגֵּשׁ ת׳ ז׳
excited; emotional (merugGASH) מְרֻגָּשׁ ת׳
feeling (marGASH) מַרְגָּשׁ ז׳
rebel; revolt (maRAD) מָרַד פעל ע׳
revolt; insurrection; rebellion; mutiny (MEred) מֶרֶד ז׳
honey-gathering (mirDE) מִרְדֶּה ז׳
baker's peel (marDE) מַרְדֶּה ז׳
rebelliousness; disobedience; chastisement (marDUT) מַרְדּוּת נ׳
soporific; narcotic; anesthetic (marDIM) מַרְדִּים ת׳
rebel (marDAN) מַרְדָן ז׳
rebelliousness (mardaNUT) מַרְדָנוּת נ׳
rebellious (mardaNI) מַרְדָנִי ת׳
packsaddle (marDA'at) מַרְדַעַת נ׳
disobey; rebel (maRA) מָרָה פעל ע׳
in spite of לַמְרוֹת
gall; bile; bitterness; bitterly (maRA) מָרָה נ׳ תה״פ
melancholy – שְׁחוֹרָה
bitterness (moRA) מֹרָה נ׳
sorrow; ill-humor מֹרַת רוּחַ
against his will לְמֹרַת רוּחוֹ
furnished (meroHAT) מְרֹהָט ת׳
attractive; stirring (marHIV) מַרְהִיב ת׳
spectacular, lovely – עַיִן
מרובב ר׳ מְרֻבָּב
מרובה ר׳ מְרֻבֶּה
מרובע ר׳ מְרֻבָּע
מרוגז ר׳ מְרֻגָּז

מרוגש ר׳ מְרֻגָּשׁ

מָרוּד ת׳ (maRUD) miserable; wretched

עָנִי – very poor

מרוהט ר׳ מְרֹהָט

מרווח ר׳ מְרֻוָּח

מָרוּחַ ת׳ (maRU'aḥ) smeared; spread on

מֵרוּחַ ז׳ (meRU'aḥ) smearing; levelling

מְרֻוָּח ת׳ (meruvVAḤ) spacious; roomy

מִרְוָח ז׳ (mirVAḤ) space; room; span; gap; clearance

מרוחק ר׳ מְרֻחָק

מָרוּט ת׳ (maRUT) plucked; polished

מֵרוּט ז׳ (meRUT) polishing

מרוטש ר׳ מְרֻטָּשׁ

מרוכב ר׳ מְרֻכָּב

מרוכז ר׳ מְרֻכָּז

מרוכך ר׳ מְרֻכָּךְ

מָרוֹם ז׳ (maROM) height; sky; peak

מְרוֹמִים heavens

מרומה ר׳ מְרֻמֶּה

מרומז ר׳ מְרֻמָּז

מְרוֹמָם ת׳ (meroMAM) high; exalted; elevated

מָרוֹנִיט ז׳ (maroNIT) Maronite

מרוסן ר׳ מְרֻסָּן

מרוסס ר׳ מְרֻסָּס

מרוסק ר׳ מְרֻסָּק

מרופד ר׳ מְרֻפָּד

מרופט ר׳ מְרֻפָּט

מרופש ר׳ מְרֻפָּשׁ

מֵרוֹץ ז׳ (meROTS) run; race; running; course

סוּס – race horse

– שְׁלִיחִים relay race

מְרוּצָה נ׳ (meruTSA) running; run

בִּמְרוּצַת הַזְּמָן in the long run; in the course of time

מרוצה ר׳ מְרֻצֶּה

מרוצף ר׳ מְרֻצָּף

מֵרוּק ז׳ (meRUK) polishing; cleansing; purification; purgation; remission

מְרוֹקָן ת׳ (meroKAN) emptied

מָרוֹר ז׳ (maROR) bitter herbs (for Passover dish); bitterness

מֵרוּר ז׳ (meRUR) distressing, harassing

מרושל ר׳ מְרֻשָּׁל

מרושע ר׳ מְרֻשָּׁע

מְרוֹשָׁשׁ ת׳ (meroSHASH) impoverished

מָרוּת נ׳ (maRUT) authority; rule

מרותק ר׳ מְרֻתָּק

מַרְזֵב ז׳ (marZEV) drain pipe; gutter

מַרְזֵחַ ז׳ (marZE'aḥ) banquet; revelry

בֵּית־ – saloon, tavern

מָרַח פעל י׳ (maRAḤ) smear; spread

מֶרְחָב ז׳ (merḤAV) space; expanse; freedom; area

מֻרְחָב ת׳ (murḤAV) widened; expanded; enlarged

מֶרְחָבִי ת׳ (merḥaVI) spatial

מֶרְחַבְיָה נ׳ (merḥavYA) wide open space

מַרְחִיק־לֶכֶת ת׳ (marḤIK LEkhet) far-reaching

מַרְחִיק־רְאוּת ת׳ (marḤIK re'UT) far-sighte

מֶרְחָץ ז׳ (merḤATS) bath

בֵּית – public bath

מֶרְחָק ז׳ (merḤAK) distance; remote place; difference

מְרֻחָק ת׳ (meruḤAK) distant

מֻרְחָק ת׳ (murḤAK) remote; distant; banished

מַרְחֶשְׁוָן, חֶשְׁוָן ז׳ ([mar]ḥeshVAN; ḥeshVAN) Marheshvan (eighth Hebrew month, 2nd. in Bible)

מַרְחֶשֶׁת נ׳ (marḤEshet) deep frying pan

מָרַט פעל י׳ (maRAT) pluck; pull out; polish

– עֲצַבִּים get on one's nerves

pluck (meRAT) מֵרַט פעל י׳

tatter; make ragged (mirTET) מִרְטֵט פעל י׳

rebellion; disobedience; rebelliousness (meRI; MEri) מְרִי, מֶרִי ז׳

fatted animal; buffalo (meRI) מְרִיא ז׳

quarrel; dispute (meriVA) מְרִיבָה נ׳

revolt; mutiny (meriDA) מְרִידָה נ׳

smearing; spreading (meriḤA) מְרִיחָה נ׳

plucking (meriTA) מְרִיטָה נ׳

nerve-racking מְרִיטַת־עֲצַבִּים

wheelbarrow (meriTSA) מְרִיצָה נ׳

bitterish; bitter; bittersweet (maRIR) מָרִיר ת׳

bitterness (meriRUT) מְרִירוּת נ׳

rafter; beam (maRISH) מָרִישׁ ז׳

(MOrekh-[LEV]) מֹרֶךְ, מֹרֶךְ־לֵב ז׳ faintheartedness; cowardice

(merkha'-OT;-kefuLOT) מֵרְכָאוֹת, מֵרְכָאוֹת כְּפוּלוֹת נ״ר quotation marks; quotes

chassis; fuselage; body; carriage; vehicle; seat; chariot (merKAV) מֶרְכָּב ז׳

joined (merukKAV) מְרֻכָּב ת׳

compound; complex; composed; composite; combined; intricate; complicated; grafted; mounted (murKAV) מֻרְכָּב ת׳

carriage; chariot; Ezekiel's vision (I, 10) (merkaVA) מֶרְכָּבָה נ׳

mystic speculation; esoteric knowledge; intricate construction מַעֲשֵׂה –

complexity (murkaVUT) מֻרְכָּבוּת נ׳

center (merKAZ) מֶרְכָּז ז׳

organizer; coordinator (merakKEZ) מְרַכֵּז ז׳

concentrated; centered; focussed (merukKAZ) מְרֻכָּז ת׳

centralize (mirKEZ) מִרְכֵּז פעל י׳

central (merkaZI) מֶרְכָּזִי ת׳

switchboard; exchange; center (merkaziYA) מֶרְכָּזִיָּה נ׳

centrality; centralism (merkaziYUT) מֶרְכָּזִיּוּת נ׳

switchboard operator (merkaZAN) מֶרְכָּזָן ז׳

telephone exchange (mirKEzet) מִרְכֶּזֶת נ׳

component (marKIV) מַרְכִּיב ז׳

softened (merukKAKH) מְרֻכָּךְ ת׳

merchandise (marKOlet) מַרְכֹּלֶת נ׳

מַרְכְּסִיזְם, מַרְכְּסִיסְט ר׳ מַרְקְסִיזְם, מַרְקְסִיסְט

deceit; fraud; fraudulence (mirMA) מִרְמָה נ׳

deceived (merumME) מְרֻמֶּה ת׳

hinted; alluded (merumMAZ) מְרֻמָּז ת׳

marmot; woodchuck (marMIta) מַרְמִיטָה נ׳

prairie dog – נוֹבְחָנִית

deep sleep, hibernation שְׁנַת־ –

marmalade (marmeLAda) מַרְמֶלָדָה נ׳

trampling; treading underfoot (mirMAS) מִרְמָס ז׳

our teacher (Aram.) (maRAN) מָרָן ז׳

gladdening (marNIN) מַרְנִין ת׳

March; Mars (MARS) מַרְס ז׳

abscess (murSA) מֻרְסָה נ׳

reined; bridled; curbed; checked (merusSAN) מְרֻסָּן ת׳

sprayer (marSES) מַרְסֵס ז׳

sprayed (merusSAS) מְרֻסָּס ת׳

potato masher (marSEK) מַרְסֵק ז׳

crushed; mashed (merusSAK) מְרֻסָּק ת׳

friend (meRE'a) מֵרֵעַ ז׳

wicked; evil; the worst (meRA) מֵרַע ת׳

(sheKHIV meRA) (מְרַע) שְׁכִיב מְרַע ז׳ mortally ill

serious illnesses מַרְעִין בִּישִׁין

starved; famished (mur'AV) מֻרְעָב ת׳

pasture; range (mir'E) מִרְעֶה ז׳

מַרְעוֹם ז׳ (*mar'OM*) fuse
מֵרֵעוּת נ׳ (*mere'UT*) friendship
מַרְעִית נ׳ (*mar'IT*) flock; grazing
מֻרְעָל ת׳ (*mur'AL*) poisoned
מְרַעֲנֵן ת׳ (*mera'aNEN*) refreshing
מַרְפֵּא ז׳ (*marPE*) cure; remedy
מְרַפֵּא ז׳ (*merapPE*) healer
– שִׁנַּיִם dental practitioner
מִרְפָּאָה נ׳ (*mirpa'A*) clinic
מְרֻפָּד ת׳ (*merupPAD*) upholstered; padded
מִרְפָּדָה, מַרְפֵּדִיָּה נ׳ (*mirpaDA; marpediYA*) upholsterer's shop
מְרֻפָּט ת׳ (*merupPAT*) shabby; ragged; tattered
מִרְפֶּסֶת נ׳ (*mirPEset*) porch; balcony; terrace
מַרְפֵּק ז׳ (*marPEK*) elbow
מַרְפְּקָן ז׳ (*marpeKAN*) hustler; pushy person
מְרֻפָּשׁ ת׳ (*merupPASH*) muddy, filthy
מֶרֶץ ז׳ (*MErets*) energy; vigor; pep
מֶרְץ ז׳ (*MERTS*) March
מַרְצֶה ז׳ (*marTSE*) lecturer
מְרֻצֶּה ת׳ (*merutsTSE*) satisfied; content
מְרַצֵּחַ ז׳ (*meratsTSE'aḥ*) murderer
מַרְצֵעַ ז׳ (*marTSE'a*) awl
מְרֻצָּף ת׳ (*merutsTSAF*) tiled; paved
מַרְצֶפֶת נ׳ (*marTSEfet*) paving stone; tile; pavement
מָרַק פעל י׳ (*maRAK*) polish
מֵרַק פעל י׳ (*meRAK*) polish; scrub; cleanse; finish; atone for
מָרָק ז׳ (*maRAK*) soup
מֶרֶק ז׳ (*MErek*) putty
מִרְקַחַת נ׳ (*mirKAḥat*) marmalade; mixture
בֵּית – drugstore; pharmacy
מְרָקִיָּה נ׳ (*merakiYA*) soup tureen
מִרְקָם ז׳ (*mirKAM*) texture; web; fabric

מַרְקְסִיזְם ז׳ (*markSIZM*) Marxism
מַרְקְסִיסְט ז׳ (*markSIST*) Marxist
מִרְקָקָה נ׳ (*mirkaKA*) spittoon; cuspidor
מֵרֵר פעל י׳ (*meRAR*) make bitter, cause bitterness; grieve
– בִּבְכִי cry bitterly
מְרֵרָה נ׳ (*mereRA*) bile; gall
מֻרְשֶׁה ז׳ ת׳ (*murSHE*) representative; agent; attorney; delegate; empowered; authorized, licensed
מְרֻשְׁלָ ת׳ (*merushSHAL*) untidy; careless; negligent
מַרְשַׁל ז׳ (*marSHAL*) marshal
מִרְשָׁם ז׳ (*mirSHAM*) sketch; scheme; draft; recipe; registration; register
מִרְשַׁם הַתּוֹשָׁבִים population register
מְרֻשָּׁע ת׳ (*merushSHA'*) wicked
מֻרְשָׁע ת׳ (*murSHA'*) condemned; guilty
מִרְשַׁעַת נ׳ (*mirSHA'at*) wicked woman; shrew; witch; bitch
מָרַת נ׳ (*maRAT*) Mrs., Mme.
מָרַת רוּחַ ר׳ מָרָה
מָרָתוֹנִי ת׳ (*maraTOni*) marathon (adj.)
מְרֻתָּח ת׳ (*merutTAḤ*) boiled
מְרֻתָּךְ ת׳ (*merutTAKH*) welded
מַרְתֵּף ז׳ (*marTEF*) cellar; basement
מְרַתֵּק ת׳ (*meratTEK*) thrilling; fascinating; binding
מְרֻתָּק ת׳ (*merutTAK*) bound; chained; shut-in; confined
– לַמִּטָּה bedridden
מַשָּׂא ז׳ (*masSA*) burden; load; cargo; freight; bearing; carrying; prophecy; vision; longing
– וּמַתָּן negotiations; bargaining; proceedings
– נֶפֶשׁ ideal; yearning
אֳנִיַּת – freighter
הָיָה לְ – be a burden
מַגָּע וּ – negotiations; dealings
מְכוֹנִית – truck

משא ר׳ מַשׂוֹא
object (gram.) (musSA) מֻשָּׂא ז׳
pump (mash'eVA) מַשְׁאֵבָה נ׳
resources (mash'aBIM) מַשְׁאַבִּים ז״ר
lifting; rising smoke (massa'A) מַשָּׂאָה נ׳
ideal מַשְׂאַת נֶפֶשׁ
truck (massa'IT) מַשָּׂאִית נ׳
referendum; poll; request (mish'AL) מִשְׁאָל ז׳
plebiscite מִשְׁאַל עַם
request; wish (mish'aLA) מִשְׁאָלָה נ׳
kneading trough (mish'Eret) מִשְׁאֶרֶת נ׳
gust; puff; blowing; breeze (mashSHAV) מַשָּׁב ז׳
excellent; choicest; best; selected (meshubBAḤ) מְשֻׁבָּח ת׳
juror; sworn in; avowed; inveterate (mushBA') מֻשְׁבָּע ז׳ת׳
plaid; checkered; inlaid; assigned (meshubBATS) מְשֻׁבָּץ ת׳
square; checker (mishBEtset) מִשְׁבֶּצֶת נ׳
crisis (mashBER) מַשְׁבֵּר ז׳
breaker; wave (mishBAR) מִשְׁבָּר ז׳
faulty; distorted; disorganized; in bad condition (meshubBASH) מְשֻׁבָּשׁ ת׳
concept; conception; idea; notion; obtained; conceived; attainable (musSAG) מֻשָּׂג ז׳ת׳
stronghold; fortress; refuge (misGAV) מִשְׂגָּב ז׳
error; mistake; blunder; fault (mishGE) מִשְׁגֶּה ז׳
conceptual (mussaGI) מֻשָּׂגִי ת׳
monitor; inspector; supervisor (mashGI'aḥ) מַשְׁגִּיחַ ז׳
sexual intercourse (mishGAL) מִשְׁגָּל ז׳
mad; crazy; insane (meshugGA') מְשֻׁגָּע ת׳
launcher (mashGER) מַשְׁגֵּר ז׳
blooming; prosperous; flourishing (mesagSEG) מְשַׂגְשֵׂג ת׳

harrow (masdeDA) מַשְׂדֵּדָה נ׳
transmitter (mashDER) מַשְׁדֵּר ז׳
broadcast (mishDAR) מִשְׁדָּר ז׳
pull out of water; rescue; salvage (maSHA) מָשָׁה פעל י׳
something; anything; somewhat (MAshehu) מַשֶּׁהוּ ז׳
load (maSO) מַשׂוֹא ז׳
partiality; bias; favor – פָּנִים
beacon; fire signal (massu'A) מַשּׂוּאָה נ׳
equation (mishva'A) מִשְׁוָאָה נ׳
feedback (maSHOV) מָשׁוֹב ז׳
restoring (meshoVEV) מְשׁוֹבֵב ת׳
invigorating – נֶפֶשׁ
folly; foolishness (meshuVA) מְשׁוּבָה נ׳
משובח ר׳ מְשֻׁבָּח
משובץ ר׳ מְשֻׁבָּץ
משובש ר׳ מְשֻׁבָּשׁ
משוגע ר׳ מְשֻׁגָּע
equator (mashVE) מַשְׁוֶה ז׳
equator קַו הַ –
anointed; consecrated; smeared (maSHU'aḥ) מָשׁוּחַ ת׳
משוחד ר׳ מְשֻׁחָד
משוחרר ר׳ מְשֻׁחְרָר
oar; paddle (maSHOT) מָשׁוֹט ז׳
rambler; hiker; stroller; vagrant (meshoTET) מְשׁוֹטֵט ז׳
pulled; drawn; taut; stretched (maSHUKH) מָשׁוּךְ ת׳
hedge; hurdle (mesuKHA) מְשׂוּכָה נ׳
משוכל ר׳ מְשֻׁכָּל
משוכלל ר׳ מְשֻׁכְלָל
משוכנע ר׳ מְשֻׁכְנָע
resembling; compared (maSHUL) מָשׁוּל ת׳
משולב ר׳ מְשֻׁלָּב
משולהב ר׳ מְשֻׁלְהָב
משולח ר׳ מְשֻׁלָּח
משולל ר׳ מְשֻׁלָּל
משולש ר׳ מְשֻׁלָּשׁ
considered as; because of; in the name of (mishSHUM) מִשּׁוּם מ״י

- שֶׁ־ because
- משומד ר׳ מְשֻׁמָּד
- משומן ר׳ מְשֻׁמָּן
- משומר ר׳ מְשֻׁמָּר
- משומש ר׳ מְשֻׁמָּשׁ
- משונה ר׳ מְשֻׁנֶּה
- מַשְׁוָנִי ת׳ (*mashvaNI*) equatorial
- משונן ר׳ מְשֻׁנָּן
- משונס ר׳ מְשֻׁנָּס
- משוסה ר׳ מְשֻׁסֶּה
- משוסע ר׳ מְשֻׁסָּע
- משועבד ר׳ מְשֻׁעְבָּד
- משוער ר׳ מְשֹׁעָר
- מָשׁוֹף ז׳ (*maSHOF*) rasp
- משופד ר׳ מְשֻׁפָּד
- משופה ר׳ מְשֻׁפֶּה
- משופם ר׳ מְשֻׁפָּם
- משופע ר׳ מְשֻׁפָּע
- משופץ ר׳ מְשֻׁפָּץ
- משופר ר׳ מְשֻׁפָּר
- משופשף ר׳ מְשֻׁפְשָׁף
- משוקם ר׳ מְשֻׁקָּם
- משוקף ר׳ מְשֻׁקָּף
- מַשּׂוֹר ז׳ (*masSOR*) saw
- מְשׂוּרָה נ׳ (*mesuRA*) graduate; graduated cylinder
- מַיִם בִּ — water by measure; a scant quantity of water
- משורין ר׳ מְשֻׁרְיָן
- מְשׁוֹרֵר ז׳ (*meshoRER*) poet; bard
- משורש ר׳ מְשֹׁרָשׁ
- משורשר ר׳ מְשֻׁרְשָׁר
- מִשְׁוֶרֶת נ׳ (*mishVEret*) stirrup
- מִשּׁוּשׁ ז׳ (*mishSHUSH*) touch; feeling
- מָשׂוֹשׂ ז׳ (*maSOS*) joy
- מְשׁוֹשָׁה נ׳ (*meshoSHA*) aerial; antenna; feeler(s)
- משותף ר׳ מְשֻׁתָּף
- משותק ר׳ מְשֻׁתָּק
- מִשְׁזָר ז׳ (*mishZAR*) twining; interweaving
- מָשַׁח פעל י׳ (*maSHAḤ*) anoint; smear; crown
- מְשֻׁחָד ת׳ (*meshuḤAD*) bribed; biased
- מִשְׂחֶה ז׳ (*misḤE*) swimming; swimming meet
- מִשְׁחָה נ׳ (*mishḤA*) ointment; paste; cream; unction; anointing
- מֻשְׁחָז ת׳ (*mushḤAZ*) sharpened; honed
- מַשְׁחֵזָה נ׳ (*mashheZA*) sharpener; grinder
- מַשְׁחֶזֶת נ׳ (*mashḤEzet*) whetstone; grindstone; grinder; pencil sharpener
- אֶבֶן — whetstone
- מַשְׁחֵטָה נ׳ (*mashheTA*) slaughterhouse
- מַשְׁחִית ז׳ (*mashḤIT*) destroyer; demon
- אֳנִיַּת — destroyer
- מְשֻׁחָף ת׳ (*meshuḤAF*) tubercular
- מִשְׂחָק ז׳ (*misḤAK*) game; playing; play; laughter
- — מִלִּים pun
- מְשַׂחֵק ז׳ (*mesaḤEK*) performer
- מֻשְׁחָר ת׳ (*mushḤAR*) blackened
- מְשֻׁחְרָר ת׳ (*meshuhRAR*) released; free; exempt, discharged; dismissed
- מֻשְׁחָת ת׳ (*mushḤAT*) spoiled; corrupt(ed)
- מַשְׁחֶתֶת נ׳ (*mashḤEtet*) destroyer
- מִשְׁטָח ז׳ (*mishTAḤ*) surface; plane, level; extent
- מִשְׁטַח אֲוִיר airfoil
- מִשְׁטַח נְחִיתָה landing pad
- מַשְׂטֵמָה נ׳ (*masteMA*) hatred; animosity
- מִשְׁטָר ז׳ (*mishTAR*) regime; rule; authority; constitution; punishment
- — צְבָאִי martial law
- מִשְׁטֵר פעל י׳ (*mishTER*) discipline
- מִשְׁטָרָה נ׳ (*mishtaRA*) police
- מִשְׁטַרְתִּי ת׳ (*mishtarTI*) police
- מֶשִׁי ז׳ (*MEshi*) silk
- מַשִּׂיג ז׳ (*masSIG*) objector; disputer; attainer
- מָשִׁיחַ ז׳ (*maSHI'aḥ*) Messiah; anointed one

מְשִׁיחָה נ׳ (*meshiḤA*) anointing; unction; strand; string
מְשִׁיחוּת נ׳ (*meshiḤUT*) anointing as priest or king; position of messiah
מְשִׁיחִי ת׳ (*meshiḤI*) messianic
מְשִׁיחִיּוּת נ׳ (*meshiḥiYUT*) messianism
מְשִׁיִי ת׳ (*mishYI*) silky; silken
מְשִׁיכָה נ׳ (*meshiKHA*) drawing; pulling; attraction; draw
כֹּחַ הַ – gravity
מְשִׁיכַת חֶבֶל tug-of-war
מֵשִׂים, מִבְּלִי (*mibBELI meSIM*) unintentionally; inadvertently
מְשִׂימָה נ׳ (*mesiMA*) assignment; task; mission; appointment
מַשִּׁיק ז׳ (*mashSHIK*) tangent
מָשַׁךְ פעל י׳ (*maSHAKH*) pull; draw; attract; take out
מֶשֶׁךְ ז׳ (*MEshekh*) duration; continuity; drawing; pulling
– הַזֶּרַע bag of seed
בְּ – during
בְּ – הַזְּמָן in due course
מִשְׁכָּב ז׳ (*mishKAV*) bed; lying; intercourse; grave
מִשְׁכַּב זָכוּר, מִשְׁכַּב זָכָר sodomy; homosexuality
נָפַל לְ – become ill
משכה ר׳ מְשׁוּכָה
מַשְׁכּוּכִית נ׳ (*mashkuKHIT*) bellwether; leader (of herd)
מַשְׁכּוֹן ז׳ (*mashKON*) pawn; pledge; forfeit; deposit
מִשְׁכּוּן ז׳ (*mishKUN*) mortgaging; pawning
מַשְׂכִּיל ז׳ (*masKIL*) intellectual; learned person, educated person; enlightened person
מַשְׁכִּים ז׳ (*mashKIM*) early-rising; awakener
מַשְׂכִּית נ׳ (*masKIT*) picture; ornament
מִשְׂכָּל ז׳ (*misKAL*) intelligence
מְנַת – I.Q.

מְשֻׂכָּל ת׳ (*mesukKAL*) crossed
מֻשְׂכָּל ז׳ (*musKAL*) concept
– רִאשׁוֹן axiom
מְשֻׁכְלָל ת׳ (*meshukhLAL*) sophisticated; technically advanced; perfected; regular (geom.)
מִשְׁכָּן ז׳ (*mishKAN*) dwelling place; residence; home; haunt; tabernacle
מִשְׁכֵּן פעל י׳ (*mishKEN*) mortgage; pawn
מְשַׁכְנֵעַ ת׳ (*meshakhNE'a*) convincing; persuasive
מְשֻׁכְנָע ת׳ (*meshukhNA'*) convinced
מַשְׁכַּנְתָּא, מַשְׁכַּנְתָּה נ׳ (*mashKANta*) mortgage
מְשַׁכֵּר ת׳ (*meshakKER*) intoxicating
מַשְׂכֹּרֶת נ׳ (*masKOret*) salary, wage; fee
מָשַׁל פעל ע׳ י׳ (*maSHAL*) rule; speak metaphorically
מָשָׁל ז׳ (*maSHAL*) fable; proverb; parable; comparison; satire; example
– לְמָה הַדָּבָר דוֹמֶה? to what can this be compared?
לְ – e.g., for example
– דֶּרֶךְ for example
מְשֻׁלָּב ת׳ (*meshulLAV*) dovetailed; combined; joint
מִשְׁלֶבֶת נ׳ (*mishLEvet*) monogram
מֻשְׁלָג ת׳ (*mushLAG*) snow-covered
מְשֻׁלְהָב ת׳ (*meshulHAV*) inflamed; excited; flushed; enthusiastic; glowing
מִשְׁלוֹחַ ז׳ (*mishLO'aḥ*) transport; shipment; sending
– חֵיל expeditionary force
מִשְׁלָח ז׳ (*mishLAḤ*) destination; sending
מִשְׁלַח יָד occupation
מְשַׁלֵּחַ ז׳ (*meshalLE'aḥ*) dispatcher
מְשֻׁלָּח ת׳ ז׳ (*meshulLAḤ*) abandoned; vagrant; divorced; delegate; emissary
מִשְׁלַחַת נ׳ (*mishLAḥat*) delegation; contingent; mission; pack
מִשְׁלָט ז׳ (*mishLAT*) commanding position; fortified encampment

מִשְׁלֵי ז״ר (mishLEY) Proverbs (book)
מַשְׁלִים ת׳ (mashlim) complementary
מְשֻׁלָּל ת׳ (meshulLAL) deprived of; lacking
מֻשְׁלָם ז׳ (mushLAM) perfect; accomplished
מְשֻׁלָּשׁ ז׳ ת׳ (meshulLASH) triangle; triple; triangular; threefold
מְשַׁלְשֵׁל ז׳ (meshalSHEL) laxative
מַשְׂמְאִיל, מַשְׂמְאל ת׳ (masme'IL; masMIL) turning left; left-handed
מְשֻׁמָּד ת׳ (meshumMAD) convert
מְשֻׁמָּדוּת נ׳ (meshummaDUT) conversion; apostasy
מִשְׁמוּשׁ ז׳ (mishMUSH) touching; feeling; handling
מְשַׂמֵּחַ ת׳ (mesamME'aḥ) causing joy
מַשְׁמִים ת׳ (mashMIM) appalled; dreary
מַשְׁמִיץ ת׳ ז׳ (mashMITS) slanderous; defaming; slanderer
מִשְׁמָן ז׳ (mishMAN) fat; fertile place
מַשְׁמָן ז׳ (mashMAN) rich food
מְשֻׁמָּן ת׳ ז׳ (meshumMAN) oiled; greased; greasy; octagon
מִשְׁמָע ז׳ (mishMA') hearing
מַשְׁמָע ז׳ (mashMA') meaning; sense; significance; implication
פְּשׁוּטוֹ כְּמַשְׁמָעוֹ it means simply that; very simply
מִשְׁמֵעַ פעל י׳ (mishME'a) discipline
מַשְׁמָעוּת נ׳ (mashma'UT) meaning; significance; import; purport
חֲסַר – meaningless
דו־ – ambiguity
מַשְׁמָעוּתִי ת׳ (mashma'uTI) meaningful; significant
מַשְׁמָעִי ת׳ (mashma'I) of meaning
חַד־ – unequivocal
דו־, רַב־ – ambiguous
מִשְׁמַעַת נ׳ (mishMA'at) discipline; obedience
מִשְׁמַעְתִּי ת׳ (mishma'TI) disciplinary

מְשַׁמֵּר ת׳ (meshamMER) preserving; preservative
מְשֻׁמָּר ת׳ (meshumMAR) preserved; canned
מִשְׁמָר ז׳ (mishMAR) guard; escort; post; garrison; prison; shift
עָמַד עַל הַ– be on guard; be vigilant
מִשְׁמֶרֶת נ׳ (mishMEret) guard; shift; custody; watch; keeping; duty
הַ – הַצְּעִירָה the younger generation
מִשְׁמֵשׁ פעל ע׳ (mishMESH) touch; feel; handle
מְמַשְׁמֵשׁ וּבָא approaching; imminent
מִשְׁמֵשׁ ז׳ (mishMESH) apricot
מְשַׁמֵּשׁ ז׳ (meshamMESH) attendant; used (as-)
מְשֻׁמָּשׁ ת׳ (meshumMASH) used; second-hand
מַשְׁמְשָׁן ז׳ (mashmeSHAN) toucher; pawer
מִשְׁנֶה ז׳ (mishNE) second; vice-, deputy; sub-; double; twofold; copy; repetition
מִשְׁנֶה זְהִירוּת extra care
– לְמֶלֶךְ viceroy
אַלּוּף – colonel
סֶגֶן – second lieutenant
קַבְּלַן – subcontractor
מִשְׁנָה נ׳ (mishnNA) Mishnah (codification of Jewish Oral law); study, opinion, theory; corpus
מְשֻׁנֶּה ת׳ (meshunNE) strange; queer
מִשְׁנִי ת׳ (mishNI) secondary
מִשְׁנָיוֹת ר׳ מִשְׁנָה
מְשֻׁנָּן ת׳ (meshunNAN) toothed; serrated; learnt well
מְשֻׁנָּץ ת׳ (meshunNATS) laced; fastened
מַשְׁנֵק ז׳ (mashNEK) choke
מְשִׁסָּה נ׳ (meshisSA) plunder
מְשֻׁסֶּה ת׳ (meshusSE) plundered; incited
מְשֻׁסָּע ת׳ (meshusSA) torn; cleft; interrupted

מְשַׁעְבֵּד ז׳ ת׳ (*mesha'BED*) enslaver; oppressor; main (clause)
מְשֻׁעְבָּד ת׳ (*meshu'BAD*) enslaved; oppressed; mortgaged; dependent (clause)
מִשְׁעוֹל ז׳ (*mish'OL*) path
(מִשְׁעִי) לְמִשְׁעִי תה״פ (*lemish'I*) cleanly
מְגֻלָּח לְ – clean-shaven
מְשַׁעֲמֵם ת׳(*mesha'aMEM*) boring
מְשֻׁעֲמָם ת׳ (*meshu'aMAM*) bored
מִשְׁעָן ז׳ (*mish'AN*) support; prop, rest
מִשְׁעֶנֶת נ׳ (*mish'Enet*) staff; cane; support; rest; back (of chair)
מְשֹׁעָר ת׳ (*mesho'AR*) estimated
מִשְׂעֶרֶת נ׳ (*mis'Eret*) brush
מְשַׁעֲשֵׁעַ ת׳ (*mesha'aSHE'a*) amusing
מְשֻׁפָּד ת׳ (*meshupPAD*) tapered; spitted
מְשֻׁפֶּה ת׳ (*meshupPE*) planed; polished
מִשְׁפָּחָה נ׳ (*mishpaḤA*) family; kin; tribe; nation; species; kind
שֵׁם – surname
מִשְׁפַּחְתִּי ת׳ (*mishpaḥTI*) family; familial
מִשְׁפַּחְתִּיּוּת נ׳ (*mihpsaḥtiYUT*) familiarity; intimacy
מִשְׁפָּט ז׳ (*mishPAT*) justice; trial; case; judgment; sentence; theorem; proposition; right; rule; law; manner; custom
– צְבָאִי court martial
– קָדוּם prejudice
מִשְׁפָּטִים law; laws
בֵּית – court; law court
הַטָּה – prevent justice
מִשְׁפָּטִי ת׳ (*mishpaTI*) judicial; legal
יוֹעֵץ – legal adviser
מִשְׁפְּטָן ז׳ (*mishpaTAN*) jurist
מִשְׁפְּטָנוּת נ׳ (*mishpetaNUT*) jurisprudence; law
מַשְׁפִּיל ת׳ (*mashPIL*) degrading
מַשְׁפֵּךְ ז׳ (*mashPEKH*) funnel
מֻשְׁפָּל ת׳ (*mushPAL*) degraded

מְשֻׂפָּם ת׳ (*mesupPAM*) moustached
מְשֻׁפָּע ת׳ (*meshupPA*) slanting; sloping; inclined; oblique
מְשֻׁפָּץ ת׳ (*meshupPATS*) fixed up; repaired; reconditioned
מְשֻׁפָּר ת׳ (*meshupPAR*) improved; beautified
מְשֻׁפְשָׁף ת׳ (*meshufSHAF*) scrubbed; polished; worn; experienced
מִשְׁפְּתַיִם ז״ז (*mishpeTAyim*) cooking stones; sheepfold
מֶשֶׁק ז׳ (*MEshek*) household; farm; farmstead; economy; management; possession, property
– בַּיִת household; housework
– מְנַהֵל chief custodian
מַשָּׁק ז׳ (*maSHAK*) noise; rattle; joint
מַשָּׁ״ק (מְפַקֵּד שֶׁאֵינוֹ קָצִין) N.C.O. (non-commissioned officer)
מַשְׁקֶה ז׳ (*mashKE*) drink; beverage; liquor; cupbearer; watering
שַׂר הַמַּשְׁקִים chief butler; toastmaster
מַשְׁקוֹף ז׳ (*mashKOF*) lintel
מִשְׁקִי ת׳ (*mishKI*) household (adj.), managerial; economical
מַשְׁקִיף ז׳ (*mashKIF*) observer; onlooker
מִשְׁקָל ז׳ (*mishKAL*) weight; value; importance; weighing; plummet; stone; meter; rhyme; grammatical construction
– בַּעַל influential
– שִׁוּוּי equilibrium; balance
מִשְׁקֹלֶת נ׳ (*mishKOlet*) weight; plummet
– אֲנָךְ plumb line
מְשֻׁקָּם ת׳ (*meshukKAM*) rehabilitated; reconstructed
מְשֻׁקָּע ת׳ (*meshukKA'*) inserted; immersed; absorbed; concave
מִשְׁקָע ז׳ (*mishKA'*) precipitate; deposit; sediment; depression; hole
מִשְׁקָעִים precipitation

מִשְׁקָפַיִם ז״ז (mishkaFAyim) glasses; spectacles; goggles
מִשְׁקֶפֶת נ׳ (mishKEfet) binoculars; opera glasses
מְשֻׁקָּץ ת׳ (meshukKATS) loathsome
מִשְׂרָד ז׳ (misRAD) office; bureau; secretariat; ministry; department
מִשְׂרָדוּת נ׳ (misraDUT) office work
מִשְׂרָדִי ת׳ (misraDI) office
מִשְׂרָה נ׳ (misRA) job; position; office; post
מַשְׁרוֹקִית נ׳ (mashroKIT) whistle
מְשֻׁרְיָן ת׳ ז׳ (meshurYAN) armored; secured; armored car
– אִינְטֶרֶס vested interest
מִשְׂרֶפֶת נ׳ (misREfet) incinerator; crematorium; burning; cremation
– יַיִן wine distillery
מֻשְׁרָשׁ ת׳ (mushRASH) rooted
מְשֹׁרָשׁ ת׳ (meshoRASH) uprooted
מְשֻׁרְשָׁר ת׳ (meshurSHAR) chainlike
מְשָׁרֵת ז׳ (meshaRET) servant; attendant
מְשָׁרֶתֶת נ׳ (meshaREtet) maid
מָשַׁשׁ פעל י׳ (maSHASH) touch; feel
מִשֵּׁשׁ פעל י׳ (miSHESH) touch; feel; grope
מְשֻׁשֶּׁה ז׳ ת׳ (meshuSHE) hexagon; hexagonal
מִשְׁתֶּה ז׳ (mishTE) feast; banquet; drink
מַשְׁתֵּלָה, מִשְׁתָּלָה נ׳ (mashteLA; mishtaLA) plant nursery
מִשְׁתַּמֵּט ז׳ (mishtaMET) shirker; dodger; truant
מִשְׁתַּנֶּה ת׳ ז׳ (mishtanNE) variable; changing
מַשְׁתֵּנָה נ׳ (mashteNA) urinal; pissoir
מְשֻׁתָּף ת׳ (meshutTAF) common; shared; joint, co-
מְשַׁתֵּף פְּעֻלָּה ז׳ (meshaTEF pe'ulLA) collaborator
מְשֻׁתָּק ת׳ (meshutTAK) paralyzed; paralytic
מַשְׁתֵּק ז׳ (mashTEK) silencer
מֻשְׁתָּת ת׳ (mushTAT) founded; based
מֵת פעל ע׳ ת׳ ז׳ (MET) die; dead; dying; corpse
מְתַאֲבֵן ז׳ (meta'aVEN) appetizer; hors d'oeuvre
מִתְאַבֵּק ז׳ (mitabBEK) wrestler
מִתְאַגְרֵף ז׳ (mit'agREF) boxer
מַתְאִים ת׳ (mat'IM) suitable; fit; appropriate; adequate; becoming; parallel; corresponding
מְתֹאָם ת׳ (meto'AM) coordinated; aligned
מֻתְאָם ת׳ (mut'AM) fitted; adapted
מִתְאָם ז׳ (mit'AM) correlation
מַתְאֵם ז׳ (mat'EM) adapter
מְתֹאָר ת׳ (meto'AR) described; depicted
מִתְאָר ז׳ (mitAR) contour; outline
מִתְבַּגֵּר ת׳ (mitbagGER) adolescent
מִתְבּוֹדֵד ת׳ ז׳ (mitboDED) recluse; secluded; hermit
מִתְבּוֹלֵל ז׳ (mitboLEL) assimilationist
מִתְבּוֹנֵן ת׳ (mitboNEN) onlooker; observer
מְתֻבָּל ת׳ (metubBAL) spiced; seasoned
מַתְבֵּן ז׳ (matBEN) haystack; barn
מֶתֶג ז׳ (MEteg) bit; bridle; switch; bacillus
מִתֵּג פעל י׳ (mitTEG) bridle; curb; switch
מִתְגּוֹשֵׁשׁ ז׳ (mitgoSHESH) wrestler
מִתְדַּיֵּן ז׳ (mitdaiYEN) litigant
מתואר ר׳ מְתֹאָר
מתובל ר׳ מְתֻבָּל
מֵתוֹדָה נ׳ (meTOda) method
מֵתוֹדוֹלוֹגְיָה נ׳ (metodoLOGya) methodology
מֵתוֹדִי ת׳ (meTOdi) methodical

מֶתּוֹדִיסְט ז׳ (metoDIST) Methodist
מֶתּוֹדִיקָה נ׳ (meTOdika) method
מִתְוָה נ׳ (mitVA) sketch; outline
מֻתְוֶה ת׳ (mutVE) sketched
מָתוּחַ ז׳ (maTU'aḥ) stretched; tense; taut; tight
מְתַוֵּךְ ז׳ (metavVEKH) mediator; broker; intermediary; middleman
מִתּוֹךְ מ״י (mitTOKH) from; out of; of; through
– שֶׁ־ since; whereas
מתוכנן ר׳ מְתֻכְנָן
מתולע ר׳ מְתֻלָּע
מתולתל ר׳ מְתֻלְתָּל
מתום ר׳ מְתֹם
מָתוּן ת׳ (maTUN) moderate; restrained; prudent; slow
מִתּוּן ז׳ (mitTUN) moderation; slowdown
מתועב ר׳ מְתֹעָב
מְתוֹפֵף ז׳ (metoFEF) drummer
מָתוֹק ת׳ (maTOK) sweet; pleasant
מִתּוּק ז׳ (mitTUK) sweetening
– הַדִּין mitigation of punishment
מתוקן ר׳ מְתֻקָּן
מתורבת ר׳ מְתֻרְבָּת
מתורגל ר׳ מְתֻרְגָּל
מתורגם ר׳ מְתֻרְגָּם
מתורגמן ר׳ מְתֻרְגְּמָן
מַתָּז ז׳ (matTAZ) splash; spray
מָתַח פעל י׳ (maTAKH) stretch; extend; strain; tighten; tense: thrill; pull one's leg
– בִּקֹּרֶת עַל criticize
– קַו underline
מֶתַח ז׳ (MEtaḥ) tension; voltage; thrill; horizontal bar; margin
מַתְחִיל ז׳ (matḤIL) beginner
מִתְחַכֵּם ת׳ (mitḥaKEM) affecting wisdom; "wise guy"; joking; plotting
מִתְחַלֶּה ת׳ (mitḥalLE) malingerer; feigning sickness
מִתְחָם ז׳ (mitḤAM) site; locale; area

מִתְחַסֵּד ת׳ (mitḥaSED) hypocrite; affecting piety
מִתְחָרֶה ז׳ (mitḥaRE) competitor; rival
מָתַי מ״ש (maTAI) when
– שֶׁהוּא at some time or other
– מִ since when
– עַד how long
מִתְיַהֵד ת׳ (mityaHED) proselyte; pretending to be a Jew
מִתְיַוֵּן ז׳ ת׳ (mityaVEN) Hellenist; hellenized
מָתִיחַ ת׳ (maTI'aḥ) elastic; extensible
מְתִיחָה נ׳ (metiḤA) stretching; extending; practical joke
מְתִיחַת בִּקֹּרֶת criticizing, criticism
מְתִיחַת קַו underlining
מְתִיחוּת נ׳ (metiḤUT) elasticity; tension; strain
מֶתִּילִי ת׳ (meTIli) methyl
– כֹּהַל methylated spirits
מְתִים ז״ר (meTIM) people
מְתֵי מִסְפָּר (מְעַט) few people
מְתִינוּת נ׳ (metiNUT) moderacy; moderation; prudence; patience; slowness
מְתִיקָה נ׳ (metiKA) sweet
– מִינֵי sweets
מְתִיקוּת נ׳ (metiKUT) sweetness
מַתִּירָנוּת נ׳ (matiraNUT) permissiveness
מַתִּירָנִי ת׳ (matiraNI) permissive
מִתְיַשֵּׁב ז׳ ת׳ (mityaSHEV) settler; compatible
מֻתָּךְ ת׳ (mutTAKH) molten; processed
מַתְכּוֹן ז׳ (matKON) recipe; formula; prescription
(מִתְכַּוֵּן) בְּמִתְכַּוֵּן תה״פ (bemitkavVEN) deliberately
מִתְכַּוְנֵן ת׳ (mitkavNEN) adjustable
מתכונת ר׳ מַתְכֹּנֶת
מִתְכַּלֶּה ת׳ (mit'kalLE) expendable; perishable
מְתַכְנֵן ז׳ (metakhNEN) planner

מְתֻכְנָן ת׳ (metukhNAN) planned; designed

מִתְכַּנֵּס ת׳ (mikanNES) convergent

מַתְכֹּנֶת נ׳ (matKOnet) number; amount; proportion; scale; form; format

מְתַכְנֵת ז׳ (metakhNET) programmer

מְתֻכְנָת ת׳ (metukhNAT) programmed

מַתֶּכֶת נ׳ (matTEkhet) metal

– אֲצִילָה inert metal

אַל־ – nonmetal

מַתַּכְתִּי ת׳ (mattakhTI) metallic

מַתְלֶה ז׳ (matLE) hanger; hook

מִתְלֶה ז׳ (mitLE) suspension; sling; mount; rack

מַתְלוּל (matLUL) escarpment

מְתֻלָּם ת׳ (metulLAM) furrowed

מִתְלַמֵּד ז׳ (mitlamMED) student; learner

מְתֻלָּע ת׳ (metulLA') wormy; scarlet

מִתְלַקֵּחַ ת׳ (mitlakKE'ah) combustible; inflammable

מְתֻלְתָּל ת׳ (metulTAL) curly

מְתֹם ז׳ (meTOM) soundness; uninjured place

מָתֶמָטִי ת׳ (mateMAti) mathematical

מָתֶמָטִיקַאי ז׳ (matematiKAI) mathematician

מָתֶמָטִיקָה נ׳ (mateMAtika) mathematics

מָתֶמָטִיקָן ר׳ מָתֶמָטִיקַאי

מַתְמִיד ת׳ (matMID) diligent; industrious; studious; permanent; lasting; abiding; continuous; enduring

– ז׳ diligent Yeshiva scholar

וַעֲדָה מַתְמֶדֶת standing committee

מַתְמִיהַּ ת׳ (matMI'ah) strange; astonishing

מְתֻמָּן ז׳ ת׳ (metumMAN) octagon; octagonal

מֹתֶן ז׳ (MOten) hip; loin; waist

מָתְנַיִם ז״ז waist; hips

כֹּחוֹ בְּמָתְנָיו be strong

מִתֵּן פעל י׳ (mitTEN) slow down; moderate; restrain

מַתָּן ז׳ (matTAN) giving; gift

מַשָּׂא וּמַתָּן negotiations; give and take

מִתְנַגֵּד ת׳ ז׳ (mitnaGED) opposed; antagonist; opponent of Hassidism

מִתְנַדֵּב ז׳ (mitnadDEV) volunteer

מַתָּנָה נ׳ (mattaNA) present; gift; offering

מֻתְנֶה ת׳ (mutNE) conditioned; depending on

מַתְנֵעַ ז׳ (matNE'a) starter

מַתֶּנֶת נ׳ (matTEnet) lumbago

מִתְיַסֵּר ת׳ (metusBAKH) suffering from a complex, mixed-up

מְתֹעָב ת׳ (meto'AV) abominable; vile; atrocious; loathsome

מַתְעֶה ת׳ (mat'E) misleading

מִתְעַמֵּל ז׳ (mit'amMEL) gymnast

מִתְפָּרָה נ׳ (mitpaRA) sewing room

מָתַק פעל ע׳ (maTAK) be sweet

מִתֵּק פעל י׳ (mitTEK) sweeten

מֹתֶק ז׳ (MOtek) sweetness; sweetheart; sweetie; "honey"

מֶתֶק ז׳ (MEtek) sweetness

מִתְקַדֵּם ת׳ (mitkaDEM) advancing; progressive; advanced

מִתְקוֹמֵם ת׳ (mitkoMEM) rebellious

מְתַקֵּן ז׳ (metakKEN) reformer; fixer

מְתֻקָּן ת׳ (metukKAN) reformed; improved; amended; repaired; proper

מֻתְקָן ת׳ (mutKAN) arranged; installed

מִתְקָן ז׳ (mitKAN) device; apparatus; plant; installation; machinery

מִתְקַפֵּל ת׳ (mitkapPEL) folding

מְתַקְתַּק ת׳ (metakTAK) sweetish; cloying

מֻתָּר ת׳ (mutTAR) permitted; allowed; untied

מְתֻרְבָּת ת׳ (meturBAT) cultured; domesticated; civilized

translator	מְתַרְגֵּם ז׳ (*metarGEM*)	bather	מִתְרַחֵץ ז׳ (*mitraḤETS*)
translated	מְתֻרְגָּם ת׳ (*meturGAM*)	fund raiser	מַתְרִים ז׳ (*matRIM*)
interpreter; translator	מְתֻרְגְּמָן ז׳ (*meturgeMAN*)	barricade	מִתְרָס ז׳ (*mitRAS*)
		gift	מַתָּת נ׳ (*maTAT*)

נ

Nun (the fourteenth letter of the Hebrew alphabet); fifty; fiftieth (*NUN*) נ׳ נ׳

please; pray; let us; then (*NA*) נָא מ״ק

raw, half-done — ת׳

struggle; fight (*ne'eVAK*) נֶאֱבַק פעל ע׳

water bag; skin bottle, skin (*NOD*) נֹאד ז׳

glorious (*ne'DAR*) נֶאְדָּר ת׳

befit; suit (*na'A*) נָאָה פעל ע׳

beautiful; comely; handsome; fitting; becoming; suitable; nice (*na'E*) נָאֶה ת׳

dwelling place; pasture (*na'OT*) (נָאָה) נָאוֹת נ״ר

oasis נְאוֹת מִדְבָּר נ״ר

lovely; lover; beloved (*ne'eHAV*) נֶאֱהָב ת׳

neo- (prefix) (*NEo-*) נֵאוֹ־

be beautiful (*na'VA*) נָאוָה פעל ע׳

beautiful (*naVE*) נָאוֶה ת׳

neolithic (*ne'oLIti*) נֵאוֹלִיתִי ת׳

speech; address; utterance (*ne'UM*) נְאוּם ז׳

neon (*ne'ON*) נֵאוֹן ז׳

fornication; prostitution (*ni'UF*) נִאוּף ז

blasphemy; cursing (*ni'UTS*) נִאוּץ ז׳

enlightened (*na'OR*) נָאוֹר ת׳

agree (*ne'OT*) נֵאוֹת פעל ע׳

suitable; adequate; fit; proper; decent (*na'OT*) נָאוֹת ת׳

girded (*ne'ZAR*) נֶאְזָר ת׳

cling; be anchored (*ne'eHAZ*) נֶאֱחַז פעל ע׳

naive (*na'I'vi*) נָאִיבִי ת׳

naiveté (*na'i'viYUT*) נָאִיבִיּוּת נ׳

infected; dirty; rotten (*ne'elAH*) נֶאֱלָח ת׳

be dumbfounded; be silent (*ne'eLAM*) נֶאֱלַם פעל ע׳

be forced; be obliged (*ne'eLATS*) נֶאֱלַץ פעל ע׳

make a speech; address (*na'AM*) נָאַם פעל י׳

faithful; loyal; trustworthy; firm; sure; worthy; trustee; governor (*ne'eMAN*) נֶאֱמָן ת׳ ז׳

hard blow מַכָּה נֶאֱמָנָה

confidence; trustworthiness; fidelity; loyalty; trusteeship (*ne'emaNUT*) נֶאֱמָנוּת נ׳

trust fund קֶרֶן־

sigh (*ne'eNAH*) נֶאֱנַח פעל ע׳

commit adultery; fornicate (*na'AF*) נָאַף פעל ע׳

adultery; fornication (*na'afuFIM*) נַאֲפוּפִים ז״ר

abuse; insult; blaspheme (*ni'ETS*) נִאֵץ פעל י׳

insult; disgrace; abuse (*ne'aTSA*) נְאָצָה נ׳

Nazi (*NAtsi*) נָאצִי ז׳

Nazism (*naTSI'zm*) נָאצִיזְם ז׳

noble; emanated; influenced (*ne'eTSAL*) נֶאֱצָל ת׳

groan; sigh (*na'AK*) נָאַק פעל ע׳

groaning (*ne'aKA*) נְאָקָה נ׳

female camel (*naKA*) נָאקָה נ׳

defendant, accused (*ne'eSHAM*) נֶאֱשָׁם ז׳

prophesy; predict (*nibBA*) נִבָּא פעל ע

prophesy; inspire to prophesy (*nibBE*) נִבֵּא פעל ע׳

spore (*NEveg*) נֶבֶג ז׳

different; separate; isolated; offside (soccer) (*nivDAL*) נִבְדָּל ת׳

נִבְדָלוּת נ׳ (nivdaLUT) difference, isolation
נִבְדַק פעל ע׳ (nivDAK) be checked, be tested
נִבְהַל פעל ע׳ (nivHAL) be scared, be frightened, panic; hurry
נְבוּאָה נ׳ (nevu'A) prophecy
נְבוּאִי ת׳ (nevu'I) prophetic
נָבוּב ת׳ (naVUV) hollow, empty
נָבוֹךְ ת׳ (naVOKH) perplexed, confused; embarrassed
נִבּוּל ז׳ (nibBUL) filth; ugliness
– פֶּה obscenity
נָבוֹן ת׳ (naVON) wise, clever, intelligent
נִבְזֶה ת׳ (nivZE) contemptible; despised; despicable, nasty
נִבְזוּת נ׳ (nivZUT) despicable act
נָבַח פעל ע׳ (naVAḤ) bark
נַבְחָן ז׳ (navḤAN) barker (dog)
נִבְחַן פעל ע׳ (nivḤAN) be examined
נִבְחָן ז׳ examinee
נִבְחַר פעל ע׳ (nivḤAR) be elected; be chosen
בֵּית־הַנִּבְחָרִים House of Representatives; parliament
נִבְחֶרֶת נ׳ (nivḤEret) first team
נֶבֶט ז׳ (NEvet) sprout, bud
נָבַט פעל ע׳ (naVAT) sprout, bud
נִבַּט פעל ע׳ (nibBAT) look; appear
נָבִיא ז׳ (naVI) prophet
נְבִיאוּת נ׳ (nevi'UT) prophecy; prophetic mission
נְבִיבוּת נ׳ (neviVUT) hollowness
נְבִיחָה נ׳ (neviḤA) bark; barking
נְבִיטָה נ׳ (neviTA) sprouting; germination
נְבִילָה נ׳ (neviLA) withering; wilting
נְבִיעָה נ׳ (nevi'A) flowing; gushing forth; originating
נֶבֶךְ ז׳ (NEvekh) depth; source; nadir
נָבַל פעל ע׳ (naVAL) wither; wilt; act coarsely

נִבֵּל פעל י׳ (nibBEL) cause disgrace; despise; dirty
– פִּיו talk obscenely
נָבָל ז׳ (naVAL) scoundrel; villain; blackguard
נֵבֶל ז׳ (NEvel) harp, lyre
נְבָלָה נ׳ (neveLA) villainy; outrage; stinginess; evil woman
נְבֵלָה נ׳ (neveLA) carcass; corpse; carrion; scoundrel; bum
נַבְלוּת נ׳ (navLUT) baseness; shame
נָבַע פעל ע׳ (naVA') flow; gush forth; originate; derive from; result
נִבְעָר ת׳ (niv'AR) ignorant
נִבְצַר
– מִמֶּנּוּ be prevented; be unable
נָבַר פעל ע׳ (naVAR) burrow; root
נִבְרָא פעל ע׳ (nivRA) be created
נִבְרוֹזָה, נִבְרוֹטִי ר׳ נֶוְרוֹזָה, נֶוְרוֹטִי
נַבְרָן ז׳ (navRAN) field mouse; meadow mouse; vole
נִבְרֶשֶׁת נ׳ (nivREshet) chandelier
נִגֵּב פעל י׳ (nigGEV) dry; wipe
נֶגֶב ז׳ (NEgev) south; Negev
נֶגֶד מ״י (NEged) opposite; against; in front of; before; in the presence of; contrary to; versus (vs.); counter-; anti-
כְּ־ opposite; as against; facing
לְ־ compared with; in front of
מִ־ aside; at a distance
הִשְׁלִיךְ עַצְמוֹ מִ־ endanger one's life
הַתְקָפַת – counterattack
–־מְטוֹסִי ת׳ (NEged-metoSI) antiaircraft
עֵזֶר כְּנֶגְדּוֹ helpmate
נָגַד פעל ע׳ י׳ (naGAD) oppose; be against
נִגֵּד פעל י׳ (nigGED) place in opposition
נַגָּד ז׳ (nagGAD) resistor; N.C.O.
נֶגְדִּי ת׳ (negDI) opposite; contradictory; adverse; counter-

long- (aRIKH NEgen) (נֶגֶן) אֲרִיךְ־נֶגֶן ת׳ playing (record)
bite off (naGAS) נָגַס פעל י׳
touch; touch upon; (naGA') נָגַע פעל ע׳ adjoin; reach; smite; harm
be moved – אֶל לִבּוֹ
concerned; interested נוֹגֵעַ בַּדָּבָר
concerning; regarding בְּנוֹגֵעַ לְ...
blow; bruise; (NEga') נֶגַע ז׳ plague; pestilence; disease; affliction; trouble; disaster
strike; smite; (naGAF) נָגַף פעל י׳ defeat; afflict with plague
be beaten; (nigGAF) נִגַּף פעל ע׳ be routed
plague; obstacle (NEgef) נֶגֶף ז׳
stumbling block אֶבֶן –
be poured; drip; (nigGAR) נִגַּר פעל ע׳ flow
work as a carpenter (nigGER) נִגֵּר פעל י׳
carpenter (nagGAR) נַגָּר ז׳
carpentry (naggaRUT) נַגָּרוּת נ׳
carpentry shop (naggariYA) נַגָּרִיָּה נ׳
be dragged; (nigRAR) נִגְרָר ת׳ be drawn; be towed; be attached to; be implied
approach; (nigGASH) נִגַּשׁ פעל ע׳ come near; begin
oppress; press; (naGAS) נָגַשׂ פעל י׳ spur; urge on
heap; mound; wall (NED) נֵד ז׳
move; wander; rove; (NAD) נָד פעל ע׳ ramble
donate (naDAV) נָדַב פעל י׳
donate; (nidDEV) נִדֵּב פעל י׳ contribute; cause to volunteer
donation; alms; (nedaVA) נְדָבָה נ׳ charity; offering, gift
generosity נִדְבַת לֵב
layer; course (nidBAKH) נִדְבָּךְ ז׳ (of stones)
donor; (nadVAN) נַדְבָן ז׳ philanthropist

shine (naGAH) נָגַהּ פעל ע׳
brightness; light; (NOgah) נֹגַהּ ז׳ splendor; Venus
brightness; light (negoHA) נְגֹהָה נ׳
dried (naGUV) נָגוּב ת׳
drying; wiping (nigGUV) נִגּוּב ז׳
contradiction; (nigGUD) נִגּוּד ז׳ opposition; contrast; antithesis; opposite
contrary to- בְּנִגּוּד לְ־
playing music; tune; (nigGUN) נִגּוּן ז׳ melody; cantillation sign
infected; (naGU'a) נָגוּעַ ת׳ contaminated; plague-stricken
gore; butt; ram (naGAḤ) נָגַח פעל י׳
gore; butt; strike; (nigGAḤ) נִגַּח פעל י׳ attack
(nagGAḤ; naggeḤAN) נַגָּח, נַגְּחָן ז׳ prone to gore or butt
negative (NEgativ) נֶגָטִיב ז׳
governor, leader; (naGID) נָגִיד ז׳ prince; ruler; wealthy man; rector
governorship; (negiDUT) נְגִידוּת נ׳ wealth
goring; ramming (negiḤA) נְגִיחָה נ׳
playing music; (negiNA) נְגִינָה נ׳ melody; tune; accent (gram.), accentuation; cantillation
musical instrument כְּלִי –
musical (neginaTI) נְגִינָתִי ת׳
bite; biting off (negiSA) נְגִיסָה נ׳
touch; touching; (negi'A) נְגִיעָה נ׳ relation; connection
virus (naGIF) נָגִיף ז׳
blow; rout (negiFA) נְגִיפָה נ׳
oppression (negiSA) נְגִישָׂה נ׳
be rolled (naGOL) נָגֹל פעל ע׳
apparent; clear; (nigLE) נִגְלֶה ת׳ז׳ revealed; Written and Oral Law
play (music) (nigGEN) נִגֵּן פעל י׳
be weaned; (nigMAL) נִגְמַל פעל ע׳ cease from; withdraw; kick a habit
player (music) (nagGAN) נַגָּן ז׳

philanthropy (*nadvaNUT*) נַדְבָנוּת נ׳
adhere (*nidBAK*) נִדְבַּק פעל ע׳
negotiate; (*nidBAR*) נִדְבַּר פעל ע׳
communicate; make an appointment
wander; roam; (*naDAD*) נָדַד פעל ע׳
migrate; waver; move; decamp
suffer from insomnia נָדְדָה שְׁנָתוֹ
mobile exhibition תַּעֲרוּכָה נוֹדֶדֶת
expel; banish; (*nidDA*) נִדָּה פעל י׳
excommunicate
outcast; pariah מְנֻדֶּה
menstrual blood; (*nidDA*) נִדָּה נ׳
menstruating woman (hence, untouchable)
be astounded; (*nidHAM*) נִדְהַם פעל ע׳
be aghast
wandering (*neDOD*) נְדוֹד ז׳
wandering (*neduDIM*) נְדוּדִים ז״ר
insomnia נְדוּדֵי שֵׁנָה
excommunication; (*nidDUY*) נִדּוּי ז׳
banishment
(*naDON; nidDON*) נָדוֹן, נִדּוֹן פעל ע׳
be discussed; be considered; be tried; be accused; be sentenced
dowry (*nedunYA*) נְדוּנְיָה נ׳
banal; trite; (*naDOSH*) נָדוֹשׁ ת׳
threshed
hackneyed phrase; cliché בִּטּוּי –
remote; banished; (*nidDAḤ*) נִדָּח ת׳
led astray
be postponed, (*nidḤA*) נִדְחָה פעל ע׳
be deferred; be rejected
push oneself; (*nidḤAK*) נִדְחַק פעל ע׳
be pushed
generous; donor; (*naDIV*) נָדִיב ת׳ ז׳
noble
generosity; (*nediVUT*) נְדִיבוּת נ׳
philanthropy
wandering; (*nediDA*) נְדִידָה נ׳
roaming; migration; nomadism
volatile (*naDIF*) נָדִיף ת׳
volatility (*nediFUT*) נְדִיפוּת נ׳
rare; scarce; (*naDIR*) נָדִיר ת׳
infrequent
rarity; scarcity (*nediRUT*) נְדִירוּת נ׳
(*nidKA; nidKE*) נִדְכָּא, נִדְכֶּה ת׳
depressed; oppressed; downtrodden
scolopendrid; (*nadDAL*) נַדָּל ז׳
centipede
be drawn (water); (*nidLA*) נִדְלָה פעל ע׳
be exhausted
become silent (*naDAM*) נָדַם פעל ע׳
it appears; (*nidME*) נִדְמֶה ת׳
it seems; apparently
sheath; scabbard (*neDAN*) נְדָן ז׳
rock; sway; (*nidNED*) נִדְנֵד פעל י׳
swing; nag
swing; seesaw (*nadneDA*) נַדְנֵדָה נ׳
rocking; (*nidNUD*) נִדְנוּד ז׳
swaying; swinging; nagging
נְדֻנְיָה ר׳ נְדוּנְיָה
spread; be (*naDAF*) נָדַף פעל ע׳
dispelled; evaporate
scattered; fallen (*nidDAF*) נִדָּף ת׳
(leaf)
vow; take a vow (*naDAR*) נָדַר פעל י׳
vow (*NEder*) נֶדֶר ז׳
wanted; requested (*nidRASH*) נִדְרָשׁ ת׳
drive; steer; (*naHAG*) נָהַג פעל ע׳ י׳
lead; guide; be accustomed; be used; behave; treat, handle; be current
treat – בְּ...
respect – כָּבוֹד בְּ...
lead; drive (*niHEG*) נִהֵג פעל י׳
driver (*neHAG*) נֶהָג ז׳
practice; custom; (*NOhag*) נֹהַג ז׳
procedure
driver's work; (*nehaGUT*) נֶהָגוּת נ׳
driving
splendid; (*nehDAR*) נֶהְדָּר ת׳
wonderful
follow; long for; (*naHA*) נָהָה פעל ע׳
lament
driving; leading; (*niHUG*) נִהוּג ז׳
piloting; steering

customary; led (naHUG) נָהוּג ת׳
management; (niHUL) נִהוּל ז׳
administration; conducting; direction
(נְהוֹר) סַגִּי־נְהוֹר ת׳ (sagGI-neHOR)
blind
in a contrary sense — בִּלְשׁוֹן
lamentation (neHI) נְהִי ז׳
driving (nehiGA) נְהִיגָה נ׳
following; yearning; (nehiYA) נְהִיָּה נ׳
lament
become; (nihYA) נִהְיָה פעל ע׳
occur; take place
growling; roaring (nehiMA) נְהִימָה נ׳
braying (nehiKA) נְהִיקָה נ׳
clear; bright (naHIR) נָהִיר ת׳
streaming; (nehiRA) נְהִירָה נ׳
swarming; flowing
clarity; brightness (nehiRUT) נְהִירוּת נ׳
lead; conduct; (niHEL) נִהֵל פעל י׳
direct; manage; administer
keep accounts — חֶשְׁבּוֹנוֹת
keep books — פִּנְקָסִים
procedure (NOhal) נֹהַל ז׳
growl, roar; (naHAM) נָהַם פעל ע׳
bellow
rumble; growl, (nehaMA) נְהָמָה נ׳
roar
enjoy; (neheNA) נֶהֱנָה פעל ע׳
benefit; profit
hedonist (nehenaTAN) נֶהֱנְתָן ז׳
on (nahaFOKH hu) נַהֲפוֹךְ הוּא תה״פ
the contrary
bray (naHAK) נָהַק פעל ע׳
bray (nehaKA; NAhak) נְהָקָה נ׳ נַהַק ז׳
stream; flow; (naHAR) נָהַר פעל ע׳
rush; shine
river; stream; current (naHAR) נָהָר ז׳
perennial stream נְהַר אֵיתָן
Milky Way נְהַר דִּי־נוּר
upstream בְּמַעֲלֵה הַ—
downstream בְּמוֹרַד הַ—
light; brightness; (nehaRA) נְהָרָה נ׳
glow

foolish (no'AL) נוֹאָל ת׳
speaker; orator (no'EM) נוֹאֵם ז׳
adulterer; fornicator (no'EF) נוֹאֵף ז׳
desperate, hopeless (no'ASH) נוֹאָשׁ ת׳
lose hope אָמַר —
short story (noVEla) נוֹבֶלָה נ׳
November (noVEMber) נוֹבֶמְבֶּר ז׳
flowing; bubbling (noVE'a) נוֹבֵעַ ת׳
forth; resulting; deriving from
fountain pen עֵט —
contrasting; (noGED) נוֹגֵד ת׳
adverse; anti-
antibody (nogeDAN) נוֹגְדָן ז׳
gloomy, sad (nuGE) נוּגֶה ת׳
נוגה ר׳ נֹגַהּ
slavedriver; (noGES) נוֹגֵשׂ ז׳
taskmaster; oppressor
wandering (NOD) נוֹד ז׳
wanderer; nomad; (navVAD) נַוָּד ז׳
vagabond
wanderer; nomad; (noDED) נוֹדֵד ת׳
fugitive
nomadism (navvaDUT) נַוָּדוּת נ׳
famous; well-known (noDA') נוֹדָע ת׳
dwelling place; (naVE) נָוֶה ז׳ ת׳
pasture; beautiful
summer home נְוֵה קַיִץ
dwelling place (naVA) נָוָה נ׳
follower (no'HE) נוֹהֶה ת׳
navigation (nivVUT) נִוּוּט ז׳
ugliness; disgrace; (nivVUL) נִוּוּל ז׳
deformity
degeneration; (nivVUN) נִוּוּן ז׳
degeneracy; decadence
liquid; fluid (noZEL) נוֹזֵל ז׳ ת׳
liquid (nozeLI) נוֹזְלִי ת׳
convenient; com- (NO'ah) נוֹחַ ת׳
fortable; pleasant; affable; easy,
benign; amenable; accommodating;
genial; light; suitable
at ease — תה״פ
it is better that- — לוֹ שֶׁ...
well-liked — לַבְּרִיּוֹת

– לִכְעוֹס irascible; irritable
– לִרְצוֹת easy to placate
נוֹחוּת נ׳ (noḤUT) comfort; convenience
נוֹחִיּוֹת conveniences; bathroom and toilet
נוֹחִיּוּת נ׳ (nohiYUT) comfort; ease; convenience; toilet
נַוָּט ז׳ (navVAT) navigator; pilot
נִוֵּט פעל י׳ (nivVET) navigate; steer; guide; pilot
נוֹטֶה ת׳ (noTE) inclined; bent; apt; tending to; about to; extending over
נַוָּטוּת נ׳ (navvaTUT) navigation
נוֹטֵר ז׳ ת׳ (noTER) watchman; guard; auxiliary policeman; vindictive
נוֹטַרְיוֹן ז׳ (notarYON) notary
נוֹטַרְיוֹנִי ת׳ (notarYOni) notarial
נוֹי ז׳ (NOY) beauty; ornamentation
נוֹכַח פעל ע׳ (noKHAḤ) be convinced
נוֹכֵחַ פעל ע׳ (noKHE'aḥ) be present; be in attendance
נוֹכְחוּת נ׳ (nokheḤUT) presence; attendance
נוֹכְחִי ת׳ (nokheḤI) present
נוֹכֵל ז׳ (noKHEL) swindler; crook; imposter; scoundrel
נוֹכְלוּת נ׳ (nokheLUT) swindle; fraud
נִוֵּל פעל י׳ (nivVEL) uglify; deform
נוֹל ז׳ (NUL) loom
נוֹלַד פעל ע׳ (noLAD) be born; result; come out
נַוְלוּת נ׳ (navLUT) ugliness; villainy
נוֹמִינָלִי ת׳ (nomiNAli) nominal
נוּמִיסְמָטִיקָה נ׳ (numisMAtika) numismatics
נוּן נ׳ (NUN) Nun (the fourteenth letter of the Hebrew alphabet)
נִוֵּן פעל י׳ (nivVEN) weaken; cause to degenerate
נוֹסַד פעל ע׳ (noSAD) be established; be founded
נוסח ר׳ נֹסַח

נוסחה ר׳ נֻסְחָה
נוֹסְטַלְגְיָה נ׳ (nosTALgya) nostalgia
נוֹסֵעַ ז׳ (noSE'a) passenger; traveler
נוֹסַף פעל ע׳ (noSAF) be added
נוֹסָף עַל in addition to
נוֹסָף ת׳ additional; supplementary; auxiliary; another
נוֹעַ ז׳ (NO'a') movement; motion
נוֹעַד פעל ע׳ (no'AD) be destined; be determined for; be fixed (date); set a date; meet; gather
נוֹעָז ת׳ (no'AZ) daring; bold; audacious
נוֹעַץ פעל ע׳ (no'ATS) take counsel
נוער ר׳ נֹעַר
נוֹף ז׳ (NOF) scenery, view; landscape; scene; height; treetop
נופך ר׳ נֹפֶךְ
נוֹפֵף פעל י׳ (noFEF) wave; swing, brandish
נופש ר׳ נֹפֶשׁ
נוֹפֵשׁ ת׳ ז׳ (noFESH) resting; relaxing; vacationer
נוֹצָה נ׳ (noTSA) feather
נוֹצִי ת׳ (noTSI) feathery
נוֹצֵץ ת׳ (noTSETS) shining
נוֹצַר פעל ע׳ (noTSAR) be created
נוֹצְרִי ת׳ (notseRI) Christian; Nazarene
נוֹקָאוּט ז׳ (NOKaut) knockout
נוֹקֵב ת׳ (noKEV) piercing; penetrating
נוֹקֵד ז׳ (noKED) shepherd
נוֹקְדָן ז׳ (nokeDAN) pedant
נוֹקְדָנוּת נ׳ (nokedaNUT) pedantry
נוֹקֵם ז׳ (noKEM) avenger
נוֹקְמָנִי ת׳ (nokemaNI) vengeful
נוֹקֵר ז׳ (noKER) firing pin
נוקשה ר׳ נֻקְשֶׁה
נוקשות ר׳ נֻקְשׁוּת
נוֹרָא ת׳ (noRA) fearful, awful; great; very much; extremely
נוֹרְבֶגְיָה נ׳ (norVEGya) Norway

be shot (noRA) נוֹרָה פעל ע׳
light bulb; lamp (nuRA) נוּרָה נ׳
neurosis (nevROZA) נֶוְרוֹזָה נ׳
neurotic (nevROti) נֶוְרוֹטִי ת׳
neurologist (nevroLOG) נֶוְרוֹלוֹג ז׳
neurology (nevroLOGya) נֶוְרוֹלוֹגְיָה נ׳
buttercup; miniature light bulb (nuRIT) נוּרִית נ׳
norm; quota (NORma) נוֹרְמָה נ׳
normal (norMAli) נוֹרְמָלִי ת׳
abnormal לֹא –
(norMAliyut) נוֹרְמָלִיּוּת נ׳ normality; normalcy
subject; topic; motif; theme; thesis; argument; bearer; carrier (noSE) נוֹשֵׂא ז׳
troop (personnel) carrier – גְיָסוֹת
armor bearer; batman; adjutant; disciple; follower; commentary – כֵּלִים
mailman – מִכְתָּבִים
fruitbearing – פְּרִי
(noSET metoSIM) נוֹשֵׂאת מְטוֹסִים נ׳ aircraft carrier; flattop
inhabited; settled (noSHAV) נוֹשָׁב ת׳
creditor; claimant (noSHE) נוֹשֶׁה ז׳
usurer; usurious (nosheKHAN) נוֹשְׁכָן ז׳ ת׳
very old; obsolete (noSHAN) נוֹשָׁן ת׳
very old, ancient יָשָׁן –
tracer (noTEV) נוֹתֵב ת׳
tracer bullet כַּדּוּר –
remain; be left over (noTAR) נוֹתַר פעל ע׳
be careful; watch out (nizHAR) נִזְהַר פעל ע׳
be fed; be nourished; be maintained; eat (nizZON; naZON) נִזּוֹן, נָזוֹן פעל ע׳
reprimanded (naZUF) נָזוּף ת׳
be damaged; be harmed (nizZOK) נִזּוֹק פעל ע׳
vegetable broth pottage (naZID) נָזִיד ז׳
mess of pottage נְזִיד עֲדָשִׁים
liquid (naZIL) נָזִיל ת׳
flow; leak (neziLA) נְזִילָה נ׳
liquidity; fluidity (neziLUT) נְזִילוּת נ׳
rebuke, reprimand (neziFA) נְזִיפָה נ׳
torts; damages; injuries (neziKIN) נְזִיקִין ז״ר
monk; hermit; abstainer; Nazirite (naZIR) נָזִיר ז׳
nun (neziRA) נְזִירָה נ׳
seclusion; abstinence; monasticism (neziRUT) נְזִירוּת נ׳
recall; recollect; be mentioned; be recalled (nizKAR) נִזְכַּר פעל ע׳
aforementioned – לְמַעְלָה – לְעֵיל
flow down; flow; drip; leak (naZAL) נָזַל פעל ע׳
liquify; infect with cold (nizZEL) נִזֵּל פעל י׳
cold, catarrh (nazZElet) נַזֶּלֶת נ׳
nose ring; earring (NEzem) נֶזֶם ז׳
angry; sullen; wrathful (niz'AM) נִזְעָם ת׳
be summoned; be convened; gather; rally (niz'AK) נִזְעַק פעל ע׳
rebuke; reprimand; reproach (naZAF) נָזַף פעל ע׳
damage; harm; loss; injury; indemnity (NEzek) נֶזֶק ז׳
be injured; be harmed (nizZAK) נִזַּק פעל ע׳
be in need (nizKAK) נִזְקַק פעל ע׳
needy נִזְקָק ת׳
crown; diadem; abstinence; hair of Nazirite (NEzer) נֵזֶר ז׳
take the Nazirite vow (naZAR) נָזַר פעל ע׳
abstain from – עַצְמוֹ מִן
abstain (from); give up (nizZAR) נִזַּר פעל ע׳
be at rest; rest; lie down; repose; settle down; stay (NAḤ) נָח פעל ע׳
restful; quiescent – ת׳

נֶחְבָּא פעל ע׳ (neḥ'BA) be hidden; hide
נֶחְבַּשׁ פעל ע׳ (neḥBASH) be wrapped; be bandaged; be tied on; be worn (hat); be imprisoned
נָחָה פעל י׳ (naḤA) guide
נִחוּם ז׳ (niḤUM) consolation; condolence
נָחוּץ ת׳ (naḤUTS) required; needed; necessary; urgent
– תה״פ one needs, is necessary
נָחוּשׁ ת׳ (naḤUSH) brazen; hard; firm
נִחוּשׁ ז׳ (niḤUSH) guess; guesswork; magic; divination
נְחוּשָׁה נ׳ (neḥuSHA) copper; brass
מֵצַח – brazen face
נחושת ר׳ נְחֹשֶׁת
נָחוּת ת׳ (naḤUT) inferior; low
נְחִיל ז׳ (neḤIL) swarm
נְחִיצוּת נ׳ (neḥiTSUT) necessity, urgency
נָחִיר ז׳ (naḤIR) nostril; jet; nozzle
נְחִירָה נ׳ (neḥiRA) snoring; slaughtering by piercing throat
נְחִירַיִם ר׳ נָחִיר
נְחִיתָה נ׳ (neḥiTA) landing; descent
נְחִיתוּת נ׳ (neḥiTUT) inferiority
נָחַל פעל ע׳ (naḤAL) inherit; take possession; get; receive
– כָּבוֹד be honored
– מַפָּלָה be defeated
נַחַל ז׳ (NAḥal) stream; brook; river; wadi; gorge; torrent
– אֵיתָן perennial stream
– אַכְזָב wadi; winter stream
נַחַ״ל (נֹעַר חֲלוּצִי לוֹחֵם) ז׳ (NAḥal [No'ar ḥaluTSI loḤEM]) Fighting Pioneer Youth (branch of Israel Defense Army combining agricultural training with military service)
נַחְלַאי ז׳ (naḥLAI) member of Naḥal unit
נֶחֱלַד פעל ע׳ (neḥeLAD) rust

נַחֲלָה נ׳ (naḥaLA) estate; property; possession; inheritance
נַחֲלִיאֵלִי ז׳ (naḥali'eLI) wagtail
נֶחְלַץ פעל ע׳ (neḥLATS) escape; be taken out; be pulled out; be removed; take to the field; be prepared; be first, pioneer in
נֶחֱלַשׁ פעל ע׳ (neḥeLASH) become weak, weaken
נִחַם פעל ע׳ (niḤAM) repent; regret; be sorry; be consoled
נִחֵם פעל י׳ (niḤEM) console; condole; comfort
נֹחַם ז׳ (NOḥam) consolation; regret
נֶחְמָד ת׳ (neḥMAD) lovely; cute; delightful, nice
נֶחְמָדוּת נ׳ (neḥmaDUT) beauty; charm
נֶחָמָה נ׳ (neḥaMA) consolation; comfort; redemption
חֲצִי – partial consolation
נֵחַן פעל ע׳ (neḤAN) be pardoned; be gifted; be accorded grace
נַחְנוּ מ״ג (NAḤnu) we
נֶחְפַּז פעל ע׳ (neḥPAZ) hurry; make haste; rush
נָחַר פעל ע׳ (naḤAR) snore
– פעל י׳ slaughter by piercing throat
נֶחֱרַד פעל ע׳ (neḥeRAD) be suddenly frightened; be shaken; tremble
נַחֲרָה נ׳ (naḥaRA) snore; snort
נַחְרָן ז׳ (naḥRAN) snorer
נֶחֱרַץ פעל ע׳ (neḥeRATS) be decided; be final; be pronounced; be done with
נִחֵשׁ פעל י׳ (niḤESH) guess; estimate; divine; practice sorcery
נַחַשׁ ז׳ (NAḥash) magic; spell; divination; guess
נָחָשׁ ז׳ (naḤASH) snake; serpent; cunning man
נַחְשׁוֹל ז׳ (naḥSHOL) billow; wave; breaker; surge; torrent
נַחְשׁוֹן ז׳ (naḥSHON) daring person; bold pioneer; darter

daring; pioneering (*naḥshoNI*) נַחְשׁוֹנִי ת׳
backward; falling behind; lagging (*neḥeSHAL*) נֶחֱשָׁל ת׳
backwardness (*neḥeshaLUT*) נֶחֱשָׁלוּת נ׳
copper; fetters (*neḤOshet*) נְחֹשֶׁת נ׳
bronze – קָלָל
copper, cuprous; brassy; brazen (*neḥushTI*) נְחֻשְׁתִּי ת׳
fetters (*neḥushTAyim*) נְחֻשְׁתַּיִם ז״ז
copper (brass) serpent (*neḥushTAN*) נְחֻשְׁתָּן ז׳
land, descend, alight (*naḤAT*) נָחַת פעל ע׳
flat (music) (*naḤET*) נָחֵת ז׳
marine (*neḤAT*) נֶחָת ז׳
place; quiet; rest, contentment, gratification, satisfaction; descent; alighting (*NAḥat*) נַחַת נ׳
satisfaction, pleasure – רוּחַ
gently, quietly, with ease בְּ–
satisfied – שְׂבַע
blow, beating – זְרוֹעַ
baker (*naḥTOM*) נַחְתּוֹם ז׳
be cut; be decided (*neḥTAKH*) נֶחְתַּךְ פעל ע׳
landing craft (*naḤEtet*) נַחֶתֶת נ׳
turn aside, deviate; bend down, become inclined, lean; tend (*naTA*) נָטָה פעל ע׳
stretch, extend, spread out; pitch (tent); conjugate, decline, inflect – פעל י׳
agree with; follow – אַחֲרֵי
show kindness; like – חֶסֶד
the day was declining – הַיּוֹם
be near death (dying) – לָמוּת
turn away from – מִ...
draw a line – קַו
net (quantity) (*NETto*) נֶטוֹ ז׳
extended, spread out, stretched; leaning; inclined, falling; declined; conjugated; inflected (*naTUY*) נָטוּי ת׳
haughty נְטוּי גָּרוֹן
with a show of force בִּזְרוֹעַ נְטוּיָה
only just begun וְעוֹד יָדוֹ נְטוּיָה
lacking; bereft; -less; un-, a-, de- (*naTUL*) נָטוּל ת׳
groundless נְטוּל יְסוֹד
planted; stuck; inserted (*naTU'a*) נָטוּעַ ת׳
watchman (Aram.) (*naTOR*) נָטוֹר ז׳
watchmen of the city, city fathers; Natorei Karta (ultra-orthodox anti-Zionist sect) נָטוֹרֵי קַרְתָּא
naturalism (*naturaLIZM*) נָטוּרָלִיזְם ז׳
abandoned; extending; going on (*naTUSH*) נָטוּשׁ ת׳
inclination, bent, tendency; deviation, turning aside; stretching, extending; pitching (tent); declension, conjugation, inflection (*netiYA*) נְטִיָּה נ׳
taking, receiving, removing (*netiLA*) נְטִילָה נ׳
washing hands נְטִילַת יָדַיִם
planting; young plant (*neti'A*) נְטִיעָה נ׳
dripstone, stalactite, stalagmite (*naTIF*) נָטִיף ז׳
dripping; pendant (*netiFA*) נְטִיפָה נ׳
bearing a grudge (*netiRA*) נְטִירָה נ׳
abandonment (*netiSHA*) נְטִישָׁה נ׳
take, receive, lift; obtain; put; place; remove (*naTAL*) נָטַל פעל י׳
wash hands – יָדַיִם
burden; weight; ballast (*NEtel*) נֵטֶל ז׳
be assimilated; assimilate (*nitMA'*) נִטְמַע פעל ע׳
plant, implant, insert, establish, found (*naTA'*) נָטַע פעל י׳
sapling; seedling, plant (*NEta'*) נֶטַע ז׳
defendant; ladon (*nit'AN*) נִטְעָן ז׳ ת׳
drip, drop (*naTAF*) נָטַף פעל ע׳
drip frequently (*nitTEF*) נִטֵּף פעל י׳
drop; droplet (*NEtef*) נֵטֶף ז׳
attach oneself, stick; pester (*nitPAL*) נִטְפַּל פעל ע׳

נָטַר פעל י׳ (naTAR) guard; keep; bear a grudge

נִטְרַד פעל ע׳ (nitRAD) be expelled; be disturbed; be confused; take pains; be troubled

נִטְרוּל ז׳ (nitRUL) neutralization

נִטְרֵל פעל י׳ (nitREL) neutralize

נַטְרָנִי ת׳ (natraNI) grudging

נָטַשׁ פעל י׳ ע׳ (naTASH) abandon; leave; quit; let; extend; spread

נִטַּשׁ פעל ע׳ (nitTASH) be abandoned; spread; extend

נִטַּשְׁטֵשׁ פעל ע׳ (nittashTESH) become blurred; be obliterated; fade away

נִיב ז׳ (NIV) dialect; expression; idiom; speech; cuspid

נִיד ז׳ (NID) motion; quiver

נַיָּד ת׳ (naiYAD) mobile; movable

(נַיֵּד) ת׳ (naiYED) movable

נִכְסֵי דְנָיְדֵי movable property; chattels

נִכְסֵי דְלָא־נָיְדֵי immovable property; real estate

נידון ר׳ נִדּוֹן

נַיָּדוּת נ׳ (naiyaDUT) mobility

נַיֶּדֶת נ׳ (naiYEdet) parol; patrol car; prowl car

נִיהִילִיזְם ז׳ (nihiLIZM) nihilism

נִיהִילִיסְט ז׳ (nihiLIST) nihilist

נַיָּח ת׳ (naiYAḤ) fixed; stationary

נִיחָא תה״פ (NIḥa) well; good; so be it

נִיחוֹחַ ז׳ (niḤO'aḥ) pleasantness; aroma

רֵיחַ – fragrance

נִיחוֹחִי ת׳ (nihoḤI) aromatic

נִיחוּתָא נ׳ (niḤUta) calm; moderation

נִיטְרוֹגְלִיצֶרִין ז׳ (nitroglitseRIN) nitroglycerin

נֵיטְרוֹן ז׳ (neytRON) neutron

נִיטְרָט ז׳ (nitRAT) nitrate

נִיטְרִיט ז׳ (nitRIT) nitrite

נֵיטְרָלִי ת׳ (neytRAli) neutral

נֵיטְרָלִיּוּת נ׳ (neytRAliyut) neutrality

נַיְלוֹן ז׳ (NAIlon) plastic, nylon

נִים ת׳ (NIM) asleep

נִימָה נ׳ (niMA) thin hair; thread; capillary; chord; tone; tune

כִּמְלֹא – a hair's-breadth

נִימוּס ז׳ (niMUS) manner, custom; conduct; politeness; courtesy

נִימוּסִי ת׳ (nimuSI) polite

נִימוּסִיּוּת נ׳ (nimusiYUT) politeness; courtesy

נימוק ר׳ נִמּוּק

נִימִי ת׳ (niMI) capillary; very fine

נִימִיּוּת נ׳ (nimiYUT) capillarity

נִימְפָה נ׳ (nimFA) nymph

נִין ז׳ (NIN) great grandson; offspring

נינוח ר׳ נִנּוֹחַ

נִיסָן ז׳ (niSAN) Nissan (7th Hebrew month; 1st in Bible)

נִיעַ ז׳ (NI'a) movement

נִיצוֹץ ז׳ (niTSOTS) spark; gleam; trace

נִיקוֹטִין ז׳ (nikoTIN) nicotine

נִיקֶל ז׳ (NIkel) nickel

נְיָר ז׳ (neYAR) paper, stationery; document

נְיַר זְכוּכִית sandpaper

נְיַר עֶרֶךְ security

נְיַר פֶּחָם carbon paper

נְיַר טוּאָלֶט, נְיַר שִׁמּוּשׁ toilet paper

נִיר ז׳ (NIR) plowed field

נְיָרִי ת׳ (neyaRI) papery

נַיֶּרֶת נ׳ (naiYEret) paperwork; red tape

נָכֵא ת׳ (naKHE) gloomy; depressed

נְכָאִים ז״ר gloom; depression

נְכֹאת נ׳ tragacanth, aromatic gum

נִכְבָּד ת׳ ז׳ (nikhBAD) honorable; honored; respected; heavy; notable; dignitary

נִכְבָּדוֹת praise; marriage proposal

אָדוֹן – (א. נ.) Dear Sir

Dear Madam גְּבֶרֶת נִכְבָּדָה (ג. נ.)
grandson *(NEkhed)* נֶכֶד ז׳
granddaughter *(nekhDA)* נֶכְדָּה נ׳
deduct *(nikKA)* נִכָּה פעל י׳
disabled; incapacitated; cripple; invalid *(naKHE)* נָכֶה ת׳ ז׳
depressed נְכֵה רוּחַ
get burnt; get hurt *(nikhVA)* נִכְוָה פעל ע׳
deduction *(nikKUY)* נִכּוּי ז׳
be correct; be true; be established; be sound; be proper; be suitable; be ready; correct; true; right; sound; proper; suitable *(naKHON)* נָכוֹן פעל ע׳ ת׳
no doubt אֶל —
incorrect לֹא —
Be Prepared הֱיֵה —
true words; truly נְכוֹנָה
readiness; correctness *(nekhoNUT)* נְכוֹנוּת נ׳
alienation *(nikKUR)* נִכּוּר ז׳
weeding *(nikKUSH)* נִכּוּשׁ ז׳
museum *(neKHOT)* (נְכוֹת) בֵּית־נְכוֹת
incapacity; disability *(naKHUT)* נָכוּת נ׳
disappointed *(nikhZAV)* נִכְזָב ת׳
opposite; in front of; facing *(NOkhaḥ)* נֹכַח מ״י
in front of; because of; considering לְ —
be present; attend *(naKHAḤ)* נָכַח פעל ע׳
become extinct; be remote; disappear *(nikhḤAD)* נִכְחַד פעל ע׳
present; current; opposite *(nokhḤI)* נָכְחִי ת׳
deduction *(nikkaYON)* נִכָּיוֹן ז׳
evil design; plot *(NEkhel)* נֶכֶל ז׳
be included *(nikhLAL)* נִכְלַל פעל ע׳
be ashamed, *(nikhLAM)* נִכְלַם פעל ע׳
abashed נִכְלָם ת׳
warm up *(nikhMAR)* נִכְמַר פעל ע׳

have pity נִכְמְרוּ רַחֲמָיו
enter, come in *(nikhNAS)* נִכְנַס פעל ע׳
surrender; give up; become submissive; be docile *(nikhNA')* נִכְנַע פעל ע׳
asset; possession; property; goods; wealth; estate *(NEkhes)* נֶכֶס ז׳
chattels נִכְסֵי דְנָיְדֵי
real estate נִכְסֵי דְלָא נָיְדֵי
inalienable goods; eternal possessions נִכְסֵי צֹאן בַּרְזֶל
become impoverished יָרַד מִנְּכָסָיו
yearn *(nikhSAF)* נִכְסַף פעל ע׳
epileptic *(nikhPE)* נִכְפֶּה ז׳
multiplicand *(nikhPAL)* נִכְפָּל ז׳
be bent; be subjected *(nikhPAF)* נִכְפַּף פעל ע׳
recognizable; appreciable; marked; considerable *(nikKAR)* נִכָּר ת׳
alienate; estrange; deny; betray *(nikKER)* נִכֵּר פעל י׳
foreignness; foreign land; strangeness *(neKHAR)* נֵכָר ז׳
in a foreign country בַּ —
foreign country אַדְמַת —
alien; strange; foreign; foreigner *(nokhRI)* נָכְרִי ת׳ ז׳
wig פֵּאָה נָכְרִית
be wrapped; be bound; be connected *(nikhRAKH)* נִכְרַךְ פעל ע׳
follow, stick to — אַחֲרֵי
weed *(nikKESH)* נִכֵּשׁ פעל י׳
fail, trip *(nikhSHAL)* נִכְשַׁל פעל ע׳
become soiled *(nikhTAM)* נִכְתַּם פעל ע׳
(the) aforementioned, aforesaid *(hanNAL)* (הַ)נַּ״ל ת׳
as above כַּ —
tire; be unable *(nil'A)* נִלְאָה פעל ע׳
warm-hearted; attractive; hearty *(nilBAV)* נִלְבָּב ת׳
enthusiastic; excited *(nilHAV)* נִלְהָב ת׳
join, accompany; go with *(nilVA)* נִלְוָה פעל ע׳

נָלוֹז ת׳ (*naLOZ*) crooked; perverted; defective
נָלוֹשׁ פעל ע׳ (*naLOSH*) be kneaded
נִלְחַם פעל ע׳ (*nilḤAM*) fight; battle; make war; struggle
נִלְעָג ת׳ (*nil'AG*) laughable; ridiculous
נִלְעָגוּת נ׳ (*nil'aGUT*) ridiculousness; disgrace
נָם פעל ע׳ (*NAM*) sleep, snooze
נִמְאַס פעל ע׳ (*nimAS*) be despised, be weary of
– לִי I'm sick of . . .
נִמְבְּזֶה ת׳ (*nemivZE*) contemptible; inferior
נִמְהַל פעל ע׳ (*nimHAL*) be diluted
נִמְהָר ת׳ (*nimHAR*) rash, impetuous
נָמוֹג פעל ע׳ (*naMOG*) melt; evaporate; flee
נָמוּךְ ת׳ (*naMUKH*) low, short, neek; humble
נִמּוֹל ת׳ (*nimMOL*) be circumcised
נִמּוּק ז׳ (*nimMUK*) reason; argument; reasoning
נָמוֹשׁ ת׳ (*naMOSH*) weakling; straggler; epigone
נְמִיָּה נ׳ (*nemiYA*) mongoose
נְמִיכוּת נ׳ (*nemiKHUT*) lowness; shortness
נְמִיסָה נ׳ (*nemiSA*) melting
נָמֵל, נָמָל ז׳ (*naMEL; naMAL*) harbor, port
נְמַל תְּעוּפָה airport
נְמָלָה נ׳ (*nemaLA*) ant
עֲבוֹדַת נְמָלִים strenuous work
נִמְלַט פעל ע׳ (*nimLAT*) escape; flee
נִמְלַךְ (בְּדַעְתּוֹ) פעל ע׳ (*nimLAKH*) contemplate; study; think it over; consult
נִמְלָץ ת׳ (*nimLATS*) flowery; ornate
נִמְנוּם ז׳ (*nimNUM*) nap, doze
נִמְנֵם פעל ע׳ (*nimNEM*) drowse; doze
נַמְנְמָן ז׳ (*namneMAN*) slumberer; dormouse
נִמְנַע פעל ע׳ (*nimNA'*) abstain; avoid
נִמְנָע ת׳ ז׳ (*nimNA'*) impossible; abstainer
– מִן הַ it is impossible; it can't be
נָמֵס ת׳ (*naMES*) melting
נִמְעָן ז׳ (*nim'AN*) addressee
נִמְצָא ת׳ ז׳ (*nimTSA*) existing; phenomenon; being; entity
– בְּ exists
נִמֵּק פעל י׳ (*nimMEK*) substantiate; argue; reason; explain
נָמַק פעל ע׳ (*naMAK*) rot
נֶמֶק ז׳ (*NEmek*) putrefaction; gangrene
נִמֵּר פעל י׳ (*nimMER*) checker; spot; mottle
נָמֵר ז׳ (*naMER*) leopard
נְמֵרִי ת׳ (*nemeRI*) spotted
נִמְרָץ ת׳ (*nimRATS*) vigorous; forceful; strong
נִמְרָצוֹת תה״פ emphatically
נֶמֶשׁ ז׳ (*NEmesh*) freckle
נִמְשָׁךְ ת׳ (*nimSHAKH*) lasting; continuous
נִמְשָׁל ז׳ (*nimSHAL*) subject of a moral lesson; moral lesson
נִמְתָּח ת׳ (*nimTAḤ*) flexible
נִנּוֹחַ פעל ע׳ (*ninNO'aḥ*) be at rest; be resting
נַנָּס ז׳ (*nanNAS*) dwarf, midget
נַנָּסִי ת׳ (*nannaSI*) dwarfish; tiny
נִנְעַר פעל ע׳ (*nin'AR*) be shaken; be shaken out; awaken
נָס פעל ע׳ (*NAS*) flee; escape
נֵס ז׳ (*NES*) miracle; wonder; flag; flagpole; pennant
– הֵרִים עַל praise; commend
נָסַב פעל ע׳ (*naSAV*) gather around; surround; turn aside; be delivered; turn to
נְסִבָּה נ׳ (*nesibBA*) cause

circumstances נְסִבּוֹת
tolerated (nisBAL) נִסְבָּל ת׳
circumstantial (nesibbaTI) נְסִבָּתִי ת׳
be cracked; crack (nisDAK) נִסְדַק פעל ע׳
try, attempt; test; experiment (nisSA) נִסָּה פעל י׳
withdraw; retreat (naSOG) נָסוֹג פעל ע׳
formulation; phrasing; drafting (nisSU'aḥ) נִסּוּחַ ז׳
be shifted (nisSOT) נִסּוֹט פעל ע׳
experiment; test (nisSUY) נִסּוּי ז׳
experimental (nissuYI) נִסּוּיִי ת׳
libation (nisSUKH) נִסּוּךְ ז׳
spread over; poured (naSUKH) נָסוּךְ ת׳
נסורת ר׳ נְסֹרֶת
uproot; pull out (naSAḤ) נָסַח פעל י׳
formulate; phrase; draft (nisSAḤ) נִסַּח פעל י׳
version; text; copy; custom; manner; style (NOsaḥ; nusSAḤ) נֹסַח, נֻסָּח ז׳
formula; version (nusḤA) נֻסְחָה נ׳
withdrawal; retreat; regression; relapse (nesiGA) נְסִיגָה נ׳
serum (nasYUV) נַסְיוּב ז׳
attempt; trial; experience; experiment; temptation (nissaYON) נִסָּיוֹן ז׳
experienced בַּעַל —
stand the test, pass muster עָמַד בְּ —
gain experience רָכַשׁ —
experimental (nisyoNI) נִסְיוֹנִי ת׳
prince, ruler; crown prince; libation (naSIKH) נָסִיךְ ז׳
princess; libation (nesiKHA) נְסִיכָה נ׳
principality (nesiKHUT) נְסִיכוּת נ׳
journey; voyage; trip; travel (nesi'A) נְסִיעָה נ׳
climb; ascent (nesiKA) נְסִיקָה נ׳
sawing (nesiRA) נְסִירָה נ׳
pour; offer libation (naSAKH) נָסַךְ פעל י׳

pour wine in religious ceremony (nisSEKH) נִסֵּךְ פעל י׳
libation (NEsekh) נֶסֶךְ ז׳
wine forbidden to Jews יֵין —
be supported (nisMAKH) נִסְמַךְ פעל ע׳
supported; possessed by, belonging to (first of two nouns in construct state) נִסְמָךְ ת׳
travel; journey; move (naSA') נָסַע פעל ע׳
excited; stormy; tempestuous (nis'AR) נִסְעָר ת׳
be killed; fall (nisPA) נִסְפָּה פעל ע׳
addendum; appendix; supplement; annex; attaché; adjunct (nisPAḤ) נִסְפָּח ז׳
attached; added — ת׳
climb; ascend (naSAK) נָסַק פעל ע׳
sharp (music) (naSEK) נָסֵק ז׳
saw (naSAR) נָסַר פעל י׳
saw; produce a sawing sound; be everywhere, be troublesome (nisSER) נִסֵּר פעל י׳
plank, board (NEser) נֶסֶר ז׳
sawdust; woodshavings (neSOret) נְסֹרֶת נ׳
smell offensively; rot; lose favor (nisRAḤ) נִסְרַח פעל ע׳
hidden; concealed; third person masculine (gram.) (nisTAR) נִסְתָּר ת׳
move; shake; wander; moving; mobile (NA') נָע פעל ע׳ ת׳
be shaped through work; be worked; be worshipped (ne'eVAD) נֶעֱבַד פעל ע׳
be anchored (ne'eGAN) נֶעֱגַן פעל ע׳
be absent; be lacking (ne'DAR) נֶעְדַּר פעל ע׳
distorted; perverse; croocked (na'aVE) נַעֲוֶה ת׳
sinner נַעֲוֵה לֵב
son of a wanton mother בֶּן נַעֲוַת הַמַּרְדּוּת

נָעוּל ת׳ (na'UL) locked; barred; shod

נָעוּץ ת׳ (na'UTS) fixed; stuck in; inherent

נָעוּר ת׳ (na'UR) shaken out; empty

נִעוּר ז׳ (ni'UR) shaking up

נֵעוֹר פעל ע׳ (ne'OR) awaken

נֶעֱטַף פעל ע׳ (ne'eTAF) be wrapped

נְעוּרִים ז״ר (ne'uRIM) youth

בְּנֵי הַ – youth; adolescents

נְעִילָה נ׳ (ne'iLA) locking; shutting; adjournment; conclusion; wearing shoes; concluding Yom Kippur service

נָעִים ת׳ (na'IM) pleasant; pleasing; agreeable; fitting

בִּלָּה בִּנְעִימִים have a good time

נְעִימָה נ׳ (ne'iMA) melody; tune

נְעִימוּת נ׳ (ne'iMUT) pleasantness; loveliness; agreeableness

אִי־נְעִימוּת unpleasantness

נְעִיצָה נ׳ (ne'iTSA) sticking in

נְעִירָה נ׳ (ne'iRA) braying; shaking up

נֶעְכָּר ת׳ (ne'KAR) depressed; dejected; spoilt

נָעַל פעל י׳ (NA'al) lock; close; conclude; adjourn; put on; wear (shoes)

נַעַל נ׳ (NA'al) shoe

נֶעֱלַב פעל ע׳ (ne'eLAV) be insulted; take offense

נַעֲלֶה ת׳ (na'aLE) lofty; sublime; elevated

נֶעְלַם פעל ע׳ (ne'LAM) disappear

נֶעְלָם ת׳ז׳ hidden; unknown; unknown variable

נָעַם פעל ע׳ (na'AM) be lovely; be pleasant

נֹעַם ז׳ (NO'am) loveliness; pleasantness; charm

נֶעֱמַד פעל ע׳ (ne'eMAD) come to a halt; stop

נַעֲנָה פעל ע׳ (na'aNA) be answered; be granted one's wish; respond

נַעֲנֶה ת׳ (na'aNE) suffering; tormented

נַעֲנָה נ׳ (NA'ana) mint (plant)

נִעֲנוּעַ ז׳ (ni'aNU'a) movement; shaking; agitation; rocking

נִעֲנַע פעל י׳ (ni'aNA') shake; move; agitate

נָעַץ פעל י׳ (na'ATS) stick in; insert; thrust

נַעַץ ז׳ (NA'ats) thumbtack; drawing-pin

נֶעֱצַב פעל ע׳ (ne'eTSAV) become saddened

נַעֲצוּץ ז׳ (na'aTSUTS) thorn bush

נֶעֱצַר פעל ע׳ (ne'eTSAR) stop; be stopped; be checked; be arrested

נָעַר פעל ע׳ (na'AR) bray

נִעֵר פעל י׳ (ni'ER) shake up; beat (rug)

נַעַר ז׳ (NA'ar) boy; young man; lad; youth; adolescent; servant

נֹעַר ז׳ (NO'ar) youth

נַעֲרָה נ׳ (na'aRA) girl; young woman; maiden; maid, servant

נַעֲרוּת נ׳ (na'aRUT) adolescence; youth; boyhood

נֶעֱרַךְ פעל ע׳ (ne'eRAKH) be arranged; be ordered; be edited; be estimated

נֶעֱרַם פעל ע׳ (ne'eRAM) pile up

נֶעֱרַף פעל ע׳ (ne'eRAF) be beheaded

נֶעֱרַץ פעל ע׳ (ne'eRATS) be revered; be adored; be esteemed

נַעֲרָץ ת׳ (na'aRATS) venerable; esteemed; adored

נְעֹרֶת נ׳ (ne'oRET) chaff

נַעֲשָׂה פעל ע׳ (na'aSA) be made into; be created; be done; become; come to be; turn into

נֶעְתַּק פעל ע׳ (ne'TAK) be displaced; be copied; be translated; be transcribed

נֶעְתַּר פעל ע׳ (ne'TAR) comply; grant a request; be numerous

נִפְגַּע פעל ע׳ (nifGA') be injured; be wounded

נִפְגָּע ז׳ casualty

נִפְגַּשׁ פעל ע׳ (nifGASH) hold a meeting; meet; chance upon

נִפָּה פעל י׳ (nipPA) sift; select

נָפָה נ׳ (naFA) sieve; subdistrict; region

נָפוֹג פעל ע׳ (naFOG) weaken

נָפוּחַ ת׳ (naFU'aḥ) inflated; swollen; blown up

נִפּוּחַ ז׳ (nipPU'aḥ) blowing up; inflation; puffing; fanning

נִפּוּט ז׳ (nipPUT) beating (flax)

נִפּוּי ז׳ (nipPUY) sifting; selecting

נָפוּל ת׳ (naFUL) fallen

נִפּוּץ ז׳ (nipPUTS) shattering; detonation; beating (flax)

נָפוֹץ פעל ע׳ ת׳ (naFOTS) scatter; be distributed; prevail; widespread; circulated; distributed; scattered

נִפּוּק ז׳ (nipPUK) issue (of supplies, coins etc.)

נָפַח פעל י׳ (naFAḤ) blow; fan

נִפַּח פעל י׳ (nipPAḤ) blow up; inflate; blow; fan; exaggerate

נֶפַח ז׳ (NEfaḥ) volume; displacement; capacity

נַפָּח ז׳ (napPAḤ) blacksmith

נִפְחָד ת׳ (nifḤAD) scared

נַפָּחוּת נ׳ (nappaḤUT) blacksmith's work; metal working

נַפָּחִיָּה נ׳ (nappaḥiYA) smithy

נִפֵּט פעל י׳ (nipPET) beat (flax)

נֵפְט ז׳ (NEFT) kerosene; oil; petroleum

— גָּלְמִי crude oil

נֶפְטוּן ז׳ (NEPtun) Neptune

נַפְטָלִין ז׳ (naftaLIN) naphthaline; moth balls

נִפְטַר פעל ע׳ (nifTAR) be released; separate; die

נִפְטָר ת׳ deceased

נְפִיחָה נ׳ (nefiḤA) blowing; fanning

נְפִיחוּת נ׳ (nefiḤUT) swelling

נָפִיל ז׳ (naFIL) giant; Titan

נְפִילָה נ׳ (nefiLA) fall, collapse; downfall

מַחֲלַת הַ — epilepsy

נָפִיץ ת׳ (naFITS) explosive

נְפִיצָה נ׳ (nefiTSA) shattering; distribution, dispersion

נְפִיצוּת נ׳ (nefiTSUT) explosiveness; distribution

נְפִישָׁה נ׳ (nefiSHA) rest

נֹפֶךְ ז׳ (NOfekh) turquoise; precious stone

הוֹסִיף — מִשֶּׁלּוֹ add a personal touch; contribute

נָפַל פעל ע׳ (naFAL) fall; drop; die; be vanquished; be destroyed; happen; occur; be omitted

— בְּיָדֵי fall into his hands; be captured

— בַּפַּח be trapped; ensnared

נָפַל מִ־ be inferior to

— דָּבָר something happened

— חָלָל be killed

— לְמִשְׁכָּב fall ill

— עָלָיו פַּחַד be seized with fear

— רוּחוֹ despair

נָפְלָה דְלֵקָה a fire broke out

נָפְלָה עָלָיו תַּרְדֵּמָה fall asleep

נָפְלוּ פָּנָיו look dejected

נֵפֶל ז׳ (NEfel) aborted fetus; dud (shell); failure (person)

נִפְלָא פעל ע׳ ת׳ (nifLA) provoke wonder; wonder; wonderful; marvellous; splendid

נִפְלָאוֹת נ״ר miracles

נַפָּלְם ז׳ (naPALM) napalm

נְפֹלֶת נ׳ (neFOlet) fallout

נִפְנָה פעל ע׳ (nifNA) turn; lean towards; find leisure; be vacated

נִפְנוּף ז׳ (nifNUF) waving

נִפְנֵף פעל י׳ (*nifNEF*) wave; brandish
נִפְסָד ת׳ (*nifSAD*) wasteful; harmful; corrupt
נִפְסַק פעל ע׳ (*nifSAK*) cease; stop; pause; become disconnected
נִפְעָל ת׳ (*nif'AL*) passive
נִפְעַל ז׳ *niph'al* (reflexive and passive of *kal* - the simple stem)
נִפְעָם ת׳ (*nif'AM*) moved; excited
נִפֵּץ פעל י׳ (*nipPETS*) smash; explode; shatter
נֶפֶץ ז׳ (*NEfets*) explosion; burst
נַפָּץ ז׳ (*napPATS*) detonator
נְפַק פעל ע׳ (*naFAK*) (Aram.) go out; result
נִפֵּק פעל י׳ (*nipPEK*) issue, equip
נִפְקַד פעל ע׳ (*nifKAD*) be absent; be counted; be remembered
נִפְקָד ת׳ ז׳ absent; missing; counted; remembered; AWOL; absentee
נִפְקָדוּת נ׳ (*nifkaDUT*) absence; going AWOL; absence without official leave
נַפְקָה, נַפְקָנִית נ׳ (*nafKA; nafkaNIT*) prostitute
נִפְרַד פעל ע׳ (*nifRAD*) separate, take leave
נִפְרָד ת׳ separate; different; in absolute state (gram.)
נִפְרַם פעל ע׳ (*nifRAM*) come apart at the seam
נִפְרַע פעל ע׳ (*nifRA'*) be paid (debt)
נִפְרַץ פעל ע׳ (*nifRATS*) be broken; be breached; be spread
נִפְרָץ ת׳ widespread, ordinary
נָפַשׁ פעל ע׳ (*naFASH*) rest; be refreshed
נִפֵּשׁ פעל ע׳ (*nipPASH*) rest
נֶפֶשׁ נ׳ (*NEfesh*) soul; spirit; breath; life; person; human being; creature; actor; self; mind; will; dramatis personae; monument; tomb
בְּנַפְשׁוֹ at the risk of his life
כְּנַפְשׁוֹ as he wishes
לְנַפְשׁוֹ alone
אוֹיֵב בְּ – sworn enemy
אַוַּת – desire
גֹּעַל – loathing
דִּינֵי נְפָשׁוֹת capital offenses
חֵרוּף – risk of one's life
יְדִיד – bosom friend
יְפֵה – sensitive soul; do-gooder; milksop
כְּלוֹת הַ – yearning
כֹּפֶר – ransom
מְחַיֶּה (מֵשִׁיב) refreshing
מַחֲלַת – mental illness
מְסִירוּת – devotion, self sacrifice
מַפַּח – disappointment, despair
מַר – embittered
מַשְׂאַת – ideal
סַכָּנַת נְפָשׁוֹת mortal risk; danger
עַז – audacious
עֲלוּב – wretched
פִּזּוּר הַ – absent-mindedness
פִּקּוּחַ – a matter of life and death
צִפּוֹר הַ – the most precious thing
שְׁאָט – contempt
בִּקֵּשׁ אֶת – seek the life (of)
בִּקֵּשׁ עַל נַפְשׁוֹ beg for one's life
הִכָּהוּ – kill him
הִשְׁלִיךְ נַפְשׁוֹ מִנֶּגֶד risk one's life
הִתְחַיֵּב בְּנַפְשׁוֹ incur the death penalty
טָרַף נַפְשׁוֹ commit suicide
יָדַע אֶת – understand a person well
כָּלְתָה נַפְשׁוֹ yearn, crave
עִנָּה אֶת נַפְשׁוֹ fast
שָׂם נַפְשׁוֹ בְּכַפּוֹ risk one's life
נֹפֶשׁ ז׳ (*NOfesh*) rest, recreation
נַפְשִׁי ת׳ (*nafSHI*) of the soul; spiritual; psychic; mental
נִפְשָׁע ת׳ (*nifSHA'*) criminal; sinful
נֹפֶת ז׳ (*NOfet*) liquid honey
– צוּפִים choice honey
נִפְתָּה פעל ע׳ (*nifTA*) be tempted
נַפְתּוּל ז׳ (*nafTUL*) meander
נַפְתּוּלִים struggle

meander; twist (*nifTAL*) נִפְתַּל פעל ע׳
and turn; struggle
twisted; perverse; crooked נִפְתָּל ת׳
נַפְתָּלִין ר׳ נַפְטָלִין
hawk (*NETS*) נֵץ ז׳
stand (*niTSAV*) נִצַּב פעל ע׳
standing; perpendicular נִצָּב ת׳
side of right angled triangle; — ז׳
handle; commander (police); extra (movies)
quarrel (*niTSA*) נִצָּה פעל ע׳
be caught; (*niTSOD*) נִצּוֹד פעל ע׳
be trapped; be hunted
conducting (*niTSU'aḥ*) נִצּוּחַ ז׳
(orchestra); polemics; victory
exploitation; (*niTSUL*) נִצּוּל ז׳
utilization
survivor (*niTSOL*) נִצּוֹל ת׳
besieged; on (*naTSUR*) נָצוּר ת׳
safety; locked
Christianization (*niTSUR*) נִצּוּר ז׳
overcome; (*niTSAḤ*) נִצַּח פעל י׳
defeat; beat; vanquish; conduct (orchestra); direct; glorify
eternity; infinity (*NEtsaḥ*) נֵצַח ז׳
forever — תה״פ
victory; triumph (*nitsaḤON*) נִצָּחוֹן ז׳
eternal; perpetual (*nitsḤI*) נִצְחִי ת׳
eternity (*nitsḥiYUT*) נִצְחִיּוּת נ׳
quarrel- (*natseḥaNUT*) נַצְּחָנוּת נ׳
someness
quarrelsome (*natseḥaNI*) נַצְּחָנִי ת׳
pillar; column; (*neTSIV*) נְצִיב ז׳
governor; commissioner
commission (*netsiVUT*) נְצִיבוּת נ׳
representative; agent (*naTSIG*) נָצִיג ז׳
representation (*netsiGUT*) נְצִיגוּת נ׳
national (*natsyoNAL-*) נַצְיוֹנָל־
efficiency (*netsiLUT*) נְצִילוּת נ׳
mica (*naTSITS*) נָצִיץ ז׳
escape; (*niTSAL*) נִצַּל פעל ע׳
be rescued; survive

exploit; take (*niTSEL*) נִצֵּל פעל י׳
advantage of; utilize
exploiter (*natseLAN*) נַצְּלָן ז׳
exploiting (*natselaNI*) נַצְּלָנִי ת׳
salvage; utility; (*niTSOlet*) נִצֹּלֶת נ׳
profit
adhere; join (*nitsMAD*) נִצְמַד פעל ע׳
bud (*niTSAN*) נִצָּן ז׳
flash; flickering (*nitsNUTS*) נִצְנוּץ ז׳
twinkle (*nitsNETS*) נִצְנֵץ פעל ע׳
blinker (*natsNATS*) נַצְנָץ ז׳
guard; keep; (*naTSAR*) נָצַר פעל י׳
lock; besiege; put on safety
christianize (*niTSER*) נִצֵּר פעל י׳
sprout; shoot; (*NEtser*) נֵצֶר ז׳
offspring
be burnt; (*nitsRAV*) נִצְרַב פעל ע׳
be scorched
safety (in firearms) (*nitsRA*) נִצְרָה נ׳
Christianity (*natsRUT*) נַצְרוּת נ׳
be (*nitsRAKH*) נִצְרַךְ פעל ע׳
compelled; need to; need; be needy
needy נִצְרָךְ ת׳
(*natseRAT; naTSEret*) נָצְרַת, נַצֶּרֶת נ׳
Nazareth
be kindled; (*niTSAT*) נִצַּת פעל ע׳
catch fire
bore; perforate; (*naKAV*) נָקַב פעל י׳
specify; state explicitly
be perforated; (*nikKAV*) נִקַּב פעל ע׳
be specified
bore; perforate; (*nikKEV*) נִקֵּב פעל י׳
punch; pierce
hole; puncture; (*NEkev*) נֶקֶב ז׳
pore; orifice
perforate (*nikBEV*) נִקְבֵּב פעל י׳
female; woman (*nekeVA*) נְקֵבָה נ׳
tunnel (*nikBA*) נִקְבָּה נ׳
perforation (*nikBUV*) נִקְבּוּב ז׳
porous; (*nakbuVI*) נַקְבּוּבִי ת׳
perforated; permeable
porosity (*nakbuviYUT*) נַקְבּוּבִיּוּת נ׳
pore (*nakbuVIT*) נַקְבּוּבִית נ׳

female nature; female genitals (nakVUT) נַקְבוּת נ׳

feminine; female (nakvuTI) נַקְבוּתִי ת׳

feminine; female (nekeVI) נְקֵבִי ת׳

be placed; be fixed; be determined; be agreed (nikBA') נִקְבַּע פעל ע׳

be buried (nikBAR) נִקְבַּר פעל ע׳

vocalize (Hebrew writing); punctuate; dot (nikKED) נִקֵּד פעל י׳

spotted; speckled (naKOD) נָקֹד ת׳

dot; pockmark; coccus (NEked) נֶקֶד ז׳

draw a dotted line (nikDED) נִקְדֵּד פעל י׳

dot; point; speckle; period; full stop; vowel sign (Hebrew); settlement; position (nekudDA) נְקֻדָּה נ׳

semicolon – וּפְסִיק

colon נְקֻדָּתַיִם

foothold; lead נְקֻדַּת אֲחִיזָה

viewpoint נְקֻדַּת מַבָּט (רְאוּת)

reference point, coordinate נְקֻדַּת צִיּוּן

drawing a dotted line (nikDUD) נִקְדּוּד ז׳

vocalizer of (text); pedant (nakkeDAN) נַקְדָן ז׳

become sacred (nikDASH) נִקְדַּשׁ פעל ע׳

colon (nekuddaTAyim) נְקֻדָּתַיִם נ״ז

clean; cleanse; purify; exonerate; acquit; be cleaned; be exonerated; be acquitted (nikKA) נִקָּה פעל ע׳ י׳

gather; assemble (nikHAL) נִקְהַל פעל ע׳

punctured; punched; perforated; specified; named; nominal (naKUV) נָקוּב ת׳

perforation; punching (nikKUV) נִקּוּב ז׳

punch card כַּרְטִיס –

pointed; punctuated (naKUD) נָקוּד ת׳

vocalizing; vocalization (Hebrew language) (nikKUD) נִקּוּד ז׳

נקודה ר׳ נְקֻדָּה

gather, flow together (nikVA) נִקְוָה פעל ע׳

drainage; draining (nikKUZ) נִקּוּז ז׳

cleaning (nikKUY) נִקּוּי ז׳

piercing; pecking; scratching out; gouging (nikKUR) נִקּוּר ז׳

gouged; pecked (naKUR) נָקוּר ת׳

drain (nikKEZ) נִקֵּז פעל י׳

take; adopt; wield (naKAT) נָקַט פעל י׳

clean; pure; net; innocent; exempt; free (naKI) נָקִי ת׳

euphemism לָשׁוֹן נְקִיָּה

lost everything יָצָא נְקִי מִנְּכָסָיו

cleanliness; pureness; cleaning (nikkaYON) נִקָּיוֹן ז׳

cleanness (nekiYUT) נְקִיּוּת נ׳

taking; holding (nekiTA) נְקִיטָה נ׳

taking an oath נְקִיטַת חֵפֶץ

dislocation; spraining (neki'A) נְקִיעָה נ׳

knock, tap (nekiFA) נְקִיפָה נ׳

slight effort נְקִיפַת אֶצְבַּע

pang of conscience נְקִיפַת מַצְפּוּן (לֵב)

crevice; cleft; nook (naKIK) נָקִיק ז׳

pecking; gouging (nekiRA) נְקִירָה נ׳

knock; knocking; percussion (nekiSHA) נְקִישָׁה נ׳

easy (naKEL) נָקֵל ת׳

vile; contemptible; inferior (nikLE) נִקְלֶה ת׳

vileness; contemptibility; inferiority (nikLUT) נִקְלוּת נ׳

revenge; avenge; take revenge (naKAM) נָקַם פעל י׳

avenge (nikKAM) נִקֵּם פעל י׳

revenge (naKAM) נָקָם ז׳

revenge; vengeance (nekaMA) נְקָמָה נ׳

vengefulness (nakmaNUT) נַקְמָנוּת נ׳

vengeful (nakmaNI) נַקְמָנִי ת׳
sausage (nakNIK) נַקְנִיק ז׳
(nakniki YA; נַקְנִיקִיָּה; נַקְנִיקִית נ׳
frankfurter nakniKIT)
sprain (nikKA') נִקַּע פעל י׳
tap, strike (naKAF) נָקַף פעל י׳
gouge; peck (nikKER) נִקֵּר פעל י׳
woodpecker (nakKAR) נַקָּר ז׳
approach; come near; be sacrificed (nikRAV) נִקְרַב פעל ע׳
crevice; hole (nikRA) נִקְרָה נ׳
chance; happen — פעל ע׳
knock; strike (naKASH) נָקַשׁ פעל ע׳ י׳
hard; rigid; inflexible; tough (nukSHE) נֻקְשֶׁה ת׳
candle (NER) נֵר ז׳
visible; apparent; acceptable (nir'E) נִרְאֶה ת׳
apparently כַּ —
be seen; be visible; appear; be acceptable (nir'A) נִרְאָה פעל ע׳
be angry (nirGAZ) נִרְגַּז פעל ע׳
angry; annoyed נִרְגָּז ת׳
complaining; grumbling (nirGAN) נִרְגָּן ת׳
grumbling (nirgaNUT) נִרְגָּנוּת נ׳
calm down; relax (nirGA') נִרְגַּע פעל ע׳
agitated; excited; moved (nirGASH) נִרְגָּשׁ ת׳
fell asleep (nirDAM) נִרְדַּם פעל ע׳
persecuted; synonymous (nirDAF) נִרְדָּף ת׳
synonym שֵׁם —
extensive; wide (nirḤAV) נִרְחָב ת׳
become wet (nirTAV) נִרְטַב פעל ע׳
bow (nirKAN) נִרְכַּן פעל ע׳
become hungry (nir'AV) נִרְעַב פעל ע׳
agitated (nir'ASH) נִרְעָשׁ ת׳
recover (nirPA) נִרְפָּא פעל ע׳
lazy (nirPE) נִרְפֶּה ת׳
be acceptable (nirTSA) נִרְצָה פעל ע׳
rot (nirKAV) נִרְקַב פעל ע׳

anasthesia (narKOza) נַרְקוֹזָה נ׳
narcissus (narKIS) נַרְקִיס ז׳
drug addict (narkoMAN) נַרְקוֹמָן ז׳
bag; case; sheath; vagina (narTIK) נַרְתִּיק ז׳
holster — אֶקְדָּח
recoil; withdraw; flinch (nirTA') נִרְתַּע פעל ע׳
carry, bear; lift; take; contain (naSA) נָשָׂא פעל י׳
take a wife; marry — אִשָּׁה
negotiate — וְנָתַן
find favor in the eyes of — חֵן בְּעֵינֵי
be raised; be carried; marry (nisSA) נִשָּׂא פעל ע׳
high; exalted — ת׳
remain; stay; survive (nish'AR) נִשְׁאַר פעל ע׳
blow (naSHAV) נָשַׁב פעל ע׳
blow strongly, blow (nishSHEV) נִשֵּׁב פעל י׳ע׳
swear; take an oath (nishBA') נִשְׁבַּע פעל ע׳
exalted; sublime; strong; firm (nisGAV) נִשְׂגָּב ת׳
beyond me — מִבִּינָתִי
predicate; married; carried (naSU) נָשׂוּא ז׳ ת׳
honored; important; respected נְשׂוּא פָּנִים
married (naSUY) נָשׂוּי ת׳
dispossession; eviction (nishSHUL) נִשּׁוּל ז׳
taxpayer (nishSHOM) נִשּׁוֹם ז׳
corrupt (nishḤAT) נִשְׁחָת ת׳
feminine (naSHI) נָשִׁי ת׳
president; prince; chieftain; Nasi (head of Sanhedrin) (naSI) נָשִׂיא ז׳
carrying; bearing; woman president; president's wife (nesi'A) נְשִׂיאָה נ׳
presidency; leadership; presidium (nesi'UT) נְשִׂיאוּת נ׳
femininity (nashiYUT) נָשִׁיּוּת נ׳

נְשִׁיכָה נ׳ (neshiKHA) bite; biting

נָשִׁים נ״ר (naSHIM) women; wives

נְשִׁימָה נ׳ (neshiMA) breath; breathing; respiration

נְשִׁיפָה נ׳ (neshiFA) exhalation

כְּלִי – wind instrument

נְשִׁיקָה נ׳ (neshiKA) kiss

נָשִׁיר ת׳ ז׳ (naSHIR) deciduous; shedding; molting season

נְשִׁירָה נ׳ (neshiRA) falling; dropping; molting; dropping out

נָשַׁךְ פעל י׳ (naSHAKH) bite; demand interest

נֶשֶׁךְ ז׳ (NEshekh) interest; usury

נִשְׁכַּב פעל ע׳ (nishKAV) drop

נִשְׂכָּר ת׳ (nisKAR) hired; deriving benefit

נָשַׁל פעל ע׳ י׳ (naSHAL) fall; drop; remove; drive out

נִשֵּׁל פעל י׳ (nishSHEL) dispossess; evict

נִשְׁלָם ת׳ (nishLAM) completed

נָשַׁם פעל ע׳ (naSHAM) breath, inhale

– לִרְוָחָה feel relieved

נְשָׁמָה נ׳ (neshaMA) soul; spirit; life

נֵר – memorial candle

נִשְׁמַט פעל ע׳ (nishMAT) be dislocated; be omitted; slip away

נִשְׁנָה פעל ע׳ (nishNA) be taught; recur

נָשַׁף פעל י׳ (naSHAF) blow; exhale; hiss; inject venom

נֶשֶׁף ז׳ (NEshef) party; ball; evening; night; period before dawn

נִשְׁפַּט פעל ע׳ (nishPAT) be judged; be sentenced; litigate

נִשְׁפִּיָּה נ׳ (nishpiYA) small party

נָשַׁק פעל י׳ (naSHAK) kiss; touch

נִשֵּׁק פעל י׳ (nishSHEK) kiss

נֶשֶׁק ז׳ (NEshek) weapon; arms

שְׁבִיתַת – armistice

נַשָּׁק ז׳ (nashSHAK) gunsmith; armorer

נִשְׁקַף פעל ע׳ י׳ (nishKAF) be visible; command; overlook; be imminent; look; be expected; be in the offing

נָשַׁר פעל ע׳ (naSHAR) fall; fall out; drop, drop out

נֶשֶׁר ז׳ (NEsher) vulture; griffon vulture; eagle (popularly)

נִשְׁרִי ת׳ (nishRI) aquiline; eagle

נְשֹׁרֶת נ׳ (neSHOret) fallout

נִשְׁתַּתֵּק become silent; become dumb; calm down

נַתָּב ז׳ (natTAV) pilot

נִתְבָּע ז׳ ת׳ (nitBA') defendant; respondent; claimed

נִתּוּחַ ז׳ (nitTU'aḥ) operation; analysis

– פְּלַסְטִי plastic surgery

– קֵיסָרִי Caesarean section

נָתוּן ת׳ ז׳ (naTUN) placed; handed over; given; datum

נְתוּנִים data

נִתּוּץ ז׳ (nitTUTS) smashing; destruction

נִתּוּק ז׳ (nitTUK) severance; disconnection; interruption

נִתּוּר ז׳ (nitTUR) leap; jump

נִתַּח פעל י׳ (nitTAḤ) operate; cut; dissect; analyze

נֵתַח ז׳ (NEtaḥ) piece; section

נָתִיב ז׳ (naTIV) way; path; direction; custom; practice; lane; track

נָתִיךְ ז׳ (naTIKH) fuse

נָתִין ז׳ (naTIN) subject; citizen

נְתִינָה נ׳ (netiNA) giving; presentation

נְתִינוּת נ׳ (netiNUT) nationality; citizenship

נָתִיק ת׳ (naTIK) detachable; removable

נָתַךְ פעל ע׳ (naTAKH) pour; pour out

נִתַּךְ פעל ע׳ (nitTAKH) pour down; melt; flow out

נֶתֶךְ ז׳ (NEtekh) alloy

נָתַן פעל י׳ (naTAN) give; allow; let; put; fix; make

– אֶת הַדִּין pay for, be punished for
– דַּעְתּוֹ עַל pay attention to
מִי יִתֵּן would that...
נִתַּן פעל ע׳ (nitTAN) be given; be put; be allowed; be possible
נִתְעָב ת׳ (nit'AV) abominable; loathesome
נָתַץ פעל י׳ (naTATS) destroy; smash

נִתֵּק פעל י׳ (nitTEK) sever; disconnect
נִתְקַל פעל ע׳ (nitKAL) come across; chance upon; stumble
נִתְקַע פעל ע׳ (nitKA') be stuck
נִתֵּר פעל ע׳ (nitTER) jump, leap
נַתְרָן ז׳ (natRAN) sodium
נָתַשׁ פעל י׳ (naTASH) uproot; drive out

ס

ס׳ נ׳ (*SAmekh*) Samekh (the fifteenth letter of the Hebrew alphabet): sixty, sixtieth
סְאָה נ׳ (*se'AH*) seah (14 qts.)
גָּדַשׁ (הִגְדִּישׁ) אֶת הַ – overdo, exaggerate
סָבָא ז׳ (*saVA*) grandfather
סַבָּא ז׳ (*SABba*) grandpa
סָבַב פעל ע׳ י׳ (*saVAV*) go around, circle
סִבָּה נ׳ (*sibBA*) reason; cause
סִבּוּב ז׳ (*sibBUV*) revolution; rotation; turn; tour; round
סָבוּךְ ת׳ (*saVUKH*) entangled; dense
סִבּוּךְ ז׳ (*sibBUKH*) complication; entanglement
סַבּוֹן ז׳ (*sabBON*) soap
סִבּוּן ז׳ (*sibBUN*) soaping
סָבוּר ת׳ (*saVUR*) think; believe
סְבוּרַנִי I think
סָבִיב תה״פ (*saVIV*) all around; around
סְבִיבָה נ׳ (*seviVA*) environment; surroundings; locality
סְבִיבוֹן ז׳ (*seviVON*) top
סְבִיבָתִי ת׳ (*sevivaTI*) environmental; of the environment
סָבִיל ת׳ (*saVIL*) passive; endurable
סְבִילוּת נ׳ (*seviLUT*) tolerance; passivity
סָבִיר ת׳ (*saVIR*) reasonable
סְבַךְ ז׳ (*seVAKH*) thicket; entanglement; complication
סֹבֶךְ ז׳ (*SOvekh*) calf (anatomy)
סְבָכָה נ׳ (*sevaKHa*) latticework, net; grill
סִבְּכִי ז׳ (*sibbeKHI*) warbler
סָבַל פעל י׳ (*saVAL*) carry a burden; suffer; bear; tolerate

סַבָּל ז׳ (*sabBAL*) porter
סֵבֶל ז׳ (*SEvel*) burden; load; suffering
סַבָּלוּת נ׳ (*sabbaLUT*) porterage
סַבְלָן ת׳ (*savLAN*) patient
סַבְלָנוּת נ׳ (*savlaNUT*) patience
סִבֵּן פעל י׳ (*sibBEN*) soap
סָבַר פעל ע׳ (*saVAR*) think, believe
סֵבֶר ז׳ (*seVER*) hope; appearance; expression
סְבָרָה נ׳ (*sevaRA*) assumption; conjecture
סַבְתָּא נ׳ (*SAVta*) grandma
סָגַד פעל י׳ (*saGAD*) bow; prostrate oneself, worship, bend the knee
סֶגּוֹל ז׳ (*segGOL*) (Hebrew sublinear mark to indicate sound of *e* as in met)
סִגּוּל ז׳ (*sigGUL*) adaptation
סָגוֹל ז׳ (*seGOL*) violet (color)
סִגּוּף ז׳ (*sigGUF*) torment; self-mortification
סָגוּר ת׳ (*saGUR*) shut, closed; confined; introverted
סַגִּי ת׳ תה״פ (*sagGI*) large; much; enough
בִּלְשׁוֹן – נְהוֹר in a contrary sense
סְגִידָה נ׳ (*segiDA*) bending the knee; prostrating oneself; worship
סְגִירָה נ׳ (*segiRA*) closing; shutting
סִגֵּל פעל י׳ (*sigGEL*) adapt; collect
סֶגֶל ז׳ (*SEgel*) staff; corps; cadre; violet
סָגֹל ת׳ (*saGOL*) violet
סְגַלְגַּל ת׳ (*segalGAL*) oval
סְגֻלָּה נ׳ (*segulLA*) treasure; trait; virtue; means
יְחִידֵי – exceptional people
עַם – the Jewish People
סְגֻלִּי ת׳ (*segulLI*) specific

סֶגֶן ז׳ (SEgen) lieutenant (1st);
– מִשְׁנֶה second lieutenant
סְגָן ז׳ (seGAN) deputy; assistant; vice-
סְגַן אַלּוּף lieutenant colonel
סִגְנוֹן ז׳ (sigNON) style
סִגְנוֹנִי ת׳ (signoNI) stylistic
סִגְנֵן פעל י׳ (sigNEN) style
סַגְסֹגֶת נ׳ (sagSOget) alloy
סַגְּפָנוּת נ׳ (saggefaNUT) asceticism
סָגַר פעל י׳ (saGAR) close; shut; confine; block; obstruct
סַגְרִיר ז׳ (sagRIR) heavy rain
סַד ז׳ (SAD) stocks; splint
סָדוּק ת׳ (saDUK) cracked
סִדּוּק ז׳ (sidDUK) splitting
סָדוּר ת׳ (saDUR) arranged; arrayed
סִדּוּר ז׳ (sidDUR) arrangement; organizing; prayer book; setting up; "fixing"; composition, typesetting
סִדּוּרִי ת׳ (sidduRI) ordinal; orderly
סָדִין ז׳ (saDIN) sheet
סַדִּיסְט ז׳ (saDIST) sadist
סָדִיר ת׳ (saDIR) regular
סַדָּן ז׳ (sadDAN) anvil; stump; breechblock
סַדְנָה נ׳ (sadNA) workshop; workbench
סָדַק פעל י׳ (saDAK) crack; split
סֶדֶק ז׳ (SEdek) crack; cleft
סִדְקִית נ׳ (sidKIT) notions
סִדֵּר פעל י׳ (sidDER) arrange; put in order; set type; "fix"
סֵדֶר ז׳ (SEder) order; arrangement; series; Passover ceremonial meal
סַדָּר ז׳ (sadDAR) typesetter
סְדָר ז׳ (seDAR) makeup
סִדְרָה נ׳ (sidRA) weekly Pentateuch reading; series; training period
סַדָּרוּת נ׳ (saddaRUT) typesetting
סַדְּרָן ז׳ (saddeRAN) usher
סַדְּרָנוּת נ׳ (sadderaNUT) ushering
סַהַר ז׳ (SAhar) moon
חֲצִי – crescent

סֹהַר, בֵּית סֹהַר ז׳ (SOhar; beyt SOhar) prison
סַהֲרוּרִי ת׳ ז׳ (saharuRI) moon-struck; somnambulist; sleepwalker
סַהֲרוּרִיּוּת נ׳ (saharuriYUT) somnambulism; sleepwalking
סוֹאֵן ת׳ (so'EN) noisy; bustling
סוֹבֵא ז׳ (soVE) drunkard
סוּבְּטְרוֹפִּי ת׳ (subTROpi) subtropical
סוֹבְיֶטִי ת׳ (sovYEti) soviet
סוּבְּיֶקְטִיבִי ת׳ (subyekTIvi) subjective
סוֹבֵל ת׳ (soVEL) suffering
סוּבְּלִימַצְיָה נ׳ (subliMATSya) sublimation
סוֹבְלָנוּת נ׳ (sovelaNUT) tolerance
סוֹבְלָנִי ת׳ (sovelaNI) tolerant
סוּבְּסִידְיָה נ׳ (subSIDya) subsidy
סוּבֶּרֶנִי ת׳ (suveREni) sovereign
סוּג ז׳ (SUG) category; class; genus
סִוֵּג פעל י׳ (sivVEG) classify; sort
סוּגְיָה נ׳ (sugYA) topic; problem; chapter
סוּגֶסְטְיָה נ׳ (suGESTya) suggestion
סוֹגְרַיִם ז״ז (sogeRAyim) parentheses
סוֹד ז׳ (SOD) secret
אִישׁ – confidant
סוֹדָה נ׳ (SOda) soda; carbonated water
סוֹדִי ת׳ (soDI) secret
– בְּיוֹתֵר top secret
סוֹדִיּוּת נ׳ (sodiYUT) secrecy
סוּדָר ז׳ (suDAR) scarf; sweater
סוֹהֵר ז׳ (soHER) jailer, prison guard
סִוּוּג ז׳ (sivVUG) classification; grading; sorting
סוֹחֵר ז׳ (soḤER) merchant, trader; businessman
כֶּסֶף עוֹבֵר לַ– legal tender
סוֹטָה נ׳ (soTA) faithless wife
סוֹיָה נ׳ (SOYa) soya
סְוִיטָה נ׳ (SWIta) suite
סוכה ר׳ סֻכָּה

סוֹכֵךְ ז׳ (*soKHEKH*) parasol; umbrella; umbel
סוֹכֵן ז׳ (*soKHEN*) agent; overseer; manager; steward
סוֹכְנוּת נ׳ (*sokheNUT*) agency
ה – The Jewish Agency
סוֹכֶנֶת נ׳ (*soKHEnet*) housekeeper
סוכר ר׳ סֻכָּר
סוכרת ר׳ סֻכֶּרֶת
סוֹל ז׳ (*SOL*) sol
סוֹלוֹ ז׳ (*SOlo*) solo
סוֹלְחָן ז׳ (*soleḤAN*) forgiving person
סוּלְטָן ז׳ (*sulTAN*) sultan
סוֹלִידָרִיּוּת נ׳ (*soliDARiyut*) solidarity
סוּלְיָה נ׳ (*sulYA*) sole
סוֹלְלָה נ׳ (*soleLA*) battery; embankment; rampart
סולם ר׳ סֻלָּם
סוֹלָן ז׳ (*soLAN*) soloist
סוּלְפָה נ׳ (*SULfa*) sulfa
סולת ר׳ סֹלֶת
סוּלְפָט ז׳ (*sulFAT*) sulfate
סוּמָא, סוּמֵא ז׳ (*suMA; soME*) blind man
סוֹנֶטָה נ׳ (*soNEta*) sonnet
סוֹנָטָה נ׳ (*soNAta*) sonata
סוּס ז׳ (*SUS*) horse; knight (chess)
– יְאוֹר hippopotamus
– יָם walrus
– מֵרוֹץ racehorse
סוּסָה נ׳ (*suSA*) mare
סוּסוֹן ז׳ (*suSON*) small horse; colt
– יָם sea horse
סוּסִי ת׳ (*suSI*) equine
סוֹעֵר ת׳ (*so'ER*) stormy; turbulent; excited
סוּף ז׳ (*SUF*) bulrush
יַם־ – Red Sea
סוֹף ז׳ (*SOF*) end, termination; edge
– – anyway; finally
בַּ־, לַ־, לְבַ־, לְבַ־ in the end
– כָּל finally, at last

סוּפְגָנִית, סוּפְגָנִיָּה נ׳ (*sufgaNIT; sufganiYA*) doughnut
סוּפָה נ׳ (*suFA*) storm; gale
סוֹפִי ת׳ (*soFI*) final
סוֹפִית נ׳ (*soFIT*) suffix, ending
סוֹפֵר ז׳ (*soFER*) author; writer; scribe
סוֹפְּרָן ז׳ (*sopRAN*) soprano
סוֹצְיָאלִיסְט ז׳ (*sotsyaLIST*) socialist
סוֹצְיָאלִיסְטִי ת׳ (*sotsyaLISti*) socialistic; socialist
סוֹצְיָאלִיזְם (*sotsyaLIZM*) socialism
סוֹצְיוֹלוֹג ז׳ (*sotsyoLOG*) sociologist
סוֹצְיוֹלוֹגִי ת׳ (*sotsyoLOgi*) sociological
סוֹצְיוֹלוֹגְיָה נ׳ (*sotsyoLOGya*) sociology
סוֹקֵר ז׳ (*soKER*) reviewer
סַוָּר ז׳ (*savVAR*) stevedore
סוֹרֵג ז׳ (*soREG*) latticework; bars
סוֹרְגוּם ז׳ (*SORgum*) sorghum
סוּרִי ז׳ ת׳ (*suRI*) Syrian
סוּרְיָה נ׳ (*SURya*) Syria
סוֹרֵר ת׳ (*soRER*) rebellious; stubborn
סָח פעל י׳ (*SAḤ*) tell, say, converse
סָחַב פעל י׳ (*saḤAV*) drag, pull; "swipe", pilfer
סְחָבָה נ׳ (*seḥaVA*) rag; mop
סַחֶבֶת נ׳ (*saḤEvet*) red tape, stalling
סָחוּט ת׳ (*saḤUT*) squeezed out; all in
סְחוּס ז׳ (*seḤUS*) cartilage
סְחוֹר תה״פ (*seḤOR*) around; roundabout; deviously
סְחוֹרָה נ׳ (*seḥoRA*) merchandise; goods; trade
סָחַט פעל י׳ (*saḤAT*) squeeze; press out; wring; extort
סַחְטָן ז׳ (*saḥTAN*) blackmailer; extortioner
סַחְטָנוּת נ׳ (*saḥtaNUT*) blackmail; extortion
סְחִיטָה נ׳ (*seḥiTA*) squeezing; pressing; wringing; extortion

erosion *(seḥiFA)* סְחִיפָה נ׳

orchid *(saḥLAV)* סַחְלָב ז׳

wash away; erode *(saḤAF)* סָחַף פעל י׳

silt *(SAḥaf)* סַחַף ז׳

trade; deal *(saḤAR)* סָחַר פעל ע׳ י׳

trade; commerce *(SAḥar)* סַחַר ז׳

foreign trade סְחַר חוּץ

barter סְחַר חֲלִיפִין

spin *(siḥRUR)* סִחְרוּר ז׳

dizzy *(seḥarḤAR)* סְחַרְחַר ת׳

merry-go-round *(seḥarḥeRA)* סְחַרְחֵרָה נ׳

dizziness; vertigo *(serḥarḤOret)* סְחַרְחֹרֶת נ׳

make dizzy *(siḥRER)* סִחְרֵר פעל י׳

turn aside; deviate; go astray *(saTA)* סָטָה פעל ע׳

colonnade *(seTAV)* סְטָו ז׳

studio *(STUDyo)* סְטוּדְיוֹ ז׳

student *(stuDENT)* סְטוּדֶנְט ז׳

internship; training period *(STAZH)* סְטָז׳ ז׳

static *(STAti)* סְטָטִי ת׳

statistics *(statisTIka)* סְטַטִיסְטִיקָה נ׳

statistician *(statistiKAN)* סְטַטִיסְטִיקָן ז׳

deviation; digression; turning aside *(setiYA)* סְטִיָּה נ׳

scholarship; study grant *(stiPENDya)* סְטִיפֶּנְדְיָה נ׳

slap *(setiRA)* סְטִירָה נ׳

satire *(saTIra)* סָטִירָה נ׳

satirical *(saTIri)* סָטִירִי ת׳

satirist *(satiriKAN)* סָטִירִיקָן ז׳

standard *(stanDARD)* סְטַנְדַּרְד ז׳

standard *(stanDARti)* סְטַנְדַּרְטִי ת׳

standardization *(standartiZATSya)* סְטַנְדַּרְטִיזַצְיָה נ׳

slap *(saTAR)* סָטַר פעל י׳

strontium *(strontsYUM)* סְטְרוֹנְצְיוּם ז׳

structure *(strukTUra)* סְטְרוּקְטוּרָה נ׳

stratosphere *(stratosFEra)* סְטְרָטוֹסְפֵרָה נ׳

sterile *(steRIli)* סְטֶרִילִי ת׳

sterilization *(steriliZATSya)* סְטֶרִילִיזַצְיָה נ׳

streptomycin *(strepTOmitsin)* סְטְרֶפְּטוֹמִיצִין ז׳

fiber *(SIV)* סִיב ז׳

fibrous *(siVI)* סִיבִי ת׳

Siberia *(siBIR)* סִיבִּיר נ׳

dross; evil persons *(SIG)* סִיג ז׳

fence; restriction; additional stricture *(seYAG)* סְיָג ז׳

cigar *(siGAR)* סִיגָר ז׳

cigarette *(siGARya)* סִיגַרְיָה נ׳

lime; whitewash; plaster *(SID)* סִיד ז׳

whitewash *(siYED)* סִיֵּד פעל י׳

whitewasher *(saiYAD)* סַיָּד ז׳

whitewashing *(saiyaDUT)* סַיָּדוּת נ׳

calcium *(siDAN)* סִידָן ז׳

whitewashing *(siYUD)* סִיּוּד ז׳

nightmare *(siYUT)* סִיּוּט ז׳

end; finish; conclusion *(siYUM)* סִיּוּם ז׳

Sivan (9th Hebrew month; 3rd in Bible) *(siVAN)* סִיוָן ז׳

aid; assistance; help; support *(siYU'a)* סִיּוּעַ ז׳

fencing *(siYUF)* סִיּוּף ז׳

tour, expedition; visit; trip; reconnaissance *(siYUR)* סִיּוּר ז׳

colt; young donkey *(seYAḤ)* סְיָח ז׳

situation; setting *(situ'ATSya)* סִיטוּאַצְיָה נ׳

wholesaler *(sitoNAI)* סִיטוֹנַאי ז׳

wholesale *(sitoNUT)* סִיטוֹנוּת נ׳

wholesale *(sitoNI)* סִיטוֹנִי ת׳

lubrication; oiling *(siKHA)* סִיכָה נ׳

silo *(SIlo)* סִילוֹ ז׳

syllogism *(siloGIZM)* סִילוֹגִיזְם ז׳

jet; jet airplane *(siLON)* סִילוֹן ז׳

jet *(siloNI)* סִילוֹנִי ת׳

finish; conclude; terminate; note *(siYEM)* סִיֵּם פעל י׳

symbiosis *(simbYOza)* סִימְבְּיוֹזָה נ׳

סִימוּלְטָנִי ת׳ (simulTAni) simultaneous
סִימֶטְרִיָּה נ׳ (siMETriya) symmetry
סִימָן ז׳ (siMAN) sign, mark; omen; signal; paragraph; esophagus and trachea
סִימָנִיָּה נ׳ (simaniYA) bookmark
סִימָנִית נ׳ (simaNIT) mark, sign
סִימְפוֹנְיָה נ׳ (simFONya) symphony
סִימְפָּתִי ת׳ (simPAti) nice; pleasant
סִיֹּמֶת (siYOmet) suffix
סִין נ׳ (SIN) China
סינור ר׳ סִנָּר
סִינַי ז׳ת׳ (siNAI) Sinai; erudite scholar; well versed in Bible and Talmud
סִינִי ז׳ ת׳ (siNI) Chinese
סִינִית נ׳ Chinese (language)
סִינְתֶּזָה נ׳ (sinTEza) synthesis
סִינְתֶּטִי ת׳ (sinTEti) synthetic
סַיָּס ז׳ (saiYAS) ostler; groom
סִיסְטֶמָתִי ת׳ (sisteMAti) systematic
סִיסְמָה נ׳ (sisMA) password; slogan
סִיֵּעַ פעל י׳ (siYA') aid; assist; help; support
סִיעָה נ׳ (si'A) faction
סִיעָתִי ת׳ (si'aTI) factional
סַיִף ז׳ (SAyif) sword; fencing
סַיָּף ז׳ (saiYAF) swordsman; fencer
סִיֵּף פעל י׳ (siYEF) fence
סֵיפָא ז׳ (seyFA) end; concluding section
סֵיפָן ז׳ (seyFAN) gladiolus
סִיקוּס ז׳ (siKUS) knot, node
סִיר ז׳ (SIR) pot
סִיֵּר פעל י׳ (siYER) visit; tour; reconnoiter
סַיָּר ז׳ (saiYAR) scout
סִירָאוּת נ׳ (sira'UT) boating
סִירַאי ז׳ (siRAI) boatman
סִירָה נ׳ (siRA) boat
סִירוֹפּ ז׳ (siROP) syrup
סַיָּרוּת נ׳ (saiyaRUT) scouting; reconnaissance

סִירֶנָה נ׳ (siREna) siren
סַיֶּרֶת נ׳ (saiYEret) reconaissance patrol; special duty unit; cruiser
סַךְ ז׳ (SAKH) amount; sum
– הַכֹּל total
סָךְ פעל י׳ (SAKH) oil; anoint; rub with oil
– ז׳ large group, crowd
בְּ – in a festive throng; in procession
סֻכָּה נ׳ (sukKA) booth; hut; branch-covered structure used on feast of Tabernacles
סָכָה פעל י׳ (saKHA) see; look; watch
סִכָּה נ׳ (sikKA) pin
סִכַּת בִּטָּחוֹן safety pin
סִכּוּי ז׳ (sikKUY) prospect; chance; hope
סִכּוּל ז׳ (sikKUL) frustration
סְכוּם ז׳ (sekHUM) amount; sum
סִכּוּם ז׳ (sikKUM) summing up
סַכּוּ״ם ז׳ (sakKUM) cutlery
סִכּוּן ז׳ (sikKUN) risk; danger
סֻכּוֹת נ״ר (sukKOT) feast of Tabernacles
סַכִּין ז׳ נ׳ (sakKIN) knife
– גִּלּוּחַ razor blade
סַכִּינַאי ז׳ (sakkiNAI) robber; mugger
סָכַךְ פעל י׳ (saKHAKH) hide; screen; conceal; shade
סְכָךְ ז׳ (seKHAKH) roofing branches
סְכָכָה נ׳ (sekhaKHA) shed; shelter
סִכֵּל פעל י׳ (sikKEL) frustrate
סָכָל ז׳ת׳ (saKHAL) fool; foolish
סִכְלוּת נ׳ (sikhLUT) folly, foolishness
סִכֵּם פעל י׳ (sikKEM) sum up; add up
סָכַן פעל ע׳ (saKHAN) be useful
סִכֵּן פעל י׳ (sikKEN) endanger; jeopardize
סַכָּנָה נ׳ (sakkaNA) danger; peril

dispute; argument; conflict (sikhSUKH) סִכְסוּךְ ז׳
incite; stir up; intrigue; mix up, confuse (sikhSEKH) סִכְסֵךְ פעל י׳
intriguer; trouble-maker, person stirring up strife (sakhseKHAN) סַכְסְכָן ז׳
(sakhsekhaNUT) סַכְסְכָנוּת נ׳ quarrelmongering, stirring up strife
shut; dam up (saKHAR) סָכַר פעל י׳
dam; sluice gate (SEkher) סֶכֶר ז׳
sugar (sukKAR) סֻכָּר ז׳
sugar; sweeten with sugar (sikKER) סִכֵּר פעל י׳
sugary (sukkaRI) סֻכָּרִי ת׳
candy (sukkariYA) סֻכָּרִיָּה נ׳
lollipop (sukkariYA) – עַל מַקֵּל
saccharin (sakhaRIN) סַכָרִין ז׳
diabetes (sukKEret) סֻכֶּרֶת נ׳
basket (SAL) סַל ז׳
weigh; estimate; value (silLE) סִלֵּא פעל י׳
priceless לֹא יְסֻלָּא בַּפָּז
shrink from; withdraw; be repelled by; be disgusted by (saLAD) סָלַד פעל ע׳
paved (saLUL) סָלוּל ת׳
living room (saLON) סָלוֹן ז׳
distortion; perversion (silLUF) סִלּוּף ז׳
removal; departure; death; repayment (silLUK) סִלּוּק ז׳
clearing סִלּוּקִין ז״ר
forgive; pardon (saLAḤ) סָלַח פעל י׳
forgiver (salLAḤ) סַלָּח ז׳
(salḤAN; solḤAN) סַלְחָן, סָלְחָן ז׳ forgiver
leniency; tolerance (salḥaNUT) סַלְחָנוּת נ׳
forgiving; merciful (salḥaNI) סַלְחָנִי ת׳
salad (saLAT) סָלָט ז׳
somersault (SALta) סַלְטָה נ׳

revulsion; disgust; aversion (seliDA) סְלִידָה נ׳
pardon; forgiveness (seliḤA) סְלִיחָה נ׳
penitential prayers סְלִיחוֹת
ocil; spool; screw (seLIL) סְלִיל ז׳
paving (seliLA) סְלִילָה נ׳
spiral (seliLI) סְלִילִי ת׳
cache (seLIK) סְלִיק ז׳
pave; press; compress; extol (saLAL) סָלַל פעל י׳
ladder; scale (sulLAM) סֻלָּם ז׳
salmon (salMON) סַלְמוֹן ז׳
slang (SLENG) סְלֶנְג ז׳
waving; curling; wave; coloratura, trill (silSUL) סִלְסוּל ז׳
curl; wave; trill; honor; further; praise (silSEL) סִלְסֵל פעל י׳
small basket (salsilLA) סַלְסִלָּה נ׳
muslin (salsaLA) סַלְסָלָה נ׳
rock; sela (coin) (SEla') סֶלַע ז׳
rocky (sal'I) סַלְעִי ת׳
distort; pervert; falsify (silLEF) סִלֵּף פעל י׳
remove; repay; dismiss; send away (silLEK) סִלֵּק פעל י׳
beet (SElek) סֶלֶק ז׳
turnip – לָבָן
sugar beet – סֻכָּר
selective (selekTIvi) סֶלֶקְטִיבִי ת׳
selection (seLEKtsya) סֶלֶקְצְיָה נ׳
fine flour; farina (SOlet) סֹלֶת נ׳
drug; poison; spice; potion (SAM) סַם ז׳
medicine – רְפוּאָה
Satan; Angel of Death (samma'EL) סַמָּאֵל ז׳
blossom (semaDAR) סְמָדַר ז׳
unseen; concealed; blind (saMUY) סָמוּי ת׳
stowaway – נוֹסֵעַ
supported; firm; near; authorized (saMUKH) סָמוּךְ ת׳

סָמוּךְ ז׳, סְמוּכָה נ׳ (saMOKH; samoKHA) support; brace; strut

סִמּוּם ז׳ (simMUM) poisoning; drugging

סְמוֹקִינְג ז׳ (SMOking) dinner jacket; tuxedo

סִמּוּר ז׳ (simMUR) stiffening; bristling; nailing

סַמּוּר ז׳ (samMUR) tiger polecat; tiger weasel

סִמְטָה נ׳ (simTA) alley; boil

סָמִיךְ ת׳ (saMIKH) thick

סְמִיכָה נ׳ (semiKHA) support; qualification; laying on of hands; ordination

סְמִיכוּת נ׳ (semiKHUT) ordination; construct state; proximity; density; association

סֶמִינָר, סֶמִינַרְיוֹן ז׳ (semiNAR; seminarYON) seminar; seminary; teachers college

סָמַךְ פעל י׳ ע׳ (saMAKH) support; rest; bring near; depend on; trust; support; ordain; sanction; approach

— יָדוֹ approve

סֶמֶךְ ז׳ (SEmekh) support

בֶּן — authority

סַמְכָא, בַּר־סַמְכָא ר׳ סֶמֶךְ

סַמְכוּת נ׳ (samKHUT) authority; competence

סֵמֶל ז׳ (SEmel) symbol; emblem; badge; image

— מִסְחָרִי trade mark

סַמָּל ז׳ (samMAL) sergeant

— רִאשׁוֹן staff sergeant

— תּוֹרָן duty N.C.O.

רַב — sergeant major

סִמֵּל פעל י׳ (simMEL) symbolize; typify

סִמְלִי ת׳ (simLI) symbolical

סִמְלִיּוּת נ׳ (simliYUT) symbolism

סִמֵּם פעל י׳ (simMEM) poison; drug

סַמְמָן ז׳ (sameMAN) drug; perfume; spice; ingredient; addition; effect

סִמֵּן פעל י׳ (simMEN) mark; indicate

סֶמַנְטִיקָה נ׳ (seMANtika) semantics

סֹמֶק ז׳ (SOmek) blush

סָמַר פעל ע׳ (saMAR) stiffen; bristle

סִמֵּר פעל י׳ (simMER) harden; cause to stiffen; cause to stand on end; nail

סִמְרוּר ז׳ (simRUR) riveting

סְמַרְטוּט ז׳ (semarTUT) rag; cloth

סְמַרְטוּטִי ת׳ (semartuTI) ragged; tattered; worthless; contemptible

סְמַרְטוּטָר ז׳ (semartuTAR) ragman

סִמְרֵר פעל י׳ (simRER) rivet

סְנָאִי ז׳ (sena'I) squirrel

סָנֵגוֹר ז׳ (saneGOR) defense counsel; advocate; apologist

סָנֵגוֹרְיָה נ׳ (sanegorYA) defense

סֶנְדְוִיץ׳ ז׳ (SENDvich) sandwich

סַנְדָּל ז׳ (sanDAL) sandal

סַנְדְּלָר ז׳ (sandLAR) shoemaker; cobbler

סַנְדְּלָרוּת נ׳ (sandlaRUT) shoemaking

סַנְדְּלָרִיָּה נ׳ (sandlariYA) shoemaker's workshop; shoestore

סַנְדָּק ז׳ (sanDAK) godfather

סְנֶה ז׳ (seNE) bush

סַנְהֶדְרִין נ׳ (sanhedRIN) Sanhedrin (assembly of 71 scholars serving as legislature and supreme court)

סְנוֹב ז׳ (SNOB) snob

סְנוֹבִּיּוּת נ׳ (SNObiyut) snobbishness

סִנְווּר ז׳ (sinVUR) blinding; dazzling

סִנּוּן ז׳ (sinNUN) filtering

סְנוּנִית ת׳ (senuNIT) swallow

סְנוֹקֶרֶת נ׳ (senoKEret) punch; sock

סַנְוֵרִים ז״ר (sanveRIM) blindness

סָנַט פעל ע׳ (saNAT) mock; tease

סֶנְטִימֶטֶר ז׳ (sentiMEter) centimeter

סֶנְטִימֶנְטָלִי ת׳ (sentimenTAli) sentimental

סֶנְטִימֶנְטָלִיּוּת נ׳ (*sentimenTALiyut*) sentimentality
סַנְטֵר ז׳ (*sanTER*) chin
סָנִיטַצְיָה נ׳ (*saniTATSya*) sanitation
סָנִיטָר ז׳ (*saniTAR*) hospital orderly; medic; sanitation commissioner
סְנִיף ז׳ (*seNIF*) branch
סְנִיקָה נ׳ (*seniKA*) delivery; supply
סִנְכְּרוּן ז׳ (*sinKRUN*) synchronization
סִנְכְּרֵן פעל י׳ (*sinKREN*) synchronize
סִנֵּן פעל י׳ (*sinNEN*) filter; strain; hiss
סֶנְסַצְיָה נ׳ (*senSATSya*) sensation
סֶנְסַצְיוֹנִי ת׳ (*sensatsYOni*) sensational
סְנַפִּיר ז׳ (*senapPIR*) fin
סַנְקְצְיָה נ׳ (*SANKtsya*) sanction
סִנָּר ז׳ (*sinNAR*) apron
סַסְגוֹנִי ת׳ (*sasgoNI*) multicolored; colorful
סָעַד פעל י׳ (*sa'AD*) support; aid; eat
סַעַד ז׳ (*SA'ad*) support; aid; welfare
סְעֻדָּה, סְעוּדָּה נ׳ (*se'udDA*) meal; feast
— מַפְסֶקֶת final meal before fasting
סְעֻדַּת הַבְרָאָה mourners' meal
סָעִיף ז׳ (*sa'IF*) paragraph; section; branch
סָעַר פעל ע׳ (*sa'AR*) storm; rage
סַעַר ז׳ (*SA'ar*) storm; gale; trouble
סְעָרָה נ׳ (*se'aRA*) storm
סַף ז׳ (*SAF*) threshold; sill
סָפַג פעל י׳ (*saFAG*) absorb; dry up
סָפַד פעל ע׳ (*saFAD*) mourn; eulogize
סַפָּה נ׳ (*sapPA*) sofa; couch
סְפוֹג ז׳ (*seFOG*) sponge
סָפוּג ת׳ (*saFUG*) soaked in; steeped in
סִפּוּחַ ז׳ (*sipPUah*) annexation
סִפּוּן ז׳ (*sipPUN*) deck; ceiling
סִפּוּק ז׳ (*sipPUK*) satisfaction; supply; supplying
סִפּוּר ז׳ (*sipPUR*) story; tale
סָפוּר ת׳ (*saFUR*) counted
סְפוּרִים few

סְפּוֹרָדִי ת׳ (*spoRAdi*) sporadic
סְפּוֹרְט ז׳ (*SPORT*) sports; athletics
סְפּוֹרְטַאי ז׳ (*sporTAI*) sportsman; athlete
סְפּוֹרְטִיבִי ת׳ (*sporTIvi*) sporting; showing sportsmanship; sporty, sports
סִפּוּרִי ת׳ (*sippuRI*) narrative
סִפֵּחַ פעל י׳ (*sipPAḤ*) annex
סֶפַח ז׳ (*SEfaḥ*) addendum
סֶפְּטֶמְבֶּר ז׳ (*sepTEMber*) September
סְפִיגָה נ׳ (*sefiGA*) absorption
סָפִיחַ ז׳ (*saFI'aḥ*) aftergrowth
סְפִיחָה נ׳ (*seFIḥa*) adsorption
סָפִין ז׳ (*saFIN*) panel
סְפִינָה נ׳ (*sefiNA*) ship; boat
סְפִיקָה נ׳ (*sefiKA*) supply; flow; clapping
סַפִּיר ז׳ (*sapPIR*) sapphire
סְפִירָה נ׳ (*sefiRA*) counting; count
סְפֵירָה נ׳ (*sfeRA*) sphere
סְפִּירְט ז׳ (*SPIRT*) alcohol
סֵפֶל ז׳ (*SEfel*) cup
סִפְלוֹן ז׳ (*sifLON*) small cup
סָפַן פעל י׳ (*saFAN*) panel; construct ceiling; hide
סַפָּן ז׳ (*sapPAN*) sailor; seaman
סַפָּנוּת נ׳ (*sappaNUT*) shipping; navigation; sailoring
סְפַנְיוֹלִית נ׳ (*spanyoLIT*) Ladino; Judeo-Spanish
סִפְסוּר ז׳ (*sifSUR*) profiteering
סַפְסָל ז׳ (*safSAL*) bench
סַפְסָר ז׳ (*safSAR*) middleman, agent; speculator; profiteer
סִפְסֵר פעל י׳ (*sifSER*) mediate; profiteer; speculate
סַפְסָרוּת נ׳ (*safsaRUT*) black-marketing; profiteering; mediation; speculation
סְפֶּצְיָאלִי ת׳ (*spetsYAli*) special
סְפֶּצִיפִי ת׳ (*speTSIfi*) specific
סָפַק פעל י׳ (*saFAK*) clap

סִפֵּק פעל י׳ (*sipPEK*) supply; provide; satisfy; gratify; make possible
סִפֵּק ז׳ (*sipPEK*) possibility
סָפֵק ז׳ (*saFEK*) doubt
סַפָּק ז׳ (*sapPAK*) supplier
סְפֶּקוּלָטִיבִי ת׳ (*spekulaTIvi*) speculative
סְפֶּקוּלַנְט ז׳ (*spekuLANT*) speculator
סְפֶּקוּלַצְיָה נ׳ (*spekuLATSya*) speculation
סְפֵקוּת נ׳ (*sefeKUT*) doubt; uncertainty
סַפְקָן ז׳ (*safKAN*) skeptic
סַפְקָנוּת נ׳ (*safkaNUT*) skepticism
סָפַר פעל י׳ (*saFAR*) count
סִפֵּר פעל י׳ (*sipPER*) tell; recount; speak; converse; count; cut hair
סֵפֶר ז׳ (*SEfer*) book; volume
– עֵזֶר reference book
– תּוֹרָה Pentateuch scroll
סַפָּר ז׳ (*sapPAR*) barber; hairdresser
סְפָר ז׳ (*seFAR*) frontier; border
סְפָרַד נ׳ (*sefaRAD*) Spain
סְפָרַדִּי ת׳ ז׳ (*sefaradDI*) Spanish; Sephardic; Spaniard; Sephardic Jew
סְפָרַדִּית נ׳ (*sefaradDIT*) Spanish
סִפְרָה נ׳ (*sifRA*) figure; numeral
סִפְרוֹן ז׳ (*sifRON*) booklet
סִפְרוּר ז׳ (*sifRUR*) numeration; numbering
סַפָּרוּת נ׳ (*sappaRUT*) barbering; hairdressing
סִפְרוּת נ׳ (*sifRUT*) literature
– יָפָה belles lettres; creative literature
סִפְרוּתִי ת׳ (*sifruTI*) literary
סִפְרִיָּה נ׳ (*sifriYA*) library
סַפְרָן ז׳ (*safRAN*) librarian
סַפְרָנוּת נ׳ (*safraNUT*) library science; librarianship
סִפְרֵר פעל י׳ (*sifRER*) number
סִפֹּרֶת נ׳ (*sipPOret*) narrative literature, fiction
סְצֵינָה נ׳ (*sTSEna*) scene
סִקּוּל ז׳ (*sikKUL*) stone removal
סֶקוּלָרִיזַצְיָה נ׳ (*sekulariZATSya*) secularization
סֶקוּנְדַנְט ז׳ (*sekunDANT*) second (duel)
סִקּוּר ז׳ (*sikKUR*) coverage; covering
סֶקְטוֹר ז׳ (*sekTOR*) sector
סְקִילָה נ׳ (*sekiLA*) stoning; death by stoning
סְקִיצָה נ׳ (*SKItsa*) sketch
סְקִירָה נ׳ (*sekiRA*) survey; review
סָקַל פעל י׳ (*saKAL*) stone; stone to death
סִקֵּל פעל י׳ (*sikKEL*) remove stones
סְקַנְדָל ז׳ (*skanDAL*) scandal
סְקַנְדַלְיוֹזִי ת׳ (*skandalYOzi*) scandalous
סַקְסוֹפוֹן ז׳ (*saksoFON*) saxophone
סֶקְפְּטִי ת׳ (*SKEPti*) skeptic
סָקַר פעל י׳ (*saKAR*) review; survey
סִקֵּר פעל י׳ (*sikKER*) cover
סֶקֶר ז׳ (*SEker*) survey
סִקְרֵן פעל י׳ (*sikREN*) intrigue; arouse curiosity
סַקְרָנוּת נ׳ (*sakraNUT*) curiosity
סַקְרָנִי ת׳ (*sakraNI*) curious; inquisitive
סָר פעל ע׳ (*SAR*) turn aside
סַר ת׳ (*SAR*) morose
– וָזָעֵף dejected
סֵרַב פעל ע׳ (*seRAV*) refuse
סִרְבּוּל ז׳ (*sirBUL*) heavy-handedness; making clumsy; making awkward
סַרְבָּל ז׳ (*sarBAL*) overalls; work clothes
סִרְבֵּל פעל י׳ (*sirBEL*) make clumsy; make cumbersome
סַרְבָן, סָרְבָן ז׳ (*sarBAN; sareVAN*) objector

conscientious objector סַרְבַּן־מִלְחָמָה
obstinacy (sarevaNUT) סָרְבָנוּת
knit (saRAG) סָרַג פעל י׳
סֹרֵג ר׳ סוֹרֵג
ruler; straight edge (sarGEL) סַרְגֵל ז׳
slide rule – חִשּׁוּב
sardine (sarDIN) סַרְדִּין ז׳
rebellion; sin; evil (saRA) סָרָה נ׳
urge (sirHEV) סִרְהֵב פעל י׳
refusal (seRUV) סֵרוּב ז׳
knitted (saRUG) סָרוּג ת׳
intermittence (seruGIN) סֵרוּגִין ז״ר
intermittently בְּ –, לְ –
stinking; rotten; (saRU'aḥ) סָרוּחַ ת׳ sprawling; stretched out; dangling; overhanging
castration; (seRUS) סֵרוּס ז׳ distortion; transposition
combed (saRUK) סָרוּק ת׳
stink; sin; (saRAḤ) סָרַח פעל ע׳ spread out; hang over
excess; train (SEraḥ) סֶרַח ז׳
stink; sin (sirḤON) סִרְחוֹן ז׳
סָרַט ר׳ שָׂרַט
movie; ribbon; (SEret) סֶרֶט ז׳ band; tape; chevron; stripe
draft; drawing; (sirTUT) סִרְטוּט ז׳ outline
short (movie) (sirTON) סִרְטוֹן ז׳
sketch; draw; (sirTET) סִרְטֵט פעל י׳ design
draftsman (sarTAT) סַרְטָט ז׳
immigration (sertifiKAT) סֶרְטִיפִיקָט ז׳ certificate
crab; cancer (sarTAN) סַרְטָן ז׳
cancerous (sartaNI) סַרְטָנִי ת׳
lattice; grid (saRIG) סָרִיג ז׳
knitting (seriGA) סְרִיגָה נ׳
series (serYA) סֶרְיָה נ׳
סְרִיטָה ר׳ שְׂרִיטָה
eunuch; chamberlain (saRIS) סָרִיס ז׳

combing; carding (seriKA) סְרִיקָה נ׳
axle; captain (SEren) סֶרֶן ז׳
major רַב־ –
serenade (sereNAda) סֶרֶנָדָה נ׳
castrate (seRAS) סֵרַס פעל י׳
middleman; agent; pimp; panderer (sarSUR) סַרְסוּר ז׳
mediate (sirSER) סִרְסֵר פעל י׳
diaphragm (sar'Efet) סַרְעֶפֶת נ׳
comb; card; lacerate (saRAK) סָרַק פעל י׳
emptiness (seRAK) סְרָק ז׳
idling gear הִלּוּךְ –
futile discussion וִכּוּחַ –
blank כַּדּוּר –
sarcastic (sarKASti) סַרְקַסְטִי ת׳
sarcasm (sarKAZM) סַרְקַזְם ז׳
disobey; rebel (saRAR) סָרַר פעל ע׳
opportunist (setagLAN) סְתַגְלָן ז׳
fall, autumn (seTAV) סְתָו ז׳
autumnal (setaVI) סְתָוִי ת׳
shut; blocked up; vague; obscure; dense; implicit (saTUM) סָתוּם ת׳
autumn crocus; colchicum (sitvaNIT) סִתְוָנִית נ׳
dishevelled; refuted; contradictory (saTUR) סָתוּר ת׳
stone cutting; stone dressing (sitTUT) סִתּוּת ז׳
closing; obstructing; filling (setiMA) סְתִימָה נ׳
contradiction; demolition; upsetting (setiRA) סְתִירָה נ׳
stop up; fill (tooth); state vaguely; conceal (saTAM) סָתַם פעל י׳
put an end to; liquidate – אֶת הַגּוֹלֵל
vague matter; for no obvious reason; just like that; devoid of any special meaning (seTAM) סְתָם ז׳ תה״פ
probably מִן הַ –
vague, undefined; neutral (setaMI) סְתָמִי ת׳

סָתַר פעל י׳ (*saTAR*) disturb; upset; demolish; disarray; dishevel; contradict; refute; cancel

סֵתֶר ז׳ (*SEter*) hiding place; concealment; secret

סִתֵּת פעל י׳ (*sitTET*) dress (stones)

סַתָּת ז׳ (*satTAT*) stonecutter; stonemason

סַתָּתוּת נ׳ (*sattaTUT*) stonecutting; stonemasonry

ע

ע׳ נ׳ (*'Ayin*) Ayin (the sixteenth letter of the Hebrew alphabet); seventy, seventieth

עָב ז׳ (*'Av*) cloud

עָבַד פעל י׳ (*'aVAD*) work; labor; till; cultivate; worship; serve as slave

עִבֵּד פעל י׳ (*'ibBED*) cultivate; till; prepare; dress; process; adapt; paraphrase

עֶבֶד ז׳ (*'Eved*) slave; servant; worshipper

בֵּית עֲבָדִים house of bondage

עֻבְדָּה נ׳ (*'uvDA*) fact

עַבְדוּת נ׳ (*'avDUT*) slavery; bondage

עֻבְדָּתִי ת׳ (*'uvdaTI*) factual

עָבֶה ת׳ (*'aVE*) thick; coarse

עִבּוּד ז׳ (*'ibBUD*) cultivation; processing; adaptation; paraphrase; dressing (hides)

עֲבוֹדָה נ׳ (*'avoDA*) work; labor; employment; worship; preparation

– זָרָה idolatry

– שְׁחוֹרָה unskilled labor

עֲבוֹדַת כַּפַּיִם manual labor

עֲבוֹדַת כְּפִיָּה forced labor

עֲבוֹדַת פֶּרֶךְ hard labor

עֲבוֹדַת קֹדֶשׁ divine service; worship

חֹסֶר – unemployment

מִפְלֶגֶת הָעֲבוֹדָה labor party

עֲבוֹט ז׳ (*'aVOT*) pledge

עֲבוּר, בַּעֲבוּר (*'aVUR, ba'aVUR*) for the sake of; for, because of, so that

עִבּוּר ז׳ (*'ibBUR*) pregnancy; conception; outskirts; suburbs; Hebraization; intercalation

שְׁנַת – leap year

עָבוֹת ז״ר (*'aVOT*) clouds

בֹּקֶר לֹא – cloudless morning

עֲבוֹת ז׳ נ׳ (*'aVOT*) rope, heavy cord

עָבַט פעל י׳ (*'aVAT*) pawn; lend (against a pledge); borrow (against a pledge)

עֳבִי ז׳ (*'Ovi*) thickness

נִכְנַס בָּעֳבִי הַקּוֹרָה study in detail

עָבִיט ז׳ (*'aVIT*) chamber pot

עָבִיר ת׳ (*'aVIR*) passable; navigable

עֲבִירָה נ׳ (*'aviRA*) passing; crossing

עָבַר פעל ע׳ י׳ (*'aVAR*) pass; cross over; go through; outstrip; sin; transgress

עִבֵּר פעל י׳ (*'ibBER*) Hebraize; make pregnant; proclaim leap year

עָבָר ז׳ (*'aVAR*) past; past tense

עֵבֶר ז׳ (*'Ever*) side; other side; trans-

מֵ – לְ... beyond

עֻבָּר ז׳ (*'ubBAR*) embryo

עֲבֵרָה נ׳ (*'aveRA*) offense; sin

עֶבְרָה נ׳ (*'evRA*) wrath

עִבְרִי ת׳ ז׳ (*'ivRI*) Hebrew

עֲבַרְיָן ז׳ (*'avarYAN*) offender; sinner; delinquent

עֲבַרְיָנוּת נ׳ (*'avaryaNUT*) delinquency

עִבְרִית נ׳ (*'ivRIT*) Hebrew

עִבְרֵר, עִבְרֵת פעל י׳ (*'ivRER; 'ivRET*) Hebraize

עֹבֶשׁ ז׳ (*'Ovesh*) mold

עָבֹת ת׳ (*'aVOT*) dense; thick

עָג פעל י׳ (*'AG*) make a circle; circle

עָגַב פעל ע׳ (*'aGAV*) lust; make love

עַגְבָנִיָּה נ׳ (*'agvaniYA*) tomato

עַגֶּבֶת נ׳ (*'agGEvet*) syphilis

עָגָה נ׳ (*'aGA*) dialect; slang

עִגּוּל ז׳ (*'igGUL*) circle

עגול ר׳ עָגֹל

עָגוּם ת׳ (*'aGUM*) sad

desertion; anchoring ('igGUN) עִגּוּן ז׳
deserted husband ('aGUN) עָגוּן ז׳
deserted wife עֲגוּנָה
crane ('aGUR) עָגוּר ז׳
crane ('aguRAN) עֲגוּרָן ז׳
earring ('aGIL) עָגִיל ז׳
anchoring ('agiNA) עֲגִינָה נ׳
round ('aGOL) עָגֹל ת׳
calf ('Egel) עֵגֶל ז׳
roundish, oval ('agalGAL) עֲגַלְגַּל ת׳
heifer; calf ('egLA) עֶגְלָה
wagon; Dipper (constellation) ('agaLA) עֲגָלָה נ׳
teamster בַּעַל –
baby carriage עֶגְלַת יְלָדִים
covered wagon עֶגְלַת צָב
teamster; coachman ('egLON) עֶגְלוֹן ז׳
עָגְמָה, עָגְמַת נֶפֶשׁ נ׳ ('ogMA; 'ogMAT NEfesh)
sorrow; grief
anchor ('aGAN) עָגַן פעל ע׳
anchor; armature ('Ogen) עֹגֶן ז׳
until; till; up to; while ('AD) עַד מ״י
forever – עוֹלָם
eternity – ז׳
forever לָעַד, עֲדֵי עַד
witness ('ED) עֵד ז׳
community; congregation; herd; swarm; group; testimony; established custom ('eDA) עֵדָה נ׳
adorn oneself with; wear jewelry ('aDAH) עָדָה פעל י׳
encouragement; incentive ('idDUD) עִדּוּד ז׳
pleasure; refinement ('idDUN) עִדּוּן ז׳
hoeing ('idDUR) עִדּוּר ז׳
evidence; testimony ('eDUT) עֵדוּת נ׳
jewel; ornament ('aDI) עֲדִי ז׳
up to; until ('aDEY) עֲדֵי מ״י
still; yet; not yet ('adaYIN) עֲדַיִן תה״פ

delicate; fine; soft; refined; well-mannered; gentle ('aDIN) עָדִין ז׳
delicacy; fineness; refinement; gentleness ('adiNUT) עֲדִינוּת נ׳
better; preferable; superior (a'DIF) עָדִיף ת׳
preference; superiority ('adiFUT) עֲדִיפוּת נ׳
hoeing; digging ('adiRA) עֲדִירָה נ׳
good soil; choice object; "jewel", best ('idDIT) עִדִּית נ׳
updating ('idKUN) עִדְכּוּן ז׳
update ('idKEN) עִדְכֵּן פעל י׳
up-to-date ('adkaNI) עַדְכָּנִי ת׳
Purim carnival ('adloyaDA') עַדְלֹאיָדַע
make refined; pamper ('idDEN) עִדֵּן פעל י׳
pleasure; Eden; Garden of Eden; paradise ('Eden) עֵדֶן ז׳
Garden of Eden, paradise גַּן –
period, era; time ('idDAN) עִדָּן ז׳
pleasure, tenderness ('edNA) עֶדְנָה נ׳
be in excess ('aDAF) עָדַף פעל ע׳
surplus; excess; change (coins) ('Odef) עֹדֶף ז׳
hoe ('aDAR) עָדַר פעל י׳
flock; herd ('Eder) עֵדֶר ז׳
lentil; lens ('adaSHA) עֲדָשָׁה נ׳
pottage of lentils נְזִיד עֲדָשִׁים
communal ('adaTI) עֲדָתִי ת׳
worker; workman; employee ('oVED) עוֹבֵד ז׳
organ ('uGAV) עוּגָב ז׳
cake ('uGA) עוּגָה נ׳
עוּגִיָּה, עוּגִית נ׳ ('ugiYA; 'uGIT)
cookie
another; additional; again; still; yet; also; already ('OD) עוֹד תה״פ מ״י
there's no more אֵין –
while בְּ – שֶׁ...
in time בְּ – מוֹעֵד

moreover וְלֹא – אֶלָּא
as long as, while כָּל –
I never מֵעוֹדִי
soon etc. – מְעַט וְ...
encourage; (*'oDED*) עוֹדֵד פעל י׳
strengthen; support
surplus; excess (*'oDEF*) עוֹדֵף ת׳
sin (*'aVA*) עָוָה פעל ע׳
twist; pervert; (*'ivVA*) עִוָּה פעל י׳
distort
sin (*'aVON*) עָווֹן, עָוֹן ז׳
distortion; (*'ivVUT*) עִוּוּת ז׳
perversion
helper; assistant (*'oZER*) עוֹזֵר ז׳
maid עוֹזֶרֶת
swoop down on; (*'AT*) עָט פעל ע׳
attack
hostile (*'oYEN*) עוֹיֵן ת׳
hostility (*'oyeNUT*) עוֹיְנוּת נ׳
spasm; convulsion (*'aVIT*) עֲוִית נ׳
disturber; (*'oKHER*) עוֹכֵר ז׳
troublemaker; scoundrel
infant (*'UL*) עוּל ז׳
youngster – יָמִים
injustice; evil (*'uVEL*) עֲוֶל ז׳
insulting (*'oLEV*) עוֹלֵב ת׳
immigrant to Israel (*'oLE*) עוֹלֶה ז׳
pilgrim עוֹלֵה־רֶגֶל
burnt offering; (*'oLAH*) עוֹלָה נ׳
immigrant (f.) to Israel
evil; injustice; (*'avLAH*) עַוְלָה נ׳
wrong
do; maltreat; (*'oLEL*) עוֹלֵל פעל י׳
gather late grapes; destroy remnants
(*'oLEL; 'oLAL*) עוֹלֵל, עוֹלָל ז׳
infant; young child
(*'oleLA; 'oLElet*) עוֹלֵלָה, עוֹלֶלֶת נ׳
gleanings
scraps; trivia עוֹלֵלוֹת
world; universe; (*'oLAM*) עוֹלָם ז׳
mankind; environment; life's pleasures; eternity
the hereafter הָ – הַבָּא

this life הָ – הַזֶּה
forever לְ –
never מֵ – לֹא
forever and ever לְ – וָעֶד
cemetery בֵּית –
world-wide; (*'olaMI*) עוֹלָמִי ת׳
world; eternal; "fabulous"
עולש ר׳ עֹלֶשׁ
standing; about to (*'oMED*) עוֹמֵד ת׳
intransitive verb פֹּעַל –
עומס ר׳ עֹמֶס
עומק ר׳ עֹמֶק
עומר ר׳ עֹמֶר
season; period; (*'oNA*) עוֹנָה נ׳
menstrual period
soothsayer (*'oNEN*) עוֹנֵן ז׳
seasonal; periodic (*'onaTI*) עוֹנָתִי ת׳
bird; fowl; chicken (*'OF*) עוֹף ז׳
lead (*'oFEret*) עוֹפֶרֶת נ׳
עוצם ר׳ עֹצֶם
עוקץ ר׳ עֹקֶץ
stinging; (*'oketsaNI*) עוֹקְצָנִי ת׳
biting; sarcastic
sarcasm (*'oketsaNUT*) עוֹקְצָנוּת נ׳
awaken; arouse (*'oRER*) עוֹרֵר פעל י׳
make blind (*ivVER*) עִוֵּר פעל י׳
blind man; blind (*'ivVER*) עִוֵּר ז׳ ת׳
skin; leather (*'OR*) עוֹר ז׳
profiteer – פּוֹשֵׁט
raven (*'oREV*) עוֹרֵב ז׳
blindness (*ivvarRON*) עִוָּרוֹן ז׳
editor (*'oREKH*) עוֹרֵךְ ז׳
editor-in-chief – רָאשִׁי
lawyer; (*'oREKH DIN*) עוֹרֵךְ דִּין ז׳
attorney
עורף ר׳ עֹרֶף
artery (*'oREK*) עוֹרֵק ז׳
עושר ר׳ עֹשֶׁר
distort; pervert (*'ivVET*) עִוֵּת פעל י׳
Ottoman (*'otoMAni*) עוֹתוֹמָנִי ת׳
strong; powerful; fierce; (*'AZ*) עַז ת׳
bold; hard
power; strength; (*'OZ*) עֹז ז׳

vigor; courage; shelter; fortress; splendor

עֵז נ׳ (*'EZ*) goat

עֲזָאזֵל ז׳ (*'azaZEL*) Azazel (cliff in wilderness to which scapegoat was sent on day of Atonement)

לַ – damn!

לֵךְ לַ־ go to hell!

שָׂעִיר לָ – scapegoat

עָזַב פעל י׳ (*'aZAV*) leave; depart; abandon; assist

עִזָּבוֹן ז׳ (*'izzaVON*) legacy; bequest; inheritance

מְנַהֵל הָ – executor

עִזָּה נ׳ (*'izZA*) nanny goat

עַזָּה נ׳ (*'azZA*) Gaza

רְצוּעַת – Gaza Strip

עָזוּב ת׳ (*'aZUV*) abandoned; deserted; desolate

עֲזוּבָה נ׳ desolation destruction; neglect; disorder

עַזּוּת נ׳ (*'azZUT*) insolence

עֲזִיבָה נ׳ (*'aziVA*) departure; neglect; abandonment

עָזַר פעל י׳ (*'aZAR*) help; assist; support

עֵזֶר ז׳ (*'Ezer*) help; assistance; aid; helper; assistant

חֵיל – auxiliary force

סֵפֶר – handbook

עֶזְרָה נ׳ (*'ezRA*) help; assistance

עֲזָרָה נ׳ (*'azaRA*) compound; temple court

עֶזְרַת נָשִׁים women's section

עֵט ז׳ (*'ET*) pen

– כַּדּוּרִי ballpoint pen

– נוֹבֵעַ fountain pen

עָטָה פעל ע׳ י׳ (*'aTA*) put on; wrap oneself in

עָטוּף ת׳ (*'aTUF*) wrapped

עִטּוּר ז׳ (*'itTUR*) ornament; decoration; decorating

עָטוּר ת׳ (*'aTUR*) decorated; adorned

עָטִין ז׳ (*'aTIN*) udder

עֲטִיפָה נ׳ (*'atiFA*) cover; wrapper; dust jacket

עֲטִישָׁה נ׳ (*'atiSHA*) sneezing; sneeze

עֲטַלֵּף ז׳ (*'atalLEF*) bat

עָטַף פעל י׳ (*'aTAF*) wrap; cover

עִטֵּר פעל י׳ (*'itTER*) crown; ornament; decorate; adorn; embellish; illustrate

עֲטָרָה נ׳ (*'ataRA*) crown; wreath; glory

עִטְרָן ז׳ (*'itRAN*) tar

עִי ז׳ (*'I*) pile of ruins

עידית ר׳ עִדִּית

עִיּוּן ז׳ (*'iYUN*) study; consideration; balancing

עִיּוּנִי ת׳ (*'iyuNI*) theoretical

עִיּוּר ז׳ (*'iYUR*) urbanization

עַיִט ז׳ (*'aYIT*) eagle

עֵיל ז׳ (*'EYL*) height

לְ – above; before

הַנִּזְכָּר לְ – aforementioned

עַיִן נ׳ (*'aYIN*) eye; face; appearance; bud; spring; letter Ayin

בְּ – טוֹבָה benevolently

בְּ – יָפָה favorably

– רָעָה evil eye

כְּעֵין, מֵעֵין like; such as

צַר – envious

עִיֵּן פעל י׳ (*'iYEN*) study; peruse; consider

עָיֵף פעל ע׳ (*'aYEF*) be tired

– ת׳ tired

– וְיָגֵעַ exhausted

עֲיֵפוּת נ׳ (*'ayeFUT*) fatigue

עיקר ר׳ עִקָּר

עִיר נ׳ (*'IR*) city

– בִּירָה capital

– פְּרָזוֹת unwalled city

– שָׂדֶה provincial town

רֹאשׁ – mayor

עַיִר ז׳ (*'aYIR*) young donkey

עֲיָרָה נ׳ (*'ayaRA*) town

עִירוֹנִי ת׳ ז׳ ('iroNI) municipal; town; townsman
עִירִיָּה נ׳ ('iriYA) municipality; city council
עירק ר׳ עִרַאק
עַיִשׁ ז׳ ('aYISH) Big Dipper
בֵּן – Little Dipper
עִכֵּב פעל י׳ ('ikKEV) hinder; stop; delay
עַכָּבִישׁ ז׳ ('akkaVISH) spider
עַכְבָּר ז׳ ('akhBAR) mouse
עַכְבְּרוֹשׁ ז׳ ('akhbeROSH) rat
עַכּוֹ נ׳ ('akKO) Acre; Acco
עִכּוּב ז׳ ('ikKUV) hindrance; delay; obstacle
עַכּוּז ז׳ ('akKUZ) buttocks
עִכּוּל ז׳ ('ikKUL) digestion; digesting
עָכוּר ת׳ ('aKHUR) muddy; foul; gloomy
עִכֵּל פעל י׳ ('ikKEL) digest
עִכֵּס פעל י׳ ('ikKES) make tinkling sound
עַכְסָן ז׳ ('akhSAN) rattlesnake
עָכַר פעל י׳ ('aKHAR) made muddy; disturb; trouble
עַכְשָׁו, עַכְשָׁיו תה״פ ('akhSHAV) now
עַל מ״י ('AL) on, up on, above, over; about, concerning; near; to; toward; against; on behalf of; for; because of; by
– אוֹדוֹת, – דְּבַר about, concerning
– אַף despite
– בֻּרְיוֹ thoroughly
– יַד near; beside; because of
– יְדֵי through, by
– יְדֵי כָּךְ thereby
– כָּל פָּנִים any rate, in any case
– כֵּן therefore
– כָּרְחוֹ, בְּ – כָּרְחוֹ reluctantly
– לֹא דָבָר don't mention it
– מְנָת in order
– נְקַלָּה easily
– סְמַךְ on the basis of
– פֶּה, בְּ – פֶּה by heart
– פִּי according to
– הָרֹב, – פִּי רֹב usually, generally
– פְּנֵי above; over; before; during the lifetime of
– רֶגֶל אַחַת quickly
– שׁוּם according to; because
– שֵׁם in the name of; for, in the memory of
– מֵ from
– מֵ – לְ... above; over
עָלָיו הַשָּׁלוֹם may he rest in peace
עֹל ז׳ ('OL) yoke
עָלַב פעל י׳ ('oLAV) insult
עֶלְבּוֹן ז׳ ('elBON) insult
עִלֵּג ת׳ ז׳ ('ilLEG) tongue-tied; stutterer
עָלָה פעל ע׳ ('aLA) ascend; go up; mount; grow; surpass; cost; succeed; immigrate to Israel
– בָּאֵשׁ go in flames, burn up
– בְּיָדוֹ succeed in; manage
– בַּתֹּהוּ go to nought
– לְרֶגֶל make a pilgrimage
– עַל הַפֶּרֶק come up for discussion
– לַתּוֹרָה be called up to the reading of the Torah
– עַל לִבּוֹ occur to him
– לוֹ עַל הָעֲצַבִּים get on his nerves
עָלֶה ז׳ ('aLE) leaf
עִלָּה נ׳ ('ilLA) cause; pretext
עָלוּב ת׳ ('aLUV) wretched; miserable; poor
עַלְוָה נ׳ ('alVA) foliage
עָלוּל ת׳ ('aLUL) liable
עָלוּם ת׳ ('aLUM) hidden; unknown
עֲלוּם שֵׁם incognito
עִלּוּם ז׳ ('ilLUM) concealment
בְּ – שֵׁם anonymously
עֲלוּמִים ז״ר ('aluMIM) youth
עָלוֹן ז׳ ('aLON) leaflet; bulletin; tabloid

עֲלוּקָה נ׳ (*'aluKA*) leech
עֲלוּת נ׳ (*'aLUT*) cost
עָלַז פעל ע׳ (*'aLAZ*) rejoice; exult
עָלֵז ת׳ (*'aLEZ*) gay; merry; rejoicing
עֲלָטָה נ׳ (*'alaTA*) darkness
עֱלִי ת׳ (*'eLI*) pestle; pistil
עִלִּי ת׳ (*'ilLI*) upper; overhead
עֲלִיָּה נ׳ (*'aliYA*) ascent; high tide; immigration to Israel; pilgrimage; attic
– לְרֶגֶל pilgrimage
בְּנֵי – eminent persons
עֲלִיַּת גג attic
עֶלְיוֹן ת׳ (*'elYON*) high; upper; superior; supreme
עֶלְיוֹנוּת נ׳ (*'elyoNUT*) superiority; pre-eminence
עַלִּיז (*'alLIZ*) gay; merry
עַלִּיזוּת נ׳ (*'alliZUT*) merriment; gaiety
עֲלִיל ז׳ (*'aLIL*) deed
בַּ – clearly
עֲלִילָה נ׳ (*'aliLA*) deed; story plot; libel
עֲלִיצוּת נ׳ (*'aliTSUT*) joy, gaiety
עִלִּית נ׳ (*'ilLIT*) elite
עֶלֶם ז׳ (*'Elem*) youth; lad
עָלַס, עָלַץ פעל ע׳ (*'aLAS; 'aLATS*) rejoice
עַם ז׳ (*'AM*) people; nation; multitude
– הָאָרֶץ natives; ignoramus
עִם מ״י (*'IM*) together with, with, accompanied by; at, near; in the possession of; during; while; despite, without regard for
– זֶה, – כָּל זֶה, – כָּל אֵלֶּה nevertheless
– לְבָבוֹ he wishes, he intends
עָמַד פעל ע׳ (*'aMAD*) stand; stand up; rise; stop; persist; be about to
– בּ... withstand
– בְּדִבּוּרוֹ keep his word
– בַּמִּבְחָן pass the test
– בַּנִּסָּיוֹן resist temptation
– בִּפְנֵי face; resist
– ל... be about to; be on the verge of
– מִנֶּגֶד stood by indifferently
– עַל grasp
– עַל דַּעְתּוֹ insist; refuse to budge from opinion; mature
– עַל טִיבוֹ determine nature of
– עַל הַמִּקָּח bargain; haggle
– עַל הַפֶּרֶק came up for discussion
עִמֵּד פעל י׳ (*'imMED*) make up page; paginate
עֶמְדָּה נ׳ (*'emDA*) position; stand; post; attitude; posture
עִמָּדִי מ״י (*'immaDI*) with me
עַמּוּד ז׳ (*'amMUD*) pillar; column; foundation; platform; lectern; reader's stand; page
– הַקָּלוֹן pillory
– הַשִּׁדְרָה spine; spinal column
– הַשַּׁחַר dawn; morning star
עָמוּם ת׳ (*'aMUM*) obscure; indistinct; dim; opaque
עָמוּס ת׳ (*'aMUS*) loaded; burdened
עֲמוֹרָה נ׳ (*'amoRA*) Gomorrah
עָמִיד ת׳ (*'aMID*) resistant; withstanding; -proof
עֲמִידָה נ׳ (*'amiDA*) standing; withstanding; resistance; position; situation; Amida (prayer of 18 benedictions; Shemone Esrey)
עֲמִידוּת נ׳ (*'amiDUT*) resistance
עָמִיל ז׳ (*'aMIL*) agent
עֲמִילוּת נ׳ (*'amiLUT*) agency, commission; mediation
דְּמֵי – comission fee
עֲמִילָן ז׳ (*'amiLAN*) starch
עֲמִימוּת נ׳ (*'amiMUT*) dimness; opacity; obscurity
עֲמִיסָה נ׳ (*'amiSA*) loading
עָמִיר ז׳ (*'aMIR*) small sheaf of grain
עָמִית ז׳ (*'aMIT*) friend; comrade; colleague; associate

עָמַל פעל ע׳ (*'aMAL*) toil; labor; work; make an effort
עִמֵּל פעל י׳ (*'imMEL*) exercise; drill
עָמֵל ז׳ ת׳ (*'aMEL*) workman; laborer; toiling; laboring
עָמָל ז׳ (*'aMAL*) toil; labor; trouble; misery; evil
עֲמָלָה נ׳ (*'amaLA*) comission, fee
עִמְלֵן פעל י׳ (*'imLEN*) starch
עָמַם פעל י׳ ע׳ (*'aMAM*) dim; expire; go out
עִמֵּם פעל י׳ (*'imMEN*) dim; darken
עַמָּם ז׳ (*'amMAM*) muffler
עֲמָמִי ת׳ (*'amaMI*) popular; folksy
עֲמָמִיּוּת נ׳ (*'amamiYUT*) popularity; simplicity; folksiness
עָמַס פעל י׳ (*'aMAS*) load
עֹמֶס ז׳ (*'Omes*) load; burden
עִמְעוּם ז׳ (*'im'UM*) dimming; darkening
עִמְעֵם פעל י׳ (*'im'EM*) dim; darken; hesitate
עִמֵּץ פעל י׳ (*'imMETS*) close (eyes)
עָמַק פעל ע׳ (*'aMAK*) be deep; be unfathomable
עָמֹק ת׳ (*'aMOK*) deep; profound; low
עֹמֶק ז׳ (*'Omek*) depth
עֵמֶק ז׳ (*'Emek*) valley
הָ– Jezreel valley
עַמְקוּת נ׳ (*'amKUT*) depth
עֹמֶר ז׳ (*'Omer*) sheaf of grain
סְפִירַת הָ– (counting of 7 week period between second day of Passover and Shavu'ot [Pentecost])
לַ״ג בָּ– 33rd day of Omer period (see above)
עִמֵּת פעל י׳ (*'imMET*) confront with
עֵנָב ז׳ (*'eNAV*) grape
עֲנָבָה נ׳ (*'anaVA*) berry
עִנְבָּל ז׳ (*'inBAL*) clapper
עִנְבָּר ז׳ (*'inBAR*) amber
עִנֵּג פעל י׳ (*'inNEG*) delight

עֹנֶג ז׳ (*'Oneg*) pleasure; enjoyment
עָנֹג ת׳ (*'aNOG*) delicate; tender
עָנַד פעל י׳ (*'aNAD*) wear (jewelry)
עָנָה פעל ע׳ (*'aNA*) reply, answer
עִנָּה פעל י׳ (*'inNA*) torture; violate; afflict
– אֶת נַפְשׁוֹ fast
עָנָו ת׳ (*'aNAV*) modest; humble; meek; downtrodden
עֲנָוָה נ׳ (*'anaVA*) modesty; humility
עִנּוּי ז׳ (*'inNUY*) torment; torture
עַנְוְתָנוּת נ׳ (*'anvetaNUT*) meekness; humility
עָנִי ת׳ ז׳ (*'aNI*) poor; miserable; pauper
עֳנִי, עֹנִי ז׳ (*'oNI; 'Oni*) poverty; privation; affliction
שְׁכוּנוֹת – slums
עֲנִיבָה נ׳ (*'aniVA*) necktie; noose
עֲנִידָה נ׳ (*'aniDA*) wearing jewelry
עֲנִיּוּת נ׳ (*'aniYUT*) poverty
עִנְיָן ז׳ (*'inYAN*) matter; affair; cause
בְּעִנְיַן, לְעִנְיַן regarding
עִנְיֵן פעל י׳ (*'inYEN*) interest
עִנְיָנִי ת׳ (*'inyaNI*) relevant; practical
עֲנִישָׁה נ׳ (*'aniSHA*) punishment; punishing
עָנָן ז׳ (*'aNAN*) cloud
עָנָף ז׳ (*'aNAF*) branch
עָנֵף ת׳ (*'aNEF*) ramified; extensive
עֲנָק ז׳ (*'aNAK*) giant; necklace
עֲנָקִי ת׳ (*'anaKI*) gigantic
עָנַשׁ פעל י׳ (*'aNASH*) punish; penalize
עֹנֶשׁ ז׳ (*'Onesh*) punishment; penalty
– מָוֶת capital punishment
עַסַּאי ז׳ (*'asSAI*) masseur
עִסָּה פעל י׳ (*'isSA*) massage; knead
– נ׳ dough
עִסּוּי ז׳ (*'isSUY*) massage; kneading
עָסוּק ת׳ (*'aSUK*) busy; occupied
עָסִיס ז׳ (*'aSIS*) juice; fruit juice; essence

juicy (*'asiSI*) עֲסִיסִי ת׳

be busy with; engage in (*'aSAK*) עָסַק פעל ע׳

business; occupation; affair; matter; concern (*'Esek*) עֵסֶק ז׳

transaction; deal (*'isKA*) עִסְקָה נ׳

business-like; practical (*'isKI*) עִסְקִי ת׳

public worker; community-minded worker (*'asKAN*) עַסְקָן ז׳

community activity (*'askaNUT*) עַסְקָנוּת נ׳

fly (*'AF*) עָף פעל ע׳

mold; stench (*'ipPUSH*) עִפּוּשׁ ז׳

kite (*'afiFON*) עֲפִיפוֹן ז׳

blinking (*'if'UF*) עִפְעוּף ז׳

eyelid; eye (*'af'AF*) עַפְעַף ז׳

blink (*'if'EF*) עִפְעֵף פעל ע׳

gallnut (*'aFATS*) עָפָץ ז׳

dust; earth (*'aFAR*) עָפָר ז׳

fawn (*'Ofer*) עֹפֶר ז׳

ore (*'afRA*) עַפְרָה נ׳

pencil (*'ippaRON*) עִפָּרוֹן ז׳

lark (*'efroNI*) עֶפְרוֹנִי ז׳

tree; wood; log; haft (*'ETS*) עֵץ ז׳

form; shape; mold; sadden (*'itsTSEV*) עִצֵּב פעל י׳

pain; sorrow; grief (*'Etsev*) עֶצֶב ז׳

nerve (*'aTSAV*) עָצָב ז׳

detachment; formation (*'utsBA*) עֻצְבָּה נ׳

sorrow; sadness (*'atsVUT*) עַצְבוּת נ׳

make nervous (*'itsBEN*) עִצְבֵּן פעל י׳

nervousness (*'atsbaNUT*) עַצְבָּנוּת נ׳

nervous; jittery (*'atsbaNI*) עַצְבָּנִי ת׳

advice; wisdom; wood (*'eTSA*) עֵצָה נ׳

confused; at a loss אוֹבֵד עֵצוֹת

sad; sorrowful (*'aTSUV*) עָצוּב ת׳

forming; shaping; molding (*'itsTSUV*) עִצּוּב ז׳

powerful; mighty; "great"; shut (*'aTSUM*) עָצוּם ת׳

petition (*'atsuMA*) עֲצוּמָה נ׳

detained; restrained; shut in (*'aTSUR*) עָצוּר ת׳

consonant (*'itsTSUR*) עִצּוּר ז׳

wooden; arboreal (*'eTSI*) עֵצִי ת׳

intensive (*'atsTSIM*) עַצִּים ת׳

shutting (*'atsiMA*) עֲצִימָה נ׳

flowerpot (*'aTSITS*) עָצִיץ ז׳

stopping; detention; retention (*'atsiRA*) עֲצִירָה נ׳

constipation (*'atsiRUT*) עֲצִירוּת נ׳

lazy (*'aTSEL*) עָצֵל ת׳

laziness (*'atsLUT*) עַצְלוּת נ׳

sluggard; lazy person; sloth (*'atsLAN*) עַצְלָן ז׳

laziness; sloth (*'atslaNUT*) עַצְלָנוּת נ׳

extreme laziness; slowness (*'atsalTAyim*) עֲצַלְתַּיִם נ״ז

lazily, very slowly בַּ —

shut (*'aTSAM*) עָצַם פעל י׳

bone; object; essence (*'Etsem*) עֶצֶם נ׳ ז׳

this very day — הַיּוֹם הַזֶּה

in fact; actually בְּ —

himself בְּעַצְמוֹ

for himself; alone לְעַצְמוֹ

by itself, by himself מֵעַצְמוֹ

power; force; strength (*'Otsem*) עֹצֶם ז׳

independence (*'atsma'UT*) עַצְמָאוּת נ׳

independent; self-employed (*'atsma'I*) עַצְמָאִי ת׳

power; volume (*'otsMA*) עָצְמָה נ׳

self- (*'atsMI*) ...עַצְמִי ת׳

stop, halt; detain; hold back; squeeze; press (*'aTSAR*) עָצַר פעל י׳ ע׳

curfew (*'Otser*) עֹצֶר ז׳

mass meeting; assembly (*'atsaRA; 'aTSEret*) עֲצָרָה, עֲצֶרֶת נ׳

follow; trace (*'aKAV*) עָקַב פעל ע׳

cheat — פעל י׳

עָקֵב ז׳ (*'aKEV*) heel; footstep, trace; track; rear

עָקֹב ת׳ (*'aKOV*) deceitful; polluted

– מִדָּם bloody

עִקְבִי ת׳ (*'ikVI*) consistent

עִקְבִיּוּת נ׳ (*'ikviYUT*) consistency

עָקַד פעל י׳ (*'aKAD*) tie; hobble

עָקֹד ת׳ (*'aKOD*) with legs of a different color than the rest of the body

עֲקֵדָה נ׳ (*'akeDA*) binding; self-sacrifice; sacrifice

עָקוּד ת׳ (*'aKUD*) bound

עִקּוּל ז׳ (*'ikKUL*) attachment; seizure; crookedness

עקום ר׳ עָקֹם

עִקּוּם ז׳ (*'ikKUM*) bending; twisting; making crooked

עִקּוּף ז׳ (*'ikKUF*) circumvention; evasion; by-passing

עָקוּר ת׳ (*'aKUR*) uprooted; displaced; sterilized

עִקּוּר ז׳ (*'ikKUR*) sterilizing; uprooting

עָקִיב ר׳ עִקְבִי

עֲקִידָה נ׳ (*'akiDA*) tying; hobbling

עֲקִימָה נ׳ (*'akiMA*) making crooked; twisting; turning up

עָקִיף ת׳ (*'aKIF*) indirect

בַּעֲקִיפִין indirectly

עֲקִיפָה נ׳ (*'akiFA*) circumvention; evasion; by-passing; passing

עֲקִיצָה נ׳ (*'akiTSA*) sting; stinging; sarcasm

עֲקִירָה נ׳ (*'akiRA*) uprooting; extraction

עִקֵּל פעל י׳ (*'ikKEL*) attach; seize; confiscate; make crooked

– ת׳ bow-legged

עֲקַלְקַל ת׳ (*'akalKAL*) crooked; winding

עָקַם, עִקֵּם פעל י׳ (*'aKAM; 'ikKEM*) bend; make crooked; twist

עָקֹם ת׳ ז׳ (*'aKOM*) crooked; bent; curved; curve

עֲקֻמָּה נ׳ (*'akumMA*) curve

עָקַף פעל י׳ (*'aKAF*) surround; by-pass; pass; act dishonestly; circumvent; evade

עָקַץ פעל י׳ (*'aKATS*) sting; make a sarcastic remark

עֹקֶץ ז׳ (*'Okets*) sting; sarcasm; point

מְחוּגַת עֳקָצִים dividers

עָקַר פעל י׳ (*'aKAR*) uproot; displace

– שֵׁן extract a tooth

עִקֵּר פעל י׳ (*'ikKER*) sterilize; uproot

עָקָר ז׳ ת׳ (*'aKAR*) barren person; barren; sterile; unproductive

עִקָּר ז׳ (*'ikKAR*) essential; foundation; basic point; dogma; principle; root

בְּ – especially; chiefly

כְּלָל – not at all

כָּפַר בָּ – deny the existence of God; deny basic premises

עַקְרָב ז׳ (*'akRAV*) scorpion; Scorpio; thorn

עִקָּרוֹן ז׳ (*'ikkaRON*) principle; doctrine

עֶקְרוֹנִי ת׳ (*'ekroNI*) of principle; in principle

עֶקְרוֹנִית תה״פ (*'ekroNIT*) on principle

עֲקָרוּת נ׳ (*'akaRUT*) sterility; barrenness

עִקָּרִי ת׳ (*'ikkaRI*) basic; fundamental; main

עֲקֶרֶת בַּיִת נ׳ (*'aKEret BAyit*) housewife

עִקֵּשׁ ת׳ (*'ikKESH*) stubborn; crooked

עִקְּשׁוּת נ׳ (*'ikkeSHUT*) stubbornness; crookedness

עַקְשָׁן ת׳ (*'akSHAN*) stubborn

עֵר ת׳ (*'ER*) awake; alert; vigilant

temporariness (*'aRAI*) עֲרַאי ז׳

temporary (*ara'I*) עֲרָאִי ת׳

chance; (*'ara'iYUT*) עֲרָאִיּוּת נ׳ temporariness; impermanence

Iraq (*'iRAK*) עִרַאק נ׳

be dark; (*'aRAV*) עָרַב פעל ע׳ י׳ become evening; be pleasant, be sweet; guarantee; be responsible for; pawn

mix (*'eRAV*) עֵרַב פעל י׳

guarantor; (*'aREV*) עָרֵב ת׳ ז׳ pleasant; sweet

evening; eve (*'Erev*) עֶרֶב ז׳

Sabbath eve; Friday evening – שַׁבָּת

twilight בֵּין הָעַרְבַּיִם

mixture (*'Erev*) עֵרֶב ז׳

motley crowd; mixed – רַב multitude; mob

lengthwise and crosswise שְׁתִי וָ־

cross examination חֲקִירַת שְׁתִי וָ־

wild beasts (*'aROV*) עָרֹב ז׳

Arabia (*'aRAV*) עֲרָב נ׳

mix, mix (*'irBEV*) עִרְבֵּב פעל י׳ together

steppe; desert; (*'araVA*) עֲרָבָה נ׳ Arabah; willow; willow branch

guarantee; surety (*'arubBA*) עֲרֻבָּה נ׳

mixture; mixing (*'irBUV*) עִרְבּוּב ז׳

confusion; (*'irbuvYA*) עִרְבּוּבְיָה נ׳ mixup; disorder

pawn; pledge (*'eraVON*) עֵרָבוֹן ז׳

limited בְּ – מֻגְבָּל

guarantee; surety; (*'arVUT*) עַרְבוּת נ׳ bail; pledge

pleasantness; (*'areVUT*) עֲרֵבוּת נ׳ sweetness

desert dweller, (*'araVI*) עֲרָבִי ז׳ bedouin; Arab

Arab; Arabian; (*'arVI*) עַרְבִי ז׳ ת׳ Arabic

(*'arVIT; 'araVIT*) עַרְבִית, עֲרָבִית נ׳ Arabic

evening (*'arVIT*) עַרְבִית נ׳ תה״פ prayer; evening; in the evening

mix, spin (*'irBEL*) עִרְבֵּל פעל י׳

whirlpool; (*'arBAL*) עַרְבָּל ז׳ confusion; mixer

arabesque (*'araBESka*) עֲרַבֶּסְקָה נ׳

yearn for (*'aRAG*) עָרַג פעל ע׳

yearning (*'erGA*) עֶרְגָּה נ׳

rolling (iron) (*irGUL*) עִרְגּוּל ז׳

roll (iron) (*'irGEL*) עִרְגֵּל פעל י׳

overshoe (*'arDAL*) עַרְדָּל ז׳

uncover; empty; (*'eRA*) עֵרָה פעל י׳ transfuse

mixing; mixture; (*'eRUV*) עֵרוּב ז׳ amalgamation; rabbinical provision alleviating Sabbath restrictions concerning carrying, walking a certain distance, and eating preprepared food

flower bed (*'aruGA*) עֲרוּגָה נ׳

nakedness; shame; (*'erVA*) עֶרְוָה נ׳ prostitution; adultery; incest; lewdness

emptying; (*'eRUY*) עֵרוּי ז׳ transfusion

arranged; set (*'aRUKH*) עָרוּךְ ת׳

ערום ר׳ עָרֹם

sly; crafty (*'aRUM*) עָרוּם ת׳

ravine; cleft; (*'aRUTS*) עָרוּץ ז׳ channel

uncovering; (*'irTUL*) עִרְטוּל ז׳ stripping; laying bare

bare; naked (*'artiLAI*) עַרְטִילַאי ת׳

uncover; strip; (*'irTEL*) עִרְטֵל פעל י׳ lay bare

nakedness; lewdness (*'erYA*) עֶרְיָה נ׳

arranging; (*'ariKHA*) עֲרִיכָה נ׳ setting; editing

practising law עֲרִיכַת דִּין

cradle (*'ariSA*) עֲרִיסָה נ׳

decapitation (*'ariFA*) עֲרִיפָה נ׳

tyrant; tyrannical (*'aRITS*) עָרִיץ ז׳ ת׳

tyranny; (*'ariTSUT*) עָרִיצוּת נ׳ despotism

deserter (*'aRIK*) עָרִיק ז׳

desertion (*'ariKA*) עֲרִיקָה נ׳

barren; childless; lonely (*'ariRI*) עֲרִירִי ת׳

arrange; draw up; set; prepare; organize; muster; edit; roll (dough); compare; equal (*'aRAKH*) עָרַךְ פעל י׳

hold elections – בְּחִירוֹת

draw up an agreement – הֶסְכֵּם

wage war – מִלְחָמָה

incomparably, very much לְאֵין עֲרֹךְ

value; worth; price; importance; order; set; assets; entry; degree (*'Erekh*) עֵרֶךְ ז׳

approximately; about בְּ –

securities – נְיָרוֹת

instance (*'arka'A*) עַרְכָּאָה נ׳

valence (*'erkiYUT*) עֶרְכִּיּוּת נ׳

uncircumcised; non-Jewish; unpruned (*'aREL*) עָרֵל ת׳

foreskin (*'orLA*) עָרְלָה נ׳

pile up; act craftily (*'aRAM*) עָרַם פעל י׳

naked; bare (*'aROM*) עָרֹם ת׳

cunning (*'orMA*) עָרְמָה נ׳

pile (*'areMA*) עֲרֵמָה נ׳

sly; crafty (*'armuMI*) עַרְמוּמִי ת׳

cunning (*'armumiYUT*) עַרְמוּמִיּוּת נ׳

chestnut (*'arMON*) עַרְמוֹן ז׳

chestnut; reddish brown (*'armoNI*) עַרְמוֹנִי ת׳

alertness; vigilance (*'eraNUT*) עֵרָנוּת נ׳

alert; vigilant (*eraNI*) עֵרָנִי ת׳

hammock (*'arSAL*) עַרְסָל ז׳

appeal; protest; undermining (*'ir'UR*) עִרְעוּר ז׳

appeal against; shake; undermine; demolish (*'ir'ER*) עִרְעֵר פעל י׳

juniper; appeal (*'ar'AR*) עַרְעָר ז׳

guillotine; break back of neck; drip (*'aRAF*) עָרַף פעל י׳

back of neck; nape; rear; home front; hinterland (*'Oref*) עֹרֶף ז׳

obstinate קְשֵׁה –

vampire bat; vampire; bloodsucker (*'arPAD*) עַרְפָּד ז׳

misting; obscuring (*'irPUL*) עִרְפּוּל ז׳

rear; occipital (*'orPI*) עָרְפִּי ת׳

fog; fogginess; obscurity (*'araFEL*) עֲרָפֶל ז׳

befog; obscure (*'irPEL*) עִרְפֵּל פעל י׳

foggy; misty; vague (*'arfilLI*) עַרְפִלִּי ת׳

nebula (*'arfilLIT*) עַרְפִלִּית

desert; flee (*'aRAK*) עָרַק פעל ע׳

appeal; objection (*'aRAR*) עֲרָר ז׳

bed; couch; cradle (*'Eres*) עֶרֶשׂ ז׳

lullaby שִׁיר –

moth; Big Dipper (*'ASH*) עָשׁ ז׳

grass (*'Esev*) עֵשֶׂב ז׳

weeds עֲשָׂבִים רָעִים, עֲשָׂבִים שׁוֹטִים

herbarium; grasses (*'isbiYA*) עִשְׂבִּיָּה נ׳

do, make; produce; act, perform; appoint; stay (*'aSA*) עָשָׂה פעל י׳

done, made; accustomed; likely to (*'aSUY*) עָשׂוּי ת׳

smoking (*'ishSHUN*) עִשּׁוּן ז׳

oppressed; exploited (*'aSHUK*) עָשׁוּק ת׳

oppression; exploitation (*'ishSHUK*) עִשּׁוּק ז׳

decade; ten; ten months (*'aSOR*) עָשׂוֹר ז׳

ten penitential days between Rosh ha-Shana and Yom Kippur בֵּין כֵּסֶה לֶ–

doing, making, act, deed (*'asiYA*) עֲשִׂיָּה נ׳

rich; magnificent (*'aSHIR*) עָשִׁיר ת׳

wealth (*'ashiRUT*) עֲשִׁירוּת נ׳

tenth (*'asiRI*) עֲשִׂירִי ת׳

one tenth (*'asiRIT*) עֲשִׂירִית נ׳

smoke (*'aSHAN*) עָשַׁן פעל ע׳

עִשֵּׁן פעל י׳ (*'ishSHEN*) smoke
עָשֵׁן ת׳ (*'aSHEN*) smoking
עָשָׁן ז׳ (*'aSHAN*) smoke
עָשַׁק פעל י׳ (*'aSHAK*) oppress; maltreat; exploit
עֹשֶׁק ז׳ (*'Oshek*) oppression; exploitation; violence; undue influence
עִשֵּׁר פעל י׳ (*'ishSHER*) enrich; make rich
עֹשֶׁר ז׳ (*'Osher*) riches; wealth
עִשֵּׂר פעל י׳ (*'isSER*) tithe
עֶשֶׂר נ׳ (*'Eser*) ten (f.)
־עָשָׂר ש״מ ז׳ (*-aSAR*) -teen (m.)
־עֶשְׂרֵה ש״מ נ׳ (*-esRE*) -teen (f.)
עֲשָׂרָה ש״מ (*'asaRA*) ten (m.)
עֲשֶׂרֶת הַדְּבָרִים, עֲשֶׂרֶת הַדִּבְּרוֹת Ten Commandments
עֲשֶׂרֶת יְמֵי תְּשׁוּבָה Ten Penitential Days
עִשָּׂרוֹן ז׳ (*'issaRON*) tenth
עֶשְׂרוֹנִי ת׳ (*'esroNI*) decimal
עֶשְׂרִים ש״מ (*'esRIM*) twenty
עַשֶּׁשֶׁת (*'ashSHEshet*) caries
עֶשְׁתּוֹנוֹת ז״ר (*'eshtoNOT*) thoughts, ideas
אָבְדוּ עֶשְׁתּוֹנוֹתָיו lose his head
עַשְׁתֹּרֶת נ׳ (*'ashTOret*) Ashtoreth, Ishtar, Astarte
עֵת נ׳ (*'ET*) time; season; period
בְּ – in the course of, during
בְּעִתּוֹ at the right time
כָּ – now
לְ – at the time of
לְ – עַתָּה for the time being, meanwhile
מֵ – לְ – periodically; 24-hour day
בְּכָל – always
בְּלֹא – untimely
כְּתַב – periodical
עִתִּים, לְעִתִּים sometimes
בְּעִתִּים מְזֻמָּנוֹת, לְעִתִּים מְזֻמָּנוֹת regularly
לְעִתִּים קְרוֹבוֹת, לְעִתִּים תְּכוּפוֹת often
לְעִתִּים רְחוֹקוֹת seldom, rarely
עַתָּה תה״פ (*'atTA*) now
זֶה – just now, just
עֲתוּדַאי ז׳ (*'atuDAI*) reservist
עֲתוּדָה נ׳ (*'atuDA*) reserves; reserve
עֲתוּדוֹת reserves
עִתּוּי ז׳ (*'itTUY*) timing
עִתּוֹן ז׳ (*'itTON*) newspaper
עִתּוֹנָאוּת נ׳ (*'ittona'UT*) journalism; newspaper work
עִתּוֹנַאי ז׳ (*'ittoNAI*) newspaperman; journalist
עִתּוֹנָאִי ת׳ (*'ittona'I*) journalistic; newspaper
עִתּוֹנוּת נ׳ (*'ittoNUT*) press
עָתִיד ז׳ת׳ (*'aTID*) future; future tense; about to, ready
– לְ..., – שֶׁ... will, bound to
עֲתִידָה נ׳ (*'atiDA*) future event
מַגִּיד עֲתִידוֹת fortune teller
עַתִּיק ת׳ (*'atTIK*) ancient
עַתִּיקוֹת נ״ר (*'attiKOT*) antiquities; antiques
עֲתִירָה נ׳ (*'atiRA*) plea; request; petition
עִתֵּק פעל י׳ (*'itTEK*) shunt; shift; switch
עָתָק ז׳ (*'aTAK*) pride; arrogance
עֹתֶק ז׳ (*'Otek*) copy
עֲתֶרֶת נ׳ (*'aTEret*) wealth, abundance

פ

Pe (seventeenth letter of the Hebrew alphabet); eighty, eightieth (*PE*) פ׳ נ׳
edge, corner; side; earlock; section of grain field set aside for poor (*pe'A*) פֵּאָה נ׳
wig — נָכְרִית
feudal (*fe'oDAli*) פֵּאוֹדָלִי ת׳
feudalism (*feoDAliyut*) פֵּאוֹדָלִיּוּת נ׳
polygon (*pe'ON*) פֵּאוֹן ז׳
embellish, adorn; praise; glorify (*pe'ER*) פֵּאֵר פעל י׳
glory, splendor (*pe'ER*) פְּאֵר ז׳
story plot (*FAbula*) פַבּוּלָה נ׳
February (*FEBru'ar*) פֶבְּרוּאָר ז׳
fabrication (*fabriKATSya*) פַבְּרִיקַצְיָה נ׳
fabricate (*fibREK*) פִבְּרֵק פעל י׳
unripe fig; premature infant (*PAG*) פַּג ז׳
melt; evaporate; expire (*PAG*) פָּג פעל ע׳
stench; abomination; denaturing; adulteration (*pigGUL*) פִּגּוּל ז׳
scaffolding (*pigGUM*) פִּגּוּם ז׳
faulty; defective; blemished; notched (*paGUM*) פָּגוּם ת׳
afflicted; suffering from; hit; marred (*paGU'a*) פָּגוּעַ ת׳
attack (*pigGU'a*) פִּגּוּעַ ז׳
retardation; delay; lag; arrears (*pigGUR*) פִּגּוּר ז׳
bumper (*paGOSH*) פָּגוֹשׁ ז׳
shell (artillery) (*paGAZ*) פָּגָז ז׳
dagger (*pigYON*) פִּגְיוֹן ז׳
defect; dark part of moon; damaging (*pegiMA*) פְּגִימָה נ׳
vulnerable (*paGI'a*) פָּגִיעַ ת׳
blow; damage; attack; offense; chance encounter; entreaty (*pegi'A*) פְּגִיעָה נ׳
vulnerability (*pegi'UT*) פְּגִיעוּת נ׳
meeting (*pegiSHA*) פְּגִישָׁה נ׳
render unclean, disqualify; befoul; spoil; adulterate; denature (*pigGEL*) פִּגֵּל פעל י׳
spoil; render defective; reduce (*paGAM*) פָּגַם פעל י׳
defect; flaw; blemish; damages (*peGAM*) פְּגָם ז׳
pagan; villager; commoner (*paGAN*) פָּגָן ז׳
meet; chance upon; reach; strike; attack; insult; urge (*paGA'*) פָּגַע פעל ע׳ י׳
misfortune; accident; mishap (*PEga'*) פֶּגַע ז׳
lag; fall behind; fall in arrears; destroy; kill (*pigGER*) פִּגֵּר פעל ע׳ י׳
corpse; carcass (*PEger*) פֶּגֶר ז׳
vacation (*pagRA*) פַּגְרָה נ׳
meet (*paGASH*) פָּגַשׁ פעל י׳
pedagogue (*pedaGOG; padGOG*) פֶּדָגוֹג, פַּדְגוֹג ז׳
pedagogical (*pedaGOgi*) פֶּדָגוֹגִי ת׳
pedagogy (*pedaGOGya*) פֶּדָגוֹגְיָה נ׳
redeem, ransom; rescue; liberate; have a turnover, sell (*paDA*) פָּדָה פעל י׳
redeemed; ransomed (*paDUY*) פָּדוּי ת׳
redemption; deliverance; liberation; difference; division (*peDUT*) פְּדוּת נ׳
forehead; front part of head (*padDAḥat*) פַּדַּחַת נ׳
redemption; ransom (*pediYA*) פְּדִיָּה נ׳

פִּדְיוֹן ז׳ (*pidYON*) ransom; proceeds; gift
פֶּדִיקוּר ז׳ (*PEdikur*) pedicure
פֶּדַנְט ז׳ (*peDANT*) pedant
פֶּדַנְטִי ת׳ (*peDANti*) pedantic
פִּדֵּר פעל י׳ (*pidDER*) powder
פֶּדֶרָטִיבִי ת׳ (*federaTIvi*) federative
פֶּדֶרָלִי ת׳ (*fedeRAli*) federal; federative
פֶּדֶרַצְיָה נ׳ (*fedeRATSya*) federation
פֶּה ז׳ (*PEH*) mouth; opening; orifice
– אֶחָד unanimously
– אֶל פֶּה face to face; directly
– לָפֶה from end to end
בְּפֶה מָלֵא unhesitatingly
בַּחֲצִי – halfheartedly
בְּכָל – greedily
מִ – אֶל – to overflowing
מִ־ לָאֹזֶן secretly
עַ –, בְּעַל – by heart
כְּבַד – tongue-tied; stuttering
מוֹצָא – speech; utterance
נִבּוּל – obscene language
פִּתְחוֹן – eloquence; pretext
הִמְרָה אֶת פִּיו disobey
נִבֵּל פִּיו use obscene language
פִּי טַבַּעַת anus
לְפִי according to
לְפִי שֶׁ... since, because
לְפִי שָׁעָה meanwhile, for the time being
פֹּה תה״פ (*PO*) here
פִּהוּק ז׳ (*piHUK*) yawn
פִּהֵק פעל ע׳ (*piHEK*) yawn
פּוֹאֶמָה נ׳ (*po'Ema*) poem; long poem
פוֹבְּיָה נ׳ (*FOBya*) phobia
פּוּבְּלִיצִיסְט ז׳ (*publiTSIST*) writer on current affairs
פוּגָה נ׳ (*FUga*) fugue
פּוּדִינְג ז׳ (*PUding*) pudding
פּוּדְרָה נ׳ (*PUDra*) face powder
פּוּדְרִיָּה נ׳ (*pudriYA*) compact
פּוֹזָה נ׳ (*POza*) pose; pretext

פּוּזְמָק, פֻּזְמָק ז׳ (*puzMAK*) stocking
פּוֹחֵז ת׳ (*poḤEZ*) hasty; reckless; mischievous
פּוֹחֵחַ ת׳ (*poḤEaḥ*) tattered; irresponsible
פוחלץ ר׳ פִּחְלֵץ
פּוֹחֵת ת׳ (*poḤET*) diminishing
פּוֹטוֹגֶנִי ת׳ (*fotoGEni*) photogenic
פּוֹטוֹסִינְתֶּזָה נ׳ (*fotosinTEza*) photosynthesis
פּוֹטֶנְצְיָאל ז׳ (*potenTSYAL*) potential
פּוֹטֶנְצְיָאלִי ת׳ (*potenTSYAli*) potential
פּוֹטֶנְצְיָה נ׳ (*poTENtsya*) strength, force; power
בְּ – potentially
פּוּךְ ז׳ (*PUKH*) eye shadow
פּוֹל ז׳ (*POL*) bean
פולחן ר׳ פֻּלְחָן
פּוֹלִיגַמְיָה נ׳ (*poliGAMya*) polygamy
פּוֹלִיטוּרָה נ׳ (*poliTUra*) furniture polish
פּוֹלִיטִי ת׳ (*poLIti*) political
פּוֹלִיטִיקַאי ז׳ (*politiKAI*) politician
פולין ר׳ פּוֹלַנְיָה
פּוֹלִיסָה נ׳ (*POlisa*) insurance policy
פּוֹלִיפּ ז׳ (*poLIP*) adenoid
פּוּלְמוּס ז׳ (*pulMUS*) polemic
פּוּלְמוּסִי ת׳ (*pulmuSI*) polemical
פּוּלְמוּסָן ז׳ (*pulmuSAN*) polemicist
פּוֹלָנִי ת׳ (*polaNI*) Polish
פּוֹלַנְיָה נ׳ (*poLANya*) Poland
פּוֹלָנִית נ׳ (*polaNIT*) Polish
פוֹלְקְלוֹר ז׳ (*folkLOR*) folklore
פּוֹלֵשׁ ז׳ (*poLESH*) invader
פומבי ר׳ פֻּמְבִּי
פּוּמִית ת׳ (*puMIT*) mouthpiece
פּוּמְפִּיָּה נ׳ (*pumpiYA*) grater
פּוּנְדָּה נ׳ (*punDA*) money belt; ammunition belt, bandolier
פּוּנְדָּק ז׳ (*punDAK*) hostel; inn; hotel
פּוּנְדְּקַאי ז׳ (*pundeKAI*) host
פּוּנְדָּקִי ז׳ (*pundaKI*) innkeeper; host
פוֹנֶטִיקָה נ׳ (*foNEtika*) phonetics

function (*FUNKtsya*) פּוּנְקְצְיָה נ׳
(*funktsyoNAli*) פּוּנְקְצְיוֹנָלִי ת׳
functional
punch (*PUNSH*) פּוּנְשׁ ז׳
phosphate (*fosFAT*) פוֹסְפָט ז׳
arbiter (*poSEK*) פּוֹסֵק ז׳
worker; (*po'EL*) פּוֹעֵל ז׳
workingman; laborer
unskilled laborer – שָׁחוֹר
popular (*popuLAri*) פּוֹפּוּלָרִי ת׳
(*popuLAriyut*) פּוֹפּוּלָרִיּוּת נ׳
popularity
(*populariZATSya*) פּוֹפּוּלָרִיזַצְיָה נ׳
popularization
explode; (*poTSETS*) פּוֹצֵץ פעל י׳
blow up
common seal (*FOka*) פוֹקָה נ׳
porpoise (*foKEnna*) פוֹקֶנָה נ׳
poker (*POker*) פּוֹקֶר ז׳
lot (*PUR*) פּוּר ז׳
Purim (feast of Esther) פּוּרִים
(*pornoGRAfi*) פּוֹרְנוֹגְרָפִי ת׳
pornographic
(*pornoGRAFya*) פּוֹרְנוֹגְרַפְיָה נ׳
pornography
rioter (*poRE'a*) פּוֹרֵעַ ז׳
burglar (*poRETS*) פּוֹרֵץ ז׳
crumble (*poRER*) פּוֹרֵר פעל י׳
beggar; (*poSHET yad*) פּוֹשֵׁט יָד ז׳
panhandler
profiteer; (*poSHET or*) פּוֹשֵׁט עוֹר ז׳
skinner
criminal (*poSHE'a*) פּוֹשֵׁעַ ז׳
lukewarm (*poSHER*) פּוֹשֵׁר ת׳
lukewarm water פּוֹשְׁרִין
can opener (*poteHAN*) פּוֹתְחָן ז׳
fine gold (*PAZ*) פָּז ז׳
looking sideways (*pizZUL*) פִּזּוּל ז׳
singing; humming (*pizZUM*) פִּזּוּם ז׳
dispersal; (*pizZUR*) פִּזּוּר ז׳
scattering; distribution; extravagance
absent-mindedness – נֶפֶשׁ
Diaspora (*pezuRA*) פְּזוּרָה נ׳

leap; dance; (*pizZEZ*) פִּזֵּז פעל ע׳
prance
hasty; fickle (*paZIZ*) פָּזִיז ת׳
haste; rashness; (*peziZUT*) פְּזִיזוּת נ׳
fickleness
strabismus; (*peziLA*) פְּזִילָה נ׳
looking sideways; dissembling; currying favor
look sideways; (*paZAL*) פָּזַל פעל ע׳
look crosseyed; curry favor in a dissembling fashion
cross-eyed person (*pazLAN*) פַּזְלָן ז׳
sing; hum (*pizZEM*) פִּזֵּם פעל י׳
tune; ditty; (*pizMON*) פִּזְמוֹן ז׳
refrain; song
songwriter (*pizmoNAI*) פִּזְמוֹנַאי ז׳
scatter; diffuse; (*pizZER*) פִּזֵּר פעל י׳
disband; squander
spendthrift (*pazzeRAN*) פַּזְרָן ז׳
extravagance (*pazzeraNUT*) פַּזְרָנוּת נ׳
sheet metal; can; snare; (*PAḤ*) פַּח ז׳
trap; obstacle
(*paḤAD; piḤED*) פָּחַד, פִּחֵד פעל ע׳
fear; be afraid
fear; God (*PAhad*) פַּחַד ז׳
coward (*paḥDAN*) פַּחְדָן ז׳
cowardice (*paḥdaNUT*) פַּחְדָנוּת נ׳
governor; pasha (*peḤA*) פֶּחָה ז׳
metal hut (*paḤON*) פַּחוֹן ז׳
flat; flattened (*paḤUS*) פָּחוּס ת׳
inferior; less (*paḤUT*) פָּחוּת ת׳
less (*paḤOT*) פָּחוֹת תה"פ
at least לְכָל הַ –, לְפָחוֹת
reduction; (*piḤUT*) פִּחוּת ז׳
devaluation
haste; rashness; (*PAḥaz*) פַּחַז ז׳
fickleness; irresponsibility
haste; fickleness (*paḥaZUT*) פַּחֲזוּת נ׳
haste (*paḥazaNUT*) פַּחֲזָנוּת נ׳
tinsmith; metal (*peḤAḤ*) פֶּחָח ז׳
worker
metal working (*peḥaḤUT*) פֶּחָחוּת נ׳
body work – רֶכֶב

פַּחִית נ׳ (*paḤIT*) small can; metal plate
– זִהוּי number plate, tag
פְּחִיתָה נ׳ (*peḥiTA*) decrease; reduction
פְּחִיתוּת נ׳ (*peḥiTUT*) decrease; unimportance
– כָּבוֹד, – עֶרֶךְ shame; disgrace
פֻּחְלָץ ז׳ (*puḥLATS*) stuffed animal
פִּחְלוּץ ז׳ (*piḥLUTS*) taxidermy
פִּחְלֵץ פעל י׳ (*piḥLETS*) stuff animal skins
פֶּחָם ז׳ (*peḤAM*) coal; charcoal; soot
נְיַר – carbon paper
פַּחְמָה נ׳ (*paḥMA*) carbonate
פִּחְמוּן ז׳ (*piḥMUN*) carbonization
פַּחְמֵימָה נ׳ (*paḥmeMA*) carbohydrate
פַּחְמֵימָן ז׳ (*paḥmeMAN*) hydrocarbon
פַּחְמָן ז׳ (*paḥMAN*) carbon
פָּחַת פעל ע׳ י׳ (*paḤAT*) reduce; decrease; hollow out; diminish
פִּחֵת פעל י׳ (*piḤET*) lessen; decrease; devaluate
פְּחָת ז׳ (*peḤAT*) depreciation; deficiency; waste; loss; amortization
פַּחַת ז׳ נ׳ (*PAḥat*) snare
פַּט ז׳ (*PAT*) stalemate
פִּטְדָה נ׳ (*pitDA*) topaz
פָּטָה מוֹרְגָנָה נ׳ (*FAta morGAna*) mirage
פְּטוֹטֶרֶת נ׳ (*petoTEret*) petiole
פִּטּוּם ז׳ (*pitTUM*) compounding; fattening; stuffing, tamping
פָּטוּם ת׳ (*paTUM*) fattened; stuffed; compounded; filled
פָּטוּר ת׳ (*paTUR*) free; exempt; relieved of duty; dismissed
פְּטוֹר ז׳ (*peTOR*) exemption, release
פִּטּוּר ז׳ (*pitTUR*) release
פִּטּוּרִים dismissal; discharge
פֶּטִיצְיָה נ׳ (*peTITSya*) petition
פְּטִירָה נ׳ (*petiRA*) death; passing
פַּטִּישׁ ז׳ (*patTISH*) hammer
– אֲוִיר pneumatic hammer
פֶּטֶל ז׳ (*PEtel*) raspberry
פִּטֵּם פעל י׳ (*pitTEM*) fatten; stuff; compound
פְּטָם ז׳ (*peTAM*) fattened livestock
פִּטָּם ז׳ (*pitTAM*) protuberance; tip
פִּטְמָה נ׳ (*pitMA*) protruberance; nipple
פַּטֶנְט ז׳ (*paTENT*) patent; invention; device
פִּטְפּוּט ז׳ (*pitPUT*) chatter; prattle
פִּטְפֵּט פעל ע׳ (*pitPET*) chatter; babble; argue
פַּטְפְּטָן ז׳ (*patpeTAN*) prattler; chatterbox
פַּטְפְּטָנוּת נ׳ (*patpetaNUT*) chattering; talkativeness
פָּטַר פעל י׳ (*paTAR*) dismiss; let out; exempt; acquit
פִּטֵּר פעל י׳ (*pitTER*) discharge; dismiss
פֶּטֶר ז׳ (*PEter*) first-born
פַּטְרוֹל ז׳ (*patROL*) patrol
פִּטְרוּל ז׳ (*pitRUL*) patroling
פַּטְרוֹן ז׳ (*patRON*) patron; guardian
פַּטְרוֹנוּת נ׳ (*patroNUT*) patronage; guardianship
פֶּטְרוֹסִילְיָה נ׳ (*petroSILya*) parsley
פַּטְרִיאַרְךְ ז׳ (*patriARKH*) patriarch
פִּטְרִיָּה נ׳ (*pitriYA*) mushroom; fungus
פַּטְרִיּוֹט ז׳ (*patriYOT*) patriot
פַּטְרִיּוֹטִי ת׳ (*patriYOti*) patriotic
פַּטְרִיּוֹטִיּוּת נ׳ (*patriYOtiyut*) patriotism
פִּטְרֵל פעל י׳ (*pitREL*) patrol
פִּיגָ׳מָה נ׳ (*piJAma*) pyjamas
פִּיָּה נ׳ (*piYA*) mouthpiece; opening; aperture
פֵּיָה נ׳ (*feYA*) fairy
פִּיּוּט ז׳ (*piYUT*) liturgical poem; poetry; poesy; fantasy
פִּיּוּטִי ת׳ (*piyuTI*) poetic; lyrical
פִּיּוֹן ז׳ (*piYON*) pawn (chess)

פִּיּוּס ז׳ (*piYUS*) appeasement; pacification; conciliation

פִּיּוֹת, פֵּיוֹת ר׳ פֶּה

פִיזִי ר׳ פִּיסִי

פִּיחַ ז׳ (*pi'AḤ*) soot

פִּיֵּחַ פעל י׳ (*piYAḤ*) blacken with soot

פִּיֵּט פעל י׳ (*piYET*) write poetry

פַּיְּטָן ז׳ (*paiyeTAN*) poet; liturgical poet

פִּיל ז׳ (*PIL*) elephant

פִּילֶגֶשׁ נ׳ (*piLEgesh*) concubine; mistress

פִּילֶה ז׳ (*fiLE*) fish fillet

פִּילְהַרְמוֹנִי ת׳ (*filharMOni*) philharmonic

פִּילוֹלוֹגְיָה נ׳ (*filoLOGya*) philology

פִּילוֹסוֹף ז׳ (*filoSOF*) philosopher

פִּילוֹסוֹפִי ת׳ (*filoSOfi*) philosophical

פִּילוֹסוֹפְיָה נ׳ (*filoSOFya*) philosophy

פִּימָה נ׳ (*piMA*) fat; double chin

פִּין ז׳ (*PIN*) pin

פִּינְג־פּוֹנְג ז׳ (*PING-PONG*) pingpong

פִּינְגְוִין ז׳ (*PINGvin*) penguin

פִּינְגָ'ן ז׳ (*finJAN*) coffee cup; coffee pot

פִּינַנְסִי ת׳ (*fiNANsi*) financial

פִּיֵּס פעל ע׳ י׳ (*piYES*) appease; conciliate; console; encourage; draw lots

פַּיִס ז׳ (*paYIS*) lottery

פִּיסִי ת׳ (*FIsi*) physical

פִּיסְיוֹלוֹג ז׳ (*fisyoLOG*) physiologist

פִּיסְיוֹלוֹגִי ת׳ (*fisyoLOgi*) physiological

פִּיסְיוֹלוֹגְיָה נ׳ (*fisyoLOGya*) physiology

פִּיסְיוֹתֶרַפְּיָה נ׳ (*fisyoteRAPya*) physiotherapy

פִּיסִיקַאי ז׳ (*fisiKAI*) physicist

פִּיסִיקָה נ׳ (*FIsika*) physics

פִּיסִיקָלִי ת׳ (*fisiKAli*) physical

פַּיְּסָנוּת נ׳ (*paiyesaNUT*) conciliation; appeasement

פַּיְּסָנִי ת׳ (*paiyesaNI*) conciliatory

פִּיק ז׳ (*PIK*) trembling

פִּיקָה נ׳ (*piKA*) cap

פִּיקְטִיבִי ת׳ (*fikTIvi*) fictitious

פִּיקַנְטִי ת׳ (*piKANti*) piquant

פִּיקְנִיק ז׳ (*PIKnik*) picnic

פִּיקְצְיָה נ׳ (*FIKtsya*) fiction

פִּירָמִידָה נ׳ (*piraMIda*) pyramid

פַּךְ ז׳ (*PAKH*) jug; vessel; cruse

פִּכֵּחַ ת׳ (*pikKE'aḥ*) sober

פִּכָּחוֹן ז׳ (*pikkaḤON*) sobriety

פִּכְפֵּךְ פעל ע׳ (*pikhPEKH*) flow, bubble

פָּכַר, פִּכֵּר פעל י׳ (*paKHAR; pikKER*) clasp; fold

פֶּלֶא ז׳ (*PEle*) miracle; wonder

פָּלֶאוֹנְטוֹלוֹגְיָה נ׳ (*paleontoLOGya*) paleontology

פִּלְבּוּל ז׳ (*pilBUL*) rolling (eyes)

פִּלְבֵּל פעל י׳ (*pilBEL*) roll (eyes)

פִּלֵּג פעל י׳ (*pilLEG*) divide; split

פֶּלֶג ז׳ (*PEleg*) brook; stream; half; part; faction

פְּלֻגָּה נ׳ (*pelugGA*) group; company

פְּלַגְיָט ז׳ (*plagYAT*) plagiarism

פְלֶגְמָטִי ת׳ (*flegMAti*) phlegmatic

פַּלְגָנוּת נ׳ (*pallegaNUT*) factionalism

פְּלֻגְתָּא נ׳ (*pelugTA*) dissension; controversy

פְּלֻגָּתִי ת׳ (*peluggaTI*) of company

פְּלָדָה נ׳ (*pelaDA*) steel

— צֶמֶר steel wool

פִּלּוּג ז׳ (*pilLUG*) division; split

פְּלוֹנִי ת׳ (*peloNI*) certain; so-and-so

פִּלּוּס ז׳ (*pilLUS*) construction (road); deliberation

פְּלוּס ז׳ (*PLUS*) plus, advantage

פִּלַּח פעל י׳ (*pilLAḤ*) slice; cut up; cleave; plow

פֶּלַח ז׳ (*PElaḥ*) segment; slice; upper millstone

פַּלָּח ז׳ (*palLAḤ*) farmer; field hand

פַּלְחָה נ׳ (*FALḥa*) cultivation of field crops

פלחן ז׳ (pulḤAN) cult; ritual; worship; service

פלט פעל ע׳ י׳ (paLAT) discharge; emit; escape

פלטה, פליטה נ׳ (peleyTA) escape; survivors

שארית ה־ surviving remnants

פליאה נ׳ (peli'A) wonder; marvel; puzzle; surprise

פליז ז׳ (peLIZ) brass

פליט ז׳ (paLIT) refugee; fugitive

פליטה נ׳ (peliTA) emission

צנור – exhaust pipe

פליטת פה slip of the tongue

פליטת קלמוס slip of the pen

פליטון ז׳ (felyeTON) column

פלילי ת׳ (peliLI) criminal

פלישה נ׳ (peliSHA) invasion; incursion

פלך ז׳ (PElekh) district; subdistrict; spindle

פלל פעל י׳ (pilLEL) think; suppose; entreat; pray; judge

פלמוני ז׳ (palmoNI) certain; some

פלמ״ח (palMAḤ) Palmakh (Jewish active defense force before establishment of State of Israel)

פלנל ז׳ (flaNEL) flannel

פלס פעל י׳ (pilLES) straighten; make level; construct a road; make a way; weigh; balance

פלס ז׳ (PEles) scale

– מים level

פלסטי ת׳ (PLASti) plastic

פלסתר, פלסטר ז׳ (plasTER) deceit; fraud

כתב – libel

פלפול ז׳ (pilPUL) debate; discussion; hairsplitting argument

פלפל ז׳ (pilPEL) pepper

פלפלן ז׳ (palpeLAN) hair-splitter

פלצור ז׳ (pelaTSUR) lariat, lasso

פלצות נ׳ (pallaTSUT) horror

פלצר פעל י׳ (pilTSER) lasso, rope

פלש פעל ע׳ (paLASH) invade

פלשת נ׳ (peLEshet) Philistia

פלשתי ת׳ (pelishTI) Philistine

פמבי נ׳ (pumBEY) publicity

בפמבי publicly, openly

פמוט ז׳ (paMOT) candlestick

פמליה, פמליא נ׳ (pamalYA) retinue, entourage; group

פן מ״י (PEN) lest, in order not to

פן ז׳ (PAN) form, aspect

פנאי ז׳ (peNAI) spare time

פנה פעל ע׳ (paNA) turn; pay attention; see; apply; put aside; be free

פנה פעל י׳ (pinNA) clear; evacuate; vacate; remove

– נ׳ corner

פנוי ת׳ (paNUY) vacant; unoccupied; unmarried

זמן – free time

פנוי ז׳ (pinNUY) clearing; removal; evacuation

פנוק ז׳ (pinNUK) pampering

פנטומימה נ׳ (pantoMIma) pantomime

פנטי ת׳ (faNAti) fanatical

פנטיות נ׳ (faNAtiYUT) fanaticism

פנטסטי ת׳ (fanTASti) fantastic

פנטסיה נ׳ (fanTASya) fantasy

פניה נ׳ (peniYA) turn; intention; appeal; ulterior motive

פנים ז״ר נ״ר (paNIM) face; appearance; front; outside; anger

פני הים sea level

בשת – shame

הכיר – show favoritism

הסביר – show kindness to

עז – insolent

העמיד – pretend

כבש פניו בקרקע be very much ashamed

נשא פני show favoritism

קדם פני welcome; receive

לפנים formerly

בִּפְנֵי opposite; against
לִפְנֵי before, in front of
מִפְּנֵי from, because of, owing to
עַל כָּל – in any case, anyhow
בְּשׁוּם – by no means, in no way
פְּנִים ז׳ (*peNIM*) interior, inside
לִפְנִים, פְּנִימָה inside
לִפְנִים מִשּׁוּרַת הַדִּין beyond the strict letter of the law
פְּנִימִי ת׳ (*peniMI*) inner; interior; confidential
פְּנִימִיָּה נ׳ (*penimiYA*) boarding school
פְּנִימִית נ׳ (*peniMIT*) inner tube
פְּנִינָה נ׳ (*peniNA*) pearl
פְּנִינִיָּה נ׳ (*peniniYA*) guinea fowl
פֶּנִיצִילִין ז׳ (*penitsiLIN*) penicillin
פָּנִיקָה נ׳ (*paNIka*) panic
פֶנִיקִי ת׳ (*feNIki*) Phoenician
פִּנְכָּא, פִּנְכָּה נ׳ (*pinKA*) dish, bowl
מְלַחֵךְ – sycophant, bootlicker
פָּנָס ז׳ (*paNAS*) flashlight, lamp, lantern; headlight; black eye
פָּנַס קֶסֶם magic lantern
פֶּנְסְיָה נ׳ (*PENSya*) pension
פֶּנְסִיוֹן ז׳ (*pensYON*) boarding house
פֶּנְסְיוֹנֶר ז׳ (*pensyoNER*) pensioner; retired employee
פַּנְצ׳ר ז׳ (*PANcher*) flat tire; mishap
פִּנֵּק פעל י׳ (*pinNEK*) pamper, spoil
פִּנְקָס ז׳ (*pinKAS*) notebook, register
פִּנְקְסָן ז׳ (*pinkaSAN*) bookkeeper
פִּנְקְסָנוּת נ׳ (*pinkesaNUT*) bookkeeping
פַּנְתֵּר ז׳ (*panTER*) panther
פַּס ז׳ (*PAS*) strip; stripe; band; rail
פְּסֶבְדוֹ ר׳ פְּסֵידוֹ
פִּסְגָּה נ׳ (*pisGA*) peak; summit; climax
פִּסָּה נ׳ (*pisSA*) piece; strip
פִּסּוּל ז׳ (*pisSUL*) sculpture
פָּסוּל ת׳ (*paSUL*) unfit; disqualified; defective
פְּסוּל ז׳ (*peSUL*) flaw, defect
פָּסוּק ז׳ (*paSUK*) biblical verse; sentence; the Bible; Scriptures; abscissa
פִּסּוּק ז׳ (*pisSUK*) punctuation
פָּסַח פעל ע׳ (*paSAḤ*) pass over; skip; celebrate Passover
– עַל שְׁתֵּי הַסְּעִפִּים be uncertain; vacillate
פִּסֵּחַ פעל ע׳ (*pisSAḤ*) leap; skip
פֶּסַח ז׳ (*PEsaḥ*) Passover; Passover sacrifice; Passover ceremony
פִּסֵּחַ ז׳ (*pisSE'aḥ*) lame person; limper
פַּסְחָא ז׳ (*paSḤA*) Easter
פַּסָּט ז׳ (*pasSAT*) trade wind
פִּסְטוּר ז׳ (*pisTUR*) pasteurization
פֶסְטִיבָל ז׳ (*festiVAL*) festival
פִּסְטֵר פעל י׳ (*pisTER*) pasteurize
פַּסִּיב ז׳ (*pasSIV*) assets
פַּסִּיבִי ת׳ (*pasSIvi*) passive
פַּסִּיבִיּוּת נ׳ (*pasSIviyut*) passivity
פְּסִיג ז׳ (*peSIG*) cotelydon
פְּסֵידוֹ־ ת׳ (*PSEYdo*) pseudo
פְּסֵידוֹנִים ז׳ (*pseydoNIM*) pseudonym
פַּסְיוֹן ז׳ (*pasYON*) pheasant
פְּסִיחָה נ׳ (*pesiḤA*) leaping over; skipping; celebrating the Passover
– עַל שְׁתֵּי הַסְּעִפִּים vacillation, wavering
פְּסִיכוֹאֲנָלִיזָה נ׳ (*psikho'anaLIza*) psychoanalysis
פְּסִיכוֹטֶכְנִי ת׳ (*psikhoTEKHni*) psychotechnical
פְּסִיכוֹלוֹג ז׳ (*psikhoLOG*) psychologist
פְּסִיכוֹלוֹגִי ת׳ (*psikhoLOgi*) psychological
פְּסִיכוֹלוֹגְיָה נ׳ (*psikhoLOGya*) psychology
שִׁמּוּשִׁית – applied psychology
פְּסִיכוֹפָּתִי ת׳ (*psikhoPAti*) psychopathic
פְּסִיכִיאָטוֹר ז׳ (*psikhi'Ator*) psychiatrist

פְּסִיכִיאַטְרִיָּה נ׳ (*psikhi'ATriya*) psychiatry
פְּסִילָה נ׳ (*pesiLA*) disqualification, rejection; sculpturing
פְּסִילִים ז״ר (*pesiLIM*) idols
פֶּסִימִי ת׳ (*peSImi*) pessimistic
פֶּסִימִיּוּת נ׳ (*peSImiyut*) pessimism
פֶּסִימִיסְט ז׳ (*pesiMIST*) pessimist
פְּסִיעָה נ׳ (*pesi'A*) step, pace
פְּסֵיפָס ז׳ (*peseyFAS*) mosaic
פְּסִיק ז׳ (*peSIK*) comma
פָּסַל פעל י׳ (*paSAL*) hew, carve; disqualify; reject; declare unfit
פִּסֵּל פעל י׳ (*pisSEL*) sculpt, carve; chisel
פַּסָּל ז׳ (*pasSAL*) sculptor
פֶּסֶל ז׳ (*PEsel*) statue; idol
פִּסְלוֹן ז׳ (*pisLON*) statuette; figurine
פְּסֹלֶת נ׳ (*peSOlet*) refuse; rubbish
פְּסַנְתֵּר ז׳ (*pesanTER*) piano
פְּסַנְתְּרָן ז׳ (*pesanteRAN*) pianist
פְּסַנְתְּרָנוּת נ׳ (*pesanteraNUT*) piano playing
פָּסַע פעל ע׳ (*paSA'*) step, walk, stride
פָּסַק פעל ע׳ י׳ (*paSAK*) stop; cease; pass sentence; teach; umpire
פִּסֵּק פעל י׳ (*pisSEK*) punctuate
פְּסָק ז׳ (*peSAK*) decision
פְּסַק דִּין verdict; judgment
פַּסְקָנוּת נ׳ (*paskaNUT*) finality; dogmatism
פַּסְקָנִי ת׳ (*paskaNI*) definite; dogmatic
פְּסֹקֶת נ׳ (*peSOket*) part (hair)
פָּעָה פעל ע׳ (*pa'A*) groan; bleat
פָּעוֹט ז׳ (*pa'OT*) small child; baby
פָּעוּט ת׳ (*pa'UT*) tiny; small
פָּעוֹטוֹן ז׳ (*pa'oTON*) nursery (for very small children)
פָּעוּל ז׳ (*pa'UL*) passive; creature
פעולה ר׳ פְּעֻלָּה
פָּעוּר ת׳ (*pa'UR*) wide open, gaping
פְּעִיָּה נ׳ (*pe'iYA*) groan; bleat
פָּעִיל ז׳ ת׳ (*pa'IL*) worker; active

פְּעִימָה נ׳ (*pe'iMA*) beat; stroke
פָּעַל פעל י׳ (*pa'AL*) do, make, work, accomplish
פֹּעַל ז׳ (*PO'al*) verb; deed; act; wages
בְּפֹעַל actually; acting
הוֹצִיא לַ־ carry out; implement
פְּעֻלָּה נ׳ (*pe'ulLA*) act; activity; action; transaction; operation
פָּעֳלִי ת׳ (*po'oLI*) verbal
פְּעַלְתָּנוּת נ׳ (*pe'altaNUT*) intense activity; activity
פָּעַם פעל ע׳ (*pa'AM*) beat, throb
פַּעַם נ׳ (*PA'am*) time; foot; step; beat
הַ– this time
– אַחַת once
מִדֵּי – from time to time
שׁוּב – again
לִפְעָמִים sometimes
פַּעֲמוֹן ז׳ (*pa'aMON*) bell
פִּעְנוּחַ ז׳ (*pi'NU'aḥ*) deciphering
פִּעְנַח פעל י׳ (*pi'NAḤ*) decipher; solve
פִּעְפּוּעַ ז׳ (*pi'PU'a*) penetration; diffusion; pervasion
פִּעְפַּע פעל ע׳ י׳ (*pi'PA'*) penetrate; pervade; permeate
פָּעַר פעל י׳ (*pa'AR*) open wide
פַּעַר ז׳ (*PA'ar*) gap
פָּצָה פעל י׳ (*paTSA*) open
פִּצָּה פעל י׳ (*piTSA*) compensate; indemnify
פִּצּוּחַ ז׳ (*piTSU'aḥ*) cracking; splitting
פִּצּוּי ז׳ (*piTSUY*) compensation
פִּצּוּל ז׳ (*piTSUL*) subdividing; peeling; split
פָּצוּעַ ת׳ (*paTSU'a*) wounded; injured
פִּצּוּץ ז׳ (*piTSUTS*) blowing up; explosion
פִּצַּח פעל י׳ (*piTSAḤ*) crack; split; burst into song

פַּצְיֶנְט ז׳ (*patsYENT*) patient
פְּצִיעָה נ׳ (*petsi'A*) wound; wounding
פַּצִיפִיזְם ז׳ (*patsiFIZM*) pacifism
פַּצִיפִיסְט ז׳ (*patsiFIST*) pacifist
פַּצִיפִיסְטִי ת׳ (*patsiFISti*) pacifist
פְּצִירָה ז׳ (*petsiRA*) file
פִּצֵּל פעל י׳ (*piTSEL*) divide up; split; peel
פָּצַע פעל י׳ (*paTSA'*) wound; injure
פֶּצַע ז׳ (*PEtsa'*) wound; cut
פִּצֵּץ פעל י׳ (*piTSETS*) blow up; explode; detonate
פַּצָּץ ז׳ (*paTSATS*) detonator
פְּצָצָה נ׳ (*petsaTSA*) bomb
פָּצַר פעל י׳ (*paTSAR*) file
פָּקַד פעל י׳ (*paKAD*) order; count; carry out a census; appoint; recall; punish; visit
פִּקֵּד פעל ע׳ (*pikKED*) command
פְּקֻדָּה נ׳ (*pekudDA*) order; memory; punishment; task
פְּקֻדַּת יוֹם order of the day
פְּקֻדַּת מַאֲסָר warrant for arrest
פְּקֻדַּת קֶבַע standing order
בִּפְקֻדַּת־ by order of
לִפְקֻדַּת to the order of
פִּקָּדוֹן ז׳ (*pikkaDON*) pledge; deposit; account; remembrance
פִּקָּה נ׳ (*pikKA*) protuberance; cap
– שֶׁל גַּרְגֶּרֶת Adam's apple
פָּקוּד ז׳ (*paKUD*) man (subordinate to commander), subordinate
פִּקּוּד ז׳ (*pikKUD*) command
פקודה ר׳ פְּקֻדָּה
פָּקוּחַ ת׳ (*paKU'aḥ*) open
פִּקּוּחַ ז׳ (*pikKU'aḥ*) supervision; control
– נֶפֶשׁ saving a life
פָּקוּלְטָה נ׳ (*faKULta*) faculty
פָּקוּק ת׳ (*paKUK*) corked; closed
פָּקַח פעל י׳ (*paKAḤ*) open; be vigilant

פִּקַּח פעל י׳ (*pikKAḤ*) supervise
פִּקֵּחַ ז׳ ת׳ (*pikKE'aḥ*) person in possession of all his faculties; intelligent; clever
פַּקָּח ז׳ (*pakKAḤ*) inspector; supervisor
פִּקְחוּת נ׳ (*pikḤUT*) intelligence; cleverness
פִּקְחִי ת׳ (*pikḤI*) intelligent; clever
פָּקִיד ז׳ (*paKID*) official; clerk; office worker
פְּקִידוּת נ׳ (*pekiDUT*) office work; clerical work; bureaucracy; office workers
פְּקִידוּתִי ת׳ (*pekiduTI*) bureaucratic
פְּקִיעָה נ׳ (*peki'A*) expiration; cracking
פָּקַע פעל ע׳ (*paKA'*) expire; split; become cracked
פְּקַעַת נ׳ (*peKA'at*) bulb; spool
פִּקְפּוּק ז׳ (*pikPUK*) doubt; hesitation
פִּקְפֵּק פעל י׳ ע׳ (*pikPEK*) doubt; hesitate
פָּקַק פעל י׳ (*paKAK*) cork, stop up
פְּקָק ז׳ (*peKAK*) cork, stopper
פַּר ז׳ (*PAR*) bull
– בֶּן בָּקָר young bull
פֶּרֶא ז׳ (*PEre*) wild ass; crude person
– אָדָם rude person
– גָּדֵל grow wild
פִּרְאוּת, פְּרָאוּת נ׳ (*pir'UT; pera'UT*) wildness, savagery
פִּרְאִי, פְּרָאִי ת׳ (*pir'I; pera'I*) wild; uncivilized
שְׁבִיתָה פְּרָאִית wildcat strike
פַּרְבָּר ר׳ פַּרְוָר
פֶּרֶג ז׳ (*paRAG*) poppy
פַּרְגּוֹד ז׳ (*parGOD*) curtain; screen
פַּרְגִּית נ׳ (*parGIT*) pullet
פֶּרֶד ז׳ (*PEred*) mule
פִּרְדָּה נ׳ (*pirDA*) mule (f.)
פְּרֵדָה נ׳ (*pereDA*) departure, eave-taking

פַּרַדּוֹקְס ז׳ (*paraDOX*) paradox
פַּרְדֵּס ז׳ (*parDES*) citrus plantation; garden (irrigated)
פַּרְדְּסָן ז׳ (*pardeSAN*) citrus grower
פַּרְדְּסָנוּת נ׳ (*pardesaNUT*) citrus growing
פָּרָה נ׳ (*paRA*) cow
— פעל ע׳ be fertile
פַּרְהֶסְיָא, פַּרְהֶסְיָה נ׳ (*parhesYA*) publicity
בְּפַרְהֶסְיָה publicly, openly
פְּרוֹבוֹקָטִיבִי ת׳ (*provokaTIvi*) provocative
פְּרוֹבוֹקַצְיָה נ׳ (*provoKATSya*) provocation
פְּרוֹבִינְצְיָאלִי ת׳ (*provintsYAli*) provincial
פְּרוֹבִינְצְיָה נ׳ (*proVINTSya*) province
פְּרוֹבְּלֶמָה נ׳ (*probLEma*) problem
פְּרוֹבְּלֶמָתִי ת׳ (*probleMAti*) problematic
פְּרוֹגְרֶסִיבִי ת׳ (*progreSIvi*) progressive
פֵּרוּד ז׳ (*peRUD*) separation; division; dissension; departure
פְּרוֹדוּקְטִיבִי ת׳ (*produkTIvi*) productive
פְּרוֹדוּקְטִיבִיּוּת נ׳ (*produkTIviyut*) productivity
פְּרוֹדוּקְטִיבִיזַצְיָה נ׳ (*produktiviZATSya*) productivization
פָּרוֹדְיָה נ׳ (*paRODya*) parody
פַּרְוָה נ׳ (*parVA*) fur
פֵּרוּז ז׳ (*peRUZ*) demilitarization
פְּרוֹזָאִי ת׳ (*proZA'i*) prosaic
פְּרוֹזְדוֹר ז׳ (*prozDOR*) corridor
פְּרוֹזָה נ׳ (*PROza*) prose
פֵּרוּט ז׳ (*peRUT*) itemization; changing (money)
פְּרוּטָה נ׳ (*peruTA*) small coin; money; peruta (1/1000 of an Israeli pound)
פְּרוֹטוֹמָה נ׳ (*protoMA*) bust
פְּרוֹטוֹפְּלַסְמָה נ׳ (*protopLASma*) protoplasm

פְּרוֹטוֹקוֹל ז׳ (*protoKOL*) minutes, protocol
פְּרוֹטֶסְטַנְט ז׳ (*protesTANT*) Protestant
פְּרוֹטֶסְטַנְטִי ת׳ (*protesTANti*) Protestant
פְּרוֹטֶקְצְיָה נ׳ (*proTEKtsya*) influence (with people able to grant favors), pull
פְּרוֹטְרוֹט ז׳ (*perotROT*) small change; something
בִּפְרוֹטְרוֹט in detail
פְּרוֹיֶקְט ז׳ (*proYEKT*) project
פְּרוֹלוֹג ז׳ (*proLOG*) prologue
פְּרוֹלֶטָרִי ת׳ (*proleTAri*) proletarian
פְּרוֹלֶטַרְיוֹן ז׳ (*proletarYON*) proletariat
פְּרוֹלֶטָרִיזַצְיָה נ׳ (*proleTAriZATSya*) proletarization
פַּרְוָן ז׳ (*parVAN*) furrier
פָּרוּס ת׳ (*paRUS*) sliced; spread out
פְּרוּסָה נ׳ (*peruSA*) slice
פְּרוֹסוֹדְיָה נ׳ (*proSODya*) prosody
פְּרוּסִי ת׳/ז׳ (*pruSI*) Prussian
פְּרוֹסְפֶּקְט ז׳ (*prosPEKT*) prospectus
פָּרוּעַ ת׳ (*paRU'a*) untidy; dishevelled; wild; bare, exposed; paid up
פָּרוּף ת׳ (*paRUF*) buttoned; fastened
פְּרוֹפּוֹרְצְיָה נ׳ (*proPORtsya*) proportion
פְּרוֹפִיל ז׳ (*proFIL*) profile
פְּרוֹפֶּלֶר ז׳ (*proPEler*) propeller
פְּרוֹפֶסוֹר ז׳ (*profeSOR*) professor
— חָבֵר associate professor
— מִן הַמִּנְיָן full professor
פְּרוֹפֶסוּרָה נ׳ (*profeSUra*) professorship
פְּרוֹפֶסְיוֹנָלִי ת׳ (*profesyoNAli*) professional
פָּרוּץ ת׳ (*paRUTS*) broken; devoted to; licentious; shameless; much
פְּרוֹצֶדוּרָה נ׳ (*protseDUra*) procedure
פְּרוֹצֶס ז׳ (*proTSES*) process
פֵּרוּק ז׳ (*peRUK*) dismantling
— נֶשֶׁק disarmament

פַּרְוָר ז׳ (parVAR) suburb
פֵּרוּר ז׳ (peRUR) crumb
פֵּרוּשׁ ז׳ (peRUSH) commentary; interpretation
בְּפֵרוּשׁ explicitly
פָּרוּשׁ ז׳ ת׳ (paRUSH) recluse; Pharisee; finch; abstemious; hypocrite
פֵּרוֹת ז״ר (peROT) fruit; fruits
פְּרוֹתֶזָה נ׳ (proTEza) artificial limb; dental plate
פֵּרַז ז׳ (peRAZ) demilitarize
פִּרְזֵל פעל י׳ ע׳ (pirZEL) shoe; clang
פָּרַח פעל ע׳ (paRAḤ) flower, flourish; blossom, bloom
פֶּרַח ז׳ (PEraḥ) flower, blossom
פִּרְחוֹנִי ת׳ (pirḥoNI) flowered; flowery
פִּרְחָח ז׳ (pirḤAḤ) ruffian, hoodlum; youngster
פִּרְחָחוּת נ׳ (pirḥaḤUT) hoodlumism; mischievousness
פָּרַט פעל י׳ (paRAT) change; itemize; specify
פֵּרַט פעל ע׳ י׳ (peRAT) itemize; detail, give in detail; play; pluck (stringed instrument)
פְּרָט ז׳ (peRAT) detail, item
פֶּרֶט ז׳ (PEret) odd number; small change
בִּפְרָט especially
פְּרָטִי ת׳ (peRAti) private; single; particular
שֵׁם — first name
פְּרָטִיּוּת נ׳ (peratiYUT) privacy
פַּרְטִיזָן ז׳ (partiZAN) partisan; guerrilla
פַּרְטִיטוּרָה נ׳ (partiTUra) score
פְּרִי ז׳ (peRI) fruit; product; profit
— הָדָר citrus fruit
פְּרִיבִילֶגְיָה נ׳ (priviLEGya) privilege
פְּרִיגָטָה נ׳ (friGAta) frigate
פרידה ר׳ פְּרֵדָה

פְּרֵיהִיסְטוֹרִי ת׳ (prehisTOri) prehistoric
פֶּרִיוֹדִי ת׳ (perYOdi) periodic
פִּרְיוֹן ז׳ (pirYON) fertility; productivity
פְּרִיחָה נ׳ (periḤA) blooming; bloom; flowering; rash
פָּרִיט ז׳ (paRIT) item; entry
פְּרִיטָה נ׳ (periTA) changing (money); plucking (stringed instrument)
פָּרִיטֶטִי ת׳ (pariTEti) parity
פָּרִיךְ ת׳ (paRIKH) crisp; brittle
פְּרִימָדוֹנָה נ׳ (primaDOna) prima donna
פְּרִימוּס ז׳ (PRImus) alcohol cooker; stove; crate (airplane; Piper cub)
פְּרִימִיטִיבִי ת׳ (primiTIvi) primitive
פְּרִינְצִיפּ ז׳ (prinTSIP) principle
פְּרִינְצִיפְּיוֹנִי ת׳ (printsipYOni) in principle
פְּרִיסָה נ׳ (periSA) slicing; deployment
פֶּרִיסְקוֹפּ ז׳ (perisKOP) periscope
פְּרִיעָה נ׳ (peri'A) causing a disturbance; repayment; unkemptness
פְּרִיצָה נ׳ (periTSA) burglary; breakthrough; breach
פְּרִיצוּת נ׳ (periTSUT) licentiousness
פְּרִיקָה נ׳ (periKA) unloading
פָּרִיר ת׳ (paRIR) crumby
פְּרִישָׁה נ׳ (periSHA) retirement; departure; separation
פְּרִישׁוּת נ׳ (periSHUT) abstinence; continence
פֶּרֶךְ ז׳ (PErekh) oppression; force
עֲבוֹדַת — hard labor
פִּרְכּוּס ז׳ (pirKUS) adornment; quivering; spasm
פִּרְכֵּס פעל י׳ ע׳ (pirKES) adorn; quiver; tremble; jerk
פָּרֹכֶת נ׳ (paROkhet) curtain
פַּרְלָמֶנְט ז׳ (parlaMENT) parliament
פַּרְלָמֶנְטָרִי ת׳ (parlaMENtari) parliamentary

פָּרַם פעל י׳ (*paRAM*) open seam
פִּרְנֵס פעל י׳ (*pirNES*) support
פַּרְנָס ז׳ (*parNAS*) leader
פַּרְנָסָה נ׳ (*parnaSA*) living; livelihood; maintenance; support
פָּרַס פעל י׳ (*paRAS*) slice
פְּרָס ז׳ (*peRAS*) reward; prize; award
פָּרַס נ׳ (*paRAS*) Persia
פַּרְסָה נ׳ (*parSA*) hoof; horseshoe
פִּרְסוּם ז׳ (*pirSUM*) publication; advertising; publicity
פרסומת ר׳ פִּרְסֹמֶת
פֶּרְסוֹנָל ז׳ (*persoNAL*) personnel
פְּרֶסְטִיזְ'ה נ׳ (*presTIzha*) prestige
פַּרְסִי ת׳ ז׳ (*parSI*) Persian
פִּרְסֵם פעל י׳ (*pirSEM*) publish; publicize; advertise
פִּרְסֹמֶת נ׳ (*pirSOmet*) publicity; advertising
פֶּרְסְפֶּקְטִיבָה נ׳ (*perspekTIva*) perspective
פָּרַע פעל י׳ (*paRA*) riot; cause a disturbance; repay; revenge; uncover; upset
פַּרְעֹה ז׳ (*par'O*) Pharaoh
פֵּרָעוֹן ז׳ (*pera'ON*) payment; repayment
פַּרְעוֹשׁ ז׳ (*par'OSH*) flea
פֻּרְעָנוּת נ׳ (*pur'aNUT*) calamity; trouble; pain
פָּרַף פעל י׳ (*paRAF*) button; fasten
פִּרְפּוּר ז׳ (*pirPUR*) quiver; spasm
פַּרְפַּר ז׳ (*parPAR*) butterfly
פִּרְפֵּר פעל ע׳ י׳ (*pirPER*) quiver, jerk
פַּרָפְרָזָה נ׳ (*paraFRAza*) paraphrase
פַּרְפֶּרֶת נ׳ (*parPEret*) dessert; light reading
פָּרַץ פעל י׳ ע׳ (*paRATS*) break; destroy; split; burst out; breach; expand; increase
פֶּרֶץ ז׳ (*PErets*) breach; gap; trouble
פִּרְצָה נ׳ (*pirTSA*) breach; gap; trouble; defect
פַּרְצוּף ז׳ (*parTSUF*) face; nature; appearance; character
פָּרַק פעל י׳ (*paRAK*) unload; cast off
פֵּרַק פעל י׳ (*peRAK*) dismantle; remove; unload; dissolve
פֶּרֶק ז׳ (*PErek*) chapter; joint; intersection; season
רָאשֵׁי פְּרָקִים outline
עָמַד עַל הַ – be on the agenda
פְּרַקְטִיקָה נ׳ (*prakTIka*) practice
פְּרַקְלִיט ז׳ (*prakLIT*) attorney; lawyer
פָּרַשׁ פעל ע׳ (*paRASH*) withdraw; keep aloof
פֵּרַשׁ פעל י׳ ע׳ (*peRASH*) explain; state explicitly; withdraw; retire
פָּרַשׂ פעל י׳ (*paRAS*) spread, stretch out; cast
פָּרָשׁ ז׳ (*paRASH*) horseman
פָּרָשָׁה נ׳ (*paraSHA*) section; portion; affair
פַּרְשָׁן ז׳ (*parSHAN*) commentator
פַּרְשָׁנוּת נ׳ (*parshaNUT*) comment; exegesis
פְּרָת ז׳ (*peRAT*) Euphrates
פָּרַת מֹשֶׁה רַבֵּנוּ נ׳ (*paRAT moSHE rabBEnu*) lady bug
פָּשָׂה פעל ע׳ (*paSA*) spread
פָּשׁוּט ת׳ (*paSHUT*) simple; plain; common
– תה״פ simply
פִּשּׁוּט ז׳ (*pishSHUT*) simplification
פִּשּׂוּק ז׳ (*pisSUK*) spreading apart; straddling
פָּשַׁט פעל י׳ (*paSHAT*) remove; stretch; straighten; attack
– יָד beg
– עוֹר flay; skin; rob
– אֶת הָרֶגֶל go bankrupt
פִּשֵּׁט פעל י׳ (*pishSHET*) simplify; remove; stretch; straighten

plain meaning; literal meaning (peSHAT) פְּשָׁט ז׳
simplicity (pashTUT) פַּשְׁטוּת נ׳
simply, unpretentiously בְּפַשְׁטוּת
pudding; pie (pashtiDA) פַּשְׁטִידָה נ׳
oversimplified (pashtaNI) פַּשְׁטָנִי ת׳
fascism (faSHIZM) פַשִׁיזְם ז׳
raid; undressing; stretching (peshiTA) פְּשִׁיטָה נ׳
begging פְּשִׁיטַת יָד
bankruptcy פְּשִׁיטַת רֶגֶל
fascist (faSHIST) פַשִׁיסְט ז׳
crime; negligence (peshi'A) פְּשִׁיעָה נ׳
commit a crime; commit an offense; sin; be criminally negligent; rebel (paSHA') פָּשַׁע פעל ע׳
crime; felony; sin (PEsha') פֶּשַׁע ז׳
examination; scrutiny (pishPUSH) פִּשְׁפּוּשׁ ז׳
bug (pishPESH) פִּשְׁפֵּשׁ ז׳
examine; scrutinize – פעל י׳
small door (pishPASH) פִּשְׁפָּשׁ ז׳
open wide; spread apart (pisSEK) פִּשֵּׂק פעל י׳
mediate; compromise (pishSHER) פִּשֵּׁר פעל י׳
meaning; explanation (PEsher) פֵּשֶׁר ז׳
compromise (peshaRA) פְּשָׁרָה נ׳
compromiser (pashRAN) פַּשְׁרָן ז׳
inclination to compromise (pashraNUT) פַּשְׁרָנוּת נ׳
compromising (pashraNI) פַּשְׁרָנִי ת׳
flax (pishTA) פִּשְׁתָּה נ׳
flax; linen (pishTAN) פִּשְׁתָּן ז׳
slice; piece (of bread), morsel (PAT) פַּת נ׳
suddenly (pit'OM) פִּתְאוֹם תה״פ
sudden (pit'oMI) פִּתְאוֹמִי ת׳

proverb; saying (pitGAM) פִּתְגָם ז׳
flat oriental bread (PIta) פִּתָּה נ׳
persuade; seduce (pitTA) פִּתָּה פעל י׳
open (paTU'aḥ) פָּתוּחַ ת׳
development; engraving (pitTU'aḥ) פִּתּוּחַ ז׳
temptation; persuasion; seduction (pitTUY) פִּתּוּי ז׳
turn; curve; twist (pitTUL) פִּתּוּל ז׳
pathological (patoLOgi) פַּתּוֹלוֹגִי ת׳
pathos (PAtos) פַּתּוֹס ז׳
open; untie; begin (paTAḤ) פָּתַח פעל י׳
develop; untie; engrave (pitTAḤ) פִּתַּח פעל י׳
doorway; entrance; opening (PEtaḥ) פֶּתַח ז׳
sublinear mark to indicate sound of *u* as in but) (patTAḤ) פַּתָּח ז׳
opening (pitḤON) פִּתְחוֹן ז׳
pretext – פֶּה
pathetic (paTEti) פָּתֶטִי ת׳
fool; simpleton (PEti) פֶּתִי ז׳
bait (pittaYON) פִּתָּיוֹן ז׳
folly (petaYUT) פְּתַיּוּת נ׳
opening; beginning; overture; foreword (petiḤA) פְּתִיחָה נ׳
thread; fuse (peTIL) פְּתִיל ז׳
wick; suppository (petiLA) פְּתִילָה נ׳
kerosene cooker (petiliYA) פְּתִילִיָּה נ׳
crumb; flake (paTIT) פָּתִית ז׳
cobra; mamba (PEten) פֶּתֶן ז׳
suddenly (PEta') פֶּתַע תה״פ
surprise attack – הַתְקָפַת
note; slip of paper (PEtek) פֶּתֶק ז׳
note; slip of paper; slip (pitKA) פִּתְקָה נ׳
solve; interpret (paTAR) פָּתַר פעל י׳
solution; interpretation; explanation (pitRON) פִּתְרוֹן ז׳

צ

צ׳ נ׳ (TSAdi; TSAdik) Tsadi (eighteenth letter of the Hebrew alphabet); ninety, nintieth

צֹאן נ״ר (TSON) flock; herd

צֶאֱצָא ז׳ (tse'eTSA) offspring; progeny

צָב ז׳ (TSAV) turtle

עֲגָלַת — covered wagon

צָבָא פעל ע׳ (tsaVA) congregate; wage war

— ז׳ army; host

צְבָא הֲגַנָּה לְיִשְׂרָאֵל (צַהַ״ל) Israel Defense Army

— סָדִיר, צְבָא קֶבַע regular army

יוֹצֵא — person subject to conscription

צְבָאִי ת׳ (tseva'I) military

צְבָאִים ר׳ צְבִי

צָבָה פעל ע׳ (tsaVA) swell

צָבוּעַ ת׳ ז׳ (tsaVU'a) painted; hypocritical; hypocrite

צָבוֹעַ ז׳ (tsaVO'a) hyena

צִבּוּר ז׳ (tsibBUR public; community; heap; generality

אֵימַת הַ— stage fright

בְּרִיאוּת הַ— public health

יַחֲסֵי — public relations

שְׁלִיחַ — cantor

תְּפִלָּה בְּ— public prayer

צִבּוּרִי ת׳ (tsibbuRI) public, communal

צָבַט פעל י׳ (tsaVAT) pinch

צְבִי ז׳ (tseVI) gazelle

אֶרֶץ הַ— Land of Israel

צִבְיוֹן ז׳ (tsivYON) character; form

צְבִיטָה נ׳ (tseviTA) pinching; pinch

צְבִיעָה נ׳ (tsevi'A) painting; dyeing

צְבִיעוּת נ׳ (tsevi'UT) hypocrisy

צְבִירָה נ׳ (tseviRA) accumulation; stockpiling

צָבַע פעל י׳ (tsaVA') paint; color; dye

צֶבַע ז׳ (TSEva') color; dye; paint

צַבָּע ז׳ (tsabBA') painter

צִבְעוֹנִי ת׳ ז׳ (tsiv'oNI) colored; tulip

צַבָּעוּת נ׳ (tsabba'UT) painting

צָבַר פעל י׳ (tsaVAR) accumulate; pile up

צֹבֶר ז׳ (TSOver) bulk

צַבָּר ז׳ (tsabBAR) prickly pear, cactus; Sabra (native-born Israeli)

צְבָת נ׳ (tseVAT) tongs, pliers

צַד ז׳ (TSAD) side; aspect; party; page

הַצִּדָּה make way

בַּ— near, beside

מִן הַ— on the side

צָד פעל י׳ (TSAD) hunt; catch

צִדֵּד פעל י׳ (tsidDED) side with

צְדָדִי ת׳ (tsedaDI) side; incidental

חַד־ — one-sided

צִדּוּק ז׳ (tsidDUK) justification

צְדוֹקִי ז׳ (tsedoKI) Sadducee

צִדִּי ת׳ (tsidDI) side

צַדִּיק ת׳ ז׳ (tsadDIK) just; righteous; honest; God-fearing; pious; Hassidic rabbi

צֶדַע ז׳ (TSEda) temple

צֶדֶף ז׳ (TSEdef) shell; mother-of-pearl

צִדְפָּה נ׳ (tsidPA) mussel; clam

צָדַק פעל ע׳ (tsaDAK) be right; prove right; be acquitted

צֶדֶק ז׳ (TSEdek) justice; righteousness; Jupiter (planet)

בְּצֶדֶק rightly, justifiably

צְדָקָה נ׳ (tsedaKA) charity; justice; merit; victory

בַּעַל — generous; contributor to charity

צָהֹב ת׳ (tsaHOV) yellow

צְהַבְהַב ת׳ (tsehavHAV) yellowish
צַהֶבֶת נ׳ (tsaHEvet) jaundice
צָהַל פעל ע׳ (tsaHAL) exult; rejoice; neigh
צָהֳלָה נ׳ (tsohoLA) exultation; rejoicing
צַהֲלָה נ׳ (tsahaLA) neigh; neighing
צֹהַר ז׳ (TSOhar) window; skylight; zenith
צָהֳרַיִם ז״ז (tsohoRAyim) noon, midday
אַחֲרֵי הַ – afternoon
לִפְנֵי הַ – forenoon
אֲרוּחַת הַ – lunch
צַו ז׳ (TSAV) order
– מְנִיעָה injunction
צוֹאָה נ׳ (tso'A) feces; excrement; filth
צַוָּאָה נ׳ (tsavva'A) will
צַוָּאר ז׳ (tsavVAR) neck
צַוָּארוֹן ז׳ (tsavvaRON) collar
צוֹדֵק ת׳ (tsoDEK) right; just
צִוָּה פעל י׳ (tsivVA) order; command; bequeath; appoint
צִוּוּי ז׳ (tsiVUY) imperative; order
צָוַח פעל ע׳ (tsaVAḤ) shout; scream; shriek
צְוָחָה נ׳ (tsevaḤA) shout; cry; shriek
צוֹלְלָן ז׳ (tsoleLAN) submarine crew member
צוֹלֶלֶת נ׳ (tsoLElet) submarine
צוֹלֵעַ ת׳ (tsoLE'a) lame; limping
צוֹם ז׳ (TSOM) fast
צוֹמֵחַ ת׳ ז׳ (tsoME'aḥ) growing; flora
צוֹנֵן ת׳ (tsoNEN) cool
–; צוֹנְנִים cold water
צוֹעֲנִי ת׳ ז׳ (tso'aNI) Gypsy
צוֹעֵר ז׳ (tso'ER) cadet; shepherd's helper; assistant
צוּף ז׳ (TSUF) nectar
צוֹפֶה ז׳ (tsoFE) spectator; observer; scout
צוֹפִיּוּת נ׳ (tsofiYUT) scouting; scoutcraft

צוֹפֵף ר׳ צִפֵּף
צוֹפָר ז׳ (tsoFAR) horn; siren
צוּק ז׳ (TSUK) cliff; rock
צוּר ז׳ (TSUR) rock; boulder; cliff; fortress
– יִשְׂרָאֵל God of Israel
צוֹרֵב ת׳ (tsoREV) caustic; scorching
צוּרָה נ׳ (tsuRA) form; shape; picture; appearance; expression
לָבַשׁ – assume form
צוֹרֵם ת׳ (tsoREM) grating; harsh
צוֹרָן ז׳ (tsoRAN) silicon
צוֹרֵף ז׳ (tsoREF) goldsmith; silversmith; jeweler
צוֹרֵר ז׳ (tsoRER) enemy
צֶוֶת ז׳ (TSEvet) crew; panel
צוֹתֵת פעל ע׳ (tsoTET) tap wires; eavesdrop; listen in
צִ'זְבַּת ז׳ (chizBAT) tall tale
צַח ת׳ (TSAḤ) clear; pure
צְחוֹק ז׳ (tseḤOK) laughter; laugh
צָחוֹר ת׳ (tsaḤOR) white
צַחוּת נ׳ (tsaḤUT) clearness; purity
צָחִיחַ ת׳ (tsaḤIaḥ) arid; parched
צְחִיחוּת נ׳ (tseḥiḤUT) aridity; dryness
צַחֲנָה נ׳ (tsaḥaNA) stink; stench
צִחְצוּחַ ז׳ (tsiḥTSU'aḥ) polishing
– חֲרָבוֹת saber rattling
צִחְצַח פעל י׳ (tsiḥTSAḤ) polish
צָחַק פעל ע׳ (tsaḤAK) laugh; mock
צִחְקוּק ז׳ (tsiḥKUK) chortle; chuckle
צִחְקֵק פעל ע׳ (tsiḥKEK) chortle; chuckle
צִטּוּט ז׳ (tsitTUT) quotation
צִטֵּט פעל י׳ (tsitTET) quote
צִי ז׳ (TSI) fleet, navy
צִיבִילִיזַצְיָה נ׳ (tsiviliZATSya) civilization
צִיֵּד פעל י׳ (tsiYED) equip, provide, supply
צַיִד ז׳ (TSAyid) hunting; hunt; game
צַיָּד ז׳ (tsaiYAD) hunter
צֵידָה נ׳ (tseyDA) provisions; supplies

ציוד ז׳ (tsiYUD) equipment

ציון ז׳ (tsiYUN) mark; note; indication; remark; index (math.)

ציון נ׳ (tsiYON) Zion

ציונות נ׳ (tsiyoNUT) Zionism;

ציוני ת׳ ז׳ (tsiyoNI) Zionist

ציוץ ז׳ (tsiYUTS) twittering; chirp

ציור ז׳ (tsiYUR) painting; picture; description

– קיר mural

ציורי ת׳ (tsiyuRI) picturesque; descriptive

ציות ז׳ (tsiYUT) obedience

ציטטה נ׳ (tsiTAta) quotation

צילינדר ז׳ (tsiLINder) cylinder; top hat

ציין פעל י׳ (tsiYEN) indicate; point out; mark; remark; distinguish

צינוק ז׳ (tsiNOK) solitary confinement; prison

ציני ת׳ (TSIni) cynical

ציניות נ׳ (TSIniyut) cynicism

ציניקן ז׳ (TSInikan) cynic

ציפה נ׳ (tsiFA) pulp (fruit); buoyancy; floating

ציץ ז׳ (TSITS) blossom; cockade; feather; ornament

ציֵץ פעל ע׳ (tsiYETS) twitter; chirp

ציצית נ׳ (tsiTSIT) fringe; tassel; fringed garment

ציר ז׳ (TSIR) axle; axis; minister; messenger; labor pain; brine

צייר פעל י׳ (tsiYER) paint; draw; describe

צייר ז׳ (tsaiYAR) painter; artist

צירה ז׳ (tseyRE) (sublinear mark to indicate sound of *ey* as in they or *e* in met)

צירות נ׳ (tsiRUT) legation

ציית פעל ע׳ (tsiYET) obey

צייתן ז׳ (tsaiyeTAN) obedient person; docile person

צייתנות נ׳ (tsaiyetaNUT) obedience; docility

צל ז׳ (TSEL) shadow, shade; protection

– קורה shelter; roof

צלב פעל י׳ (tsaLAV) crucify

אש צולבת crossfire

צלב ז׳ (tseLAV) cross; crucifix

ה– האדם the Red Cross

צלב הקרס swastika

מסע – crusade

צלבן ז׳ (tsalBAN) Crusader

צלה פעל י׳ (tsaLA) roast; grill

צלוחית נ׳ (tseloḤIT) flask; small bottle

צלוי ת׳ (tsaLUY) roasted

צלול ת׳ (tsaLUL) clear, lucid

צלולואיד ז׳ (tselulo'ID) celluloid

צלום ז׳ (tsiLUM) photography; photograph

צלופח ז׳ (tseLOfaḥ) eel

צלופן ז׳ (tseloFAN) cellophane

צלוק ת׳ (tsaLUK) scarred

צלח פעל ע׳ י׳ (tsaLAḤ) succeed; prosper; descend upon; cross

לא־יצלח, לא־יצלח failure; good-for-nothing

צלחת נ׳ (tsalLAḥat) plate; dish; basin

צלי ז׳ (tsaLI) roast

צליבה נ׳ (tseliVA) crucifixion; cross

צליה נ׳ (tseliYA) roasting

צליחה נ׳ (tseliḤA) crossing; swimming across

צליל ז׳ (tseLIL) sound; tone; note

גבה ה – pitch

עצמת ה – loudness

צלילה נ׳ (tseliLA) diving; dive

צליין ז׳ (tsalYAN) pilgrim

צליפה נ׳ (tseliFA) sniping; whipping

צלל פעל ע׳ (tsaLAL) dive; sink; ring; become clear

צללים ז״ר ר׳ צל (tselaLIM) shadows

צללית נ׳ (tselaLIT) silhouette

צִלֵּם פעל י׳ (*tsilLEM*) photograph
צֶלֶם ז׳ (*TSElem*) image; likeness; idol
צַלָּם ז׳ (*tsalLAM*) photographer; cameraman
צֶלְסְיוּס ז׳ (*TSELsyus*) centigrade; centigrade thermometer
צָלַע פעל ע׳ (*tsaLA'*) limp, be lame
צֵלָע נ׳ (*tseLA*) rib; side
צָלַף פעל ע׳ (*tsaLAF*) shoot; snipe at
צַלָּף ז׳ (*tsalLAF*) marksman; sniper
צַלָּפוּת נ׳ (*tsallaFUT*) marksmanship; sniping
צִלְצוּל ז׳ (*tsilTSUL*) ring; ringing
צִלְצֵל פעל ע׳ (*tsilTSEL*) ring; ring up; telephone
צִלְצָל ז׳ (*tsilTSAL*) cymbal; harpoon
צַלֶּקֶת נ׳ (*tsalLEket*) scar
צָם פעל ע׳ (*TSAM*) fast
צָמֵא פעל ע׳ (*tsaME*) be thirsty; thirst for
– ת׳ thirsty
צָמָא ז׳ (*tsaMA*) thirst
צִמָּאוֹן ז׳ (*tsima'ON*) thirst; arid region
צָמֹג ת׳ (*tsaMOG*) sticky
צֶמֶד ז׳ (*TSEmed*) yoke; pair; couple
צַמָּה נ׳ (*tsamMA*) braid; plait
צָמוּד ת׳ (*tsaMUD*) linked, attached; clinging, close
צָמוּק ת׳ (*tsaMUK*) wrinkled; shrivelled
צִמּוּק ז׳ (*tsimMUK*) raisin
צָמַח פעל ע׳ (*tsaMAḤ*) grow; sprout; be revealed
צֶמַח ז׳ (*TSEmah*) plant; growth
צִמְחוֹנוּת נ׳ (*tsimḥoNUT*) vegetarianism
צִמְחוֹנִי ת׳ (*tsimḥoNI*) vegetarian
צִמְחִיָּה נ׳ (*tsimḥiYA*) flora
צְמִיג ז׳ (*tseMIG*) tire
צְמִיגוּת נ׳ (*tsemiGUT*) viscosity

צָמִיד ז׳ (*tsaMID*) bracelet
צְמִידוּת נ׳ (*tsemiDUT*) linking; coupling
צָמִיר ת׳ (*tsaMIR*) woolly
צָמִית ז׳ (*tsaMIT*) serf
צְמִיתוּת נ׳ (*tsemiTUT*) permanence; perpetuity
לִ – forever
צִמְצוּם ז׳ (*tsimTSUM*) restriction; restricting; reduction; concentration; condensation
בְּ – sparingly; frugally
צִמְצֵם פעל י׳ ע׳ (*tsimTSEM*) restrict; reduce; minimize; narrow; cover; be precise
צַמְצָם ז׳ (*tsamTSAM*) shutter (camera)
צֶמֶר ז׳ (*TSEmer*) wool
– גֶּפֶן absorbent cotton
– זְכוּכִית glass wool
– פְּלָדָה steel wool
צְמַרְמֹרֶת נ׳ (*tsemarMOret*) shivering; chills; trembling
צַמֶּרֶת נ׳ (*tsamMEret*) treetop; leadership; top level
צֹמֶת ז׳ (*TSOmet*) junction
צָנוּם ת׳ (*tsaNUM*) thin; lean
צִנּוּן ז׳ (*tsinNUN*) cooling
צְנוֹן ז׳ (*tseNON*) radish
צְנוֹנִית נ׳ (*tsenoNIT*) small radish
צָנוּעַ ת׳ (*tsaNU'a*) modest, humble; chaste; small
צִנּוֹר ז׳ (*tsinNOR*) pipe
צִנּוֹרָה נ׳ (*tsinnoRA*) knitting needle
צֶנְזוֹר ז׳ (*TSENzor*) censor
צֶנְזוּרָה נ׳ (*tsenZUra*) censorship
צִנְזֵר פעל י׳ (*tsinZER*) censor
צָנַח פעל ע׳ (*tsaNAḤ*) parachute; slip down
צַנְחָן ז׳ (*tsanḤAN*) paratrooper; parachutist
צֶנְטְרָלִיזַצְיָה נ׳ (*tsentraliZATSya*) centralization

צְנִיחָה נ׳ (*tseniḤA*) parachuting; parachute drop; slipping down

צְנִים ז׳ (*tsaNIM*) rusk; toast

צְנִיעוּת נ׳ (*tseni'UT*) modesty; humbleness; chastity

צָנִיף ז׳ (*tsaNIF*) turban

צִנֵּן פעל י׳ (*tsinNEN*) cool, cool off

צֶנַע ז׳ (*TSEna'*) austerity; modesty

צִנְעָה נ׳ (*tsin'A*) secrecy

בְּ – secretly; privately

צָנַף פעל י׳ (*tsaNAF*) wrap; roll up

צִנְצֶנֶת נ׳ (*tsinTSEnet*) flask; bottle; jar

צַנֶּרֶת נ׳ (*tsaNEret*) piping; pipes

צָעַד פעל ע׳ (*tsa'AD*) step; walk; march

צַעַד ז׳ (*TSA'ad*) step; pace

צְעָדָה נ׳ (*tse'aDA*) march; step

צְעִידָה נ׳ (*tse'i'DA*) marching; stepping; walk

צָעִיף ז׳ (*tsa'IF*) veil; scarf

צָעִיר ת׳ ז׳ (*tsa'IR*) young; young man

צַעֲצוּעַ ז׳ (*tsa'aTSU'a*) toy

צָעַק פעל ע׳ (*tsa'AK*) shout; yell, cry out; complain

צְעָקָה נ׳ (*tse'aKA*) shout; cry; outcry

צַעֲקָנִי ת׳ (*tsa'akaNI*) noisy; boisterous

צִעֵר פעל י׳ (*tsi'ER*) grieve; sadden

צַעַר ז׳ (*TSA'ar*) sorrow; sadness; compensation for suffering

– בַּעֲלֵי חַיִּים prevention of cruelty to animals

צָף פעל ע׳ (*TSAF*) float

צַפְדִּינָה נ׳ (*tsafdiNA*) scurvy

צַפֶּדֶת נ׳ (*tsapPEdet*) tetanus

צָפָה פעל י׳ (*tsaFA*) look; ambush; foresee

צִפָּה פעל ע׳ י׳ (*tsipPA*) hope; expect; anticipate; watch; look; cover; plate; coat

צָפוּי ת׳ (*tsaFUY*) expected; foreseen; liable

צִפּוּי ז׳ (*tsipPUY*) coating; cover; layer

צָפוֹן ז׳ (*tsaFON*) north

צְפוֹן מִזְרָח northeast

צְפוֹן מַעֲרָב northwest

צָפוּן ת׳ (*tsaFUN*) hidden

צְפוֹנִי ת׳ (*tsefoNI*) northern

הַקֹּטֶב הַצְּפוֹנִי North Pole

צָפוּף ת׳ (*tsaFUF*) crowded; congested

צִפּוֹר נ׳ (*tsipPOR*) bird

צִפְחָה נ׳ (*tsifḤA*) slate

צַפַּחַת נ׳ (*tsapPAḥat*) jar, cruse

צָפִיד ת׳ (*tsaFID*) rigid; stiff

צִפִּיָּה נ׳ (*tsippiYA*) expectation; hope; pillow case

צְפִיָּה נ׳ (*tsefiYA*) watching; viewing; observation

צַפִּיחִית נ׳ (*tsappiḤIT*) wafer

צְפִיפוּת נ׳ (*tsefiFUT*) congestion; crowding; density

צְפִירָה נ׳ (*tsefiRA*) whistle; siren; horn blowing

צִפִּית נ׳ (*tsipPIT*) pillow case

צֶפֶּלִין ז׳ (*tsepeLIN*) zeppelin

צָפַן פעל י׳ (*tsaFAN*) conceal; hide

צֹפֶן ז׳ (*TSOfen*) code

צִפֵּן פעל י׳ (*tsipPEN*) encode

צֶפַע ז׳ (*TSEfa*) viper

צִפֵּף פעל י׳ (*tsipPEF*) press together; crowd in; thicken

צִפְצוּף ז׳ (*tsifTSUF*) whistle; chirp; have contempt for

צַפְצָפָה נ׳ (*tsaftsaFA*) poplar

צָפַר פעל ע׳ (*tsaFAR*) blow horn

צְפַרְדֵּעַ נ׳ (*tsefarDE'a*) frog

– הַשּׁוֹר bullfrog

צַפְרִיר ז׳ (*tsafRIR*) zephyr

צִפֹּרֶן נ׳ (*tsipPOren*) nail; claw; nib; penpoint; stylus

– ז׳ carnation

צָץ פעל ע׳ (*TSATS*) blossom; appear

צַר ת׳ ז׳ (*TSAR*) narrow; enemy

– אֹפֶק, – מֹחַ narrow minded

– עַיִן envious

I am sorry – לִי
flint (TSOR) צֹר ז׳
scorch; burn (tsaRAV) צָרַב פעל י׳
heartburn (tsaREvet) צָרֶבֶת נ׳
hoarseness (tsaREdet) צָרֶדֶת נ׳
trouble; misfortune; additional wife (TSARA) צָרָה נ׳
serious trouble – צְרוּרָה
hoarse (tsaRUD) צָרוּד ת׳
refined; pure (tsaRUF) צָרוּף ת׳
combination; taking in; joining (tseRUF) צֵרוּף ז׳
idioms צֵרוּפֵי לָשׁוֹן
package; packet (tseROR) צְרוֹר ז׳
narrowness (tsaRUT) צָרוּת נ׳
narrowmindedness – אֹפֶק, – מֹחַ
envy – עַיִן
scream; shriek (tsaRAḤ) צָרַח פעל ע׳
balm (tsoRI; tseRI) צֳרִי, צְרִי ז׳
burn; scorch (tseriVA) צְרִיבָה נ׳
hoarseness (tseriDUT) צְרִידוּת נ׳
turret; rook; castle (chess) (tseRI'aḥ) צְרִיחַ ז׳
scream; shriek (tseriḤA) צְרִיחָה נ׳
need; necessary; must; requiring; it is necessary (tsaRIKH) צָרִיךְ ת׳ תה״פ

consumption (tseriKHA) צְרִיכָה נ׳
hut; shack (tseRIF) צְרִיף ז׳
consume; must (tsaRAKH) צָרַךְ פעל י׳ ע׳
need; necessity; requirement; (TSOrekh) צֹרֶךְ ז׳
for the purpose of – לְ
eliminate body wastes עָשָׂה צְרָכָיו
consumer (tsarKHAN) צַרְכָן ז׳
cooperative store (tsarkhaniYA) צַרְכָנִיָּה נ׳
grate on; injure; rebuke; offend (tsaRAM) צָרַם פעל י׳
hornet (tsir'A) צִרְעָה נ׳
leprosy (tsaRA'at) צָרַעַת נ׳
purify; refine; test; burn (tsaRAF) צָרַף פעל י׳
combine; add; join; attach; take in (tseRAF) צֵרַף פעל י׳
France (tsareFAT) צָרְפַת נ׳
chirping (tsirTSUR) צִרְצוּר ז׳
cricket (tseraTSAR) צְרָצַר ז׳
chirp (tsirTSER) צִרְצֵר פעל ע׳
wiretapping; eavesdropping; listening in (tsitTUT) צִתּוּת ז׳

ק

ק נ׳ (*KOF; KUF*) Kof (nineteenth letter of the Hebrew alphabet); one hundred; hundredth

קָאָת, קָאַת נ׳ (*ka'AT*) pelican

קַב ז׳ (*KAV*) crutch; stilt

קֵבָה נ׳ (*keVA*) stomach; digestive system

קִבּוּל ז׳ (*kibBUL*) capacity; volume; displacement; reception; perception

כְּלִי – container

קָבוּעַ ת׳ ז׳ (*kaVU'a*) fixed; steady; constant

קִבּוּץ ז׳ (*kibBUTS*) gathering; group; collective village; pleat

– גָּלֻיּוֹת ingathering of Exiles

קֻבּוּץ ז׳ (*kubBUTS*) (sublinear mark to indicate sound of *u* as in put)

קְבוּצָה נ׳ (*kevuTSA*) group; team; small collective village based primarily on agriculture

קִבּוּצִי ת׳ (*kibbutSI*) collective; common

קְבוּצָתִי ת׳ (*kevutsaTI*) collective; group

קָבוּר ת׳ (*kaVUR*) buried

קְבוּרָה נ׳ (*kevuRA*) burial; tomb; grave

קֻבִּיָּה נ׳ (*kubbiYA*) cube; dice

קָבִיָּה נ׳ (*kaviYA*) guinea pig

קָבִיל ת׳ (*kaVIL*) acceptable

קַבִּינָה נ׳ (*kaBIna*) cabin

קַבִּינֶט ז׳ (*kabiNET*) cabinet

קְבִיעָה נ׳ (*kevi'A*) determination; fixing; permanence; stability; statement

קְבִיעוּת נ׳ (*kevi'UT*) permanence

– בִּ regularly

קָבַל פעל ע׳ (*kaVAL*) complain

קִבֵּל פעל י׳ (*kibBEL*) receive; accept; take; lease; get; welcome

– הַחְלָטָה adopt decision; pass resolution

– מָרוּת accept authority

– עָלָיו אֶת הַדִּין take his punishment

– פָּנִים welcome; receive

– תֹּקֶף go into force

קֳבָל תה״פ (*koVAL*) in front of

– עַם וְעֵדָה publicly

קַבָּלָה נ׳ (*kabbaLA*) receipt; acceptance; oral tradition; cabala

קַבָּלַת פָּנִים reception

קַבָּלִי ת׳ (*kabbaLI*) cabbalistic

קַבְּלָן ז׳ (*kabbeLAN*) contractor

קַבְּלָנוּת נ׳ (*kabbelaNUT*) contracting

בְּ – on a piecework basis

קָבַע פעל י׳ (*kaVA'*) determine; fix; establish; designate

קֶבַע ז׳ (*KEva'*) permanence; regularity

צְבָא הַ – regular army

קִבֵּץ פעל י׳ (*kibBETS*) collect; assemble; make pleats

קֹבֶץ ז׳ (*KOvets*) collection; compilation

קַבְּצָן ז׳ (*kabbeTSAN*) beggar; pauper

קַבְּצָנוּת נ׳ (*kabbetsaNUT*) poverty; begging

קַבְקַב ז׳ (*kavKAV*) clog

קָבַר פעל י׳ (*kaVAR*) bury

קֶבֶר ז׳ (*KEver*) grave; tomb; gravestone

בֵּית קְבָרוֹת cemetery

קַבְּרָן ז׳ (*kabbeRAN*) gravedigger; undertaker

קַבַּרְנִיט ז׳ (*kabbarNIT*) captain; pilot; leader

קִבֹּרֶת נ׳ (*kibBOret*) biceps

קַד פעל ע׳ (*KAD*) bow

קִדָּה נ׳ (kidDA) bow
קָדָה ר׳ קַד
קָדוּחַ ת׳ (kaDU'aḥ) drilled
קִדּוּחַ ז׳ (kidDU'aḥ) drilling
מִגְדַּל – derrick
קָדוּם ת׳ (kaDUM) ancient; old
מִשְׁפָּט –, דֵּעָה קְדוּמָה prejudice
קִדּוּם ז׳ (kidDUM) advancement
קְדוֹמָנִי ת׳ (kedomaNI) front
קְדוֹרָנִי ת׳ (kedoraNI) gloomy
קָדוֹשׁ ת׳ ז׳ (kaDOSH) holy; sacred; saint; holy man
קִדּוּשׁ ז׳ (kidDUSH) sanctification; purification; Kiddush (ceremonial blessing over wine or bread)
– הַשֵּׁם martyrdom
– לְבָנָה blessing of new moon
קִדּוּשִׁין marriage
קָדַח פעל ע׳ י׳ (kaDAḤ) be ill with fever; suffer from malaria; heat; bore; drill
קַדַּחַת נ׳ (kaddaḤAT) fever; malaria; nothing
קַדַּחְתָּנִי ת׳ (kaddaḥtaNI) feverish
קְדִיחָה נ׳ (kediḤA) drilling; attack of malaria
קָדִים ז׳ (kaDIM) east; east wind
קָדִימָה תה״פ (kaDIma) forward; eastward
קְדִימָה נ׳ (kediMA) precedence; preference
דְּמֵי – advance
זְכוּת – priority
קַדִּישׁ ז׳ (kadDISH) Kaddish (liturgical doxology); mourner's prayer
קָדַם פעל ע׳ (kaDAM) precede; have priority over; come first
קִדֵּם פעל ע׳ י׳ (kidDEM) welcome; receive; precede; advance
קִדֵּם אֶת פְּנֵי... receive; welcome
– אֶת פְּנֵי הָרָעָה take steps to cope with

קֶדֶם ז׳ (KEdem) east; ancient times
כְּ – as of old
קֹדֶם תה״פ (KOdem) previously; before
קְדַם־ מ״י (keDAM-) pre-
קִדְמָה נ׳ (kidMA) progress
קֵדְמָה תה״פ (KEDma) eastwards
קַדְמוֹן ת׳ ז׳ (kadMON) ancient; ancestor; early man, primitive man
קַדְמוֹנִי ת׳ (kadmoNI) ancient; primeval
קַדְמוֹנִיּוֹת ancient history
קַדְמוּת נ׳ (kadMUT) previous position
קִדְמִי ת׳ (kidMI) front
קִדֹּמֶת נ׳ (kidDOmet) prefix
קָדְקֹד ז׳ (kodKOD) pate; skull; vertex
קַדָּר ז׳ (kadDAR) potter
קְדֵרָה נ׳ (kedeRA) pot
קַדָּרוּת נ׳ (kaddaRUT) pottery
קַדְרוּת נ׳ (kadRUT) gloom; darkness
קִדֵּשׁ פעל י׳ (kidDESH) sanctify; consecrate; purify; regard as holy; designate; dedicate; betroth; recite Kiddush
– הַשֵּׁם be a martyr
– מִלְחָמָה wage war
קֹדֶשׁ ז׳ (KOdesh) holiness; sanctity
– לְ... dedicated to
– הַקֳּדָשִׁים Holy of Holies
אֲרוֹן – Holy Ark
אֶרֶץ הַ – Holy Land
לְשׁוֹן הַ – Hebrew language
עִיר הַ – Jerusalem
קְדֻשָּׁה נ׳ (kedduSHA) holiness; sanctity; Kedusha prayer recited on repetition of Amida
קָהָה פעל ע׳ (kaHA) be blunted; be set on edge
קֵהֶה ת׳ (keHE) blunt, dull; obtuse
קֵהוּת נ׳ (keHUT) bluntness, dullness; numbness; torpor
קָהִיר ש״מ (kaHIR) Cairo

קִהֵל פעל י׳ (kiHEL) assemble; convene
קָהָל ז׳ (kaHAL) congregation; audience; assembly, gathering; community
דַעַת – public opinion
קְהִלָּה נ׳ (kehilLA) community; congregation; assembly
קְהִלִיָּה נ׳ (kehilliYA) republic; commonwealth
קְהִלָּתִי ת׳ (kehillaTI) community; communal; congregational
קַו ז׳ (KAV) line; policy; view; outline
קוֹאוֹפֶּרָטִיב ז׳ (ko-operaTIV) cooperative
קוֹאוֹרְדִינָטָה נ׳ (koordiNAta) coordinate
קוֹאוֹרְדִינַצְיָה נ׳ (koordiNATSya) coordination
קוֹאַלִיצְיָה נ׳ (ko'aLITSya) coalition
קוֹאַלִיצְיוֹנִי ת׳ (ko'alitsYOni) coalition
קוביה ר׳ קֻבִּיָּה
קוּבְיוּסְטוּס ז׳ (kuvYUStus) gambler
קוֹבַּלְט ז׳ (KObalt) cobalt
קוּבְלָנָה נ׳ (kuvlaNA) complaint
קוֹבַע ז׳ (koVA') helmet
קוֹד ז׳ (KOD) code
קִוֵּד פעל י׳ (kivVED) encode
קוֹדֵם ת׳ (koDEM) previous; preceding
קוֹדֵר ת׳ (koDER) gloomy
קִוָּה פעל ע׳ (kivVA) hope
קוֹזַק ז׳ (koZAK) cossack
קוֹטֶג׳ ז׳ (koTEJ) cottage
גְּבִינַת – cottage cheese
קוֹטֵל חֲרָקִים ז׳ (koTEL ḥaraKIM) insectide
קוֹטַנְגֶּנְס ז׳ (koTANgens) cotangent
קַוִּי ת׳ (kavVI) linear; ruled
קוֹל ז׳ (KOL) voice; sound; noise
– אֶחָד unanimously
– קוֹרֵא appeal
קוֹלֵי קוֹלוֹת uproar
בַּת – echo
בְּ – aloud
בְּ – רָם loudly
קוֹלוֹנְיָאלִי ת׳ (kolonYALI) colonial
קוֹלוֹנְיָאלִיזְם (kolonyaLIZM) colonialism
קוֹלִי ת׳ (koLI) vocal; voiced
קוּלְמוֹס ז׳ (kulMOS) pen; writing quill
קוֹלְנוֹעַ ז׳ (kolNO'a) movie house; sound film; talkie
קוֹלְנוֹעִי ת׳ (kolno'I) motion picture; movie
קוֹלָנִי ת׳ (kolaNI) noisy; loud; clamorous
קוֹלֵעַ ת׳ (koLE'a) apt; hitting the mark
קוֹלֶקְטִיבִי ת׳ (kolekTIvi) collective
קוֹמְבַּיְן ז׳ (komBAIN) combine
קוֹמְבִּינִיזוֹן ז׳ (kombiniZON) slip
קוֹמְבִּינַצְיָה נ׳ (kombiNATSya) combination
קוֹמֶדְיָה נ׳ (koMEDya) comedy
קוֹמֶדְיָאנְט ז׳ (komedYANT) comedian
קוֹמָה נ׳ (koMA) height; floor; story
שִׁעוּר – value; worth; importance
קוֹמוּנָה נ׳ (koMUna) commune
קוֹמוּנִיזְם ז׳ (komuNIZM) Communism
קוֹמוּנִיסְט ז׳ (komuNIST) Communist
קוֹמוּנִיסְטִי ת׳ (komuNISti) Communist; Communistic
קוֹמוּנִיקַצְיָה נ׳ (komuniKATSya) communication
קוּמְזִיץ ז׳ (KUMzits) campfire picnic, outdoor party
קוֹמִיסְיוֹן ז׳ (komisYON) commission
קוֹמִיקָן ז׳ (komiKAN) comedian
קוֹמְמִיּוּת תה״פ נ׳ (komemiYUT) with dignity; with head held high; independence; rebirth

מִלְחֶמֶת הַ – Israel's War of Independence
קוֹמְפּוֹזִיטוֹר ז׳ (*komposiTOR*) composer
קוֹמְפּוֹזִיצְיָה נ׳ (*kompoZITSya*) composition
קוֹמְפְּלֶט ז׳ (*komPLET*) complete set
קוֹמְפְּלִיקַצְיָה נ׳ (*kompliKATSya*) complication
קוּמְקוּם ז׳ (*kumKUM*) kettle
קוֹנְגְרֶס ז׳ (*konGRES*) congress
קוֹנְדִיטוֹרְיָה נ׳ (*kondiTORya*) pastry shop
קוּנְדֵס ז׳ (*kunDES*) prankster; mischievous youngster
קוּנְדֵסִי ת׳ (*kundeSI*) prankish; mischievous
קוֹנֶה ז׳ (*koNE*) buyer; purchaser; customer; master; owner; creator
קוֹנוּס ז׳ (*KOnus*) cone
קוּנְטְרֵס ז׳ (*kunTRES*) pamphlet; list
קוֹנְטְרַפּוּנְקְט ז׳ (*kontraPUNKT*) counterpoint
קוֹנִי ת׳ (*KOni*) conic; conical
קוֹנְכִיָּה נ׳ (*konkhiYA*) shell
קוֹנֵן פעל ע׳ (*koNEN*) mourn; lament
קוֹנְסוּל ז׳ (*KONsul*) consul
– כְּלָלִי consul general
קוֹנְסוּלְיָה נ׳ (*konSULya*) consulate
קוֹנְסוּלָרִי ת׳ (*konsuLAri*) consular
קוֹנְסְטִיטוּצְיָה נ׳ (*konstiTUTSya*) constitution
קוֹנְסְטִיטוּצְיוֹנִי ת׳ (*konstitutsYOni*) constitutional
קוֹנְסְטְרוּקְטִיבִי ת׳ (*konstrukTIvi*) constructive
קוֹנְסִילְיוּם ז׳ (*konSILyum*) consultation
קוֹנְסְפִּירַצְיָה נ׳ (*konspiRATSya*) conspiracy
קוֹנְפֶדֶרַצְיָה נ׳ (*kanfedeRATSya*) confederacy; confederation
קוֹנְפוֹרְמִיזְם ז׳ (*konforMIZM*) conformism
קוֹנְפֶרַנְסְיֶה ז׳ (*konferansYE*) master of ceremonies, M.C.
קוֹנְצֶסְיָה נ׳ (*konTSESya*) concession
קוֹנְצֶסְיוֹנֶר ז׳ (*kontsesyoNER*) concessionaire
קוֹנְצֶרְט ז׳ (*konTSERT*) concert
קוֹנְצֶ׳רְטוֹ ז׳ (*konCHERto*) concerto
קוֹנְקוֹרְדַנְצְיָה נ׳ (*konkorDANTSya*) concordance
קוֹנְקוּרֶנְצְיָה נ׳ (*konkuRENTSya*) competition
קוֹנְקוּרְס ז׳ (*konKURS*) competitive examination
קוֹנְקְרֶטִי ת׳ (*konKREti*) concrete
קוֹסֵם ז׳ (*koSEM*) magician; sorcerer
קוֹסְמוֹפּוֹלִיטִי ת׳ (*kosmopoLIti*) cosmopolitan
קוֹסְמֶטִי ת׳ (*kosMEti*) cosmetic
קוֹסְמֶטִיקָה נ׳ (*kosMEtika*) cosmetics
קוֹסְמִי ת׳ (*KOSmi*) cosmic
קוֹף ז׳ (*KOF*) monkey; ape
קופה ר׳ קֻפָּה
קוֹפִיף ז׳ (*koFIF*) monkey
קוֹפִיץ ז׳ (*koFITS*) meatchopper
קוֹפָל ז׳ (*koFAL*) padlock
קוּפְסָה נ׳ (*kufSA*) box; can
קוּפְסִית נ׳ (*kufSIT*) small box; capsule
מֻנָּח בְּ – in the bag
קוֹץ ז׳ (*KOTS*) thorn; splinter; jot; iota
קוֹצֵב־לֵב ז׳ (*koTSEV-lev*) pacer
קְוֻצָּה נ׳ (*kevuTSA*) lock (hair)
קוֹצִי ת׳ (*koTSI*) thorny
קוֹצֵר ז׳ (*koTSER*) harvester; reaper
קִוְקֵד פעל י׳ (*kivKED*) draw a line of dots and dashes
קוּקִיָּה נ׳ (*kukiYA*) cuckoo
קוּר ז׳ (*KUR*) spider's web; thread
קור ר׳ קֹר
קוֹרֵא ז׳ (*koRE*) reader; partridge
קוֹרְדּוּרוֹי ז׳ (*korduROI*) corduroy
קוֹרָה נ׳ (*koRA*) beam; girder
קוֹרוֹזְיָה נ׳ (*koROSya*) corrosion

chronicles; events; (*koROT*) קוֹרוֹת נ״ר history

comic event; (*kurYOZ*) קוּרְיוֹז ז׳ funny thing

shining, radiant (*koREN*) קוֹרֵן ת׳

sledge hammer (*kurNAS*) קוּרְנָס ז׳

course; rate; price (*KURS*) קוּרְס ז׳

italics (*kurSIV*) קוּרְסִיב ז׳

(*koresponDENTSya*) קוֹרֶסְפּוֹנְדֶנְצְיָה נ׳ correspondence

rebel; conspirator (*koSHER*) קוֹשֵׁר ז׳

offsetting; (*kizZUZ*) קִזּוּז ז׳ compensation; reduction

offset; compensate (*kizZEZ*) קִזֵּז פעל י׳ for; reduce

casino (*kaZIno*) קָזִינוֹ ז׳

pole (*KOtev*) קֹטֶב ז׳

polarize (*kitTEV*) קִטֵּב פעל י׳

polar (*kotBI*) קָטְבִּי ת׳

polarity; (*kotbiYUT*) קָטְבִּיּוּת נ׳ polarization

accuser; (*kateGOR*) קָטֵגוֹר ז׳ prosecutor

categorical (*kateGOri*) קָטֵגוֹרִי ת׳

accusation; (*kateGORya*) קָטֵגוֹרְיָה נ׳ prosecution; category

polarization (*kitTUV*) קִטּוּב ז׳

cut off; truncated (*kaTUM*) קָטוּם ת׳

cut off; (*kaTU'a*) קָטוּעַ ת׳ truncated; fragmentary

cutting off; (*kitTU'a*) קִטּוּעַ ז׳ amputation; fragmentation

quarrel; fight (*ketaTA*) קְטָטָה נ׳

minor, under age (*katTIN*) קַטִּין ז׳

fruit-picking (*kaTIF*) קָטִיף ז׳ season; fruit picking

picking; velvet (*ketiFA*) קְטִיפָה נ׳

kill (*kaTAL*) קָטַל פעל י׳

killing; slaughter (*KEtel*) קֶטֶל ז׳

catalog (*kitLEG*) קִטְלֵג פעל י׳

catalog (*kataLOG*) קָטָלוֹג ז׳

cataloging (*kitLUG*) קִטְלוּג ז׳

deadly; lethal; (*katlaNI*) קַטְלָנִי ת׳ murderous

be small, become (*kaTON*) קָטֹן פעל ע׳ small; diminish, dwindle

small; (*kaTON; kaTAN*) קָטֹן, קָטָן ת׳ little; young; low; inferior

becoming smaller (*kaTEN*) קָטֵן ת׳

smallness; little finger (*KOten*) קֹטֶן ז׳

petty; mean; (*katnuNI*) קַטְנוּנִי ת׳ trivial

pettiness; (*katnuniYUT*) קַטְנוּנִיּוּת נ׳ meanness

scooter (*katNO'a*) קַטְנוֹעַ ז׳

tiny (*ketanTAN*) קְטַנְטַן ת׳

legume (*kitNIT*) קִטְנִית נ׳

(*kataSTROfa*) קַטַסְטְרוֹפָה נ׳ catastrophe

cut (*kaTA'; kitTA'*) קָטַע, קִטַּע פעל י׳ off; amputate

cripple; armless (*kitTE'a*) קִטֵּעַ ז׳ person; legless person

section; portion; (*KEta'*) קֶטַע ז׳ part; paragraph; excerpt; passage

pick (*kaTAF*) קָטַף פעל י׳

catacomb (*kataKOMba*) קַטָקוֹמְבָּה נ׳

locomotive (*katTAR*) קַטָּר ז׳

diameter (*KOter*) קֹטֶר ז׳

accuse; (*kitREG*) קִטְרֵג פעל י׳ prosecute; denounce

accusation; (*kitRUG*) קִטְרוּג ז׳ prosecution; denunciation

incense (*keTOret*) קְטֹרֶת נ׳

vomit (*KI*) קִיא ז׳

קֵיבָה ר׳ קֵבָה

existence; (*kiYUM*) קִיּוּם ז׳ confirmation; observance; subsistence

co-existence דוּ־ —

stand (*kiYOSK*) קִיּוֹסְק ז׳

summer vacation (*kaYIT*) קַיִט ז׳

spend summer (*kiYET*) קִיֵּט פעל ע׳ vacation

steam (*kiTOR*) קִיטוֹר ז׳

steamship אֳנִיַּת —

קֵיְטָן ז׳ (kaiTAN) summer vacationer; guest
קַיְטָנָה נ׳ (kaitaNA) summer resort; summer camp
קִילוֹ, קִילוֹגְרַם ז׳ (KIlo; kiloGRAM) kilogram
קִילוֹמֶטֶר ז׳ (kiloMEter) kilometer
קִיֵּם פעל י׳ (kiYEM) confirm; affirm; maintain; reserve; keep alive; fulfil
קַיָּם ת׳ (kaiYAM) existing; alive; valid; enduring; durable
קֶרֶן קַיֶּמֶת לְיִשְׂרָאֵל Jewish National Fund
קִיּוּם, קְיָמָא ז׳ (keYAM) existence; durability
בַּר־ – durable
קִימָה נ׳ (kiMA) rising
קִינָה נ׳ (kiNA) lamentation
קִיסוֹס ז׳ (kiSOS) ivy
קֵיסָם ז׳ (keySAM) splinter
קֵיסָר ז׳ (keySAR) emperor; Caesar
קֵיסָרוּת נ׳ (keysaRUT) empire
קֵיסָרִי ת׳ (keysaRI) imperial; caesarean
קַיִץ ז׳ (KAyits) summer
קִיצוֹנִי ת׳ ז׳ (kitsoNI) extreme; extremist
קִיצוֹנִיּוּת נ׳ (kitsoniYUT) extremism; radicalism
קֵיצִי ת׳ (keyTSI) summer; summery
קִיק ז׳ (KIK) castor bean
שֶׁמֶן – castor oil
קִיקָיוֹן ז׳ (kikaYON) castor-oil plant
קִיקְיוֹנִי ת׳ (kikyoNI) ephemeral
קִיר ז׳ (KIR) wall (interior)
קִיתוֹן ז׳ (kiTON) jug
קַל ת׳ (KAL) simple, easy; light; swift
– דַּעַת frivolous
– וָחֹמֶר all the more so
אַתְלֶטִיקָה קַלָּה track and field sports
מַשְׁקָאוֹת קַלִּים soft drinks

קַלְגַּס ז׳ (kalGAS) soldier; brutal conqueror
קָלָה פעל י׳ (kaLA) roast; toast; burn
קִלּוּחַ ז׳ (kilLU'aḥ) flow; jet
קָלוּט ת׳ (kaLUT) taken from
קָלוּי ת׳ (kaLUY) roasted; toasted
קָלוֹן ז׳ (kaLON) shame; disgrace
הֵמִיט – bring disgrace
קָלוּעַ ת׳ (kaLU'a) twisted; braided
קִלּוּף ז׳ (kilLUF) peeling
קָלוּף ת׳ (kaLUF) peeled
קְלוֹקֵל ת׳ (keloKEL) inferior; poor
קָלוֹרְיָה נ׳ (kaLORya) calorie
קָלוּשׁ ת׳ (kaLUSH) thin; sparse; weak; inferior
קַלּוּת נ׳ (kalLUT) ease; simplicity; lightness
בְּ – easily
– דַּעַת, – רֹאשׁ frivolity
קָלַח פעל ע׳ (kaLAḤ) flow
קִלֵּחַ פעל י׳ (kilLAḤ) shower; flow; stream
קֶלַח ז׳ (KElaḥ) stalk
קַלַּחַת נ׳ (kalLAḥat) cauldron; kettle; turmoil; hubbub
קָלַט פעל י׳ (kaLAT) absorb, receive; take in; remove
קֶלֶט ז׳ (KElet) reception center
קִלְטֵר פעל י׳ (kilTER) cultivate
קָלִי ז׳ (kaLI) roasted grain
קָלִיד ז׳ (kaLID) key
קְלִיָּה נ׳ (keliYA) roasting; toasting
קְלִיטָה נ׳ (keliTA) absorption; reception; understanding
קְלִיֶּנְט ז׳ (kliYENT) client; customer
קְלִיֶּנְטוּרָה נ׳ (kliyenTUra) clientele
קְלִינִי ת׳ (KLIni) clinical
קְלִינִיקָה נ׳ (KLInika) clinic
קָלִיעַ ז׳ (kaLI'a) projectile, bullet
קְלִיעָה נ׳ (keli'A) weaving; braiding; marksmanship, target shooting, shot
קְלִישֶׁה ז׳ (kliSHE) cut

thinness; superficiality (keliSHUT) קְלִישׁוּת נ׳
curse (kilLEL) קִלֵּל פעל י׳
curse; calamity (kelaLA) קְלָלָה נ׳
school box (kalMAR) קַלְמָר ז׳
praise; deride (kilLES) קִלֵּס פעל י׳
scorn; praise (KEles) קֶלֶס ז׳
classical (KLAssi) קְלַסִּי ת׳
classic (klassiKON) קְלַסִּיקוֹן ז׳
(klasTER paNIM) קְלַסְתֵּר פָּנִים ז׳ features, face
composite (klasteRON) קְלַסְתְּרוֹן ז׳
hit (target), shoot; throw; plait; braid (kaLA') קָלַע פעל י׳
marksman (kalLA') קַלָּע ז׳
projectile; bullet; curtain (KEla') קֶלַע ז׳
behind the scenes מֵאֲחוֹרֵי הַקְּלָעִים –
(kaLAF; kilLEF) קָלַף, קִלֵּף פעל י׳ peel; shell
parchment; playing card (keLAF) קְלָף ז׳
peel; shell; bark; skin; power of evil; termagant (kelipPA) קְלִפָּה נ׳
ballot box (kalPEY) קַלְפֵּי נ׳
gambler (kalFAN) קַלְפָן ז׳
gambling (kalfaNUT) קַלְפָנוּת נ׳
breakdown; defect; corruption (kilKUL) קִלְקוּל ז׳
spoil; sin; deteriorate (kilKEL) קִלְקֵל פעל י׳ ע׳
corruption; failure; disgrace (kalkaLA) קַלְקָלָה נ׳
pitchfork (kilSHON) קִלְשׁוֹן ז׳
rise; arise; happen; be established (KAM) קָם פעל ע׳
standing grain (kaMA) קָמָה נ׳
fold; wrinkling; crease (kimMUT) קִמּוּט ז׳
shut; clenched (kaMUTS) קָמוּץ ת׳
economy (kimMUTS) קִמּוּץ ז׳
arched; vaulted; convex (kaMUR) קָמוּר ת׳

vault; arch (kimMUR) קִמּוּר ז׳
flour; bread; food (KEmaḥ) קֶמַח ז׳
mildew (kimmaḤON) קִמָּחוֹן
wrinkle; crease (kimMET) קִמֵּט פעל י׳
fold; crease; wrinkle (KEmet) קֶמֶט ז׳
withering (kemiLA) קְמִילָה נ׳
charm; amulet (kaMEY'a) קָמֵיעַ
withered (kaMEL) קָמֵל ת׳
a little (kim'A) קִמְעָה תה״פ
little by little — —
retailer (kim'oNAI) קִמְעוֹנַאי ז׳
retailing (kim'oNUT) קִמְעוֹנוּת נ׳
retail (kim'oNI) קִמְעוֹנִי ת׳
camphor (kamFOR) קַמְפוֹר ז׳
economize; save; take a handful (kimMETS) קִמֵּץ פעל י׳
handful; small quantity (KOmets) קֹמֶץ ז׳
(kaMATS; kaMETS) קָמַץ, קָמֵץ ז׳ (Hebrew sublinear mark to indicate sound of *a* as in father [long kamats] or *o* as in short [short kamats])
pinch; small quantity (kamTSUTS) קַמְצוּץ ז׳
miser (kamTSAN) קַמְצָן ז׳
miserliness (kamtsaNUT) קַמְצָנוּת נ׳
dome (kimRON) קִמְרוֹן ז׳
nest; family; refuge; compartment; receptacle; female plug (KEN) קֵן ז׳
envy; be jealous of; be zealous (kinNE) קִנֵּא פעל ע׳ י׳
jealous; zealous (kanNA) קַנָּא ת׳
envy; jealousy (kin'A) קִנְאָה נ׳
zeal; fanaticism (kanna'UT) קַנָּאוּת נ׳
zealous, fanatic; zealot (kanNAI) קַנַּאי ת׳ ז׳
zealous, fanatical (kanna'I) קַנָּאִי ת׳
hemp (kanaBOS) קַנַּבּוֹס ז׳
kangaroo (kenguRU) קֶנְגּוּרוּ ז׳
buy; purchase; acquire; create; take possession of; possess (kaNA) קָנָה פעל י׳

stalk; cane; reed; (KAne) קָנֶה ז׳
stick; forearm; windpipe; barrel
criterion קְנֵה־מִדָּה
sugar cane קְנֵה־סֻכָּר
wiping (kinNU'aḥ) קִנּוּחַ ז׳
desert – סְעֻדָּה
acquired; bought (kaNUY) קָנוּי ת׳
plot; conspiracy (kenunYA) קְנוּנְיָה נ׳
tendril (kenoKEnet) קְנוֹקֶנֶת נ׳
wipe (kinNAḤ) קִנֵּחַ פעל י׳
vexing; annoyance (kinTUR) קִנְטוּר ז׳
annoy; anger; (kinTER) קִנְטֵר פעל י׳
vex
irritating (kantRAN) קַנְטְרָן ז׳
person; annoying person
annoyance; (kantraNUT) קַנְטְרָנוּת נ׳
quarrelsomeness
cannibal (kaniBAL) קָנִיבָּל ז׳
purchase; acquisition (keniYA) קְנִיָּה נ׳
purchasing power – כֹּחַ
canyon (kanYON) קַנְיוֹן ז׳
property; (kinYAN) קִנְיָן ז׳
creation; asset; right of ownership
fining (keniSA) קְנִיסָה נ׳
cinnamon (kinnaMON) קִנָּמוֹן
build a nest; (kinNEN) קִנֵּן פעל ע׳
establish a nest; dwell
fine; impose a (kaNAS) קָנַס פעל י׳
penalty
fine; penalty (keNAS) קְנָס ז׳
chancellor (KANSTler) קַנְצְלֶר ז׳
jar; jug (kanKAN) קַנְקַן ז׳
examine carefully; תָּהָה עַל קַנְקַנּוֹ
try to understand
artichoke (kinRES) קִנְרֵס ז׳
קִנְתֵּר ר׳ קִנְטֵר
helmet (kasDA) קַסְדָּה נ׳
bewitching (kesiMA) קְסִימָה נ׳
enchant; (kaSAM) קָסַם פעל י׳
bewitch; practice sorcery
charm; magic; (KEsem) קֶסֶם ז׳
witchcraft
barracks (kesarkeTIN) קְסַרְקְטִין ז׳

inkwell; writing (KEset) קֶסֶת נ׳
materials
concave (ka'UR) קָעוּר ת׳
concavity (ke'iRUT) קְעִירוּת נ׳
tattoo, tattooing (ki'KU'a) קִעְקוּעַ ז׳
tattoo (ka'KA') קַעֲקַע ז׳
tattoo; destroy (ki'KA') קִעְקַע פעל י׳
bowl (ke'aRA) קְעָרָה נ׳
upset the הָפַךְ אֶת הַ – עַל פִּיהָ
applecart
concave (ka'aruRI) קַעֲרוּרִי ת׳
freeze; solidify (kaFA) קָפָא פעל ע׳
stalemate; freeze (kippa'ON) קִפָּאוֹן ז׳
cashier (kupPAI) קֻפַּאי ז׳
severity (kefaDA) קְפָדָה נ׳
severe person; (kappeDAN) קַפְּדָן ז׳
strict person; impatient person
severity; (kappedaNUT) קַפְּדָנוּת נ׳
strictness; impatience
ticket office; (kupPA) קֻפָּה נ׳
cash box; fund; treasury; cashier's window
petty cash – קְטַנָּה
coffee (kaFE) קָפֶה ז׳
instant coffee – נָמֵס
café – בֵּית
frozen; iced (kaFU) קָפוּא ת׳
hedgehog (kipPOD) קִפּוֹד ז׳
deprivation; (kipPU'aḥ) קִפּוּחַ ז׳
discrimination; injustice
folding; fold; (kipPUL) קִפּוּל ז׳
pleat
drive; deprive (kipPAḤ) קִפֵּחַ פעל י׳
lanky person (kipPE'aḥ) קִפֵּחַ ז׳
freezing; congealing (kefi'A) קְפִיאָה נ׳
(kapituLATSya) קַפִּיטוּלַצְיָה נ׳
capitulation
capitalism (kapitaLIZM) קַפִּיטָלִיזְם ז׳
capitalist (kapitaLIST) קַפִּיטָלִיסְט ז׳
(kapitaLISti) קַפִּיטָלִיסְטִי ת׳
capitalistic; capitalist
spring (keFITS) קְפִיץ ז׳
jump, leap (kefiTSA) קְפִיצָה נ׳

fold; embrace; include (*kipPEL*) קִפֵּל פעל י׳

fold; pleat (*KEfel*) קֶפֶל ז׳

wig (*kafLET*) קַפְלֶט ז׳

short cut (*kaPANDriya*) קַפַּנְדְּרִיָּה נ׳

jump, leap; dive; shut (*kaFATS*) קָפַץ פעל ע׳ י׳

caprice (*kapRIza*) קַפְּרִיזָה נ׳

capricious (*kapRIzi*) קַפְּרִיזִי ת׳

Cyprus (*kafriSIN*) קַפְרִיסִין נ׳

Cypriot (*kafriSAI*) קַפְרִיסָאִי ז׳

end (*KETS*) קֵץ ז׳

at the end of מִ –

Messianic Age – הַיָּמִים

loathe, be disgusted; wake up (*KATS*) קָץ פעל י׳ ע׳

allot; apportion (*kaTSAV*) קָצַב פעל י׳

ration (*kitsTSEV*) קִצֵּב פעל י׳

butcher (*katsTSAV*) קַצָּב ז׳

rhythm; rate (*KEtsev*) קֶצֶב ז׳

allowance; pension (*kitsBA*) קִצְבָּה נ׳

allowance (*ketsuBA*) קְצֻבָּה נ׳

butcher's trade (*katsaVUT*) קַצָּבוּת נ׳

end; extremity; edge; outskirts (*kaTSE*) קָצֶה ז׳

fixed; rhythmic (*kaTSUV*) קָצוּב ת׳

rationing (*kitsTSUV*) קִצּוּב ז׳

קצונה ר׳ קְצֻנָּה

cut off; chopped (*kaTSUTS*) קָצוּץ ת׳

exorbitant rate of interest רִבִּית קְצוּצָה

cutting; chopping; reducing (*kitsTSUTS*) קִצּוּץ ז׳

shortening; abridgement; abbreviation; résumé (*kitsTSUR*) קִצּוּר ז׳

briefly בְּ –

officer (*kaTSIN*) קָצִין ז׳

officer's commission; officer's status (*ketsiNUT*) קְצִינוּת נ׳

cutlet (*ketsiTSA*) קְצִיצָה נ׳

harvest (*kaTSIR*) קָצִיר ז׳

officer's corps; officer's commission (*ketsunNA*) קְצֻנָּה נ׳

become angry (*kaTSAF*) קָצַף פעל ע׳

foam; anger; wrath (*KEtsef*) קֶצֶף ז׳

whipped cream (*katsTSEfet*) קַצֶּפֶת נ׳

cut; chop (*kaTSATS*) קָצַץ פעל י׳

cut down; chop; reduce (*kitsTSETS*) קִצֵּץ פעל י׳

harvest; reap; be short (*kaTSAR*) קָצַר פעל י׳ ע׳

short (*kaTSAR*) קָצָר ת׳

briefly בִּקְצָרָה

impatient קְצַר רוּחַ

shortness (*KOtser*) קֹצֶר ז׳

helplessness – יָד

impatience – רוּחַ

short circuit (*Ketser*) קֶצֶר ז׳

stenographer (*katseRAN*) קַצְּרָן ז׳

stenography, shorthand (*katseraNUT*) קַצְּרָנוּת נ׳

very short (*ketsarTSAR*) קְצַרְצַר ת׳

a little (*keTSAT*) קְצָת תה"פ

cocoa (*kaKAO*) קָקָאוֹ ז׳

cacaphony (*kakaFONya*) קָקוֹפוֹנְיָה נ׳

cactus (*kakTUS*) קַקְטוּס ז׳

cold (*KAR*) קַר ת׳

cold; coolness (*KOR*) קֹר ז׳

composure – רוּחַ

read; call; proclaim; study the Bible (*kaRA*) קָרָא פעל י׳

Karaism (*kara'UT*) קָרָאוּת נ׳

Karaite (*kara'I*) קָרָאִי ת׳ ז׳

Koran (*kur'AN*) קֻרְאָן ז׳

approach (*kaRAV*) קָרַב פעל ע׳

bring near; bring quickly; show friendship to (*keRAV*) קֵרַב פעל י׳

battle; combat; fighting (*keRAV*) קְרָב ז׳

inside; interior (*KErev*) קֶרֶב ז׳

inside; among בְּ –

from the bottom of one's heart מִ – לֵב

proximity; vicinity; nearness; kinship (*kirVA*) קִרְבָה נ׳

near; in the vicinity of בְּקִרְבַת

קַרְבּוּרָטוֹר ז׳ (*karbuRAtor*) carburetor
קְרָבִי ת׳ (*keraVI*) combat; fighting
קְרָבַיִם ז״ר (*keraVAyim*) intestines; viscera
קָרְבָּן ז׳ (*korBAN*) sacrifice; victim
קַרְדֹּם ז׳ (*karDOM*) ax
קָרָה פעל ע׳ י׳ (*kaRA*) happen; occur
— נ׳ frost; exterme cold
קֵרָה פעל י׳ (*keRA*) build a roof over; cover with rafters
קֹרַת רוּחַ נ׳ (*koRAT RU'aḥ*) satisfaction; gratification
קָרוּא ז׳ ת׳ (*kaRU*) guest; called; invited; summoned to the Torah reading
קָרוֹב ת׳ ז׳ (*kaROV*) near; relative
— ל... about, approximately
בְּ— soon
מִ— recently
קֵרוּב ז׳ (*keRUV*) proximity; nearness; bringing near; showing friendship
בְּ— about; approximately
קְרוּם ז׳ (*keRUM*) membrane; skin; thin shell; crust
קָרוֹן ז׳ (*kaRON*) car; coach; wagon
קְרוֹנִית נ׳ (*keroNIT*) cart
קָרוּעַ ת׳ (*kaRU'a*) torn; ragged; tattered
קֵרוּר ז׳ (*keRUR*) cooling; refrigeration
קָרוּשׁ ת׳ (*kaRUSH*) coagulated; congealed
קִרְזֵל פעל י׳ (*kirZEL*) curl; wave; set (hair)
קֵרֵחַ ת׳ (*keRE'aḥ*) bald; bare
קֶרַח ז׳ (*KEraḥ*) ice
קָרְחָה נ׳ (*korḤA*) bald spot; clearing
קַרְחוֹן ז׳ (*karḤON*) iceberg; glacier
קֵרְחוּת נ׳ (*kerḤUT*) baldness
קָרַחַת נ׳ (*kaRAḥat*) bald spot
קֹרֶט ז׳ (*KOret*) particle
קָרָט ז׳ (*kaRAT*) carat
קֻרְטוֹב ז׳ (*kurTOV*) bit; pinch; touch
קַרְטוֹגְרַפְיָה נ׳ (*kartoGRAFya*) cartography
קַרְטוֹן ז׳ (*karTON*) cardboard
קַרְטֶל ז׳ (*karTEL*) cartel
קִרְטֵם פעל י׳ (*kirTEM*) tear off tip
קִרְטַע פעל ע׳ (*kirTA'*) shudder; jerk; move spasmodically
קְרֵי ז׳ (*keREY*) to be read
קָרִיא ת׳ (*kaRI*) readable
קְרִיאָה נ׳ (*keri'A*) reading; call; appeal; proclamation
קְרִיבָה נ׳ (*keriVA*) approaching
קִרְיָה נ׳ (*kirYA*) city; town
הַ— Government Center
קְרִיטִי ת׳ (*KRIti*) critical
קְרִיטֶרְיוֹן ז׳ (*kriterYON*) criterion
קַרְיָן ז׳ (*karYAN*) announcer; reader
קְרִינָה נ׳ (*keriNA*) radiation
קַרְיָנוּת נ׳ (*karyaNUT*) announcing; reading
קְרִיסָה נ׳ (*keriSA*) kneeling; squatting; buckling
קְרִיעָה נ׳ (*keri'A*) tearing; rending garment as sign of mourning
קְרִיצָה נ׳ (*keriTSA*) wink; winking
קָרִיקָטוּרָה נ׳ (*karikaTUra*) cartoon; caricature
קָרִיר ת׳ (*kaRIR*) cool
קַרְיֶרָה נ׳ (*karYEra*) career
קַרְיֶרִיסְט ז׳ (*karyeRIST*) careerist
קָרִישׁ ז׳ (*kaRISH*) jello; clot
קְרִישׁוּת נ׳ (*keriSHUT*) coagulation
קָרַם פעל ע׳ י׳ (*kaRAM*) be covered with a membrane; be covered with skin; form a crust; cover with
קְרֶמָטוֹרְיוּם ז׳ (*kremaTORyum*) crematorium
קֵרָמִיקָה ז׳ (*keraMIKa*) ceramics
קָרַן פעל ע׳ (*kaRAN*) radiate; shine
קֶרֶן נ׳ (*KEren*) horn; ray; beam;

corner; power; fund; capital; principal
Jewish National Fund — קֶרֶן קַיֶּמֶת לְיִשְׂרָאֵל
cornucopia — הַשֶּׁפַע
X-rays קַרְנֵי רֶנְטְגֶן
carnival (karnaVAL) קַרְנָבָל ז׳
horny (karNI) קַרְנִי ת׳
cornea (karNIT) קַרְנִית נ׳
rhinoceros (karNAF) קַרְנַף ז׳
kneel; squat; buckle (kaRAS) כָּרַס פעל ע׳
hook; clasp (KEres) קֶרֶס ז׳
swastika צְלַב הַ —
ankle (karSOL) קַרְסֹל ז׳
tear; take by force; rip; undo (kaRA') קָרַע פעל י׳
tear; rip; rag (KEra') קֶרַע ז׳
crepe (KREP) קְרֶפּ ז׳
toad (karpaDA) קַרְפָּדָה נ׳
carp (karpYON) קַרְפִּיוֹן ז׳
wink (kaRATS) קָרַץ פעל ע׳
tick (karTSIT) קַרְצִית נ׳
scrape; curry (kirTSEF) קִרְצֵף פעל י׳
gizzard; crop; stomach; belly button (kurkeVAN) קֻרְקְבָן ז׳
croaking; crowing; destroying (kirKUR) קִרְקוּר ז׳
circus (kirKAS) קִרְקָס ז׳
land; soil; ground; bottom (karKA') קַרְקַע נ׳
ground (kirKA') קִרְקַע פעל י׳
bottom (karka'IT) קַרְקָעִית נ׳
scalp; behead (kirKEF) קִרְקֵף פעל י׳
scalp; head; skull (karKEfet) קַרְקֶפֶת נ׳
crow; croak; destroy; tear down (kirKER) קִרְקֵר פעל ע׳ י׳
cool; chill (keRAR) קֵרַר פעל י׳
board (KEresh) קֶרֶשׁ ז׳
diving board; springboard — קְפִיצָה
provincialism (kartaNUT) קַרְתָּנוּת נ׳

provincial (kartaNI) קַרְתָּנִי ת׳
straw (KASH) קַשׁ ז׳
dismiss with a noncommittal reply — דָּחָה בְּ
attention (KEshev) קֶשֶׁב ז׳
harden; solidify; become difficult (kaSHA) קָשָׁה פעל ע׳
hard; dfficult; severe; stubborn; damaging; slow (kaSHE) קָשֶׁה ת׳
obstinate קְשֵׁה עֹרֶף
marrow; summer squash (kishSHU) קִשּׁוּא ז׳
attentive (kashSHUV) קַשּׁוּב ת׳
hard; cruel; tough (kaSHU'aḥ) קָשׁוּחַ ז׳
ornament; decoration; adorning (kishSHUT) קִשּׁוּט ז׳
tied; connected (kaSHUR) קָשׁוּר ת׳
tying; binding; joining; ribbon (kishSHUR) קִשּׁוּר ז׳
decorate; adorn (kishSHET) קִשֵּׁט פעל י׳
hardness; difficulty (KOshi) קֹשִׁי ז׳
with difficulty, hardly — בְּ
hardness; stubborness; severity (kashYUT) קַשְׁיוּת נ׳
hard; rigid (kaSHI'aḥ) קָשִׁיחַ ז׳
rigidity; hardness (keshiḤUT) קְשִׁיחוּת נ׳
tying; plotting (keshiRA) קְשִׁירָה
old (kaSHISH) קָשִׁישׁ ז׳
old age; seniority (keshiSHUT) קְשִׁישׁוּת נ׳
knocking; ringing; prattle (kishKUSH) קִשְׁקוּשׁ ז׳
knock; ring; prattle (kishKESH) קִשְׁקֵשׁ פעל ע׳
scribble — פעל י׳
scale (kasKAS) קַשְׂקַשׂ ז׳
scale; link; chain mail (kasKEset) קַשְׂקֶשֶׂת נ׳
tie, bind, tighten; plot (kaSHAR) קָשַׁר פעל י׳

tie; bind; connect; join (*kishSHER*) קִשֵּׁר פעל י׳

knot; connection; joint; communication; relationship; plot; contact man; band (*KEsher*) קֶשֶׁר ז׳

regarding בְּ – לְ...

conjunction מִלַּת –

signal corps חֵיל הַ –

liaison officer קְצִין –

liaison; contact; signaler (*kashSHAR*) קַשָּׁר ז׳

signaling (*kashaRUT*) קַשָּׁרוּת נ׳

bow; rainbow; arc; arch (*KEshet*) קֶשֶׁת נ׳

archer; Sagittarius (*kashSHAT*) קַשָּׁת ז׳

arched; vaulted (*kashTI*) קַשְׁתִּי ת׳

handle; haft; butt (*KAT*) קַת נ׳

chair; seat (*kaTEDra*) קָתֶדְרָה נ׳

cathedral (*katedRAla*) קָתֶדְרָלָה נ׳

Catholic (*kaTOli*) קָתוֹלִי ת׳ ז׳

Catholicism (*kaTOliyut*) קָתוֹלִיּוּת נ׳

fat meat (*KOtel*) קֹתֶל ז׳

bacon קָתְלֵי חֲזִיר

lyre; guitar (*katROS*) קַתְרוֹס ז׳

ר

first (riSHON) רִאשׁוֹן ת׳
Adam אָדָם הָ –
first person גּוּף –
Sunday יוֹם –
first hand כְּלִי –
first; at the beginning (rishoNA) רִאשׁוֹנָה תה״פ
first; formerly בָּ –
at first
in the beginning; formerly; the first time לָ –
first of all בָּרֹאשׁ וְ־
first; primary; prime; basic (rishoNI) רִאשׁוֹנִי ת׳
head; leadership (raSHUT) רָאשׁוּת נ׳
premiership – הַמֶּמְשָׁלָה
presided over by; headed by בְּ –
chief; main; leading (raSHI) רָאשִׁי ת׳
beginning (reSHIT) רֵאשִׁית נ׳ תה״פ
at the beginning; Genesis בְּ –
from the outset מִבְּ –
tadpole (roSHAN) רֹאשָׁן ז׳
sperm whale, cachalot (rosheTAN) רֹאשְׁתָן ז׳
numerous; great; large; much; strong; important; poly-; multi-; rabbi; teacher; lord; master- (RAV) רַב ת׳ ז׳
enough – תה״פ
our teachers; Gentlemen רַבּוֹתַי
quarrel; contend (RAV) רָב פעל ע׳
most; majority; abundance (ROV) רֹב ז׳
abundantly; mostly לָ –
majority of votes – קוֹלוֹת
lieutenant general (rav-alLUF) רַב־אַלּוּף ז׳
stain (reVAV) רְבָב ז׳

Resh (twentieth letter of the Hebrew alphabet); two hundred; two-hundredth (RESH)
see; look; perceive; understand; choose; consider worthy (ra'A) רָאָה פעל י׳
lung (re'A) רֵאָה נ׳
exhibition; show (ra'aVA) רַאֲוָה נ׳
show window חַלּוֹן –
worthy; deserving; suitable (ra'UY) רָאוּי ת׳
properly כָּ –
reorganization (re'organiZATSya) רֵאוֹרְגַנִיזַצְיָה נ׳
visibility; sight (re'UT) רְאוּת נ׳
near-sighted קְצַר –
far-sighted רְחוֹק –
exhibitionistic (ra'avtaNI) רַאַוְתָנִי ת׳
mirror (re'I) רְאִי ז׳
seeing; sight; vision (re'iYA) רְאִיָּה נ׳
proof; evidence (re'aYA) רְאָיָה נ׳
interview; appointment (re'aYON) רֵאָיוֹן ז׳
interview (ri'YEN) רִאְיֵן פעל י׳
motion picture; movie house; movies (re'iNO'a) רְאִינוֹעַ ז׳
oryx (re'EM) רְאֵם ז׳
head; top; chief; beginning; tributary; division; capital; prime (ROSH) רֹאשׁ ז׳
bridgehead – גֶּשֶׁר
new moon – חֹדֶשׁ
warhead – חֵץ
chief of staff – הַמַּטֶּה הַכְּלָלִי (רַמְטְכָּ״ל)
prime minister – מֶמְשָׁלָה
team captain – קְבוּצָה
bareheaded בִּגְלוּי –

רַבְגּוֹנִי ת׳ (*ravgoNI*) variegated; multi-colored

רַבְגּוֹנִיּוּת נ׳ (*ravgoniYUT*) variety; variegation

רִבֵּד פעל י׳ (*ribBED*) stratify; laminate

רֹבֶד ז׳ (*ROved*) layer; stratum

רָבָה פעל ע׳ (*raVA*) multiply; increase; be large; become great

רִבָּה פעל י׳ (*ribBA*) increase; raise; bring up

לְרַבּוֹת including

— נ׳ jam

רִבּוֹ, רִבּוֹא נ׳ (*ribBO*) ten thousand

רִבּוּד ז׳ (*ribBUD*) stratification; layering

רָבוּד ת׳ (*raVUD*) stratified; layered; laminated

רִבּוּי ז׳ (*ribBUY*) increase; large number; multiplicity; plural

רִבּוֹן ז׳ (*ribBON*) lord; master

רִבּוֹנוּת נ׳ (*ribboNUT*) sovereignty

רִבּוֹנִי ת׳ (*ribboNI*) sovereign

רָבוּעַ ת׳ (*raVU'a*) square

רִבּוּעַ ז׳ (*ribBU'a*) square

רְבוּתָא, רְבוּתָה נ׳ (*revuTA*) advantage; wonderful thing; innovation; superiority

רַב חוֹבֵל ז׳ (*ravḥoVEL*) captain

רַב־חֶנֶק מָצוּי (*rav Ḥenek maTSUY*) constrictor

רַב טַבָּחִים ז׳ chief cook; chief executioner

רַב טוּרַאי ז׳ (*rav tuRAI*) corporal

רַבִּי (*rabBI*) rabbi; teacher; sir; mister

רְבִיבִים ז״ר (*reviVIM*) rain; shower

רָבִיד ז׳ (*raVID*) necklace

רְבִיָּה נ׳ (*reviYA*) increase; reproduction

רֶבִיזְיוֹנִיסְט ז׳ (*revizyoNIST*) Revisionist

רְבִיעַ ז׳ (*reVI'a*) quarter; fourth

רְבִיעָה נ׳ (*revi'A*) animal copulation; mating

— סוּס stallion

רְבִיעִי ת׳ (*revi'I*) fourth

— יוֹם Wednesday

רְבִיעִיָּה נ׳ (*revi'iYA*) quartet; quadruplets; four of a kind

רִבִּית נ׳ (*ribBIT*) interest

— דְ —, — צְבִירָה; — מִצְטַבֶּרֶת compound interest

— קְצוּצָה exorbitant rate of interest

רַבָּנוּת נ׳ (*rabbaNUT*) rabbinate

רַבָּנִי ת׳ (*rabbaNI*) rabbinical; rabbinite

רֻבָּנִי ת׳ (*rubbaNI*) of a majority

רַבָּנָן ז״ר (*rabbaNAN*) our sages

רִבָּס ז׳ (*ribBAS*) rhubarb

רַב סַמָּל ז׳ (*rav samMAL*) first sergeant; sergeant major

רַב סֶרֶן ז׳ (*rav SEren*) major

רִבַּע פעל י׳ (*ribBA'*) quadruple; do a fourth time

רֶבַע ז׳ (*REva'*) fourth; quarter

— הַגְּמָר quarter

רֹבַע ז׳ (*ROva*) quarter; section

רִבֵּעַ ז׳ (*ribBE'a*) fourth generation; great grandchild

רִבְעוֹן ז׳ (*riv'ON*) quarterly

רַב פַּקָּד ז׳ (*rav pakKAD*) superintendent (of police)

רָבַץ פעל ע׳ (*raVATS*) lie; stay a long time; come upon; plague

רֵבֶץ ז׳ (*REvets*) lair; resting place

רַב־קוֹלִי ת׳ (*ravkoLI*) polyphonal

רַבְרְבָן ז׳ (*ravreVAN*) boaster

רַבְרְבָנוּת נ׳ (*ravrevaNUT*) boastfulness

רַבָּתִי ת׳ (*rabbaTI*) much, great; large

רֶגֶב ז׳ (*REgev*) clod

רִגּוּל ז׳ (*rigGUL*) espionage; spying

— נֶגְדִּי counter espionage

רָגוּעַ ת׳ (*raGU'a*) relaxed; calm

רִגּוּשׁ ז׳ (rigGUSH) excitement; agitation; emotion
רִגּוּשִׁי ת׳ (rigguSHI) emotional
רָגַז פעל ע׳ (raGAZ) be angry; tremble; be sorry
רֹגֶז ז׳ (ROgez) anger; anxiety; sorrow
בְּ – angry, on bad terms
רָגְזָה, רֻגְזָה נ׳ (rogZA; rugZA) anxiety; concern; anger
רַגְזָן ז׳ (ragZAN) bad-tempered person
רָגִיל ת׳ (raGIL) accustomed; used to; experienced; ordinary; usual; common
כָּ – ordinarily
רְגִילָה נ׳ (regiLA) espionage
רְגִיעָה נ׳ (regi'A) quiet
רָגִישׁ ת׳ (raGISH) sensitive
רְגִישׁוּת נ׳ (regiSHUT) sensitivity
רִגֵּל פעל י׳ (rigGEL) spy, spy out
רֶגֶל נ׳ (REgel) foot; festival; time
בָּ – on foot
לְ – because of; in connection with
לְרַגְלֵי at the foot of
פְּשִׁיטַת – bankruptcy
רַגְלִי ת׳ ז׳ (ragLI) foot (*adj.*); infantryman
חֵיל רַגְלִים infantry
רָגַם פעל י׳ (raGAM) stone
רִגֵּם פעל י׳ (rigGEM) stone; mortar
רָגַע פעל ע׳ (raGA') be calm; relax
רֶגַע ז׳ (REga) moment; minute
כְּ – instantly
רִגְעִי ת׳ (rig'I) instantaneous; momentary
רֶגְרֶסִיבִי ת׳ (regreSIvi) regressive
רָגַשׁ פעל ע׳ (raGASH) rage; be excited
רֶגֶשׁ ז׳ (REgesh) feeling; sense
רִגְשִׁי ת׳ (rigSHI) emotional
רַגְשָׁנוּת נ׳ (ragshaNUT) sentimentality
רַגְשָׁנִי ת׳ (ragshaNI) sentimental
רָדָאר ז׳ (raDAR) radar
רָדָה פעל י׳ (raDA) rule; subjugate; tyrannize; remove

רָדוּד ת׳ (raDUD) shallow
רָדוּם ת׳ (raDUM) sleepy; dormant
רַדְיָאטוֹר ז׳ (radYAtor) radiator
רַדְיוֹ ז׳ (RADyo) radio
רַדְיוֹ־אַקְטִיבִי ת׳ (RADyo-akTIvi) radioactive
רַדְיוֹ־אַקְטִיבִיּוּת נ׳ (RADyo-akTIviyut) radioactivity
רַדְיוּם ז׳ (RADyum) radium
רַדְיוּס ז׳ (RADyus) radius
רְדִיפָה נ׳ (rediFA) chase; persecution
רָדִיקָלִי ת׳ (radiKAli) radical
רָדִיקָלִיּוּת נ׳ (radiKAliyut) radicalism
רָדִיקַלִיזְם ז׳ (radikaLIZM)
רָדַף פעל י׳ (raDAF) chase; pursue; persecute
רָהוּט ת׳ (raHUT) fluent
רִהוּט ז׳ (riHUT) furniture; furnishing
רוֹאֶה ז׳ (ro'E) seer
רוֹבַאי ז׳ (roVAI) rifleman
רוֹבֶה ז׳ (roVE) rifle
רוֹבּוֹט ז׳ (roBOT) robot
רוֹגֵז ת׳ (roGEZ) angry
רוֹגֵעַ ת׳ (roGE'a) calm; relaxed
רוֹדָן ז׳ (roDAN) dictator
רוֹדָנוּת נ׳ (rodaNUT) dictatorship
רָוָה פעל ע׳ (raVA) drink one's fill; quench thirst
רִוָּה פעל י׳ (rivVA) quench; water
רָוֶה ת׳ (raVE) well-watered
רוֹוֵחַ ת׳ (roVE'aḥ) current; circulating
רָווּי ת׳ (raVUY) saturated; well-watered
רוֹזֵן ז׳ (roZEN) count; marquis; earl; ruler
רוֹזְנוּת נ׳ (rozeNUT) county; earldom
רָוַח פעל ע׳ (raVAḤ) feel relief; feel better; be current
רִוַּח פעל י׳ (rivVAḤ) ventilate; air out
רֶוַח ז׳ (REvaḥ) space; profit
רוּחַ נ׳ (ru'AḤ) wind; air; spirit; mind

holy spirit; divine inspiration — הַקֹּדֶשׁ –

relief; comfort; ease (revaḤA) רְוָחָה נ׳

widely ל –

spiritual; mental (ruḥaNI) רוּחָנִי ת׳

spirituality; spiritual life (ruḥaniYUT) רוּחָנִיּוּת נ׳

rotation (roTATSya) רוֹטַצְיָה נ׳

saturation; abundance; fill (revaYA) רְוָיָה נ׳

rider; horseman; graft (roKHEV) רוֹכֵב ז׳

peddler (roKHEL) רוֹכֵל ז׳

peddling (rokheLUT) רוֹכְלוּת נ׳

zipper (rokhSAN) רוֹכְסָן ז׳

height; elevation; altitude; pride; rum (RUM) רוּם ז׳

altitude; height; level (ROM) רוֹם ז׳

Roman (roma'I) רוֹמָאִי ת׳

Roman; Rome (ROmi) רוֹמִי ת׳ נ׳

Latin (roMIT) רוֹמִית נ׳

raise; establish; rear; praise; extol (roMEM) רוֹמֵם פעל י׳

majesty; superiority; height (romeMUT) רוֹמְמוּת נ׳

novel; love affair (roMAN) רוֹמָן ז׳

romantic (roMANti) רוֹמַנְטִי ת׳

romanticism; romance (roMANtiyut) רוֹמַנְטִיּוּת נ׳

romanticism; romance (roMANtika) רוֹמַנְטִיקָה נ׳

Russian (ruSI) רוּסִי ת׳ ז׳

Russia (RUSya) רוּסְיָה נ׳

Russian (ruSIT) רוּסִית נ׳

shepherd; herdsman; pastor; leader (ro'E) רוֹעֶה ז׳

pimp רוֹעֵה זוֹנוֹת

calamity; stumbling block (ro'ETS) רוֹעֵץ ז׳

noisy (ro'ESH) רוֹעֵשׁ ת׳

physician; doctor (roFE) רוֹפֵא ז׳

witch doctor; medicine man – אֱלִיל

general practitioner – כְּלָלִי

weak; loose; shaky; flimsy (roFEF) רוֹפֵף ת׳

murderer (roTSEaḥ) רוֹצֵחַ ז׳

bachelor (ravVAK) רַוָּק ז׳

single girl (ravvaKA) רַוָּקָה נ׳

bachelorhood; spinsterhood; unmarried state (ravvaKUT) רַוָּקוּת נ׳

druggist; pharmacist (roKE'aḥ) רוֹקֵחַ ז׳

pharmacy (rokeḤUT) רוֹקְחוּת נ׳

embroiderer (roKEM) רוֹקֵם ז׳

empty (roKEN) רוֹקֵן פעל י׳

recorder; graph; registrar (roSHEM) רוֹשֵׁם ז׳

impoverish (roSHESH) רוֹשֵׁשׁ פעל י׳

boiling (roTE'aḥ) רוֹתֵחַ ת׳

(roteḤIM; roteḤIN) רוֹתְחִים, רוֹתְחִין ז״ר

boiling water

treat harshly; punish severely – דָּן אוֹתוֹ בְּ

secret; mystery (RAZ) רָז ז׳

become thin; lose weight (raZA) רָזָה פעל ע׳

thin; slim (raZE) רָזֶה ת׳

skim milk – חָלָב

becoming thin; losing weight (reziYA) רְזִיָּה נ׳

reserve (reZERva) רֶזֶרְבָה נ׳

reserve; spare (reZERvi) רֶזֶרְבִי ת׳

widen (raḤAV) רָחַב פעל ע׳

wide; broad; spacious; considerable (raḤAV) רָחָב ת׳

broad-minded רְחַב אֹפֶק

spacious רְחַב יָדַיִם

width; breadth (ROḥav) רֹחַב ז׳

latitude – קַו

generosity; broad-mindedness – לֵב

wide open space; expanse (RAḥav) רַחַב ז׳

square (reḥaVA) רְחָבָה נ׳

רַחֲבוּת נ׳ (*raḥaVUT*) width; magnanimity; luxury
רָחְבִּי ת׳ (*roḥBI*) lateral
רְחוֹב ז׳ (*reḤOV*) street
רַחוּם ת׳ (*raḤUM*) compassionate
רָחוּם ת׳ (*raḤUM*) beloved
רִחוּף ז׳ (*riḤUF*) hovering; flying
רָחוּץ ת׳ (*raḤUTS*) washed
רִחוּץ ז׳ (*riḤUTS*) washing
רָחוֹק ת׳ (*raḤOK*) distant; far; remote
מֵ – from afar; long ago
רִחוּק ז׳ (*riḤUK*) distance; remoteness; moving
בְּ – מָקוֹם far away
רֵחַיִם, רֵיחַיִם ז״ז, נ״ז (*reyḤAyim*) millstones
רְחִיצָה נ׳ (*reḥiTSA*) washing
רָחֵל, רְחֵלָה נ׳ (*raḤEL; reḥeLA*) ewe
רִחֵם פעל י׳ (*riḤEM*) pity; have mercy
רֶחֶם ז׳ (*REḥem*) womb; uterus
פֶּטֶר – first born
רָחָם ז׳ (*raḤAM*) Egyptian vulture
רַחֲמִים ז״ר (*raḥaMIM*) pity; mercy
רַחֲמָן ת׳ (*raḥaMAN*) merciful; compassionate
הָ־ God
רַחֲמָנוּת נ׳ (*raḥamaNUT*) mercy; compassion
רִחֵף פעל ע׳ (*riḤEF*) hover; fly
רַחֶפֶת נ׳ (*raḤEfet*) hovercraft
רָחַץ פעל י׳ (*raḤATS*) wash
רַחְצָה נ׳ (*raḥTSA*) washing; bathing; bath; washing place
רָחַק פעל ע׳ (*raḤAK*) be far; be remote; keep far away
רֹחַק ז׳ (*ROḥak*) distance
רִחְרוּחַ ז׳ (*riḥRU'aḥ*) sniffing
רִחְרֵחַ פעל י׳ (*riḥRAḤ*) sniff; snoop
רָחַשׁ פעל ע׳ (*raḤASH*) swarm; move
רַחַשׁ ז׳ (*RAḥash*) whisper; stir; rustle; thought

רָטֹב ת׳ (*raTOV*) wet
רֹטֶב ז׳ (*ROtev*) gravy; sauce
רִטּוּן ז׳ (*ritTUN*) grumbling
רֶטוֹרִי ת׳ (*reTOri*) rhetorical
רֶטוֹרִיקָה נ׳ (*reTOrika*) rhetoric
רִטּוּשׁ ז׳ (*ritTUSH*) tearing to pieces
רָטוּשׁ ת׳ (*raTUSH*) crushed; torn
רֶטוּשׁ ז׳ (*reTUSH*) retouching
רִטֵּט פעל ע׳ (*ritTET*) tremble; quiver
רֶטֶט ז׳ (*REtet*) trembling; quiver; thrill
רְטִיבוּת נ׳ (*retiVUT*) wetness; moisture
רְטִיָּה נ׳ (*retiYA*) compress; bandage; patch
רָטַן פעל ע׳ (*raTAN*) mumble; grumble
רֶטְרוֹאַקְטִיבִי ת׳ (*retroAKtivi*) retroactive
רִטֵּשׁ פעל י׳ (*ritTESH*) tear to pieces; split; crush to death; retouch
רֵיאָלִי ת׳ (*re'Ali*) real
בֵּית סֵפֶר – science high school
רֵיאָלִיזְם ז׳ (*reaLIZM*) realism
רֵיאָלִיסְטִי ת׳ (*reaLISti*) realistic
רֵיאַקְצְיָה נ׳ (*re'AKtsya*) reaction
רֵיאַקְצְיוֹנֶר ז׳ (*re'aktsyoNER*) reactionary
רִיב ז׳ (*RIV*) quarrel; argument
רִיבָה נ׳ (*riVA*) young girl
רֵיחַ ז׳ (*rey'AḤ*) smell; scent; bit; touch
– נִיחוֹחַ fragrance
רֵיחָנִי ת׳ (*reyḥaNI*) fragrant
רִיס ז׳ (*RIS*) eyelash; race track; hippodrome
רִיצָה נ׳ (*riTSA*) run; running
רֵיק ת׳ (*REYK*) empty; flighty
רִיק ז׳ (*RIK*) emptiness; vacuum
לָ – in vain
רֵיקָא, רֵיקָה ת׳ (*reyKA*) good-for-nothing
רֵיקָם תה״פ (*reyKAM*) empty-handed
רֵיקָנוּת נ׳ (*reykaNUT*) emptiness; vanity; nothing

ריר ז׳ (*RIR*) saliva; spit; mucus
רֵישָׁא, רֵישָׁה נ׳ (*reySHA*) first part; beginning
רִיתְמוּס ז׳ (*RITmus*) rhythm
רִיתְמִי ת׳ (*RITmi*) rhythmical
רֹךְ ז׳ (*ROKH*) softness; tenderness
רַךְ ת׳ (*RAKH*) soft; tender; gentle; young
רָכַב פעל ע׳ (*raKHAV*) ride; mount
רֶכֶב (*REkhev*) vehicle; car; chariot; upper millstone; graft
רַכָּב ז׳ (*rakKAV*) coachman, horseman; rider
רְכֻבָּה נ׳ (*rekhubBA*) stirrup
רַכֶּבֶל ז׳ (*rakKEvel*) cable railway; cable car
רַכֶּבֶת נ׳ (*rakKEvet*) train
— תַּחְתִּית subway
רָכוּב ת׳ (*raKHUV*) mounted; riding
רִכּוּז ז׳ (*rikKUZ*) concentration
מַחֲנֵה — concentration camp
רִכּוּזִי ת׳ (*rikKUZI*) centralized
רִכּוּךְ ז׳ (*rikKUKH*) softening; softening up
רָכוּן ת׳ (*raKHUN*) bent; bending
רְכוּשׁ ז׳ (*reKHUSH*) property; possessions; capital
רְכוּשָׁן ז׳ (*rekhuSHAN*) capitalist
רְכוּשָׁנוּת נ׳ (*rekhushaNUT*) capitalism
רְכוּשָׁנִי ת׳ (*rekhushaNI*) capitalist; capitalistic
רַכּוּת נ׳ (*rakKUT*) softness; tenderness
— לֵב cowardice
רִכֵּז פעל י׳ (*rikKEZ*) concentrate; center
רַכָּז ז׳ (*rakKAZ*) coordinator; director
רְכִיב ז׳ (*reKHIV*) component
רְכִיבָה נ׳ (*rekhiVA*) riding
רַכִּיכָה נ׳ (*rakkiKHA*) mollusk
רָכִיל ז׳ (*raKHIL*) slanderer
הָלַךְ — slander; gossip
רְכִילוּת נ׳ (*rekhiLUT*) gossip

רְכִיסָה נ׳ (*rekhiSA*) buttoning; fastening
רְכִישָׁה נ׳ (*rekhiSHA*) acquisition
רִכֵּךְ פעל י׳ (*rikKEKH*) soften; soften up
רַכֶּכֶת נ׳ (*rakKEkhet*) rickets
רָכַל פעל ע׳ (*raKHAL*) peddle; gossip
רִכֵל, רִכְלֵל פעל ע׳ (*riKHEL; rikhLEL*) gossip
רַכְלָן ז׳ (*rakhLAN*) gossip
רָכַן פעל ע׳ (*raKHAN*) bend
רָכַס פעל י׳ (*raKHAS*) button; fasten
רֶכֶס ז׳ (*REkhes*) range; chain of hills; crest; button; clasp; cuff link
רַכְרוּכִי ת׳ (*rakhruKHI*) soft; sissy
רַכְרוּכִיּוּת נ׳ (*rakhrukhiYUT*) softness; sissiness; weakness
רָכַשׁ פעל י׳ (*raKHASH*) acquire; procure
רֶכֶשׁ ז׳ (*REkhesh*) procurement
רָם ת׳ (*RAM*) high; lofty
קוֹל — loud voice
רָם־הַמַּעֲלָה important, dignitary
רַמָּאוּת נ׳ (*ramma'UT*) fraud; deceit
רַמַּאי ז׳ (*ramMAI*) swindler; cheat; fraud
רָמָה פעל י׳ (*raMA*) hurl; throw; shoot
— נ׳ height; high; plateau; standard; level
רִמָּה פעל י׳ (*rimMA*) deceive; cheat, swindle
רִמּוֹן ז׳ (*rimMON*) pomegranate; grenade
רָמוּס ת׳ (*raMUS*) trampled; downtrodden
רָמַז פעל ע׳ (*raMAZ*) indicate; hint; allude; imply; wink
רֶמֶז ז׳ (*REmez*) indication; sign; hint; allusion; suggestion
רַמְזוֹר ז׳ (*ramZOR*) traffic light
רֹמַח ז׳ (*ROmaḥ*) lance

רַמַטְכָּ"ל ז׳ (ramatKAL) chief-of-staff
רֶמִי ז׳ (REmi) rummy; gin rummy
רְמִיָּה נ׳ (remiYA) deceit; fraud
רְמִיזָה נ׳ (remiZA) indication; sign; hint
רְמִיסָה נ׳ (remiSA) trampling
רַמָּן ז׳ (ramMAN) grenadier
רָמַס פעל י׳ (raMAS) trample
רַמְקוֹל ז׳ (ramKOL) loudspeaker
רֶמֶשׂ ז׳ (REmes) insect; creeping thing
רַן פעל ע׳ (RAN) sing; rejoice
רִנֵּן פעל ע׳ (rinNEN) sing; jubilate; slander; talk about
רִסּוּן ז׳ (risSUN) bridling; curbing
רִסּוּס ז׳ (risSUS) spraying; pulverizing; dusting
רִסּוּק ז׳ (risSUK) crushing, breaking, fracture
רֶסִיטָל ז׳ (resiTAL) recital
רְסִיס ז׳ (reSIS) splinter; fragment
רֶסֶן ז׳ (REsen) bridle, rein; restraint
רִסֵּן פעל י׳ (risSEN) curb; restrain; bridle
רִסֵּס פעל י׳ (risSES) spray; dust; pulverize
רִסֵּק פעל י׳ (risSEK) crush; smash; mash; break
רֶסֶק ז׳ (REsek) sauce, mash
רַע, רָע ת׳/ז׳ (RA') bad; inferior; evil; harm; trouble
רֵעַ ז׳ (re'A) friend; companion
רָעַב פעל ע׳ (ra'AV) be hungry
רָעֵב ת׳ (ra'EV) hungry
רָעָב ז׳ (ra'AV) hunger; famine
רָעַד פעל ע׳ (ra'AD) tremble, shiver
רַעַד ז׳ (RA'ad) trembling; shivering; shaking
רְעָדָה נ׳ (re'aDA) trembling; shaking; dread
רָעָה פעל י׳ ע׳ (ra'A) graze; tend (grazing livestock); lead
— נ׳ evil; calamity

רָעוּל ת׳ (ra'Ul) veiled
רָעוּעַ ת׳ (ra'U'A) shaky; broken; defective; weak; loose
רְעוּת נ׳ (re'UT) friendship; comradeship
רְעוּת רוּחַ נ׳ (re'UT RU'aḥ) vanity; folly
רְעִידָה נ׳ (re'iDA) trembling; tremor
רְעִידַת אֲדָמָה earthquake
רַעְיָה נ׳ (ra'YA) lady friend; beloved; wife
רְעִיָּה נ׳ (re'iYA) grazing; tending livestock; pasturing
רַעְיוֹן ז׳ (ra'YON) idea; notion; thought
רַעְיוֹנִי ת׳ (ra'yoNI) ideological
רַעַל ז׳ (RA'al) poison
רְעָלָה נ׳ (re'aLA) veil
רַעֲלִי ת׳ (ra'aLI) toxic
רַעֲלָן ז׳ (ra'aLAN) toxin
רַעֲלָנִי ר׳ רַעֲלִי
רָעַם פעל ע׳ (ra'AM) thunder; roar
רַעַם ז׳ (RA'am) thunder
רַעְמָה נ׳ (ra'MA) mane
רִעֲנוּן ז׳ (ri'aNUN) refreshing
רַעֲנָן ת׳ (ra'aNAN) fresh; alert
רַעֲנַנּוּת נ׳ (ra'ananNUT) freshness; vigor; vitality
רָעַף פעל י׳ ע׳ (ra'AF) drip; drizzle
רִעֵף פעל י׳ (re'EF) tile
רַעַף ז׳ (RA'af) tile
רַעֲפָן ז׳ (ra'aFAN) tiler
רָעַץ פעל י׳ (ra'ATS) crush; shatter, break
רָעַשׁ פעל ע׳ (ra'ASH) make noise; tremble; quake
רַעַשׁ ז׳ (RA'ash) noise; earthquake; trembling
רַעֲשָׁן ז׳ (ra'aSHAN) noisemaker; rattle
רָפָא פעל י׳ (raFA) cure; heal
רִפֵּא פעל י׳ (ripPE) cure; heal; repair
רְפָאִים ז״ר (refa'IM) ghosts

רִפֵּד פעל י׳ (ripPED) upholster; pad; cover

רַפָּד ז׳ (rapPAD) upholsterer

רִפָּה פעל י׳ (ripPA) weaken; slacken

— אֶת יְדֵי dishearten

רָפֶה ת׳ (raFE) weak; slack; loose; continous; (the letters ב,ג,ד,כ,פ,ת without a דגש)

רְפוּאָה נ׳ (refu'A) medicine; medication; remedy; cure; healing

— מוֹנַעַת preventive medicine

— לְ may you be cured; a speedy recovery

חֵיל — army medical corps

קְצִין — medical officer

רְפוּאִי ת׳ (refu'I) medical

רֶפּוּבְּלִיקָה נ׳ (rePUBlika) republic

רֶפּוּבְּלִיקָנִי ת׳ (republiKAni) republican

רִפּוּד ז׳ (ripPUD) upholstery; upholstering; upholstery material

רִפּוּי ז׳ (ripPUY) healing; indemnification

— בְּעִסּוּק occupational therapy

רָפוּי ת׳ (raFUY) loose; limp

רַפּוֹרְט ז׳ (raPORT) ticket (for traffic violation)

רֶפּוֹרְטָז׳ה ז׳ (reporTAzha) newspaper story; report

רֶפוֹרְמָה נ׳ (reFORma) reform

רֶפוֹרְמִי ת׳ (reFORmi) reform

רֶפוֹרְמַצְיָה נ׳ (reforMAtsya) reformation

רְפִידָה נ׳ (refiDA) carpet; upholstery; pad; lining

רִפְיוֹן ז׳ (rifYON) weakness; slackness; slack; looseness

רֶפְלֶקְס ז׳ (refLEKS) reflex

רַפְסוֹדָה נ׳ (rafsoDA) raft

רַפְסוֹדְיָה נ׳ (rapSODya) rhapsody

רְפָפָה נ׳ (refaFA) louver

רֶפְּרוֹדוּקְצְיָה נ׳ (reproDUKtsya) reproduction

רִפְרוּף ז׳ (rifRUF) flutter; hovering; superficial treatment

בְּ — superficially

רֶפְּרֶזֶנְטָטִיבִי ת׳ (reprezentaTIvi) representative

רֶפְּרֶזֶנְטַצְיָה נ׳ (reprezenTATsya) representation

רֶפֶּרְטוּאָר ז׳ (repertu'AR) repertory

רִפְרֵף פעל ע׳ י׳ (rifREF) move, flutter; read superficially, glance cursorily

רַפְרֶפֶת נ׳ (rafREfet) custard

רֶפֶת נ׳ (REfet) barn

רַפְתָּן ז׳ (rafTAN) dairyman; worker in cow barn

רַץ ז׳ (RATS) strip, bar

רָץ פעל ע׳ (RATS) run; rush

— ז׳ courier; runner; halfback; bishop (chess)

רָצָה פעל י׳ (raTSA) want, wish; be pleased with; love; repay; atone for

רִצָּה פעל י׳ (ritsTSA) placate

רָצוּי ת׳ (raTSUY) desirable; acceptable

רִצּוּי ז׳ (ritsTSUY) appeasing; atoning for

רָצוֹן ז׳ (raTSON) will; wish; acceptance; grace

כִּרְצוֹנְךָ as you wish

מֵרָצוֹן willingly; voluntarily

שְׂבִיעַת — satisfaction

שְׂבַע — satisfied

רְצוֹנִי ת׳ (retsoNI) of the will; voluntary

רְצוּעָה נ׳ (retsu'A) strap; strip; whip; belt

רָצוּף ת׳ (raTSUF) successive, continuous; consecutive; attached; inlaid

רִצּוּף ז׳ (ritsTSUF) tiling; paving

רָצוּץ ת׳ (raTSUTS) broken; smashed; exhausted; oppressed

רָצַח פעל י׳ (raTSAḤ) murder; kill
רֶצַח ז׳ (REtsaḥ) murder
רַצְחָנִי ת׳ (ratsḥaNI) murderous
רְצִיָּה נ׳ (retsiYA) desire; wish
רַצְיוֹנָלִי ת׳ (ratsyoNAli) rational
רַצְיוֹנָלִיזְם ז׳ (ratsyonaLIZM) rationalism
רַצְיוֹנָלִיסְטִי ת׳ (ratsyonaLISti) rational
רְצִיחָה נ׳ (retsiḤA) murder; execution
רְצִינוּת נ׳ (retsiNUT) seriousness; gravity
רְצִינִי ת׳ (retsiNI) serious
רָצִיף ז׳ (raTSIF) platform; wharf
רְצִיפוּת נ׳ (retsiFUT) continuity; consecutiveness
רָצַע פעל י׳ (raTSA') pierce; lash
רַצְעָן ז׳ (rats'AN) shoemaker; saddler; harness maker
רָצַף, רִצֵּף פעל י׳ (raTSAF; ritsTSEF) tile; pave
רַצָּף ז׳ (ratsTSAF) tiler; flagstone layer
רֶצֶף ז׳ (REtsef) continuity; sequence; succession
רִצְפָּה נ׳ (ritsPA) floor
רִצֵּץ פעל י׳ (ritsTSETS) crush, smash; oppress
רַק מ״ח (RAK) only; except for; indeed
רֹק ז׳ (ROK) saliva; spit
רָקַב פעל ע׳ (raKAV) rot; decay; decompose
רָקָב ז׳ (raKAV) rot; decay
רַקְבּוּבִית נ׳ (rakbuVIT) humus; rot
רִקָּבוֹן ז׳ (rikkaVON) rot; putrefaction; corruption
רָקַד, רִקֵּד פעל ע׳ (raKAD; rikkED) dance; prance
רַקְדָן ז׳ (rakDAN) dancer
רַקָּה נ׳ (rakKA) temple
רָקוּב ת׳ (raKUV) rotten; rancid; decayed
רִקּוּד ז׳ (rikKUD) dancing; dance
רִקּוּעַ ז׳ (rikKU'a) beating; flattening; thin sheet
רָקַח פעל י׳ (raKAḤ) compound; spice; perfume
רַקָּחוּת נ׳ (rakkaḤUT) pharmacy
רָקֶטָה נ׳ (raKEta) rocket
רֶקְטוֹר ז׳ (REKtor) rector
רְקִימָה נ׳ (rekiMA) embroidering; embroidery
רָקִיעַ ז׳ (raKI'a) firmament; heaven
— קַו skyline
רְקִיעָה נ׳ (reKI'a) stamping
רְקִיעוּת נ׳ (reki'UT) ductility
רָקִיק ז׳ (raKIK) wafer
רְקִיקָה נ׳ (rekiKA) spitting
רֶקְלָמָה נ׳ (rekLAma) advertisment; advertising
רָקַם פעל י׳ (raKAM) embroider; design; shape; devise
רִקְמָה נ׳ (rikMA) embroidery; tissue
רָקַע פעל י׳ (raKA') stamp; stretch; beat
רִקַּע פעל י׳ (rikKA') beat; hammer out; flatten; plate
רֶקַע ז׳ (REka') background
רַקֶּפֶת נ׳ (rakKEfet) cyclamen
רָקַק פעל י׳ (raKAK) spit
רְקָק ז׳ (reKAK) swamp
— דְּגֵי small fish; little people
רָשׁ ת׳ (RASH) pauper
רַשַּׁאי ת׳ (rashSHAI) entitled; permitted
רִשּׁוּי ז׳ (rishSHUY) licensing
רִשּׁוּל ז׳ (rishSHUL) negligence; slovenliness
רִשּׁוּם ז׳ (rishSHUM) registration; drawing; sketch; trace; impression
רָשׁוּם ת׳ (raSHUM) registered; entered
רִשּׁוּשׁ ז׳ (rishSHUSH) impoverishment

רָשׁוּת נ׳ (*raSHUT*) authority; domain

רְשׁוּת נ׳ (*reSHUT*) permission; property; freedom of action (i.e.: voluntary)

– הַיָּחִיד private domain

– הָרַבִּים public domain

רִשָּׁיוֹן ז׳ (*rishaYON*) permit; license

רִשְׁיוֹן נְהִיגָה driver's license

רְשִׁימָה נ׳ (*reshiMA*) list; writing; story

רַשְׁלָנִי ת׳ (*rashlaNI*) negligent; careless; slovenly

רַשְׁלָנוּת נ׳ (*rashlaNUT*) negligence; slovenliness

רָשַׁם פעל י׳ (*raSHAM*) write down; take notes; record; register; list; draw

רַשָּׁם ז׳ (*rashSHAM*) registrar

רֹשֶׁם ז׳ (*ROshem*) impression; trace

רַב – impressive

רִשְׁמִי ת׳ (*rishMI*) official

רִשְׁמִיּוּת נ׳ (*rishmiYUT*) formality

רִשְׁמִית תה״פ (*rishMIT*) officially

רְשַׁמְקוֹל ז׳ (*reshamKOL*) tape recorder

רָשָׁע ת׳ ז׳ (*raSHA'*) evil; sinful; guilty; evildoer

רֶשַׁע ז׳ (*REsha'*) evil; injustice

רִשְׁעוּת נ׳ (*rish'UT*) wickedness; cruelty

רִשְׁרוּשׁ ז׳ (*rishRUSH*) rustle; murmur

רִשְׁרֵשׁ פעל ע׳ (*rishRESH*) rustle; murmur

רֶשֶׁת נ׳ (*REshet*) net; network; trap

רִשֵּׁת פעל י׳ (*rishSHET*) cover with netting; draw squares

רִשְׁתִּית נ׳ (*rishTIT*) retina

רָתוּחַ ת׳ (*raTU'aḥ*) boiled

רִתּוּךְ ז׳ (*ritTUKH*) welding

רָתוּם ת׳ (*raTUM*) harnessed

רָתוּק ת׳ (*raTUK*) tied; confined

רִתּוּק ז׳ (*ritTUK*) tying; binding; confinement

רָתַח פעל ע׳ (*raTAḤ*) boil; be furious

רְתִיחָה נ׳ (*retiḤA*) boiling; rage

רְתִימָה נ׳ (*retiMA*) harnessing

רְתִיעָה נ׳ (*reti'A*) recoil; flinching; withdrawal

רִתֵּךְ פעל י׳ (*ritTEKH*) weld

רַתָּךְ ז׳ (*ratTAKH*) welder

רַתָּכוּת נ׳ (*rattaKHUT*) welding

רָתַם פעל י׳ (*raTAM*) harness; hitch

רִתְמָה נ׳ (*ritMA*) harness

רֶתַע ז׳ (*REta'*) recoil

רִתֵּק פעל י׳ (*ritTEK*) tie up; bind; confine; grip

שׁ נ׳ (*SHIN*) Shin (twenty-first letter of the Hebrew alphabet); three hundred; three-hundredth

שֶׁ, ר׳ אֲשֶׁר (*SHE*) which; that; who; whom; since; because

כְּשֶׁ... ר׳ כַּאֲשֶׁר

שָׁאַב פעל י׳ (*sha'AV*) draw; pump; obtain

שָׁאַג פעל ע׳ (*sha'AG*) roar; shout

שְׁאָגָה נ׳ (*she'aGA*) roar; shout

שָׁאוּב ת׳ (*sha'UV*) drawn; derived; pumped

שְׁאוֹל ז׳נ׳ (*she'OL*) Sheol, world of the dead; grave

שָׁאוּל ת׳ (*sha'UL*) borrowed; asked

שָׁאוֹן ז׳ (*sha'ON*) noise, din

שְׂאוֹר ז׳ (*se'OR*) leaven

שְׁאָט נֶפֶשׁ ז׳ (*she'AT NEfesh*) revulsion; contempt

שְׁאִיבָה נ׳ (*she'iVA*) drawing; pumping; deriving

שְׁאִילָה נ׳ (*she'iLA*) borrowing; inquiring; asking

שְׁאִילַת שָׁלוֹם greeting

שְׁאִילְתָּה נ׳ (*she'ilTA*) question; interpellation

שְׁאִיפָה נ׳ (*she'iFA*) aspiration; ambition; inhalation

שָׁאִיר ז׳ (*sha'IR*) surviving relative

שָׁאַל פעל י׳ (*sha'AL*) ask; borrow; wish

שְׁאֵלָה נ׳ (*she'eLA*) question; problem; issue; request; wish

שַׁאֲנָן ת׳ (*sha'aNAN*) complacent; calm; serene

שַׁאֲנַנּוּת נ׳ (*sha'ananNUT*) complacency; serenity

שָׁאַף פעל י׳ (*sha'AF*) aspire; long for; inhale

שַׁאֲפָנִי ת׳ (*sha'afaNI*) ambitious

שְׁאַפְתָנוּת נ׳ (*she'aftaNUT*) ambition

שְׁאַפְתָנִי ר׳ שַׁאֲפָנִי

שְׁאָר ז׳ (*she'AR*) rest; remainder

שְׁאֵר ז׳ (*she'ER*) relative; kinsman; meat; food

– בָּשָׂר blood relative; kinsman

שְׁאֵרוּת נ׳ (*she'eRUT*) kinship; relationship

שְׁאֵרִית נ׳ (*she'eRIT*) remainder; rest; remnant

– הַפְּלֵטָה few survivors

שְׂאֵת נ׳ (*se'ET*) tumor

שָׂב ז׳ (*SAV*) old man

שָׁב פעל ע׳ (*SHAV*) return; revert; repeat; become; do penance

– ז׳ת׳ returning person; repentant sinner; returning

עוֹבֵר וָ – current; passerby

שְׁבָב ז׳ (*sheVAV*) chip; shaving

שִׁבֵּב פעל י׳ (*shibBEV*) plane; shape

שָׁבָה פעל י׳ (*shaVA*) take prisoner; capture

שָׁבוּי ז׳ת׳ (*shaVUY*) captive; prisoner

שָׁבוּעַ ז׳ (*shaVU'a*) week; seven-year period

שְׁבוּעָה נ׳ (*shevu'A*) oath

שְׁבוּעוֹן ז׳ (*shevu'ON*) weekly

שָׁבוּעוֹת ז״ר (*shavu'OT*) Feast of Weeks; Pentecost; Feast of First Fruits

שְׁבוּעִי ת׳ (*shevu'I*) weekly

שִׁבּוּץ ז׳ (*shibBUTS*) making squares; framing; grading; placement

שָׁבוּר ת׳ (*shaVUR*) broken

שִׁבּוּשׁ ז׳ (*shibBUSH*) defect; breakdown; disruption; error; mistake; confusion

שְׁבוּת נ׳ (sheVUT) return; repatriation
שִׁבַּח פעל י׳ (shibBAḤ) praise; improve
שֶׁבַח, שְׁבָח ז׳ (SHEvaḥ; sheVAḤ) praise; commendation; improvement; increase in value; excellence; advantage
צִיּוּן לְ – mention in dispatches
– מְקַרְקְעִין increased value of real estate
שֵׁבֶט ז׳ (SHEvet) tribe; clan; rod; stick; thin branch; scepter
שְׁבִי ז׳ (sheVI) captivity; imprisonment; exile; exiles; captives
לָקַח בַּשְּׁבִי take prisoner
שָׁבִיב ז׳ (shaVIV) spark; ray of light; small flame
שְׁבִיָּה נ׳ (sheviYA) taking prisoner; capturing
שָׁבִיט, כּוֹכַב שָׁבִיט ז׳ (shaVIT; koKHAV shaVIT) comet
שְׁבִיל ז׳ (sheVIL) path
שָׁבִיס ז׳ (shaVIS) hairnet; head ornament
שְׂבִיעָה, שְׂבִיעוּת נ׳ (sevi'A, sevi'UT) satisfaction; satiety
שְׂבִיעוּת רָצוֹן, שְׂבִיעַת רָצוֹן satisfaction
שְׁבִיעִי ת׳ (shevi'I) seventh
שְׁבִיעִית נ׳ (shevi'IT) sabbatical year
שָׁבִיר ת׳ (shaVIR) breakable; fragile
שְׁבִירָה נ׳ (sheviRA) breaking; disruption; refraction
שְׁבִירוּת נ׳ (sheviRUT) brittleness
שְׁבִיתָה נ׳ (sheviTA) strike; rest
– פִּרְאִית wildcat strike
קָנָה – settle permanently
שְׁבִיתַת נֶשֶׁק armistice
שְׁבִיתַת רָעָב hunger strike
שְׁבִיתַת שֶׁבֶת sitdown strike
שְׂבָךְ ר׳ שׂוֹבָךְ
שְׂבָכָה נ׳ (sevaKHA) latticework; net
שֹׁבֶל ז׳ (SHOvel) train; trail; wake; tab
שַׁבְלוּל ז׳ (shabLUL) snail
שַׁבְּלוֹנָה נ׳ (shabLOna) die; mold; stereotype
שַׁבְּלוֹנִי ת׳ (shabloNI) routine; trite; hackneyed
שִׁבֹּלֶת נ׳ (shibBOlet) ear (of corn)
– שׁוּעָל oats
שָׂבַע פעל ע׳ (saVA') be satisfied; be sated; have enough of
שָׂבֵעַ ת׳ (saVE'a) satisfied; sated; full
שְׂבַע רָצוֹן satisfied
שָׂבָע ז׳ (saVA') abundance; plenty; wealth
שֹׂבַע ז׳ (SOva) satiety; plenty
אָכַל לְ – eat his fill
שֶׁבַע ש״מ נ׳ (SHEva) seven; seven times
שְׁבַע עֶשְׂרֵה seventeen
שִׁבְעָה ש״מ ז׳ (shiv'A) seven
– עָשָׂר seventeen
שָׂבְעָה נ׳ (sov'A) satiety; satisfaction
שִׁבְעִים ש״מ (shiv'IM) seventy
תַּרְגּוּם הַ־ Septuagint
שִׁבְעָתַיִם ש״מ (shiv'aTAyim) sevenfold; many times over
שִׁבֵּץ פעל י׳ (shibBETS) make squares; checker; inlay; frame; grade; adjust
שָׁבָץ ז׳ (shaVATS) apoplexy; convulsions
שָׁבַק פעל י׳ (shaVAK) leave
– חַיִּים לְכָל חַי die; give up the ghost
שִׂבֵּר פעל ע׳ (sibBER) hope; expect
– אֶת הָאֹזֶן make intelligible
שָׁבַר פעל י׳ (shaVAR) break; kill; destroy; buy grain
שִׁבֵּר פעל י׳ (shibBER) break; smash; shatter
שֶׁבֶר ז׳ (SHEver) break; breakage; fracture; failure; mishap; fraction; hernia; grain; food

עָנָן ― cloudburst

שִׁבֵּשׁ פעל י׳ (*shibBESH*) disrupt; distort; make mistakes

שַׁבְשֶׁבֶת נ׳ (*shavSHEvet*) weather vane; vane

שָׁבַת פעל ע׳ (*shaVAT*) rest; stop; end; strike; spend the Sabbath

שַׁבָּת ז׳ (*shabBAT*) Saturday, Sabbath; week; sabbatical year

שַׁבַּת הַגָּדוֹל Sabbath before Passover

שַׁבְּתָאוּת נ׳ (*shabbeta'UT*) Sabbetaianism

שַׁבְּתָאִי ת׳ (*shabbeta'I*) Sabbetaian

שַׁבְּתַאי ז׳ (*shabbeTAI*) Saturn

שַׁבָּתוֹן ז׳ (*shabbaTON*) work stoppage; complete rest

שַׁבַּתִּי ת׳ (*shabbatTI*) Sabbath

שֶׂגֶב ז׳ (*SEgev*) loftiness; exaltation

שְׁגָגָה נ׳ (*shegaGA*) unintentional sin; inadvertent offense

בִּ― unintentionally

שָׂגָה פעל ע׳ (*saGA*) flourish; prosper

שָׁגָה פעל ע׳ (*shaGA*) err; be mistaken; lose one's way; be absorbed; be engrossed

שִׁגּוּעַ ז׳ (*shigGU'a*) driving mad

שָׁגוּר ת׳ (*shaGUR*) common; routine; current; fluent

שִׁגּוּר ז׳ (*shigGUR*) launching; sending; consigning

שַׂגִּיא ת׳ (*sagGI*) lofty; exalted; mighty

שְׁגִיאָה נ׳ (*shegi'A*) error; mistake

שִׁגָּיוֹן ז׳ (*shiggaYON*) obsession; hobby; passion; hymn; musical instrument

שִׁגֵּעַ פעל י׳ (*shigGA'*) drive crazy; madden

שִׁגָּעוֹן ז׳ (*shigga'ON*) madness; folly

שִׁגֵּר פעל י׳ (*shigGER*) launch; send off; dispatch

שֶׁגֶר ז׳ (*SHEger*) offspring; young

שִׁגְרָה נ׳ (*shigRA*) routine; currency; fluency

שִׁגָּרוֹן ז׳ (*shiggaRON*) rheumatism

קַדַּחַת ― rheumatic fever

שַׁגְרִיר ז׳ (*shagGRIR*) ambassador

מְיֻחָד ― ambassador extraordinary

שַׁגְרִירוּת נ׳ (*shagriRUT*) embassy

שִׁגְרָתִי ת׳ (*shigraTI*) routine; hackneyed

שִׂגְשֵׂג פעל ע׳ (*sigSEG*) grow; flourish; thrive

שִׂגְשׂוּג ז׳ (*sigSUG*) growth; prosperity

שָׁד, שַׁד ז׳ (*SHAD*) breast; rounded projection

שֵׁד ז׳ (*SHED*) evil spirit; demon; devil

שֹׁד ז׳ (*SHOD*) robbery; violence; misfortune, calamity

שָׂדָאוּת נ׳ (*sada'UT*) outdoor orientation

שִׂדֵּד פעל י׳ (*sidDED*) harrow

שָׁדַד פעל י׳ (*shaDAD*) rob; pillage; destroy

שָׂדֶה ז׳ (*saDE*) field

שְׂדֵה בַּעַל unirrigated field, field watered by rainfall

שֵׁדָה נ׳ (*sheDA*) she-devil

שִׁדָּה נ׳ (*shidDA*) dresser

שָׁדוּד ת׳ (*shaDUD*) robbed; killed; oppressed

שִׁדּוּד ז׳ (*shidDUD*) robbing; pillaging

מַעֲרָכוֹת ― radical reform

שִׁדּוּךְ ז׳ (*shidDUKH*) match; betrothal; engagement

שִׁדּוּל ז׳ (*shidDUL*) persuasion; appeasement

שָׁדוּף ת׳ (*shaDUF*) scorched; empty; blighted

שִׁדּוּר ז׳ (*shidDUR*) broadcast; broadcasting; transmitting; transmission

שַׁדַּי ז׳ (shadDAI) the Almighty
שֵׁדִי ת׳ (sheDI) demonic; devilish; sly
שְׁדִידָה נ׳ (shediDA) robbing; pillaging
שִׁדֵּךְ פע י׳ (shidDEKH) match; arrange a match; bring together
שַׁדְּכָן ז׳ (shaddeKHAN) matchmaker; marriage broker
שַׁדְּכָנוּת נ׳ (shaddekhaNUT) matchmaking
שִׁדֵּל פעל י׳ (shidDEL) persuade
שִׁדָּפוֹן ז׳ (shiddaFON) blight
שִׁדֵּר פעל י׳ (shidDER) broadcast, transmit
שֶׁדֶר ז׳ (SHEder) message
שִׁדְרָה נ׳ (shidRA) spine
חוּט הַ– spinal cord
עַמּוּד הַ – spinal column
שְׂדֵרָה נ׳ (sedeRA) boulevard; avenue; file; column
שִׁדְרִית נ׳ (shidRIT) keel
שֶׂה ז׳נ׳ (SE) kid; lamb
שָׁהָה פעל ע׳ (shaHA) stay; be late; live; delay
שָׁהוּי ת׳ (shaHUY) delayed
שְׁהִיָּה נ׳ (shehiYA) stay
שֹׁהַם ז׳ (SHOham) onyx
שִׁהֵק פעל ע׳ (shiHEK) hiccup
שָׁוְא ז׳ (SHAV) lie; nothingness; vanity; falseness
לַ – in vain
שְׁבוּעַת – false oath
שְׁוָא ז׳ (sheVA) Hebrew sublinear diacritical mark to denote absence of a vowel (– נָח) or a vowel of extremely short duration (– נָע)
שׁוֹאֵב ז׳ (sho'EV) drawer (of water)
שׁוֹאָה נ׳ (sho'A) holocaust; catastrophe, disaster; destruction
הַ – the Nazi holocaust
שְׁוָאִי ת׳ (sheva'I) marked with a שְׁוָא
שׁוֹאֵל ז׳ (sho'EL) questioner, inquirer; borrower

שׁוֹבֵב פעל י׳ (shoVEV) return; restore; refresh
שׁוּב תה״פ (SHUV) again
– פַּעַם once more
שׁוֹבָב ת׳ (shoVAV) mischievous; naughty; wild; unruly
שׁוֹבְבוּת נ׳ (shoveVUT) naughtiness; mischief
שׁוֹבְבָנוּת נ׳ (shovevaNUT) mischief; gaiety
שׁוֹבִינִיסְט ז׳ (shoviNIST) chauvinist
שׁוֹבָךְ ז׳ (shoVAKH) dovecote
שׁוֹבֵר ז׳ (shoVER) voucher; receipt
– גַּלִּים breakwater
– רוּחַ windbreak
שׁוֹבֵת ז׳ (shoVET) striker
שׁוֹגֵג ת׳ (shoGEG) sinning inadvertently
בְּ – unintentionally
שׁוֹדֵד ז׳ (shoDED) robber
– יָם pirate
שָׁוָה פעל ע׳ (shaVA) be worth; resemble; be like; be fitting
שִׁוָּה פעל י׳ (shivVA) compare; equalize; place
שָׁוֶה ת׳ (shaVE) worth; equal; similar
שְׁוֵה נֶפֶשׁ unconcerned
צַד – common characteristic
שִׁוּוּי ז׳ (shivVUY) equalization; comparsion; imparting
– מִשְׁקָל equilibrium; balance
שִׁוּוּק ז׳ (shivVUK) marketing
שׁוּחָה נ׳ (shuḤA) foxhole; pit
שׁוֹחֵט ז׳ (shoḤET) ritual slaughterer
שׁוֹחֵר ז׳ (shoḤER) friend; supporter; seeker
שׁוֹטֵט פעל ע׳ (shoTET) roam about; wander
שׁוֹט ז׳ (SHOT) whip
שׁוֹטֶה ז׳ת׳ (shoTE) fool; idiot; madman; mad
שׁוֹטְטוּת נ׳ (shoteTUT) vagrancy
שׁוֹטֵף ת׳ (shoTEF) current; flowing, fluent; torrential

שׁוֹטֵר ז׳ (*shoTER*) policeman
– תְּנוּעָה traffic policeman
שׁוִי ז׳ (*SHOvi*) worth; value
שִׁוְיוֹן ז׳ (*shivYON*) equality
– נֶפֶשׁ indifference
אִי־שִׁוְיוֹן inequality
שִׁוְיוֹנִי ת׳ (*shivyoNI*) egalitarian
שְׁוִיצֶר ז׳ (*SHVItser*) eager beaver; showoff
שׂוֹכֵר ז׳ (*soKHER*) hirer; lessee
שׂוּלְטָן ז׳ (*sulTAN*) sulta
שׁוּלִי ת׳ (*shuLI*) marginal
שׁוּלְיָה ז׳ (*shulYA*) apprentice
שׁוּלַיִם ז״ז (*shuLAyim*) margin; edge; bottom; fringes
שׁוֹלֵל ז׳ (*shoLEL*) opponent
שׁוֹלַת מוֹקְשִׁים (*shoLAT mokeSHIM*) minesweeper
שׁוּם ז׳ (*SHUM*) garlic; name; something
כִּקְלִפַּת הַ– worthless; a plugged nickel; very thin
לֹא – דָבָר nothing
מִ – שֶׁ... because
מִ – מָה why; for some reason or other
בְּ – אֹפֶן, בְּ – פָּנִים under no circumstances
שׁוּמָה נ׳ (*shuMA*) assessment; mole
פְּקִיד הַ– assessor
שׂוּמָה ת׳ (*suMA*) obligatory
– עָלַי I must
שׁוֹמֵם ת׳ (*shoMEM*) desolate; uninhabited; empty
שומן ר׳ שֻׁמָּן, שֶׁמֶן
שׁוֹמֵעַ ז׳ (*shoME'a*) hearer; listener
שׁוֹמֵר ז׳ (*shoMER*) guard; watchman; keeper
שׁוֹמְרָה נ׳ (*shomeRA*) watchman's hut; sentry box
שׁוֹמְרוֹן נ׳ (*shomeRON*) Samaria
שׁוֹמְרוֹנִי ז׳ (*shomeroNI*) Samaritan
שומשום ר׳ שֻׁמְשׁוּם

שׂוֹנֵא ז׳ (*soNE*) enemy
שׁוֹנֶה ת׳ (*shoNE*) different
שונית ר׳ שְׁנִית
שִׁוֵּעַ פעל ע׳ (*shivVA'*) call for help
שַׁוְעָה נ׳ (*shav'A*) call for help; outcry
שׁוּעָל ז׳ (*shu'AL*) fox
שׁוֹעֵר ז׳ (*sho'ER*) gatekeeper; goalkeeper
שׁוֹפֵט ז׳ (*shoFET*) judge; referee; umpire
– חוֹקֵר examining magistrate
– שָׁלוֹם magistrate; justice of the peace
שׁוֹפְטִים Judges (book)
שׁוֹפִין (*shoFIN*) file
שופכין ר׳ שָׁפַךְ
שׁוֹפֵעַ ת׳ (*shoFE'a*) flowing; abundant; sloping
שׁוֹפָר ז׳ (*shoFAR*) ram's horn; organ
שׁוֹק נ׳ (*SHOK*) calf; leg; arm; side
הִכָּהוּ – עַל יָרֵךְ trounce severely; smite hip on thigh
שׁוּק ז׳ (*SHUK*) market; marketplace; bazaar
שִׁוֵּק פעל י׳ (*shivVEK*) market
שׁוֹקוֹלַד ז׳ שׁוֹקוֹלָדָה נ׳ (*shokoLAD; shokoLAda*) chocolate
שׁוֹקֵל ז׳ (*shoKEL*) purchaser of Zionist Shekel
שׁוֹקֵעַ ת׳ (*shoKE'a*) sinking; setting
שׁוֹר ז׳ (*SHOR*) bull; ox; Taurus
שׁוּרָה נ׳ (*shuRA*) row; line; file; rank; series
כַּ– properly
שׁוּרוּק, שׁוּרֻק ז׳ (*shuRUK*) (Hebrew letter to indicate sound of OO as in boot)
שׁוֹרֵק ת׳ (*shoREK*) sibilant
שׁוּשׁ ז׳ (*SHUSH*) licorice
שׁוֹשְׁבִין ז׳ (*shosheVIN*) friend; companion; patron; best man

שׁוֹשֶׁלֶת נ׳ (*shoSHElet*) dynasty; genealogy
שׁוֹשָׁן ז׳ (*shoSHAN*) lily
שׁוֹשַׁנָּה נ׳ (*shoshanNA*) lily; head (of nail); ersipelas; rose
שׁוֹשַׁנַּת יָם sea anemone
שָׁזוּף ת׳ (*shaZUF*) sunburnt; tanned
שִׁזּוּף ת׳ (*shizZUF*) suntan
שָׁזוּר ת׳ (*shaZUR*) interwoven; intertwined
שִׁזּוּר ז׳ (*shizZUR*) interweaving; intertwining
שָׁזִיף ז׳ (*shaZIF*) prune
שְׁזִירָה נ׳ (*sheziRA*) twisting
שָׁזַר פעל י׳ (*shaZAR*) interweave; twist
שַׁח פעל ע׳ (*SHAḤ*) become bent; be depressed
— ז׳ Shah; chess
שָׂח פעל ע׳ (*SAḤ*) take a walk
שִׁחֵד פעל י׳ (*shiḤED*) bribe
שֹׁחַד ז׳ (*SHOḥad*) bribe
שָׂחָה פעל ע׳ (*saḤA*) swim
שִׁחוּד ז׳ (*shiḤUD*) bribing; bribery
שְׁחוֹחַ תה״פ (*sheḤO'aḥ*) bent over
שָׁחוּחַ ת׳ (*shaḤU'aḥ*) bent; bent over
שָׁחוּט ת׳ (*shaḤUT*) slaughtered; beaten
שחום ר׳ שָׁחֹם
שָׁחוּן ת׳ (*shaḤUN*) parched; hot and dry
שָׁחוּף ת׳ (*shaḤUF*) tubercular
שְׂחוֹק ז׳ (*seḤOK*) laughter; scorn; amusement; play; game
בַּת — smile
שָׁחוּק ת׳ (*shaḤUK*) crushed; tattered
שָׁחוֹר ת׳ (*shaḤOR*) black
שִׁחְזוּר ז׳ (*shiḥZUR*) reconstruction; restoration
שִׁחְזֵר פעל י׳ (*shiḥZER*) reconstruct; restore
שָׁחַט פעל י׳ (*shaḤAT*) slaughter; butcher
שֶׁחִי, שֶׁחִי ז׳ (*sheḤI; SHEḥi*) armpit
בֵּית הַ — armpit
שְׂחִיָּה נ׳ (*seḥiYA*) swim; swimming
שְׂחִיַּת גַּב back stroke
שְׂחִיַּת חֲתִירָה crawl
שְׁחִיטָה נ׳ (*sheḥiTA*) slaughter; slaughtering
שְׁחִין ז׳ (*sheḤIN*) boils
שַׂחְיָן ז׳ (*saḥYAN*) swimmer
שַׂחְיָנוּת נ׳ (*saḥyaNUT*) swimming
שְׁחִיקָה נ׳ (*sheḥiKA*) crushing; pulverizing
שְׁחִיתוּת נ׳ (*sheḥiTUT*) corruption
שַׁחֲלָה נ׳ (*shaḥaLA*) ovary
שַׁחַם ז׳ (*SHAḥam*) granite
שָׁחֹם ת׳ (*shaḤOM*) dark brown; swarthy
שְׁחַמְחַם ת׳ (*sheḥamḤAM*) brownish
שַׁחְמָט ז׳ (*shaḥMAT*) chess
שַׁחְמְטָאוּת נ׳ (*shaḥmata'UT*) chess playing
שַׁחְמְטַאי ז׳ (*shaḥmaTAI*) chess player
שַׁחַף ז׳ (*SHAḥaf*) seagull
שַׁחֲפָנִי ת׳ (*shaḥafaNI*) tubercular
שַׁחֶפֶת נ׳ (*shaḤEfet*) tuberculosis
שַׁחֲצָן ז׳ (*shaḥaTSAN*) arrogant person
שַׁחֲצָנוּת נ׳ (*shaḥatsaNUT*) arrogance; conceit
שָׂחַק פעל ע׳ (*saḤAK*) laugh; mock
שִׂחֵק פעל ע׳ (*siḤEK*) play; entertain; mock; flirt
שָׁחַק פעל י׳ (*shaḤAK*) crush; pulverize
שַׁחַק ז׳, שְׁחָקִים ז״ר (*SHAḥak; sheḥaKIM*) clouds; sky
שַׂחְקָן ז׳ (*saḥaKAN*) actor; player
שַׂחְקָנוּת נ׳ (*saḥakaNUT*) acting
שַׁחַר ז׳ (*SHAḥar*) dawn; meaning; sense
שָׁחַר פעל י׳ (*shaḤAR*) seek out
שִׁחֵר פעל י׳ (*shiḤER*) visit; seek out
שִׁחְרוּר ז׳ (*shiḥRUR*) liberation;

exemption; release; demobilization

blackbird (shaḥaRUR) שַׁחֲרוּר ז׳

youth (shaḥaRUT) שַׁחֲרוּת נ׳

blackish; dark gray (sheḥarḤAR) שְׁחַרְחַר ת׳

morning prayer; morning hours; early morning (shaḥaRIT) שַׁחֲרִית נ׳

breakfast פַּת –

liberate; emancipate; release; exempt; demobilize (shiḥRER) שִׁחְרֵר פעל י׳

pit; grave; hay (SHAḥat) שַׁחַת נ׳

roam; sail; row; float; swim (SHAT) שָׁט פעל ע׳

acacia (shitTA) שִׁטָּה נ׳

ridicule; make fun of – פעל י׳

flat (shaTU'aḥ) שָׁטוּחַ ת׳

flattening; spreading out (shitTU'aḥ) שִׁטּוּחַ ז׳

flooded; addicted to (shaTUF) שָׁטוּף ת׳

policing (shitTUR) שִׁטּוּר ז׳

foolishness; nonsense (sheTUT) שְׁטוּת נ׳

spread out; lay out; extend (shaTAḤ) שָׁטַח פעל י׳

area; surface; sphere; territory (SHEtaḥ) שֶׁטַח ז׳

superficial; shallow (shitḤI) שִׁטְחִי ת׳

superficiality; shallowness (shitḥiYUT) שִׁטְחִיּוּת נ׳

rug; carpet (shaTI'aḥ) שָׁטִיחַ ז׳

flatness (shetiḤUT) שְׁטִיחוּת נ׳

rinsing; wash; washing; washing away; addiction (shetiFA) שְׁטִיפָה נ׳

brainwashing שְׁטִיפַת מֹחַ

addiction; passion for (shetiFUT) שְׁטִיפוּת נ׳

Satan; devil; enemy; adversary (saTAN) שָׂטָן ז׳

slander; denunciation; indictment (sitNA) שִׂטְנָה נ׳

diabolical; fiendish (setaNI) שְׂטָנִי ת׳

transshipment (shit'UN) שִׁטְעוּן ז׳

transship (shit'EN) שִׁטְעֵן פעל י׳

rinse; wash; wash away; flood (shaTAF) שָׁטַף פעל י׳

flow; torrent; flood; rapidity; fluency (SHEtef) שֶׁטֶף ז׳

flood; inundation (shittaFON) שִׁטָּפוֹן ז׳

note; bill; document; (sheTAR) שְׁטָר ז׳

promissory note שְׁטַר חוֹב

strudel (SHTRUDL) שְׁטְרוּדֶל ז׳

gift; present (SHAI) שַׁי ז׳

record; height; highpoint; summit; pinnacle; peak (SI) שִׂיא ז׳

old age; white hair (seyVA) שֵׂיבָה נ׳

ripe old age – טוֹבָה

return (shiVA) שִׁיבָה נ׳

lamb (seYA) שֶׂיָה נ׳

rowing; cruising (shiYUT) שִׁיּוּט ז׳

belonging; attribution (shiYUKH) שִׁיּוּךְ ז׳

remainder (shiYUR) שִׁיּוּר ז׳

jujube (sheyZAF) שֵׁיזָף ז׳

bush; conversation (SI'aḥ) שִׂיחַ ז׳

conversation; talk; chat; telephone call (siḤA) שִׂיחָה נ׳

local call – מְקוֹמִית

outside call שִׂיחַת חוּץ

conversation manual (siḤON) שִׂיחוֹן ז׳

navigation; sailing (SHAyit) שַׁיִט ז׳

oarsman; rower (shaiYAT) שַׁיָּט ז׳

system; method; school; theory; line (shiTA) שִׁיטָה נ׳

flotilla (shaiYEtet) שַׁיֶּטֶת נ׳

methodical; systematic (shitaTI) שִׁיטָתִי ת׳

method; system (shitatiYUT) שִׁיטָתִיּוּת נ׳

attribute; connect (shiYEKH) שִׁיֵּךְ פעל י׳

sheikh (SHEYKH) שֵׁיךְ ז׳

belong; relevant (*shaiYAKH*) שַׁיָּךְ ת׳
connection; (*shaiyaKHUT*) שַׁיָּכוּת נ׳ belonging
sheikhdom (*sheyKHUT*) שֵׁיכוּת נ׳
putting; making; (*siMA*) שִׂימָה נ׳ appointing
attention שִׂימַת לֵב
chimpanzee (*shimpanZE*) שִׁימְפַּנְזֶה ז׳
Shiite (*SHI'i*) שִׁיעִי ת׳
Shiism (*shi'iYUT*) שִׁיעִיּוּת נ׳
file (*shiYET*) שִׁיֵּף פעל י׳
phloem (*shiFA*) שִׁיפָה נ׳
song; poem (*SHIR*) שִׁיר ז׳
folk song – עַם
leave over (*shiYER*) שִׁיֵּר פעל י׳
remnant; (*sheyaRIM*) שְׁיָרִים ז״ר leftovers
fine silk (*shira'IM*) שִׁירָאִים ז״ר
poetry; poem; (*shiRA*) שִׁירָה נ׳ singing
community singing – בְּצִבּוּר
caravan; convoy (*shaiyaRA*) שַׁיָּרָה נ׳
song book (*shiRON*) שִׁירוֹן ז׳
poetical (*shiRI*) שִׁירִי ת׳
marble (*SHAyish*) שַׁיִשׁ ז׳
lie; lie (*shaKHAV*) שָׁכַב פעל ע׳ down; be sick in bed; go to bed with
lower millstone (*SHEkhev*) שֶׁכֶב ז׳
layer; stratum; (*shikhVA*) שִׁכְבָה נ׳ class
whore (*shakhvaNIT*) שַׁכְבָנִית נ׳
forgotten (*shaKHU'aḥ*) שָׁכוּחַ ת׳
cock; rooster (*sekhVI*) שֶׂכְוִי ז׳
pacification; (*shikKUKH*) שִׁכּוּךְ ז׳ placation
bereaved of (*shakKUL*) שַׁכּוּל ת׳ a child
bereavement; (*sheKHOL*) שְׁכוֹל ז׳ childlessness
bereavement; (*shikKUL*) שִׁכּוּל ז׳ childlessness
crossing; (*sikKUL*) שִׂכּוּל ז׳ transposition

housing; (*shikKUN*) שִׁכּוּן ז׳ housing development
quarter; (*shekhuNA*) שְׁכוּנָה נ׳ section; neighborhood; suburb
slum שְׁכוּנַת עֹנִי
neighborhood (*shekhunaTI*) שְׁכוּנָתִי
hired; rented (*saKHUR*) שָׂכוּר ת׳
drunk; (*shikKOR*) שִׁכּוֹר ת׳ ז׳ intoxicated; drunkard
forget (*shaKHAḤ*) שָׁכַח פעל י׳
forgetfulness; (*shikhḤA*) שִׁכְחָה נ׳ forgotten sheaf of grain
ill; (*sheKHIV meRA*) שְׁכִיב־מְרַע fatally ill
lying (*shekhiVA*) שְׁכִיבָה נ׳
ornament; (*sekhiYA*) שְׂכִיָּה נ׳ treasure
beautiful things שְׂכִיּוֹת חֶמְדָּה
common; usual (*shaKHI'aḥ*) שָׁכִיחַ ת׳
forgetting (*shekhiḤA*) שְׁכִיחָה נ׳
frequency (*shekhiḤUT*) שְׁכִיחוּת נ׳
Divine Presence (*shekhiNA*) שְׁכִינָה נ׳
wage earner; (*saKHIR*) שָׂכִיר ז׳ salaried employee; hired worker
mercenary חַיָּל –
hiring; renting (*sekhiRA*) שְׂכִירָה נ׳
lease; hire; rent (*sekhiRUT*) שְׂכִירוּת נ׳
subtenancy מִשְׁנֶה –
rent דְּמֵי –
lease חוֹזֵה –
subside; (*shaKHAKH*) שָׁכַךְ פעל ע׳ calm down
calm; (*shikKEKH*) שִׁכֵּךְ פעל י׳ appease; placate
cross; (*sikKEL*) שִׂכֵּל פעל י׳ transpose
sense; brains; (*SEkhel*) שֵׂכֶל ז׳ mind; wisdom; understanding
common sense יָשָׁר –
lose a (*shaKHAL*) שָׁכַל פעל י׳ child; be bereaved
improvement; (*shikhLUL*) שִׁכְלוּל ז׳ perfecting, perfection

attach; join; fit together (*shilLEV*) שִׁלֵּב פעל י׳
stage; phase; rung (*shaLAV*) שָׁלָב ז׳
snow (*SHEleg*) שֶׁלֶג ז׳
avalanche of snow; popsicle (*shilGON*) שִׁלְגּוֹן ז׳
skeleton; frame (*SHEled*) שֶׁלֶד ז׳
kingfisher (*shalDAG*) שַׁלְדָּג ז׳
frame; chassis (*shilDA*) שִׁלְדָּה נ׳
draw out (*shaLA*) שָׁלָה פעל י׳
inflame; excite (*shilHEV*) שִׁלְהֵב פעל י׳
flame (*shalHEvet*) שַׁלְהֶבֶת נ׳
end (*shilHEY*) שִׁלְהֵי ז״ר
quail (*seLAV*) שְׂלָו ז׳
calm; tranquil (*shaLEV*) שָׁלֵו ת׳
joined; interlocked; connected (*shaLUV*) שָׁלוּב ת׳
calmness; calm; tranquility (*shalVA*) שַׁלְוָה נ׳
sent; stretched out; messenger; swift (*shaLU'aḥ*) שָׁלוּחַ ת׳ ז׳
dismissal; launching; exile (*shilLU'aḥ*) שִׁלּוּחַ ז׳
extension; spur; siding (*sheluḤA*) שְׁלוּחָה נ׳
posting signs (*shilLUT*) שִׁלּוּט ז׳
puddle (*sheluLIT*) שְׁלוּלִית נ׳
peace; rest; quiet; welfare; situation; (greeting and parting wish: hello; goodbye) (*shaLOM*) שָׁלוֹם ז׳
domestic peace שְׁלוֹם בַּיִת
"our own" אַנְשֵׁי שְׁלוֹמֵנוּ
regards דְּרִישַׁת –
God forbid חַס וְ –
how are you מַה שְּׁלוֹמְךָ
may he rest in peace עָלָיו הַשָּׁלוֹם
reward; retribution (*shilLUM*) שִׁלּוּם ז׳
reparations שִׁלּוּמִים
sad sack (*shelumi'EL*) שְׁלוּמִיאֵל ז׳
drawn; unsheathed (*shaLUF*) שָׁלוּף ת׳
שלוש ר׳ שָׁלֹשׁ
Trinity (*shilLUSH*) שִׁלּוּשׁ ז׳

rationalization (*sikhLUN*) שִׂכְלוּן ז׳
rational; sensible; mental (*sikhLI*) שִׂכְלִי ת׳
improve; perfect (*shikhLEL*) שִׁכְלֵל פעל י׳
rationalist (*sikhlaTAN*) שִׂכְלְתָן ז׳
shoulder; upper back; small of back (*SHEkhem*) שֶׁכֶם ז׳
as one man שְׁכֶם אֶחָד
cape (*shikhmiYA*) שִׁכְמִיָּה נ׳
dwell; live; serve as habitation (*shaKHAN*) שָׁכַן פעל ע׳
house; settle; billet (*shikKEN*) שִׁכֵּן פעל י׳
neighbor; neighboring (*shaKHEN*) שָׁכֵן ז׳ ת׳
persuasion (*shikhNU'a*) שִׁכְנוּעַ ז׳
neighborhood; vicinity; proximity (*shekheNUT*) שְׁכֵנוּת נ׳
convince; persuade (*shikhNA'*) שִׁכְנֵעַ פעל י׳
mimeographing (*shikhPUL*) שִׁכְפּוּל ז׳
mimeograph מְכוֹנַת –
mimeograph (*shikhPEL*) שִׁכְפֵּל פעל י׳
hire; rent (*saKHAR*) שָׂכַר פעל י׳
wages; reward (*saKHAR*) שָׂכָר ז׳
rent שְׂכַר דִּירָה
tuition שְׂכַר לִמּוּד
author's fee – סוֹפְרִים
charter (*SEkher*) שֶׂכֶר ז׳
make drunk (*shikKER*) שִׁכֵּר פעל י׳
liquor; beer (*sheKHAR*) שֵׁכָר ז׳
drunkenness; addiction to liquor (*shikhRUT*) שִׁכְרוּת נ׳
splash; shake; stir (*shikhSHEKH*) שִׁכְשֵׁךְ פעל י׳
rewrite (*shikhTEV*) שִׁכְתֵּב פעל י׳
rewriting (*shikhTUV*) שִׁכְתּוּב ז׳
of; belonging to; designed for (*SHEL*) שֶׁל מ״י
my, mine שֶׁלִּי
because of בְּשֶׁל
shawl (*SHAL*) שָׁל ז׳

שלושה ר׳ שְׁלֹשָׁה
שלושים ר׳ שְׁלֹשִׁים
send; stretch; dismiss (shaLAḤ) שָׁלַח פעל י׳
commit suicide – יָד בְּנַפְשׁוֹ
send away; dismiss; launch (shilLAḤ) שִׁלַּח פעל י׳
hide; weapon (SHElaḥ) שֶׁלַח ז׳
table; desk (shulḤAN) שֻׁלְחָן ז׳
code of Jewish law; set table – עָרוּךְ
moneychanging (shulḥaNUT) שֻׁלְחָנוּת נ׳
moneychanger (shulḥaNI) שֻׁלְחָנִי ז׳
rule; govern; master; be proficient; control (shaLAT) שָׁלַט פעל ע׳
sign; shield (SHElet) שֶׁלֶט ז׳
coat of arms – גִּבּוֹרִים
rule; power; government (shilTON) שִׁלְטוֹן ז׳
authorities שִׁלְטוֹנוֹת
my, of mine (shelLI) שֶׁלִּי מ״י
afterbirth (shilYA) שִׁלְיָה נ׳
drawing out; extraction (sheliYA) שְׁלִיָּה נ׳
emissary; messenger; delegate; agent (shaLI'aḥ) שָׁלִיחַ ז׳
cantor שְׁלִיחַ צִבּוּר
relay race מֵרוֹץ שְׁלִיחִים
mission; errand; message (sheliḤUT) שְׁלִיחוּת נ׳
ruler; master (shalLIT) שַׁלִּיט ז׳
power; control; authority; proficiency (sheliTA) שְׁלִיטָה נ׳
denial; deprivation; suspension; negation; negative (sheliLA) שְׁלִילָה נ׳
negative (sheliLI) שְׁלִילִי ת׳
drawing out; unsheathing (sheliFA) שְׁלִיפָה נ׳
adjutant; trustee; arbiter (shaLISH) שָׁלִישׁ ז׳
third (sheLISH) שְׁלִישׁ ז׳

third (sheliSHI) שְׁלִישִׁי ת׳ ז׳
third person – גוּף
triplets, trio (shelishiYA) שְׁלִישִׁיָּה נ׳
osprey (shaLAKH) שָׁלָךְ ז׳
falling leaves; fallen leaves; loneliness (shalLEKhet) שַׁלֶּכֶת נ׳
deny; negate; deprive; prevent (shaLAL) שָׁלַל פעל י׳
booty; loot; catch (of fish) (shaLAL) שָׁלָל ז׳
pay (shilLEM) שִׁלֵּם פעל י׳
whole; entire; intact; complete; full; sound; safe (shaLEM) שָׁלֵם ת׳
paymaster (shalLAM) שַׁלָּם ז׳
bribe (shalMON) שַׁלְמוֹן ז׳
wholeness; completeness; totality; perfection (sheleMUT) שְׁלֵמוּת נ׳
completely – בִּ
draw; unsheathe (shaLAF) שָׁלַף פעל י׳
field of stubble (SHElef) שֶׁלֶף ז׳
bladder; uterus; balloon (shalpuḤIT) שַׁלְפּוּחִית נ׳
scald (shaLAK) שָׁלַק פעל י׳
three (shaLOSH) שָׁלֹשׁ נ׳
three pilgrimage festivals (Passover; Pentecost; Tabernacles) – רְגָלִים
triple; repeat a third time; multiply by three (shilLESH) שִׁלֵּשׁ פעל י׳
of the third generation; great grandson – ז׳
three (sheloSHA) שְׁלֹשָׁה ש״מ ז׳
three; group of three (shelaSHA) שְׁלָשָׁה נ׳
thirteen (sheloSHA 'aSAR) שְׁלֹשָׁה עָשָׂר ש״מ ז׳
diarrhea; dropping; earthworm (shilSHUL) שִׁלְשׁוּל ז׳
day before yesterday (shilSHOM) שִׁלְשׁוֹם תה״פ
formerly – תְּמוֹל
thirty (sheloSHIM) שְׁלֹשִׁים ש״מ
drop; chain; suffer from diarrhea (shilSHEL) שִׁלְשֵׁל פעל י׳ ע׳

שַׁלְשֶׁלֶת נ׳ (*shalSHElet*) chain
– יוּחֲסִין family tree; genealogy
שְׁלֹש עֶשְׂרֵה ש״מ נ׳ (*sheLOSH 'esRE*) thirteen
שֵׁם ז׳ (*SHEM*) name; noun; renown, title
הַ – God
כְּ – שֶׁ... just as
לְ – for, in order to
לִשְׁמוֹ for its own sake
– דָּבָר famous
– הַגּוּף pronoun
הַ – הַמְפֹרָשׁ name of God pronounced in full
– טוֹב good reputation
– נִרְדָּף synonym
– עֶצֶם noun
– עֶצֶם כְּלָלִי common noun
– עֶצֶם פְּרָטִי proper noun
– פְּרָטִי first name
– קִבּוּצִי collective noun
לְ – שָׁמַיִם for God's sake; for an ideal
– תֹּאַר adjective
חִלּוּל הַ – sacrilege
שְׁמוֹת Exodus (book)
שָׁם תה״פ (*SHAM*) there
אֵי – somewhere
שָׂם פעל י׳ (*SAM*) put; place; make; appoint; arrange
– לְאַל do away with
– לֵב pay attention
– נַפְשׁוֹ בְּכַפּוֹ risk his life
שַׁמַּאי ז׳ (*shamMAI*) assessor; appraiser
שְׂמֹאל ז׳ (*seMOL*) left; left side
שְׂמָאלִי ת׳ (*semaLI*) left; left-handed; leftist
שְׂמָאלִיּוּת נ׳ (*semaliyUT*) leftism
שְׂמָאלָנוּת נ׳ (*semalaNUT*) leftist tendencies
שְׂמָאלָנִי ת׳ (*semalaNI*) leftist
שִׁמֵּד פעל י׳ (*shimMED*) convert forcibly

שְׁמָד ז׳ (*sheMAD*) anti-Jewish persecution; forced conversion
שָׁמָּה תה״פ (*SHAMma*) there (thither)
שַׁמָּה נ׳ (*shamMA*) devastation; destruction
שָׁמוּט ת׳ (*shaMUT*) pushed aside; awry; hanging losely; dislocated; long and thin; uncultivated
שְׁמוֹנֶה ש״מ נ׳ (*shemoNE*) eight
שְׁמוֹנֶה עֶשְׂרֵה ש״מ נ׳ (*shemoNE 'esRE*) eighteen
– נ׳ Amida prayer; prayer of eighteen benedictions
שְׁמוֹנָה ש״מ ז׳ (*shemoNA*) eight
שְׁמוֹנָה עָשָׂר ש״מ ז׳ (*shemoNA 'aSAR*) eighteen
שְׁמוֹנִים ש״מ (*shemoNIM*) eighty
שְׁמוּעָה נ׳ (*shemu'A*) rumor; news; account; halakhic tradition
מִפִּי הַ – from hearsay
שָׁמוּר ת׳ (*shaMUR*) reserved; guarded; kept; restricted
שִׁמּוּר ז׳ (*shimMUR*) preservation; conservation; safekeeping; watching
שִׁמּוּרִים preserves
שְׁמוּרָה נ׳ (*shemuRA*) reserve; preserve; eyelid; guard
שִׁמּוּשׁ ז׳ (*shimMUSH*) use; employment
בֵּית – toilet
נְיַר – toilet paper
שִׁמּוּשִׁי ת׳ (*shimmuSHI*) useful; practical; applied
שָׂמַח פעל ע׳ (*saMAḤ*) be happy; be glad; rejoice
שִׂמַּח פעל י׳ (*simMAḤ*) gladden; make happy; cheer
שָׂמֵחַ ת׳ (*saME'aḥ*) glad; happy
שִׂמְחָה נ׳ (*simḤA*) gladness; joy; happiness; joyful occasion
שִׂמְחַת תּוֹרָה Rejoicing in the Law
בַּעַל הַשִּׂמְחָה host
שָׁמַט פעל י׳ (*shaMAT*) throw down;

drop; leave; abandon; leave fallow; slip

Sabbatical year, fallow year; remission of debts; renunciation of claims (*shemitTA*) שְׁמִטָּה נ׳

Semitic; Semite; by name, nominal (*sheMI*) שֵׁמִי ת׳ ז׳

blanket (*shemiKHA*) שְׂמִיכָה נ׳

sky; heaven; God; hopscotch (*shaMAyim*) שָׁמַיִם ז״ר

heavenly (*shemeyMI*) שְׁמֵימִי ת׳

eight (*shemiNI*) שְׁמִינִי ת׳ ז׳

Eight Day of Solemn Assembly (eight day of Sukkot) – עֲצֶרֶת

octave; octette; set of eight; figure eight (*shemini YA*) שְׁמִינִיָּה נ׳

stand on his head עָשָׂה שְׁמִינִיּוֹת בָּאֲוִיר

eighth (*shemiNIT*) שְׁמִינִית נ׳

hearing (*shemi'A*) שְׁמִיעָה נ׳

hearsay evidence עֵדוּת –

auditory; aural (*shemi'aTI*) שְׁמִיעָתִי ת׳

dill; fennel; emery; carborundum (*shaMIR*) שָׁמִיר ז׳

guard; guarding; watching; keeping; safekeeping; observance (*shemiRA*) שְׁמִירָה נ׳

usable; serviceable (*shaMISH*) שָׁמִישׁ ת׳

dress; robe; garment (*simLA*) שִׂמְלָה נ׳

be desolate; be laid waste; be stunned (*shaMAM*) שָׁמַם פעל ע׳

desolate; waste; devastated (*shaMEM*) שָׁמֵם ת׳

desolation; desert (*shemaMA*) שְׁמָמָה נ׳

depression; boredom (*shimmaMON*) שִׁמָּמוֹן ז׳

gecko (*semaMIT*) שְׂמָמִית נ׳

become fat (*shaMAN*) שָׁמַן פעל ע׳

oil; lubricate (*shimMEN*) שִׁמֵּן פעל י׳

fat; rich (*shaMEN*) שָׁמֵן ת׳

oil; olive oil; fatness (*SHEmen*) שֶׁמֶן ז׳

cod liver oil – דָּגִים

lubricating oil – סִיכָה

castor oil – קִיק

fat; fatness (*SHOmen*) שֹׁמֶן ז׳

fat (*shumMAN*) שֻׁמָּן ז׳

slightly oily; fatty; greasy (*shamnuNI*) שַׁמְנוּנִי ת׳

fatness (*shemeNUT*) שְׁמֵנוּת נ׳

containing oil (*shamNI*) שַׁמְנִי ת׳

noun; nominal (*shemaNI*) שְׁמָנִי ת׳

(*shemanMAN; shemanMON*) שְׁמַנְמַן, שְׁמַנְמֹן ת׳ plump; fattish

cream (*shamMEnet*) שַׁמֶּנֶת נ׳

he's doing very well הוּא שׂוֹחֶה בְּ –

hear; listen; respond; pay attention to; understand (*shaMA'*) שָׁמַע פעל י׳

report; account; hearing (*SHEma'*) שֵׁמַע ז׳

Shema (biblical verse proclaiming unity of God) (*sheMA'*) שְׁמַע ז׳

reciting Shema on retiring קְרִיאַת – עַל הַמִּטָּה

shampoo (*shamPU*) שַׁמְפּוּ ז׳

champagne (*shamPANya*) שַׁמְפַּנְיָה נ׳

bit; particle (*SHEmets*) שֶׁמֶץ ז׳

disgrace (*shimTSA*) שִׁמְצָה נ׳

notorious – יָדוּעַ לְ

watch; guard; keep; safeguard; observe; wait (*shaMAR*) שָׁמַר פעל י׳

preserve; conserve (*shimMER*) שִׁמֵּר פעל י׳

babysitter (*shemarTAF*) שְׁמַרְטַף ז׳

yeast; sediment; lees (*shemaRIM*) שְׁמָרִים ז״ר

conservative (*shammeRAN*) שַׁמְּרָן ז׳

(*shammeraNUT*) שַׁמְּרָנוּת נ׳ conservatism

conservative (*shammeraNI*) שַׁמְּרָנִי ת׳

serve; officiate; service (*shimMESH*) שִׁמֵּשׁ פעל י׳

שַׁמָּשׁ ז׳ (*shamMASH*) attendant; beadle; janitor; caretaker

שֶׁמֶשׁ ז׳ נ׳ (*SHEmesh*) sun

בֵּין הַשְּׁמָשׁוֹת twilight; dusk

שִׁמְשָׁה נ׳ (*shimSHA*) pane

שִׁמְשִׁי ת׳ (*shimSHI*) sun; solar

שִׁמְשִׁיָּה נ׳ (*shimshiYA*) parasol; sunshade

שֻׁמְשׁוּם ז׳ (*shumSHUM*) sesame

שֻׁמְשְׁמָנִית נ׳ (*shumshemaNIT*) sesame cake

שֵׁן נ׳ (*SHEN*) tooth; tine; tusk; ivory

שֵׁן הָאֲרִי dandelion

שָׂנֵא פעל י׳ (*saNE*) hate

שִׂנְאָה נ׳ (*sin'A*) hate; hatred

שִׂנְאַת מָוֶת bitter hatred

שַׁנַּאי ז׳ (*shanNAI*) transformer

שָׁנָה פעל י׳ (*shaNA*) repeat; study; teach

— נ׳ year

— מְעֻבֶּרֶת leap year

יוֹם הַ— anniversary

שִׁנָּה פעל י׳ (*shinNA*) change; alter

שֵׁנָה נ׳ (*sheNA*) sleep

שֶׁנְהָב ז׳ (*sheHAV*) ivory; elephant; enamel

שָׂנוּא ת׳ (*saNU*) hated; hateful

שָׁנוּי ת׳ (*shaNUY*) studied; repeated

— בְּמַחֲלֹקֶת controversial

שִׁנּוּי ז׳ (*shinNUY*) change; modification; alteration

שָׁנוּן ת׳ (*shaNUN*) sharp; acute; shrewd; keen

שִׁנּוּן ז׳ (*shinNUN*) repetition; studying; memorizing; inculcation

שִׁנּוּעַ ז׳ (*shinNU'a*) handling

שְׁנוֹרְקֶל ז׳ (*SHNORkel*) snorkel

שְׁנוֹרֶר ז׳ (*SHNOrer*) beggar; person living on handouts; parasite

שְׁנוֹרֵר פעל ע׳ (*shnoRER*) ask for handouts

שְׁנוֹרְרוּת נ׳ (*shnoreRUT*) begging

שַׁנְטָז׳ ז׳ (*shanTAZH*) blackmail

שָׁנִי ז׳ (*shaNI*) scarlet

שֵׁנִי ת׳ (*sheNI*) second

גּוּף — second person

כְּלִי — second-hand

שֹׁנִי ז׳ (*SHOni*) difference

שִׁנִּי ת׳ (*shinNI*) dental

שְׁנִיָּה ת׳ (*sheniYA*) second (adj. f.)

— נ׳ second (division of time, $\frac{1}{60}$ of minute)

שִׁנְיוֹנִי ת׳ (*shinyoNI*) secondary; binary

שְׁנִיּוּת נ׳ (*sheniYUT*) dualism; duplication; duplicity

שְׁנַיִם ש״מ ז׳ (*sheNAyim*) two

פִּי — twice as many; double

שְׁנֵים עָשָׂר ש״מ ז׳ (*sheNEYM 'aSAR*) twelve

שְׁנִינָה נ׳ (*sheniNA*) taunt; mockery

שְׁנִינוּת נ׳ (*sheniNUT*) sharpness; wit; sarcasm

שֵׁנִית תה״פ (*sheNIT*) again; secondly; in the second place

שָׁנִית נ׳ (*shaNIT*) scarlet fever

שֻׁנִּית נ׳ (*shunNIT*) reef

שִׁנֵּן פעל י׳ (*shinNEN*) memorize; learn by heart; repeat; sharpen

שִׁנֵּס פעל י׳ (*shinNES*) gird

שַׁנְסָה נ׳ (*SHANsa*) chance

שֶׁנֶף ז׳ (*SHEnef*) vanilla

שֶׁנֶץ ז׳ (*SHEnets*) lace; ribbon

שִׁנֵּק פעל י׳ (*shinNEK*) strangle; choke

שֻׁנָּר ז׳ (*shunNAR*) lynx, bobcat

שְׁנָתוֹן ז׳ (*shenaTON*) yearbook; annual; age group

שְׁנָתִי ת׳ (*shenaTI*) yearly; annual

שָׁסָה פעל י׳ (*shaSA*) rob; pillage; sack

שִׁסָּה פעל י׳ (*shisSA*) incite

שִׁסּוּי ז׳ (*shisSUY*) inciting, incitement

שָׁסוּעַ ת׳ (*shaSU'a*) split; cleft; cloven

שִׁסּוּעַ ז׳ (*shisSU'a*) splitting;

boredom; dullness (*shi'aMUM*) שִׁעֲמוּם ז׳
bore (*shi'aMEM*) שִׁעֲמֵם פעל י׳
watchmaker (*she'AN*) שֶׁעָן ז׳
watchmaking, watch repair (*she'aNUT*) שֶׁעָנוּת נ׳
hair (*se'AR*) שֵׂעָר ז׳
guess; suppose; imagine; estimate (*shi'ER*) שִׁעֵר פעל י׳
gate; gateway; entrance; habitation; goal; titlepage; chapter; rate of exchange; rate; cost; market price (*SHA'ar*) שַׁעַר ז׳
profiteer הִפְקִיעַ אֶת הַ –
strand of hair; hair (*sa'aRA*) שַׂעֲרָה נ׳
infinitesmal כְּחוּט הַ –
be very strict with; split hairs דִּקְדֵּק עִמּוֹ כְּחוּט הַ –
revaluation (*shi'aRUKH*) שִׁעֲרוּךְ ז׳
scandal; abomination; corruption (*sha'aruriYA*) שַׁעֲרוּרִיָּה נ׳
amusement; entertainment; pleasure; game (*sha'aSHU'a*) שַׁעֲשׁוּעַ ז׳
amuse; entertain; play (*shi'aSHA'*) שִׁעֲשַׁע פעל י׳
lip; language; border; margin; edge; trim; shore; bank (*saFA*) שָׂפָה נ׳
curbstone אֶבֶן –
mother tongue שְׂפַת אֵם
vernacular שְׂפַת דִּבּוּר
skewer, spit; knitting needle; point (*shapPUD*) שַׁפּוּד ז׳
jurisdiction (*shipPUT*) שִׁפּוּט ז׳
sane (*shaFUY*) שָׁפוּי ת׳
poured out (*shaFUKH*) שָׁפוּךְ ת׳
furiously בְּחֵמָה שְׁפוּכָה
lower part; train (*shipPUL*) שִׁפּוּל ז׳
rye (*shipPON*) שִׁפּוֹן ז׳
slope; incline; abundance (*shipPU'a*) שִׁפּוּעַ ז׳
bent, stooped; touching (*shaFUF*) שָׁפוּף ת׳

rending; tearing to pieces; interrupting, interruption
tear to pieces; rend; interrupt (*shisSA'*) שִׁסַּע פעל י׳
loquat (*SHEsek*) שֶׁסֶק ז׳
valve (*shasTOM*) שַׁסְתּוֹם ז׳
subjugate; enslave; make work; mortgage; subordinate (*shi'BED*) שִׁעְבֵּד פעל י׳
enslavement; subjection; servitude; mortgage (*shi'BUD*) שִׁעְבּוּד ז׳
notice; pay attention; turn to, heed (*sha'A*) שָׁעָה פעל ע׳
hour; time; moment – נ׳
while; when בְּ – שֶׁ..., בִּשְׁעַת
a while; briefly; a few moments – קַלָּה
for the time being לְפִי –
wax (*sha'aVA*) שַׁעֲוָה נ׳
cough (*shi'UL*) שִׁעוּל ז׳
leaning (*sha'UN*) שָׁעוּן ת׳
clock; watch (*sha'ON*) שָׁעוֹן ז׳
wrist watch שְׁעוֹן יָד
oilcloth; linoleum (*sha'avaNIT*) שַׁעֲוָנִית נ׳
bean; beans (*she'u'IT*) שְׁעוּעִית נ׳
lesson; measure; size; quantity; value; rate; proportion; part, installment; estimation; meaning (*shi'UR*) שִׁעוּר ז׳
barley; sty (*se'oRA*) שְׂעוֹרָה נ׳
trample; stamp (*sha'AT*) שָׁעַט פעל ע׳
trampling; stamping (*she'aTA*) שְׁעָטָה נ׳
cloth of wool and linen; mixture of irreconciliable materials; disharmony (*sha'atNEZ*) שַׁעַטְנֵז ז׳
hairy; billy goat; satyr (*sa'IR*) שָׂעִיר ת׳ ז׳
scapegoat – לַעֲזָאזֵל
step (*SHA'al*) שַׁעַל ז׳
whooping cough (*sha'Elet*) שַׁעֶלֶת נ׳
cork (*SHA'am*) שַׁעַם ז׳

שְׁפוֹפֶרֶת נ׳ (*shefoFEret*) tube; receiver (telephone)
שִׁפּוּץ ז׳ (*shipPUTS*) repair; renovating; refurbishing, overhaul
שִׁפּוּר ז׳ (*shipPUR*) improvement
שִׁפְחָה נ׳ (*shifḤA*) female slave
שָׁפַט פעל י׳ (*shaFAT*) judge; administer justice; pass sentence; punish; rule; consider
שְׁפִיּוּת נ׳ (*shefiYUT*) sanity
שְׁפִיטָה נ׳ (*shefiTA*) judging; sentencing; consideration
שְׁפִיכָה נ׳ (*shefiKHA*) pouring out; spilling
שְׁפִיכַת דָּמִים bloodshed
שְׁפִיכוּת נ׳ (*shefiKHUT*) pouring out
– דָּמִים bloodshed; mortal insult; sweating blood
שְׁפִיעָה נ׳ (*shefi'A*) flow; abundance
שְׁפִיפוֹן ז׳ (*shefiFON*) Palestinian horned viper
שָׁפִיר ז׳ (*shaFIR*) amnion
שַׁפִּיר ת׳ תה״פ (*shapPIR*) fine; good; well
שַׁפִּירִית נ׳ (*shappiRIT*) dragonfly
שְׁפִיתָה נ׳ (*shefiTA*) putting on the fire
שָׁפַךְ פעל י׳ (*shaFAKH*) pour; pour out; spill; shed
שֶׁפֶךְ ז׳ (*SHEfekh*) mouth; estuary
שֳׁפָכִין, שְׁפָכִין ז״ר (*shofaKHIN; shefaKHIN*) slops; sewage
בּוֹר – cesspit
שָׁפֵל פעל ע׳ (*shaFEL*) be low; be humiliated
שָׁפָל ת׳ (*shaFAL*) low; mean; deep; humble; negligent
שֵׁפֶל ז׳ (*SHEfel*) low state; low tide; depression
שְׁפֵלָה נ׳ (*shefeLA*) coastal plain; lowland; low country
שִׁפְלוּת נ׳ (*shifLUT*) baseness; degradation

שַׁפְלָן ז׳ (*shafLAN*) terrier
שָׂפָם ז׳ (*saFAM*) moustache
שְׂפַמְנוּן ז׳ (*sefamNUN*) catfish
שָׁפָן ז׳ (*shaFAN*) cony
שְׁפַן נִסָּיוֹן guinea pig
שְׁפַנִּיָּה נ׳ (*shefanniYA*) rabbit hutch
שָׁפַע פעל י׳ ע׳ (*shaFA'*) flow; abound in; slant
שֶׁפַע ז׳ (*SHEfa'*) abundance; plenty
שַׁפַּעַת נ׳ (*shapPA'at*) grippe; flu; influenza
שִׁפֵּץ פעל י׳ (*shipPETS*) renovate; refurbish; overhaul
שָׁפַר פעל ע׳ (*shaFAR*) be pleasant; be good
שִׁפֵּר פעל י׳ (*shipPER*) improve; beautify
שִׁפְשׁוּף ז׳ (*shifSHUF*) rubbing; the works
שִׁפְשֵׁף פעל י׳ (*shifSHEF*) rub; give the works
שָׁפַת פעל י׳ (*shaFAT*) put on the fire; heat
שְׂפָתוֹן ז׳ (*sefaTON*) lipstick
שְׂפָתִי ת׳ (*sefaTI*) labial
שְׂפָתַיִם נ״ר (*sefaTAyim*) lips
שִׂפְתֵּת פעל ע׳ (*sifTET*) lisp
שֶׁצֶף ז׳ (*SHEtsef*) wrath; flow
שַׂק ז׳ (*SAK*) sack, bag; sackcloth
שֶׁק ז׳ (*SHEK*) check
שָׁקַד פעל ע׳ (*shaKAD*) be alert; be quick; be diligent, persevere
שָׁקֵד ז׳ (*shaKED*) almond; tonsil
שְׁקֵדִיָּה נ׳ (*shekediYA*) almond tree
שַׁקְדָן ז׳ (*shakDAN*) diligent person; persevering person
שַׁקְדָנוּת נ׳ (*shakdaNUT*) diligence; perseverance
שָׁקוּד ת׳ (*shaKUD*) diligent; studious
שִׁקּוּי ז׳ (*shikKUY*) drink; beverage
שִׁקּוּל ז׳ (*shikKUL*) consideration
שָׁקוּל ת׳ (*shaKUL*) considered;

draft (*SHOka'*) שֹׁקַע ז׳
concave (*shek'aruRI*) שְׁקַעֲרוּרִי ת׳
reflect (*shikKEF*) שִׁקֵּף פעל י׳
loathe; (*shikKETS*) שִׁקֵּץ פעל י׳
abominate; desecrate; render unclean
abomination; (*SHEkets*) שֶׁקֶץ ז׳
unclean insects and reptiles; non-Jewish bully; bum
non-Jewish girl (*shikTSA*) שִׁקְצָה נ׳
bustle; make (*shaKAK*) שָׁקַק פעל ע׳
noise; roar
wink; paint (*sikKER*) שִׂקֵּר פעל י׳
lie; deceive; (*shikKER*) שִׁקֵּר פעל ע׳
betray
lie; falsehood (*SHEker*) שֶׁקֶר ז׳
false prophet נְבִיא –
false witness עֵד –
liar (*shakkeRAN*) שַׁקְרָן ז׳
lying (*shakkeraNUT*) שַׁקְרָנוּת נ׳
rumble; clatter (*shikSHUK*) שִׁקְשׁוּק ז׳
rumble; (*shikSHEK*) שִׁקְשֵׁק פעל י׳
clatter
trough (*SHOket*) שֹׁקֶת נ׳
minister; ruler; (*SAR*) שַׂר ז׳
commander; officer; prince
minister of finance – הָאוֹצָר
defense minister – הַבִּטָּחוֹן
minister for foreign affairs – הַחוּץ
sing; compose (*SHAR*) שָׁר פעל י׳
poetry
singer – ז׳
dry and (*shaRAV*) שָׁרָב ז׳
intense heat
extend; (*shirBEV*) שִׁרְבֵּב פעל י׳
stretch; insert in wrong place
extension; (*shirBUV*) שִׁרְבּוּב ז׳
incorrect insertion
very hot (*sheraVI*) שְׁרָבִי ת׳
scepter; baton; (*sharVIT*) שַׁרְבִיט ז׳
rod; twig
plumber (*sheravRAV*) שְׁרַבְרָב ז׳
plumbing (*sheravraVUT*) שְׁרַבְרָבוּת נ׳

weighed; even; evenly-balanced; equal; undecided; rhymed
rehabilitation, (*shikKUM*) שִׁקּוּם ז׳
restoration
absorbed (*shaKU'a*) שָׁקוּעַ ת׳
x-ray; (*shikKUF*) שִׁקּוּף ז׳
x-ray examination
transparent; clear (*shaKUF*) שָׁקוּף ת׳
slide (*shekuFIT*) שְׁקוּפִית נ׳
abomination (*shikKUTS*) שִׁקּוּץ ז׳
be quiet; (*shaKAT*) שָׁקַט פעל ע׳
be peaceful; be unconcerned
silence; quiet (*SHEket*) שֶׁקֶט ז׳
unrest אִי־ –
quiet; silent; (*shaKET*) שָׁקֵט ת׳
peaceful
diligence (*shekiDA*) שְׁקִידָה נ׳
flamingo (*shekiTAN*) שְׁקִיטָן ז׳
weighing (*shekiLA*) שְׁקִילָה נ׳
setting; sinking; (*sheki'A*) שְׁקִיעָה נ׳
sedimentation; absorption; decline
transparency (*shekiFUT*) שְׁקִיפוּת נ׳
small bag; (*sakKIK*) שַׂקִּיק ז׳
paper bag
שַׂקִּית ר׳ שַׂקִּיק
weigh; (*shaKAL*) שָׁקַל פעל י׳
consider; pay; buy Zionist shekel; scan poetry
Shekel; (*SHEkel*) שֶׁקֶל ז׳
membership certificate in Zionist organization
post exchange; (*SHEkem*) שֶׁקֶם ז׳
army exchange
rehabilitate; (*shikKEM*) שִׁקֵּם פעל י׳
restore
sycamore (*shikMA*) שִׁקְמָה נ׳
pelican (*sakNAI*) שַׂקְנַאי ז׳
set; sink; (*shaKA'*) שָׁקַע פעל ע׳
settle; decline; be absorbed
insert; drive (*shikKA'*) שִׁקַּע פעל י׳
(nail); drown; sink
depression; drop; (*SHEka'*) שֶׁקַע ז׳
receptacle; outlet

שָׂרַד פעל ע׳ (saRAD) remain; survive
שְׂרָד, בִּגְדֵי־ ז״ר (bigDEY seRAD) uniform
דִּירַת – government quarters
שָׂרָה פעל ע׳ (saRA) contend; struggle
שָׁרָה פעל י׳ ע׳ (shaRA) soak; rest
שַׁרְווּל ז׳ (sharVUL) sleeve
שָׁרוּי ת׳ (shaRUY) staying, being; soaked
שְׂרוֹךְ ז׳ (seROKH) lace
שָׂרוּעַ ת׳ (saRU'a) stretched out; possessing abnormally long limb
שָׂרוּף ת׳ (saRUF) burnt; ardent
שֵׁרוּת ז׳ (sheRUT) service; shared taxi
שָׂרַט פעל י׳ (saRAT) scratch
שִׂרְטוּט ז׳ (sirTUT) drawing; sketch
שִׂרְטוֹן ז׳ (sirTON) sandbank
עָלָה עַל – run aground
שִׂרְטֵט ר׳ סִרְטֵט
שַׂרְטָט ז׳ (sarTAT) draftsman
שָׂרֶטֶת נ׳ (saREtet) scratch
שָׂרִיג ז׳ (saRIG) twig; shoot
שָׂרִיד ז׳ (saRID) remnant; survivor
שְׁרִיָּה נ׳ (sheriYA) soaking
שִׁרְיוֹן ז׳ (shirYON) armor; armored vehicles
חֵיל – tank corps
שִׁרְיוּן ז׳ (shirYUN) armoring; reserving
שִׁרְיוֹנַאי ז׳ (shiryoNAI) soldier in armored unit
שִׁרְיוֹנִית נ׳ (shiryoNIT) armored car
שְׂרִיטָה נ׳ (seriTA) scratching; scratch
שִׁרְיֵן פעל י׳ (shirYEN) armor; reserve
שְׁרִיקָה נ׳ (sheriKA) whistle; whistling
שָׁרִיר, שְׁרִיר ז׳ (shaRIR; sheRIR) muscle
שָׁרִיר ת׳ (shaRIR) certain; valid
שְׁרִירוּת נ׳ (sheriRUT) arbitrariness; stubbornness
– לֵב arbitrariness
שְׁרִירוּתִי ת׳ (sheriruTI) arbitrary
שְׁרִירִי ת׳ (sheriRI) muscular
שֵׂרַךְ פעל י׳ (seRAKH) proceed erratically; deviate; amble
שָׁרָךְ ז׳ (shaRAKH) fern
שָׂרַף פעל י׳ (saRAF) burn; burn down
שָׂרָף ז׳ (saRAF) Seraph
שְׂרָף ז׳ (seRAF) resin
שְׂרֵפָה נ׳ (sereFA) fire; burning, combustion
אֲבַק – gunpowder
שְׁרַפְרַף ז׳ (sherafRAF) stool
שָׁרַץ פעל ע׳ (shaRATS) swarm; teem
שֶׁרֶץ ז׳ (SHErets) creeping things; insects and reptiles
שָׁרַק פעל ע׳ (shaRAK) whistle
שָׂרַר פעל ע׳ (saRAR) rule; prevail; reign
שְׂרָרָה נ׳ (seraRA) rule; authority; power; representative of the authorities
בַּעַל – ruler, tyrant
שֵׁרֵשׁ פעל י׳ (sheRASH) uproot; eradicate
שֹׁרֶשׁ ז׳ (SHOresh) root; radical; source
שַׁרְשׁוּר ז׳ (sharSHUR) tapeworm
שָׁרְשִׁי ת׳ (shorSHI) root; deep-rooted; radical
שָׁרְשִׁיּוּת נ׳ (shorshiYUT) deep-rootedness
שַׁרְשֶׁרֶת נ׳ (sharSHEret) chain; cordon
שֵׁרֵת פעל י׳ (sheRAT) serve
שֵׁשׁ ש״מ נ׳ (SHESH) six
שָׂשׂ פעל ע׳ (SAS) rejoice
שִׁשָּׁה ש״מ ז׳ (shishSHA) six
שִׁשָּׁה עָשָׂר ש״מ ז׳ (shishSHA 'aSAR) sixteen
שָׂשׂוֹן ז׳ (saSON) joy; merriment
שִׁשִּׁיָּה נ׳ (shishiYA) six; set of six; sextet

sixty (shishSHIM) שִׁשִּׁים ש״מ
sixth (shishSHIT) שִׁשִּׁית נ׳
(SHESH 'esRE) שֵׁשׁ עֶשְׂרֵה ש״מ נ׳
sixteen
buttocks (SHET) שֵׁת ז׳
put; make; besiege (SHAT) שָׁת פעל י׳
pay attention – לִבּוֹ
interceder; (shetaddeLAN) שְׁתַדְּלָן ז׳
intermediary; pleader
(shetaddelaNUT) שְׁתַדְּלָנוּת נ׳
intercession; mediation; pleading
drink (shaTA) שָׁתָה פעל י׳
toast – לְחַיִּים
drunk; (shaTUY) שָׁתוּי ת׳
intoxicated; saturated
planted (shaTUL) שָׁתוּל ת׳
transplanting (shitTUL) שִׁתּוּל ז׳
participation; (shitTUF) שִׁתּוּף ז׳
cooperation; acceptance as a partner; partnership
collaboration – פְּעֻלָּה
cooperative; (shittuFI) שִׁתּוּפִי ת׳
collective
paralysis (shitTUK) שִׁתּוּק ז׳
warp (sheTI) שְׁתִי ז׳
cross-examination חֲקִירַת – וָעֵרֶב
drinking; (shetiYA) שְׁתִיָּה נ׳
drunkenness; drink
seedling (shaTIL) שָׁתִיל ז׳
planting (shetiLA) שְׁתִילָה נ׳

two (sheTAyim) שְׁתַּיִם ש״מ נ׳
(sheTEYM שְׁתֵּים־עֶשְׂרֵה ש״מ נ׳
twelve 'esRE)
drunkard (shatYAN) שַׁתְיָן ז׳
silence (shetiKA) שְׁתִיקָה נ׳
plant (seedling) (shaTAL) שָׁתַל פעל י׳
domineering (shetalleTAN) שְׁתַלְּטָן ז׳
person
(shetalletaNUT) שְׁתַלְּטָנוּת נ׳
dominance; drive to domineer
nurseryman (shatLAN) שַׁתְלָן ז׳
shirker; (shetammeTAN) שְׁתַמְּטָן ז׳
evader
(shetammetaNUT) שְׁתַמְּטָנוּת נ׳
evasion of duty
urine (SHEten) שֶׁתֶן ז׳
take as a (shitTEF) שִׁתֵּף פעל י׳
partner; include
collaborate – פְּעֻלָּה
partner; associate (shutTAF) שֻׁתָּף ז׳
partnership (shuttaFUT) שֻׁתָּפוּת נ׳
socialist (shatteFAN) שַׁתְּפָן ז׳
be silent; keep (shaTAK) שָׁתַק פעל ע׳
quiet; calm down
silence; (shitTEK) שִׁתֵּק פעל י׳
paralyze; calm
taciturn person; (shatKAN) שַׁתְקָן ז׳ת׳
silent
taciturnity; (shatkaNUT) שַׁתְקָנוּת נ׳
silence
flow; drip (shaTAT) שָׁתַת פעל ע׳י׳

ת

ת׳ נ׳ (*TAV*) Tav (twenty-second letter of the Hebrew alphabet); four hundred, four-hundredth

תָּא ז׳ (*TA*) cell; box; cabin; compartment

תָּאַב פעל ע׳ (*ta'EV*) crave; desire; long for

תֵּאֵב פעל י׳ (*te'EV*) loathe; hate

תֵּאָבוֹן ז׳ (*te'aVON*) appetite

בְּתֵאָבוֹן! eat heartily; with a hearty appetite!

תַּאֲגִיד ז׳ (*ta'aGID*) corporation

תְּאוֹ ז׳ (*te'O*) water buffalo

תַּאֲוָה נ׳ (*ta'aVA*) desire; lust

תֵּאוֹלוֹג ז׳ (*te'oLOG*) theologian

תֵּאוֹלוֹגִי ת׳ (*te'oLOgi*) theological

תֵּאוֹלוֹגְיָה נ׳ (*te'oLOGya*) theology

תֵּאוּם ז׳ (*te'UM*) coordination

תְּאוֹם ז׳ (*te'OM*) twin

תְּאוֹמִים twins; Gemini

תַּאֲוָנוּת נ׳ (*ta'avaNUT*) lust

תַּאֲוָנִי ת׳ (*ta'avaNI*) lustful

תְּאוּצָה נ׳ (*te'uTSA*) acceleration

תֵּאוֹקְרַטְיָה נ׳ (*te'oKRATya*) theocracy

תֵּאוּר ז׳ (*te'UR*) description

תְּאוּרָה נ׳ (*te'uRA*) lighting; illumination

תֵּאוּרִי ת׳ (*te'uRI*) descriptive

תֵּאוֹרֶטִי ת׳ (*te'oREti*) theoretical

תֵּאוֹרֶטִיקָן ז׳ (*te'oREtikan*) theoretician; theorist

תֵּאוֹרְיָה נ׳ (*te'ORya*) theory

תַּאַוְתָן ז׳ (*ta'avTAN*) voluptuary

תַּאַוְתָנוּת ר׳ תַּאֲוָנוּת

תַּאַוְתָנִי ר׳ תַּאֲוָנִי

תָּאִי ת׳ (*ta'I*) cellular

תָּאִית ת׳ (*ta'IT*) cellulose

תָּאַם פעל ע׳ (*ta'AM*) fit, match; correspond; resemble

תֵּאֵם פעל י׳ (*te'EM*) coordinate

תְּאֵנָה נ׳ (*te'eNA*) fig; fig tree

תָּאַר פעל י׳ (*ta'AR*) encompass; delineate

תֵּאֵר פעל י׳ (*te'ER*) describe; portray; outline

תֹּאַר ז׳ (*TO'ar*) form; figure; appearance; degree; title; adjective

שֵׁם —, — הַשֵּׁם adjective

— הַפֹּעַל adverb

תַּאֲרִיךְ ז׳ (*ta'aRIKH*) date

תַּאֲרִיכוֹן ז׳ (*ta'ariKHON*) date stamp

תִּאֲרֵךְ פעל י׳ (*ti'aREKH*) date

תֵּבָה נ׳ (*teVA*) box; ark; written word; reader's desk; Ark of Law

תֵּבַת מִכְתָּבִים mail box

תֵּבַת נְגִינָה music box

רָאשֵׁי תֵבוֹת abbreviation

תֻּבָּה נ׳ (*tubBA*) hull

תְּבוּאָה נ׳ (*tevu'A*) produce; crop; grains; product

תְּבוּנָה נ׳ (*tevuNA*) intelligence; wisdom; understanding

תְּבוּסָה נ׳ (*tevuSA*) defeat

תְּבוּסָן ז׳ (*tevuSAN*) defeatist

תְּבוּסָנוּת נ׳ (*tevusaNUT*) defeatism

תְּבִיעָה נ׳ (*tevi'A*) claim; demand; prosecution

תֵּבֵל נ׳ (*teVEL*) universe; world

תֶּבֶל ז׳ (*TEvel*) condiment; flavoring; seasoning

תִּבֵּל פעל י׳ (*tibBEL*) flavor, spice; diversify

תְּבַלּוּל ז׳ (*tevalLUL*) cataract

תַּבְלִיט ז׳ (*tavLIT*) relief

מַפַּת — relief map

תַּבְלִין ר׳ תֶּבֶל

תֶּבֶן ז׳ (*TEven*) straw; trash

תִּבֵּן פעל י׳ (*tibBEN*) mix with straw
תַּבְנוּן ז׳ (*tavNUN*) bastion
תַּבְנִית נ׳ (*tavNIT*) form; shape; figure; pattern; format; size; mold
תָּבַע פעל י׳ (*taVA'*) claim; demand; seek out
תַּבְעֵרָה נ׳ (*tav'eRA*) fire; burning; conflagration
פְּצָצַת – incendiary bomb
תִּבְרֵג פעל י׳ (*tivREG*) thread; cut screws
תַּבְרוּאָה נ׳ (*tavru'A*) sanitation
תַּבְרוּאָן ז׳ (*tavru'AN*) sanitation officer
תַּבְרִיג ז׳ (*tavRIG*) thread
תַּבְשִׁיל ז׳ (*tavSHIL*) dish; cooked food
תָּג ז׳ (*TAG*) insignia; badge; ornamental flourish
תִּגְבֵּר פעל י׳ (*tigBER*) reinforce
תִּגְבֹּרֶת נ׳ (*tigBOret*) reinforcements; rise; increase
תְּגוּבָה נ׳ (*teguVA*) reaction; response
תַּגְלִית נ׳ (*tagLIT*) discovery
תַּגְמוּל ז׳ (*tagMUL*) recompense; reprisal
פְּעֻלַּת – reprisal
תִּגֵּר פעל י׳ (*tigGER*) trade; bargain
תַּגָּר ז׳ (*tagGAR*) merchant
תִּגָּר ז׳ (*tigGAR*) quarrel
קָרָא – complain
תִּגְרָה נ׳ (*tigRA*) quarrel; altercation; anger
תִּגְרַת יָדַיִם fist fight
תַּגְּרָן ז׳ (*taggeRAN*) merchant; peddler; haggler
תַּגְּרָנוּת נ׳ (*taggeraNUT*) trade; petty trade; haggling
תַּדְהֵמָה נ׳ (*tadheMA*) stupefaction
תָּדִיר ת׳ תה״פ (*taDIR*) frequent; frequently; often
תְּדִירוּת נ׳ (*tediRUT*) frequency; regularity
תִּדְלוּק ז׳ (*tidLUK*) refuelling

תַּדְמִית נ׳ (*tadMIT*) image
תַּדְפִּיס ז׳ (*tadPIS*) offprint; reprint; print
תֶּדֶר ז׳ (*TEder*) frequency
תִּדְרוּךְ, תַּדְרִיךְ ז׳ (*tidRUKH; tadRIKH*) briefing
תִּדְרֵךְ פעל י׳ (*tidREKH*) brief
תֵּה ז׳ (*TE*) tea
תָּהָה פעל ע׳ (*taHA*) be amazed; wonder; regret
– עַל קַנְקַנּוֹ examine nature of
תֹּהוּ ז׳ (*TOhu*) desolation; nothingness
– וָבֹהוּ chaos
לַ – in vain
עָלָה בַּ – fail
תְּהוּדָה נ׳ (*tehuDA*) resonance
תְּהוֹם נ׳ (*teHOM*) deep; abyss; depth; torrent
מֵי – ground water
תְּהוֹמִי ת׳ (*tehoMI*) bottomless; abysmal
תְּהִיָּה נ׳ (*tehiYA*) amazement; regret
תְּהִלָּה נ׳ (*tehilLA*) praise; splendor
תַּהֲלוּכָה נ׳ (*tahaluKHA*) procession; cavalcade
תַּהֲלִיךְ ז׳ (*tahaLIKH*) process
תְּהִלִּים ז״ר (*tehilLIM*) Psalms (book)
תַּהְפּוּכָה נ׳ (*tahpuKHA*) perversion; distortion; change; vicissitude
תָּו ז׳ (*TAV*) sign; mark; note (music)
– נ׳ Tav (twenty-second and final letter of Hebrew alphabet)
מֵאָלֶף עַד – from A to Z
תָּו דֹּאַר postage stamp
תָּוֵי פָּנִים features
תּוֹאֵם ת׳ (*to'EM*) suitable; fitting; equal; similar
תּוֹאֲנָה נ׳ (*to'aNA*) pretext
תּוֹבָלָה נ׳ (*tovaLA*) transport
תּוֹבֵעַ ז׳ (*tove'A*) plaintiff; prosecutor
תּוּבְעָנָה נ׳ (*tuv'aNA*) claim

תוּגָה נ׳	(tuGA)	grief; sadness
תּוֹדָה נ׳	(toDA)	thanksgiving; thanks; thank you; gratitude
תּוֹדָעָה נ׳	(toda'A)	consciousness
תִּוָּה פעל י׳	(tivVA)	outline; sketch; lay out; design
תִּוּוּךְ ז׳	(tivVUKH)	mediation; brokerage
תּוֹחֶלֶת נ׳	(toḤElet)	hope; expectation
תְּוַי, תְּוַאי ז׳	(teVAI)	outline; construction plan
תּוּיָה נ׳	(tuYA)	arbor vitae
תָּוִית נ׳	(taVIT)	label
תָּוֶךְ, תּוֹךְ ז׳	(TAvekh; TOKH)	center; middle; inside; interior; contents
תּוֹךְ מ״י		within
תּוֹךְ כְּדֵי		in the course of, while
בְּתוֹךְ		in the midst of; during
לְתוֹךְ		inside; into
מִ —		from; out of
מִ — כָּךְ		in this way
— שֶׁ...		while; since; because
תִּוֵּךְ פעל י׳	(tivVEKH)	mediate; bisect
תּוֹכֵחָה נ׳	(tokheḤA)	punishment; misfortune; reproof
תּוֹכָחָה נ׳	(tokhaḤA)	reprimand; rebuke
תּוֹכֵן ז׳	(toKHEN)	astronomer
תּוֹלָד ז׳	(toLAD)	derivative
תּוֹלָדָה נ׳	(tolaDA)	result; consequence; conclusion; offspring; nature; creation; history; annals; corollary
תּוֹלָדוֹת נ״ר		history; generations; chronology
תּוֹלְדוֹת חַיִּים		curriculum vitae
תּוֹלָע ז׳, תּוֹלֵעָה, תּוֹלַעַת נ׳	(toLA'; tole'A; toLA'at)	worm; larva; scarlet cloth
תּוֹמֵךְ ז׳	(toMEKH)	support; backer; seconder; supporting
תּוּנִיסְיָה נ׳	(tuNIsiya)	Tunisia
תּוֹסֵס ת׳	(toSES)	fermenting; agitated
תּוֹסֶפֶת נ׳	(toSEfet)	addition; increase; addendum; supplement
— יֹקֶר		cost of living increment
תּוֹסֶפְתָּא נ׳	(tosefTA)	Tosefta (supplement to the Mishna)
תּוֹסֶפְתָּן ז׳	(tosefTAN)	appendix
תּוֹעֵבָה נ׳	(to'eVA)	abomination
תּוֹעֶה ז׳ ת׳	(to'E)	stray; lost person; wandering
תּוֹעֶלֶת נ׳	(to'Elet)	use; usefulness; benefit; profit
תּוֹעַלְתִּי ת׳	(to'alTI)	useful; utilitarian; profitable
תּוֹעָפוֹת נ״ר	(to'aFOT)	height
הוֹן —		fortune; great wealth
תּוּפִין ז׳	(tuFIN)	cookie
תּוֹפָעָה נ׳	(toFA'A)	phenomenon; manifestation
תּוֹפֵף פעל י׳	(toFEF)	drum
תּוֹפֶרֶת נ׳	(toFEret)	seamstress
תּוֹצָאָה נ׳	(totsa'A)	result; outcome
תּוֹצָר ז׳	(toTSAR)	product
תּוֹצֶרֶת נ׳	(toTSEret)	produce; product
תּוֹקֵעַ ז׳	(toke'A)	Shofar blower; trumpeter
תּוֹקְפָן ז׳	(tokeFAN)	aggressor
תּוֹקְפָנוּת נ׳	(tokefaNUT)	aggression; aggressiveness
תּוֹקְפָנִי ת׳	(tokefaNI)	aggressive
תּוֹר ז׳	(TOR)	line; turtle dove
תּוֹרָה נ׳	(toRA)	Mosaic Law; Torah; Pentateuch; law; doctrine, system, theory; teaching
בְּתוֹרַת		as; in the capacity of
— שֶׁבִּכְתָב		Written Law (Bible)
— שֶׁבְּעַל פֶּה		Oral Law (Talmud)
בֶּן —		scholar; person learned in the Torah
סֵפֶר —		Torah scroll
תַּלְמוּד —		elementary religious school; study of the Torah

contributor; donor (toREM) תּוֹרֵם ז׳
person on duty (toRAN) תּוֹרָן ז׳
duty officer קְצִין —
turns; turn at duty; duty (toraNUT) תּוֹרָנוּת נ׳
learned in the Torah, religious; Torah duty (toraNI) תּוֹרָנִי ת׳
heredity (toraSHA) תּוֹרָשָׁה נ׳
hereditary (torashTI) תּוֹרַשְׁתִּי ת׳
heredity; hereditary nature (torashtiYUT) תּוֹרַשְׁתִּיּוּת נ׳
inhabitant, resident; permanent (toSHAV) תּוֹשָׁב ז׳ ת׳
seat; base (toSHEvet) תּוֹשֶׁבֶת נ׳
resourcefulness; wisdom; good counsel (tushiYA) תּוּשִׁיָּה נ׳
mulberry; mulberry tree (TUT) תּוּת ז׳
bushing; artificial (toTAV) תּוֹתָב ז׳ ת׳
artificial tooth שֵׁן תּוֹתֶבֶת
denture; prosthetic device (toTEvet) תּוֹתֶבֶת נ׳
cannon; gun; artillery piece (toTAḤ) תּוֹתָח ז׳
gunner; artilleryman (toteḤAN) תּוֹתְחָן ז׳
gunnery; artillery תּוֹתְחָנוּת נ׳
motion; move; shift (tezuZA) תְּזוּזָה נ׳
nutrition; diet (tezuNA) תְּזוּנָה נ׳
dietetic; nutritive (tezunaTI) תְּזוּנָתִי ת׳
memorandum (tazKIR) תַּזְכִּיר ז׳
reminder; memorandum (tizKOret) תִּזְכֹּרֶת נ׳
orchestration (tizMUR) תִּזְמוּר ז׳
orchestrate (tizMER) תִּזְמֵר פעל י׳
orchestra; band (tizMOret) תִּזְמֹרֶת נ׳
orchestral (tizmorTI) תִּזְמָרְתִּי ת׳
distillate (tazKIK) תַּזְקִיק ז׳
insert; stick in (taḤAV) תָּחַב פעל י׳
trick; stratagem; ruse (taḥbuLA) תַּחְבּוּלָה נ׳
transport; communications (taḥbuRA) תַּחְבּוּרָה נ׳
hobby (taḥBIV) תַּחְבִּיב ז׳

syntax (taḥBIR) תַּחְבִּיר ז׳
syntactical (taḥbiRI) תַּחְבִּירִי ת׳
scheme, devise; contrive (tiḥBEL) תִּחְבֵּל פעל י׳
bandage; dressing; compress (taḥBOshet) תַּחְבֹּשֶׁת נ׳
loose (taḤU'aḥ) תָּחוּחַ ת׳
incidence (teḥuLA) תְּחוּלָה נ׳
border; boundary; range; limit; area; field; domain; sphere (teḤUM) תְּחוּם ז׳
delimitation; fixing boundaries; demarcation (tiḤUM) תִּחוּם ז׳
sensation; feeling (teḥuSHA) תְּחוּשָׁה נ׳
maintenance (taḥazuKA) תַּחֲזוּקָה נ׳
forecast; spectrum (taḥaZIT) תַּחֲזִית נ׳
crumble; loosen (tiḤAḤ) תִּחֵחַ פעל י׳
inserting; insertion; sticking in (teḥiVA) תְּחִיבָה נ׳
revival; rebirth; renaissance (teḥiYA) תְּחִיָּה נ׳
come back to life שָׁב לִתְחִיָּה
looseness (teḥiḤUT) תְּחִיחוּת נ׳
emulsify (tiḥLEV) תִּחְלֵב פעל י׳
beginning (teḥilLA) תְּחִלָּה נ׳
at first; formerly בַּ —
first, from the start מִלְּכַ —
incidence of disease (taḥalu'A) תַּחֲלוּאָה נ׳
change; replacement; new growth (taḥaluFA) תַּחֲלוּפָה נ׳
initial (teḥilLI) תְּחִלִּי ת׳
emulsion (taḥaLIV) תַּחֲלִיב ז׳
substitute; surrogate (taḥaLIF) תַּחֲלִיף ז׳
prefix (teḥilLIT) תְּחִלִּית נ׳
fix (taḤAM; tiḤEM) boundary; delimit תָּחַם, תִּחֵם פעל י׳
silage (taḥMITS) תַּחְמִיץ ז׳
cartridge (taḥMISH) תַּחְמִישׁ ז׳
oxide (taḥMOtset) תַּחְמֹצֶת נ׳
ammunition (taḥMOshet) תַּחְמֹשֶׁת נ׳

תְּחִנָּה נ׳ (*tehinNA*) supplication; mercy; litany
תַּחֲנָה נ׳ (*tahaNA*) station; stop
תַּחֲנוּן ז׳ (*tahaNUN*) supplication; mercy
תִּחְפֵּשׂ פעל י׳ (*tihPES*) dress up; disguise
תַּחְפֹּשֶׂת נ׳ (*tahPOset*) costume; disguise
תְּחִקָּה נ׳ (*tehikKA*) legislation
תַּחְקִיר ז׳ (*tahKIR*) debriefing
תִּחְקֵר פעל י׳ (*tihKER*) debrief
תַּחְרָה נ׳ (*tahRA*) lace
תַּחֲרוּת נ׳ (*tahaRUT*) competition; rivalry; match
– גְּמָר final
תַּחְרִיט ז׳ (*tahRIT*) etching
תַּחְרִים ז׳ (*tahRIM*) lace
תַּחַשׁ ז׳ (*TAhash*) dugong (in Bible: badger; seal; Egyptian leather)
תַּחֲשִׁיב ז׳ (*tahaSHIV*) calculation
תַּחַת מ״י (*TAhat*) under; beneath; below; instead of; because of
– ז׳ ass
מִ – below
תַּחְתּוֹן ת׳ (*tahTON*) lower
תַּחְתּוֹנִים underwear; shorts; drawers
תַּחְתּוֹנִית נ׳ (*tahtoNIT*) slip
תַּחְתִּי ת׳ (*tahTI*) lower
רַכֶּבֶת תַּחְתִּית subway
תַּחְתִּית נ׳ (*tahTIT*) saucer; bottom
תֵּיאַטְרוֹן ז׳ (*tey'atRON*) theater
תֵּיאַטְרוֹנִי ת׳ (*te'atroNI*) theater
תֵּיאַטְרָלִי ת׳ (*te'atRAli*) theatrical; theater
תֵּיבָה ר׳ תֵּבָה
תִּיּוּר ז׳ (*tiYUR*) touring; sightseeing
תִּיכוֹן ת׳ (*tiKHON*) middle; center; central
בֵּית סֵפֶר – high school
הַיָּם הַ – Mediterranean Sea
תִּיכוֹנִי ת׳ (*tikhoNI*) middle; center; central

תַּיִל ז׳ (*taYIL*) wire
תֵּימָן ז׳ (*teyMAN*) Yemen; south
תֵּימָנִי ת׳ ז׳ (*teymaNI*) Yemenite
תִּינוֹק ז׳ (*tiNOK*) baby; infant
תִּינוֹקִי ת׳ (*tinoKI*) infantile; babyish; childish
תִּינֹקֶת נ׳ (*tiNOket*) infant (girl)
תִּיק ז׳ (*TIK*) file; briefcase; portfolio; bag
תִּיֵּק פעל י׳ (*tiYEK*) file
תֵּיקוּ ז׳ (*TEYku*) stalemate; draw; tie
תִּיקִיָּה נ׳ (*tikiYA*) filing cabinet
תִּיקָן ז׳ (*tiKAN*) cockroach
תַּיָּר ז׳ (*taiYAR*) tourist
תִּיֵּר פעל ע׳ (*tiYER*) tour; sight-see
תִּירוֹשׁ ז׳ (*tiROSH*) must; new wine
תַּיָּרוּת נ׳ (*taiyaRUT*) tourism; touring
תִּירָס ז׳ (*tiRAS*) corn
תַּיִשׁ ז׳ (*taiYISH*) billy goat
תְּכוּלָה נ׳ (*tekhuLA*) content
תְּכוּנָה נ׳ (*tekhuNA*) trait; quality; plan, layout; astronomy; preparation
תָּכוּף ת׳ (*taKHUF*) successive; frequent
תֻּכִּי ז׳ (*tukKI*) parrot
תְּכִיפוּת נ׳ (*tekhiFUT*) frequency; immediate sequence; urgency
תְּכָכִים ז״ר (*tekhaKHIM*) intrigue
תַּכְכָן ז׳ (*takhKHAN*) troublemaker; plotter
תָּכֹל ת׳ (*taKHOL*) sky blue; light blue
תַּכְלִית נ׳ (*takhLIT*) aim; object; end; limit; unbounded quantity; comfortable life; practicality; brass tacks
בְּתַכְלִית absolutely
תַּכְלִיתִי ת׳ (*takhliTI*) purposeful; purposive
תְּכֵלֶת נ׳ (*teKHElet*) sky blue; light blue; azure; purple dye

טַלִּית שֶׁכֻּלָּהּ – self-righteously virtuous

תָּכַן פעל י׳ (taKHAN) examine; measure; estimate; plan

יִתָּכֵן it's possible

תִּכֵּן פעל י׳ (tikKEN) measure; calculate; plan

תֹּכֶן ז׳ (TOkhen) content; contents; quantity; fixed amount

תִּכְנוּן ז׳ (tikhNUN) planning

תִּכְנוּת נ׳ (tikhNUT) programming

תָּכְנִיָּה נ׳ (tokhniYA) program

תָּכְנִית נ׳ (tokhNIT) plan; program; project; sketch; blueprint; layout

– אָב master plan

– לִמּוּדִים curriculum

תִּכְנֵן פעל י׳ (tikhNEN) plan

תִּכְנֵת פעל י׳ (tikhNET) program

תַּכְסִיס ז׳ (takhSIS) tactic; tactics; stratagem; strategy

תַּכְסִיסִי ת׳ (takhsiSI) tactical

תַּכְסִיסָן ז׳ (takhsiSAN) tactician

תָּכַף פעל י׳ ע׳ (taKHAF) attach directly after; stitch closely; follow in immediate succession

תֵּכֶף תה״פ (TEkhef) immediately

תַּכְרִיךְ ז׳ (takhRIKH) mantle; cloak; cover; bundle

תַּכְרִיכִים shroud

תַּכְשִׁיט ז׳ (takhSHIT) ornament; rascal

תַּכְשִׁיר ז׳ (takhSHIR) preparation

תַּכְתִּיב ז׳ (takhTIV) dictation, dictate

תֵּל ז׳ (TEL) mound; tell; knoll; pile; heap

תְּלָאָה נ׳ (tela'A) trouble; hardship

תַּלְאוּבָה נ׳ (tal'uVA) great heat; agony

תִּלְבֹּשֶׁת נ׳ (tilBOshet) clothes; dress

– אֲחִידָה uniform

תָּלָה פעל י׳ ע׳ (taLA) hang, suspend; attribute; suspend judgment

– אֶת הַקּוֹלָר blame

תָּלוּי ת׳ (taLUY) suspended; hanging; hanged; depending; doubtful

– בְּ... depends on

תָּלוּל ת׳ (taLUL) steep

תְּלוּלִית נ׳ (teluLIT) knoll; hillock

תְּלוּנָה, תְּלֻנָּה נ׳ (teluNA; telunNA) complaint

תָּלוּשׁ ת׳ (taLUSH) detached; torn off; torn out; picked; alienated

תְּלוּשׁ ז׳ (teLUSH) coupon; stub

תְּלוּת נ׳ (teLUT) dependence

תְּלִי ז׳ (teLI) quiver

תְּלִיָּה נ׳ (teliYA) hanging; gallows

תִּלְיוֹן ז׳ (tilYON) medallion; pendant

תְּלִילוּת נ׳ (teliLUT) steepness

תַּלְיָן ז׳ (talYAN) hangman; executioner

תְּלִישָׁה נ׳ (teliSHA) tearing out; tearing off; picking

תְּלִישׁוּת נ׳ (teliSHUT) lack of roots; instability; remoteness; alienation

תֶּלֶם ז׳ (TElem) furrow

תִּלֵּם פעל י׳ (tilLEM) furrow

תַּלְמוּד (talMUD) Talmud (commentary on the Mishna); study

– תּוֹרָה elementary religious school

תַּלְמוּדִי ת׳ ז׳ (talmuDI) Talmudic; Talmud scholar

תַּלְמִיד ז׳ (talMID) pupil; student; disciple

– חָכָם scholar

תִּלֵּעַ פעל י׳ (tilLA') remove worms; become wormy

תָּלַשׁ פעל י׳ (taLASH) tear off; tear out; pick

תְּלַת־אוֹפַן ז׳ (teLAT-oFAN) tricycle

תְּלַת־מְמַדִּי ת׳ (teLAT-memadDI) three-dimensional

תִּלְתּוּל ז׳ (tilTUL) curling

תַּלְתַּל ז׳ (talTAL) curl; heap

תִּלְתֵּל פעל י׳ (tilTEL) curl

תִּלְתָּן ז׳ (*tilTAN*) clover

תַּם פעל ע׳ (*TAM*) end, be completed; be exhausted

תָּם ת׳ (*TAM*) innocent; complete; simple; whole; faultless

תֹּם ז׳ (*TOM*) innocence; simpleness; naiveté; honesty; wholeness; finish

לְתֻמּוֹ innocently

בְּתָם־לֵבָב in good faith

תֶּמֶד ז׳ (*teMAD*) mead; cheap wine

תָּמַהּ פעל ע׳ (*taMAH*) be amazed; wonder; doubt

תָּמֵהַּ ת׳ (*taME'ah*) surprised; astonished

תֵּמַהּ ז׳ (*TEmah*) wonder; surprise; amazement

תֻּמָּה נ׳ (*tumMA*) innocence; honesty; sincerity

תִּמָּהוֹן ז׳ (*timmaHON*) amazement; surprise; wonder; confusion; madness

תִּמְהוֹנִי ת׳ ז׳ (*timhoNI*) strange; peculiar; eccentric

תָּמוּהַּ ת׳ (*taMU'ah*) surprising; puzzling; strange

תַּמּוּז ז׳ (*tamMUZ*) Tammuz (10th Hebrew month; 4th in Bible); (Babylonian deity)

תְּמוּטָה נ׳ (*temuTA*) collapse; fall

תִּמּוּךְ ז׳ (*timMUKH*) support

תִּמּוּכִין backing

תְּמוֹכָה נ׳ (*temoKHA*) brace; support; strut

תְּמוֹל ז׳ (*teMOL*) yesterday; past

— שִׁלְשׁוֹם days gone by; formerly

תְּמוּנָה נ׳ (*temuNA*) picture; image; likeness

תְּמוּרָה נ׳ (*temuRA*) change; consideration; value; appositive

תְּמוּרַת in exchange for; instead of

תְּמוּתָה נ׳ (*temuTA*) mortality; death

תַּמְחוּי ז׳ (*tamḤUY*) soup kitchen; charity box; food tray

תַּמְחִיר ז׳ (*tamḤIR*) cost accounting

תַּמְחִירָן ז׳ (*tamḥiRAN*) cost accountant

תָּמִיד תה״פ ז׳ (*taMID*) always; permanence; constancy; daily offering

נֵר — External Light; everlasting monument

אַחַת וּלְתָמִיד once and for all

תְּמִידוּת נ׳ (*temiDUT*) permanence; constancy; regularity

תְּמִידִי ת׳ (*temiDI*) permanent; constant; continuous

תְּמִיהָה נ׳ (*temiHA*) surprise; amazement; wonder

תְּמִיכָה נ׳ (*temiKHA*) support; help

תָּמִים ת׳ (*taMIM*) naive; unblemished; faultless; honest

תְּמִים דֵּעִים of one mind

תְּמִימוּת נ׳ (*temiMUT*) naiveté; honesty; completeness

תָּמִיר ת׳ (*taMIR*) erect; tall

תָּמַךְ פעל י׳ (*taMAKH*) support; hold up; assist; help

תֶּמֶךְ ז׳ (*TEmekh*) support

תַּמְלוּג ז׳ (*tamLUG*) royalty

תַּמְלִיל ז׳ (*tamLIL*) text, libretto, words

תְּמָנוּן ז׳ (*temaNUN*) octopus

תְּמִסָּה נ׳ (*temisSA*) solution

תִּמְסָח ז׳ (*timSAḤ*) crocodile

תַּמְסִיר ז׳ (*tamSIR*) handout; communiqué

תִּמְסֹרֶת נ׳ (*timSOret*) transmission

תִּמְצוּת ז׳ (*timTSUT*) summarizing; condensation

תַּמְצִית נ׳ (*tamTSIT*) essence; summary; digest

תַּמְצִיתִי ת׳ (*tamtsiTI*) essential; concise

תִּמְצֵת פעל י׳ (*timTSET*) summarize; condense

תָּמָר ז׳ (*taMAR*) date palm; date

תֹּמֶר ז׳ (*TOmer*) date palm

תִּמֵּר פע׳ע׳־י׳ (timMER) rise perpendicularly; smoke; burn incense
תִּמְרוֹן ז׳ (timRON) maneuver; tactic
תִּמְרוּן ז׳ (timRUN) maneuvering
תַּמְרוּק ז׳ (tamRUK) cosmetics
תַּמְרוּקִיָּה נ׳ (tamrukiYA) cosmetics store
תַּמְרוּר ז׳ (tamRUR) road sign; signpost
תִּמְרוּר ז׳ (timRUR) posting road signs
תַּמְרוּרִים bitterness; bitterly
תַּמְרִיץ ז׳ (tamRITS) incentive
תִּמְרֵן פעל י׳ (timREN) maneuver
תַּמְשִׁיחַ ז׳ (tamSHIah) fresco
תַּן ז׳ (TAN) jackal
תַּנָּא ז׳ (tanNA) teacher; Mishnaic scholar
תְּנַאי ז׳ (teNAI) condition; term; stipulation; situation
בִּתְנַאי שֶׁ... on condition that
עַל – conditional
צַו עַל – order nisi
תְּנָאִים betrothal ceremony
תִּנְגֹּדֶת נ׳ (tinGOdet) resistance
תִּנָּה פעל י׳ (tinNA) recount; relate; tell; mourn
תְּנוּבָה נ׳ (tenuVA) produce; yield
תְּנוּדָה נ׳ (tenuDA) oscillation; vibration; fluctuation; migration; wandering
תְּנוּחָה נ׳ (tenuHA) position
תְּנוּךְ ז׳ (teNUKH) lobe
תְּנוּמָה נ׳ (tenuMA) nap; slumber
תְּנוּעָה נ׳ (tenu'A) movement; motion; fluctuation; traffic; vowel
– גְדוֹלָה long vowel
– קְטַנָּה short vowel
תְּנוּפָה נ׳ (tenuFA) momentum; energy; lifting
תַּנּוּר ז׳ (tanNUR) oven; stove
תַּנְחוּמִים ז״ר (tanhuMIM) condolences; consolation

תַּנִּין ז׳ (tanNIN) crocodile; large sea animal
תַּנַ"ךְ ז׳ (taNAKH) Bible
תַּנָ"כִי ת׳ (tanaKHI) biblical
תִּנְשֶׁמֶת נ׳ (tinSHEmet) barn owl
תַּסְבִּיךְ ז׳ (tasBIKH) complex
תִּסְבֵּךְ פעל י׳ (tisBEKH) cause complexes
תִּסְבֹּכֶת נ׳ (tisBOkhet) complication
תְּסִיסָה נ׳ (tesiSA) fermentation; ferment; agitation
תַּסְכִּית ז׳ (tasKIT) sketch; skit
תִּסְמֹנֶת נ׳ (tisMOnet) syndrome
תָּסַס פעל ע׳ (taSAS) ferment; effervesce; be agitated
תִּסְפֹּרֶת נ׳ (tisPOret) haircut
תַּסְקִיר ז׳ (tasKIR) report; survey
תַּסְרִיט ז׳ (tasRIT) scenario; script
תַּסְרִיטַאי ז׳ (tasriTAI) scenario writer; script writer
תִּסְרֹקֶת נ׳ (tisROket) hairdo; coiffure
תִּעֵב פעל י׳ (te'EV) loathe; abhor; soil
תַּעֲבוּרָה נ׳ (ta'avuRA) traffic
תִּעֵד פעל י׳ (ti'ED) document
תָּעָה פעל ע׳ (ta'A) go astray; get lost; deviate; wander away
תִּעוּב ז׳ (ti'UV) loathing; abhorrence
תִּעוּד ז׳ (ti'UD) documentation
תְּעוּדָה נ׳ (te'uDA) document; certificate; pass; aim; object; practice
תְּעוּדַת זֶהוּת identity card
תְּעוּדַת עֲנִיּוּת mark of incompetency; sad commentary
תִּעוּל ז׳ (ti'UL) drainage
תְּעוּפָה נ׳ (te'uFA) flight; flying; aviation
נְמַל – airport
שְׂדֵה – airfield
תִּעוּשׁ ז׳ (ti'US) industrialization
תְּעִיָּה נ׳ (te'iYA) going astray; getting lost; wandering; error

תְּעֵל פעל י׳ (*ti'EL*) construct a drainage system; channelize

תְּעָלָה נ׳ (*te'aLA*) canal; channel; ditch; trench

תַּעֲלוּל ז׳ (*ta'aLUL*) prank; deed; boy; mischievous child

תַּעֲלוּלִים mischief

תַּעֲלוּמָה נ׳ (*ta'aluMA*) mystery; enigma

תַּעֲמוּלָה נ׳ (*ta'amuLA*) propaganda

תַּעֲמוּלָתִי ת׳ (*ta'amulaTI*) propaganda

תַּעַמְלָן ז׳ (*ta'amLAN*) propagandist

תַּעֲנוּג ז׳ (*ta'aNUG*) pleasure

תַּעֲנִית נ׳ (*ta'aNIT*) fast

תַּעֲסוּקָה נ׳ (*ta'asuKA*) employment

תַּעַר ז׳ (*TA'ar*) razor; scabbard

תַּעֲרֹבֶת נ׳ (*ta'aROvet*) mixture

בֶּן – halfbreed

תַּעֲרוּכָה נ׳ (*ta'aruKHA*) exhibition

תַּעֲרִיף ז׳ (*ta'aRIF*) charge; fee

תִּעֵשׂ פעל י׳ (*ti'ES*) industrialize

תַּעַשׂ ז׳ (*TA'as*) defense industry

תַּעֲשִׂיָּה נ׳ (*ta'asiYA*) industry

תַּעֲשִׂיָּן ז׳ (*ta'asiYAN*) industrialist

תַּעֲשִׂיָּתִי ת׳ (*ta'asiyaTI*) industrial

תַּעְתּוּעַ ז׳ (*ta'TU'a*) deception; dissembling; illusion

חֲזוֹן תַּעְתּוּעִים mirage

תַּעְתִּיק ז׳ (*ta'TIK*) transliteration; transcription

תִּעְתַּע פעל י׳ (*ti'TA'*) lead astray; deceive; hoodwink

תֹּף ז׳ (*TOF*) drum

תַּפְאוּרָה נ׳ (*taf'uRA*) scenery

תִּפְאָרָה, תִּפְאֶרֶת נ׳ (*tif'aRA; tif'Eret*) magnificence; splendor; beauty; honor; glory

תַּפּוּד ז׳ (*tapPUD*) potato

תַּפּוּז ז׳ (*tapPUZ*) orange

תַּפּוּחַ ז׳ (*tapPU'aḥ*) apple; apple tree

רֶסֶק תַּפּוּחִים applesauce

תַּפּוּחַ אֲדָמָה ז׳ (*tapPU'aḥ adaMA*) potato

תַּפּוּחַ זָהָב ז׳ (*tapPU'aḥ zaHAV*) orange

תָּפוּחַ ת׳ (*taFU'aḥ*) swollen

תִּפּוּחַ ז׳ (*tipPU'aḥ*) swelling

תָּפוּס ת׳ (*taFUS*) taken; occupied; busy; absorbed

תְּפוּסָה נ׳ (*tefuSA*) occupancy; tonnage; space occupied

תִּפּוּף ז׳ (*tipPUF*) drumming

תְּפוּצָה נ׳ (*tefuTSA*) circulation; dispersion; Diaspora; distribution

תְּפוּקָה נ׳ (*tefuKA*) production; yield; output

תָּפוּר ת׳ (*taFUR*) sewn

תָּפוּשׂ ר׳ תָּפוּס

תָּפֵז ת׳ (*taFOZ*) orange

תִּפְזֹרֶת נ׳ (*tifZOret*) bulk

תָּפַח פעל ע׳ (*taFAḤ*) swell

תֻּפִּי ת׳ (*tupPI*) equipped with a drum

אֶקְדָּח – revolver

תְּפִיחָה, תְּפִיחוּת נ׳ (*tefiḤA; tefiḤUT*) swelling

תפילה ר׳ תְּפִלָּה

תפילין ר׳ תְּפִלִּין

תְּפִיסָה נ׳ (*tefiSA*) occupation; seizure; perception; grasp

תְּפִירָה נ׳ (*tefiRA*) sewing

מְכוֹנַת – sewing machine

תָּפֵל ת׳ (*taFEL*) tasteless; saltless; lacking the essential ingredient

תְּפִלָּה נ׳ (*tefilLA*) prayer; phylactery

בֵּית – synagogue; house of prayer

בַּעַל – cantor; prayer leader

תִּפְלוּת נ׳ (*tifLUT*) foolishness

תְּפִלִּין נ״ר (*tefilLIN*) phylacteries

תַּפְנוּק ז׳ (*tafNUK*) coddling; pampering; pleasure

תַּפְנִית נ׳ (*tafNIT*) turn; half-turn

תָּפַס פעל י׳ (*taFAS*) catch; seize;

grasp; take; occupy; understand; be valid; use

operation (*tif'UL*) תִּפְעוּל ז׳

operate (*tif'EL*) תִּפְעֵל פעל י׳

תָּפַף ר׳ תּוֹפֵף

function (*tifKED*) תִּפְקֵד פעל ע׳

functioning (*tifKUD*) תִּפְקוּד ז׳

function; task; duty; role (*tafKID*) תַּפְקִיד ז׳

on duty בְּתַפְקִיד

sew (*taFAR*) תָּפַר פעל י׳

stitch; seam (*TEfer*) תֶּפֶר ז׳

rash; inflorescence (*tifRAḥat*) תִּפְרַחַת נ׳

menu (*tafRIT*) תַּפְרִיט ז׳

תָּפַשׂ ר׳ תָּפַס

Tophet; hell (*Tofet*) תֹּפֶת ז׳

infernal machine מְכוֹנַת –

deposition (*tats'HIR*) תַּצְהִיר ז׳

exhibit; display (*tetsuGA*) תְּצוּגָה נ׳

formation (*tetsuRA*) תְּצוּרָה נ׳

photograph (*tatsLUM*) תַּצְלוּם ז׳

chord (*tatsLIL*) תַּצְלִיל ז׳

observation; lookout (*tatsPIT*) תַּצְפִּית נ׳

consumption (*titsROkhet*) תִּצְרֹכֶת נ׳

consumer goods סְחוֹרוֹת –

receipt (*takBUL*) תַּקְבּוּל ז׳

precedent (*takDIM*) תַּקְדִּים ז׳

hope (*tikVA*) תִּקְוָה נ׳

Ha-Tikva (Israel national anthem) הַ –

revival; rebirth; progress; existence; stand (*tekuMA*) תְּקוּמָה נ׳

repair; correction; reform; amendment; improvement; emendation (*tikKUN*) תִּקּוּן ז׳

proper; correct; usual כְּתִקּוּנוֹ

stuck in; stuck; inserted; dwelling permanently (*taKU'a*) תָּקוּעַ ת׳

period; age; era; season; cycle (*tekuFA*) תְּקוּפָה נ׳

periodic; periodical (*tekuFI*) תְּקוּפִי ת׳

normal; regular (*taKIN*) תָּקִין ת׳

normalcy; regularity (*tekiNUT*) תְּקִינוּת נ׳

blast of ram's horn; sticking in; insertion (*teki'A*) תְּקִיעָה נ׳

handshake (to seal bargain) תְּקִיעַת כַּף

strong; firm; resolute (*takKIF*) תַּקִּיף ת׳

attack; assault (*tekiFA*) תְּקִיפָה נ׳

firmness; resolve; vigor; strength (*takkiFUT*) תַּקִּיפוּת נ׳

obstacle; hitch; mishap; failure (*takkaLA*) תַּקָּלָה נ׳

record; recording (*takLIT*) תַּקְלִיט ז׳

record library (*taklitiYA*) תַּקְלִיטִיָּה נ׳

repair; fix; mend; institute; ordain; improve; reform (*tikKEN*) תִּקֵּן פעל י׳

norm; standard; complement (*TEken*) תֶּקֶן ז׳

regulation; repair; remedy; improvement; reform (*takkaNA*) תַּקָּנָה נ׳

constitution; code; regulations (*takkaNON*) תַּקָּנוֹן ז׳

standardization (*tikNUN*) תִּקְנוּן ז׳

standard; normal (*tikNI*) תִּקְנִי ז׳

standardize (*tikNEN*) תִּקְנֵן פעל י׳

blow; stick in; insert; push; hit; slap (*taKA'*) תָּקַע פעל י׳

pitch tent – אֹהֶל

shake hands on – כַּף

plug (*TEka'*) תֶּקַע ז׳

attack; assail; seize (*taKAF*) תָּקַף פעל י׳

validity; power; force; authority (*TOkef*) תֹּקֶף ז׳

by virtue of; vigorously בְּתֹקֶף

valid בַּר –

in force; valid (*taKEF*) תָּקֵף ת׳

budget (*takTSIV*) תַּקְצִיב ז׳

budgetary (*taktsiVI*) תַּקְצִיבִי ת׳

digest; abstract; summary (*takTSIR*) תַּקְצִיר ז׳

תֶּקֶר ז׳ (*TEker*) flat tire
תִּקְרָה נ׳ (*tikRA*) ceiling
תַּקְרִית נ׳ (*takRIT*) incident
תַּקְשִׁיר ז׳ (*takSHIR*) civil service code
תִּקְשֹׁרֶת נ׳ (*tikSHOret*) communication
תִּקְתּוּק ז׳ (*tikTUK*) ticking; tapping; clicking; typing
תִּקְתֵּק פעל ע׳ י׳ (*tikTEK*) tap; tick; type
תָּר פעל י׳ (*TAR*) travel around; tour; spy out; investigate; explore
תַּרְבּוּת נ׳ (*tarBUT*) culture; civilization; conduct
תִּרְבּוּת ז׳ (*tirBUT*) civilizing; imparting culture; preparing a culture
תַּרְבּוּתִי ת׳ (*tarbuTI*) cultured; civilized
תַּרְבִּית נ׳ (*tarBIT*) culture
תִּרְבֵּת פעל י׳ (*tirBET*) civilize; impart culture; educate; train; domesticate; prepare culture
תָּרֹג ת׳ (*taROG*) yellowish green
תִּרְגּוּל ז׳ (*tirGUL*) drill; training; practice; exercise
תִּרְגּוּם ז׳ (*tirGUM*) translating; translation
תַּרְגּוּם ז׳ (*tarGUM*) translation
— הַשִּׁבְעִים Septuagint
תַּרְגִּיל ז׳ (*tarGIL*) exercise
תִּרְגֵּל פעל י׳ (*tirGEL*) drill; practise; exercise; teach how to walk
תִּרְגֹּלֶת נ׳ (*tirGOlet*) drill
תִּרְגֵּם פעל י׳ (*tirGEM*) translate
תֻּרְגְּמָן ז׳ (*turgeMAN*) interpreter; translator
תֶּרֶד ז׳ (*TEred*) spinach
תַּרְדֵּמָה נ׳ (*tardeMA*) deep sleep; hibernation
תַּרְוָד ז׳ (*tarVAD*) ladle
תְּרוּמָה נ׳ (*teruMA*) donation; contribution; gift; choice; heave offering
תְּרוּמִי ת׳ (*teruMI*) distinguished; superior

תְּרוּעָה נ׳ (*teru'A*) shout; intermittent blast
תְּרוּפָה נ׳ (*teruFA*) medicine; drug; remedy
תֵּרוּץ ז׳ (*teRUTS*) pretext; excuse; solution
תַּרְחִיף ז׳ (*tarḤIF*) suspension; lotion
תְּרֵי־עָשָׂר (*teREY 'aSAR*) Twelve Minor Prophets
תַּרְיַ"ג (*tarYAG*) (acrostic having numerical value of 613)
תְּרִיס ז׳ (*teRIS*) shutter; thyroid; shield; protection
בַּעֲלֵי תְּרִיסִין sharp-witted scholars
תְּרִיסָנִית נ׳ (*terisaNIT*) ray (fish)
תְּרֵיסָר ז׳ (*tereySAR*) dozen
תִּרְכֹּבֶת נ׳ (*tirKOvet*) compound
תַּרְכִּיב ז׳ (*tarKIV*) vaccine
תַּרְכִּיז ז׳ (*tarKIZ*) concentrate
תָּרַם פעל י׳ (*taRAM*) donate; contribute; pay priestly dues; remove
תֶּרְמוֹדִינַמִיקָה נ׳ (*termodiNAmika*) thermodynamics
תֶּרְמוֹס ז׳ (*TERmos*) thermos; vacuum bottle
תֶּרְמִי ת׳ (*TERmi*) thermal
תַּרְמִיל ז׳ (*tarMIL*) bag; satchel; cartridge case; pod
— גַּב knapsack
תַּרְמִית נ׳ (*tarMIT*) deceit; fraud
תֹּרֶן ז׳ (*TOren*) mast; flagpole
תַּרְנְגוֹל ז׳ (*tarneGOL*) chicken; cock
— הֹדּוּ turkey
מִשְׁקַל — bantamweight
תַּרְעֵלָה נ׳ (*tar'eLA*) poison
תַּרְעֹמֶת נ׳ (*tar'Omet*) complaint; grievance; grudge
תֻּרְפָּה נ׳ (*turPA*) weakness
— נְקֻדַּת weak point; vulnerable spot
תְּרָפִים ז״ר (*teraFIM*) household gods
תֵּרֵץ פעל י׳ (*teRETS*) solve; explain difficult point

sketch; plan; graph; chart (*tarSHIM*) תַּרְשִׁים ז׳
two (Aram.) (*tarTEY*) תַּרְתֵּי ש״מ
contradiction in terms — דְּסָתְרֵי
become weak; weaken (*TASH*) תָּשׁ פעל ע׳
praise (*tishbaḤA*) תִּשְׁבָּחָה נ׳
crossword puzzle; checkered pattern (*tashBETS*) תַּשְׁבֵּץ ז׳
fractions (*tishBOret*) תִּשְׁבֹּרֶת נ׳
dispatch; communication; message (*tishDOret*) תִּשְׁדֹּרֶת נ׳
yield (*tesu'A*) תְּשׁוּאָה נ׳
cheers; cheering; noise (*teshu'OT*) תְּשׁוּאוֹת נ״ר
answer; reply; penance (*teshuVA*) תְּשׁוּבָה נ׳
input (*tesuMA*) תְּשׂוּמָה נ׳
loan; thievery תְּשׂוּמֶת יָד
attention תְּשׂוּמֶת לֵב
salvation; deliverance (*teshu'A*) תְּשׁוּעָה נ׳
desire (*teshuKA*) תְּשׁוּקָה נ׳
gift; present (*teshuRA*) תְּשׁוּרָה נ׳
weak; feeble; infirm (*taSHUSH*) תָּשׁוּשׁ ת׳
youth (*tishḤOret*) תִּשְׁחֹרֶת נ׳
young people; younger generation בְּנֵי —
ninth (*teshi'I*) תְּשִׁיעִי ת׳
one ninth (*teshi'IT*) תְּשִׁיעִית נ׳
weakness; infirmity (*teshiSHUT*) תְּשִׁישׁוּת נ׳

gear assembly; complex (*tishLOvet*) תִּשְׁלֹבֶת נ׳
payment; disbursement; complement (*tashLUM*) תַּשְׁלוּם ז׳
Tashlikh (service near body of water on first day of Jewish New Year) (*tashLIKH*) תַּשְׁלִיךְ ז׳
implement; use; utilization; sexual intercourse (*tashMISH*) תַּשְׁמִישׁ ז׳
ritual articles תַּשְׁמִישֵׁי קְדֻשָּׁה
nine (*TEsha*) תֵּשַׁע ש״מ נ׳
nine (*tish'A*) תִּשְׁעָה ש״מ ז׳
ninety (*tish'IM*) תִּשְׁעִים ש״מ
nineteen (*teSHA 'esRE*) תְּשַׁע עֶשְׂרֵה ש״מ נ׳
forecast (*tashKIF*) תַּשְׁקִיף ז׳
Tishri (1st Hebrew month; 7th in Bible) (*tishREY*) תִּשְׁרֵי ז׳
validation (*tashRIR*) תַּשְׁרִיר ז׳
תָּשַׁשׁ ר׳ תָּשׁ
infrastructure; base; foundation; subsoil (*tashTIT*) תַּשְׁתִּית נ׳
under-; sub-; hypo- (*TAT-*) תַּת־ תה״פ
brigadier general — אַלּוּף
unconscious, subconscious — הַכָּרָה, — יֶדַע
submarine; underwater — מֵימִי
submachine gun — מַקְלֵעַ
subterranean — קַרְקָעִי
deputy minister — שַׂר
undernourishment — תְּזוּנָה
substandard — תִּקְנִי
brim; rim (*tittoRA*) תִּתּוֹרָה נ׳